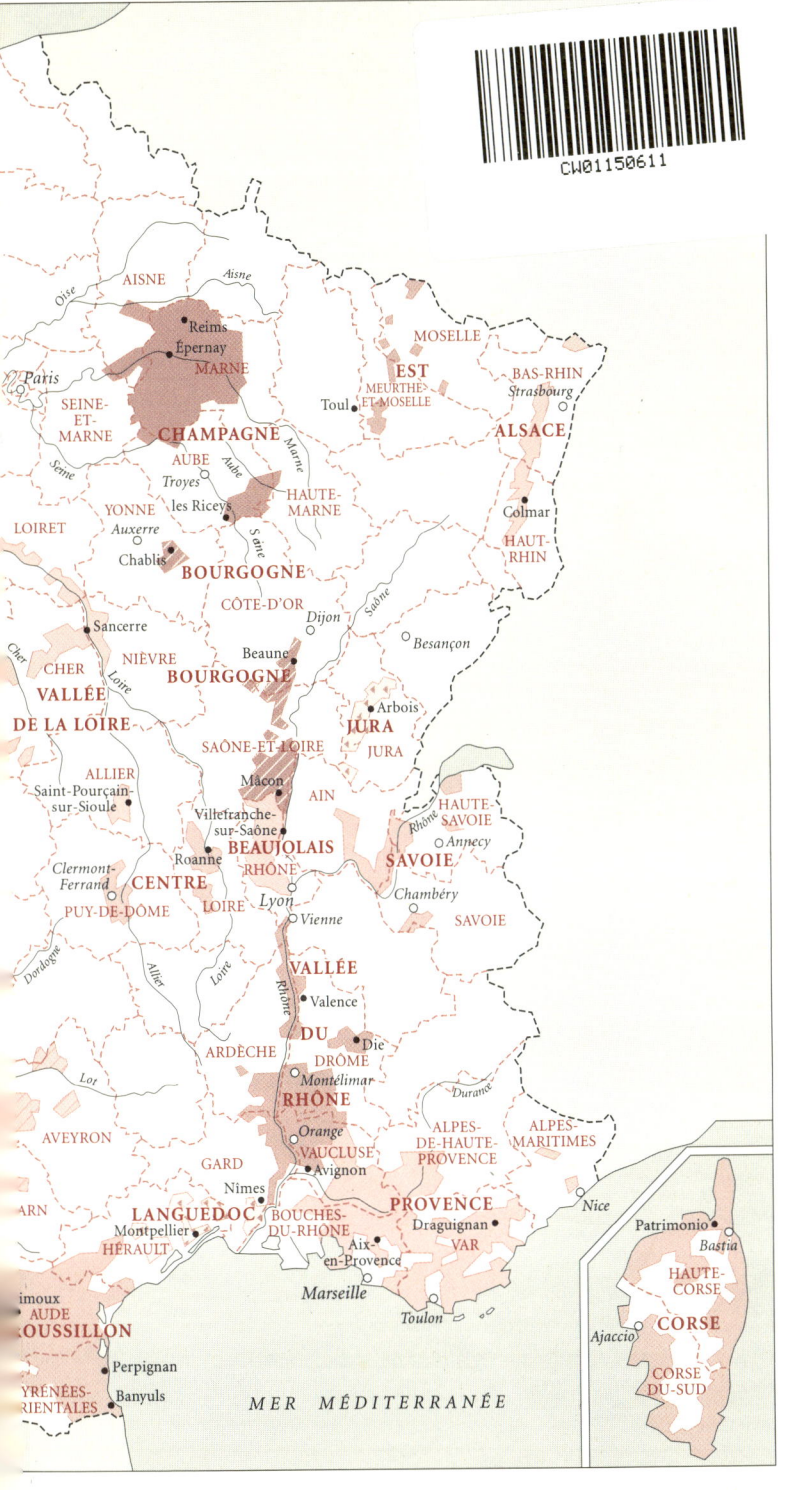

GUIDE HACHETTE DES VINS

Directeur : Jean Arcache.

Direction de l'ouvrage : Catherine Montalbetti.

Ont collaboré : Christian Asselin, INRA, *Unité de recherche vigne et vin ;* Jean-François Bazin ; Claude Bérenguer ; Richard Bertin, *œnologue ;* Pierre Bidan, *professeur à l'ENSA de Montpellier ;* Jean Bisson, *ancien directeur de station viticole de l'INRA ;* Jean-Pierre Callède, *œnologue ;* Pierre Casamayor, *maître-assistant à la Faculté des Sciences de Toulouse ;* Béatrice de Chabert, *œnologue ;* Robert Cordonnier, *directeur de recherche à l'INRA ;* Jean-Pierre Deroudille ; Michel Dovaz ; Michel Feuillat, *professeur à la Faculté des Sciences de Dijon ;* Pierre Huglin, *directeur de recherche à l'INRA ;* Robert Lala, *œnologue ;* Antoine Lebègue ; Michel Le Seac'h ; Jean-Pierre Martinez, *chambre d'Agriculture du Loir-et-Cher ;* Mariska Pezzutto, *œnologue ;* Jacques Puisais, *président honoraire de l'Union française des œnologues ;* Charles Quittanson, *inspecteur général honoraire de la Direction de la Qualité et de la Répression des Fraudes ;* Pascal Ribéreau-Gayon, *ancien doyen de la faculté d'œnologie de l'université de Bordeaux II ;* André Roth, *ingénieur des travaux agricoles ;* Alex Schaeffer, INRA, *directeur Station de recherche vigne et vin ;* Anne Seguin ; Bernard Thévenet, *ingénieur des travaux agricoles ;* Pierre Torrès, *directeur de la station vitivinicole en Roussillon.*

Ainsi que : Sarah Boulanger ; Nicole Chatelier ; Nicole Crémer ; Christophe Gallier ; Anne Le Meur ; Micheline Martel ; François Merveilleau ; Diane Meur ; Evelyne Werth.

Secrétaire d'édition : Christine Cuperly.

Informatique éditoriale : Marie-Line Gros-Desormeaux ; Marie-Françoise Poullet ; Pascale Ocherowitch ; Sylvie Clochez ; Martine Lavergne.

Nous exprimons nos très vifs remerciements aux 800 membres des commissions de dégustation réunies spécialement pour l'élaboration de ce guide, et qui, selon l'usage, demeurent anonymes, ainsi qu'aux organismes qui ont bien voulu apporter leur appui à l'ouvrage ou participer à sa documentation générale : l'Institut National des Appellations d'Origine, INAO ; l'Institut National de la Recherche Agronomique, INRA ; la Direction de la Consommation et de la Répression des Fraudes ; l'Office National interprofessionnel des Vins et ses Délégations régionales, ONIVINS ; la SOPEXA ; la Fédération Nationale des Vins délimités de qualité supérieure ; les Comités, Conseils, Fédérations et Unions interprofessionnels ; l'Institut des Produits de la Vigne de Montpellier et l'ENSAM ; l'Université Paul Sabatier de Toulouse ; les Syndicats viticoles et associations de viticulteurs ; les Unions et Fédérations de Grands Crus ; les Syndicats des Maisons de négoce ; la Confédération des Caves Particulières et ses fédérations régionales ; la Confédération nationale des Caves coopératives et les Fédérations des Caves coopératives ; les Chambres d'agriculture ; les laboratoires départementaux d'analyse ; Les lycées agricoles d'Amboise, d'Avize, de Blanquefort, de Bommes, de Montagne-Saint-Emilion et de Montreuil-Bellay, le lycée hôtelier de Tain l'Hermitage, le CFPPA d'Hyères ; les Maisons des Vins ; l'Union française des œnologues et les Fédérations régionales d'œnologues ; les Syndicats des Courtiers de vins ; l'Union de la Sommellerie française et les Associations régionales de Sommeliers ; la Chartreuse de Villeneuve-lès-Avignon ; et pour le chapitre suisse, l'Office fédéral de l'agriculture, la Commission fédérale du Contrôle du commerce des vins, les responsables des Services de la viticulture cantonaux, l'OVV, l'OPAV, l'OPAGE.

Couverture : Calligram (création) ; Graph'm (réalisation). – **Maquette et mise en page :** François Huertas. – **Cartographie :** Alain Mirande. – **Illustrations :** Véronique Chappée. – **Production :** Gérard Piassale et Isabelle Simon. – **Régie :** André Magniez. – **Composition :** M.I.S. – **Photogravure :** Offset-Publicité et S.O.S.. – **Impression :** Herissey (Évreux). – **Façonnage :** Arts Graphiques Modernes.

Conformément à une jurisprudence constante (Toulouse, 14.01.1887), les erreurs ou omissions involontaires qui auraient pu subsister dans ce guide malgré les soins et les contrôles de l'équipe de rédaction ne sauraient engager la responsabilité de l'Éditeur.

Crédits iconographiques : 4e de couverture : © Hachette/D.R.
Photos pp. 10, 13, 15, 16, 22, 24, 26 : © Scope/J. Guillard ; pp. 11, 14 : © Scope/J.-L. Barde ; p. 17 : © C. Sarramon.

© 1998, Hachette Livre (Hachette Pratique), Paris.
Tous droits de traduction, d'adaptation et de reproduction totale ou partielle, pour quelque usage, par quelque moyen que ce soit, réservés pour tous pays.

Imprimé en France par Herissey en septembre 1998 sur Lacopaque des papeteries Bolloré.
N° d'impression 81433 – Dépôt légal n° 1122/09/1998 – Collection n° 52
Édition n° 01 – 23-6357-0. – ISBN 2-01.236357.1

LE GUIDE HACHETTE DES VINS 1999

GUIDE HACHETTE DES VINS

Directeur : Jean Arcache.

Direction de l'ouvrage : Catherine Montalbetti.

Ont collaboré : Christian Asselin, INRA, *Unité de recherche vigne et vin ;* Jean-François Bazin ; Claude Bérenguer ; Richard Bertin, *œnologue ;* Pierre Bidan, *professeur à l'ENSA de Montpellier ;* Jean Bisson, *ancien directeur de station viticole de l'INRA ;* Jean-Pierre Callède, *œnologue ;* Pierre Casamayor, *maître-assistant à la Faculté des Sciences de Toulouse ;* Béatrice de Chabert, *œnologue ;* Robert Cordonnier, *directeur de recherche à l'INRA ;* Jean-Pierre Deroudille ; Michel Dovaz ; Michel Feuillat, *professeur à la Faculté des Sciences de Dijon ;* Pierre Huglin, *directeur de recherche à l'INRA ;* Robert Lala, *œnologue ;* Antoine Lebègue ; Michel Le Seac'h ; Jean-Pierre Martinez, *chambre d'Agriculture du Loir-et-Cher ;* Mariska Pezzutto, *œnologue ;* Jacques Puisais, *président honoraire de l'Union française des œnologues ;* Charles Quittanson, *inspecteur général honoraire de la Direction de la Qualité et de la Répression des Fraudes ;* Pascal Ribéreau-Gayon, *ancien doyen de la faculté d'œnologie de l'université de Bordeaux II ;* André Roth, *ingénieur des travaux agricoles ;* Alex Schaeffer, INRA, *directeur Station de recherche vigne et vin ;* Anne Seguin ; Bernard Thévenet, *ingénieur des travaux agricoles ;* Pierre Torrès, *directeur de la station vitivinicole en Roussillon.*

Ainsi que : Sarah Boulanger ; Nicole Chatelier ; Nicole Crémer ; Christophe Gallier ; Anne Le Meur ; Micheline Martel ; François Merveilleau ; Diane Meur ; Evelyne Werth.

Secrétaire d'édition : Christine Cuperly.

Informatique éditoriale : Marie-Line Gros-Desormeaux ; Marie-Françoise Poullet ; Pascale Ocherowitch ; Sylvie Clochez ; Martine Lavergne.

Nous exprimons nos très vifs remerciements aux 800 membres des commissions de dégustation réunies spécialement pour l'élaboration de ce guide, et qui, selon l'usage, demeurent anonymes, ainsi qu'aux organismes qui ont bien voulu apporter leur appui à l'ouvrage ou participer à sa documentation générale : l'Institut National des Appellations d'Origine, INAO ; l'Institut National de la Recherche Agronomique, INRA ; la Direction de la Consommation et de la Répression des Fraudes ; l'Office National interprofessionnel des Vins et ses Délégations régionales, ONIVINS ; la SOPEXA ; la Fédération Nationale des Vins délimités de qualité supérieure ; les Comités, Conseils, Fédérations et Unions interprofessionnels ; l'Institut des Produits de la Vigne de Montpellier et l'ENSAM ; l'Université Paul Sabatier de Toulouse ; les Syndicats viticoles et associations de viticulteurs ; les Unions et Fédérations de Grands Crus ; les Syndicats des Maisons de négoce ; la Confédération des Caves Particulières et ses fédérations régionales ; la Confédération nationale des Caves coopératives et les Fédérations des Caves coopératives ; les Chambres d'agriculture ; les laboratoires départementaux d'analyse ; Les lycées agricoles d'Amboise, d'Avize, de Blanquefort, de Bommes, de Montagne-Saint-Emilion et de Montreuil-Bellay, le lycée hôtelier de Tain l'Hermitage, le CFPPA d'Hyères ; les Maisons des Vins ; l'Union française des œnologues et les Fédérations régionales d'œnologues ; les Syndicats des Courtiers de vins ; l'Union de la Sommellerie française et les Associations régionales de Sommeliers ; la Chartreuse de Villeneuve-lès-Avignon ; et pour le chapitre suisse, l'Office fédéral de l'agriculture, la Commission fédérale du Contrôle du commerce des vins, les responsables des Services de la viticulture cantonaux, l'OVV, l'OPAV, l'OPAGE.

Couverture : Calligram (création) ; Graph'm (réalisation). – **Maquette et mise en page :** François Huertas. – **Cartographie :** Alain Mirande. – **Illustrations :** Véronique Chappée. – **Production :** Gérard Piassale et Isabelle Simon. – **Régie :** André Magniez. – **Composition :** M.I.S. – **Photogravure :** Offset-Publicité et S.O.S.. – **Impression :** Herissey (Évreux). – **Façonnage :** Arts Graphiques Modernes.

Conformément à une jurisprudence constante (Toulouse, 14.01.1887), les erreurs ou omissions involontaires qui auraient pu subsister dans ce guide malgré les soins et les contrôles de l'équipe de rédaction ne sauraient engager la responsabilité de l'Éditeur.

Crédits iconographiques : 4e de couverture : © Hachette/D.R.
Photos pp. 10, 13, 15, 16, 22, 24, 26 : © Scope/J. Guillard ; pp. 11, 14 : © Scope/J.-L. Barde ; p. 17 : © C. Sarramon.

© 1998, Hachette Livre (Hachette Pratique), Paris.
Tous droits de traduction, d'adaptation et de reproduction totale ou partielle, pour quelque usage, par quelque moyen que ce soit, réservés pour tous pays.

Imprimé en France par Herissey en septembre 1998 sur Lacopaque des papeteries Bolloré.
N° d'impression 81433 – Dépôt légal n° 1122/09/1998 – Collection n° 52
Édition n° 01 – 23-6357-0. – ISBN 2-01.236357.1

LE GUIDE HACHETTE DES VINS 1999

SOMMAIRE

TABLEAU DES SYMBOLES
6

AVERTISSEMENT
7

ACTUALITÉ DE LA FRANCE VITICOLE
9

LE VIN
Les différents types de vins
27

Les travaux de la vigne
30

Les différentes vinifications
33

L'élevage des vins
35

Le contrôle de la qualité
36

LE GUIDE DU CONSOMMATEUR
Comment lire une étiquette ?
38

Comment acheter son vin ?
42

Comment conserver son vin ?
47

Comment déguster le vin ?
51

Comment servir le vin ?
56

Tableau des millésimes
59

LES METS ET LES VINS
63

SÉLECTION DES MEILLEURS VINS DE FRANCE
69

SÉLECTION DES MEILLEURS VINS DE SUISSE
1034

INDEX
des appellations
1058

des communes
1060

des producteurs
1069

des vins
1089

TABLES DES CARTES

L'Alsace	p 70
Le Beaujolais	p 127
Le Bordelais	pp 172-173
BLAYAIS ET BOURGEOIS	p 217
LIBOURNAIS	p 227
RÉGION DE SAINT-ÉMILION	p 249
ENTRE DORDOGNE ET GARONNE	p 295
RÉGION DES GRAVES	p 311
MÉDOC ET HAUT-MÉDOC	p 331
MOULIS ET LISTRAC	p 349
MARGAUX	p 355
PAUILLAC	p 361
SAINT-ESTÈPHE	p 365
SAINT-JULIEN	p 371
LES VINS BLANCS LIQUOREUX	p 375
La Bourgogne	p 388
LE CHABLISIEN	p 431
CÔTE DE NUITS (NORD 1)	p 451
CÔTE DE NUITS (NORD 2)	p 455
CÔTE DE NUITS (CENTRE)	p 463
CÔTE DE NUITS (SUD)	p 483
CÔTE DE BEAUNE (NORD)	p 487
CÔTE DE BEAUNE (CENTRE-NORD)	p 511
CÔTE DE BEAUNE (CENTRE-SUD)	p 521
CÔTE DE BEAUNE (SUD)	p 541
CHÂLONNAIS ET MÂCONNAIS	p 549
La Champagne	pp 576-577
Le Jura	p 633
La Savoie et le Bugey	p 645
Le Languedoc	pp 652-653
Le Roussillon	p 687
La Provence	pp 700-701
La Corse	p 723
Le Sud-Ouest	p 729
CAHORS	p 731
GAILLAC	p 735
BERGERAC	p 757
La vallée de la Loire et le Centre	pp 774-775
PAYS NANTAIS	p 783
ANJOU-SAUMUR	p 801
TOURAINE	p 839
VINS DU CENTRE	p 887
La vallée du Rhône	
NORD	p 911
SUD	pp 914-915
Les vins doux naturels	p 971
Les vins de pays	pp 1002-1003
La Suisse	pp 1036-1037

SOMMAIRE

Sélection des meilleurs vins de France

L'Alsace
69

Le Beaujolais
126

Le Bordelais
170

Le Blayais et le Bourgeais 216
Le Libournais 226
Entre Garonne et Dordogne 294

La région des Graves 309
Le Médoc 328
Les vins blancs liquoreux 373

La Bourgogne
387

Le Chablisien 429
La Côte de Nuits 449
La Côte de Beaune 485

La Côte chalonnaise 530
Le Mâconnais 546

La Champagne
574

Le Jura
630

La Savoie et le Bugey
644

Le Languedoc
652

Le Roussillon
686

La Provence
698

La Corse
702

Le Sud-Ouest
728

La vallée de la Loire et le Centre
774

La région nantaise 781
Anjou-Saumur 799

La Touraine 837
Les vignobles du Centre 886

La vallée du Rhône
910

Les vins doux naturels
971

Les vins de liqueur
990

Les vins de pays
1000

Sélection des meilleurs vins de Suisse
1034

SYMBOLES

SYMBOLES UTILISÉS DANS LE GUIDE

La reproduction d'une étiquette signale un « coup de cœur » de la commission
- *** vin exceptionnel
- ** vin remarquable
- * vin très réussi

1996 millésime ou année du vin dégusté
- ☐ vin « tranquille » blanc
- ◩ vin « tranquille » rosé
- ■ vin « tranquille » rouge
- ○ vin effervescent blanc
- ◓ vin effervescent rosé
- ● vin effervescent rouge

50 000, 12 500... nombre moyen de bouteilles du vin présenté
4 ha superficie de production du vin présenté
- ⊟ élevage en cuve
- ⬛ élevage en fût
- ♨ thermorégulation
- ✆ adresse
- ☑ vente à la propriété
- ⚑ condition de visite ou de dégustation (r.-v. = sur rendez-vous)
- ✆ nom du propriétaire, si différent de celui figurant dans l'adresse

n.c. information non communiquée

LES PRIX

LES PRIX (prix moyen de la bouteille en France par carton de 12) sont donnés sous toutes réserves. Ci-dessous leur équivalent en euro.

– 30 F	- 4,61 €	70 à 100 F	10,77 - 15,38 €	150 à 200 F	23,08 - 30,77 €
30 à 50 F	4,61 - 7,69 €	100 à 150 F	15,38 - 23,08 €	+ 200 F	+ 30,77 €
50 à 70 F	7,69 - 10,77 €				

Le fond rouge indique un bon rapport qualité/prix – 30 F

LES MILLÉSIMES   ⑧② 83 |⑧⑤| |86| 89 ⑨⓪ 91 |92| 93 **95 96**

83 91   les millésimes en rouge sont à boire

93 95   les millésimes en noir sont à garder

|86||92| les millésimes en noir entre deux traits verticaux sont à boire pouvant attendre

83 **95**   les meilleurs millésimes sont en gras

⑨⓪   le millésime exceptionnel est dans un cercle

Les millésimes indiqués n'impliquent pas une disponibilité à la vente chez le producteur mais chez les cavistes ou restaurateurs.

Atlas Hachette
des Vins de France - INAO

*Un panorama complet
de la civilisation du vin en France
et la présentation
de chaque appellation.
Une cartographie exceptionnelle*

256 P., 500 photos, 74 cartes couleurs, **315 F.**

AVERTISSEMENT

Une sélection des vins entièrement nouvelle

Vous trouverez décrits dans ce Guide les 8 000 meilleurs vins de France et de Suisse, tous dégustés en 1998. Il s'agit d'une sélection entièrement nouvelle, portant sur le dernier millésime mis en bouteilles. Ces vins ont été élus pour vous par 800 experts au cours des commissions de dégustation à l'aveugle du Guide Hachette des Vins, parmi plus de 25 000 vins de toutes les appellations. Quelque mille vins, sans faire l'objet d'un article, sont mentionnés avec un autre vin d'un même producteur.

Un guide objectif

L'absence de toute participation publicitaire et financière des producteurs, négociants ou coopératives cités assure l'impartialité de l'ouvrage, dont l'unique ambition est d'être un guide d'achat au service des consommateurs. Les notes de dégustation, qui attribuent de zéro à trois étoiles à chacun des vins répertoriés, doivent être comparées au sein d'une même appellation : il est en effet impossible de juger des appellations différentes avec le même barème.

Un classement par étoiles

Mis sous cache afin de préserver l'anonymat, chaque vin est examiné par un jury qui décrit sa couleur, ses qualités olfactives et gustatives et lui attribue une note de 0 à 5.
0   vin à défaut, il est éliminé ;
1   petit vin et vin moyen, il est éliminé ;
2   vin réussi, typique, il est cité sans étoile ;
3   vin très réussi, **une étoile** ;
4   vin remarquable par sa structure, **deux étoiles** ;
5   vin exceptionnel, modèle de l'appellation, **trois étoiles**.

Les coups de cœur

Les vins dont l'étiquette est reproduite constituent les « coups de cœur », librement choisis et élus par les dégustateurs du Guide ; ils sont particulièrement recommandés aux lecteurs.

Une lecture claire

L'organisation de cet ouvrage est très simple.
– Un chapitre d'introduction présente l'actualité de la France viticole, le millésime 97 et les données économiques régionales.
– La première partie de ce guide rassemble les éléments nécessaires pour apprécier les vins de France à leur juste valeur : techniques d'élaboration, constitution d'une cave, achat des vins, accords mets-vins, etc.
– Les vins sont ensuite répertoriés :
• par régions, classées alphabétiquement ; puis trois sections sont consacrées aux vins doux naturels, aux vins de liqueur et aux vins de pays. Le dernier chapitre offre une sélection de vins suisses ;

- par appellations, présentées géographiquement à l'intérieur de chaque région ;
- par ordre alphabétique à l'intérieur de chaque appellation.
– Quatre index en fin d'ouvrage permettent de retrouver les appellations, les communes, les producteurs et les vins.
– Les 48 cartes originales permettent de visualiser l'implantation géographique des vignobles.

Les raisons de certaines absences

Des vins connus, parfois même réputés, peuvent être absents de cette édition : soit parce que les producteurs ne les ont pas présentés ; soit parce qu'ils ont été éliminés lors des dégustations. Pour certains vins dégustés et retenus, la mention « n.c. » remplace des informations non communiquées.

Par ailleurs, on ne s'étonnera pas de l'absence de millésime ou d'année pour les vins d'assemblage (champagnes non millésimés, par exemple), pour les vins de liqueur ou pour quelques vins doux naturels ; ni de celle des surfaces de production pour les vins de négoce ou de coopératives, issus de différentes propriétés.

Le guide de l'acheteur

L'objet de ce guide étant **d'aider le consommateur à choisir ses vins** selon ses goûts et à découvrir les meilleurs rapports qualité/prix (signalés par une fourchette de prix en rouge), tout a été fait pour en rendre la lecture facile et pratique.

– une lecture attentive des introductions générales, régionales et de chaque appellation est indispensable : certaines informations communes à l'ensemble des vins ne sont pas répétées pour chacun d'eux.

– le **signet**, placé en vis-à-vis de n'importe quelle page, donne immédiatement **la « clé » des symboles** et rappelle, au dos, la structure de l'ouvrage ; consultez également les pages 4, 5 et 6.

– certains vins sélectionnés pour leur qualité ont parfois une diffusion quasi confidentielle. L'éditeur ne peut être tenu pour responsable de leur non-disponibilité à la propriété, mais invite les amateurs à les rechercher chez les cavistes, négociants ou sur les cartes des vins des restaurants ;

– un conseil enfin : la dégustation chez le producteur est bien souvent gratuite. N'en abusez pas : elle représente un coût non négligeable pour le producteur qui ne pourra vous ouvrir ses vieilles bouteilles.

Important : le prix des vins

Les prix (prix moyen de la bouteille par carton de 12), présentés sous forme de « fourchette », sont soumis à **l'évolution des cours** et donnés **sous toutes réserves**. Les prix des vins suisses sont donnés en francs français.

Numérotation téléphonique

Tous les numéros ont, pour la France, 10 chiffres : 8 chiffres précédés de 01 pour l'Ile-de-France, 02 pour le Nord-Ouest, 03 pour le Nord-Est, 04 pour le Sud-Est, 05 pour le Sud-Ouest. Pour téléphoner en Suisse, il faut composer le 00.41 suivi immédiatement de l'indicatif régional (ex. : 27). Si l'on appelle de Suisse, on fera précéder l'indicatif d'un zéro lorsque le correspondant habite dans une autre zone (indicatif différent). Pour joindre de Suisse un producteur français, on composera le 00.33 suivi des 9 derniers chiffres de son numéro.

ACTUALITE DE LA FRANCE VITICOLE
1997 : LA FETE A BORD

En 1997, on s'attendait déjà à un ralentissement, voire à une crise. Rien de tel ne s'est produit. Le navire des appellations françaises va toujours plus vite. Mais jusqu'où ?

Sur le pont des grands crus, la fête bat son plein, et rien n'y est trop beau ou trop cher. Au-dessous, dans le quartier des appellations un peu moins huppées, on profite aussi de l'orchestre qui joue un concert de louanges, et on mène également grand train. Quant à l'ensemble des vignobles français, s'il ne participe pas directement aux réjouissances les plus brillantes, il est tout ébloui d'être embarqué sur un navire si beau et si rapide.

Mais où va-t-il si vite ce navire, et qui le dirige dans cet épais brouillard ?

On nous dit que la destination, c'est l'an 2000. Qu'il n'y aura jamais assez de champagne pour fêter un tel événement, jamais assez de bons millésimes de bordeaux ou de bourgogne, et qu'en attendant, il faut bien se désaltérer avec tout ce que l'on trouve, des bords de la Loire à ceux du Rhône en passant par la Gascogne et le Languedoc.

« E la nave va » peut-on dire, en se réjouissant que le titre de Fellini illustre mieux la situation du vignoble français que celui du film américain de l'année... Le naufrage annoncé après la reprise des essais nucléaires français en 1995 n'a jamais eu lieu, bien au contraire ! Le lecteur de ce guide le constatera vite en regardant les catégories de prix des vins qu'il a l'habitude de suivre.

En 1997, la France a vendu à l'étranger pour 30 milliards de francs de vin et pour 12 milliards de spiritueux, soit l'équivalent de 125 Airbus, aime à rappeler le négoce exportateur. Le bordeaux est toujours en fête avec 7,3 milliards de francs : il représente à lui seul près du quart des exportations en valeur. Le champagne se fait rare ? Le comité interprofessionnel décide de débloquer les réserves correspondant aux récoltes 1992, 1993 et 1994, années de crise. En 1997, on a en effet expédié près de 269 millions de bouteilles, dont 104 à l'étranger, soit 5,1 % de plus qu'en 1996 qui n'était pas une petite année.

Autre fait significatif, la vente des Hospices de Beaune a enregistré des hausses de plus de 40 % sur les bourgognes rouges et de 38 % sur les blancs. Ces prix ne reflètent pas ceux pratiqués par l'ensemble du vignoble bourguignon mais donnent la tendance.

Malgré quelques signes alarmants comme la crise asiatique qui touche maintenant le Japon en asphyxiant son économie, c'est pourtant de l'Orient que viennent tous les espoirs aujourd'hui. Les Chinois, délaissant les eaux-de-vie, au grand dam du secteur du cognac qui s'enfonce dans la récession, se mettent à boire du vin. Alléchés par le *French paradox* selon lequel le vin rouge est un élixir de longue vie, et toujours friands de ces mystères pragmatiques, ils achètent. La monnaie chinoise n'était toujours pas dévaluée en juillet 1998 et les Japonais, malgré leurs déboires, ont toujours l'un des plus gros pouvoirs d'achat de la planète. Le salon V & S, organisé par Vinexpo, qui s'est tenu en juin 1998 à Hong-Kong, a montré que la nouvelle frontière du vin était quelque part dans ces mers du Sud. Personne ne pourrait imaginer qu'on puisse y rencontrer des icebergs. Mais c'est en revanche une zone de mousson. Les producteurs de cognac en font l'amère expérience.

Evidemment, il n'y a personne à la barre, et c'est normal puisque les vins d'appellation revendiquent leur appartenance à l'économie de marché. C'est leur honneur et leur risque.

Les viticulteurs doivent tous faire des efforts pour proposer les meilleurs vins ; il s'astreignent à respecter des règles sévères pour mériter les meilleurs prix. Tant que les consommateurs verront leur nombre et leur pouvoir d'achat augmenter plus vite que la production, la hausse des prix se poursuivra, amplifiée par le négoce. Mais ils ont parfois des volte-face imprévisibles. An 2000 ou pas, l'histoire nous l'a appris.

Jean-Pierre Deroudille

QUOI DE NEUF EN ALSACE ?

Historique ? Le mot est excessif pour le millésime 97. Très honorable, cependant. Car l'Alsace fait des vins merveilleux.

UN MILLESIME CONTRASTE

Les vendanges ont débuté en Alsace le 18 septembre 1997 pour les crémants, le 1er octobre pour les alsaces et les grands crus. Elles étaient attendues avec inquiétude : après une bonne floraison dans l'ensemble, un triste temps en juin-juillet avait provoqué de la coulure, des retards dans la maturité. La suite fut plus heureuse, marquée par un bel ensoleillement. Aussi la richesse en sucre naturel est-elle souvent remarquable. Revers de la médaille, une faible acidité. Les vendangeurs les plus tardifs n'ont pas toujours été récompensés, car la pluie est revenue au début de novembre.

Salué un peu vite comme un millésime historique, le 97 apparaît en réalité contrasté. Léger, il ne sera pas de garde. En revanche, il sera très agréable en bouche dès lors que les rendements ont été maîtrisés. Les comparaisons les plus fréquentes portent sur le 92 quant au degré et à l'acidité. Le 97 est toutefois supérieur en qualité.

L'ANNEE DU GEWURZTRAMINER

Il y a à boire et à manger en riesling qui souffre des excès de rendements. Peu de réussites en muscat. Bons résultats pour le sylvaner qui se montre élégant, pour le pinot gris et le pinot blanc. Mais c'est le gewurztraminer qui tire le mieux son épingle du jeu : il a profité de la coulure pour donner un vin concentré et fruité, déjà séducteur. Beaucoup de sélections de grains nobles et de vendanges tardives ont atteint des volumes de production record depuis la reconnaissance de ces appellations.

La récolte s'élève à 1 207 492 hl (+ 3 % par rapport à 1996, + 11 % par rapport à 1995) dont 46 082 hl de grand crus. Si l'on ajoute les côtes de toul qui viennent d'accéder à l'AOC (3 552 hl en 1997) et la Moselle (672 hl), les vins de l'Est représentent 4,99 % de la production nationale.

En 1997, la commercialisation a représenté 1,1 million d'hectolitres (dont 25 % à l'exportation), soit une situation stable. Les meilleurs clients sont l'Allemagne, puis la Belgique, les Pays-Bas et le Danemark (70 % des ventes à l'étranger).

UNE NOUVELLE APPELLATION D'ORIGINE CONTROLEE DANS L'EST

Les côtes de toul ont rejoint la cour des AOC depuis le décret du 31 mars 1998. Le décret précise l'obligation d'assembler au minimum 10 % de pinot noir en superficie pour la production des fameux vins gris, ce qui confère au vin une plus grande rondeur. Ce cépage est en constante augmentation, bien que le gamay reste dominant.

BREVES DU VIGNOBLE

Après le décès de Roland Guth, l'oenologue Bertrand Praz a pris la direction technique de la Cave vinicole d'Eguisheim. La fusion de Bennwihr, Heim et Westhalten est effective : Henri Delarbre est parti, tandis que Thierry Schoepffer prend la barre. L'oenologue Philippe Wach entre à Bennwihr pour superviser le nouvel ensemble Bestheim. Georges Wespiser (Hunawihr) préside depuis avril 1998 le Conseil interprofessionnel des vins d'Alsace dont le secrétaire général est Pierre Heydt-Trimbach (Ribeauvillé).

QUOI DE NEUF EN BEAUJOLAIS ?

Une production record et une année de redressement pour le Beaujolais, grâce à des conditions climatiques très favorables. Les crus affirment leurs caractères.

Jamais le Beaujolais n'avait produit autant de vin qu'en 1997. Malgré ces volumes importants, la situation économique tend à se redresser, les ventes de bouteilles à la propriété poursuivant, au cours du premier trimestre 1998, une ascension record, tout comme les vente en grande distribution (+ 7,1 % en 1997). La politique de communication du Beaujolais s'efforce de faire comprendre au consommateur que le beaujolais n'est pas seulement le vin nouveau de novembre ou décembre. Car l'économie viti-vinicole souffre ici de cette image « primeur » et certaines difficultés sont apparues à la propriété. C'est ainsi qu'a été lancée la campagne Beaux Jours du Beaujolais, visant à développer l'achat des vins de la région au printemps et en été et à mieux faire connaître les crus, et aussi à inciter les producteurs à plus d'exigence dans la vinification de ces crus afin de les différencier des vins primeurs. Le marché à l'export tend à conforter cette tendance. Dans le même esprit a été ouverte, en octobre 1997, l'Ecole beaujolaise des vins.

DE BELLES VENDANGES

La récolte 1997 en Beaujolais s'élève à 1 402 507 hl, contre 1 400 538 hl l'année précédente. Elle n'a guère varié depuis 1986, oscillant entre 1,3 et 1,4 million d'hectolitres. Il s'agit néanmoins d'un record historique. Les beaujolais-villages rouges représentent 361 336 hl en y associant les rosés, peu abondants. Les crus atteignent 365 824 hl. En volume, la seule progression de 1996 à 1997 concerne brouilly. Les blancs (10 637 hl) diminuent sensiblement, devenant symboliques. Les conditions climatiques ont été très favorables cette année et la récolte a été précoce. On a observé un déficit hydrique de 26 % de janvier à septembre ; la pluviométrie en septembre n'a été que de 203 mm contre 285 en moyenne, les températures étant largement au-dessus des normes saisonnières. Le ban des vendanges fut fixé au 30 août. La récolte s'est déroulée pendant tout le mois de septembre, permettant aux vignerons exigeants de choisir le meilleur moment de maturité. Elle a mobilisé 30 000 vendangeurs, puisque la région n'a pas le droit de faire appel aux machines à vendanger.

La qualité du millésime 97 est satisfaisante, avec des vins bien colorés, fruités et d'une structure convenable, et de très belles réussites dans quelques domaines. Le beaujolais nouveau pèse un bon tiers de la production globale du vignoble, autour de 400 000 hl (55 millions de bouteilles), pour un chiffre d'affaires de plus d'un milliard de francs. Il est exporté à 50 %, surtout en Allemagne (40 % des exportations), les autres principaux consommateurs étant les Etats-Unis (14 %), la Suisse (11 %), les Pays-Bas (8 %), le Royaume-Uni (7 %), l'ensemble Belgique-Luxembourg (7 %), puis le Japon (4 %), en forte progression. L'UIVB tente de pénétrer les marchés d'Europe centrale et de l'Est.

BREVES DU VIGNOBLE

Le Savour Club vient d'installer son siège à Villefranche-sur-Saône, et le groupe Jean-Claude Boisset devient l'un des opérateurs majeurs sur ce marché. Après avoir acquis le Cellier des Samsons et la maison Mommessin-Thorin (le tout est dirigé par Philippe Bardet, P.D.G. de la SA Mommessin), il a pris le contrôle de la S.N.J. Pellerin à Saint-Georges-de-Reneins.

QUOI DE NEUF EN BORDELAIS ?

Les années se suivent et se ressemblent à Bordeaux en cette fin de décennie. Certes, les millésimes ne sont pas tous de la même qualité et 97 n'égalera sans doute pas le remarquable 96, mais l'euphorie inouïe des marchés s'est encore accentuée tout au long de la campagne 97/98.

Etrange millésime que celui de 1997 ! Il s'était d'abord montré extraordinairement précoce, avec un débourrement de la vigne dans les premiers jours de mars, notent Pascal Ribéreau-Gayon et Guy Guimberteau de la faculté d'œnologie de Bordeaux (Université Victor-Segalen) dans leur synthèse annuelle. La fin de l'hiver avait été particulièrement douce et peu arrosée, avec des températures supérieures de 2 à 3° C sur les normales saisonnières – à croire que les prédictions sur le réchauffement de la planète s'accomplissaient avec quelques décennies d'avance.

LES CAPRICES DE LA NATURE

Les nuits d'avril ont toutefois été fraîches et la gelée du 23 tint les viticulteurs en alerte, qui gardaient en mémoire le gel catastrophique qui ravagea le vignoble dans la nuit du 21 avril 1991. Le pire fut évité à un ou deux degrés près, grâce à des conditions nettement plus sèches. Au début du mois de mai apparurent les premières fleurs et les viticulteurs commencèrent à se demander si l'on n'allait pas vendanger au début du mois de septembre. Mais dès le 4 mai, le temps se remit à la pluie, les températures baissèrent, devenant carrément fraîches pour la saison.

Alors que la demi-floraison, plus précoce que dans les meilleurs millésimes des cinquante dernières années, était relevée au 23 mai – soit trois semaines avant la normale, la pluie et le froid compromettaient la fin de la fleur. Coulure, millerandage, nouvelle floraison à la fin de juin dans certaines vignes allaient limiter la production, mais surtout, donner une hétérogénéité rare à l'évolution physiologique du vignoble. Une source de multiples tracas pour les propriétaires. Le mauvais temps devait continuer jusqu'au 5 juillet. Après, le mercure remonta dans les thermomètres, les pluies se calmèrent, mais le soleil boudait toujours derrière les nuages.

Cela n'avait pas réduit la précocité, puisque la demi-véraison était relevée le dernier jour de juillet, mais l'hétérogénéité notée à la floraison demeurait également. La véraison allait demander plusieurs semaines pour s'accomplir.

Comme le mois d'août fut particulièrement chaud (3,4° C de plus que la normale), humide (54 mm de précipitations supplémentaires) et peu ensoleillé (30 heures de moins), le dilemme auquel devraient faire face les viticulteurs au moment des vendanges étaient déjà apparent : il faudrait vendanger au pas de course avant les attaques de la pourriture, alors que l'on n'était pas sûr de ramasser assez de grains mûrs. En effet, l'hétérogénéité de maturation se manifestait non seulement sur la même parcelle, mais sur le même cep.

A l'approche de la maturité, l'avance extraordinaire constatée en début de floraison avait été perdue et l'on s'apprêtait à vendanger à des dates plus proches de la normale.

Pour le sauvignon, les meilleures parcelles des graves étaient prêtes début septembre, mais les attaques de pourriture ont demandé les plus grands soins et un tri rigoureux à l'entrée du chai. Les raisins blancs moins précoces, en revanche, ont bénéficié d'un temps idéal (chaud et sans une goutte d'eau à partir du 10 septembre). Les foyers de pourriture s'étaient naturellement asséchés et ce qui fut récolté alors était de bonne qualité. Dans l'ensemble, les blancs de 1997 sont honnêtes et francs.

Les rouges, toujours plus tardifs, mais encore plus lents à mûrir en 1997 que d'habitude, allaient profiter également de ce bon mois de septembre pour se refaire une santé. Là aussi, il a fallu trier sévèrement pour obtenir une bonne qualité. Dans l'ensemble, la taille inhabituelle des grappes a tout de même nui à la concentration, si l'on se réfère aux excellents millésimes précoces que furent 89 et 90, ou même à 95 et 96. Avec 6 700 000 hl de vins AOC produits en Gironde, blancs et

rouges confondus, on a largement dépassé les 6 400 000 hl de 1996 et légèrement les 6 600 000 hl de 1995.

Une mention spéciale doit être faite aux liquoreux : comme les tries y sont la règle et comme l'automne a été particulièrement favorable, avec des attaques précoces de botrytis suivies de longues périodes chaudes et sèches, il est clair que les châteaux ayant étalé leurs vendanges sur un à deux mois tiennent un grand millésime qui rappellera le 90.

Les autres 97 devraient être aimables et équilibrés, constituer des vins à boire dans les dix ans. Les grands crus, qui ont fait des sélections impitoyables, pourront certainement prétendre avoir réalisé des vins de garde. Mais on comprend tout de même, en considérant cette histoire mouvementée du millésime, les polémiques nées des prix, en hausse de 15 à 30 %, des vins qui en sont issus.

L'EUPHORIE, PUIS LA CHUTE ?

L'envolée des prix qui s'est produite dès la fin de la campagne 96/97 pour les vins d'AOC régionale et qui s'est confirmée avec les grands crus proposés en primeur en mai et juin 1998 ne s'explique donc pas que par des raisons qualitatives. Le 97 est certes honnête et parfois joliment réussi, grâce au savoir-faire des œnologues et des viticulteurs bordelais, mais il ne justifie pas une telle surenchère. On en cherche donc les raisons du côté des marchés extérieurs qui tirent les prix vers le haut depuis deux ans. Déjà en 1996, alors que l'on prédisait une catastrophe à cause du boycott annoncé de pays du Nord et du Pacifique après la reprise des essais nucléaires français, jamais les exportations n'avaient autant augmenté. En 1997, la tendance s'est encore accentuée. Le chiffre d'affaires des exportations de vins de Bordeaux a augmenté de 16 % en 1997, pour atteindre 7,3 milliards de francs. Tous les marchés traditionnels, que l'on croyait voués à une relative stabilité ont littéralement explosé: + 44 % aux Etats-Unis, + 36 % au Royaume-Uni, + 24 % en Allemagne.

L'Asie, malgré la crise des « Dragons » et la morosité persistante de l'économie japonaise, n'a pas été en reste. Le salon V&S, organisé en juin 1998 par la société Vinexpo sur le modèle de son grand frère bordelais, a été l'occasion de le constater. En Extrême-Orient où les ventes se tassent sévèrement pour le négoce cognaçais, elles s'envolent pour les vins français, et tout spécialement pour le bordeaux rouge qui bénéficie là-bas d'une aura presque magique. Les vertus du *French paradox* y sont célébrées deux ans après avoir été popularisées aux Etats-Unis, et il est devenu aussi à la mode de boire un bordeaux que vieux-jeu de siroter un cognac.

Jusqu'à quand cela durera-t-il ? s'inquiète-t-on aujourd'hui. Le quotidien bordelais

Sud-Ouest titrait en juin dernier « La cote d'alerte ». Alors que c'était toujours la surenchère pour enlever des lots à la propriété, on relevait en effet les premiers signes de lassitude chez les consommateurs étrangers au premier semestre 1998. Baisse des ventes au détail en Angleterre. Tassement à Hong-Kong. Agacement devant le prix des primeurs. On remarquait que certains viticulteurs, soucieux d'être, peut-être, les derniers à profiter des miettes de la fête, proposaient leur millésime 98 à la vente sur souche, dès le mois de juin, avant même la fleur!

Sont-ce là les signes avant-coureurs d'un retour de bâton que tout le monde sait déjà inéluctable ? Ou bien passera-t-on la fin du millénaire sur de telles bases, en profitant des effets euphorisants de la reprise économique et des festivités de l'an 2000 ? Ce n'est de toute façon qu'une question de mois.

Les Bordelais se sont offert leur propre fête sans attendre. Les 27, 28, et 29 juin, la ville de Bordeaux a organisé sa première grande fête du Vin depuis septembre 1907, avec un succès populaire qui a dépassé toutes les espérances. On a ainsi renoué l'alliance de la ville avec son vignoble au son de musiques classiques, de rythmes brésiliens et afrocubains sur les quais de la Garonne, dans un Port de la Lune qui ne demande qu'à redevenir le centre de la vie bordelaise. Plus de 100 000 personnes en trois jours ont plébiscité cette initiative qui ne pourra désormais qu'être renouvelée les années paires (celles sans Vinexpo).

BREVES DU VIGNOBLE

Jean-Louis Trocard, 46 ans, viticulteur aux Artigues-de-Lussac et président du Syndicat viticole régional des appellations bordeaux et bordeaux supérieur depuis 1989, a été élu à la tête du Conseil interprofessionnel du vin de Bordeaux où il succède au négociant Philippe Castéja. Un poste qu'il espérait depuis longtemps, mais qu'il a dû conquérir de haute lutte, tant il apparaissait jusqu'ici difficile d'envisager qu'un propriétaire dans la simple AOC bordeaux puisse présider une si noble maison que le CIVB où se succédaient négociants et châtelains de grands crus classés et qui vient tout juste de fêter ses cinquante ans. A la tête du syndicat régional, c'est Jean-Louis Roumage, 52 ans, viticulteur à Saint-Germain-du-Puch, qui succède à Jean-Louis Trocard.

Les prix fabuleux atteints par les vins de Bordeaux et, de façon concomitante, par les vignobles, semblent avoir ralenti la fièvre de transactions qui avait saisi la Gironde en 1996. On notera toutefois une affaire importante, la vente de Château Pavie (premier grand cru classé de saint-émilion), domaine comptant 30 hectares. La famille Valette, qui ne pouvait sortir d'une indivision, a vendu à Gérard Perse, installé à Monbousquet dans la même appellation, qui lui avait déjà acheté le vignoble mitoyen de Pavie-Decesse.

Le feuilleton du Château d'Yquem continue d'opposer le comte Alexandre de Lur Saluces à son frère Eugène qui souhaite vendre le domaine à LVMH dirigé par Bernard Arnault ; le litige n'a pas trouvé de solution un an après son début. Vu le nombre et la qualité des avocats des deux parties, l'affaire n'est pas près de s'achever s'il n'y a pas de négociations.

Le Château Giscours a défrayé la chronique en juin 1998. Le nouveau propriétaire de la société d'exploitation (et pas du vignoble), un négociant néerlandais, a été victime d'une dénonciation pour fraude. Son directeur d'exploitation, expatrié au Liban, n'a pas démenti et l'affaire a été largement exploitée dans la presse. Certains n'auraient pas vu d'un mauvais œil qu'elle déclenchât, comme l'affaire Cruse en 1973, une chute des cours du bordeaux, mais ce fut peine perdue.

QUOI DE NEUF EN BOURGOGNE ?

L'économie est florissante et la plupart des viticulteurs n'ont plus de vin en cave. Les prix reprennent (doucement) leur marche en avant. L'image du vin de Bourgogne est excellente à l'étranger. Un grand sujet de discussion : l'embouteillage obligatoire dans la région de production.

Quarante mille vendangeurs et des machines se sont mis à l'ouvrage dès le 1er septembre 1997 pour les crémants, dès le 6 septembre pour les vins tranquilles. Après les pluies orageuses de la fin du mois d'août et du début de septembre, le temps s'est montré ensoleillé et frais, favorisé par la bise (le vent du nord). L'état sanitaire du raisin est assez correct, la teneur en sucre naturel satisfaisante, l'acidité en retrait. Le pinot noir est mieux parvenu à maturité que le chardonnay. Les rouges sont suaves et longs ; les blancs, sveltes, aimables et de concentration moyenne.

DES VINS RARES ET CHERS

La production totale du vignoble s'élève à 1 366 058 hl, en baisse de 7,3 % par rapport à l'année précédente. Elle est stable en blanc (853 702 hl), diminuant fortement en rouge (512 356 hl, soit - 17 %). Dans les grands crus blancs, la production se maintient. En revanche, elle baisse sensiblement dans les grands crus rouges (- 16 %) : ils seront donc plus rares encore. En Côte de Beaune et en villages, la baisse en volume atteint 13,4 % et en Côte de Nuits 18,2 %.

Chablis bénéficie d'une situation inverse. Avec une récolte de 241 091 hl, l'augmentation en volume est de 5 % par rapport à 1996 : environ 29 000 hl en petit chablis (+ 13 % de progression moyenne sur les cinq dernières années), 161 000 hl en chablis (+ 8 %), 45 000 hl en premier cru (+ 6 %) et 5 500 hl en grand cru (+ 3 %).

Le vignoble bourguignon vit une période d'euphorie. On trouve peu de vin en cave dans les crus. Les prix augmentent, même si l'on s'efforce de les stabiliser à la propriété... Aux Hospices de Beaune, les 97 ont vu les chandelles des enchères brûler par les deux bouts. Prix moyen de la pièce (300 bouteilles) : 34 699 F en rouge (+ 46 %) et 53 048 F en blanc (+ 38 %). Certes, la quantité (617 pièces contre 719) était inférieure à 1996 et la qualité excellente, mais ces prix sont surtout le reflet du cours du dollar et d'une forte demande internationale.

Les exportations de vins de Bourgogne ont atteint en 1997 un volume de 721 000 hl pour 3,165 milliards de francs, avec une progression de 22,2 % en valeur et de 19,4% en volume. Les vins blancs représentent les deux tiers des exportations, mais les rouges remontent légèrement. Les neuf dixièmes des exportations concernent dix pays seulement. En volume, la Grande-Bretagne reste le premier client devant l'Allemagne, les Etats-Unis et le Japon. En valeur, les Etats-Unis redeviennent numéro un devant la Grande-Bretagne, et le Japon précède maintenant l'Allemagne. On relève un bond en avant des achats japonais et l'arrivée à la dixième place de Taïwan avec une hausse de 228 % de ses achats. Attention cependant...

Des accidents climatiques ne seront pas sans effets sur la récolte 1998. Dans le Chablisien,

Le célèbre domaine a expliqué et justifié ce choix de vinification, rendu nécessaire, selon lui, par le millésime. Tout le problème est de savoir si ces deux pratiques simultanées, interdites naguère, sont ou non autorisées par la réglementation européenne.

Jean-Claude Boisset poursuit sa croissance : après avoir pris le contrôle de la maison J. Moreau et Fils (Chablis) qui avait appartenu naguère à Hiram Walker et à Allied Domecq, et de L'Héritier-Guyot (liquoriste à Dijon, domaine viticole à Vougeot), l'entreprenant Nuiton acquiert la SICA Domaines Michel Bernard (Orange en côtes du rhône) et la S.N.J. Pellerin (Saint-Georges-de-Reneins en Beaujolais). Les activités de

la grêle du 14 mai sur la rive droite du Serein (Chablis, Fyé, Fleys, Fontenay ; en premier et grand cru : Montée de Tonnerre, Mont de Milieu, Fourchaume, Bougros notamment) a été dévastatrice, tout comme le gel du mardi de Pâques sur Chaintré, Davayé, Pouilly-Solutré en Mâconnais, frappant plusieurs appellations dont saint-véran, ou encore la grêle sur Meursault début juin 1998.

Nouvelles appellations

Du nouveau sur les étiquettes ! La naissance de l'AOC communale bouzeron (première récolte : 1997), remplaçant dans un délai de cinq ans la mention bourgogne aligoté Bouzeron (3 000 hl). C'est la première fois que ce cépage franchit le seuil de l'appellation communale : un décret en Conseil d'Etat est donc nécessaire. Autre AOC communale nouvelle : viré-clessé en Mâconnais, pour les seuls vins blancs secs et avec la mention « Grand Vin de Mâcon ». Clessé produit 13 000 hl de mâcon-villages, et Viré 18 000 hl.

Breves du vignoble

Une polémique a éclaté à propos de l'acidification et de la chaptalisation des vins vendus aux Hospices de Beaune en 1997.

Mommessin-Thorin et du Cellier des Samsons sont désormais regroupées sur ce dernier site. Le groupe Worms devient propriétaire d'Antonin Rodet (Mercurey), cédé par Laurent-Perrier. Michel Picard (Chagny) lance un programme de développement en Languedoc avec les vignerons de Bérange.

L'année a vu les décès d'importantes personnalités : Bernard Barbier, grand maître de la confrérie des chevaliers du Tastevin, longtemps sénateur-maire de Nuits-Saint-Georges ; André Boisseaux, qui avait donné une impulsion considérable à l'économie viti-vinicole de la région (Patriarche, Kriter, les châteaux de Meursault et de Marsannay, etc.) ; Daniel Senard, ancien grand maître de la confrérie des chevaliers du Tastevin et viticulteur à Aloxe-Corton.

Vincent Barbier succède à son père comme grand maître de la confrérie des chevaliers du Tastevin ; Louis Trébuchet prend la présidence du Comité national d'interprofession des Vins et Eaux-de-Vie AOC.

Dans la coopération, les Caves de Prissé et de Verzé s'unissent.

La Maison des Vins de l'Auxerrois a été créée à Saint-Bris-le-Vineux, dans l'ancienne cave coopérative.

QUOI DE NEUF EN CHAMPAGNE ?

Le champagne a battu tous ses records de vente en 1997 et l'on s'attend à un raz-de-marée sur ce vin les nuits des 31 décembre 1999 et 2000.

LES SEPT PLAIES D'EGYPTE

Gelée, grêle, mildiou, coulure se sont abattus sur le vignoble... Le froid s'est fait sibérien durant l'hiver 1996-1997 : - 24,2 °C aux Riceys... Le printemps est arrivé tôt, mais les gelées de printemps se sont succédé du 22 mars au 8 mai 1997 ; les températures sont descendues jusqu'à - 7 °C. Les jeunes bourgeons ont été atteints, surtout dans la Montagne de Reims, la Côte des Blancs, la région d'Epernay et la Côte des Bar (3 000 ha détruits, soit 10 % de la Champagne). Le botrytis et le mildiou se sont développés en raison du temps très pluvieux en mai, juin, juillet, août...

Compte tenu de cette situation, le rendement à l'hectare a été fixé à 10 000 kg de raisin (10 400 en 1996). A la fin d'août et en septembre, la situation s'est améliorée et les vendanges ont pu se dérouler du 12 septembre au 10 octobre. Le rendement réel moyen s'élève à 9 423 kg de raisins à l'hectare, le plus faible depuis 1985. Mais on est tout de même loin des quelque 4 000 kg de raisins à l'hectare relevés en 1978, 1980 et 1981. La récolte totale est de 895 000 pièces (une pièce = 205 l), équivalente à celle de 1994, inférieure à celles des autres années de la décennie sauf 1988. Mais les superficies n'étaient pas les mêmes il y a dix ans (26 000 ha, 30 000 de nos jours).

Le titre alcoométrique s'élève à 10,2 % vol. en moyenne, nettement supérieur à la moyenne des 20 dernières années. L'acidité est dans la moyenne, identique à celle de 1994. On n'atteint sans doute pas la réussite des années 1996, 1995 et 1990, mais les résultats sont corrects, notamment en meunier. Cela donnera quelquefois des vins millésimés.

La réserve qualitative opérée en période d'abondance s'avérera bien utile pour compenser cette relative pénurie. Les 440 000 pièces achetées par le négoce représentent 58 % de la récolte des vignerons : un pourcentage jamais atteint dans le passé. Plus du tiers du volume conservé par la propriété relève des coopératives.

RECORD HISTORIQUE DES VENTES

La Champagne a battu tous ses records de ventes en 1997, avec 268, 9 millions de bouteilles et pour la première fois plus de 100 millions de bouteilles exportées. Le marché français représente 165 millions de bouteilles

en 1997. Les sorties des maisons de champagne totalisent 98,7 millions de bouteilles en 1997 (+ 2,1 % par rapport à 1996), les expéditions du vignoble, 66,3 millions de bouteilles (+3,6 %) ; les marques de vignerons, 51,3 millions de bouteilles et les coopératives, 15 millions. Les exportations ont représenté 103,8 millions de bouteilles en 1997, avec de fortes progressions (+ 7,9 % pour l'Union européenne, + 14,2 % pour les Etats-Unis, + 40,9 % pour l'Australie, + 53,5 % pour Singapour). Seul le marché suisse est stagnant. Le premier client est le Royaume-Uni (22,2 millions de bouteilles en 1997), devant l'Allemagne (19,5 millions) et les Etats-Unis (15,5 millions de bouteilles). Et l'on s'attend à une énorme demande de champagne pour les 31 décembre 1999 et 2000, dans le monde entier ! En avril 1998, le comité interprofessionnel a donc décidé de débloquer l'équivalent de 37,5 millions de bouteilles mises en réserve sur les récoltes 1992, 1993 et 1994.

BREVES DU VIGNOBLE

Père de l'œnologie champenoise, le professeur Alain Maujean (université de Reims-Champagne-Ardennes) prend sa retraite après avoir formé 268 œnologues. Première pierre du futur Institut technique du champagne, posée à Epernay le 23 janvier 1998. Le groupe Boizel-Chanoine acquiert les Champagnes Philipponat et Abel Lepitre achetés au groupe Marie Brizard. LVMH renonce à contrer la fusion de Guiness et de Grand Met. Le Champagne Deutz cesse son activité viti-vinicole en Californie et vend au négociant Château le château Vernous, cru bourgeois du Médoc acquis en 1990. La Société Paul-Louis Martin-Champagne Delbeck rachète la marque Bricout au groupe allemand Racke. Laurent-Perrier se sépare de la maison bourguignonne Antonin Rodet, cédée au groupe Worms. Quatre coopératives champenoises se regroupent pour former Alliance Champagne : l'Union auboise, la COGEVI, la COVAMA et Jacquart. Vranken Monopole fait son entrée au second marché de la Bourse en avril 1998.

QUOI DE NEUF DANS LE JURA ?

Quantité peu abondante, qualité flatteuse, mais les 97 ne vieilliront pas et doivent être dégustés maintenant. Sauf les jaunes, bien sûr !

Le développement végétatif a été précoce en 1997, malgré le gel des 21 et 22 avril dans le sud de l'aire des côtes-du-jura. Cette avance s'est dans l'ensemble maintenue. Quelques orages de grêle se sont abattus sur Passenans et Poligny à la fin de juillet, puis le beau temps s'est installé. On a vendangé à partir du 10 septembre, toujours avec un peu d'avance, sauf en château-chalon où la récolte n'a commencé que le 25 du mois. Gel, grêle, mildiou, oïdium, coulure ont touché le Jura, notamment les cépages savagnin et poulsard. La récolte est donc réduite d'un tiers par rapport à celle de 1996, autour de 65 000 hl. Les prix sont stables. Les jaunes aujourd'hui sur le marché sont ceux de 90/91.

Le millésime est honorable : les poulsards sont légers, les trousseaux de bonne tenue, les pinots noirs un peu justes, les chardonnays moyens, les savagnins portés par le gras. Ces vins seront de moyenne garde et évolueront vite.

Quant à la récolte 1998, elle est d'ores et déjà affectée par un orage de grêle qui, le 31 mai, a touché 150 ha, notamment à Montigny-lès-Arsures et à Arsures près d'Arbois (de 30 à 80 % de dégâts selon les parcelles).

BREVES DU VIGNOBLE

La seconde édition de la Percée du Vin Jaune s'est déroulée à Arbois en février 1998, mettant à l'honneur le millésime 91. Cette « Saint-Vincent tournante » jurassienne aura lieu en 1999 à Château-Chalon, au début de février. Il existe aussi une fête du Trousseau, et un concours des Crémants de France (qui aura lieu à Arbois en septembre 1998). Filiale des Grands Chais de France, la Compagnie des Grands Vins du Jura s'est agrandie. Pierre Menez succède à Henri Maire comme P.-D.G. des Vins Henri Maire. La société se sépare de ses filiales Caves des Pises et Guichon Vins, cédées au groupe Castel. Elle conserve Bachet (à Sète).

QUOI DE NEUF EN SAVOIE ?

L'arrière-saison 1997 est vécue comme un bonheur tardif, mais vivifiant. La teneur en sucre naturel est très élevée. Quel réconfort après les tracas climatiques d'une rude année ! Roussette et mondeuse donnent le la.

Gels de printemps, orages de grêle sur les bords du Léman ont causé beaucoup de soucis en effet. Crépy, Marin, Ripaille ont été affectés par la grêle. Les maturités ont été variées. Les vendanges ont été engagées le 10 septembre pour les cépages les plus précoces (chardonnay, pinot noir), le 22 septembre pour la roussanne, au début du mois d'octobre pour la jacquère et la mondeuse.

On a déploré un peu de pourriture grise, d'oïdium et de mildiou, mais ces fièvres ont été apaisées par de beaux mois d'août et de septembre. Les réussites se situent notamment du côté de la roussette de Savoie, du seyssel et du cru Chignin. La mondeuse tire bien son épingle du jeu. Apremont et Abymes en jacquère, Ripaille et l'AOC crépy en chasselas ont moins de tonus en général. Les prix demeurent raisonnables.

La production agréée en 1997 (124 421 hl) est légèrement en retrait sur celle de 1996 (134 112 hl). Les diminutions en volume les plus importantes concernent l'AOC crépy (2 710 hl contre plus de 4 000 l'année précédente), les crus Ayze, Cruet, Marin.

TOILETTAGE DES AOC

En 1998 les vins de Savoie ont fêté leur vingt-cinquième anniversaire en appellation d'origine contrôlée. En effet c'est en septembre 1973 que le vin de Savoie et la roussette de Savoie, jusqu'alors classés en VDQS, ont accédé à l'AOC, après les seyssel, en 1942, et les crépy, en 1948.

Le hasard fait que cette date correspond avec la sortie du nouveau décret qui modifie la production des vins de Savoie. Deux crus inusités disparaissent, Charpignat et Sainte-Marie d'Alloix, et quelques modifications permettent de mieux définir l'originalité des vins, en particulier en roussette où dorénavant, seul le cépage altesse est autorisé, pour les vins de cru comme pour les vins sans cru.

Le Comité interprofessionnel a changé de président. Un jeune négociant a été élu à la tête de cette institution en la personne de Charles-Henri Gayet, des établissements Adrien Vacher, une des plus importantes maisons de négoce local, spécialisée en vins de Savoie et située sur la commune des Marches.

QUOI DE NEUF EN LANGUEDOC ET ROUSSILLON ?

Les caprices du climat ont mis en 1997 la vigne et les vignerons à dure épreuve. Une année très difficile où l'expérience, la technicité, ont permis aux meilleurs de s'exprimer.

DES VINS A BOIRE
DANS LEUR JEUNESSE

Précoce, la végétation avait débuté avec plusieurs semaines d'avance. Les pluies et le temps froid du printemps ont perturbé la floraison. Périodes humides et séquences très chaudes ont compliqué encore la situation en juillet et en août, des maux divers comme les drosophiles provoquant de la pourriture et la perte de concentration. Les vendanges ont été forcément complexes : fallait-il vendanger tôt ou attendre ? Les cépages tardifs (carignan, mourvèdre) se sont bien comportés.

Le millésime 97 apparaît donc contrasté selon la conduite de la vigne, le tri aux vendanges, les circonstances climatiques particulières. Quelques belles réussites sont à dénicher chez les meilleurs producteurs.

La récolte 97 en volume

En ce qui concerne les AOC et VDQS du Languedoc (vins tranquilles), la production 1997 s'élève à 1 699 093 hl (avec les costières de nîmes), en retrait sur les trois millésimes précédents, mais supérieure à tous les millésimes 90, 91 et 92. Elle progresse en fitou, faugères, saint-chinian, malepère et limoux (passé de 290 hl en 1990 à 2 550 hl en 1997), diminue en corbières (le plus fort volume avec 543 000 hl) et en minervois (192 000 hl), de même qu'en coteaux du languedoc (397 000 hl). Pour les effervescents, recul en volume de la blanquette de limoux (36 509 hl) alors que progresse le crémant de limoux (21 821 hl), le volume global ayant tendance à diminuer sur la décennie entière.

Pour les AOC du Roussillon, la récolte 1997 présente deux particularités qui la distinguent des récoltes de ces dernières années : elle est abondante et la part des vins de table et de pays est bien supérieure aux revendications en appellation. Ce phénomène connu des « bonnes » années se trouve accentué par les effets du plan Rivesaltes.

Le volume total des côtes du roussillon et des côtes du roussillon-villages oscille depuis 1980 entre 300 000 et 330 000 hl : 301 130 hl en 1997, en retrait par rapport à 1996 et 1995, identique à 1994. Les côtes du roussillon rouges diminuent sensiblement en raison de la qualité du millésime, reporté en vin de table pour une part non négligeable. En blanc, l'appellation reste modeste (10 000 hl), mais la marsanne, la roussanne et le vermentino commencent à donner des vins expressifs. En rosé, la production est passée de 12 000 hl à près de 45 000 hl en moins de dix ans. En villages, le volume progresse : 85 600 hl en 1997, contre 78 340 l'année précédente. Une politique de rigueur qui se justifie sur le long terme.

Le côtes du roussillon-villages Caramany progresse, le côtes du roussillon-villages Lesquerde reste stable et le dernier reconnu en 1997, le côtes du roussillon-villages Tautavel, approche les 3 800 hl, répartis entre les caves coopératives de Tautavel et de Vingrau et cinq producteurs en cave particulière. La dénomination côtes du roussillon-villages Latour-de-France, avec 10 000 hl, stagne quelque peu, tout comme le dossier d'extension d'aire sur cette dénomination.

Dans l'AOC collioure, avec 14 000 hl, la progression en volume est très importante en 1997 ; cela tient à l'augmentation des rendements et de la superficie revendiquée. Les nouvelles plantations de syrah, de grenache et de mourvèdre commencent à entrer en production. En vins doux naturels, la production est faible et se situe dans les plus basses de ces dernières années. La raison essentielle est le gel volontaire des superficies dans le cadre du plan Rivesaltes. Toutes les autres productions sont en augmentation par rapport à 1996. Il est vrai que cette dernière récolte avait été particulièrement déficitaire en volume. Banyuls et Maury retrouvent le rythme normal de production alors que les muscats continuent leur évolution raisonnable.

En rivesaltes, le fait marquant pour 1997 est le franchissement volontaire à la baisse du seuil des 10 000 ha. Avec 234 000 hl, l'AOC couvre les besoins actuels du marché annuel. A l'échelle nationale, alors que toutes les AOC de vins doux naturels sont en progression, la baisse des rivesaltes a fait passer de 1980 à aujourd'hui la production de VDN de 790 000 hl à 560 000 hl, la part des rivesaltes passant de 68 % en 1980 à 45 % aujourd'hui.

En muscat de rivesaltes, le volume est en faible progression malgré quelque 100 ha entrés en production. Les mauvaises conditions météorologiques lors de la récolte ne sont pas étrangères à ce phénomène.

Dans l'AOC maury, après une légère baisse de la superficie relevée en 1996 à la suite de modifications des conditions de production intégrant un minimum obligatoire de 70 % en grenache noir, la superficie revendiquée remonte légèrement. Le volume reste conforme à la moyenne de ces cinq dernières années.

En banyuls, la superficie ne décroît quasiment plus. L'équilibre entre AOC banyuls et collioure semble se stabiliser.

Dans le Roussillon, près de 15 000 ha ont disparu depuis quinze ans (solde entre les arrachages et les replantations, surtout en syrah et en grenache noir, macabeu et muscat à petits grains).

LE MILLESIME

En corbières et en fitou, les meilleurs vins proviennent des vendanges les plus tardives et surtout de l'intérieur des terres. Carignans et grenaches s'en tirent assez bien. Les minervois ont souffert de l'orage du 19 août. Là encore, il fallait attendre pour bien vendanger. Les vins sont assez plaisants dans l'ensemble, mais légers et sans vertus de garde. En coteaux du languedoc, septembre s'est montré clément et a permis de sauver bien des choses. L'impression générale est favorable, sauf pour les rosés. Dans l'AOC faugères, le carignan a marqué des points en se révélant le meilleur atout en rouge.

Limoux a eu beaucoup de chance, n'ayant souffert ni d'excès d'humidité ni de dégâts climatiques : on y trouve un millésime d'excellente qualité.

Les côtes du roussillon sont très légers. En villages, on trouve davantage de maturité et de concentration. A Collioure, le millésime 97 est peu probant. Quant aux vins doux naturels, ils ont souffert du temps.

BREVES DU VIGNOBLE

La SICA des Vins du Roussillon a créé une nouvelle structure de commercialisation, la Cave de l'Abbé Rous (Domaines et Châteaux). La cave coopérative de Durban-Corbières a quitté le groupement de producteurs des Vignerons du Val d'Orbieu. Le Bourguignon Michel Picard conclut un accord de développement avec les Vignerons de Bérange pour les vins de pays et de cépage, sur 500 ha. L'année a vu disparaître Charles Dupuy, qui avait fait du Mas Amiel l'un des fleurons viti-vinicoles du Languedoc-Roussillon, et le Docteur Parcé, personnalité de Banyuls. L'INAO a reconnu dans le décret des coteaux du languedoc des spécificités de production pour les terroirs de La Clape et du Pic Saint-Loup, comme pour le cru La Livinière en Minervois : six communes autour de La Livinière porteront l'appellation minervois-La Livinière. La réforme de l'AOC rivesaltes est entérinée, autour des blancs (rivesaltes ambrés) et des rouges (tuilés et rimage).

QUOI DE NEUF EN PROVENCE ET EN CORSE ?

Friands et légers, plus tendres que vifs, agréables et porteurs d'arômes assez intenses, ainsi apparaissent les vins de Provence millésimés 97. Dans l'ensemble les vins n'ont pas beaucoup d'acidité : ils ne se garderont pas très longtemps.

L'année 1997 a été marquée par un passage difficile de l'hiver au printemps, avec un cycle végétatif en dents de scie : soleil en mars, gel durant la nuit du 17 au 18 avril (notamment aux Baux). D'abord la vigne a été en avance en raison d'un temps favorable, puis la croissance a stagné sous la pluie. Des orages ont éclaté durant la seconde quinzaine du mois d'août. Septembre en revanche a été ensoleillé. Dès lors, les conditions sanitaires de la vendange (du 15 septembre au 15 octobre le plus souvent) ont été en général satisfaisantes, mais avec de sensibles différences entre les zones maritimes ou l'intérieur – l'arrière-pays étant plus favorisé. Presque tous les secteurs ont connu des risques ou des poussées d'oïdium, de mildiou ou d'autres attaques.

LE TOUR DES VIGNOBLES

Parmi les situations délicates, celle des coteaux d'aix-en-provence où le cycle végétatif a subi des aléas et où les vinifications ont été difficiles. En coteaux varois, les conditions ont été meilleures avec un raisin sain et bien mûr. Les côtes de provence ont subi un temps très humide dû aux orages et à l'absence de mistral : les succès y sont donc inégaux, malgré des conditions climatiques beaucoup plus favorables en septembre. Même cas de figure en baux-de-provence. L'année est plutôt réussie pour cassis et bellet. Bandol reçoit une mention spéciale. Son mourvèdre s'est particulièrement bien adapté à un mûrissement tardif et les vins sont équilibrés.

Le millésime 97 a produit en côtes de provence 830 254 hl dont 26 965 de vin blanc. Comme toujours, les rosés se taillent la part du lion. On les trouvera à leur juste valeur dans ce guide. Les volumes produits dans les autres AOC sont les suivants : coteaux d'aix : 163 000 hl, les baux-de-provence : 8 948 hl, bandol : 48 566 hl, cassis : 6 665 hl dont 4 812 en blanc, bellet : 1 024 hl, palette : 945 hl,

coteaux varois : 64 449 hl. Les prix demeurent raisonnables et stables.

La demande de reconnaissance de l'appellation sainte-victoire pour sept communes (125 000 hl, soit 15 % du vignoble des côtes-de-provence) est à l'enquête. Par ailleurs, la moitié du vignoble de l'AOC cassis devra justifier d'ici 2004 de son encépagement.

EN CORSE

La situation climatique a été assez satisfaisante tout au long de 1997, à l'exception d'une sécheresse très forte observée dans la partie méridionale de l'île. La richesse en sucre naturel est élevée, l'acidité assez basse ; ces conditions dessinent le profil d'un millésime agréable et assez léger, destiné à une consommation plutôt rapide. On trouve cependant des vins concentrés et solides, tant en rouge qu'en blanc, à Porto-Vecchio et Sartène notamment.

L'INAO a décidé la reconnaissance définitive de l'appellation muscat du cap corse, dont le décret (1993) avait été annulé par le Conseil d'Etat. Le degré minimum de l'alcool de mutage sera désormais de 96 % vol. et non plus de 95 % vol. En 1997 ont été produits 71 032 hl d'AOC vin de corse, 8 297 hl d'ajaccio, 14 957 hl de patrimonio, et 1 762 hl de muscat du cap corse.

QUOI DE NEUF DANS LE SUD-OUEST ?

Cette fois, les prix des vins de Bordeaux ont vraiment entraîné à la hausse ceux de tout le Sud-Ouest qui n'avaient pas été à pareille fête depuis longtemps, malgré un millésime plus délicat à réussir que les années précédentes. Sauf pour les moelleux et liquoreux.

Dans l'ensemble du Bassin aquitain, les conditions climatiques d'un millésime sont rarement très différentes de celles qu'a connues le vignoble bordelais. 1997 confirme la règle et, de Bergerac à Gaillac en passant par Buzet ou Cahors, on a noté les mêmes caractéristiques d'ensemble : une fin d'hiver très douce et sans précipitations, un débourrement et une floraison précoces, puis des mois de mai et de juin frais et humides, un mois de juillet dans la moyenne, malgré une première semaine fort maussade, un mois d'août chaud en dépit d'un ensoleillement médiocre et de nombreux orages, suivi d'un début de septembre franchement mauvais. Enfin, à partir de la seconde semaine de septembre s'installa un temps radieux, sec et chaud, jusqu'à fin d'octobre. C'est la qualité exceptionnelle de cette arrière-saison qui explique les très bons résultats enregistrés dans les vignobles de liquoreux et moelleux.

LIQUOREUX, TANNAT ET MAUZAC A LA FETE

Autant les vignobles en situation précoce ont souffert de problèmes de qualité dus à un contrôle très difficile de la pourriture, autant les vendanges les plus tardives ont pu être réussies. Pour les rouges, c'est le cas du tannat, principal cépage du madiran, qui a parfois atteint une excellente maturité. En blanc, les Gaillacois se félicitent de la bonne tenue du mauzac qui assure une excellente typicité, sans doute davantage que le sauvignon à Bergerac. La récolte a été abondante, dépassant un peu celle de 1996, sans atteindre le record de 1992, qui était un peu particulier après le gel catastrophique de 1991. Dans l'ensemble, les vins ne sont pas des modèles de concentration. Les arômes de fruits rouges restent frais et les vins seront agréables à déguster dans les prochaines années. Seuls les moelleux et liquoreux, à la fois desséchés par la pourriture noble et le passerillage, vont développer pendant encore longtemps une riche complexité.

A Bergerac, avec une production totale de 625 000 hl d'AOC, on a légèrement dépassé 1996 (618 000 hl). A Cahors, avec 218 000 hl, la production est en léger recul sur 1996 (243 000 hl). A Gaillac, avec 97 000 hl de rouge et de rosé et 33 000 hl de blanc, on dépasse légèrement la production de 1996. Dans ce cas, où le potentiel est nettement plus important parce que le conseil interprofessionnel encourage le repli vers les vins de pays des côtes du Tarn pour tenir le marché de l'AOC, on peut considérer qu'il s'agit surtout d'un signe de bonne santé économique. La vigne se vend encore à un prix raisonnable à Gaillac (150 000 F l'hectare) alors que le potentiel de qualité est à la hauteur d'appellations plus cotées comme cahors ou bergerac. C'est une région que les investisseurs inscrivent d'autant plus facilement sur leur liste de visites qu'elle est désormais à la porte de l'aéroport de Toulouse-Blagnac grâce à une autoroute. C'est aussi le cas de Cahors, depuis juillet 1997.

A Madiran, la coopérative de Crouseilles connaît un regain de prospérité et s'est offert l'abbaye dont le nom a été donné à l'appellation pour en faire un siège emblématique, tandis qu'à Gan, la coopérative du jurançon faisait réaliser de superbes chais. Partout, les vignobles du Sud-Ouest ont suffisamment le vent en poupe pour investir et asseoir leur prestige. A Bergerac, par exemple, pendant la campagne 1996-1997, les ventes au départ de la propriété ont augmenté de 11,25 % en rouge et de 16,56 % en blanc par rapport à la campagne précédente. Dans l'ensemble des vignobles du Sud-Ouest, les progressions sont comprises entre 5 et 15 %, avec des prix restés très fermes quand ils n'ont pas considérablement augmenté. Nos lecteurs pourront constater que les viticulteurs qui vendent directement aux consommateurs ne sont pas demeurés en retard sur cette tendance.

BREVES DU VIGNOBLE

A Bergerac, Michel Delpon a été élu à la présidence du CIVRB en 1997. C'est un homme de la coopération (il dirige l'union de coopératives à la marque Producta). Le directeur du CIVRB, Jean-Jacques Chalmeau, s'est retiré après une dizaine d'années passées à Bergerac où il a laissé une forte empreinte. Il est remplacé par Vincent Bergeon.

Dans les autres vignobles, on ne notera guère de faits aussi marquants, sinon le rapprochement par fusion de la cave coopérative de Duras (50 % de l'appellation) avec sa voisine girondine de Landerrouat, nettement plus prospère.

QUOI DE NEUF DANS LA LOIRE ?

L'année 97 restera-t-elle dans les mémoires comme celle des moelleux ? Ils sont superbes et généreux. Le reste est plus divers, mais dans une très honnête moyenne. 97 est le troisième beau millésime de la vallée de la Loire !

DANS LA RÉGION NANTAISE

Favorisé par de bonnes conditions climatiques, le muscadet 97 est de très belle facture. Digne successeur d'un 96 lui-même fort réussi, il est fin, élégant et bien structuré. Le ban des vendanges a été publié dès le 29 août, et les degrés naturels d'alcool sont élevés, au point que de nombreuses dérogations ont été demandées pour des vins dépassant 12 degrés, ce qui est rare dans le vignoble nantais (le même phénomène a été constaté pour le gros plant du pays nantais, pour la première fois depuis 1989-1990). Les terroirs tardifs (Mouzillon, Vallet est…) se sont particulièrement illustrés en 1997 : grâce à d'importantes réserves en eau, les vignes n'y ont pas souffert de stress hydrique.

Le redressement des ventes s'est poursuivi : 615 000 hl ont été commercialisés pendant la campagne 97, au lieu de 563 000 hl l'année précédente. A la fin d'août 1997, les stocks de muscadet étaient revenus à 478 000 hl, au lieu de 550 000 hl un an plus tôt. Le marché était donc en voie de retour à l'équilibre. Les prix suivent enfin. Il était temps, car beaucoup de producteurs connaissaient une situation difficile. On constate d'ailleurs un courant continu de restructurations : des exploitations marginales disparaissent, leurs vignes étant reprises par des entreprises plus importantes. Phénomène nouveau dans cette région farouchement individualiste, on note aussi une légère évolution à l'égard de la coopération, longtemps vue d'un mauvais œil (l'important groupement des Vignerons de La Noëlle, bien connu des lecteurs du Guide, faisait figure d'exception qui confirme la règle). Face à la crise, une poignée de petites coopératives sont nées récemment. Le coup de cœur obtenu cette année par l'une d'elles atteste que leur démarche n'est nullement anecdotique.

Malgré ses difficultés économiques, la profession a subi un ambitieux travail d'audit qui ne devrait pas s'achever avant 2003 ou 2004. Il comporte notamment une redélimitation des aires d'appellation, avec des zones respectant certains critères de qualité.

Après le beau succès de la première édition, en 1997, l'opération « Muscadet, les années guinguette » a été renouvelée et étendue : chargées sur des gabares, des barriques de muscadet sur lie ont voyagé par voie d'eau non plus seulement jusqu'à Paris, mais aussi jusqu'en Angleterre et en Hollande, avec des haltes promotionnelles dans toutes les villes traversées.

EN ANJOU ET A SAUMUR

La récolte est de 1 047 000 hl, contre 1 102 000 hl en 1996.

Les moelleux 97 ont le vent en poupe, avec ce qu'il fallait de pourriture noble issue d'une heureuse vague de botrytis à la fin d'août et au début de septembre. Coteaux de l'aubance, coteaux du layon, bonnezeaux et quarts de chaume ont bénéficié d'une richesse exceptionnelle en sucre naturel. On déguste déjà de merveilleux moelleux. Ces vins seront fabuleux au XXIe siècle.

Savennières a donné des blancs secs flatteurs, au terme d'une année au climat changeant, mais favorisée par le beau temps à la fin de l'été et au début de l'automne.

Le trio des saumur, saumur-champigny et coteaux de saumur a souffert un peu du gel, d'un temps plein de sautes d'humeur, jusqu'à l'éblouissant soleil de septembre. Tout est en place, la maturité, l'acidité, la concentration, pour faire du 97 un grand millésime. En Anjou, un début de saison assez difficile a été suivi de beau temps et de parfaites conditions climatiques pour une vendange précoce. Le résultat global est excellent dans ce vignoble.

Le décret du 17 février 1998 relatif à l'AOC anjou-villages-brissac concerne une dizaine de communes autour de Brissac. Il s'applique à des vins rouges, issus des mêmes cépages que les anjou-villages (cabernet franc et cabernet-sauvignon).

EN TOURAINE

La récolte est de l'ordre de 600 000 hl, contre 730 000 dans le millésime 96.

Les appellations vouvray, montlouis et jasnières ont donné des moelleux passionnants. Les demi-secs sont moins bien réussis. La qualité est variable parmi les secs : la date de la vendange compte beaucoup, et la rapidité était en 1997 bonne conseillère. Jamais depuis 1945 il n'avait fait autant de soleil en septembre. Les vendanges ont pu se dérouler raisonnablement en octobre, avec, là encore, un peu de botrytis.

Dans l'AOC touraine, on a observé des gels de printemps, une végétation étalée et un temps extrêmement chaud jusqu'à la fin d'août, avec des pluies apportant de la pourriture grise. Grâce à un beau mois de septembre, revigoré par le vent du nord, les vendanges se sont déroulées dans de bonnes conditions.

Les AOC chinon, bourgueil et saint-nicolas-de-bourgueil ont été sujettes à beaucoup de variations climatiques jusqu'à septembre, là encore chaud et sec. Les vendanges ont occupé le mois d'octobre. L'acidité n'est pas considérable, mais le fruit bien présent donne des vins à boire assez jeunes pour profiter de leur souplesse.

Le Comité interprofessionnel des vins de Touraine s'est doté d'un plan de développement sur trois ans afin de commercialiser 600 000 hl d'AOC en 1999 (+ 15 % par rapport à 1996). Son nouveau président, Jacques Couly, en fait son objectif, avec la croissance des exportations (13 % des vins de Touraine actuellement, contre 20 % pour le Val de Loire et 25 % pour l'ensemble de la France).

Au nord de la Touraine, le décret du VDQS coteaux du vendômois est modifié : une nouvelle étape préalable à l'ascension vers l'AOC. Viticulteur et négociant spécialisé dans les vins de Touraine, Pierre Chainier SA poursuit son expansion en reprenant le Clos de Nouy (vouvray). Cette propriété de 8 ha appartenait à Cordier et Blanc-Foussy, filiale du négociant autrichien Schlumberger (2,5 M.F.).

DANS LE CENTRE

Une récolte 1997 de 150 000 hl en sancerre, 20 600 hl en menetou-salon, 6 000 hl en reuilly et autant en quincy, 5 000 hl en coteaux du giennois et 2 000 hl en châteaumeillant. Après de graves difficultés climatiques affectant la végétation, le mois d'août très humide et assez chaud a vu se développer des foyers de mildiou et de pourriture grise. Par chance, la situation s'est améliorée en septembre. Le millésime se présente bien quand il a été vendangé dans de bonnes conditions et plutôt tard. Les rouges sont souvent riches et épanouis ; les blancs, équilibrés, rappellent, dit-on, les excellents 90. La nouveauté, c'est l'accès à l'AOC du VDQS coteaux du giennois par décret du 15 mai 1998 (pour la récolte 1997). Ce vignoble situé dans le Loiret (Gien) et dans la Nièvre (Cosne-sur-Loire) couvrait 2 300 ha avant la crise du phylloxéra. Aujourd'hui en pleine renaissance, il s'étend sur près de 800 ha classés dont 150 sont plantés.

QUOI DE NEUF DANS LA VALLÉE DU RHÔNE ?

Gel printanier, pluies d'équinoxe. Autant d'aléas climatiques contraignant les vignerons à bien « gérer la nature ». Un millésime contrasté.

Le millésime 1997 est très contrasté en fonction de la date des vendanges. Certains vignerons ont récolté très tôt, bénéficiant de conditions atmosphériques favorables. C'est le cas dans plus de la moitié de l'appellation côtes du rhône. D'autres ont attendu que les pluies d'équinoxe se passent ; ils ont profité d'une belle arrière-saison qui a permis la concentration des produits. En revanche, ceux qui n'ont pas su « gérer la nature » se retrouvent avec des vins légers, assez friands toutefois. Les côte-rôtie, hermitage, lirac sont dans l'ensemble bien réussis.

La récolte en côtes du rhône régionales s'élève en 1997 à 2 020 000 hl, en légère diminution par rapport à 1996, laquelle est due principalement aux gelées de printemps qui ont sévi dans la nuit du 17 au 18 avril 1997. Certains secteurs ont été également affectés par la grêle le 16 juin 1997, qui a parfois amplifié l'effet du gel. Pourtant, l'année 1997 avait tout pour elle. La végétation avait démarré très tôt en raison de températures élevées, supérieures à la moyenne en février et mars. La floraison avait été précoce. Cependant des pluies et surtout des moyennes de températures basses pour les mois de juin et de juillet ont provoqué des blocages de maturité. Un beau mois d'août a permis des vendanges précoces. Les prix ont été soutenus et cette tendance s'est observée jusqu'à la fin de la campagne.

Dans la vallée du Rhône septentrionale

La Côte Rôtie s'en tire très bien, avec une poussée de la vigne exceptionnellement précoce, une bonne situation générale. Pour les condrieu, même cas de figure ; on a observé de petites pluies à la fin du mois d'août. Les vins ont peu d'acidité, beaucoup d'alcool – la difficulté du millésime. Les blancs connaissent presque tous ce problème. Avec une situation climatique analogue, les saint-joseph obtiennent des résultats très moyens, montrant un peu de fruit. Même tableau pour les crozes-hermitage, tandis que l'AOC hermitage a produit de beaux 97, d'une parfaite maturité.

Dans le Sud

Les côtes du rhône-villages sont en progression, ce qui s'explique non seulement par une récolte plus faible mais aussi par une prise de conscience de la nécessité de développer qualitativement cette appellation. Les 97 sont charnus et structurés. Tavel se tient bien et voit ses prix se raffermir. Dans l'appellation lirac, la bonne maturité du mourvèdre aboutit en rouge à de magnifiques bouteilles. Même succès en châteauneuf-du-pape, à la fois en rouge et en blanc. Le bourboulenc y a atteint une belle maturité. Bonne réussite encore en gigondas, tandis que l'AOC vacqueyras, touchée par la grêle, s'en sort légèrement moins bien. Les côtes du ventoux, qui ont été plus tardifs que les côtes du rhône, sont bien réussis en rouge dans le millésime 97, tout comme les côtes du luberon.

Trente villages du Vaucluse et vingt-quatre du Gard rejoignent l'AOC côtes du rhône-villages (sans nom de commune). Enfin, un AOVDQS accède à l'AOC : les coteaux de pierrevert (onze communes du sud des Alpes-de-Haute-Provence, soit 1 824 ha dont seuls 376 sont revendiqués).

Breves du vignoble

Décès de Gérard Jaboulet, P.-DG de Jaboulet Aîné. Jean-Claude Boisset (Nuits-Saint-Georges) a abordé la vallée du Rhône en prenant le contrôle de la SICA Domaines Bernard à Orange (huit millions de bouteilles par an).

Le Château-Gourdon, à Bollène, est repris par la famille Mazurd, déjà propriétaire à Tulette.

Le Cellier des Dauphins réalise d'importants investissements, de même que la Cave de Tain-l'Hermitage. La maison de négoce-éleveur Gabriel Meffre a été rachetée par ses cadres, autour de Bertrand Bonnet, directeur général, ainsi que par des investisseurs (Crédit Agricole). Cette entreprise de Gigondas appartenait au groupe britannique Allied Domecq. La maison Paul Jaboulet Aîné rachète les grottes les Volrangs à Châteauneuf-sur-Isère pour en faire des caves de stockage.

Les primeurs des côtes du rhône, « baptisés » traditionnellement en Avignon, marquent le pas cette année. Cette situation est due sans doute à une reprise des beaujolais.

La cave Les Coteaux de Visan fête son centième anniversaire, tout comme la maison Henry Bouachon à Châteauneuf-du-Pape. Naissance de la maison Louis et Cherry Barruol (château Saint-Cosme à Gigondas). Les laboratoires du Comité interprofessionnel se réorganisent en regroupant les antennes de Lirac et de Rasteau sur le site d'Orange. L'Université du Vin de Suze-la-Rousse a fêté ses vingt ans en 1998.

LE VIN

Par définition, le vin est « le produit obtenu exclusivement par la fermentation alcoolique, totale ou partielle, de raisins frais, foulés ou non, ou de moûts de raisin ».

LES DIFFERENTS TYPES DE VINS

___ Par opposition aux *vins de table* et aux *vins de pays,* les *Vins de qualité produits dans une région déterminée* (VQPRD) sont soumis à des règlements de contrôle. En France, ils correspondent aux *Appellations d'Origine Vins délimités de qualité supérieure* (AOVDQS) et aux *Vins d'appellation d'origine contrôlée* (AOC). Il faut noter que les jeunes vignes sont exclues de l'appellation jusqu'à quatre ans (vins trop légers).

___ Les *vins secs* et les *vins sucrés* (demi-secs, moelleux et doux) sont caractérisés par des taux de sucre variables. La production des vins sucrés suppose des raisins très mûrs, riches en sucre, dont une partie seulement est transformée en alcool par la fermentation. Les sauternes par exemple sont des vins particulièrement riches ; ils sont obtenus à partir de raisins très concentrés par la pourriture noble. On les désigne par l'expression « Grands vins liquoreux », qui n'est pas retenue par la législation communautaire, pour ne pas créer de confusion avec les vins de liqueur.

___ Les *vins mousseux* s'opposent aux *vins tranquilles,* par la présence, au débouchage de la bouteille, d'un dégagement de gaz carbonique provenant d'une deuxième fermentation (prise de mousse). Dans la méthode « champenoise », celle-ci est effectuée dans la bouteille définitive. Si elle est effectuée en cuve, on parle de méthode en « cuve close ». Les *crémants* sont des vins mousseux moins riches en gaz.

___ Les *vins mousseux gazéifiés* présentent aussi un dégagement de gaz carbonique ; mais il provient, totalement ou partiellement, d'une addition de gaz. Les *vins pétillants* possèdent, eux, une pression de gaz carbonique comprise entre 1 et 2,5 bars. Leur degré alcoolique doit être supérieur à 7° seulement. Le *pétillant de raisin* est obtenu par fermentation partielle du moût de raisin ; le titre alcoolique est faible ; il peut être inférieur à 7°, mais doit être supérieur à 1°.

___ Les *vins de liqueur* sont obtenus par addition, avant, pendant ou après la fermentation, d'alcool neutre, d'eau-de-vie de vin, de moût de raisin concentré ou d'un mélange de ces produits. L'expression *« mistelle »* ne fait pas partie de la réglementation européenne, qui parle de « moût de raisin frais muté à l'alcool », résultat de l'addition d'alcool ou d'eau-de-vie de vin à du moût de raisin (la fermentation est exclue) ; le pineau des charentes appartient à cette catégorie.

LA VIGNE ET SA CULTURE

La vigne appartient au genre *vitis* dont il existe de nombreuses espèces. Traditionnellement, le vin est produit à partir de différentes variétés de *vitis vinifera*, originaire du

La Vigne et sa culture

continent européen. Mais il existe d'autres espèces provenant du continent américain. Certaines sont infertiles, d'autres donnent des produits doués d'un caractère organoleptique très particulier, appelé « foxé », et peu appréciés. Mais ces variétés, dites américaines, possèdent des caractéristiques de résistance aux maladies supérieures à celles de *vitis vinifera*. Dans les années 1930, on a donc cherché à créer, par hybridation, de nouvelles variétés résistant aux maladies, comme les espèces américaines, mais produisant des vins de même qualité que ceux de *vitis vinifera*; ce fut un échec qualitatif.

___ *Vitis vinifera* est sensible à un insecte, le phylloxéra, qui attaque les racines, et dont on sait les dévastations qu'il produisait à la fin du XIXe s. Le développement d'un greffon de *vitis vinifera* conduit désormais à un cep ayant les propriétés de l'espèce, mais dont les racines, provenant d'un porte-greffe d'espèces américaines, sont résistantes au phylloxéra.

___ L'espèce *vitis vinifera* comprend de nombreuses variétés, appelées *cépages*. Chaque région viticole a sélectionné les mieux adaptés, mais les conditions économiques et l'évolution du goût des consommateurs peuvent aussi intervenir. Certains vignobles produisent des vins issus d'un seul cépage (pinot de Bourgogne, riesling d'Alsace). Dans d'autres régions (Champagne, Bordelais), les plus grands vins résultent de l'association de plusieurs cépages ayant des caractéristiques complémentaires. Les cépages sont eux-mêmes constitués d'un ensemble « d'individus » (clones) ne présentant pas de caractéristiques identiques (productivité, maturité, infection par les maladies à virus); aussi la sélection des meilleures souches a-t-elle toujours été recherchée.

___ Les conditions de culture de la vigne ont une incidence décisive sur la qualité du vin. On peut modifier considérablement son rendement en agissant sur la fertilisation, la densité des plants, le choix du porte-greffe, la taille. Mais on sait aussi que l'on ne peut

RÉGION	CÉPAGES	CARACTÈRES
Bourgogne rouge	pinot	vins fins de garde
Bourgogne blanc	chardonnay	vins fins de garde
Beaujolais	gamay	vins de primeur et de consommation rapide
Rhône Nord rouge	syrah	grands vins de garde
Rhône Nord blanc	marsanne, roussane	grands vins de garde ou pas
Rhône Nord blanc	viognier	grand vin de garde
Rhône Sud, Languedoc, Côtes de Provence	grenache, cinsaut, etc.	vins plantureux de moyenne garde ou petite garde
Alsace (chaque cépage est vinifié seul, il donne son nom au vin)	riesling, tokay-pinot gris, gewurztraminer, sylvaner, etc.	vins aromatiques à boire rapidement sauf les plus grands
Champagne	pinot, chardonnay	à boire dès l'achat
Loire blanc	sauvignon	aromatique à boire rapidement
Loire blanc	chenin	se bonifie longuement
Loire blanc	melon (muscadet)	à boire rapidement
Loire rouge	cabernet franc (breton)	petite et grande garde
Bordeaux rouge Bergerac et Sud-Ouest	cabernet sauvignon, cabernet franc et merlot	grands vins de garde
Bordeaux blanc, Bergerac Montravel, Monbazillac, Duras, etc.	sémillon, sauvignon, muscadelle	secs : petite et longue garde liquoreux : longue garde

pas augmenter exagérément les rendements, sans affecter la qualité. Celle-ci n'est pas compromise lorsque la quantité est obtenue par la conjonction de facteurs naturels favorables ; certains grands millésimes sont aussi des récoltes abondantes. L'augmentation des rendements, au cours des années récentes, est en fait surtout liée à l'amélioration des conditions de culture. La limite à ne pas dépasser dépend de la qualité du produit : le rendement maximum se situe aux environs de 60 hl/ha pour les grands vins rouges, un peu plus pour les vins blancs secs. Pour produire des bons vins, il faut en outre des vignes suffisamment âgées (trente ans et plus), ayant parfaitement développé leur système racinaire.

La vigne est une plante sensible à de nombreuses maladies : mildiou, oïdium, black-rot, pourriture, etc., compromettant la récolte et communiquant aux raisins les mauvais goûts susceptibles de se retrouver dans le vin. Les viticulteurs disposent de moyens de traitement efficaces, facteurs certains de l'amélioration générale de la qualité.

TERROIR VITICOLE : ADAPTATION DES CÉPAGES AU SOL ET AU CLIMAT

Prise dans son sens le plus large, la notion de « terroir viticole » regroupe de nombreuses données d'ordre biologique (choix du cépage), géographique, climatique, géologique et pédologique. Il faut ajouter aussi des facteurs humains, historiques, commerciaux : par exemple, il est sûr que l'existence du port de Bordeaux et de son trafic important avec les pays nordiques a incité, dès le XVIIIe s., les viticulteurs à améliorer la qualité de leur production.

La vigne est cultivée dans l'hémisphère Nord entre le 35e et le 50e parallèle ; elle est donc adaptée à des climats très différents. Cependant, les vignobles septentrionaux, les plus froids, permettent seulement la culture des cépages blancs, que l'on choisit précoces et dont les fruits peuvent mûrir avant les froids de l'automne ; sous des climats chauds sont cultivés les cépages tardifs, qui autorisent les productions importantes. Pour faire du bon vin, il faut un raisin mûr, mais il ne faut pas une maturation trop rapide et trop complète, qui entraîne une perte des éléments aromatiques : on choisit donc les cépages pour lesquels la maturation est atteinte de justesse. Une difficulté, pour les grands vignobles des zones climatiques marginales, est l'irrégularité, d'une année à l'autre, des conditions climatiques pendant la période de maturation.

Des excès, de sécheresse ou d'humidité, peuvent également intervenir. Le sol du vignoble joue alors un rôle essentiel pour régulariser l'alimentation en eau de la plante : il apporte de l'eau au printemps, lors de la croissance ; il élimine les excès éventuels de pluie pendant la maturation. Les sols graveleux et calcaires assurent particulièrement bien ces régulations ; mais on connaît aussi des crus réputés sur des sols sableux, et même argileux. Éventuellement, un drainage artificiel complète la régulation naturelle. Ce phénomène rend compte de l'existence de crus de haute réputation sur des sols en apparence différents, comme de la présence, côte à côte, de vignobles de qualité variable sur des sols en apparence voisins.

On sait aussi que la couleur ou les caractères aromatiques et gustatifs des vins, d'un même cépage et sous un même climat, peuvent présenter des différences selon la nature du sol et du sous-sol ; ainsi en est-il selon qu'ils proviennent de sols formés sur des calcaires, sur des molasses argilo-calcaires, sur des sédiments argileux, sableux ou gravelo-sableux. L'augmentation de la proportion d'argile dans les graves donne des vins plus acides, plus tanniques et corsés, au détriment de la finesse ; le sauvignon blanc, lui, prend des notes odorantes plus ou moins puissantes sur calcaire, sur graves ou sur marnes. En tout état de cause, la vigne est une plante particulièrement peu exigeante, qui pousse sur des sols pauvres. Cette pauvreté est d'ailleurs un élément de la qualité des vins, car elle favorise des rendements limités qui évitent la dilution des colorants, des arômes et des constituants sapides.

Travaux de la vigne

LE CYCLE DES TRAVAUX DE LA VIGNE

Destinée à régulariser la production des fruits en évitant le développement exagéré du bois, la taille annuelle s'effectue normalement entre décembre et mars. La longueur des sarments, choisie en fonction de la vigueur de la plante, commande directement l'importance de la récolte. Les labours de printemps « déchaussent » la plante, en ramenant la terre vers le milieu du rang, et créent une couche meuble qui restera aussi sèche que possible. Le décavaillonnage consiste à enlever la terre qui reste, sous le rang, entre les ceps.

En fonction des besoins, les travaux du sol sont poursuivis pendant toute la durée du cycle végétal; ils détruisent la végétation adventice, maintiennent le sol meuble, et évitent les pertes d'eau par évaporation. De plus en plus, le désherbage est effectué chimiquement; s'il est total, il est effectué à la fin de l'hiver, et les travaux aratoires sont complètement supprimés; on parle alors de non-culture, qui constitue une économie substantielle.

Pendant toute la période végétative, on procède à différentes opérations pour limiter la prolifération végétale : l'épamprage, suppression de certains rameaux; le rognage, raccourcissement de leur extrémité; l'effeuillage, qui permet une meilleure exposition des raisins au soleil, l'accolage pour maintenir les sarments dans les vignes palissées. Le viticulteur doit également protéger la vigne des maladies : le Service de la protection des végétaux diffuse des informations qui permettent de prévoir les traitements nécessaires, faits par pulvérisation de produits actifs.

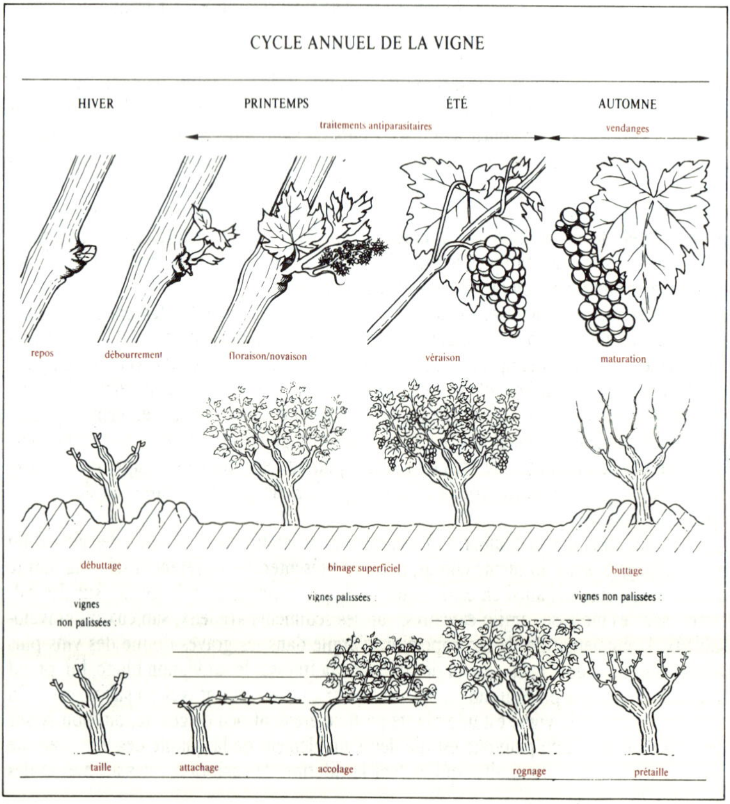

Travaux de la vigne

CALENDRIER DU VIGNERON

JANVIER

Si la taille s'effectue de décembre à mars, c'est bien « à la Saint-Vincent que l'hiver s'en va ou se reprend ».

JUILLET

Les traitements contre les parasites continuent ainsi que la surveillance du vin sous les fortes variations de température !

FÉVRIER

Le vin se contracte avec l'abaissement de la température. Surveiller les tonneaux pour l'ouillage qui se fait périodiquement toute l'année. Les fermentations malolactiques doivent être terminées.

AOUT

Travailler le sol serait nuisible à la vigne, mais il faut être vigilant devant les invasions possibles de certains parasites. On prépare la cuverie dans les régions précoces.

MARS

On « débute ». On finit la taille (« Taille tôt, taille tard, rien ne vaut la taille de mars »). On met en bouteilles les vins qui se boivent jeunes.

SEPTEMBRE

Étude de la maturation par prélèvement régulier des raisins pour fixer la date des vendanges ; elles commencent en région méditerranéenne.

AVRIL

Avant le phylloxéra, on plantait les paisseaux. Maintenant on palisse sur fil de fer sauf à l'Hermitage, Côte Rôtie et Condrieu.

OCTOBRE

Les vendanges ont lieu dans la plupart des vignobles et la vinification commence. Les vins de garde vont être mis en fût pour y être élevés.

MAI

Surveillance et protection contre les gelées de printemps. Binage.

NOVEMBRE

Les vins primeurs sont mis en bouteilles. On surveille l'évolution des vins nouveaux. La prétaille commence.

JUIN

On « *accole* » les vignes palissées et commence à rogner les sarments. La « nouaison » (= donner des baies) ou la « coulure » vont commander le volume de la récolte.

DÉCEMBRE

La température des caves doit être maintenue pour assurer les fermentations alcooliques et malolactiques.

LE VIN

Les raisins et les vendanges

___ Enfin en automne, après les vendanges, un dernier labour ramène la terre vers les ceps et les protège des gelées hivernales ; la formation d'une rigole au centre du rang permet d'évacuer les eaux de ruissellement. Ce labour est éventuellement utilisé pour enfouir des engrais.

LES RAISINS ET LES VENDANGES

L'état de maturité du raisin est un facteur essentiel de la qualité du vin. Mais dans une même région, les conditions climatologiques sont variables d'une année à l'autre, entraînant des différences de constitution des raisins, qui déterminent les caractéristiques propres de chaque millésime. Une bonne maturation suppose un temps chaud et sec : la date des vendanges doit être fixée avec beaucoup de discernement, en fonction de l'évolution de maturation et de l'état sanitaire du raisin.

___ De plus en plus, les vendanges manuelles laissent place au ramassage mécanique. Les machines, munies de batteurs, font tomber les grains sur un tapis mobile ; un ventilateur élimine la plus grande partie des feuilles. La brutalité de l'action sur le raisin n'est pas *a priori* favorable à la qualité, surtout pour les vins blancs : les crus de haute réputation seront les derniers à faire appel à ce procédé de ramassage, malgré des progrès considérables dans la conception et la conduite de ces machines. Dans le cas de maturité excessive lors des vendanges, l'acidité trop basse peut être compensée par addition d'acide tartrique. Si la maturité est insuffisante, on peut au contraire diminuer l'acidité par le carbonate de calcium ; d'autant que, dans ce cas, le raisin insuffisamment sucré donne un vin d'un degré alcoolique faible. La concentration du moût peut également intervenir ; enfin, dans des conditions bien précises, la législation permet d'augmenter la richesse saccharine du moût par addition de sucre : c'est la chaptalisation.

MICROBIOLOGIE DU VIN

Le phénomène microbiologique essentiel qui donne naissance au vin est la fermentation alcoolique ; le développement d'une espèce de levure *(Saccharomyces cerevisae)*, à l'abri de l'air, décompose le sucre en alcool et en gaz carbonique ; de nombreux produits secondaires apparaissent (glycérol, acide succinique, esters, etc.), qui participent à l'arôme et au goût du vin. La fermentation dégage des calories qui provoquent l'échauffement de la cuve, ce qui nécessite une réfrigération éventuelle.

___ Après la fermentation alcoolique peut intervenir, dans certains cas, la fermentation malolactique : sous l'influence de bactéries, l'acide malique est décomposé en acide lactique et en gaz carbonique. La conséquence est une baisse d'acidité et un assouplissement du vin, avec affinement de l'arôme ; simultanément, le vin acquiert une meilleure stabilité pour sa conservation. Les vins rouges en sont toujours améliorés ; l'avantage est moins systématique pour des vins blancs. Mais levures et bactéries lactiques existent sur le raisin ; elles se développent à l'occasion des manipulations de la vendange dans le chai : au remplissage de la cuve, l'inoculation est généralement suffisante ; on peut éventuellement effectuer un levurage avec des levures sèches fournies par le commerce. Il n'a jamais été démontré de façon indiscutable la possibilité de modifier la typicité des vins par l'emploi de micro-organismes sélectionnés : la qualité du vin repose toujours sur la qualité du raisin, donc sur des facteurs naturels (crus et terroirs).

___ Les levures se développent toujours avant les bactéries, dont la croissance commence lorsque les levures ont cessé de fermenter. Si cet arrêt intervient avant que la totalité du sucre ait été transformée en alcool, le sucre résiduel peut être décomposé par les bactéries avec production d'acide acétique (acide volatile) ; il s'agit d'un accident grave, connu sous le nom de « piqûre » ; un procédé récemment découvert permet d'éliminer les

Les différentes vinifications

substances toxiques qui se forment alors à partir des levures elles-mêmes. Au cours de la conservation, il reste toujours des populations bactériennes dans le vin, qui peuvent provoquer des accidents graves : décomposition de certains constituants du vin ; oxydation et formation d'acide acétique (processus de fabrication du vinaigre) ; les soins apportés aujourd'hui à la vinification peuvent éviter ces risques.

LES DIFFÉRENTES VINIFICATIONS

Vinification en rouge

Dans la majorité des cas, le raisin est d'abord égrappé ; les grains sont ensuite foulés et le mélange de pulpe, de pépins et de pellicules est envoyé dans la cuve de fermentation, après légère addition d'anhydride sulfureux pour assurer une protection contre les oxydations et les contaminations microbiennes. Dès le début de la fermentation, le gaz carbonique soulève toutes les particules solides qui forment à la partie supérieure de la cuve une masse compacte appelée « chapeau » ou « marc ».

___ Dans la cuve, la fermentation alcoolique se déroule en même temps que la macération des pellicules et des pépins dans le jus. La fermentation complète du sucre dure en général cinq à huit jours ; elle est favorisée par l'aération, pour augmenter la croissance de la population de levures, et par le contrôle de la température (aux environs de 30 °C) pour éviter la mort de ces levures. La macération apporte essentiellement au vin rouge sa couleur et sa structure tannique. Les vins destinés à un long vieillissement doivent être riches en tanin, et subissent donc une longue macération (deux à trois semaines) de 25 à 30 °C. Par contre, les vins rouges à consommer jeunes, type primeur, doivent être fruités et peu tanniques : leur macération est réduite à quelques jours.

___ L'écoulage de la cuve est la séparation du jus, appelé « vin de goutte » ou « grand vin », et du marc. Par pressurage, le marc donne le vin de presse : son assemblage éventuel avec le raisin de goutte dépend de critères gustatifs et analytiques. Vins de goutte et vins de presse sont remis en cuve séparément pour subir les fermentations d'achèvement : disparition des sucres résiduels et fermentation malolactique.

___ Cette technique est la méthode de base, mais il existe d'autres procédés de vinification qui présentent un intérêt particulier dans certains cas (thermovinification, vinification continue, macération carbonique).

Vinification en rosé

Les vins clairets, rosés ou gris, sont des intermédiaires, plus ou moins colorés, entre les vins blancs et les vins rouges. Ils sont obtenus par macérations d'importance variable de raisins à peine rosés ou fortement colorés. Le plus généralement, ils sont vinifiés par pressurage direct de raisins noirs ou par saignées. Dans ce dernier cas, la cuve est remplie, comme pour une vinification en rouge classique ; au bout de quelques heures, on tire une certaine proportion du jus qui fermente séparément ; et la cuve est remplie à nouveau pour faire du vin rouge.

Vinification en blanc

En matière de vin blanc, il existe une grande diversité de types : à chacun d'eux correspondent une technique de vinification et une qualité de vendange appropriées. Le plus souvent, le vin blanc résulte de la fermentation d'un pur jus de raisin ; le pressurage précède donc la fermentation. Dans certains cas, cependant, on effectue une courte macération préférentaire de peaux pour extraire leurs arômes ; il faut alors des raisins parfaitement sains et mûrs, afin d'éviter des défauts gustatifs (amertume) et olfactifs (mauvaise odeur). L'extraction du jus est faite par foulage, égouttage et pressurage ; les jus de presse sont fermentés séparément, car de moins bonne qualité. Le moût blanc, très sensible à l'oxydation, est immédiatement protégé par addition d'anhydride sulfureux. Dès l'extraction du jus, on procède à sa clarification. En outre, pendant la fermentation, la cuve est en permanence maintenue à une température inférieure à 20 °C, ce qui sauvegarde les arômes de fermentation.

LE VIN

VINIFICATION DES VINS ROUGES

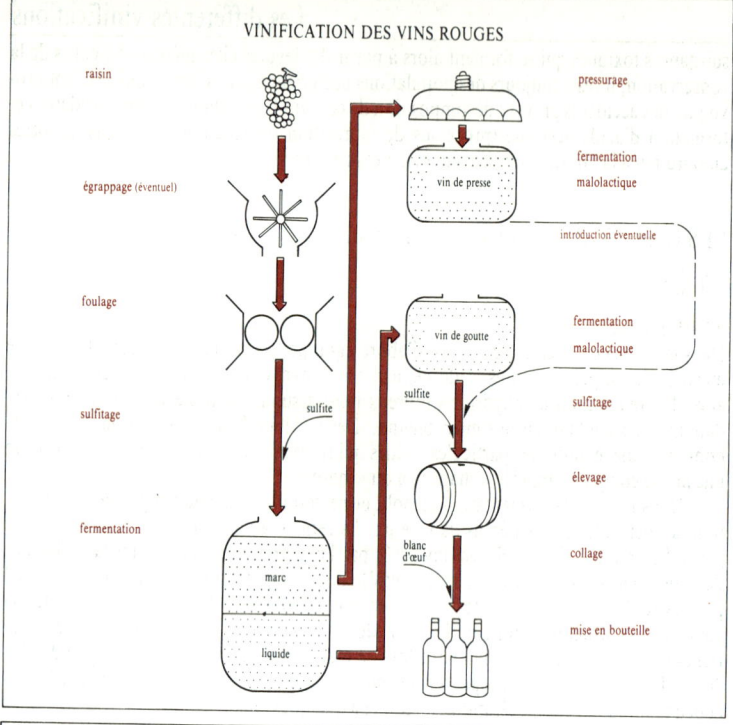

- raisin
- égrappage (éventuel)
- foulage
- sulfitage
- fermentation

- pressurage
- vin de presse → fermentation malolactique
- introduction éventuelle
- vin de goutte → fermentation malolactique
- sulfitage
- élevage
- collage (blanc d'œuf)
- mise en bouteille

marc / liquide
sulfite

VINIFICATION DES VINS BLANCS

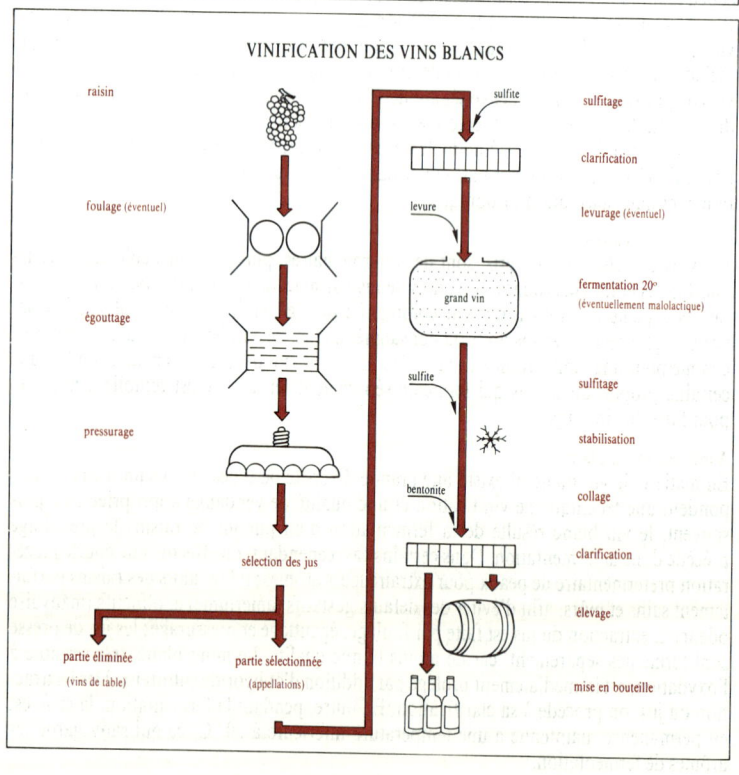

- raisin
- foulage (éventuel)
- égouttage
- pressurage
- sélection des jus
- partie éliminée (vins de table)
- partie sélectionnée (appellations)

- sulfitage (sulfite)
- clarification
- levurage (éventuel) (levure)
- fermentation 20° (éventuellement malolactique) — grand vin
- sulfitage (sulfite)
- stabilisation
- collage (bentonite)
- clarification
- élevage
- mise en bouteille

L'élevage des vins

— Dans de nombreux cas, la fermentation malolactique n'est pas recherchée, les vins blancs supportant bien une fraîcheur acide et cette fermentation secondaire faisant diminuer les arômes typiques de cépages. Les vins blancs qui cependant la subissent trouvent du gras et du volume lorsqu'ils sont élevés en fûts et destinés à un long vieillissement (Bourgogne); elle assure en outre la stabilisation biologique des vins en bouteilles.

— La vinification des vins doux suppose des raisins riches en sucre ; une partie est transformée en alcool, mais la fermentation est arrêtée avant son achèvement par l'anhydride sulfureux et l'élimination des levures par soutirage ou centrifugation, ou par pasteurisation. Particulièrement riches en alcool (13 à 16°) et en sucre (50 à 100 g/l), les vins de Sauternes et Barsac réclament donc des raisins très mûrs ; cette concentration est obtenue par la « pourriture noble » qui correspond au développement particulier sur le raisin d'un champignon, le *botrytis cinerea*, et à la cueillette par tris successifs.

L'ÉLEVAGE DES VINS - STABILISATION - CLARIFICATION

Le vin nouveau est brut, trouble et gazeux ; la phase d'élevage (clarification, stabilisation, affinement de la qualité) va le conduire jusqu'à la mise en bouteilles. Elle est plus ou moins longue selon les types de vin : les « primeurs » sont mis en bouteilles quelques semaines, voire quelques jours après la fin de la vinification ; les grands vins de garde, eux, sont élevés pendant deux ans et plus.

— La clarification peut être obtenue par simple sédimentation et décantation (soutirage) si le vin est conservé en récipients de petite capacité (fût de bois). Il faut faire appel à la centrifugation ou à la filtration lorsque le vin est conservé en cuve de grand volume (l'amiante a été complètement supprimé).

— Compte tenu de sa complexité, le vin peut donner lieu à des troubles et dépôts ; il s'agit de phénomènes tout à fait naturels, d'origine microbienne ou chimique. Ces accidents sont extrêmement graves lorsqu'ils ont lieu en bouteilles ; pour cette raison la stabilisation doit avoir lieu avant le conditionnement.

— Les accidents microbiens (piqûre bactérienne ou refermentation) sont évités en conservant le vin à l'abri de l'air en récipient plein ; l'ouillage consiste justement à faire régulièrement le plein des récipients pour éviter le contact avec l'air. En outre, l'anhydride sulfureux est un antiseptique et un antioxydant d'un emploi courant. Son action peut être complétée par celle de l'acide sorbique (antiseptique) ou de l'acide ascorbique (antioxydant).

— Les traitements des vins résultent d'une nécessité ; les produits de traitement utilisés sont relativement peu nombreux ; on connaît bien leur mode d'action qui n'affecte pas la qualité et leur innocuité est bien démontrée. Cependant la tendance moderne consiste à agir dès la vinification, de façon à limiter autant que possible les traitements ultérieurs des vins et les manipulations qu'ils nécessitent.

— Le dépôt de tartre est évité par le froid, avant la mise en bouteilles ; inhibiteur de cristallisation, l'acide métatartrique a un effet immédiat, mais sa protection n'est pas indéfinie. Le collage consiste à ajouter au vin une matière protéique (albumine d'œuf, gélatine) ; elle flocule dans le vin en éliminant les particules en suspension ainsi que des constituants susceptibles de le troubler à la longue. Le collage des vins rouges (blanc d'œuf) est une pratique ancienne, indispensable pour éliminer l'excès de matière colorante qui floculerait en tapissant l'intérieur de la bouteille. La gomme arabique a un effet similaire ; elle est utilisée pour les vins de table consommés rapidement après la mise en bouteilles. La coagulation des protéines naturelles dans les vins blancs (casse protéique) est évitée en les éliminant par fixation sur une argile colloïdale, la bentonite. L'excès de certains métaux (fer et cuivre) donne également lieu à des troubles ; leur élimination peut être effectuée par le ferrocyanure de potassium.

— L'élevage comprend aussi une phase d'affinage. Elle comporte d'abord l'élimination du gaz carbonique en excès provenant de la fermentation ; son réglage dépend du style : il donne de la fraîcheur aux vins blancs secs et aux vins jeunes ; par contre il durcit les vins

LE VIN

Le vin en bouteilles

de garde, particulièrement les grands vins rouges. L'introduction ménagée d'oxygène assure également une transformation des tânins des vins rouges jeunes ; elle est indispensable à leur vieillissement ultérieur en bouteilles.

— Le fût de bois de chêne apporte aux vins des arômes vanillés qui s'harmonisent parfaitement avec ceux du fruit, surtout lorsque le bois est neuf ; le chêne de l'Allier (forêt de Tronçais) convient mieux que le chêne du Limousin ; le bois doit être fendu et séché à l'air pendant trois ans avant son utilisation. Ce type d'élevage fait partie de la tradition des grands vins, mais il est très onéreux (prix d'achat des fûts, travail manuel, perte par évaporation). En outre, lorsqu'ils sont un peu vieux, les fûts peuvent être des sources de contamination microbienne et apporter au vin plus de défauts que de qualités.

CONDITIONNEMENT - VIEILLISSEMENT EN BOUTEILLES

L'expression « vieillissement » est spécifiquement réservée aux transformations lentes du vin conservé en bouteille, à l'abri complet de l'oxygène de l'air. La mise en bouteilles demande beaucoup de soin et de propreté ; il faut éviter que le vin, parfaitement clarifié, soit contaminé par cette opération. Des précautions doivent en outre être prises pour respecter le volume indiqué (75 cl à 20°). Le liège reste le matériau de choix pour l'obturation des bouteilles ; grâce à son élasticité, il assure une bonne herméticité. Cependant, ce matériau est dégradable ; il est recommandé de changer les bouchons tous les vingt-cinq ans. En outre, on connaît les deux risques du bouchage liège : les « bouteilles couleuses » et les « goûts de bouchon ».

— Les transformations du vin en bouteilles sont multiples et fort complexes. Il intervient d'abord une modification de la couleur, parfaitement mise en évidence dans le cas des vins rouges ; rouge vif dans les vins jeunes, elle évolue vers des nuances plus jaunes, responsables d'une teinte évoquant la tuile ou la brique. Dans les vins très vieux, la nuance rouge a complètement disparu ; le jaune et le marron sont les couleurs dominantes. Ces transformations sont responsables des dépôts de matière colorante dans les très vieux vins. Elles agissent sur le goût des tanins en provoquant un assouplissement de la structure générale du vin.

— Au cours du vieillissement en bouteilles interviennent également un développement des arômes et l'apparition du « bouquet » spécifique du vin vieux ; il s'agit de transformations complexes dont les fondements chimiques restent obscurs (les phénomènes d'estérification n'interviennent pas).

CONTRÔLE DE LA QUALITÉ

Le bon vin n'est pas forcément un grand vin ; par ailleurs, lorsque l'on parle d'un « vin de qualité », on évoque la hiérarchie qui va des vins de table aux grands crus, avec tous les intermédiaires. Derrière ces deux idées se retrouve la distinction entre les « facteurs naturels » et les « facteurs humains » de la qualité. Les seconds sont indispensables pour avoir un « bon vin » ; mais un « grand vin » nécessite en plus des conditions de milieu (sol, climat) particulières et exigeantes...

— Si l'analyse chimique permet de déceler des anomalies et de mettre en évidence certains défauts du vin, ses limites pour définir la qualité sont bien connues ; en dernier ressort, la dégustation est le critère essentiel d'appréciation de la qualité. Des progrès considérables ont été accomplis depuis une vingtaine d'années dans les techniques d'analyse sensorielle permettant de mieux en maîtriser les aspects subjectifs ; ils tiennent compte du développement des connaissances en matière de physiologie de l'odorat et du goût, et des conditions pratiques de la dégustation. L'expertise gustative intervient de plus en plus dans le contrôle de la qualité, pour l'agréage des vins d'appellation d'origine contrôlée ou dans le cadre d'expertises judiciaires.

Contrôle de la qualité

___ Le contrôle réglementaire de la qualité du vin s'est en effet imposé depuis longtemps. La loi du 1er août 1905 sur la loyauté des transactions commerciales constitue le premier texte officiel. Mais la réglementation a été progressivement affinée au fur et à mesure que progressaient les connaissances de la constitution du vin et de ses transformations. En s'appuyant sur l'analyse chimique, la réglementation définit une sorte de qualité minimum en évitant les principaux défauts. Elle incite en outre la technique à améliorer ce niveau minimum. La Direction de la consommation et de la répression des fraudes est responsable de la vérification des normes analytiques ainsi établies.

___ Cette action est complétée par celle de l'Institut national des appellations d'origine, chargé, après consultations des syndicats intéressés, de déterminer les conditions de production et d'en assurer le contrôle ; aire de production, nature des cépages, mode de plantation et de taille, pratiques culturales, techniques de vinification, constitution des moûts et du vin, rendement. Cet organisme assure également la défense des vins AOC en France et à l'étranger.

___ Dans chaque région, enfin, les syndicats viticoles participent à la défense des intérêts des viticulteurs adhérents, en particulier dans le cadre des différentes appellations. Cette action est souvent coordonnée par des conseils ou comités interprofessionnels, qui rassemblent les représentants des différents syndicats, ceux du commerce, et différentes personnalités du monde professionnel et de l'administration.

Pascal Ribéreau-Gayon

LE GUIDE DU CONSOMMATEUR

Acheter un vin est la chose la plus facile du monde, le choisir à bon escient est la chose la plus difficile. Si l'on considère la totalité de la production des produits vinicoles, c'est à quelques centaines de milliers de vins différents qu'est confronté l'amateur.

La France, à elle seule, produit plusieurs dizaines de milliers de vins qui ont tous une spécificité et des caractères propres. Ce qui les distingue apparemment, outre leur couleur, c'est l'étiquette. D'où son importance et le souci des pouvoirs publics et des instances professionnelles de réglementer son usage et sa présentation. D'où également pour l'acheteur la nécessité d'en percer les arcanes.

L'ÉTIQUETTE

___ L'étiquette remplit plusieurs fonctions. La première, d'un caractère légal : indiquer le responsable du vin en cas de contestation. Ce peut être un négociant ou un propriétaire-récoltant. Dans certains cas ces renseignements seront confirmés par les mentions portées au sommet de la capsule de surbouchage.

___ La deuxième fonction de l'étiquette est d'une extrême importance, elle fixe la catégorie à laquelle appartient le vin : Vin de Table, Vin de Pays, Appellation d'Origine Vin Délimité de Qualité Supérieure ou Appellation d'Origine Contrôlée, ou plus brièvement, pour les deux dernières, AOVDQS et AOC, celles-ci étant assimilées dans la terminologie européenne au Vin de Qualité Produit dans des Régions Délimitées, dit VQPRD.

Appellation d'Origine Contrôlée

C'est la classe reine, celle de tous les grands vins. L'étiquette porte obligatoirement la mention

XXXX
appellation contrôlée
ou appellation XXXX contrôlée.

Cette mention désigne expressément une région, un ensemble de communes, une commune ou même parfois un cru (ou climat) dans lequel le vignoble est implanté. Il est sous-entendu que, pour avoir droit à l'appellation d'origine contrôlée, un vin doit avoir été élaboré suivant « les usages locaux, loyaux et constants », c'est-à-dire à partir de cépages nobles homologués plantés dans des terrains choisis, et vinifié selon les traditions régionales. Rendement à l'hectare et degré alcoolique sont fixés par la loi. Les vins sont agréés chaque année par une commission de dégustation.

___ Ces règles nationales sont complétées par l'application institutionnalisée de coutumes locales. Ainsi, en Alsace, l'appellation régionale est pratiquement toujours doublée de la mention du cépage ; en Bourgogne, seuls les premiers crus peuvent être mentionnés en caractères d'imprimerie de dimension égale à ceux employés pour l'appellation communale, les climats non classés dans la première catégorie ne pouvant figurer qu'en petits caractères dont la dimension ne peut être supérieure à la moitié de celle employée pour désigner l'appellation... En outre, sur l'étiquette des grands crus ne figure pas l'origine communale, les grands crus bénéficiant d'une appellation propre.

L'étiquette

COMMENT LIRE UNE ÉTIQUETTE ?

L'étiquette doit permettre l'identification du vin et de son responsable légal. Le dernier intervenant dans l'élaboration du vin est celui qui le met en bouteilles : c'est obligatoirement son nom qui figure sur l'étiquette. Chaque dénomination catégorielle est astreinte à des règles d'étiquetage spécifiques. Le premier devoir de l'étiquette est d'informer le consommateur et d'indiquer l'appartenance du vin à l'une des quatre catégories suivantes : vin de table (mention d'origine, degré alcoolique, volume, nom et adresse de l'embouteilleur sont obligatoires ; le millésime, interdit) ; vin de pays ; appellation d'origine vin délimité de qualité supérieure (AOVDQS) ; appellation d'origine contrôlée (AOC).

AOC Alsace
- timbre fiscal (capsule) vert
- dénomination catégorielle (obligatoire)
- Indication du cépage (autorisée seulement en cas de cépage pur)
- volume (obligatoire)
- toutes mentions obligatoires
- exigé pour l'exportation vers certains pays
- degré (obligatoire)

AOC Bordelais
- timbre fiscal vert
- assimilé à une marque (facultatif)
- millésime (facultatif)
- classement (facultatif)
- dénomination catégorielle (obligatoire)
- nom et adresse de l'embouteilleur (obligatoire)
- le mot « propriétaire » (facultatif) fixe le statut de l'exploitation
- facultatif
- volume (obligatoire)
- exigé pour l'exportation vers certains pays
- degré (obligatoire)

AOC Bourgogne
- timbre fiscal vert
- souvent sur une collerette, le millésime est facultatif
- nom du cru (facultatif) ; la même dimension de caractères que l'appellation indique qu'il s'agit d'un 1er cru
- dénomination catégorielle (obligatoire)
- degré (obligatoire)
- nom et adresse de l'embouteilleur (obligatoire) ; indique en outre la mise en bouteilles à la propriété, et qu'il ne s'agit pas d'un vin de négoce
- exigé pour l'exportation vers certains pays
- volume (obligatoire)

GUIDE-CONSOMMATEUR

AOC Champagne
timbre fiscal vert

sans grande signification (facultatif)
obligatoire

tout champagne est AOC : la mention ne figure pas ; c'est la seule exception à la règle exigeant la mention de la dénomination catégorielle

marque et adresse (obligatoire ; sous-entendu « mis en bouteille par... »)

volume (obligatoire)

statut de l'exploitation et n° du registre professionnel (facultatif)

type de vin, dosage (obligatoire)

AOVDQS
timbre fiscal vert

millésime (facultatif)

cépage (facultatif ; autorisé uniquement en cas de cépage pur)

nom de l'appellation (obligatoire)

dénomination catégorielle (obligatoire)

degré (obligatoire)

nom et adresse de l'embouteilleur (obligatoire)

mention « à la propriété » (facultatif)

vignette obligatoire

volume (obligatoire)

n° de contrôle (obligatoire en France)

Vins de pays
timbre fiscal bleu

vins de table, ils sont astreints aux mêmes obligations. Les mots « vin de pays » doivent être suivis de l'unité géographique (obligatoire)

« au domaine » : mention facultative

unité géographique (obligatoire)

nom et adresse de l'embouteilleur (obligatoire)

volume (obligatoire)

degré (obligatoire)

Millésimes et mise en bouteilles

Appellation d'Origine Vin Délimité de Qualité Supérieure
« Antichambre » de la classe précédente, cette catégorie est sensiblement astreinte aux mêmes règles. Les AOVDQS sont labellisés après dégustation. L'étiquette comporte obligatoirement la mention « Appellation d'Origine Vin Délimité de Qualité Supérieure » et une vignette AOVDQS. Ce ne sont pas des vins de garde, mais quelques-uns d'entre eux gagnent à être encavés.

Vin de Pays
L'étiquette des vins de pays précise la provenance géographique du vin. On lira donc Vin de Pays de... suivi d'une mention régionale.

— Ces vins sont issus de cépages plus ou moins nobles dont la liste est légalement définie, et qui sont complantés dans une aire assez vaste mais néanmoins limitée. En outre, leur degré alcoolique, leur acidité, leur acidité volatile font l'objet de contrôles. Ces vins frais, fruités et gouleyants se boivent jeunes ; il est inutile, sinon nuisible, de les encaver.

— D'autres textes, d'autres informations peuvent compléter les étiquettes. Ils ne sont pas obligatoires comme les précédents mais sont néanmoins soumis à la réglementation. Les termes clos, château, cru classé par exemple ne peuvent être employés que s'ils correspondent à un usage ancien, à une réalité. Ce que les étiquettes perdent en fantaisie, elles le gagnent en vérité ; l'acheteur ne s'en plaindra pas puisqu'elles sont de plus en plus crédibles.

Millésime et mise en bouteilles
Deux mentions non obligatoires mais très importantes retiendront l'attention de l'amateur : le millésime, soit porté sur l'étiquette – c'est le cas le meilleur – soit sur une collerette collée au haut du flacon, et la précision du lieu de mise en bouteilles.

— L'amateur exigeant ne tolérera que les mises en bouteilles au (ou du) domaine, à (ou de) la propriété, au (ou du) château. Toute autre mention, c'est-à-dire toute indication n'entraînant pas un lien absolu et étroit entre le lieu exact où est vinifié le vin et celui où il est mis en bouteilles, est sans intérêt. Les formules « mis en bouteilles dans la région de production, mis en bouteilles par nos soins, mis en bouteilles dans nos chais, mis en bouteilles par xx (xx étant un intermédiaire) », pour exactes qu'elles soient, n'apportent pas la garantie d'origine que procure la « mise à la propriété ».

— Le souci des pouvoirs publics et des comités interprofessionnels a toujours été double : d'abord inciter les producteurs à améliorer la qualité, et contrôler celle-ci par la labellisation après dégustation ; ensuite faire en sorte que ce vin labellisé soit bien celui qui est vendu dans la bouteille portant le label, sans mélange, sans coupage, sans possibilité de substitution. Or, en dépit de toutes sortes de précautions, y compris la possibilité de contrôle du cheminement des vins, la meilleure garantie d'authenticité du produit demeure la mise en bouteilles à la propriété ; car un propriétaire-récoltant n'a pas le droit d'acheter du vin pour l'entreposer dans son chai, celui-ci ne devant contenir que le vin qu'il produit lui-même.

— A noter que les mises en bouteilles effectuées à la coopérative et par celle-ci au bénéfice du coopérateur peuvent être qualifiées de « mise en bouteilles à la propriété ».

Les capsules
La plupart des bouteilles sont coiffées d'une capsule de surbouchage. Cette capsule porte parfois une vignette fiscale, c'est-à-dire la preuve que l'on a acquitté les droits de circulation la concernant, appelés familièrement « congé ». C'est pour cela que ces capsules sont dites « capsules congé ». Lorsque les bouteilles ne sont pas ainsi « fiscalisées », elles doivent être accompagnées d'un acquit (ou congé) délivré par la perception la plus proche (voir le chapitre « Le transport du vin », ci-dessous).

— Cette vignette permet de déterminer le statut du producteur (propriétaire ou négociant) et la région de production. Les capsules de surbouchage peuvent être fiscalisées ou non, personnalisées ou non, mais elles sont généralement l'une et l'autre.

GUIDE-CONSOMMATEUR

Comment acheter

L'étampage des bouchons

Les producteurs de vins de qualité ont éprouvé le besoin de confirmer leurs étiquettes en marquant les bouchons. Une étiquette peut se décoller alors que le bouchon demeure : c'est pour cela que l'origine du vin et le millésime y sont étampés. C'est aussi une façon de décourager les fraudeurs éventuels qui ne peuvent plus se contenter de remplacer simplement des étiquettes. Notez que pour les vins mousseux à appellation, l'indication de l'appellation sur le bouchon est obligatoire.

COMMENT ACHETER, À QUI ACHETER ?

Les circuits de distribution du vin sont complexes et variés, du plus court au plus tortueux, chacun présentant des avantages et des inconvénients.

D'autre part, les modes de commercialisation du vin prennent des formes différentes selon la présentation (en vrac, en bouteilles) et sa période d'achat (en primeur).

Vins à boire, vins à encaver

L'achat de vins à boire ou de vins à encaver ne procède pas de la même démarche. A but opposé, choix opposé. Les vins destinés à la consommation immédiate seront prêts à boire, c'est-à-dire de primeur, de pays, de petite ou moyenne origine, de millésime facile à évolution rapide ou il s'agira de grands vins à leur apogée, mais introuvables ou presque, sur le marché.

— Dans tous les cas, plus encore évidemment pour les grands vins, un temps de repos de deux à quinze jours est nécessaire entre l'achat, donc le transport, et la consommation. Les vieilles bouteilles seront déplacées avec d'infinies précautions, verticalement et sans heurts, afin d'éviter tout brassage du dépôt.

— Les vins à encaver seront achetés jeunes, dans le dessein de les faire vieillir. Choisir toujours les plus grands possibles dans de grands millésimes. Toujours des vins qui non seulement résistent à l'usure du temps mais qui se bonifient avec les années.

L'achat en vrac

Est dit achat «en vrac», l'achat de vin non logé en bouteilles. L'expression achat de vin «en cercle» est réservée à l'achat en tonneaux, alors que le «vrac» peut être transporté en citernes de toute nature, du wagon de 220 hl en acier au cubitainer de plastique d'une contenance de 5 litres, en passant par la bonbonne de verre.

— La vente en vrac est pratiquée par les coopératives, par certains propriétaires, par quelques négociants, et même par des détaillants ; c'est ce que l'on baptise «vin vendu à la tireuse». Cette commercialisation concerne les vins ordinaires et de qualité moyenne. Il est rare de parvenir à acquérir un vin de haute qualité en vrac. Dans certaines régions, ce type de commercialisation est interdit ; c'est le cas pour les crus classés du Bordelais.

— Il faut prévenir l'amateur que même lorsqu'un vigneron prétend que le vin qu'il vend en vrac est identique à celui qu'il vend en bouteilles, cela n'est pas tout à fait exact ; il sélectionne toujours les meilleures cuves pour le vin qu'il met en bouteilles lui-même.

— L'achat du vin en vrac permet cependant une économie de l'ordre de 25 %, puisqu'il est d'usage de payer au maximum pour un litre de vin le prix facturé pour une bouteille (de 0,75 l).

— L'acheteur réalise également une économie sur les frais de transport, mais doit acheter des bouchons et des bouteilles s'il n'en a pas. Il faut aussi compter les frais (peu élevés) de retour du fût si la transaction s'est faite «en cercle».

Voici les contenances les plus usitées :

- Barrique bordelaise	225 litres
- Pièce bourguignonne	228 litres
- Pièce mâconnaise	216 litres
- Pièce de Chablis	132 litres
- Pièce champenoise	205 litres

Comment acheter

La mise en bouteilles, opération plaisante si on la réalise à plusieurs, ne pose pas, quoi qu'on en dise, de gros problèmes, pourvu que l'on se conforme à quelques règles élémentaires définies plus loin.

L'achat en bouteilles

L'achat en bouteilles peut se faire chez le vigneron, à la coopérative, chez le négociant et au travers des circuits de distribution habituels.

Où l'amateur doit-il acheter pour réaliser la meilleure affaire ? Chez le propriétaire pour des vins peu ou pas diffusés, et ils sont légion ; directement dans les coopératives afin d'éviter pour les petites quantités les frais d'expédition de plus en plus élevés. Dans tous les autres cas, cela est moins simple qu'il n'y paraît. Il faut se souvenir que les producteurs et les négociants sont tenus de ne pas concurrencer déloyalement leurs diffuseurs ; autrement dit, de ne pas commercialiser des bouteilles moins chères qu'eux. Ainsi nombre de châteaux bordelais, peu portés sur la vente au détail, proposent même leurs flacons à des prix supérieurs à ceux pratiqués par les détaillants, afin de dissuader les acheteurs qui s'obstinent malgré tout, par ignorance ou pour d'inexplicables raisons... D'autant plus que les revendeurs obtiennent, à la suite de commandes massives, des prix infiniment plus intéressants que le particulier qui n'achète qu'une caisse.

Dans ces conditions, on peut émettre un principe général : les vins de domaines ou de châteaux notoires largement diffusés ne seront pas acquis sur place, sauf s'il s'agit de millésimes rares ou de cuvées spéciales.

L'achat en primeur

Cette formule de vente de vin, développée depuis quelques années par les Bordelais, a connu un joli succès au cours des années 80. Il serait d'ailleurs préférable de parler de ventes ou d'achats par souscription. Le principe est simple : acquérir un vin avant qu'il soit élevé et mis en bouteilles à un prix très inférieur à celui qu'il atteindra lorsqu'il sera livrable.

Les souscriptions sont ouvertes pour un temps limité et pour un volume contingenté, généralement au printemps et au début de l'été qui suit les vendanges. L'acheteur verse la moitié du prix convenu à la commande et s'engage à solder sa dette à la livraison des flacons, c'est-à-dire douze à quinze mois plus tard. Ainsi le producteur touche-t-il rapidement de l'argent frais et l'acheteur peut réaliser une bonne opération lorsque les cours des vins augmentent. Ce fut le cas des années 1974-1975 jusqu'à la fin des années 80. Ce type de transaction s'apparente à ce que l'on nomme, à la Bourse, le marché à terme.

Que se passe-t-il si les cours s'effondrent (surproduction, crise, etc.) entre le moment de la souscription et celui de la livraison ? Les souscripteurs paient leurs bouteilles plus cher que ceux qui n'ont pas souscrit. Cela s'est déjà vu, cela se revoit. A ce jeu spéculatif et dans le but d'assurer leur approvisionnement, de grands négociants se sont ruinés. Il est vrai que leur contrat était d'autant plus risqué qu'il portait sur plusieurs années.

Lorsque tout va bien, la vente en primeur est sans doute le seule façon de payer un vin en dessous de son cours (20 à 40 % environ). Les ventes en primeur sont organisées directement par les propriétaires, mais elles sont également pratiquées par des sociétés de négoce et des clubs de vente de vin.

Achat chez le producteur

Outre les aspects presque techniques décrits ci-dessus, la visite rendue au producteur, indispensable si son vin n'est pas (ou peu) diffusé, apporte à l'amateur des satisfactions d'une nature tout autre que la réalisation d'un bon achat. C'est par la fréquentation des producteurs, véritables pères de leur vin, que les œnophiles peuvent comprendre ce qu'est un terroir et sa spécificité, saisir ce qu'est l'art de la vinification, à savoir l'art de tirer la quintessence d'un raisin, et enfin, établir les relations étroites qui existent entre un vigneron et son vin, c'est-à-dire entre un créateur et sa création. Le « bien boire », le « mieux boire », passe par cette démarche. La fréquentation des vignerons est irremplaçable.

Comment acheter

Achat en cave coopérative
La qualité des vins livrés par les coopératives progresse constamment. Ces organismes sont équipés pour une commercialisation facile de vins en vrac et en bouteilles, à des prix généralement légèrement inférieurs à ceux pratiqués par les autres canaux de vente à qualité égale.

On connaît le principe des coopératives vinicoles : les adhérents apportent leur raisin, et les responsables techniques – dont généralement un œnologue – se chargent du pressurage, de la vinification, dans certaines appellations, de l'élevage et de la commercialisation.

La production de plusieurs types de vins donne aux coopératives la possibilité soit d'exploiter les meilleurs raisins (en les isolant) soit de donner sa chance à tel ou tel terroir par des vinifications séparées. Des systèmes de primes accordées aux raisins nobles et aux raisins les plus mûrs, la possibilité d'élaborer et de commercialiser des vins selon la qualité spécifique de chaque livraison de raisin, ouvrent aux meilleures coopératives le secteur des vins de qualité voire de garde. Les autres demeurent fournisseurs de vins de table et de vins de pays qui ne gagnent rien à une garde prolongée en cave.

Achat chez le négociant
Le négociant, par définition, achète des vins pour les revendre. En outre, il est souvent lui-même propriétaire de vignobles. Il peut donc agir en producteur et commercialiser sa production, il peut vendre le vin de producteurs indépendants sans autre intervention que le transfert – cas des négociants bordelais qui ont à leur catalogue des vins mis en bouteilles au château – ; il peut même signer un contrat de monopole de vente avec une unité de production. Il peut être négociant-éleveur, c'est-à-dire élever des vins dans ses chais en assemblant des vins de même appellation fournis par divers producteurs ; il devient alors créateur du produit à double titre : par le choix de ses achats et par l'assemblage qu'il exécute. Les négociants sont installés dans les grandes zones viticoles, mais bien entendu, rien n'empêche un négociant bourguignon de commercialiser du vin de Bordeaux – ou inversement. Le propre d'un négociant est de diffuser, donc d'alimenter les réseaux de vente de détail qu'il ne doit pas concurrencer en vendant chez lui ses vins à des prix très inférieurs.

Achat aux cavistes et aux détaillants
C'est l'achat le plus facile et le plus rapide, le plus sûr également lorsque le caviste est qualifié ; depuis quelques années, nombre de boutiques spécialisées dans la vente de vins de qualité ont vu le jour. Qu'est-ce qu'un bon caviste ? Celui qui est équipé pour entreposer les vins dans de bonnes conditions, mais aussi celui qui sait choisir des vins originaux de producteurs amoureux de leur métier. En outre, le bon détaillant, le bon caviste saura conseiller l'acheteur, lui faire découvrir des vins que celui-ci ignore et l'inciter à marier mets et vins pour valoriser les uns et les autres.

Les grandes surfaces
Il faut distinguer deux types de grandes surfaces : celles qui vendent du vin comme elles vendent des boîtes de conserve, des eaux minérales et des outils pour bricoler, et celles, assez rares, qui font gérer leurs rayons de vin par un spécialiste qui surveille, autant que faire se peut, approvisionnement, stockage et présentation des flacons. Il faut se souvenir que le vin ne supporte ni la chaleur, ni la lumière, ni le bruit ; or, il subit dans les grandes surfaces ces trois calamités. Une rotation rapide des bouteilles en amoindrit les effets, mais lorsqu'on sait qu'un champagne peut attraper un « goût de lumière » en quelques heures, on devient circonspect... Il est recommandé à l'amateur d'apprécier la situation cas par cas, surtout s'il se lance dans l'achat de bouteilles destinées à être encavées.

Les clubs
Quantité de flacons, livrés en cartons ou en caisses, arrivent directement chez l'amateur grâce à l'activité de clubs qui offrent à leurs adhérents un certain nombre d'avantages, à commencer par le service de revues sérieuses et informées. Les vins proposés sont sélectionnés par des œnologues et des personnalités connues et compétentes. Le choix est assez

Les bouteilles et les verres

bordeaux — champagne — bourgogne — alsace

côtes du rhône — « clavelin » (jura) — provence

bourgogne — bordeaux — champagne — alsace — « INAO »

la série des impitoyables

vins rouges — effervescents — vins blancs — rouges jeunes et rosés — rouges vieux

45 GUIDE-CONSOMMATEUR

Transport du vin

vaste et comporte parfois des vins peu courants. Il faut toutefois noter que beaucoup de « clubs » sont des négociants.

Les ventes aux enchères
De plus en plus à la mode et de plus en plus fréquentées, ces ventes sont organisées par des commissaires-priseurs assistés d'un expert. Il est de la première importance de connaître l'origine des bouteilles. Si elles proviennent d'un grand restaurant ou de la riche cave d'un amateur qui s'en dessaisit (renouvellement d'une cave, succession, etc.), il est probable que leur conservation est parfaite. Si elles constituent un regroupement de petits lots divers, rien ne prouve que leur garde ait été satisfaisante.

—— Seule la couleur du vin peu renseigner l'acheteur. L'amateur averti ne surenchérira jamais lorsque se présentent des bouteilles dont le niveau n'est pas parfait, ni lorsque la teinte des vins blancs vire au bronze plus ou moins foncé ou que la robe des vins rouges est visiblement « usée ».

—— Il est rare de pouvoir réaliser de bonnes affaires dans les grandes appellations qui intéressent des restaurateurs pour meubler leur carte ; en revanche, les appellations marginales moins recherchées par les professionnels sont parfois très abordables.

La vente des Hospices de Beaune et autres similaires
Les vins vendus lors de ces manifestations à but charitable sont logés en pièces (fûts) et doivent être élevés durant douze à quatorze mois. Ils sont donc réservés de ce fait aux professionnels.

Le transport du vin
Une fois résolu le problème du choix des vins, et sachant que l'on pourra les accueillir et les conserver dans de bonnes conditions (voir plus loin), il faut les transporter. Le transport des vins de qualité impose quelques précautions et obéit à une réglementation stricte.

—— Qu'on le transporte soi-même en voiture ou qu'on use des services d'un transporteur, le gros de l'été et le cœur de l'hiver ne sont pas favorables au voyage du vin.
Il faut préserver le vin des températures extrêmes, surtout des températures élevées qui ne l'affectent pas temporairement mais définitivement, quelle que soit la période de repos (même des années...) qu'on lui accorde ultérieurement, quels que soient sa couleur, son type et son origine.

—— Arrivé à domicile, on déposera tout de suite les bouteilles en cave. Si l'on a acquis du vin en vrac, on entreposera les récipients directement au lieu de la mise en bouteilles, en cave si la place le permet, afin de n'avoir plus à les déplacer. Les cubitainers seront déposés à 80 cm du sol (la hauteur d'une table), les fûts à 30 cm, pour permettre de tirer le vin jusqu'à la dernière goutte sans modifier sa position, ce qui est essentiel.

Réglementation du transport des vins en France
Le transport des boissons alcoolisées est soumis à un régime particulier et fait l'objet de taxes fiscales matérialisées par un document d'accompagnement qui peut prendre deux formes : soit la *capsule fiscalisée,* ou *capsule congé,* apposée au sommet de chaque bouteille, soit un *congé* délivré par la recette-perception proche du point de vente ou par le vigneron s'il dispose d'un carnet à souche. Le vin en vrac doit toujours être accompagné du congé le concernant.

—— Sur ce document figurent le nom du vendeur et le cru, le volume et le nombre de récipients, le destinataire, le mode de transport et sa durée. Si le voyage se prolonge au-delà de ce qui est prévu, il faut faire modifier la durée de validité du congé par le premier bureau de recette-perception que l'on rencontre.

—— Transporter du vin sans congé est assimilé à une fraude fiscale et puni comme telle. Il est recommandé de conserver ces documents fiscaux, car en cas de déménagement, donc de nouveau transport du vin, ils serviront à l'établissement d'un nouveau congé.

—— La taxation est proportionnelle au volume du vin et à son classement administratif limité à deux catégories : vin de table et vin d'appellation.

Conserver son vin

L'exportation du vin
Le vin comme tout ce qui est produit ou manufacturé en France subit un certain nombre de taxes. Lorsque ces matières ou objets sont exportés, il est possible d'en obtenir l'exemption ou le remboursement. Dans le cas du vin, cette exonération porte sur la TVA et la taxe de circulation (mais pas sur la taxe parafiscale destinée au Fonds national de développement agricole). Lorsqu'un voyageur veut bénéficier de la détaxe à l'exportation, il faut que le vin qu'il achète soit accompagné de son titre de mouvement (N° 8102 vert pour les vins d'appellation, N° 8101 bleu pour les vins de table) qui sera « déchargé » par le bureau de douane qui constate la sortie de la marchandise. Si les bouteilles sont tributaires de *capsules congé* (vignette fiscale), leur détaxation est impossible, il convient donc, au moment de l'achat, de préciser au vendeur que l'on entend exporter son acquisition et bénéficier de détaxation. Il est prudent de se renseigner sur les conditions d'importation des vins et alcools dans le pays d'accueil, chacun d'entre eux ayant sa propre réglementation, qui s'étend de la taxation douanière au contingentement, voire à l'interdiction pure et simple.

CONSERVER SON VIN

Constituer une bonne cave tient du casse-tête chinois ; aux principes énoncés jusqu'ici s'ajoutent en effet des exigences subtiles... Il convient ainsi de tenter d'acquérir des vins de même usage et de même style, mais dont les évolutions ne seront pas semblables, afin qu'ils n'atteignent pas tous en même temps leur apogée. On tentera de trouver des vins dont la période d'apogée soit la plus étendue possible, afin de n'être pas tenu de les consommer tous dans un bref laps de temps. On panachera le plus possible, pour ne pas être contraint à boire toujours les mêmes vins, fussent-ils les meilleurs , et pouvoir les adapter à toutes les circonstances de la vie et à toutes les préparations culinaires. Enfin, on ne peut échapper à deux paramètres qui conditionnent l'application de tous les principes : le budget dont on dispose et la capacité de sa cave.

___ Une bonne cave est un lieu clos, sombre, à l'abri des trépidations et du bruit, exempte de toutes odeurs, protégée des courants d'air mais néanmoins ventilée, ni trop sèche ni trop humide, d'un degré hygrométrique de 75 %, et surtout d'une température stable la plus proche possible de 11 °C.

___ Les caves citadines réunissent rarement de telles caractéristiques. Il faut donc, avant d'encaver du vin, tenter de l'améliorer ; établir une légère aération ou au contraire obstruer un soupirail trop ouvert ; humidifier l'atmosphère en déposant une bassine d'eau contenant un peu de charbon de bois ou l'assécher par du gravier et en augmentant la ventilation ; tenter de stabiliser la température par des panneaux isolants ; éventuellement, monter les casiers sur des blocs caoutchouc pour neutraliser les vibrations. Si une chaudière se trouve à proximité, si des odeurs de mazout se répandent, il n'y a pas grand-chose à espérer.

___ Il se peut que l'on n'ait pas de cave ou qu'elle soit inutilisable. Deux solutions sont possibles : acheter une « cave d'appartement », c'est-à-dire une unité de stockage de vin, d'une capacité de 50 à 500 bouteilles, dont température et hygrométrie sont automatiquement maintenues ; ou encore construire de toutes pièces, en retrait dans son appartement, un lieu de stockage dont la température se modifie sans à-coups et ne dépasse pas, si possible, 16 °C, tout en se souvenant que plus la température est élevée, plus le vin évolue rapidement. Il faut se garder d'une erreur commune : ce n'est pas parce qu'un vin atteint rapidement son apogée dans de mauvaises conditions de garde qu'il peut rivaliser avec le niveau de qualité qu'il aurait atteint lentement dans une bonne cave fraîche. On s'abstiendra donc de faire vieillir de très grands vins à évolution lente dans une cave ou un local trop chaud. Il appartient aux amateurs de moduler leurs achats et le plan d'encavement en fonction des conditions particulières imposées par les locaux dont ils disposent.

La mise en bouteilles

Une bonne cave : son aménagement

L'expérience prouve qu'une cave est toujours trop petite. Le rangement des bouteilles doit être rationnellement organisé. Le casier à bouteilles, à un ou deux rangs, offre bien des avantages : il est peu coûteux, installé immédiatement, et donne accès aisément à l'ensemble des flacons encavés. Malheureusement, il est volumineux en regard du nombre de bouteilles logées. Pour gagner de la place, une seule méthode : l'empilement des bouteilles. Afin de séparer les piles pour avoir accès aux différents vins, il faut construire ou faire construire, ce n'est pas compliqué, des casiers en parpaings pouvant contenir 24, 36 ou 48 bouteilles en pile, sur deux rangs.

—— Si la cave le permet, si le bois ne pourrit pas, il est possible d'élever des casiers en planches. Il faudra alors les surveiller car ils peuvent donner asile aux insectes qui attaquent les bouchons.

—— Deux appareils compléteront l'aménagement de la cave : un thermomètre à maxima et minima, et un hygromètre. Des relevés réguliers permettront de corriger les défauts détectés et de jauger les facultés de bonification apportées par le vieillissement en cave.

La mise en bouteilles

Si le vin à mettre en bouteilles a été transporté en cubitainer, il doit être mis en bouteilles très rapidement ; s'il a voyagé dans un tonneau, il faut – c'est impératif – le laisser reposer une quinzaine de jours avant de le loger dans les flacons. Cette donnée théorique doit être tempérée par les conditions atmosphériques régnant le jour choisi pour la mise en bouteilles. Il convient que le temps soit clément, un jour de haute pression, un jour sans pluie ni orage. Dans la pratique, l'amateur composera entre ce principe et ses obligations personnelles. En revanche, il ne composera aucunement avec le matériel nécessaire. Tout d'abord, des bouteilles adaptées au type de vin. Sans tomber dans le purisme, il réunira des bouteilles bordelaises pour tous les vins du Sud-Ouest et peut-être du Midi, et réservera celles de type bourgogne pour le Sud-Est, le Beaujolais et la Bourgogne, sachant qu'il existe également d'autres bouteilles régionales réservées à certaines appellations.

—— Si l'on range les bouteilles en pile, on prendra garde que, tant bordelaises que bourguignonnes, elles existent en version plus ou moins légères (bouteilles à fond plat ou presque plat) et en version lourde. Outre le poids, hauteur et diamètre différencient ces deux catégories de bouteilles.

—— Elles sont toutes également aptes à garder le vin, mais les plus légères sont moins aptes à la mise en stockage en pile pour la conservation de longue durée. De plus, ces dernières peuvent, lorsqu'elles sont trop remplies, éclater quand on enfonce énergiquement le bouchon.

—— D'une façon générale, mieux vaut user de bouteilles lourdes. Il est presque incongru d'embouteiller un grand vin dans du verre léger, de même qu'on s'abstiendra de loger un vin rouge dans des bouteilles blanches, c'est-à-dire incolores. L'usage veut qu'on réserve ces dernières à certains vins blancs, « pour voir leur robe », dit-on. Les vins blancs étant particulièrement sensibles à la lumière, cet usage est à proscrire. Cette sensibilité à la lumière est si grande que les maisons de champagne qui proposent des vins en bouteilles blanches (incolores) les protègent toujours par un papier opaque ou un carton.

—— Quel que soit le type de bouteilles choisi, on vérifiera avant la mise en bouteilles que l'on dispose bien du nombre suffisant de bouteilles et de bouchons, puisqu'une fois l'opération engagée, elle doit être achevée rapidement. On ne peut laisser le fût ou le cubitainer « en vidange » ; ce qui aurait pour effet d'oxyder le vin restant, voire de lui infliger une acescence qui le rendrait impropre à toute consommation. On veillera également à la rigoureuse propreté des bouteilles, parfaitement rincées et séchées.

Les bouchons

En dépit de nombreuses recherches, le liège demeure le seul matériau apte à obturer les bouteilles. Les bouchons de liège ne sont pas tous identiques ; ils diffèrent en diamètre, en longueur et en qualité.

—— Dans tous les cas, le diamètre du bouchon sera de 6 mm supérieur à celui du goulot.

Le vin en cave

— Meilleur est le vin, plus long sera le bouchon ; à la fois nécessaire à une longue garde et hommage rendu au vin et à ceux qui le boivent.

— La qualité du liège est plus difficile à déceler. Il faut qu'il ait une dizaine d'années pour avoir toute la souplesse désirée. Les beaux bouchons ne présentent pas ou peu de ces petites fissures que l'on obstrue parfois avec de la poudre de liège ; dans ce cas, les bouchons sont dits « améliorés ». On peut également acheter des bouchons étampés (ou les faire étamper), portant le millésime du vin à embouteiller.

— Les bouchons seront préparés avant leur emploi. On peut les laisser tremper dans l'eau froide plusieurs heures avant usage ou, mieux, les plonger dix minutes dans de l'eau très chaude (pas d'ébullition) ; ou, mieux encore, les chauffer à la vapeur, dans un couscoussier par exemple.

Le vin dans la bouteille

La tireuse est l'appareil idéal pour remplir la bouteille. Des tireuses à amorçage et à vanne commandée par contact avec la bouteille se vendent dans les grandes surfaces à des prix très modiques. On veillera à faire couler le vin le long de la paroi de la bouteille, maintenue légèrement oblique, afin de limiter le brassage et l'oxydation. Cette précaution est encore plus nécessaire pour les vins blancs. En aucun cas une écume ne doit apparaître à la surface du liquide. Les bouteilles seront remplies le plus possible afin que le bouchon soit en contact avec le vin (bouteille verticale). Le bouchon préparé (voir plus haut) sera introduit dans la bouteille à l'aide d'une boucheuse, qui le comprimera latéralement avant l'introduction. Il existe une vaste gamme d'appareils, à tous les prix, destinés à cet usage.

— A signaler qu'avant d'introduire le bouchon dans le goulot, il est sage de le tremper dans l'eau claire froide pour le rincer et le refroidir. Les bouteilles pleines et bouchées sont déposées horizontalement afin qu'elles sèchent ainsi que les bouchons.

L'étiquette

On préparera de la colle de tapissier ou un mélange d'eau et de farine, ou, encore plus simplement, on humectera les étiquettes avec du lait pour les coller sur le bas de la bouteille, à 3 cm de son pied.

— Les perfectionnistes habillent le goulot de capsules préformées posées grâce à un petit appareil manuel, ou cirent les goulots en les trempant dans de la cire de couleur fondue achetée chez le marchand de bouchons.

Le vin en cave

Le rangement des bouteilles en cave est un casse-tête, car l'œnophile ne dispose jamais de toute la place souhaitée. Dans la mesure du possible on respectera les principes suivants : les vins blancs près du sol ; les vins rouges au-dessus ; les vins de garde dans les rangées (ou casiers) du fond, les moins accessibles ; les bouteilles à boire, en situation frontale.

— Les flacons achetés ou livrés en carton ne doivent pas demeurer dans ce type d'emballage, contrairement à ceux livrés en caisse de bois. Ceux qui envisagent de revendre leur vin laisseront en caisse, les autres s'en abstiendront pour deux raisons : elles occupent beaucoup de place et sont la proie favorite des pilleurs de caves. Dans tous les cas, un système de notation (algébrique par exemple) permettra de repérer casiers et bouteilles. Ces notations seront exploitées dans l'auxiliaire le plus utile de la cave : le livre de cave.

Le livre de cave

C'est la mémoire, le guide et le « juge de paix » de l'œnophile. On doit y trouver les renseignements suivants : date d'entrée, nombre de bouteilles de chaque cru, identification précise, prix, apogée présumée, localisation dans la cave ; et, éventuellement, l'accord avec le plat idéal et un commentaire de dégustation.

Exemples de caves

CAVE DE 50 BOUTEILLES (4 000 FRANCS)

25 bouteilles de bordeaux	17 rouges (graves, saint-émilion, médoc, pomerol, fronsac) 8 blancs : 5 secs (graves) 3 liquoreux (sauternes-barsac)
20 bouteilles de bourgogne	12 rouges (crus de la Côte-de-Nuits, crus de la Côte-de-Beaune) 8 blancs (chablis, meursault, puligny)
10 bouteilles vallée du Rhône	7 rouges (côte-rôtie, hermitage, châteauneuf-du-pape 3 blancs (hermitage, condrieu)

CAVE DE 150 BOUTEILLES (ENVIRON 12 000 FRANCS)

Région		Rouge	Blanc
40 Bordeaux	30 rouges 10 blancs	Fronsac Pomerol Saint-Émilion Graves Médoc (crus classés crus bourgeois)	5 grands secs 5 { Sainte-Croix-du-Mont Sauternes-Barsac
30 Bourgogne	15 rouges 15 blancs	crus de la Côte de Nuits crus de la Côte de Beaune vins de la Côte chalonnaise	Chablis Meursault Puligny-Montrachet
25 Vallée du Rhône	19 rouges 6 blancs	Côte-rôtie Hermitage rouge Cornas Saint-Joseph Châteauneuf-du-Pape Gigondas Côtes-du-Rhône Villages	Condrieu Hermitage blanc Châteauneuf-du-Pape blanc
15 Vallée de la Loire	8 rouges 7 blancs	Bourgueil Chinon Saumur-Champigny	Pouilly Fumé Vouvray Coteaux du Layon
10 Sud-Ouest	7 rouges 3 blancs	Madiran Cahors	Jurançon (secs et doux)
8 Sud-Est	6 rouges 2 blancs	Bandol Palette rouge	Cassis Palette blanc
7 Alsace	(blancs)		Gewurztraminer Riesling Tokay
5 Jura	(blancs)		Vins jaunes Côtes du Jura-Arbois

10 Champagnes et mousseux (pour en avoir à disposition : ces vins ne se bonifiant pas en vieillissant).			Crémant de { Loire
			                Bourgogne
			                Alsace
			Divers types de champagnes

CAVE DE 300 BOUTEILLES

La création d'une telle cave suppose un investissement d'environ 20 000 francs. On doublera les chiffres de la cave de 150 bouteilles, en se souvenant que plus le nombre de flacons augmente, plus la longévité des vins doit être grande. Ce qui se traduit malheureusement (en général) par l'obligation d'acquérir des vins de prix élevé...

L'art de boire

Trois propositions de cave
Chacun garnit sa cave selon ses goûts. Les ensembles décrits ne sont que des propositions à interpréter. La recherche de la diversité en est le fil conducteur. Les vins de primeur, les vins qui ne gagnent rien à être encavés ne figurent pas dans ces suggestions. Plus le nombre de bouteilles est restreint, plus leur renouvellement sera surveillé. Les valeurs indiquées entre parenthèses ne sont bien sûr que des ordres de grandeur.

L'ART DE BOIRE

Si boire est une nécessité physiologique, boire du vin est un plaisir... Ce plaisir peut être plus ou moins intense selon le vin, selon les conditions de dégustation, selon la sensibilité du dégustateur.

La dégustation
Il existe plusieurs types de dégustation, adaptés à des finalités particulières : dégustation technique, analytique, comparative, triangulaire, etc., en usage chez les professionnels. L'œnophile, lui, pratique la dégustation hédoniste, celle qui lui permet de tirer la quintessence d'un vin, mais aussi de pouvoir en parler tout en contribuant à développer l'acuité de son nez et de son palais.

—— La dégustation, et plus généralement la consommation d'un vin, ne saurait se faire n'importe où et n'importe comment. Les locaux doivent être agréables, bien éclairés (lumière naturelle ou éclairage ne modifiant pas les couleurs, dit « lumière du jour »), de couleur claire de préférence, exempts de toutes odeurs parasites telles que parfum, fumée (tabac ou cheminée), odeurs de cuisine ou de bouquets de fleurs, etc. La température doit être moyenne (18 à 20 °C).

—— Le choix d'un verre adéquat est extrêmement important. Il doit être incolore afin que la robe du vin soit bien visible, et si possible fin ; sa forme sera celle d'une fleur de tulipe, c'est-à-dire ne s'évasant pas comme c'est souvent le cas, mais au contraire se refermant légèrement. Le corps du verre doit être séparé du pied par une tige. Cette disposition évite de chauffer le vin lorsqu'on tient le verre à la main (par son pied) et facilite sa mise en rotation, opération destinée à activer son oxygénation (et même son oxydation) et à exhaler son bouquet.

—— La forme du verre est si importante et a une telle influence sur l'appréciation olfactive et gustative du vin, que l'Association française de normalisation (AFNOR) et les instances internationales de normalisation (ISO) ont adopté, après étude, un verre qui offre toutes garanties d'efficacité au dégustateur et au consommateur ; ce type de verre, appelé communément « verre INAO » n'est pas réservé aux professionnels. Il est en vente dans quelques maisons spécialisées. A signaler en outre la série des « Impitoyables », marque déposée pour des verres aux formes originales appréciées par certains dégustateurs.

Technique de la dégustation
La dégustation fait appel à la vue, à l'odorat, au goût et au sens tactile, non par l'intermédiaire des doigts bien sûr, mais par l'entremise de la bouche, sensible aux effets « mécaniques » du vin – température, consistance, gaz dissous, etc.

L'ŒIL

Par l'œil, le consommateur prend un premier contact avec le vin. L'examen de la robe (ensemble des caractères visuels), marquée en outre par le cépage d'origine, est riche d'enseignement. C'est un premier test. Quelles que soient sa couleur et sa teinte, le vin doit être limpide, sans trouble. Des traînées ou des brouillards sont signes de maladies, le vin doit être rejeté. Seuls sont admissibles de petits cristaux de bitartrates (insolubles) : la gravelle, précipitation dont sont atteints les vins victimes d'un coup de froid ; leur qualité

La dégustation

n'en est pas altérée. L'examen de la limpidité se pratique en interposant le verre entre l'œil et une source lumineuse placée si possible à même hauteur; la transparence (vin rouge), elle, est déterminée en examinant le vin sur un fond blanc, nappe ou feuille de papier; cet examen implique que l'on incline son verre. Le disque (la surface) devient elliptique et son observation informe sur l'âge du vin et sur son état de conservation; on examine alors la nuance de la robe. Tous les vins jeunes doivent être transparents, ce qui n'est pas toujours le cas des vins vieux de qualité.

Vin	Nuance de la robe	Déduction
Blanc	Presque incolore	Très jeune, très protégé de l'oxydation Vinification moderne en cuve
	Jaune très clair à reflets verts	Jeune à très jeune. Vinifié et élevé en cuve
	Jaune paille, jaune or	La maturité. Peut être élevé dans le bois
	Or cuivre, or bronze	Déjà vieux
	Ambré à noir	Oxydé, trop vieux
Rosé	Blanc taché, œil-de-perdrix reflets rosés	Rosé de pressurage et vin gris jeune
	Rose saumon à rouge très clair franc	Rosé jeune et fruité à boire
	Rose avec nuance jaune à pelure d'oignon	Commence à être vieux pour son type
Rouge	Violacé	Très jeune. Bonne teinte des gamay de primeur et des beaujolais nouveaux (6 mois à 18 mois)
	Rouge pur (cerise)	Ni jeune ni évolué. L'apogée pour les vins qui ne sont ni primeurs ni de garde (2-3 ans)
	Rouge à franges orangées	Maturité de vin de petite garde. Début de vieillissement (3-7 ans)
	Rouge brun à brun	Seuls les grands vins atteignent leur apogée vêtus de cette robe. Pour les autres, il est trop tard

——L'examen visuel s'intéresse encore à l'éclat, ou brillance, du vin. Un vin qui a de l'éclat est gai, vif; un vin terne est probablement triste...
Cette inspection visuelle de la robe s'achève par l'intensité de la couleur, qu'on se gardera de confondre avec la nuance (le ton) de celle-ci.
——C'est l'intensité de la robe des vins rouges, la plus facilement perceptible, celle qui « parle » le plus.

Vin	Causes	Déduction
Robe trop claire	Manque d'extraction Année pluvieuse Rendement excessif Vignes jeunes Raisins insuffisamment mûrs Raisins pourris Cuvaison trop courte Fermentation à basse température	Vins légers de faible garde. Vins de petit millésime
Robe foncée	Bonne extraction Rendement faible Vieilles vignes Vinification réussie	Bons ou grands vins Bel avenir

La dégustation

— C'est encore l'œil qui découvre les « jambes » ou les « larmes », écoulements que le vin forme sur la paroi du verre quand on l'anime d'un mouvement rotatif pour humer le bouquet du vin (voir ci-après); celles-ci rendent compte du degré alcoolique : le cognac en produit toujours, les Vins de Pays rarement.

Exemple de vocabulaire se rapportant à l'examen visuel :

Nuances : pourpre, grenat, rubis, violet, cerise, pivoine.
Intensité : légère, soutenue, foncée, profonde, intense.
Éclat : mat, terne, triste, éclatant, brillant.
Limpidité :
Transparence : } opaque, louche, voilée, cristalline, parfaite.

LE NEZ

L'examen olfactif est la deuxième épreuve que le vin dégusté doit subir. Certaines odeurs dépravées sont éliminatoires, telles l'acidité volatile (acescence, vinaigre), l'odeur du liège (goût de bouchon); mais dans la plupart des cas, le bouquet du vin – l'ensemble des odeurs se dégageant du verre – procure des découvertes toujours renouvelées.

— Les composants aromatiques du bouquet s'expriment selon leur volatilité. C'est en quelque sorte une évaporation du vin, et c'est pour cela que la température de service est si importante. Trop froid, pas de bouquet; trop chaud, vaporisation trop rapide, combinaison, oxydation, destruction des parfums très volatils, et extraction d'éléments aromatiques lourds anormaux.

— Le bouquet du vin rassemble donc un faisceau de parfums en mouvance permanente; ils se présentent successivement selon la température et l'oxydation. C'est pour cela que le maniement du verre est important. On commencera par humer ce qui se dégage du verre immobile, puis on imprimera au vin un mouvement de rotation : l'air fait alors son effet et d'autres parfums apparaissent.

— La qualité d'un vin est fonction de l'intensité et de la complexité du bouquet. Les petits vins n'offrent que peu – ou pas – de bouquet, simpliste, monocorde, qui se décrit en un mot. Au contraire, les grands vins se caractérisent par des bouquets amples, profonds, dont la complexité se renouvelle constamment.

— Le vocabulaire relatif au bouquet est infini, car il ne procède que par analogie. Divers systèmes de classification des parfums ont été proposés; pour simplifier, retenons ceux qui présentent un caractère floral, fruité, végétal (ou herbacé), épicé, balsamique, animal, boisé, empyreumatique (en référence au feu), chimique.

Exemple de vocabulaire se rapportant à l'examen olfactif :

Fleurs : violette, tilleul, jasmin, sureau, acacia, iris, pivoine.
Fruits : framboise, cassis, cerise, griotte, groseille, abricot, pomme, banane, pruneau.
Végétal : herbacé, fougère, mousse, sous-bois, terre humide, crayeux, champignons divers.
Épicé : toutes les épices, du poivre au gingembre en passant par le clou de girofle et la muscade.
Balsamique : résine, pin, térébinthe.
Animal : viande, viande faisandée, gibier, fauve, musc, fourrure.
Empyreumatique : brûlé, grillé, pain grillé, tabac, foin séché, tous les arômes de torréfaction (café, etc.).

LA BOUCHE

Après avoir triomphé des deux épreuves de l'œil et du nez, le vin subit un dernier examen « en bouche ».

Une faible quantité de vin est mise en bouche, où on le garde. Un filet d'air est aspiré afin de permettre sa diffusion dans l'ensemble de la cavité buccale. À défaut, il est simplement mâché. Dans la bouche, le vin s'échauffe, il diffuse de nouveaux éléments aromatiques

Déguster pour acheter

recueillis par voie rétro-nasale, étant entendu que les papilles de la langue ne sont sensibles qu'aux quatre saveurs élémentaires : amer, acide, sucré et salé, ce qui explique pourquoi une personne enrhumée ne peut goûter un vin (ou un aliment), la voie rétro-nasale étant alors inopérante.

—— Outre les quatre saveurs précisées ci-dessus, la bouche est sensible à la température du vin, à sa viscosité, à la présence – ou à l'absence – de gaz carbonique et à l'astringence (effet tactile ; absence de lubrification par la salive et contraction des muqueuses sous l'action des tanins).

—— C'est en bouche que se révèlent l'équilibre, l'harmonie ou, au contraire, le caractère de vins mal bâtis qui ne doivent pas être achetés.

Les vins blancs, gris et rosés se caractérisent par un bon équilibre entre acidité et moelleux.

Trop d'acidité, le vin est agressif ; pas assez, il est plat.
Trop de moelleux, le vin est lourd, épais ; pas assez, il est mince, terne.

Pour les vins rouges, l'équilibre tient compte de l'acidité, du moelleux et des tanins.

Excès d'acidité :	vin trop nerveux, souvent maigre.
Excès de tanins :	vin dur astringent.
Excès de moelleux (rare) :	vin lourd.
Carence en acidité :	vin mou.
Carence en tanins :	vin sans charpente, informe.
Carence en moelleux :	vin qui sèche.

Un bon vin se situe au point d'équilibre des trois composantes ci-dessus. Ces éléments supportent sa richesse aromatique ; un grand vin se distingue d'un bon vin par sa construction rigoureuse et puissante, quoique fondue, et par son ampleur dans la complexité aromatique.

Exemple de vocabulaire relatif au vin en bouche :

Critique : informe, mou, plat, mince, aqueux, limité, transparent, pauvre, lourd, massif, grossier, épais, déséquilibré.
Laudatif : structuré, construit, charpenté, équilibré, corpulent, complet, élégant, fin, qui a du grain, riche.

Après cette analyse en bouche, le vin est avalé. L'œnophile se concentre alors pour mesurer sa persistance aromatique, familièrement appelée « longueur en bouche ». Cette estimation s'exprime en caudalies, unité savante valant tout simplement... une seconde. Plus un vin est long, plus il est estimable. Cette longueur en bouche, à elle seule, permet de hiérarchiser les vins, du plus petit au plus grand.

—— Cette mesure en secondes est à la fois très simple et très compliquée ; elle ne porte que sur la longueur aromatique, à l'exclusion des éléments de structure du vin (acidité, amertume, sucre et alcool) qui ne doivent pas être perçus comme tels.

L'identification d'un vin

La dégustation, comme la consommation, est appréciative. Il s'agit de goûter pleinement un vin et de déterminer s'il est grand, moyen ou petit. Très souvent, il est question de savoir s'il est conforme à son type ; mais encore faut-il que son origine soit précisée.

—— La dégustation d'identification, c'est-à-dire de reconnaissance, est un sport, un jeu de société ; mais c'est un jeu injouable sans un minimum d'informations. On peut reconnaître un cépage, par exemple un cabernet-sauvignon. Mais est-ce un cabernet-sauvignon d'Italie, du Languedoc, de Californie, du Chili, d'Argentine, d'Australie ou d'Afrique du Sud ? Si l'on se limite à la France, l'identification des grandes régions est possible ; mais lorsqu'on veut être plus précis, d'ardus problèmes surviennent : si l'on propose six verres de vin en précisant qu'ils représentent les six appellations du Médoc (Listrac, Moulis, Margaux, Saint-Julien, Pauillac, Saint-Estèphe), combien y aura-t-il de sans fautes ?

—— Une expérience classique que chacun peut renouveler prouve la difficulté de la

La dégustation

dégustation : le dégustateur, les yeux bandés, goûte en ordre dispersé des vins rouges peu tanniques et des vins blancs non aromatiques, de préférence élevés dans le bois. Il doit simplement distinguer le blanc du rouge (et inversement) : il est très rare qu'il ne se trompe pas ! Paradoxalement, il est beaucoup plus facile de reconnaître un vin très typé dont on a encore en tête et en bouche le souvenir ; mais combien a-t-on de chances que le vin proposé soit justement celui-là ?

Déguster pour acheter

Lorsque l'on se rend dans le vignoble et que l'on a l'intention d'acheter du vin, il faut choisir, donc déguster. Il s'agit alors de pratiquer des dégustations appréciatives et comparatives. La dégustation comparative de deux ou trois vins est facile ; elle se complique dès que l'on fait interférer le prix des vins. Dans un budget fixe – ils le sont malheureusement tous – certains achats sont facilement éliminés. Cette dégustation se complique davantage si l'on tient compte de l'usage des vins, de leur mariage avec des mets. Deviner ce que l'on mangera dans dix ans, et par conséquent acheter aujourd'hui le vin nécessaire à cette occasion-là, tient du tour de magie... La dégustation comparative, simple et facile dans son principe, devient extrêmement délicate, puisque l'acheteur doit présumer de l'évolution de divers vins, et supputer leur période d'apogée. Les vignerons eux-mêmes se trompent parfois lorsqu'ils tentent d'imaginer l'avenir de leur vin. On a vu certains d'entre eux racheter leur propre vin qu'ils avaient bradé, car ils avaient estimé faussement que leur bonification était compromise...

— Quelques principes peuvent néanmoins fournir des éléments d'appréciation. Pour se bonifier, les vins doivent être solidement construits. Ils doivent avoir un degré alcoolique suffisant, et l'ont en fait toujours : la chaptalisation (ajout de sucre réglementé par la loi), y contribue si nécessaire ; il faut donc porter son attention ailleurs, sur l'acidité et les tanins. Un vin trop souple, qui peut être cependant très agréable, dont l'acidité est faible, voire trop faible, sera fragile, et sa longévité ne sera pas assurée. Un vin faible en tanins n'aura guère plus d'avenir. Dans le premier cas, le raisin aura souffert d'un excès de soleil et de chaleur, dans le second, d'un manque de maturité, d'attaques de pourriture ou encore d'une vinification inadaptée.

— Ces deux constituants du vin, acidité et tanins, se mesurent : l'acidité s'évalue en équivalence d'acide sulfurique – en grammes par litre, à moins que l'on préfère le pH –, et les tanins, selon l'indice de Folain, mais il s'agit là d'un travail de laboratoire.

— L'avenir d'un vin qui ne comporte pas au moins 3 grammes d'acidité n'est pas assuré ; quant à l'estimation du seuil de tanin en dessous duquel la longue garde est problématique, elle n'est pas rigoureuse. Cependant, la connaissance de cet indice est utile, car des tanins très mûrs, doux, enrobés, sont parfois sous-évalués à la dégustation, où ils ne se révèlent pas toujours.

— Dans tous les cas, on dégustera le vin dans de bonnes conditions, sans se laisser prendre par l'atmosphère de la cave du vigneron. On évitera de le goûter au sortir d'un repas, après l'absorption d'eau-de-vie, de café, de chocolat ou de bonbons à la menthe, ou encore après avoir fumé. Si le vigneron propose des noix, méfiance ! Car elles améliorent tous les vins. Méfiance également à l'égard du fromage, qui modifie la sensibilité du palais ; tout au plus, si l'on y tient, mangera-t-on un morceau de pain, nature.

S'exercer à la dégustation

De même que toute autre technique, celle de la dégustation s'apprend. On peut la pratiquer chez soi en suivant les quelques énoncés ci-dessus. On peut aussi, si l'on est passionné, suivre des stages, de plus en plus nombreux. On peut encore s'inscrire à des cycles d'initiation proposés par divers organismes privés dont les activités sont très diverses : étude de la dégustation, étude de l'accord des mets et des vins, exploration par la dégustation des grandes régions de productions françaises ou étrangères, analyse de l'influence des cépages, des millésimes, des sols, incidence des techniques de vinification, dégustations commentées en présence du propriétaire, etc.

Le service des vins

Le service des vins

Au restaurant, le service du vin est l'apanage du sommelier. Chez soi, c'est le maître de maison qui devient sommelier, et doit en avoir les capacités. Celles-ci sont nombreuses à mettre en œuvre, à commencer par le choix des bouteilles les mieux adaptées aux plats composant le repas, et qui ont atteint leur apogée.

— Le goût de chacun intervient bien sûr dans le mariage des mets et des vins ; néanmoins, des siècles d'expérience ont permis de dégager des principes généraux, des alliances idéales et des incompatibilités majeures.

— L'évolution des vins est très dissemblable. Seul leur apogée intéresse l'œnophile, qui désire le meilleur. Selon l'appellation, et donc selon le cépage, le sol et la vinification, celui-là peut survenir dans des périodes s'échelonnant entre un et vingt ans. Selon le millésime porté par la bouteille, le vin peut évoluer deux ou trois fois plus rapidement. On peut cependant établir des moyennes, qui peuvent servir de base et que l'on modulera en fonction de sa cave et des informations figurant sur les cartes de millésimes :

Apogée (en années)

Appellation ou région	vin blanc	vin rouge		vin blanc	vin rouge
Alsace	dans l'année		Loire	5-10	5-12
Alsace Grand Cru	1-4		Loire moelleux, liquoreux	10-15	
Alsace Vendanges tardives	8-12		Vins du Périgord	2-3	3-4
Jura	4	8	« « liquoreux	6-8	
Jura rosé	6		Bordeaux	2-3	6-8
Vin Jaune	20		Grands Bordeaux	8-10	10-15
Savoie	1-2	2-4	Bordeaux liquoreux	10-15	
Bourgogne	5	7	Jurançon sec	2-4	
Grand Bourgogne	8-10	10-15	« moelleux, liquoreux	6-10	
Mâcon	2-3	1-2	Madiran		8-12
Beaujolais		dans l'année	Cahors		5-10
Crus du Beaujolais		1-4	Gaillac	3	5
Vallée du Rhône Nord	2-3	4-5	Languedoc	1-2	2-4
(Côte-Rôtie, Hermitage, etc.)	(8)	(8-15)	Côtes de Provence	1-2	2-4
Vallée du Rhône Sud	2	4-8	Corse	1-2	2-4

Remarque :
- Ne pas confondre l'apogée avec la longévité maximum.
- Une cave chaude ou à température variable accélère l'évolution des vins.

Modalités du service

Rien ne doit être négligé dans la conduite de la bouteille, de son enlèvement en cave jusqu'au moment où le vin parvient dans le verre. Plus un vin est âgé, plus il exige de soins. La bouteille sera prise sur pile et redressée lentement pour être amenée sur les lieux de sa consommation, à moins qu'on ne la dépose directement dans un panier verseur.

— Les vins de peu d'ambition seront servis de la façon la plus simple ; pour les vins très fragiles, donc de grand âge, on les fera couler de la bouteille amoureusement déposée sur le panier dans l'exacte position qu'elle occupait sur pile ; les vins plus jeunes ou jeunes, les vins robustes, seront décantés, soit pour les aérer parce qu'ils contiennent encore quelques traces de gaz, souvenir de leur fermentation, soit pour amorcer une oxydation bénéfique pour la dégustation, soit encore pour isoler le vin clair des sédiments déposés au fond de la bouteille. Dans ce cas, le vin sera transvasé avec soin, et on le versera devant une source lumineuse, traditionnellement une bougie – une habitude qui date d'avant l'éclairage électrique et qui n'apporte aucun avantage – pour laisser dans la bouteille le vin trouble et les matières solides.

Le service des vins

Quand déboucher, quand servir ?

Le professeur Peynaud soutient qu'il est inutile d'enlever le bouchon longtemps avant de consommer le vin, la surface en contact avec l'air (le goulot et la bouteille) étant trop petite. Cependant, le tableau ci-dessous résume des usages qui, s'ils n'améliorent pas toujours le vin dans tous les cas, ne l'abîment jamais.

Vins blancs aromatiques Vins de primeur R et B Vins courants Vins rosés	Déboucher, boire sans délai. Bouteille verticale.
Vins blancs de la Loire Vins blancs liquoreux	Déboucher, attendre une heure. Bouteille verticale.
Vins rouges jeunes Vins rouges à leur apogée	Décanter une demi-heure à deux heures avant consommation.
Vins rouges anciens fragiles	Déboucher en panier verseur, et servir sans délai : éventuellement décanter et consommer tout de suite.

Déboucher

La capsule doit être coupée en dessous de la bague ou au milieu de celle-ci. Le vin ne doit pas entrer en contact avec le métal de la capsule. Dans le cas où le goulot est ciré, donner de petits coups afin d'écailler la cire. Mieux encore, essayer d'enlever la cire avec un couteau sur la partie supérieure du col, cette méthode ayant l'avantage de ne pas ébranler la bouteille et le vin.

— Pour extraire le bouchon, seul le tire-bouchon, à vis en queue de cochon donne satisfaction (avec le tire-bouchon à lames, d'un maniement délicat). Théoriquement, le bouchon ne doit pas être transpercé. Une fois extrait, il est humé : il ne doit présenter aucune odeur parasite et ne pas sentir le liège (goût de bouchon). Ensuite le vin est goûté pour une ultime vérification, avant d'être servi aux convives.

A quelle température ?

On peut tuer un vin en le servant à une température inadéquate, ou, au contraire, l'exalter en le servant à la température appropriée. Il est très rare que celle-ci soit atteinte, d'où l'utilité du thermomètre à vin, de poche si l'on va au restaurant ou à plonger dans la bouteille lorsque l'on opère chez soi. La température de service d'un vin dépend de son appellation (c'est-à-dire de son type), de son âge et, dans une faible proportion, de la température ambiante. On n'oubliera pas que le vin se réchauffe dans le verre.

Grands vins rouges de Bordeaux	16-17°
Grands vins rouges de Bourgogne	15-16°
Vins rouges de qualité, grands vins rouges avant leur apogée	14-16°
Grands vins blancs secs	14-16°
Vins rouges légers, fruités, jeunes	11-12°
Vins rosés, vins de primeur	10-12°
Vins blancs secs, vins de pays rouges	10-12°
Petits blancs, vins de pays blancs	8-10°
Champagne, mousseux	7-8°
Liquoreux	6°

Ces températures doivent être augmentées d'un ou deux degrés lorsque le vin est vieux.

— On a tendance à servir légèrement plus frais les vins qui jouent le rôle d'apéritif, et à boire les vins qui accompagnent le repas légèrement chambrés. De même, on tiendra compte de la température ambiante : sous un climat torride, un vin bu à 11 degrés paraîtra glacé, il conviendra donc de le porter à 13 voire à 14 degrés.

—Néanmoins, on se gardera de dépasser 20 degrés, car au-delà des phénomènes physico-chimiques indépendants de l'environnement, donc absolus, altèrent les qualités du vin et le plaisir qu'on peut en attendre.

Les millésimes

Les verres

A chaque région son verre. Dans la pratique, à moins de tomber dans un purisme excessif, on se contentera soit d'un verre universel (de style verre à dégustation), soit de deux types les plus usités, le verre à bordeaux et le verre à bourgogne.
Quel que soit le verre choisi, il sera rempli modérément, entre le tiers et la moitié.

Au restaurant

Au restaurant, le sommelier s'occupe de la bouteille, hume le bouchon, mais fait goûter le vin à celui qui l'a commandé. Auparavant il aura suggéré des vins en fonction des mets.
—— La lecture de la carte des vins est instructive, non parce qu'elle dévoile les secrets de la cave, ce qui est sa fonction, mais parce qu'elle permet de situer le niveau de compétence du sommelier, du caviste ou du patron. Une carte correcte doit impérativement comporter, pour chaque vin, les informations suivantes : appellation, millésime, lieu de la mise en bouteilles, nom du négociant ou du propriétaire auteur et responsable du vin. Ce dernier point est très souvent omis, on ne sait pourquoi.
—— Une belle carte doit présenter un éventail large, tant sur le plan du nombre d'appellations proposées que sur celui de la diversité et de la qualité des millésimes (nombre de restaurateurs ont la fâcheuse habitude de toujours proposer les petites années...). Une carte intelligente sera particulièrement adaptée au style ou à la spécialisation de la cuisine, ou encore fera la part belle aux vins régionaux.
—— Parfois, il est proposé la « cuvée du patron » ; il est en effet possible d'acheter un vin agréable qui ne bénéficie pas d'appellation d'origine, mais ce ne sera jamais un grand vin.

Bistrots à vin

De tout temps, il a existé des « bistrots à vin » ou « bars à vin », vendant au verre des vins de qualité, bien souvent des vins « de propriétaires » sélectionnés par le patron lui-même au cours de visites de vignobles. Des assiettes de cochonnaille et de fromages étaient également proposées aux clients.
Dans les années 1970, une nouvelle génération de bistrots à vin fréquemment baptisés « wine bar » s'est développée. La mise au point d'un appareil protégeant le vin dans les bouteilles ouvertes par une couche d'azote le - *cruover* - a permis à ces établissements de proposer aux clients de très grands vins de millésimes prestigieux. Parallèlement, une restauration moins rudimentaire a complété leur carte.

LES MILLÉSIMES

Tous les vins de qualité sont millésimés. Seuls quelques vins et certains champagnes, leur élaboration particulière par mélange de plusieurs années le justifiant, font exception à cette règle.
—— Cela admis, que penser d'un flacon non millésimé ? Deux cas sont possibles ; soit le millésime est inavouable car sa réputation est détestable dans l'appellation ; soit il ne peut être millésimé car il contient le produit de l'assemblage de « vins de plusieurs années », selon la formule en usage chez les professionnels. La qualité du produit dépend du talent de l'assembleur ; généralement le vin assemblé est supérieur à chacun de ses composants mais il est déconseillé de faire vieillir ce type de bouteille.
Le vin portant un grand millésime est concentré et équilibré. Il est généralement issu, mais pas obligatoirement, de petites récoltes (en volume) et de vendanges précoces.

Les millésimes

___ Dans tous les cas, les grands millésimes ne naissent que de raisins parfaitement sains, totalement exempts de pourriture. Pour obtenir un grand millésime, peu importe le temps qu'il fait au début du cycle végétatif; on peut même soutenir que quelques mésaventures, telles que gel ou coulure (chute de jeunes baies avant maturation), sont favorables, puisqu'ils vont diminuer le nombre de grappes par pied, ce qui est préjudiciable au volume. En revanche, la période qui s'étend du 15 août aux vendanges (fin septembre), est capitale : un maximum de chaleur et de soleil est alors nécessaire. 1961, qui demeure jusqu'à nouvel avis « l'année du siècle », est exemplaire : tout s'est passé comme il fallait. *A contrario*, les années 1963, 1965, 1968 furent désastreuses, parce qu'elles cumulèrent froid et pluie, d'où absence de maturité et fort rendement, les raisins se gorgeant d'eau. Pluie et chaleur ne valent guère mieux, car l'eau tiédie favorise la pourriture. C'est l'écueil sur lequel a buté un grand millésime potentiel dans le Sud-Ouest en 1976. Les progrès des traitements de protection du raisin, particulièrement destinés à s'opposer au ver de la grappe et au développement de la pourriture, permettent des récoltes de qualité qui eussent été autrefois très compromises. Ces traitements permettent également d'attendre avec une relative sérénité, même si les conditions météorologiques momentanées ne sont pas encourageantes, le plein mûrissement du raisin, d'où un important gain de qualité. Dès 1978, on note l'apparition d'excellents millésimes vendangés tardivement.

___ On a l'habitude de résumer la qualité des millésimes dans des tableaux de cotation. Ces notes ne représentent que des moyennes : elles ne prennent pas en compte les microclimats, pas plus que les efforts... héroïques de tri de raisins à la vendange, ou les sélections forcenées des vins en cuve. C'est ainsi par exemple, que le vin de Graves, domaine de Chevalier 1965 – millésime par ailleurs épouvantable – démontre que l'on peut élaborer un grand vin dans une année cotée zéro !

Propositions de cotation (de 0 à 20)

	Bordeaux R	Bordeaux B liquoreux	Bordeaux B sec	Bourgogne R	Bourgogne B	Champagne	Loire	Rhône	Alsace
1900	19	19	17	13		17			
1901	11	14							
1902									
1903	14	7	11						
1904	15	17		16		19		18	
1905	14	12							
1906	16	16		19	18				
1907	12	10		15					Alsace Allemande
1908	13	16							
1909	10	7							
1910									
1911	14	14		19	19	20	19	19	
1912	10	11							
1913	7	7							
1914	13	15				18			
1915		16		16	15	15	12	15	
1916	15	15		13	11	12	11	10	

59 **GUIDE-CONSOMMATEUR**

	Bordeaux R	Bordeaux B liquoreux	Bordeaux B sec	Bour-gogne R	Bour-gogne B	Cham-pagne	Loire	Rhône	Alsace
1917	14	16		11	11	13	12	9	
1918	16	12		13	12	12	11	14	
1919	15	10		18	18	15	18	15	15
1920	17	16		13	14	14	11	13	10
1921	16	20		16	20	20	20	13	20
1922	9	11		9	16	4	7	6	4
1923	12	13		16	18	17	18	18	14
1924	15	16		13	14	11	14	17	11
1925	6	11		6	5	3	4	8	6
1926	16	17		16	16	15	13	13	14
1927	7	14		7	5	5	3	4	
1928	19	17		18	20	20	17	17	17
1929	20	20		20	19	19	18	19	18
1930							3	4	3
1931	2	2		2	3		3	5	3
1932				2	3	3	3	3	7
1933	11	9		16	18	16	17	17	15
1934	17	17		17	18	17	16	17	16
1935	7	12		13	16	10	15	5	14
1936	7	11		9	10	9	12	13	9
1937	16	20		18	18	18	16	17	17
1938	8	12		14	10	10	12	8	9
1939	11	16		9	9	9	10	8	3
1940	13	12		12	8	8	11	5	10
1941	12	10		9	12	10	7	5	5
1942	12	16		14	12	16	11	14	14
1943	15	17		17	16	17	13	17	16
1944	13	11	12	10	10		6	8	4
1945	20	20	18	20	18	20	19	18	20
1946	14	9	10	10	13	10	12	17	9
1947	18	20	18	18	18	18	20	18	17
1948	16	16	16	10	14	11	12		15
1949	19	20	18	20	18	17	16	17	19
1950	13	18	16	11	19	16	14	15	14
1951	8	6	6	7	6	7	7	8	8
1952	16	16	16	16	18	16	15	16	14
1953	19	17	16	18	17	17	18	14	18
1954	10			14	11	15	9	13	9
1955	16	19	18	15	18	19	16	15	17
1956	5						9	12	9
1957	10	15		14	15		13	16	13
1958	11	14		10	9		12	14	12

Les millésimes

	Bordeaux R	Bordeaux B liquoreux	Bordeaux B sec	Bour- gogne R	Bour- gogne B	Cham- pagne	Loire	Rhône	Alsace
1959	19	20	18	19	17	17	19	15	20
1960	11	10	10	10	7	14	9	12	12
1961	20	15	16	18	17	16	16	18	19
1962	16	16	16	17	19	17	15	16	14
1963					10				
1964	16	9	13	16	17	18	16	14	18
1965			12				8		
1966	17	15	16	18	18	17	15	16	12
1967	14	18	16	15	16		13	15	14
1968									
1969	10	13	12	19	18	16	15	16	16
1970	17	17	18	15	15	17	15	15	14
1971	16	17	19	18	20	16	17	15	18
1972	10		9	11	13		9	14	9
1973	13	12		12	16	16	16	13	16
1974	11	14		12	13	8	11	12	13
1975	18	17	18		11	18	15	10	15
1976	15	19	16	18	15	15	18	16	19
1977	12	7	14	11	12	9	11	11	12
1978	17	14	17	19	17	16	17	19	15
1979	16	18	18	15	15	15	14	16	16
1980	13	17	18	12	12	14	13	15	10
1981	16	16	17	14	15	15	15	14	17
1982	18	14	16	14	16	16	14	13	15
1983	17	17	16	15	16	15	12	16	20
1984	13	13	12	13	14	5	10	11	15
1985	18	15	14	17	17	17	16	16	19
1986	17	17	12	12	15	9	13	10	10
1987	13	11	16	12	11	10	13	8	13
1988	16	19	18	16	14	15	16	18	17
1989	18	19	18	16	18	16	20	16	16
1990	18	20	17	18	16	19	17	17	18
1991	13	14	13	14	15	11	12	13	13
1992	12	10	14	15	17	12	14	12	12
1993	13	8	15	14	13	12	13	13	13
1994	14	14	17	14	16	12	14	14	12
1995	16	18	17	14	16	16	17	16	12
1996	15	18	16	17	18	19	15	14	12
1997	14	18	14	14	17	15	16	14	13

Les zones cernées d'un trait épais indiquent les vins à mettre en cave.
Les liquoreux de la Loire sont notés 20 pour le millésime 90.

GUIDE-CONSOMMATEUR

La cuisine au vin - Le vinaigre

Quels millésimes boire maintenant ?
Les vins évoluent différemment selon qu'ils sont nés d'une année maussade ou ensoleillée, mais aussi selon leur appellation, leur hiérarchie au sein de cette appellation, leur vinification, leur élevage ; leur vieillissement dépend également de la cave où ils sont entreposés.

—— Le tableau de cotation des millésimes concerne des vins de bonne facture, de millésimes récents, donc disponibles, s'ils sont encavés convenablement. Il ne concerne ni les vins exceptionnels ni les millésimes anciens, légendaires, toujours excellents (1961, par exemple) que l'on trouvera sur le tableau général récapitulatif.

LA CUISINE AU VIN

La cuisine au vin ne date pas d'aujourd'hui. Apicius déjà donne la recette du porcelet à la sauce au vin (c'était du vin de paille). Pourquoi user du vin en cuisine ? Pour les saveurs qu'il apporte et pour les vertus digestives qu'il ajoute aux plats grâce à la glycérine et aux tanins. L'alcool, considéré par certains comme un maléfice, a presque totalement disparu à la cuisson.

—— On pourrait retracer une histoire de la cuisine à travers le vin : les marinades ont été inventées pour conserver des pièces de viande, aujourd'hui on les perpétue pour l'apport d'éléments sapides. La cuisson, donc la réduction des marinades, est à l'origine des sauces. Parfois, on a cuit la viande avec la marinade et l'on a inventé les civets, les daubes et les courts-bouillons, y compris les œufs en meurette.

Quelques conseils
- ne jamais gaspiller de vieux millésimes pour la cuisine. C'est coûteux, inutile et même nuisible.
- ne jamais user en cuisine de vins ordinaires ou de vins trop légers, leur réduction ne concentre que leur manque de présence.
- boire avec le plat le vin de cuisson ou de la même origine.

LE VINAIGRE DE VIN

Le vin est l'ami de l'homme, le vinaigre est l'ennemi du vin. Doit-on conclure que le vinaigre est l'ennemi de l'homme ? Non, vins et vinaigres jouent chacun leur partie dans l'orchestre des saveurs dont l'homme se régale. Jeter des vins de qualité un peu éventés ou oxydés serait regrettable. Le vinaigrier est là pour les accueillir. Un vinaigrier domestique est un récipient de 3 à 5 litres en bois, ou mieux, en terre vernissée, généralement muni d'un robinet. L'acidité du vinaigre est un adjuvant, un révélateur. C'est un contrepoint, pas un solo. Pour contenir ses ardeurs, le gourmet a inventé le vinaigre aromatisé. Nombre de hauts goûts se fondent en une harmonie de timbres : ail, échalote, petits oignons, estragon, graines de moutarde, grains de poivre, clous de girofle, fleurs de sureau, de capucine, pétales de roses, feuilles de laurier, branches de thym, de perce-pierre, etc.

Conseils
- ne jamais déposer un vinaigrier dans une cave.
- chaque fois que se développe dans le vinaigrier ce que l'on appelle « la mère du vinaigre » (masse visqueuse), l'éliminer.
- placer le vinaigrier dans un lieu tempéré (20°).
- ne jamais le boucher hermétiquement car l'air contribue à la vie des bactéries acétiques, qui transforment l'alcool du vin en acide acétique.
- ne jamais placer les aromates dans le vinaigrier. Il faut extraire le vinaigre du vinaigrier et dans un autre récipient conserver le vinaigre aromatisé.
- ne jamais introduire dans le vinaigrier de vin sans origine.

LES METS ET LES VINS

Rien n'est plus difficile que de trouver « le » vin idéal pour accompagner un plat. D'ailleurs, peut-il y avoir un vin idéal ? Au chapitre du mariage des mets et des vins, la monogamie n'a pas de place ; il faut profiter de l'extrême variété des vins français et faire des expériences : une bonne cave permet par approximations successives d'approcher de la vérité...

HORS-D'ŒUVRE, ENTREES

ANCHOÏADE
- côtes du roussillon rosé
- coteaux d'aix-en-provence rosé
- alsace sylvaner

ARTICHAUTS BARIGOULE
- coteaux d'aix-en-provence rosé
- rosé de loire
- bordeaux rosé

ASPERGES SAUCE MOUSSELINE
- alsace muscat

AVOCAT
- champagne
- bugey blanc
- bordeaux sec

CUISSES DE GRENOUILLE
- corbières blanc

- entre-deux-mers
- touraine sauvignon

ESCARGOTS À LA BOURGUIGNONNE
- bourgogne aligoté
- alsace riesling
- touraine sauvignon

FOIE GRAS AU NATUREL
- barsac
- corton-charlemagne
- listrac
- banyuls rimage

FOIE GRAS EN BRIOCHE
- alsace tokay sélection de grains nobles
- montrachet
- pécharmant

FOIE GRAS GRILLÉ
- jurançon

- graves rouge
- condrieu

POIVRONS ROUGES GRILLÉS VINAIGRETTE
- clairette de bellegarde
- muscadet
- mâcon lugny blanc

SALADE NIÇOISE
- alsace sylvaner
- côtes du rhône rouge
- coteaux d'aix-en-provence rosé

SALADE DE SOJA
- alsace tokay
- clairette du languedoc
- muscadet

CHARCUTERIE

JAMBON BRAISÉ
- alsace tokay
- côtes du rhône rouge
- côtes du roussillon rosé

JAMBON PERSILLÉ
- chassagne montrachet blanc
- coteaux du tricastin rouge
- beaujolais rouge

JAMBON DE BAYONNE
- côtes du rhône-villages
- bordeaux clairet
- corbières rosé

JAMBON DE SANGLIER FUMÉ
- côtes de saint-mont rouge
- bandol rouge
- sancerre blanc

PÂTÉ DE LIÈVRE
- côtes de duras rouge
- saumur-champigny
- moulin à vent

RILLETTES
- bourgogne rouge
- alsace pinot noir
- touraine gamay

RILLONS
- touraine cabernet
- beaujolais-villages
- rosé de loire

SAUCISSON
- côtes du rhône-villages
- beaujolais
- côtes du roussillon rosé

TERRINE DE FOIE BLOND
- meursault-charmes
- saint-nicolas de bourgueil
- morgon

COQUILLAGES ET CRUSTACES

BOUQUET MAYONNAISE
- bourgogne blanc
- alsace riesling
- haut-poitou sauvignon

BROCHETTES DE SAINT-JACQUES
- graves blancs
- alsace sylvaner
- beaujolais-villages rouge

CALMARS FARCIS
- mâcon-villages
- premières côtes de bordeaux
- gaillac rosé

CASSOLETTE DE MOULES AUX ÉPINARDS
- muscadet
- bourgogne aligoté bouzeron
- coteaux champenois blanc

CLOVISSES AU GRATIN
- pacherenc du vic-bilh
- rully blanc

- beaujolais blanc

COCKTAIL DE CRABE
- jurançon sec
- fiefs vendéens blanc
- bordeaux sec sauvignon

ECREVISSES À LA NAGE
- sancerre blanc
- côtes du rhône blanc
- gaillac blanc

HOMARD À L'AMÉRICAINE
- arbois jaune
- juliénas

HOMARD GRILLÉ
- hermitage blanc
- pouilly-fuissé
- savennières

HUÎTRES DE MARENNES
- muscadet
- bourgogne aligoté

- alsace sylvaner
- chablis
- beaujolais primeur rouge

HUÎTRES AU CHAMPAGNE
- bourgogne hautes-côtes de nuit blanc
- coteaux champenois blanc
- roussette de savoie

LANGOUSTE MAYONNAISE
- patrimonio blanc
- alsace riesling
- savoie apremont

LANGOUSTINES AU COGNAC
- chablis premier cru
- graves blanc
- muscadet de sèvre-et-maine

MOUCLADE DES CHARENTES
- saint-véran
- bergerac sec
- haut-poitou chardonnay

Coquillages et crustacés - Poissons

Moules (crues) de Bouzigues
- coteaux du languedoc blanc
- muscadet de sèvre-et-maine
- coteaux d'aix-en-provence blanc

Moules marinières
- bourgogne blanc
- alsace pinot

- bordeaux sec sauvignon

Palourdes farcies
- graves blanc
- montagny
- anjou blanc

Plateau de fruits de mer
- chablis

- muscadet
- alsace sylvaner

Salade de coquillages au concombre
- graves blanc
- muscadet
- alsace klevner

POISSONS

Anguille poêlée persillade
- corbières rosé
- gros plant du pays nantais
- blaye blanc

Alose à l'oseille
- anjou blanc
- rosé de loire
- haut-poitou chardonnay

Bar (loup) grillé
- auxey-duresses blanc
- bellet blanc
- bergerac sec

Barbue à la dieppoise
- graves blanc
- puligny-montrachet
- coteaux du languedoc blanc

Barquettes girondines
- bâtard-montrachet
- graves supérieurs
- quincy

Baudroie en gigot de mer
- mâcon-villages
- châteauneuf-du-pape blanc
- bandol rosé

Bouillabaisse
- côtes du roussillon blanc
- coteaux d'aix-en-provence blanc
- muscadet des coteaux de la loire

Bourride
- coteaux d'aix-en-provence rosé
- rosé de loire
- bordeaux rosé

Brandade
- haut-poitou rosé
- bandol rosé
- corbières rosé

Carpe farcie
- montagny
- touraine azay-le-rideau blanc
- alsace pinot

Colin froid mayonnaise
- pouilly-fuissé
- savoie
- chignin
- bergeron
- alsace klevner

Coquilles de poissons
- saint-aubin blanc
- saumur sec blanc
- crozes-hermitage blanc

Darnes de saumon grillées
- chassagne-montrachet blanc
- cahors
- côtes du rhône rosé

Filets de sole bonne femme
- graves blanc
- chablis grand cru
- sancerre blanc

Feuilleté de blanc de turbot
- chevalier-montrachet
- crozes-hermitage blanc

Gravettes d'Arcachon à la bordelaise
- graves blanc
- bordeaux sec
- jurançon sec

Koulibiak de saumon
- pouilly-vinzelles
- graves blanc
- rosé de loire

Lamproie à la bordelaise
- graves rouges
- bergerac rouge
- bordeaux rosé

Lisettes au vin blanc
- alsace sylvaner
- haut-poitou sauvignon
- quincy

Matelote de l'Ill
- chablis premier cru
- arbois blanc
- alsace riesling

Merlan en colère
- alsace gutedel
- entre-deux-mers
- seyssel

Morue à l'aïoli
- coteaux d'aix-en-provence rosé
- bordeaux rosé
- haut-poitou rosé

Morue grillée
- gros plant du pays nantais
- rosé de loire
- coteaux d'aix-en-provence rosé

Œufs de saumon
- haut-poitou rosé
- graves rouge
- côtes du rhône rouge

Petite friture
- beaujolais blanc
- béarn blanc
- fiefs vendéens blanc

Petits rougets grillés
- chassagne-montrachet blanc
- hermitage blanc
- bergerac

Pochouse
- meursault
- l'étoile
- mâcon-villages

Quenelle de brochet lyonnaise
- montrachet
- pouilly-vinzelles
- beaujolais-villages rouge

Rouille sétoise
- clairette du languedoc
- côtes du roussillon rosé
- rosé de loire

Sandre au beurre blanc
- muscadet
- saumur blanc
- saint-joseph blanc

Sardines grillées
- clairette de bellegarde
- jurançon sec
- bourgogne aligoté

Saumon fumé
- puligny-montrachet premier cru
- pouilly-fumé
- bordeaux sec sauvignon

Sole meunière
- meursault blanc
- alsace riesling
- entre-deux mers

Soufflé Nantua
- bâtard-montrachet
- crozes-hermitage blanc
- bergerac sec

Thon rouge aux oignons
- coteaux d'aix blanc
- coteaux du languedoc blanc
- côtes de duras sauvignon

Thon (germon) basquaise
- graves blanc
- pacherenc de vic-bilh
- gaillac blanc

Tourteau farci
- premières côtes de bordeaux blanc
- bourgogne blanc
- muscadet

Truite aux amandes
- chassagne-montrachet blanc
- alsace klevner
- côtes du roussillon

Turbot sauce hollandaise
- graves blanc
- saumur blanc
- hermitage blanc

Viandes rouges et blanches

VIANDES ROUGES ET BLANCHES

Agneau

Baron d'agneau au four
- haut-médoc
- savoie-mondeuse
- minervois

Carré d'agneau Marly
- saint-julien
- ajaccio
- coteaux du lyonnais

Epaule d'agneau
- hermitage rouge

- côtes de bourg rouge
- moulin à vent

Filet d'agneau en croûte
- pomerol
- mercurey
- coteaux du tricastin

Ragoût d'agneau au thym
- châteauneuf-du-pape rouge
- saint-chinian
- fleurie

Sauté d'agneau provençale
- gigondas
- côtes de provence rouge
- bourgogne passetoutgrain rouge

Selle d'agneau aux herbes
- vin de corse rouge
- côtes du rhône rouge
- coteaux du giennois rouge

Mouton

Curry de mouton
- montagne saint-émilion
- alsace tokay
- côtes du rhône

Daube de mouton
- patrimonio rouge
- côtes du rhône-villages rouge
- morgon

Gigot à la ficelle
- morey-saint-denis

- saint-émilion
- côte de provence rouge

Gigot froid mayonnaise
- saint-aubin blanc
- bordeaux rouge
- entre-deux-mers

Mouton en carbonade
- graves de vayres rouge
- fitou
- crozes-hermitage rouge

Navarin
- anjou rouge
- bordeaux côtes-de-francs rouge
- bourgogne marsannay rouge

Poitrine de mouton farcie
- côtes du jura rouge
- graves rouge
- haut-poitou gamay

Bœuf

Bœuf bourguignon
- rully rouge
- saumur rouge
- côtes du marmandais rouge

Chateaubriand
- margaux
- alsace pinot
- coteaux du tricastin

Daube
- buzet rouge
- côtes du vivarais rouge
- arbois rouge

Entrecôte
- saint-julien
- sant-joseph rouge
- côtes du roussillon-villages

Filet de bœuf duchesse
- côte rôtie
- gigondas
- graves rouge

Fondue bourguignonne
- bordeaux rouge
- côtes du ventoux rouge
- bourgogne rosé

Gardiane
- lirac rouge
- côtes du luberon rouge
- costières de nîmes rouge

Pot-au-feu
- anjou rouge
- bordeaux rouge
- beaujolais rouge

Rosbif chaud
- moulis
- aloxe-corton
- côtes du rhône rouge

Rosbif froid
- madiran
- beaune rouge
- cahors

Steak maître d'hôtel
- bergerac rouge
- arbois rosé
- chénas

Tournedos béarnaise
- listrac
- saint-aubin rouge
- touraine amboise rouge

Porc

Andouillette à la crème
- touraine blanc
- bourgogne blanc
- saint-joseph blanc

Andouillette grillée
- coteaux champenois blanc
- petit chablis
- beaujolais rouge

Baeckeoffe
- alsace riesling
- alsace sylvaner

Cassoulet
- côtes du frontonnais rouge
- minervois rouge
- bergerac rouge

Chou farci
- côtes du rhône rouge
- touraine gamay

- bordeaux sec sauvignon

Choucroute
- alsace riesling
- alsace sylvaner

Cochon de lait en gelée
- graves de vayres blanc
- costières de nîmes rosé
- beaujolais-villages rouge

Confit
- tursan rouge
- corbières rouge
- cahors

Côte de porc charcutière
- bourgogne blanc
- côtes d'auvergne rouge
- bordeaux clairet

Palette au sauvignon
- bergerac sec

- menetou-salon
- bordeaux rosé

Potée
- côtes du luberon
- côte de brouilly
- bourgogne aligoté

Rôti de porc à la sauge
- rully blanc
- côtes du rhône rouge
- minervois rosé

Rôti de porc froid
- bourgogne blanc
- lirac rouge
- bordeaux sec

Saucisse de Toulouse grillée
- saint-joseph ou bergerac rouges
- côtes du frontonnais rosé

LES METS ET LES VINS

Viandes rouges et blanches – Volailles, lapin – Gibier

Veau

BROCHETTES DE ROGNONS
- cornas
- beaujolais-villages
- coteaux du languedoc rosé

BLANQUETTE DE VEAU À L'ANCIENNE
- arbois blanc
- alsace grand cru riesling
- côtes de provence rosé

CÔTE DE VEAU GRILLÉE
- côtes du rhône rouge
- anjou blanc
- bourgogne rosé

ESCALOPE PANÉE
- côtes du jura blanc
- corbières blanc
- côtes du ventoux rouge

FOIE DE VEAU À L'ANGLAISE
- médoc
- coteaux d'aix-en-provence rouge
- haut-poitou rosé

NOIX DE VEAU BRAISÉE
- mâcon-villages blanc
- côtes de duras rouge
- brouilly

PAUPIETTES DE VEAU
- anjou gamay
- minervois rosé
- costières de nîmes blanc

RIS DE VEAU AUX LANGOUSTINES
- graves blanc
- alsace tokay
- bordeaux rosé

ROGNONS SAUTÉS AU VIN JAUNE
- arbois blanc
- gaillac vin de voile
- bourgogne aligoté

ROGNONS DE VEAU À LA MOELLE
- saint-émilion
- saumur-champigny
- coteaux d'aix-en-provence rosé

VEAU MARENGO
- côtes de duras merlot
- alsace klevner
- coteaux du tricastin rosé

VEAU ORLOFF
- chassagne montrachet blanc
- chiroubles
- lirac rosé

VOLAILLES, LAPIN

BARBARIE AUX OLIVES
- savoie-mondeuse rouge
- canon-fronsac
- anjou cabernet rouge

BROCHETTES DE CŒURS DE CANARD
- saint-georges-saint-émilion
- chinon
- côtes du rhône-villages

CANARD À L'ORANGE
- côtes du jura jaune
- cahors
- graves rouge

CANARD FARCI
- saint-émilion grand cru
- bandol rouge
- buzet rouge

CANARD AUX NAVETS
- puisseguin saint-émilion
- saumur-champigny
- coteaux d'aix-en-provence rouge

CANETTE AUX PÊCHES
- banyuls
- chinon rouge
- graves rouge

CHAPON RÔTI
- bourgogne blanc
- touraine-mesland
- côtes du rhône rosé.

COQ AU VIN ROUGE
- ladoix,
- côte de beaune
- châteauneuf-du-pape rouge

- touraine cabernet

CURRY DE POULET
- montagne saint-émilion
- alsace tokay
- côtes du rhône

DINDE AUX MARRONS
- saint-joseph rouge
- sancerre rouge
- meursault blanc

DINDONNEAU À LA BROCHE
- monthélie
- graves blanc
- châteaumeillant rosé

ESCALOPES DE DINDE
- côtes du jura blanc
- bourgogne aligoté
- coteaux d'aix-en-provence rosé

FRICASSÉE DE LAPIN
- touraine rosé
- côtes de blaye blanc
- beaujolais-villages rouge

LAPIN RÔTI À LA MOUTARDE
- sancerre rouge
- tavel
- côtes de provence blanc

MAGRET AU POIVRE VERT
- saint-joseph rouge
- bourgueil rouge
- bergerac rouge

OIE FARCIE
- anjou cabernet rouge
- côtes du marmandais rouge
- beaujolais-villages

PIGEONNEAUX À LA PRINTANIÈRE
- crozes-hermitage rouge
- bordeaux rouge
- touraine gamay

PINTADEAU À L'ARMAGNAC
- saint-estèphe
- chassagne-montrachet rouge
- fleurie

POULARDE DEMI-DEUIL
- chevalier-montrachet
- arbois blanc
- juliénas

POULARDE EN CROÛTE DE SEL
- listrac
- mâcon-villages blanc
- côtes du rhône rouge

POULET AU RIESLING
- alsace grand cru riesling
- touraine sauvignon
- côtes du rhône rosé

POULET BASQUAISE
- côtes de duras sauvignon
- bordeaux sec
- coteaux du languedoc rosé

POULET SAUTÉ AUX MORILLES
- savigny-lès-beaune rouge
- arbois blanc
- sancerre blanc

POUSSIN DE LA WANTZENAU
- côtes de toul gris
- alsace gutedel
- beaujolais

GIBIER

BÉCASSE FLAMBÉE
- pauillac
- musigny
- hermitage

BROCHETTE DE MAUVIETTES
- pernand-vergelesses rouge
- pomerol
- côtes du ventoux rouge

CIVET DE LIÈVRE
- canon-fronsac
- bonnes-mares
- minervois rouge.

Gibier – Légumes – Fromages

CÔTELETTES DE CHEVREUIL CONTI
- lalande-de-pomerol
- côtes de beaune rouge
- crozes-hermitage rouge

CUISSOT DE SANGLIER SAUCE VENAISON
- chambertin
- montage saint-émilion
- corbières rouge

FAISAN EN CHARTREUSE
- moulis
- pommard
- saint-nicolas de bourgueil

FILET DE SANGLIER BORDELAISE
- pomerol
- bandol
- gigondas

GIGUE DE CHEVREUIL GRAND VENEUR
- hermitage rouge
- corton rouge
- côtes du roussillon rouge

GRIVES AU GENIÈVRE
- échezeaux
- coteaux du tricastin rouge
- chénas

HALBRAN RÔTI
- saint-émilion grand cru
- côte rôtie
- faugères

JAMBON DE SANGLIER BRAISÉ
- fronsac
- châteauneuf-du-pape rouge
- moulin-à-vent

LAPEREAU RÔTI
- auxey-duresses rouge
- puisseguin saint-émilion
- crozes-hermitage rouge

LIÈVRE À LA ROYALE
- saint-joseph rouge
- volnay
- pécharmant

MERLES À LA FAÇON CORSE
- ajaccio rouge
- côtes de provence rouge
- coteaux du languedoc rouge

PERDREAU RÔTI
- haut-médoc
- vosne-romanée
- bourgueil

PERDRIX AUX CHOUX
- bourgogne irancy
- arbois rosé
- cornas

PERDRIX À LA CATALANE
- maury
- côtes du roussillon rouge
- beaujolais-villages

RÂBLE DE LIÈVRE AU GENIÈVRE
- chambolle musigny
- savoie-mondeuse
- saint-chinian

SALMIS DE COLVERT
- côte rôtie
- chinon rouge
- bordeaux supérieur

SALMIS DE PALOMBRE
- saint-julien
- côte de nuits-villages
- patrimonio

LÉGUMES

BEIGNETS D'AUBERGINES
- bourgogne rouge
- beaujolais rouge
- bordeaux sec

CÉLERI BRAISÉ
- côtes du ventoux rouge
- alsace pinot noir
- touraine sauvignon

CHAMPIGNONS
- beaune blanc
- alsace tokay
- coteaux du giennois rouge

GRATIN DAUPHINOIS
- bordeaux côtes de castillon
- châteauneuf-du-pape blanc
- alsace riesling

GRISETS SAUTÉS PERSILLADE
- beaune blanc
- alsace tokay
- coteaux du giennois rouge

HARICOTS VERTS
- côte de beaune blanc
- sancerre blanc
- entre-deux-mers

PÂTES
- côtes du rhône rouge
- coteaux d'aix rosé

PETITS POIS
- saint-romain blanc
- côtes du jura blanc
- touraine sauvignon

POIS GOURMANDS
- graves blanc
- côtes du rhône rouge
- alsace riesling

POIVRONS FARCIS
- mâcon-villages
- côtes du rhône rosé
- alsace tokay

FROMAGES

Au lait de vache

BEAUFORT
- arbois jaune
- meursault
- vin de savoie
- chignin
- bergeron

BLEU D'AUVERGNE
- côtes de bergerac moelleux
- beaujolais
- touraine sauvignon

BLEU DE BRESSE
- côtes du jura blanc
- mâcon rouge
- côtes de bergerac blanc

BRIE
- beaune rouge
- alsace pinot noir
- coteaux du languedoc rouge

CAMEMBERT
- bandol rouge
- côtes du roussillon-villages
- beaujolais-villages

CANTAL
- coteaux du vivarais rouge
- côtes de provence rosé
- lirac blanc

CARRÉ DE L'EST
- saint-joseph rouge
- coteaux d'aix-en-provence rouge
- brouilly

CARRÉ FRAIS
- cahors
- côtes du roussillon rosé
- côtes du rhône blanc

CHAOURCE
- montagne saint-émilion
- cadillac
- chénas

CITEAUX
- aloxe-corton
- coteaux champenois rouge
- fleurie

COMTÉ
- château-chalon, graves blanc
- côtes du luberon blanc

EDAM DEMI-ÉTUVÉ
- pauillac
- fixin
- costières de nîmes rouge

EPOISSES
- savigny
- côtes du jura rouge
- côte de brouilly

FOURME D'AMBERT
- l'étoile jaune
- cérons
- banyuls rimage

LES METS ET LES VINS

Fromages – Desserts

Gouda demi-étuvé
- saint-estèphe
- chinon
- coteaux du tricastin

Livarot
- bonnezeaux
- sainte-croix-du-mont
- alsace gewurztraminer

Maroilles
- jurançon
- alsace gewurztraminer vendanges tardives

Mimolette demi-étuvée
- graves rouge
- santenay
- côtes du rhône rouge

Morbier
- gevrey-chambertin
- madiran
- côtés du ventoux rouge

Munster
- coteaux du layon-villages
- loupiac
- alsace gewurztraminer

Pâte fondue (fromages à)
- alsace riesling
- haut-poitou sauvignon
- côtes du rhône-villages

Pont l'Évêque
- côtes de saint-mont
- bourgueil
- nuit saint-georges

Raclette
- vin de savoie
- apremont
- côtes de duras sauvignon
- juliénas

Reblochon
- mercurey
- lirac rouge
- touraine gamay

Rigotte
- bourgogne hautes-côtes de nuits rouge
- côte du forez
- saint-amour

Saint-Marcellin
- faugères
- tursan rouge
- chiroubles

Saint-Nectaire
- fronsac
- bourgogne rouge
- mâcon-villages blanc

Vacherin
- corton
- premières côtes de bordeaux
- barsac

Au lait de chèvre

Cabecou
- bourgogne blanc
- tavel
- gaillac blanc

Crottin de Chavignol
- sancerre blanc
- bordeaux sec
- côte roannaise

Chèvre frais
- champagne
- montlouis demi-sec

- crémant d'alsace

Corse (fromage de chèvre de)
- patrimonio blanc
- cassis blanc
- costières de nîmes blanc

Pelardon
- condrieu
- roussette de savoie
- coteaux du lyonnais rouge

Sainte-Maure
- rivesaltes blanc

- alsace tokay
- cheverny gamay

Selles-sur-Cher
- coteaux de l'aubance
- cheverny
- romorantin
- sancerre rosé

Valençay
- vouvray moelleux
- haut-poitou rosé
- valençay gamay

Au lait de brebis

Corse (fromage de brebis de)
- bourgogne irancy
- ajaccio
- côtes du roussillon rouge

Eisbarech
- lalande-de-pomerol

- cornas
- marcillac

Laruns
- bordeaux côtes de castillon
- gaillac rouge

- côtes de provence rouge

Roquefort
- côtes du jura jaune
- sauternes
- muscat de rivesaltes

DESSERTS

Brioche
- rivesaltes rouge
- muscat de beaumes-de-venise
- alsace vendanges tardives

Bûche de Noël
- champagne demi-sec
- clairette de die tradition

Crème renversée
- coteaux du layon-villages
- sauternes
- muscat de saint-jean de minervois

Far breton
- pineau des charentes
- anjou coteaux de la loire
- cadillac

Fraisier
- muscat de rivesaltes
- maury

Gâteau au chocolat
- banyuls grand cru
- pineau des charentes rosé

Glace à la vanille au coulis de framboise
- loupiac
- coteaux du layon

Ile flottante
- loupiac
- rivesaltes blanc
- muscat de rivesaltes

Kouglof
- quarts de chaume
- alsace vendanges tardives

- muscat de mireval

Pithiviers
- maury
- bonnezeaux
- muscat de lunel

Salade d'oranges
- sainte-croix-du-mont
- rivesaltes blanc
- muscat de rivesaltes

Tarte au citron
- alsace sélection de grains nobles
- cérons
- rivesaltes blanc

Tarte Tatin
- pineau des charentes
- arbois vin de paille
- jurançon

L'ALSACE ET L'EST

L'Alsace

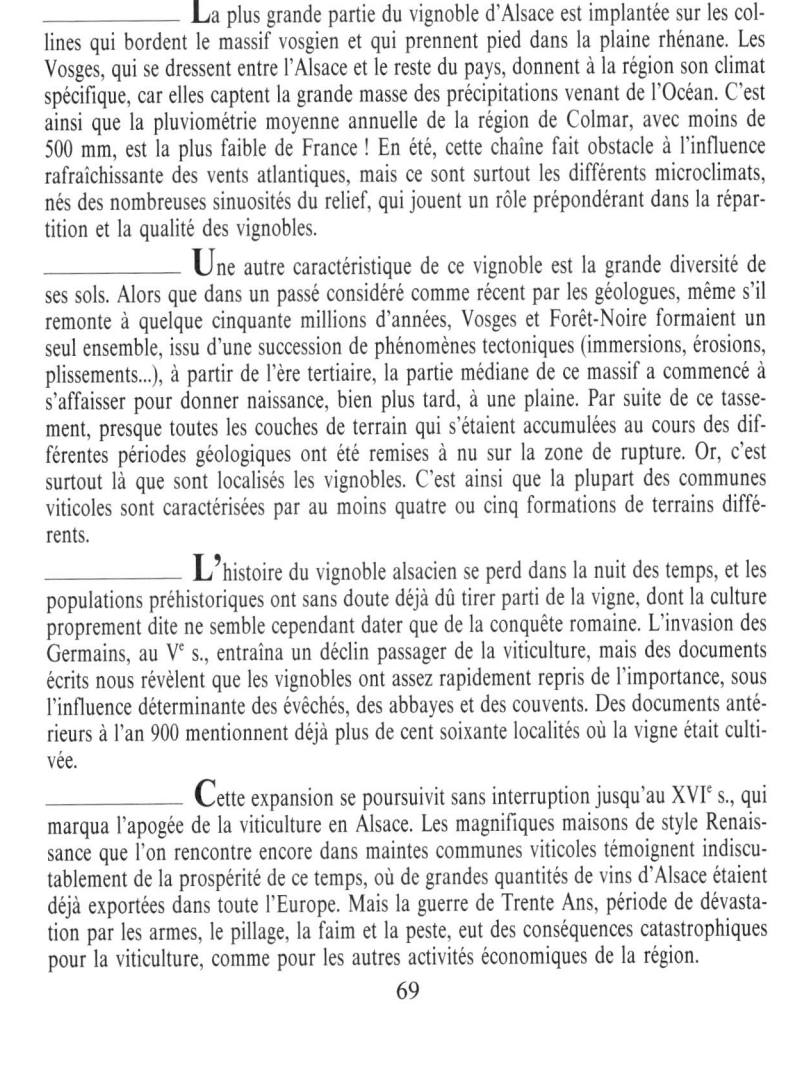

La plus grande partie du vignoble d'Alsace est implantée sur les collines qui bordent le massif vosgien et qui prennent pied dans la plaine rhénane. Les Vosges, qui se dressent entre l'Alsace et le reste du pays, donnent à la région son climat spécifique, car elles captent la grande masse des précipitations venant de l'Océan. C'est ainsi que la pluviométrie moyenne annuelle de la région de Colmar, avec moins de 500 mm, est la plus faible de France ! En été, cette chaîne fait obstacle à l'influence rafraîchissante des vents atlantiques, mais ce sont surtout les différents microclimats, nés des nombreuses sinuosités du relief, qui jouent un rôle prépondérant dans la répartition et la qualité des vignobles.

Une autre caractéristique de ce vignoble est la grande diversité de ses sols. Alors que dans un passé considéré comme récent par les géologues, même s'il remonte à quelque cinquante millions d'années, Vosges et Forêt-Noire formaient un seul ensemble, issu d'une succession de phénomènes tectoniques (immersions, érosions, plissements...), à partir de l'ère tertiaire, la partie médiane de ce massif a commencé à s'affaisser pour donner naissance, bien plus tard, à une plaine. Par suite de ce tassement, presque toutes les couches de terrain qui s'étaient accumulées au cours des différentes périodes géologiques ont été remises à nu sur la zone de rupture. Or, c'est surtout là que sont localisés les vignobles. C'est ainsi que la plupart des communes viticoles sont caractérisées par au moins quatre ou cinq formations de terrains différents.

L'histoire du vignoble alsacien se perd dans la nuit des temps, et les populations préhistoriques ont sans doute déjà dû tirer parti de la vigne, dont la culture proprement dite ne semble cependant dater que de la conquête romaine. L'invasion des Germains, au Ve s., entraîna un déclin passager de la viticulture, mais des documents écrits nous révèlent que les vignobles ont assez rapidement repris de l'importance, sous l'influence déterminante des évêchés, des abbayes et des couvents. Des documents antérieurs à l'an 900 mentionnent déjà plus de cent soixante localités où la vigne était cultivée.

Cette expansion se poursuivit sans interruption jusqu'au XVIe s., qui marqua l'apogée de la viticulture en Alsace. Les magnifiques maisons de style Renaissance que l'on rencontre encore dans maintes communes viticoles témoignent indiscutablement de la prospérité de ce temps, où de grandes quantités de vins d'Alsace étaient déjà exportées dans toute l'Europe. Mais la guerre de Trente Ans, période de dévastation par les armes, le pillage, la faim et la peste, eut des conséquences catastrophiques pour la viticulture, comme pour les autres activités économiques de la région.

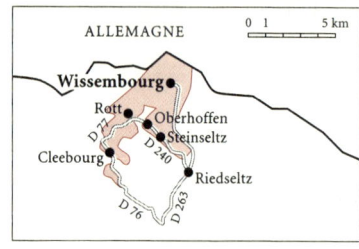

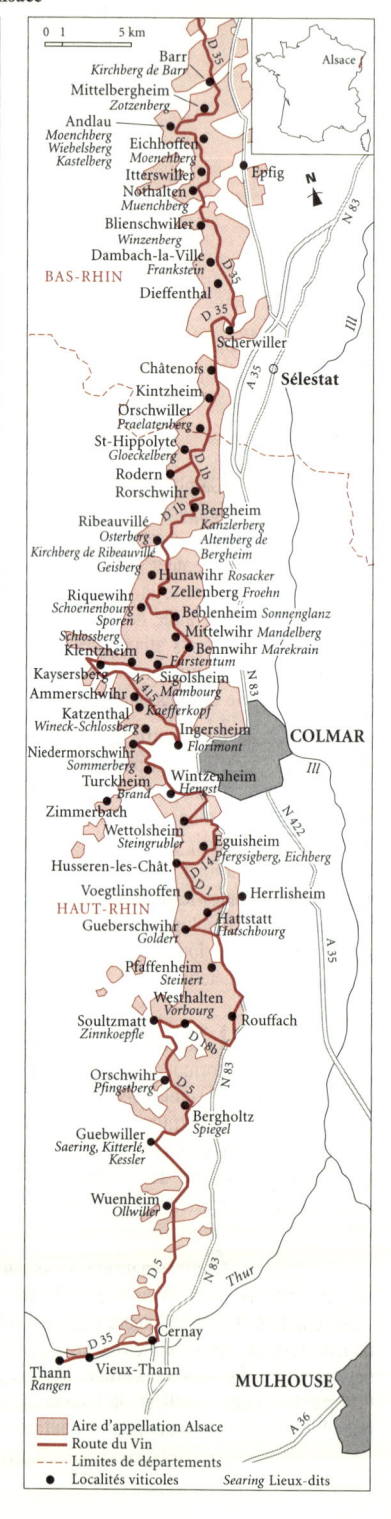

Alsace

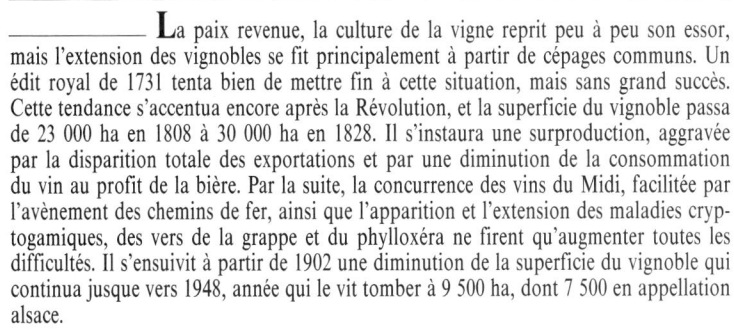

La paix revenue, la culture de la vigne reprit peu à peu son essor, mais l'extension des vignobles se fit principalement à partir de cépages communs. Un édit royal de 1731 tenta bien de mettre fin à cette situation, mais sans grand succès. Cette tendance s'accentua encore après la Révolution, et la superficie du vignoble passa de 23 000 ha en 1808 à 30 000 ha en 1828. Il s'instaura une surproduction, aggravée par la disparition totale des exportations et par une diminution de la consommation du vin au profit de la bière. Par la suite, la concurrence des vins du Midi, facilitée par l'avènement des chemins de fer, ainsi que l'apparition et l'extension des maladies cryptogamiques, des vers de la grappe et du phylloxéra ne firent qu'augmenter toutes les difficultés. Il s'ensuivit à partir de 1902 une diminution de la superficie du vignoble qui continua jusque vers 1948, année qui le vit tomber à 9 500 ha, dont 7 500 en appellation alsace.

L'essor économique de l'après-guerre et les efforts de la profession influèrent favorablement sur le développement du vignoble alsacien, qui possède actuellement, sur une superficie de quelque 14 400 ha, un potentiel de production annuel moyen de l'ordre de 1 170 000 hl - dont 35 000 hl en grands crus et 140 000 hl en crémant d'alsace -, commercialisés en France et à l'étranger, les exportations atteignant plus du quart des ventes totales. Ce développement a été l'œuvre de l'ensemble des diverses branches professionnelles qui mettent chacune sur le marché des quantités plus ou moins identiques de vin. Il s'agit des viticulteurs producteurs, des coopératives et des négociants (souvent eux-mêmes producteurs), qui achètent des quantités importantes à des viticulteurs ne vinifiant pas eux-mêmes leur récolte.

Tout au long de l'année, de nombreuses manifestations vinicoles se déroulent dans les diverses localités qui bordent la route du Vin. Celle-ci est un des attraits touristiques et culturels majeurs de la province. Le point culminant de ces manifestations est sans doute la Foire annuelle du vin d'Alsace qui a lieu en août à Colmar, précédée par celles de Guebwiller, d'Ammerschwihr, de Ribeauvillé, de Barr et de Molsheim. Mais il convient également de citer celle, particulièrement prestigieuse, de la confrérie Saint-Etienne, née au XIVe s. et restaurée en 1947.

Le principal atout des vins d'Alsace réside dans le développement optimal des constituants aromatiques des raisins, qui s'effectue souvent mieux dans des régions à climat tempéré frais, où la maturation est lente et prolongée. Leur spécificité dépend naturellement de la variété, et l'une des particularités de la région est la dénomination des vins d'après la variété qui les a produits, alors qu'en règle générale, les autres vins français d'appellation d'origine contrôlée portent le nom de la région ou d'un site géographique plus restreint qui leur a donné naissance.

Les raisins, récoltés courant octobre, sont transportés le plus rapidement possible au chai pour y subir un foulage, parfois un égrappage, puis le pressurage. Le moût qui s'écoule du pressoir est chargé de « bourbes » qu'il importe d'éliminer le plus vite possible par sédimentation ou par centrifugation. Le moût clarifié entre ensuite en fermentation, phase au cours de laquelle on veille tout particulièrement à éviter un excès de température. Par la suite, le vin jeune et trouble demande de la part du viticulteur toute une série de soins : soutirage, ouillage, sulfitage raisonné, clarification. La conservation en cuves ou en fûts se poursuit ensuite jusque vers le mois de mai, époque à laquelle le vin subit son conditionnement final en bouteilles. Cette façon de procéder concerne la vendange destinée à l'obtention des vins blancs secs, c'est-à-dire plus de 90 % de la production alsacienne.

Les alsaces « vendanges tardives » et « sélection de grains nobles », eux, sont des productions issues de vendanges surmûries et ne constituent des appellations officielles que depuis 1984. Ils sont soumis à des conditions de production extrêmement rigoureuses, les plus exigeantes de toutes pour ce qui concerne le taux de sucre des raisins. Il s'agit évidemment de vins de classe exceptionnelle, qui ne peuvent être obtenus tous les ans et dont le prix de revient est très élevé. Seuls le gewurztraminer, le pinot gris, le riesling et plus rarement le muscat peuvent bénéficier de ces mentions spécifiques.

Dans l'esprit des consommateurs, le vin d'Alsace doit se boire jeune, ce qui est en grande partie vrai pour le sylvaner, le chasselas, le pinot blanc et l'edelzwicker ; mais cette jeunesse est loin d'être éphémère, et riesling, gewurztraminer, pinot gris ont souvent intérêt à n'être consommés qu'après deux ans d'âge. Il n'existe en réalité aucune règle fixe à cet égard, et certains grands vins, nés au cours des années de grande maturité des raisins, se conservent beaucoup plus longtemps, des dizaines d'années parfois.

L'appellation alsace, applicable dans l'ensemble des cent dix aires de production communales, est subordonnée à l'utilisation de onze cépages : gewurztraminer, riesling rhénan, pinot gris, muscats blanc et rose à petits grains, muscat ottonel, pinot blanc vrai, auxerrois blanc, pinot noir, sylvaner blanc, chasselas blanc et rose.

Alsace klevener de heiligenstein

Le klevener de heiligenstein n'est autre que le vieux traminer (ou savagnin rose) connu depuis des siècles en Alsace.

Il a fait place progressivement à sa variante épicée ou « gewurztraminer » dans l'ensemble de la région, mais est resté vivace à Heiligenstein et dans cinq communes voisines.

Il constitue une originalité par sa rareté et son élégance. Ses vins sont en effet à la fois très bien charpentés et discrètement aromatiques.

CAVE VINICOLE D'ANDLAU-BARR 1996★★★

| | n.c. | 30 000 | | 30 à 50 F |

Située à proximité du monastère du mont Sainte-Odile, la cave vinicole d'Andlau et Barr appartient à l'Union Divinal, deuxième unité de production du vignoble alsacien. Elle a toujours eu foi en ce cépage original que constitue le klevener de heiligenstein. Elle prouve au travers de ce 96 qu'elle ne s'était pas trompée ! Très typé au nez par ses arômes fruités et ses notes de pierre à fusil, ce vin révèle une grande harmonie au palais, la rondeur ne rompant pas l'équilibre. Sa rare persistance le fera recommander sur le foie gras ou les desserts.

➥ Cave vinicole d'Andlau et environs, 15, av. des Vosges, 67140 Barr, tél. 03.88.08.90.53, fax 03.88.47.60.22 ☑ ⚑ r.-v.

ARTHUR METZ 1996★★

| | 3 ha | 5 000 | | 30 à 50 F |

Cette importante maison de négoce, fondée en 1904, est restée familiale jusqu'en 1991. Son klevener de heiligenstein présente un nez remarquable par ses arômes intenses de miel et de « bouillon blanc ». Au palais, il se montre plutôt rond mais long et bien typé. Un vin d'apéritif, qui peut aussi accompagner avantageusement une viande blanche.

➥ Arthur Metz, 102, rue du Gal-de-Gaulle, 67520 Marlenheim, tél. 03.88.59.28.60, fax 03.88.87.67.58 ☑ ⚑ t.l.j. 10h-12h 14h-20h

CH. WANTZ 1996★★

| | n.c. | 6 000 | | 30 à 50 F |

Cette maison dont l'origine remonte au XVIe s. assure aujourd'hui l'exploitation de ses 20 ha de vignes et son activité de négoce. L'un des ancêtres, Ehret Wantz, fut le promoteur du klevener, cépage apparenté au savagnin du Jura. Marqué au nez par des notes fumées et des nuances de pierre à fusil, ce 96 séduit par son attaque, son excellent équilibre sucre-acidité et sa grande persistance.

Alsace sylvaner

🍷 SA Charles Wantz, 36, rue Saint-Marc, 67140 Barr, tél. 03.88.08.90.44, fax 03.88.08.54.61 ⓥ ⓨ r.-v.

Alsace chasselas ou gutedel

Il y a une quarantaine d'années, ce cépage occupait encore plus de 20 % du vignoble. Aujourd'hui, ce taux est tombé à 3 %. Il donne un vin aimable, léger et souple, du fait d'une acidité modérée. Il entre essentiellement dans la composition de l'edelzwicker, et, de ce fait, cette appellation ne se trouve que très rarement sur le marché.

MARTIN SCHAETZEL 1996★
| ☐ | 0,2 ha | 2 000 | ⓘⓘ | -30 F |

Vigneron et œnologue, Jean Schaetzel cultive depuis 1979, et toujours avec la même passion, ses 7 ha de vignes. Marqué par son origine granitique, son chasselas apparaît très intense au nez avec ses arômes de fleurs blanches et de tilleul renforcés par une pointe de surmaturation. D'une belle attaque au palais, ce 96 est puissant et parfaitement structuré.

🍷 Martin Schaetzel, 3, rue de la 5e-D.-B., 68770 Ammerschwihr, tél. 03.89.47.11.39, fax 03.89.78.29.77 ⓥ ⓨ r.-v.
🍇 Béa et Jean Schaetzel

Alsace sylvaner

Les origines du sylvaner sont très incertaines, mais son aire de prédilection a toujours été limitée au vignoble allemand et à celui du Bas-Rhin en France. En Alsace même, c'est un cépage extrêmement intéressant grâce à son rendement et à sa régularité de production.

Son vin est d'une remarquable fraîcheur, assez acide, doté d'un fruité discret. On trouve en réalité deux types de sylvaner sur le marché. Le premier, de loin supérieur, provient de terroirs bien exposés et peu enclins à la surproduction. Ce second est apprécié par ceux qui aiment un type de vin sans prétention, agréable et désaltérant. Le sylvaner accompagne volontiers choucroute, hors-d'œuvre et entrées, de même que les fruits de mer, tout spécialement les huîtres.

A L'ANCIENNE FORGE
Vieilles vignes 1996★★
| ☐ | 0,96 ha | 2 500 | 🍾 | 30 à 50 F |

L'exploitation, qui existe depuis la fin du siècle dernier, a son siège dans l'ancienne forge du village. Elle compte aujourd'hui 5 ha de vignes. D'origine argilo-calcaire, ce sylvaner est encore jeune. Relativement discret, mais élégant au nez, il présente une structure exemplaire qui en fait un vin armé pour affronter les années.

🍷 Jérôme Brandner, 51, rue Principale, 67140 Mittelbergheim, tél. 03.88.08.01.89, fax 03.88.08.94.92 ⓥ ⓨ t.l.j. 9h-20h; groupes sur r.-v.

JEAN BECKER Vieilles vignes 1996★
| ☐ | 0,55 ha | 6 000 | ⓘⓘ | 30 à 50 F |

Vignerons depuis 1610, les Becker sont devenus négociants sans jamais abandonner leur lien au terroir puisqu'ils exploitent eux-mêmes 18 ha de vignes. Assez intense au nez, ce sylvaner est dominé par des senteurs minérales. Issu d'une belle matière, c'est un vin légèrement rond en bouche et très persistant.

🍷 Jean Becker, 4, rte d'Ostheim, 68340 Zellenberg, tél. 03.89.47.90.16, fax 03.89.47.99.57 ⓥ ⓨ r.-v.

CHRISTIAN DOLDER
Mittelbergheim 1996★
| ☐ | 0,4 ha | 3 800 | 🍾 | 30 à 50 F |

Décidément, Mittelbergheim n'en finit pas de nous surprendre avec tous ses vignerons, tel Christian Dolder, qui portent haut l'image du sylvaner. Très expressif au nez, celui-ci est marqué par des arômes de fruits à pépins et de citronnelle. Relativement souple, c'est un vin gouleyant qui comblera les amateurs de choucroute ou de fruits de mer.

🍷 Christian Dolder, 4, rue Neuve, 67140 Mittelbergheim, tél. 03.88.08.96.08, fax 03.88.08.50.23 ⓥ ⓨ r.-v.

FRANCOIS FLESCH 1996★
| ☐ | 0,25 ha | 1 500 | ⓘⓘ | -30 F |

Un clocher moderne et une tradition viticole ancienne pour Pfaffenheim, commune où est établi François Flesch. D'origine argilo-calcaire, son sylvaner est déjà intense au nez, qui associe notes fruitées et nuances minérales. Bien équilibré, c'est un vin long et typé, fait pour accompagner charcuteries ou fruits de mer.

🍷 François Flesch, 20, rue du Stade, 68250 Pfaffenheim, tél. 03.89.49.66.36, fax 03.89.49.74.71 ⓥ ⓨ r.-v.

JEAN GREINER 1996★★
| ☐ | 0,4 ha | 2 800 | | -30 F |

Ce vin est issu de Mittelwihr, village célèbre par la précocité de ses terroirs (notamment, en grand cru, la « côte des Amandiers »). C'est un sylvaner assez inhabituel, marqué par la surmaturation. Si le nez est très complexe, l'attaque en palais est plutôt moelleuse mais vite contreba-

L'ALSACE

Alsace sylvaner

lancée par une excellente acidité qui en fait un vin de garde remarquable.
☛ Jean Greiner, 1, rue du Vignoble, 68630 Mittelwihr, tél. 03.89.47.90.41, fax 03.89.49.01.52 ▧ ♈ r.-v.
☛ Dirand

BRUNO HERTZ 1996**

| | 0,45 ha | 3 000 | ⬤ | -30 F |

Eguisheim est célèbre par son architecture médiévale défensive. Mais ce sont ses vignerons, tel Bruno Hertz, qui portent aujourd'hui loin sa renommée. Issu d'un terroir caillouteux, ce sylvaner est remarquable d'intensité et d'élégance. Des arômes de pêche de vigne sont perceptibles au nez, mais l'explosion se fait au palais. C'est assurément le produit d'une très grande matière.
☛ Bruno Hertz, 9, pl. de l'Eglise, 68420 Eguisheim, tél. 03.89.41.81.61, fax 03.89.41.68.32 ▧ ♈ r.-v.

ANDRE KLEINKNECHT
Zotzebari 1996*

| | 0,2 ha | 2 000 | 30 à 50 F |

Mittelbergheim est un des berceaux du sylvaner, cépage que connaissent bien les Kleinknecht qui le cultivent depuis sept générations. D'origine argilo-calcaire, celui-ci est déjà très ouvert au nez, avec ses notes d'agrumes et de miel. Nerveux et bien structuré, c'est le compagnon idéal des produits de la mer.
☛ André Kleinknecht, 45, rue Principale, 67140 Mittelbergheim, tél. 03.88.08.49.46, fax 03.88.08.49.46 ▧ ♈ r.-v.

MICHEL LAUGEL Westhoffen 1996*

| | n.c. | 12 000 | ▮♦ | -30 F |

Fondée il y a plus d'un siècle, cette maison reste aujourd'hui la première ambassadrice des vins du vignoble de Marlenheim. Elle ne se borne pas à s'imposer par les volumes, elle sait aussi révéler les spécialités du terroir, tel ce sylvaner de Westhoffen très intense au nez avec ses nuances de miel et de fruits confits. Parfaitement structuré au palais, c'est un vin de garde d'une rare persistance.
☛ SA Laugel, 102, rue du Gal-de-Gaulle, 67520 Marlenheim, tél. 03.88.59.28.60, fax 03.88.87.67.58 ▧ ♈ t.l.j. 10h-12h 14h-20h

ALBERT MAURER 1996*

| | 1 ha | 7 000 | ⬤ | -30 F |

Installé depuis 1963, Albert Maurer est aujourd'hui à la tête de 10 ha de vignes dans ce petit village proche d'Andlau et de Barr. Issu d'une très belle matière première, ce sylvaner développe des arômes fruités et fumés au nez. Très corsé au palais, il termine sur une note plutôt ronde, assez inhabituelle pour ce cépage. Un vin qui gagnera encore en harmonie avec le temps.
☛ Albert Maurer, 11, rue du Vignoble, 67140 Eichhoffen, tél. 03.88.08.96.75, fax 03.88.08.59.98 ▧ ♈ r.-v.

ALBERT SELTZ
Zotzenberg Vieilles vignes 1996**

| | n.c. | n.c. | 30 à 50 F |

Mittelbergheim n'est pas seulement ce charmant bourg médiéval très accueillant. C'est aussi un joyau du vignoble alsacien qui abrite nombre de vignerons passionnés par leur métier. Et les Seltz en font partie. Ils offrent à nos palais un sylvaner éblouissant. Intense au nez avec ses notes de pain d'épice et de pain grillé, il révèle une grande complexité au palais, à la fois corsé et frais. Un sylvaner d'une rare persistance.
☛ Albert Seltz, 21, rue Principale, 67140 Mittelbergheim, tél. 03.88.08.91.77, fax 03.88.08.52.72 ▧ ♈ r.-v.

ALFRED WANTZ
Mittelbergheim Cuvée "ZO" 1996*

| | 1,2 ha | 10 000 | ⬤ | 30 à 50 F |

Mittelbergheim s'est fait une solide réputation, notamment grâce aux sylvaners très racés qu'on y élabore, dont ce 96 est un bon exemple. Intense et floral au nez, il se révèle particulièrement structuré au palais. C'est un vin de garde d'une belle harmonie, propre à séduire les amateurs de fruits de mer ou de la gastronomie locale.
☛ Jean-Marc Wantz, 3, rue des Vosges, 67140 Mittelbergheim, tél. 03.88.08.91.43, fax 03.88.08.58.74 ▧ ♈ t.l.j. sf dim. 9h-12h 13h-18h

BERNARD WEBER 1996*

| | 1,5 ha | 2 000 | ▮♦ | -30 F |

Producteur à Molsheim, Bernard Weber a certainement trouvé son modèle en la personne d'Ettore Bugatti, le célèbre constructeur automobile installé dans cette villa en 1909. Il travaille avec la même rigueur et le même souci de l'esthétique. Très élégant au nez avec ses notes de fleurs blanches, son sylvaner est incontestablement le fruit d'une grande matière première. D'une approche plutôt ronde au palais, il termine sur une note plus acidulée. L'harmonie complète viendra avec le temps.
☛ Bernard Weber, 49, rue de Saverne, 67120 Molsheim, tél. 03.88.38.52.67, fax 03.88.38.58.81 ▧ ♈ r.-v.

Dans ce guide, la reproduction d'une étiquette signale un vin particulièrement recommandé, un « coup de cœur » de la commission.

Alsace pinot ou klevner

Sous ces deux dénominations (la seconde étant un vieux nom alsacien), le vin de cette appellation peut provenir de plusieurs cépages : le pinot blanc vrai et l'auxerrois blanc. Ce sont deux variétés assez peu exigeantes, capables de donner des résultats remarquables dans des situations moyennes, car leurs vins allient agréablement fraîcheur, corps et souplesse. En une dizaine d'années, leur superficie a presque doublé, passant de 10 à 18 % de l'ensemble du vignoble.

Dans la gamme des vins d'Alsace, le pinot blanc représente le juste milieu, et il n'est pas rare qu'il surclasse certains rieslings. Du point de vue gastronomique, il s'accorde avec de nombreux plats, à l'exception des fromages et des desserts.

ANSTOTZ ET FILS 1996**

0,58 ha   3 000

Marc Anstotz est à la tête de ce groupement d'exploitations qui rassemble plus de 10 ha. On pourra admirer dans l'ancien corps de ferme datant de 1580 un vieux fût sculpté de 1807. D'intensité moyenne, mais typés et complexes, les arômes sont floraux, puis assortis de nuances de pêche, de miel d'acacia, de vanille... En bouche, la souplesse se conjugue à l'acidité fine, fraîche et fruitée. La finale est « extraordinairement fine ».

GAEC Anstotz et Fils, 51, rue Balbach, 67310 Balbronn, tél. 03.88.50.30.55, fax 03.88.50.58.06 r.-v.

A.L. BAUR Cuvée Louis 1996**

n.c.   5 000

Ce village offre un très intéressant panorama sur le vignoble et la plaine de Haute-Alsace. C'est là que la famille Baur exploite un peu plus de 6 ha. Cette cuvée est d'entrée agréable par la fraîcheur du fruité d'agrumes ; la finesse se confirme en bouche dans un équilibre plaisant. Belle persistance.

A. L. Baur, 4, rue Roger-Frémeaux, 68420 Voegtlinshoffen, tél. 03.89.49.30.97, fax 03.89.49.21.37 r.-v.

GAEC JEAN-PHILIPPE ET FRANCOIS BECKER 1996*

1 ha   8 000

Un circuit de découverte historique vous offre une belle promenade au cœur de ce village situé sur un éperon, dominant le vignoble. Jean-Philippe et François Becker exploitent ce domaine qui regroupe 8 ha de vignes. Ample et puissant, leur 96 se révèle très long en bouche ; les notes de fruits surmaturés et confits lui donnent un peu de lourdeur, mais l'ensemble est agréable.

GAEC Jean-Philippe et François Becker, 2, rte d'Ostheim, 68340 Zellenberg, tél. 03.89.47.90.16, fax 03.89.47.99.57 r.-v.

LUCIEN BRAND Vieilles vignes 1996

0,4 ha   3 000

Située dans la Couronne d'Or, cette exploitation familiale dirigée par Charles Brand regroupe quelque 8 ha. Ce pinot blanc possède la fraîcheur de l'allégorie qui illustre l'étiquette. Au nez fruité, succèdent un bel équilibre, des arômes de fruits typiques du cépage et une finale agréable.

Dom. Lucien Brand, 71, rue de Wolxheim, 67120 Ergersheim, tél. 03.88.38.17.71, fax 03.88.38.72.85 r.-v.
Charles Brand

HENRI BRECHT 1996**

0,7 ha   6 000

Cette cité médiévale est construite en trois cercles concentriques autour du château où naquit en 1002, le pape Léon IX. Henri Brecht exploite aujourd'hui quelque 5 ha de vignoble. Ce pinot s'annonce bien typé par son fruité de bonne intensité qui se retrouve en bouche autour d'un bel équilibre entre l'acidité et la douceur restante.

EARL Henri Brecht, 4, rue du Vignoble, 68420 Eguisheim, tél. 03.89.41.96.34, fax 03.89.24.45.29 r.-v.

DOM. VITICOLE DE LA VILLE DE COLMAR 1996*

2,5 ha   20 000

Chrétien Oberlin, célèbre ampélographe, a créé ce domaine en 1895. Propriété de la ville de Colmar, il est depuis 1980 remarquablement dirigé par Rémy Haeffelin. Après des arômes intenses où dominent les fruits (pêche, poire) sans gommer les notes florales, ce pinot blanc révèle un bel équilibre ; ample par sa matière, il

Alsace riesling

est élégant par sa fraîcheur. Il supporterait quelque volaille cuisinée ou même un faisan.
• Dom. viticole de la ville de Colmar, 2, rue du Stauffen, 68000 Colmar, tél. 03.89.79.11.87, fax 03.89.80.38.66 ■ ▼ r.-v.

MAISON LOUIS GISSELBRECHT 1996

| | 1,3 ha | 7 500 | ■ ♦ 30 à 50 F |

Cette cité viticole est intéressante par ses vestiges médiévaux tels les remparts remarquables qui la protègent. Ainsi la tradition viticole, perpétuée par de nombreuses familles comme celle des Gisselbrecht, semble bien gardée. D'un jaune pâle à reflets verts, ce pinot accorde des notes florales et fruitées. Au palais, le fruité est soutenu par le prolongement acide agréable.
• Maison Louis Gisselbrecht, 11, rue de la Gare, 67650 Dambach-la-Ville, tél. 03.88.92.41.24, fax 03.88.92.61.01 ■ ▼ r.-v.

HENRI GSELL 1996

| | 0,28 ha | 5 000 | ◫ 30 à 50 F |

Installée au milieu des remparts de la ville historique, cette cave du XVIe s. compte maints foudres en chêne, marquant l'ancienneté du domaine familial. Ce klevner, ancien nom dialectal du pinot, présente des arômes bien prononcés, aux nuances de coing et d'abricot. Sa matière est d'une assez bonne harmonie, avec du gras, de la souplesse. Un vin intéressant marqué par les sucres résiduels. Une pointe d'amertume l'emporte en finale.
• Henri Gsell, 22, rue du Rempart-Sud, 68420 Eguisheim, tél. 03.89.41.96.40 ▼ r.-v.

PIERRE HAGER 1996

| | 0,48 ha | 3 400 | ■ ♦ 30 à 50 F |

Cette exploitation est située au pied du Bollenberg, colline sous-vosgienne marquée par le culte du dieu Bélénus et cadre de nombreuses légendes sur les sorcières. Mais ce vin n'est pas ensorcelé. Ses arômes de pêche, pomme, noisette et poivre conduisent vers un bon équilibre en bouche, où se révèle une légère surmaturation. Un dégustateur conseille de le servir sur des grillades de poisson.
• Dom. Pierre Hager, 26, rue de Soultzmatt, 68500 Orschwihr, tél. 03.89.76.11.19, fax 03.89.74.36.76 ■ ▼ t.l.j. 9h-12h 14h-19h; dim. sur r.-v.

HUBER ET BLEGER 1996*

| | 1,2 ha | 11 000 | -30 F |

Les frères Marc et Claude Huber sont à la tête de ce domaine de 16 ha qu'ils exploitent depuis 1977. Ce klevner est le fruit d'un assemblage à parts égales de pinot blanc et d'auxerrois. Le nez frais, fruité est typé. La fraîcheur revient au palais. Un vin assez traditionnel, harmonieux ; on le réservera pour les entrées chaudes.
• Huber et Bléger, 6, rte du Vin, 68590 Saint-Hippolyte, tél. 03.89.73.01.12, fax 03.89.73.00.81 ■ ▼ t.l.j. 8h-12h 13h30-18h30; dim. sur r.-v.

P. KIRSCHNER ET FILS 1996*

| | 0,75 ha | 5 800 | ◫ 30 à 50 F |

L'histoire de cette famille de vignerons est marquée par l'engagement professionnel de Théodore Kirschner, qui, il y a deux siècles, comptait parmi les pionniers de la viticulture régionale. Né de l'assemblage de pinot (25 %) et d'auxerrois (75 %), ce vin présente un bouquet fruité qui se retrouve au palais. Frais et bien équilibré, doté d'une belle finale, ce 96 est très réussi.
• Pierre Kirschner, 26, rue Théophile-Bader, 67650 Dambach-la-Ville, tél. 03.88.92.40.55, fax 03.88.92.62.54 ■ ▼ t.l.j. sf dim. 8h-12h 13h-19h

DOM. DU REMPART
Auxerrois du Galgenrain 1996*

| | 0,5 ha | 4 000 | ■ 30 à 50 F |

Cette vieille famille de vignerons dont les caves sont construites dans les remparts médiévaux de la ville, privilégie la vinification traditionnelle parcelle par parcelle. Né sur un terroir de schistes, dans la petite commune d'Albé, cet auxerrois s'ouvre progressivement sur des arômes fruités. En bouche, les arômes sont un peu discrets ; la fraîcheur est agréable même si la finale est encore un peu vive.
• Beck, Dom. du Rempart, 5, rue des Remparts, 67650 Dambach-la-Ville, tél. 03.88.92.42.43, fax 03.88.92.49.40 ■ ▼ r.-v.
• Gilbert Beck

EMILE SCHWARTZ 1996*

| | 0,6 ha | 4 500 | ◫ -30 F |

Bâti à l'ombre des « trois châteaux d'Eguisheim », Husseren est le village culminant de la route des Vins. Cette cave de vignerons-récoltants, restée traditionnelle, permet la vinification de la production des 7 ha de vignes. Les fruits mûrs, agrémentés d'une légère note de miel, caractérisent ce pinot. Issu d'une année solaire, ce vin puissant se révèle moelleux : inhabituel mais agréable ! Il résistera fort bien à un foie gras.
• EARL Emile Schwartz et Fils, 3, rue Principale, 68420 Husseren-les-Châteaux, tél. 03.89.49.30.61, fax 03.89.49.27.27 ■ ▼ t.l.j. sf dim. 8h-12h 14h-19h; f. 25 août-8 sept.

BERNARD WURTZ 1996

| | 0,65 ha | 3 000 | ■ ◫ 30 à 50 F |

Jean-Michel Wurtz est à la tête de cette exploitation familiale depuis 1988. Certain que la qualité d'un vin dépend de celle du raisin qui lui a donné naissance, il conduit une viticulture respectueuse du terroir. Ce vin d'auxerrois, cépage précoce, offre un fruité fin auquel se mêlent des notes de pâtisserie et d'amande. Ses sucres résiduels, bien acceptés, lui donnent de l'ampleur en bouche.
• Bernard Wurtz, 12, rue du Château, 68630 Mittelwihr, tél. 03.89.47.93.24 ■ ▼ r.-v.
• Jean-Michel Wurtz

Alsace riesling

Le riesling est le cépage rhénan par excellence, et la vallée du Rhin est son berceau. Il s'agit d'une variété tardive

Alsace riesling

pour la région, et sa production est régulière et bonne. Il occupe près de 22 % du vignoble avec 3 294 ha en 1996.

L e riesling alsacien est un vin sec, ce qui le différencie de façon générale de son homologue allemand. Ses atouts résident dans l'harmonie entre son bouquet et son fruité délicats, son corps et son acidité assez prononcée mais extrêmement fine. Mais pour atteindre cet apogée, il devra provenir d'une bonne situation.

L e riesling a essaimé dans de nombreux autres pays viticoles, où la dénomination « riesling », sauf si l'on précise « riesling rhénan », n'est pas totalement fiable : une dizaine d'autres cépages ont, de par le monde, été baptisés de ce nom ! Du point de vue gastronomique, le riesling convient tout particulièrement au poisson, aux fruits de mer et, bien entendu, à la choucroute garnie à l'alsacienne ou au « coq au riesling » chaque fois qu'il ne contient pas de sucres résiduels ; les sélections de grains nobles et vendanges tardives se prêtent aux accords des vins liquoreux.

COMTE D'ANDLAU-HOMBOURG 1996*

| ☐ | 1 ha | 4 000 | 🍷 30 à 50 F |

Si les châteaux sont rares dans le vignoble alsacien, ils sont authentiques. Celui d'Ittenwiller, passé des mains d'une congrégation bénédictine à celles de l'évêque de Strasbourg, devint propriété des Andlau en 1806. D'origine alluviale, le riesling du domaine est d'une maturité remarquable. Les arômes de coing se mêlent au nez à des nuances de fruits mûrs. Le palais est structuré et chaleureux. Un grand vin de garde !
🕭 Comte d'Andlau-Hombourg, SCI Dom. d'Ittenwiller, 67140 Saint-Pierre, tél. 03.88.08.92.63, fax 03.88.08.13.30 ▨ ☉ r.-v.

BARON DE HOEN Graffenreben 1996*

| ☐ | 3 ha | 44 000 | 🍷 30 à 50 F |

Haut lieu du vignoble alsacien, Beblenheim fait cohabiter en parfaite harmonie vignerons-manipulants et cave coopérative. Celle-ci réunit aujourd'hui la production de 200 ha de vignes. Issu d'une sélection de terroirs marno-graveleux, ce riesling développe au nez des arômes floraux et fruités très complexes. D'une belle vivacité au palais, c'est un vin typique du cépage, qui devrait encore s'épanouir avec le temps.
🕭 Sté Baron de Hoen, 20, rue de Hoen, 68980 Beblenheim, tél. 03.89.47.89.93 ▨ ☉ r.-v.

LEON BAUR Elisabeth Stumpf 1996

| ☐ | 1,2 ha | 8 000 | 🍷 30 à 50 F |

Les rues d'Eguisheim rappellent le passé médiéval de la cité : elles s'ordonnent en cercles concentriques autour d'un château. C'est dans l'une d'entre elles qu'est installé Jean-Louis Baur ; il occupe une demeure datant de 1738. Ce vigneron propose un riesling d'origine argilo-calcaire, qui mêle arômes floraux et fermentaires en une belle expression au nez. D'une attaque assez ronde, ce vin termine sur une note plus légère.
🕭 Jean-Louis Baur, 22, rue du Rempart-Nord, 68420 Eguisheim, tél. 03.89.41.79.13, fax 03.89.41.93.72 ▨ ☉ r.-v.

BENNWIHR Rebgarten 1996*

| ☐ | n.c. | n.c. | 🍷 30 à 50 F |

1946 : la cave de Bennwihr est fondée sur l'emplacement d'un village ruiné par les combats de la « poche de Colmar ». Elle vinifie aujourd'hui la production de 350 ha de vignes. Très intense au nez, ce riesling développe des arômes complexes dominés par des notes citronnées. D'une attaque plutôt vive, c'est un vin structuré et persistant qui devrait faire merveille sur les produits de la mer.
🕭 Les Caves de Bennwihr, 3, rue du Gal-de-Gaulle, 68630 Bennwihr, tél. 03.89.49.09.29, fax 03.89.49.09.20 ▨ ☉ t.l.j. 9h-12h 14h-18h

DOM. BERNHARD-REIBEL
Rittersberg 1996*

| ☐ | 0,3 ha | 3 000 | 🍷 30 à 50 F |

Cette exploitation de 11 ha résulte de l'union de deux anciennes familles de vignerons. Responsable du domaine et des vinifications, Cécile Bernhard-Reibel privilégie l'expression du terroir. Ce riesling porte la marque de son origine granitique : il offre beaucoup d'élégance au nez, avec ses arômes de coing dominés par une note florale. D'une belle attaque, c'est un vin très structuré et persistant, qui s'accordera avec le poisson.
🕭 Cécile Bernhard-Reibel, 20, rue de Lorraine, 67730 Châtenois, tél. 03.88.82.04.21, fax 03.88.82.59.65 ▨ ☉ r.-v.

EMILE BEYER Vendanges tardives 1995*

| ☐ | 0,2 ha | 1 598 | 🍷 70 à 100 F |

La treizième génération des Beyer -la famille s'est installée à Eguisheim en 1580 - présente un 95 jaune à reflets dorés, au nez de fruits secs assortis de notes minérales. Le palais est ample, harmonieux, bien fruité et persistant. Un beau vin, à attendre.
🕭 Emile Beyer, 7, pl. du Château, 68420 Eguisheim, tél. 03.89.41.40.45, fax 03.89.41.64.21 ▨ ☉ r.-v.

JOSEPH BINNER
Kaefferkopf Sélection de grains nobles 1995

| ☐ | 0,3 ha | 1 200 | 🍷 +200 F |

Une exploitation créée en 1770. La fille de la maison, nous dit-on, a été élue Reine des Vins d'Alsace en 1993. Quant à ce 95, il participe au défilé 99 des riesling du Guide Hachette. C'est un vin jaune paille à reflets brillants, au nez tout en expressif de pain grillé et au palais tout en

77 L'ALSACE

Alsace riesling

finesse, de bonne ampleur. Il est conseillé de l'attendre pour lui permettre de trouver sa pleine harmonie.
☛ Joseph Binner, 2, rue des Romains, 68770 Ammerschwihr, tél. 03.89.78.23.20, fax 03.89.78.14.17 ◩ ♈ t.l.j. 9h-12h 14h-19h

HENRI BRECHT 1996*

| | 0,8 ha | 5 000 | | 30 à 50 F |

A Eguisheim, la vigne est présente depuis l'Antiquité. La commune est toujours une cité viticole de premier ordre. A deux pas de Colmar, Henri Brecht y exploite 5 ha. D'origine argilo-calcaire, son riesling surprend par l'intensité de son nez. Un caractère muscaté séduisant se prolonge au palais, qui offre une structure et une persistance remarquables. Une belle harmonie !
☛ EARL Henri Brecht, 4, rue du Vignoble, 68420 Eguisheim, tél. 03.89.41.96.34, fax 03.89.24.45.29 ◩ ♈ r.-v.

PAUL BUECHER ET FILS
Réserve personnelle 1996*

| | 2,5 ha | 20 000 | | 30 à 50 F |

Cette propriété familiale remonte au XVII^{e}s. Elle compte aujourd'hui 25 ha de vignes, qu'elle cultive selon cette devise exemplaire : « la qualité n'est pas un hasard ». D'origine graveleuse, ce riesling se caractérise par des arômes intenses de fleurs et de réglisse qui traduisent déjà une belle évolution. Très ample au palais, c'est un vin puissant et persistant. À réserver aux mets de poisson cuisiné.
☛ Paul Buecher, 15, rue Sainte-Gertrude, 68920 Wettolsheim, tél. 03.89.80.64.73, fax 03.89.80.58.62 ◩ ♈ t.l.j. sf dim. 8h-12h 14h-18h

CLOS DES CHARTREUX
Finkenberg 1996*

| | 2 ha | 16 000 | | 30 à 50 F |

A la suite des chartreux qui ont jadis marqué de leur empreinte toute la contrée, les Klingenfus travaillent avec passion au service du vignoble. L'origine marno-calcaire de la vigne ne l'empêche pas de développer des parfums intenses et élégants, d'où ressortent l'abricot et le miel. D'une attaque franche au palais, c'est un vin chaleureux et bien équilibré, malgré une petite touche de sucre restant.
☛ Robert Klingenfus, 60, rue de Saverne, 67120 Molsheim, tél. 03.88.38.07.06, fax 03.88.49.32.47 ◩ ♈ r.-v.

CHRISTIAN DOLDER Brandluft 1996*

| | n.c. | 5 250 | | 30 à 50 F |

Héritier d'une famille de vignerons installés depuis plus de deux siècles à Mittelbergheim, Christian Dolder est à la tête de l'exploitation depuis 1988. Originaire d'un terroir argilo-calcaire, son riesling « Brandluft » affiche déjà une belle évolution, comme en témoigne la dominante minérale du nez. En bouche, il se révèle plutôt vif, dans la typicité du cépage.
☛ Christian Dolder, 4, rue Neuve, 67140 Mittelbergheim, tél. 03.88.08.96.08, fax 03.88.08.50.23 ◩ ♈ r.-v.

HENRI EHRHART Réserve 1996**

| | 2,4 ha | 18 000 | | 30 à 50 F |

Henri Ehrhart aura de bonnes raisons d'être fier de ce riesling. D'origine graveleuse, ce vin apparaît intense et élégant au nez, des arômes typiques du cépage se mêlant à une note de surmaturation. La puissante structure domine le palais, tout en laissant s'épanouir de délicates nuances d'agrumes. Un vin à oublier quelques années dans sa cave.
☛ Henri Ehrhart, quartier des Fleurs, 68770 Ammerschwihr, tél. 03.89.78.23.74, fax 03.89.47.32.59 ◩ ♈ r.-v.

JOSEPH FRITSCH 1996*

| | 0,65 ha | 3 400 | | 30 à 50 F |

A la tête de l'exploitation depuis 1977, Joseph Fritsch a fait construire des locaux fonctionnels à l'extérieur du village, mais c'est dans la vieille cave de 1703 que vous pourrez découvrir ce riesling. D'origine alluviale, ce 96 se caractérise par une explosion d'arômes fruités dominés par des notes d'agrumes. Très franc à l'attaque, c'est un vin de caractère, qui s'accordera avec les produits de la mer.
☛ EARL Joseph Fritsch, 31, Grand-Rue, 68240 Kientzheim, tél. 03.89.78.24.27, fax 03.89.78.24.27 ◩ ♈ t.l.j. sf dim. 10h-12h 13h30-19h; f. vendanges

W. GISSELBRECHT
Réserve spéciale 1996*

| | 4,8 ha | 32 000 | | 30 à 50 F |

Fondée en 1937, la maison Willy Gisselbrecht, qui compte parmi les noms les plus connus du négoce local, exploite également en propre 17 ha de vignes. Révélant son origine granitique, ce riesling affiche déjà une belle évolution, comme en témoignent ces arômes qui mêlent notes citronnées et nuances minérales. Frais et fruité au palais, c'est un vin à l'équilibre réussi, qui honore le cépage.
☛ Willy Gisselbrecht et Fils, 5, rte du Vin, 67650 Dambach-la-Ville, tél. 03.88.92.41.02, fax 03.88.92.45.50 ◩ ♈ t.l.j. 8h-12h 14h-18h

HENRI GROSS Cuvée Christine 1996*

| | 0,3 ha | 2 200 | | 30 à 50 F |

Reprise en 1990 par le fils et la belle-fille d'Henri Gross, cette exploitation propose un riesling marqué par son origine argilo-calcaire : il est encore dans sa phase de jeunesse. Cela ne l'empêche pas d'afficher un nez floral d'une belle intensité. Vif et sec au palais, c'est un vin parfaitement structuré et persistant.
☛ Henri Gross et Fils, 11, rue du Nord, 68420 Gueberschwihr, tél. 03.89.49.24.49, fax 03.89.49.33.58 ◩ ♈ r.-v.

ANDRE HARTMANN
Sélection grains nobles Xavier Nicolas 1995

| | 0,3 ha | 1 600 | | 100 à 150 F |

La famille Hartmann est présente à Voegtlinshoffen depuis le XVII^{e}s. Ses grandes cuvées sont issues de sols marno-calcaires. Jaune à reflets verts, celle-ci est marquée à la fois par son cépage et son terroir. L'attaque est complexe, le palais

Alsace riesling

ample avec une bonne vivacité. A attendre : son potentiel le permet.
🞂 André Hartmann et Fils, 11, rue Roger-Frémeaux, 68420 Voegtlinshoffen, tél. 03.89.49.38.34, fax 03.89.49.26.18 ☑ 🍷 t.l.j. 9h-12h 13h30-18h; dim. sur r.-v.

GERARD ET SERGE HARTMANN
Bildstœcklé Sélection grains nobles Cuvée Xavier 1995**

| ☐ | 0,5 ha | n.c. | 🍾 | 100 à 150 F |

Issu de sols calcaires, voici un vin d'une grande jeunesse, comme l'atteste sa couleur, un jaune pâle brillant à reflets verts. Son nez, complexe, livre des notes intenses d'agrumes, nuancées d'odeurs d'herbe fraîchement coupée. Le palais est concentré, bien marqué par les arômes variétaux et très persistant. L'équilibre est presque parfait. Encore un peu de patience... (Bouteilles de 50 cl).
🞂 Gérard et Serge Hartmann, 13, rue Roger-Frémeaux, 68420 Voegtlinshoffen, tél. 03.89.49.30.27, fax 03.89.49.29.78 ☑ 🍷 r.-v.

HAULLER Cuvée Saint Sébastien 1996*

| ☐ | 9 ha | 90 000 | 🍾 | 30 à 50 F |

Vignerons depuis 1830, les Hauller ont par la suite développé une activité de négoce mais ils continuent d'exploiter en propre 20 ha de vignes. Fidèle à son origine granitique, ce riesling est éclatant au nez, avec des arômes fruités évoquant les agrumes. Remarquable par son équilibre sucre-acidité, il devrait faire merveille sur le poisson comme sur les mets exotiques.
🞂 J. Hauller et Fils, 3, rue de la Gare, 67650 Dambach-la-Ville, tél. 03.88.92.40.21, fax 03.88.92.45.41 ☑ 🍷 r.-v.
🞂 René Hauller

HERTZOG Vendanges tardives 1995

| ☐ | 0,3 ha | 2 300 | 🍾 | 70 à 100 F |

Vigneron, Sylvain Hertzog est aussi spécialiste de la vinification à façon. Il propose un « vendanges tardives » d'un jaune soutenu, au nez fin, floral et fruité à la fois. On retrouve les fleurs et les fruits dans un palais à l'attaque douce, mais à l'acidité bien présente. Un vin qui demande encore à s'épanouir.
🞂 EARL Sylvain Hertzog, 18, rte du Vin, 68420 Obermorschwihr, tél. 03.89.49.31.93, fax 03.89.49.28.85 ☑ 🍷 t.l.j. 8h-19h; dim. sur r.-v.

HUBER ET BLEGER Schlossreben 1996**

| ☐ | 0,8 ha | 8 500 | | 30 à 50 F |

Deux cousins, Hubert Bléger et Marcel Huber, ont fondé le GAEC en 1967. Leurs deux fils ont rejoint l'exploitation en 1977, laquelle compte aujourd'hui 16 ha de vignes. Reflétant son origine granitique, ce riesling évolue tout en finesse au nez, avec des arômes de fleurs blanches. D'une attaque franche, c'est un vin frais et fruité, issu d'une vendange de belle maturité.
🞂 Huber et Bléger, 6, rte du Vin, 68590 Saint-Hippolyte, tél. 03.89.73.01.12, fax 03.89.73.00.81 ☑ 🍷 t.l.j. 8h-12h 13h30-18h30; dim. sur r.-v.

HUMBRECHT 1996*

| ☐ | 1,15 ha | 3 500 | 🍾 | 30 à 50 F |

Une belle église au superbe clocher roman et des maisons de vignerons Renaissance témoignent du riche passé de Gueberschwihr. Les Humbrecht y sont établis depuis 1619. Claude a rejoint son père en 1989. Originaire d'un terroir marneux, leur riesling affiche déjà une belle évolution au nez, dominé par des nuances d'agrumes. La bouche est vive mais sans excès, persistante, dans la typicité du cépage.
🞂 Claude et Georges Humbrecht, 31, rue de Pfaffenheim, 68420 Gueberschwihr, tél. 03.89.49.31.51, fax 03.89.49.31.51 ☑ 🍷 r.-v.

BERNARD HUMBRECHT 1996*

| ☐ | 0,6 ha | 5 000 | 🍾 | 30 à 50 F |

A la tête de l'exploitation depuis 1991, J.-B. Humbrecht appartient à une famille profondément enracinée dans le vignoble, déjà présente à Gueberschwihr en 1620. Il propose un riesling issu d'un terroir argilo-calcaire au nez de tilleul et de fruits exotiques très original. L'attaque franche et vive est typique du cépage et fera de ce vin le compagnon des fruits de mer ou de la choucroute.
🞂 Jean-Bernard Humbrecht, 10, pl. de la Mairie, 68420 Gueberschwihr, tél. 03.89.49.31.42, fax 03.89.49.20.67 ☑ 🍷 r.-v.

J.-CH. ET D. KIEFFER Fruehmess 1996*

| ☐ | 1 ha | 6 000 | 🍾 | 30 à 50 F |

Etablis dans le village d'Itterswiller, particulièrement fleuri chaque été, les Kieffer exploitent 9 ha de vignes. Leurs vins figurent en bonne place dans le restaurant familial. Celui-ci, un riesling d'origine granitique, développe déjà au nez des arômes citronnés assez caractéristiques. Issu d'une belle matière, c'est un vin bien structuré au palais, équilibré.
🞂 GAEC Jean-Charles et Damien Kieffer, 7, rte du Vin, 67140 Itterswiller, tél. 03.88.85.59.80, fax 03.88.57.81.44 ☑ 🍷 t.l.j. 8h-12h 14h-19h

KUEHN-SCHIELE Kaefferkopf 1996*

| ☐ | 2 ha | 15 000 | 🍾 | 50 à 70 F |

La maison Kuehn exploite un vignoble de 14 ha à côté de son activité de négoce. Ses racines remontent à 1678. Dans ce riesling, une pointe de jeunesse amylique trahit une origine argilo-calcaire, mais elle n'est point dénuée de charme ; charme que l'on retrouve aussi au palais, vif et fruité, d'un équilibre rêvé pour s'accorder avec le poisson.
🞂 SA Kuehn, 3, Grand-Rue, 68770 Ammerschwihr, tél. 03.89.78.23.16, fax 03.89.47.18.32 ☑ 🍷 t.l.j. sf dim. 8h-12h 13h30-18h

JEROME LORENTZ FILS
Cuvée des Templiers 1996*

| ☐ | | n.c. | 30 000 | 🍾 | 50 à 70 F |

Fondée en 1836, la maison Jérôme Lorentz associe étroitement ses activités de production (sur 32 ha) et de négoce. Elle présente un riesling déjà très ouvert au nez avec ses nuances citronnées. L'intensité aromatique se prolonge au

L'ALSACE

Alsace riesling

palais qui se révèle frais, équilibré et fort persistant. C'est le produit d'une grande matière !
☛ Jérôme Lorentz, 1-3, rue des Vignerons, 68750 Bergheim, tél. 03.89.73.22.22, fax 03.89.73.30.49 ◨ ⏦ t.l.j. sf dim. 9h-12h 14h-18h30
☛ Charles Lorentz

ANDRE MAULER ET FILS
Burgreben 1996*

| | 0,3 ha | 4 000 | 🍷 | 30 à 50 F |

Vignerons à Beblenheim depuis quatre générations, les Mauler cultivent aujourd'hui plus de 6 ha de vignes. Très fin au nez, ce riesling est dominé par des notes florales et muscatées. D'une belle attaque au palais, il est à la fois complexe et équilibré. C'est un vin harmonieux, armé pour affronter les années.
☛ André Mauler et Fils, 3, rue Jean-Macé, 68980 Beblenheim, tél. 03.89.47.90.50, fax 03.89.47.80.08 ◨ ⏦ r.-v.

DOM. MITTNACHT FRERES
Clos Wilhelmine 1996*

| | 0,4 ha | 3 000 | 🍷 | 50 à 70 F |

On retrouve cette année le clos Wilhelmine, terroir remarquable par son substrat calcaire presque affleurant. Déjà très expressif au nez, ce riesling est dominé par des notes de surmaturité et de fruits mûrs. L'attaque est plutôt veloutée au palais, en relation avec la qualité de la matière première. La persistance est notable. Un vin idéal sur le poisson en sauce.
☛ Dom. Mittnacht Frères, 27, rte de Ribeauvillé, 68150 Hunawihr, tél. 03.89.73.62.01, fax 03.89.73.38.10 ◨ ⏦ t.l.j. sf dim. 9h-11h30 13h30-18h30; f. 24 déc.-4 janv.

JOS. MOELLINGER ET FILS
Sélection 1996*

| | 0,75 ha | 8 000 | 🍾 | -30 F |

Avec ses 13 ha de vignes et ses foudres de bois, l'exploitation Moellinger, toujours soucieuse de la qualité, occupe une place enviée à Wettolsheim. L'origine sablonneuse de ce riesling se retrouve dans l'intensité et l'évolution des arômes, déjà marqués par une petite touche minérale. Toute la race du cépage apparaît au palais, à la fois long et bien équilibré. Un vin rêvé sur le poisson.
☛ Jos. Moellinger et Fils, 6, rue de la 5ᵉ-D.-B., 68920 Wettolsheim, tél. 03.89.80.62.02, fax 03.89.80.04.94 ◨ ⏦ t.l.j. 8h-12h 13h30-19h; dim. sur r.-v.; f. oct.

PIERRE ET JEAN-PIERRE RIETSCH
Brandluft 1996*

| | 0,75 ha | 5 100 | 🍷 | 30 à 50 F |

Dans une demeure chargée d'histoire (1576), siège du GAEC Rietsch, on pourra découvrir ce riesling qui, malgré son origine argilo-calcaire, affiche déjà une belle évolution. Ses arômes de fleurs et d'agrumes sont typiques du cépage. C'est au palais que ce 96 révèle toute sa puissance. Un vin bien structuré et persistant.
☛ Pierre et Jean-Pierre Rietsch, 32, rue Principale, 67140 Mittelbergheim, tél. 03.88.08.00.64, fax 03.88.08.40.91 ◨ ⏦ r.-v.

GILBERT RUHLMANN 1996*

| | 1,5 ha | 9 000 | 🍷 | -30 F |

Scherwiller est un village viticole accueillant, situé au pied des châteaux forts de l'Ortenbourg et du Ramstein. Les Ruhlmann y exploitent 10 ha de vignes. Fort de son origine sablo-argileuse, ce riesling séduit par ses arômes typés et intenses. Bien équilibré, c'est un vin long qui devrait faire l'affaire des amateurs de poisson cuisiné.
☛ Gilbert Ruhlmann Fils, 31, rue de l'Ortenbourg, rte des Vins, 67750 Scherwiller, tél. 03.88.92.03.21, fax 03.88.82.30.19 ◨ ⏦ t.l.j. 8h-12h 13h-19h; sam. dim. et groupes sur r.-v.
☛ Guy Rulhmann

DOM. RUNNER 1996*

| | 0,8 ha | 6 500 | 🍷 | 30 à 50 F |

Francis Runner vient de prendre la succession de son père sur cette exploitation fondée en 1935. La qualité est toujours au rendez-vous, témoin ce riesling d'origine argilo-calcaire, d'une belle maturité, fort séduisant au nez avec ses touches d'agrumes et ses nuances grillées. D'une bonne attaque au palais, c'est un vin franc et très bien soutenu.
☛ Dom. François Runner et Fils, 1, rue de la Liberté, 68250 Pfaffenheim, tél. 03.89.49.62.89, fax 03.89.49.73.69 ◨ ⏦ t.l.j. 8h-12h 13h-19h; groupes sur r.-v.

MAURICE SCHUELLER 1996*

| | 0,6 ha | 7 000 | 🍷 | 30 à 50 F |

Depuis 1994, Maurice Schueller est à la tête d'un domaine viticole de 5 ha, fondé par son grand-père. Il présente un riesling déjà bien épanoui au nez avec ses arômes d'anis et de citron. Ce vin révèle une vivacité de bon aloi et se montre très typique au palais. Structuré et persistant, il devrait beaucoup plaire avec le temps.
☛ EARL Maurice Schueller, 17, rue Basse, 68420 Gueberschwihr, tél. 03.89.49.31.80, fax 03.89.49.26.60 ◨ ⏦ r.-v.

SIFFERT
Sélection grains nobles Coteaux du Haut-Kœnigsbourg 1995**

| | 0,23 ha | 1 200 | 🍾 | 150 à 200 F |

Les coteaux du Haut-Kœnigsbourg, argilo-calcaires et d'exposition sud-est, conviennent parfaitement à l'élaboration des grands vins de riesling. Maurice Siffert en a tiré cet excellent 95 or clair avec des reflets plus ambrés, au nez de fruits secs (quetsche séchée surtout). Exquis et délicat, le palais exprime bien le cépage. Long et gras, très bien équilibré, ce riesling est parti pour vous charmer dans quelques années. (Bouteilles de 50 cl).
☛ EARL Dom. Maurice Siffert, 16, rte des Vins, 67600 Orschwiller, tél. 03.88.92.02.77, fax 03.88.82.70.02 ◨ ⏦ t.l.j. 9h-12h 13h-19h; dim. sur r.-v.; f. 15 janv.-15 fév.

SPITZ ET FILS Vieilles vignes 1996**

| | 0,87 ha | 5 000 | 🍾 | 30 à 50 F |

A la tête de l'exploitation depuis 1983, Dominique Spitz cultive aujourd'hui 10 ha de vignes. Ses vins ne laissent pas indifférent puisqu'on le retrouve régulièrement dans ce Guide. Très

Alsace riesling

complexe au nez avec ses notes d'abricot, ce riesling présente une attaque franche et vive. Une belle structure et une pointe de gras lui confèrent de l'équilibre et une persistance remarquable.
- Spitz et Fils, 2, rte du Vin, 67650 Blienschwiller, tél. 03.88.92.61.20, fax 03.88.92.61.26 ☑ ⌶ r.-v.
- Dominique Spitz

ANDRE STENTZ Rosenberg 1996★

| | 0,8 ha | 5 000 | 🍽 50à70F |

Les Stentz sont vignerons depuis 1674. André Stentz s'est installé en 1980 et s'est lancé d'emblée dans l'aventure de l'agriculture biologique. Le résultat est là : ce riesling d'origine argilo-calcaire est très plaisant au nez, avec ses nuances de pêche et de fruits mûrs. Au palais, la douceur héritée d'une surmaturation s'harmonise plutôt bien avec la structure du vin et lui confère une rare persistance.
- André Stentz, 2, rue de la Batteuse, 68920 Wettolsheim, tél. 03.89.80.64.91, fax 03.89.79.59.75 ☑ ⌶ r.-v.

STRUSS Leimengrube 1996★★

| | 0,43 ha | 3 800 | 🍽 50à70F |

Le domaine André Struss et Fils s'est lancé dans la mise en bouteilles en 1973. Il offre aujourd'hui toute la gamme des vins d'Alsace. Malgré une origine calcaire, son riesling « Leimengrube » offre déjà une belle intensité au nez. Ses arômes complexes d'où ressortent des notes d'agrumes et de fruits exotiques s'épanouissent encore au palais. Une bonne structure et une longue finale ajoutent à l'harmonie de ce très joli 96.
- André Struss et Fils, 16, rue Principale, 68420 Obermorschwihr, tél. 03.89.49.36.71, fax 03.89.49.37.30 ☑ ⌶ r.-v.
- Philippe Struss

ANDRE THOMAS ET FILS
Kaefferkopf 1996★

| | 0,15 ha | 1000 | 🍷 50à70F |

Défenseurs infatigables du terroir d'Ammerschwihr et de son fameux Kaefferkopf, André et François Thomas cultivent toujours avec la même passion leurs 6 ha de vignes. Marqué par son origine granitique, ce riesling est intense et élégant au nez avec ses arômes légèrement muscatés. La maturité se retrouve au palais qui se montre ample, un peu rond, mais d'une excellente persistance.
- André Thomas et Fils, 3, rue des Seigneurs, 68770 Ammerschwihr, tél. 03.89.47.16.30, fax 03.89.47.37.22 ☑ ⌶ r.-v.

LAURENT VOGT
Riesling de Wolxheim Rothstein 1996★

| | 1,65 ha | 7 000 | 🍷 -30F |

Vigneron depuis 1960, Laurent Vogt exploite plus de 8 ha à Wolxheim. Il propose un riesling dont l'origine gréseuse se traduit par un nez déjà très ouvert ; des notes d'agrumes mêlées à une touche minérale témoignent même d'une certaine évolution. D'une belle vivacité au palais, c'est un vin équilibré et persistant.

- Laurent Vogt, 4, rue des Vignerons, 67120 Wolxheim, tél. 03.88.38.50.41, fax 03.88.38.50.41 ☑ ⌶ r.-v.

ANDRE WANTZ
Mittelbergheim Vieilles vignes 1996★

| | 0,5 ha | 3 000 | 30à50F |

A la tête d'un domaine de 10 ha, les Wantz disposent de terroirs variés autour de Mittelbergheim. Ce riesling, par exemple, présente un caractère aromatique prononcé, légèrement muscaté, qui dénote une origine granitique. Cette ampleur typique apparaît encore plus nettement au palais, par ailleurs équilibré et d'une étonnante persistance.
- André Wantz, 41, rue des Vosges, 67140 Mittelbergheim, tél. 03.88.08.46.32, fax 03.88.08.46.32 ☑ ⌶ r.-v.

BERNADETTE WELTY ET FILS
Bollenberg 1996★

| | 0,98 ha | 5 000 | 🍷 30à50F |

A la tête d'un vignoble d'environ 7 ha réparti sur quatre communes, l'exploitation Welty propose un riesling marqué par son origine calcaire : ce vin est encore très fermé au nez. Il montre toutefois à l'aération une grande élégance et une belle complexité. D'une plaisante attaque au palais, il est sec, parfaitement typé, et armé pour affronter les ans.
- Bernadette Welty et Fils, 15-17, Grand-Rue, 68500 Orschwihr, tél. 03.89.76.95.21, fax 03.89.76.95.21 ☑ ⌶ t.l.j. sf dim. 8h-12h 14h-18h ; f. fin août
- Guy Welty

W. WURTZ Cuvée Maryline 1996★

| | 0,15 ha | 1 600 | 🍽 30à50F |

Non loin de Colmar, Mittelwihr bénéficie d'un microclimat privilégié, comme en témoigne la célèbre « côte des Amandiers ». Marqué par son origine argilo-calcaire, ce riesling est encore discret au nez, mais il révèle une belle ampleur au palais et des notes de fruits mûrs. Une légère pointe de sucre restant s'harmonise très bien avec la structure. Pour un poisson en sauce.
- GAEC Willy Wurtz et Fils, 6, rue du Bouxhof, 68630 Mittelwihr, tél. 03.89.47.93.16, fax 03.89.47.89.01 ☑ ⌶ t.l.j. 9h-19h

FERNAND ZIEGLER
Clos Saint Ulrich 1996★

| | 1,28 ha | 6 532 | 🍽 30à50F |

Les Ziegler sont vignerons de père en fils depuis 1634. Fernand Ziegler s'est installé en 1963. Il exploite aujourd'hui 6 ha de vignes, répartis sur les meilleurs crus de la contrée. Issu d'un terroir granitique, son riesling « Clos Saint-Ulrich », est très intense au nez avec ses arômes floraux et citronnés. Vif et long au palais, c'est un vin harmonieux, destiné aux amateurs de fruits de mer et de poisson.
- EARL Fernand Ziegler et Fils, 7, rue des Vosges, 68150 Hunawihr, tél. 03.89.73.64.42, fax 03.89.73.71.58 ☑ ⌶ t.l.j. sf dim. 8h-12h 13h30-19h

L'ALSACE

FERNAND ZIEGLER
Muhlforst Vieilles vignes 1996★

| | 0,15 ha | 3 558 | | 30 à 50 F |

Fernand Ziegler présente un riesling marqué par son origine argilo-calcaire : ce 96 reste dans sa phase de jeunesse. Le nez est en effet un peu fermé, tout en étant très élégant. La bouche est équilibrée et séduisante. Un vin qui devrait s'épanouir avec le temps.
☛ EARL Fernand Ziegler et Fils, 7, rue des Vosges, 68150 Hunawihr, tél. 03.89.73.64.42, fax 03.89.73.71.38 ☑ ⚹ t.l.j. sf dim. 8h-12h 13h30-19h

Alsace muscat

Deux variétés de muscat servent à élaborer ce vin sec et aromatique qui donne l'impression que l'on croque du raisin frais. Le premier, dénommé de tout temps muscat d'Alsace, n'est rien d'autre que celui que l'on connaît mieux sous le nom de muscat de Frontignan. Comme il est tardif, on le réserve aux meilleures expositions. Le second, plus précoce et de ce fait plus répandu, est le muscat ottonel. Ces deux cépages occupent 340 ha, soit 2,40 % du vignoble. Le muscat d'Alsace doit être considéré comme une spécialité aimable et étonnante, à boire en apéritif et lors de réceptions avec, par exemple, du kugelhof ou des bretzels.

ANSTOTZ ET FILS Elintzberg 1996★

| | 0,34 ha | 1 500 | | 30 à 50 F |

L'exploitation Anstotz, qui a été créée en 1950, rassemble aujourd'hui 10 ha de vignes. Originaire d'un terroir marno-calcaire, ce muscat associe subtilement notes végétales et fruitées au nez. D'une belle attaque, c'est un vin structuré et persistant, à recommander sur un plat d'asperges.
☛ GAEC Anstotz et Fils, 51, rue Balbach, 67310 Balbronn, tél. 03.88.50.30.55, fax 03.88.50.58.06 ☑ ⚹ r.-v.

A.L. BAUR 1996★

| | n.c. | 3 500 | | 30 à 60 F |

Très attachés à leur terroir, les Baur souhaitent préserver une exploitation à taille humaine, gage d'un meilleur service de la vigne et du vin. Marqué par son terroir marno-calcaire, ce muscat est resté dans sa phase de jeunesse. Fruité et floral au nez, il révèle une grande complexité au palais. C'est incontestablement le produit d'une riche matière première.
☛ A. L. Baur, 4, rue Roger-Frémeaux, 68420 Voegtlinshoffen, tél. 03.89.49.30.97, fax 03.89.49.21.37 ☑ ⚹ r.-v.

Alsace muscat

JOSEPH BINNER Kaefferkopf 1996★

| | 0,25 ha | n.c. | | 50 à 70 F |

La curiosité toujours en éveil, Joseph Binner est un vigneron attaché à ses racines et en même temps passionné par la nouveauté. Il est actuellement le seul producteur de muscat sur le Kaefferkopf. Issu d'un terroir granitique et composé majoritairement de muscat blanc à petits grains, ce vin est encore dans sa phase de jeunesse. On y voit la marque d'une fermentation très lente menée à basse température. D'une belle intensité au palais, c'est un vin plutôt vif et bien équilibré.
☛ Joseph Binner, 2, rue des Romains, 68770 Ammerschwihr, tél. 03.89.78.23.20, fax 03.89.78.14.17 ☑ ⚹ t.l.j. 9h-12h 14h-19h

JEAN-PAUL GERBER ET FILS 1996★

| | 0,4 ha | 2 600 | | 30 à 50 F |

L'intensité de ce muscat dénote un terroir granitique. Fin et floral au nez, ce vin laisse au palais un délicieux petit parfum de noisette. Pourquoi ne pas l'essayer sur une spécialité exotique ?
☛ EARL Jean-Paul Gerber et Fils, 16, rue Théophile-Bader, 67650 Dambach-la-Ville, tél. 03.88.92.41.84, fax 03.88.92.42.18 ⚹ r.-v.

RUHLMANN Fleur de Printemps 1996

| | 0,5 ha | 4 000 | | 30 à 50 F |

Originaire d'un terroir d'arène granitique, ce muscat est très expressif au nez sans être trop violent. Plutôt gouleyant au palais, il donne l'impression de croquer dans le fruit. C'est un vin harmonieux et persistant.
☛ Ruhlmann, 34, rue du Mal-Foch, 67650 Dambach-la-Ville, tél. 03.88.92.41.86, fax 03.88.92.61.81 ☑ ⚹ t.l.j. 9h-12h 13h30-19h

LOUIS SCHERB ET FILS 1996

| | 0,52 ha | 6 500 | 30 à 50 F |

On ne compte plus le nombre de manipulants qui maintiennent bien haut les couleurs de Gueberschwihr. Les Scherb font partie de ceux qui travaillent sans relâche depuis plus d'un siècle. Ce muscat originaire d'un terroir argilo-calcaire est resté très jeune. Assez léger au nez, il révèle une petite note d'anis bien agréable. Au palais, il possède la vivacité et donc l'équilibre typiques du cépage.
☛ Louis Scherb et Fils, 1, rte de Saint-Marc, 68420 Gueberschwihr, tél. 03.89.49.30.83, fax 03.89.49.30.65 ☑ ⚹ t.l.j. 8h-12h 13h-19h; dim. 9h-12h

CHARLES SCHLERET
Vieilles vignes 1996★

| | n.c. | 3 000 | | 50 à 70 F |

Viticulteur depuis 1950, Charles Schleret est très souvent mentionné dans le Guide. Il propose un muscat d'origine graveleuse, intense et floral au nez. D'une belle attaque au palais, c'est un vin sec et persistant, idéal en apéritif ou pour accompagner une entrée.
☛ Charles Schleret, 1-3, rte d'Ingersheim, 68230 Turckheim, tél. 03.89.27.06.09 ☑ ⚹ t.l.j. 9h-19h; dim. 9h-12h

Alsace gewurztraminer

SELIG 1996*

☐   0,25 ha   2 400   🍷 30 à 50 F

Cette exploitation de 9 ha de vignes remonte à 1618, tout comme la demeure où elle a son siège. D'origine argilo-calcaire, ce muscat se caractérise par une belle intensité aromatique. Très racé, c'est un vin ample et concentré au palais, que l'on recommandera en apéritif.
🍇 SARL Jean-Michel Selig, 4, rue Kilian, 68340 Riquewihr, tél. 03.89.47.96.24 ✓ 🍷 r.-v.

J. SIEGLER PERE ET FILS 1996

☐   0,18 ha   2 800   🍷 30 à 50 F

Marqué par son origine argilo-calcaire, ce muscat est encore discret au nez, mais très élégant. Équilibré et harmonieux au palais, c'est un vin à servir en apéritif ou, mieux, sur un plat d'asperges.
🍇 EARL Jean Siegler Père et Fils, Clos des Terres Brunes, 26, rue des Merles, 68630 Mittelwihr, tél. 03.89.47.87.97, fax 03.89.49.01.78 ✓ 🍷 t.l.j. 8h-12h 14h-18h

DOM. AIME STENTZ ET FILS
Vendanges tardives 1995*

☐   0,2 ha   n.c.   🍷 70 à 100 F

S'il est un cépage délicat à élaborer en « vendanges tardives », c'est bien le muscat. Mais lorsque le vin est réussi, on est assuré de son originalité, et c'est le cas de celui-ci. Or pâle paré de reflets de jeunesse, très élégant au nez avec des parfums musqués intenses, ce vin est chaleureux, d'une bonne vivacité et agréablement long en bouche. Il n'a pas encore atteint sa pleine expression.
🍇 Dom. Aimé Stentz et Fils, 37, rue Herzog, 68920 Wettolsheim, tél. 03.89.80.63.77, fax 03.89.79.78.68 ✓ 🍷 t.l.j. sf dim. 8h-12h 14h-18h

ALBERT WINTER 1996*

☐   0,13 ha   1 200   🍷 30 à 50 F

A quelques pas de la célèbre église fortifiée de Hunawihr, Albert Winter cultive toujours avec la même passion ses 4 ha de vignes. Très expressif au nez, bien typé au palais, ce muscat marie à merveille puissance et élégance. Sa pointe de rondeur le fera recommander pour l'apéritif.
🍇 Albert Winter, 17, rue Sainte-Hune, 68150 Hunawihr, tél. 03.89.73.62.95, fax 03.89.73.62.95 ✓ 🍷 r.-v.

Alsace gewurztraminer

Le cépage qui est à l'origine de ce vin est une forme particulièrement aromatique de la famille des traminer. Un traité publié en 1551 le désigne déjà comme une variété typiquement alsacienne. Cette authenticité, qui s'est de plus en plus affirmée à travers les siècles, est sans doute due au fait qu'il atteint dans ce vignoble un optimum de qualité. Ce qui lui a conféré une réputation unique dans la viticulture mondiale.

Son vin est corsé, bien charpenté, en général sec mais parfois moelleux, et caractérisé par un bouquet merveilleux, plus ou moins puissant selon les situations et les millésimes. Le gewurztraminer, qui a une production relativement faible et irrégulière, est un cépage précoce aux raisins très sucrés. Il occupe environ 2 526 ha, c'est-à-dire près de 17,6 % de la superficie du vignoble alsacien. Souvent servi en apéritif, lors de réceptions ou sur des desserts, il accompagne aussi, surtout lorsqu'il est puissant, les fromages à goût relevé comme le roquefort et le munster.

LUCIEN ALBRECHT
Cuvée Martine Albrecht 1996*

☐   n.c.   n.c.   🍷 50 à 70 F

Ce gewurztraminer cuvée Martine Albrecht est régulièrement présent dans le Guide. Marqué par la surmaturation, le millésime 96 exhale des parfums de fruits confits et de grillé. Très concentré au palais, c'est un vin riche et expressif, d'une rare persistance.
🍇 Lucien Albrecht, 9, Grand-Rue, 68500 Orschwihr, tél. 03.89.76.95.18, fax 03.89.76.20.22 ✓ 🍷 t.l.j. sf dim. 8h-19h
🍇 Jean Albrecht

FREDERIC ARBOGAST ET FILS
Geierstein 1996

☐   1 ha   6 000   🍷 30 à 50 F

Frédéric Arbogast a créé sa propre marque en 1971. Il exploite aujourd'hui 13 ha de vignes. Il présente un gewurztraminer d'origine argilo-calcaire, dominé au nez par des arômes de rose. Assez souple à l'attaque, ce 96 se caractérise par une certaine douceur au palais, ce qui en fait un vin d'apéritif ou de dessert.
🍇 Frédéric Arbogast, 135, pl. de l'Eglise, 67310 Westhoffen, tél. 03.88.50.30.51 ✓ 🍷 r.-v.

LAURENT BANNWARTH
Vendanges tardives 1994

☐   0,4 ha   4 200   🍷 70 à 100 F

Sur les coteaux magnifiques situés dominant Obermorschwihr, Laurent Bannwarth et Fils exploite un coquet domaine de 10 ha, ce qui lui permet d'élaborer des vins de grande maturité, tel celui-ci. Jaune d'or à l'œil, ce gewurztraminer offre un nez complexe mêlant poivre, fruits (poire) et fleurs. En bouche, il présente une attaque franche, de bonne fraîcheur. Bien fondu, il termine sur une touche exotique.
🍇 Laurent Bannwarth et Fils, 9, rte du Vin, 68420 Obermorschwihr, tél. 03.89.49.30.87, fax 03.89.49.29.02 ✓ 🍷 r.-v.

Alsace gewurztraminer

DOM. BARMES-BUECHER
Wintzenheim 1996★★★

| | 0,5 ha | 1 900 | | 70 à 100 F |

Résultant de l'alliance de deux vieilles familles de vignerons, ce domaine est aujourd'hui dirigé par François Barmès. Sa rigueur lui vaut des mentions régulières dans le Guide. Originaire d'un terroir argilo-calcaire, ce gewurztraminer est très séduisant à l'œil et au nez où les arômes de fleurs côtoient des notes de surmaturation. D'une grande concentration au palais, c'est un vin harmonieux et long qui appelle tous les superlatifs. Il sera aussi à l'aise sur le foie gras que sur les desserts.
➥ Dom. Barmès-Buecher, 30-23, rue Sainte-Gertrude, 68920 Wettolsheim,
tél. 03.89.80.62.92, fax 03.89.79.30.80 ✓ ❧ r.-v.

BARON DE HOEN
Réserve particulière 1996

| | 12 ha | 44 000 | | 30 à 50 F |

Fondée en 1952, la cave vinicole de Beblenheim a donné naissance à la société Baron de Hoen. Elle réunit aujourd'hui la production de 200 ha de vignes. Originaire d'un terroir marno-calcaire, ce gewurztraminer développe au nez des arômes fins et épicés, typiques du cépage. Assez souple à l'attaque, c'est un vin frais et léger au palais.
➥ Sté Baron de Hoen, 20, rue de Hoen, 68980 Beblenheim, tél. 03.89.47.89.93 ✓ r.-v.

BAUMANN-ZIRGEL
Sélection de grains nobles 1994★★

| | n.c. | n.c. | | 150 à 200 F |

Proche de Colmar, le village de Mittelwihr bénéficie d'un climat particulièrement clément. N'y trouve-t-on pas une « côte des Amandiers » ? Favorables à la maturation du raisin, ses terroirs permettent d'élaborer des vins de sélection de grains nobles, tel ce gewurztraminer d'un jaune plutôt ambré. Le nez floral du cépage s'exprime déjà pleinement. Au palais triomphe le raisin de Corinthe. Un concentré exquis de fruits très mûrs. Une bonne acidité apporte la fraîcheur nécessaire et contribue à l'harmonie de ce grand vin. (Bouteilles de 50 cl).
➥ Baumann-Zirgel, 5, rue du Vignoble, 68630 Mittelwihr, tél. 03.89.47.90.40,
fax 03.89.49.04.89 ✓ ❧ t.l.j. 8h-19h; dim. sur r.-v.
➥ J.-J. Zirgel

PIERRE BECHT Stierkopf 1996★

| | 1 ha | 6 000 | | 30 à 50 F |

Située aux confins de Molsheim, Dorlisheim possède un coteau magnifiquement exposé. Pierre Becht en a tiré ce gewurztraminer au nez délicat, très floral. Cette élégance se retrouve au palais, associée à une puissance qui en fait un ensemble très réussi.
➥ Pierre Becht, 26, fg des Vosges, 67120 Dorlisheim, tél. 03.88.38.18.22,
fax 03.88.38.87.81 ✓ ❧ t.l.j. 8h30-11h30 14h-18h; dim. sur r.-v.

PATRICK BEYER Cuvée Prestige 1996★★

| | 0,8 ha | 1 800 | 50 à 70 F |

Non loin de Sélestat, Epfig apparaît perché sur un contrefort du massif vosgien. Patrick Beyer y exploite 7 ha de vignes. Il a signé en 1996 une remarquable cuvée ; malgré son origine marneuse, ce gewurztraminer est déjà très expressif au nez avec ses notes de fruits mûrs. A la fois puissant et velouté au palais, il est incontestablement renforcé par une pointe de surmaturation qui en fait un excellent vin d'apéritif ou de dessert.
➥ Patrick Beyer, 27, rue des Alliés, 67680 Epfig, tél. 03.88.85.50.21 ✓ ❧ t.l.j. 9h-11h30 14h-19h; f. février

HENRI BLEGER
Coteau du Haut-Kœnigsbourg 1996★

| | 0,45 ha | 3 300 | | 30 à 50 F |

Avec son enceinte médiévale et ses belles demeures Renaissance ou baroques, Saint-Hippolyte mérite une visite. Installé dans une maison du XVIe s., Henri Bleger est bien connu des lecteurs du Guide. Le jury a beaucoup apprécié ce gewurztraminer. D'une origine granitique, il est intense au nez, où les arômes de fruits se mêlent déjà à des notes d'évolution. Très ample au palais, c'est un vin bien structuré qui révèle une grande matière.
➥ Henri Bleger, A l'Arbre Vert, 2, rue Saint-Fulrade, 68590 Saint-Hippolyte,
tél. 03.89.73.00.08, fax 03.89.73.05.93 ✓ r.-v.

FRANCOIS BRAUN ET SES FILS
Cuvée Sainte-Cécile 1996★

| | 2,5 ha | 10 500 | | 50 à 70 F |

Héritier d'une longue tradition puisque l'arbre généalogique de la famille remonte à 1587, le domaine François Braun a su préserver son unité ; il compte aujourd'hui 20 ha de vignes. Originaire d'un terroir argilo-calcaire, ce gewurztraminer se caractérise au nez par des arômes floraux et épicés. Encore jeune à l'attaque, il s'épanouit en bouche, pour s'achever sur une très longue finale. C'est un vin plein de promesses.
➥ François Braun et Fils, 19, Grand-Rue, 68500 Orschwihr, tél. 03.89.76.95.13,
fax 03.89.76.10.97 ✓ ❧ r.-v.

BUTTERLIN 1996★

| | 1,15 ha | 2 200 | | 30 à 50 F |

Toute proche de Colmar, Wettolsheim, petite bourgade viticole très active, n'a rien perdu de son charme d'antan. Et ce, grâce à la passion de vignerons comme les Butterlin. Issu d'un terroir

Alsace gewurztraminer

argilo-calcaire, leur gewurztraminer est très expressif au nez avec ses notes épicées et poivrées. D'une attaque assez ronde au palais, il montre une bonne tenue et de la persistance. Le produit d'une belle matière première !
☛ Jean Butterlin, 27, rue Herzog, 68920 Wettolsheim, tél. 03.89.80.60.85, fax 03.89.80.58.61 ☑ ☥ r.-v.

DOPFF ET IRION
Sélection de grains nobles 1994*

| ☐ | n.c. | 6 000 | ■ ♦ | +200 F |

La maison Dopff et Irion est l'un des grands noms de Riquewihr. Elle s'est toujours distinguée sur les meilleures tables grâce à la qualité et à l'originalité de ses vins. D'un jaune profond, celui-ci associe au nez des arômes de confit et d'épices variées. On entrevoit un produit de grande classe. Un peu de patience...
☛ Dopff et Irion, Dom. du château de Riquewihr, 68340 Riquewihr, tél. 03.89.47.92.51, fax 03.89.47.98.90 ☑ ☥ t.l.j. 10h-19h; f. 15 nov.-1er avr.

HENRI EHRHART Kaefferkopf 1996*

| ☐ | 1,35 ha | 10 500 | ■ ♦ | 30 à 50 F |

Ammerschwihr est incontournable pour qui veut découvrir le vignoble alsacien. Les vignerons y sont nombreux et comme Henri Ehrhart, ils mettent un point d'honneur à exploiter une vigne sur le Kaefferkopf, coteau réputé depuis des siècles. Ce gewurztraminer très typé développe au nez des parfums intenses de rose et de mangue. Les arômes explosent au palais et l'équilibre entre acidité et sucre restant lui sied à merveille.
☛ Henri Ehrhart, quartier des Fleurs, 68770 Ammerschwihr, tél. 03.89.78.23.74, fax 03.89.47.32.59 ☑ ☥ r.-v.

DOM. ANDRÉ EHRHART ET FILS
Herrenweg 1996*

| ☐ | 0,8 ha | 5 000 | ■ ⦿ ♦ | 30 à 50 F |

Ce domaine familial en est à sa troisième génération. Il est établi à Wettolsheim, une des plus importantes communes viticoles d'Alsace, située à quelques kilomètres à l'ouest de Colmar. Tout fait dans le type du cépage, ce gewurztraminer se manifeste au nez par des arômes floraux et épicés très intenses, et au palais par une puissance et une persistance qui n'enlèvent rien à son élégance.
☛ André Ehrhart et Fils, 68, rue Herzog, 68920 Wettolsheim, tél. 03.89.80.66.13, fax 03.89.79.44.20 ☑ ☥ t.l.j. sf dim. 8h-12h 14h-19h.

PAUL GINGLINGER
Sélection de grains nobles 1994

| ☐ | 0,5 ha | 1 200 | ⦿ ♦ | +200 F |

Paul Ginglinger a pignon sur rue à Eguisheim. Il a assuré sa succession en transmettant toute sa passion à son fils Michel, aujourd'hui œnologue. Le jury a retenu ce vin d'un jaune intense, dont le nez encore discret laisse apparaître des arômes de fruits et d'épices. Encore marqué par une grande douceur au palais, ce vin possède tout le potentiel pour bien évoluer. Il faut savoir l'attendre.
☛ Paul Ginglinger, 8 pl. Charles-de-Gaulle, 68420 Eguisheim, tél. 03.89.41.44.25, fax 03.89.24.94.88 ☑ ☥ t.l.j. sf dim. 8h-12h 13h30-19h.

HERTZOG Cuvée Sainte-Cécile 1996*

| ☐ | 0,5 ha | 2 700 | ■ ♦ | 50 à 70 F |

Son entreprise de prestation de services dans le domaine de l'embouteillage n'empêche pas Sylvain Hertzog de suivre de très près sa propre exploitation. Il suffit pour s'en convaincre de relever le nombre impressionnant de mentions qu'il a recueillies au fil des années dans ce Guide. Très présent au nez, ce gewurztraminer est le produit d'une belle matière, comme l'attestent à la fois la vigueur et la rondeur qui le caractérisent au palais.
☛ EARL Sylvain Hertzog, 18, rte du Vin, 68420 Obermorschwihr, tél. 03.89.49.31.93, fax 03.89.49.28.85 ☑ ☥ t.l.j.; 8h-19h; dim. sur r.-v.

ROGER HEYBERGER 1996

| ☐ | 1 ha | 5 000 | | 30 à 50 F |

Avec ses 20 ha de vignes, Roger Heyberger possède une exploitation qui compte à Obermorschwihr. Son gewurztraminer, d'origine argilo-calcaire, est très expressif au nez. Produit d'une belle matière première, il se révèle à la fois chaleureux et intense au palais.
☛ Roger Heyberger et Fils, 5, rue Principale, 68420 Obermorschwihr, tél. 03.89.49.30.01, fax 03.89.49.22.28 ☑ ☥ r.-v.

ROGER JUNG ET FILS
Le Rosenbourg 1996

| ☐ | 0,62 ha | 4 000 | ■ ♦ | 30 à 50 F |

Vigneron depuis 1962 à Riquewihr, Roger Jung, aidé de ses deux fils, soigne avec passion 12 ha de vignes. Issu d'une origine marneuse, leur gewurztraminer « Le Rosenbourg » est encore dans sa première jeunesse. Relativement fermé au nez, il révèle au palais un caractère liquoreux qui s'harmonisera avec la structure au fil des ans.
☛ Dom. Roger Jung et Fils, 23, rue de la 1re-Armée, 68340 Riquewihr, tél. 03.89.47.92.17, fax 03.89.47.87.63 ☑ ☥ t.l.j. 10h-12h 14h-19h

DOM. JUX Prestige 1996

| ☐ | n.c. | n.c. | | 50 à 70 F |

Exploitation d'un seul tenant, le domaine Jux, avec ses 110 ha de vignes, appartient aujourd'hui au groupe Wolfberger. Il est entièrement situé sur le terroir graveleux de la Harth de Colmar. Marqué par cette origine, ce gewurztraminer affiche déjà une certaine évolution au nez, qui vient renforcer ses notes de rose et de violette. Plutôt rond à l'attaque, il termine sur une bonne structure.
☛ Wolfberger, 6, Grand-Rue, 68420 Eguisheim, tél. 03.89.22.20.20, fax 03.89.23.47.09 ☑ ☥ r.-v.

J.-CH. ET D. KIEFFER 1996

| ☐ | 0,5 ha | 3 000 | ■ ⦿ ♦ | 30 à 50 F |

Vignerons de père en fils depuis 1737, les Kieffer exploitent un domaine de 9 ha de vignes. Ils servent leurs vins dans leur hôtel-restaurant d'Ittersiller. Originaire d'un terroir argilo-gré-

Alsace gewurztraminer

seux, ce gewurztraminer est encore un peu fermé au nez, même si l'on sent poindre des notes florales typiques. Le palais se montre liquoreux : le type même du vin de dessert.
➤ GAEC Jean-Charles et Damien Kieffer, 7, rte du Vin, 67140 Itterswiller, tél. 03.88.85.59.80, fax 03.88.57.81.44 ☑ ⏧ t.l.j. 8h-12h 14h-19h

CAVE DE KIENTZHEIM-KAYSERSBERG
Attenburg Réserve 1996

| ☐ | 6 ha | 20 000 | 🍾 | 50 à 70 F |

Fondée en 1957 et conduite avec le souci de toujours mieux impliquer ses nombreux adhérents, cette cave est située à deux pas du musée du Vin et du château de la confrérie Saint-Etienne. Malgré une origine limoneuse, ce gewurztraminer emporte déjà l'adhésion avec son nez élégant et typé. Encore dominé par une pointe de rondeur au palais, il s'épanouira et trouvera son équilibre avec l'âge.
➤ Cave vinicole de Kientzheim-Kaysersberg, 10, rue des Vieux-Moulins, 68240 Kientzheim, tél. 03.89.47.13.19, fax 03.89.47.34.38 ☑ ⏧ r.-v.

JEAN-CLAUDE KOESTEL
Kefferberg 1996

| ☐ | 0,5 ha | 3 500 | 🍾 | 30 à 50 F |

Le village d'Ergersheim est connu pour son pèlerinage d'Altbronn et sa chapelle Saint-Michel, située dans le vignoble. Jean-Claude Koestel y est installé depuis dix ans et exploite aujourd'hui 8 ha de vignes. Marqué par son origine argilo-calcaire, son gewurztraminer Kefferberg est resté dans sa phase de jeunesse. Il est épicé et légèrement fumé au nez et sa structure est bien équilibrée.
➤ Jean-Claude Koestel, 68, rue de Wolxheim, 67120 Ergersheim, tél. 03.88.38.25.23, fax 03.88.49.82.74 ☑ r.-v.

KROSSFELDER
Sélection de grains nobles 1994**

| ☐ | n.c. | n.c. | 150 à 200 F |

La cave coopérative de Dambach-la-Ville dispose d'un très beau chai de foudres de chêne. Jaune d'or avec des reflets verts d'une grande élégance, ce gewurztraminer exprime, quoique discrètement, les arômes du cépage. Le palais séduit sa concentration et sa délicatesse. Très beau vin plein de promesses.
➤ Cave coopérative de Dambach-la-Ville, 2, rue de la Gare, 67650 Dambach-la-Ville, tél. 03.88.92.40.03 ☑ ⏧ t.l.j. 8h-12h 14h-18h; groupes sur r.-v.

R. KUENTZ
Sélection de grains nobles 1994**

| ☐ | n.c. | 1 700 | 150 à 200 F |

Située entre Colmar et Rouffach, Pfaffenheim est une importante commune viticole. Sur ses terroirs, très prisés, le gewurztraminer peut s'exprimer de manière étonnante, comme celui-ci : sa couleur, or profond, lui confère déjà des lettres de noblesse. Des arômes subtils du cépage et des notes de fruits confits confirment cette première impression. Le palais est dans la ligne de l'œil et du nez : long et ample, avec une touche épicée qui est la marque des très grands vins. On peut le déguster dès maintenant.
➤ Romain Kuentz, 22-24, rue du Fossé, 68250 Pfaffenheim, tél. 03.89.49.61.90, fax 03.89.49.77.17 ☑ ⏧ t.l.j. 9h-12h30 14h-19h; dim. sur r.-v.

R. KUENTZ Vendanges tardives 1995

| ☐ | 7 ha | 1 500 | 100 à 150 F |

Jaune d'or soutenu, ce vin possède une intensité olfactive intéressante ; fragrances d'épices, odeur de foin et de tabac en accentuent l'attrait. D'une bonne harmonie au palais, il est ample et long. On peut le déguster dès maintenant.
➤ Romain Kuentz, 22-24, rue du Fossé, 68250 Pfaffenheim, tél. 03.89.49.61.90, fax 03.89.49.77.17 ☑ ⏧ t.l.j. 9h-12h30 14h-19h; dim. sur r.-v.

FREDERIC MALLO ET FILS 1996**

| ☐ | 0,5 ha | 1 900 | 🍾 | 30 à 50 F |

Dominique Mallo, vigneron de la sixième génération, a repris l'exploitation en 1991. Frédéric, son grand-père, fut en son temps le pionnier de la vente en bouteilles à Hunawihr. Cette expérience familiale se retrouve dans ce gewurztraminer ! Très intense au nez, il est dominé par de magnifiques arômes floraux. Corsé et puissant au palais, il est paré de toutes les vertus : long, généreux, harmonieux ! Un vin à essayer sur le foie gras.
➤ EARL Frédéric Mallo et Fils, 2, rue Saint-Jacques, 68150 Hunawihr, tél. 03.89.73.61.41, fax 03.89.73.68.46 ☑ ⏧ r.-v.

MEISTERMANN 1996

| ☐ | 0,6 ha | 4 000 | 🍾 | 30 à 50 F |

Michel Meistermann est à la tête de cette propriété de 4 ha depuis 1989. Il a su préserver les méthodes traditionnelles de vinification ainsi que les foudres de chêne. Marqué par son origine argilo-calcaire, son gewurztraminer est resté dans sa phase de jeunesse, même si le passage en bois a contribué à une certaine évolution. Dominé par des arômes floraux au nez, il se révèle équilibré et persistant en bouche.
➤ Michel Meistermann, 37, rue de l'Eglise, 68250 Pfaffenheim, tél. 03.89.49.60.61 ☑ ⏧ r.-v.

DOM. RENE MEYER
Croix du Pfoeller Vieilles vignes 1996*

| ☐ | 0,3 ha | 3 900 | 🍾 | 30 à 50 F |

Originaire d'un terroir calcaire, ce gewurztraminer est déjà très expressif au nez avec ses arômes épicés intenses. Plutôt souple à l'attaque, il se montre long et parfaitement structuré. Apéritif, fromage, dessert, ce vin trouvera facilement sa place.
➤ EARL Dom. René Meyer et Fils, 14, Grand-Rue, 68230 Katzenthal, tél. 03.89.27.04.67, fax 03.89.27.50.59 ☑ ⏧ r.-v.

ERNEST MEYER ET FILS
Vieilles vignes 1996**

| ☐ | 0,35 ha | 2 500 | 30 à 50 F |

Les Meyer se sont lancés dans la vente directe en 1960. Ils exploitent aujourd'hui près de 10 ha de vignes répartis sur des terroirs propices au gewurztraminer. Conforme à son origine argilo-

Alsace gewurztraminer

calcaire, ce 96 est encore dans sa phase de jeunesse. Elégant au nez, il se révèle bien constitué au palais, ce qui en fait un vin très prometteur.
🍾 Ernest Meyer et Fils, 4, rue des Trois-Châteaux, 68420 Eguisheim, tél. 03.89.24.53.66, fax 03.89.41.66.46 ☑ ⌶ r.-v.

MEYER-FONNE
Dorfburg Vieilles vignes 1996★

| ☐ | 0,33 ha | 1 300 | 🍾 ♦ | 50 à 70F |

Installé depuis 1963 à Katzenthal, François Meyer a su préserver la structure familiale de l'exploitation. Il exploite aujourd'hui, avec Félix, un domaine de 9 ha de vignes. Marqué par son origine marno-calcaire, ce gewurztraminer a besoin d'encore un peu de temps pour s'ouvrir complètement. Ses arômes de fruits exotiques ne manquent toutefois pas de charme. Après une jolie attaque au palais, ce vin montre un beau volume. Une bouteille harmonieuse, pleine de promesses.
🍾 Meyer-Fonné, 24, Grand-Rue, 68230 Katzenthal, tél. 03.89.27.16.50, fax 03.89.27.34.17 ☑ ⌶ r.-v.

DOM. DU MOULIN DE DUSENBACH
Kaefferkopf 1996★

| ☐ | 0,75 ha | 8 000 | 🍾🍾 | 70 à 100F |

Installé à Ribeauvillé, Bernard Schwach a développé son exploitation dans les contrées environnantes. Le domaine compte aujourd'hui 20 ha de vignes. Marqué par son origine granitique, ce gewurztraminer développe au nez des arômes de rose intenses et très typiques. D'une grande souplesse à l'attaque du fait du sucre restant, il se montre long et harmonieux en finale. C'est le produit d'une grande matière !
🍾 Bernard Schwach, 25, rte de Sainte-Marie-aux-Mines, 68150 Ribeauvillé, tél. 03.89.73.72.18, fax 03.89.73.30.34 ☑ ⌶ r.-v.

CAVE D'OBERNAI 1996★

| ☐ | n.c. | 50 000 | 🍾 ♦ | 30 à 50F |

Cette cave née en 1950 résulte d'une union de coopératives ; c'est aujourd'hui l'une des principales unités de production du vignoble alsacien. Elle nous présente un gewurztraminer tout en finesse. Le nez développe les caractères fruités typiques. La bouche est ronde mais suffisamment structurée pour rester harmonieuse. C'est un vin à déguster en apéritif ou sur le fromage.
🍾 Cave vinicole d'Obernai, 30, rue du Gal-Leclerc, 67210 Obernai, tél. 03.88.47.60.20, fax 03.88.47.60.22 ☑ ⌶ r.-v.

CH. D'ORSCHWIHR
Hueben Steinbach 1996★★

| ☐ | 0,7 ha | n.c. | 🍾🍾 | 50 à 70F |

Détruit en 1934, le château d'Orschwihr appartint jadis aux Habsbourg puis, plus récemment, aux évêques de Strasbourg. Hubert Hartmann a consacré tout son talent et son énergie à relancer ce domaine qui compte désormais 20 ha de vignes. Il signe un gewurztraminer fort intense au nez, marqué par la surmaturation avec son cortège de saveurs épicées et grillées. Très ample au palais, ce vin est gras mais relativement sec. D'une puissance exceptionnelle, il est bâti pour affronter les années.

🍾 Ch. d'Orschwihr, 68500 Orschwihr, tél. 03.89.74.25.00, fax 03.89.76.56.91 ☑ ⌶ r.-v.
🍾 Hartmann

CH. D'ORSCHWIHR
Sélection de grains nobles 1994

| ☐ | 1 ha | 2 000 | | +200F |

Un vin de sélection de grains nobles exprime à la fois les potentialités du terroir où il est né et le savoir-faire du vigneron. Celui-ci se présente sous un aspect jaune d'or très intense, « aguichant », dit l'un des dégustateurs, avec un nez peu développé de fruits confits. Ample au palais, il est très gras, bien en chair. La fraîcheur se manifeste en finale. Un 94 bien évolué.
🍾 Ch. d' Orschwihr, 68500 Orschwihr, tél. 03.89.74.25.00, fax 03.89.76.56.91 ☑ ⌶ r.-v.

LES VIGNERONS DE PFAFFENHEIM ET GUEBERSCHWIHR
Sélection de grains nobles 1994★★★

| ☐ | 0,8 ha | 2 400 | 🍾 | +200F |

Michel Kueny est expert dans l'élaboration des vins de sélection de grains nobles. Il sait, avec art, extraire la quintessence de ses terroirs et de ses raisins. Ce 94 donne une idée de son savoir-faire. D'un vieil or avec un nez très expressif et complexe de fruits secs et confits à la fois, il explose au palais en une multitude d'arômes de fleurs et de fruits. Il est superbe et d'une harmonie remarquable entre sucre, alcool et acidité. Ce vin de garde peut être apprécié dès maintenant.
🍾 CVPG Pfaffenheim, 5, rue du Chai, B.P. 33, 68250 Pfaffenheim, tél. 03.89.78.08.08, fax 03.89.49.71.65 ☑ ⌶ t.l.j. 8h-12h 14h-18h; f. 25 déc.-1er janv.

WILLY ROLLI-EDEL 1996★

| ☐ | 0,46 ha | 2 000 | 🍾🍾 | 50 à 70F |

Une exploitation soucieuse de qualité, dont les vins ont été plus d'une fois mentionnés dans le Guide. Ce gewurztraminer s'exprime au nez par des senteurs florales et exotiques plutôt originales. D'une bonne constitution au palais, c'est un vin gras, harmonieux, plein d'avenir.
🍾 Willy Rolli-Edel, 5, rue de l'Eglise, 68590 Rorschwihr, tél. 03.89.73.63.26, fax 03.89.73.83.50 ☑ ⌶ r.-v.

CLOS SAINTE-ODILE 1996★

| ☐ | n.c. | 10 000 | 🍾🍾 | 30 à 50F |

Les habitants d'Obernai ont jadis dédié ce clos à sainte Odile, patronne de l'Alsace. Entré

L'ALSACE

Alsace gewurztraminer

aujourd'hui dans le giron de l'Union Divinal, il réunit 4 ha de vignes fort bien exposées. Très concentré au nez, ce gewurztraminer est renforcé par une pointe de surmaturation. D'une belle attaque au palais, c'est un vin équilibré et bien typé.
➥ Sté vinicole Sainte-Odile, 3, rue de la Gare, 67210 Obernai, tél. 03.88.95.50.23, fax 03.88.47.60.22 ☑ ☥ r.-v.

SAULNIER Vieilles vignes 1996★

| ☐ | 0,3 ha | 1 600 | ■ 70 à 100 F |

Marco Saulnier a fondé son exploitation en 1992. Il propose un gewurztraminer issu de vieilles vignes implantées sur un terroir argilo-calcaire. Si ce vin est encore un peu fermé au nez, en revanche, il est surprenant de puissance et d'intensité au palais. Il supporte très bien la pointe de sucre restant. L'harmonie sera parfaite après quelques années de bouteille.
➥ Marco Saulnier, rte de Saint-Marc, 68420 Gueberschwihr, tél. 03.89.49.33.38 ☑ ☥ r.-v.

DOM. MARTIN SCHAETZEL
Kaefferkopf Cuvée Catherine 1996★

| ☐ | 0,3 ha | 1 800 | ❙❙ 70 à 100 F |

Ammerschwihr est l'un des bourgs viticoles les plus célèbres d'Alsace, riche de traditions vigneronnes séculaires - la confrérie Saint-Etienne y fut fondée au XIV°s. -, de son lieu-dit réputé, le Kaefferkopf, et d'exploitations comme celle de Martin Schaetzel. Cet exploitant propose un gewurztraminer dont l'élégance toute florale porte la marque d'un terroir granitique. Plutôt souple à l'attaque mais bien équilibré, c'est un vin persistant et très plaisant.
➥ Martin Schaetzel, 3, rue de la 5e-D.-B., 68770 Ammerschwihr, tél. 03.89.47.11.39, fax 03.89.78.29.77 ☑ ☥ r.-v.
➥ Béa et Jean Schaetzel

A. SCHERER
Sélection de grains nobles 1994★★★

| ☐ | n.c. | 600 | ❙❙ +200 F |

Etablie à Husseren-les-Châteaux depuis 1750, la maison A. Scherer a su se faire un nom. Elle n'en est pas à son premier coup de cœur dans ce Guide. Ses vins sont à la fois l'expression des terroirs et du savoir-faire vigneron. Vieil or dans le verre, celui-ci séduit par un nez d'une très grande complexité, mêlant l'épice et le confit. Et quel palais ! D'une parfaite harmonie, tout en élégance et en dentelle, c'est un concentré de fruits.

➥ Vignoble A. Scherer, 12, rte du Vin, B.P. 4, 68420 Husseren-les-Châteaux, tél. 03.89.49.30.33, fax 03.89.49.27.48 ☑ ☥ t.l.j. sf dim. 8h-12h 14h-18h

PAUL SCHERER Vendanges tardives 1994★

| ☐ | 0,25 ha | n.c. | ■ ♦ 150 à 200 F |

Paul Scherer est installé à Husseren-les-Châteaux, point de départ de la route des Cinq Châteaux. Le jury a bien aimé ce « vendanges tardives » d'un bel et jaune, au nez complexe dominé par les fruits exotiques. Harmonieux et long en bouche, il finit sur une note de pêche. Un vin encore jeune, mais très prometteur.
➥ Paul Scherer et Fils, 40, rue Principale, 68420 Husseren-les-Châteaux, tél. 03.89.49.30.34 ☑ ☥ t.l.j. 9h-12h 14h-19h; dim. sur r.-v.

MICHEL SCHOEPFER
Sélection de grains nobles 1994★

| ☐ | 0,26 ha | 1 200 | 100 à 150 F |

Les vins de sélection de grains nobles ont acquis leurs lettres de noblesse. Soumis à un contrôle rigoureux dès la récolte, ils n'obtiennent leur consécration que dix-huit mois après, lors de la dégustation de confirmation finale. Celui-ci, d'un beau jaune paille, s'annonce par des parfums de rose fanée d'une grande élégance. Le nez très expressif laisse présager la suite : un palais ample, liquoreux, tout en finesse, très harmonieux avec des arômes agréables et beaucoup de chaleur.
➥ Michel Schoepfer, 43, Grand-Rue, 68420 Eguisheim, tél. 03.89.41.09.06, fax 03.89.23.08.50 ☑ ☥ r.-v.

J. SIEGLER 1996

| ☐ | 0,6 ha | 3 200 | ❙❙ 30 à 50 F |

D'une belle intensité au nez, ce gewurztraminer se caractérise par des arômes épicés associés à une petite touche minérale. Assez vif à l'attaque, c'est un vrai vin sec et bien structuré, qui pourrait être recommandé sur des spécialités exotiques.
➥ EARL Jean Siegler Père et Fils, Clos des Terres Brunes, 26, rue des Merles, 68630 Mittelwihr, tél. 03.89.47.87.97, fax 03.89.49.01.78 ☑ ☥ t.l.j. 8h-12h 14h-18h

DOM. AIME STENTZ ET FILS
Sélection de grains nobles 1994

| ☐ | 0,5 ha | 600 | ■ ♦ 150 à 200 F |

A l'ouest de Colmar, Wettolsheim est situé au pied de terroirs remarquables pour l'obtention de ces vins à dénomination particulière. Le gewurztraminer y excelle. Ce 94 s'annonce par une robe intense, gage d'une bonne évolution. L'arôme très typé du cépage est rehaussé par le fruit confit. Le palais est bien expressif mais il demande à parfaire son harmonie.
➥ Dom. Aimé Stentz et Fils, 37, rue Herzog, 68920 Wettolsheim, tél. 03.89.80.63.77, fax 03.89.79.78.68 ☑ ☥ t.l.j. sf dim. 8h-12h 14h-18h

ANTOINE STOFFEL 1996

| ☐ | 0,3 ha | 2 800 | ❙❙❙♦ 30 à 50 F |

Le pape Léon IX y vit le jour en 1002. Eguisheim a su préserver son aspect médiéval, carac-

Alsace gewurztraminer

térisé par une structure défensive concentrique. Antoine Stoffel y exploite près de 8 ha de vignes. Son gewurztraminer, d'origine argilo-calcaire, se révèle très typé au nez. D'une belle attaque au palais, c'est un vin plutôt chaleureux et persistant.

🍇 Antoine Stoffel, 21, rue de Colmar, 68420 Eguisheim, tél. 03.89.41.32.03, fax 03.89.24.92.07 ☑ 🍷 t.l.j. sf dim. 8h-12h 14h-18h

STRAUB 1996

| ☐ | 0,45 ha | 3 000 | 🍶 | 30 à 50 F |

Vigneron dans l'âme, Jean-Marie Straub a exercé des responsabilités au sein des jeunes viticulteurs. Il reçoit les visiteurs dans une demeure datée de 1715, dont la cave voûtée a été parfaitement restaurée. Conforme à son origine granitique, son gewurztraminer développe au nez des arômes floraux très marqués. Assez structuré au palais, c'est un vin persistant.

🍇 Jean-Marie Straub, 126, rte du Vin, 67650 Blienschwiller, tél. 03.88.92.40.42, fax 03.88.92.40.42 ☑ 🍷 r.-v.

STRUSS Bildstoecklé 1996

| ☐ | 0,33 ha | 1 950 | 🍶 | 50 à 70 F |

La maison André Struss et Fils rassemble aujourd'hui plus de 5 ha de vignes. Originaire d'un terroir argilo-calcaire, ce gewurztraminer mêle au nez notes florales et amyliques. Souple et même un peu rond au palais, ce vin sera très agréable à l'apéritif.

🍇 André Struss et Fils, 16, rue Principale, 68420 Obermorschwihr, tél. 03.89.49.36.71, fax 03.89.49.37.30 ☑ 🍷 r.-v.
🍇 Philippe Struss

MARC TEMPE Zellenberg 1996*

| ☐ | 0,5 ha | 2 200 | 🍶 | 50 à 70 F |

Installé en 1995, Marc Tempé est à la tête d'une exploitation de plus de 7 ha de vignes très bien situées. Il propose un gewurztraminer obtenu par pressurage du raisin entier. Un vin encore jeune, mais très subtil au nez avec ses arômes floraux et ses notes boisées. Issu d'une belle matière, il se montre sec et très long. Il devrait faire merveille sur le fromage comme sur les spécialités exotiques.

🍇 Marc Tempé, 24, rue du Schlossberg, 68340 Zellenberg, tél. 03.89.47.85.22, fax 03.89.47.85.22 ☑ 🍷 r.-v.

ANDRE THOMAS ET FILS
Vieilles vignes 1996*

| ☐ | 0,6 ha | 4 000 | | 50 à 70 F |

Persuadés que la qualité d'un vin résulte avant tout de celle des raisins, les Thomas consacrent toute leur énergie à l'entretien de leur vignoble. La vinification n'a ainsi pour but que de permettre l'expression optimale de la matière première. Ce gewurztraminer convaincra du bien-fondé d'une telle approche. Très intense au nez, il associe les arômes du cépage à ceux de la surmaturation, avec des notes de raisins de Corinthe et d'abricot sec. Puissant, équilibré et long en bouche, c'est un vin de grande étoffe, armé pour une longue garde.

🍇 André Thomas et Fils, 3, rue des Seigneurs, 68770 Ammerschwihr, tél. 03.89.47.16.60, fax 03.89.47.37.22 ☑ 🍷 r.-v.

JEAN-MICHEL WELTY
Cuvée Aurélie 1996**

| ☐ | 0,78 ha | 5 500 | 🍶 | 50 à 70 F |

La cave du XVIᵉ s. qui a conservé son cachet d'époque mérite le détour. Ce gewurztraminer également. Originaire d'un terroir argilo-calcaire, il associe au nez arômes floraux et notes de surmaturation. D'une attaque agréable au palais, il impressionne très vite par sa puissance et par son harmonie entre rondeur et structure. Il trouvera sa place en de nombreuses occasions.

🍇 Jean-Michel Welty, 22-24, Grand-Rue, 68500 Orschwihr, tél. 03.89.76.09.03, fax 03.89.76.16.80 ☑ 🍷 t.l.j. 8h-12h 14h-19h

ZEYSSOLFF 1996

| ☐ | 0,4 ha | 6 000 | 🍶 | 30 à 50 F |

Vignerons à Gertwiller depuis plus de deux siècles, les Zeyssolff ont ajouté une activité de négoce à leur exploitation de 7 ha de vignes. Marqué par son origine argilo-calcaire, leur gewurztraminer est encore jeune. Fruité et épicé au nez, il se montre sec et bien structuré au palais. C'est un vin persistant qui s'accordera avec les mets exotiques ou les fromages forts.

🍇 G. Zeyssolff, 156, rte de Strasbourg, 67140 Gertwiller, tél. 03.88.08.90.08, fax 03.88.08.91.60 ☑ 🍷 r.-v.

ALBERT ZIEGLER
Cuvée Anne-Cécile 1996

| ☐ | n.c. | 5 000 | 🍶 | 30 à 50 F |

Vignerons depuis trois générations, les Ziegler exploitent aujourd'hui 12 ha de vignes situées sur les coteaux qui encadrent Orschwihr. Ils présentent un gewurztraminer bien typé au nez, dominé par des notes florales. Plutôt vif à l'attaque, c'est un vin équilibré et persistant.

🍇 Albert Ziegler, 10, rue de l'Eglise, 68500 Orschwihr, tél. 03.89.76.01.12, fax 03.89.74.91.32 ☑ 🍷 t.l.j. 8h-12h 13h-19h

ZIMMERMANN Cuvée Alphonse 1996

| ☐ | 0,5 ha | 3 000 | 🍶 | 50 à 70 F |

Descendants d'une longue lignée de vignerons dont l'origine remonte à 1693, les Zimmermann exploitent aujourd'hui un domaine de 14 ha sur les pentes ensoleillées du Haut-Kœnigsbourg. Ils proposent un gewurztraminer originaire d'un terroir argilo-calcaire, dominé par des notes florales et épicées. Plutôt moelleux au palais, il présente une longue finale.

🍇 GAEC A. Zimmermann Fils, 3, Grand-Rue, 67600 Orschwiller, tél. 03.88.92.08.49, fax 03.88.82.14.05 ☑ 🍷 r.-v.

DOM. ZIND-HUMBRECHT
Herrenweg de Turckheim Vendanges tardives 1995*

| ☐ | 4,5 ha | 10 000 | 🍶 | 150 à 200 F |

Le domaine Zind-Humbrecht a misé sur l'originalité et l'authenticité de ses terroirs. Les Humbrecht aiment montrer la différence entre ce qui est lié au sol et au microclimat, et ce qui vient du cépage. D'un jaune doré très soutenu, ce vin

L'ALSACE

Alsace tokay-pinot gris

laisse éclater au nez toute sa maturité. En bouche, on sent l'excellence de la matière première ; ampleur, gras, structure fondue sont ses principales qualités. Un « vendanges tardives » que l'on peut déguster dès maintenant.
🍷 Dom. Zind-Humbrecht, 4, rte de Colmar, B.P. 22, 68230 Turckheim, tél. 03.89.27.02.05, fax 03.89.27.22.58 ◩ ⊺ r.-v.

Alsace tokay-pinot gris

La dénomination locale tokay d'Alsace donnée au pinot gris depuis quatre siècles est un fait étonnant, puisque cette variété n'a jamais été utilisée en Hongrie orientale... La légende dit cependant que le tokay aurait été rapporté de ce pays par le général L. de Schwendi, grand propriétaire de vignobles en Alsace. Son aire d'origine semble être, comme celle de tous les pinots, le territoire de l'ancien duché de Bourgogne.

Le pinot gris n'occupe que 1 305 ha. Il peut produire un vin capiteux, très corsé, plein de noblesse, susceptible de remplacer un vin rouge sur les plats de viande. Lorsqu'il est somptueux comme en 83, 89 et 90, années exceptionnelles, c'est l'un des meilleurs accompagnements du foie gras.

ALLIMANT-LAUGNER 1996*

| | 0,7 ha | 7 000 | 30 à 50 F |

Cette exploitation de 11 ha est située dans le charmant village d'Orschwiller, qui constitue un excellent relais sur les routes touristiques de la moyenne Alsace. Originaire d'un terroir argilo-calcaire, son tokay 96 développe déjà ses arômes fumés, mêlés de senteurs de fruits exotiques. D'une attaque assez vive au palais, c'est un vin équilibré et persistant, parfaitement armé pour se bonifier avec le temps.
🍷 Allimant-Laugner, 10-12, Grand-Rue, 67600 Orschwiller, tél. 03.88.92.06.52, fax 03.88.82.76.38 ◩ ⊺ t.l.j. sf dim. 8h-12h 13h-18h

ALLIMANT-LAUGNER
Vendanges tardives 1994*

| | n.c. | n.c. | 70 à 100 F |

Cette exploitation est établie à Orschwiller, commune typiquement viticole située au pied du Haut-Kœnigsbourg, à la limite des deux départements alsaciens. Elle propose un vin doré intense, presque ambré, délicatement épicé et plus précisément poivré. L'attaque est très douce, avec des arômes de raisins secs. La persistance est moyenne mais la fin de bouche agréable, à déguster dès maintenant.

🍷 Allimant-Laugner, 10-12, Grand-Rue, 67600 Orschwiller, tél. 03.88.92.06.52, fax 03.88.82.76.38 ◩ ⊺ t.l.j. sf dim. 8h-12h 13h-18h

LAURENT BANNWARTH
Bildstoecklé 1996*

| | 0,7 ha | 6 000 | 30 à 50 F |

Installé depuis 1957, Laurent Bannwarth a développé progressivement son domaine qui compte aujourd'hui 10 ha de vignes. Depuis quelques années, son fils participe à la marche de l'exploitation. Le jury a apprécié ce tokay d'origine argilo-calcaire, très séduisant par sa teinte dorée et tout aussi charmeur au nez. Issu d'une grande matière, c'est un vin long et charpenté qui devrait parfaitement accompagner les viandes blanches.
🍷 Laurent Bannwarth et Fils, 9, rte du Vin, 68420 Obermorschwihr, tél. 03.89.49.30.87, fax 03.89.49.29.02 ◩ ⊺ r.-v.

A. L. BAUR
Côte Saint-Nicolas Vieilles vignes 1996*

| | n.c. | 4 000 | 30 à 50 F |

Magnifique village perché dominant la plaine de Colmar, Voegtlinshoffen abrite de nombreuses exploitations réputées comme la maison A.L. Baur. Assez original au nez avec ses arômes d'agrumes et de fruits confits, ce tokay se révèle frais et équilibré au palais. Il gagnera encore à vieillir en bouteilles.
🍷 A. L. Baur, 4, rue Roger-Frémeaux, 68420 Voegtlinshoffen, tél. 03.89.49.30.97, fax 03.89.49.21.37 ◩ ⊺ r.-v.

DOM. PAUL BLANCK
Sélection de grains nobles 1994**

| | n.c. | n.c. | +200 F |

Développée par les frères Marcel et Bernard Blanck, cette propriété s'est hissée au niveau des plus prestigieuses d'Alsace, témoin ce 94 couleur or, d'une limpidité éclatante, au fumé typique des meilleurs pinots gris. Les dégustateurs ne tarissent pas d'éloges sur son palais à la superbe attaque, rond, moelleux, tout en finesse. Concentré, très ample, de bonne fraîcheur, c'est un grand vin.
🍷 Dom. Paul Blanck, 32, Grand-Rue, 68240 Kientzheim, tél. 03.89.78.23.56, fax 03.89.47.16.45 ◩ ⊺ t.l.j. sf dim. 9h-12h 13h30-18h; f. déc.- mars

CLAUDE BLEGER Burgreben 1996*

| | n.c. | 1 050 | 50 à 70 F |

Installé depuis 1978, Claude Bléger est à la tête de 6,50 ha de vignes. Originaire d'un terroir argilo-calcaire, son tokay développe au nez des arômes de sous-bois marqués par une petite note animale. Très gras au palais, c'est un vin rond et persistant.
🍷 Claude Bléger, Dom. du Windmuehl, 92, rte du Vin, 68590 Saint-Hippolyte, tél. 03.89.73.00.21, fax 03.89.73.04.22 ◩ ⊺ r.-v.

Alsace tokay-pinot gris

DOM. DU BOUXHOF
Vendanges tardives 1995*

| ☐ | 0,2 ha | 1 700 | 🍷🍷 | 100 à 150 F |

Le domaine du Bouxhof a huit siècles d'existence. D'origine monastique, il est aujourd'hui classé monument historique. Bien doré à l'œil, discrètement mais élégamment aromatique, ce vin laisse entrevoir douceur, chaleur et assez bonne longueur en bouche. La finesse des arômes est confirmée en fin de dégustation. Vin à attendre encore.

☏ François Edel et Fils, Dom. du Bouxhof, 68630 Mittelwihr, tél. 03.89.47.90.34, fax 03.89.47.84.82 ☑ ☗ t.l.j. 8h-19h

CAMILLE BRAUN
Bollenberg Cuvée de la Chapelle 1996*

| ☐ | 0,35 ha | 2 500 | 🍷 | 30 à 50 F |

Cette famille de vignerons est établie à Orschwihr depuis 1693. Elle a donc eu tout le temps de parfaire un art qui est aujourd'hui au service d'un domaine de plus de 8 ha. Elle signe un tokay marqué par son origine argilo-calcaire : il est encore jeune au nez, fruité et élégant. Assez vif en attaque, c'est un vin ample et persistant qui s'affirmera encore avec l'âge.

☏ Camille Braun, 16, Grand-Rue, 68500 Orschwihr, tél. 03.89.76.95.20, fax 03.89.74.35.03 ☑ ☗ t.l.j. sf dim. 8h-12h 13h-18h30

DIRINGER Vendanges tardives 1994*

| ☐ | 0,15 ha | 800 | | 100 à 150 F |

Les origines de cette exploitation remontent à 1740. Elle est aujourd'hui gérée par deux frères dont l'un, Sébastien, se consacre en sa qualité d'œnologue à l'élevage des vins. D'un jaune franc, celui-ci, bien marqué par la pourriture noble, laisse apparaître des arômes épicés nuancés d'odeurs de feuilles mortes. Bien rond en bouche, couvert par une belle vivacité, de bonne longueur, il peut être dégusté dès maintenant en toute occasion.

☏ GAEC Diringer, 18, rue de Rouffach, 68250 Westhalten, tél. 03.89.47.01.06, fax 03.89.47.62.64 ☑ ☗ t.l.j. sf dim. 8h-12h 14h-19h

DONTENVILLE Hahnenberg 1996

| ☐ | 1 ha | 10 000 | 🍷🍷 | 30 à 50 F |

A la tête d'une exploitation de 10 ha, Gilbert Dontenville produit toute une gamme de vins. Malgré une origine granitique, ce tokay est encore très jeune au nez, même si l'on sent déjà poindre quelques arômes fumés. D'une attaque plutôt vive au palais, c'est un vin nerveux qui devrait s'accorder avec poisson et viande blanche.

☏ Gilbert Dontenville, 2, rte de Kintzheim, 67730 Châtenois, tél. 03.88.82.03.48, fax 03.88.82.23.81 ☑ ☗ r.-v.

EINHART Westerberg 1996**

| ☐ | 0,6 ha | 2 000 | 🍷🍷 | 30 à 50 F |

Régulièrement distingués dans le Guide, les Einhart sont décidément une valeur sûre, témoin ce tokay d'origine argilo-calcaire, élégant et intense au nez avec ses arômes fruités et fumés. Gras, charpenté, marqué par la surmaturation,

c'est le produit d'une grande matière. Il accompagnera sans complexe un foie gras.

☏ Nicolas Einhart, 15, rue Principale, 67560 Rosenwiller, tél. 03.88.50.41.90, fax 03.88.50.29.27 ☑ ☗ t.l.j. 8h-12h 13h30-18h

MICHEL FAHRER 1996**

| ☐ | 0,45 ha | 4 000 | 🍷🍷 | 30 à 50 F |

Madame Fahrer produit toute la gamme des vins d'Alsace sur ses 6 ha de vignes ! Elle a fait appel à Vincent Ackermann, responsable d'exploitation. Elle propose un tokay originaire d'un terroir sablonneux, au nez dominé par des arômes de sous-bois et de champignon. Très flatteur au palais, ce vin équilibré remarquablement sucre restant et acidité. Bien structuré, il est long et harmonieux.

☏ Michel Fahrer, 15, rte du Vin, 67600 Orschwiller, tél. 03.88.92.90.23, fax 03.88.82.22.45 ☑ ☗ t.l.j. 10h30-19h

ROBERT FALLER ET FILS
Cuvée Bénédicte 1996

| ☐ | 0,3 ha | 3 000 | 🍷🍷 | 30 à 50 F |

Cette propriété dont l'origine remonte à 1697 propose un tokay séduisant au nez par ses arômes fumés et ses notes de pain grillé. Au palais, ce vin se montre puissant ; sa dominante sucrée devrait se marier, avec le temps, pour le plus grand plaisir des amateurs de foie gras.

☏ Robert Faller et Fils, 36, Grand-Rue, 68150 Ribeauvillé, tél. 03.89.73.60.47, fax 03.89.73.34.80 ☑ ☗ r.-v.
☏ Jean-Baptiste Faller

RENE FLECK Vendanges tardives 1995*

| ☐ | 0,21 ha | 1 350 | 🍷🍷 | 70 à 100 F |

Soultzmatt mérite une visite. Située dans la « Vallée Noble », elle est dominée par le majestueux coteau du grand cru Zinnkoepflé. René Fleck a bien réussi ce « vendanges tardives ». Jaune doré à reflets verts, ce qui est le signe d'une grande jeunesse, ce vin exprime des parfums intenses de sous-bois assortis de notes de fruits secs, de grillé et de fumé. Equilibré en bouche, il est chaleureux, généreux, avec des arômes de raisins secs et d'abricot.

☏ EARL René Fleck, 27, rte d'Orschwihr, 68570 Soultzmatt, tél. 03.89.47.01.20, fax 03.89.47.09.24 ☑ ☗ r.-v.

DOM. ROLAND GEYER
Sélection de grains nobles 1994*

| ☐ | n.c. | 800 | | 100 à 150 F |

Entre Sélestat et Barr, Nothalten s'étire le long de la route du Vin. Ses terroirs variés, surtout sablonneux et gréseux, conviennent parfaitement à l'expression du tokay-pinot gris. De couleur vieil or, étincelant dans le verre, ce vin présente un nez très typé de fruits confits. Au palais, d'une grande finesse, il révèle des arômes subtils d'une belle légèreté. Cette bouteille peut attendre un peu.

☏ EARL Roland Geyer, 148, rte du Vin, 67680 Nothalten, tél. 03.88.92.63.19, fax 03.88.92.63.19 ☑ ☗ r.-v.

L'ALSACE

Alsace tokay-pinot gris

ANDRE ET REMY GRESSER
Brandhof Vieilles vignes 1996*

☐ 0,4 ha 2 500 ⑪ 70 à 100 F

Les Gresser sont établis depuis plus de 450 ans dans la cité millénaire d'Andlau. André et Rémy ont signé un tokay originaire d'un terroir schisteux et calcaire, au nez encore assez fermé, mais élégant par ses notes de fruits confits. Ce caractère est amplifié au palais, puissant et presque liquoreux.

⚘ Dom. André et Rémy Gresser, 2, rue de l'Ecole, 67140 Andlau, tél. 03.88.08.95.88, fax 03.88.08.55.99 ☑ ☡ t.l.j. sf dim. 9h-12h 14h-19h; groupes sur r.-v.

HAEFFELIN Réserve personnelle 1996

☐ 2 ha n.c. ▮♨ 30 à 50 F

L'origine de la famille remonte à 1670, mais c'est au cours de ces quinze dernières années que l'exploitation a connu ce formidable essor qui l'a portée à 15 ha de vignes. Malgré son origine argilo-calcaire, ce tokay est déjà très ouvert au nez, avec des notes florales et grillées. Assez souple à l'attaque, c'est un vin équilibré et léger.

⚘ Dom. Henri Haeffelin, 13, rue d'Eguisheim, 68920 Wettolsheim, tél. 03.89.80.76.81, fax 03.89.79.67.05 ☑ ☡ t.l.j. 8h-12h 13h-19h; dim. 8h-12h

DOM. PIERRE HAGER 1996**

☐ 0,4 ha 2 800 ▮♨ 70 à 100 F

Pierre Hager est établi à Orschwihr, premier bourg viticole important quand on aborde la route du Vin par le sud. Son tokay est d'une belle intensité au nez : fin et fumé, il est également marqué par des notes de surmaturation. Celles-ci se retrouvent au palais, qui apparaît gras et concentré, et d'un excellent équilibre sucre-acidité. A essayer sur un foie gras poêlé.

⚘ Dom. Pierre Hager, 26, rue de Soultzmatt, 68500 Orschwihr, tél. 03.89.76.11.19, fax 03.89.74.36.76 ☑ ☡ t.l.j. 9h-12h 14h-19h; dim. sur r.-v.

J.-V. HEBINGER ET FILS
Vendanges tardives 1994***

☐ 0,32 ha 2 000 ▮♨ 70 à 100 F

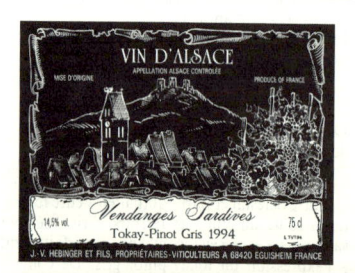

Eguisheim a su mettre en valeur ses nombreux vestiges historiques ; c'est une des communes les plus visitées d'Alsace. Et voici une bouteille digne de ce cadre de toute beauté. Un tokay-pinot gris habillé d'or, dont le nez séduit par sa complexité fruitée, associée au fumé caractéristique du cépage. Au palais, l'attaque est agréablement douce, généreuse et chaleureuse. On retrouve le fruité, avec des arômes légèrement épicés évoquant la cannelle. Un vin délicat, tout en finesse et fort persistant. Très bon rapport qualité-prix.

⚘ Jean-Victor Hebinger et Fils, 14, Grand-Rue, 68420 Eguisheim, tél. 03.89.41.19.90, fax 03.89.41.15.61 ☑ ☡ r.-v.

HERTZOG Cuvée particulière 1996**

☐ 1,08 ha 6 700 ▮♨ 30 à 50 F

Vigneron à Obermorschwihr, Sylvain Hertzog exploite 7 ha de vignes. Sa cuvée de tokay n'est pas passée inaperçue : très intense au nez avec ses notes de fleurs et d'écorces d'orange, ce vin se montre très puissant au palais. Ses notes balsamiques équilibrent parfaitement sa pointe de sucre restant. C'est le résultat d'une grande matière chargée de promesses.

⚘ EARL Sylvain Hertzog, 18, rte du Vin, 68420 Obermorschwihr, tél. 03.89.49.31.93, fax 03.89.49.28.85 ☑ ☡ t.l.j. 8h-19h; dim. sur r.-v.

G. HUMBRECHT ET FILS
Cuvée Prestige 1996*

☐ 0,56 ha 4 906 ▮♨ 50 à 70 F

Au service du vin depuis 1620, ces vignerons se sont installés à Pfaffenheim en 1920. Ils font appel à des méthodes culturales respectueuses de l'environnement. Le jury a beaucoup apprécié ce tokay d'une séduisante couleur dorée, intense au nez, marqué par des arômes floraux et fruités qui évoluent vers le miel. Assez souple à l'attaque, il renforce son expression au palais et termine sur une longue finale.

⚘ Pierre-Paul Humbrecht, 6, pl. Notre-Dame, 68250 Pfaffenheim, tél. 03.89.49.62.97, fax 03.89.49.77.94 ☑ ☡ t.l.j. sf dim. 9h-12h 14h-18h

ROGER JUNG ET FILS
Le Rosenbourg 1996**

☐ n.c. n.c. ▮♨ 30 à 50 F

Roger Jung et ses deux fils, Rémy et Jacques, exploitent 12 ha de vignes, ce qui n'est pas rien quand on habite Riquewihr. Ils proposent un tokay remarquable : le nez est ample et caractéristique, le palais riche, tout à la fois rond et charpenté, en un mot : harmonieux. Enfin la persistance confirme une aptitude à la garde.

⚘ Dom. Roger Jung et Fils, 23, rue de la 1re-Armée, 68340 Riquewihr, tél. 03.89.47.92.17, fax 03.89.47.87.63 ☑ ☡ t.l.j. 10h-12h 14h-19h

DOM. ROBERT KARCHER Harth 1996

☐ 0,23 ha 3 500 ⑪ 30 à 50 F

Musée d'Unterlinden, cathédrale, « Petite Venise », maison Pfister... Le siège de cette exploitation est à 5 mn à pied des trésors historiques de Colmar. Conforme à son origine graveleuse, ce tokay est déjà très ouvert. Des notes fumées se mêlent à une nuance minérale. Plutôt sec au palais, c'est un vin assez persistant.

⚘ Dom. Robert Karcher et Fils, 11, rue de l'Ours, 68000 Colmar, tél. 03.89.41.14.42, fax 03.89.24.45.05 ☑ ☡ t.l.j. 8h-12h 14h-19h; groupes sur r.-v.

Alsace tokay-pinot gris

GEORGES KLEIN 1996*

☐ 1,5 ha 15 000 30 à 50 F

Un domaine de 9 ha de vignes, une cave parfaitement équipée, l'amour du travail bien fait... Les Klein participent au renom de leur commune et à celui du vignoble alsacien par la qualité de leur accueil. D'origine granitique, ce tokay développe au nez des arômes exacerbés, fruités et boisés. D'une belle attaque au palais, il révèle un équilibre harmonieux entre saveurs sucrées et acides. Il a déjà trouvé son épanouissement.

🍷 EARL Georges Klein et Fils, 10, rte du Vin, 68500 Saint-Hippolyte, tél. 03.89.73.00.28, fax 03.89.73.06.28 ☑ ☎ t.l.j. 8h30-12h 14h-19h; f. dim. 15 nov.-15 mars

LOBERGER Vendanges tardives 1994**

☐ 0,5 ha 2 000 70 à 100 F

La commune de Bergholtz est située à l'entrée de la vallée de Guebwiller. Ses terroirs sur des sols argilo-sablonneux contribuent à distinguer les grands cépages et tout particulièrement le pinot gris. Or brillant à l'œil, celui-ci offre des parfums frais et vifs, étonnamment fruités, assortis de quelques notes mentholées. Le palais confirme le nez, avec ses flaveurs plutôt florales nuancées de menthe. La persistance est longue et franche. Très bon avenir.

🍷 Dom. Joseph Loberger, 10, rue de Bergholtz-Zell, 68500 Bergholtz, tél. 03.89.76.88.03, fax 03.89.74.16.89 ☑ ☎ t.l.j. 8h30-18h; dim. sur r.-v.

JEAN-PAUL MAULER
Cuvée Alexandra 1996*

☐ 0,3 ha 2 000 50 à 70 F

Enracinée à Mittelwihr, voici une exploitation modeste par la taille (4,5 ha de vignes) mais soucieuse de qualité. Ses vins de pinot gris sont souvent mentionnés dans le Guide. Très ample au nez malgré une origine argilo-calcaire, celui-ci développe des arômes de coing qui se mêlent au fumé caractéristique du cépage. Puissant au palais, il conjugue sucre restant et vivacité, ce qui en fait un vin très prometteur.

🍷 EARL Jean-Paul Mauler, 3, pl. des Cigognes, 68630 Mittelwihr, tél. 03.89.47.93.23 ☑ ☎ r.-v.

MEISTERMANN Cuvée Prestige 1996*

☐ 0,4 ha 4 000 30 à 50 F

Michel Meistermann dirige cette exploitation de 4 ha depuis 1989 dans le respect de la vinification traditionnelle. Il présente un tokay déjà bien ouvert pour un vin d'origine argilo-calcaire, au nez élégant, dominé par des nuances de miel et de raisin mûr. Puissant et chaleureux au palais, c'est le produit d'une belle matière première.

🍷 Michel Meistermann, 37, rue de l'Eglise, 68250 Pfaffenheim, tél. 03.89.49.60.61 ☑ ☎ r.-v.

DOM. MITTNACHT FRERES
Clos la Courtille Cuvée Barrique 1996**

☐ 0,3 ha 2 000 70 à 100 F

Rassemblant 19 ha sur les différents terroirs de Hunawihr et de ses environs, le domaine Mittnacht Frères exploite aussi ce clos fameux par son substrat calcaire presque affleurant. Le passage en barrique ne passe pas inaperçu sur ce tokay, les arômes boisés et vanillés se mariant assez bien avec ceux du cépage. D'une belle attaque au palais, c'est un vin parfaitement structuré et persistant, très harmonieux dans sa rondeur veloutée.

🍷 Dom. Mittnacht Frères, 27, rte de Ribeauvillé, 68150 Hunawihr, tél. 03.89.73.62.01, fax 03.89.73.38.10 ☑ ☎ t.l.j. sf dim. 9h-11h30 13h30-18h30; f. 24 déc.-4 janv.

ERNEST PREISS
Cuvée particulière 1996**

☐ n.c. 20 000 50 à 70 F

La maison Ernest Preiss a pignon sur rue à Riquewihr, qui est l'un des principaux centres de production du vignoble alsacien. On peut donc s'y rendre en toute confiance. Marqué par la surmaturation, ce tokay affiche des arômes très complexes au nez, où le fumé traditionnel se mêlant aux notes de cèdre et de fruits confits. D'un beau volume au palais, c'est un vin riche et persistant, qui laisse une impression d'harmonie.

🍷 Ernest Preiss, rue Jacques-Preiss, 68340 Riquewihr, tél. 03.89.47.91.21 ☑

VIGNOBLES REINHART
Cuvée Charlotte 1996

☐ 0,85 ha 6 900 30 à 50 F

A la tête d'une exploitation de 7 ha de vignes, Pierre Reinhart présente un tokay au nez marqué par les fleurs et le miel. D'origine argilo-calcaire, ce vin est resté dans sa première jeunesse. Plutôt rond à l'attaque, il est bien structuré et persistant.

🍷 Pierre Reinhart, 7, rue du Printemps, 68500 Orschwihr, tél. 03.89.76.95.12, fax 03.89.74.84.08 ☑ ☎ t.l.j. 8h30-12h 13h30-19h; dim. sur r.-v.; f. vendanges

WILLY ROLLI-EDEL 1996**

☐ 0,55 ha 4 000 50 à 70 F

Petite par la taille, la commune de Rorschwihr est grande par le renom, et elle le doit à des producteurs de la trempe de Willy Rolli-Edel. Une fois de plus il nous régale avec ce tokay au caractère fumé des plus flatteurs au nez. D'une très belle continuité au palais, c'est un vin structuré et persistant. Une bouteille de grande race, aux usages variés.

🍷 Willy Rolli-Edel, 5, rue de l'Eglise, 68590 Rorschwihr, tél. 03.89.73.63.26, fax 03.89.73.83.50 ☑ ☎ r.-v.

MARTIN SCHAETZEL
Cuvée Réserve 1996*

☐ 0,4 ha 2 500 50 à 70 F

Jean Schaetzel préside depuis 1979 aux destinées d'un domaine de 7 ha de vignes qui figure parmi les fleurons de la ville d'Ammerschwihr. Il présente une cuvée originaire d'un terroir calcaire : un tokay séduisant avec ses fragrances de fruits secs et de tabac. Très présent au palais, c'est un vin puissant et persistant, qui devrait s'accorder avec un foie gras.

🍷 Martin Schaetzel, 3, rue de la 5e-D.-B., 68770 Ammerschwihr, tél. 03.89.47.11.39, fax 03.89.78.29.77 ☑ ☎ r.-v.

🍷 Béa et Jean Schaetzel

Alsace tokay-pinot gris

PAUL SCHERER Cuvée Mathilde 1996★
0,24 ha 2 200 30 à 70 F

Vignerons de père en fils depuis cinq générations, les Scherer sont restés fidèles à Husseren, ce magnifique village perché qui domine Colmar. Issu d'une belle matière première, ce tokay affiche une grande complexité au nez, mêlant fruits confits, coing et abricot sec. Puissant et structuré, c'est un vin déjà épanoui, et armé pour affronter les années.

Paul Scherer et Fils, 40, rue Principale, 68420 Husseren-les-Châteaux, tél. 03.89.49.30.34
t.l.j. 9h-12h 14h-19h; dim. sur r.-v.

SCHLEGEL-BOEGLIN
Réserve de la Vallée Noble 1996★
0,3 ha 1000 30 à 50 F

Le fils est venu rejoindre le père en 1991. A eux deux, ils exploitent plus de 11 ha de vignes et offrent toute la gamme des vins d'Alsace. Ce tokay présente un nez élégant et complexe, aux senteurs de pêche de vigne et de fruits mûrs. Il est tellement bien structuré que l'on perçoit à peine la pointe de sucre restant qui témoigne de la maturité de ce millésime.

Dom. Schlegel-Boeglin, 22, rue d'Orschwihr, 68250 Westhalten, tél. 03.89.47.00.93, fax 03.89.47.67.32 t.l.j. sf dim. 9h30-11h30 13h30-18h

J.-P. et J.-L. Schlegel

DOM. SCHLUMBERGER
Les Princes Abbés 1996★★★
16 ha n.c. 70 à 100 F

Créé par Nicolas Schlumberger en 1810, développé par Ernest Schlumberger entre 1920 et 1935, ce domaine est aujourd'hui, avec 145 ha en production, la plus grande propriété des vignobles alsaciens. Et le fruit des coteaux est toujours aussi exemplaire ! Témoin ce tokay paré de toutes les vertus ! Conforme à son origine sablonneuse, il est floral et déjà bien ouvert au nez. D'une excellente harmonie au palais, il marie à merveille charpente et caractère liquoreux. Idéal sur un foie gras.

Domaines Schlumberger, 100, rue Théodore-Deck, 68501 Guebwiller Cedex, tél. 03.89.74.27.00, fax 03.89.74.85.75 r.-v.

PAUL SCHNEIDER 1996★
1,2 ha 8 000 50 à 70 F

Installé dans l'ancienne cour dîmière du grand prévôt de la cathédrale de Strasbourg, le domaine Paul Schneider et Fils a su adapter un excellent outil de vinification à ce cadre séculaire. Conforme à son origine argilo-calcaire, ce tokay 96 demande encore un peu de bouteille pour développer ses arômes. Elégant et fruité, il donne au palais une première impression de souplesse, mais très vite s'impose la sensation d'un vin de grande constitution.

Paul Schneider et Fils, 1, rue de l'Hôpital, 68420 Eguisheim, tél. 03.89.41.50.07, fax 03.89.41.30.57 t.l.j. 8h30-11h30 13h30-18h30; dim. sur r.-v.

SCHOENHEITZ Holder 1996★★
1 ha 5 000 30 à 50 F

La famille Schoenheitz possède des vignes à Wihr-au-Val depuis la fin du XVII[e]s. Henri Schoenheitz a remis en valeur les magnifiques coteaux du Val-Saint-Grégoire. A la tête d'une exploitation de 12 ha, on le retrouve dans le Guide avec ce remarquable tokay. Marqué par son origine granitique, ce vin affiche une grande complexité au nez. Ses arômes de fruits secs renforçant le côté fumé du cépage. Corsé et bien structuré au palais, il allie puissance et harmonie. Le produit d'une grande matière !

Henri Schoenheitz, 1, rue de Walbach, 68230 Wihr-au-Val, tél. 03.89.71.03.96, fax 03.89.71.14.33 r.-v.

CHRISTIAN SCHWARTZ
Collection Marine Noble Cuvée 1996★
0,3 ha n.c. 30 à 50 F

A la tête d'un domaine viticole de 7 ha depuis une dizaine d'années, Christian Schwartz est partisan de la vinification sur lies fines. D'origine argilo-calcaire, son tokay « Noble Cuvée » est très typé au nez. Ses arômes de réglisse et de vanille sont encore plus présents au palais. C'est un vin vif et persistant, qui devrait s'accorder avec les viandes blanches ou le poisson.

Christian Schwartz, 107, rue de l'Ungersberg, 67650 Blienschwiller, tél. 03.88.92.41.73, fax 03.88.92.63.06 r.-v.

JEAN SIPP Trottacker 1996★
3 ha 15 000 30 à 50 F

A la tête d'un domaine de 20 ha, Jean Sipp est une grande figure du vignoble. Il aura toujours le même plaisir à vous accueillir dans sa cave du XV[e]s. Malgré son origine argilo-calcaire, ce tokay est déjà très ouvert au nez, avec des notes d'amande grillée. Le palais révèle une grande matière. Le sucre restant est parfaitement équilibré par la structure. Un vin armé pour une longue garde.

Dom. Jean Sipp, 60, rue de la Fraternité, 68150 Ribeauvillé, tél. 03.89.73.60.02, fax 03.89.73.82.38 r.-v.

LOUIS SIPP
Sélection de grains nobles 1994★
1,4 ha 2 100 150 à 200 F

Créée par l'arrière-grand-père, cette propriété est installée dans les caves de l'ancienne possession des nobles de Pflixbourg. Jaune à reflets d'or, finement fumé au nez avec des nuances de sous-bois, ce 94 a une attaque impressionnante. L'équilibre est acquis, la finale doit cependant encore parfaire son harmonie. Un grand vin en perspective.

Louis Sipp Grands Vins d'Alsace, 5, Grand-Rue, 68150 Ribeauvillé, tél. 03.89.73.60.01, fax 03.89.73.31.46 r.-v.

BERNARD STAEHLE
Les Futaies 1996★★★
n.c. n.c. 50 à 70 F

Bernard Staehlé et les coteaux de Wintzenheim sont à l'honneur : on ne compte plus les superlatifs pour caractériser ce tokay ! Très

Alsace tokay-pinot gris

intense au nez, il développe des arômes fumés mêlés de fruits mûrs et d'agrumes. D'une grande concentration au palais, c'est un vin ample, harmonieux, persistant, tout bonnement superbe !

🍇 Bernard Staehlé, 15, rue Clemenceau, 68920 Wintzenheim, tél. 03.89.27.39.02, fax 03.89.27.59.37 ☑

STRAUB 1996

| | 0,4 ha | 3 000 | | 30 à 50 F |

Vigneron dans l'âme, Jean-Marie Straub a exercé des responsabilités au sein du groupe des jeunes viticulteurs. Il vous recevra dans une demeure datant de 1715, dont la cave voûtée a été parfaitement restaurée. Originaire d'un terroir granitique, son tokay est marqué au nez par des arômes de miel d'acacia, de fleurs et d'épices. D'une belle continuité au palais, c'est un vin bien équilibré.

🍇 Jean-Marie Straub, 126, rte du Vin, 67650 Blienschwiller, tél. 03.88.92.40.42, fax 03.88.92.40.42 ☑ 🍷 r.-v.

MARC TEMPE Zellenberg 1996*

| | 0,25 ha | 1 200 | | 50 à 70 F |

Malgré une origine argilo-calcaire, ce tokay révèle déjà une grande complexité aromatique, avec des arômes de miel et de fruits confits mêlés de nuances de noix. Très concentré au palais, il supporte bien le sucre restant et termine sur une très longue finale.

🍇 Marc Tempé, 24, rue du Schlossberg, 68340 Zellenberg, tél. 03.89.47.85.22, fax 03.89.47.85.22 ☑ 🍷 r.-v.

ANDRE THOMAS ET FILS 1996**

| | 0,4 ha | 3 000 | | 30 à 50 F |

Défenseurs infatigables du terroir d'Ammerschwihr et de la conduite rationnelle de la vigne, André et François Thomas sont aujourd'hui à la tête de 6 ha. Assez intense au nez malgré une origine argilo-calcaire, leur tokay 96, floral et épicé, est marqué par des notes de miel et de fruits confits. Plutôt souple à l'attaque, il se révèle bien structuré et persistant. C'est sans conteste le produit d'une grande matière première !

🍇 André Thomas et Fils, 3, rue des Seigneurs, 68770 Ammerschwihr, tél. 03.89.47.16.60, fax 03.89.47.37.22 ☑ 🍷 r.-v.

JEAN-PAUL WASSLER
Vendanges tardives Cuvée Nicolas 1994*

| | 0,2 ha | 1000 | | 100 à 150 F |

Ce vignoble est implanté sur des sols légers sablo-granitiques ou sur des sols plus lourds, d'origine argilo-marneuse. Les vins qui en sont issus se distinguent par leur bon équilibre aromatique. Doré à point, celui-ci offre la complexité et la délicatesse d'une corbeille de fruits. Au palais, l'attaque est douce, le corps puissant, la structure bien équilibrée. Une bonne fraîcheur agrémente la finale.

🍇 GAEC Jean-Paul Wassler, 2 bis, rte d'Epfig, 67650 Blienschwiller, tél. 03.88.92.41.53, fax 03.88.92.63.11 ☑ 🍷 r.-v.
🍇 Marc Wassler

JEAN WEINGAND 1996*

| | n.c. | n.c. | | 30 à 50 F |

Le domaine Jean Weingand, repris en 1990 par les négociants Jacques et Jean-Marie Cattin, figure très souvent dans le Guide. D'origine argilo-calcaire, ce tokay est fort séduisant au nez avec ses arômes fumés et ses notes de pain grillé. Dominé par une pointe de sucre restant au palais, il trouvera toute son harmonie avec l'âge.

🍇 Jean Weingand, 19, rue Roger-Frémeaux, 68420 Voegtlinshoffen, tél. 03.89.49.30.21, fax 03.89.49.26.02 ☑ 🍷 t.l.j. 8h-12h 14h-18h

BERNARD WURTZ
Cuvée Tradition 1996*

| | 0,38 ha | 2 800 | | 30 à 50 F |

A la tête de l'exploitation depuis 1988, Jean-Michel Wurtz n'en est pas à sa première sélection dans ce Guide. C'est dire si pour lui la qualité n'est pas un vain mot. Marqué par son origine marno-calcaire, son tokay « Tradition » se révèle très intense au nez, qui mêle des fruits confits au caractère fumé traditionnel. Structuré et équilibré en bouche, c'est le produit d'une belle matière.

🍇 Bernard Wurtz, 12, rue du Château, 68630 Mittelwihr, tél. 03.89.47.93.24 ☑ 🍷 r.-v.
🍇 Jean-Michel Wurtz

ZIEGLER-MAULER 1996*

| | 0,31 ha | 2 100 | | 30 à 50 F |

Depuis 1993, Jean-Jacques Mauler a été rejoint par son fils. Ensemble, ils ont fondé un GAEC qui comprend actuellement plus de 4 ha de vignes situées sur Mittelwihr et ses environs. Très expressif au nez, ce tokay d'origine argilo-calcaire marie très bien arômes fruités et notes fumées. D'une attaque plutôt vive au palais, c'est un vin équilibré et prometteur car il est issu d'une belle matière.

🍇 Jean-Jacques Ziegler-Mauler et Fils, 2, rue des Merles, 68630 Mittelwihr, tél. 03.89.47.90.37, fax 03.89.47.98.27 ☑ 🍷 r.-v.

DOM. ZIND-HUMBRECHT
Clos Jebsal Sélection de grains nobles 1995**

| | 1,29 ha | 100 | | +200 F |

Ce domaine jouit d'une renommée mondiale : Léonard et Olivier Humbrecht ont été à l'origine des grands vins de terroirs d'Alsace marqués par l'originalité, la typicité et l'authenticité. Vieil or

L'ALSACE

Alsace pinot noir

à reflets jaune paille à l'œil, intense au nez avec des notes de coing et de fruits confits, ce 95 séduit par sa concentration et ses arômes d'une grande complexité. On le dégustera dans deux à cinq ans.

🍇 Dom. Zind-Humbrecht, 4, rte de Colmar, B.P. 22, 68230 Turckheim, tél. 03.89.27.02.05, fax 03.89.27.22.58 ✓ 🍷 r.-v.

Alsace pinot noir

L'Alsace est surtout réputée pour ses vins blancs ; mais sait-on qu'au Moyen Age les rouges y occupaient une place considérable ? Après avoir presque disparu, le pinot noir (le meilleur cépage rouge des régions septentrionales) occupe 8,5 % du vignoble couvrant 1 225 ha.

On connaît surtout le type rosé, vin agréable, sec et fruité, susceptible comme d'autres rosés d'accompagner une foule de mets. On remarque cependant une tendance qui se développe à élaborer un véritable vin rouge de pinot noir : tendance très prometteuse.

A L'ANCIENNE FORGE 1996★★★
■ 0,6 ha 2 100 🍷 30 à 50 F

Dans ce beau village de France, ce domaine a son siège dans l'ancienne forge du XVIII°s. La cave, creusée dans le calcaire, offre un microclimat très favorable à la maturation des vins. Cette cuvée semble avoir été forgée dans une belle matière première, au feu de la fermentation, pour aboutir à cette corne d'abondance remplie de fruits rouges. L'équilibre fin et la persistance au palais en font un vin parfait. Le jury lui trouve toutes les qualités d'un « vrai pinot noir alsacien d'autrefois ».

🍇 Jérôme Brandner, 51, rue Principale, 67140 Mittelbergheim, tél. 03.88.08.01.89, fax 03.88.08.94.92 ✓ 🍷 t.l.j. 9h-20h; groupes sur r.-v.

ANCIENNE COUR DES CHEVALIERS DE MALTE
Cuvée réservée Elevée en barrique 1996
■ 0,52 ha 1 500 🍷 50 à 70 F

A Kientzheim, l'histoire et la légende de Lazare de Schwendi demeurent omniprésentes. A juste titre ! Son château et le musée de la Vigne et du Vin jouxtent la cour des Chevaliers de Malte. Dans une robe pourpre sombre, ce vin ne cache pas, par ses notes boisées, qu'il a été élevé dans le chêne des Vosges. Cette cuvée est marquée par un équilibre appréciable sans que sa structure soit très prononcée. Joli fruité en finale.

🍇 EARL André Blanck et Fils, Ancienne cour des Chevaliers de Malte, 68240 Kientzheim, tél. 03.89.78.24.72, fax 03.89.47.17.07 ✓ 🍷 t.l.j. sf dim. 8h-19h

CAVE VINICOLE D'ANDLAU 1996★★
■ n.c. 50 000 🍷 30 à 50 F

Les terroirs exploités par les producteurs réunis au sein de cette coopérative s'étendent au pied du mont Sainte-Odile. Les villages d'Andlau et de Barr sont imprégnés d'histoire et de viticulture. Remarquable de concentration, ce pinot peut être dégusté pour lui-même : l'amateur appréciera sa robe à reflets noirs, au disque violacé, puis son nez aux notes de mûre et d'épices, d'abord discret puis s'ouvrant largement. Le 96 bien structuré s'affirme par son velouté tannique et sa belle persistance. Une « géniale harmonie ». Il sera également du meilleur effet sur un coq au vin rouge.

🍇 Cave vinicole d'Andlau et environs, 15, av. des Vosges, 67140 Barr, tél. 03.88.08.90.53, fax 03.88.47.60.22 ✓ 🍷 r.-v.

FREDERIC ARBOGAST ET FILS
Rouge d'Alsace Geierstein 1996
■ 0,7 ha 5 000 🍷 30 à 50 F

Un pinot noir né sur argilo-calcaire, élevé douze mois en fût. Sa robe est très intense avec des reflets violets. Elle annonce la jeunesse de cette cuvée qui demeure encore muette au nez. En bouche, la matière est bien présente et incite à attendre au moins deux ans avant d'ouvrir cette bouteille.

🍇 Frédéric Arbogast, 135, pl. de l'Eglise, 67310 Westhoffen, tél. 03.88.50.30.51 ✓ 🍷 r.-v.

LEON BAUR 1996★
■ 0,6 ha 4 000 🍷 30 à 50 F

Souvent, il faut savoir attendre un vin né d'un terroir argilo-calcaire. C'est sûrement le cas de ce pinot noir, attrayant dans sa belle robe rubis. Il demeure sur sa réserve et n'exprime pas encore le panier de fruits rouges que l'on espère. Cependant l'équilibre est incontestable. Alors, attendons.

🍇 Jean-Louis Baur, 22, rue du Rempart-Nord, 68420 Eguisheim, tél. 03.89.41.79.13, fax 03.89.41.93.72 ✓ 🍷 r.-v.

PIERRE BECHT Cuvée Frédéric 1996★
■ 0,3 ha 3 000 🍷 30 à 50 F

Exposé au sud-est, le coteau de Dorlisheim favorise pleinement les bonnes maturations. Ce pinot noir le confirme parfaitement. D'un rouge

96

Alsace pinot noir

grenat avec une touche violacée, il offre un nez complexe de fruits rouges, dominé par une note boisée. En bouche, l'attaque est fraîche et fruitée ; la bonne structure, liée aux tanins boisés, permet de proposer ce vin sur une pièce de bœuf grillée.

➤ Pierre Becht, 26, fg des Vosges, 67120 Dorlisheim, tél. 03.88.38.18.22, fax 03.88.38.87.81 ■ ▼ t.l.j. 8h30-11h30 14h-18h ; dim. sur r.-v.

BLANCK Cuvée Frimas Affenberg 1996

■ 1,31 ha 4 000 ⅠⅠ 50 à 70 F

Robert Blanck et sa famille sont installés depuis le XVᵉs. Cette cuvée, née d'un terroir argilo-calcaire, a bénéficié d'une maturation d'un an en fût de chêne. Rouge foncé, elle demeure cependant discrète au nez. En bouche, le vin est droit, riche et capiteux. Il devrait gagner en expression dans un an ou deux. Il est destiné à un bœuf braisé.

➤ Robert Blanck, 167, rte d'Ottrott, 67210 Obernai, tél. 03.88.95.58.03, fax 03.88.95.04.03 ■ ▼ t.l.j. 8h-12h 14h-19h

CLAUDE BLEGER
Rouge de Saint-Hippolyte 1996

■ n.c. 6 000 ■ 30 à 50 F

Le pinot noir ne coule pas encore à la belle fontaine de 1555, qui est pourtant un témoin majeur de la prospérité de ce village au XVIᵉs. Ce « Rouge de Saint-Hippolyte » offre des nuances foncées ; d'abord fermé au nez, il s'ouvre progressivement sur l'alliance de fruits rouges et d'épices. Souple, élégant, il est d'un joli type.

➤ Claude Bléger, Dom. du Windmuehl, 92, rte du Vin, 68590 Saint-Hippolyte, tél. 03.89.73.00.21, fax 03.89.73.04.22 ■ ▼ r.-v.

FRANÇOIS BRAUN Bollenberg 1996**

■ 1,23 ha 13 000 ■ 30 à 50 F

La colline calcaire du Bollenberg, dominant le village d'Orschwihr, demeure-t-elle ensorcelée, comme au Moyen Âge ? Ou serait-ce le magnétisme tellurique qui contribue à la qualité des ses vins ? Cette cuvée conforte l'hypothèse ! Fruitée (griotte) et poivrée, elle est ample et ronde, équilibrée et persistante. Le jury note la parfaite vinification de 96 déjà agréable par sa fraîcheur mais qui saura plaire pendant plusieurs années.

➤ François Braun et Fils, 19, Grand-Rue, 68500 Orschwihr, tél. 03.89.76.95.13, fax 03.89.76.10.97 ■ ▼ r.-v.

BUTTERLIN 1996

■ 0,5 ha 2 500 ⅠⅠ 30 à 50 F

Jean Butterlin a repris l'exploitation familiale qui fut créée en 1947. Il compte parmi ceux qui, à la porte de Colmar, perpétuent l'âme viticole. Vêtu de rouge pourpre, exprimant des petits fruits rouges au nez, avec des notes boisées et vanillées, son pinot a tous les atouts pour évoluer favorablement et gagner en fondu.

➤ Jean Butterlin, 27, rue Herzog, 68920 Wettolsheim, tél. 03.89.80.60.85, fax 03.89.80.58.61 ■ ▼ r.-v.

DOM. JOSEPH CATTIN 1996*

■ n.c. n.c. ⅠⅠ 30 à 50 F

En 1978, les deux frères Cattin ont repris l'entreprise familiale et l'ont développée : elle compte à présent 37 ha. Qui ne connaît Jacques pour ses engagements et son franc discours ? Son frère Jean-Marie, par son efficacité et son implication, n'a rien à lui envier. Ce vin porte leurs signatures : la robe est tout en nuances vives ; les notes de fruits rouges sont agrémentées d'un boisé fondu. Au palais, là aussi, le discours est franc : une bonne attaque, une structure nette, riche et avenante.

➤ Dom. Joseph Cattin, 18, rue Roger-Frémeaux, 68420 Voegtlinshoffen, tél. 03.89.49.30.21, fax 03.89.49.26.02 ■ ▼ t.l.j. 8h-12h 14h-18h

JEAN DIETRICH
Côtes de Kaysersberg 1996*

■ 0,5 ha 3 500 ⅠⅠ 30 à 50 F

Situées dans un remarquable centre touristique, près du pont de la Fecht, cette maison à colombages et sa cave s'inscrivent dans un paysage presque idyllique. Les reflets vifs et brillants de la robe de ce vin annoncent les arômes fruités et épicés du nez. En bouche, la fraîcheur et la finesse s'accordent dans un équilibre fruité qui persiste sur une touche légèrement boisée. Un vrai vin de repas.

➤ Jean Dietrich, 4, rue de l'Oberhof, 68240 Kaysersberg, tél. 03.89.78.25.24, fax 03.89.47.30.72 ■ ▼ t.l.j. 8h-12h 14h-19h

MICHEL DIETRICH 1996

■ n.c. 8 000 ⅠⅠ 30 à 50 F

Même si l'étiquette de ce vin fait penser au granit rose, le terroir de Dambach-la-Ville repose sur un granit à deux micas, un sol graveleux à réchauffement rapide, favorable à la maturation du raisin. Ce pinot noir en a bénéficié, tant sa robe est d'un rouge soutenu. Son fruité s'ouvre progressivement. En bouche, le boisé l'emporte. Il est conseillé de le boire à la sortie du Guide, avec un fromage à pâte cuite.

➤ Michel Dietrich, 3, rue des Ours, 67650 Dambach-la-Ville, tél. 03.88.92.41.31, fax 03.88.92.62.88 ■ ▼ t.l.j. sf dim. 9h-12h 13h-19h

DIRLER Elevé en fût de chêne 1996

■ 0,6 ha 4 600 ⅠⅠ 50 à 70 F

Cette maison fut fondée en 1871 par Jean Dirler qui, par passion pour la vigne et le vin, renonça à une carrière d'instituteur. Depuis, de père en fils, toujours dans le même esprit, elle garde sa renommée. D'un rouge intense, ce pinot noir est marqué par l'élevage en fût. De structure moyenne, il est encore quelque peu nerveux. À attendre.

➤ EARL Dirler, 13, rue d'Issenheim, 68500 Bergholtz, tél. 03.89.76.91.00, fax 03.89.76.85.97 ■ ▼ r.-v.

L'ALSACE

Alsace pinot noir

CHRISTIAN DOLDER
Rouge de Mittelbergheim 1996

■ 0,4 ha 3 400 30 à 50 F

Christian Dolder, jeune vigneron, a repris l'exploitation familiale depuis une dizaine d'années. Elle compte à présent plus de 6 ha de vignoble. Issu d'un terroir argilo-calcaire, ce vin présente un beau fruité apprécié pour sa finesse. Il s'affirme davantage en bouche où la vivacité accompagne une structure correcte ; la persistance reste moyenne.
➥ Christian Dolder, 4, rue Neuve, 67140 Mittelbergheim, tél. 03.88.08.96.08, fax 03.88.08.50.23 ☑ ⅄ r.-v.

DOM. EBLIN-FUCHS
Rouge de Zellenberg 1996

■ 1 ha 4 000 30 à 50 F

Les racines de cette famille remontent au XIIIᵉs. Rien d'étonnant qu'aujourd'hui, C. et J. Eblin tiennent aux bonnes traditions. Ainsi leur ancienne cave n'abrite-t-elle que des fûts de chêne. Ce pinot noir s'exprime surtout au palais, par une belle intensité aromatique, un équilibre agréable où les tanins sont bien fondus, laissant un goût vanillé et boisé discret et une bonne finale.
➥ Christian et Joseph Eblin, 75, rte du Vin, Schlossreben, 68340 Zellenberg, tél. 03.89.47.91.14 ☑ ⅄ r.-v.

FERNAND ENGEL ET FILS
Cuvée Saint-Michel Elevé en fût de chêne 1996*

■ 0,4 ha 2 800 50 à 70 F

Située au pied du château du Haut-Kœnigsbourg, cette exploitation familiale regroupe plus de 30 ha de vignoble. Un boisé nuancé s'exprime dans ce vin puissant dont les arômes traduisent une bonne maturité, avec quelques notes d'évolution, alors qu'au palais il paraît moins mûr, joliment fruité toutefois. Les tanins prononcés de la finale engagent à attendre deux ou trois ans ce vin qui saura accompagner un gibier.
➥ Fernand Engel et Fils, 1, rte du Vin, 68590 Rorschwihr, tél. 03.89.73.77.27, fax 03.89.73.63.70 ☑ ⅄ t.l.j. sf dim. 8h-11h30 13h-18h

DAVID ERMEL ET FILS
Coteau du Helfant 1996*

■ 0,6 ha 5 000 30 à 50 F

Ce terroir repose sur un sol silico-calcaire ; rien de tel pour favoriser le développement de la vigne et la maturation des raisins. En voici la preuve : vêtu de pourpre vif, montrant un nez frais et fin de cerise, ce pinot attaque avec élégance et révèle une bonne matière. La finale très agréable revient sur les fruits rouges.
➥ David Ermel et Fils, 30, rte de Ribeauvillé, 68150 Hunawihr, tél. 03.89.73.61.71, fax 03.89.73.32.56 ☑ ⅄ r.-v.

RENE FLECK 1996

■ 0,29 ha 3 000 30 à 50 F

Au pied du vignoble, un clocher roman domine le village qui se situe au cœur de la vallée Noble. C'est là que René Fleck et sa fille Nathalie perpétuent la mise en valeur de ce terroir. D'une belle robe rubis profond, ce pinot noir aux arômes de fruits rouges légèrement épicés se présente avec franchise. La bouche est pleine et de bonne longueur.
➥ EARL René Fleck, 27, rte d'Orschwihr, 68570 Soultzmatt, tél. 03.89.47.01.20, fax 03.89.47.09.24 ☑ ⅄ r.-v.

DOM. FRITSCH
Rouge de Marlenheim Cuvée Tradition 1996*

■ 0,7 ha n.c. 30 à 50 F

A Marlenheim, porte de la route des Vins, cette exploitation familiale bénéficie d'une bonne notoriété. Cette cuvée fait penser à un panier de griottes ; le fruité est bien relevé tant au nez qu'en bouche. Ce pinot noir est puissant, corpulent et de bonne longueur malgré les notes tanniques. Il devra être oublié quelque temps en cave.
➥ EARL Romain Fritsch, 49, rue du Gal-de-Gaulle, 67520 Marlenheim, tél. 03.88.87.51.23, fax 03.88.87.51.23 ☑ ⅄ t.l.j. 8h-19h; dim. 9h-13h

GEIGER-KOENIG 1996

■ 0,3 ha 2 700 30 à 50 F

Cette exploitation située un peu à l'écart de la route des Vins bénéficie d'un site splendide qui mérite un petit détour. Ce rosé évoque un panier de griottes noires acides. En bouche, l'attaque est franche et souple. Bien que léger, ce vin est d'un bon équilibre et accompagnera dignement une palette de porc.
➥ Simone et Richard Geiger-Koenig, 21, rue Principale, 67140 Bernardville, tél. 03.88.85.56.84 ☑ ⅄ r.-v.

DOM. ROLAND GEYER
Rouge de Nothalten 1996**

■ n.c. 4 000 30 à 50 F

Né sur argilo-calcaire, ce pinot est remarquable par son beau fruité qui évolue vers le pruneau, la figue et les épices. Après une attaque élégante, il se montre à la fois ample et souple, construit sur une charpente solide. Il serait parfait avec un pigeon fermier rôti.
➥ EARL Roland Geyer, 148, rte du Vin, 67680 Nothalten, tél. 03.88.92.46.82, fax 03.88.92.63.19 ☑ ⅄ r.-v.

GUETH Côte Val Saint-Grégoire 1996

■ 0,5 ha 4 000 30 à 50 F

Dans ce village niché à l'entrée de la vallée de Munster, la famille Gueth propose un vrai rosé qui s'exprime par des notes de groseille très mûre. Par sa fraîcheur et son fondu, il s'accordera avec les grillades (poisson ou viande) de l'automne. Un produit rare et bien fait.
➥ Edgard Gueth, 5, rue des Vignes, 68230 Walbach, tél. 03.89.71.19.50, fax 03.89.71.11.20 ☑ ⅄ t.l.j. 10h-12h 14h-20h

JEAN-MARIE HAAG Vallée Noble 1996*

■ 0,4 ha 4 000 30 à 50 F

Au Moyen Age, la vallée Noble comptait sept châteaux. Son microclimat et sans doute son vignoble étaient déjà fort attrayants. Ce pinot noir, issu d'un terroir argilo-calcaire, a été élaboré dans une cave bicentenaire. Sa couleur est

Alsace pinot noir

rubis, franche et brillante. Les notes de cerise et de groseille, très délicates, s'accordent avec la fraîcheur et le soyeux de la structure. La finale est longue et harmonieuse. Un vin de barbecue.
➥ Jean-Marie Haag, 17, rue des Chèvres, 68570 Soultzmatt, tél. 03.89.47.02.38, fax 03.89.47.64.79 ☑ ☓ t.l.j. 9h-12h 14h-18h; dim. et groupes sur r.-v.; f. vendanges

MATERNE HAEGELIN ET SES FILLES Rouge d'Alsace 1996*
◼ 0,7 ha n.c. ▯ 50 à 70 F

Dans ce village, ancien fief des Habsbourg, le visiteur peut découvrir de belles demeures Renaissance. L'ensemble architectural qui abrite cette cave retiendra également son attention. Ce « Rouge d'Alsace » doit se retrouver les yeux fermés ! D'un fruité fin, qui va sur la mûre, il est bien équilibré ; sa belle structure au boisé fondu accompagne la dégustation. Un vin typé qui ne dira pas non à un canard.
➥ Dom. Materne Haegelin et ses Filles, 45-47, Grand-Rue, 68500 Orschwihr, tél. 03.89.76.95.17, fax 03.89.74.88.87 ☑ ☓ t.l.j. sf dim. 8h-18h30
➥ Régine Garnier

BERNARD ET DANIEL HAEGI 1996
◢ 0,5 ha 4 600 ▯ 30 à 50 F

A Mittelbergheim, on peut emprunter un sentier viticole très original ; le terroir et les travaux de la vigne sont présentés sur des bandes dessinées. Ce rosé aux nuances de cerise fraîche se présente avec légèreté et semble intéressant malgré une finale trop marquée par le bois.
➥ Bernard et Daniel Haegi, 33, rue de la Montagne, 67140 Mittelbergheim, tél. 03.88.08.95.80, fax 03.88.08.91.20 ☑ ☓ t.l.j. sf dim. 8h-12h 13h-19h

PHILIPPE HEITZ Hahnenberg 1996*
◼ 0,5 ha 1 500 ▯ 30 à 50 F

Aujourd'hui, la patrie des Bugatti est surtout visitée pour son centre historique et architectural et pour ses vins. Cette cuvée est née d'un terroir marno-calcaire, aménagé en terrasses sur les hauteurs de Molsheim. Elle se présente en robe de soirée grenat noir, habillée d'un nez ample et grande par sa structure, son équilibre et sa persistance. « Même si elle n'est pas typée alsace, c'est une belle bouteille », note le jury.
➥ Philippe Heitz, 4, rue Ettore-Bugatti, 67120 Wolxheim, tél. 03.88.38.25.38, fax 03.88.38.82.53 ☑ ☓ t.l.j. 9h-12h 14h-19h; dim. sur r.-v.

DOM. LEON HEITZMANN
Rouge d'Alsace 1996**
◼ 0,7 ha 3 900 ▯ 50 à 70 F

Coup de cœur pour les millésimes 92 et 93, cette cuvée gagne aujourd'hui encore une place remarquable. D'un grenat soutenu, la robe ne laisse pas indifférent. Les arômes boisés demeurent quelque peu dominants. Puissant, équilibré, bien fondu, ce 96 conclut sur une note longueur. Un vin de garde, à attendre trois ou quatre ans avant de le marier à quelque fromage relevé.

➥ Léon Heitzmann, 2, Grand-Rue, 68770 Ammerschwihr, tél. 03.89.47.10.64, fax 03.89.78.27.76 ☑ ☓ t.l.j. sf dim. 8h-12h 13h30-18h

EMILE HERZOG 1996**
◼ 0,21 ha n.c. ▯ 50 à 70 F

Cette famille de vignerons est établie à Turckheim depuis 1686. Emile Herzog, qui est aussi ancien ingénieur de la Direction régionale de l'Agriculture, maintient son engagement au sein de la confrérie Saint-Etienne d'Alsace où, depuis quelques décennies, il assure efficacement la fonction de receveur. Ce pinot noir, issu d'un terroir graveleux, est d'abord l'expression de sa passion. La très belle matière s'impose tout au long de la dégustation. Mais avant tout, les arômes complexes de griotte, de groseille et d'amande d'une longue persistance séduisent l'amateur. Un vin qui ne demande qu'à s'ouvrir.
➥ Emile Herzog, 28, rue du Florimont, 68230 Turckheim, tél. 03.89.27.08.79 ☑ ☓ r.-v.

HUBER ET BLEGER
Rouge de Saint-Hippolyte 1996*
◼ 1 ha 8 000 ▯ 30 à 50 F

La renommée du « Rouge de Saint-Hippolyte » trouve ses racines au XVIe s., quand le commerce des vins vers le nord de l'Europe lui donna ses lettres de noblesse. Celui-ci est d'un pourpre intense et ses nuances aromatiques sont épicées. Après une bonne attaque, il révèle une belle puissance et des notes de fruits ; il a toutefois besoin de temps pour s'exprimer pleinement.
➥ Huber et Bléger, 6, rte du Vin, 68590 Saint-Hippolyte, tél. 03.89.73.01.12, fax 03.89.73.00.81 ☑ ☓ t.l.j. 8h-12h 13h30-18h30; dim. sur r.-v.

DOM. KEHREN DENIS MEYER
Rouge d'Alsace Vieilli en pièces de chêne 1996
◼ 0,5 ha 3 900 ▯ 50 à 70 F

En observant les hauteurs qui dominent Voegtlinshoffen, vous aurez peut-être l'occasion d'apercevoir l'un des derniers faucons pèlerins d'Alsace. Si vous n'avez pas cette chance, vous pourrez rester plus près du terroir et découvrir ce « Rouge d'Alsace », généreux par sa robe et ses arômes de fruits. Ses notes boisées gagneront en harmonie avec le temps. La bouche révèle encore une certaine rivalité entre la finesse et la puissance, rivalité que le temps apaisera.
➥ Denis Meyer, Dom. Kehren, 2, rte du Vin, 68420 Voegtlinshoffen, tél. 03.89.49.38.00, fax 03.89.49.26.52 ☑ ☓ r.-v.

KIENTZ Coteaux de Blienschwiller 1996*
◢ 0,8 ha 6 000 ▯ 30 à 50 F

Les origines de cette cité viticole se situent au VIIIe s. ; les traditions - les vendanges manuelles, la vinification en fût de chêne - s'y perpétuent. D'un rouge clair, presque rosé, ce vin est nuancé de framboise et de cerise. Il s'affirme délicatement, en souplesse, avec élégance. Une excellente typicité.
➥ René Kientz Fils, 49, rte du Vin, 67650 Blienschwiller, tél. 03.88.92.49.06, fax 03.88.92.45.87 ☑ ☓ r.-v.
➥ André Kientz

L'ALSACE

Alsace pinot noir

DOM. KIRMANN 1996*
■　　　　1,5 ha　　4 200　　⦅⦆ 30 à 50 F

Ce vigneron restaurateur accueille les visiteurs dans un exceptionnel ensemble architectural à colombages, qui n'est pas sans rappeler quelques légendes ou contes du terroir. Ce pinot noir répond au même classicisme. Il est d'un intense rouge rubis ; les notes de fruits se marient au fin boisé. Ample en bouche, il offre une bonne persistance. Un vrai pinot noir d'Alsace.
☙ Olivier Kirmann, 6, rue des Alliés, 67680 Epfig, tél. 03.88.85.59.07, fax 03.88.57.80.61 ☑ ⍾ t.l.j. 9h-22h; f. 23 déc.-5 jan.

GEORGES KLEIN 1996
■　　　　n.c.　　5 000　　　　　30 à 50 F

Ce vigneron-négociant a son siège au pied du château du Haut-Kœnigsbourg. La société, créée en 1996, est dirigée par Auguste Klein, homme de caractère, pétillant, réfléchi et toujours au travail. L'expression de fruits rouges, et notamment de cerise constitue le fil conducteur de la dégustation de ce pinot noir qui, au palais, s'affirme en bon équilibre, avec souplesse, longueur et typicité.
☙ SARL Georges Klein, 10, rte du Vin, 68590 Saint-Hippolyte, tél. 03.89.73.00.28, fax 03.89.73.06.28 ☑ ⍾ r.-v.

KLEIN AUX VIEUX REMPARTS
Rouge de Saint-Hippolyte 1996*
■　　　　0,8 ha　　5 000　　⦅⦆ 50 à 70 F

Le village de Saint-Hippolyte, autrefois propriété des ducs de Lorraine, dispose encore de ses remparts du XIIIᵉ s. C'est là, tout près, que se situent les caves d'anciens foudres en chêne sont toujours en service. L'approche de ce « Rouge de Saint-Hippolyte » n'est pas des plus faciles. Ce vin surprend d'abord par sa robe sombre et dense ; ensuite, ce sont ses arômes de fruits très mûrs et quelques nuances animales qui lui donnent de l'ampleur. Sa personnalité s'affirme également en bouche : un bel ensemble structuré, au potentiel important.
☙ Françoise et Jean-Marie Klein, rte du Haut-Kœnigsbourg, 68590 Saint-Hippolyte, tél. 03.89.73.00.41, fax 03.89.73.04.94 ☑ ⍾ r.-v.

DOM. RENE KOCH ET FILS
Rouge de Nothalten 1996**
■　　　　0,5 ha　　6 000　　▮ 30 à 50 F

René Koch et son fils exploitent quelque 8 ha de vignoble. Ils ont ébloui le jury cette année avec ce pinot d'un rubis intense, qui surprend par sa complexité aromatique aux nuances de griotte et de groseille. Assez puissant, il est déjà harmonieux et semble très prometteur. A déguster sur un gibier dans deux ou trois ans.
☙ GAEC René et Michel Koch, 5, rue de La Fontaine, 67680 Nothalten, tél. 03.88.92.41.03, fax 03.88.92.63.99 ☑ ⍾ r.-v.

KOEBERLE KREYER 1996
■　　　　0,96 ha　　9 000　　⦅⦆ 30 à 50 F

Cette famille de vignerons rassemble quatre générations. L'aîné, M. Kreyer, a 92 ans et demeure très actif. A Rodern, c'est sûrement le pinot noir qui contribue à cette longévité. Issu d'un terroir granitique, ce vin s'affirme par une certaine vivacité et des arômes de groseille. En bouche, il se montre friand, sa belle fraîcheur étant appuyée par de fins tanins. Il satisfera un poulet à la broche.
☙ Koeberlé Kreyer, 28, rue du Pinot-Noir, 68590 Rodern, tél. 03.89.73.00.55, fax 03.89.73.00.55 ☑ ⍾ r.-v.

JEAN-CLAUDE KOESTEL
Rouge d'Alsace 1996
■　　　　0,3 ha　　2 500　　⦅⦆ 30 à 50 F

Le village d'Ergersheim, situé à proximité de Strasbourg, dispose d'un terroir argilo-calcaire favorable aux pinots. Celui-ci, d'un joli rouge cerise, « pinote » bien. Ses arômes de fruits sont très présents et complétés par une note boisée discrète. Agréable et frais en bouche, il est typé.
☙ Jean-Claude Koestel, 68, rue de Wolxheim, 67120 Ergersheim, tél. 03.88.38.25.23, fax 03.88.49.82.74 ☑ ⍾ r.-v.

LA CAVE DU TONNELIER
Rouge d'Alsace Vinifié en barrique 1996*
■　　　　0,3 ha　　2 000　　⦅⦆ 50 à 70 F

Serait-on surpris de découvrir une superbe cave dotée de beaux foudres à la Cave du Tonnelier ? Certes non, et il convient de visiter l'atelier-musée de Tonnellerie, dont les origines remontent à 1790. Il va de soi que ce « Rouge d'Alsace » a été élevé dans la pure tradition. D'une couleur profonde et soutenue, il est très réussi : le fruité est de bonne présence, l'attaque ronde annonce un équilibre riche et puissant. Vin prometteur.
☙ Louis et Claude Hauller, 92, rue du Mal-Foch, 67650 Dambach-la-Ville, tél. 03.88.92.41.19, fax 03.88.92.47.10 ☑ ⍾ t.l.j. sf lun. 9h-11h30 13h30-18h; f. jan.

DOM. DE LA CROIX DU PFOELLER
Elevé en barrique Vieilles vignes 1996*
■　　　　0,35 ha　　3 800　　▮ 30 à 50 F

Le village de Katzenthal est dominé par le château du Wineck dont il subsiste le donjon du XIIᵉ s. Né de vieilles vignes, élevé dans le bois, ce pinot noir affirme une identité intéressante : robe grenat, nez boisé accompagne de notes de cerises noires en confiture, attaque nette, bon équilibre et finale sur la réglisse. A essayer dès maintenant avec un rôti de veau.
☙ EARL Dom. René Meyer et Fils, 14, Grand-Rue, 68230 Katzenthal, tél. 03.89.27.04.67, fax 03.89.27.50.59 ☑ ⍾ r.-v.

Alsace pinot noir

DOM. DE L'ANCIEN MONASTERE HUMMEL Rouge de Saint-Léonard
Cuvée de l'Ancien Monastère 1996*

| ■ | 3 ha | 6 667 | ⅡⅠ | 50 à 70 F |

Le vin rouge de Saint-Léonard naît au début du XII°s. dans le monastère bénédictin. Depuis, malgré les vicissitudes de l'histoire, la tradition demeure ancrée dans ce terroir. Voici un vin de caractère. Son fruité agréable accompagne au nez quelques notes empyreumatiques. La bouche est vive, marquée par le bois ; la persistance est appréciable. Un 96 à attendre encore.
🔻 Dom. Bernard Hummel, 4, cour du Chapitre, Saint-Léonard, 67530 Boersch, tél. 03.88.95.81.21, fax 03.88.48.11.21 ☑ ⏳ t.l.j. 8h-12h 14h-19h

JEROME LORENTZ FILS
Cuvée des Templiers 1996

| ◢ | n.c. | 18 000 | | 50 à 70 F |

Cette maison de négoce exploite en propre un vignoble de 32 ha. Elle a su préserver les bonnes traditions tout en adoptant des techniques de pointe favorables à la qualité. Cette cuvée, d'un rouge cerise clair, respire la fraîcheur : riche de nuances framboise et cassis, elle est bien structurée et équilibrée. « A déguster sur un brie », suggère un dégustateur.
🔻 Jérôme Lorentz, 1-3, rue des Vignerons, 68750 Bergheim, tél. 03.89.73.22.22, fax 03.89.73.30.49 ☑ ⏳ t.l.j. sf dim. 9h-12h 14h-18h30
🔻 Charles Lorentz

ROLAND LUTZ
Cuvée du Tricentenaire 1996

| ■ | 0,35 ha | 4 000 | ⅡⅠ | 30 à 50 F |

La maison et la cave datent de 1696, ce qui a justifié la célébration du tricentenaire marquée par l'une ou l'autre cuvée. Celle-ci a des accents de fruits très mûrs complétés par une note de réglisse. La bouche apparaît jeune, réservée, trop marquée par les tanins. Attendre deux ou trois ans sa maturité.
🔻 Roland Lutz, 7, rue de la Kirneck, 67140 Bourgheim, tél. 03.88.08.95.63, fax 03.88.08.95.63 ☑ ⏳ r.-v.

DOM. ALBERT MANN
Vieilles vignes 1996★★

| ■ | 0,5 ha | 2 500 | ⅡⅠ | 50 à 70 F |

Ce domaine, qui compte plus de 19 ha, est dirigé par M. Bartelmé depuis 1984. Produit sur un terroir marno-calcaire, ce 96 impressionne d'abord par sa robe pourpre à reflets violacés. Au nez, il séduit par ses nuances de fruits et de violette. En bouche, après une attaque pleine comme un panier de fruits frais et savoureux, ce vin se montre charpenté et opulent ; lorsque le boisé sera fondu, il sera digne d'un faisan.
🔻 Dom. Albert Mann, 13, rue du Château, 68920 Wettolsheim, tél. 03.89.80.62.00, fax 03.89.80.34.23 ☑ ⏳ r.-v.
🔻 Bartelmé

ANDRE MAULER ET FILS
Cuvée particulière 1996

| ■ | 0,3 ha | 2 500 | | 30 à 50 F |

Une belle fontaine gothique du XV°s. fait la fierté de Beblenheim, tout comme les hommes célèbres qui y ont vécu : Oberlin, Jean Macé... Et il y a les vins ! Ce pinot noir, d'un rubis intense, semble un peu fermé mais il annonce déjà quelque complexité aromatique. Sa personnalité devrait s'affirmer dans un an ou deux.
🔻 André Mauler et Fils, 3, rue Jean-Macé, 68980 Beblenheim, tél. 03.89.47.90.50, fax 03.89.47.80.08 ☑ ⏳ r.-v.

ARTHUR METZ
Vieilli en fût de chêne 1996★

| ■ | n.c. | 10 000 | ⅡⅠ ♦ | 50 à 70 F |

Cette maison de négoce familiale, dont la marque existe depuis 1904, est passée, en 1991, sous le contrôle des Grands Chais de France. Les traditions demeurent : ce pinot noir élevé en fût de chêne en témoigne. Le mariage des fruits et du boisé est réussi ; finesse et fraîcheur couronnent le tout. « On a envie d'y revenir souvent ».
🔻 Arthur Metz, 102, rue du Gal-de-Gaulle, 67520 Marlenheim, tél. 03.88.59.28.60, fax 03.88.87.67.58 ☑ ⏳ t.l.j. 10h-12h 14h-20h

GERARD METZ
Rouge d'Itterswiller Cuvée Prestige 1996★

| ■ | 0,48 ha | 3 800 | ⅡⅠ | 30 à 50 F |

Dans le charmant village « à quatre fleurs » d'Itterswiller est établie depuis 1930 la famille Metz. Le domaine rassemble aujourd'hui plus de 10 ha. Ce pinot noir surprend par ses arômes complexes et déjà évolués, comme le montrent ses nuances animales. Si l'attaque est encore tannique, la bouche est capiteuse et présente en finale davantage de rondeur.
🔻 Dom. Gérard Metz, 23, rte du Vin, 67140 Itterswiller, tél. 03.88.57.80.25, fax 03.88.57.81.42 ☑ ⏳ r.-v.
🔻 Eric Casimir

ERNEST MEYER ET FILS 1996

| ◢ | 0,7 ha | 3 600 | ■ | 30 à 50 F |

Une famille de vignerons qui s'inscrit dans la tradition viticole de cette bourgade touristique, où l'on n'oublie pas de rappeler qu'elle est le berceau du vignoble. D'un rubis pâle, ce pinot est finement fruité. Au palais, il est agréable par ses arômes et sa rondeur. Sans persistance marquée, il représente le rosé typé bien réussi !
🔻 Ernest Meyer et Fils, 4, rue des Trois-Châteaux, 68420 Eguisheim, tél. 03.89.24.53.66, fax 03.89.41.66.46 ☑ ⏳ r.-v.

DOM. MULLER-KOEBERLE
Rouge de St-Hippolyte Geissberg Clos des Aubépines Vieilles vignes 1996★

| ■ | 3,17 ha | 13 300 | ■ ♦ | 30 à 50 F |

Le mariage Muller-Koeberlé a non seulement favorisé le regroupement des vignobles, mais a aussi contribué à une valorisation des terroirs, comme en témoigne l'origine de ce pinot noir. D'un rouge bien marqué, ce vin demeure d'abord sur sa réserve, puis il s'ouvre sur des arômes

L'ALSACE

Alsace pinot noir

complexes, marqués par les épices. La matière est belle mais peut attendre !
🍇 Dom. Muller-Koeberlé, 22, rte du Vin, 68590 Saint-Hippolyte, tél. 03.89.73.00.37, fax 03.89.73.05.85 ☑ ⏵ r.-v.

CH. OLLWILLER 1996*

■ n.c. n.c. 50 à 70 F

Les vins du château d'Ollwiller, propriété de la famille J.-H. Gros, sont élaborés à la Cave du Vieil-Armand qui, rattachée au groupe de la Cave vinicole d'Eguisheim, est établie dans la partie la plus méridionale du vignoble alsacien. Dans ce 96, l'expression de ce terroir se traduit par une bonne maturité au nez et au palais, une richesse et une complexité que la longueur ne dément pas.
🍇 Cave vinicole du Vieil-Armand, 68360 Soultz-Wuenheim, tél. 03.89.76.73.75 ☑ ⏵ r.-v.

DOM. JOSEPH RIEFLE
Rotmüerle de Rouffach 1996

■ n.c. 3 000 🍇 50 à 70 F

Chez les Rieflé, c'est blanc et rouge, comme les vins, comme les couleurs de l'Alsace ou comme le drapeau japonais qui, à l'entrée de la propriété, accueille les visiteurs venant d'Orient. Ce pinot rouge, issu du terroir rouge du « Rotmüerle », semble un peu discret par son fruité rappelant la mûre et le cassis. Un peu corsé, il possède cependant un bon équilibre et présente un potentiel certain.
🍇 Dom. Joseph Rieflé, 11, pl. de la Mairie, 68250 Pfaffenheim, tél. 03.89.78.52.21, fax 03.89.49.50.98 ☑ ⏵ t.l.j. sf dim. 9h-12h 13h30-18h

PIERRE ET JEAN-PIERRE RIETSCH
Vieilli en barrique 1996**

■ 0,54 ha 4 000 🍇 30 à 50 F

Au-dessus du vignoble, Mittelbergheim continue de prendre de la hauteur. A en croire l'étiquette de ce vin, le village a déjà pris place sur une comète navigant entre rêve et réalité. Ce pinot noir prend également de la hauteur ! Les notes de fruits (mûre, myrtille, confit de cerises) sont superbes et envoûtantes, tout comme la matière, l'harmonie et la finale. Un réel plaisir !
🍇 Pierre et Jean-Pierre Rietsch, 32, rue Principale, 67140 Mittelbergheim, tél. 03.88.08.00.64, fax 03.88.08.40.91 ☑ ⏵ r.-v.

SCHAEFFER-WOERLY 1996*

■ 0,48 ha 4 280 30 à 50 F

La propriété de Vincent Woerly est remarquable par sa maison à colombages, dont la façade fleurie contribue tout particulièrement au charme de la place du Marché. Son pinot rouge rubis, bien qu'un peu clair, est franc au nez comme en bouche. Charpenté, un peu rustique, il gagnera à mûrir et à s'arrondir ; les nuances épicées devraient prendre le pas sur les notes cerise et cassis. Pour un gibier accompagné d'une sauce épicée.

🍇 Schaeffer-Woerly, 3, pl. du Marché, 67650 Dambach-la-Ville, tél. 03.88.92.40.81, fax 03.88.92.49.87 ☑ ⏵ t.l.j. 9h-18h; dim. sur r.-v.
🍇 Vincent Woerly

A. SCHERER Rouge d'Alsace 1996

■ n.c. 2 500 50 à 70 F

Au pied des trois châteaux, il y a comme un autre château, celui du vignoble Scherer, qui exporte 90 % de sa production vers tous les pays du monde, ou presque. Ce « Rouge d'Alsace » à la robe profonde offre des arômes complexes couronnés d'une auréole boisée. En bouche, il est encore rustique, caractéristique de son terroir argilo-calcaire : puissant et très charnu, il est cependant diversement apprécié en raison de ses expressions d'herbes aromatiques. Un peu atypique, il ne peut laisser indifférent.
🍇 Vignoble A. Scherer, 12, rte du Vin, B.P. 4, 68420 Husseren-les-Châteaux, tél. 03.89.49.30.33, fax 03.89.49.27.48 ☑ ⏵ t.l.j. sf dim. 8h-12h 14h-18h

PAUL SCHWACH
Elevé en foudre de chêne 1996*

■ 0,65 ha 4 000 30 à 50 F

Ribeauvillé : ses châteaux, son vignoble, sa fête des Ménétriers et ses vins ! Voilà au moins quatre raisons de s'arrêter. On visitera aussi cette cave gérée par une femme, Mme Christine Schwach. D'un grenat franc, cette cuvée exprime le fruit rouge et des nuances boisées. Fine et élégante, constituée d'une bonne matière, elle doit encore gagner en harmonie et accompagnera une entrecôte marchand de vin.
🍇 EARL Paul Schwach, 30-32, rte de Bergheim, 68150 Ribeauvillé, tél. 03.89.73.62.73, fax 03.89.73.37.99 ☑ ⏵ r.-v.

DOM. SCHWARTZ 1996**

■ 0,5 ha n.c. 30 à 50 F

L'ancienne voie romaine traverse Itterswiller, village particulièrement fleuri et situé en plein coteau sud, dominant la plaine d'Alsace. L'étiquette de ce vin, dessinée par Jean Schwartz, en montre le paysage. Là, le terroir marno-calcaire a engendré ce vin chaleureux, aux arômes de fruits rouges, riche et élégant au palais.
🍇 Dom. Justin et Luc Schwartz, rte Romaine, 67140 Itterswiller, tél. 03.88.85.51.59, fax 03.88.85.59.16 ☑ ⏵ t.l.j. 9h-13h; sam. 9h-18h

EMILE SCHWARTZ ET FILS
Réserve personnelle 1996***

■ 0,6 ha 4 500 30 à 50 F

Authenticité et tradition sont deux valeurs bien préservées par cette famille de vignerons. L'emblème de la maison l'atteste : deux lions noirs gardent le blason représentant les trois châteaux qui couronnent le village. Ces valeurs se retrouvent dans ce 96 qui révèle des arômes typés où la framboise domine les autres petits fruits rouges. L'harmonie est ample et la finale persistante fond sur une note de violette.
🍇 EARL Emile Schwartz et Fils, 3, rue Principale, 68420 Husseren-les-Châteaux, tél. 03.89.49.30.61, fax 03.89.49.27.27 ☑ ⏵ t.l.j. sf dim. 8h-12h 14h-19h; f. 25 août-8 sept.

Alsace pinot noir

ALBERT SELTZ Cuvée spéciale 1996*

■ n.c. n.c. 🍷 30 à 70 F

Pierre Seltz et son fils Albert se sont toujours impliqués dans la valorisation des terroirs. Ils perpétuent l'enregistrement du *Weinschlagbuch*, la chronique des années viticoles depuis 1510. Cette cuvée y sera sans doute mentionnée car elle est très réussie : sa robe rouge rubis est en accord avec les nuances de fruits rouges bien mûrs qui s'affirment tant au nez qu'au palais. Il faudra cependant attendre que sa structure trouve la rondeur qui apportera le plaisir de la dégustation. Deux ans peut-être.

☛ Pierre et Albert Seltz, 21, rue Principale, 67140 Mittelbergheim, tél. 03.88.08.91.77, fax 03.88.08.52.72 ✅ ⏳ r.-v.

JEAN-PAUL SIMONIS ET FILS 1996

■ 0,24 ha 2 300 🍷 30 à 50 F

En 1993, Jean-Marc Simonis, après ses études et quelques années passées dans de grandes caves, rejoint l'exploitation familiale. Père et fils y travaillent avec rigueur, discernement et efficacité. L'élaboration et l'élevage de ce pinot noir en témoignent. Ce vin est d'un rouge profond. Les nuances fruitées - cassis, prune, vanille - se retrouvent au nez comme en bouche. Il est riche, d'une belle harmonie et déjà soyeux en finale.

☛ EARL Jean-Paul Simonis et Fils, 1, rue du Chasseur-M.-Besombes, 68770 Ammerschwihr, tél. 03.89.47.13.51, fax 03.89.47.13.51 ✅ ⏳ t.l.j. 8h-19h; sam. dim. sur r.-v.

ANDRE STENTZ Schoflit 1996

■ 0,31 ha 2 000 🍷 70 à 100 F

En 1980, André Stentz a fait le choix de l'agriculture biologique. Sa rigueur et ses installations modernisées lui permettent d'obtenir de bons résultats. Cette cuvée affirme sa jeunesse par des arômes de fruits sur leur réserve, une belle matière et des tanins encore vifs. Sachons attendre.

☛ André Stentz, 2, rue de la Batteuse, 68920 Wettolsheim, tél. 03.89.80.64.91, fax 03.89.79.59.75 ✅ ⏳ r.-v.

FERNAND STENTZ Chenu 1996

■ 0,3 ha 1 800 🍷 50 à 70 F

Elevée en barrique, cette cuvée n'a pas fait l'unanimité du jury. En effet, les nuances boisées et vanillées sont agréables mais couvrent nettement le fruité jusqu'en finale. Ce 96 gagnera certainement en harmonie lorsque le bois se sera fondu.

☛ Fernand Stentz, 40, rte du Vin, 68420 Husseren-les-Châteaux, tél. 03.89.49.30.04, fax 03.89.49.32.88 ✅ ⏳ r.-v.

JEAN-PAUL WASSLER 1996

◢ 0,95 ha 5 000 🍷 30 à 50 F

La cave construite en 1980 abrite de vénérables foudres en chêne et les pièces où est élevé le pinot noir. Fin dans sa robe et dans ses nuances de groseille, noisette et cerise, ce 96 est d'abord ample au palais puis plus sobre en finale. A recommander sur les viandes blanches.

☛ GAEC Jean-Paul Wassler, 2 bis, rte d'Epfig, 67650 Blienschwiller, tél. 03.88.92.41.53, fax 03.88.92.63.11 ✅ ⏳ r.-v.
☛ Marc Wassler

MAURICE WEHRLE 1996*

■ 0,5 ha 3 000 🍷 30 à 50 F

L'étiquette de cette bouteille évoque par ses nuances pastel la douceur du paysage de Husseren dominé par les trois châteaux. Elle est également en harmonie avec la finesse aromatique de ce vin qui, au palais, se révèle bien structuré. Après une bonne attaque, la rondeur s'installe, suivie d'une finale légèrement épicée. « Digne d'un pinot alsacien », écrit un œnologue.

☛ Maurice Wehrlé, 21, rue des Vignerons, 68420 Husseren-les-Châteaux, tél. 03.89.49.30.79, fax 03.89.49.29.60 ✅ ⏳ r.-v.

JEAN WEINGAND 1996*

■ n.c. n.c. 🍷 30 à 50 F

Il y a quelques années, ce domaine a complété la propriété Joseph Cattin, et les héritiers ont développé une activité de négociant. Par son boisé légèrement dominant, ce vin risque de faire oublier sa richesse fruitée, sa belle matière et sa bonne longueur. Apprécions son potentiel et attendons.

☛ Jean Weingand, 19, rue Roger-Frémeaux, 68420 Voegtlinshoffen, tél. 03.89.49.30.21, fax 03.89.49.26.02 ✅ ⏳ t.l.j. 8h-12h 14h-18h
☛ Cattin Frères

WINTER Elevé en fût de chêne 1996**

■ 0,1 ha 1000 🍷 50 à 70 F

Cette propriété est juste située au pied de l'église fortifiée des XIVe et XV[e]s. Elle mérite une visite, tout comme ce vin d'être dégusté. Ses arômes surtout vanillés et légèrement boisés laisseront venir les fruits qui s'annoncent progressivement. En bouche l'attaque est belle, ronde et puissante. La finale bien longue couronne l'harmonie. Pour une caille farcie sauce au pinot noir.

☛ Albert Winter, 17, rue Sainte-Hune, 68150 Hunawihr, tél. 03.89.73.62.95, fax 03.89.73.62.95 ✅ ⏳ r.-v.

WUNSCH ET MANN
Rouge d'Alsace 1996

■ 2,5 ha 20 000 🍷 30 à 50 F

Cette importante maison résulte de la fusion des vignobles de deux familles il y a tout juste cinquante ans. Depuis, une structure de négociant a complété l'ensemble. Riche en couleur, ce vin pourpre est royal ! Le nez de fruits ne demande qu'à s'ouvrir pour se mettre en harmonie avec l'équilibre apprécié au palais.

☛ Wunsch et Mann, 2, rue des Clefs, 68920 Wettolsheim, tél. 03.89.22.91.25, fax 03.89.80.05.21 ✅ ⏳ r.-v.
☛ Mann

Alsace grand cru

Dans le but de promouvoir les meilleures situations du vignoble, un décret de 1975 a institué l'appellation « alsace grand cru », liée à un certain nombre de contraintes plus rigoureuses en matière de rendement et de teneur en sucre, et limitée au gewurztraminer, au pinot gris, au riesling et au muscat. Les terroirs délimités produisent, parallèlement aux vins sigillés de la confrérie Saint-Etienne et à certaines cuvées de renom, le *nec plus ultra* des vins d'Alsace.

En 1983, un décret définit un premier groupe de 25 lieux-dits admis dans cette appellation, qui sera abrogé et remplacé par un nouveau décret du 17 décembre 1992. Le vignoble d'Alsace compte ainsi officiellement 50 grands crus, répartis sur 47 communes (46 dans le décret - on a oublié Rouffach !) et dont les surfaces sont comprises entre 3,23 ha et 80,28 ha, en raison du principe d'homogénéité géologique propre aux grands crus. La production des grands crus reste modeste : 37 431 hl en 1996 représentant 3,2 % de la production d'AOC alsaciennes.

Les disciplines nouvelles, déjà mises en pratique depuis la récolte 1987, concernent l'élévation de 11 ° à 12 ° du titre alcoométrique minimum naturel des gewurztraminer et des tokay-pinot gris ainsi que l'obligation de mentionner désormais le nom du lieu-dit, conjointement au cépage et au millésime, sur les étiquettes et tous les documents administratifs et commerciaux.

Le décret de 1992 met ainsi fin à une période transitoire de définition technique de l'appellation alsace grand cru.

Alsace grand cru altenberg de bergbieten

LA CAVE DU ROI DAGOBERT
Riesling 1996

☐   1,8 ha   14 400   ■ ↓ 30 à 50 F

Souvent remarquée pour son riesling-roi, la cave du Roi Dagobert sait privilégier ce grand cru argilo-caillouteux. Ce 96 se distingue par sa finesse. Les nuances de fleurs et de fruits blancs donnent un joli bouquet. Cette délicatesse se retrouve en bouche où souplesse et équilibre se conjuguent avec typicité jusqu'à la finale.

🍷 Cave du Roi Dagobert, 1, rte de Scharrachbergheim, 67310 Traenheim, tél. 03.88.50.69.00, fax 03.88.50.69.09 ✓ ⊺ r.-v.

ROLAND SCHMITT
Tokay-pinot gris Cuvée Roland 1996

☐   0,33 ha   2 000   ■ 70 à 100 F

Signé par une maison renommée, ce vin de couleur jaune paille à reflets verts laisse au nez une impression de typicité marquée, avec ses notes florales, minérales et grillées. L'attaque fraîche rehausse les arômes apparus à l'olfaction. Une très bonne persistance annonce un vin de classe. Du même producteur **dans ce grand cru, un riesling Vieilles vignes 96** a reçu une note identique. Son bouquet spécifique du terroir argilo-marneux, tendre et délicat, s'exprimera surtout dans deux ou trois ans.

🍷 EARL Roland Schmitt, 35, rue des Vosges, 67310 Bergbieten, tél. 03.88.38.20.72, fax 03.88.38.75.84 ✓ ⊺ r.-v.
🍷 Anne-Marie Schmitt

Alsace grand cru altenberg de bergheim

DOM. MARCEL DEISS
Gewurztraminer 1996*

☐   1,2 ha   3 500   ■ ↓ +200 F

Fervent défenseur des terroirs, Jean-Michel Deiss a su s'imposer au-delà de nos frontières. Ce 96 s'annonce par une magnifique livrée à reflets dorés et par un nez puissant et complexe, marqué par des arômes floraux. On retrouve les fleurs au palais, alliées aux épices. Un très beau gewurztraminer, que l'on attendra un peu pour mieux l'apprécier.

🍷 Dom. Marcel Deiss, 15, rte du Vin, 68750 Bergheim, tél. 03.89.73.63.37, fax 03.89.73.32.67 ✓ ⊺ t.l.j. 8h-12h 14h-18h30
🍷 Jean-Michel Deiss

LORENTZ Gewurztraminer 1996

☐   3,3 ha   12 000   ■ ↓ 70 à 100 F

Autre grande maison, Lorentz a également contribué à la célébrité de l'Altenberg de Bergheim, un coteau exposé au sud et situé sur un champ de faille laissant apparaître le calcaire du jurassique et les marnes du trias. Elle a élaboré ce vin de couleur paille, séduisant par sa brillance, au nez encore discret à dominante florale. Son palais épicé lui sied bien et le rend très agréable. Un gewurztraminer plutôt sec, fait pour la gastronomie.

🍷 Gustave Lorentz, 35, Grand-Rue, 68750 Bergheim, tél. 03.89.73.22.22, fax 03.89.73.30.49 ✓ ⊺ r.-v.
🍷 Charles Lorentz

ALSACE

Alsace grand cru bruderthal

Alsace grand cru altenberg de wolxheim

ARTHUR METZ Riesling 1996*
☐　　　n.c.　　12 000　　🍷 50 à 70 F

Les arômes intenses et complexes annoncent une belle matière. Jeune par sa fraîcheur, ce riesling a pourtant déjà gagné en harmonie et en longueur. A attendre trois ou quatre ans.
🍇 Arthur Metz, 102, rue du Gal-de-Gaulle, 67520 Marlenheim, tél. 03.88.59.28.60, fax 03.88.87.67.58 ✅ 🍷 t.l.j. 10h-12h 14h-20h

LA CAVE DU ROI DAGOBERT Riesling 1996*
☐　　1,8 ha　　14 400　　🍷 30 à 50 F

Situé au pied du rocher du Horn, ce grand cru présente des sols marno-calcaires cailouteux. Les évêques et abbés de la région, puis Napoléon 1er, ont contribué à sa renommée. Harmonieux, frais et persistant, ce riesling se montre digne de ce terroir. Ses arômes aux nuances florales mêlées de touches végétales et minérales gagneront encore en expression.
🍇 Cave du Roi Dagobert, 1, rte de Scharrachbergheim, 67310 Traenheim, tél. 03.88.50.69.00, fax 03.88.50.69.09 ✅ 🍷 r.-v.

Alsace grand cru brand

FRANCOIS BAUR PETIT-FILS
Gewurztraminer Cuvée Prestige Vieilles vignes 1996*
☐　　0,78 ha　　2 480　　 100 à 150 F

Situé à l'entrée de la vallée de Munster, exposé au midi, le grand cru Brand est l'un des terroirs les plus ensoleillés d'Alsace. Son sol d'arène granitique se réchauffe rapidement, et contribue à l'expression fruitée des vins. Un fruité particulièrement sensible au nez de ce gewurztraminer de couleur jaune, d'une grande brillance, aux notes exotiques. L'épice n'en est pas absente ; elle se retrouve au palais, fondue dans le gras et l'ampleur du vin. Très belle persistance.
🍇 François Baur Petit-Fils, 3, Grand-Rue, 68230 Turckheim, tél. 03.89.27.06.62, fax 03.89.27.47.21 ✅ r.-v.
🍇 Pierre Baur

ALBERT BOXLER Riesling 1996*
☐　　n.c.　　n.c.　　 70 à 100 F

Est-ce la chaleur du dragon légendaire ou le feu du soleil qui a contribué à la petite surmaturation de ce riesling ? Qu'importe ! Le résultat est probant. Une couleur dorée, des nuances florales et un bel équilibre reposant sur des notes d'agrumes de même maturité. Une bonne expression de ce terroir.
🍇 EARL Albert Boxler, 78, rue des Trois-Epis, 68230 Niedermorschwihr, tél. 03.89.27.11.32, fax 03.89.27.70.14 ✅ 🍷 r.-v.

GERARD WEINZORN Riesling 1996
☐　　n.c.　　n.c.　　🍷 50 à 70 F

Un sol sableux superficiel, né du substrat granitique et particulièrement favorable au riesling, a engendré ce 96 aux notes de fleurs blanches mêlées d'expressions plus minérales. En bouche, l'ensemble est fin et élégant, la longueur empreinte de fraîcheur, mais sans présence aromatique très marquée.
🍇 EARL Gérard Weinzorn et Fils, 133, rue des Trois-Epis, 68230 Niedermorschwihr, tél. 03.89.27.18.02, fax 03.89.27.04.23 ✅ 🍷 t.l.j. 8h-12h 14h-18h

Alsace grand cru bruderthal

FREDERIC ARBOGAST
Gewurztraminer 1996*
☐　　n.c.　　1 500　　50 à 70 F

Le Bruderthal domine la ville de Molsheim. La vigne y est plantée sur des pentes relativement douces, jusqu'à une altitude d'environ 300 m. De ce terroir est né un gewurztraminer jaune or de belle brillance, au nez capiteux de fruits confits (poire) et d'épices, au palais remarquable où se retrouvent tous les arômes ressentis à l'olfaction. C'est un vin de grande longévité, à attendre.
🍇 Frédéric Arbogast, 135, pl. de l'Eglise, 67310 Westhoffen, tél. 03.88.50.30.51 ✅ 🍷 r.-v.

ANTOINE ET ROBERT KLINGENFUS Riesling 1996
☐　　0,65 ha　　3 000　　 50 à 70 F

Déjà connu en 1316, le Bruderthal présente des sols marno-calcaires. Il produit généralement des vins élégants aux arômes intenses, tel ce 96 qui s'affirme par ses notes de fleurs et de confiserie. La bouche est ronde et assez vive. Ce vin demande un peu de temps pour s'harmoniser et gagner en plénitude.
🍇 Robert Klingenfus, 60, rue de Saverne, 67120 Molsheim, tél. 03.88.38.07.06, fax 03.88.49.32.47 ✅ 🍷 r.-v.

GERARD NEUMEYER
Gewurztraminer 1996*
☐　　0,72 ha　　3 800　　70 à 100 F

Le grand cru Bruderthal est situé à Molsheim, non loin de Strasbourg. C'est un terroir exposé au sud-est, et dont les sols marno-calcaires avec cailloutis conviennent particulièrement au gewurztraminer. Ce 96 flatte l'œil par sa teinte jaune clair ; ses reflets verts disent sa jeunesse. Son nez est déjà puissamment épicé et floral. Un type classique de gewurztraminer, harmonieux et de bonne complexité, qu'il faut attendre.
🍇 Dom. Gérard Neumeyer, 29, rue Ettore-Bugatti, 67120 Molsheim, tél. 03.88.38.12.45, fax 03.88.38.11.27 ✅ 🍷 r.-v.

L'ALSACE

Alsace grand cru eichberg

CHARLES BAUR
Riesling Cuvée Saint-Martin 1996*

☐ 0,4 ha 2 000 50 à 70 F

Née d'un sol marno-calcaire et gréseux, cette cuvée présente un nez à dominante florale. Les notes d'agrumes se révèlent au palais dans une attaque franche et une finale équilibrée.
➤ Charles Baur, 29, Grand-Rue, 68420 Eguisheim, tél. 03.89.41.32.49, fax 03.89.41.55.79 ☑ ⊤ t.l.j. 8h-12h 14h-19h
➤ Armand Baur

ALBERT HERTZ Riesling 1996*

☐ 0,25 ha 2 000 50 à 70 F

Réputé dès le XIᵉ s., ce terroir s'exprime par la finesse et le fruité. Ce riesling est franc d'attaque, bien soutenu en bouche. La finale se fond sur des notes de pamplemousse.
➤ Albert Hertz, 3, rue du Riesling, 68420 Eguisheim, tél. 03.89.41.30.32, fax 03.89.23.99.23 ☑ ⊤ r.-v.

PAUL SCHNEIDER Riesling 1996

☐ 0,2 ha 1 500 50 à 70 F

Cette exploitation a son siège dans l'ancienne cour dîmière du prévôt de la cathédrale de Strasbourg (XVIIᵉ s.). Elle propose un riesling qui surprend dès le premier nez par son intensité fruitée. En bouche, les arômes sont plus réservés. Le vin se montre ample et rond, pas très long mais flatteur.
➤ Paul Schneider et Fils, 1, rue de l'Hôpital, 68420 Eguisheim, tél. 03.89.41.50.07, fax 03.89.41.30.57 ☑ ⊤ t.l.j. 8h30-11h30 13h30-18h30; dim. sur r.-v.

PAUL ZINCK Gewurztraminer 1996**

☐ 0,45 ha 3 000 30 à 50 F

Créée en 1806, cette exploitation familiale a su évoluer, avec la construction d'une nouvelle cave de vinification en 1995, et l'aménagement d'un caveau-restaurant. Le jury recommande particulièrement ce superbe gewurztraminer d'un jaune d'or très brillant, au nez complexe de fruits confits et d'épices. Au palais, ces dernières se mêlent au sous-bois. Un vin harmonieux, de grande gastronomie. Un excellent rapport qualité-prix.

➤ Paul Zinck, 18, rue des Trois-Châteaux, 68420 Eguisheim, tél. 03.89.41.19.11, fax 03.89.24.12.85 ☑ ⊤ r.-v.

Alsace grand cru florimont

KUEHN Riesling 1996

☐ 0,5 ha 3 500 50 à 70 F

La butte calcaire du Florimont domine la ville d'Ingersheim. Les sols marno-calcaires cailouteux de ce terroir engendrent le plus souvent des vins épicés et racés. Voilà pourquoi ce riesling surprend. Il est rond, plutôt fruité. Malgré ce manque de vivacité, il est somme toute agréable.
➤ SA Kuehn, 3, Grand-Rue, 68770 Ammerschwihr, tél. 03.89.78.23.16, fax 03.89.47.18.32 ☑ ⊤ t.l.j. sf dim. 8h-12h 13h30-18h

Alsace grand cru frankstein

PIERRE ARNOLD Gewurztraminer 1996*

☐ 0,13 ha 1000 50 à 70 F

Le grand cru Frankstein est d'une remarquable homogénéité. Les vignes y croissent entre 220 et 310 m d'altitude, sur des pentes d'exposition est-sud-est. Le sol d'arène granitique à deux micas, très léger, contribue à l'expression fruitée précoce des vins. Ce 96 est jaune paille à l'œil. Son nez intense, mêlant notes de miel et nuances de fruits exotiques, annonce une bouche nette et grasse au bel équilibre sucre-acidité. Très fin et assez sec, il est à servir en accompagnement d'un mets.
➤ Pierre Arnold, 16, rue de la Paix, 67650 Dambach-la-Ville, tél. 03.88.92.41.70, fax 03.88.92.62.95 ☑ ⊤ t.l.j. 8h-12h 13h-19h; dim. et j. fér. sur r.-v.; f. 15-31 août

HUBERT BECK Gewurztraminer 1996

☐ 0,19 ha 1 200 30 à 50 F

Hubert Beck ne s'est lancé qu'en 1985 dans la mise en bouteilles et la commercialisation de ses vins. Il vend déjà plus de 200 000 cols, dont environ 60 % à l'étranger. D'un jaune doré brillant, ce gewurztraminer se distingue par un nez intense, épicé et floral. Très typé du cépage, d'une grande finesse, le palais montre une certaine légèreté. Un vin à attendre.
➤ Cave d'Alsace Hubert Beck, 25, rue du Gal-de-Gaulle, 67650 Dambach-la-Ville, tél. 03.88.92.45.90, fax 03.88.92.61.28 ☑ ⊤ t.l.j. sf dim. 8h-12h 13h30-18h

Alsace grand cru furstentum

SCHAEFFER-WOERLY Riesling 1996★

☐ 0,44 ha 2 900 🍷 50 à 70 F

Déjà remarqué dans le millésime précédent, ce riesling traduit encore une fois le terroir et son sol granitique graveleux. Ses arômes sont fins et purs, avec des nuances surtout florales. L'attaque est franche, légèrement citronnée. En finale, la fraîcheur recouvre bien le léger moelleux.
🍇 Schaeffer-Woerly, 3, pl. du Marché, 67650 Dambach-la-Ville, tél. 03.88.92.40.81, fax 03.88.92.49.87 ☑ 🍷 t.l.j. 9h-18h ; dim. sur r.-v.
🍇 Vincent Woerly

Alsace grand cru froehn

JEAN BECKER Riesling 1996★

☐ 0,7 ha 5 000 🍷 50 à 70 F

Dominé par la cité viticole de Zellenberg, le Froehn est exposé au sud et au sud-est. Il repose sur des sols argilo-marneux. Dans ce riesling, ce terroir a favorisé l'expression florale ; on perçoit également des notes d'amande. Riche et gras, ce vin a cependant conservé une bonne vivacité qui lui promet un bel avenir !
🍇 Jean Becker, 4, rte d'Ostheim, 68340 Zellenberg, tél. 03.89.47.90.16, fax 03.89.47.99.57 ☑ 🍷 r.-v.

CAVE VINICOLE DE HUNAWIHR
Gewurztraminer 1996

☐ 1 ha 6 700 🍷 50 à 70 F

Les vins de la commune de Hunawihr sont réputés depuis fort longtemps : les évêques de Bâle et de Saint-Dié, en 1123, se disputaient la dîme qui devait être payée en vin blanc. Jaune très doré, ce 96 développe des arômes d'agrumes assortis de notes végétales que l'on retrouve en bouche. Certes, ce vin n'a pas encore trouvé son équilibre, mais sa structure est fort prometteuse.
🍇 Cave vinicole de Hunawihr, 48, rte de Ribeauvillé, 68150 Hunawihr, tél. 03.89.73.61.67, fax 03.89.73.33.95 ☑ 🍷 t.l.j. 8h-12h 14h-18h

Alsace grand cru furstentum

DOM. PAUL BLANCK
Gewurztraminer Vieilles vignes 1996★

☐ 1,92 ha 7 000 🍷 70 à 90 F

Une végétation de type méditerranéen, des sols bruns, calcaires, caillouteux : le Furstentum est particulièrement favorable à la vigne. Cette vocation viticole a été précocement reconnue, puisque le terroir portait déjà des ceps en 1330. En 1996, il a donné un vin plein d'atouts et de promesses, avec sa couleur jaune vif à reflets dorés, son nez fruité d'une grande finesse, son palais très équilibré, puissant et long.
🍇 Dom. Paul Blanck, 32, Grand-Rue, 68240 Kientzheim, tél. 03.89.78.23.56, fax 03.89.47.16.45 ☑ 🍷 t.l.j. sf dim. 9h-12h 13h30-18h ; f. déc.- mars

RENE FLEITH ESCHARD
tokay-pinot gris 1996★★

☐ 0,17 ha 1 700 🍷 70 à 100 F

Un terroir ensoleillé, protégé des vents dominants, et le savoir-faire d'un vigneron (coup de cœur pour un pinot noir dans la précédente édition) : on ne s'étonnera pas des mérites de ce pinot gris d'un beau jaune d'or, au nez d'agrumes fin et élégant, au palais gras et ample, présentant un caractère de surmaturation affirmé. Un très grand vin en perspective. (Bouteilles de 50 cl).
🍇 René Fleith et Fils, lieu-dit Lange Matten, 68040 Ingersheim, tél. 03.89.27.24.19, fax 03.89.27.56.79 ☑ 🍷 r.-v.

JOSEPH FRITSCH
Gewurztraminer 1996★★★

☐ 0,18 ha 1 400 🍷 50 à 70 F

Ce 96 exceptionnel est né du grand cru Furstentum. Situé à l'entrée de la vallée de Kaysersberg, ce coteau, exposé sud-sud-ouest, bénéficie d'un ensoleillement maximum, puisqu'il recueille même les derniers rayons du soir. Or à reflets vert paille, ce vin séduit par un nez puissant, finement fleuri avec des nuances poivrées. Très aromatique, d'une grande maturité, le palais présente un superbe équilibre. Sa longueur en bouche laisse présager un avenir de toute beauté. Bon rapport qualité-prix.
🍇 EARL Joseph Fritsch, 31, Grand-Rue, 68240 Kientzheim, tél. 03.89.78.24.27, fax 03.89.78.24.27 ☑ 🍷 t.l.j. sf dim. 10h-12h 13h30-19h ; f. vendanges

DOM. WEINBACH
Gewurztraminer Cuvée Laurence 1996★

☐ 0,8 ha n.c. 🍷 150 à 200 F

On trouve les vins élaborés par Colette Faller et ses Filles sur les meilleures tables du monde entier. Quant au gewurztraminer Cuvée Laurence, le Guide le signale souvent à l'attention de l'amateur. Jaune doré à reflets verts, le 96 présente des arômes puissants de fruits secs et de concentré de fruits. Le gras, équilibré par une bonne acidité, lui confère une excellente harmonie. De bonne longueur, le palais termine sur une note épicée. Une grande bouteille.

L'ALSACE

Alsace grand cru goldert

🍷 Colette Faller et ses Filles, Dom. Weinbach, Clos des Capucins, 68240 Kaysersberg, tél. 03.89.47.13.21, fax 03.89.47.38.18 🆅 🍴 r.-v.

Alsace grand cru goldert

HENRI GROSS Gewurztraminer 1996★

| ☐ | 0,35 ha | 2 200 | 🍾 50 à 70 F |

Idéalement situé au flanc du coteau du Goldert, le bourg de Gueberschwihr est réputé pour sa fête du vin « Portes et Caves ouvertes » qui a lieu tous les ans au mois d'août. De teinte jaune paille à reflets ambrés, voici un gewurztraminer au nez très typique de fruits secs, de rose et d'épices. Au palais, il atteint un bel équilibre favorisé par un bon équilibre acidité-sucre. Un vin capiteux qui s'exprimera pleinement dans quelques années.

🍷 Henri Gross et Fils, 11, rue du Nord, 68420 Gueberschwihr, tél. 03.89.49.24.49, fax 03.89.49.33.58 🆅 🍴 r.-v.

HENRI GROSS Riesling 1996★★

| ☐ | 0,15 ha | 1 200 | 🍾 30 à 50 F |

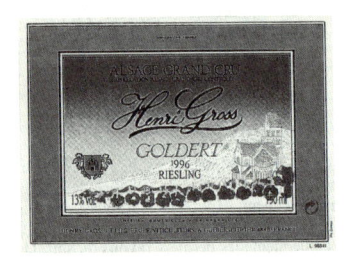

Le riesling n'est pas particulièrement représentatif du Goldert ; d'ailleurs la surface qui lui est réservée est plutôt réduite. Et voici l'exception : doré brillant, riche d'un fruité intense, celui-ci est ample, franc, puissant et de persistance remarquable. A déguster sur un homard !

🍷 Henri Gross et Fils, 11, rue du Nord, 68420 Gueberschwihr, tél. 03.89.49.24.49, fax 03.89.49.33.58 🆅 🍴 r.-v.

SAULNIER Tokay-pinot gris 1996★★

| ☐ | 0,31 ha | 1 300 | 🍾 50 à 70 F |

Installé depuis six ans, Marco Saulnier présente cette année encore un pinot gris, mais celui-ci est né du grand cru Goldert. Il fait mieux que pour la précédente édition, avec un vin jaune d'or au nez d'une remarquable complexité, associant fruits secs et agrumes surmaturés. Grasse, dotée d'une excellente structure, la bouche laisse en finale une impression d'ampleur, en équilibre avec une bonne acidité. Un très beau vin.

🍷 Marco Saulnier, rte de Saint-Marc, 68420 Gueberschwihr, tél. 03.89.49.33.38 🆅 🍴 r.-v.

Alsace grand cru hatschbourg

DOM. JOSEPH CATTIN
Gewurztraminer 1996

| ☐ | n.c. | n.c. | 🍾 50 à 70 F |

Cette exploitation importante (37 ha) offre une production très diversifiée, tant par le nombre des cépages que par celui des terroirs. D'un jaune soutenu, ce gewurztraminer se montre timide au nez, mais les arômes s'affirment au palais, marqué par une bonne attaque et une longueur correcte. Un vin qui doit encore parfaire son harmonie.

🍷 Dom. Joseph Cattin, 18, rue Roger-Frémeaux, 68420 Voegtlinshoffen, tél. 03.89.49.30.21, fax 03.89.49.26.02 🆅 🍴 t.l.j. 8h-12h 14h-18h

THEO CATTIN ET FILS
Tokay-pinot gris 1996★

| ☐ | 0,61 ha | 5 000 | 🍾 50 à 70 F |

Attesté dès le Moyen Age, le terroir Hatschbourg bénéficie d'une magnifique exposition sud-sud-est et d'un sol marno-calcaire qui convient parfaitement à l'expression du pinot gris. D'un jaune paille intense à l'œil, celui-ci séduit par ses parfums très élégants et racés de pêche et de miel. On retrouve des arômes complexes de fruits mûrs dans une bouche à l'attaque souple et à l'acidité bien présente.

🍷 Théo Cattin et Fils, 35, rue Roger-Frémeaux, 68420 Voegtlinshoffen, tél. 03.89.49.30.43, fax 03.89.49.28.80 🆅 🍴 r.-v.

ANDRE HARTMANN
Tokay-pinot gris 1996★

| ☐ | 0,27 ha | 2 400 | 🍾 50 à 70 F |

Etablie à Voegtlinshoffen depuis de nombreuses générations, la famille Hartmann a acquis une grande notoriété en produisant des vins de qualité, régulièrement distingués dans le Guide. D'un jaune doré très brillant, ce pinot gris se montre complexe au nez, avec des arômes de pêche et de cannelle. L'excellente harmonie de son palais, charnu, gras et bien équilibré, mérite d'être signalée. Un beau vin de grande expression.

🍷 André Hartmann et Fils, 11, rue Roger-Frémeaux, 68420 Voegtlinshoffen, tél. 03.89.49.38.34, fax 03.89.49.26.18 🆅 🍴 t.l.j. 9h-12h 13h30-18h; dim. sur r.-v.

GILBERT MEYER Riesling 1996★★

| ☐ | 0,16 ha | n.c. | 🍾 30 à 50 F |

La robe jaune enveloppe une corne d'abondance débordant de fruits mûrs, agrumes, fruits secs et notes de vendange bien mature. Franc, racé, souple et velouté à la fois, ce grand vin aura sa place en haute gastronomie et auprès des connaisseurs des vins de terroir.

🍷 Gilbert Meyer, 5, rue du Schauenberg, 68420 Voegtlinshoffen, tél. 03.89.49.36.65, fax 03.89.86.42.45 🆅 🍴 r.-v.

Alsace grand cru hengst

WUNSCH ET MANN
Gewurztraminer Collection Joseph Mann 1996

☐ 1 ha 6 800 ▮ 50 à 70 F

Les vins du Hengst demandent parfois de la patience : ils ne révèlent leur classe qu'avec un peu d'âge. Souvent austères dans leur jeunesse, ils deviennent ensuite enveloppants. Ce 96 devrait connaître une telle évolution. Il est d'un jaune à peine soutenu, fermé au nez. Quant au palais, déjà agréable, il n'a pas atteint sa pleine harmonie. Son potentiel lui vaut toutefois d'être retenu.
☙ Wunsch et Mann, 2, rue des Clefs, 68920 Wettolsheim, tél. 03.89.22.91.25, fax 03.89.80.05.21 ☑ ♈ r.-v.
☙ Mann

Alsace grand cru kanzlerberg

DOM. JEAN-MARTIN SPIELMANN
Gewurztraminer 1996*

☐ 0,45 ha 2 000 ▮ 70 à 100 F

Avec 3,23 ha, le Kanzlerberg est le plus petit terroir à grand cru d'Alsace. On trouve mention de ce lieu dès 1312, car l'ordre de Malte y possédait un domaine. Ce terroir argilo-calcaire repose sur des marnes à gypse, cas unique en Alsace. Sylvie Spielmann qui en exploite une bonne partie en a tiré un gewurztraminer d'un jaune légèrement doré, au nez de fleurs blanches. Au palais, ce vin laisse apparaître une structure parfaite, tout en finesse. Son corps demande encore à s'harmoniser. A attendre. **Dans ce même grand cru, le riesling 96** sera lui aussi de garde. Il reçoit une citation.
☙ Dom. Spielmann, 2, rte de Thannenkirch, 68750 Bergheim, tél. 03.89.73.35.95, fax 03.89.73.22.49 ☑ ♈ r.-v.

Alsace grand cru kastelberg

GUY WACH Riesling 1996

☐ n.c. n.c. ▮ 50 à 70 F

Reposant sur des schistes, le Kastelberg se caractérise par de fortes pentes tournées vers le sud-est. C'est un terroir de prédilection pour le riesling. Fin dans ses nuances florales, ce 96 s'affirme par sa puissance et par sa fraîcheur vive. Voilà un ensemble agréable même si la finale n'a pas le même relief que le terroir ! Mais sachons attendre sa pleine maturité.

Alsace grand cru kitterlé

☙ Guy Wach, Dom. des Marronniers, 5, rue de la Commanderie, 67140 Andlau, tél. 03.88.08.93.20, fax 03.88.08.45.59 ☑ ♈ r.-v.

Alsace grand cru kirchberg de Barr

KLIPFEL Clos Zisser Gewurztraminer 1996

☐ 4 ha 16 000 ▮ 50 à 70 F

Ce terroir marno-calcaire, riche en galets calcaires, domine la petite ville de Barr. Il doit son nom (« Mont de l'Eglise ») à la chapelle Saint-Martin qui y fut édifiée. Ce domaine important (35 ha) doit beaucoup à Louis Klipfel, grand nom de la viticulture alsacienne. Le Clos Zisser, partie intégrante du grand cru Kirchberg, est l'un de ses fleurons. Il a donné un gewurztraminer dont la teinte jaune clair dénote une certaine jeunesse. Le nez livre des senteurs de rose fraîche et d'épices ; le palais présente une bonne harmonie, avec des nuances de grillé. Un vin qui demande encore à évoluer.
☙ Klipfel, 6, av. de la Gare, 67140 Barr, tél. 03.88.58.59.00, fax 03.88.08.53.18 ☑ ♈ r.-v.

CHARLES STOEFFLER
Gewurztraminer 1996*

☐ 0,6 ha 3 000 ▮ 50 à 70 F

Dirigé par deux œnologues, Martine et Vincent Stoeffler, ce domaine propose toute la gamme des vins d'Alsace, tirés de terroirs variés, puisque le couple exploite également la propriété des parents de Martine, située à Ribeauvillé. De couleur jaune paille, ce gewurztraminer est déjà très intensément floral au nez, avec des notes de rose. Au palais en revanche, la typicité n'apparaît pas pleinement, en raison de la jeunesse du vin. Une bouteille intéressante, mais qui doit parfaire son harmonie. **Dans ce même grand cru, le riesling 96** reçoit une citation. De bonne garde, il possède une belle matière.
☙ Vincent Stoeffler, 4, rue des Jardins, 67140 Barr, tél. 03.88.08.52.50, fax 03.88.08.17.09 ☑ ♈ r.-v.

Alsace grand cru kitterlé

VIGNOBLES REINHART
Riesling 1996**

☐ 0,35 ha 2 800 ▮ 50 à 70 F

Le Kitterlé possède des sols sablo-gréseux. Son exposition sud-sud-est et ses fortes pentes favorisent une maturité qui se traduit dans les arômes. Ce riesling est bien dans le type. Très floral, avec des notes de fleurs blanches, il offre en outre des nuances minérales qui le rendent flatteur. Au palais, il se distingue par sa finesse et sa vivacité, sans renier son origine.

L'ALSACE

Alsace grand cru mambourg

☛ Pierre Reinhart, 7, rue du Printemps, 68500 Orschwihr, tél. 03.89.76.95.12, fax 03.89.74.84.08 ☑ ⊥ t.l.j. 8h30-12h 13h30-19h; dim. sur r.-v.; f. vendanges

agréable : c'est une bouteille d'avenir. Pour le foie gras.
☛ Ernest Horcher et Fils, 6, rue du Vignoble, 68630 Mittelwihr, tél. 03.89.47.93.26, fax 03.89.49.04.92 ☑ ⊥ t.l.j. sf dim. 9h-12h 14h-19h

ZIEGLER-MAULER
Gewurztraminer Les Amandiers 1996

| ☐ | 0,16 ha | 1 050 | 50 à 70 F |

Le cru des Amandiers donne naissance à des gewurztraminer agréables et originaux, tel ce 96, à peine doré, marqué au nez par des notes très chaleureuses de banane. Puissant au palais, expressif, ce vin peut paraître austère, du fait de son caractère plutôt sec. On le dégustera de préférence au cours d'un repas.
☛ Jean-Jacques Ziegler-Mauler et Fils, 2, rue des Merles, 68630 Mittelwihr, tél. 03.89.47.90.37, fax 03.89.47.98.27 ☑ ⊥ r.-v.

Alsace grand cru mambourg

CAVE DE SIGOLSHEIM
Gewurztraminer 1996

| ☐ | 10 ha | 60 000 | ▮ ♦ 50 à 70 F |

Le Mambourg est un coteau d'exposition plein sud situé à l'entrée de la vallée de Kaysersberg. Ses conglomérats marno-calcaires lui confèrent un pouvoir de réchauffement sans pareil. C'est avant tout une terre à gewurztraminer. Celui-ci, de couleur jaune paille, présente un nez encore discret, marqué par les fruits confits. Au palais, il est d'une grande douceur. Des notes exotiques le rendent agréable, mais il doit encore mûrir.
☛ La Cave de Sigolsheim, 11-15, rue Saint-Jacques, 68240 Sigolsheim, tél. 03.89.78.10.10, fax 03.89.78.21.93 ☑ ⊥ t.l.j. 9h-12h 14h-17h

PIERRE SPARR
Gewurztraminer Vendanges tardives 1995

| ☐ | 2,4 ha | 6 000 | ⦿ 150 à 200 F |

Directeur et œnologue de la maison qui porte son nom, Pierre Sparr a mis en œuvre une politique de qualité à tous les stades de l'élaboration de ses vins, de la viticulture au conditionnement, politique qui porte ses fruits, et se traduit par de nombreuses mentions dans ce Guide. Ce 95 jaune d'or a attiré l'attention du jury par ses parfums de rose intenses et délicats, et par son palais bien équilibré, fondu, alliant puissance et finesse, de bonne longueur. Il sera à son apogée dans cinq ans.
☛ Maison Pierre Sparr et ses Fils, 2, rue de la 1re-Armée Française, 68240 Sigolsheim, tél. 03.89.78.24.22, fax 03.89.47.32.62 ☑ ⊥ t.l.j. sf sam. dim. 8h-12h 14h-18h; f. août

Alsace grand cru moenchberg

GUY WACH Riesling 1996

| ☐ | n.c. | 3 800 | ⦿ 50 à 70 F |

Le Moenchberg, ou « Mont des Moines », est l'un des plus anciens vignobles d'Alsace : sa renommée remonte au XIe s. Ce riesling s'ouvre sur des notes florales complétées par des nuances légèrement fumées. Franc et racé, de bonne longueur, il est bien typique.
☛ Guy Wach, Dom. des Marronniers, 5, rue de la Commanderie, 67140 Andlau, tél. 03.88.08.93.20, fax 03.88.08.45.59 ☑ ⊥ r.-v.

JEAN WACH Riesling 1996

| ☐ | 0,75 ha | 6 000 | ▮ 30 à 50 F |

Bien exposé au sud, ce terroir au sol argilo-limoneux à tendance calcaire est une terre d'élection pour le riesling. Celui-ci est encore très jeune. Les arômes s'annoncent complexes, mais sont encore retenus. L'attaque vive révèle des notes d'agrumes qui s'inscrivent dans un équilibre racé et prometteur.
☛ Jean Wach, 16A, rue du Mal-Foch, 67140 Andlau, tél. 03.88.08.09.73, fax 03.88.08.09.73 ☑ ⊥ r.-v.

Alsace grand cru mandelberg

E. HORCHER ET FILS
Gewurztraminer 1996★

| ☐ | 0,27 ha | 2 000 | ⦿ 50 à 70 F |

Cette exploitation possède une partie de ses vignes sur le Mandelberg, cette « côte des Amandiers », d'exposition sud-sud-est et aux sols marno-calcaires. Ce terroir très précoce convient à toutes les variétés. Jaune doré à l'œil, des arômes d'épices et de fruits confits au nez, voici un vin gras, de belle rondeur, épicé, avec des flaveurs de surmaturation. L'équilibre est déjà

Alsace grand cru osterberg

DOM. MITTNACHT FRERES
Riesling 1996★

| ☐ | 0,5 ha | 3 500 | ▮ ♦ 50 à 70 F |

Avec ses sols marneux et cailloureux et son exposition est-sud-est, le grand cru Osterberg est particulièrement favorable au riesling. Celui-ci séduit par de subtils parfums d'agrumes (citron, pamplemousse), nuancés de notes minérales. Ces

110

arômes se retrouvent dans une bouche assez simple, mais équilibrée.
🍇 Dom. Mittnacht Frères, 27, rte de Ribeauvillé, 68150 Hunawihr, tél. 03.89.73.62.01, fax 03.89.73.38.10 ☑ ⏳ t.l.j. sf dim. 9h-11h30 13h30-18h30; f. 24 déc.-4 janv.

CAVE VINICOLE DE RIBEAUVILLE
Riesling 1996★

| ☐ | 0,7 ha | 6 000 | 🍾♪ | 50 à 70 F |

Déjà réputé au Moyen Age, ce terroir fut mis en valeur par les seigneurs de Ribeaupierre. Les vestiges de leurs châteaux dominent la ville. Quant à la cave de Ribeauvillé, elle se distingue par son ancienneté, puisqu'elle a été fondée en 1895. Elle présente un riesling floral et fruité, mais également frais et puissant. Le palais séduit par sa belle matière, son équilibre et sa finale harmonieuse. A déguster avec passion dans quatre ou cinq ans.
🍇 Cave vinicole de Ribeauvillé, 2, rte de Colmar, 68150 Ribeauvillé, tél. 03.89.73.61.80, fax 03.89.73.31.21 ☑ ⏳ r.-v.

FRANCOIS SCHWACH ET FILS
Gewurztraminer Vendanges tardives 1994★

| ☐ | 0,14 ha | 1 200 | 🍾♪ | 100 à 150 F |

Hunawihr mérite un détour, avec son église fortifiée dominant le village, au milieu des vignes. Le visiteur pourra y découvrir ce gewurztraminer jaune d'or, au nez très riche évoquant la poire. Harmonieux, typé, de bonne longueur, le palais finit sur des notes de fruits exotiques et surtout d'agrumes.
🍇 SCEA François Schwach et Fils, 28, rte de Ribeauvillé, 68150 Hunawihr, tél. 03.89.73.62.15, fax 03.89.73.37.84 ☑ ⏳ t.l.j. 8h30-18h30; dim. sur r.-v.

Alsace grand cru pfersigberg

PAUL GINGLINGER Riesling 1996

| ☐ | 0,48 ha | 4 000 | ⏳ | 50 à 70 F |

Le Pfersigberg, ou « coteau des Pêchers », est déjà mentionné au XVIe s. Son sol marno-calcaire, né d'un conglomérat, et son microclimat favorisent une maturité précoce des raisins. Les nuances d'agrumes et les notes exotiques de ce riesling sont précédées d'une touche minérale. Au palais, les arômes de fruits mûrs contrastent avec la vivacité de l'attaque. Quant à la finale, elle présente pour le moment un excès de rondeur, mais sa longueur est appréciable. A attendre trois ou quatre ans.
🍇 Paul Ginglinger, 8 pl. Charles-de-Gaulle, 68420 Eguisheim, tél. 03.89.41.44.25, fax 03.89.24.94.87 ☑ ⏳ t.l.j. sf dim. 8h-12h 13h30-19h.

Alsace grand cru praelatenberg

PIERRE-HENRI GINGLINGER
Tokay-pinot gris 1996

| ☐ | 0,18 ha | 2 000 | | 50 à 70 F |

De teinte paille avec quelques reflets verts, ce pinot gris est encore fermé au nez. En bouche, il allie fraîcheur, rondeur, notes grillées et épicées. Le jury lui prédit un bel avenir.
🍇 Pierre-Henri Ginglinger, 33, Grand-Rue, 68420 Eguisheim, tél. 03.89.41.32.55, fax 03.89.24.58.91 ☑ ⏳ r.-v.

JOSEPH GRUSS ET FILS
Tokay-pinot gris 1996

| ☐ | 0,21 ha | 1 700 | ⏳ | 50 à 70 F |

La cité d'Eguisheim est-elle le berceau du vin d'Alsace ? C'est en tout cas une commune viticole de première importance, et qui produit des vins exquis. Celui-ci, de couleur jaune paille, présente cependant un nez assez discret, floral et miellé. Le palais se montre frais, complexe, avec des notes d'épices et de fleurs. Cette bouteille laisse une bonne impression, mais elle n'a pas atteint sa pleine expression.
🍇 Joseph Gruss et Fils, 25, Grand-Rue, 68420 Eguisheim, tél. 03.89.41.28.78, fax 03.89.41.76.66 ☑ ⏳ t.l.j. sf dim. 8h-12h 13h30-18h; f. vendanges

BRUNO SORG Riesling 1996

| ☐ | 0,54 ha | 4 000 | ⏳ | 50 à 70 F |

S'il se fait d'abord attendre, le fruité se montre agréable et fin. La saveur de terroir apparaît en bouche, mais la personnalité de ce vin semble encore dominée par une douceur qui doit s'intégrer.
🍇 GAEC Bruno Sorg, 8, rue Stumpf, 68420 Eguisheim, tél. 03.89.41.80.85, fax 03.89.41.22.64 ☑ ⏳ r.-v.

FERNAND STENTZ Riesling 1996★

| ☐ | 0,28 ha | 2 400 | ⏳ | 50 à 70 F |

Les arômes de surmaturation caractérisent ce riesling. Bien que l'attaque soit vive, il présente du gras et une belle longueur sur des notes d'agrumes et d'ananas. C'est un vin plein d'atouts.
🍇 Fernand Stentz, 40, rte du Vin, 68420 Husseren-les-Châteaux, tél. 03.89.49.30.04, fax 03.89.49.32.88 ☑ ⏳ r.-v.

Alsace grand cru praelatenberg

DOM. ENGEL Riesling 1996

| ☐ | 1,39 ha | 10 000 | 🍾♪ | 30 à 50 F |

Pourquoi la « Montagne des Prélats » ? Parce que ce terroir fut jadis reconnu et exploité par des clercs, les religieux de l'abbaye d'Ebermunster. Les trois quarts des vignes de Christian et Hubert Engel couvrent ce coteau du Praelatenberg. Elles ont donné un riesling dont la teinte or pâle s'allie aux senteurs de fleurs blanches. Un

Alsace grand cru rangen de thann

vin sans excès d'ampleur, mais de bonne structure.
➤ Dom. Christian et Hubert Engel, 1, rte des Vins, 67600 Orschwiller, tél. 03.88.92.01.83, fax 03.88.82.25.09 ☑ ♈ r.-v.

DOM. ENGEL Gewurztraminer 1996*

| | 1,7 ha | 5 000 | ▪♦ 50 à 70 F |

Le domaine Engel, précise l'étiquette, s'étend au pied du château du Haut-Kœnigsbourg. Le village d'Orschwiller, où est établie l'exploitation, dépendait autrefois de la célèbre place forte alsacienne. Ses sols siliceux, lourds, à cailloutis importants, donnent des vins de longue garde. Jaune pâle, très brillant, celui-ci ne manque pas d'atouts, avec son nez encore fermé mais d'une grande finesse, son palais riche, ample, de bonne intensité, offrant un bel équilibre sucre-acidité. A attendre.
➤ Dom. Christian et Hubert Engel, 1, rte des Vins, 67600 Orschwiller, tél. 03.88.92.01.83, fax 03.88.82.25.09 ☑ ♈ r.-v.

CAVE D'ORSCHWILLER-KINTZHEIM
Riesling 1996*

| | 0,6 ha | 4 800 | ▪♦ 50 à 70 F |

La cave vinicole d'Orschwiller-Kintzheim regroupe environ 130 ha. Elle valorise sérieusement ce grand cru, témoin ce riesling dont le nez, d'abord fermé, livre ensuite des notes florales assez subtiles. Une fois ouvert, ce vin révèle une bonne matière et un équilibre plaisant. Une bouteille pleine de promesses.
➤ Cave vinicole d'Orschwiller-Kintzheim, rte du Vin, BP 2, 67600 Orschwiller, tél. 03.88.92.09.87, fax 03.88.82.30.92 ☑ ♈ r.-v.

SIFFERT Riesling 1996*

| | 0,63 ha | 5 100 | ⦿ 50 à 70 F |

Le sol de ce grand cru, né d'un gneiss, et son exposition sud-est contribuent sans aucun doute aux fragrances de fleurs et d'agrumes que l'on relève avec plaisir dans ce vin. Au palais apparaissent les fruits confits. L'attaque est franche et l'ensemble se construit autour d'une bonne acidité.
➤ EARL Dom. Maurice Siffert, 16, rte des Vins, 67600 Orschwiller, tél. 03.88.92.02.77, fax 03.88.82.70.02 ☑ ♈ t.l.j. 9h-12h 13h-19h; dim. sur r.-v.; f. 15 janv.-15 fév.

Alsace grand cru rangen de thann

BRUNO HERTZ Riesling 1996**

| | 0,43 ha | 3 000 | ⦿ 70 à 100 F |

Le Rangen de Thann impressionna Montaigne en 1580. Aujourd'hui ce terroir demeure tout aussi fascinant, tant par sa pente, sa situation que par ses vins. Ce riesling allie finesse, franchise et une bonne présence au nez et en bouche. Une petite rondeur complète la fraîcheur. Les arômes nets et fins devraient s'affirmer avec élégance dans trois ou quatre ans. Laissons-lui le temps de mûrir.
➤ Bruno Hertz, 9, pl. de l'Eglise, 68420 Eguisheim, tél. 03.89.41.81.61, fax 03.89.41.68.32 ☑ ♈ r.-v.

CLOS SAINT-THEOBALD
Tokay-pinot gris Sélection de grains nobles 1995**

| | 1,6 ha | 1 500 | ▪♦ +200 F |

Situé à l'entrée de la vallée de Thann, le Rangen est le plus méridional des grands crus d'Alsace. C'est le seul à être constitué de roches volcaniques. Ce terroir plein d'atouts, exposé au sud, a produit un vin d'une concentration remarquable, vieil or à reflets ambrés, au nez complexe dominé par le coing. Sa structure très riche est soutenue par une belle acidité bien fondue dans la rondeur. Un grand liquoreux. (Bouteilles de 50 cl).
➤ Dom. Schoffit, 68 Nonnenholz-weg (par la rue des Aubépines), 68000 Colmar, tél. 03.89.24.41.14, fax 03.89.41.40.52 ☑ ♈ r.-v.

CLOS SAINT-THEOBALD
Gewurztraminer 1996**

| | 0,5 ha | 1 800 | 150 à 200 F |

Le Rangen de Thann jouit d'une ancienne notoriété : il était déjà exploité au XIII°s. par la collégiale de Saint-Thiébaud de Thann. C'est un terroir de prédilection pour le gewurztraminer, comme le montre ce 96 or paille, au nez tout en nuances, mêlant des notes florales et minérales. Au palais, se dessine un équilibre parfait. La complexité aromatique est grande. Un vin « en dentelle » qui a tout l'avenir devant lui.
➤ Dom. Schoffit, 68 Nonnenholz-weg (par la rue des Aubépines), 68000 Colmar, tél. 03.89.24.41.14, fax 03.89.41.40.52 ☑ ♈ r.-v.

CLOS SAINT-THEOBALD
Gewurztraminer Vendanges tardives 1995*

| | 0,5 ha | 1 500 | 150 à 200 F |

Etablis à Colmar, Bernard et Robert Schoffit peuvent se féliciter d'avoir acquis, il y a quelques années, des vignes dans le Rangen. Ils tirent de ce grand cru des vins régulièrement salués dans ce Guide. Jaune doré à l'œil, ce « vendanges tardives » présente un nez riche, profond, marqué par le coing et la banane. Le palais, d'une belle ampleur, finit sur des arômes fruités. Un très bon vin à attendre encore. (Bouteilles de 50 cl).
➤ Dom. Schoffit, 68 Nonnenholz-weg (par la rue des Aubépines), 68000 Colmar, tél. 03.89.24.41.14, fax 03.89.41.40.52 ☑ ♈ r.-v.

Alsace grand cru rosacker

CAVE VINICOLE DE HUNAWIHR
Gewurztraminer 1996**

| | 1 ha | 4 400 | ▪♦ 50 à 70 F |

D'exposition est-sud-est, le grand cru du Rosacker s'étend au nord de Hunawihr, à une

Alsace grand cru schlossberg

altitude variant entre 260 et 330 m. Son sol marno-calcaire présente une texture lourde, aérée par des éboulis siliceux. Doré à reflets verts, ce vin livre de riches arômes floraux nuancés d'épices. Tout en finesse, il a une très bonne attaque. Une petite note de sucres résiduels lui sied bien. L'harmonie est déjà là ; elle sera parfaite dans trois à cinq ans.
☛ Cave vinicole de Hunawihr, 48, rte de Ribeauvillé, 68150 Hunawihr, tél. 03.89.73.61.67, fax 03.89.73.33.95 ☑ ♈ t.l.j. 8h-12h 14h-18h

CAVE VINICOLE DE HUNAWIHR
Riesling 1996*

| ☐ | 4 ha | 28 000 | 🍷 | 50 à 70 F |

Le nom de Rosacker rappelle les églantiers qui, jadis, fleurissaient dans ce vignoble. La qualité de ce cru est reconnue depuis le XV^{e}s. D'un fruité vif et intense, ce riesling est typique de ce terroir marno-calcaire. Cette vivacité se retrouve en bouche ; avec l'âge, ce vin gagnera en rondeur ; les saveurs minérales se dévoileront.
☛ Cave vinicole de Hunawihr, 48, rte de Ribeauvillé, 68150 Hunawihr, tél. 03.89.73.61.67, fax 03.89.73.33.95 ☑ ♈ t.l.j. 8h-12h 14h-18h

MALLO ET FILS Riesling 1996*

| ☐ | 0,6 ha | 3 200 | 🍷 | 50 à 70 F |

La couleur, jaune doré soutenu, annonce une bonne matière. Le nez est frais, typé du cépage. En bouche, ce vin donne d'abord une impression de moelleux, puis révèle une bonne charpente agrémentée d'une finale longue.
☛ EARL Frédéric Mallo et Fils, 2, rue Saint-Jacques, 68150 Hunawihr, tél. 03.89.73.61.41, fax 03.89.73.68.46 ☑ ♈ r.-v.

CAVE VINICOLE DE RIBEAUVILLE
Riesling 1996*

| ☐ | 0,26 ha | 1 300 | 🍷 | 50 à 70 F |

Des hauteurs du Rosacker, le promeneur jouit d'un paysage fort aimable : le petit village d'Hunawihr s'étend à ses pieds, dominé par son église fortifiée. Dans ce 96, le terroir s'exprime au travers d'une palette aromatique mêlant des notes minérales, un fruité délicat et quelques fragrances de tilleul. Des saveurs persistantes de fruits mûrs complètent l'harmonie générale. Bon potentiel de garde.
☛ Cave vinicole de Ribeauvillé, 2, rte de Colmar, 68150 Ribeauvillé, tél. 03.89.73.61.80, fax 03.89.73.31.21 ☑ ♈ r.-v.

SIPP-MACK Riesling 1996*

| ☐ | 0,6 ha | 3 500 | 🍷 | 50 à 70 F |

Le riesling constitue une bonne moitié de l'encépagement de ce terroir. De fait, cette variété est majoritaire dans la sélection effectuée par le Guide pour ce grand cru. Ce 96 se distingue par un fruité fin et pur, auquel s'allient déjà des expressions minérales. L'attaque, agréable et riche, contribue au parfait équilibre de ce vin.
☛ Dom. Sipp-Mack, 1, rue des Vosges, 68150 Hunawihr, tél. 03.89.73.61.88, fax 03.89.73.36.70 ☑ ♈ r.-v.

ALBERT WINTER Riesling 1996**

| ☐ | 0,2 ha | 1 800 | 🍷 | 30 à 50 F |

Ce vigneron est régulièrement présent dans le Guide pour ses vins du Rosacker, et notamment pour son riesling. Avec le millésime 96, il s'est surpassé : la palette aromatique bien fraîche ne manque pas de complexité, avec un fruité citronné et vanillé et une pointe musquée ou « muscatée ». L'attaque est fine et agréable, la fraîcheur reste le fil conducteur et favorise une très bonne harmonie.
☛ Albert Winter, 17, rue Sainte-Hune, 68150 Hunawihr, tél. 03.89.73.62.95, fax 03.89.73.62.95 ☑ ♈ r.-v.

Alsace grand cru saering

LOBERGER Gewurztraminer 1996**

| ☐ | 0,15 ha | 800 | | 50 à 70 F |

Le Saering est l'un des quatre grands crus situés sur le territoire de Guebwiller. Le terroir est constitué de galets gréseux et de marnes reposant sur un sous-sol calcaire garant de la longévité des vins. Celui-ci est remarquable : couleur jaune d'or, nez complexe, floral et épicé avec des notes de raisins surmûris, palais ample et gras, d'une grande délicatesse. Autant d'atouts pour une belle évolution.
☛ Dom. Joseph Loberger, 10, rue de Bergholtz-Zell, 68500 Bergholtz, tél. 03.89.76.88.03, fax 03.89.74.16.89 ☑ ♈ t.l.j. 8h30-18h; dim. sur r.-v.

Alsace grand cru schlossberg

DOM. PIERRE ADAM Riesling 1996

| ☐ | 5 ha | 3 000 | 🍷 | 50 à 70 F |

Les nuances minérales, qui pointent à côté des notes florales, révèlent un terroir granitique. Bien qu'il montre une petite nervosité, ce riesling présente un équilibre satisfaisant. Il gagnera en harmonie avec le temps.
☛ Dom. Pierre Adam, 8, rue du Lt-Mourier, 68770 Ammerschwihr, tél. 03.89.78.23.07, fax 03.89.47.39.68 ☑ ♈ t.l.j. 8h-20h

Alsace grand cru schoenenbourg

DOM. PAUL BLANCK Riesling 1996★★★

☐　　3,34 ha　　12 000　　70 à 100 F

D'un jaune soutenu, ce 96 se montre d'abord assez fermé, puis s'ouvre sur des notes florales appuyées de nuances de surmaturation. En bouche, les arômes d'agrumes s'affirment intensément et s'accordent avec une belle matière. Une superbe finale, très longue, conclut la dégustation. Un grand vin de terroir !
☛ Dom. Paul Blanck, 32, Grand-Rue, 68240 Kientzheim, tél. 03.89.78.23.56, fax 03.89.47.16.45 ☑ ☥ t.l.j. sf dim. 9h-12h 13h30-18h; f. déc.- mars

JEAN DIETRICH
Riesling Vieilles vignes 1996★★★

☐　　0,3 ha　　1 800　　50 à 70 F

Intense et puissant, voilà les deux adjectifs à retenir des fiches de dégustation relatives à ce riesling, qui a époustouflé les juges les plus avertis. N'hésitons pas ! Il sera merveilleux dans quatre ou cinq ans.
☛ Jean Dietrich, 4, rue de l'Oberhof, 68240 Kaysersberg, tél. 03.89.78.25.24, fax 03.89.47.30.72 ☑ ☥ t.l.j. 8h-12h 14h-19h

SALZMANN
Gewurztraminer Vendanges tardives 1995★★

☐　　n.c.　　n.c.　　70 à 100 F

La maison Salzmann est établie à Kaysersberg, l'une des cités les plus renommées d'Alsace, où l'industrie fait bon ménage avec la viticulture et le tourisme. On souhaite au visiteur de goûter ce « vendanges tardives » jaune doré. Son nez, encore un peu discret, révèle déjà sa complexité en mêlant la fleur et le fruit. La bouche séduit par son ampleur, sa richesse et son gras. Grâce à son équilibre, ce vin devrait s'épanouir pleinement dans un proche avenir.
☛ Salzmann-Thomann, Dom. de l'Oberhof, 3, rue de l'Oberhof, 68240 Kaysersberg, tél. 03.89.47.10.26, fax 03.89.78.13.08 ☑ ☥ r.-v.

SALZMANN
Gewurztraminer Sélection de grains nobles 1994★

☐　　n.c.　　n.c.　　150 à 200 F

Signé par un grand nom du vignoble, ce gewurztraminer est né du Schlossberg, coteau exposé au sud, au sol d'arène granitique propice à l'expression du caractère floral. Ce sont justement d'élégantes fragrances de rose fraîche que l'on perçoit dans ce vin au nez peut-être un peu discret. Frais à l'œil, avec sa teinte jaune d'or à reflets citron, frais au palais, il séduit par sa distinction, son équilibre et sa finale très persistante.
☛ Salzmann-Thomann, Dom. de l'Oberhof, 3, rue de l'Oberhof, 68240 Kaysersberg, tél. 03.89.47.10.26, fax 03.89.78.13.08 ☑ ☥ r.-v.

DOM. WEINBACH
Riesling Cuvée Sainte-Catherine 1996★★

☐　　1,2 ha　　n.c.　　150 à 200 F

Est-il nécessaire de présenter ce domaine et ses vins de terroir ? Cette cuvée est la suite logique de celle de 1995. On retrouve la robe jaune doré bien soutenue, les arômes de surmaturation, de confits d'agrumes de bonne complexité, la richesse et l'ampleur au palais. La signature est féminine et de caractère.

☛ Colette Faller et ses Filles, Dom. Weinbach, Clos des Capucins, 68240 Kaysersberg, tél. 03.89.47.13.21, fax 03.89.47.38.18 ☑ ☥ r.-v.

ZIEGLER-MAULER
Riesling Les Murets 1996★

☐　　0,27 ha　　1000　　50 à 70 F

Déjà très réussi dans le millésime 1995, ce riesling séduit par des senteurs d'agrumes et de fleurs blanches que l'on retrouve au palais. Il est puissant, bien équilibré et persistant.
☛ Jean-Jacques Ziegler-Mauler et Fils, 2, rue des Merles, 68630 Mittelwihr, tél. 03.89.47.90.37, fax 03.89.47.98.27 ☑ ☥ r.-v.

Alsace grand cru schoenenbourg

DOPFF ET IRION Riesling 1996★★

☐　　2 ha　　13 000　　70 à 100 F

Dès le XVI^{e}s., les vins du Schoenenbourg étaient célèbres dans tous les pays d'Europe du Nord. Rien d'étonnant que cette maison continue d'en exporter vers la plupart des pays du monde. Les arômes de ce 96 sont un véritable kaléidoscope : fleurs d'acacia, notes de citron et nuances minérales évoquant la pierre à fusil. Ce vin est puissant, racé, typé et très persistant. Un beau riesling de terroir... « Comme il se doit », précise un membre du jury.
☛ Dopff et Irion, Dom. du château de Riquewihr, 68340 Riquewihr, tél. 03.89.47.92.51, fax 03.89.47.98.90 ☑ r.-v.

HEIMBERGER Riesling 1996★★

☐　　2 ha　　8 000　　50 à 70 F

Voltaire aurait été propriétaire de quelques arpents de vigne dans le terroir de Schoenenbourg. De quelle parcelle ? Qu'importe ! Voici un riesling remarquable. Sa riche palette aromatique mêle avec élégance senteurs légèrement fumées, notes d'amande douce, de surmaturation, de terroir... Si le palais est encore un peu fermé, il révèle déjà une complexité et une vivacité qui surprennent agréablement. L'avenir est dans ce flacon !
☛ Cave vinicole de Beblenheim, 68980 Beblenheim, tél. 03.89.47.90.02, fax 03.89.47.86.85 ☑ ☥ r.-v.

Alsace grand cru sonnenglanz

FRANCOIS LEHMANN
Riesling Vendanges tardives 1994★

| | 0,22 ha | 900 | | 150 à 200 F |

Haut lieu de l'Alsace viticole, la cité de Riquewihr est dominée par le grand cru du Schoenenbourg. Très pentu, d'exposition sud-sud-est, ce terroir possède des sols marno-gypseux. Il a donné ce riesling « vendanges tardives » d'un jaune intense, au nez fin, typé, complexe, avec des arômes balsamiques et légèrement musqués. Bien structuré, équilibré, très floral, long en bouche, c'est un beau vin fort prometteur.
🕭 François Lehmann, 12, av. Jacques-Preiss, 68340 Riquewihr, tél. 03.89.47.95.16, fax 03.89.47.87.93 ☑ ⵣ r.-v.

PIERRE SPARR Riesling 1996★

| | 1,07 ha | 14 000 | | 70 à 100 F |

Le terroir du Schoenenbourg s'étire au nord de Riquewihr, regardant le Midi. Légèrement minérale, cette cuvée s'ouvre sur des notes fruitées, voire surmatures. Sa bonne matière ne s'affiche pas au premier nez ; sa vivacité, encore prédominante, occulte sa richesse. Sa longueur est un excellent présage ! A suivre.
🕭 Maison Pierre Sparr et ses Fils, 2, rue de la 1re-Armée Française, 68240 Sigolsheim, tél. 03.89.78.24.22, fax 03.89.47.32.62 ☑ ⵣ t.l.j. sf sam. dim. 8h-12h 14h-18h; f. août

Alsace grand cru sommerberg

JUSTIN BOXLER Riesling 1996★

| | 0,44 ha | 3 500 | | 30 à 50 F |

Le Sommerberg s'inscrit dans un paysage très attachant. Ce riesling exprime bien les caractères de ce terroir : nez intense aux nuances d'herbes aromatiques, attaque vive, alliée d'une bonne matière. Un beau vin de garde !
🕭 GAEC Justin Boxler, 15, rue des Trois-Epis, 68230 Niedermorschwihr, tél. 03.89.27.11.07, fax 03.89.27.01.44 ☑ ⵣ r.-v.

JEAN GEILER Riesling 1996

| | 1,2 ha | 10 400 | | 50 à 70 F |

Cette cave expose un foudre géant de 35 400 l. Son riesling 96 a été jugé quelque peu atypique : il présente des arômes surprenants pour un vin issu d'un terroir granitique à deux micas. Les dégustateurs n'en ont pas moins apprécié les fines notes de fleurs et de fruits et sa bonne attaque.
🕭 Cave d'Ingersheim Jean Geiler, 45, rue de la République, 68040 Ingersheim, tél. 03.89.27.05.96, fax 03.89.27.51.24 ☑ ⵣ r.-v.

KUEHN Riesling 1996

| | 2 ha | 10 000 | | 50 à 70 F |

Ce coteau, le plus raide d'Alsace, a été aménagé en terrasses afin de limiter l'érosion et de préserver le terroir. Celui-ci s'affiche par des nuances minérales. En bouche, les notes citron-

nées sont enveloppées dans une belle matière, bien équilibrée.
🕭 SA Kuehn, 3, Grand-Rue, 68770 Ammerschwihr, tél. 03.89.78.23.16, fax 03.89.47.18.32 ☑ ⵣ t.l.j. sf dim. 8h-12h 13h30-18h

Alsace grand cru sonnenglanz

DOM. BOTT-GEYL
Gewurztraminer Vieilles vignes 1996★★

| | 1,2 ha | 4 000 | | 70 à 100 F |

Le Sonnenglanz est un très ancien terroir. Caractérisé par des sols assez lourds de conglomérats calcaires avec des strates marneuses, il est propice à l'expression du gewurztraminer. Ce 96 se montre doré à souhait ; des larmes importantes révèlent son volume ; complexes, bien présents, les parfums traduisent la surmaturation. Le palais est surprenant par sa fraîcheur d'agrumes ; cette vivacité équilibre une douceur confite qui est bien dans la ligne du nez. Un très grand vin d'avenir.
🕭 Dom. Bott-Geyl, 1, rue du Petit-Château, 68980 Beblenheim, tél. 03.89.47.90.04, fax 03.89.47.97.33 ☑ ⵣ r.-v.
🕭 Jean-Christophe Bott

DOM. BOTT-GEYL
Tokay-pinot gris 1996★★★

| | 0,95 ha | 4 600 | | 70 à 100 F |

ALSACE GRAND CRU
APPELLATION ALSACE GRAND CRU CONTROLÉE

DOMAINE
BOTT-GEYL

Tokay Pinot Gris
Sonnenglanz 1996

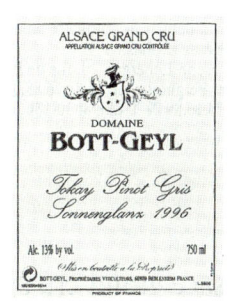

Alc. 13% by vol.   750 ml

Le vignoble alsacien, et en particulier le grand cru Sonnenglanz, doit beaucoup à cette exploitation, dont les vins sont exportés dans le monde entier. Après un gewurztraminer 95, un pinot gris ! Cette maison est abonnée aux coups de cœur. Une teinte jaune d'or brillante, un nez persistant, très complexe, aux notes de fruits secs que l'on retrouve en bouche, un palais gras, ample, structuré, fondu et long, autant d'attraits pour ce vin. Encore jeune, il n'atteindra son apogée que dans quelques années.
🕭 Dom. Bott-Geyl, 1, rue du Petit-Château, 68980 Beblenheim, tél. 03.89.47.90.04, fax 03.89.47.97.33 ☑ ⵣ r.-v.

Alsace grand cru spiegel

HEIMBERGER Tokay-pinot gris 1996

| ☐ | 2 ha | 10 500 | 50 à 70 F |

Le Sonnenglanz a été délimité il y a une cinquantaine d'années. Ses limites ont été confirmées lors de l'instauration des grands crus en Alsace. Ce terroir a donné un 96 jaune clair à l'œil, aux frais parfums d'agrumes et de fruits surmûris. En bouche, la douceur demande à se fondre avec le corps et le gras du vin. A attendre.
☛ Cave vinicole de Beblenheim, 68980 Beblenheim, tél. 03.89.47.90.02, fax 03.89.47.86.85 ☑ ꭥ r.-v.

ROGER JUNG ET FILS
Gewurztraminer 1996

| ☐ | 0,65 ha | 3 200 | 🍴 70 à 100 F |

Situé à 275 m d'altitude, le Sporen est un cirque naturel dont les pentes douces sont orientées au sud-est. Ses terrains argilo-marneux profonds le mettent à l'abri de la sécheresse et conviennent plutôt bien au gewurztraminer. Il a produit un 96 jaune d'or à l'œil, miel et fruits confits au nez. L'attaque est franche ; le palais, équilibré, finit sur le champignon et le sous-bois. A attendre.
☛ Dom. Roger Jung et Fils, 23, rue de la 1re-Armée, 68340 Riquewihr, tél. 03.89.47.92.17, fax 03.89.47.87.63 ☑ ꭥ t.l.j. 10h-12h 14h-19h

Alsace grand cru spiegel

DIRLER Riesling 1996

| ☐ | 0,3 ha | 2 400 | 70 à 100 F |

Ce grand cru, situé sur les hauteurs de Bergholtz, est exposé à l'est. Il repose sur un sol sablonneux-gréseux avec affleurement d'argile. Dans ce riesling, le terroir s'exprime par la finesse des arômes. Une belle matière, structurée, donne un ensemble harmonieux. Ce 96 atteindra sa maturité dans trois ou quatre ans.
☛ EARL Dirler, 13, rue d'Issenheim, 68500 Bergholtz, tél. 03.89.76.91.00, fax 03.89.76.85.97 ☑ ꭥ r.-v.

LOBERGER Riesling 1996*

| ☐ | 0,45 ha | 3 000 | 30 à 50 F |

Ce riesling se distingue par sa finesse, offrant des notes plutôt florales. De bonne naissance, il est à la fois léger et long. Un caractère un peu végétal lui donne une fraîcheur de jeunesse. On le découvrira dans trois ou quatre ans, mais il se déguste déjà avec plaisir !
☛ Dom. Joseph Loberger, 10, rue de Bergholtz-Zell, 68500 Bergholtz, tél. 03.89.76.88.03, fax 03.89.74.16.89 ☑ ꭥ t.l.j. 8h30-18h; dim. sur r.-v.

Alsace grand cru sporen

DOPFF AU MOULIN
Gewurztraminer Propre récolte 1996

| ☐ | 1,15 ha | 6 200 | 70 à 100 F |

La célèbre maison de Riquewihr propose un gewurztraminer jaune d'or, aux arômes très intenses de raisin en surmaturation. Ce vin se développe en bouche de manière ample et agréable. Très concentré, il demande cependant à évoluer.
☛ SA Dopff Au Moulin, 2, av. Jacques-Preiss, 68340 Riquewihr, tél. 03.89.49.09.03, fax 03.89.47.83.61 ☑ ꭥ t.l.j. 9h-12h 14h-18h

Alsace grand cru steinert

PIERRE FRICK Gewurztraminer 1996★★★

| ☐ | 0,62 ha | 3 300 | 70 à 100 F |

Dès 1970, Pierre Frick s'est lancé dans la culture biologique. Depuis 1981, il pratique la biodynamie. Avec brio, comme en témoignent un sylvaner salué l'an dernier, et ce gewurztraminer jaune doré à reflets verts, aux arômes d'une exquise délicatesse. Le palais est gras, d'une grande harmonie. L'ampleur est remarquable pour un vin sec. Cette bouteille d'exception est prête à boire. Un dégustateur le servirait bien sur un canard à l'orange, un poulet au citron ou au curry, voire une tarte.
☛ Pierre Frick, 5, rue de Baer, 68250 Pfaffenheim, tél. 03.89.49.62.99, fax 03.89.49.73.78 ☑ ꭥ t.l.j. 9h-11h30 13h30-18h30; dim. sur r.-v.

JOSEPH RIEFLE Riesling 1996★★

| ☐ | 0,45 ha | 3 000 | 70 à 100 F |

Ce terroir calcaire, orienté vers le sud-est doit son nom aux éboulis pierreux qui rendent le sol sec et filtrant. De ce grand cru, Joseph Rieflé sait tirer le meilleur, témoin ce riesling dont le fruité est rendu par les notes de surmaturation, soutenues par les nuances de terroir. Les arômes de fruits très mûrs, surtout d'agrumes, participent à la complexité en bouche. Le vin est riche, un peu gras ; la fraîcheur ajoute de l'agrément à une finale déjà remarquable. Encore jeune, ce vin demande à s'ouvrir.

Alsace grand cru vorbourg

pâle à reflets verts, ce pinot gris présente un nez nettement fumé. Il aura bientôt trouvé son équilibre. Le palais est fin, complexe, racé, fruité comme on l'aime avec des notes de pêche.
🍇 André Stentz, 2, rue de la Batteuse, 68920 Wettolsheim, tél. 03.89.80.64.91, fax 03.89.79.59.75 ☑ 🍷 r.-v.

STENTZ-BUECHER Riesling 1996

| ☐ | 0,38 ha | 2 100 | 🍾 50 à 70 F |

Une étiquette très originale pour ce vin : une coupe de sol évoque la particularité de ce terroir, qui donne généralement des vins solides et aromatiques. Ce riesling est fin et fruité au nez ; ensuite, par sa nervosité, il affirme une bonne virilité de jeunesse qui cache encore les nuances de terroir. Il faudra l'attendre !
🍇 Jean-Jacques Stentz, 21, rue Kleb, 68920 Wettolsheim, tél. 03.89.80.68.09, fax 03.89.79.60.53 ☑ 🍷 t.l.j. sf dim. 8h-12h 14h-18h

Alsace grand cru steingrübler

BUTTERLIN Tokay-pinot gris 1996★

| ☐ | 0,25 ha | 1 800 | 🍾 50 à 70 F |

Les vignes du grand cru Steingrübler couvrent les pentes d'un coteau magnifiquement exposé au sud-est et s'étagent entre 280 et 350 m d'altitude. Les sols, marno-calcaires et cailloutreux, favorisent l'expression du cépage et la longévité des vins. Ce 96 demande un peu de patience, car sa finale n'est pas encore complètement fondue. Le reste est très plaisant, du nez de raisins secs, en harmonie avec la couleur jaune doré, à la bouche grasse, moelleuse et dont la légèreté exprime ce terroir.
🍇 Jean Butterlin, 27, rue Herzog, 68920 Wettolsheim, tél. 03.89.80.60.60, fax 03.89.80.58.61 ☑ 🍷 r.-v.

JOS MOELLINGER ET FILS
Riesling 1996★

| ☐ | 0,2 ha | 1 600 | 🍾 30 à 50 F |

Ce grand cru tire son nom d'anciennes carrières exploitées à partir du XIII^{e}s. Ses sols sont cailloutreux, marno-calcaires. La partie haute, un peu plus sableuse, est propice au riesling. Celui-ci offre une palette aromatique d'une agréable fraîcheur, avec des notes florales et citronnées. Les nuances d'agrumes persistent au palais et se mêlent à des saveurs de pêche. Une note minérale vient s'ajouter en finale.
🍇 Jos. Moellinger et Fils, 6, rue de la 5e-D.-B., 68920 Wettolsheim, tél. 03.89.80.62.02, fax 03.89.80.04.94 ☑ 🍷 t.l.j. 8h-12h 13h30-19h; dim. sur r.-v.; f. oct.

ANDRE STENTZ Tokay-pinot gris 1996

| ☐ | n.c. | 1000 | 🍾 70 à 100 F |

Les Stentz sont vignerons depuis plus de trois siècles. C'est l'arrière-grand-père qui a commencé la mise en bouteilles. André Stentz a fait prendre un nouveau virage à l'exploitation en la convertissant à la culture biologique. Jaune

Alsace grand cru vorbourg

JOSEPH GRUSS ET FILS
Gewurztraminer 1996★

| ☐ | 0,58 ha | 4 000 | 🍾 50 à 70 F |

Etabli à Eguisheim, ce vigneron a diversifié ses terroirs en s'installant dans le Vorbourg, à Rouffach. Jaune d'or, d'une très grande finesse avec des notes de miel et de fleurs blanches, gras et ample en bouche, c'est le vin type du millésime. On peut le déguster dès à présent.
🍇 Joseph Gruss et Fils, 25, Grand-Rue, 68420 Eguisheim, tél. 03.89.41.28.78, fax 03.89.41.76.66 ☑ 🍷 t.l.j. sf dim. 8h-12h 13h30-18h; f. vendanges

HUNOLD Tokay-pinot gris 1996★

| ☐ | 27 ha | 2 000 | 🍾 50 à 70 F |

Bruno Hunold est établi à Rouffach, haut lieu du vignoble alsacien. Son lycée agricole et viticole a formé bon nombre de vignerons de la région. Ce domaine présente un 96 or à reflets verts, au nez floral nuancé de fumée. La bouche est plaisante, avec son attaque nette et sa rondeur bien maîtrisée. On retrouve les fleurs en finale (fleurs blanches), mêlées à des notes de grillé.
🍇 Bruno Hunold, 29, rue aux Quatre-Vents, 68250 Rouffach, tél. 03.89.49.60.57, fax 03.89.49.67.66 ☑ 🍷 t.l.j. 8h30-12h 13h30-19h; dim. 8h30-12h

CLOS SAINT LANDELIN
Tokay-pinot gris 1996

| ☐ | 2,7 ha | 15 000 | 🍾 100 à 150 F |

Onze générations se sont succédé sur cette exploitation, qui remonte à 1648. Le Clos Saint-Landelin, son terroir de prestige, a donné ce pinot gris d'un joli jaune paille, aux fragrances grillées et miellées. Si la finale demande à se parfaire, le palais est agréable, avec sa bonne attaque et ses arômes (de nouveau le grillé, mêlé à des notes d'épices) intenses en fin de bouche.

117   L'ALSACE

Alsace granc cru wiebelsberg

☛ René Muré, Clos Saint-Landelin, rte du Vin, 68250 Rouffach, tél. 03.89.78.58.00, fax 03.89.78.58.01 ☑ ⚭ r.-v.

CLOS SAINT-LANDELIN
Gewurztraminer Vendanges tardives 1994*

☐   3,89 ha   9 500   ◨ +200 F

Ce clos doit son nom à un moine irlandais, mort vers 640, qui évangélisa la région. Un siècle plus tard, l'évêque de Strasbourg fit don au monastère de Saint-Landelin de « vignes choisies parmi les meilleures d'Alsace ». Le « bien Saint-Landelin » donne toujours des vins de qualité, tel ce gewurztraminer jaune paille, au nez encore discret de fruits secs. Le palais révèle une belle matière. Ample, généreux et long, il finit sur des notes de fruits exotiques.
☛ René Muré, Clos Saint-Landelin, rte du Vin, 68250 Rouffach, tél. 03.89.78.58.00, fax 03.89.78.58.01 ☑ ⚭ r.-v.

Alsace grand cru wiebelsberg

DOM. ANDRE ET REMY GRESSER
Riesling 1996*

☐   0,82 ha   4 000   ◨ 50 à 70 F

Voisin du Kastelberg, ce grand cru présente des sols très différents : il repose sur du grès rose. Il est également favorable au riesling. Floral et fruité, ce 96 se montre plus complexe au nez qu'en bouche. Son harmonie résulte de son équilibre, d'une petite rondeur, d'un peu de gras et de sa persistance. Bien intéressant et déjà typique, ce vin gagnera à attendre deux ou trois ans.
☛ Dom. André et Rémy Gresser, 2, rue de l'Ecole, 67140 Andlau, tél. 03.88.08.95.88, fax 03.88.08.55.99 ☑ ⚭ t.l.j. sf dim. 9h-12h 14h-19h; groupes sur r.-v.

Alsace grand cru wineck-schlossberg

JEAN-MARC BERNHARD
Riesling 1996*

☐   0,35 ha   1 500   ◨ 50 à 70 F

Le terroir granitique et le microclimat du vallon de Katzenthal favorisent les expressions florales. Elles apparaissent bien dans ce riesling, d'ailleurs enrichi par des notes de surmaturation. La matière semble ample même si la finale doit se parfaire. Laissons passer sa jeunesse !
☛ Jean-Marc Bernhard, 21, Grand-Rue, 68230 Katzenthal, tél. 03.89.27.05.34, fax 03.89.27.58.72 ☑ ⚭ t.l.j. sf dim. 9h-12h 14h-19h

JEAN-PAUL ECKLE Riesling 1996★★★

☐   0,21 ha   2 200   ◨ 50 à 70 F

Le donjon du Wineck est l'emblème de ce grand cru dont l'histoire remonte au XIII°s. Le nom « Schlossberg » (« Montagne du Château fort ») apparaît en 1706. Des mentions fréquentes témoignent du renom de ce terroir. Une réputation méritée à en juger par ce magnifique riesling jaune doré qui marie des nuances florales et des notes fruitées à dominante exotique. Le palais est superbe par ses arômes, son équilibre et sa finale très longue. Félicitations !
☛ Jean-Paul Ecklé et Fils, 29, Grand-Rue, 68230 Katzenthal, tél. 03.89.27.09.41, fax 03.89.80.86.18 ☑ ⚭ t.l.j. 8h-12h 14h-18h

HENRI KLEE
Riesling Vendanges tardives 1995★

☐   0,5 ha   n.c.   ◨ 70 à 100 F

Le Wineck-Schlossberg est un terroir d'exposition sud, aux sols de granite à deux micas, fortement désagrégé. Ses pentes escarpées dominent le village de Katzenthal. De ce grand cru est né ce « vendanges tardives », d'un jaune à reflets verts et dorés. Le jury a apprécié son nez intense et très complexe de fleurs blanches et de fruits, nuancé de notes musquées, sa bouche structurée et équilibrée où l'on retrouve les fleurs et les fruits. Plutôt sec, c'est un vin racé.
☛ EARL Henri Klée et Fils, 11, Grand-Rue, 68230 Katzenthal, tél. 03.89.27.03.81, fax 03.89.27.28.17 ☑ ⚭ r.-v.

KLUR-STOECKLE Gewurztraminer 1996*

☐   0,62 ha   5 300   ◨ 50 à 70 F

Vous voulez découvrir la vie d'un domaine viticole, et vous initier à la géologie de ce terroir ? Ce vigneron propose aux visiteurs des séjours sur l'exploitation. Celle-ci est située dans le charmant village de Katzenthal. Vous aurez peut-être l'occasion de goûter ce 96 d'un jaune doré de belle brillance. Un vin plein d'atouts, avec son nez discret mais délicat, dominé par le miel et les épices, et son palais élégant, tout en finesse, marqué par des arômes de surmaturation (fruits confits). Le **wineck-schlossberg riesling 96** reçoit une étoile. Avec des notes florales qui lui confèrent une belle finesse, ce grand cru rejoint l'œnothèque des grands classiques.
☛ Klur-Stoecklé, 9, Grand-Rue, 68230 Katzenthal, tél. 03.89.27.24.61, fax 03.89.27.33.61 ☑ ⚭ t.l.j. 8h-12h 13h15-19h; dim. 8h-12h

Alsace grand cru zinnkoepflé

MEYER-FONNE Gewurztraminer 1996**

| | 0,25 ha | 1 300 | | 70 à 100 F |

Les sols granitiques du Wineck-Schlossberg conviennent particulièrement au gewurztraminer. Jaune d'or à l'œil, celui-ci est remarquable. Le jury a été conquis par son palais gras et intense, sa richesse et son harmonie. Un grand seigneur.
➥ Meyer-Fonné, 24, Grand-Rue, 68230 Katzenthal, tél. 03.89.27.16.50, fax 03.89.27.34.17 ☑ ☒ r.-v.

ALBERT SCHOECH Riesling 1996*

| | 1,5 ha | 13 320 | | 50 à 70 F |

Habillé d'un or pâle à reflets verts, ce riesling est un trésor d'arômes fins et élégants : des nuances florales, des notes de fruits blancs, un soupçon de minéral et un brin de menthe... Sa bonne structure et son harmonie le rendent bien plaisant.
➥ Albert Schoech, pl. du Vieux-Marché, 68770 Ammerschwihr, tél. 03.89.78.23.17, fax 03.89.27.51.24

Alsace grand cru winzenberg

RENE KIENTZ FILS Riesling 1996**

| | 0,3 ha | 2 000 | | 30 à 50 F |

En forte pente, exposé au sud-sud-est, ce terroir domine la ville de Blienschwiller. Reposant sur un substrat de granite à deux micas, le sol fait fleurir les riesling. Dans celui-ci, le terroir ajoute son grain minéral et des notes de surmaturation. En bouche, la continuité est bien assurée, avec du gras, de l'ampleur et une belle acidité qui garantit une bonne longévité.
➥ René Kientz Fils, 49, rte du Vin, 67650 Blienschwiller, tél. 03.88.92.49.06, fax 03.88.92.45.87 ☑ ☒ r.-v.

J.M. SOHLER Riesling 1996*

| | 0,16 ha | 1 500 | | 30 à 50 F |

Sur la porte de la cave est gravée la date de construction de la maison : 1563. Ce riesling aux nuances florales, d'abord un peu réservé, s'ouvre sur des notes de surmaturation. Il est riche, puissant et harmonieux. La finale est longue et chaleureuse.
➥ Jean-Marie et Hervé Sohler, 66, rte des Vins, 67650 Blienschwiller, tél. 03.88.92.42.93 ☑ ☒ r.-v.

Alsace grand cru zinnkoepflé

SEPPI LANDMANN
Riesling Vendanges tardives 1995

| | 0,58 ha | 1 200 | | 150 à 200 F |

Le Zinnkoepflé est un coteau majestueux aux pentes escarpées. Il domine la pittoresque vallée de Soultzmatt. Son terroir calcaro-gréseux donne des vins expressifs. De couleur jaune avec de larges reflets verts, celui-ci développe un nez assez intense de fruits (coing) et de fleurs. Marqué par une douceur importante, il est cependant bien typé. A attendre.
➥ Seppi Landmann, 20, rue de la Vallée, 68570 Soultzmatt, tél. 03.89.47.09.33, fax 03.89.47.06.99 ☑ ☒ r.-v.

SEPPI LANDMANN
Gewurztraminer Sélection de grains nobles 1994***

| | 0,68 ha | 1000 | | +200 F |

Passionné de terroirs, excellent vigneron, Seppi Landmann sait surprendre l'amateur avec des bouteilles d'une grande personnalité, tel ce gewurztraminer habillé d'or. L'univers aromatique est complexe : les parfums floraux s'allient à de discrètes notes d'agrumes, les fragrances de rose se nuancent de touches épicées. Le palais séduit par sa richesse. Un vin liquoreux d'exception, déjà plaisant malgré sa jeunesse.
➥ Seppi Landmann, 20, rue de la Vallée, 68570 Soultzmatt, tél. 03.89.47.09.33, fax 03.89.47.06.99 ☑ ☒ r.-v.

SEPPI LANDMANN
Riesling Sélection de grains nobles 1994

| | 0,58 ha | 500 | | +200 F |

Le vignoble de la propriété a été constitué dès le XVI[e]s. Il est réparti sur les coteaux de la vallée Noble (Vallis Praenobilis) qui a donné son nom à la cave. Or soutenu, ce 94 présente des larmes importantes, signe de la générosité du vin. Au nez, le minéral s'allie au fruité surmûri. En bouche, on est frappé par l'ampleur et le corps ; la finale secondée par la fraîcheur nécessaire.
➥ Seppi Landmann, 20, rue de la Vallée, 68570 Soultzmatt, tél. 03.89.47.09.33, fax 03.89.47.06.99 ☑ ☒ r.-v.

FRANCIS MURE
Gewurztraminer Sélection de grains nobles 1994*

| | 0,2 ha | 1000 | | 150 à 200 F |

Westhalten dispose de terroirs propices à l'élaboration de vins de grande maturité. Leur situation permet le développement de la pourriture noble. Ce 94 est d'un vieil or très intense. Son nez est dominé par des arômes de fruits confits fort délicats. Des notes grillées et des nuances de pain d'épice ajoutent à sa complexité. En bouche, ce gewurztraminer se montre ample, long, très liquoreux. Il termine sur les nuances grillées et épicées perçues à l'olfaction.

Alsace grand cru zotzenberg

☛ Francis Muré, 30, rue de Rouffach, 68250 Westhalten, tél. 03.89.47.64.20, fax 03.89.47.09.39 ◨ ꭕ r.-v.

ERIC ROMINGER
Gewurztraminer Les Sinneles 1996*

☐   0,8 ha   2 500   ◨ ♦   70 à 100 F

Eric Rominger a développé son domaine de manière remarquable : 50 % de son vignoble est aujourd'hui situé dans le grand cru du Zinnkoepflé, majestueux coteau de la vallée Noble aux pentes escarpées. Déjà remarquée dans le millésime précédent, la cuvée Les Sinneles est d'un jaune légèrement doré. Son nez est très marqué par la rose. Intense et concentrée, la bouche présente une bonne acidité, gage d'une évolution favorable.

☛ Eric Rominger, 6, rue de l'Eglise, 68500 Bergholtz, tél. 03.89.76.14.71, fax 03.89.74.81.44 ◨ ꭕ r.-v.

ERIC ROMINGER Riesling 1996**

☐   0,6 ha   2 000   ◨ ♦   50 à 70 F

D'année en année, le riesling d'Eric Rominger défilent dans le Guide, 92, 93, 94 et 95. Celui-ci fait honneur à ce terroir à calcaire coquillier, exposé plein sud et particulièrement ensoleillé. Un soleil qui se traduit par la teinte jaune d'or, les arômes à la fois riches et vifs du cépage, assortis d'une note fumée due au terroir. Franc par l'attaque, riche par la matière et de belle longueur, voilà un riesling remarquable, qui sera encore meilleur dans trois ou quatre ans.

☛ Eric Rominger, 6, rue de l'Eglise, 68500 Bergholtz, tél. 03.89.76.14.71, fax 03.89.74.81.44 ◨ ꭕ r.-v.

A WISCHLEN
Gewurztraminer Sélection de grains nobles 1994*

☐   0,27 ha   2 400   ◧◨   100 à 150 F

D'exposition sud-sud-est, le Zinnkoepflé est en outre protégé des influences océaniques par les plus hauts sommets vosgiens. Il a donné ce « sélection de grains nobles » vieil or à l'œil. L'arôme naissant du cépage laisse présager un bel avenir ; le palais équilibré confirme ce bon potentiel. Un dégustateur suggère de le regoûter dans deux ans.

☛ François Wischlen, 4, rue de Soultzmatt, 68250 Westhalten, tél. 03.89.47.01.24, fax 03.89.47.62.90 ◨ ꭕ t.l.j. sf dim. 9h-12h 14h-18h

Alsace grand cru zotzenberg

PIERRE ET JEAN-PIERRE RIETSCH
Riesling 1996

☐   0,3 ha   2 700   ◨ ◧◨ ♦   30 à 50 F

Ce terroir marno-calcaire, situé sur le flanc sud de la colline de Mittelbergheim, était surtout connu pour son sylvaner. Aujourd'hui, les pinot gris, gewurztraminer et riesling s'y expriment. D'abord discret, ce riesling s'ouvre sur un fruité plus complexe. Les arômes d'agrumes et de fruits exotiques sont soutenus par une belle fraîcheur craquante rappelant le raisin. Une bonne personnalité en perspective !

☛ Pierre et Jean-Pierre Rietsch, 32, rue Principale, 67140 Mittelbergheim, tél. 03.88.08.00.64, fax 03.88.08.40.91 ◨ ꭕ r.-v.

Crémant d'alsace

La création de cette appellation, en 1976, a donné un nouvel essor à la production de vins effervescents élaborés selon la méthode traditionnelle, qui existait depuis longtemps à une échelle réduite. Les cépages qui peuvent entrer dans la composition de ce produit de plus en plus apprécié sont le pinot blanc, l'auxerrois, le pinot gris, le pinot noir, le riesling et le chardonnay. La production de crémant d'alsace a atteint 141 339 hl en 1996, représentant 12,1 % de la production d'AOC en Alsace.

RENE BARTH 1995*

○   n.c.   4 000   ◨ ♦   30 à 50 F

Œnologue passionné, Michel Fonné a repris, en 1989, le domaine de son oncle. Il y élabore ses vins en alliant technologie moderne et tradition. D'un or pâle, légèrement rosé en raison de l'assemblage, 60 % de pinot blanc et 40 % de pinot noir, ce crémant à la très bonne tenue de mousse présente au nez des arômes de fruits rouges. Elégance en bouche, mousse crémeuse : c'est un vin très convivial.

☛ Michel Fonné, 24, rue du Gal-de-Gaulle, 68630 Bennwihr, tél. 03.89.47.92.69, fax 03.89.49.04.86 ◨ ꭕ r.-v.

BERNARD BECHT Blanc de noirs 1995**

○   n.c.   4 000   ◨ ♦   30 à 50 F

Bernard Becht excelle avec son crémant. Le terroir argilo-calcaire et le cépage pinot noir lui permettent d'atteindre ici une qualité remarquable. Vieil or, d'une belle brillance, avec des bulles tout en finesse, ce vin est arrivé aujourd'hui à un très haut niveau d'expression. Son harmonie est

Crémant d'alsace

parfaite ; équilibre et souplesse sont particulièrement à signaler.
🍇 Bernard Becht, 84, Grand-Rue, 67120 Dorlisheim, tél. 03.88.38.20.37, fax 03.88.38.88.00 ✅ 🍷 r.-v.

PIERRE BECHT 1996*

| ○ | 2 ha | 20 000 | 🍾 | 30 à 50 F |

Situé entre Molsheim et Obernai, à l'entrée de la vallée de la Bruche, Dorlisheim développe un vignoble remarquable par son exposition et ses terroirs. D'aspect jaune à reflets dorés, avec sa mousse fine et persistante, ce vin présente au nez des arômes de fruits, fins et subtils. Vineux et équilibré, mais sans lourdeur, c'est un crémant à servir en apéritif.
🍇 Pierre Becht, 26, fg des Vosges, 67120 Dorlisheim, tél. 03.88.38.18.22, fax 03.88.38.87.81 ✅ 🍷 t.l.j. 8h30-11h30 14h-18h; dim. sur r.-v.

BENNWIHR*

| ○ | | n.c. | n.c. | 🍾 | 30 à 50 F |

Bennwihr, village viticole, a été presque entièrement détruit en 1945. Les viticulteurs décidèrent alors de construire une cave : ce fut le début de la coopérative en 1946. Ce crémant est jaune clair avec des reflets verts ; sa mousse importante, à bulles plutôt grosses, remplit le verre ; le nez agréable mais discret précède une attaque franche complétée par une belle longueur. Bon équilibré.
🍇 Les Caves de Bennwihr, 3, rue du Gal-de-Gaulle, 68630 Bennwihr, tél. 03.89.49.09.29, fax 03.89.49.09.20 ✅ 🍷 t.l.j. 9h-12h 14h-18h

JEAN-MARC BERNHARD 1995

| ● | 0,15 ha | 2 000 | 🍾 | 30 à 50 F |

Élaborateur de crémant depuis 1981, ce vigneron présente ici sa première cuvée de pinot noir en effervescent rosé. Une mousse légère qui s'atténue assez rapidement se dégage de ce vin rosé à reflets orangés. Le nez, frais et léger, reste agréable. L'attaque est plaisante, l'harmonie devant encore se parfaire.
🍇 Jean-Marc Bernhard, 21, Grand-Rue, 68230 Katzenthal, tél. 03.89.27.05.34, fax 03.89.27.58.72 ✅ 🍷 t.l.j. sf dim. 9h-12h 14h-19h

MAXIME BRAND 1996

| ● | 0,18 ha | 2 000 | 🍾 | 30 à 50 F |

Non loin de Strasbourg, vous trouverez le vignoble d'Ergersheim couvrant un sol marno-calcaire. Les bulles bien présentes relèvent agréablement la robe rosée de ce 96. Le nez est frais, l'attaque nerveuse. L'harmonie devra encore se parfaire.
🍇 Maxime Brand, 15, rue Principale, 67120 Ergersheim, tél. 03.88.38.18.87, fax 03.88.49.84.44 ✅ 🍷 r.-v.

THEO CATTIN ET FILS Brut Théo 1995*

| ○ | 0,84 ha | 9 000 | 🍾 | 30 à 50 F |

Une teinte jaune à reflets verts et des arômes discrets rappellent la typicité du pinot blanc. L'attaque franche et fraîche confère à ce vin un bel équilibre. Une bouteille réussie, à déguster dès maintenant pour le plaisir.

🍇 Théo Cattin et Fils, 35, rue Roger-Frémeaux, 68420 Voegtlinshoffen, tél. 03.89.49.30.43, fax 03.89.49.28.80 ✅ 🍷 r.-v.

RENE FLEITH-ESCHARD 1995*

| ○ | 0,55 ha | 5 600 | 🍾 | 30 à 50 F |

En 1997, ce vigneron a transféré ses installations en plein cœur du vignoble, maintenant ainsi sa technicité et sa compétitivité à un niveau élevé. Or pâle intense avec des reflets verts, son crémant dégage une mousse perlée et fine. Ses arômes rappellent la noix et les fruits secs, surtout l'abricot. La belle attaque est tout en finesse, la mousse bien présente. L'ensemble, frais et mature, montre une bonne tenue.
🍇 René Fleith et Fils, lieu-dit Lange Matten, 68040 Ingersheim, tél. 03.89.27.24.19, fax 03.89.27.56.79 ✅ 🍷 r.-v.

FREY-SOHLER Blanc de noirs 1995

| ○ | 0,5 ha | 3 000 | 🍾 | 50 à 70 F |

Le vignoble de Scherwiller couvre des sols plutôt légers, arènes granitiques (lorsqu'il est à flanc de coteau) ou alluvions provenant du Giessen. Les vins expriment cette légèreté, reflet du terroir. Ce 95 se caractérise par sa couleur jaune ou aux nuances rosées et par sa mousse peu abondante aux bulles fines et régulières. Assez discret au nez, il remplit bien la bouche avec une finale de bonne vivacité.
🍇 Frey-Sohler, 72, rue de l'Ortenbourg, 67750 Scherwiller, tél. 03.88.92.10.13, fax 03.88.82.57.11 ✅ 🍷 t.l.j. 8h-12h 13h-19h; dim. sur r.-v.
🍇 Marthe Sohler

JOSEPH GSELL 1995

| ○ | | n.c. | 13 000 | 🍾 | 30 à 50 F |

Orschwihr organise chaque année la « nuit du crémant » pour honorer ce vin. Les bulles fines de ce 95, qui se dégagent sans discontinuer, forment une collerette persistante. Le nez de pinot blanc se montre peut-être un peu discret. Le palais se distingue par une attaque fraîche, d'un bon équilibre ; la fin de bouche est agréable.
🍇 EARL Joseph Gsell, 26, Grand-Rue, 68500 Orschwihr, tél. 03.89.76.95.11, fax 03.89.76.20.54 ✅ 🍷 r.-v.

HEIMBERGER Blanc de blancs 1996

| ○ | | n.c. | 48 000 | 🍾 | 30 à 50 F |

La cave de Beblenheim établie dans le château du village. Très tôt, elle a misé, avec beaucoup de succès, sur l'élaboration du crémant. Jaune clair à l'œil, celui-ci n'offre pas une mousse très abondante. Le nez discret laisse apparaître des notes grillées ; le palais, franc et vif, présente une assez bonne longueur.
🍇 Cave vinicole de Beblenheim, 68980 Beblenheim, tél. 03.89.47.90.02, fax 03.89.47.86.85 ✅ 🍷 r.-v.

DOM. JUX 1995*

| ○ | | n.c. | 20 000 | 🍾 | 30 à 50 F |

Le domaine Jux compte toujours parmi les exploitations viticoles les plus importantes d'Alsace. Repris il y a quelques années par Wolfberger, il produit des vins qui se distinguent par leur type, leur race et leur élégance. Issu de char-

121

L'ALSACE

Crémant d'alsace

donnay, ce 95 est d'un très bel aspect vieil or, avec une couronne de bulles fines et persistantes. Son nez est plutôt minéral, le palais tout en finesse et de très belle harmonie.
➤ Dom. Jux, 5, chem. de la Fecht, 68000 Colmar, tél. 03.89.79.13.76, fax 03.89.79.62.93 ■

KLEIN-BRAND 1995

| ○ | 3 ha | 31 000 | ■ ♦ 30 à 50 F |

Située au fond de la vallée Noble, la ville de Soultzmatt est dominée par l'un des vignobles les plus escarpés d'Alsace. Son exposition sud-sud-est lui confère un potentiel viticole particulier. Ce crémant se distingue par sa mousse légère, formée à partir d'un chapelet de bulles très fines. D'une belle attaque en bouche, il présente une bonne harmonie.
➤ Klein-Brand, 96, rue de la Vallée, 68570 Soultzmatt, tél. 03.89.47.00.08, fax 03.89.47.65.53 ■ ⊤ t.l.j. sf dim. 8h-12h 13h30-18h

KOEHLY Saint-Urbain 1995★

| ◐ | 0,42 ha | 2 000 | ■ ♦ 30 à 50 F |

Kintzheim est le point de départ de nombreuses excursions : Sélestat, ville historique, le château du Haut-Kœnigsbourg, les forêts vosgiennes... sans oublier la Montagne des singes et la Volerie des aigles. La mousse de ce 95 est fine et régulière, la robe rosée très franche ; ce vin laisse apparaître au nez des arômes de fruits rouges et surtout de framboise. Un palais franc, frais, bien équilibré, invite à la dégustation.
➤ Jean-Marie Koehly, 64, rue du Gal-de-Gaulle, 67600 Kintzheim, tél. 03.88.82.09.77, fax 03.88.82.70.49 ■ ⊤ t.l.j. 8h-20h; groupes sur r.-v.; f. 23 déc.-3 janv.

CH. OLLWILLER
Clos de la Tourelle 1995★

| ○ | n.c. | 4 000 | 50 à 70 F |

Le vignoble de Soultz-Wuenheim se situe à l'extrémité sud du vignoble alsacien. Grâce à sa très bonne exposition, les cépages traditionnels y réussissent parfaitement, notamment les pinots. Ce 95, de bonne tenue, avec une mousse fine et une couleur vert pâle, est fort agréable. Discret au nez, il se signale par une bonne attaque au palais, de belle race et de bonne longueur. A déguster dès maintenant.
➤ Cave vinicole du Vieil-Armand, 68360 Soultz-Wuenheim, tél. 03.89.76.73.75 ■ ⊤ r.-v.

RUHLMANN-DIRRINGER 1995

| ○ | 0,8 ha | 9 000 | ■ ♦ 30 à 50 F |

Village viticole le plus important d'Alsace, Dambach-la-Ville est sans doute aussi celui où l'on rencontre le plus grand nombre de metteurs en marché ; son économie est donc liée étroitement à la vigne. Vert pâle avec des reflets jaunes, ce crémant est caractérisé par une mousse fine, un fruité discret mais assez persistant, une prise en bouche agréable qui lui confère une certaine légèreté.
➤ Ruhlmann-Dirringer, 3, imp. de Mullenheim, 67650 Dambach-la-Ville, tél. 03.88.92.40.28, fax 03.88.92.48.05 ■ ⊤ t.l.j. sf dim. 9h-11h30 13h30-18h30

PAUL SCHNEIDER 1995★★

| ○ | 1,5 ha | 10 000 | ■ ♦ 50 à 70 F |

Eguisheim est l'une des bourgades les plus visitées du vignoble. Beaucoup de vignerons sont installés dans des demeures chargées d'histoire. Jaune pâle, avec une mousse fine de bonne persistance, ce vin se caractérise par des arômes d'une grande légèreté, très typiques du cépage. Il se montre très plaisant en bouche où son côté agréable tient à la légèreté, déjà appréciée au nez.
➤ Paul Schneider et Fils, 1, rue de l'Hôpital, 68420 Eguisheim, tél. 03.89.41.50.07, fax 03.89.41.30.57 ■ ⊤ t.l.j. 8h30-11h30 13h30-18h30; dim. sur r.-v.

BRUNO SORG 1996★

| ○ | 1,5 ha | 15 000 | 30 à 50 F |

Bruno Sorg est l'un des vignerons en vue d'Eguisheim. Il a présidé pendant un certain temps aux destinées du syndicat viticole local. Il connaît donc parfaitement l'évolution de la viticulture alsacienne. De teinte jaune paille, embelli par une mousse fine et persistante, son crémant présente aujourd'hui ses meilleurs atouts. Le nez franc, légèrement beurré, laisse présager le palais racé, élégant, qui invite à le déguster.
➤ GAEC Bruno Sorg, 8, rue Stumpf, 68420 Eguisheim, tél. 03.89.41.80.85, fax 03.89.41.22.64 ■ ⊤ r.-v.

PAUL SPANNAGEL 1996★

| ○ | 0,45 ha | 5 244 | ■ ♦ 30 à 50 F |

Jaune plutôt doré à l'œil, embelli par des bulles persistantes qui se dégagent en chapelet, ce vin au nez nuancé de réglisse est aujourd'hui bien fondu en bouche : il invite à la dégustation.
➤ EARL Paul Spannagel et Fils, 1, Grand-Rue, 68230 Katzenthal, tél. 03.89.27.01.70, fax 03.89.27.45.93 ■ ⊤ t.l.j. 8h-12h 14h-19h; dim. sur r.-v.

PIERRE SPARR
Blanc de blancs Dynastie 1995

| ○ | n.c. | 6 800 | ■ ♦ 70 à 100 F |

Pierre Sparr, l'actuel dirigeant de la maison, est aussi œnologue ; il élève ses vins avec une passion raisonnée, conciliant la technologie moderne et la tradition de la maison. Une mousse très fine et une couleur or pâle nuancée d'un reflet rosé (30 % de pinot noir dans l'assemblage) caractérisent ce 95 qui livre des parfums floraux et fruités de fruits rouges. En bouche, les arômes très complexes de pain grillé et de sous-bois se fondent avec les notes d'agrumes.
➤ Maison Pierre Sparr et ses Fils, 2, rue de la 1re-Armée Française, 68240 Sigolsheim, tél. 03.89.78.24.22, fax 03.89.47.32.62 ■ ⊤ t.l.j. sf sam. dim. 8h-12h 14h-18h; f. août

SPITZ ET FILS
Fronholz Blanc de noirs 1995★

| ○ | 0,54 ha | 5 000 | ■ 30 à 50 F |

Le pinot noir donne naissance à des crémants qui ont une présence au palais plus affirmée, une

Crémant d'alsace

ampleur plus importante et davantage de mâche que ceux qui sont issus de cépages blancs. Jaune très brillant, ce 95 dégage une mousse fine et persistante. Marqué par les fruits d'automne (mirabelle, quetsche) au nez, il révèle beaucoup d'élégance et de longueur au palais. A apprécier dès maintenant.

🍷 Spitz et Fils, 2, rte du Vin, 67650 Blienschwiller, tél. 03.88.92.61.20, fax 03.88.92.61.26 ✓ ⊤ r.-v.
🍷 Dominique Spitz

BERNARD STAEHLE 1995**

| ○ | n.c. | n.c. | 🍾 | 30 à 50 F |

Cette exploitation, située à Wintzenheim près de Colmar, s'est illustrée dans l'élaboration des crémants. Leur typicité est marquée à la fois par le sol argilo-calcaire et l'assemblage de cépages (80 % d'auxerrois, 20 % de pinot blanc). D'un jaune pâle très brillant, avec une superbe mousse persistante et cristalline en couronne, ce 95 laisse apparaître au nez des arômes framboisés, légèrement réglissés, nuancés de fraise des bois. Tout en finesse au palais, son corps vineux est soutenu par une mousse discrète et sait affirmer son élégance.

🍷 Bernard Staehlé, 15, rue Clemenceau, 68920 Wintzenheim, tél. 03.89.27.39.02, fax 03.89.27.59.37 ✓

ALFRED WANTZ 1996*

| ○ | 0,8 ha | 5 000 | 🍾 | 30 à 50 F |

Maison anciennement établie à Mittelbergheim, village parmi les plus pittoresques de la route des Vins. Les vignerons sont très souvent installés dans ces maisons séculaires qui témoignent de la prospérité de la profession. Une mousse fine et intense, bien persistante, donne un cachet particulier à ce vin qui se présente dans une robe légère, nuancée de rose. Discret mais très fin au nez, il révèle un palais long, équilibré et harmonieux. Bel apéritif.

🍷 Jean-Marc Wantz, 3, rue des Vosges, 67140 Mittelbergheim, tél. 03.88.08.91.43, fax 03.88.08.58.74 ✓ ⊤ t.l.j. sf dim. 9h-12h 13h-18h

ALSACE WILLM 1995*

| ○ | n.c. | 5 000 | | 30 à 50 F |

La maison Willm est devenue, au fil des années, l'un des joyaux du vignoble alsacien. Son propriétaire était à l'origine restaurateur et il exploitait une petite surface de vignes. A partir de 1918, il s'est consacré entièrement au métier de vigneron. Cette propriété fait partie aujourd'hui du groupe Wolfberger. La mousse de son 95 est belle et de bonne persistance ; ce crémant couleur jaune clair à reflets verts, discret et fin au nez, révèle en bouche légèreté et élégance ; c'est un vin gouleyant, agréable, de bonne longueur.

🍷 Alsace Willm SA, 32, rue du Dr-Sultzer, 67140 Barr, tél. 03.88.08.19.11, fax 03.88.08.56.21 ✓ ⊤ t.l.j. sf sam. dim. 8h-11h 14h-17h

A. WITTMANN ET FILS 1995*

| ○ | 0,24 ha | 2 600 | 🍾 | 30 à 50 F |

Certains vignerons élaborent leur crémant à partir de cépages nettement marqués par le fruit du raisin, comme ici le riesling, variété qui donne des vins typés. Celui-ci est jaune très clair ; c'est « une explosion de bulles », selon l'un des dégustateurs. Avec son nez fin et des notes d'amande, ce 95 est marqué par la légèreté des bulles, la souplesse au palais et une bonne acidité en finale. Il peut encore attendre.

🍷 EARL André Wittmann et Fils, 7-9, rue Principale, 67140 Mittelbergheim, tél. 03.88.08.95.79, fax 03.88.08.53.81 ✓ ⊤ r.-v.

WOLFBERGER Prestige 1995

| ○ | n.c. | n.c. | | 50 à 70 F |

Wolfberger est sans aucun doute le promoteur du crémant en Alsace. Dès 1971, il a commercialisé les premiers vins effervescents qui n'ont accédé que quelques années plus tard à l'AOC crémant. Ce 95 à la mousse et aux bulles peu apparentes, d'une teinte jaune pâle à reflets verts, est bien agréable. Son nez intense présente une note beurrée. Le palais se montre franc, de bonne pétillance. Bel équilibre.

🍷 Wolfberger, 6, Grand-Rue, 68420 Eguisheim, tél. 03.89.22.20.20, fax 03.89.23.47.09 ✓ ⊤ r.-v.

Les vins de l'Est

Les vignobles des Côtes de Toul et de la Moselle restent les deux seuls témoins d'une viticulture lorraine autrefois florissante. Florissant, le vignoble lorrain l'était par son étendue, supérieure à 30 000 ha en 1890. Il l'était aussi par sa notoriété. Les deux vignobles connurent leur apogée à la fin du XIXe s. Dès cette époque, plusieurs facteurs se conjuguèrent pour entraîner leur déclin : la crise phylloxérique, qui introduisit

Côtes de toul

l'usage de cépages hybrides de moindre qualité ; la crise économique viticole de 1907 ; la proximité des champs de bataille de la Première Guerre mondiale ; l'industrialisation de la région, à l'origine d'un formidable exode rural. Ce n'est qu'en 1951 que les pouvoirs publics reconnurent l'originalité de ces vignobles et définirent les côtes de toul et vins de moselle, les rangeant ainsi définitivement parmi les grands vins de France.

Côtes de toul

Situé à l'ouest de Toul et du coude caractéristique de la Moselle, le vignoble se trouve sur le territoire de huit communes qui s'échelonnent le long d'une côte résultant de l'érosion de couches sédimentaires du Bassin parisien. On y rencontre des sols de période jurassique, composés d'argiles oxfordiennes, avec des éboulis calcaires en notable quantité, très bien drainés et d'exposition sud ou sud-est. Le climat semi-continental qui renforce les températures estivales est favorable à la vigne. Toutefois, les gelées de printemps sont fréquentes.

Le gamay domine toujours, bien qu'il régresse sensiblement au profit du pinot noir. L'assemblage de ces deux cépages produit des vins gris caractéristiques, obtenus par pressurage direct. En outre, le décret précise l'obligation d'assembler au minimum 10 % de pinot noir au gamay en superficie pour la production de gris, ceci conférant au vin une plus grande rondeur. Le pinot noir seul, vinifié en rouge, donne des vins corsés et agréables, l'auxerrois d'origine locale, en progression constante, des vins blancs tendres.

La vigne couvre actuellement près de 100 ha, qui assurent une production parfois supérieure à 6 000 hl.

Parfaitement fléchée au départ de Toul, une route du Vin et de la Mirabelle parcourt le vignoble.

Ce vignoble vient d'accéder à l'appellation d'origine contrôlée (décret du 31 mars 1998).

VINCENT GORNY
Vin gris Cuvée sélection 1997

| | 3,2 ha | 20 000 | -30 F |

Vincent Gorny a repris l'exploitation familiale en 1991. Il a ici assemblé 80 % de gamay au pinot et a élevé le vin sept mois en cuve. Bientôt ce gris accompagnera la quiche lorraine. Dans sa belle robe limpide, brillante, il offre un nez franc, fin, agréable. Le palais, soutenu par une acidité plaisante, est d'un bel équilibre.

Vincent Gorny, 22, Grand-Rue, 54200 Lucey, tél. 03.83.63.81.87, fax 03.83.63.80.41 r.-v.

DOM. DE LA LINOTTE Pinot noir 1997*

| | 0,47 ha | 2 200 | -30 F |

Marc Laroppe s'installe en 1993 et plante ses premières vignes, choisissant la conduite en lyre. Le millésime 97 se distingue en **auxerrois**, cité, et surtout avec ce pinot à la belle robe violacée, brillante, et au nez fruité, agréable. Bien typé au palais, il révèle un bel équilibre.

Marc Laroppe, 90, rue Victor-Hugo, 54200 Bruley, tél. 03.83.63.29.02 r.-v.

LAROPPE
Pinot noir Elevé en fût de chêne 1997*

| | 3 ha | 12 000 | 30 à 50 F |

Les Laroppe ont été parmi les artisans du passage en AOC. On se souvient de leur coup de cœur pour le pinot 96 l'an dernier, que le jury a redégusté hors concours cette année, applaudissant sa matière et sa bonne tenue. Le **vin gris 97** reçoit une étoile pour son équilibre et sa fraîcheur. Quant au pinot 97, de belle couleur brillante, violacée, il offre un nez fin, fruité (cassis, groseille), agréable. Le palais vanillé ne cache pas le fût qui l'a élevé, mais il se montre bien équilibré, très long en fin de bouche.

Marcel et Michel Laroppe, 253, rue de la République, 54200 Bruley, tél. 03.83.43.11.04, fax 03.83.43.36.92

ANDRE ET ROLAND LELIEVRE
Pinot noir Elevé en fût de chêne 1996**

| | 2,37 ha | 1 762 | 30 à 50 F |

La famille Lelièvre a joué un rôle dans le renouvellement du vignoble du Toulois. Deux vins ont été sélectionnés par le jury : un **auxerrois 97** typique, cité pour ses notes florales, à boire dès l'automne, et ce pinot élevé en fût de chêne, à la robe brillante et intense. Le nez boisé, agréable, annonce le palais vanillé, mais d'un très bel équilibre.

Lelièvre Frères, 3, rue de la Gare, 54200 Lucey, tél. 03.83.63.81.36, fax 03.83.63.84.45 r.-v.

LES VIGNERONS DU TOULOIS
Auxerrois 1997*

| | n.c. | 3 200 | -30 F |

La plus petite coopérative de France réunit depuis 1990 dix vignerons. Ils ont réussi tout autant leur **pinot noir 97** que cet auxerrois clair et limpide, d'une belle brillance. Un nez puissant, floral se montre typique du cépage, très agréable.

Au palais, une sensation acidulée accompagne des notes d'agrumes. D'un très bon équilibre, ce vin possède une belle longueur.
🕭 Les Vignerons du Toulois, 43, pl. de la Mairie, 54113 Mont-le-Vignoble, tél. 03.83.62.59.93, fax 03.83.62.59.93 Ⅴ Ⓨ t.l.j. sf lun.14h-18h

Moselle AOVDQS

Le vignoble est établi sur les coteaux qui bordent la vallée de la Moselle ; ils ont pour origine les couches sédimentaires formant la bordure orientale du Bassin parisien. L'aire délimitée se concentre autour de trois pôles principaux : le premier au sud et à l'ouest de Metz, le second dans la région de Sierck-les-Bains, le troisième dans la vallée de la Seille autour de Vic-sur-Seille. La viticulture est influencée par celle du Luxembourg tout proche, avec ses vignes hautes et larges et sa dominante de vins blancs secs et fruités. En volume, cette AOVDQS reste très modeste. Son expansion est contrariée par l'extrême morcellement de la région.

MICHEL MAURICE Vin gris 1997★

| | 0,47 ha | n.c. | ▮▮ -30F |

Michel Maurice conduit ce domaine depuis 1984. Il a proposé un **auxerrois 97** très réussi au nez (notes florales et agrumes). Et, recevant la même note, ce vin gris issu de pinot noir et gamay à parts égales. Il se présente dans une très jolie robe rose pâle, limpide. Le nez très fruité (fruits exotiques) est assez intense. Le palais agréable offre un bel équilibre avec une vivacité plaisante, des arômes exotiques et une belle souplesse en fin de bouche.

🕭 Michel Maurice, 1-3, pl. Foch, 57130 Ancy-sur-Moselle, tél. 03.87.30.90.07 Ⅴ Ⓨ r.-v.

OURY-SCHREIBER Pinot noir 1997★

| ▮ | n.c. | 1 400 | ▮▮ 30à50F |

Pascal Oury a fait ses premières vendanges en 1991. A côté d'un **auxerrois 97** cité sans étoile, vif et bien fait, il réussit ce beau pinot d'une belle couleur rouge griotte. Le nez est encore peu ouvert mais fruité (fruits rouges). Le palais équilibré, harmonieux, aux arômes de cassis dominants, affirme un vin riche et souple avec des tanins agréables.
🕭 Pascal Oury, 29, rue des Côtes, 57420 Marieulles-Vezon, tél. 03.87.52.09.02, fax 03.87.52.09.17 Ⅴ Ⓨ r.-v.

RESERVE DE LA PORTE DES EVEQUES Muller-thurgau 1997

| ▯ | 0,2 ha | 1 300 | ▮ -30F |

Claude Gauthier conduit sa vigne en lyre. Le muller-thurgau, cépage de la Moselle, a donné ce vin blanc à nuances jaunes, très limpide. Le nez d'intensité moyenne est tout en finesse, épicé. La bouche agréable et souple, bien équilibrée avec des notes épicées et poivrées, s'achève sur une finale souple. Retenu avec la même note, le **vin gris Réserve de la Monnaie 1997**, à 70 % de pinot noir l'emportant sur le gamay, se montre onctueux et très fruits rouges : la framboise domine.
🕭 Claude Gauthier, 23, rue Principale, 57590 Manhoué, tél. 03.87.05.41.41, fax 03.87.05.41.91 Ⅴ Ⓨ r.-v.

MARIE-ANTOINETTE SONTAG Pinot noir 1996

| ▰ | 0,66 ha | n.c. | -30F |

« Ce pinot noir se présente en fait sous la robe d'un rosé », écrit un dégustateur. Un 96 plutôt rose orangé. Le nez est épicé, fin ; le palais équilibré, rond, se montre agréable, avec une dominante épicée. Finale très souple.
🕭 Mme Marie-Antoinette Sontag, 3, rue Saint-Jean, 57480 Contz-les-Bains, tél. 03.82.83.80.26 Ⅴ Ⓨ r.-v.

LES VINS DE L'EST

LE BEAUJOLAIS ET LE LYONNAIS

Le Beaujolais

Officiellement - et légalement - rattachée à la Bourgogne viticole, la région du Beaujolais n'en a pas moins une spécificité largement consacrée par l'usage. Celle-ci est d'ailleurs renforcée par la promotion dynamique de ses vins, menée avec ardeur par tous ceux qui ont rendu le beaujolais illustre dans le monde entier. Ainsi, qui pourrait ignorer, chaque troisième jeudi de novembre, la joyeuse arrivée du beaujolais nouveau ? Déjà, sur le terrain, les paysages diffèrent des vignobles de l'illustre voisine ; ici, point de côte linéaire et presque régulière, mais le jeu varié de collines et de vallons, qui multiplient à plaisir les coteaux ensoleillés ; et les maisons elles-mêmes, où les tuiles romaines remplacent les tuiles plates, prennent déjà un air du Midi.

Extrême midi de la Bourgogne, et déjà porte du Sud, le Beaujolais s'étend sur 22 800 ha et quatre-vingt-seize communes des départements de Saône-et-Loire et du Rhône, formant une région de 50 km du nord au sud, sur une largeur moyenne d'environ 15 km. Il est plus étroit dans sa partie septentrionale, et plus large dans sa partie méridionale. Au nord, pas de limite nette avec le Mâconnais. A l'est, en revanche, la plaine de la Saône, où scintillent les méandres de la majestueuse rivière dont Jules César disait « qu'elle coule avec tant de lenteur que l'œil à peine peut juger de quel côté elle va », est une frontière évidente. A l'ouest, les monts du Beaujolais sont les premiers contreforts du Massif central, dont le point culminant, le mont Saint-Rigaux (1012 m), apparaît comme une borne entre les pays de Saône et de Loire. Au sud enfin, le vignoble lyonnais prend le relais pour conduire jusqu'à la métropole, irriguée, comme chacun sait, par trois « fleuves » : le Rhône, la Saône et le... beaujolais !

Il est sûr que les vins du Beaujolais doivent beaucoup à Lyon, dont ils alimentent toujours les célèbres « bouchons », et où ils trouvèrent évidemment un marché privilégié après que le vignoble eut pris son essor au XVIIIe s. Deux siècles plus tôt, Villefranche-sur-Saône avait succédé à Beaujeu comme capitale du pays, qui en avait pris le nom. Habiles et sages, les sires de Beaujeu avaient assuré l'expansion et la prospérité de leurs domaines, stimulés en cela par la puissance de leurs illustres voisins, les comtes de Mâcon et du Forez, les abbés de Cluny et les archevêques de Lyon. L'entrée du Beaujolais dans l'étendue des cinq grosses fermes royales dispensées de certains droits pour les transports vers Paris (qui se firent longtemps par le canal de Briare) entraîna donc le développement rapide du vignoble.

Aujourd'hui, le Beaujolais produit en moyenne 1 400 000 hl de vins rouges typés (la production de blancs est extrêmement limitée), mais - et c'est là une différence essentielle avec la Bourgogne - à partir d'un cépage presque exclusif, le gamay. Cette production se répartit entre les trois appellations beaujolais, beaujolais supérieur et beaujolais-villages, ainsi qu'entre les dix « crus » : brouilly, côte de

Beaujolais

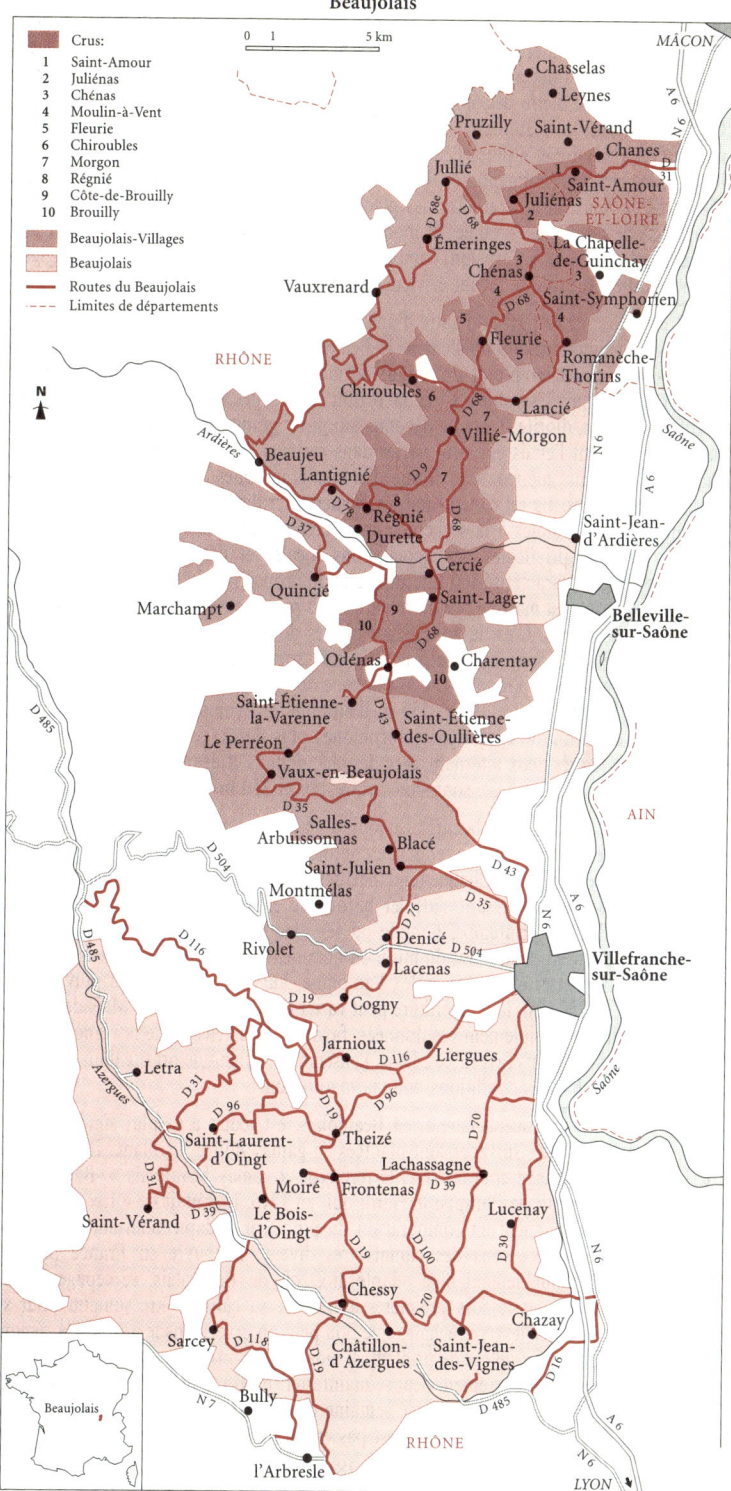

brouilly, chénas, chiroubles, fleurie, morgon, juliénas, moulin à vent, saint-amour et régnié. Les trois premières appellations peuvent être revendiquées pour les vins rouges, rosés ou blancs, les dix autres concernent uniquement des vins rouges, qui ont légalement la possibilité d'être déclarés AOC bourgogne, à l'exception du dernier, le régnié. Géologiquement, le Beaujolais a subi successivement les effets des plissements hercynien à l'ère primaire et alpin à l'ère tertiaire. Ce dernier a façonné le relief actuel, disloquant les couches sédimentaires du secondaire et faisant surgir les roches primaires. Plus près de nous, au quaternaire, les glaciers et les rivières s'écoulant d'ouest en est ont creusé de nombreuses vallées et modelé les terroirs, faisant apparaître des îlots de roches dures, résistant à l'érosion, compartimentant le coteau viticole qui, tel un gigantesque escalier, regarde le levant et vient mourir sur les terrasses de la Saône.

De part et d'autre d'une ligne virtuelle passant par Villefranche-sur-Saône, on distingue traditionnellement le Beaujolais Nord du Beaujolais Sud. Le premier présente un relief plutôt doux, aux formes arrondies, aux fonds de vallons en partie comblés par des sables. C'est la région des roches anciennes de type granite, porphyre, schiste, diorite. La lente décomposition du granite donne des sables siliceux, ou « gore », dont l'épaisseur peut varier dans certains endroits d'une dizaine de centimètres à plusieurs mètres, sous forme d'arènes granitiques. Ce sont des sols acides, filtrants et pauvres. Ils retiennent mal les éléments fertilisants en l'absence de matière organique, sont sensibles à la sécheresse mais faciles à travailler. Avec les schistes, ce sont les terrains privilégiés des appellations locales et des beaujolais-villages. Le deuxième secteur, caractérisé par une plus grande proportion de terrains sédimentaires et argilo-calcaires, est marqué par un relief un peu plus accusé. Les sols sont plus riches en calcaire et en grès. C'est la zone des « pierres dorées », dont la couleur, qui vient des oxydes de fer, donne aux constructions un aspect chaleureux. Les sols sont plus riches et gardent mieux l'humidité. C'est la zone de l'AOC beaujolais. Ces deux entités, où la vigne prospère entre 190 et 550 m d'altitude, ont comme toile de fond le haut Beaujolais, constitué de roches métamorphiques plus dures, couvert à plus de 600 m par des forêts de résineux alternant avec des châtaigniers et des fougères. Les meilleurs terroirs, orientés sud–sud-est, sont situés entre 190 et 350 m.

La région beaujolaise jouit d'un climat tempéré, résultat de trois régimes climatiques différents : une tendance continentale, une tendance océanique et une tendance méditerranéenne. Chaque tendance peut dominer, le temps d'une saison, avec des transitions brutales faisant s'affoler baromètre et thermomètre. L'hiver peut être froid ou humide ; le printemps, humide ou sec ; les mois de juillet et août, brûlants quand souffle le vent desséchant du midi, ou humides avec des pluies orageuses accompagnées de fréquentes chutes de grêle ; l'automne, humide ou chaud. La pluviométrie moyenne est de 750 mm, la température peut varier de –20 ° à + 38 °C. Mais des microclimats modifient sensiblement ces données, favorisant l'extension de la vigne dans des situations *a priori* moins favorables. Dans l'ensemble, le vignoble profite d'un bon ensoleillement et de bonnes conditions pour la maturation.

L'encépagement, en Beaujolais, est réduit à sa plus simple expression, puisque 99 % des surfaces sont plantées en gamay noir à jus blanc. Il est parfois désigné dans le langage courant sous le terme de « gamay beaujolais ». Banni de la Côte-d'Or par un édit de Philippe le Hardi qui, en 1395, le traitait de « très desloyault plant » (très certainement en comparaison du pinot), il s'adapte pourtant à de nombreux sols et prospère sous des climats très divers ; il couvre en France près de 33 000 ha. Remarquablement bien adapté aux sols du Beaujolais, ce cépage à port retombant doit, durant les dix premières années de sa culture, être soutenu pour se former ; d'où les parcelles avec échalas que l'on peut observer dans le nord de la région. Il est assez sensible aux gelées de printemps, ainsi qu'aux principaux parasites et maladies de la vigne. Le débourrement peut se manifester tôt (fin mars), mais le plus souvent on l'observe au cours de la deuxième semaine d'avril. Ne dit-on pas ici : « Quand la vigne brille à la Saint-Georges, elle n'est pas en retard » ? La floraison a lieu dans la première quinzaine de juin et les vendanges commencent à la mi-septembre. Les autres cépages ouvrant le droit à l'appellation sont le pinot noir et le pinot gris pour les vins rouges et rosés, et, pour les vins blancs, le chardonnay et l'aligoté. Deux modes de taille sont pratiqués : une taille courte en gobelet pour toutes les appellations, et une taille avec baguette (ou taille guyot simple) pour l'appellation beaujolais.

Tous les vins rouges du Beaujolais sont élaborés selon le même principe : respect de l'intégralité de la grappe associé à une macération courte (de trois à sept jours en fonction du type de vin). Cette technique combine la fermentation alcoolique classique dans 10 à 20 % du volume de moût libéré à l'encuvage, et la fermentation intracellulaire qui assure une dégradation non négligeable de l'acide malique du raisin avec l'apparition d'arômes spécifiques. Elle confère aux vins du Beaujolais une constitution ainsi qu'une trame aromatique caractéristiques, exaltées ou complétées en fonction du terroir. Elle explique aussi les difficultés qu'ont les vignerons à maîtriser d'une façon parfaite leurs interventions œnologiques, du fait de l'évolution aléatoire du volume initial du moût par rapport à l'ensemble. Schématiquement, les vins du Beaujolais sont secs, peu tanniques, souples, frais, très aromatiques ; ils présentent un degré alcoolique compris entre 12° et 13°, et une acidité totale de 3,5 g/l exprimée en équivalence de H_2SO_4.

L'une des caractéristiques du vignoble beaujolais, héritée du passé mais tenace et vivante, est le métayage : la récolte et certains frais sont partagés par moitié entre l'exploitant et le propriétaire, ce dernier fournissant les terres, le logement, le cuvage avec le gros matériel de vinification, les produits de traitement, les plants. Le vigneron ou métayer, qui possède l'outillage pour la culture, assure la main-d'œuvre, les dépenses dues aux récoltes, le parfait état des vignes. Les contrats de métayage, qui prennent effet à la Saint-Martin (11 novembre), intéressent de nombreux exploitants ; 46 % des surfaces sont exploitées de cette façon et viennent en concurrence avec l'exploitation directe (45 %). Le fermage, quant à lui, concerne 9 % des surfaces. Il n'est pas rare de trouver des exploitants à la fois propriétaires de quelques parcelles et métayers. Les exploitations types du Beaujolais s'étendent sur 5 à 8 ha, dont 5 à 6 cultivés en vigne. Elles sont plus petites dans la zone des crus, où le métayage domine, et plus grandes dans le sud, où la polyculture est omniprésente. Dix-neuf caves coopératives vinifient 30 % de la production. Eleveurs et expéditeurs locaux assurent 85 % des ventes, exprimées à la pièce, par fûts de 216 l, et qui sont réalisées tout au long de l'année ; mais ce sont les premiers mois de la campagne, avec la libération des vins de primeur, qui marquent l'économie régionale. Près de 50 % de la production est exportée, essentiellement vers la Suisse, l'Allemagne, la Belgique, le Luxembourg, la Grande-Bretagne, les Etats-Unis, les Pays-Bas, le Danemark et le Canada.

Seules les appellations beaujolais, beaujolais supérieur et beaujolais-villages ouvrent pour les vins rouges et rosés la possibilité de dénomination « vin de primeur » ou « vin nouveau ». Ces vins, à l'origine récoltés sur les sables granitiques de certaines zones de beaujolais-villages, sont vinifiés après une macération courte de l'ordre de quatre jours, favorisant le caractère tendre et gouleyant du vin, une coloration pas trop soutenue, et des arômes de fruits rappelant la banane mûre. Des textes réglementaires précisent les normes analytiques et de mise en marché. Dès la mi-novembre, ces vins de primeur sont prêts à être dégustés dans le monde entier. Les volumes présentés dans ce type sont passés de 13 000 hl en 1956 à 100 000 hl en 1970, 200 000 hl en 1976, 400 000 hl en 1982, 500 000 hl en 1985, plus de 600 000 hl en 1990 et 655 000 hl en 1996... A partir du 15 décembre, ce sont les « crus » qui, après analyse et dégustation, commencent à être commercialisés. Les vins du Beaujolais ne sont pas faits pour une longue conservation ; mais si, dans la majorité des cas, ils sont appréciés au cours des deux années qui suivent leur récolte, il y a de très belles bouteilles qui peuvent être savourées au bout d'une décennie. L'intérêt de ces vins réside dans la fraîcheur et la finesse des parfums qui rappellent certaines fleurs - pivoine, rose, violette, iris - et aussi quelques fruits - abricot, cerise, pêche et petits fruits rouges.

Beaujolais

Beaujolais et beaujolais supérieur

L'appellation beaujolais est celle de près de la moitié de la production. 10 060 ha, localisés en majorité au sud de Villefranche, fournissent en moyenne 660 000 hl dont 7 000 hl de vins blancs, élaborés à partir du chardonnay et récoltés pour les trois quarts dans le canton de La Chapelle-de-Guinchay, zone de transition entre les terrains siliceux des crus et les terrains calcaires du Mâconnais. Dans la zone des « pierres dorées », à l'est du Bois-d'Oingt, et au sud de Villefranche, on trouve des vins rouges aux arômes plus fruités que floraux, parfois avec des pointes olfactives végétales ; ces vins colorés, charpentés, un peu rustiques, se conservent assez bien. Dans la partie haute de la vallée de l'Azergues, à l'ouest de la région, on retrouve des roches cristallines qui communiquent aux vins une mâche plus minérale, ce qui les fait apprécier un peu plus tardivement. Enfin les zones plus en altitude offrent des vins vifs plus légers en couleur, mais aussi plus frais les années chaudes. Les neuf caves coopératives implantées dans ce secteur ont fait considérablement évoluer la technologie et l'économie de cette région, dont sont issus près de 75 % des vins de primeur.

L'appellation beaujolais supérieur ne comporte pas de territoire délimité spécifique. Elle peut être revendiquée pour des vins dont les moûts présentent, à la récolte, une richesse en équivalent alcool de 0,5 ° supérieure à ceux de l'appellation beaujolais. Chaque année, quelque 10 000 hl sont ainsi déclarés, principalement sur le territoire de l'AOC beaujolais.

L'habitat est dispersé, et l'on admirera l'architecture traditionnelle des maisons vigneronnes : l'escalier extérieur donne accès à un balcon à auvent et à l'habitation, au-dessus de la cave située au niveau du sol. A la fin du XVIIIe s., on construisit de grands cuvages, extérieurs à la maison de maître. Celui de Lacenas, à 6 km de Villefranche, dépendance du château de Montauzan, abrite la confrérie des Compagnons du Beaujolais, créée en 1947 pour servir les vins du Beaujolais, et qui a aujourd'hui une audience internationale. Une autre confrérie, les Grappilleurs des Pierres Dorées, anime depuis 1968 les nombreuses manifestations beaujolaises. Quant à déguster un « pot » de beaujolais, ce flacon de 46 cl à fond épais qui garnit les tables des bistrots, on le fera avec gratons, tripes, boudin, cervelas, saucisson et toute cochonnaille, ou sur un gratin de quenelles lyonnaises. Les primeurs iront sur les cardons à la moelle ou les pommes de terre gratinées avec des oignons.

Beaujolais

CAVE DU BEAU VALLON
Au pays des pierres dorées 1997★

| ■ | 420 ha | 100 000 | | -30 F |

Cette cave, créée en 1959, regroupe deux cent dix adhérents pour une superficie de 450 ha. Le millésime précédent de cette cuvée avait obtenu un coup de cœur. Le 97 s'annonce par une robe rouge violacé ; il offre des parfums amyliques et fruités (cassis), agréments d'épices qui s'épanouissent dans le verre. Riche et rond à la fois, doté d'une belle structure tannique et d'arômes de fruits à noyau, il remplit agréablement le palais. Un vin bien typé, que l'on peut boire, ou garder un an.

⌁ Cave du Beau Vallon, Le Beau Vallon, 69620 Theizé, tél. 04.74.71.48.00, fax 04.74.71.84.46 ■ ▼ t.l.j. 8h-12h 14h-18h

DOM. DE BELLEVUE 1997

| ■ | 10 ha | 35 000 | | -30 F |

Ce domaine est doté de magnifiques caves voûtées, seul vestige des bâtiments du XVII[e]s. détruits par un incendie. Il propose un sympathique 97 rouge pâle, aux nuances fruitées de type primeur. Bien équilibré, typé, plutôt rond, c'est un vin léger à servir avec des charcuteries lyonnaises.

⌁ GAEC Saint-Cyr, Dom. de Bellevue, 69480 Anse, tél. 04.74.60.23.69, fax 04.74.60.23.26 ■ ▼ r.-v.

BELVEDERE DES PIERRES DOREES 1996

| □ | 1,74 ha | n.c. | | 30 à 50 F |

Ces dernières années, la cave coopérative beaujolaise est régulièrement au rendez-vous du Guide, notamment pour ses vins blancs. Le jaune très brillant de celui-ci est particulièrement attirant. Les parfums complexes évoquent la rhubarbe et la groseille à maquereaux. La vivacité de l'attaque se retrouve dans la finale acidulée. L'ensemble est plaisant et d'une bonne tenue. Ce 96 est à boire maintenant. On l'accompagnera d'une friture ou d'une terrine de poisson.

Beaujolais

➥ Cave coop. Beaujolaise, Le Gonnet, 69620 Saint-Laurent-d'Oingt, tél. 04.74.71.20.51, fax 04.74.71.23.46 ⓥ ⓣ r.-v.

CLAUDE BERNARDIN 1997*

■　　　　3 ha　　20 000　　■ ♦ -30 F

Claude Bernardin conduit ce domaine de 8 ha, dominant la vallée de la Saône, depuis 1995. Ses débuts très prometteurs : après une citation pour un 96, une étoile vient distinguer cette cuvée rouge sombre aux reflets violets. Les parfums qui s'en échappent lentement sont ceux du cassis et des épices. Les tanins doux associés aux arômes du nez sont flatteurs. Harmonieux et persistant, ce vin pourra attendre un an ou deux.
➥ Claude Bernardin, Le Genetay, 69480 Lucenay, tél. 04.74.67.02.59, fax 04.74.62.00.19 ⓥ ⓣ r.-v.

ALAIN ET MIREILLE BESSY 1997*

■　　　　1 ha　　2 000　　■ -30 F

Alain Bessy exploite depuis 1983 ce domaine acheté en 1930 par son grand-père. Il a bien réussi ce beaujolais à la robe grenat limpide et au nez associant des notes grillées, un soupçon de musc et des nuances de kirsch. L'attaque volumineuse, les tanins fins agrémentés d'arômes de fruits rouges, confèrent beaucoup de caractère à ce surprenant représentant de l'appellation qui pourra attendre de deux à trois ans.
➥ Alain et Mireille Bessy, Corsel, 69640 Cogny, tél. 04.74.67.39.85 ⓥ ⓣ t.l.j. 8h-19h

DOM. DES BISOTS 1997*

■　　　0,38 ha　　2 500　　■ -30 F

Cette exploitation familiale de 7 ha a bien réussi ce 97 rouge léger à reflets violets. Le premier nez est enjôleur. Ses élégantes nuances de groseille et de cassis ont beaucoup de fraîcheur. Bien typé, gouleyant, vif, équilibré mais de puissance moyenne, ce vin se boira facilement dans les douze prochains mois.
➥ Jean-Claude Palais, Les Bisots, 69220 Corcelles-en-Beaujolais, tél. 04.74.66.07.83, fax 04.74.66.48.21 ⓥ ⓣ r.-v.

YVES BLANC Vieilles vignes 1997*

■　　　　1 ha　　6 000　　■ -30 F

Installé depuis 1976 sur un domaine de 8 ha, Yves Blanc propose une cuvée issue de vignes de soixante-dix ans. D'un rubis intense, elle offre de beaux arômes de groseille et de cassis frais. Le gaz encore présent ne nuit pas aux impressions de rondeur et de souplesse. Si la bouche n'est pas des plus persistantes, elle est bien structurée et aromatique. A servir sur une viande rouge ou un tablier de sapeur.
➥ Yves Blanc, Les Coasses, 69620 Le Bois-d'Oingt, tél. 04.74.71.62.57 ⓥ ⓣ r.-v.

DOM. DU BOIS POTHIER 1997

■　　　17 ha　　10 000　　■ -30 F

Les Berchoux sont établis depuis plus de deux siècles à Ternand où ils exploitent un domaine de 17 ha réparti sur trois communes. Ils ont produit ce beaujolais d'une belle couleur rubis, aux parfums amyliques très typés, qui rafraîchit agréablement la bouche. Quelques notes épicées viennent renforcer les arômes. Equilibré et gouleyant, ce vin est à boire dans l'année.
➥ GAEC Berchoux, Le Berthier, 69620 Ternand, tél. 04.74.71.32.40, fax 04.74.71.32.40 ⓥ ⓣ t.l.j. 9h30-19h30

ROLAND BOUCHACOURT
Le Pot beaujolais 1997

■　　　　n.c.　　26 000　　■ ♦ -30 F

La robe engageante, d'un rouge sombre limpide, habille un vin légèrement typé primeur. Les agréables senteurs vont du bonbon anglais à une nuance pivoine. La bouche longue, à dominante fruitée, montre de la vivacité. En raison de sa structure assez peu tannique, ce vin n'est pas fait pour une longue garde.
➥ SNJP, 435, rte du Beaujolais, 69830 Saint-Georges-de-Reneins, tél. 04.74.09.60.00, fax 04.74.67.67.40

LES VIGNERONS DE LA CAVE DE BULLY 1997*

■　　　460 ha　　600 000　　■ ♦ -30 F

La plus importante cave coopérative du Beaujolais s'est distinguée par un **beaujolais blanc 97**, cité par le jury, et par cette cuvée brillante et limpide, à la robe plutôt claire, mais aux beaux parfums de pêche de vigne et d'abricot. Dès l'attaque, les impressions de fruité, de fraîcheur et d'équilibre s'imposent en bouche. Un plaisant « vin de soif ».
➥ Cave coop. de Bully, 69210 Bully, tél. 04.74.01.27.77, fax 04.74.01.14.53 ⓥ ⓣ r.-v.

DENIS CARRON 1997

□　　　　1 ha　　5 000　　■ ♦ -30 F

Cette cuvée jaune pâle, agrémentée de parfums de fleurs et de fruits secs, glisse sans aspérité dans le palais. Ronde et légère, elle est à boire dès à présent. Le **beaujolais rouge** de l'exploitation a été également cité.
➥ Denis Carron, chem. de Saint-Abram, 69620 Frontenas, tél. 04.74.71.70.31, fax 04.74.71.86.30 ⓥ ⓣ r.-v.

DOM. DE CERCY 1996

□　　　0,62 ha　　4 000　　■ ♦ -30 F

Ce domaine de 20 ha possède d'élégants bâtiments d'exploitation qui ont été aménagés pour accueillir des séminaires. Une citation pour ce 96 légèrement doré avec quelques reflets verts. Les parfums floraux et fruités sont discrets mais fins. Rond et doté d'une bonne fraîcheur, ce vin se montre très harmonieux. Il est prêt à boire mais peut encore attendre un an.
➥ Michel Picard, Cercy, 69640 Denicé, tél. 04.74.67.34.44, fax 04.74.67.32.35 ⓥ ⓣ r.-v.

LUCIEN ET JEAN-MARC CHARMET 1997

◪　　　　0,4 ha　　4 500　　■ ♦ 30 à 50 F

Ce domaine de 18 ha a élaboré une petite cuvée de beaujolais rosé couleur framboise. Débarrassé de son gaz, ce vin s'ouvre sur de fins arômes qui se développent assez longuement en bouche. Il est riche, bien fruité et équilibré, et sa finale emporte les suffrages.

131　　LE BEAUJOLAIS

Beaujolais

🍷 Vignoble Charmet, La Ronze, 69620 Le Breuil, tél. 04.74.71.64.83, fax 04.78.43.90.31 ☑ 🍷 r.-v.

CH. DU CHATELARD
Vieilles vignes 1996★

| ☐ | 1,3 ha | 10 000 | 🍾 | 30 à 50 F |

Le château du Chatelard a été construit en 1669 sur les ruines d'un château fort. Les caves, du XIIe s., ont été préservées. Robert Grossot, qui est à la tête du domaine depuis 1979, a élaboré ce 96 jaune paille, aux séduisants parfums de fleurs des champs mêlés à des notes de guimauve. L'attaque est nette et franche. La bonne structure et la finale longue et fraîche, légèrement citronnée, seront appréciées maintenant.

🍷 Robert Grossot, Ch. du Chatelard, 69220 Lancié, tél. 04.74.04.12.99, fax 04.74.69.86.17 ☑ r.-v.

DOM. CHATELUS DE LA ROCHE
1997

| ■ | 2 ha | n.c. | 🍾 | -30 F |

Noël et Pascal Chatelus exploitent le domaine familial depuis 1978 : 25 ha de coteaux au sol granitique, exposés au sud-ouest. Ils ont produit cette cuvée rouge soutenu, au fruité agréable qui persiste assez longuement en bouche. Des tanins bien perceptibles rendent austère la finale : ce vin doit encore s'affiner.

🍷 Dom. Noël et Pascal Chatelus, La Roche, 69620 Saint-Laurent-d'Oingt, tél. 04.74.71.23.40, fax 04.74.71.28.36 ☑ 🍷 t.l.j. 8h-12h 14h-20h

ALAIN CHATOUX Vieilles vignes 1997★★

| ■ | 2 ha | 7 000 | 🍾 | -30 F |

Alain Chatoux vient d'acheter un domaine de 6,5 ha qu'il exploitait auparavant en métayage. Ce coup de cœur saluant sa cuvée Vieilles vignes est un encouragement ! D'un grenat foncé et limpide, ce 97 offre un nez remarquable, avec des notes amyliques suivies de parfums de fruits rouges de très belle qualité, de confiture de griottes, de nuances vanillées. Le palais ne déçoit pas : d'une grande franchise, équilibré, aromatique, bien structuré, d'une étonnante longueur, il est fort séduisant. Ce beaujolais pourra être gardé deux ou trois ans.

🍷 Alain Chatoux, Le Bourg, 69620 Sainte-Paule, tél. 04.74.71.24.02 ☑ 🍷 r.-v.

MICHEL CHATOUX 1997

| ■ | 2 ha | 4 000 | 🍾 | -30 F |

Installé depuis 1991 sur un domaine de 8 ha, Michel Chatoux présente une agréable cuvée rubis clair aux frais parfums de groseille et de poivre. La souplesse et la rondeur prennent le pas sur la structure : ce vin aromatique est fait pour étancher la soif.

🍷 Michel Chatoux, Le Favrot, 69620 Sainte-Paule, tél. 04.74.71.20.50 ☑
🍷 Abel Chatoux

DOMINIQUE CHERMETTE
Cuvée Vieilles vignes 1997★

| ■ | n.c. | 15 000 | 🍾 | -30 F |

La belle profondeur de la robe est celle d'un vin en cuve. Le nez puissant est fait de fraise, de groseille et d'une nuance de bonbon anglais qui s'exprime totalement en bouche, associée à des arômes de noyau de cerise. La douceur de l'attaque, les fins tanins et le fruité concourent à une belle harmonie. Long et structuré, ce 97 pourra tenir au moins deux ans.

🍷 Dominique Chermette, Le Barnigat, 69620 Saint-Laurent-d'Oingt, tél. 04.74.71.20.05 ☑ 🍷 r.-v.

DOM. COTEAU BELLE-VUE 1997

| ■ | 8,7 ha | 10 000 | 🍾 | 30 à 50 F |

Les Dupeuble sont vignerons de père en fils depuis 1512 ! Leur 97, d'un rubis brillant et limpide, exprime d'intenses parfums de framboise, de mûre et de cassis tout au long de la dégustation. Bien structuré, équilibré, charnu, offrant une finale pleine d'allant, ce vin s'accordera avec de la charcuterie.

🍷 Dupeuble Père et Fils, 69620 Le Breuil, tél. 04.74.71.68.40, fax 04.74.71.64.22 ☑ 🍷 r.-v.

DOM. DES CRETES 1996

| ☐ | 0,8 ha | n.c. | 30 à 50 F |

Depuis 1937, quatre générations se sont succédé au domaine des Crêtes. Jean-François Brondel est à la tête de l'exploitation depuis 1973. Il a réussi cette cuvée jaune pâle marquée par des nuances tilleul, aux parfums floraux et fruités. La vivacité qui domine est plutôt appréciée. Un vin bien fait qui peut attendre six à douze mois.

🍷 Jean-François Brondel, rte des Crêtes, 69480 Graves-sur-Anse, tél. 04.74.67.11.62, fax 04.74.60.24.30 ☑ 🍷 r.-v.

LA CAVE DES VIGNERONS DU DOURY Cuvée Vieilles vignes 1997

| ■ | 1 ha | 3 000 | 🍾 | 30 à 50 F |

Créée en 1957, cette coopérative vinifie la production de 460 ha de vignes et s'est dotée d'installations modernes. Elle a élaboré cette cuvée rouge soutenu aux senteurs chaudes de poivre et de fruits rouges assorties d'une pointe d'eau-de-vie. Bien structurée avec de fins tanins et un fruité qui semble fondre dans la bouche, c'est une belle bouteille que l'on peut boire ou conserver un an.

🍷 Cave des Vignerons du Doury, Le Doury, 69620 Létra, tél. 04.74.71.30.52, fax 04.74.71.35.28 ☑ 🍷 t.l.j. 8h-12h 14h-18h; dim. 10h-12h 15h-19h

Beaujolais

BERNARD DUMAS 1997*

| | 1 ha | 1000 | -30 F |

A la tête de ce domaine familial de 9 ha depuis 1987, Bernard Dumas a bien réussi son 97 : les bonnes senteurs vineuses agrémentées de nuances florales s'harmonisent avec le rubis intense et flatteur de la robe. L'attaque franche et généreuse annonce une riche matière, aromatique, structurée de tanins soyeux qui feront apprécier ce vin dès maintenant.

Bernard Dumas, Ronzières, 69620 Ternand, tél. 04.74.71.38.57 r.-v.

JACQUES FERRAND 1997*

| | 0,5 ha | 4 500 | -30 F |

Jacques Ferrand est à la tête de ce domaine depuis 1981. Il a élaboré une cuvée de **blanc**, citée par le jury, mais c'est cette petite production de rouge très jeune qui a obtenu une étoile. Ses parfums agréables et intenses rappellent la groseille et le cassis. Bien soutenu par des arômes et des tanins assez puissants, le palais révèle une bonne harmonie. Franchise et longueur caractérisent ce 97 à la finale épicée. Il est à boire mais peut attendre un an.

Jacques Ferrand, Porrières, 69380 Saint-Jean-des-Vignes, tél. 04.78.43.72.03 r.-v.

JEAN-FRANCOIS GARLON 1997*

| | n.c. | 20 000 | 30 à 50 F |

Héritier d'une lignée de vignerons dont l'origine remonte au XVIII ͤˢ., Jean-François Garlon s'est installé en 1994. Il propose un vin d'un rouge sombre, limpide, imprégné de beaux parfums floraux (pivoine, rose), assortis de quelques fines épices. Si la finale n'a pas le charme de l'attaque, la bouche se montre aromatique et veloutée. Ce joli 97, bien typé, est à boire.

Jean-François Garlon, Le Bourg, 69620 Theizé, tél. 04.74.71.11.97, fax 04.74.71.23.03 r.-v.

DOM. JEAN-FELIX GERMAIN 1997**

| | 1 ha | 6 500 | -30 F |

A la tête de son exploitation depuis 1967, Jean-Félix Germain propose un remarquable beaujolais rouge. Si la robe rubis manque d'intensité, les parfums de framboise embaument le verre. Des tanins fondus, alliés à une pointe de vivacité, complètent agréablement l'ensemble. On pourra apprécier ce vin au cours de l'année avec de la charcuterie ou une viande rouge. Du même domaine, le **beaujolais blanc** a été cité par le jury.

Dom. Jean-Félix Germain, Les Crozettes, 69380 Charnay, tél. 04.78.43.94.52, fax 04.78.43.94.52 r.-v.

DIDIER GERMAIN 1997**

| | n.c. | 2 000 | -30 F |

Didier Germain, installé en 1995 sur un domaine d'un peu plus de 4 ha, vient d'inaugurer son caveau de dégustation. Son 97 est plus qu'encourageant : les parfums intenses et complexes de ce vin rouge violacé évoquent d'abord la cerise puis le poivre, avec des nuances de pivoine. De chaudes impressions épicées remplissent la bouche dotée d'une belle charpente de tanins ronds. Corsé et équilibré, ce 97 de grande classe est prêt mais son bon potentiel lui permettra d'attendre de deux à trois ans.

Didier Germain, 19, rue Claude-Bernard, 69620 Chazay-d'Azergues, tél. 04.78.43.63.65 r.-v.

HENRI ET BERNARD GIRIN
Cuvée Coteaux du Razet 1997

| | 2,5 ha | 20 000 | 30 à 50 F |

Situé sur la Route fleurie du Beaujolais, ce domaine de 14 ha a élaboré une cuvée grenat léger, qui s'ouvre lentement sur des parfums de fruits rouges cuits. Ce vin est équilibré et aromatique. Généreux et typé, il s'accordera avec une volaille rôtie.

GAEC Henri et Bernard Girin, Aucherand, 69620 Saint-Vérand, tél. 04.74.71.74.81, fax 04.74.71.85.61 t.l.j. 8h-12h 14h-19h

DOM. DU GRAND LIEVRE 1997*

| | 7,5 ha | n.c. | -30 F |

Cette exploitation de 12,5 ha comporte une pépinière de plants de vigne. Elle propose une cuvée d'un rouge violacé brillant, dont les parfums, très agréables, évoquent le raisin frais, avec des nuances de framboise et de cassis. L'attaque franche et généreuse s'accorde bien à la souplesse de l'ensemble. Plus ferme, la finale gagnera en rondeur avec le temps.

Bouteille Frères, Rotaval, 69380 Saint-Jean-des-Vignes, tél. 04.78.43.73.27, fax 04.78.43.08.94 t.l.j. sf dim. 8h-12h 13h30-19h

DOM. DES GRANDS PLANTIERS 1997

| | 1 ha | 6 000 | -30 F |

Située non loin du golf-club du Beaujolais, cette exploitation familiale a doublé sa superficie dans les années 70 (8,5 ha aujourd'hui) et aménagé des chambres d'hôtes. Elle propose un 97 grenat au bon nez fruité et floral (lys). Une structure faite de fins tanins et une agréable vivacité donnent à ce vin beaucoup de présence en bouche. A consommer dans l'année.

EARL Torret, Dom. des Grands Plantiers, 69480 Lucenay, tél. 04.74.67.05.42, fax 04.74.67.05.42 t.l.j. sur r.-v.; sam. 9h-19h

CH. DU GRAND TALANCE 1997

| | 0,7 ha | 6 500 | -30 F |

Cette cuvée jaune pâle, ourlée de quelques reflets gris, libère d'intenses parfums de fleurs mêlés de notes de fruits secs. La bouche équilibrée se termine sur des arômes de pêche blanche. Harmonieux, ce vin est à boire maintenant.

GFA du Grand Talancé, Ch. du Grand Talancé, 69640 Denicé, tél. 04.74.67.32.55 r.-v.

J.-M. Truchot

JEAN JOYET
Coteaux de La Roche Cuvée Vieilles vignes 1997

| | 1 ha | 8 000 | -30 F |

Jean Joyet est à la tête de cette exploitation de 11,5 ha depuis 1971. Il présente une cuvée de vieilles vignes (soixante ans), dont la robe rubis

133 LE BEAUJOLAIS

Beaujolais

clair s'harmonise avec les parfums de fruits rouges, flatteurs et complexes. Ce vin rond, souple, aux arômes plaisants de groseille et de framboise, présente une finale intense. A servir avec de la charcuterie.
☛ Jean Joyet, La Roche, 69620 Létra, tél. 04.74.71.32.77, fax 04.74.71.32.77 ⬛ ⎯ r.-v.

FRANCK JUILLARD 1996*

| ☐ | 0,42 ha | 2 000 | ⬛ | 30 à 50 F |

Une exploitation de 9 ha, créée en 1992 sur la commune de Juliénas. Elle propose des vins de ce cru et des beaujolais. Le jury a beaucoup apprécié ce 96 or clair, aux nuances aromatiques plaisantes de fleurs fanées, et aux délicates notes de miel et d'acacia. Ce vin onctueux, agrémenté d'une pointe de noisette, est prêt à boire, mais peut attendre.
☛ Franck et Nicole Juillard, Les Poupets, 69840 Juliénas, tél. 04.74.04.42.56, fax 04.74.04.43.82 ⎯ r.-v.

LA BAREILLE 1997

| ⬛ | n.c. | n.c. | -30 F |

Cet ancien groupement de producteurs qui commercialisait essentiellement, avant son rachat par le groupe Boisset, des vins de coopératives, propose une sélection non filtrée avant la mise. De couleur rubis, ce vin disperse de puissants parfums de framboise et de cassis. Bien qu'un peu austère, il présente un bon équilibre des tanins, de l'acidité et du gras. Apte à une garde d'un an, il est déjà prêt à boire.
☛ Cellier des Samsons, Le Pont des Samsons, 69430 Quincié-en-Beaujolais, tél. 04.74.69.09.20, fax 04.74.69.09.28 ⎯ r.-v.

DOM. DE LA FEUILLATA
Cuvée Elégance 1997*

| ⬛ | 4 ha | 5 000 | ⬛ | -30 F |

Ce vignoble de 19 ha est exploité par trois frères. Leur cuvée Elégance, d'un rubis très jeune et limpide, développe de plaisantes notes de fruits rouges, de pivoine et de miel. L'attaque très aromatique est soutenue par des tanins soyeux et du gras. Ce vin très bien équilibré, riche en fruits, est à boire.
☛ Dom. de La Feuillata, 69620 Saint-Vérand, tél. 04.74.71.74.53, fax 04.74.71.83.84 ⬛ ⎯ r.-v.
☛ Rollet

DOM. DE LA GRAND FOND 1997*

| ⬛ | 1,1 ha | 5 000 | ⬛ | 30 à 50 F |

Jean-Luc Marchand exploite depuis 1981 un domaine d'environ 8 ha. Il a bien réussi cette cuvée à la robe violacée intense, plutôt discrète à l'olfaction. Les parfums de fruits rouges sont là mais ont du mal à émerger pour le moment. A la souplesse et à la rondeur initiales s'oppose une certaine tannicité en finale. Un vin typé, long, au potentiel aromatique et structurel intéressant, que l'on dégustera avec un lapin rôti ou une viande rouge.
☛ Jean-Luc Marchand, La Grand Fond, 69640 Cogny, tél. 04.74.67.32.23, fax 04.74.67.32.23 ⎯ r.-v.

DOM. DE LA NOISERAIE 1996*

| ☐ | 1 ha | 3 000 | ⬛ | 50 à 70 F |

Bernard Martin conduit ce domaine de 6,8 ha depuis 1980. Son beaujolais blanc - l'étiquette indique « récolte tardive » - 96 a attiré l'attention par sa couleur jaune très soutenue, brillante et limpide, qui annonce la richesse des arômes très francs et appétissants du chardonnay. Rondeur et fruité s'épanouissent en bouche jusqu'à la finale qui reste ample. Ce vin harmonieux pourra attendre de un à deux ans ; il s'accordera avec des viandes blanches à la crème.
☛ EARL Bernard Martin, Pizay, 69220 Saint-Jean-d'Ardières, tél. 04.74.66.36.58, fax 04.74.66.15.98 ⬛ ⎯ r.-v.

DOM. DE LA REVOL 1997*

| ⬛ | n.c. | 3 000 | ⬛ | -30 F |

Un sympathique beaujolais proposé par cette exploitation familiale de 10 ha : d'intenses parfums amyliques nuancés de cerise émanent de cette cuvée rubis brillant. Très bien équilibré, plaisant, doté d'une bonne longueur, ce 97 est qualifié de « vin de soif ». Il sera parfait avec un barbecue.
☛ Bruno Debourg, La Croix, 69490 Dareizé, tél. 04.74.05.78.01, fax 04.74.05.66.40 ⬛ ⎯ r.-v.

DOM. DE LA TERRIERE 1997*

| ⬛ | 10,6 ha | 20 000 | ⬛ | 30 à 50 F |

Jean Coquard, qui dirige depuis 1965 cette exploitation familiale fondée en 1850, a ouvert un site internet (http ://wwwCoquard.FR). Il a élevé en fût cette cuvée d'un rouge soutenu aux parfums acidulés évoquant la groseille. Ronde et suave, l'attaque témoigne aussi de son élevage sous bois. Les arômes de confiture et d'épices associés à une matière concentrée font penser aux bourgognes. Si la finale est un peu austère, il montre une belle structure et un potentiel aromatique intéressant. On l'appréciera sur un jambon au foin.
☛ Jean-Marie Coquard, Le Bourg, 69620 Létra, tél. 04.74.71.35.15, fax 04.74.71.34.65 ⬛ ⎯ r.-v.

CH. DE LEYNES 1996

| ☐ | 2 ha | 10 000 | ⬛ | 30 à 50 F |

Ce grand domaine de 35 ha, agrémenté d'un parc, est dans la famille depuis plus de deux siècles. Il dépendait des moines de Tournus. Jean Bernard est à sa tête depuis 1976. Son beaujolais blanc 96, jaune d'or dans le verre, livre de discrets parfums typés du chardonnay. Son bon grain et sa souplesse sont appréciés. Les impressions finales bien fondues incitent à boire ce vin maintenant.
☛ Jean Bernard, 71570 Leynes, tél. 03.85.35.11.59, fax 03.85.35.13.94 ⬛ ⎯ t.l.j. sf sam. dim. 9h-12h 14h-18h

CAVE DES VIGNERONS DE LIERGUES 1997

| ⬛ | 5 ha | 20 000 | ⬛ | -30 F |

Créée en 1929, la Cave des Vignerons de Liergues vinifie la production de 500 ha de vignes. Elle propose ce joli 97 dont la robe limpide montre quelques nuances automnales. D'agréables parfums rappellent la groseille et le coing. La

Beaujolais

vivacité de l'attaque laisse place à de la souplesse et de la fraîcheur. Ce rosé harmonieux est à boire dans l'année.
☛ Cave des Vignerons de Liergues, 69400 Liergues, tél. 04.74.65.86.00, fax 04.74.62.81.20 ✉ ♈ t.l.j. sf dim. 8h-12h 14h-18h

RENE MARCHAND
Elevé en fût de chêne 1996

| | 0,36 ha | 900 | 30 à 50 F |

Ce 96 d'un bel or pâle avec de légers reflets verts ne renie pas son élevage dans le bois. Ses agréables parfums de vanille, fins et bien fondus, se marient harmonieusement avec les notes florales. Vif, ce vin équilibré est prêt.
☛ René Marchand, Les Meules, 69640 Cogny, tél. 04.74.67.33.25, fax 04.74.67.33.94 ✉ ♈ t.l.j. 8h-12h 13h-20h

DOM. DU MARQUISON 1997*

| | n.c. | 8 000 | -30 F |

Récoltée sur des coteaux exposés au sud, cette belle cuvée rouge soutenu à reflets violets, limpide et brillante, s'ouvre sur d'intenses parfums de groseille et de cassis. Souple et élégant, plein de chair, de fruité et de tanins ronds, c'est un harmonieux représentant de l'appellation.
☛ Christian Vivier-Merle, Les Verjouttes, 69620 Theizé, tél. 04.74.71.26.66, fax 04.74.71.10.32 ✉ ♈ r.-v.

CEDRIC MARTIN 1996*

| | 0,25 ha | 2 600 | 30 à 50 F |

Une toute jeune exploitation (le premier millésime est un 95) et déjà dans le Guide ! Le beaujolais blanc 96, d'une couleur or presque cuivrée, offre des parfums généreux d'œillet, de pain d'épice et de glycine. La bouche séduit par sa chair aux élégantes nuances d'abricot et par la fraîcheur de son acidité. Très bien réussi, ce vin pourra attendre (de un à deux ans).
☛ Cédric Martin, Les Verchères, 71570 Chânes, tél. 03.85.37.42.27, fax 03.85.37.47.43 ✉ ♈ r.-v.

DOM. DE MONSEPEYS 1997

| | n.c. | n.c. | 30 à 50 F |

Jean-Luc Canard propose aux visiteurs des chambres d'hôtes, et un sympathique rosé. La robe étincelante de ce 97 aux brillants reflets saumon met en valeur quelques senteurs de pamplemousse et d'ananas mêlées au fruité du gamay. La grande franchise de ce vin fruité, souple, sans aspérité, sera particulièrement appréciée lors de repas en plein air.
☛ Jean-Luc Canard, Les Benons, 69840 Emeringes, tél. 04.74.04.45.11, fax 04.74.04.45.19 ✉ ♈ r.-v.

DOM. DES PAMPRES D'OR
Cuvée Vieilles vignes 1997**

| | 1 ha | 7 000 | 30 à 50 F |

Vigneron depuis 1973, Paul Perras a acquis ce domaine de 8 ha en 1980 et construit le cuvage en 1990. Ses efforts sont récompensés par les deux étoiles accordées à cette cuvée d'un beau rubis vif, au nez agrémenté de parfums fruités puissants et agréables, marqués par la fraise et la groseille. Très rond et fruité, ce vin persiste longuement en bouche. Harmonieusement bâti et complet, il est plutôt fait pour maintenant.
☛ Paul et Nicole Perras, Dom. des Pampres d'Or, Le Guérin, 69210 Nuelles, tél. 04.74.01.42.85, fax 04.74.01.31.15 ✉ ♈ r.-v.

DOM. PEROL
Cuvée Vieilles vignes 1997***

| | 3,2 ha | 4 000 | -30 F |

Frédéric Pérol s'est installé en 1985 sur le domaine acquis par sa famille en 1912. Il peut être fier de cette cuvée rubis profond et limpide qui a conquis le grand jury des beaujolais. Les parfums de groseille, de fraîche cerise sauvage et de cassis sont un enchantement. La bouche ample, vineuse et dotée d'une belle charpente tannique, est très bien équilibrée. Sa puissance élégante et sa longueur indiquent un certain potentiel de garde : ce vin sera toujours là dans un an, voire deux.
☛ Frédéric Pérol, La Colletière, 69380 Châtillon-d'Azergues, tél. 04.78.43.99.84, fax 04.78.43.90.06 ✉ ♈ t.l.j. 9h-19h

CH. DE PIZAY 1997**

| | 22 ha | 170 000 | -30 F |

Le château abrite un hôtel quatre étoiles. Il est au centre d'un important vignoble (48 ha) qui remonte au XI[e]s. Ses vins sont régulièrement mentionnés dans le Guide. La belle expression aromatique de fruits rouges de cette cuvée grenat profond met en valeur sa chair d'une très grande finesse. L'attaque franche et la richesse de la matière équilibrée, goûteuse et charmeuse ont conquis le grand jury qui lui a attribué un coup de cœur. Prêt à boire, ce vin pourra attendre un an.
☛ SCEA Dom. Château de Pizay, 69220 Saint-Jean-d'Ardières, tél. 04.74.66.26.10, fax 04.74.69.60.65 ✉ ♈ r.-v.

LE BEAUJOLAIS

Beaujolais-villages

DOM. DE ROCHEBONNE 1997★
■ 2 ha 10 000 -30 F

Cette exploitation de 12 ha a élaboré une cuvée à la robe d'un beau rouge grenat brillant, en harmonie avec les parfums de fruits noirs (cassis, mûre, myrtille). La structure fine et les qualités aromatiques de ce vin incitent à le consommer dans l'année. A retenir encore, le **beaujolais blanc 97** du domaine, cité par le jury.
☞ Jean-François Pein, La Roche, 69620 Theizé, tél. 04.74.71.21.47, fax 04.74.71.21.47 r.-v.

DOM. DE ROCHEBONNE 1997
 0,7 ha 4 000 -30 F

Ces exploitants descendent d'une longue lignée de vignerons dont l'origine remonte au XVII°s. Ils ont élaboré un 97 d'un rouge sombre violacé comme le cassis, aux parfums puissants de fruits rouges très mûrs associés à des notes de vanille et de sous-bois. Une cuvée plutôt solide avec des tanins bien présents mais assagis. D'une grande longueur, ce joli vin à la forte personnalité pourra surprendre plus d'un connaisseur.
☞ GFA Pein, Le Bourg, 69620 Theizé, tél. 04.74.71.23.52 r.-v.

PATRICK ROLLET 1997
 0,3 ha 3 000 -30 F

Ce rosé à la robe assez soutenue et brillante présente un nez fruité, franc et délicat, une bouche plutôt riche, équilibrée et d'une bonne fraîcheur. On le servira sur une viande blanche rôtie.
☞ Patrick Rollet, 69620 Saint-Vérand, tél. 04.74.71.64.21, fax 04.74.71.64.21 r.-v.

DOM. DE ROTISSON 1997★
 1 ha 5 000 30 à 50 F

A la tête d'un domaine de 20 ha depuis 1972, Jean-Paul Peillon est fier de son cuvage très moderne, orné d'une fresque et d'une série de bouteilles bourguignonnes de toutes tailles (de 2 cl à 50 l). Cette année, il nous fait découvrir un beaujolais rosé d'un rose saumoné pâle ; ce 97 aux parfums de fruits rouges persistants séduit par sa fraîcheur, son équilibre. Une friandise ! Harmonieux et d'une belle longueur, il sera apprécié tout au long de l'année.
☞ Jean-Paul Peillon, Dom. de Rotisson, 69210 Saint-Germain-sur-l'Arbresle, tél. 04.74.01.23.08, fax 04.74.01.55.41 r.-v.

CAVE DE SAINT-VERAND
Cuvée réservée Vieilles vignes 1997
■ 5 ha 15 000 -30 F

Créée en 1959, la cave de Saint-Vérand compte aujourd'hui cent soixante adhérents et vinifie la production de 350 ha. Issue de vignes de quarante-cinq ans, cette puissante cuvée rouge violacé diffuse de forts parfums de fruits rouges et de pivoine. Sa généreuse et franche constitution et ses notes épicées sont agréables. Un vin plein de force et de jeunesse, qui gagnera à attendre un an.
☞ Cave Beaujolaise de Saint-Vérand, Le Bady, 69620 Saint-Vérand, tél. 04.74.71.73.19, fax 04.74.71.83.45 r.-v.

DOM. DES TERRES DOREES
Cuvée à l'ancienne 1997★
■ 7 ha 40 000 30 à 50 F

Cette exploitation de 20 ha a bien réussi son **beaujolais blanc 97**, cité par le jury, et a obtenu une étoile en rouge, pour cette cuvée rubis à reflets violets. Le nez s'ouvre peu à peu sur les fruits rouges. L'attaque franche, fruitée et amylique, est « réveillée ». Très bien équilibré et complet, c'est un vin pour maintenant.
☞ Jean-Paul Brun, Crière, 69380 Charnay-en-Beaujolais, tél. 04.78.47.93.45, fax 04.78.47.93.38 r.-v.

DAVID VIVIER-MERLE 1997★
■ 1 ha 3 000 -30 F

Installé en 1992, David Vivier-Merle commercialise depuis deux ans sa production. Il a vinifié une cuvée rubis de bonne intensité, libérant de plaisants parfums de fruits rouges frais. La belle attaque, nerveuse et fruitée, est suivie d'impressions tendres et typées pleines de finesse. Un 97 agréable et expressif, à boire maintenant.
☞ David Vivier-Merle, Le Bourg, 69620 Saint-Vérand, tél. 04.74.71.29.24, fax 04.74.71.29.24 r.-v.

VIVIER-MERLE FRERES
Coteaux Matiron 1997
■ 7 ha 25 000 -30 F

Ce domaine de 15 ha est exploité par deux frères. Exposés au sud-est, les coteaux Matiron ont donné un vin pourpre très sombre, qui s'ouvre sur des notes concentrées de fruits rouges. Ses tanins puissants mais doux lui donnent une bonne structure. Plutôt rond, ce 97 est à boire.
☞ GAEC Vivier-Merle Frères, Le Matiron, 69620 Saint-Vérand, tél. 04.74.71.73.06, fax 04.74.71.80.75 r.-v.

Beaujolais-villages

Le mot « villages » a été adopté pour remplacer la multiplicité des noms de communes qui pouvaient être ajoutés à l'appellation beaujolais pour distinguer des productions considérées comme supérieures. La quasi-totalité des producteurs a opté pour la formule beaujolais-villages.

Trente-sept communes, dont huit dans le canton de La Chapelle-de-Guinchay, ont droit à l'appellation beaujolais suivie du nom de la commune, ou simplement à celle de beaujolais-villages. Cette dernière terminologie est la plus employée depuis 1950, car elle facilite la commercialisation. Les 6 100 ha, dont la quasi-totalité

Beaujolais-villages

est comprise entre la zone des beaujolais et celle des crus, ont assuré en 1996 une production de 363 290 hl de rouges et 3 900 hl de blancs.

Les vins de l'appellation se rapprochent des crus et en ont les contraintes culturales (taille en gobelet, degré initial des moûts supérieur de 0,5° à ceux des beaujolais). Originaires de sables granitiques, ils sont fruités, gouleyants, parés d'une robe d'un beau rouge vif : ce sont les inimitables têtes de cuvée des vins de primeur. Sur les terrains granitiques, plus en altitude, ils apportent la vivacité requise pour l'élaboration de bouteilles consommables toute l'année. Entre ces extrêmes, toutes les nuances sont représentées, alliant finesse, arôme et corps, s'accommodant aux mets les plus variés, pour la plus grande joie des convives : le brochet à la crème, les terrines, le pavé de charolais iront bien avec un beaujolais-villages plein de finesse.

LE TEMPLE DE BACCHUS 1997

n.c.   25 000   -30 F

Cette sélection rubis foncé livre de beaux et fins parfums de fruits rouges bien mûrs. L'attaque est pleine d'allant. Un vin de type léger, rafraîchissant. A boire.
➥ Caveau des Beaujolais-Villages, 69430 Beaujeu, tél. 04.74.04.81.18 r.-v.

DOM. DE BOISCHAMPT 1997*

n.c.   n.c.   30 à 50 F

Rubis intense, ce 97 est marqué par des parfums fins et complexes de fruits mûrs et par des senteurs florales. Il y a beaucoup de rondeur dans ce vin bien structuré, aromatique et qui reste frais. Plaisant et gouleyant, il est à boire.
➥ Pierre Dupond, 339, rue de Thizy, 69653 Villefranche-sur-Saône, tél. 04.74.65.24.32, fax 04.74.68.04.14

DOM. DES CHAPPES 1997

2 ha   13 000   30 à 50 F

Cette vieille propriété familiale de 8 ha conserve un pressoir du XVIII[e]s. en état de marche dans son cuvage. Deux de ses produits ont été cités cette année : un **moulin à vent** et ce beaujolais-villages. La robe est engageante, mais sa couleur rubis moyen annonce un type plutôt léger. Les parfums de groseille sont frais, fins et délicats. En bouche, le vin se reprend, avec plus de chair et des nuances de fraise des bois. En dépit d'une bonne longueur, ce 97 n'est pas bâti pour la garde. Il faut le boire.
➥ Thomas La Chevalière, 69430 Beaujeu, tél. 04.74.04.84.97, fax 04.74.69.29.87 t.l.j. sf sam. dim. 8h-12h 14h-18h

CH. DU CHAYLARD 1997*

5,33 ha   2 500   -30 F

Créé en 1636, ce domaine est aux mains de la même famille depuis trois siècles. Il mérite un détour, avec son manoir flanqué d'une tourelle au toit pointu. Cette cuvée également, avec sa robe grenat et ses parfums francs et intenses de fruits mûrs, de myrtille et de cassis. Sa structure racée faite de tanins souples et son fruité charmeur et de grande persistance sont remarquables. Cet authentique beaujolais-villages, gouleyant à souhait, est prêt à boire mais il peut attendre (de un à deux ans).
➥ GFA du Ch. du Chaylard, Les Chavannes, 69840 Emeringes, tél. 04.74.04.44.95 r.-v.
➥ J. du Chaylard

LA MAISON DES VIGNERONS DE CHIROUBLES
Cuvée Anne de Courchevel 1997**

1 ha   5 000   -30 F

La Maison des Vignerons qui, chaque année en avril, participe activement à la fête des crus du Beaujolais, s'est distinguée avec son **morgon**, cité par le jury, et par cette cuvée rubis intense aux beaux reflets violets. Quel plaisir de humer les parfums fins et intenses de fraise et de mûre ! Et quelle bouche ! Pleine de chair et de raisin frais, elle est très bien structurée et montre un bon équilibre entre acidité et tanins, et de la longueur. Ce vin, qui s'accordera avec de la charcuterie ou une volaille, est prêt mais il pourra attendre de un à deux ans.
➥ La Maison des Vignerons de Chiroubles, Le Bourg, 69115 Chiroubles, tél. 04.74.69.14.94, fax 04.74.69.12.59 r.-v.

CLOCHEMERLE 1997

n.c.   n.c.   30 à 50 F

Élaborée par une maison de négoce, cette cuvée tire son nom du célèbre roman de G. Chevallier. D'un rubis intense, elle s'ouvre sur des notes florales, ponctuées de nuances épicées. La belle attaque ne saurait faire oublier les tanins encore jeunes. A boire de préférence dans l'année.
➥ Maison François Paquet, B.P. 1, Le Trève, 69460 Le Perréon, tél. 04.74.02.10.10, fax 04.74.03.26.99
➥ Marc Signerin

DOM. DE COLETTE 1997

n.c.   n.c.   -30 F

Deux citations pour ce domaine, régulièrement mentionné dans le Guide : une pour le **régnié** et l'autre pour cette cuvée rubis à reflets grenat, qui exhale de subtils parfums de framboise, de mûre et d'épices. Très franche, charnue et dotée d'arômes fruités nets et persistants, elle dévoile une finale plus vive, mais de bon aloi. Équilibrée et plaisante, elle sera de courte garde (de six à douze mois).
➥ EARL Jacky Gauthier, Colette, 69430 Lantignié, tél. 04.74.69.25.73, fax 04.74.69.25.14 r.-v.

137   LE BEAUJOLAIS

Beaujolais-villages

DOM. ANDRÉ COLONGE ET FILS
1997★★

■ 13 ha 80 000 ■ ♦ -30 F

Ce vignoble de 23 ha, fondé en 1960 et développé par la suite, est bien connu des lecteurs du Guide, car sa politique de qualité lui vaut souvent des appréciations élogieuses dans ces colonnes. Sa renommée s'est étendue au-delà de nos frontières : ses vins ne sont-ils pas en vente chez Harrod's ? Celui-ci, rubis soutenu, est remarquable. Les parfums de fruits rouges très mûrs sont bien développés et agrémentent une bouche puissante pleine de chair et aux tanins souples. Sa longueur et son bel équilibre laissent augurer un certain potentiel de garde, après sa mise en bouteilles (au moins un an).
☛ SCEA Dom. André Colonge et Fils, Les Terres-Dessus, 69220 Lancié, tél. 04.74.04.11.73, fax 04.74.04.12.68 ❏ ❏ r.-v.

DOM. DES COTES DE LA MOLIERE
1997

■ 1,11 ha 5 000 ■ -30 F

L'étiquette de ce vin représente la cabane où le vigneron entreposait autrefois ses outils, au milieu des vignes. Celles-ci ont donné une cuvée grenat sombre, très florale avec des notes de fané et de raisins secs. La belle structure des tanins discrets et le gras du raisin ressortent particulièrement bien. Ce vin puissant aurait pu être plus vif. Il est prêt mais peut attendre.
☛ Bruno Perraud, Le Bourg, 69820 Vauxrenard, tél. 04.74.69.92.32, fax 04.74.69.90.25 ❏ ❏ r.-v.

DOM. CROIX CHARNAY
Cuvée Vieilles vignes 1997★

■ 0,5 ha 4 000 ■ ♦ 30 à 50 F

Cette exploitation de 8,5 ha, dont les bâtiments datent de 1773 et 1811, propose une cuvée rouge vif très limpide, aux puissants parfums de fruits rouges accompagnés de notes amyliques et florales. Si sa rondeur et l'intensité de son fruité bien typé font l'unanimité, la finale se montre plus austère. Un vin bien vinifié et plaisant, à boire dans l'année.
☛ Lacondemine, Dom. Croix Charnay, 69430 Beaujeu, tél. 04.74.69.29.80, fax 04.74.04.30.69 ❏ ❏ r.-v.
☛ Maillot

PHILIPPE DESCHAMPS
Coteau du Cornillon 1997★

■ 6 ha 8 000 ■ -30 F

Philippe Deschamps a repris cette exploitation de 7 ha en 1989. Il développe la vente directe. D'un rouge vif et limpide, son Coteau du Cornillon déploie de beaux parfums de bonbon anglais puis de framboise. Sa chair harmonieuse, mêlée d'impressions amyliques associées à de la vivacité et à des tanins très jeunes, dénote une élaboration bien conduite. Une bouteille prête à boire, mais qui peut attendre.
☛ Philippe Deschamps, Morne, 69430 Beaujeu, tél. 04.74.04.82.54, fax 04.74.69.51.04 ❏ r.-v.

AGNES ET MARCEL DURAND 1997

■ 4,5 ha 15 000 ■ ♦ -30 F

Cette exploitation familiale de 7,5 ha propose cette cuvée rubis soutenu, au nez fruité et légèrement mentholé, dotée d'une belle charpente de tanins fins. Sa riche matière doit encore s'affiner.
☛ Agnès et Marcel Durand, Les Trions, 69220 Lancié, tél. 04.74.69.81.32, fax 04.74.69.86.70 ❏ ❏ r.-v.

CH. GAILLARD 1997

■ 1 ha 7 000 -30 F

Cette sélection rubis limpide s'ouvre rapidement sur des parfums fruités et des effluves floraux. Structurée et ronde à la fois, onctueuse, assez longue et dotée d'une belle finale, elle pourra attendre un an.
☛ Raymond Mathelin et Fils, Dom. de Sandar, 69380 Châtillon-d'Azergues, tél. 04.78.43.92.41, fax 04.78.43.94.85 ❏ ❏ t.l.j. sf dim. 8h30-12h 14h-19h

LYDIE ET LUCIEN GRANDJEAN
1997★★

■ 5,49 ha 10 000 ■ -30 F

A la tête de l'exploitation depuis 1979, Lucien Grandjean a réussi une remarquable cuvée carmin profond, aux intenses parfums de framboise, de groseille et de fleurs. Ample et souple, la bouche est épaulée par des tanins fondus et des arômes envoûtants. Harmonieusement constitué, alliant finesse et puissance, ce 97 pourra être gardé deux ans.
☛ Lucien Grandjean, Les Vergers, 69430 Lantignié, tél. 04.74.69.24.92, fax 04.74.69.23.36 ❏ ❏ r.-v.

DOM. DE LA BEAUCARNE
Quintessence 1997★

■ 2 ha 10 000 30 à 50 F

Ce domaine de 8 ha est situé à Beaujeu, l'ancienne capitale du Beaujolais. Michel Nesme est à la tête de l'exploitation depuis 1980. Il a bien réussi cette cuvée rubis clair aux reflets couleur de cassis. Intenses mais fugaces, les parfums de fruits rouges très jeunes évoluent vers le bonbon anglais. Ses arômes persistants et sa bonne fraîcheur rendent ce vin agréablement désaltérant. A boire.
☛ Michel Nesme, La Combe de Chavannes, 69430 Beaujeu, tél. 04.74.04.86.23, fax 04.74.04.83.41 ❏ ❏ r.-v.

DOM. DE LA COMBE MORGUIERE
1997

■ 3 ha 15 000 ■ ❏ ♦ -30 F

Rubis aux beaux reflets grenat, ce 97 est gouleyant. Quel superbe nez de fraise, de framboise et de fleurs ! Et son fruité, où ressort la pêche de vigne, est bien plaisant. A boire.
☛ SCI de La Combe Morguière, 69830 Salles-Arbuissonat, tél. 04.74.67.58.92
☛ Desthieux

DOM. DE LA FONT-CURE 1997

■ n.c. n.c. ■ -30 F

Disposant de deux chambres d'hôtes classées trois épis, l'exploitation a vinifié une cuvée de

138

Beaujolais-villages

couleur assez légère, avec de beaux reflets grenat. Les parfums fruités, fins et élégants, s'épanouissent longuement au palais. Il y a beaucoup de fraîcheur dans ce vin tendre, friand, fait pour maintenant.

Françoise Gouillon, Saburin, 69430 Quincié-en-Beaujolais, tél. 04.74.04.36.33, fax 04.74.04.36.33 r.-v.

GÉRARD ET JEANINE LAGNEAU
1997★★

n.c.   6 000   -30 F

Cette exploitation propose des chambres d'hôtes trois épis. Le jury recommande particulièrement au visiteur cette cuvée rouge vif, aux parfums de framboise, de fraise et de cassis ponctués de notes amyliques. Si sa charpente s'avère un peu légère pour une longue garde, son caractère friand et ses arômes pleins de fraîcheur et de finesse le rendent très séduisant. Un vin typé, à consommer dans l'année.

Gérard et Jeanine Lagneau, Huire, 69430 Quincié-en-Beaujolais, tél. 04.74.69.20.70, fax 04.74.04.89.44 r.-v.

DOM. DE LA MAISON GERMAIN
1997★

7 ha   5 000   -30 F

Ce domaine de 11 ha environ, qui porte le nom d'une aïeule, dispose d'un camping trois épis. Le jury a bien aimé ce 97 qui jette des reflets violets et exprime des parfums assez intenses de type végétal. On y trouve des notes de cassis et de sous-bois qui se prolongent en bouche. S'il se montre un peu chaud et austère, il s'avère assez fin avec des arômes surprenants et intéressants. On recommande de le boire maintenant avec un civet de lapin ou une poêlée de champignons des bois !

Patrick et Marie-Paule Bossan, Charpenay, rte de Salles, D20, Blaceret, 69460 Blacé, tél. 04.74.67.56.36, fax 04.74.67.56.36 r.-v.

DOM. LARDY 1997★

0,67 ha   5 000   -30 F

D'un rubis limpide et brillant, voici une cuvée originale : elle livre tout d'abord des notes minérales évoquant l'argile et le granit, puis viennent des arômes de fraise et de framboise qui se prolongent au palais. En bouche, elle révèle une forte personnalité, avec des tanins très jeunes qui dominent sans écraser le vin. Un 97 au bon potentiel de garde : deux ou trois ans sont à sa portée.

Dom. Lardy, Le Vivier, 69820 Fleurie, tél. 04.74.69.81.74, fax 04.74.69.81.74 r.-v.

BERNARD LAVIS 1997★

n.c.   n.c.   -30 F

Cette cuvée rubis de bonne intensité livre des parfums de fruits très frais rappelant la framboise, mêlés de nuances plus végétales qui évoquent le terroir. Franche, ronde et très souple en bouche, malgré la présence de tanins persistants, elle est équilibrée et de bonne longueur. Ce vin ample est à boire dans les deux ans. De la même exploitation, le **fleurie** a été cité par le jury.

Bernard Lavis, Les Moriers, 69820 Fleurie, tél. 04.74.69.81.91, fax 04.74.69.81.91 r.-v.

PATRICK ET ODILE LE BOURLAY
1997★

6 ha   9 000   -30 F

Un 97 à la robe pourpre et limpide, au nez de groseille et de myrtille. On est vite conquis par sa rondeur et son fruité évoquant des vendanges très mûres. Bien structuré, gouleyant et charmeur, ce vin est à boire dans l'année.

EARL Patrick et Odile Le Bourlay, Forétal, 69820 Vauxrenard, tél. 04.74.69.90.44, fax 04.74.69.90.44 r.-v.

LE COTEAU DE ROCHEMURE
Le Perréon 1997

n.c.   3 000   -30 F

En 1993, Régis Vermorel a pris la succession de son père sur cette exploitation de 12 ha. Récoltée sur un coteau depuis très longtemps voué à la vigne, cette cuvée rouge sombre développe des parfums délicats de fruits et d'épices. La bouche séduit par sa bonne structure tannique, son caractère aromatique et sa chair. Son beau potentiel assurera à ce 97 un à deux ans de garde.

Régis Vermorel, La Creuse, 69460 Le Perréon, tél. 04.74.03.26.70, fax 04.74.03.27.04 r.-v.

DOM. DU LIERROU
Réserve Vieilli en fût de chêne 1997★

n.c.   0,45 ha   30 à 50 F

Ce domaine, acquis par la famille de Jean Faudon en 1910, compte maintenant 9,5 ha. Il a élaboré un 97 déjà évolué, dont la belle robe violacée est marquée de reflets tuilés. Le nez n'est pas en reste avec des notes assez intenses de boisé, de fumé et d'épices. La bouche, puissante et harmonieuse, riche en tanins et en arômes vanillés et réglissés, se montre longue et élégante. Ce beaujolais-villages original « non collé, non filtré » ravira les amateurs de vins élevés en fût de chêne.

Jean Faudon, Les Vierres, 69460 Blacé, tél. 04.74.67.52.14, fax 04.74.67.57.53 r.-v.

DOM. DE L'OISILLON 1997★

2,1 ha   6 000   -30 F

Michel Canard, qui exploite 8,5 ha de vignes, a signé ce joli vin rubis à reflets bleutés, aux parfums puissants et fins de fruits rouges et de confiture assortis de notes de noisette. La bouche, imprégnée des arômes fruités, offre une élégante vivacité et un excellent équilibre. Ce 97 est prêt, mais il peut encore attendre (de un à deux ans).

Michel Canard, Dom. de L'Oisillon, Le Bourg, 69820 Vauxrenard, tél. 04.74.69.90.51, fax 04.74.69.90.51 r.-v.

DOM. DE L'OREE DU BOIS
Le Perréon 1997★★

5 ha   20 000   30 à 50 F

Cette exploitation possède deux marques : le **Domaine de La Madone**, dont le vin est cité, et le Domaine de L'Orée du Bois, qui a donné cette cuvée rubis intense paré de reflets grenat. Les fragrances de la rose et de la pivoine sont subtilement associées à des notes de fruits mûrs. La superbe bouche pleine de vinosité, de chair,

LE BEAUJOLAIS

Beaujolais-villages

agréablement structurée et imprégnée de notes balsamiques, pourra encore s'épanouir si l'on a la patience d'attendre (de un à deux ans).
↦ Dom. de L'Orée du Bois, Le Bourg, 69460 Le Perréon, tél. 04.74.03.21.85, fax 04.74.03.27.19 ☑ ☥ t.l.j. sf dim. 8h-12h 14h-19h
↦ Bérerd et Fils

DOM. DES MAISONS NEUVES 1996

0,5 ha — 3 800 — -30 F

Ce domaine familial, qui compte aujourd'hui 11 ha, se transmet de mère en fille depuis cinq générations. Son beaujolais-villages blanc 96, à la belle robe dorée, claire et limpide, livre des parfums floraux typés, associés à des notes de pierre à fusil. Bien rond, il remplit totalement et longuement la bouche. Une expression originale du terroir.
↦ Jean-Pierre Merle, Dom. des Maisons Neuves, 69460 Blacé, tél. 04.74.67.53.10, fax 04.74.67.51.87 ☑ ☥ t.l.j. 7h30-22h

MANOIR DU PAVE 1997★★

4 ha — 20 000 — 30 à 50 F

En 1877, Zaccharie Geoffray, ancêtre des actuels propriétaires, achète un petit vignoble que ses successeurs auront à cœur de développer : château Thivin. Il produit une **côte de brouilly** qui a été jugé très réussi. Le Manoir du Pavé est l'autre marque du domaine. Il s'agit de vignes achetées par le beau-père de Claude Geoffray. Elles ont donné ce beaujolais-villages grenat aux jolis reflets violets, au nez de cassis et de pêche de vigne. Se prolongeant en bouche, ces arômes mettent en valeur la chair et la belle structure de ce vin complet et persistant. Résultat d'une parfaite maîtrise de la vinification, ce 97 est d'une grande originalité. A boire dans deux à trois ans.
↦ EARL Claude Geoffray, Ch. Thivin, 69460 Odenas, tél. 04.74.03.47.53, fax 04.74.03.52.87 ☑ ☥ r.-v.

DOM. DU MARRONNIER ROSE 1997★

4 ha — 3 000 — -30 F

Sylvain Dory dirige depuis 1988 ce domaine d'un peu moins de 6 ha. Il propose ce 97 rouge intense, aux parfums puissants et élégants de framboise et de pêche. Des tanins ronds, associés à des arômes de fruits rouges persistants, composent une bouche excellente, pleine d'harmonie. A boire maintenant. A retenir encore, citée par le jury, une cuvée de **juliénas**.
↦ Sylvain et Nathalie Dory, Le Bourg, 69820 Vauxrenard, tél. 04.74.69.90.80, fax 04.74.69.90.80 ☑ ☥ t.l.j. 8h-12h 14h-19h

DOM. CHRISTIAN MIOLANE 1997

9,81 ha — 20 000 — 30 à 50 F

Un domaine familial de près de 11 ha, fondé en 1800. On y a aménagé un écomusée. A la tête de l'exploitation depuis 1995, Christian Miolane propose une cuvée grenat soutenu, au nez développé de framboise et de cassis frais. Ce vin aromatique, moyennement persistant, qui présente beaucoup de souplesse et de rondeur, est agréablement désaltérant. Il est fait pour une courte garde.

↦ Dom. Christian Miolane, La Folie, 69460 Salles-Arbuissonnas, tél. 04.74.60.52.48, fax 04.74.67.59.95 ☑ ☥ r.-v.

DOM. H. MONTERNOT ET FILS 1997★★

10 ha — 30 000 — 30 à 50 F

Une année faste pour le GAEC Monternot, avec une citation pour son **beaujolais blanc 97** et un coup de cœur pour cette cuvée grenat aux puissants parfums de fruits rouges nuancés de cassis. L'excellente structure, les tanins jeunes et vifs, la grande persistance et l'intensité du fruité, le remarquable équilibre des saveurs et des senteurs composent une bouteille d'une grande distinction. Un beaujolais comme on l'aime. A boire dans l'année.
↦ GAEC J. et B. Monternot, Les Places, 69460 Blacé, tél. 04.74.67.56.48, fax 04.74.60.51.13 ☑ ☥ r.-v.

DOM. DES NUGUES 1997

11 ha — 57 000 — 30 à 50 F

Gérard Gelin s'est installé en 1976 sur ce coquet domaine qui compte près de 20 ha. Il présente une cuvée d'un rubis soutenu, aux senteurs de fruits rouges. Ce vin, rond et long, révèle un assez bon potentiel. A boire.
↦ Gérard Gelin, Les Pasquiers, 69220 Lancié, tél. 04.74.04.14.00, fax 04.74.04.16.73 ☑ ☥ r.-v.

LOUIS PARDON 1997★★

1 ha — 9 000 — -30 F

Le **brouilly** commercialisé par cette maison de négoce a été cité, mais c'est cette sélection d'un domaine de la famille Pardon qui a obtenu un coup de cœur. Sa belle robe rubis brillant est illuminée de reflets pourpres. Ses parfums de framboise et de groseille, d'une grande fraîcheur,

Brouilly et côte de brouilly

accompagnent une bouche élégante, très bien équilibrée et veloutée. Ce vin séduisant, complet et racé, est prêt à boire mais il peut attendre.
➥ Pardon et Fils, 39, rue du Gal-Leclerc, 69430 Beaujeu, tél. 04.74.04.86.97, fax 04.74.69.24.08 ☑ ⚁ t.l.j. sf sam. dim. 8h-12h 14h-18h; f. août

JEAN-CHARLES PIVOT 1997
■　　　　　n.c.　　n.c.　　■♨ 30 à 50 F

Cette cuvée couleur garance exprime de délicats parfums de framboise. Guilleret et plein d'entrain, fruité, c'est un vin plaisant, à boire maintenant.
➥ Jean-Charles Pivot, Montmay, 69430 Quincié-en-Beaujolais, tél. 04.74.04.30.32, fax 04.74.69.00.70 ☑ ⚁ r.-v.

DOM. DES PLAISANCES 1997
■　　　　1 ha　　3 500　　■♨ -30 F

Daniel Bouchacourd est installé depuis 1991 sur cette exploitation de 8 ha qu'il tient de ses parents. Le jury a retenu ce 97 limpide, léger en couleur, au frais parfum de rose associé à des notes de framboise et à des touches minérales. Après une attaque fruitée et ronde, la bouche se fait plus structurée. Agréable et d'une bonne typicité, ce vin est à boire maintenant. Il accompagnera une volaille rôtie.
➥ Daniel Bouchacourd, Espagne, 69640 Saint-Julien, tél. 04.74.60.52.81, fax 04.74.60.52.81 ☑ ⚁ r.-v.

DOM. DE ROCHEBRUNE 1997*
■　　　　6 ha　　5 000　　■♨ -30 F

Installé depuis 1970 sur cette exploitation, Xavier Dumont a bien réussi ce 97 : la robe chatoyante, rubis violine, compose avec les parfums très expressifs de fleurs, de cassis et de fraise, un ensemble harmonieux ; sa chair et son fruité sont comme une caresse au palais. Un vin au beau potentiel, qui s'affirmera encore plus dans quelques mois sur du petit gibier à plumes.
➥ Xavier Dumont, Le Pont Mathivet, 69460 Saint-Etienne-des-Oullières, tél. 04.74.03.46.41 ☑ ⚁ r.-v.

DOM. DES SABLONS 1997*
■　　　7,24 ha　　4 800　　■◐ -30 F

Charles Terrier, installé sur cette exploitation de 7,8 ha depuis 1967, a élaboré cette cuvée d'un rubis soutenu, dont le fruité assez intense, frais et franc, rappelle la prime jeunesse de ce 97. La bouche, riche et équilibrée, est d'une bonne longueur. Ce vin typé et fin est à boire dans l'année.
➥ Charles Terrier, Vitry, 69430 Quincié-en-Beaujolais, tél. 04.74.04.30.18 ⚁ r.-v.

DOM. DES TERRES-DESSUS 1997*
■　　　　7 ha　　10 000　　-30 F

A la tête de cette exploitation de 12 ha depuis 1976, Jean Floch a bien réussi ce 97. Rubis intense, cette cuvée livre des parfums frais et fins de framboise et d'épices. Les tanins, plutôt discrets au départ, laissent place à la rondeur de la chair et aux arômes. La finale, un peu plus austère, reste harmonieuse. A boire au cours de l'année.

➥ Jean Floch, Dom. des Terres-Dessus, 69220 Lancié, tél. 04.74.04.13.85, ☑ ⚁ t.l.j. 8h-20h

DOM. DE TERRES MUNIERS 1997*
■　　　　1 ha　　8 000　　■♨ 30 à 50 F

A la tête d'une exploitation de 10 ha depuis 1975, Gérard Trichard a élaboré ce beaujolais-villages habillé d'une robe très séduisante, rubis limpide aux éclats grenat. Ce vin livre une riche palette de parfums de macération et de fruits à noyau. La bouche ample, pleine de chair, dotée d'une charpente de tendres tanins, est du plus bel effet. Bien typé, ce 97 est apte à une garde d'un à deux ans ; il accompagnera agréablement un lièvre ou un lapin.
➥ Gérard et Jacqueline Trichard, Bel Avenir, 71570 La Chapelle-de-Guinchay, tél. 03.85.36.77.54, fax 03.85.33.83.78 ☑ ⚁ r.-v.

CH. DE VAUX Cuvée traditionnelle 1997*
■　　　　10 ha　　20 000　　■♨ 30 à 50 F

Vaux-en-Beaujolais est devenu Clochemerle dans le célèbre roman où Gabriel Chevallier décrit avec verve les mœurs et les conflits villageois. J. et M.-A. de Vermont y exploitent depuis 1977 un vignoble de 13 ha. Leur cuvée traditionnelle, rubis léger, jette des reflets cristallins ; elle développe de très beaux parfums, évoquant les raisins frais que l'on croit croquer en bouche. D'une structure élégante et harmonieuse, pluie de fraîcheur et de saveurs persistantes de framboise et de groseille, elle est à déguster dans l'année.
➥ Jacques et Marie-Ange de Vermont, Le Bourg, 69460 Vaux-en-Beaujolais, tél. 04.74.03.20.03, fax 04.74.03.24.10 ☑ ⚁ r.-v.

Brouilly et côte de brouilly

Le dernier samedi d'août, le vignoble retentit de chants et de musique ; les vendanges ne sont pas commencées et pourtant une nuée de marcheurs, panier de victuailles au bras, escaladent les 484 m de la colline de Brouilly, en direction du sommet où s'élève une chapelle près de laquelle seront offerts le pain, le vin et le sel ! De là, les pèlerins découvrent le Beaujolais, le Mâconnais, la Dombes, le mont d'Or. Deux appellations sœurs se sont disputé la délimitation des terroirs environnants : brouilly et côte de brouilly.

Le vignoble de l'AOC côte de brouilly, installé sur les pentes du mont, repose sur des granites et des schistes très durs, vert-bleu, dénommés « cornes-vertes » ou diorites. Cette montagne serait un reliquat de l'activité volcanique du pri-

Brouilly

maire, à défaut d'être, selon la légende, le résultat du déchargement de la hotte d'un géant ayant creusé la Saône... La production (18 000 hl pour 310 ha) est répartie sur quatre communes : Odenas, Saint-Lager, Cercié et Quincié. L'appellation brouilly, elle, ceinture la montagne en position de piémont sur 1 300 ha, pour une production de 75 000 hl. Outre les communes déjà citées, elle déborde sur Saint-Etienne-la-Varenne et Charentay ; sur la commune de Cercié se trouve le terroir bien connu de la « Pisse Vieille ».

Brouilly

JEAN BARONNAT 1997★★

n.c.   n.c.   30 à 50 F

Spécialisé dans la vente aux restaurants traditionnels, ce négociant a sélectionné un vin rouge intense au nez très fin mais bien présent de mûre. Une belle charpente tannique, une chair succulente et de la matière concentrée forment un triptyque gustatif des plus agréables. Un 97 à boire dans l'année.

➥ Jean Baronnat, Les Bruyères, rte de Lacenas, 69400 Gleizé, tél. 04.74.68.59.20, fax 04.74.62.19.21 ✓ t.l.j. sf dim. 8h30-12h 13h30-18h

DOM. DE BEL-AIR 1997★

6,65 ha   25 000   30 à 50 F

Grosse propriété de plus de 13 ha. Les parfums complexes de cette cuvée rouge foncé à reflets violets sont ceux des fruits noirs, du kirsch, de la fraise très mûre et de la cannelle. La bouche pleine de matière et d'épices fraîches est sensible à la charpente tannique qui se développe en finale. D'une bonne harmonie, on peut boire ce 97 dès maintenant mais il peut attendre deux à trois ans.

➥ EARL Annick et Jean-Marc Lafont, Dom. de Bel-Air, 69430 Lantignié, tél. 04.74.04.82.08, fax 04.74.04.89.33 ✓ r.-v.

CH. DU BLUIZARD 1996★

8 ha   50 000   30 à 50 F

Créé au XVIIIᵉ s., ce château a connu bien des visiteurs célèbres. On peut citer Colette qui appréciait tant le vin. Ce surprenant 96, rouge intense, est baigné de senteurs de griotte très mûre mais aussi de framboise. Ample, bien structurée, la bouche offre d'agréables arômes de cerise et se révèle bien caractéristique du millésime. On peut boire ce 96, mais un à deux ans de garde sont à sa portée.

➥ SCE des Dom. Saint-Charles, Le Bluizard, 69460 Saint-Etienne-la-Varenne, tél. 04.74.03.30.90, fax 04.74.03.30.80 ✓ r.-v.
➥ Jean de Saint-Charles

DOM. DES BUSSIERES 1997★

2,9 ha   n.c.   30 à 50 F

Le domaine installé à Saint-Lager a récolté un **côte de brouilly 97** cité par le jury et cette cuvée de brouilly à la très jolie robe rouge cernée de violet. Ses parfums de fruits noirs très fins se prolongent élégamment en bouche, soutenus par une bonne vivacité. Equilibré et long, doté d'une finale aux impressions « aériennes », ce vin est à apprécier dès maintenant.

➥ Colette Deverchère, 144, av. de la Libération, 69400 Villefranche-en-Beaujolais, tél. 04.74.65.13.51, fax 04.74.65.47.00 ✓ r.-v.

DOM. DU CHATEAU DE LA VALETTE 1997★

2,74 ha   14 000   30 à 50 F

Installé en 1983, Jean-Pierre Crespin a acheté ces vignes âgées aujourd'hui de quarante-cinq ans. Son **côte de brouilly** a été cité par le jury. Il vient compléter ce brouilly grenat à reflets violets où dominent des parfums de groseille, de fraise des bois et de cassis. La belle structure tannique, sensible dès l'attaque, participe à l'équilibre de ce vin corsé, aromatique et très long. Il est à boire mais peut attendre facilement un à deux ans. Il accompagnera une terrine de lapin, si possible « faite maison ».

➥ Jean-Pierre Crespin, Le Bourg, 69220 Charentay, tél. 04.74.66.81.96, fax 04.74.66.71.72 ✓ r.-v.

DOM. DES COTEAUX DE VURIL 1997★

1,8 ha   10 000   30 à 50 F

Le domaine date de 1880. Elevé en foudre pendant six mois, ce vin rouge foncé brillant dévoile des parfums printaniers de fleurs et des arômes de fruits très mûrs. La bouche riche, très ronde, complexe et dotée de beaux tanins, est bien équilibrée. Ce vin d'avenir, charmeur et typé, pourra accompagner pendant quatre ans des magrets de canard aux épices.

➥ SCEA Dutraive, 69, la Grand'Cour, 69820 Fleurie, tél. 04.74.69.81.16, fax 04.74.69.84.16 ✓ r.-v.

REMY DARGAUD 1997

6 ha   n.c.   30 à 50 F

Le **beaujolais 97** de ce producteur a été cité par le jury. Cette cuvée est très foncée, presque opaque. On y trouve des parfums de fruits rouges et de figue. La bouche ronde, avec de la chair et des tanins fondus, a une belle puissance. Equilibrée et riche, cette bouteille est à boire mais peut attendre deux à trois ans.

➥ Rémy Dargaud, 30, rte de Villié-Morgon, 69220 Cercié-en-Beaujolais, tél. 04.74.66.81.65 ✓ r.-v.

GOBET Pisse Vieille 1996

n.c.   20 000   30 à 50 F

Cette maison de négoce a sélectionné ce brouilly légèrement évolué, comme le révèlent ces quelques reflets jaunes de la robe limpide et claire. Ce vin offre des parfums vineux aux nuances animales intenses. La bouche ronde et fine

142

Brouilly

s'avère délicate. Ce 96 de bonne facture est à boire.
🍇 Gobet, Les Chers, 69840 Juliénas, tél. 04.74.06.78.70, fax 04.74.06.78.71 🍷 r.-v.

BERNARD JOMAIN 1996
■   n.c.   3 000   ⦿ 30 à 50 F

L'une des exploitations situées sur la propriété du château de la Chaize a vinifié ce vin rouge intense, presque violacé. Ses nuances de cassis élégamment dosées se retrouvent en bouche, associées à une forte charpente. Un tantinet rustique, ce 96 paraît déjà apte à la consommation.
🍇 Bernard Jomain, Les Clous, 69460 Odenas, tél. 04.74.03.47.60, fax 04.74.03.47.60 ☑ 🍷 r.-v.

JEAN-MARC LAFOREST 1997
■   5,8 ha   35 000   ■♂ 30 à 50 F

La robe de cette cuvée est d'une grande fraîcheur alors que ses parfums fruités sont intenses. L'attaque révèle un bon équilibre, des tanins et de la chair. Simple et élégante, cette bouteille est à boire dans l'année.
🍇 Jean-Marc Laforest, Chez le Bois, 69430 Régnié-Durette, tél. 04.74.04.35.03, fax 04.74.69.01.67 ☑ 🍷 t.l.j. 8h-20h

DOM. DE LA MADONE
Pisse-Vieille 1996
■   0,6 ha   4 000   30 à 50 F

L'étiquette que porte cette bouteille illustre la légende de la Pisse-Vieille, lieu-dit d'où est issu ce vin à la robe violine. Ses parfums de fruits rouges et de bonbons acidulés très frais accompagnent une bouche vive mais réussie. Sans faiblesse, ce 96 sera apprécié maintenant, comme pourra l'être la côte de brouilly du domaine, cité également par le jury.
🍇 EARL Dom. de La Madone, Les Maisons-Neuves, 69220 Saint-Lager, tél. 04.74.66.84.37, fax 04.74.66.70.65 ☑

LA PETITE FOLIE 1997
■   n.c.   n.c.   ■ 30 à 50 F

Vin de négociant, cette sélection grenat développe des parfums expressifs de cerise, de framboise, très mûrs. Ample, dotée d'une belle matière, souple et aromatique, elle finit un peu vite mais laisse une bonne bouche. On peut le déguster dès à présent.
🍇 Jean Bedin, Les Chers, 69840 Juliénas, tél. 04.74.06.78.70, fax 04.74.06.78.71 🍷 r.-v.

JEAN-LUC LAPLACE 1997*
■   5,5 ha   3 000   ⦿ 30 à 50 F

Neuf mois d'élevage en fût n'ont pas nui à ce 97 très réussi. L'intense robe grenat foncé annonce les parfums de fruits rouges. Riche et puissant, le vin s'épanouit au palais avec élégance. Chaleureuse, cette bouteille est prête à être servie.
🍇 Jean-Luc Laplace, Bergiron, 69220 Saint-Lager, tél. 04.74.66.88.42 ☑ 🍷 r.-v.

DOM. J. LARGE 1997
■   1,2 ha   9 000   ⦿ 30 à 50 F

La petite exploitation exposée au levant a récolté une cuvée rubis d'intensité soutenue. Le nez de fruits rouges est puissant et flatteur. Riche et généreuse, la bouche recèle de beaux tanins qui doivent s'affiner. Une bouteille apte à une garde de trois à quatre années.
🍇 Jeanine Large, 69460 Odenas, tél. 04.74.06.10.10, fax 04.74.66.13.77 ☑ 🍷 r.-v.

DOM. LES ROCHES BLEUES 1996*
■   4,65 ha   10 000   ⦿ 30 à 50 F

Le domaine, qui porte le nom de la roche sur laquelle il est implanté, a été cité aussi pour son **côte de brouilly 96**. Cette cuvée rouge violet exprime de timides effluves de fruits rouges et d'épices. Après une attaque ample et riche, les tanins s'imposent. Bien équilibrée malgré sa fermeté, cette bouteille est à attendre deux à trois ans avant de laisser une viande rouge grillée l'accompagner.
🍇 Dominique Lacondemine, Dom. Les Roches Bleues, 69460 Odenas, tél. 04.74.03.43.11, fax 04.74.03.50.06 ☑ 🍷 t.l.j. 8h30-20h; dim. sur r.-v.

DOM. DE L'HERONDE 1996*
■   n.c.   n.c.   30 à 50 F

La robe légère et fraîche de ce 96 accompagne des parfums secondaires plaisants de type animal. L'acidité, les tanins bien ressentis ne déséquilibrent pas l'ensemble. Il est conseillé de boire dans l'année ce vin laissant une impression agréable.
🍇 Naigeon-Chauveau, rue de la Croix-des-Champs, B.P. 7, 21220 Gevrey-Chambertin, tél. 03.80.34.30.30, fax 03.80.51.88.99 ☑ 🍷 r.-v.

ALAIN MICHAUD 1997**
■   n.c.   35 000   ■⦿♂ 30 à 50 F

D'un grenat profond serti de reflets carmin, cette cuvée attirante exhale des parfums de rose fanée, d'épices et de café, nuancés de notes minérales. Sa bouche ample et grasse, dotée d'une belle charpente tannique équilibrée, reflète un grand terroir. De beau 97, à la finale réglissée, pourra accompagner pendant un à quatre ans une côte de bœuf.
🍇 Alain Michaud, Beauvoir, Cidex 1145, 69220 Saint-Lager, tél. 04.74.66.84.29, fax 04.74.66.71.91 ☑ 🍷 r.-v.

THIERRY MORIN Cuvée Prestige 1996*
■   n.c.   5 200   ■⦿ 30 à 50 F

Neuf mois en cuve, cinq mois en fût : ce 96 est parfaitement réussi. Le rouge foncé de sa robe est parcouru d'éclats orangés ; le nez puissant de fruits très mûrs, de fleurs et de vanille, prépare une bouche concentrée, aromatique, riche en tanins bien mariés avec le bois. Ce vin solide destiné aux amateurs de chêne peut attendre un an.
🍇 Thierry Morin, Le Fouilloux, 69220 Saint-Lager, tél. 04.74.66.88.32, fax 04.74.66.88.32 ☑ 🍷 r.-v.

ROBERT PERROUD 1997*
■   4,78 ha   17 000   ⦿ 30 à 50 F

La tradition viticole de la famille Perroud remonte à la Révolution française. Ce 97 de belle intensité, jeune, enchante par ses nombreuses nuances fines et fraîches de fruits rouges et par-

143   LE BEAUJOLAIS

Côte de brouilly

ticulièrement de framboise. Sa belle matière et son fruité sont agréablement associés à des tanins souples et de bonne longueur. Équilibrée, complète, cette excellente bouteille accompagnera maintenant une entrecôte à la bordelaise façon beaujolaise !
☞ Robert Perroud, Les Balloquets, 69460 Odenas, tél. 04.74.04.35.63, fax 04.74.04.35.63 ▼ ▼ r.-v.

DOM. DU PLATEAU DE BEL-AIR 1997★

| ■ | 5,5 ha | n.c. | ■ ▲ | 30 à 50 F |

Cette cuvée rouge rubis profond s'exprime franchement et spontanément avec des notes de mûre, de cassis et de pivoine. Sa belle matière et son fruité originel séduisent. On recommande de servir frais, lors d'un barbecue, ce vin plaisant par ses caractères de jeunesse.
☞ SCI Vignoble de Bel-Air, 69220 Saint-Jean-d'Ardières, tél. 04.74.66.00.16, fax 04.74.69.61.67 ▼ ▼ r.-v.

DOM. RUET 1997★

| ■ | 4 ha | 20 000 | ■ ▲ | 30 à 50 F |

Installée depuis 1926, la famille Ruet cultive une douzaine d'hectares de vignes. Cette cuvée rubis intense s'ouvre lentement sur des notes fruitées. Elle se montre plus bavarde en bouche où l'on apprécie son ampleur, ses impressions chaleureuses et ses tanins qui lui garantissent une garde d'au moins deux ans. Les fruits rouges et sa chair s'imposent en finale.
☞ Dom. Ruet, Voujon, 69220 Cercié-en-Beaujolais, tél. 04.74.66.85.00, fax 04.74.66.89.64 ▼ ▼ r.-v.
☞ Jean-Paul Ruet

DOM. DE SAINT-ENNEMOND 1997★

| ■ | 6 ha | n.c. | ■ ▲ | 30 à 50 F |

Ce domaine, qui dispose de trois chambres d'hôtes, a vinifié un brouilly à la superbe robe rubis intense. Les impressions olfactives vineuses, de groseille et d'autres fruits rouges, sont puissantes. La très bonne bouche, charpentée, demande à s'affiner ; mais quelle profondeur ! On attendra deux ans pour savourer pleinement ce 97. Le **beaujolais-villages rouge du même millésime** a également été jugé très réussi par le jury.
☞ Christian Béréziat, Saint-Ennemond, 69220 Cercié-en-Beaujolais, tél. 04.74.69.67.17, fax 04.74.69.67.29 ▼

DOM. J. TATOUX Garanche 1997★

| ■ | 3 ha | 23 000 | ▐▌ | 30 à 50 F |

Mis en bouteille par l'intermédiaire des Vignerons producteurs de Corcelles, ce brouilly a séduit le jury. L'œil apprécie le rouge foncé brillant aux reflets violets. Le nez de cerise très mûre est plutôt fin. Les premières impressions de souplesse sont confirmées par la matière élégante. Ce joli vin, malgré une finale un peu austère lors de la dégustation, sera à boire cet hiver.
☞ Tatoux, 69220 Charentay, tél. 04.74.06.10.10, fax 04.74.66.13.77 ▼ ▼ r.-v.

DOM. DE VURIL 1996

| ■ | n.c. | n.c. | ■ | 30 à 50 F |

Des parfums discrets de torréfaction, de caramel et de fruits très mûrs émanent de ce vin rouge assez soutenu. La bouche charnue, ample, agréablement aromatique dans un premier temps, s'avère rustique en finale. Bien typé et prometteur, ce 96 demande à être attendu deux à trois ans.
☞ EARL M.-France et Jean-Gabriel Jambon, Chapoly, 69220 Charentay, tél. 04.74.66.84.98, fax 04.74.66.80.58 ▼ ▼ r.-v.

Côte de brouilly

AIMEE-CLAUDE BONNETAIN 1997★

| ■ | 1 ha | 2 000 | ■ | 30 à 50 F |

La cave de ce viticulteur est située sur la route qui monte à la chapelle de Brouilly. Ce millésime à la robe sombre, presque violacée, offre des parfums développés de fruits rouges et d'épices. La bouche bien structurée, équilibrée et fruitée, est d'une bonne longueur. Ce vin typé, bien représentatif, est à boire mais peut attendre un à deux ans.
☞ Aimée-Claude Bonnetain, Cidex 641 bis, 69220 Saint-Lager, tél. 04.74.66.82.12 ▼ ▼ r.-v.

DOM. DE CHARDIGNON 1997

| ■ | 9 ha | 10 000 | ▐▌ | 30 à 50 F |

L'exploitation, qui se consacre exclusivement à la production de côte de brouilly, a élaboré cette cuvée d'une très belle couleur rouge soutenu. Ses parfums de fruits mûrs et d'airelle sont agréablement associés, tant au nez qu'en bouche. Celle-ci se montre jeune, avec des tanins encore très sensibles. Son beau potentiel lui permettra de s'affiner quelque temps avant de se révéler totalement.
☞ Roger et Marie-Hélène Manigand, Chardignon, 69220 Saint-Lager, tél. 04.74.66.84.97 ▼ ▼ r.-v.

DOM. DE CHARDIGNON 1996

| ■ | n.c. | n.c. | ■ | 30 à 50 F |

Presque centenaire, l'honorable maison de Pontanevaux propose ici un côte de brouilly réussi. Sa robe grenat profond laisse apparaître quelques reflets tuilés. Le nez offre des notes de fruits cuits avec une légère nuance de réglisse. La vivacité de l'attaque annonce des tanins encore jeunes. Ce vin encore marqué par les caractères du millésime doit s'affiner un à deux ans avant de s'exprimer pleinement.
☞ Paul Beaudet, rue Paul-Beaudet, 71570 Pontanevaux, tél. 03.85.36.72.76, fax 03.85.36.72.02 ▼ ▼ t.l.j. sf sam. dim. 8h-12h 13h30-17h; f. août

DOM. CHEVALIER-METRAT 1996★

| ■ | 1,6 ha | 6 000 | ■ ▐▌ | 30 à 50 F |

Exposées au sud, les vignes de l'exploitation ont un âge respectable - quarante ans. Elles ont donné ce vin grenat foncé qui montre de belles

Côte de brouilly

jambes sur le verre. Son nez subtil exprime surtout les petits fruits. Ce 96 très rond, agréablement poivré, équilibré et gouleyant, se déguste avec plaisir même si sa typicité peut surprendre. Le **beaujolais** de ce producteur a également été sélectionné par nos dégustateurs.
➤ Sylvain Métrat, Le Roux, 69460 Odenas, tél. 04.74.03.50.33, fax 04.74.03.50.33 ☑ ⚑ r.-v.

CUVAGE DES BROUILLY 1996

| ■ | n.c. | n.c. | 30 à 50 F |

Ce lieu de promotion des vins de brouilly a présenté un vin rouge profond encore jeune qui s'ouvre sur des notes florales et de réglisse. La bonne attaque, sa matière très concentrée et ses tanins encore un peu rudes témoignent de son bon potentiel. On peut le boire dès à présent mais on gagnera à attendre deux ou trois ans.
➤ Cuvage des Brouilly, Le Bourg, 69220 Saint-Lager, tél. 04.74.66.82.65 ☑ ⚑ t.l.j. 10h-12h 15h-19h; en janv. fév., les sam. et dim.

DOM. DES FEUILLEES
Cuvée traditionnelle 1997*

| ■ | 1,75 ha | 12 000 | ⚑ 30 à 50 F |

Installée sur les pentes du mont Brouilly, l'exploitation a vinifié une cuvée dont la robe rubis offre de beaux reflets violets. Le nez intense et vineux évoque le raisin bien mûr, les fruits rouges et la violette. La bouche fraîche, nerveuse dès l'attaque, se développe avec plus de rondeur et de fruité. Malgré sa rudesse passagère, elle recèle beaucoup de finesse. Son beau potentiel s'épanouira à l'automne et permettra une garde d'un à deux ans.
➤ Gilbert Thivend, Côte de Brouilly, 69460 Odenas, tél. 04.74.03.45.13, fax 04.74.03.31.02 ☑ ⚑ t.l.j. 10h-13h 14h30-18h30; f. 15-31 août

DOM. DES FOURNELLES 1997*

| ■ | 7 ha | n.c. | ⚑ 30 à 50 F |

Une vinification et un élevage particulièrement étudiés ont engendré d'originales et flatteuses nuances de bourgeon de cassis, de fruit de la passion et de mandarine. Cette cuvée rouge profond, de belle ampleur, s'avère complexe, équilibrée malgré sa charpente tannique développée, et pleine d'avenir. On l'attendra un à deux ans et elle pourra accompagner un plat de chevrette.
➤ Alain Bernillon, Godfroy, 69220 Saint-Lager, tél. 04.74.66.81.68, fax 04.74.66.70.76 ☑ ⚑ r.-v.

PIERRE GERMAIN 1997*

| ■ | 0,65 ha | 3 000 | ⚑ 30 à 50 F |

L'exploitation est entrée dans le réseau des agriculteurs préconisant la lutte raisonnée, respectueuse de l'environnement. Elle a vinifié une cuvée grenat presque violacée aux parfums bien marqués de groseille et de framboise qui s'épanouissent en bouche. Doté de beaux tanins fondus harmonieusement associés à sa chair, ce vin souple et généreux est prêt mais peut encore attendre un à deux ans.
➤ Pierre Germain, Les Verdelières, 69380 Charnay, tél. 04.78.43.93.44 ☑ ⚑ r.-v.

DOM. DES GRANDES VIGNES
Vieilles vignes 1996*

| ■ | 6,13 ha | 40 000 | ⚑ 30 à 50 F |

On sait que la mention « vieilles vignes », non réglementée, ne désigne pas toujours des vignes âgées. Ici, la dénomination n'est pas usurpée car les ceps ont soixante-cinq ans. Etonnez-vous que le vin soit très réussi ! Les parfums bien développés de fruits rouges comme la framboise se retrouvent au palais. Le bon équilibre entre la chair et les tanins de ce long 96, rubis intense, le fait déjà apprécier. Sa structure lui permettra d'attendre un à deux ans. Le **brouilly** de l'exploitation a été cité par le jury.
➤ Jean-Claude et Jacky Nesme, Dom. des Grandes Vignes, Chavanne, 69430 Quincié-en-Beaujolais, tél. 04.74.04.31.02, fax 04.74.04.33.97 ☑ ⚑ t.l.j. 8h-19h

CH. DU GRAND VERNAY 1996**

| ■ | 2,75 ha | 20 000 | ⚑ 30 à 50 F |

L'œil est séduit par la couleur rubis intense et limpide de ce 96 aux francs et puissants parfums de fruits rouges nuancés de framboise. Très bien structuré, ce vin fait apprécier des sensations acidulées et aromatiques qui se développent longuement jusqu'à la finale réglissée. Harmonieux et fin, il est prêt pour une volaille mais peut encore attendre un à deux ans.
➤ EARL Claude Geoffray, Ch. du Grand Vernay, 69220 Charentay, tél. 04.74.03.46.20, fax 04.74.03.47.46 ☑ ⚑ t.l.j. 9h-12h 13h30-19h30

DOM. DU GRIFFON 1997*

| ■ | 3 ha | 20 000 | ⚑ 30 à 50 F |

Les notes d'iris qui se mêlent aux parfums de fruits rouges assez intenses sont une belle entrée en matière pour ce 97 grenat soutenu. Plein de chair avec des tanins fondus, ce beau vin équilibré, tout en souplesse et aromatique, est à boire, mais il pourra attendre deux ans.
➤ Guillemette et Jean-Paul Vincent, Le Bourg, 69220 Saint-Lager, tél. 04.74.66.85.06, fax 04.74.66.73.18 ☑ ⚑ t.l.j. 10h-12h 14h-19h

DOM. DE LA GRAND-RAIE 1997*

| ■ | 1,6 ha | 5 000 | ⚑ 30 à 50 F |

Cette cuvée grenat foncé montre de jolis reflets violets. La groseille qui domine est mêlée d'épices et de notes florales très fines. Très vite le bel équilibre entre la fraîcheur et la rondeur de la chair s'impose. De souples tanins marquent sans sécheresse la finale. Déjà très agréable, cette bouteille peut encore attendre un ou deux ans. Le **moulin à vent** de l'exploitation a été jugé très réussi.
➤ Laurent Charrion, La Grand-Raie, 69220 Saint-Lager, tél. 04.74.66.81.69, fax 04.74.66.71.32 ☑ ⚑ r.-v.

DOM. DE LA PIERRE BLEUE 1997*

| ■ | 4 ha | 25 000 | ⚑ 30 à 50 F |

Le cuvage, construit en 1840 et rénové en espace de réception et de dégustation, abrite un **beaujolais** jugé très réussi par le jury ainsi que cette cuvée grenat profond veinée de reflets violets. Le nez s'ouvre sur des fruits cuits, des parfums de pivoine et de violette qu'agrémentent de

Chénas

typiques notes de pierre à fusil se prolongeant au palais. La vivacité de l'attaque et les tanins jeunes estompent momentanément la chair car ce beau 97, typé, au fort potentiel, devra être attendu un ou deux ans.
• EARL Olivier Ravier, Dom. des Sables d'Or, 69220 Belleville-sur-Saône, tél. 04.74.66.12.66, fax 04.74.66.57.50 ⓥ ⓣ r.-v.

DOM. DE LA VOUTE DES CROZES 1997

| | n.c. | 25 000 | 30 à 50 F |

Le pourpre de la robe laisse passer quelques reflets violets. Les puissants parfums de griotte et de raisin frais se prolongent très finement en bouche. Cette cuvée, souple et agréable, est prête à boire.
• Nicole Chanrion, Les Crozes, 69220 Cercié-en-Beaujolais, tél. 04.74.66.80.37, fax 04.74.66.89.60 ⓥ ⓣ r.-v.

DOM. DU PERE BENOIT 1997

| | 0,65 ha | 5 000 | 30 à 50 F |

Dotée d'une superbe robe presque noire, cette cuvée s'exprime timidement avec des parfums de fruits cuits nuancés de notes de cassis et de mûre qui réapparaissent en bouche. Elle est bien structurée, ayant de la chair et des tanins sans astringence forte. Il convient cependant d'attendre un à deux ans que l'évolution s'achève.
• Dom. du Père Benoit, Bergiron, rte de Beaujeu, 69220 Saint-Lager, tél. 04.74.66.81.12, fax 04.74.66.81.20 ⓥ ⓣ r.-v.

JACKY PIRET Vieilles vignes 1996

| | 1 ha | 7 000 | 30 à 50 F |

Le domaine, qui dispose de quatre chambres d'hôtes classées trois épis, a vinifié un 96 rouge soutenu, brillant, dont les parfums bien développés et vineux sont légèrement vanillés. La bouche pleine, longue mais peu austère, s'exprime avec rigueur. On attendra comme il se doit un à deux ans ce vin issu de vignes dont l'âge moyen est de soixante-cinq ans.
• Jacky Piret, La Combe, 69220 Belleville, tél. 04.74.66.30.13, fax 04.74.66.08.94 ⓣ r.-v.

CH. DES RAVATYS
Cuvée Mathilde Courbe 1996

| | 23 ha | 40 000 | 30 à 50 F |

Le domaine, légué à l'Institut Pasteur en 1937 par Mathilde Courbe, élève un vin rouge clair, au nez de prunelle et de sous-bois. Sa vivacité naturelle finement soutenue par des tanins fondus est agréablement perçue. D'une bonne longueur, ce 96 est prêt mais il peut encore attendre un à deux ans.
• Institut Pasteur, Les Ravatys, 69220 Saint-Lager, tél. 04.74.66.47.81 ⓥ ⓣ t.l.j. sf sam. dim. 8h-12h 14h-18h; f. 15 j. en août

DOM. ROLLAND-SIGAUX 1996

| | 7 ha | 5 000 | 30 à 50 F |

Une vinification classique dite « avec pied de cuve » est à l'origine de ce beau vin grenat profond, au nez assez intense de fruits mûrs. Les fins arômes de cassis accompagnent en bouche des impressions veloutées. Ce vin est prêt à boire mais il peut attendre un à deux ans.
• Dom. Rolland-Sigaux, 69460 Odenas, tél. 04.74.03.42.23, fax 04.74.03.48.41 ⓥ ⓣ r.-v.

DOM. DU SANCILLON 1996

| | 1,14 ha | 4 000 | 30 à 50 F |

L'œil est attiré par la jolie robe rubis profond de ce vin aux nuances olfactives de type animal avec une pointe empyreumatique. Les premières impressions de rondeur font place à des tanins marqués mais de bonne facture. Ne doutons pas que la belle structure de ce 96 vinifié pour durer s'exprimera totalement dans un à deux ans.
• Charles Champier, Le Moulin Favre, 69460 Odenas, tél. 04.74.03.42.18, fax 04.74.03.30.62 ⓥ ⓣ r.-v.

DOM. DU VADOT 1996

| | 3 ha | 10 000 | 30 à 50 F |

La robe rubis vif et limpide montre beaucoup de jeunesse. Le nez assez intense livre des parfums de framboise et de pierre à fusil. Les puissants tanins qui dominent sont le gage d'une bonne garde. On attendra un à deux ans, le temps que le vin s'affine.
• Jean-Pierre Gouillon, Pont-de-Chèrves, 69430 Quincié-en-Beaujolais, tél. 04.74.04.36.19, fax 04.74.69.00.44 ⓥ ⓣ r.-v.

GEORGES VIORNERY 1996**

| | 2 ha | 5 000 | 30 à 50 F |

Le nez de fruits rouges, de cassis et de rose très légèrement vanillée de ce 96 à la robe cerise foncée se prolonge très agréablement au palais. Ce vin gourmand, au développement long et harmonieux, est recommandé pour les deux ou trois années à venir.
• Georges Viornery, Brouilly, 69460 Odenas, tél. 04.74.03.41.44, fax 04.74.03.41.44 ⓥ ⓣ t.l.j. 8h-20h

Chénas

La légende explique que ce lieu était autrefois couvert d'une immense forêt de chênes, et qu'un bûcheron, constatant le développement de la vigne plantée naturellement par quelque oiseau, à n'en pas douter divin, se mit en devoir de défricher pour introduire la noble plante ; celle-là même qui aujourd'hui s'appelle gamay noir à jus blanc...

L'une des plus petites appellations du Beaujolais, couvrant 285 ha aux confins du Rhône et de la Saône-et-Loire, donne 16 450 hl récoltés sur les communes de Chénas et de La Chapelle-de-Guinchay. Les chénas produits sur les terrains pentus et granitiques à l'ouest sont colorés, puissants, mais sans agressivité excessive,

Chénas

exprimant des arômes floraux à base de rose et de violette ; ils rappellent ceux du moulin à vent qui occupe la plus grande partie des terroirs de la commune. Les chénas, issus de vignes du secteur plus limoneux et moins accidenté de l'est, présentent une charpente plus ténue. Cette appellation, qui, sans pour autant démériter, fait figure de parent pauvre par rapport aux autres crus du Beaujolais, souffre de la petitesse de son potentiel de production. La cave coopérative du château vinifie 45 % de l'appellation et offre une belle perspective de fûts de chêne sous ses voûtes datant du XVIIe s.

DOM. DE BEL AIR Les Bucherats 1996★★
■   n.c.   n.c.   30 à 50 F

Cette maison de négoce est présidée par Jean-Marc Lafont, également viticulteur sous son nom. Cuvée sélection, limpide, rubis soutenu, livre un bouquet très frais de fruits rouges et de sous-bois. Son harmonieuse constitution et l'élégance de son équilibre ont été reconnues par le grand jury qui préconise de le déguster dès à présent.
☞ SARL Dom. de Bel Air, Bel Air, 69430 Lantignié, tél. 04.74.04.82.08, fax 04.74.04.89.33 ✓ ♈ r.-v.

CH. DE BELLEVERNE 1996★
■   4,16 ha   20 000   30 à 50 F

Ce fut, il y a bien longtemps, un couvent. On dit que Mandrin, célèbre voleur, y perpétra quelques faits d'armes. Les vignes sont aujourd'hui plus propices au plaisir comme le montre ce joli 96, grenat sombre à reflets violets, qui livre de complexes et délicats parfums de fruits rouges, de rose et de silex. Sa chair, ses tanins ronds et sa longue persistance aromatique associée à une vivacité de bon aloi lui conférent une excellente harmonie. On peut déjà le servir tout au long d'un repas - un coq au vin lui conviendra - mais il peut aussi rester deux ans en cave.
☞ Bataillard Père et Fils, Ch. de Belleverne, rue Jules-Chauvet, 71570 La Chapelle-de-Guinchay, tél. 03.85.36.71.06, fax 03.85.33.86.41 ✓ ♈ t.l.j. 8h-12h 13h30-19h; dim. sur r.-v.

MICHEL BENON ET FILS 1997★★
■   3,2 ha   14 000   30 à 50 F

Rémy Benon peut s'enorgueillir d'être le onzième viticulteur de cette belle lignée d'hommes de la vigne. Son 97 rouge violacé exhale de puissants parfums de fruits à noyau et de framboise qui se prolongent en bouche. Plein de chair, chaleureux, typé et bien équilibré, c'est un vin masculin apte à une garde de trois à quatre ans et qui accompagnera viandes en sauce et gibier.
☞ Michel Benon et Fils, Les Blémonts, 71570 La Chapelle-de-Guinchay, tél. 03.85.36.71.99, fax 03.85.33.84.22 ✓ ♈ r.-v.

CH. DES BOCCARDS 1996
■   2,94 ha   4 000   30 à 50 F

Construit en 1800, ce château propose un chénas 96 grenat intense qui développe des parfums de fruits surmûris (fraise des bois), associés à des notes de gibier et de poivre qui se prolongent longuement en bouche. Sa grande souplesse et ses rondeurs occultent la vivacité attendue du millésime. Agréable et original, ce vin est à boire maintenant.
☞ James Pelloux, Les Boccards, 71570 La Chapelle-de-Guinchay, tél. 03.85.36.81.70, fax 03.85.33.85.69 ✓ ♈ t.l.j. sf dim. 9h-12h 13h30-18h

CH. BONNET
Elevé en fût de chêne Vieilles vignes 1997
■   1 ha   5 500   30 à 50 F

1630 : construction de ce château qui, au XIXe s., reçut Lamartine. Les amateurs de chêne seront comblés avec cette cuvée rouge violacé qui livre spontanément sa spécificité. A travers les sensations vanillées, on découvre un vin bien vinifié, par ailleurs agréablement constitué. Il doit s'affiner quelque temps.
☞ Pierre Perrachon, Ch. Bonnet, 71570 La Chapelle-de-Guinchay, tél. 03.85.36.70.41, fax 03.85.36.77.27 ✓ ♈ t.l.j. sf dim. 8h-18h

DOM. CHAMPAGNON 1996
■   5 ha   38 000   30 à 50 F

Cette exploitation familiale de 15 ha produit aussi du moulin à vent et du fleurie. Le jury a bien aimé ce chénas. Si la robe paraît un peu pâle, le nez est bien développé, avec des nuances plaisantes de fleurs séchées. Typé 96, ce vin aux délicates rondeurs et aux arômes subtils est à consommer dans l'année.
☞ GAEC du Dom. Champagnon, Les Brureaux, 69840 Chénas, tél. 03.85.36.71.32, fax 03.85.36.72.00 ✓ ♈ r.-v.

CH. DE CHENAS 1997
■   75 ha   40 000   30 à 50 F

Cette coopérative utilise les imposantes caves voûtées du château de Chénas. Le jury a retenu cette cuvée d'un grenat moyen, qui s'ouvre sur des nuances de cassis et de pivoine. L'attaque souple se prolonge avec des impressions tendres. Bien équilibré mais sans complexité, ce vin glisse agréablement. A boire.
☞ Cave Ch. de Chénas, 69840 Chénas, tél. 04.74.04.48.19, fax 04.74.04.47.48 ✓ ♈ t.l.j. 8h-12h 14h-18h

DOM. DE CHENEPIERRE 1996★
■   2,8 ha   8 000   30 à 50 F

A la tête d'un domaine de 7,3 ha depuis 1973, Gérard Lapierre propose un joli chénas paré d'une superbe robe rubis profond. Ce vin déve-

Chiroubles

loppe de fins parfums floraux associés à des notes de cerise bien mûre. S'il sait brièvement, à l'attaque, rappeler au palais son millésime, il se révèle harmonieusement structuré, plein de rondeur et de souplesse, et s'agrémente de notes de pruneau et de café. L'ensemble est puissant, long, original.

🍷 Gérard Lapierre, Les Deschamps, 69840 Chénas, tél. 03.85.36.70.74, fax 03.85.33.85.73 ☑ 🍷 r.-v.

DOM. MICHEL CROZET
Coteaux des Brureaux 1996★

| 2,7 ha | 8 000 | 🍾 | 30 à 50 F |

Un beau succès pour Michel Crozet, avec ce 96 dont la robe pourpre a conservé sa prime vivacité, en accord avec de beaux parfums de cassis très fins, de fleurs et de sous-bois. Plein, ample et équilibré, ce vin typé est prêt mais peut attendre deux à trois ans.

🍷 Michel Crozet, Les Fargets, 71570 Romanèche-Thorins, tél. 03.85.35.53.61, fax 03.85.35.20.16 ☑ 🍷 r.-v.

DOM. DU GREFFEUR 1996★★★

| 2 ha | 3 000 | 🍾 | 30 à 50 F |

Jean-Claude Lespinasse a repris ce domaine il y a plus de vingt ans. Il dispose de vieilles vignes - 45 ans - qui donnent toute leur quintessence dans ce 96. La magnifique robe rouge sombre, limpide, avec des chatoiements violets, annonce les complexes et délicats parfums de framboise et de pivoine de cette intense et jeune cuvée. L'attaque très franche se poursuit par des impressions harmonieuses, élégantes et d'une grande persistance. Ce vin splendide est promis à un bel avenir.

🍷 Jean-Claude Lespinasse, Les Marmets, 71570 La Chapelle-de-Guinchay, tél. 03.85.36.70.42, fax 03.85.33.85.49 ☑ 🍷 t.l.j. 8h-20h

MANOIR DES JOURNETS 1997★★

| 2 ha | 15 000 | 🍻 | 30 à 50 F |

Daniel Passot tient la barre de ses 9 ha depuis 1968. Son 97 est remarquable. Doté d'une belle robe rouge grenat, il laisse s'exprimer au nez des parfums de fruits bien mûrs, de framboise et de rose qui s'affirment ensuite puissamment au palais. Complexe et solidement constitué par des tanins bien présents, il est promis à un bel avenir pour qui saura attendre deux à trois ans. Du même domaine, le **beaujolais blanc 97** a reçu une étoile.

🍷 Daniel Passot, 71570 La Chapelle-de-Guinchay, tél. 03.85.33.75.35, fax 03.85.33.83.72 ☑ 🍷 t.l.j. 8h-12h 14h-19h

DOM. DU MATINAL 1997★

| 0,63 ha | 4 500 | 🍾 | 30 à 50 F |

Ces viticulteurs exploitent 6,30 ha de vignes. Ce vin rouge sombre s'ouvre sur des parfums puissants de raisin et de fruits rouges nuancés de senteurs de sous-bois. Sa riche matière reste dominée par des tanins jeunes. Il peut être apprécié dès maintenant mais gagnera à attendre un an ou deux.

🍷 EARL Simone et Guy Braillon, Le Bourg, 69840 Chénas, tél. 04.74.04.48.31, fax 04.74.04.47.64 ☑ 🍷 r.-v.

DOM. DES PINS 1996

| n.c. | 2 500 | 🍾 | 30 à 50 F |

Pascal Aufranc a repris cette exploitation de quelque 7 ha à la fin de 1992. Son chénas, d'un rouge franc, exprime un bouquet très net de fruits rouges assortis d'une pointe de sous-bois. Plutôt léger, vif avec des tanins souples, ce vin conserve cependant un bon équilibre et ne manque pas d'élégance. Il est à boire.

🍷 Pascal Aufranc, En Rémond, 69840 Chénas, tél. 04.74.04.47.95, fax 04.74.04.47.95 ☑ 🍷 r.-v.

DOM. DU POURPRE 1997

| 1 ha | 6 000 | 🍾 | 30 à 50 F |

Le **moulin à vent** de l'exploitation fait jeu égal avec cette cuvée rouge profond qui s'ouvre sur des notes d'agrumes et de pivoine. Sa riche matière, équilibrée et souple, ainsi que ses arômes concentrés, qui doivent encore évoluer, sont prometteurs.

🍷 EARL Dom. du Pourpre, Les Pinchons, 69840 Chénas, tél. 04.74.04.48.81, fax 04.74.04.49.22 ☑ 🍷 t.l.j. 8h-19h
🍷 Méziat

BERNARD SANTE 1997

| 3 ha | n.c. | 🍾 | 30 à 50 F |

Bernard Santé exploite un vignoble créé par son grand-père après la Seconde Guerre mondiale. D'une superbe couleur grenat, son chénas donne une impression de force. Les parfums concentrés sont de type floral avec des nuances de réglisse. L'attaque est très souple. Gouleyant à souhait, riche mais s'exprimant timidement, ce vin pourrait surprendre dans quelque temps.

🍷 Bernard Santé, Les Blémonts, 71570 La Chapelle-de-Guinchay, tél. 03.85.33.82.81, fax 03.85.33.84.46 ☑ 🍷 r.-v.

DOM. DE TREMONT Les Gandelins 1997

| 2 ha | 10 000 | 🍾 | 30 à 50 F |

Daniel et Françoise Bouchacourt ont créé ce domaine en 1989. Ils n'étaient pas novices puisque leur arbre généalogique vigneron remonte à huit générations. La robe violine de leur 97, limpide, est peu intense tout comme les parfums de fruits rouges et de kirsch qu'accompagne une originale nuance de foin coupé. Cette cuvée plutôt fine et aromatique n'a pas vocation à la garde. Elle est à boire maintenant.

🍷 Daniel et Françoise Bouchacourt, Les Jean-Loron, 71570 La Chapelle-de-Guinchay, tél. 03.85.36.77.49, fax03.85.33.87.20 ☑ 🍷 r.-v.

Chiroubles

Le plus « haut » des crus du Beaujolais. Récolté sur les 373 ha d'une seule commune perchée à près de 400 m

Chiroubles

d'altitude, dans un site en forme de cirque constitué de sable granitique léger et maigre, il produit 21 500 hl à partir du gamay noir à jus blanc. Le chiroubles, élégant, fin, peu chargé en tanins, gouleyant, charmeur, évoque la violette. Rapidement consommable, il a parfois un peu le caractère du fleurie ou du morgon, crus qui le jouxtent de part et d'autre. Il accompagne à toute heure quelque plat de charcuterie. Pour s'en convaincre, il suffit de prendre la route au-delà du bourg, en direction du Fût d'Avenas, dont le sommet, à 700 m, domine le village et abrite un « chalet de dégustation ».

Chiroubles célèbre chaque année, en avril, l'un de ses enfants, le grand savant ampélographe Victor Pulliat, né en 1827, dont les travaux consacrés à l'échelle de précocité et au greffage des espèces de vigne sont mondialement connus ; pour parfaire ses observations, il avait rassemblé dans son domaine de Tempéré plus de 2 000 variétés ! Chiroubles possède une cave coopérative qui vinifie 3 000 hl du cru.

DOM. JEAN-PAUL CHARVET 1997*

1,96 ha   10 100

Cette cuvée grenat, presque noire, ne se montre pas avare de parfums de violette, de framboise et de fleurs des champs. Avec des arômes et ce qu'il faut de mordant, sans excès, elle est bien typique. Son équilibre général et sa très belle finale la feront apprécier dès maintenant et dans les deux années à venir.

➤ Jean-Paul Charvet, Bel Air, 69115 Chiroubles, tél. 04.74.04.22.78, fax 04.74.69.16.43 ☑ ⊺ r.-v.

LUDOVIC CHARVET 1997*

0,5 ha   3 000

Fils de Jean-Paul Charvet, Ludovic est installé depuis 1995. On le retrouve cette année avec un chiroubles à la belle robe grenat et aux arômes de fruits rouges très mûrs assortis d'une nuance de violette. Souple, rond et robuste, il s'impose en bouche. Son harmonie générale le fera apprécier maintenant.

➤ Ludovic Charvet, Bel Air, 69115 Chiroubles, tél. 04.74.04.22.78 ☑

DOM. CHEYSSON 1997

3 ha   20 000

Cette belle propriété (26 ha) familiale fut acquise au siècle dernier par Emile Cheysson qui participa à la recherche contre le phylloxéra. Son chiroubles rubis clair a retenu l'attention par ses parfums fugaces de baies rouges acidulées que l'on retrouve en bouche. La bonne structure de cette cuvée, son caractère sérieux et racé permettent d'envisager une garde de deux ans.

➤ Dom. Emile Cheysson, Clos Les Farges, 69115 Chiroubles, tél. 04.74.04.22.02, fax 04.74.69.14.16 ☑ ⊺ t.l.j. 7h30-19h

DOM. DU CLOCHER 1997

5 ha   6 000

A la tête d'une exploitation familiale de 5 ha depuis 1974, Jean-Noël Mélinand propose une cuvée grenat soutenu, aux parfums de cassis, de fraise et de framboise. Si elle remplit finement la bouche, elle n'en est pas moins riche et charpentée. Un représentant typé et friand de l'appellation, à déguster maintenant.

➤ Jean-Noël Mélinand, Le Bourg, 69115 Chiroubles, tél. 04.74.69.11.96, fax 04.74.69.16.89 ☑ ⊺ t.l.j. 9h-12h 14h-18h

DOM. DUFOUX Cuvée réservée 1996*

1 ha   7 000

Guy Morin exploite 5,70 ha de vignes depuis 1983. Il présente un 96 à la jolie robe rouge, au nez expressif et complexe de groseille, de mûre, d'épices et de cacao, resté très jeune. La bouche nerveuse, fruitée et équilibrée, est d'une belle longueur. Ce vin sera apprécié au cours des deux années à venir.

➤ Guy Morin, Le Bois, 69115 Chiroubles, tél. 04.74.69.13.29 ☑ ⊺ r.-v.
➤ Dufoux

DOM. DES GATILLES 1996**

n.c.   n.c.

Le nom du domaine évoque les petits lézards gris qui se chauffent au soleil comme les vignes qui ont produit cet excellent vin rubis soutenu, limpide, au nez droit et franc d'iris, de mûre et de cassis. Remplissant tout d'abord le palais de sa puissance et de sa richesse, il offre une finale soyeuse. Il est prêt à boire.

➤ SCE de Javernand, 69115 Chiroubles, tél. 04.74.69.16.04 ☑ ⊺ r.-v.
➤ Pierre Fourneau

DOM. DE GUISE 1996

4,5 ha   10 000

Située sur une crête regardant la vallée de la Saône, cette exploitation de 4,50 ha propose un 96 aux subtils parfums de cassis, assortis à une robe rubis, limpide et brillante. Ce chiroubles frais et fringant, s'il se montre fugace, est net, bien structuré et donne d'emblée beaucoup de plaisir. A déguster en pique-nique avec un jambon persillé !

➤ Michel Mélinand, Dom. de Guise, 69115 Chiroubles, tél. 04.74.04.24.22 ☑ ⊺ t.l.j. 9h30-12h30 14h-19h

DOM. DE LA COMBE AU LOUP 1996**

5 ha   35 000

Gérard-Roger Méziat et son fils David se sont associés pour exploiter leur coquet domaine de 11 ha dont ils savent tirer le meilleur. Voyez ce vin d'un rouge éclatant, au nez puissant et élégant de fruits rouges et d'iris. Sa belle vinosité et son fruité alliés à une harmonieuse charpente et une pointe de vivacité sont prometteurs. Déjà prêt, ce 96 pourra attendre (de deux à trois ans).

LE BEAUJOLAIS

Chiroubles

✆ Méziat Père et Fils, Dom. de La Combe au Loup, Le Bourg, 69115 Chiroubles, tél. 04.74.04.24.02, fax 04.74.69.14.07 ◼ ▼ t.l.j. sf dim. 8h-12h 14h-19h

DOM. DE LA ROCASSIERE 1997*

5,5 ha   8 500   30 à 50 F

Ce domaine de 8,5 ha avait présenté l'an dernier un remarquable 96. Rubis à reflets grenat, ce 97 a belle allure. Son nez de cassis et de framboise est presque capiteux. Remplissant la bouche avec souplesse, ce vin tendre, fruité mais bien structuré, se déguste maintenant comme une friandise.
✆ Yves Laplace, Javernand, 69115 Chiroubles, tél. 04.74.69.12.23, fax 04.74.69.16.49 ◼ ▼ r.-v.

DOM. MARQUIS DES PONTHEUX

Sélection Vieilles vignes Elevé en fût de chêne 1996

3 ha   10 000   30 à 50 F

On retrouve cette cuvée issue de vignes de soixante-cinq ans, qui s'était distinguée dans le millésime précédent. Le 96 a des ambitions plus modestes. Rouge vif et limpide, il livre de discrets parfums de fruits rouges, avec des nuances de miel. Il possède au palais de la fraîcheur et une bonne charpente tannique.
✆ Pierre Méziat, Les Pontheux, 69115 Chiroubles, tél. 04.74.69.13.00, fax 04.74.04.21.62 ◼ ▼ r.-v.

DOM. BERNARD PAUL MELINAND 1996*

2 ha   n.c.   30 à 50 F

Un domaine d'environ 6 ha, régulièrement mentionné dans le Guide. Bernard Mélinand, qui est à la tête depuis 1965, a signé ce vin séducteur qui montre des reflets dorés sur sa belle robe rubis vif, aux agréables senteurs de cassis et de cerise bien mûre. Sa riche matière a conservé de la fraîcheur. Un chiroubles d'une longueur honorable et bien équilibré. A boire dans l'année.
✆ Bernard Mélinand, Le Verdy, 69115 Chiroubles, tél. 04.74.04.23.15 ◼ ▼ t.l.j. sf mer. 10h-12h 14h-18h

ANDRE MEZIAT 1996*

7 ha   25 000   30 à 50 F

On retrouve avec plaisir André Méziat, qui, à la tête d'une exploitation de plus de 10 ha répartis sur trois crus - fleurie, morgon, chiroubles -, est régulièrement mentionné dans le Guide, parfois aux meilleures places. Outre un **morgon** cité par le jury, le domaine propose cette cuvée d'un rouge intense, brillant et limpide ; elle livre des parfums puissants de pêche de vigne et de cerise bien mûre. L'attaque corsée révèle la richesse de ce vin et son élégante finale suave met en valeur son beau potentiel de chair, de fruité et de tanins fondus. Facile à boire, ce plaisant 96 est prêt, mais il peut attendre un an ou deux.
✆ André et Monique Méziat, Le Bourg, 69115 Chiroubles, tél. 04.74.04.23.12, fax 04.74.69.12.65 ◼ ▼ t.l.j. 8h-20h; dim. sur r.-v.

ERIC MORIN Cuvée Vieilles vignes 1996

1,5 ha   4 500   30 à 50 F

Installé depuis 1982, Eric Morin a présenté une cuvée de **beaujolais-villages rouge** jugée très réussie, et ce chiroubles à la robe vive, aux parfums de fruits rouges élégants et fins. Sa belle structure ronde et souple est accompagnée d'arômes fruités et frais. Ce 96 ayant atteint sa maturité, on le boira maintenant.
✆ Eric Morin, Javernand, 69115 Chiroubles, tél. 04.74.69.11.70, fax 04.74.04.22.28 ◼ ▼ r.-v.

DOM. PASSOT LES RAMPAUX 1996

0,62 ha   4 600   30 à 50 F

A la tête d'une exploitation de 4,2 ha depuis vingt ans, Bernard Passot propose un chiroubles rubis foncé qui s'ouvre sur des parfums délicats de groseille. Une pointe de vivacité caractéristique accompagne une bouche structurée, équilibrée et prometteuse, mais qui manque pour l'instant d'éloquence. On attendra ce vin un an pour lui permettre de s'affiner.
✆ Bernard Passot, Le Colombier, 69910 Villié-Morgon, tél. 04.74.69.10.77, fax 04.74.69.13.59 ◼ ▼ r.-v.

DOM. DU PETIT PUITS 1997*

6 ha   20 000   30 à 50 F

A la tête d'une exploitation de 8 ha depuis 1985, Gilles Méziat a bien réussi son chiroubles. Si la robe se décline sur des tons de cassis, le nez s'exprime avec des senteurs de pêche, de framboise et des nuances de safran et d'anis étoilé. Après une attaque tout en rondeur, la bouche se montre veloutée, avec des arômes de fruits à noyau. Ce vin remarquablement équilibré, charnu et charmeur, pourra être apprécié au cours des deux années à venir.
✆ Gilles Méziat, Le Verdy, 69115 Chiroubles, tél. 04.74.69.15.90, fax 04.74.69.14.74 ◼ ▼ t.l.j. 8h-20h

BERNARD PICHET 1997

3,3 ha   16 000   30 à 50 F

Cette cuvée grenat s'ouvre sur des notes de fleurs (acacia) et de framboise. Sa jeune matière enrobée d'arômes végétaux est équilibrée, mais elle doit s'affiner. A attendre un an pour lui permettre de s'exprimer de façon encore plus convaincante.
✆ Bernard Pichet, Le Pont, 69115 Chiroubles, tél. 04.74.69.11.27, fax 04.74.69.14.22 ◼ ▼ r.-v.

DOM. DE PRE-NESME 1996*

6,8 ha   14 000   30 à 50 F

Cette exploitation d'environ 7 ha, entièrement située dans l'AOC chiroubles, a élaboré un 96 carmin à reflets rosés, brillant et limpide. De fins et frais parfums de groseille, de framboise, de mûre et de cassis se prolongent en bouche. Elégant, équilibré, friand, gouleyant et assez long, c'est un vin rafraîchissant que l'on savoure avec plaisir. Prêt à boire, il peut encore attendre un an ou deux.
✆ André Dépré, Le Moulin, 69115 Chiroubles, tél. 04.74.69.11.18, fax 04.74.69.12.84 ◼ ▼ t.l.j. 9h-12h 14h-18h; f. 5-20 août

Fleurie

CH. DE RAOUSSET 1996★
4 ha — 6 000 — 30 à 50 F

Ce domaine de 8 ha, exploité par une association de deux propriétaires et deux vignerons, a élevé dans ses caves un 96 d'un rubis très intense, marbré de violet, au nez fin et expressif de fraise, de cassis, avec des nuances florales et épicées. Élégante, structurée et aromatique, la bouche se montre équilibrée et longue. On peut boire ce vin dès maintenant. De la même exploitation, on retiendra une cuvée de **morgon** qui a aussi obtenu une étoile.
SCEA des Héritiers du Comte de Raousset, Les Prés, 69115 Chiroubles, tél. 04.74.69.16.19, fax 04.74.04.21.93 r.-v.

CHRISTOPHE SAVOYE 1997★
5 ha — 5 000 — 30 à 50 F

Installé depuis 1991, ce vigneron est régulièrement au rendez-vous du Guide. Il propose cette année une cuvée grenat aux très beaux parfums de violette, d'iris, de fraise et de framboise. Très souple, bien équilibré et fruité, ce vin fait preuve d'une finesse et d'une élégance qui l'ont fait juger « féminin ». A boire.
Christophe Savoye, Le Bourg, 69115 Chiroubles, tél. 04.74.69.11.24, fax 04.74.04.22.11 t.l.j. sf dim. 8h-19h

RENE SAVOYE 1997
n.c. — 18 000 — 30 à 50 F

René Savoye exploite depuis 1971 le domaine familial de quelque 7 ha. Ses chiroubles sont régulièrement retenus dans le Guide depuis quelques années. D'un très beau grenat profond, ce 97 présente des parfums de fleurs des champs et de framboise qui sont de bon augure. Souplesse et fruité s'imposent très vite en bouche et se prolongent avec élégance. Une cuvée racée et harmonieuse. Elle est prête à boire mais peut attendre deux ans.
René Savoye, Le Bourg, 69115 Chiroubles, tél. 04.74.04.23.47, fax 04.74.04.22.11 r.-v.

Fleurie

Posée au sommet d'un mamelon totalement encépagé avec du gamay noir à jus blanc, une chapelle semble veiller sur le vignoble : c'est la madone de Fleurie, qui marque l'emplacement du troisième cru du beaujolais par ordre d'importance, après le brouilly et le morgon. Les 860 ha de l'appellation ne s'échappent pas des limites communales, où l'on produit un vin récolté sur un ensemble géologique assez homogène, constitué de granites à grands cristaux qui communiquent au vin une impression de finesse et de charme. La production atteint 49 400 hl.

Certains l'aiment frais, d'autres tempéré, mais tous, à la suite de la famille Chabert qui créa le célèbre plat, apprécient l'andouillette beaujolaise préparée avec du fleurie. C'est un vin qui apparaît, tel un paysage printanier, plein de promesses, de lumière, d'arômes aux tonalités d'iris et de violette.

Au cœur du village, deux caveaux (l'un près de la mairie, l'autre à la cave coopérative qui est l'une des plus importantes puisqu'elle vinifie 30 % du cru) offrent toute la gamme des vins aux noms de terroirs évocateurs : la Rochette, la Chapelle-des-Bois, les Roches, Grille-Midi, la Joie-du-Palais...

CH. DU BOURG Cuvée Réserve 1996★
3 ha — 10 000 — 30 à 50 F

Georges Matray et ses fils Bruno et Patrice exploitent en GAEC un domaine de 5 ha dont les bâtiments du XVIII°s. et la cuverie ont été récemment rénovés. Ils ont élaboré un fleurie rubis foncé au nez fruité, intense. Tendre et charnu à l'attaque, ce vin évolue vers des arômes de fruits rouges et laisse une bouche très agréable. Son équilibre et sa fraîcheur font espérer une garde de trois à quatre ans.
GAEC Georges Matray et Fils, Le Bourg, 69820 Fleurie, tél. 04.74.69.81.15, fax 04.74.69.86.80 r.-v.

DOM. DES CHAFFANGEONS 1996
3 ha — 7 000 — 30 à 50 F

Ce domaine familial d'environ 8 ha avait proposé de remarquables fleurie dans les millésimes 94 et 95. De couleur rubis, ce 96 livre de légères nuances florales associées à des fruits bien mûrs qui s'affirment très vite au palais. S'il n'apparaît pas bâti pour une longue garde, il se montre agréable et assez long. Il est prêt.
Robert Depardon et Michel Perrier, Dom. des Chaffangeons, 69820 Fleurie, tél. 04.74.04.11.20, fax 04.74.69.80.51 r.-v.

DOM. CHAINTREUIL
La Madone Cuvée Vieilles vignes 1997★★★
3 ha — 18 000 — 30 à 50 F

Elaboré par une modeste exploitation familiale de 7 ha, ce vin d'un rouge profond est un

Fleurie

enchantement des sens. De complexes et délicats parfums de fraise et de pivoine semblent sortir du panier d'un jardinier. Après une attaque franche, la charpente souple et puissante s'harmonise avec élégance au fruité. Ce fleurie plein de charme et typique pourra être dégusté dès maintenant et pendant les trois ou quatre années à venir sur une viande rouge ou un coq au vin.
⌖ SCEA Dom. Chaintreuil, La Chapelle-des-Bois, 69820 Fleurie, tél. 04.74.04.11.35, fax 04.74.04.10.40 ☑ ⌇ r.-v.

MICHEL CHIGNARD Les Moriers 1996
■   8 ha   30 000 ⌇⌖ 30 à 50 F

Michel Chignard exploite depuis 1968 un domaine de 8 ha. Campé dans une belle robe rouge brillant, son fleurie livre des parfums de fruits rouges. Glissant tout d'abord assez rondement en bouche, il présente une finale plus ferme et plus mature. Un vin agréable. A boire.
⌖ Michel Chignard, Le Point du Jour, 69820 Fleurie, tél. 04.74.04.11.87, fax 04.74.69.81.97 ☑ ⌇ t.l.j. sf dim. 8h-12h 13h30-19h

DOM. DU COTEAU DE BEL-AIR
Cuvée Tradition 1996★★
■   1 ha   3 000   ⌖ 30 à 50 F

Décidément, le Coteau de Bel-Air a produit des bouteilles bien intéressantes en 1996. A côté d'une **Cuvée Tradition en chiroubles 96** qui reçoit une étoile, voici un remarquable fleurie. D'un rubis soutenu, il offre un très beau nez, puissant, épicé et vineux. Pleine de séduction, l'attaque procure d'amples impressions de rondeur, de tannicité et de fruité. Superbement et harmonieusement équilibré, d'une longueur étonnante, ce 96 riche et élégant pourra attendre de deux à trois ans, voire plus.
⌖ Jean-Marie Appert, Bel Air, 69115 Chiroubles, tél. 04.74.04.23.77, fax 04.74.69.17.13 ☑ ⌇ r.-v.

DOM. DENOJEAN 1997★
■   2,12 ha   16 000   ⌇ 30 à 50 F

Une robe rouge assez soutenue, des parfums floraux subtils et très fins, une bouche ronde aux tanins légers, très élégante et typée composent une agréable bouteille à apprécier jeune.
⌖ G. Gaidon, 69820 Fleurie, tél. 04.74.69.84.67
⌖ Denojean

ANDRE DEPARDON La Madone 1997★
■   2,3 ha   17 500   ⌇ 50 à 70 F

Le terroir de la Madone a été défriché et planté entre 1870 et 1874. André Depardon y exploite 2,3 ha. Ce vignoble a produit une cuvée rouge foncé aux parfums intenses de framboise. La bouche se montre ample, fine, équilibrée et longue, avec de la rondeur et des tanins de belle qualité. A boire dans l'année.
⌖ André Depardon, 71570 Leynes, tél. 04.74.06.10.10, fax 04.74.66.13.77 ☑ ⌇ r.-v.

DOM. DES DEUX FONTAINES 1997★★
■   9 ha   10 000   30 à 50 F

Installé depuis 1978 dans une bâtisse séculaire, Michel Despres a élaboré un 97 rubis, imprégné d'intenses parfums de fruits rouges qui se prolongent en bouche. Sa matière concentrée se développe avec beaucoup de finesse. Ce vin typé est prêt à boire mais il peut encore attendre de deux à trois ans.
⌖ Michel Despres, Les Raclets, 69820 Fleurie, tél. 04.74.69.80.03, fax 04.74.69.86.16 ☑ ⌇ r.-v.

GEORGES DUBŒUF 1996★★
■   n.c.   12 000   ⌇⌖ 30 à 50 F

La maison Georges Dubœuf a aménagé dans l'ancienne gare de Romanèche-Thorins le « Hameau du vin », espace consacré à la vigne et au vin. Cette année, elle s'est distinguée par son **chénas** et son **moulin à vent** jugés très réussis. Quant à ce fleurie grenat profond, il enthousiasme les dégustateurs par de superbes et complexes parfums de fleurs et d'épices. Sa matière concentrée s'épanouit en bouche après une attaque franche et prometteuse ; elle se montre harmonieuse et particulièrement équilibrée entre vivacité et chair. Ce vin persistant a beaucoup de caractère et de typicité ; il est déjà prêt mais pourra attendre de trois à quatre ans.
⌖ Les vins Georges Dubœuf SA, La Gare, B.P. 12, 71570 Romanèche-Thorins, tél. 03.85.35.34.20, fax 03.85.35.34.25 ☑ ⌇ t.l.j. 9h-18h; f. 1er-25 jan.

DOM. DE LA BOURONIERE 1997★
■   6 ha   n.c.   ⌇⌖ 30 à 50 F

Fabien de Lescure a repris ce domaine de 10,5 ha en 1987. C'est dans le caveau équipé pour la restauration que l'on pourra déguster cette cuvée rubis brillant aux agréables parfums de fleurs et de fruits rouges. Au palais, on perçoit très vite sa finesse et sa belle matière, ainsi que de beaux et persistants arômes de fruits. Ce vin alliant élégance et caractère sera à boire dans les deux ans à venir.
⌖ Fabien de Lescure, La Bouronière, 69820 Fleurie, tél. 04.74.69.82.13, fax 04.74.69.85.40 ☑ ⌇ r.-v.

DOM. DE LA LEVRATIERE
Cuvée Vieilles vignes 1996
■   1 ha   7 000   ⌇⌖ 30 à 50 F

Des vignes exposées au sud, qui dominent le village de Fleurie, ont donné un vin grenat violacé aux fragrances de gibier très persistantes. La bouche se montre corsée, équilibrée et longue. Un fleurie surprenant, à boire dans l'année.
⌖ André et Marylenn Meyran, Dom. de La Levratière, Les Presles, 69910 Villié-Morgon, tél. 04.74.69.11.80, fax 04.74.69.16.51 ☑ ⌇ r.-v.

DOM. DE LA MADONE
Cuvée spéciale Vieilles vignes 1996★★
■   8 ha   30 000   ⌇⌖ 30 à 50 F

Depuis la chapelle de la Madone on découvre les vignes qui ont produit ce 96 d'un rubis intense brillant et limpide, au très beau nez floral et fruité. Riche et souple, harmonieux et ample, ce vin imprègne longuement le palais d'élégantes notes florales. Il est prêt, mais peut encore attendre trois ou quatre ans. Il acccompagnera parfaitement une andouillette de Fleurie.
⌖ Jean-Marc Després, La Madone, 69820 Fleurie, tél. 04.74.69.81.51, fax 04.74.69.81.93 ☑ ⌇ t.l.j. 9h-19h

Fleurie

DOM. LARDY 1997
■   1,5 ha   10 000   ■ 30 à 50 F

On admire la belle limpidité de cette cuvée rubis intense dont le nez s'ouvre sur des nuances de fruits rouges. Ce vin tendre, charnu et persistant, semble avoir été mis récemment en bouteilles. Il est très agréable à boire dès maintenant.
☛ Dom. Lardy, Le Vivier, 69820 Fleurie, tél. 04.74.69.81.74, fax 04.74.69.81.74 ✉ ☕ r.-v.

DOM. DE LA TREILLE 1997**
■   2,4 ha   3 000   ■ ⌘ ♦ 30 à 50 F

Ce domaine au nom évocateur a réussi pour la deuxième année consécutive une remarquable cuvée. D'un rouge profond, ce 97 laisse échapper des nuances flatteurs de mûre et de fruits rouges. Très riche, rond, aromatique avec des nuances fruitées, il ne présente pas de faiblesse. Sa longueur et ses beaux tanins laissent espérer trois à cinq ans de garde.
☛ EARL Jean-Paul et Hervé Gauthier, Les Frébouches, 69220 Lancié, tél. 04.74.04.11.03, fax 04.74.69.84.13 ✉ ☕ r.-v.

DOM. DE LA TREILLE 1996
■   4 ha   23 000   ■ ♦ 70 à 100 F

Elaboré par le négociant-éleveur bien connu d'Aloxe-Corton, ce 96 rouge soutenu, limpide et brillant, a de quoi réjouir avec ses parfums intenses et élégants qui évoquent les sous-bois et le grillé avec des notes empyreumatiques. La bouche vanillée est marquée par des tanins austères. Un honorable représentant de l'appellation.
☛ Pierre André, Ch. de Corton-André, Dom. de la Treille, 21420 Aloxe-Corton, tél. 03.80.26.44.25, fax 03.80.26.43.57

DOM. LES ROCHES DES GARANTS
La Roilette Elevé en fût de chêne 1996
■   0,4 ha   3 000   ⌘ 50 à 70 F

Une exploitation de 10 ha créée en 1952 par le père de Jean-Paul Champagnon, qui a pris complètement la tête de l'exploitation en 1995. Comme l'an dernier, le jury a retenu cette cuvée La Roilette, élevée sous bois, dont la robe rouge profond garde un bel éclat ; le nez de vanille est très caractéristique. Sa composition générale, intéressante, a le mérite de supporter une forte extraction du bois. Ce vin, très marqué par le contenant, séduira les amoureux du fût de chêne. A attendre.
☛ Jean-Paul Champagnon, La Treille, 69820 Fleurie, tél. 04.74.04.15.62, fax 04.74.69.82.60 ✉ ☕ r.-v.

DOM. DES MARRANS 1996**
■   10 ha   6 000   ■ 30 à 50 F

Ce domaine de 13 ha dispose de deux chambres d'hôtes classées trois épis. Il propose ce remarquable 96 à la très belle robe rubis intense. Soutenus, séduisants, les parfums de fruits rouges très mûrs sont relayés par des notes légèrement épicées. Plaisante et aromatique, l'attaque est associée à une harmonieuse charpente de tanins. Très long et typé, ce vin n'est pas loin du coup de cœur. On pourra l'attendre de deux à trois ans.

☛ Jean-Jacques et Liliane Melinand, Les Marrans, 69820 Fleurie, tél. 04.74.04.13.21, fax 04.74.69.82.45 ✉ ☕ r.-v.

DOM. DE MONTGENAS 1997**
■   5,75 ha   44 000   ■ ♦ 50 à 70 F

Cette cuvée rubis soutenu s'ouvre assez rapidement sur des parfums très prometteurs de griotte et autres fruits rouges. Après une superbe attaque, le palais se distingue par son élégance et sa puissance, ses arômes et ses doux tanins. Equilibré et long, ce vin typé pourra attendre au moins deux à trois ans.
☛ Dom. de Montgenas, 69820 Fleurie, tél. 04.74.06.10.10, fax 04.74.66.13.77 ✉ ☕ r.-v.

CLOS DES MORIERS Moriers 1997**
■   5 ha   20 000   ■ ♦ 30 à 50 F

Pour la deuxième année consécutive, ce domaine a été distingué par un coup de cœur avec cette splendide cuvée d'un pourpre intense et limpide. Aux parfums floraux, nets et capiteux, se mêlent quelques notes de fruits rouges. L'attaque franche et riche présente beaucoup de vinosité et de chair. Parfaitement équilibré avec des tanins soyeux, du fruité et des épices, ce vin persistant et typé est prêt à boire, mais il peut encore attendre trois ou quatre ans.
☛ M. Guigard, 69820 Fleurie, tél. 04.74.04.11.87

DOM. DE PONCIE Fond du Clos 1996*
■   3,4 ha   11 000   ⌘ 30 à 50 F

Régulièrement mentionné dans le Guide, ce domaine élabore aussi du **moulin à vent**, dont une cuvée a été citée par le jury. Quant à ce fleurie, c'est un vin rubis brillant qui livre des parfums nets et très prometteurs d'iris et de poivre. Après l'excellente attaque épicée, on trouve difficilement le fruité tant espéré. Mais quel beau nez ! De constitution correcte, ce 96 est à boire.
☛ Marie-Louise Tranchand, Dom. de Poncié, 69820 Fleurie, tél. 04.74.69.80.20, fax 04.74.69.89.57 ✉ ☕ t.l.j. 8h-20h; dim. sur r.-v.

DOM. DE ROCHE-GUILLON 1997*
■   4 ha   8 000   ■ 30 à 50 F

Cette exploitation de 11 ha propose un **beaujolais-villages rouge** qui a été cité par le jury, et ce fleurie rubis vif aux beaux reflets violets qui livre des parfums intenses et élégants de groseille, de mûre et de violette. Sa bonne chair est imprégnée des arômes du nez rehaussés de nuances de poivre et de pivoine. La charpente tannique est

Juliénas

déjà bien fondue. Equilibrée et soyeuse, cette cuvée pourra encore attendre (de un à deux ans).
🕿 Bruno Coperet, Roche-Guillon, 69820 Fleurie, tél. 04.74.69.85.34, fax 04.74.04.10.25 ☑ 🍷 r.-v.

LOUIS TETE La Madone 1996*
■   n.c.   15 000   50 à 70 F

Le **beaujolais blanc** de cette maison de négoce est arrivé au coude à coude avec cette sélection rubis limpide qui exhale de subtils parfums de fruits rouges, de mûre et d'élégantes notes florales. L'attaque souple n'est pas en reste ; alliant fraîcheur et rondeur, ce très beau fleurie, harmonieux et long, est prêt à boire, mais il peut encore attendre deux ans.
🕿 Les Vins Louis Tête, 69430 Saint-Didier-sur-Beaujeu, tél. 04.74.04.82.27, fax 04.74.69.28.61 🍷 t.l.j. sf sam. dim. 8h-12h 14h-18h; f. août

VINS ET VIGNOBLES La Chapelle des Bois 1996*
■   n.c.   45 000   50 à 70 F

Le **moulin à vent** de ce négociant a été cité par le jury, mais c'est le fleurie 96 récolté dans la propriété familiale qui l'emporte. Le rouge profond de la robe et les parfums de pivoine intenses et agréables sont suivis d'impressions flatteuses et pleines de finesse en bouche. Harmonieux et long, ce vin exprime avec charme le terroir. On peut le boire mais il pourra attendre un à deux ans.
🕿 Vins et Vignobles, 265, rue du Beaujolais, 69830 Saint-Georges-de-Reneins, tél. 04.74.67.67.68, fax 04.74.67.71.68 🍷 r.-v.

Juliénas

Cru impérial d'après l'étymologie, Juliénas tiendrait en effet son nom de Jules César, de même que Jullié, l'une des quatre communes qui composent l'aire géographique de l'appellation (avec Emeringes et Pruzilly, cette dernière se trouvant en Saône-et-Loire). Se partageant des terrains granitiques à l'ouest et des terrains sédimentaires avec des alluvions anciennes à l'est, les 604 ha de gamay noir à jus blanc permettent la production de 34 900 hl de vins bien charpentés, riches en couleur, appréciés au printemps après quelques mois de conservation. Gaillards et espiègles, ils sont à l'image des fresques qui ornent le caveau de la vieille église, au centre du bourg. Dans cette chapelle désaffectée, chaque année à la mi-novembre, est remis le prix Victor-Peyret à l'artiste, peintre, écrivain ou journaliste qui a le mieux « tasté » les vins du cru ; il reçoit 104 bouteilles : 2 par week-end... La cave coopérative, installée dans l'enceinte de l'ancien prieuré du château du Bois de la Salle, vinifie 30 % de l'appellation.

DOM. DU BOIS DE LA SALLE 1997**
■   n.c.   21 000   50 à 70 F

Elevée un an en fût, cette cuvée rouge vif avec de beaux reflets violets enchante par ses fins et intenses parfums de fraise des bois, de rose et de réséda nuancés de vanille. L'attaque est souple, accompagnée de quelques tanins un peu vifs. Son très bel équilibre et ses remarquables arômes pleins de finesse, d'une magnifique persistance, sont à savourer dès à présent.
🕿 Michel Janin, Bois de la Salle, 69840 Juliénas, tél. 04.74.04.44.74, fax 04.74.04.44.45 ☑ 🍷 r.-v.

BERNARD BROYER 1997**
■   3,5 ha   5 000   30 à 50 F

Avec un **chénas** cité par le jury, cette exploitation léguée par le grand-père de la femme de Bernard Broyer propose cette excellente cuvée rubis profond avec de nombreux reflets violets. Le nez très expressif est marqué par les agrumes, les fruits rouges et les épices. Dès l'attaque, une riche matière encore animée par un léger gaz imprègne la bouche de son fruité. Persistante et dotée de tanins souples, elle se bonifiera encore au fil du temps : deux années et plus sont envisagées.
🕿 Bernard Broyer, Les Bucherats, 69840 Juliénas, tél. 04.74.04.46.75, fax 04.74.04.45.18 ☑ 🍷 t.l.j. 9h-19h; f. fin août

DOM. CHATAIGNIER DURAND 1997
■   n.c.   6 000   30 à 50 F

Le regard apprécie le rubis intense de cette cuvée. Son bouquet de fruits rouges et de notes épicées s'avère ample. Les premières impressions sont agréables. Ensuite, la jeunesse du vin s'affirme.
🕿 Jean-Marc Monnet, La Ville, 69840 Juliénas, tél. 04.74.04.45.46, fax 04.74.04.44.24 ☑ 🍷 r.-v.

JOCELYNE GELIN-GONARD 1997
■   3 ha   15 000   30 à 50 F

Cette cuvée rubis clair libère des parfums de fruits mûrs comme confits. Après une agréable attaque, la bouche révèle sa chair et son fruité légèrement épicé. Ce vin plaisant, de grande maturité, est à boire.
🕿 Jocelyne Gelin-Gonard, GFA du Vignard, 69840 Juliénas, tél. 04.74.04.45.20, fax 04.74.04.45.69 ☑ 🍷 t.l.j. 9h-12h 14h-19h

J. GONARD ET FILS 1996*
■   n.c.   5 000   30 à 50 F

J. Gonard et Fils est négociant à Juliénas et sélectionne des cuvées dans les AOC du Mâconnais et du Beaujolais. Il a élevé ce limpide et brillant 96 avec des reflets ambrés, qui s'ouvre sur un fin bouquet de sous-bois et de poivre. Les fines impressions fruitées qui garnissent le palais évoluent vers la fraîcheur ; les tanins sont encore jeunes. Equilibré, avec une finale longue et

Juliénas

ronde, ce vin élégant est apte à la garde ; trois à quatre années sont à sa portée.
☛ J. Gonard et Fils, Les Gonnards, 69840 Juliénas, tél. 04.74.04.45.20, fax 04.74.04.45.69 ✉ ♟ t.l.j. 9h-12h 14h-19h

P. GRANGER Cuvée spéciale 1996
■　　1,5 ha　　7 000　　🍷 30 à 50 F

Deux siècles de service dans les vignes : la famille a du savoir-faire. La couleur rubis limpide et les parfums nets de fruits rouges et d'épices de ce 96 sont de bonne intensité. La chair et la bonne structure imprègnent agréablement la bouche mais cela ne dure pas. Ce vin est à boire dans les deux ans.
☛ Pascal Granger, Les Poupets, 69840 Juliénas, tél. 04.74.04.44.79, fax 04.74.04.41.24 ✉ ♟ r.-v.

DOM. DU GRANIT DORE 1997
■　　7 ha　　14 000　　🍷 30 à 50 F

Installée sur ce domaine depuis 1924, la famille Rollet élève ses vins en foudre de bois et en fût de chêne. Si ce 96 affiche une robe rubis intense, ses parfums de framboise et de cassis sont plutôt discrets. Agréablement jeune et poivré, assez long, il est à boire.
☛ Georges Rollet, Dom. du Granit Doré, 69840 Jullié, tél. 04.74.04.44.81, fax 04.74.04.49.12 ✉ ♟ r.-v.

DOM. DE GRY-SABLON 1997
■　　1,37 ha　　10 000　　🍷 30 à 50 F

Dominique Morel, fils d'Albert, est œnologue. Depuis son arrivée en 1991, de nouvelles appellations sont exploitées. Rubis soutenu, la robe de cette cuvée est animée de reflets violets. Le nez moyennement fruité gagne avec une aération ménagée. L'attaque, « réveillée » et agréablement aromatique, se poursuit assez longuement avec en toile de fond de jolies impressions tanniques. D'une bonne harmonie, ce vin sera à boire dans les deux ans. Le **beaujolais-villages rouge** reçoit une même note.
☛ Albert et Dominique Morel, Les Chavannes, 69840 Emeringes, tél. 04.74.04.45.35, fax 04.74.04.42.66 ✉ ♟ r.-v.

FRANCK JUILLARD
Vieilles vignes 1996*
■　　5 ha　　10 000　　🍷 30 à 50 F

En 1992, Franck Juillard a vingt-deux ans. Il s'installe : aujourd'hui, sur un domaine de 9 ha, il commercialise directement en bouteilles 80 % de sa production. Cette cuvée est élaborée en foudre de chêne à partir de ceps de soixante ans d'âge. Le rouge foncé presque noir de la robe est imprégné de notes épicées, de mûre et de flaveurs boisées. Dès l'attaque, celles-ci s'imposent agréablement en bouche, laissant deviner une belle structure de tanins fondus et des arômes de kirsch. Ce beau vin d'amateurs doit encore s'affiner un à deux ans.
☛ Franck et Nicole Juillard, Les Poupets, 69840 Juliénas, tél. 04.74.04.42.56, fax 04.74.04.43.82 ✉ ♟ r.-v.

DOM. DE LA COTE DE CHEVENAL 1997
■　　1,5 ha　　5 000　　🍷 30 à 50 F

Une cuvée de **beaujolais-villages rouge** retenue avec la même note fait jeu égal avec ce vin rouge aux parfums épicés qui dominent les fruits rouges. Même si la finale n'est pas très longue, son attaque plaisante et son bon équilibre général permettent de conseiller d'ouvrir cette bouteille dès 1999.
☛ Jean-François et Pierre Bergeron, Les Rougelons, 69840 Emeringes, tél. 04.74.04.41.19, fax 04.74.04.40.72 ✉ ♟ r.-v.

DOM. DE LA MILLERANCHE 1996
■　　4 ha　　11 000　　🍷 30 à 50 F

Une exploitation familiale de 8 ha bien connue en Belgique. Rouge grenat avec quelques reflets ambrés, ce 96 libère de discrets parfums fruités et épicés qui se prolongent en bouche. Sa fine structure qui reste agréable le fera apprécier dans l'immédiat.
☛ Fernand Corsin, 69840 Jullié, tél. 04.74.04.40.64, fax 04.74.04.49.36 ✉ ♟ r.-v.

DOM. DE L'ANCIEN RELAIS 1996*
■　　0,75 ha　　3 000　　🍷 30 à 50 F

Dans une cave datant de 1399 de cet ancien relais de poste, la fille d'André Poitevin a élevé ce vin rubis qui exhale d'assez discrets parfums de cassis et de fruits très mûrs. Une vivacité et une tannicité encore bien marquées confèrent à cette cuvée toujours très jeune une grande aptitude au vieillissement. On suggère une garde de quatre à cinq ans.
☛ EARL André Poitevin, Les Chamonards, 71570 Saint-Amour-Bellevue, tél. 03.85.37.16.05, fax 03.85.37.40.87 ✉ ♟ r.-v.

DOM. DE LA PETITE CROIX 1997*
■　　1,7 ha　　12 000　　🍷 30 à 50 F

L'intense robe à reflets violets donne de la prestance à cette cuvée aux senteurs d'iris, de pivoine, de fraise et de framboise. L'agréable attaque met en valeur la puissance des arômes de cerise. Complet, avec des tanins souples et concentrés, ce vin harmonieux, très bien équilibré et typé, est prêt à boire mais peut encore attendre.
☛ Pierre Condemine, 69840 Jullié, tél. 04.74.04.45.74.

CH. DE LA PRAT 1996**
■　　n.c.　　n.c.　　🍷 30 à 50 F

Proposée par la maison de négoce Aujoux, cette production rouge soutenu libère de complexes et élégants parfums de raisin très mûr associés à une intéressante pointe minérale empyreumatique. Ce puissant et très beau vin, à l'attaque vive et à la charpente tannique développée, reste équilibré. Sa structure ne peut pas décevoir. On attendra deux ou trois ans pour le savourer pleinement avec un gibier.
☛ Aujoux, Les Chers Juliénas, 69840 Juliénas, tél. 04.74.06.78.00, fax 04.74.06.78.01
☛ Jacques Dalbanne

LE BEAUJOLAIS

CELLIER DE LA VIEILLE EGLISE
1996

■   n.c.   35 000   ■ 30 à 50 F

C'est en 1954 que V. Peyret imagina de transformer l'église, désaffectée depuis 1868, en sanctuaire bachique géré par l'Association des producteurs de Juliénas. Ce millésime d'un beau rubis profond ourlé d'ambre livre avec modération un bouquet de sous-bois et de fruits légèrement épicés. Vif et peu charnu mais assez bien équilibré, ce 96 est à boire dans les deux années à venir.
🍷 Cellier de La Vieille Eglise, Au Village, 69840 Juliénas, tél. 04.74.04.42.98, fax 04.74.04.42.98 ✓ ⊺ r.-v.

DOM. JEAN-PIERRE MARGERAND
1997*

■   6,2 ha   11 000   ■ 30 à 50 F

L'une des plus anciennes exploitations du nord Beaujolais. Ce 97, comme « tiré à quatre épingles », rubis foncé d'une très belle intensité, limpide, exhale des parfums floraux prononcés mêlés de fines notes de fruits rouges. L'attaque franche, fruitée, montre très vite du volume, une bonne structure, de l'équilibre. La bouche harmonieuse, fine et longue, le fera apprécier dès à présent mais il pourra attendre quelques années.
🍷 Jean-Pierre Margerand, Les Crots, 69840 Juliénas, tél. 04.74.04.40.86, fax 04.74.04.46.54 ✓ ⊺ t.l.j. 8h-12h 14h-19h30

DOM. DU MAUPAS 1997*

■   6,5 ha   12 000   ■ ◫ 30 à 50 F

Henri Lespinasse mène ce domaine depuis 1962. Il exporte 30 % de sa production. Son 97 est très réussi : sa robe rouge vif et son nez qui s'ouvre sur les fruits rouges n'en sont qu'à leur début. L'attaque nerveuse, sa bonne « mâche » et son équilibre plaident pour l'avenir. Ce beau vin bâti pour la garde est à attendre un ou deux ans.
🍷 Henri Lespinasse, Dom. du Maupas, 69840 Juliénas, tél. 03.85.36.75.86, fax 03.85.33.86.70 ✓ ⊺ r.-v.

DOM. M.-L. MONNET 1997

■   4,6 ha   35 000   ■ ◦ 30 à 50 F

Cette exploitation qui appartient au château de Juliénas a vinifié une cuvée rouge vif au léger fruité exprimant les fruits rouges. Ses tanins souples, ses arômes agréables, son équilibre incitent à la boire.
🍷 Marie-Louise Monnet, 69840 Juliénas, tél. 04.74.06.10.10, fax 04.74.66.13.77 ✓ ⊺ r.-v.

DOM. M. PELLETIER Les Envaux 1997

■   3,28 ha   25 000   ◫ 30 à 50 F

L'exploitation familiale trouve ses racines en 1840. Elle propose cette cuvée rubis vif qui libère de fins parfums de fruits rouges. L'attaque, qui a de la nervosité, est bien appréciée. La chair est légère mais assez longue. Une petite pointe d'austérité finale devrait disparaître en 1999.
🍷 M. Pelletier, 69840 Juliénas, tél. 04.74.06.10.10, fax 04.74.66.13.77 ✓ ⊺ r.-v.

Morgon

JEAN-FRANCOIS PERRAUD 1996

        6,5 ha   10 000   ■ 30 à 50 F

La robe, couleur rubis, brillante et limpide, est irréprochable. Ce 96 commence à s'ouvrir : il révèle des notes de cassis prononcées. Remplissant très agréablement le palais avec des arômes dans le prolongement du nez, ce vin plutôt fin est à boire dans les deux ans.
🍷 Jean-François Perraud, Les Chanoriers, 69840 Jullié, tél. 04.74.04.49.09, fax 04.74.04.49.09 ✓ ⊺ r.-v.

RAYMOND TRICHARD 1996

■   n.c.   3 000   ■ 30 à 50 F

Rouge sombre presque violacé, ce vin s'ouvre sur des notes complexes de cassis, de pivoine et de poivre. Ayant du corps et une bonne vivacité, ce solide 96, long et persistant, peut déjà être apprécié.
🍷 Raymond Trichard, Les Blémonts, 71570 La Chapelle-de-Guinchay, tél. 03.85.36.79.41 ✓ ⊺ t.l.j. 8h-20h

DOM. DU VIO CHAGNE
La Croix Blanche Vieilles vignes 1996*

■   2 ha   6 000   ■ ◫ 30 à 50 F

La belle livrée rouge limpide brillant laisse percevoir de fins parfums de cassis et de pivoine accompagnés de très jolies notes épicées. L'attaque agréable, pleine de vivacité et de rondeur, est harmonieuse. La pivoine qui ressort accompagne une finale longue et fine. Ce 96 est prêt à être servi.
🍷 Jean-Jacques Lardet, La Belouze, 71960 Davayé, tél. 03.85.35.80.75, fax 03.85.35.86.29 ✓ ⊺ r.-v.

Morgon

Le deuxième cru en importance après le brouilly est localisé sur une seule commune. Ses 1 096 ha classés AOC fournissent en moyenne 63 200 hl d'un vin robuste, généreux, fruité, évoquant la cerise, le kirsch et l'abricot. Ces caractéristiques sont dues aux sols issus de la désagrégation des schistes à prédominance basique, imprégnés d'oxyde de fer et de manganèse, que les vignerons désignent par les termes de « terre pourrie » et qui confèrent aux vins des qualités particulières ; celles qui font dire que les vins de Morgon... « morgonnent ». Cette situation est propice à l'élaboration, à partir du gamay noir à jus blanc, d'un vin de garde qui peut prendre des allures de bourgogne, et accompagne parfaitement un coq au vin. Non loin de l'ancienne voie romaine

Morgon

reliant Lyon à Autun, le terroir de la colline de Py, situé à 300 m d'altitude sur cette croupe aux formes parfaites, en est l'archétype.

La commune de Villié-Morgon s'enorgueillit à juste titre d'avoir été la première à se préoccuper de l'accueil des amateurs de vin de Beaujolais : son caveau, construit dans les caves du château de Fontcrenne, peut recevoir plusieurs centaines de personnes. Ce lieu privilégié, aux équipements modernes, fait le bonheur des visiteurs et des associations à la recherche d'une « ambiance vigneronne »...

DOM. DES BEAUX-REVES 1996

n.c. n.c.   50 à 70 F

Ce 96 à la belle robe rouge vif se révèle en bouche d'une grande franchise. D'une bonne vivacité, ce vin est prêt mais peut encore attendre un an à deux ans.
➥ Reine Pédauque, Le Village, 21420 Aloxe-Corton, tél. 03.80.25.00.00, fax 03.80.26.42.00 t.l.j. 9h-11h30 14h-17h30 ; f. janv.

CAVES DES VIGNERONS DE BEL-AIR 1997*

15 ha 35 000 30 à 50 F

Bien connue des lecteurs du Guide, cette coopérative propose une cuvée d'un rouge soutenu, aux beaux parfums de groseille et de tabac. Le palais se distingue par sa souplesse et des arômes de fruits très mûrs. Un morgon sans excès de personnalité, mais bien vinifié. Il devrait mieux s'exprimer dans quelque temps.
➥ Cave des Vignerons de Bel-Air, rte de Beaujeu, 69220 Saint-Jean-d'Ardières, tél. 04.74.66.35.91, fax 04.74.69.62.53 r.-v.

DOM. PATRICK BOULAND
Sélection Vieilles vignes 1996*

n.c. 7 500 30 à 50 F

Ce vin d'un rouge soutenu s'ouvre peu à peu sur des parfums fruités. Remplissant bien la bouche, sans heurt, il révèle une matière de qualité, un bel équilibre et une bonne longueur. Un vin plaisant. Il est prêt mais peut attendre un an ou deux.
➥ Patrick Bouland, Les Rochauds, 69910 Villié-Morgon, tél. 04.74.69.16.20, fax 04.74.69.13.55 r.-v.

RAYMOND BOULAND 1996*

6 ha 10 000 30 à 50 F

Raymond Bouland exploite un domaine de 8 ha depuis 1979. Son morgon, d'un rouge intense et encore très jeune, révèle des notes intenses et élégantes d'épices, de tabac, de mûre et de cerise. Le palais est très agréable dès l'attaque, avec un bel équilibre entre tanins, acide et alcool. Des arômes fins de kirsch et de fruits très mûrs s'harmonisent avec la chair souple. A boire.
➥ Raymond Bouland, Corcelette, 69910 Villié-Morgon, tél. 04.74.04.22.25, fax 04.74.04.22.25 r.-v.

NOEL BULLIAT
Cuvée Vieilles vignes 1996**

0,7 ha 3 000 30 à 50 F

Noël Bulliat exploite un domaine de 8,50 ha dans les appellations beaujolais-villages, chiroubles et morgon. L'âge moyen des vignes ? 70 ans. Ce 96 rubis foncé, aux parfums complexes de pivoine, d'iris et de cerise nuancés de menthe, est agréablement déconcertant. Son palais équilibré, intense et riche, révèle une belle charpente et des arômes de fleurs et de pain d'épice. La finale est longue et fraîche. Un excellent vin, bien typé. Il est prêt mais peut encore attendre.
➥ Noël Bulliat, Le Colombier, 69910 Villié-Morgon, tél. 04.74.69.13.51, fax 04.74.69.14.09 t.l.j. 9h-12h 14h-18h

JEAN-MARC BURGAUD 1996*

n.c. 5 000 30 à 50 F

A la tête de son exploitation depuis 1989, Jean-Marc Burgaud élabore du beaujolais-villages, du régnié et du morgon. Il a particulièrement bien réussi dans cette dernière AOC. La belle robe et de puissants parfums de fruits rouges bien mûrs, de fleurs et de vanille constituent une entrée en matière engageante. La bonne fermeté de l'attaque n'a rien de surprenant. Complet et équilibré, ce vin est bien agréable. Il est prêt mais pourra encore attendre deux ans.
➥ Jean-Marc Burgaud, Morgon, 69910 Villié-Morgon, tél. 04.74.69.16.10, fax 04.74.69.16.10 r.-v.

DOM. CALOT Cuvée Jeanne 1996**

0,6 ha 4 500 30 à 50 F

Trois générations de vignerons ont continuellement développé ce domaine qui compte aujourd'hui 11,5 ha. Le jury a été séduit par ce 96 rubis très soutenu, aux parfums complexes de fruits rouges et d'épices. L'attaque ample donne le ton. Beaucoup de rondeur et de fins tanins remplissent longuement la bouche. Séduisant et harmonieux, ce vin est prêt à boire mais il peut encore attendre deux ou trois ans.
➥ SCEA François et Jean Calot, Le Bourg, 69910 Villié-Morgon, tél. 04.74.04.20.55, fax 04.74.69.12.93 r.-v.
➥ GFA Corcelette

DOM. DU CALVAIRE DE ROCHE-GRES Les Charmes 1997**

n.c. n.c. 30 à 50 F

Il émane de cette cuvée rouge franc des parfums complexes et fins de fruits rouges, de vendanges mûres et d'épices associés à des notes d'armoise et de foin coupé. Rond et délicat, ce vin remplit la bouche d'arômes de pruneau et de mûre. Ses tanins fondus, son équilibre, sa finale assez longue le rendent très agréable. On lui prédit un bel avenir. A marier avec un perdreau. De la même exploitation, le **chiroubles** a obtenu une étoile.
➥ Didier Desvignes, Saint-Joseph-en-Beaujolais, 69910 Villié-Morgon, tél. 04.74.69.92.29 r.-v.

Morgon

DOM. DU CLOS SAINT-PAUL 1996

2 ha   10 000

Cette modeste exploitation (3,2 ha) propose une fraîche cuvée couleur rubis, qui laisse percevoir des notes de fruits rouges d'une belle jeunesse. Facile à boire, rafraîchissant, ce vin ne prétend pas à la garde, mais au plaisir immédiat.
EARL Janine Chaffanjon, Les Rochons, cidex 244, 69220 Saint-Jean-d'Ardières, tél. 04.74.66.12.18, fax 04.74.66.09.37 r.-v.

DOM. DU COTEAU DES LYS 1996*

4 ha   20 000

Situé sur les coteaux de Villié-Morgon, ce domaine de 7 ha est à cheval sur les appellations chiroubles et morgon. Maurice Passot dirige l'exploitation depuis 1971. L'étiquette montre le « viticulteur barbu », créateur de ce vin rouge vif aux intenses parfums de cerise, de fleurs et d'épices. Relativement nerveux, ce morgon ne manque pas de chair et d'arômes de jeunesse. Harmonieusement ciselé, typique de l'appellation, il peut encore attendre un ou deux ans. Il accompagnera viandes blanches et morilles.
Maurice Passot, Corcelette, 69910 Villié-Morgon, tél. 04.74.04.20.27, fax 04.74.69.15.57 r.-v.

DOM. DE CROIX DE CHEVRE 1996

4 ha   5 000

Bernard Striffling est à la tête de ce domaine de 9 ha depuis 1978. D'un rubis intense et limpide, son morgon offre des parfums de fruits rouges nuancés d'épices. L'attaque souple, flatteuse, laisse aussi des impressions vives et tanniques. Agréablement épicé, ce vin est à boire.
Bernard Striffling, La Ronze, 69430 Régnié-Durette, tél. 04.74.69.20.16, fax 04.74.04.84.79 r.-v.

DEPARDON-COPERET 1997

0,54 ha   4 400

Deux citations pour ce domaine : un **brouilly**, et ce morgon rubis foncé et au nez de fruits rouges et de raisin très mûr. Après une agréable attaque, ses tanins plus fermes apparaissent. A boire.
GAEC Depardon-Coperet, Point du Jour, 69820 Fleurie, tél. 04.74.69.82.93 t.l.j. sf dim. 8h30-12h30 13h30-19h30

CAVE JEAN-ERNEST DESCOMBES 1997*

1 ha   7 500

La robe brillante, couleur rubis, est séduisante, comme les parfums intenses de fruits rouges et d'épices, agréablement complétés au palais par des nuances de café grillé. L'attaque est plaisante, le palais, équilibré, doté de fins tanins. Un vin prêt à boire mais qui peut encore attendre deux ans.
Cave Jean-Ernest Descombes, Le Bourg, 69910 Villié-Morgon, tél. 04.74.04.20.11, fax 04.74.04.26.04
Nicole Descombes

LOUIS-CL. DESVIGNES
Javernières 1996**

1,5 ha   6 000

Louis-Claude Desvignes conduit une exploitation de 12 ha depuis 1961. Il propose un 96 dont la robe rubis intense est restée très jeune. Ses parfums de fruits rouges et d'épices se mêlent à des nuances animales. La belle attaque ferme, sa puissance et sa persistance indiquent un bon potentiel de garde. Ce vin a tous les atouts pour séduire dans un an ou deux.
Louis-Claude Desvignes, La Voûte, Le Bourg, 69910 Villié-Morgon, tél. 04.74.04.23.35, fax 04.74.69.14.93 r.-v.

MAISON DESVIGNES 1996

n.c.   3 000

L'une des plus anciennes maisons de négoce de la région - elle a été fondée en 1804 - a sélectionné ce 96 d'un rubis intense et limpide, au nez flatteur mais fugace de framboise et de mûre. L'attaque souple et la structure équilibrée incitent à déguster ce vin dès maintenant.
Maison Desvignes, rue Guillemet-Desvignes, Pontanevaux, 71570 La Chapelle-de-Guinchay, tél. 03.85.36.72.32, fax 03.85.36.74.02 t.l.j. sf sam. dim. 8h-12h 13h30-17h; f. août

HENRI FESSY 1996*

n.c.   n.c.

La couleur rubis de ce morgon, sélectionné par la maison Fessy à la propriété Calot, montre quelques signes d'évolution. Une pointe de vanille perce les parfums de fleurs et de fruits rouges d'une bonne intensité. Aromatique et de bonne longueur, ce 96 possède un bel équilibre acidité-tanins, ce qui incite à le consommer dans l'année.
Les Vins Henry Fessy, 69220 Saint-Jean-d'Ardières, tél. 04.74.66.00.16, fax 04.74.69.61.67 r.-v.

DOM. DE FOND CHATONNE 1997

n.c.   20 000

Cette exploitation a été fondée il y a un peu plus d'un siècle. Certaines vignes du domaine datent de la replantation après le phylloxéra ! Celles qui ont donné ce morgon sont âgées de trente ans. Si la robe de ce 97, rouge-noir avec des reflets grenat, montre beaucoup de profondeur, le nez de framboise et de kirsch est plutôt fin. Remplissant bien la bouche, doté d'un bon équilibre, ce vin plaisant pourra attendre un ou deux ans.
Marie-Antoinette Cimetière, Dom. de Fond Chatonne, rte de Fleurie, 69910 Villié-Morgon, tél. 04.74.69.15.10, fax 04.74.69.14.86 t.l.j. 8h-21h

CH. GAILLARD 1997

4,41 ha   34 000

Ce domaine familial s'est développé au cours du XIX^{e}s. Son morgon 97, rouge sombre, s'ouvre lentement sur des parfums fruités. Bien charpenté, ce jeune vin doit attendre pour s'affirmer.
Jean-Louis Brun, 69910 Villié-Morgon, tél. 04.74.06.10.10, fax 04.74.66.13.77 r.-v.

Morgon

DOM. GAUTHIER Le Py 1997*

6 ha   10 000   30 à 50 F

Cette sélection rouge intense développe de subtils parfums de raisin très mûr. Très souple en bouche, ce vin séduit par sa rondeur, son bon équilibre et son harmonieuse constitution. A boire.

↝ Sylvain Fessy, Les Villards, 69220 Belleville, tél. 04.74.69.69.21, fax 04.74.69.69.49 t.l.j. sf sam. dim. 8h-12h 14h-17h30; f. août

LAURENT ET MARINETTE GAUTHIER Côte du Py 1996*

2 ha   12 000   30 à 50 F

Le domaine de 9,5 ha s'appelle le domaine de l'Herminette, du nom d'un outil de tonnelier. Il propose un 96 à la robe d'un rouge intense, aux parfums vineux mêlés de notes animales et épicées. La vivacité et la tannicité de ce vin sont équilibrées par sa chair et par des arômes de cerise très agréables. Un morgon élégant, qui peut encore attendre un ou deux ans.

↝ Laurent et Marinette Gauthier, Dom. de l'Herminette, Morgon-le-Bas, 69910 Villié-Morgon, tél. 04.74.04.26.57, fax 04.74.69.12.08 r.-v.

MADAME ARTHUR GEOFFROY 1997

n.c.   5 000   30 à 50 F

Ce 97 a retenu l'attention par sa robe d'un rouge intense, très fraîche et en harmonie avec des parfums élégants et fins de fruits rouges et de fleurs. La bouche est moins expressive. A boire.

↝ Louise Geoffroy, Le Pré Jourdan, 69910 Villié-Morgon, tél. 04.74.04.23.57, fax 04.74.69.13.45

JACKY GROLET Corcelette 1997

3 ha   20 000   30 à 50 F

Installé en 1982, Jacky Grolet tient son domaine (3 ha) et son savoir-faire de son grand-père maternel. Il propose une cuvée rouge moyen à reflets violets, au nez discret de fruits rouges et de vanille. Si la structure n'est pas celle d'un vin de garde, le palais séduit par son fruité, sa rondeur, son harmonie. La longueur est correcte.

↝ Jacky Grolet, Vermont, 69910 Villié-Morgon, tél. 04.74.69.10.25, fax 04.74.69.16.68 r.-v.

HOSPICES DE BEAUJEU Le Py 1996

n.c.   7 000   30 à 50 F

C'est en 1797 qu'eut lieu la première vente aux enchères des vins des Hospices de Beaujeu. Celle-ci a lieu le deuxième dimanche de décembre. Les vins proviennent de La Grange Charton, vaste domaine de 80 ha situé à Régnié-Durette. Bâtis au début du XIX°s., les bâtiments d'exploitation et les maisons de vignerons offrent un exemple intéressant d'architecture locale. La cuvée présentée, de couleur rouge-noir, développe des parfums de café. Elle remplit totalement la bouche, imposant sa puissance et sa belle structure. Ce vin dans la force de l'âge est à boire dans l'année.

↝ Hospices de Beaujeu, La Grange Charton, 69430 Régnié-Durette, tél. 04.74.04.31.05, fax 04.74.04.36.23 r.-v.

DOM. DOMINIQUE JAMBON 1997

1,8 ha   3 000   30 à 50 F

En 1995, Dominique Jambon a repris un vignoble familial. Le jury a aimé cette cuvée pour son expression fruitée assez complexe. Elle ne manque pas d'équilibre et de volume, mais la finale est un peu austère. A attendre.

↝ Dominique Jambon, Arnas, 69430 Lantignié, tél. 04.74.04.80.59 r.-v.

DOM. DE LA BECHE Vieilles vignes 1997

8,5 ha   30 000   30 à 50 F

Un coquet domaine de 14,50 ha, transmis de père en fils depuis 1848. Le jury a apprécié cette cuvée rouge intense aux parfums de framboise et de cassis assortis de nuances de kirsch. Bien rond et fruité, ce vin possède une structure fine qui le destine à une consommation rapide.

↝ Maurice et Olivier Depardon, Dom. de La Bêche, 69910 Villié-Morgon, tél. 04.74.04.24.47, fax 04.74.69.15.29 r.-v.

DOM. DE LA CHANAISE 1996**

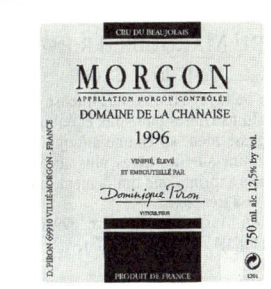

10 ha   n.c.   30 à 50 F

Ce domaine familial vieux de quatre siècles offre à l'amateur un **régnié**, cité par le jury, et surtout ce morgon, élu « coup de cœur ». Sa très belle robe rubis intense et ses parfums complexes de fruits rouges aux nuances de venaison ont emporté les suffrages. Des tanins puissants se font les complices d'arômes épicés qui persistent longuement. Ce vin bâti pour la garde (au moins trois ans) se montre harmonieux, typé, et laisse une excellente bouche.

↝ Dominique Piron, Morgon, 69910 Villié-Morgon, tél. 04.74.69.10.20, fax 04.74.69.16.65 t.l.j. sf dim. 9h-18h

DOM. DE LA CHAPONNE 1996*

n.c.   n.c.   30 à 50 F

La robe rouge moyen jette de beaux reflets grenat. Les parfums de sous-bois et d'aubépine mêlés à des notes de cuir et de fruits cuits sont de bonne intensité. La bouche de 96 surprend agréablement ; ronde avec des tanins souples, elle s'avère élégante mais finit un peu rapidement. Ce joli vin distingué est à boire dans l'année.

↝ Laurent Guillet, 69910 Villié-Morgon, tél. 04.74.69.15.73, fax 04.74.69.11.43 r.-v.

Moulin à vent

DOM. DE LA FOUDRIERE 1997*
n.c.   8 000   30 à 50 F

Une aquarelle signée Alain Renoux orne l'étiquette de ce morgon dont la superbe robe foncée est agrémentée de reflets violets. De plaisants parfums évoquent la groseille, le cassis et les fruits confits. En bouche, les arômes se font discrets mais l'attaque est prometteuse. La charpente, déjà fondue, et la chair confèrent une belle typicité à ce vin. Ce 97 est prêt mais il peut attendre de deux à quatre ans. A retenir aussi, dans ce même millésime, le **brouilly** de cette maison, cité par le jury.

➥ Les vins Gabriel Aligne, 69430 Beaujeu, tél. 04.74.04.84.36, fax 04.74.69.29.87 ◪ ⏃ t.l.j. sf sam. dim. 8h-12h 14h-18h

DOM. DE LEYRE-LOUP Corcelette 1997*
6,24 ha   24 000   30 à 50 F

Cette exploitation familiale de quelque 6 ha propose une cuvée grenat aux parfums peu intenses mais prometteurs de fruits rouges et d'épices. L'attaque souple ne doit pas faire sous-estimer la charpente tannique assez fine. Aromatique et long, ce vin sera prêt au printemps 1999.

➥ Jacques et Christophe Lanson, 20, rue de l'Oratoire, 69300 Caluire, tél. 04.78.29.24.10, fax 04.78.28.00.57 ⏃ r.-v.

DOM. DU MARGUILLIER 1997
4,5 ha   35 000   30 à 50 F

La très belle robe d'un rouge intense s'accorde à des parfums fruités puissants et équilibrés. Ce vin qui glisse bien, après une attaque très plaisante, termine sur des notes plus austères. Son origine ne s'exprime que timidement, mais il est bien racé et agréable.

➥ Dom. du Marguillier, Le Brye, 69910 Villié-Morgon, tél. 04.74.04.21.69 ◪ ⏃ r.-v.
➥ Sornay

POULET PERE ET FILS 1996*
n.c.   n.c.   70 à 100 F

Cette sélection rouge vif développe des parfums intenses de sous-bois et de noisette. Elle présente une belle structure vineuse et ses élégantes notes boisées persistent assez longuement. Ce vin racé est prêt, mais il peut attendre un an. Le **beaujolais-villages rouge** de ce négociant a été cité par le jury.

➥ Poulet Père et Fils, 6, rue de Chaux, 21700 Nuits-Saint-Georges, tél. 03.80.62.43.02, fax 03.80.61.28.08

MICHEL RAMPON ET FILS 1996*
3 ha   11 000   30 à 50 F

Le jury recommande ce 96 paré d'une belle robe grenat intense, brillante et très fraîche, aux parfums floraux mêlés de fines notes de sous-bois. L'agréable fruité qui domine la bouche compense un corps plutôt svelte. Un vin typé et représentatif. A boire.

➥ GAEC Michel Rampon et Fils, La Tour Bourdon, 69430 Régnié-Durette, tél. 04.74.04.32.15, fax 04.74.69.00.81 ◪ ⏃ r.-v.

CH. DE RAOUSSET 1996*
n.c.   10 000   30 à 50 F

D'un rouge intense, ce morgon développe de discrets parfums fruités. L'attaque agréable est l'expression même du millésime. Un vin charpenté et assez persistant, que l'on boira de préférence maintenant, mais qui devrait pouvoir attendre un an ou deux. De la même exploitation, le **chiroubles** a été cité par le jury.

➥ Ch. de Raousset, Les Prés, 69115 Chiroubles, tél. 04.74.69.17.28, fax 04.74.69.17.28 ◪ ⏃ r.-v.

DOM. DES SORNAY Les Versands 1997
n.c.   60 000   30 à 50 F

Cette sélection grenat foncé s'ouvre sur des parfums de fruits très mûrs. Agréable, mais uniforme du début à la fin, ce vin est à boire dès à présent.

➥ Jacques Dépagneux, Les Chers, 69840 Juliénas, tél. 04.74.06.78.00, fax 04.74.06.78.01 ⏃ r.-v.

NOEL ET CHRISTOPHE SORNAY 1997*
2 ha   15 000   30 à 50 F

Cette exploitation de 11 ha, constituée en GAEC depuis 1993, associe le père et le fils. Ceux-ci ont élaboré un fort joli morgon : le nez floral et la couleur rouge de ce vin sont très expressifs ; l'agréable attaque sur les fruits rouges est suivie par des impressions de souplesse, de chair et d'équilibre. D'une bonne longueur, ce 97 est à boire dans l'année.

➥ Noël et Christophe Sornay, GAEC des Gaudets, Le Brye, 69910 Villié-Morgon, tél. 04.74.04.23.65, fax 04.74.69.10.70 ◪ ⏃ r.-v.

JACQUES TRICHARD Les Charmes 1997
6 ha   n.c.   30 à 50 F

Jacques Trichard est installé aux Charmes depuis 1969. Comme l'an dernier, son morgon a été retenu. Le millésime 97 est un très jeune vin qui s'ouvre lentement sur quelques notes fruitées. Solidement charpenté, typé, il doit s'affiner pour exprimer ses potentialités.

➥ Jacques Trichard, Dom. de la côte des Charmes, 69910 Villié-Morgon, tél. 04.74.04.20.35, fax 04.74.69.13.49 ◪ ⏃ r.-v.

Moulin à vent

Le « seigneur » des crus du Beaujolais campe ses 644 ha sur les communes de Chénas, dans le Rhône, et de Romanèche-Thorins, en Saône-et-Loire. L'appellation est symbolisée par le vénérable moulin à vent qui, muet, se dresse à une altitude de 240 m au sommet d'un mamelon aux formes douces, de pur sable granitique, au lieu-dit Les Thorins. Elle produit 39 100 hl élaborés à partir de gamay noir à

Moulin à vent

jus blanc. Les sols peu profonds, riches en éléments minéraux tels que le manganèse, apportent aux vins une couleur d'un rouge profond, un arôme rappelant l'iris, du bouquet et du corps, qui, quelquefois, les font comparer à leurs cousins bourguignons de la Côte-d'Or. Selon un rite traditionnel, chaque millésime est porté aux fonts baptismaux, d'abord à Romanèche-Thorins (fin octobre), puis dans tous les villages et, début décembre, dans la « capitale ».

S'il peut être apprécié dans les premiers mois de sa naissance, le moulin à vent supporte sans problème une garde de quelques années. Ce « prince » fut l'un des premiers crus reconnus appellation d'origine contrôlée, en 1936. Deux caveaux permettent de le déguster, l'un au pied du moulin, l'autre au bord de la route nationale. Ici ou ailleurs, on appréciera pleinement le moulin à vent sur tous les plats généralement accompagnés de vin rouge.

DOM. BERROD
Les Roches du Vivier Vieilles vignes 1996

6,5 ha   20 000   30 à 50 F

La belle présentation de ce 96 pourpre foncé intense s'avère en accord avec de fins et riches parfums de roses fanées, d'épices et de fruits noirs. Charnu et gorgé d'arômes de vanille et de grillé bien dosés, il se montre équilibré et développe une agréable typicité. Déjà prêt, il peut encore attendre un an ou deux.

🕾 Dom. Berrod, Les Roches du Vivier, 69820 Fleurie, tél. 04.74.04.13.63, fax 04.74.69.86.19 ✉ 🍷 r.-v.

DOM. JEAN BRIDAY 1997**

1 ha   7 700   50 à 70 F

Ce domaine, dont la cuvée a été mise en bouteilles par l'Eventail des Vignerons Producteurs de Corcelles, propose un vin rouge profond avec des reflets violets, qui exhale de très agréables parfums de fruits rouges, de mûre et de cassis. La belle attaque fruitée et la charpente aux tanins soyeux, enveloppée d'une belle matière, sont exaltantes. On pourra apprécier ce 97 sur un filet de bœuf pendant trois ou quatre ans.

🕾 Jean Briday, 69820 Fleurie, tél. 04.74.06.10.10, fax 04.74.66.13.77 ✉ 🍷 r.-v.

DOM. MICHEL BRUGNE
Le Vivier 1997*

1,2 ha   9 000   50 à 70 F

Mise en bouteilles par l'Eventail des Vignerons Producteurs de Corcelles, cette cuvée rubis légèrement violacé livre des parfums très francs de fleurs, de notes minérales et de réglise. Charnue et dotée d'une charpente tannique équilibrée, elle remplit agréablement la bouche sans s'y attarder. Bien typée, ronde et nette, elle sera à consommer dans les deux années à venir.

🕾 Michel Brugne, 69820 Fleurie, tél. 04.74.06.10.10, fax 04.74.66.13.77 ✉ 🍷 r.-v.

DOM. DES CAVES Cuvée Etalon 1996

3 ha   15 000   30 à 50 F

Les belles caves voûtées datant du XVII°s. ont très nettement inspiré le nom du domaine. Elles offrent un cadre parfait à l'élevage de ce vin dont la jolie robe rouge sombre, ourlée de quelques reflets tuilés, est associée à une élégante palette de parfums de fruits à noyau, de café, d'épices et de caramel omniprésents au nez et en bouche. Ce 96 encore dominé par le boisé ne manque pas de race mais il doit attendre que le terroir reprenne ses droits dans deux ou trois ans.

🕾 Laurent Gauthier, Les Caves, 69840 Chénas, tél. 04.74.69.86.59, fax 04.74.69.83.15 ✉ 🍷 t.l.j. 7h-20h

DOM. MICHEL CROZET 1996

4 ha   3 200   30 à 50 F

Joanny Crozet acheta ses premières vignes en 1922. Son petit-fils est aujourd'hui à la barre, avec 7,7 ha. Les riches parfums de fruits rouges et de kirsch qui émanent de ce 96 à la robe rouge foncé ont tendance à évoluer rapidement. La bouche généreuse et souple, qui paraît somnoler, est pleine de promesses. Sa finale très fine est un vrai régal. A boire.

🕾 Michel Crozet, Les Fargets, 71570 Romanèche-Thorins, tél. 03.85.35.53.61, fax 03.85.35.20.16 ✉ 🍷 r.-v.

CH. DES JACQUES
Clos du Grand Carquelin 1997*

5 ha   9 000   70 à 100 F

Appartenant à la maison de négoce Louis Jadot depuis 1996, le domaine a produit un vin couleur grenat brillant au puissant nez boisé d'où émergent quelques nuances fruitées. La bonne attaque annonce une progression sur des notes de café grillé et de chêne. Ces dernières dominent encore le vin. A redécouvrir dans trois ou quatre ans, lorsque, assagis, son potentiel certain et ses charmes s'exprimeront plus harmonieusement.

🕾 Ch. des Jacques, 71570 Romanèche-Thorins, tél. 03.85.35.51.64, fax 03.85.35.59.15 ✉ 🍷 r.-v.
🕾 Maison Louis Jadot

DOM. DE LA MERIZE 1996

0,75 ha   4 000   30 à 50 F

Né de vignes de trente ans, ce vin pourpre vif développe des parfums de fruits rouges et de pruneau cuit qui persistent assez longuement en bouche. De pleine de chair, avec des tanins qui s'arrondissent, il sera prêt à boire dans un an.

🕾 Patrick Bertrand, Les Thorins, 71570 Romanèche-Thorins, tél. 03.85.35.57.23 ✉ 🍷 t.l.j. 8h30-12h30 13h30-19h

DOM. DE LA PIERRE Clos Raclet 1996**

0,1 ha   780   30 à 50 F

Benoît Raclet vécut dans ce domaine et expérimenta le procédé de l'échaudage qui sauva les vignes de la pyrale. Le grand jury des moulins à vent a attribué le deuxième coup de cœur à cette bouteille rouge foncé, caractérisée par de fins parfums de griotte et de violette, nuancés de notes de cuir et de tabac. Puissante et aromati-

161   **LE BEAUJOLAIS**

Moulin à vent

que, elle est marquée par la vivacité du millésime qui s'équilibre harmonieusement avec la chair. Ce superbe vin finement boisé et typé pourra être savouré pendant trois à cinq ans.

🕯 Dom. de La Pierre, La Pierre,
71570 Romanèche-Thorins, tél. 03.85.35.51.37
☑ 🍷 r.-v.

🕯 Pierre Brault

HUBERT LAPIERRE 1997

3,3 ha   20 000

Les vendanges ont débuté le 5 septembre 1997. Les cuves inox venaient d'être renouvelées, et tous les locaux climatisés. La cuvée rouge profond limpide témoigne de fins parfums de fruits rouges. La bonne attaque laisse place à de la vinosité et à des impressions tanniques qui restent harmonieuses. Cette bouteille d'une bonne longueur doit rester en cave un ou deux ans. Elle tiendra bien son rang.

🕯 Hubert Lapierre, Les Gandelins, 71570 La Chapelle-de-Guinchay, tél. 03.85.36.74.89, fax 03.85.36.79.69 ☑ 🍷 r.-v.

LE VIEUX DOMAINE 1996

9 ha   6 000

L'ancien presbytère de Chénas abrite le siège de ce domaine familial dont les vignes ont quarante-cinq ans ; les vins qui en sont issus sont élevés neuf mois en fût de chêne de la forêt de Tronçay. Ce moulin à vent dispose des meilleurs atouts. Sa robe rouge foncé brillante a peu évolué. Les parfums qui montent en puissance sont ceux de la mûre, des épices et de la vanille. Encore imprégné de jeunes tanins flatteurs, ce 96 laisse apparaître de la rondeur. Plaisant, il se laissera déguster dans l'année. Belle étiquette.

🕯 EARL M.-C. et Dominique Joseph,
Le Vieux-Bourg, 69840 Chénas,
tél. 04.74.04.48.08, fax 04.74.04.47.36 ☑ 🍷 r.-v.

DOM. DU MATINAL 1997★

4 ha   8 000

Issue de vendanges très mûres, la cuvée rubis sombre aux reflets pourprés offre aussi de riches parfums d'épices réglissées et de pêche de vigne. L'ample bouche, très bien structurée avec beaucoup de chair, de fins tanins, de fruits noirs et d'épices, présente une finale superbement charmeuse. Très typée et d'une puissance contenue, cette bouteille est prête mais elle peut attendre deux ou trois ans.

🕯 EARL Simone et Guy Braillon, Le Bourg, 69840 Chénas, tél. 04.74.04.48.31, fax 04.74.04.47.64 ☑ 🍷 r.-v.

CH. DU MOULIN A VENT
Cuvée exceptionnelle 1996★

30 ha   n.c.

Né au XVII^{e}s., ce domaine familial depuis cinq générations propose cette cuvée de prestige que le jury a appréciée non seulement pour ses parfums vanillés fleurant le sous-bois d'une grande finesse, mais aussi pour sa robe pourpre intense. La bouche ronde et tannique à la fois, plaisante, n'est pas en reste ; le boisé bien fondu et réussi permet de recommander une garde d'au moins trois ans.

🕯 Ch. du Moulin à Vent, Le Moulin à Vent, 71570 Romanèche-Thorins, tél. 03.85.35.50.68, fax 03.85.35.20.06 ☑ 🍷 r.-v.

🕯 Flornoy-Bloud

DOM. DU MOULIN A VENT
Vieilles vignes 1996★

3,8 ha   12 000

Le domaine, propriétaire du moulin à vent emblème du cru, propose un vin rouge profond dont les parfums fruités sont nuancés d'effluves de coing et de fruits à noyau. Il est très représentatif du millésime : sa bonne vivacité, alliée à une légère astringence, donne du nerf à la dégustation. Généreux et doté d'un bon équilibre, ce 96 bien typé est prêt à boire mais pourra attendre un an ou deux.

🕯 Denis Chastel-Sauzet, Le Moulin à Vent, 71570 Romanèche-Thorins, tél. 03.85.35.58.91, fax 03.85.35.59.39 ☑ 🍷 r.-v.

DOM. DU MOULIN D'EOLE
Réserve Les Thorins 1996★

n.c.   n.c.

Né sur les célèbres granits roses riches en manganèse et oxyde de fer, ce moulin à vent est élevé huit mois en foudre. Ses parfums bien présents évoquent les fruits macérés associés à de chaudes nuances animales et de grillé. Sa belle matière, ses arômes persistants et sa charpente équilibrée plaident pour une consommation dès cette année.

🕯 Guérin, Le Bourg, 69840 Chénas,
tél. 04.74.04.46.88, fax 04.74.04.47.29 ☑ 🍷 t.l.j. sf dim. 9h-12h 14h-19h; groupes sur r.-v.

DOM. DES PERELLES 1997★★

5 ha   15 000

La famille Perrachon, qui est implantée depuis le XVII^{e}s. dans la région, se consacre à la culture de la vigne depuis plus d'un siècle. Elle a vinifié une cuvée rouge intense qui émet des parfums fruités légèrement boisés, fins et élégants. Garnissant totalement la bouche, elle s'avère riche en tanins soyeux. Gouleyant et équilibré, ce 97 distingué et harmonieux pourra attendre deux ou trois ans ; il accompagnera gibiers et viandes rouges.

🕯 Jacques Perrachon, Dom. de La Bottière, 69840 Juliénas, tél. 03.85.36.75.42, fax 03.85.33.86.36 ☑ 🍷 t.l.j. 9h-12h 14h-18h

162

DOM. DES ROSIERS 1997**

■　　　3,4 ha　　7 500　　⬛🍷🍾　30 à 50 F

Le grand jury des moulins à vent a sélectionné cette cuvée rouge sombre premier coup de cœur. Les superbes parfums, fins et puissants à la fois, révèlent de subtiles nuances de fleurs, de miel et de notes minérales. L'ample attaque livre beaucoup de puissance et de chair. La suite confirme les arômes du nez et affirme une charpente tannique solide mais harmonieuse. Ce vin persistant, complet et typé, laisse une excellente fin de bouche. Il est prêt à boire mais pourra attendre trois ou quatre ans.

☛ Gérard Charvet, Les Rosiers, 69840 Chénas, tél. 04.74.04.48.62, fax 04.74.04.49.80 ✓ 🍷 t.l.j. 8h-20h

DOM. BENOIT TRICHARD
Mortperay 1996*

■　　　6,5 ha　　20 000　　⬛🍷🍾　50 à 70 F

Le **côte de brouilly** qui a été cité, retenu par un autre jury, vient compléter le palmarès de cette exploitation qui a vinifié ce moulin à vent rubis tirant sur la couleur brique. Le nez assez intense, à base de fruits rouges et de chêne, présente des nuances animales et de noisette. Vivacité et tanins, qui font bon ménage avec la chair, sont représentatifs du millésime. Equilibrée, boisée sans excès, cette bouteille est prête à boire mais peut encore attendre deux ou trois ans.

☛ Dom. Benoît Trichard, Le Vieux-Bourg, 69460 Odenas, tél. 04.74.03.40.87, fax 04.74.03.52.02 ✓ 🍷 r.-v.

Régnié

Officiellement reconnu en 1988, le plus jeune des crus s'insère entre le cru morgon au nord et le cru brouilly au sud, confortant ainsi la continuité des limites entre les 10 appellations locales beaujolaises.

A l'exception de 5,93 ha sur la commune voisine de Lantigné, les 746 ha délimités de l'appellation sont totalement inclus dans le territoire de la commune de Régnié-Durette. Par analogie avec son aîné le morgon, seul le nom de l'une des communes fusionnées a été retenu pour le désigner. Seuls 553 ha ont été déclarés en AOC régnié en 1997.

Le territoire de la commune est orienté nord-ouest–sud-est et s'ouvre largement au soleil levant et à son zénith, ce qui a permis au vignoble de s'implanter entre 300 et 500 m d'altitude.

Dans la majorité des cas, les racines de l'unique cépage de l'appellation, le gamay noir à jus blanc, explorent un sous-sol sablonneux et cailllouteux ; on est ici dans le massif granitique dit de Fleurie. Mais il y a aussi quelques secteurs à tendance légèrement argileuse.

La conduite des vignes et le mode de vinification sont identiques à ceux des autres appellations locales. Toutefois, une exception d'ordre réglementaire ne permet pas la revendication en AOC bourgogne.

Au « Caveau des Deux Clochers », près de l'église dont l'architecture originale symbolise le vin, les amateurs peuvent apprécier quelques échantillons des 31 400 hl de l'appellation. Les vins aux arômes développés de groseille, de framboise et de fleurs, charnus, souples, équilibrés, élégants, sont qualifiés par certains de rieurs et de féminins.

CAVE BEAUJOLAISE DE QUINCIE
1997

■　　　n.c.　　8 000　　⬛　30 à 50 F

Cette cuvée d'intensité moyenne, brillante et limpide, possède un nez poivré et floral, nuancé de notes de raisins très mûrs. La belle attaque franche se développe avec beaucoup de rondeur. Plus de structure n'aurait pas nui, mais ce 97 est assez long ; fort plaisant, il est prêt à boire. Le **brouilly** de cette cave coopérative a été également cité.

☛ Cave Beaujolaise de Quincié, Le Ribouillon, 69430 Quincié-en-Beaujolais, tél. 04.74.04.32.54, fax 04.74.69.01.30 ✓ 🍷 r.-v.

DOM. DES BRAVES 1997

■　　　5 ha　　15 000　　⬛🍾　-30 F

Née sur argile et sables, cette cuvée rouge foncé recèle un riche potentiel. Ses parfums de coing, de mie de pain avec des nuances animales, sont persistants. La pointe de gaz rapidement oubliée fait place à de la vinosité, à de l'ampleur, du muscle. Techniquement bien fait pour un résultat réussi, ce 97 est prêt mais peut attendre deux ans. Le domaine a également vinifié un **beaujolais-villages rouge** très réussi.

LE BEAUJOLAIS

Régnié

🍷 Franck Cinquin, Les Braves, 69430 Régnié-Durette, tél. 04.74.66.88.08, fax 04.74.66.88.08 Ⓥ Ⲩ r.-v.

DOM. DES BUYATS 1997★

■   1 ha   7 000   30 à 50 F

Ce domaine familial a pris naissance en 1822. Il compte 9 ha. La couleur rouge foncé de la robe est aussi plaisante que les parfums bien développés à base d'épices. La belle matière, équilibrée et persistante, finit sur une note tannique plutôt prometteuse. Une bouteille typée, prête à boire mais qui pourra attendre deux ans.

🍷 Pierre Coillard, Les Bulliats, 69430 Régnié-Durette, tél. 04.74.04.35.37, fax 04.74.69.02.93 Ⓥ Ⲩ t.l.j. sf dim. 9h-12h 14h-18h

DOM. DU CHAZELAY 1997

■   1 ha   n.c.   30 à 50 F

Avec trois étoiles l'an dernier, Franck Chavy est régulièrement présent dans ce Guide. Il propose cette année une cuvée issue de très vieilles vignes âgées de quatre-vingt-dix ans, dont les rendements ont été très faibles. La belle couleur grenat de la robe annonce parfaitement les parfums de griotte rafraîchis d'un peu de menthe. Structuré avec des tanins doux et fins, ce vin aromatique et élégant laisse une agréable bouche fraîche. Il est à boire maintenant.

🍷 Franck Chavy, Le Chazelet, 69430 Régnié-Durette, tél. 04.74.69.24.34, fax 04.74.69.20.00 Ⓥ Ⲩ r.-v.

LOUIS-NOEL CHOPIN 1997★

■   1 ha   4 000   -30 F

Le chai situé à la Grange Chartron a donné naissance à de beaux vins comme ce régnié grenat soutenu qui vient compléter le palmarès de l'exploitation. Son fruité très fin allie une agréable ment fraîcheur et senteurs plus mûres. Les tanins bien fondus sont plaisants. Long et aromatique, ce vin pourra encore attendre un an. Le **beaujolais-villages rouge 97** a été jugé très réussi (une étoile).

🍷 Louis-Noël Chopin, Le Trève, 69460 Le Perréon, tél. 04.74.03.21.59, fax 04.74.02.13.30 Ⓥ Ⲩ r.-v.

CH. DE LA PIERRE 1997

■   n.c.   n.c.   30 à 50 F

La production du château est dotée d'une belle robe rubis associée à des parfums fruités de raisins très mûrs nuancés de notes florales et épicées. La bouche, fine en attaque, s'avère ensuite plus austère. La belle charpente de ce 97 le destine à la garde. Il conviendra de l'attendre deux ou trois ans.

🍷 Ets Loron et Fils, 71570 Pontanevaux, tél. 03.85.36.81.20, fax 03.85.33.83.19

DOM. DE LA PLAIGNE 1996

■   9 ha   30 000   30 à 50 F

La robe rouge sombre laisse percevoir quelques reflets tuilés. Les parfums légers évoquent les épices, le café grillé et le kirsch. Ce vin flatteur, gouleyant, élégant mais assez fin, est à boire.

🍷 Gilles et Cécile Roux, La Plaigne, 69430 Régnié-Durette, tél. 04.74.04.80.86, fax 04.74.04.83.72 Ⓥ Ⲩ r.-v.

MARCELLE ET JEAN-LOUIS LAPUTE 1997★★

■   6,5 ha   8 000   30 à 50 F

Vendangées le 7 septembre, les vignes de trente ans ont donné un 97 à la robe grenat. De fins parfums de framboise, de mûre et de cassis finissent sur une note de confiture. Ce vin remplit longuement la bouche, laissant apprécier sa belle matière harmonieusement assemblée et finement aromatique. On attendra quelques mois pour le savourer pleinement.

🍷 Marcelle et Jean-Louis Lapute, La Roche, 69430 Régnié-Durette, tél. 04.74.04.31.79 Ⓥ Ⲩ r.-v.

DOM. PASSOT-COLLONGE 1996

■   1 ha   3 700   30 à 50 F

La robe cerise noire de ce 96 a gardé toute sa jeunesse. Le nez s'ouvre sur des parfums complexes de fleurs, de grillé et de fougère. Riche, remplissant bien la bouche et doté d'une bonne charpente tannique non agressive qui s'affinera au fil du temps, ce vin possède un beau potentiel qui s'exprimera au cours des deux ou trois années à venir.

🍷 Monique et Bernard Passot, Le Colombier, 69910 Villié-Morgon, tél. 04.74.69.10.77, fax 04.74.69.13.59 Ⓥ Ⲩ r.-v.

DOM. DES PILLETS 1996★

■   1 ha   7 000   30 à 50 F

Ce millésime rouge vif brillant développe des parfums de fruits rouges de bonne intensité. Bien vinifié, ce vin présente un bel équilibre général et une grande finesse. Persistant, il est à point maintenant mais peut encore attendre un an.

🍷 GFA Les Pillets, 69910 Villié-Morgon, tél. 04.74.04.21.60 Ⓥ Ⲩ t.l.j. sf dim. 9h-12h 13h30-19h; f. 15 j. en août

CAVE DE PONCHON 1996★

■   1,2 ha   5 000   30 à 50 F

La robe limpide et vive est associée à des parfums fruités. La bouche bien structurée et fondue révèle une belle matière digne du millésime. Ce vin qui a du caractère est prêt à boire.

🍷 Florent Dufour, Ponchon, 69430 Régnié-Durette, tél. 04.74.04.35.46, fax 04.74.69.03.89 Ⓥ Ⲩ r.-v.

DOM. DE PONCHON 1997★★

■   n.c.   15 000   -30 F

Cet autre domaine de Ponchon a vinifié une cuvée rouge vif exprimant bien des parfums de fleurs. L'attaque élégante se prolonge par des impressions de puissance et de gras. Ce vin typé ayant de l'équilibre, de la longueur, du fruit et de la finesse, est prêt mais peut encore attendre un an ou deux.

🍷 Jean Durand, Ponchon, 69430 Régnié-Durette, tél. 04.74.04.30.97, fax 04.74.04.34.78 Ⓥ Ⲩ r.-v.

Saint-amour

DOM. DE PONCHON 1997
■   10 ha   6 000   -30F

Cette cuvée rubis foncé livre une palette de fins parfums qui rappellent la verveine et la camomille - pas très développées -, les fruits à noyau très mûrs avec du musc. L'attaque, qui a beaucoup de rondeur, n'escamote pas la jeunesse des tanins. Assez longue et pleine de chair, une bouteille à attendre un an ou deux.
🍷 Yves Durand, Ponchon, 69430 Régnié-Durette, tél. 04.74.04.34.78, fax 04.74.04.34.78 ☑ 🍸 t.l.j. 8h-20h

JEAN-LUC ET MURIELLE PROLANGE 1997
■   6,3 ha   3 000   -30F

Après six années passées aux Hospices de Beaujeu, Jean-Luc Prolange a repris le métayage du château des Vergers. Ses premières vendanges ont donné ce vin doté d'une belle robe grenat ; il livre de discrets parfums de fruits rouges. Rond dans un premier temps, il ne manque ni de vivacité ni de tanins. Avec sa bonne finale et ses arômes de fruits et d'épices, il sera apprécié maintenant.
🍷 Jean-Luc Prolange, Les Vergers, 69430 Régnié-Durette, tél. 04.74.69.00.22 ☑ 🍸 r.-v.
🍷 Yemeniz

JEAN-PAUL RAMPON 1997
■   6 ha   10 000   30 à 50F

Producteur dans plusieurs appellations beaujolaises, Jean-Paul Rampon est un habitué du Guide. Son régnié 97, rubis clair, délivre des parfums peu intenses de fruits très mûrs et de fleurs. Il semble légèrement pimenté à l'attaque ; la suite s'avère plus ronde, fruitée et équilibrée.
🍷 Jean-Paul Rampon, Les Rampaux, 69430 Régnié-Durette, tél. 04.74.04.36.32, fax 04.74.69.00.04 ☑ 🍸 r.-v.

DOM. DU THIZY 1996**
■   0,5 ha   2 000   -30F

Ce domaine, créé en 1868, appartient aux Collonge depuis de nombreuses générations. Ce 96 rouge soutenu, très brillant, aux fins parfums de fleurs des champs et de léger cassis, est très printanier. Dès l'attaque, on apprécie sa fraîcheur et sa rondeur. Sa finale tout en finesse laisse une bouche très agréable. Ce très beau vin est prêt mais peut encore attendre.
🍷 GAEC du Dom. du Thizy, Le Thizy, 69430 Lantignié, tél. 04.74.04.84.29, fax 04.74.04.84.29 ☑ 🍸 t.l.j. 8h-12h 14h-18h
🍷 Collonge Frères

DOM. DE THULON 1997
■   4,5 ha   15 000   30 à 50F

Métayers pendant vingt ans, les Jambon ont acheté le domaine en 1984. Ils ont élevé ce vin à la robe rouge foncé, dont le nez s'ouvre sur des notes chaudes de fruits confits, de pruneau, de cuir, nuancées de quelques touches florales en finale. Bien vinifié, complet, présentant une bonne longueur, il constitue une harmonieuse bouteille pour maintenant. Du même millésime, le morgon a également été retenu par le jury ; il ne décevra pas.
🍷 Annie et René Jambon, Thulon, 69430 Lantignié, tél. 04.74.04.80.29, fax 04.74.69.29.50 ☑ 🍸 r.-v.

TRENEL 1997*
■   n.c.   4 400   30 à 50F

Cette maison de négoce, spécialisée dans les vins de la région du Beaujolais et du Mâconnais, fabrique également des liqueurs de petits fruits. Elle propose une sélection rubis brillant, au nez bien développé de fruits rouges, francs et agréables. La bonne attaque est complétée par un plaisant fruité qui met en valeur la finesse et l'équilibre de la matière. L'ensemble flatteur dispose de quelques tanins en finale qui sont les garants d'une garde d'un ou deux ans.
🍷 Trénel Fils, 33, chem. du Buéry, 71850 Charnay-lès-Mâcon, tél. 03.85.34.48.20, fax 03.85.20.55.01 ☑ 🍸 t.l.j. sf dim. lun. 8h-18h ; sam. 8h-12h ; f. fin fév.

Saint-amour

Totalement inclus dans le département de Saône-et-Loire, les 313 ha de l'appellation produisent 18 400 hl sur des sols argilo-siliceux décalcifiés, de grès et de cailloutis granitiques, faisant la transition entre les terrains purement primaires au sud et les terrains calcaires voisins au nord, qui portent les appellations saint-véran et mâcon. Deux « tendances œnologiques » émergent pour épanouir les qualités du gamay noir à jus blanc : l'une favorise une cuvaison longue dans le respect des traditions beaujolaises, donnant aux vins nés sur les roches granitiques le corps et la couleur nécessaires pour faire des bouteilles de garde ; l'autre préconise un traitement de type primeur, donnant des vins consommables plus tôt pour assouvir la curiosité des amateurs. Il convient de déguster le saint-amour sur escargots, friture, grenouilles, champignons et poularde à la crème.

L'appellation a conquis de nombreux consommateurs étrangers et une très grande part des volumes produits alimente le marché extérieur. Le visiteur pourra découvrir le saint-amour dans le caveau créé en 1965, au lieu-dit le Plâtre-Durand, avant de continuer sa route vers l'église et la mairie qui, au sommet d'un mamelon de 309 m d'altitude, dominent la

LE BEAUJOLAIS

Saint-amour

région. A l'angle de l'église, une statuette rappelle la conversion du soldat romain qui donna son nom à la commune ; elle fait oublier les peintures, aujourd'hui disparues, d'une maison du hameau des Thévenins, qui auraient témoigné de la joyeuse vie menée pendant la Révolution dans cet « hôtel des Vierges » et qui expliqueraient, elles aussi, le nom de ce village...

DENIS ET HELENE BARBELET 1997
■ 6 ha 45 000 30 à 50 F

Cette cuvée grenat, aux parfums de griotte mêlés à des notes de cuir et de musc, est encore très jeune. Solide, avec des arômes de fraise et d'épices qui se développent au fil de la dégustation, elle ne manque pas d'élégance et de complexité mais doit encore attendre un an ou deux.
☛ Denis et Hélène Barbelet, Les Billards, 71570 Saint-Amour-Bellevue, tél. 03.85.36.51.36, fax 03.85.37.19.74 ▼ ▼ r.-v.

CH. DE BELLEVERNE 1996
■ 4,2 ha 12 000 50 à 70 F

Sylvie Bataillard a pris en main ce domaine en 1995. Elle propose un vin rubis aux parfums de fleurs et de fruits rouges. Malgré des tanins pointus encore perceptibles, ce 96 reste équilibré avec une bonne fraîcheur.
☛ Sylvie Bataillard, Ch. de Belleverne, 71570 La Chapelle-de-Guinchay, tél. 03.85.36.71.06, fax 03.85.33.86.41 ▼ ▼ t.l.j. 8h-12h 13h30-19h; dim. sur r.-v.

DOM. DES BILLARDS 1997
■ n.c. n.c. 30 à 50 F

Grenat intense, ce 97, qui laisse de jolies jambes sur le verre, s'éveille peu à peu sur des notes de fruits rouges. La belle attaque révèle les arômes discrets et fait ressortir la rondeur et la souplesse de ce vin.
☛ Ets Loron et Fils, Pontanevaux, 71570 La Chapelle-de-Guinchay, tél. 03.85.36.81.20, fax 03.85.33.83.19

CAVE DU BOIS DE LA SALLE 1997*
■ n.c. n.c. 30 à 50 F

Trois cent cinquante hectares sont aujourd'hui vinifiés par la coopérative qui fut créée en 1960. En 1992, un chai ultramoderne fut construit. Si le juliénas représente la majorité de sa production, elle ne néglige pas les autres crus, comme en témoigne ce saint-amour limpide qui a l'éclat et les fragrances de la groseille et de la framboise. Bien équilibré, d'une grande fraîcheur et d'une bonne longueur, ce vin finit soutenu par des tanins encore vifs. Racé et élégant, il pourra attendre deux ans.
☛ Cave du Ch. du Bois de La Salle, 69840 Juliénas, tél. 04.74.04.42.61, fax 04.74.04.47.47 ▼ ▼ t.l.j. 8h10-12h 14h-18h

DOM. DU CLOS DU FIEF 1997
■ 1 ha 7 000 30 à 50 F

La robe grenat violacé associée à des parfums de cassis et de cerise de bonne intensité annonce l'attaque riche et ronde suivie de puissantes impressions tanniques. Tout cela traduit un savoir-faire particulièrement bien maîtrisé.
☛ Michel Tête, Les Gonnards, 69840 Juliénas, tél. 04.74.04.41.62, fax 04.74.04.47.09 ▼ ▼ r.-v.

DOM. DES DUC 1997
■ 9,5 ha 55 000 30 à 50 F

Un domaine de plus de 27 ha dont on retrouve régulièrement les crus dans les diverses éditions du Guide. Ce millésime à la robe rubis, brillante et limpide, libère de complexes parfums de fruits rouges et de coing qui se retrouvent en bouche associés au thym. Chaleureux et charpenté, ce vin peut encore gagner si l'on sait patienter un an ou deux.
☛ Dom. des Duc, La Piat, 71570 Saint-Amour-Bellevue, tél. 03.85.37.10.08, fax 03.85.36.55.75 ▼ ▼ t.l.j. 8h-12h 14h-19h; dim. sur r.-v.

DOM. LE COTOYON 1997**
■ 4 ha 5 000 30 à 50 F

Cette cuvée d'une couleur grenat intense se montre généreuse en arômes. Des parfums de fruits mûrs mêlés à de fines notes de café et de chêne se prolongent en bouche, associés à des tanins soyeux. Sa puissance contenue et sa grande persistance sont les gages d'un avenir encore plus prometteur. Le **chénas** de Frédéric Bénat a également été retenu, sans étoile, par le jury.
☛ Frédéric Bénat, Les Ravinets, 71570 Pruzilly, tél. 03.85.35.12.90, fax 03.85.35.12.90 ▼ r.-v.

LE PETIT BOUCHON 1996
■ n.c. n.c. 30 à 50 F

Cette sélection rubis avec des reflets brique exprime des parfums originaux et de bonne intensité comme la prune, la noisette, auxquels se mêlent des nuances plus chaleureuses de type animal. Malgré sa vivacité originelle, son manque d'ampleur la destine à une consommation rapide. Le Petit Bouchon, marque d'un négociant de Cercié, s'est également distingué pour un **chénas** cité par le jury.
☛ Le Petit Bouchon, La Gare, 69220 Cercié, tél. 04.74.66.88.27, fax 04.74.66.70.42 ▼ r.-v.
☛ Mathon

GERARD ET NATHALIE MARGERAND Champs Grillés 1996*
■ 0,4 ha n.c. 30 à 50 F

On nous dit que ces vignes ont quatre-vingts ans. On a tendance à le croire, tant le jury est séduit. La robe grenat foncé de cette cuvée laisse percevoir quelques reflets ambrés. Les parfums frais de type végétal accompagnés de notes épicées et boisées se prolongent au palais ; ils sont associés à des tanins souples et fins, enrobés de chair. Ce saint-amour onctueux qui n'a pas tout dévoilé peut attendre un an ou deux.
☛ Gérard et Nathalie Margerand, Les Capitans, 69840 Juliénas, tél. 04.74.04.46.53 ▼ ▼ r.-v.

166

Saint-amour

JEAN-BERNARD PATISSIER
Les Bonnets 1997★

2,5 ha   19 000   50 à 70 F

C'est une cuvée rubis brillant qui développe d'élégants parfums de cerise et de framboise. La bonne attaque confirme une bouche riche et équilibrée, avec des tanins souples et fins. Ce joli vin pur, assez féminin, pourra être conservé un ou deux ans.
↬Jean-Bernard Patissier, 71570 Saint-Amour-Bellevue, tél. 04.74.06.10.10, fax 04.74.66.13.77 ⓥ ⓣ r.-v.

DOM. DES PIERRES 1997★★★

6 ha   40 000   30 à 50 F

C'est avec enthousiasme que le grand jury a décerné un coup de cœur à ce vin rouge profond, limpide et brillant. Charmé par sa palette aromatique à base de mûre très fraîche saupoudrée d'épices, il a unanimement apprécié sa chair, ses tanins fins et fondus, ses arômes fruités, son excellente harmonie et sa grande persistance. Avec les compliments du jury qui recommande deux ou trois ans de garde.
↬Georges Trichard, rte de Juliénas, 71570 La Chapelle-de-Guinchay, tél. 03.85.36.70.70, fax 03.85.33.82.31 ⓥ ⓣ r.-v.

DOM. DES PINS 1996★

3 ha   16 000   30 à 50 F

Vous ne serez pas étonné d'apprendre que le domaine est entouré de pins. La couleur rouge brique de la robe convient bien à ce 96 dans lequel dominent des parfums de grillé et de fines notes boisées. La vivacité de l'attaque ne surprend pas. Bien équilibré avec des tanins soyeux et des arômes de café et de pain grillé, ce riche et complexe saint-amour peut encore attendre un an ou deux.
↬Jean-François Echallier, La Piat, 71570 Saint-Amour-Bellevue, tél. 03.85.37.15.76, fax 03.85.37.19.17 ⓥ ⓣ r.-v.

Le Lyonnais

L'aire de production des vins de l'appellation coteaux du lyonnais, située sur la bordure orientale du Massif central, est limitée à l'est par le Rhône et la Saône, à l'ouest par les monts du Lyonnais, au nord et au sud par les vignobles du beaujolais et des côtes-du-rhône. Vignoble historique de Lyon depuis l'époque romaine, il connut une période faste à la fin du XVIe s., religieux et riches bourgeois favorisant et protégeant la culture de la vigne. En 1836, le cadastre mentionnait 13 500 ha. La crise phylloxérique et l'expansion de l'agglomération lyonnaise ont réduit la zone de production. Aujourd'hui, la superficie en production s'élève à 334 ha, répartis sur quarante-neuf communes ceinturant la grande ville par l'ouest, depuis le mont d'Or, au nord, jusqu'à la vallée du Gier, au sud.

Cette zone de 40 km de long sur 30 km de large est structurée par un relief sud-ouest-nord-est qui détermine une succession de vallées à 250 m d'altitude et de collines atteignant 500 m. La nature des terrains est variée ; on y rencontre des granites,

Coteaux du lyonnais

des roches métamorphiques, sédimentaires, des limons, des alluvions et du lœss. La structure perméable et légère, la faible épaisseur de certains de ces sols sont le facteur commun qui caractérise la zone viticole où prédominent les roches anciennes.

Coteaux du lyonnais

Les trois principales tendances climatiques du Beaujolais sont présentes ici, avec toutefois une influence méditerranéenne plus prononcée. Cependant, le relief, plus ouvert aux aléas climatiques de type océanique et continental, limite l'implantation de la vigne à moins de 500 m d'altitude et l'exclut des expositions nord. Les meilleures situations se trouvent au niveau du plateau. L'encépagement de cette zone est essentiellement à base de gamay noir à jus blanc, cépage qui, vinifié selon la méthode beaujolaise, donne les produits les plus intéressants et les plus recherchés de la clientèle lyonnaise. Les autres cépages admis dans l'appellation sont, en blanc, le chardonnay et l'aligoté. La densité requise est au minimum de 6 000 pieds/ha, les tailles autorisées étant le gobelet ou le cordon et la taille guyot. Le rendement de base est de 60 hl/ha, les degrés d'alcool minimum et maximum étant de 10 ° et 13 ° pour les vins rouges, 9,5 ° et 12,5 ° pour les vins blancs. La production moyenne est de 18 583 hl en rouge, et 1 600 hl en blanc. Vinifiant les trois quarts de la récolte, la cave coopérative de Sain-Bel est un élément moteur dans cette région de polyculture, où l'arboriculture fruitière est fortement implantée.

Consacrés AOC en 1984, les vins des coteaux du lyonnais sont fruités, gouleyants, riches en parfums, et accompagnent agréablement et simplement toutes les cochonnailles lyonnaises, saucisson, cervelas, queue de cochon, petit salé, pieds de porc, jambonneau, ainsi que les fromages de chèvre.

DOM. DU CLOS SAINT-MARC 1996

| | 1,5 ha | 10 000 | -30 F |

La première approche de ce vin jaune pâle brillant évoque les fleurs blanches qui sont agrémentées ensuite de notes exotiques comme la mangue et l'ananas. Tendre, souple et parfumé au palais, ce 96 se montre franc malgré une légèreté relative.

GAEC du Clos Saint-Marc, rte des Fontaines, 69440 Taluyers, tél. 04.78.48.26.78, fax 04.78.48.77.91 r.-v.

MICHEL DESCOTES 1997**

| | 1,2 ha | 8 000 | -30 F |

L'exploitation, qui s'est également distinguée pour son **coteaux du lyonnais rouge 97** retenu par le jury, élève cette cuvée jaune or d'où s'exhalent d'intenses et complexes parfums floraux aux notes de réglisse très agréables. Dégageant beaucoup de puissance et d'arômes, ce vin à forte personnalité imprègne longuement le palais. Déjà prêt à boire, il pourra encore attendre deux ans.

Michel Descotes, 12, rue de la Tourtière, 69390 Millery, tél. 04.78.46.31.03, fax 04.72.30.16.65 r.-v.

REGIS DESCOTES 1997*

| | 2 ha | 10 000 | -30 F |

La robe limpide, or paille, est agrémentée de quelques reflets verts. Les parfums floraux bien présents sont d'une grande finesse. Ce vin tendre et parfumé, comme féminin, typé et gouleyant, est prêt à boire.

Régis Descotes, 16, av. du Sentier, 69390 Millery, tél. 04.78.46.18.77, fax 04.78.46.16.22 r.-v.

ETIENNE DESCOTES ET FILS
Cuvée Vieilles vignes 1997

| | 2 ha | 13 000 | 30 à 50 F |

Avec une cuvée de **blanc 97** dans cette AOC, citée par le jury, l'exploitation fait coup double avec ce vin rouge profond et limpide, marqué par des parfums de type primeurs francs et discrets. La bouche parfumée et authentique, dotée d'une structure légère, le prédispose à une consommation dès l'automne.

GAEC Etienne Descotes et Fils, 12, rue des Grès, 69390 Millery, tél. 04.78.46.18.38, fax 04.72.30.70.68 t.l.j. 10h-19h

Coteaux du lyonnais

PIERRE ET JEAN-MICHEL JOMARD
1997*

■   11 ha   18 000   -30F

L'exploitation commercialise des eaux-de-vie de poire et de cerise. Son **beaujolais rouge 97** a été cité par le jury. La très belle robe rouge violacé du coteaux du lyonnais prédispose à la rencontre d'arômes de fruits rouges d'une grande pureté. Chaleureux, doté d'une bonne structure tannique et aromatique, ce 97 fait dire que c'est une « gourmandise digne des gônes (natifs) de Lyon ». Il est déjà prêt, mais on lui prédit au moins deux ans de garde.

❧ Pierre et Jean-Michel Jomard, Le Morillon, 69210 Fleurieux-sur-l'Arbresle, tél. 04.74.01.02.27, fax 04.74.01.24.04 Ⅴ Ⱡ r.-v.

DOM. DE LA PETITE GALLEE 1997

■   2 ha   10 000   -30F

Assurément le soleil a marqué ce vin rouge légèrement tuilé, aux parfums de fruits confits. Sa chair associée à des arômes de figue et de mûre remplit totalement la bouche. Malgré sa puissance, on conseille de ne pas trop attendre pour le boire.

❧ GAEC Robert et Patrice Thollet, La Petite Gallée, 69390 Millery, tél. 04.78.46.24.30, fax 04.72.30.73.48 Ⅴ Ⱡ r.-v.

BENOIT MAILLARD 1997*

□   10 ha   18 000   -30F

Benoît Maillard fut prieur de l'abbaye de Savigny il y a cinq siècles. Vigneron, il a donné son nom à cette cuvée. De beaux reflets or illuminent la teinte brillante qui s'impose agréablement avec d'intenses et complexes parfums printaniers d'où émergent des notes d'aubépine et de grillé. Puissance et arômes imprègnent totalement et longuement le palais, faisant apprécier son harmonieuse structure.

❧ Cave de Vignerons réunis à Sain-Bel, RN 89, 69210 Sain-Bel, tél. 04.74.01.11.33, fax 04.74.01.10.27 Ⅴ Ⱡ r.-v.

FRANCOIS DE NANTON 1997**

■   n.c.   n.c.   -30F

Sous la marque François de Nanton, la Société des vins de Pizay, négociant, ne commercialise que des vins de propriétés. Le grand jury a élu coup de cœur cette sélection rouge vif soutenu, non seulement pour les fins parfums de fruits rouges où domine une élégante note de framboise, mais aussi pour l'excellente bouche équilibrée, pleine de chair et de puissance. L'harmonieuse complexité de ce vin gouleyant et fruité est séduisante.

❧ Sté des vins de Pizay, 69910 Pizay, tél. 04.74.66.26.10
❧ P. Dufaitre

DOM. DE PETIT FROMENTIN
Vieilles vignes 1997*

■   2 ha   13 000   -30F

Cette exploitation, qui met en valeur les anciens sites viticoles du mont d'Or, à proximité de Lyon, propose un vin rouge vif bien soutenu. Les parfums restent fins. Après une attaque marquée par les tanins, il garnit agréablement la bouche. Puissance, fraîcheur et fruits rouges sont présents. Assez long, ce 97 est prêt mais peut attendre.

❧ André et Franck Decrenisse, Petit Fromentin, 69380 Chasselay, tél. 04.78.47.35.11, fax 04.78.47.35.11 Ⅴ Ⱡ r.-v.

DOM. DE PRAPIN 1997*

■   5 ha   38 000   -30F

Henri Jullian prend en 1981 la direction de ce domaine familial. Bien que léger en couleur, son 97 révèle de fins et séduisants arômes fruités. Il est bien vinifié ; les tanins ronds et les parfums sont harmonieusement fondus. Equilibrée, dotée d'une belle finale, cette bouteille est à consommer dès à présent. Le **coteaux du lyonnais blanc 97** de l'exploitation a été cité par le jury.

❧ Henri Jullian, Prapin, 69440 Taluyers, tél. 04.78.48.24.84 Ⅴ Ⱡ t.l.j. 9h-19h

LE BORDELAIS

      Partout dans le monde, Bordeaux représente l'image même du vin. Pourtant, le visiteur éprouve aujourd'hui quelques difficultés à déceler l'empreinte vinicole dans une ville délaissée par les beaux alignements de barriques sur le port et par les grands chais du négoce, partis vers les zones industrielles de la périphérie. Et les petits bars-caves où l'on venait le matin boire un verre de liquoreux ont presque tous disparu. Autres temps, autres mœurs.

      Il est vrai que la longue histoire vinicole de Bordeaux n'en est pas à son premier paradoxe. Songeons qu'ici le vin fut connu avant... la vigne, quand, dans la première moitié du Ier s. av. J.-C. (avant même l'arrivée des légions romaines en Aquitaine), des négociants campaniens commençaient à vendre du vin aux Bordelais. Si bien que, d'une certaine façon, c'est par le vin que les Aquitains ont fait l'apprentissage de la romanité... Par la suite, au Ier s. de notre ère, la vigne est apparue. Mais il semble que ce soit surtout à partir du XIIe s. qu'elle ait connu une certaine extension : le mariage d'Aliénor d'Aquitaine avec Henri Plantagenêt, futur roi d'Angleterre, favorisa l'exportation des « clarets » sur le marché britannique. Les expéditions de vin de l'année se faisaient par mer, avant Noël. On ne savait pas conserver les vins ; après une année, ils étaient moins prisés parce qu'ils étaient partiellement altérés.

      A la fin du XVIIe s., les « clarets » ont été concurrencés par l'introduction de nouvelles boissons (thé, café, chocolat) et par les vins plus riches de la péninsule ibérique. D'autre part, les guerres de Louis XIV entraînèrent des mesures de rétorsion économique contre les vins français. Cependant, la haute société anglaise restait attachée au goût des « clarets ». Aussi quelques négociants londoniens cherchèrent-ils, au début du XVIIIe s., à créer un nouveau style de vins plus raffinés, les « new french clarets » qu'ils achetaient jeunes pour les élever. Afin d'accroître leurs bénéfices, ils imaginèrent de les vendre en bouteilles. Bouchées et scellées, celles-ci garantissaient l'origine du vin. Insensiblement, la relation terroir-château-grand vin s'effectua, marquant l'avènement de la qualité. A partir de ce moment, les vins commencèrent à être jugés, appréciés et payés en fonction de leur qualité. Cette situation encouragea les viticulteurs à faire des efforts pour la sélection des terroirs, la limitation des rendements et l'élevage en fût ; parallèlement, ils introduisirent la protection des vins par l'anhydride sulfureux qui permit le vieillissement, ainsi que la clarification par collage et soutirage. A la fin du XVIIIe s., la hiérarchie des crus bordelais était établie. Malgré la Révolution et les guerres de l'Empire, qui fermèrent provisoirement les marchés anglais, le prestige des grands vins de Bordeaux ne cessa de croître au XIXe s., pour aboutir, en 1855, à la célèbre classification des crus du Médoc, qui est toujours en vigueur malgré les critiques que l'on peut émettre à son égard.

      Après cette période faste, le vignoble fut profondément affecté par les maladies de la vigne, phylloxéra et mildiou ; et par les crises économiques et les guerres mondiales. De 1960 à la fin des années 80, le vin de Bordeaux a connu un regain de prospérité, lié à une remarquable amélioration de la qualité et à l'intérêt que l'on porte, dans le monde entier, aux grands vins. La notion de hiérarchie des terroirs et des crus retrouve sa valeur originelle ; mais les vins rouges ont mieux bénéficié de cette évolution que les vins blancs. Au début des années 90, le marché connaît des difficultés qui ne seront pas sans incidence sur la structure du vignoble.

      Le vignoble bordelais est organisé autour de trois axes fluviaux : la Garonne, la Dordogne et leur estuaire commun, la Gironde. Ils créent des conditions de milieux (coteaux bien exposés et régulation de la température) favorables à la culture de la vigne. En outre, ils ont joué un rôle économique important en permettant le transport du vin vers les lieux de consommation. Le climat de la région bordelaise est relativement tempéré (moyennes annuelles 7,5 °C minimum, 17 °C maximum), et le vignoble protégé de l'Océan par la forêt de pins. Les gelées d'hiver sont exceptionnelles (1956, 1958, 1985), mais une température inférieure à -2 °C sur les jeunes bourgeons (avril-mai) peut entraîner leur destruction. Un temps froid et humide au moment de la floraison (juin) provoque un risque de coulure, qui correspond à un avortement des grains. Ces deux accidents entraînent des pertes de récolte et expliquent la variation de leur importance. En revanche, la qualité de la récolte suppose un temps chaud et sec de juillet à octobre, tout particulièrement pendant les quatre dernières semaines précédant les vendanges (globalement, 2 008 heures de soleil par an). Le climat bordelais est assez humide (900 mm de précipitations annuelles); particulièrement au printemps, où le temps n'est pas toujours très bon. Mais les automnes sont réputés, et de nombreux millésimes ont été sauvés *in extremis* par une arrière-saison exceptionnelle ; les grands vins de Bordeaux n'auraient jamais pu exister sans cette circonstance heureuse.

─────────────── La vigne est cultivée en Gironde sur des sols de nature très diverse et le niveau de qualité n'est pas lié à un type de sol particulier. La plupart des grands crus de vin rouge sont établis sur des alluvions gravelo-sableuses siliceuses ; mais on trouve aussi des vignobles réputés sur les calcaires à astéries, sur les molasses et même sur des sédiments argileux. Les vins blancs secs sont produits indifféremment sur des nappes alluviales gravelo-sableuses, sur calcaire à astéries et sur limons ou molasses. Les deux premiers types se retrouvent dans les régions productrices de vins liquoreux, avec les argiles. Dans tous les cas, les mécanismes naturels ou artificiels (drainage) de régulation de l'alimentation en eau constituent une caractéristique essentielle de la production de vins de qualité. Il s'avère donc qu'il peut exister des crus ayant la même réputation de haut niveau sur des roches-mères différentes. Cependant, les caractères aromatiques et gustatifs des vins sont influencés par la nature des sols ; les vignobles du Médoc et de Saint-Emilion en fournissent de bons exemples. Par ailleurs, sur un même type de sol, on produit indifféremment des vins rouges, des vins blancs secs et des vins blancs liquoreux.

─────────────── Le vignoble bordelais dépasse aujourd'hui (1997) 115 000 ha ; à la fin du XIXe s., il s'est étendu sur plus de 150 000 ha, mais la culture de la vigne a été supprimée sur les sols les moins favorables. Les conditions de culture ayant été améliorées, la production globale est restée assez constante : elle dépasse les 6 millions d'hectolitres actuellement, mais avec un renforcement des vins d'AOC qui s'est accentué au cours des dernières années (sur les 6 570 000 hl produits en Gironde, 6 413 570 sont des AOC, en 1996, alors que les vins de table occupaient 34 % du vignoble girondin en 1961). Simultanément, si la surface moyenne des exploitations est de 7 ha, on assiste à une concentration des propriétés, avec une diminution du nombre de producteurs (de 22 200 en 1983 à 16 000 en 1992, 13 358 en 1993 et 12 852 en 1996).

─────────────── Les vins de Bordeaux ont toujours été produits à partir de plusieurs cépages qui ont des caractéristiques complémentaires. En rouge, les cabernets et le merlot sont les principales variétés (90 % des surfaces). Les premiers donnent aux vins leur structure tannique, mais il faut plusieurs années pour qu'ils atteignent leur qualité optimale ; en outre, le cabernet-sauvignon est un cépage tardif, qui résiste bien à la pourriture, mais avec parfois des difficultés de maturation. Le merlot donne un vin plus souple, d'évolution plus rapide ; il est plus précoce et mûrit bien, mais il est sensible à la coulure, à la gelée et à la pourriture. Sur une longue période, l'association des deux cépages, dont les proportions varient en fonction des sols et des types de vin, donne les meilleurs résultats. Pour les vins blancs, le cépage essentiel est le sémillon (52 %), complété dans certaines zones par le colombard (11 %) et surtout par le sauvignon qui tend à se développer actuellement et la muscadelle (15 %), qui possèdent des arômes spécifiques très fins. L'ugni blanc est en retrait actuellement.

─────────────── La vigne est conduite en rangs palissés, avec une densité de ceps à l'hectare très variable. Elle atteint 10 000 pieds dans les grands crus du Médoc et des Graves ; elle se situe à 4 000 pieds dans les plantations classiques de l'Entre-deux-Mers,

Le Bordelais

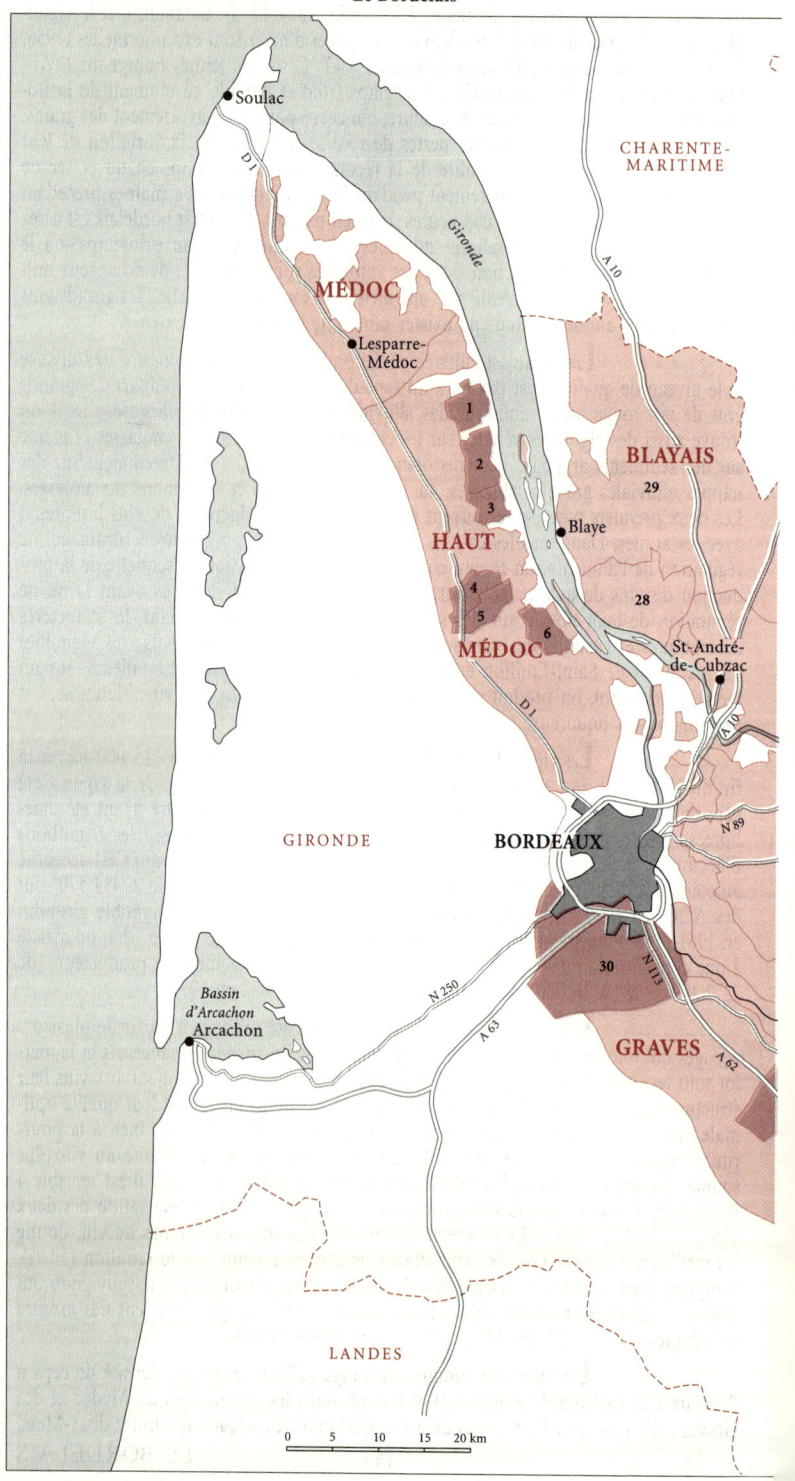

	A.O.C. communales
	Bordeaux

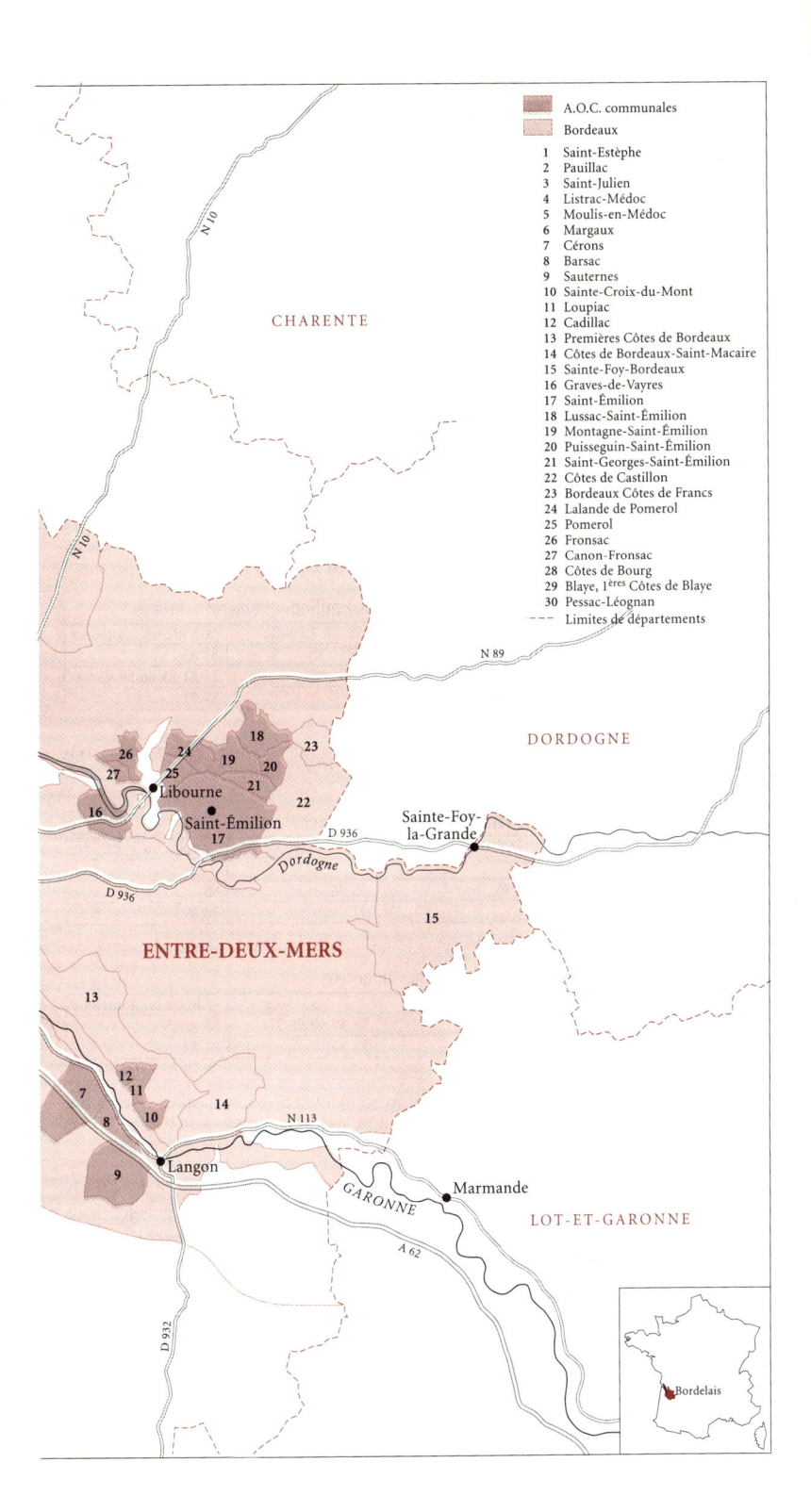

1. Saint-Estèphe
2. Pauillac
3. Saint-Julien
4. Listrac-Médoc
5. Moulis-en-Médoc
6. Margaux
7. Cérons
8. Barsac
9. Sauternes
10. Sainte-Croix-du-Mont
11. Loupiac
12. Cadillac
13. Premières Côtes de Bordeaux
14. Côtes de Bordeaux-Saint-Macaire
15. Sainte-Foy-Bordeaux
16. Graves-de-Vayres
17. Saint-Émilion
18. Lussac-Saint-Émilion
19. Montagne-Saint-Émilion
20. Puisseguin-Saint-Émilion
21. Saint-Georges-Saint-Émilion
22. Côtes de Castillon
23. Bordeaux Côtes de Francs
24. Lalande de Pomerol
25. Pomerol
26. Fronsac
27. Canon-Fronsac
28. Côtes de Bourg
29. Blaye, 1ères Côtes de Blaye
30. Pessac-Léognan

--- Limites de départements

CHARENTE

DORDOGNE

Libourne

Saint-Émilion

Sainte-Foy-la-Grande

ENTRE-DEUX-MERS

Langon

Marmande

LOT-ET-GARONNE

Bordelais

pour tomber à moins de 2 500 pieds dans les vignes dites hautes et larges. Les densités élevées permettent une diminution de la récolte par pied, ce qui est favorable à la maturité ; par contre, elles entraînent des frais de plantation et de culture plus élevés et luttent moins bien contre la pourriture. La vigne est l'objet, tout au long de l'année, de soins attentifs. C'est à la faculté des sciences de Bordeaux qu'a été découverte en 1885 la « bouillie bordelaise » (sulfate de cuivre et chaux), pour la lutte contre le mildiou. Connue dans le monde entier, elle est toujours utilisée, bien qu'aujourd'hui les viticulteurs disposent d'un grand nombre de produits de traitement, mis au service de la nature et jamais dirigés contre elle.

       Les très grands millésimes ne manquent pas à Bordeaux. Citons pour les rouges les 1990, 1982, 1975, 1961 ou 1959, mais aussi les 1989, 1988, 1985, 1983, 1981, 1979, 1978, 1976, 1970 et 1966, sans oublier, dans les années antérieures, les fameux millésimes que furent les 1955, 1949, 1947, 1945, 1929 et 1928. On note, dans un passé récent, l'augmentation des millésimes de qualité et, réciproquement, la diminution des millésimes médiocres. Peut-être le vignoble a-t-il profité de conditions climatiques favorables ; mais il faut y voir essentiellement le résultat des efforts des viticulteurs, s'appuyant sur les acquisitions de la recherche pour affiner les conditions de culture de la vigne et la vinification. La viticulture bordelaise dispose de terroirs exceptionnels, mais elle sait les mettre en valeur par la technologie la plus raffinée qui puisse exister ; ainsi peut-on affirmer qu'il n'y aura plus en Gironde de mauvais millésimes.

Médoc - Graves - Saint-Émilion - Pomerol - Fronsac

millésimes	à boire	à attendre	à boire ou à attendre
exceptionnels	45 47 61 70 75		82 85
très réussis	49 53 55 59 62 64 66 67 71* 76 79	88 90 95	78 81 83 86 89 93 94
réussis	50 73 74 77 80 84	91	87 92

* Pour Pomerol, ce millésime est exceptionnel.

– Les vins des appellations bordeaux et les vins de Côte, rouges, doivent être consommés dans les 5 ou 6 ans. Certains peuvent supporter un vieillissement d'une dizaine d'années.

Vins blancs secs des Graves

millésimes	à boire	à attendre	à boire ou à attendre
exceptionnels	78 81 82 83		
très réussis	76 85 87 92 93 94	95 96	88
réussis	79 80 84 86	97	90 89

– Il est préférable de consommer les autres blancs secs du Bordelais très jeunes, dans les 2 ans.

Vins blancs liquoreux

millésimes	à boire	à attendre	à boire ou à attendre
exceptionnels	47 67 70 71 75 76	88 89 90 95 97	83
très réussis	49 59 62	86 96	81 82
réussis	50 55 77 80 91		78 79 84 85 87 94

– Si les liquoreux peuvent être consommés jeunes (à l'apéritif où l'on appréciera alors leur fruité), ils n'acquièrent leurs qualités propres qu'après un long vieillissement.

       Si la notion de qualité des millésimes est moins marquée dans le cas des vins blancs secs, elle reprend toute son importance avec les vins liquoreux, pour lesquels les conditions du développement de la pourriture noble sont essentielles (voir l'introduction : « Le Vin », et les différentes fiches des vins concernés).

       La mise en bouteilles à la propriété se fait depuis longtemps dans les grands crus ; cependant, pour beaucoup d'entre eux, elle n'est complète que depuis dix ou quinze ans à peine. Pour les autres vins (appellations « génériques » ou plus exactement régionales), le viticulteur assurait traditionnellement la culture de la vigne et la transformation du raisin en vin, puis le négoce prenait en charge non seulement la distribution des vins, mais aussi leur élevage, c'est-à-dire leurs assemblages pour régu-

Les appellations régionales bordeaux

lariser la qualité jusqu'à la mise en bouteilles. La situation se modifie graduellement et l'on peut affirmer qu'actuellement la grande majorité des AOC est élevée, vieillie et stockée par la production. Les progrès de l'œnologie permettent aujourd'hui de vinifier régulièrement des vins consommables en l'état ; tout naturellement, les viticulteurs cherchent donc à les valoriser en les mettant eux-mêmes en bouteilles ; les caves coopératives ont joué un rôle dans cette évolution, en créant des unions qui assurent le conditionnement et la commercialisation des vins. Le négoce conserve toujours un rôle important au niveau de la distribution, en particulier à l'exportation, grâce à ses réseaux bien implantés depuis longtemps. Il n'est pas impossible cependant que, dans l'avenir, les vins de marque des négociants trouvent un regain d'intérêt auprès de la grande distribution de détail.

La commercialisation de l'importante production de vin de Bordeaux est bien sûr soumise aux aléas de la conjoncture économique, au volume et à la qualité de la récolte. Dans un passé récent, le Conseil interprofessionnel des vins de Bordeaux a pu jouer un grand rôle en matière de commercialisation, par la mise en place d'un stock régulateur, d'une mise en réserve qualitative et de mesures financières d'organisation du marché.

Les syndicats viticoles, eux, assurent la protection des différentes appellations d'origine contrôlée, en définissant les critères de la qualité. Ils effectuent sous le contrôle de l'INAO des dégustations d'agréage de tous les vins produits chaque année ; elles peuvent donner lieu à la perte du droit à l'appellation si la qualité est jugée insuffisante.

Les confréries vineuses (Jurade de Saint-Emilion, Commanderie du Bontemps du Médoc et des Graves, Connétablie de Guyenne, etc.) organisent régulièrement des manifestations à caractère folklorique dont le but est l'information en faveur des vins de Bordeaux ; leur action est coordonnée au sein du Grand Conseil du vin de Bordeaux.

Toutes ces actions de promotion, de commercialisation et de production le démontrent : le vin de Bordeaux est aujourd'hui un produit économique géré avec rigueur. Représentant 27,43 % de la production AOC de France avec un volume de 6 659 576 hl en 1997, la production s'évalue en milliards de francs, dont sept à l'exportation. Son importance dans la vie régionale aussi, puisque l'on estime qu'un Girondin sur six dépend directement ou indirectement des activités viti-vinicoles. Mais qu'il soit rouge, blanc sec ou liquoreux, dans ce pays gascon qu'est le Bordelais, le vin n'est pas seulement un produit économique. C'est aussi et surtout un fait de culture. Car derrière chaque étiquette se cachent tantôt des châteaux à l'architecture de rêve, tantôt de simples maisons paysannes, mais toujours des vignes et des chais où travaillent des hommes, apportant, avec leur savoir-faire, leurs traditions et leurs souvenirs.

Les appellations régionales bordeaux

Si le public situe assez facilement les appellations communales, il lui est souvent plus difficile de se faire une idée exacte de ce que représente l'appellation bordeaux. Pourtant, la définir est apparemment simple : ont droit à cette appellation tous les vins de qualité produits dans la zone délimitée du département de la Gironde, à l'exclusion de ceux qui viendraient de la zone sablonneuse située à l'ouest et au sud (la lande, consacrée depuis le XIXe s. à la forêt de pins). Autrement dit, ce sont tous les terroirs à vocation viticole de la Gironde qui ont droit à cette appellation. Et tous les vins qui y sont produits peuvent l'utiliser, à condition qu'ils soient conformes aux règles assez strictes fixées pour son attribution (sélection des cépages, rendements

Les appellations régionales bordeaux

à ne pas dépasser...). Mais derrière cette simplicité se cache une grande variété. Variété, tout d'abord, des types de vins. En effet, plus que d'une appellation bordeaux, il convient de parler des appellations bordeaux, celles-ci comportant des vins rouges, mais aussi des rosés et des clairets, des vins blancs (secs et liquoreux) et des mousseux (blancs ou rosés). Variété des origines ensuite, les bordeaux pouvant être de plusieurs types : pour les uns, il s'agit de vins produits dans des secteurs de la Gironde n'ayant droit qu'à la seule appellation bordeaux, comme les régions de palus (certains sols alluviaux) proches des fleuves, ou quelques zones du Libournais (communes de Saint-André-de-Cubzac, Guîtres, Coutras...). Pour les autres, il s'agit de vins provenant de régions ayant droit à une appellation spécifique (Médoc, Saint-Emilion, Pomerol, etc.). Dans certains cas, l'utilisation de l'appellation régionale s'explique alors par le fait que l'appellation locale est commercialement peu connue (comme pour les bordeaux côtes-de-francs, les bordeaux haut-benauge, les bordeaux sainte-foy ou les bordeaux saint-macaire) ; l'appellation spécifique n'est, en définitive, qu'un complément de l'appellation régionale, et, en outre, n'apporte rien de plus à la valorisation du produit. Aussi les viticulteurs préfèrent-ils se contenter de l'image de marque bordeaux. Mais il arrive également que l'on trouve des bordeaux provenant d'une propriété située dans l'aire de production d'une appellation spécifique prestigieuse, ce qui ne manque pas d'intriguer certains amateurs curieux. Mais là aussi l'explication est aisée à trouver : traditionnellement, beaucoup de propriétés en Gironde produisent plusieurs types de vins (notamment des rouges et des blancs) ; or dans de nombreux cas (médoc, saint-émilion, entre-deux-mers ou sauternes), l'appellation spécifique ne s'applique qu'à un seul type. Les autres productions sont donc commercialisées comme bordeaux ou bordeaux supérieurs.

S'ils sont moins célèbres que les grands crus, tous ces bordeaux n'en constituent pas moins quantitativement la première appellation de la Gironde, avec (en 1996) 2 895 000 hl pour les rouges et 587 000 hl pour les blancs et en 1997, 3 711 310 hl dont 603 156 pour les blancs.

L'importance de cette production et l'impressionnante surface du vignoble (58 000 ha) pourraient laisser penser qu'il n'existe guère de similitudes entre deux bordeaux. Pourtant, si l'on trouve une certaine diversité de caractères, il existe aussi des points communs, donnant leur unité aux différentes appellations régionales. Ainsi les bordeaux rouges sont des vins équilibrés, harmonieux, délicats ; généralement, ils doivent être fruités, mais pas trop corsés, pour pouvoir être consommés jeunes. Les bordeaux supérieurs rouges se veulent des vins plus complets. Ils utilisent les meilleurs raisins, sont vinifiés de façon à leur assurer une certaine longévité. Ils constituent en somme une sélection parmi les bordeaux.

Les bordeaux clairets et rosés, eux, sont obtenus par faible macération de raisins de cépages rouges ; les clairets ont une couleur un peu plus soutenue. Ils sont frais et fruités, mais leur production reste très limitée.

Les bordeaux blancs sont des vins secs, nerveux et fruités. Leur qualité a été récemment améliorée par les progrès réalisés dans les techniques de conduite de la vinification, mais cette appellation ne jouit pas encore de la notoriété à laquelle elle devrait pouvoir prétendre. Ce qui explique que certains vins soient « repliés » en vins de table, puisque, la différence de cotation étant parfois assez faible, il est plus avantageux commercialement de vendre du vin de table que du bordeaux blanc. Constituant une sélection, les bordeaux supérieurs blancs sont moelleux et onctueux ; leur production est limitée.

Il existe enfin une appellation crémant de bordeaux. Les vins de base doivent être produits dans l'aire d'appellation bordeaux. La deuxième fermentation (prise de mousse) doit être effectuée en bouteilles dans la région de Bordeaux.

> Trouver un vin ? Consultez l'index en fin de volume.

Bordeaux

AGNEAU ROUGE 1996
■ n.c. n.c. 50 à 70 F

Si le centre viticole de Saint-Laurent-Médoc, qui produit les vins de marque de la Baronnie, n'est pas ouvert au public, l'Agneau Rouge, lui, se trouve très largement distribué dans le monde. Et l'on ne peut que s'en réjouir tant il a séduit par sa robe rubis franc, par ses arômes fruités, nets, aimables et sa chair aux saveurs de raisins mûrs fondants et croquants, de cerise et de noyau : un vrai plaisir sans façons, ou simplement l'art du bon goût.
☛ Baron Philippe de Rothschild SA, B.P. 117, 33250 Pauillac, tél. 05.56.73.20.20, fax 05.56.73.20.44

CH. D'AUGAN 1996
■ 4 ha 30 000 ■ ♦ -30 F

Le porche de l'église abbatiale de Blasimon est un joyau de l'Entre-deux-Mers. Installé à proximité, la coopérative des vignerons de Guyenne mérite aussi une visite pour la qualité de ses vins et de ses équipements. Le château présenté est bien équilibré entre cépages merlot et cabernets ; de couleur rubis, charmeur au nez, gras en bouche, son vin offre un plaisir vrai, sans prétention, mais qui invite à y « revenir ».
☛ Vignerons de Guyenne, Union des Producteurs de Blasimon, 33540 Blasimon, tél. 05.56.71.55.28, fax 05.56.71.59.32 ☑ ♉ r.-v.

CH. DE BALAN 1996★★
■ 3 ha n.c. ■ ♦ -30 F

Une entrée remarquée dans le Guide pour un vin issu de vignes où les deux cabernets représentent 70 % de l'encépagement. Le chai est en cours de rénovation. Déjà la robe sombre à reflets violets attire l'attention, et, si le nez est d'abord discret, il révèle bientôt sa complexité, où se marient épices, fruits cuits et crème de cassis. La structure, très corsée, puissante, étonne. Les tanins de qualité, solides, promettent une longue vie. Il faut absolument attendre et surveiller ce vin pour en tirer tout le bonheur qu'il promet, sur du gibier par exemple.
☛ GAEC ch. de Balan, 5, Balan, 33490 Sainte-Foy-la-Longue, tél. 05.56.76.47.34, fax 05.56.76.47.34 ☑ ♉ r.-v.
☛ Jeans et Darnauzan

BARON DE LESTAC
Elevé en fût de chêne neuf 1995
■ n.c. 3 000 000 -30 F

La fleur de vigne, la prunelle et les petits fruits composent un nez engageant. Des flaveurs de fruits mûrs - raisin, pruneau - parfument une chair ronde, souple, aux tanins discrets, et se prolongent harmonieusement. A savourer sans plus tarder.
☛ Vignobles et Châteaux Castel Frères, 21-24, rue Georges-Guynemer, 33290 Blanquefort, tél. 05.56.95.54.00, fax 05.56.95.54.20

BARON DE LUZE
Elevé en fût de chêne 1996
■ n.c. 200 000 ❚❚ -30 F

A partir de vins soigneusement sélectionnés, assemblés et élevés en fût de chêne, le négociant de Luze a façonné un dandy à l'habit rouge feu, au corps élancé avivé de tanins robustes, parfumé délicatement de fruits, de vanille, de pain grillé. Un convive assuré pour un à cinq ans. Il fut coup de cœur l'an dernier dans le millésime 95.
☛ A. de Luze et Fils, Grands Vins de Gironde, Dom. du Ribet, 33450 Saint-Loubès, tél. 05.57.97.07.20, fax 05.57.97.07.27 ♉ r.-v.

BARTON ET GUESTIER
1725 Fondation 1996
■ n.c. n.c. ■ -30 F

Le nez discret ajoute aux fruits rouges des nuances fumées et beurrées. La mise en bouche ronde est séduisante. Les tanins marquent la finale : c'est un vin pour amateurs de fraîcheur, qui accompagnera pâtés et viandes blanches.
☛ Barton et Guestier, Ch. Magnol, B.P. 30, 33290 Blanquefort Cedex, tél. 05.56.95.48.00, fax 05.56.95.48.01

CH. BEL AIR PERPONCHER 1996★
■ 8 ha 66 000 ■ ♦ 30 à 50 F

Dans les étoiles depuis 93 et coup de cœur dans le millésime 95... Ce 96 se vêt de soie noire à reflets rubis, et fleure, discrètement, le fruit surmûri, avec des notes de gibier. On apprécie en bouche la plénitude de sa chair, sa concentration, ses tanins fermes et fins, sa longueur. L'harmonie du « bordeaux à garder ».
☛ GFA de Perponcher, Ch. Bel Air, 33420 Naujan-et-Postiac, tél. 05.57.84.55.08, fax 05.57.84.57.31 ♉ r.-v.

CH. BEL AIR PERPONCHER
Cuvée Passion 1996★
■ 2 ha 17 000 ❚❚ 50 à 70 F

La cuvée Passion est encore très marquée par le chêne, qui lui confère une exubérance parfumée de caramel, de grillé, de goudron... masquant un peu les petits fruits. Il faut attendre quelques mois que cette ampleur s'apaise pour que le raisin bien vinifié retrouve en bouche la place qu'il mérite.
☛ GFA de Perponcher, Ch. Bel Air, 33420 Naujan-et-Postiac, tél. 05.57.84.55.08, fax 05.57.84.57.31 ♉ r.-v.

CH. BELLE-GARDE
Cuvée élevée en fût de chêne 1996★★
■ 4 ha 30 000 ❚❚ 30 à 50 F

On devine que les raisins de vieux merlot - dominant dans cette cuvée - ont macéré longtemps. Le vin, élevé en fût, est encore remarqué cette année, comme le furent ses aînés, les millésimes 93, 94 et 95. Les flaveurs intenses marient cassis, framboise, cannelle, vanille, notes grillées et torréfiées. Elles enchantent nez et bouche. Les tanins denses de la charpente sont déjà mûrs et fondus. La chair et la persistance évoquent le pruneau et le caramel. A inviter pour goûter tournedos et cuissots.

LE BORDELAIS

Bordeaux

🌶Eric Duffau, Monplaisir, 33420 Génissac, tél. 05.57.24.49.12, fax 05.57.24.41.28 ⬛ ⏳ t.l.j. sf dim. 8h-12h 14h-19h; f. 15-30 août

CH. DE BERTIAC
Vin élevé en fût de chêne neuf 1996★

| ■ | n.c. | 12 000 | 🍷 30 à 50 F |

Château situé à Gauriaguet et commercialisé par une marque d'André Quancard André. La robe est rubis foncé à reflets violines. La vanille, la cannelle, les épices agrémentées de fruits rouges s'épanouissent à l'aération. La plénitude du vin affronte le merrain et parvient à une bonne rondeur et à une longueur torréfiée. Les amateurs de boisé trouveront un réel plaisir dans ce vin de grillades.
🌶Clément de Bertiac, rue de la Cabeyre, 33240 Saint-André-de-Cubzac, tél. 05.57.33.42.42, fax 05.57.43.01.71 ⏳ r.-v.
🌶 Montangon

CH. DE BERTIN 1996

| ■ | n.c. | 18 000 | 🍷 30 à 50 F |

Le rubis de la robe est profond, et le nez, d'abord éteint, évolue à l'aération vers le fruit (raisin mûr). Une structure équilibrée, à l'astringence agréable, annonce un vin plaisant que l'on dégustera pendant un à deux ans.
🌶EARL Bertin, lieu-dit Bertin, 33760 Cantois, tél. 05.56.23.61.02, fax 05.56.23.94.77 ⬛ ⏳ r.-v.
🌶 Mano Ferran

CH. DE BONHOSTE 1996

| ■ | n.c. | n.c. | 🍷 30 à 50 F |

La robe paraît légèrement transparente, et les parfums discrets présentent une note végétale et épicée qui fait chanter le fruit. Ce plaisir se développe en bouche en une fraîcheur féminine et juvénile dont il faut profiter maintenant (viandes blanches).
🌶SCEA des Vignobles Fournier, Bonhoste, 33420 Saint-Jean-de-Blaignac, tél. 05.57.84.12.18, fax 05.57.84.15.36 ⬛ ⏳ r.-v.
🌶 Fournier-Bern

CH. BONNET
Réserve Elevé en fût de chêne 1996★★

| ■ | n.c. | n.c. | 🍷 30 à 50 F |

Ici le confort des techniques modernes soutient la tradition des vinifications et élevages des vins : cuves thermorégulées, macération longue contrôlée, barriques... D'une année à l'autre, les jurys accrochent sans le savoir des étoiles à ce cru. Dans le verre, le noir de l'habit s'embrase. Le bouquet s'y épanouit, évoquant le cassis, le pain grillé, le cake beurré, le fin boisé. Cette complexité, ce grand caractère se retrouvent en bouche. La chair est élégante, de belle longueur. Son tanin structuré obligera l'amateur à patienter de nombreux mois avant de savourer ce vin à son optimum.
🌶SCEA Vignobles André Lurton, Ch. Bonnet, 33420 Grézillac, tél. 05.57.25.58.58, fax 05.57.74.98.59 ⬛ r.-v.

CH. BOURDICOTTE 1996

| ■ | 19,16 ha | 44 700 | 🍷 -30 F |

Les notes cerise et réglisse dominent un nez complexe, et persistent en finale. Merlot et cuvaison longue y sont sans doute pour quelque chose. Sous l'habit rouge franc, le corps jeune, bien équilibré, offre une rondeur soyeuse. Un vin que l'on pourra déguster pendant plus d'un an.
🌶SCEA Rolet Jarbin, Dom. de Bourdicotte, 33790 Cazaugitat, tél. 05.56.61.32.55 ⏳ r.-v.

DOM. DU BOURDIEU 1996

| ■ | n.c. | 7 000 | 🍷 30 à 50 F |

Le château du Haut-Benauge déploie son enceinte fortifiée à 5 km de là. Le cabernet-sauvignon domine à 60 % un vignoble qui atteint juste sa maturité. Le nez est d'abord un peu réservé, mais il s'ouvre vite à l'aération, en notes florales (fleur de vigne, rose) puis en nuances de réglisse et de cuir. Le charme se poursuit à la mise en bouche. La chair possède des tanins graciles, un peu courts. Une amabilité certaine ; à boire maintenant.
🌶SCA Vignoble Boudon, Le Bourdieu, 33760 Soulignac, tél. 05.56.23.65.60, fax 05.56.23.45.58 ⬛ ⏳ t.l.j. 9h-12h 14h-18h; sam. dim. sur r.-v.; f. fin août

CH. DE BRANDEY 1996

| ■ | 35 ha | 70 000 | 🍷 -30 F |

Deux jeunes agriculteurs travaillent de façon moderne un vignoble en expansion. Ils utilisent les dernières techniques œnologiques, en respectant les traditions de l'appellation. Tout en ce vin respire la fraîcheur : la robe groseille violine transparente ; le nez de cassis et de prunelle, timide mais pimpant ; le corps gracile et un peu nerveux. Il faut profiter de cette jeunesse sur des plats simples, en entrée par exemple.
🌶GAEC Vignobles Chevillard, Ch. de Brandey, 33350 Ruch, tél. 05.57.40.54.18, fax 05.57.40.54.18 ⬛ ⏳ r.-v.

CH. BRION DE LALANDE 1996

| ■ | 4 ha | n.c. | 🍷 -30 F |

C'est un vin tout merlot, élevé en barrique neuve pour un tiers. Le fruit, bien appuyé de vanille et d'épices, s'ouvre à l'aération. La concentration en bouche est accentuée par le merrain. L'ensemble est jeune, bien fait. Il faut savoir laisser mûrir ce bordeaux qui a tout à y gagner.
🌶Philippe et Laurence Roux, Brion, 33750 Baron, tél. 05.57.88.78.52, fax 05.57.88.78.52 ⬛ ⏳ r.-v.

CH. DU BRU Tradition 1996★

| ■ | 5 ha | 30 000 | 🍷 30 à 50 F |

Vendanges mûres (octobre !) sur les graves limoneuses de la Dordogne et cuvaisons longues.

Le résultat est apprécié ! Si le fruit rouge paraît au nez, il est enveloppé de senteurs plus élaborées de cuir, de champignon, avec un léger clou de girofle - un ensemble fondu qui se fait habilement désirer. La structure en bouche est homogène, volumineuse, aromatique, longue. Un joli vin à déguster sans hâte sur des plats gourmands tels que magrets ou confits de canard.

➤ SCEA du Bru, Ch. du Bru, 33220 Saint-Avit-Saint-Nazaire, tél. 05.57.46.12.71, fax 05.57.46.10.64 ✉ ☎ t.l.j. 9h-17h; sam. dim. sur r.-v.
➤ Guy Duchant

CH. CABLANC
Vieilli en barrique de chêne 1996*

■   n.c.   13 000   ❚❚   30 à 50 F

Coup de cœur pour le 95 dans le Guide 98, J.-L. Debart a construit en 1992 un chai des mieux équipés pour élaborer, à partir de merlot et de cabernets à parts égales, des vins de tradition élevés en barrique. Celui-ci s'habille de pourpre intense. Les arômes explosent en une complexité épicée, poivrée, empyreumatique. L'attaque est ronde, la matière s'affirme riche, ample. Mais les qualités certaines du raisin sont aujourd'hui fortement marquées par un boisé tyrannique. Le plaisir ne s'offre actuellement qu'aux inconditionnels du merrain. Les autres retrouveront ce vin avec joie... plus tard.
➤ Jean-Lou Debart, Ch. Cablanc, 33350 Saint-Pey-de-Castets, tél. 05.57.40.52.20, fax 05.57.40.72.65 ✉ ☎ r.-v.

CH. DE CAPPES 1996**

■   12 ha   35 000   ❚❚   -30 F

Ce château est régulièrement mentionné dans le Guide. Il est cette année encore salué par le jury. Une vendange équilibrée (50 % de merlot, 40 % de cabernet-sauvignon, 10 % de cabernet franc), une vinification et un élevage très classiques, mais certainement très bien maîtrisés, aboutissent à un vin rubis intense et brillant, au nez marqué par le cabernet, finement fumé. Souple à la mise en bouche il révèle bientôt une harmonie élégante entre chair ronde et tanins de bonne persistance. Sa prestance doit durer.
➤ GAEC Boulin et Fils, Ch. de Cappes, 33490 Saint-André-du-Bois, tél. 05.56.76.40.88, fax 05.56.76.46.15 ✉ ☎ r.-v.

CARAYON LA-ROSE 1996

■   n.c.   n.c.   ❚❚   -30 F

Une maison de négoce familiale depuis 1873. La robe rouge de ce 96 est parée de flammes orangées. Le nez, fermé, se réveille par agitation du verre et égrène des notes de réglisse et de cacao. La solidité des tanins masque encore la rondeur de la chair que l'on décèle à la mise en bouche. Elle n'altère pas une structure qui doit s'affirmer au vieillissement.
➤ Dulong Frères et Fils, 29, rue Jules-Guesde, 33270 Floirac, tél. 05.56.86.51.15, fax 05.56.40.84.97 ✉

CH. CAZEAU 1996

■   140 ha   1 220 000   ❚❚   -30 F

Cette grande propriété, agrémentée d'une chartreuse du XVIIIe s., est sise au pied du moulin du Haut-Benauge (XVIe s.) qui abrite un petit musée de la vigne et du vin. Vendanges très mûres et cuvaison longue ont donné au vin rondeur et puissance, et l'ont doté de tanins persistants, déjà fondus. Les arômes de fruits étaient cependant encore un peu discrets lors de la dégustation.
➤ SCI Domaines Cazeau et Perey, Gornac, 33540 Sauveterre-de-Guyenne, tél. 05.56.71.50.76, fax 05.56.71.87.70 ✉
➤ Anne-Marie et Michel Martin

CH. CLEMENT 1995*

■   53 ha   n.c.   ❚   -30 F

La commune de Juillac située sur la rive gauche de la Dordogne, au pied d'escarpements argilo-calcaires, est riche d'un site préhistorique. La robe de ce vin est animée de quelques touches tuilées. Le bouquet évolue, complexe, entre mandarine mentholée et raisin de Corinthe, chocolat, café. L'équilibre en bouche est solide mais rond, et les flaveurs persistent agréablement. Il faut goûter sans hâte ce vin harmonieux, sur des viandes rouges ou du fromage.
➤ GFA Clemenceau Père et Fils, Le Bourg, 33890 Juillac, tél. 05.57.40.51.06, fax 05.57.40.54.52 ✉ ☎ r.-v.

CH. COMBRAY 1996

■   23 ha   187 000   ❚   -30 F

Les œnologues de Ginestet ont sélectionné ce vin bâti sur les cabernets (environ 70 %). Le nez, qui se développe à l'agitation, s'affirme vineux, riche de fruits rouges et de notes animales. Le corps, souple et parfumé à l'attaque, laisse progressivement apparaître les tanins de ces cépages, drus mais enrobés. Un vin qu'il faut savoir attendre.
➤ Maison Ginestet SA, 19, av. de Fontenille, 33360 Carignan-de-Bordeaux, tél. 05.56.68.81.82, fax 05.56.20.96.99
➤ Simon

CH. DU CROS 1996

■   4 ha   20 000   ❚❚   30 à 50 F

Ce domaine de Loupiac, pays des liquoreux, fut créé au XIIIe s. Il propose un bordeaux dans lequel le cabernet franc est à égalité avec le merlot. Le vin est élevé neuf mois en barriques déjà tempérées par un premier vin d'un autre cru. Cette technique permet au bouquet de garder tout son fruité élégant, accompagné de notes de vanille et de tilleul. La bouche gracile et la persistance boisée à point signent une maturité à goûter sans hâte.
➤ SA Vignobles M. Boyer, Ch. du Cros, 33410 Loupiac, tél. 05.56.62.99.31, fax 05.56.62.12.59 ✉ ☎ t.l.j. sf sam. dim. 8h-12h 14h-18h

CH. DALIOT 1996

■   11 ha   44 000   ❚   -30 F

Le malbec, cépage relativement rare, représente ici 18 % du potentiel récolté, les cabernets dominant avec plus de 60 %. Les vendanges se déroulèrent tout au début d'octobre alors que les raisins étaient mûrs. On retrouve cette maturité dans le vin : sa couleur soutenue plaît. Le nez exhale des senteurs florales puis plus complexes,

Bordeaux

amples, avec des notes grillées et du chocolat. La rondeur homogène est bien assistée de tanins élégants qui se révèlent sans hâte en une finale encore solide. Une personnalité à suivre pendant douze à vingt-quatre mois.
➥ Dulong Frères et Fils, 29, rue Jules-Guesde, 33270 Floirac, tél. 05.56.86.51.15, fax 05.56.40.84.97
➥ Chaussie

DOM. DE DARDONNET 1996

n.c.   21 000

Une belle attaque souple, fruitée, comme le nez, une structure gouleyante, puis une finale plus vive caractérisent ce vin frais, à boire maintenant.
➥ EARL Merlande-Legrand, Chamouneau, 33490 Saint-André-du-Bois, tél. 05.56.76.45.66, fax 05.56.76.43.71
➥ Legrand

CH. DARMAGNAC COUECOU 1996★★

6 ha   46 600

Ses supporteurs retrouveront avec plaisir le savoir-faire de Didier Couécou, footballeur devenu vigneron. Tous les amateurs apprécieront le maillot rouge franc intense de son vin, ses flaveurs bien développées de raisin mûr, ses notes fumées, grillées, sa structure équilibrée, harmonieuse, légèrement épicée en finale. Un convive à inviter longtemps pour le magret ou d'autres plats d'Aquitaine.
➥ Diproval, rte de Balizac, 33720 Landiras, tél. 05.57.98.07.60, fax 05.56.62.51.27 r.-v.
➥ Didier Couécou

CH. DEGAS 1995

n.c.   6 000

Des reflets dans la robe et des nuances olfactives évoquent l'orange. La complexité aromatique autour du fruit et de la cannelle, la rondeur beurrée de la bouche indiquent que ce vin agréable est à déguster maintenant.
➥ Marie-José Degas, La Souloire, 33750 Saint-Germain-du-Puch, tél. 05.57.24.52.32, fax 05.57.24.03.72

DE LA ROUGERIE 1996

n.c.   150 000

L'habit est pourpre, ourlé de cuivre. Les parfums réclament une aération dans le verre pour s'exprimer ; puis s'offre un corps rond, souple, mûr, aux flaveurs de fruits, d'amandes grillées, de café. Une belle harmonie.
➥ Benoît et Valérie Calvet, 41, rue Borie, 33300 Bordeaux, tél. 05.57.87.01.87, fax 05.57.87.08.08

NUMERO 1 DE DOURTHE 1996★

n.c.   n.c.

Dourthe, négociant éleveur, maîtrise l'art de l'assemblage des terroirs et des cépages de l'appellation. Voici un bordeaux friand, tout en rondeurs soyeuses, à l'aise en sa robe rouge rubis franc. L'éventail des flaveurs s'ouvre du fruit - cassis - au miel... Un plaisir à saisir maintenant.
➥ Dourthe, 35, rue de Bordeaux, B.P. 49, 33290 Parempuyre, tél. 05.56.35.53.00, fax 05.56.35.53.29 r.-v.

CH. DUCLA 1996★

38 ha   255 000

Ce vin est comme l'étiquette de son flacon : élégant, recherché. La robe, grenat assombri de violet, a de la dignité, que taquine un nez poivré bien établi sur ses bases de fruits vanillés. Ces flaveurs enchantent aussi le corps au volume harmonieux, charpenté de tanins très présents qu'il faut laisser s'apaiser.
➥ Yvon Mau, 33190 Gironde-sur-Dropt, tél. 05.56.71.02.27, fax 05.56.61.09.02 r.-v.

CH. DUCLA Permanence 1996★

2 ha   9 600

La vieille technique oubliée de la fermentation malolactique en barrique a été reprise par Jean-Pierre Mau pour cette sélection dans laquelle domine le merlot. La robe pourpre est classique ; le nez intense est très boisé, grillé, toasté. Le gras de la bouche a été agréablement remarqué. Il compense le merrain qui doit se fondre encore.
➥ Yvon Mau, 33190 Gironde-sur-Dropt, tél. 05.56.61.54.54, fax 05.56.61.54.61 r.-v.

CH. FONFROIDE 1996

44 ha   330 000

Ce vin, sélectionné par Ginestet, est un classique à la robe pourpre violine, au nez charmeur de fruits mûrs, à l'attaque fraîche. Si les tanins sont encore un peu rudes, ils sont de qualité et doivent assurer un bon avenir à cette bouteille.
➥ Maison Ginestet SA, 19, av. de Fontenille, 33360 Carignan-de-Bordeaux, tél. 05.56.68.81.82, fax 05.56.20.96.99
➥ De Lamothe

CH. FRONTENAC 1995

26 ha   90 000

Situé à une lieue de la bastide de Sainte-Foy-la-Grande, le vignoble est composé de 60 % de cabernets, dont la moitié de franc, et de 40 % de merlot. Sous une robe au grenat soutenu, la structure paraît ronde et ferme, riche de flaveurs poivrées, épicées, rappelant la noix muscade et le fruit confit. Un vin classique, homogène, à déguster sans précipitation.
➥ M. Roger Mesange, Les Maingauds, 33220 Pineuilh, tél. 05.57.46.16.59, fax 05.57.46.16.59 r.-v.

CH. GABARON 1996

n.c.   100 000

Cet important vignoble - 130 ha - est installé à vue du clocher de l'abbaye de La Sauve-Majeure. La puissante famille Latorse participe à la création des techniques modernes de vinification. Dans la gamme de sa production, cette étiquette correspond en 96 à un vin rubis franc, au nez de cerise, de fruits confits, d'épices, souple et fruité en bouche. La petite note végétale des tanins est signe de jeunesse. A laisser éventuellement mûrir.
➥ GAEC des Vignobles Latorse, 33670 La Sauve-Majeure, tél. 05.56.23.92.76, fax 05.56.23.61.65 t.l.j. sf sam. dim. 8h30-12h 14h-18h; groupes sur r.-v.

Bordeaux

CH. GAILLARTEAU 1996
■ 10 ha 8 000 ▮ -30 F

Le merlot mûr (70 %) s'affiche dans le grenat soutenu de la robe et le caractère intense, fumé, vanillé, voire animal du nez. Celui-ci chante en nuances chocolat avec le caractère cabernet-sauvignon. Le volume fondu du corps et les tanins soyeux de la finale composent un vin à déguster dès maintenant.

☛ GFA Ch. Gaillarteau, 5, Gaillarteau, 33410 Mourens, tél. 05.56.61.98.21, fax 05.56.61.99.06 ▼ ⵏ r.-v.

☛ Videau

CLARET GILBEY 1996★
■ n.c. n.c. 30 à 50 F

Le pourpre sombre de la robe annonce une corpulence que le bouquet puissant de fruits mûrs, de cannelle et de bois épicé confirme. L'ampleur des tanins de qualité domine encore la chair ronde, un peu animale, de bonne longueur. Un vin de gibier, de sauces, de civet.

☛ IDV France, Ch. Loudenne, 33340 Saint-Yzans-de-Médoc, tél. 05.56.73.17.80, fax 05.56.09.02.87 ▼ ⵏ t.l.j. 9h30-12h30 14h-17h30; sam. dim. sur r.-v.

☛ W. et A. Gilbey

GINESTET Elevé en fût de chêne 1996★
■ n.c. 240 000 ▭ 30 à 50 F

Vinifié et élevé en barrique par le négociant Ginestet, ce vin porte un habit rouge franc qui lui sied parfaitement. Le nez offre des notes complexes de griotte et autres petits fruits, un peu lactées, beurrées, vineuses. La richesse est précise dans une bouche confortable, dense, parfumée. Les tanins paraissent un peu austères en finale : les prochains mois devraient les assouplir.

☛ Maison Ginestet SA, 19, av. de Fontenille, 33360 Carignan-de-Bordeaux, tél. 05.56.68.81.82, fax 05.56.20.96.99

CH. GIRUNDIA 1996★
■ 3 ha 20 000 ▮ -30 F

Un chai moderne et performant a été aménagé en 1994 sur un vignoble créé par Jean Dupuy, qui fut ministre de l'Agriculture de 1889 à 1902. Ce bordeaux est de couleur pourpre intense. Son nez annonce les fruits mûrs, avec des notes de cuir, que la bouche confirme par une attaque ronde et aromatique. Les tanins doivent se tempérer encore quelques mois.

☛ SCEA Ch. Segonzac, 39, Segonzac, 33390 Saint-Genès-de-Blaye, tél. 05.57.42.18.16, fax 05.57.42.24.80 ▼ ⵏ r.-v.

CH. GRAND BIREAU 1995★
■ 20 ha 30 000 ▮ 30 à 50 F

Le cabernet franc tient une bonne place (25 %) dans l'encépagement du vignoble. Le chai moderne permet la maîtrise des techniques traditionnelles de vinification avec cuvaison longue. D'où la beauté de ce vin. Le pourpre de l'habit est d'une grande profondeur. Vanille, épices, soulignées de quelques notes de gibier, donnent à ce vin une complexité persistante aux fruits - mûre, framboise - du bouquet. Les tanins apai-

sés font chanter une chair dense, parfumée, longue. A déguster et à suivre sur viandes rôties et fromages. La cuvée **Prestige 95**, élevée en barrique, reçoit une note identique. C'est un vin de garde à suivre.

☛ Michel Barthe, 18, Girolatte, 33420 Naujan-et-Postiac, tél. 05.57.84.55.23, fax 05.57.84.57.37 ▼ ⵏ r.-v.

CH. GRAND CLAUSET 1996★
■ 6 ha 35 000 ▮ 30 à 50 F

Voici un nom familier aux lecteurs de notre Guide, comme celui de Ch. Penin, bordeaux supérieur du même propriétaire. Le cabernet franc (10 %) apporte à ce 96 la délicatesse du bouquet et la fraîcheur de la finale. Le merlot (90 %) y chante par le pourpre de la robe et par l'opulence aux flaveurs de fruits et de pierres chaudes. Ces contrastes offrent un plaisir à goûter sans attendre.

☛ SCEA Patrick Carteyron, Ch. Penin, 33420 Génissac, tél. 05.57.24.46.98, fax 05.57.24.41.99 ▼ ⵏ t.l.j. sf dim. 9h30-12h 14h30-18h; sam. 9h-12h; f. 15-30 août

CH. DU GRAND FERRAND 1996★
■ 42,18 ha 33 000 ▮ -30 F

Le rubis de la robe rutile de reflets cuivrés. Le bouquet naissant révèle la complexité de 96, mariant fruits mûrs, épices, sous-bois, réglisse. Il accompagne toute la dégustation. La bouche révèle une structure enveloppée mais toujours solide et se distingue par la longueur élégante de la finale. Un vin à suivre, donc à goûter régulièrement... avec retenue.

☛ SCEA Vignobles Rocher Cap de Rive n° 2, Ch. Grand Ferrand, 33540 Sauveterre-de-Guyenne, tél. 05.56.71.51.34 ⵏ r.-v.

DOM. DES GRANDS ORMES 1996★★
■ 10 ha 70 000 ▮ 30 à 50 F

Déja mentionné avec une étoile pour les 92, 94, 95, ce domaine décroche cette année deux étoiles et un coup de cœur. Les conditions climatiques de 1996 ont superbement réussi aux raisins de graves ramassés mûrs et vinifiés soigneusement, longuement. Ce vin se présente en robe grenat intense et offre spontanément ses parfums de fruits (merlot, cabernets) rehaussés de pain d'épice et de caramel. Sa présence en bouche est bâtie sur une chair dense et ronde et sur des tanins puissants, structurés, vanillés, grillés, épicés mais déjà enrobés. Il faudrait le déguster pendant plusieurs mois - ou années ? - pour en suivre l'évolution.

LE BORDELAIS

Bordeaux

•┐ SCEA Daniel Mouty, Ch. du Barry, 33350 Sainte-Terre, tél. 05.57.84.55.88, fax 05.57.74.92.99 ▣ ⊤ t.l.j. sf sam. dim. 8h-17h; f. août

GRANGENEUVE 1996*

n.c.   35 000

Des raisins bien vinifiés, un assemblage maîtrisé : la production de Romagne, hameau perdu dans les vignes de l'Entre-deux-Mers, propose là un joli vin à l'habit rubis brillant, aux arômes concentrés et complexes (mûre, pruneau, vanille, épices), à la charpente bien enveloppée de tanins soyeux. On peut le boire maintenant, sur les viandes, mais son évolution ces prochains mois sera intéressante.

•┐ Cave coop. de Grangeneuve, 33760 Romagne, tél. 05.57.97.09.40, fax 05.57.97.09.41 ▣ ⊤ t.l.j. sf dim. lun. 8h-12h 14h-17h

CH. GROSSOMBRE 1996**

7 ha   50 000

Ce vin remarquable s'impose d'abord par son habit noir-rouge profond. L'ampleur du bouquet vanillé et fumé équilibre les flaveurs de fruits bien mûrs où domine le cassis. Si la mise en bouche est souple, la générosité de la chair bien structurée comble bientôt le palais. Les notes épicées et boisées prolongent le plaisir. Un vin riche qu'il faut attendre quelques mois.

•┐ Béatrice Lurton, B.P. 10, 33420 Grézillac, tél. 05.57.25.58.58, fax 05.57.74.98.59 ▣

CH. GUIBON 1996**

n.c.   n.c.

Ce château est, au fil des millésimes, obstinément accroché aux étoiles : une partie de ce 96 a été élevée en barrique. Une note de bois fait chanter les raisins, dont 60 % de cabernet-sauvignon, parfaitement équilibrés. On retrouve au nez la complexité du mariage (cannelle, confit, fruits secs) et en bouche la rondeur robuste de tanins de qualité. Il faut laisser dormir ce vin en cave quelques mois.

•┐ Les Vignobles André Lurton, 33420 Grézillac, tél. 05.57.25.58.58, fax 05.57.74.98.59 ▣

CH. GUILLEMET 1996

12 ha   n.c.

Les impressions de fraîcheur, de fruits justes mûrs, croquants, dominent un vin aux nuances grenat et pourpre brillantes, au nez contrasté, à la fois minéral, légèrement herbacé et confit. Ces arômes agrémentent la mise en bouche, franche, mais les tanins sont austères en finale : c'est un vin d'entrée, qui tiendra tête au jambon cru et aux salades composées.

•┐ GAEC des Vignobles Bordeneuve, Ch. Guillemet, 33490 Saint-Germain-des-Graves, tél. 05.56.76.41.14, fax 05.56.76.45.03 ▣ ⊤ r.-v.

CH. HAUT BLAGNAC
Elevé en fût de chêne 1996

11 ha   100 000

Le château actuel fut bâti en 1780, mille ans après le premier fort, établi par le comte carolingien Seguin. Seguin signifie « vin fort ». Merlot et cabernets se partagent équitablement des terrains pierreux, graveleux et argileux. La macération des raisins, juste fermentés, dure deux à trois semaines en cuve close. Le rubis de la robe de ce 96 est dense, le nez se montre riche de fruits très mûrs (cassis, framboise). La bouche ronde, évolutive, compte quelques tanins acidulés qui déjà se tempèrent, et des nuances boisées. C'est un bon bordeaux, à boire.

•┐ SC du Ch. de Seguin, 33360 Lignan-de-Bordeaux, tél. 05.57.97.19.81, fax 05.57.97.19.82 ▣ ⊤ r.-v.

•┐ Carl Frères

CH. HAUT CANTONNET
Cuvée Tradition 1996*

5,6 ha   6 000

Ce vigneron de Dordogne produit, outre ses bergerac, un bordeaux qu'il élève en barrique avec succès. La robe grenat de ce 96 a de l'éclat et le nez de l'ampleur. Aux fruits rouges très mûrs - cassis, framboise - se mêlent épices et boisé vanillé. Les tanins de fût et de raisins doivent se marier encore quelques mois, mais ils accompagnent déjà fort galamment une chair expressive et longue.

•┐ EARL Vignobles Rigal, Dom. du Cantonnet, 24240 Razac-de-Saussignac, tél. 05.53.27.88.63, fax 05.53.23.77.11 ▣ ⊤ r.-v.

•┐ Jean-Paul Rigal

CH. HAUTE BRANDE 1996

10 ha   86 000

Le nez a séduit le jury. D'abord timide et floral (violette), il s'épanouit en notes grillées, « croûte de pain ». Le charme se poursuit en bouche. La chair, légère, est élégante, l'astringence encore un peu vive.

•┐ Yvon Mau SA, rue André-Dupuy-Chauvin, B.P. 1, 33190 Gironde-sur-Dropt, tél. 05.56.61.54.54, fax 05.56.61.54.61

CH. HAUT GUERIN 1996

28 ha   190 000

Cette propriété fête ses trente ans. Elle est établie sur les argiles et graves de Génissac, sur la rive gauche de la Dordogne, au sud de Libourne. Le grenat intense de la robe, l'ampleur des notes de pruneau du nez font penser à la surmaturité du raisin. La charpente riche aux tanins enrobés, la longueur et la finale de fruits confits signent une personnalité intéressante à suivre dans son évolution.

•┐ SCEA des vignobles Marc Caminade, 33420 Génissac, tél. 05.57.24.48.37, fax 05.57.24.40.58 ▣ ⊤ r.-v.

CH. HAUT-LA PEREYRE 1996

8,5 ha   60 000

Le cabernet-sauvignon (55 % du vignoble) semble dominer ce vin comme le révèle le nez ample de banane et de prunelle relevé d'épices et de poivron. De l'attaque franche et souple émergent des tanins assez drus qui ne gênent pas la finale longue et soyeuse. Il sera intéressant de suivre l'évolution de ce 96 pendant au moins trois ans.

Bordeaux

EARL Vignobles Cailleux, 540, La Pereyre, 33760 Escoussans, tél. 05.56.23.63.23, fax 05.56.23.64.21 r.-v.

CH. HAUT PEYROULEY 1996

18 ha   80 000   -30F

Le château féodal de Génissac est à quelque 500 m de la propriété. L'habit grenat sombre, le nez puissant et complexe de ce bordeaux incitent à la dégustation. La bouche se révèle bien équilibrée, la chair ronde et les tanins se montrent soyeux. Flaveurs et persistance sont agréables : un classique.
SCEA des vignobles Didier Caminade, 33420 Génissac, tél. 05.57.24.45.41, fax 05.57.24.40.58 r.-v.

CH. JACQUET 1996

n.c.   n.c.   -30F

Les tanins dominent ce vin pourpre aux flaveurs discrètes de fruits cuits. Cette fermeté a ses inconditionnels qui pourront attendre quelques mois le mûrissement de la chair, appréciée à la mise en bouche.
Cheval Quancard, rue Barbère, 33440 Ambarès, tél. 05.56.33.80.60, fax 05.56.33.80.70 r.-v.

CH. DE JAYLE 1996

50 ha   100 000   30 à 50F

Le chai moderne est construit sur une propriété familiale plus que centenaire (1880). Le vinificateur joue beaucoup sur les durées de cuvaison (de dix à vingt et un jours) pour modeler ses produits. Le vin présenté est rond, charmeur à l'attaque, fruité au nez comme en bouche, bien que sans grande complexité. C'est un type de bordeaux qu'on peut boire dès maintenant, sans se hâter.
Vignobles Pellé, 1 Jayle, 33490 Saint-Martin-de-Sescas, tél. 05.56.62.80.07, fax 05.56.62.71.60 r.-v.

CH. JOININ 1996*

14,18 ha   46 000   -30F

Une superbe robe rutilante habille un vin souple, élégant, bien structuré et long. Le nez peut cependant se montrer trop réservé. Une décantation ouvrira ses harmonies fruitées et épanouira les flaveurs grillées déjà perçues. Cette pratique est pour certains rituelle.
Brigitte Mestreguilhem, Cabos, 33420 Rauzan, tél. 05.57.24.72.95, fax 05.57.24.71.21

CH. JUSTA 1996

10 ha   40 000   -30F

Propriété familiale depuis 1620. La séduction de ce vin à la robe grenat transparente se découvre dans ses flaveurs (arômes de nez et de bouche) de gibier, presque faisandées, et dans sa structure aimable aux tanins effacés. Pour les amateurs de canard, bécasse ou lièvre ; à boire sans chercher à faire vieillir.
Michel Mas, Ch. Justa, 33410 Cadillac, tél. 05.56.52.53.06, fax 05.56.44.81.01 r.-v.

CH. LA BARDONNE 1996*

4,5 ha   30 000   -30F

Le vignoble est situé sur un point haut de la Gironde : jolie vue ! Joli vin aussi, remarqué pour son bouquet vanillé et grillé, ses notes de cassis et sa longueur en bouche, même si les tanins paraissent encore un peu austères en finale.
Vignobles Alain Faure, Ch. Belair-Coubet, 33710 Saint-Ciers-de-Canesse, tél. 05.57.64.90.06, fax 05.57.64.90.61 r.-v.

CH. LA BRUNETTE 1996

7 ha   47 000   -30F

Le bigarreau tout rouge habille et parfume ce vin. Les tanins à l'astringence équilibrée agrémentent en bouche la chair de fruits mûrs. Voilà une harmonie à goûter sans hâte, pour un plaisir simple.
Yvon Mau SA, rue André-Dupuy-Chauvin, B.P. 1, 33190 Gironde-sur-Dropt, tél. 05.56.61.54.54, fax 05.56.61.54.61
Didier Delas

LA CLOSERIE 1996*

5 ha   33 000   -30F

La gourmandise s'éveille à l'éclat de la robe grenat intense et aux senteurs complexes de cassis et de cannelle, se satisfait dans la richesse de la chair, l'équilibre des tanins soyeux et jeunes, la persistance des flaveurs fruitées. « Beaucoup de plaisir » juge une œnologue ; « à boire sans se presser », résume un autre juré.
Univitis, Closerie d'Estiac, Les Lèves, 33220 Sainte-Foy-la-Grande, tél. 05.57.56.02.02, fax 05.57.56.02.22 t.l.j. sf dim. lun. 8h30-12h30 14h-18h

CH. LA COMMANDERIE DE QUEYRET 1996

30 ha   200 000   30 à 50F

Un encépagement classique (60 % de merlot, 30 % de cabernet-sauvignon, 10 % de cabernet franc) sur sol argilo-calcaire et une vinification traditionnelle conduisent à ce vin bien construit, aux saveurs de fruits rouges et de noyau. Un vrai représentant de sa région.
Claude Comin, La Commanderie, 33790 Saint-Antoine-du-Queyret, tél. 05.56.61.31.98, fax 05.56.61.34.22 r.-v.

CH. DE LA COUR D'ARGENT 1996*

18 ha   138 000   30 à 50F

Denis Barraud collectionne les étiquettes et les étoiles dans les dernières éditions du Guide. Le cépage merlot est l'âme et le corps de celui-ci. Les cabernets servent de contre-chant. La complexité du nez est bâtie d'abord sur le boisé (vanille, noix de coco). Les notes mentholées, épicées, voire animales paraissent plus timides. Le vin à la chair élégante et fine s'affirme en bouche, développant des tanins fondus. « Tendresse et féminité », exprime un juré, « c'est un compliment ».
SCEA des Vignobles Denis Barraud, Ch. Haut-Renaissance, 33330 Saint-Sulpice-de-Faleyrens, tél. 05.57.84.54.73, fax 05.57.74.94.52 r.-v.

LE BORDELAIS

Bordeaux

CH. LA CROIX DU MOULIN 1996
n.c. 80 000 -30F

« Un vin de fruit », note un juré. Celui-ci est en effet partout : dans les notes cassis et banane du nez, dans la rondeur et la souplesse de la chair, dans la finale enlevée mais courte. Voilà un 96 à croquer sans attendre.
- André Quancard-André, rue de la Cabeyre, 33240 Saint-André-de-Cubzac, tél. 05.57.33.42.42, fax 05.57.43.01.71
- Y. Garnas

CH. LA FORET 1996*
13 ha 107 000 -30F

Le cabernet franc (40 % du vignoble) n'est sans doute pas étranger à la richesse et à la finesse des arômes et des tanins bien enveloppés. Le corps est constitué d'une matière expressive et agréable. La dégustation se prolonge en flaveurs épicées. Pour accompagner dès maintenant et pour plusieurs mois agneau, dinde, rôti.
- Yvon Mau SA, rue André-Dupuy-Chauvin, B.P. 1, 33190 Gironde-sur-Dropt, tél. 05.56.61.54.54, fax 05.56.61.54.61

CH. LA FORET SAINT HILAIRE 1996*
12 ha 40 000 -30F

Appartenant aux domaines d'Yvon Mau, négociant très présent dans le Guide, voici un 96 qu'un seul mot pourrait définir : opulence. Elle l'habille d'une teinte grenat intense ; le dégustateur hume des senteurs de framboise et de prune, se plaît dans l'équilibre de la bouche, entre la rondeur de l'attaque et la présence légèrement mentholée des tanins bien extraits. La jeunesse de ce vin autorise - réclame - une maturation de quelques mois.
- Yvon Mau SA, rue André-Dupuy-Chauvin, B.P. 1, 33190 Gironde-sur-Dropt, tél. 05.56.61.54.54, fax 05.56.61.54.61

CH. LA GRAVE
Elevé en fût de chêne 1996**
6,5 ha 5 700 30 à 50F

Proche de Sainte-Croix-du-Mont, le vignoble est composé de 40 % de merlot et de 60 % de cabernet-sauvignon sur des sols limoneux. Ce vin, élevé en barrique, se présente en robe pourpre à reflets violines intenses. Les fruits noirs (cassis, mûre) sont soulignés au nez par des notes vanillées et boisées qui annoncent une complexité riche et subtile. Le corps est plein, rond, charpenté, réglissé. Bien que les tanins ferment encore la dégustation, ils sont d'une qualité qui assurera un beau vieillissement. Un vin de gibier.
- Jean-Marie Tinon, Ch. La Grave, 33410 Sainte-Croix-du-Mont, tél. 05.56.62.01.65, fax 05.56.62.00.04 r.-v.

CH. LA GRAVE 1996
6,5 ha 29 000 30 à 50F

Les tanins demandent à se fondre, mais ils accompagnent déjà agréablement un vin bien coloré, aux saveurs vivantes de raisin, au corps harmonieux : le produit d'un vignoble bien équilibré de la rive droite de la Garonne. Le propriétaire propose aussi des blancs liquoreux de qualité.
- Jean-Marie Tinon, Ch. La Grave, 33410 Sainte-Croix-du-Mont, tél. 05.56.62.01.65, fax 05.56.62.00.04 r.-v.

CH. LAGRAVE PARAN 1996**
6 ha 39 000 -30F

Le cabernet-sauvignon domine (60 %) un vignoble établi sur sols argilo-graveleux, et la macération du vin sur ses marcs dure plus d'un mois... Le résultat ? des arômes complexes, intenses et racés, évoquant cassis, poivre, vanille et fruits mûrs. Rondeur et longueur s'appuient sur des tanins fondus, élégants. Déjà ce vin « procure du plaisir de la première à la dernière goutte ». Mais le temps doit le servir. Il est fait pour accompagner une entrecôte aux cèpes ou des rôtis.
- EARL Lafon, Le Bourg, 33490 Saint-André-du-Bois, tél. 05.56.76.40.45 r.-v.

CH. LA JALGUE 1996
35 ha 260 000 -30F

Sélection de la charte qualité de Ginestet, ce vin se présente simplement pour le charme de sa jolie couleur, rubis carminé, de ses arômes de sous-bois discrètement épicés et grillés. Sa chair, encore un peu trop serrée par des tanins austères, est cependant de qualité.
- Maison Ginestet SA, 19, av. de Fontenille, 33360 Carignan-de-Bordeaux, tél. 05.56.68.81.82, fax 05.56.20.96.99
- Géromin

CH. LA MIRANDELLE 1996*
8,66 ha 50 000 -30F

La coopérative de Sauveterre est tapie aux portes mêmes de cette vieille cité au plan typique des bastides. Le château La Mirandelle apparaît régulièrement dans le Guide, et le 96 y est encore bien noté en raison de l'ampleur et de la qualité de son bouquet de gibier et d'épices, sur fond de fruits cuits, et du volume aromatique de sa chair. Ses tanins soyeux soutiennent agréablement une longueur caramélisée légèrement animale. Pour accompagner cailles, canard et autres gibiers à plumes.
- Cellier de La Bastide, Cave coop. de vinification, 33540 Sauveterre-de-Guyenne, tél. 05.56.61.55.21, fax 05.56.71.60.11 t.l.j. sf dim. 9h-12h15 13h30-18h15; groupes sur r.-v.
- Moncontier

CH. LA MOTHE DU BARRY 1996*
10 ha 80 000 -30F

Le panorama des coteaux prestigieux de la rive droite de la Dordogne mérite un arrêt dans les vignes. Quel vignoble, quel clocher, quel ciel ! Mais la personnalité du vin se suffit : son élégance s'affirme dans le bouquet, fin, beurré, brioché, relevé d'œillet. Le grain de la chair accompagne une souplesse dense, encore avivée de tanins qui incitent à laisser mûrir cette bouteille.
- Joël Duffau, Les Arromans n°2, 33420 Moulon, tél. 05.57.74.93.98, fax 05.57.84.66.10 t.l.j. sf dim. 9h-12h 14h-19h

Bordeaux

CH. LA MOTHE DU BARRY
Cuvée Design 1996*

■ 2 ha 12 000 -30F

La cuvée Design, elle aussi très réussie, se distingue par des notes aromatiques de fumet et de torréfaction, par un volume en bouche gras et souple, par des tanins enveloppés et longs, qui méritent de se fondre encore. Un vin de navarin et de civet.
➽ Joël Duffau, Les Arromans n° 2, 33420 Moulon, tél. 05.57.74.93.98, fax 05.57.84.66.10 ☑ ⛛ t.l.j. sf dim. 9h-12h 14h-19h

CH. LANGEL-MAURIAC
Vieilli en fût de chêne 1995**

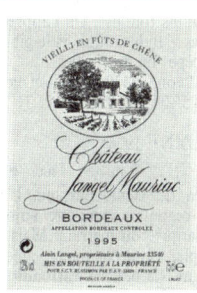

■ 6 ha 40 000 -30F

Une belle abbaye au portail célèbre, trois moulins fortifiés sur la Gamage, un vaste plan d'eau aménagé sont situés à proximité des chais des Vignerons de Guyenne à Blasimon. Vinifié de façon moderne et élevé en fût, ce vin se révèle superbe. Le rubis profond de la robe est émaillé d'orangé. Le nez intense associe vanille et épices au raisin mûr et au noyau. Le volume important de la bouche, les flaveurs de petits fruits, les tanins ronds et jeunes, et le merrain qui accompagne la finale forment une puissante harmonie. Une bouteille qui peut vieillir encore... si la gourmandise le permet.
➽ Vignerons de Guyenne, Union des Producteurs de Blasimon, 33540 Blasimon, tél. 05.56.71.55.28, fax 05.56.71.59.32 ☑ ⛛ r.-v.
➽ Alain Langel

CH. LA ROSE SAINT-GERMAIN 1996

■ 22 ha 150 000 30 à 50F

En sa robe rouge transparente au liséré cuivré se présente un vin gracile, aux arômes de petits fruits juste mûrs, à l'équilibre aimable sans prétentions tanniques : il est à boire maintenant pour un plaisir simple et vrai.
➽ SCEA Vignobles Ducourt, 33760 Ladaux, tél. 05.57.34.54.00, fax 05.56.23.48.78 ☑ ⛛ r.-v.

CH. LARROQUE
Vieilli en fût de chêne 1996

■ 56 ha 200 000 30 à 50F

Voici un vin séducteur : la robe rubis orangé est un peu transparente, limpide. Le nez, d'abord discret, s'exprime sur des notes de poivron données par le cabernet et sur des arômes d'épices. Le corps rond, savoureux, fondant, fruité, s'offre sans manières à l'amateur de bordeaux heureux.

Une bonne compagnie dès aujourd'hui pour les volailles.
➽ Boyer de la Giroday, 33760 Ladaux, tél. 05.57.34.54.00, fax 05.56.23.48.78 ☑ ⛛ r.-v.

CH. LAUDUC 1996

■ 28 ha 80 000 -30F

La modernité se manifeste dans l'implantation des vignes, le matériel de récolte et de vinification. La tradition est présente par l'encépagement et par le retour très récent des barriques. Ce 96 n'a pas connu le bois : c'est un vin élégant, au nez floral et fin, à la structure légère ; la finale est vive, enlevée. Un vin à boire sans attendre, sur un rôti de veau par exemple.
➽ GAEC Grandeau et Fils, Ch. Lauduc, 33370 Tresses, tél. 05.57.34.11.82, fax 05.57.34.08.19 ⛛ r.-v.

CH. LE GLORIT 1996

■ n.c. 38 800 30 à 50F

La couleur grenat intense, le nez de fruits rouges, bien présent et fin, la mise en bouche souple et la structure tannique jeune encore définissent un bordeaux classique, à boire d'ici un an ou deux, sans manières, entre bons amis.
➽ Vinifera en Bordeaux, 33920 Saint-Savin, tél. 05.57.58.99.55, fax 05.57.58.09.54

CH. LE MOULIN DU ROULET 1996*

■ 10,5 ha 20 000 30 à 50F

Le vignoble, à l'encépagement équilibré entre merlot et cabernets (dont 15 % de cabernet franc), est situé sur un coteau dominé par un vieux moulin... Vendanges d'octobre, cuvaison longue et élevage en barrique ont donné ce vin vraiment très réussi. La robe pourpre est foncée. Les flaveurs s'épanouissent en nuances riches de fruits mûrs, de vanille, de poivre, de boisé, de cuir. Les tanins bien présents respectent une chair dense et ferme, réglissée. La finale longue est savoureuse. Une utilisation judicieuse du fût a créé un très bon équilibre. Un vin agréable que l'on peut commencer à déguster sur les viandes rouges et le gibier.
➽ Catherine et Patrick Bonnamy, Moulin du Roulet, 33350 Sainte-Radegonde, tél. 05.57.40.58.51, fax 05.57.40.58.51 ☑ ⛛ r.-v.

CH. LE PORGE 1996

■ 8 ha 50 000 -30F

Pourpre brillant à l'œil, ce 96 offre un nez vineux de fruits bien mûrs. Il s'épanouit sur des tanins ronds et agréables. Un vin pour le plaisir immédiat.
➽ Pierre Sirac, 1, Sallebertrand, 33420 Moulon, tél. 05.57.84.63.04, fax 05.57.74.99.31 ☑ ⛛ r.-v.

CH. LES GRANDES LANDES 1996*

■ 13 ha 100 000 -30F

Le nez, d'abord un peu fermé, s'éclaire bientôt d'arômes de fruits - cassis, framboise - et de sous-bois. La chair est aguicheuse à l'attaque puis elle s'arrondit et s'appuie sur des tanins robustes avant de s'alanguir dans une finale soyeuse et parfumée. Un vin de gibier.
➽ Sté Huet, 33820 Saint-Ciers-Sur-Gironde, tél. 05.57.42.69.60 ☑

185 LE BORDELAIS

Bordeaux

CH. LESTRILLE 1996★
■　　　12 ha　100 000　　■ ♦ 30 à 50 F

Toute la rondeur confortable du merlot (90 % de l'encépagement) se retrouve dans le rubis à reflets grenat de l'habit. Arômes - discrets - de fruits surmûris (cerise) et d'épices, souplesse balsamique des tanins. Un joli vin à boire sans impatience sur des viandes blanches ou en entrée.
🕿 Jean-Louis Roumage, Lestrille, 33750 Saint-Germain-du-Puch, tél. 05.57.24.51.02, fax 05.57.24.04.58 ☑ ♈ r.-v.

LES TROIS CLOCHERS 1996
■　　　3 ha　13 000　　■ ♦ -30 F

L'Union vinicole Bergerac-Le Fleix a son siège au Fleix, petit bourg agréable au bord de la Dordogne, à la limite du département de la Gironde. Certains associés possèdent des vignes en AOC bordeaux, dont les vins sont sélectionnés en marques commerciales. Ce 96 possède un nez de fruits rouges, légèrement épicé. D'une rondeur agréable, il révèle des notes brûlées en bouche. La finale paraît encore sous l'empire des tanins.
🕿 Union vinicole Bergerac-Le Fleix, 24130 Le Fleix, tél. 05.53.24.64.32, fax 05.53.24.65.46 ☑ ♈ r.-v.

CH. LES VERGNES 1995
■　　　n.c.　250 000　　■ ♦ -30 F

Le groupe de coopératives Univitis propose une gamme intéressante de vins rosés, rouges et blancs. D'un pourpre franc, la robe de ce 95 brille. Le nez, d'abord fermé, dévoile des senteurs de réglisse et de cake aux cerises. L'équilibre est bâti sur des tanins nuancés de kirsch, fondus et longs. Un classique à boire sans hâte.
🕿 Domainie de Sansac, (Univitis) Les Lèves, 33220 Sainte-Foy-la-Grande, tél. 05.57.56.02.02, fax 05.57.56.02.22 ☑ ♈ t.l.j. sf dim. lun. 8h30-12h30 14h-18h

CH. LE TREBUCHET
Elevé en fût de chêne 1996

■　　　2 ha　10 000　　⊞ -30 F

Trébuchet signifie « piège à oiseaux » ou « machine de guerre » du Moyen Age. Le nom du château tient son origine de la seconde définition : La Réole, ville fortifiée par le Prince Noir, est à moins d'une lieue du domaine. Le vin de base du château et sa cuvée élevée en barrique ont été retenus par le jury. Cette dernière offre un bouquet de fruits à l'eau-de-vie, de fourrage, de cuir. L'attaque, souple, s'arrondit sur des tanins apaisés, longs, quoiqu'un peu anguleux. La **cuvée classique** a paru plus fraîche et plus fruitée, mais moins complexe.
🕿 Bernard Berger, Ch. Le Trébuchet, 33190 Les Esseintes, tél. 05.56.71.42.28, fax 05.56.71.30.16 ☑ ♈ t.l.j. sf dim. 8h-12h 14h-18h

PREMIER DE LICHINE 1996★
■　　　n.c.　n.c.　　■ ⊞ -30 F

Cette marque donnant des vins de sélection et d'assemblage porte la griffe de son créateur, Alexis Lichine, dont le savoir-faire était reconnu de son vivant. Le vin, aujourd'hui, offre un bon rapport qualité-prix. La complexité du bouquet, où se marient avec élégance cassis, épices, tabac, café, annonce la maturité de ce 96, que confirment les tanins fondus, séveux ; ils accompagnent le fruit de la chair ronde et pleine. Un charmeur à inviter sans attendre et à marier à du veau, de l'agneau, des rôtis, du gouda ou de la mimolette.
🕿 Diproval, rte de Balizac, 33720 Landiras, tél. 05.57.98.07.60, fax 05.56.62.51.27 ♈ r.-v.

CH. LION BEAULIEU 1996★★
■　　　7 ha　55 000　　■ ♦ 30 à 50 F

Cité dans le millésime 94, très réussi en 95, deux étoiles en 96... ! Tout est remarquable dans ce vin élaboré de façon traditionnelle : le grenat sombre de la robe ; les flaveurs de mûre et de cassis, concentrées, enrichies de nuances de sous-bois ; la puissance de l'attaque, le velours de la chair, les tanins fondus... On l'appréciera longtemps sur les viandes rouges et le gibier, accompagnés de cèpes ou de girolles.
🕿 GFA de Lyon, 33420 Naujan-et-Postiac, tél. 05.57.84.55.08, fax 05.57.84.57.31 ♈ r.-v.

CH. DE LYNE 1996★
■　　　7 ha　n.c.　　■ ⊞ ♦ 30 à 50 F

Autre vin de Denis Barraud. Un amateur pointilleux regrettera peut-être aujourd'hui la présence marquée du merrain. Mais la couleur de la robe plaît, tout comme la jeunesse du nez de fruits mûrs. La bouche s'arrondit au charme de la chair ; la longueur est aromatique, boisée. Il faut donc laisser s'apaiser le fût.
🕿 SCEA des Vignobles Denis Barraud, Ch. Haut-Renaissance, 33330 Saint-Sulpice-de-Faleyrens, tél. 05.57.84.54.73, fax 05.57.74.94.52 ☑ ♈ r.-v.

MAITRE D'ESTOURNEL 1996★
■　　　n.c.　n.c.　　⊞ 30 à 50 F

Les petits fruits rouges - framboise surtout - et le cassis dominent ce vin à la robe rubis et grenat, à la chair jeune et ferme, aux tanins de qualité. Il faut y goûter maintenant.
🕿 Domaines Prats SA, 33180 Saint-Estèphe, tél. 05.56.73.15.50

MALESAN 1996
■　　　n.c.　2 600 000　　■ ♦ -30 F

Malesan est bien connu, car William Pitters-la Guilde du vin en produit un nombre important de bouteilles. L'art de l'assemblage a fait naître un bordeaux classique. Son habit est rouge brillant, ses arômes se développent bien au nez comme en bouche, en des notes fruitées mûres. Rondeur fraîche et souplesse l'emportent sur la longueur. C'est un joli vin, à boire maintenant.
🕿 William Pitters-La Guilde du Vin, rue de Banlin, 33310 Lormont, tél. 05.57.80.99.99, fax 05.56.40.50.05

MARQUIS DE CHASSE 1996
■　　　n.c.　800 000　　■ ♦ -30 F

Cette marque de la maison Ginestet évoque la campagne et la forêt. Le vin correspond à ces images : sous une tunique pourpre profond, il offre un corps ferme aux senteurs de fruits, de feuilles et de fumée, des tanins robustes, et une

Bordeaux

longueur qui autorise une certaine maturation. Pour le retour de chasse.
🍇 Maison Ginestet SA, 19, av. de Fontenille, 33360 Carignan-de-Bordeaux, tél. 05.56.68.81.82, fax 05.56.20.96.39

CH. MELIN CADET-COURREAU 1996*

| | 6,4 ha | 20 000 | | 30 à 50 F |

Le vignoble est installé au cœur de l'AOC premières côtes de Bordeaux. Merlot dominant et maîtrise des techniques d'élaboration modernes donnent ce vin opulent, gras, long, aux tanins équilibrés. Les arômes, d'abord floraux, s'ouvrent à l'aération sur des notes de cassis et de mûre et persistent en bouche. A déguster sans hâte sur rôtis et autres viandes rouges.
🍇 EARL Vignobles Claude Modet, Constantin, 33880 Baurech, tél. 05.56.21.34.71, fax 05.56.21.37.72 r.-v.

CH. MERLIN FRONTENAC 1996*

| | 3 ha | 10 000 | | -30 F |

Habit d'un rouge presque noir et nez ample, complexe (café), confit : le gourmand déjà se réjouit. Mais si la mise en bouche est ronde, les tanins riches, torréfiés s'installent bientôt, dominant le fruit qui se révèlera... dans quelques mois. C'est un type de vin de garde dont il faut surveiller l'évolution - par des dégustations répétées - pendant deux à cinq ans. Viandes rouges et gibier lui conviendront certainement.
🍇 SA La Croix Merlin, rte de Guibert, 33760 Frontenac, tél. 05.56.23.98.49, fax 05.56.23.97.22 r.-v.

CH. MESTE-JEAN
Elevé en fût de chêne 1996*

| | 3,2 ha | 17 500 | | 30 à 50 F |

Cette sélection élevée en barrique de moins de trois ans présente une teinte rouge-noir, presque opaque mais brillante. La fraîcheur domine les arômes de griotte, de myrtille, de cardamome, d'eucalyptus. La bouche, d'abord très ronde, révèle bientôt de curieux tanins mentholés, un peu secs, qui lui donnent une originalité intéressante.
🍇 EARL Vignobles Cailleux, 540, La Pereyre, 33760 Escoussans, tél. 05.56.23.63.23, fax 05.56.23.64.21 r.-v.

CH. MONTAUNOIR 1996*

| | 7 ha | 23 000 | | -30 F |

Située aux portes de deux villages aux noms prestigieux, Sainte-Croix-du-Mont et Saint-Macaire, cette propriété offre une gamme importante de vins blancs, rosés, rouges (en rouge le **château Grand Pique Caillou 96** a été lui aussi remarqué par le jury qui le cite sans étoile). Le bouquet naissant de Château Montaunoir est frais, comme la robe rubis. Les flaveurs de petits fruits sauvages accompagnent le charme d'une structure franche, légère, équilibrée. Un vin bien fait, sincère, charnel.
🍇 Bernadette Ricard, Ch. de Vertheuil-Montaunoir, 33410 Sainte-Croix-du-Mont, tél. 05.56.62.02.70, fax 05.56.76.73.23 r.-v.

CH. MOTTE MAUCOURT 1996*

| | 8 ha | 35 000 | | -30 F |

La propriété est ancienne et son encépagement bien équilibré. La tradition y est maintenue, mais les équipements sont des plus modernes. La pourpre cardinalice teinte la robe brillante de ce 96. La complexité aromatique tient du fruit confit (framboise, cassis) et du fumet. A la mise en bouche, franche et fondue, succèdent des tanins agréablement structurés quoique encore un peu austères, et qui définissent un bon vin de garde.
🍇 GAEC Ch. Motte Maucourt, 33760 Saint-Genis-du-Bois, tél. 05.56.71.54.77, fax 05.56.71.64.23 t.l.j. sf dim. 9h-12h 14h-19h
🍇 Villeneuve

CH. MOULIN DE CORNEIL 1996*

| | 20 ha | 24 000 | | -30 F |

Traditions familiales (septième génération de viticulteurs) et traditions œnologiques (chai, cuvaisons) offrent un vin de tradition au nez intense, complexe (quelques touches animales accompagnent le fruit). Le corps robuste mais enrobé est de bonne persistance. Ce 96 peut être bu dès maintenant, mais son évolution sera intéressante pendant plusieurs années.
🍇 GAEC Bonneau, 59 Grande-Rue, 33490 Pian-sur-Garonne, tél. 05.56.76.44.26, fax 05.56.76.43.70 t.l.j. 8h-20h

CH. MOULIN DE GASSIOT 1996

| | 4 ha | 30 000 | | -30 F |

Comme le Château d'Augan, ce vin est élaboré par les Vignerons de Guyenne à Blasimon. Il s'habille de pourpre et fleure le raisin et les fruits rouges mûrs. Son équilibre volumineux et soyeux, aux notes grillées et aux nuances de café, en fait aujourd'hui un bon compagnon de table.
🍇 Vignerons de Guyenne, Union des Producteurs de Blasimon, 33540 Blasimon, tél. 05.56.71.55.28, fax 05.56.71.59.32 r.-v.

MOULIN DE PILLARDOT 1996

| | 19,16 ha | 30 000 | | -30 F |

Ce 96 a acquis par un passage en fût une complexité ronde agrémentée de notes de pain grillé et de vanille. Un vin équilibré à laisser mûrir quelques mois.
🍇 SCEA Rolet Jarbin, Dom. de Bourdicotte, 33790 Cazaugitat, tél. 05.56.61.32.55 r.-v.

CH. MOULIN DE PONCET 1996

| | n.c. | n.c. | | -30 F |

Représentatif de certains bordeaux ronds, harmonieux, bien en chair, ce vin a plu par le côté cuit, confituré de ses arômes de bouche. Les tanins sont un peu rustiques en finale. Ils devraient s'affiner.
🍇 SCEA Vignobles Ph. Barthe, Peyrefus, 33420 Daignac, tél. 05.57.84.55.90, fax 05.57.74.96.57 r.-v.

CH. MOULIN DE RAYMOND 1996

| | 12 ha | 90 000 | | 30 à 50 F |

Les cabernets nés sur graves fortes ont donné ce vin à la très jolie robe grenat profond. Une pointe oxydative y favorise agréablement les

187   LE BORDELAIS

Bordeaux

notes de pruneau et de cerise cuite. L'ampleur des tanins solides domine encore la finale, mais ceux-ci doivents se fondre avec le temps. C'est un vin de caractère. Il accompagnera civet et plats en sauce.
- Alain et Hervé Faye, SCEA du Ch. Laville, 33450 Saint-Sulpice-et-Cameyrac, tél. 05.56.30.84.19, fax 05.56.30.81.45 ▨ ⊻ r.-v.

CH. MOUSSEYRON 1996*

| ■ | 15 ha | 50 000 | ■⭑ -30F |

Cette propriété appartient à la même famille depuis quatre générations. Son nom revient souvent dans ce Guide. Le 96 présente des tanins mûrs, solides, qui assureront sa longévité ; volume et complexité, au nez comme en bouche, sont déjà manifestes : les fruits mûrs (cassis, framboise, mûre) sont agrémentés de notes de pain d'épice et de nuances animales qui signent une bonne évolution.
- Jacques Larriaut, Jean Redon, 33490 Saint-Pierre-d'Aurillac, tél. 05.56.76.44.53, fax 05.56.76.44.04 ▨ ⊻ r.-v.

DANIEL MOUTY 1996*

| ■ | 10 ha | 60 000 | ■⭑ -30F |

Autre étiquette du propriétaire du domaine des Grands Ormes (voir plus haut), ce vin est presque aussi bien jugé pour sa rondeur et ses flaveurs très grillées, pralinées.
- SCEA Daniel Mouty, Ch. du Barry, 33350 Sainte-Terre, tél. 05.57.84.55.88, fax 05.57.74.92.99 ▨ ⊻ t.l.j. sf sam. dim. 8h-17h; f. août

CH. MYLORD 1996

| ■ | 25 ha | 100 000 | ■⭑ -30F |

Propriété fondée en 1763. Tradition et modernité se conjuguent pour façonner un vin à la robe rouge brillant, au nez finement vanillé. Souplesse et fraîcheur aromatique caractérisent une présence en bouche plaisante. A boire pour sa jeunesse.
- Michel et Alain Large, SCEA Ch. Mylord, 33420 Grézillac, tél. 05.57.84.52.19, fax 05.57.74.93.95 ▨ ⊻ r.-v.

CH. PASQUET 1996*

| ■ | 5 ha | n.c. | ■⭑ -30F |

Constitué majoritairement de cabernet-sauvignon, le vignoble domine à cent mètres d'altitude le terroir du Haut-Benauge. Une très belle charpente aux tanins fins structure ce vin à l'habit rouge rubis. Les arômes, au nez comme en bouche, évoquent les fruits rouges macérés (cassis et cerise) ; des notes plus complexes apparaissent au bouquet : épices, grillé. C'est un vin à boire ou à attendre. Le **Château Alexandre 96**, du même propriétaire, a été lui aussi bien jugé (une étoile).
- Vignobles Pernette, 33760 Escoussans, tél. 05.56.23.45.27, fax 05.56.23.64.32 ▨ ⊻ r.-v.

CH. PETITE GRAVE 1996*

| ■ | 3 ha | 6 000 | ■⭑ -30F |

Une petite production pour un merlot très concentré, agrémenté d'une touche de cabernet-sauvignon. Le rubis de la robe est soutenu. Le nez, jeune, un peu fermé et minéral, annonce par ses notes de noyau de cerise une bonne évolution. Le corps est charnu comme un fruit mûr, mais les tanins robustes limitent la longueur. On peut déguster ce vin dès maintenant sur une viande en sauce - un cassoulet - mais il faudra patienter pour les grillades.
- Jean-Marie Robert, Pellet, 33420 Moulon, tél. 05.57.74.94.01 ▨ ⊻ t.l.j. 8h-19h

CH. PIERROUSSELLE 1996*

| ■ | 10 ha | 73 000 | ■ -30F |

La robe rouge grenat est presque opaque mais brillante ; le nez intense évoque les fruits rouges et le sous-bois. La chair souple et ferme équilibre une astringence tempérée. La finale s'estompe sans heurts. C'est un vin classique, mûr, de la « charte qualité » de Ginestet.
- Maison Ginestet SA, 19, av. de Fontenille, 33360 Carignan-de-Bordeaux, tél. 05.56.68.81.82, fax 05.56.20.96.99
- Lafon

CH. POUCHAUD-LARQUEY 1996*

| ■ | 12 ha | 37 600 | ■⭑ -30F |

Le propriétaire est celui du Château des Seigneurs de Pommyers. Le vin paraît un peu plus structuré ; la charpente permet le vieillissement. Les flaveurs rappellent le fumet, le bacon, mais framboise et cassis les avivent. Un classique pour viandes rouges et certains fromages du Massif central.
- Piva Père et Fils, Ch. Pouchaud-Larquey, 33190 Morizès, tél. 05.56.71.44.97, fax 05.56.71.65.16 ▨ ⊻ r.-v.

CH. POURQUEY-GAZEAU 1996

| ■ | 25 ha | 35 000 | ■ -30F |

Cette vieille famille installée au milieu des vignes, près d'une petite église du XIIe s. et des moulins du sud de l'Entre-deux-Mers, maintient les traditions viticoles tout en les rajeunissant. Son bordeaux rouge 96 aux notes aromatiques de prunelle et d'épices se montre rond, bien équilibré. Il est de bonne compagnie.
- EARL de Pourquey-Gazeau, 1 A Pourquey, 33540 Castelvieil, tél. 05.56.61.95.55, fax 05.56.61.99.48 ▨ ⊻ r.-v.
- Fouilhac Père et Fils

CH. PREVOST 1996

| ■ | n.c. | 250 000 | ■⭑ -30F |

Une famille de vignerons s'installe sur 4 ha en Entre-deux-Mers, au début du siècle. Elle gère aujourd'hui 80 ha de vignobles dépendant de plusieurs châteaux. Ce vin est d'accès facile par ses arômes discrets de cassis et de cerise mêlés à des notes un peu sauvages. Sa rondeur s'offre au plaisir immédiat d'un repas simple mais soigné.
- Elisabeth Garzaro, Ch. Le Prieur, 33750 Baron, tél. 05.56.30.16.16, fax 05.56.30.12.63 ⊻ r.-v.

QUINTET 1996

| ■ | n.c. | 60 000 | ■⭑ -30F |

Une marque de la Cave des Hauts de Gironde, située au nord de Blaye. Voici un type de bordeaux à boire pour le plaisir simple et immédiat de ses fins arômes floraux, de sa rondeur équili-

Bordeaux

brée, de ses tanins mûrs mais un peu courts. L'agrément d'un repas familial ou champêtre.
🍇 Cave des Hauts de Gironde, La Cafourche, 33860 Marcillac, tél. 05.57.32.48.33, fax 05.57.32.49.63 ☎ t.l.j. sf dim. 8h30-12h 14h-18h; groupes sur r.-v.

CH. RAUZAN DESPAGNE 1996★★
■   6 ha   50 000   ▮▮   30 à 50 F

La réputation de ce château n'est plus à faire. Dans notre Guide, coups de cœurs et étoiles lui sont familiers. Le 96 a surpris par sa puissance tannique. Celle-ci domine la rondeur de fruits mûrs de la bouche et la réglisse de la finale. Cependant, l'encre noire carminée de la robe et la richesse épicée des arômes promettent un vin noble qu'il faut laisser mûrir en surveillant son évolution par plaisir.
🍇 GFA de Landeron, 33420 Naujan-et-Postiac, tél. 05.57.84.55.08, fax 05.57.84.57.31 ☎ r.-v.

CH. RAUZAN DESPAGNE
Cuvée Passion 1996★★
■   2 ha   16 000   ▮▮   50 à 70 F

La cuvée Passion, élevée en barrique, révèle la beauté du mariage maîtrisé du vin et du merrain. La robe est belle, brillante. Le bouquet délicat offre des richesses vanillées, grillées, qui portent les fruits rouges. Les tanins soyeux, enveloppés, respectent la rondeur concentrée de la chair, et le boisé accompagne courtoisement la longueur. Un vin de choix pour viandes grillées au sarment.
🍇 GFA de Landeron, 33420 Naujan-et-Postiac, tél. 05.57.84.55.08, fax 05.57.84.57.31 ☎ r.-v.

CH. RENAISSANCE 1996
■   7,5 ha   55 000   ▮▮   -30 F

La chair ronde, équilibrée, un peu légère, les arômes de fruits mûrs, teintés de cassis comme la robe, offrent une harmonie à découvrir dès maintenant.
🍇 EARL Gérard Descrambe, Renaissance, 33330 Saint-Sulpice-de-Faleyrens, tél. 05.57.74.94.77, fax 05.57.74.97.49 Ⅴ ☎ r.-v.

RESERVE SPECIALE BARONS DE ROTHSCHILD LAFITE 1995★
■   n.c.   n.c.   ▮▮   30 à 50 F

Le nez fin, élégant, d'abord floral, s'ouvre en nuances de fruits confits, de réglisse, d'épices, et se prolonge en flaveurs de pruneau dans une bouche vineuse, ronde, gourmande. Les tanins bien enrobés sont cependant solides, et permettent un bon vieillissement.
🍇 Vignobles et Châteaux Castel Frères, 21-24, rue Georges-Guynemer, 33290 Blanquefort, tél. 05.56.95.54.00, fax 05.56.95.54.20
🍇 Lafite-Rothschild

COMTE DE SANSAC 1996
■   20 ha   133 000   ▮▮   -30 F

Deux mots pour définir ce vin de propriété collégiale élaboré par la coopérative de Sainte-Foy-la-Grande : bien fait. Le nez puissant, agréable, s'enrichit de nuances de cuir et de réglisse. L'attaque est souple, puis les tanins encore un peu rugueux avivent une chair élégante. Le tout est intéressant. A découvrir maintenant.

🍇 Domaine de Sansac, (Univitis) Les Lèves, 33220 Sainte-Foy-la-Grande, tél. 05.57.56.02.02, fax 05.57.56.02.22 Ⅴ ☎ t.l.j. sf dim. lun. 8h30-12h30 14h-18h

CH. DES SEIGNEURS DE POMMYERS 1996★
■   8 ha   20 250   ▮▮   30 à 50 F

Ce domaine est très ancien : le château fut déjà reconstruit à la fin du XIII^{e}s. avec l'aide du roi Edouard II d'Angleterre qui y séjourna. Aujourd'hui équipement de chai et méthode de vinification, modernes, sont au service du cahier des charges de la culture biologique. Ce 96 est issu d'une sélection de 8 ha sur 65. Les fruits rouges - framboise, cerise - dominent un nez bien présent. La maturité y apparaît et se développe en bouche par des notes rondes légèrement grillées, de la vinosité, et des tanins joliment structurés. Un léger vieillissement ajoutera à sa personnalité.
🍇 Jean-Luc Piva, Ch. des Seigneurs de Pommyers, 33540 Saint-Félix-de-Foncaude, tél. 05.56.71.65.16, fax 05.56.71.44.97 Ⅴ ☎ r.-v.

SIGNATURES 1995★
■   n.c.   60 000   ▮▮   30 à 50 F

Une vinification soignée, de tradition, et dix-huit mois de barrique ont façonné ce vin où le merlot domine. La robe brille, d'un rubis profond. Des notes grillées de cannelle et de vanille chantent au nez. Les tanins, présents mais assagis, donnent à la chair puissance et fermeté. La complexité accompagne toute la dégustation. Un bordeau d'une grande élégance à inviter pour les viandes rouges et les fromages.
🍇 Maison Schröder et Schyler, 55, quai des Chartrons, B.P. 113, 33027 Bordeaux Cedex, tél. 05.57.87.64.55, fax 05.57.87.57.20

SIRIUS 1996★
■   40 ha   200 000   ▮▮   30 à 50 F

La maison de négoce Sichel possède sa propre cave de vinification depuis 1961. Les cuvaisons à 32 °C de température durent quinze jours, et l'élevage en barrique douze mois. La robe de ce 96 est jeune, rubis soutenu. Le bouquet délicatement boisé chante sur des notes mentholées, des nuances de muguet et de tubéreuses. Le merrain domine encore la chair, en finale surtout, mais l'équilibre devrait se trouver rapidement dans une harmonie précieuse.
🍇 Maison Sichel Coste, 19, quai de Bacalan, 33300 Bordeaux, tél. 05.56.11.16.60, fax 05.56.63.50.52

CH. DU TARD 1996
■   20 ha   120 000   ▮▮   -30 F

Fraise et cassis s'affichent tant dans la robe que dans les arômes avec, en sus, une petite pointe épicée. La structure en bouche est ronde et puissante, mais certains trouveront drus les tanins : il faut en suivre l'évolution.
🍇 Vignobles Aubert, Ch. La Couspaude, 33330 Saint-Emilion, tél. 05.57.40.15.76, fax 05.57.40.10.14 Ⅴ ☎ r.-v.

LE BORDELAIS

Bordeaux

CH. TERRES DOUCES 1996

■   25 ha   200 000   ■ ♦ -30F

Le vignoble s'organise autour de 60 % de cabernet franc, 10 % de cabernet-sauvignon et 30 % de merlot. L'expression aromatique du vin est délicate, un peu timide, « douce », écrit un juré, faite de confiture de fraises. La bouche est ronde, pleine de charmes fruités. La finale reste un peu austère. Ce vin plaisir est à goûter sur des viandes blanches pendant deux ans.
↝ Maison Ginestet SA, 19, av. de Fontenille, 33360 Carignan-de-Bordeaux,
tél. 05.56.68.81.82, fax 05.56.20.96.99
↝ Marie-Claude Bonhur

CH. TERRE VIEILLE 1996

■   49 ha   n.c.   ■ ♦ -30F

Le nom dit bien l'ancienneté du domaine (XIe s.) qui a servi de cadre à plusieurs fims. Mais les techniques de vinification y sont modernes. Le nez de ce 96 est certes discret, mais le rouge de la robe est soutenu et la présence en bouche toute ronde et soyeuse. Charmeur, ce vin accompagnera les viandes blanches.
↝ SCEA Ch. Grand-Jour, 33710 Prignac-et-Marcamps, tél. 05.57.68.44.06,
fax 05.57.68.37.59 ⊤ r.-v.

CH. THIEULEY 1996

■   20 ha   140 000   ■ ♦ 30à50F

Les vins de Francis Courselle sont connus bien au-delà de l'abbaye de La Sauve-Majeure. Le 96 porte une robe rouge sombre à reflets carminés. Le nez réclame une aération. Il offre alors des notes fumées sur fond de raisins mûrs. Les tanins structurent la chair souple et parfumée. La finale, encore un peu austère, est à surveiller dans le temps.
↝ Sté des Vignobles Francis Courselle, Ch. Thieuley, 33670 La Sauve, tél. 05.56.23.00.01,
fax 05.56.23.34.37 ☑ ⊤ r.-v.

CH. TOUR CHAPOUX 1996*

■   20 ha   100 000   ■ ♦ -30F

Le charme de ce vin s'exprime dans sa robe rubis à reflets pourpres, et dans son bouquet complexe, floral d'abord, puis marqué par les fruits rouges et la vanille. La mise en bouche, parfumée, est franche et séduisante. Mais les tanins offrent encore leur astringence en finale. Ce vin a déjà ses amateurs ; d'autres le laisseront évoluer quelques mois.
↝ Claude Comin, La Commanderie,
33790 Saint-Antoine-du-Queyret,
tél. 05.56.61.31.98, fax 05.56.61.34.22 ☑ ⊤ r.-v.

CH. TOUR D'ALBRET 1996

■   10 ha   82 000   ■ -30F

Ce vin propose simplement, sous sa robe brillante rouge rubis, un corps aux senteurs florales timides, à la rondeur gouleyante ; il est à apprécier dans son heureuse jeunesse.
↝ Dulong Frères et Fils, 29, rue Jules-Guesde, 33270 Floirac, tél. 05.56.86.51.15,
fax 05.56.40.84.97
↝ Lopez

CH. TOUR DE BIOT 1996**

■   10 ha   60 000   ■ ♦ -30F

Un encépagement classique, un chai bien équipé, et un art du vin maîtrisé (cuvaison longue). Ce château régulièrement cité obtient pour le 1996 un coup de cœur : il présente un vin à la robe grenat intense, aux parfums puissants de fruits rouges bien mûrs (cerise) mais aussi d'épices, à la mise en bouche franche, vineuse, aromatique. Les tanins ronds sont encore très présents : ils permettront un vieillissement de quelques années. C'est le bordeaux de l'entrecôte.
↝ EARL La Tour Rouge, Gilles Grémen,
ch. Tour de Biot, 33220 La Roquille,
tél. 05.57.41.26.49, fax 05.57.41.29.84 ☑ ⊤ r.-v.

CH. TOUR DE BIOT
Cuvée Vieilles vignes 1996**

■   3 ha   15 000   ◫ -30F

Cette cuvée 96 fait l'unanimité du jury, qui en apprécie la complexité. Les parfums amples et fondus lient au cassis des notes de venaison, de fumet, d'épices. Sous une robe pourpre sombre, le volume moelleux du corps s'appuie sur des tanins riches, lisses, très parfumés, joliment boisés. La finale est longue et savoureuse. Une harmonie à apprécier pendant de nombreux mois.
↝ EARL La Tour Rouge, Gilles Grémen,
ch. Tour de Biot, 33220 La Roquille,
tél. 05.57.41.26.49, fax 05.57.41.29.84 ☑ ⊤ r.-v.

CH. TOUR DE MIRAMBEAU
Cuvée Passion 1996***

■   3 ha   24 000   ◫ 50à70F

Saluons J.-L. Despagne, dont les citations dans le Guide sont régulièrement accompagnées d'étoiles. La cuvée Passion 96 fut unanimement applaudie par le grand jury. Passion ! Le mot est juste ! La robe est somptueuse, pourpre soutenu. Les parfums enivrants de pain d'épice, de fruits

Bordeaux clairet

confits, de vanille, de grillé, embaument la chair volumineuse, fondante, et les jeunes tanins. Le merrain se fait à sa place : il sert le vin. Quelle maîtrise ! Naturellement cette bouteille est faite pour accompagner un grand repas.
- SCEA des Vignobles Despagne, 33420 Naujan-et-Postiac, tél. 05.57.84.55.08, fax 05.57.84.57.31 r.-v.

CH. TOUR DE MIRAMBEAU 1996*
12 ha   99 000   30 à 50 F

Les tanins solides en font un vin de garde. La couleur rubis-violine, le bouquet de noyau et de cuir sur fond de fruits mûrs, la chair ronde encore ferme en affirment la qualité : une valeur dans son appellation.
- SCEA des Vignobles Despagne, 33420 Naujan-et-Postiac, tél. 05.57.84.55.08, fax 05.57.84.57.31 r.-v.

CH. DES TUQUETS 1996*
n.c.   223 733   30 à 50 F

Une vieille famille vigneronne (depuis 1510) élabore près des ruines d'une *villa* romaine un vin charnu et épicé, revêtu de pourpre. Sa complexité déjà intéressante est cependant bridée par des tanins dont il faudra suivre l'évolution.
- Jean-Hubert Laville, Ch. des Tuquets, B.P. 20, 33540 Saint-Sulpice-de-Pommiers, tél. 05.56.71.53.56, fax 05.56.71.89.42 r.-v.

CH. TURON 1996*
2 ha   n.c.   30 à 50 F

La chapelle romane de Saint-Martin-de-Montphelix veille sur une croupe composée de galets, de graves, de sables et d'argiles. A ses pieds, un petit vignoble de 2 ha produit selon les règles de la tradition un vin vieilli en fût de moins de quatre ans. Intensité et élégance animent le grenat de la robe et les nuances de cannelle et de fruits vanillés relevées d'une pointe de girofle. La finale, longue et savoureuse, confirme la beauté de la chair et des tanins.
- Jean-Pierre Lallement, Ch. Turon, 33190 Pondaurat, tél. 05.56.71.23.92 r.-v.

CH. DE VERTHEUIL
Elevé en fût de chêne 1996*
n.c.   4 500   30 à 50 F

Voici un vin de belle robe à reflets feu. Les parfums subtils et fondus allient fruits - framboise - et merrain discret. Le corps est souple et élancé. L'harmonie passe avant la structure qui risque de manquer dans le temps. Un vin prêt à boire sur les viandes blanches.
- Bernadette Ricard, Ch. de Vertheuil-Montanoir, 33410 Sainte-Croix-du-Mont, tél. 05.56.62.02.70, fax 05.56.76.73.23 r.-v.

DOM. DE VIGNERAC 1996
3,5 ha   20 000   -30 F

La jeunesse va bien à ce vin, élaboré dans une petite propriété de 3,5 ha. Le corps est un peu fluide dans son habit rubis pourpre, mais les parfums marient notes végétales et animales, épicées et grillées... Le charme d'un printemps ?
- Jacky Lagardère, Dom. de Vignerac, 33190 Casseuil, tél. 05.56.71.16.28 r.-v.

Bordeaux clairet

CH. BELLEVUE LA MONGIE 1997*
0,5 ha   4 000   -30 F

Le clairet n'est pas la préoccupation principale de M. Boyer ; il paraît plutôt une coquetterie de vinificateur. La couleur de ce 97, rose pourpre, s'affiche. Le nez est discret, mais les flaveurs de fruits rouges se développent agréablement en bouche, réveillant la chair du merlot et enlevant allègrement la finale.
- Michel Boyer, Ch. Bellevue La Mongie, 33420 Génissac, tél. 05.57.24.48.43, fax 05.57.24.48.43 t.l.j. 8h-12h 14h-19h; sam. dim. sur r.-v.; f. 15-31 août

CH. DU BRU 1997*
3 ha   14 000   30 à 50 F

Elaboré par macération à froid, ce clairet de cabernet a des parfums de cassis et de bonbon anglais. Cette fraîcheur est avivée par un perlant qui, s'il gêne certains aujourd'hui, aura disparu à la sortie du Guide. Sinon il suffira de décanter ce vin avant de le servir avec des viandes blanches - froides ou en sauce.
- SCEA du Bru, Ch. du Bru, 33220 Saint-Avit-Saint-Nazaire, tél. 05.57.46.12.71, fax 05.57.46.10.64 t.l.j. 9h-17h; sam. dim. sur r.-v.
- Guy Duchant

CH. DES CHAPELAINS 1997**
4,65 ha   40 000   -30 F

Ce château fait sa place dans notre Guide. Coup de cœur pour le 94, une étoile pour le 95, et deux étoiles pour ce 97. Ses arômes de fruits rouges presque surmûris enchantent nez et bouche. Mais c'est par sa touche de complexité, née d'excellents tanins juste dosés et d'une certaine vinosité que ce riche clairet signe son originalité.
- Pierre Charlot, Ch. des Chapelains, 33220 Saint-André-et-Appelles, tél. 05.57.41.21.74, fax 05.57.41.27.42 t.l.j. sf sam. dim. 8h-12h 14h-18h

CLOS LES COLOMBES
Du Ch. Lartigue les Cèdres 1997*
n.c.   6 000   -30 F

Le cabernet franc (25 % du vin) a sa part dans la grande finesse aromatique de ce clairet de couleur vive. La salade de fruits embaume la bouche et la prolonge. La corpulence est appuyée de quelques tanins bien fondus qui assurent complexité et longueur. Bel équilibre.
- SCEA Avi, 17, rte Brune, 33750 Croignon, tél. 05.56.30.10.28, fax 05.56.30.15.13 r.-v.
- Jacquin

Pour tout savoir d'un vin, lisez les textes d'introduction des appellations et des régions ; ils complètent les fiches des vins.

LE BORDELAIS

Bordeaux clairet

PIERRE COSTE 1997

n.c.   27 000

La robe est vive, d'un vermillon nuancé de vieux rose. Les arômes vineux de grenadine arrondissent la bouche de ce vin charmeur. La réglisse, qui apporte complexité aux flaveurs, alourdit un peu la finale. On ne lui pardonnera facilement en le dégustant sur des charcuteries.
• Maison Sichel Coste, 19, quai de Bacalan, 33300 Bordeaux, tél. 05.56.11.16.60, fax 05.56.63.50.52

CH. HAUT-MONGEAT 1997★★

2 ha   6 000

Mariage du merlot (70 %) et du cabernet, ce vin né d'une technique parfaitement maîtrisée attire d'abord par sa robe vermillon pâle. Ses arômes intenses évoquent la framboise, la groseille, le « cabernet-bonbon anglais ». La bouche révèle une chair ronde, dense, avivée d'une perle qui égaye la finale. Un régal.
• Bernard Bouchon, Le Mongeat, 33420 Génissac, tél. 05.57.24.47.55, fax 05.57.24.41.21

CH. DU JUGE 1997★

n.c.   3 000

De conception très classique, ce vin se présente en habit grenat à nuances violines. Le nez, d'abord discret, s'établit sur des senteurs de bourgeon. Les flaveurs élégantes évoquent fleurs et fruits juste mûrs. Elles parfument une chair craquante, agréable, fraîche.
• Pierre Dupleich, Le Juge, rte de Branne, 33410 Cadillac, tél. 05.56.62.17.77, fax 05.56.62.17.59

CH. LA BRETONNIERE 1997★★

2 ha   16 000

70 % de merlot, 30 % de cabernet-sauvignon : la robe brille d'un rose saumoné. Le nez embaume le bigarreau, la fraise écrasée, la pâte de fruits. La chair, dense et souple, fond dans la bouche parfumée et fraîche. C'est un clairet expressif, racé, remarquable.
• Stéphane Heurlier, Ch. La Bretonnière, 33390 Mazion, tél. 05.57.64.59.23, fax 05.57.64.59.23 t.l.j. sf dim. 9h-12h30 14h-19h

CH. DE LA MINGERIE 1997★

n.c.   n.c.

Une belle couleur brillante invite à humer ; le nez de fraise des bois et de cassis incite à goûter. Et le plaisir, facile mais profond, s'installe en bouche : souplesse harmonieuse, flaveur de fruits rouges... Ce vin séduit, tout simplement.
• GAEC Jean-Jean Père et Fils, Ch. de la Mingerie, Girolatte, 33420 Naujan-et-Postiac, tél. 05.57.84.60.51, fax 05.57.74.98.03 r.-v.

CH. LA SALARGUE 1997★

2,29 ha   20 000

La robe, rose homogène tirant sur le rubis, est belle. Les arômes de petits fruits et de bonbon anglais s'enrichissent d'harmoniques qui intriguent et intéressent. La rondeur, le gras de l'attaque sont balancés par la fraîcheur printanière de la finale. Cette typicité a déçu l'un, enthousiasmé l'autre, excité la curiosité de tous.
• SCEA Vignoble Bruno Le Roy, La Salargue, 33420 Moulon, tél. 05.57.24.48.44, fax 05.57.24.42.38 r.-v.

CH. DE LISENNES 1997★

5 ha   40 000

Ce grand vignoble est situé aux portes de Bordeaux. Voici l'œuvre du merlot et des deux cabernets, chaque cépage intervenant pour un tiers environ. Ils signent la finesse des arômes et des flaveurs de bigarreau, de fraise, de cassis et de prune. Ils façonnent le corps homogène, harmonieux, souple, et la finale fraîche et complexe. C'est le clairet de Bordeaux.
• Jean-Pierre Soubie, Ch. de Lisennes, 33370 Tresses, tél. 05.57.34.13.03, fax 05.57.34.05.36 r.-v.

CH. DE MARSAN 1997

4 ha   35 000

La couleur rose franc soutenu de ce clairet, son nez floral de cabernet, long et intense, son attaque ronde, sa corpulence généreuse, sa longueur perlée en font un joli compagnon de repas simples et frais, ou de salades composées servies en entrée.
• Paul Gonfrier, Ch. de Marsan, 33550 Lestiac, tél. 05.56.72.32.56, fax 05.56.72.10.38 r.-v.

CH. PENIN 1997★

n.c.   35 000

Comme en rouge, ce château a dans ce chapitre ses habitudes et ses étoiles. Mariage de merlot (très dominant) et de cabernet-sauvignon, nés sur graves, ce vin est tout en rondeurs mûres et souples. Les arômes fleurissent, puis s'épanouissent en fruits rouges (fraise, framboise) et se prolongent en une complexité fine et lactée. Un cabernet d'apéritif et de fin de repas.
• SCEA Patrick Carteyron, Ch. Penin, 33420 Génissac, tél. 05.57.24.46.98, fax 05.57.24.41.99 t.l.j. sf dim. 9h30-12h 14h30-18h; sam. 9h-12h; f. 15-30 août

CH. THIEULEY 1997

10 ha   120 000

Dans la gamme de ses produits, F. Courselle propose ce clairet principalement bâti sur le

Bordeaux sec

cabernet franc. Et l'ambition n'est pas mesquine : 120 000 bouteilles. La finesse des arômes - fraise des bois avec une goutte de lait de coco - l'emporte sur l'intensité. Une pointe de gaz carbonique taquine aimablement la rondeur de la chair, et avive la finale en une invite à y revenir. Pourquoi pas ?
☛ Sté des Vignobles Francis Courselle, Ch. Thieuley, 33670 La Sauve, tél. 05.56.23.00.01, fax 05.56.23.34.37 ☑ ⵏ r.-v.

Bordeaux sec

BARON DE LUZE Cuvée spéciale 1997★

	n.c.	30 000	

Signé du négociant de Luze, ce bordeaux témoigne de la recherche d'un vin de fruits vifs, alertes, aux notes aromatiques florales fines - acacia, fleur d'agrumes - tempérées de litchi. Une réussite dans ce style. A goûter sans attendre sur du poisson ou des salades composées.
☛ A. de Luze et Fils, Grands Vins de Gironde, Dom. du Ribet, 33450 Saint-Loubès, tél. 05.57.97.07.20, fax 05.57.97.07.27 ⵏ r.-v.
☛ GVG

BEAURILEGE Elevé en fût de chêne 1997★

	5 ha	33 000	

Marque sœur du Marquis d'Abeylie, Beaurilège établit l'équilibre des trois cépages autour de 40 % de sémillon. Les arômes un peu discrets offrent une complexité très florale avec, sous-jacentes, des notes d'agrumes finement boisées. Le corps harmonieux, souple, muscaté, finit sur une évocation de croûte de pain. Son élégance s'affirmera rapidement.
☛ Domaine de Sansac, (Univitis) Les Lèves, 33220 Sainte-Foy-la-Grande, tél. 05.57.56.02.02, fax 05.57.56.02.22 ☑ ⵏ t.l.j. sf dim. lun. 8h30-12h30 14h-18h

CH. BEL AIR PERPONCHER
Cuvée Passion 1996★★

	5 ha	40 800	

Le temps mûrit les grands vins blancs. Cette cuvée Passion 96 est saluée à l'unanimité des jurés. Sa mise en bouche fraîche, son corps gras et rond, sa longue persistance exaltent la richesse des raisins - sauvignon (70 %) et sémillon (80 % de belle maturité. On savoure ce que peut-être l'œuvre de la vigne, du merrain, de l'homme, quand ils donnent le meilleur d'eux-mêmes. La **cuvée principale 97**, élevée en cuve, reçoit deux étoiles. Séveuse, elle constitue un remarquable vin de garde.
☛ GFA de Perponcher, Ch. Bel Air, 33420 Naujan-et-Postiac, tél. 05.57.84.55.08, fax 05.57.84.57.31 ⵏ r.-v.

CH. BELLE-GARDE 1997

	2 ha	10 000	

Issu de macération pelliculaire et assemblant autant de sauvignon que de sémillon, ce vin limpide et clair se montre souple et frais, fruité, de bonne longueur.
☛ Eric Duffau, Monplaisir, 33420 Génissac, tél. 05.57.24.49.12, fax 05.57.24.41.28 ☑ ⵏ t.l.j. sf dim. 8h-12h 14h-19h; f. 15-30 août

CH. BOIS NOIR 1997★

	1,5 ha	4 600	

Situé sur un coteau des confins nord du Libournais, proche de la belle église abbatiale de Guîtres, le château de Bois Noir a recréé un domaine très dynamique. Le vignoble blanc comporte 50 % de sauvignon et 25 % de muscadelle - cépage très aromatique - complétés par le sémillon. Il offre ici une complexité alliant fleur, amande douce, agrumes. Ses flaveurs d'orange confite et de praline animent et prolongent une bouche ronde, très séduisante.
☛ SARL Ch. Bois Noir, Le Bois Noir, 33230 Maransin, tél. 05.57.49.41.09, fax 05.57.49.49.43 ☑ ⵏ r.-v.

CH. DE BONHOSTE 1997★★

	n.c.	n.c.	

La transparence paille dorée de la robe est légèrement perlée de gaz. Le bouquet concentré évolue de la fleur - aubépine, chèvrefeuille - au fruit confit, en s'attardant sur la pêche et le litchi. Le corps rond, dense, mûr et long, laisse espérer un vieillissement riche de plaisirs nouveaux pendant plusieurs mois. C'est un vin de viande blanche ou de poisson en sauce.
☛ SCEA des Vignobles Fournier, Bonhoste, 33420 Saint-Jean-de-Blaignac, tél. 05.57.84.12.18, fax 05.57.84.15.36 ☑ ⵏ r.-v.

CH. CAMAIL 1997★

	2 ha	15 000	

La robe est jaune doré, brillante. Le nez, encore un peu timide, doit son élégance au sémillon (80 %), et sa complexité vanillée au fût. Le corps est séveux, fruité - écorce d'orange - jeune et de belle longueur. Le mariage du raisin et de la barrique est une réussite. Il mérite le vieillissement.
☛ F. et A.-C. Masson Regnault, Ch. Camail, 33550 Tabanac, tél. 05.56.67.07.51, fax 05.56.67.21.22 ☑ ⵏ r.-v.

CH. DES CHAPELAINS 1997★

	7,84 ha	50 000	

Une robe paille délavée, brillante, habille ce vin aux arômes fins de fleurs et de mangue épicée. Le gras et la rondeur de la bouche sont nuancés en finale de quelques notes végétales fraîches. Le sauvignon est bien tempéré par le sémillon et un peu de muscadelle ; l'élevage sur lies a apporté une complexité attrayante.

Bordeaux sec

🕿 Pierre Charlot, Ch. des Chapelains, 33220 Saint-André-et-Appelles, tél. 05.57.41.21.74, fax 05.57.41.27.42 ☑ ☍ t.l.j. sf sam. dim. 8h-12h 14h-18h

CROIX SAINT-MARTIN 1997*

| | n.c. | n.c. | 🍷 | -30 F |

Une sélection soignée du négociant Kressmann et un élevage sur lies aboutissent à cet assemblage sémillon-sauvignon qui embaume le printemps, le litchi et le fruit confit. Tout est fondu dans ce corps aromatique, élégant, de bonne évolution probable. De ce même négociant, le **Kressmann Monopole 97**, 100 % sauvignon, dont l'étiquette reproduit une gravure de Barthélémy Guéret représentant le quai des Chartrons, est original. Il est issu de macération pelliculaire, élevé cinq mois sur lies. Il reçoit une citation.

🕿 Kressmann, 35, rue de Bordeaux, 33290 Parempuyre, tél. 05.56.35.53.00, fax 05.56.35.53.29 ☑ ☍ r.-v.

CH. DARZAC 1997*

| | 5 ha | 40 000 | 🍷 | -30 F |

Il est né des trois cépages blancs, la muscadelle comptant pour 20 %. Sa corpulence a séduit : ronde, un peu ferme, éveillée de quelques perles gazeuses, elle supporte la grande complexité des flaveurs de fruits mûrs qui apparaissent dès le service, et prolongent amplement la dégustation. Les jurés ont noté : « A réserver à la table » ; « Pour un repas classique » ; « Doit pouvoir vieillir ».

🕿 SCA du Ch. Fondarzac, 22, rte de Bordeaux, 33420 Naujan-et-Postiac, tél. 05.57.84.55.04, fax 05.57.84.60.23 ☑ ☍ r.-v.

🕿 Barthe

CH. DOISY-DAENE 1996*

| | n.c. | n.c. | 🍷 | 70 à 100 F |

Le bordeaux sec d'un célèbre cru classé de sauternes ! Elevé en fût, il se présente dans une robe d'or brillante, à reflets verts. Au nez, les fruits blancs et le miel s'affichent, accompagnés d'un élégant boisé. La bouche est plus vive, toujours très agréable, toujours aromatique et équilibrée, persistante. A boire dans les deux ans avec les poissons les plus fins.

🕿 EARL Vignobles Pierre et Denis Dubourdieu, Ch. Doisy-Daëne, 33720 Barsac, tél. 05.56.27.15.84, fax 05.56.27.18.99 ☑ ☍ r.-v.

NUMERO 1 DE DOURTHE 1997*

| | n.c. | n.c. | 🍷 | 30 à 50 F |

Ce vin représente tout l'art du négoce-éleveur, art de la vinification, de la sélection, de l'assemblage et de l'élevage. Le nez embaume les agrumes et les fruits exotiques, arômes que l'on retrouve en bouche, avec des flaveurs intenses de fruits mûrs. La chair est ferme et ronde, vivante. Pour un plateau de crustacés.

🕿 Dourthe, 35, rue de Bordeaux, B.P. 49, 33290 Parempuyre, tél. 05.56.35.53.00, fax 05.56.35.53.29 ☑ ☍ r.-v.

CH. GAYON 1997*

| | 0,68 ha | 6 000 | 🍷 | -30 F |

En 1997, il fallait du sang-froid pour vendanger le sauvignon en octobre afin d'élaborer un vin sec. Mais le résultat est là : arômes fleuris, muscatés, bouche ronde, boisé fondu ; ce sont les termes des jurés, qui concluent : « Vin complet » et « le bon bordeaux blanc sec par excellence : finesse, harmonie, volume ».

🕿 Jean Crampes, Ch. Gayon, 33490 Caudrot, tél. 05.56.62.81.19, fax 05.56.62.71.24 ☑ ☍ r.-v.

CH. DU GRAND FERRAND
Sauvignon 1997*

| | 42,18 ha | 50 000 | 🍷 | -30 F |

Le perlant typique du vinificateur a su conserver égaye un nez discret mais complexe, marqué de notes florales. Il accentue le contraste entre rondeur onctueuse du corps et fraîcheur citronnée de la finale, et avive ainsi un vin de coquillages.

🕿 SCEA Vignobles Rocher Cap de Rive n°2, Ch. Grand Ferrand, 33540 Sauveterre-de-Guyenne, tél. 05.56.71.51.34 ☍ r.-v.

CH. DU GRAND MOUEYS 1997*

| | n.c. | 33 300 | 🍷 | -30 F |

Les légendes font courir des souterrains encombrés de trésors entre le château et l'abbaye de La Sauve-Majeure, à environ deux lieues... Croyons plutôt à la richesse des ceps de vigne. Elle naît ici d'un réel savoir-faire, et de l'union à parts égales du sauvignon et du sémillon, la muscadelle complétant l'ensemble pour 10 %. La rondeur domine une chair étoffée, aux flaveurs d'aubépine, d'oranger, de fruits confits, avec des notes animales (musc). Ce vin typé peut mûrir quelques mois.

🕿 SCA Les Trois Collines, Ch. du Grand Mouëys, 33550 Capian, tél. 05.57.97.04.66, fax 05.57.97.04.60 ☑ ☍ t.l.j. sf sam. dim. 8h30-12h30 13h30-18h

🕿 C. Bömers

GRANGENEUVE Sauvignon 1997*

| | 26 ha | 13 000 | 🍷 | -30 F |

La coopérative de Grangeneuve à Romagne est connue de ce Guide, pour ses bordeaux et entre-deux-mers. Au service, un léger perlant anime la robe pâle de ce sauvignon. Il avive les arômes de fruit de la passion et de zeste et accompagne la persistance d'une bouche ronde et complexe.

🕿 Cave coop. de Grangeneuve, 33760 Romagne, tél. 05.57.97.09.40, fax 05.57.97.09.41 ☑ ☍ t.l.j. sf dim. lun. 8h-12h 14h-17h

GUILHEM DE FARGUES 1996*

| | n.c. | n.c. | 🍷 | +200 F |

Elevé pendant un an sur lies fines avec bâtonnage, ce vin 100 % sémillon développe un bouquet frais et complexe (citron vert, zeste d'orange, pêche blanche), qui s'harmonise avec la rondeur et la vivacité du palais pour donner un ensemble délicat et d'une bonne persistance aromatique.

Bordeaux sec

🍇 Comte Alexandre de Lur-Saluces, Ch. de Fargues, 33210 Fargues-de-Langon, tél. 05.57.98.04.20, fax 05.57.98.04.21 ⵉ r.-v.

G DE CH. GUIRAUD 1997

| ☐ | 15 ha | n.c. | 🍷 | 50 à 70 F |

Le Château Guiraud, 1er cru classé de sauternes, produit aussi du vin blanc sec. Ce 97 a semblé bien jeune le jour de la dégustation. Né sur un beau sol de graves, assemblant 70 % de sauvignon au sémillon, élevé en barrique, il a été goûté par le jury le 3 avril 1998. Il n'avait donc pas achevé son éducation. Mais déjà la couleur était limpide, traversée d'un élégant reflet vert. Le nez se montrait frais, fruité et floral à la fois. Ces notes se retrouvaient en bouche, celle-ci se révélant équilibrée, prometteuse. Une bouteille qui devrait gagner des étoiles à la fin de l'hiver. Mais comment le savoir aujourd'hui ?

🍇 SCA du Ch. Guiraud, 33210 Sauternes, tél. 05.57.76.61.01, fax 05.57.76.67.52 ☑ ⵉ r.-v.

CH. HAUT-GARRIGA 1997**

| ☐ | 10 ha | 10 000 | 🍷 | -30 F |

Coup de cœur pour le 94, une étoile pour le 96, coup de cœur pour le 97, Claude Barreau pratique avec succès l'art du vin ! Ce sémillon-muscadelle (10 % de ce dernier cépage) embaume la fleur d'agrumes et le bourgeon relevé d'épices et de buis. Cette fraîcheur explose en bouche, agrémentée d'un léger perlant. Elle prolonge une chair vive, nerveuse, finement muscatée. Un vin de caractère, brillant.

🍇 EARL Vignobles Barreau et Fils, Garriga, 33420 Grézillac, tél. 05.57.74.90.06, fax 05.57.74.96.13 ☑ ⵉ r.-v.

CH. HAUT REYGNAC Cuvée Laure 1997

| ☐ | n.c. | 10 000 | 🍷 | -30 F |

Le « tout classique » qui permet de découvrir l'appellation : robe pâle, nez à dominante pamplemousse et fruits exotiques, qui sait se laisser humer sans montrer d'agressivité. L'harmonie en bouche révèle des parfums floraux que ne gâche pas un léger perlant. C'est le vin des fruits de mer et des poissons à chair blanche.

🍇 SCEA des Vignobles Menguin, 194, Gouas, 33760 Arbis, tél. 05.56.23.61.70, fax 05.56.23.49.79 ☑ ⵉ r.-v.

CH. HAUT RIAN 1997*

| ☐ | 17 ha | 120 000 | 🍷 | -30 F |

Michel Dietrich est diplômé de l'Institut d'œnologie de Bordeaux. Nés sur argilo-calcaire, 70 % de sémillon accompagnent le sauvignon dans ce vin d'une belle couleur pâle à reflets verts. Le nez est intense, profond, mêlant des notes florales au fruit de la passion. Souple à l'attaque, le palais évolue sur du gras, de la chair, vers une longue finale séveuse.

🍇 Michel Dietrich, La Bastide, 33410 Rions, tél. 05.56.76.95.01, fax 05.56.76.93.51 ☑ ⵉ t.l.j. sf dim. 9h-12h 14h-18h; f. 15-25 août

DOM. DES JUSTICES 1997*

| ☐ | 2,2 ha | 12 000 | 🍷 | 30 à 50 F |

Un domaine dont l'origine remonte au XVIIIe s. et qui est aujourd'hui propriété de Christian Médeville, célèbre par ses liquoreux. Son bordeaux sec assemble 30 % de sauvignon au sémillon. Ses arômes sont à la fois fins et puissants, mêlant fleurs blanches et fruits exotiques. Équilibré, souple, frais et soyeux, ce vin offre une jolie finale.

🍇 Christian Médeville, Ch. Gilette, 33210 Preignac, tél. 05.56.76.28.44, fax 05.56.76.28.43 ☑ ⵉ r.-v.

CH. DE LABORDE 1997

| ☐ | 12,78 ha | 23 000 | 🍷 | -30 F |

Le vin du Président ! En effet, Alain Duc préside la coopérative d'Espiet. Son bordeaux sec est limpide, traversé de reflets verts. Le sauvignon (à parts égales avec le sémillon) l'emporte au nez alors que la bouche mêle notes fleuries et miel, acacia et coing. C'est un classique.

🍇 Union de producteurs Baron d'Espiet, Lieudit La Fourcade, 33420 Espiet, tél. 05.57.24.24.08, fax 05.57.24.18.91 ☑ ⵉ r.-v.
🍇 Alain Duc

CH. LARROQUE 1997*

| ☐ | 20 ha | n.c. | 🍷 | -30 F |

Robe jaune d'or pâle. Ce vin, né de sols graveleux et issu majoritairement de sauvignon mûr, développe un bouquet printanier, fin, agrémenté de notes de fruits à noyau, d'ananas et d'agrumes. L'attaque est souple et puissante. Les flaveurs confites règnent sur une harmonie générale ferme, ronde, de bonne persistance.

🍇 Boyer de la Giroday, 33760 Ladaux, tél. 05.57.34.54.00, fax 05.56.23.48.78 ☑ ⵉ r.-v.

CH. DE L'ENCLOS Sauvignon 1997*

| ☐ | 1,3 ha | 10 000 | 🍷 | -30 F |

Les vignerons de Guyenne s'imposent des disciplines dont ils mesurent le résultat par une réputation chaque année plus affirmée. Ce sauvignon d'une couleur paille blanche cristalline flatte le nez de senteurs distinguées de fleurs - glycine, genêt - et d'orange. Une pointe de gaz carbonique avive le fruit onctueux de la bouche. La finale invite à regoûter. Les crustacés seront ravis !

🍇 Vignerons de Guyenne, Union des Producteurs de Blasimon, 33540 Blasimon, tél. 05.56.71.55.28, fax 05.56.71.59.37 ☑ ⵉ r.-v.

CH. LESTRILLE CAPMARTIN
Vinifié et élevé en fût de chêne neuf 1996

| ☐ | 0,6 ha | 5 000 | 🍷 | 30 à 50 F |

À côté de rouges magnifiques, ce château, bien connu des lecteurs du Guide, propose en blanc un 96 au nez fin, fruité et vanillé. La bouche,

LE BORDELAIS

Bordeaux sec

ronde et contrastée, révèle des notes d'agrumes un peu amers et un boisé de qualité. Un vin de salades composées ou de fromage.
• Jean-Louis Roumage, Lestrille, 33750 Saint-Germain-du-Puch, tél. 05.57.24.51.02, fax 05.57.24.04.58 ☑ ☥ r.-v.

LE VOYAGEUR 1997**

☐   n.c.   169 000   ■☥ -30 F

L'étiquette reproduit une aquarelle originale de Prosper Chameau, lithographe bordelais du XIXᵉˢ. Benoît et Valérie Calvet signent le vin. L'or de la robe est étincelant. Les flaveurs, pudiques au nez, s'ouvrent largement en bouche, dans une harmonie de fleurs - acacia, jasmin - et surtout de fruits - agrumes, pêche, litchi - agrémentés d'amande grillée et de figue sèche. La rondeur de la chair se prolonge agréablement. Un vin de viandes blanches et de fromages à pâte molle.
• Benoît et Valérie Calvet, 41, rue Borie, 33300 Bordeaux, tél. 05.57.87.01.87, fax 05.57.87.08.08 ☑

CH. L'HOSTE-BLANC
Vin élevé en fût de chêne 1997

☐   2 ha   5 800   ⫼ 30 à 50 F

Sémillon (50 %) et sauvignon (40 %), complétés par une pointe de muscadelle, forment l'harmonie de ce 97 vinifié et élevé sur lies en fût neuf. La vivacité du raisin est atténuée par le travail en barrique. La finesse fruitée du bouquet et l'équilibre élancé du corps sont soutenus par le bois qui apporte son charme légèrement vanillé. Pour poissons et crustacés.
• SC Vignobles Baylet, Ch. Landereau, 33670 Sadirac, tél. 05.56.30.64.28, fax 05.56.30.63.90 ☑ ☥ t.l.j. sf sam. dim. 8h-12h 14h-17h

CH. LION BEAULIEU 1997**

☐   3 ha   28 000   ■☥ 30 à 50 F

Sauvignon et muscadelle se partagent 40 % de ce vignoble, au nord de l'Entre-deux-Mers, pays de petites églises et de beaux châteaux. Le sémillon règne, tout en rondeur. Les fleurs (seringa, jasmin, sureau, prairie) et le noyau de pêche composent - avec bien d'autres nuances - un bouquet frais, qui accompagne aussi les saveurs fondues de la bouche. La finale s'avive de notes citronnées. Un vin de fruits de mer, de volaille rôtie.
• GFA de Lyon, 33420 Naujan-et-Postiac, tél. 05.57.84.55.08, fax 05.57.84.57.31 ☥ r.-v.

BLANC DE LYNCH-BAGES 1996*

☐   4,5 ha   36 000   ⫼ 150 à 200 F

Lynch-Bages propose un vin blanc à choisir pour l'apéritif ou pour accompagner coquilles Saint-Jacques et filets de sole. Il est gras, long, et embaume le printemps (aubépine, seringa) et la pêche blanche légèrement citronnée. Une fraîcheur et une richesse dues à sa naissance et à son élevage en fût. Une signature.
• Jean-Michel Cazes, Ch. Lynch-Bages, 33250 Pauillac, tél. 05.56.73.24.00, fax 05.56.59.26.42 ☑
• Famille Cazes

CH. MALROME 1997*

☐   20 ha   8 000   ⫼ 30 à 50 F

Un château construit au XIVᵉˢ. reconstruit au XVIᵉˢ. et où vécut Henri de Toulouse-Lautrec. Ce sémillon de vieilles vignes plantées sur des graves argileuses s'offre en robe jaune brillante. Les flaveurs s'épanouissent dans un bouquet complexe, élaboré. Miel, vanille, beurre, noisette sont portés par une chair volumineuse et fondante. Ce savant mariage du vin et du chêne paraît fait pour les viandes blanches et le chabichou.
• SCEA ch. Malromé, 33490 Saint-André-du-Bois, tél. 05.56.76.44.92, fax 05.56.76.46.18 ☑ ☥ r.-v.
• Ph. Decroix

MARQUIS D'ABEYLIE
Elevé en fût de chêne 1997*

☐   5 ha   33 000   ⫼ -30 F

Né de l'équilibre des trois cépages avec 40 % de sauvignon vinifié et élevé pour 60 % en fût neuf, ce vin exprime la rigueur et le savoir-faire de l'Union de coopératives UNIVITIS. Les arômes sont fruités et complexes, la corpulence en bouche s'appuie délicatement sur la qualité du merrain et des lies fines. Un très joli vin au succès assuré. Du même groupe coopératif et dans le même millésime, les marques **Andredard** et **Garmont**, toutes deux 100 % sauvignon, sont citées sans étoile par le jury. Ce sont de bons sauvignons de l'année !
• Closerie d'Estiac, Les Lèves, 33320 Sainte-Foy-la-Grande, tél. 05.57.56.02.02, fax 05.57.56.02.22 ☑ ☥ t.l.j. sf dim. lun. 8h30-12h30 14h-18h

MARQUIS D'ALBAN Sauvignon 1997*

☐   n.c.   100 000   ■☥ -30 F

Marque de la maison Dulong créée en 1873, ce sauvignon pur a du panache dans son pourpoint vert pâle. Ses senteurs de genêt et de pamplemousse sont puissantes. Le corps est viril, la jambe nerveuse. Les perles de gaz avivent les flaveurs d'agrumes et les prolongent. Un vin de caractère. La **cuvée d'Alban Dulong 97**, qui assemble 80 % de sémillon au sauvignon, est élevée six mois en barrique neuve. Le boisé se fait léger, grillé, ne cachant pas les notes de fleurs et de fruits exotiques. La bouche est un peu lourde. Le tout mérite une citation.
• Dulong Frères et Fils, 29, rue Jules-Guesde, 33270 Floirac, tél. 05.56.86.51.15, fax 05.56.40.84.97 ☑

MARQUIS DE CHASSE 1997*

☐   n.c.   400 000   ■☥ -30 F

Un bordeaux, façon Ginestet. Ce gentilhomme pourrait se passer du gaz carbonique qui taquine son nez. Il a par lui-même suffisamment d'ampleur aromatique (mangue, fruit de la passion) et de subtilité (« pêche du sémillon très mûr », note un juré). Sa corpulence et sa longueur lui donnent une prestance assurée, qui doit lui permettre un certain vieillissement, à contrôler pendant un à deux ans.
• Maison Ginestet SA, 19, av. de Fontenille, 33360 Carignan-de-Bordeaux, tél. 05.56.68.81.82, fax 05.56.20.96.99

Bordeaux sec

YVON MAU Sauvignon 1997*
☐ n.c. n.c. 🍷♦ -30F

Il ne peut renier son origine : c'est le sauvignon typique et parfaitement réussi dans son style. On se réjouira de découvrir ses arômes qui évoquent effectivement les fruits exotiques et les agrumes. On appréciera sa fraîcheur carbonique, son corps parfumé, vif, à la finale enlevée... Un vin pour collectionneurs.
🍇 Yvon Mau SA, rue André-Dupuy-Chauvin, B.P. 1, 33190 Gironde-sur-Dropt, tél. 05.56.61.54.54, fax 05.56.61.54.61

MAYNE D'OLIVET 1996*
☐ 2 ha 14 000 🍷 30à50F

Mayne d'Olivet est un lieu-dit de la commune de Montagne où la production des blancs est infime depuis trente ans. Ce vin, élevé dix-huit mois en barrique, compte 25 % de sauvignon gris, issu du sauvignon par sélection il y a quelques années, recherché pour sa finesse et ses arômes fruités. Ceux-ci sont ici très harmonieusement mariés à un boisé grillé bien fondu. Très intéressant.
🍇 Jean-Noël Boidron, Ch. Corbin Michotte, 33330 Saint-Emilion, tél. 05.57.51.64.88, fax 05.57.51.56.30 ✉ 🍴 r.-v.

CH. MEMOIRES Sauvignon 1997*
☐ 2,5 ha 20 000 🍷♦ -30F

Ce producteur de vins rouges et liquoreux consacre quelques pieds de sauvignon à la production d'un bordeaux blanc sec qu'il élève sur lies, en cuve et en barrique neuve. La finesse florale du nez s'exprime ici par des notes d'acacia. La maîtrise des techniques d'élevage a permis la complexité élégante des flaveurs, riches, évolutives, et de la clarté à la fois volumineuse, souple et fraîche. À boire et à suivre pendant quelques mois.
🍇 SCEA Vignobles Ménard, Ch. Mémoires, 33490 Saint-Maixant, tél. 05.56.62.06.43, fax 05.56.62.04.32 ✉ 🍴 t.l.j. sf dim. 9h-19h

MOULIN BLANC Sauvignon 1997*
☐ n.c. 50 000 🍷♦ -30F

Ce sauvignon pur est présenté par la société de coopératives Producta, qui l'a sélectionné et élevé sur lies fines. Les caractères du cépage mûr - agrumes, litchi - sont tempérés, affinés de notes florales tendres, de pêche blanche et d'ananas. La chair est ronde et la persistance, mentholée. **Du même millésime, Etalon** et **Mission Saint Vincent**, autres blancs de ce groupe, paraissent plus faciles, et sont cités sans étoile pour la complexité vive et enlevée de leur bouquet exprimant les trois cépages. **Bleu sauvignon** est très typé genêt, pamplemousse dans une fraîcheur acidulée.
🍇 Producta SA, 21, cours Xavier-Arnozan, 33082 Bordeaux Cedex, tél. 05.56.81.18.31, fax 05.56.81.22.12 🍴 t.l.j. sf sam. dim. 9h-12h 14h-17h

CH. MOULIN DE PONCET 1997*
☐ n.c. n.c. 🍷♦ -30F

Une limpidité brillante à peine teintée de jaune à reflets verts. Les fleurs de jasmin mêlent leurs senteurs à la pêche blanche. La douceur, la souplesse chantent en perlant légèrement. C'est un vin fin, mûr, charmeur, né de la complicité du sémillon, de la muscadelle et du sauvignon assagi, plantés sur les coteaux du nord de l'Entre-deux-Mers.
🍇 SCEA Vignobles Ph. Barthe, Peyrefus, 33420 Daignac, tél. 05.57.84.55.90, fax 05.57.74.96.57 ✉ 🍴 r.-v.

PAVILLON BLANC DE CH. MARGAUX 1996***
☐ n.c. n.c. 🍷 ±200F

Né sur un beau terroir de graves, ce vin dont le rendement n'atteint pas 30 hl à l'hectare a tout pour séduire les palais les plus exigeants : un bouquet aux délicates notes de pêche blanche et de brugnon avec des affleurements sauvignonnés très légèrement boisés ; une structure grasse et bien enrobée, vive et ample, qui s'accorde avec les arômes de noisette, d'ananas pour conduire en douceur vers une exquise finale de citronnelle. Superbe !
🍇 SC du Ch. Margaux, 33460 Margaux, tél. 05.57.88.83.83, fax 05.57.88.83.32

CH. PENIN 1996**
☐ 2,8 ha 21 000 🍷♦ 30à50F

Ce 96 de Patrick Carteyron est une harmonie savante de raisins mûrs fermentés et élevés sur lies de façon magistrale, et de bois (la moitié du lot a séjourné en barrique). Le temps a fondu et marié ces caractères en un complexe savoureux, confit, grillé, vanillé, très aromatique, souple et long. Un vin recherché, une réussite en blanc... pour compléter le succès des rouges !
🍇 SCEA Patrick Carteyron, Ch. Penin, 33420 Génissac, tél. 05.57.24.46.98, fax 05.57.24.41.99 ✉ 🍴 t.l.j. sf dim. 9h30-12h 14h30-18h; sam. 9h-12h; f. 15-30 août

CH. PETIT MOULIN
Cuvée signature 1997**
☐ 25 ha 50 000 🍷 -30F

Le château Petit Moulin a établi son vignoble sur des sols très différents : argile graveleuse, calcaire et boulbènes. Sa cuvée Signature, jugée remarquable, s'organise autour du sauvignon (70 %) qui lui confère des notes de bourgeon, de buis et d'agrumes ; elle affiche une fraîcheur appuyée par des perles fines. La **cuvée principale 97**, une étoile, associe 10 % de muscadelle et 30 % de sauvignon au sémillon. Seringa, ananas, agrumes se conjuguent avec finesse autour d'un corps fondu.

197   **LE BORDELAIS**

Bordeaux sec

• SCEA Vignobles Signé, 33760 Arbis, tél. 05.56.23.93.22, fax 05.56.23.45.75 ☑ ♈ r.-v.

CH. PEUY SAINCRIT Le Pôle 1997**

| | 2 ha | 9 000 | ♫ | 30 à 50 F |

Peuy Saincrit situe ses pentes sur le 45ᵉ parallèle. Ce vin de vieilles vignes de sémillon et de muscadelle a été vinifié et élevé dans le bois neuf avec doigté. Un bonheur aromatique : la vivacité citronnée du corps est tempérée, modelée de touches réglissées, vanillées, grillées, beurrées, pour fondre en saveurs de noix de coco...

• SCEA Vignobles B. Germain, Ch. Le Peuy-Saincrit, 33240 Saint-André-de-Cubzac, tél. 05.57.42.66.66, fax 05.57.64.36.20 ☑ ♈ r.-v.

CH. PIERRAIL

Cuvée Prestige Elevée en fût de chêne 1996

| | 4 ha | 12 000 | ♫ | 30 à 50 F |

Parmi les productions de ce château bien connu des habitués de notre Guide, cette cuvée Prestige est originale par la sélection des cépages mis en œuvre (70 % de sémillon, 30 % de sauvignon), par leur vinification et leur long élevage (neuf mois) sur lies, en barrique. Le bouquet, frais, mentholé, y a gagné en nuances beurrées et vanillées, et la bouche a acquis une rondeur boisée qui contraste agréablement avec la vivacité initiale du raisin, que l'on retrouve en finale.

• Alice, Jacques et Aurélien Demonchaux, Ch. Pierrail EARL, 33220 Margueron, tél. 05.57.41.21.75, fax 05.57.41.23.77 ☑ ♈ r.-v.

QUINTET Sauvignon 1997*

| | n.c. | 200 000 | ♦ | -30 F |

Vinifié par la coopérative des Hauts de Gironde, au nord de la citadelle de Blaye, ce vin est élaboré à partir de raisins récoltés sur une sélection de parcelles travaillées par des vignerons disciplinés ! Les caractères du sauvignon sont ici exploités pour donner un vin d'une puissance élégante, fruitée et longue. Ils révéleront le cépage aux néophytes, et accompagneront allègrement huîtres et poissons.

• Cave des Hauts de Gironde, La Cafourche, 33860 Marcillac, tél. 05.57.32.48.33, fax 05.57.32.49.63 ☑ ♈ t.l.j. sf dim. 8h30-12h 14h-18h; groupes sur r.-v.

CH. DE RAMONDON 1997*

| | 6 ha | 10 000 | ♦ | -30 F |

Cette belle propriété des premières côtes de Bordeaux possède un château style « Renaissance revue XIXᵉs. » original et élégant. Le vin proposé ici est né de sémillon, à 80 %, et de sauvignon. La robe, d'un blanc-vert brillant, et les senteurs florales,, tendres, enrichies d'agrumes, évoquent jeunesse et printemps. Cette impression s'épanouit dans la rondeur souple de la chair. A savourer sans attendre.

• SCEA Van Pé et Fils, Ch. de Ramondon, 33550 Capian, tél. 05.56.72.30.01, fax 05.56.72.30.01 ☑ ♈ r.-v.

CH. RAUZAN DESPAGNE 1997**

| | 36 ha | 288 000 | ♦ | 30 à 50 F |

Le même vinificateur a ciselé les châteaux Bel Air, Tour de Mirambeau, et Rauzan Despagne. Ce bordeaux sec ? Un festival de qualités. On retrouve ici la légèreté et le bonheur du style Bel Air. Les parfums l'emportent sur la chair, un peu agacée par la jeunesse de ce vin dont le caractère s'affirme déjà floral et fruité (agrumes) à la fois, un peu exotique en finale. Elevée en fût, la cuvée **Passion 96** a obtenu une étoile : le corps de ce vin profite d'un léger boisé qui l'accompagne avec élégance.

• GFA de Landeron, 33420 Naujan-et-Postiac, tél. 05.57.84.55.08, fax 05.57.84.57.31 ♈ r.-v.

LE SEC DE RAYNE VIGNEAU 1997**

| | 78,28 ha | 9 300 | ♦ | 50 à 70 F |

La renommée de Rayne Vigneau, 1ᵉʳ cru classé de sauternes, n'est plus à faire. Ce château élabore deux bordeaux secs, l'un et l'autre remarquables. Le Sec de Rayne Vigneau est un superbe sauvignon mêlé de sémillon fleuri, au contre-chant de pêche jaune et de poire, ample, complexe, long et enlevé en finale. Dans le même millésime **Gemme** est un mariage de sémillon (60 %) et de sauvignon (40 %). Il est élevé huit mois en fût ; gras, enveloppé, long, il offre une très belle palette où se mêlent miel de genêt et d'acacia, abricot, notes beurrées, boisées et réglissées. L'un et l'autre sont sûrs de leur beauté actuelle et future.

• SC du Ch. de Rayne Vigneau, 17, cours de la Martinique, B.P. 90, 33027 Bordeaux Cedex, tél. 05.56.01.30.10, fax 05.56.79.23.57 ♈ r.-v.

CH. REYNON Vieilles vignes 1996**

| | 9 ha | 60 000 | ♦♫ | 50 à 70 F |

Ce château se trouve très souvent « étoilé » dans le Guide. La réputation de ses produits et des propriétaires n'est plus à faire. L'amateur de sauvignon bien tempéré (par 10 % de sémillon) trouvera là un vin de maître parfaitement contrôlé. Ses arômes floraux sont denses, très nets. La bouche fondante, discrètement boisée, est harmonieuse. Un juré conclut : « Vin élégant ».

• EARL Denis et Florence Dubourdieu, Ch. Reynon, 33410 Béguey, tél. 05.56.62.96.51, fax 05.56.62.14.89 ☑ ♈ r.-v.

CH. SAINTONGEY 1997**

| | 4 ha | 20 000 | ♦ | -30 F |

La muscadelle constitue 40 % de cette cuvée, le sauvignon et le sémillon participant pour 30 % chacun. Résultat : une symphonie brillante. Le nez exprime les différents cépages avec délicatesse : de la pointe de genêt à la confiture d'oranges, en passant par la mangue et la pêche blanche. La bouche privilégie la finesse, l'harmonie et la longueur sur le volume. Il faut observer l'évolution de ce vin dans le temps.

• SCEA Yung Frères, 8, chem. de Palette, 33410 Béguey, tél. 05.56.62.94.85, fax 05.56.62.18.11 ☑ ♈ r.-v.
• Charles Yung

CH. THIEULEY 1997*

| | 25 ha | 200 000 | ♦ | 30 à 50 F |

Bravo au juré qui a deviné la présence des graves dans le vignoble à travers les parfums de sauvignon mûr qui entrent dans la complexité aromatique de ce vin. Ils y côtoient pêche blanche et noisette. Le volume du corps n'a pas fait

l'unanimité. Voilà certainement un beau sujet de discussion, verre en main.
☛ Sté des Vignobles Francis Courselle, Ch. Thieuley, 33670 La Sauve, tél. 05.56.23.00.01, fax 05.56.23.34.37 ▣ ⊻ r.-v.

CH. TIMBERLAY Prestige 1997★

◻ 5 ha 10 000 ⓘ 30 à 50 F

Dans cette cuvée Prestige du bien connu château Timberlay, le sauvignon l'emporte sur le sémillon : il marque les flaveurs de notes puissantes d'agrumes. L'élevage sur lies en a tempéré l'ardeur et enrichi les nuances (mandarine). Le côté confit du fruit est porté par le merrain, qui doit encore se fondre pour que la beauté de ce vin se révèle. Dans la **cuvée principale du château Timberlay 97**, élevée en cuve, le sémillon domine le sauvignon. Le vin, svelte et frais, est plus simple mais typique de l'année. Il reçoit une citation.
☛ EARL Vignobles Robert Giraud, Ch. Timberlay, 33240 Saint-André-de-Cubzac, tél. 05.57.43.01.44, fax 05.57.43.08.75

CH. TOUR DE MIRAMBEAU 1997★★

◻ 35 ha 280 000 ⓘ 30 à 50 F

D'une façon ou d'une autre, le maître signe : Tour de Mirambeau, Bel Air Perponcher... Outre la finesse des arômes - fleurs d'aubépine, de jasmin, agrumes et ananas -, le jury a apprécié le gras, la souplesse de la chair, la complexité des flaveurs - pêche, miel -, la longueur. Un plaisir raffiné. Elevée en fût, la cuvée **Passion 96** reçoit une étoile dans cette AOC : elle enchantera un poisson en sauce.
☛ SCEA des Vignobles Despagne, 33420 Naujan-et-Postiac, tél. 05.57.84.55.08, fax 05.57.84.57.31 ⊻ r.-v.

CH. DE VAURE 1997★

◻ 7 ha 10 000 ⓘ -30 F

Ce vin de contrastes est proposé par les Producteurs réunis à Ruch, village haut perché proche de Pujols et du moulin fortifié de Labarthe. Le complexe aromatique - pamplemousse mentholé, abricot, pêche jaune - anime une chair juteuse, fraîche, longue. Le zeste citronné de la finale est une invitation à goûter des huîtres, ou des soles en friture.
☛ Producteurs réunis Chais de Vaure, 33350 Ruch, tél. 05.57.40.54.09 ▣ ⊻ t.l.j. sf dim. 8h30-12h30 14h-18h

Bordeaux rosé

CH. BELLEVUE LA MONGIE 1997

◻ 0,5 ha 4 000 ⓘ -30 F

La robe pimpante, grenadine, annonce la fraîcheur des parfums du merlot, accompagné des cabernets encore croquants. Le corps est éveillé, svelte, acidulé, très aromatique. Un rosé de poisson grillé et de barbecue.

☛ Michel Boyer, Ch. Bellevue La Mongie, 33420 Génissac, tél. 05.57.24.48.43, fax 05.57.24.48.43 ▣ ⊻ t.l.j. 8h-12h 14h-19h; sam. dim. sur r.-v.; f. 15-31 août

ETALON 1997★

◻ 55 ha 450 000 ⓘ -30 F

Cette société de coopératives propose un vin d'assemblage bien façonné, qui fleure bon la fleur de raisin, la framboise, l'ananas. La bouche, d'abord fraîche et acidulée, évolue vers des nuances plus sages de fruits exotiques et de beurre. Pour les crudités, des fruits de mer, des viandes blanches ou de la charcuterie. Deux autres marques ont été retenues et citées en **rosé 97, Maine-Brilland**, un vin typé cabernet-sauvignon et **Gamage**, un classique « rosé plaisir ».
☛ Producta SA, 21, cours Xavier-Arnozan, 33082 Bordeaux Cedex, tél. 05.56.81.18.18, fax 05.56.81.22.12 ⊻ t.l.j. sf sam. dim. 9h-12h 14h-17h

FLEUR 1997★

◻ n.c. 70 000 ⓘ -30 F

Fleur 97, vin de marque, signe un art de la vinification et de l'assemblage. Il sait, une fois encore, se montrer frais, délicatement parfumé, charnu, charmeur.
☛ Caves de Rauzan, 33420 Rauzan, tél. 05.57.84.13.22, fax 05.57.84.12.67 ▣ ⊻ r.-v.

CH. GROSSOMBRE 1997

◻ n.c. n.c. ⓘ 30 à 50 F

De conception très classique et fort bien fait, ce rosé aux couleurs vives, aux arômes de cépages (merlot, cabernet-sauvignon) est mis en valeur par un agréable foisonnement de microbulles gazeuses. Un rosé d'école. (Mais quelle école !)
☛ Béatrice Lurton, B.P. 10, 33420 Grézillac, tél. 05.57.25.58.58, fax 05.57.74.98.59 ▣

ROSE DE GUILLEBOT 1997★

◻ 2 ha 10 000 ⓘ -30 F

Une propriété matriarcale depuis sept générations, située aux marches joliment vallonnées de l'Entre-deux-Mers. Une délicate robe rose tendre habille ce vin. Les parfums évoquent le bouquet printanier, la fraise, la framboise, le cabernet-sauvignon à peine mûr. Cette élégance embaume et flatte le palais. Pourquoi ne pas le servir avec une quiche lorraine ?
☛ Evelyne Rénier, 33420 Lugaignac, tél. 05.57.84.53.92, fax 05.57.84.62.73 ▣ ⊻ t.l.j. 9h-12h 14h-18h; sam. dim. sur r.-v.

CH. HAUT RIAN 1997

◻ 3,1 ha 25 000 ⓘ -30 F

Toute proche de la cité médiévale de Rions, cette vaste propriété offre une large gamme de vins. Ce rosé, né de merlot et de cabernet franc pour moitié, porte une robe pâle, brillante, et offre un nez très fin, fruité, acidulé. La bouche rappelle la framboise ; le gaz carbonique avive le corps.
☛ Michel Dietrich, La Bastide, 33410 Rions, tél. 05.56.76.95.01, fax 05.56.76.93.51 ▣ ⊻ t.l.j. sf dim. 9h-12h 14h-18h; f. 15-25 août

Bordeaux rosé

CH. DE JAYLE 1997★

3 ha — 5 000 — -30F

Cette propriété importante et moderne a élaboré 5 000 bouteilles d'un rosé issu de vendanges mûres des trois cépages, le cabernet-sauvignon intervenant pour 55 % de l'ensemble, le cabernet franc pour 22 %. Le nez est très floral, net, frais. Le corps, rond et souple, laisse épanouir la maturité des raisins en flaveurs subtiles et longues de fruits exotiques. Un vin assez inhabituel, très réussi.

↳ Vignobles Pellé, 1 Jayle, 33490 Saint-Martin-de-Sescas, tél. 05.56.62.80.07, fax 05.56.62.71.60 ▼ ⚘ r.-v.

JOLY RIVAGE 1997

0,5 ha — 4 500 — -30F

« Joly Rivage » : il est vrai qu'entre ciels et eaux toujours changeants, les petits ports fluviaux du Médoc sont très attachants. Ce rosé peut les évoquer : le nez est aérien, floral, avec quelques arômes secondaires plus denses. La bouche est volumineuse, ronde, un peu lourde, mais l'ensemble est très attrayant.

↳ SCEA Ch. Beau Rivage, chem. du Bord-de-l'eau, 33460 Macau-en-Médoc, tél. 05.57.10.02.02, fax 05.57.10.02.00 ▼ ⚘ t.l.j. sf sam. dim. 8h-12h 13h-17h
↳ Famille Nadalié

CH. LAMOTHE VINCENT 1997★

52 ha — n.c. — -30F

La réussite de ce vin assemblant les trois cépages est directement liée à sa grande harmonie. Robe saumon carminé, nez fleuri et fruité, bouche ronde, fondue, longueur parfumée et complexe : tout s'équilibre pour construire « le rosé de Bordeaux »

↳ SC Vignobles JBC Vincent, 3, chem. de Laurenceau, 33760 Montignac, tél. 05.56.23.96.55, fax 05.56.23.97.72 ▼ ⚘ r.-v.

CH. DE LANGUISSAN 1997★

2,5 ha — 7 200 — -30F

Ce vin issu exclusivement de cabernet franc a enchanté le jury. La robe pâle est saumonée. Le nez, un peu timide encore, est très fin, riche, long. Le corps, souple et élancé, embaume le raisin, avec une note de lait de noix de coco. A servir en apéritif ou pour accompagner une viande blanche ou un colin froid.

↳ Carles Sibille, Ch. de Languissan, 33750 Croignon, tél. 05.56.30.10.27, fax 05.56.30.12.21 ▼ ⚘ r.-v.

CH. LA ROSE CASTENET 1997★

6,55 ha — 50 000 — -30F

Habillé de rose saumon, le corps rond, vineux et ferme ce rosé, élaboré selon des techniques très modernes livre notamment des arômes de framboise. Un perlé de gaz carbonique avive sa finale. C'est un vin de tarte et de fin d'après-midi à la campagne.

↳ EARL François Greffier, Castenet, 33790 Auriolles, tél. 05.56.61.40.67, fax 05.56.61.38.82 ▼ ⚘ r.-v.

CH. LA ROSE SAINT-GERMAIN 1997★

n.c. — n.c. — -30F

Les deux cabernets s'épousent en ce rosé à la robe pâle étincelante. Les flaveurs subtiles, florales, d'une grande finesse au nez, explosent en bouche dans une harmonie complexe de pêche blanche fondante et de fruits exotiques. Un vin délicat à servir seul. Il mérite attention.

↳ SCEA Vignobles Ducourt, 33760 Ladaux, tél. 05.57.34.54.00, fax 05.56.23.48.78 ▼ ⚘ r.-v.

CH. LE GARDERA 1997

4 ha — 18 000 — 30 à 50F

Il est né de vieilles vignes de graves et calcaire, sur les coteaux qui dominent la Garonne. Ce vin affirme une jolie complexité aromatique de fruits rouges et de pêche jaune mûre. La chair est ronde, volumineuse, parfumée. La finale manque un peu de fraîcheur, mais ce style de rosé est bien agréable.

↳ Domaines Cordier, 53, rue du Dehez, 33290 Blanquefort, tél. 05.56.95.53.00, fax 05.56.95.53.01 ⚘ r.-v.

CH. LES CHENES DU MAGNAN 1997

0,77 ha — 4 000 — -30F

La fraîcheur se lit dans la robe, s'ouvre au service du vin dans la finesse et l'intensité des parfums, et avive la générosité du corps. Une composition enlevée de fleur de pivoine, d'ananas fondant, de groseilles en gelée, avec une pincée d'amande grillée. Le rosé de tonnelle et de fromage frais.

↳ Philippe Lopez, Le Magnan, 33350 Sainte-Radegonde, tél. 05.57.40.50.78, fax 05.57.40.52.12 ▼ ⚘ r.-v.

LA ROSE DE LOUDENNE 1997★

2 ha — 6 740 — 30 à 50F

Confortablement installé sur une croupe de graves, ce château médocain offre le plaisir de ce rosé fleuri, vif, aux notes de petits fruits rouges. Un vin de fraîcheur à servir en apéritif ou sur des crustacés.

↳ IDV France, Ch. Loudenne, 33340 Yzans-de-Médoc, tél. 05.56.73.17.80, fax 05.56.09.02.87 ▼ ⚘ t.l.j. 9h30-12h30 14h-17h30; sam. dim. sur r.-v.
↳ W. et A. Gilbey

CH. NAUDONNET PLAISANCE

Perle rose d'avril Vinification en barrique 1997★

1 ha — 4 000 — 30 à 50F

Joli et original, ce rosé né et élevé en barrique. « Bon coup de patte », a noté un juré. Le cabernet, issu de graves et de calcaire, se montre mûr, fruité, généreux, long. Le bois l'accompagne, veut galant, mais impose insidieusement ses flaveurs de chêne. Faut-il attendre la fusion ?

↳ Danièle Mallard, Ch. Naudonnet Plaisance, 33760 Escoussans, tél. 05.56.23.93.04, fax 05.57.34.40.78 ▼ ⚘ r.-v.

CH. PIERRAIL 1997★★

3,2 ha — 23 000 — -30F

Ce château du XVIIᵉˢ., à la façade sobre et élégante, accueillit quelques jours l'impétueuse duchesse de Berry, en révolte contre Louis-Phi-

Bordeaux supérieur

lippe. Le jury a été unanime sur ce rosé de grande classe. Merlot et cabernet s'expriment en beauté : leurs arômes chantent les fruits rouges, l'ananas, la mangue. La bouche est charnue, fraîche, très aromatique, mais aussi dense, concentrée. Un contre-chant d'agrumes prolonge le plaisir. A déguster sans hâte.

EARL Ch. Pierrail, 33220 Margueron, tél. 05.57.41.21.75, fax 05.57.41.23.77 ☑ ⏐ r.-v.
A., J. et A. Demonchaux

CH. PINET LA ROQUETTE 1997

	0,32 ha	1 500	

Petite production d'un ensemble merlot, cabernet-sauvignon de vieilles vignes. Le nez est délicat, élégant, fait de fraise, de framboise et de bonbon anglais. La bouche révèle la fraîcheur et la rondeur d'une chair parfumée, de bonne persistance. Une note de bourgeon l'épaissit un peu.
Monique Orlianges, Ch. Pinet La Roquette, 33390 Berson, tél. 05.57.64.37.80, fax 05.57.64.23.57 ☑ ⏐ t.l.j. 9h-12h 14h-19h

CH. ROC DE CAYLA 1997★

	1 ha	7 000	

Voici un cabernet-sauvignon pur, ramassé début octobre, donc proche de la maturité complète. Le nez se montre brillant, complexe et long. Aux petits fruits rouges s'ajoutent des harmonies de fleur d'oranger et de pamplemousse. Le corps est parfumé. Un original à inviter à un repas de charcuterie et de fromages.
Jean-Marie Lanoue, Ch. Roc de Cayla, 33760 Soulignac, tél. 05.56.23.91.13, fax 05.57.34.40.44 ☑ ⏐ r.-v.

LES HAUTS DE SMITH 1997★

	n.c.	12 000	

Voici un rosé rare et original : il a pour une large part fermenté en barrique et a été élevé sur lies pendant plusieurs mois. Il y a acquis ces parfums aériens et délicats, mais intenses, de fleur d'acacia et de mie de pain frais. Naturellement, le cabernet-sauvignon donne au corps sa prestance et sa flaveur. L'ensemble est d'une belle harmonie.
SA Daniel Cathiard, 33650 Martillac, tél. 05.57.83.11.22, fax 05.57.83.11.29 ☑ ⏐ r.-v.

CH. DE SOURS 1997★

	18 ha	60 000	

Il ne passe pas inaperçu : la teinte carminée violine, intense, étonne. Les arômes puissants nuancés de buis, de cassis et de pamplemousse, interrogent. La bouche ronde et soyeuse, la lon-

gueur parfumée séduisent. Très grand pour l'un, atypique pour l'autre, de toute façon original.
Ch. de Sours, 33750 Saint-Quentin-de-Baron, tél. 05.57.24.10.81, fax 05.57.24.10.83 ☑ ⏐ r.-v.
E. Johnstone

CH. TURCAUD 1997★★

	n.c.	10 000	

Ce gentilhomme tout cabernets, rose très pâle, est aussi tous parfums. Le fruit rouge, très intense, légèrement mentholé, est souligné de notes de pain beurré et de cacahuète. Le corps se montre assuré, puissant, mais aussi fin et long. Mieux que classique, remarquable.
Vignobles Robert, Ch. Turcaud, 33670 La Sauve-Majeure, tél. 05.56.23.04.41, fax 05.56.23.35.85 ☑ ⏐ r.-v.

CH. VILLOTTE 1997★

	4,69 ha	40 000	

Le château de Rauzan (XIII^{e}s.) et l'église romane méritent une visite ; l'Union des producteurs, qui a vinifié ce cru, aussi. Dès le service, fraise et cassis flattent le nez. Leur finesse et leur élégance s'épanouissent dans une bouche égayée d'un perlant agréable. La chair est ronde, assez longue.
Caves de Rauzan, 33420 Rauzan, tél. 05.57.84.13.22, fax 05.57.84.12.67 ☑ ⏐ r.-v.
Denis Baro

Bordeaux supérieur

ABBAYE DE CORNEMPS 1995

	1,6 ha	9 000	

Les ruines de l'abbaye, mangées de lierre, coiffent le paysage. L'usage des techniques anciennes est quotidien dans ce petit vignoble. Le bouquet de ce bordeaux supérieur offre beaucoup de fruits mûrs (griotte, pruneau) sur un boisé élégant, discret. La bouche est tout en rondeurs parfumées, juteuse. Les tanins seront bientôt assagis ; il sera alors temps de goûter ce 95 sur viandes et champignons.
Jean-Guy Girard, 7 Cornemps, 33570 Petit-Palais-et-Cornemps, tél. 05.57.69.87.85 ☑ ⏐ r.-v.

CH. ARCHE ROBIN 1996★

	7 ha	19 000	

Belle entrée dans le Guide pour ce domaine constitué en 1994. Ce 96 se présente en habit foncé rutilant, et s'ouvre sur des senteurs discrètes mais élégantes de fruits en salade et de pruneau, avec des nuances de cuir et de venaison. Le corps, tout en rondeurs aimables et en tanins fondants, annonce une maturité dont il faut profiter (ou qu'il faut surveiller car elle peut s'enrichir encore). Cette bouteille accompagnera grillades, charcuteries et fromages secs.
Huguette Blouin, Ch. Arche-Robin, 33141 Villegouge, tél. 05.57.84.45.67, fax 05.57.84.47.03 ☑ ⏐ r.-v.

Bordeaux supérieur

CH. ARNEAU-BOUCHER
Cuvée Prestige Vieillie en fût de chêne 1996★★

n.c. 5 000

Les jurés n'ont pas discuté la prestance de ce classique ! Il se présente en robe noire à flammes rubis et pourpres. La complexité du bouquet s'impose en boisé - beurré, grillé, torréfié. Le beau fruit du raisin mûre chante cependant à la mise en bouche. Il équilibre ensuite des tanins élégants et sages, et les accompagne en finale. Une harmonie pour du gibier et des rôtis, voire des plats en sauce et des civets.
🕭 Jacques Sartron, 8, le Bourg, 33240 Saint-Genès-de-Fronsac, tél. 05.57.43.11.12, fax 05.57.43.56.34

CH. DES ARRAS Cuvée Prestige 1995★

1 ha 8 000

Le bâtonnier Rozier fut, au cœur de ce siècle, avocat du vin et de la coopération vinicole. Le 95 lui ressemble : robe magistrale ; nez d'abord réservé puis riche et complexe (avec quelques notes sauvages) ; volume et rondeur soyeuse, mais présence tannique robuste et poivrée ; longueur bien argumentée. A laisser mûrir pour en savourer toute la beauté.
🕭 Indivision Rozier, Ch. des Arras, 33240 Saint-Gervais, tél. 05.57.43.00.35, fax 05.57.43.58.25 r.-v.

CH. BARBE D'OR 1996★

25 ha n.c.

Les propriétaires sont des citadins reconvertis. Il ont transformé cuvier et chai en outils adaptés à leurs ambitions : réussir par eux-mêmes, de la vinification à la mise en bouteilles, avec des contraintes de type norme ISO 9002 et maîtrise des rejets d'eaux usées par évaporation... Ce vin embaume les fleurs - rose - et les fruits confits relevés de coriandre. La bouche s'arrondit sur des tanins mûrs, bien équilibrés, qui donnent densité et longueur à la chair épicée. Un vin de garde.
🕭 Isabelle et Patrice Chaland, Ch. Queyret-Pouillac, 33790 Saint-Antoine-du-Queyret, tél. 05.57.40.50.36, fax 05.57.40.57.71 r.-v.

CH. DE BARRE 1996★

10 ha 60 000

70 % de merlot composent ce 96. La présentation est flatteuse : habit carmin et noir, senteurs complexes (coulis de fraises, épices). L'équilibre s'affirme en bouche entre chair mûre et tanins cossus, fondus. La richesse de la finale, où naissent les premières notes de maturité, assure la réussite de ce classique.
🕭 SCEA Yvette Cazenave-Mahé, Ch. de Barre, 33500 Arveyres, tél. 05.57.24.80.26, fax 05.57.24.84.54 r.-v.

CH. BARREYRE 1996

7 ha 45 000

Sous une robe grenat foncé, le corps présente des rondeurs fermes et des tanins assagis, élégamment boisés. Bouquet et flaveurs, de bonne intensité, évoquent d'abord la rose et le raisin, puis évoluent vers des nuances de cassis, de tarte à la framboise, de café, de goudron. Ce vin d'un équilibre très classique est plaisant dès aujourd'hui.
🕭 SC Ch. Barreyre, Beaurivage, 33460 Macau, tél. 05.57.88.07.64, fax 05.57.88.07.00 r.-v.
🕭 Giron

CH. BAUDUC 1996

8,31 ha 65 000

Le château a belle allure, le vin aussi. La robe brille, d'un rouge profond. Le nez présente des arômes de fruits assortis de notes animales, grillées, confites. La bouche toute ronde, souple, les tanins soyeux, agréablement boisés, indiquent un vin prêt à la dégustation.
🕭 David Thomas, Ch. Bauduc, 33670 Créon, tél. 05.56.23.23.58, fax 05.56.23.06.05 r.-v.

CH. BEAU RIVAGE
Elevé en fût de chêne 1996★

6 ha 18 000

Proche du port de Macau-en-Médoc, ce vignoble établi sur sol argilo-calcaire est riche de 15 % de petit verdot et de 5 % de malbec. L'élevage attentif en barrique y confirme la tradition, et l'étiquette élégante du flacon l'originalité moderne de la famille Nadalié. Le vin se révèle très sûr de lui, en habit grenat à reflets pourpres. Bouquet et flaveurs de belle intensité s'épanouissent en accords de fruits cuisinés (tarte aux guignes), de fumé, de boisé savant. Le volume en bouche est ferme, les tanins fondus, longs et fins. Une bouteille bientôt mûre, mais de bonne garde.
🕭 SCEA Ch. Beau Rivage, chem. du Bord-de-l'eau, 33460 Macau-en-Médoc, tél. 05.57.10.02.02, fax 05.57.10.02.00 t.l.j. sf sam. dim. 8h-12h 13h-17h
🕭 Famille Nadalié

CH. BELLERIVE 1996★★

30 ha 204 000

Philippe Dumas, négociant et propriétaire établi sur les bords de la Dordogne, au nord de Bordeaux, a élevé ce vin huit mois en barrique neuve. Une fois n'est pas coutume, le second vin séduit davantage que le grand vin, **Château Saint-Vincent 96**, qui ne reçoit qu'une étoile. Ici, le rubis de la robe étincelle, avec des reflets noir profond. Bois et fruits s'épousent en un bouquet intense, complexe, fin, souligné de cannelle et de vanille. Le vin prend littéralement possession de la bouche, évoluant en maître entre merrain fondu de qualité et chair dense, arrondie, accompagnée de flaveurs confites et de notes de pain d'épice toasté. Quelques mois d'attente suffiront

202

Bordeaux supérieur

pour enchanter les plats savoureux du Sud-Ouest.
➥ Philippe Dumas, Saint-Vincent-de-Paul, 33240 Saint-Gervais, tél. 05.57.94.00.20, fax 05.57.43.45.72 r.-v.

DOM. DES BIZELLES 1996

	2 ha	12 000	

Le petit bourg de Savignac domine l'Isle au nord de Libourne. Son château du XV^(e)s. a belle allure. A moins d'un kilomètre, Alain Hue tire de son petit vignoble à l'encépagement dominé par le merlot un vin très rond, aux tanins fondus mais présents. Ce 96 embaume la tarte aux griottes, la cannelle, le toast. Il faut y goûter, et y revenir, sans hâte.
➥ SCEA du Dom. des Bizelles, Pichot, 33910 Savignac-de-l'Isle, tél. 05.57.84.23.94, fax 05.57.84.20.95 r.-v.
➥ Alain Hue

CH. BLANCHET
Vieilli en fût de chêne 1996*

	4 ha	21 000	

Cette propriété au passé prestigieux a été reprise en 1987. Le vignoble est jeune, et l'encépagement bien équilibré. Le vin a déjà été remarqué dans ce guide. Le 96 suit la trace de ses aînés. Le rubis de la robe est intense. Des notes fraîches, mentholées, éclairent un nez puissant, complexe, vineux, de cerise à l'eau-de-vie. L'attaque souple s'efface devant des tanins ronds. Le boisé fin et élégant accompagne la dégustation en une longue finale. Ce vin de belle compagnie enchantera l'entrecôte aux morilles...
➥ Yves Broquin, Ch. Blanchet, 33790 Massugas, tél. 05.56.61.41.40.19, fax 05.56.61.31.40 r.-v.

CH. BOIS-MALOT Tradition 1995

	2,5 ha	14 000	

Deux hectares et demi de limons graveleux, un encépagement classique, une vinification traditionnelle (mais un élevage en barrique, plus rare dans l'appellation). La dégustation confirme ce grand classicisme : couleur grenat à éclats auburn, nez friand de pain, de petits fruits en tarte, de café, structure ronde et parfumée, légèrement brûlée. Ce vin déjà mûr peut vieillir encore. C'est le type du bon bordeaux supérieur. Du même producteur, mais élevé en cuve, le **Château des Valentons - Canteloup 95** est tout en fruits. Il reçoit la même note mais doit être consommé dès cet hiver.
➥ SCA Meynard, Les Valentons, 33450 Saint-Loubès, tél. 05.56.38.94.18, fax 05.56.38.92.47 r.-v.

CH. BOIS NOIR
Elevé en fût de chêne 1996*

	n.c.	26 600	

Les terres fortes nommées boulbènes ont perdu leur médiocre réputation. Les outils modernes aident le bon vigneron en toutes circonstances. Cyrille Grégoire le sait bien, qui a acquis cette jeune exploitation en 1995, et y a produit, élevé en barrique, ce vin gras, souple et long. Le boisé de qualité accompagne courtoisement les flaveurs de fruits mûrs (merlot épicé,

cabernet). Très agréable aujourd'hui, la dégustation pourra continuer plusieurs mois.
➥ Cyrille Grégoire, SARL Ch. Bois Noir, 1, Bois Noir, 33230 Maransin, tél. 05.57.49.41.09, fax 05.57.49.49.43 r.-v.

CH. DE BONHOSTE 1996

	n.c.	n.c.	

Le charme commence par la robe vermeille. Il continue par le fruit - cerise, fraise - vanillé du bouquet, et se prolonge dans la structure fondue, gracile du corps, à peine effleuré par le merrain. La légèreté fruitée de la finale incite à déguster ce vin sur des viandes blanches, sans trop attendre.
➥ SCEA des Vignobles Fournier, Bonhoste, 33420 Saint-Jean-de-Blaignac, tél. 05.57.84.12.18, fax 05.57.84.15.36 r.-v.
➥ Fournier-Bern

CH. BOSSUET 1995

	7 ha	40 000	

Ce vin est né sur les terrasses graveleuses qui prolongent au nord les grands vignobles du Libournais. Il fut soigneusement vinifié en macération longue, et élevé en barrique pendant dix-huit mois. Le nez montre une richesse épicée, mentholée, grillée. La robe rubis aux larmes auburn est d'un peu transparente. Le corps masque bien ses tanins. L'ensemble heureux, séveux et complexe, affirme une certaine originalité.
➥ SARL L. Dubost, Catusseau, 33500 Pomerol, tél. 05.57.51.74.57, fax 05.57.25.99.95 r.-v.
➥ Yvon Dubost

DOM. DE BOUILLEROT 1995*

	1,5 ha	10 000	

Un vin sans merlot, où s'équilibrent cabernets franc et sauvignon, issu d'une macération de trente jours. Il a enthousiasmé un dégustateur. D'autres ont regretté l'importance de l'astringence. Tous ont apprécié la richesse et la finesse du bouquet, où le cabernet mûr a été reconnu et salué. Les flaveurs de tarte aux fruits rouges et de zeste d'orange agrémentent un corps plein, bien charpenté. Il faut laisser s'assouplir les tanins.
➥ Thierry Bos, Lacombe, 33190 Gironde-sur-Dropt, tél. 05.56.71.46.04, fax 05.56.71.46.04 r.-v.

CH. BOURDICOTTE 1996

	8,63 ha	20 000	

La sélection bordeaux supérieur de ce château (présenté aussi en bordeaux) offre des arômes expressifs, complexes, où l'on reconnaît les fruits cuits. La matière riche de la chair est relevée de notes de poivron très légères qui avivent l'impression d'ensemble. Un style, un plaisir.
➥ SCEA Rolet Jarbin, Dom. de Bourdicotte, 33790 Cazaugitat, tél. 05.56.61.32.55 r.-v.

CH. BRIDOIRE BELLEVUE 1996*

	17 ha	30 000	

Ce vignoble est bien connu en Entre-deux-Mers. L'abbaye de Saint-Ferme et la bastide de Monségur sont situées à proximité. Issu d'un encépagement classique et d'une élaboration parfaitement maîtrisée, ce vin a une présentation

203   LE BORDELAIS

Bordeaux supérieur

irréprochable : tenue rouge profond, bouquet très agréable, de vanille, de fumet, de boisé sur des parfums de fruits mûrs à point. L'équilibre règne entre chair et fût discrètement présent. A inviter, pourquoi pas, dès les entremets (quiche, soufflé).
- Marthe Greffier, Ch. Launay, 33790 Soussac, tél. 05.56.61.31.44, fax 05.56.61.39.76 ☑ ☿ r.-v.

CH. BROWN-LAMARTINE 1996**

■ n.c. 60 000 ⦿ 50 à 70 F

Ce n'est pas aux Médocains du château Cantenac-Brown (margaux) que l'on apprendra à réussir un bordeaux supérieur, qu'ils élèvent quinze mois en barrique. La limpidité pourpre noir de la robe brille de reflets rubis. Le bouquet offre une intensité chaleureuse, nuancée de notes animales. Boisé élégant et fruits rouges concentrés y règnent. Ils accompagnent les saveurs de la bouche : opulence des raisins bien mûrs, ampleur finement poivrée des tanins enrobés, longueur épanouie de la « queue de paon » : un vin de grande table, auquel une seule voix a manqué pour être coup de cœur !
- Jean-Michel Cazes, Ch. Cantenac-Brown, 33460 Margaux, tél. 05.57.88.81.81, fax 05.57.88.81.90 ☑ ☿ r.-v.
- Axa Millésimes

CH. DU BRU Cuvée réservée 1995**

■ 2 ha 11 000 ⦿ 30 à 50 F

Cette Cuvée réservée a manqué d'un rien le coup de cœur. Le merrain neuf y fait danser un vin de grande élégance, en tourbillons de cassis, de truffe. Mais jeunesse nuit : les tanins du bois doivent encore épouser la corpulence du raisin. Dans quelques années, les grands repas en profiteront. Du même château et dans le même millésime, sous une élégante étiquette ornée d'une œuvre d'art de la propriétaire, la **Cuvée élevée en fût de chêne** a elle aussi de bonnes ressources.
- SCEA du Bru, Ch. du Bru, 33220 Saint-Avit-Saint-Nazaire, tél. 05.57.46.12.71, fax 05.57.46.10.64 ☑ ☿ t.l.j. 9h-17h; sam. dim. sur r.-v.
- Guy Duchant

CH. CABARIEU SAINT ANDRE
Elevé en fût de chêne 1995

■ 2 ha 8 000 ⦿ -30 F

La robe est un peu transparente, rouge cristallin. Aux parfums fleuris du nez succèdent vite des notes chaudes de fruits confits, qui évoluent en complexité sur une chair ronde. Les tanins sont encore présents, mais ce vin est prêt à accompagner volailles et viandes blanches en blanquette.
- GFA Robert Sicre et Enfants, 1170, chem. de Cabarieu, 33340 Saint-André-de-Cubzac, tél. 05.57.43.67.16, fax 05.56.36.92.66 ☑ ☿ r.-v.

CH. CANTELON LA SABLIERE 1996*

■ 2,76 ha 18 000 ⦿ 30 à 50 F

Ce vin d'équilibre (60 % de merlot, 40 % de cabernet-sauvignon) s'habille de pourpre lumineux. Son bouquet concentré, boisé, est agrémenté de nuances animales et de notes de raisins de Corinthe. Le merrain est présent, fondu. La chair et les tanins de raisin y répondent harmonieusement, façonnant un ensemble complexe et long. Une belle réussite.
- EARL Bertin, lieu-dit Bertin, 33760 Cantois, tél. 05.56.23.61.02, fax 05.56.23.94.77 ☑ ☿ r.-v.
- Mano-Ferran

CH. CANTELOUDETTE 1996

■ 16,67 ha 128 000 ■ ♨ -30 F

Présenté par l'Union des Producteurs de Rauzan, cet aimable compagnon en habit grenat où les cabernets dominent (63 %), propose ses arômes de fruits à noyau discrètement fumés, et la densité d'une chair bien enveloppée, fleurant la confiture et la tarte aux pruneaux. Une gourmandise à boire sans hâte.
- Caves de Rauzan, 33420 Rauzan, tél. 05.57.84.13.22, fax 05.57.84.12.67 ☑ ☿ r.-v.
- M. Pelotin

CH. DE CASTELNEAU 1995*

■ n.c. n.c. ■ 30 à 50 F

Proche de l'abbaye de La Sauve-Majeure, ce château offre un vin à la robe légère, au corps tendu et rond. Les saveurs sont délicieuses : fleurs, tarte aux fruits, caramel, vanille. Pour les viandes blanches et les fromages à point.
- Vicomte Loïc de Roquefeuil, Ch. de Castelneau, 33670 Saint-Léon, tél. 05.56.23.47.01, fax 05.56.23.46.31 ☑ ☿ r.-v.

CH. CASTENET-GREFFIER 1996*

■ 2,85 ha 16 000 ■ ♨ 30 à 50 F

Ce vin est issu du seul cépage cabernet-sauvignon, cuvé vingt et un jours. La robe est d'un grenat rutilant. La complexité du nez, qui fleure le raisin très mûr, le noyau, le marc aux notes boisées, peut surprendre ; elle annonce un bouquet que le temps affirmera. Le corps est souple, ample, gras, de bonne longueur. Les tanins nobles s'apaiseront rapidement.
- EARL François Greffier, Castenet, 33790 Auriolles, tél. 05.56.61.40.67, fax 05.56.61.38.82 ☑ ☿ r.-v.

CH. CAZALIS Cuvée CL 1995*

■ 4 ha 30 000 ■ 30 à 50 F

A Pujols, l'église et le château dominent la vallée de la Dordogne. Cette cuvée est tout en fruits rouges, de la robe à la finale. Cerise et framboise se marient dans un sous-bois ensoleillé. La chair est tendre, gourmande. Les tanins cependant sont virils et doivent se fondre. Alors s'épanouira la finesse des flaveurs : un avenir à suivre.
- SCEA Dom. de Cazalis, 33350 Pujols, tél. 05.57.40.72.72, fax 05.57.40.72.00 ☑ ☿ t.l.j. sf dim. 9h-19h
- Claude Billot

CELLIERS DES GUINOTS 1996*

■ 30 ha 130 000 ■ -30 F

Dans les reliefs argilo-calcaires de Juillac et Flaujagues se cachent des sites préhistoriques. De belles productions vinicoles y sont sélectionnées et assemblées par l'Union de producteurs, pour façonner ce vin pourpre au nez de petits fruits - cassis, cerise - nuancé de quelques notes animales. La finale est encore un peu vive, mais le corps, rond, est charpenté de tanins de qualité.

Bordeaux supérieur

C'est un convive à inviter maintenant... et à retenir quelques mois encore.
☙ Union de producteurs de Juillac et Flaujagues, 33350 Flaujagues, tél. 05.57.40.08.06, fax 05.57.40.06.10 ☑ ⚐ t.l.j. sf sam. dim. lun. 8h30-12h30 14h-18h

CH. CHABIRAN 1995**

| | 19,5 ha | 100 000 | ■ ♦ 30 à 50 F |

Voici un vin des graves du Libournais, à 80 % merlot. Il se présente discrètement en robe rubis. L'harmonie s'épanouit à l'aération, avec des notes de framboise, de fraise, de mûre, de cerise, et de fruits exotiques, qui se prolongent en bouche. La finesse et l'élégance de ces flaveurs accompagnent l'ampleur et la richesse du corps. Un plaisir de plusieurs années.
☙ GFA Chabiran, 1, av. de la Mairie, 33500 Néac, tél. 05.57.25.93.79, fax 05.57.25.93.44 ☑ ⚐ t.l.j. 9h-12h 14h-18h

CH. COULAC 1996

| | 1 ha | 6 000 | ⦿ 30 à 50 F |

Le merlot domine largement ce vin de cuvaison longue, vieilli dix-huit mois en fût. La robe est violine, presque noire. Le nez de framboise se repaît de réglisse, de vanille, de bois brûlé, de beurre. Le temps doit passer pour fondre des tanins encore très (trop) solides.
☙ Pierrette Despujols, Ch. de l'Emigré, 33720 Cérons, tél. 05.56.27.01.64, fax 05.56.27.13.70 ☑

CH. DAMASE 1996

| | 8,5 ha | 70 000 | ⦿ 30 à 50 F |

L'astringence domine ce vin original par ses flaveurs de venaison, qui en soulignent le fruité dense et le volume de la chair mûrie. Cette nervosité convient au gibier, aux viandes rouges grillées, aux fromages fermentés.
☙ Xavier Milhade, Ch. Damase, 33910 Savignac-de-l'Isle, tél. 05.57.74.30.04, fax 05.57.84.31.27

CH. DE FAISE 1996**

| | 12,8 ha | 90 000 | ■ ⦿ 30 à 50 F |

Le 92, année difficile, mérita un coup de cœur. Le 96 le manque de peu. Ce vin de caractère a été élaboré selon la stricte tradition. Son manteau pourpre sombre enveloppe une corpulence de raisin concentré, de tanins denses et séveux, de boisé élégant. Les flaveurs - raisin mûr, figue sèche, abricot, noyau - enchantent et persistent. A garder jalousement à servir lors de festins carnés (l'entrecôte, le magret, le gibier). Du même propriétaire, le **Domaine de Monrepos 96** reçoit la même note. C'est un vrai bordeaux supérieur.
☙ EARL Vignobles D. et C. Devaud, Ch. de Faise, 33570 Les Artigues-de-Lussac, tél. 05.57.24.31.39, fax 05.57.24.34.17 ☑ ⚐ r.-v.

CH. GAMAGE Elevé en barrique 1996*

| | n.c. | n.c. | ■ ⦿ 30 à 50 F |

L'église templière de Saint-Pey-de-Castets domine le paysage. Le panorama, depuis son petit cimetière, s'ouvre superbement sur la Dordogne, de Saint-Emilion au Montravel. Le château Gamage établit son vignoble sur un merlot dominant (80 %) et pratique l'élevage en cent soixante barriques renouvelées par tiers chaque année. Ce 96 séduit par sa robe rubis et par son nez de fruits rouges et de vanille. L'attaque est souple. Le corps exprime la maturité du raisin et l'élégance d'un boisé de qualité. Un mariage très réussi. Le **Château Dartigues 96**, plus simple mais aromatique et soyeux, a été cité par le jury.
☙ SARL Ch. Gamage, 33350 Saint-Pey-de-Castets, tél. 05.57.40.52.02, fax 05.57.40.53.77 ☑ ⚐ r.-v.
☙ Lavie-Moulinet

CH. GAURY BALETTE 1996

| | 20 ha | 70 000 | ■ 30 à 50 F |

Le nez délicat, timide, fleure la salade de fruits relevée d'une touche de cannelle. La bouche ronde et ferme est un peu rustique mais enrobée, et la finale poivrée est enlevée. C'est un vin net et bien construit, pour de la charcuterie ou des grillades par exemple.
☙ Bernard Yon, Ch. Gaury Balette, 33540 Mauriac, tél. 05.57.40.52.82, fax 05.57.40.51.71 ☑ ⚐ r.-v.

CH. GAYON
Cuvée Prestige Vieillie en fût de chêne 1995

| | n.c. | 25 000 | ⦿ 30 à 50 F |

Né d'un vignoble de trente-cinq ans, bien équilibré, ce vin classique se montre très agréable, fruité, réglissé, finement boisé. D'une réelle harmonie, il est prêt à accompagner lamproie et rôtis.
☙ Jean Crampes, Ch. Gayon, 33490 Caudrot, tél. 05.56.62.81.19, fax 05.56.62.71.24 ☑ ⚐ r.-v.

CH. GEORGES DE GUESTRES 1995

| | 3,2 ha | 8 000 | ■ ⦿ ♦ 30 à 50 F |

Située près de Libourne, cette propriété présente à l'encépagement traditionnel de la région : merlot 80 %, cabernet franc 20 %. L'habit est bordeaux soutenu. Le bouquet intense évoque les fruits confits, le pruneau... et le porto. Le corps, d'abord souple et rond, affiche en finale des tanins très mûrs, fins et longs. Un vin de classe qu'il faut boire dès l'ouverture de la bouteille, et ne plus trop laisser vieillir.
☙ Michel et Paule Dubois, 224, av. Foch, 33500 Libourne, tél. 05.57.51.18.24, fax 05.57.51.62.20 ☑ ⚐ r.-v.

CH. GOSSIN 1996

| | 9,89 ha | 76 000 | ■ ♦ -30 F |

Ce vin issu à 64 % de merlot a été élevé par l'Union de producteurs de Rauzan dont les chais sont à visiter, comme le château et l'église des XIIe-XIV[e]s. Il révèle un nez fin et puissant, marqué par la framboise, et sa bouche gourmande invite le regoûter sans manières ni attente.
☙ Caves de Rauzan, 33420 Rauzan, tél. 05.57.84.13.22, fax 05.57.84.12.67 ☑ ⚐ r.-v.
☙ G. Ladouche

CH. GRAND ESTEYROLLE 1995

| | n.c. | 25 000 | ■ 30 à 50 F |

Ce 95 à l'habit grenat, qui se parfume agréablement de cassis et de framboise et montre une rondeur avenante, sera dans quelques mois un invité fort sympathique des bonnes tables.

LE BORDELAIS

Bordeaux supérieur

Antoine Moueix et Fils, 7-15, av. du Gal-de-Gaulle, 33500 Arveyres, tél. 05.57.55.30.20, fax 05.57.25.22.14 r.-v.

CH. GRANDE VERSANNE 1996

18 ha   125 000   30 à 50 F

Le cabernet-sauvignon domine largement, en vignes de trente ans, ce domaine ancien, établi sur l'emplacement d'une vaste *villa* gallo-romaine. Le nez de ce 96 est malheureusement un peu fermé. Il s'ouvre lentement sur des senteurs de petits fruits et de sous-bois. La bouche ample, harmonieuse, traduit la rondeur du raisin et de la structure aux tanins mûrs et enveloppés. Sans doute faudra-t-il décanter ce vin pour le servir avec viandes et fromages.

Suzanne Perromat-Daune, Ch. de Cérons, 33720 Cérons, tél. 05.56.27.01.13, fax 05.56.27.22.17 r.-v.

CH. GRAND JEAN
Elevé en fût de chêne 1996*

3 ha   25 000   -30 F

Le vignoble créé en 1750, et qui a multiplié depuis sa superficie par six, est proche du château fort de Haut-Benauge. D'abord très fermé, puis floral, le nez, fin et puissant, s'ouvre sur des notes de fruits cuits. Les tanins soyeux mais présents structurent le vin. A laisser quelque temps en cave.

Michel Dulon, Ch. Grand-Jean, 33540 Soulignac, tél. 05.56.23.69.16, fax 05.57.34.41.29 r.-v.

GRAND LAVERGNE 1996

9,33 ha   60 000   -30 F

Cette vieille famille du Libournais possède plusieurs propriétés, dont celle-ci, sise sur des graves argileuses et de l'alios. Framboise, fruits secs ou confits, pruneau, chocolat définissent les flaveurs de ce vin rond, fondant, mûr, à boire sur la charcuterie, de la volaille, des viandes blanches. Le vin du **Château Les Grands Jays 96**, qui en est proche, est lui aussi cité.

Jean Boireau, Les Grands Jays, 33570 Les Artigues-de-Lussac, tél. 05.57.24.32.08, fax 05.57.24.33.24 r.-v.

CH. DE GUERIN 1996

4 ha   28 000   30 à 50 F

Il faut admirer le portail roman de l'église de Castelvieil. A proximité, M. Jaumain a élaboré par cuvaison longue un 96 harmonieux, tout en fruits mûrs marqués de cassis et aux nuances tabac. Le corps paraît un peu gracile, mais on aura plaisir à l'accompagner de viandes blanches.

Léon Jaumain, Ch. de Guérin, 33540 Castelvieil, tél. 05.56.61.97.58, fax 05.56.61.97.30 r.-v.

CH. GUILLAUME BLANC
Elevé en fût de chêne 1996

20 ha   89 000   -30 F

La propriété est à une lieue de Sainte-Foy-la-Grande, bastide au passé tumultueux. Le cru doit son nom à son fondateur, jurat de la ville au XIII[e]s. Les arômes de bouche de ce 96, fruités et complexes, rachètent le nez d'abord un peu fermé. La rondeur boisée et grillée s'estompe en finale devant des tanins à laisser mûrir quelques mois encore.

SCEA Ch. Guillaume, lieu-dit Guillaume-Blanc, 33220 Saint-Philippe-du-Seignal, tél. 05.57.41.91.50, fax 05.57.46.42.76 r.-v.

Guiraud

CH. HAUT CRUZEAU 1995

5 ha   6 000   30 à 50 F

A quelques kilomètres à l'est de Bordeaux, cette propriété ancienne produit un vin de conception traditionnelle, sur un point haut de la Gironde. Des vendanges d'octobre ont donné les fruits confits, voire muscatés, du nez. La rondeur pleine de la chair est marquée par les fruits secs - figue, abricot - et révèle quelques flaveurs de sous-bois d'automne. Prêt à boire, ce 95 pourra patienter en bonne cave.

Monique et Alain Chevalier, Ch. Haut Cruzeau, 33370 Fargues-Saint-Hilaire, tél. 05.56.21.20.87, fax 05.56.21.20.87 r.-v.

CH. HAUTE BRANDE
Cuvée Prestige 1996*

18 ha   60 000   -30 F

A quelques kilomètres de l'exploitation, Castelmoron-d'Albret est la plus petite commune de France, enfermée dans les vestiges d'un château fort. Voici un vin tout merlot, né de vendanges triées et vinifiées avec soin, de façon traditionnelle. Le nez, discret, se révèle riche, fait de fraise puis de fruits sauvages mûrs et épicés. En bouche, on croque le raisin très mûr, juteux et frais. Puis apparaissent les tanins légèrement mentholés, solides et longs. Un vin équilibré, à déguster dans les prochains mois.

GAEC Haute Brande, 33580 Rimons, tél. 05.56.61.60.55, fax 05.56.61.89.07 t.l.j. sf dim. 8h-12h 14h-18h

R. Boudigue et Fils

CH. HAUT MALLET 1996*

n.c.   20 000   30 à 50 F

Le cabernet-sauvignon domine à 70 % dans ce vignoble conduit selon les strictes règles de l'agriculture biologique, sous contrôle d'un organisme certificateur. La robe de ce 96 présente quelques reflets tuilés sur un fond rubis sombre. La confiture de griottes et le boisé vanillé sont l'âme d'un bouquet puissant. La bouche révèle une chair ferme et des tanins beurrés, nuancés de noix de coco, qui assurent une bonne persistance. Il sera agréable d'en surveiller l'évolution.

SCA Vignoble Boudon, Ch. Bourdieu, 33760 Soulignac, tél. 05.56.23.65.60, fax 05.56.23.45.58 t.l.j. 9h-12h 14h-18h; sam. dim. sur r.-v.; f. fin août

CH. HAUT NADEAU 1996*

6 ha   45 000   30 à 50 F

Cette sélection élevée en barrique a intrigué par son nez très floral, mentholé, voire marqué d'eucalyptus, accompagné de vanille et réglisse. Cette originalité se poursuit pendant la dégustation. Le corps est bien charpenté, fin, élégant. Les fruits rouges apparaissent en finale, apportant richesse et complexité. Une bouteille mûre, à boire pendant cinq ans.

206

Bordeaux supérieur

🍇 SCEA Ch. Haut Nadeau, 3, chem. d'Estévenadeau, 33760 Targon, tél. 05.56.20.44.07, fax 05.56.20.44.07 ☑
🍇 Audouit

CH. HAUT NIVELLE 1996*

■ 15 ha   90 000   🍾🔥 -30F

Proche de la belle façade de l'église de Petit-Palais, la petite église isolée de Saint-Sauveur domine le vignoble. Tout est tradition dans ce chai très moderne : cuvaison longue et passage en barrique. L'habit pourpre de ce 96 s'ourle de feu. Le nez séduit par des senteurs fines de fruits mûrs et de cachou. La bouche très agréable associe vanille, réglisse et fruits confits. Les tanins fondus sont encore marqués par le merrain. C'est un joli vin à boire ou à attendre, pour viandes en sauce et gibier. Le **Château Puy Favereau 96**, du même propriétaire, est cité. Peu marqué par le fût, il fond en chair de fruits surmûris.
🍇 SCE Le Pottier, Favereau, 33660 Saint-Sauveur-de-Puynormand, tél. 05.57.69.69.69, fax 05.57.69.62.84 ☑ 🍽 r.-v.

CH. HAUT-SORILLON 1996*

■ 32 ha   180 000   🔥 30 à 50F

Cette propriété, située à l'extrémité nord des terrasses qui portent les appellations du Libournais, nous fait souvent goûter de jolis vins. Celui-ci, paré d'une robe pourpre, est d'abord très agréable à regarder. Ses arômes fondus de fruits en tarte, de fumet léger, s'épanouissent en notes heureuses. La bouche révèle un corps riche, des tanins bien enrobés, une persistance mûre et longue. Un plaisir sûr.
🍇 Jean-Marie Rousseau, Petit-Sorillon, 33230 Abzac, tél. 05.57.49.06.10, fax 05.57.49.38.96 ☑ 🍽 r.-v.

CH. JALOUSIE-BEAULIEU 1996

■ 14 ha   118 000   🔥 -30F

Très classique, ce château distribué par Yvon Mau. Maturité du raisin et vinification maîtrisée ont construit le fruit enrobé de cacao du nez, la structure ferme et ronde de la bouche, la complexité naissante de la finale. Ce vin accompagnera dans quelques mois grillades et rôti de bœuf.
🍇 Yvon Mau SA, rue André-Dupuy-Chauvin, B.P. 1, 33190 Gironde-sur-Dropt, tél. 05.56.61.54.54, fax 05.56.61.54.61

CH. DES JOUALLES 1996

■ 30 ha   190 000   🔥 -30F

Ce vin au pourpoint rutilant, aux parfums légers de bourgeon et de petits fruits, se plaît en un corps tout rond, qui manque peut-être de structure tannique mais qui se goûte déjà très agréablement.
🍇 SC des Vignobles Freylon, Ch. Lassègue, 33330 Saint-Hippolyte, tél. 05.57.24.72.83, fax 05.57.74.48.88 ☑

CH. LA BRANDE 1995*

■ 2,3 ha   15 000   🔥 30 à 50F

Cette vieille propriété du Fronsadais produit aussi ce bordeaux supérieur au nez de cerise et d'autres fruits rouges, légèrement marqué d'humus. Le corps plein, rond, finement vanillé, est toujours bien charpenté. C'est un joli classique qui saura attendre son entrecôte.
🍇 Ch. La Brande, La Brande, 33141 Saillans, tél. 05.57.74.36.38, fax 05.57.74.38.46 ☑ 🍽 t.l.j. 9h-12h30 14h-19h; sam. dim. sur r.-v.
🍇 J.-C. et J.-J. Béraud

CH. LA CADERIE
Elevé en fût de chêne 1995

■ 5 ha   n.c.   🍾 30 à 50F

Sous la Révolution, une cade était un tonneau de 1 000 l (le tonneau bordelais vaut 900 l). Cette propriété vinifie « à l'ancienne » en vendange non éraflée et cuvaison longue. Les vins réclament donc un certain vieillissement. Celui-ci, à la robe grenat légèrement tuilée, offre un bouquet complexe, précieux, aux notes de gibier finement boisées. Les flaveurs répondent à ce parfum, et signent, avec la corpulence apaisée des tanins, l'originalité de ce convive apprécié.
🍇 François Landais, Ch. La Caderie, 33910 Saint-Martin-du-Bois, tél. 05.57.49.41.32, fax 05.57.49.41.32 ☑ 🍽 r.-v.

CH. LACOMBE CADIOT 1996*

■ 4,5 ha   35 000   🍾 -30F

Bernard Ducamin est devenu propriétaire en 1996 de ce vignoble de 4,5 ha, situé aux portes du Médoc. Il a immédiatement rénové le chai, en maintenant la tradition du passage en barrique. Son premier vin est réussi : le rubis de la robe est jeune et franc. Le nez un peu fermé s'ouvre à l'aération de notes fraîches de fruits rouges. La chair ample et étoffée révèle davantage les tanins de raisin que de merrain. Bravo ! L'ensemble doit mûrir encore en cave jusqu'à l'an 2000 (au moins).
🍇 GFA Ducamin, 2, rte du Grand-Verger, 33290 Ludon-Médoc, tél. 05.57.88.46.08, fax 05.57.88.86.30 ☑ 🍽 r.-v.

CH. LA COMMANDERIE DE QUEYRET 1996**

■ 15 ha   106 000   🔥 30 à 50F

Au XIII{{e}}s., les chevaliers de Malte créèrent une commanderie dans cette région encore bien retirée aujourd'hui. Le nom du château paraît régulièrement dans notre Guide. Ce 96 est remarquable par l'élégance de la robe d'un pourpre profond, la puissance complexe des flaveurs de mûre et de fruits à noyau, le fondu des tanins et sa finale intense. Le maître est à inviter avec un rôti de bœuf, un tournedos, dans un an et plus, avec le fromage.
🍇 Claude Comin, La Commanderie, 33790 Saint-Antoine-du-Queyret, tél. 05.56.61.31.98, fax 05.56.61.34.22 ☑ 🍽 r.-v.

CH. DE LA GARDE 1995**

■ 6 ha   40 000   🍾 -30F

Ce Hollandais amoureux de Bordeaux a confié à un œnologue australien, David Morrison, le soin de réussir son vin. Voilà le résultat : une robe grenat à liséré vieux rose… des parfums de petits fruits à la limite de la surmaturité, merveilleusement mariés à un boisé courtois… une chair ronde, dense et des tanins discrètement présents pour faire durer le plaisir… Qui peut être plus bordeaux ?

Bordeaux supérieur

🍷 SCEA Ch. de La Garde, 33240 Saint-Romain-la-Virvée, tél. 05.57.58.17.31 ◐ ⏳ t.l.j. sf sam. dim. 8h-12h 14h-18h
🍷 Gort

CH. LAGARERE 1996*

| | 18,2 ha | 130 000 | | -30 F |

À huit cents mètres du château médiéval de Langoiran, cette vieille exploitation a été reconstituée en 1988. La jeunesse du vignoble, partagé entre merlot et cabernet-sauvignon, se retrouve dans ce vin qui sent la cerise et le cassis - avec quelques épices et des notes de gibier - et qui s'arrondit en bouche. Un volume souple et gras enrobe les tanins, d'une élégance parfumée. C'est un vin à boire pour sa fraîcheur, sur de la charcuterie par exemple. On peut aussi en suivre l'évolution.
🍷 Paul Gonfrier, Ch. de Marsan, 33550 Lestiac, tél. 05.56.72.32.56, fax 05.56.72.10.38 ⏳ r.-v.

CH. LAMARCHE 1996*

| | 17 ha | 136 000 | | 30 à 50 F |

Situé au bord de la Dordogne, ce vignoble constitué majoritairement de merlot âgé a engendré ce fort joli 96 qui enthousiasma un juré. La robe cœur de pigeon et le nez élégant, fondu, balsamique, à nuances de fruits confits invitent à la mise en bouche. L'attaque franche, légèrement mentholée, puis la chair dense aux tanins bien enveloppés régalent le palais, comme la finale savoureuse. Un vin de lamproie, de tournedos aux champignons.
🍷 SCEA Ch. Lamarche, Ch. Lamarche, 33126 Fronsac, tél. 05.57.51.28.13, fax 05.57.51.28.13 ◐ ⏳ t.l.j. sf dim. 8h-12h 14h-18h

CH. LAMARCHE Lutet 1996

| | 4 ha | 30 000 | | 30 à 50 F |

Ce vin presque exclusivement de merlot est solidement ancré à ses tanins robustes mais très enrobés, qui lui donnent ampleur, épaisseur, longueur. Les flaveurs de raisin mûr et de fruits rouges se montrent puissantes. Il faut goûter ce vin original avant de l'adopter : détracteurs et partisans sont convaincus de leur jugement...
🍷 SCEA Ch. Lamarche, Ch. Lamarche, 33126 Fronsac, tél. 05.57.51.28.13, fax 05.57.51.28.13 ◐ ⏳ t.l.j. sf dim. 8h-12h 14h-18h

L'AME DU TERROIR 1996*

| | n.c. | 780 000 | | -30 F |

Voici un vin à l'étiquette modeste qui révèle le savoir-faire du négoce assembleur ; il est destiné au distributeur Cora. Le rubis profond de la robe plaît, et le nez cassis souligné de fumet embaume. La bouche est un peu nerveuse en finale, mais très parfumée. Cette bouteille accompagnera dès maintenant charcuteries et volailles.
🍷 GRM Les Caves de la Brèche, ZAE de l'Arbalestrier, 33220 Pineuilh, tél. 05.57.41.91.50, fax 05.57.46.42.76 ◐ ⏳ t.l.j. sf dim. 8h-12h 14h-18h

CH. LA MENARDIE 1995*

| | 15 ha | 35 000 | | 30 à 50 F |

Les vendanges d'octobre 1995 sur les coteaux de l'Isle, aux frontières de la Dordogne, ont donné ce joli vin. La robe rouge auburn l'habille bien. Le nez embaume les fruits rouges, la griotte, les agrumes, les épices. Les tanins sculptent une chair ronde, dense, parfumée. C'est un bordeaux supérieur de bonne compagnie pour les viandes rouges.
🍷 Jean Momelat, Haute-Brandotte, 33660 Gours, tél. 05.57.49.64.27, fax 05.57.49.69.34 ⏳ r.-v.

CH. LANDEREAU 1996**

| | 40 ha | 200 000 | | 30 à 50 F |

Sur ces terres argilo-graveleuses, les deux cabernets s'équilibrent pour dominer le merlot (40 %). Chai fonctionnel, vinification soignée (tris, marcs immergés), élevage entre cuve et fût, tout est maîtrisé pour donner un vin de qualité. Celui-ci est vêtu d'une robe pourpre intense. Ses flaveurs de groseille, d'orange, de tabac, d'épices accompagnent le plaisir de la dégustation, du nez à la finale. La chair est souple et ronde. Les tanins veloutés et aromatiques persistent... Une harmonie proposée pour accompagner le gibier d'eau ou les civets. Le **Château L'Hoste-Blanc 96** est presque aussi bien noté, pour son équilibre d'ensemble et ses nuances de noisette grillée, relevées de touches animales.
🍷 SC Vignobles Baylet, Ch. Landereau, 33670 Sadirac, tél. 05.56.30.64.28, fax 05.56.30.63.90 ◐ ⏳ t.l.j. sf sam. dim. 8h-12h 14h-17h
🍷 Michel Baylet

CH. LARSAN 1995**

| | 8 ha | 6 000 | | -30 F |

Saluons ce vin de vignoble jeune encore, où le merlot rehaussé de cabernet-sauvignon croît sur des graves argileuses. Il expose une limpidité rubis intense à flammes rousses. La finesse du bouquet - fruits mûrs, noyau, vanille, boisé - s'impose sans arrogance. La bouche, volumineuse et longue, aux flaveurs de raisin et de merrain, est riche et distinguée. Un vin que l'on peut savourer maintenant mais qu'il vaut mieux laisser encore quelques mois, voire quelques années.
🍷 EARL Ch. Larsan, chem. de Larsan, 33750 Beychac-et-Caillau, tél. 05.56.72.94.47, fax 05.56.72.80.89 ⏳ r.-v.

CH. LAUDUC Cuvée Prestige 1995

| | 8 ha | 9 000 | | 30 à 50 F |

Un vignoble bien mené, situé aux portes de Bordeaux. Fruits bien mûrs et boisé fondu sont l'âme de ce classique harmonieux, prêt à accompagner dès maintenant rôtis et grillades. Profitons du plaisir !
🍷 GAEC Grandeau et Fils, Ch. Lauduc, 33370 Tresses, tél. 05.57.34.11.82, fax 05.57.34.08.19 ⏳ r.-v.

CH. LA VERRIERE 1996

| | 23 ha | 70 000 | | 30 à 50 F |

Un équilibre bien agréable : belle robe, intensité des arômes de framboise et de sous-bois, ron-

208

Bordeaux supérieur

deur parfumée de la chair ; un vin de bonne facture à goûter maintenant, autour d'une volaille rôtie.
◆ André et Jean-Paul Bessette, GAEC La Verrière, 33790 Landerrouat, tél. 05.56.61.36.91, fax 05.56.61.41.12 ⬛ ⏳ r.-v.

CH. DE LA VIEILLE TOUR 1996
■ n.c. 100 000 🍷 30 à 50 F

Voici un vin de plaisir immédiat, flatteur, rond, aux tanins déjà bien enrobés. Il s'éveille sur des flaveurs de bourgeon, de mûre, d'aubépine et de cerise. A boire sans manières. **Réserve Tradition**, la cuvée élevée en barrique, s'enrichit de notes vanillées et grillées.
◆ Vignobles Boissonneau, Cathelicq, 33190 Saint-Michel-de-Lapujade, tél. 05.56.61.72.14, fax 05.56.61.71.01 ⬛ ⏳ r.-v.

CH. LAVILLE Eximius 1996*
■ 2 ha 24 000 🍷 30 à 50 F

Cette cuvée 100 % merlot est une sélection de vieilles vignes plantées sur graves fortes. Elle a été élevée en barrique pendant un an. La couleur est belle, rubis soutenu. Le nez, de bonne intensité, s'ouvre sur des notes réglissées et vanillées, mêlées agréablement au fruité du merlot mûr. La structure tannique se marie harmonieusement à la chair ronde, et le fût se voit élégamment présent. Ce vin de charme, équilibré, peut vieillir sans crainte.
◆ Alain et Hervé Faye, SCEA du Ch. Laville, 33450 Saint-Sulpice-et-Cameyrac, tél. 05.56.30.84.19, fax 05.56.30.81.45 ⬛ ⏳ r.-v.

CH. LE BERGEY
Cuvée Saint-Vincent 1995*
■ 4,27 ha 24 000 🍷 30 à 50 F

Ce vin d'octobre 95, de forte extraction et de macération longue, est marqué par ses tanins bien fondus. Ils portent des flaveurs intenses, très agréables, de fruits rouges mûrs et de réglisse, et donnent à la bouche un volume charnu, dense, épicé. Cette bouteille s'affinera de longs mois mais elle peut aussi être appréciée dès maintenant.
◆ Francis Boulière, Ch. Le Bergey, 29, chem. de Couquet, 33450 Saint-Loubès, tél. 05.56.20.42.00, fax 05.56.20.41.94 ⬛ ⏳ r.-v.

CH. LE CALVAIRE 1995
■ n.c. n.c. 🍷 30 à 50 F

La structure est encore solide, robuste, mais déjà ronde, cossue. Le bouquet naissant marie fort bien merrain léger et fruits rouges poivrés. Ce vin révélera toute sa complexité à l'amateur qui saura l'attendre.
◆ Cheval Quancard, rue Barbère, 33440 Ambarès, tél. 05.56.33.80.60, fax 05.56.33.80.70 ⏳ r.-v.

CH. LE GARDERA 1996*
■ 23 ha n.c. 🍷 30 à 50 F

Proche de Langoiran et de son vieux château, Le Gardera nourrit ses vignes âgées de graves perchées sur les calcaires abrupts des coteaux de la Garonne. Il en résulte un vin très aromatique et concentré, où se marient flaveurs de petits fruits mûrs et sauvages, chair ferme, tanins soli-

des mais enrobés. Cet ensemble déjà agréable promet plus encore. Le temps doit en faire une belle réussite.
◆ Domaines Cordier, 53, rue du Dehez, 33290 Blanquefort, tél. 05.56.95.53.00, fax 05.56.95.53.01 ⏳ r.-v.

CH. LE GRAND VERDUS
Cuvée réservée 1996**
■ 2,5 ha 10 000 🍷 50 à 70 F

Il eût été étonnant que ce château passât inaperçu. Depuis longtemps il collectionne coups de cœur et étoiles dans le Guide. Cette cuvée n'est restée que huit mois en barrique. Le savoir-faire des grands vignerons se retrouve dans le charme des flaveurs discrètes de raisin mûr à point et de fruits confits ou secs, finement boisées. La chair savoureuse et les tanins fondants accompagnent le merrain pudique. L'équilibre de toutes les grâces. **La cuvée Tradition 96** peut être citée pour son harmonie fruitée et typée.
◆ Ph. et A. Legrix de La Salle, Ch. Le Grand Verdus, 33670 Sadirac, tél. 05.56.30.64.22, fax 05.56.23.71.37 ⬛ ⏳ r.-v.

CH. LE LIVEY Carte noire 1995
■ 13 ha 20 000 🍷 30 à 50 F

Cette propriété familiale remonte à 1822. Le vignoble, bien équilibré entre merlot et cabernet, a le bel âge de vingt ans. Sous un habit rubis ambré, le vin se révèle encore un peu austère. Mais, autour de notes grillées et vanillées, les flaveurs s'épanouissent en harmonies heureuses et longues. C'est un bon compagnon des grillades.
◆ René Vannetelle, Ch. Le Livey, 33490 Saint-Pierre-d'Aurillac, tél. 05.56.63.30.58, fax 05.56.63.52.76 ⏳ t.l.j. 10h-19h

CH. LE MUGRON 1996
■ 9,3 ha 69 000 🍷 -30 F

Issu d'une vinification longue et vieilli en barrique, ce vin arbore une robe rouge à liseré orangé. Les notes grillées, mêlées au bois, dominent un nez puissant. La bouche éveille les fruits rouges (cerise). La chair très ronde, beurrée, apaise les tanins de raisin et de chêne. La dégustation peut commencer dès maintenant.
◆ SCEA Ch. Grand-Jour, 33710 Prignac-et-Marcamps, tél. 05.57.68.44.06, fax 05.57.68.37.59 ⏳ r.-v.

CH. LESCALLE 1996*
■ 20 ha 120 000 🍷 30 à 50 F

Le rubis de la robe est presque opaque, mais brillant. Le nez est tout d'abord fermé. A l'agitation du verre, il s'ouvre sur des notes mentholées, poivrées, des nuances de cuir et de cannelle. Des tanins de velours, charmeurs, accompagnent une chair toute ronde, au boisé fin bien maîtrisé. A décanter absolument pour en goûter la beauté.
◆ EURL Lescalle, 33460 Macau, tél. 05.57.88.07.64, fax 05.57.88.07.00 ⬛ ⏳ r.-v.

CH. L'ESCART
Cuvée Tradition Vieilli en fût de chêne 1996**
■ 9 ha 60 000 🍷 -30 F

Le château fut construit en 1745. Les chais datent du début du XIX^{e}s. Ils furent modernisés

LE BORDELAIS

Bordeaux supérieur

en 1996. L'amateur pourra observer ici des cépages relativement rares comme le malbec et le petit verdot. Ce 96 est flatteur dans son habit de soie rouge brillant, avec son bouquet puissant, grillé, beurré, vanillé... et épicé. Flatteur aussi par sa concentration tannique où le bois du fût s'apprivoise au contact de la chair mûre du raisin. Flatteur mais sûr, solide, intelligent. Une compagnie de choix.

⚲ SCEA du Ch. L'Escart, 70, chem. Couvertaire, 33450 Saint-Loubès, tél. 05.56.77.53.19, fax 05.56.77.68.59 ☑ ♀ r.-v.
⚲ Laurent

CH. LES CHARMETTES 1996*
■　　　　20 ha　　150 000　　🍷 -30 F

Ce vignoble à l'encépagement équilibré est établi depuis quinze ans sur des graves. La cave a été rénovée en 1990. Le vin s'y habille de pourpre, et charme le nez d'effluves de vendange (cassis et fruits rouges). L'agrément s'installe en bouche au contact d'une chair ronde, fraîche, et de tanins mûrs, longs, parfumés. « Un vin de palombe rôtie », suggère un dégustateur... A tout le moins, un bien joli classique. Du même producteur, le **Château Trocard 96** reçoit la même note.
⚲ Jean-Louis Trocard, 2, Les Petits Jays Ouest, 33570 Les Artigues-de-Lussac, tél. 05.57.24.31.16, fax 05.57.24.33.87 ☑ ♀ t.l.j. sf sam. dim. 8h-12h 14h-18h

CH. LES GRAVIERES DE LA BRANDILLE 1995
■　　　　30 ha　　155 000　　🍷 30 à 50 F

Sur les graves en terrasses de la vallée de l'Isle, ce vignoble à l'encépagement classique a profité du soleil chaud de 1995 pour offrir un vin à la robe légère, au nez complexe de fruits confits et d'écorce d'orange, avec des notes toastées. La bouche ronde, fondante, est structurée par des tanins de vendanges très mûres. La longueur suave et parfumée invite à recommencer... Un plaisir à cueillir sans attendre.
⚲ EARL Borderie, 119, rue de la République, 33230 Saint-Médard-de-Guizières, tél. 05.57.69.83.01, fax 05.57.69.72.84 ☑ ♀ t.l.j. 8h-12h 14h-19h

CH. LES MILLAUX 1995**
■　　　　25 ha　　150 000　　🍷 -30 F

Un bon apprentissage œnologique des vins rouges a accompagné la reconversion de ce domaine. Il en résulte ce remarquable 95. La robe est rutilante ; les senteurs de fruits exotiques et de fruits rouges animent la complexité du bouquet naissant. Quelques flaveurs de champignon s'y ajoutent en bouche. Le corps est charnu, friand, jeune encore en ses tanins. Un vin élégant qui doit bien évoluer dans les prochains mois.
⚲ EARL Dom. des Millaux, Les Millaux, 33910 Saint-Martin-du-Bois, tél. 05.57.69.04.16, fax 05.57.69.02.08 ☑ ♀ r.-v.
⚲ Daniel Bellot

CH. LESPARRE 1996*
■　　　100 ha　　300 000　　🍷 -30 F

Le château Lesparre tient sa place dans notre Guide. Déjà reconnu en 1868, il est aujourd'hui propriété d'un Champenois amoureux du bordeaux... et des graves de vayres. La couleur grenat sied à ravir à ce 96. Le nez, d'abord réservé, s'ouvre sur des parfums de confiture de cerises et de cacao. Il annonce des flaveurs plus complexes de praline et de café, qui arrondissent la bouche. Les tanins, bien présents, sont enrobés, longs, élégants.
⚲ Michel Gonet et Fils, Ch. Lesparre, 33750 Beychac-et-Caillau, tél. 05.57.24.51.23, fax 05.57.24.03.99 ☑ ♀ r.-v.

CH. LESTRILLE CAPMARTIN
Cuvée Prestige Elevé en fût de chêne 1996**
■　　　　2 ha　　16 000　　🍷 30 à 50 F

Trois ans... trois coups de cœur ! Comment saluer cet exploit ? Dire que cette sélection du château Lestrille ne propose que 16 000 bouteilles... Digne suite de ses aînés, ce millésime offre un concert olfactif, où se répondent le boisé de beau merrain, aux nuances vanillées, grillées, épicées, et la concentration de fruits rouges aux notes florales (vigne). L'harmonie s'épanouit en bouche, dans un parfait équilibre entre les tanins fondus et la corpulence fleurie, jusqu'à la finale de fruits confits. Un savoir-faire de maître. La **cuvée principale** a été citée par le jury.
⚲ Jean-Louis Roumage, Lestrille, 33750 Saint-Germain-du-Puch, tél. 05.57.24.51.02, fax 05.57.24.04.58 ☑ ♀ r.-v.

DOM. DE L'ILE MARGAUX 1996
■　　　　14 ha　　100 000　　🍷 30 à 50 F

Le petit verdot renforce l'aptitude au vieillissement des vins du Médoc. Aujourd'hui, c'est un cépage d'appoint car il est assez difficile à maîtriser. Ce domaine très ancien, situé au cœur de l'estuaire de la Gironde, en comporte 10 %. Le 95 porte une robe pourpre sombre qui annonce la grande densité tannique du vin. Très austère, très jeune encore, celui-ci ne révèle pas tous ses

Bordeaux supérieur

secrets mais son originalité est en revanche très apparente. Laisser le temps au temps...
❧ SCEA Ile Margaux, 33460 Margaux, tél. 05.57.88.30.46, fax 05.57.88.35.87 ◩ ▼ r.-v.
❧ J.-François Nègre

CH. DE LISENNES
Cuvée Prestige Elevé en fût de chêne 1995

■   5 ha   27 000   ◨ 30 à 50 F

Un musée et une salle de dégustation du XVᵉ s. attendent les visiteurs de cette vaste propriété proche de Bordeaux, dont le vin est souvent signalé dans le Guide. Le boisé domine encore le bouquet de ce 95, mais il se marie bien en bouche au raisin mûri. La charpente est solide et enrobée. C'est un classique.
❧ Jean-Pierre Soubie, Ch. de Lisennes, 33370 Tresses, tél. 05.57.34.13.03, fax 05.57.34.05.36 ◩ ▼ r.-v.

CH. MAJUREAU-SERCILLAN
Elevé en fût de chêne 1996*

■   10 ha 53 000 ◨ 30 à 50 F

Le vignoble, aux trois cépages bien équilibrés (60 % de merlot), entre en pleine maturité. Le chai est moderne ; les cuvaisons durent un mois et l'élevage fait appel à la barrique. Le bouquet fumé de ce 96, aux notes de gibier et de poivre, est encore fermé. Les tanins de chêne et de raisin, bien présents, forment une charpente solide mais enveloppée, et annoncent une longueur complexe... Il faudrait attendre l'épanouissement complet de ce vin pour le servir sur du gibier et des plats en sauce.
❧ Alain Vironneau, Le Majureau, 33240 Salignac, tél. 05.57.43.00.25, fax 05.57.43.91.34 ◩ ▼ r.-v.

CH. MONIER-LA FRAISSE 1995

■   11,19 ha 30 000 ▮ -30 F

La coopérative de Sauveterre-de-Guyenne, établie aux portes de cette bastide créée par Edouard Iᵉʳ d'Angleterre, a vinifié et élevé ce vin dominé par le cabernet-sauvignon. La robe est pourpre avec peu des éclats carminés. Le pruneau cuit, le pain grillé s'épanouissent à l'aération dans le verre. L'attaque souple, la rondeur de la chair au goût de noisette, la charpente apaisée des tanins définissent un vin plaisir à déguster maintenant, sans hâte.
❧ Cellier de La Bastide, Cave coop. de vinification, 33540 Sauveterre-de-Guyenne, tél. 05.56.61.55.21, fax 05.56.71.60.11 ◩ ▼ t.l.j. sf dim. 9h-12h15 13h30-18h15; groupes sur r.-v.
❧ Laveix

CH. MOULIN DE SERRE 1995

■   30 ha   60 000 ▮ 30 à 50 F

Les confins septentrionaux du Fronsadais, riches d'églises et de vues dégagées sur l'Isle, abritent ce château, souvent cité dans le Guide. La puissance de ce 95 apparaît dès le service, à sa couleur pourpre soutenu. Les arômes sont dominés par la framboise, accompagnée de pruneau mentholé. Le grillé du bouquet n'est pas oublié. La richesse s'affirme en des tanins encore solides qu'il faut laisser mûrir.

❧ SCEA Vignobles Martinez, Dom. de Serré, 33910 Saint-Martin-de-Laye, tél. 05.57.69.02.46, fax 05.57.49.46.10 ◩ ▼ r.-v.

CH. MOUTTE BLANC 1996

■   1,8 ha   12 000 ◨ 30 à 50 F

Ce très vieux vignoble (âge moyen des vignes : cinquante-huit ans) compte 30 % de petit verdot. Cette originalité marque le vin, élaboré et élevé en barrique dans le strict respect des traditions médocaines. Le nez se montre timide, fait de fleurs et d'épices. L'attaque ronde s'efface devant des tanins un peu rudes, poivrés, mais finalement bien plaisants. Une curiosité pleine d'agréments, à suivre dans son vieillissement. Le **Galon Bleu**, plus conventionnel, est lui aussi cité.
❧ Josette et Guy Dejean-de Bortoli, 33, av. de la Coste, 33460 Macau, tél. 05.57.88.42.36, fax 05.57.88.42.36 ◩ ▼ r.-v.

CH. NARDIQUE LA GRAVIERE
Elevé en fût de chêne 1996

■   n.c.   26 000 ◨ 30 à 50 F

Sous un habit sombre classique, ce vin joue allègrement du contraste entre les fruits (raisin mûr, pruneau), accompagnés de notes florales, et le boisé du fût, présent sans exagération. Le temps devrait fondre l'ensemble. Il faut donc être curieux maintenant, et suivre l'évolution.
❧ EARL Vignobles Thérèse, Ch. Nardique La Gravière, 33670 Saint-Genès-de-Lombaud, tél. 05.56.23.01.37, fax 05.56.23.25.89 ◩ ▼ t.l.j. sf dim. 9h-12h 14h30-18h30; f. 15-31 août

CH. DE PARENCHERE
Cuvée Raphaël Gazaniol 1996**

■   8 ha   60 000 ◨ 50 à 70 F

Le château a eu un coup de cœur pour le millésime 95 de cette cuvée, souvent remarquée. Il a failli l'obtenir pour le 96. La robe pourpre intense habille un vin imposant. Les flaveurs et le bouquet sont élégants et fondus. Leur complexité s'exprime en fruits rouges - framboise, cerise -, noyau, grillé, cake, bois vanillé. Le corps ferme et souple laisse un peu de place aux tanins de merrain. Mais il impose la finale aromatique. Un grand vin qu'il faut laisser vieillir... en le dégustant régulièrement... La **cuvée principale 96** (30-49 F) réclame aussi quelques années de garde. Elle obtient une étoile.
❧ Jean Gazaniol, Ch. de Parenchère, 33220 Ligueux, tél. 05.57.46.04.17, fax 05.57.46.42.80 ◩ ▼ t.l.j. sf sam. dim. 9h-18h; f. août

CH. PENIN Cuvée Sélection 1996**

■   6 ha   37 000 ◨ 30 à 50 F

Patrick Carteyron est une valeur sûre. Voici encore un vin à cacher dans la cave ! Que dire de ce château ? Sur des terres de graves, le merlot domine une vinification et parfaitement conduit, comme les techniques de vinification et d'élevage en fût sont maîtrisées. La robe pourpre habille une charpente remarquable de puissance aux tanins encore solides et à la chair dense et savoureuse. Les flaveurs surtout réjouissent nez et palais, jusqu'à la longue finale. Une gamme riche et complexe, associant boisé, vanille, beurre, épice, fruits rouges mûrs, cerise, framboise, bourgeon...

LE BORDELAIS

Bordeaux supérieur

Et il faudra encore patienter pour en obtenir sa pleine maturité ! La **cuvée principale** du château Penin, élevée en cuve - donc privée de merrain -, est particulièrement réussie : la chair du raisin mûr lui confère une grande harmonie. Une bouteille à savourer pendant les deux années à venir et qui permettra d'attendre la remarquable cuvée Sélection.

↳ SCEA Patrick Carteyron, Ch. Penin, 33420 Génissac, tél. 05.57.24.46.98, fax 05.57.24.41.99 ☑ ⏳ t.l.j. sf dim. 9h30-12h 14h30-18h; sam. 9h-12h; f. 15-30 août

CH. PEYNAUD 1996

| ■ | n.c. | n.c. | ▪ ♦ | 30 à 50 F |

Le vignoble entre dans la force de l'âge. Le cabernet franc y équilibre le merlot (40 % chacun), complété par le cabernet-sauvignon. La robe rubis franc et le nez de framboise-cassis invitent clairement à la dégustation. La chair souple séduit aussi par son fruit intense. Il faut commencer à consommer ce 96.

↳ GAEC Vignobles Chaigne et Fils, Ch. Ballan-Larquette, 33540 Saint-Laurent-du-Bois, tél. 05.56.76.46.02, fax 05.56.76.40.90 ⏳ r.-v.

LES GRAVES DE CHATEAU PICON 1996*

| ■ | 8,5 ha | 66 300 | ▪ ♦ | 30 à 50 F |

Un bien joli château domine la vallée de la Dordogne aux confins de la Gironde. Le vignoble date de 1076, mais le chai fut réaménagé ces dernières années pour permettre l'utilisation de techniques œnologiques modernes respectueuses de la tradition. Merlot et cabernets se marient pour construire ce 96 tout rond, délicieusement parfumé de violette et de fruits mûrs. Sa corpulence riche assure sa longévité.

↳ SCEA Ch. Picon, 33220 Eynesse, tél. 05.57.41.01.91, fax 05.57.41.01.02 ☑ ⏳ r.-v.

CH. PIERRAIL
Réserve du Château Elevée en fût de chêne 1995

| ■ | 11 ha | 63 000 | ⏳ | 30 à 50 F |

Ce vin est issu d'une sélection de parcelles. Le nez, riche et complexe, sent la confiture de fruits très mûrs (cerise, framboise). Le corps est solide, bien charpenté d'un chêne élégant, courtois. Le potentiel élevé mérite de se réaliser. Il faut patienter... en goûtant régulièrement.

↳ EARL Ch. Pierrail, 33220 Margueron, tél. 05.57.41.21.75, fax 05.57.41.23.77 ☑ ⏳ r.-v.
↳ J. et A. et A. Demonchaux

CH. PLAISANCE 1996*

| ■ | 7 ha | 50 000 | ⏳ | 30 à 50 F |

Une valeur sûre. « Beaucoup de jouissance », note un juré en décrivant le bouquet intense et complexe (cerise, pruneau, épices, sous-bois). Le corps est charnu, robuste, « sans défaut », mais il n'a pas encore acquis la suavité du nez... Patience !

↳ SCEA Ch. Plaisance, 33460 Macau, tél. 01.53.53.35.35, ☑ ⏳ r.-v.
↳ J. et J.-L. Chollet

CH. POURQUEY-GAZEAU 1996

| □ | 1,61 ha | 10 000 | ▪ | -30 F |

Située à 800 m de ce domaine, l'église de Castelvieil mérite un détour pour son splendide portail roman. L'habit jaune d'or ambré de ce 96 attire l'œil. Le bouquet subtil de miel et de fruits confits parfume une chair ronde, aimable, relevée de notes rôties. Ce vin charmeur peut accompagner des viandes blanches.

↳ EARL de Pourquey-Gazeau, 1 A Pourquey, 33540 Castelvieil, tél. 05.56.61.95.55, fax 05.56.61.99.48 ☑ ⏳ r.-v.
↳ Fouilhac Père et Fils

ANDRE QUANCARD
Elevé en fût de chêne 1996*

| ■ | n.c. | 100 000 | ⏳ | 30 à 50 F |

André Quancard, négociant-éleveur, réussit là un bel assemblage et une belle maturation en fût. La robe cramoisie est brillante. Le nez, bien ouvert, évoque le raisin mûr et le cassis, avec des notes grillées, vanillées. La bouche s'arrondit, veloutée. Les tanins, présents sans agressivité, contribuent par leur boisé élégant à une persistance agréable. Ce vin peut être dégusté dès maintenant, mais il évoluera bien pendant plusieurs années.

↳ André Quancard-André, rue de la Cabeyre, 33240 Saint-André-de-Cubzac, tél. 05.57.33.42.42, fax 05.57.43.01.71

CH. RECOUGNE 1996*

| ■ | 50 ha | 350 000 | ▪ ♦ | 30 à 50 F |

Recougne signifie « reconnu » donc estimé, capable de belles réalisations. C'est le cas de ce vignoble bien équilibré. Sous son habit sobre, le corps jeune et robuste de ce 96 laisse percevoir un potentiel important de richesses aromatiques bâties sur le fruit et de rondeur à laisser mûrir. Patience... Le second vin, le **Château Montcabrier 96**, du même propriétaire, lui ressemble, mais en plus léger ; sa maturité paraît plus proche. Il est cité par le jury.

↳ SCEV Vignobles Jean Milhade, Ch. Recougne, 33133 Galgon, tél. 05.57.74.30.04, fax 05.57.84.31.27 ☑

CH. REIGNAC Cuvée Prestige 1996*

| ■ | 64 ha | 180 000 | ⏳ | 30 à 50 F |

Ce vignoble est ancien, installé sur des terres de graves argileuses. L'équilibre des cépages - merlot dominant (60 %) - y est traditionnel, comme l'élevage en barrique. La robe grenat foncé à éclats rubis et l'ampleur du bouquet annoncent un « joli vin ». La structure tannique est réelle mais sans excès. Son boisé vanillé,

212

Bordeaux supérieur

grillé, voire torréfié, accompagne le fruit (framboise) du corps enveloppé, et prolonge la finesse de la finale. Très agréable. La **cuvée principale 96**, élevée sans barrique, reçoit la même note, avec des commentaires élogieux sur ses flaveurs de fruits mûrs et son potentiel de garde.
☛ SCI Ch. de Reignac, 33450 Saint-Loubès, tél. 05.56.20.41.05, fax 05.56.68.63.31 ✓ ⊤ r.-v.
☛ Yves Vatelot

LES HAUTS DE RICAUD 1995*

■   35,16 ha   32 000   ▫ ⚬ -30 F

L'équilibre merlot-cabernet sur sol argilo-graveleux, et l'été de 1995 ont permis d'élaborer un vin aromatique dont les flaveurs évoluent de la violette au cuir, en passant par le cassis et les épices. La chair ronde et chaude, aux tanins assagis, est prête à régaler une famille ou des amis autour d'une volaille.
☛ Ch. de Ricaud, 33410 Loupiac, tél. 05.56.62.66.16, fax 05.56.76.93.30 ✓ ⊤ r.-v.
☛ Alain Thiénot

CH. ROQUES MAURIAC 1996

■   40 ha   200 000   ▫ ⚬ -30 F

Hélène Levieux présente trois crus obtenant chacun une citation : le **Château Lagnet 96** au corps parfumé de framboise et de mûre, bien soutenu par des tanins vifs et jeunes ; le **Château Labatut 96**, plus printanier mais aussi de conception plus moderne, et à goûter dès maintenant avec du jambon cru ; et ce Roques Mauriac, plus traditionnel, charmeur, dont la chair n'est pas immense mais qui laisse une impression de bon raisin rôti au soleil. Il sera l'agréable compagnon du repas dominical.
☛ Hélène Levieux, Ch. Lagnet, Doulezon, 33350 Castillon-la-Bataille, tél. 05.57.40.51.84 ✓ ⊤ r.-v.

CH. SAINTE MARIE 1996**

■   18 ha   30 000   ⊕ 30 à 50 F

Targon est proche de l'abbaye de La Sauve-Majeure. L'encépagement du vignoble est bien équilibré, et ce vin élevé en fût s'en trouve bien. Le fruit très mûr y chante en couleur grenat, et en senteurs vanillées, boisées, réglissées. Le vin se plaît en bouche, gras, fondant, élégant. Les tanins apaisés lui confèrent une persistance heureuse. Du même propriétaire, le **Château Poujeaux-Mazet 96** a été remarqué pour ses flaveurs florales, mentholées. Il est cité.
☛ Gilles et Stéphane Dupuch, 4 bis, rue Ch.-Dopter, B.P. 30, 33670 Créon, tél. 05.56.23.00.71, fax 05.56.23.34.61 ✓ ⊤ t.l.j. sf sam. dim. 8h-18h; f. août

CH. SAINT-GERMAIN 1996

■   n.c.   260 000   ▫ ⚬ -30 F

La maison de négoce Calvet vinifie et vend en exclusivité le vin de ce château classé monument historique. Tout y est tradition, de l'encépagement au chai. Le vin se veut classique. Et l'est : habit pourpre, nez intense de fruits rouges - avec quelques notes fraîches de prairie -, bouche ronde et bien charpentée, longueur aromatique où percent les premières harmonies du bouquet. Un bon équilibre.
☛ Calvet, 75, cours du Médoc, B.P. 11, 33028 Bordeaux Cedex, tél. 05.56.43.59.00, fax 05.56.43.17.70

CH. DE SEGUIN Cuvée Prestige 1996*

■   15 ha   116 000   ⊕ 30 à 50 F

Les vignes parviennent à l'âge adulte sur des terres pierreuses, graveleuses, à fond d'argiles. Le merlot équilibre les cabernets (le franc est discret). Le chai est équipé pour bien faire selon la tradition ; le vin est là pour le prouver. La robe de ce 96 est presque opaque, grenat. Le boisé, agréable et très fin, évoque le grillé, la vanille, les épices. Les fruits confits, la noisette et le raisin mûr enchantent la chair bien structurée. Les tanins doivent vieillir pour affirmer une belle qualité. La **cuvée principale**, moins complexe, a été cependant appréciée et citée.
☛ SC du Ch. de Seguin, 33360 Lignan-de-Bordeaux, tél. 05.57.97.19.81, fax 05.57.97.19.82 ✓ ⊤ r.-v.
☛ Carl Frères

CH. TAYET 1996*

■   5,89 ha   37 000   ▫ ⚬ 30 à 50 F

Né dans les palus de Macau, cet enfant de merlot et de cabernet-sauvignon propose sa puissance aux amateurs de vins solides. La couleur est presque noire, et le nez de fruits rouges à notes cuites se montre jeune encore. Les tanins de qualité, la bouche corpulente et mûre annoncent un joli vin à garder quelques mois.
☛ SCEA Ch. Haut Breton Larigaudière, 33460 Soussans, tél. 05.57.88.94.17, fax 05.57.88.39.14 ✓ ⊤ r.-v.
☛ de Schepper

CH. TAYET
Cuvée Prestige Elevée en fût de chêne neuf 1996**

■   1 ha   6 000   ▫ ⊕ ⚬ 50 à 70 F

Voici une sélection de belle envolée. La robe pourpre rutile. Le nez enthousiasme par des parfums de vendange mûre, et un boisé élégant à nuances de grillé et de cannelle. La chair, dense et ferme, répond amoureusement aux tanins amples et précieux du merrain. Une personnalité à inviter pour goûter cuissots, gigots et, dans quelques années, fromages.
☛ SCEA Ch. Haut Breton Larigaudière, 33460 Soussans, tél. 05.57.88.94.17, fax 05.57.88.39.14 ✓ ⊤ r.-v.

CH. TENEIN 1996*

■   6 ha   20 000   ▫ -30 F

Cabernets franc et sauvignon s'épaulent pour équilibrer le merlot, dans cette propriété familiale des coteaux de l'Isle, aux portes de la Dordogne. La robe de ce 96 brille d'un rouge profond, intense. Le nez puissant fleure la vendange, le noyau, le fumet, le gibier. Cette complexité envahit la bouche ronde, aux tanins présents mais équilibrés, longs. C'est un vin de chevreuil et de fromages de caractère.
☛ SCEA Grelaud, Ch. Tenein, 33660 Gours, tél. 05.56.71.11.64, fax 05.56.71.11.61 ✓ ⊤ r.-v.

LE BORDELAIS

Bordeaux supérieur

CH. THIBAUT DUCASSE 1995*

■   2,8 ha   20 000   ⓘ 30 à 50 F

Un vin de merlot très dominant, né en sol limoneux. Tout le soleil de 1995 marié au joli merrain. Les notes vanillées, grillées, torréfiées chantent au nez. Les fruits - de la framboise à la noix de coco - dansent en bouche. Voilà un vin charnu, élégant, charmeur et mûr, à boire sur viandes en sauce et fromages.

🍷 SCEA Ch. de L'Hospital, Darrouban-Nord, 33640 Portets, tél. 05.56.67.54.73 ☑ 🍷 t.l.j. 9h30-12h30 14h-18h
🍷 Marcel Disch

CH. THIEULEY
Réserve Francis Courselle 1996**

■   1,5 ha   10 000   ⓘ 70 à 100 F

Cette Réserve est bâtie sur le seul merlot, ramassé mûr et élevé en fût. La robe, rouge grenat tirant sur le noir, est presque opaque, très brillante. La grande concentration du nez fait appel au merrain de qualité, et les fruits confits, le noyau de cerise y chantent allégrement. La densité du bois et du vin s'affirme en bouche après une attaque fraîche et fruitée. Il faut que les mois apaisent ce 96 pour le rendre harmonieux ; son élégance sera remarquable.

🍷 Sté des Vignobles Francis Courselle, Ch. Thieuley, 33670 La Sauve, tél. 05.56.23.00.01, fax 05.56.23.34.37 ☑ 🍷 r.-v.

CH. TOUR D'AURON 1996

■   n.c.   n.c.   🍷 30 à 50 F

La rondeur fruitée caractérise ce vin mûr à la robe rouge sombre. Les flaveurs de cerise et de framboise, bien développées, s'accompagnent de notes florales, puis de nuances d'épices et de cuir. Cette élégance très homogène deviendra complexe avec le temps. Patience...

🍷 Gérard Milhade, 33126 Fronsac, tél. 05.57.74.30.04, fax 05.57.84.31.27

CH. VALMORE SALLE D'OR
Vieilli en fût de chêne 1995**

■   10 ha   30 000   ⓘ 30 à 50 F

[Château Valmore Salle d'Or label, 1995, BORDEAUX SUPÉRIEUR, Christian DUMAS & Fils, PROPRIÉTAIRE A SAINT-MARTIAL - GIRONDE - FRANCE, 12,5% vol, MIS EN BOUTEILLE A LA PROPRIÉTÉ, 750 ml]

Né d'un vignoble adulte à dominante de cabernet-sauvignon, ce vin est modestement annoncé de « vinification classique ». Il a vieilli douze mois en fût... Le nez mêle aux petits fruits (groseille, cassis) des parfums exotiques, des notes de figue sèche, de poivre, de café. Cette complexité fondue trouve en bouche l'assistance d'une chair ronde, soyeuse, et l'appui de tanins denses et apaisés ; elle s'épanouit en queue de paon. Ce 95 est au seuil de son apogée. Il faut y goûter sur rôtis et gibiers.

🍷 EARL Christian Dumas et Fils, Le Bourg, 33490 Saint-Martial, tél. 05.56.76.41.28, fax 05.56.76.41.99 ☑ 🍷 r.-v.

VIEUX VAURE 1996

■   n.c.   100 000   🍷 -30 F

Les coopérateurs de Ruch ont élaboré un classique à la portée de tous. Sa robe rouge franc aimablement transparente, son nez aux notes florales et fruitées, sa bouche nette, pleine, à la structure tannique équilibrée sans mièvrerie, en font un bon compagnon de l'entrecôte dégustée entre amis.

🍷 Producteurs réunis Chais de Vaure, 33350 Ruch, tél. 05.57.40.54.09 ☑ 🍷 t.l.j. sf dim. 8h30-12h30 14h-18h

CH. VIGNOL 1996

■   n.c.   n.c.   🍷 -30 F

Ce sont les arômes très fruités aux notes grillées qui séduisent les premiers dans ce 96. La chair s'offre, ronde et souple, en sa robe cramoisie. Les tanins apaisés participent au volume. Un vin de viandes blanches pour repas amical.

🍷 Bernard et Dominique Doublet, Ch. Vignol, 33750 Saint-Quentin-de-Baron, tél. 05.57.24.12.93, fax 05.57.24.12.83 ☑ 🍷 r.-v.

CH. VILATTE 1995

■   12 ha   n.c.   🍷 -30 F

Puynormand : la « montagne » des gens du « nord », qui domine la vallée de l'Isle, aux frontières des pays d'oc et d'oïl. L'église et la vue méritent un détour. Plus bas, à l'abri du vent, ce château offre un vin au nez poivré, qui se révèle plein de charme en bouche. Chair, structure, longueur en font un compagnon des grillades au sarment, au retour de la chasse ou d'une promenade en forêt.

🍷 GAEC Ch. Vilatte, Vilatte, 33660 Puynormand, tél. 05.57.49.77.60, fax 05.57.49.67.89 ☑ 🍷 r.-v.
🍷 Massart

CH. VRAI CAILLOU 1996

■   40 ha   250 000   🍷 30 à 50 F

La famille Pommier exploite cette propriété depuis cinq générations, mais elle veille à demeurer à la pointe des techniques pouvant assurer la qualité traditionnelle de ses productions. Ce bordeaux supérieur à la robe grenat présente un bouquet velouté de fruits à noyau en tarte ou confiture, et de pruneau à l'eau-de-vie. Ces senteurs sont l'âme d'un corps bien charpenté, un peu dru encore, qui doit mûrir : les deux cabernets y dominent. Cette bouteille devrait accompagner dans un an ou deux le caneton aux cerises.

🍷 Michel Pommier, Ch. Vrai Caillou, 33790 Soussac, tél. 05.56.61.31.56, fax 05.56.61.33.52 ☑ 🍷 t.l.j. 8h-18h; sam. dim. sur r.-v.

Y 1996**

□   n.c.   n.c.   ⓘ +200 F

Traduction de la volonté d'Yquem de revenir à la tradition de l'« Y », ce vin est élevé en barrique neuve. Le résultat est une bouteille de

qualité. Sa personnalité apparaît dès le premier nez, où les fruits confits prennent un côté exotique marqué d'une touche rôtie intéressante, mais aussi au palais, rond, élégant et savoureux.
☙ Comte de Lur-Saluces, Ch. d'Yquem, 33210 Sauternes, tél. 05.57.98.07.07, fax 05.57.98.05.08

régulier anime une robe citron-or étincelante. La complexité des flaveurs de fruits légèrement fumés exprime avec délicatesse les caractères du sémillon (70 %), du sauvignon (10 %) et du colombard (20 %) qui composent ce vin harmonieux, savoureux.
☙ GAEC du Moulin Borgne, Le Moulin Borgne, 33620 Marcenais, tél. 05.57.68.70.25, fax 05.57.68.09.12 ▨ ⊺ t.l.j. 9h-20h
☙ Catherinaud

Crémant de bordeaux

Créé en 1990, le crémant est élaboré selon des règles très strictes communes à toutes les appellations de crémant, à partir de cépages traditionnels du Bordelais. Les crémants sont généralement blancs (6 817 hl en 1997) mais ils peuvent aussi être rosés.

BARON D'ESPIET 1995

| ○ | n.c. | 18 000 | ▮▯ 30 à 50 F |

L'Union des producteurs Baron d'Espiet est installée à moins d'une lieue de l'abbaye de La Sauve-Majeure. Elle est réputée pour ses vins blancs. Le crémant qu'elle présente ici est issu de sémillon parfumé de 5 % de muscadelle. L'aubépine et la fleur d'oranger chantent dans de fines bulles. Ces parfums aguichent en bouche, émoustillant une chair jugée un peu trop ronde... ou très féminine !
☙ Union de producteurs Baron d'Espiet, Lieu-dit La Fourcade, 33420 Espiet, tél. 05.57.24.24.08, fax 05.57.24.18.91 ▨ ⊺ r.-v.

BROUETTE PETIT-FILS
Cuvée de l'Abbaye★

| ○ | n.c. | n.c. | 30 à 50 F |

La famille Brouette, d'origine champenoise, a logé ses caves aux portes de Bourg-sur-Gironde, au bord d'une petite route pittoresque qui, jusqu'à Blaye, longe l'estuaire. Elle présente cette cuvée dont la teinte pâle, jaune-vert, s'anime de fines bulles persistantes. Le nez, vif et élégant, rappelle la citronnelle, la fleur d'agrumes. Le corps charme par sa rondeur friande, un peu verte en finale. Même note pour le **Tradition brut**. Le **rosé Cuvée réservée** est à la fois souple, vif et aromatique (framboise et abricot confit). Cité par le jury, il est à boire avec gourmandise, maintenant.
☙ SA Brouette Petit-Fils, Caves du Pain de Sucre, 33710 Bourg-sur-Gironde, tél. 05.57.68.42.09, fax 05.57.68.26.48 ▨ ⊺ t.l.j. sf lun. 8h-12h 14h-18h

DOM. DE LA NOUZILLETTE
Blanc de blancs★★

| ○ | 2 ha | 10 000 | ▮▯ 30 à 50 F |

La région des Hauts de Gironde, entre la citadelle de Blaye et l'abbatiale de Guîtres, est toujours intéressée aux vins effervescents. Cette propriété a élaboré des crémants dès la création de l'appellation (1990). Une mousse en fin cordon

LE BOURDIEU

| ○ | 1,88 ha | 6 000 | ▮▯ 30 à 50 F |

Depuis 1963, la famille Boudon pratique l'agriculture biologique. Elle a élaboré, à partir de sémillon et d'ugni blanc (30 %), un crémant très alerte, au nez un peu discret sous la mousse abondante. Les amateurs de ce crémant apprécieront aussi la vivacité de la finale.
☙ SCA Vignoble Boudon, Le Bourdieu, 33760 Souligniac, tél. 05.56.23.65.60, fax 05.56.23.45.58 ▨ ⊺ t.l.j. 9h-12h 14h-18h; sam. dim. sur r.-v.; f. fin août

LES CORDELIERS Blanc de blancs

| ○ | n.c. | n.c. | 30 à 50 F |

On peut visiter les Cordeliers et leur cloître du XIVᵉ s. lors d'un passage à Saint-Emilion. L'arôme de ce crémant est séduisant, très floral, un peu discret. L'harmonie est bousculée en bouche par un foisonnement abondant. La fraîcheur de fruit, persistante, régale le palais.
☙ Les Cordeliers, 104, cours Saint-Louis, 33300 Bordeaux, tél. 05.56.39.24.05, fax 05.56.39.94.42 ▨ ⊺ t.l.j. 14h-19h

LUCCIOS Blanc de blancs 1995

| ○ | 35 ha | 20 000 | ▮▯ 30 à 50 F |

Au pied de son église templière (d'où la vue sur la vallée de la Dordogne est magnifique), cette coopérative est dotée de moyens très performants pour la vinification. La robe jaune marquée d'or de ce 95 est parcourue de bulles fines. Le nez s'épanouit en senteurs intenses de muscat, de miel et de citron. La bouche est gourmande et mûrie.
☙ Union de Prod. de Saint-Pey-de-Castets, 36, av. de la Mairie, 33350 Saint-Pey-de-Castets, tél. 05.57.40.52.07, fax 05.57.40.57.17 ▨ ⊺ t.l.j. sf sam. dim. 8h-12h 14h-17h

PAULIAN 1995★★

| ○ | n.c. | 10 000 | ▮▯ 30 à 50 F |

En allant visiter les 3 km de galeries de cette maison centenaire, il faut s'arrêter près des Moulins de Calon d'où l'on peut apercevoir les terroirs de quelque vingt AOC. L'œuvre présentée ici est née du sémillon, d'une touche de muscadelle, et de cabernet franc. Elle a fermenté en barrique neuve. La complexité aromatique est remarquable : elle va de l'aubépine à la vanille, en cueillant là une orange, ici une noix de coco... Ces flaveurs embaument une bouche ronde et longue. Le bois, discret, souligne simplement la beauté de la matière et du travail. Explosif.

Le Blayais et le Bourgeais

🍷 SA Lateyron, Ch. Tour Calon, 33570 Montagne, tél. 05.57.74.62.05, fax 05.57.74.58.58 ☑ 🍴 r.-v.

TOUR DU ROY Cuvée Prestige

◐ n.c. 10 000 ▮ 30 à 50 F

Né dans les carrières sous la tour du Roy à Saint-Emilion, ce crémant rosé brut présente une robe soutenue saumon légèrement orangé, bien perlée. Groseille et framboise sont l'âme du bouquet, agrémenté de vanille et de confiture de mûre. C'est un vin onctueux, bien structuré, à déguster maintenant.

🍷 SA Mons-Maleret, Caves de La Tour du Roy, 33330 Saint-Emilion, tél. 05.57.24.72.38, fax 05.57.74.43.72 ☑ 🍴 r.-v.

VENTADOUR

○ n.c. 12 000 ▮ ⏹ ⏹ 30 à 50 F

Mariage de sémillon, de muscadelle et de cabernet franc (20 %). D'une couleur vert-jaune pâle, ce crémant se montre un peu discret en parfums et en bulles. Puis un charme réel se manifeste en bouche, avec des notes d'agrumes et de grillé, amples et mûres.

🍷 Caves de Rauzan, 33420 Rauzan, tél. 05.57.84.13.22, fax 05.57.84.12.67 ☑ 🍴 r.-v.

Le Blayais et le Bourgeais

Blayais et Bourgeais, deux petits pays aux confins charentais de la Gironde que l'on découvre toujours avec plaisir. Peut-être en raison de leurs sites historiques, de la grotte de Pair-Non-Pair (avec ses fresques préhistoriques, presque dignes de Lascaux), de la citadelle de Blaye ou de celle de Bourg, ou des petits châteaux et autres anciens pavillons de chasse. Mais plus encore parce que de cette région très vallonnée se dégage une atmosphère intimiste, apportée par de nombreuses vallées et qui contraste avec l'horizon presque marin des bords de l'estuaire. Pays de l'esturgeon et du caviar, c'est aussi celui d'un vignoble qui depuis les temps gallo-romains contribue à son charme particulier. Pendant longtemps, la production de vins blancs a été importante ; jusqu'au début du XXe s., ils étaient utilisés pour la distillation du cognac ; cette ancienne coutume a été ravivée par la création récente de la fine de bordeaux, eau-de-vie de vin distillée dans l'alambic charentais. Mais aujourd'hui, les vins blancs sont en très nette régression, car les rouges jouissent d'une prospérité économique beaucoup plus grande.

Blaye, premières côtes de blaye, côtes de blaye, bourg, bourgeais, côtes de bourg, rouges et blancs : il est parfois un peu difficile de se retrouver dans les appellations de cette région. Toutefois, on peut distinguer deux grands groupes : celui de Blaye, avec des sols assez diversifiés, et celui de Bourg, géologiquement plus homogène.

Côtes de blaye et premières côtes de blaye

Sous la protection, désormais toute morale, de la citadelle de Blaye due à Vauban, le vignoble blayais s'étend sur environ 4 600 ha plantés de vignes rouges et blanches. Les appellations blaye et blayais sont désormais de moins en moins utilisées, la plupart des viticulteurs préférant produire des vins à partir de cépages plus nobles qui ont droit aux appellations côtes de blaye et premières côtes de blaye. Les premières côtes de blaye rouges (248 285 hl en 1996 et 286 000 hl en 1997) sont des vins assez colorés qui présentent une rusticité de bon aloi, avec de la puissance et du fruité. Les blancs (9 735 hl en 1996 et 11 300 hl en 1997) sont aromatiques. Les côtes de blaye blancs (5 762 hl en 1996 et 4136 en 1997) sont en général des vins secs, d'une couleur légère, que l'on sert en début de repas, alors que les premières côtes rouges vont plutôt sur des viandes ou des fromages.

Le Blayais et le Bourgeais

Côtes de blaye

DOM. DE LA NOUZILLETTE 1997★★

| | 4 ha | 12 000 | | -30 F |

Nostalgie ? Si la plupart des viticulteurs blayais ont abandonné les côtes, au profit des premières côtes, ici la tradition est maintenue. Surprenant par son bouquet aux notes de roses et de fleurs des bois, ce 97, d'une belle couleur jaune paille à reflets dorés, sera la meilleure « défense et illustration » des côtes qui se puisse trouver. Sa finesse, sa délicatesse, sa vivacité et ses arômes de cire d'abeille (en finale) composent un ensemble bien construit et d'un rapport qualité-prix très intéressant.

☛ GAEC du Moulin Borgne, Le Moulin Borgne, 33620 Marcenais, tél. 05.57.68.70.25, fax 05.57.68.09.12 ✓ ⏳ t.l.j. 9h-20h
☛ Catherinaud

Premières côtes de blaye

CH. ANGLADE-BELLEVUE 1996

| ■ | n.c. | 13 000 | | 30 à 50 F |

Sans rivaliser avec certains millésimes antérieurs, dont le 95, très beau coup de cœur l'an dernier, cette cuvée prestige 96, au bouquet discret mais délicat (bourgeon de cassis), réserve une jolie finale confiturée.

☛ EARL Mège Frères, Aux Lamberts, 33920 Générac, tél. 05.57.64.73.28, fax 05.57.64.53.90 ✓ ⏳ r.-v.

CH. CAILLETEAU BERGERON
Vieilli en fût de chêne 1996★

| ■ | 6 ha | 40 000 | | -30 F |

Simple mais agréable, ce vin montre ses bonnes dispositions par son bouquet aux discrètes notes de fruits rouges, vanille et poivron. Soutenu par des tanins dont la présence n'est jamais

Le Blayais et le Bourgeais

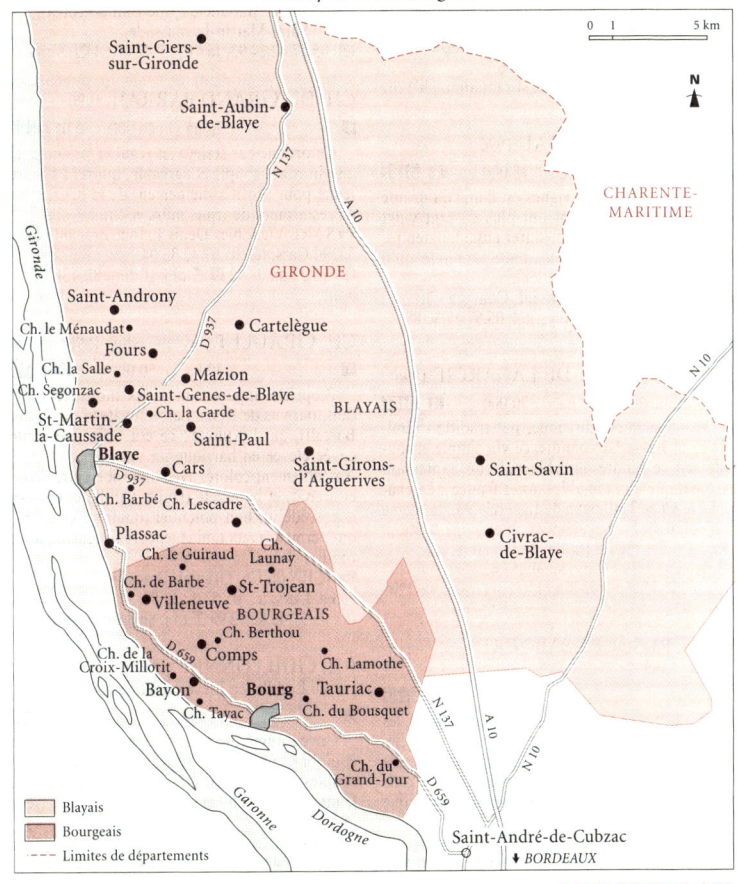

LE BORDELAIS

Le Blayais et le Bourgeais — Premières côtes de blaye

agressive, le palais témoigne d'une réelle recherche d'équilibre.

➥ EARL Dartier et Fils, Bergeron, 33390 Mazion, tél. 05.57.42.11.10, fax 05.57.42.37.72 r.-v.

CH. CAP SAINT-MARTIN 1995

10 ha   24 000

Sous un nom évoquant la marine et l'aventure, un vin dont le charme tranquille évoque la campagne par sa rondeur, son équilibre et ses parfums fruités. Le **Château Les Rousseaux 96**, également des vignobles Ardoin et entre 30 et 49 F, a aussi obtenu une citation.

➥ Vignobles Ardoin, Mazerolles, 33390 Saint-Martin-Lacaussade, tél. 05.57.42.13.29, fax 05.57.42.91.73 t.l.j. sf dim. 8h-12h 14h-19h

CH. CHARRON Acacia 1997*

5 ha   20 000

Ce cru, qui s'est spécialisé dans le blanc, nous montre une fois encore le bien-fondé de son choix, tant par son bouquet, où la vanille se mêle au pain grillé et à la croûte de pain sur une note de buis, que par son palais, lui aussi très aromatique (fruits et fleurs) et bien construit, avec beaucoup de gras. La cuvée rouge, **Les Gruppes 96** (30-49 F), a mérité une citation.

➥ SCEA ch. Charron, Ch. Peyredoulle, 33390 Berson, tél. 05.57.42.66.66, fax 05.57.64.36.20 t.l.j. sf sam. dim. 8h-12h 14h-18h

DOM. DE COURGEAU 1996

4 ha   18 000

Si l'âge moyen des vignes est d'une quinzaine d'années, quelques ceps ont plus de cent vingt ans. Sans ambitionner de durer aussi longtemps, ce 96 montre par sa puissance tannique qu'il bénéficie d'un bon potentiel.

➥ Isabelle et Pascal Montaut, Courgeau 7, 33390 Saint-Paul-de-Blaye, tél. 05.57.42.34.88, fax 05.57.42.93.80 r.-v.

CH. CRUSQUET-DE LAGARCIE 1996

Cru bourg.   20 ha   80 000

Principalement distribué, par tradition familiale, en Basse-Normandie, ce vin simple et souple sait se rendre agréable par son expression aromatique aux aimables notes fruitées. Le **château le Cône Taillasson de Lagarcie 96**, du même GFA (30-49 F), a également obtenu une citation.

➥ GFA des vignobles Ph. de Lagarcie, Le Crusquet, 33390 Cars, tél. 05.57.42.15.21, fax 05.57.42.90.87 t.l.j. sf sam. dim. 9h-12h 14h-18h

CH. CRUSQUET-SABOURIN
Prestige 1996*

3 ha   15 000

Producteurs sur les deux rives de l'estuaire, les vignobles Sabourin présentent ici une cuvée élevée en fût d'une belle tenue : agréable à l'œil, elle développe un bouquet discret mais très fin (fruits mûrs, réglisse et vanille) et un palais tannique prometteur.

➥ Sabourin Frères, Le Bourg, 33390 Cars, tél. 05.57.42.15.27, fax 05.57.42.05.47 r.-v.

CH. FONTARABIE 1996*

13 ha   95 000

Racheté en 1995 par les filles d'Alain Faure (Côtes de bourg), ce cru, désormais très féminin, commence heureusement sa carrière avec ce deuxième millésime. Souple et tannique, il présente un bon équilibre et met en valeur l'élégance de son bouquet aux notes d'épices et de fruits mûrs. Au total, voilà une bouteille des plus sympathiques, dont on pourra profiter sans trop attendre.

➥ Vignobles Alain Faure, Ch. Belair-Coubet, 33710 Saint-Ciers-de-Canesse, tél. 05.57.64.90.06, fax 05.57.64.90.61 r.-v.

CH. FREDIGNAC Cuvée Prestige 1995

2 ha   9 500

Cuvée Prestige, ce vin a bien profité de son élevage en fût subtilement dosé ; celui-ci a enrichi le bouquet, dont on appréciera également les parfums de fruits rouges, avec une petite note animale. Souple, frais et bien équilibré, le palais permet d'envisager une garde de un à deux ans. Vin plaisir à boire dans les quinze mois à venir, la **cuvée principale 96** qui ne connaît pas le bois a obtenu une citation.

➥ Michel L'Amouller, 7, rue Emile-Frouard, 33390 Saint-Martin-Lacaussade, tél. 05.57.42.24.93, fax 05.57.42.00.64 r.-v.

CH. DU GRAND BARRAIL 1996

25 ha   40 000

Ce producteur sérieux et régulier présente ici un vin rond, souple et agréable, qui sera à boire jeune pour profiter pleinement de la belle tenue de ses arômes de fruits mûrs et cuits.

➥ SARL Vignobles Denis Lafon, Bracaille 1, 33390 Cars, tél. 05.57.42.33.04, fax 05.57.42.08.92 t.l.j. sf dim. 8h-18h; f. août

CH. GRAULET Cuvée Prestige 1996*

30 ha   50 000

Propriété appartenant à des industriels suédois, parents de Denis Lafon (château du Grand Barrail), qui l'exploite ; ce cru offre avec cette cuvée élevée en barrique un vin bien constitué. Agréablement coloré, avec une robe entre cerise et grenat, et bouqueté (fruits, vanille et épices), il possède un bon potentiel (quatre à cinq ans) qui permettra aux tanins, encore fougueux, de se fondre.

➥ SCEA du Ch. Graulet, Bracaille 7, 33390 Cars, tél. 05.57.42.33.04, fax 05.57.42.08.92 t.l.j. 8h-18h; f. août

CH. GUILLONNET
Cuvée Excellence Elevé en fût de chêne 1996*

15 ha   7 500

Cuvée numérotée, vieillie en fût, ce 96 bien équilibré sait montrer ses tanins sans perdre sa souplesse et son bois, sans écraser les parfums de fruits rouges. La même **cuvée 95** a également reçu une étoile.

➥ EARL Menanteau, 33390 Anglade, tél. 05.57.64.62.97, fax 05.57.64.52.54 r.-v.

Le Blayais et le Bourgeais — Premières côtes de blaye

CH. HAUT GRELOT 1997
14 ha — 100 000 — -30 F

Venu du nord de l'appellation, ce vin porte la marque du cépage sauvignon dans son bouquet, dominé par le buis. Une bouteille très vive qui conviendra parfaitement à un amical repas de fruits de mer.
• EARL Joël Bonneau, Au Grelot, 33820 Saint-Ciers-sur-Gironde, tél. 05.57.32.65.98, fax 05.57.32.71.81 r.-v.

HAUT-PEYREFAURE 1996
3 ha — 21 000 — 30 à 50 F

Elaboré par la cave de Pugnac, ce vin est encore assez sévère, mais sa concentration devrait lui permettre d'évoluer favorablement.
• Union de producteurs de Pugnac, Bellevue, 33710 Pugnac, tél. 05.57.68.81.01, fax 05.57.68.83.17 r.-v.

CH. L'ABBAYE 1995*
1,5 ha — 12 000 — -30 F

Ce vin reste en vin peu confidentiel. Cela ne l'empêche pas de se montrer sympathique. Non seulement par sa présentation mais aussi par son bouquet aux agréables senteurs de fruit, de grillé et de croûte de pain, comme par sa matière qui s'appuie sur des tanins déjà fondus.
• GAEC Rossignol et Gendre, L'Abbaye, 33820 Pleine-Selve, tél. 05.57.32.64.63, fax 05.57.32.74.35 r.-v.
• Guy Rossignol

CH. LACAUSSADE SAINT MARTIN
Trois Moulins 1997*
3 ha — 15 000 — 30 à 50 F

Cuvée vinifiée en barrique, ce 97 s'annonce par une belle couleur entre jaune et vert, avant de développer un bouquet où l'on sent fortement l'influence du bois (vanille). Au palais, celle-ci est toujours sensible, mais elle se fond dans les notes de fruits d'été bien mûrs (pêche). Destinée aux amateurs de vins élevés en barrique de chêne neuve.
• Jacques Chardat, Ch. Labrousse, 33390 Saint-Martin-Lacaussade, tél. 05.57.42.66.66, fax 05.57.64.36.20 r.-v.

CLOS LACOMBES 1996**
n.c. — n.c. — 30 à 50 F

Vieilli en barrique, ce vin doit à son élevage la complexité de son bouquet, qui va des fruits rouges au cuir. Sans annoncer une longue garde (un à deux ans), le palais se montre intéressant par la rondeur de ses tanins et son volume qui lui donnent un caractère franc et bien équilibré. Egalement agréable, le **Château Haut du Peyrat rouge 96** a obtenu une citation.
• Muriel et Patrick Revaire, Gardut, 33390 Cars, tél. 05.57.42.20.35, fax 05.57.42.12.84 t.l.j. 8h-20h; sam. dim. sur r.-v.

CH. LAFON LAMARTINE 1996*
6,84 ha — 12 000 — 30 à 50 F

Issu d'un vignoble où le merlot règne en maître, ce vin lui doit son bouquet fruité et sa structure, fine et bien équilibrée. Doté d'une bonne constitution, l'ensemble est fort agréable avec une jolie finale.
• Vignobles Bruno Lafon, 7, pl. de La Libération, 33710 Bourg-sur-Gironde, tél. 05.57.68.36.84, fax 05.57.68.36.84 t.l.j. 8h-12h 13h-19h; f. 15 août-1er sept.

CH. LA RAZ CAMAN 1995*
17 ha — 55 000 — 30 à 50 F

A boire, à attendre ? La question reste ouverte, ce 95 étant déjà agréable tout en révélant une bonne matière tannique, qui se développe bien au palais, en s'appuyant sur un soutien solide mais non agressif. Le boisé est élégant.
• Jean-François Pommeraud, Ch. La Raz Caman, 33390 Anglade, tél. 05.57.64.41.82, fax 05.57.64.41.77 r.-v.

CH. LA ROSE BELLEVUE 1997
8,7 ha — 60 000 — -30 F

Comme l'indique sans ambiguïté l'étiquette, l'encépagement privilégie le sauvignon. On ne s'étonnera pas de retrouver sa marque dans la riche expression du bouquet. Au palais, gras, vif et flatteur, le fruit ressort avec grâce. La **Cuvée Prestige rouge 96** (30-49 F) a également obtenu une étoile pour ses tanins de qualité, son boisé bien dosé, ses parfums agréables.
• EARL vignobles Eymas et Fils, Ch. La Rose Bellevue, 33820 Saint-Palais, tél. 05.57.32.66.54, fax 05.57.32.78.78 t.l.j. sf dim. 8h-19h

CH. DE LA SALLE 1997
1,2 ha — 5 000 — -30 F

Château du XVIe s. et chambres d'hôtes, ce cru mérite d'être inscrit sur les tablettes des touristes, qui pourront y découvrir un vin vif, frais et aromatique (citron et pêche blanche).
• SCEA ch. de La Salle, 33390 Saint-Genès-de-Blaye, tél. 05.57.42.12.15, fax 05.57.42.12.15 r.-v.
• Bonnin

CH. LE GRAND MOULIN
Cuvée particulière 1995
2 ha — 14 000 — 30 à 50 F

Issu de la cuvée prestige élevée en fût, ce 95 pourra être bu sans attendre. Il demandera cependant à être servi avant d'être servi pour que ses arômes foxés et ses notes de fruits rouges puissent pleinement s'exprimer.
• GAEC du Grand Moulin, La Champagne, 33820 Saint-Aubin-de-Blaye, tél. 05.57.32.62.06, fax 05.57.32.73.73 t.l.j. sf dim. 9h-12h 14h-19h
• Jean-François Réaud

CH. LE GRAND TRIE 1996
n.c. — n.c. — 30 à 50 F

Après un joli 95, ce cru familial offre ce millésime bien réussi, tant par la complexité du bouquet (fleurs, réglisse et grillé) que par l'ampleur et la rondeur de son palais. De son côté, le **blanc 97** a été cité par le jury.
• Jany Haure, Les Augirons, 33820 Saint-Ciers-sur-Gironde, tél. 05.57.32.63.10, fax 05.57.32.95.34 r.-v.

Le Blayais et le Bourgeais — Premières côtes de blaye

CH. LE MENAUDAT
Elevé en fût de chêne 1996★

0,5 ha — 3 500 — 30 à 50 F

Issue d'une petite partie du vignoble, cette cuvée se montre flatteuse et agréable par son bouquet, qui évoque la fraise, la framboise et la mûre, comme par son palais, souple et équilibré, qui témoigne d'une bonne vinification et d'un élevage intelligent en barrique.
• Madame Edouard Cruse, Ch. le Menaudat, 33390 Saint-Androny, tél. 05.56.65.20.08
r.-v.

CH. LE RIMENSAC
Cuvée Saint-Christophe Elevé en fût de chêne 1996

1 ha — 7 000 — 30 à 50 F

Cuvée élevée en fût, ce vin, soutenu par des tanins ronds mais peu puissants, sait se rendre plaisant par ses parfums fruités, confiturés et floraux.
• SCEV Sigogneaud-Voyer, Chante-Alouette, 33390 Cars, tél. 05.57.64.36.09, fax 05.57.64.22.82 r.-v.

CH. LES BERTRANDS
Cuvée Prestige 1996★

6 ha — 40 000 — 30 à 50 F

Belle unité de 75 ha, ce cru propose ici sa cuvée Prestige. De la robe, rubis à reflets pourpres, à la longue finale vanillée, elle reste agréable et bien constituée tout au long de la dégustation, une solide structure souple et tannique succédant à un bouquet qui marie les fruits noirs (mûre) et rouges (framboise). La **cuvée numérotée blanche 97** (moins de 30 F) a également reçu une étoile. A noter aussi, le **Château l'Aiguille du pin rouge 96** (moins de 30 F), appartenant à la même famille qui s'est vu attribuer une citation.
• EARL Vignobles Dubois et Fils, Les Bertrands, 33860 Reignac, tél. 05.57.32.40.26, fax 05.57.32.41.36 r.-v.

CH. LES DONATS 1996

n.c. — 13 000 — 30 à 50 F

Si les tanins enlèvent un peu de souplesse au palais, l'ensemble est agréable et de qualité avec, notamment, une expression aromatique complexe : fraise, groseille, confiture et pruneau.
• SCEV Marsaux-Donze, Ch. Martinat, 33710 Lansac, tél. 05.57.68.34.98, fax 05.57.68.35.39 r.-v.

CH. LES GRAVES
Elevé en fût de chêne 1996★★

5 ha — 20 000 — 30 à 50 F

D'une belle couleur grenat, ce vin élevé en fût a un bouquet d'une grande finesse heureusement marqué par les épices et la vanille ; au palais on retrouve cette dernière accompagnant des arômes de fruits murs qui s'allient à une bonne structure tannique pour inviter à laisser cette belle bouteille à la cave pendant trois ans.
• SCEA Jean-Pierre Pauvif, Favereau, 33920 Saint-Vivien-de-Blaye, tél. 05.57.42.47.37, fax 05.57.42.55.89 r.-v.

CH. LES MOINES 1996★

24 ha — n.c. — -30 F

Issu d'un vignoble dominé par le merlot (90 %), ce vin est très bouqueté, avec de jolies notes de fruits noirs (mûre). Au palais on retrouve d'intéressants arômes (sous-bois) qui forment un ensemble chaleureux avec la matière, souple, ronde, dotée de tanins élégants. Une bouteille plaisante, tout entière sur le fruit, à attendre pendant encore deux ou trois ans avant de l'ouvrir sur une grillade.
• Alain Carreau, Les Moines, 33390 Blaye, tél. 05.57.42.12.91 t.l.j. 9h-19h

CH. LOUMEDE
Elevé en fût de chêne 1996★

5 ha — 36 000 — 30 à 50 F

Certes le « look » pour le moins obsolète de l'étiquette parcheminée peut surprendre, mais personne ne regrettera la régularité en qualité de ce cru. Ce millésime ne fait pas exception à la règle : sa robe sombre, d'un beau grenat violacé, et son bouquet complexe mettent en appétit. Quant au palais, sa richesse, ses tanins bien fondus et son agréable impression boisée qui ne cache pas le fruité du vin ne déçoivent pas.
• SCE de Loumède, Ch. Loumède, B.P. 4, 33390 Blaye, tél. 05.57.42.16.39, fax 05.57.42.25.30 t.l.j. 8h-19h

CH. DES MATARDS
Cuvée Nathan Elevée en fût de chêne 1996

3 ha — 20 000 — 30 à 50 F

Elevée en fût de chêne, cette cuvée spéciale est un peu discrète par son bouquet, par ailleurs d'une bonne complexité, mais elle se montre intéressante par ses impressions tactiles de gras et le volume du palais.
• GAEC Terrigeol et Fils, Le Pas d'Ozelle, 33820 Saint-Ciers-sur-Gironde, tél. 05.57.32.61.96, fax 05.57.32.79.21 t.l.j. 8h-12h 14h-20h

CH. MAYNE-GUYON
Cuvée Héribert 1996★

19 ha — 50 000 — 30 à 50 F

Elevée en fût, cette cuvée en porte la marque dans son expression aromatique, où une note de vanille vient se joindre aux fruits rouges et aux épices. Franche, souple, ample et tannique, la structure donne un ensemble bien équilibré, qui évoluera heureusement au cours des trois années à venir.
• SARL ch. Mayne-Guyon, Lieu-dit Mazerolles, 33390 Cars, tél. 05.57.42.09.59, fax 05.57.42.27.93 r.-v.

CH. MONCONSEIL GAZIN
Elevé en fût de chêne 1996

15 ha — 90 000 — 30 à 50 F

Décor de théâtre pour pièce médiévale, l'architecture est assez sévère, ce qui n'empêche pas le vin de se montrer léger et aimable avec un bouquet de fruits rouges et un palais discrètement tannique et bien habillé par le merrain fondu.

220

Le Blayais et le Bourgeais — Premières côtes de blaye

• Vignobles Michel Baudet, Ch. Monconseil Gazin, 33390 Plassac, tél. 05.57.42.16.63, fax 05.57.42.31.22 ⓥ ⓣ r.-v.

CH. PEYBONHOMME LES TOURS
1996

■ Cru bourg.   55 ha   300 000   ⓘⓒ 30 à 50 F

Issu d'un vaste domaine, ce vin n'a rien de confidentiel. S'il se montre un peu discret au palais, il n'en demeure pas moins bien construit et servi par un bouquet complexe. La cuvée spéciale, **Quintessence de Peybonhomme 96 rouge** (70-99 F) a également obtenu une citation.
• Jean-Luc Hubert, Ch. Peybonhomme, 33390 Cars, tél. 05.57.42.11.95, fax 05.57.42.38.15 ⓥ ⓣ r.-v.

PHILIPPE RAGUENOT
Vinifié en fût de chêne 1996**

■   6 ha   40 000   ⓘⓒ 30 à 50 F

Après les vins de cru, de négociant-éleveur et de marque, voici une nouvelle catégorie, celle du vin de propriétaire, qui signe de son nom l'étiquette ; c'est un très joli 96. D'un beau rubis foncé, il développe un bouquet sans timidité (fruits rouges épicés et fruits confits), une attaque franche et souple, de la mâche et une bonne présence tannique. Le faire patienter au moins deux ans en cave.
• EARL Raguenot-Lallez, Ch. des Tourtes, 30, le Bourg, 33820 Saint-Caprais-de-Blaye, tél. 05.57.32.65.15, fax 05.57.32.99.38 ⓥ ⓣ t.l.j. 9h-19h; dim. sur r.-v.

CH. ROLAND LA GARDE
Prestige 1996*

■   6 ha   36 000   ⓘⓘⓒ 50 à 70 F

S'il a le souci de bien accueillir les visiteurs, Bruno Martin sait aussi soigner sa production, comme en témoigne ce 96. D'une jolie couleur grenat, ce vin développe un bouquet aux notes gourmandes de cacao et de brioche avant d'attaquer franchement pour révéler son élégance, son ampleur et sa mâche. On sent une belle matière, bien travaillée et apte à une garde de trois ou quatre ans.
• SCEA Ch. Roland La Garde, 8, La Garde, 33390 Saint-Seurin-de-Cursac, tél. 05.57.42.32.29, fax 05.57.42.01.86 ⓥ ⓣ t.l.j. sf dim. 8h-20h
• Bruno Martin

DOM. DES ROSIERS
Elevé en fût de chêne 1996*

■   n.c.   n.c.   ⓘⓒ 30 à 50 F

Venu du nord de l'appellation, au voisinage des impressionnants marais qui bordent l'estuaire, ce vin, élevé en fût, a l'art de se présenter : d'une belle couleur grenat, il exhale d'agréables parfums de fruits confits. Franc, ample et relevé par un bois de qualité, le palais est à la hauteur de la présentation.
• Christian Blanchet, 10, la Borderie, 33820 Saint-Ciers-sur-Gironde, tél. 05.57.32.75.97, fax 05.57.32.78.37 ⓥ ⓣ r.-v.

CH. SEGONZAC
Vieilles vignes Elevé en fût de chêne 1995**

■ Cru bourg.   10 ha   50 000   ⓘⓒ 50 à 70 F

Créé par Jean Dupuy, ministre de l'Agriculture sous la IIIe République, ce cru profite de l'âge d'une partie de ses ceps (quarante ans) pour proposer une belle cuvée Vieilles vignes. Très bouquetée (cassis, épices et, bien sûr, fruits rouges) celle-ci possède une solide constitution et une matière qui annonce un bon potentiel par sa longueur, ses tanins et son équilibre.
• SCEA Ch. Segonzac, 39, Segonzac, 33390 Saint-Genès-de-Blaye, tél. 05.57.42.18.16, fax 05.57.42.24.80 ⓥ ⓣ r.-v.

CH. TAYAT
Cuvée Tradition Elevée en barrique de chêne 1995

■   2 ha   10 000   ⓘⓒ 30 à 50 F

Appartenant à la cuvée numérotée et élevée en barrique, ce 95 se présente dans une jolie robe marquée d'une légère nuance d'évolution et avec un bouquet mêlant notes végétales et notes boisées, grillées. La matière est intéressante, assez classique, très caractéristique des premières côtes de blaye. Le **blanc 97** a reçu une même citation pour son nez complexe.
• SCEA Favereaud, Tayat, 33620 Cézac, tél. 05.57.68.62.10, fax 05.57.68.15.07 ⓥ ⓣ t.l.j. sf dim. 8h-12h 15h-20h

CH. TERRE-BLANQUE
Cuvée Noémie 1996

■   1 ha   1 600   ⓘⓒ 30 à 50 F

Nouveau venu dans le Guide, ce cru fait une entrée sympathique avec cette cuvée ronde et charnue qui plaira aux amateurs de vins marqués par l'élevage en barrique neuve bien mené.
• Boulmé, Ch. Terre-Blanque, 33990 Saint-Genès-de-Blaye, tél. 05.57.42.18.48 ⓥ ⓣ r.-v.

EXCELLENCE DE TUTIAC
Vieilli en fût de chêne 1996**

■   n.c.   n.c.   ⓘⓒ 50 à 70 F

Baptiser son vin « Excellence » est un défi. Mais, de millésime en millésime, la cave des Hauts de Gironde tient le pari. Rond, onctueux et tannique, ce vin pourra aussi bien être bu jeune qu'attendu quatre ou cinq ans. Dans les deux cas il étonnera par la richesse de son expression aromatique, avec des notes de cassis, de fruits noirs bien mûrs, de grillé, de toast, de vanille et de caramel. Deux vins blancs du même producteur, l'**Excellence** et la **Duchesse de Tutiac 97** (de 30 à 49 F) ont obtenu respectivement une citation et une étoile.
• Cave des Hauts de Gironde, La Cafourche, 33860 Marcillac, tél. 05.57.32.48.33, fax 05.57.32.49.63 ⓥ ⓣ t.l.j. sf dim. 8h30-12h 14h-18h; groupes sur r.-v.

LE BORDELAIS

Côtes de bourg

L'AOC couvre environ 3 600 ha. Avec comme cépage dominant le merlot, les rouges (210 698 hl en 1996 et 224 307 hl en 1997) se distinguent souvent par une belle couleur et des arômes assez typés de fruits rouges. Assez tanniques, ils permettent dans bien des cas d'envisager favorablement un certain vieillissement. Peu nombreux, les blancs (1 113 hl en 1997) sont en général secs, avec un bouquet assez typé.

CH. DE BARBE 1996

33,41 ha   300 000   30 à 50 F

Issu d'une propriété commandée par une belle demeure datant de 1790, ce vin est d'une bonne structure générale, avec des tanins qui devraient se fondre d'ici un à deux ans.
• Société Viticole villeneuvoise, Ch. de Barbe, 33710 Villeneuve, tél. 05.57.64.80.51, fax 05.57.64.94.10 ☑ ⊺ t.l.j. 8h-12h 14h-17h; f. août

CH. BELAIR-COUBET 1996*

25 ha   112 500   30 à 50 F

Belle unité jouissant de moyens appropriés, et menée par les filles d'Alain Faure, ce cru s'est solidement implanté dans la grande distribution. Bien bouqueté, avec d'expressives notes de cuir, de cassis et de torréfaction, son 96 développe un palais onctueux, doux et tannique, qui s'accommodera de mets ayant de la personnalité.
• Vignobles Alain Faure, Ch. Belair-Coubet, 33710 Saint-Ciers-de-Canesse, tél. 05.57.64.90.06, fax 05.57.64.90.61 ☑ ⊺ r.-v.

CH. BRULESECAILLE 1996**

16 ha   80 000   30 à 50 F

Equipements, travail, ce cru est l'une des valeurs sûres de l'appellation. Pour s'en convaincre, il suffit de humer le bouquet de ce 96 où le bois, les fruits et les fleurs (violette) composent un ensemble harmonieux, et de savourer son palais, rond et fin avec des tanins bien extraits. Signalons qu'un gîte rural a été aménagé sur le domaine.
• GFA Rodet Recapet, Ch. Brulésecaille, 33710 Tauriac, tél. 05.57.68.40.31, fax 05.57.68.21.27 ☑ ⊺ r.-v.

CH. BRULESECAILLE 1997**

0,5 ha   4 000   30 à 50 F

Contrairement à beaucoup de crus, Brulésecaille n'a jamais renoncé aux côtes de bourg blancs. Un choix parfaitement justifié par la qualité de millésimes comme celui-ci : belle robe jaune clair ; bouquet intense, avec des notes de pain grillé, de fleurs de tilleul et de pamplemousse ; attaque douce et structure ronde, bien soutenue par le bois ; tout s'accorde pour former un ensemble agréable.

• GFA Rodet Recapet, Ch. Brulésecaille, 33710 Tauriac, tél. 05.57.68.40.31, fax 05.57.68.21.27 ☑ ⊺ r.-v.

CH. BUJAN 1996

9 ha   68 000   30 à 50 F

Sans être très bouqueté, ce vin d'une belle couleur pourpre se montre agréable par sa structure générale, ronde, bien équilibrée et fruitée.
• Pascal Méli, Ch. Bujan, 33710 Gauriac, tél. 05.57.64.86.56, fax 05.57.64.93.96 ☑ ⊺ t.l.j. sf dim. 9h-12h 14h-19h

CH. COLBERT
Cuvée Prestige Vieilli en fût de chêne 1996*

2 ha   10 000   30 à 50 F

Un château de la fin du XIX°s., et un cru où 70 % de merlot joue avec le cabernet. La robe de ce 96 est soutenue, avec des reflets grenat. Le nez intense laisse dominer un fin boisé. En bouche, la matière accompagne un aimable bouquet où se mêlent des notes épicées et confites qui ne masquent pas le fruit. Il faut attendre de vin deux ou trois ans.
• Duwer, Ch. Colbert, 33710 Comps, tél. 05.57.64.95.04, fax 05.57.64.88.41 ☑ ⊺ t.l.j. 8h-20h; f. 24 déc.-2 janv.

CH. CROUTE-CHARLUS 1996*

5,6 ha   28 000   30 à 50 F

Ce cru propose un vin rond, simple et bien fait, où l'on trouve beaucoup de fruits mûrs et de jeunes tanins. Il devrait tirer profit d'une garde de trois à quatre ans.
• EARL Sicard-Baudouin, 5, rte de Croûte, 33710 Bourg-sur-Gironde, tél. 05.57.68.25.67, fax 05.57.68.25.77 ☑ ⊺ r.-v.
• Cédric Baudouin

CH. ESCALETTE 1996*

8 ha   40 000   30 à 50 F

La taille modeste du vignoble n'empêche pas cette exploitation de proposer un vin fort bien constitué. D'une belle couleur foncée à reflets violets, ce 96 déploie un bouquet agréablement fruité, avec des notes mûres, avant de s'ouvrir sur un palais agrémenté d'arômes plus floraux et porté par des tanins fondus.
• Ets Casses, Ch. Escalette, 33710 Villeneuve, tél. 05.57.64.80.51, fax 05.57.64.94.10

CH. FOUGAS Maldoror 1996***

3 ha   15 000   70 à 100 F

Comme l'an dernier, Jean-Yves Béchet a obtenu une très belle réussite avec sa cuvée Maldoror assemblant 50 % de merlot au cabernet-sauvignon. Son élevage en barrique neuve pen-

Le Blayais et le Bourgeais

Côtes de bourg

dant quatorze mois lui a apporté de nombreux arômes caractéristiques du bois, qui se marient heureusement avec les notes de fruits mûrs et les nuances animales. Au palais apparaît une matière très mûre, en parfaite harmonie avec la finale, dont la longueur et la puissance sont autant de garanties pour l'avenir.

☛ Jean-Yves Béchet, Ch. Fougas, 33710 Lansac, tél. 05.57.68.42.15, fax 05.57.68.28.59 ◪ ⵣ t.l.j. sf sam. dim. 9h-18h

CH. FOUGAS 1996**

| ■ | 8 ha | 50 000 | ⵂ 50 à 70 F |

Plus importante par son volume de production que la Maldoror, cette cuvée, également élevée en barrique et assemblant à parts égales les deux cabernets au merlot, promet elle aussi de donner une très jolie bouteille d'ici trois ou quatre ans, son bouquet et sa matière portant la marque d'un mariage harmonieux du bois et du vin.

☛ Jean-Yves Béchet, Ch. Fougas, 33710 Lansac, tél. 05.57.68.42.15, fax 05.57.68.28.59 ◪ ⵣ t.l.j. sf sam. dim. 9h-18h

CH. GENIBON-BLANCHEREAU 1996

| ■ | 11 ha | 80 000 | 🍷 30 à 50 F |

Issu d'une jolie propriété familiale, ce vin ne recherche pas la sophistication mais il sait se montrer sous un jour fort agréable avec des tanins déjà arrondis et des arômes de fruits rouges mûrs. Un vin classique.

☛ Jean-Claude et Christine Sudre, Genibon, 33710 Bourg-sur-Gironde, tél. 05.57.68.25.34, fax 05.57.68.25.34 ◪ ⵣ r.-v.

CH. GRAND LAUNAY
Réserve Lion noir 1996*

| ■ | n.c. | 25 000 | ⵂ 50 à 70 F |

S'il fait preuve d'un réel dynamisme commercial, Michel Cosyns n'oublie pas qu'il est avant tout œnologue. Cette Réserve, élevée en fût, le rappelle : sa belle couleur grenat et son bouquet aux notes intenses de fruits mûrs et de poivron mettent en appétit ; soutenu par une bonne présence tannique et s'ouvrant sur un joli retour, le palais gras et charnu ne déçoit pas et promet une évolution intéressante au cours des quatre ans à venir. Egalement de bonne garde, la cuvée principale **Grand Launay** (30-49 F) a obtenu une citation.

☛ Michel Cosyns, Ch. Grand Launay, 33710 Teuillac, tél. 05.57.64.39.03, fax 05.57.64.22.32 ◪ ⵣ r.-v.

CH. GRAVETTES-SAMONAC
Cuvée Tradition 1996

| ■ | 20 ha | 90 000 | 🍷 -30 F |

Sans être d'une grande puissance, ce vin se montre intéressant par sa robe rubis brillant, par sa finesse et son élégance, avec un bon équilibre et des arômes fruités et épicés. Assez proche de la **Cuvée Prestige** (30-49 F), élevée en barrique, a également obtenu une citation.

☛ Gérard Giresse, Le Bourg, 33710 Samonac, tél. 05.57.68.21.16, fax 05.57.68.36.43 ◪ ⵣ r.-v.

CH. GUERRY
Vin élevé en fût de chêne 1996*

| ■ | 22,23 ha | 120 000 | ⵂ 30 à 50 F |

Du négoce en vins à la pelote basque, Bertrand de Rivoyre n'a jamais manqué d'activités, mais cela ne l'a pas empêché de suivre toujours avec beaucoup de sérieux sa propriété, comme le montre ce 96. D'emblée, Guerry annonce sa personnalité par sa robe, grenat foncé à reflets pourpres. Complexe, son nez marie les notes de pruneau et de cerise. A l'attaque, le fruit parle tout de suite. Onctueux, le palais constitué de fins tanins reste dans la même ligne par son élégance. Une pointe grillée domine encore en finale mais le fruit est toujours là. Une bouteille de charme, révélant la maîtrise du vinificateur. Très bonne garde assurée, même si vous trouvez déjà plaisant ce vin adolescent.

☛ SC du Ch. Guerry, 33710 Tauriac, tél. 05.57.68.20.78, fax 05.57.68.41.31 ◪ ⵣ r.-v.
☛ Bertrand de Rivoyre

CH. HAUT-GRAVIER
Vieilli en fût de chêne 1995

| ■ | 13,25 ha | 54 000 | ⵂ 30 à 50 F |

Signé par la Cave de Pugnac, ce vin n'est pas très puissant mais il apparaît dans une robe sombre encore violacée et sait révéler sa souplesse et sa finesse, tant tannique qu'aromatique (notes toastées et de tabac).

☛ Union de producteurs de Pugnac, Bellevue, 33710 Pugnac, tél. 05.57.68.81.01, fax 05.57.68.83.17 ◪ ⵣ r.-v.
☛ Petit

CH. HAUT-GUIRAUD
Vieilli en fût de chêne 1996*

| ■ | 10 ha | 40 000 | ⵂ 30 à 50 F |

Toujours aussi régulier en qualité, ce cru nous offre une fois encore une jolie cuvée bois avec ce 96 au bouquet expressif (cassis et toast) et au palais moderne par sa recherche d'équilibre et l'influence sensible du merrain.

☛ EARL Bonnet et Fils, Ch. Haut-Guiraud, 33710 Saint-Ciers-de-Canesse, tél. 05.57.64.91.39, fax 05.57.64.88.05 ◪ ⵣ r.-v.

CH. HAUT-MACO
Cuvée Jean Bernard 1995*

| ■ | 10 ha | 54 000 | ⵂ 50 à 70 F |

Cuvée élevée en barrique, ce vin joue résolument la carte de la finesse. Celle-ci se retrouve dans le bouquet, aux notes confites et épicées, comme au palais, dont les tanins savent manifester leur présence sans se montrer agressifs.

☛ SCEA Mallet Frères, Ch. Haut-Macô, 33710 Tauriac, tél. 05.57.68.81.26, fax 05.57.68.91.97 ◪ ⵣ r.-v.

CH. HAUT-MONDESIR 1995*

| ■ | 1,8 ha | 6 000 | ⵂ 50 à 70 F |

Ce 95 ne manque pas d'arguments : sa robe vive et intense, son bouquet fin et complexe, au boisé assez présent, et son palais rond et équilibré lui permettront de bien évoluer.

☛ Marc Pasquet, 33390 Plassac, tél. 05.57.42.29.80, fax 05.57.42.84.86 ◪ ⵣ r.-v.

223 LE BORDELAIS

Le Blayais et le Bourgeais — Côtes de bourg

CH. HAUT-MOUSSEAU
Cuvée vieillie en fût de chêne 1996★★

| 20 ha | 50 000 | 50 à 70 F |

Producteur sur les deux rives de la Gironde, Dominique Briolais a connu une belle réussite avec cette cuvée bois. Sa présentation place la dégustation sous les meilleurs auspices par sa robe rubis violacé et son bouquet complexe et fin. Au palais, on retrouve une grande complexité. Ample et fin, l'ensemble tire le meilleur profit du mariage harmonieux du bois et de la matière. Le **Château Terrefort Bellegrave 96** (50-69 F), du même producteur, a obtenu une étoile.
- Dominique Briolais, 1, Ch. Haut-Mousseau, 33710 Teuillac, tél. 05.57.64.34.38, fax 05.57.64.31.73 ☑ ☎ r.-v.

CH. HAUT RICHARD 1996★

| n.c. | 120 000 | -30 F |

Proposé par la maison Dulong, ce vin est issu de la même exploitation que le château Laroche Joubert. Cela ne l'empêche pas d'avoir sa propre personnalité, qui s'exprime par son bouquet, aux notes épicées et florales, et par son palais, frais et fruité. Vivement recommandé aux amateurs de vins non boisés.
- Dulong Frères et Fils, 29, rue Jules-Guesde, 33270 Floirac, tél. 05.56.86.51.15, fax 05.56.40.84.97
- Dupuy

CH. LA CROIX-DAVIDS Prestige 1995

| 2,5 ha | 20 000 | 30 à 50 F |

Appartenant à la cuvée élevée en fût, cette bouteille mêle cabernet et merlot à parts égales. Elle affirme sa personnalité par la belle maturité de ses arômes, dont le côté cuit et épicé se retrouve au nez comme au palais, celui-ci étant rond et équilibré.
- SCE Birot-Meneuvrier, 57, rue Valentin-Bernard, 33710 Bourg-sur-Gironde, tél. 05.57.94.03.94, fax 05.57.94.03.90 ☑ ☎ t.l.j. sf dim. lun. 8h-12h 14h-18h

CH. LAMOTHE Grande réserve 1995

| 5 ha | 12 000 | 30 à 50 F |

Pour être nature et classique, ce vin vieilli en barrique, aux arômes de fruits assez mûrs et aux tanins assez ronds, n'en est pas moins fort bien constitué et devrait bien évoluer dans les deux ou trois ans à venir. Il en ira de même pour la **Cuvée principale** (30-49 F), élevée en cuve, qui a également obtenu une citation du jury Hachette. Le merlot domine largement dans ces deux cuvées.
- A. Pousse et M. Pessonnier, Ch. Lamothe, 33710 Lansac, tél. 05.57.68.41.07, fax 05.57.68.46.62 ☑ ☎ r.-v.

CH. LAROCHE 1996

| n.c. | 40 000 | 30 à 50 F |

Les amateurs d'architecture rurale ne manqueront pas d'admirer les bâtiments de ce cru. Sans être aussi imposant, son 96 est intéressant par son équilibre comme par ses arômes, qui marient la vanille et les fruits rouges. Ce vin sans grande concentration au départ a été bien mis en valeur. Il n'attendra pas longtemps.
- Baron Roland de Onffroy, Ch. Laroche, 33710 Tauriac, tél. 05.57.68.20.72, fax 05.57.68.20.72 ☑ ☎ r.-v.

CH. LAROCHE-JOUBERT 1996★

| 7 ha | 50 400 | 30 à 50 F |

Compacte et bien gérée depuis 1982 par Joël Dupuy, cette propriété familiale propose ici un vin aromatique, avec des parfums de fruits mûrs et de violette. La matière étoffée confère au palais le potentiel nécessaire pour lui permettre de s'arrondir.
- J. Dupuy, 1, Cagna, 33710 Mombrier, tél. 05.57.64.23.84, fax 05.57.64.23.85 ☑ ☎ t.l.j. sf dim. 8h-12h 14h-18h

CH. LA TUILIERE 1996

| 13,5 ha | 90 000 | 30 à 50 F |

Signé par un ancien ingénieur des Arts-et-Métiers, ce 96 porte une robe éclatante. Le jury s'est interrogé sur la provenance des barriques, l'un d'entre eux affirmant que le nez très boisé, grillé, caramélisé, est « typique du chêne américain ». La question reste ouverte car nous n'avons pas la réponse. Mais le vin, même si son côté boisé est tenace, se montre ample sur un fruit mûr bien que peu persistant. Attendre deux ans pour l'ouvrir.
- Les Vignobles Philippe Estournet, Ch. La Tuilière, 33710 Saint-Ciers-de-Canesse, tél. 05.57.64.80.90, fax 05.57.64.89.97 ☑ ☎ r.-v.

CH. LE CLOS DU NOTAIRE 1996★

| 15 ha | 75 000 | 30 à 50 F |

Caractéristique, par sa taille, de la propriété moyenne à Bourg, ce cru propose un vin complexe et élégant au nez alors que le palais est plus discrètement bouqueté. Bien équilibré, joli par son fondu, ce 96 est intéressant par son moelleux. A attendre environ un an. Rappelons les trois étoiles du millésime 93 dans le Guide 96.
- Roland Charbonnier, SCEA du Ch. Le Clos du Notaire, 33710 Bourg-sur-Gironde, tél. 05.57.68.44.36, fax 05.57.68.32.87 ☑ ☎ r.-v.

CH. LE PIAT Elevé en fût de chêne 1996

| 10 ha | 60 000 | 30 à 50 F |

Elaboré par la cave de Tauriac, ce vin est un peu rectiligne mais harmonieux et plaisant, avec un joli bouquet fruité délicatement vanillé. Agréable et « bien travaillé ».
- Cave de Bourg-Tauriac, 3, av. des Côtes-de-Bourg, 33710 Tauriac, tél. 05.57.94.07.07, fax 05.57.94.07.00 ☑ ☎ r.-v.
- Françoise Lisse

CH. LES GRANDS THIBAUDS
Réserve du Château Elevé en fût de chêne 1996★

| 2 ha | 10 700 | 30 à 50 F |

A l'entrée des Côtes de Bourg en venant de Bordeaux, ce cru habitué aux deux étoiles avec des 94 et 95 représente très honorablement l'appellation avec ce joli vin du millésime 96. D'une belle couleur rubis, il réserve au dégustateur un scénario bien construit, débutant par un bouquet jouant la carte de l'élégance avant de

Le Blayais et le Bourgeais — Côtes de bourg

rebondit sur un palais bien enrobé, long, et qui exprime la puissance.
🍷 Daniel Plantey, Les Grands-Thibauds, 33240 Saint-Laurent-d'Arce, tél. 05.57.43.08.37 ▣ ▾ t.l.j. 9h-19h

CH. LES HOMMES CHEVAL BLANC 1996*

∎ n.c. 15 000 ▯▯ 50 à 70 F

Avec ce 96 élevé en fût de chêne, ce cru fait une sympathique entrée dans le Guide. Souple à l'attaque, il est bien bouqueté, avec des notes de poivron et de fruits rouges à l'eau-de-vie, et profite du soutien de tanins qui avancent sur la pointe des pieds pour ne pas rompre l'équilibre et l'harmonie de l'ensemble. Très plaisant sur les viandes blanches.
🍷 GFA Loumeau, Les Hommes Cheval Blanc, 33710 Saint-Ciers-de-Canesse, tél. 05.57.64.92.15, fax 05.57.64.88.21 ▣ ▾ r.-v.

LES MOULINS DU HAUT-LANSAC 1996

∎ n.c. 45 000 ▯▯ -30 F

Coopérative ayant su préserver son indépendance, la cave de Lansac propose ici un vin expressif par son bouquet de fruits mûrs, et soyeux dans son développement au palais.
🍷 Les Vignerons de la Cave de Lansac, La Croix, 33710 Lansac, tél. 05.57.68.41.01, fax 05.57.68.21.09 ▣ ▾ t.l.j. sf dim. 8h-12h 14h-18h ; lun. 14h-18h ; sam. 8h-12h

CH. MACAY 1996**

∎ 15 ha 90 000 ▯▯ 30 à 50 F

Le commercial pour l'un, la vigne et le chai pour l'autre, les frères Latouche ont bien compris le sens des mots complémentarité, synergie et dynamisme. Ces qualités leur permettent d'élaborer de jolis vins, dont ce 96, aussi agréable par son bouquet que par son palais. Le premier propose une large palette allant des fruits rouges au caramel au café. Gras, souple et rond, le second montre par sa finale tannique qu'il possède un bon potentiel (trois ou quatre ans).
🍷 GAEC Latouche, Ch. Macay, 33710 Samonac, tél. 05.57.68.41.50, fax 05.57.68.35.23 ▣ ▾ t.l.j. 8h-12h 14h-18h ; sam. dim. sur r.-v.

CH. MARTINAT
Vieilli en fût de chêne 1996**

∎ n.c. 16 000 ▯▯ 30 à 50 F

Vieilli en fût de chêne, ce vin ne se contente pas de séduire l'œil par sa belle robe grenat. Le reste de la dégustation est placé sous le signe de la qualité, avec un bouquet complexe (fruits mûrs, fleurs et torréfaction) et une structure charpentée, dont les tanins bien enrobés et le boisé mènent sans heurts vers une longue finale. Une bouteille de caractère, à servir sur du gibier.
🍷 SCEV Marsaux-Donze, Ch. Martinat, 33710 Lansac, tél. 05.57.68.34.98, fax 05.57.68.35.39 ▣ ▾ r.-v.

CH. MERCIER Cuvée Prestige 1995**

∎ 6 ha 40 000 ▯▯ 30 à 50 F

Défenseur passionné de l'appellation, dont il est président, et de la culture raisonnée, Philippe Chéty sait prêcher par l'exemple. Bouquetée (réglisse et torréfaction) et tannique, sa cuvée Prestige concilie charpente et souplesse, les tanins étant particulièrement soyeux et le boisé bien fondu. De même nature, la finale annonce une jolie garde (quatre ou cinq ans). La **cuvée principale 96** (30-49 F), sorte d'archétype des vins de côtes qui n'ont pas connu la barrique, a obtenu une étoile.
🍷 Philippe Chéty, Ch. Mercier, 33710 Saint-Trojan, tél. 05.57.64.92.34, fax 05.57.64.82.37 ▣ ▾ r.-v.

CH. MONTAIGUT 1995

∎ 4 ha 23 000 ▯▯ 30 à 50 F

Bien qu'assez austère, ce vin est caractéristique des côtes classiques par sa solide structure, qui invitera à laisser mûrir les tanins pendant deux ans. Le nez pour l'instant reste discret sur une pointe florale associée à des notes mûres de fruits confits (merlot) qui s'éveillent à l'aération.
🍷 François de Pardieu, 2, Nodeau, 33710 Saint-Ciers-de-Canesse, tél. 05.57.64.92.49, fax 05.57.64.92.49 ▣ ▾ r.-v.

CH. DU MOULIN VIEUX 1996**

∎ 23 ha 100 000 ▯▯ 30 à 50 F

Travailleur sérieux et résolu, Jean-Pierre Gorphe trouve ici la juste récompense de ses efforts. Couronnant une progression régulière, son 96 s'offre une petite coquetterie en faisant attendre le dégustateur avant de lui présenter son bouquet. Mais il sait le récompenser pour sa patience avec de beaux parfums d'œillet et de grillé sur des notes épicées et fruitées. Tout aussi complexe, le palais a tout pour réussir : rondeur, souplesse, tanins, finesse et persistance. La robe grenat, très brillante, n'est pas en reste. Tout définit un vin à l'excellent potentiel (quatre à cinq ans).
🍷 Jean-Pierre Gorphe, Ch. du Moulin-Vieux, 33710 Tauriac, tél. 05.57.68.26.21, fax 05.57.68.29.75 ▣ ▾ r.-v.

CH. NODOZ 1996*

∎ 15 ha 90 000 ▯▯ 30 à 50 F

Même si l'on devine que les tanins de chêne de la finale ont encore besoin de se fondre, tout montre que ce vin à la ravissante robe rubis est bien construit, avec un bouquet aux intenses notes de cassis et un palais ample et gras.
🍷 Magdeleine, Ch. Nodoz, 33710 Tauriac, tél. 05.57.68.41.03, fax 05.57.68.37.34 ▣ ▾ t.l.j. sf dim. 8h-12h 14h-18h30

CH. PEYCHAUD Maisonneuve 1996*

∎ 5 ha 35 000 ▯▯ 30 à 50 F

Très original par la présence de petit verdot dans l'encépagement, ce cru se singularise aussi par l'équilibre entre le bois et le vin de ce 96, qui doit son charme à son ampleur, son gras et son parfum associant la groseille aux fruits rouges.
🍷 SCEA Ch. Peychaud, 33710 Teuillac, tél. 05.57.42.66.66, fax 05.57.64.36.20 ▾ r.-v.

PIERRE CHANAU 1996

∎ n.c. n.c. ▯▯ -30 F

Marque bien connue des clients d'une grande enseigne d'hypermarchés, ce vin, élevé par la maison Dulong, est fort sympathique avec un

225 LE BORDELAIS

Le Libournais

palais charnu et un bouquet aux discrètes notes de grillé et de fruits confits.
➥ Dulong Frères et Fils, 29, rue Jules-Guesde, 33270 Floirac, tél. 05.56.86.51.15, fax 05.56.40.84.97

CH. RELAIS DE LA POSTE 1996★★

| | 13,5 ha | 30 000 | | |

Régulier en qualité, ce cru reste fidèle à sa tradition avec ce 96. Drapé dans une robe d'une intensité étonnante, il développe un bouquet aux notes subtiles d'épices et de fumée, avant d'attaquer le palais en souplesse, pour laisser le dégustateur sur l'impression très agréable de fruité, de matière et de tanins de bonne facture. Une très jolie bouteille à oublier dans la cave.
➥ SCEA Vignobles Drode, Relais de la Poste, 33710 Teuillac, tél. 05.57.64.37.95, fax 05.57.68.92.02 ✓ ☓ t.l.j. 8h-19h

CH. REPIMPLET 1996★★

| | 5,6 ha | 44 300 | | |

Avec ce millésime, le château Repimplet monte sur la plus haute marche du podium. D'un beau pourpre foncé, ce vin montre son sens de l'équilibre dès le bouquet, où le bois est bien présent mais sans cacher le fruit. Tout aussi aromatique (fruits confits et pruneau), le palais révèle une très belle structure que servent des tanins chatoyants. Tout permet d'envisager une longue garde (sept ou huit ans).
➥ Michèle et Patrick Touret, 4, Repimplet, 33710 Saint-Ciers-de-Canesse, tél. 05.57.64.31.78, fax 05.57.64.31.78 ✓ ☓ r.-v.

CH. ROUSSET Grande réserve 1995★★

| | 2 ha | 13 000 | | |

Cuvée de prestige, élevée en fût de chêne, où le cabernet-sauvignon l'emporte avec 65 % sur le merlot, concédant 5 % au malbec ; ce vin justifie pleinement les soins attentifs qu'il a reçus. Soyeux, gras et onctueux, son palais réussit parfaitement à montrer son caractère tannique sans perdre sa souplesse et son élégance. Ce sens de l'équilibre se retrouve dans le bouquet qui s'ouvre sur de fines notes de café grillé, fruits mûrs et réglisse.
➥ M. et Mme Jean Teisseire, Ch. Rousset, 33710 Samonac, tél. 05.57.68.46.34, fax 05.57.68.36.18 ✓ ☓ r.-v.

CH. DE TASTE 1996★

| | 15 ha | 83 000 | | |

Jean-Paul Martin, qui fête cette année ses cinquante ans de travail sur la propriété familiale, pourra célébrer l'événement avec ce joli 96. Délicatement bouqueté avec un côté fruité, et porté par une structure en demi-teinte et sans violence, ce vin laisse sur le souvenir d'un ensemble élégant et de bon ton.
➥ Jean-Paul Martin, Ch. de Taste, 33710 Lansac, tél. 05.57.68.40.34 ✓ ☓ r.-v.

ETIENNE DE TAURIAC 1995★

| | n.c. | 50 000 | | |

Signé par l'importante cave de Tauriac, ce vin est à la hauteur de sa réputation. Ses jolis arômes de fumée, fruits mûrs et épices préparent à la découverte du côté charnu d'un palais aux tanins arrondis.
➥ Cave de Bourg Tauriac, 3, av. des Côtes-de-Bourg, 33710 Tauriac, tél. 05.57.94.07.07, fax 05.57.94.07.00 ✓ ☓ r.-v.

CH. TOUR DE COLLIN 1995

| | 15 ha | 20 000 | | |

En dépit d'une petite note végétale en finale, ce vin laisse sur le souvenir d'un ensemble plein et charnu, où une matière souple et une bonne diversité aromatique, allant du pain grillé aux fruits confits, en passant par l'humus et la tourbe. Demande un peu de temps pour s'exprimer.
➥ Denis Levraud, Dom. de Noriou la Libarde, 33710 Bourg-sur-Gironde, tél. 05.57.68.46.26, fax 05.57.68.37.16 ✓ ☓ r.-v.

CH. TOUR DES GRAVES 1997

| | 2 ha | 12 000 | | |

Les habitués des côtes de bourg, qui connaissent la réputation des blancs de ce cru, ne seront pas déçus par ce sauvignon 97, agréablement fruité, mais rond et gras, peu typique.
➥ GAEC Arnaud Frères, Le Poteau, 33710 Teuillac, tél. 05.57.64.32.02, fax 05.57.64.23.94 ✓ ☓ t.l.j. 8h30-12h30 14h-19h

Le Libournais

Même s'il n'existe aucune appellation « Libourne », le Libournais est bien une réalité. Avec la ville-filleule de Bordeaux comme centre et la Dordogne comme axe, il s'individualise fortement par rapport au reste de la Gironde en dépendant moins directement de la métropole régionale. Il n'est pas rare, d'ailleurs, que l'on oppose le Libournais au Bordelais proprement dit, en invoquant par exemple l'architecture, moins ostentatoire, des « châteaux du vin », ou la place des « Corréziens » dans le négoce de Libourne. Mais ce qui individualise le plus le Libournais, c'est sans doute la concentration du vignoble, qui apparaît dès la sortie de la ville et recouvre presque intégralement plusieurs communes aux appellations renommées

Le Libournais

Canon-fronsac

comme Fronsac, Pomerol ou Saint-Emilion, avec un morcellement en une multitude de petites ou moyennes propriétés. Les grands domaines, du type médocain, ou les grands espaces caractéristiques de l'Aquitaine étant presque d'un autre monde.

Le vignoble s'individualise également par son encépagement dans lequel domine le merlot, qui donne finesse et fruité aux vins et leur permet de bien vieillir, même s'ils sont de moins longue garde que ceux d'appellations à dominante de cabernet-sauvignon. En revanche, ils peuvent être bus un peu plus tôt, et s'accommodent de beaucoup de mets (viandes rouges ou blanches, fromages, mais aussi certains poissons, comme la lamproie).

resse y ayant été édifiée dès l'époque de Charlemagne. Aujourd'hui, celle-ci n'existe plus, mais le Fronsadais possède de belles églises et de nombreux châteaux. Très ancien, le vignoble (1 138 ha en 1994) produit sur six communes des vins personnalisés, complets et corsés, tout en étant fins et distingués. Toutes les communes peuvent revendiquer l'appellation fronsac (47 200 hl en 1997), mais Fronsac et Saint-Michel-de-Fronsac sont les seules à avoir droit, pour les vins produits sur leurs coteaux (sols argilo-calcaires sur banc de calcaire à astéries), à l'appellation canon-fronsac (16 789 hl en 1997).

Canon-fronsac et fronsac

Bordé par la Dordogne et l'Isle, le Fronsadais offre de beaux paysages, très tourmentés, avec deux sommets, ou « tertres », atteignant 60 et 75 mètres, d'où la vue est magnifique. Point stratégique, cette région joua un rôle important, notamment au Moyen Age et lors de la Fronde de Bordeaux, une puissante forte-

Canon-fronsac

CH. BARRABAQUE Prestige 1995★★

| ■ | 5 ha | 20 000 | ⓘ | 70 à 100 F |

La cuvée Prestige du château Barrabaque décroche un coup de cœur mérité pour ce millésime 95. La robe pourpre foncé brille de tous ses feux ; les arômes d'épices et de fruits confits se marient avec finesse aux notes de vanille, de

Libournais

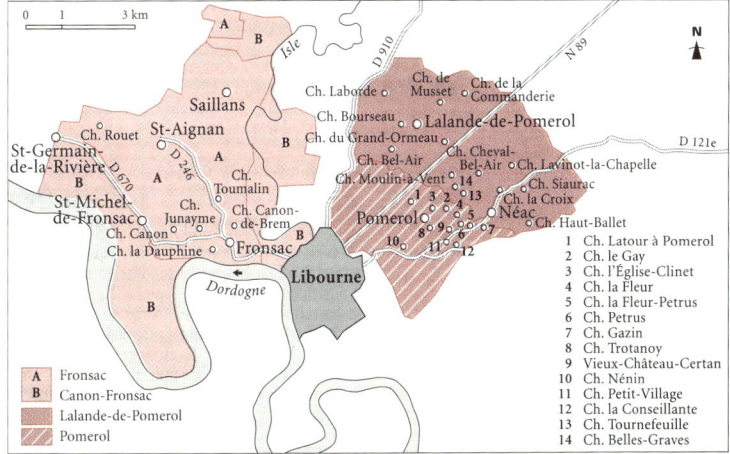

Carte:
- A Fronsac
- B Canon-Fronsac
- Lalande-de-Pomerol
- Pomerol

1. Ch. Latour à Pomerol
2. Ch. le Gay
3. Ch. l'Église-Clinet
4. Ch. la Fleur
5. Ch. la Fleur-Petrus
6. Ch. Petrus
7. Ch. Gazin
8. Ch. Trotanoy
9. Vieux-Château-Certan
10. Ch. Nénin
11. Ch. Petit-Village
12. Ch. la Conseillante
13. Ch. Tournefeuille
14. Ch. Belles-Graves

Le Libournais — Canon-fronsac

réglisse et de croûte de pain. En bouche, ce vin est marqué par son ampleur, sa rondeur et toute la puissance de tanins très bien vinifiés. Encore marquée par l'élevage dans le bois neuf, la finale conseille un vieillissement de quatre à dix ans minimum en cave. Bravo ! Pour un prix inférieur, la **cuvée principale du Château Barrabaque 95** sera à boire d'ici un an et permettra d'attendre la cuvée Prestige. Elle obtient une étoile.

↪ SCEA Noël Père et Fils, Ch. Barrabaque, 33126 Fronsac, tél. 05.57.55.09.09, fax 05.57.55.09.00 ☑ ⏳ r.-v.

CH. CANON 1995

| ■ | n.c. | n.c. | ⏳ | 100 à 150 F |

(82) 83 **86** |88| |89| |90| 92 94 |95|

Se distinguant régulièrement dans l'appellation, le château Canon propose un 95 à la robe grenat soutenu, aux arômes élégants et frais de fruits rouges et de fleurs et à la structure tannique souple et harmonieuse. Un joli vin à apprécier rapidement.

↪ Ets Jean-Pierre Moueix, 54, quai du Priourat, 33500 Libourne

CH. CANON DE BREM 1995

| ■ | n.c. | n.c. | ⏳ | 100 à 150 F |

Ce 95 se distingue par la finesse de son bouquet naissant de fruits rouges et de cuir. Les tanins puissants et chaleureux sont bien aromatiques. La finale apparaît encore un peu dure. Ce Canon de Brem mérite une garde de deux à cinq ans en cave.

↪ Ets Jean-Pierre Moueix, 54, quai du Priourat, 33500 Libourne

CH. COUSTOLLE 1995

| ■ | 20 ha | 60 000 | ⏳ | 50 à 70 F |

Ce 95 se caractérise par une robe grenat, un nez délicatement boisé et épicé et des tanins à la fois soyeux et corsés. Davantage de puissance en fin de bouche lui aurait donné un peu plus de caractère. A boire dans les trois ou quatre ans. Du même propriétaire, le **Château Capet Bégaud 95** reçoit la même note.

↪ Alain Roux, Ch. Coustolle, 33126 Fronsac, tél. 05.57.51.31.25, fax 05.57.74.00.32 ☑ ⏳ r.-v.

CH. GRAND RENOUIL 1995

| ■ | 4,9 ha | 12 000 | ⏳ | 70 à 100 F |

85 **86** |88| 89 (90) 91 **92** 93 94 95

Michel Ponty a célébré avec ce 95 ses dix ans de présence à la tête de ce cru. Issu exclusivement de cépage merlot et de vendanges manuelles, ce vin se distingue surtout par sa robe pourpre profond et son bouquet chaleureux de fruits mûrs et de bois. Encore fermé au palais, il devrait s'épanouir totalement d'ici deux à cinq ans. Du même millésime, le **Château du Pavillon**, situé dans la fourchette de prix inférieure, semble lui aussi un bon classique de canon-fronsac.

↪ Michel Ponty, Les Chais du Port, 33126 Fronsac, tél. 05.57.51.29.57, fax 05.57.74.08.47 ☑ ⏳ r.-v.
↪ GFA J. Ponty

CH. HAUT BALLET 1995*

| ■ | 2,32 ha | 17 000 | ⏳ | 50 à 70 F |

Une voie romaine témoigne de l'existence de ce cru depuis l'Antiquité. Le vin qu'on y produit bénéficie aujourd'hui de techniques modernes et présente dans le millésime 95 des arômes fruités, mentholés et une structure tannique tendre, soyeuse, évoluant en fin de bouche avec fermeté. Une bouteille à boire dans deux à cinq ans.

↪ SCEA du Ch. Haut Ballet, Ballet, 33126 Saint-Michel-de-Fronsac, tél. 05.57.24.90.20, fax 05.57.68.03.22 ☑ ⏳ r.-v.
↪ Fournial

CH. HAUT GROS BONNET 1995*

| ■ | 7,69 ha | 20 000 | ⏳ | 50 à 70 F |

Exploité en fermage depuis vingt ans par les Dorneau, ce cru est situé sur la commune de Saint-Michel-de-Fronsac. Issu d'un encépagement équilibré, à dominante de merlot, ce cru a réussi un 95 typé, se présentant avec une robe pourpre et des arômes intenses de fruits noirs très mûrs, d'épices et de pain grillé. Tendre et velouté en attaque, ce vin évolue avec puissance et harmonie, la fin de bouche étant très élégante. A boire dans les cinq prochaines années.

↪ SCEA Dorneau et Fils, Ch. La Croix, 33126 Fronsac, tél. 05.57.51.31.28, fax 05.57.74.08.88 ☑ ⏳ t.l.j. sf dim. 8h-12h 14h-19h

CH. HAUT-MAZERIS 1995

| ■ | 5,97 ha | 40 000 | ⏳ | 30 à 50 F |

Situé sur la croupe la plus élevée des coteaux de Canon-Fronsac, ce cru a réussi un 95 puissant et chaleureux, aux arômes de cerise et aux tanins déjà savoureux. Une bouteille de garde moyenne qui s'appréciera dans un an ou deux.

↪ Marie-Christine Ubald-Bocquet, Ch. Haut-Mazeris, 33126 St-Michel-de-Fronsac, tél. 05.57.24.98.14, fax 05.57.24.91.07

CH. LA FLEUR CAILLEAU 1995**

| ■ | 3,6 ha | 10 000 | ⏳ | 70 à 100 F |

82 **85 86 88 89** |90| |91| **92** 93 94 **95**

Issu de viticulture biodynamique mise en place en 1990, ce vin mérite toute votre attention pour sa complexité et sa typicité. La robe grenat a des reflets pourpres. Les arômes racés évoquent la mûre, le cuir, le pain grillé et la vanille. En bouche, les tanins se développent harmonieusement, avec beaucoup de gras et de volume. Une bouteille qui a fait l'unanimité du jury, à apprécier dans trois à huit ans.

↪ Paul Barre, La Grave, 33126 Fronsac, tél. 05.57.51.31.11, fax 05.57.25.08.61 ☑ ⏳ r.-v.

Le Libournais

Fronsac

CH. LAMARCHE CANON
Candelaire 1995*

■ 2 ha   12 000   🍾 50 à 70 F

Deux hectares sur les vingt et un que compte ce cru sont réservés à cette cuvée spéciale de vieilles vignes issue des parcelles les plus hautes de l'appellation. Pourpre foncé, ce 95 développe des parfums subtils de fruits rouges, de cassis et de fumée. Veloutés en attaque, les tanins encore puissants sont pour l'instant dominés par le bois neuf : une garde de trois à cinq ans paraît indispensable pour développer une plus grande harmonie. La cuvée principale **Ch. La Marche Canon 95** peut être citée. Prix inférieur.
🍇 Eric Julien, Ch. Lamarche-Canon, 33126 Fronsac, tél. 05.57.51.28.13, fax 05.57.51.28.13 ✓ t.l.j. sf dim. 8h-12h 14h-18h

CH. LA ROCHE GABY 1995

■ 9,5 ha   50 000   50 à 70 F

Idéalement situé au-dessus de la vallée de la Dordogne, ce cru a réussi un 95 se caractérisant par les parfums de fruits et de boisé grillé. Sa structure tannique ferme mais élégante devrait s'équilibrer avec une garde en cave de deux ou trois ans.
🍇 Marie-Madeleine Frouin, Ch. La Roche Gaby, 33126 Fronsac, tél. 05.57.51.24.97, fax 05.57.25.18.99 ✓ r.-v.

CH. MAUSSE 1995

■ 10 ha   n.c.   50 à 70 F

Issu d'un terroir argilo-calcaire, ce 95 à la robe cerise développe un bouquet délicat de groseille et d'agrumes. Frais et équilibré en attaque, c'est un vin agréable, à découvrir rapidement, dans les deux ou trois années à venir.
🍇 Guy Janoueix, Ch. Mausse, 33126 Saint-Michel-de-Fronsac, tél. 05.57.51.27.97, fax 05.57.51.02.74 ✓ r.-v.

CH. MAZERIS La Part des Anges 1995*

■ n.c.   2 400   50 à 70 F

Cette cuvée spéciale (2 400 bouteilles) porte le nom que l'on donne au vin qui s'évapore des barriques lors de son élevage. La robe grenat est brillante ; les parfums sont fruités mais encore dominés par le boisé grillé et vanillé. En bouche, les tanins amples et équilibrés demandent un vieillissement de deux ou trois ans pour se fondre totalement. Le jury a cité également, sans étoile, la **cuvée normale du château Mazeris 95**, beaucoup plus simple mais de bonne typicité.
🍇 Patrick de Cournuaud, Ch. Mazeris, 33126 St-Michel-de-Fronsac, tél. 05.57.24.96.93, fax 05.57.24.98.25 ✓ t.l.j. sf dim. 8h-19h; f. 15-31 août

CH. MOULIN PEY-LABRIE 1995**

■ 6,66 ha   30 000   70 à 100 F

|88| |89| 90 |91| |92| 93 **94 95**

Si vous visitez la région, vous pourrez admirer dans ce cru un très vieux moulin récemment restauré, qui a donné son nom à ce vin toujours au sommet de l'appellation (coup de cœur le dernier pour son 94). Le 95 ne déçoit pas : la couleur est profonde, presque noire ; le bouquet intense évoque le pain grillé, le café et les petits fruits rouges. Charnu en attaque, c'est un vin qui s'affirme avec puissance, harmonie et élégance. Il est cependant nécessaire d'attendre deux à cinq ans avant d'ouvrir la bouteille.
🍇 B. et G. Hubau, Ch. Moulin Pey-Labrie, 33126 Fronsac, tél. 05.57.51.14.37, fax 05.57.51.53.45 ✓ r.-v.

CH. ROULLET 1995

■ 2,61 ha   8 000   50 à 70 F

Propriété familiale depuis 1870, ce petit cru d'à peine plus de 2 ha propose un 95 intéressant par son bouquet de bois grillé et de fruits noirs et par la qualité de ses tanins, généreux et très savoureux. Une jolie bouteille à boire dans deux ou trois ans.
🍇 SCEA Dorneau et Fils, Ch. La Croix, 33126 Fronsac, tél. 05.57.51.31.28, fax 05.57.74.08.88 ✓ t.l.j. sf dim. 8h-12h 14h-19h

CH. TOUMALIN 1995*

■ 7,5 ha   45 000   50 à 70 F

Appartenant à la famille d'Arfeuille déjà propriétaire à Pomerol et à Saint-Emilion, ce château présente un 95 à la robe grenat brillant. Son bouquet puissant et agréable est encore marqué par le bois grillé. Ample et puissant en attaque, ce vin évolue avec beaucoup de finesse et de force. C'est une bouteille à ouvrir dans trois à cinq ans.
🍇 Françoise d'Arfeuille, Ch. Toumalin, 33126 Fronsac, tél. 05.57.51.02.11, fax 05.57.51.42.33 ✓ t.l.j. 8h-12h 14h-18h

CH. VRAI-CANON-BOUCHE 1995*

■ 11,3 ha   50 000   30 à 50 F

Plantées au cœur de l'appellation, les vignes de ce château dominent la région. Le 95 présente des arômes fruités fort agréables (cassis) et des notes vanillées puissantes. Encore marqués par leur élevage moderne en barrique neuve, les tanins demandent à s'assouplir et à se fondre avec une garde de trois à cinq ans environ. A noter également la **Cuvée Prestige**, qui passe treize mois en barrique, pour la qualité de son fruité ; 12 000 bouteilles pour une fourchette de prix supérieure.
🍇 Françoise Roux, Ch. Lagüe, 33126 Fronsac, tél. 05.57.51.24.68, fax 05.57.25.98.67 ✓ r.-v.

Fronsac

CH. ARNAUTON 1995*

■ 23,45 ha   150 000   50 à 70 F

Idéalement situé sur un terroir argilo-calcaire, ce cru a réussi un 95 typé. La robe rubis est brillante. Le bouquet, déjà développé, évoque les fruits mûrs confits et le café. En bouche, les tanins suaves et épicés évoluent avec fermeté, voire dureté, mais ils devraient s'estomper après deux ou trois ans de garde.

Le Libournais — Fronsac

SC du Ch. Arnauton, 33126 Fronsac, tél. 05.57.51.31.32, fax 05.57.25.33.25 r.-v.
Jean-Pierre Herail

CH. BOURDIEU LA VALADE 1995

13 ha — 15 000 — 50 à 70 F

Ce 95 se caractérise par une robe rubis brillant, un bouquet naissant de fruits rouges frais et d'épices et des tanins tendres et expressifs. Il est cependant nécessaire que la finale un peu austère s'arrondisse ; on laissera donc vieillir cette bouteille deux ou trois ans.

Alain Roux, Ch. Coustolle, 33126 Fronsac, tél. 05.57.51.31.25, fax 05.57.74.00.32 r.-v.

CH. CANEVAULT 1995

1,9 ha — 13 000 — 30 à 50 F

Issu pour moitié de merlot et de cabernets, ce 95 se distingue par sa puissance tannique plus que par sa palette aromatique. C'est un fronsac traditionnel, qui s'arrondira avec le temps (deux à cinq ans).

GAEC Jean-Pierre Chaudet, LD Caneveau, 33240 Lugon, tél. 05.57.84.49.10, fax 05.57.84.42.07 t.l.j. sf sam. dim. 9h-12h 14h-18h; f. août

Sylvie Chaudet

CH. DE CARLES 1995★

16 ha — 60 000 — 30 à 50 F

82 (85) 86 87 |88| 89 90 91 92 |93| 94 95

Ce très beau château du XV°s. est construit sur un site où Charlemagne établit son campement. Aujourd'hui, beaucoup de rigueur et de soin sont apportés à la viticulture et à la vinification, comme le montre la qualité de ce millésime. Ce grand vin est élaboré avec 65 % de merlot, 30 % de cabernet franc et 5 % de pressac ; il a passé un an en barrique. Fruits rouges confits, vanille, pruneau, tanins généreux et bien enrobés, finale très persistante ; l'équilibre est parfait, digne d'un vin de garde. A déguster dans les cinq ans à venir.

SCEV du Ch. de Carles, rte de Galgon, 33141 Saillans, tél. 05.57.84.32.03, fax 05.57.84.31.91 r.-v.

CLOS DU ROY 1995★

5 ha — 15 000 — 30 à 50 F

En 1995, le Clos du Roy a partagé sa récolte en deux cuvées distinctes qui obtiennent chacune une étoile. La cuvée normale développe un bouquet discret de fruits à l'eau-de-vie et d'épices et offre une structure tannique charnue et équilibrée, élégante en fin de bouche. La **Cuvée Arthur**, un peu plus chère, est élevée en barrique ; elle comblera les amateurs de vin au boisé vanillé et aux tanins puissants et gras. Ces deux vins sont à boire dans deux à cinq ans.

Hermouet, Clos du Roy, 33141 Saillans, tél. 05.57.55.07.41, fax 05.57.55.07.45 r.-v.

CH. DALEM 1995★

10 ha — 60 000 — 70 à 100 F

82 (85) |86| 88 89 90 91 92 (93) 94 95

Toutes les techniques récentes de viticulture et de vinification sont au service de ce cru qui présente régulièrement de très bons vins. Dans ce 95, le bouquet intense d'épices, de fumé et de vanille masque un peu le fruit qui réapparaît cependant en bouche, enveloppant des tanins puissants et veloutés. Encore très boisé, le palais s'assouplira avec deux à cinq ans de garde. Du même producteur, le **Château La Huste** devra lui aussi attendre que ses tanins se fondent.

Michel Rullier, Ch. Dalem, 33141 Saillans, tél. 05.57.84.34.18, fax 05.57.74.39.85 r.-v.

CH. FONTENIL 1995★★

9 ha — 57 000 — 70 à 100 F

|88| |89| (90) 92 93 |94| 95

Le château Fontenil a été acquis en 1986 par Michel et Dany Rolland, propriétaires de Bon Pasteur à Pomerol. Le millésime 95 présente une robe chatoyante et profonde, des parfums de cuir, de sous-bois et de vanille et une structure tannique charnue, mûre, finissant sur une sensation de fruits rouges très agréable. Une bouteille bien typée, remarquablement vinifiée.

Michel et Dany Rolland, 15, cours des Girondins, 33500 Libourne, tél. 05.57.51.10.94, fax 05.57.25.05.54

CH. DU FORT PONTUS 1995

n.c. — n.c. — 50 à 70 F

Ce joli château, construit vers 1850, domine ses 5 ha de vignes de toute sa prestance. Il a réussi en 1995 un vin très fruité (cerise), aux notes délicatement boisées, se caractérisant en bouche par des tanins amples et mûrs, très typés merlot. A boire dans les prochaines années.

François de Lavaux, Ch. Martinet, 64 av. du Gal-de-Gaulle, 33500 Libourne, tél. 05.57.51.06.07, fax 05.57.51.59.61 r.-v.

CH. HAUCHAT 1995

7 ha — 25 000 — 50 à 70 F

Ce 95 mérite l'attention par la profondeur de sa robe, son bouquet naissant d'épices et de fruits confits, et par ses tanins riches et savoureux, de longueur moyenne. Un vin élégant, à boire dans les trois à cinq prochaines années.

Jean-Bernard Saby, Ch. Rozier, 33330 Saint-Laurent-des-Combes, tél. 05.57.24.73.03, fax 05.57.24.67.77 r.-v.

HAUT CARLES 1995★★

4,5 ha — 10 000 — 70 à 100 F

Cette cuvée spéciale du château de Carles est issue exclusivement de vieilles vignes de merlot sélectionnées ; le vin est élevé dix-huit mois en barrique. Le résultat est magnifique avec ce 95 : robe grenat profond, parfums intenses et complexes de vanille, de café et de fruits très mûrs, tanins puissants et savoureux particulièrement bien enrobés par un boisé de qualité. Tout cela devrait se fondre et procurer un plaisir certain dans quatre à cinq ans. Arrivé en troisième position du grand jury, ce vin n'a manqué que d'une voix le coup de cœur.

SCEV du Ch. de Carles, rte de Galgon, 33141 Saillans, tél. 05.57.84.32.03, fax 05.57.84.31.91 r.-v.

Le Libournais   Fronsac

CH. HAUT LARIVEAU 1995*

■   7,9 ha   30 000   🔲 50 à 70 F
|89| |90| 91 92 |93| |94| 95

Construit sur les vestiges d'un manoir datant du XIIes., ce château a présenté un 95 qui se distingue par l'intensité de sa robe pourpre et de son bouquet complexe de fruits et de boisé toasté, rehaussé par des notes florales très agréables. En bouche, l'attaque est soyeuse puis la sensation de boisé prend le dessus. Il faudra attendre deux à trois ans pour un meilleur fondu.
🍷 B. et G. Hubau, Ch. Haut Lariveau, 33126 Saint-Michel-de-Fronsac, tél. 05.57.51.14.37, fax 05.57.51.53.45 ✓ 🍷 r.-v.

CH. JEANDEMAN 1995

■   25 ha   50 000   🔲 50 à 70 F

Au début du siècle, ce cru était distribué exclusivement en Hollande, d'où l'origine de son nom qui veut dire Jean l'Homme en flamand. Encore un peu fermé, le 95 présente cependant un équilibre tannique harmonieux et complexe. Il sera agréable à boire d'ici un an ou deux.
🍷 M. Roy-Trocard, Jeandeman, 33126 Fronsac, tél. 05.57.74.30.52, fax 05.57.74.39.96 ✓ 🍷 t.l.j. sf sam. dim. 9h-12h 15h-18h

CH. JEANROUSSE
Elevé en fût de chêne 1995

■   n.c.   22 000   🔲 30 à 50 F

Produit par la cave coopérative de Lugon, ce vin est le type du fronsac à l'abord facile : fruité mûr et frais, tanins souples et denses à la fois, finale aromatique. A servir dès maintenant.
🍷 Union de Producteurs de Lugon, 6, av. Louis-Pasteur, 33240 Lugon, tél. 05.57.55.00.88, fax 05.57.84.83.16 ✓ 🍷 t.l.j. sf dim. lun. 8h30-12h30 14h-18h

CH. LA BRANDE Cuvée Tradition 1995

■   5 ha   40 000   🔲 30 à 50 F

Propriété familiale depuis deux cent cinquante ans, le château La Brande propose un vin au nez complexe de poivre, de réglisse, de caramel, présentant en bouche des tanins fermes et fruités, évoluant cependant avec austérité. Une bouteille qui se bonifiera d'ici deux à trois ans. Du même producteur, le **Château Moulin de Reynaud 95**, marque destinée à une cuvée spéciale élevée vingt-quatre mois en barrique (production de 6 000 bouteilles dans la fourchette de prix supérieure), est également citée par le jury.
🍷 Ch. La Brande, La Brande, 33141 Saillans, tél. 05.57.74.36.38, fax 05.57.74.38.46 ✓ 🍷 t.l.j. 9h-12h30 14h-19h; sam. dim. sur r.-v.
🍷 J.C. et J.J. Béraud

CH. LA DAUPHINE 1995**

■   n.c.   n.c.   🔲 70 à 100 F

Bien situé sur un coteau argilo-calcaire, ce cru appartient à la famille Moueix, qui a superbement réussi son 95. La robe grenat est éclatante. Les arômes fruités et confits apparaissent harmonieux et d'une rare élégance. Les tanins gras et charpentés sont bien typés et l'équilibre final laisse imaginer un potentiel de garde important, de deux à huit ans.

🍷 Ets Jean-Pierre Moueix, 54, quai du Priourat, 33500 Libourne

CH. LA GRAVE 1995*

■   4,21 ha   10 000   🔲 50 à 70 F

Issu de la viticulture biodynamique, ce cru réussit régulièrement ses vins. Le 95 confirme les talents de Paul Barre. La robe rubis est soutenue ; le nez déjà ouvert évoque les fruits mûrs, les épices et la vanille. En bouche, la structure tannique est élégante, équilibrée. L'astringence finale, normale à cet âge, devrait s'estomper après deux ou trois ans de garde en cave.
🍷 Paul Barre, La Grave, 33126 Fronsac, tél. 05.57.51.31.11, fax 05.57.25.08.61 ✓ 🍷 r.-v.

CH. LAGUE 1995

■   7,8 ha   35 000   🔲 30 à 50 F

Ancienne propriété du duc de Richelieu, ce cru présente un 95 au bouquet délicat d'épices, de fumée et de fruits. Souples et équilibrés, les tanins ont tendance à s'assécher mais ils devraient s'assouplir d'ici deux ou trois ans.
🍷 Françoise Roux, Ch. Lagüe, 33126 Fronsac, tél. 05.57.51.24.68, fax 05.57.25.98.67 ✓ 🍷 r.-v.

CH. DE LA RIVIERE 1995

■   36,65 ha   215 960   🔲 70 à 100 F

Ce magnifique château domine la vallée de la Dordogne du haut de sa vaste terrasse. Racheté depuis peu, il produit un vin au bouquet naissant d'épices et de gibier. Elégants en attaque, les tanins ont une structure moyenne : cette bouteille peut être bue dans les cinq années à venir.
🍷 SA Ch. de la Rivière, B.P. 50, 33126 Fronsac, tél. 05.57.55.56.56, fax 05.57.24.94.39 ✓ 🍷 r.-v.
🍷 Jean Leprince

CH. LAROCHE PIPEAU
Elevé en fût de chêne 1995*

■   4 ha   22 600   🔲 50 à 70 F

Dans ce château, le vieillissement du vin se fait en barriques de chêne conservées dans d'anciennes carrières de pierre. La température y est idéale pour obtenir un vin élégant, marqué par des arômes de fruits confits, de noisette et de torréfaction. En bouche, les tanins sont moelleux et évoluent avec puissance et équilibre. C'est assurément un très beau fronsac, à boire dans deux à cinq ans.
🍷 Jean Grima, Ch. Laroche Pipeau, 33126 La Rivière, tél. 05.57.24.90.69, fax 05.57.24.90.61 ✓ 🍷 r.-v.

CH. LA ROUSSELLE 1995**

■   3,31 ha   19 000   🔲 50 à 70 F
|88| |89| |90| 91 92 |93| 94 ⓐ5

La première vinification de ce petit château du XVIIIes. remonte à 1986. C'est donc l'anniversaire des dix ans d'existence qui sera fêté avec ce coup de cœur. La robe est profonde et limpide ; les arômes intenses et complexes de grillé, de fruits mûrs, de café se retrouvent en bouche, enrobant une structure puissante, charnue, bien fondue avec le boisé. La finale harmonieuse et persistante autorise un vieillissement de trois à

231   LE BORDELAIS

Le Libournais — Fronsac

huit ans. Une très grande réussite qui mène ce cru au sommet de l'appellation.

🍷 Jacques et Viviane Davau, Ch. La Rousselle, 33126 La Rivière, tél. 05.57.24.96.73, fax 05.57.24.91.05 ☑ ⏰ t.l.j. sf dim. 9h-12h 14h-18h

CH. LA VIEILLE CROIX
Cuvée DM 1995★

■   7 ha   12 000   ⏰ 30 à 50 F

Ce cru se transmet par les femmes depuis huit générations ; depuis quelques années, cette cuvée trouve sa place dans l'appellation. Intense en couleur et en arômes (épices, vanille, chocolat), puissant en structure, le 95 s'ouvrira et s'harmonisera d'ici trois à cinq ans. A noter également, la **cuvée principale**, citée pour sa fraîcheur et son authenticité, à déguster plus rapidement.

🍷 SCEA de La Vieille Croix, La Croix, 33141 Saillans, tél. 05.57.74.30.50, fax 05.57.84.30.96 ☑ ⏰ t.l.j. 9h-12h 14h-19h

CH. LA VIEILLE CURE 1995★★

■   20 ha   60 000   ⏰ 70 à 100 F

79 81 82 83 85 86 |88| |89| |90| 91 |92| 93 94 95

Appartenant à des Américains, ce cru se distingue tous les ans dans le Guide ; après un 94 coup de cœur l'an dernier, voici un 95 tout aussi remarquable. La robe brille de tous ses feux ; les parfums puissants de boisé torréfié et vanillé se marient admirablement aux notes fruitées et anisées. En bouche, les tanins mûrs et généreux sont actuellement dominés par l'élevage en barrique ; tout s'harmonisera après une garde en cave de trois à huit ans. Une très belle bouteille qui fait honneur à l'appellation.

🍷 SNC Ch. La Vieille Cure, 33141 Saillans, tél. 05.57.84.32.05, fax 05.57.74.39.83 ☑ ⏰ r.-v.

CH. LES TROIS CROIX 1995

■   n.c.   60 000   ⏰ 50 à 70 F

Situé sur le point culminant de l'appellation, à 80 m d'altitude, ce cru mérite le détour pour son 95 au bouquet de fruits mûrs et d'épices ; sa structure tannique, soutenue et délicatement boisée (cacao), en fait un vin plaisir à apprécier dans deux à trois ans.

🍷 SCEA Les Trois Croix, 33126 Fronsac, tél. 05.57.84.32.09, fax 05.57.84.34.03 ☑ ⏰ r.-v.
🍷 Famille P. Léon

CH. MAGONDEAU 1995

■   n.c.   40 000   ⏰ 50 à 70 F

Cette propriété familiale a réussi un 95 à la robe rubis profond, au bouquet naissant de pruneau, de réglisse, et aux tanins souples et fruités, un peu fermes cependant en fin de bouche. A boire dans un à trois ans. A noter aussi, la cuvée passée en barrique portant le nom de **Château Magondeau Beau-Site**, citée par le jury pour son caractère bien équilibré, mais aux tanins encore austères. Une bouteille à attendre un peu plus longtemps.

🍷 SCEV Ch. Magondeau, 1, le Port-de-Saillans, 33141 Saillans, tél. 05.57.84.32.02, fax 05.57.84.39.51 ☑ ⏰ t.l.j. sf dim. 9h30-12h 14h-19h
🍷 O. Goujon

CH. MAYNE-VIEIL Cuvée Aliénor 1995

■   2 ha   15 000   ⏰ 50 à 70 F

Cette cuvée spéciale est issue de 2 ha de vieilles vignes de merlot. Actuellement très marquée par un fort boisé, elle a donné lieu à un débat. Les dégustateurs la citent pour son ampleur et sa capacité de garde, dont profiteront les amateurs de ce style de vin moderne.

🍷 SCEA du Mayne-Vieil, 33133 Galgon, tél. 05.57.74.30.06, fax 05.57.84.39.33 ☑ ⏰ t.l.j. sf sam. dim. 9h-12h 14h-18h
🍷 Seze et Boyé

CH. MOULIN DES TONNELLES 1995★

■   5 ha   35 000   ⏰ 30 à 50 F

Issu à 90 % du cépage merlot, ce 95 mérite l'attention du connaisseur pour son élégance et sa fraîcheur. Parfums discrets de fruits rouges et de menthol, tanins puissants et suaves, bonne persistance. Un de nos dégustateurs a noté : « C'est un vin sans boisé de grande classe et de grande garde » ; on l'appréciera dans cinq à dix ans.

🍷 Jean-Pierre Artiguevieille, Le Bourg, 33126 Saint-Aignan, tél. 05.57.24.95.10, fax 05.57.24.91.58 ☑ ⏰ r.-v.

CH. MOULIN HAUT-LAROQUE 1995

■   13 ha   n.c.   ⏰ 70 à 100 F

78 79 81 82 83 |85| |86| |88| ⑧⑨ 90 91 92 93 94 95

Classé parmi les valeurs sûres de l'appellation, ce cru présente un 95 aux arômes chaleureux et complexes, très marqués par le bois et la réglisse. Sa structure tannique est bien présente, elle aussi, dominée par son élevage en barrique. Elle se révèle cependant ample et persistante. Il faut attendre ce vin qui s'exprime peu aujourd'hui.

🍷 Jean-Noël Hervé, Cardeneau, 33141 Saillans, tél. 05.57.84.32.07, fax 05.57.84.31.84 ☑ ⏰ r.-v.

CH. PLAIN-POINT 1995

■   15 ha   76 000   ⏰ 50 à 70 F

Ce château remontant au XV^{e}s. nous propose un vin à la couleur rubis soutenu, au bouquet élégant de prune, finement boisé. Les tanins, souples en attaque, évoluent aujourd'hui avec un peu de dureté en finale ; celle-ci devrait s'arrondir après un à deux ans de garde.

Le Libournais   Pomerol

⚜ Ch. Plain Point, 33126 Saint-Aignan,
tél. 05.57.24.96.55, fax 05.57.24.91.64 ☑ ⊤ r.-v.
⚜ Michel Aroldi

CH. PUY GUILHEM 1995**
■   n.c.   20 000   ☷ ⅱ⅃   50 à 70 F

Ce château domine la rive droite de la vallée de l'Isle et offre au visiteur, outre un très beau panorama, la possibilité de découvrir ce 95 somptueux aux arômes intenses de mûre, de framboise et de vanille. En bouche, l'attaque moelleuse et ample est suivie par une sensation de puissance très savoureuse. La finale offre beaucoup de fraîcheur et de persistance. Une grande bouteille à découvrir dans deux à huit ans.

⚜ SCEA Ch. Puy-Guilhem, 33141 Saillans,
tél. 05.57.84.32.08, fax 05.57.74.36.45 ☑ ⊤ t.l.j.
10h-12h 14h-17h; sam. dim. sur r.-v.
⚜ M. et Mme J. François Enixon

CH. RENARD MONDESIR 1995*
■   7 ha   20 000   ⅱ⅃   50 à 70 F
|93| 94 95

Cette propriété pratique des vendanges vertes depuis 1985, ce qui lui permet d'avoir une expérience certaine de cette technique aujourd'hui très courante. Le vin est dans ce millésime d'un joli rubis profond. Les fruits confits s'harmonisent totalement avec le boisé toasté et vanillé. La structure tannique, ferme en attaque, évolue avec générosité et complexité. Voilà assurément une très belle bouteille promise à un grand avenir (trois à huit ans).

⚜ Xavier Chassagnoux, Ch. Renard, 33126 La Rivière, tél. 05.57.24.96.37, fax 05.57.24.90.18 ☑ ⊤ r.-v.

CH. ROUET 1995**
■   10 ha   n.c.   ⅱ⅃   50 à 70 F
93 94 95

Après avoir reçu deux étoiles pour le 94, le château Rouet obtient cette année un coup de cœur, ce qui confirme la très grande qualité de ce cru. La robe grenat est profonde ; les arômes intenses et complexes de cerise, de framboise, de torréfaction et d'épices se retrouvent en bouche sur des tanins suaves et veloutés, évoluant rapidement avec puissance et équilibre. La finale très aromatique apporte beaucoup de plaisir. Celui-ci devrait être encore plus grand après une garde de trois à dix ans. Bravo !

⚜ Patrick Danglade, Ch. Rouet, 33240 Saint-Germain-la-Rivière, tél. 05.57.84.40.24,
fax 05.56.48.14.10 ⊤ r.-v.

CH. ROUMAGNAC LA MARECHALE 1995*
■   4,93 ha 22 000   ☷ ⅱ⅃   30 à 50 F
93 |94| 95

C'est un magnifique point de vue que vous pourrez découvrir si vous venez visiter cette propriété. Vous y dégusterez un vin très réussi, aux arômes puissants de café, de pain grillé et de fruits très mûrs. En bouche, l'attaque moelleuse laisse la place à une perception tannique persistante et très typée. Ce 95 mérite à coup sûr un vieillissement de trois à quatre ans qui lui permettra de s'épanouir pleinement.

⚜ SCEA Pierre Dumeynieu, Roumagnac,
33126 La Rivière, tél. 05.57.24.98.48,
fax 05.57.24.90.44 ☑ ⊤ r.-v.

CH. TOUR DU MOULIN 1995*
■   6,5 ha   15 000   ☷ ⅱ⅃   50 à 70 F

Situé sur le plateau dominant la vallée de l'Isle, ce cru multiplie les soins attentifs, nécessaires à l'élaboration d'un grand vin. Le résultat est encourageant avec ce 95 à la robe presque noire, aux arômes intenses de poivre et de fruits rouges ; il développe une structure tannique onctueuse, puissante, très aromatique en fin de bouche. Un vieillissement de deux à cinq ans s'impose cependant pour que le vin parvienne à une plus grande harmonie.

⚜ SCEA Ch. Tour du Moulin, Le Moulin,
33141 Saillans, tél. 05.56.35.10.23,
fax 05.56.35.10.23 ☑ ⊤ r.-v.
⚜ Josette Dupuch

CH. VILLARS 1995**
■   20 ha   86 000   ⅱ⅃   70 à 100 F
78 79 80 **81 82 83** |85| |86| 87 |88| |89| 90 91 92
|93| **94 95**

Encore une belle réussite pour ce cru, après plusieurs millésimes au sommet de l'appellation. La robe grenat est soutenue. Les parfums complexes et élégants évoquent pour l'instant la barrique (vanille, grillé) et les fruits secs. En bouche les tanins amples et mûrs évoluent avec puissance et rondeur, en équilibre parfait avec le bois. Ce vin sera parfait dans trois à cinq ans. A noter aussi le **Château Moulin Haut Villars** dont 25 % du vin est élevé douze mois en barrique, cité pour son fruité et la fraîcheur de ses tanins.

⚜ Jean-Claude Gaudrie, Villars, 33141 Saillans,
tél. 05.57.84.32.17, fax 05.57.84.31.25 ☑ ⊤ r.-v.

Pomerol

Avec environ 800 ha, Pomerol est l'une des plus petites appellations girondines, et l'une des plus discrètes sur le plan architectural.

Le Libournais — Pomerol

Au XIX^{e}s., la mode des châteaux du vin, d'architecture éclectique, ne semble pas avoir séduit les Pomerolais, qui sont restés fidèles à leurs habitations rurales ou bourgeoises. Cela n'empêche pas l'appellation de posséder la demeure qui est sans doute l'ancêtre de toutes les chartreuses girondines, le château de Sales (XVII^{e}s.), et l'une des plus charmantes constructions du XVIII^{e}s., le château Beauregard, qui a été reproduit par les Guggenheim, dans leur propriété new-yorkaise de l'île de Long Island.

Cette modestie du bâti sied à une AOC dont l'une des originalités est de constituer une sorte de petite « république villageoise » où chaque habitant cherche à conserver l'harmonie et la cohésion de la communauté ; souci qui explique pourquoi les producteurs sont toujours restés plus que réservés quant au bien-fondé d'un classement des crus.

La qualité et la spécificité des terroirs auraient justifié une reconnaissance officielle du mérite des vins de l'appellation. Comme tous les grands terroirs, celui de Pomerol est né du travail d'une rivière, l'Isle, qui a commencé par démanteler la table calcaire pour y déposer en désordre des nappes de cailloux, que s'est chargée de travailler l'érosion. Le résultat est un enchevêtrement complexe de graves ou cailloux roulés, originaires du Massif Central. La complexité des terrains semble inextricable : toutefois il est possible de distinguer quatre grands ensembles : au sud, vers Libourne, une zone sablonneuse ; près de Saint-Emilion, des graves sur sables ou argiles (terroir proche de celui du plateau de Figeac) ; au centre de l'AOC, des graves sur, ou parfois (Petrus) sous des argiles ; enfin au nord-est et au nord-ouest, des graves plus fines et plus sablonneuses.

Cette diversité n'empêche pas les pomerol de présenter une analogie de structure. Très bouquetés, ils allient la rondeur et la souplesse à une réelle puissance, ce qui leur permet d'être de longue garde tout en pouvant être bus assez jeunes. Ce caractère leur ouvre une large palette d'accords gourmands, aussi bien avec des mets sophistiqués qu'avec des plats très simples. En 1997, l'appellation a produit 39 386 hl.

CH. BEAUCHENE 1995 ***

n.c.   12 000   150 à 200 F

Une propriété de 9,70 ha et un cru qui représente une sélection de vieux merlots plantés sur des sols sablo-graveleux et un sous-sol argileux. Il bénéficie, grâce aux conseils de Michel Rolland, d'un élevage très soigné pendant dix-huit mois, en fût de chêne neuf. Somptueux dans sa robe pourpre sombre et profonde, ce 95 est séduit nos dégustateurs par son bouquet harmonieux, mariant des arômes vineux de fruits rouges confits et un boisé très brûlé. La bouche est dense, charnue et ample avec une superbe complexité aromatique. Une bouteille de grande classe, apte à une longue garde, mariant parfaitement fruit et bois.

SCEA Mazeyres, Charles Leymarie et Fils, 90-92, av. Foch, 33500 Libourne, tél. 05.57.51.07.83, fax 05.57.51.99.94
Leymarie

CH. BEAULIEU 1995

3,5 ha   22 500   70 à 100 F

Second vin du château Mazeyres, ce 95 est produit sur les sols les plus sableux de la propriété. Cela n'a pas empêché nos dégustateurs de le retenir, car ce millésime lui a été particulièrement favorable et a permis d'obtenir un vin très sympathique. D'une couleur franche, avec un nez floral, mentholé, évoluant sur des notes boisées, il possède une bouche fruitée et souple ; les tanins ne sont pas agressifs et devraient permettre de le boire assez rapidement.

SC Ch. Mazeyres, 56, av. Georges-Pompidou, 33500 Libourne, tél. 05.57.51.00.48, fax 05.57.25.22.56 r.-v.

CH. BEAUREGARD 1995 **

12 ha   70 000   150 à 200 F

75 78 81 (82) 83 |88| |89| |90| |92| 93 94 95

Seize hectares de vignes d'un seul tenant entourent une belle chartreuse du XVIII^{e}s., elle-même construite à partir d'un petit château du XII^{e}s. qui jouxtait alors la commanderie des hospitaliers de Saint-Jean-de-Jérusalem. Le vin est très régulièrement retenu par nos experts, c'est encore le cas de ce remarquable 95 auquel il ne manquait qu'une voix pour être coup de cœur ! Les dégustateurs ont apprécié sa couleur très foncée, presque noire, son bouquet complexe et riche fait de merlot très mûr, de boisé fin et fumé, et d'une touche de noyau, sa saveur opulente et charnue, corsée par des tanins de merrain à la

Le Libournais — Pomerol

fois puissants et veloutés. Il pourra encore accompagner un gibier dans vingt ans.
🍇 SCEA Ch. Beauregard, 33500 Pomerol, tél. 05.57.51.13.36, fax 05.57.25.09.55 ☑ ▼ r.-v.

CH. BELLEGRAVE 1995

| ■ | 7 ha | 40 000 | 🍷 | 100 à 150 F |

88 |89| |91| |92| 93 |94| |95|

Comme l'indique son nom, ce cru est installé sur un terroir graveleux. L'encépagement associe 70 % de merlot, 25 % de cabernet franc et 5 % de cabernet-sauvignon. D'une belle couleur pourpre très sombre, ce 95 se révèle très vineux au nez, avec des parfums de fruits rouges surmûris agrémentés d'une fine touche vanillée. Bien équilibré en bouche, doté de tanins veloutés et tendres, il pourra être apprécié assez rapidement.
🍇 Jean-Marie Bouldy, René, 33500 Pomerol, tél. 05.57.51.20.47, fax 05.57.51.23.14 ☑ ▼ r.-v.

CH. BONALGUE 1995★★★

| ■ | 5,5 ha | 27 000 | 🍷 | 100 à 150 F |

|88| 89 |90| 93 94 ⓐ

Régulièrement cité dans notre Guide, ce cru surprend agréablement avec ce 95 exceptionnel. La robe très dense est de teinte bigarreau à reflets noirs. Le bouquet puissant et complexe allie les arômes suaves des raisins bien mûrs aux odeurs grillées de bois bien brûlé. Concentré, riche et racé en bouche avec des tanins mûrs et charnus, ce vin pourrait se boire dès maintenant, mais quel dommage de ne pas attendre quatre ou cinq ans qu'il ait épanoui tout son extraordinaire potentiel...
🍇 Pierre Bourotte, 16, rue Faidherbe, 33500 Libourne, tél. 05.57.51.62.17, fax 05.57.51.28.28 ☑ ▼ r.-v.

CH. BOURGNEUF-VAYRON 1995★★

| ■ | 8,9 ha | 40 000 | 🍷 | 150 à 200 F |

|89| 90 91 |93| 94 95

Dans la famille Vayron depuis 1821, ce cru de 9 ha plantés à 90 % de merlot et à 10 % de bouchet se situe sur un terroir varié : argiles, argilo-calcaires, graves et même sables sur crasse de fer. Cela donne un 95 d'une complexité remarquable. La robe est très foncée, presque noire, avec des reflets encore jeunes. Intense et concentré, le nez est tout en fruits noirs bien mûrs ; d'une grande corpulence, le palais est de la mâche, du volume, de la chair. Il est charpenté par des tanins un peu envahissants mais garants d'une grande longévité. Un civet de lièvre ou un coq au vin le réjouiront.

🍇 Xavier Vayron, 1, le Bourg-Neuf, 33500 Pomerol, tél. 05.57.51.42.03, fax 05.57.25.01.40 ☑ ▼ r.-v.

CH. CANTELAUZE 1995★★

| ■ | 0,8 ha | 4 000 | 🍷 | 150 à 200 F |

92 94 95

Cru confidentiel de haut niveau : quatre mille bouteilles habillées d'une étiquette médiévale bucolique représentant une scène de vendange. Pour en revenir au vin, celui-ci est élaboré de façon remarquable. Sa couleur est d'un beau grenat intense. Son bouquet est déjà complexe : épicé, boisé, moka, gibier. Le palais se montre concentré, puissant, à la saveur fruitée malgré un tanin de bois encore jeune qui devrait assurer un très bon vieillissement. Excellent travail.
🍇 Jean-Noël Boidron, 6, pl. Joffre, 33500 Libourne, tél. 05.57.51.64.88, fax 05.57.51.56.30 ☑ ▼ r.-v.

CH. CERTAN DE MAY DE CERTAN 1995★

| ■ | 5 ha | 24 000 | 🍷 | +200 F |

85 86 |88| |89| ⓐ 94 95

Cette propriété de 5 ha, établie sur des sols argilo-graveleux, comprend 70 % de merlot pour 30 % de cabernets. Elle présente un 95 très réussi, d'une agréable couleur rubis soutenu et intense. Le bouquet, charmeur, exprime les fruits mûrs, la cannelle et la réglisse. Harmonieux en bouche avec des tanins souples, ronds et fondus, ce vin bien équilibré se révèle encore très jeune et gagnera à être attendu quatre à cinq ans.
🍇 Mme Barreau-Badar, Ch. Certan de May de Certan, 33500 Pomerol, tél. 05.57.51.41.53, fax 05.57.51.88.51 ☑ ▼ r.-v.

CLOS DES AMANDIERS
Vieilli en fût de chêne neuf 1995★★

| ■ | 1 ha | 5 000 | 🍷 | 70 à 100 F |

Etablie dans l'Entre-deux-Mers depuis quatre générations, la famille Garzaro a acquis 4 ha de vignes à Pomerol en 1987. Ce petit cru d'un hectare, exclusivement composé de merlot planté sur sables, est présenté comme un second vin du Vieux Château Ferron et pourtant, il obtient deux étoiles pour la deuxième année consécutive et alors qu'il a été dégusté par le même jury que le grand vin. La robe de ce 95 est très intense et profonde, d'un rouge sombre légèrement évolué. Le bouquet, riche et agréable, exprime une belle maturité avec un mariage harmonieux entre les arômes fruités et un fin boisé. Corsé, charnu, très bien équilibré et élégant en bouche, ce vin est très « pomerol ».
🍇 Pierre-Etienne Garzaro, Dom. de Bertin, 33750 Baron, tél. 05.56.30.16.16, fax 05.56.30.12.63 ☑ ▼ r.-v.

CLOS DU CLOCHER 1995★

| ■ | 5 ha | 22 000 | 🍷 | 100 à 150 F |

82 83 |85| ⓖ |88| |89| |90| |92| 93 94 95

Installé à l'ombre du clocher de Pomerol, tout près du bourg, sur des argiles et des graves, ce vignoble de 6 ha, composé de quatre cinquièmes de merlot et d'un cinquième de cabernet franc, a séduit le jury avec ce 95 d'une belle couleur rubis,

235   LE BORDELAIS

Le Libournais — Pomerol

brillante et vive. Frais et bien fruité au nez (fruits rouges), ce vin est finement boisé. Corsée, vineuse et charnue, la dégustation est généreuse et équilibrée, digne d'une bonne garde. Une bouteille bien typée et bien faite.

GFA Clos du Clocher, 41, rue des Quatre-Frères-Robert, 33500 Libourne, tél. 05.57.51.62.17, fax 05.57.51.28.28 r.-v.

CLOS DU PELERIN 1995

3 ha — 11 000 — 70 à 100 F

Ce petit vignoble de 3 ha est composé de merlot à 80 %, cabernets franc et sauvignon se partageant les 20 % restants. Planté sur des sables, il nous propose un 95 simple et facile qui est déjà prêt à boire. La robe est vive et brillante, le bouquet encore discret a des senteurs balsamiques et la dégustation est tendre et friande.

Norbert Egreteau, Clos du Pèlerin, 1, Grand-Garrouilh, 33500 Pomerol, tél. 05.57.74.03.66, fax 05.57.25.06.17 r.-v.

CH. ELISEE 1995**

2 ha — 10 000 — 100 à 150 F

Ce petit cru, exclusivement planté de vieux merlots sur sols sableux, a présenté un 95 à la belle robe grenat sombre, légèrement évoluée. Un vin jugé remarquable. Le bouquet mêle un joli fruit à des notes boisées agréables : grillé, menthe, réglisse. La bouche révèle une bonne mâche, avec des tanins encore fermes et jeunes, bien présents et de bonne qualité. Une bouteille élégante qui devrait s'épanouir dans les trois à cinq années à venir.

Pierre-Etienne Garzaro, Dom. de Bertin, 33750 Baron, tél. 05.56.30.16.16, fax 05.56.30.12.63 r.-v.

CH. FEYTIT-CLINET 1995**

4,45 ha — n.c. — 150 à 200 F

76 81 (82) |83| |85| |86| |88| |89| 90 92 94 95

Une propriété de taille modeste mais intégrée à l'ensemble des domaines Moueix. Cela se sent. On a affaire à un vin remarquable. Avec une belle robe bordeaux intense, des arômes concentrés de raisins très mûrs évoluant sur des notes de cuir et de gibier, il possède beaucoup de densité et de puissance en bouche. D'une saveur généreuse et corsée par de bons tanins de raisins, c'est un pomerol de garde, étoffé et authentique.

Ets Jean-Pierre Moueix, 54, quai du Priourat, 33500 Libourne
Chassevie

CH. GAZIN 1995***

24,35 ha — 85 440 — +200 F

70 75 76 78 79 80 81 |82| 83 84 85 |86| 87 |88| |89| (90) 91 |92| 93 94 (95)

Gazin fut probablement un hôpital ou une halle sur la route des pèlerins de Saint-Jacques-de-Compostelle. Régulièrement honoré dans notre Guide, ce cru fait partie des meilleurs domaines du Bordelais. Son 95 a séduit notre jury par son exceptionnelle concentration. La robe est pourpre, dense et profonde. Le bouquet naissant, riche et élégant, exprime les fruits très mûrs et confits, la réglisse, la vanille et le pain grillé. La dégustation est puissante, complexe et harmonieuse, avec une magnifique matière remarquablement travaillée. Une bouteille à commander impérativement à votre caviste !

GFA Ch. Gazin, Le Gazin, 33500 Pomerol, tél. 05.57.51.07.05, fax 05.57.51.69.96 r.-v.

L'HOSPITALET DE GAZIN 1995

24,35 ha — 14 900 — 100 à 150 F

Second vin du château Gazin, ce 95 se révèle encore très jeune. D'un rouge sombre et intense, frais et élégant au nez avec des arômes de fruits rouges, de menthol et de réglisse, il développe en bouche une belle matière, pleine de vivacité, et demande à vieillir de trois à cinq ans pour s'ouvrir complètement.

GFA Ch. Gazin, Le Gazin, 33500 Pomerol, tél. 05.57.51.07.05, fax 05.57.51.69.96 r.-v.

CADET DE GOMBAUDE 1995*

1,5 ha — 6 000 — 70 à 100 F

Créé en 1992, ce cru est le second vin du château Gombaude-Guillot ; il est issu des parcelles les plus jeunes du vignoble. Le 95 est très coloré, de teinte grenat sombre à reflets noirs. Le bouquet exprime les fruits mûrs et un boisé élégant avec des notes d'épices, de réglisse et de pain grillé. Corsé et velouté en bouche, ce pomerol bien structuré et concentré est encore un peu tannique et devra être attendu trois à quatre ans.

SCEA Famille Laval, 3, Les Grandes Vignes, 33500 Pomerol, tél. 05.57.51.17.40, fax 05.57.51.16.89 r.-v.

CH. GOMBAUDE-GUILLOT 1995**

n.c. — 28 000 — 100 à 150 F

86 |89| |90| 91 |93| 94 95

Ce joli cru constitua en 1860 la dot de l'arrière-grand-mère de l'actuelle exploitante, Claire Laval, qui le dirige depuis 1983. Elle présente un 95 remarquable, paré d'une superbe robe grenat sombre et brillante. Un élégant boisé aux notes réglissées accompagne au nez les arômes de bons fruits mûrs. Puissant en bouche avec des tanins de très belle qualité, le vin évolue de façon harmonieuse et persistante et constitue une bouteille de garde. A ne servir que sur de grands plats.

SCEA Famille Laval, 3, Les Grandes Vignes, 33500 Pomerol, tél. 05.57.51.17.40, fax 05.57.51.16.89 r.-v.

Le Libournais   Pomerol

CH. GUILLOT 1995
■   4,7 ha   28 000   ⊞ 100 à 150 F
|85| 86 |88| **89** 93 94 95

Ce vignoble de près de 5 ha, planté sur graves argilo-siliceuses avec 70 % de merlot et 30 % de cabernet franc, appartient à la famille Luquot depuis 1937. D'un beau rouge grenat intense et profond, ce 95 développe un bouquet riche et complexe – des arômes grillés de bon bois sur un fruit bien mûr. Après une attaque tendre, la dégustation révèle des tanins fermes et un peu austères qui demanderont du temps pour s'assouplir.
☙ Luquot, 152, av. de l'Epinette, 33500 Libourne, tél. 05.57.51.18.95, fax 05.57.25.10.59 ⊠ ⊺ r.-v.

CH. HAUT FERRAND 1995
■   4 ha   n.c.   ⊞ 70 à 100 F
82 **83** 85 86 88 |91| |92| |93| |94| 95

Un encépagement constitué à 60 % de merlot noir sur graves. Cela donne un vin grenat profond. Le bouquet naissant est délicat, encore fruité, puis boisé, vanillé, toasté. La bouche est souple en attaque, soutenue par des tanins délicats. Un pomerol fin et discret qui devrait être bon à boire assez rapidement.
☙ SCE du Ch. Ferrand, Pomerol, 33500 Libourne, tél. 05.57.51.21.67, fax 05.57.25.01.41 ⊠ ⊺ t.l.j. sf sam. dim. 8h-12h 13h30-17h30
☙ H. Gasparoux

CH. HAUT-MAILLET 1995*
■   5 ha   28 000   ⊞ 100 à 150 F
86 88 90 92 94 95

Composé à 60 % de merlot et à 40 % de cabernet franc, ce cru se situe au nord-est de Catusseau, sur sables anciens et graves. D'un beau grenat sombre présentant quelques reflets évolués, ce 95 est déjà épanoui au nez avec des arômes de fruits mûrs et confits, mêlés d'odeurs mentholées, vanillées et épicées. Corsé et charpenté en bouche, ce vin bien structuré demande un peu de patience pour être pleinement apprécié.
☙ Jean-Pierre Estager, 33-41, rue de Montaudon, 33500 Libourne, tél. 05.57.51.04.09, fax 05.57.25.13.38 ⊠ ⊺ r.-v.
☙ Delteil

CH. HAUT-TROPCHAUD
Elevé en fût de chêne 1995*
■   2,1 ha   12 000   ⊞ 100 à 150 F
|88| 90 |93| 94 95

De très vieilles vignes de merlot (quatre-vingts ans) et un élevage en barrique neuve pendant dix-huit mois ont donné ce 95, de couleur grenat sombre à reflets tuilés, qui marie les arômes de fruits très mûrs à un élégant et complexe boisé conjuguant des odeurs grillées, vanillées et épicées. La dégustation, d'abord ample et corsée, évolue sur des tanins puissants qui demanderont du temps pour s'affiner.
☙ Michel Coudroy, Ch. Maison-Neuve, 33570 Montagne, tél. 05.57.74.62.23, fax 05.57.74.64.18 ⊠ ⊺ r.-v.

CH. LA CABANNE 1995*
■   10 ha   54 000   ⊞ 150 à 200 F
85 86 |89| |90| |91| |92| 94 95

Essentiellement composé de merlot, élevé en barrique neuve pour les deux tiers, ce 95, d'une jolie couleur grenat foncé, développe un bouquet intense et élégant de fruits mûrs, avec un très beau boisé bien fondu sur des arômes de fumée, de réglisse et d'épices. A la fois puissant et velouté, il bénéficie d'une bonne structure de vin de garde.
☙ Jean-Pierre Estager, 33-41, rue de Montaudon, 33500 Libourne, tél. 05.57.51.04.09, fax 05.57.25.13.38 ⊠ ⊺ r.-v.

LA CONSEILLANTE 1995*
■   n.c.   n.c.   ⊞ + 200 F
82 85 88 |89| |90| **91** |92| 93 95

Propriété de la famille Nicolas depuis cent vingt-cinq ans, ce cru se situe entre Cheval-Blanc et Petrus sur des sols argilo-graveleux. L'encépagement comprend deux tiers de merlot et un tiers de cabernet. Paré d'une belle robe grenat profond, ce 95 libère au nez des arômes de griotte confite et de sous-bois, mêlés d'odeurs boisées et réglissées. Après une attaque agréable avec du gras et du volume, le développement tannique apparaît un peu ferme. Ce vin demandera quelques années de garde pour exprimer le charme d'une constitution harmonieuse.
☙ SC Héritiers Nicolas, La Conseillante, 33500 Pomerol, tél. 05.57.51.15.32, fax 05.57.51.42.39

CH. LA CROIX 1995
■   9 ha   49 000   ⊞ 150 à 200 F
|89| |90| |92| |94| 95

Jouissant d'un encépagement équilibré avec 60 % de merlot, 20 % de cabernet franc et 20 % de cabernet-sauvignon, ce cru nous propose un beau 95 de couleur grenat, sombre et profonde. Le bouquet rappelle les fruits rouges confits et la violette, avec des nuances boisées agréables. Construit sur des tanins persistants, ce vin est à attendre deux à trois ans.
☙ SC Joseph Janoueix, 119, av. Galliéni, 33500 Libourne, tél. 05.57.51.41.86, fax 05.57.51.76.83 ⊠ ⊺ r.-v.

CH. LA CROIX DE GAY 1995
■   n.c.   60 000   ⊞ 150 à 200 F
85 86 |88| |89| 91 92 93 95

Né sur un sol argilo-graveleux et sableux, ce 95 a été vendangé le 20 septembre. Sa robe sombre est déjà évoluée. Très épicé, le bouquet libère un fruité élégant et des arômes frais. Corsé et souple en bouche, ce vin évolue sur des tanins fins et équilibrés. Il sera rapidement prêt à boire.
☙ SCEV Ch. La Croix de Gay, 33500 Pomerol, tél. 05.57.51.19.05, fax 05.57.74.15.62 ⊠ ⊺ r.-v.
☙ Geneviève Raynaud

LE BORDELAIS

Le Libournais — Pomerol

CH. LA CROIX-TOULIFAUT 1995
■ 1,62 ha   9 000   ⦆ 150 à 200 F
75 78 79 81 82 83 **85** 86 88 |89| |90| |92| |93| |94| 95

Ce 95, issu du seul cépage merlot né sur un sol sableux à fond ferrugineux, montre une robe brillante, légère et un peu évoluée. Le bouquet intense est vanillé et épicé aux arômes de fruits mûrs. Souple et fin en bouche, ce vin compense un petit manque de puissance par une grande élégance et sera vite prêt à boire.
↳ Jean-François Janoueix, 37, rue Pline-Parmentier, B.P. 192, 33503 Libourne Cedex, tél. 05.57.51.41.86, fax 05.57.51.76.83 ☑ ⊺ r.-v.

CH. LAFLEUR 1995*
■ 3,5 ha   15 000   ⦆ +200 F
|85| 86 |88| 89 90 92 ⟨93⟩ 94 95

Un beau terroir argilo-graveleux, bien mis en valeur par les Guinaudeau, et un joli 95 : la robe grenat, sombre et profonde, charme le jury. Fruit et boisé s'associent harmonieusement au nez, avec des nuances fraîches de menthol et de réglisse et un boisé élégant. En bouche le vin est toujours présent, mais le boisé apparaît plus ferme ; bien que charnu, ce 95 devra attendre au moins quatre ans avant d'être servi sur une bécasse.
↳ Sylvie et Jacques Guinaudeau, 33240 Mouillac, tél. 05.57.84.44.03, fax 05.57.84.83.31 ⊺ r.-v.
↳ Marie Robin

CH. LAFLEUR DU ROY 1995
■ 3,2 ha   20 000   ⦆ 70 à 100 F

La famille de l'ancien maire exploite plusieurs crus en Libournais dont celui-ci, établi sur sols sablo-graveleux sur alios et planté à 70 % de merlot pour 30 % de cabernets. Ce vin commence à présenter quelques notes d'évolution : à l'œil, la frange est légèrement tuilée. Le bouquet est lui aussi assez évolué avec des senteurs de sous-bois, de terre chaude. Bien équilibré en bouche, ce 95 finit sur des tanins soyeux qui permettront de le boire assez vite.
↳ SARL L. Dubost, Catusseau, 33500 Pomerol, tél. 05.57.51.74.57, fax 05.57.25.99.95 ☑ ⊺ r.-v.
↳ Yvon Dubost

CH. LAFLEUR GRANGENEUVE 1995
■ 1,66 ha   11 000   ⦆ 70 à 100 F

Issu à 80 % de merlot né sur sols argilo-siliceux, ce vin a une belle robe pourpre foncé. Au nez, il commence à exprimer des notes de bourgeon de cassis doublées de nuances minérales et un peu « ventre de lièvre ». Généreux et charpenté en bouche avec des tanins encore un peu austères, il demande à vieillir quelques années.
↳ Claude Estager et Fils, Ch. Fougeailles, 33500 Néac, tél. 05.57.51.35.09, fax 05.57.25.95.20 ☑ ⊺ r.-v.

CH. LA FLEUR PETRUS 1995*
■ 12,07 ha   n.c.   ⦆ +200 F
81 |82| |83| |85| |86| |88| |89| 90 **92** 94 95

Séparé de Petrus par la route, ce cru est élaboré par la même équipe. Cela se sent, bien que l'on revienne ici à un style pomerol plus classique. La couleur bigarreau est presque noire. Le bouquet naissant exprime des senteurs de pruneau (merlot très mûr), de griotte, d'épices, de cuir, de gibier. La bouche révèle une sensation chaleureuse, charnue, une rondeur soutenue par des tanins denses qui lui permettront de bien évoluer dans les prochaines années.
↳ Ets Jean-Pierre Moueix, 54, quai du Priourat, 33500 Libourne

CH. LAGRANGE 1995*
■ n.c.   n.c.   ⦆ 150 à 200 F
80 81 |82| |83| |85| |86| **87** |88| 89 **90 92** |93| 94 95

Ce cru, qui appartient à une des maisons les plus sérieuses du Libournais, est d'une grande régularité. Elle attire de nouveau l'attention avec ce 95 dont la couleur rubis intense est encore jeune. Le bouquet très frais exprime le raisin mûr, la vanille, la cannelle, le cuir. La bouche est chaleureuse, charpentée, finement boisée, même si elle se montre un peu sévère en finale : sa jeunesse conseille quelques années de garde.
↳ Ets Jean-Pierre Moueix, 54, quai du Priourat, 33500 Libourne

CH. LA GRAVE TRIGANT DE BOISSET 1995**
■ n.c.   n.c.   ⦆ 70 à 100 F
75 76 |81| |82| |83| |85| |86| **87** |88| ⟨90⟩ **92 94** 95

Nos dégustateurs ont été séduits par le côté sensuel de ce vin. Sa robe somptueuse est une invitation à aller plus loin. Son joli nez fin et délicat s'épanouit sur des notes épicées et boisées. La bouche est charmeuse, souple et fraîche à la fois ; les tanins élégants et la saveur de noisette en finale flattent le palais. « A ce point-là, le plaisir a un goût de péché ».
↳ Christian Moueix, 43, quai du Priourat, 33500 Libourne

LA GRAVETTE DE CERTAN 1995**
■ n.c.   n.c.   ⦆ 100 à 150 F

La famille Thienpont, bien connue en Libournais, présente cette bouteille comme le second vin du Vieux Château Certan (sans titre de château, domaine ou clos). Il n'empêche que nos experts l'ont jugée remarquable, d'un grand caractère. Cela est peut-être lié à la forte présence de cabernets dans cet assemblage. Toujours est-il que ce pomerol se pare d'une jolie robe, d'arômes de fruits noirs et rouges (cassis, groseille), de senteurs balsamiques. D'une belle mâche en bouche, il finit sur des tanins élégants. Style intéressant.
↳ SC du Vieux Château Certan, 33500 Pomerol, tél. 05.57.51.17.33, fax 05.57.25.35.08

CH. LA LOUBIERE 1995
■ 2,45 ha   10 000   ⦆ 70 à 100 F

Installé sur un sol graveleux avec de la crasse de fer en sous-sol, ce petit cru se compose essentiellement de merlots dont 70 % ont plus de quarante ans. Brillant et de teinte légèrement évoluée, son 95, subtil au nez, n'est pas encore très expressif. On relève des arômes floraux et des notes de cuir et d'épices. Souple et assez simple en bouche, ce vin pourra être bu rapidement.

Le Libournais — Pomerol

🍷 Marie-Claude Rivière, SARL La Croix Taillefer, 82, rue Montesquieu, 33500 Libourne, tél. 05.57.25.08.65, fax 05.57.74.15.39 ▣ ▼ t.l.j. sf mer. sam. dim. 9h-12h; f. sept.

CH. LA PATACHE 1995
■ 3,7 ha 25 000 ▣ 100 à 150 F

Ce cru a pris le nom du petit bourg de La Patache, ancien relais de diligences situé sur le bord de la RN 89. Installé sur sables et graves avec quatre cinquièmes de merlot et un cinquième de cabernet franc, il propose un 95 encore fermé et austère, mais doté d'un beau potentiel d'évolution. La couleur rubis est intense et soutenue. Le bouquet ne s'exprime pas beaucoup à l'heure actuelle, mais il libère des notes suaves et fraîches prometteuses. Charpenté et dense en bouche avec des tanins très serrés, ce vin demande à vieillir au moins cinq ans pour s'épanouir.

🍷 GFA de La Diligence, La Patache, 33500 Pomerol, tél. 05.57.55.38.03, fax 05.57.55.38.01 ▣ ▼ r.-v.

CH. LA POINTE 1995**
■ 22 ha 120 000 ▣ 100 à 150 F
82 83 85 86 88 |89| **93** |94| 95

Une belle demeure de style Directoire règne sur ce vignoble de 22 ha complanté pour les trois quarts de merlot et pour un quart de cabernets, sur un terroir complexe mêlant des éléments ferrugineux et marneux à des couches de sables et de graves. La robe de ce 95 est intense, sombre et profonde, à reflets noirs. Le bouquet exprime les fruits très mûrs ou confits, la griotte, le cacao. Corsé, puissant et vineux en bouche, ce vin dispose d'une belle structure avec des tanins fondus mais bien présents et aptes à une bonne garde. Rappelons le coup de cœur obtenu par le millésime 93.

🍷 SCE Ch. La Pointe, 33500 Pomerol, tél. 05.57.51.02.11, fax 05.57.51.42.33 ▣ ▼ r.-v.
🍷 d'Arfeuille

CH. LA ROSE FIGEAC 1995*
■ 3,25 ha 18 000 ▣ + 200 F
82 (85) **86** |88| |89| |90| |92| **93** 94 95

90 % de merlot âgé de soixante-dix ans et un beau terroir de graves et de sables anciens ont fourni une jolie matière, bien respectée par le travail au chai. De couleur rubis intense et profond, ce 95, encore discret, offre un nez très frais de menthe, de réglisse et de cacao. Corsée, ronde et charnue en attaque, la dégustation évolue sur des tanins assez présents et fermes qui demandent quelques années de vieillissement.

🍷 SCEA Despagne-Rapin, Ch. Maison Blanche, 33570 Montagne, tél. 05.57.74.62.18, fax 05.57.74.58.98 ▣ ▼ r.-v.

CH. LATOUR A POMEROL 1995*
■ n.c. n.c. ▣ + 200 F
61 64 66 67 70 71 75 (76) **80** 81 |82| |83| |85| |86| |87| **88 89 90** |92| (93) **94** 95

Encore un pomerol « accouché » par l'équipe des Etablissements J.-P. Moueix. Comme à Petrus, c'est Mme L.-P. Lacoste-Loubat qui est propriétaire, mais la production, l'élaboration et la commercialisation sont confiées depuis plusieurs décennies à cette vieille maison libournaise. On a affaire à un pomerol solide qui gagnera à être un peu attendu. La robe est sombre et jeune. Les arômes encore fruités (figue), mentholés, épicés annoncent la belle mâche et la vinosité de la bouche. Une saveur de griotte et de pain d'épice, soutenue par de bons tanins en finale, en font une bouteille très réussie.

🍷 Ets Jean-Pierre Moueix, 54, quai du Priourat, 33500 Libourne
🍷 Mme Lacoste-Loubat

CLOS DE LA VIEILLE EGLISE 1995*
■ 1,5 ha 9 000 ▣ 100 à 150 F
|92| 93 94 95

Ce petit vignoble d'un hectare et demi, installé sur graves argileuses, se compose essentiellement de merlot avec un léger appoint (10 %) de cabernet franc. Il a donné un vin de couleur rubis à reflets violines. Le bouquet intense associe des arômes de fruits rouges aux odeurs grillées et brûlées de bon bois fortement chauffé. Concentrés et puissants en bouche, les tanins très denses demanderont un réel vieillissement avant de s'exprimer pleinement.

🍷 Jean-Louis Trocard, 2, Les Petits Jays Ouest, 33570 Les Artigues-de-Lussac, tél. 05.57.24.31.16, fax 05.57.24.33.87 ▣ ▼ t.l.j. sf sam. dim. 8h-12h 14h-18h

CH. LE BON PASTEUR 1995**
■ 7 ha 40 000 ▣ + 200 F
78 79 81 (82) |85| |86| **88** 89 **90** |92| **93** 94 (95)

Ce superbe cru de 7 ha, composé de trois quarts de merlot pour un quart de cabernet franc plantés sur sols argilo-gravelo-sableux, est le fleuron des propriétés viticoles de Michel Rolland. Déjà coup de cœur dans notre Guide, il confirme sa classe avec ce remarquable 95. La robe pourpre à reflets noirs est intense et profonde. Le bouquet généreux et harmonieux marie des arômes de fruits mûrs, des effluves de cuir et de senteurs épicées à un boisé vanillé très racé. La dégustation puissante et ample révèle des tanins mûrs et fondus. Une grande bouteille de garde !

🍷 SCEA Fermière des Domaines Rolland, Maillet, 33500 Pomerol, tél. 05.57.51.10.94, fax 05.57.25.05.54 ▣ ▼ r.-v.

Le Libournais   Pomerol

CH. LE CAILLOU 1995

■   7 ha   30 000   ■ ❙❙ ♦ `70 à 100 F`
|931| 94 95

Installé sur des sols sablo-graveleux avec trois quarts de merlot et un quart de cabernet franc, ce cru doit son nom à la dénomination cadastrale de l'endroit où se trouve le vignoble. Il a produit un pomerol à la robe grenat sombre et brillant. Net et fruité, le bouquet est frais, légèrement poivré. La dégustation est équilibrée sur des tanins encore fermes qui demandent un peu de temps pour s'atténuer.

☛ GFA Giraud-Bélivier, Ch. Le Caillou,
33500 Pomerol, tél. 05.57.51.06.10,
fax 05.57.51.74.95 ▼ t.l.j. sf mer. sam. dim.
9h-12h 14h-17h; f. août
☛ André Giraud

CH. DU DOM. DE L'EGLISE 1995★

■   7 ha   40 000   ❙❙   `150 à 200 F`

Un des nombreux domaines viticoles que la famille Castéja possède en Bordelais. Et l'un des nombreux crus de Pomerol à faire référence à son église (dont les viticulteurs financent la restauration en vendant leurs vins aux enchères). Il s'agit ici d'un vignoble de 7 ha, constitué à 75 % de merlot et à 25 % de cabernets plantés sur graves. Cela donne ici un pomerol classique, à la robe sombre, au fumet déjà évolué, empyreumatique, grillé, toasté. Onctueux en bouche, corsé, il possède des tanins civilisés qui devraient permettre de le boire assez rapidement.

☛ Indivision Castéja-Preben-Hansen,
33500 Pomerol, tél. 05.56.00.00.70,
fax 05.57.87.60.30 ▼ t.l.j. 8h-11h 14h-17h

CH. L'ENCLOS 1995★

■   9,45 ha   54 700   ❙❙   `100 à 150 F`

Jolie propriété viticole d'une dizaine d'hectares, restée dans la même famille depuis le XVIIᵉˢ. La vigne, dominée par le merlot à 82 %, est plantée sur graves silico-argileuses. Le 95, très réussi, reflète bien son appellation, son terroir et son millésime. La robe est d'un grenat légèrement carminé. Le nez livre des notes encore fruitées, puis boisées, résineuses. En bouche, l'équilibre général est harmonieux, corsé par des tanins élégants qui ne masquent pas le fruit. Une impression générale d'authenticité.

☛ SCEA Ch. L'Enclos, 1, l'Enclos,
33500 Pomerol, tél. 05.57.51.04.62,
fax 05.57.51.43.15 ▼ ▼ r.-v.

CH. L'EVANGILE 1995★★★

■   14 ha   47 200   ❙❙   `+ 200 F`
|931| Ⓖ

Ce cru réputé s'est associé aux Domaines Barons de Rothschild-Lafite en 1990. Une belle carte de visite. Le vin s'en montre digne. Il avait obtenu un coup de cœur en 1993, il progresse encore avec ce 95 qui reçoit une étoile supplémentaire. Nos experts ont été impressionnés par sa classe. La robe bordeaux sombre est presque noire. Le bouquet offre une puissance et une complexité hors du commun : fruits confits, épices, merrain chauffé, moka... La saveur est chaleureuse, crémeuse, racée, vanillée, étoffée par des tanins élégants et veloutés. On en redemande.

☛ SC Ch. L'Evangile, 33500 Pomerol,
tél. 05.57.51.15.30, fax 05.57.51.45.95 ▼ r.-v.

CH. MAZEYRES 1995★★

■   19,5 ha   90 000   ■ ❙❙ ♦ `70 à 100 F`
92 |931| **94 95**

Avec son 95, Mazeyres confirme les deux étoiles obtenues pour son 94. L'exploitation a bien assumé le fort développement de sa superficie depuis le changement de propriétaire en 1988. La couleur est d'un beau grenat foncé. Le nez très agréable laisse s'exprimer le merlot bien mûr, le fin boisé, et des notes grillées. La structure est puissante, ronde, finissant sur des tanins boisés fondus qui ne masquent pas trop le fruit. Ce vin sérieux offre un bon rapport qualité-prix.

☛ SC Ch. Mazeyres, 56, av. Georges-Pompidou, 33500 Libourne, tél. 05.57.51.00.48, fax 05.57.25.22.56 ▼ r.-v.

CH. MONTVIEL 1995★

■   n.c.   25 000   ❙❙   `100 à 150 F`
88 89 **90** 91 |931| 94 95

Les Péré-Vergé, passionnés de vins, ont une fois encore réussi un très beau 95, admirablement présenté dans une robe rubis intense et sombre, très vive et pleine de jeunesse. Le bouquet naissant est délicat, avec des notes fruitées de cassis mariées à un boisé élégant et vanillé. D'abord souple et charnue, la dégustation évolue sur une belle matière tannique encore ferme qu'il faut laisser mûrir trois à cinq ans.

☛ SCA Ch. Montviel, 1, rue du Grand-Moulinet, 33500 Pomerol, tél. 05.57.51.87.92,
fax 05.21.38.06.23 ▼ r.-v.
☛ Yves et Catherine Péré-Vergé

CH. MOULINET 1995★

■   18 ha   75 000   ❙❙   `100 à 150 F`
93 94 95

Ce vignoble de 18 ha d'un seul tenant est complanté à 70 % de merlot et à 30 % de cabernets. Le 95 y est très réussi. La couleur pourpre est encore jeune. Le bouquet commence à exhaler des notes de fruits mûrs, de bois, d'encens. Corsé et charnu en bouche, finissant sur des tanins massifs, c'est un joli pomerol de garde destiné à séduire une poulette à la crème escortée d'une haie d'honneur de morilles.

☛ SC Dom. viticoles Armand Moueix,
Ch. Fonplégade, 33330 Saint-Emilion,
tél. 05.57.74.43.11, fax 05.57.74.44.67 ▼ t.l.j. 11h-19h; groupes sur r.-v.; f. nov.-mars

Le Libournais — Pomerol

CH. MOULINET-LASSERRE 1995

■ 5 ha   25 000   🍷 100 à 150 F

|89| 90 |91| |92| |93| **94** 95

1996 a vu de grands travaux dans ces crus vinifiés par Jean-Marie Garde, puisque le cuvier a été agrandi afin de permettre une meilleure sélection parcellaire en vinification séparée avant assemblage. Millésime vendangé avant l'adjonction de ces six cuves, le 95, d'une belle couleur grenat sombre et intense, se montre encore discret au nez avec des nuances de fruits noirs, de réglisse, de sous-bois et de tabac. Corsé et nerveux en bouche, il demande un peu de temps pour s'épanouir pleinement.
🍇 Jean-Marie Garde, Ch. Moulinet-Lasserre, 33500 Pomerol, tél. 05.57.51.10.41, fax 05.57.51.16.28 ✓ ☥ r.-v.

CH. PETIT VILLAGE 1995★★

■ 11 ha   54 000   🍷 +200 F

85 86 88 |89| **90** |92| 93 94 **95**

Le vignoble à dominante merlot est établi sur des sols argilo-graveleux. Géré par Jean-Michel Cazes et vinifié par Daniel Llose, ce cru a acquis une réputation internationale que ne démentira pas son 95 de teinte pourpre très sombre à reflets mauves, qui dispense un bouquet intense, grillé et vanillé sur fond de fruits noirs bien mûrs, avec une touche de menthol et de réglisse. Le vin est puissant, ample, généreux et long en bouche ; le boisé bien enrobé s'efface derrière le fruité ; c'est assurément un vin de longue garde.
🍇 Jean-Michel Cazes, Ch. Petit-Village, 33500 Pomerol, tél. 05.57.51.21.08, fax 05.57.51.87.31 ✓ ☥ r.-v.
🍇 AXA Millésimes

PETRUS 1995★★★

■ n.c.   n.c.   🍷 +200 F

61 **67** 71 74 75 |76| |77| |78| |79| |81| |82| |83| 85 86 87 |88| |89| 90 |92| 93 94 |95|

Cette année encore, Petrus reste le maître de Pomerol. Pourtant, généralement, la compétition est plus serrée dans les bons millésimes. Mais ce champion ne relâche pas son effort. Les heureux mortels qui auront le privilège de goûter son 95 chanteront ses louanges. Ce vin justifie amplement sa réputation planétaire. Il joue sur le fruit, dans un classicisme parfait, avec d'exceptionnels tanins de merrain très mesurés, respectant le raisin. Sa richesse, son élégance, sa longueur, ses arômes où un dégustateur découvre d'inimitable note de confiture de vieux garçon, associée à la cannelle et à la vanille, tout concourt à son charme. Parlons un peu de l'étiquette, fort simple : pas de mention « château » mais une gravure de saint Pierre tenant la clef du paradis ; tout un programme !
🍇 SC du Ch. Petrus, 33500 Pomerol

CH. PLINCE 1995

■ 8,33 ha   50 000   🍷 100 à 150 F

86 |89| |90| 91 92 |95|

Ce vignoble d'une dizaine d'hectares est composé de deux tiers de merlot pour un tiers de cabernets implantés sur sables et crasse de fer. Il propose un 95 qui a passé quatorze mois dans des barriques dont une sur six est neuve. La robe brillante est évoluée par ses reflets orangés. Le bouquet discret livre des notes animales et boisées. Souple et rond en bouche avec des tanins très mûrs, ce vin pourra être bu assez rapidement.
🍇 SCEV Moreau, Ch. Plince, 33500 Libourne, tél. 05.57.51.70.25 ✓ ☥ r.-v.

CH. RATOUIN Cuvée Rémi 1995★

■ 0,5 ha   2 000   🍷 70 à 100 F

Cette cuvée confidentielle est issue des plus vieux plants de merlot de la propriété et fait l'objet d'un élevage soigneux en fût de chêne. Créée avec le millésime 94, elle fut citée l'an passé ; le 95 obtient une étoile cette année. De couleur grenat sombre et intense, fin et élégant au nez, il allie des arômes frais de fruits rouges à des notes de vanille, de cuir et de cacao. Corsée et charnue en attaque, la dégustation évolue sur de bons tanins gras et mûrs, qui restent longtemps en bouche.
🍇 SCEA Ch. Ratouin, René, 33500 Pomerol, tél. 05.57.51.47.92, fax 05.57.51.47.92 ✓ ☥ r.-v.

CLOS RENE 1995

■ 12 ha   65 000   🍷 100 à 150 F

|86| 87 |88| |89| 90 |91| 92 |93| 95

Cette belle et ancienne propriété de 12 ha était déjà mentionnée en 1764 sur la carte de Belleyme sous le nom de « Reney ». Elle appartient à la famille de Jean-Marie Garde depuis plusieurs générations et fait preuve d'une belle régularité dans la qualité de ses vins. Le 95, bien présenté dans une robe grenat soutenu à reflets orangés, développe un bouquet intense et élégant de prune mûre, de violette et de réglisse avec des nuances grillées et épicées. Rond et charnu en attaque, il évolue sur des tanins encore austères qui demandent un peu de temps pour s'affiner.
🍇 Pierre Lasserre et Jean-Marie Garde, Clos René, 33500 Pomerol, tél. 05.57.51.10.41, fax 05.57.51.16.28 ✓ ☥ r.-v.

CH. ROUGET 1995★

■ 17,5 ha   35 000   🍷 100 à 150 F

94 95

Un beau château du XVIII^{e}s. domine ce vignoble en pente douce, établi sur un sol argilo-graveleux et composé à 85 % de merlot et à 15 % de cabernet franc. Coup de cœur l'an passé avec le 94, ce cru présente un 95 très réussi, paré d'une robe grenat sombre et intense. Le bouquet fruité, fin et élégant, libère également des arômes grillés et vanillés. La bouche encore ferme, puissante et

241   LE BORDELAIS

Le Libournais — Pomerol

concentrée, demande quelques années de patience pour laisser mûrir les tanins.
- SGVP, Ch. Rouget, 33500 Pomerol, tél. 05.57.51.05.85, fax 05.57.55.22.45 r.-v.
- La Bruyère

CLOS SAINT-ANDRE 1995*

| | 1,11 ha | 7 000 | | 150 à 200 F |

Ce tout petit vignoble d'un hectare est constitué de merlots plantés sur sols argilo-calcaires, à la limite des appellations saint-émilion et pomerol. Créé en 1994, il présente un 95 à beau potentiel. La robe grenat sombre révèle des reflets d'évolution. Le bouquet intense est épicé, vineux et bien boisé. Corsé, rond et généreux en bouche, ce vin équilibré devrait être à son optimum dans cinq ans.
- SCEA Vignobles Daniel Mouty, Ch. Croix de Barille, 33350 Sainte-Terre, tél. 05.57.84.55.88, fax 05.57.74.92.99 t.l.j. sf sam. dim. 9h-17h; f. août

CH. TAILLEFER 1995*

| | 12 ha | 50 000 | | 100 à 150 F |

93 94 95

Ce joli cru de 12 ha fut la première propriété acquise par Antoine Moueix en 1923. Plantées sur sables et graves, les vignes (trois quarts de merlot et un quart de cabernet franc) ont donné ce 95 paré d'une belle robe pourpre intense. Il développe des arômes de bon bois : vanille, pain grillé, épices, mêlés de notes de fruits noirs confits. Souple et fin en bouche, avec des tanins équilibrés et suaves, ce vin pourra se garder de cinq à huit ans.
- SCE Vignoble Bernard Moueix, Ch. Taillefer, 33500 Libourne, tél. 05.57.25.50.45, fax 05.57.25.50.45 r.-v.

CH. THIBEAUD-MAILLET 1995*

| | 1 ha | 6 000 | | 70 à 100 F |

88 |89| |90| **92 93 94 95**

Ici, l'élevage est effectué en barriques, dont 50 % sont neuves. Le 95 est sombre, d'une jolie teinte grenat foncé très soutenue. Le bouquet complexe et racé marie les arômes fruités et le bon bois qui s'exprime avec une multitude d'odeurs : pain grillé, réglisse, menthol, cuir, épices, cacao. Très concentré en bouche avec des tanins puissants et serrés, ce vin demande un peu de temps pour s'épanouir.
- Roger et Andrée Duroux, Ch. Thibeaud-Maillet, 33500 Pomerol, tél. 05.57.51.82.68, fax 05.57.51.58.43 t.l.j. 9h-12h 13h-20h; f. 8-15 mars

CH. TOUR ROBERT 1995*

| | 1,2 ha | 6 000 | | 100 à 150 F |

93 94 95

Essentiellement issu de merlot planté sur sols sablo-graveleux, ce cru confidentiel a réussi son 95. La robe intense et sombre annonce une belle concentration. Finement boisé et suave, le bouquet exprime les fruits mûrs, le cassis et les amandes grillées. D'abord onctueuse et charnue, la bouche évolue sur des tanins fermes et puissants qui demandent un long vieillissement pour s'épanouir.

- Dominique Leymarie, Ch. Tour-Robert, 11, chem. de Grangeneuve, 33500 Libourne, tél. 06.09.73.12.78, fax 06.57.51.99.94 r.-v.

CH. TRISTAN 1995

| | 2,5 ha | 14 000 | | 70 à 100 F |

|86| **88** |89| |90| |91| **93 94** |95|

Le merlot participe pour moitié à ce vin élevé six mois en barrique, de couleur pourpre intense et vive, au nez de fruits cuits à l'alcool, souple et rond en bouche. Une bouteille facile qui pourra être bue dès maintenant.
- SCEA Cascarret, La Patache, 33500 Pomerol, tél. 05.57.51.04.54, fax 05.57.51.24.22 r.-v.

CH. TROTANOY 1995***

| | n.c. | n.c. | | + 200 F |

79 **80** |(82)| |85| |86| **87 88 89 90** |92| **94** (95)

Ce cru est un des fleurons des Etablissements Jean-Pierre Moueix. Son terroir très particulier et pénible pour le vigneron lui permet d'atteindre des sommets. C'est le cas de son 95 qui reçoit tous les compliments du jury. Du grand art. La robe est somptueuse. Le bouquet, bien que jeune, est déjà extrêmement complexe : merlot très mûr, amande grillée, merrain chaud, cuir, moka, poivre... La saveur est charnue, la structure imposante. Les tanins, encore un peu massifs, donnent une impression de vigueur masculine, sans nuire à son élégance. Pomerol de grand avenir.
- Ets Jean-Pierre Moueix, 54, quai du Priourat, 33500 Libourne

VIEUX CHATEAU CERTAN 1995**

| | 13,5 ha | n.c. | | + 200 F |

75 78 **81** |82| |83| |85| (86) |88| |89| **90** |92| **93 94 95**

L'un des crus les plus connus de Pomerol, fondé au début du XVIe s. par une famille écossaise et exploité depuis 1924 par les Thienpont qui viennent de Belgique. Bref, un cru très européen ! Son vin est une valeur sûre. La robe du 95 est bigarreau sombre. Le bouquet déjà très complexe offre une succession de notes de merlot mûr, de violette, une touche animale finissant sur du bois grillé. Le palais est à la fois dense et élégant ; cuir et tabac y jouent avec le fruit. Ses tanins épicés donnent à ce vin un fort potentiel de vieillissement.
- SC du Vieux Château Certan, 33500 Pomerol, tél. 05.57.51.17.33, fax 05.57.25.35.08
- Thienpont

Le Libournais

VIEUX CHATEAU FERRON 1995*

■   2 ha   10 000   150 à 200 F
|89| 90 |93| 95

Ce petit vignoble de 2 ha, dont les plants ont une quarantaine d'années, est installé sur des sols sablonneux avec une très forte proportion de merlot complété par 10 % de cabernet franc. Bien présenté dans une robe sombre légèrement évoluée, le 95 développe un bouquet naissant fin et complexe, mariant un joli fruité à des senteurs grillées et vanillées. Souple et agréable en bouche, il sera assez vite prêt à boire.
• Pierre-Etienne Garzaro, Dom. de Bertin, 33750 Baron, tél. 05.56.30.16.16, fax 05.56.30.12.63 r.-v.

CH. VIEUX MAILLET 1995*

■   2,62 ha   16 000   100 à 150 F

Ce vignoble de 4 ha installé sur sables et graves argileuses, avec quatre cinquièmes de merlot et un cinquième de cabernet franc, a été racheté en 1994 par l'actuelle propriétaire. Les soins apportés à la vigne et au chai portent déjà leurs fruits avec ce 95 très réussi. La teinte rubis, jeune et sombre, puis les arômes frais de fruits rouges bien mûrs annoncent une belle concentration. La bouche ne dément pas ces premières impressions : d'abord souple et charnue, elle évolue sur une structure tannique puissante et ferme qui demande un peu de patience aux amateurs.
• Isabelle Motte, Ch. Vieux Maillet, 33500 Pomerol, tél. 05.57.51.04.67, fax 05.57.51.04.67 r.-v.

DOM. VIEUX TAILLEFER 1995*

■   0,53 ha   3 800   50 à 70 F

C'est la première fois que nous voyons apparaître ce domaine, à ne pas confondre avec le « château » Vieux Taillefer. Il s'agit d'une parcelle appartenant à Daniel Ybert, viticulteur à Saint-Emilion. Ce 95 a été jugé très réussi par nos dégustateurs. Sa couleur est d'un grenat soutenu. Son bouquet exprime des senteurs épicées, vanillées, avec des touches de noyau et de tabac blond. Souple en attaque, le vin présente déjà une harmonie intéressante, soutenu par des tanins fondus qui devraient permettre de le boire assez rapidement. A signaler aussi, son très bon rapport qualité-prix.
• SCEA Vignobles Daniel Ybert, Lieu-dit La Rose, 33330 Saint-Emilion, tél. 05.57.24.73.41, fax 05.57.74.44.83 r.-v.

CH. VRAY CROIX DE GAY 1995*

■   n.c.   20 000   70 à 100 F
85 86 88 |89| |90| 93 94 95

Constitué à 80 % de merlot, à 15 % de cabernet-franc et à 5 % de cabernet-sauvignon, ce vignoble de 3,5 ha est installé sur des terroirs argilo-graveleux. Le 95, très réussi et typique, est paré d'une robe grenat sombre à reflets soyeux et brillants. Les arômes de fruits mûrs se mêlent harmonieusement à des odeurs boisées, élégantes et complexes. D'abord onctueux et souple, ce vin évolue sur une matière puissante mais suave ; la finale ferme réclame un léger vieillissement.

• SCE Baronne Guichard, Ch. Siaurac, 33500 Néac, tél. 05.57.51.64.58, fax 05.57.51.41.56 r.-v.
• Olivier Guichard

Lalande de pomerol

Créé, comme celui de pomerol dont il est voisin, par les hospitaliers de Saint-Jean (à qui l'on doit aussi la belle église de Lalande qui date du XIIe s.), ce vignoble d'environ 1 100 ha, produit, à partir des cépages classiques du Bordelais, des vins rouges colorés, puissants et bouquetés, qui jouissent d'une bonne réputation, les meilleurs pouvant rivaliser avec les pomerol et les saint-émilion. 56 808 hl ont été revendiqués en 1997.

CH. DES ANNEREAUX 1995

■   n.c.   n.c.   50 à 70 F

Appartenant à la famille Milhade bien présente dans le Libournais, ce cru est régulier dans sa qualité, comme en témoigne ce 95 à la robe légèrement tuilée et aux arômes de groseille et d'épices. En bouche, les tanins corsés, assez souples et aromatiques, autorisent une consommation dans les deux ou trois prochaines années.
• SCEA du Ch. des Annereaux, 33500 Lalande de Pomerol, tél. 05.57.74.30.04, fax 05.57.84.31.27

CH. BERTINEAU SAINT-VINCENT 1995*

■   4,2 ha   36 000   70 à 100 F

Appartenant aux époux Rolland, œnologues de grande réputation, ce château a réussi ce 95 au bouquet boisé et épicé, relevé d'une note fraîche de cassis. L'attaque en bouche est ample, l'évolution puissante et charnue, équilibrée par un boisé vanillé qui demande encore à se fondre. Une bouteille à attendre au moins trois ans.
• SCEA Fermière des Domaines Rolland, Maillet, 33500 Pomerol, tél. 05.57.51.10.94, fax 05.57.25.05.54 r.-v.

CH. BOUQUET DE VIOLETTES 1995**

■   n.c.   7 200   100 à 150 F

Ce château, au nom évocateur de l'arôme de violette typique des vins de cette région, pratique une très sévère sélection de la vendange, ce qui se révèle payant si l'on en juge par la réussite de ce 95. La robe soutenue est dense ; le bouquet complexe évoque les fruits rouges, la noisette et un boisé torréfié. La structure tannique puissante évolue avec du gras et de la longueur. C'est une bouteille qui demande à s'assagir ; elle réclame un vieillissement en cave de deux à trois ans minimum.

243   LE BORDELAIS

Le Libournais

Lalande de pomerol

⚫┓Jean-Jacques Chollet, La Chapelle, 50210 Camprond, tél. 02.33.45.19.61, fax 02.33.45.35.54 ☑ ☒ r.-v.

CH. CANON CHAIGNEAU 1995

| ■ | 5 ha | 20 000 | ☒☒ | 70 à 100 F |

Ce 95 présente une jolie robe brillante déjà tuilée. Encore discret au nez, il devient expressif en bouche, où les tanins bien enrobés et aromatiques laissent une sensation de fraîcheur agréable. Un vin de plaisir immédiat.

⚫┓SCEA Marin Audra, 3 bis, rue Porte-Brunet, 33330 Saint-Emilion, tél. 05.57.24.69.13, fax 05.57.24.69.11 ☑ ☒ r.-v.

CH. CHANGROLLE 1995*

| ■ | n.c. | 42 000 | ☒☒ | 30 à 50 F |

Ce 95 se distingue par sa robe profonde, son bouquet expressif de fruits mûrs, de fleurs et de menthe, et des tanins soyeux et puissants à la fois, qui ont besoin de se fondre. Un vieillissement de trois à cinq ans donnera à ce vin plus d'harmonie.

⚫┓Yvon Mau SA, rue André-Dupuy-Chauvin, B.P. 1, 33190 Gironde-sur-Dropt, tél. 05.56.61.54.54, fax 05.56.61.54.61
⚫┓SCEA R. et C. Courty

CH. CHATAIN PINEAU 1995

| ■ | n.c. | 30 000 | ☒☒ | 50 à 70 F |

Ce vin, assez classique, se distingue par une robe rubis brillant, un bouquet élégant de fruits, encore discret, et un équilibre tannique correct. Une bouteille agréable à déguster dans les deux ou trois prochaines années.

⚫┓René Micheau-Maillou, Dom. de la Vieille Eglise, 33330 Saint-Hippolyte, tél. 05.57.24.61.99, fax 05.57.24.61.99 ☑ ☒ r.-v.

CLOS DES GALEVESSES 1995

| ■ | 3 ha | 48 000 | ☒☒ | 30 à 50 F |

Ce cru présente un 95 à la robe grenat profond, aux arômes intenses encore dominés par le bois, mais aux tanins souples et charnus. A boire pour sa souplesse, d'ici deux à trois ans.

⚫┓François de Lavaux, Ch. Martinet, 64 av. du Gal-de-Gaulle, 33500 Libourne, tél. 05.57.51.06.07, fax 05.57.51.59.61 ☑ ☒ r.-v.

CLOS L'HERMITAGE 1995

| ■ | n.c. | n.c. | ■ | 50 à 70 F |

Appartenant à la même famille depuis deux cent cinquante ans, ce cru présente un 95 à la robe rubis brillant, aux arômes élégants et fruités, légèrement végétaux (poivron) et aux tanins souples et équilibrés. Un vin agréable à boire sur son fruit, dès à présent.

⚫┓SCEA Bertin et Fils, Dallau, 8, rte de Lamarche, 33910 Saint-Denis-de-Piles, tél. 05.57.84.21.17, fax 05.57.84.29.44 ☑ ☒ r.-v.

CH. FOUGEAILLES 1995*

| ■ | 3 ha | 20 000 | ☒☒ | 50 à 70 F |

Né sur un terroir sablo-graveleux, ce vin a une remarquable présentation : robe grenat violacé, bouquet complexe et élégant de fruits mûrs, de réglisse, de griotte. En bouche, la texture ample et corsée évolue avec fermeté et s'achève sur une bonne longueur. C'est une bouteille à oublier dans sa cave pendant un minimum de deux ans.

⚫┓Claude Estager et Fils, Ch. Fougeailles, 33500 Néac, tél. 05.57.51.35.09, fax 05.57.25.95.20 ☑ ☒ r.-v.

CH. GARRAUD 1995

| ■ | 20 ha | 115 000 | ☒ | 70 à 100 F |

Dominé par le merlot, ce cru, créé en 1850, nous présente un 95 qui, bien que dominé par son élevage en barrique, paraît suffisamment puissant et long en bouche pour se bonifier avec le temps : à ouvrir dans trois ans.

⚫┓Vignobles Léon Nony SA, Ch. Garraud, 33500 Néac, tél. 05.57.55.58.58, fax 05.57.25.13.43 ☑ ☒ t.l.j. sf sam. dim. 8h-12h 14h-17h

CH. DU GRAND CHAMBELLAN 1995**

| ■ | 7 ha | 52 000 | ☒☒ | 70 à 100 F |

Ce cru appartient à Madame Hegoburn, déjà propriétaire du château de Viaud. Ici aussi, la qualité est au rendez-vous. Ce 95 au bouquet naissant d'épices, de confiture de fruits mûrs est remarquable. Souples et gras en attaque, les tanins évoluent ensuite avec puissance et du volume et de la puissance. C'est un vin très harmonieux qui s'appréciera encore plus dans trois à cinq ans.

⚫┓SCEA Ch. de Viaud, 33500 Lalande-de-Pomerol, tél. 05.57.51.17.86, fax 05.57.51.79.77 ☒ r.-v.

CH. GRAND ORMEAU 1995**

| ■ | n.c. | 48 000 | ☒ | 70 à 100 F |

PRODUCE OF FRANCE
CHATEAU
GRAND ORMEAU
LALANDE·DE·POMEROL
APPELLATION LALANDE-DE-POMEROL CONTROLÉE
1995
13% vol. GFA LE GRAND ORMEAU Propriétaire J.C. BETON 75 cl
LALANDE DE POMEROL (GIRONDE) FRANCE
MIS EN BOUTEILLE AU CHATEAU

Déjà détenteur du coup de cœur de lalande l'an dernier pour sa réserve du Commandeur, ce cru l'obtient cette année pour sa cuvée classique (treize mois de fût), ce qui démontre une grande constance dans la qualité. La robe impressionne par sa densité ; les arômes opulents évoquent le fruit rouge, le gibier, le cacao. Les tanins, gras et amples, évoluent en bouche avec puissance, tout en se montrant veloutés. C'est un vin remarquablement équilibré, digne des meilleurs grands crus de la région, que l'on appréciera dans quatre ans et pendant les dix années qui suivront. Du même château, la **cuvée Madeleine 95** reçoit une étoile. Elle a passé dix-huit mois en barrique. Le boisé l'emporte sur la matière dense. Son prix se situe dans la fourchette supérieure.

⚫┓Ch. Grand Ormeau, 33500 Lalande-de-Pomerol, tél. 05.57.25.30.20, fax 05.57.25.22.80 ☑ ☒ r.-v.
⚫┓Beton

244

Le Libournais

Lalande de pomerol

CH. HAUT-CHAIGNEAU
Cuvée Prestige 1995*

■   10 ha   20 000   ❙❙   70 à 100 F

Dans cette cuvée élevée vingt-quatre mois en barriques, neuves à 50 %, l'équilibre n'est pas encore parfait ; les arômes boisés et torréfiés masquent un peu le fruité du raisin. Les tanins, très présents mais de qualité, annoncent cependant une bonne évolution, d'ici deux à trois ans.
☛ André Chatonnet, Chaigneau, 33500 Néac, tél. 05.57.51.31.31, fax 05.57.25.08.93 ✓ ⚲ r.-v.

CH. HAUT-GOUJON 1995*

■   8,5 ha   35 000   🍾❙❙   50 à 70 F

Situé sur un terroir de graves argileuses, ce cru propose un 95 riche, au bouquet complexe et flatteur de fruits rouges et de notes boisées. Bien équilibrée en bouche, la structure tannique demande à s'assouplir, mais son ampleur et son harmonie laissent déjà entrevoir un grand avenir.
☛ SCEA Garde et Fils, Goujon, 33570 Montagne, tél. 05.57.51.50.05, fax 05.57.25.33.93 ✓ ⚲ r.-v.

CH. HAUT-SURGET 1995*

■   20 ha   100 000   ❙❙   50 à 70 F

Régulièrement cité parmi les valeurs sûres de l'appellation, ce château présente un vin complexe, aux arômes fruités et boisés, assortis de notes de sous-bois et de cuir. En bouche, les tanins sont présents et puissants : ils demandent pour s'assouplir un vieillissement de trois à cinq ans.
☛ Ollet-Fourreau, Ch. Haut-Surget, 33500 Néac, tél. 05.57.51.28.68, fax 05.57.51.91.79 ✓ ⚲ r.-v.

CH. LA BORDERIE-MONDESIR 1995**

■   2,1 ha   14 000   ❙❙   50 à 70 F

Le terroir de graves est planté avec autant de merlot que de cabernet-sauvignon, ce qui donne une certaine originalité à ce vin, comme le montre le 95 : arômes très riches de fruits rouges, de grillé et d'épices, tanins gras et puissants, d'évolution harmonieuse et persistante. Il y a tout pour faire une très bonne bouteille dans deux ou trois ans.
☛ Jean-Marie Rousseau, Petit-Sorillon, 33230 Abzac, tél. 05.57.49.06.10, fax 05.57.49.38.96 ✓ ⚲ r.-v.

CH. LA CROIX BELLEVUE 1995

■   8 ha   50 000   ❙❙   70 à 100 F

Elaboré avec 70 % de cabernet-sauvignon, ce qui est exceptionnel pour le Libournais, ce 95 présente une robe pourpre, des arômes de fruits rouges, de pêche, rehaussés d'un léger boisé torréfié. En bouche, les tanins ronds et mûrs sont harmonieux. A servir durant l'année 2000.
☛ SC Dom. viticoles Armand Moueix, Ch. Fonplégade, 33330 Saint-Emilion, tél. 05.57.74.43.11, fax 05.57.74.44.67 ✓ ⚲ t.l.j. 11h-19h; groupes sur r.-v.; f. nov.-mars
☛ GFA du Dom. de Moulinet

CH. LA CROIX DES MOINES 1995*

■   6,5 ha   45 000   🍾❙❙   50 à 70 F

Situé sur un terroir de belles graves, le château La Croix des Moines propose régulièrement de très bons vins. Le millésime 95 se caractérise par une robe soutenue, par un bouquet intense de fruits mûrs, de pruneau, de vanille et par des tanins souples et savoureux. La fin de bouche, encore dense, justifie que ce vin soit conservé deux ou trois ans avant d'être bu, mais vous pouvez également le servir aujourd'hui sur des viandes rouges.
☛ Jean-Louis Trocard, 2, Les Petits Jays Ouest, 33570 Les Artigues-de-Lussac, tél. 05.57.24.31.16, fax 05.57.24.33.87 ✓ ⚲ t.l.j. sf sam. dim. 8h-12h 14h-18h

CH. LA CROIX SAINT-JEAN 1995

■   1,34 ha   8 000   🍾   70 à 100 F

A peine plus d'un hectare pour ce cru qui présente un 95 aux arômes discrets et fruités. En bouche, l'attaque, un peu simple, évolue avec un certain volume et un bon équilibre. C'est un vin prêt à boire.
☛ Vignobles Raymond Tapon, Lafleur Vachon, 33330 Saint-Emilion, tél. 05.57.74.61.20, fax 05.57.24.69.32 ✓ ⚲ r.-v.

CH. LA FLEUR SAINT-GEORGES 1995

■   17 ha   120 000   ❙❙   50 à 70 F

Une robe rubis brillant à reflets tuilés, un bouquet élégant et fin de cuir, de croûte de pain grillé et des tanins souples et ronds : ce vin est plaisant et peut s'apprécier dès maintenant.
☛ SC Ch. La Fleur Saint-Georges, B.P. 7, 33500 Pomerol, tél. 05.56.59.41.72, fax 05.56.59.93.22 ✓ ⚲ r.-v.
☛ AGF

CH. LA GRAVIERE 1995*

■   5,1 ha   29 000   🍾❙❙   50 à 70 F

Situé sur un terroir de graves sableuses, ce cru a réussi un 95 digne d'intérêt : robe rubis intense, arômes fruités, vanillés, rehaussés d'une touche mentholée ; en bouche, les tanins sont francs et puissants, bien qu'un peu sévères aujourd'hui. Il est nécessaire d'attendre deux ou trois ans pour trouver un équilibre parfait.
☛ SCEA Cascarret, La Patache, 33500 Pomerol, tél. 05.57.51.04.54, fax 05.57.51.24.22 ✓ ⚲ r.-v.

CH. LE MANOIR 1995**

■   2,3 ha   13 000   🍾❙❙   50 à 70 F

Régulièrement à l'honneur dans le Guide, ce « petit » cru - par la taille - décroche cette année son premier coup de cœur pour le millésime 95. La robe rouge cerise est particulièrement profonde ; les arômes, intenses et complexes, évoquent les fruits rouges, le caramel, le fumé. En bouche, l'attaque soyeuse s'efface derrière un équilibre tannique puissant et aromatique, persistant. C'est un vin très typé qui donnera tout son potentiel après une garde de trois à cinq ans dans la cave. Bravo !

BORDELAIS

245   **LE BORDELAIS**

Le Libournais

Lalande de pomerol

Château Le Manoir 1995 — Grand Vin Lalande-de-Pomerol, 12,5% vol., 75 cl

☛ Jean-Claude Giraud, 17, rue des Dagueys, 33500 Libourne, tél. 06.81.12.24.17, fax 06.57.74.00.41 r.-v.

CH. LES GRAVES DE LAVAUD 1995★

n.c.   16 000   30 à 50 F

Ce 95 se distingue par une belle présentation : robe pourpre intense, presque noire, bouquet élégant de fruits noirs (mûre) et de cacao. En bouche, les tanins sont puissants, longs mais encore un peu rustiques : il faudra patienter un minimum de trois à cinq ans pour boire ce vin très classique.
☛ Jean-Louis Bardeau, 1, rue Lavaud, 33500 Néac, tél. 05.57.51.88.37, fax 05.57.51.88.37 r.-v.

CH. LES HAUTS-CONSEILLANTS 1995★

9 ha   42 000   50 à 70 F

Ce cru appartient à la famille Bourotte, propriétaire et négociant à Pomerol. Son 95 présente une robe pourpre, chatoyante, un bouquet élégant de fruits rouges et de cuir, et des tanins corsés, équilibrés par un boisé très fin. Une bouteille racée, au potentiel de vieillissement certain (trois à huit ans).
☛ SA Pierre Bourotte, 28, rue Trocard, B.P. 79, 33500 Libourne Cedex, tél. 05.57.51.62.17, fax 05.57.51.28.28 r.-v.

CH. L'ETOILE DE SALLES 1995

10 ha   20 000   30 à 50 F

Né sur un joli terroir de graves, ce 95 a une robe noir soutenu, un bouquet naissant de fleurs et d'épices, des tanins fermes et équilibrés, bien qu'un peu simples. A boire dans les deux ou trois ans à venir.
☛ SCEA Ch. L'Etoile de Salles, Pont de Guitres, 33500 Lalande de Pomerol, tél. 05.57.51.13.53, fax 05.57.25.91.81 r.-v.
☛ Duzois et Fils

CH. MONCETS 1995

n.c.   120 000   50 à 70 F

Un encépagement judicieux, 60% merlot et 40% cabernets, pour ce 95 bien typé, aux arômes d'épices, de pruneau et de torréfaction. Sa structure tannique, souple et veloutée, est très agréable ; elle demande deux à trois ans de garde pour s'épanouir.
☛ Louis-G. de Jerphanion, Ch. Moncets, 33500 Néac, tél. 05.57.51.19.33, fax 05.57.51.56.24 r.-v.

DOM. DE MUSSET 1995★

10 ha   60 000   100 à 150 F

Cité régulièrement dans le Guide pour la qualité de ses vins, ce domaine a produit un 95 riche et typé, aux arômes intenses de fruits mûrs, d'épices et de boisé vanillé. Il a passé douze mois en barriques dont 30 % sont neuves. Puissants en attaque, les tanins se fondent ensuite avec le boisé très bien équilibré. C'est une bouteille à ouvrir dans deux ou trois ans minimum.
☛ Vignobles Aubert, Ch. La Couspaude, 33330 Saint-Emilion, tél. 05.57.40.15.76, fax 05.57.40.10.14 r.-v.

CH. DE MUSSET 1995★

22,58 ha   40 000   50 à 70 F

Un terroir argilo-graveleux et un encépagement où domine le merlot (70 %) sont à l'origine de ce 95 aux arômes typés de fruits mûrs, de vanille et de poivre. Ses tanins souples et ronds sont particulièrement fruités en fin de bouche. Un joli vin à apprécier pendant les quatre à cinq années à venir.
☛ SCE Y. Foucard et Fils, Ch. de Musset, 33500 Lalande-de-Pomerol, tél. 05.57.51.11.40, fax 05.57.25.36.45 r.-v.

CH. REAL-CAILLOU 1995

4,3 ha   22 000   50 à 70 F

Propriété du Lycée viticole de Libourne-Montagne, ce cru sert de terrain d'apprentissage pour les élèves qui réussissent fort bien leur vin, à en juger par ce 95 à la robe rubis, au nez discret de fruits rouges et aux tanins souples et harmonieux. Une bouteille à boire dans les trois prochaines années.
☛ Lycée viticole de Libourne-Montagne, Goujon, 33570 Montagne, tél. 05.57.55.21.22, fax 05.57.61.66.13 r.-v.

DOM. DES SABINES 1995

1,4 ha   8 000   50 à 70 F

L'étiquette rappelle le rapt légendaire des Sabines par les Romains, en 753 av. J.-C. Ce minuscule cru d'à peine plus d'un hectare a réussi en 1995 un vin présentant une robe grenat brillant, un nez discret de fruits cuits et une structure tannique suave et équilibrée, un peu simple cependant. A boire à l'automne de ce siècle.
☛ SCEA Ch. Ratouin, René, 33500 Pomerol, tél. 05.57.51.47.92, fax 05.57.51.47.92 r.-v.

CH. SERGANT 1995

n.c.   n.c.   50 à 70 F

Issu d'un terroir graveleux, ce 95 à la robe grenat brillant développe un bouquet discret de cuir et de pain grillé. Les tanins sont harmonieux en attaque puis évoluent avec fermeté. C'est un vin qui sera agréable dans deux ans.
☛ SCEV Vignobles Jean Milhade, Ch. Recougne, 33133 Galgon, tél. 05.57.74.30.04, fax 05.57.84.31.27

CH. SIAURAC 1995

n.c.   190 000   50 à 70 F

Ce très beau château, appartenant à Olivier Guichard, a produit en 1995 un vin agréable, développant des arômes fruités. En bouche,

Le Libournais

Saint-émilion

l'attaque souple évolue vers plus de fermeté : il est nécessaire d'attendre deux ou trois ans pour le boire.
- SCE Baronne Guichard, Ch. Siauroc, 33500 Néac, tél. 05.57.51.64.58, fax 05.57.51.41.56 r.-v.
- Olivier Guichard

CLOS DES TEMPLIERS 1995
■ 11 ha 60 000 50 à 70 F

Ce château se distingue par son encépagement particulier dominé par les cabernets (65 %). En 1995, il a produit un vin agréable, bien fruité (cassis), et d'une bonne structure tannique. A déguster d'ici un an ou deux.
- Vignobles Meyer, SCEA Ch. de Bourgueneuf, 33500 Pomerol, tél. 05.57.51.16.73, fax 05.57.25.16.89 t.l.j. sf sam. dim. 8h-12h 14h-18h

CH. TOUR DE MARCHESSEAU 1995*
■ 6,5 ha 45 000 50 à 70 F

Ce cru donne régulièrement des vins de grande qualité. Le 95 le confirme : robe cerise brillant, nez évocateur de pruneau, de caramel, de cuir, et structure tannique corsée et harmonieuse. C'est un vin à boire pendant les cinq prochaines années.
- Jean-Louis Trocard, 2, Les Petits Jays Ouest, 33570 Les Artigues-de-Lussac, tél. 05.57.24.31.16, fax 05.57.24.33.87 t.l.j. sf sam. dim. 8h-12h 14h-18h

CH. TOURNEFEUILLE 1995*
■ 14 ha 80 000 70 à 100 F

Situé sur les coteaux argileux du rebord de la haute terrasse dominant la vallée de la petite rivière de la Barbanne, ce cru a bien réussi son 95 : robe pourpre intense, bouquet discret et élégant de fruits des bois, de vanille et structure tannique onctueuse, délicate, particulièrement élégante en fin de bouche. Ce n'est pas un monstre de puissance, mais sa race lui confère assurément un grand avenir.
- GFA Sautarel, Ch. Tournefeuille, 33500 Néac, tél. 05.57.51.18.61, fax 05.57.51.00.04 r.-v.

CH. DE VIAUD 1995**
■ 9 ha 49 000 70 à 100 F

Situé sur un terroir de graves profondes, le château de Viaud fait partie des valeurs sûres de l'appellation, comme en témoigne encore ce 95 à la robe profonde et brillante, aux parfums élégants de fruits rouges encore dominés par le boisé vanillé. En bouche, les tanins sont francs et puissants, gras et fruités en finale. L'équilibre sera parfait dans trois à cinq ans. Par ailleurs, le jury a cité **les Dames de Viaud**, second vin du château, qui ne connaît pas la barrique ; son fruité et sa souplesse apportent un grand plaisir : il permettra d'attendre le grand vin.
- SCEA Ch. de Viaud, 33500 Lalande-de-Pomerol, tél. 05.57.51.17.86, fax 05.57.51.79.77 r.-v.

CH. VIEUX CARDINAL LAFAURIE 1995
■ n.c. n.c. 30 à 50 F

Ce 95 se distingue par une robe intense et brillante, des arômes de fruits noirs légèrement résineux et une structure en bouche franche et équilibrée. Un vin à apprécier sur une viande grillée, dans deux ou trois ans.
- Cheval Quancard, rue Barbère, 33440 Ambarès, tél. 05.56.33.80.60, fax 05.56.33.80.70 r.-v.
- SCE de Bertineau

VIEUX CLOS CHAMBRUN 1995**
■ n.c. 1 800 150 à 200 F

Ce cru semble maintenant abonné aux deux étoiles ou aux coups de cœur, ce qui est la marque d'une grande rigueur dans le travail à la vigne et au chai. Le 95 a une robe pourpre profond, des parfums puissants de fruits, d'épices et de vanille. En bouche, l'attaque est souple et franche ; elle évolue ensuite vers un bon équilibre entre le bois et le fruit, qui sera encore plus harmonieux après un vieillissement de trois à cinq ans. Bravo au maître de chai et à l'œnologue Gilles Pauquet.
- Jean-Jacques Chollet, La Chapelle, 50210 Camprond, tél. 02.33.45.19.61, fax 02.33.45.35.54 r.-v.

Saint-émilion et saint-émilion grand cru

Etalé sur les pentes d'une colline dominant la vallée de la Dordogne, Saint-Emilion (3 300 habitants) est une petite ville viticole charmante et paisible. Mais c'est aussi une cité chargée d'histoire. Etape sur le chemin de Saint-Jacques-de-Compostelle, ville forte pendant la guerre de Cent Ans et refuge des députés girondins proscrits sous la Convention, elle possède de nombreux vestiges évoquant son passé. La légende fait remonter le vignoble à l'époque romaine et attribue sa plantation à des légionnaires. Mais il semble que son véritable début, du moins sur une certaine surface, se situe au XIIIe s. Quoi qu'il en soit, Saint-Emilion est aujourd'hui le centre de l'un des plus célèbres vignobles du monde. Celui-ci, réparti sur neuf communes, comporte une riche gamme de sols. Tout autour de la ville, le plateau calcaire et la côte argilo-calcaire (d'où proviennent de nombreux crus classés) donnent des vins d'une belle couleur, corsés et charpentés. Aux confins de Pome-

LE BORDELAIS

Saint-émilion

Saint-émilion

rol, les graves produisent des vins qui se remarquent par leur très grande finesse (cette région possédait aussi de nombreux grands crus). Mais l'essentiel de l'appellation saint-émilion est représenté par les terrains d'alluvions sableuses, descendant vers la Dordogne, qui produisent de bons vins. Pour les cépages, on note une nette domination du merlot, que complètent le cabernet-franc, appelé bouchet dans cette région, et, dans une moindre mesure, le cabernet-sauvignon.

L'une des originalités de la région de Saint-Emilion est son classement. Assez récent (il ne date que de 1955), il est régulièrement et systématiquement revu (la première révision a eu lieu en 1958, la dernière en 1996). L'appellation saint-émilion peut être revendiquée par tous les vins produits sur la commune et sur huit autres communes l'entourant. La seconde appellation, saint-émilion grand cru, ne correspond donc pas à un terroir défini, mais à une sélection de vins, devant satisfaire à des critères qualitatifs plus exigeants, attestés par la dégustation. Les vins doivent subir une deuxième dégustation avant la mise en bouteilles. C'est parmi les saint-émilion grand cru que sont choisis les châteaux qui font l'objet d'un classement. En 1986, 74 ont été classés, dont 11 premiers grands crus. Dans le classement de 1996, 68 ont été classés dont 13 en premiers crus. Ceux-ci se répartissent en deux groupes : A pour deux d'entre eux (Ausone et Cheval Blanc) et B pour les onze autres. Il faut signaler que l'Union des producteurs de Saint-Emilion est sans nul doute la plus importante cave coopérative française située dans une zone de grande appellation. En 1997, les deux AOC ont produit 279 689 hl.

La dégustation Hachette n'a pas été globale au sein de l'appellation saint-émilion grand cru. Une commission a sélectionné les saint-émilion grand cru classé (sans distinction des Premiers) ; une autre commission a dégusté les saint-émilion grand cru. Les étoiles correspondent donc à ces deux critères.

Signalons que la dégustation portait sur le millésime 95. Le classement officiel des vins ne tient pas compte de la révision de 1996.

CH. BARBEROUSSE 1995★

7 ha   45 000   30 à 50 F

Très régulièrement retenu par nos experts, ce cru maintient la tradition avec un 95 très réussi. Il est issu de la sélection d'un tiers du vignoble composé à 70 % de merlot et à 30 % de cabernets plantés sur terroir silico-graveleux. Le vin se pare d'une belle robe rubis profond et d'un bouquet déjà puissant aux notes de cassis et de torréfaction. D'une saveur corsée, fruitée et charpentée par de bons tanins de raisin et de bois, déjà harmonieux, il pourra se garder sans problème.
↪ GAEC Jean Puyol et Fils, Ch. Barberousse, 33330 Saint-Emilion, tél. 05.57.24.74.24, fax 05.57.24.62.77 r.-v.

CH. BELLECOMBE 1995★

0,8 ha   n.c.   30 à 50 F

Issu de sables mêlés de crasse de fer et composé de merlot à 90 %, le cabernet franc faisant l'appoint, ce 95 porte une robe grenat de bonne intensité présentant un début d'évolution. Le bouquet naissant est bien franc, avec des arômes de fruits mûrs et des notes de cacao et de fumée. Bien structuré, ce vin encore un peu ferme et austère demandera trois à cinq ans pour s'épanouir pleinement.
↪ Jean-Marc Carteyron, 43, rue de Vincennes, 33000 Bordeaux, tél. 05.56.96.49.56, fax 05.56.96.49.56 r.-v.

CLOS BELLE ROSE 1995★★

0,9 ha   2 000   70 à 100 F

Encore un coup de cœur pour ce tout petit cru qui résiste à l'urbanisation au cœur même de Libourne. Comme le 90, le 95 a été jugé au-dessus du lot, dans l'appellation et dans le millésime. Une teinte rubis encore jeune, un bouquet fin, vanillé, épicé, un palais puissant et charnu, avec du grain, du caractère, de l'élégance, de l'harmonie : il a tout pour plaire.
↪ François Faurie, Dom. de la Jalousie, 23, rue Pierre-Benoît, 33500 Libourne, tél. 05.57.74.15.57, fax 05.57.74.15.57 r.-v.

CH. BOIS GROULEY 1995★★

5,76 ha   10 000   30 à 50 F

Un vin équilibré, plaisant et typique de l'appellation : sa couleur foncée et soutenue est

Le Libournais — Saint-émilion

peu évoluée ; au nez, il libère des arômes frais et fruités d'une bonne maturité. La dégustation révèle une belle structure, ronde et charnue, avec des tanins corsés et bien présents jusqu'à la finale, longue et aromatique.
↪ Louis Lusseau, 276, Bois Grouley, 33330 Saint-Sulpice-de-Faleyrens, tél. 05.57.24.74.03 ⓥ ⓣ r.-v.

CH. BRUN 1995
8,12 ha — n.c. — 30 à 50 F

Depuis le XVIIes., la famille Brun fait prospérer cette propriété plantée à 70 % de merlot et à 30 % de cabernets sur les argilo-calcaires et sables de Saint-Christophe-des-Bardes. Le vin a une jolie couleur rubis, un bouquet discret, encore fruité, aux notes de groseille. Ample en bouche, structuré par des tanins de raisin encore un peu fermes, il demande à vieillir un peu.
↪ Ch. Brun, 33330 Saint-Christophe-des-Bardes, tél. 05.57.24.77.06, fax 05.57.51.96.15 ⓥ ⓣ r.-v.

CLOS PETIT MAUVINON 1995
1,5 ha — 7 500 — 50 à 70 F

Cru créé par la grand-mère de Bernadette Castells en 1925. La dominante de merlot sur des sols sablo-graveleux très chauds donne un vin à la robe rubis, au nez de fruits rouges confits et de pruneau. Harmonieuse et équilibrée, la bouche révèle des tanins ronds et bien fondus dans une bonne structure. Une bouteille agréable et prête à la consommation.
↪ Bernadette Castells, Clos Petit Mauvinon, 33330 Saint-Sulpice-de-Faleyrens, tél. 05.57.24.75.89, fax 05.57.24.66.40 ⓥ ⓣ r.-v.

CH. CLOS SAINT-EMILION PHILIPPE Cuvée du Père 1995
2 ha — 6 000 — 50 à 70 F

Cette Cuvée du Père est produite par 2 ha de vieilles vignes (sur 7,6 ha), à 80 % du merlot, né sur sables, mâchefer et argilo-calcaires. Cela donne un bon saint-émilion de garde, avec une jolie robe rubis, un nez à la fois rond et structuré et une plaisante saveur de fruits rouges (groseille, mûre). Classique.
↪ SEA Philippe, 101, av. Gallieni, 33500 Libourne, tél. 05.57.51.05.93, fax 05.57.25.96.39 ⓥ ⓣ r.-v.

CH. FLEUR DE LISSE 1995
n.c. — n.c. — 30 à 50 F

Un 95 bien fait, simple et agréable. La robe vermillon a des reflets d'évolution ; le bouquet intense et franc charme par ses arômes de fruits rouges mêlés de notes florales. Équilibré, fin en bouche, ce vin compense un certain manque de puissance par une bonne fraîcheur très plaisante.
↪ Cheval Quancard, rue Barbère, 33440 Ambarès, tél. 05.56.33.80.60, fax 05.56.33.80.70 ⓣ r.-v.

FORTIN PLAISANCE 1995★★
n.c. — n.c. — 30 à 50 F

Cette marque d'un grand négociant de la place bordelaise propose un 95 remarquable. La robe est d'un beau rouge bordeaux. Le bouquet, complexe et racé, exprime les fruits mûrs et la vanille. Les tanins de raisin, élégants et charnus, se marient harmonieusement à ceux du bon bois de l'élevage. Plein, généreux et puissant, ce vin gagnera à vieillir trois à cinq ans.
↪ Cheval Quancard, rue Barbère, 33440 Ambarès, tél. 05.56.33.80.60, fax 05.56.33.80.70 ⓣ r.-v.

CH. FRANC LA ROUCHONNE 1995★
6,47 ha — 50 800 — 50 à 70 F

Le vignoble constitué à 90 % de merlot est situé sur des sols siliceux, à Vignonet, au sud de l'appellation. Ce 95 a une belle robe rouge sombre. Élégant et expressif au nez, charnu et structuré en bouche, avec du fruité et des tanins de raisin en finale, c'est un vin de plaisir qui pourra s'apprécier assez vite mais qui pourra aussi évoluer favorablement.
↪ UDP de Saint-Emilion, 33330 Saint-Emilion, tél. 05.57.24.70.71, fax 05.57.24.65.18 ⓣ t.l.j. sf dim. 8h-12h 14h-18h
↪ Yvon Bergerie

CH. FRANCS BORIES 1995
7,39 ha — 52 666 — 50 à 70 F

Le vignoble est situé à Vignonet, au sud de l'appellation, sur des sols siliceux et silico-graveleux. Le vin se pare d'une jolie robe rubis. Le bouquet naissant exprime des odeurs animales. Chaleureux et épicé en bouche, avec des notes de fruits rouges, ce 95 est déjà harmonieux et devrait pouvoir se boire assez rapidement.
↪ UDP de Saint-Emilion, 33330 Saint-Emilion, tél. 05.57.24.70.71, fax 05.57.24.65.18 ⓣ t.l.j. sf dim. 8h-12h 14h-18h
↪ G. Roux et J.-C. Arnaud

La région de Saint-Émilion

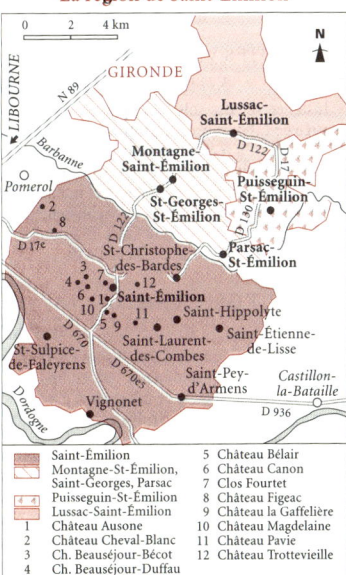

Carte : 0–2–4 km — GIRONDE — LIBOURNE — N 89 — Barbanne — Pomerol — Lussac-Saint-Émilion — Montagne-Saint-Émilion — Puisseguin-St-Émilion — D 122 — D 17e — St-Georges-St-Émilion — Parsac-St-Émilion — St-Christophe-des-Bardes — Saint-Émilion — Saint-Hippolyte — St-Sulpice-de-Faleyrens — St-Laurent-des-Combes — Saint-Étienne-de-Lisse — D 670 — Saint-Pey-d'Armens — Castillon-la-Bataille — Vignonet — Dordogne — D 670e — D 936

Légende :
- Saint-Émilion
- Montagne-St-Émilion, Saint-Georges, Parsac
- Puisseguin-St-Émilion
- Lussac-Saint-Émilion

1. Château Ausone
2. Château Cheval-Blanc
3. Ch. Beauséjour-Bécot
4. Ch. Beauséjour-Duffau
5. Château Bélair
6. Château Canon
7. Clos Fourtet
8. Château Figeac
9. La Gaffelière
10. Château Magdelaine
11. Château Pavie
12. Château Trottevieille

LE BORDELAIS

Le Libournais — Saint-émilion

CH. GAUSSENS CANTENAC 1995*

n.c.   10 800

Les 35 % de cabernet-sauvignon qui accompagnent merlot (60 %) et bouchet (5 %) marquent ce vin, dont la robe sombre et très profonde, puis le bouquet, encore discret mais très prometteur, annoncent la forte constitution. Puissant, structuré et tannique, il demande plusieurs années de vieillissement pour atteindre son apogée.
- Maison Sichel Coste, 19, quai de Bacalan, 33300 Bordeaux, tél. 05.56.11.16.60, fax 05.56.63.50.52
- Linette Vilatte

DOM. DES GOURDINS 1995**

1,7 ha   10 000

Anciennement en appellation « sable saint-émilion », ce petit cru qui s'étend aux portes de Libourne est un des nombreux vignobles exploités par J.-P. Estager. Le 95 est remarquable par sa belle robe carminée, son bouquet qui évolue vers des notes animales, sa saveur épicée, poivrée, aux tanins soyeux, mûrs mais persistants. Du caractère et de la typicité.
- Jean-Pierre Estager, 33-41, rue de Montaudon, 33500 Libourne, tél. 05.57.51.04.09, fax 05.57.25.13.38   r.-v.
- Héritiers Coudreau

CH. GROS CAILLOU 1995

n.c.   24 000

Un vin à la couleur ambrée, légèrement orangée, au bouquet déjà évolué, de cuir et d'épices mêlés à des notes fumées. Un peu simple en bouche, mais franc et équilibré, il compose une bouteille facile, sans prétention mais sans défaut.
- Maison Sichel Coste, 19, quai de Bacalan, 33300 Bordeaux, tél. 05.56.11.16.60, fax 05.56.63.50.52

CH. HAUTES VERGNES 1995

5,77 ha   6 000

Installée sur des sols sablo-graveleux, juste à l'entrée de Libourne, cette propriété a produit un 95 d'avenir, d'une belle couleur rubis foncé, aux arômes de fruits mûrs mêlés d'odeurs animales, à la structure tannique persistante et intense, qui demandera quelques années de vieillissement.
- Michel Nicoulaud, 33330 Saint-Emilion, tél. 05.57.74.03.04, fax 05.57.74.03.04

CH. HAUT GROS CAILLOU 1995

7 ha   50 000

Cette exploitation de 7 ha, disposant de sols argilo-calcaires et sablonneux, est composée à 80 % de merlot et à 20 % de cabernet. Cela donne une vin plaisant, à la robe rubis vive et brillante. Le bouquet encore discret est dominé par des arômes de fruits rouges. Harmonieux en bouche avec des tanins souples et frais, ce 95 constitue une bouteille simple et facile à boire.
- SCEA Haut Gros Caillou, 33330 Saint-Sulpice-de-Faleyrens, tél. 05.56.62.66.16, fax 05.56.76.93.30   r.-v.
- Alain Thiénot

CH. HAUT-MOUREAUX 1995

10,35 ha   66 593

Joli vignoble d'une dizaine d'hectares situé sur les sols argilo-siliceux de Saint-Etienne-de-Lisse, à l'est de l'appellation. Ce 95 à la jolie robe grenat, au bouquet naissant encore fruité, frais et structuré en bouche, présente des tanins de raisin encore un peu fermes qui devraient s'affiner d'ici un à deux ans.
- UDP de Saint-Emilion, 33330 Saint-Emilion, tél. 05.57.24.70.71, fax 05.57.24.65.18   t.l.j. sf dim. 8h-12h 14h-18h
- Courrèche Fils

CH. HAUT-RENAISSANCE 1995***

3 ha   20 000

En constante progression, Denis Barraud obtient un second coup de cœur consécutif pour ce cru constitué d'une sélection de merlots avec l'appoint de 10 % de cabernet-sauvignon, plantés sur des sols argilo-calcaires. Magnifiquement élevé en fût de chêne neuf, ce 95 à la robe sombre, presque noire, très peu évoluée, exhale les parfums de fruits rouges frais, mêlés à des senteurs de vanille et de cacao. Vineux, riche, concentré et élégant, il forme une superbe bouteille pleine d'harmonie et de classe.
- SCEA des Vignobles Denis Barraud, Ch. Haut-Renaissance, 33330 Saint-Sulpice-de-Faleyrens, tél. 05.57.84.54.73, fax 05.57.74.94.52   r.-v.

LE SECOND DE HAUT-SARPE 1995*

1,34 ha   1000

Ce second vin du Château Haut-Sarpe (saint-émilion grand cru classé) est composé à 60 % de merlot et à 40 % de cabernet. La robe brun-rouge présente des signes d'évolution, alors que le bouquet vineux et fruité est encore un peu marqué par le bois. Souple, rond et charnu en bouche, ce vin reste sous l'emprise de l'élevage en fût de chêne et demandera quelques années pour s'épanouir et se fondre.
- Sté d'Exploitation du Ch. Haut-Sarpe, B.P. 192, 33506 Libourne Cedex, tél. 05.57.51.41.86, fax 05.57.51.76.83   r.-v.
- GFA du Ch. Haut-Sarpe

CH. JUPILLE CARILLON
Elevé en fût de chêne 1995

9,1 ha   27 000

Propriété classique du Saint-Emilionnais, dont les vignes sont coiffées d'une chartreuse du XVIII[e]s. Le vin est de qualité régulière. C'est encore le cas de ce 95 d'un joli rouge cerise, au bouquet déjà expressif de merlot bien mûr et de

Le Libournais   Saint-émilion

bois torréfié, vanillé. Souple et chaleureux, avec des tanins fins, ce vin illustre bien son cru et son millésime.
- SCEA des Vignobles Visage, Jupille, 33330 Saint-Sulpice-de-Faleyrens, tél. 05.57.24.62.92, fax 05.57.24.69.40 ⊠ 🍷 t.l.j. 9h-12h 14h-18h

CH. LA CAZE BELLEVUE 1995**
■   4 ha   34 000   🍶◫ 30 à 50 F

Installé sur des sols sablo-graveleux avec 80 % de merlot, ce cru propose un 95 remarquable par la qualité de sa matière et de son élevage. La robe profonde et sombre n'a pas encore de notes d'évolution. Le bouquet exprime les fruits noirs bien mûrs avec des nuances boisées et fumées, plus une note de cuir. Puissant et charpenté, ce vin offre des tanins mûrs, dénués d'agressivité, aptes à une bonne garde.
- Philippe Faure, 7, rue de la Cité, 33330 Saint-Sulpice-de-Faleyrens, tél. 05.57.74.41.85, fax 05.57.74.41.85 ⊠ 🍷 r.-v.

CH. DE LA COUR 1995*
■   3 ha   22 000   🍶 50 à 70 F

Ce cru, acheté et entièrement restructuré en 1995 par Hugues Delacour, entre dès sa naissance dans notre guide avec un vin très réussi. Marqué par 90 % de merlot, ce 95 présente une robe sombre et profonde, jeune et vive. Les arômes intenses et complexes rappellent les fruits rouges mûrs. En bouche, la dégustation révèle des tanins puissants, séveux et charnus, qui constituent une belle structure, bien adaptée à la garde.
- EARL du Châtel Delacour, Ch. de la Cour, Vignonet, 33330 Saint-Emilion, tél. 05.57.84.64.95, fax 05.57.84.65.00 ⊠ 🍷 r.-v.

LA GRANDE CUVÉE DE DOURTHE 1995*
■   n.c.   n.c.   🍶 70 à 100 F

Marque créée en 1995 par la maison Dourthe et composée à 70 % de merlot et à 30 % de cabernet-franc. Le vin a une belle couleur bigarreau sombre, un bouquet déjà expressif, avec des senteurs de fruits mûrs et de sous-bois. A la fois soyeux et structuré en bouche, il offre une finale boisée persistante. Un ensemble élégant et complexe.
- Dourthe, 35, rue de Bordeaux, B.P. 49, 33290 Parempuyre, tél. 05.56.35.53.00, fax 05.56.35.53.29 ⊠ 🍷 r.-v.

CH. L'APOLLINE 1995
■   2,8 ha   20 000   🍶 30 à 50 F

Nouveau venu dans l'appellation, ce cru présente un 95 plaisant et qui devrait être assez rapidement prêt. D'une couleur rouge vermillon à reflets brillants et tuilés, ce vin développe un bouquet agréable floral, fruité, boisé et épicé. Frais en bouche, il est d'une bonne tenue et d'un équilibre intéressant.
- EARL Ch. L'Apolline, Le Brégnet, 33330 Saint-Sulpice-de-Faleyrens, tél. 05.57.51.26.80, fax 05.57.51.26.80
- Genevey

CLOS LE BREGNET 1995**
■   7,17 ha   12 000   🍶 30 à 50 F

Retenu par nos dégustateurs pour les millésimes 93 et 94, ce cru gagne une étoile avec un 95 remarquable. Belle robe sombre, nez expressif où l'on retrouve le merlot très mûr, la griotte. Ample, la bouche a du fruit, de la chair, des tanins épicés et persistants. Un vin déjà harmonieux mais apte à la garde.
- Jean-Michel et Arlette Coureau, Le Brégnet, 33330 Saint-Sulpice-de-Faleyrens, tél. 05.57.24.76.43, fax 05.57.24.76.43 ⊠ 🍷 t.l.j. sf dim. 8h-20h

CH. LES FOUGERES 1995
■   7,19 ha   37 200   🍶 50 à 70 F

Ce vignoble est implanté sur les sols siliceux de Saint-Hippolyte, à l'est de l'appellation. Le vin a une couleur franche, un bouquet naissant qui demande à s'ouvrir un peu. La saveur est fruitée et fraîche, avec des tanins un peu fermes en finale.
- UDP de Saint-Emilion, 33330 Saint-Emilion, tél. 05.57.24.70.71, fax 05.57.24.65.18 🍷 t.l.j. sf dim. 8h-12h 14h-18h
- Michel Valadier

CH. LES GRAVES D'ARMENS 1995
■   4,19 ha   32 700   🍶 50 à 70 F

La vigne située à Saint-Pey-d'Armens, au sud-est de l'appellation, sur des sols siliceux et silico-graveleux, est plantée à plus de 90 % de merlot. La robe pourpre de ce vin présente quelques reflets d'évolution. Son bouquet est encore fruité, avec des senteurs de venaison, de cuir. Rond et charnu en bouche où il offre à nouveau une saveur fruitée avec des tanins fondus, ce 95 sera bon à boire assez rapidement.
- UDP de Saint-Emilion, 33330 Saint-Emilion, tél. 05.57.24.70.71, fax 05.57.24.65.18 🍷 t.l.j. sf dim. 8h-12h 14h-18h
- GAEC Vignobles Dubuc

CH. LES VIEUX MAURINS 1995
■   8 ha   50 000   🍶 30 à 50 F

Ce cru de 8 ha est installé sur des sols sableux reposant sur des graves et substrats de calcaire. Il propose un 95 d'un beau classicisme : la robe est de teinte bigarreau sombre ; le bouquet naissant est complexe et de belle ampleur. Charpenté et plein en bouche avec des tanins serrés, ce vin gagnera à être un peu attendu.
- Michel et Jocelyne Goudal, Les Vieux-Maurins, 33330 Saint-Sulpice-de-Faleyrens, tél. 05.57.24.62.96, fax 05.57.24.65.03 ⊠ 🍷 r.-v.

YVON MAU Cuvée Aristide 1995*
■   3 ha   20 000   ◫ 50 à 70 F

A la tête d'une importante maison de négoce, la famille Mau a donné le prénom du fondateur à cette cuvée de saint-émilion très réussie, constituée de deux tiers de merlot pour un tiers de cabernets nés sur sols argilo-calcaires. Bouquet déjà complexe, vanillé, réglissé, noiseté. Bonne structure en bouche, avec du fruit rouge légèrement boisé, et des tanins présents mais de qualité, qui assureront une bonne évolution.

251   LE BORDELAIS

Le Libournais — Saint-émilion

🕿 Yvon Mau SA, rue André-Dupuy-Chauvin, B.P. 1, 33190 Gironde-sur-Dropt, tél. 05.56.61.54.54, fax 05.56.61.54.61

CH. MOULIN DE LAGNET 1995

■   6 ha   12 000   ■ ❙❙   30 à 50 F

Avec 80 % de merlot et 20 % de cabernet franc plantés sur sols sablo-argileux, ce cru propose un 95 simple et équilibré qui devrait s'épanouir dans deux ou trois ans. D'une belle couleur franche et vive, ce vin est expressif au nez, fait de musc, de cuir et de poivre. La tenue en bouche est bonne, avec des tanins fermes et serrés qui devraient s'affiner rapidement.

🕿 A.-L. Goujon et P. Chatenet, Moulin de Lagnet, 33330 Saint-Christophe-des-Bardes, tél. 05.57.74.40.06, fax 05.57.24.62.80 ✓ ⊺ r.-v.
🕿 GFA Héritiers Olivet

CH. PAGNAC 1995*

■   5,92 ha   43 756   ■ ♦   50 à 70 F

Ce vignoble est planté sur des sols siliceux et argilo-siliceux, à Saint-Pey-d'Armens, au sud-est de l'appellation. Le vin a une jolie couleur rubis foncé. Encore un peu fermé au nez, il gagne à être aéré. Jeune et puissant en bouche, avec des notes de fruits rouges et de cuir, structuré par des tanins de raisin qui gardent pour l'instant une certaine fermeté, il est apte à la garde.

🕿 UDP de Saint-Emilion, 33330 Saint-Emilion, tél. 05.57.24.70.71, fax 05.57.24.65.18 ⊺ t.l.j. sf dim. 8h-12h 14h-18h
🕿 Jean Pagnac

CH. PATARABET 1995

■   7,32 ha   50 000   ■ ❙❙   50 à 70 F

7,32 ha appartenant à Eric Bordas, propriétaire à Saint-Emilion, sont sélectionnés pour produire ce vin issu d'un terroir de sables et de graves sur crasse de fer. Le vin se pare d'une belle robe rubis foncée. Le bouquet est déjà complexe avec des notes de fruits rouges, des nuances boisées, animales. Bien équilibré, le palais se montre corsé et structuré par de bons tanins.

🕿 SCE du Ch. Patarabet, 33330 Saint-Emilion, tél. 05.57.24.74.73, fax 05.57.24.78.62 ✓ ⊺ t.l.j. 8h-12h 14h-19h
🕿 Eric Bordas

CH. PEREY-GROULEY 1995

■   4,1 ha   30 000   ■ ♦   30 à 50 F

Quatre hectares, sur le domaine qu'exploitent Florence et Alain Xans sur les sables de Saint-Sulpice, au sud de l'appellation, servent à produire ce saint-émilion issue de 80 % de merlot et à 20 % de cabernets. Cela donne un vin facile à boire, pourpre clair, au bouquet encore discret et fruité, souple, soutenu par une saveur de fruits rouges et des tanins de raisin. Il pourra se boire assez rapidement.

🕿 EARL Vignobles F. et A. Xans, Perey, 33330 Saint-Sulpice-de-Faleyrens, tél. 06.80.72.84.87, fax 06.57.24.63.61 ✓ ⊺ r.-v.

CH. PETIT BOUQUEY 1995*

■   7,68 ha   31 333   ■ ♦   50 à 70 F

Propriété de la famille Bordron à Saint-Hippolyte, au sud-est de l'appellation le vignoble est constitué à plus de 80 % de merlot plantés sur les sols siliceux et siliceux-graveleux. Déjà remarqué avec son 93 et son 94, ce cru présente un 95 bien réussi à la robe encore grenat, à la fois floral et fruité au nez. La saveur est également fruitée, avec une note de cuir. Les tanins sont présents mais bien équilibrés.

🕿 UDP de Saint-Emilion, 33330 Saint-Emilion, tél. 05.57.24.70.71, fax 05.57.24.65.18 ⊺ t.l.j. sf dim. 8h-12h 14h-18h
🕿 Bordron Père et Fils

PETIT LABRIE 1995*

■   0,1 ha   600   ❙❙   150 à 200 F

Produit par une vigne de merlot du château Croix de Labrie, ce vin a une belle couleur rubis foncé, des arômes de fruits rouges bien mûrs, une saveur très fruitée (cerise, cassis, pruneau). Soyeux, mais il a une bonne persistance aromatique, il est typique de son appellation et de son millésime.

🕿 Puzio-Lesage, 33330 Vignonet, tél. 05.57.24.64.60, fax 05.57.40.14.75 ✓ ⊺ r.-v.

CH. DE SARPE 1995

■   4,77 ha   24 000   ❙❙   70 à 100 F

Situé à l'est de la cité médiévale de Saint-Emilion, sur le haut d'un plateau calcaire, ce cru est l'un des plus anciens de la région. Avec 60 % de merlot et 40 % de cabernet franc, il dispose d'un encépagement classique dans l'appellation. Paré d'une belle robe limpide et colorée, ce 95 se montre frais et fruité au nez. Corsé en bouche avec des tanins denses et serrés, il présente une structure équilibrée qui devrait lui permettre un bon vieillissement.

🕿 Jean-François Janoueix, 37, rue Pline-Parmentier, B.P. 192, 33506 Libourne Cedex, tél. 05.57.51.41.86, fax 05.57.51.76.83 ✓ ⊺ r.-v.

CH. VIEUX GARROUILH 1995*

■   8,36 ha   54 133   ■ ♦   50 à 70 F

Propriété de Patrick et Jean-Jacques Servant, plantée de vieilles vignes (60 % de merlot et 40 % de cabernets) sur les sols siliceux et silico-graveleux de Saint-Sulpice-de-Faleyrens, au sud de l'appellation. Bien équilibré, son 95 présente une robe pourpre, un bouquet fruité et fin, demandant un peu d'aération. Fruité et chaleureux en bouche, il témoigne d'une bonne évolution des tanins de raisin.

🕿 UDP de Saint-Emilion, 33330 Saint-Emilion, tél. 05.57.24.70.71, fax 05.57.24.65.18 ⊺ t.l.j. sf dim. 8h-12h 14h-18h
🕿 Servant Père et Fils

CH. VIEUX LABARTHE 1995

■   9,32 ha   66 133   ■ ♦   50 à 70 F

La vigne se compose de 69 % de merlot et de 31 % de cabernet franc plantés sur sols siliceux et argilo-siliceux. Rubis clair, ce 95 offre un bouquet naissant, encore un peu fermé. Sympathique en bouche, il est prêt à être servi.

🕿 UDP de Saint-Emilion, 33330 Saint-Emilion, tél. 05.57.24.70.71, fax 05.57.24.65.18 ⊺ t.l.j. sf dim. 8h-12h 14h-18h
🕿 GAEC de La Grave

Le Libournais

Saint-émilion grand cru

CH. VIEUX VERDOT 1995*

| ■ | 7,13 ha | n.c. | 🍷 | 30 à 50 F |

Installé sur des graves avec 80 % de merlot noir et 20 % de cabernet, ce cru propose un 95 très réussi. La robe brillante présente des reflets d'évolution. Charmeur bien qu'encore discret, le bouquet exprime des odeurs vanillées et boisées assez fines. En bouche, on découvre un vin rond, élégant et harmonieux, bien équilibré et d'une longueur agréable. Il sera fin prêt d'ici deux ou trois ans.
🍇 GFA Clemenceau Père et Fils, Le Bourg, 33890 Juillac, tél. 05.57.40.51.06, fax 05.57.40.54.52 ✉ 🍷 r.-v.

Saint-émilion grand cru

CH. ARNAUD DE JACQUEMEAU 1995*

| ■ | 3,71 ha | 9 000 | 🍷 | 50 à 70 F |

Doté d'un encépagement varié (60 % de merlot, 25 % de cabernet-sauvignon, 10 % de cot rouge et 5 % de bouchet) ce cru présente un 95 équilibré, de teinte rubis vive et soutenue. Les arômes chauds de caramel et de fruits mûrs sont agrémentés par une touche de réglisse. Charpenté avec des tanins suaves et bien enveloppés, ce vin devra vieillir trois à cinq ans pour atteindre son optimum.
🍇 Dominique Dupuy, Jacquemeau, 33330 Saint-Emilion, tél. 05.57.24.73.09, fax 05.57.24.79.50 ✉ 🍷 r.-v.

CH. BALESTARD LA TONNELLE 1995*

| ■ | Gd cru clas. | 10,6 ha | 65 000 | 🍷 | 150 à 200 F |

|83| |85| |86| |88| |89| |90| **92 94** 95

Ce cru a reçu son nom d'un chanoine du chapitre de Saint-Emilion. Sa renommée est très ancienne ; au XVᵉ s. François Villon le citait déjà dans un poème qui figure sur l'étiquette. Aujourd'hui, c'est Jacques Capdemourlin, premier jurat, qui en assure la bonne marche. Ce 95, très réussi et de grand avenir, porte une robe d'un bordeaux sombre classique. Son bouquet est encore sur le fruit très mûr et le merrain chauffé. Sa bouche dense est charpentée par des tanins puissants et fins.
🍇 SCEA Capdemourlin, Ch. Roudier, 33570 Montagne, tél. 05.57.74.62.06, fax 05.57.74.59.34 ✉ 🍷 r.-v.

CH. BARDE-HAUT 1995*

| ■ | 17 ha | 40 000 | 🍷 | 70 à 100 F |

Situé au nord-est de l'appellation sur argilo-calcaires, ce cru possède un encépagement classique. Le vin présente une jolie teinte de griotte. Le fruit rouge est également perceptible au nez et en bouche. La saveur est encore jeune et fraîche. Les tanins, bien présents, demanderont quelques années pour s'affiner.
🍇 SCEA Barde-Haut, 33330 Saint-Christophe-des-Bardes, tél. 05.57.24.78.21, fax 05.57.24.61.15 ✉ 🍷 r.-v.

CH. DU BARRY 1995**

| ■ | 8 ha | 40 000 | 🍷 | 70 à 100 F |

|88| **89** |90| **91** |92| |93| (95)

Ce cru de 8 ha (sur les 50 qu'exploite Daniel Mouty) est en progrès constants, comme le montre ce coup de cœur pour le remarquable 95. Ce vin est produit sur les graves de Saint-Sulpice et a tout pour plaire : une magnifique robe bordeaux très sombre, un bouquet déjà intense de merlot très mûr, faisant place à un boisé de qualité, vanillé et toasté. Puissant et charpenté en bouche, il vieillira bien et pourra accompagner des plats de caractère : gibier, agneau, lamproie…
🍇 SCEA Daniel Mouty, Ch. du Barry, 33350 Sainte-Terre, tél. 05.57.84.55.88, fax 05.57.74.92.99 ✉ 🍷 t.l.j. sf sam. dim. 8h-17h; f. août

CH. BEAUSEJOUR 1995**

| ■ 1er gd cru B | 7 ha | 30 000 | 🍷 | +200 F |

74 **75** 76 78 79 80 81 |82| |83| |85| |86| 87 (88) |89| (90) |91| |92| **93 94 95**

Toujours d'une grande régularité, ce premier grand cru classé décroche cette année un coup de cœur pour son 95. Un travail sérieux, tant aux vignes qu'au chai, aidé il est vrai par un terroir et une exposition exceptionnels, ont donné ce vin dont la présentation est éclatante. Intense et persistant au nez, il exprime actuellement des notes balsamiques, des arômes de noyau, de fin bois. La bouche encore fraîche, mentholée puis épicée, finit sur des tanins très présents mais très fins. Un accent authentique. Un grand vin de longue garde.

Le Libournais — Saint-émilion grand cru

CLASSEMENT 1996 DES GRANDS CRUS DE SAINT-ÉMILION

SAINT-ÉMILION, PREMIERS GRANDS CRUS CLASSÉS

A Château Ausone
  Château Cheval-Blanc

B Château Angelus
  Château Beau-Séjour (Bécot)
  Château Beauséjour
  (Duffau-Lagarrosse)

Château Belair
Château Canon
Clos Fourtet
Château Figeac
Château La Gaffelière
Château Magdelaine
Château Pavie
Château Trottevieille

SAINT-ÉMILION, GRANDS CRUS CLASSÉS

Château Balestard La Tonnelle
Château Bellevue
Château Bergat
Château Berliquet
Château Cadet-Bon
Château Cadet-Piolat
Château Canon-La Gaffelière
Château Cap de Mourlin
Château Chauvin
  Clos des Jacobins
  Clos de L'Oratoire
  Clos Saint-Martin
Château Corbin
Château Corbin-Michotte
Château Couvent des Jacobins
Château Curé Bon La Madeleine
Château Dassault
Château Faurie de Souchard
Château Fonplégade
Château Fonroque
Château Franc-Mayne
Château Grandes Murailles
Château Grand Mayne
Château Grand Pontet
Château Guadet Saint-Julien
Château Haut Corbin
Château Haut Sarpe
Château La Clotte
Château La Clusière

Château La Couspaude
Château La Dominique
Château La Marzelle
Château Laniote
Château Larcis-Ducasse
Château Larmande
Château Laroque
Château Laroze
Château L'Arrosée
Château La Serre
Château La Tour du Pin-Figeac
  (Giraud-Belivier)
Château La Tour du Pin-Figeac
  (Moueix)
Château La Tour-Figeac
Château Le Prieuré
Château Matras
Château Moulin du Cadet
Château Pavie-Decesse
Château Pavie-Macquin
Château Petit-Faurie-de-Soutard
Château Ripeau
Château Saint-Georges Côte Pavie
Château Soutard
Château Tertre Daugay
Château Troplong-Mondot
Château Villemaurine
Château Yon-Figeac

Le Libournais

Saint-émilion grand cru

🍷 Héritiers Duffau-Lagarosse, Ch. Beauséjour, 33330 Saint-Emilion, tél. 05.57.24.71.61, fax 05.57.74.48.40 ⓥ 🍷 r.-v.

CH. BEAU-SEJOUR BECOT 1995**

| ■ Gd cru clas. | 16,52 ha | 75 000 | 🍶 | +200 F |

|75| |78| 79 |81| 82 |83| |85| |86| 87 |88| |89| |90| 91 92 |93| 94 95

Des vestiges de sillons creusés dans le calcaire au IIIes. par les Romains pour implanter la vigne prouvent l'ancienneté du vignoble de Beau-Séjour-Bécot. C'est à la beauté du site que le château, tapi dans le vignoble, doit son nom. Son 95 se montre remarquable, tant par sa robe pourpre et sombre à reflets noirs, que par son bouquet élégant et équilibré entre les arômes de fruits et les odeurs toastées et épicées de bon bois. La dégustation ne déçoit pas révélant un ensemble équilibré et charnu, puissant et racé, très persistant et apte à une longue garde. On comprend, avec de tels vins, la réintégration au classement de saint-émilion en 1er cru qui sera effective pour le millésime 96.

🍷 Gérard et Dominique Bécot, GAEC Ch. Beau-Séjour Bécot, 33330 Saint-Emilion, tél. 05.57.74.46.87, fax 05.57.24.66.88 🍷 r.-v.

CH. BELLEFONT-BELCIER 1995*

| ■ | 12,5 ha | 50 000 | 🍶 | +200 F |

Fondé en 1780 par le marquis de Belcier, ce cru doit son nom de « belle fontaine » aux nombreuses sources proches du château naissant sur le coteau argilo-calcaire de Saint-Emilion. Paré d'une robe grenat, jeune et soutenue, ce vin libère un bouquet complexe et rond, avec des arômes de fruits noirs bien mûrs, et un élégant boisé rappellent le pain grillé et la vanille. La dégustation est harmonieuse et révèle une belle charpente, beaucoup de volume, des tanins riches et longs en finale. Ce 95 mérite trois à cinq ans de patience.

🍷 SCI Ch. Bellefont-Belcier, 33330 Saint-Laurent-des-Combes, tél. 05.57.24.72.16, fax 05.57.74.45.06 🍷 r.-v.

CH. BELLEVUE 1995**

| ■ Gd cru clas. | 6 ha | 42 000 | 🍶 | 100 à 150 F |

|88| |89| |90| |93| 95

Ce cru classé a appartenu à la famille Lacaze de 1642 à 1938. Ce qui explique que, sous la Révolution, le député girondin Gaston Lacaze y trouva refuge. Les vignes de 6 ha (dont deux tiers en merlot) dominent la vallée de la Dordogne. Le 95 y est remarquable, paré d'une belle robe rubis franc et doté d'un bouquet très saint-émilionnais : fruits cuits, cuir, humus. Encore frais et charpenté en bouche, il a plutôt un caractère viril mais il est élégant. Vin de garde traditionnel.

🍷 SC Ch. Bellevue, 33330 Fronsac, tél. 05.57.51.16.13, fax 05.57.51.59.61 ⓥ 🍷 r.-v.

CH. BELREGARD FIGEAC 1995*

| ■ | 2,1 ha | 14 000 | 🍶 | 50 à 70 F |

|89| |90| |93| |94| |95|

Les frères Pueyo exploitent ce petit vignoble planté sur sol sablo-graveleux ; leur vin est régulièrement retenu par notre Guide. C'est encore le cas de ce 95 très réussi. Sa robe de pourpre intense est à peine évoluée. Son bouquet, à la fois fin et complexe, exprime des senteurs fruitées, épicées, grillées, vanillées, évoluant sur des notes de venaison. Soyeux, viandé et corpulent en bouche, ce vin de caractère pouvant accompagner des mets assez forts.

🍷 GAEC Pueyo Frères, 15, av. de Gourinat, 33500 Libourne, tél. 05.56.00.00.70, fax 05.57.87.60.30 ⓥ 🍷 r.-v.

CH. BERGAT 1995*

| ■ Gd cru clas. | n.c. | 18 000 | 🍶 | 100 à 150 F |

92 93 95

Les cabernets sont presque à parité avec les merlots sur ce cru que la famille Castéja possède à Saint-Emilion. C'est peut-être ce qui donne au vin un caractère qui ne laisse pas indifférents nos dégustateurs. La robe est grenat. Le bouquet présente des notes de fruits cuits, d'épices et de boisé réglissé. Soyeux en attaque, d'abord chaleureux, le palais développe une certaine vivacité et une finale tannique persistante.

🍷 Indivision Castéja-Preben-Hansen, 33330 Saint-Emilion, tél. 05.56.00.00.70, fax 05.57.87.60.30 🍷 t.l.j. sf sam. dim. 8h-12h 14h-17h

CH. BERLIQUET 1995

| ■ Gd cru clas. | 9 ha | 55 000 | 🍶 | 100 à 150 F |

88 89 |91| 92 93 94 95

Ce cru très ancien était déjà réputé à la fin du XVIIIes. Situé sur le plateau de Saint-Martin et en haut de côtes, il est composé pour les deux tiers de merlot complété par des cabernets, plantés sur argilo-calcaires et sables anciens. D'une belle couleur rouge foncé assez vive, le 95, fin et agréable au nez, mêle des arômes de fruits rouges mûrs à un boisé élégant. Equilibré en bouche avec des tanins fermes et de bonne qualité, il pourra supporter une bonne garde.

🍷 Vte et Vtesse Patrick de Berliquet, Ch. Berliquet, 33330 Saint-Emilion, tél. 05.57.24.70.48, fax 05.57.24.70.24 ⓥ 🍷 r.-v.

CH. BORD LARTIGUE 1995

| ■ | 1,2 ha | 5 000 | 🍶 | 30 à 50 F |

Essentiellement planté en merlot sur sables et argilo-calcaires, le château Lucie signe là son premier produit. C'est le second vin qui a retenu l'attention du jury par sa robe grenat à reflets vifs et son bouquet expressif, marqué par les fruits mûrs et des odeurs animales. Corsé et souple en bouche avec des tanins soyeux et chaleureux, ce vin pourra être consommé assez rapidement. Il est distribué par Bordeaux Millésimes.

🍷 Michel Bortolussi, 33330 Saint-Emilion, tél. 05.57.24.72.63, fax 05.57.24.73.00 🍷 r.-v.

CH. CADET-BON 1995*

| ■ | 6,4 ha | 25 000 | 🍶 | 150 à 200 F |

|90| |92| 93 94 95

Promu grand cru classé à partir du millésime 1996, ce cru bénéficie d'un encépagement classique (deux tiers de merlot pour un tiers de cabernet franc) sur des sols argilo-calcaires exposés au midi. D'une superbe couleur grenat sombre et profond, le 95 développe un bouquet complexe et élégant, mariant des arômes de griotte mûre à

Le Libournais — Saint-émilion grand cru

des odeurs de croûte de pain grillé, avec des notes de réglisse très fraîches. Rond et bien structuré, offrant de beaux tanins et beaucoup de fruit, il pourra assurer une bonne garde.
- Sté Loriene, 1, Le Cadet, 33330 Saint-Emilion, tél. 05.57.74.43.20, fax 05.57.24.66.41 r.-v.

CH. CADET-PIOLA 1995*

| Gd cru clas. | 7 ha | 43 000 | 150 à 200 F |

|86| |89| 90 |93| 95

La présence de sillons parallèles creusés dans le rocher indique que la vigne fut implantée ici il y a très longtemps, sans doute à l'époque gallo-romaine. La notoriété de ce cru remonte au XIX°s. L'étiquette est libertine et le vin très charmeur. Paré d'une jolie robe grenat à reflets sombres, celui-ci libère un bouquet racé et complexe réunissant des arômes de fruits rouges, des senteurs épicées et des odeurs de bon pain, grillé et toasté. Tendre et charnue au premier abord, la bouche révèle ensuite des tanins amples et denses d'une belle persistance en finale.
- Alain Jabiol, B.P. 24, 33330 Saint-Emilion, tél. 05.57.74.47.69, fax 05.57.74.47.69 t.l.j. sf sam. dim. 9h-11h 14h-16h

CH. CAILLOU D'ARTHUS
Vieilli en fût de chêne 1995*

| | 2,1 ha | n.c. | 80 à 50 F |

Implanté sur des sables et des graves à Vignonet, ce vignoble est une exclusivité des établissements Cordier. Constitué par 80 % de merlot et 20 % de cabernet franc, ce 95, encore un peu dans sa coquille, s'annonce comme un bon vin de garde. La robe grenat ne présente aucun signe d'évolution. Discret mais élégant, le bouquet rappelle les fruits noirs avec des nuances boisées et un peu réglissées. Après une attaque corsée et souple, la dégustation s'équilibre sur des tanins serrés et très présents, qui demandent deux à trois ans pour se fondre.
- Jean-Denis Salvert, Ch. Caillou d'Arthus, 33330 Saint-Emilion, tél. 05.57.84.63.29 r.-v.

CH. DE CANTIN 1995

| | 32 ha | 200 000 | 70 à 100 F |

Cet important domaine viticole d'une quarantaine d'hectares fut un monastère bénédictin jusqu'à la Révolution. Le terroir argilo-calcaire et argilo-siliceux est planté pour deux tiers en merlot. Cela donne un vin de caractère. Sa robe est encore jeune, son bouquet, fruité et forestier. Encore un peu austère en bouche, fortifié par une saveur de fruits à l'alcool, il devrait évoluer en finesse dans les prochaines années.
- SC Ch. de Cantin, 33330 Saint-Christophe-des-Bardes, tél. 05.57.24.65.73, fax 05.57.24.65.82 r.-v.

CH. CAPET DUVERGER 1995*

| | 7,67 ha | 53 333 | 50 à 70 F |

Ce cru appartenant à la famille Duverger est situé à Saint-Hippolyte. Il est vinifié par l'Union des producteurs de Saint-Emilion dont M. Duverger assure la présidence. Il est régulièrement retenu par notre Guide. Cette année, nous l'avons estimé très réussi, tant pour sa jolie robe rubis présentant quelques reflets d'évolution, que pour ses arômes de fruits secs (amande) et d'épices, et sa saveur également épicée qui lui permettra d'accompagner du gibier, par exemple un gigot de chevreuil.
- UDP de Saint-Emilion, 33330 Saint-Emilion, tél. 05.57.24.70.71, fax 05.57.24.65.18 t.l.j. sf dim. 8h-12h 14h-18h
- EARL Héritiers Duverger

CH. CARTEAU COTES DAUGAY 1995*

| | 12,3 ha | 70 000 | 50 à 70 F |

82 83 86 |88| |89| |90| **91** |93| 94 95

Labours, effeuillage, éclaircissage, vendange manuelle, tri, élevage en fût, tout est en place pour mettre en valeur le terroir. La couleur rubis de ce 95 est franche et bien soutenue. Epices et vanille se mêlent agréablement aux arômes fruités. Complexe et équilibré en bouche, ce vin encore ferme se révèle apte à une bonne garde.
- SCEA des Vignobles Jacques Bertrand, Carteau, 33330 Saint-Emilion, tél. 05.57.24.73.94, fax 05.57.24.69.07 r.-v.

CH. DU CAUZE 1995*

| | 20 ha | 120 000 | 70 à 100 F |

85 88 89 |90| |92| **93** 94 95

Installé sur des sols argilo-calcaires entre Saint-Emilion et Saint-Christophe-des-Bardes, ce cru se compose à 90 % de merlot noir. Il nous propose un 95 d'un beau rubis sombre et profond, avec un bouquet naissant subtil, marqué par les fruits rouges et les épices. Doté d'une belle matière en bouche, ce vin fin et élégant devra se conserver en cave trois à cinq ans pour atteindre sa plénitude.
- Ch. du Cauze, 33330 Saint-Emilion, tél. 05.57.74.62.47, fax 05.57.74.59.12 r.-v.
- Bruno Laporte

CH. CHAMPION 1995

| | 7 ha | 20 000 | 50 à 70 F |

85 86 88 90 92 |93| |94| 95

Ce cru est régulièrement retenu par nos dégustateurs. Il se situe au nord de l'appellation sur des sols argilo-calcaires où le merlot domine à 70 %. Le vin se pare d'une robe rubis sombre. Intense au nez, avec un boisé à notes de vanille et de pain grillé et un caractère forestier, il se montre puissant et ample en bouche, et d'une belle complexité de saveurs. Une bouteille encore corsée, à attendre un peu.
- SCEA Bourrigaud et Fils, Ch. Champion, 33330 Saint-Christophe-des-Bardes, tél. 05.57.74.43.98, fax 05.57.74.41.07 t.l.j. 9h-11h 15h-18h30; sam. dim. sur r.-v.; f. 24-30 juin

DOM. CHANTE ALOUETTE CORMEIL 1995*

| | 9 ha | 35 000 | 70 à 100 F |

(82) **83 85 86** |88| |89| 90 |91| |93| 94 95

Nom autrefois donné à ce lieu par les chasseurs. La vigne se compose pour les deux tiers de merlot et pour un tiers de cabernets implantés sur glacis sableux avec crasse de fer. Comme le 94, le 95 a été jugé très réussi par nos experts. Ils ont apprécié sa belle robe grenat intense ; ses

256

Le Libournais   Saint-émilion grand cru

arômes de fruits noirs et de cuir suivis d'un boisé cacaoté ; sa saveur chaleureuse et ronde accompagnée de tanins de bois bien fondus qui devraient évoluer favorablement dans les prochaines années.

🍷 EARL vignobles Yves Delol, Ch. Gueyrosse, 33500 Libourne, tél. 05.57.51.02.63, fax 05.57.51.93.39 ✓ ⏳ r.-v.

CH. CHEVAL BLANC 1995**

| ■ 1er gd cru A | n.c. | n.c. | 🍷 +200 F |

61 64 66 69 70 71 72 73 74 |75| 76 77 |78| |79| 80 |81| |82| 83 85 86 87 88 89 ⑨⓪ |92| 93 94 95

On ne présente plus Cheval Blanc, et pourtant il est toujours entouré d'une part de mystère. Le terroir est plus pomerolais que saint-émilionnais, l'encépagement plus médocain que libournais. Ce cru demeure cependant un des deux premiers porte-drapeaux de l'appellation grâce à son originalité, à sa personnalité, comme le confirme ce 95. Sa robe bordeaux est encore très jeune. Le bouquet apparaît déjà très complexe : noyau, cuir, fumet de bois chaud, toasté. L'attaque est ronde et chaleureuse, la saveur complexe, à la fois mûre et fraîche ; les tanins goûteux laissent au palais une sensation de grande élégance. Remarquable.

🍷 SC du Cheval Blanc, 33330 Saint-Emilion, tél. 05.57.55.55.55, fax 05.57.55.55.50 ⏳ r.-v.

CLOS DE LA CURE 1995

| ■ | 7 ha | 45 000 | 🍷 50 à 70 F |

La famille Bouyer possède un important vignoble de près de 27 ha au nord-est de l'appellation. Le Clos de la Cure est produit sur le plateau argilo-calcaire. Le merlot y domine avec près de 80 %. Le vin se pare d'une jolie couleur grenat intense. Après aération, le nez livre des notes boisées, épicées, une touche d'humus. En bouche, la texture est serrée et équilibrée, avec une saveur de noyau. Les tanins très présents demanderont à vieillir un peu.

🍷 Christian Bouyer, Ch. Milon, 33330 Saint-Christophe-des-Bardes, tél. 05.57.24.77.18, fax 05.57.24.64.20 ✓ ⏳ r.-v.

CH. CLOS DE SARPE 1995

| ■ | 3,68 ha | 22 900 | 🍷 70 à 100 F |

Petite propriété viticole achetée en 1923 par le grand-père de l'actuel exploitant. La vigne est plantée à 85 % en merlot sur sols argilo-calcaires. Le vin d'une jolie couleur rubis montre quelques reflets d'évolution. Les arômes sont encore frui-

tés avec des notes animales. La bouche est chaleureuse et charpentée. Attendre quelques années pour le déguster sur des viandes rôties et des plats en sauce.

🍷 SCA Beyney, Ch. Clos de Sarpe, 33330 Saint-Christophe-des-Bardes, tél. 05.57.24.72.39, fax 05.57.74.47.54 ✓ ⏳ r.-v.

CH. CLOS DES JACOBINS 1995*

| ■ Gd cru clas. | 8,43 ha | 55 000 | 🍷 100 à 150 F |

75 76 77 78 79 80 82 83 84 |85| 86 87 |88| |89| |90| |91| |92| |93| 94 95

Probablement d'origine révolutionnaire, le nom de ce cru est un peu provocateur pour la commune où se sont réfugiés les derniers Girondins ! En revanche, en 1995, le vin est tout à fait classique, rubis à l'œil, fin et complexe au nez où paraissent des fruits rouges et un boisé discret. Il se montre sèveux et harmonieux en bouche, sa saveur épicée accompagnant une charpente portée par des tanins persistants. Très réussi dans son appellation et son millésime.

🍷 Domaines Cordier, 53, rue de Dehez, 33290 Blanquefort, tél. 05.56.95.53.00, fax 05.56.95.53.01 ✓ ⏳ r.-v.

CLOS FOURTET 1995***

| ■ 1er gd cru B | 20 ha | 60 000 | 🍷 150 à 200 F |

71 73 74 75 76 78 79 81 82 83 |85| 86 87 |88| |89| |90| |91| 92 |93| 94 ⑨⑤

Idéalement placé, à quelques dizaines de mètres de l'église, sur le plateau argilo-calcaire, il appartient à l'une des plus illustres familles viticoles du Bordelais. Les immenses caves souterraines sont magnifiques. Le 95 aussi. C'est du sérieux. Tout y est : la belle robe bordeaux sombre, le bouquet concentré et complexe déclinant successivement des notes de merlot très mûr, de brioche, de merrain caramélisé, de sève, la bouche à la fois charnue et charpentée. Bon terroir, bon raisin, bon vin, bon bois, bon travail : la « puissance tranquille ». Exceptionnel.

🍷 SC Clos Fourtet, 33330 Saint-Emilion, tél. 05.57.24.70.90, fax 05.57.74.46.52 ⏳ r.-v.

🍷 MM. Lurton et Mme Noël

CH. CLOS JUNET 1995*

| ■ | 1,6 ha | 10 000 | 🍷 50 à 70 F |

Sélectionné en saint-émilion pour les millésimes 92 et 93, ce petit cru, issu d'un partage familial effectué en 1991, est installé sur des sables profonds avec deux tiers de merlot noir et un tiers de cabernets. Il propose un 95 en grand cru,

257   LE BORDELAIS

Le Libournais   Saint-émilion grand cru

de belle allure dans une robe rouge sombre et intense, peu évoluée. Le nez exprime les fruits rouges mûrs avec des nuances boisées et des notes de cuir et de réglisse à l'agitation. Bien structuré, ce vin charpenté développe une trame tannique très élégante. Doté d'une bonne longueur en finale, il gagnera à être attendu quelques années.
➽ Patrick Junet, Berthonneau, rte du Milieu, 33330 Saint-Emilion, tél. 05.57.51.16.39, fax 05.57.51.19.52 ☑ ⲧ r.-v.

CLOS SAINT MARTIN 1995*

| ■ Gd cru clas. | n.c. | 7 000 | ⟨⟨⟩⟩ | 100 à 150 F |

81 85 86 **88** |89| |90| |92| **93** 95

Cet enclos est le plus petit des crus classés de saint-émilion. Installé tout près de l'église Saint-Martin, aux portes de la cité, sur un sol argilo-calcaire, il est composé de 70 % de merlot et 30 % de cabernet franc. Cela donne un vin très réussi d'un beau rubis vif. Le bouquet dégage des arômes vineux de fruits cuits et des odeurs torréfiées de bon bois. La dégustation est équilibrée, avec beaucoup de volume et de chair autour de tanins mûrs, bien présents et persistants.
➽ SCI Les Grandes Murailles, 33330 Saint-Emilion, tél. 05.57.24.71.09, fax 05.57.24.69.72 ☑ ⲧ r.-v.
➽ G. Reiffers

CLOS SAINT-VINCENT 1995*

| ■ | 4,64 ha | 30 000 | ⟨⟨⟩⟩ | 70 à 100 F |

Ce petit cru, acquis en 1990 par la famille Latorse, ajoute un fleuron à sa large gamme de vins de Bordeaux. Installé sur sols gravelo-siliceux, le vignoble se compose d'un tiers de cabernets et de deux tiers de merlot. D'une belle couleur rubis, intense et vive, ce 95 se montre encore discret au nez. Corsé, bien structuré avec des tanins denses et fermes, ce vin frais et fruité devrait évoluer très favorablement dans les années à venir.
➽ SC du Clos Saint Vincent, 33330 Saint-Sulpice-de-Faleyrens, tél. 05.56.23.92.76 ☑ ⲧ t.l.j. 8h30-12h 14h-18h; groupes sur r.-v.
➽ Latorse

CH. CORBIN 1995*

| ■ Gd cru clas. | 12,66 ha | 82 000 | 🍽 ⟨⟨⟩⟩ ⲧ | 100 à 150 F |

64 66 75 78 79 81 (82) |83| |85| |86| 87 |88| |89| |90| |91| 92 93 94 95

Implantée sur un terroir argilo-siliceux, la vigne est constitué de 72 % de merlot et de 28 % de cabernet franc. Cette année encore, le vin a été jugé très réussi. Sa couleur est très sombre, presque noire. Le bouquet est expressif, réglissé, épicé, avec des notes de cuir. La structure, ample et dense, repose sur des tanins de bois encore un peu fermes mais garants d'une bonne aptitude à la garde.
➽ Sté des Dom. Giraud, 1, Grand-Corbin, 33330 Saint-Emilion, tél. 05.57.74.48.94, fax 05.57.74.47.18

CH. CORBIN MICHOTTE 1995*

| ■ Gd cru clas. | 6,8 ha | 40 000 | 🍽 ⟨⟨⟩⟩ ⲧ | 150 à 200 F |

81 82 83 |85| 86 87 |88| |89| |90| **91** |92| 93 94 95

Implanté sur sol sablo-graveleux, Corbin-Michotte assemble 65 % de merlot à 30 % de cabernet franc et 5 % de cabernet-sauvignon. Elevé pour les deux tiers en fût neuf, ce 95 porte une robe pourpre très sombre mais brillante. Fin, élégant, le nez révèle des notes fruitées accompagnées de réglisse et de pain grillé. Si la finale est ferme, signe de jeunesse, la structure veloutée se montre de bonne tenue.
➽ Jean-Noël Boidron, Ch. Corbin Michotte, 33330 Saint-Emilion, tél. 05.57.51.64.88, fax 05.57.51.56.30 ☑ ⲧ r.-v.

CH. CORMEIL-FIGEAC 1995*

| ■ | | 10 ha | 50 000 | ⟨⟨⟩⟩ | 70 à 100 F |

82 83 86 88 |89| |90| **91 92** 94 95

Régulièrement retenu par nos dégustateurs, ce cru présente un vin issu de 70 % de merlot et de 30 % de bouchet croissant sur les sables anciens du secteur de Figeac. Cela donne un 95 à la jolie couleur rubis. Le bouquet, forestier et animal, s'affine à l'aération. Corsé, ce vin est fin en bouche. Il faudra l'attendre quelques années pour le déguster sur des viandes rouges ou du gibier.
➽ SCEA Cormeil-Figeac-Magnan, B.P. 49, 33330 Saint-Emilion, tél. 05.57.24.70.53, fax 05.57.24.68.20 ☑ ⲧ r.-v.
➽ Moreaud

CH. COTE DE BALEAU 1995

| ■ | 7,86 ha | 50 000 | 🍽 ⟨⟨⟩⟩ ⲧ | 50 à 70 F |

Joli château habité par les propriétaires depuis plusieurs générations. La vigne alentour est constitué de 60 % de merlot noir pour 40 % de cabernets, implantés sur terroir argilo-calcaire. Cela donne un vin dont la couleur commence à évoluer légèrement ; le nez livre des senteurs de fruits rouges et de pain grillé. Souple et fin en bouche, ce 95 devrait être bon à boire assez rapidement.
➽ SCI Les Grandes Murailles, 33330 Saint-Emilion, tél. 05.57.24.71.09, fax 05.57.24.69.72 ☑ ⲧ r.-v.
➽ G. Reiffers

CH. COTES DE ROL 1995

| ■ | | n.c. | 25 000 | ⟨⟨⟩⟩ | 50 à 70 F |

Ce petit vignoble, situé à quelques centaines de mètres au nord de la cité médiévale, appartient à Robert Giraud, important négociant-viticulteur bordelais. Des vignes de quarante ans constituées à 75 % de merlot sur sables éoliens ont donné ce vin dont la robe se pare de reflets d'évolution. Le bouquet demande un peu d'aération pour exprimer des notes fruitées, boisées, épicées (girofle). Souple et élégant en bouche, ce 95 devrait être bon à boire assez rapidement.
➽ SCA Vignobles Robert Giraud, Dom. de Loiseau, B.P. 31, 33240 Saint-André-de-Cubzac, tél. 05.57.43.01.44, fax 05.57.43.08.75 ☑ ⲧ r.-v.

COTES ROCHEUSES 1995*

| ■ | | 25 ha | 180 000 | 🍽 ⲧ | 50 à 70 F |

Il s'agit d'une vieille marque de l'Union de producteurs particulièrement bien réussie dans le

Le Libournais

Saint-émilion grand cru

millésime 95. La teinte est rubis intense. Le bouquet commence à exprimer des senteurs de fruits rouges, de fruits à noyau, de cuir. En bouche, paraît le merlot mûr, à la fois rond et étoffé, un peu féminin. Discret mais élégant, ce vin pourra se boire assez rapidement sur des mets délicats.
🍇 UDP de Saint-Emilion, 33330 Saint-Emilion, tél. 05.57.24.70.71, fax 05.57.24.65.18 ✉ 🍷 t.l.j. sf dim. 8h-12h 14h-18h

CH. COTES TROIS MOULINS 1995★
■ 4,1 ha 25 000 🍾 70 à 100 F

Avec 70 % de merlot et 30 % de cabernet franc implantés sur des terres argilo-calcaires, ce cru dispose d'un encépagement classique dans l'appellation. La couleur sombre et soutenue, peu évoluée, annonce bien la forte concentration exprimée dans ce 95. Vineux et finement boisé au nez, il développe en bouche des tanins puissants et bien fermes, gages d'un fort potentiel de vieillissement.
🍇 SC Dom. viticoles Armand Moueix, Ch. Fonplégade, 33330 Saint-Emilion, tél. 05.57.74.43.11, fax 05.57.74.44.67 ✉ 🍷 t.l.j. 11h-19h; groupes sur r.-v.; f. nov.-mars
🍇 Marie-José Moueix

CH. COUDERT-PELLETAN
Vieilli en fût de chêne 1995★★
■ 3 ha 20 000 🍾 70 à 100 F
86 |88| |92| |93| 94 95

Cru très régulièrement mentionné dans notre Guide, auquel nos dégustateurs ont attribué deux étoiles pour ce 95 remarquable. Il est produit sur les coteaux argilo-calcaires de Saint-Christophe-des-Bardes. La couleur est d'un beau rubis intense. Le bouquet, encore dominé par le bois, exprime du fumet, du cuir. La structure est dense, puissante, charpentée par des tanins persistants qui en font un très bon vin de garde, à boire dans quelques années sur viande en sauce, fromages...
🍇 GAEC Jean Lavau, Ch. Coudert-Pelletan, 33330 Saint-Christophe-des-Bardes, tél. 05.57.24.77.30, fax 05.57.24.66.24 ✉ 🍷 r.-v.

CH. CROIX DE LABRIE 1995
■ 0,37 ha 1 500 🍾 +200 F

Situé au sud-est de l'appellation, ce minuscule vignoble de 3 747 m², déjà mentionné pour son 93 et pour son 92 (lequel avait décroché un coup de cœur) est uniquement planté de merlots d'une quarantaine d'années sur graves anciennes. Le 95 a une belle couleur bigarreau, très jeune. Le nez et la bouche sont encore marqués par le bois (grillé, torréfié, réglissé) ; l'agitation dégage des arômes de fruits noirs (cassis, mûre). Chaleureux et charpenté, ce vin devra être attendu avant d'être servi sur des mets goûteux, par exemple, un canard aux olives.
🍇 Puzio-Lesage, 33330 Vignonet, tél. 05.57.24.64.60, fax 05.57.40.14.75 ✉ 🍷 r.-v.

CH. CROIX MUSSET 1995★★
■ 12 ha 109 500 🍾 80 à 50 F

Second vin du vignoble de 12 ha que la S.A. RAIVICO, présidée par Ph. Dumas, négociant à Saint-Gervais, possède à Saint-Pey d'Armens. Les cabernets représentent près de la moitié de l'encépagement, ce qui est assez rare dans ce secteur. Le 95 a beaucoup plu à nos experts. Paré d'une jolie robe rubis ourlée de reflets tuilés, il est déjà complexe au nez, un peu animal, puis cassis et accompagné d'un tittilement boisé et vanillé. Volume et rondeur s'imposent en attaque, celle-ci étant prolongée par des tanins à la fois frais et veloutés. Bel équilibre.
🍇 SC du Ch. Musset-Chevalier, Saint-Pey-d'Armens, 33240 Saint-Gervais, tél. 05.57.94.00.20, fax 05.57.43.45.72 🍷 r.-v.
🍇 RAIVICO SA

CH. CROQUE MICHOTTE 1995
■ Gd cru clas. 13,67 ha 80 000 🍾 150 à 200 F

Négociant à Cognac, Samuel Geoffrion acquit ce domaine en 1906. Pierre Carle, son petit-fils, le conduit aujourd'hui. Proche de Pomerol, le vignoble es implanté sur des graves et des sables anciens sur argiles, avec trois quarts de merlot pour un quart de cabernet franc. Paré d'une belle robe rubis à reflets pourpres, ce 95 révèle un bouquet élégant de fruits rouges à l'alcool, sur des notes finement boisées et épicées. Souple et croquant en bouche, il compense un léger manque de puissance par une agréable tendreté.
🍇 GFA Geoffrion, Ch. Croque Michotte, 33330 Saint-Emilion, tél. 05.57.51.13.64, fax 05.57.51.07.81 🍷 r.-v.

CH. DASSAULT 1995★★
■ Gd cru clas. 23 ha 80 000 🍾 +200 F
81 |82| 83 84 86 87 |88| |89| |90| 92 94 95

Ce cru classé avait décroché un coup de cœur en 1992 dans un millésime difficile. Cette année il obtient à nouveau cette distinction mais dans un millésime de très bonne réputation. Voilà qui confirme son potentiel. Ce 95 est à la fois élégant et classique, avec une jolie robe à reflets rubis, un bouquet déjà fin et complexe, boisé, torréfié, réglissé, poivré, minéral... Charnu et charpenté en bouche, rehaussé par des tanins présents mais de qualité, c'est un très beau vin.
🍇 SARL ch. Dassault, 33330 Saint-Emilion, tél. 05.57.24.71.30, fax 05.57.74.40.33 ✉ 🍷 r.-v.

CH. DESTIEUX 1995★
■ 7 ha 30 000 🍾 70 à 100 F
81 82 83 85 86 (88) |89| |90| 92 |93| 94 95

Issu pour les deux tiers de merlot complété par les cabernets, ce cru propose un 95 de belle qualité, même s'il est encore un peu dominé par son élevage en fût de chêne. La robe grenat sombre et soutenue ne montre pas de signe d'évolution. Le bouquet vineux et boisé exprime les raisins mûrs avec des nuances fraîches de réglisse et de menthe. D'abord charnue et corsée, la bouche

Le Libournais Saint-émilion grand cru

évolue sur une charpente solide mais marquée par les tanins du bois.
- Dauriac, Ch. Destieux, 33330 Saint-Emilion, tél. 05.57.24.77.44, fax 05.57.40.37.42 r.-v.

CH. FAGOUET JEAN-VOISIN 1995*
7 ha   38 000   50 à 70 F

Ce cru représente la moitié de la production du château Jean-Voisin exploité par la famille Chassagnoux après avoir appartenu aux familles Voisin et Fagouet. Issu à 80 % de merlot planté sur sol argilo-siliceux, voici un 95 très réussi. Sa teinte est encore jeune et foncée. Son bouquet un peu fermé demande un peu d'agitation pour exhaler du fruit noir, du noyau, du boisé léger. Avec du volume et de la chair en bouche, c'est un vin de garde à décanter avant service.
- Ch. Fagouet Jean-Voisin, 33330 Saint-Emilion, tél. 05.57.24.70.40, fax 05.57.24.79.57 r.-v.

CH. FAUGERES 1995**
28 ha   n.c.   100 à 150 F

Beau domaine viticole de 55 ha sur argilo-calcaires, situé à l'est de l'appellation. Dans la famille depuis 1823, il a été repris en 1987 par Péby Guisez, producteur de cinéma, qui a su le restructurer, le moderniser et se faire apprécier du monde viticole saint-émilionnais avant de disparaître prématurément. Il laisse un bel outil et de belles bouteilles que nos experts ont jugées une fois encore remarquables. La robe et le nez ont l'élégance des grands vins. Griotte, épices, sous-bois composent le bouquet. La bouche, à la fois concentrée et charnue, révèle un beau boisé de qualité mais aussssi du fruit mûr. Longue garde assurée.
- C. Guisez, Ch. Faugères, 33330 Saint-Etienne-de-Lisse, tél. 05.57.40.34.99, fax 05.57.40.36.14 r.-v.

CH. FAURIE DE SOUCHARD 1995*
Gd cru clas. 10,63 ha   65 000   100 à 150 F
82 83 85 86 88 89 90 91 92 93 94 95

Coup de cœur l'an passé pour son 94, ce cru doté d'un encépagement classique est l'un des plus anciens de la commune. Ce 95, paré d'une belle robe grenat encore vive, développe un bouquet flatteur de pain grillé, de vanille et de caramel. Corsé et rond en bouche, il révèle des tanins tendres et friands qui permettront de l'apprécier rapidement, mais dispose aussi de réserves suffisantes pour soutenir une bonne garde.
- Françoise Sciard, Ch. Faurie de Souchard, 33330 Saint-Emilion, tél. 05.57.74.43.80, fax 05.57.74.43.96 r.-v.
- GFA Jabiol-Sciard

CH. DE FERRAND 1995
30 ha   180 000   50 à 70 F
82 83 85 86 88 89 90 94 95

Edifié sur les coteaux argilo-calcaires dominant le petit bourg de Saint-Hippolyte, cet élégant château du XVII e s., acquis en 1979 par le baron Bich, appartient maintenant à ses héritiers. La robe légère de ce 95, assez vive présente des reflets rubis et quelques nuances d'évolution. Finement boisé, le bouquet exprime les fruits rouges (cerise, cassis, framboise), avec des nuances épicées et vanillées. Souple, suave et élégant en bouche, ce vin fruité pourra être apprécié dès maintenant.
- Héritiers du Baron Bich, Ch. de Ferrand, 33330 Saint-Hippolyte, tél. 05.57.74.47.11, fax 05.57.24.69.08 r.-v.

CH. FERRAND LARTIGUE 1995*
3 ha   12 000   150 à 200 F

90 % de merlot et un élevage en fût de chêne bien mené donnent ce 95 fort réussi qui arbore une magnifique robe pourpre soutenu. Très aromatique au nez, il rappelle les petits fruits rouges et le cassis assortis d'élégantes nuances vanillées et boisées. Harmonieux, parfaitement équilibré en bouche, ce vin velouté et d'une belle longueur assurera sans problème une garde de cinq à dix ans.
- Pierre et Michelle Ferrand, 33330 Saint-Emilion, tél. 05.57.74.46.19, fax 05.57.74.46.19 r.-v.

CH. FIGEAC 1995***
1er gd cru B   37,5 ha   108 000   +200 F
62 64 66 70 71 74 75 76 77 78 79 80 81 82 83 85 86 87 88 89 90 92 93 94 95

Figeac progressait ces dernières années ; avec son 95 il atteint le sommet : coup de cœur avec trois étoiles. Et cela pour la cinquantième vinification de Thierry Manoncourt, l'heureux propriétaire de ce grand domaine saint-émilionnais. L'étiquette, nouvelle pour cet anniversaire, est originale, le vin aussi, dans tous les sens du terme : d'abord il exprime bien son terroir et son encépagement très particuliers pour l'appellation, ensuite son caractère, son élégance, sa race qui tranchent avec les vins stéréotypés ont impressionné nos dégustateurs qui reconnaissent là le grand art. Signalons que ce millésime a assemblé les deux cabernets pour 35 % chacun, le merlot n'atteignant que 30 %.
- Thierry Manoncourt, Ch. Figeac, 33330 Saint-Emilion, tél. 05.57.24.72.26, fax 05.57.74.45.74 r.-v.

CH. FLEUR CARDINALE 1995*
8,4 ha   50 000   100 à 150 F
82 83 85 86 88 89 90 91 92 93 94 95

Repris et restructuré depuis 1983 par la famille Asséo venue de l'industrie textile, ce cru, régulièrement retenu par notre Guide, est désormais une valeur sûre de l'appellation. C'est encore le

Le Libournais

Saint-émilion grand cru

cas avec ce 95, à la belle robe bigarreau, au bouquet expressif à dominante fruitée (cerise) et boisée (grillée), au corps élégant et étoffé, à la saveur de fruits noirs et de merrain. Les tanins déjà civilisés permettront de le boire dans trois ou quatre ans sur des viandes blanches ou des volailles préparées finement.

🍷 Claude Asséo, Ch. Fleur Cardinale, 33330 Saint-Etienne-de-Lisse, tél. 05.57.40.14.05, fax 05.57.40.28.62 ☑ ▼ r.-v.

CH. FOMBRAUGE 1995★★★

■　　　　　　n.c.　260 000　　🍾 70 à 100 F

86 |88| |90| |91| 92 ⑨⑤

Ce magnifique vignoble couvre une superficie d'environ 50 ha sur les sols argilo-calcaires de Saint-Christophe-des-Bardes. On y fait du vin depuis 1679, et il appartient à un groupe danois depuis une dizaine d'années. Avec 70 % de merlot, 15 % de cabernet franc et 15 % de cabernet-sauvignon, il propose un 95 exceptionnel. La robe grenat très sombre annonce sa concentration. Le bouquet puissant exprime les raisins bien mûrs et la confiture de fruits rouges, accompagnés d'arômes grillés, vanillés et épicés. Une belle matière, des tanins intenses, riches et denses, très longs, sont gages d'un remarquable potentiel de vieillissement.

🍷 SA Ch. Fombrauge, 33330 Saint-Christophe-des-Bardes, tél. 05.57.24.77.12, fax 05.57.24.66.95 ☑ ▼ r.-v.

CH. DE FONBEL 1995★

■　　　　　15 ha　75 000　🍾 70 à 100 F

Dans la famille Vauthier, propriétaire d'Ausone depuis 1971, ce vignoble est situé à l'ouest de Saint-Emilion sur des sols graveleux et sablo-argileux. Le vin est très réussi tant par sa robe grenat intense que par son bouquet complexe : fumet, épices, boisé, cuir. Dense et rond en bouche, charpenté par de bons tanins, il sera de garde.

🍷 Famille Vauthier, Moulin Saint-Georges, 33330 Saint-Emilion, tél. 05.57.24.70.26, fax 05.57.74.47.39 ☑ ▼ t.l.j. 8h-20h

CH. FONPLEGADE 1995★

■ Gd cru clas.　14,6 ha　65 000　🍾 100 à 150 F

75 79 81 82 83 |85| 86 90 92 93 94 95

Beau domaine d'une quinzaine d'hectares exposé au sud et portant un château situé à mi-coteau. Ici, l'histoire remonte aux Gallo-Romains. Le vin est régulièrement retenu par nos experts. C'est encore le cas de ce 95 très réussi, d'un beau pourpre à reflets grenat, au bouquet déjà intense de bons raisins et de bon merrain avec des touches de cèdre et de torréfaction. Charnu et harmonieux en bouche, soutenu par des tanins fins, voilà un vin racé.

🍷 SC Dom. viticoles Armand Moueix, Ch. Fonplégade, 33330 Saint-Emilion, tél. 05.57.74.43.11, fax 05.57.74.44.67 ☑ ▼ t.l.j. 11h-19h; groupes sur r.-v.; f. nov.-mars

CH. FONRAZADE 1995★

■　　　　　15 ha　70 000　🍾 70 à 100 F

86 |88| |90| 95

Installé sur des sols bruns sableux au sud-ouest de Saint-Emilion, ce vignoble de 15 ha est composé pour les trois quarts de merlot et pour un quart de cabernet-sauvignon. D'un beau rouge cerise, sombre et profond, ce vin développe des arômes intenses de raisins mûrs et de fruits rouges, mêlés à des odeurs boisées et épicées. Souple en attaque, il évolue bien en bouche, avec des tanins ronds et fondus, jusqu'à une finale encore ferme mais de belle longueur.

🍷 Guy Balotte, Ch. Fonrazade, 33330 Saint-Emilion, tél. 05.57.24.71.58, fax 05.57.74.40.87 ☑ ▼ t.l.j. 8h-12h 14h-18h; sam. dim. sur r.-v.

CH. FONROQUE 1995★★

■ Gd cru clas.　n.c.　76 000　🍾 100 à 150 F

|81| |82| |83| 85 86 87 |88| 89 90 |92| |93| 95

Installé sur argilo-calcaires et limons, avec quatre cinquièmes de merlot et un cinquième de cabernet franc, ce cru est vinifié et élevé de façon magistrale sous l'œil attentif de Jean-Claude Berrouet. Le 95 est particulièrement remarquable. La robe rubis sombre, intense, est frangée de carmin. Le bouquet expressif mêle les fruits rouges confits à un boisé élégant et racé. Bien étoffé en bouche avec des tanins ronds et soyeux, le vin exprime une belle richesse et beaucoup de saveurs. Très long et suave, il pourra être gardé longtemps.

🍷 Ets Jean-Pierre Moueix, 54, quai du Priourat, 33500 Libourne
🍷 GFA Ch. Fonroque

CH. FRANC-MAYNE 1995★

■ Gd cru clas.　7,02 ha　32 000　🍾 100 à 150 F

Ce cru de 7 ha est installé sur argilo-calcaires et sables avec 90 % de merlot et 10 % de cabernet franc. Le vignoble entoure une maison de maître et un relais de poste datant du XVIe. La propriété fut achetée par un négociant belge, Georges Fourcroy en 1996, 95 est donc un millésime vinifié par Axa-Millésimes. D'un beau grenat sombre avec des reflets évolués, ce 95 exhale un bouquet puissant et élégant de fruits rouges très mûrs, bien mariés aux odeurs grillées et toastées d'un bon boisé. Equilibré, charnu et rond en bouche, il pourra se garder plusieurs années.

🍷 SCEA Georgy Fourcroy et Associés, 33330 Saint-Emilion, tél. 05.57.24.62.61, fax 05.57.24.68.25 ☑ ▼ r.-v.

CH. FRANC PIPEAU 1995

■　　　　　5,3 ha　30 000　🍾 50 à 70 F

Table de tri, éraflouir-fouloir neuf, vinification en cuve inox thermorégulée suivie d'un an d'élevage en fût neuf renouvelé par tiers : tout est mis en œuvre pour créer de beaux vins. Celui-ci est aujourd'hui desservi par une finale assez tannique qui exigera trois à quatre ans de garde. Mais tout le reste est prometteur : la robe profonde, le nez épicé (fût) présentant également des nuances florales. La bouche, agréable et chaleureuse, évoluera vers plus de souplesse.

Le Libournais   Saint-émilion grand cru

🕭SCEA des Vignobles Jacques Bertrand,
Carteau, 33330 Saint-Emilion,
tél. 05.57.24.73.94, fax 05.57.24.69.07 ☑ ⊺ r.-v.

CH. GAILLARD 1995

■　　　　　　　16 ha　　65 000　　🍾🍷 50 à 70 F

Cette exploitation, installée sur sols argilo-siliceux, bénéficie d'un encépagement équilibré. Doté d'une belle robe grenat sombre, légèrement évoluée, son 95 se montre vineux au nez, avec des arômes de fruits très mûrs et des nuances fines de bon boisé. Corsé, charnu et souple, construit sur des tanins fondus et élégants, ce vin sera prêt dans un an ou deux.
🕭Jean-Jacques Nouvel, ch. Gaillard,
33330 Saint-Emilion, tél. 05.57.24.72.05,
fax 05.57.74.40.03 ☑ ⊺ r.-v.

GALIUS 1995

■　　　　　　　12 ha　　74 000　　🍾🍷🍷 70 à 100 F

Il s'agit d'une des cuvées porte-drapeau de l'Union de producteurs de Saint-Emilion. Très régulièrement citée dans notre Guide, elle a encore été retenue cette année. Les raisins proviennent d'une douzaine d'hectares de vieilles vignes plantées sur sols silico-graveleux et silico-argileux. Bien vinifiés, ils donnent un vin fin et élégant, paré d'une jolie robe rubis frangée de carmin, et riche d'arômes de fruits noirs. Sa structure bien équilibrée présente des tanins qui devraient s'affiner assez rapidement.
🕭UDP de Saint-Emilion, 33330 Saint-Emilion,
tél. 05.57.24.70.71, fax 05.57.24.65.18 ☑ ⊺ t.l.j. sf dim. 8h-12h 14h-18h

CH. GODEAU 1995*

■　　　　　　4,5 ha　　17 000　　🍷 50 à 70 F

Une deuxième apparition dans le Guide pour ce cru, et une même réussite. Ce 95 est produit sur les coteaux argilo-calcaires de Saint-Laurent-des-Combes au sud-est de Saint-Emilion. Le vin présente une belle teinte pourpre sombre. Le nez encore fruité est finement boisé. Bien construit en bouche, avec un bon équilibre entre le fruit et le bois, ce vin devra être attendu quelques années.
🕭SCEA du ch. Godeau, 33330 Saint-Laurent-des-Combes, tél. 05.57.24.72.64,
fax 05.57.24.65.89 ☑ ⊺ r.-v.
🕭G. Bonte

CH. GRAND BARRAIL LAMARZELLE FIGEAC 1995

■ Gd cru clas. 17,37 ha　120 000　🍾🍷 70 à 100 F

Cet important domaine viticole d'une vingtaine d'hectares, doté d'un beau château situé à mi-chemin lorsque l'on va de Libourne à Saint-Emilion, a changé de propriétaire en 1997. Le 95, élaboré par l'ancien propriétaire, a une couleur très foncée, un nez de fruits noirs et de torréfaction. Souple et rond en bouche, il pourra se boire assez vite lorsque le boisé se sera assagi.
🕭Ch. Grand Barrail Lamarzelle Figeac,
33330 Saint-Emilion, tél. 05.57.24.71.43,
fax 05.57.24.63.44 ☑ ⊺ r.-v.

CH. GRAND BERT 1995*

■　　　　　　3 ha　　20 000　　🍷 50 à 70 F
93 94 95

Sélection d'une vigne de 3 ha sur une propriété beaucoup plus importante que la famille Lavigne, bien connue en côtes de castillon, possède à Saint-Sulpice-de-Faleyrens au sud de l'appellation. Le merlot y domine (80 %) sur un terroir sablo-graveleux. Comme le 94, le 95 est très réussi sur sa jolie robe rubis, son bouquet est encore un peu dominé par le bois (grillé, café). Fruité et boisé en bouche, il est construit sur des tanins discrets mais élégants. Plus fin que puissant, c'est un vin séduisant.
🕭SCEA Lavigne, Ch. Grand Tuillac,
33350 Saint-Philippe-d'Aiguilhe,
tél. 05.57.40.60.09, fax 05.57.40.66.67 ☑ ⊺ r.-v.

CH. GRAND-CORBIN-DESPAGNE 1995

■ Gd cru clas.　　16 ha　　80 000　　🍾🍷 70 à 100 F
89 **90** 93 94 95

Cette belle propriété appartient à la famille Despagne depuis 1812 ; c'est la septième génération qui est actuellement aux commandes. Avec trois quarts de merlot et un quart de cabernet franc plantés sur argiles et sables anciens, ce cru produit un 95 de couleur grenat sombre. Le bouquet exprime les fruits très mûrs, voire confits. Corsé et souple en bouche, ce vin constitue une bouteille agréable qui sera vite prête à la consommation (deux ou trois ans).
🕭SCEV Consorts Despagne, Grand-Corbin-Despagne, 33330 Saint-Emilion,
tél. 05.57.51.08.38, fax 05.57.51.29.18 ☑ ⊺ r.-v.

CH. GRAND FAURIE LA ROSE 1995

■　　　　　　4 ha　　24 000　　🍾🍷 70 à 100 F

Propriété familiale depuis 1895, ce cru provient du morcellement d'un important vignoble. La teinte grenat de la robe est légèrement évoluée. Fruité au nez, très légèrement et finement boisé sur des nuances de cuir et d'épices, ce 95, simple mais harmonieux, allie en bouche équilibre et élégance. Il sera prêt à boire dans les deux à trois ans à venir.
🕭SCEA dom. du Grand Faurie, La Rose 3,
33330 Saint-Emilion, tél. 05.56.85.89.90,
fax 05.56.44.21.23 ☑ ⊺ r.-v.
🕭N. et P. Soyer

CH. GRAND MAYNE 1995*

■ Gd cru clas.　　19 ha　　100 000　　🍷 +200 F
75 78 81 82 83 |85| |86| 87 |88| |89| |90| |91| |92| 93 94 95

Beau domaine viticole d'une vingtaine d'hectares de vignes entourant un « Mayne » (manoir). Nos dégustateurs jugent le vin régulièrement très réussi, c'est encore le cas pour le millésime 95. La robe est d'un joli grenat sombre. Le bouquet est intense et complexe : fruits mûrs, notes grillées, toastées. Ample, concentré, opulent en bouche, chaleureux et charpenté par des tanins boisés, c'est un grand vin de garde.
🕭Jean-Pierre Nony, 1, Le Grand-Mayne,
33330 Saint-Emilion, tél. 05.57.74.42.50,
fax 05.57.24.68.34 ☑ ⊺ r.-v.

Le Libournais Saint-émilion grand cru

CH. GRAND-PONTET 1995**

■ Gd cru clas.   14 ha   70 000   🍷 +200 F

81 82 83 85 86 87 |88| |89| |90| 91 92 |93| 94 **95**

Cette propriété appartint au début du siècle au député Cambrouze, puis à la société de négoce Barton et Guestier, avant d'être rachetée en 1980 par une société fermière regroupant trois familles. La superbe robe pourpre à reflets très sombres et le bouquet élégant et fin, aux arômes de pruneau et de cassis, mêlés à des odeurs de pain grillé et de réglisse, annoncent bien la grande classe de ce 95. La bouche ample, dense et charnue, très harmonieuse et de belle persistance, confirme l'éclat de cette remarquable bouteille.

🍇 Sté Fermière du Ch. Grand-Pontet, 33330 Saint-Emilion, tél. 05.57.74.46.88, fax 05.57.24.66.88 ⌶ r.-v.

🍇 Famille Bécot-Pourquet

CH. GRANDS CHAMPS 1995*

■   2 ha   13 000   🍷 70 à 100 F

Installé sur des sols argilo-calcaires, tout à l'est de l'appellation, à la limite des côtes de castillon, ce cru dispose d'un encépagement traditionnel avec 70 % de merlot pour 30 % de cabernets. La robe grenat sombre de ce 95 et son bouquet aromatique aux nuances de fruits rouges, de vanille et d'épices, annoncent une matière. La dégustation confirme cette première impression avec une attaque charnue et ronde, évoluant sur des tanins mûrs et fermes qui laissent présager un bel avenir.

🍇 SCEA Ch. Grands-Champs, Lacarès, 33350 Saint-Magne-Castillon, tél. 05.57.40.07.59, fax 05.57.40.07.59 ✅ ⌶ t.l.j. 9h-12h 14h-18h

🍇 Jean Blanc

CH. GRAVES DE PEYROUTAS 1995

■   2 ha   10 000   🍷 50 à 70 F

90 92 **94** |95|

Issu de vignes plus jeunes que celles du château Quercy, du même producteur, ce cru est situé sur des graves à la croisée d'anciennes routes empierrées, au sud de l'appellation. La vigne se compose à 90 % de merlot. Le vin présente une jolie couleur rubis intense. S'il est encore fermé, l'agitation libère des arômes de fruits surmûris accompagnés d'un beau boisé. Souple et soyeux en bouche, avec une saveur de fruits à noyau, il devrait être bon à boire assez rapidement sur des mets délicats.

🍇 GFA du Ch. Quercy, 3, Grave, 33330 Vignonet, tél. 05.57.84.56.07, fax 05.57.84.54.82 ✅ ⌶ r.-v.

🍇 GFA Apelbaum-Pidoux

CH. GUADET-SAINT-JULIEN 1995

■ Gd cru clas.   5,5 ha   21 600   🍷 100 à 150 F

Ce cru est situé en plein cœur de Saint-Emilion ; une partie des caves a été creusée au V^{e}s. Sous la révolution, le domaine de Saint-Julien appartenait à la famille de Marie-Elie Guadet, député girondin qui fut guillotiné en 1794. La vigne est complantée pour les trois quarts de merlot pour un quart de cabernet franc, sur sol argilo-calcaire. Cela donne un vin d'une couleur intense, au bouquet naissant encore un peu animal puis légèrement boisé, à la saveur ronde et fruitée, avec une légère présence des tanins en finale. Bien fait et caractéristique de l'appellation.

🍇 Lignac, Ch. Guadet-Saint-Julien, 33330 Saint-Emilion, tél. 05.57.74.40.04, fax 05.57.24.63.50 ✅ ⌶ r.-v.

CH. HAUT-CADET
Elevé en barrique de chêne 1995

■   13 ha   n.c.   🍷 70 à 100 F

|89| |90| |92| |93| |94| **95**

La robe vive et bien soutenue est d'un beau rouge franc. Déjà très ouvert, le nez exprime les fruits rouges, les épices et le cuir. Corsé et encore un peu tannique en bouche, ce vin demandera deux à trois ans de vieillissement pour se fondre.

🍇 SCEA Vignobles Rocher-Cap-de-Rive 1, Ch. Rocher-Bellevue, 33350 Saint-Magne-de-Castillon, tél. 05.57.40.08.88, fax 05.57.40.19.93 ⌶ r.-v.

CH. HAUT-LAVALLADE 1995

■   8 ha   47 000   🍷 70 à 100 F

Située sur le coteau nord de Saint-Christophe-des-Bardes, sur des sols argilo-siliceux et calcaires, cette exploitation familiale, créée au milieu du siècle dernier, compte maintenant une douzaine d'hectares de vignes (deux tiers de merlot et un tiers de cabernets). D'un beau rouge grenat, profond et brillant, ce 95 est plaisant au nez, avec des arômes de fruits rouges mêlés à des notes boisées délicates et bien fondues. Encore un peu austère en bouche, il devra attendre plusieurs années pour s'exprimer pleinement.

🍇 SARL Chagneau JPMD, Ch. Haut Lavallade, 33330 Saint-Christophe-des-Bardes, tél. 05.57.24.77.47, fax 05.57.74.43.25 ✅ ⌶ t.l.j. 8h-12h 14h-19h; sam. dim. sur r.-v.

CH. HAUT-MAZERAT 1995*

■   6 ha   42 000   🍷 70 à 100 F

Vignoble de 6 ha sur argilo-calcaires situé au sud-ouest de Saint-Emilion. L'exposition de la vigne est bonne et donne un vin très intéressant d'une belle présentation légèrement évoluée. Le nez demande un peu d'aération pour livrer des senteurs fruitées et épicées. La structure de bouche est tendre, assez grasse, fruitée et étoffée par des tanins de raisins bien mûrs. Ce 95 devrait pouvoir se boire assez vite, par exemple sur une canette rôtie ou des gibiers délicats.

🍇 EARL Christian Gouteyron, Mazerat, 33330 Saint-Emilion, tél. 05.57.24.71.15, fax 05.57.24.67.28 ✅ ⌶ r.-v.

CH. HAUT-PEZAT 1995

■   2 ha   12 000   🍷 30 à 50 F

Première récolte vinifiée par le propriétaire qui portait précédemment ses raisins à la coopérative. Le résultat est encourageant puisque le vin est retenu par nos experts. Le vignoble est constitué à 80 % de merlot, planté sur un sol sablo-graveleux au sud de l'appellation. Ce 95 présente une jolie couleur rubis, des arômes très fruités (prunelle, fruits rouges très mûrs) accompagnés d'une touche de cuir. Souple et harmonieux en bouche, il est soutenu par une trame de tanins qui devraient évoluer assez vite.

Le Libournais

Saint-émilion grand cru

⚲ SCEA des Vignobles J.-P. Arnaud et Fils,
Nerlande, 33350 Sainte-Terre,
tél. 05.57.84.61.58, fax 05.57.74.91.32 ✓ ⌇ r.-v.

CH. HAUT-PLANTEY 1995

■   9,4 ha   60 000   ⦀ 70 à 100 F

86 |88| |89| |90| 93 94 |95|

Ce cru, installé sur des sols argilo-calcaires, comprend trois quarts de merlot pour un quart de cabernets. D'un joli rubis vif, son 95 développe des arômes de fruits rouges mûrs avec une dominante de fraise. La bouche est équilibrée, souple, agréable et fondue. On pourra déguster ce vin maintenant ou le conserver quelques années pour mieux l'apprécier.

⚲ Michel Boutet, B.P. 70, 33330 Saint-Emilion,
tél. 05.57.24.70.86, fax 05.57.24.68.30 ✓ ⌇ r.-v.

CH. HAUT ROCHER 1995

■   8 ha   34 000   ⦀ 70 à 100 F

|89| ⑨⓪ 91 |93| 94 95

Exposé plein sud au flanc d'un coteau argilo-calcaire, ce vignoble élève 70 % de sa récolte en barrique. D'une belle couleur rubis vive et brillante, ce vin développe des arômes de fruits rouges et de noyau, nets, fins et agréables. Souple en bouche avec des tanins élégants et un bon équilibre, il pourra être consommé dans trois à cinq ans.

⚲ Jean de Monteil, Ch. Haut-Rocher,
33330 Saint-Etienne-de-Lisse,
tél. 05.57.40.18.09, fax 05.57.40.08.23 ✓ ⌇ r.-v.

CH. HAUT-SARPE 1995*

■ Gd cru clas.   10 ha   58 000   ⦀ 100 à 150 F

81 82 83 85 86 87 88 89 90 92 |93| 94 95

Un château, propriété de Joseph Janoueix, au pavillon central inspiré du Trianon, entouré d'un grand parc et d'une dizaine d'hectares de vieilles vignes plantées sur le plateau argilo-calcaire. Classique mais de bon goût. On peut en dire autant du vin, régulièrement retenu par nos experts. C'est encore le cas avec ce 95 très stylé et plein de personnalité, à la couleur encore jeune, au bouquet élégant et complexe. Rond et charmeur en bouche, il est soutenu par des tanins de qualité.

⚲ SE du Ch. Haut Sarpe SA, Ch. Haut-Sarpe,
B.P. 192, 33506 Libourne Cedex,
tél. 05.57.51.41.86, fax 05.57.51.76.83 ✓ ⌇ r.-v.

CH. HAUT-VEYRAC 1995*

■   7,65 ha   50 000   ⦀ 50 à 70 F

Les familles Claverie et Castaing exploitent ce cru, complantant pour les trois quarts de merlot et pour un quart de cabernets, établi sur le plateau argilo-calcaire dans la partie orientale de l'AOC. Leur 95 a une jolie couleur rubis soutenu. Encore fruité au nez, il commence à développer des notes animales et vanillées. Fruité et bien équilibré en bouche avec des tanins élégants mais un peu austères, il demande à vieillir quelques années.

⚲ Ch. Haut-Veyrac, 33330 Saint-Etienne-de-Lisse, tél. 05.57.51.94.11,
fax 05.57.74.05.98 ✓ ⌇ r.-v.

CH. HAUT-VILLET 1995*

■   4,5 ha   25 000   ⦀ 70 à 100 F

|89| |90| |92| |93| 95

Ce vignoble, restructuré après 1985 par Eric Lenormand, est situé sur le plateau de Saint-Etienne-de-Lisse avec 70 % de merlot et 30 % de cabernet franc plantés sur des sols argilo-calcaires brun rouge minces, reposant sur du calcaire à astéries. Il propose un 95 à la robe bordeaux soutenu. Le bouquet naissant marie les arômes de fruits rouges, les épices et les odeurs de bon bois, grillées et vanillées. Structuré et puissant, le palais développe des tanins encore fermes qui demandent un peu de temps pour s'assouplir.

⚲ Eric Lenormand, Ch. Haut-Villet,
33330 Saint-Etienne-de-Lisse,
tél. 05.57.47.97.60, fax 05.57.47.92.94 ✓ ⌇ t.l.j.
10h-12h 15h-19h

CH. JACQUES BLANC
Cuvée Aliénor 1995

■   10 ha   60 000   ⦀ 50 à 70 F

Créateur de ce cru au XIV^{e}s., Jacques Blanc était un éminent jurat de Saint-Emilion. Ce vignoble, qui décline deux cuvées en AOC saint-émilion grand cru (cuvée Aliénor et cuvée du Maître), est conduit en biodynamie depuis 1989. Paré d'une couleur rouge profond légèrement évolué, ce 95 exhale des odeurs de cuir, d'épices et de venaison. Chaud et souple en bouche, il dispose d'une structure équilibrée et sera prêt à la consommation dans trois à cinq ans.

⚲ Chouet, Ch. Jacques Blanc, 33330 Saint-Etienne-de-Lisse, tél. 05.57.40.18.01,
fax 05.57.40.01.98 ✓ ⌇ r.-v.

CH. JACQUES BLANC
Cuvée du Maître 1995

■   6 ha   35 000   ⦀ 70 à 100 F

|89| |90| |93| 95

Ce 95 d'un rouge vif et intense offre des arômes frais de fruits rouges, mêlés à des notes épicées et mentholées. Rond et équilibré par des tanins encore un peu fermes, il demande à être attendu de trois à cinq ans pour parvenir à son optimum qualitatif.

⚲ Chouet, Ch. Jacques Blanc, 33330 Saint-Etienne-de-Lisse, tél. 05.57.40.18.01,
fax 05.57.40.01.98 ✓ ⌇ r.-v.

CH. JEAN-FAURE 1995*

■   17,83 ha   115 000   ⦀ 100 à 150 F

Important domaine viticole d'une vingtaine d'hectares sur un terroir de type podzol et planté à 30 % de merlot, à 60 % de cabernet franc et à 10 % de malbec, ce qui est un encépagement très original pour l'appellation. Cela donne un 95 de caractère, à la robe sombre présentant quelques reflets d'évolution, au bouquet naissant encore fruité et vanillé, aux tanins fondus et persistants en bouche. Il gagnera à vieillir un peu.

⚲ Michel Amart, Ch. Jean-Faure, 33330 Saint-Emilion, tél. 05.57.51.49.36, fax 05.57.25.06.42
✓ ⌇ t.l.j. 8h-13h 14h-19h

Le Libournais — Saint-émilion grand cru

CH. JEAN VOISIN
Cuvée Amédée Chassagnoux 1995***

■　　　　5 ha　　28 000　　🍷 70 à 100 F

La cuvée Amédée Chassagnoux avait déjà décroché trois étoiles dans notre Guide grâce à son 93. C'est encore le cas de ce très beau 95, à la robe bordeaux sombre, complexe et subtil au nez avec des nuances de fruits confits et un boisé frais et fin. Puissante et pleine, la bouche offre une saveur de merlot très mûr renforcée par des tanins nobles et concentrés. Voilà un grand vin de garde à un prix raisonnable. Exceptionnel, non ?

🍇 Ch. Jean Voisin, Chassagnoux, 33330 Saint-Emilion, tél. 05.57.24.70.40, fax 05.57.24.79.57 ✓ ⌇ r.-v.

KRESSMANN Grande Réserve 1995

■　　　　n.c.　　n.c.　　🍷 50 à 70 F

Elaborée avec quatre cinquièmes de merlot et un cinquième de cabernet-sauvignon, cette cuvée présente une belle couleur rubis. Les arômes de fruits rouges dominent avec une nuance de poivre vert. Puissant et charpenté, ce vin devrait s'ouvrir dans les années à venir.

🍇 Kressmann, 35, rue de Bordeaux, 33290 Parempuyre, tél. 05.56.35.53.00, fax 05.56.35.53.29 ⌇ r.-v.

CLOS LABARDE 1995

■　　　　4,58 ha　　20 000　　🍷 50 à 70 F

Vignoble très ancien, encore clos de murs en moellons, à quelques centaines de mètres à l'est de la cité médiévale. Le merlot domine (75 %), planté sur le plateau argilo-calcaire. Le vin en est très typique de son appellation et de son millésime comme le montre sa belle robe rubis sombre et jeune. Encore fruité au nez, prometteur, il se caractérise par sa saveur marquée par le merlot mûr et des tanins présents et fins. Un 95 bien fait, puissant et corsé.

🍇 Jacques Bailly, SCEA des Vignobles du Clos Labarde, Bergat, 33330 Saint-Emilion, tél. 05.57.74.43.39, fax 05.57.74.50.26 ✓ ⌇ r.-v.

CH. LA BIENFAISANCE 1995

■　　　　9 ha　　60 000　　🍷 50 à 70 F

En 1990, un club d'amateurs de vins décide de s'associer pour investir dans un domaine viticole à Saint-Emilion et donne le nom de château La Bienfaisance à leur propriété. L'encépagement, dominé par le merlot, et le terroir argilo-calcaire sont classiques. Le vin a une jolie robe légèrement évoluée, des arômes de fruits rouges doucement boisés, une texture tendre et fine en bouche. Un ensemble homogène qui devrait être bon à boire assez rapidement.

🍇 SA ch. La Bienfaisance, 39, le Bourg, 33330 Saint-Christophe-des-Bardes, tél. 05.57.24.65.83, fax 05.57.24.78.26 ✓ ⌇ t.l.j. 8h-12h 14h-18h; sam. sur r.-v.

CH. LA BONNELLE 1995

■　　　　8 ha　　50 000　　🍷 70 à 100 F

93　|94| |95|

Cette belle propriété de 10 ha est installée près du bourg de Saint-Pey-d'Armens sur des sols argilo-siliceux. Composé par 70 % de merlot, 20 % de cabernet franc et 10 % de cabernet-sauvignon, ce 95 à la robe brillante mêle les arômes fruités à des notes boisées, un peu grillées et vanillées. Assez harmonieux et doté d'une bonne richesse aromatique en bouche, il constitue une bouteille simple et plaisante.

🍇 Vignobles Sulzer, La Bonnelle, 33330 Saint-Pey-d'Armens, tél. 05.57.47.15.12, fax 05.57.47.16.83 ✓ ⌇ r.-v.

CH. LA CHAPELLE-LESCOURS 1995

■　　　　4,18 ha　　28 000　　🍷 50 à 70 F

Ancienne chapelle du château de Lescours, ce domaine, installé sur des graves, appartient à la famille Quentin depuis plus de sept générations. Sombre avec des reflets orangés d'évolution, ce 95 développe des arômes de fruits très mûrs et d'épices. Souple, rond et équilibré, il sera rapidement prêt.

🍇 F. Quentin, Ch. La Chapelle-Lescours, 33330 Saint-Sulpice-de-Faleyrens, tél. 05.57.74.41.22, fax 05.57.74.41.22 ✓

CH. LA CLUSIERE 1995

■ Gd cru clas.　3,5 ha　15 000　🍷 100 à 150 F
81 82 83 |85| |86| 87 |88| |89| |90| 92 |93| 94 95

Petit vignoble enclavé dans Pavie, traditionnel dans son encépagement (70 % de merlot) et son terroir (argilo-calcaire). Son vin est également classique, avec une jolie couleur, un nez encore fruité et frais (menthe, thé). Soyeux en attaque, aimable, équilibré, il laisse poindre une petite amertume en finale qui disparaîtra dans deux à trois ans.

🍇 Ch. La Clusière, 33330 Saint-Emilion, tél. 05.57.55.43.43, fax 05.57.24.63.99 ⌇ r.-v.

CH. LA COMMANDERIE 1995**

■　　　　5,35 ha　　35 000　　🍷 70 à 100 F
82 83 85 |88| |89| (90) |91| |92| |93| |94| 95

Régulièrement jugé très réussi par nos experts, ce cru gagne une étoile avec son remarquable 95. Celui-ci se pare d'une robe rubis sombre et jeune. Son bouquet naissant est déjà puissant : du fruit rouge, des notes épicées, cacaotées, réglissées, du fumet, du boisé. A la fois puissant et harmonieux en bouche, avec une bonne persistance aromatique, ce très beau vin gagnera à vieillir un peu.

🍇 Domaines Cordier, 53, rue du Dehez, 33290 Blanquefort, tél. 05.56.95.53.00, fax 05.56.95.53.01 ⌇ r.-v.

CH. DE LA COUR 1995*

■　　　　2 ha　　14 000　　🍷 70 à 100 F

Premier millésime élaboré par Hugues Delacour, jeune agriculteur venu de Champagne. Le château de La Cour est produit par 2 ha sur les 9 qu'il exploite à Vignonet sur des sols silico-graveleux à concrétions ferriques. Les autres vignes produisent le vin du château La Rouchonne en AOC saint-émilion. Pour une première le vin est bien réussi, avec une couleur rubis de bonne intensité, légèrement carminée, un bouquet naissant de petits fruits rouges (cerise) finement vanillé. Le corps est à la fois fin et viril. Bon travail, Monsieur !

265　LE BORDELAIS

Le Libournais — Saint-émilion grand cru

- EARL du Châtel Delacour, Ch. de la Cour, Vignonet, 33330 Saint-Emilion, tél. 05.57.84.64.95, fax 05.57.84.65.00 r.-v.

CH. LA COUSPAUDE 1995**

7,01 ha — 45 000 — 150 à 200 F

82 83 85 86 88 |89| 90 91 |92| |93| 94 95

Ce château, situé à quelques kilomètres au nord-est de Saint-Emilion, accueille de nombreuses activités culturelles. Il possède aussi de belles caves monolithes et voûtées. La vigne composée pour les trois quarts merlot planté sur argilo-calcaire, est entièrement ceinte de murs en pierre. Le 95, paré d'une superbe robe bordeaux sombre, est remarquable ; le bouquet naissant est encore marqué par le fruit noir (cassis) et le bois torréfié. Montrant beaucoup de densité et d'ampleur en bouche, charpenté par de très bons tanins de merrain, ce vin devrait évoluer vers une fort belle harmonie.

- Vignobles Aubert, Ch. La Couspaude, 33330 Saint-Emilion, tél. 05.57.40.15.76, fax 05.57.40.10.14 r.-v.

CH. LA CROIX CANTENAC
Elevé en fût de chêne 1995

2,17 ha — 14 000 — 50 à 70 F

Ce petit cru de 2 ha est à dominante merlot (80 %). Les 20 % restants sont partagés entre cabernet franc, cabernet-sauvignon et côt. De bonne intensité, la robe grenat de ce 95 présente quelques reflets d'évolution. Le bouquet rappelle la confiture de fruits rouges très mûrs avec des notes plus fraîches, un peu épicées et poivrées. La dégustation, souple en attaque, évolue sur des tanins fermes et nerveux qui demanderont un peu de temps pour s'assouplir.

- Richard et Fils, Le Bourg, 33330 Saint-Christophe-des-Bardes, tél. 05.57.74.19.08, fax 05.57.74.19.08 r.-v.

CH. LA DOMINIQUE 1995*

Gd cru clas. 18,6 ha n.c. +200 F

81 82 83 85 86 87 |88| |89| |90| 91 92 93 94 95

Proche par son terroir de Pomerol dont il n'est séparé que par une route, La Dominique privilégie l'encépagement classique avec 80 % de merlot. Elevé dix-huit mois en barrique, ce 95 porte une robe bien colorée, de teinte rubis. Le bouquet, puissant et complexe, mêle des arômes de fruits rouges à des notes boisées fortes, avec des nuances de fourrure. La dégustation révèle un vin concentré et charpenté, aux tanins un peu virils et sévères, que le temps devrait façonner et embellir.

- Vignobles Clément Fayat, Ch. La Dominique, 33330 Saint-Emilion, tél. 05.57.51.31.36, fax 05.57.51.63.04 r.-v.

CH. LA FAGNOUSE 1995

4 ha — 28 500 — 50 à 70 F

Avec deux tiers de merlot et un tiers de cabernet franc plantés sur des sols argilo-calcaires, ce cru dispose d'un encépagement classique dans l'appellation. Il propose un 95 avec des reflets d'évolution. Le bouquet naissant, subtil et élégant, a des odeurs de fruits rouges et d'amande. La dégustation se révèle harmonieuse et équilibrée avec des tanins fins. Sa finale persistante est agréable.

- Ch. la Fagnouse, 33330 Saint-Etienne-de-Lisse, tél. 05.57.40.11.48, fax 05.57.40.46.20 r.-v.
- Mme Coutant

CH. LA FLEUR CRAVIGNAC 1995

7,53 ha — 54 000 — 70 à 100 F

Le nom de Cravignac appartient à l'histoire de Saint-Emilion : de 1730 à 1763, J.-B. Lavau de Gravignac et son fils furent maires et jurats de la cité. Le 95 a une jolie robe aux reflets encore jeunes. Un peu fermé au nez, il s'exprime par l'aération des notes de cerises à l'alcool, un peu animales. Souple en bouche, avec une saveur fruitée, il devrait pouvoir se consommer assez rapidement.

- SCEA Ch. Cravignac, 33330 Saint-Emilion, tél. 05.57.74.44.01, fax 05.57.84.56.70 r.-v.
- L. et A. Beaupertuis

CH. LA FLEUR PEREY
Cuvée Prestige Vieillie en fût de chêne 1995

3,4 ha — 24 000 — 50 à 70 F

Composée de quatre cinquièmes de merlot et d'un cinquième de cabernets, cette cuvée offre un 95 plaisant au bouquet assez complexe alliant des arômes boisés de pain grillé à des nuances animales, avec une bonne fraîcheur mentholée à l'agitation. Fruité et de bonne tenue en bouche, il dispose de tanins fermes mais élégants qui devraient évoluer assez rapidement.

- EARL Vignobles F. et A. Xans, Perey, 33330 Saint-Sulpice-de-Faleyrens, tél. 06.80.72.84.87, fax 06.57.24.63.61 r.-v.

CH. LA FLEUR PICON 1995*

5,6 ha — 25 000 — 30 à 50 F

86 88 |89| 92 |93| 94 95

Pourvu d'un encépagement traditionnel dans l'appellation (70 % de merlot et 30 % de cabernet franc), ce cru, installé sur des terrains silico-argileux, produit un vin classique, élaboré avec sérieux. La robe rubis est sombre et profonde, aux reflets très vifs. Le bouquet, encore un peu sur la réserve, développe des arômes de petits fruits rouges très mûrs avec des nuances grillées et fumées élégantes. Bien structuré en bouche doté de tanins ronds et soyeux, ce 95 pourra être bu dans trois à quatre ans et devrait se bonifier pendant huit à dix ans.

- Christian Lassègues, La Fleur Picon, 33330 Saint-Emilion, tél. 05.57.24.70.60, fax 05.57.24.68.67 r.-v.

CH. LA FLEUR PLAISANCE 1995*

11 ha — 6 000 — 70 à 100 F

Cuvée prestige du château Plaisance, ce cru, composé de 80 % de merlot et 20 % de cabernets implantés sur graves légères et sables, a fourni six mille bouteilles d'un 95 élégant. La robe pourpre est sombre et intense. Finement vanillé, le bouquet exprime les raisins bien mûrs. La dégustation est très plaisante avec des tanins charnus, ronds et veloutés, et une finale complexe et de belle longueur.

Le Libournais — Saint-émilion grand cru

- SCEA ch. Plaisance, Plaisance, 33330 Saint-Sulpice-de-Faleyrens, tél. 05.57.24.78.85, fax 05.57.74.44.94 ✓ ☿ r.-v.
- Mareschal

CH. LA GAFFELIERE 1995**

■ 1er gd cru B	n.c.	80 000	◉ +200 F

75 78 79 80 81 |82| |83| 84 |85| |86| 87 |88| |89| 90 91 92 |93| **94 95**

Ici la vigne existe depuis l'époque gallo-romaine. Sur le site de La Gaffelière, une magnifique mosaïque représentant un cep de vigne atteste de la présence d'une *villa* du IVes. On ne sait quelle était la qualité du vin à cette époque, en 1995 elle est remarquable. La couleur est d'un rubis sombre et éclatant à la fois. Le bouquet est déjà élégant, avec des notes de fruits noirs (mûre) suivies d'un boisé fin, vanillé, réglissé. Le goût, puissant et élégant, traduit le bel équilibre régnant entre le raisin et le bois, et les tanins de qualité. Beaucoup de finesse et de grâce pour une alliance avec des mets fins.

- M. de Malet Roquefort, Ch. La Gaffelière, 33330 Saint-Emilion, tél. 05.57.24.72.15, fax 05.57.24.65.24 ✓ ☿ r.-v.

CLOS LA GAFFELIERE 1995*

■	n.c.	18 000	◉ 70 à 100 F

Second vin du château La Gaffelière produit par des vignes d'une quarantaine d'années sur sols sablo-limoneux. Ici, les cabernets dominent à 70 % (dont 50 % de cabernet-sauvignon), ce qui est très rare à Saint-Emilion. Cela donne un 95 très particulier à la robe rubis vif, au bouquet naissant complexe et finement boisé avec des notes animales agréables. Sévéux et savoureux en bouche, doté d'une bonne matière et de tanins encore un peu amers mais très fins, il devra être attendu quelque temps.

- M. de Malet Roquefort, Ch. La Gaffelière, 33330 Saint-Emilion, tél. 05.57.24.72.15, fax 05.57.24.65.24 ✓ ☿ r.-v.

CH. LA GOMERIE 1995**

■	2,52 ha	11 000	◉ +200 F

Première récolte pour la famille Bécot sur ce domaine proche de Beauséjour-Bécot et de Grand-Pontet, autres propriétés de la famille. C'est mieux que réussi ! Nos dégustateurs ont jugé cette bouteille remarquable. D'une belle couleur grenat sombre, très aromatique au nez - confiture chaude, fruits noirs, réglisse, nuances empyreumatiques - elle est à la fois riche et élégante en bouche, avec des notes de merlot très mûr, des tanins de bois vanillés, une saveur finale persistante et harmonieuse. Un grand vin de garde.

- GFA La Gomerie, 33330 Saint-Emilion, tél. 05.57.74.46.87, fax 05.57.24.66.88 ☿ r.-v.
- G. et D. Bécot

CH. LA GRACE DIEU LES MENUTS 1995

■	13,35 ha	80 000	◉ 70 à 100 F

86 88 |89|91 |93||94| 95

Propriété familiale de 13 ha située sur argiles, sables et calcaires, avec un encépagement équilibré (deux tiers de merlot, un tiers de cabernets), ce cru est régulier dans la qualité de ses produits. D'un beau grenat foncé, ce 95 encore discret laisse entrevoir une bonne structure et on peut faire confiance à son potentiel pour évoluer favorablement dans les années à venir.

- Vignobles Pilotte-Audier SCEA, La Grâce-Dieu, 33330 Saint-Emilion, tél. 05.57.24.73.10, fax 05.57.74.40.44 ✓ ☿ r.-v.

CH. LA GRAVE FIGEAC 1995**

■	4,5 ha	25 000	▮◉ 70 à 100 F

93 94 95

Jean-Pierre Clauzel avait fait une entrée fracassante avec ce cru en décrochant un coup de cœur pour sa première récolte dans le millésime 93. Son 95 assure une bonne suite. D'une belle couleur bordeaux franc, concentré au nez avec des arômes de fruits très mûrs, une touche de cuir et un boisé discret mais fin, ample et puissant en bouche, charpenté par de bons tanins de raisins et de merrain, il est bien dans son appellation et dans son millésime ; il pourra accompagner des plats riches. Félicitons le producteur et son œnologue-conseil, Gilles Pauquet.

- Jean-Pierre Clauzel, La Grave-Figeac, 1, Cheval-Blanc-Ouest, 33330 Saint-Emilion, tél. 05.57.51.38.47, fax 05.57.74.17.18 ✓ ☿ t.l.j. 10h-19h

CLOS LA MADELEINE 1995*

■ Gd cru clas.	2 ha	8 000	◉ 100 à 150 F

88 |89| |92| |94| 95

Installé sur des sols argilo-calcaires, ce petit cru classé se compose pour moitié de merlot et pour moitié de cabernet franc. Le 95 a une belle robe grenat sombre. Son bouquet est élégamment boisé sur des arômes de fruits bien mûrs et de pruneau. Equilibré en bouche avec des tanins vifs et soutenus, il pourra être apprécié assez rapidement ou se garder quelques années.

- SA Clos La Madeleine, B.P. 80, 33330 Saint-Emilion, tél. 05.57.55.38.03, fax 05.57.55.38.01 ✓ ☿ r.-v.

CH. LAMARTRE 1995

■	11,58 ha	54 800	▮♦ 50 à 70 F

86 88 |89| |90| |94| |95|

Vinifié par l'Union de producteurs de Saint-Emilion, ce cru bénéficie d'une exposition plein sud sur des sols siliceux, à Saint-Etienne-de-Lisse. Bien présenté dans une robe légèrement évoluée, ce 95 est encore peu expressif au nez. Souple et rond en attaque, il compense son petit manque de volume par une belle finesse de tanins et sera prêt à boire rapidement.

- UDP de Saint-Emilion, 33330 Saint-Emilion, tél. 05.57.24.70.71, fax 05.57.24.65.18 ✓ ☿ t.l.j. sf dim. 8h-12h 14h-18h
- SCE Ch. Lamartre

CH. LANIOTE 1995*

■ Gd cru clas.	5,13 ha	32 000	◉ 100 à 150 F

|89| 93 94 95

La famille d'Arnaud de la Filolie, installée à Laniote depuis huit générations, possède au cœur de la cité la grotte où vécut le moine Emilion au VIIIes., ainsi que la chapelle de la Trinité et les catacombes. Ce 95, encore jeune et plein de puis-

Le Libournais — Saint-émilion grand cru

sance, séduit par sa robe très sombre de teinte grenat à reflets noirs. Complexe, le bouquet libère des arômes floraux et épicés, légèrement grillés et vanillés, avec des notes fraîches de réglisse et de menthol. Très dense, charpenté et tannique en finale, ce vin demande plusieurs années de vieillissement.

• Arnaud de La Filolie, Ch. Laniote, 33330 Saint-Emilion, tél. 05.57.24.70.80, fax 05.57.24.60.11 t.l.j. 9h-18h; groupes sur r.-v.

CH. DE L'ANNONCIATION 1995*

4,7 ha   25 000   50 à 70 F

Cette petite propriété familiale a accédé à l'appellation saint-émilion grand cru en 1993. Implanté sur des sables, le vignoble se compose de deux tiers de merlot pour un tiers de cabernets. Le 95 a une belle robe grenat, vive et soutenue. Il exhale des arômes de framboise et de prunelle, avec des nuances florales (violette) et boisées (vanille). Charpenté et un peu austère en bouche, il demande quelques années de vieillissement pour affiner ses tanins.

• SCEA du ch. de l'Annonciation, 11, av. de l'Europe, 33500 Libourne, tél. 05.57.51.74.50 r.-v.

CH. LAPELLETRIE 1995

12 ha   80 000   50 à 70 F

Forte dominante de merlot (neuf dixièmes) pour ce cru implanté sur les sols argilo-calcaires de Saint-Christophe-des-Bardes. Cela donne un vin puissant et tannique, d'une belle couleur pourpre, sombre et profonde, sans notes d'évolution. Encore sur la réserve, le bouquet exprime seulement quelques arômes fruités et des nuances fraîches de réglisse et de menthol. Un peu rustique, très charpenté et étoffé, ce 95 demandera beaucoup de patience aux amateurs de vins de longue garde.

• Pierre Jean, 33330 Saint-Christophe-des-Bardes, tél. 05.56.61.51.80, fax 05.56.61.51.90 r.-v.

CH. LA ROSE COTES ROL 1995

9,31 ha   60 000   50 à 70 F

Les Mirande, ancienne famille de vignerons saint-émilionnais, exploitent ce cru d'une dizaine d'hectares plantés pour les deux tiers de merlot et pour un tiers de cabernets sur glacis sableux au nord de la cité. Le vin a une jolie couleur rubis, un bouquet déjà évolué et complexe aux notes de fruits noirs, de gibier. Fin et féminin en bouche, avec une saveur de réglisse et de cachou soulignée par des tanins fondus, ce 95 pourra être servi assez rapidement.

• SCEA Vignobles Mirande, La Rose Côtes Rol, 33330 Saint-Emilion, tél. 05.57.24.71.28, fax 05.57.74.40.42 t.l.j. 9h-19h30; groupes sur r.-v.

CH. LA ROSE-POURRET 1995*

n.c.   50 000   50 à 70 F
94 |95|

Installée à 1 km à l'ouest de la cité médiévale, sur des sables anciens reposant sur un sous-sol ferrugineux, cette propriété de 8 ha appartient à la famille Warion depuis plusieurs générations. Le vignoble est planté en merlot pour les trois quarts et en carbernets pour un quart. Cela donne un 95 très plaisant, rubis intense, au bouquet fin et aimable dominé par des arômes de bons fruits rouges. Bien équilibré et structuré en bouche avec de beaux tanins mûrs, ce vin pourra se consommer assez rapidement.

• SCEA ch. La Rose Pourret, 33330 Saint-Emilion, tél. 05.57.24.71.13, fax 05.57.74.43.93 r.-v.

• B. et B. Warion

CH. LA ROSE TRIMOULET 1995

n.c.   n.c.   50 à 70 F
(82) 86 |88| |89| |90| 91 92 |93| 94 95

Installée au nord de Saint-Emilion sur des sols siliceux mêlés de crasse de fer, cette propriété familiale compte 5 ha de vignes (70 % de merlot et 30 % de cabernets). Bien présenté dans une robe grenat brillant à reflets carminés, ce 95 s'exprime au nez par des nuances de sous-bois assorties d'odeurs animales de cuir et de venaison. Bien équilibré, il révèle des tanins mûrs, gras et soyeux, qui permettront une bonne garde.

• Jean-Claude Brisson, 33330 Saint-Emilion, tél. 05.57.24.73.24, fax 05.57.24.67.08 r.-v.

CH. LAROZE 1995*

Gd cru clas.   25 ha   100 000   100 à 150 F
85 86 88 |89| |90| 91 92 |93| 94 95

La famille Meslin descend en ligne directe des fondateurs de ce cru, constitué en 1882. Les efforts de cinq générations furent récompensés lors du classement de 1955. D'un beau rouge rubis brillant, ce 95, fin et intense au nez, mêle les arômes de fruits et de bon bois. Elégant et riche en bouche avec des tanins agréables et persistants, il pourra s'épanouir dans les cinq prochaines années.

• Famille Meslin, SCE Ch. Laroze, 33330 Saint-Emilion, tél. 05.57.24.79.79, fax 05.57.24.79.80 r.-v.

CH. LA SERRE 1995

Gd cru clas.   6 ha   22 000   100 à 150 F
92 93 95

Jolie propriété située à 200 m à l'est des remparts de la cité, sur le plateau argilo-calcaire. La vigne est complantée à 80 % de merlot, complété par 20 % de cabernets. Le vin se présente bien, avec une robe grenat sombre à reflets carminés et un bouquet élégant, framboisé, puis boisé et toasté. D'un bon volume, la bouche est étoffée par des tanins fins. Cette bouteille devrait atteindre dans deux ou trois ans une harmonie intéressante, mais elle peut être gardée au moins dix ans. C'est ça, le charme du saint-émilion.

• Bernard d'Arfeuille, Ch. La Serre, 33330 Saint-Emilion, tél. 05.57.51.17.57, fax 05.57.51.08.15 r.-v.

CH. LA TOUR DU PIN FIGEAC

Moueix 1995

Gd cru clas.   n.c.   40 000   150 à 200 F
81 82 85 86 87 88 |90| 92 93 94 95

Ce cru a été détaché de Figeac à la fin du siècle dernier. Acquis en 1947 par Jean-Marie Moueix, il appartient aujourd'hui à son petit-fils Jean-

Le Libournais

Saint-émilion grand cru

Michel. Le merlot domine (70 %), planté sur des graves et des sables anciens. Le vin est régulièrement retenu par nos experts. C'est le cas de ce 95 classique. La robe est sombre ; le nez fin, à la fois fruit mûr et bois grillé. La rondeur, un peu alanguie en bouche (merlot très mûr), est structurée par des tanins de qualité.
• Vignobles Jean-Michel Moueix, la Tour du Pin Figeac, 33330 Saint-Emilion, tél. 05.57.74.18.44, fax 05.57.51.52.87 ☑ ⚲ r.-v.

LA TOUR DU PIN FIGEAC 1995*

■ Gd cru clas.   n.c.   n.c.   100 à 150 F

Né sur un sol graveleux et argilo-siliceux, le beau vin à la robe rubis et cerise offre un bouquet élégant, encore fruité (griotte) et finement boisé, et une structure élégante et racée. La bouche évoque le fruité - raisin bien mûr. Les tanins encore très présents devraient s'affiner dans les prochaines années et assurer une bonne garde.
• André Giraud, Ch. La Tour du Pin Figeac, 33330 Saint-Emilion, tél. 05.57.51.06.10, fax 05.57.51.74.95 ⚲ r.-v.

CH. LA TOUR FIGEAC 1995

■ Gd cru clas. 13,63 ha   60 000   ◧ 150 à 200 F
86 |89| |93| 94 95

Complanté par 60 % de merlot et 40 % de cabernet franc plantés sur graves et sables anciens, ce cru présente un 95 élevé dix-huit mois en barrique. La robe est rubis. Le bouquet, puissant et assez évolué, libère des arômes de pruneau et des odeurs grillées et fumées de bon bois. Souple, charnu et vineux en attaque, il est ensuite un peu dominé par les tanins de bois et demande quelques années pour s'épanouir.
• SC Ch. La Tour Figeac, B.P. 007, 33330 Saint-Emilion, tél. 05.57.51.77.62, fax 05.57.25.36.92 ⚲ r.-v.
• Rettenmaier

CH. LAVALLADE 1995

■   4,4 ha   30 300   ◧ ⬇ 50 à 70 F

Ce cru appartient à la famille Gaury depuis quatre générations. Il propose un 95 bien présenté dans une robe rubis intense et brillante. Fruité et épicé au nez, ce vin développe une structure encore ferme en bouche, qui devrait lui assurer un bel avenir.
• SCEA Gaury et Fils, Ch. Lavallade, 33330 Saint-Christophe-des-Bardes, tél. 05.57.24.77.49, fax 05.57.24.64.83 ☑ ⚲ r.-v.

CH. LA VOUTE 1995**

■   1,19 ha   8 200   ◧ 50 à 70 F

Vignoble confidentiel acquis par un industriel de la région nantaise. Ici, la vigne est constituée à 100 % de merlot sur argiles brunes ; elle produit un vin remarquable. Le 95 confirme la bonne impression que nous avions eue avec le 94. Tout y est : la belle robe bordeaux sombre, le bouquet expressif (merlot mûr, bon bois vanillé), la saveur et la texture bien concentrées et harmonieuses. Même le prix est intéressant. Dommage qu'il n'y ait pas davantage de bouteilles !
• EARL Moreau, Ch. d'Arvouet, 33570 Montagne, tél. 05.57.74.56.60, fax 05.57.74.58.33 ☑ ⚲ r.-v.

CH. LE CASTELOT 1995*

■   7 ha   41 000   ◧ 70 à 100 F

Situé sur un terroir siliceux au sous-sol graveleux et ferrugineux, bien exposé, ce cru propose un 95 très réussi, avec une robe grenat dense et profonde, et un bouquet délicat aux arômes fruités, épicés et vanillés. La dégustation est harmonieuse avec des tanins d'abord tendres et suaves, puis une évolution soutenue et longue. Une belle bouteille à apprécier dans trois à cinq ans.
• Mme F. Janoueix, 37, rue Pline-Parmentier, B.P. 192, 33506 Libourne Cedex, tél. 05.57.51.41.86, fax 05.57.51.76.83 ☑ ⚲ r.-v.

CH. LE JURAT 1995*

■   7,58 ha   52 800   ◧ 70 à 100 F
82 83 85 86 |88| |89| |90| |91| |93| 94 95

Coup de cœur l'an passé avec le 94, ce cru est installé tout près de Pomerol sur des sols argilo-calcaires, avec quatre cinquièmes de merlot. Il propose un 95 encore jeune et ferme, bien présenté dans une robe grenat soutenu. Le bouquet développe des notes boisées agréables sur un fond de petits fruits rouges mûrs. D'abord souple, le vin évolue en bouche sur une forte charpente tannique, ferme en finale, qui demandera quelques années pour s'affiner.
• Ch. Le Jurat, 33330 Saint-Emilion, tél. 05.57.51.95.54, fax 05.57.51.90.93 ☑ ⚲ r.-v.

CH. LES GRANDES MURAILLES 1995*

■   1,7 ha   10 000   ◧ 100 à 150 F

Il s'agit de la parcelle de vigne située au pied des célèbres « Grandes Murailles », vestiges d'un couvent de Dominicains du XIIes., que l'on découvre à l'entrée de la cité en venant de Libourne. La place y est tellement comptée que les caves de vinification et d'élevage sont situées dans les carrières sous la vigne. Celle-ci ne donne que 10 000 bouteilles d'un vin que notre jury a estimé très réussi. Paré d'une belle robe grenat, racé, élégant, finement boisé au nez, chaleureux, rond et fin à la fois en bouche, c'est un vin bien élevé.
• SCI Les Grandes Murailles, 33330 Saint-Emilion, tél. 05.57.24.71.09, fax 05.57.24.69.72 ☑ ⚲ r.-v.
• G. Reiffers

CH. LES GRAVIERES

Cuvée Prestige Vieilli en fût de chêne 1995**

■   3 ha   18 000   ◧ 70 à 100 F
89 |90| |91| |92| |93| ⑨④ ⑨⑤

Toutes nos félicitations à Denis Barraud ! C'est son cinquième coup de cœur consécutif pour cette cuvée Prestige pour laquelle il met tout en œuvre pour obtenir une qualité exceptionnelle : sélection de vieux merlots, tri de la vendange, vinification très soignée et élevage en fût de chêne neuf. Le résultat est là avec ce 95 à la robe sombre et profonde et à reflets pourpres. Riche et puissant, le bouquet exprime les fruits mûrs, la vanille et le pain grillé. La bouche est en harmonie : elle allie finesse, race, élégance et concentration. Une remarquable bouteille.

269   LE BORDELAIS

Le Libournais   Saint-émilion grand cru

CH. MAUVEZIN 1995

■ Gd cru clas. 3,5 ha 15 000 ⦿ 100 à 150 F

Les cabernets sont ici presque à parité avec le merlot. Rattaché en 1968 à un domaine de 18 ha appartenant à la famille Cassat, connue pour l'intérêt qu'elle porte à l'amélioration des techniques de vinification, par exemple en inventant une table de trie climatisée brevetée sous le nom de Perfectri. Le vin a une jolie couleur rubis à reflets orange mais il est encore un peu fermé au nez ; l'agitation dégage des arômes de fruits cuits, d'épices, de grillé. Souple et élégant en bouche, il présente un certain charme.

🍇 GFA Cassat et Fils, B.P. 44, 33330 Saint-Emilion, tél. 05.57.24.72.36, fax 05.57.74.48.54 ☑ ⊺ t.l.j. sf dim. 8h-12h 13h30-18h

🍇 SCEA des Vignobles Denis Barraud, Ch. Haut-Renaissance, 33330 Saint-Sulpice-de-Faleyrens, tél. 05.57.84.54.73, fax 05.57.74.94.52 ☑ ⊺ r.-v.

CH. MAGDELAINE 1995★★

■ 1er gd cru B 9,36 ha 43 000 ⦿ +200 F

| 70 | 71 | 73 | 74 | **75** | 76 | 77 | **78** | 79 | 80 | |82| |(83)| |85| 86 |
| |87| | 88 | 89 | 90 | |92| | 93 | 94 | 95 | | | | | |

Ce cru est l'archétype du domaine viticole saint-émilionnais : une surface « familiale », un terroir privilégié : une côte argilo-calcaire et un plateau calcaire, une exposition plein sud, un encépagement à 90 % merlot, un travail très sérieux, alliant la tradition et les connaissances les plus récentes. Tout cela explique sans doute la régularité remarquable du vin élaboré ici. Ce 95 à la robe bordeaux très sombre, au bouquet naissant concentré et profond, à la saveur chaleureuse, dense, réglissée, à la structure tannique encore un peu austère, est apte à une très longue garde.

🍇 Ets Jean-Pierre Moueix, 54, quai du Priourat, 33500 Libourne

CH. MAINE-REYNAUD 1995

■ 1 ha 12 000 ⦿ 70 à 100 F

Cuvée confidentielle composées de deux tiers de merlot et d'un tiers de cabernets implantés sur calcaire et graves. La robe soutenue est de teinte rubis encore très jeune. Discret mais prêt à s'épanouir, le bouquet mêle des arômes de fruits rouges et d'épices. Structuré et très ferme, ce vin demandera quelques années pour s'exprimer totalement.

🍇 Succession Francis Veyry, Ch. Le Maine, 33330 Saint-Pey-d'Armens, tél. 05.53.29.41.55, fax 05.53.29.41.81 ☑ r.-v.

DOM. DE MARTIALIS 1995

■ n.c. 35 000 ⦿ 70 à 100 F

Le Domaine de Martialis est le second vin du Clos Fourtet ; contrairement au premier vin, il est surtout issu de cabernets, ce qui lui donne un caractère original. Son élevage se fait également en barriques disposées dans d'anciennes carrières de pierre. Le vin présente un bel éclat, un bouquet intense et agréable, fruité et boisé ; un corps souple malgré des tanins de bois fins mais présents, accompagnés de saveurs de cassis et de réglisse. Il peut surprendre.

🍇 SC Clos Fourtet, 33330 Saint-Emilion, tél. 05.57.24.70.90, fax 05.57.74.46.52 ⊺ r.-v.
🍇 MM Lurton et Mme Noël

CH. MAYNE-FIGEAC 1995

■ 1,68 ha 10 000 ■ ⦿ 50 à 70 F

Ce petit vignoble a été acheté en 1868 par P. Chambret au domaine de Figeac. La vigne, complantée au trois quarts de merlot pour un quart de cabernets sur sables anciens et graves, produit 10 000 bouteilles dans un style « à l'ancienne », D'une belle couleur pourpre intense, ce 95 présente un nez floral, fruité, minéral. Les arômes de bouche et les tanins de raisin traduisent une authenticité de bon aloi. Ce 95 devrait être bon à boire assez rapidement.

🍇 Indivision Chambret, 28, rue de la Corbière, 33500 Libourne, tél. 05.57.24.74.04 ☑

CH. MOINE VIEUX
Vieilli en fût de chêne 1995

■ 3,47 ha 24 000 ■ ⦿ ↓ 50 à 70 F

Implanté à Saint-Sulpice-de-Faleyrens sur sables et crasses, ce petit cru de 3,5 ha se compose de quatre cinquièmes de merlot pour un cinquième de cabernet franc. La couleur grenat sombre de ce 95 présente des reflets d'évolution, et le bouquet fin et fruité libère des arômes de raisins mûrs mariés à des odeurs vanillées et boisées. Corsé et charpenté, ce vin développe des tanins aimables en attaque et encore fermes en finale. Il devrait évoluer très favorablement dans les prochaines années.

🍇 SCE Moine Vieux, Lanseman, 33330 Saint-Sulpice-de-Faleyrens, tél. 05.57.74.40.54, fax 05.56.90.00.33 ☑ ⊺ r.-v.
🍇 Dentraygues

CH. MONBOUSQUET 1995★★

■ 31,19 ha 90 000 ⦿ +200 F

Installé sur sables et graves, ce beau domaine a été repris en 1993. Il dispose d'un encépagement équilibré avec 60 % de merlot, 30 % de cabernet franc et 10 % de cabernet-sauvignon. Son 95, orné d'une robe grenat sombre, développe un bouquet complexe où le fruit se trouve actuellement un peu dominé par un élégant boisé. Corsé et intense en bouche avec de bons tanins mûrs, il évolue avec équilibre et pourra se garder plusieurs années. Un très joli vin.

🍇 SA Ch. Monbousquet, 42, av. de Saint-Emilion, 33330 Saint-Sulpice-de-Faleyrens, tél. 05.57.24.67.19, fax 05.57.74.41.29 ☑ ⊺ r.-v.
🍇 Gérard Perse

Le Libournais

Saint-émilion grand cru

MONDOT 1995★

■ 8 ha 30 000 🔲 100 à 150 F

Second vin de Troplong-Mondot (grand cru classé), ce 95 comprend 40 % de merlot, 30 % de cabernet franc, 30 % de cabernet-sauvignon provenant des plus jeunes parcelles de l'exploitation. Cela donne pourtant un vin charpenté et concentré, d'une belle couleur grenat. Le bouquet puissant associe des arômes de fruits mûrs, d'épices, de fumée et de bon bois. La bouche tannique et ferme demandera quelques années de vieillissement.

☙ Christine Valette-Pariente, Ch. Troplong-Mondot, 33330 Saint-Emilion, tél. 05.57.55.32.05, fax 05.57.55.32.07 ⌘ r.-v.

☙ GFA Valette

CH. MONLOT CAPET 1995

■ 7 ha 45 000 🔲 70 à 100 F

|90| |92| |93| 94 |95|

Cru sérieux, régulièrement mentionné dans notre Guide. Situé au sud-est de l'appellation, il faisait partie de la maison noble de Capet. Le 95 est un vin charmeur, flatté par une belle couleur grenat dense et un bouquet déjà expressif (violette, fruits surmûris, caramel). Souple et rond en bouche, il possède des tanins fondus qui permettent de le boire assez rapidement.

☙ Bernard Rivals, Ch. Monlot-Capet, 33330 Saint-Hippolyte, tél. 05.57.24.62.32, fax 05.57.24.62.33 ✅ ⌘ t.l.j. sf sam. dim. 9h-12h30 14h-18h

CH. MOULIN SAINT-GEORGES 1995★

■ 7 ha 32 000 🔲 150 à 200 F

86 89 (90) |91| 93 94 95

Ce cru est situé à l'entrée sud de la cité, au pied du coteau d'Ausone qui appartient à la même famille saint-émilionnaise. La vigne est complantée à 70 % de merlot noir, à 20 % de bouchet et à 10 % de cabernet-sauvignon sur sol argilo-calcaire. Le vin a une jolie robe rubis à reflets cerise. Son bouquet est déjà intense, réglissé, boisé, avec des notes de cuir et de fourrure. Encore très boisé en bouche, ce 95 gagnera à vieillir un peu.

☙ Famille Vauthier, Ch. Ausone, 33330 Saint-Emilion, tél. 05.57.24.70.26, fax 05.57.74.47.39 ✅ ⌘ t.l.j. 8h-20h

CH. MUSSET-CHEVALIER 1995

■ 12 ha 109 500 🔲 30 à 50 F

50 % de merlot noir, 45 % de cabernet franc et 5 % de cabernet-sauvignon donnent ce vin dont la robe sombre montre des reflets d'évolution. Le bouquet, encore un peu dominé par le bois, exprime à l'aération des arômes de petits fruits rouges. Après une attaque souple, les tanins venus du chêne masquent un peu la structure du vin ; il faudra un peu de temps pour assouplir la charpente et rétablir l'équilibre.

☙ SC du Ch. Musset-Chevalier, Saint-Pey-d'Armens, 33240 Saint-Gervais, tél. 05.57.94.00.20, fax 05.57.43.45.72 ⌘ r.-v.

☙ Raivico SA

CH. ORISSE DU CASSE 1995★

■ n.c. 13 000 🔲 70 à 100 F

|85| |86| |88| |89| |92| 94 95

Tous deux œnologues, Danielle et Richard Dubois unissent leur savoir-faire pour élaborer cette cuvée marquée par une forte proportion de merlot et un élevage bien mené en fût de chêne. C'est l'un des fleurons de leur production familiale. Paré d'une belle robe brillante, rubis sombre, ce 95 se révèle déjà complexe au nez, privilégiant des arômes de fruits rouges et noirs très mûrs. Equilibré et élégant en bouche avec des tanins puissants et de bonne qualité, il demande quelques années de vieillissement pour s'épanouir pleinement.

☙ Danielle et Richard Dubois, Ch. Bertinat Lartigue, 33330 Saint-Sulpice-de-Faleyrens, tél. 05.57.24.72.75, fax 05.57.74.45.43 ✅ ⌘ r.-v.

CH. PATRIS 1995★

■ n.c. 30 000 🔲 70 à 100 F

|88| |90| 92 (93) 95

Marqué par 90 % de merlot planté sur des sols argilo-sableux, ce 95 explique qu'en boire une bouteille fort plaisante. La robe rubis, brillante et vive, semble très fraîche. Fin et expressif, le bouquet rappelle les raisins bien mûrs mariés à de subtiles odeurs boisées. Riche et complexe en bouche avec des tanins soyeux, ce vin harmonieux pourra être consommé dans trois à cinq ans. Souvenez-vous du coup de cœur du Guide pour le millésime 93.

☙ Michel Querre, ch. Patris, B.P. 51, 33330 Saint-Emilion, tél. 05.57.55.51.60, fax 05.57.55.51.61 ⌘ r.-v.

CH. PAVIE 1995★★

■ 1er gd cru B 33,09 ha 147 000 🔲 +200 F

70 71 75 76 |78| 79 80 81 |82| |83| 85 86 87 |88| 89 (90) |91| |92| |93| 94 95

Située à droite de la route qui monte vers la cité, la côte de Pavie bénéficie d'une exposition privilégiée plein sud. L'encépagement est un peu original avec 55 % de merlot, 25 % de bouchet et 20 % de cabernet-sauvignon. Sur 41 ha, 33 sont réservés à la production du 1er grand cru classé. Le 95 est remarquable. Sa robe bordeaux sombre est presque noire. Le bouquet naissant est déjà fort complexe : fruits noirs, merrain caramélisé, cèdre, gibier. Très puissant en bouche, racé, marqué par une belle concentration de raisin, charpenté par des tanins de bois très persistants gages d'une longue garde, c'est un grand vin de caractère qui tiendra tête à des mets riches.

☙ Gérard Perse, SC Ch. Pavie, 33330 Saint-Emilion, tél. 05.57.55.43.44, fax 05.57.24.63.99 ⌘ r.-v.

CH. PAVILLON FIGEAC 1995★

■ 1,88 ha 11 000 🔲 50 à 70 F

Ici, le sol est plus sablonneux que celui de La Grave Figeac qui, comme son nom l'indique, est plutôt graveleux. Ce vin est vêtu d'une robe pourpre intense. Le bouquet naissant est encore fruité (cerise, noyau). La saveur est, elle aussi, fruitée, fraîche et charnue, avec des tanins jeunes en finale qui devraient assurer une bonne évolution dans les prochaines années.

LE BORDELAIS

Le Libournais

Saint-émilion grand cru

Jean-Pierre Clauzel, La Grave-Figeac, 1, Cheval-Blanc-Ouest, 33330 Saint-Emilion, tél. 05.57.51.38.47, fax 05.57.74.17.18 ✓ ☛ t.l.j. 10h-19h

CH. PETIT-FIGEAC 1995★★

■ 3 ha n.c. ◉ 100 à 150 F
88 |89| |93| 94 **95**

Le vignoble, composé de 60 % de merlot, 30 % de cabernet franc et 10 % de cabernet-sauvignon, est implanté sur des sols argilo-siliceux et calcaires. Il a donné un très beau 95 de couleur grenat sombre et profonde à reflets pourpres. Les arômes encore très fruités des raisins mûrs se marient élégamment aux odeurs épicées et vanillées du bon bois de l'élevage. La dégustation révèle une superbe structure avec des tanins denses et puissants, très bien enrobés par une matière ample et ronde. Bel avenir en vue.

Jean-Michel Cazes, ch. Petit-Figeac, 33330 Saint-Emilion, tél. 05.57.51.21.08, fax 05.57.51.87.31
Axa Millésimes

CH. PETIT VAL 1995★

■ 9,25 ha 50 000 ◉ 70 à 100 F
86 88 |89| |90| 93 **95**

Vignoble à l'encépagement équilibré (70 % de merlot, 20 % de cabernet franc et 10 % de cabernet-sauvignon), installé sur des glacis sableux. Coup de cœur dans l'édition 1994 avec le millésime 90, ce cru propose un 95 très plaisant. De couleur rubis sombre et soutenu, le vin développe un bouquet intense où les arômes de fruits rouges à noyau se marient agréablement aux effluves boisés, vanillés et épicés. La bouche s'équilibre entre puissance et élégance, mais demande quelques années de patience pour offrir un plus grand plaisir.

Michel Boutet, B.P. 70, 33330 Saint-Emilion, tél. 05.57.24.70.86, fax 05.57.24.68.30 ✓ ☛ r.-v.

CH. PEYRELONGUE 1995

■ 12 ha 80 000 ◉ 50 à 70 F
81 82 83 85 86 |(88)| |89| |90| |92| **93** 94 95

Ce cru de 12 ha, complanté avec quatre cinquièmes de merlot et un cinquième de cabernets, tire son nom du gascon, « Peyrelongue » signifiant « pierre longue ». Il s'agit en fait d'un menhir sur lequel, raconte la légende, le moine Emilion se serait reposé au retour d'un pèlerinage. Légèrement évolué, tant dans sa robe grenat brillant que dans son bouquet de fruits très mûrs (pruneau) finement marié à des notes vanillées et fumées, ce 95 est presque prêt à boire. Corsé et souple en attaque, il évolue ensuite sur des tanins fermes et bien présents. Bonne longueur.

EARL Bouquey et Fils, Ch. Peyrelongue, 33330 Saint-Emilion, tél. 05.57.24.71.17, fax 05.57.24.69.24 ✓ ☛ r.-v.

CH. PIGANEAU 1995

■ 5 ha 12 000 ◉ 50 à 70 F

Avec trois quarts de merlot et un quart de cabernets, ce vignoble est implanté sur des graves et des sables. La robe grenat donne des signes d'évolution. Le bouquet, déjà expressif, libère des arômes de confiture de coings avec des nuances foxées et une touche de réglisse. Corsé, souple et rond en bouche, ce vin dispose d'une structure moyenne faite de tanins fins et harmonieux. Il sera vite prêt à boire.

Brunot, Ch. Piganeau, 1, Jean-Melin, 33330 Saint-Emilion, tél. 05.57.55.09.99, fax 05.57.55.09.95 ✓ ☛ r.-v.

CH. PIPEAU 1995★

■ 37 ha 180 000 ◉ 70 à 100 F
86 88 |89| 92 |93| 94 **95**

Située tout près du bourg de Saint-Laurent-des-Combes, cette exploitation familiale, créée en 1929, dispose de 37 ha de vignes réparties sur trois communes, et des sols très variés : tantôt sablo-graveleux, tantôt argilo-calcaires. Elle présente un 95 très réussi dans sa jolie robe grenat sombre à reflets pourpres. Intense et élégant, le bouquet mêle des arômes de fruits, d'épices et de pain grillé. Ample et charnu en bouche avec des tanins riches et puissants, ce vin est promis à un bel avenir.

GAEC Mestreguilhem, Ch. Pipeau, 33330 Saint-Laurent-des-Combes, tél. 05.57.24.72.95, fax 05.57.24.71.21 ✓ ☛ r.-v.

CH. PONTET-FUMET 1995

■ 13 ha 85 000 ◉ 50 à 70 F
86 |88| |89| |92| |93| 94 95

L'un des vignobles exploités par la famille Bardet, bien connue dans le Libournais et le Castillonnais, situé au sud de l'appellation sur sol sablo-graveleux et planté à 80 % de merlot. Le vin a une belle robe pourpre sombre et un bouquet déjà intense, de type oxydatif, à la fois floral et fruité. La texture est déjà ronde et soyeuse, accompagnée de tanins de merlot bien mûr. Ce 95 peut surprendre, mais il est bien fait.

SCEA Vignobles Bardet, 14, la Cale, 33330 Vignonet, tél. 05.57.84.53.16, fax 05.57.74.93.47 ✓ ☛ r.-v.

CH. QUERCY 1995★★

■ 4 ha 15 000 ◉ 70 à 100 F
88 89 |90| 92 **93** 94 95

Ce cru appartient depuis une dizaine d'années à une famille suisse. Son 95 se montre remarquable par sa belle couleur, pourpre soutenu, et son nez de fruits très mûrs au boisé déjà fondu. La saveur, également fruitée et boisée, est accompagnée d'une texture fine et serrée. Vin racé exprimant bien son terroir de graves.

GFA du Ch. Quercy, 3, Grave, 33330 Vignonet, tél. 05.57.84.56.07, fax 05.57.84.54.82 ✓ ☛ r.-v.
Apelbaum-Pidoux

CH. RABY-JEAN VOISIN 1995★

■ 9,5 ha 60 000 ◉ 70 à 100 F

Le sol de ce cru est composé de sables anciens sur de la crasse de fer. Le vignoble de 9,5 ha comprend trois quarts de merlot pour un quart de cabernets. D'un grenat vif et intense, ce 95, encore discret au nez, se montre malgré tout élégant et harmonieux, offrant des arômes de raisins mûrs agrémentés de notes épicées et de nuances de cuir. Doté d'une belle charpente, il développe

Le Libournais   Saint-émilion grand cru

en bouche une matière bien équilibrée et dispose d'un bon potentiel pour les années à venir.
🕭 Vignobles Raby-Saugeon, Ch. du Paradis, 33330 Vignonet, tél. 05.57.84.53.27, fax 05.57.84.61.76

CH. REINE BLANCHE 1995

■   5,25 ha   30 000   🍷🍾   50 à 70 F

Moitié merlot, moitié cabernet franc pour ce vignoble implanté sur des sables anciens, propriété Despagne depuis 1955. Brillant et de teinte rubis encore vive, ce 95, élégant et intense au nez, s'exprime sur des odeurs florales (violette) et des nuances grillées. Harmonieux et fin en bouche avec des tanins soyeux, il devrait être assez rapidement prêt.
🕭 SCEV Consorts Despagne, Grand-Corbin-Despagne, 33330 Saint-Emilion, tél. 05.57.51.08.38, fax 05.57.51.29.18 ☑ 🍷 r.-v.

CH. RIPEAU 1995

■ Gd cru clas.   15,5 ha   90 000   🍷🍾   90 à 150 F
81 82 83 |85| 86 87 |88| 89 |90| 91 92 93 94 95

Ce beau domaine viticole a été acquis en 1917 par l'arrière-grand-père de Françoise de Wilde, qui l'exploite depuis 1976. Pour célébrer les quatre-vingts ans de l'exploitation, celle-ci a fait construire un nouveau chai de vinification en 1997. De teinte grenat foncé avec des nuances pourpres, son 95 est très jeune et un peu refermé sur lui-même. Le nez, discret, rappelle le cuir, le tabac et les épices. D'abord ample et moelleux en attaque, le palais développe des tanins puissants et fermes qui demanderont plusieurs années de garde pour s'affiner. Un vin de caractère.
🕭 Françoise de Wilde, Ch. Ripeau, 33330 Saint-Emilion, tél. 05.57.74.41.41, fax 05.57.74.41.57 ☑ 🍷 r.-v.

CH. ROCHER BELLEVUE FIGEAC 1995*

■   10,5 ha   60 000   🍾   70 à 100 F
|86| |(88)| |89| 91 |92| 93 |94| 95

Situé au nord-ouest de Saint-Emilion, sur un plateau de sables anciens installés sur lit de graves, ce beau vignoble de 10,5 ha est complanté de merlot à 70 % et de cabernet franc à 30 %. Il offre un 95 agréable et bien présenté dans une robe grenat légèrement évoluée. Le bouquet fin et boisé développe des arômes de fruits rouges mûrs et d'épices. Souple et suave en attaque, la dégustation évolue sur des tanins élégants et soyeux. Bien équilibré, ce vin pourra être consommé dans les deux à trois ans.
🕭 SC du Ch. Rocher Bellevue Figeac, 14, rue d'Aviau, 33000 Bordeaux, tél. 05.57.24.71.41 ☑ 🍷 r.-v.
🕭 Dutruilh

CH. ROCHER FIGEAC 1995*

■   4 ha   22 000   🍷🍾   30 à 50 F

Créé vers 1880 par un ancêtre de l'actuel propriétaire dont le nom était Rocher, ce cru se situe au sud-ouest de Figeac. Installé sur graves et crasse de fer, avec 85 % de merlot et 15 % de cabernet franc, il propose un 95 très réussi avec sa robe rubis bien soutenu et son bouquet

intense aux arômes de fruits à noyau, d'épices et de cuir. La dégustation est charmeuse ; les tanins, souples et fondus, permettront une consommation assez rapide.
🕭 Jean-Pierre Tournier, Tailhas, 194, rte de Saint-Emilion, 33500 Libourne, tél. 05.57.51.36.49, fax 05.57.51.98.70 ☑ 🍷 r.-v.

CH. ROL DE FOMBRAUGE 1995*

■   5,5 ha   n.c.   🍾   70 à 100 F
(88) |89| |90| 91 92 93 94 95

Vignoble situé à 300 m du clocher classé de Saint-Christophe-des-Bardes. La vigne, d'une trentaine d'années, est constituée à 70 % de merlot sur terroir argilo-calcaire. Ce 95, avec sa robe pourpre de bonne intensité, son bouquet naissant encore fruité (framboise, cerise) est marqué de nuances florales et boisées à l'agitation, se révèle équilibré et classique ; il accompagnera agréablement une pintade ou des paupiettes de canard sauce bordelaise.
🕭 SCA Ch. Rol de Fombrauge, 10, rue de l'Hospice, 76260 Eu, tél. 02.35.86.59.49, fax 02.35.86.59.49 ☑ 🍷 r.-v.
🕭 Delloye

CH. ROLLAND-MAILLET 1995

■   3,35 ha   21 000   🍷🍾   70 à 100 F
(82) 85 |86| 89 90 |93| 94 95

Situé à la limite des AOC pomerol et saint-émilion, ce cru fait partie de la propriété familiale de l'œnologue libournais Michel Rolland. Ce 95, sombre et peu évolué, est assez ouvert au nez, avec des arômes fruités et boisés mêlés à des nuances de cuir. Il est charnu et souple en attaque ; sa dégustation évolue sur des tanins un peu fermes qui devraient s'assouplir dans trois à cinq ans.
🕭 SCEA Fermière des Domaines Rolland, Maillet, 33500 Pomerol, tél. 05.57.51.10.94, fax 05.57.25.05.54 ☑ 🍷 r.-v.

CH. ROL VALENTIN 1995***

■   1,62 ha   9 000   🍾   +200 F
94 (95)

Ancien sportif de haut niveau, Eric Prissette s'est pris de passion pour le vin et la région de Saint-Emilion. En 1994, il achète ce petit cru et avec son premier millésime, obtient une étoile dans notre guide. Cette année, il séduit notre jury et se voit décerner un coup de cœur pour son 95 exceptionnel. La robe rubis sombre et intense, puis les arômes de fruits très mûrs bien mariés à des notes boisées fines et élégantes, annoncent la belle concentration de ce vin. La bouche est

Le Libournais — Saint-émilion grand cru

ample et complexe, avec des tanins mûrs d'une grande richesse. Une magnifique bouteille de garde. Compliment au propriétaire, au maître de chai et à l'œnologue Gilles Pauquet.
🍇 Eric Prissette, Ch. Rol Valentin, 33330 Saint-Emilion, tél. 05.57.74.43.51, fax 05.57.74.43.51 ☒ r.-v.

CH. ROYLLAND 1995

■   5 ha   25 000   🍷🍷   70 à 100 F
|90| |92| |93| 94 95

Juste un appoint de 10 % de cabernet franc dans ce 95 dont la robe pourpre très sombre révèle une grande jeunesse. Ses arômes de fruits, mêlés à un bon boisé grillé, sont élégants. La structure est encore très ferme et demande un peu de temps pour s'affiner.
🍇 GFA Roylland, Ch. Roylland, 33330 Saint-Emilion, tél. 05.57.24.68.27, fax 05.57.24.65.25 ☑ ☒ r.-v.
🍇 Bernard Oddo

CH. SAINT-CHRISTOPHE 1995

■   9,5 ha   60 000   🍷   50 à 70 F

Ce beau vignoble d'une dizaine d'hectares est implanté sur les sols argilo-calcaires de Saint-Christophe-des-Bardes. Il comprend 80 % de merlot noir pour 10 % de cabernet franc et 10 % de cabernet-sauvignon. Il propose un 95 qui n'a pas été passé en fût, d'un beau grenat sombre et peu évolué. Le bouquet fin et délicat exprime les fruits mûrs. Très rond en bouche avec des tanins élégants, il constitue une bouteille plaisante et harmonieuse qui pourra être consommée rapidement.
🍇 Richard et Fils, Le Bourg, 33330 Saint-Christophe-des-Bardes, tél. 05.57.74.19.08, fax 05.57.74.19.08 ☒ r.-v.

CH. SAINT GEORGES COTE PAVIE 1995

■ Gd cru clas.   n.c.   30 000   🍷 70 à 100 F

Ce vignoble d'un peu plus de 5 ha est situé sur le coteau de Pavie, sur des terres exploitées depuis l'époque gallo-romaine. Il est composé à 80 % de merlot planté sur argilo-calcaire. Le vin a une belle présentation. Le bouquet naissant, livre des notes florales puis fruitées et enfin boisées. Chaleureux et charmeur en attaque, le palais est ensuite dominé par des tanins encore un peu amers qu'un vieillissement bien mesuré devrait fondre.
🍇 Jacques Masson, Ch. Saint-Georges Côte Pavie, 33330 Saint-Emilion, tél. 05.57.74.44.23 ☑ ☒ r.-v.

CH. SAINT-HUBERT 1995*

■   2,61 ha   18 000   🍷   70 à 100 F

Un des nombreux vignobles de la famille Aubert. Celui-ci, complanté à 80 % de merlot, se situe sur sols argilo-sableux. L'élevage se fait à 80 % en barrique neuve. Le vin a beaucoup plu à notre jury qui a apprécié sa couleur rubis sombre, son bouquet intense et complexe encore fruité (fruits rouges et pruneau). Son corps, très rond mais puissant grâce à de bons tanins de bois, offre déjà une belle harmonie.

🍇 Vignobles Aubert, Ch. La Couspaude, 33330 Saint-Emilion, tél. 05.57.40.15.76, fax 05.57.40.10.14 ☑ ☒ r.-v.

CH. DE SAINT PEY 1995*

■   12 ha   80 000   🍷🍷🍷   50 à 70 F
86 |88| 90 |93| 94 95

La famille Musset est établie sur cette propriété depuis 1711. La couleur rubis sombre de ce 95 présente des reflets pourpres et violines. Le nez puissant exprime les fruits rouges et le noyau, avec des nuances florales et exotiques à l'agitation. La structure tannique, ferme et bien marquée, demande un peu de temps pour se fondre et s'affiner.
🍇 Musset Père et Fils, Ch. de Saint-Pey, 33330 Saint-Pey-d'Armens, tél. 05.57.47.15.25, fax 05.57.47.15.04 ☑ ☒ r.-v.

CH. SOUTARD 1995*

■ Gd cru clas. 20 ha   120 000   🍷🍷 100 à 150 F
|86| |89| 93 95

Un très beau château XVIIIᵉ s., une famille présente depuis deux siècles dont on connaît l'implication dans la vie locale. Avec ce 95, Soutard réussit un vin qui a de la ressource, même si sa robe grenat sombre montre quelques signes d'évolution par ses reflets ambrés. Le bouquet puissant est marqué par des arômes de pruneau et de fruits mûrs sur des odeurs épicées (cannelle) et boisées. Le palais est suave et bien structuré, accompagné d'arômes de confiture et de tanins assez présents. Il faudra attendre ce vin près de trois ans ; il procurera ensuite un réel plaisir.
🍇 Famille des Ligneris, Ch. Soutard, 33330 Saint-Emilion, tél. 05.57.24.72.23, fax 05.57.24.66.94 ☑ ☒ r.-v.

CH. TAUZINAT L'HERMITAGE 1995**

■   7 ha   45 000   🍷   70 à 100 F
88 89 |93| **94 95**

Déjà coup de cœur l'an passé avec le 94, ce cru des vignobles Bernard Moueix, complanté à 90 % de merlot et à 10 % de cabernet franc sur des sols argilo-calcaires, monte à nouveau sur le podium avec ce remarquable 95. La robe profonde est rubis à reflets pourpres. Le bouquet, encore un peu sur la réserve, finement boisé, livre des odeurs brûlées et mentholées, puis, à l'aération, il s'ouvre sur des arômes de fruits rouges frais (cerise) assortis d'une note florale de violette. Très bien équilibré en bouche, riche et har-

Le Libournais
Saint-émilion grand cru

monieux grâce au beau mariage des tanins du raisin et du bois, c'est un grand vin de garde.
🍇 SC Bernard Moueix, Ch. Taillefer, 33503 Libourne Cedex, tél. 05.57.25.50.45, fax 05.57.25.50.45 ☑ 🍷 r.-v.

CH. TOINET FOMBRAUGE 1995*

0,82 ha   6 000   50 à 70 F

Cru de moins d'un hectare constitué de très vieilles vignes de merlot (pour les deux tiers) et de cabernets (pour un tiers). Le vin a été jugé très réussi par nos dégustateurs. Sa couleur est d'un rubis encore jeune. Ses arômes très fruités puis épicés et boisés et sa saveur fruitée ronde et charnue, charpentée par de bons tanins, signent un vin prometteur.
🍇 Bernard Sierra, Toinet-Fombrauge, 33330 Saint-Christophe-des-Bardes, tél. 05.57.24.77.70, fax 05.57.24.76.49 ☑ 🍷 t.l.j. 9h-12h 15h-19h

CH. TOUR BALADOZ 1995

n.c.   45 000   50 à 70 F

93 94 95

Situé sur les coteaux argilo-calcaires de Saint-Laurent-des-Combes, à l'est de l'appellation, ce cru de 9 ha est exploité depuis 1947 par la famille de Schepper de Mour. Le merlot représente 80 % de l'encépagement. Cela donne un vin à la robe sombre et profonde et au bouquet marqué par les arômes de petits fruits rouges avec des nuances boisées. Équilibré et agréable en bouche malgré une structure moyenne, ce 95 très plaisant pourra être apprécié assez rapidement et soutenir une garde de cinq à six ans.
🍇 SCEA Ch. Tour Baladoz, 33330 Saint-Laurent-des-Combes, tél. 05.57.88.94.17, fax 05.57.88.39.14 ☑ 🍷 r.-v.

CH. TOUR DES COMBES 1995

13 ha   46 000   50 à 70 F

Ce cru appartient à la famille Darribéhaude qui en possède une vingtaine à l'est de l'appellation et sur les côtes de Castillon. La vigne est complantée à 70 % de merlot nés sur sables et argilo-calcaires. Le vin possède une jolie couleur rubis à reflets d'évolution et des arômes de fruits à l'alcool, d'épices et de cuir. Au saveur de cassis et d'épices, une structure souple et fondue donnent un vin charmeur qui devrait être bon à boire assez rapidement.
🍇 SCE des Vignobles Darribéhaude, 1, au Sable, 33330 Saint-Laurent-des-Combes, tél. 05.57.24.70.04, fax 05.57.74.46.14 ☑ 🍷 r.-v.

CH. TOUR GRAND FAURIE 1995

13,55 ha   63 000   50 à 70 F

|88| |90| 94 |95|

Cette propriété de 13,5 ha est dans la famille Feytit depuis quatre générations. Située au nord de Saint-Emilion sur un plateau argilo-sablonneux, elle se compose de quatre cinquièmes de merlot et un cinquième de cabernet franc. De couleur grenat, légèrement évolué, son 95 développe un bouquet fin de petits fruits rouges cuits assorti de nuances boisées élégantes. Souple, tendre et soyeux en bouche, il compense son léger manque de structure par une belle harmonie. Bouteille plaisir à évolution rapide.
🍇 Jean Feytit, Ch. Tour Grand-Faurie B.P. 3, 33330 Saint-Emilion, tél. 05.57.24.73.75, fax 05.57.74.46.94 ☑ 🍷 r.-v.

CH. TOUR SAINT PIERRE 1995

12 ha   80 000   50 à 70 F

Joli domaine viticole d'une douzaine d'hectares établi sur les sols argilo-siliceux du secteur de Vachon, au nord de l'appellation, et planté à 80 % de merlot. Son 95 est sympathique, dans sa jolie robe pourpre de bonne intensité. Le nez est encore frais, mentholé et boisé, mais sans excès. Souple en attaque, puis charpenté par de bons tanins, bien équilibré, c'est un bon saint-émilion de garde.
🍇 Jacques Goudineau, Ch. Tour Saint-Pierre, 33330 Saint-Emilion, tél. 05.57.24.70.23, fax 05.57.74.42.74 ☑ 🍷 t.l.j. sf dim. 9h-12h30 14h-18h30

CH. TRAPAUD 1995

15 ha   n.c.   70 à 100 F

Belle propriété d'une quinzaine d'hectares, à l'est de l'appellation. Les vignes d'une quarantaine d'années sont plantées sur argilo-calcaires. Le vin a une robe rubis relativement tuilée, un bouquet de merlot mûr (pruneau, groseille, cassis) légèrement boisé à l'agitation. Il est chaleureux en bouche ; la matière est douce, les tanins domptés. Il pourra accompagner assez rapidement une plateau de fromages.
🍇 SCEA Larribière, Ch. Trapaud, 33330 Saint-Etienne-de-Lisse, tél. 05.57.40.18.08, fax 05.57.40.07.17 ☑ 🍷 r.-v.

CH. TRIANON 1995*

6,36 ha   n.c.   50 à 70 F

Situé près de Figeac, au lieu-dit Trianon sur sols silico-argileux, ce cru dispose d'un encépagement équilibré avec deux tiers de merlot pour un tiers de cabernets ; bien coloré, sombre avec des reflets rouge vif, puissant au nez, son 95 révèle d'abord des arômes de vanille et d'épices, puis, à l'agitation, des nuances fruitées. Bien équilibré en bouche, il offre des tanins souples et soyeux, un bon fruit et de bon notes boisées fondues. Une belle bouteille qui sera vite prête.
🍇 Mme Lecointre, Ch. Trianon, 33330 Saint-Emilion, tél. 05.57.51.42.63 ☑ 🍷 r.-v.

CH. TRIMOULET 1995*

Gd cru clas.   8 ha   51 000   70 à 100 F

Situé sur le plateau nord de Saint-Emilion, ce cru appartient à la famille Jean depuis deux siècles. Il doit son nom d'un ancien propriétaire, Jean Trimoulet, qui fut jurat de la ville au début du XVIII^{e}s. Il propose un 95 bien réussi, avec une jolie robe grenat foncé et un bouquet de cuir, de fumée et de cacao. Élégant et charnu en bouche, ce vin développe des arômes de noyau et de pruneau cuit, et sa bonne persistance en finale lui permet d'envisager un bel avenir.
🍇 Michel Jean, Ch. Trimoulet, 33330 Saint-Emilion, tél. 05.57.24.70.56, fax 05.57.74.41.69 🍷 r.-v.

Le Libournais Saint-émilion grand cru

CLOS TRIMOULET 1995*

10 ha 49 000 50 à 70 F

S'il ne se pare pas du titre de château, assez généreusement utilisé dans la région, le clos Trimoulet n'en est pas moins un joli domaine viticole d'une dizaine d'hectares, installé sur des sables et argiles au nord de la cité. Le vin a une couleur légèrement évoluée, un nez un peu animal et épicé qui évolue à l'agitation vers des notes délicatement fruitées et boisées. Sa structure déjà affinée devrait permettre de le boire assez vite, après décantation, par exemple sur un gigot d'agneau.

↳ EARL Appollot, Clos Trimoulet, 33330 Saint-Emilion, tél. 05.57.24.71.96, fax 05.57.74.45.88 ✉ ☇ r.-v.

EMILIUS DE TRIMOULET 1995**

7 ha 51 000 50 à 70 F

Ce second vin du château Trimoulet (grand cru classé), issu des plus jeunes vignes de l'exploitation, est élaboré à partir de 60 % de merlot, 30 % de cabernet franc et 10 % de cabernet-sauvignon. Paré d'une superbe robe grenat, profonde et sans aucun reflet d'évolution, il est encore sur la réserve au nez, où percent des arômes de fruits noirs et des notes boisées élégantes et fines. Puissant, concentré et riche en bouche, superbement travaillé à l'élevage, il a assurément beaucoup d'avenir.

↳ Michel Jean, Ch. Trimoulet, 33330 Saint-Emilion, tél. 05.57.24.70.56, fax 05.57.74.41.69 ☇ r.-v.

CH. TROPLONG MONDOT 1995*

Gd cru clas. 22 ha 100 000 +200 F

82 |83| |85| |86| |88| |89| |90| |92| |93| 95

Très ancien domaine viticole d'une trentaine d'hectares, situé à l'est de Saint-Emilion, au dessus de la cité et de la côte de Pavie, sur le coteau argilo-calcaire, en son point culminant. Ce vin de caractère, d'une couleur sombre et encore très jeune, se montre intense et complexe au nez (boisé, vanille, épices, coco, moka...). Ample et puissant en bouche avec une saveur chocolatée, épicée, il possède des tanins de bois encore un peu massifs mais qui lui donnent une belle aptitude à la garde. Un vin de race pour un pigeon en croûte aux épices.

↳ Christine Valette-Pariente, Ch. Troplong-Mondot, 33330 Saint-Emilion, tél. 05.57.55.32.05, fax 05.57.55.32.07 ☇ r.-v.

CH. TROTTEVIEILLE 1995

1er gd cru B n.c. 40 000 +200 F

75 76 82 85 86 |88| |89| |90| 91 93 94 95

Idéalement situé sur le haut du coteau argilo-calcaire à quelques hectomètres au nord-est de la cité, ce cru possède un encépagement équilibré entre merlot et cabernets. Cela donne un 95 un peu particulier, rubis légèrement carminée. Le bouquet encore discret s'ouvre à l'agitation sur des notes de griotte et de bois. Les saveurs cuites et fruitées - pruneau - s'accompagnent d'une touche de cuir. Ce vin devrait évoluer assez rapidement.

↳ Indivision Castéja-Preben-Hansen, 33330 Saint-Emilion, tél. 05.56.00.00.70, fax 05.57.87.60.30 ✉ ☇ t.l.j. sf sam. dim. 8h-12h 14h-17h

CH. DE VALANDRAUD 1995**

2,5 ha 11 400 +200 F

91 92 93 94 ⑨⑤

Un cru confidentiel et fort médiatisé. Ce n'est pas sans raison si l'on en juge par les commentaires de notre jury : il présente tout ce que l'on peut attendre d'un grand saint-émilion, encore un peu jeune bien sûr. La robe est très sombre ; le nez, somptueusement riche en arômes de fruits très mûrs, finement mariés avec un boisé réglissé, très élégant. Le volume en bouche est charnu et charpenté par de très bons tanins de raisin et de merrain. D'une superbe longueur, c'est un grand vin de garde. Cela a un prix qui atteint celui des premiers crus.

↳ Ets Thunevin, Maison des Vins du Libournais, 6, rue Guadet, 33330 Saint-Emilion, tél. 05.57.55.09.13, fax 05.57.55.09.12

VIRGINIE DE VALANDRAUD 1995**

n.c. 1 800 +200 F

Second vin du château de Valandraud, baptisé du prénom de la fille de la maison et très proche du premier vin : mais voyez comme les volumes produits sont minuscules pour le Bordelais ! Avec une jolie robe rubis, des arômes de fruits très mûrs (confiture, fraise écrasée) et un joli fond boisé, une bouche fondue, élégante et harmonieuse, aux notes chocolatées, vanillées, boisées, ce beau vin pourra se boire assez rapidement, mais il pourra vieillir plusieurs années.

↳ Ets Thunevin, Maison des Vins du Libournais, 6, rue Guadet, 33330 Saint-Emilion, tél. 05.57.55.09.13, fax 05.57.55.09.12

CH. DU VAL D'OR 1995

11 ha 70 000 50 à 70 F

La famille Bardet est bien connue dans le Libournais. Les ancêtres transportaient les fûts sur les gabares. Le père, Roger, est un important courtier en vins. Le fils, Philippe, exploite 113 ha de vignes en appellations bordeaux, côtes de castillon et saint-émilion. Le Val d'Or est issu de graves. Le 95 présente les caractères de merlot très mûr, une robe pourpre intense, un bouquet qui demande un peu d'aération pour exprimer des senteurs de fruits noirs et un joli boisé, réglissé, chocolaté. La bouche, encore dominée par les tanins de bois, demandera quelques années de patience.

↳ SCEA des Vignobles Bardet, 14, La Cale, 33330 Vignonet, tél. 05.57.84.53.16, fax 05.57.74.93.47 ✉ ☇ r.-v.

CH. VIEUX CANTENAC 1995

2,25 ha 16 000 30 à 50 F

Situé près de Libourne, ce vignoble est installé sur des sables, des graves et des argiles. Bien présenté dans une robe rouge griotte de bonne intensité, son 95 développe un bouquet mêlant des arômes de fruits rouges, des épices et des odeurs de fumée et de résine. Bien équilibré en bouche, il dispose d'une charpente correcte avec

276

Le Libournais Saint-émilion grand cru

des tanins encore fermes en finale, qui demandent un peu de temps pour s'épanouir.
🍇 M. Rebeyrol, SCEA Ch. Vieux Cantenac, 33330 Saint-Emilion, tél. 05.57.51.35.21, fax 05.57.25.18.76 ☑

VIEUX CHATEAU L'ABBAYE 1995**
■ 1,73 ha 12 000 ⦿ 70 à 100 F

Petit vignoble situé à 200 m de l'église du XII°s. de Saint-Christophe-des-Bardes, au nord-est de l'appellation. Ses très vieilles vignes de soixante-dix ans sont implantées sur argilo-calcaires. Voici un 95 remarquable tout au long de la dégustation : l'œil est flatté par une couleur bordeaux vive. Le nez décèle encore du fruit puis du merrain bien toasté. La bouche apprécie un corps souple, rond, étoffé par des tanins de bois fins et civilisés. Déjà très harmonieux, ce vin fera une belle bouteille dans les prochaines années.
🍇 Françoise Lladères, 33330 Saint-Christophe-des-Bardes, tél. 05.57.47.98.76 ☑ 🍷 r.-v.

CH. VIEUX FORTIN 1995*
■ 5 ha 32 000 ⦿ 150 à 200 F

Vignoble repris en 1994 par Claude Sellan, établi sur des sols argilo-graveleux dans le secteur de Fortin et complanté à 60 % de merlot et à 40 % de cabernets. Le 95 est très réussi. Son nez, encore fruité, est agrémenté d'un boisé fin. La bouche dégage une bonne puissance, à la fois capiteuse et charpentée par des tanins de qualité. Un vin de garde, mais qui pourra commencer à s'apprécier assez rapidement.
🍇 Claude Sellan, Ch. Vieux Fortin, 6, Fortin, 33330 Saint-Emilion, tél. 05.57.24.69.97, fax 05.57.24.69.97 ☑ 🍷 r.-v.

CH. VIEUX GRAND FAURIE 1995
■ 5 ha 15 000 ▮⦿🍷 50 à 70 F

Ce vignoble situé à Faurie, au nord de Saint-Emilion, appartient à la famille Bourrigaud qui habite au château Champion, cité par ailleurs. Le vin, dans une jolie robe pourpre encore jeune, est bien dans son millésime et son appellation. Le bouquet, fin et distingué, exprime une palette de fleurs, puis de fruits mûrs, assortie d'une touche boisée. Souple en attaque, la saveur est corsée par des tanins bien présents qui s'arrondiront dans trois ou quatre ans.
🍇 SCEA Bourrigaud et Fils, Ch. Vieux Grand Faurie, 33330 Saint-Emilion, tél. 05.57.74.43.98, fax 05.57.74.41.07 ☑ 🍷 r.-v.

CH. VIEUX LARMANDE 1995*
■ 4,16 ha 21 000 ▮⦿ 70 à 100 F
|88| |90| 92 94 95

Petite propriété familiale située sur argiles, sables anciens et crasse de fer. Elle propose un 95 plaisant et harmonieux malgré une structure un peu légère. La robe rubis est brillante et soutenue. Le bouquet mêle fruits rouges, épices et pain grillé. Ample et rond en bouche, avec des tanins souples et veloutés, ce vin sera prêt à boire dans un an ou deux.
🍇 SCEA Vignobles Magnaudeix, Ch. Vieux Larmande, 33330 Saint-Emilion, tél. 05.57.24.60.49, fax 05.57.24.61.91 ☑ 🍷 r.-v.

CH. VIEUX POURRET 1995*
■ 4,24 ha 23 000 ⦿ 70 à 100 F
86 |88| |89| |90| |93| 94 95

Installé en pied de coteau sur glacis sableux avec 80 % de merlot et 20 % de cabernet franc, ce cru fait preuve d'une belle régularité que confirme ce 95. La robe rubis brillant est bien soutenue. Épicé et grillé, le bouquet est encore un peu marqué par l'élevage en fût et demande à s'ouvrir. Ample et charnu en bouche, avec des tanins fondus et soyeux, ce vin constitue une bouteille très réussie, apte à une bonne garde.
🍇 Michel Boutet, B.P. 70, 33330 Saint-Emilion, tél. 05.57.24.70.86, fax 05.57.24.68.30 ☑ 🍷 r.-v.

CH. VIRAMIERE 1995
■ 11,52 ha 64 800 ▮🍷 50 à 70 F

Ce cru, composé à 80 % de merlot planté sur un sol argilo-siliceux de Saint-Etienne-de-Lisse, appartient à la famille Dumon mais il est vinifié à l'Union de producteurs de Saint-Emilion. Comme les deux précédents millésimes, le 95 a été retenu par nos dégustateurs pour sa jolie couleur légèrement évoluée, son nez fruité, son caractère souple et velouté en bouche qui devrait en faire un vin bon à boire assez rapidement.
🍇 UDP de Saint-Emilion, 33330 Saint-Emilion, tél. 05.57.24.70.71, fax 05.57.24.65.18 🍷 t.l.j. sf dim. 8h-12h 14h-18h
🍇 SCE Vignobles Dumon

CH. VIRAMON 1995
■ 3 ha 6 000 ⦿ 70 à 100 F
|89| |90| 95

L'étiquette reproduit une œuvre originale du peintre Thiberville. Le vin se compose principalement de vieilles vignes de merlot (80 %), avec un appoint de cabernet-sauvignon couvrant les pentes argilo-calcaires de Saint-Etienne-de-Lisse, ce 95 développe un bouquet harmonieux, très fruité et élégamment boisé. On y trouve des arômes de vanille, de violette, de framboise et de pruneau. Charpenté et puissant en bouche avec beaucoup de volume, il demande quelques années de patience.
🍇 Vignobles Lafaye Père et Fils, Ch. Viramon, 33330 Saint-Etienne-de-Lisse, tél. 05.57.40.18.28, fax 05.57.40.02.70 ☑ 🍷 r.-v.

CH. YON-FIGEAC 1995*
■ Gd cru clas. 20 ha 120 000 ▮⦿🍷 100 à 150 F
92 |93| 95

Cet important domaine viticole planté à 80 % de merlot sur des sols sablo-limoneux du secteur de Figeac a mené un gros travail de restructuration depuis 1992, date d'acquisition du château par les nouveaux propriétaires. Le 95 se présente très bien, avec une jolie robe grenat à reflets pourpres et un nez élégant, encore fruité par une note cassis, puis boisé, épicé. Chaleureux en attaque, plus frais par la suite, il est charpenté par des tanins encore un peu fermes.
🍇 Domaines du Libournais, 59, rue Orbe, 33330 Saint-Emilion, tél. 05.57.74.47.58, fax 05.57.74.47.58 ☑ 🍷 t.l.j. sf dim. 8h-12h 14h-18h

LE BORDELAIS

Les autres appellations de la région de Saint-Emilion

Plusieurs communes, limitrophes de Saint-Emilion et placées jadis sous l'autorité de sa jurade, sont autorisées à faire suivre leur nom de celui de leur célèbre voisine. Ce sont les appellations de lussac saint-émilion (1 400 ha), montagne saint-émilion (1 540 ha), puisseguin saint-émilion (740 ha), saint-georges saint-émilion (168 ha), les deux dernières correspondant d'ailleurs à des communes aujourd'hui fusionnées avec Montagne. Toutes sont situées au nord-est de la petite ville, dans une région au relief tourmenté qui en fait le charme, avec des collines dominées par nombre de prestigieuses demeures historiques. Les sols sont très variés et l'encépagement est le même qu'à Saint-Emilion ; aussi la qualité des vins est-elle proche de celle des saint-émilion. La production était en 1997 de 235 894 hl.

Lussac saint-émilion

CH. DE BARBE BLANCHE 1995*

20 ha   100 000

Datant du XVIe s., ce cru aurait, selon la tradition locale, appartenu à Henri IV. Il produit régulièrement de très bonnes bouteilles. La robe pourpre de ce 95 est intense. Le bouquet développé évoque les raisins mûrs accompagnés d'un délicat boisé. En bouche, c'est un vin puissant et équilibré, particulièrement élégant. On l'appréciera d'ici deux à trois ans environ.

• SCE Ch. de Barbe Blanche, 33570 Lussac, tél. 05.57.51.13.36, fax 05.57.25.09.55 t.l.j. 8h-12h 14h-18h
• Crédit Foncier

CH. DE BARBE BLANCHE
Cuvée Henri IV 1995**

5 ha   25 000

Cette cuvée spéciale du château Barbe Blanche provient exclusivement du cépage merlot. Ce sont de très vieilles vignes qui se prêtent bien à un élevage en barrique neuve. Le résultat est superbe : les arômes de pain grillé et de fruits rouges sont bien fondus. La structure tannique apparaît souple et ronde en attaque, puis évolue avec fermeté et équilibre. Une bouteille de garde, à ouvrir dans deux ans et encore longtemps.

• SCE Ch. de Barbe Blanche, 33570 Lussac, tél. 05.57.51.13.36, fax 05.57.25.09.55 t.l.j. 8h-12h 14h-18h

CH. BEL-AIR 1995*

21 ha   100 000

Situé sur un terroir argileux, le château Bel-Air présente un 95 intéressant, qui se distingue par une robe grenat et des parfums délicats d'épices, de fleurs et de boisé. En bouche, l'attaque souple laisse la place à une charpente de bonne tenue, bien équilibrée en finale. Une bouteille à boire dans deux ou trois ans.

• J.-N. Roi, EARL Ch. Bel-Air, 33570 Lussac, tél. 05.57.74.60.40, fax 05.57.74.52.11 t.l.j. sf dim. 8h-12h 14h-19h

CH. DE BELLEVUE 1995**

11,87 ha   68 000

Situé sur un terroir argilo-calcaire, le château de Bellevue présente un très beau 95, issu presque exclusivement du cépage merlot. Robe grenat pourpre, arômes de boisé grillé et de fruits (griotte) bien fondus, tanins charnus en attaque, évoluant avec finesse et équilibre : c'est une bouteille très typée, qui donnera beaucoup de plaisir à l'amateur dans deux à cinq ans.

• Charles Chatenoud et Fils, Ch. de Bellevue, 33570 Lussac, tél. 05.57.74.60.25, fax 05.57.74.53.69 r.-v.

CH. CHEREAU 1995

16 ha   90 000

Ce 95 se distingue par des arômes développés de réglisse et de cuir, et par une structure puissante, voire un peu ferme, qui devrait s'équilibrer avec le temps, mais que l'on peut apprécier également dès maintenant.

• GAEC Père et Fils Silvestrini, Chéreau, 33570 Lussac, tél. 05.57.74.50.76, fax 05.57.74.53.22 r.-v.

CH. DU COURLAT
Raisins de la Tradition Cuvée Jean-Baptiste 1995*

3 ha   18 000

Issu de vieilles vignes (quarante ans), cette cuvée se distingue à nouveau après un coup de cœur dans le Guide précédent. Sa robe pourpre dense, son bouquet développé de fruits rouges et de pain grillé, sa structure tannique puissante et épicée, et son excellente persistance donnent un vin qu'il faut laisser s'assagir pendant trois à sept ans. A noter également, la **cuvée principale 95**, citée pour sa souplesse et son équilibre en bouche, à déguster plus rapidement.

• SA Pierre Bourotte, 28, rue Trocard, B.P. 79, 33500 Libourne Cedex, tél. 05.57.51.62.17, fax 05.57.51.28.28 r.-v.

CH. COURRIERE-RONGIERAS 1995

n.c.   8 500

Ce 95 a été vinifié uniquement avec du merlot, dont la typicité ressort bien dans le bouquet de fruits mûrs et d'épices. Les tanins sont amples et équilibrés en attaque puis évoluent avec finesse. Une bouteille à boire dès maintenant.

• Jean-Bernard Saby, Ch. Rozier, 33330 Saint-Laurent-des-Combes, tél. 05.57.24.73.03, fax 05.57.24.67.77 r.-v.

Le Libournais

Lussac saint-émilion

CH. CROIX DE CHOUTEAU 1995
9 ha — 20 000 — 30 à 50 F

Beaucoup de fruit et de rondeur dans ce 95 à la robe pourpre soutenu. L'équilibre entre les arômes de raisin et ceux du bois est harmonieux ; c'est un vin qui s'apprécie dès maintenant mais qui devrait bien vieillir.
➥ Serge Coudroy, Chouteau, 33570 Lussac, tél. 05.57.74.67.73, fax 05.57.74.56.05 r.-v.

CH. CROIX DE RAMBEAU 1995**
6 ha — 45 000 — 30 à 50 F

Propriété de Jean-Louis Trocard, ce cru s'est particulièrement distingué avec le millésime 95. Robe grenat profond et brillant, arômes racés et complexes de pain d'épice, de fruits, de grillé, que l'on retrouve en bouche, en harmonie avec des tanins amples, charnus et volumineux. La finale, très longue, laisse prévoir un grand avenir pour ce vin au sommet de son appellation.
➥ Jean-Louis Trocard, 2, Les Petits Jays Ouest, 33570 Les Artigues-de-Lussac, tél. 05.57.24.31.16, fax 05.57.24.33.87 t.l.j. sf sam. dim. 8h-12h 14h-18h

CH. HAUT LA GRENIERE 1995**
5 ha — 25 000 — 30 à 50 F

Appartenant au même propriétaire que le château de La Grenière, ce cru est tout aussi réussi dans le millésime 95 : couleur pourpre soutenu, parfums à la fois intenses et délicats à la fois de mûre et de poivre, tanins généreux en attaque, qui évoluent avec fermeté et puissance. On peut patienter de deux à cinq ans avant d'ouvrir cette bouteille bien typée.
➥ EARL Vignobles Dubreuil, Ch. de La Grenière, 33570 Lussac, tél. 05.57.74.64.96, fax 05.57.74.56.28 r.-v.

CH. HAUT-PIQUAT 1995
22 ha — 150 000 — 50 à 70 F

Elaboré par la famille Rivière, présente dans beaucoup d'appellations du Libournais, ce 95 par son intensité de fruits rouges et la délicatesse de son boisé. En bouche, c'est un vin franc et équilibré qui sera agréable à boire assez rapidement (deux ans).
➥ Jean-Pierre Rivière, Ch. Haut-Piquat, 33570 Lussac, tél. 05.57.55.59.59, fax 05.57.55.59.51 t.l.j. 9h-12h 14h-18h

CH. JAMARD BELCOUR 1995
5,5 ha — 12 000 — 30 à 50 F

Issu à 99 % de merlot, ce 95 se caractérise par une robe en début d'évolution, un bouquet naissant délicatement fleuri et des tanins francs et équilibrés, aromatiques en fin de bouche (réglisse). Une bouteille déjà prête, à boire sur des fromages à pâte fleurie.
➥ SCEV Despagne et Fils, Bonneau, 33570 Montagne, tél. 05.57.74.60.72, fax 05.57.74.58.22 t.l.j. 8h-12h 14h-18h

CH. LA CLAYMORE 1995
10 ha — 50 000 — 30 à 50 F

Ce château tire son nom d'une épée écossaise utilisée par les Highlanders qui occupaient ce site pendant la guerre de Cent Ans. L'histoire s'est aujourd'hui assagie et vous pourrez y déguster un vin aux arômes encore assez boisés, mais plaisant en bouche par ses tanins ronds et cacaotés. Pour patienter pendant les deux ans de garde nécessaires, il existe un second vin, le **Cadet 95**, plus classique avec son bouquet naissant et ses tanins souples, cité par notre jury, sans étoile.
➥ SCEA vignobles Dubard, Ch. La Claymore, 33500 Lussac, tél. 05.53.82.48.31, fax 05.53.82.47.64 r.-v.

CH. LA GOVINIERE 1995
5,5 ha — 11 500 — 30 à 50 F

Ce vin est intéressant par sa structure tannique dense et équilibrée, évoluant avec un joli fruité en bouche et une bonne persistance. Une bouteille à boire d'ici cinq ans.
➥ Jean-Claude Charpentier, Jamard, 33570 Lussac, tél. 05.57.74.51.28, fax 05.57.74.57.72 r.-v.

CH. DE LA GRENIERE
Cuvée de la Chartreuse Elevée en barrique 1995**
10 ha — 13 000 — 50 à 70 F

Habitué aux honneurs dans cette appellation, le château de La Grenière décroche cette année un coup de cœur pour sa cuvée de la Chartreuse. La robe à reflets pourpres est intense ; le bouquet, expressif et complexe, évoque les fruits rouges bien mûrs (framboise et cerise) et un boisé grillé élégant. En bouche, l'attaque soyeuse et ample laisse la place à une sensation de puissance et de classe laissant augurer un bel avenir. On sent un grand équilibre entre le vin et son élevage en barrique. Attendre trois à huit ans au moins avant de le savourer...
➥ EARL Vignobles Dubreuil, Ch. de La Grenière, 33570 Lussac, tél. 05.57.74.64.96, fax 05.57.74.56.28 r.-v.

CH. DE LA GRENIERE 1995*
10 ha — 30 000 — 30 à 50 F

Avec son encépagement bien équilibré entre merlot et cabernets, ce château présente un 95 bien typé : robe pourpre à reflets violacés, arômes bien fruités et légèrement cacaotés, tanins gras et puissants, très persistants. Une bouteille de classe, à oublier trois à cinq ans dans sa cave.
➥ EARL Vignobles Dubreuil, Ch. de La Grenière, 33570 Lussac, tél. 05.57.74.64.96, fax 05.57.74.56.28 r.-v.

LE BORDELAIS

Le Libournais

Lussac saint-émilion

CH. LE GRAND BOIS 1995
0,85 ha 6 000   50 à 70 F

Moins d'un hectare de merlot pour ce mini cru cité pour ses arômes fruités et épicés et pour sa puissance tannique qui ne lui enlève pas son harmonie en bouche. La présence encore importante du boisé demande cependant deux ou trois ans de patience.
• SARL Roc de Boissac, 33570 Puisseguin, tél. 05.57.74.61.22, fax 05.57.74.59.54 ☑ ☒ r.-v.

CH. LES COUZINS
Vieilli en fût de chêne 1995★

n.c. n.c. 30 à 50 F

Provenant d'un terroir argilo-silicieux, ce 95 a une couleur pourpre intense, un bouquet discret mais élégant de fleurs et une structure tannique puissante et harmonieuse. C'est assurément un vin de caractère, qui s'appréciera totalement dans deux à quatre ans.
• Robert Seize, Ch. Les Couzins, 33570 Lussac, tél. 05.57.74.60.67, fax 05.57.74.55.60 ☑ ☒ t.l.j. 9h-19h, f. janv. fév.

CH. LUCAS
Grand de Lucas Cuvée Prestige Vieilli en fût de chêne 1995★

2 ha 10 000   50 à 70 F

Cette cuvée Prestige du château Lucas est élaborée sur 2 ha de vieilles vignes plantées sur des terres argilo-calcaires. Le 95 a une très belle couleur presque noire, un bouquet expressif d'épices, de pain grillé, et des tanins charnus et harmonieux surtout en fin de bouche, où la race apparaît. Une bouteille à ouvrir dans deux à cinq ans. La **cuvée principale 95**, qui ne connaît pas la barrique, ample et bien faite, reçoit une citation.
• M. et F. Vauthier, SCEA Ch. Lucas, 33570 Lussac, tél. 05.57.74.60.21, fax 05.57.74.62.46 ☑ ☒ t.l.j. sf sam. dim. 8h-18h

CH. MAYNE BLANC
Cuvée Saint-Vincent Elevée en barrique 1995

5 ha 23 000 70 à 100 F

Le château Mayne Blanc propose deux vins dans ce millésime 95. La Cuvée Saint-Vincent est élevée exclusivement en barrique et elle est encore très marquée par un boisé grillé qui domine la structure tannique. C'est un vin à boire dans deux ans. La **cuvée principale 95** est plus fruitée ; elle plaira aux amateurs de vins authentiques et racés, assez faciles à boire dans leur jeunesse. Dommage que la finale soit un peu dure et courte.
• Jean Boncheau, Ch. Mayne-Blanc, 33570 Lussac, tél. 05.57.74.60.56, fax 05.57.74.51.77 ☑ ☒ t.l.j. 8h-12h 14h-20h

CH. DU MOULIN NOIR 1995★

6,2 ha 51 000 50 à 70 F

Appartenant à une famille propriétaire de plusieurs crus dans le Bordelais, ce château produit depuis quelques années de très bons vins. Le 95 se caractérise par une robe pourpre soutenu, des arômes équilibrés entre le fruit et le boisé et des tanins amples et fruités à l'attaque, évoluant avec élégance et complexité. Une bouteille à laisser vieillir au moins deux à trois ans.
• SC Ch. du Moulin Noir, Lescalle, 33460 Macau, tél. 05.57.88.07.64, fax 05.57.88.07.00 ☑ ☒ r.-v.

CH. PILOT LES MARTINS 1995

n.c. n.c. -30 F

Ce vin au prix très abordable est intéressant par son bouquet naissant mais déjà assez évolué et par son équilibre tannique en bouche où il se montre élégant et aromatique. A boire dans les trois prochaines années.
• Cheval Quancard, rue Barbère, 33440 Ambarès, tél. 05.56.33.80.60, fax 05.56.33.80.70 ☒ r.-v.

CUVÉE RENAISSANCE
Vieilli en fût de chêne 1995★

n.c. 20 000 30 à 50 F

La cuvée Renaissance correspond à une sélection sévère de la cave coopérative de Lussac. Dans le millésime 95, elle est très réussie, comme le montrent le bouquet développé de boisé vanillé, de gibier et l'ampleur en bouche, où des tanins mûrs et équilibrés se fondent harmonieusement avec l'élevage en barrique. Un vin agréable, à boire assez vite, d'ici un an ou deux.
• Cave coop. de Puisseguin-Lussac Saint-Emilion, Durand, 33570 Puisseguin, tél. 05.57.55.50.40, fax 05.57.74.57.43 ☑ ☒ r.-v.

CH. DES ROCHERS 1995★

2,8 ha 18 000 50 à 70 F

Ce petit cru, acheté en 1988, est très régulier dans la qualité de sa production. Son 95 issu à 100 % de merlot, possède une robe noire brillante, des parfums discrets de fruits et de cuir. Sa structure tannique intense est encore marquée par un boisé dominateur. Cette bouteille sera agréable à boire rapidement, d'ici deux ou trois ans.
• Jean-Marie Rousseau, Petit-Sorillon, 33230 Abzac, tél. 05.57.49.06.10, fax 05.57.49.38.96 ☑ ☒ r.-v.

CH. DE TABUTEAU 1995

18,83 ha 130 000 30 à 50 F

Encore discret au nez, ce 95 se distingue essentiellement par la puissance et l'équilibre de ses tanins. Encore un peu dur en fin de bouche, il devrait s'assouplir avec un vieillissement de deux ou trois ans.
• Vignobles J. Bessou, Ch. Durand-Laplagne, 33570 Puisseguin, tél. 05.57.74.63.07, fax 05.57.74.59.58 ☑ ☒ r.-v.

CH. VERDU 1995★

13 ha 85 000 30 à 50 F

Moitié merlot et moitié cabernets, ce 95 possède un bouquet expressif et intense d'épices et de fleurs. Ses tanins, denses et harmonieux, évoluent avec distinction et persistance. Un vin typé, bien représentatif de l'appellation, à boire d'ici un an ou deux.
• Yvon Mau SA, rue André-Dupuy-Chauvin, B.P. 1, 33190 Gironde-sur-Dropt, tél. 05.56.61.54.54, fax 05.56.61.54.61
• Gaury-Dubos

Le Libournais

VIEUX CHATEAU CHAMBEAU 1995*

10 ha 60 000

Régulier dans la qualité, ce cru présente un 95 à la robe violette, profonde et limpide, au nez élégant de boisé et de cassis. Les tanins, francs et fruités en attaque, évoluent avec harmonie et persistance. Un plaisir évident dans deux à cinq ans.

☛ SC Ch. du Branda, Roques,
33570 Puisseguin, tél. 05.57.74.62.55,
fax 05.57.74.57.33 r.-v.

Montagne saint-émilion

CH. D'ARVOUET 1995**

3,12 ha 18 500

Acheté en 1992 par un industriel nantais, ce cru d'à peine plus de 3 ha a su s'imposer avec ce 95, un coup de cœur unanime de notre jury. La robe intense a de beaux reflets rubis. Les arômes complexes de pain grillé, de fruits mûrs, de réglisse se retrouvent en bouche, en équilibre avec des tanins puissants et moelleux. En finale, le volume et la concentration sont impressionnants. L'harmonie devrait être parfaite après une garde en cave de trois ans minimum.

☛ EARL Moreau, Ch. d'Arvouet,
33570 Montagne, tél. 05.57.74.56.60,
fax 05.57.74.58.33 r.-v.

CH. BEAUSEJOUR Clos l'Eglise 1995**

4 ha 17 000

La cuvée spéciale du château Beauséjour provient de très vieilles vignes, dont certaines datent de 1903. Le résultat est impressionnant. La robe grenat est profonde, les arômes complexes de fruits mûrs, d'épices se marient avec des notes boisées torréfiées, et la structure au palais, puissante et charnue, autorise tous les espoirs pour l'avenir, tout au moins pour l'amateur qui saura patienter au moins trois ans avant d'ouvrir la bouteille.

☛ SARL Beauséjour, Ch. Beauséjour,
33570 Montagne, tél. 05.57.74.47.58,
fax 05.57.64.36.20 r.-v.

CH. BONFORT 1995**

n.c. 12 000

Ce vin mis en bouteilles et distribué par le négociant Cheval Quancard mérite l'attention pour la qualité et l'intensité de ses arômes de fruits rouges, de pruneau et de réglisse. En bouche, l'attaque soyeuse évolue avec beaucoup d'ampleur et d'équilibre, et l'apport du boisé est très bien dosé. Une jolie bouteille à attendre deux ans.

☛ Cheval Quancard, rue Barbère,
33440 Ambarès, tél. 05.56.33.80.60,
fax 05.56.33.80.70 r.-v.
☛ SCE de Bertineau

CH. CALON 1995**

36 ha 150 000

Le château Calon est une propriété de Jean-Noël Boidron, ancien enseignant de la faculté d'œnologie de Bordeaux et dont la famille est présente dans les vignobles libournais depuis deux cent cinquante ans. Cette grande expérience se retrouve dans ce 95 à la robe presque noire, aux parfums complexes de pruneau, de fruits mûrs, de muguet et de boisé torréfié. En bouche, la puissance et le volume sont impressionnants. Ce vin de caractère a besoin de temps : ce devrait être une grande bouteille dans trois ans et pour longtemps.

☛ Jean-Noël Boidron, Ch. Calon,
33570 Montagne, tél. 05.57.51.64.88,
fax 05.57.51.56.30 r.-v.

CH. CARDINAL 1995

9 ha 56 000

Ce vin est intéressant par son bouquet intense de poivre et de fruits mûrs. La structure tannique, souple et vineuse, évolue vers plus de puissance en fin de bouche, autorisant une garde de deux ou trois ans, mais on peut apprécier cette bouteille dès maintenant.

☛ SCEA Bertin et Fils, Dallau, 8, rte de Lamarche, 33910 Saint-Denis-de-Piles,
tél. 05.57.84.21.17, fax 05.57.84.29.44 r.-v.

CH. CHEVALIER SAINT-GEORGES 1995*

3 ha 23 000

Ce petit cru présente un 95 qui se distingue par la finesse de son bouquet fumé et fruité, ainsi que par sa rondeur en bouche. C'est une bouteille de plaisir immédiat, à boire dans les trois ans à venir.

☛ EARL Appollot, Clos Trimoulet,
33330 Saint-Emilion, tél. 05.57.24.71.96,
fax 05.57.74.45.88 r.-v.

CH. CORBIN 1995*

22 ha 100 000

Datant du XVII^{e}s., le château Corbin est l'une des plus anciennes propriétés de Montagne. Son 95 a une belle teinte rubis soutenu, un bouquet développé de fruits mûrs et de noix muscade. En bouche, c'est un vin riche et expressif, qui s'harmonise mieux en finale. A boire dans deux ou trois ans.

☛ François Rambeaud, Corbin,
33570 Montagne, tél. 05.57.74.62.41,
fax 05.57.74.55.91 r.-v.

Le Libournais

Montagne saint-émilion

CH. COUCY 1995

■   20 ha   120 000   🍷🍶   30 à 50 F

Ce cru présente cette année un vin à la fois très fruité et très vanillé, le jury jugeant « déroutant » le nez ultra-boisé. Les tanins souples et équilibrés se terminent avec une certaine dureté, ce qui ne le dessert pas outre-mesure. Les dégustateurs hésitent : faut-il revoir ce vin dans un an ou cette bouteille est-elle à ouvrir dans les trois ans à venir ? De toute façon, ils ne sont pas indifférents.

☛ Héritiers Maurèze, Ch. Coucy, 33570 Montagne, tél. 05.57.74.62.14, fax 05.57.74.56.07 ✅ 🍷 r.-v.

CH. CROIX-BEAUSEJOUR
Elevé en fût 1995**

■   n.c.   19 000   🍷🍶   30 à 50 F

Régulièrement mentionné dans le Guide, ce cru ne déçoit pas avec ce 95 d'une couleur grenat intense, au bouquet typé et frais de fruits (mûre), de cuir et de vanille. Au palais, les tanins ronds et charnus prennent beaucoup d'ampleur et d'élégance. Après une garde en cave de trois ans minimum, l'harmonie et le plaisir devraient être parfaits.

☛ Olivier Laporte, Ch. Croix-Beauséjour, Arriailh, 33570 Montagne, tél. 05.57.74.69.62, fax 05.57.74.59.21 ✅ 🍷 r.-v.

CLOS CROIX DE MIRANDE 1995

■   0,6 ha   5 066   🍶   50 à 70 F

Ce minuscule cru créé en 1978 par Michel Bosc se distingue par un 95 agréable, aux arômes plus floraux que fruités et aux tanins francs et équilibrés. Un vin à apprécier dès maintenant.

☛ Michel Bosc, Clos Croix de Mirande, 33570 Montagne, tél. 05.57.74.68.70, fax 05.57.74.50.61 ✅ 🍷 r.-v.

CH. FAIZEAU 1995**

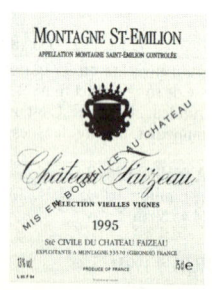

■   10 ha   n.c.   🍷🍶   50 à 70 F

Appartenant à Chantal Lebreton et à son frère, le docteur Alain Raynaud, président de l'Union des grands crus de Bordeaux, ce cru régulièrement au sommet de l'appellation décroche avec ce 95 un coup de cœur mérité. La robe pourpre est brillante. Le bouquet intense et complexe rappelle les fruits mûrs, les épices, le cacao et la vanille. Les tanins, à la fois puissants et élégants, se fondent parfaitement avec un boisé délicat. C'est un très beau vin, de longue garde et qui promet beaucoup. Bravo !

☛ SCE du Ch. Faizeau, 33570 Montagne, tél. 05.57.24.68.94, fax 05.57.24.60.37 ✅ 🍷 r.-v.

CH. GRAND BARAIL 1995*

■   9,8 ha   33 000   🍷🍶   30 à 50 F

Ce château, situé sur les pentes nord des coteaux de Calon, bénéficie d'un savoir-faire régulier, comme le montre encore le 95 à la robe profonde, aux arômes intenses de sous-bois et de vanille qui s'amplifient au palais, en harmonie avec des tanins ronds, puissants et fruités en même temps. Tout cela devrait donner une belle bouteille de garde, qui s'ouvrira dans trois à six ans.

☛ EARL Vignobles D. et C. Devaud, Ch. de Faise, 33570 Les Artigues-de-Lussac, tél. 05.57.24.31.39, fax 05.57.24.34.17 ✅ 🍷 r.-v.

CH. GRAND BARIL 1995*

■   27 ha   160 000   🍶   30 à 50 F

Ce cru est la vitrine du lycée viticole de Montagne, où des générations se suivent pour apprendre les métiers du vin. Le résultat est très satisfaisant avec ce 95 au bouquet naissant de sous-bois, de cuir et de pruneau, développant en bouche une structure tannique souple et tendre, ne manquant pas de volume en finale. Un vin à boire ou à garder de deux à cinq ans.

☛ Lycée viticole de Libourne-Montagne, Goujon, 33570 Montagne, tél. 05.57.55.21.22, fax 05.57.61.66.13 ✅ 🍷 r.-v.

CH. GUADET-PLAISANCE 1995

■   10 ha   35 000   🍷🍶   30 à 50 F

Situé sur un sol argilo-siliceux, ce cru présente un 95 au bouquet original et agréable de réglisse, à la structure tannique ferme en attaque, évoluant avec complexité. A boire ou à garder quelques années.

☛ Vignobles Jean-Paul Deson, 33330 Saint-Christophe-des-Bardes, tél. 05.57.24.77.40, fax 05.57.74.46.34 ✅ 🍷 r.-v.

CH. HAUTE FAUCHERIE 1995*

■   n.c.   35 000   🍶   50 à 70 F

Né sur un terroir argilo-calcaire, ce vin associant 20 % de cabernet au merlot mérite une étoile pour la complexité de son bouquet floral et fruité (cassis), rehaussé d'une note mentholée, et pour l'amabilité et l'harmonie de ses tanins équilibrés. Une bouteille à boire ou à garder de deux à cinq ans.

☛ Pierre et André Durand, Arriailh, 33570 Montagne, tél. 05.57.74.62.02, fax 05.57.74.53.66 ✅ 🍷 t.l.j. 9h-12h 14h-18h

CH. HAUT-GOUJON 1995*

■   7,5 ha   15 000   🍷🍶   30 à 50 F

C'est un 95 plaisant que vous pourrez trouver dans ce château : la robe intense à une belle couleur rubis et les arômes de fruits rouges (framboise) sont accompagnés de notes de violette. En bouche, c'est un vin charpenté et harmonieux.

☛ SCEA Garde et Fils, Goujon, 33570 Montagne, tél. 05.57.51.50.05, fax 05.57.25.33.93 ✅ 🍷 r.-v.

Le Libournais   Montagne saint-émilion

CH. HAUT PLAISANCE 1995*

■   9 ha   31 860   30 à 50 F

Situé sur de belles croupes argilo-calcaires, ce cru a réussi un joli vin de caractère dans le millésime 95. Sa robe grenat brillant, son bouquet développé de sous-bois, de cassis et de violette, ses tanins charnus et puissants, ainsi que sa longue persistance en fin de bouche lui confèrent une réelle harmonie. A boire dans deux ans.
🍇 SA La Guyennoise, B.P. 17, 33540 Sauveterre-de-Guyenne, tél. 05.56.71.50.76, fax 05.56.71.87.70
🍇 Emmanuel Coudroy

CH. HAUT PLATEAU 1995*

■   n.c.   n.c.   30 à 50 F

La robe brillante de ce 95 a des reflets carminés. Les arômes élégants tardent à s'exprimer : c'est surtout les tanins qui méritent une étoile, pour leur rondeur, leur puissance et leur typicité. C'est un vin bien représentatif de l'appellation, à apprécier dans deux ou trois ans.
🍇 Cheval Quancard, rue Barbère, 33440 Ambarès, tél. 05.56.33.80.60, fax 05.56.33.80.70 r.-v.

CH. LA COURONNE 1995

■   11,4 ha   30 000   50 à 70 F

Ce vin mérite d'être cité pour l'élégance de son bouquet de fumé et de raisins mûrs et pour la richesse et la complexité de sa structure en bouche. C'est une bouteille représentative de son appellation, à boire dans deux ou trois ans.
🍇 Thomas Thiou, Ch. La Couronne, B.P. 10, 33570 Montagne, tél. 05.57.74.66.62, fax 05.57.74.51.65 r.-v.

CH. LA FAUCONNERIE 1995**

■   1 ha   7 000   30 à 50 F

Ce cru a un encépagement bien équilibré entre merlot (60 %) et cabernets (40 %). Son 95 est particulièrement riche et complexe, le bouquet évoquant le fumé, la noisette et les épices. En bouche, l'attaque fondante fait place à une puissance et une ampleur certaines, qui nécessitent cependant un peu de temps (deux à cinq ans) pour s'épanouir totalement. Une entrecôte à la bordelaise sera la bienvenue.
🍇 Bernadette Paret, Ch. Tricot, 33570 Montagne, tél. 05.57.74.65.47, fax 05.57.74.65.47 r.-v.

CH. LA GRANDE BARDE 1995*

■   9 ha   60 000   30 à 50 F

Situé sur une butte calcaire au sous-sol de carrières, ce cru, propriété d'un grand brasseur belge, a réussi en 95 un vin de belle présentation, à la robe soutenue et brillante, aux parfums délicats de fruits, d'épices et de menthol. Onctueux en attaque, les tanins sont plaisants et équilibrés. Cette bouteille sera prête à boire dans deux ans.
🍇 SCE de La Grande Barde, 33570 Montagne, tél. 05.57.74.64.98, fax 05.57.74.64.98 r.-v.

CH. LA PAPETERIE 1995*

■   10 ha   60 000   50 à 70 F

Situé à l'emplacement d'un ancien moulin de pâte à papier, comme l'indique son nom, ce cru présente un 95 à la robe grenat soutenu et aux parfums délicats de framboise et de griotte. L'attaque souple laisse la place à une structure charnue et équilibrée, et à un beau volume en finale. Une bouteille à ouvrir dans deux ou trois ans.
🍇 Jean-Pierre Estager, 33-41, rue de Montaudon, 33500 Libourne, tél. 05.57.51.04.09, fax 05.57.25.13.38 r.-v.

CLOS LES AMANDIERS 1995

■   6,5 ha   10 000   30 à 50 F

Ce 95 se distingue surtout par la finesse de ses parfums frais (menthol) et fruités, ainsi que par la souplesse et l'équilibre de ses tanins bien typés. C'est un vin classique, bien fait, qui s'appréciera dans les cinq ans à venir.
🍇 Poivert Frères, SCEA des Amandiers, Musset, 33570 Montagne, tél. 05.57.24.74.99, fax 05.57.24.61.83 r.-v.

CH. MAISON BLANCHE 1995*

■   15 ha   80 000   70 à 100 F

Détaché de l'ancienne seigneurie de Corbin, ce très beau château produit régulièrement des vins qui figurent parmi les meilleures bouteilles de l'appellation. Ce 95 s'annonce par une robe grenat brillante ; le bouquet complexe évoque la cerise, le pruneau et les épices. Moelleux en attaque, c'est un vin qui évolue doucement en bouche avec beaucoup de finesse et de persistance, et qui sera prêt à boire dans trois ans.
🍇 SCEA Despagne-Rapin, Ch. Maison Blanche, 33570 Montagne, tél. 05.57.74.62.18, fax 05.57.74.58.98 r.-v.

CH. DE MAISON NEUVE 1995*

■   40 ha   300 000   30 à 50 F

85 86 **88** |89| 93 94 95

Situé sur un terroir très argileux, ce cru fait partie des bonnes références de l'appellation, comme en témoigne ce 95 au bouquet puissant et distingué, particulièrement puissant en bouche. C'est un vin racé, de caractère, qui demande une garde de quatre ans minimum pour s'épanouir.
🍇 Michel Coudroy, Ch. Maison-Neuve, 33570 Montagne, tél. 05.57.74.62.23, fax 05.57.74.64.18 r.-v.

CH. DES MOINES 1995

■   12 ha   45 000   50 à 70 F

Fondé par les moines cisterciens de l'abbaye de Faize, ce château fait apprécier son 95 à la robe rouge cerise, au nez discret de framboise, de griotte et de cassis. Ces arômes fruités sont perceptibles en bouche, en équilibre avec des tanins généreux et longs. Une bouteille à boire dans deux ou trois ans.
🍇 Vignobles Raymond Tapon, Lafleur Vachon, 33330 Saint-Emilion, tél. 05.57.74.61.20, fax 05.57.24.69.32 r.-v.

CH MONTAIGUILLON 1995

■   28 ha   100 000   50 à 70 F

Planté sur des coteaux pentus dominant la région, ce très beau domaine propose un 95 au bouquet naissant de fruits confits et de cuir,

283   LE BORDELAIS

Le Libournais   Montagne saint-émilion

moyennement corsé en bouche, offrant cependant une finale fruitée et persistante. A boire dans deux ou trois ans.
➥ Amart, Ch. Montaiguillon, 33570 Montagne, tél. 05.57.74.62.34, fax 05.57.74.59.07 Ⓥ ⓘ r.-v.

CH. DU MOULIN NOIR 1995
■ 5,9 ha 39 000 ⓘⓘⓘ 50 à 70 F

Ce 95 se distingue par la qualité et la complexité de ses arômes de fruits confits, de pain grillé, de réglisse et de vanille. En bouche, les tanins sont agréables et équilibrés, bien qu'un peu trop dominés par le boisé intense. L'harmonie devrait être meilleure dans deux à trois ans.
➥ SC Ch. du Moulin Noir, Lescalle, 33460 Macau, tél. 05.57.88.07.64, fax 05.57.88.07.00 Ⓥ ⓘ r.-v.

CH. DE PARSAC 1995
■ 7 ha 45 000 ⓘⓘ 30 à 50 F

Mis en bouteilles par le négociant de Saint-André-de-Cubzac, cette sélection du château de Parsac est intéressante par la finesse de ses parfums fruités et par l'ampleur et l'intensité des tanins équilibrés. C'est une bouteille très classique, qui s'ouvrira totalement après une garde de deux à trois ans. Une seconde étiquette de même origine, le **Château Chapelle de Malengin 95**, reçoit la même note. C'est une bouteille qui séduira les amateurs de vins jeunes et souples.
➥ André Quancard-André, rue de la Cabeyre, 33240 Saint-André-de-Cubzac, tél. 05.57.33.42.42, fax 05.57.43.01.71
➥ SCE des Laurets

CH. PETIT CLOS DU ROY 1995
■ 20 ha 85 000 ⓘⓘⓘ 50 à 70 F

L'élégante chartreuse du XVIIIes. s'ouvre sur un parc arboré planté d'espèces centenaires. On peut y trouver un 95 au nez expressif de fruits rouges et de réglisse ; ses tanins racés et bien mûrs sont typiques de l'appellation. A boire dans les trois ans à venir.
➥ François Janoueix, 20, quai du Priourat, 33500 Libourne, tél. 05.57.55.55.44, fax 05.57.51.83.70 Ⓥ ⓘ r.-v.

CH. PLAISANCE 1995*
■ 17,44 ha 87 000 ⓘⓘⓘ 30 à 50 F

Né sur un terroir sableux, ce vin se distingue par sa belle robe grenat soutenu et par ses parfums fruités et fort boisés (vanille, cacao). Très moelleux en attaque, il évolue avec une bonne concentration. La finale riche en arômes est encore marquée par l'élevage en barrique. C'est une bouteille prometteuse, à déguster dans deux ans et pendant dix ans.
➥ Les Celliers de Bordeaux Benauge, 18, rte de Montignac, 33760 Ladaux, tél. 05.57.34.54.00, fax 05.56.23.48.78 Ⓥ ⓘ r.-v.

CH. PUY RIGAUD 1995*
■ 5 ha 25 000 ⓘⓘⓘ 30 à 50 F

Situé sur un terroir argilo-calcaire, ce cru propose un 95 à la robe profonde, au bouquet élégant de fruits confits, de cuir et de pain grillé, se développant en bouche en équilibre avec des tanins pleins et gras, particulièrement persistants

et harmonieux. Une bouteille bien typée, à déguster dans les cinq prochaines années.
➥ Guy et Dany Desplat, B.P. 13, 33570 Puisseguin, tél. 05.57.74.61.10, fax 05.57.74.58.30 Ⓥ ⓘ r.-v.

CH. ROCHER CORBIN 1995*
■ 10 ha 60 000 ⓘⓘⓘ 30 à 50 F

Située sur le flanc ouest du tertre de Calon, cette propriété a donné un 95 présentant une robe grenat tirant sur le noir d'encre, des parfums intenses de fruits confits, de cuir et de menthol, et des tanins serrés et boisés qui demandent à s'assouplir et à s'équilibrer : on conseille une garde de trois ans.
➥ SCE du Ch. Rocher Corbin, Le Roquet, 33570 Montagne, tél. 05.57.74.55.92, fax 05.57.74.53.15 Ⓥ ⓘ r.-v.
➥ Philippe Durand

CH. ROCHER-GARDAT 1995
■ 5,3 ha 24 000 ⓘⓘ 30 à 50 F

Ce 95 est particulièrement réussi par la complexité de son bouquet marqué par des notes fruitées (framboise, mûre) et animales. Au palais, les tanins sont amples et équilibrés, avec une certaine amertume en finale qui devrait s'estomper d'ici deux ou trois ans. Un vin élégant, bien fait.
➥ SCEA Moze-Berthon, Bertin, 33570 Montagne, tél. 05.57.74.66.84, fax 05.57.74.58.70 Ⓥ ⓘ r.-v.

CH. ROSE D'ORION 1995*
■ 5 ha n.c. ⓘⓘⓘ 30 à 50 F

On sent beaucoup d'attention dans l'élaboration de ce vin qui assemble 10 % de cabernet-sauvignon et 20 % de cabernet franc au merlot. Il a du caractère et un nez boisé dominateur. La structure tannique généreuse et équilibrée autorise pourtant beaucoup d'espoirs, et le boisé devrait se fondre avec une garde de trois à cinq ans.
➥ EARL Vignobles D. et C. Devaud, Ch. de Faise, 33570 Les Artigues-de-Lussac, tél. 05.57.24.31.39, fax 05.57.24.34.17 Ⓥ ⓘ r.-v.

CH. ROUDIER 1995
■ 30 ha 190 000 50 à 70 F

Situé sur le flanc sud des coteaux de Montagne, et propriété de la famille Capdemourlin, très connue à Saint-Emilion, ce cru a réussi un 95 au bouquet naissant de cuir légèrement fumé ; rond en attaque, ce vin évolue avec finesse et harmonie malgré une finale encore tannique et austère, que deux ou trois ans de bonne garde arrondiront.
➥ SCEA Capdemourlin, Ch. Roudier, 33570 Montagne, tél. 05.57.74.62.06, fax 05.57.74.59.34 Ⓥ ⓘ r.-v.

DOM. DU ROUDIER 1995*
■ n.c. 60 000 ⓘⓘ 50 à 70 F

Ce domaine bénéficie d'un encépagement équilibré entre merlot (60 %) et cabernets (40 %) qui apporte une bonne complexité dans ce 95. La robe est profonde ; le nez, marqué par le passage en barrique, développe des notes de cuir et de vanille ; la structure tannique souple et moelleuse est particulièrement agréable, bien que le

Le Libournais

bois domine encore. Une bouteille à boire ou à garder quelques années.
✂ Vignobles Aubert, Ch. La Couspaude, 33330 Saint-Emilion, tél. 05.57.40.15.76, fax 05.57.40.10.14 🅥 🍷 r.-v.

CH. TEYSSIER 1995*
■ 19 ha 66 000 🎵 50 à 70 F

Un domaine à la gestion commerciale est confiée au grand négociant bordelais Dourthe. A base presque exclusivement de merlot, ce 95 mérite le détour pour la complexité de ses arômes très fruités et épicés, ainsi que pour la maturité et le moelleux des tanins harmonieux et équilibrés. C'est une bouteille typée, à ne pas ouvrir avant trois ans, puis à servir jusqu'en 2006 au moins !
✂ GFA Ch. Teyssier, 33570 Montagne, tél. 05.56.35.53.00, fax 05.56.35.53.29 🍷 r.-v.
✂ Famille Durand-Teyssier

CH. TRICOT 1995*
■ 6 ha 30 000 🎵 30 à 50 F

Comme l'an dernier, ce cru a été diversement apprécié par les membres de notre jury, certains le distinguant pour l'originalité de ses arômes boisés et fumés, d'autres préférant remarquer la qualité et la persistance de la matière. C'est assurément un vin qui ne laisse pas indifférent. A boire ou à attendre de deux à cinq ans.
✂ Bernadette Paret, Ch. Tricot, 33570 Montagne, tél. 05.57.74.65.47, fax 05.57.74.65.47 🅥 🍷 r.-v.

CH. VERNAY BONFORT 1995*
■ n.c. n.c. 🎵 30 à 50 F

Ce vin se caractérise par une couleur rubis brillante, un bouquet développé de raisins mûrs avec des notes de gibier rehaussées d'une touche boisée. Sa structure en bouche, ample et fruitée, est encore marquée par l'élevage en barrique, mais elle devrait s'harmoniser après deux ou trois ans de vieillissement en cave.
✂ SCE de Bertineau, 193, rue David-Johnston, 33000 Bordeaux, tél. 05.57.85.80.95 🅥 🍷 r.-v.

CH. VIEILLE TOUR MONTAGNE 1995*
■ 2,6 ha 20 000 🍾 50 à 70 F

Issu à 100 % du cépage merlot, ce 95 présente une robe rubis brillante, un bouquet de fruits cuits et de compote, avec une pointe végétale, et une structure tannique tendre et élégante, évoluant avec ampleur en fin de bouche. Une bouteille prête à boire dans deux ou trois ans.
✂ Pierre et André Durand, Arriailh, 33570 Montagne, tél. 05.57.74.62.02, fax 05.57.74.53.66 🅥 🍷 t.l.j. 9h-12h 14h-18h

VIEUX CHATEAU CALON 1995**
■ 6,85 ha 45 000 🎵 30 à 50 F

Provenant à 99 % du cépage merlot planté sur un terroir argilo-calcaire, ce vin est séduisant et complexe : arômes intenses et fruités, structure tannique souple et ronde en attaque, évoluant avec chaleur et puissance. Cette bouteille s'épanouit totalement en fin de bouche, ce qui la rend prête à boire, mais elle vieillira également très

Puisseguin saint-émilion

bien, au moins cinq ans. L'une des belles surprises de cette dégustation.
✂ SCE Gros et Fils, Grange-Neuve, 33500 Pomerol, tél. 05.57.51.23.03, fax 05.57.25.36.14 🅥 🍷 r.-v.

VIEUX CHATEAU DES ROCHERS 1995*
■ 3,56 ha 10 000 🍾 30 à 50 F

Le vignoble de ce cru, âgé d'une trentaine d'années, est planté sur un sol argilo-calcaire et argilo-siliceux ; il produit un vin fruité assez expressif, développant en bouche un caractère en harmonie avec des tanins ronds et puissants, qui s'épanouiront après deux à trois ans de garde en cave.
✂ Jean-Claude Rocher, Mirande, 33570 Montagne, tél. 05.57.74.62.37, fax 05.57.25.29.55 🅥 🍷 r.-v.
✂ Rocher-Adel

VIEUX CHATEAU SAINT ANDRE 1995*
■ 6,44 ha n.c. 🎵 50 à 70 F
82 83 **85** 86 |88| |89| **90** |91| 92 93 95

Ce château appartient à Jean-Claude Berrouet qui préside aux destinées de Petrus, à Pomerol. Son talent lui permet de présenter un vin au bouquet fruité et épicé, à la structure tannique généreuse et ferme. C'est une bouteille bien typée, caractéristique de son appellation et de son millésime, à boire dans deux à cinq ans.
✂ Jean-Claude Berrouet, 68, rue des Quatre-Frères-Robert, 33500 Libourne

Puisseguin saint-émilion

CH. BEL-AIR
Cuvée de Bacchus Vieilli en fût de chêne 1995**
■ 4 ha 20 000 🎵 30 à 50 F

La cuvée Bacchus est une sélection sévère élaborée sur seulement 4 ha du château Bel-Air. La robe grenat a des reflets violets. Les parfums complexes et intenses évoquent la mûre, le pruneau et le boisé grillé. Les tanins, suaves mais néanmoins très présents en attaque, évoluent avec équilibre et persistance. C'est un joli vin bien typé qui fait honneur à son appellation. A boire dans deux à six ans.
✂ SCEA Adoue, Bel-Air, 33570 Puisseguin, tél. 05.57.74.51.82, fax 05.57.74.59.94 🅥 🍷 r.-v.

CH. BORIE DE L'ANGLAIS 1995**
■ 3 ha 12 000 🎵 50 à 70 F

Viticulteurs depuis le XVIe s. dans ce canton, les Coudroy ont produit un vin intéressant, au bouquet intense de vanille et de caramel rehaussé de notes épicées. Puissants en attaque, les tanins évoluent rapidement avec une certaine harmonie et un bon équilibre. A boire dans deux ans quand le bois se sera un peu estompé.
✂ Serge Coudroy, Chouteau, 33570 Lussac, tél. 05.57.74.67.73, fax 05.57.74.56.07 🍷 r.-v.

Le Libournais

Puisseguin saint-émilion

CH. BRANDA 1995★★

n.c.   30 000   50 à 70 F

Habitué aux coups de cœur, le château Branda décroche cette année deux étoiles pour son 95 à la robe grenat profond et aux arômes flatteurs de fruits très mûrs. En bouche, l'attaque suave et riche laisse la place à une évolution à la fois corsée et fondue, avec un boisé vanillé de qualité. C'est un vin classique, bien équilibré, qui s'épanouira totalement avec une garde prolongée de trois à huit ans.
↪ SC Ch. du Branda, Roques,
33570 Puisseguin, tél. 05.57.74.62.55,
fax 05.57.74.57.33 r.-v.

CH. CHAMPS DE DURAND 1995

n.c.   n.c.   -30

Ce 95 à la robe rouge cerise soutenu présente un caractère fruité expressif et des tanins pleins et ronds, bien qu'un peu fugaces. Une bouteille à boire assez rapidement.
↪ Cheval Quancard, rue Barbère,
33440 Ambarès, tél. 05.56.33.80.60,
fax 05.56.33.80.70 r.-v.

CH. DURAND-LAPLAGNE
Cuvée Sélection 1995★

3,5 ha   30 000   50 à 70 F

La cuvée Sélection du château Durand-Laplagne provient de vieilles vignes situées sur un terroir argilo-calcaire. La robe du 95 est pourpre brillant. Le bouquet évoque les fruits noirs grillés et le poivre blanc. Soyeux en attaque, c'est un vin puissant et harmonieux qui demande pour se fondre un vieillissement de deux à cinq ans. À noter également, la **cuvée classique**, qui ne connaît pas le fût, pour sa souplesse et sa rondeur, à boire plus vite ; elle mérite une citation.
↪ Vignobles J. Bessou, Ch. Durand-Laplagne,
33570 Puisseguin, tél. 05.57.74.63.07,
fax 05.57.74.59.58 r.-v.

CH. FONGABAN 1995

7,5 ha   60 000   30 à 50 F

Ce 95 offre une robe rubis brillant, un nez expressif de torréfaction et une présence tannique un peu légère en attaque mais évoluant avec une bonne persistance. C'est un vin à boire pour profiter des qualités de sa jeunesse.
↪ SARL de Fongaban, Fongaban,
33570 Puisseguin, tél. 05.57.74.54.07,
fax 05.57.74.50.97 r.-v.

CH. GRAND RIGAUD 1995★

7 ha   35 000   30 à 50 F

Ce 95 issu de 80 % de merlot et de 20 % de cabernets a une couleur pourpre profonde, un bouquet naissant de fruits confits et de grillé et une structure tannique ample et fruitée, bien fondue en fin de bouche. C'est un vin agréable, à boire dans deux ans et plus.
↪ Guy et Dany Desplat, B.P. 13,
33570 Puisseguin, tél. 05.57.74.61.10,
fax 05.57.74.58.30 r.-v.

CH. HAUT-BERNAT 1995★

5,65 ha   30 000   50 à 70 F

Ce cru, situé sur un terroir argilo-calcaire, a produit un 95 issu exclusivement du cépage merlot. La robe est brillante. Les arômes soutenus de fruits mûrs sont rehaussés de touches vanillées et épicées. La structure tannique, franche et élégante, apporte beaucoup de typicité. Une bouteille à ouvrir dans deux à cinq ans.
↪ SA Vignobles Bessineau, 8, Brousse,
33350 Belvès-de-Castillon, tél. 05.57.56.05.55,
fax 05.57.56.05.56 r.-v.

CH. HAUT SAINT-CLAIR 1995★★

4,2 ha   16 000   30 à 50 F

Régulièrement cité dans notre Guide, le château Haut Saint-Clair propose encore dans le millésime 95 un vin en tout point remarquable : robe profonde, bouquet expressif de fruits rouges bien mûrs et de boisé grillé, tanins veloutés, ronds et très présents, évoluant sur une fin de bouche harmonieuse et persistante. C'est une bouteille de caractère à ouvrir après l'an 2000.
↪ SCEA Ch. Haut Saint-Clair, 1, Saint-Clair,
33570 Puisseguin, tél. 05.57.74.66.82,
fax 05.57.74.51.50 r.-v.

CH. LA CABANNE 1995★

6 ha   n.c.   30 à 50 F

Ce château peut recevoir des clients dans un gîte rural spécialement aménagé cet effet. Vous pourrez y déguster ce 95 à la robe rouge soutenu, aux parfums intenses et fruités et aux tanins veloutés et mûrs, puissants en fin de bouche. L'harmonie devrait être parfaite dans deux ou trois ans.
↪ EARL Vignobles J.-P. et M. Celerier, Moulin Courrech, 33570 Puisseguin, tél. 05.57.74.61.75,
fax 05.57.74.52.79 t.l.j. 8h-20h

CH. LA CROIX GUILLOTIN 1995

10 ha   68 000   30 à 50 F

Ce 95 se distingue surtout par la délicatesse de ses arômes fruités et épicés, et par ses tanins puissants et mûrs. Tout cela devrait se fondre après deux bonnes années de vieillissement.
↪ Yvon Mau SA, rue André-Dupuy-Chauvin,
B.P. 1, 33190 Gironde-sur-Dropt,
tél. 05.56.61.54.54, fax 05.56.61.54.61
↪ GAEC Lorenzo Frères

CH. LAFAURIE 1995★

5 ha   30 000   30 à 50 F

Un encépagement bien équilibré entre merlot (60 %) et cabernets (40 %) pour ce cru qui nous propose un 95 tout en finesse, aux parfums délicats de fruits rouges et de vanille (barriques neuves). Très équilibrés en bouche, les tanins sont particulièrement élégants et aromatiques ; ils laissent une impression de fraîcheur bien agréable. Une bouteille à apprécier dans les deux à cinq ans à venir.
↪ EARL Vignobles Paul Bordes, Faize,
33570 Les Artigues-de-Lussac,
tél. 05.57.24.33.66, fax 05.57.24.30.42 r.-v.

Le Libournais

CH. DE L'ANGLAIS 1995
| | 3,17 ha | 4 800 | | 30 à 50 F |

Ce 95 a tout pour séduire dès maintenant l'amateur de vins aromatiques par son expression de fruits mûrs et de cuir. Epicé en attaque, il ne lui manque qu'un peu de corps pour mériter une étoile : c'est une bouteille à boire dans les trois ans. Ce cru a été servi au 10 Downing street par John Major en 1996 lors du sommet franco-anglais.

GFA Ch. de L'Anglais, 54, rue Guadet, B.P. 62, 33330 Saint-Emilion, tél. 05.57.24.61.79, fax 05.57.74.44.00 r.-v.
J.-P. Marsant

CLOS DES RELIGIEUSES 1995*
| | 10 ha | 80 000 | | 30 à 50 F |

Cette ancienne métairie a appartenu au XVIIᵉ s. à la congrégation des Ursulines de Saint-Emilion, d'où le nom actuel de Clos des Religieuses. Ce 95 a une robe rubis brillant, aux arômes délicats de fruits rouges et d'épices et une structure tannique puissante et équilibrée. C'est un vin de caractère, à oublier deux ans dans sa cave.

Jean-Marie Leynier, Clos des Religieuses, 33570 Puisseguin, tél. 05.57.74.67.52, fax 05.57.74.64.12 t.l.j. 8h-12h 14h-19h

CUVEE RENAISSANCE
Vieilli en fût de chêne 1995
| | n.c. | 10 000 | | 30 à 50 F |

Cette cuvée Renaissance est une sélection vinifiée en barrique par la cave coopérative de Puisseguin-Lussac. La robe grenat a des reflets tuilés. Les arômes évoquent le cuir et le grillé ; la structure tannique, suave et fruitée, paraît bien équilibrée. A boire ou à garder deux à trois ans.

Cave coop. de Puisseguin-Lussac Saint-Emilion, Durand, 33570 Puisseguin, tél. 05.57.55.50.40, fax 05.57.74.57.43 r.-v.

CH. RIGAUD 1995**
| | 8 ha | 50 000 | | 30 à 50 F |

Ce cru situé sur un terroir argilo-calcaire figure parmi les références de l'appellation, comme le montre encore son 95 à la robe d'un pourpre profond, au bouquet élégant de fruits et de vanille. Friands en attaque, les tanins évoluent avec une bonne maturité et un excellent équilibre. La fin de bouche encore très corsée demande un vieillissement de trois à cinq ans en cave.

Josette Taïx, Rigaud, 33570 Puisseguin, tél. 05.57.74.63.35, fax 05.57.74.50.97 r.-v.

Saint-georges saint-émilion

CH. BELLONNE 1995
| | 2 ha | 10 000 | | 50 à 70 F |

Ce 95 présente une robe grenat à reflets tuilés, un bouquet discret et animal, une structure tannique souple et ronde, avec une finale légèrement fruitée. Une bouteille à apprécier dès maintenant.

Denis Corre-Macquin, Saint-Georges, 33570 Montagne, tél. 05.57.74.64.66, fax 05.57.74.55.47 r.-v.

CH. CALON 1995
| | 7,5 ha | 54 000 | | 50 à 70 F |

Propriété familiale fondée il y a près de 250 ans, ce château présente un 95 à la robe pourpre, au nez encore très jeune et fermé, légèrement animal, aux tanins ronds et assez persistants. Une bouteille à boire d'ici un an ou deux.

Jean-Noël Boidron, Ch. Calon, 33570 Montagne, tél. 05.57.51.64.88, fax 05.57.51.56.30 r.-v.

CH. CAP D'OR 1995*
| | 15 ha | 41 000 | | 30 à 50 F |

Issu d'un terroir argilo-calcaire, ce 95 mérite le détour pour son intensité aromatique (fruits confits, cuir) et pour son équilibre tannique en bouche. C'est un vin assez complexe, bien harmonisé avec l'élevage en barrique, qui s'épanouira dans deux ou trois ans.

SCEA Rocher-Cap-de-Rive 1, Ch. Cap d'Or, 33350 Castillon-la-Bataille, tél. 05.57.40.08.88, fax 05.57.40.19.93

CH. HAUT-SAINT-GEORGES 1995**
| | 3 ha | n.c. | | 30 à 50 F |

Appartenant à l'un des plus gros brasseurs de Belgique, ce petit château de 3 ha domine la côte sud de Saint-Georges. Ce 95 présente une robe profonde, presque noire, des arômes complexes de fruits noirs, de réglisse et de caramel. En bouche, l'attaque souple et charmeuse évolue vers plus de puissance et d'équilibre, donnant à cette bouteille un caractère et une typicité remarquables. A boire dans deux à cinq ans environ.

SCE de La Grande Barde, 33570 Montagne, tél. 05.57.74.64.98, fax 05.57.74.64.98 r.-v.

CH. PUY SAINT-GEORGES 1995*
| | 45 ha | 30 000 | | 50 à 70 F |

Deuxième vin du château Saint-Georges, ce 95 mérite à lui tout seul une étoile. La robe pourpre a déjà de jolis reflets rubis, le bouquet de fruits rouges est encore très frais et la structure tannique franche et équilibrée autorise une consommation assez rapide, dans les trois prochaines années.

Famille Desbois, Ch. Saint-Georges, 33570 Montagne, tél. 05.57.74.62.11, fax 05.57.74.58.62 r.-v.

CH. SAINT-ANDRE CORBIN 1995**
| | 1,7 ha | 78 000 | | 50 à 70 F |

Ce cru géré par Jean-Claude Berrouet et Alain Moueix est situé sur les coteaux exposés au sud faisant face à Saint-Emilion. Très régulier, il est au sommet de son appellation, comme le montre encore ce 95 à la robe pourpre profonde, aux arômes élégants de fruits noirs et de torréfaction. En bouche, c'est un vin suave et gras qui évolue avec beaucoup de concentration et de finesse en même temps, ce qui lui confère une belle typicité. On l'appréciera pleinement après une garde de deux à sept ans.

LE BORDELAIS

Le Libournais

↪ SCEA du Priourat, 10, quai du Priourat, 33500 Libourne, tél. 05.57.55.00.50, fax 05.57.25.22.56 ☑

CH. SAINT-GEORGES 1995★★

■ 45 ha 300 000 ⏏ 100 à 150 F

Ce domaine créé sous la Révolution possède un magnifique château qui domine la côte nord de Saint-Emilion du haut de ses quatre tours. Le site lui-même, mais aussi la qualité irréprochable des vins qui y sont produits méritent le détour. Un coup de cœur unanime salue dans ce 95 une grande complexité aromatique de fruits noirs, de boisé grillé et épicé et un équilibre tannique parfait ; suavité, générosité, élégance et longueur, tout est réuni pour faire de cette bouteille un moment d'exception. A attendre trois ans et à boire alors pendant dix ans. Choisir le meilleur gibier.
↪ Famille Desbois, Ch. Saint-Georges, 33570 Montagne, tél. 05.57.74.62.11, fax 05.57.74.58.62 ☑ ⏏ r.-v.

Côtes de castillon

En 1989, une nouvelle appellation est née, côtes de castillon. Elle reprend sur 2 855 ha la zone qui était dévolue à l'appellation bordeaux côtes de castillon, c'est-à-dire les neuf communes de Belvès-de-Castillon, Castillon-la-Bataille, Saint-Magne-de-Castillon, Gardegan-et-Tourtirac, Sainte-Colombe, Saint-Genès-de-Castillon, Saint-Philippe-d'Aiguilhe, Les Salles-de-Castillon et Monbadon. Néanmoins, pour quitter le groupe « bordeaux » les viticulteurs doivent respecter des normes de production plus sévères, notamment en ce qui concerne les densités de plantation, qui sont fixées à 5 000 pieds par hectare. Un délai est laissé jusqu'en 2010 pour tenir compte des vignes existantes. En 1997, la production a atteint 176 768 hl.

Côtes de castillon

CH. D'AIGUILHE 1995★

■ 20 ha 110 000 ⏏ 30 à 50 F

Situé à l'emplacement d'une ancienne forteresse du XII°s., ce beau château appartient à des Espagnols. Son 95 présente une robe pourpre foncé, un bouquet intense de fruits mûrs et de notes grillées très typés merlot. Sa structure tannique enveloppée est harmonieuse. Une bouteille très bien vinifiée, à boire ou à garder quelques années.
↪ SCEA du Ch. d'Aiguilhe, 33350 Saint-Philippe-d'Aiguilhe, tél. 05.57.40.60.10, fax 05.57.40.63.56 ☑ ⏏ r.-v.

ARTHUS 1995★★

■ 3,5 ha 16 000 ⏏ 30 à 50 F

Danielle et Richard Dubois se sont rencontrés lors d'un stage d'œnologie à Petrus. Ils ont créé ensemble ce cru sur les magnifiques coteaux argilo-calcaires de Sainte-Colombe. Une fois de plus, le vin est remarquable avec une robe pourpre profond, un bouquet intense et expressif de fruits mûrs, d'épices, de réglisse, où le boisé se fond très bien. En bouche, les tanins sont à la fois puissants et ronds, avec beaucoup de complexité et une touche boisée très bien intégrée au vin parfaitement respecté. A boire ou à garder cinq ans.
↪ Danielle et Richard Dubois, Ch. Bertinat Lartigue, 33330 Saint-Sulpice-de-Faleyrens, tél. 05.57.24.72.75, fax 05.57.74.45.43 ☑ ⏏ r.-v.

CH. DE BELCIER
Vieilli en barrique de chêne 1995★★

■ 52 ha 35 000 ⏏ 50 à 70 F

Le château de Belcier fait partie des fleurons de l'appellation avec ses 50 ha situés sur des coteaux argilo-calcaires. Il produit tous les ans d'excellents vins, comme ce 95 paré d'une robe grenat aux reflets presque noirs, aux parfums évocateurs et profonds de fruits noirs (mûre), de boisé grillé, de cuir. En bouche, l'attaque suave est suivie par une perception tannique puissante et harmonieuse. Tout est réuni dans cette bouteille pour procurer un grand plaisir rapidement, mais une garde de trois à cinq ans peut être envisagée. Le deuxième vin, le **Château de Monrecueil 95**, reçoit une étoile (30 à 50 F).
↪ SCA du Ch. de Belcier, 2, Belcier, 33350 Les Salles-de-Castillon, tél. 05.57.40.67.58, fax 05.57.40.67.58 ☑ ⏏ r.-v.
↪ MACIF

CH. BELLEVUE
Vieilles vignes Vieilli en fût de chêne 1995★

■ 10,5 ha 13 000 ⏏ 30 à 50 F

Ce château appartenant aux vignobles Petit, très présents dans le Libournais, a sélectionné cette cuvée élaborée à partir de vieilles vignes de merlot (55 %) et de cabernet franc. Le bouquet intense et complexe évoque la cerise et la muscade avec une agréable note fleurie. La structure tannique est puissante et aromatique, mais il est nécessaire d'attendre deux à trois ans pour obtenir plus de rondeur.
↪ Vignobles Marcel Petit, Ch. Pillebois, 33350 Saint-Magne-de-Castillon, tél. 05.57.40.33.03, fax 05.57.40.06.05 ☑

Le Libournais

Côtes de castillon

CH. BEYNAT Cuvée Léonard 1995**
15 ha — n.c. — 30 à 50 F

Cette cuvée Léonard correspond à une sélection de vieilles vignes de merlot (60 %) et de cabernet (40 %), situées sur un terroir argilo-calcaire. La réussite est complète avec une robe grenat soutenu à reflets noirs, aux arômes élégants de fruits et de boisé fondu, et à la structure tannique présente, complexe, très harmonieuse en fin de bouche. Cette très belle bouteille atteindra son apogée dans trois à cinq ans. La **cuvée principale du château Beynat 95**, élevée en cuve, propose 32 000 bouteilles notées une étoile.
⚭ Xavier Borliachon, 21, rte de Beynat, 33350 Saint-Magne-de-Castillon, tél. 05.57.40.01.14, fax 05.57.40.18.51 ✓ ☕ t.l.j. 9h-19h

CH. BLANZAC Cuvée Prestige 1995*
n.c. — 40 000 — 50 à 70 F

Connu pour avoir créé il y a quelques années le « horse-ball », sport collectif à cheval, ce cru mérite également une visite pour son vin à la robe profonde, aux arômes de fruits mûrs et de fleurs, délicatement boisés. De corpulence moyenne en attaque, les tanins évoluent dans un bon équilibre et une certaine fraîcheur. C'est une bouteille déjà prête à boire.
⚭ Bernard Depons, Ch. Blanzac, 33350 Saint-Magne-de-Castillon, tél. 05.57.40.11.89, fax 05.57.40.11.89 ✓ ☕ t.l.j. 8h30-19h

CH. DU BOIS 1996
13 ha — 65 000 — 30 à 50 F

Ancienne maison noble, ce manoir date du XIV^{e}s. La robe de ce 96 est grenat avec des reflets tuilés brillants, alors que le bouquet naissant évoque le cuir, le beurre et les fruits rouges acidulés. Les tanins, souples et aromatiques, sont agréables. C'est un vin à servir sans tarder.
⚭ SARL Vignobles Lenne-Mourgues, Ch. du Bois, 6, rte de Sainte-Colombe, 33350 Saint-Magne-de-Castillon, tél. 05.57.40.07.87, fax 05.57.40.30.59 ✓ ☕ r.-v.

CH. BREHAT 1995*
8 ha — 34 000 — 30 à 50 F

Ce cru propose en 95 un vin très intéressant par la qualité de ses arômes fruités (framboise, mûre) et par son équilibre en bouche, où les tanins mûrs et harmonieux apportent déjà du plaisir. Une bouteille agréable dès maintenant mais pouvant attendre.
⚭ Jean de Monteil, Ch. Haut-Rocher, 33330 Saint-Etienne-de-Lisse, tél. 05.57.40.18.09, fax 05.57.40.08.23 ✓ ☕ r.-v.

CH. CAP DE FAUGERES 1995**
27 ha — 88 000 — 30 à 50 F

Ce cru, situé sur les coteaux de la commune de Sainte-Colombe, produit régulièrement d'excellents vins. Ce 95 est dans la lignée de ses prédécesseurs : robe profonde, bouquet complexe et expressif d'épices et de fruits, tanins amples et veloutés, à la fois élégants et boisés, avec une fin de bouche très charmeuse. Une bouteille qui pourra se boire vite, d'ici un an ou deux, mais qui vieillira également très bien.
⚭ Corinne Guisez, Ch. Cap de Faugères, 33350 Sainte-Colombe, tél. 05.57.40.34.99, fax 05.57.40.36.14 ✓ ☕ r.-v.

CH. CASTEGENS 1995**
26 ha — 25 000 — 30 à 50 F

Ce magnifique château appartient depuis cinq cents ans à la même famille. Inscrit à l'Inventaire supplémentaire des Monuments historiques, il est sur le site du très intéressant spectacle de reconstitution de la bataille de Castillon. Le vin aussi mérite le détour. Ce 95 à la robe grenat violacé, au nez concentré de fruits rouges très mûrs se montre parfaitement équilibré en bouche. Les tanins charnus et très jeunes demandent une garde en cave de trois à six ans pour s'assouplir.
⚭ Jean-Louis de Fontenay, Ch. Castegens, 33350 Belvès-de-Castillon, tél. 05.57.47.96.07, fax 05.57.47.91.61 ✓ ☕ r.-v.

CH. DE CHAINCHON
Cuvée Prestige 1996*
n.c. — 12 000 — 30 à 50 F

Situé à flanc de coteaux au sud de l'appellation, ce cru propose une cuvée Prestige à la robe profonde, au bouquet expressif de cassis, de framboise et d'épices. En bouche, les tanins sont mûrs et bien enrobés par un boisé fondu et équilibré ; ils évoluent avec beaucoup de fraîcheur et de fruits. Un vin bien fait, à apprécier dans deux ou trois ans.
⚭ SCEA du Ch. de Chainchon, 33350 Castillon-la-Bataille, tél. 05.57.40.14.78, fax 05.57.40.25.45 ✓ ☕ r.-v.
⚭ Patrick Erésué

CH. FLOJAGUE 1995
4 ha — 20 000 — 30 à 50 F

Ce très beau château, construit entre le XIII^{e}s. et le XV^{e}s., mérite le détour autant pour le site que pour son vin, intense et complexe au nez (réglisse), riche et déjà évolué en bouche, avec un bon équilibre final. Une bouteille à boire dans les trois prochaines années.
⚭ Aymen de Lageard, Ch. Flojague, 33350 Saint-Genès-de-Castillon, tél. 05.57.74.02.62, fax 05.57.47.90.19 ✓ ☕ r.-v.

CH. FONTBAUDE 1995**
12 ha — 50 000 — 30 à 50 F

Situé sur des coteaux bien exposés, ce cru propose un vin élaboré avec beaucoup de rigueur et de soin. Tout séduit : la robe pourpre, les arômes de fruits mûrs et de noyau de cerise, la structure tannique élégante et équilibrée, qui évolue en bouche avec une bonne typicité. Il est nécessaire de patienter deux à cinq ans avant d'ouvrir cette belle bouteille. La cuvée **Réserve de Fontbaude 95**, élevée douze mois en fût, reçoit une étoile pour son équilibre, sa puissance, son élégance. Elle doit être attendue.
⚭ GAEC Sabaté-Zavan, 34, rue de l'Eglise, 33350 Saint-Magne-de-Castillon, tél. 05.57.40.06.58, fax 05.57.40.26.54 ✓ ☕ t.l.j. sf dim. 9h-12h 14h-17h

BORDELAIS

LE BORDELAIS

Le Libournais

Côtes de castillon

CH. GRAND TUILLAC
Cuvée Elégance 1995**

6 ha — 40 000 — 30 à 50 F

Le château Grand Tuillac, domaine de 40 ha, possède un vignoble de 22 ha sur le coteau le plus élevé de l'appellation. Avec cette cuvée spéciale appelée Elégance, il arrive second au grand jury des 95. La robe pourpre brille de jolis reflets tuilés. Les parfums intenses et complexes évoquent les épices, le café grillé, les fruits mûrs et la vanille. En bouche, la structure tannique puissante et mûre révèle un équilibre parfait entre le raisin et la barrique jusqu'en finale. Une grande bouteille d'avenir.

SCEA Lavigne, Ch. Grand Tuillac, 33350 Saint-Philippe-d'Aiguilhe, tél. 05.57.40.60.09, fax 05.57.40.66.67 r.-v.

CH. HAUT TUQUET 1996

16,5 ha — 120 000 — 30 à 50 F

Ce 96, au nez encore discret de pruneau et de petits fruits rouges, possède une structure tannique souple et équilibrée. Un vin à apprécier dès maintenant.

Vignobles Lafaye Père et Fils, Ch. Viramon, 33330 Saint-Etienne-de-Lisse, tél. 05.57.40.18.28, fax 05.57.40.02.70 r.-v.

CH. LABESSE 1996*

n.c. — 100 000 — 30 à 50 F

Ce château, qui appartient à la famille Aubert, propriétaire du château La Couspaude à Saint-Emilion, est situé sur un terroir gravelo-sableux. Son 96 développe un bouquet expressif de fruits noirs, de vanille, de grillé et, après une attaque franche, les tanins évoluent avec densité et persistance, la barrique cachant le terroir et le fruit. Attendre deux ans au moins, pour que le boisé s'estompe un peu.

Vignobles Aubert, Ch. La Couspaude, 33330 Saint-Emilion, tél. 05.57.40.15.76, fax 05.57.40.10.14 r.-v.

CH. LA BRANDE 1996*

14,5 ha — 104 000 — 30 à 50 F

Né sur un terroir argilo-calcaire, ce 96 possède l'élégance et la complexité des grands vins : robe grenat à reflets rubis, notes intenses de pruneau, de sous-bois avec des notes minérales, tanins souples et racés, encore frais et aromatiques. C'est une bouteille qui peut être bue aujourd'hui ou dans quelques années, sur un lapereau rôti ou une blanquette de veau à l'ancienne.

Vignobles Jean Petit, Mangot, 33330 Saint-Etienne-de-Lisse, tél. 05.57.40.18.23, fax 05.57.40.15.97 t.l.j. 8h-12h 13h30-18h; sam. dim. et groupes sur r.-v.

DOM. DE LA CARESSE 1996**

n.c. — 100 000 — 30 à 50 F

Un terroir argilo-calcaire classique et un encépagement équilibré entre merlot (70 %) et cabernets (30 %) sont à la base de ce splendide 96 qui possède une couleur grenat brillante, des parfums complexes et intenses de fruits noirs, de vanille, de pain grillé. L'attaque souple et vive laisse la place à un équilibre de tanins mûrs, puissants, avec une persistance aromatique remarquable. C'est assurément une grande bouteille, à laisser vieillir impérativement de trois à huit ans.

SCEA Ch. Grands Champs, Dom. de La Caresse, 33350 Saint-Magne-de-Castillon, tél. 05.57.40.07.59, fax 05.57.40.07.59 t.l.j. 9h-12h

Jean Blanc

CH. LA CLARIERE LAITHWAITE 1995*

3,41 ha — 17 800 — 50 à 70 F

Appartenant à un Anglais leader mondial de la vente du vin par correspondance, ce petit cru à la pointe du progrès est encore superbe dans le millésime : robe presque noire, arômes puissants de fruits mûrs et de boisé grillé, tanins riches et généreux encore marqués par le boisé dominateur, qui évolueront vers plus d'harmonie dans les deux ans. Il vivra longtemps.

SARL Direct Wines (Castillon) La Clarière Laithwaite, Les Confrères de La Clarière, 33350 Sainte-Colombe, tél. 05.57.47.95.14, fax 05.57.47.94.47 r.-v.

CH. LA FONT DU JEU 1995**

n.c. — 15 000 — 30 à 50 F

Appartenant au même propriétaire que le château Lapeyronie également remarqué cette année dans le Guide, ce vin fait presque aussi bien avec ses deux étoiles. La robe intense a de jolis reflets pourpres, les arômes de fruits confits se marient harmonieusement au boisé torréfié ; les tanins puissants et gras évoluent avec beaucoup d'harmonie et de fraîcheur, bien mis en valeur par un élevage soigné en barrique. Ce vin typé plaira à l'amateur de vins jeunes, mais il vieillira également quelques années.

Jean-Frédéric Lapeyronie, 4, Castelmerle, 33350 Sainte-Colombe, tél. 05.57.40.19.27, fax 05.57.40.14.38 r.-v.

CH. LA GRANDE MAYE
Elevé et vieilli en barrique de chêne 1995***

20 ha — 50 000 — 30 à 50 F

Après son coup de cœur l'an dernier, le cru propose un 95 qui n'est pas passé loin de la récompense suprême. La robe pourpre foncé aux reflets presque noirs est encore très vive. Les arômes complexes et élégants de fruits mûrs sont parfaitement intégrés à ceux du boisé. Les tanins ronds et charnus, très enveloppés, laissent en bouche une superbe sensation de puissance, de fraîcheur et de gras. Un vin de longue garde, remarquablement vinifié, à boire dans deux à huit ans.

EARL P.L. Valade, Rouye, 33350 Belvès-de-Castillon, tél. 05.57.47.93.92, fax 05.57.47.93.92 r.-v.

Paul Valade

CH. LAMARTINE 1995

17 ha — 30 000 — 30 à 50 F

Vous pouvez vous intéresser à ce 95 pour sa complexité aromatique, marquée par le cuir et les fruits rouges. Sa rondeur en bouche et sa bonne persistance en font un vin déjà agréable, qui se boira pendant cinq ans.

290

Le Libournais   Côtes de castillon

☛ EARL Gourraud, 1, la Nauze, 33350 Saint-Philippe-d'Aiguilhe, tél. 05.57.40.60.46, fax 05.57.40.66.01 ☑ ☒ t.l.j. sf dim. 9h-12h 14h-18h; f. sept.

CH. LAPEYRONIE 1995★★★
■   n.c.   10 000   ☒ 50 à 70 F

Ce château possède un encépagement judicieux à base de merlot (70 %) et de cabernets (30 %), qui est mis en valeur avec toutes les techniques de sélection et de maîtrise des rendements, à l'imitation des grands crus du Bordelais. Ce 95 présente une robe rouge cerise brillante ; les arômes d'une grande complexité sont concentrés et fins à la fois : ils évoquent les fruits mûrs, le bois grillé. Les tanins puissants, mais ronds et gras sont très typés et donnent beaucoup de caractère à ce vin dont le potentiel de garde est important (cinq à dix ans). Bravo !
☛ Jean-Frédéric Lapeyronie, 4, Castelmerle, 33350 Sainte-Colombe, tél. 05.57.40.19.27, fax 05.57.40.14.38 ☑ ☒ r.-v.

CH. LA ROCHE BEAULIEU 1996★
■   8,1 ha   25 000   ☒ 30 à 50 F

Première vinification avec ce millésime 96 pour ce cru situé sur les coteaux argilo-calcaires, et première réussite : la robe profonde, le bouquet élégant de fruits mûrs, la structure tannique ronde et dense en attaque, évoluant avec finesse et beaucoup de souplesse, en font un vin plaisir qui se laissera apprécier d'ici un an ou deux. Un vignoble à suivre.
☛ EARL du Vignoble Rousset, Ch. La Roche Beaulieu, 33350 Les Salles-de-Castillon, tél. 05.57.40.64.37, fax 05.57.40.64.65.05 ☑ ☒ t.l.j. sf dim. 9h30-12h 14h-18h

CH. LA TREILLE DES GIRONDINS
Cuvée Prestige Elevé en fût de chêne 1996
■   4 ha   20 000   ☒ 30 à 50 F

Cette cuvée Prestige est caractérisée par une assez grande complexité aromatique (fruits rouges, cuir, vanille) et par une structure tannique moelleuse et équilibrée, sans grande puissance cependant. Un vin plaisir, à boire dans les trois ans à venir.
☛ Alain Goumaud, Mézières, 33350 Saint-Magne-de-Castillon, tél. 05.57.40.05.38, fax 05.57.40.26.60 ☑ ☒ r.-v.

DOM. LA TUQUE BEL-AIR
Vieilli en fût de chêne neuf 1996
■   4 ha   28 000   ☒ 30 à 50 F

Ce 96 à la robe grenat limpide mérite le détour pour la qualité de ses arômes de fruits rouges, de réglisse, de pain grillé, et pour son équilibre tannique souple et élégant.
☛ GAEC Jean Lavau, Ch. Coudert-Pelletan, 33330 Saint-Christophe-des-Bardes, tél. 05.57.24.77.30, fax 05.57.24.66.24 ☑ ☒ t.l.j. 8h-12h30 14h-18h; sam. dim. sur r.-v.
☛ Pierre et Philippe Lavau

CLOS DE LA VIEILLE EGLISE 1995★
■   2,5 ha   20 000   ☒ 30 à 50 F

Ce petit cru d'à peine plus de 2 ha produit un vin issu essentiellement de vieilles vignes de merlot, plantées sur un terroir de graves sableuses et ferrugineuses. La robe grenat de ce 95 a de jolis reflets violets. Le nez évocateur de fleurs et de fruits rouges se fond avec des notes boisées délicates. La structure tannique ferme et mûre apporte beaucoup de fraîcheur en bouche.
☛ Danielle et Richard Dubois, Ch. Bertinat Lartigue, 33330 Saint-Sulpice-de-Faleyrens, tél. 05.57.24.72.75, fax 05.57.74.45.43 ☑ ☒ r.-v.

CH. LES HAUTS DE GRANGES 1996★★
■   15 000   ☒ 30 à 50 F

Un terroir argilo-calcaire et un pourcentage important (30 %) de cabernet-sauvignon dans l'assemblage de ce 96 puissant et racé, qui se caractérise par un bouquet intense et élégant de fleurs, de vanille et de menthol. La bouche, après une attaque souple et fraîche, évolue vers plus de puissance et de persistance aromatique, révélant un vin de garde. Cette bouteille pourra vieillir cinq à huit ans au moins.
☛ GFA L. Vincent Dalloz, Ch. Les Hauts de Granges, 33350 Les Salles-de-Castillon, tél. 05.57.40.62.20, fax 05.57.40.64.79 ☑ ☒ r.-v.

CH. MOULIN COURRECH 1995★
■   9 ha   n.c.   ☒ -30 F

Cette propriété de tradition familiale a réussi un très beau 95 élaboré avec de bons raisins mûrs. Typés merlot, ses arômes expriment le pruneau, la figue sèche et la réglisse. En bouche, les tanins sont soyeux en attaque, puis se montrent fermes et un peu boisées : ce vin demande deux à trois ans de patience en cave.
☛ EARL Vignobles J.-P. et M. Celerier, Moulin Courrech, 33570 Puisseguin, tél. 05.57.74.61.75, fax 05.57.74.52.79 ☑ ☒ t.l.j. 8h-20h

CH. MOULIN DE CLOTTE 1996★
■   7,71 ha   58 000   ☒ -30 F

Situé sur les coteaux les plus hauts et les plus au nord des Côtes de Castillon, au-dessus de sources souterraines (clotte veut dire point d'eau dans la langue locale), ce château a proposé un 96 intéressant par sa palette aromatique intense composée de fruits rouges et de menthol, et par la suavité de sa structure tannique, particulièrement élégante et fraîche en finale. Une bouteille typée, à boire dans deux à trois ans.
☛ Vignobles Chupin, Ch. Moulin de Clotte, 33350 Les Salles-de-Castillon, tél. 05.57.40.60.94, fax 05.57.40.66.68 ☑ ☒ t.l.j. sf sam. dim. 9h-12h 14h-17h

CH. PERREAU BEL-AIR 1995
■   2 ha   10 000   ☒ -30 F

Ce 95 issu exclusivement du cépage merlot possède un bouquet de pruneau, de vanille et de fruits confits, et une structure tannique moelleuse et aromatique, un peu fugace et austère en finale. Une bonne bouteille dans un an ou deux.
☛ GAEC Lubiato, Mattetournier, 33350 Gardegan, tél. 05.57.40.62.48, fax 05.57.40.62.48 ☑ ☒ r.-v.

CH. PERVENCHE PUY-ARNAUD 1996★★★
■   8 ha   16 000   ☒ 30 à 50 F

Situé dans un paysage vallonné magnifique, ce château possède l'un des plus anciens chais de

Le Libournais — Côtes de castillon

la région ainsi que l'un des derniers grands ormes. Le vin produit y est magnifique : robe pourpre, brillante ; arômes complexes de fruits rouges et noirs, de réglisse, de pruneau avec une note fleurie ; structure tannique soyeuse et chaleureuse qui évolue en bouche avec de la maturité et un équilibre parfait. Une bouteille d'exception, qui se révèlera totalement après deux à cinq ans de garde.
● André Loretz, 7, Puy Arnaud, 33350 Belvès-de-Castillon, tél. 05.57.47.90.33 ▣ ⊺ r.-v.

CH. PEYROU 1995

■ n.c. 38 000 ▮❶ 30 à 50 F

Situé sur un beau terroir argileux, ce cru propose régulièrement de très bons vins, comme ce 95 présentant une robe attrayante, des parfums complexes marqués par des notes animales, des tanins présents et amples, encore un peu sévères en fin de bouche, mais qui devraient s'épanouir harmonieusement après deux ou trois ans de garde en cave.
● Catherine Papon-Nouvel, Peyrou, 33350 Saint-Magne-de-Castillon, tél. 05.57.24.72.05, fax 05.57.74.40.03 ▣ ⊺ r.-v.

CH. PITRAY 1995*

■ n.c. 28 000 ▮❶♦ 50 à 70 F

Le château actuel, construit en 1868, est du style Renaissance revu par Viollet-le-Duc et ses disciples. Il est situé sur la terre de Pitray qui appartint longtemps aux Ségur. Après avoir admiré ce cadre magnifique, vous pourrez apprécier ce vin très harmonieux sur le plan aromatique (fruits mûrs, vanille, cacao) et puissant en bouche, construit sur des tanins de belle maturité, qu'il faudra attendre deux à cinq ans. A noter aussi, la **cuvée traditionnelle du Château de Pitray 95**, qui ne connaît pas la barrique et produit 185 000 bouteilles. Citée pour la fraîcheur de son fruit et pour sa rondeur en bouche, elle sera à boire d'ici un an ou deux (30 à 50 F).
● SC de La Frérie, Ch. de Pitray, 33350 Gardegan, tél. 05.57.40.63.38, fax 05.57.40.66.24 ▣ ⊺ r.-v.
● Comtesse de Boigne

CH. ROBIN 1995***

■ 12,5 ha 50 000 ❶ 50 à 70 F

Après un intermède dans le dernier Guide, le château Robin décroche son troisième coup de cœur en quatre ans, ce qui est exceptionnel. La robe brillante de ce 95 est presque noire, les arômes intenses et complexes sont à la fois boisés (grillé, vanille), fruités (framboise, cerise) et épicés. Cette diversité se retrouve en bouche où les tanins gras, amples et puissants sont splendides. La finale particulièrement harmonieuse et élégante laisse augurer une longue garde, au moins sept à dix ans. Précipitez-vous sans hésitation !
● SCEA Ch. Robin, 33350 Belvès-de-Castillon, tél. 05.57.40.55.65, fax 05.57.40.58.07 ▣ ⊺ r.-v.
● Sté Lurckroft

CH. ROCHER LIDEYRE 1995**

■ 37 ha 109 000 ▮ -30 F

Situé sur des coteaux argilo-calcaires exposés au sud-est, ce cru important propose un remarquable 95 : la robe grenat foncé et le bouquet encore discret de cerise et de fumée sont attrayants. En bouche, l'équilibre tannique est puissant et charnu, la finale aromatique se montre persistante. Ce vin est à boire ou à garder deux à trois ans, suivant les goûts.
● SDVF/GVG, Dom. du Ribet, B.P. 59, 33450 Saint-Loubès, tél. 05.57.97.07.20, fax 05.57.97.07.27 ⊺ r.-v.
● SCEA Vignobles Bardet

DOM. DES ROCHERS 1995

■ 4,91 ha 36 000 ▮ 30 à 50 F

Provenant exclusivement du cépage merlot, ce 95 développe un bouquet discret de poivron et de fraise avec une note de cèdre. En bouche, les tanins très présents sont encore un peu austères, mais deux à trois ans de garde devraient apporter plus d'harmonie.
● Jean Darribéhaude, 1, au Sable, 33330 Saint-Laurent-des-Combes, tél. 05.57.24.70.04, fax 05.57.74.46.14 ▣ ⊺ r.-v.

CH. DE SAINT-PHILIPPE
Cuvée Helmina 1995

■ 5 ha 26 000 ❶ 30 à 50 F

Cette année, Helmina a une couleur intense, légèrement tuilée, un bouquet profond de fruits mûrs, de pruneau et d'épices, une structure tannique ferme et équilibrée, encore un peu sévère en finale. Ce 95 trouvera son harmonie dans deux ou trois ans.
● EARL Vignobles Bécheau, Ch. de Saint-Philippe, 33350 Saint-Philippe-d'Aiguilhe, tél. 05.57.40.60.21, fax 05.57.40.62.28 ▣ ⊺ t.l.j. sf dim. 8h-12h 14h-19h; f. 15 oct.-15 nov.

CH. TERRASSON Cuvée Prévenche 1995

■ 1,3 ha 10 000 ❶ 30 à 50 F

Ce 95 a une robe profonde, un bouquet élégant mais discret de fruits rouges et de grillé, une structure tannique certes puissante mais austère. Une garde de quelques années devrait assouplir ce vin.
● EARL Christophe et Marie-Jo Lavau, Ch. Terrasson, B.P. 9, 33570 Puisseguin, tél. 05.57.40.65.60, fax 05.57.40.63.45 ▣ ⊺ r.-v.

VALMY DUBOURDIEU-LANGE 1996***

■ 3,7 ha 13 000 ❶ 70 à 100 F

Cette bouteille issue des meilleures parcelles du château de Chainchon, où subsistent encore trois rangs de vignes de la fin du siècle dernier, décroche pour le 96 un coup de cœur enthousiaste. La robe cerise foncée a des reflets pourpres. Les parfums complexes et élégants rappel-

Le Libournais

lent la truffe, le grillé, la vanille et le sous-bois. Ces arômes se retrouvent en bouche, en équilibre avec des tanins suaves, généreux et harmonieux. La finale très persistante autorise une garde en cave de cinq à dix ans. Bravo, Patrick Erésué !

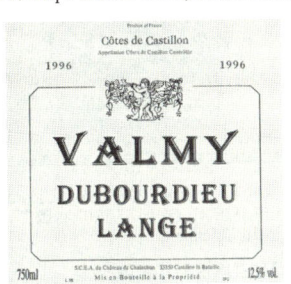

↱ SCEA du Ch. de Chainchon, 33350 Castillon-la-Bataille, tél. 05.57.40.14.78, fax 05.57.40.25.45 ☑ ☥ r.-v.
↱ Patrick Erésué

CH. VERNON 1995

■   9 ha   20 000   ⊞ 30 à 50 F

Voici un vin classique, agréable avec sa robe rubis limpide et son bouquet de fruits rouges vifs. En bouche, les tanins sont soyeux et équilibrés, avec une persistance moyenne. Une bouteille à boire dans les trois ans à venir.
↱ Christian Lavie, Ch. Vernon, 33350 Saint-Philippe-d'Aiguilhe, tél. 05.57.40.61.47, fax 05.57.40.61.47 ☑ ☥ r.-v.

VIEUX CHATEAU CHAMPS DE MARS Elevé en barrique de chêne 1995

■   4 ha   27 000   ⊞ 30 à 50 F

Ce château possède encore quelques vignes datant de 1902, ce qui n'empêche pas ce 95 de paraître encore très jeune. Ses arômes très fruités et ses tanins moelleux et mûrs, très épicés en fin de bouche, composent un vin riche, à attendre deux à trois ans.
↱ Régis Moro, Champs-de-Mars, 33350 Saint-Philippe-d'Aiguilhe, tél. 05.57.40.63.49, fax 05.57.40.61.41 ☑ ☥ r.-v.

Bordeaux côtes de francs

S'étendant, à 12 km à l'est de Saint-Emilion, sur les communes de Francs, Saint-Cibard et Tayac, le vignoble de bordeaux côtes de francs (487 ha en production et 29 061 hl en 1997) bénéficie d'une situation privilégiée sur des coteaux argilo-calcaires et marneux parmi les plus élevés de la Gironde. Presque intégralement consacré aux vins rouges (à l'exception d'une vingtaine d'hectares), il est exploité par quelques viticulteurs dynamiques et une cave coopérative, qui produisent de très jolis vins, riches et bouquetés.

VIGNOBLE D'ALFRED 1995**

■   n.c.   n.c.   ⊞ 30 à 50 F

Ce petit cru de 2 ha est complanté de merlot (60 %) et de cabernet-sauvignon (40 %). Une vinification minutieuse, parfaitement maîtrisée, s'est traduite par ce 95 à la robe pourpre presque noire, aux parfums intenses de fruits noirs, d'épices et de pain grillé, aux tanins mûrs, gras et généreux. La fin de bouche harmonieuse et longue annonce un bel avenir (de cinq à huit ans).
↱ Jean-Frédéric Lapeyronie, 4, Castelmerle, 33350 Sainte-Colombe, tél. 05.57.40.19.27, fax 05.57.40.14.38 ☑ ☥ r.-v.
↱ A. Charrier

CH. LACLAVERIE 1995*

■   9,5 ha   21 000   ⊞ 30 à 50 F

Vinifié à partir de 90 % de merlot, ce 95 présente un bouquet de fruits typiques de ce cépage, rehaussés par un boisé élégant. L'attaque souple et ample laisse la place à une bouche équilibrée aux tanins mûrs et harmonieux. Un vin à attendre deux ou trois ans.
↱ Nicolas Thienpont, Ch. Laclaverie, 33570 Saint-Cibard, tél. 05.57.56.07.47, fax 05.57.56.07.48 ☑ ☥ r.-v.

CH. LALANDE DE TAYAC 1996

■   10 ha   36 000   ⊞ 30 à 50 F

Ce 96 se présente bien, avec une robe grenat soutenu, un bouquet naissant d'épices, de cuir et de fruits rouges, un équilibre tannique harmonieux et aimable. Une bouteille qui s'appréciera assez vite, dans un an ou deux.
↱ Vignobles Lafaye Père et Fils, Ch. Viramon, 33330 Saint-Etienne-de-Lisse, tél. 05.57.40.18.28, fax 05.57.40.02.70 ☑ ☥ r.-v.

CH. LES CHARMES-GODARD 1995**

■   3,5 ha   20 000   ⊞ 50 à 70 F

Appartenant à la famille Thienpont installée depuis longtemps à Pomerol, ce cru est une référence dans l'appellation. Le vin rouge obtient deux étoiles dans le millésime 95 grâce à son bouquet expressif de fruits (cassis, mûre) et de grillé ; son équilibre tannique à la fois savoureux et puissant contribue à sa réussite. A attendre de trois à huit ans. Le vin blanc 96 reçoit une étoile : ses arômes d'abricot délicatement boisés se retrouvent en bouche, où l'équilibre est agréable et suffisamment puissant pour autoriser un an ou deux de garde.
↱ GFA Les Charmes-Godard, Lauriol, 33570 Saint-Cibard, tél. 05.57.56.07.47, fax 05.57.56.07.48 ☑ ☥ r.-v.
↱ Nicolas Thienpont

CH. MARSAU 1995*

■   8 ha   25 000   ⊞ 50 à 70 F

Situé au sommet de la colline « Bernarderie » au nord-est du village de Francs, le château Marsan appartient à Jean-Marie Chadronnier depuis 1994. Son 95 au bouquet complexe de cuir, de fruits confits et de boisé toasté se montre souple et fondu à l'attaque ; il évolue avec puissance,

Entre Garonne et Dordogne

harmonie et typicité et s'ouvrira totalement après trois à cinq ans de garde.
• Ch. Marsau, Ch. Marsau Bernarderie, 33750 Francs, tél. 05.56.02.26.41, fax 05.56.02.26.41 V Y r.-v.
• Sylvie et J.-M. Chadronnier

CH. PELAN BELLEVUE 1995

■   17 ha   35 000   30 à 50 F

Ce 95 a une robe pourpre aux reflets déjà tuilés, un bouquet naissant et élégant de groseille, de confit et de réglisse. Sa structure en bouche est souple et ronde, avec cependant une finale encore sévère. Attendre un an ou deux pour obtenir plus d'harmonie.
• Régis Moro, Champs de Mars, 33350 Saint-Philippe-d'Aiguilhe, tél. 05.57.40.63.49, fax 05.57.40.61.41 V Y r.-v.

CH. DU PUY 1995

■   25 ha   65 000   50 à 70 F

Ce vin issu de l'agriculture biologique mérite davantage l'attention pour la complexité de son bouquet fruité et épicé, délicatement boisé, que pour ses tanins soyeux et équilibrés. Une bouteille à boire dans les trois prochaines années.
• Jean-Pierre Amoreau, Ch. du Puy, 33570 Saint-Cibard, tél. 05.57.40.61.82, fax 05.57.40.67.65 V Y r.-v.

CH. PUYANCHE
Elevé en fût de chêne 1995**

■   10 ha   16 000   30 à 50 F

Ce cru est situé sur un terroir argilo-calcaire classique a réussi un remarquable 95, à la robe grenat soutenu, aux arômes élégants et complexes d'épices, de fruits confits, de réglisse et de menthol. L'attaque en bouche est souple, veloutée ; les tanins mûrs et puissants évoluent ensuite avec harmonie et finesse. Un joli vin bien travaillé, à déguster dans deux ou trois ans.
• EARL Arbo, Godard, 33570 Francs, tél. 05.57.40.65.77, fax 05.57.40.65.77 V Y r.-v.

CH. PUYANCHE
Elevé en fût de chêne 1996

☐   1,5 ha   6 000   30 à 50 F

Vinifié et élevé en barrique, avec bâtonnage régulier pendant six mois, ce vin, issu de 60 % de sauvignon, 38 % de sémillon et 2 % de muscadelle, séduit par la fraîcheur de ses arômes citronnés, légèrement boisés, et par sa souplesse. Il est déjà agréable à boire.
• EARL Arbo, Godard, 33570 Francs, tél. 05.57.40.65.77, fax 05.57.40.65.77 V Y r.-v.

CH. PUYGUERAUD 1995**

■   30 ha   50 000   50 à 70 F

Ce vin habitué aux honneurs, il décroche cette année un coup de cœur unanime : la robe grenat limpide de ce 95 est presque noire. Le bouquet intense de fruits confits et de réglisse est équilibré par un boisé vanillé fort puissant. En bouche, les tanins très extraits sont amples, gras et harmonieux : ils demandent à se fondre. C'est une bouteille typée, ayant un grand avenir... Bravo !

• SC Ch. Puygueraud, 33570 Saint-Cibard, tél. 05.57.56.07.47, fax 05.57.56.07.48 V Y r.-v.
• Nicolas Thienpont

CH. VIEUX SAULE 1995*

■   3 ha   20 000   30 à 50 F

Ce cru situé sur un terroir argilo-calcaire est dominé par le merlot, ce qui apparaît dans ce 95 au nez expressif de fruits (framboise, cassis, cerise). Les tanins ronds et mûrs sont harmonieux et laissent une impression de fraîcheur très agréable en finale. Une bouteille plaisir à boire ou à garder de deux à trois ans.
• Thierry Moro, La Vergnasse, 33570 Saint-Cibard, tél. 05.57.40.65.75, fax 05.57.40.65.75 V Y r.-v.

Entre Garonne et Dordogne

La région géographique de l'Entre-deux-Mers forme un vaste triangle délimité par la Garonne, la Dordogne et la frontière sud-est du département de la Gironde ; c'est sûrement l'une des plus riantes et des plus agréables de tout le Bordelais, avec ses vignes qui couvrent 23 000 ha, soit le quart de tout le vignoble. Très accidentée, elle permet de découvrir de vastes horizons comme de petits coins tranquilles qu'agrémentent de splendides monuments, souvent très caractéristiques (maisons fortes, petits châteaux nichés dans la verdure et, surtout, moulins fortifiés). C'est aussi un haut lieu de la Gironde de l'imaginaire, avec ses croyances et traditions venues de la nuit des temps.

Entre-deux-mers

L'appellation entre-deux-mers ne correspond pas exactement à

Entre Garonne et Dordogne — Entre-deux-mers

l'Entre-deux-Mers géographique, puisque, regroupant les communes situées entre les deux fleuves, elle en exclut celles qui disposent d'une appellation spécifique. Il s'agit d'une appellation de vins blancs secs dont la réglementation n'est guère plus contraignante que pour l'appellation bordeaux. Mais dans la pratique, les viticulteurs cherchent à réserver pour cette appellation leurs meilleurs vins blancs. Aussi la production est-elle volontairement limitée (2 394 ha en production, 108 836 hl en 1997), et les dégustations d'agréage sont-elles particulièrement exigeantes. Le cépage le plus important est le sauvignon, qui communique aux entre-deux-mers un arôme particulier très apprécié, surtout lorsque le vin est jeune.

CH. D'AUGAN 1997*

| | 1,2 ha | 10 000 | | -30 F |

Il a déconcerté son jury par l'abondance du gaz carbonique et par un côté « bonbon anglais » peu apprécié de l'un et enthousiasmant l'autre. Mais l'accord s'est fait sur la fraîcheur aromatique, intense, typée « sauvignon-muscadelle » et sur l'élégance souple puis enlevée du corps. C'est le vin des huîtres. Le **Château Langel Mauriac 97**, bien agréable, mérite d'être cité.

⚲ Vignerons de Guyenne, Union des Producteurs de Blasimon, 33540 Blasimon, tél. 05.56.71.55.28, fax 05.56.71.59.32 ☑ ⚲ r.-v.
⚲ G. Mercadier

BARON PHILIPPE 1997

| | n.c. | n.c. | 30 à 50 F |

Marque de la grande maison de Pauillac, distribuée dans le monde entier. Cet entre-deux-mers « sauvignonne bien », écrit un dégustateur. Il est limpide et brillant, animé par un joli reflet vert. Le nez est végétal, de qualité, avec une nuance minérale de bon aloi. La bouche est vive, assez longue pour satisfaire des fruits de mer.
⚲ Baron Philippe de Rothschild SA, B.P. 117, 33250 Pauillac, tél. 05.56.73.20.20, fax 05.56.73.20.44

CH. BEL AIR 1997*

| | 5 ha | n.c. | 30 à 50 F |

On regrettera peut-être la lourdeur du corps... Mais elle devrait fondre avec les mois, pour révéler la complexité du mariage équilibré des trois cépages blancs du Bordelais. Très réussi, c'est un vin typique des entre-deux-mers modernes. Un juré le signale « de garde ».
⚲ GFA de Perponcher, Ch. Bel Air, 33420 Naujan-et-Postiac, tél. 05.57.84.55.08, fax 05.57.84.57.31 ⚲ r.-v.

CH. BONNET 1997*

| | n.c. | n.c. | 30 à 50 F |

Goûté très jeune, ce 97 a été remarqué pour son volume en bouche ; un vin gras, rond, heureusement animé par d'intenses parfums de fleurs de vigne, d'oranger, assortis d'une touche

Entre Garonne et Dordogne

A.O.C.
1 Entre-Deux-Mers
2 Graves-de-Vayres
3 Sainte-Foy-Bordeaux
4 Premières Côtes de Bordeaux
5 Côtes de Bordeaux-St-Macaire
--- Limites de départements

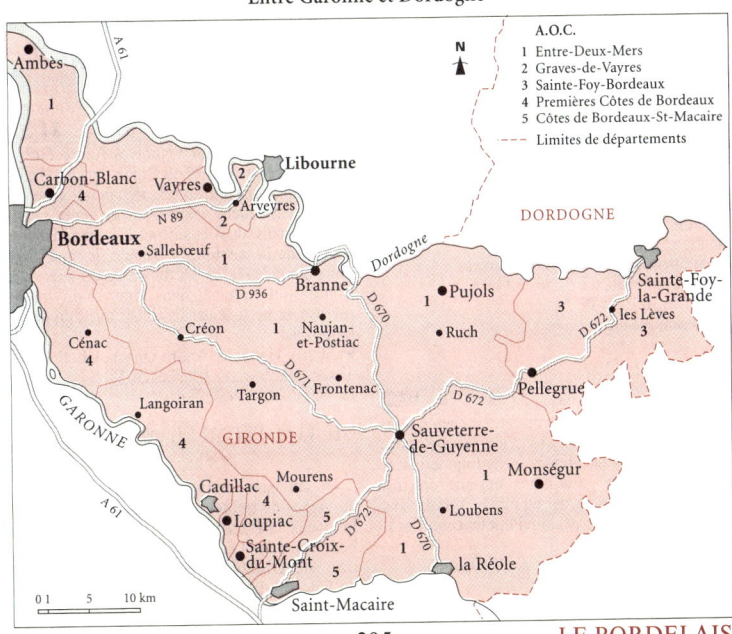

Entre Garonne et Dordogne / Entre-deux-mers

de genêt et soulignés de pulpe de mandarine, d'ananas... Une complexité à suivre de près, intéressante. Nous espérons retrouver le Réserve vinifiée en fût de chêne l'an prochain : sa maturité prend le temps de s'affirmer.
- SCEA Vignobles André Lurton, Ch. Bonnet, 33420 Grézillac, tél. 05.57.25.58.58, fax 05.57.74.98.59 r.-v.

CH. BOURDICOTTE 1997

| | n.c. | n.c. | | -30 F |

Ce château est connu pour ses rouges, et apparaît pour la seconde année en blanc. Fleur d'oranger, pêche, banane, pamplemousse s'épanouissent au nez et en bouche. L'attaque est aiguicheuse, mais le caractère charnu, net, élégant, de bonne tenue du corps fait de ce vin un exemple du millésime.
- SCEA Rolet Jarbin, Dom. de Bourdicotte, 33790 Cazaugitat, tél. 05.56.61.32.55 r.-v.

CH. BRIDOIRE 1997

| | 39,67 ha | 50 000 | | -30 F |

Il est très sympathique cet entre-deux-mers au nez de citronnelle et de pamplemousse, frais et friand en bouche, à la finale à peine amère. La muscadelle (40 %) est-elle responsable de cette légèreté bien agréable ?
- Marthe Greffier, Ch. Launay, 33790 Soussac, tél. 05.56.61.31.44, fax 05.56.61.39.76 r.-v.

DOM. DES CAILLOUX 1997

| | 6 ha | 30 000 | | -30 F |

La complexité élégante des arômes va s'affirmer. Le corps trouve son équilibre entre un volume rond et la fraîcheur citronnée. L'entre-deux-mers « à l'ancienne », note un juré... Le vin des huîtres.
- Benoît Maulun et Nicole Dupuy, Dom. des Cailloux, 33760 Romagne, tél. 05.56.23.60.17, fax 05.56.23.32.05 r.-v.

CH. DE CAMARSAC 1997

| | 2 ha | 14 000 | | 30 à 50 F |

Ce vin n'est peut-être pas très structuré, mais on a fort apprécié la finesse évolutive des arômes, fleurs, menthe, puis fruits secs et confits. Un joli boisé fait chanter cet ensemble. Un sujet de discussion autour d'une viande blanche ou d'un poisson.
- Sté Fermière du Ch. de Camarsac, 33750 Camarsac, tél. 05.56.30.11.02, fax 05.56.30.10.94 r.-v.
- Bérénice Lurton

CH. CANET 1997

| | 20 ha | 50 000 | | 30 à 50 F |

Les vignes de cette propriété ancienne sont travaillées depuis trois ans selon les méthodes biologiques. Les techniques se sont modernisées dans le respect de la tradition. Sous une robe très pâle, le vin offre un bel équilibre, floral, sans excès, net, presque cristallin. Pour les coquillages et les fritures.
- SCEA Les Vignobles Large, Ch. Canet, 33420 Guillac, tél. 05.57.84.57.87, fax 05.57.74.94.94 r.-v.

CH. CANTELOUDETTE 1997

| | 12,95 ha | 110 000 | | -30 F |

L'Union de producteurs de Rauzan offre une gamme étendue de vins rouges et blancs, dont par exemple celui de ce château, assez curieux, où sauvignon et muscadelle accompagnent le sémillon mûr (70 %). La robe est jaune doré pâle. Des flaveurs de beurre apportent une complexité supplémentaire aux saveurs de banane et d'agrumes du corps. Ample mais un peu lâche, il retrouve la vivacité en finale, et conviendra au poisson grillé ou à la volaille.
- Caves de Rauzan, 33420 Rauzan, tél. 05.57.84.13.22, fax 05.57.84.12.67 r.-v.
- Michel Pelotin

CH. DUCLA 1997

| | 10 ha | 66 000 | | -30 F |

Sauvignon, sémillon et muscadelle se retrouvent par tiers dans ce vin élevé sur lies. L'approche est tentante : belle couleur, arômes discrets mais complexes d'aubépine, d'agrumes, de thé vert. La bouche se révèle dense, même un peu lourde, avec des notes de fruit mûr macéré, de citron cuit confit. Un style pour accompagner coquillages et salades composées.
- Yvon Mau SA, rue André-Dupuy-Chauvin, B.P. 1, 33190 Gironde-sur-Dropt, tél. 05.56.61.54.54, fax 05.56.61.54.61

CH. GROSSOMBRE 1997*

| | n.c. | n.c. | | 30 à 50 F |

Cette fort jolie chartreuse était autrefois agrémentée d'un chêne appelé « gros-sombre ». Laissons-nous séduire par son entre-deux-mers net, friand, long, tout en flaveurs de citron et de fleurs de mai, soulignées de genêt et de banane. Une élégance qui prend le temps de visiter tout le palais. Un charme, un rêve que l'on aura plaisir à retrouver pendant quelques années.
- Béatrice Lurton, B.P. 10, 33420 Grézillac, tél. 05.57.25.58.58, fax 05.57.74.98.59

CH. GUIBON 1997**

| | n.c. | n.c. | | -30 F |

Cette propriété des Vignobles André Lurton est habituée aux étoiles du Guide. La complexité aromatique, discrète au nez, s'épanouit généreusement en bouche, exprimant le genêt sauvignonné, mais aussi et surtout la pêche blanche, le fruit de la passion, la banane, le miel, avec une pointe de réglisse. Cette harmonie précieuse trouve son volume dans une chair ronde, séveuse, et persiste en un plaisir que l'on désire renouveler...
- SCEA Vignobles André Lurton, Ch. Bonnet, 33420 Grézillac, tél. 05.57.25.58.58, fax 05.57.74.98.59 r.-v.

CH. HAUTEFAILLE 1997

| | 1,9 ha | 2 000 | | -30 F |

Ce sauvignon mâtiné de sémillon (20 %), issu de vignes de trente ans plantées sur sol sablo-limoneux, a été vendangé à temps, et élevé de bonne manière ! Le dégustateur apprécie la robe, très pâle, cristalline. Les arômes, nets, évoluent du buis aux fruits bien mûrs, pamplemousse et litchis citronnés. Le corps se montre enveloppé,

Entre Garonne et Dordogne — Entre-deux-mers

parfumé, élégant ; la finale paraît fraîche et alerte. Voilà qui définit un entre-deux-mers de bon aloi.
➤ François Barraud, Moulin d'Andraut, 33450 Saint-Sulpice-et-Cameyrac, tél. 05.56.72.92.21 ⓥ ⓨ r.-v.
➤ Boullet

CH. HAUT-GARRIGA 1997
| | 5 ha | 15 000 | ■ ♦ -30 F |

Ce sauvignon accompagne de sémillon (20 %) se goûte en notes florales, printanières, un peu minérales. Frais, voire nerveux, montrant une finale enlevée, très parfumée, voilà un vin typique du millésime, pour accompagner huîtres et poisson.
➤ EARL Vignobles Claude Barreau et Fils, Garriga, 33420 Grézillac, tél. 05.57.74.90.06, fax 05.57.74.96.63 ⓥ r.-v.

CH. HAUT NADEAU 1997*
| | 1,5 ha | 12 000 | ■ ♦ 30 à 50 F |

La belle qualité de ce vin a été reconnue par tout le jury. Certes le sauvignon domine largement, mais il a été parfaitement maîtrisé, et s'est assagi en épousant sémillon et muscadelle. Le trio embaume allègrement et réjouit le dégustateur. Bravo !
➤ SCEA Ch. Haut Nadeau, 3, chem. d'Estévenadeau, 33760 Targon, tél. 05.56.20.44.07, fax 05.56.20.44.07 ⓥ
➤ Audouit

CH. HAUT RIAN 1997
| | 13 ha | 110 000 | ■ ♦ -30 F |

Voici dix ans (1988) que Michel Dietrich a pris la tête de cette propriété, qu'il a profondément rénovée et agrandie ; fort de son expérience australienne, et de ses origines de vigneron alsacien. Le sémillon (70 %) s'exprime dans les flaveurs de tilleul, mêlées aux notes de fruits mûrs évoquant pêche et mangue, épicées et mentholées. Le corps s'équilibre entre souplesse et fraîcheur. Un vin tout en finesse, que le sauvignon (30 %) signe en finale. Pour les fruits de mer.
➤ Michel Dietrich, La Bastide, 33410 Rions, tél. 05.56.76.95.01, fax 05.56.76.93.51 ⓥ ⓨ t.l.j. sf dim. 9h-12h 14h-18h; f. 15-25 août

CH. LA COMMANDERIE DE QUEYRET 1997
| | 20 ha | 70 000 | ■ ♦ -30 F |

Claude Comin possède un important domaine de 102 ha sur lesquels 20 ha donnent cet entre-deux-mers où le sauvignon compte pour la moitié de l'encépagement, sémillon (30 %) et muscadelle complétant l'assemblage. C'est un vin pâle à reflets verts, avec quelques notes de sauvignon au nez comme en bouche. Celle-ci est nette, fruitée, fraîche.
➤ Claude Comin, La Commanderie, 33790 Saint-Antoine-du-Queyret, tél. 05.56.61.31.98, fax 05.56.61.34.22 ⓥ ⓨ r.-v.

CH. LAFITE MONTEIL 1997*
| | 9 ha | 72 000 | ■ ♦ 30 à 50 F |

Gustave Eiffel a construit le cuvier et le chai d'élevage. Mais des aménagements ont été faits pour attendre la modernité technique. Ce vin est

né des trois cépages blancs du Bplantés sur des sols graveleux et argilo-calcaires. Les arômes puissants du sauvignon un peu vert et de fruits très mûrs apportent la complexité d'un cépage à ce vin dont l'harmonie est ronde, équilibrée. La finale révèle une certaine nervosité, ce qui lui sied. Un joli 97. De conception voisine, le **Château Grand Monteil 97** dans cette AOC.
➤ Jean Techenet, Ch. Grand Monteil, 33370 Sallebœuf, tél. 05.56.21.29.70, fax 05.56.78.39.91 ⓥ ⓨ r.-v.

CH. LA FORET SAINT-HILAIRE 1997
| | 7 ha | 60 000 | ■ ♦ -30 F |

Très parfumé - buis, bourgeon, citron -, vif, alerte mais élégant, bien composé, typé, il plaira aux amateurs de vins frais et printaniers, et accompagnera heureusement huîtres et fruits de mer.
➤ Yvon Mau SA, rue André-Dupuy-Chauvin, B.P. 1, 33190 Gironde-sur-Dropt, tél. 05.56.61.54.54, fax 05.56.61.54.61

CH. LA GALANTE 1997
| | 3,46 ha | 29 000 | ■ ♦ -30 F |

Une création récente (1991), des sols propices à la qualité et l'art de la vinification moderne : bienvenue au Guide... Dans la gamme des arômes, le buis rappelle la présence du sauvignon (35 %). Mais sémillon et muscadelle (20 %) participent au fruité gras de la bouche corpulente qui se révèle moins vive que la typicité de l'année le laissait prévoir. Le plaisir donné par la longueur de ce vin a été salué par le jury.
➤ SCI La Galante, rte de la Joncasse, 33750 Beychac-et-Caillau, tél. 05.56.72.86.77, fax 05.56.68.34.31 ⓥ ⓨ r.-v.
➤ Ch. Pinard

CH. LA LEZARDIERE 1997*
| | 9,57 ha | 10 000 | ■ -30 F |

La coopérative d'Espiet paraît isolée. Elle est pourtant à proximité de vestiges anciens intéressants : grotte du Luc, abbaye de La Sauve-Majeure, galeries romaines de Bonnefond, etc. Elle a vinifié dans ses installations très performantes ce vin de pur sémillon. Le nez puissant, fruité, respire aussi le pain frais. Les flaveurs de pomme, d'agrumes - dont un léger citronné - enchantent une bouche très équilibrée, de bonne persistance. De structure plus minérale, **Baron d'Espiet 97**, marque de cette union, est reconnu par le jury dans cette AOC comme bien représentatif de l'année. Il reçoit une étoile.
➤ Union de producteurs Baron d'Espiet, Lieudit La Fourcade, 33420 Espiet, tél. 05.57.24.24.08, fax 05.57.24.18.91 ⓥ ⓨ r.-v.

CH. LA MOTHE DU BARRY 1997*
| | 2,8 ha | 11 000 | ■ ♦ -30 F |

La tradition vigneronne habite ce château, même si le vignoble est jeune encore, et les techniques de travail très modernes. La générosité qui se dégage de ce vin aux parfums puissants, très agréables, de fruits confits, à la chair ronde et grasse, est un atout sérieux dont il faut profiter sans attendre.

Entre Garonne et Dordogne

Entre-deux-mers

🔖 Joël Duffau, Les Arromans n°2, 33420 Moulon, tél. 05.57.74.93.98, fax 05.57.84.66.10 ✓ ⊤ t.l.j. sf dim. 9h-12h 14h-19h

CH. LE PRIEUR 1997

| ☐ | n.c. | 4 800 | 🍴 -30F |

Le nez intense, frais, - de fleurs blanches, de pomme, d'abricot, d'agrumes -, a une assise presque minérale. Un léger perlant excite la rondeur épanouie et parfumée de la chair, et prolonge son fruit. Certains ont perçu de la lourdeur en cette corpulence : il faudra en discuter verre en main. D'une harmonie voisine, le vin du **Château Prévost 97** a paru cependant plus classique.
🔖 Elisabeth Garzaro, Ch. Le Prieur, 33750 Baron, tél. 05.56.30.16.16, fax 05.56.30.12.63 ✓ ⊤ r.-v.

CH. LESTRILLE 1997

| ☐ | 2,27 ha | 15 000 | 🍴 30 à 50F |

Elaboré autour du sémillon, il embaume le lilas, l'aubépine et le fruit mûr ou surmûri. La bouche est ronde, avec une chair épanouie et des notes de pamplemousse et d'écorce d'orange, confites, citronnées en finale. C'est un vin de fromage de chèvre.
🔖 Jean-Louis Roumage, Lestrille, 33750 Saint-Germain-du-Puch, tél. 05.57.24.51.02, fax 05.57.24.04.58 ✓ ⊤ r.-v.

CH. MAISON NOBLE SAINT-MARTIN 1997

| ☐ | 4,5 ha | n.c. | 🍴 -30F |

Cette maison noble du XIVes., proche de la minuscule cité médiévale de Castelmoron-d'Albret, a vinifié un 97 très classique, issu des trois cépages blancs à dominante de sauvignon (50 %) : nez de litchi et d'agrumes, chair dense et vive, marquée de pamplemousse, finale franche, un peu discrète. C'est un vin de coquillages et de charcuterie.
🔖 Michel Pelissie, Ch. Maison-Noble-Saint-Martin, 33540 Saint-Martin-du-Puy, tél. 05.56.71.86.53, fax 05.56.71.86.12 ✓ ⊤ r.-v.

CH. MOULIN DE LAUNAY 1997★

| ☐ | 75 ha | 400 000 | 🍴 -30F |

Un moulin tournait autrefois en haut de la butte de Launay. Sa tour se voit de loin : certains affirment que c'est le point culminant du département. C. et B. Greffier ont établi leur vignoble autour du tertre. Ils ne produisent que du blanc. Celui-ci est très pâle, brillant. Les arômes légers, fins, associent des notes minérales au seringa, à l'aubépine, à la rose. Ils parfument une chair ronde, dense, fruitée. Le millésime marque la finale un peu sévère, mais l'ensemble est fort agréable. Pour accompagner poisson au four et viandes blanches.
🔖 SCEA Claude et Bernard Greffier, Ch. Moulin de Launay, 33790 Soussac, tél. 05.56.61.31.51, fax 05.56.61.40.22 ✓ ⊤ t.l.j. sf dim. 9h-12h 15h-18h

CH. MYLORD 1997

| ☐ | n.c. | 170 000 | 🍴 -30F |

La structure en bouche est un peu rustique, mais la complexité aromatique est réelle, riche, représentative de l'équilibre des trois cépages. C'est un vin de viandes blanches et de poisson en sauce.
🔖 Michel et Alain Large, SCEA Ch. Mylord, 33420 Grézillac, tél. 05.57.84.52.19, fax 05.57.74.93.95 ✓ ⊤ r.-v.

CH. NARDIQUE LA GRAVIERE 1997★

| ☐ | 12,5 ha | 70 000 | 🍴 30 à 50F |

Ce vignoble de graves et de boulbènes présente un vin très équilibré, qui respire la pêche, la banane, le fruit de la passion. Une pointe citronnée émoustille la rondeur et prolonge la dégustation. Typique de l'AOC, beau dans le millésime, sympathique, séducteur.
🔖 EARL Vignobles Thérèse, Ch. Nardique La Gravière, 33670 Saint-Genès-de-Lombaud, tél. 05.56.23.01.37, fax 05.56.23.25.89 ✓ ⊤ t.l.j. sf dim. 9h-12h 14h30-18h30; f. 15-31 août

CH. DU PETIT PUCH 1997★

| ☐ | 3,05 ha | 15 000 | 🍴 -30F |

Equilibre de l'encépagement, plénitude de l'âge des vignes, date optimale des vendanges sur ces sols argileux, limoneux et calcaires. Fermentation et élevage sur lies... Toutes ces données sont qualitatives, et le vin y répond. Les flaveurs harmonieuses évoluent du buis léger à la croûte de pain frais, en passant par les fleurs blanches et les fruits. Le corps dense, nerveux, est de bonne longueur, parfumé en finale. Il faudra peut-être attendre au service que l'aération ouvre ce plaisir.
🔖 Christiane Meaudre de Lapouyade, Ch. du Petit Puch, 33750 Saint-Germain-du-Puch, tél. 05.57.24.52.36, fax 05.57.24.01.82 ✓ ⊤ r.-v.

CH. PEYREBON 1997★

| ☐ | 5 ha | 50 000 | 🍴 -30F |

Il s'appuie sur le sémillon. Sauvignon et muscadelle comptent pour 25 %. La fleur de tilleul, élégante, miellée, illumine et accompagne des arômes de fruits mûrs, exotiques et beurrés. Une petite effervescence rafraîchit un corps très équilibré, corsé, parfumé, plus complexe que ne l'annonçait le nez : un point supplémentaire pour ce vin très apprécié du jury.
🔖 SCEA Ch. Peyrebon, Bouchet, 33420 Grézillac, tél. 05.57.84.52.26, fax 05.57.74.97.92 ✓ ⊤ r.-v.
🔖 GFA Robineau

CH. RAUZAN DESPAGNE 1997

| ☐ | 8 ha | n.c. | 🍴 30 à 50F |

Les trois cépages sont représentés par tiers dans ce vin à la robe jaune pâle. Ils définissent des senteurs nettes, vives, de fruits acidulés, de pierre à fusil. Le corp harmonieux se révélera sur du poisson grillé, et, pourquoi pas, sur des fromages à pâte fondue.
🔖 GFA de Landeron, 33420 Naujan-et-Postiac, tél. 05.57.84.55.08, fax 05.57.84.57.31 ⊤ r.-v.

298

Entre Garonne et Dordogne

CH. SAINTE MARIE Vieilles vignes 1997
☐ 15 ha 30 000 🍷 30 à 50 F

Voici un vin de caractère dont les pessimistes du jury ont noté la discrétion aromatique et la légère amertume du corps, alors que les enthousiastes se sont réjouis de la qualité et de la grande finesse des parfums, de l'ampleur et de la souplesse de la chair... Le débat est ouvert ; de toute façon, le plaisir doit être au rendez-vous.
☛ Gilles et Stéphane Dupuch, 51, rte de Bordeaux, 33760 Targon, tél. 05.56.23.00.71, fax 05.56.23.34.61 ✓ ♈ t.l.j. sf dim. 8h-18h30; f. août

CH. SAINT-FLORIN 1997*
☐ 19 ha 160 000 🍷 -30 F

Cette propriété est nettement plus vaste que la petite commune médiévale de Castelmoron-d'Albret, toute proche ! Déjà connue du Guide, elle présente cette année un vin aux reflets jaune pâle et aux arômes subtils de fruits mûrs (mangue). Pêche et amande douce agrémentent un corps bien rond, « potelé » note un juré, qui conclut : « un bon classique ».
☛ Jean-Marc Jolivet, Ch. Saint-Florin, 33790 Soussac, tél. 05.56.61.31.61, fax 05.56.61.34.87 ✓ ♈ r.-v.

CH. TOUR DE MIRAMBEAU 1997*
☐ 9 ha n.c. 🍷 30 à 50 F

Les châteaux que dirige J.-L. Despagne, assisté de l'œnologue Elissalde, ont leur place dans ce guide, en rouge comme en blanc. L'entre-deux-mers de ce château offre un bouquet intense d'agrumes, de mangue, appuyé de pomme. Son corps gras, avivé d'un perlant léger, épanouit en bouche des flaveurs de fruits confits qui prolongent le plaisir du dégustateur. Très belle harmonie.
☛ SCEA des Vignobles Despagne, 33420 Naujan-et-Postiac, tél. 05.57.84.55.08, fax 05.57.84.57.31 ✓ ♈ r.-v.

Entre-deux-mers haut-benauge

CH. DE BERTIN 1997*
☐ 4,25 ha 20 000 🍷 30 à 50 F

Des notes réglissées, grillées, envahissent le bouquet fruité (litchi, pamplemousse rose mûr). Le corps ample, rond, évoque l'écorce de citron confit et l'orange sanguine. Une certaine vivacité alourdit la finale. Le temps peut l'apaiser : il faut en suivre les effets. C'est un vin bien construit dans son année.
☛ EARL Bertin, lieu-dit Bertin, 33760 Cantois, tél. 05.56.23.61.02, fax 05.56.23.94.77 ✓ ♈ r.-v.
☛ Mano Ferran

CH. MESTE JEAN 1997*
☐ 1,6 ha 11 500 🍷 -30 F

La stabulation à froid pendant quelques jours est une technique délicate qui ne profite qu'aux

Graves de vayres

moûts de qualité. Complétée par un élevage sur lies maîtrisé, elle permet ici l'expression d'une belle richesse aromatique : fleurs (lilas, aubépine), fruits frais (pomme, pamplemousse) et confits (orange, citron). Croûte de pain frais et cannelle complètent l'ensemble. L'élégance et la rondeur du corps sont limitées par une vivacité finale qui signe le 97.
☛ EARL Vignobles Cailleux, 540, La Pereyre, 33760 Escoussans, tél. 05.56.23.63.23, fax 05.56.23.64.21 ✓ ♈ r.-v.

CH. NICOT 1997
☐ 20 ha 20 000 🍷 -30 F

De ses raisins de sauvignon (80 % du vin), le vigneron n'a retenu que l'âme, ô combien élégante, fine, fleurie, citronnée, mentholée. Un fin perlant accentue la fraîcheur du corps élancé, légèrement réglissé. Une personnalité peut-être fragile, à goûter pour elle-même, en apéritif ou à la fin de l'après-midi.
☛ Vignobles Dubourg, 33760 Escoussans, tél. 05.56.23.93.08, fax 05.56.23.65.77 ✓ ♈ r.-v.

Côtes de bordeaux saint-macaire

CH. FAYARD 1996*
☐ 2,97 ha 12 000 🍷 70 à 100 F

Ce vin, original et réussi, est l'œuvre d'un vigneron passionné. Les vignes, de faible rendement, poussent sur des sols maigres graveleux, au sous-sol pierreux. Vinification et élevage en barriques - dont 50 % sont neuves - respectent les coutumes. Ce 96 est sec dans une AOC de moelleux. Très réussi, il a fait l'unanimité du jury par la qualité du boisé, fin et élégant, qui met en valeur des senteurs et des flaveurs riches, complexes, à peine citronnées, mariant sémillon, pêche, miel, noix de coco, noisette. Une harmonie destinée au poisson et aux viandes blanches.
☛ Jacques Charles de Musset, Ch. Fayard, 33490 Le Pian-sur-Garonne, tél. 05.56.63.33.81, fax 05.56.63.60.20 ♈ r.-v.
☛ Saint-Michel SA

Graves de vayres

Malgré l'analogie du nom, cette région viticole située sur la rive gauche de la Dordogne, non loin de Libourne, est sans rapport avec la zone viticole des Graves. Mais les graves de vayres correspondent à une enclave relativement restreinte de terrains graveleux, différents de ceux de l'Entre-deux-Mers. Cette appella-

LE BORDELAIS

Entre Garonne et Dordogne — Graves de vayres

tion a été utilisée depuis le XIXᵉ s., avant d'être officialisée en 1931. Initialement, elle correspondait à des vins blancs secs ou moelleux, mais la conjoncture actuelle tend à augmenter la production des vins rouges qui peuvent bénéficier de la même appellation.

La superficie totale du vignoble de cette région représente, en 1996, environ 360 ha de vignes rouges et 165 ha de vignes à raisins blancs ; une part importante des vins rouges est commercialisée sous l'appellation régionale bordeaux.

CH. BACCHUS 1996

26 ha — 150 000

Ce 96 à la robe intense se caractérise par un bouquet discret de pruneau et de fruits rouges à l'eau-de-vie, et par des tanins serrés évoluant avec une certaine austérité. C'est un péché de jeunesse : l'équilibre sera meilleur après deux ou trois ans de vieillissement.
• Jean-Paul Grimal, Ch. Bacchus, 33870 Vayres, tél. 05.57.74.74.61, fax 05.57.84.92.89 r.-v.

CH. BARRE GENTILLOT 1995

8 ha — 60 000

Ce 95 a une robe rubis en début d'évolution, des arômes discrets mais agréables de petits fruits rouges et de résine, et une structure tannique assez bien enrobée et suave. Une bouteille plaisir à apprécier dans les deux ans à venir.
• SCEA Yvette Cazenave-Mahé, Ch. de Barre, 33500 Arveyres, tél. 05.57.24.80.26, fax 05.57.24.84.54 r.-v.

CH. CANTELOUP 1996*

6 ha — 40 000

Régulier dans la qualité de ses vins, ce château se distingue avec ce millésime 96 : robe profonde et brillante, arômes expressifs et puissants de sous-bois et de vanille masquant encore un peu le fruit, tanins mûrs et charnus qui évoluent avec persistance et complexité. Une très belle bouteille qui s'épanouira totalement dans deux ou trois ans.
• EARL Landreau, l'Hermette, 33750 Beychac-et-Caillau, tél. 05.56.72.97.72, fax 05.56.72.49.40

CH. GAYAT 1996

11 ha — 30 000

Ce 96 a une jolie robe rubis brillant, un bouquet naissant de fruits et de fleurs et des tanins qui demandent à s'assouplir. Ce sera chose faite avec une garde de deux ans.
• SCEA Ch. Gayat, famille Degas, 33870 Vayres, tél. 05.57.87.12.43, fax 05.57.87.12.61 r.-v.

CH. HAUT-MONGEAT 1997

2 ha — 10 000

Cette propriété très bien tenue a proposé un vin **rouge 96** de garde qui reçoit la même note que ce vin blanc issu des trois cépages sémillon, sauvignon et muscadelle. C'est un blanc sec qui se distingue surtout par son intensité aromatique (miel, fruits secs) et par sa fraîcheur en bouche. Une bouteille à boire pour les fêtes de fin d'année.
• Bernard Bouchon, Le Mongeat, 33420 Génissac, tél. 05.57.24.47.55, fax 05.57.24.41.21 r.-v.

CH. LA CHAPELLE BELLEVUE
Cuvée Prestige Elevé en barrique 1995**

3,27 ha — 5 000

Le terroir magnifique de graves et l'encépagement - 60 % de merlot et 40 % de cabernet-sauvignon - ont donné ce qu'ils avaient de meilleur à ce millésime 95. La robe pourpre de cette cuvée Prestige a des reflets brillants ; le bouquet complexe associe les fruits rouges mûrs, la cannelle, le cacao et des notes fumées. En bouche, les tanins suaves et gras évoluent avec puissance et harmonie et sont particulièrement persistants. C'est assurément une très belle bouteille, à ouvrir dans deux à trois ans.
• Lisette Labeille, La Chapelle, 33870 Vayres, tél. 05.57.84.90.39, fax 05.57.74.82.40 r.-v.

CH. LESPARRE
Vieilli en fût de chêne 1996*

60 ha — 400 000

Productrice en Champagne depuis sept générations, la famille Gonet possède également ce cru qui, en 1996, a donné un vin riche et complexe, aux arômes intenses de boisé (vanille, cacao) et d'épices. En bouche, les tanins sont puissants et équilibrés, mais ils demandent à se fondre afin que les 80 % de merlot - le reste se partageant entre les cabernets - puissent mieux s'exprimer.
• Michel Gonet et Fils, Ch. Lesparre, 33750 Beychac-et-Caillau, tél. 05.57.24.51.23, fax 05.57.24.03.99 r.-v.

CH. LESPARRE Cuvée spéciale 1996**

1,2 ha — 3 600

Cette Cuvée spéciale du château Lesparre, élaborée uniquement à partir du cépage merlot planté sur un terroir de graves, est élevée en barrique neuve. En 1996 le résultat est superbe : la robe est flatteuse, les arômes de fruits noirs et d'épices se marient parfaitement aux notes grillées, vanillées et fumées. En bouche, les tanins généreux et gras évoluent avec puissance et équilibre. Tout est réuni pour que cette bouteille évolue favorablement après un vieillissement de

Entre Garonne et Dordogne

Sainte-foy-bordeaux

deux à cinq ans. Elle pourra alors accompagner un gigot de printemps.
🍷 Michel Gonet et Fils, Ch. Lesparre, 33750 Beychac-et-Caillau, tél. 05.57.24.51.23, fax 05.57.24.03.99 ☑ 🍷 r.-v.

CH. L'HOSANNE
Elevé en barrique de chêne 1995

| ■ | 4 ha | 20 000 | 🍷 | 30 à 50 F |

Ce 95 mérite l'attention pour son intensité aromatique, évoquant les épices, le boisé grillé, et pour le soyeux de ses tanins souples et équilibrés, assez simples cependant. Un vin à boire rapidement.
🍷 SCEA Chastel-Labat, 124, av. de Libourne, 33870 Vayres, tél. 05.57.74.70.55, fax 05.57.74.70.36 ☑ 🍷 r.-v.

CH. TOULOUZE 1995

| ■ | 10 ha | 30 000 | 🍷 | 30 à 50 F |

Ce 95 a une belle présentation : robe rubis brillant, nez de sous-bois, de gibier et notes minérales. En bouche, l'attaque soyeuse évolue avec une certaine puissance. Cette bouteille, déjà prête, peut vieillir deux ou trois ans.
🍷 SC de Frégent Y. et A. Cailley, rte du Maine-Martin, 33450 Saint-Sulpice-et-Cameyrac, tél. 05.56.30.85.47, fax 05.56.30.87.29 ☑ 🍷 t.l.j. 8h-12h 14h-18h; sam. dim. sur r.-v.

Sainte-foy-bordeaux

CH. BEL-AIR COUSTUT 1996

| ■ | 0,87 ha | 6 000 | 🍷 | 30 à 50 F |

Ce 96 présente une robe pourpre profond, un bouquet discret et fin de sous-bois et une structure souple et agréable, pas très intense cependant. Un vin agréable à boire dès maintenant.
🍷 Farge Père et Fils, GAEC de Bel-Air, 33220 Les Lèves, tél. 05.57.41.22.57, fax 05.57.41.22.57 ☑ 🍷 t.l.j. 8h-12h 14h-18h

CH. DU BRU Elevé en fût 1996*

| ☐ | 0,7 ha | 5 000 | 🍷 | 30 à 50 F |

Moins d'1 ha de sauvignon pur pour cette micro-cuvée vinifiée en fût. Le résultat est intéressant : arômes élégants de fruits secs, de caramel, d'agrumes, bouche harmonieuse et fraîche avec un bon retour aromatique. Ce vin bien fait est prêt à boire, mais on pourra aussi l'attendre deux ou trois ans.
🍷 SCEA du Bru, Ch. du Bru, 33220 Saint-Avit-Saint-Nazaire, tél. 05.57.46.12.71, fax 05.57.46.10.64 ☑ 🍷 t.l.j. 9h-17h; sam. dim. sur r.-v.
🍷 Guy Duchant

CH. DES CHAPELAINS
Elevé en fût de chêne 1996★★★

| ■ | 2,5 ha | 20 000 | 🍷 | 30 à 50 F |

Ce château, appartenant à la même famille depuis le XVIIe s., ne vinifie dans son propre chai que depuis 1991, date de sa sortie de la cave coopérative. Avec ce 96, c'est la réussite totale. La robe profonde brille de tous ses feux. Les arômes complexes et intenses évoquent les fruits noirs et rouges, les épices, la vanille ; cette complexité se retrouve en bouche où les tanins gras et veloutés, fins en étant puissants, sont superbes. C'est un très grand vin, tout à l'honneur de cette petite appellation, à boire après trois à six ans de vieillissement. Le **blanc 97**, élevé en barrique, a reçu une citation.

🍷 Pierre Charlot, Ch. des Chapelains, 33220 Saint-André-et-Appelles, tél. 05.57.41.21.74, fax 05.57.41.27.42 ☑ 🍷 t.l.j. sf sam. dim. 8h-12h 14h-18h

CH. FRANC LA COUR 1996

| ■ | 5 ha | 40 000 | 🍷 | 30 à 50 F |

Situé sur un des points culminants de la Gironde, ce cru est idéalement placé pour produire de bons vins, comme ce 96 aux arômes élégants et fruités et à la structure tannique puissante, qui a besoin pour s'assouplir de deux ou trois ans de vieillissement totalement en bouteille.
🍷 Claudine Binninger, 33220 La Roquille, tél. 05.57.41.26.93, fax 05.57.41.23.64 ☑ 🍷 t.l.j. sf dim. 10h-12h 14h-19h

CH. HOSTENS-PICANT 1996*

| ■ | 20 ha | 115 000 | 🍷 | 50 à 70 F |

Parmi les plus grands de l'appellation, ce cru est régulier dans la production de vins de qualité, tel ce 96 au bouquet intense de petits fruits rouges, encore dominé par les notes boisées, grillées et épicées. En bouche, il possède une structure tannique ample et équilibrée, tout en finesse, mais il est nécessaire d'attendre deux ans au moins que le boisé s'harmonise totalement au vin. En **blanc, la Cuvée des Demoiselles 97**, fraîche et expressive, pourra vieillir deux à trois ans. Elle reçoit une étoile.
🍷 SCEA Ch. Hostens-Picant, Grangeneuve Nord, 33220 Les Lèves, tél. 05.57.46.54.54, fax 05.57.46.26.23 ☑ 🍷 r.-v.
🍷 Yves Picant

CH. LA CHAPELLE MAILLARD 1995

| ■ | n.c. | n.c. | 🍷 | 30 à 50 F |

Cette cuvée Prestige élevée en fût de chêne présente une robe rubis déjà évoluée, un bouquet puissant et agréable de fruits mûrs et une structure tannique souple, finissant sur une note boisée très marquée. Il faut attendre deux ou trois ans que la finale s'harmonise.

301   LE BORDELAIS

Entre Garonne et Dordogne

🍇 Jean-Luc Devert, 33220 Saint-Quentin-de-Caplong, tél. 05.57.41.26.13, fax 05.57.41.25.99 ❑ ❒ t.l.j. sf sam. dim. 8h-12h 13h-17h

CH. LA VERRIERE 1996★★★

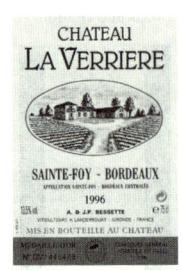

| ☐ | 1 ha | 4 000 | 🍷 | 50 à 70 F |

Situé sur un terroir de coteaux argileux et un sous-sol hétérogène d'argile blanche et rouge, ce château a produit seulement 4 000 bouteilles de ce moelleux et, avec ce coup de cœur unanime, il n'y en aura sûrement pas pour tout le monde. Couleur jaune d'or soutenu, arômes de miel, de fruits secs, de fruits confits ; ce vin s'exprime totalement en bouche grâce à son équilibre, son gras et sa longueur. Cette bouteille, typée et racée, gagnera encore en complexité après une garde de quelques années dans votre cave.

🍇 André et Jean-Paul Bessette, GAEC La Verrière, 33790 Landerrouat, tél. 05.56.61.36.91, fax 05.56.61.41.12 ❒ r.-v.

CH. L'ENCLOS 1996★★

| ■ | 5 ha | 25 000 | 🍷🍷 | 30 à 50 F |

Le château L'Enclos a retrouvé depuis 1991 la vocation viticole de ses origines qui remontent à 1768. Situé sur des terroirs variés de graves, d'argile et de calcaire, il produit des vins de plus en plus intéressants, comme ce 96 à la robe pourpre violacé, aux arômes intenses et complexes de fruits rouges, de grillé, de vanille et de tanins mûrs, veloutés, qui évoluent avec générosité et persistance. On sent beaucoup de maîtrise et une bonne utilisation des barriques dans l'équilibre général de ce vin, à boire dans deux à trois ans. Bravo !

🍇 SCEA Ch. L'Enclos, Pineuilh, 33220 Sainte-Foy-la-Grande, tél. 05.57.46.55.97, fax 05.57.46.55.97 ❑ ❒ r.-v.

CH. MARTET Les Hauts de Martet 1996★★

| ■ | 13,8 ha | 36 000 | 🍷🍷 | 30 à 50 F |

A partir des vieilles vignes de la propriété, situées sur un terroir de graves, il a été procédé à une sélection rigoureuse qui a conduit à l'élaboration de cette tête de cuvée. La robe grenat est soutenue, les parfums de fruits mûrs, d'épices se marient bien avec un boisé discret. Les tanins, à la fois puissants, extrêmement veloutés et gras, évoluent avec persistance et harmonie. Voilà un très beau vin, intelligemment travaillé ; il s'ouvrira dans deux à cinq ans.

🍇 Ch. Martet, 33220 Eynesse, tél. 05.57.41.00.49, fax 05.57.41.00.49 ❑ ❒ r.-v.
🍇 Patrick de Coninck

Premières côtes de bordeaux

CH. DU PETIT MONTIBEAU 1996

| ■ | 1,5 ha | 20 000 | 🍷 | 30 à 50 F |

Bâti autour d'un moulin datant de 1724, ce château présente un 96 au bouquet complexe de fruits, de menthol avec une pointe végétale. En bouche, les tanins sont souples et gouleyants, avec une finale un peu austère. Attendre un an ou deux.

🍇 Robert Barrière, Moulin de Moustelat, 33890 Pessac-sur-Dordogne, tél. 05.57.47.46.77, fax 05.57.47.48.62 ❑ ❒ r.-v.

CH. TOUR DE GOUPIN 1996★

| ■ | 2 ha | 13 300 | 🍷 | 30 à 50 F |

Seulement 2 ha pour ce cru complanté à 60 % de cabernets et à 40 % de merlot. En 1996, le vin a une robe pourpre intense, un bouquet naissant de fruits cuits, d'épices et de violette, une structure tannique suave et généreuse qui évolue avec élégance et un bon équilibre. Une bouteille plaisir, à apprécier dans deux ou trois ans.

🍇 GAEC Valpromy, Goupin, 33890 Gensac, tél. 05.57.47.40.76, fax 05.57.47.41.74 ❑ ❒ t.l.j. sf sam. dim. 8h-12h 14h-18h

CH. DE VACQUES 1996

| ■ | 2 ha | 16 000 | | –30 F |

Ce 96 se distingue surtout par la fraîcheur de son bouquet naissant de petits fruits rouges, de violette, de menthol et par des tanins souples et ronds, évoluant avec équilibre et sincérité. A boire.

🍇 Christian Birac, Ch. de Vacques, 33220 Pineuilh, tél. 05.57.46.15.01, fax 05.57.46.16.12 ❑ ❒ t.l.j. 9h-18h

Premières côtes de bordeaux

La région des premières côtes de bordeaux s'étend, sur une soixantaine de kilomètres, le long de la rive droite de la Garonne, depuis les portes de Bordeaux jusqu'à Cadillac. Les vignobles sont implantés sur des coteaux qui dominent le fleuve et offrent de magnifiques points de vue. Les sols y sont très variés : en bordure de la Garonne, ils sont constitués d'alluvions récentes, et certains donnent d'excellents vins rouges ; sur les coteaux, on trouve des sols graveleux ou calcaires ; l'argile devient de plus en plus abondante au fur et à mesure que l'on s'éloigne du fleuve. L'encépagement, les conditions de culture et de vinification sont classiques. Le vignoble pouvant revendiquer cette appellation représente en 1996, 2 868 ha en rouge et 470 ha en blanc doux ; une part impor-

302

Entre Garonne et Dordogne — Premières côtes de bordeaux

tante des vins, surtout blancs, est commercialisée sous des appellations régionales bordelais. Les vins rouges ont acquis depuis longtemps une réelle notoriété. Ils sont colorés, corsés, puissants ; les vins produits sur les coteaux ont en outre une certaine finesse. Les vins blancs sont des moelleux qui tendent de plus en plus à se rapprocher des liquoreux.

La région des côtes de bordeaux saint-macaire prolonge, vers le sud-est, celle des premières côtes de bordeaux. Elle fut connue autrefois pour ses vins blancs souples et liquoreux ; mais comme dans toute la Gironde, les blancs tendent aujourd'hui à diminuer (1 753 hl en 1997) au profit des rouges, commercialisés sous l'appellation bordeaux ; à l'heure actuelle, à peine une soixantaine d'hectares en produisent. Quantitativement assez réduite (en 1996, 101 ha en rouge et 39 ha en blanc), l'appellation sainte-foy bordeaux prolonge l'entre-deux-mers proprement dit le long de la rive gauche de la Dordogne ; mais les rouges sont pratiquement toujours commercialisés en appellation bordeaux.

CH. BALOT 1996

■ 19 ha 100 000

Appartenant à une belle unité d'une cinquantaine d'hectares, ce cru s'inscrit dans la typicité « côtes » avec ce vin bien structuré, dont les tanins demandent encore à se fondre. Sa constitution et son élégance aromatique (café, moka grillé, et noisette) garantissent son évolution favorable dans le temps.
❧ SCEA Yvan Réglat, Ch. Balot, 33410 Monprimblanc, tél. 05.56.62.98.96, fax 05.56.62.19.48 t.l.j. 9h-12h30 15h-18h

CH. BARREYRE
Cuvée spéciale Elevée en fût de chêne 1996★

■ 13 ha 15 000

Cuvée spéciale, ce vin est à la hauteur des espérances qu'a placées en lui son producteur : élégant dans son expression aromatique, bien équilibré et soutenu par une solide structure, il révèle un bon potentiel d'évolution qui lui permettra de s'affirmer. Plus simple, la **cuvée Tradition 96** (principale), également entre 30 et 49 F, a obtenu une citation.
❧ Ch. Barreyre, 33550 Langoiran, tél. 05.56.67.02.03, fax 05.56.67.59.07 t.l.j. 9h-12h 14h-18h

CH. DU BIAC 1995

■ 7 ha 20 800

S'il est encore un peu marqué par ses tanins, ce vin est bien construit et possède la structure nécessaire pour pouvoir évoluer harmonieusement d'ici trois à cinq ans.

❧ SCEA Ch. du Biac, 19, rte de Ruasse, 33550 Langoiran, tél. 05.56.67.19.98, fax 05.56.67.32.63 r.-v.

CH. BRETHOUS Cuvée Prestige 1995

■ 12 ha 60 000

Simple et sans fard mais solide et aimable, avec d'agréables arômes de fruits noirs et de cacao, ce 95 est à l'image de son producteur, dont la renommée de l'accueil n'est plus à faire.
❧ François et Denise Verdier, Ch. Brethous, 33360 Camblanes, tél. 05.56.20.77.76, fax 05.56.20.08.45 t.l.j. 8h30-12h 14h-18h ; dim. sur r.-v.

CH. DE CAILLAVET
Cuvée Prestige Elevée en fût de chêne 1996★

■ 3,75 ha 30 000

Ambassadeur de cette belle propriété de plus de 50 ha, ce vin est d'un aspect avenant, avec une robe soutenue et un agréable bouquet grillé. Au palais, il conserve son élégance qui s'adapte heureusement à une structure harmonieuse aux tanins bien fondus. Plus légère mais bien équilibrée, la **cuvée principale**, retenue sans être étoilée, est intéressante par son volume de production (420 000 bouteilles) et par son prix (moins de 30 F).
❧ SCEA de Caillavet, Ch. de Caillavet, Morin, 33550 Capian, tél. 05.57.97.75.75 r.-v.
❧ MAAF Assurances

CH. CARIGNAN Cuvée Prestige 1995★

■ 42 ha 128 400

On notera avec satisfaction que cette cuvée Prestige n'est pas confidentielle. Cela rend d'autant plus agréables les qualités de ce vin qui n'a pas encore trouvé son expression définitive mais que l'on sent doté d'un bon potentiel, tant au bouquet, complexe et développé, qu'au palais, ample et concentré.
❧ GFA Philippe Pieraerts, Ch. Carignan, 33360 Carignan-de-Bordeaux, tél. 05.56.21.21.30, fax 05.56.78.36.65 r.-v.

CH. CARSIN Cuvée Noire 1996★★

■ 2 ha 10 700

Après des débuts prometteurs et une progression spectaculaire, Juha Berglund voit ses efforts pleinement récompensés en atteignant le sommet. Hésitant entre le rubis, le violet et le grenat, la robe de son 96 annonce la complexité du bouquet et l'harmonie du palais. D'une présence rare, le premier joue subtilement sur les nuances d'épices, de fruits (framboise, cassis), de tabac

303 LE BORDELAIS

Entre Garonne et Dordogne — Premières côtes de bordeaux

blond, de réglisse et de cuir. Ample, tannique et soyeuse, la structure est exceptionnelle par son équilibre. Une très grande bouteille, déjà plaisante mais apte à la garde et qui devra être ouverte sur des mets raffinés.
- Ch. Carsin, 33410 Rions, tél. 05.56.76.93.06, fax 05.56.62.64.80　r.-v.
- Juha Berglund

CH. CARSIN 1996 **

7 ha　　41 000　　50 à 70 F

Sans rivaliser avec la cuvée Noire, ce vin est lui aussi excellent, tant par son bouquet, intense et complexe, que par sa structure très équilibrée. Il promet une longue garde.
- Ch. Carsin, 33410 Rions, tél. 05.56.76.93.06, fax 05.56.62.64.80　r.-v.

CH. DES CEDRES 1996

2,15 ha　　6 500　　30 à 50 F

Sans afficher une personnalité exceptionnelle, ce vin est fort sympathique, par la finesse du bouquet très mûr et par la souplesse du palais, un rien charmeur.
- SCEA Vignobles Larroque, Ch. des Cèdres, 33550 Paillet, tél. 05.56.72.16.02, fax 05.56.72.34.44　t.l.j. sf dim. 9h-18h

CH. DE CHELIVETTE 1995*

2,05 ha　　15 000　　50 à 70 F

Elevé en barriques, avec une forte proportion de fûts neufs, ce vin demandera une garde de quatre à cinq ans pour que le bois se fonde. Mais il possède une structure suffisamment solide et un bouquet assez expressif pour pouvoir évoluer favorablement au vieillissement.
- Jean-Louis Boulière, Ch. de Chelivette, 62, rue François-Boulière, 33560 Sainte-Eulalie, tél. 05.56.06.11.79, fax 05.56.38.01.97　t.l.j. sf dim. 9h30-12h30 15h-17h; f. 10-28 août

CLOS BOURBON
Vieilli en fût de chêne 1996

10 ha　　15 000　　30 à 50 F

Souple et équilibré, ce vin pourra être apprécié jeune, tant pour son développement au palais que pour ses arômes aux discrètes notes de fruits rouges.
- D'Halluin-Boyer, Clos Bourbon, 33550 Paillet, tél. 05.56.72.11.58, fax 05.56.72.13.76　r.-v.

CH. CLOS CHAUMONT 1996 **

n.c.　　10 000　　50 à 70 F

Il n'est pas nécessaire d'être né dans les vignes pour élaborer de grands vins. Pour s'en convaincre il suffit d'admirer la robe intense, profonde et brillante de ce Clos Chaumont, de humer son bouquet, fin et complexe à souhait (épices, fruits noirs et pruneau, avec un zeste de bois bien dosé), et de savourer son palais dont l'évolution aromatique, grasse, fine et parfaitement équilibrée, laisse apparaître une belle structure, soutenue par des tanins aussi fondus que présents. A oublier dans sa cave pendant cinq bonnes années.

- Pieter Verbeek, EARL Ch. Clos Chaumont, 33550 Haux, tél. 05.56.23.37.23, fax 05.56.23.30.54　r.-v.

CH. CLUZEL 1996*

9 ha　　n.c.　　30 à 50 F

Fidèle à la tradition qualitative du cru, ce millésime révèle un vin bien construit, doté d'une bonne présence tannique, et agréable par son expression aromatique, élégante et charmeuse.
- Bernard Rechenmann, Dom. de Cluzel, 33270 Bouliac, tél. 05.56.20.52.12, fax 05.56.20.59.13　t.l.j. sf dim. 10h30-12h30 16h-18h

CLOS COLIN DE PEY
Elevé en fût de chêne 1996

7,53 ha　　20 000　　30 à 50 F

Inaugurant sa nouvelle étiquette, modernisée tout en restant très classique, ce vin est simple mais agréable par sa souplesse et par son élégance aromatique où dominent les fruits rouges. Belle typicité.
- Sté Anthocyane, Clos Colin de Pey, 33550 Haux, tél. 05.56.23.33.84, fax 05.56.23.35.77　r.-v.
- SCI Colin de Pey

CH. COUTURAT 1996*

n.c.　　5 000　　-30 F

Né sur un petit vignoble, ce vin développe un joli bouquet, fin, concentré et complexe, suivi par un palais riche et ample qui le rend déjà agréable tout en réservant une bonne marge de progression.
- SCEA Vinsot et Fils, Le Couturat, 33490 Le Pian-sur-Garonne, tél. 05.56.76.41.57, fax 05.56.76.47.02　t.l.j. 8h-20h

CH. CRABITAN-BELLEVUE 1996 **

6 ha　　13 500　　30 à 50 F

Egalement producteur à Sainte-Croix, ce domaine nous offre ici un vin fort sympathique dont on appréciera le bouquet de fruits confits, de figue, de notes vanillées, fin et complexe. Bien constitué, équilibré et d'une belle longueur, l'ensemble peut être bu rapidement ou attendu.
- GFA Bernard Solane et Fils, Ch. Crabitan-Bellevue, 33410 Sainte-Croix-du-Mont, tél. 05.56.62.01.53, fax 05.56.76.72.09　t.l.j. 8h-12h 14h-18h

Entre Garonne et Dordogne

Premières côtes de bordeaux

DUC DE GRAMAN 1995*

| ■ | 3 ha | 20 000 | ◐ | 30 F |

Marque du Cellier de Graman (cave coopérative de Langoiran), ce vin possède une belle matière qui incitera à l'attendre trois ou quatre ans. Le **Duchesse de Graman 96**, blanc liquoreux (30-49 F), a été cité par le jury.
♠ Cellier de Graman, rte de Libourne, 33550 Langoiran, tél. 05.56.67.09.06, fax 05.56.67.13.34 ✓ ♀ t.l.j. 9h-12h30 14h30-18h30

CH. DUDON
Cuvée Jean-Baptiste Dudon 1995*

| ■ | 1 ha | 8 064 | ◐ | 30 à 50 F |

Ici le terroir explique la régularité du cru, mais il faut aussi tenir compte de la personnalité de Jean Merlaut. Sa passion pour la vigne et le vin se retrouve dans sa cuvée Jean-Baptiste Dudon. Encore marquée par le bois, celle-ci demandera trois ou quatre ans pour se fondre totalement. Alors, l'ensemble exprimera complètement son caractère, avec une souplesse, un équilibre et une bonne expression aromatique qui sont déjà perceptibles.
♠ Jean Merlaut, Ch. Dudon, 33880 Baurech, tél. 05.57.97.77.35, fax 05.57.97.77.39 ✓ ♀ t.l.j. sf sam. dim. 8h30-12h30 14h-19h

DOM. DU FILH 1996

| □ | 2 ha | 9 000 | ♀ | 30 à 50 F |

Marquant l'entrée de ce cru dans le Guide, ce 96 est l'exemple même du vin simple mais sans défaut, doté d'une structure ronde et souple qui le rend facile à boire.
♠ Christine Bouyre, Dom. du Filh, 33410 Donzac, tél. 05.56.62.93.21, fax 05.56.76.93.61 ✓ ♀ r.-v.
♠ Pierre Patachon

CH. FRERE 1995

| ■ | 4 ha | 20 000 | ◐ | 50 à 70 F |

Issu d'un vignoble appartenant à une vaste propriété (90 ha), ce vin est un peu court en finale. Toutefois l'ensemble reste bien bâti et révèle sa finesse par son agréable bouquet.
♠ SCA Ch. de Haux, 33550 Haux, tél. 05.57.34.51.11, fax 05.57.34.51.15 ✓ ♀ r.-v.
♠ Peter et Fleming Jorgensen

CH. GALLAND-DAST 1995*

| ■ | 2,6 ha | 20 000 | ◐ | 30 à 50 F |

Issu d'une sympathique petite propriété, ce vin est généreux, équilibré et convivial, doté d'un bouquet agréable et d'une belle structure qui sait se révéler sans montrer la moindre agressivité.
♠ SCEA du Ch. Galland-Dast, 33880 Cambes, tél. 05.56.20.87.54, fax 05.56.20.87.54 ✓ ♀ r.-v.

CH. DU GRAND PLANTIER 1996*

| □ | 12 ha | n.c. | ♀ | 30 à 50 F |

Egalement producteur d'autres appellations liquoreuses, ce cru est bien dans l'esprit premières côtes avec ce vin frais et fruité. Il sera agréable de le boire jeune pour bien profiter de son développement aromatique où se marient les notes de fruits mûrs, de grillé, de fleurs et de miel. En rouge, la **Cuvée numérotée 96**, élevée en fût, a également reçu une étoile (30-49 F).
♠ GAEC des Vignobles Albucher, Ch. du Grand Plantier, 33410 Monprimblanc, tél. 05.56.62.99.03, fax 05.56.76.91.35 ✓ ♀ r.-v.

CH. GRIMONT Prestige 1996

| ■ | 10 ha | 60 000 | ◐ | 76-80 F |

Cuvée Prestige, ce 96 est encore marqué par le bois qui a tendance à l'emporter sur la structure : un dégustateur n'écrit-il pas « boisé profond » ; néanmoins il semble pouvoir évoluer et il plaira aux amateurs de vins à la mode.
♠ SCEA Pierre Yung et Fils, Ch. Grimont, 33360 Quinsac, tél. 05.56.20.86.18, fax 05.56.20.82.50 ✓ ♀ r.-v.

CH. GUILLEMET 1996

| ■ | 12 ha | n.c. | ♀ | 30 à 50 F |

Ce vin laisse le souvenir d'un ensemble bien équilibré dont la puissance aromatique et la structure assureront l'évolution avec une garde de trois à quatre ans.
♠ GAEC des Vignobles Bordeneuve, Ch. Guillemet, 33490 Saint-Germain-des-Graves, tél. 05.56.76.41.14, fax 05.56.76.45.03 ✓ ♀ r.-v.

CH. GUINAULT 1995

| ■ | 3,15 ha | 12 000 | ♀ ◐ | 30 à 50 F |

Nouveau venu dans le Guide, ce vin est simple mais bien dans l'esprit premières côtes. Sa structure et son bouquet permettront de le boire rapidement ou de l'attendre pendant environ deux ans.
♠ Françoise Weber, Ch. Guinault, 33360 Cenac, tél. 05.56.20.06.13, fax 05.56.20.74.67 ✓ ♀ r.-v.

CH. DU HAUT GAUDIN
Cuvée spéciale Fût de chêne 1996

| ■ | 20 ha | 20 000 | ◐ | 30 à 50 F |

La cuvée barrique de ce cru est bien réussie avec des arômes ayant su intégrer l'apport de l'élevage (grillé) et des tanins bien fondus.
♠ Vignobles Dubourg, 33760 Escoussans, tél. 05.56.23.93.08, fax 05.56.23.65.77 ✓ ♀ r.-v.

CH. HAUT MAURIN 1996*

| □ | 4 ha | 15 000 | ♀ | 30 à 50 F |

Né sur un vignoble protégé par la forteresse de Benauge, ce 96, bien réussi, se montre déjà agréable par sa structure, souple et charnue, comme par son bouquet (pêche et abricot au sirop) ; mais il pourra aussi être attendu.
♠ Ch. Haut Maurin, Grand Village, 33410 Donzac, tél. 05.56.62.97.43, fax 05.56.62.16.87 ✓ ♀ r.-v.
♠ J.-L. Sanfourche

CH. HAUT RIAN
Elevé en fût de chêne 1996

| ■ | 28 ha | 200 000 | ♀ ◐ ♀ | 30 à 50 F |

Proposé par une propriété de 78 ha au total, ce 96, souple et fruité, plaira aux amateurs de vins légers mais finement bouquetés.
♠ Michel Dietrich, La Bastide, 33410 Rions, tél. 05.56.76.95.01, fax 05.56.76.93.51 ✓ ♀ t.l.j. sf dim. 9h-12h 14h-18h; f. 15-25 août

LE BORDELAIS

Entre Garonne et Dordogne | Premières côtes de bordeaux

CH. LABATUT-BOUCHARD 1996*

n.c.   n.c.

D'une belle intensité, la robe commence à évoluer. Le nez, fin, élégant, mêle un bon boisé (notes grillées) aux fruits rouges mûrs. La bouche repose sur des tanins soyeux, équilibrés. Un joli vin, souple et rond, à boire dès à présent.
• Vignobles Bouchard, Ch. Labatut-Bouchard, 33490 Saint-Maixant, tél. 05.56.62.02.44, fax 05.56.62.09.46 t.l.j. 9h-18h; sam. dim. sur r.-v.

CH. LA BERTRANDE
Elevé en fût de chêne 1996

n.c.   n.c.

Proposé en bouteilles numérotées, ce vin est plaisant avec un bon équilibre et une expression aromatique agréable (fruits rouges). Il est bien typé.
• Vignobles Anne-Marie Gillet, Ch. La Bertrande, 33410 Omet, tél. 05.56.62.19.64, fax 05.56.76.90.55 r.-v.

CH. LA CHEZE 1995

4 ha   10 000

Vendu en mai 1997, ce cru est ici représenté par l'un des derniers millésimes de l'ancien propriétaire. Ce 95 n'exprime pas pleinement les potentialités du terroir, mais il se montre agréable par sa rondeur et son aimable bouquet aux délicates notes de framboise et de grillé.
• SCEA Ch. La Chèze, 33550 Capian, tél. 05.56.72.11.77, fax 05.57.25.96.82 r.-v.

CH. LA FORET
Vieilli en fût de chêne 1995*

2,4 ha   6 500

Une production un peu confidentielle mais de qualité. Bien typé premières côtes de garde, ce vin possède une bonne complexité aromatique, une solide charpente et de la concentration, qui permettront de l'attendre quatre ou cinq ans.
• Ch. La Forêt, 33880 Cambes, tél. 05.56.21.31.25, fax 05.56.78.71.80 r.-v.
• Camus

CH. LAGAROSSE 1995

26,66 ha   40 000

Sans être un athlète, ce 95 est bien constitué et agréable par son bouquet où les notes fruitées se marient heureusement avec les épices.
• SCA Vignobles du Ch. Lagarosse, B.P. 18, 33550 Tabanac, tél. 05.56.67.00.05, fax 05.56.67.12.64 r.-v.
• Ohtani

CH. LAGORCE Vieilli en fût de chêne 1995

5 ha   4 000

Cuvée élevée en fût, ce vin est sympathique par sa rondeur et son expression aromatique dont on pourra profiter sans attendre.
• Marcel Baudier, SCEA Ch. Lagorce, 33550 Haux, tél. 05.56.67.01.52, fax 05.56.67.01.52 r.-v.

CH. LA GRANGE CLINET 1996*

25 ha   110 000

Avec ce vin, ce vaste vignoble d'un seul tenant s'est offert une jolie réussite : les fruits rouges du bouquet sont bien renforcés par les apports du bois dosé comme il le faut ; au palais, on sent de sympathiques tanins ronds qui donnent un ensemble harmonieux et flatteur.
• Michel Haury, 4, rte de Saint-Genès, 33880 Saint-Caprais-de-Bordeaux, tél. 05.56.78.70.88, fax 05.56.21.33.23 r.-v.

CH. DE LA MEULIERE
Vieilli en fût de chêne 1995

13,5 ha   40 350

S'il n'est pas destiné à une longue garde, ce vin sait se montrer bien constitué et intéressant par son expression aromatique aux jolies notes de grillé et de mie de pain.
• SCE vignobles Laurencin, 31, av. de Lignan, 33360 Cenac, tél. 05.56.20.12.44, fax 05.56.20.12.36

CH. LANGOIRAN
Cuvée Prestige Elevé en fût de chêne 1996

6 ha   35 000

Né au pied d'une forteresse féodale dominant la Garonne, ce vin, élevé en fût, s'inscrit dans la bonne moyenne de l'appellation par sa structure et son bouquet (fruits rouges et épices). A attendre un an ou deux.
• SC Ch. Langoiran, Le Pied du Château, 33550 Langoiran, tél. 05.56.67.08.55, fax 05.56.67.32.87 r.-v.
• Nicolas Filou

CH. LA PRIOULETTE 1996

1,73 ha   n.c.

Ce vin est intéressant par la finesse de son bouquet et par l'équilibre de son développement au palais. Le **rouge** du même millésime a également obtenu une citation (30-49 F.).
• SC du Ch. La Prioulette, 33490 Saint-Maixant, tél. 05.56.62.01.97, fax 05.56.76.70.79 r.-v.

CH. LE DOYENNE
Elevé en barrique de chêne merrain 1996*

6 ha   25 000

Caractéristique des côtes par la diversité de ses sols et de ses expositions, cette propriété l'est aussi par son 96, bien charpenté, doté de bons tanins et d'une intensité aromatique intéressante. Le tout donne un ensemble à attendre un an ou deux.
• Ch. Le Doyenné, 27, chem. de Loupes, 33880 Saint-Caprais-de-Bordeaux, tél. 05.56.78.75.75, fax 05.56.21.30.09 r.-v.

CH. LENORMAND Cuvée Frédéric 1996*

2 ha   9 000

Cuvée de prestige, ce vin témoigne d'un travail soigné, tant par son bouquet où se rencontrent des notes animales, cuites et grillées, que par son palais, équilibré et élégant. On remarquera aussi la **cuvée principale**, qui a également obtenu une étoile, intéressante par son prix (moins de 30 F).

306

Entre Garonne et Dordogne

☛ SCEA des Vignobles Menguin, 194, Gouas, 33760 Arbis, tél. 05.56.23.61.70, fax 05.56.23.49.79 ▨ ⊺ r.-v.

CH. LES JESUITES 1996
■   5 ha   16 000   ◉   30 à 50 F

Ce vin, issu d'un vignoble conduit selon les principes de l'agriculture biologique, est simple mais agréable, avec d'aimables arômes de fruits rouges et d'épices.
☛ Claudine Lucmaret, 12, rte de Bas-les-Jésuites, 33490 Saint-Maixant, tél. 05.56.63.17.97, fax 05.56.63.17.46 ▨ ⊺ r.-v.

CH. MACALAN 1996*
■   n.c.   20 000   ◉   30 à 50 F

Pour être issu d'un petit vignoble, ce 96 n'en est pas moins un bon vin, déjà agréable tout en possédant une bonne marge de progression qu'annoncent une riche matière et un bouquet fin et complexe (fruits rouges et épices).
☛ Jean-Jacques Hias, Ch. Macalan, 20, rue des Vignerons, 33560 Sainte-Eulalie, tél. 05.56.38.92.41, fax 05.56.38.92.41 ▨ ⊺ r.-v.

CH. MALAGAR 1996
■   6 ha   49 000   ◉   30 à 50 F

Bien qu'il soit issu de l'ancien vignoble de François Mauriac, ce vin ne procurera pas autant d'émotion qu'une œuvre du romancier. Toutefois, sa souplesse et sa rondeur lui donnent un visage agréable. Simple mais finement bouqueté, le **blanc 96** (50-69 F.) a également obtenu une citation.
☛ Domaines Cordier, 53, rue du Dehez, 33290 Blanquefort, tél. 05.56.95.53.00, fax 05.56.95.53.01 ⊺ r.-v.

CH. DE MARSAN 1996
■   31,6 ha   n.c.   ◉   30 à 50 F

Souple et rond, ce vin sait concilier simplicité et agrément, son équilibre et le côté soyeux de ses tanins s'harmonisant heureusement avec le caractère fruité du bouquet.
☛ Paul Gonfrier, Ch. de Marsan, 33550 Lestiac, tél. 05.56.72.32.56, fax 05.56.72.10.38 ⊺ r.-v.

CH. MATHEREAU 1996**
■   11 ha   n.c.   ◉   30 à 50 F

Issu d'un vignoble à l'encépagement équilibré, ce vin se distingue par sa complexité aromatique ; les notes de fruits noirs se marient à des nuances de fumée, de grillé et de résineux pour donner un bel ensemble. Au palais, on retrouve ce sens de la mesure, les tanins étant bien présents mais soyeux. Elégante et savoureuse, cette bouteille, qui a bénéficié d'un élevage bien dosé, méritera un séjour en cave de quatre ou cinq ans.
☛ Philippe Boulière, Ch. Mathereau, 33560 Sainte-Eulalie, tél. 05.56.06.05.56, fax 05.56.38.02.01 ▨ ⊺ r.-v.

CH. MELIN Elevé en fût de chêne 1996*
■   9,6 ha   35 000   ◉   30 à 50 F

Elevé en barrique et présenté en bouteilles numérotées, ce vin a des prétentions. Mais s'il les affiche, il montre aussi qu'il possède la matière pour les réaliser, tant par son bouquet,

Premières côtes de bordeaux

puissant et complexe (fruits rouges, épices, réglisse, chocolat), que par sa structure, à la fois ronde et ample. En somme, un ensemble déjà très agréable, mais qui pourra aussi être attendu un an ou deux. Le **Château Constantin 96**, du même producteur, a obtenu une citation.
☛ EARL Vignobles Claude Modet, Constantin, 33880 Baurech, tél. 05.56.21.34.71, fax 05.56.21.37.72 ▨ ⊺ r.-v.

CH. MEMOIRES
Vieilli en fût de chêne 1996
■   n.c.   13 000   ◉   30 à 50 F

Bien que surtout spécialisée dans les blancs liquoreux, cette propriété présente ici un vin aux tanins présents mais qui doivent s'arrondir avec le temps, la structure générale laissant deviner un bon potentiel de garde.
☛ SCEA Vignobles Ménard, Ch. Mémoires, 33490 Saint-Maixant, tél. 05.56.62.06.43, fax 05.56.62.04.32 ▨ ⊺ t.l.j. sf dim. 9h-19h

CH. MESTREPEYROT 1996*
□   n.c.   12 000   ◉   30 à 50 F

Dès le premier regard, il est présent : robe d'or, nez puissant, développé. La suite est sur le même registre, marquée par une complexité aromatique typique (miel, rôti, bois résiné). Il ne lui manque qu'une petite pointe de vivacité, si l'on veut faire les difficiles.
☛ GAEC des Vignobles Chassagnol, Bern, 33410 Gabarnac, tél. 05.56.62.98.00, fax 05.56.62.93.23 ▨ ⊺ r.-v.

DOM. DU MOULIN 1996*
■   7 ha   12 000   ▮   30 à 50 F

Parvenu à un bon niveau qualitatif depuis quelques années, ce cru s'y maintient avec ce 96 qui s'annonce par une belle robe pourpre et un bouquet fruité, avant de révéler une bonne matière, grasse, riche et généreuse, « tout en sensualité ».
☛ Gillet-Queyrens, Ch. Peyruchet, 33410 Loupiac, tél. 05.56.62.62.71, fax 05.56.76.92.09 ▨ ⊺ r.-v.

CH. NENINE 1996
■   5,1 ha   24 000   ◉   50 à 70 F

Né sur une petite propriété en plein développement, ce vin est encore un peu fermé, mais son bouquet de fruits noirs sauvs s'ouvrir car sa jolie matière garantit une évolution favorable d'ici trois à cinq ans.
☛ SCEA des coteaux de Nenine, Ch. Nenine, 33880 Baurech, tél. 05.56.78.70.78 ⊺ r.-v.

CH. OGIER DE GOURGUES 1996
■   4,5 ha   30 000   ◉   30 à 50 F

Aujourd'hui petite propriété mais jadis vaste domaine parlementaire, ce cru nous offre ici un vin simple et agréable, avec de jolies notes de fruits rouges au bouquet et beaucoup de souplesse au palais.
☛ Josette Fourès, 41, av. de Gourgues, 33880 Saint-Caprais-de-Bordeaux, tél. 05.56.78.70.99, fax 05.56.76.46.18 ▨ ⊺ r.-v.

LE BORDELAIS

Entre Garonne et Dordogne | Premières côtes de bordeaux

CH. PASCOT 1996**

3,6 ha   26 000   30 à 50 F

Issu de vieilles vignes (quarante ans), ce vin, présenté en bouteilles numérotées, déploie un bouquet élégant (fruits confits, vanille), avant de se faire charmeur par sa souplesse et sa rondeur.
- Nicole et Frédéric Doermann, chem. de Rambal, 33360 Latresne, tél. 05.56.20.78.19, fax 05.56.20.78.19 r.-v.

CH. DU PEYRAT 1996*

65,13 ha   150 000   30 à 50 F

Très belle propriété (presque 100 ha au total), ce cru possède un vignoble dont les qualités s'affirment. Si ce 96 est encore un peu sévère, ses tanins demandant à se fondre, il s'annonce bien armé pour affronter la garde et sait déjà montrer sa puissance aromatique.
- SCEA Ch. du Peyrat, Le Peyrat, 33550 Capian, tél. 05.56.23.95.03, fax 05.56.23.72.49 t.l.j. sf dim. 8h-12h 14h-18h

CH. DE PIC Cuvée Tradition 1996*

5 ha   30 000   30 à 50 F

« Plus facile à avaler qu'à recracher », cette remarque de l'un des membres du jury en dit long sur le charme de cette cuvée élevée en fût. Très flatteur, ce vin laisse, en effet, l'amateur libre de l'attendre ou de le boire rapidement pour profiter pleinement de son joli bouquet (fruits mûrs et pruneau) et de ses savoureux tanins.
- Masson Regnault, Ch. de Pic, 33550 Le Tourne, tél. 05.56.67.07.51, fax 05.56.67.21.22 r.-v.

CH. DU PIRAS 1995**

21 ha   n.c.   30 à 50 F

Avec 76 ha, cette propriété forme une belle unité disposant de moyens importants. Et utilisés à bon escient, comme le montre ce 95. Bien fait et bien pensé, il affirme sa finesse par la délicatesse d'un bouquet marqué par une bonne maturité. Souple et soutenu par des tanins très soyeux, le palais s'inscrit dans le droit fil par son harmonie qui permettra de le boire immédiatement ou de l'attendre quatre ou cinq ans. Plus léger mais agréable, le **Château du Grand Moueys 95 en rouge** a reçu une étoile.
- C.A.V.I.F., 242, rte de Créon, 33550 Capian, tél. 05.57.97.04.66, fax 05.57.97.04.60 t.l.j. sf sam. dim. 8h30-12h30 13h30-18h

CH. DE PLASSAN 1995**

14,25 ha   90 000   30 à 50 F

A l'intérêt architectural et touristique de la chartreuse s'ajoute celui, œnologique, de la production. Régulière, sa qualité trouve une belle illustration dans la complexité, la richesse et l'harmonie de ce 95. Celles-ci sont sensibles au bouquet comme au palais, ample, gras et généreux. Une jolie bouteille à garder en cave pendant trois ou quatre ans. Egalement complexe et riche, le **blanc 96** s'est vu décerner une étoile.
- Jean Brianceau, Ch. de Plassan, 33550 Tabanac, tél. 05.56.67.53.16, fax 05.56.67.26.28 r.-v.

CH. PONCET 1996

13 ha   106 000   30 à 50 F

Jean-Luc David, également producteur de liquoreux (dans les AOC sauternes et cadillac), propose ici un vin agréable par sa complexité aromatique et par son équilibre.
- Jean-Luc David, Ch. Poncet, 33410 Omet, tél. 05.56.62.97.30, fax 05.56.62.66.76 r.-v.

CH. PRIEURE SAINTE-ANNE 1996

1,2 ha   7 000   30 à 50 F

S'il va bientôt presque doubler sa superficie, en s'agrandissant de 1 ha, ce vignoble est l'un des plus petits de l'appellation. Ce qui n'empêche pas son vin de se montrer agréable par son équilibre et son bouquet aux fines notes fruitées et épicées.
- SCI Prieuré Sainte-Anne, Ch. Bellegarde, 33550 Lestiac-sur-Garonne, tél. 05.56.52.61.10
- Michel Hosten

CH. PUY BARDENS Cuvée Prestige 1996*

10 ha   50 000   30 à 50 F

Valeur sûre et reconnue, ce cru reste fidèle à lui-même en présentant ce 96 bien réussi. D'une belle couleur rubis, il développe de jolis parfums fruités, avant de révéler un palais solide et bien équilibré avec de bons tanins et une longueur remarquée qui autoriseront une garde de deux ou trois ans.
- Yves Lamiable, Ch. Puy Bardens, 33880 Cambes, tél. 05.56.21.31.14, fax 05.56.21.86.40 r.-v.

CH. REYNON 1996**

14 ha   54 000   50 à 70 F

Figure majeure de l'œnologie contemporaine et homme de terrain, Denis Dubourdieu nous offre ici une belle démonstration de son talent : une robe intense et vive, entre pourpre et carmin ; un bouquet complexe (grillé au début puis fruité, épicé et vanillé) ; un palais puissant, gras et riche ; une longue finale ; tout témoigne d'une grande noblesse et d'une excellente aptitude à la garde (cinq ans et plus).
- EARL Denis et Florence Dubourdieu, Ch. Reynon, 33410 Béguey, tél. 05.56.62.96.51, fax 05.56.62.14.89 r.-v.

CH. DE RICAUD 1995

16 ha   100 000   30 à 50 F

Simple et souple, ce 95 est l'exemple même du vin friand et sympathique, les notes fruitées du

La région des Graves

bouquet s'accordant bien avec la rondeur du palais.
← Ch. de Ricaud, 33410 Loupiac, tél. 05.56.62.66.16, fax 05.56.76.93.30 ☑ ☖ r.-v.
← Alain Thienot

CH. ROQUEBERT 1996★

| | 9 ha | 70 000 | | 30 à 50 F |

S'il n'est pas destiné à une longue garde, ce vin saura néanmoins se montrer très agréable tant son caractère flatteur et charmeur s'exprime pleinement sur le fruit.
← Christian et Philippe Neys, Ch. Roquebert, 33360 Quinsac, tél. 05.56.20.84.14, fax 05.56.20.84.14 ☑ ☖ r.-v.

CLOS SAINTE ANNE 1996

| | 3,5 ha | 24 000 | | 30 à 50 F |

Bien qu'encore dominé par le bois, ce vin sait affirmer sa typicité premières côtes par sa structure qui s'accordera au caractère expressif du bouquet. On peut envisager une bonne évolution dans les deux ou trois ans à venir.
← Sté des Vignobles Francis Courselle, Ch. Thieuley, 33670 La Sauve, tél. 05.56.23.00.01, fax 05.56.23.34.37 ☑ ☖ r.-v.

CH. SAINT-HUBERT 1996

| | 4 ha | 20 000 | | 30 à 50 F |

S'il ne s'exprime pas encore complètement, ce vin se montre intéressant par sa jolie matière qui lui assurera de bonnes possibilités d'évolution pendant trois ou quatre ans. De son côté le **Château de Teste 96 (blanc)** a également obtenu une citation (30-49 F).
← Laurent Réglat, Ch. de Teste, 33410 Monprimblanc, tél. 05.56.62.10.65, fax 05.56.62.98.80 ☑ ☖ t.l.j. sf dim. 9h-12h 14h-18h

CH. SAINT-OURENS 1995

| | 3,3 ha | 20 000 | | 30 à 50 F |

Malgré une petite note de sécheresse en finale, ce 95 plaira aux amateurs de côtes classiques, mais il saura également séduire d'autres amateurs par son bel équilibre aromatique entre le fruit et la vanille.
← Michel Maës, 57, rte de Capian, Saint-Ourens, 33360 Langoiran, tél. 05.56.67.39.45, fax 05.56.67.61.14 ☑ ☖ t.l.j. sf dim. 8h-13h 15h-19h

CH. SISSAN Grande Réserve 1996★★

| | n.c. | 15 000 | | 30 à 50 F |

Cuvée de prestige, ce vin est à la hauteur des espérances que les Yung ont placées en lui. Bien soutenu par le bois, présent mais sans excès, il se développe harmonieusement tout au long de la dégustation, arborant une couleur profonde, un bouquet complexe aux notes de fruits rouges, d'épices et de cacao, et un palais souple et rond porté par des tanins dénués d'agressivité.
← SCEA Pierre Yung et Fils, 33360 Quinsac, tél. 05.56.20.86.18, fax 05.56.20.82.50 ☑

CH. SUAU Elevé en fût de chêne 1996★★

| | 17 ha | 120 000 | | 30 à 50 F |

Renouant avec les remarquables millésimes qu'il nous avait offerts à la fin des années 80, ce

Graves

cru propose un vin qui réussit à concilier la grâce et la puissance. D'un rubis intense, il arbore un bouquet élégant et complexe (fruits rouges, noyau de cerise, cacao) que prolonge un palais solidement charpenté, plein et riche. Long et harmonieux, l'ensemble témoigne d'un travail de grande qualité.
← Monique Bonnet, Ch. Suau, 33550 Capian, tél. 05.56.72.19.06, fax 05.56.72.12.43 ☑ ☖ r.-v.

CH. VIEILLE TOUR 1996★

| | 1,13 ha | 7 500 | | -30 F |

Un petit vignoble mais faisant partie d'une belle unité (27 ha) pour un vin tout en finesse, agrémenté d'un bouquet aux jolies notes grillées et épicées, et d'un palais porté par des tanins bien mûrs. Parfaitement construite, cette bouteille pourra vieillir sans problème. Très « mode » avec une bonne présence du bois, le **blanc 96** (30-49 F) a aussi reçu une étoile.
← SCEA des vignobles Gouin, 1, Lapradiasse, 33410 Laroque, tél. 05.56.62.61.21, fax 05.56.76.94.18 ☑ ☖ r.-v.
← Gouin

La région des Graves

Vignoble bordelais par excellence, les graves n'ont plus à prouver leur antériorité : dès l'époque romaine, leurs rangs de vignes ont commencé à encercler la capitale de l'Aquitaine et à produire, selon l'agronome Columelle, « un vin se gardant longtemps et se bonifiant au bout de quelques années ». C'est au Moyen Age qu'apparaît le nom de « graves ». Il désigne alors tous les pays situés en amont de Bordeaux, entre la rive gauche de la Garonne et le plateau landais. Par la suite, le Sauternais s'individualise pour constituer une enclave, vouée aux liquoreux, dans la région des Graves.

Graves et graves supérieures

S'allongeant sur une cinquantaine de kilomètres, les graves doivent leur nom à la nature de leur sol : il est constitué principalement par des terrasses construites par la Garonne et ses ancêtres qui ont déposé une grande variété de débris cailloux (galets et graviers), originaires des Pyrénées et du Massif central.

La région des Graves

Depuis 1987, les vins qui y sont produits ne sont pas tous commercialisés comme graves, le secteur de Pessac-Léognan bénéficiant d'une appellation spécifique, tout en conservant la possibilité de préciser sur les étiquettes les mentions « vin de graves », « grand vin de graves » ou « cru classé de graves ». Concrètement, ce sont les crus du sud de la région qui revendiquent l'appellation graves.

L'une des particularités des graves réside dans l'équilibre qui s'est établi entre les superficies consacrées aux vignobles rouges (près de 2 128 ha en 1996, pessac-léognan non compris) et blancs secs (plus de 809 ha en 1996). Les graves rouges (121 355 hl en 1997) possèdent une structure corsée et élégante qui permet un bon vieillissement. Leur bouquet, finement fumé, est particulièrement typé. Les blancs secs (43 402 hl en 1997), élégants et charnus, sont parmi les meilleurs de la Gironde. Les plus grands, maintenant fréquemment élevés en barrique, gagnent en richesse et complexité après quelques années de vieillissement. On trouve aussi quelques vins moelleux qui ont conservé leurs amateurs et qui sont vendus sous l'appellation graves supérieures (17 244 hl ont été produits en 1997).

Graves

CH. D'ARCHAMBEAU 1996

☐   7 ha   60 000   🍷 🍷 🍷 30à50F

|82|83|**85**|**86**|88|89|**90**|91|92|93|94|96|

Né sur un vignoble protégé des vents d'ouest par la forêt landaise, ce vin jaune clair est riche de parfums fruités. Le côté alerte de l'attaque et sa belle expression aromatique, aux fines notes de fruits de la passion légèrement réglissées, laissent le souvenir d'un corps plaisant.
↬ GFA vignobles ch. d'Archambeau, 33720 Illats, tél. 05.56.62.51.46, fax 05.56.62.47.98 ☑ ⦻ t.l.j. 9h-12h 14h-18h
↬ Jean-Philippe Dubourdieu

CH. D'ARDENNES 1996★★

■   25 ha   80 000   🍷 🍷 🍷 50à70F

|88|⑧⑨|**90**|**92**|93|94|**96**|

Valeur sûre de l'appellation, ce cru se distingue une fois encore avec un vin au bel avenir (cinq ans de garde au moins). Annonçant sa solide constitution par sa robe profonde et brillante, ce 96 développe un bouquet aux intenses notes de grillé et de fruits rouges, dont l'élégance se retrouve au palais. L'équilibre et la concentration laissent le dégustateur sur une très bonne impression. Contigu, le **château La Tuilerie** a donné un très joli **95** à la robe rouge grenat qui doit son étoile à la complexité de son bouquet, à la qualité de sa matière première accompagnée par un boisé qui ne la masque pas. Sa finale, longue et soyeuse, est savoureuse. Excellent rapport qualité/prix.

↬ SCEA Ch. d'Ardennes, Ardennes, 33720 Illats, tél. 05.56.62.53.80, fax 05.56.62.43.67 ☑ ⦻ r.-v.
↬ François Dubrey

CH. D'ARRICAUD 1996★

■   12 ha   48 000   🍷 🍷 50à70F

⑧⑤ |88| |89| |90| |91|**92** |93|**94** |96|

Un beau panorama et un terroir intéressant pour ce cru, qui nous offre ici un 96 bien réussi. Finement bouqueté (framboise, cannelle, cassis et vanille), ce vin développe un palais conciliant, un côté rond et charnu avec une structure tannique assez imposante. Vif, rond et aromatique (fruits, tilleul et croûte de pain), le **blanc 96** a obtenu une citation.
↬ EARL Bouyx, Ch. d'Arricaud, 33720 Landiras, tél. 05.56.62.51.29, fax 05.56.62.41.47 ☑ ⦻ r.-v.

CH. BEAUREGARD DUCASSE
Albert Duran Elevé en fût de chêne 1995★

■   6 ha   18 000   🍷 🍷 50à70F

|93| |94| **95**|

Cuvée élevée en barrique, ce joli vin mériteра une garde de quatre ou cinq ans, la complexité du bouquet, aux fines notes de fruits mûrs, et la générosité du palais étant prometteuses. La **cuvée Albertine Peyri blanc 97** a également obtenu une étoile pour son bouquet fruité et joliment boisé (bon vin de poisson). Les cuvées principales **Château Beauregard Ducasse, rouge 95 et blanc 97** ont mérité une citation. Le 95 plaira par ses arômes d'iris et de violette ainsi que par sa bouche caressante où les tanins fins et doux sont d'une grande élégance.
↬ Jacques Perromat, Ducasse, 33210 Mazères, tél. 05.56.76.18.97, fax 05.56.76.17.73 ☑ ⦻ r.-v.

CH. DE BEAU-SITE 1995

■   5 ha   15 000   🍷 🍷 30à50F

Toujours fidèle aux méthodes traditionnelles, ce cru offre ici un vin chaleureux et expressif, avec un bouquet aux agréables notes résineuses et fruitées que suit un palais soyeux. A marier avec un coquelet aux légumes printaniers, ou,

La région des Graves — Graves

pour ceux qui ne veulent pas attendre, avec un rôti de porc.

Mme Jean Dumergue, Ch. de Beau-Site, 33640 Portets, tél. 05.56.67.18.15, fax 05.56.67.38.12 r.-v.

CH. BICHON CASSIGNOLS 1995

3 ha — 20 000

Sans égaler certains millésimes antérieurs particulièrement réussis, ce 95 se montre intéressant, tant par l'élégance de son bouquet que par sa constitution qui se manifeste par un bon support tannique. Assez original par son nez aux notes de beurre, d'anis et de lierre, le **blanc 96** a aussi obtenu une citation.

Lespinasse, 50, av. Edouard-Capdeville, 33650 La Brède, tél. 05.56.20.28.20, fax 05.56.20.20.08 r.-v.

CLOS BOURGELAT 1996★

3,62 ha — 28 000

Né sur le plateau de Cérons, ce graves annonce sans hésitation la couleur par une jolie robe, d'un rubis brillant à reflets carmin. Encore naissant mais déjà fin, le bouquet reste lui aussi sur des notes aimables, comme la structure, dont la rondeur et le gras tapissent bien le palais. Destiné à une petite garde, le **Caprice de Bourgelat 97 blanc** s'est vu également attribuer une étoile,

et **la cuvée principale en blanc** une citation. Ces vins sont de belle harmonie, bien vinifiés.

Dominique Lafosse, Clos Bourgelat, 33720 Cérons, tél. 05.56.27.01.73, fax 05.56.27.13.72 t.l.j. 9h-12h 14h-19h; f. août; groupes sur r.-v.

CH. BRONDELLE 1996★

n.c. — 60 000

Une propriété qui se tient à l'écart du tapage médiatique, mais où l'on sait ce que travailler veut dire. Témoin, ce vin. Un peu atypique par son bouquet de vendanges très mûres, il a tout pour tirer profit d'une petite garde de trois à cinq ans, notamment une solide matière tannique, confortée par un bois bien dosé. La **cuvée Anaïs 96 en blanc** a obtenu une citation, de même le **Château la Rose Sarron rouge 96** (30-49 F), qui appartient aussi aux vignobles Belloc-Rochet.

Vignobles Belloc-Rochet, Ch. Brondelle, 33210 Langon, tél. 05.56.62.38.14, fax 05.56.62.23.14 r.-v.

CH. DU CAILLOU Cuvée Saint-Cricq 1996

1,5 ha — 4 000

Elevé en barrique, ce vin frais se montre plaisant tout au long de la dégustation, notamment par son expression aromatique aux fines notes florales. « Un vin qui a du grain », note un dégustateur.

La Région des Graves

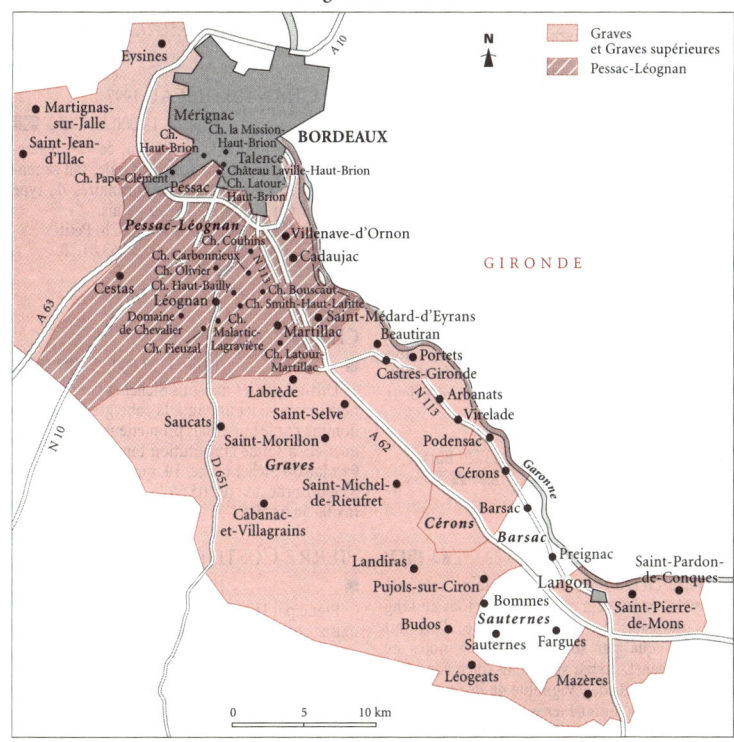

La région des Graves — Graves

🍷 SA Ch. du Caillou, rte de Saint-Cricq,
33720 Cérons, tél. 05.56.27.17.60,
fax 05.56.27.00.31 ▼ ▼ r.-v.
🍷 Mme Latorse

CH. DE CALLAC 1996*

■   n.c.   110 000   50 à 70 F

Issu d'une unité déjà assez importante (25 ha au total), ce 96 s'annonce par une teinte soutenue et un bouquet délicatement boisé. Rond et souple à l'attaque, il développe ensuite une structure encore un peu rude mais suffisamment forte pour permettre d'attendre que cette bouteille ait achevé son évolution.
🍷 Philippe Rivière, Ch. de Callac, 33720 Illats, tél. 05.57.55.59.59, fax 05.57.55.59.51 ▼ ▼ r.-v.

CH. CAMUS 1995

■   n.c.   n.c.   30 à 50 F

D'une bonne régularité, ce cru obtient une nouvelle fois une citation avec ce vin souple et bien équilibré, dont les tanins fondus laissent apparaître le fruit. Un ensemble agréable.
🍷 SCEA des Vignobles Jean-Luc Larriaut, Vignobles de Bordeaux, B.P. 114, 33210 Saint-Pierre-de-Mons, Langon cedex,
tél. 05.56.63.19.34, fax 05.56.63.21.60 ▼ r.-v.

DOM. DE CANTEAU
Elevé en fût de chêne 1995

■   n.c.   12 000   30 à 50 F

Appartenant à la cuvée barrique, ce 95 est simple mais bien fait, avec d'agréables arômes de gibier. Il conviendra parfaitement pour un repas convivial.
🍷 Philippe Daniès-Sauvestre, Laborie,
33410 Sainte-Croix-du-Mont, tél. 05.56.76.72.28, fax 05.56.76.71.90
🍷 Gaubert

CH. CANTEGRIL 1996*

■   7 ha   40 000   50 à 70 F

Issu d'un vignoble se partageant entre le merlot et les cabernets, ce vin d'une belle teinte rouge sang à reflets noirs offre un nez élégant aux notes de cèdre et de cannelle. Après une attaque très savoureuse, le palais découvre de jolis tanins encore fermes, d'un beau volume. Attendre deux à trois ans.
🍷 EARL Vignobles Pierre et Denis Dubourdieu, Ch. Doisy-Daëne, 33720 Barsac, tél. 05.56.27.15.84, fax 05.56.27.18.99 ▼ ▼ r.-v.

CH. CAZEBONNE 1996

□   5 ha   15 000   30 à 50 F

Même s'il fait preuve d'une certaine nervosité en finale, ce vin se montre plaisant tout au long de la dégustation, tant par sa robe, d'un vert cristallin, que par son bouquet aux notes de fleurs de genêt, ou par son palais, bien équilibré.
🍷 Jean-Marc Bridet, Vignoble de Bordeaux, B.P. 114, 33210 Saint-Pierre-de-Mons Cedex, tél. 05.56.63.19.34, fax 05.56.63.21.60 ▼ r.-v.

CH. DE CHANTEGRIVE 1996**

■   30 ha   200 000   50 à 70 F
81 82 83 (85) **86** |88| **89 90** |91| |92| |93| **95 96**

Qui se souvient encore que cette propriété n'existait pas voici quelque trente ans ? Devenue l'une des valeurs sûres de l'appellation, elle reste fidèle à elle-même avec ce remarquable 96. Paré d'une robe somptueuse, ce vin se montre complet et complexe par son bouquet aux élégantes notes de fruits rouges et de muguet. Souple, soyeux et concentré, le palais ne cache pas sa puissance, avant de s'ouvrir sur une belle finale épicée. On attendra cette bouteille pendant trois ou quatre ans, avant de la déboucher sur un plat raffiné.
🍷 Françoise et Henri Lévêque, Ch. de Chantegrive, 33720 Podensac,
tél. 05.56.27.17.38, fax 05.56.27.29.42 ▼ ▼ t.l.j. sf dim. 8h-12h 14h-18h

CH. DE CHANTEGRIVE
Cuvée Caroline 1996**

□   10 ha   60 000   70 à 100 F
88 **89 90** 91 **92** 93 94 |95| |96|

Rond, bien constitué et généreusement parfumé (abricot, fruits exotiques et menthe sauvage), ce vin, très bien réussi, méritera d'être servi sur un joli poisson ou une belle viande blanche. Egalement rond et frais, mais moins riche sur le plan aromatique, la cuvée principale, le **Château de Chantegrive blanc 96**, qui ne connaît pas la barrique, a obtenu une citation.
🍷 Françoise et Henri Lévêque, Ch. de Chantegrive, 33720 Podensac,
tél. 05.56.27.17.38, fax 05.56.27.29.42 ▼ ▼ t.l.j. sf dim. 8h-12h 14h-18h

CH. CHANTELOISEAU 1997

□   3 ha   18 000   -30 F

Venu du sud de l'appellation, ce vin, légèrement perlant dans une robe très pâle, sait se rendre agréable par ses arômes primaires de type floral et par son équilibre au palais.
🍷 SCEA Dom. Latrille-Bonnin, Ch. Petit-Mouta, 33210 Mazères, tél. 05.56.63.41.70, fax 05.56.76.83.25 ▼ ▼ r.-v.
🍷 GFA du Brion

CH. CHICANE 1995

■   6 ha   27 000   50 à 70 F

Diffusé par les maisons Sichel et Coste, ce cru nous propose ici un vin à la robe grenat, encore dominé par le bois, mais prometteur par son bouquet et sa solide constitution tannique.
🍷 Maison Sichel Coste, 19, quai de Bacalan, 33300 Bordeaux, tél. 05.56.11.16.60,
fax 05.56.63.50.52

PIERRE COSTE 1996

■   15 ha   80 000   30 à 50 F

Signé par la célèbre maison de négoce langonnaise, aujourd'hui associée à Sichel, ce vin, encore un peu vif, retient l'attention par le caractère sympathique de ses arômes (pain grillé, café et vanille). Le **Pierre Coste blanc 97** a également été retenu par notre jury, de même que la marque de Sichel **Les Jardins des Graves rouge 96**.

La région des Graves — Graves

🍇 Maison Sichel Coste, 19, quai de Bacalan, 33300 Bordeaux, tél. 05.56.11.16.60, fax 05.56.63.50.52

DOM. DE COUQUEREAU 1996*
■   1,5 ha   7 000

Un vignoble, petit par la superficie mais de qualité, et bien conduit comme en témoigne ce joli 96. Bien typé par ses tanins, rond et équilibré, il développe un bouquet original où se mêlent d'agréables notes de cassis, de fleur de sureau et de tilleul.

🍇 Amalia Gipoulou, 22, av. Adolphe-Demons, 33650 La Brède, tél. 05.56.20.32.27 ☑ ☗ t.l.j. 9h-20h ; f. août

CH. DOMS 1995*
■   4 ha   25 000

Etablissement religieux ou pavillon de chasse, l'origine de ce cru fait l'objet d'un débat. Toutefois personne ne contestera les qualités de son 95. D'une belle teinte rouge à reflets brique, ce vin développe un bouquet complexe et une solide matière tannique qui débouche sur une finale bien équilibrée. Elevée en barrique, la **cuvée Amélie 95** a également reçu une étoile. Ses notes balsamiques, ses arômes de fruits confits et de réglisse, sa bouche charnue et franche, encore jeune, ses tanins savoureux ont séduit le jury. Prix : fourchette supérieure.

🍇 SCE Vignobles Parage, Ch. Doms, 33640 Portets, tél. 05.56.67.20.12, fax 05.56.67.31.89 ☑ ☗ r.-v.

LA GRANDE CUVEE DE DOURTHE 1995**
■   n.c.   n.c.

Né d'un partenariat établi entre les propriétaires et les œnologues, ce graves témoigne de leurs talents respectifs par la puissance de son bouquet, aux notes de réglisse et d'épices, et par le volume du palais, que soutient une trame serrée de jolis tanins de raisin. Chez **Kressmann**, autre firme du CVBG, la **Grande Réserve rouge 95** a obtenu une citation, et la **Grande Réserve blanche 96** une étoile. On notera tout spécialement sa finale rappelant la rose.

🍇 Dourthe, 35, rue de Bordeaux, B.P. 49, 33290 Parempuyre, tél. 05.56.35.53.00, fax 05.56.35.53.29 ☑ ☗ r.-v.

CH. FORT DE ROQUETAILLADE 1997
□   11 ha   40 000

Rarement le contraste entre l'architecture et le vin aura été aussi fort qu'ici : à la puissance de l'ensemble castral aux deux châteaux forts, s'opposent la souplesse et la fraîcheur de ce 97 où se marient à parts égales sémillon et sauvignon. Ce vin se montre floral et sympathique.

🍇 De Baritault, Ch. de Roquetaillade, 33210 Mazères, tél. 05.56.76.14.16, fax 05.56.76.14.61 ☑ ☗ r.-v.

CH. DE GAILLAT 1995*
■   11,5 ha   78 000

Propriété de la famille Coste, ce cru montre qu'il est bien tenu par la qualité de ce beau 95. Aux attraits d'un bouquet fruité et épicé ajoute ceux d'un palais ample, aromatique et élégant, où les tanins et le fruit s'équilibrent.

🍇 SCEA du ch. de Gaillat, 33210 Langon, tél. 05.56.63.50.77, fax 05.56.62.20.96 ☗ r.-v.
🍇 Famille Coste

CH. DU GRAND ABORD 1996*
□   3,4 ha   4 000

S'il reste assez confidentiel par son volume de production, ce vin sait capter l'attention du dégustateur par son expression aromatique : attaquant par des notes de goyave et de buis, il passe ensuite à des nuances plus cuites. Sa structure est homogène.

🍇 EARL Vignobles M.-C. Dugoua, Ch. du Grand Abord, 33640 Portets, tél. 05.56.67.22.79, fax 05.56.67.22.23 ☑ ☗ r.-v.

CH. GRAVILLE-LACOSTE 1997
□   7,3 ha   50 000

Signé par l'équipe de Roûmieu-Lacoste (Barsac), ce vin associe de façon plaisante un bouquet marqué par de fines notes florales à un palais rond, gras et vif.

🍇 Hervé Dubourdieu, Ch. Roûmieu-Lacoste, 33720 Barsac, tél. 05.56.27.16.29, fax 05.56.27.02.65 ☑ ☗ r.-v.

CH. HILLOT 1996
■   2 ha   7 000

Un 96 bien équilibré, aux bons tanins et aux notes de fruits rouges. Il conviendra de l'attendre quelques années.

🍇 Leppert, Ch. Hillot, 33720 Illats, tél. 05.56.62.53.38 ☗ r.-v.

CH. LA BLANCHERIE-PEYRET 1995
■   8,88 ha   30 000

Né à 2 km du château de Montesquieu, ce vin trouve un équilibre original, en conciliant des aspects encore austères avec une structure délicate. Le nez est foxé, et la robe, d'un rouge sombre, ne semble pas devoir trop vieillir.

🍇 Françoise Braud-Coussié, La Blancherie, 33650 La Brède, tél. 05.56.20.20.39, fax 05.56.20.35.01 ☑ ☗ r.-v.

CH. LA FLEUR CLEMENCE
Elevé en fût de chêne 1996**
■   5 ha   28 000

Produit par la société du château Carbon d'Artigues, ce vin à la belle robe profonde, élevé en barrique de chêne, fait une remarquable entrée dans le Guide. Très original par son expression aromatique (pain d'épice, cèdre, camphre, essences de garrigue - thym et romarin), il se développe fort harmonieusement au palais, avec des tanins très fins, de la rondeur et de la fraîcheur. Souple et aromatique (notes de fruits rouges mûrs et boisé délicat), le **Château Carbon d'Artigues 96 rouge** a reçu une étoile.

🍇 Ch. Carbon d'Artigues, 33720 Landiras, tél. 05.56.62.53.24, fax 05.56.62.53.24 ☑ ☗ r.-v.

CH. LA FLEUR JONQUET 1995*
■   3,2 ha   20 000

Petite propriété ne veut pas dire petit vin. Une nouvelle fois, ce cru en apporte la preuve avec

La région des Graves — Graves

ce 95. Bien réussi, ce vin s'annonce par une robe d'une belle teinte cerise et par un bouquet intense et complexe. Équilibre, structure, longueur et arômes (fruits rouges et viande), le palais ne dément pas la présentation. Le **blanc 96**, élégant et bouqueté (entre 30 et 49 F), a lui aussi une étoile.

Lataste, 5, rue Amélie, 33200 Bordeaux, tél. 05.56.17.08.18, fax 05.57.22.12.54 r.-v.

CH. LA GRAVE SAINT-ROCH 1996*

3 ha — 20 000 — 30 à 50 F

Issu d'un vignoble composé à parts égales de merlot et de cabernets, ce vin à la robe d'un rubis scintillant ne possède pas une matière imposante, mais il est bien constitué et se montre intéressant par son bouquet, avec un côté grillé-torréfié marqué. Jolie longueur.

GAEC des Vignobles Chassagnol, Bern, 33410 Gabarnac, tél. 05.56.62.98.00, fax 05.56.62.93.23 r.-v.

CLOS LAMOTHE 1995*

6 ha — 45 000 — 30 à 50 F

Original par son encépagement, entièrement merlot, ce vin en porte la marque dans son bouquet fruité. Ample et bien structuré, avec des tanins encore fermes mais généreux, il pourra et devra être attendu pendant environ trois ans.

Jacques Rouanet, 7, rte de Mathas, 33640 Portets, tél. 05.56.67.23.12, fax 05.56.67.62.66 t.l.j. sf dim. 14h-19h

CH. LA TOURTE DES GRAVES 1996

n.c. — 18 000 — 30 à 50 F

Issu d'un vignoble à forte dominante de sémillon (90 %), ce vin s'annonce par une robe des plus avenantes (jaune paille à reflets dorés) avant de révéler un bouquet floral et un palais vif et plaisant.

Micheline Chassaigne, 44, cours Mal-Foch, 33720 Podensac, tél. 05.56.27.08.57, fax 05.56.27.08.57 r.-v.

CH. LAUBAREDE-COURVIELLE 1996*

0,52 ha — 3 000 — 30 à 50 F

Ici la viticulture devient du jardinage, ce qui réservera à peu d'élus ce vin aux délicats parfums de fruits mûrs et de beurre. Moelleux et vif à la fois, le palais ne manque pas d'agrément lui non plus. Presque aussi confidentiel (15 000 bouteilles), le **rouge 95** a décroché une citation (30-49 F).

EARL Delpeuch et Fils, Courvielle, 33210 Castets-en-Dorthe, tél. 05.56.62.86.81, fax 05.56.62.78.50 t.l.j. 9h-12h 14h-18h
Labourdette

CH. LE BOURDILLOT
Cuvée Prestige Vieilli en fût de chêne 1996**

2,7 ha — 18 000 — 50 à 70 F

La signature de Patrice Haverlan est un gage de qualité. Aussi, on n'hésitera pas à garder ce 96 pour le XXI^{e}s. Tout indique un vin remarquable et prometteur : son bouquet, où les fruits rouges, le bois, la torréfaction composent un ensemble élégant, comme la matière du palais, qui saura assimiler le bois, encore présent, pour donner une bouteille des plus séduisantes.

Patrice Haverlan, 11, rue de l'Hospital, 33640 Portets, tél. 05.56.67.11.32, fax 05.56.67.11.32 t.l.j. sf sam. dim. 8h30-12h30 13h30-17h30; f. août

CH. LEHOUL Vieilli en fût de chêne 1996*

n.c. — 20 000 — 30 à 50 F

Portant encore la marque de tanins assez vifs, ce vin possède une matière et une expression aromatiques suffisantes pour pouvoir évoluer favorablement d'ici deux à trois ans.

EARL Fonta et Fils, rte d'Auros, 33210 Langon, tél. 05.56.63.17.74, fax 05.56.63.06.06 t.l.j. 8h30-20h

CH. DE L'EMIGRE
Vieilli en fût de chêne 1996*

1,7 ha — 8 400 — 30 à 50 F

Cuvée vieillie en barrique de chêne, ce 96 a été fortement marqué par l'élevage. Très puissantes, les notes boisées dominent le départ du bouquet, avant de composer avec le fruit. Heureusement, la structure supporte le merrain et annonce un solide potentiel qui permettra aux arômes de cépages de se développer. La bonne impression d'ensemble est confirmée par les agréables notes confites de la longue finale.

Pierrette Despujols, Ch. de l'Emigré, 33720 Cérons, tél. 05.56.27.01.64, fax 05.56.27.13.70

CH. LE PAVILLON DE BOYREIN 1996*

n.c. — n.c. — 30 à 50 F

Vaste unité dont ce vignoble ne représente qu'une partie, ce vin, nous proposons ici un vin dont la jeunesse apparaît dans la robe. Très bouqueté, ce 96 développe d'abord des arômes primaires, très proches du fruit, avant de monter en puissance pour passer à des notes fermentaires. Longue, nette et équilibrée, la finale conclut très heureusement le parcours.

Vignobles Pierre Bonnet, Le Pavillon de Boyrein, 33210 Roaillan, tél. 05.56.63.24.24, fax 05.56.62.31.59 r.-v.

CH. LES CLAUZOTS
Cuvée Maxime Vieilli en fût de chêne 1995**

10 ha — 12 000 — 30 à 50 F

Cuvée prestige élevée en barrique, ce vin souple, rond et bien équilibré se montre fort agréable par son expression aromatique : débutant par de puissants parfums de fruits rouges confiturés, d'épices et de vanille, il poursuit par des notes grillées avant de terminer par de belles touches de cassis. Frais et délicatement bouqueté, le **blanc 97** s'est vu attribuer une étoile. Il est à boire dès la parution du Guide.

Frédéric Tach, Vignobles de Bordeaux, B.P. 114, 33212 Langon Cedex Cedex, tél. 05.56.63.19.34, fax 05.56.63.21.60 r.-v.

CH. LE TUQUET 1995*

35 ha — 110 000 — 30 à 50 F

Bel exemple de chartreuse, ce château a tout pour retenir l'attention des amateurs d'architecture bordelaise, qui pourront y découvrir et très joli 95. Au bouquet comme à l'attaque, ce vin montre sa personnalité par des notes épicées, ani-

La région des Graves — Graves

males et minérales. Puis se révèle son côté charnu, que conclut une finale au boisé bien fondu.
- GFA du ch. Le Tuquet, 33640 Beautiran, tél. 05.56.20.21.23, fax 05.56.20.21.83 ⓥ ⓣ r.-v.
- Paul Ragon

CH. DE L'HOSPITAL 1995**

■ 5 ha 33 000 ⅠⅠ 50 à 70 F

Le sérieux de ce cru n'est plus à prouver. L'amateur éclairé ne sera pas surpris de découvrir dans ce 95 un vin parfaitement réussi, aux multiples qualités. La robe grenat ne fait pas de manières pour annoncer sa puissance, que confirment d'abord son bouquet, aux flatteuses notes grillées, fruitées et vanillées, puis son palais dont la structure laisse présager une bonne évolution (cinq ans et plus). A réserver pour une belle volaille, bien préparée. Bien réussi, l'élégant **blanc 96** (50-69 F) est déjà plaisant, mais il pourra être attendu pendant encore un an ou deux.
- SCEA Ch. de L'Hospital, Darrouban-Nord, 33640 Portets, tél. 05.56.67.54.73 ⓥ ⓣ t.l.j. 9h30-12h30 14h-18h
- Marcel Disch

DOM. DES LUCQUES 1996**

■ 2,5 ha 18 000 ⅠⅠ 30 à 50 F

Du même producteur que le Bourdillot et également vieilli en barrique, ce vin est lui aussi fort bien réussi. Sa richesse et son élégance apparaissent dès le bouquet, d'une belle complexité, avant de se confirmer au palais par des tanins soyeux, une attaque moelleuse et une longue finale. Une remarquable bouteille à ouvrir sur des mets raffinés d'ici un an ou deux.
- Patrice Haverlan, 11, rue de l'Hospital, 33640 Portets, tél. 05.56.67.11.32, fax 05.56.67.11.32 ⓥ ⓣ t.l.j. sf sam. dim. 8h30-12h30 13h30-17h30; f. août

CH. LUDEMAN LA COTE 1996*

■ 9 ha 45 000 ⅠⅠ 30 à 50 F

Très « masculin », ce vin s'appuie sur une solide structure tannique pour affirmer sa personnalité. Encore marqué par le bois, il demandera à être attendu trois à quatre ans. Typique de l'AOC, le **Clos des Majureaux 96 rouge**, du même propriétaire, a obtenu une citation.
- SCEA Chaloupin-Lambrot, Ludeman, 33210 Langon, tél. 05.56.63.07.15, fax 05.56.63.07.15 ⓥ ⓣ r.-v.

CH. MAGENCE 1996**

□ 16 ha 96 000 🍽 30 à 50 F
88 89 ⑨⓪ 93 94 95 ⑨⑥

Solide et régulière, cette propriété nous confirme une fois encore ses bonnes dispositions avec ce très joli 96. Evoquant les fruits mûrs (abricot, pêche et coing), le bouquet engage toute la dégustation, le palais reprenant ces arômes pour les marier avec une structure ample, grasse et onctueuse. Bouqueté, plein, charnu et élégant, le **Magence rouge 95** a obtenu une étoile pour ses belles notes fruitées, sa chair ample et sa finale élégante.
- EARL du Ch. Magence, 33210 Saint-Pierre-de-Mons, tél. 05.56.63.07.05, fax 05.56.63.41.42 ⓥ ⓣ r.-v.
- Guillot de Suduiraut-d'Antras

CH. MAGNEAU 1996**

▨ 15 ha 50 000 ⅠⅠ 30 à 50 F

L'équilibre de l'encépagement (merlot et cabernet-sauvignon faisant jeu égal) se retrouve dans celui du bouquet, généreux et complexe, et du palais. Souple et tannique la structure intéressante, construite sur un raisin de qualité, tout comme la longue finale aux notes de fruits confits invitent à attendre cette belle bouteille (autour de cinq ans). Vif, aromatique et bien bâti, le **Magneau blanc 97** (30-40 F) s'est vu attribuer une étoile, de même que la **cuvée Julien blanc 96** (50-69 F).
- Henri Ardurats et Fils, GAEC des Cabanasses,12, chem. Maxime-Ardurats, 33650 La Brède, tél. 05.56.20.20.57, fax 05.56.20.39.95 ⓥ ⓣ t.l.j. 9h-12h 14h-18h; sam. dim. sur r.-v.

M. DE MALLE 1996**

□ 3 ha n.c. ⅠⅠ 50 à 70 F

Il suffit de lire le nom de ce cru, classé en sauternes, pour s'attendre à découvrir un beau vin. Et l'attente n'est pas déçue : bien mûr, le bouquet développe d'intenses arômes de pamplemousse et de fruit de la passion. Joliment servi par l'équilibre entre le gras et l'acidité, le palais sait être chaleureux et frais, tandis qu'une longue et douce finale conclut fort heureusement la dégustation. Ronds et bouquetés, les graves rouges de la propriété, **Château de Cardaillan 96** et **Château des Tours de Malle 95**, ont tous deux été cités par le jury.
- Comtesse de Bournazel, Ch. de Malle, 33210 Preignac, tél. 05.56.62.36.86, fax 05.56.76.82.40 ⓥ ⓣ r.-v.

CH. DE MAUVES 1997*

□ 2,28 ha 9 700 🍽 30 à 50 F

Franc et bien équilibré, ce 97, d'une jolie teinte brillante, développe de beaux arômes fins et nets, qui se manifestent tant au bouquet qu'au palais.
- EARL Bernard Bouche et Fils, 25, rue François-Mauriac, 33720 Podensac, tél. 05.56.27.17.05, fax 05.56.27.24.19 ⓥ ⓣ t.l.j. sf dim. 8h-12h 14h-19h; f. août

LE BORDELAIS

La région des Graves — Graves

CH. DU MAYNE 1995★

8 ha — 46 000 — 30 à 50 F

Après un très joli blanc dégusté l'an dernier, ce cru, de style Empire, nous confirme que le millésime 95 lui a été favorable avec un vin fort réussi : il met en appétit par une belle robe à reflets brique et par un bouquet aux fines notes de fruits rouges confiturés, puis tient ses promesses par sa structure souple, onctueuse, solide et longue. Agréable et vif, offrant une bonne complexité aromatique, **le blanc 96** (30-49 F) a été cité.

➥ Jean-Xavier Perromat, 33720 Cérons, tél. 05.56.27.01.13, fax 05.56.27.22.17 ☑ ℐ r.-v.
➥ Jean Perromat

CH. MAYNE DE COUTUREAU 1995

3 ha — n.c. — 30 à 50 F

Château acheté en 1992 par la famille Bord. Après un 94 sévère dans sa jeunesse, ce 95, qui associe à parts égales merlot et cabernet, se présente dans une belle robe pourpre à reflets rubis. Séveux, fruité et flatteur, délicatement boisé, il est résolument féminin.

➥ SC du Ch. La Prioulette, 33490 Saint-Maixant, tél. 05.56.62.01.97, fax 05.56.76.70.79 ☑ ℐ r.-v.

CH. MAYNE D'IMBERT

Elevé en fût de chêne 1995★★

20 ha — n.c. — 50 à 70 F

Avec ce millésime, superbement réussi, ce cru fait un grand bond en avant. S'annonçant par une ravissante robe rubis, il possède à perfection l'art de composer le bouquet (torréfaction, fruits noirs, tabac blond, pruneau). Ample, suave et riche, avec des tanins d'une grande finesse. Complexe et bien fondu, ce vin méritera une garde de trois à quatre ans, avant d'être servi sur un gigot ou une belle viande rouge.

➥ SCEA Vignobles Bouche, 23, rue François-Mauriac, B.P. 58, 33720 Podensac, tél. 05.56.27.18.17, fax 05.56.27.21.16 ☑ ℐ r.-v.

CH. MAYNE DU CROS 1996★★

4 ha — 4 000 — 50 à 70 F

Pour être essentiellement établis sur la rive droite de la Garonne, les Boyer ne négligent pas ce cru. Leur 96 en apporte une belle illustration par sa robe, jaune paille à reflets dorés, par son bouquet expressif, presque déroutant avec ses notes de fruits confits, et par son palais, rond et ample.

➥ SA Vignobles M. Boyer, Ch. du Cros, 33410 Loupiac, tél. 05.56.62.99.31, fax 05.56.62.12.59 ☑ ℐ t.l.j. sf sam. dim. 8h-12h 14h-18h

CH. MILLET 1996★★

n.c. — 60 000 — 30 à 50 F

Si son nom rappelle que cette propriété, dominant la vallée de la Garonne, ne fut pas toujours viticole, cela n'empêche pas de nous présenter ici une très belle bouteille. Robe rubis foncé, bouquet aux intenses parfums de fruits rouges confiturés et de pruneau, palais ample et frais, tout met en confiance. A commencer par la charpente, due sans doute à une vendange de grande maturité, qui justifiera un long séjour en cave. Bouquet complexe (fruit, cannelle, note de noyau), bonne structure, retour à dominante de violette, le **Château Prieuré-les-Tours rouge 96**, comportant 80 % de merlot (30-49 F), a reçu une étoile.

➥ EARL Dom. de La Mette, Ch. Millet, 33640 Portets, tél. 05.56.67.18.18, fax 05.56.67.53.66 ☑ ℐ r.-v.

CLOS MOLEON

Vieilli en fût de chêne 1995

2,5 ha — 12 000 — 30 à 50 F

Moléon ? L'étiquette porte un cavalier qui n'est autre que Napoléon ! Elevé en barrique, ce vin demande qu'on lui laisse le temps de se fondre. Heureusement, la puissance de ses arômes de fruits rouges et ses tanins solides doivent lui permettre d'évoluer favorablement. Le jury a remarqué une certaine longueur dans la finale sympathique.

➥ Laurent Réglat, Ch. de Teste, 33410 Monprimblanc, tél. 05.56.62.10.65, fax 05.56.62.98.80 ☑ ℐ t.l.j. sf dim. 9h-12h 14h-18h

HENRY BARON DE MONTESQUIEU 1995★

n.c. — n.c. — 30 à 50 F

Deux cent cinquantième anniversaire de l'*Esprit des Lois*, 1998 doit nous rappeler que le philosophe dut son indépendance à ses vins. Maintenant la tradition, ses descendants nous proposent un joli 95 pour célébrer l'événement. Souple et bien équilibré, il développe une structure charnue et pleine que précède un bouquet fin et agréable, avec des notes fruitées, animales et grillées.

➥ Vins et Dom. H. de Montesquieu, Aux Fougères, B.P. 53, 33650 La Brède, tél. 05.56.78.45.45, fax 05.56.20.25.07 ☑ ℐ r.-v.

CH. PERIN DE NAUDINE 1995★★

4,5 ha — 30 000 — 30 à 50 F

Venu d'un cru en cours de rénovation, ce vin montre l'importance du chemin déjà parcouru. Ce 95 a l'art de se présenter, dans une belle robe rubis et avec un bouquet complexe à souhait. Il sait aussi tenir ses promesses, en offrant au palais une structure ronde, grasse, puissante et longue. Bien équilibré et chaleureux, il s'est bien typé et se mariera d'ici quelques années (trois ou quatre) avec une volaille de qualité. **Les Sphinx de Naudine blanc 96** (moins de 30 F), marque diffusée par le négoce, a obtenu une citation. Le jury a apprécié ses notes d'amandes grillées et sa bouche séveuse.

➥ Ch. Périn de Naudine, 8, imp. des Domaines, 33640 Castres, tél. 05.56.67.06.65, fax 05.56.67.59.68 ☑ ℐ r.-v.
➥ Olivier Colas

CH. PIRON 1996★

14 ha — 30 000 — 30 à 50 F

Propriété familiale depuis plus de trois cents ans, Piron élève ses vins en partie en barrique neuve. Ce 96, issu de sauvignon et de sémillon à parts égales, offre au regard une jolie couleur vert pâle limpide. Le nez discret, élégant par son côté

La région des Graves

Graves

floral (tilleul), annonce un palais assez structuré, fin et frais en finale.
☛ Paul Boyreau, Piron, 33650 Saint-Morillon, tél. 05.56.20.25.61, fax 05.56.78.48.36 ☑ ⚏ r.-v.

CH. PLANTAT 1996
■ 6,5 ha 15 000 ⚏⚏ 30 à 50 F

Ancienne métairie de Montesquieu, Plantat compte 30 ha aux sols sablo-graveleux et argilo-calcaires. Cette cuvée 96, où le merlot joue 45 % de la partition, semble posséder un bon potentiel. Son nez s'ouvre à l'aération sur des fruits rouges et des notes animales. Après une attaque correcte, une structure tannique soyeuse, assez belle, s'affirme : c'est bien équilibré. À attendre de deux à cinq ans.
☛ Irène Labarrère, Ch. Plantat, 33650 Saint-Morillon, tél. 05.56.78.40.77, fax 05.56.20.34.90 ☑ ⚏ t.l.j. 8h-20h

CH. PLEGAT-LA-GRAVIERE 1995★
■ 3 ha 11 000 ⚏⚏⚏ 50 à 70 F

Tout en appartenant au domaine du Grand Bos, ce cru se distingue par son encépagement, avec une part plus grande de cabernet-sauvignon. Bien réussi, son 95 exprime agréablement sa personnalité, par son bouquet aux fines notes fruitées combiné par son palais, dont la solide matière reçoit un bon soutien tannique. Le **Château du Grand Bos rouge 95** (50-69 F), élevé dix-huit mois en barrique, très jeune encore lors de la dégustation, ainsi que le **Château du Grand Bos blanc 96** (50-69 F), élevé neuf mois en barrique avec bâtonnage sur lies, ont obtenu une citation.
☛ SCEA du Ch. du Grand Bos, 33640 Castres, tél. 05.56.67.39.20, fax 05.56.67.16.77 ☑ ⚏ r.-v.
☛ Vincent

CH. PONT DE BRION 1996★★
□ 2,5 ha 15 000 ⚏⚏ 30 à 50 F

Avec les vins blancs, ce cru a vraiment trouvé sa vocation. Frais, complexe, élégant et puissant, son 96 a la classe de ne pas se livrer d'emblée. Timide dans son bouquet, il développe ensuite de belles notes fruitées (abricot et citron) qui se dissimulent derrière le bois toujours présent. Gras, bien construit, séveux et harmonieux, le palais confirme cette bonne impression et invite à attendre deux ans pour ouvrir cette bouteille. Gras et tannique, le **rouge 96**, qui possède un bon potentiel, s'est vu attribuer une étoile, tandis que le **blanc Ludeman les Cèdres 97**, élevé en cuve et à boire dès à présent, a été cité par le jury.
☛ SCEA Molinari et Fils, Ludeman, 33210 Langon, tél. 05.56.63.09.52, fax 05.56.63.13.47 ☑ ⚏ r.-v.

CH. DE PORTETS 1996
□ 3,55 ha 26 000 ⚏⚏ 30 à 50 F

Ancienne baronnie de Gascq, dont l'histoire remonte à 1270, ce domaine de 72 ha reçut en 1808 Napoléon rentrant d'Espagne. Jean-Pierre Théron nous propose ici un graves agréablement bouqueté (citron, vanille, grillé, fruits exotiques) et plaisant par ses côtés vifs et gras.
☛ SCEA Théron-Portets, Ch. de Portets, 33640 Portets, tél. 05.56.67.12.30, fax 05.56.67.33.47 ☑ ⚏ r.-v.
☛ Jean-Pierre Théron

CH. QUINCARNON 1995
■ 5,21 ha 20 000 ⚏⚏ 30 à 50 F

Venu d'une propriété se partageant entre sauternes et graves, ce vin dont la robe est légèrement tuilée (un dégustateur poète écrit : « flammée »), est intéressant par sa finesse aromatique et par sa structure, à la fois soyeuse et corsée.
☛ Carlos Asseretto, Quincarnon, 33210 Fargues, tél. 05.56.62.32.90, fax 05.56.62.39.64 ☑ ⚏ r.-v.

CH. RAHOUL 1995
■ n.c. 85 000 ⚏⚏ 50 à 70 F
86 88 **89 90** 91 **92** |93| 94 95

Sans égaler certains millésimes précédents particulièrement réussis, ce 95 à la couleur profonde est porté par d'aimables tanins, qui s'accordent heureusement avec sa rondeur, ses notes de venaison et d'épices, pour laisser une bonne impression. Dans le même millésime, le **Château La Garance rouge**, un vin aux senteurs de résine et de fruits, a également été cité. Ample, il est construit sur de fins tanins.
☛ Vignobles Alain Thienot, Ch. Rahoul, rte du Courneau, 33640 Portets, tél. 05.56.67.01.12, fax 05.56.67.02.88 ☑ ⚏ r.-v.

CH. DE RESPIDE
Cuvée Callipyge Elevé en fût de chêne 1996★
■ n.c. 6 000 ⚏⚏ 50 à 70 F

Une jolie teinte grenat habille cette cuvée spéciale qui ne peut cacher son élevage en barrique : le fruité n'apparaît qu'à l'agitation, révélant des notes de pruneau et de cerise. Après une attaque souple, des tanins ronds et serrés s'affirment, suivis par un développement aromatique très agréable de notes chaudes et ensoleillées (fruits cuits, résine, fumée). La **cuvée principale 97 en blanc** mérite une citation pour son nez de fruits exotiques et sa souplesse.
☛ Vignobles Pierre Bonnet, Le Pavillon de Boyrein, 33210 Roaillan, tél. 05.56.63.24.24, fax 05.56.62.31.59 ☑ ⚏ r.-v.

CH. RESPIDE-MEDEVILLE 1996★★
■ 7,7 ha 30 000 ⚏⚏ 70 à 100 F

Ce château, immortalisé par François Mauriac, est situé sur une croupe argilo-graveleuse. S'il est des vins étonnants, ce 96 en est. Son bouquet fruité puis légèrement foxé, agrémenté de notes de cuir, surprend. Le palais, après une attaque pleine, est soutenu par une belle matière ; il éveille des saveurs de noisette très marquées. Une bouteille apte à un long vieillissement.
☛ Christian Médeville, Ch. Gilette, 33210 Preignac, tél. 05.56.76.28.44, fax 05.56.76.28.43 ☑ ⚏ r.-v.

CH. ROQUETAILLADE LA GRANGE 1996★★
□ 15 ha 60 000 ⚏⚏ 30 à 50 F

Belle unité séparée en 1962 du château fort de Roquetaillade, ce cru propose un joli 96, dont on appréciera la constance tout au long de la dégustation. De la robe, jaune paille, à la finale, il se montre très expressif par ses arômes de fruits confits (abricot) et de raisins mûrs.

La région des Graves — Graves

🍇 GAEC Guignard Frères, Ch. Roquetaillade la Grange, 33210 Mazères, tél. 05.56.76.14.23, fax 05.56.62.30.62 ✓ 🍷 r.-v.

CH. ROUGEMONT 1995

| | 7,5 ha | 50 000 | 🗑 30 à 50 F |

Ce producteur a élaboré un 95 simple mais agréablement fruité, où le merlot joue son rôle. Quelques notes minérales et animales l'enrichissent.

🍇 Dominique Turtaut, 50, rue Jean-Cabos, 33210 Toulenne, tél. 05.56.63.19.06, fax 05.56.76.22.74 ✓ 🍷 r.-v.

CH. SAINT-JEAN-DES-GRAVES 1996*

| | 10 ha | n.c. | 🗑 🍷 50 à 70 F |

Dépendant d'un domaine sauternais, le château Liot, ce vignoble possède un encépagement (merlot à 70 %) adapté au terroir argilo-calcaire. Ce 96 à la belle robe pourpre foncé, au bouquet enrichi de notes complexes - de la violette au pruneau - et à la structure ample et tannique fera un bon vin de garde. Le **blanc 97** (30-49 F) a mérité une citation. Ses notes de fruits exotiques ont séduit le jury. Il est à boire dès à présent.

🍇 SCEA J. et E. David, Ch. Liot, 33720 Barsac, tél. 05.56.27.15.31, fax 05.56.27.14.42 ✓ 🍷 r.-v.

CH. SAINT-JEROME 1996*

| | 6,2 ha | 22 000 | 🗑 30 à 50 F |

Fidèle à son habitude, ce cru a recherché la typicité. Avec succès, si l'on en juge d'après le résultat : teinte pourpre, bouquet délicat (petits fruits rouges, cassis, griotte), attaque ronde, palais équilibré par de bons tanins, tout indique une bouteille très réussie.

🍇 Pierre Seiglan, Ch. Saint-Jérôme, 2, rte de la Forêt, 33640 Ayguemorte-les-Graves, tél. 05.56.67.03.16 🍷 r.-v.

CH. SAINT-ROBERT
Cuvée Poncet Deville 1996***

| | 4 ha | 20 000 | 🍷 70 à 100 F |
|89| |90| **92 93 94 95 96**

Entièrement élevée en barrique, cette belle cuvée fera un excellent ambassadeur pour ce cru proche du Sauternais, né au XVIIIᵉ s. Développant de multiples parfums, des notes animales aux fruits rouges macérés, elle attaque en souplesse, avant de révéler pleinement sa grande richesse et une longue et superbe finale, qui invitera à l'attendre cinq ou six ans pour le servir sur des plats raffinés et puissants. Il ne lui manquait qu'une voix pour être coup de cœur. Dans le même millésime, la **cuvée Poncet-Deville blanche**, 100 % sauvignon, (50-69 F) et les **deux cuvées principales du Château Saint-Robert rouge et blanche**, cette dernière comprenant 30 % de sémillon, ont obtenu chacune une étoile (30-49 F).

🍇 SCEA Vignobles Bastor-Saint-Robert, Dom. de Lamontagne, 33210 Preignac, tél. 05.56.63.27.66, fax 05.56.76.87.03 ✓ 🍷 r.-v.

🍇 Foncier-Vignobles

CH. DU SEUIL 1997*

| | 4 ha | 20 000 | 🍷 50 à 70 F |

Spécialiste reconnu des blancs, ce cru nous prouve une fois encore le bien-fondé de sa réputation. Privilégiant les écorces d'agrumes et le pamplemousse, le bouquet fait preuve d'une belle puissance, que l'on retrouve au palais. Frais, rond et équilibré, celui-ci est agréable. Déjà plaisant, le **rouge 95** (50-69 F) a obtenu une citation.

🍇 Ch. du Seuil, 33720 Cérons, tél. 05.56.27.11.56, fax 05.56.27.28.79 ✓ 🍷 r.-v.

🍇 T.R. Watts

CH. TEIGNEY 1995

| | 21 ha | 60 000 | 🍷 30 à 50 F |

Né sur une propriété familiale du Langonnais, ce vin est encore très marqué par le bois, mais celui-ci laisse percer des parfums de fruits rouges s'associant à la structure tannique bien équilibrée, ce qui permet d'envisager une évolution favorable. Le **blanc 97** a également été retenu par le jury pour ses arômes de fleurs de vigne. Il est à servir sur de la charcuterie.

🍇 EARL Buyet et Fils, rte de Casteljaloux, 33210 Langon, tél. 05.56.63.17.14, fax 05.56.76.20.19 ✓ 🍷 r.-v.

CH. TOUR DE CALENS
Elevé en fût de chêne 1995*

| | 5 ha | 15 000 | 🍷 50 à 70 F |

Un cru de taille modeste, mais où l'on ne ménage pas ses efforts pour élaborer un vin de qualité. Avec succès, comme le prouve, après d'autres, ce millésime bien réussi dans lequel les cabernets nés sur graves profondes se taillent la part du lion, laissant 28 % au merlot. D'une belle couleur grenat, il développe un bouquet puissant, mariant les fruits rouges au bois, et une solide charpente bien équilibrée qui invitera à une garde de trois à cinq ans. Le **blanc 97**, où le sauvignon l'emporte dans l'expression aromatique, a obtenu une citation. Il est à boire frais.

🍇 Bernard et Dominique Doublet, Ch. Vignol, 33750 Saint-Quentin-de-Baron, tél. 05.57.24.12.93, fax 05.57.24.12.83 ✓ 🍷 r.-v.

CH. DU TOURTE 1996*

| | 2 ha | 10 000 | 🍷 30 à 50 F |

Avec pour œnologue une élève de Denis Dubourdieu, ce cru se doit de réussir ses blancs. C'est chose faite avec ce joli 96, équilibré, plaisant, harmonieux et typé sémillon (90 %) par ses arômes de tilleul. Le **rouge 96**, qui montre un élevage en barrique bien maîtrisé et qui est très représentatif de son appellation, a également été retenu sans étoile par le jury.

🍇 Ch. du Tourte, 33720 Toulenne, tél. 01.46.88.40.08, fax 01.46.88.01.40 ✓ 🍷 r.-v.

🍇 Arnaud

CH. TOURTEAU CHOLLET 1997

| | 7,96 ha | 23 880 | 🗑 50 à 70 F |

Sauvignon et sémillon sont à parts égales dans cette bouteille à la fois fruitée et florale, ronde et souple, à boire sans tarder.

318

La région des Graves

☛ SC du Ch. de Rayne Vigneau, 17, cours de la Martinique, B.P. 90, 33027 Bordeaux Cedex, tél. 05.56.01.30.10, fax 05.56.79.23.57 ♀ r.-v.

VIEUX CHATEAU GAUBERT 1996**

| ☐ | 8 ha | 25 000 | 🍷 50 à 70 F |

(89) **90 91** |92| **93** |94| |95| |96|

L'un des vignobles les plus réputés des graves, très bien noté depuis notre Guide depuis de longues années. Ce 96 ne démérite pas. Vinifié en barrique pendant neuf mois, il assemble 60 % de sémillon à 30 % de sauvignon et à 10 % de muscadelle nés de graves profondes ou de graves argilo-calcaires. C'est incontestablement un grand vin dès le premier regard (robe pâle à reflets verts). La richesse et la complexité du nez mêlant notes d'agrumes et de fruits mûrs annonce la bouche harmonieuse et franche, boisée certes, mais soutenue par une belle vivacité. Le second vin, **Benjamin de Vieux Château Gaubert blanc 97**, ample et gras, bien élevé, montre par son étoile que ce millésime difficile peut être très réussi.

☛ Dominique Haverlan, Vieux-Château-Gaubert, 33640 Portets, tél. 05.56.67.52.76, fax 05.56.67.52.76 ☑ ♀ t.l.j. 9h-12h 13h30-17h30; sam. dim. sur r.-v.

BENJAMIN DE VIEUX CHATEAU GAUBERT 1996**

| ■ | n.c. | 50 000 | 🍷 50 à 70 F |

Pour n'être qu'une seconde étiquette, ce 96 n'en est pas moins un grand vin. Et il sait le montrer par sa jolie robe rouge à reflets brique, mais aussi par la complexité du bouquet et, plus encore, par la classe du palais. Souple et ferme, il témoigne de la qualité de l'élevage par le mariage parfaitement réussi des fruits mûrs et du bois. Une très belle bouteille à attendre quatre ou cinq ans.

☛ Dominique Haverlan, Vieux-Château-Gaubert, 33640 Portets, tél. 05.56.67.52.76, fax 05.56.67.52.76 ☑ ♀ t.l.j. 9h-12h 13h30-17h30; sam. dim. sur r.-v.

VILLA BEL-AIR 1996**

| ■ | 24 ha | 144 000 | 🍷 50 à 70 F |

D'année en année, ce cru ne cesse de progresser. Avec ce millésime, il fait un grand bond en avant : d'un beau rubis à reflets pourpres, ce 96 développe un bouquet complexe et élégant (fruits mûrs, grillé, vanille), que suivent une attaque ronde et vive puis une structure imposante mais sans sécheresse. Une excellente bouteille à laquelle il ne manque qu'une voix pour le coup de cœur, et qui fera un vin de garde. Le jury Hachette a attribué une étoile au **blanc 97**, dans lequel on retrouve un développement aromatique complexe et élégant.

☛ Jean-Michel Cazes, Villa Bel-Air, 33650 Saint-Morillon, tél. 05.56.20.29.35, fax 05.56.78.44.80 ♀ r.-v.
☛ Famille Cazes

Pessac-léognan

Graves supérieures

CH. CHERCHY-DESQUEYROUX 1996*

| | 6,13 ha | 12 000 | 🍷 50 à 70 F |

Proche de Barsac, ce cru jouit d'un beau terroir. La conduite de la vigne et la vinification ayant été soignées, le résultat est de qualité : finement bouqueté, avec des parfums de pâte de fruits et d'épices, ce vin développe un palais plein, gras et charmeur, dont on appréciera les saveurs de rôti et de confit ainsi que la longue finale...

☛ Francis Desqueyroux et Fils, Ch. Cherchy-Desqueyroux, Le Blanc, 33210 Pujols-sur-Ciron, tél. 05.56.76.62.67, fax 05.56.76.66.92 ☑ ♀ r.-v.

CH. LEHOUL 1996

| | n.c. | n.c. | 🍷 50 à 70 F |

D'une bonne régularité, ce cru nous propose ici un vin au bouquet assez pimpant, où se mêlent des notes mentholées, fruitées et confites. La bouche est dans la ligne des moelleux d'antan.

☛ EARL Fonta et Fils, rte d'Auros, 33210 Langon, tél. 05.56.63.17.74, fax 05.56.63.06.06 ☑ ♀ t.l.j. 8h30-20h

DOM. DE MAREUIL 1996

| ☐ | 3 ha | 4 000 | 80 à 50 F |

Malgré sa finale un peu amère, ce vin, issu d'un cru également producteur de sauternes, est intéressant, avec un bouquet aux notes confites d'une bonne intensité et un palais où apparaît un côté botrytisé qui va croissant.

☛ René Désert, 12, rte d'Illats, quartier Mareuil, 33210 Pujols-sur-Ciron, tél. 05.56.76.69.70, fax 05.56.76.69.70 ☑ ♀ r.-v.

CH. PONT DE BRION 1996

| ☐ | | n.c. | 3 500 | 🍷 50 à 70 F |

Vêtu de vieil or pâle, ce vin se laisse apprécier pour son nez qui s'ouvre sur des notes fleuries et fruitées (pâte de fruits). L'attaque, marquée par des saveurs sucrées mais sans lourdeur, est suivie d'une bouche équilibrée et retour aromatique d'orange confite.

☛ SCEA Molinari et Fils, Ludeman, 33210 Langon, tél. 05.56.63.09.52, fax 05.56.63.13.47 ☑ ♀ r.-v.

Pessac-léognan

Correspondant à la partie nord des Graves (appelée autrefois Hautes-Graves), la région de Pessac et Léognan est aujourd'hui une appellation communale, inspirée de celles du Médoc. Sa création, qui aurait pu se justifier par son rôle historique (c'est l'ancien vignoble périurbain

La région des Graves — Pessac-léognan

qui produisait les clarets médiévaux), s'explique par l'originalité de son sol. Les terrasses que l'on trouve plus au sud cèdent la place à une topographie plus accidentée. Le secteur compris entre Martillac et Mérignac est constitué d'un archipel de croupes graveleuses qui présentent d'excellentes aptitudes viti-vinicoles par leurs sols, composés de galets très mélangés, et par leurs fortes pentes. Celles-ci garantissent un très bon drainage. Les pessac-léognan présentent une grande originalité ; les spécialistes l'ont d'ailleurs remarquée depuis fort longtemps, sans attendre la création de l'appellation. Ainsi, lors du classement impérial de 1855, Haut-Brion fut le seul château non médocain à être classé (premier cru). Puis, lorsque, en 1959, 16 crus de graves furent classés, tous se trouvaient dans l'aire de l'actuelle appellation communale.

Les vins rouges (990 ha ont donné 48 442 hl en 1997) possèdent les caractéristiques générales des graves, tout en se distinguant par leur bouquet, leur velouté et leur charpente. Quant aux blancs secs (282 ha, 12 044 hl en 1997), ils se prêtent tout particulièrement à l'élevage en fût et au vieillissement qui leur permet d'acquérir une très grande richesse aromatique, avec de fines notes de genêt et de tilleul.

CH. BARET 1995

| ■ | n.c. | 48 000 | ◨ | 70 à 100 F |

89 |91| **92** 95

Né presque aux portes de Bordeaux, ce vin, doté d'une belle robe à reflets violacés, signe de jeunesse, est encore un peu fermé - fruits rouges dominés par note boisée -, mais il possède une solide structure tannique, qui lui permettra de s'ouvrir et de s'arrondir.

☛ Héritiers André Ballande, Ch. Baret, 33140 Villenave-d'Ornon, tél. 05.56.00.00.70, fax 05.56.52.29.54 ☒ r.-v.

CH. BOUSCAUT 1995★

| ■ Cru clas. | 39 ha | 118 000 | ◨ | 150 à 200 F |

76 **79 80** |81| |82| |83| **84 85** (86) **87** 88 **89 90 91 92** |93| **94 95**

Cette belle unité au cœur du vignoble historique de Bordeaux, propriété de la famille de Lucien Lurton, reste fidèle à son image de qualité avec ce millésime aussi expressif au palais qu'au nez. Les arômes de fruits, de fleurs et d'épices s'associent à la chair, aux saveurs gourmandes et aux tanins d'une agréable rondeur pour former un ensemble plaisant dont la finale est persistante.

☛ SA Ch. Bouscaut, RN 113, 33140 Cadaujac, tél. 05.57.83.12.20, fax 05.57.83.12.21 ☒ ☒ r.-v.

CH. BOUSCAUT 1996★

| ☐ Cru clas. | 8 ha | 25 500 | ◨ | 100 à 150 F |

79 |80| **81 82 83** |84| **85** |86| 87 |88| |89| 90 |91| |92| |93| 94 |95| |96|

Si la robe est pâle et le bouquet discret, le palais affiche une personnalité plus marquée. Frais, rond et suave, il révèle un caractère nature et sans artifice.

☛ SA Ch. Bouscaut, RN 113, 33140 Cadaujac, tél. 05.57.83.12.20, fax 05.57.83.12.21 ☒ ☒ r.-v.

CH. BROWN 1995

| ■ | 13,2 ha | 88 000 | ◨ | 70 à 100 F |

93 94 95

S'il est plus simple que certains millésimes antérieurs, ce 95 souple et rond, mais marqué au nez par de fortes notes boisées dominant les nuances de cassis, possède une bonne présence tannique et d'agréables arômes de fruits confits en finale.

☛ SA Ch. Brown, 5, av. de la Liberté, 33850 Léognan, tél. 05.56.87.08.10, fax 05.56.87.87.34 ☒ ☒ t.l.j. sf sam. dim. 8h30-12h 13h-17h
☛ Bernard Barthe

CH. BROWN 1996★

| ☐ | 3,5 ha | 22 000 | ◨ | 100 à 150 F |

Issu d'un vignoble à forte proportion de sauvignon (79 %), ce vin en porte la marque dans son bouquet. Complexe, celui-ci développe des parfums de genêt et de buis. Le palais est dans le même esprit, donnant à l'ensemble un style résolument moderne, droit, vif et d'une bonne longueur. Issu d'un vignoble comprenant plus de sémillon que le grand vin, le **Colombier de Château Brown 96**, souple, rond et gras, porte la marque de ce cépage dans les arômes du palais. Il reçoit également une étoile.

☛ SA Ch. Brown, 5, av. de la Liberté, 33850 Léognan, tél. 05.56.87.08.10, fax 05.56.87.87.34 ☒ ☒ t.l.j. sf sam. dim. 8h30-12h 13h-17h

CH. CANTELYS 1995

| ■ | 10 ha | 30 000 | ◨ | 50 à 70 F |

88 89 90 91 92 94 95

Un nom fleurant bon la vieille France pour un vin dont l'extraction semble avoir été poussée, mais plein d'agrément, avec de discrets parfums de truffe et de fruits secs, et une structure charnue et bien constituée qui lui permettra de s'arrondir.

☛ SA Daniel Cathiard, 33650 Martillac, tél. 05.57.83.11.22, fax 05.57.83.11.21 ☒ ☒ r.-v.

CH. CANTELYS 1996

| ☐ | 5 ha | 20 000 | ◨ | 50 à 70 F |

Ce vin sait trouver une expression aromatique (buis, bourgeon de cassis et note florale) dont la fraîcheur s'accorde avec la vivacité de la structure.

☛ SA Daniel Cathiard, 33650 Martillac, tél. 05.57.83.11.22, fax 05.57.83.11.21 ☒ ☒ r.-v.

La région des Graves

Pessac-léognan

CH. CARBONNIEUX 1995*

■ Cru clas.   n.c.   300 000   ◧ 100 à 150 F
75 81 82 83 85 ⑧⑥ 87 |88| |89| **90** |91| **92 93 94 95**

Longtemps propriété des moines de l'abbaye de Sainte-Croix, ce cru reçut Thomas Jefferson le 10 mai 1787. La belle robe sombre de ce 95 annonce sa puissance. Mais sa richesse tannique ne l'empêche pas de faire preuve d'élégance avec des arômes de fruits cuits très présents au palais comme dans le bouquet. Déjà fort plaisante, cette bouteille méritera cependant d'être attendue trois à quatre ans.
☛ SC des Grandes Graves, Ch. Carbonnieux, 33850 Léognan, tél. 05.57.96.56.20, fax 05.57.96.59.19 ✓ ♀ r.-v.
☛ A. Perrin

CH. CARBONNIEUX 1996**

☐ Cru clas.   n.c.   220 000   ◧ 100 à 150 F
81 82 83 85 86 87 |88| |89| |90| |91| **92** |93| |94| **95 96**

Ce cru s'est très tôt spécialisé dans les vins blancs. Une fois encore, il nous montre son savoir-faire dans ce domaine avec ce vin. Très réussi, ce 96 est d'une aussi belle tenue dans le verre qu'au palais. Solide et viril, tout en restant harmonieux, il se montre attachant par sa complexité et son élégance aromatiques (écorce d'agrumes, buis et fumée).
☛ SC des Grandes Graves, Ch. Carbonnieux, 33850 Léognan, tél. 05.57.96.56.20, fax 05.57.96.59.19 ✓ ♀ r.-v.

CH. COUHINS-LURTON 1996***

☐ Cru clas.   5,5 ha   n.c.   ◧ 150 à 200 F
82 83 85 **86** 87 **88** |89| |90| **91** |92| **93** |94| **95** |⑨⑥|

Après plus de trois décennies d'efforts, André Lurton est arrivé à reconstituer ce cru en acquérant ses bâtiments (château et chais). Il a su aussi le porter au plus haut niveau avec ce superbe 96, dont le bouquet, encore discret mais déjà complexe et racé, livre des notes d'écorce d'agrumes et de buis. Rond, gras, frais, élégant et subtil, le palais s'ouvre sur une finale d'une étonnante fraîcheur. Un vin destiné aux grands plats de poisson en sauce.
☛ SCEA Vignobles André Lurton, Ch. Bonnet, 33420 Grézillac, tél. 05.57.25.58.58, fax 05.57.74.98.59 ✓ ♀ r.-v.

CH. DE CRUZEAU 1995*

■   n.c.   n.c.   ◧ ♀ 50 à 70 F
81 82 83 84 **85** 86 87 |88| |89| |90| **92 93 94 95**

Bibliophile, André Lurton a pu retrouver des numéros du *Producteur* faisant l'éloge de ce cru en... 1843. Un siècle et demi après, la qualité s'est maintenue, comme en témoigne ce joli 95. Son bouquet naissant s'annonce déjà d'une bonne complexité ; sa structure est prometteuse par son gras et sa belle matière soutenue par des tanins puissants. Grand vin de garde.
☛ SCEA Vignobles André Lurton, Ch. Bonnet, 33420 Grézillac, tél. 05.57.25.58.58, fax 05.57.74.98.59 ✓ ♀ r.-v.

CH. DE CRUZEAU 1996*

☐   12 ha   n.c.   ◧ 50 à 70 F
88 89 90 **92 93** |94| **95** |96|

Comme le rouge, le blanc mérite des éloges. D'une belle présentation, avec une tenue entre jaune et vert, il développe un bouquet élégant et complexe, mariant les notes de pamplemousse, de bois et de goudron. Equilibré, gras, soyeux et harmonieux, le palais est dans le même état d'esprit, donnant un ensemble dont la qualité indique clairement une bonne origine.
☛ SCEA Vignobles André Lurton, Ch. Bonnet, 33420 Grézillac, tél. 05.57.25.58.58, fax 05.57.74.98.59 ✓ ♀ r.-v.

CH. FERRAN 1995*

■   9,5 ha   60 000   ◧ 50 à 70 F
83 85 86 **88** |89| |90| **91 92** |94| **95**

Né Ferrand, ce cru a perdu sa lettre finale, mais son vin a conservé sa noblesse. La robe, grenat, et le bouquet, composé de parfums de fruits mûrs ou confits et de notes grillées, ont la fougue d'un jeune écuyer, tandis que la structure souple, tendre, étoffée et longue, fait penser à quelque marquise du XVIII°s. Il est vrai qu'une partie des vignes a appartenu à Montesquieu.
☛ Hervé Beraud-Sudreau, Ch. Ferran, 33650 Martillac, tél. 05.56.72.78.73 ✓ ♀ r.-v.

CH. DE FIEUZAL 1995**

■ Cru clas.   32 ha   140 000   ◧ + 200 F
70 75 76 77 78 79 80 **81** |82| |83| 84 |85| **86 88 89** ⑨⓪ |91| **92 93 94** ⑨⑤

Si Fieuzal est privilégié par son terroir de belles graves blanches, la nature n'explique pas tout. Ce 95 montre aussi une parfaite maîtrise des vinifications. Sa robe, grenat foncé, son bouquet,

321   LE BORDELAIS

La région des Graves — Pessac-léognan

puissant et d'une extrême finesse (tabac, épices, musc, gibier, cuir et cèdre), sa structure, tannique, charnue et moelleuse, le bois, de qualité et bien dosé, tout est parfait et donne une grande bouteille. Charpentée, longue et croquante, elle méritera une garde de cinq à sept ans, voire plus.
🍷 SA Ch. de Fieuzal, 124, av. de Mont-de-Marsan, 33850 Léognan, tél. 05.56.64.77.86, fax 05.56.64.18.88 Ⅴ Ⅰ r.-v.

CH. DE FIEUZAL 1996**

| ☐ | 10 ha | 40 000 | 🍷 | +200 F |

83 84 85 86 |87| |88| |89| |90| |91| |92| 93 94 95 96

Comment ne pas avoir une pensée pour Michel Dupuy (ancien directeur technique de Fieuzal, décédé cette année), en décrivant cette remarquable bouteille ! Réalisée dans son esprit par son successeur, Cyril Bourgne, celle-ci offre une belle illustration des nouveaux vins blancs bordelais, que Michel Dupuy fut l'un des pères. On y retrouve cette complexité aromatique (tilleul, vanille, ananas...) qui fait leur charme.
🍷 SA Ch. de Fieuzal, 124, av. de Mont-de-Marsan, 33850 Léognan, tél. 05.56.64.77.86, fax 05.56.64.18.88 Ⅴ Ⅰ r.-v.

CH. DE FRANCE 1995*

| ■ | 29 ha | 110 000 | 🍷 | 70 à 100 F |

81 82 83 85 86 |88| |89| |90| 92 |93| 94 95

Doté d'un terroir de qualité, ce cru en a tiré un bon parti avec ce vin dont la robe, profonde et concentrée, annonce la solide structure. Des parfums du nez aux arômes de bouche, on découvre une belle expression avec une succession de notes variées : fumée, puis fruits rouges et fleurs.
🍷 SA Bernard Thomassin, 98, av. de Mont-de-Marsan, 33850 Léognan, tél. 05.56.64.75.39, fax 05.56.64.72.13 Ⅴ Ⅰ r.-v.

CH. DE FRANCE 1996

| ☐ | 3 ha | 10 000 | 🍷 | 70 à 100 F |

88 89 90 92 93 94 95 |96|

Plus simple par sa structure que le rouge 95, ce blanc 96 possède lui aussi un charme réel, qui s'exprime notamment par son expression aromatique, aux délicates notes de croûte de pain, de fruits et d'amande grillée sur une nuance balsamique et boisée.
🍷 SA Bernard Thomassin, 98, av. de Mont-de-Marsan, 33850 Léognan, tél. 05.56.64.75.39, fax 05.56.64.72.13 Ⅴ Ⅰ r.-v.

DOM. DE GRANDMAISON 1996

| ☐ | 3,28 ha | 20 000 | 🍷 | 30 à 50 F |

85 86 88 89 90 93 94 |96|

Présent, sous le nom de Barreyre, dans les premiers guides du vin du XIXe s., ce cru nous offre ici un vin frais et vif, né sur un sol d'argilo-calcaire et de graves, et où l'on sent la marque du sauvignon.
🍷 Jean Bouquier, Dom. de Grandmaison, 33850 Léognan, tél. 05.56.64.75.37, fax 05.56.64.55.24 Ⅴ Ⅰ r.-v.

CH. HAUT-BAILLY 1995***

| ■ Cru clas. | 27 ha | n.c. | 🍷 | +200 F |

78 79 80 81 82 83 |85| |86| 87 88 (89) 90 |92| 93 94 (95)

Ayant vu son étoile monter à la fin du XIXe s., grâce à son propriétaire d'alors, Alphonse Bellot des Minières, Haut-Bailly se maintient toujours au meilleur niveau. Témoin, ce superbe 95 dont l'attrait ne faiblit jamais, de la robe grenat à la finale. Le bouquet, alliance parfaite de la puissance et de l'élégance (tabac, cannelle, épices et pruneau), et le palais aux tanins soyeux forment un ensemble charmeur, expressif et charpenté, que tout appelle à une garde de cinq à dix ans.
🍷 Héritiers Sanders, Ch. Haut-Bailly, 33850 Léognan, tél. 05.56.64.75.11, fax 05.56.64.53.60 Ⅰ r.-v.

LES CRUS CLASSÉS DES GRAVES

NOM DU CRU CLASSÉ	VIN CLASSÉ	NOM DU CRU CLASSÉ	VIN CLASSÉ
Château Bouscaut	en rouge et en blanc	Château La Mission-Haut-Brion	en rouge
Château Carbonnieux	en rouge et en blanc	Château Latour-Haut-Brion	en rouge
		Château La Tour-Martillac	en rouge et en blanc
Domaine de Chevalier	en rouge et en blanc	Château Laville-Haut-Brion	en blanc
Château Couhins	en rouge	Château Malartic-Lagravière	en rouge et en blanc
Château Couhins-Lurton	en blancs	Château Olivier	en rouge et en blanc
Château de Fieuzal	en rouge	Château Pape-Clément	en rouge et en blanc
Château Haut-Bailly	en rouge		
Château Haut-Brion	en rouge	Château Smith-Haut-Lafitte	en rouge

La région des Graves — Pessac-léognan

CH. HAUT-BERGEY 1996*

☐ 1,5 ha 7 000 ◧ 100 à 150 F
93 94 95 96

Valeur sûre, le Haut-Bergey blanc confirme une fois de plus sa régularité. D'une teinte or pâle, et bien qu'encore marqué par le bois, avec un petit côté caramel, il se montre déjà agréable par sa rondeur, son gras et son intensité aromatique (notes grillées, fumées et nuances de raisin confit), tout en montrant une bonne aptitude à la garde (deux à quatre ans).

☛ Sylviane Garcin-Cathiard, Ch. Haut-Bergey, 33850 Léognan, tél. 05.56.64.05.22, fax 05.56.64.06.98 ☑ ☟ r.-v.

CH. HAUT-BRION 1995***

■ 1er cru clas. 43,2 ha n.c. ◧ +200 F
73 74 |75| **76 77** |78| |79| |81| |82| |83| **84** 85 86 |87| **88 89** ⑨⓪ |91| **92 93 94** ⑨⑤

Fidèle à sa vocation de « vignoble phare », Haut-Brion est une fois encore au rendez-vous de l'excellence. Celle-ci se retrouve dans la complexité et la concentration du bouquet, où les fruits rouges voisinent avec les raisins mûrs, le bois et la fumée, comme dans la richesse et la densité du palais. La splendide attaque est tout en rondeur et en équilibre. Les arômes concentrés de réglisse et de fruits rouges se développent ensuite sur des tanins exceptionnels, au grain très fin. Le vin est toujours présent, tout semble parfaitement à sa place pour donner, d'ici une dizaine d'années, une bouteille qui restera remarquable pendant plusieurs décennies. Sans doute l'une des plus belles réussites du cru.

☛ SA Dom. Clarence Dillon, B.P. 344, 33602 Pessac Cedex, tél. 05.56.00.29.30, fax 05.56.98.75.14

CH. HAUT-BRION 1996**

☐ 2,7 ha n.c. ◧ +200 F
79 **80 81** ⑧② **83 84 85 87** |88| |89| |90| **93 94 95 96**

Pour n'être pas classé, le Haut-Brion blanc n'en est pas moins tout aussi emblématique d'un cru historique. Gras, rond et d'un beau volume, ce 96 se distingue par son expression aromatique faite de mille nuances (citronnelle, raisin confit, agrumes, fleurs) sur fond légèrement beurré. S'achevant par une note poivrée, l'ensemble est délicat et plein de charme.

☛ SA Dom. Clarence Dillon, B.P. 344, 33602 Pessac Cedex, tél. 05.56.00.29.30, fax 05.56.98.75.14

CH. HAUT-GARDERE 1996*

☐ 5 ha 20 000 ◧ 100 à 150 F

De bonne origine, ce vin est d'un volume honorable. Vif et fruité, il s'exprime par sa robe, d'un beau jaune paille à reflets dorés, et par ses arômes aux notes florales et sauvignonnées que rehausse un bois bien dosé.

☛ SA Ch. de Fieuzal, 124, av. de Mont-de-Marsan, 33850 Léognan, tél. 05.56.64.77.86, fax 05.56.64.18.88 ☑ ☟ r.-v.

CH. HAUT-GARDERE 1995

■ 20 ha 50 000 ◧ 100 à 150 F
82 83 85 86 |88| |89| |92| |93| 94 95

Bien que du même producteur, ce vin ne prétend pas rivaliser avec le Fieuzal. Mais il possède une solide structure, marquée par une extraction très poussée, et un bouquet fort intéressant par ses notes d'épices (cannelle), de musc et de raisin mûr.

☛ SA Ch. de Fieuzal, 124, av. de Mont-de-Marsan, 33850 Léognan, tél. 05.56.64.77.86, fax 05.56.64.18.88 ☑ ☟ r.-v.

CH. HAUT LAGRANGE 1995*

■ 13,5 ha 80 000 ◧ 50 à 70 F

Créé en 1988, le vignoble était encore très jeune en 1995, mais ce vin montre qu'il commençait déjà à exprimer sa personnalité. Bouqueté avec de sympathiques parfums de fruits rouges, de réglisse et de vanille, il développe un palais charnu, dense et homogène. Bien fondus, ses tanins lui apportent un joli potentiel tout en respectant son élégance.

☛ Francis Boutemy, 31, rte de Loustalade, 33850 Léognan, tél. 05.56.64.09.93, fax 05.56.64.10.08 ☑ ☟ r.-v.

CH. HAUT LAGRANGE 1996

☐ n.c. 10 000 ◧ 50 à 70 F

Un peu étonnant par son bouquet aux notes fruitées - litchi, mangue -, florales, minérales et boisées, ce vin résolument moderne et atypique, souple et rond, assez charnu, sera très plaisant sur un plateau de fruits de mer.

☛ Francis Boutemy, 31, rte de Loustalade, 33850 Léognan, tél. 05.56.64.09.93, fax 05.56.64.10.08 ☑ ☟ r.-v.

CH. HAUT-PLANTADE 1995*

■ 5,58 ha 17 000 ◧ 70 à 100 F
86 87 |88| |89| |90| **91 92** |93| 95

Des graviers et sables pris dans l'argile avec, ici et là, des bancs ferrugineux, ce cru bénéficie d'un terroir diversifié, dont la qualité s'exprime dans ce 95 que respecte le bois. Son bouquet aux notes animales et aux touches de fruits cuits, et ses tanins soyeux à la trame serrée permettent d'envisager une garde de trois ou quatre ans. Une bouteille élégante.

☛ GAEC Plantade Père et Fils, Ch. Haut-Plantade, 33850 Léognan, tél. 05.56.64.07.09, fax 05.56.64.02.24 ☑ ☟ r.-v.

LE BORDELAIS

La région des Graves — Pessac-léognan

CH. LAFARGUE Cuvée Alexandre 1996*
☐　　1,72 ha　13 000　🍷 50 à 70 F

Issue d'un petit vignoble de sauvignon et de sauvignon gris, cette cuvée vinifiée en barrique neuve développe un bouquet expressif (fruits de la passion, mangue, fleur d'acacia) avant de montrer au palais un caractère souple, rond, frais et bien équilibré. Le boisé doit encore se fondre. Dans deux ans ce sera une belle bouteille.
➥ Jean-Pierre Leymarie, 5, imp. de Domy, 33650 Martillac, tél. 05.56.72.72.30, fax 05.56.72.64.61 ☑ ☥ r.-v.

CH. LAFONT MENAUT 1996
☐　　3,5 ha　25 300　🍷 30 à 50 F

Depuis quelques années, Philibert Perrin (Carbonnieux), a entrepris de redonner vie aux croupes de graves de ce cru. Gageons qu'il y parviendra, le mariage des influences du sauvignon et du sémillon étant très encourageant dans ce millésime. Le premier marque sa présence par une certaine vivacité et des arômes de buis et de lierre, le second par une savoureuse flaveur de miel.
➥ Philibert Perrin, Ch. Carbonnieux, 33850 Léognan, tél. 05.57.96.56.20, fax 05.57.96.59.19 ☑ ☥ r.-v.

CH. LA GARDE 1995**
■　　40,8 ha　135 000　🍷 100 à 150 F

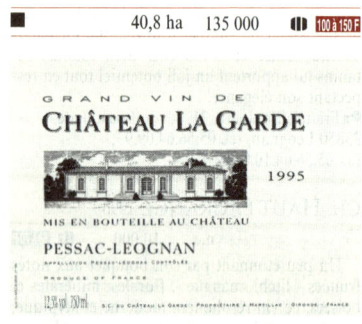

GRAND VIN DE CHÂTEAU LA GARDE 1995
MIS EN BOUTEILLE AU CHÂTEAU
PESSAC-LEOGNAN

Thermorégulation électronique des cuves, chai souterrain de 100 m^2, ce cru possède des moyens techniques importants et bien employés, comme le montre ce très beau 95. Il est tout entier à l'image de sa robe, d'un grenat soutenu presque noir, avec un bouquet d'une grande complexité (fruits noirs et torréfaction) et un palais gras, puissant et tannique. Dense et riche, cette bouteille mérite d'être oubliée à la cave pendant cinq ans, voire huit ou plus, et elle pourra affronter des mets goûteux et recherchés. La cuvée **La Chartreuse 95**, à dominante de cabernet-sauvignon, a atteint l'objectif de ses concepteurs en développant le marqué marqué par le bois. Souple et rond, ce vin est cité sans étoile par le jury, et sera prêt à boire dès 1999.
➥ SC du Ch. La Garde, 1, chem. de la Tour, 33650 Martillac, tél. 05.56.35.53.00, fax 05.56.35.53.29 ☑ ☥ r.-v.
➥ Groupe CVBG Dourthe

CH. LA LOUVIERE 1995*
■　　35 ha　n.c.　🍷 100 à 150 F
75 80 81 82 **83** |85| |86| 87 |88| |89| ⑨⓪ |91| |92| **93 94** 95

Pour les amateurs d'architecture, une remarquable demeure due à Lhote. Suivant un superbe 94, ce 95, toujours très jeune, n'a pas encore réussi à exprimer pleinement sa personnalité ; mais son bouquet naissant aux notes de raisin mûr et de noyau, et son développement au palais, séveux et assez charpenté par de bons tanins, inviteront à l'attendre.
➥ SCEA Vignobles André Lurton, Ch. Bonnet, 33420 Grézillac, tél. 05.57.25.58.58, fax 05.57.74.98.59 ☑ ☥ r.-v.

CH. LA LOUVIERE 1996*
☐　　15 ha　n.c.　🍷 100 à 150 F
82 84 **85 86** 87 **88** |89| ⑨⓪ **91** |92| 93 |94| |95| |96|

Récolte manuelle avec tris, pressurage des raisins entiers, fermentation et élevage en barrique avec bâtonnage, rien n'est négligé à La Louvière. Le résultat est à la hauteur de ce beau 96. S'il sait se présenter dans une robe jaune pâle à reflets verts et avec un bouquet puissant (buis, grillé et torréfaction), ce vin ne déçoit pas ensuite, son palais, solide et fruité, indiquant un bon potentiel de garde, tout en se montrant déjà très plaisant. Seconde étiquette, le **L du Château La Louvière 96** est réussi ; il développe un bouquet intense et élégant (fruits et grillé avec quelques notes de cire). Souple et fraîche, l'évolution au palais porte la marque d'une récolte bien mûre.
➥ SCEA Vignobles André Lurton, Ch. Bonnet, 33420 Grézillac, tél. 05.57.25.58.58, fax 05.57.74.98.59 ☑ ☥ r.-v.

CH. LA MISSION HAUT-BRION 1995***
■ Cru clas.　n.c.　n.c.　🍷 +200 F
77 78 80 |81| |82| |83| **84** 85 86 |87| **88 89** ⑨⓪ **92 93 94 95**

Les domaines Dillon ont le sens de la hiérarchie. Le 95 de la Mission ne narguera pas le temps comme son voisin d'en face. Ce qui ne l'empêchera pas de se montrer de garde (huit à quinze ans et plus). Assez étonnant dans sa robe bigarreau à reflets noirs, très dense, il réussit à rester d'une extrême jeunesse sans montrer la moindre agressivité. Tout le charme des grands vins de graves s'exprime dans ses tanins soyeux. Ample et d'une belle fraîcheur aromatique, avec une longue finale de moka, il sait être superbe sans ostentation. Une bouteille de classe.
➥ SA Dom. Clarence Dillon, B.P. 24, 33602 Pessac Cedex, tél. 05.56.00.29.30, fax 05.56.98.75.14

LA CHAPELLE DE LA MISSION HAUT-BRION 1995*
■　　n.c.　n.c.　🍷 150 à 200 F

Second vin de La Mission, ce 95 affirme sa propre personnalité. D'une jolie couleur rouge cerise, il développe un bouquet d'une réelle finesse (petits fruits rouges et compote), avant de confirmer son élégance au palais, où apparais-

La région des Graves — Pessac-léognan

sent des tanins fermes, un beau volume et de frais arômes, d'abord de cerise puis de poivre noir.
☛ SA Dom. Clarence Dillon, B.P. 24, 33602 Pessac Cedex, tél. 05.56.00.29.30, fax 05.56.98.75.14

CH. LARRIVET-HAUT-BRION 1995**

■   32 ha   105 000   🍷 100 à 150 F
82 83 86 **88** |89| **90** |92| **93 94 95**

Ayant retrouvé son unité depuis son rachat par le groupe Andros, ce cru nous offre ici un vin exprimant pleinement le caractère de son terroir. Très flatteur dans sa livrée pourpre à reflets rubis, il fait preuve d'une belle complexité aromatique, avec un mariage harmonieux du bois et des fruits rouges. Au palais, il reste séducteur par ses côtés charnus et suaves. Ses tanins, d'une grande finesse, indiquent un bon potentiel de garde.
☛ SNC du Ch. Larrivet-Haut-Brion, 33850 Léognan, tél. 05.56.64.75.51, fax 05.56.64.53.47 ▨ 🍽 r.-v.
☛ SA Andros

CH. LARRIVET HAUT-BRION 1996*

□   9 ha   24 000   🍷 100 à 150 F
83 86 **88** 89 |90| **93 94** 96

Voici un vin qui trouvera son bonheur avec une belle volaille à la crème. Ses arômes vanillés et grillés et sa structure, ronde et grasse, s'accorderont très bien avec ce mets. Mais de préférence d'ici deux ou trois ans, pour que le bois se soit complètement fondu.
☛ SNC du Ch. Larrivet-Haut-Brion, 33850 Léognan, tél. 05.56.64.75.51, fax 05.56.64.53.47 ▨ 🍽 r.-v.

CH. LATOUR HAUT BRION 1995**

■ cru clas.   n.c.   n.c.   🍷 150 à 200 F
78 79 **80** |81| (82) |83| **84** |85| |86| |87| **88 89 90** 92 **93 94 95**

Son nom et l'appartenance aux domaines Dillon disent la qualité du terroir dont est issu ce vin. De la robe, d'un sombre rouge sang, à la longue et chaleureuse finale, tout exprime la qualité de ce 95, dont l'harmonie s'inscrit dans un registre sévère. Puissants, ses tanins sont aussi d'une grande élégance et de belle facture, comme le bouquet aux notes suaves et concentrées de fruits mûrs et cuits.
☛ SA Dom. Clarence Dillon, B.P. 24, 33602 Pessac Cedex, tél. 05.56.00.29.30, fax 05.56.98.75.14

CH. LA TOUR LEOGNAN 1996*

□   n.c.   20 000   🍷 50 à 70 F

Etre signé par l'équipe de Carbonnieux est une garantie pour un vin blanc. Ce très beau 96 le prouve. D'une jolie teinte jaune pâle, il révèle sa finesse et son élégance par son bouquet de fleurs blanches et de pêche, avant de montrer, par la classe de son palais d'un équilibre parfait, qu'il est beaucoup plus que son statut de seconde étiquette.
☛ SC des Grandes Graves, Ch. Carbonnieux, 33850 Léognan, tél. 05.57.96.56.20, fax 05.57.96.59.19 ▨ 🍽 r.-v.

CH. LATOUR-MARTILLAC 1995**

■ Cru clas.   24 ha   125 000   🍷 100 à 150 F
79 81 (82) **83** 84 |85| |86| 87 **88** |89| **90** |91| |92| **93 94 95**

Issu d'un domaine appartenant à la famille Kressmann, ce vin se montre à la hauteur de son origine. Par sa présentation, avec une robe brillante que prolonge un bouquet mariant harmonieusement les fruits et le bois ; mais aussi par la qualité de son palais, corsé, ample et riche, et par sa longue finale. Témoignant d'une vendange à bonne maturité, ce 95, très près du coup de cœur, donne une belle image de l'appellation.
☛ Dom. Kressmann, Ch. Latour-Martillac, 33650 Martillac, tél. 05.57.97.71.11, fax 05.57.97.71.17 ▨ 🍽 r.-v.

CH. LATOUR-MARTILLAC 1996**

□ Cru clas.   8 ha   55 000   🍷 100 à 150 F
81 82 83 84 **85 86 87** (88) |89| |90| **91 92** 93 **94** |95| 96

De belle facture, ce vin reste discret dans sa présentation ; mais ensuite, il donne la pleine mesure de ses possibilités au palais, où il se révèle généreux, franc, plein et gras. Le second vin, le **Château Lagrave Martillac 96** est, lui aussi, d'une belle tenue. Souple et bien équilibré, l'apport du bois sachant respecter le fruit, il développe de délicats arômes d'agrumes et d'abricot sec. Il obtient une étoile.
☛ Dom. Kressmann, Ch. Latour-Martillac, 33650 Martillac, tél. 05.57.97.71.11, fax 05.57.97.71.17 ▨ 🍽 r.-v.

CH. LAVILLE HAUT-BRION 1996**

□ Cru clas.   3,7 ha   n.c.   🍷 +200 F
80 **81 82 83** 84 |85| **87** |88| (89) |90| **93** |94| **95** 96

Issu d'un cru de petite taille mais au terroir de qualité, ce vin est d'une grande séduction, avec des arômes frais, subtils et harmonieux : pêche, fleurs blanches, chèvrefeuille et citronnelle, et une pointe d'épices en finale, le tout sur un léger espace grillé bien mesuré.
☛ SA Dom. Clarence Dillon, B.P. 24, 33602 Pessac Cedex, tél. 05.56.00.29.30, fax 05.56.98.75.14

LE BAHANS DE HAUT BRION 1995*

■   n.c.   n.c.   🍷 150 à 200 F

Seconde étiquette de Haut-Brion, ce vin, encore un peu austère mais riche, est à l'image de sa robe d'une grande jeunesse. Le premier nez joue à huis clos mais le second, après des notes fumées, libère le fruit. Pleine, complexe, la bouche, très savoureuse, confirme l'impression produite par la présentation, avec une matière ronde et mûre bien équilibrée.
☛ SA Dom. Clarence Dillon, B.P. 24, 33602 Pessac Cedex, tél. 05.56.00.29.30, fax 05.56.98.75.14

CH. LE PAPE 1995

■   5 ha   35 000   🍷 50 à 70 F
|91| |92| |93| |94| |95|

Jolie chartreuse du XVIIIes. dirigée par Antony Perrin, de Carbonnieux. Souple et aimable, ce vin craindra peut-être des mets trop puis-

LE BORDELAIS

La région des Graves — Pessac-léognan

sants ; mais sur des plats délicats (volaille ou viandes blanches), son bouquet aux jolies notes d'amande trouvera naturellement sa place.
• Sté fermière du Ch. Le Pape, 33850 Léognan, tél. 05.57.96.56.40, fax 05.57.96.59.19 r.-v.

CH. LE SARTRE 1996**

| □ | | n.c. | 40 000 | 50 à 70 F |

92 |93| |94| |95| 96

Complétant et couronnant la belle collection de succès enregistrés par la famille Perrin dans ce millésime, ce vin a séduit le jury par sa classe et son élégance. Riche, long, gras et souple, son palais révèle une forte personnalité, parfaitement équilibrée, le bois, judicieusement dosé, respectant le vin. Intense et complexe, avec des notes d'agrumes et de genêt, le bouquet n'est pas en reste. Une remarquable bouteille, déjà très agréable et qui pourra être attendue pendant longtemps.
• GFA du Ch. Le Sartre, 33850 Léognan, tél. 05.57.96.56.20, fax 05.57.96.59.19 r.-v.

CH. LE SARTRE 1995*

| ■ | | 15 ha | 120 000 | 50 à 70 F |

89 |90| |91| |92| |93| 95

S'il s'efface derrière le superbe 96 blanc, ce 95 rouge a tout pour réussir sans demander une longue attente : une belle livrée grenat à frange vive, un bouquet complexe (clou de girofle avec un côté torréfié pénétrant), une attaque franche et un palais tout en finesse.
• GFA du Ch. Le Sartre, 33850 Léognan, tél. 05.57.96.56.20, fax 05.57.96.59.19 r.-v.

CH. LES CARMES HAUT-BRION 1995*

| ■ | | n.c. | 24 000 | 100 à 150 F |

80 82 83 |85| 87 |88| |89| 90 |91| |92| |93| 94 95

Propriété de la famille Chantecaille, ce cru est l'un des derniers vignobles de Pessac ; de fait, ce vin se montre fort urbain. Se présentant avec un bouquet aux délicates notes fruitées (framboise) et dans une jolie robe grenat, il montre une silhouette svelte et des tanins mûrs qui permettront de le boire d'ici deux ou trois ans.
• Ch. Les Carmes Haut-Brion, 197, av. Jean-Cordier, 33600 Pessac, tél. 05.56.51.49.43, fax 05.56.93.10.71 r.-v.

CH. LESPAULT 1995

| ■ | | 5 ha | 26 000 | 70 à 100 F |

S'il ne possède pas une harmonie semblable à celle du Château Latour-Martillac, du même producteur, ce vin s'appuie sur de solides tanins qui demanderont à s'arrondir mais qui se portent garants de son évolution.
• Dom. Kressmann, Ch. Latour-Martillac, 33650 Martillac, tél. 05.57.97.71.11, fax 05.57.97.71.17 r.-v.
• JC Bolleau

CH. LESPAULT 1996*

| □ | | 2 ha | 2 000 | 70 à 100 F |

S'il demande à être aéré pour s'exprimer complètement, ce vin affirme avec force son caractère, tant par son bouquet aux notes sauvages que par sa matière, souple, grasse, longue et très bien équilibrée.
• Dom. Kressmann, Ch. Latour-Martillac, 33650 Martillac, tél. 05.57.97.71.11, fax 05.57.97.71.17 r.-v.

LES PLANTIERS DE HAUT BRION 1996*

| □ | | n.c. | n.c. | 150 à 200 F |

Seconde étiquette blanche du château Haut Brion, ce 96 est plus simple sans doute que le grand vin, mais il n'est pas sans le rappeler par certains traits, notamment ses arômes de sauvignon (agrumes) et un caractère gras et généreux.
• SA Dom. Clarence Dillon, B.P. 24, 33602 Pessac Cedex, tél. 05.56.00.29.30, fax 05.56.98.75.14

CH. MALARTIC-LAGRAVIERE 1995**

| ■ Cru clas. | 14,23 ha | 72 000 | 100 à 150 F |

64 66 (70) 71 75 76 79 81 82 83 |85| |86| 88 |89| |90| |91| |92| 93 95

Alfred-Alexandre Bonnie a racheté en 1997 au groupe Laurent-Perrier ce cru classé. L'industriel belge a entrepris d'importants travaux pour en faire l'un des tout premiers de l'appellation. Ce 95 montre qu'il était déjà parvenu à un très haut niveau. D'une belle expression aromatique, mêlant les raisins mûrs à de fines notes grillées, il développe un palais gras et solidement charpenté, dont les tanins sont un appel à une bonne garde (de cinq ans ou plus).
• SC du Ch. Malartic-Lagravière, 33850 Léognan, tél. 05.56.64.75.08, fax 05.56.64.53.66 r.-v.
• Alfred-Alexandre Bonnie

CH. MALARTIC-LAGRAVIERE 1996

| □ Cru clas. | 3,96 ha | 7 800 | 100 à 150 F |

S'il ne se signale pas par son ampleur, ce vin se montre fort séduisant par sa finesse aromatique, qui s'accorde avec sa fraîcheur pour donner un ensemble harmonieux.
• SC du Ch. Malartic-Lagravière, 33850 Léognan, tél. 05.56.64.75.08, fax 05.56.64.53.66 r.-v.

CLOS MARSALETTE 1995*

| ■ | | 3 ha | 15 000 | 50 à 70 F |

Une belle aventure que celle de ce petit cru constitué à partir de parcelles bien choisies par trois passionnés (deux propriétaires dans d'autres AOC et un géomètre). La qualité du terroir se retrouve dans ce 95, solidement constitué et à l'élégant développement aromatique (sous-bois, fruits mûrs et notes empyreumatiques).
• SCEA Marsalette, 31, rte de Loustalade, 33850 Léognan, tél. 05.56.64.09.93, fax 05.56.64.10.08 r.-v.
• Boutemy-Von Neipperg-Sarpoulet

CH. OLIVIER 1996**

| □ Cru clas. | 12 ha | n.c. | 70 à 100 F |

82 83 85 86 88 89 90 91 |94| |95| |96|

Aussi ancien que les douves en eau, le vignoble remonte à l'époque des Croisades. Un âge qu'évoque aussi ce vin par ses parfums d'agrumes et ses arômes exotiques, qui se développent

La région des Graves — Pessac-léognan

à l'agitation en se mariant au buis. Frais et riche, fruité et gras, velouté et bien enrobé, ce 96 n'aura pas peur d'accompagner de beaux poissons en sauce.

➥ Jean-Jacques de Bethmann, Ch. Olivier, 33850 Léognan, tél. 05.56.64.73.31, fax 05.56.64.54.23 ▼ ▼ r.-v.

CH. OLIVIER 1995

| ■ Cru clas. | 33 ha | n.c. | ⦿ 100 à 150 F |

82 83 84 |85| |86| 87 |88| |89| |90| **91** |92| **93 94 95**

Plus simple que le 96 blanc ou que certains millésimes précédents, ce 95 n'en reste pas moins intéressant par sa robe élégante et jeune, sa constitution fine et équilibrée, ses arômes épicés (poivre).

➥ Jean-Jacques de Bethmann, Ch. Olivier, 33850 Léognan, tél. 05.56.64.73.31, fax 05.56.64.54.23 ▼ ▼ r.-v.

CH. PAPE CLEMENT 1995★★

| ■ Cru clas. | 30 ha | 100 000 | ⦿ +200 F |

75 78 79 80 ⑧① 82 83 |85| |86| 87 **88 89** 90 **91 92 93 94 95**

Cru prestigieux, cette belle unité montre qu'elle reste à la hauteur de sa renommée avec ce 95 d'une réelle puissance. De la robe rubis à la longue finale, ce vin fait preuve d'autorité tout au long de la dégustation. Mais s'il nous montre sa force, il le fait avec beaucoup de douceur, par de savoureux parfums de caramel et de vanille, des tanins bien fondus et un grand sens de l'équilibre. Grâce à un savant dosage de la barrique au service du raisin, cette bouteille riche, complexe et harmonieuse promet de très belles choses d'ici quatre ou cinq ans.

➥ Ch. Pape Clément, 216, av. du Dr-Nancel-Penard, 33600 Pessac, tél. 05.56.07.04.11, fax 05.56.07.36.70 ▼ r.-v.

➥ Léo Montagne, Bernard Magrez

CH. PAPE CLEMENT 1996

| □ | 2,5 ha | n.c. | ⦿ +200 F |

92 ⑨③ **94** 96

Assez surprenant par son caractère plus structuré qu'ample, ce vin n'est pas chiche en parfums. Acacia, musc et agrumes, ses arômes le destinent à un accord gourmand avec les poissons grillés.

➥ Ch. Pape Clément, 216, av. du Dr-Nancel-Penard, 33600 Pessac, tél. 05.56.07.04.11, fax 05.56.07.36.70 ▼ r.-v.

CH. PICQUE CAILLOU 1995

| ■ | 13 ha | 68 000 | ⦿ 100 à 150 F |

81 83 84 85 **86** 87 |88| |89| |90| **91 92 93 94 95**

Ultime château du vin de Mérignac, créé en 1750, ce domaine va malheureusement être traversé par une « pénétrante » (voie urbaine). Avec un bouquet naissant et un caractère tannique très marqué, son vin montre qu'il demande à être attendu plus de cinq ans car la barrique joue encore le premier rôle.

➥ GFA Ch. Picque Caillou, av. Pierre-Mendès-France, 33700 Mérignac, tél. 05.56.47.37.98, fax 05.56.97.99.37 ▼ ▼ r.-v.

CH. PONTAC MONPLAISIR 1995★

| ■ | 7 ha | 40 000 | ⦿ 50 à 70 F |

91 |92| **94 95**

Comme beaucoup de châteaux de l'appellation, ce cru a dû céder une partie de son vignoble à l'urbanisation (un supermarché dans son cas). Cela ne l'empêche pas d'offrir un joli vin. Si le nez s'exprime peu, ou seulement à travers les notes apportées par l'élevage en barrique, la bouche est bouquetée, ronde et charnue. Ce 95 est bien constitué et appellera une garde de deux à cinq ans.

➥ Jean et Alain Maufras, Ch. Pontac Monplaisir, 33140 Villenave-d'Ornon, tél. 05.56.87.08.21, fax 05.56.87.35.10 ▼ ▼ r.-v.

CH. PONTAC MONPLAISIR 1996★

| □ | 6,26 ha | 45 000 | ⦿ 50 à 70 F |

89 **90 91** 92 |93| |94| ⑨⑤ 96

Régulier en qualité, ce cru reste fidèle à sa tradition avec ce millésime dont le caractère boisé, assez net au nez, ne masque pas en bouche la personnalité profonde. Un peu secret au début, ce 96 révèle un fruit, une structure et un équilibre qui incitent à le servir d'ici trois ou quatre ans sur une volaille en sauce.

➥ Jean et Alain Maufras, Ch. Pontac Monplaisir, 33140 Villenave-d'Ornon, tél. 05.56.87.08.21, fax 05.56.87.35.10 ▼ ▼ r.-v.

CH. DE ROCHEMORIN 1995★

| ■ | n.c. | n.c. | ⦿ 50 à 70 F |

85 86 |88| |89| |90| **91** |92| |93| **94 95**

Né sur la plus haute croupe de Martillac, ce vin a bénéficié de graves exposées au sud. Son bouquet de fruits mûrs et sa structure, charnue et charpentée avec des tanins de raisin et de bois de qualité, montrent que la vinification est à la hauteur du terroir et promettent une jolie garde. Une bouteille qui satisfera une large palette gastronomique.

➥ SCEA Vignobles André Lurton, Ch. Bonnet, 33420 Grézillac, tél. 05.57.25.58.58, fax 05.57.74.98.59 ▼ ▼ r.-v.

CH. DE ROCHEMORIN 1996★

| □ | n.c. | n.c. | ⦿ 50 à 70 F |

85 86 **87 88** |89| ⑨⓪ **91** |93| **94 95** |96|

La robe, d'un bel or pâle, le bouquet, aux délicates notes de vanille (bois) et de fruits blancs, l'attaque, fraîche et franche, et le palais, vif et d'une bonne ampleur, tout est là pour permettre à cette bouteille de braver le temps et d'affronter un poisson en sauce...

➥ SCEA Vignobles André Lurton, Ch. Bonnet, 33420 Grézillac, tél. 05.57.25.58.58, fax 05.57.74.98.59 ▼ ▼ r.-v.

CH. SMITH HAUT LAFITTE 1995★★

| ■ Cru clas. | 44 ha | 100 000 | ⦿ +200 F |

61 62 70 71 72 73 ⑦⑤ 80 82 **83** |85| **86** 87 **88 89 90** |91| |92| **93 94 95**

Une longue macération à température très élevée (30 °C à 34 °C), la recherche de la puissance est évidente et réussie. Encore tannique mais doté d'un fort potentiel de garde (huit à dix ans et plus), ce 95 s'annonce prometteur, tant par son

Le Médoc

bouquet aux fines notes de fruits rouges et de grillé que par sa constitution solide et complexe. Bien qu'il ne soit actuellement pas très facile à déguster, tout indique que ce vin évoluera vers beaucoup de finesse. Seconde étiquette, **Les Hauts de Smith 95**, au bouquet droit de myrtille, est dans l'esprit de la propriété, avec une belle matière fort encore fondue mais prometteuse. La **Cuvée Kasher 95**, une étoile, privilégie elle aussi la puissance avec des tanins qui s'expriment en force mais ne manquent pas d'élégance, et un bouquet complexe (cacao, épices et notes de gibier).

🕮 SA Daniel Cathiard, 33650 Martillac, tél. 05.57.83.11.22, fax 05.57.83.11.21 ☑ ⏧ r.-v.

CH. SMITH HAUT LAFITTE 1996**

| ☐ | 11 ha | 40 000 | ⏧ | 150 à 200 F |

88 89 90 91 |92| |93| |94| |95| **96**

S'annonçant par une robe jaune pâle mais assez soutenue et par un bouquet aux fines notes d'agrumes et de fruits exotiques, ce vin montre par son ampleur et son acidité qu'il devrait connaître une évolution intéressante. Plus lourd, le second vin, **Les Hauts de Smith 96**, encore dominé par le bois, est néanmoins riche, rond et d'une bonne complexité aromatique. Tout cela lui vaut une étoile.

🕮 SA Daniel Cathiard, 33650 Martillac, tél. 05.57.83.11.22, fax 05.57.83.11.21 ☑ ⏧ r.-v.

CH. VALOUX 1995*

| ■ | 39 ha | 99 000 | ⏧ | 50 à 70 F |

Seconde étiquette du château Bouscaut, ce vin prend son temps pour s'exprimer ; mais ensuite il développe de beaux arômes de sous-bois et de gibier qui s'associent avec les tanins denses, offrant un ensemble d'une bonne longueur fruitée.

🕮 SA Ch. Bouscaut, RN 113, 33140 Cadaujac, tél. 05.57.83.12.20, fax 05.57.83.12.21 ☑ ⏧ r.-v.

CH. VALOUX 1996

| ☐ | 9 ha | 19 500 | ⏧ | 50 à 70 F |

S'annonçant par une robe pâle, ce vin où le sémillon (66 %) l'emporte sur le sauvignon, est très féminin et délicat par sa structure et par son développement aromatique mêlant miel, genêt, vanille et bois. On peut le boire ou l'attendre trois ans.

🕮 SA Ch. Bouscaut, RN 113, 33140 Cadaujac, tél. 05.57.83.12.20, fax 05.57.83.12.21 ☑ ⏧ r.-v.

Le Médoc

Dans l'ensemble girondin, le Médoc occupe une place à part. A la fois enclavés dans leur presqu'île et largement ouverts sur le monde par un profond estuaire, le Médoc et les Médocains apparaissent comme une parfaite illustration du tempérament aquitain, oscillant entre le repli sur soi et la tendance à l'universel. Et il n'est pas étonnant d'y trouver aussi bien de petites exploitations familiales presque inconnues que de grands domaines prestigieux appartenant à de puissantes sociétés françaises ou étrangères.

S'en étonner serait oublier que le vignoble médocain (qui ne représente qu'une partie du Médoc historique et géographique) s'étend sur plus de 80 km de long et 10 de large. C'est dire si le visiteur peut donc admirer non seulement les grands châteaux du vin du siècle dernier, avec leurs splendides chais-monuments, mais aussi partir à la découverte approfondie du pays. Très varié, celui-ci offre aussi bien des horizons plats et uniformes (près de Margaux) que de belles croupes (vers Pauillac), ou l'univers tout à fait original du bas Médoc, à la fois terrestre et maritime. La superficie des AOC du Médoc représente environ 14 890 ha.

Pour qui sait quitter les sentiers battus, le Médoc réserve de toute manière plus d'une heureuse surprise. Mais sa grande richesse, ce sont ses sols graveleux, descendant en pentes douces vers l'estuaire de la Gironde. Pauvre en éléments fertilisants, ce terroir est particulièrement favorable à la production de vins de qualité, la topographie permettant un drainage parfait des eaux.

On a pris l'habitude de distinguer le haut Médoc, de Blanquefort à Saint-Seurin-de-Cadourne, et le bas Médoc, de Saint-Germain-d'Esteuil à Saint-Vivien. Au sein de la première zone, six appellations communales produisent les vins les plus réputés. Les soixante crus classés sont essentiellement implantés sur ces appellations communales ; cependant, cinq d'entre eux portent exclusivement l'appellation haut-médoc. Les crus classés représentent approximativement 25 % de la surface totale des vignes de Médoc, 20 % de la production de vins et plus de 40 % du chiffre d'affaires. A côté des crus classés, le Médoc compte de nombreux crus bourgeois qui assurent la mise en bouteilles au château et jouissent d'une excellente réputation. Plusieurs caves coopératives existent dans les appellations médoc et haut-médoc, mais aussi dans trois appellations communales.

Le Médoc

Une partie importante des vins des appellations médoc et haut-médoc est vendue en vrac aux négociants qui en assurent la commercialisation sous des noms de marque.

Cépage traditionnel en Médoc, le cabernet-sauvignon est probablement moins important qu'autrefois, mais il couvre cependant 52 % de la totalité du vignoble. Avec 34 %, le merlot vient en second ; son vin, souple, est aussi d'excellente qualité et d'évolution plus rapide, il peut être consommé plus jeune. Le cabernet-franc, qui apporte de la finesse, représente 10 %. Enfin, le petit verdot et le malbec ne jouent pas un bien grand rôle.

Les vins du Médoc jouissent d'une réputation exceptionnelle ; ils sont parmi les plus prestigieux vins rouges de France et du monde. Ils se remarquent à leur belle couleur rubis, évoluant vers une teinte tuilée, mais aussi à leur odeur fruitée, dans laquelle les notes épicées de cabernet se mêlent souvent à celles, vanillées, qu'apporte le chêne neuf. Leur structure tannique, dense et complète en même temps qu'élégante et moelleuse, et leur parfait équilibre autorisent un excellent comportement au vieillissement ; ils s'assouplissent sans maigrir et gagnent en richesse olfactive et gustative.

Médoc

L'ensemble du vignoble médocain a droit à l'appellation médoc ; mais en pratique celle-ci n'est utilisée qu'en bas Médoc (la partie nord de la presqu'île, à proximité de Lesparre), les communes situées entre Blanquefort et Saint-Seurin-de-Cadourne pouvant revendiquer celle de haut-médoc. Malgré cela, la production est importante. En 1997, 4 740 ha ont donné 294 018 hl.

Les médoc se distinguent par une belle couleur, généralement très soutenue. Avec un pourcentage de merlot plus important que dans les vins du haut Médoc et des appellations communales, ils possèdent souvent un bouquet fruité et beaucoup de rondeur en bouche. Certains, venant sur de belles croupes graveleuses isolées, présentent aussi une grande finesse et une belle richesse tannique.

Médoc

BARON PHILIPPE 1995
■ n.c. n.c. 30 à 50 F

Sous une étiquette sobre qui décline un grand nombre d'appellations bordelaises, la marque du célèbre négociant pauillacais propose ce médoc souple, aux légers tannins, mais bien constitué et agréablement bouqueté (fruits noirs et sous-bois).
↪ Baron Philippe de Rothschild SA, B.P. 117, 33250 Pauillac, tél. 05.56.73.20.20, fax 05.56.73.20.44

CH. BELLERIVE 1995
■ Cru bourg. 13 ha 75 000 30 à 50 F
85 86 88 |89| ⑼ |91| 94 95

Simple et souple, ce vin où le merlot atteint 55 % de l'assemblage est sans prétention mais bien fait ; il sera agréable à boire jeune pour son bouquet subtil et classique : poivron et épices.
↪ SCEA Ch. Bellerive-Perrin, 1, rte des Tourterelles, 33340 Valeyrac, tél. 05.56.41.52.13, fax 05.56.41.52.13 ✉ ☎ t.l.j. sf dim. 10h-12h 15h-18h

CH. BOURNAC 1995★★
■ Cru bourg. 13,07 ha 20 000 30 à 50 F
93 94 95

Progressant régulièrement, ce cru prend le chemin qui mène aux valeurs sûres. Puissant, porté par une riche matière et un bouquet élégant et complexe, ce joli vin demandera à être attendu trois ou quatre ans, pour lui permettre d'atteindre son optimum.
↪ Bruno Secret, 11, rte des Petites-Granges, 33340 Civrac, tél. 05.56.41.51.24, fax 05.56.41.51.24 ✉ ☎ r.-v.

CH. CANTEGRIC 1995★
■ Cru artisan n.c. 5 000 30 à 50 F

Une production un peu confidentielle mais de qualité pour ce vin. Débutant dans la discrétion, le bouquet s'affirme ensuite avec des notes de fruits rouges et d'épices. Rond, gras et étoffé par des tanins mûrs, le palais invitera à boire ce vin dès à présent sur un repas champêtre.
↪ GFA du Ch. Cantegric, 10, av. Charles-de-Gaulle, 33340 Saint-Christoly-de-Médoc, tél. 05.56.41.57.00, fax 05.56.41.06.47 ✉ ☎ t.l.j. 8h-20h
↪ Feugas-Joany

CH. CARCANIEUX 1995★
■ Cru bourg. n.c. 60 000 30 à 50 F

Issu de l'un des plus anciens domaines médocains, ce 95 est bien typé par sa robe. Son bouquet de fruits rouges est encore un peu fermé mais bien accompagné par des notes boisées et épicées, tandis qu'au palais apparaissent des tanins assez ronds. Une dégustatrice aimerait le goûter avec un gâteau au chocolat.
↪ SC du Ch. Carcanieux, Terres-Hautes-de-Carcanieux, 33340 Queyrac, tél. 05.56.59.84.23, fax 05.56.59.86.62 ✉ ☎ r.-v.
↪ Deffoney

LE BORDELAIS

Le Médoc — Médoc

CH. CASTERA 1995
■ Cru bourg. 53 ha n.c. ◐ 50 à 70 F
82 88 89 90 **91 92** 95

Ici pas de château Napoléon III mais un bâtiment aux racines médiévales. Marqué par de fines notes aromatiques mêlant le cuir aux mûres, son 95, qui ne manque pas d'élégance, sera à boire d'ici deux à trois ans.
☛ Ch. Castéra, 33340 Saint-Germain-d'Esteuil, tél. 05.56.73.20.60, fax 05.56.73.20.61 ✓ ✗ t.l.j. sf sam. dim. 9h-12h 13h30-18h

CORDIER Collection privée 1995
■ n.c. n.c. ▮◐♦ -30 F

Un peu surprenant par ses tanins granuleux, ce vin rassure par son expression aromatique, aux notes de fleurs, d'épices et de cassis mûr. Au total une bouteille non dépourvue d'intérêt, ne serait-ce que par son prix et sa très large distribution.
☛ Domaines Cordier, 53, rue de Dehez, 33290 Blanquefort, tél. 05.56.95.53.00, fax 05.56.95.53.01 ✗ r.-v.

CH. COURBIAN 1995*
■ 5 ha 30 000 ◐ 30 à 50 F

Ce petit cru confie sa récolte à la cave coopérative. Ce ne sera sans doute pas ce joli 95 qui lui fera regretter son choix. Sa robe, d'un rubis sombre, annonce sa bonne constitution. Ample et tannique, la bouche se signale par un côté cuit, très mûr. On peut pronostiquer une évolution favorable d'ici trois ou quatre ans.
☛ Producta SA, 21, cours Xavier-Arnozan, 33082 Bordeaux Cedex, tél. 05.57.81.18.18, fax 05.56.81.22.12 ✗ t.l.j. sf sam. dim. 9h-12h 14h-17h

CUVEE DE LA COMMANDERIE DU BONTEMPS 1995
■ n.c. n.c. ▮ 30 à 50 F

Marque d'Ulysse Cazabonne qui porte le nom de la célèbre confrérie médocaine, ce vin est encore un peu sévère dans son expression tannique mais il doit pouvoir s'affirmer avec le temps comme le promettent son joli bouquet de fruits rouges et son palais franc.
☛ Ulysse Cazabonne, rte de Rauzan, 33460 Margaux, tél. 05.57.88.82.20, fax 05.57.88.36.54

CH. DAVID 1995*
■ Cru bourg. 9 ha 60 000 ◐ 30 à 50 F
83 |85| |89| |90| **92** |93| 94 95

Confirmant la progression marquée par le 94 l'an dernier, ce millésime 95 est fort bien réussi, comme le montrent son bouquet, aux puissantes notes de fruits noirs, de griotte et de kirsch, et son palais, ample et gras, avec des tanins bien fondus.
☛ Henry Coutreau, Ch. David, 33590 Vensac, tél. 05.56.09.44.62, fax 05.56.09.46.62 ✗ t.l.j. 9h-13h 14h-19h; f. vendanges

LA GRANDE CUVEE DE DOURTHE 1995*
■ n.c. n.c. ◐ 50 à 70 F

Base de vinothèque « médoc », ce 95 élaboré par la maison de négoce bordelaise, d'une discrète élégance dans son expression aromatique (fruits mûrs et tabac), sait marier le bois de chêne au vin et évoluera favorablement d'ici à deux ans.
☛ Dourthe, 35, rue de Bordeaux, B.P. 49, 33290 Parempuyre, tél. 05.56.35.53.00, fax 05.56.35.53.29 ✓ ✗ r.-v.

CH. D'ESCURAC 1995*
■ Cru bourg. 8 ha 50 000 ◐ 50 à 70 F

Depuis son entrée dans le monde du vin, ce cru a su maintenir régulièrement la qualité de sa production. Elle se confirme une fois encore avec ce 95 bien constitué et expressif, tant au bouquet aux fines notes boisées (toast, café et cacao), qu'au palais où il révèle des tanins bien enveloppés, qui débouchent sur une finale réglissée. Le second vin, **la Chapelle d'Escurac 95**, est, cette année, plus modeste que le grand vin, et à consommer dès maintenant.
☛ Jean-Marc Landureau, Ch. d'Escurac, 33340 Civrac-Médoc, tél. 05.56.41.50.81, fax 05.56.41.36.48 ✓ ✗ t.l.j. 8h-18h; f. vendanges

CH. FONGIRAS
Cuvée élevée en fût de chêne 1995**
■ 12 ha 85 000 ◐ 30 à 50 F

Proposée par Producta, cette cuvée bois fait honneur à son producteur, la cave d'Ordonnac. Bien typé médoc par sa robe, elle exhale de beaux arômes, où le bois fraîchement coupé et la résine s'affichent volontiers. Mais l'attaque, moelleuse, et une solide matière permettent aux tanins mûrs du raisin de s'unir pour le meilleur avec ceux du merrain. Voilà un vin qui méritera une entrecôte aux cèpes.
☛ Producta SA, 21, cours Xavier-Arnozan, 33082 Bordeaux Cedex, tél. 05.57.81.18.18, fax 05.56.81.22.12 ✗ t.l.j. sf sam. dim. 9h-12h 14h-17h

CH. FONTIS 1995
■ Cru bourg. 10 ha 45 000 ◐ 70 à 100 F

Vincent Boivert est le fils du célèbre propriétaire des Ormes-Sorbets. Il a acheté ce cru en 1995. Sans être d'une constitution exceptionnelle, ce vin est plaisant par son bouquet aux discrètes notes de poivron. Vanille et fruits rouges accompagnent une bouche souple et peu ample.
☛ Vincent Boivert, Ch. Fontis, 33340 Ordonnac, tél. 05.56.73.30.30, fax 05.56.73.30.31 ✓ ✗ r.-v.

GRAND SAINT-BRICE 1995
■ 104,85 ha 83 280 ◐ 30 à 50 F

Principale marque de cette cave coopérative qui vendange 180 ha de vignes, Grand Saint-Brice bénéficie d'un élevage d'un an en barrique. S'il est dommage que ses tanins ne soient pas un peu plus ronds, ce vin est agréable par son équilibre et par sa complexité aromatique (fruits et boisé).

Le Médoc — Médoc

🔑 Cave Saint-Brice, 33340 Saint-Yzans-de-Médoc, tél. 05.56.09.05.05, fax 05.56.09.01.92 ✅ 🍷 t.l.j. sf dim. 8h-12h 14h-18h

CH. GREYSAC 1995★

| ■ Cru bourg. | 60 ha | 417 000 | 🍷 | 50 à 70 F |

82 85 |86| **87** |88| |89| |91| 93 94 95

Une belle unité pour ce vin, dont chacun appréciera le volume de production. Celui-ci rend d'autant plus intéressantes ses qualités : belle couleur intense et brillante ; bouquet puissant, marqué par des notes animales ; solide structure tannique et bon équilibre général. Une bouteille d'avenir, à apprécier dans cinq ans avec du gibier.

🔑 Dom. Codem SA, Ch. Greysac, 33340 Bégadan, tél. 05.56.73.26.56, fax 05.56.73.26.58 ✅ 🍷 r.-v.

Le Médoc et le Haut-Médoc

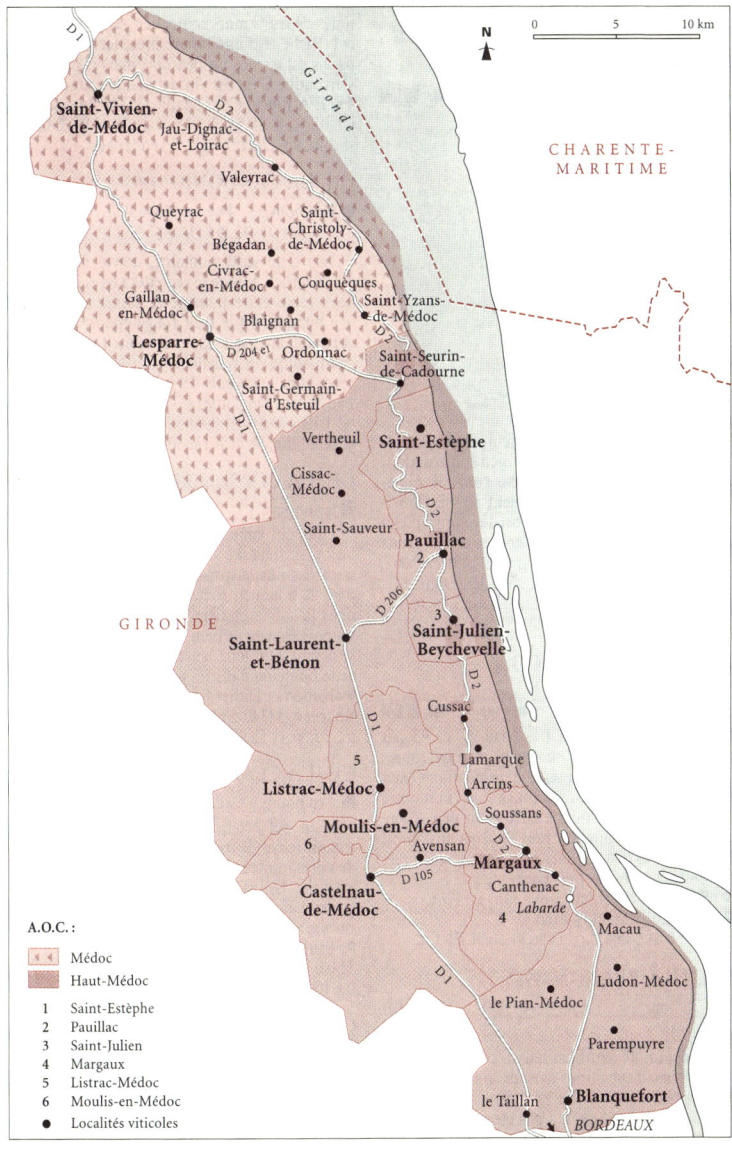

A.O.C. :
- Médoc
- Haut-Médoc
1. Saint-Estèphe
2. Pauillac
3. Saint-Julien
4. Margaux
5. Listrac-Médoc
6. Moulis-en-Médoc
- Localités viticoles

LE BORDELAIS

Le Médoc — Médoc

CH. GRIVIERE 1995**

■ Cru bourg.   16,8 ha   123 000   50 à 70 F
92 |93| **94 95**

Du même producteur que La Cardonne, ce vin suit la ligne tracée par son aîné. La robe profonde et brillante de ce 95 offre des reflets bleutés. Le nez, d'une grande pureté, est marqué par un joli fruité accompagné d'un boisé fondu très délicat. Ronde, ample, la bouche présente une étoffe de belle trame, des tanins mûrs à grains fins fort harmonieux. Une bouteille à servir avec une pintade sur canapé toasté de foie gras.
🍷 SNC les Domaines C.G.R., 33340 Blaignan, tél. 05.56.73.31.51, fax 05.56.73.31.52 ☑ ￥ t.l.j. sf sam. dim. 9h-12h 13h30-17h; groupes sur r.-v.

CH. HAUT BRISEY 1995**

■ Cru bourg.   8 ha   50 000   30 à 50 F
(86) 87 **88 89** |90| 91 92 |93| **94 95**

Christian Denis n'est pas seulement un producteur sympathique. Il mène bien son cru, dont la progression régulière trouve son couronnement avec ce 95 particulièrement réussi. Conciliant charpente et charme, ce vin développe d'élégants arômes de fleurs, d'épices et de fruits confits. Une bouteille à ouvrir vers 2001 ou 2002.
🍷 SCEA Ch. Haut Brisey, 33590 Jau-Dignac-Loirac, tél. 05.56.09.56.77, fax 05.56.73.98.36 ☑ ￥ t.l.j. sf dim. 9h-12h 14h-17h

CH. HAUT-CANTELOUP
Collection 1995*

■ Cru bourg.   n.c.   40 000   50 à 70 F

Sans rivaliser avec le très beau 94, ce 95 sait tenir les promesses d'une belle couleur rouge. Élégant dans son expression aromatique, aux notes de chocolat et fruits rouges, ce vin montre par sa présence tannique encore un peu sévère qu'il devra être attendu près de trois ans. Il est présenté sous deux étiquettes ; l'une est classique, élégante, l'autre est plus bachique...
🍷 SARL du ch. Haut-Canteloup, Le Port, 33340 Saint-Christoly-Médoc,
tél. 05.56.41.58.98, fax 05.56.41.36.08 ￥ r.-v.

CH. HOURBANON 1995*

■ Cru bourg.   8 ha   40 000   30 à 50 F
90 **94 95**

Après un 94 fort bien réussi, ce cru confirme ses bonnes dispositions avec ce millésime d'une belle présentation : une bouteille dont l'extraction, une fois encore, n'a pas été négligée et qui est promise à une garde (cinq ans ou plus). Ses arômes, constitués de notes épicées et grillées sur un confit de fruits mûrs, sont particulièrement séduisants.
🍷 SC Delayat-Chemin, Hourbanon, 33340 Prignac-Médoc, tél. 05.56.41.02.88, fax 05.56.41.24.33 ☑ ￥ t.l.j. sf dim. 10h-19h

CH. LABADIE 1995*

■ Cru bourg.   9 ha   50 000   30 à 50 F
(90) 91 **92** |93| |94| 95

Après un léger recul avec les millésimes 93 et 94, ce cru revient à son niveau habituel avec ce joli 95. S'il met quelque temps pour libérer ses arômes, ceux-ci se montrent nettement séduisants, par des notes de fruits mûrs soutenues par un boisé délicat. Riche et d'une bonne présence tannique, le palais est encore un peu dur, mais il promet de s'arrondir. C'est un vin de viande rouge.
🍷 GFA Bibey, Ch. Labadie, 33340 Bégadan, tél. 05.56.41.55.58, fax 05.56.41.39.47 ☑ ￥ t.l.j. sf dim. 9h-12h 15h-18h; f. vendanges

CH. LA CARDONNE 1995**

■ Cru bourg.   49,5 ha   346 000   50 à 70 F
88 89 |90| **91 92** |93| |94| **95**

Issu d'un vaste domaine, ce vin n'a rien de confidentiel. Nul ne le regrettera en regardant sa belle robe, entre pourpre et grenat, en humant son bouquet où le fruit rouge épouse la vanille et l'épice, en appréciant son assise tannique et sa chair, souple et moelleuse, qui sera heureuse de rencontrer un salmis de palombes.
🍷 SNC les Domaines C.G.R., 33340 Blaignan, tél. 05.56.73.31.51, fax 05.56.73.31.52 ☑ ￥ t.l.j. sf sam. dim. 9h-12h 13h30-17h; groupes sur r.-v.

CH. LA CHANDELLIERE 1995**

■ Cru bourg.   20 ha   16 000   30 à 50 F

Pour qui connaît la réputation de la famille Secret, la réussite de ce cru dans ce millésime n'est pas une surprise. On sent son savoir-faire dans le bouquet, riche mais sans excès, comme dans la solide matière du palais. Soutenues par un bois élégant et bien fondu, la charpente et la structure tannique garantissent l'évolution de cette bouteille dans les années à venir.
🍷 Hubert et Didier Secret, GAEC de Cazaillan, Bournac, 33340 Civrac-en-Médoc,
tél. 05.56.41.58.00, fax 05.56.41.53.51 ☑ ￥ r.-v.

CH. LA CLARE 1995*

■ Cru bourg.   22 ha   160 000   30 à 50 F

D'un bel éclat, la robe grenat séduit, tout comme le nez de fruits rouges mûrs accompagnés de notes résineuses. Ronde, la bouche est tendre, avec des tanins fins et élégants, de bonne longueur. Une jolie bouteille qui pourra être servie sur un rôti de veau.
🍷 Paul de Rozières, Ch. La Clare,
33340 Bégadan, tél. 05.56.41.50.61,
fax 05.56.41.50.69 ☑ ￥ r.-v.

CH. DE LA CROIX 1995

■ Cru bourg.   20 ha   90 000   30 à 50 F

En dépit d'une certaine rugosité en finale, ce vin s'inscrit dans la bonne moyenne de l'appellation, avec une matière de qualité. On attendra que le boisé s'arrondisse.

Le Médoc   Médoc

🍷 SCF Dom. de La Croix, 6, ch. de la Croix, Plautignan, 33340 Ordonnac, tél. 05.56.09.04.14, fax 05.56.09.01.32 ✅ 🍷 t.l.j. sf dim. 9h-12h 14h-19h
🍷 Francisco

CH. LAFON 1995★★

| ■ Cru bourg. | 8 ha | 40 000 | 🍷 | 50 à 70 F |

Tournedos Rossini, cèpes, les accords gourmands proposés par les dégustateurs indiquent clairement la qualité du vin. Porté par des tanins soyeux, celui-ci sait être rond et puissant, souple et étoffé. Bien typé par son bouquet, marqué par une explosion de fruits noirs sur fond de joli boisé toasté et torréfié sur un sillage de fumée, il méritera un séjour en cave de quatre à cinq ans, voire plus. Petit frère du Château Lafon, le **Château Fontaine de l'Aubier 95** est plus modeste mais peut être cité pour sa bonne constitution.
🍷 SCEA Lafon-Fauchey, 33340 Prignac-en-Médoc, tél. 05.56.09.02.17, fax 05.56.09.04.96 ✅ 🍷 t.l.j. 9h30-12h30 14h-19h30
🍷 Rémy Fauchey

CH. LA GORCE 1995

| ■ Cru bourg. | 36,94 ha | 250 000 | 🍷 | 30 à 50 F |

83 85 86 88 89 |90| **91 92 93** |94| 95

Né sur un cru à l'encépagement se partageant entre merlot et cabernets, ce vin séduit d'emblée par sa robe et par ses arômes sympathiques mêlant fruits rouges et notes toastées. Après une belle attaque, le vin montre sa race, laissant parler des tanins que quelques années de garde harmoniseront.

🍷 SCEA Ch. La Gorce, Canteloup Est, 33340 Blaignan, tél. 05.56.09.01.22, fax 05.56.09.03.27 ✅ 🍷 r.-v.
🍷 M. Fabre

CH. LALANDE D'AUVION 1995★★★

| ■ Cru bourg. | 18 ha | 110 000 | 🍷 | 30 à 50 F |

Mi-merlot mi-cabernet-sauvignon, mi-cuve mi-barrique (neuf mois chacune) : ici on a le sens de l'équilibre ; et on réussit particulièrement bien les grands millésimes. Témoin ce 95 où la puissance s'allie à l'élégance pour donner un ensemble harmonieux, avec deux trilogies : aromatique (animal, fruits et bois) et structurelle (tanins, gras et alcool). Une bouteille qui supportera sans doute cinq à six ans de cave.

🍷 Christian Benillan, 3, rue de Verdun, 33340 Blaignan, tél. 05.56.09.05.52, fax 05.56.09.05.52 ✅ 🍷 r.-v.

CH. LA RAZE Sélection 1995

| ■ | n.c. | n.c. | 50 à 70 F |

Sans être un athlète, ce vin d'une belle couleur soutenue, présenté par le négociant de Langon, se montre plaisant par son côté gras et son bouquet associant les fruits rouges et les notes grillées. En finale, les tanins montrent davantage leur vigueur.
🍷 Pierre Coste, 33210 Langon, tél. 05.56.63.50.52, fax 05.56.63.42.28 🍷 t.l.j. sf dim. lun. 8h-18h

CH. L'ARGENTEYRE
Elevé en barrique 1995

| ■ | 5 ha | 23 000 | 🍷 | 30 à 50 F |

92 |93| 94 95

Ces producteurs sont sortis de la coopérative en 1992. Ils mettent tous leurs soins dans leurs vignes qu'ils vendangent manuellement et trient rigoureusement. Encore jeune, ce vin est actuellement un peu ferme, mais il possède la matière nécessaire pour annoncer une bonne bouteille, que promet également sa belle couleur intense.
🍷 GAEC Moulin de Courbian, rue de Courbian, 33340 Bégadan, tél. 05.56.41.52.34, fax 05.56.41.52.34 ✅ 🍷 r.-v.
🍷 Philippe et Gilles Reich

CH. LA ROSE CARBONIERE 1995★

| ■ | 3 ha | 21 000 | 🍷 | -30 F |

Second vin du château Lousteauneuf qui n'est vendu qu'au négoce, cette bouteille se montre fort plaisante par sa présentation (robe grenat et bouquet racé : vanille, épices et cacao) comme par son évolution au palais, avec une bonne texture et de la rondeur. Prix sous toute réserve, dépendant des circuits de distribution.
🍷 Segond, 2, rte de Lousteauneuf, 33340 Valeyrac, tél. 05.56.41.52.11, fax 05.56.41.52.11 🍷 t.l.j. sf dim. 8h-12h 14h-18h; f. 24 déc.- 4 jan.

CH. LASSUS 1995

| ■ Cru bourg. | 10 ha | 7 000 | 🍷 | 30 à 50 F |

Première vinification pour Patrick Chaumont qui poursuit le travail de son père. Malgré une petite pointe d'amertume en finale due à un boisé marqué, ce vin saura retenir l'attention avec ses saveurs épicées et ses tanins à la fois fermes et élégants. Une austérité tempérée par une bonne maturité ; un style à suivre.

LE BORDELAIS

Le Médoc   Médoc

☞ Patrick Chaumont, 7, rte du Port-de-By, ch. Le Reysse, 33340 Bégadan, tél. 05.56.41.50.79, fax 05.56.41.51.36 ☑ 🍷 r.-v.

CH. LA TOUR DE BY 1995*

■ Cru bourg.   60 ha   500 000   🍷 70 à 100 F
82 83 85 |86| |88| |89| 90 91 92 93 94 95

Une vaste unité et un vin à la robe très sombre qui ne trouve pas d'emblée son expression aromatique, mais qui s'éveille ensuite sur des parfums floraux. Après une bonne attaque, il révèle beaucoup de fruit et une belle charpente. Ce qu'on appelle « un vin goûteux », en Gironde.
☞ Ch. La Tour de By, 33340 Bégadan, tél. 05.56.41.50.03, fax 05.56.41.36.10 ☑ 🍷 t.l.j. sf sam. dim. 8h-12h 13h30-17h30, ven. 16h30; groupes sur r.-v.
☞ Marc Pagès

CH. LE BOURDIEU 1995

■ Cru bourg.   20 ha   160 000   🍷 30 à 50 F
88 89 |90| 91 92 |93| 94 |95|

Si l'on ne trouve pas ici les tanins très « médocains » de certains millésimes précédents, ce vin se montre attrayant par la distinction de sa robe grenat et violine et de son bouquet mêlant fruits et vanille. Sa structure n'est pas colossale mais laisse sur une finale agréable.
☞ Guy Bailly, Ch. Le Bourdieu,1 rte de Troussas, 33340 Valeyrac, tél. 05.56.41.58.52, fax 05.56.41.36.09 ☑ 🍷 t.l.j. sf sam. dim. 9h-12h 14h-18h

CH. LE BREUIL RENAISSANCE 1995

■   10 ha   80 000   🍷 30 à 50 F
90 91 92 93 |94| 95

Né sur un terroir argilo-calcaire, ce 95 reporte la marque dans la solidité de ses tanins, certes un peu rustiques mais qui donnent du relief à la structure. La robe pourpre brillant annonce les fruits qui apparaissent au second coup de nez. Un vin droit.
☞ Philippe Bérard, 6, rte du Bana, 33340 Bégadan, tél. 05.56.41.50.67, fax 05.56.41.36.77 ☑ 🍷 t.l.j. 8h-20h

CH. LE LOGIS DE SIPIAN 1995

■   7 ha   n.c.   ▪ ♦ -30 F

Issu d'une belle croupe de graves dominant la Gironde, ce vin, qui ne connaît pas la barrique, est mis en bouteille par la coopérative de Bégadan ; il reste discret dans sa présentation, mais on décèle ensuite un nez très mûr et un corps vineux qui a besoin de s'assouplir.
☞ Producta SA, 21, cours Xavier-Arnozan, 33082 Bordeaux Cedex, tél. 05.57.81.18.17, fax 05.56.81.22.12 🍷 t.l.j. sf sam. dim. 9h-12h 14h-17h
☞ B. Dupuy

CH. LE REYSSE 1995

■   3 ha   6 500   🍷 30 à 50 F
|93| |94| 95

Bien typé par ses tanins et agréable par son expression aromatique (fruits rouges et vanille), ce vin pourpre foncé aux tanins bien médocains s'inscrit dans la bonne moyenne de l'appellation.

☞ Patrick Chaumont, 7, rte du Port-de-By, ch. Le Reysse, 33340 Bégadan, tél. 05.56.41.50.79, fax 05.56.41.51.36 ☑ 🍷 r.-v.

CH. LES BERNEDES 1995*

■ Cru bourg.   7 ha   n.c.   🍷 30 à 50 F
90 92 93 95

On retrouvera dans ce vin certains traits du Vieux Château Landon, signé par le même producteur. Notamment sa longue et harmonieuse finale.
☞ Philippe Gillet, 6, rte de Château-Landon, 33340 Bégadan, tél. 05.56.41.50.42, fax 05.56.41.57.10 🍷 r.-v.

CH. LES CHALETS 1995*

■ Cru bourg.   3,33 ha   27 000   🍷 30 à 50 F
93 94 95

Régulier en qualité depuis quelques années, ce château offre ici un vin dans l'esprit du cru, tant par son bouquet, aux notes bien marquées de fruits noirs, que par sa matière, pleine, ronde et joliment tannique. Une agréable bouteille, à servir sur une canette.
☞ Michel Bruzaud, 17, rte de Saint-Yzans, 33340 Saint-Christoly-de-Médoc, tél. 05.56.41.55.85 ☑

CH. LES GRANDS CHENES 1995**

■ Cru bourg.   7,16 ha   55 000   🍷 50 à 70 F
|86| 88 |89| |90| 91 92 |93| 94 95

Belle petite propriété familiale, qui a changé de mains en 1998. Si le 94 fut coup de cœur l'an dernier, ce 95 ne manque pas de répondant : d'une couleur pourpre attirante, il développe un joli bouquet aux notes de griotte et de pain d'épice. Après avoir attaqué en souplesse, le palais montre sa puissance et sa complexité, que renforce un boisé de qualité.
☞ SARL ch. Les Grands Chênes, 9, rte de Lesparre, 33340 Saint-Christoly-de-Médoc, tél. 05.56.41.53.12, fax 05.56.41.35.69 ☑ 🍷 r.-v.
☞ Bernard Magrez

CH. LES MOINES 1995***

■ Cru bourg.   16 ha   130 000   🍷 50 à 70 F
86 88 |89| |90| |91| |92| 93 94 ⓘ95

S'il franchit avec ce millésime la barre des 50 F, ce cru n'en demeure pas moins d'un excellent rapport qualité/prix. Sa couleur foncée, son bouquet complexe, concentré et racé (fruits rouges et noirs, épices, cuir), son attaque ample et

334

Le Médoc   Médoc

grasse, comme sa solide structure tannique lui vaudront un séjour en cave de trois à quatre ans, avant d'être ouvert sur un beau gibier à plumes.
☛ Claude Pourreau, 33340 Couquèques, tél. 05.56.41.38.06, fax 05.56.41.37.81 Ⓥ Ⓣ r.-v.

CH. LES ORMES SORBET 1995★★

| ■ Cru bourg. | 19 ha | 100 000 | 🍴 | 70 à 100 F |

|78|81|83|**85**|**86**|87|⟨88⟩|⟨89⟩|⑨⓪|⟨91⟩|⟨92⟩|**93**|**94**|**95**|

Plus qu'une valeur sûre, une référence. En parfaite harmonie avec l'appellation et le millésime, ce cru porte avec élégance et discrétion la marque du bois dans son bouquet, tandis que le palais révèle une solide structure, portée par des tanins bien mûrs. Douce et persistante, la finale couronne heureusement le tout. Une bouteille à conserver au moins cinq ans et à ouvrir alors avec les meilleurs mets.
☛ Jean Boivert, Ch. Les Ormes-Sorbet, 33340 Couquèques, tél. 05.56.73.30.30, fax 05.56.73.30.31 Ⓥ Ⓣ r.-v.

CH. LIVRAN 1995

| ■ Cru bourg. | 46,87 ha | 300 000 | 🍴🛏 | 50 à 70 F |

Issu d'un vaste domaine dont les archives remontent au XIVᵉˢ., mais dont la famille Godfrin n'est propriétaire que depuis 1962, ce vin n'a rien de confidentiel. D'une présentation très nette, finement bouqueté, avec des notes de confiture, il développe des tanins souples et savoureux qui s'accorderont avec un rôti de veau pendant les cinq prochaines années.
☛ Ch. Livran, 33340 Saint-Germain-d'Esteuil, tél. 05.56.09.02.05, fax 05.56.09.03.90 Ⓥ Ⓣ t.l.j. sf sam. dim. 9h-12h 14h30-18h
☛ Godfrin

CH. LOUDENNE 1995★

| ■ Cru bourg. | 48 ha | 280 000 | 🍴 | 70 à 100 F |

|81|⑧②|**83**|**85**|**86**|⟨88⟩|**89**|⟨90⟩|91|92|⟨93⟩|⟨94⟩|95|

Une bâtisse rose dominant la Gironde et le marais, propriété anglaise depuis cent vingt-deux ans, dont le Guide conseille la visite. Son vin se montre charmeur. Mais cela ne l'empêche pas d'être bien constitué, avec un bon équilibre entre les tanins du vin et ceux du chêne. D'une belle complexité aromatique, où les fruits mûrs se marient élégamment au boisé, il pourra être bu jeune ou attendu quelques années. « Essayez-le sur des fromages gras », conseille un dégustateur.
☛ IDV France, Ch. Loudenne, 33340 Saint-Yzans-de-Médoc, tél. 05.56.73.17.80, fax 05.56.09.02.87 Ⓥ Ⓣ t.l.j. 9h30-12h30 14h-17h30; sam. dim. sur r.-v.

CH. LOUSTEAUNEUF
Cuvée Art et Tradition 1995★★

| ■ Cru bourg. | 3 ha | 20 000 | | 50 à 70 F |

|⟨93⟩|⟨94⟩|⑨⑤|

Cuvée sélection, issue de vieilles vignes, ce vin s'inscrit dans la ligne du millésime, avec une bonne structure. Pourpre à reflets violacés, la robe laisse présager de belles choses, que le palais confirme. Riche, plein, charnu et bien constitué, celui-ci garantit l'avenir de cette bouteille, à attendre cinq ans. La **cuvée principale** ne connaît pas la barrique ; diffusée par le négoce, elle a obtenu une étoile.

☛ Segond, 2, rte de Lousteauneuf, 33340 Valeyrac, tél. 05.56.41.52.11, fax 05.56.41.52.11 Ⓥ Ⓣ t.l.j. sf dim. 8h-12h 14h-18h; f. 24 déc.- 4 jan.

CH. MAZAILS 1995★

| ■ | 20 ha | n.c. | 🍴 | 30 à 50 F |

Une vieille demeure dans une propriété située sur les buttes de graves dominant la Gironde. De son élevage en barrique, ce vin, habillé de pourpre à reflets rubis, a retiré de sympathiques arômes grillés qui se mêlent aux fruits et à des notes animales pour donner un bouquet d'une belle complexité. Soutenu par des tanins présents mais fondus, le palais révèle une bonne matière.
☛ Philippe Chacun, Ch. Mazails, 33340 Saint-Yzans-de-Médoc, tél. 05.56.09.00.62, fax 05.56.09.06.02 Ⓥ Ⓣ t.l.j. 10h-12h30 14h-18h; f. 25 déc.-5 janv.

MERRAIN ROUGE
Vieilli en fût de chêne 1995★

| ■ | 50 ha | 300 000 | | 30 à 50 F |

Un vin d'une belle tenue, notamment au palais où l'on sent une solide structure tannique et de la mâche. L'ensemble demande encore à être attendu. Notre jury a également retenu, mais sans étoile, une autre marque de Producta : **Médoc Sélect 95**.
☛ Producta SA, 21, cours Xavier-Arnozan, 33082 Bordeaux Cedex, tél. 05.57.81.18.18, fax 05.56.81.22.12 Ⓣ t.l.j. sf sam. dim. 9h-12h 14h-17h

CH. DU MONTHIL 1995★

| ■ Cru bourg. | 20 ha | 113 000 | 🍴🛏 | 50 à 70 F |

Belle unité appartenant aux domaines Codem, ce cru nous offre ici un vin qui ne déçoit jamais au cours de la dégustation. D'une belle présentation, d'un rouge profond, ce 95 développe un bouquet fin et délicat, assez complexe, avant de montrer par sa structure, très « médoc », qu'il pourra être attendu de quatre à six ans.
☛ Dom. Codem SA, Ch. du Monthil, 33340 Bégadan, tél. 05.56.73.26.56, fax 05.56.73.26.58 Ⓥ Ⓣ r.-v.

CH. DES MOULINS 1995★

| ■ Cru artisan | n.c. | n.c. | | 30 à 50 F |

Moulin à vent sur la hauteur, et à eau sur une rivière à truites en bas, ce cru mérite son nom. L'ambiance plaisante de l'environnement se retrouve dans ce 95 dont le bouquet marie heureusement les fruits mûrs aux notes grillées, tandis que le palais attaque sur des tanins bien mûrs

335   LE BORDELAIS

Le Médoc — Médoc

avant d'évoluer vers une finale qui devra s'arrondir.
✆ Charles Prévosteau, 33180 Vertheuil, tél. 05.56.41.98.07 ☑ ☒ r.-v.

CH. NOAILLAC 1995
■ Cru bourg. 27 ha 150 000 ⊞ 30 à 50 F
86 88 91 92 |93| |94| |95|

Vaste domaine situé à Jau, ce cru propose ici un vin léger pour le millésime mais plaisant par sa rondeur et ses arômes fruités.
✆ Ch. Noaillac, 33590 Jau-Dignac-et-Loirac, tél. 05.56.09.52.20, fax 05.56.09.58.75 ☑ ☒ t.l.j. sf sam. dim. 8h-12h 13h30-17h30
✆ Xavier Pagès

CH. PATACHE D'AUX 1995★
■ Cru bourg. 43 ha 300 000 ⊞ ♨ 50 à 70 F
82 83 **85** 86 88 **89** |90| 91 92 93 |94| 95

Toujours frappée de sa célèbre « patache » (diligence), cette étiquette annonce heureusement un vin, lui-même d'une belle présentation, avec une robe soutenue. Marquant son originalité par une note aromatique de fruits cuits légèrement vanillés et grillés, ce 95 développe une structure bien équilibrée avant de s'ouvrir sur une agréable finale. « Une extraction raisonnée, un vin élégant », note un dégustateur.
✆ SA Ch. Patache d'Aux, 1, rue du 19-Mars, 33340 Bégadan, tél. 05.56.41.50.18, fax 05.56.41.54.65 ☑ ☒ t.l.j. sf sam. dim. 9h-12h30 14h-17h

PAVILLON DE BELLEVUE 1995
■ 100 ha 100 000 ⊞ 50 à 70 F

Cuvée bois de la cave d'Ordonnac, ce vin est encore très marqué par l'élevage. L'ensemble reste équilibré. Attendre que les tanins se fondent.
✆ SCAV Pavillon de Bellevue, rte de Peyressan, 33340 Ordonnac, tél. 05.56.09.04.13, fax 05.56.09.03.29 ☑ ☒ r.-v.

CH. DU PERIER 1995★
■ Cru bourg. 7 ha n.c. ⊞ 50 à 70 F
|89| |90| 91 92 **93** 94 95

Repris en 1989 par la famille Saintout et jouissant d'un bon terroir de graves, ce cru en a tiré le meilleur profit du millésime avec un 95 qui développe une robe d'une bonne intensité, un bouquet délicat aux agréables notes truffées et fumées, et un palais équilibré bien enrobé avec d'un joli potentiel.
✆ Bruno Saintout, 33330 Saint-Christoly-Médoc, tél. 05.56.59.91.70, fax 05.56.59.46.13 ☒ r.-v.

CH. PONTEY 1995★★
■ Cru bourg. n.c. n.c. ⊞ 30 à 50 F

Bien qu'encore marqué par le bois, ce vin, du même producteur que Château Vieux Prézat, a tiré le meilleur profit du millésime par son bouquet, d'abord discret mais typé ensuite, et par son palais, marqué par l'élevage mais bien structuré. A découvrir sur un foie de veau.
✆ GFA du Ch. Pontey, 33240 Blaignan-Médoc, tél. 05.56.20.71.03, fax 05.56.20.11.30 ☑ ☒ r.-v.

CH. RAMAFORT 1995★
■ Cru bourg. 15,73 ha 115 000 ⊞ 50 à 70 F

Comme dans La Cardonne (5 % de cabernet franc) du même producteur, ce vin, associant à parts égales le merlot et le cabernet-sauvignon, est séduisant par son bouquet, très expressif et délicatement boisé. Soyeux, ample et charnu, le palais porte des tanins harmonieux. A servir dans cinq ans sur une poulette fermière chaperonnée d'écrevisses.
✆ SNC les Domaines C.G.R., 33340 Blaignan, tél. 05.56.73.31.51, fax 05.56.73.31.52 ☒ t.l.j. sf sam. dim. 9h-12h 13h30-17h; groupes sur r.-v.

CH. RICAUDET 1995★★
■ Cru bourg. n.c. 48 000 ■ ♨ 30 à 50 F

Issu d'une petite propriété et vinifié par la cave Saint-Jean de Bégadan, ce cru fait son entrée dans le Guide avec ce beau 95. Mettant en confiance par sa robe d'un pourpre profond, ce vin développe un bouquet intense et complexe, avec des parfums de fruits, de cuir et de vanille. Sa complexité se retrouve au palais où l'on découvre un ensemble parfaitement équilibré, bien typé médoc, doté d'un solide potentiel de garde.
✆ Cave Saint-Jean, 2, rte de Canissac, 33340 Bégadan, tél. 05.56.41.50.13, fax 05.56.41.50.78 ☑ ☒ t.l.j. sf dim. 8h30-12h30 14h-18h; sam. 8h30-12h
✆ Robert Couthures

CH. ROQUEGRAVE 1995
■ Cru bourg. 30 ha 210 000 ■ ♨ 30 à 50 F

Jeune c'est sûr. Mais les tanins sont assez fins pour bien évoluer. Le 95 se montre plaisant par son bouquet aux élégantes notes fleuries. A attendre deux ou trois ans.
✆ Joannon et Lleu, Ch. Roquegrave, 33340 Valeyrac, tél. 05.56.41.52.02, fax 05.56.41.50.53 ☑ ☒ t.l.j. sf sam. dim. 8h30-12h 14h-17h30; f. 23 déc.-2 jan.

CH. SAINT-AUBIN 1995★
■ Cru bourg. 10 ha 80 000 ■ ⊞ 30 à 50 F

A deux kilomètres du phare de Richard, on est déjà dans le Médoc maritime. A l'image de son producteur, ce vin est de bonne composition. Déjà agréable, avec au palais de plaisantes notes de fruits noirs et d'épices, il pourra aussi être attendu pendant deux ou trois ans.
✆ Fernandez de Castro, Ch. Saint-Aubin, 27, chem. de Dignac, 33590 Jau-Dignac-et-Loirac, tél. 05.56.58.31.27, fax 05.56.58.35.46 ☑ ☒ r.-v.

SAINT-BRICE 1995
■ 104,85 ha 119 293 ■ 30 à 50 F

Il est dommage que la charpente ne soit pas un peu plus forte, car ce vin est agréable par son équilibre. A essayer sur une viande blanche. Un peu moins ronde mais plus complexe sur le plan aromatique, la cuvée bois (**Grand Saint-Brice**) peut aussi être citée ici.
✆ Cave Saint-Brice, 33340 Saint-Yzans-de-Médoc, tél. 05.56.09.05.05, fax 05.56.09.01.92 ☑ ☒ t.l.j. sf dim. 8h-12h 14h-18h

Le Médoc / Médoc

CH. SAINT-CHRISTOPHE 1995**
■ Cru bourg.   n.c.   n.c.   50 à 70 F

Petit port sympathique, Saint-Christoly s'appela Saint-Christophe jusqu'en 1770. D'où le nom de ce vin où l'on retrouve la puissance tannique du 94, mais avec beaucoup plus de charme, grâce à une extraction parfaitement maîtrisée. Le résultat est un ensemble très bien constitué et d'une grande élégance, aux belles notes aromatiques fruitées et fumées. Voilà une bouteille qui méritera des mets de choix, aux saveurs complexes.

☛ Patrick Gillet, Ch. Saint-Christophe, 33340 Saint-Christoly-de-Médoc, tél. 05.56.41.57.22, fax 05.56.41.59.95 ✉ ⚑ t.l.j. sf sam. dim. 9h-13h 14h-18h

CH. SAINT-HILAIRE
Vieilli en fût de chêne 1995

■   17,65 ha   35 000   30 à 50 F

Baptême du feu pour ce cru, dont l'étiquette a vu le jour en 1995. Le résultat est encourageant : sans être athlétique, ce vin mérite d'être cité, tant pour l'élégance du bouquet que pour le côté soyeux de l'attaque ou pour sa présence tannique.

☛ Adrien et Fabienne Uijttewaal, 13, chem. de la Rivière, 33340 Queyrac, tél. 05.56.59.80.88, fax 05.56.59.80.88 ✉ ⚑ r.-v.

SAINT-JEAN 1995
■   10 ha   60 000   30 à 50 F

Marque de la principale cave coopérative de la presqu'île, ce vin est simple mais de qualité, avec de bons tanins et un bouquet aux notes de cassis et pruneau.

☛ Cave Saint-Jean, 2, rte de Canissac, 33340 Bégadan, tél. 05.56.41.50.13, fax 05.56.41.50.78 ✉ ⚑ t.l.j. sf dim. 8h30-12h30 14h-18h; sam. 8h30-12h

EXCELLENCE DE SEIGNOURET 1995
■   n.c.   20 000   30 à 50 F

Proposée par l'une des plus anciennes firmes indépendantes de Bordeaux, cette bouteille aux élégantes notes fruitées et aux tanins bien fondus accompagnera des maintenant des viandes blanches et des volailles.

☛ Seignouret Frères, 82, rue Mandron, 33000 Bordeaux, tél. 05.57.87.02.56, fax 05.57.87.28.21 ✉ ⚑ t.l.j. sf sam. dim. 8h30-12h 14h-17h30

CH. SIPIAN Elevé en fût de chêne 1995*
■ Cru bourg.   10 ha   55 000   50 à 70 F
|90| 91 |93| |94| |95|

Abandonnée pendant vingt ans, cette propriété a été reprise en 1978. Discret, presque secret, ce vin, élevé en fût, ne se livre pas immédiatement. Mais, pour qui sait le déchiffrer, il se révèle d'une réelle finesse, dans son expression aromatique comme par sa présence tannique.

☛ Vignobles Méhaye, SC ch. Sipian, 28, rte du Port-de-Goulée, 33340 Valeyrac, tél. 05.56.41.56.05, fax 05.56.41.35.36 ✉ ⚑ r.-v.

CH. TOUR HAUT-CAUSSAN 1995***
■ Cru bourg.   16 ha   110 000   50 à 70 F
82 83 85 86 |89| |90| 91 92 |93| 94 95

Comme à son habitude, ce cru nous offre une fort belle bouteille. S'annonçant par une robe sombre dont les reflets violacés indiquent la jeunesse, il se montre parfaitement équilibré dans son bouquet aux notes de musc et de fruits confits. Puis le palais, que porte une matière riche, bien proportionnée et extraite avec sagesse, a fait l'unanimité du jury sur le potentiel de garde de ce vin, à attendre de six à huit ans. Second vin, **La Landotte** n'a pas la finesse du grand vin, mais il est lui aussi de garde. Il est cité sans étoile par le jury.

☛ Philippe Courrian, 33340 Blaignan, tél. 05.56.09.00.77, fax 05.56.09.06.24 ✉ ⚑ r.-v.

TRADITION DES COLOMBIERS
Elevé en fût de chêne 1995

■   n.c.   25 000   30 à 50 F

Cuvée élevée en barrique, ce vin est plaisant par sa souplesse, sa rondeur et son élégance, qui mettent en valeur ses arômes fruités et épicés. Un peu plus végétale mais agréable elle aussi, la cuvée ordinaire **Les Vieux Colombiers**, a également été retenue par notre jury.

☛ Cave Les Vieux Colombiers, 23, rue des Colombiers, 33340 Prignac-en-Médoc, tél. 05.56.09.01.02, fax 05.56.09.03.67 ✉ ⚑ t.l.j. sf dim. 8h30-12h30 14h-18h

CH. TROUSSAS 1995
■ Cru bourg.   4 ha   22 000   30 à 50 F

Simple mais bien fait, ce vin développe de discrets parfums de confiture de fraises, avant de révéler des tanins qui s'expriment bien, même s'ils ne sont pas très volumineux.

☛ Producta SA, 21, cours Xavier-Arnozan, 33082 Bordeaux Cedex, tél. 05.57.81.18.18, fax 05.56.81.22.12 ⚑ t.l.j. sf sam. dim. 9h-12h 14h-17h
☛ Pierre Guy

CH. DE VERDUN 1995*
■ Cru bourg.   10 ha   30 000   30 à 50 F

Créé après la Première Guerre mondiale, et du même producteur que le château Sipian, ce vin joue lui aussi la carte de la finesse. Il commence dans la discrétion, mais sa charpente, solide et élégante, se révèle plus rapidement.

☛ Vignobles Méhaye, SC ch. Sipian, 28, rte du Port-de-Goulée, 33340 Valeyrac, tél. 05.56.41.56.05, fax 05.56.41.35.36 ✉ ⚑ r.-v.

VIEUX CHATEAU LANDON 1995*
■ Cru bourg.   30 ha   240 000   50 à 70 F
89 |90| 91 92 |93| |94| 95

Cette vieille propriété familiale a su rester fidèle à ses méthodes de travail, privilégiant la qualité. Celles-ci sont sensibles dans l'éclat de la robe de son 95 ; mais aussi dans son bouquet, aux notes assez particulières de mûre, de fruits et de bois, ainsi que dans l'équilibre du palais et l'harmonie de la finale.

☛ Philippe Gillet, 6, rte de Château-Landon, 33340 Bégadan, tél. 05.56.41.50.42, fax 05.56.41.57.10 ✉ ⚑ r.-v.

LE BORDELAIS

Le Médoc

CH. VIEUX GADET
Elevé en fût de chêne 1995★

■ 4,85 ha 6 600 ⊪ 80 à 50 F

Pour son premier millésime, Thierry Trento se distingue par la qualité de ce vin. Délicatement bouqueté, avec des notes de fruits rouges légèrement poivrés, ce 95 attaque franchement, avant de montrer par sa structure aux tanins bien constitués qu'il pourra être attendu quatre ou cinq ans.
🕿 Thierry Trento, 1, chem. des Chambres, 33340 Gaillan-Médoc, tél. 05.56.41.21.98, fax 05.56.41.21.98 ☑ ⊺ r.-v.

CH. VIEUX PREZAT 1995★★

■ n.c. n.c. ⊪ 30 à 50 F

Avec ce millésime ce cru fait un bond en avant. S'annonçant par une belle robe et un bouquet aux généreuses notes de fruits, d'épices et de vanille, ce 95 conserve sa complexité au palais, qui révèle un bon potentiel de garde. A attendre de six à huit ans.
🕿 Cheval Quancard, rue Barbère, 33440 Ambarès, tél. 05.56.33.80.60, fax 05.56.33.80.70 ⊺ r.-v.

CH. VIEUX ROBIN Bois de Lunier 1995★★

■ Cru bourg. 14,25 ha 54 000 ■ ⊪ ♨ 50 à 70 F
|81| |82| |83| **84** |85| |86| **87** |88| **89 90 91** 92 **93 94 95**

Créée il y a tout juste dix ans, en 1988, cette cuvée spéciale a fait la renommée de ce cru. Son 95 s'annonce très intéressant par son expression aromatique (fruits, épices et vanille), comme par sa puissance au palais. Vin plaisir, bien structuré, ample, encore dominé par le bois, il devrait s'arrondir avec une bonne garde, de six ou sept ans.
🕿 SCE Ch. Vieux Robin, 33340 Bégadan, tél. 05.56.41.50.64, fax 05.56.41.37.85 ☑ ⊺ t.l.j. sf dim. 9h-12h 15h-18h; sam. sur r.-v.
🕿 Maryse et Didier Roba

Haut-médoc

Proches quantitativement de l'appellation médoc, avec une production de 256 426 hl en 1997 sur 4 269 ha, les haut-médoc jouissent d'une réputation plus grande, due en partie à la présence de cinq crus classés dans leur région, les autres se trouvant tous dans les six appellations communales enclavées dans l'aire des haut-médoc.

En médoc, le classement des vins a été réalisé en 1855, soit près d'un siècle avant les autres régions. Cela s'explique par l'avance prise par la viticulture médocaine à partir du XVIIIe s. ; car c'est là que s'est en grande partie produit « l'avènement de la qualité », avec la découverte des notions de terroirs et de crus, c'est-à-dire la prise de conscience de l'existence d'une relation entre le milieu naturel et la qualité du vin. Les haut-médoc se caractérisent par de la générosité, mais sans excès de puissance. Avec une réelle finesse au nez, ils présentent généralement une bonne aptitude au vieillissement. Ils devront alors être bus chambrés et iront très bien avec des viandes blanches et des volailles ou du gibier à chair blanche. Mais bus plus jeunes et servis frais, ils pourront aussi accompagner d'autres plats, comme certains poissons.

CH. D'AGASSAC 1995★★

■ Cru bourg. 26,7 ha 120 000 ⊪ 50 à 70 F

Racheté par Groupama, ce cru, que commande une authentique maison noble, semble décidé à retrouver un niveau qualitatif qu'il n'aurait jamais dû perdre. Son 95 illustre cette résurrection par sa présentation (robe presque noire et bouquet aux élégantes notes de griotte et de raisin croquant) comme par sa belle structure, charnue et tannique, qui sera mise en valeur sur un poulet aux morilles.
🕿 Ch. d'Agassac, 15, rue du Château, 33290 Ludon-Médoc, tél. 05.57.88.15.47, fax 05.57.88.17.61 ☑ ⊺ r.-v.
🕿 Groupama

CH. D'ARCHE 1995★

■ Cru bourg. n.c. n.c. 70 à 100 F
|90| **91 92 93** 94 95

Régulier en qualité, ce cru ne déroge pas à sa tradition avec ce millésime. Sa couleur, un rouge profond, traduit sa jeunesse que confirment des tanins affichant fièrement leur origine médocaine. Bien charpenté, l'ensemble est souple, rond et délicatement fruité.
🕿 Mähler-Besse, 49, rue Camille-Godard, 33026 Bordeaux, tél. 05.56.56.04.30, fax 05.56.56.04.59 ☑ ⊺ r.-v.

CH. ARNAULD 1995★

■ Cru bourg. 27,32 ha 150 000 ⊪ 50 à 70 F
82 83 85 (86) |88| |89| **91 92 93 95**

Né d'un prieuré, ce domaine a une vieille tradition viticole et un bon savoir-faire, comme le montre ce joli vin dont on appréciera l'élégance, tant au palais, équilibré et harmonieux, que dans l'expression aromatique, aux discrètes notes grillées et épicées qui ne dominent pas le vin. Bravo !
🕿 SCEA Theil-Roggy, Ch. Arnauld, 33460 Arcins, tél. 05.57.88.50.34, fax 05.57.88.50.35 ☑ ⊺ t.l.j. sf dim. 9h-12h 14h-18h

CH. D'AURILHAC 1995

■ 5 ha 30 000 ⊪ 30 à 50 F

Certains amateurs trouveront que ce vin, un rien atypique, sacrifie un peu à la mode, avec un

Le Médoc

LE CLASSEMENT DE 1855 REVU EN 1973

PREMIERS CRUS
  Château Lafite-Rothschild (Pauillac)
  Château Latour (Pauillac)
  Château Margaux (Margaux)
  Château Mouton-Rothschild (Pauillac)
  Château Haut-Brion (Pessac-Léognan)

SECONDS CRUS
  Château Brane-Cantenac (Margaux)
  Château Cos-d'Estournel (Saint-Estèphe)
  Château Ducru-Beaucaillou (Saint-Julien)
  Château Durfort-Vivens (Margaux)
  Château Gruaud-Larose (Saint-Julien)
  Château Lascombes (Margaux)
  Château Léoville-Barton (Saint-Julien)
  Château Léoville-Las-Cases (Saint-Julien)
  Château Léoville-Poyferré (Saint-Julien)
  Château Montrose (Saint-Estèphe)
  Château Pichon-Longueville-Baron (Pauillac)
  Château Pichon-Longueville
    Comtesse-de-Lalande (Pauillac)
  Château Rauzan-Ségla (Margaux)
  Château Rauzan-Gassies (Margaux)

TROISIÈMES CRUS
  Château Boyd-Cantenac (Margaux)
  Château Cantenac-Brown (Margaux)
  Château Calon-Ségur (Saint-Estèphe)
  Château Desmirail (Margaux)
  Château Ferrière (Margaux)
  Château Giscours (Margaux)
  Château d'Issan (Margaux)
  Château Kirwan (Margaux)
  Château Lagrange (Saint-Julien)
  Château La Lagune (Haut-Médoc)

  Château Langoa (Saint-Julien)
  Château Malescot-Saint-Exupéry (Margaux)
  Château Marquis d'Alesme-Becker (Margaux)
  Château Palmer (Margaux)

QUATRIÈMES CRUS
  Château Beychevelle (Saint-Julien)
  Château Branaire-Ducru (Saint-Julien)
  Château Duhart-Milon-Rothschild (Pauillac)
  Château Lafon-Rochet (Saint-Estèphe)
  Château Marquis-de-Terme (Margaux)
  Château Pouget (Margaux)
  Château Prieuré-Lichine (Margaux)
  Château Saint-Pierre (Saint-Julien)
  Château Talbot (Saint-Julien)
  Château La Tour-Carnet (Haut-Médoc)

CINQUIÈMES CRUS
  Château d'Armailhac (Pauillac)
  Château Batailley (Pauillac)
  Château Belgrave (Haut-Médoc)
  Château Camensac (Haut-Médoc)
  Château Cantemerle (Haut-Médoc)
  Château Clerc-Milon (Pauillac)
  Château Cos-Labory (Saint-Estèphe)
  Château Croizet-Bages (Pauillac)
  Château Dauzac (Margaux)
  Château Grand-Puy-Ducasse (Pauillac)
  Château Grand-Puy-Lacoste (Pauillac)
  Château Haut-Bages-Libéral (Pauillac)
  Château Haut-Batailley (Pauillac)
  Château Lynch-Bages (Pauillac)
  Château Lynch-Moussas (Pauillac)
  Château Pédesclaux (Pauillac)
  Château Pontet-Canet (Pauillac)
  Château du Tertre (Margaux)

LES CRUS CLASSÉS DU SAUTERNAIS EN 1855

PREMIER CRU SUPÉRIEUR
  Château d'Yquem

PREMIERS CRUS
  Château Climens
  Château Coutet
  Château Guiraud
  Château Lafaurie-Peyraguey
  Château La Tour-Blanche
  Clos Haut-Peyraguey
  Château Rabaud-Promis
  Château Rayne-Vigneau
  Château Rieussec
  Château Sigalas-Rabaud
  Château Suduiraut

SECONDS CRUS
  Château d'Arche
  Château Broustet
  Château Caillou
  Château Doisy-Daëne
  Château Doisy-Dubroca
  Château Doisy-Védrines
  Château Filhot
  Château Lamothe (Despujols)
  Château Lamothe (Guignard)
  Château de Malle
  Château Myrat
  Château Nairac
  Château Romer
  Château Romer-Du-Hayot
  Château Suau

Le Médoc

Haut-médoc

bois très chauffé, mais cela lui vaudra aussi des partisans. La robe est à frange vive, belle. On peut attendre une meilleure expression du fruit. Celle-ci devrait voir le jour dans quatre à cinq ans.

🍇 Erik Nieuwaal, Ch. d'Aurilhac, 33180 Seurin-de-Cadourne, tél. 05.56.59.35.32, fax 05.56.59.35.32 ✓ ⊺ r.-v.

CH. BALAC Cuvée Prestige 1995

| ■ Cru bourg. | 5 ha | 100 000 | 🍷⊪↓ | 50 à 70 F |

82 83 85 86 88 89 |90| 91 92 |93| |94| |95|

Cuvée Prestige, ce vin porte discrètement la marque de l'élevage dans les notes de caramel du bouquet. Mais ses arômes de fruits (fraise) et sa structure, ronde et bien soutenue par les tanins, vont lui permettre de se fondre assez rapidement (dans deux ou trois ans).

🍇 Luc Touchais, Ch. Balac, 33112 Saint-Laurent-du-Médoc, tél. 05.56.59.41.76, fax 05.56.59.93.90 ✓ ⊺ t.l.j. 10h-13h 14h-18h

CH. BARATEAU 1995★

| ■ | 15 ha | 90 000 | ⊪ | 50 à 70 F |

85 86 |88| |89| |90| 91 92 |93| 94 95

Confirmant la régularité montrée par ce cru depuis quelques années, ce millésime est l'illustration même du haut médoc aimable : déjà expressif par son bouquet (raisins mûrs, caramel, cuir et animal), souple, charnu et porté par des tanins veloutés, il est vêtu d'une robe rubis foncé du plus bel éclat.

🍇 Sté Fermière Ch. Barateau, 33112 Saint-Laurent-du-Médoc, tél. 05.56.59.42.07, fax 05.56.59.49.91 ✓ ⊺ t.l.j. sf sam. dim. 9h-12h 14h-18h

🍇 Famille Leroy

CH. BEAUMONT 1995

| ■ Cru bourg. | 105 ha | 600 000 | ⊪ | 70 à 100 F |

86 |88| |89| |90| 93 |94| |95|

A l'égal de l'architecture du château, le bouquet joue la finesse et l'élégance. En revanche, après l'attaque, le palais mise sur sa structure tannique, puissante mais fondue, pour montrer que cette bouteille pourra être bue jeune ou attendue deux ou trois ans.

🍇 SCE Ch. Beaumont, 33460 Cussac-Fort-Médoc, tél. 05.56.58.92.29, fax 05.56.58.90.94 ✓ ⊺ r.-v.

CH. BEL AIR 1995★

| ■ Cru bourg. | 37 ha | 198 000 | ⊪ | 50 à 70 F |

82 83 85 86 |88| |89| 90 |92| |93| 95

Proposé par les vignobles Henri Martin, ce vin n'a rien de confidentiel. Et c'est tant mieux, car son bouquet bien typé (genièvre, poivron, rose, jacinthe, cacao) et sa matière sauront se montrer fort sympathiques sur des plats simples, une omelette par exemple - qui pourra même être truffée.

🍇 Domaines Martin, Ch. Gloria, 33250 Saint-Julien-Beychevelle, tél. 05.56.59.08.18, fax 05.56.59.16.18 ✓ ⊺ r.-v.

🍇 Françoise Triaud

CH. BELGRAVE 1995★

| ■ 5ème cru clas. | 54 ha | 245 000 | ⊪ | 100 à 150 F |

81 82 83 84 |85| 86 87 |88| |89| |90| |91| 92 93 94 95

Même si la forte présence du bois empêche ce millésime de se hisser au niveau habituel du cru, il n'en demeure pas moins très agréable par sa teinte foncée, son bouquet (torréfaction, pruneau et fruits à l'eau-de-vie). Sa matière riche mais masquée par le merrain invitera à l'attendre quatre ou cinq ans. Les amateurs de gibier le retiendront comme un bel exemple de vin de chasse, à servir sur une bécasse ou une palombe. Le second vin, le **Diane de Belgrave 95**, porté par une petite matière bien exploitée, a également été retenu mais sans étoile.

🍇 Groupe CVBG Dourthe-Kressmann, 35, rue de Bordeaux, 33290 Parempuyre, tél. 05.56.35.53.00, fax 05.56.35.53.29 ✓ ⊺ r.-v.

🍇 SC Ch. Belgrave

CH. BEL ORME
Tronquoy de Lalande 1995★

| ■ Cru bourg. | 28 ha | 150 000 | ⊪ | 70 à 100 F |

Concrétisant la remontée des crus de Jean-Michel Quié, ce vin est d'une belle tenue, tant par sa présentation, soutenue et dense, que par son bouquet, aux flatteuses notes de fruits rouges et de vanille, ou par sa structure, charpentée et tannique. Sa puissance lui permettra de bien vieillir et d'affronter des mets exigeants.

🍇 Jean-Michel Quié, Ch. Bel-Orme, 33180 Saint-Seurin-de-Cadourne, tél. 05.56.59.38.29, fax 05.56.59.72.83 ✓ ⊺ r.-v.

LES BRULIERES DE BEYCHEVELLE 1995

| ■ | 12,4 ha | 70 000 | ⊪ | 50 à 70 F |

Troisième vin du château Beychevelle, cru classé saint-julien, ce vin, bien qu'encore un peu austère dans sa structure tannique, n'est pas dépourvu d'élégance. Sa puissance, qu'annonce le côté mûr du bouquet, lui permettra d'évoluer.

🍇 SC Ch. Beychevelle, 33250 Saint-Julien-Beychevelle, tél. 05.56.73.20.70, fax 05.56.73.20.71 ✓ ⊺ r.-v.

CH. CAMENSAC 1995★★

| ■ 5ème cru clas. | 65 ha | 270 000 | ⊪ | +200 F |

84 |85| |86| 87 |88| 92 |94| (95)

Camensac existe depuis le XVIII[e]s. et occupe une croupe de graves profondes. La robe de ce 95 annonce sa jeunesse et sa typicité. Complexe et très bien équilibré, avec un soutien boisé sage-

Le Médoc Haut-médoc

ment dosé respectant le fruit, le bouquet est de la même veine, comme le palais, mariage réussi de la puissance et de l'harmonie, de la charpente et de la rondeur. Une belle bouteille de garde, qui méritera des viandes de choix. Le second vin, **La Closerie de Camensac 95**, reçoit une étoile : finesse d'un bouquet naissant, répartition harmonieuse là aussi des tanins et de la chair : une élégante bouteille à servir dans deux ans.

🔹 Ch. Camensac, rte de Saint-Julien, B.P. 9, 33112 Saint-Laurent-du-Médoc, tél. 05.56.59.41.69, fax 05.56.59.41.73 ☑ 🍷 r.-v.

CH. CANTEMERLE 1995*

■ 5ème cru clas. 66 ha 320 000 🍷 100 à 150 F
81 82 83 84 ⑻⑸ **86** 87 **88** ⑻⑼ |90| |91| |92| **93** |94| 95

Généralement très favorable, ce millésime ne semble cependant pas l'avoir été pleinement pour le Cantemerle, dont on ne retrouve pas la puissance habituelle. Toutefois, son joli bouquet, aux notes de toast et de fumée, et son agréable matière, que le bois fondu accompagne pudiquement, le rendront très aimable sur une viande blanche. Son second vin, le **Baron Villeneuve de Cantemerle 95**, est cité par le jury pour son excellente typicité et sa « vinosité sans artifice ».

🔹 SC Ch. Cantemerle, 1, chem. Guittot, 33460 Macau, tél. 05.57.97.02.82, fax 05.57.97.02.84 ☑ 🍷 r.-v.

CH. DU CARTILLON 1995

■ Cru bourg. 45 ha 300 000 🍷 50 à 70 F

Un vaste vignoble et un beau volume de production pour ce vin, un peu discret en début de dégustation, avec une robe vermillon et de fines notes aromatiques de menthol et de champignon, mais qui montre ensuite un corps bien charpenté, « lisse et plein ». Il pourra être plaisant dans deux à trois ans.

🔹 EARL Vignobles Robert Giraud, Ch. du Cartillon, 33460 Lamarque, tél. 05.57.43.01.44, fax 05.57.43.08.75 ☑

CH. CHARMAIL 1995*

■ Cru bourg. 22 ha 115 000 🍷 50 à 70 F
88 89 |90| **91 92** |93| **94** 95

Suivant une belle remontée qualitative depuis quelques années, ce vignoble, créé au XVIII°s., entoure un château construit au milieu du XIX°s. Ce 95 ne paraît pas avoir trouvé son expression définitive. Mais son joli nez, où le boisé laisse se place aux fruits noirs, et ses tanins qui percent rapidement montrent qu'il devrait bien vieillir et s'affirmer.

🔹 SCA Ch. Charmail, 33180 Saint-Seurin-de-Cadourne, tél. 05.56.59.70.63, fax 05.56.59.39.20 ☑ 🍷 t.l.j. sf. sam. dim. 9h-12h 14h-18h; f. 15 août-1er sept.
🔹 Seze

L'ERMITAGE DE CHASSE-SPLEEN 1995*

■ 12 ha 107 512 🍷 50 à 70 F

Petit frère haut-médoc du célèbre moulis, ce vin est de bonne origine comme le prouvent l'élégance de son bouquet naissant (cuir et fruits et noyau), la matière, l'équilibre et le caractère aromatique du palais.

🔹 Claire Villars-Lurton, Ch. Chasse-Spleen, 33480 Moulis, tél. 05.56.58.02.37, fax 05.56.57.88.84.40 🍷 r.-v.

CHEVALIERS DU ROI SOLEIL 1995

■ 6 ha 25 000 🍷 30 à 50 F

Marque de la coopérative cussacaise, ce vin est encore très austère et son bouquet fermé. Mais il pourrait évoluer favorablement. Sans doute un vin à revoir dans deux ou trois ans. L'étiquette de prestige de la cave, **Fort du Roy 95**, a également obtenu une citation.

🔹 SCA Les Viticulteurs du Fort-Médoc, 105, av. du Haut-Médoc, 33460 Cussac-Fort-Médoc, tél. 05.56.58.92.85, fax 05.56.58.92.86 ☑ 🍷 t.l.j. sf dim. 9h30-12h 14h-18h

CH. CITRAN 1995***

■ Cru bourg. 56 ha 361 246 🍷 70 à 100 F
87 |88| |89| ⑼⑩ |91| |92| |93| **94** ⑼⑸

Citran, qui avait réussi des merveilles dans les millésimes pourtant difficiles du début des années 90, ne pouvait laisser passer le 95. Et le résultat est là, avec un vin aussi bien constitué que présenté. Une belle couleur rouge, brillante et sans faille, et un bouquet complexe (fruits noirs, fleurs blanches) que sert un bois de qualité, mettent en confiance. Quant au palais, il réunit toutes les qualités que l'amateur est en droit d'attendre d'un très grand vin du Médoc : puissance, complexité, finesse et élégance. Le second vin, **Moulins de Citran 95** est remarquable. Il a fière allure et montre un grand potentiel par ses tanins soyeux et élégants (deux étoiles, 30 à 49 F).

🔹 Claire Villars, Ch. Citran, 33480 Avensan, tél. 05.56.58.21.01, fax 05.57.88.84.60 ☑ 🍷 r.-v.

CH. CLEMENT-PICHON 1995*

■ Cru bourg. 24,68 ha 142 000 🍷 70 à 100 F
85 86 88 |89| **90** |92| |93| 94 |95|

Commandé par un imposant château néo-renaissance, ce cru propose un vin lui aussi d'une bonne puissance, vêtu de grenat soutenu. Rond et généreux, il développe des arômes de toast et de torréfaction. Attendre quatre à cinq ans que le fruit s'exprime.

🔹 Ch. Clément-Pichon, 36, av. du Château-Pichon, 33290 Parempuyre, tél. 05.56.35.23.79, fax 05.56.35.85.23 ☑ 🍷 r.-v.
🔹 Clément Fayat

LE BORDELAIS

Le Médoc   Haut-médoc

CLOS DU JAUGUEYRON 1995*
■   0,4 ha   3 000   ◫ 50 à 70 F

Le clos du Jaugueyron est l'une de ces micropropriétés qui maintiennent la tradition médocaine des petits vignobles de vigneron. Rien d'étonnant à y découvrir un haut-médoc authentique, au bouquet concentré (fruits rouges et vanille) et au palais bien structuré. Une belle bouteille, à attendre environ quatre ans et qui pourra être débouchée sur des mets puissants.
☛ Michel Théron, 4, rue de la Haille, 33460 Arsac, tél. 05.56.58.89.43 ☑ ⊤ r.-v.

CH. COLOMBE PEYLANDE 1995*
■   4 ha   20 000   ▮ ◫ 30 à 50 F

Domaine des grands châteaux, le Médoc possède aussi de nombreuses petites propriétés familiales, dont celle-ci, qui propose avec ce 95 un vin authentique. Ses tanins, encore très jeunes, s'assagiront d'ici quatre à cinq ans plus, permettrant à cette bouteille, ample et grasse, d'exprimer pleinement ses qualités.
☛ Nicole Dedieu-Benoit, 23, av. de Peylande, 33460 Cussac-Fort-Médoc, tél. 05.56.58.93.08, fax 05.57.88.50.81 ☑ ⊤ t.l.j. 10h-12h 14h-18h

CH. CORCONNAC 1995*
■ Cru bourg.   7,5 ha   17 000   ◫ 30 à 50 F

Très intéressant, ce château nous offre ici un 95 bien dans la ligne du cru, avec une belle attaque, de la mâche, des tanins marqués et un bois toujours présent, qui nous fait l'attendre un peu pour l'ouvrir sur une grillade.
☛ Ch. Corconnac, 33112 Saint-Laurent-du-Médoc, tél. 05.56.59.93.04, fax 05.56.59.46.12 ☑ ⊤ r.-v.
☛ F. et Ph. Pairault

CH. COUFRAN 1995**
■ Cru bourg.   66 ha   500 000   ◫ 70 à 100 F
82 83 85 86 88 89 |90| 91 92 |93| 94 95

Très régulier en qualité, ce cru composé à 85 % de merlot - fait rare en Médoc - reste fidèle à lui-même avec ce très joli 95, sans artifice, laissant parler le terroir. Notre jury a souligné l'élégance de la robe, du bouquet aux notes empyreumatiques et boisées, de la structure. Bien équilibrée et soutenue par des tanins ronds, celle-ci donne un ensemble assez féminin, qui pourra être bu jeune, sur une volaille à la broche ou un pâté en croûte, tout en méritant une bonne garde.
☛ SCA Ch. Coufran, 33180 Saint-Seurin-de-Cadourne, tél. 05.56.59.31.02, fax 05.56.81.32.35 ☑ ⊤ r.-v.

CH. DILLON 1995
■   33,15 ha   250 000   ▮◫ 50 à 70 F
82 83 |85| ⑧⑥ 87 |88| |89| |90| 91 92 93 94 95

Célèbre pour sa salle des « nez » (21 sculptures dans des matériaux différents), ce cru nous offre ici un vin dont le bouquet demande un odorat bien exercé pour déceler tous ses parfums encore discrets, mais d'une bonne diversité - boisé léger, poivron cuit, etc. Rond, assez bien charpenté et s'ouvrant sur une finale à saveur de noyau, le palais se montre lui aussi fort convivial.

☛ Lycée Viticole de Blanquefort, Ch. Dillon, B.P. 113, 33290 Blanquefort, tél. 05.56.95.39.94, fax 05.56.95.36.75 ☑ ⊤ r.-v.

CH. FONTESTEAU 1995*
■ Cru bourg.   20 ha   100 000   ◫ 50 à 70 F

Du Guesclin aurait enterré, dit-on, un trésor sur ce domaine ; c'est cependant davantage sur la qualité de leurs vins que comptent ces producteurs pour assurer leur avenir. Le millésime ne peut que les rassurer. D'une couleur soutenue, il développe un bouquet aux belles notes de cèdre et de fruits rouges très mûrs (fraise), avant de se signaler au palais par une solide matière que complète un joli retour aromatique. Une bouteille à servir dans quatre à cinq ans sur une entrecôte, un filet de bœuf ou des tripes.
☛ EARL Ch. Fontesteau, 33250 Saint-Sauveur, tél. 05.56.59.52.76, fax 05.56.59.57.89 ☑ ⊤ r.-v.
☛ Fouin-Barron

CH. DE GIRONVILLE 1995
■ Cru bourg.   9 ha   60 000   ◫ 50 à 70 F

Même s'il n'a pas encore trouvé complètement son équilibre, ce vin se montre bien typé par l'élégance de ses tanins et par ses qualités aromatiques, que rehausse une petite note de bois.
☛ SC de La Gironville, 69, rte de Louens, 33460 Macau, tél. 05.57.88.19.79, fax 05.57.88.41.79 ⊤ r.-v.

CH. GRANDIS 1995*
■ Cru bourg.   9,23 ha   43 000   ◫ 50 à 70 F
|88| 89 90 |91| |92| |93| 95

Un nom néerlandais qui rappelle que des Hollandais vinrent jadis « poldériser » les marais médocains. Et un fort joli vin, dont l'œil appréciera la robe brillante et le palais la structure concentrée, ronde et vineuse, avec une belle mâche. Une bouteille à attendre deux ou trois ans, le temps que le bouquet s'ouvre pleinement.
☛ GFA du Ch. Grandis, 33180 Saint-Seurin-de-Cadourne, tél. 05.56.59.31.16, fax 05.56.59.39.85 ☑ ⊤ t.l.j. 9h30-12h30 15h-19h; sam. dim. sur r.-v.; f. 15 sept. au 15 oct.
☛ F. et J. Vergez

DOM. GRAND LAFONT 1995*
■ Cru artisan   4 ha   16 000   ◫ 50 à 70 F
82 85 86 |88| |89| |90| 91 93 94 95

Jouissant d'un beau terroir, ce cru en tire profit, comme le prouve sa régularité. Même s'il est encore marqué par le bois, son 95 montre qu'il possède un bon potentiel d'évolution. Celui-ci s'annonce par le bouquet fruité, l'attaque franche, et la structure fort intéressante.
☛ Lavanceau, Dom. Grand Lafont, 33290 Ludon-Médoc, tél. 05.57.88.44.31, fax 05.57.88.44.31 ☑ ⊤ r.-v.

CH. GRAND MERRAIN 1995
■   3,5 ha   20 000   ▮ ◫ 30 à 50 F

Petit cru vinifié par la cave de Cussac, ce vin est un peu sévère dans son expression aromatique (poivron, épices). Après une attaque moelleuse, les tanins s'affirment : la structure doit lui permettre de bien évoluer dans les deux ou trois ans à venir.

Le Médoc — Haut-médoc

SCA Les Viticulteurs du Fort-Médoc, 105, av. du Haut-Médoc, 33460 Cussac-Fort-Médoc, tél. 05.56.58.92.85, fax 05.56.58.92.86 ☑ ⏲ t.l.j. sf dim. 9h30-12h 14h-18h
Christian Brun

CH. GUITTOT-FELLONNEAU 1995

■ Cru artisan 3,8 ha 20 000 |30 à 70 F|

Ici pas de château mais une accueillante ferme-auberge. D'une belle couleur sombre, agréablement bouqueté (fruits), son 95 est lui aussi fort avenant, bien qu'au palais les tanins se montrent encore un peu sévères ; la charpente est solide. Cette pointe de rusticité s'estompera avec le temps.
Guy Constantin, Ch. Guittot-Fellonneau, 33460 Macau, tél. 05.57.88.47.81, fax 05.57.88.09.94 ☑ ⏲ r.-v.

CH. HANTEILLAN 1995

■ Cru bourg. 60 ha 400 000 |30 à 50 F|

Né sur l'une des principales propriétés de l'appellation, ce vin reste discret dans sa présentation, mais on perçoit des notes de fruits rouges au nez. Au palais, il s'affirme avec force avant de terminer sur une longue finale.
SA Ch. Hanteillan, 12, rte d'Hanteillan, 33250 Cissac, tél. 05.56.59.35.31, fax 05.56.59.31.51 ☑ ⏲ t.l.j. sf sam. dim. 9h-12h 14h-18h

CH. HAUT-BELLEVUE 1995

■ Cru artisan n.c. 32 000 |30 à 50 F|

Un vin au bouquet fruité discret mais élégant. Très imposante, sa structure tannique invite à le déguster dans trois à quatre ans, sur des volailles en sauce.
Alain Roses, EARL Haut-Bellevue, 10, chem. des Calinottes, 33460 Lamarque, tél. 05.56.58.91.64, fax 05.57.88.50.64 ☑ ⏲ r.-v.

CH. HAUT-BREGA
Vieilli en fût de chêne 1995

■ n.c. n.c. |50 à 70 F|

Simple et souple, ce vin sait se montrer attachant par sa rondeur et son élégance, avec un côté fruité (cerise) que complètent de discrètes notes de cacao et de bois.
Joseph Ambach, 16, rue des Frères-Razeau, 33180 Saint-Seurin-de-Cadourne, tél. 05.56.59.70.77, fax 05.56.59.62.50 ⏲ r.-v.

CH. HAUT-GOUAT 1995

■ Cru bourg. 4,5 ha 10 000 |30 à 70 F|

Né sur un petit vignoble de la commune de Verteuil, célèbre par son donjon et son abbaye, ce vin, d'une teinte profonde, est encore un peu rustique mais il possède une bonne matière.
Nicole Lepine, Ch. Haut-Gouat, 33180 Verteuil, tél. 05.56.41.97.98, fax 05.56.41.98.53 ☑ ⏲ r.-v.

CH. HAUT-LOGAT 1995*

■ Cru bourg. n.c. n.c. |30 à 50 F|
91 92 93 |94| 95

Fidèle à lui-même, ce cru, appartenant aux Quancard, nous offre un vin agréable, tant par sa belle robe soutenue que par son bouquet, aux délicates notes de cassis, de réglisse et de bois. Il se développe au palais avec des tanins nobles, chaleureux et onctueux.
Cheval Quancard, rue Barbère, 33440 Ambarès, tél. 05.56.33.80.60, fax 05.56.33.80.70 ⏲ r.-v.

CH. HENNEBELLE 1995

■ 10,5 ha 60 000 |30 à 50 F|

La pourpre cardinalice habille ce vin aux tanins généreux. Le bois domine le bouquet marqué par ailleurs de nuances de poivre et de cuir. Il faut attendre que le vin s'installe.
Pierre Bonastre, 21, rte de Pauillac, 33460 Lamarque, tél. 05.56.58.94.07, fax 05.57.88.51.13 ☑ ⏲ r.-v.

KRESSMANN Grande Réserve 1995*

■ n.c. n.c. |30 à 50 F|

Signé par l'une des plus prestigieuses maisons de négoce de Bordeaux, ce vin ne ternira pas sa renommée. De bout en bout, il développe un caractère très féminin, d'abord avec les notes de fleurs (jacinthe) et de confiture de fraises du bouquet, puis avec une structure équilibrée et délicate, où même les tanins, très veloutés, contribuent à l'harmonie de l'ensemble.
Kressmann, 35, rue de Bordeaux, 33290 Parempuyre, tél. 05.56.35.53.00, fax 05.56.35.53.29 ☑ ⏲ r.-v.

CH. LACOUR JACQUET 1995*

■ 5,15 ha 26 000 |30 à 50 F|
89 |90| 91 |92| 93 94 95

Eric et Régis Lartigue ont pris en main l'exploitation familiale en 1989. Ils élèvent leurs vins en barriques renouvelées par quart. Leur 95, dans une belle robe grenat soutenu, montre un nez très frais de fruits noirs, d'épices, avec un soupçon de réglisse. Après une attaque veloutée, les tanins s'affirment. Deux à trois ans de garde les disciplineront.
GAEC Lartigue, 70, av. du Haut-Médoc, 33460 Cussac-Fort-Médoc, tél. 05.56.58.91.55, fax 05.56.58.94.82 ☑ ⏲ r.-v.

CH. LA FON DU BERGER 1995*

■ cru artisan 10 ha 60 000 |50 à 70 F|

Comme le 94, ce vin ne s'inscrit pas dans la tradition du cru qui offrait jusque-là des vins souples et simples. Ici, on sent, au contraire, une belle structure, très médoc par sa présence tannique, qui invitera à garder cette jolie bouteille trois ou quatre ans.
Gérard Bougès, Le Fournas, 33250 Saint-Sauveur, tél. 05.56.59.51.43, fax 05.56.73.90.61 ☑ ⏲ t.l.j. 9h-12h 14h-18h

CH. LA LAGUNE 1995**

■ 3ème cru clas. n.c. n.c. |100 à 150 F|
75 78 |81| |82| |83| |85| |86| 87 88 ⑧⑨ 90 |91| |92| 93 94 95

Il n'est plus besoin de présenter ce cru créé en 1830 qui est devenu une institution et dont les millésimes sont tous remarquables. On sent dans celui-ci une recherche de richesse et d'harmonie dans les tanins, bien présents mais soyeux, que dans le bouquet, puissant et complexe, qui

343 LE BORDELAIS

Le Médoc / Haut-médoc

s'ouvre sur des notes épicées. Un beau 95, à garder cinq ou sept ans, avant de l'ouvrir sur des mets de choix : cèpes ou tournedos Rossini.
- Ch. La Lagune, 81, av. de l'Europe, 33290 Ludon-Médoc, tél. 05.57.88.82.77, fax 05.57.88.82.70 r.-v.
- Jean-Michel Ducellier

CH. DE LAMARQUE 1995*

■ Cru bourg.	43 ha	200 000	70 à 100 F

83 86 |88| |89| |90| **91** 92 |93| |94| 95

Un authentique château fort, mais aussi un vrai château du vin où le vignoble prime. On n'en doutera pas en découvrant la belle couleur de ce 95, son bouquet naissant aux notes de petits fruits et de menthol, et son palais souple, rond et velouté, qui peut s'appuyer sur de solides tanins. « Il a tout pour plaire », note un juré.
- Gromand d'Evry, Ch. de Lamarque, 33460 Lamarque, tél. 05.56.58.90.03, fax 05.56.58.93.43 r.-v.

CH. LAMOTHE BERGERON 1995*

■ Cru bourg.	66,04 ha	295 500	70 à 100 F

82 83 85 **86** 87 88 |89| |90| |91| |92| |93| **94** 95

Situé sur la « mothe » de Cussac composée de graves garonnaises, ce cru est vendu par la maison de négoce Mestrezat. S'il ne possède pas le caractère imposant du 94, remarquable coup de cœur de l'an dernier, ce vin montre qu'il ne manque pas de personnalité. Par son bouquet, intense et concentré (fruit et pain grillé), comme par son palais, dont les tanins sont de bonne facture mais demandent à s'arrondir.
- SC du Ch. Grand-Puy Ducasse, 17, cours de la Martinique, B.P. 90, 33027 Bordeaux Cedex, tél. 05.56.01.30.10, fax 05.56.79.23.57

CH. LAMOTHE-CISSAC 1995**

■ Cru bourg.	33 ha	200 000	50 à 70 F

85 86 89 90 **91 94 95**

Un terroir diversifié (60 % d'argilo-calcaires, 40 % de graves), comme l'encépagement (avec du cabernet franc et du petit verdot), une vendange et des vinifications soignées, on n'est pas étonné de voir ici un vin à la couleur opulente et jeune (reflets violines), au nez aguicheur (tabac blond, épices, pain grillé sur fond fruité), au corps rond, bien équilibré, avec des tanins veloutés mais encore un peu fermes en finale. Il s'épanouira pleinement d'ici quatre à cinq ans.
- SC Ch. Lamothe, B.P. 3, 33250 Cissac-Médoc, tél. 05.56.59.58.16, fax 05.56.59.57.97 r.-v.
- Famille Fabre

CH. LANESSAN 1995*

■ Cru bourg.	40 ha	200 000	100 à 150 F

86 |88| |90| **91** |92| |93| 94 95

Conçu dans l'esprit des médocs de garde traditionnels, le Lanessan est long à évoluer dans sa jeunesse. On le sent à sa richesse et à l'élégance de son bouquet de fruits rouges, qui demande à s'ouvrir. Une bouteille à laisser en cave pendant encore au moins cinq ans. Plus simple mais également de bonne facture, le **Château Sainte-Gemme** a été cité.

- SCEA Delbos-Bouteiller, 33460 Cussac-Fort-Médoc, tél. 05.56.58.94.80, fax 05.56.58.93.10 r.-v.

CH. LA PEYRE 1995

■ cru artisan	1,5 ha	10 000	30 à 50 F

Du même producteur que le saint-estèphe homonyme, ce haut-médoc est un vin de caractère, doté d'une bonne structure qui permettra aux tanins de s'arrondir.
- EARL Vignobles Rabiller, Leyssac, 33180 Saint-Estèphe, tél. 05.56.59.32.51, fax 05.56.59.70.09 t.l.j. 10h-12h 15h-19h; dim. sur r.-v.

CH. LAROSE-TRINTAUDON 1995

■ Cru bourg.	172 ha	1 076 000	50 à 70 F

81 82 83 85 |86| 87 |88| |90| **91** |92| **93 94** 95

Propriété des AGF depuis 1986, Larose-Trintaudon est l'un des plus vastes châteaux de l'appellation. L'encépagement est classique. (60 % de cabernet-sauvignon, 35 % de merlot et 5 % de cabernet franc). Les vignes sont implantées sur une belle nappe de graves. Le 95 est paré d'une robe grenat (d'almandine, note un dégustateur). Le nez discret est marqué par le boisé, tout comme la bouche qui a besoin de se fondre. Ce millésime a suffisamment de matière et de puissance pour donner une bonne bouteille dans quatre à cinq ans.
- SA Ch. Larose-Trintaudon, rte de Pauillac, 33112 Saint-Laurent-du-Médoc, tél. 05.56.59.41.72, fax 05.56.59.93.22 r.-v.
- A.G.F.

CH. DE LAUGA 1995*

■ cru artisan	4 ha	20 000	30 à 50 F

Poursuivant sa montée qualitative, ce petit cru nous offre ici un très joli vin. D'une belle présentation et bien bouqueté (fruits et sous-bois), ce 95 développe un palais d'une bonne longueur que soutiennent des tanins agréables. Le tout invitera soit à le garder quelque temps, soit à le boire jeune, sur des viandes en sauce.
- Christian Brun, 4, rue des Caperans, 33460 Cussac-Fort-Médoc, tél. 05.56.58.92.83, fax 05.56.58.92.83 t.l.j. 9h-19h

LE GRAND PAROISSIEN
Vieilli en fût de chêne 1995*

■	20 ha	12 000	30 à 50 F

Marque haut de gamme de la cave de Saint-Seurin, élevé en fût de chêne, ce vin sera un bon ambassadeur pour la coopérative. Une robe pourpre, un beau bouquet, bien relevé le bois, une attaque équilibrée, des tanins permettant la garde, tout contribuera à le servir sur de jolis plats. Pourquoi pas une lamproie ?
- Cave Coop. de Saint-Seurin-de-Cadourne, 33180 Saint-Seurin-de-Cadourne, tél. 05.56.59.31.28, fax 05.56.59.39.01 t.l.j. sf dim. 8h30-12h30 14h-18h

CH. LEMOINE-LAFON-ROCHET 1995

■ Cru bourg.	8 ha	50 000	50 à 70 F

Se présentant dans une robe légère, ce vin est bien fait, avec un joli bouquet (fruits rouges mûrs, cassis et bois) et une structure aimable.

Le Médoc

Haut-médoc

☛ Sabourin Frères, Le Bourg, 33390 Cars, tél. 05.57.42.15.27, fax 05.57.42.05.47 ☑ ☥ r.-v.

CH. LE SOULEY-SAINTE CROIX
1995★★

■ Cru bourg. 21,72 ha 120 000 ▮🍶♦ 50à70F

Issu d'une importante unité, ce vin n'a rien de confidentiel. Personne ne le regrettera, en découvrant sa jeunesse, qui apparaît dans la robe, d'une jolie couleur violette, et dans le bouquet où les arômes primaires s'associent aux apports du bois. Plein, riche et soutenu par une belle matière tannique, le palais confirme cette impression et se porte garant de l'avenir de cette bouteille de qualité, à ne pas ouvrir avant cinq ans.
☛ Jean-Marie José Riffaud, Ch. Le Souley-Sainte-Croix, 33180 Verteuil, tél. 05.56.41.98.54, fax 05.56.41.95.36 ☑ ☥ t.l.j. sf dim. 9h-12h 14h-18h

CH. LESQUIREAU-DESSE 1995★★

■ 3,5 ha 10 000 ▮🍶 30à50F

Né à Verteuil, comme le rappelle son étiquette ornée d'une abbatiale romane, ce vin est un peu confidentiel par son volume de production, mais fort intéressant par sa constitution. Frais et jeune dans son expression aromatique, il révèle au palais des tanins de bonne origine, que soutient un bois judicieusement dosé. Au total, un ensemble bien typé à attendre cinq à six ans.
☛ Ch. Lesquireau-Desse, 33180 Verteuil, tél. 05.56.41.98.03, fax 05.56.41.99.38 ☑ ☥ r.-v.
☛ Lasserre

CH. LIEUJEAN 1995★

■ Cru bourg. n.c. 200 000 ▮🍶♦ 50à70F

Une belle unité et une production n'ayant rien de confidentiel pour ce vin, qui revient à son niveau de la fin des années 80. Très réussi, il frôle les deux étoiles ; ce 95 est un haut-médoc très classique par la richesse et la complexité de son bouquet, comme par l'étoffe et l'équilibre de son palais.
☛ SARL Ch. Lieujean, B.P. 32, 33250 Saint-Sauveur-Médoc, tél. 05.56.59.57.23, fax 05.56.59.50.81 ☑ ☥ r.-v.

CH. LIVERSAN 1995

■ Cru bourg. 40 ha 160 000 ▮🍶 50à70F

Depuis décembre 1995, Liversan, qui appartint aux princes de Polignac, est dans le giron du Château Patache d'Aux. C'est donc le premier millésime élevé par la nouvelle équipe. Même si ses tanins sont encore un peu rebelles, ce vin montre qu'il est de noble origine par la finesse de son bouquet, où les fruits rouges s'allient à la vanille, et par le plaisant équilibre de son développement au palais.
☛ SCEA Ch. Liversan, rte de Fonpiqueyre, 33250 Saint-Sauveur, tél. 05.56.41.50.18, fax 05.56.41.54.65 ☑ ☥ r.-v.

CH. MAGNOL 1995★

■ Cru bourg. 16,5 ha 105 000 🍶 100à150F

L'un des crus médocains les plus proches de Bordeaux. S'annonçant par une belle robe sombre, son 95 est encore un peu discret dans son bouquet, mais le palais montre qu'il aura le temps de s'ouvrir. Une bonne matière, des tanins soyeux et une finale généreuse sur des notes de noyau s'en portent garants.
☛ Barton et Guestier, Ch. Magnol, B.P. 30, 33290 Blanquefort Cedex, tél. 05.56.95.48.00, fax 05.56.95.48.01

CH. MALESCASSE 1995

■ Cru bourg. 37 ha 180 000 🍶 70à100F
82 83 84 87 |88| |89| |90| |91| 92 |93| 94 95

Si le château est souvent choisi comme exemple de propriété viticole girondine, son 95 est moins typé. Toutefois, on appréciera son amabilité, qui s'exprime notamment par un joli bouquet (café, fruit et menthol). Il faudra attendre que la bouche se fasse car elle est aujourd'hui dominée par le bois. Souple et rond, son second vin, **La Closerie de Malescasse 95**, a aussi obtenu une citation.
☛ Ch. Malescasse, 6, rte du Moulin-Rose, 33460 Lamarque, tél. 05.56.73.15.20, fax 05.56.59.64.72 ☑ ☥ r.-v.
☛ Alcatel Alsthom

CH. DE MALLERET 1995★★

■ Cru bourg. 32 ha 130 000 ▮🍶♦ 50à70F
86 87 **88 89** ⓐ 91 92 |94| 95

Confirmant, en l'amplifiant, l'impression laissée par le 94, ce superbe millésime montre que ce domaine a pleinement retrouvé sa forme. Encore marqué par le bois, le bouquet naissant s'annonce prometteur ; tout comme le palais, où l'on sent un très bon équilibre entre les tanins du raisin et ceux du bois. De grande qualité, l'ensemble est parfaitement typé et de très belle facture. On n'hésitera pas à l'attendre de cinq à dix ans et à le servir sur des mets exigeants (gibier, côtelette d'agneau). A noter que le second vin, le **Château Barthez**, a obtenu une étoile, avec un 95 classique et harmonieux, qui pourra lui aussi affronter une bonne garde.
☛ SCEA Ch. de Malleret, A. de Luze, Groupe GVB, Dom. du Ribet, 33450 Saint-Loubès, tél. 05.57.97.07.20, fax 05.57.97.07.27 ☥ t.l.j. sf sam. dim. 9h-12h 14h-17h

CH. MAUCAILLOU-FELLETIN 1995★

■ Cru bourg. 6,64 ha 54 000 🍶 50à70F

Signé par l'équipe de Maucaillou (Moulis, dont le musée de la Vigne reçoit vingt-cinq mille visiteurs chaque année), ce vin est porté par une structure qui n'a pas encore complètement assimilé le bois ; elle pourra le faire avec bonheur

LE BORDELAIS

Le Médoc / Haut-médoc

car elle possède une solide charpente et un beau bouquet (épices sur touche de porto et fond fruité).
• Magali Dourthe, 33480 Moulis-en-Médoc, tél. 05.56.58.01.23, fax 05.56.58.00.88 ✉ ⚑ t.l.j. 10h-12h30 14h-19h

CH. MAUCAMPS 1995*

■ Cru bourg.   17 ha   120 000   ⓘ 70 à 100 F
82 83 85 (86) 87 |88| |89| 90 |91| |92| 93 94 95

Ce vin ne semble pas avoir trouvé son expression définitive, s'il n'atteint pas au même niveau que les millésimes précédents, il paraît pouvoir évoluer favorablement au cours d'une petite garde. Les châteaux **Dasvin Bel Air** et **Clos de May 95**, issus du même domaine, ont été retenus sans étoile.
• SARL Ch. Maucamps, B.P. 11, 33460 Macau, tél. 05.57.88.07.64, fax 05.57.88.07.00 ✉ ⚑ t.l.j. sf sam. dim. 9h-12h 14h-18h

CH. MEYRE Cuvée Colette 1995

■ Cru bourg.   n.c.   11 900   ⓘ 50 à 70 F
88 |89| |90| |91| 93 94 95

Cuvée spéciale, ce vin à la robe grenat orné de violine a du corps bien charpenté, pouvant s'appuyer sur des tanins un peu carrés, qui ont besoin de s'assouplir.
• SARL Vignobles Colette Lenôtre, 16, rte de Castelnau, 33480 Avensan, tél. 05.56.58.10.77, fax 05.56.58.13.20 ✉ ⚑ t.l.j. sf sam. dim. 9h-12h 14h-18h

CH. MICALET Elevé en fût de chêne 1995*

■ Cru artisan   4 ha   30 000   ⓘ 30 à 50 F
82 83 85 86 |88| |89| 90 91 |92| 93 94 95

Un simple cru artisan mais très régulier en qualité, comme le montre ce joli 95. Agréable à l'œil dans sa robe rouge cerise, il l'est aussi au nez avec des notes de fruits rouges, accompagnées de touches boisées. Bien structuré, le palais laisse le souvenir d'un ensemble aux tanins veloutés. Ce vin demande un peu de temps pour se développer et accompagner les viandes blanches en sauce.
• Denis Fédieu, 10, rue Jeanne-d'Arc, 33460 Cussac-Fort-Médoc, tél. 05.56.58.95.48, fax 05.56.58.96.85 ✉ ⚑ t.l.j. sf dim. 9h-13h 15h-19h; groupes sur r.-v.

CH. MOULIN DE BLANCHON 1995**

■   5 ha   30 000   ⓘ 30 à 50 F

Confirmant la belle réussite du 94, ce millésime sait se montrer riche et généreux, mais sans esbroufe. D'un beau rubis à reflets vermillon, bien bouqueté (fruits, confiture et vanille), rond, souple et porté par des tanins dénués d'agressivité, il pourra être bu immédiatement ou après une petite garde, sur de jolis mets, comme une pintade aux girolles, voire aux cèpes.
• Henri Negrier, Ch. Moulin de Blanchon, 33180 Saint-Seurin-de-Cadourne, tél. 05.56.59.38.66, fax 05.56.59.32.31 ✉ ⚑ t.l.j. 8h30-12h30 14h-20h

CH. DU MOULIN ROUGE 1995

■ Cru bourg.   15 ha   90 000   ⓘ⚑ 50 à 70 F
88 |89| |90| 91 92 93 94 95

Si les tanins de ce 95 restent un peu austères, cette rusticité devrait s'estomper pour laisser la place à un ensemble rond et chaleureux.
• Pelon-Ribeiro, 18, rue de Costes, 33460 Cussac-Fort-Médoc, tél. 05.56.59.91.13, fax 05.56.59.93.68 ✉ ⚑ t.l.j. 9h-12h 14h-18h

CH. MURET 1995*

■ Cru bourg.   n.c.   70 000   ⓘ 30 à 50 F
91 93 94 95

Entré dans le Guide voilà quatre ans, ce cru a maintenant trouvé son rythme de croisière. Discrètement et joliment bouqueté, avec des notes de fruits mûrs et de truffe, son 95 attaque sans peur avant de révéler son caractère flatteur et équilibré. Une jolie bouteille à attendre trois ou quatre ans.
• SCA de Muret, 2, rte de Muret, 33180 Saint-Seurin-de-Cadourne, tél. 05.56.59.38.11, fax 05.56.59.37.03 ✉ ⚑ t.l.j. sf sam. dim. 9h-12h 14h-17h
• Boufflerd

CH. PALOUMEY 1995

■ Cru bourg.   18,5 ha   67 000   ⓘ 70 à 100 F

En dépit d'une petite note d'astringence, ce vin, issu d'une propriété reconstituée récemment, se montre intéressant par son équilibre général et son bouquet aux traces de gibier et de fruits noirs. Il faudra attendre deux ou trois ans que les tanins se fondent.
• Ch. Paloumey, 50, rue Pouge-de-Beau, 33290 Ludon-Médoc, tél. 05.57.88.00.66, fax 05.57.88.00.67 ✉ ⚑ r.-v.

CH. PONTOISE-CABARRUS 1995

■ Cru bourg.   23 ha   170 000   ⓘ⚑ 50 à 70 F
75 76 81 82 83 85 (86) |88| 89 90 |92| |93| 94 95

Ses tanins demandant à s'assouplir, ce vin est encore difficile à goûter. Toutefois, il semble bien armé pour évoluer favorablement, avec une belle structure et un bouquet discret mais agréable.
• François Tereygeol, SCIA du Haut-Médoc, Ch. Pontoise-Cabarrus, 33180 Saint-Seurin-de-Cadourne, tél. 05.56.59.34.92, fax 05.56.59.72.42 ✉ ⚑ r.-v.

CH. PUY CASTERA 1995

■ Cru bourg.   25 ha   150 000   ⓘ 50 à 70 F

Encore un peu austère mais bien fait, ce vin saura retenir l'attention par la finesse de son bouquet, où l'on notera de jolies notes épicées et truffées.
• SCE Puy Castera, 33250 Cissac, tél. 05.56.59.58.80, fax 05.56.59.54.57 ✉ ⚑ r.-v.

CH. RAMAGE LA BATISSE 1995*

■ Cru bourg.   33,46 ha   267 716   ⓘ⚑ 70 à 100 F
85 86 87 |88| |89| 90 |91| |92| 94 95

Issu d'une belle unité, ce vin n'a pas le côté soyeux et enrobé de certains millésimes antérieurs. Il affiche sa puissance tannique et la présence d'un élevage en barrique qui ne laisse pas

Le Médoc

encore le vin s'exprimer. A attendre trois ou quatre ans.
🍇 SCI Ramage La Batisse, Tourteran, 33250 Saint-Sauveur-du-Médoc, tél. 05.56.59.57.24, fax 05.56.59.54.14 ☒ ⏳ r.-v.
🍇 MACIF

CH. DU RAUX 1995*

■ Cru bourg.   15 ha   60 000   🍾 30 à 50 F
|88| 90 |91| 94 95

Bien situé, à Cussac, commune riche en terroirs de qualité, ce cru en a tiré profit une fois encore avec ce millésime. Bien réussi, ce 95 développe un bouquet puissant avant de révéler toute son harmonie au palais, où l'on découvre un bel ensemble, à attendre deux ou trois ans.
🍇 SCI du Raux, 33460 Cussac-Fort-Médoc, tél. 05.56.58.91.07, fax 05.56.58.91.07 ☒ ⏳ r.-v.

CH. DU RETOUT 1995*

■ Cru bourg.   28,61 ha   n.c.   🍾 50 à 70 F

Avec le 95, ce cru, dont les vignes atteignent un âge respectable (un demi-siècle), a bien choisi son millésime pour entrer dans le Guide : une robe sombre et intense, un bouquet dense (fruits et sous-bois) et une bonne matière donnent un ensemble solide, bien travaillé. Attendre ce beau vin quatre ou cinq ans. Son élégance ravira alors.
🍇 Gérard Kopp, Ch. Le Retout, 33460 Cussac-Fort-Médoc, tél. 05.56.58.91.08 ⏳ r.-v.

CH. SAINT-PAUL 1995**

■ Cru bourg.   20 ha   130 000   🍾 30 à 50 F

Un grand bond en avant pour ce cru avec ce millésime. Il est vrai qu'il jouit d'un beau terroir, faisant face à Saint-Estèphe. Il sera difficile de rester insensible aux charmes de ce 95. Qu'il s'agisse de sa robe, intense et colorée, du bouquet, puissant et heureusement souligné par le bois (vanille et torréfaction), et de sa bonne structure, en parfait accord avec l'expression aromatique du palais. Cette bouteille méritera un long séjour en cave et se mariera parfaitement avec un aloyau ou de grands fromages.
🍇 SC du Ch. Saint-Paul, 33180 Saint-Seurin-de-Cadourne, tél. 05.56.59.34.72, fax 05.56.02.42.92 ☒ ⏳ r.-v.

CH. SEGUR Elevé en fût de chêne 1995**

■ Cru bourg.   n.c.   95 000   🍾 50 à 70 F

Créé par les Ségur au XVIIᵉˢ., ce cru était alors situé sur un îlot, l'île d'Arès, en plein milieu de la Garonne. Les graves garonnaises sont toujours là, qui se montre habile de la qualité de son 95. D'un joli grenat foncé, ce 95 développe un bouquet complexe (bulbe de jacinthe, cendres et fruits), et un palais gras, ample et élégant. Un ensemble d'une belle tenue, que son côté friand invitera à servir sur une entrecôte.
🍇 SCA Ch. Ségur, 33290 Parempuyre, tél. 05.56.35.28.25, fax 05.56.35.82.32 ☒ ⏳ t.l.j. sf sam. dim. 9h-12h 13h30-17h30

CH. SENEJAC 1995

■ Cru bourg.   25 ha   72 300   🍾 70 à 100 F
89 |90| 91 93 |94| 95

La robe est brillante et nette ; le nez se montre assez boisé, légèrement mentholé, sur fond de

Haut-médoc

fruits rouges. Souple et charnu à l'attaque, le palais évolue sur des tanins présents. A servir sur un rôti de porc aux girolles dans quatre ou cinq ans.
🍇 Charles de Guigné, Ch. Sénéjac, 33290 Le Pian-Médoc, tél. 05.56.70.20.11, fax 05.56.70.23.91 ☒ ⏳ r.-v.

CH. SOCIANDO-MALLET 1995***

■   48 ha   252 500   🍾 + 200 F
70 73 |75| 76 78 80 81 (82) 83 84 |85| 86 87 88 89 90 |91| 92 93 94 (95)

Parfaite illustration des qualités de la commune de Saint-Seurin-de-Cadourne, ce cru reste fidèle à lui-même avec ce 95. Médocain sans réserve dans sa belle robe sang de bœuf, il développe un superbe bouquet, chaleureux et complexe (vanille, cannelle et réglisse). Son ampleur se retrouve au palais, où apparaissent un corps gras, des tanins ronds et des saveurs de mûre et de pruneau. Puissante et équilibrée, cette bouteille a tout pour figurer en bonne place sur le livre de cave. Mais il faudra la chercher chez les cavistes car elle est épuisée à la propriété.
🍇 SCEA Jean Gautreau, Ch. Sociando-Mallet, 33180 Saint-Seurin-de-Cadourne, tél. 05.56.73.38.80, fax 05.56.73.38.88 ⏳ t.l.j. sf dim. 8h-12h30 14h-17h30; sam. sur r.-v.

CH. SOUDARS 1995*

■ Cru bourg.   22 ha   170 000   🍾 70 à 100 F
82 83 85 86 |89| |90| 91 92 |93| 94 95

Du même producteur que les Verdignan et Coufran, ce cru constitue lui aussi une valeur sûre de l'appellation. Témoin, ce joli 95 à l'élégant bouquet que rehausse une note de bois bien dosée, et au palais harmonieux, que ses tanins mûrs inviteront à boire dans cinq ans sur des mets distingués (poularde aux morilles par exemple).
🍇 SA Vignobles E.-F. Miailhe, 33180 Saint-Seurin-de-Cadourne, tél. 05.56.59.31.02, fax 05.56.59.72.39 ☒ ⏳ r.-v.

CH. TOUR DU HAUT-MOULIN 1995*

■ Cru bourg.   30 ha   200 000   🍾 70 à 100 F
78 79 81 |82| (83) 84 85 |86| 87 88 |89| |90| |91| |92| 93 94 95

Vieil habitué du Guide Hachette, toujours présent depuis la première édition, ce cru nous offre une fois encore un joli vin, avec une belle robe bordeaux, un délicat bouquet de fruits rouges, de confiture et de cuit, une attaque franche et un palais concentré et tannique ; quelques années de

347   LE BORDELAIS

Le Médoc

garde l'amabiliseront. Une bouteille élégante en perspective.
🍷 Ch. Tour du Haut-Moulin, 7, rue des Aubarèdes, 33460 Cussac-Fort-Médoc, tél. 05.56.58.91.10, fax 05.56.58.99.30 ✉ 🍷 r.-v.
🍷 Lionel Poitou

CH. TROUPIAN 1995*

| ■ Cru bourg. | 12 ha | 72 000 | 🍷 | 50 à 70 F |

Ici on n'a pas lésiné sur l'extraction, avec pour résultat un vin à la forte personnalité. D'une belle couleur rouge bigarreau, il développe un bouquet aux notes de fruits cuits et de poivron, avant d'allier élégance et matière au palais.
🍷 SCE Charles Simon, Ch. Troupian, 33180 Saint-Seurin-de-Cadourne, tél. 05.56.59.31.83, fax 05.56.59.70.56 ✉ 🍷 r.-v.

CH. VERDIGNAN 1995**

| ■ Cru bourg. | 50 ha | 300 000 | 🍷 | 70 à 100 F |

82 83 |85| |86| 87 |88| |89| 90 91 92 |93| 94 95

Depuis sa rénovation, ce cru serait-il devenu le château vedette des Miailhe ? Sans aucun doute si l'on s'en tient à son pouvoir d'attrait sur les photographes. Pour les vins l'affaire est plus délicate, car celui-ci ne joue pas la même partition que le Coufran. Moins féminin, bien que finement boisé, ce 95 révèle par son caractère (mâche, structure et longueur) qu'il a tout pour mériter un long séjour en cave (cinq à sept ou huit ans).
🍷 SC Ch. Verdignan, 33180 Saint-Seurin-de-Cadourne, tél. 05.56.59.31.02, fax 05.56.81.32.35 ✉ 🍷 r.-v.

CH. VERDUS 1995

| ■ Cru bourg. | 11 ha | 60 000 | 🍷 | 50 à 70 F |

Un colombier seigneurial rappelle l'ancienneté de ce domaine. Porté par de puissants tanins, son 95, rehaussé par des notes de cassis, de fruits rouges et de poivron, saura lui aussi travailler avec le temps.
🍷 EARL Dailledouze, Ch. Verdus, 33180 Saint-Seurin-de-Cadourne, tél. 05.56.59.71.10, fax 05.56.59.73.71 ✉ 🍷 r.-v.

CH. DE VILLEGEORGE 1995

| ■ Cru bourg. | 15 ha | 33 800 | 🍷 | 70 à 100 F |

83 85 |86| 87 |89| |90| 93 94 95

Venu d'Avensan, une commune où l'influence margalaise est sensible, ce vin préfère s'affirmer par son élégance plutôt que par sa puissance. Sa belle robe grenat, son nez toasté, grillé, puis sa bouche d'où le fruit n'est pas absent donnent une bouteille à ouvrir dans deux ou trois ans.
🍷 SC Les Grands Crus réunis, 33480 Moulis-en-Médoc, tél. 05.56.58.22.01, fax 05.57.88.72.51 🍷 r.-v.
🍷 M.-L. Lurton-Roux

Listrac-médoc

Listrac-médoc

Correspondant exclusivement à la commune homonyme, l'appellation est la communale la plus éloignée de l'estuaire. C'est l'un des seuls vignobles que traverse le touriste se rendant à Soulac ou venant de la Pointe-de-Grave. Très original, son terroir correspond au dôme évidé d'un anticlinal, où l'érosion a créé une inversion de relief. A l'ouest, à la lisière de la forêt, se développent trois croupes de graves pyrénéennes, dont les pentes et le sous-sol, souvent calcaire, favorisent le drainage naturel des sols. Le centre de l'A.O.C., le dôme évidé, est occupé par la plaine de Peyrelebade, aux sols argilo-calcaires. Enfin, à l'est, s'étendent des croupes de graves garonnaises.

Le listrac est un vin vigoureux et robuste. Cependant, contrairement à ce qui se passait autrefois, sa robustesse n'implique plus aujourd'hui une certaine rudesse. Si certains vins restent un peu durs dans leur jeunesse, la plupart contrebalancent leur force tannique par leur rondeur. Tous offrent un bon potentiel de garde, entre sept et dix-huit ans selon les millésimes. En 1997, les 646 ha ont produit 39 770 hl.

CH. BAUDAN 1995

| ■ | 2,2 ha | 18 000 | 🍷 | 70 à 100 F |

Marquant l'entrée de ce petit cru dans le Guide, ce vin à la robe profonde montre d'abord une bonne complexité aromatique (notes fruitées, vanillées, empyreumatiques) puis un caractère souple et charpenté ; les tanins, encore fermes, incitent à attendre un peu avant d'ouvrir la bouteille.
🍷 Sylvie et Alain Blasquez, Ch. Baudan, 33480 Listrac-Médoc, tél. 05.56.58.07.40, fax 05.56.58.04.72 ✉ 🍷 t.l.j. 9h-20h

CH. BELLEVUE LAFFONT 1995

| ■ Cru bourg. | n.c. | n.c. | 🍷 | 30 à 50 F |

Seconde étiquette de Fourcas Dupré, ce 95 ne cherche pas à rivaliser avec le grand vin, mais il sait manifester sa personnalité par son bouquet mêlant les fruits noirs à des notes de gibier, et par son joli volume que des tanins fermes accompagnent en finale.
🍷 Ch. Fourcas Dupré, 33480 Listrac-Médoc, tél. 05.56.58.01.07, fax 05.56.58.02.27 ✉ 🍷 t.l.j. 8h-12h 14h-17h30

Le Médoc

Listrac-médoc

CH. CAP LEON VEYRIN 1995*

■ Cru bourg.　18 ha　100 000　🍷 70 à 100 F
|90| 91 92 |93| 94 95

Valeur sûre et régulière, ce cru reste fidèle à sa tradition avec ce vin qui ne manque pas d'atouts. Élégant dans sa robe d'un pourpre soutenu, ce 95 assure une bonne synthèse entre les influences du merlot (rondeur et souplesse) et du cabernet-sauvignon (tanins). Une bouteille à attendre et à servir sur une grillade.
🍇 Alain Meyre, Ch. Cap Léon Veyrin, 33480 Listrac-Médoc, tél. 05.56.58.07.28, fax 05.56.58.07.50 ✅ 🍷 t.l.j. sf dim. 9h-12h 14h-18h

CH. CLARKE 1995***

■ Cru bourg.　53 ha　n.c.　🍷 100 à 150 F
81 82 83 85 (86) 88 |89| |90| 91 92 93 94 95

Locomotive reconnue de l'appellation, Clarke tient son rang avec cette bouteille. Fort réussie, elle a l'art de bien se présenter, arborant une belle robe rouge grenat et un bouquet aussi intense qu'expressif (réglisse et pruneau). Souple à l'attaque, le palais révèle ensuite sa riche matière et son gras, qu'accompagne un boisé bien dosé. Couronnant le tout, la longue finale s'ouvre sur un retour aux épices avec une note de clou de girofle.
🍇 Cie vin. barons E. et B. de Rothschild, 33480 Listrac-Médoc, tél. 05.56.58.38.00, fax 05.56.58.26.46 ✅ 🍷 r.-v.

CH. DECORDE 1995

■ Cru bourg.　60 000　🍷 30 à 50 F

Seconde étiquette de Sémeillan Mazeau, ce vin est moins puissant, mais ses jolis arômes (bois et fruits rouges) et ses tanins soyeux lui donnent un côté flatteur.
🍇 SCE Sémeillan-Mazeau, 33480 Listrac-Médoc, tél. 05.56.58.01.12, fax 05.56.58.01.57 ✅ 🍷 t.l.j. 8h-12h 14h-18h

CH. FONREAUD 1995*

■ Cru bourg.　32 ha　n.c.　🍷 50 à 70 F
81 **82** 83 85 86 88 |89| |90| 91 92 93 95

La légende situe l'origine de ce cru au XIe s. Le château actuel fut construit en 1855. Il appartient aux Chanfreau depuis 1962. Ce 95 possède un très beau bouquet toasté avec des notes cuites et chaudes. Son élevage en barrique ne se laisse pas ignorer mais l'équilibre entre boisé et vin est réalisé. Une bouteille à ouvrir dans quatre ou cinq ans.
🍇 SCI Ch. Fonréaud, 33480 Listrac-Médoc, tél. 05.56.58.02.43, fax 05.56.58.04.33 ✅ 🍷 r.-v.
🍇 Héritiers Chanfreau

CH. FONTAINE ROYALE 1995*

■ Cru bourg.　7 ha　50 000　🍷 30 à 50 F

Venu du château Fonréaud dont le nom signifie Fontaine Royale, mais ne connaissant pas la barrique, ce vin est commercialisé par Yvon Mau. Dans une robe pourpre foncé, à la fois souple et porté par des tanins bien extraits, ce 95 montre sa bonne origine.

🍇 Yvon Mau SA, rue André-Dupuy-Chauvin, B.P. 1, 33190 Gironde-sur-Dropt, tél. 05.56.61.54.54, fax 05.56.61.54.61

CH. FOURCAS-DUMONT 1995*

■　8 ha　50 000　🍷 70 à 100 F

Après une belle entrée dans le Guide l'an dernier, ce cru confirme ses qualités par le potentiel de son 95. Encore un peu dominé par le bois, mais bien structuré et agréablement bouqueté, ce vin mérite un séjour à la cave de trois ou quatre ans.
🍇 SCA Ch. Fourcas-Dumont, 12, rue Odilon-Redon, 33480 Listrac-Médoc, tél. 05.56.58.03.84, fax 05.56.58.01.20 ✅ 🍷 t.l.j. 9h-12h 14h-18h; sam. dim. sur r.-v.

CH. FOURCAS DUPRE 1995**

■ Cru bourg.　44 ha　n.c.　🍷 50 à 70 F
(78) 79 81 82 83 |85| |86| |88| |89| |90| |91| |92| 93 |94| 95

Fidèle à sa tradition, ce cru nous offre une fois encore un joli millésime. Vive et intense, la robe est de bon augure. Une impression que confirme le bouquet, aux élégantes notes de cacao, de bois, de fruits rouges et d'épices. Il ne reste plus au palais qu'à tenir leurs promesses ; ce que font avec bonheur ses côtés corsés, gras, équilibrés et persistants. A ouvrir d'ici trois ans.
🍇 Ch. Fourcas Dupré, 33480 Listrac-Médoc, tél. 05.56.58.01.07, fax 05.56.58.02.27 ✅ 🍷 t.l.j. 8h-12h 14h-17h30

CH. FOURCAS HOSTEN 1995**

■ Cru bourg.　45 ha　n.c.　🍷 50 à 70 F
75 78 81 (82) |83| |85| |86| |88| |89| |90| 91 |92| 93 94 **95**

Issu d'une belle unité, ce vin a tout pour séduire l'amateur le plus exigeant. Aussi intense dans son bouquet que dans sa couleur pourpre, il développe des parfums puissants et complexes (fruits et bois) et une solide structure. Très complet, l'ensemble, qu'enveloppent de fins arômes, montre son potentiel d'évolution par son gras, son corps et sa longueur.

Moulis et Listrac

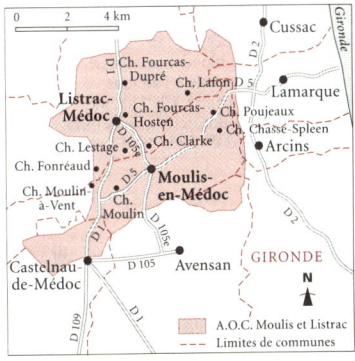

A.O.C. Moulis et Listrac
Limites de communes

LE BORDELAIS

Le Médoc

Listrac-médoc

🍷 SC du Ch. Fourcas-Hosten, 33480 Listrac-Médoc, tél. 05.56.58.01.15, fax 05.56.58.06.73 ✉ 🍷 t.l.j. sf sam. dim. 9h-11h30 14h-16h30

CH. FOURCAS LOUBANEY 1995★★

| ■ Cru bourg. | 12 ha | 80 000 | 🍷 | 70 à 100 F |

78 81 82 83 85 (86) |88| 89 90 |91| 92 |93| 94 95

Très beau coup de cœur l'an dernier, ce cru ne pouvait pas laisser passer le millésime 95. La robe, un rouge soutenu, le bouquet, intense, fin et complexe, avec des notes de grillé, d'épices et de menthol, le palais, rond, ample et porté par une puissante structure tannique, tout indique une grande bouteille, à garder en cave jusqu'au prochain millénaire. « Idéal sur les fromages gras » précise un dégustateur.

🍷 SEA Fourcas-Loubaney, Moulin de Laborde, 33480 Listrac-Médoc, tél. 05.56.58.03.83, fax 05.56.58.06.30 ✉ 🍷 t.l.j. 9h-12h 14h-17h30

GRAND LISTRAC 1995★

| ■ | 30 ha | 150 000 | 🍷 | 50 à 70 F |

Grand Listrac, principale marque de la cave coopérative, a toujours aimé voyager : servi depuis 1948 par les Wagons-lits, ce vin est maintenant internaute ! Il montre qu'il pourra être bu assez jeune (d'ici un an ou deux) par son bouquet, bien typé, comme par sa rondeur, sa souplesse et son onctuosité.

🍷 Cave de vinification de Listrac-Médoc, 21, av. de Soulac, 33480 Listrac-Médoc, tél. 05.56.58.03.19, fax 05.56.58.07.22 ✉ 🍷 t.l.j. sf dim. 8h-12h 14h-18h

CH. LALANDE Cuvée spéciale 1995

| ■ Cru bourg. | 10 ha | 25 000 | 🍷 | 50 à 70 F |

Cuvée spéciale, ce vin, que portent des tanins simples mais assez imposants, est agréable tout au long de la dégustation, avec un bouquet mariant le tabac blond à la réglisse, et un côté moelleux, très sensible à l'attaque.

🍷 Françoise Lescoutra, Ch. Lalande, 33480 Listrac-Médoc, tél. 05.56.58.19.45, fax 05.56.58.15.62 ✉ 🍷 t.l.j. 9h-12h 14h-19h; dim. sur r.-v.

🍷 G. Darriet

CH. LESTAGE 1995★

| ■ Cru bourg. | 45 ha | n.c. | 🍷 | 50 à 70 F |

81 82 83 85 |86| |89| |90| 91 92 94 95

La construction l'an dernier de 1 000 m² de chais climatisés témoigne de la bonne santé de ce cru. Tout comme ce 95. Agréable à l'œil, avec une robe pourpre à reflets rubis, il développe un bouquet expressif, aux élégantes notes de cuir, de pain de mie et de bois, que suit un palais solide et bien équilibré. Sa belle matière, où les fruits s'associent aux tanins, invite à l'attendre trois ou quatre ans.

🍷 Ch. Lestage, 33480 Listrac-Médoc, tél. 05.56.58.02.43, fax 05.56.58.04.33 ✉ 🍷 r.-v.

🍷 Héritiers Chanfreau

CH. MAYNE LALANDE 1995

| ■ Cru bourg. | 13 ha | 40 000 | 🍷 | 70 à 100 F |

85 86 88 |89| 90 91 92 94 |95|

Marquant le vingtième anniversaire du cru, ce 95 sait se rendre sympathique, tant par son bouquet racé, aux fines notes de boisé et de fruits rouges, que par la souplesse et la rondeur du palais.

🍷 Bernard Lartigue, 33480 Listrac, tél. 05.56.58.27.63, fax 05.56.58.22.41 ✉ 🍷 r.-v.

CH. MOULIN DE LABORDE 1995★★

| ■ Cru bourg. | 12,5 ha | 76 000 | 🍷 | 50 à 70 F |

81 (83) 85 86 88 |89| |90| 91 93 95

Du même producteur que le Fourcas Loubaney, ce vin ne manque pas de répondant. La puissance tranquille de son bouquet, aux notes complexes de fruits rouges et de réglisse, se retrouve au palais, qui attaque par une sensation moelleuse, puis s'affirme bien typé et de bonne garde.

🍷 SEA Fourcas-Loubaney, Moulin de Laborde, 33480 Listrac-Médoc, tél. 05.56.58.03.83, fax 05.56.58.06.30 ✉ 🍷 t.l.j. 9h-12h 14h-17h30

🍷 CDR Entreprise

CH. MOULIN DU BOURG 1995

| ■ Cru bourg. | 15 ha | 85 000 | 🍷 | 50 à 70 F |

Du même producteur que le Château Fourcas-Dumont, ce vin, souple, rond, onctueux et bien typé par son bouquet, pourra être bu assez jeune (d'ici un an ou deux).

🍷 SCA Ch. Fourcas-Dumont, 12, rue Odilon-Redon, 33480 Listrac-Médoc, tél. 05.56.58.03.84, fax 05.56.58.01.20 ✉ 🍷 t.l.j. 9h-12h 14h-18h; sam. dim. sur r.-v.

CH. PEYREDON LAGRAVETTE 1995★★

| ■ Cru bourg. | 6,5 ha | 36 000 | 🍷 | 50 à 70 F |

81 (82) 83 85 86 |88| |89| |90| 91 92 |93| 94 95

Une propriété régulière en qualité et actuellement en progrès, comme en témoigne ce joli 95, dont chacun pourra apprécier la puissance du bouquet (fruits rouges, épices et bois) et la charpente du palais. Soutenue par de solides tanins, cette belle bouteille a de l'avenir.

🍷 Paul Hostein, 2062 Médrac Est, 33480 Listrac-Médoc, tél. 05.56.58.05.55, fax 05.56.58.05.50 ✉ 🍷 t.l.j. sf dim. 9h-12h30 14h-19h

Le Médoc

CH. REVERDI 1995

■ Cru bourg.   18 ha   140 000   🍷 50 à 70 F
81 (82) 83 |85| |86| |88| 89 90 91 |93| 94 |95|

Né d'un vignoble où merlot et cabernet-sauvignon font parts égales, ce vin est encore très marqué par le bois qui masque la matière. Toutefois, celui-ci n'empêche pas les arômes de montrer leur présence, avec des notes de toast, de fumée, de clou de girofle et de framboise. Une bouteille à attendre un peu ou à ouvrir tout de suite sur un chèvre chaud.
☛ Christian Thomas, Ch. Reverdi, 33480 Listrac-Médoc, tél. 05.56.58.02.25, fax 05.56.58.06.56 ◪ ⓨ t.l.j. 9h-12h 14h-18h; f. 20 sept.-20 oct.

CH. ROSE SAINTE CROIX 1995

■ Cru bourg.   8 ha   60 000   🍷 50 à 70 F

Le fondateur de ce cru, un soldat de l'Empire du nom de Buroleau, était-il rosicrucien ? S'il est difficile de répondre à cette question, les qualités de ce sympathique listrac se découvrent aisément : simple mais bien fait, ce 95 développe un palais souple et une bonne puissance aromatique.
☛ SARL des Grands Crus, Lieu-dit Le Lieulet, 33460 Moulis, tél. 05.56.58.14.24, fax 05.56.70.15.49 ⓨ r.-v.
☛ P. Porcheron

CH. SARANSOT-DUPRE 1995**

■ Cru bourg.   12 ha   60 000   🍷 50 à 70 F
70 71 75 78 81 82 83 85 |86| 88 |89| |90| 91 |93| |94| 95

Vignes et bois, le domaine s'étend sur 255 ha, dont une partie bénéficie de beaux sols argilo-calcaires. D'où l'encépagement très merlot (60 %) qui transparaît dans les côtés ronds, charnus, souples et fruités de ce joli 95, à la matière bien exploitée et aux tanins savoureux. Une bonne bouteille à garder en cave pendant encore trois ou quatre ans.
☛ Yves Raymond, Ch. Saransot-Dupré, 33480 Listrac-Médoc, tél. 05.56.58.03.02, fax 05.56.58.07.64 ◪ ⓨ r.-v.

CH. SEMEILLAN MAZEAU 1995

■ Cru bourg.   18,77 ha   60 000   🍷 70 à 100 F
94 95

Issu d'un vignoble comptant autant de merlot que de cabernets, ce vin est encore marqué par le bois, mais le bouquet est d'une bonne intensité. Ses tanins toujours un peu sévères sur une structure convenable lui permettront d'évoluer.
☛ SCE Séméillan-Mazeau, 33480 Listrac-Médoc, tél. 05.56.58.01.12, fax 05.56.58.01.57 ◪ ⓨ t.l.j. 8h-12h 14h-18h

Margaux

Si Margaux est le seul nom d'appellation à être aussi un prénom féminin, ce n'est sans doute pas par pur hasard.

Margaux

Il suffit de goûter un verre bien typé provenant du terroir margalais pour saisir les liens subtils qui unissent les deux.

Les margaux présentent une excellente aptitude à la garde, mais ils se distinguent aussi par leur souplesse et leur délicatesse, que soutiennent des arômes fruités d'une grande élégance. Ils constituent l'exemple même des bouteilles tanniques généreuses et suaves, à enregistrer sur le livre de cave dans la classe des vins de grande garde.

L'originalité des margaux tient à de nombreux facteurs. Les aspects humains ne sont pas à négliger. A l'écart des autres grandes communales médocaines, les viticulteurs margalais ont moins privilégié le cabernet-sauvignon. Ici, tout en restant minoritaire, le merlot prend une importance accrue. D'autre part, l'appellation s'étend sur le territoire de cinq communes : Margaux et Cantenac, Soussans, Labarde et Arsac. Dans chacune d'elles tous les terrains ne font pas partie de l'AOC ; seuls les sols présentent les meilleures aptitudes viti-vinicoles ont été retenus. Le résultat est un terroir homogène, composé par une série de croupes de graves.

Celles-ci s'articulent en deux ensembles : à la périphérie se développe un système faisant penser à une sorte d'archipel continental, dont les « îles » sont séparées par des vallons, ruisseaux ou marais tourbeux ; au cœur de l'appellation dans les communes de Margaux et de Cantenac, s'étend un plateau de graves blanches, d'environ six kilomètres sur deux, que l'érosion a découpé en croupes. C'est dans ce secteur que sont situés nombre des dix-huit grands crus classés de l'appellation.

Remarquables par leur élégance, les margaux sont des vins qui appellent des mets raffinés, comme le chateaubriand, le canard, le perdreau ou, bordeaux oblige, l'entrecôte à la bordelaise. En 1997, 74 600 hl ont été produits.

CH. D'ANGLUDET 1995

■ Cru bourg.   32 ha   140 000   🍷 100 à 150 F
|85| |(86)| |88| |89| |90| 91 92 93 94 95

Une maison girondine dominant une pelouse descendant vers une petite rivière : Angludet est l'une des propriétés les plus attachantes du Médoc. Son 95, d'un beau rouge soutenu, a

Le Médoc — Margaux

étonné, non par ses notes boisées et toastées accompagnant les fruits rouges et les épices, mais par l'évolution de sa bouche, très ronde et soyeuse à l'attaque puis évoluant sur des tanins encore très austères. On attendra qu'ils deviennent plus tendres.
• Maison Sichel Coste, 19, quai de Bacalan, 33300 Bordeaux, tél. 05.56.11.16.60

CH. BOYD-CANTENAC 1995**

■ 3ème cru clas.   n.c.   52 000 |150 à 200 F|
70 75 79 80 |81| (82) |83| |85| |86| |88| |89| |90| |91| 92 94 95

Situé au sud du célèbre plateau de Cantenac, ce domaine bénéficie d'un joli terroir, dont les qualités ne feront aucun doute après la dégustation de son 95. D'une belle couleur pourpre, celui-ci met en confiance par un bouquet aux chaleureuses notes de pruneau et d'épices. Au palais se développent des tanins d'une bonne concentration mais demandant à se fondre (ce sera chose faite d'ici sept ou huit ans) mais qui savent respecter le fruit.
• SCE Ch. Boyd-Cantenac, 33460 Cantenac, tél. 05.57.88.30.58, fax 05.57.88.33.27 ■ ▼ r.-v.
• P. Guillemet

CH. BRANE-CANTENAC 1995**

■ 2ème cru clas.   85 ha   165 000 |150 à 200 F|
70 71 75 76 78 79 |81| 82 |83| 84 |85| (86) 87 |88| 89 90 |91| 92 93 94 95

Respecter le vin et l'esprit du terroir. On sait avec quelle constance Lucien Lurton défend la typicité des margaux. Son fils, Henri, s'inscrit dans le droit fil de cette tradition avec ce vin racé et prometteur. Dès le premier regard, la robe, grenat à reflets rouge vif, dissipe tout doute. Torréfaction, fumée, épices et poivron, le bouquet affirme avec force sa personnalité, de même que le palais, plein et structuré par des tanins de qualité qui invitent à laisser ce 95 en cave pendant cinq ans ou plus avant de le servir sur un beau gibier.
• SCEA du Ch. Brane-Cantenac, 33460 Cantenac, tél. 05.57.88.83.33, fax 05.57.88.72.51 ■ ▼ r.-v.
• Henri Lurton

CH. CANTENAC-BROWN 1995**

■ 3ème cru clas.   42 ha   180 000 |+200 F|
75 76 79 80 81 82 |83| 85 |86| |87| |88| |89| (90) |91| |92| 93 94 95

De millésime en millésime, ce cru confirme sa régularité depuis sa reprise par Axa. Aussi ce sera sans surprise mais avec toujours autant de plaisir que l'on découvrira les qualités de ce joli 95. L'intensité de la robe et du bouquet très complexe (grillé, torréfaction, cumin, truffe et gibier) annonce la belle matière aux tanins veloutés. L'ensemble sera du meilleur effet d'ici trois ou quatre ans sur une viande blanche ou un fromage fruité à pâte cuite...
• Jean-Michel Cazes, Ch. Cantenac-Brown, 33460 Margaux, tél. 05.57.88.81.81, fax 05.57.88.81.90 ■ ▼ r.-v.
• Axa Millésimes

CH. DAUZAC 1995**

■ 5ème cru clas.   45 ha   n.c. |100 à 150 F|
78 79 |80| |81| 82 83 84 85 |86| |87| |88| |89| (90) |91| |92| 93 95

Entré dans l'histoire en 1880, avec la découverte par Millardet et Gayon de la bouillie bordelaise, ce cru reste toujours un haut lieu viticole par la qualité de sa production, comme l'illustre ce 95. D'une présentation attrayante, il fait preuve d'élégance, tant par son bouquet aux fines notes de fruits mûrs, de torréfaction et d'épices, que par son palais où apparaissent des tanins mûrs et veloutés. Après quelque temps de garde, il accompagnera les mets les plus fins.
• André Lurton, Ch. Dauzac, 33460 Labarde, tél. 05.57.88.32.10, fax 05.57.88.96.00 ■ ▼ r.-v.

CH. DESMIRAIL 1995

■ 3ème cru clas.   30 ha   100 000 |100 à 150 F|
81 |82| (83) |85| |86| 87 88 |89| 90 |91| |92| |93| 94 95

A 30 m de la belle église de Cantenac est élaboré ce vin qui aurait mérité un peu plus de chair, mais qui possède la robe classique d'un grand margaux, la rondeur et la complexité aromatique souhaitées. Sa palette décline le cèdre, la violette, le cuir et des notes animales. Il devrait donner un « franc bon vin », dit le jury.
• SCEA du Ch. Desmirail, 33460 Cantenac, tél. 05.57.88.83.33, fax 05.57.88.72.51 ▼ r.-v.
• Lucien Lurton

CH. DEYREM VALENTIN 1995*

■ Cru bourg.   7 ha   46 000 |70 à 100 F|
75 76 81 82 83 85 |86| |88| |89| |90| 91 92 |93| |94| 95

De nombreux margaux jouent la carte de l'élégance. Tout en montrant la délicatesse de son bouquet par de fines notes grillées et vanillées, ce vin préfère miser sur la concentration, doté qu'il est d'une solide structure tannique à la trame serrée, encore un peu austère. Il demande à être attendu pendant environ trois ans.
• EARL des Vignobles Jean Sorge, Ch. Deyrem-Valentin, 33460 Soussans, tél. 05.57.88.35.70, fax 05.57.88.36.84 ■ ▼ r.-v.

CH. DURFORT-VIVENS 1995**

■ 2ème cru clas.   30 ha   98 000 |150 à 200 F|
75 76 81 82 83 85 (86) |88| |89| |90| |91| |92| |93| 94 95

Premier millésime élaboré dans le nouveau cuvier du cru, le 95 a revêtu des habits de fête, avec une robe d'un rubis limpide et profond.

Le Médoc   Margaux

Puissant, complexe et harmonieux, le bouquet continue sur des notes séduisantes que prolonge le palais encore dominé par le bois, mais qui possède le volume et le potentiel nécessaires pour s'arrondir d'ici trois ou quatre ans comme l'atteste la remarquable finale.

🍷 SCEA Ch. Durfort, Ch. Durfort-Vivens, 33460 Margaux, tél. 05.57.88.83.33, fax 05.57.88.72.51 r.-v.
🍷 Gonzague Lurton

CH. FERRIERE 1995**

| ■ 3ème cru clas. | 7 ha | 45 000 | 🍾 150 à 200 F |

70 75 78 81 83 84 |85| |86| |87| |88| 89 |92| 93 94 95

Toujours fidèle à lui-même, ce cru nous propose une très jolie réussite avec ce millésime. Résolument margaux, ce 95 réalise l'alliance de l'élégance et du potentiel par un feu d'artifice aromatique aux notes intenses, du cacao au pain grillé, et par une structure corsée et harmonieuse, que soutiennent des tanins mûrs et de qualité. Un bon exemple de grand vin tannique, généreux et suave, à garder en cave pendant quatre ou cinq ans avant de l'ouvrir sur un beau plat, tel un perdreau aux choux.

🍷 Claire Villars-Lurton, Ch. Chasse-Spleen, 33480 Moulis, tél. 05.56.58.02.37, fax 05.57.88.84.40 r.-v.

CH. HAUT BRETON LARIGAUDIERE 1995

| ■ Cru bourg. | 12,46 ha | 63 000 | 🍾 70 à 100 F |

|90| |91| 92 |93| 94 95

Sans être très expressif, ce 95 a bien profité du mariage entre le bois et le vin, donnant un ensemble doux, lisse et assez onctueux d'un beau rubis lumineux.

🍷 SCEA Ch. Haut Breton Larigaudière, 33460 Soussans, tél. 05.57.88.94.17, fax 05.57.88.39.14 r.-v.

CH. D'ISSAN 1995*

| ■ 3ème cru clas. | 30 ha | 140 000 | 🍾 +200 F |

82 |83| 84 |85| |86| 87 88 89 90 93 94 95

À l'image du château lui-même, beau manoir du XVII's. encadré de vestiges féodaux, ce vin opte résolument pour la solidité. Conçu « à l'ancienne », il affiche sa puissance par sa robe, foncée à reflets violacés, et par son bouquet à dominante de fruits rouges et de bois. Encore austère, le palais possède une bonne structure tannique, riche et très bien équilibrée.

🍷 Ch. d'Issan, Sté fermière viticole de Cantenac, 33460 Cantenac, tél. 05.57.88.35.91, fax 05.57.88.74.24 r.-v.
🍷 Mme Cruse

CH. KIRWAN 1995***

| ■ 3ème cru clas. | 35 ha | 60 000 | 🍾 +200 F |

75 79 81 82 83 |85| |86| |88| |89| 91 92 |93| 94 95

On sait comment les Schyler se sont investis dans la rénovation de leur cru depuis quelques années. Leurs efforts trouvent ici leur juste récompense. D'une belle couleur grenat très typée, leur 95 a tout pour laisser un grand souvenir : bouquet intense et complexe avec des notes de fruits noirs (mûre et cassis), de grillé et

de poivre noir ; structure ronde, ample, pleine et solide ; beau retour. Tout invite à attendrecette bouteille au moins cinq ou six ans et à la servir sur des mets de choix, comme du gibier à poil qu'elle affrontera sans problème.

🍷 Maison Schröder et Schyler, 55, quai des Chartrons, B.P. 113, 33027 Bordeaux Cedex, tél. 05.57.87.64.55, fax 05.57.87.57.20

CH. LABEGORCE 1995*

| ■ Cru bourg. | 32,81 ha | 177 714 | 🍾 100 à 150 F |

78 82 83 85 86 87 90 91 92 |93| 95

Né sur un beau terroir, au nord du village de Margaux, ce vin exprime bien la personnalité margalaise par son côté fin et délicat, très sensible au bouquet (fruits rouges et cassis), à l'attaque et au palais ; les tanins « reposants » sont légèrement marqués par des notes résineuses et montrent en finale qu'il faudra attendre un peu cette bouteille.

🍷 Ch. Labégorce, 33460 Margaux, tél. 05.57.88.71.32, fax 05.57.88.35.01 r.-v.
🍷 Hubert Perrodo

CH. LABEGORCE ZEDE 1995**

| ■ Cru bourg. | n.c. | 90 000 | 🍾 100 à 150 F |

82 (83) |85| |86| 87 |88| 89 90 91 92 93 94 95

Gérée avec beaucoup de sérieux, cette propriété fait preuve d'une bonne régularité et s'illustre une nouvelle fois avec ce millésime. Derrière une certaine rigidité, à prendre comme un gage de longévité, apparaît une structure riche et équilibrée aux tanins remarquables, en parfaite harmonie avec un bouquet faisant la part belle à l'élégance et à l'onctuosité (fourrure, venaison et gibier).

🍷 GFA Labégorce-Zédé, 33460 Soussans, tél. 05.57.88.71.31, fax 05.57.88.72.54 t.l.j. 9h-12h 14h-18h
🍷 L. Thienpont

LA BERLANDE 1995**

| ■ | n.c. | 24 000 | 🍾 50 à 70 F |

Tous ceux pour qui un vin de marque ne saurait exprimer pleinement le terroir devront revoir leur théorie en dégustant ce 95 fort réussi. Le bouquet riche et élégant (fruits mûrs, épices et menthol), la structure où les tanins soyeux et le bois sont bien fondus, ainsi que la longue finale s'accordent pour annoncer une bonne évolution dans les quatre ou cinq ans à venir. Un dégustateur enthousiaste commente : « une belle harmonie sans trop d'extraction ». Bravo !

Le Médoc

Margaux

🍇 Brusina Brandler, 3, quai de Bacalan, 33300 Bordeaux, tél. 05.56.39.26.77, fax 05.56.69.16.84 ☑ ♈ r.-v.

CH. LA BESSANE 1995*

■   3 ha   13 000   ⬛ 150 à 200 F

Cabernet, merlot, petit verdot : sa taille modeste n'empêche pas ce cru de posséder un encépagement diversifié. Cette diversité se retrouve dans la complexité du bouquet (fruits rouges, fleurs, vanille, réglisse et épices), que prolonge un palais ample et soyeux, soutenu par des tanins de qualité. Un vin plaisir pour bien finir le millénaire.

🍇 SARL Cantegraves, 50, rue Pouge-de-Beau, 33290 Ludon-Médoc, tél. 05.57.88.00.66, fax 05.57.88.00.67 ☑ ♈ r.-v.
🍇 Martine Cazeneuve

CH. LABORY DE TAYAC 1995

■   2,4 ha   16 000   ⬛ 70 à 100 F

S'il oublie de sourire, ce vin, diffusé par le négoce, est bien constitué et doté d'un corps charpenté et séveux. Un dégustateur le compare à « une beauté glacée ».

🍇 Yvon Mau SA, rue André-Dupuy-Chauvin, B.P. 1, 33190 Gironde-sur-Dropt, tél. 05.56.61.54.54, fax 05.56.61.54.61

CH. LA BRUYERE 1995*

■   1,6 ha   12 000   ⬛ 50 à 70 F

Diffusé par le négoce, ce vin, acheté chez Marc Raymond à Arsac, s'inscrit franchement dans le style traditionnel. Encore un peu fermé sur le plan aromatique, mais élégant (fruits rouges et boisé discret), il est bien structuré et demandera quelques années pour s'arrondir.

🍇 André Quancard-André, rue de la Cabeyre, 33240 Saint-André-de-Cubzac, tél. 05.57.33.42.42, fax 05.57.43.01.71

CH. LA GALIANE 1995

■   5,21 ha   29 000   ⬛ 70 à 100 F
82 |83| |85| 86 87 |90| 91 93 94 95

Né sur une authentique propriété vigneronne, ce vin d'une couleur bien soutenue, délicatement bouqueté, s'exprime plus en finesse qu'en puissance, sans jamais être présents mais sans excès.

🍇 SCEA René Renon, Ch. La Galiane, 33460 Soussans, tél. 05.57.88.35.27, fax 05.57.88.70.59 ☑ ♈ t.l.j. sf sam. dim. 9h-12h 14h30-18h

CH. LA GURGUE 1995*

■ Cru bourg.   8 ha   60 000   ⬛ 100 à 150 F
82 83 85 86 |88| |89| |90| |91| 92 93 |94| 95

Du même producteur que le Château Ferrière, cette bouteille ne rivalise pas avec elle en harmonie. Mais elle n'en reste pas moins fort bien constituée. Très bouquetée (truffe et pruneau), elle se développe agréablement au palais que le montre souple et rond à l'attaque puis très tannique. Nul doute que sa place soit en cave pendant quelques années.

🍇 Claire Villars-Lurton, Ch. Chasse-Spleen, 33480 Moulis, tél. 05.56.58.02.37, fax 05.57.88.84.40 ♈ r.-v.

CH. LARRUAU 1995*

■ Cru bourg.   10 ha   55 000   ⬛ 70 à 100 F
80 81 82 |83| 84 |85| |86| 87 88 89 90 91 93 94 95

Puissance ou finesse, ici c'est la seconde option qui a été résolument choisie. La robe rubis grenat offre de beaux reflets et le nez est marqué par des notes de pain grillé (dues à la barrique) et par une légère nuance animale et minérale. Rond, fruité et bien équilibré, agrémenté d'un bois bien dosé, ce vin s'harmonisera avec des viandes blanches dans trois ou quatre ans.

🍇 Bernard Chateau, 4, rue de La Trémoille, 33460 Margaux, tél. 05.57.88.35.50, fax 05.57.88.76.69 ☑ ♈ r.-v.

CH. LASCOMBES 1995***

■ 2ème cru clas.   50 ha   240 000   ⬛ +200 F
70 76 78 79 81 |82| 83 84 |85| (86) 87 88 89 90 |91| |92| 93 95

Terroir, encépagement, conduite de la vigne, vendanges, vinification, élevage, Lascombes est une belle illustration de l'« écosystème » menant droit à la qualité. Rien d'étonnant d'y rencontrer un vin comme celui-ci dont la robe d'un pourpre soutenu annonce l'excellente constitution. Petits fruits rouges, vanille, toast, café, son bouquet est un véritable appel à la gourmandise et une invitation à découvrir la solide matière et l'harmonie du palais. Un vrai vin plaisir à garder sagement en cave, quatre, cinq ou sept ans.

🍇 Sté viticole Ch. Lascombes, B.P. 4, 33460 Margaux, tél. 05.57.88.70.66, fax 05.57.88.72.17 ☑ ♈ r.-v.
🍇 Bass

CH. LA TOUR DE MONS 1995*

■ Cru bourg.   35 ha   130 000   ⬛ 70 à 100 F
81 82 83 85 |86| 87 |88| 90 91 92 93 95

Année de rachat du cru par les propriétaires actuels (Crédit Agricole et Caisse des dépôts et placements du Québec), 95 est aussi un millésime fort réussi : robe grenat à reflets vermillon ; bouquet boisé mais aimable avec une petite touche de cannelle ; palais ample, charnu, généreux et bien équilibré ; tanins sphériques. Tout s'accorde pour donner un ensemble de bonne tenue.

🍇 SCEA Ch. La Tour de Mons, 33460 Soussans, tél. 05.57.88.33.03, fax 05.57.88.32.46 ♈ r.-v.

Le Médoc

Margaux

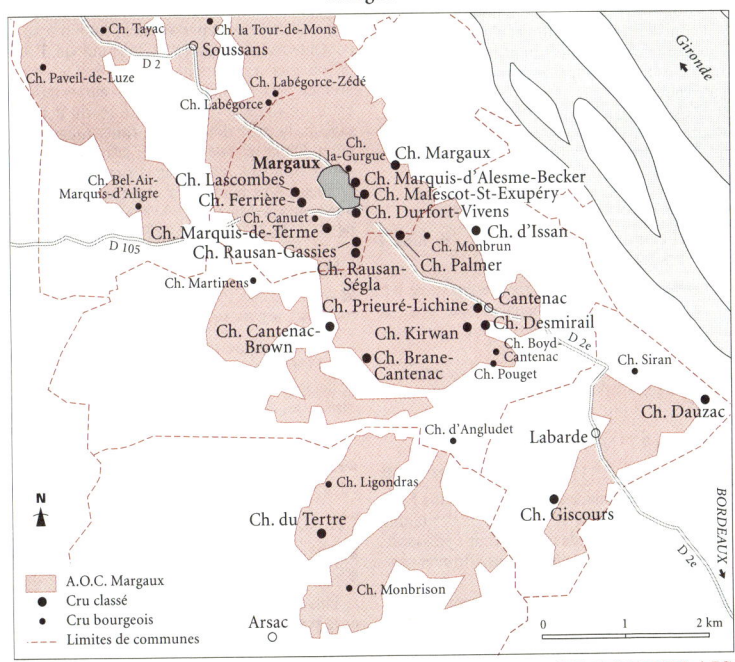

CH. LE COTEAU 1995

■ Cru bourg.　9,1 ha　20 000　　50 à 70 F

Même si le bois est encore très présent, ce vin sait retenir l'attention du dégustateur par sa complexité aromatique (fruits rouges, figue sèche, coing, raisins secs et épices).

☞ Eric Léglise, 39, av. Jean-Luc-Vonderheyden, 33460 Arsac, tél. 05.56.58.82.30, fax 05.56.58.82.30 ▼ ▼ r.-v.

L'ENCLOS MAUCAILLOU 1995**

■　n.c.　n.c.　　70 à 100 F
93 94 **95**

Une belle réussite pour ce petit cru, complémentaire du château Meyre (haut médoc), avec ce millésime. Robe sombre et moirée, bouquet expressif et complexe (vanille et épices), la présentation est aussi irréprochable qu'honnête, car la suite est de qualité : attaque imposante, corps charpenté et charnu, finale longue et ample. Révélant une bonne extraction, cette bouteille méritera des mets de choix, poularde truffée par exemple.

☞ SARL Vignobles Colette Lenôtre, 16, rte de Castelnau, 33480 Avensan, tél. 05.56.58.10.77, fax 05.56.58.13.20 ▼ ▼ t.l.j. sf sam. dim. 9h-12h 14h-18h

CH. LES VIMIERES Le Tronquéra 1995*

■　0,45 ha　3 200　　70 à 100 F

Conséquence de la taille du vignoble, ce vin est issu du seul merlot. On retrouve donc son influence au bouquet, fruité avec des notes épicées. L'élégance aromatique se retrouve au palais où elle s'accorde heureusement au caractère souple et charnu de la structure.

☞ Jacques Boissenot, 47, rue Principale, 33460 Lamarque, tél. 05.56.58.91.74, fax 05.56.58.98.36 ▼ ▼ r.-v.

CH. MALESCOT SAINT-EXUPERY 1995**

■ 3ème cru clas. 23,5 ha　120 800　　+ 200 F
49 55 62 64 69 71 72 74 |75| 76 **78 79** 80 **81** |82| |83| |85| |86| |87| **88** 89 90 **91** |92| 93 **94 95**

Malescot, qui a fêté son tricentenaire en juin 1997, n'a pas à craindre de disparaître de la scène margalaise, tant qu'il produira des vins comme ce 95. Drapé dans une belle parure entre pourpre et rubis, il développe un bouquet puissant et racé, avec des notes de grillé épicées, avant de montrer qu'il sait être à la fois facile et prometteur par l'alliance réussie d'un volume important et d'une structure souple et grasse, soutenue par des tanins bien enrobés.

☞ SCEA Ch. Malescot-Saint-Exupéry, 33460 Margaux, tél. 05.57.88.70.68, fax 05.57.88.35.80 ▼ ▼ r.-v.

☞ Roger Zuger

CH. MARGAUX 1995***

■ 1er cru clas.　78 ha　n.c.　　+ 200 F
59 |61| 66 **70 71** |75| **77 78** |79| 80 |81| (82) **83** |84| |85| |86| |87| **88 89 90 91 92 93 94** (95)

Château Margaux, qui fut à la fin du XVIIe s. l'un des lieux où naquirent les *new French clarets*, est aujourd'hui encore exemplaire par ses

Le Médoc — Margaux

méthodes de travail. Image même du margaux par sa finesse, son 95 concilie puissance et délicatesse. S'annonçant par une belle robe sombre et brillante et par un bouquet d'une extrême distinction (fruits noirs, fumet et torréfaction), il développe des tanins serrés et soyeux, qui soutiennent une matière de qualité, où les fruits rouges gardent toute leur place, le bois sachant montrer sa présence sans jamais les masquer. Un margaux d'un grand classicisme dont la dégustation procurera un immense plaisir dans deux décennies.

↪ SC du Ch. Margaux, 33460 Margaux, tél. 05.57.88.83.83, fax 05.57.88.83.32

CH. MARQUIS DE TERME 1995★★

■ 4ème cru clas. 40 ha 160 000 ⫿⫾ 150 à 200 F
|75| |81| 82 |83| 85 86 87 89 90 91 92 93 94 95

Histoire, terroir, encépagement, Marquis de Terme a tout pour réussir. Comme les précédents, ce millésime montre qu'il sait maîtriser vigne et vinification. A la couleur, d'un pourpre intense, s'ajoutent un bouquet fin, élégant et complexe (vanille, caramel, fleurs, muscade et réglisse), et un palais velouté, dont la structure sait concilier concentration et classe ; il invite à attendre quelques années pour le servir sur une viande rouge en sauce légère ou un fromage à pâte cuite.

↪ SCA Ch. Marquis de Terme, 3, rte de Rauzan, B.P. 11, 33460 Margaux, tél. 05.57.88.30.01, fax 05.57.88.32.51 ☑ ⫿ r.-v.
↪ Séneclauze

CH. MARSAC SEGUINEAU 1995

■ Cru bourg. 10,15 ha 52 260 ⫿⫾ 100 à 150 F
85 86 88 89 90 91 |92| |93| |94| |95|

Appartenant aux domaines Mestrezat, ce cru offre ici un 95 qui a résolument opté pour la finesse et l'élégance, avec une matière légère mais bien mise en valeur.

↪ SC du Ch. Marsac-Séguineau, 17, cours de la Martinique, B.P. 90, 33027 Bordeaux Cedex, tél. 05.56.01.30.10, fax 05.56.79.23.57 ⫿ r.-v.

CH. MARTINENS 1995

■ Cru bourg. 25 ha 180 000 ⫿⫾ 70 à 100 F

Né sur un domaine commandé par une belle demeure du XVIII°s., ce vin possède des tanins un peu austères mais de qualité, et une puissance aromatique qui s'entendront pour affronter sans crainte un gibier à poil.

↪ Sté Fermière de Ch. Martinens, 33460 Cantenac, tél. 05.57.88.71.37, fax 05.57.88.38.35 ☑ ⫿ r.-v.

CH. MONBRISON 1995★

■ Cru bourg. 13,2 ha 60 000 ⫿⫾ 150 à 200 F
82 83 84 |85| |86| 87 |88| |89| |90| |91| 92 93 94 95

Propriété de charme, Monbrison est aussi un cru bourgeois des plus sérieux. Robe rubis, bouquet élégant (toast, vanille, grillé et cannelle), palais bien construit, tanins ronds et belle persistance aromatique, son 95 ne décevra pas et acceptera avec plaisir un séjour en cave de cinq ou six ans.

↪ E.M. Davis et Fils, Ch. Monbrison, 1, allée de Monbrison, 33460 Arsac, tél. 05.56.58.80.04, fax 05.56.58.85.33 ☑ r.-v.

CH. PALMER 1995★★

■ 3ème cru clas. 45 ha 2 000 000 ⫿⫾ +200 F
78 79 80 |81| |82| |83| 84 |85| |86| 88 89 90 |91| |92| 93 94 95

En plein centre d'Issan, au cœur du plateau de Cantenac et de Margaux, Palmer jouit d'un site privilégié, tant au plan touristique que pour le terroir. D'une jolie couleur grenat soutenu, son 95 est à la hauteur de sa notoriété. Offrant un bouquet intense, puissant et complexe (épices, truffe et iris), il développe un palais souple, rond, gras et solide, grâce à de beaux tanins. Accompagné par un boisé bien fait, l'ensemble est de qualité et méritera d'être gardé pendant quatre ou cinq ans, voire plus.

↪ Ch. Palmer, Cantenac, 33460 Margaux, tél. 05.57.88.72.72, fax 05.57.88.37.16 ⫿ r.-v.

PAVILLON ROUGE 1995★★

■ n.c. n.c. ⫿⫾ +200 F
78 |81| |82| |83| |84| |85| |86| 88 89 90 92 93 94 95

Seconde étiquette de château Margaux, ce 95 rond, chaleureux et parfaitement équilibré ne se contente pas d'être un reflet du grand vin. Il sait affirmer sa personnalité par la subtilité de ses arômes. Vifs, frais et complexes, ceux-ci laissent entrevoir toute la délicatesse de ce vin dont les saveurs laissent dominer les fruits rouges bien mûrs. D'une grande élégance, la bouche repose sur de beaux tanins soyeux et sur un fruité harmonieux. Une bouteille charmeuse.

↪ SC du Ch. Margaux, 33460 Margaux, tél. 05.57.88.83.83, fax 05.57.88.83.32

CH. POUGET 1995

■ 4ème cru clas. 10 ha 43 000 ⫿⫾ 100 à 150 F
75 78 81 |83| 85 86 88 |89| |90| 92 94 95

Bien que signé par les Guillemet, comme le Boyd Cantenac, ce vin est plus léger. Mais il est également bien travaillé et plaisant par sa souplesse (les tanins sont présents mais fondus) et par son expression aromatique aux délicates notes florales et fruitées.

↪ SCE Ch. Pouget, 33460 Cantenac, tél. 05.57.88.30.58, fax 05.57.88.33.27 ☑ ⫿ r.-v.

CH. RAUZAN-SEGLA 1995★★

■ 2ᵉ cru clas. 45,51 ha 100 000 ⫿⫾ +200 F
|83| |85| 88 |89| 90 91 |92| 93 94 95

Plus de 45 ha (et plus de 67 ha pour l'ensemble de la propriété), de belles croupes de graves, 35 % de merlot : taille, terroir ou encépagement, tout

Le Médoc

inscrit ce cru dans l'appellation margalaise. A commencer par ce 95 dont l'esprit margaux est incontestable. A la classe du bouquet, finement boisé avec des notes originales de violette, de cuir et de musc, succède un palais harmonieux dont la chair et les beaux tanins témoignent d'une extraction bien maîtrisée. A mettre en cave pendant quelques ans. Le **Segla 95**, second vin de Rauzan a reçu une citation. Il faut attendre deux ou trois ans.
☛ Ch. Rauzan-Ségla, 33460 Margaux, tél. 05.57.88.82.10, fax 05.57.88.34.54 ☒ r.-v.

CH. SIRAN 1995

| ■ Cru bourg. | 23 ha | 121 500 | 🍷 | 150 à 200 F |

|64|66|78|79|80|81|82|83| 84 |85| |86| 87 |88| |89|
|90| |91| 92 93 94 95

Siran est célèbre. Il a appartenu aux Toulouse-Lautrec et aujourd'hui est conduit par Alain Miailhe dont la famille compte maints notables du vin. Pour être plus simple que certains millésimes antérieurs, ce 95 n'en demeure pas moins bien constitué, avec un bouquet puissant (pain d'épice et tabac blond) et un palais aux tanins encore fermes mais qui s'arrondiront en prenant de l'âge.
☛ SC Ch. Siran, 33460 Labarde, tél. 05.57.88.34.04, fax 05.57.88.70.05 ☒ ☒ t.l.j. 10h-12h30 13h30-18h
☛ Alain Miailhe

CH. DU TERTRE 1995

| ■ 5ème cru clas. | 50 ha | 180 000 | 🍷 | 150 à 200 F |

|90| |91| 92| 93 95

Né sur le vignoble le plus élevé de l'AOC, ce vin à la robe où se mêlent le rubis et le fuschia est un peu linéaire mais bien construit et agréable par son bouquet aux notes épicées, et par sa finale harmonieuse.
☛ SEV Ch. du Tertre, 33460 Arsac, tél. 05.57.97.09.09, fax 05.57.97.09.00

CH. DES TROIS CHARDONS 1995*

| ■ | | n.c. | 14 000 | 🍷 | 70 à 100 F |

|78| 79| 82| 83| 85 86| |88| |89| |90| 91 |92| 94 95

La passion des Chardon pour leur Médoc se lit dans le caractère de ce vin. Bien typé par sa couleur rubis comme par son bouquet aux discrètes notes de réglisse, ce 95 se déploie avec beaucoup de charme au palais, où l'on découvre un corps long et lisse qui s'épanouit en finale.
☛ Claude et Yves Chardon, Issan, 33460 Cantenac, tél. 05.57.88.39.13, fax 05.57.88.33.94 ☒ ☒ r.-v.

Moulis-en-médoc

Étroit ruban de 12 km de long sur 300 m à 400 m de large, moulis est la moins étendue des appellations communales du Médoc. Elle offre pourtant une large palette de terroirs.

Moulis-en-médoc

Comme à Listrac, ceux-ci forment trois grands ensembles. A l'ouest, près de la route Bordeaux-Soulac, le secteur de Bouqueyran présente une topographie variée, avec une crête calcaire et un versant de graves anciennes (pyrénéennes). Au centre, on trouve une plaine argilo-calcaire, qui est le prolongement de celle de Peyrelebade (voir Listrac-Médoc). Enfin à l'est et au nord-est, près de la voie ferrée, se développent de belles croupes de graves du gunz (graves garonnaises), qui constituent un terroir de choix. C'est dans ce dernier secteur que se trouvent les buttes réputées de Grand-Poujeaux, Maucaillou et Médrac.

Moelleux et charnus, les moulis se caractérisent par leur caractère suave et délicat. Tout en étant de bonne garde (de sept à huit ans), ils peuvent s'épanouir un peu plus rapidement que les vins des autres communales. Le millésime 97 a atteint 33 085 hl.

CH. ANTHONIC 1995**

| ■ Cru bourg. | 21,5 ha | 160 000 | 🍷 | 50 à 70 F |

|82| 83| 85 |86| 88 89 |90| |91| |92| 93 94 95

« L'habit ne fait pas le moine », ici le proverbe est pris en défaut : à la force des deux aigles de l'étiquette répond la puissance du palais, ample, riche et porté par des tanins bien fondus. A cela s'ajoutent une belle robe sombre et un bouquet aux jolies notes de fruits rouges ; tout indique que ce vin vieillira bien.
☛ SCEA Pierre Cordonnier, Ch. Anthonic, 33480 Moulis-en-Médoc, tél. 05.56.58.34.60, fax 05.56.58.06.22 ☒ ☒ t.l.j. 9h-12h 14h-17h; sam. dim. sur r.-v.

CH. BISTON-BRILLETTE 1995*

| ■ Cru bourg. | 21 ha | 120 000 | 🍷 | 70 à 100 F |

86 |88| |89| |90| 91 92 |93| 94 95

Régulière en qualité, cette propriété nous offre ici un vin portant la marque d'une forte extraction. Surprenant par son bouquet, où la fourrure se mêle aux fruits à l'alcool, ce 95 développe un palais ample et gras, où l'on sent la présence de tanins bien fondus enrobés d'arômes toastés.
☛ EARL Ch. Biston-Brillette, Petit-Poujeaux, 33480 Moulis-en-Médoc, tél. 05.56.58.22.86, fax 05.56.58.13.16 ☒ ☒ t.l.j. sf dim. 10h-12h 14h-18h; sam. 14h-18h
☛ Michel Barbarin

CH. BRILLETTE 1995**

| ■ Cru bourg. | 36,53 ha | 110 000 | 🍷 | 70 à 100 F |

Confirmant le 94, ce millésime ne peut que servir la renommée de ce cru. D'une couleur intense à reflets brillants, il ne se contente pas d'une belle présentation : bouqueté, avec des notes de vanille, de bois grillé, de torréfaction, de violette et de fleur d'aubépine, il développe

Le Médoc   Moulis-en-médoc

des tanins soyeux et bien extraits. Une remarquable bouteille à laisser évoluer pendant au moins trois ou quatre ans.
- SA Ch. Brillette, 33480 Moulis-en-Médoc, tél. 05.56.58.22.09, fax 05.56.58.12.26 r.-v.

CH. CAROLINE 1995*

■ Cru bourg.	7 ha	n.c.	30 à 50 F

Présenté par le propriétaire de Fonréaud, Jean Chanfreau, ce domaine a été construit dans le plus pur style Napoléon III. Comme son cousin listracais (Lestage), ce cru a connu une année faste en 1995. Témoin, ce vin plaisir, qui sait réjouir la vue avec une robe grenat, l'odorat par des notes de fruits confits, et le palais par son équilibre et son élégance.
- Ch. Lestage, 33480 Listrac-Médoc, tél. 05.56.58.02.43, fax 05.56.58.04.33 r.-v.
- Chanfreau

CH. CHASSE-SPLEEN 1995**

■ Cru bourg.	66 ha	375 000	100 à 150 F

|75| |76| **|78| |79| |80| |81| |82|** |(83)| |85| |86| |88| |89| |90| |91| |92| **|93| |94| |95|**

A la qualité du terroir répond la valeur des hommes et des femmes qui ont veillé et veillent sur ce cru. Après bien d'autres, ce millésime leur rend hommage. D'un beau grenat brillant, il annonce son élégance par son bouquet aux notes de fruits rouges, de vanille et de violette, avant de la confirmer au palais où apparaissent des tanins serrés et persistants, qui demanderont du temps pour se polir.
- Chasse-Spleen SA, Grand Poujeaux Sud, 33480 Moulis-en-Médoc, tél. 05.56.58.02.37, fax 05.57.88.84.40 r.-v.

L'ORATOIRE DE CHASSE-SPLEEN 1995*

■	n.c.	1 700 000	50 à 70 F

Seconde étiquette de Chasse-Spleen, ce vin fait preuve d'originalité par son bouquet où se mêlent des notes de fruits, de cacao et de vanille. Bien structuré et équilibré, le palais conduit à une finale savoureuse.
- Chasse-Spleen SA, Grand Poujeaux Sud, 33480 Moulis-en-Médoc, tél. 05.56.58.02.37, fax 05.57.88.84.40 r.-v.

CH. CHEMIN ROYAL 1995

■ Cru bourg.	10 ha	n.c.	30 à 50 F

Du même producteur que le Château Caroline, ce vin est plus simple mais agréable, notamment par ses arômes de fruits rouges et de poivron.
- SCI Ch. Fonréaud, 33480 Listrac-Médoc, tél. 05.56.58.02.43, fax 05.56.58.04.33 r.-v.
- Héritiers Chanfreau

CH. DUPLESSIS 1995*

■	18,5 ha	75 000	50 à 70 F

Né sur un terroir argilo-calcaire, ce vin annonce sa solide charpente par sa couleur foncée. Finement bouqueté, avec des notes de fruits rouges et de cuit, il laisse sur l'impression favorable d'un palais séveux, bien charpenté et d'un retour aromatique aux agréables odeurs de réglisse et de fumée.

- SC Les Grands Crus réunis, 33480 Moulis-en-Médoc, tél. 05.56.58.22.01, fax 05.57.88.72.51 r.-v.
- M.-L. Lurton-Roux

CH. DUPLESSIS FABRE 1995

■ Cru bourg.	10 ha	70 000	50 à 70 F

|90| |91| |92| |93| |94| |95|

Le duc de Richelieu, propriétaire de ce cru, introduisit ce vin à la cour de Louis XV où on le désignait sous le vocable de « tisane de Richelieu ». Certains pourront trouver ce vin un peu technique, mais ce ne sera pas une raison pour faire grise mine devant ses aimables arômes (vanille et fruits rouges), son attaque charnue, ses douces saveurs et son équilibre.
- SCA Dom. du Ch. Maucaillou, 33480 Moulis-en-Médoc, tél. 05.56.58.01.23, fax 05.56.58.00.88 t.l.j. 10h-12h30 14h-19h
- Philippe Dourthe

CH. DUTRUCH GRAND POUJEAUX 1995

■ Cru bourg.	24 ha	160 000	50 à 70 F

|81| |82| |(83)| |85| |86| |88| |89| |90| |91| |92| |93| |94| |95|

Issu d'une propriété représentative de l'appellation par sa taille, ce vin ne correspond pas au standard moulisien qui veut qu'une bouteille puisse être bue assez tôt. Monolithique aujourd'hui, il lui faudra du temps pour s'assouplir, mais le résultat final d'ici à quelques années ne manquera pas de caractère.
- EARL François Cordonnier, Ch. Dutruch Grand Poujeaux, 33480 Moulis-en-Médoc, tél. 05.56.58.02.55, fax 05.56.58.06.22 t.l.j. 9h-12h 14h-17h; sam. dim. sur r.-v.

CH. GRANINS GRAND POUJEAUX 1995

■ Cru bourg.	8,08 ha	23 400	50 à 70 F

Issu d'un cru bourgeois de taille modeste, ce vin à la belle robe grenat n'est pas volumineux mais doté de tanins fougueux. Il ne faudra pas le laisser vieillir longtemps si l'on veut profiter de ses fins arômes de fruits rouges mûrs.
- SCEA Batailley, Ch. Granins Grand Poujeaux, 33480 Moulis-en-Médoc, tél. 05.56.58.05.82, fax 05.56.58.05.26 r.-v.

CH. LA GARRICQ 1995

■	3 ha	19 000	70 à 100 F

|93| |94| |95|

Un petit vignoble pour un vin rond et soyeux à la belle robe profonde, que soutiennent de délicats arômes fruités et un bois bien dosé. La bouche, fine et tendre, accompagnera une fricassée aux girolles.
- SARL Cantegraves, 50, rue Pouge-de-Beau, 33290 Ludon-Médoc, tél. 05.57.88.00.66, fax 05.57.88.00.67 r.-v.
- Cazeneuve

CH. LA MOULINE 1995*

■ Cru bourg.	10 ha	65 000	50 à 70 F

|93| |94| |95|

Sans rompre avec la tradition du cru qui veut que son vin soit souple, ce 95 aux tanins soyeux

Le Médoc

possède un certain volume et du gras, que complètent des notes de fruits (cassis), de confiture et de réglisse d'une belle longueur. A attendre au moins quatre ans.

↪ JLC Coubris, 90, rue Marcelin-Jourdan, 33200 Bordeaux, tél. 05.56.17.13.17, fax 05.56.17.13.18 ◼ ⏳ t.l.j. sf sam. dim. 8h-12h 13h-17h

CH. MALMAISON 1995

| ■ Cru bourg. | 24,13 ha | n.c. | ⏳ 70 à 100 F |

88 89 90 **91** |92| |93| |94| 95

S'il n'entend pas rivaliser avec le très beau Clarke (listrac), ce vin d'une belle teinte pourpre est bien équilibré et possède une bonne charpente ; les tanins devraient se fondre d'ici quatre à cinq ans. Le nez, où pointe une note minérale, est à la fois floral et fruité.

↪ Cie vin. barons E. et B. de Rothschild, 33480 Listrac-Médoc, tél. 05.56.58.38.00, fax 05.56.58.26.46 ◼ ⏳ r.-v.
↪ Benjamin de Rothschild

CH. MAUCAILLOU 1995*

| ■ Cru bourg. | 64,6 ha | 310 000 | ⏳ 70 à 100 F |

Propriété familiale des Dourthe, ce cru propose ici un vin encore un peu marqué par le bois ; cependant on sent que ce 95 possède une solide personnalité, qui s'exprime notamment par une expression aromatique élégante et complexe, avec des arômes allant du cacao à la réglisse, sans oublier les notes épicées et grillées.

↪ SCA Dom. du Ch. Maucaillou, 33480 Moulis-en-Médoc, tél. 05.56.58.01.23, fax 05.56.58.00.88 ◼ ⏳ t.l.j. 10h-12h30 14h-19h
↪ Philippe Dourthe

CH. MOULIN A VENT 1995

| ■ Cru bourg. | 25 ha | 160 000 | ⏳ 50 à 70 F |

81 **82 83** 85 |86| 88 |89| |90| **91** |92| 95

Le nom de ce cru rappelle la spécificité historique de la commune : son grand nombre de moulins, tant à vent qu'à eau. Encore un peu sauvage, ce vin, qui demande à être attendu pour exprimer pleinement sa personnalité et son potentiel, est néanmoins bien typé, avec des tanins ronds et mûrs, des notes de gibier et de fruits rouges (groseille).

↪ Dominique Hessel, Ch. Moulin à Vent, Bouqueyran, 33480 Moulis-en-Médoc, tél. 05.56.58.15.79, fax 05.56.58.12.05 ◼ ⏳ t.l.j. sf sam. dim. 9h-12h 14h-17h30

CH. MYON DE L'ENCLOS 1995*

| ■ | 3,5 ha | 15 000 | ⏳ 50 à 70 F |

Bien que ses principaux crus soient situés à Listrac, Bernard Lartigue ne néglige pas celui-ci. Témoin, ce joli 95 au bouquet complexe et surprenant, avec une note de pointe d'asperge. On retrouve cette complexité au palais, dont les tanins, d'abord moelleux, explosent en finale.

↪ Bernard Lartigue, 33480 Listrac, tél. 05.56.58.27.63, fax 05.56.58.22.41 ◼ ⏳ r.-v.

Pauillac

CH. POUJEAUX 1995***

| ■ Cru bourg. | 50 ha | 300 000 | ⏳ 100 à 150 F |

|81| |82| **83** 84 85 |86| **87 88 89 90 91** 92 **93 94** 95

« Le terroir d'un premier » : sa plaquette promotionnelle ne cache pas les ambitions qualitatives de Poujeaux. Après beaucoup d'autres, ce millésime se charge de prouver qu'il n'y a aucune forfanterie dans cette affirmation. Une robe d'un grenat intense, un bouquet complexe à souhait (bois neuf, fruits mûrs réglissés, menthol, vanille, Zan), une puissante structure, charpentée, une très belle matière première, tout indique une grande bouteille, à attendre au moins quatre ou cinq ans. « De haute lignée », note un dégustateur. Il ne manquait qu'une voix à ce 95 pour être coup de cœur.

↪ Jean Theil SA, Ch. Poujeaux, Grand-Poujeaux, 33480 Moulis-en-Médoc, tél. 05.56.58.02.96, fax 05.56.58.01.25 ◼ ⏳ t.l.j. sf dim. 9h-12h 14h-18h

Pauillac

A peine plus peuplé qu'un gros bourg rural, Pauillac est une vraie petite ville, agrémentée, qui plus est, d'un port de plaisance sur la route du canal du Midi. C'est un endroit où il fait bon déguster les crevettes fraîchement pêchées dans l'estuaire, à la terrasse des cafés sur les quais. Mais c'est aussi, et surtout, la capitale du Médoc viticole, tant par sa situation géographique, au centre du vignoble, que par la présence de trois premiers crus classés (Lafite, Latour et Mouton) que complète une liste assez impressionnante de 15 crus classés. La coopérative assure une production importante. L'appellation a produit 69 910 hl en 1997.

L'appellation est coupée en deux en son centre par le chenal du Gahet, petit ruisseau séparant les deux plateaux qui portent le vignoble. Celui du nord, qui doit son nom au hameau de Pouyalet, se caractérise par une altitude légèrement plus élevée (une trentaine de mètres) et par des pentes plus marquées. Détenant le privilège de posséder deux premiers crus classés (Lafite et Mouton), il se caractérise par une parfaite adéquation entre sol et sous-sol, que l'on retrouve aussi dans le plateau de Saint-Lambert. S'étendant au sud du Gahet, ce dernier s'individualise par la proximité du vallon du Juillac, petit ruis-

359   LE BORDELAIS

seau marquant la limite méridionale de la commune, qui assure un très bon drainage, et par ses graves de grosse taille qui sont particulièrement remarquables sur le terroir du premier cru de ce secteur, Château Latour.

Venant sur des croupes graveleuses très pures, les pauillac sont des vins très corsés, puissants et charpentés, mais aussi fins et élégants, avec un bouquet délicat. Comme ils évoluent très heureusement au vieillissement, il convient de les attendre. Mais ensuite, il ne faut pas avoir peur de les servir sur des plats assez forts comme, par exemple, des préparations de champignons, des viandes rouges, du gibier à chair rouge ou des foies gras.

CH. D'ARMAILHAC 1995★★

| ■ 5ème cru clas. | 50 ha | n.c. | ◆◗ 150 à 200 F |

|72|73|74|75|78| **79 80 81** |82|83| **84** |85| (86) |87| **88 89 90** |92| **93 94 95**

Cabernets, merlot et petit verdot : l'encépagement de ce cru, disposé autour d'un vaste parc, est bien dans l'esprit médocain. Son 95 est lui aussi bien typé, tant par sa robe rouge rubis que par son palais, élégant et puissant avec de beaux tanins croquants. Quant aux arômes, ils ne sont pas en reste, comme en témoignent les notes de cassis et les accents complexes de torréfaction, de résineux, de tubéreuse, de jacinthe. Aucun doute, cette bouteille mérite un long séjour en cave (jusqu'à quinze, voire vingt ans).
☛ Ch. d'Armailhac, 33250 Pauillac, tél. 05.56.59.22.22, fax 05.56.73.20.44
☛ Baronne Ph. de Rothschild GFA

BARON PHILIPPE 1995★

| ■ | | n.c. | n.c. | 50 à 70 F |

Vin de marque, ce 95 ne saurait rivaliser avec ses cousins des crus du GFA Philippine de Rothschild. Toutefois, il est bien construit, avec des tanins imposants et un bouquet d'une réelle originalité, où les fruits mûrs et le pruneau y côtoyant le menthol que l'on retrouve au palais.
☛ Baron Philippe de Rothschild SA, B.P. 117, 33250 Pauillac, tél. 05.56.73.20.20, fax 05.56.73.20.44

CH. BATAILLEY 1995★★

| ■ 5ème cru clas. | 55 ha | 220 000 | ◆◗ 150 à 200 F |

|70 **75** |76|78|79 **80** 81|82| **83** |85|86|88|89|90| |91| |92| **93 95**

Appartenant aux Castéja, l'une des plus anciennes familles encore propriétaires à Pauillac, ce cru est bien dans l'esprit de l'appellation avec ce remarquable 95. D'une belle couleur à reflets brillants, il développe un bouquet d'une grande noblesse (merrain, grillé, fruits confits, aubépine). Puissant, ample et porté par des tanins imposants et harmonieux qui ont besoin de se fondre, il demande à être attendu, sa vocation étant sans conteste la garde.

☛ Héritiers Castéja, 33250 Pauillac, tél. 05.56.00.00.70, fax 05.57.87.60.30 ☑ ⊻ r.-v.

CH. CHANTECLER-MILON 1995

| ■ Cru bourg. | 3,7 ha | 24 000 | ◆◗♦ | 50 à 70 F |

Diffusé par le négoce, ce 95 n'est pas encore prêt, mais son bouquet, fruité et épicé, et son bon caractère tannique en font un vin qui vous prend et ne vous quitte plus.
☛ André Quancard-André, rue de la Cabeyre, 33240 Saint-André-de-Cubzac, tél. 05.57.33.42.42, fax 05.57.43.01.71

CH. CLERC MILON 1995★★★

| ■ 5ème cru clas. | 30 ha | n.c. | ◆◗ + 200 F |

|75| **76** |78| **79** |82|83|85| **86** |87| **88 89 90 92 93** |94| (95)

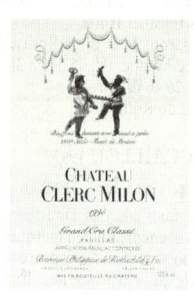

Voisin immédiat de Mouton et de Lafite, Clerc-Milon offre à ses vignes deux belles croupes de graves (Milon et Mousset). D'importants investissements lui permettent de tirer aujourd'hui le meilleur de ce grand terroir, comme le montre ce superbe 95. Fruits mûrs, vanille et bois précieux, le bouquet bénéficie d'une rare complexité, que relaient, au palais, beaucoup de richesse, des tanins soyeux et de plaisantes notes de fruits rouges et de grillé. L'extraction tannique et le bois, parfaitement dosés, confirment s'il en était besoin la qualité du travail de vinification.
☛ Ch. Clerc Milon, 33250 Pauillac, tél. 05.56.59.22.22, fax 05.56.73.20.44
☛ Baronne Ph. de Rothschild GFA

CH. COLOMBIER-MONPELOU 1995★

| ■ Cru bourg. | 15 ha | 110 000 | ◆◗ 70 à 100 F |

Des Desse aux Adde, ce cru a été l'un des plus liés au développement portuaire et industriel qui façonna jadis le caractère urbain de Pauillac. Avec son bouquet de bois précieux (cèdre), ce vin a de quoi entretenir les nostalgies maritimes ; ses puissants tanins carrés, tournés vers la garde et l'avenir, sauront toutefois les dissiper.
☛ SC Vignobles Jugla, Ch. Colombier-Monpelou, 33250 Pauillac, tél. 05.56.59.01.48, fax 05.56.59.12.01 ☑ ⊻ r.-v.

CH. CORDEILLAN-BAGES 1995★

| ■ Cru bourg. | 2 ha | 12 000 | ◆◗ 150 à 200 F |

|89| 91 93 **94** 95

S'il est surtout - et légitimement - connu pour son hôtel (quatre étoiles) et sa table, ce relais et château est avant tout un vrai « château du vin », témoin ce 95 qui associe un bouquet expressif,

Le Médoc

Pauillac

dont les fines notes boisées se retrouvent au palais, à un corps encore adolescent mais bien équilibré. A laisser au moins trois ans en cave, puis suivre son évolution pendant une dizaine d'années.

Jean-Michel Cazes, Ch. Lynch-Bages, 33250 Pauillac, tél. 05.56.73.24.00, fax 05.56.59.26.42

CH. CROIZET-BAGES 1995

■ 5ème cru clas.   28 ha   140 000   100 à 150 F

Propriété de la famille Quié depuis 1934, ce cru propose un 95 d'un rubis brillant. Le nez révèle le fût, même si l'on ne distingue, sous-jacents, des fruits rouges très mûrs, des notes animales et épicées. La bouche attaque avec puissance puis ce sont les flaveurs de chêne qui l'emportent. Il faut attendre que le vin s'exprime davantage.

Jean-Michel Quié, Ch. Croizet-Bages, 33250 Pauillac, tél. 05.56.59.01.62, fax 05.56.59.23.39   t.l.j. sf dim. lun. 9h-13h 14h-18h

CH. DUHART-MILON 1995**

■ 4ème cru clas.   63 ha   n.c.   +200 F

61 70 75 76 79 80 |81| |82| |83| |85| |86| |87| **88 89 90 91 92 93** 94 **95**

Même s'il n'entend pas rivaliser avec son voisin, Lafite, ce cru fait preuve d'une très grande régularité qualitative. Celle-ci se vérifie pleinement avec ce millésime au bouquet friand et expressif par ses notes fruitées et animales. D'une belle tenue, le palais est franc, bien équilibré par des tanins soyeux respectueux du raisin. La finale reprend longuement la palette aromatique, laissant dominer les fruits rouges assortis d'une note poivrée.

SC de Duhart-Milon-Rothschild, 33250 Pauillac, tél. 05.56.73.18.18, fax 05.56.59.26.83   r.-v.

CH. FONBADET 1995*

■ Cru bourg.   16 ha   65 000   100 à 150 F

75 76 **78 79** 81 |82| 83 85 **86** 87 |88| 89 |90| 91 92 93 94 95

S'il soigne tout particulièrement sa communication (Pascale Peyronie est l'une des Aliénor de Bordeaux), ce cru n'en néglige pas pour autant la conduite de la vigne et la vinification. Bien construit, son 95 possède une solide structure tannique, encore très présente, et développe un bouquet d'une bonne intensité, aux notes fruitées (framboise) et florales, accompagnées d'une légère pointe de réglisse.

SCEA domaines Peyronie, Ch. Fonbadet, 33250 Pauillac, tél. 05.56.59.02.11, fax 05.56.59.22.61   r.-v.

CH. GAUDIN 1995

■   10 ha   n.c.   70 à 100 F

Issu d'une petite propriété agrandie tout au long du XIXe s., ce vin est encore un peu austère, mais sa structure lui permettra d'évoluer favorablement d'ici trois à quatre ans.

Mme Capdeville, 2/8, rte des Châteaux, Saint-Lambert, 33250 Pauillac, tél. 05.56.59.24.39, fax 05.56.59.25.26   t.l.j. 10h-12h 13h-19h

CH. GRAND-PUY DUCASSE 1995*

■ 5e cru clas.   39,97 ha   194 130   +200 F

82 **83** 84 **85** 86 87 **88** |89| |90| 91 |92| |93| 94 95

Issu de trois grandes parcelles, au nord, au sud et au centre de Pauillac, ce vin à la robe violine soyeuse, encore discret dans son expression aromatique et fortement marqué par le bois, demande à se fondre. Sa matière doit lui permettre de le faire.

SC du Ch. Grand-Puy-Ducasse, 17, cours de la Martinique, B.P. 90, 33027 Bordeaux Cedex, tél. 05.56.01.30.10, fax 05.56.79.23.57   r.-v.

PRELUDE A GRAND-PUY DUCASSE 1995

■   38,97 ha   28 660   100 à 150 F

Agréablement bouqueté (cassis, olive noire et muscade), le second vin de Grand-Puy-Ducasse est plus simple au palais que son aîné. Toutefois, la bouche sait se rendre aimable par sa rondeur et son velouté.

SC du Ch. Grand-Puy-Ducasse, 17, cours de la Martinique, B.P. 90, 33027 Bordeaux Cedex, tél. 05.56.01.30.10, fax 05.56.79.23.57   r.-v.

CH. GRAND-PUY-LACOSTE 1995**

■ 5ème cru clas.   50 ha   n.c.   +200 F

61 66 70 71 **75** 76 **78** 81 **82** |83| |85| (86) 87 **88 89 90** |91| |92| 93 94 **95**

Solide demeure entourée de ses bâtiments d'exploitation, ce château offre un bel exemple de propriété à la médocaine. A son image, ce 95

Pauillac

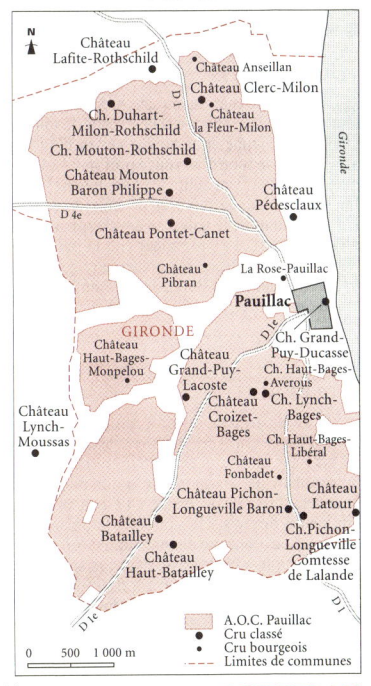

[Map of Pauillac showing: Château Lafite-Rothschild, Château Anseillan, Château Clerc-Milon, Ch. Duhart-Milon-Rothschild, Château la Fleur-Milon, Ch. Mouton-Rothschild, Château Mouton Baron Philippe, Château Pédesclaux, Château Pontet-Canet, Château Pibran, La Rose-Pauillac, Pauillac, Château Haut-Bages-Monpelou, Château Grand-Puy-Lacoste, Ch. Grand-Puy-Ducasse, Ch. Haut-Bages-Averous, Ch. Lynch-Bages, Château Croizet-Bages, Ch. Haut-Bages-Libéral, Château Lynch-Moussas, Château Fonbadet, Château Batailley, Château Pichon-Longueville Baron, Château Haut-Batailley, Château Latour, Ch. Pichon-Longueville Comtesse de Lalande. Legend: A.O.C. Pauillac, Cru classé, Cru bourgeois, Limites de communes. Scale: 500 1 000 m]

361   LE BORDELAIS

Le Médoc   Pauillac

rappelle son origine pauillacaise par des tanins annonciateurs d'un bon potentiel de garde. La puissance du bouquet, qui marie les raisins très mûrs à la réglisse, et les arômes fruités du palais confirment cette impression, comme la finale, riche et imposante.

🍷 SC Grand-Puy-Lacoste, 33250 Pauillac, tél. 05.56.59.05.20, fax 05.56.59.27.37 ⚡ r.-v.

CH. HAUT-BAGES AVEROUS 1995

■   n.c.   120 000   🍾 100 à 150 F

Seconde étiquette de Lynch Bages, ce 95 est bien équilibré. Déjà agréable, il a fait un bon mariage du bois, des tanins et du fruit ; il acceptera une garde de trois ou quatre ans.

🍷 Jean-Michel Cazes, Ch. Lynch-Bages, 33250 Pauillac, tél. 05.56.73.24.00, fax 05.56.59.26.42 ⚡

CH. HAUT-BAGES LIBERAL 1995**

■ 5ème cru clas.   18 ha   147 000   🍾 100 à 150 F
75 76 78 79 80 81 (82) |83| 84 |85| |86| 87 88 89 90 |91| |92| 93 94 **95**

Forte personnalité, Claire Villars-Lurton élabore des vins qui lui ressemblent, tel ce 95 qui affiche son caractère par une belle attaque tannique, une structure puissante et équilibrée, une finale de qualité et un bouquet complexe (fruits rouges, grillé et vanille). Une remarquable bouteille, que l'on peut ouvrir dans quatre ou cinq ans sur un agneau de Pauillac, mais qui vivra plus longtemps.

🍷 Claire Villars-Lurton, Ch. Chasse-Spleen, 33480 Moulis, tél. 05.56.58.02.37, fax 05.57.88.84.40 ⚡ r.-v.

CH. HAUT-BATAILLEY 1995**

■ 5ème cru clas.   n.c.   n.c.   🍾 150 à 200 F
66 71 75 76 **78 81** 82 83 84 |85| |86| |87| 88 89 90 |91| |92| |93| **94 95**

L'absence de château, au sens architectural du terme, n'empêche pas ce cru de nourrir de solides ambitions, comme en témoigne ce vin d'un bel aspect dans sa robe d'un rouge profond. Le bouquet lui aussi a fière allure avec ses intenses parfums de moka, de mûre et de bois de santal. Doux à l'attaque, le palais se développe harmonieusement grâce à sa rondeur et à la puissance tranquille de sa structure onctueuse et goûteuse.

🍷 Mme F. des Brest-Borie, 33250 Pauillac, tél. 05.56.59.05.20, fax 05.56.59.27.37

CH. LA BECASSE 1995*

■   4,21 ha   30 000   🍾 100 à 150 F
91 |92| |93| 94 **95**

S'il est difficile de savoir à qui plaira le plus le nom de ce cru, l'écologiste ou le chasseur, il est sûr, en revanche, que son 95 trouvera de nombreux amateurs. Harmonieux et complexe, son bouquet est très réussi, même s'il est encore sous l'influence du bois. De son côté, le palais, qui attaque avec beaucoup de rondeur, est fort séduisant, ses tanins soyeux s'associant aux arômes de fruits rouges et de pruneau pour former un ensemble de qualité que clôt une longue finale.

🍷 Roland Fonteneau, 21, rue Edouard-de-Pontet, 33250 Pauillac, tél. 05.56.59.07.14, fax 05.56.59.18.44 ⚡ r.-v.

LA CHAPELLE DE BAGES 1995

■   8 ha   67 000   🍾 50 à 70 F

Plus simple que le grand vin (Haut Bages Libéral), notamment par ses arômes, ce 95 sait se rendre charmeur par un bon équilibre entre le fruit et la matière.

🍷 Claire Villars-Lurton, Ch. Chasse-Spleen, 33480 Moulis, tél. 05.56.58.02.37, fax 05.57.88.84.40 ⚡ r.-v.

RESERVE DE LA COMTESSE 1995*

■   n.c.   n.c.   🍾 100 à 150 F

Si certains seconds vins, surtout destinés à améliorer la cuvée principale par une sélection rigoureuse, sont parfois un peu décevants, tel n'est pas le cas de celui-ci. Très féminin, ce 95 fait preuve d'une grande élégance, tant par son bouquet (musc, cannelle et amande) qu'au palais, souple et harmonieux. Un vrai « vin plaisir ».

🍷 SCI Pichon Longueville Comtesse de Lalande, 33250 Pauillac, tél. 05.56.59.19.40, fax 05.56.59.26.56 ⚡ r.-v.
🍷 May-Eliane de Lencquesaing

CH. LAFITE-ROTHSCHILD 1995***

■ 1er cru clas.   94 ha   n.c.   🍾 +200 F
59 (61) **64** |66| 69 |70| |73| |75| **77** |78| |79| |80| 81| |82| |83| |84| **85 86** |87| **88 89 90 91 92 93 94** (95)

Le « style Lafite », qui concilie la puissance et la finesse, trouve ici son expression la plus achevée. La première est annoncée par la robe, d'un somptueux rouge sombre, tandis que le bouquet prépare à la découverte de la seconde par sa complexité (torréfaction, fruits cuits...). L'attaque réussit la synthèse, qui se poursuit tout au long d'un palais au très beau volume, doté de tanins aussi solides qu'élégants. La finale est d'une remarquable distinction. Un grand pauillac, mais aussi un grand Lafite, qui méritera d'être attendu de dix à vingt ans.

🍷 SC du Ch. Lafite-Rothschild, 33250 Pauillac, tél. 05.56.73.18.18, fax 05.56.59.26.83 ⚡ r.-v.

LES CARRUADES DE LAFITE 1995**

■   n.c.   n.c.   🍾 +200 F
|87| **88 89** 90 |91| |92| 93 94 **95**

Seconde étiquette de Lafite-Rothschild, ce 95, séveux et très classique du Bordelais, permettra d'attendre le grand vin. Son bouquet dense et plein, son attaque très douce et son palais fin et tannique avec des saveurs épicées incitent à le boire d'ici quatre à dix ans.

Le Médoc — Pauillac

➤ SC du Ch. Lafite-Rothschild, 33250 Pauillac, tél. 05.56.73.18.18, fax 05.56.59.26.83 r.-v.

CH. LA FLEUR MILON 1995★★
■ Cru bourg.   12,5 ha   80 000   70 à 100 F

André Gimenez, qui constitua le vignoble pièce par pièce et bâtit le chai de ses mains, serait fier de voir ce que sa fille a fait de son cru. Une fois de plus, celle-ci présente un joli vin, d'une belle couleur rubis à reflets bleutés, au bouquet expressif (cassis, framboise, grillé). L'attaque se montre fraîche, les tanins sont bien mûrs ; la finale apparaît longue et délicate. Un 95 bien représentatif de son appellation et qu'il faudra attendre quelques années avant de lui offrir une bécasse ou à un autre mets de choix.
➤ SCE Ch. La Fleur Milon, Le Pouyalet, 33250 Pauillac, tél. 05.56.59.29.01, fax 05.56.59.23.22   t.l.j. sf sam. dim. 8h-12h 14h-17h30
➤ Héritiers Gimenez

CH. LA FLEUR PEYRABON 1995★
■ Cru bourg.   4,87 ha   21 068   70 à 100 F

Bien réussi, ce vin s'inscrit dans la tradition du cru par son expression aromatique. Point fort de la dégustation, celle-ci attire l'attention par sa richesse, avec des notes animales, des nuances de fruits rouges, de fumée et de vanille.
➤ SARL Ch. Peyrabon, Vignes de Peyrabon, 33250 Saint-Sauveur-de-Médoc, tél. 05.56.59.57.10, fax 05.56.59.59.45 r.-v.
➤ Babeau

LA ROSE PAUILLAC 1995★
■   70 ha   185 000   50 à 70 F

Marque de la cave coopérative de Pauillac, ce vin demande à s'arrondir. Sa complexité aromatique (épices, griotte, cuir et caramel) comme sa matière, son volume et sa présence tannique vont lui permettre de trouver sa personnalité définitive d'ici trois ou quatre ans.
➤ SCV La Rose Pauillac, 44, rue du M^{al}-Joffre, B.P. 14, 33250 Pauillac, tél. 05.56.59.26.00, fax 05.56.63.58   r.-v.

CH. LATOUR 1995★★★
■ 1er cru clas.   43 ha   n.c.   +200 F
|60| **67 71** 73 74 75 |76| **77** |78| 79 |80| 81 |82|
|83| |84| 85 86 |87| 88 89 90 91 92 93 94 |95|

Un château Napoléon III, mais qui est l'héritier d'une vénérable maison noble où se déroula une vraie bataille féodale. A son image, ce 95 montre une grande personnalité : la robe, d'un rouge marqué de violine et de notes bigarreau foncé, est remarquable. Le bouquet s'exprime avec force et élégance (fruits rouges, fumet et bois) ; après une très belle attaque, des tanins soyeux au grain serré traduisent la fermeté et la puissance de ce vin dont la profondeur est à la hauteur de sa matière. D'un sérieux potentiel de garde, ce 95 procurera de réelles satisfactions dans une quinzaine d'années.

➤ SCV de Ch. Latour, Saint-Lambert, 33250 Pauillac, tél. 05.56.73.19.80, fax 05.56.73.19.81 r.-v.
➤ François Pinault

LES FORTS DE LATOUR 1995★★
■   n.c.   n.c.   +200 F

Seconde étiquette de Latour, ce vin affirme sa propre personnalité qui s'exprime par un côté charmeur, avec des arômes d'amande, de café grillé et de réglisse. Remarquablement équilibré, il montre sa présence tout au long de la dégustation et révèle une bonne structure, à la fois ronde, ferme et consistante.
➤ SCV de Ch. Latour, Saint-Lambert, 33250 Pauillac, tél. 05.56.73.19.80, fax 05.56.73.19.81 r.-v.

CH. LA TOURETTE 1995★
■   3 ha   23 000   70 à 100 F

Né sur un petit vignoble bien situé, au cœur de l'appellation, ce vin est très attachant par son bouquet associant moka, grillé, croûte de pain, mûre et cuir. Soutenu par un boisé qui n'est pas encore fondu, le palais révèle lui aussi une évolution aromatique plaisante et montre un bon équilibre. A laisser en cave trois bonnes années.
➤ SA Ch. Larose-Trintaudon, rte de Pauillac, 33112 Saint-Laurent-du-Médoc, tél. 05.56.59.41.72, fax 05.56.59.93.22   r.-v.
➤ AGF

LES TOURELLES DE LONGUEVILLE 1995
■   n.c.   120 000   100 à 150 F

S'il ne peut rivaliser avec son grand frère, le second vin de Pichon Baron ne manque pas d'arguments, avec un bouquet mariant la torréfaction, les fruits et les épices. Il possède un « bon corps » où des tanins à la saveur poivrée assurent un bel équilibre.
➤ Jean-Michel Cazes, Ch. Pichon-Longueville, 33250 Pauillac, tél. 05.56.73.17.17, fax 05.56.73.17.28   r.-v.
➤ Axa Millésimes

363   LE BORDELAIS

Le Médoc — Pauillac

CH. LYNCH-BAGES 1995*

■ 5ème cru clas. 90 ha 420 000 +200 F
70 71 |75| 76 78 |79| 80 |81| |82| |83| 84 |85| |86|
|87| 88 89 90 |91| 92 |93| 94 95

Taille du vignoble, terroir (une belle croupe de graves), vue sur l'estuaire, encépagement... tout inscrit Lynch-Bages dans la tradition médocaine. Son 95 s'inscrit lui aussi dans l'esprit de la « presqu'île du vin » par un réel potentiel de garde. La robe est splendide, le nez fermé à double tour : il faut attendre le troisième nez pour que les notes boisées laissent percevoir les fruits (cerise mûre, prune). La bouche se montre tannique, mais bien équilibrée, avec une matière prometteuse. Ce vin s'exprimera davantage dans cinq à six ans.
🍇 Jean-Michel Cazes, Ch. Lynch-Bages, 33250 Pauillac, tél. 05.56.73.24.00, fax 05.56.59.26.42 r.-v.

CH. LYNCH MOUSSAS 1995*

■ 5ème cru clas. n.c. 220 000 100 à 150 F
81 82 83 85 86 88 |89| 90 91 |92| 93 95

Du même producteur que le Château Batailley, ce 95 est lui aussi très typé, tant par l'alliance du fruit et du bois, très sensible notamment en finale, que par sa vocation à la garde. Ample et charnu, il demande à être attendu de quatre à huit ans. Son bouquet est intense, riche et complexe, avec des notes de fruits rouges (cerise, framboise), de vanille, de réglisse et de pivoine. Un vin élégant et bien fait.
🍇 Emile Castéja, 33250 Pauillac, tél. 05.56.00.00.70, fax 05.57.87.60.30 r.-v.

CH. MOUTON ROTHSCHILD 1995***

■ 1er cru clas. 75 ha n.c. +200 F
71 72 73 74 |75| 76 77 |78| 79 80 81 82 83 |84|
85 (86) |87| 88 89 90 91 92 93 94 (95)

S'il n'est jamais avare, le bouquet du Mouton atteint rarement un tel niveau de complexité. Sans s'être complètement ouvert, il développe déjà des parfums intenses et multiples (brioche tiède, épices - muscade - noisette, fruits rouges, cassis et myrtille, sur un fond mentholé et des notes de torréfaction délicates). Le palais n'est pas en reste, avec une attaque franche et savoureuse que suivent des tanins puissants mais enrobés et soyeux, qui laissent parler le fruit en finale ; celle-ci vient rappeler la jeunesse de ce vin qu'il faut attendre une bonne dizaine d'années. Très belle étiquette de Tàpies.
🍇 Ch. Mouton Rothschild, 33250 Pauillac, tél. 05.56.59.22.22, fax 05.56.73.20.44 r.-v.
🍇 Baronne Ph. de Rothschild GFA

CH. PEDESCLAUX 1995*

■ 5ème cru clas. 15 ha 80 000 70 à 100 F
82 83 84 85 86 87 |88| |89| 90 91 |92| 93 95

Bien réussi, ce 95 a l'art de se présenter agréablement dans une jolie robe cerise. Encore sur le fruit (cassis), le bouquet s'agrémente de sympathiques notes de bois et de croissant chaud. Souple, rond, avec des tanins bien enrobés et un élevage qui a su respecter le fruit, le palais est dans le droit fil des premières impressions, donnant un ensemble harmonieux.
🍇 SCEA Ch. Pédesclaux, Padarnac, 33250 Pauillac, tél. 05.56.59.22.59, fax 05.56.59.22.59 r.-v.

CH. PIBRAN 1995*

■ Cru bourg. 10 ha 54 000 100 à 150 F
87 |88| |89| |90| |91| 93 94 95

Pibran possède un beau terroir de graves garonnaises bien mis en valeur par l'équipe qui le mène. Voyez ce 95 qui comporte 5 % de petit verdot, et dont la robe est profonde. Comme tout vin jeune, il n'offre encore qu'un bouquet assez fermé mais il laisse deviner l'équilibre du fruit. La charpente, le volume du palais et la belle finale se portent garants des chances d'évolution de la bouteille. « J'aime », écrit un excellent dégustateur !
🍇 Jean-Michel Cazes, Ch. Pichon-Longueville, 33250 Pauillac, tél. 05.56.73.17.17, fax 05.56.73.17.28 r.-v.
🍇 Axa Millésimes

CH. PICHON-LONGUEVILLE BARON 1995**

■ 2ème cru clas. 68 ha 300 000 +200 F
78 81 |82| |83| 84 |85| |86| 87 88 89 (90) 91 92 93
94 95

Propriété d'Axa depuis 1987, Pichon Baron est aujourd'hui l'un des châteaux du Médoc les plus réputés ; pour son architecture, certes, mais surtout pour son vin au caractère expressif. L'amateur pourra apprécier dans ce 95 des saveurs grillées très prenantes, une attaque fine et élégante, une belle matière. Les tanins, soyeux à souhait, participent au bon équilibre. L'ensemble laisse une impression des plus agréables.
🍇 Jean-Michel Cazes, Ch. Pichon-Longueville, 33250 Pauillac, tél. 05.56.73.17.17, fax 05.56.73.17.28 r.-v.
🍇 Axa Millésimes

CH. PICHON LONGUEVILLE COMTESSE DE LALANDE 1995**

■ 2ème cru clas. 75 ha n.c. +200 F
66 70 71 75 76 |78| 79 80 81 |82| |83| 84 |85| |86|
87 (88) 89 90 91 92 93 94 95

Est-il un amateur éclairé qui ne connaisse la tradition qui veut que le Pichon Lalande soit un vin féminin ? Pour une fois la coutume n'est pas respectée : s'il possède beaucoup de charme, ce

Le Médoc

95 est typiquement pauillac par sa puissance. Un bouquet très frais (noisette et menthol, avec un bois bien dosé), une matière première de bonne origine et de qualité, une extraction et un élevage parfaitement maîtrisés, des tanins bien mûrs, tout s'accorde pour inviter à oublier en cave pendant cinq ans ou plus cette bouteille de grande classe.

SCI Pichon Longueville Comtesse de Lalande, 33250 Pauillac, tél. 05.56.59.19.40, fax 05.56.59.26.56 r.-v.
May-Eliane de Lencquesaing

CH. PLANTEY 1995

■ Cru bourg.   n.c.   120 000   50 à 70 F

L'entrée d'un nouveau cru dans le Guide est suffisamment rare dans une AOC comme pauillac pour que soit salué le fait. Encore un peu austère mais solide et agréablement bouqueté, avec des arômes de petits fruits rouges, ce vin méritera d'être attendu.

SCEA Ch. Plantey, 33250 Pauillac, tél. 05.56.59.06.47, fax 05.56.59.06.47

CH. PONTET-CANET 1995★★

■ 5ème cru clas.   78 ha   265 000   +200 F
61 70 75 76 77 78 79 81 82 83 84 85 86 87
88 89 90 91 92 **93 94 95**

Château, chais, cave souterraine, Pontet Canet mérite de ne pas être oublié lors d'une visite du Médoc. Et son 95 devra aussi être retenu. La profondeur de la robe est gage de qualité. Aussi jeune qu'intense, le bouquet se charge de le confirmer par des notes de fruits mûrs, de poivre et de réglisse. Il en va de même du palais, puissant dès l'attaque et bien structuré, offrant une belle matière et une finale de caractère, qui incitera à se montrer patient (pendant au moins cinq ans) avant d'ouvrir cette bouteille.

Famille Tesseron, Ch. Pontet-Canet, 33250 Pauillac, tél. 05.56.59.04.04, fax 05.56.59.26.63 r.-v.

CH. SAINT-MAMBERT 1995★

■   0,53 ha   3 900   70 à 100 F

Après des débuts encourageants, l'an dernier, ce cru confirme son savoir-faire avec ce millésime. A l'intensité de la robe répond celle du bouquet, où se mêlent très agréablement des notes de fruits rouges, de cuir, de musc et de cassis. Au palais, on retrouve une riche expression aromatique et un bel équilibre, qui donnent un ensemble harmonieux soutenu par une matière de qualité. Une jolie bouteille de garde.

Josianne Reyes, Bellevue, Ch. Saint-Mambert, 33250 Pauillac, tél. 05.56.59.22.72, fax 05.56.59.22.72 r.-v.
Domingo Reyes

Saint-estèphe

A quelques encablures de Pauillac et de son port, Saint-Estèphe affirme un caractère terrien avec ses rustiques hameaux pleins de charme. Correspondant (à l'exception de quelques hectares compris dans l'appellation pauillac) à la commune elle-même, l'appellation (1 245 ha et 71 491 hl) est la plus septentrionale des six appellations communales médocaines. Ceci lui donne une typicité assez accusée, avec une altitude moyenne d'une quarantaine de mètres et des sols formés de graves légèrement plus argileuses que dans les appellations plus méridionales. L'appellation compte cinq crus classés, et les vins qui y sont produits portent la marque du terroir. Celui-ci renforce nettement leur caractère, avec, en général, une acidité des raisins plus élevée, une couleur plus intense et une richesse en tanins plus grande que pour les autres médocs. Très puissants, ce sont d'excellents vins de garde.

CH. ANDRON BLANQUET 1995

■ Cru bourg.   n.c.   88 000   50 à 70 F
75 76 78 79 **81** 82 83 **85 86** 87 88 89 90
92 93 94 95

Du même producteur que le Cos Labory, ce vin n'a pas sa complexité aromatique, mais il est bien typé par son bouquet subtil (fruits rouges et notes grillées) et par son corps qui lui vaudra d'être servi sur des viandes rouges.

SCE Dom. Audoy, Ch. Andron Blanquet, 33180 Saint-Estèphe, tél. 05.56.59.30.22, fax 05.56.59.73.52

Saint-Estèphe

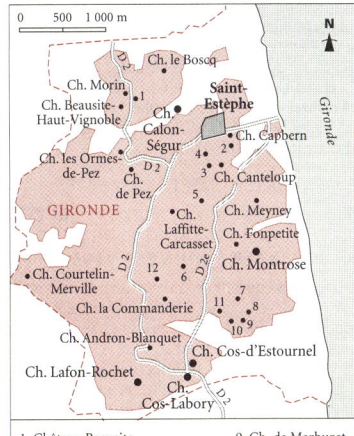

0   500   1 000 m

1 Château Beausite
2 Château Phélan-Ségur
3 Château Picard
4 Château Beauséjour
5 Ch. Tronquoy-Lalande
6 Château Houissant
7 Château Haut-Marbuzet
8 Ch. la Tour-de-Marbuzet
9 Ch. de Marbuzet
10 Ch. Mac Carthy
11 Château le Crock
12 Château Pomys

A.O.C. Saint-Estèphe
● Cru classé
● Cru bourgeois
--- Limites de communes

Le Médoc   Saint-estèphe

CH. BEAU SITE 1995
■ Cru bourg.   n.c.   210 000   ▯▯ 70 à 100 F

Agrémenté d'une terrasse donnant sur le vignoble et l'estuaire, ce cru nous offre ici un vin agréable par son volume, où se développent des notes de fruits.
⌐ Héritiers Castéja, 33250 Pauillac, tél. 05.56.00.00.70, fax 05.57.87.60.30 ⊻ r.-v.

CH. BEL-AIR ORTET 1995★
■   n.c.   n.c.   ▯▯ 50 à 70 F

Commercialisé par la maison Quancard, ce vin ne laissera personne indifférent. S'il peut heurter certains dégustateurs par l'importance du bois, il en séduira beaucoup d'autres par l'ampleur de sa structure et la subtilité de ses arômes fruités, reflet d'une vinification bien menée respectant la vendange.
⌐ Cheval Quancard, rue Barbère, 33440 Ambarès, tél. 05.56.33.80.60, fax 05.56.33.80.70 ⊻ r.-v.

CH. CALON SEGUR 1995★
■ 3ème cru clas. 93 ha   n.c.   ▯▯ +200 F
94 95

Ce 95 sait se rendre agréable par son bouquet, aux belles notes de vanille et de fruits rouges, et par l'harmonie qui se dégage de l'association réussie du bois et du vin. Cette bouteille a du corps, de la matière, de la longueur... et de l'avenir.
⌐ SCEA Calon Ségur, 33180 Saint-Estèphe, tél. 05.56.59.30.08, fax 05.56.59.71.51 ▮ ⊻ r.-v.

CH. CHAMBERT-MARBUZET 1995★★
■ Cru bourg.   7 ha   45 000   ▯▯ 70 à 100 F
66 76 79 81 82 |83| **85** 86 87 |88| 89 |90| 91 |92| **93 94 95**

Un beau terroir de graves, un encépagement adapté (deux tiers de cabernet-sauvignon), une vinification soignée : les qualités de ce joli vin, au corps bien constitué, avec des tanins serrés et savoureux, et à l'agréable bouquet d'épices (cannelle), ne doivent rien au hasard.
⌐ Henri Duboscq et Fils, Ch. Chambert-Marbuzet, 33180 Saint-Estèphe, tél. 05.56.59.30.54, fax 05.56.59.70.87 ▮ ⊻ t.l.j. sf dim. 10h-12h 14h-18h

COS D'ESTOURNEL 1995★★★
■ 2ème cru clas. 64 ha   280 000   ▯▯ +200 F
|70| 71 73 74 |75| 76 |78| |79| 80 |81| |82| |83| 84 |85| |86| 87 88 |89| ⑨⓪ |91| |92| |93| **94 95**

Des têtes couronnées aux amateurs anonymes, Cos est devenu une étape incontournable de toute visite du Médoc. Pour le chai aux trois pagodes, mais aussi pour son vin. Une nouvelle fois, celui-ci montre sa force de séduction, qui s'exprime par sa robe sombre et profonde, par un bouquet aux puissantes notes de cabernet et par un palais ample et harmonieux, avec un bois qui sait parfaitement respecter le vin. La finale très longue se signale par sa finesse. « Un raisin exceptionnel », souligne un juré. Une très belle réussite, qui méritera un séjour en cave de dix à quinze ans. Il ne lui a manqué qu'une voix pour être coup de cœur.

⌐ SA Dom. Prats, Cos d'Estournel, 33180 Saint-Estèphe, tél. 05.56.73.15.50, fax 05.56.59.72.59 ⊻ r.-v.

CH. COS LABORY 1995★
■ 5ème cru clas. 18 ha   75 000   ▯▯ 150 à 200 F
64 70 75 78 79 80 81 82 83 84 85 |86| 87 88 |89| ⑨⓪ **91** |92| **93 94 95**

Ici pas d'inquiétudes à avoir, la vinification recherche une bonne extraction ; de la couleur, avec une robe profonde et des tanins qui montrent leur puissance, tout en respectant la constitution et la chair du vin. Complexe dans son expression aromatique, l'ensemble s'ouvre sur une finale d'une bonne longueur. Plus linéaire mais très agréable, le second vin, **Le Charme de Labory 95**, a obtenu une citation.
⌐ SCE Dom. Audoy, Ch. Cos Labory, 33180 Saint-Estèphe, tél. 05.56.59.30.22, fax 05.56.59.73.52 ▮ ⊻ r.-v.

CH. COSSIEU-COUTELIN 1995★
■   n.c.   n.c.   ▯▯ 50 à 70 F

Ce vin réserve au dégustateur une belle progression : léger mais fin, le bouquet, marqué de jolies notes rhum-raisin et empyreumatiques, est suivi par un palais bien structuré et équilibré, que conclut une longue finale.
⌐ Cheval Quancard, rue Barbère, 33440 Ambarès, tél. 05.56.33.80.60, fax 05.56.33.80.70 ⊻ r.-v.
⌐ Marcel et Christian Quancard

CH. COUTELIN-MERVILLE 1995
■ Cru bourg.   21 ha   142 000   ▯▯ 50 à 70 F

Issu d'une belle unité, ce vin, soyeux et d'une bonne puissance, est intéressant par l'élégance de son expression aromatique (fruits rouges, vanille, épices, sous-bois). A attendre trois ans.
⌐ G. Estager et Fils, Blanquet, 33180 Saint-Estèphe, tél. 05.56.59.32.10, fax 05.56.59.32.10 ▮ ⊻ r.-v.

CH. DOMEYNE 1995
■ Cru bourg. 7,21 ha 40 000 ▮▯▯♦ 50 à 70 F
82 83 85 86 |88| |89| 90 **91 92** 93 **95**

Encore un peu sévère, ce vin fruité semble bien structuré ; il mérite une petite garde qui lui permettra de trouver son expression définitive. Sa robe est d'un beau rubis intense, très prometteur.
⌐ SARL d'Exploitation du Ch. Domeyne, 7, rue du Maquis-de-Vignes, Oudides, 33180 Saint-Estèphe, tél. 05.56.59.72.29, fax 05.56.59.72.21 ▯ ⊻ r.-v.

CH. HAUT-MARBUZET 1995★★★
■ Cru bourg.   50 ha   330 000   ▯▯ 100 à 150 F
|61| |62| **64 66 67 70 71 73 75** |76| **77 78 79 80 81** ⑧② |83| **85 86 88 89 90** |92| **93 94 95**

Fidèles à eux-mêmes, ce cru et son producteur nous offrent ici une très belle bouteille. Vrai vin plaisir par son élégance et sa race, ce 95 débute par une jolie robe rubis intense, avant d'enchaîner avec un bouquet aux généreuses notes fruitées et grillées. Rond, ample, long et parfaitement équilibré, le palais laisse le souvenir d'un ensemble des plus harmonieux.

366

Le Médoc   Saint-estèphe

🍷 Henri Duboscq et Fils, Ch. Haut-Marbuzet, 33180 Saint-Estèphe, tél. 05.56.59.30.54, fax 05.56.59.70.87 ▼ ▼ t.l.j. sf dim. 10h-12h 14h-18h

CH. LAFON-ROCHET 1995**

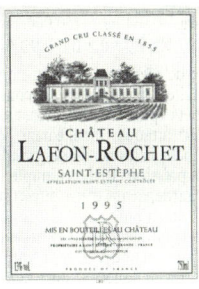

| ■ 4ème cru clas. | 40 ha | 177 000 | 🍾 +200 F |

⑥④ **75 76 77 78 79** 81 |82| |83| 85 **86** |88| |89| 90 **91** |92| 93 94 ⑨⑤

Le terroir de graves garonnaises remonte au gunz. C'est dire que ce cru possède de beaux atouts, comme le démontre ce magistral 95. Sa richesse apparaît dès le bouquet, qui marie les notes de fruits rouges et d'épices, avant d'éclater au palais. Ample, charnue et portée par des tanins bien mûrs, cette bouteille est déjà plaisante mais pourra être attendue, autour de cinq ans ; elle méritera alors des mets choisis : entrecôte, gibier à poil et à plumes.

🍷 Famille Tesseron, Ch. Lafon-Rochet, 33180 Saint-Estèphe, tél. 05.56.59.32.06, fax 05.56.59.72.43 ▼ ▼ r.-v.

CH. LA HAYE 1995

| ■ Cru bourg. | 11 ha | 49 200 | 🍾 70 à 100 F |

|89| |90| **91 92** 93 94 95

L'amateur d'histoire appréciera cette propriété, peut-être ancien rendez-vous de chasse de Diane de Poitiers, et l'œnophile les côtes pleins, charnus et longs de ce vin aux tanins soyeux, d'une belle typicité.

🍷 Georges Lecallier, Leyssac, 33180 Saint-Estèphe, tél. 05.56.59.32.18 ▼ ▼ r.-v.

CH. LA PEYRE 1995*

| ■ Cru artisan | 1,5 ha | n.c. | 🍾 50 à 70 F |

Un vin assez confidentiel dont le propriétaire fut ingénieur avant de se consacrer à ses vignes. Ce 95 mérite d'être attendu, ce qui permettra aux tanins du bois, encore très présents, de se fondre dans une structure puissante, bien équilibrée.

🍷 EARL Vignobles Rabiller, Leyssac, 33180 Saint-Estèphe, tél. 05.56.59.32.51, fax 05.56.59.70.09 ▼ ▼ t.l.j. 10h-12h 15h-19h; dim. sur r.-v.

CH. LE BOSCQ 1995*

| ■ Cru bourg. | 16,62 ha | 75 000 | 🍾 100 à 150 F |

Premier millésime vinifié par le CVBG, administrateur pour l'UFG de ce château du XVIII°s. installé sur une croupe de graves. Ce 95, qui n'a pas bénéficié des investissements réalisés en 96, s'annonce avec bonheur par une tunique d'un

rubis brillant et par un bouquet aux délicates nuances de café, de grillé et de fruits acidulés. Enfin, au palais, il révèle sa prestance et sa vivacité par de belles saveurs gourmandes qui s'appuient sur une bonne assise tannique.

🍷 Ch. Le Boscq, 33180 Saint-Estèphe, tél. 05.56.35.53.00, fax 05.56.35.53.29 ▼ ▼ r.-v.

CH. LE CROCK 1995

| ■ Cru bourg. | n.c. | n.c. | 🍾 70 à 100 F |

Sans égaler le Léoville-Poyferré (saint-julien), du même producteur, ce vin, dont le volume et l'extraction sont importants, méritera d'être attendu pour permettre au bois et au fruit de se fondre.

🍷 Dom. Cuvelier, Ch. Le Crock, 33180 Saint-Estèphe, tél. 05.56.59.30.33, fax 05.56.59.60.09 ▼ ▼ r.-v.

CH. LES ORMES DE PEZ 1995*

| ■ Cru bourg. | 33 ha | 204 000 | 🍾 150 à 200 F |

81 |82| |83| **84** |85| |86| **87** |88| **89 90 91** |92| 93 94 95

Bien que pauillacais avant tout, les Cazes ne négligent pas leur cru stéphanois qu'ils ont acquis il y a cinquante ans. Encore jeune et dominé par les tanins qui couvrent les arômes, mais bien structuré et très concentré, ce 95, marqué par une très forte extraction, demandera du temps pour s'arrondir.

🍷 Jean-Michel Cazes, Ch. Lynch-Bages, 33250 Pauillac, tél. 05.56.73.24.00, fax 05.56.59.26.42 ▼ ▼ r.-v.
🍷 Famille Cazes

CH. LILIAN LADOUYS 1995**

| ■ Cru bourg. | 40 ha | 220 000 | 🍾 100 à 150 F |

|89| ⑨⓪ |91| **92** |93| |94| 95

L'histoire de ce cru, en essor constant depuis 1989, est simple mais rassurante. Notamment pour l'amateur qui bénéficie de jolis vins, tel ce 95, dont la jeunesse apparaît dans la robe soutenue et brillante. Ample, rond et puissant, le palais est déjà harmonieux, avec un bon équilibre entre le bois et le fruit. Le vin demande cependant à être attendu quatre ou cinq ans pour que l'ensemble puisse se fondre complètement.

🍷 SA Ch. Lilian Ladouys, 33180 Saint-Estèphe, tél. 05.56.59.71.96, fax 05.56.59.35.97 ▼ r.-v.

CH. MAC CARTHY 1995

| ■ Cru bourg. | 7 ha | 45 000 | 🍾 70 à 100 F |

Plus simple que ses cousins (Haut Marbuzet et Chambert), ce vin n'en demeure pas moins séduisant par la complexité et l'élégance de son bouquet aux notes de fruits rouges, comme par sa bonne présence au palais.

🍷 Henri Duboscq et Fils, Ch. Mac Carthy, 33180 Saint-Estèphe, tél. 05.56.59.30.54, fax 05.56.59.70.87 ▼ ▼ t.l.j. sf dim. 10h-12h 14h-18h

CH. MARBUZET 1995**

| ■ Cru bourg. | 7 ha | 50 000 | 🍾 100 à 150 F |

75 76 **78 79** |81| **82** 83 84 |85| |86| **87** |88| |89| ⑨⓪ 92 93 |94| **95**

Marbuzet appartient au Prince des vignes, le marquis de Ségur. Le château fut construit à la

Le Médoc / Saint-estèphe

fin du XIX[e]s. A la finesse du château répond celle du bouquet vanillé de ce 95. Souple et bien constitué, le palais se développe agréablement, en attaquant sur des fruits rouges pour finir sur des tanins serrés et bien mûrs. Une jolie bouteille à garder quatre ou cinq ans.

Dom. Prats, Marbuzet, 33180 Saint-Estèphe, tél. 05.56.73.15.50, fax 05.56.59.72.59

TRADITION DU MARQUIS DE SAINT-ESTEPHE 1995★★

| | 12 ha | 80 000 | | 50 à 70 F |

Très bien réussi, ce millésime inaugure avec bonheur la deuxième décennie de la marque prestige de la cave stéphanoise. Déjà agréable, mais apte à la garde, ce vin joue résolument la carte de la délicatesse, tant par son bouquet, aux notes d'épices et d'encens, qu'au palais, dont l'attaque souple et grasse s'ouvre sur des tanins bien enrobés et fondus.

Marquis de Saint-Estèphe, 2, rte du Médoc, 33180 Saint-Estèphe, tél. 05.56.59.32.05, fax 05.56.59.70.89 ⊻ Ƭ t.l.j. sf sam. dim. 8h30-12h15 14h-18h

CH. MEYNEY 1995★★

| Cru bourg. | 50 ha | 300 000 | 100 à 150 F |

80 81 |82| |83| 84 |85| (86) |87| 88 89 90 91 92 93 94 95

Issu d'un terroir bien typé, ce vin l'est tout autant. Au bouquet, son côté stéphanois, que traduisent des notes animales, n'exclut pas une certaine originalité avec quelques touches de cire d'abeille. Doux à l'attaque, très fruité, le palais prend ensuite de l'ampleur pour laisser le souvenir d'une belle finale aux tanins bien mûrs. Une bouteille de longue garde, qui laissera le temps de savourer le second vin, le **Prieur de Meyney**, qui a obtenu une étoile et sera à boire d'ici trois ou quatre ans.

Domaines Cordier, 53, rue du Dehez, 33290 Blanquefort, tél. 05.56.95.53.00, fax 05.56.95.53.01 ⊻ Ƭ r.-v.

CH. MONTROSE 1995★★

| 2e cru clas. | 68,39 ha | 229 800 | +200 F |

64 66 67 |70| |75| 76 78 |79| 81 |82| 83 |85| 86 87 88 89 90 91 92 93 94 95

Belle unité d'un seul tenant, ce cru, implanté sur une croupe graveleuse bien exposée, propose une fois encore un joli vin, aussi agréable à l'œil, avec une robe d'un rouge profond, que par son bouquet, aux intenses parfums de fraises cuites nuancés de petites notes de poivre noir. Au palais, l'attrait demeure, avec un bon équilibre entre les arômes et les tanins. Plus simple mais longue et délicatement bouquetée, la **Dame de Montrose 95**, le second vin, a obtenu une citation.

Jean-Louis Charmolüe, SCEA du Ch. Montrose, 33180 Saint-Estèphe, tél. 05.56.59.30.12, fax 05.56.59.38.48 ⊻ Ƭ r.-v.

CH. PETIT BOCQ 1995★

| | 6,55 ha | 45 000 | 70 à 100 F |

Entré dans le Guide l'an dernier, ce cru confirme l'essai avec ce 95. Fort bien réussi, ce vin débute par une robe d'un rouge soutenu, avant d'enchaîner par un bouquet ensoleillé (fruits chauffés au soleil). Après une attaque très nette apparaissant un équilibre et une élégance qui, selon un dégustateur, « traduisent un très bon travail d'extraction sur une vendange irréprochable ».

SCEA Lagneaux-Blaton, 3, rue de la Croix-de-Pez, B.P. 33, 33180 Saint-Estèphe, tél. 05.56.59.35.69, fax 05.56.59.32.11 ⊻ Ƭ r.-v.

CH. PHELAN SEGUR 1995★★

| Cru bourg. | 64 ha | 250 000 | 100 à 150 F |

81 82 |86| 87 |88| 89 90 |91| |92| 93 94 95

Exemple de régularité, Phélan nous offre ici un vin parfaitement réussi. Ne se contentant pas d'un bouquet explosif (vanille, toast et notes animales), ce 95 attaque franchement pour libérer des tanins bien extraits, d'une grande élégance dans leur expression. Riche et ample, il méritera une bonne garde, avant d'être ouvert sur un civet de canard. Moins puissant mais très bien réussi, avec un beau bouquet (confit et épices), le **Franck Phélan 95**, son second vin, a obtenu une étoile. On a aimé son bouquet où dominent les épices orientales. Le décanter avant de le servir.

SA Ch. Phélan Ségur, 33180 Saint-Estèphe, tél. 05.56.59.30.09, fax 05.56.59.30.04 Ƭ r.-v.

X. Gardinier

CH. PICARD 1995★

| Cru bourg. | 8 ha | 50 000 | 70 à 100 F |

Pour être sans histoire, ce petit cru n'en a pas moins changé plusieurs fois de mains au cours des dernières années. Encore très jeune, son 95 possède une solide structure et un bouquet d'une ampleur suffisante pour pouvoir être attendu pendant les quelques années qui lui permettront d'acquérir rondeur et amabilité.

Mähler-Besse, 49, rue Camille-Godard, 33026 Bordeaux, tél. 05.56.56.04.30, fax 05.56.56.04.59 ⊻ Ƭ r.-v.

CH. SAINT-ESTEPHE 1995

| Cru bourg. | n.c. | 50 000 | 70 à 100 F |

75 80 81 |82| 83 84 |85| 87 |88| 89 90 |91| |92| |93| |94| 95

Bien travaillé, ce vin s'annonce discrètement mais il laisse ensuite apparaître son équilibre, présent des le bouquet et très sensible au palais, que traversent de fines notes fruitées. Bon élevage en barrique. Attendre cinq ans que tout se fonde.

SA Arnaud, Ch. Saint-Estèphe et Pomys, 33180 Saint-Estèphe, tél. 05.56.59.32.26, fax 05.56.59.35.24 ⊻ Ƭ r.-v.

CH. SEGUR DE CABANAC 1995★

| Cru bourg. | 4,95 ha | 29 000 | 70 à 100 F |

|86| 87 |88| 89 90 |91| 92 93 94 95

Porter le nom du « prince des vignes » du XVIII[e]s. a ses exigences. Mais ce vin s'en montre digne, tant par son bouquet, d'abord grillé puis fait de petits fruits rouges sauvages, que par son palais. Après une attaque assez surprenante par sa présence tannique, celui-ci développe une structure à la fois puissante, tendre et aimable, qui donne son originalité à l'ensemble. La finale offre d'élégantes notes de merise.

368

Le Médoc

◦┐ SCEA Guy Delon et Fils, Ch. Ségur de Cabanac, 33180 Saint-Estèphe, tél. 05.56.59.70.10, fax 05.56.59.73.94 ⊻ ⊺ r.-v.

CH. TOUR COUTELIN 1995

■   7,5 ha   50 000   ⬥ ⬥ `70 à 100 F`

Diffusé par le négoce, ce vin est encore un peu sévère, avec des tanins très présents, mais cela doit lui permettre de s'arrondir après un séjour en cave de deux ou trois ans.

◦┐ Yvon Mau SA, rue André-Dupuy-Chauvin, B.P. 1, 33190 Gironde-sur-Dropt, tél. 05.56.61.54.54, fax 05.56.61.54.61 ⊻

CH. TOUR DE PEZ 1995**

■ Cru bourg.   13 ha   80 000   ⬥ `100 à 150 F`
91 93 94 ⑨⑤

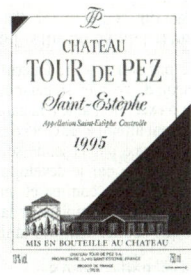

Si le 94 avait un peu déconcerté nos dégustateurs, ce 95 les a enthousiasmés. Robe d'un rouge très sombre, bouquet riche et complexe (fruits confits et bois précieux), d'emblée la dégustation se place sous les meilleurs auspices. Rond, ample et soutenu par une structure tannique de qualité, le palais confirme l'impression première, invitant à un long vieillissement, suivi d'un grand accord gourmand (un dégustateur fidèle propose une poulette chaperonnée d'écrevisses). Seconde étiquette, **Les Hauts de Pez 95**, a obtenu une citation.

◦┐ SA Ch. Tour de Pez, L'Hereteyre, 33180 Saint-Estèphe, tél. 05.56.59.31.60, fax 05.56.59.71.12 ⊻ ⊺ t.l.j. sf sam. dim. 9h30-12h 14h-17h30; groupes sur r.-v.

CH. TOUR DES TERMES 1995

■ Cru bourg.   15 ha   120 000   ⬥ `70 à 100 F`
81 82 83 84 85 86 |88| |89| 92 93 94 95

Protégé par une vieille tour médiévale, ce cru nous offre ici un vin simple mais droit, dont on appréciera la finesse du bouquet et le côté très agréable de l'attaque.

◦┐ Vignobles Jean Anney, Ch. Tour des Termes, 33180 Saint-Estèphe, tél. 05.56.59.32.89, fax 05.56.59.73.74 ⊻ ⊺ r.-v.

CH. TOUR HAUT VIGNOBLE 1995

■ Cru bourg.   15 ha   60 000   ⬥ `50 à 70 F`

Encore assez austère, avec une présence très marquée de tanins toujours anguleux, ce vin demandera à être attendu pour qu'il puisse s'exprimer pleinement.

◦┐ Maison Schröder et Schÿler, 55, quai des Chartrons, B.P. 113, 33027 Bordeaux Cedex, tél. 05.57.87.64.55, fax 05.57.87.57.20
◦┐ J.-L. Braquessac

CH. TOUR SAINT FORT 1995

■ Cru bourg.   9,31 ha   39 000   ⬥ `70 à 100 F`

Equipements, conduite de la vigne, vinification, ce cru ne ménage pas ses efforts. D'où ces qualités de son 95, au bouquet fin et expressif, avec des notes fruitées, boisées et confites ; ample et soutenu par une bonne structure tannique, le palais est encore assez dur, mais il possède les réserves nécessaires pour bien évoluer d'ici quatre à cinq ans.

◦┐ SCA ch. Tour Saint Fort, 1, rte de La Villotte, Laujac, 33180 Saint-Estèphe, tél. 05.56.34.16.16, fax 05.56.13.05.54 ⊻ ⊺ r.-v.

CH. TRONQUOY-LALANDE 1995*

■ Cru bourg.   n.c.   87 000   ⬥ `70 à 100 F`
⑧② 83 85 |86| 87 |88| |89| 90 |91| 93 94 95

Issu d'une propriété commandée par un beau château authentiquement girondin, ce vin est lui aussi plein de charme : délicatement bouqueté, il se montre rond, charnu et bien équilibré au palais, où s'expriment des tanins souples et mûrs. Commercialisation exclusive par Dourthe.

◦┐ Ch. Tronquoy-Lalande, 33180 Saint-Estèphe, tél. 05.56.35.53.00, fax 05.56.35.53.29 ⊺ r.-v.
◦┐ A. Castéja-Texier

CH. VALROSE 1995

■   5,04 ha   35 000   ⬥ `50 à 70 F`

Au charme du nom répond celui du vin, simple mais bien fait, tant au bouquet qu'au palais, avec un côté fruité qui sert de fil rouge à la dégustation.

◦┐ SCEA Ch. Valrose, 7, rue Michel-Audoy, 33180 Saint-Estèphe, tél. 05.56.59.72.02, fax 05.56.59.39.31 ⊻ ⊺ r.-v.
◦┐ Jean-Louis Audoin

Saint-julien

Pour l'une « saint-julien », pour l'autre « saint-julien-beychevelle », saint-julien est la seule appellation communale du Haut-Médoc à ne pas respecter scrupuleusement l'homonymie entre les dénominations viticole et municipale. La seconde, il est vrai, a le défaut d'être un peu longue, mais elle correspond parfaitement à l'identité humaine et au terroir de la commune et de l'appellation, à cheval sur

Le Médoc — Saint-julien

deux plateaux aux sols caillouteux et graveleux.

Situé exactement au centre du Haut-Médoc, le vignoble de Saint-Julien constitue, sur une superficie assez réduite (900 ha et 50 883 hl en 1997), une harmonieuse synthèse entre margaux et pauillac. Il n'est donc pas étonnant d'y trouver onze crus classés (dont cinq seconds). A l'image de leur terroir, les vins offrent un bon équilibre entre les qualités des margaux (notamment la finesse) et celles des pauillac (le corps). D'une manière générale, ils possèdent une belle couleur, un bouquet fin et typé, du corps, une grande richesse et une très belle sève. Mais, bien entendu, les quelque 6,6 millions de bouteilles produites en moyenne chaque année à Saint-Julien sont loin de se ressembler toutes, et les dégustateurs les plus avertis noteront les différences qui existent entre les crus situés au sud (plus proches des margaux) et ceux du nord (plus près des pauillac) ainsi qu'entre ceux qui sont à proximité de l'estuaire et ceux qui se trouvent plus à l'intérieur des terres (vers Saint-Laurent).

AMIRAL DE BEYCHEVELLE 1995*

■ 19 ha 110 000 ⑪ 70 à 100 F

Si la frêle galère de l'étiquette du grand vin s'est transformée ici en un puissant vaisseau, la hiérarchie est respectée, cette bouteille n'ayant pas la structure tannique du Beychevelle. Ce qui ne l'empêche pas de se montrer charmeuse et séduisante grâce à son équilibre et à l'élégance de son bouquet, floral avec de belles notes de pruneau et de cerise.

🍷 SC Ch. Beychevelle, 33250 Saint-Julien-Beychevelle, tél. 05.56.73.20.70, fax 05.56.73.20.71 ⊤ r.-v.

CH. BEYCHEVELLE 1995**

■ 4ème cru clas. 60 ha   330 000 ⑪ +200 F
|70| 76 78 79 81 |82| 83 84 85 86 87 88 ⑧⑨ 90 91 92 93 94 95

Comme son nom « baisse voile » et son étiquette le rappellent, ce cru borde l'estuaire, jouant ainsi d'un beau terroir. Bien qu'encore très jeune et marqué par l'élevage, son 95 montre son élégance, tant par son bouquet grillé et torréfié avec des notes de cacao, que par son palais d'une agréable fraîcheur aromatique, aux tanins d'une grande saveur.

🍷 SC Ch. Beychevelle, 33250 Saint-Julien-Beychevelle, tél. 05.56.73.20.70, fax 05.56.73.20.71 ▼ ⊤ r.-v.

CH. BRANAIRE Duluc-Ducru 1995**

■ 4ème cru clas. 48 ha   n.c. ⑪ 150 à 200 F
81 82 83 84 85 |86| 87 |88| 89 90 91 92 93 94 95

Demeure Directoire, orangerie, tout ici s'inscrit dans le temps, à commencer par ce beau 95. Affichant sa jeunesse dans sa robe entre rubis et violet, ce vin développe un bouquet intense, fin et de caractère (griotte, fruits à l'eau-de-vie, épices) avant de laisser la place à un palais ample, gras et charnu, que soutiennent des tanins de merrain bien fondus. Une belle vinosité au service d'une structure sans faille.

🍷 SAE du Ch. Branaire-Ducru, 33250 Saint-Julien, tél. 05.56.59.25.86, fax 05.56.59.16.26 ▼ ⊤ r.-v.

CH. DUCRU-BEAUCAILLOU 1995***

■ 2ème cru clas. 50 ha   n.c. ⑪ +200 F
|61| 62 64 |66| |70| 71 |75| 76 77 |78| 79 81 |82| 83 84 |85| 86 |87| 88 89 90 |91| |92| 93 94 ⑨⑤

Privilégié par son terroir, Ducru a choisi la meilleure façon d'exprimer sa personnalité : produire un vin d'exception apte à la garde. L'objectif est pleinement atteint avec ce 95 d'une extrême élégance. Annoncée par la jeunesse de la robe, sa richesse s'affirme par le développement aromatique (raisins très confits et moka d'une grande pureté) et par l'ampleur et la densité de la structure que soutiennent les tanins de belle facture.

🍷 Jean-Eugène Borie, 33250 Saint-Julien-Beychevelle, tél. 05.56.59.05.20, fax 05.56.59.27.37 ⊤ r.-v.; f. août

CH. DULUC 1995*

■ n.c. n.c. ⑪ 70 à 100 F

Seconde étiquette du château Branaire, ce vin est lui aussi bien construit, avec une délicate présence aromatique et une structure ronde et harmonieuse qui donne un ensemble fondu. Il demandera néanmoins encore trois ou quatre ans pour arriver à son optimum.

🍷 SAE du Ch. Branaire-Ducru, 33250 Saint-Julien, tél. 05.56.59.25.86, fax 05.56.59.16.26 ▼ ⊤ r.-v.

CH. DU GLANA 1995

■ Cru bourg. n.c. 200 000 ⑪ 50 à 70 F

Exclusivité du C.V.B.G., ce vin charme par son élégance que l'on retrouve au palais comme par le bouquet, où se développent de subtiles notes fleuries.

🍷 Ch. du Glana, 33250 Saint-Julien, tél. 05.56.35.53.00, fax 05.56.35.53.29 ⊤ r.-v.

CH. GLORIA 1995**

■ 48 ha 220 000 ⑪ 150 à 200 F
64 66 70 71 75 76 78 79 81 82 83 84 |85| |86| 87 |88| 89 90 |91| |92| 93 94 95

Par l'achat de nombreuses parcelles de vignes à quelques crus classés, Henri Martin a constitué ce château en 1942. Françoise Triaud continue, avec la même rigueur et la même fierté, l'œuvre de son père. Tanins soyeux et crémeux, belles saveurs de torréfaction et de cacao, bouquet fin

Le Médoc

Saint-julien

et complexe, très « saint-julien », tout marque la recherche de l'élégance dans ce vin superbe.
- Domaines Martin, Ch. Gloria, 33250 Saint-Julien-Beychevelle, tél. 05.56.59.08.18, fax 05.56.59.16.18 ☑ ⌶ r.-v.
- Françoise Triaud

CH. GRUAUD-LAROSE 1995**

■ 2ème cru clas.   82 ha   318 000   ⦿ +200 F
70 71 75 |76| 77 **78** |79| 80 **81 82 83** 84 |85| (86) 87 |88| |89| **90** |91| 92 **93 94** (95)

« Etoffé, suave et moelleux en même temps », écrivait Lawton en 1815 ; « bonne structure tannique ; souple et velouté », disent aujourd'hui nos dégustateurs. C'est dire qu'il existe bien un style « Gruaud », qu'illustre cet harmonieux 95. Tout est à l'image de la robe brillante et profonde, à commencer par l'expression aromatique, aux puissantes notes de fruits rouges, de pruneau, de mure, de réglisse, de cuir et de vanille. Une superbe bouteille, à attendre cinq ou six ans pour la servir sur du gibier.
- Ch. Gruaud-Larose, B.P. 6, 33250 Saint-Julien-Beychevelle, tél. 05.56.73.15.20, fax 05.56.59.64.72 ⌶ r.-v.

SARGET DE GRUAUD-LAROSE 1995*

■   84 ha   165 000   ⦿ +200 F

Seconde étiquette du château Gruaud Larose, ce vin est lui aussi bien typé. Souple, harmonieux et de bonne structure, il se signale par la finesse de son expression aromatique : gibier, viande, poivron, épices (poivre et clou de girofle), avec, en prime, une petite note mentholée en finale.
- Ch. Gruaud-Larose, B.P. 6, 33250 Saint-Julien-Beychevelle, tél. 05.56.73.15.20, fax 05.56.59.64.72 ⌶ r.-v.

CH. LA BRIDANE 1995

■ Cru bourg.   n.c.   50 000   ⦿ 70 à 100 F
81 82 83 85 86 88 |89| **90** 91 92 93 94 |95|

Élaboré par l'un des crus bourgeois de l'appellation, ce vin simple mais bien fait est très médocain par son bouquet aux notes de poivron, de cassis et d'épices. Au palais, on découvre une belle matière avec un côté surmûri.
- Bruno Saintout, Cartujac, 33112 Saint-Laurent-Médoc, tél. 05.56.59.91.70, fax 05.56.59.46.13 ☑ ⌶ r.-v.

CH. LAGRANGE 1995***

■ 3ème cru clas.   112 ha   n.c.   ⦿ 150 à 200 F
79 81 82 **83** |85| |86| 87 **88 89** (90) |91| **92 93 94 95**

Maison noble au Moyen Age, le château Lagrange eut pour propriétaires quelques grandes figures de l'histoire viticole médocaine (les Brown, le comte Duchatel). Le passé est ici à la hauteur du terroir. Bien mis en valeur grâce à d'importants investissements dus à son propriétaire japonais, celui-ci trouve une belle expression de sa personnalité à travers ce 95 fort réussi. Une robe profonde et brillante, un bouquet de caractère (fumée et épices, avec des notes de cèdre, de rancio et de fourrure), un palais ample et gras, tout contribue à former un ensemble très harmonieux, qui méritera une bonne garde. Ce vin acceptera la confrontation avec des mets puissants.
- Ch. Lagrange SA, 33250 Saint-Julien-Beychevelle, tél. 05.56.73.38.38, fax 05.56.59.26.09 ⌶ r.-v.
- Suntory Ltd

LES FIEFS DE LAGRANGE 1995

■   112 ha   n.c.   ⦿ 70 à 100 F

S'il est plus simple que le Lagrange, ce 95 n'en demeure pas moins bien constitué, avec un joli bouquet, associant grillé, confit, griotte et fumée, et un palais puissant et moelleux.
- Ch. Lagrange SA, 33250 Saint-Julien-Beychevelle, tél. 05.56.73.38.38, fax 05.56.59.26.09 ⌶ r.-v.

CH. LANGOA BARTON 1995*

■ 3ème cru clas.   15 ha   8 500   ⦿ +200 F
70 75 76 |78| 80 **81** |82| |83| **85 86** 87 88 (89) **90** |92| 93 94 95

S'il n'a pas - ou n'exprime pas encore - le même caractère que son cousin Léoville, ce vin montre qu'il possède une bonne construction. Si son état présent est marqué par un étonnant mélange de timidité et de sévérité, on voit apparaître des tanins mûrs et serrés qu'accompagnent de sympathiques nuances aromatiques de fruits rouges, de cassis et de cacao.
- Anthony Barton, Ch. Langoa Barton, 33250 Saint-Julien-Beychevelle, tél. 05.56.59.06.05, fax 05.56.59.14.29 ⌶ r.-v.

Saint-Julien

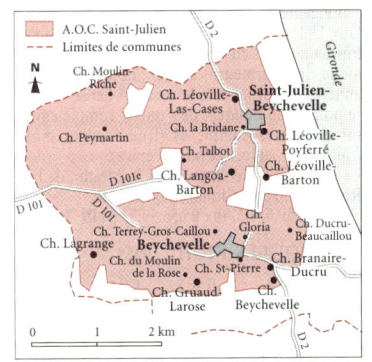

LE BORDELAIS

Le Médoc — Saint-julien

CH. LEOVILLE-BARTON 1995★★

■ 2ème cru clas.   46 ha   250 000   ⦿ +200 F
|64| 67 |70| |71| |75| |76| |78| |79| 80 81 |82| |83| |85| 86 87 88 89 ⑨⓪ |91| |92| 93 94 95

Plus de dix-sept décennies de présence médocaine ont profondément enraciné les Barton dans l'appellation saint-julien. Robe sombre, bouquet mariant les fruits noirs à un joli boisé, belle attaque, solide structure aux tanins serrés, bon potentiel de garde (cinq ans et plus) : tout s'accorde pour donner un vin de caractère, puissant et généreux.

☛ Anthony Barton, Ch. Léoville Barton, 33250 Saint-Julien-Beychevelle,
tél. 05.56.59.06.05, fax 05.56.59.14.29 ⚲ r.-v.

CH. LEOVILLE POYFERRE 1995★★

■ 2ème cru clas.   n.c.   n.c.   ⦿ +200 F
|76| 78 |79| 80 |81| |82| |83| 84 85 86 87 88 89 90 |91| |92| |93| 94 95

Sis au cœur de l'ancien domaine de Léoville, ce cru reste une fois encore dans la meilleure typicité « saint-julien » avec ce vin de grande classe. Certes le bois est encore très présent, mais il est de qualité et n'empêche pas le bouquet de se montrer expressif : fruits mûrs, cerise, cassis, torréfaction et épices. Rond à l'attaque, le palais se fait ensuite riche, charnu et aromatique, tandis que de beaux tanins lui donnent beaucoup de profondeur et se portent garants de l'évolution à la garde (à attendre de cinq à dix ans).

☛ Sté Fermière du Ch. Léoville Poyferré,
33250 Saint-Julien, tél. 05.56.59.08.30,
fax 05.56.59.60.09 ⚲ r.-v.

CH. LES ORMES 1995

■   1,5 ha   11 000   🍷⦿⇣ 50 à 70 F

Proposé par la maison Quancard mais issu d'une propriété indépendante, ce vin discret est cependant agréable, avec un bouquet original où apparaissent des notes florales (rose et muguet) et une bonne structure, souple et chaleureuse.

☛ André Quancard-André, rue de la Cabeyre, 33240 Saint-André-de-Cubzac,
tél. 05.57.33.42.42, fax 05.57.43.01.71
☛ Pairault

CH. MOULIN DE LA ROSE 1995★

■ Cru bourg.   4,65 ha   27 000   ⦿ 100 à 150 F
|93| 94 95

Egalement bien représenté en saint-estèphe, Guy Delon nous offre ici un saint-julien encore très jeune mais racé. Sa puissante structure tannique lui permettra d'être attendu plusieurs années, ce qui laissera le temps à l'ensemble de se polir et au bouquet de s'ouvrir complètement sur des notes complexes (fruits rouges mûrs, fruits noirs, épices et pain d'épice).

☛ SCEA Guy Delon et Fils, Ch. Moulin de la Rose, 33250 Saint-Julien-Beychevelle,
tél. 05.56.59.08.45, fax 05.56.59.73.94 Ⓥ ⚲ r.-v.

CH. MOULIN RICHE 1995★

■ Cru bourg.   n.c.   n.c.   ⦿ 70 à 100 F
|93| 94 95

Proposé par le château Léoville-Poyferré, ce 95 n'a pas la même classe, mais il n'en demeure pas moins des plus intéressants, tant par sa puissance aromatique, aux notes de grillé, de fruits mûrs et de gibier, que par sa bonne constitution. Un grand vin classique, à attendre au moins cinq ans.

☛ Sté Fermière du Ch. Léoville Poyferré, 33250 Saint-Julien, tél. 05.56.59.08.30,
fax 05.56.59.60.09 ⚲ r.-v.

CH. SAINT-PIERRE 1995★★★

■ 4ème cru clas.   17 ha   60 000   ⦿ +200 F
82 83 84 |85| |⑧⑥| 87 88 |89| 90 |91| |92| |93| 94 |95|

Chaque année les vignobles Martin cherchent la macération la mieux adaptée au millésime. Nul doute qu'ils l'ont trouvée en 1995. Profonde à reflets noirs, la robe donne clairement le ton. La puissance est le fil rouge de la dégustation. Au bouquet, elle s'accompagne de beaucoup de complexité et d'élégance. Au palais, elle se manifeste par une solide charpente, une belle trame tannique, une grande ampleur et un équilibre du meilleur aloi. Une superbe bouteille à garder en cave au moins cinq ans avant de l'ouvrir sur des mets raffinés et goûteux.

☛ Domaines Martin, Ch. Saint-Pierre,
33250 Saint-Julien-Beychevelle,
tél. 05.56.59.08.18, fax 05.56.59.16.18 Ⓥ ⚲ r.-v.
☛ Françoise Triaud

CH. TALBOT 1995★★

■ 4ème cru clas. 102 ha   450 000   ⦿ 100 à 150 F
|78| 79 80 |81| |82| |83| 84 |⑧⑤| |86| 87 |88| 89 90 |91| |92| 93 94 |95|

L'une des plus imposantes unités de l'appellation pour un vin qui ne l'est pas moins, doté d'une superbe robe grenat à reflets noirs, et d'une structure onctueuse et généreuse, qu'appuient des tanins soyeux et un beau bouquet. Fin et délicat, celui-ci exprime sa personnalité par une agréable note cacaotée sur un fruité aussi prometteur que la longue persistance du palais.

☛ Ch. Talbot, 33250 Saint-Julien-Beychevelle, tél. 05.56.73.21.50, fax 05.56.73.21.51 ⚲ r.-v.
☛ Mmes Rustmann et Bignon

CONNETABLE DE TALBOT 1995

■   102 ha   200 000   ⦿ 70 à 100 F

Seconde étiquette du château Talbot, ce 95 à la robe rubis est encore très tannique n'a pas achevé son évolution. Toutefois, il devrait être très agréable d'ici deux ou trois ans.

☛ Ch. Talbot, 33250 Saint-Julien-Beychevelle, tél. 05.56.73.21.50, fax 05.56.73.21.51 ⚲ r.-v.

Les vins blancs liquoreux

CH. TEYNAC 1995

■　　　　　11,5 ha　　36 000　　⦅⦆ 70 à 100 F

92 |93| |94| 95

Du même producteur que le Château Corconnac (haut-médoc), ce saint-julien est lui aussi réussi. D'une belle couleur foncée, il développe un bouquet d'une bonne puissance (fruits noirs et pruneau), et un palais ample et savoureux (fruits mûrs). Complet et bien constitué, l'ensemble, que clôt une finale poivrée, méritera d'être attendu au moins trois ans.

☞ Ch. Teynac, Grand-rue, Beychevelle, 33250 Saint-Julien-Beychevelle, tél. 05.56.59.12.91, fax 05.56.59.46.12 ▣ ⅄ r.-v.
☞ F. et Ph. Pairault

Les vins blancs liquoreux

Quand on regarde une carte vinicole de la Gironde, on remarque aussitôt que toutes les appellations de liquoreux se retrouvent dans une petite région située de part et d'autre de la Garonne, autour de son confluent avec le Ciron. Simple hasard ? Assurément non, car c'est l'apport des eaux froides de la petite rivière landaise, au cours entièrement couvert d'une voûte de feuillages, qui donne naissance à un climat très particulier. Celui-ci favorise l'action du *Botrytis cinerea*, champignon de la pourriture noble. En effet, le type de temps que connaît la région en automne (humidité le matin, soleil chaud l'après-midi) permet au champignon de se développer sur un raisin parfaitement mûr sans le faire éclater : le grain se comporte comme une véritable éponge, et le jus se concentre par évaporation d'eau. On obtient ainsi des moûts très riches en sucre.

Mais, pour obtenir ce résultat, il faut accepter de nombreuses contraintes. Le développement de la pourriture noble étant irrégulier sur les différentes baies, il faut vendanger en plusieurs fois, par tries successives, en ne ramassant à chaque fois que les raisins dans l'état optimal. En outre, les rendements à l'hectare sont faibles (avec un maximum autorisé de 25 hl à Sauternes et à Barsac). Enfin, l'évolution de la surmaturation, très aléatoire, dépend des conditions climatiques et fait courir des risques aux viticulteurs.

Ainsi, en 1991, beaucoup de producteurs de vins liquoreux n'ont-ils pas mis en bouteilles leur récolte, du moins sous l'étiquette du grand vin. En effet, la production n'a pas atteint 50 % des volumes habituels. En 1997, la production a atteint 31 289 hl en sauternes et 12 942 hl en barsac. Signalons qu'en 1996 la production bordelaise de vins liquoreux a atteint 152 000 hl, barsac-sauternes représentant 51 778 hl.

Cadillac

Cette bastide qu'ennoblit son splendide château du XVIIe s., surnommé « le Fontainebleau girondin », est souvent considérée comme la capitale des premières côtes. Mais c'est aussi, depuis 1980, une appellation de liquoreux.

CH. DU BIAC 1996*

☐　　　　　n.c.　　　n.c.　　⦅⦆ 70 à 100 F

Du même producteur que le premières côtes rouge, ce vin d'une bonne complexité aromatique ne manque ni de caractère ni de concentration. Jolie longueur.
☞ SCEA Ch. du Biac, 19, rte de Ruasse, 33550 Langoiran, tél. 05.56.67.19.98, fax 05.56.67.32.63 ▣ ⅄ r.-v.

CH. CARSIN 1996*

☐　　　　　4,2 ha　　n.c.　　■⦅⦆♦ 100 à 150 F

Sans rivaliser avec le premières côtes rouge ou le 95, ce 96 encore jeune possède un charme et une élégance qui devraient se développer à la garde.
☞ Ch. Carsin, 33410 Rions, tél. 05.56.76.93.06, fax 05.56.62.64.80 ▣ ⅄ r.-v.
☞ Juha Berglund

CH. CAYLA Grains nobles 1995**

☐　　　　　6 ha　　5 000　　■⦅⦆ +200 F

MIS EN BOUTEILLE AU CHÂTEAU
1995　　　　　　　　1995
Grains nobles
Château Cayla
Cadillac
Appellation Cadillac Contrôlée
17% vol.　　　　　　　　750 ml
Patrick Doche
VITICULTEUR RÉCOLTANT À RIONS, GIRONDE FRANCE PRODUCE OF FRANCE

Patrick Doche, qui a beaucoup œuvré pour la renaissance de l'appellation, trouve la juste récompense de ses efforts avec cette très belle cuvée couronnée par notre jury. Complexe et liquoreux, le bouquet donne le ton de la dégustation. Souple, équilibré et puissant, le palais porte haut la marque du botrytis. Une jolie réus-

Les vins blancs liquoreux — Cadillac

site, qu'il conviendra d'attendre quatre ou cinq ans.
➥ Patrick Doche, Ch. Cayla, 33410 Rions, tél. 05.56.62.15.40, fax 05.56.62.16.45 ☑ ⚭ r.-v.

CH. FAYAU Cuvée Jean Médeville 1996★★

| | 3 ha | 3 000 | 🍷 | 100 à 150 F |

Millésime du 170ᵉ anniversaire de l'installation des Médeville, ce 96 célèbre dignement cet exemple de fidélité avec cette cuvée fort réussie. D'une belle couleur vieil or, elle développe un bouquet puissant et d'une étonnante complexité. Tout aussi expressif (abricot, pêche et fruits exotiques), le palais possède un volume et une longueur qui lui permettront d'évoluer très bien pendant plusieurs années.
➥ SCEA Jean Médeville et Fils, Ch. Fayau, 33410 Cadillac, tél. 05.57.98.08.08, fax 05.56.62.18.22 ☑ ⚭ t.l.j. sf sam. dim. 8h30-12h 14h-18h

CH. FRAPPE-PEYROT 1996★

| | 3 ha | n.c. | 🍷 | 30 à 50 F |

Appartenant à un groupe de propriétés se répartissant entre plusieurs AOC, ce cru propose un vin classique et bien fait, dont le caractère aromatique (rôti et confit) traverse toute la dégustation, se mariant bien avec le bois pour donner un retour complexe.
➥ Jean-Yves Arnaud, La Croix, 33410 Gabarnac, tél. 05.56.20.23.52, fax 05.56.20.23.52 ☑ ⚭ r.-v.

CH. LABATUT-BOUCHARD 1996★

| | n.c. | n.c. | 🍾 | 30 à 50 F |

Egalement présent en premières côtes rouge, ce cru reste fidèle à sa tradition en proposant un joli cadillac. Finement bouqueté, avec des notes complexes (rôti, miel et églantine), le vin développe un palais rond, séveux, équilibré et long, qui demandera de trois à cinq ans pour s'ouvrir complètement.
➥ Vignobles Bouchard, Ch. Labatut-Bouchard, 33490 Saint-Maixant, tél. 05.56.62.02.44, fax 05.56.62.09.46 ☑ ⚭ t.l.j. 9h-18h; sam. dim. sur r.-v.

CH. LA CROIX BOUEY 1996★

| | 1,22 ha | 6 000 | 🍾 | 30 à 50 F |

Né à proximité de l'ancienne propriété de François Mauriac, ce vin est d'une réelle richesse aromatique, tant au bouquet qu'au palais, que clôt une longue finale.
➥ SCA Vignobles Bouey, 9, rte Dutoya, 33490 Saint-Maixant, tél. 06.08.60.79.87, fax 06.56.72.62.29 ☑ ⚭ r.-v.

CH. MELIN Cuvée Osmose 1996★

| | 2,3 ha | 4 000 | 🍷 | 50 à 70 F |

Surtout connu pour son premières côtes rouge, ce cru propose ici une jolie cuvée au nom étonnant. Très plaisante, elle attaque par un bouquet aux fines notes de fleurs et de fruits secs, avant de rebondir sur un palais sachant concilier rondeur, souplesse et ressort. Un joli retour, confit et grillé, conclut le tout.
➥ EARL Vignobles Claude Modet, Constantin, 33880 Baurech, tél. 05.56.21.34.71, fax 05.56.21.37.72 ☑ ⚭ r.-v.

CH. MEMOIRES 1996

| | 6 ha | 24 000 | 🍾🍷 | 30 à 50 F |

Ce vin laisse au dégustateur le souvenir d'un ensemble fort agréable avec une flatteuse robe dorée, un bouquet complexe et une structure ample, grasse et bien équilibrée. La **cuvée prestige, « Grains d'or »**, entièrement élevée en fût et très marquée par le merrain a également obtenu une citation (plus de 200 F).
➥ SCEA Vignobles Ménard, Ch. Mémoires, 33490 Saint-Maixant, tél. 05.56.62.06.43, fax 05.56.62.04.32 ☑ ⚭ t.l.j. sf dim. 9h-19h

CH. RENON 1995★

| | 2,3 ha | 6 000 | 🍾 | 50 à 70 F |

Né sur un domaine qui peut s'enorgueillir d'avoir appartenu jadis à la famille de Lur-Saluces, ce vin, souple et bien équilibré, est plaisant par son développement aromatique marqué par le botrytis.
➥ Claudine Boucherie, Ch. Renon, 33550 Tabanac, tél. 05.56.67.13.59, fax 05.56.67.14.90 ☑ ⚭ t.l.j. sf dim. 8h-12h 14h-19h

CH. REYNON 1996★

| | 3,5 ha | 6 500 | 🍷 | 100 à 150 F |

Denis Dubourdieu nous offre ici un vin très réussi, élaboré à partir de 60 % de sauvignon et de 40 % de sémillon d'un âge respectable (quarante ans). Encore un peu fermé, ce 96 annonce déjà sa complexité aromatique (agrumes, fruits secs et grillé) que l'on retrouve au palais, très expressif. Déjà plaisante, cette bouteille riche et bien faite pourra aussi être attendue deux ou trois ans, voire plus.
➥ EARL Denis et Florence Dubourdieu, Ch. Reynon, 33410 Béguey, tél. 05.56.62.96.51, fax 05.56.62.14.89 ☑ ⚭ r.-v.

DOM. DU ROC 1996

| | 2,5 ha | 6 000 | 🍾 | 30 à 50 F |

Riche en arômes de fruits mûrs et confits (abricot), ce vin est encore jeune et a besoin de se fondre. La robe d'or engage à lui faire confiance ; sa bonne structure lui permettra d'évoluer favorablement d'ici trois à quatre ans.
➥ Gérard Opérie, Dom. du Roc, 33410 Rions, tél. 05.56.62.61.69 ☑ ⚭ r.-v.

Loupiac

Le vignoble de Loupiac, (14 350 hl déclarés en 1997 contre 14 871 en 1996), est d'une origine ancienne, son existence étant attestée depuis le XIIIe s. Par l'orientation, les terroirs et l'encépagement, cette appellation est très proche de celle de sainte-croix-du-mont. Toutefois, comme sur la rive gauche, on sent, en allant vers le nord, une subtile évolution des liquoreux proprement dits vers des vins plus moelleux.

CH. DU CROS 1996

	37 ha	52 000	70 à 100 F

S'il n'a pas la puissance de certains millésimes antérieurs, ce 96 reste dans la tradition du cru par son équilibre. Fraîche et élégante, avec un nez de fruits mûrs, de raisins frais et de raisins secs, cette bouteille sera très agréable à boire jeune. Jolie couleur paille dorée.
SA Vignobles M. Boyer, Ch. du Cros, 33410 Loupiac, tél. 05.56.62.99.31, fax 05.56.62.12.59 t.l.j. sf sam. dim. 8h-12h 14h-18h

CRU DU GARRE 1996

	0,6 ha	3 000	50 à 70 F

A petit vignoble, production assez confidentielle mais de qualité, car même si l'on eût souhaité un peu plus de concentration, ce vin sait séduire le dégustateur par sa fraîcheur, son rôti et ses sympathiques parfums de fruits mûrs et de fleurs.
Vincent Labouille, Crabitan, 33410 Sainte-Croix-du-Mont, tél. 05.56.62.01.78, fax 05.56.76.71.17 r.-v.

CLOS JEAN 1996*

	22 ha	30 000	50 à 70 F

Pour être né au sein d'une propriété à la tradition familiale plus que centenaire, ce vin n'en est pas moins résolument moderne. A la fois souple, léger et marqué dès le bouquet par le botrytis, il développe de très agréables arômes floraux. Une belle finale donne un caractère aimable à l'ensemble et lui apporte de bonnes possibilités de garde (trois ou quatre ans). Le **Château Rondillon 96**, du même producteur, a également obtenu une étoile.
SCEA Vignobles Bord, Clos Jean, 33410 Loupiac, tél. 05.56.62.99.83, fax 05.56.62.93.55 t.l.j. 8h-12h 14h-18h; sam. dim. sur r.-v.

CH. LA BERTRANDE 1996

	n.c.	n.c.	30 à 50 F

Ce vin est bien fait, avec de la souplesse, un bon équilibre et d'agréables arômes mariant les notes grillées aux amandes et au miel.
Vignobles Anne-Marie Gillet, Ch. La Bertrande, 33410 Omet, tél. 05.56.62.19.64, fax 05.56.76.90.55 r.-v.

CH. LES ROQUES 1996*

	3,2 ha	12 000	50 à 70 F

Du même producteur que le Château du Pavillon (sainte-croix-du-mont), ce vin s'appuie sur une structure légère et peu concentrée dont le caractère aimable s'harmonise heureusement avec le bouquet aux notes florales (genêt).
SCEA Ch. du Pavillon, 33410 Sainte-Croix-du-Mont, tél. 05.56.62.01.04, fax 05.56.62.00.92 r.-v.

CH. MAZARIN 1996*

	10 ha	n.c.	30 à 50 F

Léger mais bien équilibré et doté d'une bonne constitution, ce vin se montre attrayant par son bouquet aux notes florales (acacia) et par le côté rôti qui apparaît au milieu du palais.
Jean-Yves Arnaud, La Croix, 33410 Gabarnac, tél. 05.56.20.23.52, fax 05.56.20.23.52 r.-v.

CH. MEMOIRES
Grains d'Or Elevé en fût de chêne 1996★★

	8,05 ha	6 000	100 à 150 F

Cuvée prestige du cru, présente dans plusieurs appellations, le loupiac Grains d'or fait l'objet d'un suivi particulièrement soigné. Une parfaite maîtrise de la vinification lui permet de développer un bouquet puissant et complexe (confit, botrytis, fruits mûrs et secs) et de manifester sa

Les vins blancs liquoreux

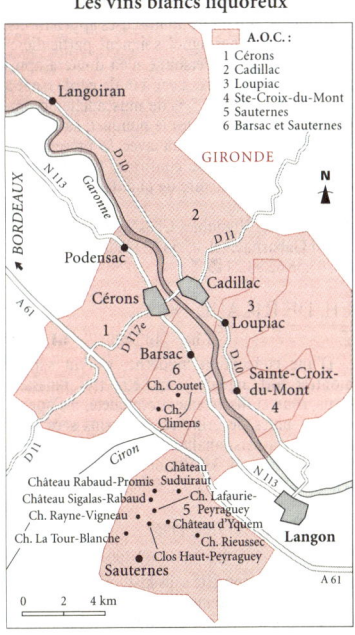

A.O.C. :
1 Cérons
2 Cadillac
3 Loupiac
4 Ste-Croix-du-Mont
5 Sauternes
6 Barsac et Sauternes

Les vins blancs liquoreux

noblesse et sa vigueur au palais. Sa richesse, son équilibre et sa concentration lui assurent un bon potentiel (trois ans ou plus). La **cuvée principale 96** a obtenu une étoile.
► SCEA Vignobles Ménard, Ch. Mémoires, 33490 Saint-Maixant, tél. 05.56.62.06.43, fax 05.56.62.04.32 ☑ ☨ t.l.j. sf dim. 9h-19h

DOM. DU NOBLE
Vinifié et élevé en fût de chêne 1996*

☐   n.c.   9 000   ⓘ 70 à 100 F

Très régulier, ce cru reste fidèle à sa tradition grâce à cette jolie cuvée vinifiée en barrique. Sa couleur dorée et son bouquet aux sympathiques notes florales placent la dégustation sous d'heureux auspices. Aimable et bien construit, avec une agréable note rôtie en finale, le palais confirme ses bonnes dispositions.
► Déjean Père et Fils, Dom. du Noble, 33410 Loupiac, tél. 05.56.62.98.30, fax 05.56.76.91.31 ☑ ☨ t.l.j. 9h-12h 14h-18h; sam. dim. sur r.-v.

CH. PEYROT-MARGES 1996**

☐   n.c.   6 000   ⓘ 30 à 50 F

Producteurs dans de nombreuses appellations, les vignobles Chassagnol soignent particulièrement leur loupiac. Personne n'en doutera après avoir découvert ce très beau vin de garde (sept à dix ans) dans lequel 5 % de muscadelle accompagnent le sémillon. Dès le bouquet, sa personnalité liquoreuse apparaît avec la présence du rôti. Au palais elle se confirme, tandis que se développe une structure de qualité, riche et bien faite.
► GAEC des Vignobles Chassagnol, Bern, 33410 Gabarnac, tél. 05.56.62.98.00, fax 05.56.62.93.23 ☑ ☨ r.-v.

CH. DE RICAUD 1996

☐   21 ha   100 000   ⓘ 50 à 70 F

D'une conception moderne, ce vin sait se montrer fort agréable sans être très puissant. Frais, rond et discrètement bouqueté, il s'appuie sur des notes de grillé et de raisins secs pour exprimer sa personnalité.
► Ch. de Ricaud, 33410 Loupiac, tél. 05.56.62.66.16, fax 05.56.76.93.30 ☑ ☨ r.-v.

CH. TERREFORT 1996*

☐   8,6 ha   7 500   ⓘ 50 à 70 F

Pour cette propriété sans histoire, le millésime 96 a été particulièrement bénéfique. D'une belle couleur dorée, ce vin porte dans son bouquet la marque d'une vendange à maturité. Ample, rond et bien équilibré, le palais est lui aussi de qualité.
► François Peyrondet, 33410 Loupiac, tél. 05.56.62.61.28, fax 05.56.62.19.42 ☑ ☨ r.-v.

Sainte-croix-du-mont

Sainte-croix-du-mont

Un site de coteaux abrupts dominant la Garonne, trop peu connu en dépit de son charme ; et un vin ayant trop longtemps souffert (à l'égal des autres appellations de liquoreux de la rive droite) d'une réputation de vin de noces ou de banquets.

Pourtant, cette appellation (16 568 hl déclarés en 1995, 17 659 en 1996 et 16 785 hl en 1997), située en face de Sauternes, mérite mieux : à de bons terroirs, en général calcaires, avec des zones graveleuses, elle ajoute un microclimat favorable au développement du botrytis. Quant aux cépages et aux méthodes de vinification, ils sont très proches de ceux du Sauternais. Et les vins, autant moelleux que véritablement liquoreux, offrent une plaisante impression de fruité. On les servira comme leurs homologues de la rive gauche, mais leur prix, plus abordable, pourra inciter à les utiliser pour composer de somptueux cocktails.

CH. BEL AIR Cuvée Prestige 1995*

☐   14 ha   10 000   ⓘ 70 à 100 F

L'une des plus anciennes propriétés bordelaises dont le vignoble domine la vallée de la Garonne. Cuvée Prestige, ce vin s'annonce timidement par une robe jaune pâle, avant de s'affirmer progressivement au nez avec des notes de raisins mûrs et de fruits confits. Au palais, les arômes se développent et s'associent à une bonne structure pour déboucher sur une belle finale.
► SCE Vignobles Michel Méric et Fils, Ch. Bel Air, 33410 Sainte-Croix-du-Mont, tél. 05.56.62.01.19, fax 05.56.62.09.33 ☑ ☨ t.l.j. 9h-19h

CH. COULAC 1995*

☐   5,64 ha   15 000   ⓘ 30 à 50 F

Tirant profit de la qualité du millésime, ce cru propose un vin qui débute timidement, avec une robe pâle, mais qui monte en puissance ensuite. D'abord au bouquet (raisins mûrs et fruits confits) puis au palais, rond, concentré et harmonieux, où le bois domine encore les bons raisins. A attendre quelques années.
► Pierrette Despujols, Ch. de l'Emigré, 33720 Cérons, tél. 05.56.27.01.64, fax 05.56.27.13.70 ☑

376

Les vins blancs liquoreux — Sainte-croix-du-mont

CH. DES COULINATS 1995★★
6 ha — 18 000 — 30 à 50 F

Héritier d'une longue tradition familiale, ce vin d'une belle couleur dorée est aussi élégant que complexe. Au bouquet, d'abord, qui va des agrumes aux fruits secs en passant par les fruits confits ; au palais, ensuite, dont la structure, riche, ample, grasse et harmonieuse, promet une longue garde (dix ans, voire plus).
🍷 SCEA Vignobles Brun, Vilatte, 33410 Sainte-Croix-du-Mont, tél. 05.56.62.10.60, fax 05.56.62.10.60 ✓ ⌧ r.-v.

CH. CRABITAN-BELLEVUE
Cuvée spéciale 1996
22 ha — 13 500 — 50 à 70 F

Coup de cœur pour son 94, deux étoiles pour son 95, Crabitan-Bellevue est régulièrement présent dans le Guide. S'il est plus simple que certains millésimes antérieurs, on y ajoute une finale riche et concentrée à un bon équilibre général.
🍷 GFA Bernard Solane et Fils, Ch. Crabitan-Bellevue, 33410 Sainte-Croix-du-Mont, tél. 05.56.62.01.53, fax 05.56.76.72.09 ✓ ⌧ t.l.j. 8h-12h 14h-18h

CH. DU GRAND PLANTIER 1995★
0,5 ha — 2 500 — 30 à 50 F

Cette cuvée numérotée est un peu confidentielle, mais les amateurs qui en profiteront pourront découvrir un vin finement bouqueté (fruits mûrs et confits), bien construit et équilibré, avec une structure souple, ample et riche. Déjà agréable, ce 95 peut aussi attendre plusieurs années en cave !
🍷 GAEC des Vignobles Albucher, Ch. du Grand Plantier, 33410 Monprimblanc, tél. 05.56.62.99.03, fax 05.56.76.91.35 ✓ ⌧ r.-v.

CH. LA GRAVE
Elevé en fût de chêne 1995★
15 ha — 5 400 — 50 à 70 F

Cuvée prestige, ce vin s'inscrit dans la tradition de qualité du cru. Bien typé par ses notes rôties, il évolue agréablement au palais, montrant qu'il devrait trouver son plein épanouissement d'ici deux ou trois ans. La **cuvée principale** qui est élevée en cuve a obtenu une citation et le **Château Grand Peyrot 95** une étoile (tous deux entre 50 et 69 F).
🍷 Jean-Marie Tinon, Ch. La Grave, 33410 Sainte-Croix-du-Mont, tél. 05.56.62.01.65, fax 05.56.62.00.04 ✓ ⌧ r.-v.

CH. LAMARQUE 1996★
14 ha — 45 000 — 50 à 70 F

Ancienne propriété parlementaire, ce vin domine la vallée de la Garonne du haut de ses 100 m d'altitude. D'un classicisme de bon aloi, son 96 développe de beaux arômes de fruits secs (abricot) et un côté rôti, marque du botrytis. Un vin élégant et bien équilibré.
🍷 Bernard Darroman, Ch. Lamarque, 33410 Sainte-Croix-du-Mont, tél. 05.56.62.01.21, fax 05.56.76.72.10 ✓ ⌧ t.l.j. sf dim. 9h-12h 14h-18h

CH. LA RAME Réserve du château 1996★★
20 ha — 20 000 — 70 à 100 F

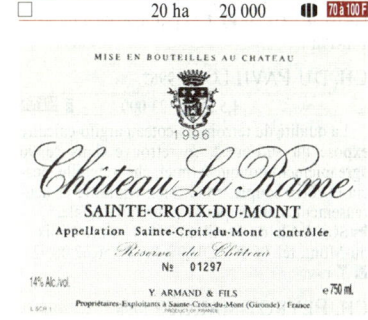

Fidèle à son habitude, Yves Armand propose un très joli vin avec sa Réserve du château. Soutenue et brillante, la robe annonce la bouteille de caractère que révèlent le bouquet et le palais. De la complexité du premier à la richesse du second, le fil rouge de la dégustation est l'élégance, avec d'harmonieux arômes de torréfaction, particulièrement sensibles en finale. Cet ensemble de grande classe méritera un long séjour en cave (d'une dizaine d'années).
🍷 Yves Armand, Ch. La Rame, 33410 Sainte-Croix-du-Mont, tél. 05.56.62.01.50, fax 05.56.62.01.94 ✓ ⌧ t.l.j. sf sam. dim. 8h30-12h 13h30-19h

LE LARDIN 1996
0,25 ha — 750 — 50 à 70 F

Un quart d'hectare, il est difficile de faire plus petit. Mais si sa production est simple, elle sait se montrer plaisante par la fraîcheur de son bouquet aux discrètes notes fruitées, et par sa souplesse.
🍷 Bruno Lefortier, 3, rte de Capian, 33550 Langoiran, tél. 05.56.67.05.15 ✓

CH. LESCURE 1995★★
4,33 ha — 6 200 — 30 à 50 F

Se faire plaisir en accomplissant une bonne action sera possible en dégustant ce joli vin. Elaboré par un Centre d'aide par le travail, il est déjà très agréable tout en affichant un bon potentiel ; richement bouqueté et complexe (miel, fruits confits, vanille et grillé), il développe une structure ample, longue et capiteuse.
🍷 C.A.T. Ch. Lescure, 33490 Verdelais, tél. 05.57.98.04.68, fax 05.57.98.04.64 ✓ ⌧ r.-v.
🍷 Speg

CH. DU MONT
Réserve du Château 1996★★
14 ha — 6 000 — 70 à 100 F

La renommée de la cuvée spéciale des Chouvac n'est plus à faire. Elle n'aura pas à redouter l'épreuve de la dégustation de ce millésime. Bien qu'encore marqué par le bois, son bouquet révèle son caractère botrytisé, tandis qu'au palais on découvre une belle matière, riche, concentrée et élégante. Une grande bouteille à attendre trois ou quatre ans.

LE BORDELAIS

Les vins blancs liquoreux — Cérons

➥ Chouvac et Fils, Ch. du Mont, 33410 Sainte-Croix-du-Mont, tél. 05.56.62.01.72, fax 05.56.62.07.58 ◼ ⵟ t.l.j. sf dim. 9h-12h 14h-19h

CH. DU PAVILLON 1996*

☐   4,5 ha   23 000   ◼ 50 à 70 F

La qualité du terroir, un coteau argilo-calcaire exposé au sud-ouest, se retrouve dans ce 96 agréablement bouqueté (miel, chèvrefeuille, acacia et rôti), souple, rond, bien équilibré et heureusement marqué par la pourriture noble.

➥ SCEA Ch. du Pavillon, 33410 Sainte-Croix-du-Mont, tél. 05.56.62.01.04, fax 05.56.62.00.92 ◼ ⵟ r.-v.

CH. PEYROT-MARGES 1996

☐   7 ha   25 000   ◼ 30 à 50 F

10 % de sauvignon accompagnent le sémillon ; ils ont été vendangés le 28 septembre 1996. Une robe bouton d'or, un nez de miel et de vanille, des arômes de fleurs blanches et de fruits secs en bouche où le boisé assez prononcé demande à se fondre. Un vin au fort potentiel. Un style somme toute assez classique.

➥ GAEC des Vignobles Chassagnol, Bern, 33410 Gabarnac, tél. 05.56.62.98.00, fax 05.56.62.93.23 ◼ ⵟ r.-v.

CH. DU TICH 1995*

☐   2,65 ha   11 000   ◼ 30 à 50 F

Confirmant les dispositions du 94, dégusté l'an dernier, ce millésime possède lui aussi un bouquet fin et d'une bonne intensité, avec, en plus, une structure riche, ample et souple qui permet d'envisager une longue garde.

➥ Domaines Dubourg, Ch. Gravelines, 33490 Semens, tél. 05.56.62.02.01, fax 05.56.76.71.91 ◼ ⵟ r.-v.

CH. DE VERTHEUIL

Elevé en fût de chêne 1996*

☐   5,86 ha   3 000   ◼ 50 à 70 F

Une production assez confidentielle, mais soignée, pour ce vin qui a l'art de se présenter : robe cuivre jaune à reflets d'or et bouquet agréable (coing, miel, noisette et bois). Frais et légèrement poivré en finale, le palais est lui aussi très aromatique et bien constitué, avec une fine note botrytisée de fort bon aloi.

➥ Bernadette Ricard, Ch. de Vertheuil-Montauonoir, 33410 Sainte-Croix-du-Mont, tél. 05.56.62.02.70, fax 05.56.76.73.23 ◼ ⵟ r.-v.

Cérons

Enclavés dans les graves (appellation à laquelle ils peuvent aussi prétendre, à la différence des sauternes et barsac), les cérons (2 975 hl en 1996 et 2 469 hl en 1997) assurent une liaison entre les barsac et les graves supérieurs moelleux.

Mais là ne s'arrête pas leur originalité, qui réside aussi dans une sève particulière et une grande finesse.

CLOS BOURGELAT 1995

☐   1,4 ha   4 000   ◼ 50 à 70 F

Ancien pavillon de chasse du duc d'Epernon, cette propriété est l'une des plus anciennes de la région. Equilibré et fin, son 95, vêtu d'une robe d'or, sera plaisant à boire jeune pour ses arômes de fruits très mûrs et d'amandes grillées avec une pointe de citronnelle.

➥ Dominique Lafosse, Clos Bourgelat, 33720 Cérons, tél. 05.56.27.01.73, fax 05.56.27.13.72 ◼ ⵟ t.l.j. 9h-12h 14h-19h; f. août; groupes sur r.-v.

GRAND ENCLOS DU CHATEAU DE CERONS 1996

☐   5 ha   10 000   ◼ 70 à 100 F

Même s'il n'égale pas les beaux millésimes antérieurs, ce 96 se montre sympathique par sa souplesse et ses arômes d'écorce d'orange et de fruits confits.

➥ Olivier Lataste, Grand Enclos du château de Cérons, 33720 Cérons, tél. 05.56.27.01.53, fax 05.56.27.08.86 ◼ ⵟ r.-v.

MOULIN DE VALERIEN 1996*

☐   3,02 ha   n.c.   ◼ 50 à 70 F

Nouveau venu dans le Guide, ce cru fait une entrée sympathique avec ce vin à la couleur paille dorée, qui montre son aimable personnalité dès le bouquet (fleurs et fruits confits) et la confirme au palais, vif et bien équilibré.

➥ SCEA Vignobles Ducau, Clos Graouères, 33720 Podensac, tél. 05.56.27.16.80, fax 05.56.27.11.29 ◼ ⵟ r.-v.

Barsac

Tous les vins de l'appellation barsac peuvent bénéficier de l'appellation sauternes. Barsac (619 ha déclarés en 1996) s'individualise cependant par rapport aux communes du Sauternais proprement dit par un moindre vallonnement et par les murs de pierre entourant souvent les exploitations. Ses vins, eux, se distinguent des sauternes par un caractère plus légèrement liquoreux. Mais, comme eux, ils peuvent être servis de façon classique, sur un dessert, ou, comme cela se fait de plus en plus, en entrée, sur un foie gras, ou bien sur les fromages forts du type roquefort. Le volume agréé en 1995 atteint 15 600 hl et en 1997, 12 942 hl.

Les vins blancs liquoreux — Barsac

CH. CLIMENS 1995★

☐ 1er cru clas. 29,28 ha   30 000   🍷 +200 F
|71| |72| |73| |74| |75| |76| |79| |80| |81| |82| |83| |85| |86| |88| |89| (90) |91| |94| 95

Par rapport à l'an dernier, le bouquet de ce 95 s'est refermé et a perdu un peu de sa complexité aromatique. Mais c'est provisoire et l'ensemble reste très agréable par la finesse de sa structure moelleuse et fraîche, bien équilibrée, et par le côté délicatement fruité du bouquet (pêche et abricot), accompagné d'une note de miel. On continuera donc d'attendre cette bouteille pendant quelques années. Sa couleur d'or pâle à reflets brillants et jeunes a particulièrement séduit.
🍇 S. F. du Ch. Climens, 33720 Barsac,
tél. 05.56.27.15.33, fax 05.56.27.21.04 ◪ 🍷 r.-v.

LES CYPRES DE CLIMENS 1995

☐   n.c.   n.c.   🍷 70 à 100 F

Comme le grand vin, cette seconde étiquette est originale par son caractère monocépage (sémillon). Cette bouteille sympathique, où l'on sent la vendange botrytisée, tire son harmonie de son expression aromatique qui marie la peau d'orange aux fruits confits, avec une petite note réglissée en finale.
🍇 S. F. du Ch. Climens, 33720 Barsac,
tél. 05.56.27.15.33, fax 05.56.27.21.04 ◪ 🍷 r.-v.

CH. COUTET 1995

☐ 1er cru clas. 38,5 ha   n.c.   🍷 150 à 200 F
|73| |75| |76| |78| |81| |83| |85| |86| |89| |90| |91| |93| |94| 95

S'il a gagné en complexité aromatique, élargissant sa palette de parfums floraux et de notes rôties, ce vin n'a toujours pas achevé son parcours. Il lui faut encore, comme nous l'indiquions l'an dernier, un à deux ans pour s'exprimer pleinement. Son équilibre garantit une évolution harmonieuse.
🍇 SC Ch. Coutet, 33720 Barsac,
tél. 05.56.27.15.46, fax 05.56.27.02.20 ◪ 🍷 r.-v.
🍇 Philippe et Dominique Baly

LA DEMOISELLE DE DOISY 1995★

☐   n.c.   n.c.   100 à 150 F

Seconde étiquette du plus petit cru classé des AOC sauternes et barsac, ce vin s'annonce par une robe d'un jaune légèrement ambré, avant de déployer un joli bouquet d'abricot sec, de pain d'épice et de miel. Au palais on découvre un ensemble riche et d'une réelle personnalité. Celle-ci s'exprime par des notes de silex et des nuances citronnées qui lui donnent du relief.
🍇 Louis Lurton, Haut-Nouchet,
33560 Martillac, tél. 05.57.83.10.10,
fax 05.57.83.10.11 ◪

CH. FARLURET 1996★★

☐   9 ha   20 000   🍾 🍷 100 à 150 F

Frère du Haut-Bergeron, ce vin passe dix-huit mois en fût. Dégusté le 6 mai 1998, il n'a pas manqué de séduire. Sa robe dorée, son bouquet parfaitement botrytisé, offrant en prime des notes de grillé, de cire et de miel, tout comme son palais, fin, élégant et gras, constituent un ensemble de grande valeur où la puissance aromatique se fond dans la fraîcheur. Déjà très agréable, ce vin méritera une belle garde (dix ans ou plus) et il s'associera avec bonheur aux mets les plus riches.
🍇 Hervé et Patrick Lamothe, Ch. Haut-Bergeron, 3 Piquey, 33210 Preignac,
tél. 05.56.63.24.76, fax 05.56.63.23.31 ◪ 🍷 r.-v.

CH. GRAVAS 1996

☐   n.c.   n.c.   🍷 70 à 100 F
|75| |76| |81| |83| |85| |86| |88| |89| |90| |91| |93| |94| 95 96

Par sa taille encore à l'échelle humaine, ce cru est représentatif du Barsacais, pays d'exploitations moyennes. Frais, souple et aromatique (miel et fruits confits), son 96 plaira aux amateurs de liquoreux légers et subtils.
🍇 SCEA des Dom. Bernard, Ch. Gravas, 33720 Barsac, tél. 05.56.27.06.91,
fax 05.56.27.29.83 🍷 r.-v.

CH. LATREZOTTE
Cuvée exceptionnelle 1996★

☐   7 ha   n.c.   🍷 150 à 200 F

Petite exploitation du haut Barsac, ce cru propose une jolie cuvée spéciale dont le fin bouquet fruité est agréablement relayé par un palais rond et aimable, qui fait se succéder en fraîches vagues arômes de pêche et d'abricot. Un boisé bien dosé s'exprime dans une finale riche en sensations tactiles. La **cuvée principale** dans ce même millésime peut être citée pour sa générosité ; elle joue la carte de la richesse tout en montrant une réelle élégance.
🍇 Jan de Kok, Ch. Latrezotte, 33720 Barsac,
tél. 05.56.27.16.50, fax 05.56.27.08.89 ◪ 🍷 r.-v.

CH. NAIRAC 1995★★

☐ 2ème cru clas. 15 ha   10 710   🍷 +200 F
|73| |74| |75| |76| |79| |80| |81| |82| |(83)| |85| |86| |88| |89| |90| |91| |92| |93| 94 (95)

Nairac pourrait se contenter de l'élégance de son château pour établir sa réputation. Mais sa renommée repose sur de superbes millésimes, comme ce 95. De la robe à la finale, sa dégustation a été une vraie partie de plaisir. Le jury a été particulièrement séduit par le palais, ample, fondu et d'une grande concentration, à la finale d'écorce d'orange. Riche et puissante, cette bouteille de caractère méritera une longue garde.
🍇 Ch. Nairac, 33720 Barsac, tél. 05.56.27.16.16, fax 05.56.27.26.50 🍷 r.-v.
🍇 Nicole Tari

CH. PIADA 1996★

☐   9,67 ha   12 000   🍷 100 à 150 F
|67| |70| |71| |75| |77| |79| |81| |82| |83| |85| |86| |88| |89| (90) |91| 95 96

Cru vedette des domaines Lalande, ce château reste fidèle à sa tradition de qualité avec ce joli

Les vins blancs liquoreux — Sauternes

96. D'une plaisante couleur jaune à reflets cuivrés, il connaît un beau développement aromatique, passant des notes de cire du bouquet aux agrumes confits du palais. Net, équilibré, tout en nuances et élégant, il justifiera une garde de six à sept ans.

☛ GAEC Lalande et Fils, Ch. Piada,
33720 Barsac, tél. 05.56.27.16.13,
fax 05.56.27.26.30 ✓ ⊤ r.-v.

CH. DE ROLLAND 1995*

☐ 15 ha 30 000 ▮❶♦ 70 à 100 F
|78| |79| |80| |81| |82| |83| |85| |86| |88| |89| |(90)| |91| |94| |95|

Ancien couvent de chartreux, ce cru est là pour rappeler le rôle des religieux dans la naissance des vignobles de Barsac et de Sauternes. Typé avec un botrytis bien marqué, son 95 est fort agréable par son expression aromatique qui fait se côtoyer les notes d'agrumes, de fleurs et de fruits confits.

☛ Guignard, SCA Ch. de Rolland,
33720 Barsac, tél. 05.56.27.15.02,
fax 05.56.27.28.58 ✓ ⊤ t.l.j. 9h-12h 14h-17h30;
sam. dim. sur r.-v.

CH. ROUMIEU-LACOSTE 1996***

☐ 12 ha 25 000 ▮❶♦ 100 à 150 F
|90| |95| (96)

Né dans le haut Barsac et signé par une famille de grande réputation, ce cru bénéficie d'un terroir et d'une vinification de qualité. Le résultat est à la hauteur de toutes les espérances avec ce superbe 96. Il suffit de regarder sa robe, vieil or, et de humer son bouquet aux puissantes notes de botrytis, de raisins de corinthe et d'épices, pour se convaincre que l'on va découvrir un grand liquoreux classique. Gras, fin, riche en sucre et s'ouvrant sur un retour exceptionnel, le palais confirme pleinement cette impression et promet une excellente bouteille d'ici quelques années.

☛ Hervé Dubourdieu, Ch. Roumieu-Lacoste,
33720 Barsac, tél. 05.56.27.16.29,
fax 05.56.27.02.65 ✓ ⊤ r.-v.

Sauternes

Si vous visitez un château à Sauternes, vous saurez tout sur ce propriétaire qui eut un jour l'idée géniale d'arriver en retard pour les vendanges et de décider, sans doute par entêtement, de faire ramasser les raisins malgré leur état surmûri. Mais si vous en visitez cinq, vous n'y comprendrez plus rien, chacun ayant sa propre version, qui se passe évidemment chez lui. En fait, nul ne sait qui « inventa » le sauternes, ni quand, ni où.

Si l'histoire, en Sauternais, se cache toujours derrière la légende, la géographie, elle, n'a plus de secret. L'AOC couvrait une superficie de 1 637 ha en 1996. En 1997, la production était de 31 289 hl. Chaque caillou des cinq communes constituant l'appellation (dont barsac, qui possède sa propre appellation) est recensé et connu dans toutes ses composantes. Il est vrai que c'est la diversité des sols (graveleux, argilo-calcaires ou calcaires) et des sous-sols qui donne un caractère à chaque cru, les plus renommés étant implantés sur des croupes graveleuses. Obtenus avec trois cépages - le sémillon (70 % à 80 %), le sauvignon (20 % à 30 %) et la muscadelle -, les vins de sauternes sont dorés, onctueux, mais aussi fins et délicats. Leur bouquet « rôti » se développe très bien au vieillissement, devenant riche et complexe, avec des notes de miel, de noisette et d'orange confite. Il est à noter que les sauternes sont les seuls vins blancs à avoir été classés en 1855.

CH. ANDOYSE DU HAYOT 1995*

☐ 20 ha 65 000 ▮❶♦ 70 à 100 F
|90| |91| |93| |94| |95|

Navire amiral des vignobles du Hayot, ce vin « fait » douze mois de barrique. D'une jolie couleur jaune d'or, il s'annonce discrètement mais agréablement par un bouquet aux délicates notes de pêche, de melon et de fruits confits, avant de révéler sa structure au palais, donnant un ensemble bien construit et élégant.

☛ SCE Vignobles du Hayot, Ch. Andoyse,
33720 Barsac, tél. 05.56.27.15.37,
fax 05.56.27.04.24 ✓ ⊤ r.-v.

CH. D'ARMAJAN DES ORMES 1995**

☐ 8 ha 12 000 ▮❶♦ 70 à 100 F

Bel ensemble architectural du XVIII^{e}s., ce château est typique du style girondin, et son vin parfaitement typé sauternes. Très attirant dans sa robe à reflets bouton d'or, ce 95 n'hésite pas à afficher sa richesse ; d'abord par son bouquet qui s'ouvre sur des notes confites et des nuances de pain d'épice, avant d'évoluer sur des sensations plus fraîches (menthe et citron vert) ; ensuite par son palais, rôti, vif et aromatique. Un vin déjà très agréable mais qui mérite quatre ou cinq ans de patience ; les trente années à venir lui seront favorables.

Les vins blancs liquoreux — Sauternes

🍇 EARL Jacques et Guillaume Perromat, Ch. d'Armajan, 33210 Preignac, tél. 05.56.63.22.17, fax 05.56.63.21.55 ☑ 🍷 r.-v.
🍇 Michel Perromat

CRU BARREJATS 1996**

| ☐ | n.c. | n.c. | 🍷🍾 | +200 F |

|90| |91| |92| 94 95 **96**

Régulier en qualité, ce cru est une valeur sûre. Il le démontre une nouvelle fois avec ce vin dont le bouquet est des plus sympathiques, passant de notes grillées et vanillées à des nuances d'agrumes. Ample, généreux et fin, le palais retrouve les mêmes arômes, pour laisser au dégustateur le souvenir d'un ensemble concentré, équilibré et harmonieux. Redégusté cette année, le millésime **95** a évolué très favorablement, confirmant son caractère puissant et généreux. Des arômes de noix de coco se sont ajoutés aux fruits confits, toujours aussi présents. Le second vin, **Accaballes de Barrejats 96** (prix 100 à 149 F), est plus simple ; il est cité sans étoile mais, en l'ouvrant assez tôt avant la dégustation, on pourra profiter pleinement de ses délicats arômes fleuris et épicés, qu'enrichissent des notes confites et vanillées.

🍇 SCEA Barréjats, Clos de Gensac, Mareuil, 33210 Pujols-sur-Ciron, tél. 05.56.76.69.06, fax 05.56.76.69.06 ☑ 🍷 r.-v.

CH. BASTOR-LAMONTAGNE 1996*

| ☐ | 58 ha | 90 000 | 🍷 | 100 à 150 F |

82 83 84 85 86 87 |88| |89| |(90)| 94 95 **96**

Issu de l'une des plus belles unités non classées de l'appellation, ce vin a choisi le registre de l'élégance. Une option qui transparaît dans le bouquet aux notes de fleurs blanches et de citron parfaitement accompagnées par un joli boisé, avant de s'affirmer avec éclat au palais où sa souplesse et sa rondeur le rendent très aimable. Un 96 qui mérite de vieillir mais déjà très plaisant. Richement bouqueté, le **95** est devenu plus onctueux en gardant son harmonie. Le second vin, **Les Remparts de Bastor 96**, se montre intéressant par son équilibre et par son bouquet (acacia, miel, pêche blanche et pointe grillée) ; il peut être servi à l'apéritif dès maintenant.

🍇 SCEA Vignobles Bastor et Saint-Robert, Ch. Bastor-Lamontagne, 33210 Preignac, tél. 05.56.63.27.66, fax 05.56.76.87.03 ☑ 🍷 r.-v.
🍇 Foncier-Vignobles

CH. CAILLOU 1996*

| ☐ 2ème cru clas. | 12 ha | 20 000 | 🍷🍾 | 150 à 200 F |

Le sémillon représente 90 % de l'encépagement de ce cru qui, fidèle à son habitude, nous propose ici un vin très féminin aux parfums de fleurs blanches, de fruits exotiques confits assortis de notes boisées. Ce 96 à la texture ronde et veloutée pourra être apprécié sans attendre trop longtemps.

🍇 Marie-Josée Pierre-Bravo, Ch. Caillou, 33720 Barsac, tél. 05.56.27.16.38, fax 05.56.27.09.60 ☑ 🍷 r.-v.

CH. CAPLANE 1995

| ☐ | 3 ha | n.c. | 🍷🍾 | 50 à 70 F |

Un domaine d'une dizaine d'hectares, et un 95 qui, sans être trois fois concentré, sait se montrer un jour fort plaisant, sa souplesse, sa finesse et son élégance lui donnant un charme réel. Un dégustateur pose une question : « Ce nez de noix de coco plutôt original fait-il penser à un bois américain ? »

🍇 Guy David, 6, Moulin de Laubes, 33410 Laroque, tél. 05.56.62.93.76 ☑ 🍷 r.-v.

DOM. DE CARBONNIEU 1996

| ☐ | 10 ha | 6 000 | 🍷 | 70 à 100 F |

Né sur un cru sans histoire, ce vin est plaisant, notamment par ses fraîches notes aromatiques en demi-teinte : orange, citron, abricot confit, peau de pamplemousse. Redégusté cette année, le **95** a pris de l'ampleur ; il confirme le côté charmeur de son bouquet tout en développant son rôti. On le mariera avec une tarte au citron.

🍇 SCEA Vignobles Charrier et Fils, Dom. de Carbonnieu, 33210 Bommes, tél. 05.56.76.64.48, fax 05.56.76.69.95 ☑ 🍷 t.l.j. 9h-12h 14h-19h

CH. CLOS HAUT-PEYRAGUEY 1996**

| ☐ 1er cru clas. | 12 ha | 33 000 | 🍷 | 150 à 200 F |

75 76 79 81 82 |83| 85 |86| |88| 89 90 |91| 93 |94| 95 **96**

Issu de la division de l'ancien château Peyraguey, dont il occupe la partie la plus élevée, ce cru jouit d'un terroir de qualité et bien exploité, comme le montre la concentration de ce joli 96. Agréable par son bouquet aux notes florales (chèvrefeuille et genêt) et grillées, ce vin l'est aussi par son palais, dont la richesse, l'ampleur et la longueur sont autant de gages de longévité. Le **95** s'est un peu refermé, mais il a conservé son élégance et mérite d'être attendu.

🍇 SC J. et J. Pauly, Ch. Haut-Bommes, 33210 Bommes, tél. 05.56.76.61.53, fax 05.56.76.69.65 ☑ 🍷 t.l.j. 9h-12h 14h-18h; groupes sur r.-v.

CH. CLOSIOT 1996*

| ☐ | 4 ha | 9 744 | 🍷 | 100 à 150 F |

Tenu courageusement par Françoise Soizeau, ce petit cru barsacais nous offre ici un vin or pâle brillant, s'ouvrant à l'aération sur des notes agréables (agrumes, fruits secs et confits). Bien construit avec un bon équilibre entre les côtés gras et vifs, assez long, il présente une classe réelle. Plus simple, le **95** est néanmoins bien équilibré. Seconde étiquette, **Passion de Closiot 96** est lui aussi très réussi, mais s'inscrit dans un registre nettement différent. Très marqué par le bois, il privilégie néanmoins l'expression aromatique, dense et persistante (175 à 199 F).

🍇 Françoise Soizeau, Ch. Closiot, 33720 Barsac, tél. 05.56.27.05.92, fax 05.56.27.11.06 ☑ 🍷 r.-v.

LE BORDELAIS

Les vins blancs liquoreux — Sauternes

CH. DOISY DAENE 1996★★

☐ 2ème cru clas.   15 ha   n.c.   🍷 150 à 200 F
|50| |71| |76| |78| |79| |80| |81| |82| |(83)| |84| |85| |86| |88| |89| |90| |91| |94| |95| |96|

Doisy Daëne constitue l'une des valeurs sûres de l'appellation et entend bien le rester, à en juger par ce 96. Sa jolie couleur dorée, le subtil et bel équilibre de ses arômes délicatement boisés, l'ampleur de son attaque, sa richesse et sa longueur, tout fait de lui un vin de caractère.
➥ EARL Vignobles Pierre et Denis Dubourdieu, Ch. Doisy-Daëne, 33720 Barsac, tél. 05.56.27.15.84, fax 05.56.27.18.99 ◼ 🍷 r.-v.

CH. DOISY-VEDRINES 1995★★

☐ 2ème cru clas.   27 ha   36 000   🍷 +200 F
|70| |71| |75| |76| |81| |82| |(83)| |85| |86| |88| |90| |92| |94| |95|

Dégusté l'an dernier, Doisy-Védrines n'avait pas achevé son éducation. Aujourd'hui, il tient ses promesses. Si la robe est vieil or, le nez et la bouche sont marqués par le boisé mais aussi par sa richesse liquoreuse. Les notes de miel, de fleurs jaunes, des nuances mentholées et confites, si elles semblent peu contraintes par la sévérité du chêne à un dégustateur, n'en sont pas moins présentes et longues. Il est conseillé de laisser cette bouteille en cave pendant cinq à six ans.
➥ SC Doisy-Védrines, Ch. Doisy-Védrines, 33720 Barsac, tél. 05.56.27.15.13, fax 05.56.27.26.76 🍷 r.-v.
➥ Pierre Castéja

DOURTHE 1996

☐   n.c.   n.c.   📦 100 à 150 F

S'il est encore assez discret dans son expression aromatique, ce vin devrait pouvoir s'épanouir et s'ouvrira sur d'agréables notes fruitées (litchi), d'ici deux à quatre ans.
➥ Dourthe, 35, rue de Bordeaux, B.P. 49, 33290 Parempuyre, tél. 05.56.35.53.00, fax 05.56.35.53.29 🍷 r.-v.

CH. DUDON 1996

☐   10,7 ha   13 736   🍷 100 à 150 F

Né près d'une chartreuse du XVIIe s., ce vin en cours d'élevage s'annonce timidement par une robe légèrement dorée à reflets verts et par de jeunes arômes fermentaires ; il affirme ensuite son côté rôti pour laisser au dégustateur le souvenir d'un ensemble rond et bien équilibré. Il a des réserves et révèle une profondeur qui devrait se développer avec l'âge. A revoir l'an prochain.
➥ Evelyne Allien, Ch. Dudon, 33720 Barsac, tél. 05.56.27.29.38, fax 05.56.27.29.38 ◼ 🍷 r.-v.

CH. DE FARGUES 1990★★

☐   12 ha   n.c.   🍷 +200 F
|47| |49| |53| |59| |62| |(67)| |71| |75| |76| |83| |84| |85| |86| |87| |88| |89| |90|

Sans être classé, ce cru est l'un des « grands » de Sauternes. Comment en douter en suivant l'évolution de ce 90, toujours aussi prometteur par la richesse de sa matière, mais dont la complexité aromatique - le bouquet s'étant enrichi de notes de prune cuite, de pâte de fruits et de tabac blond - ne cesse de surprendre le dégustateur. Le résultat ? Un ensemble encore plus élégant et d'une grande originalité auquel on peut prédire au moins un demi-siècle de vie heureuse !
➥ Comte de Lur-Saluces, Ch. de Fargues, 33210 Fargues-de-Langon, tél. 05.57.98.04.20, fax 05.57.98.04.21 🍷 r.-v.

CH. GRILLON 1996★★

☐   11 ha   20 000   🍷 70 à 100 F

Venu du haut Barsac, ce vin témoigne de la qualité de ce terroir. Sa couleur or soutenu s'associe à la complexité du bouquet (miel et tilleul) pour annoncer un ensemble intéressant. Et le palais tient les promesses de la présentation. Elégance, gras, volume, le 95 a conservé ses caractères de l'an dernier, mais en les amplifiant. Aucun doute, cette bouteille mérite les honneurs de la cave.
➥ Roumazeilles Cameleyre, Ch. Grillon, 33720 Barsac, tél. 05.56.27.16.45, fax 05.56.27.12.18 ◼ 🍷 r.-v.

CH. GUIRAUD 1996★★

☐ 1er cru clas.   85 ha   n.c.   🍷 +200 F
|83| |85| |86| |88| |89| |(90)| |92| |95| |96|

Imposante unité, ce cru offre une belle image du vignoble en majesté, si caractéristique du Bordelais. Il est également très représentatif par la qualité de sa production, qu'illustre bien ce 96 entre ambre roux et blond doré. S'il est encore marqué par le bois, son bouquet séduit déjà par sa grande complexité (tilleul, genêt, miel, fruits exotiques) qui se retrouve au palais. Riche, gras, généreux et chaleureux, ce vin méritera une longue garde. Toujours marqué par le bois, mais d'un volume remarquable, le 95 est entré dans une phase de mutation qui privilégie la liqueur. A attendre encore.
➥ SCA du Ch. Guiraud, 33210 Sauternes, tél. 05.56.76.61.01, fax 05.56.76.67.52 ◼ 🍷 r.-v.

CH. GUITERONDE DU HAYOT 1995

☐   35 ha   100 000   📦🍷 100 à 150 F
|91| |93| |94| |95|

Du même producteur que le château Andoyse, ce vin, né à Barsac, se montre bien typé par son botrytis et fort plaisant par son expression aromatique aux fines notes fruitées et florales.
➥ SCE Vignobles du Hayot, Ch. Andoyse, 33720 Barsac, tél. 05.56.27.15.37, fax 05.56.27.04.24 ◼ 🍷 r.-v.

CH. HAUT-BERGERON 1996★★

☐   16 ha   30 000   📦🍷 100 à 150 F
|(75)| |76| |78| |81| |82| |83| |85| |86| |88| |89| |90| |91| |94| |95| |96|

En sauternes comme en barsac (Farluret), 96 aura été un millésime particulièrement réussi pour les Lamothe. Discrétion et distinction, les qualités de ce vin sont celles d'un bon élève qui sait se présenter : robe ravissante ; bouquet mariant heureusement le miel, les fleurs, le bois et le fruit. Elégant et concentré, le palais est de la même veine, donnant un ensemble de belle facture.

382

Les vins blancs liquoreux — Sauternes

☛ Hervé et Patrick Lamothe, Ch. Haut-Bergeron, 3 Piquey, 33210 Preignac, tél. 05.56.63.24.76, fax 05.56.63.23.31 ☑ ☕ r.-v.

CH. HAUT-MAYNE 1996★

☐ 7,26 ha 5 000 70 à 100 F

Une petite production mais de bonne qualité pour ce vin, de style classique par son côté liquoreux bien marqué et par la présence très sensible du rôti dans le bouquet. Rond et gras, l'ensemble plaira tout spécialement aux amateurs de sauternes onctueux.

☛ Roumazeilles, Ch. Haut-Mayne, 33210 Preignac, tél. 05.56.32.87.39, fax 05.56.32.87.39 ☑ ☕ r.-v.

CLOS L'ABEILLEY 1996

☐ 78,28 ha 32 800 100 à 150 F

Issu d'une enclave dans le domaine du château Rayne Vigneau, ce vin est plus modeste que celui du cru classé, mais cela ne l'empêche pas de se montrer agréable par sa rondeur, son équilibre et son bouquet qui s'ouvre lentement sur des notes d'angélique confite et de cire d'abeille.

☛ SC du Ch. de Rayne Vigneau, 17, cours de la Martinique, B.P. 90, 33027 Bordeaux Cedex, tél. 05.56.01.30.10, fax 05.56.79.23.57 ☕ r.-v.

LA CHAPELLE DE LAFAURIE 1996★

☐ n.c. 40 000 100 à 150 F

Seconde étiquette de Lafaurie-Peyraguey, ce vin est de bonne origine. Il s'en montre digne tout au long de la dégustation, tant par son bouquet aux fines notes de miel et d'agrumes confits, que par son palais où l'on retrouve les fruits confits. Une bouteille à ne pas oublier pour l'apéritif.

☛ Domaines Cordier, 53, rue du Dehez, 33290 Blanquefort, tél. 05.56.95.53.00, fax 05.56.95.53.01 ☕ r.-v.

CH. LAFAURIE-PEYRAGUEY 1996★★

☐ 1er cru clas. n.c. 75 000 +200 F

|75| |76| 77 78 **79 80** |81| **82 83** 84 |85| 86 |87| |(88)| |89| |90| |91| |92| 93 **94** |95| 96

Belle unité, ce cru jouit d'une renommée bien établie depuis le début du XIXᵉ s. Ce superbe 96 ne pourra que la conforter. Attaquant la dégustation dans la majesté d'une robe jaune doré, il se fait généreux au bouquet, où les notes d'agrumes se mêlent à des fragrances d'acacia. Ample, gras et fruité, le palais séduit par l'harmonie parfaite qui s'établit entre le sucre et l'acidité. Concentrée et sans la moindre lourdeur, cette bouteille méritera d'être oubliée longtemps dans la cave, peut-être une dizaine, voire une quinzaine d'années.

☛ Domaines Cordier, 53, rue du Dehez, 33290 Blanquefort, tél. 05.56.95.53.00, fax 05.56.95.53.01 ☕ r.-v.

DOM. DE LA FORET 1996★

☐ 6 ha 4 000 100 à 150 F

89 |90| **93 94** |95| 96

Sa taille n'empêche pas ce cru d'offrir un vin réussi et bien typé. A l'attrait d'un bouquet élégant et chaleureux (miel et abricot confit), il ajoute celui d'un palais où le bois respecte la structure.

☛ Vaurabourg, Dom. de La Forêt, 33210 Preignac, tél. 05.56.76.88.46 ☑ ☕ r.-v.

CH. L'AGNET LA CARRIERE 1996★

☐ 5 ha n.c. 100 à 150 F

Confirmant les millésimes précédents, ce 96 montre que ce cru fait preuve de régularité dans la qualité. Evocateur par son bouquet associant genêt, miel, acacia et cannelle, il se développe en souplesse au palais, avec une matière et un équilibre qui lui assureront une bonne garde. Le **95** laisse moins paraître sa structure ; en revanche ses arômes ont gagné en finesse.

☛ Danièle Mallard, Ch. Naudonnet Plaisance, 33760 Escoussans, tél. 05.56.23.93.04, fax 05.57.34.40.78 ☑ ☕ r.-v.

CH. LAMOTHE GUIGNARD 1995★★

☐ 2ème cru clas. 17 ha 36 000 100 à 150 F

|81| 82 |(83)| 84 |85| |86| 87 |88| 89 **90** 92 |93| **94** 95

Il est des habitudes à ne pas perdre, surtout celle d'être régulier en qualité. Heureusement, ce cru reste fidèle à lui-même avec ce vin dont on éprouve un réel plaisir à contempler la robe d'un vieil or brillant. Agréable par son bouquet de fruits secs sur fond d'épices, il se montre intéressant par sa structure, ronde, grasse et bien équilibrée avec un rôti de qualité.

☛ Philippe et Jacques Guignard, Ch. Lamothe Guignard, 33210 Sauternes, tél. 05.56.76.60.28, fax 05.56.76.69.05 ☑ ☕ t.l.j. sf sam. dim. 8h-12h 14h-18h

CH. LAMOURETTE 1995

☐ 8,5 ha 7 500 100 à 150 F

|90| |91| **92** 95

Simple comme une amourette en finale, ce vin est plus intense que complexe par son bouquet marqué par les raisins rôtis et confits. Au palais il se montre sympathique par son caractère équilibré et gras.

☛ Anne-Marie Léglise, Ch. Lamourette, 33210 Bommes, tél. 05.56.76.63.58, fax 05.56.76.60.85 ☑ ☕ r.-v.

CH. LARIBOTTE 1995★★

☐ 15,5 ha 10 000 70 à 100 F

En forte progression au cours des dernières années, ce cru voit ses efforts récompensés. Ce vin se montre très prometteur par son bouquet naissant (citron confit) et par son palais, liquoreux, séveux, corsé et d'une bonne persistance aromatique. Un sauternes classique.

LE BORDELAIS

Les vins blancs liquoreux — Sauternes

🍷 Jean-Pierre Lahiteau, quartier de Sanches, 33210 Preignac, tél. 05.56.63.27.88, fax 05.56.62.24.80 ☑ 🍸 r.-v.

CH. LA TOUR BLANCHE 1995★★

☐ 1er cru clas.   34 ha   35 000   🍷 +200 F

⑥① 62 75 79 80 |81| |82| |83| 84 |85| |86| |88| 89 90 91 |94| 95

Son histoire, sa taille, la présence d'une école de viticulture et d'œnologie, tout destine ce cru à devenir l'une des locomotives de l'appellation. Un rôle qu'il remplit pleinement avec ce 95 superbement réussi. Irréprochable dans sa présentation, d'une couleur bouton d'or, il développe un bouquet fin et complexe (fruits confits, genêt, grillé et miel) dont l'élégance se retrouve dans la structure et la large palette aromatique du palais. Frais, riche, souple, équilibré et généreux, ce vin, que clôt une longue finale, méritera quelques années de patience.

🍷 Ch. La Tour Blanche, 33210 Bommes, tél. 05.57.98.02.73, fax 05.57.98.02.78 ☑ 🍸 r.-v.

🍷 Ministère de l'Agriculture

CH. LAVILLE 1996★★

☐   13 ha   15 000   🍷 70 à 100 F

|92| |94| |95| 96

Régulière en qualité, cette propriété réserve de bonnes surprises comme ce remarquable 96. A la fois souple, rond, gras, ample et puissant, il satisfera le dégustateur le plus exigeant par l'intensité et le charme de son bouquet aux notes de miel d'acacia et de fruits secs, que complète un délicat côté muscaté également présent au palais. Le 95, encore fermé l'an dernier, a trouvé son expression aromatique avec de belles notes d'agrumes, de fruits confits et d'épices, que complète en finale une note botrytisée du meilleur aloi. C'est maintenant un fort joli vin.

🍷 EARL du Ch. Laville, 33210 Preignac, tél. 05.56.63.28.14, fax 05.56.63.16.28 ☑ 🍸 t.l.j. sf sam. dim. 8h-12h30 13h30-18h30

🍷 Y. et C. Barbe

CH. L'ERMITAGE 1995

☐   11,35 ha   15 000   🍷 70 à 100 F

Issus du milieu médical, les deux propriétaires ont acquis ce cru qui était à l'abandon en 1991. Simple mais net et bien fait, leur 95 possède une bonne constitution, ronde et grasse, qui s'accorde avec les arômes de fruits confits, de réglisse et de bois pour donner un ensemble plaisant.

🍷 Ch. L'Ermitage, N° 9 V.C. M. Lacoste, 33210 Preignac, tél. 05.56.76.24.13, fax 05.56.76.12.75 ☑ 🍸 r.-v.

🍷 Fontan-Chambers

CH. LES JUSTICES 1996★

☐   8,5 ha   25 000   🍷 100 à 150 F

61 62 67 70 71 73 |75| |76| |78| |79| |80| |81| |82| |⑧③| 85 86 |88| |90| |93| |94| 95 96

Personnalité marquante du Sauternais, Christian Médeville se distingue par la régularité de sa production, comme en témoigne ce 96 fort réussi. Ce vin prend toute sa dimension au palais où se développent de beaux arômes (fruits confits, raisins secs et notes exotiques) et un rôti de qualité sur un équilibre parfait.

🍷 Christian Médeville, Ch. Gilette, 33210 Preignac, tél. 05.56.76.28.44, fax 05.56.76.28.43 ☑ 🍸 r.-v.

CH. LIOT 1996★

☐   20 ha   n.c.   🍶 70 à 100 F

89 90 91 |93| |95| 96

Belle unité barsacaise, ce cru propose un vin à la robe d'un or brillant et soutenu. Ce 96 montre un beau volume, tant dans son bouquet aux imposantes notes d'orange confite et de cire, que par son palais ample, gras, joliment liquoreux, généreux et persistant. L'avenir lui sourit.

🍷 SCEA J. et E. David, Ch. Liot, 33720 Barsac, tél. 05.56.27.15.31, fax 05.56.27.14.42 ☑ 🍸 r.-v.

CH. DE MALLE 1996★★

☐ 2ème cru clas.   25 ha   n.c.   🍷 150 à 200 F

71 ⑦⑤ 76 81 83 |85| 86 87 |88| |89| 90 |91| 94 95 96

A Malle tout est authentique : l'architecture du château, l'ordonnancement des jardins, la noblesse de ses propriétaires et ce beau 96, séducteur par sa robe d'or brillant et dont chacun pourra apprécier le caractère bien botrytisé. Les arômes de poire confite, de fleurs et d'agrumes s'associent aux saveurs fruitées pour donner un ensemble riche, doux et velouté, très persistant. Le 95 a gardé toute sa complexité, son gras et sa finesse. Deux millésimes d'une extrême élégance.

🍷 Comtesse de Bournazel, Ch. de Malle, 33210 Preignac, tél. 05.56.62.36.86, fax 05.56.76.82.40 ☑ 🍸 r.-v.

DOM. DE MAREUIL 1996

☐   3,5 ha   6 000   🍶 70 à 100 F

Issu d'une petite propriété également productrice de graves, ce vin, souple, simple et bien équilibré, exprime sa personnalité par son bouquet d'une bonne intensité.

🍷 René Désert, 12, rte d'Illats, quartier Mareuil, 33210 Pujols-sur-Ciron, tél. 05.56.76.69.70, fax 05.56.76.69.70 ☑ 🍸 r.-v.

CH. MONET 1996

☐   2,1 ha   4 700   🍷 70 à 100 F

Connu et reconnu pour ses graves, Patrice Haverlan nous propose ici un sauternes agréable et facile à boire, présentant un bon équilibre ainsi qu'un bouquet expressif et typé (notes d'amande, de grillé et d'agrumes). Une réelle élégance.

Les vins blancs liquoreux — Sauternes

Patrice Haverlan, quartier Darroubin, 33640 Portets, tél. 05.56.67.11.32, fax 05.56.67.11.32 r.-v.

DOM. DE MONTEILS
Cuvée Sélection 1996

☐   n.c.   6 000   100 à 150 F

Son bouquet, dont les notes discrètes de fruits rôtis et exotiques se mêlent aux agrumes pour se fondre dans un boisé vanillé, et son palais, équilibré et soyeux, s'unissent pour donner un vin dont à peine attendre quelques mois avant d'être servi sur un foie gras juste poêlé.

GAEC des Vignobles Cousin, 3, rte de Fargues, 33210 Preignac, tél. 05.56.62.24.05, fax 05.56.62.22.30 r.-v.

CH. DE MYRAT 1996

☐ 2ème cru clas.   22 ha   36 000   100 à 150 F

Un vignoble en pleine résurrection depuis sa reconstitution en 1988 par les descendants de la très célèbre famille des Pontac. Leur sixième millésime à Myrat, d'un bel or pâle dans le verre, se montre encore fermé, marqué par la barrique au nez, mais il commence à s'ouvrir en bouche où perce le botrytis. Pour en profiter pleinement, on patientera quelques années.

Jacques de Pontac, Ch. de Myrat, 33720 Barsac, tél. 05.56.27.15.06, fax 05.56.27.11.75 r.-v.

CH. CRU PEYRAGUEY 1995

☐   n.c.   12 000   100 à 150 F

75 76 79 82 83 |85| |86| |88| |89| **90** |91| |94| 95

Si certains crus sacrifient à la mode des vins légers, ce n'est pas le cas de celui-ci. Très botrytisé, son 95 au nez légèrement ranciotté, plein de finesse, et à la bouche généreuse plaira particulièrement aux amateurs de sauternes riches.

Hubert Mussotte, 10, Miselle, 33210 Preignac, tél. 05.56.44.43.48, fax 05.56.01.71.29 r.-v.

MADAME DE RAYNE 1996*

☐   78,28 ha   58 400   150 à 200 F

Hommage à l'une des anciennes propriétaires du cru, Catherine de Rayne née Pontac, ce second vin de Rayne Vigneau cherche à développer un caractère féminin. Aromatique (miel, fleurs d'acacia et raisins secs), vif et sans lourdeur, il prouve que l'objectif est atteint. On attend avec un intérêt gourmand la prochaine édition pour connaître le grand vin dans le millésime 96.

SC du Ch. de Rayne Vigneau, 17, cours de la Martinique, B.P. 90, 33027 Bordeaux Cedex, tél. 05.56.01.30.10, fax 05.56.79.23.57 r.-v.

CH. DE RAYNE VIGNEAU 1995**

☐ 1er cru clas. 78,22 ha   n.c.   +200 F
85 **86** |88| |89| |90| **91** 92 |94| 95

En un an le caractère de ce vin a évolué. Désormais, il s'exprime plus par son élégance que par sa puissance, développant un bouquet d'une grande complexité - genêt et miel, avec des notes confites (orange, abricot) et mentholées, intenses et subtiles. Cela ne l'empêche pas de confirmer son aptitude au vieillissement assuré d'ajouter à ses charmes celui d'un retour très séduisant par sa vivacité et sa finesse.

SC du Ch. de Rayne Vigneau, 17, cours de la Martinique, B.P. 90, 33027 Bordeaux Cedex, tél. 05.56.01.30.10, fax 05.56.79.23.57 r.-v.

CH. RIEUSSEC 1995***

☐ 1er cru clas.   72 ha   n.c.   +200 F
62 67 70 71 |75| |76| |79| |80| |81| **82 83 84 85** |86| |87| **88** |89| (90) |92| **94 95**

De bonne origine - seul un ruisseau le sépare d'Yquem - ce vin sait se présenter, dans une superbe livrée vieil or. Il sait aussi mettre en scène la dégustation, commençant par un joli bouquet aux notes complexes d'abricot cuit, de cire d'abeille et d'agrumes confits, avant d'assurer une belle progression au palais. Presque timide à l'attaque aux fines saveurs légèrement rôties, il laisse parler ensuite sa grande classe avec une montée en puissance et une longue finale, douce et suave, accompagnée d'une touche boisée. S'il est déjà des plus plaisants, comme tout sauternes de haute naissance, il méritera quelques années de patience.

Sté du Ch. Rieussec, 33, rue de la Baume, 75008 Paris, tél. 01.53.89.78.00, fax 01.53.89.78.01 r.-v.

CH. DE ROCHEFORT 1995

☐   0,42 ha   1 200   70 à 100 F

De vieilles vignes sur sol graveleux pour ce cru dont on a découvert au dernier le premier millésime du nouveau propriétaire. Ce vin bien constitué a gardé ses qualités avec du gras, de la vivacité et un rôti suffisant pour lier l'ensemble. Il présente une réelle élégance et possède une bonne aptitude à la garde.

Jean-Christophe Barbe, Ch. Laville, 33210 Preignac, tél. 05.56.63.28.14, fax 05.56.63.16.28 r.-v.

CH. ROMER DU HAYOT 1995*

☐ 2ème cru clas.   16 ha   50 000   100 à 150 F
75 76 79 |81| **82** |83| |85| |86| **88** 89 |90| 91 93 |95|

Classé en 1855, Romer du Hayot propose ce 95 élevé deux ans en barrique. Aujourd'hui, paré d'une superbe robe d'or soutenu, ce vin livre des parfums intenses de fruits confits. Bien équilibrée, la bouche rappelle les raisins surmûris.

SCE Vignobles du Hayot, Ch. Andoyse, 33720 Barsac, tél. 05.56.27.15.37, fax 05.56.27.04.24 r.-v.

CH. SAINT-AMAND 1995*

☐   20 ha   49 000   100 à 150 F
76 79 80 81 83 85 |86| |88| **89 90** 91 |94| 95

Tout s'accorde pour faire de ce château une bonne illustration des propriétés moyennes caractéristiques de Preignac : sa taille, sa chartreuse typiquement girondine et son vin. La typicité de ce 95 apparaît nettement dans son bouquet aux notes de fruits confits, d'épices et de beurre de cacao. Grâce à une agréable présence acidulée et un bon équilibre entre le sucre et l'alcool, le palais forme un ensemble franc et harmonieux qui gagnera à vieillir.

385   LE BORDELAIS

Les vins blancs liquoreux · Sauternes

•┐Anne-Mary Facchetti-Ricard, SCEA Ch. Saint-Amand, 33210 Preignac, tél. 05.56.76.84.89, fax 05.56.76.24.87 ⓥ Ⲧ r.-v.

CH. SIGALAS RABAUD 1996*

☐ 1er cru clas.   13,37 ha   33 000   ⓘⓘ 150 à 200 F
66 75 76 81 82 83 85 |86| 87 |88| |89| |90| |91| |92| 94 ⑨⑤ 96

Elaboré et distribué par les établissements Cordier, ce 96 ne rivalisera pas avec certains millésimes antérieurs, dont l'exceptionnel 95, superbe coup de cœur l'an dernier. Toutefois, ce vin très liquoreux est soutenu par une solide structure, grasse, longue et ample, qui complète un bouquet d'une réelle densité (fruits confits, raisin, citron, miel, coing et vanille). Par sa richesse, cette bouteille promise à une longue vie plaira aux amateurs de sauternes classiques.
•┐Ch. Sigalas Rabaud, Bommes-Sauternes, 33210 Langon, tél. 05.56.95.53.00, fax 05.56.95.53.01

CH. VILLEFRANCHE 1996*

☐   12 ha   18 000   ⓘⓘ 70 à 100 F

En progression depuis quelque temps, ce cru nous offre ici un vin qui tire son charme de ses côtés frais et fondus, mais aussi de la puissance et de la complexité de son expression aromatique, où le fruit de la passion côtoie les agrumes.
•┐Henri Guinabert et Fils, Ch. Villefranche, 33720 Barsac, tél. 05.56.27.05.77, fax 05.56.27.33.02 ⓥ Ⲧ r.-v.

CH. D'YQUEM 1991***

☐ 1er cru sup.   130 ha   n.c.   +200 F
21 29 37 42 |45| **53** 55 59 ⑥⑦ **70 71** |75| |76| 79 80 |81| |82| **83** |84| |85| |86| |87| **88 89 90 91**

Privilège des grands terroirs, Yquem a été protégé par le ciel en 1991, le gel ayant touché 40 % du vignoble mais épargné le noyau du domaine. Après un bel été, une première trie fut effectuée fin septembre. Les quinze jours de pluie qui suivirent n'affectèrent pas le raisin qui résista, ce qui permit trois autres tries. Ce 91 est un vin fin et équilibré, dont l'élégance se manifeste tout au long de la dégustation : dans la robe, mordorée et moirée ; au bouquet, où se développent des parfums intenses et délicats évoquant tour à tour l'orange confite, la cire, le miel, le pain d'épice et la figue ; au palais, éclatant de vie et de jeunesse, où l'on retrouve des arômes élégants. Un vrai Yquem, dont l'évolution durera longtemps (vingt à trente ans selon les quatre dégustateurs).
•┐Comte de Lur-Saluces, Ch. d'Yquem, 33210 Sauternes, tél. 05.57.98.07.07, fax 05.57.98.05.08

LA BOURGOGNE

« Aimable et vineuse Bourgogne », écrivait Michelet. Quel amateur de vin ne reprendrait à son compte une telle assertion ? Avec le Bordelais et la Champagne, la Bourgogne porte en effet à travers le monde entier la prestigieuse renommée des vins de France les plus illustres, les associant sur ses terroirs avec une gastronomie des plus riches, et trouvant dans leur diversité de quoi satisfaire tous les goûts et réussir tous les accords gourmands.

Plus encore que dans toute autre région viticole, on ne peut dissocier en Bourgogne l'univers du vin de la vie quotidienne, dans une civilisation forgée au rythme des travaux de la vigne : depuis les confins auxerrois jusqu'aux monts du Beaujolais, tout au long d'une province qui relie les deux métropoles que sont Paris et Lyon, la vigne et le vin ont, dès la plus haute Antiquité, fait vivre les hommes, et les ont fait vivre bien. Si l'on en croit Gaston Roupnel, écrivain bourguignon mais aussi vigneron à Gevrey-Chambertin, auteur d'une *Histoire de la campagne française*, la vigne aurait été introduite en Gaule au VIe s. av. J.-C. « par la Suisse et les défilés du Jura », pour être bientôt cultivée sur les pentes des vallées de la Saône et du Rhône. Même si, pour d'autres, ce sont les Grecs qui sont à l'origine de la culture de la vigne venue du Midi, nul ne conteste l'importance qu'elle a prise très tôt sur le sol bourguignon. Certains reliefs du musée archéologique de Dijon en témoignent. Et lorsque le rhéteur Eumène s'adresse à l'empereur Constantin, à Autun, c'est pour évoquer les vignes cultivées dans la région de Beaune et qualifiées déjà d'« admirables et anciennes ».

Modelée par les avatars glorieux ou tragiques de son histoire, soumise aux aléas des données climatiques autant qu'aux transformations des pratiques agricoles - où les moines, dans les mouvances de Cluny ou de Cîteaux, jouèrent un rôle capital -, la Bourgogne a dessiné peu à peu la palette de ses *climats* et de ses crus, évoluant constamment vers la qualité et la typicité de vins incomparables. C'est sous le règne des quatre ducs de Bourgogne (1342-1477) que seront édictées les règles destinées à garantir un niveau qualitatif élevé.

Il faut cependant préciser que la Bourgogne des vins ne recouvre pas exactement la Bourgogne administrative : la Nièvre (qui se rattache administrativement à la Bourgogne, avec la Côte-d'Or, l'Yonne et la Saône-et-Loire) fait partie du vignoble du Centre et du vaste ensemble de la vallée de la Loire (vignoble de Pouilly-sur-Loire). Tandis que le Rhône (appartenant pour les autorités judiciaires et administratives à la Bourgogne lui aussi), pays du beaujolais, a acquis par l'habitude une autonomie que justifie - outre la pratique commerciale - l'usage d'un cépage spécifique. C'est ce choix qui est retenu dans le présent guide (voir le chapitre « Le Beaujolais »), où l'on comprend donc en Bourgogne les vignobles de l'Yonne (basse Bourgogne), de la Côte-d'Or et de la Saône-et-Loire, bien que certains vins produits en Beaujolais puissent être vendus en appellation régionale bourgogne.

L'unité ampélographique de la Bourgogne - à l'exclusion, donc, du Beaujolais, planté de gamay noir à jus blanc - ne fait pas de doute : le chardonnay pour les vins blancs et le pinot noir pour les vins rouges y règnent en maîtres. Vestiges de pratiques culturales anciennes ou adaptations spécifiques à des terroirs particuliers, on rencontre cependant quelques variétés annexes : l'aligoté, cépage blanc produisant le célèbre bourgogne aligoté, fréquemment employé dans la confection du kir (blanc-cassis) ; il atteint son sommet qualitatif dans le petit pays de Bouzeron, tout près de Chagny (Saône-et-Loire). Le césar, lui, plant « rouge », était surtout cultivé dans la région

La Bourgogne

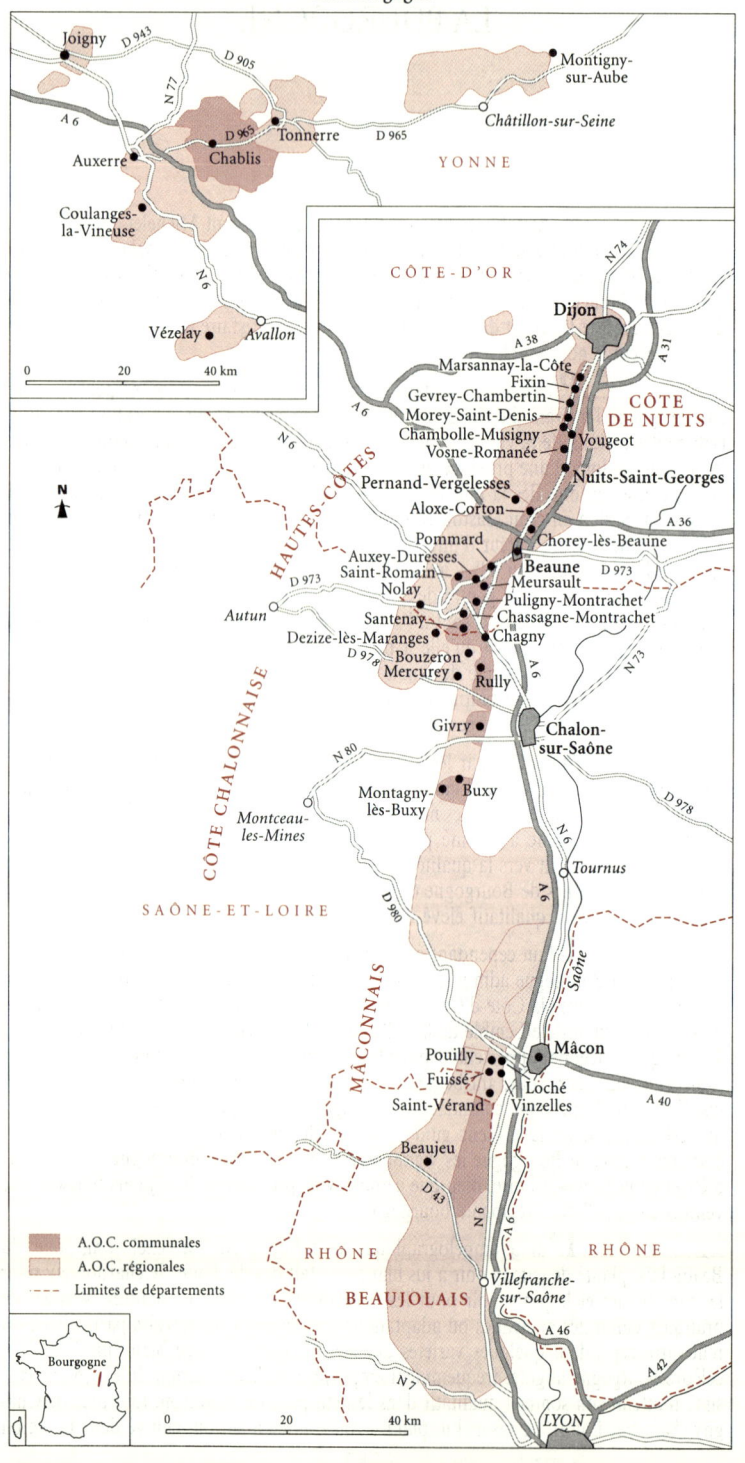

d'Auxerre ; mais il tend à disparaître. Le sacy donne du bourgogne grand ordinaire dans l'Yonne, mais il est de plus en plus remplacé par le chardonnay ; le gamay, du bourgogne grand ordinaire et, associé au pinot, du bourgogne passetoutgrain. Enfin, le sauvignon, fameux cépage aromatique des vignobles de Sancerre et de Pouilly-sur-Loire, est cultivé dans la région de Saint-Bris-le-Vineux, dans l'Yonne, où il conduit à l'AOVDQS sauvignon de Saint-Bris qui devrait bientôt accéder au statut de l'AOC.

Sous une relative unité climatique, globalement semi-continentale avec influence océanique atteignant ici les limites du Bassin parisien, ce sont donc les sols qui vont spécifier les caractères propres des très nombreux vins produits en Bourgogne. Car si l'extrême morcellement des parcelles est la règle partout, il se fonde en grande partie sur une juxtaposition d'affleurements géologiques variés, origine de la riche palette de parfums et de saveurs des crus de Bourgogne. Et plus que des données strictement météorologiques, c'est des variations pédologiques que rend compte ici la notion de *climat* (ou terroir) précisant les caractères des vins au sein d'une même appellation, et compliquant comme à plaisir le classement et la présentation des grands vins de Bourgogne... Ces *climats*, aux noms particulièrement évocateurs (la Renarde, les Cailles, Genevrières, Clos de la Maréchale, Clos des Ormes, Montrecul...), sont les termes consacrés depuis au moins le XVIIIe s. pour désigner des surfaces de quelques hectares, parfois même quelques « ouvrées » (une ouvrée est égale à 4 ares, 28 centiares), correspondant à « une entité naturelle s'extériorisant par l'unité du caractère du vin qu'elle produit... » (A. Vedel). Et l'on peut constater en effet qu'il y a parfois moins de différence entre deux vignes séparées de plusieurs centaines de mètres mais à l'intérieur du même *climat* qu'entre deux autres voisines mais dans deux *climats* différents.

On dénombre en outre quatre niveaux d'appellations dans la hiérarchie des vins : appellation régionale (56 % de la production), *village* (ou appellation communale) de Bourgogne, premier cru (12 % de la production) et grand cru (2 % de la production qui recouvre 33 grands crus répertoriés en Côte d'Or et à Chablis). Et le nombre de terroirs légalement délimités ou de *climats* est très grand : on compte, par exemple, vingt-sept dénominations différentes pour les premiers crus récoltés sur la commune de Nuits-Saint-Georges, et ceci pour une centaine d'hectares seulement !

Des études récentes ont confirmé les relations (souvent constatées empiriquement) entre les sols et les lieux-dits donnant naissance aux appellations, aux crus ou aux *climats*. Ainsi, par exemple, a-t-on pu déterminer dans la Côte de Nuits cinquante-neuf types de sols différenciés selon leurs caractères morphologiques ou physico-chimiques (pente, pierrosité, taux d'argile, etc.) et correspondant de fait à la distinction des appellations grand cru, premier cru, villages et régionale.

Plus simplement, dans une approche géographique beaucoup plus générale, il est d'usage de distinguer, du nord au sud, quatre grandes zones au sein de la Bourgogne viticole : les vignobles de l'Yonne (ou de basse Bourgogne), de la Côte-d'Or (Côte de Nuits et Côte de Beaune), la Côte chalonnaise, le Mâconnais.

Le Chablisien est le plus connu des vignobles de l'Yonne. Son prestige fut très grand à la cour parisienne pendant tout le Moyen Age, le transport fluvial rendant facile le commerce des vins avec la capitale ; longtemps même, les vins de l'Yonne s'identifièrent tout simplement avec « les » bourgognes. Blotti dans la charmante vallée du Serein dont Noyers est le petit joyau médiéval, le vignoble de Chablis est comme un satellite isolé lancé à plus de cent kilomètres au nord-ouest du cœur de la Bourgogne viticole. Dispersé, il couvre plus de 4 000 ha de collines aux pentes d'exposition variée, sur lesquelles « une constellation de hameaux et une nuée de propriétaires se partagent les récoltes de ce vin sec, finement parfumé, léger, vif, qui surprend l'œil par son étonnante limpidité à peine teintée d'or vert » (P. Poupon). L'Auxerrois, au sud d'Auxerre, s'étend sur une dizaine de communes ; le vignoble d'Irancy abrite encore quelques hectares de césar, cépage donnant des vins très tanniques ; c'est un vignoble qui, avec celui de Coulanges-la-Vineuse, est en pleine expansion. Saint-Bris-le-Vineux est le pays du sauvignon et partage avec Chitry la production de vins blancs.

    Dans l'Yonne, il faut encore signaler trois autres vignobles presque entièrement détruits par le phylloxéra, mais que l'on tente aujourd'hui de faire renaître. Le vignoble de Joigny, à l'extrémité nord-ouest de la Bourgogne, dont la superficie atteint à peine dix hectares, est bien exposé sur les coteaux entourant la ville, au-dessus de l'Yonne ; on y produit surtout un vin gris de consommation locale, d'appellation bourgogne, mais aussi des vins rouges et blancs. Autrefois aussi célèbre que celui d'Auxerre, le vignoble de Tonnerre renaît aujourd'hui aux abords d'Epineuil ; l'usage y admet une appellation bourgogne-épineuil. Enfin, les pentes de l'illustre colline de Vézelay, aux portes du Morvan, et où les grands-ducs de Bourgogne possédaient eux-mêmes un clos, voient renaître un petit vignoble en production depuis 1979 ; sous l'appellation bourgogne, les vins devraient y bénéficier du renom de l'endroit, haut lieu touristique où les visiteurs de la basilique romane ont remplacé les pèlerins.

    Le plateau de Langres, karstique et aride, chemin traditionnel de toutes les invasions venues du nord-est, historiques ou, aujourd'hui, touristiques, sépare le Chablisien, l'Auxerrois et le Tonnerrois de la Côte d'Or, dite « Côte de pourpre et d'or » ou, plus simplement, « la Côte ». Au cours de l'ère tertiaire, et consécutivement à l'érection des Alpes, la mer de Bresse qui couvrait cette région, battant le vieux massif hercynien du Morvan, s'effondra, déposant au fil des millénaires des sédiments calcaires de composition variée : failles parallèles nord-sud nombreuses, datant de la formation des Alpes ; « coulement » des sols du haut vers le bas au moment des grandes glaciations tertiaires ; creusement de combes par des cours d'eau alors puissants. Il en résulte une diversité extraordinaire de terrains se jouxtant sans être identiques, tout en étant apparemment semblables en surface à cause d'une mince couche arable. Ainsi s'expliquent l'abondance des appellations d'origine liées à celles des sols et l'importance des *climats* qui affinent encore cette mosaïque.

    Du point de vue géographique, la côte s'allonge sur environ cinquante kilomètres, de Dijon jusqu'à Dezize-lès-Maranges, au nord de la Saône-et-Loire. Le coteau le plus souvent exposé au soleil levant, comme il se doit pour de grands crus sous climat semi-continental, descend depuis le plateau supérieur, ponctué par les vignes des Hautes-Côtes, jusqu'à la plaine de la Saône, vouée aux cultures.

    De structure linéaire, ce qui favorise une excellente exposition est-sud-est, la côte se divise traditionnellement en plusieurs secteurs, le premier, au nord, étant en grande partie submergé par l'urbanisation de l'agglomération dijonnaise (commune de Chenôve). Par fidélité à la tradition, la municipalité de Dijon a cependant replanté une parcelle au sein même de la ville. A Marsannay commence la Côte de Nuits, qui s'allonge jusqu'au Clos des Langres, sur la commune de Corgoloin. C'est une côte étroite (quelques centaines de mètres seulement), coupée de combes de style alpestre avec des bois et des rochers, soumise aux vents froids et secs. Cette côte compte vingt-neuf appellations réparties selon l'échelle des crus, avec des villages aux noms prestigieux : Gevrey-Chambertin, Chambolle-Musigny, Vosne-Romanée, Nuits-Saint-Georges... Les premiers crus et les grands crus (chambertin, clos de la roche, musigny, clos de vougeot) se situent à une altitude comprise entre 240 et 320 mètres. C'est dans ce secteur que l'on trouve les plus nombreux affleurements de marnes calcaires, au milieu d'éboulis variés ; les vins rouges les plus structurés de toute la Bourgogne, aptes aux plus longues gardes, en sont issus.

    La Côte de Beaune vient ensuite, plus large (un à deux kilomètres), à la fois plus tempérée et soumise à des vents plus humides, ce qui entraîne une plus grande précocité dans la maturation. Géologiquement, la Côte de Beaune est plus homogène que la Côte de Nuits, avec au bas un plateau presque horizontal, formé par les couches du bathonien supérieur recouvertes de terres fortement colorées. C'est sur ces sols assez profonds que se récoltent les grands vins rouges (beaune grèves, pommard épenots...). Au sud de la Côte de Beaune, les bancs de calcaires oolithiques avec, sous les marnes du bathonien moyen recouvertes d'éboulis, des calcaires sus-jacents donnent des sols à vigne cailloteux, graveleux, sur lesquels sont récoltés les vins blancs parmi les plus prestigieux : premiers et grands crus des communes de Meursault, Puligny-Montrachet, Chassagne-Montrachet. Si l'on parle de « côte des rouges » et de « côte des blancs », il faut citer entre les deux le vignoble de Volnay, implanté sur des terrains pierreux argilo-calcaires et donnant des vins rouges d'une grande finesse.

La culture de la vigne se poursuit jusqu'à une altitude plus élevée dans la Côte de Beaune que dans la Côte de Nuits : 400 m et parfois plus. Le coteau est coupé de larges combes, dont celle de Pernand-Vergelesses, semblant séparer la fameuse montagne de Corton du reste de la côte.

C'est depuis une trentaine d'années que l'on replante peu à peu les secteurs des hautes-côtes, où sont produites les appellations régionales bourgogne hautes-côtes-de-nuits et bourgogne hautes-côtes-de-beaune. L'aligoté y trouve son terrain de prédilection, qui met bien en valeur sa fraîcheur. Quelques terroirs y donnent d'excellents vins rouges issus de pinot noir, présentant souvent des odeurs de petits fruits rouges (framboise, cassis), spécialités de la Bourgogne cultivées là aussi.

Le paysage s'épanouit quelque peu dans la Côte chalonnaise (4 500 ha) ; la structure linéaire du relief s'y élargit en collines de faible altitude s'étendant plus à l'ouest de la vallée de la Saône. La structure géologique est beaucoup moins homogène que celle du vignoble de la Côte d'Or ; les sols reposent sur les calcaires du jurassique, mais aussi sur des marnes de même origine ou d'origine plus ancienne, lias ou trias. Des vins rouges sont produits à partir du pinot noir à Mercurey, Givry et Rully, mais ces mêmes communes proposent aussi des blancs de chardonnay, tout comme Montagny ; c'est aussi là que se trouve Bouzeron, à l'aligoté réputé. Il faut enfin signaler un bon vignoble aux abords de Couches, que domine le château médiéval. D'églises romanes en demeures anciennes, chaque itinéraire touristique peut d'ailleurs se confondre ici avec une route des Vins.

Jeu de collines découvrant souvent de vastes horizons, où les bœufs charolais ponctuent de blanc le vert des prairies, le Mâconnais (5 700 ha en production), cher à Lamartine - Milly, son village, est vinicole, et lui-même possédait des vignes - est géologiquement plus simple que le Chalonnais. Les terrains sédimentaires du triasique au jurassique y sont coupés de failles ouest-est. 20 % des appellations sont communales, 80 % régionales (mâcon blanc et mâcon rouge). Sur des sols bruns calcaires, les blancs les plus réputés, issus de chardonnay, se récoltent sur les versants particulièrement bien exposés et très ensoleillés de Pouilly, Solutré et Vergisson ; ils sont remarquables par leur aspect et leur aptitude à une longue garde. Les rouges et rosés proviennent du pinot noir pour les vins d'appellation bourgogne et de gamay noir à jus blanc pour les mâcons, récoltés à plus basse altitude et sur les terrains moins bien exposés, aux sols souvent limoneux où des rognons siliceux facilitent le drainage.

Pour essentielles que soient les données pédologiques et climatiques, on ne peut présenter la Bourgogne vinicole sans aborder les aspects humains du travail de la vigne et des vins : les hommes attachés à leur terroir le sont souvent ici depuis des siècles. Ainsi, les noms de nombreuses familles sont dans les villages ceux d'il y a cinq cents ans. De même, la fondation de certaines maisons de négoce remonte parfois au XVIIIe s.

Morcelé, le vignoble est constitué d'exploitations familiales de faible superficie. C'est ainsi qu'un domaine de quatre à cinq hectares suffit, en appellation communale (nuits-saint-georges, par exemple), à faire vivre un ménage occupant un ouvrier. Rares sont les producteurs qui possèdent et cultivent plus de dix hectares : l'illustre Clos-Vougeot, par exemple, qui couvre cinquante hectares, est partagé entre plus de soixante-dix propriétaires ! Ce morcellement des *climats* du point de vue de la propriété augmente encore la diversité des vins produits et crée une saine émulation

LA BOURGOGNE

Bourgogne

chez les vignerons ; une dégustation consistera souvent, en Bourgogne, à comparer deux vins de même cépage et de même appellation, mais provenant chacun d'un *climat* différent ; ou encore, à juger deux vins de même cépage et de même *climat*, mais d'années différentes. Ainsi, en Bourgogne, deux notions reviennent en permanence en matière de dégustation : le cru, ou *climat*, et le millésime, auxquels s'ajoute bien sûr la « touche » personnelle du propriétaire qui les présente. Du point de vue technique, le vigneron bourguignon est très attaché au maintien des usages et traditions, ce qui ne signifie pas un refus absolu de la modernisation. C'est ainsi que la mécanisation de la viticulture se développe et que de nombreux vinificateurs ont su tirer profit de nouveaux matériels ou de nouvelles techniques. Il est toutefois des traditions qui ne sauraient être remises en cause aussi bien par les viticulteurs que par les négociants : un des meilleurs exemples est l'élevage des vins en fût de chêne.

On recense en 1997 3 500 domaines vivant uniquement de la vigne. Ils exploitent les deux tiers des 24 000 ha de vignes plantées en appellation d'origine. Dix-neuf coopératives sont répertoriées ; le mouvement est très actif en Chablisien, en Côte chalonnaise et surtout dans le Mâconnais (13 caves). Elles produisent environ 25 % des volumes de vin. Les négociants-éleveurs jouent un grand rôle depuis le XVIII[e]s. Ils commercialisent plus de 60 % de la production et détiennent plus de 35 % de la surface totale des grands crus de la Côte de Beaune. Avec ses domaines, le négoce produit 8 % de la récolte totale bourguignonne. Celle-ci représente en moyenne 180 millions de bouteilles (105 en blanc, 75 en rouge) qui génèrent 5 milliards de chiffre d'affaires, dont 2,6 à l'exportation.

L'importance de l'élevage (conduite d'un vin depuis sa prime jeunesse jusqu'à son optimal qualitatif avant la mise en bouteilles) met en évidence le rôle du négociant-éleveur : outre sa responsabilité commerciale, il assume une responsabilité technique. On comprend donc qu'une relation professionnelle harmonieuse se soit créée entre la viticulture et le négoce.

Le Bureau interprofessionnel des vins de Bourgogne (BIVB) possède trois « antennes » : Mâcon, Beaune et Chablis. Le BIVB met en œuvre des actions dans les domaines technique, économique et promotionnel. L'université de Bourgogne a été le premier établissement en France, du moins au niveau universitaire, à dispenser des enseignements d'œnologie et à créer un diplôme de technicien, en 1934, en même temps qu'était fondée la prestigieuse confrérie des Chevaliers du Tastevin, qui fait tant pour le rayonnement et le prestige universel des vins de Bourgogne. Siégeant au château du Clos-Vougeot, elle contribue avec d'autres confréries locales à maintenir vivaces les traditions. L'une des plus brillantes est sans conteste la vente des Hospices de Beaune, créée en 1851, rendez-vous de l'élite internationale du vin et « Bourse » des cours de référence des grands crus ; avec le chapitre de la confrérie et la « Paulée » de Meursault, la vente est l'une des « Trois Glorieuses ». Mais c'est à travers toute la Bourgogne que l'on sait fêter joyeusement le vin, devant quelque « pièce » (228 litres) ou bouteille. Il n'en faut d'ailleurs pas tant pour aimer la Bourgogne et ses vins : n'est-elle pas tout simplement « un pays que l'on peut emporter dans son verre » ?

Les appellations régionales bourgogne

Les appellations régionales bourgogne, bourgogne grand ordinaire et leurs satellites ou homologues couvrent l'aire de production la plus vaste de la Bourgogne viticole. Elles peuvent être produites dans les communes traditionnellement viticoles des départements de l'Yonne, de la Côte-d'Or, de la Saône-et-Loire, et dans le canton de Villefranche-sur-Saône, dans le Rhône. En 1996, elles représentent un volume de 525 700 hl soit 14 % de plus qu'en 1995.

La codification des usages, et plus particulièrement la définition des terroirs par la délimitation parcellaire, a conduit à une hiérarchie au sein des appellations régionales. L'appellation bourgogne grand ordinaire est l'appellation la plus générale, la plus extensive par l'aire délimitée. Avec un encépagement plus spécifique, on récolte dans les mêmes lieux le bourgogne aligoté, le bourgogne passetoutgrain et le crémant de bourgogne.

Bourgogne

L'aire de production de cette appellation est assez vaste, si l'on considère les adjonctions possibles de différents noms de sous-régions (Hautes-Côtes, Côte chalonnaise) ou de villages (Irancy, Chitry, Epineuil) qui constituent chacun une entité à part, et sont présentés ici comme tels. Il n'est pas étonnant qu'en raison de l'étendue de cette appellation, les producteurs aient cherché à personnaliser leurs vins et à convaincre le législateur d'en préciser l'origine. Dans le Châtillonnais, en Côte-d'Or, le nom de Massingy a été utilisé, mais ce vignoble a quasiment disparu. Plus récemment, et de manière continue, les viticulteurs utilisent le nom de village et l'ont ajouté à l'appellation bourgogne, sur les coteaux de l'Yonne. C'est le cas de Saint-Bris, de Côtes d'Auxerre, sur la rive droite, et de Coulanges-la-Vineuse, sur la rive gauche.

Les volumes de l'appellation bourgogne sont en année moyenne d'environ 155 000 hl, 166 950 hl en 1997. En blanc, 61 146 hl sont produits à partir du cépage chardonnay, encore appelé beaunois dans l'Yonne. Le pinot blanc, bien que cité dans le texte de définition et autrefois un peu plus cultivé dans les hautes côtes de la Bourgogne, a pratiquement disparu. Il est d'ailleurs très souvent confondu, du moins par le nom, avec le chardonnay.

En rouge et rosé, la production à partir de pinot noir est de l'ordre de 125 à 130 000 hl en année moyenne. En 1997, 105 805 hl. Le pinot beurot a malheureusement presque disparu en raison de sa carence en matières colorantes ; il apportait aux vins rouges une finesse remarquable. Certaines années, les volumes déclarés peuvent être augmentés de volumes issus du « repli » des appellations communales du Beaujolais : brouilly, côte-de-brouilly, chénas, chiroubles, fleurie, juliénas, morgon, moulin à vent et saint-amour. Ces vins sont alors issus du cépage gamay noir seul, et ont ainsi un caractère différent. Les vins rosés, dont les volumes augmentent un peu les années de maturité difficile ou de fort développement de la pourriture grise, peuvent être déclarés sous l'appellation bourgogne rosé ou bourgogne clairet.

Pour ajouter à la difficulté, on trouvera des étiquettes portant, en plus de l'appellation bourgogne, le nom du lieu-dit sur lequel a été produit le vin. Quelques vignobles anciens et réputés justifient aujourd'hui cette pratique ; c'est le cas du Chapitre à Chenôve, des Montreculs, vestiges du vignoble dijonnais envahi par l'urbanisation, ainsi que de la Chapelle-Notre-Dame à Serrigny. Pour les autres, ils créent souvent une confusion avec les premiers crus et ne se justifient pas toujours.

BERTRAND AMBROISE 1996**

| | 1 ha | 6 000 | | 50 à 70 F |

1996 Bourgogne Appellation Bourgogne Contrôlée "Chardonnay" — 12,7% vol — Vinifié par Bertrand Ambroise — Mis en bouteille par MAISON AMBROISE à Premeaux-Prissey F 21700 Nuits-Saint-Georges — 75 cl

Il pourrait jouer dans la cour des grands, ce bourgogne étincelant qui fut premier du grand jury des bourgognes nés en Côte-d'Or. La robe haute-couture, le bouquet très profond et relevé par un discret grillé, la volupté et la chair d'un Rubens : il nous prend sous sa caresse et ne nous abandonne pas, grâce à un bras assez vigoureux pour nous retenir fermement sur un fruit magnifique.

Maison Bertrand Ambroise, rue de l'Eglise, 21700 Premeaux-Prissey, tél. 03.80.62.30.19, fax 03.80.62.38.69 r.-v.

Bourgogne

BERTRAND AMBROISE
Vieilles vignes 1996

■   2 ha   10 000   ❙❙❙   50 à 70 F

Les Vieilles vignes expliquent-elles cette teinte violacée, ce nez animal et de fruits mûrs, cette charpente digne de la grange de Saulx à Gilly-lès-Cîteaux ? Ce tempérament combatif ? Très boisé en tout cas et à surveiller sur ce point.
☛ Maison Bertrand Ambroise, rue de l'Eglise, 21700 Premeaux-Prissey, tél. 03.80.62.30.19, fax 03.80.62.38.69 ◪ ⵙ r.-v.

PIERRE ANDRE Réserve 1996

■   1 ha   7 000   ❙❙❙   50 à 70 F

Le pinot s'exprime ici sans complexe et avec conviction. D'une couleur sombre et très légèrement tuilée, il compose lentement son bouquet : un peu de pain de mie, de champignons, etc. Son corps est assez complet et se tient bien. Demande du temps pour monter d'un cran.
☛ Pierre André, Ch. de Corton-André, 21420 Aloxe-Corton, tél. 03.80.26.44.25, fax 03.80.26.43.57 ⵙ r.-v.

MICHEL ARCELAIN 1995*

■   1 ha   5 000   ❙   -30 F

Bourgogne de Pommard. Forcément, on marque un temps d'arrêt. Un 95 de surcroit. Rouge cerise légèrement ambré, complexe et à effluves sauvages, il est destiné à un palais délicat car très réussi sur tous les plans : charpente, rondeur, fondu et une saveur originale et plaisante qu'on appellera minérale.
☛ Michel Arcelain, rue Mareau, 21630 Pommard, tél. 03.80.22.13.50, fax 03.80.22.13.50 ◪ ⵙ r.-v.

CHRISTOPHE AUGUSTE
Coulanges-la-Vineuse 1996

■   9,5 ha   45 000   ❙ ♦   -30 F

Il est bourguignon avec ses pommettes d'un rouge violacé comme on en rencontre au marché, son bouquet indéfinissable où se mêlent les épices et la framboise, son acidité impatiente, ses tanins catégoriques et cette rondeur qui montre le bout de son ventre. Un an de cave, de sommeil sur l'oreiller, et vous pouvez déjà préparer le lapin chasseur.
☛ Christophe Auguste, 55, rue André-Vildieu, 89580 Coulanges-la-Vineuse, tél. 03.86.42.35.04, fax 03.86.42.51.81 ◪ ⵙ r.-v.

CHRISTOPHE AUGUSTE 1996*

☐   1,5 ha   11 000   ❙ ♦   -30 F

Il sort du rang, comme on dit d'un soldat monté en grade par son mérite. Peu de couleur certes, mais un nez de noisette grillée accompagnée de figue, de fruits secs et fruits confits, qui provoque de longs commentaires. Belle prouesse en bouche : s'il a du gras, il montre un équilibre excellent et beaucoup d'agilité. Le **rosé 96**, groseille en diable, peut être cité pour sa souplesse et sa franchise.
☛ Christophe Auguste, 55, rue André-Vildieu, 89580 Coulanges-la-Vineuse, tél. 03.86.42.35.04, fax 03.86.42.51.81 ◪ ⵙ r.-v.

CAVE COOP. D'AZE
Elevé en fût de chêne 1996

■   27 ha   7 900   ❙❙❙   30 à 50 F

A boire dès maintenant, un pinot noir de Saône-et-Loire déjà avancé, harmonieux sans doute, souple et fondu, honnêtement vinifié.
☛ Cave coop. d'Azé, en Tarroux, 71260 Azé, tél. 03.85.33.30.92, fax 03.85.33.37.21 ◪ ⵙ t.l.j. 9h-12h 14h-18h

L'OR D'AZENAY 1996*

☐   2,5 ha   25 000   ❙ ❙❙❙ ♦   50 à 70 F

Vin bien fait et qui donnera son optimum en l'an 2000. Le mieux serait, pour sûr, de le déguster chez... Georges Blanc à l'aide du gratin de homard ! A défaut, cette bouteille fera rêver. L'éclat de sa robe or blanc, la tartine de miel briochée (légèrement réglissée) offerte par le nez, la vivacité assortie d'un aspect floral et résine, on y prend plaisir.
☛ Georges Blanc, dom. d'Azenay, 71260 Azé, tél. 03.85.33.37.93, fax 03.85.33.37.93 ◪ ⵙ r.-v.

JEAN-CLAUDE BACHELET 1995

☐   0,21 ha   n.c.   ❙❙❙   30 à 50 F

Poète à ses heures, ce chardonnay de la Côte de Beaune, citron pâle, au nez légèrement anisé dans un ensemble floral et beurré, joue à la fois de la flûte et du tambourin. La flûte, c'est cette bouche tendre et souple. Le tambourin, ce souffle chaud dû à l'alcool. Convenablement élevé sur des bases sympathiques.
☛ Jean-Claude Bachelet, rue de la Fontaine, 21190 Saint-Aubin, tél. 03.80.21.31.01, fax 03.80.21.91.71 ◪ ⵙ r.-v.

CAVES DE BAILLY
Côtes d'Auxerre 1996*

◢   n.c.   15 000   ❙ ♦   30 à 50 F

Issu des caves gigantesques de Bailly (d'immenses anciennes carrières), ce rosé a une robe chatoyante, intense pour l'appellation, puis il se convertit à une religion florale qui l'occupe un bon moment. Pas beaucoup de persistance, mais un équilibre qui mérite la mention bien. De la finesse également.
☛ SICA du Vignoble Auxerrois, Caves de Bailly, 89530 Saint-Bris-le-Vineux, tél. 03.86.53.77.77, fax 03.86.53.80.94 ◪ ⵙ t.l.j. 8h-12h 14h-18h

CAVES DE BAILLY Côtes d'Auxerre 1996

☐   n.c.   50 000   ❙ ♦   30 à 50 F

Ce chardonnay limpide et pâle garde tout au long de cette conversation une discrétion de bon aloi, citronnée, avec un petit goût de miel en revenez-y. L'appellation possède ici un avocat honnête et qui plaide correctement sa cause.
☛ SICA du Vignoble Auxerrois, Caves de Bailly, 89530 Saint-Bris-le-Vineux, tél. 03.86.53.77.77, fax 03.86.53.80.94 ◪ ⵙ t.l.j. 8h-12h 14h-18h

FRANCIS BASSEPORTE 1996*

■   2 ha   6 800   ❙❙❙   30 à 50 F

On comprend pourquoi sainte Marie-Madeleine a choisi Vézelay pour y vivre son éternité temporelle. Quel bon vin en effet, au soir du

Bourgogne

pèlerinage ! Sa couleur est rubis, son bouquet très vif, frais et fruité, sa bouche équilibrée et pleine de grâce, malgré une légère âpreté due à sa jeunesse.
🕭 Francis Basseporte, Fontette, 89450 Saint-Père, tél. 03.86.33.34.35, fax 03.86.33.29.82 ☑ 🍷 r.-v.

FRANCIS BASSEPORTE 1996

☐   3 ha   10 000   🔳 30 à 50 F

Il vient du Vézélien. Jaune à reflets brillants, il a besoin d'un peu d'aération pour se mettre à table. Le minéral n'est pas trop mal. L'attaque est incisive, et la bouche s'écarte bien pour le laisser passer. Bonne synthèse entre fruit frais et fruit sec. Bien dans son millésime.
🕭 Francis Basseporte, Fontette, 89450 Saint-Père, tél. 03.86.33.34.35, fax 03.86.33.29.82 ☑ 🍷 r.-v.

DOM. DE BELLEVUE Epineuil 1996

◪   0,6 ha   4 300   🔳 30 à 50 F

D'une robe claire et saumonée, il bute un peu sur le nez, parfumé (petits fruits) mais intense et pesant. La suite est assez chaleureuse, de bonne venue, avec l'expression du pinot noir.
🕭 Marie-Claude Cabot, Dom. de Bellevue, 89700 Epineuil, tél. 03.86.55.20.74, fax 03.86.55.33.16 ☑ 🍷 t.l.j. 9h-19h30

DOM. BERNAERT 1996★★

☐   5,92 ha   35 000   🔳 ♦ 30 à 50 F

C'est le côté tranchant qui emmène le vin en avant. Il fera escorte à des ris de veau. Ou paille, aux arômes de silex, de truffe et de biscuit, il offre un fondu, un gras, une note d'amertume, une pointe de vivacité qui impressionnent. Accolay fut longtemps célèbre pour ses potiers. La vigne a pris le relais.
🕭 EARL Bernaert, 6, RN 6, 89460 Accolay, tél. 03.86.81.56.95, fax 03.86.42.53.09 ☑ 🍷 r.-v.

DOM. GUY BOCARD 1996★

☐   1,45 ha   10 000   🔳 🍷 ♦ 50 à 70 F

Un Bourguignon savourerait ce 96 avec une bonne friture de Saône, voire avec une pauchouse, cette bouillabaisse de poissons d'eau douce qu'on mitonne à Verdun-sur-le-Doubs. La robe d'or est d'un bel éclat. Le nez finaud évoque les fruits frais, le citron, la mûre, le beurre. Bien arrondi déjà, le gras ressort dans une nervosité attendue. Pour un poisson en sauce.
🕭 Guy Bocard, 4, rue de Mazeray, 21190 Meursault, tél. 03.80.21.26.06 ☑ 🍷 r.-v.

BOISSEAUX-ESTIVANT
Réserve de La Chèvre blanche 1996★

☐   n.c.   5 000   🔳 🍷 ♦ 70 à 100 F

Bien équilibré, il est typé aromatique très mûr, presque muscaté, sur des arômes d'eau de rose, ou exotiques si l'on préfère. L'œil est limpide, net, brillant. Pour un chardonnay, c'est une façon de s'exprimer. Dans ce genre, c'est réussi.
🕭 Boisseaux-Estivant, Clos Saint-Nicolas, 38, fg Saint-Nicolas, 21200 Beaune, tél. 03.80.22.00.05, fax 03.80.24.19.73 ☑ 🍷 r.-v.

BOISSET 1996

☐   n.c.   250 000   🔳 🍷 ♦ – 30 F

Il pratique le jeu collectif, avec un maillot qui se voit sur le terrain, une ligne arrière beurrée et vanillée, un bon jeu de passes citronnées et vives, une maîtrise de l'action, et le gras fera son entrée lors des prolongations. Il ne botte pas inutilement en touche, mais a suffisamment de longueur pour y réussir.
🕭 J.-C. Boisset, 5, quai Dumorey, B.P. 102, 21702 Nuits-Saint-Georges Cedex 1, tél. 03.80.62.61.61, fax 03.80.62.37.38

GERARD ET REGINE BORGNAT
Coulanges-la-Vineuse 1996

■   10 ha   60 000   🔳 ♦ 30 à 50 F

Si vous voulez savourer en toute tranquillité ce vin dans d'immenses caves anciennes, prenez une chambre d'hôte et passez la nuit sans souci. Escolives pratique le vin depuis longtemps : on y a trouvé un amour du III^{e}s. vendangeant sa treille. Cet amour-ci a une très belle couleur, le nez tout juste ouvert, de l'attaque et de l'astringence. Sera au point à la mi-1999.
🕭 Régine et Gérard Borgnat, 1, rue de l'Eglise, 89290 Escolives-Sainte-Camille, tél. 03.86.53.35.28, fax 03.86.53.65.00 ☑ 🍷 t.l.j. 8h-19h

DOM. BORGNAT 1995★★

◪   1 ha   4 000   🔳 ♦ 30 à 50 F

Il nous plaît bien, et on sait qu'en Bourgogne on a le sens de la litote : belle couleur, nez floral et végétal, des nuances agréables sur une bouche tendre et joliment dessinée, charnelle.
🕭 Régine et Gérard Borgnat, 1, rue de l'Eglise, 89290 Escolives-Sainte-Camille, tél. 03.86.53.35.28, fax 03.86.53.65.00 ☑ 🍷 t.l.j. 8h-19h

BOUQUET-CHARDON 1996★

☐   n.c.   200 000   🔳 ♦ 30 à 50 F

Marque de Pascal Bouchard (chablis), ce bourgogne a une bonne approche, de la soie, une allure qui flatte, sous des arômes conjugués au futur et une robe habillée. L'effet d'annonce n'est pas démenti par le verre.
🕭 Pascal Bouchard, 5 bis, rue Porte-Noël, 89800 Chablis, tél. 03.86.42.18.64, fax 03.86.42.48.11 ☑ 🍷 t.l.j. 10h30-12h30 15h-18h30 ; f. janv.

RENE BOUVIER Le Chapitre 1996★

■   1,1 ha   5 000   🍷 30 à 50 F

A suivre ! Car il va s'ouvrir en vieillissant. Dans l'immédiat, bonne couleur grenat sombre soutenu, bouquet animal et vineux, nature tannique et corsée comme il est d'usage. L'un des très rares bourgognes à avoir officiellement le droit de porter le nom de son *climat* : le chapitre, ancienne propriété des chanoines d'Autun, situé sur Chenôve. Ce privilège a été confirmé en 1993.
🕭 René Bouvier, 2, rue Neuve, 21160 Marsannay-la-Côte, tél. 03.80.52.21.37, fax 03.80.59.95.96 ☑ 🍷 r.-v.

395   LA BOURGOGNE

Bourgogne

JEAN-MARC BROCARD
Kimméridgien 1996★

☐ 10 ha 30 000 30 à 50 F

L'étiquette surprend. Elle porte le mot kimméridgien, allusion au terroir plutôt qu'au cépage ou à l'AOC rigoureuse. Cela dit, Jean-Marc Brocard est ainsi fait et on ne le changera pas... Il donne un vin de plaisir, léger à l'œil et au nez, plus généreux ensuite car il a besoin de dix minutes d'aération pour se mettre en jambes. Ensuite, la bouche est fine, agréable.

➤ Jean-Marc Brocard, 89800 Préhy, tél. 03.86.41.49.00, fax 03.86.41.49.09 ✓ ⟨ t.l.j. 8h-12h 14h-18h

DOM. DES BRUYERES 1996★

☐ 0,5 ha 5 000 30 à 50 F

Jaune teinté de reflets verts, il est dans la norme. Meunier, tu dors... Le nez se réveille peu à peu, sur des notes d'agrumes (pamplemousse surtout) et de fruits blancs. Les arômes restent fins, et il y entre un peu de pain grillé. Structure équilibrée et franche.

➤ Maurice Lapalus et Fils, Dom. des Bruyères, 71960 Pierreclos, tél. 03.85.35.71.90, fax 03.85.35.71.79 ✓ ⟨ r.-v.

G. BRZEZINSKI
Elevé en fût de chêne 1995★

■ n.c. n.c. 30 à 50 F

Une jeune maison de négoce familiale installée à Pommard propose ce bourgogne 95 déjà évolué mais qui garde son fruit en fin de bouche. S'il est bien sûr à boire maintenant, il donne entière satisfaction : maturité des arômes à la fois végétaux et floraux, légèreté ambiante.

➤ G. Brzezinski, rte d'Autun, 21630 Pommard, tél. 03.80.22.23.99, fax 03.80.22.28.33 ✓ ⟨ t.l.j. sf dim. 8h-12h 14h-18h; f. 23 déc.-5 janv.

MAISON JOSEPH DE BUCY 1996★

■ n.c. 30 000 30 à 50 F

Ce 96 rouge rubis montre une subtilité aromatique au-dessus de la moyenne et à dominante florale, beaucoup de corps et de présence ; étoffe et charpente offrent une structure classique et d'un beau rendu.

➤ Maison Joseph de Bucy, 34, rue Eugène-Spuller, 21200 Beaune, tél. 03.80.24.91.60, fax 03.80.24.91.54 ✓ ⟨ r.-v.

MAISON JOSEPH DE BUCY 1996★

☐ n.c. 3 600 30 à 50 F

D'un vin, qu'attend-on ? Qu'il fasse son devoir. Celui-ci s'y emploie et y réussit. Un artiste n'aurait pas mieux peint sa robe. Du citron et de la vanille, on a l'habitude de ces arômes souvent complémentaires. Du panache en attaque, de la persévérance ensuite. Agréable et frais, il a, comme on dit, « un bon fond ».

➤ Maison Joseph de Bucy, 34, rue Eugène-Spuller, 21200 Beaune, tél. 03.80.24.91.60, fax 03.80.24.91.54 ✓ ⟨ r.-v.

DOM. CAILLOT Les Herbeux 1995★

☐ n.c. n.c. 30 à 50 F

Bouteille à la fois fraîche et grasse, un peu évoluée et à déboucher dans l'année. D'un vif et vert, elle parle d'agrumes, d'acacia puis se renforce sur des notes de fruits secs, noisette, abricot sec. Pas mal de volume, un bon moelleux, on se situe dans l'esprit du bourgogne « traditionnel »... et à Meursault.

➤ Dom. Caillot, 14, rue du Cromin, 21190 Meursault, tél. 03.80.21.20.12, fax 03.80.21.69.58 ✓ ⟨ r.-v.

MARIE-THERESE CANARD ET JEAN-MICHEL AUBINEL 1996★★

☐ 0,16 ha 1 500 30 à 50 F

Il est facile de s'entendre avec cette bouteille. Si vous aimez les vins de soif, vifs et frais, débouchez-la de suite. Si vous préférez des sentiments plus apaisés et plus durables, gardez-la pour plus tard (quatre à cinq ans). Petite robe claire, citron frais, fruits blancs ; assez réussi, il nous fait prisonniers de son charme bien à lui.

➤ SCEV Canard-Aubinel, Mouhy, 71960 Prissé, tél. 03.85.20.21.43, fax 03.85.20.21.43 ✓ ⟨ r.-v.

DENIS CARRE Sous-la-Velle 1996★★

☐ n.c. n.c. 30 à 50 F

Vinifié de main de maître, ce vin applique le conseil de Voltaire : « C'est encor peu de vaincre, il faut savoir séduire ! » L'or se nuance ici de jaune, et cette maturité naissante se perçoit également dans ses arômes de sous-bois. Une note de fût de chêne se marie au gras et à l'impulsion d'un chardonnay impeccable.

➤ Denis Carré, rue du Puits-Bouret, 21190 Meloisey, tél. 03.80.26.02.21, fax 03.80.26.04.64 ✓ ⟨ r.-v.

CAVEAU DES FONTENILLES 1996★★

◧ 9 ha 1 700 30 à 50 F

L'un des mieux placés de cette dégustation des rosés de l'Yonne. Une saignée après douze heures, bien réussie ; d'un beau rose pâle, le nez frais et fruité, raisonnable en attaque, mesuré dans ses effets et de bonne composition. Finale aussi profonde que la Fosse Dionne à Tonnerre... C'est bien.

➤ SA Caveau des Fontenilles, pl. Marguerite-de-Bourgogne, 89700 Tonnerre, tél. 03.86.55.06.33, fax 03.86.55.06.33 ✓ ⟨ t.l.j. 9h-12h 14h-19h

CAVE DE LUGNY
Les Chenaudières 1996★

☐ n.c. 50 000 30 à 50 F

Pas de nuage à l'horizon, il peut se conserver un peu et aura tout à y gagner. Sous une couleur franche, porté sur des arômes d'agrumes (citron) et d'amande verte, il attaque de façon opportune en sachant mettre ses qualités en évidence. L'équilibre et la persistance ne sont pas considérables, mais il faut juger chaque vin en fonction de son AOC et ne pas le comparer à un pouilly-fuissé.

➤ Cave de Lugny, rue des Charmes, B.P. 6, 71260 Lugny, tél. 03.85.33.22.85, fax 03.85.33.26.46 ✓ ⟨ r.-v.

Bourgogne

FRANCK CHALMEAU Chitry 1996
■　　　3 ha　　11 000　　▮▯　30 à 50 F

Chitry se consacre davantage au chardonnay qu'au pinot noir. On y trouve cependant quelques vins rouges intéressants, de style pugnace comme celui-ci : rouge foncé, dense, tannique et pimenté, c'est « un vrai vin de vigneron d'autrefois », fait pour durer (cinq ans, dix ans peut-être) et qui doit se faire, se fondre. Pas du tout la nouvelle école ou le vin technologique.
↪ Franck Chalmeau, 89530 Chitry-le-Fort, tél. 03.86.41.42.09, fax 03.86.41.46.84 ▮ ▮ r.-v.

PIERRE CHANAU 1996
□　　　n.c.　　n.c.　　▮▯　30 à 50 F

L'expression générale du cépage s'affirme de façon souriante et plaisante. Si l'or est très pâle, le bouquet est un feu d'artifice : du tilleul au miel, de la noisette au menthol. Vif et frais, chaleureux, un vin pour coquillages présenté par une marque de la maison Antonin Rodet.
↪ Pierre Chanau, 71640 Mercurey, tél. 03.85.98.12.12, fax 03.85.45.25.49
↪ Ph. d'Argenval

MAURICE CHARLEUX 1996*
■　　0,63 ha　　5 000　　▮▯　30 à 50 F

Un petit salé aux lentilles paraît tout indiqué quand vous vérifierez par vous-même ce qu'on vous dit ici : couleur soutenue, nuance grenat, nez peu communicatif, corps charnu et étoffé. D'ici là, il est probable que son astringence aura calmé ses ardeurs et qu'il se sera arrondi. Belle charpente !
↪ Maurice Charleux, Petite-Rue, 71150 Dezize-lès-Maranges, tél. 03.85.91.15.15, fax 03.85.91.11.81 ▮ ▮ r.-v.

DOM. PHILIPPE CHARLOPIN-PARIZOT 1996*
■　　　n.c.　　n.c.　　30 à 50 F

Solide et bien bâti, un 96 pourpre foncé. Son nez fauve s'ouvre lentement sur des arômes de noyau, de réglisse, de fruits cuits. Acidité et tanins s'équilibrent et procurent un sentiment de plénitude. « Voilà un vin que j'aurais aimé faire », note un juré sur sa fiche. Le beau compliment !
↪ Dom. Philippe Charlopin-Parizot, 18, rte de Dijon, 21220 Gevrey-Chambertin, tél. 03.80.51.81.18, fax 03.80.51.81.27 ▮ ▮ r.-v.

JEAN-PIERRE CHARTON 1996
■　　　2 ha　　4 000　　▯▮　30 à 50 F

Robe profonde et intense. Cela commence bien. La suite est aromatiquement complexe, évoquant cassis, griotte, mais aussi le grillé et le cuir. Attaque un peu vive, sur fond de tanins et d'alcool, donnant le juste milieu entre puissance et délicatesse.
↪ Jean-Pierre Charton, Grande-Rue, 71640 Mercurey, tél. 03.85.45.22.39, fax 03.85.45.22.39 ▮ ▮ r.-v.

LOUIS CHAVY 1996
■　　　n.c.　　50 000　　50 à 70 F

Bourgogne sans défaut. Il est pourpre foncé et il confesse, à l'aération, des arômes de gibier, animaux et sauvages. Très tannique, peu fruité, amer en finale, il ressemble précisément à un 96 dégusté début 1998 et qui vient seulement d'être mis en bouteille.
↪ Louis Chavy, caveau de la Vierge romaine, pl. des Marronniers, 21190 Puligny-Montrachet, tél. 03.80.26.33.09, fax 03.80.24.14.84 ▮ ▮ t.l.j. 10h-12h 13h-18h; f. mars-nov.

DOM. DES CHENES 1996
■　　　n.c.　　n.c.　　▮▯　30 à 50 F

Bourgogne des Maranges pourpre et brillant présenté par un négociant (François Martenot). Son petit nez s'ouvre sur le fruit, mais à pas comptés. Coulant, gouleyant, un 96 assez léger et qui ne prétend pas décrocher la lune. Mais le lui demande-t-on ? Bon bois aujourd'hui.
↪ H.D.V. Distribution, rue du Barolet, ZI Beaune Vignolles, 21200 Beaune, tél. 03.80.24.70.07, fax 03.80.22.54.31 ▮ r.-v.
↪ Philippe Roy

DOM. HENRI CLERC ET FILS
Les Riaux 1996

□　　6,32 ha　　20 575　　▮　30 à 50 F

Ce domaine fut fondé au XVIe s. Bernard Clerc le dirige aujourd'hui. Un tiers de fût neuf ont présidé à l'élevage de ce vin. Jaune soutenu à la limite de l'ambré, il est très mûr, surmaturé. Original par ses arômes de fruits exotiques (mangue), miellés, intenses, il ne joue pas au bel indifférent. On le remarque. On l'aimera ainsi, ou on ne l'aimera pas. Certains poissons sortiraient de la rivière rien qu'en le sentant.
↪ Bernard Clerc, pl. des Marronniers, 21190 Puligny-Montrachet, tél. 03.80.21.32.74, fax 03.80.21.39.60 ▮ ▮ r.-v.

RAOUL CLERGET 1996*
□　　　n.c.　　40 000　　▯▮　-30 F

Or pâle et fruité, minéral à la fois, il est bien équilibré entre le vif et le gras. Puis il devient opulent avec du fruit - ce qui n'est pas négligeable. L'attaque du 96 est bien contrôlée. Le saumon lui est destiné. A l'oseille, et un hommage à Jean Troigros, auteur de la recette.
↪ Bourgognes Raoul Clerget, chem. de la Pierre-qui-Vire, 71200 Montagny-lès-Beaune, tél. 03.80.26.37.37, fax 03.80.24.14.81

DOM. DU CLOS DU ROI
Coulanges-la-Vineuse 1996

■　　9,5 ha　　60 000　　▮▮▯　30 à 50 F

La Vineuse porte bien son nom. Rubis clair, ce 96 proclame le pinot noir dès le premier coup de nez. Excellente entrée en matière dans un contexte acide avec des nuances terreuses. Une cuvée représentative de l'appellation, à déguster à deux ans.
↪ SCEA du Clos du Roi, 17, rue André-Vildieu, 89580 Coulanges-la-Vineuse, tél. 03.86.42.25.72, fax 03.86.42.38.20 ▮ ▮ r.-v.

DOM. FRANCOIS COLLIN
Epineuil 1996

◪　　0,8 ha　　5 030　　▮▯　30 à 50 F

Un rosé d'Epineuil (Tonnerrois) tout à fait sympathique aux nuances odorantes prononcées. La teinte est parfaite. Belle harmonie acidité-

LA BOURGOGNE

Bourgogne

alcool, et le gras s'installe après ces préliminaires. Typicité moyenne, mais qualité indéniable.
☛ François Collin, Les Mulots, 89700 Tonnerre, tél. 03.86.75.93.84, fax 03.86.75.94.00 ✓ ♈ r.-v.

DOM. FRANCOIS COLLIN
Epineuil 1995

■   1 ha   6 239

Visuellement léger, le teint clair, un Epineuil un peu évolué et qui montre des attraits tant au nez qu'au palais. De structure correcte et agréable. A boire sans trop attendre. Le **blanc 95** est friand sur des accents de fruits secs.
☛ François Collin, Les Mulots, 89700 Tonnerre, tél. 03.86.75.93.84, fax 03.86.75.94.00 ✓ ♈ r.-v.

FRANCOIS CONFURON-GINDRE
1996*

■   2,46 ha   2 700

Il n'y a pas de joie sans vin. C'est dans le Talmud. Alors... pour expérimenter ce précepte sacré, voilà un vrai pinot noir. Presque noire est sa robe. Le nez cassis et réglisse, très côtes de nuits, annonce une bouche glorieuse, encore un peu freinée par l'acidité et les tanins, mais rêvant de toutes les conquêtes...
☛ François Confuron, 21700 Vosne-Romanée, tél. 03.80.61.20.84, fax 03.80.62.31.29 ✓ ♈ r.-v.

DOM. EDMOND CORNU ET FILS
1996*

   2 ha   7 800

Un vin encore fermé, mais qui paraît susceptible de faire de bonnes choses dans un avenir proche. Limpide, brillant, légèrement boisé, net en bouche, il reste discret, mais équilibré par de jolis tanins. Il n'a pas encore abattu toutes ses cartes.
☛ Edmond Cornu et Fils, Le Meix Gobillon, rue du Bief, 21550 Ladoix-Serrigny, tél. 03.80.26.40.79, fax 03.80.26.48.34 ✓ ♈ r.-v.

DOM. COSTE-CAUMARTIN 1996

☐   0,55 ha   3 000

Longtemps, les Bourguignonnes ont utilisé les cuisinières Coste-Caumartin produites dans la région. La famille s'est orientée vers la vigne et nous présente un bourgogne à la teinte claire, noisette, un peu fluide, mais qui mérite sa place dans nos colonnes. Vif, mais long.
☛ Dom. Coste-Caumartin, rue du Parc, B.P. 19, 21630 Pommard, tél. 03.80.22.65.04, fax 03.80.22.65.22 ✓ ♈ t.l.j. 9h-19h; sam. dim. et j. fér. 10h-17h
☛ Jérôme Sordet

CROIX SAINT-LOUIS 1996*

☐   n.c.   25 000

Un vin pour les bons pères car l'étiquette semble tomber du haut d'un vitrail de la basilique de Beaune. Que nous offre-t-elle ? Elevé par la maison Bichot, un chardonnay or gris, minéral et floral. La bouche est fruitée et généreuse en diable, très bien faite.

☛ Maison Albert Bichot, 6 bis, bd Jacques-Copeau, 21200 Beaune, tél. 03.80.24.37.37, fax 03.80.24.37.38

DOM. DAMPT
Tonnerre Marguerite de Bourgogne 1996**

☐   n.c.   n.c.

Sainte femme, Marguerite de Bourgogne créa l'hôpital de Tonnerre. Elle inspire longtemps plus tard cette cuvée très puissante et très fruitée, d'un léger doré et au bouquet épicé. Concentration maximale. L'odeur de la sainteté a-t-elle cette exubérance ? On ne sait. En tout cas, cela prouve un plaisir immédiat et durable. Emmanuel Dampt propose une cuvée **Chevalier d'Eon 96** qui reçoit également deux étoiles.
☛ EARL Eve et Emmanuel Dampt, 3, rte de Tonnerre, 89700 Collan, tél. 03.86.55.29.55, fax 03.86.54.49.89 ✓ ♈ r.-v.

DOM. DARNAT 1996*

☐   1 ha   6 000

Corpulent et généreux, il est la Bourgogne en un mot. Du moins celle dont on rêve. Ses reflets vert tilleul ont tout pour plaire. Marqué par le fût, le nez reste à créer : seuls le café et l'empyreumatique sont perceptibles aujourd'hui. La bouche est copieuse, longue comme un jour sans vin, soutenue, pamplemoussée.
☛ Dom. Darnat, 20, rue des Forges, 21190 Meursault, tél. 03.80.21.23.30, fax 03.80.21.64.62 ✓ ♈ r.-v.

JOCELYNE ET PHILIPPE DEFRANCE Côtes d'Auxerre 1996**

☐   3 ha   8 000

Illustre citoyen d'Auxerre, Cadet Roussel voyait tout par trois. Il en est de même de ce vin : l'œil est un régal, le nez une gerbe de fleurs, la bouche un palais royal. Nuances de fruits exotiques, finale délicate, une dentelle citronnée et d'approche si facile !
☛ Philippe Defrance, 5, rue du Four, 89530 Saint-Bris-le-Vineux, tél. 03.86.53.39.04, fax 03.86.53.66.46 ✓ ♈ r.-v.

ROGER DELALOGE
Coteaux d'Irancy 1996

   0,8 ha   4 000

Moitié saignée et moitié pressée, ce rosé icaunais (c'est-à-dire de l'Yonne) présente un caractère assez astringent. Pâle, frais et fruité, il produit une bonne impression et on se dit que si tous étaient comme ça... Se rappeler que le rosé

Bourgogne

d'Irancy, dit « éclairé », s'était fait naguère une haute réputation.
🞄 Roger Delaloge, 1, ruelle du Milieu, 89290 Irancy, tél. 03.86.42.20.94, fax 03.86.42.33.40 ☑ ⊤ r.-v.

MICHEL DERAIN 1996

■ 4 ha 3 000 🞄🞄🞄 30 à 50 F

Saint-Désert possède une étrange église fortifiée néo-gothique. Ce 96 ne lui ressemble en rien. La robe est violacée et le parfum de vigne attire. La bouche se montre fraîche, déliée, facile ; un bon petit bourgogne.
🞄 Michel Derain, La Montée, 71390 Saint-Désert, tél. 03.85.47.91.44 ☑ ⊤ r.-v.

DOM. DESERTEAUX-FERRAND 1995

☐ 0,65 ha n.c. 🞄🞄 30 à 50 F

Provenant de la Côte des Pierres (Corgoloin, Comblanchien, entre Nuits et Beaune), un bourgogne gouleyant, souple, léger, floral. Son originalité : un peu de chardonnay, 90 % de vrai pinot blanc. Couleur tendre, nez de fût et de soleil. Un certain mordant.
🞄 Dom. Désertaux-Ferrand, Grande-Rue, 21700 Corgoloin, tél. 03.80.62.98.40, fax 03.80.62.70.32 ☑ ⊤ t.l.j. sf dim. 9h-12h 14h-18h30
🞄 Bernard Désertaux

DESVIGNES AINE ET FILS 1996

■ n.c. 1 500 30 à 50 F

Tannique, d'une vigueur maîtrisée, un vin de bonne facture, assez ample, qui demande à s'arrondir en cave. Sa couleur est correcte, cerise mûre. Les arômes assez présents jouent sur la mûre et la framboise.
🞄 Maison Desvignes, rue Guillemet-Desvignes, Pontanevaux, 71570 La Chapelle-de-Guinchay, tél. 03.85.36.72.32, fax 03.85.36.74.02 ☑ ⊤ t.l.j. sf sam. dim. 8h-12h 13h30-17h; f. août

ANTOINE DONAT ET FILS
Côtes d'Auxerre Dessus-bon-boire 1996

■ 5 ha 25 000 🞄 30 à 50 F

L'un des pionniers de la reconquête des vignes auxerroises dans les années 60. Ses premières vignes ont été plantées au *climat* Dessus-bonboire, qui ne s'invente pas ! La couleur n'est pas son fort en 96, mais le reste, fruité et léger, conviendra à un repas entre amis autour de grillades.
🞄 Antoine Donat, 41, rue de Vallan, 89290 Vaux, tél. 03.86.53.89.99, fax 03.86.53.68.36 ☑ ⊤ t.l.j. 9h-12h 13h30-19h

CH. DE DRACY 1996*

■ 11 ha 50 000 🞄🞄🞄 30 à 50 F

Forteresse militaire construite en 1298, plusieurs fois remaniée, Dracy est imposante comme ce millésime qui ne fait preuve d'aucune faiblesse ; il tient bon dans ses murailles : rubis intense - on l'aurait deviné - léger boisé et nua ces animaux mariés au cassis ; ces choses-là n'arrivent que dans les meilleurs vins ! Du gras, du fruit, de la puissance, la bouche est comblée, et nous avec.

🞄 SCA Ch. de Dracy, 71490 Dracy-lès-Couches, tél. 03.85.49.62.13 ⊤ r.-v.
🞄 B. de Charette

CH. DE DRACY 1996

☐ 2,5 ha 17 000 🞄🞄🞄 30 à 50 F

Un rien de concentration en plus et on était au pays des étoiles. Cela dit, c'est fin, assez rond, un peu vert et la bouche ne s'en plaint pas. C'est un bourgogne bien coloré, au bouquet riche et fondu, légèrement végétal, capable de se garder honorablement et restant dans sa catégorie.
🞄 SCA Ch. de Dracy, 71490 Dracy-lès-Couches, tél. 03.85.49.62.13 ⊤ r.-v.

DOM. GUY DUFOULEUR
Clos de l'Hermitage 1995*

■ 0,39 ha 3 000 🞄🞄 50 à 70 F

Les Dufouleur sont vignerons depuis 1610 à Nuits-Saint-Georges. Ils exploitent une vingtaine d'hectares. « Au moins il y a du plaisir, note un dégustateur sur la fiche décrivant ce 95. On ne résiste pas ! » Petit tuilé sur rouge bien typé, de la groseille et du boisé (léger), il a le caractère souple et accommodant. Il remplit son office.
🞄 Dom. Guy Dufouleur, 19, pl. Monge, 21700 Nuits-Saint-Georges, tél. 03.80.61.21.21, fax 03.80.61.10.65 ☑ ⊤ r.-v.
🞄 Xavier et Guy Dufouleur

FELIX
Côtes d'Auxerre Cuvée Saint-André 1996**

■ 2,5 ha 12 000 🞄🞄🞄 30 à 50 F

Un domaine familial depuis le XVII[e]s. Cuvée Saint-André : le patron de la Bourgogne ! Ce viticulteur, ancien agent de l'Equipement revenu à la vigne, nous propose là un pinot noir, rouge sombre et puissant. Le bouquet ample et vineux voit grand. Les tanins masquent le reste pour l'instant, mais l'avenir est assuré. C'est bon et même très bon !
🞄 Dom. Félix, 17, rue de Paris, 89530 Saint-Bris-le-Vineux, tél. 03.86.53.33.87, fax 03.86.53.61.64 ☑ ⊤ t.l.j. 9h-11h30 14h-18h30; dim. et j. fér. sur r.-v.
🞄 Hervé Félix

DOM. FELIX ET FILS
Côtes d'Auxerre 1996***

☐ 0,5 ha 3 000 🞄 30 à 50 F

« Ah ! oui, ça, c'est bien ! » s'écrie un dégustateur sur sa fiche. Et un autre : « J'achète ! » Un concert d'éloges salue ce vin excellemment présenté, au bouquet guilleret, à la bouche... Comment dire ? Parfaite sur toute la ligne, et avec une persistance qui le détache des autres.
🞄 Dom. Félix, 17, rue de Paris, 89530 Saint-Bris-le-Vineux, tél. 03.86.53.33.87, fax 03.86.53.61.64 ☑ ⊤ t.l.j. 9h-11h30 14h-18h30; dim. et j. fér. sur r.-v.

GUY FONTAINE ET JACKY VION
Elevé en fût de chêne 1995*

■ 4,5 ha 9 000 🞄🞄 30 à 50 F

D'un rouge impressionnant, ce 95 est d'une grande jeunesse. Discrétion aromatique, un peu de fruits noirs en ouverture. En bouche, beaucoup de prestance et une certaine retenue élé-

Bourgogne

gante. Un bourgogne style *village* qui a de l'avenir. Son quant-à-soi n'est qu'apparence.
🍇 GAEC des Vignerons G. Fontaine et J. Vion, Le Bourg, 71150 Remigny, tél. 03.85.87.03.35, fax 03.85.87.03.35 ✓ Ⱦ r.-v.

CAVEAU DES FONTENILLES
Tonnerre Cuvée Marguerite des Fontenilles 1996★★

■   9 ha   8 000   🍷 30 à 50 F

Typique de l'année, équilibré, tout à la fois puissant et souple, un vrai bourgogne rouge foncé, calé sur le fruit rouge et n'en bougeant plus, démonstratif dès qu'il se trouve au palais. Beaucoup de fond, de matière. Elaboré par d'anciens coopérateurs du Tonnerrois qui se sont groupés pour travailler en commun sous l'enseigne de négociant.
🍇 SA Caveau des Fontenilles, pl. Marguerite-de-Bourgogne, 89700 Tonnerre, tél. 03.86.55.06.33, fax 03.86.55.06.33 ✓ Ⱦ t.l.j. 9h-12h 14h-19h

DOM. GADANT ET FRANCOIS 1996★
■   3,92 ha   10 000   🍷 30 à 50 F

Le bœuf bourguignon conviendra à merveille à ce bourgogne rouge dans la tradition. Il a du tonus, une robe pourpre qui l'avantage, des accents fruités et épicés, un corps charnu et fruité qui va évoluer du bon côté. Impression tout à fait positive.
🍇 Dom. Gadant et François, GAEC Le Clos Voyen, 71490 Saint-Maurice-lès-Couches, tél. 03.85.49.66.54, fax 03.85.49.60.62 ✓ Ⱦ r.-v.

DOM. ANNE-MARIE GILLE 1996★
■   0,24 ha   900   🍷 30 à 50 F

Pour ceux qui aiment les étiquettes parcheminées, un 96 venu de Comblanchien. Sombre et mat à reflets presque bleutés, il développe des arômes de grande maturité, de cuit et de fruit. La bouche a du caractère, d'une architecture recherchée et qui s'avère efficace, convaincante. Deux ou trois ans de garde paraissent à sa portée.
🍇 Dom. Anne-Marie Gille, 34, R.N. 74, 21700 Comblanchien, tél. 03.80.62.94.13, fax 03.80.62.94.13 ✓ Ⱦ r.-v.

HERVE GIRARD 1996★★
■   3 ha   6 000   🍷 30 à 50 F

On cherche longtemps, et puis quelquefois l'on trouve. Un bourgogne rouge ? Celui-ci, cerise fraîche, d'un joli volume, d'un fruit gouleyant est bien plus qu'agréable. Une révélation qui nous vient des confins des Maranges, de la Côte de Beaune et de la Côte châlonnaise. Pas l'ombre d'un défaut, chapeau bas !
🍇 Hervé Girard, rte de Saint-Sernin, 71150 Paris-l'Hôpital, tél. 03.85.91.11.56, fax 03.85.91.16.12 ✓ Ⱦ r.-v.

ANDRE GOICHOT ET SES FILS
Les Dressoles 1996★

□   n.c.   n.c.   🍷 30 à 50 F

Or gris, il ménage ses effets et ne se montre pas trop empressé du côté du bouquet. Il faut le solliciter pour qu'il manifeste une petite ouverture florale. En revanche, le corps est impression-

nant, d'un doigté magnifique, le minéral et l'aigu se renvoyant la balle. Vignes sur Meursault.
🍇 SA A. Goichot et Fils, rue Paul-Masson, 21190 Merceuil, tél. 03.80.26.88.70, fax 03.80.26.80.69 ✓ Ⱦ t.l.j. sf sam. dim. 7h30-12h 14h-18h30

DOM. ANNE ET ARNAUD GOISOT
Côtes d'Auxerre 1996★

◪   0,5 ha   4 000   🍷 30 à 50 F

Côté couleur, il fait fort, mais on retrouve cela parmi tous les rosés de l'Yonne millésimés 96. Le nez, en revanche, montre de la simplicité tout en étant peut-être plus complexe qu'il n'y semble. Matière, acidité, tout est en place pour un barbecue.
🍇 Dom. Anne et Arnaud Goisot, 4 *bis*, rte de Champs, 89530 Saint-Bris-le-Vineux, tél. 03.86.53.32.15, fax 03.86.53.64.22 ✓ Ⱦ t.l.j. 8h-12h 13h30-19h30

DOM. ANNE ET ARNAUD GOISOT
Côtes d'Auxerre 1996

■   6 ha   25 000   🍷 30 à 50 F

Pas trop de profondeur ni de substance, mais de la fraîcheur et ce don de sympathie qui fait pencher la balance du bon côté. La teinte est brillante, le nez léger, la bouche s'ouvrant peu à peu sur le fruit. Ira-t-il plus avant dans sa démonstration ? Il est permis de l'espérer.
🍇 Dom. Anne et Arnaud Goisot, 4 *bis*, rte de Champs, 89530 Saint-Bris-le-Vineux, tél. 03.86.53.32.15, fax 03.86.53.64.22 ✓ Ⱦ t.l.j. 8h-12h 13h30-19h30

GHISLAINE ET JEAN-HUGUES GOISOT
Côtes d'Auxerre Corps de Garde 1996★

■   2 ha   10 000   🍷 30 à 50 F

Le coq sera à sa mesure, car il s'affirme très tannique tout en ayant suffisamment de structure. Il a une profondeur d'avenir, du tempérament. Un maximum de couleur, un bouquet typé pinot, offrant de jolies nuances dans sa vinosité. Corps de garde, le nom de la cuvée. Eh bien ! oui, son corps est aussi de garde...
🍇 Ghislaine et Jean-Hugues Goisot, 30, rue Bienvenu-Martin, 89530 Saint-Bris-le-Vineux, tél. 03.86.53.35.15, fax 03.86.53.62.03 ✓ Ⱦ r.-v.

DOM. GRAND ROCHE
Côtes d'Auxerre 1996

■   4 ha   12 000   🍷 30 à 50 F

30 % de fût et 10 % de césar. La robe est classique et violacée. Ses petits parfums de jeunesse fins et discrets sont suivis d'une bouche où le gras se met en vedette. A ne pas conserver trop longtemps.
🍇 Lavallée, Dom. Grand Roche, 16, rte de Champs, 89530 Saint-Bris-le-Vineux, tél. 03.86.53.84.07, fax 03.86.53.88.36 ✓ Ⱦ t.l.j. sf dim. 9h-12h 13h30-19h; f. 10-30 août

JOEL ET DAVID GRIFFE Chitry 1996
□   0,8 ha   4 000   🍷 30 à 50 F

Sec et vif, il donne une impression de fraîcheur acidulée, du début à la fin. La brillance de la robe et le fruité du nez sont prometteurs.

400

Bourgogne

⌐GAEC Joël et David Griffe, 15, rue du Beugnon, 89530 Chitry, tél. 03.86.41.41.06, fax 03.86.41.47.36 ☑ ♀ r.-v.

DOM. ANNE GROS 1996★★

■   2 ha   8 000   ⓘ 50 à 70 F

Depuis 1995, Anne Gros dirige seule le domaine de son père François Gros. Son bourgogne 96 est sur son trente-et-un paré d'un drapé sombre et profond. Cerise, réglisse, vanille permettent d'aborder la suite avec élégance. Tout en finesse, flatté par une touche de fût bien fondu, souple et gras, il a vraiment de la classe. Provient, il est vrai, de Vosne-Romanée et a été élevé au milieu des grands crus.
⌐Dom. Anne Gros, 11, rues des Communes, 21700 Vosne-Romanée, tél. 03.80.61.07.95, fax 03.80.61.23.21 ☑ ♀ r.-v.

DOM. PIERRE GUILLEMOT 1996★

■   0,6 ha   5 000   ⓘ 30 à 50 F

Lorsque vous avez visité l'église de Savigny-lès-Beaune - fresque du XVe s. - parcourez 50 m pour découvrir ce vin. D'une rondeur engageante, il possède la finesse et la classe qui séduisent. La robe légère mais brillante se pare de reflets d'évolution. Le nez est confituré, avec des parfums de pruneau cuit. Le reste à l'avenant. Donc à boire maintenant. Sur une pintade.
⌐SCE du Dom. Pierre Guillemot, 1, rue Boulanger-et-Vallée, 21420 Savigny-lès-Beaune, tél. 03.80.21.50.40, fax 03.80.21.59.98 ☑ ♀ r.-v.

JEAN GUITON 1996★

■   2,37 ha   6 000   ⓘ 30 à 50 F

Un vin de grillade, bien coloré pour le cépage, bouqueté et de bonne intensité. Excellente harmonie générale depuis l'attaque légère et jusqu'à la note finale, souple et toujours agréable. Du gras, du fruit, on a tout cela ici.
⌐Jean Guiton, 4, rte de Pommard, 21200 Bligny-lès-Beaune, tél. 03.80.26.82.88, fax 03.80.26.85.05 ☑ ♀ t.l.j. 9h-12h 14h-19h

DOM. GUYON 1996

■   n.c.   n.c.   ⓘ 30 à 50 F

Grenat sombre, il offre une touche torréfiée qui ne déplaît pas. D'une bonne structure équilibrée, sans trop de nervosité (peu d'acidité), assez corsé en revanche, il laisse du fruit dans les papilles, et on estime qu'il fera encore du chemin dans les deux ans. Viande blanche plutôt que rouge.
⌐EARL Dom. Guyon, 11, R.N. 74, 21700 Vosne-Romanée, tél. 03.80.61.02.46, fax 03.80.62.36.56 ☑ ♀ r.-v.

HENRY DE VEZELAY 1996★

☐   30 ha   180 000   ⓘ♀ 30 à 50 F

L'étiquette préfigure l'appellation... Bourgogne produit en Vézélien. La robe a des reflets et les arômes savent restituer le fruit sec sans disparaître sous le fût. Bonne harmonie générale et de la typicité quand on connaît ce vignoble en pleine renaissance.
⌐SCA La Vézélienne, rte de Nanchèvre, 89450 Saint-Père, tél. 03.86.33.29.62, fax 03.86.33.35.03 ☑ ♀ t.l.j. 8h-12h 14h-18h

HENRY DE VEZELAY 1996★

■   7,5 ha   45 000   ⓘ 30 à 50 F

Les coopérateurs de Vézelay assurent 75 % de la vente en bouteilles de ce vignoble en pleine renaissance. Et voilà un superbe enfant ! Les joues rouges, comme s'il avait monté la colline en courant. Le nez fin, assez boisé toutefois, comme s'il venait de respirer tout le paysage qu'on découvre de là-haut. Epices, champignon, sous-bois, un vin qui ira à bonne fin.
⌐SCA La Vézélienne, rte de Nanchèvre, 89450 Saint-Père, tél. 03.86.33.29.62, fax 03.86.33.35.03 ☑ ♀ t.l.j. 8h-12h 14h-18h

JANNY 1997★

☐   5 ha   30 000   ⓘ♀ 30 à 50 F

Vin de marque, un chardonnay du Mâconnais. Jolie robe très jaune. Beurre, amande fraîche et fleurs, le nez est à son affaire. Sensation de jeunesse en bouche, où l'on rencontre l'amande fraîche et l'acacia. De bonne qualité et suffisamment long.
⌐SARL Janny La Maison bleue, La Condemine, 71260 Péronne, tél. 03.85.36.97.03, fax 03.85.36.96.58

DOM. REMI JOBARD 1996★

☐   1 ha   6 000   ⓘ 30 à 50 F

Effleuré de vert, l'or s'installe peu à peu. Le premier nez est fermé à double tour, le second plus disert, sur le miel, la résine, le fruit mûr. Mariage d'un tempérament chaleureux et d'une acidité de bon aloi. Du bon raisin bien vinifié, savoureux, à défaut d'être complexe. Un vin qui ne fait pas de détours.
⌐Dom. Rémi Jobard, 12, rue Sudot, 21190 Meursault, tél. 03.80.21.20.23, fax 03.80.21.67.69 ☑ ♀ r.-v.

JULIUS CAESAR
Cuvée du Maître de Poste 1996★★

■   n.c.   n.c.   ⓘ♀ 50 à 70 F

« Je suis venu, j'ai bu, j'ai vaincu », pourrait dire cette cuvée Julius Caesar d'un rouge superbe, au nez épicé et au corps large, structuré. Sa complexité impressionne. Issu du cépage césar, un grand vin de garde dont on attendra le triomphe d'ici cinq à dix ans.
⌐Marylène et Philippe Sorin, 12, rue de Paris, 89530 Saint-Bris-le-Vineux, tél. 03.86.53.60.76, fax 03.86.53.62.40 ☑ ♀ r.-v.

DANIEL JUNOT 1996★

☐   1,5 ha   13 000   ■ 30 à 50 F

Un plaisir sans nuages, né d'une réalité visuelle qui incite à aller plus loin. Le nez est très 96, un peu fermé, plein de bonnes intentions. Quant à la structure, pleine et puissante, elle respecte les équilibres nécessaires. Issu de jeunes vignes du Tonnerrois, c'est un vin qui peut néanmoins durer quelques années.
⌐Daniel Junot, 7, Grande-Rue, 89700 Junay, tél. 03.86.54.40.93, fax 03.86.54.40.93 ☑ ♀ r.-v.

401   LA BOURGOGNE

Bourgogne

DOM. DE L'ABBAYE DU PETIT QUINCY Epineuil 1996*

■ 4 ha 25 000 🔟 30à50F

Le blanc a eu naguère le coup de cœur. Cette année, nous préférons le rouge. Un peu astringent, mais gorgé de petits fruits rouges sous une robe foncée. Le type même d'un vin-découverte : celui du Tonnerrois, encore peu connu et qui mérite le détour.

🍇 Dominique Gruhier, Dom. de l'Abbaye, rue du Clos de Quincy, 89700 Epineuil, tél. 03.86.55.32.51, fax 03.86.55.32.50 ✉ ☕ t.l.j. 9h-18h; dim. sur r.-v.

DOM. PIERRE LABET 1996**

■ 1 ha 6 000 🔟 30à50F

Un vin qui ne fait aucune concession : il est superbe, pur Bourgogne. Si l'on peut reprocher une note de dureté en finale, la matière, la structure, le volume donnent rendez-vous à plus tard. Bouquet sur l'animal et le fruit noir, couleur d'un noir insondable. C'est une production du Château de la Tour au Clos de Vougeot. « Accadien ? » pense un dégustateur, faisant référence au célèbre œnologue. Quoi qu'il en soit, ce sera un grand vin dans trois ou quatre ans.

🍇 Dom. Pierre Labet, rempart de la Comédie, 21200 Beaune, tél. 03.80.62.86.13, fax 03.80.62.82.72 ✉ ☕ r.-v.
🍇 François Labet

CH. DE LA BRUYERE
Elevé en fût de chêne 1996*

□ 1,2 ha 10 000 🔟 30à50F

Il fait ses débuts dans la vie sous des traits très jeunes, ou pâle assorti des reflets d'usage, et sur des notes de chèvrefeuille dont le grillé n'est pas absent. Attaque présente sur un équilibre assez vif. « Vin vert, riche Bourgogne », disait-on jadis, non sans raison : l'acidité garantit la durée. On n'attendra cependant pas trop longtemps pour le boire (deux à trois ans).

🍇 Paul-Henry Borie, GFA de la Bruyère, Ch. de La Bruyère, 71960 Igé, tél. 03.85.33.30.72, fax 03.85.33.40.65 ✉ ☕ t.l.j. 8h-12h 14h-19h

LA CHABLISIENNE 1996**

□ n.c. n.c. 🔟 30à50F

Célèbre coopérative créée en 1923 à Chablis et dont la production est régulièrement honorée dans ces pages. Très clair, net, son bourgogne a un nez tout en douceur, à nuances exotiques. Sa finesse, sa distinction, sa subtilité annoncent une maturité heureuse d'ici un an tout au plus. Il prend fait et cause pour son cépage, qu'il sert bien ; le terroir n'est pas très apparent.

🍇 La Chablisienne, 8, bd Pasteur, B.P. 14, 89800 Chablis, tél. 03.86.42.89.89, fax 03.86.42.89.90 ✉ ☕ r.-v.

DOM. DE LA CHAPPE
Elevé en fût de chêne 1996

■ n.c. 6 000 🔟 30à50F

Un peu de surmaturation, de goût de fruit confit, sur fond tannique, boisé et bien aromatique, à conserver quelques années. C'est son style ; rouge foncé appuyé, le nez insistant, il est un peu fauve, giboyeux.

🍇 André Thomas, dom. de la Chappe, 89700 Tonnerre, tél. 03.86.55.29.47, fax 03.86.55.29.47 ✉ ☕ t.l.j. 10h-20h

CH. DE LA CHARRIERE 1996

■ 2,5 ha 6 000 🔟 30à50F

Du bon travail : jolie extraction de couleur, rubis soutenu à reflets violacés. Bouquet où le pain grillé n'occulte pas le fruit rouge. Délicatesse en entrée de bouche, des tanins assez secs mais fins, un retour de griotte sur une finale vigoureuse et persistante.

🍇 Dom. Yves Girardin, Ch. de La Charrière, 21590 Santenay, tél. 03.80.20.64.36, fax 03.80.20.66.32 ✉ ☕ r.-v.

LA CHAUME BLANCHE
Elevé en fût de chêne 1997**

□ 2,5 ha 12 000 🔟 -30F

D'une subtilité remarquable et remarquée, il est destiné à un « bec », lisez un beau brochet. Ce 97 étincelle déjà dans sa robe merveilleusement dorée mais si discrète. Complexité sans borne, du minéral à l'exotique en passant par la feuille de groseillier. Un corps de dieu grec. Avec ce vin, vous ne courez pas à l'aventure. Et son prix est tentant.

🍇 SCEA Boussard, rte de Chablis, 89310 Nitry, tél. 03.86.33.66.22, fax 03.86.33.61.17 ✉ ☕ r.-v.

DOM. DE LA CRAS
Coteaux de Dijon 1995**

□ 2,7 ha 11 500 🔟 50à70F

La Cras, au-dessus du lac Kir à Dijon, a failli devenir un quartier d'habitation. La raison l'a emporté. Jean Dubois y a replanté la vigne. Et ce vin des coteaux de Dijon (rare !) se place très bien à notre palmarès : or jaune, jambes fines et nombreuses, disque brillant, verveine et menthe à plein nez, attaque racée ; équilibré et persistant, il passe tous les obstacles sans faire tomber une barre.

🍇 Jean Dubois, Dom. de La Cras, 21370 Plombières-lès-Dijon, tél. 03.80.41.70.95, fax 03.80.59.13.96 ✉ ☕ r.-v.

DOM. DE LA FEUILLARDE 1996*

■ 1 ha 6 600 🔟 30à50F

De l'avenir, c'est sûr. Rouge violacé brillant à larmes fines, il nous rappelle les veillées d'autrefois ; ce parfum de bourgeon de cassis, quand on faisait ça le soir à l'intention des élixirs aromatiques de Grasse. Attaque souple et fruitée, charmante, qui ouvre sur de belles perspectives.

🍇 Lucien Thomas, Dom. de La Feuillarde, 71960 Prissé, tél. 03.85.34.54.45, fax 03.85.34.31.50 ✉ ☕ t.l.j. 8h-12h 13h-19h

DOM. DE LA GALOPIERE 1996*

■ 4,5 ha 4 000 🔟 -30F

Situé à 3 km de l'archéodrome, un domaine à visiter. Ce 96 est complètement verrouillé après une brève apparition du fruit en entrée de bouche, mais plein de caractère et disponible pour après-demain. Il faut s'y faire en Bourgogne ! Cerise foncé, poivré et confituré, un vin très carré, d'une extraction formidable et dont le potentiel de garde retient l'attention.

Bourgogne

☙ Gabriel et Claire Fournier, 6, rue de l'Eglise, 21200 Bligny-lès-Beaune, tél. 03.80.21.46.50, fax 03.80.26.85.88 ◩ ⅄ r.-v.

DOM. DE LA GARENNE 1996

| ☐ | 3 ha | 5 000 | 🍷 | -30 F |

Un jeune vignoble - les vignes ont juste l'âge de raison - bien, sinon très bien, mais atypique car surmaturé. Vin gourmand, sûrement. Jaune, il est très bouqueté, miel, fruits confits, banane séchée. Cette puissance de vendanges mûres donne à la bouche une belle allonge, toujours dans ce style particulier. On aime ou on n'aime pas.

☙ Clément et Fils, dom. de la Garenne, 89700 Tonnerre, tél. 03.86.55.16.30, fax 03.86.55.02.66 ◩ ⅄ t.l.j. 8h-19h

LA GOUZOTTE D'OR 1996

| ☐ | n.c. | 1 200 | 🍷 | 30 à 50 F |

Maison de négoce de Savigny-lès-Beaune qui nous présente un bourgogne blanc venant de Monthélie. Spirituel, il l'est sans aucun doute. Jaune effacé, noisette fraîche, équilibré et structuré, on n'attendra pas l'autre siècle pour le pousser dans ses derniers retranchements. Un vin de première assiette qui piquera l'escargot et le sortira de sa coquille.

☙ La Gouzotte d'Or, 4, rue du Jarron, 21420 Savigny-lès-Beaune, tél. 03.80.26.10.47, fax 03.80.26.11.78 ◩ ⅄ r.-v.

DOM. DE LA GRANGERIE
Vierge blanche 1996*

| ■ | 14,78 ha | n.c. | 🍷 | 30 à 50 F |

Rouge violacé, brillant, ce vin est subtil. Notre jury a fait chorus sur le nez de fraise des bois. Plénitude à l'attaque, épanouissement du fruit, attitude intelligente des tanins, donnant un 96 harmonieux et généreux pour gibier léger ou fromage fermenté.

☙ SCV Dom. de La Grangerie, 71640 Saint-Martin-sous-Montaigu, tél. 03.85.45.23.23, fax 03.85.45.16.37
☙ Michel Picard

DOM. DE LA MOTTE 1996*

| ■ | 0,2 ha | 2 800 | 🍷 | -30 F |

« Le vin de Bourgogne est le meilleur du monde, disait M.F.K. Fisher. Une question d'âge, de terroir et de civilisation. » Comment ne pas être sensible à ce témoignage américain quand on déguste ce bourgogne pinot noir venu d'un Chablisien tellement explicite. Jolie couleur, intensité des arômes classiques, longueur suffisante et cette sensation de fraîcheur qui emplit la bouche.

☙ Dom. de La Motte, 35, Grande-Rue, 89800 Beines, tél. 03.86.42.43.71, fax 03.86.42.49.63 ◩ ⅄ t.l.j. 8h-12h 14h-18h; groupes sur r.-v.
☙ Michaut-Robin

CLOS DE LA PERRIERE 1996*

| ■ | 2 ha | 5 000 | 🍷 | 30 à 50 F |

Légère et court vêtue, une bouteille svelte, élégante, qui vient vers nous à grands pas. Bien parfumée (groseille, mûre), elle a du fruit en bouche et elle s'achève sur une finale délicate. Cor-

peau se situe à la limite de la Saône-et-Loire et de la Côte-d'Or, au pied de Chassagne-Montrachet.

☙ Dom. de La Perrière, La Cave de Pommard, 21630 Pommard, tél. 03.80.24.99.00, fax 03.80.24.62.42 ◩ ⅄ t.l.j. 9h-19h
☙ Cécile Chenu

LAROCHE Tête de cuvée 1996**

| ☐ | n.c. | 72 000 | 🍷 | 50 à 70 F |

Tête de cuvée digne de ce nom. C'est bien le cas de le dire, car nos dégustateurs ont longtemps disserté sur ses vertus et qualités. Le bouquet évoque la truffe et le sous-bois, le fumé, le beurré... Le corps est d'un don juan séducteur mais, à sa différence, il passe la bague au doigt, et il reste fidèle ! Une bouche superbe, fine, délicate, riche, longue. Il a tout.

☙ Dom. Laroche, 22, rue Louis-Bro, 89800 Chablis, tél. 03.86.42.89.00, fax 03.86.42.89.29 ◩ ⅄ r.-v.

JEAN-CLAUDE LAVAUD 1996*

| ☐ | n.c. | n.c. | | 30 à 50 F |

Rond et souple, intense en couleur, c'est le litchi qui est identifié ici, tout au long de la dégustation. Un peu singulier, mais agréable. La bouche est présente, ronde, presque moelleuse. Les fruits blancs ne sont pas absents.

☙ Jean-Claude Lavaud, Les Fouchenières, 71960 Pierreclos, tél. 03.85.35.74.81, fax 03.85.35.73.80 ◩ ⅄ r.-v.

LE MANOIR MURISALTIEN 1996*

| ☐ | n.c. | 20 000 | 🍷 | 50 à 70 F |

Pour volaille en sauce blanche, un bourgogne familial tout frais et tout miel, sans mollesse cependant. Vinifié et élevé sur lies, il ne se dit pas murisaltien pour rien. « Sauvez la vie ! » écrit un dégustateur. Lisez : le boire, mais pas avant un an ou deux. Bouquet de chèvrefeuille, de noix et de grillé sur un fond de scène brillant et limpide, d'un jaune qui s'accentue.

☙ Marc Dumont, Manoir murisaltien, 21190 Meursault, tél. 03.80.21.21.83, fax 03.80.21.66.48 ◩ ⅄ r.-v.

DOM. LEMOULE
Coulanges-la-Vineuse 1996*

| ■ | 6,3 ha | 45 000 | 🍷 | -30 F |

Une exploitation arboricole (cerisiers) et viticole, les traditions ne se perdent pas. Rouge vermillon, ce vin présente tout d'abord des arômes un peu confus puis il se fixe sur le champignon. Typique et structuré, tout se combine bien en bouche, le vin, le fruit. Une finale épanouie est comme la cerise sur le gâteau. Sans doute le meilleur de la dégustation. Étiquette parcheminée un peu désuète.

☙ EARL Lemoule, chem. du Tuyaud-des-Fontaines, 89580 Coulanges-la-Vineuse, tél. 03.86.42.26.43, fax 03.86.42.53.17 ◩ ⅄ r.-v.

DOM. CHANTAL LESCURE 1995*

| ■ | 1,5 ha | 2 300 | | 30 à 50 F |

Charmant. Impossible d'échapper à ce mot tant ce 95 est souple, rond, riche, « sans rien qui pèse ou qui pose », prêt à être débouché ou capable de durer quelques années. Le fruit et le fût

LA BOURGOGNE

Bourgogne

vivent en connivence intelligente. Couleur pourpre très franche.
➥ Dom. Chantal Lescure, 34 a, rue Thurot, 21700 Nuits-Saint-Georges, tél. 03.80.61.16.79, fax 03.80.61.36.64 ☑ ⊺ r.-v.

LES VIGNERONS DE HAUTE BOURGOGNE 1996
☐ 1,5 ha 10 000 ▌-30F

Un coup de chapeau amical à ces vignerons courageux, qui, à l'ombre du vase de Vix en Châtillonnais, recréent une activité vitivinicole estimable. A l'œil, c'est en effet engageant. Au nez, le minéral atteste d'un blanc sec. La pierre est ici chez elle et reste liée à ce 96. Un peu plus que simplement honorable : ce vin existe.
➥ Les Vignerons de Haute-Bourgogne, La Ferme du Bois de Langres, 21400 Pruslysur-Ource, tél. 03.80.91.07.60, fax 03.80.91.24.76 ☑ ⊺ t.l.j. sf dim. lun. 15h-19h

MICHEL LORAIN 1996
☐ 5 ha 30 000 ▌♦ 30à50F

Sous la signature d'un chef trois macarons Michelin et du président des Etats généraux de la gastronomie française, le chardonnay de Joigny. Qu'il conseille avec un carpaccio de saintjacques. Peu de couleur aux joues, une minéralité réelle au nez, il joue le grand jeu en bouche : beurre frais en attaque, fruité en milieu, puis un côté sec qui oblige à l'attendre un peu.
➥ SCEV Michel Lorain, 43, fg de Paris, 89300 Joigny, tél. 03.86.62.06.70, fax 03.86.91.49.70 ☑ ⊺ r.-v.

CLOS DE LUPÉ 1995★
■ 1,84 ha 13 000 ⬛ 50à70F

Vieille maison nuitonne reprise par la famille Bichot, avec J. Faure-Brac comme œnologue du domaine. Couronnes de comte (Lupé) et de vicomte (Cholet) sur l'étiquette, et tout cela est vrai. Ce 95 porte une robe rubis nuancé de brique. Le nez bien ouvert fleure bon le terroir. La bouche est excellente et ferme.
➥ Lupé-Cholet, 17, av. du Gal-de-Gaulle, 21700 Nuits-Saint-Georges, tél. 03.80.61.25.02, fax 03.80.24.37.38

MALTOFF
Coulanges-la-Vineuse Cuvée élevée en fût de chêne 1996★
■ 9 ha 40 000 ⬛ 30à50F

Rouge pâle, le nez d'intensité moyenne (entre les épices et le fruit mûr), il pinote bien. Rond et long, il peut être bu mais gagnera à vieillir un peu.
➥ Maltoff, 20, rue d'Aguesseau, 89580 Coulanges-la-Vineuse, tél. 03.86.42.32.48, fax 03.86.42.24.92 ☑ ⊺ r.-v.

CAVE DES VIGNERONS DE MANCEY 1996★
■ n.c. 10 000 ▌ 30à50F

Mancey est ce village de Saône-et-Loire où l'on a identifié le phylloxéra pour la première fois en Bourgogne. Il a remonté la pente. Témoin : ce pinot rouge sombre, aux arômes fruités et même fleuris, avec une charpente rustique et bien aimable. Ne pas trop attendre pour en faire son plaisir.
➥ Cave des Vignerons de Mancey, R.N. 6, B.P. 55 , 71700 Tournus, tél. 03.85.51.00.83, fax 03.85.51.71.20 ☑ ⊺ r.-v.

DOM. MAREY 1995★★
■ 4 ha 20 000 ▌ 30à50F

Arboricole jusqu'en 1980, cette propriété est devenue viticole. Les vignes ont donc quinze ans pour ce millésime. « Passer du grave au doux, du plaisant au sévère », comme le recommande Boileau, c'est tout l'art du vin, et d'une voix légère... Ce 95 intense et profond est à ce sujet exemplaire. Bien dessiné, très présent en bouche, charpenté et persistant, il doit attendre un peu le moment de vous plaire afin que les tanins s'assagissent.
➥ Dom. Marey, rue Bachot, 21700 Meuilley, tél. 03.80.61.12.44, fax 03.80.61.11.31 ☑ ⊺ r.-v.

PIERRE MAREY ET FILS
Les Chagniards 1996
■ 0,75 ha 5 000 ⬛ 30à50F

On sait que Jacques Copeau vécut dans ce village vigneron. Ce domaine propose un bon 96 : brillance et vivacité, l'œil est captivé. On en vient rapidement à des notes de cassis, cerise, groseille assez intenses, accompagnées d'une pointe végétale. Puis, allant plus avant, à des tanins qui devront se fondre dans un ou deux ans. Une certaine élégance.
➥ Pierre Marey et Fils, 21420 Pernand-Vergelesses, tél. 03.80.21.51.71, fax 03.80.26.10.48 ☑ ⊺ r.-v.

DOM. DES MARRONNIERS 1996★★
☐ 1 ha 10 000 ▌♦ 30à50F

Voici de quoi fêter les vingt ans du domaine d'où la vue s'étend sur le vignoble chablisien. Couleur ? Paille de blé, nous dit-on ; c'est nouveau. Aubépine en fleur, amande grillée pour peupler le nez, avec un côté iodé assez chablisien. Nerveux, citronné, il s'installe et probablement pour deux à trois ans. Une carpe en sauce devrait trouver plaisir à finir ses jours en sa compagnie.
➥ Bernard Légland, Grande-Rue de Chablis, 89800 Préhy, tél. 03.86.41.42.70, fax 03.86.41.45.82 ☑ ⊺ t.l.j. 8h-12h30 14h-20h; f. 1er -15 sept.

FRANCOIS MARTENOT 1996★
■ n.c. n.c. ▌⬛♦ 30à50F

Bien fait et à boire plutôt jeune sur un fromage de Brie par exemple, ce bourgogne d'intensité moyenne si l'on s'en tient au regard ou au nez a droit de cité. Ample et néanmoins assez fin, il épouse le palais dans une rondeur fruitée qui - pour tout dire - est agréable.
➥ François Martenot, rue du Dr-Barolet, Z.I. Beaune Vignolles, 21200 Beaune Cedex, tél. 03.80.24.70.07, fax 03.80.22.54.31 ⊺ r.-v.

FRANCOIS MARTENOT 1997
☐ n.c. n.c. ▌⬛♦ 30à50F

Un 97, et il est trop tôt pour juger la robe même si elle montre de bonnes dispositions. Arômes de fraîcheur, déjà ouverts. Le reste est for-

404

Bourgogne

cément nerveux et disponible. A déguster dans cette ambiance.
☛ François Martenot, rue du Dr-Barolet, Z.I. Beaune Vignolles, 21200 Beaune Cedex, tél. 03.80.24.70.07, fax 03.80.22.54.31 ⌇ r.-v.

DOM. MATHIAS Epineuil 1996*
■   6,5 ha   20 000   ◖◗ 30 à 50 F

Il ressemble au chevalier d'Eon, le grand homme (si l'on peut dire) du pays. Il est double, amical en début de partie, assez vif et dru en finale. D'un rouge très prononcé, aux arômes de fraise et de cuir, il vieillira probablement fort bien. Pas au-delà du raisonnable, bien sûr.
☛ Alain Mathias, rte de Troyes, 89700 Epineuil, tél. 03.86.54.43.90, fax 03.86.54.47.75 ✓ ⌇ r.-v.

DOM. MATHIAS Epineuil 1996
◨   6,5 ha   7 000   ⌇ ♦ 30 à 50 F

Tout cela est plaisant et coulant, peut-être d'une typicité moyenne, mais on aime son attaque, son brio, sa puissance et, en fin de compte, son originalité.
☛ Alain Mathias, rte de Troyes, 89700 Epineuil, tél. 03.86.54.43.90, fax 03.86.54.47.75 ✓ ⌇ r.-v.

PROSPER MAUFOUX 1996*
☐   n.c.   n.c.   ⌇ 30 à 50 F

Si, comme disait Rabelais, « la soif s'en va en buvant », ce n'est pas la soif qui nous pousse à boire du bourgogne. La recherche du plaisir convivial, plutôt. Elle est satisfaite par cette bouteille d'une certaine délicatesse, mordante en finale, bien posée sur ses jambes dans sa belle robe jaune à reflets verts et au bouquet de mariée « à la fleur d'oranger ».
☛ Prosper Maufoux, 1, pl. du Jet-d'Eau, 21590 Santenay, tél. 03.80.20.60.40, fax 03.80.20.63.26 ✓ ⌇ r.-v.

MARC MENEAU 1996
☐   12,5 ha   80 000   ⌇ ♦ 30 à 50 F

Marc Meneau dans ses œuvres vigneronnes. Comme beaucoup de chefs trois macarons Michelin, il produit désormais son vin. Ici sous la colline inspirée de Vézelay. Un chardonnay limpide et neutre, léger, agréable à l'apéritif. Elevage et mise en bouteille par Jean-Marc Brocard en Chablisien.
☛ Marc Meneau, rue du Moulin-à-Vent, 89450 Vézelay, tél. 03.86.33.39.11, fax 03.86.33.39.11 ✓ ⌇ r.-v.

JEAN-CLAUDE MICHAUT
Epineuil 1996
◨   1 ha   7 000   ⌇ 30 à 50 F

Saignée après macération d'une douzaine d'heures, et le résultat est satisfaisant. Rose saumon, bouquet d'une finesse florale, il est clair et net dès qu'il passe au palais. Pas très long sans doute, mais de bonne harmonie.
☛ Jean-Claude Michaut, 89700 Epineuil, tél. 03.86.55.24.99, fax 03.86.55.32.74 ✓ ⌇ t.l.j. sf dim. 8h-12h 13h30-17h30

DOM. MOISSENET-BONNARD
Les Maisons Dieu 1996**
■   n.c.   1 800   ◖◗ 30 à 50 F

Il semble né pour faire le bonheur d'autrui, ce vin rouge cerise, au nez net et précis : cassis. Sa bouche est ferme, droite, riche, évoluant sur le fruit écrasé. De bonne longueur, ce 96 encore jeune va s'épanouir davantage. Il vaut la peine de le garder une paire d'années.
☛ Dom. Moissenet-Bonnard, rte d'Autun, 21630 Pommard, tél. 03.80.24.62.34, fax 03.80.24.62.34 ✓ ⌇ r.-v.

ARMELLE ET JEAN-MICHEL MOLIN 1996**
■   1 ha   3 600   ⌇ ◖◗ 30 à 50 F

Un grand vin, digne de la Bourgogne. Dégustation passionnante, avec ce grenat soutenu, ces arômes descendus de la combe de Fixin, très retour de la chasse. Le sous-bois est charnu, la rondeur aiguisée. L'appellation régionale à son plus haut niveau.
☛ EARL Armelle et Jean-Michel Molin, 54, rte des Grands-Crus, 21220 Fixin, tél. 03.80.52.21.28, fax 03.80.52.21.28 ✓ ⌇ r.-v.

MOMMESSIN La Clé Saint Pierre 1996
☐   n.c.   n.c.   ◖◗ 30 à 50 F

Il est très puissant, ample, généreux, très chardonnay dans sa belle robe soutenue à reflet vert. La finale nous dit cependant que c'est un vin pour après-demain : deux ou trois ans de garde seront nécessaires. Mais un dégustateur n'écrit-il pas : « C'est un vin de méditation ! »
☛ Mommessin, Le Pont des Samsons, 69430 Quincié, tél. 04.74.69.09.30, fax 04.74.69.09.28 ⌇ r.-v.

DOM. MICHEL MOREY-COFFINET 1996*
■   1,5 ha   4 000   ◖◗ 30 à 50 F

L'Apollon du Belvédère, celui-ci. Grenat pourpre, encore boisé, il se présente sous des traits pleins, ronds, puissants, mais d'une élégance raffinée. L'avenir lui appartient.
☛ Dom. Michel Morey-Coffinet, 6, pl. du Grand-Four, 21190 Chassagne-Montrachet, tél. 03.80.21.31.71, fax 03.80.21.90.81 ✓ ⌇ r.-v.

CHRISTIAN MORIN Chitry 1996
☐   3,8 ha   20 000   ⌇ ♦ 30 à 50 F

Connaissez-vous le jambon à la sauce Chitry ? Ecrivez à ce viticulteur, il vous adressera sûrement la recette pour accompagner ses bouteilles. Un chardonnay brillant, d'une teinte assez nette et d'un parfum discret, à la bouche réussie avec du volume et de la vinosité.
☛ Christian Morin, 17, rue du Ruisseau, 89530 Chitry-le-Fort, tél. 03.86.41.44.10, fax 03.86.41.48.21 ✓ ⌇ r.-v.

OLIVIER MORIN Chitry 1996*
☐   4,35 ha   22 000   ⌇ ♦ 30 à 50 F

Nous avons goûté le **rouge 96** et le blanc. Ce dernier a notre préférence. Il est vrai que Michel Morin fut le premier à planter du chardonnay à Chitry, et il y a quelque trente ans. Un vin légèrement floral, d'une jeunesse vive et pétulante et

405

LA BOURGOGNE

Bourgogne

qui, d'une manière élégante, rend bien compte de son cépage.
- Olivier Morin, 89530 Chitry, tél. 03.86.41.47.20, fax 03.86.41.47.20 ☑ ⏳ r.-v.

VEUVE HENRI MORONI 1996

| | 88,9 ha | 2 000 | ⏳ | 30 à 50 F |

Il était une fois... un chardonnay 96, or brillant, qui demandait à vieillir un peu. Un discret acacia faisait escorte à des notes grillées, vanillées. Il procurait aussitôt une impression de vin sec et énergique, légèrement herbacé, assez acidulé ; persistance très honorable. Une terrine de fruits de mer lui conviendrait.
- Veuve Henri Moroni, 1, rue de l'Abreuvoir, 21190 Puligny-Montrachet, tél. 03.80.21.30.48, fax 03.80.21.33.08 ☑ ⏳ r.-v.

DOM. THIERRY MORTET 1996**

| | 0,7 ha | 5 000 | ⏳ | 30 à 50 F |

Qu'est-ce qu'un très bon bourgogne ? N'allez pas chercher plus loin. L'opacité de la robe, les larmes sur le bord du verre ouvrent sur des arômes expressifs, de pruneau notamment. La bouche ? Elle englobe la Terre et le Ciel. D'un volume ! D'une longueur ! Et de la fraîcheur encore... Pas très loin du coup de cœur.
- Dom. Thierry Mortet, 14, pl. des Marronniers, 21220 Gevrey-Chambertin, tél. 03.80.51.85.07, fax 03.80.34.16.80 ☑ ⏳ r.-v.

DOM. JEAN ET GENO MUSSO 1996

| | 4,13 ha | 34 000 | ⏳ | 30 à 50 F |

Le Couchois se situe entre la Côte chalonnaise et les Hautes-Côtes de Beaune. Il réclame sa reconnaissance en Bourgogne Hautes-Côtes. Cette bouteille témoigne des progrès réels accomplis par ce petit vignoble courageux. Sa robe grenat, son nez bien ouvert et puissant, sa vivacité encore un peu juvénile, tout incite à le laisser dormir une année de plus. Les Musso pratiquent les méthodes culturales de l'agrobiologie.
- Jean et Geno Musso, 71490 Dracy-lès-Couches, tél. 03.85.58.97.62, fax 03.85.58.97.62 ☑ ⏳ r.-v.

LUCIEN MUZARD 1996**

| | 1 ha | n.c. | ⏳ | 30 à 50 F |

Lucien Muzard et ses deux fils Claude et Hervé exploitent 20 ha. Ils présentent un bourgogne qu'on aimerait avoir dans sa cave. La robe est splendide, riche et le bouquet aussi qui affiche des notes de cassis, de coing, et un élégant boisé. L'attaque est ronde et réglissée, la suite se déroule avec ampleur, puissance, distinction. Un joli vin.
- Lucien Muzard et Fils, 11 bis, rue de la Cour-Verreuil, B.P. 25, 21590 Santenay, tél. 03.80.20.61.85, fax 03.80.20.66.02 ☑ ⏳ r.-v.

DOM. DES NANTELLES
Côtes d'Auxerre 1996**

| | 6,25 ha | 12 000 | ⏳ | 30 à 50 F |

Exploitation fruitière cultivant pommiers, poiriers et, bien sûr, cerisiers de l'Auxerrois, devenue depuis 1966 vitivinicole. Elle nous offre un chardonnay de « derrière les fagots », jaune doré, discrètement fleuri et qui séduit. Timide, il évolue vite et se montre miellé, typé, plein de promesses. Un bonheur.
- SCEA des Nantelles, 10, rue des Vergers, 89290 Vaux, tél. 03.86.53.80.80, fax 03.86.53.83.46 ☑ ⏳ r.-v.

PATRIARCHE Cuvée Vigne blanche 1996*

| | n.c. | 1 800 | ⏳ | 30 à 50 F |

Fondée en 1780, la maison Patriarche a été développée par A. Boisseaux, forte personnalité bourguignonne. Cette cuvée de vigne blanche se présente dans une belle robe tirant sur le doré, d'un brillant accompli. Son nez, discret en ouverture, évolue sur le fruit sec, le sous-bois. La pointe minérale est intéressante dans une architecture gothique à pointes vives, longue et élancée.
- Patriarche Père et Fils, rue du Collège, 21200 Beaune, tél. 03.80.24.53.79, fax 03.80.24.53.11 ☑ ⏳ r.-v.

PERINET ET RENOUD-GRAPPIN
1996***

| | 1 ha | 8 000 | ⏳ | 30 à 50 F |

Cousin germain du vin que signe Georges Blanc à Azé (Clunisois), un 96 or blanc et bouqueté (miel et fleurs blanches). Aubépine et acacia célèbrent en bouche la fête des fleurs. Suave, presque moelleux, il est jugé parfait dans ce style qui fera merveille avec des mets opulents. Au point que le coup de cœur orne sa boutonnière.
- MM. Renoud-Grappin et Périnet, Dom. de La Garenne, 71260 Azé, tél. 04.74.55.06.08, fax 04.74.55.10.08 ☑ ⏳ r.-v.

DOM. GERARD PERSENOT
Côtes d'Auxerre 1996

| | 4,5 ha | 15 000 | ⏳ | -30 F |

Rouge cerise sans appui, bien ouvert et vif, il équilibre ses tanins et son fruit avec beaucoup de tact. Du caractère dans l'esprit de l'appellation. Un vin bien fait.
- Gérard Persenot, 20, rue de Gouaix, 89530 Saint-Bris-le-Vineux, tél. 03.86.53.61.46, fax 03.86.53.61.52 ☑ ⏳ r.-v.

CH. DE PREMEAUX 1996

| | n.c. | 10 000 | ⏳ | 30 à 50 F |

Dans sa robe quasiment noire, un beau vin de garde, café, grillé, le fût n'est pas encore tout à fait fondu, mais le fruit rouge ressemble au soleil qui va percer les nuages. D'une tanicité marquée, il reste dans une certaine rusticité de bon aloi.

Bourgogne

🍇 Dom. du Ch. de Premeaux, 21700 Premeaux-Prissey, tél. 03.80.62.30.64, fax 03.80.62.39.28 ✓ 🍷 t.l.j. 9h-12h 13h30-20h
🍇 Pelletier

GROUPEMENT DE PRODUCTEURS DE PRISSE Elevé en fût de chêne 1995

| | 5 ha | 30 000 | 🍷 | 30 à 50 F |

Cerise intense, un peu évolué et tirant sur l'orangé, un 95 qui fait son âge sur tous les registres. Le nez est cependant framboisé et d'une certaine élégance. Finesse en bouche, tandis que l'acidité n'a pas dit son dernier mot. Bien, mais à consommer maintenant.
🍇 Groupement des Producteurs de Prissé, 71960 Prissé, tél. 03.85.37.82.53, fax 03.85.37.61.76 ✓ 🍷 t.l.j. 9h-12h30 13h30-18h30

DOM. DU CHATEAU DE PULIGNY-MONTRACHET Clos du Château 1996*

| | 2,53 ha | 20 000 | 🍷 | 70 à 100 F |

« Vérité contre tout », telle est la devise du domaine repris par le Crédit foncier de France. La couleur est en effet véritable, nette et goûteuse : elle incite à la suite. Léger boisé qui persiste et donne à ce vin son caractère dans un contexte d'acidité qui doit se fondre dans un an ou deux. Il séduira alors pleinement.
🍇 SCEA Dom. du Ch. de Puligny-Montrachet, 21190 Puligny-Montrachet, tél. 03.80.21.39.14, fax 03.80.21.39.07 ✓ 🍷 r.-v.

DOM. RIGOUTAT Coulanges-la-Vineuse 1996

| | 1,5 ha | 4 500 | 🍷 | 30 à 50 F |

A dominante pourpre, il s'exprime en premier lieu par le fruit rouge et l'alcool. En second lieu au palais, un abord très sympathique et une petite note vive pour réveiller l'intérêt. Cela laisse envisager une bonne tenue dans le temps.
🍇 Dom. Pascale et Alain Rigoutat, 2, rue du Midi, 89290 Jussy, tél. 03.86.53.33.79, fax 03.86.53.66.89 ✓ 🍷 r.-v.

DOM. MICHELE ET PATRICE RION Les Bons Bâtons 1996**

| | 0,62 ha | 4 000 | 🍷 | 30 à 50 F |

D'une structure magnifique, un bourgogne qui fait honneur à l'appellation régionale. Sa robe se situe entre le rouge et le violet, tandis que le cassis, la framboise animent un bouquet encore timide. Tout en rondeur et en douceur.
🍇 SCE Michèle et Patrice Rion, 1, rue de la Maladière, Prémeaux, 21700 Nuits-Saint-Georges, tél. 03.80.62.32.63, fax 03.80.61.36.36 ✓ 🍷 t.l.j. sf dim. 9h-12h 14h-19h; f. déc. et jan.

REGIS ROSSIGNOL-CHANGARNIER 1996*

| | n.c. | 5 500 | 🍷 | 30 à 50 F |

Mieux vaut l'attendre un à deux ans, en raison de son potentiel. Cerise noire, complexe dès les coups de nez (mûre, épices, sous-bois), il s'affirme comme la nature l'a mis au monde : pas très long, bien structuré, solide et de garde. Son excellente rusticité actuelle pourrait lui valoir, compte tenu de ses états de service, le ruban rouge.
🍇 Régis Rossignol, rue d'Amour, 21190 Volnay, tél. 03.80.21.61.59, fax 03.80.21.61.59 ✓ 🍷 r.-v.

ROSSIGNOL-FEVRIER PERE ET FILS 1996*

| | n.c. | 7 000 | 🍷 | 30 à 50 F |

Pas mal, dit-on alentour. Se goûte bien. Une attaque fruitée, un gras suffisant pour supporter les tanins, une bonne et constante expression. Le nez résulte du vrai pinot noir (cassis, mûre) sur fond de sous-bois. La couleur ? Exquise et mûrissante.
🍇 GAEC Rossignol-Février, rue du Mont, 21190 Volnay, tél. 03.80.21.62.69, fax 03.80.21.67.74 ✓ 🍷 t.l.j. 8h-12h 14h-20h; dim. sur r.-v.; f. vendanges

DOM. DE RUERE 1996

| | 1,17 ha | 1 200 | | -30 F |

Pas mal de verdeur, un peu dur, une certaine rusticité... Cela revient sur les fiches de la dégustation. Mais aussi : d'un rouge vif cerise assez clair, le nez de framboise fraîche, la bouche joliment cassissée. Très bourgogne du sud.
🍇 Maurice Eloy, Ruère, 71960 Pierreclos, tél. 03.85.35.70.19 ✓ 🍷 r.-v.

CAVE DE SAINTE-MARIE LA BLANCHE 1996

| | 0,5 ha | 4 000 | 🍷 | -30 F |

Couleur sans défaut, senteurs végétales de bonne expression, de fruits secs, évoluant un peu. Entre en bouche furtivement puis s'y installe avec une volonté certaine. Un 96 dense et impétueux, réclamant sa douzaine d'huîtres.
🍇 Cave de Sainte-Marie-la-Blanche, rte de Verdun, 21200 Sainte-Marie-la-Blanche, tél. 03.80.26.60.60, fax 03.80.26.54.47 ✓ 🍷 t.l.j. 8h-12h 14h-18h

DOM. SAINT-PRIX Côtes d'Auxerre 1996*

| | 4 ha | 20 000 | 🍷 | 30 à 50 F |

« Les gens d'Auxerre ont une goutte de vin dans la cervelle, une fantaisie », disait Marie Noël qui les connaissait bien. Ce vin pourrait apporter cette note originale. Très coloré, voire trop, il possède un nez déjà évolué et très entreprenant. La bouche est à la hauteur, un peu austère encore mais élégante. L'ensemble ? Bien réussi.
🍇 Dom. Bersan et Fils, 20, rue de l'Eglise, 89530 Saint-Bris-le-Vineux, tél. 03.86.53.33.73, fax 03.86.53.38.45 ✓ 🍷 r.-v.

DOM. SAINT PRIX 1996*

| | 5 ha | 25 000 | 🍷 | 30 à 50 F |

Le rouge est mis, ouvrant la voie à un bouquet « bien agréable » comme l'écrit un dégustateur sur sa fiche. Fruité, c'est un vin un peu vif à l'attaque, souple et frais ensuite et dont l'acidité est gage d'heureuse vieillesse. A boire ou à attendre un an ou deux.
🍇 Dom. Bersan et Fils, 20, rue de l'Eglise, 89530 Saint-Bris-le-Vineux, tél. 03.86.53.33.73, fax 03.86.53.38.45 ✓ 🍷 r.-v.

Bourgogne

DOM. SAINT-PRIX 1996★★★

2 ha　　12 000　　30 à 50 F

Jaune d'un tendre ! Floral et noyau, ponctué par une légère touche de giroflée, un vin d'une mâche superbe pour un chardonnay et qui va s'épanouir. Puissance, richesse et persistance, il a toutes les cartes en main et pourtant il se réserve encore. Imaginez-le sur une tourte aux girolles, et oubliez tout le reste...
Dom. Bersan et Fils, 20, rue de l'Eglise, 89530 Saint-Bris-le-Vineux, tél. 03.86.53.33.73, fax 03.86.53.38.45 r.-v.

SIMONNET-FEBVRE
Côtes d'Auxerre 1996★★

n.c.　　3 600　　30 à 50 F

Créée en 1840, cette maison est familiale et de grande notoriété. Son bourgogne côtes d'Auxerre est très simplement splendide, bien dans l'appellation. Ce 96 limpide et étincelant est partagé dans ses arômes, citron vert et foin coupé. La bouche s'en donne à cœur joie, souple, vivante, expressive et charmante. Vol-au-vent à l'ancienne façon Marc Meneau pour un menu de Pâques 99.
Simonnet-Febvre, 9, av. d'Oberwesel, B.P. 12, 89800 Chablis, tél. 03.86.98.99.00, fax 03.86.98.99.01 t.l.j. 8h-12h 14h-19h; sam. dim. sur r.-v.

DOM. ROBERT SIRUGUE ET SES ENFANTS 1996★

1,9 ha　　10 000　　30 à 50 F

Ce domaine dispose de vignes de cinquante ans. Elles ont donné un 96 paré d'une robe d'intensité moyenne à beaux reflets violets, nuance cerise noire. Son nez mêle les notes de fleurs et de sous-bois. Equilibre satisfaisant entre l'acidité et les tanins, vivacité charpentée, tout cela est bel et bon, réussi, à boire ou à attendre sur une viande blanche.
Robert Sirugue, 3, av. du Monument, 21700 Vosne-Romanée, tél. 03.80.61.00.64, fax 03.80.61.27.57 r.-v.

JEAN-PIERRE SORIN
Côtes d'Auxerre 1996★

2,1 ha　　15 000　　30 à 50 F

Pour un bœuf bourguignon, sans aller chercher plus loin. Il sera très bon avec ces Côtes d'Auxerre épicées mais pas poivrées, aux tanins très fermes et à l'ardeur soutenue. Ce beau vin a de la distinction, du gras, de la rondeur, des fruits cuits.

Jean-Pierre Sorin, 6, rue de Grisy, 89530 Saint-Bris-le-Vineux, tél. 03.86.53.32.44 t.l.j. 8h-20h30; dim 8h-13h

ALBERT SOUNIT
Elevé en fût de chêne 1996★

n.c.　　n.c.　　30 à 50 F

Plaisant tel quel, à ne pas trop conserver. On apprécie sa robe vive et limpide, rubis à reflets rosés ; son bouquet mi-griotte mi-épices ; sa souplesse relevée par une pointe de vivacité ; sa légère chaleur mais qui ne choque pas. « On n'est pas déçu. »
SARL Albert Sounit, 5, pl. du Champ-de-Foire, 71150 Rully, tél. 03.85.87.20.71, fax 03.85.87.09.71 r.-v.

DE SOUSA-BOULEY 1995★

0,48 ha　　3 800　　30 à 50 F

Provenant de Meursault, un vin jaune d'or, noisette et pétale de rose, d'une acidité moyenne mais d'un gras voluptueux, d'une harmonie superbe, il a trouvé la solution au problème posé par un 95 (notez cela).
Albert de Sousa-Bouley, 7, RN 74, 21190 Meursault, tél. 03.80.21.22.79 r.-v.

HUBERT ET JEAN-PAUL TABIT
Côtes d'Auxerre Cuvée romaine 1996★★

1 ha　　4 000　　30 à 50 F

Cuvée romaine, en mémoire de Jules César qui aurait importé ici le cépage portant son nom. Pauvre Vercingétorix ! Cela dit, c'est le vin destiné au sanglier d'Obélix. Il est formidable, flamboyant, subtil pour son âge et un peu poivré, magnifique et roboratif, d'une typicité absolue. Du corps et du coffre, il est bien balancé et sera de bonne garde.
Jean-Paul et Hubert Tabit, 2, rue Dorée, 89530 Saint-Bris-le-Vineux, tél. 03.86.53.33.83, fax 03.86.53.67.97 t.l.j. 8h-20h; dim. sur r.-v.

JACQUES TREMBLAY 1996★★

1,2 ha　　9 230　　30 à 50 F

Loyal et racé, que dire de mieux ? Franc et délicat. Superbe avec sa finale emplie de miel. Mousse, humus, et sous-bois. Jaune clair, il est fabuleux en bouche et très fidèle au terroir du Tonnerrois dont il est issu. Un poisson de mer sera seul à la hauteur de la situation.

Bourgogne grand ordinaire

🍷 Dom. Jacques Tremblay, Les Mulots, rte d'Avallon, 89700 Tonnerre, tél. 03.86.75.92.83, fax 03.86.75.96.05 ✓ 🍴 t.l.j. sf dim. 8h-12h 14h-19h

VAUCHER PERE ET FILS
Vieilli en fût de chêne 1996★

| | n.c. | n.c. | | 30 à 50 F |

A boire ou à attendre : il reste maître des deux situations, évitant tout excès dans un sens ou dans l'autre. Coloration faible, le fruit légèrement mûr équilibrant le fût, il se présente au palais les reins solides, pain chaud et gras, sans agressivité et laissant en finale une impression de richesse.

🍷 Vaucher Père et Fils, rue Lavoisier, 21700 Nuits-Saint-Georges, tél. 03.80.62.64.00, fax 03.80.62.64.10 🍴 r.-v.
🍷 Cottin

DOM. VERRET Côtes d'Auxerre 1997★

| ■ | 2,55 ha | 15 000 | | 30 à 50 F |

Le rouge et le **blanc** du domaine, dans le millésime 95, ont passé la barre. Avec un petit avantage pour le rouge. Cerise (marmotte, sans doute, si vous connaissez la variété du cru), raisin frais, un vin d'une jeunesse admirable, encore vif et tannique mais déjà si délicat. Bel ouvrage de vinification. On en reparlera demain !

🍷 Dom. Verret, 7, rte de Champs, B.P. 4, 89530 Saint-Bris-le-Vineux, tél. 03.86.53.31.81, fax 03.86.53.89.61 ✓ 🍴 t.l.j. sf dim. 8h-12h 14h-18h
🍷 GAEC du Parc

DOM. JACQUES VIGNOT
Côte Saint-Jacques 1996★

| ■ | 4,5 ha | 22 000 | | 30 à 50 F |

Une Côte Saint-Jacques pince toujours le cœur car ce vieux vignoble de Joigny (qui a donné son nom à un célèbre restaurant) revient de loin. D'un beau rubis, fruité et poivré, il repose sur de forts tanins tout en développant une bouche aromatique, persuasive, longue et fine. On pourra le réserver pour plus tard, en raison de ses vertus de garde.

🍷 Alain Vignot, 16, rue des Prés, 89300 Paroy-sur-Tholon, tél. 03.86.91.03.06, fax 03.86.91.09.37 ✓ 🍴 r.-v.

Bourgogne grand ordinaire

En réalité, les appellations bourgogne ordinaire et bourgogne grand ordinaire sont très peu usitées. Lorsqu'on les utilise, on néglige le plus souvent celle de bourgogne grand ordinaire. Ce nom n'évoque-t-il pas une certaine banalité ? Certains terroirs un peu en marge du grand vignoble peuvent toutefois y produire d'excellents vins à des prix très abordables. Pratiquement tous les cépages de la Bourgogne peuvent contribuer à la production de ce vin, qui peut se trouver en blanc, en rouge et en rosé ou clairet.

En blanc, les cépages seront le chardonnay et le melon, dont il n'existe plus que quelques vestiges de vignes : ce dernier a conquis ses lettres de noblesse beaucoup plus à l'ouest de la France, pour produire le muscadet réputé dans la région nantaise ; quant à l'aligoté, il est presque toujours déclaré sous l'appellation bourgogne aligoté ; le sacy (uniquement dans le département de l'Yonne) était essentiellement cultivé dans tout le Chablisien et dans la vallée de l'Yonne, pour produire des vins destinés à la prise de mousse et exportés ; depuis l'avènement du crémant de Bourgogne, il est utilisé pour cette appellation.

En rouge et rosé, les cépages bourguignons traditionnels, gamay noir et pinot noir, sont les principaux. Dans l'Yonne encore, on peut utiliser le césar, qui est réservé au bourgogne, surtout à Irancy, et le tressot, qui ne figure que dans les textes mais plus jamais sur le terrain... C'est dans l'Yonne, et plus particulièrement à Coulanges-la-Vineuse, que l'on rencontre les meilleurs vins de gamay, sous cette appellation. La production de cette AOC est en régression, seulement 9 394 hl en 1997.

DOM. BOUZERAND-DUJARDIN
1996★

| ■ | 0,28 ha | 2 400 | | 30 à 50 F |

Grand ordinaire signifiait, quand on a créé cette appellation, la bouteille du dimanche. Deux tiers de gamay, un tiers de pinot, celle-ci s'empourpre et se montre fruitée, puis tannique et dans le ton, assez racée et faisant honneur à cette bouteille du dimanche, variante de la poule au pot d'Henri IV. Si tous les Français avaient ce bonheur...

🍷 Dom. Bouzerand-Dujardin, pl. du Monument, 21190 Monthélie, tél. 03.80.21.20.02, fax 03.80.21.28.16 ✓ 🍴 t.l.j. sf dim. 8h-12h 14h-19h; f. 1er-15 août

DOM. DE CHAUDE ECUELLE
Chardonnay 1996★★

| | 1,26 ha | 10 000 | | 30 à 50 F |

Un vin assez primaire et qui célèbre, non pas le melon de Bourgogne comme on pourrait le penser dans l'Yonne, mais le chardonnay. Sous des aspects limpides, beaucoup d'exubérance olfactive puis une bouche ne s'écartant pas de la

409 **LA BOURGOGNE**

ligne droite. Bien réussi ? Assurément. Pour une tranche de jambon persillé.
☛ Dom. de Chaude Ecuelle, 35, Grande-Rue, 89800 Chemilly-sur-Serein, tél. 03.86.42.40.44, fax 03.86.42.85.13 ✓ ⊤ r.-v.
☛ Gabriel et Gérald Vilain

MAURICE CHENU 1997

■　　　　　n.c.　　n.c.　　■ ♦ -30F

Reprise par la maison alsacienne Trech, cette maison bourguignonne présente ici un vin qui n'arrive pas les mains vides. D'un rubis sombre et limpide, c'est un joli petit fruit en bouche, avec de la chair et un bon suivi, derrière un nez qui commence à faire ses premiers pas. Bon pour le service !
☛ Bourgognes Chenu-Tresch SA, chem. de la Pierre-qui-Vire, 21200 Montagny-lès-Beaune, tél. 03.80.26.37.37, fax 03.80.24.14.81

DOM. HENRI CLERC ET FILS
Les Vaillonges Chardonnay 1996

□　　　0,99 ha　　9 320　　■ ♦ 30 à 50F

Le bourgogne grand ordinaire fait un peu figure de loup blanc. Il devient rare en Bourgogne. Ce vin assez bien habillé, révélant quelques arômes d'agrumes, bénéficie de sa franchise. Il est guilleret et conforme à son nom.
☛ Bernard Clerc, pl. des Marronniers, 21190 Puligny-Montrachet, tél. 03.80.21.32.74, fax 03.80.21.39.60 ✓ ⊤ r.-v.

LA BUXYNOISE 1997★

■　　　15 ha　　n.c.　　■ ♦ 30 à 50F

Si cette appellation n'a sans doute plus de longs lendemains à vivre, elle peut - ouvragée avec soin et ici avec du gamay - donner de bonnes choses. Grenat très appuyé, un 97 encore enfant mais dont « le nez a déjà fait ses dents ». Assez puissant en tanins, bien charpenté et jouant avec les fruits rouges.
☛ Cave des Vignerons de Buxy, Les Vignes de la Croix, 71390 Buxy, tél. 03.85.92.03.03, fax 03.85.92.08.06 ✓ ⊤ r.-v.

LA VEZELIENNE
Melon de Bourgogne 1996★

□　　2,5 ha　　12 000　　■ ♦ 30 à 50F

Le fameux muscadet du Pays nantais, appelé ici melon de Bourgogne, et qu'on ne trouve pratiquement plus qu'à Vézelay. Intéressante curiosité. Si les arômes sont peu loquaces, la bouche ne manque pas de complexité. un vin à boire dans l'année et surtout destiné à piquer l'intérêt de vos hôtes s'ils croient tout connaître...
☛ SCA La Vézélienne, rte de Nanchèvre, 89450 Saint-Père, tél. 03.86.33.29.62, fax 03.86.33.35.03 ✓ ⊤ t.l.j. 8h-12h 14h-18h

Bourgogne aligoté

C'est le « muscadet de la Bourgogne », dit-on. Excellent vin de carafe que l'on boit jeune, il exprime bien les arômes du cépage ; il est un peu vif et, surtout, régionalement, il permet d'attendre les vins de chardonnay. Remplacé par ce dernier dans la Côte, il est un peu « descendu » dans l'aire de production lui étant réservée, alors qu'autrefois il était cultivé en coteaux. Mais le terroir influe sur lui autant que sur les autres cépages et il y a autant de types d'aligotés que de régions où on les élabore. Les aligotés de Pernand étaient connus pour leur souplesse et leur nez fruité (avant de céder la place au chardonnay) ; les aligotés des Hautes-Côtes sont recherchés pour leur fraîcheur et leur vivacité ; ceux de Saint-Bris dans l'Yonne semblent emprunter au sauvignon quelques traces de fleur de sureau, sur des saveurs légères et coulantes ; ceux de Bouzeron, enfin, qui ont acquis récemment une certaine notoriété grâce à leur appellation distincte, « chardonnent » discrètement et signent ainsi leur appartenance à la Côte chalonnaise. En 1997, 92 555 hl ont été produits en bourgogne aligoté et 3 564 hl en bouzeron.

DOM. ALEXANDRE-COMPAIN 1996

□　　3,5 ha　　2 000　　■ ♦ -30F

Plus doré que jaune, il cache un peu son bouquet puis le confesse sur des accents de pomme mûre, de fleurs blanches, de noisette. Très sec, il manque sans doute un peu de joues, de gras ou de rondeur, mais c'est un aligoté et non un chardonnay, et on ne saurait lui reprocher d'être ce qu'il doit être.
☛ Dom. Alexandre-Compain Père et Fils, Le Bourg, 71150 Remigny, tél. 03.85.87.22.61, fax 03.85.87.22.61 ✓ ⊤ r.-v.

JEAN BESSE 1996★

□　　　n.c.　　n.c.　　■ ♦ 30 à 50F

A l'apéritif, pour vous mettre en bouche et en appétit. Petite robe tendre, arômes d'amande et de sureau, il est plein de vin, typé et citronné, d'une concentration moyenne mais d'un caractère affirmé.
☛ Jean Besse, 71460 Culles-les-Roches, tél. 03.85.44.07.47

GUY BOCARD Vieille vigne 1996★

□　　0,67 ha　　5 700　　■ ⏱ ♦ 30 à 50F

Nul besoin de tourner autour du pot, c'est une bonne bouteille d'aligoté. Elle n'a pas d'ambitions démesurées, mais seulement le désir de coller le plus près possible à l'appellation, à son caractère. Une couleur « chablisienne », un ensemble aromatique de pomme verte, de citron, puis un beau concentré dense et charnu, toujours dans le style voulu : tendre, mais pas trop...
☛ Guy Bocard, 4, rue de Mazeray, 21190 Meursault, tél. 03.80.21.26.06 ✓ ⊤ r.-v.

Bourgogne aligoté

JEAN-CLAUDE BOUHEY ET FILS
1996*

| | 13 ha | 15 000 | |

Entre en bouche en catimini, tout en rondeur, puis se révèle par un bon gras et de la longueur. Ne pas en faire un kir, mais le boire pur sur un saumon frais. Couleur cristalline, or blanc, et bouquet floral suffisant.
☛ GAEC Jean-Claude Bouhey et Fils, rte de Magny, 21700 Villers-la-Faye, tél. 03.80.62.92.62, fax 03.80.62.74.07 ☑ ☎ r.-v.

YVES BOYER-MARTENOT 1996

| | n.c. | n.c. | |

On retrouve toujours avec plaisir nos anciens coups de cœur. Le millésime 89 a été couronné en 1992. Le teint très pâle, un 96 encore fermé, mais dont les promesses peuvent ouvrir les portes de l'avenir. Un pari moins risqué que celui de Pascal... Bref, attendre et espérer.
☛ Yves Boyer-Martenot, 17, pl. de l'Europe, 21190 Meursault, tél. 03.80.21.26.25, fax 03.80.21.65.62 ☑ ☎ r.-v.

JEAN-MARC BROCARD
Domaine Sainte-Claire 1997*

| | 5 ha | 15 000 | |

Arômes bien répartis entre la fleur et le citron, harmonieux partage entre l'acidité et le gras, un aligoté qui gagne sa partie.
☛ Jean-Marc Brocard, 89800 Préhy, tél. 03.86.41.49.00, fax 03.86.41.49.09 ☑ ☎ t.l.j. 8h-12h 14h-18h

DENIS CARRE Le Topau du Clou 1996*

| | n.c. | n.c. | |

S'il est dans la (bonne) moyenne, ce 96, issu des Hautes-Côtes de Beaune, suscite au sein du jury beaucoup de commentaires. Qu'est-ce qui est doré ? La robe ou ses reflets ? La pomme, le citron, la noisette, l'amande, le musc, même, peuplent son bouquet. La suite passe assez vite, mais de façon friande.
☛ Denis Carré, rue du Puits-Bouret, 21190 Meloisey, tél. 03.80.26.02.21, fax 03.80.26.04.64 ☑ ☎ r.-v.

RENE CHARACHE-BERGERET 1996*

| | 4 ha | 10 000 | |

S'achevant sur le minéral, le silex, un vin qui tient la distance du début à la fin. Bel or doré, tout d'abord, puis un nez ferme de fruits frais, plus mûrs ensuite. Il a de la saveur et de la longueur, de la tenue. Pas très nerveux peut-être, mais bien vivant et appelant le brochet.
☛ René Charache-Bergeret, 21200 Bouze-lès-Beaune, tél. 03.80.26.00.86, fax 03.80.26.00.86 ☑ ☎ r.-v.

MAURICE CHENU 1997

| | n.c. | 90 000 | |

Un 97 dégusté très jeune, dont les arômes se lèvent seulement (une touche de citron, une autre d'ananas) et qui compense sa fraîcheur vive par une sorte de rondeur familière. Quand vous lirez ces lignes, il sera à point. Pardon, on l'oubliait : la robe est très jolie.

☛ Bourgognes Chenu-Tresch SA, chem. de la Pierre-qui-Vire, 21200 Montagny-lès-Beaune, tél. 03.80.26.37.37, fax 03.80.24.14.81

DOM. DARNAT 1996**

| | 0,2 ha | 1 500 | |

Un vin parmi les meilleurs. Ses arômes ont de la persuasion, où le végétal et le minéral. Quant à la bouche, elle est heureuse : il y a beaucoup à trouver dans ce vin plein et gorgé de saveurs, d'un sacré caractère. N'est pas du bois dont on fait le kir : a droit à sa place à table avec les fruits de mer.
☛ Dom. Darnat, 20, rue des Forges, 21190 Meursault, tél. 03.80.21.23.30, fax 03.80.21.64.62 ☑ ☎ r.-v.

JOCELYNE ET PHILIPPE DEFRANCE 1996

| | 6,5 ha | 15 000 | |

Philippe vient de reprendre l'exploitation de ses parents. Son aligoté est simple, bon enfant. Le nez est très net sous une robe pâle et limpide. Son caractère citronné s'accorde à une bouche équilibrée. Dans la bonne moyenne.
☛ Philippe Defrance, 5, rue du Four, 89530 Saint-Bris-le-Vineux, tél. 03.86.53.39.04, fax 03.86.53.66.45 ☑ ☎ r.-v.

HENRI DELAGRANGE ET FILS 1996*

| | 1 ha | 3 000 | |

« Il manque le déclic pour en faire un vin génial », note un dégustateur sur sa fiche. Déclic ou pas, c'est tout de même au-dessus de la moyenne, sinon plus haut encore. Déjà doré et vert d'eau, un 96 aux accents de fougère et de pierre à feu et qui possède une grande qualité : savoir rester jeune.
☛ Dom. Henri Delagrange et Fils, rue de la Cure, 21190 Volnay, tél. 03.80.21.61.88, fax 03.80.21.67.09 ☑ ☎ r.-v.

DOM. DENIZOT 1996*

| | 4,8 ha | 3 600 | |

Bissey-sous-Cruchaud est réputé, en Côte chalonnaise, pour l'excellence de son aligoté. Caressant, soyeux, mais nerveux sur la fin, ce vin présente en effet un caractère particulier. Dû au terroir ? Peut-être. Très peu de couleur et du fruit frais en ouverture. Élégance, distinction, cet aligoté opte pour un statut social plus élevé que le sien...
☛ Dom. Christian et Bruno Denizot, 71390 Bissey-sous-Cruchaud, tél. 03.85.92.13.34, fax 03.85.92.12.87 ☑ ☎ t.l.j. 8h-19h; dim. 8h-12h

MAISON DESVIGNES 1996

| | n.c. | 2 000 | |

Tout est bien qui finit bien : sous une robe assez aguichante, un nez tendre et frais, puis un corps équilibré, comportant ce qu'il faut d'acidité. Peu d'exubérance, mais une bonne et honnête typicité. Cette maison de négoce restée familiale se situe tout à fait au sud de la Bourgogne et déjà en pays beaujolais.

LA BOURGOGNE

Bourgogne aligoté

⛟ Maison Desvignes, rue Guillemet-Desvignes, Pontanevaux, 71570 La Chapelle-de-Guinchay, tél. 03.85.36.72.32, fax 03.85.36.74.02 ⓥ Ⓨ t.l.j. sf sam. dim. 8h-12h 13h30-17h; f. août

DOM. JEAN FERY ET FILS
Vignes des Champs 1995★

| | 0,61 ha | 4 000 | 🍾 | 30 à 50 F |

De belle prestance, un vin or pâle à reflets verts. Nez miellé et évolué. Gras, moelleux, il se ressent d'une touche minérale et montre une certaine grâce en finale. Le boire dès à présent : c'est un 95 dans une appellation qui n'est pas de garde.
⛟ Dom. Féry et Fils, Echevronne, 21420 Savigny-lès-Beaune, tél. 03.80.21.59.60, fax 03.80.21.59.59 ⓥ Ⓨ r.-v.

DOM. MARCEL ET BERNARD FRIBOURG 1996★

| | 3 ha | 6 100 | 🍾 | -30 F |

Un aligoté ayant du montant et de la sève, un peu doré, sous-bois et fruits verts, typé fraîcheur et acidité. Signé par un maître des Hautes-Côtes de Nuits.
⛟ SCE Dom. Marcel et Bernard Fribourg, 21700 Villers-la-Faye, tél. 03.80.62.91.74, fax 03.80.62.71.17 ⓥ Ⓨ r.-v.

CAVE DES VIGNERONS DE GENOUILLY 1996★

| | n.c. | 10 000 | 🍾 | -30 F |

Typicité moyenne mais beau résultat en bouche sous une robe de bal à Genouilly, un bouquet de fleurs blanches mâtiné de minéral. Pas trop d'acidité mais de l'élégance et du gras. A prendre comme tel.
⛟ Cave des Vignerons de Genouilly, 71460 Genouilly, tél. 03.85.49.23.72, fax 03.85.49.23.58 ⓥ Ⓨ t.l.j. sf dim. 8h-12h 14h-18h

DOM. ANNE ET ARNAUD GOISOT
Coteaux de Saint Bris 1996★★

| | 6 ha | 25 000 | 🍾 | -30 F |

De tous les noms qu'on lui a donnés (beaunié, plant de trois, etc), l'aligoté a choisi le plus vif qui lui va comme un gant. En disant le mot, on le boit déjà. Par exemple en débouchant cette bouteille très en verve, tendre et typée, témoignant d'une finesse assez rare et même d'une certaine complexité.
⛟ Dom. Anne et Arnaud Goisot, 4 bis, rte de Champs, 89530 Saint-Bris-le-Vineux, tél. 03.86.53.32.15, fax 03.86.53.64.22 ⓥ Ⓨ t.l.j. 8h-12h 13h30-19h30

GHISLAINE ET JEAN-HUGUES GOISOT 1996

| | 7,5 ha | 45 000 | 🍾 | 30 à 50 F |

Minéral, d'un jaune peu appuyé, ce 96 est à boire dès à présent. Il a de la fraîcheur, un côté très flatteur, mais le caractère du cépage ne saute pas aux yeux. Qualité réelle, typicité moyenne.
⛟ Ghislaine et Jean-Hugues Goisot, 30, rue Bienvenu-Martin, 89530 Saint-Bris-le-Vineux, tél. 03.86.53.35.15, fax 03.86.53.62.03 ⓥ Ⓨ r.-v.

JOEL ET DAVID GRIFFE 1996★

| | 5 ha | 6 000 | 🍾 | 30 à 50 F |

Quel plaisir de commencer le repas en si charmante compagnie ! Sa couleur est convenable, son bouquet agréable, peut-être un tout petit peu évolué. Arômes de coing en rétro. Complexité rime ici, parfaitement, avec intensité.
⛟ GAEC Joël et David Griffe, 15, rue du Beugnon, 89530 Chitry, tél. 03.86.41.41.06, fax 03.86.41.47.36 ⓥ Ⓨ r.-v.

LES VIGNERONS D'IGE 1997

| | 5 ha | 30 000 | 🍾 | 30 à 50 F |

Très primesautier, vif et souple, il a pas mal d'atouts pour lui, notre coup de cœur de l'an dernier. En sa faveur, les reflets verts de sa robe, le léger fruit de son bouquet mêlé à du végétal, son acidité nécessaire. De la verdeur, certes, mais un aligoté doit rester un aligoté. Notons l'élégance de l'étiquette montrant une belle église romane sur fond de vignes mâconnaises. Elle donne envie de déguster sur place !
⛟ Cave des Vignerons d'Igé, 71960 Igé, tél. 03.85.33.33.56, fax 03.85.33.41.85 ⓥ Ⓨ t.l.j. sf dim. 8h-12h 13h30-18h

MICHEL ISAIE 1996★

| | 0,45 ha | 3 500 | 🍾 | 30 à 50 F |

Aligoté de Saône-et-Loire, paille soutenu, ouvert déjà sur le fruit frais et au bouquet assez chaud. Il donne tout ce qu'il peut, avec mille caresses et plus de rondeur que de vivacité. Bon pour ceux qui redoutent l'acidité, et en compagnie d'une petite truite.
⛟ Michel Isaïe, chem. de l'Ouche, 71640 Saint-Jean-de-Vaux, tél. 03.85.45.23.32, fax 03.85.45.29.38 ⓥ Ⓨ r.-v.

FREDERIC JACOB 1996★

| | 2 ha | 5 000 | 🍾 | -30 F |

Une belle attaque vineuse, une conclusion acide typique du millésime et du cépage, sur une finale assez longue, voilà en résumé le constat prononcé. Arômes floraux et modérés, couleur discrète à reflets verts.
⛟ Frédéric Jacob, 50, Grande-Rue, 21420 Echevronne, tél. 03.80.21.55.58 ⓥ Ⓨ r.-v.

DOM. REMI JOBARD 1996★

| | 1,5 ha | 2 000 | 🍾 | -30 F |

Bien dans son cépage, bien dans son terroir (Côte de Beaune), bien dans son millésime, la mariée est très belle... Jaune clair, le bouquet un peu herbacé, mais s'ouvrant vite sur des perspectives plus larges et fruitées, un 96 né pour un plaisir désormais immédiat, agréable et typé.
⛟ Rémi Jobard, 12, rue Sudot, 21190 Meursault, tél. 03.80.21.20.23, fax 03.80.21.67.69 ⓥ Ⓨ r.-v.

DOM. VINCENT ET FRANCOIS JOUARD 1996★

| | 0,4 ha | 900 | 🍾 | 30 à 50 F |

Produire de l'aligoté à Chassagne-Montrachet, c'est comme paraître à Versailles en sabots. Mais justement le roi vous remarque et, si l'on a de l'esprit... Ce vin n'en manque pas, d'esprit. Brillant mais moyennement limpide, citron et

Bourgogne aligoté

beurre frais (l'atavisme du pays), il est parfumé, persistant, plein de fraîcheur, très plaisant, tout en confessant son lieu d'origine. Le chardonnay ici déteint toujours.
↘ Dom. Vincent et François Jouard, 2, pl. de l'Eglise, 21190 Chassagne-Montrachet, tél. 03.80.21.30.25, fax 03.80.21.96.27 ☑ 🍷 r.-v.

LA BUXYNOISE 1997*

☐ 155 ha n.c. 🍴🍷 30 à 50 F

Bon vin or léger. Pamplemousse et orange amère sur touche de menthe, le bouquet est composé. Attaque fraîche et franche, puis la rondeur et le gras s'imposent. Fin assez long en arrière-bouche : le fruit en finale a prévalu, et c'est là le **bon point**.
↘ Cave des Vignerons de Buxy, Les Vignes de la Croix, 71390 Buxy, tél. 03.85.92.03.03, fax 03.85.92.08.06 ☑ 🍷 r.-v.

DOM. DE LA GALOPIERE 1996

☐ 0,75 ha 8 000 🍴🍷 -30 F

Paille clair, ça sent la verdure, mais le nez est discret. Aligoté souple et agréable en bouche, d'une nervosité tout à la fois minérale et florale, un peu dure toutefois. Pointe de miel ? On en discute au sein du jury...
↘ Gabriel Fournier, 6, rue de l'Eglise, 21200 Bligny-lès-Beaune, tél. 03.80.21.46.50, fax 03.80.26.85.88 ☑ 🍷 r.-v.

OLIVIER LEFLAIVE 1996**

☐ n.c. 14 000 🍴🍷 30 à 50 F

L'aligoté dans toute sa perfection, dans sa typicité entière. S'il reçoit donc le coup de cœur, c'est en raison de sa présentation rayonnante et d'une netteté lumineuse, de ses arômes de fleurs et d'agrumes qui s'expriment à l'aération, de son ressort et de sa constante fraîcheur. Franc et dru, il laisse quelque chose au palais.
↘ Olivier Leflaive, pl. du Monument, 21190 Puligny-Montrachet, tél. 03.80.21.37.65, fax 03.80.21.33.94 ☑ 🍷 r.-v.

DOM. LE MEIX DE LA CROIX 1996**

☐ 0,5 ha 3 000 🍴🍷 30 à 50 F

Excellent enfant de Saône-et-Loire (Côte chalonnaise), méritant amplement les crustacés et son couvert à table. Superbe couleur vive, bon fruit et fleur blanche, il aligote en bouche comme on aime, avec cette bonne verdeur fruitée qui fait tout le charme authentique du cépage. Longueur remarquable et remarquée. Il plaît.

↘ Fabienne et Pierre Saint-Arroman, 71640 Saint-Denis-de-Vaux, tél. 03.85.44.34.33, fax 03.85.44.59.86 ☑ 🍷 r.-v.

LE MOULIN DU PONT 1997

☐ n.c. 2 000 🍴🍷 30 à 50 F

Cet aligoté est trop jeune encore (au moment de notre dégustation le 17 mars 1998) pour nous ligoter complètement à lui. Cela dit, il a dû se faire aujourd'hui, et l'opinion générale du jury portait à la confiance. D'une teinte uniforme, suggérant la noisette, il est assez gras pour cette appellation.
↘ Auvigue-Burrier-Revel, Le Moulin du Pont, 71850 Charnay-lès-Mâcon, tél. 03.85.34.17.36, fax 03.85.34.75.88 ☑ 🍷 r.-v.

CAVE DE LUGNY 1997*

☐ n.c. 50 000 🍴🍷 30 à 50 F

On croit revivre l'étape Mâcon-Lugny du Tour de France, il y a quelques années, avec cet aligoté au nez bien mûr et qui attaque ferme. Savoureux et porté sur le gras, il fait un peu plus vieux que son âge, et il est donc à boire maintenant.
↘ Cave de Lugny, rue des Charmes, B.P. 6, 71260 Lugny, tél. 03.85.33.22.85, fax 03.85.33.26.45 ☑ 🍷 r.-v.

GHISLAINE ET BERNARD MARECHAL-CAILLOT 1996*

☐ 0,42 ha 3 400 🍴🍷 30 à 50 F

Violette ou pourpre, un nez complexe sous robe normale et bien composée. Bonne attaque avec du gras, longueur honorable et accentuée par une certaine insistance. Ensemble fruité et aromatique.
↘ Bernard Maréchal, 10, rte de Chalon-sur-Saône, 21200 Bligny-lès-Beaune, tél. 03.80.21.44.55, fax 03.80.26.88.21 ☑ 🍷 t.l.j. 9h-20h; dim. 10h-12h

FRANCOIS MARTENOT
L'or de la terre 1997*

☐ n.c. n.c. 🍴🍷 30 à 50 F

Un aligoté de bonne garde, acide mais sans excès, à la robe un peu soutenue et au nez frais et net, techno (bonbon anglais) et légèrement oxydé (pomme). Caractéristique.
↘ François Martenot, rue du Dr-Barolet, Z.I. Beaune Vignolles, 21200 Beaune Cedex, tél. 03.80.24.70.07, fax 03.80.22.54.31 🍷 r.-v.

PROSPER MAUFOUX 1996***

☐ n.c. n.c. 🍷 30 à 50 F

Pour les puristes, un produit dans la grande tradition et qui empoche le coup de cœur en numéro un de la dégustation. Jaune d'or, bouqueté avec art sur des notes de fleurs, d'épices, de fruits secs, il fascine le palais. Les arômes dominent le corps et rendent ce vin très attachant. Surtout pas de cassis ici : il faut le boire à table, sur un petit brochet par exemple...

LA BOURGOGNE

Bourgogne aligoté

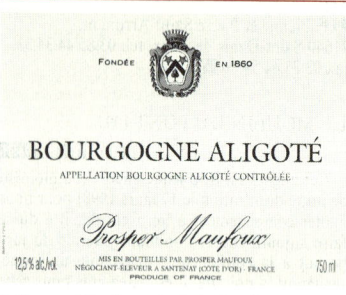

🍇 Prosper Maufoux, 1, pl. du Jet-d'Eau, 21590 Santenay, tél. 03.80.20.60.40, fax 03.80.20.63.26 ▣ 🍷 r.-v.

CH. DE MERCEY 1996★★

| | 2 ha | 24 000 | 🍾 | 30 à 50 F |

Domaine des Maranges dont Antonin Rodet assure la vinification. Et elle est réussie ! Un vin qui a bon fond et qui apparaît très sérieux. Nervosité et souplesse trouvent un terrain d'entente, fruité, minéral, et on boit vraiment de l'aligoté avec un immense plaisir. Excellent nez naturel en ouverture, or pâle et frais.

🍇 Ch. de Mercey, 71150 Cheilly-lès-Maranges, tél. 03.85.91.13.19, fax 03.85.91.16.28 ▣ 🍷 r.-v.

DOM. DES MOIROTS 1996★

| | 0,9 ha | 6 500 | 🍾 | 30 à 50 F |

Jaune pâle d'intensité moyenne, il a le nez changeant. Tout miel au premier abord, minéral par la suite. Intéressant... L'attaque est décidée, un peu mordante, vite reprise par un beau gras, de la texture et de la concentration. Presque deux étoiles.

🍇 Dom. des Moirots, 71390 Bissey-sous-Cruchaud, tél. 03.85.92.16.83, fax 03.85.92.09.42 ▣ 🍷 r.-v.

🍇 Lucien Denizot

MORIN PERE ET FILS 1996★★

| | n.c. | 60 000 | 🍾 | 30 à 50 F |

Incontestablement, il sort du lot, ce coup de cœur. Peut-être chardonne-t-il un peu, mais allez donc refuser le plaisir qu'il nous offre ! Sous des traits limpides, riches en reflets, un vrai bouquet de fleurs (l'aubépine et presque la rose) pour introduire un corps flatteur, assez rond et complet, dont l'équilibre demeure parfait de bout en bout. Morin fait partie du groupe J.-Cl. Boisset.

🍇 Morin Père et Fils, 9, quai Fleury, 21700 Nuits-Saint-Georges, tél. 03.80.62.61.42, fax 03.80.62.37.38 ▣ 🍷 t.l.j. 9h-12h 14h-18h

DOM. THIERRY MORTET 1996★

| | 0,3 ha | 2 500 | 🍾 | 30 à 50 F |

L'acidité n'est pas sa qualité première. Mais sa finesse du début à la fin, son goût de fruits verts (pomme d'autrefois, avant l'invasion de la golden), sa robe de bal, son intensité odorante ont de quoi satisfaire les plus difficiles. Très réussi.

🍇 Dom. Thierry Mortet, 14, pl. des Marronniers, 21220 Gevrey-Chambertin, tél. 03.80.51.85.07, fax 03.80.34.16.80 ▣ 🍷 r.-v.

DOM. HENRI NAUDIN-FERRAND
Vieilles vignes 1996★

| | 0,95 ha | 7 400 | 🍾 | 30 à 50 F |

Bouton d'or pâle à reflets verts, le nez profond et enveloppé (chardonnant un peu), il semble équilibré, discret mais solide.

🍇 Dom. Henri Naudin-Ferrand, rue du Meix-Grenot, 21700 Magny-lès-Villers, tél. 03.80.62.91.50, fax 03.80.62.91.77 ▣ 🍷 t.l.j. 8h-12h 13h30-19h; dim. sur r.-v.

NICOLAS PERE ET FILS 1997

| | 0,9 ha | 3 200 | 🍾 | -30 F |

Sur les hauteurs des environs de Nolay, en Hautes-Côtes de Beaune, l'aligoté est chez lui. Rien à dire ni à redire de la robe, joli premier nez d'approche florale que confirme la vérification. La bouche ? Très fruitée, pas trop agressive, le gras venant à bout de la vivacité. Un tempérament modéré, qu'il ne faut pas attendre longtemps.

🍇 GAEC Nicolas Père et Fils, Cirey-lès-Nolay, 21340 Nolay, tél. 03.80.21.82.92, fax 03.80.21.82.92 ▣ 🍷 t.l.j. 8h-12h 13h30-19h30

FRANCOIS PAQUET 1997★

| | n.c. | 15 000 | 🍾 | 30 à 50 F |

Sa simplicité de bon aloi le distingue de beaucoup d'autres. D'une tonalité jaune clair à reflets paille, il possède un nez très frais, subtil et fruité qui en dit long sur ses intentions. Le fruit se développe en bouche et s'y allonge, tandis qu'un geste nerveux nous ramène à la réalité du cépage.

🍇 François Paquet, B.P. 1, Le Trève, 69460 Le Perréon, tél. 04.74.02.10.10, fax 04.74.03.26.99 🍷 r.-v.

DOM. GERARD PERSENOT 1996★

| | 6 ha | 20 000 | 🍾 | -30 F |

Un vin à la forte charpente, très costaud, et qui s'exprime à l'aération de façon fraîche et florale. Son acidité est raisonnable, et l'ensemble est jugé réussi.

🍇 Gérard Persenot, 20, rue de Gouaix, 89530 Saint-Bris-Le-Vineux, tél. 03.86.53.81.85, fax 03.86.53.61.52 ▣ 🍷 r.-v.

DOM. POULLEAU PERE ET FILS 1996★

| | 0,29 ha | 3 000 | 🍾 | -30 F |

Vin d'apéritif, de mise en appétit. Matière et volume ne lui font pas défaut, mais il attaque

Bourgogne aligoté bouzeron

avec souplesse. Une finale assez vive lui redonne de l'élan au moment opportun. Le nez ne se cache pas (petits fruits, touche mentholée), et la couleur est satisfaisante.
☛ Dom. Poulleau Père et Fils, rue du Pied-de-la-Vallée, 21190 Volnay, tél. 03.80.21.62.61, fax 03.80.24.11.25 ⓥ ⓨ r.-v.

DOM. JACKY RENARD 1996**

| | 3,4 ha | 27 000 | | 30 à 50 F |

Un aligoté tiré à quatre épingles, impeccable dans sa tenue jaune pâle (et à reflets verts, s'il vous plaît, comme un chardonnay !) et qui rappelle la fleur, le miel... Il a très bonne bouche, et sa saveur acidulée ne l'empêche pas de rester rond et souple.
☛ Dom. Jacky Renard, La Côte-de-Chaussan, 89530 Saint-Bris-le-Vineux, tél. 03.86.53.38.58, fax 03.86.53.33.50 ⓥ ⓨ r.-v.

CAVE DE SAINTE-MARIE-LA-BLANCHE 1996

| | 1 ha | 9 000 | | –30 F |

Les vignerons de Sainte-Marie-la-Blanche, à l'est de Beaune, défendent leurs vignes et leur gagne-pain. Et ma foi, à en juger par ce vin légèrement citronné, intense en couleur, agréable et prêt à passer à table, leurs arguments sont convaincants.
☛ Cave de Sainte-Marie-la-Blanche, rte de Verdun, 21200 Sainte-Marie-la-Blanche, tél. 03.80.26.60.60, fax 03.80.26.54.47 ⓥ ⓨ t.l.j. 8h-12h 14h-18h

CLAUDE SEGUIN 1996*

| | 5,5 ha | 10 000 | | –30 F |

Il y a des aligotés délurés et des aligotés bien élevés. Celui-ci fait partie de la seconde catégorie. Vinifié avec soin, structuré, d'une belle longueur en bouche, il apparaît « très propre » et donnera satisfaction.
☛ Claude Seguin, rue Haute, 89530 Saint-Bris-le-Vineux, tél. 03.86.53.37.39, fax 03.86.53.61.12 ⓥ ⓨ r.-v.

GUY SIMON ET FILS 1996

| | 1,5 ha | 6 000 | | 30 à 50 F |

Chez Guy Simon, l'aligoté est comme une seconde nature. Et, en levant son verre, on se sent vraiment dans les Hautes-Côtes ! D'un beau doré, il a du montant et du mordant. Exactement ce qu'il faut pour se réveiller le matin au premier casse-croûte, avec fromage et saucisson.
☛ Guy Simon et Fils, 21700 Marey-lès-Fussey, tél. 03.80.62.91.85, fax 03.80.62.71.82 ⓥ ⓨ r.-v.

JEAN-PIERRE SORIN 1996*

| | 5,11 ha | 25 000 | | –30 F |

Bon exemple d'un aligoté de l'Yonne, cadrant bien son sujet. Robe jaune soutenu, bouquet floral et légèrement mentholé, il sait se montrer vif et fruité. Un peu de chaleur en fin de dégustation.
☛ Jean-Pierre Sorin, 6, rue de Grisy, 89530 Saint-Bris-le-Vineux, tél. 03.86.53.32.40 ⓥ ⓨ t.l.j. 8h-20h30; dim 8h-13h

DOM. DES VIGNES DES DEMOISELLES 1996**

| | 0,5 ha | 4 700 | | 30 à 50 F |

On sait que l'aligoté a reçu ici ses lettres de noblesse. Le 96 n'a pratiquement pas de couleur : translucide. Exotique, le nez rappelle la mangue, le pamplemousse, un peu la rose. Impeccable sur la langue, il récite sa leçon bien apprise, d'une phrase souple et sans aspérité, ponctuée d'une superbe note minérale.
☛ Gabriel Demangeot et Fils, Le Bourg, 21340 Changé, tél. 03.85.91.11.10, fax 03.85.91.16.57 ⓥ ⓨ r.-v.

Bourgogne aligoté bouzeron

J. BONNET ET A. AZOUG
Clos sous le Bois 1996*

| | 2 ha | 3 530 | | 30 à 50 F |

Un vin de mise en bouche. Il danse sur ses sabots vernis. Présentation parfaite, bouquet d'amandier fleuri, encore sur sa réserve mais plein de promesses. Bel exemple d'harmonie heureuse, sans rien perdre de sa personnalité vive et sincère.
☛ Jacques Bonnet et Alain Azoug, rue de l'Eglise, 71150 Bouzeron, tél. 03.85.87.17.72 ⓥ ⓨ t.l.j. 8h-20h

DOM. BOUCHARD PERE ET FILS
Ancien Domaine Carnot 1996*

| | 5,57 ha | n.c. | | 30 à 50 F |

Les collectionneurs conserveront précieusement cette étiquette, puisque l'AOC est désormais communale. La première à honorer l'aligoté, reconnu cépage noble. A tout seigneur tout honneur : un vin brillant, subtil, très typé et qui plaira beaucoup.
☛ Bouchard Père et Fils, Ch. de Beaune, 21200 Beaune, tél. 03.80.24.80.24, fax 03.80.24.97.56 ⓨ r.-v.

DOM. CHANZY Clos de la Fortune 1996

| | 11,8 ha | 60 000 | | 30 à 50 F |

Aligoté, Bouzeron, que de plumes à son chapeau ! Il a l'éclat coupant et le fruit qu'on attend de lui. Rappelez-vous Alphonse Daudet quand il parle du froid qui ravive les étoiles la nuit de Noël... La robe chardonne un peu, le bouquet s'exprime peu et seulement au cœur du fruit. Un vin qui met les bouchées doubles.
☛ Dom. Chanzy, 1, rue de la Fontaine, 71150 Bouzeron, tél. 03.85.87.23.69, fax 03.85.91.24.92 ⓥ ⓨ r.-v.

ANNE-SOPHIE DEBAVELAERE 1996*

| | 0,45 ha | n.c. | | 30 à 50 F |

Bouzeron est voisin de Rully et aurait sans doute pu se consacrer au chardonnay. Eh bien ! non, l'obstiné a préféré lier son destin à l'aligoté. Celui-ci chardonne parfois un peu, et cela se comprend. Ici les arômes d'acacia miellé, la

LA BOURGOGNE

richesse en bouche, l'ampleur relèvent de cette complicité pour donner, en définitive, un vin qui marque.
🍷 Anne-Sophie Debavelaere, 14, rue de Cloux, 71150 Rully, tél. 03.85.48.65.64, fax 03.85.93.13.29 ☑ ⏳ r.-v.

DOM. ANDRE LHERITIER 1996

| | 0,5 ha | 2 600 | ∎ 30 à 50 F |

Limpide et pâle, fin et floral, il est « bien dans l'ensemble ». Lisez : digne de figurer ici, et ce n'est pas si facile. Son acidité est nécessaire et correcte, sa longueur suffisante, sa rondeur un peu pointue dans l'immédiat.
🍷 André Lhéritier, 4, bd de la Liberté, 71150 Chagny, tél. 03.85.87.00.09 ☑ ⏳ t.l.j. sf dim. 9h-11h30 14h-19h

A. ET P. DE VILLAINE 1996*

| | 10 ha | 50 000 | ∎ ♦ 30 à 50 F |

Coup de cœur pour leurs millésimes 86 et 94, Pamela et Aubert de Villaine nous offrent un 96 clair et net, très bouzeron (l'aligoté doré, variété maintenue ici). Vif, il s'ouvre peu à peu. Aubert de Villaine est par ailleurs le cogérant du Domaine de la Romanée-Conti, mais les exploitations sont distinctes. On est ici dans son jardin secret, son *hobby vineyard*.
🍷 A. et P. de Villaine, 71150 Bouzeron, tél. 03.85.91.20.50, fax 03.85.87.04.10 ☑ ⏳ r.-v.

Bourgogne passetoutgrain

Appellation réservée aux vins rouges et rosés à l'intérieur de l'aire de production du bourgogne grand ordinaire, ou d'une appellation plus restrictive à condition que les vins proviennent de l'assemblage de raisins issus de pinot noir et gamay noir ; le pinot noir doit représenter au minimum le tiers de l'ensemble. Il est courant de constater que les meilleurs vins contiennent des quantités identiques de raisin de chacun des deux cépages, voire davantage de pinot noir.

Les vins rosés sont obligatoirement obtenus par saignée : ce sont donc des rosés œnologiques, par opposition aux « gris » obtenus par pressurage direct de raisins noirs et vinifiés comme des vins blancs. Dans la saignée, le tirage des jus est effectué lorsque le vigneron a obtenu, lors de la macération, la couleur désirée, ce qui peut très bien arriver en plein milieu de la nuit ! La production de passetoutgrain rosé est très faible ; c'est surtout en rouge que cette appellation est connue. Elle est pro-

duite essentiellement en Saône-et-Loire (environ les deux tiers), le reste en Côte-d'Or et dans la vallée de l'Yonne. Elle représente entre 65 000 et 75 000 hl, (68 058 hl en 1997). Les vins sont légers et friands, et doivent être consommés jeunes.

DOM. ARCELIN 1996*

| | n.c. | 2 900 | ⏳ 30 à 50 F |

Le léger tuilé de la robe annonce l'automne de ce vin, à boire dans l'année et qui correspond bien à l'attente du consommateur. Un bouquet un peu sauvage, dans un chaudron de prunes cuites. En bouche, le fruit noir (mûre) se promène en équilibre entre l'acidité et l'alcool, et cela dure assez longtemps pour qu'on s'y intéresse.
🍷 Eric Arcelin, Les Touziers, 71960 La Roche-Vineuse, tél. 03.85.36.61.38, fax 03.85.37.75.49 ☑ ⏳ r.-v.

LA CAVE COOPERATIVE D'AZE 1997

| | 35 ha | 3 200 | ∎ ♦ -30 F |

Azé est connu pour la pénombre de ses grottes et pour la clarté de ses vins. Comme ce passetoutgrain très nature, à la robe couleur... bordeaux supérieur, franc et sans dureté tannique. Le fruit joue à cache-cache avec le nez, mais en finale chacun retrouve sa place.
🍷 Cave coop. d'Azé, en Tarroux, 71260 Azé, tél. 03.85.33.30.92, fax 03.85.33.37.21 ☑ ⏳ t.l.j. 9h-12h 14h-18h

REYANE ET PASCAL BOULEY 1996*

| ∎ | 1 ha | 1 800 | ∎⏳ -30 F |

Sous une présentation brillante, le nez apparaît complexe. On y perçoit le kirsch, le noyau, mais aussi la pivoine... Vif et léger, un vin intéressant, surtout en raison de sa palette aromatique. Structure correcte, persistance moyenne.
🍷 Reyane et Pascal Bouley, pl. de l'Eglise, 21190 Volnay, tél. 03.80.21.61.69, fax 03.80.21.66.44 ☑ ⏳ r.-v.

PIERRE CHANAU 1996*

| ∎ | n.c. | n.c. | 30 à 50 F |

Présenté par une marque de la maison Antonin Rodet, un bon passetoutgrain des familles, grenat soutenu et fruité framboise, quelque peu poivré. Pour un « plat canaille », comme disait Georges Pompidou, le veau aux carottes par exemple. Sa fraîcheur, sa chair en font en effet un pur produit de l'appellation.
🍷 Pierre Chanau, 71640 Mercurey, tél. 03.85.98.12.12, fax 03.85.45.25.49
🍷 Ph. d'Argenval

JEROME CHEZEAUX 1996

| ∎ | 1,5 ha | 5 000 | ∎⏳ -30 F |

Pourquoi ne figurerait-il sur notre Guide dès lors qu'il a de beaux atours, des arômes de gibier, une bouche complète et très charpentée ? Un vin vinifié pour vieillir (pas trop, tout de même) avec un fort caractère tannique et du volume.
🍷 Jérôme Chézeaux, rte de Nuits-Saint-Georges, 21700 Premeaux-Prissey, tél. 03.80.61.29.79, fax 03.80.62.37.72 ☑ ⏳ r.-v.

Bourgogne passetoutgrain

Raoul Clerget 1997*
n.c.   90 000   -30 F

Un 97, notez-le bien. Dégusté dans son berceau, il est déjà assez éveillé. Ses joues sont rouges. Un joli petit bout de nez qui s'ouvre sur le noyau et sur le fauve... Maturité en bouche. Etonnant pour un vin si jeune !
➥ Bourgognes Raoul Clerget, chem. de la Pierre-qui-Vire, 21200 Montagny-lès-Beaune, tél. 03.80.26.37.37, fax 03.80.24.14.81

Doudet-Naudin 1996**
n.c.   3 600   30 à 50 F

Ce vin de plaisir répond bien à l'appel de son nom, à son appellation. Entre rouge et grenat, il sent la mûre et porte en lui assez de tenue pour durer. Sa bouche ronde et équilibrée décline de jolies saveurs fraîches. On n'est pas déçu !
➥ Doudet-Naudin, 3, rue Henri-Cyrot, B.P. 1, 21420 Savigny-lès-Beaune, tél. 03.80.21.51.74, fax 03.80.21.50.69 ✓ r.-v.

R. Dubois et Fils 1996*
1,85 ha   15 500   30 à 50 F

Frais et tendre, porté par des tanins relativement puissants mais qui passent bien, voilà un vin pour la potée bourguignonne. Sa couleur est parfaite ; son nez bien ouvert, déclinant des notes diverses allant du fruit à l'animal. La concentration est moyenne, mais la vinification est saluée comme excellente.
➥ R. Dubois et Fils, rte de Nuits-Saint-Georges, 21700 Premeaux-Prissey, tél. 03.80.62.30.61, fax 03.80.61.24.07 ✓ t.l.j. 8h-11h30 14h-18h30; dim. sur r.-v.

Bernard Fevre 1996*
0,46 ha   2 000   -30 F

Le passetoutgrain était jadis très pratiqué dans cette partie de la Côte. Cette bouteille a donc de solides racines. Rouge intense à légers reflets bleutés, elle a bon nez (entre le fruit et le sauvage), puis se montre puissante, corsée, étoffée. Excellent travail en cuverie.
➥ Bernard Fèvre, Petite-Rue, 21190 Saint-Romain, tél. 03.80.21.21.29, fax 03.80.21.66.47 ✓ r.-v.

Forgeot Pere et Fils 1996*
n.c.   n.c.   30 à 50 F

D'une jolie robe très intense, discret au nez (tout juste un brin de cerise noire), il est agréable, plaisant. On est bien sur le gamay. Les arômes de fruits peuplent le palais, jusqu'à une finale légèrement vive. Il pourra se garder un peu. Cette marque dépend de Bouchard Père et Fils.
➥ Grands vins Forgeot, 15, rue du Château, 21200 Beaune, tél. 03.80.24.80.50

Michel Isaie 1996*
0,5 ha   4 000   30 à 50 F

Une famille ayant choisi la viticulture en... 1785. Sous une couleur rouge ambré, un petit nez fin annonçant un vin fruité ayant la franchise de ses opinions. Typicité réelle, du caractère.
➥ Michel Isaïe, chem. de l'Ouche, 71640 Saint-Jean-de-Vaux, tél. 03.85.45.23.32, fax 03.85.45.29.38 ✓ r.-v.

Janny 1996
5 ha   30 000   30 à 50 F

Le passetoutgrain n'est pas un vin snob, mais il n'est pas pour autant rustique au mauvais sens du mot. Il tient le juste milieu, montrant que ces deux cépages - n'en déplaise à Philippe le Hardi - ne sont pas ennemis. Ici la couleur brille, tandis qu'on respire « une odeur de frais » (jolie formule d'un dégustateur !). Ensemble framboisé léger, d'une belle contenance et très aimable.
➥ SARL Janny La Maison bleue, La Condemine, 71260 Péronne, tél. 03.85.36.97.03, fax 03.85.36.96.58

Jean-Luc Joillot 1996**
0,25 ha   1 500   30 à 50 F

Rubis cerise soutenu, un amour de passetoutgrain. Il décroche le coup de cœur grâce à son excellente intensité aromatique (bourgeon de cassis, menthe) ainsi qu'à sa personnalité. Frais, gouleyant, néanmoins structuré : on a vraiment envie de le boire ! A déguster dans l'année.
➥ Jean-Luc Joillot, rue de la Métairie, 21630 Pommard, tél. 03.80.22.47.60, fax 03.80.24.67.54 ✓ r.-v.

Dom. de La Feuillarde 1996*
n.c.   5 000   30 à 50 F

Rubis violacé, les deux cépages à 50/50, un vin assez chaud, élégant et structuré, avec sa petite pointe acide et ses tanins en bandoulière : tout à fait le charme des passetoutgrains du Mâconnais, marqué bien sûr par le gamay qui est roi ici, aux nuances et aux arômes chatoyants.
➥ Lucien Thomas, Dom. de La Feuillarde, 71960 Prissé, tél. 03.85.34.54.45, fax 03.85.34.31.50 ✓ t.l.j. 8h-12h 13h-19h

Dom. de La Tour Bajole
Les Lyres 1996*
2,3 ha   3 000   30 à 50 F

Rouge foncé, lumineux, nous parlant de myrtilles et de mûres, un PTG très agréable qui ne demande rien à personne. Il va son chemin et montre du caractère. Un peu dur, certes, mais les œufs en meurette vont arranger tout ça. Coup de cœur naguère pour le millésime 87, obtenu en 1990.
➥ Dom. de La Tour Bajole, Les Ombrots, 71490 Saint-Maurice-les-Couches, tél. 03.85.45.52.90, fax 03.85.45.52.90 ✓ r.-v.
➥ J.-C. Dessendre

LA BOURGOGNE

Bourgogne passetoutgrain

MARINOT-VERDUN 1996*

n.c.   10 000   -30 F

Rubis sombre, il a bon nez. Assez charnu, légèrement astringent, bien charpenté, il ne manque pas de fruit en bouche. Ce qui séduit en lui ? Cette « épaisseur » au palais, qui n'est pas si fréquente. Et puis, ce côté un peu sauvage dans l'esprit de l'appellation.

↪ Marinot-Verdun, Cave de Mazenay,
71510 Saint-Sernin-du-Plain, tél. 03.85.49.67.19, fax 03.85.45.57.21 ☑ ☒ t.l.j. sf dim. 8h-12h 13h30-18h

MICHEL PICARD 1996*

n.c.   n.c.   -30 F

Typique du millésime et de l'AOC, il mène rondement l'affaire. Vif et souple, très fruité, il n'a pas envie de rester l'éternité en bouteille et saute déjà dans le verre. Le bouquet s'exprime d'une façon gamay, entre cassis et végétal.

↪ Michel Picard, rte de Saint-Loup-de-la-Salle, B.P. 49, 71150 Chagny, tél. 03.85.87.51.00, fax 03.85.87.51.11

GUY SIMON ET FILS 1996

1,5 ha   6 000   30 à 50 F

Un vrai passetoutgrain des Hautes-Côtes de Nuits. Il en a bien l'accent. Rouge à reflets ambrés, il offre au nez une ambiance fruitée et animale. En bouche, de la vivacité : on ne s'endort pas ! Et un peu de fruit qui fait plaisir.

↪ Guy Simon et Fils, 21700 Marey-lès-Fussey, tél. 03.80.62.91.85, fax 03.80.62.71.82 ☑ ☒ r.-v.

DOM. ROBERT SIRUGUE 1996

2,4 ha   10 000   -30 F

Coup de cœur en 1995 pour son 91, ce domaine fait de bons passetoutgrains. Celui-ci équilibre bien l'acidité et les tanins, tout en restant de tonalité légère et assez marqué par le pinot. Ses arômes de fruits noirs et réglisse, sa souplesse, sa finale de bon goût plaident en sa faveur.

↪ Robert Sirugue, 3, av. du Monument, 21700 Vosne-Romanée, tél. 03.80.61.00.64, fax 03.80.61.27.57 ☑ ☒ r.-v.

SYSTEME U 1996**

n.c.   n.c.   30 à 50 F

C'est la première fois sans doute qu'une marque de distributeur (Système U) obtient un coup de cœur : la Maison J.-Cl. Boisset en est à l'origine, pour ce vin franc du collier. Couleur violacée, nez sans ambiguïté et d'une nuance framboise, fruit rouge persistant en bouche, mâche, voilà vraiment un passetoutgrain de derrière les fagots ! Sous la marque **Honoré Lavigne**, J.-C. Boisset propose une cuvée spéciale logée dans une bouteille de style XVIIIe de même assemblage, jouant plus sur le beaujolais. Il n'est pas millésimé. Il mérite aussi une citation.

↪ SA Boisset, 5, quai Dumorey, B.P. 102, 21702 Nuits-Saint-Georges Cedex 1, tél. 03.80.62.61.61, fax 03.80.62.61.60

DOM. TAUPENOT-MERME 1995*

n.c.   10 000   30 à 50 F

D'une bonne intensité (la robe), d'un fruit bien développé (le bouquet), un vin plein et charpenté, assez vif certes, expressif au plan aromatique. Représentatif du millésime.

↪ Jean Taupenot-Merme, 33, rte des Grands-Crus, 21220 Morey-Saint-Denis, tél. 03.80.34.35.24, fax 03.80.51.83.41 ☑ ☒ r.-v.

DOM. DIDIER TRIPOZ 1996*

2 ha   4 500   -30 F

Beau 96 où le pinot et le gamay jouent à armes égales et mettent au monde, ensemble, un solide gaillard au nez de fruit mûr à l'eau-de-vie. Retour d'arômes de baies rouges à l'occasion du parcours en bouche. Tout est net, frais, bien ordonné. Excellent P.T.G. méridional (pour la Bourgogne, il va sans dire).

↪ Didier Tripoz, 450, chem. des Tournons, 71850 Charnay-lès-Mâcon, tél. 03.85.34.14.52, fax 03.85.34.14.52 ☑ ☒ r.-v.

DOM. JEAN-PIERRE TRUCHETET 1996*

0,63 ha   5 400   -30 F

Il n'est pas si facile de marier pinot noir et gamay. Quand on y réussit, on fait de beaux enfants. En voilà un, rouge violacé, parfumé à la feuille de cassis, au bourgeon de cassis. Attaque souple, corps structuré, vivacité sur la fin, longueur moyenne mais une certaine concentration.

↪ Jean-Pierre Truchetet, RN 74, 21700 Premeaux-Prissey, tél. 03.80.61.07.22, fax 03.80.61.34.35 ☑ ☒ t.l.j. sf dim. 9h-12h 14h-20h; f. 15-30 août

DOM. VERRET 1996**

1,5 ha   10 000   30 à 50 F

Puissant et riche en matière, nullement agressif toutefois, un passetoutgrain assez extraordinaire. Rouge foncé, odorant, il montre que dans l'Yonne gamay et pinot peuvent filer le parfait amour.

↪ Dom. Verret, 7, rte de Champs, B.P. 4, 89530 Saint-Bris-le-Vineux, tél. 03.86.53.31.81, fax 03.86.53.89.61 ☑ ☒ t.l.j. sf dim. 8h-12h 14h-18h

DOM. DES VIGNES DES DEMOISELLES 1996**

1,67 ha   4 000   30 à 50 F

Vous voyez les deux buveurs attablés sur les stalles de l'église de Montréal, sculptées par Colas Breugnon en personne si l'on en croit

Bourgogne irancy

Romain Rolland ? Eh bien ! ils videraient cette bouteille avec joie. Ce vin chante en effet la fête entre amis : robe impeccable, nez de gamay (groseille) et un remarquable équilibre intérieur. Quasiment coup de cœur !

🍷 Gabriel Demangeot et Fils, Le Bourg, 21340 Changé, tél. 03.85.91.11.10, fax 03.85.91.16.83 ▼ 🍴 r.-v.

Bourgogne irancy

Ce petit vignoble situé à une quinzaine de kilomètres au sud d'Auxerre a vu sa notoriété confirmée en 1977 par l'adjonction officielle du nom d'Irancy à l'appellation bourgogne. Cet usage est déjà ancien, car une décision judiciaire des années trente précisait que le nom de la commune devait être associé obligatoirement à l'appellation bourgogne.

Les vins d'Irancy ont acquis une réputation en rouge, grâce au césar ou romain, cépage local datant peut-être du temps des Gaules. Ce dernier, assez capricieux, est capable du pire et du meilleur ; lorsqu'il a une production faible à normale, il imprime un caractère particulier au vin et, surtout, lui apporte un tanin permettant une très longue conservation. Au contraire, lorsqu'il produit trop, le césar donne difficilement des vins de qualité ; c'est la raison pour laquelle il n'a pas fait l'objet d'une obligation dans les cuvées.

Le cépage pinot noir, qui est le principal cépage de l'appellation, donne sur les coteaux d'Irancy un vin de qualité, très fruité, coloré. Les caractéristiques du terroir sont surtout liées à la situation topographique du vignoble, qui occupe essentiellement les pentes formant une cuvette au creux de laquelle se trouve le village. Le terroir débordait d'ailleurs sur les deux communes voisines de Vincelotte et de Cravant, où les vins de la Côte de Palotte étaient particulièrement réputés. La production a été de 6 351 hl en 1997.

ANITA ET JEAN-PIERRE COLINOT
Palotte 1996

■   n.c.   n.c.   🍷 50 à 70 F

Ceux qui connaissent leur irancy sur le bout des doigts savent, bien sûr, que Palotte (on dit « le cru Palotte ») est un des rares *climats* de l'Auxerrois à s'être fait un nom, une réputation.

Les arômes de violette et de griotte de ce 96 font bon ménage avec une petite bouche très aimable. Un vin vif et léger, bien composé. Coup de cœur en 1993 pour le millésime 90.

🍷 Anita et Jean-Pierre Colinot, 1, rue des Chariats, 89290 Irancy, tél. 03.86.42.33.25, fax 03.86.42.33.25 ▼ 🍴 r.-v.

ROGER DELALOGE 1996★★

■   4 ha   20 000   🍷 30 à 50 F

Jamais deux sans trois : coup de cœur en 1988 et en 1996 (millésimes 85 et 93, si vous en avez encore en réserve !), ce viticulteur exemplaire gagne cette année encore le gros lot. Pinot noir et quelques gouttes de césar donnent un vin rubis, astucieusement boisé, tannique et réglissé, riche de promesses. L'attendre un peu, un ou deux ans.

🍷 Roger Delaloge, 1, ruelle du Milieu, 89290 Irancy, tél. 03.86.42.20.94, fax 03.86.42.33.40 ▼ 🍴 r.-v.

LUCIEN JOUDELAT 1996

■   4 ha   15 000   🍷 30 à 50 F

Les collectionneurs d'étiquettes doivent faire vite. En effet, Irancy est en train de passer à l'AOC communale, et bientôt l'étiquette bourgogne irancy sera introuvable... Quant à celui-ci, il ne sera pas de longue garde mais à boire maintenant pour ses qualités très honnêtes, son équilibre et son fruité. On se rappelle le coup de cœur de ce domaine pour son 88.

🍷 Lucien Joudelat, 10, chem. des Fossés, 89290 Irancy, tél. 03.86.42.31.46, fax 03.86.42.31.46 ▼ 🍴 r.-v.

YVES NAVARRE Côte du Moutier 1995★★

■   6 ha   8 000   🍷 30 à 50 F

Franchement pinot noir, cet irancy est bien du pays. Très classique et conforme à tous les canons de l'appellation. Ses tanins restent bien à leur place. On sent le fruit. Rien ne vient ralentir le rythme en bouche. Bref, du travail sérieux. Mais la couleur ? Légèrement soutenue pour le millésime.

🍷 Yves Navarre, 10, rue des Morts, 89290 Irancy, tél. 03.86.42.31.00 ▼ 🍴 t.l.j. 9h-19h

DOM. DES REMPARTS 1996

■   3 ha   18 000   🍷 30 à 50 F

20 % de césar, nous dit-on. C'était 10 % l'an passé. Si c'est vrai, bravo car le romain, le gros monsieur, le picorniot, le césar (les différentes

Bourgogne hautes-côtes de nuits

identités du même personnage) donne du caractère à ce vin ici d'un rouge profond, moyennement parfumé, un peu boisé, nécessitant une certaine patience.
➤ Dom. des Remparts, 6, rte de Champs, 89530 Saint-Bris-le-Vineux, tél. 03.86.53.33.59, fax 03.86.53.62.12 ◼ ⊺ t.l.j. sf dim. 8h-12h 14h-18h
➤ Patrick et Jean-Marc Sorin

DOM. JACKY RENARD 1996*

◼   1,05 ha   6 500   ▮ ⦁ ⦁   30 à 50 F

Pinot noir intégral, il n'est pas d'une longueur époustouflante mais parle fruit et fait en définitive une bonne bouteille pour viande en sauce. Ses tanins ont le dos arrondi et docile. Un peu **de vivacité ? C'est bien normal.**
➤ Dom. Jacky Renard, La Côte-de-Chaussan, 89530 Saint-Bris-le-Vineux, tél. 03.86.53.38.58, fax 03.86.53.33.50 ◼ ⊺ r.-v.

DOM. SAINT-PRIX 1996*

◼   1 ha   4 000   ▮ ⦁ ⦁   30 à 50 F

Le voir, c'est déjà l'aimer, tant il est rouge, ce bon petit diable... Arômes caractéristiques de framboise. Complet et gras, franc et persistant, il passe toutes ses épreuves avec une bonne moyenne. Il pourra sans problème connaître le XXI°s. !
➤ Dom. Bersan et Fils, 20, rue de l'Eglise, 89530 Saint-Bris-le-Vineux, tél. 03.86.53.33.73, fax 03.86.53.38.45 ◼ ⊺ r.-v.

HUBERT ET JEAN-PAUL TABIT 1996

◼   0,5 ha   3 000   ▮ ⦁ ⦁   30 à 50 F

Encore à l'état brut, cet irancy d'un rouge assez mat, aux arômes très discrets, se contente d'être tannique, acide, tout en ayant un agréable petit goût de cassis. Il a besoin de s'épanouir en cave (deux à trois ans, pas moins).
➤ Jean-Paul et Hubert Tabit, 2, rue Dorée, 89530 Saint-Bris-le-Vineux, tél. 03.86.53.33.83, fax 03.86.53.67.97 ◼ ⊺ t.l.j. 8h-20h; dim. sur r.-v.

DOM. VERRET 1996

◼   3 ha   20 000   30 à 50 F

Rubis sans aucun doute. Fruits frais et violette au nez, avec une pointe épicée, ce vin tannique sera content de passer quelques mois en cave. Sa finale plaide pour lui.
➤ Dom. Verret, 7, rte de Champs, B.P. 4, 89530 Saint-Bris-le-Vineux, tél. 03.86.53.31.81, fax 03.86.53.89.61 ◼ ⊺ t.l.j. sf dim. 8h-12h 14h-18h
➤ GAEC du Parc

Bourgogne hautes-côtes de nuits

Dans le langage courant et sur les étiquettes, on utilise le plus fréquemment ment « bourgogne hautes-côtes de nuits » pour les vins rouges, rosés et blancs produits sur seize communes de l'arrière-pays, ainsi que sur les parties de communes situées au-dessus des appellations communales et des crus de la Côte de Nuits. Ces vignobles produisent, bon an, mal an, de 15 à 25 000 hl de vin, 24 176 hl en 1997 dont 5 305 hl en blanc. Cette production a augmenté de manière importante depuis 1970, date avant laquelle le vignoble se limitait à la production de vins plus régionaux, bourgogne aligoté essentiellement. Le vignoble s'est reconverti à ce moment-là et des terrains, plantés avant le phylloxéra, ont été reconquis.

Les coteaux les mieux exposés donnent certaines années des vins qui peuvent rivaliser avec des parcelles de la Côte ; les résultats sont d'ailleurs souvent meilleurs en blanc, et il est bien dommage que les plantations ne se soient pas faites davantage avec le chardonnay qui, sans nul doute, réussirait mieux, le plus souvent. A l'effort de reconstitution du vignoble a été associé un effort touristique qu'il faut souligner, avec en particulier la construction d'une maison des Hautes-Côtes où sont exposées les productions locales que l'on peut déguster avec la cuisine régionale.

DOM. DES BELLES CHAUMES
Les Dames Huguette 1995*

◼   1 ha   3 000   ⦁ ⦁   50 à 70 F

Il y a des bouteilles qui divisent une table de dégustation. Celle-ci, par exemple. Elle est digne de figurer ici, nul ne le conteste. Mais on en discute sans fin. Bonne brillance, arômes de sous-bois et de champignon sous léger boisé, disons tout simplement que ce vin est encore bien jeune et qu'il inspire confiance. Ces mêmes **Dames Huguette en blanc 95** reçoivent la même note. Le boisé est encore présent.
➤ Dom. des Belles Chaumes, Quincey, 21700 Nuits-Saint-Georges, tél. 03.80.61.21.21, fax 03.80.61.10.65 ◼ ⊺ r.-v.
➤ Yvan Dufouleur

JEAN-CLAUDE BOUHEY ET FILS
Les Dames Huguettes 1995

◼   1,3 ha   10 000   ⦁ ⦁   30 à 50 F

Une fin de bouche un peu déroutante, mais de réels atouts à faire valoir. Pourpre foncé à reflets brillants, il n'est pas indifférent à l'œil. Nez de cassis frais écrasé, garanti tout fruit. La suite évolue bien dans le verre et donne un corps bien rond, sans grande recherche tout en restant très correct.
➤ GAEC Jean-Claude Bouhey et Fils, rte de Magny, 21700 Villers-la-Faye, tél. 03.80.62.92.62, fax 03.80.62.74.07 ◼ ⊺ r.-v.

Bourgogne hautes-côtes de nuits

DOM. DE CHASSORNEY
Aux Tenis 1996*

■   n.c.   n.c.   ◐ 70 à 100 F

La robe est d'un rouge violacé assez mat. Bon nez boisé et fruité. Un vin de tradition, bien fait, où l'alcool, l'acidité, le gras et les tanins jouent aux quatre coins. Attention toutefois aux accents vanillés : on préfère nettement le fruit !

☛ Dom. de Chassorney, 21190 Saint-Romain, tél. 03.80.21.65.55, fax 03.80.21.40.73 ☑ ☗ r.-v.
☛ Cossard, Elmerich, Gouachow

LOUIS CHAVY 1996*

■   n.c.   25 000   50 à 70 F

La phrase n'est pas mal tournée et même très convaincante. Rouge sang, une belle entrée en matière. Puis un développement aromatique plus fin que discret, presque suave, et tout framboise. Au palais, toujours ce caractère aimable et tendre. A boire jeune pour profiter de sa bonhomie.

☛ Louis Chavy, caveau la Vierge romaine, pl. des Marronniers, 21190 Puligny-Montrachet, tél. 03.80.26.33.09, fax 03.80.24.14.84 ☑ ☗ t.l.j. 10h-12h 13h-18h; f. mars-nov.

R. DUBOIS ET FILS 1996*

■   0,81 ha   5 500   ◐ 30 à 50 F

« Bon à boire », lit-on sur une fiche de dégustation. Ce qui veut dire ? Qu'il est assez mûr pour être servi à table, qu'il est assez satisfaisant pour y être admis. Pourpre gras et profond, fruits rouges macérés, d'une bonne impression générale et rustique (c'est loin d'être un défaut !).

☛ R. Dubois et Fils, rte de Nuits-Saint-Georges, 21700 Premeaux-Prissey, tél. 03.80.62.30.61, fax 03.80.61.24.07 ☑ ☗ t.l.j. 8h-11h30 14h-18h30; dim. sur r.-v.
☛ Régis Dubois

DOM. GUY DUFOULEUR 1995*

□   1,4 ha   3 000   ☗ 40 à 70 F

Jaune paille, il a le nez assez ouvert sur les fleurs blanches, le foin coupé. L'attaque est franche, équilibrée, en accord avec ce qui précède, évoluant vers la fougère. Sa finale - agrumes, fruits secs, avec note de miel et de confiture de pêches - est de bonne persistance. Sa dominante acide peut lui permettre d'attendre quelque temps.

☛ Dom. Guy Dufouleur, 19, pl. Monge, 21700 Nuits-Saint-Georges, tél. 03.80.61.21.21, fax 03.80.61.10.65 ☑ ☗ r.-v.
☛ Xavier et Guy Dufouleur

HENRI FELETTIG 1996

■   1,14 ha   7 700   ◐ 30 à 50 F

Exactement le vin qu'il faut avec un jambon persillé. Rubis très soutenu, il a le nez plein d'allant. Sa jeunesse garantit sa fraîcheur. Son origine assure le vin de fruit. Très typé et à boire dans l'année car il répond à toutes les questions sans chercher les réponses dans le dictionnaire...

☛ GAEC Henri Felettig, rue du Tilleul, 21220 Chambolle-Musigny, tél. 03.80.62.85.09, fax 03.80.62.86.41 ☑ ☗ r.-v.

DOM. MARCEL ET BERNARD FRIBOURG 1995

■   10 ha   9 100   ◐ 30 à 50 F

Vin agréable, à boire dans sa jeunesse pour en saisir le fruit (framboise d'Arcenant, fraise de Meuilley, on est bien dans les Hautes-Côtes de Nuits). La petite pointe de vivacité ? Tout à fait dans l'esprit de l'appellation, qui a du ressort et du montant. La robe évolue un tout petit peu. Coup de cœur sur notre édition 1987, si nous avons bonne mémoire.

☛ SCE Dom. Marcel et Bernard Fribourg, 21700 Villers-la-Faye, tél. 03.80.62.91.74, fax 03.80.62.71.17 ☑ ☗ r.-v.

DOM. FRANCOIS GERBET 1996***

■   10 ha   n.c.   ◐ 30 à 50 F

Cette bouteille nous poursuit de ses assiduités. Ce qu'on fait de mieux et à la limite du coup de cœur. Une couleur dense et concentrée, on comprend tout de suite les ambitions d'un vin ouvert sur la framboise, travaillé à la perfection et laissant une bouche émue, reconnaissante, comblée. Maintenant ou plus tard ? Peu importe, le plaisir est assuré. Compliments à Marie-Andrée et Chantal Gerbet.

☛ Dom. François Gerbet, 2, rte Nationale, 21700 Vosne-Romanée, tél. 03.80.61.07.85, fax 03.80.61.01.65 ☑ ☗ r.-v.

BLANCHE ET HENRI GROS 1996*

□   0,52 ha   3 000   ◐ 50 à 70 F

Or blanc, vanillé avec des touches d'agrumes et de chèvrefeuille, d'une bonne persistance et s'épanouissant bien en milieu de bouche sur des notes d'abricot, voilà un vin très honnête et qui ne déçevra pas. A boire dès à présent.

☛ Henri Gros, 21220 Chambœuf, tél. 03.80.51.81.20, fax 03.80.49.71.75 ☑ ☗ r.-v.

MICHEL GROS 1996***

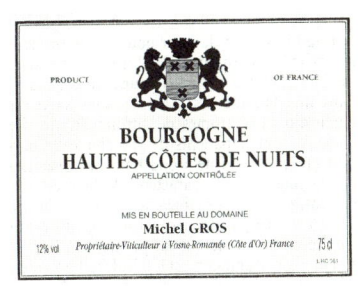

■   7 ha   25 000   ◐ 50 à 70 F

La châtelaine de Vergy, c'est cette bouteille merveilleuse, honorée d'un coup de cœur. Car la châtelaine de Vergy, héroïne du poème médiéval se déroulant ici, s'y connaissait en fait de cœur ! Pourpre à reflets bleuâtres, un vin qui se concentre sur son sujet (arômes de framboise, bouche délicieuse et ferme) en exprimant toute la beauté de l'appellation. D'ailleurs, déjà coup de cœur en 1993 pour son 90 !

☛ Michel Gros, 3, rue des Communes, 21700 Vosne-Romanée, tél. 03.80.61.04.69 ☑ ☗ r.-v.

Bourgogne hautes-côtes de nuits

GUY-PIERRE JEAN ET FILS
Les Dames Huguettes 1996*

| | n.c. | n.c. | | 30 à 50 F |

Les Dames Huguettes sont un vin médiatique. Dans les hauteurs de Nuits-Saint-Georges, elles naissent en effet auprès du pylône de la télévision... Elles sont ici très caractéristiques. Robe classique, bouquet un peu sauvage et de cerise à l'eau-de-vie, bouche en continuité et d'une consistance appréciée.

🍷 Dom. Guy-Pierre Jean et Fils, rue des Cras, 21420 Aloxe-Corton, tél. 03.80.26.44.72, fax 03.80.26.45.36 ☑ ⏵ r.-v.

MAISON JEAN-PHILIPPE MARCHAND 1996*

| | n.c. | n.c. | | 30 à 50 F |

Le millésime précédent lui avait porté chance, décrochant l'an dernier le coup de cœur. Quant à ce 96, il se présente sous une robe framboisée et il garde au nez cette coloration, avec quelques notes végétales, épicées. Acidité marquée, mais le fruit ne se fait pas oublier et les tanins sont déjà doux comme des agneaux.

🍷 Maison Jean-Philippe Marchand, 4, rue Souvert, 21220 Gevrey-Chambertin, tél. 03.80.34.33.60, fax 03.80.34.12.77 ☑ ⏵ r.-v.

DOM. MAREY 1995*

| | 1 ha | 5 000 | | 30 à 50 F |

Un vignoble de reconquête. Par chance, on n'a pas écouté le ministre qui, naguère, conseillait d'abandonner la vigne dans les Hautes-Côtes pour « faire du mouton »... Jaune intense, ce 95 évoque les fleurs du printemps. Beaucoup de gras sur des arômes secondaires plus exotiques (mangue, ananas). Qualité certaine, typicité moyenne.

🍷 Dom. Marey, rue Bachot, 21700 Meuilley, tél. 03.80.61.12.44, fax 03.80.61.11.31 ☑ ⏵ r.-v.

DOM. DE MONTMAIN Le Rouard 1995*

| | n.c. | n.c. | | 70 à 100 F |

Deux fois coup de cœur pour ce vin (millésimes 86 et 91), Bernard Hudelot le réussit toujours très bien. Celui-ci part à l'attaque la fleur au fusil, dans une tonalité assez boisée, sous sa teinte jaune d'or. Les arômes de citronnelle, cire d'abeille sont impatients de franchir cette barrière grillée. Du même producteur, **Les Geneviè-res 95 rouge** ont du caractère : le bois est très présent, mais le vin est bien là, attendant l'heure de sa prise de parole ; dans trois ans, il devrait atteindre l'harmonie que lui promet son étoile.

🍷 Dom. de Montmain, 21700 Villars-Fontaine, tél. 03.80.62.31.94, fax 03.80.61.02.31 ☑ ⏵ t.l.j. 8h30-12h 13h30-19h; sam. dim. sur r.-v.
🍷 Hudelot

MORIN PERE ET FILS 1996

| | n.c. | 30 000 | | 50 à 70 F |

Un 96 encore assez dur sous des abords rouge grenat. Au nez, le fruit est lointain et on le voit se dessiner, dans une atmosphère de fraîcheur. Long en bouche et tannique, simple et de bon goût, un vin prêt à être débouché sur une assiette de charcuterie.

🍷 Morin Père et Fils, 9, quai Fleury, 21700 Nuits-Saint-Georges, tél. 03.80.62.61.42, fax 03.80.62.37.38 ☑ ⏵ t.l.j. 9h-12h 14h-18h

DOM. HENRI NAUDIN-FERRAND 1996*

| | 0,71 ha | 5 900 | | 30 à 50 F |

S'il a le teint assez pâle, il ne manque pas de nez. Bien développé, celui-ci suggère le citron, l'ortie blanche. Le gras apparaît après une pointe vive. Tout cela avec élégance et un rien de complexité. Son côté fringant le rend très représentatif de l'appellation. Coup de cœur il y a deux ans pour son 93 rouge.

🍷 Dom. Henri Naudin-Ferrand, rue du Meix-Grenot, 21700 Magny-lès-Villers, tél. 03.80.62.91.50, fax 03.80.62.91.77 ☑ ⏵ t.l.j. 8h-12h 13h30-19h; dim. sur r.-v.

DOM. OLIVIER-GARD
Cuvée de Garde 1996**

| | 1 ha | 3 500 | | 30 à 50 F |

Vraiment, un vin qui ne donne pas envie de zapper ! Il est remarquable, haut de gamme. Rubis mauve évidemment, avec une attaque aromatique chaleureuse, puissante. Promenade en sous-bois et cueillette des framboises. Au palais, une rondeur sympathique et une très belle matière. Savourez-le sans attendre : tout est à point.

🍷 Dom. Olivier-Gard, Concœur et Corboin, 21700 Nuits-Saint-Georges, tél. 03.80.61.00.43, fax 03.80.61.38.45 ☑ ⏵ r.-v.
🍷 Christian Olivier

DOM. DENIS PHILIBERT
Elevé en fût de chêne 1996*

| | n.c. | n.c. | | 50 à 70 F |

Un coup de cœur ne s'oublie pas. C'était il y a deux ans, pour le 94, et également en rouge. D'un rubis sombre très concentré, ce 96 encore jeune laisse seulement deviner son nez (nuance de cerise) et apparaît bien structuré. Sa vivacité, son astringence nécessiteront un à deux ans de garde. Devrait évoluer favorablement sur le fruit. Notez aussi le **blanc 96**.

🍷 Maison Denis Philibert, 1, rue Ziem, 21200 Beaune, tél. 03.80.24.05.88, fax 03.80.22.37.08 ☑ ⏵ t.l.j. 9h-19h

DOM. HENRI ET GILLES REMORIQUET 1996**

| | 2 ha | 10 000 | | 50 à 70 F |

Coup de cœur de l'édition de l'an dernier (le 95, également en rouge), et presque à ce niveau cette année encore. D'un violet intense, il n'a pas encore « fait ses Pâques », comme disent les vignerons de France : un peu fermé, très tannique, charpenté, nuiton en diable, mais d'une superbe extraction et capable de faire bientôt une grande bouteille.

🍷 Dom. Henri et Gilles Remoriquet, 25, rue de Charmois, 21700 Nuits-Saint-Georges, tél. 03.80.61.24.84, fax 03.80.61.36.63 ☑ ⏵ r.-v.

Bourgogne hautes-côtes de beaune

GUY SIMON ET FILS 1996**

0,5 ha   2 000   30 à 50 F

Un avocat au crabe ? Pourquoi pas ? Pour accompagner ce vin qui n'a d'ailleurs besoin d'aucun défenseur, tant il plaide bien sa cause. Il a de bonnes couleurs aux joues et un bouquet très riche, entre la pierre à fusil et la poire. La bouche est plus exotique et dure longtemps.
➥ Guy Simon et Fils, 21700 Marey-lès-Fussey, tél. 03.80.62.91.85, fax 03.80.62.71.82 r.-v.

DOM. THEVENOT-LE BRUN ET FILS
Les Renardes 1996**

2,49 ha   10 000   30 à 50 F

« Vin vert, riche Bourgogne », disait-on jadis. Car il faut du vert pour durer. Cette bouteille applique à la lettre ce bon précepte, sans toutefois masquer la fraîcheur et le fruit (cassis prononcé), tant au nez qu'au palais. Couleur convenable. Excellent **Clos du Vignon 96** blanc, qui se voit attribuer deux étoiles pour son équilibre, ses notes florales accompagnées de touches boisées grillées bien fondues.
➥ Dom. Thévenot-Le Brun et Fils, 21700 Marey-lès-Fussey, tél. 03.80.62.91.64, fax 03.80.62.99.81 r.-v.

DOM. THOMAS-MOILLARD 1996*

n.c.   30 000   30 à 50 F

On a beau le déguster sous toutes les coutures, on est du même avis : jaune doré sans excès, ce 96 offre un bouquet floral, variétal comme disent les Anglo-Saxons. L'attaque est décidée, engageante, avec un support acide nécessaire et un renfort aromatique très plaisant. Vin de caractère et de typicité, de même que le **rouge 96** que l'on recommande vivement.
➥ Dom. Thomas-Moillard, chem. rural 29, 21700 Nuits-Saint-Georges, tél. 03.80.62.42.22, fax 03.80.61.28.13 r.-v.

JEAN-PIERRE TRUCHETET 1996

0,66 ha   5 400   30 à 50 F

Un bon gars, dirait-on dans la Côte. Gras et charnu, tenant bon sur ses deux jambes, plus à l'aise dans ses vignes qu'au bal du samedi soir. Mais franc et honnête ! Voyez sa teinte, pâle mais limpide. Son nez ; il chardonne sur la pêche cuite.
➥ Jean-Pierre Truchetet, RN 74, 21700 Premeaux-Prissey, tél. 03.80.61.07.22, fax 03.80.61.34.35 t.l.j. sf dim. 9h-12h 14h-20h; f. 15-30 août

DOM. ALAIN VERDET
Cuvée Vieux Fûts 1995

4,5 ha   18 000   50 à 70 F

Domaine en agrobiologie depuis 1971. Ce vin d'une teinte assez profonde offre un nez en trompette, sur la mousse, le sous-bois, comme dans la forêt de Mantuan. Petite touche de cerise noire, c'est gentil ! A la majorité, le jury s'accorde le trouver d'un commerce très agréable mais l'entretien ne dure pas éternellement. Un bourgogne hautes-côtes de nuits n'est pas un chambertin, et il faut le comprendre.
➥ Alain Verdet, rue des Berthières, 21700 Arcenant, tél. 03.80.61.08.10, fax 03.80.61.08.10 r.-v.

CH. DE VILLERS-LA-FAYE 1996*

4,5 ha   9 000   30 à 50 F

Serge Valot est par ailleurs l'un des vignerons des Hospices de Beaune. En Bourgogne, cela vaut brevet de noblesse ! Jaune paille intense, son chardonnay des Hautes-Côtes demeure encore un peu fermé. Sur la langue en revanche, il est plus disert et même entreprenant (style exotique, kiwi et noisette).
➥ Ch. de Villers-la-Faye, rue du Château, 21700 Villers-la-Faye, tél. 03.80.62.91.57, fax 03.80.62.71.32 r.-v.
➥ Serge et Samuel Valot

Bourgogne hautes-côtes de beaune

Située sur une aire géographique plus étendue (une vingtaine de communes, et débordant sur le nord de la Saône-et-Loire), la production des vins d'appellation bourgogne hautes-côtes-de beaune représente un volume supérieur à celui des hautes-côtes de nuits, 30 444 hl dont 6 038 en blanc. Les situations sont plus hétérogènes et des surfaces importantes sont encore occupées par les cépages aligoté et gamay.

La coopérative des Hautes-Côtes, qui a fait ses débuts à Orches, hameau de Baubigny, est maintenant installée au « Guidon » de Pommard, à l'intersection des D 973 et RN 74, au sud de Beaune. Elle vinifie un volume important de bourgogne hautes-côtes de beaune. De même que plus au nord, le vignoble s'est essentiellement développé depuis les années 1970-1975.

Le paysage est plus pittoresque que dans les Hautes-Côtes de Nuits, et de nombreux sites doivent faire l'objet d'une visite, comme Orches, la Rochepot et son château, et Nolay, petit village bourguignon. Il faut enfin ajouter que les Hautes-Côtes, qui autrefois étaient le siège d'exploitations de polyculture, sont restées des régions productrices de petits fruits destinés à alimenter les liquoristes de Nuits-Saint-Georges et de Dijon, et qu'on y rencontre encore, sous différents états, des cassis, framboises ou liqueurs et eaux-de-vie de ces fruits, d'excellente qualité. L'eau-de-vie de poire des Monts-de-Côte-

Bourgogne hautes-côtes de beaune

d'Or, bénéficiant d'une appellation simple, trouve également ici son origine.

JEAN-NOEL BAZIN 1996

| ■ | n.c. | n.c. | 🍾 | 30 à 50 F |

Rubis appuyé, consacrant son bouquet à des arômes primaires classiques et simples, il aborde le vif du sujet de façon - justement - assez vive. Ce qu'on appelle un vin rustique, terrien, qui n'a pas honte de ses sabots vernis. Il fut d'ailleurs honoré d'un coup de cœur en 1996 pour un 93 blanc.

🕭 Jean-Noël Bazin, 21340 La Rochepot, tél. 03.80.21.75.49, fax 03.80.21.83.71 ⓥ ⵉ r.-v.

LYCEE VITICOLE DE BEAUNE 1996

| ☐ | 0,83 ha | 6 683 | 🍾♣ | 30 à 50 F |

Jaune très pâle, le nez ouvert et nettement minéral, laissant glisser une note d'hydromel, un vin qui - sans viser le prix d'excellence - dépasse la moyenne. Plus fin que gras. Au tableau d'honneur l'année dernière pour le millésime 95.

🕭 Lycée viticole de Beaune, 16, av. Charles-Jaffelin, 21200 Beaune, tél. 03.80.26.35.81, fax 03.80.22.16.66 ⓥ ⵉ t.l.j. sf dim. 8h-11h30 14h-17h; sam. 8h-11h30

CHRISTIAN BERGERET 1995*

| ☐ | 0,41 ha | 3 000 | | 30 à 50 F |

On partage le point de vue de Molière qui lui dire à l'un de ses personnages : « Pour moi je suis peu fait à cet amour austère Qui dans les seuls regards trouve à se satisfaire ». L'œil ici a du bon, mais le nez a son mot à dire (minéral, grillé) et la bouche est là pour exprimer l'essentiel : pas mal de chaleur et de bois, mais susceptible de plaire.

🕭 Christian Bergeret, 13, rue des Huiliers, 21340 Nolay, tél. 03.80.21.71.93, fax 03.80.21.85.36 ⓥ ⵉ r.-v.

DOM. JEAN-MARC BOULEY 1996*

| ☐ | 0,5 ha | 4 000 | | 30 à 50 F |

Or à reflets émeraudé, il répond à son signalement. Très grillé, il laisse filtrer quelques notes d'agrumes, mais il doit sur ce point trouver un mode plus vineux. Au palais, il donne satisfaction dans une configuration équilibrée. Le laisser un peu en attente, pour apaiser l'impact du fût.

🕭 Dom. Jean-Marc Bouley, chem. de la Cave, 21190 Volnay, tél. 03.80.21.62.33, fax 03.80.21.64.78 ⓥ ⵉ r.-v.

DOM. MARC BOUTHENET 1996*

| ■ | 7,5 ha | 7 000 | | 30 à 50 F |

La robe demeure vive et franche, rubis sombre, tandis que le nez évolue un peu dans un style sauvage et végétal, légèrement torréfié. Tannique, il n'est cependant pas exempt de gras. Il accompagnera en 1999 les viandes rouges grillées.

🕭 Dom. Marc Bouthenet, Mercey, 71150 Cheilly-lès-Maranges, tél. 03.85.91.16.51, fax 03.85.91.13.52 ⓥ ⵉ r.-v.

DENIS CARRE La Perrière 1996*

| ■ | n.c. | n.c. | | 30 à 50 F |

Grenat, partagé entre la vanille et le pruneau tout en restant harmonieux, il a un potentiel de vieillissement non négligeable. Un bon caractère de pinot dans l'esprit des hautes-côtes. (Coup de cœur en 1991 pour le millésime 88).

🕭 Denis Carré, rue du Puits-Bouret, 21190 Meloisey, tél. 03.80.26.02.21, fax 03.80.26.04.64 ⓥ ⵉ r.-v.

PIERRE CORNU-CAMUS 1996*

| ■ | 4 ha | n.c. | | 30 à 50 F |

Comme disait Montaigne à propos de l'allure poétique, le bourgogne des Hautes-Côtes de Beaune est un vin « à sauts et à gambades ». Il apparaît ici cerise foncé, floral et boisé, riche et plaisant sur des notes de cassis en milieu de bouche. Ses tanins méritent un petit coup de rabot.

🕭 Pierre Cornu-Camus, 2, rue Varlot, 21420 Echevronne, tél. 03.80.21.57.23, fax 03.80.26.11.94 ⓥ ⵉ r.-v.

RODOLPHE DEMOUGEOT 1996*

| ■ | 2,5 ha | 6 000 | | 30 à 50 F |

Il collectionne les bons points grâce à la beauté de sa présentation griotte intense, à la sagesse de son nez qui ne s'éloigne pas du sujet (le petit fruit rouge marié à quelques notes animales), à sa souplesse savoureuse et relevée par un rien de vivacité. De la réserve et capable de prendre un peu de bouteille.

🕭 Dom. Rodolphe Demougeot, 2, rue du Clos-de-Mazeray, 21190 Meursault, tél. 03.80.21.28.99, fax 03.80.21.29.18 ⓥ ⵉ r.-v.

CH. DE DRACY 1996*

| ■ | 1 ha | 6 500 | 🍾♣ | 30 à 50 F |

Ce hautes-côtes voit le jour comme un prince dans un magnifique château-fort. Blason de gueule, parfum de fruits cuits largement suffisant, équilibre de l'acidité et des tanins dépourvu de complaisance : chacun a le droit de s'exprimer. Bien dans le style de l'appellation et du millésime.

🕭 SCA Ch. de Dracy, 71490 Dracy-lès-Couches, tél. 03.85.49.62.13 ⵉ r.-v.
🕭 Benoît de Charette

DOM. C. ET J.-M. DURAND 1996**

| ■ | 2,2 ha | 5 000 | | 30 à 50 F |

« Et je suis fier d'être Bourguignon ! ». A coup sûr on peut chanter cela quand on produit un vin aussi agréable. Pourpre foncé, tirant sur l'animal et le cassis, il présente des tanins bien élevés, souples et dociles. Très plaisant en bouche.

🕭 C. et J.-M. Durand, rue de l'Eglise, 21200 Bouze-lès-Beaune, tél. 03.80.22.75.31, fax 03.80.26.02.57 ⓥ ⵉ r.-v.

GILBERT ET PHILIPPE GERMAIN
Les Marlots 1996

| ■ | 2 ha | 2 000 | | 30 à 50 F |

Pourpre brillant et intense, exprimant au nez le végétal nuancé de baies rouges, un vin assez fin, évoquant la groseille sur le tard, aux tanins encore jeunes. Tout cela n'est pas contraire à l'image générale de l'appellation.

Bourgogne hautes-côtes de beaune

Gilbert et Philippe Germain, rue du Vignoble, 21190 Nantoux, tél. 03.80.26.05.63, fax 03.80.26.05.12 r.-v.

DOM. GEORGES GUERIN ET FILS
1996★

| | n.c. | 9 000 | 30 à 50 F |

Un beau domaine de 23 ha, et une bien jolie cuvée : burlat foncé très mûre, voilà de la couleur ! D'un cassis persistant, voilà du bouquet ! Très agréable en attaque, souple avec des tanins bien présents, il évoluera sans doute vers les nuances animales caractéristiques. A déguster tout de suite si l'on veut, mais il sera probablement à son apogée dans cinq ans environ.

Dom. Georges Guérin et Fils, 21340 Change, tél. 03.85.91.10.40, fax 03.85.91.17.33 t.l.j. sf dim. 8h-12h 13h30-19h

HOSPICES DE DIJON
Chenovre Ermitage 1996

| | 10,12 ha | 60 000 | 50 à 70 F |

Les Hospices de Dijon ont créé naguère un domaine vitivinicole en association avec André Boisseaux (Château de Meursault et Patriarche). Mais ils ne vendent pas leurs vins aux enchères ! Ici un chardonnay jaune paille, flairant bon l'aubépine et le fruit de la passion, d'une ardeur citronnée sur la langue et d'un aspect plutôt sévère.

Patriarche Père et Fils, rue du Collège, 21200 Beaune, tél. 03.80.24.53.01, fax 03.80.24.53.03 r.-v.

DOM. LUCIEN JACOB 1996

| | 7 ha | 30 000 | 50 à 70 F |

Ancien député de la Côte-d'Or, Lucien Jacob fut aussi le président du Comité d'aménagement des Hautes-Côtes, à l'origine de la renaissance de ce vignoble. Il nous offre ici un 96 rouge grenat et net sur le fruit, ample et soyeux, d'un relief assez simple mais d'une bonne typicité.

Dom. Lucien Jacob, 21420 Echevronne, tél. 03.80.21.52.15, fax 03.80.21.55.65 t.l.j. 9h-12h 13h30-17h; dim. sur r.-v.

LABOURE-ROI 1996★★

| | n.c. | n.c. | 30 à 50 F |

Très joli hautes-côtes, d'où l'on découvre un beau panorama. Comme si l'on se trouvait sur la montagne des Trois-Croix... D'une coloration presque noire, il se montre riche et puissant, déterminé, avec des tanins souples, très harmonieux et un récital aromatique soutenu. Le reblochon devrait lui convenir.

Labouré-Roi, rue Lavoisier, 21700 Nuits-Saint-Georges, tél. 03.80.62.64.00, fax 03.80.62.64.10 r.-v.

Cottin

DOM. DE LA ROCHE AIGUE 1996★

| | 2 ha | 4 000 | 30 à 50 F |

Le sous-bois, le cuir, un vin qui n'aurait pas déplu à La Gazette, le personnage de Vincenot. Il disait « l'Arrière-Côte » mais peu importe. Un coup d'œil rubicond. Un parfum de groseille, de pruneau. « Quand on y boit, on ne voit pas le temps passer... », aurait dit le pape des escargots en appréciant sa souplesse.

Eric et Florence Guillemard, EARL La Roche Aiguë, rue du Glacis, 21190 Meloisey, tél. 03.80.26.02.04, fax 03.80.26.06.14 r.-v.

MARINOT-VERDUN 1996★★

| | n.c. | 5 000 | 30 à 50 F |

D'un éclat très lumineux et vif, il fait plaisir à voir. Son bouquet est un concentré d'arômes de fruits rouges confits ; il demeure toutefois assez jeune. Le fût assure l'équilibre. Des tanins consistants et souples, épaulés par un gras intéressant. Il peut se garder un peu.

Marinot-Verdun, Cave de Mazenay, 71510 Saint-Sernin-du-Plain, tél. 03.85.49.67.19, fax 03.85.45.57.21 t.l.j. sf dim. 8h-12h 13h30-18h

DOM. MAZILLY PERE ET FILS
Clos du Bois Prévôt 1996★

| | 2,2 ha | 13 200 | 30 à 50 F |

Rubis léger, ce clos en monopole donne un pinot noir aux senteurs de réglisse et aux notes confiturées. Peu d'intensité tannique, mais au contraire de la rondeur, du charme, une présence fruitée et persistante. Inutile de le faire patienter en cave.

Dom. Mazilly Père et Fils, rte de Pommard, 21190 Meloisey, tél. 03.80.26.02.00, fax 03.80.26.03.67 r.-v.

CHRISTIAN MENAUT
La Jolivode 1996★★

| | 1,5 ha | 9 300 | 30 à 50 F |

S'il était fonctionnaire, il serait de classe exceptionnelle. Car ce 96 honore l'appellation et mérite un temps d'attente en cave (un an ou deux). Couleur griotte, bouqueté (mûre et léger fût), il trouve son point d'équilibre sur le fruit rouge. Sa structure, sa fermeté ne l'empêchent pas de caresser le palais, comme il l'avait si bien fait en 1989 quand il reçut le coup de cœur.

Christian Menaut, 21190 Nantoux, tél. 03.80.26.01.53, fax 03.80.26.01.53 r.-v.

MOILLARD-GRIVOT 1996★

| | n.c. | 25 000 | 30 à 50 F |

Comment résister à cette bouteille or pâle et qui chante l'églantine à plein nez. Des accents minéraux complètent son bouquet. On sent vivre le cépage, le terroir, car le bois sait rester à sa place et on l'en félicite. Excellent actuellement (bouche très nette, solide, copieuse), on pourra aussi le garder un an ou deux. Il s'affinera encore. Coup de cœur en 1989 pour son 86 blanc.

Moillard-Grivot, 2, rue François-Mignotte, 21700 Nuits-Saint-Georges, tél. 03.80.62.42.00, fax 03.80.61.28.13 r.-v.

B. MOROT-GAUDRY 1995

| | 3 ha | 1 650 | 30 à 50 F |

Encore très jeune, il a du corps, de la matière et assez de qualités intérieures pour voir l'an 2 000. La robe est très convenable, cerise burlat, et le nez explore le sous-bois, le fruit à noyau. Pour les derniers amateurs d'étiquettes parcheminées !

LA BOURGOGNE

Crémant de bourgogne

↪ Bernard Morot-Gaudry, Moulin Pignot, 71150 Paris-l'Hôpital, tél. 03.85.91.11.09, fax 03.85.91.11.09 ✉ ⊤ r.-v.

DOM. HENRI NAUDIN-FERRAND 1996★★

| □ | 1,29 ha | 9 500 | ▮◐▯ 30 à 50 F |

Il n'est pas en ballottage, celui-ci, et n'a pas besoin de deux tours pour gagner son élection. Couleur, bouquet, complexité, jusqu'à une petite note citronnée, le programme nous convient tout à fait. Touche boisée sur fond floral. Coup de cœur en 1992 (millésime 89).
↪ Dom. Henri Naudin-Ferrand, rue du Meix-Grenot, 21700 Magny-lès-Villers, tél. 03.80.62.91.50, fax 03.80.62.91.77 ✉ ⊤ t.l.j. 8h-12h 13h30-19h; dim. sur r.-v.

DOM. CLAUDE NOUVEAU 1996★★

| ▮ | 4 ha | 5 000 | ▮◐ 30 à 50 F |

Un vin en état de grâce. Rubis violacé, il dispense un parfum de cerise confite qui réjouit l'odorat. Puis il vous plonge dans un univers charnu, rond et fruité. La preuve qu'on peut faire de très bonnes choses dans les Hautes-Côtes ! Ce producteur n'a-t-il pas reçu le coup de cœur en 1987 !
↪ EARL Dom. Claude Nouveau, Marcheseuil, 21340 Changé, tél. 03.85.91.13.34, fax 03.85.91.10.39 ✉ ⊤ r.-v.

DOM. PARIGOT PERE ET FILS 1996★

| ▮ | n.c. | n.c. | ◐▯ 30 à 50 F |

Un vin qui a de la suite dans les idées et tient, de l'œil à la bouche, le même discours fruité. Rouge cerise bien mûre, arômes de cassis, de griotte, puis une attaque franche, de jolis arômes secondaires (toujours la cerise). Le plaisir d'un 96 très friand. On se rappelle le coup de cœur obtenu en 1996 justement, pour le 93.
↪ Dom. Parigot Père et Fils, rte de Pommard, 21190 Meloisey, tél. 03.80.26.01.70, fax 03.80.26.04.32 ✉ ⊤ r.-v.

CH. PHILIPPE-LE-HARDI
Clos de La Chaise Dieu 1996★

| □ | 11,7 ha | 55 200 | ◐▯ 30 à 50 F |

Sous le patronage de Philippe le Hardi, l'histoire est souvent appelée ici à la rescousse. C'est pourtant dans l'avenir que l'on appréciera ce 96 dont « la matière en bouche laisse présager du bon », écrit un dégustateur. Or blanc, parfumé à la violette, un vin rond et chaleureux, dont le boisé n'est pas encore tout à fait fondu.
↪ Ch. de Santenay, B.P. 18, 21590 Santenay, tél. 03.80.20.61.87, fax 03.80.20.63.66 ✉ ⊤ r.-v.

LUCIEN RATEAU 1996★★

| ▮ | 0,5 ha | 2 400 | ◐▯ 30 à 50 F |

Sa robe rappelle la couleur de la mûre, et son nez de la confiture de fruits rouges, de façon agréable et déjà complexe. Vif et structuré, ses tanins sont de bonne compagnie. L'ensemble est représentatif de l'AOC. (Précisons que nous avons dégusté 98 vins de cette appellation.)
↪ Lucien Rateau, 21340 La Rochepot, tél. 03.80.21.80.64 ✉ ⊤ t.l.j. 8h-19h

MICHEL SERVEAU 1996★

| ▮ | 3,11 ha | 7 000 | ▮ 30 à 50 F |

Comme en 1991 quand il obtint un coup de cœur (88 rouge), il campe sur des positions bien arrêtées. Cela se voit dès qu'il occupe le verre. Rouge foncé, assez intense quant au bouquet (pruneau), il fait bonne impression quand on l'approche de plus près : charnu tout en gardant une certaine vivacité, marqué surtout par une note d'astringence en finale qui disparaîtra avant la fin de ce siècle.
↪ Michel Serveau, 21340 La Rochepot, tél. 03.80.21.70.24, fax 03.80.21.71.87 ✉ ⊤ t.l.j. 8h-19h

Crémant de bourgogne

Comme toutes les régions viticoles françaises ou presque, la Bourgogne avait son appellation pour les vins mousseux produits et élaborés sur l'ensemble de son aire géographique. Sans vouloir critiquer cette production, il faut bien reconnaître que la qualité n'était pas très homogène et ne correspondait pas, la plupart du temps, à la réputation de la région, sans doute parce que les mousseux se faisaient à partir de vins trop lourds. Un groupe de travail constitué en 1974 jeta les bases du crémant en lui imposant des conditions de production aussi strictes que celles de la région champenoise et calquées sur celles-ci. Un décret de 1975 consacra officiellement ce projet, auquel se sont ralliés finalement tous les élaborateurs (bon gré mal gré), puisque l'appellation bourgogne mousseux a été supprimée en 1984. Après un départ difficile, cette appellation connaît un bon développement et a produit 37 516 hl en 1997.

CAVE D' AZE Blanc de noirs 1996★

| ○ | | n.c. | 3 500 | ▮◐ 30 à 50 F |

Pinot noir sur toute la ligne, ce crémant a la bulle fine et régulière. Son bouquet nettement musqué est très aromatique (abricot surtout) : le palais des senteurs... De même, la bouche est originale dans le même style. Léger, plein et réussi mais éloigné du portrait-robot de l'appellation.
↪ Cave coop. d'Azé, en Tarroux, 71260 Azé, tél. 03.85.33.30.92, fax 03.85.33.37.21 ✉ ⊤ t.l.j. 9h-12h 14h-18h

CAVE DE VIGNERONS DE BISSEY
Blanc de blancs 1996★

| ○ | | 1 ha | 8 800 | ▮ 30 à 50 F |

Chardonnay et aligoté sont complices de ce 96 or blanc brillant, fleurant bon l'aubépine et la

Crémant de bourgogne

pierre à fusil, offrant au palais une sensation très douce de raisin frais. Sa pointe vive en finale montre qu'il ne s'endort pas. Bien travaillé.
➤ Cave de Vignerons de Bissey, 71390 Bissey-sous-Cruchaud, tél. 03.85.92.12.16, fax 03.85.92.08.71 ☑ ♀ r.-v.

DOM. ALBERT BOILLOT
Blanc de noirs 1996★★

○　　　　n.c.　　n.c.　　30 à 50 F

Blanc de noirs, vineux mais sans excès, avec une touche de fraicheur qui l'emporte sur la puissance et l'élan. Sans doute cette bouteille a-t-elle du tonus. Elle garde cependant de l'aisance, presque de la retenue : c'est sain, net et idéal à l'apéritif.
➤ SCE du Dom. Albert Boillot, ruelle Saint-Etienne, 21190 Volnay, tél. 03.80.21.61.21, fax 03.80.21.61.21 ☑ ♀ r.-v.

DOM. BOUCHEZ-CRETAL 1995

○　　　　n.c.　　2 000　　🍾 30 à 50 F

Un bel envol de montgolfières... Ses bulles pleines de gaieté ! Jaune doré, ce 95 est marqué par des arômes assez évolués, beurrés. Beau passage de relais entre le nez et la bouche, du citronné à la vivacité, puis on va vers plus de gras, une nuance d'amertume. A déguster dans les temps à venir.
➤ Dom. Bouchez-Crétal, 21190 Monthélie, tél. 03.85.87.17.40, fax 03.48.05.19.32 ☑ ♀ r.-v.

LOUIS BOUILLOT 1996★★

○　　　　n.c.　　35 000　　30 à 50 F

Cette vénérable maison nuitonne (L. Bouillot) produisait jadis l'un des meilleurs vins effervescents de la région. Elle a changé plusieurs fois de propriétaire, pour rejoindre le groupe J.-Cl. Boisset. Le jury salue ce 96 vif et citronné, à l'équilibre superbe. Or blanc, sa bulle semble n'être pas très durable mais joliment dessinée. Nez typique et racé d'agrumes et fruits secs. Une grande bouteille pour jours de fête.
➤ Jean-Claude Boisset, rue des Frères-Montgolfier, 21700 Nuits-Saint-Georges, tél. 03.80.62.61.00, fax 03.80.62.61.04

CAVE DE CHARNAY-LES-MACON 1995★

○　　　　n.c.　　23 628　　30 à 50 F

Crémant tirant tout le parti possible de son chardonnay mâconnais : une mousse régulière, or vert, un nez assez corsé, une aménité très conviviale qui s'associera avec joie à un moment heureux.
➤ Cave de Charnay, 54, chem. de la Cave, 71850 Charnay-lès-Mâcon, tél. 03.85.34.54.24, fax 03.85.34.86.84 ☑ ♀ r.-v.

DOM. CORNU★

○　　　　0,2 ha　　n.c.　　30 à 50 F

Blanc de noirs (pinot) façon hautes-côtes ; le cépage sait se montrer sage. Il donne de la chair sans alourdir l'ensemble. Bulles moyennes mais persistantes, jolie robe, de la vinosité, un peu de végétal. Tout en restant de ce monde, ce crémant réussit son envol.
➤ Dom. Cornu, 21700 Magny-lès-Villers, tél. 03.80.62.92.05, fax 03.80.62.72.32 ☑ ♀ r.-v.

BERNARD ET ODILE CROS 1995

○　　　　2 ha　　14 000　　30 à 50 F

Peu de cordon et bulles moyennes, bouquet de fleurs blanches, ce 95 attaque comme il se doit et, d'une belle longueur, ne se résout pas à quitter le palais. A boire maintenant et à l'apéritif.
➤ Bernard et Odile Cros, Cercot, Cidex 1259, 71390 Moroges, tél. 03.85.47.92.52, fax 03.85.47.92.52 ☑ ♀ r.-v.

ANDRE DELORME Blanc de noirs★★

○　　　　n.c.　　160 000　　30 à 50 F

Notre choix préférentiel se porte cette année sur ce blanc de noirs d'une élégance raffinée. Il est d'une jolie teinte, d'une mousse fine et légère, d'un bouquet floral. Son caractère assez viril, un peu nerveux, incite à l'attendre un an afin qu'il s'assouplisse. Ce grand spécialiste a reçu le coup de cœur en 1987, 1989, 1991...
➤ André Delorme, 2, rue de la République, 71150 Rully, tél. 03.85.87.10.12, fax 03.85.87.04.60 ☑ ♀ r.-v.

DOM. BERNARD DURY
Blanc de blancs 1995★★

○　　　　0,5 ha　　n.c.　　30 à 50 F

Après les millésimes 87 et 92, ce producteur très inspiré a failli remporter à nouveau le coup de cœur - il fut 3ᵉ du grand jury - pour un crémant qui « chardonne » (80 % de chardonnay) admirablement (arômes de miel, d'abricot). L'aligoté (20 %) se rappelle en bouche à notre bon souvenir : une vivacité fruitée et très caractéristique.
➤ Bernard Dury, rue du Château, 21190 Merceuil, tél. 03.80.21.48.44, fax 03.80.21.48.44 ☑ ♀ r.-v.

CAVE DES VIGNERONS DE GENOUILLY Blanc de noirs 1995★

○　　　　1 ha　　10 000　　🍾 30 à 50 F

D'une simplicité évangélique, un « vin de soif ». Sa sincérité s'exprime en bulles fines, dans un décor doré et limpide. Vif certes, mais d'une certaine ampleur. Chardonnay 100 %.
➤ Cave des Vignerons de Genouilly, 71460 Genouilly, tél. 03.85.49.23.72, fax 03.85.49.23.58 ☑ ♀ t.l.j. sf dim. 8h-12h 14h-18h

LES VIGNERONS DE HAUTE-BOURGOGNE 1996

○　　　　n.c.　　6 000　　🍾 30 à 50 F

Ces viticulteurs du Châtillonnais font de rapides progrès. Dans l'ancienne ferme du Bois de Langres où ils se sont installés, ils élaborent de bons crémants. Celui-ci par exemple, à la mousse intense et au cordon persistant, vif au nez (pamplemousse, pomme verte) et frais sur la langue.
➤ Les Vignerons de Haute-Bourgogne, La Ferme du Bois de Langres, 21400 Prusly-sur-Ource, tél. 03.80.91.07.60, fax 03.80.91.24.76 ☑ ♀ t.l.j. sf dim. lun. 15h-19h

LES VIGNERONS D'IGE★★

○　　　　15 ha　　150 000　　🍾 30 à 50 F

Mousse fine et dense, belle teinte dorée, le nez qui « pinote », ce crémant apparait bien construit

Crémant de bourgogne

et assez chaud mais fin et riche d'arômes. Note de tabac en finale, nous dit-on.
🍷 Cave des Vignerons d'Igé, 71960 Igé, tél. 03.85.33.33.56, fax 03.85.33.41.85 ☒ ☥ t.l.j. sf dim. 8h-12h 13h30-18h

JEAN-HERVE JONNIER 1996
○   0,7 ha   5 600   30 à 50 F

Cordon bien présent, effervescence moyenne, un vin confortable et presque moelleux, brioché, très gras. Conseillé pour le dessert - un vacherin au cassis pour rester en Bourgogne -, il répond à ce profil particulier de façon satisfaisante.
🍷 Jean-Hervé Jonnier, Bercully, 71150 Chassey-le-Camp, tél. 03.85.87.21.90, fax 03.85.87.23.63 ☒ ☥ r.-v.

LA CHABLISIENNE Cuvée brut 1993★
○   n.c.   n.c.   50 à 70 F

Musset a consacré de jolis vers au « bourgogne mousseux » (on disait ainsi, en ce temps-là). N'est-il pas poétique en effet, ce crémant tendre et espiègle ? Sans doute son bouquet est-il évolué, mais voyez plutôt le millésime... A cet âge-là, on n'espère rien de mieux. Chardonnay à 80 %, pinot noir à 20 %, une magnifique alchimie chablisienne.
🍷 La Chablisienne, 8, bd Pasteur, B.P. 14, 89800 Chablis, tél. 03.86.42.89.89, fax 03.86.42.89.90 ☒ ☥ r.-v.

CH. DE LA GREFFIERE
○   0,5 ha   3 000   50 à 70 F

La bulle ici a de la particule et se découpe bien sur l'or jaune de la robe. Ce pur chardonnay offre une bonne intensité aromatique, mais on hésite parmi les jurés sur l'impression dominante. Le chèvrefeuille, l'écorce d'orange, le miel ? Souple et neutre, un vin correct et méridional.
🍷 Isabelle et Vincent Greuzard, La Greffière, 71960 La Roche-Vineuse, tél. 03.85.37.79.11, fax 03.85.36.62.88 ☒ ☥ t.l.j. 9h-12h 13h30-18h

DOM. DE LA TOUR BAJOLE★
○   0,8 ha   4 000   30 à 50 F

Ce pinot noir fait honneur au Couchois. Les bulles sont en effet d'un beau gabarit et le parfum parle d'amande grillée. Un peu fugace, très frais, citronné, finissant sur un accent aigu. Parfait pour un kir royal, car ce crémant et la crème de cassis harmoniseront leurs contraires et trouveront un langage commun.
🍷 Dom. de La Tour Bajole, Les Ombrots, 71490 Saint-Maurice-les-Couches, tél. 03.85.45.52.90, fax 03.85.45.52.90 ☒ ☥ r.-v.
🍷 J.-C. Dessendre

CAVE DE LUGNY★★
◐   n.c.   50 000   30 à 50 F

Excellent rosé nuance framboise claire, au charme discret mais convainquant. Il n'est pas si facile de maîtriser le crémant dans cette couleur, et il doit justement garder cette distinction aimable. Fraîcheur, finesse et équilibre en font un beau produit. Cette coopérative a reçu l'an dernier le coup de cœur.
🍷 Cave de Lugny, rue des Charmes, B.P. 6, 71260 Lugny, tél. 03.85.33.22.85, fax 03.85.33.26.46 ☒ ☥ r.-v.

DOM. ROGER LUQUET★
○   0,4 ha   3 500   30 à 50 F

Un crémant de la Bourgogne méridionale, 100 % chardonnay. Fin cordon, robe légère, un gras et une longueur tout à fait en harmonie avec l'AOC sur une nuance de fruits secs. Franc, agréable, il fait la fête à lui tout seul et on s'y associera volontiers.
🍷 GAEC Dom. Roger Luquet, 71960 Fuissé, tél. 03.85.35.60.91, fax 03.85.35.60.12 ☒ ☥ t.l.j. sf dim. 8h-19h

MOINGEON Cuvée Prestige 1995★★
○   n.c.   40 000   50 à 70 F

Classé second par le grand jury et médaille d'argent de cette compétition, ce vin nous rappelle le conseil de Rabelais : « Et buvez frais si faire se peut ! ». Tout émoustillé, un crémant blanc doré, au bouquet légèrement vanillé, d'une bonne ampleur et fruit d'un assemblage exemplaire où le pinot tient toute sa place.
🍷 Moingeon, 4, rte de Dijon, 21700 Nuits-Saint-Georges, tél. 03.80.61.08.62, fax 03.80.62.36.38 ☒ ☥ t.l.j. 8h-12h 13h30-18h

DOM. DES MOIROTS★
○   3 ha   13 000   30 à 50 F

Rien de platonique dans l'amour qu'inspire cette bouteille aux bulles entreprenantes. Son nez friand et fruité attire. La bouche est vive et mûre à la fois. Typicité Côte chalonnaise. Coup de cœur il y a deux ans.
🍷 Dom. des Moirots, 71390 Bissey-sous-Cruchaud, tél. 03.85.92.16.93, fax 03.85.92.09.42 ☒ ☥ r.-v.
🍷 Lucien Denizot

ANDRE MOREY Blanc de blancs 1996★
○   n.c.   10 000   30 à 50 F

Chardonnay et aligoté de concert afin de développer des arômes intenses et balsamiques, très divers (jusqu'à des notes anisées) et en cours d'évolution. La bouche se révèle ronde et souple, emplie de bulles légères qui animent la dégustation de façon assez persistante. La seule maison beaunoise de négoce élaborant ses propres crémants.
🍷 Sté nouvelle André Morey, 2, rue de l'Arquebuse, 21200 Beaune, tél. 03.80.22.24.12, fax 03.80.24.13.00 ☒ ☥ r.-v.

PAUL DELANE Blanc de noirs★
○   n.c.   300 000   30 à 50 F

La SICAVA dans ses œuvres, pour un blanc de noirs (pinot noir et 10 % de gamay) qui mousse et qui mousse ! Bouquet concentré (agrumes) sur fond or jaune discret. En bouche, comment faire la part des choses ? Suave et riche, porté par un parfum miellé.

428

Le Chablisien

🍇 Caves de Bailly, SICA du Vignoble Auxerrois, 89530 Saint-Bris-le-Vineux, tél. 03.86.53.77.77, fax 03.86.53.80.94 ✉ 🍷 t.l.j. 8h-12h 14h-18h

LOUIS PICAMELOT
Cuvée Jeanne Thomas 1995★

○　　　0,6 ha　　4 000　　🍶🍾❄　50 à 70 F

Un crémant de début de repas, sur le foie gras par exemple. Issu de chardonnay (80 %) et d'aligoté (20 %), il excite le verre tant il brille, puis il développe des arômes flatteurs où se mêlent la noisette, le beurre et le pain de seigle. Un petit déjeuner au nez. Ces notes de chardonnay se retrouvent par la suite. Style crémant passé par le fût mais sans excès.

🍇 Louis Picamelot, 12, pl. de la Croix-Blanche, B.P. 2, 71150 Rully, tél. 03.85.87.13.60, fax 03.85.87.12.10 ✉ 🍷 r.-v.

ALBERT SOUNIT Cuvée Prestige★

○　　　　n.c.　　　n.c.　　30 à 50 F

Coup de cœur l'an dernier, ce producteur renouvelle notre plaisir avec ce vin assez dosé (pinot noir et chardonnay à deux tiers - un tiers), aux bulles bien nées et aux accents d'agrumes. Sa fraîcheur et sa légère amertume, sa petite pointe d'acidité lui donnent une certaine personnalité. Cette maison a été rachetée il y a quelques années par son importateur danois : c'est donc un crémant « européen » !

🍇 SARL Albert Sounit, 5, pl. du Champ-de-Foire, 71150 Rully, tél. 03.85.87.20.71, fax 03.85.87.09.71 ✉ 🍷 r.-v.

CELINE ET LAURENT TRIPOZ★

○　　　1,5 ha　　9 600　　🍶　30 à 50 F

Une bouteille « bien tournée » (lisez : bien dosée, bien travaillée). La bulle est dans la norme, le bouquet mie de pain et fruits, l'impression générale plaisante, dans l'esprit du cépage (chardonnay). Présence moyennement durable en finale. Fut coup de cœur en 1995.

🍇 EARL Céline et Laurent Tripoz, Loché, 71000 Mâcon, tél. 03.85.35.66.09, fax 03.85.35.66.09 ✉ 🍷 r.-v.

M. DIDIER TRIPOZ 1996★

○　　　0,5 ha　　4 000　　🍶❄　30 à 50 F

Chouchouté du côté de Mâcon, ce chardonnay rendu effervescent ne perd cependant pas la tête. Il se concentre pour exprimer une forte présence et il y parvient fort bien. Robe sympathique et cordon persistant ; arômes assez vineux. Un équilibre qui conviendra autant à l'apéritif qu'au cours d'un repas.

🍇 Didier Tripoz, 450, chem. des Tournons, 71850 Charnay-lès-Mâcon, tél. 03.85.34.14.52, fax 03.85.34.14.52 ✉ 🍷 r.-v.

CAVE DE VERZE★★

○　　　14 ha　　16 000　　30 à 50 F

Le meilleur de tous, selon le grand jury. Cela s'arrose ! Avec ce chardonnay effervescent, bien sûr. Sa bulle est de cristal doré clair. Son bouquet de pomme verte annonce une jeunesse qui va exploser en bouche. Vraiment très agréable à savourer tant il est spontané, enthousiaste et ardent. Il rend au centuple les grâces qu'il a reçues du ciel et de ses pères.

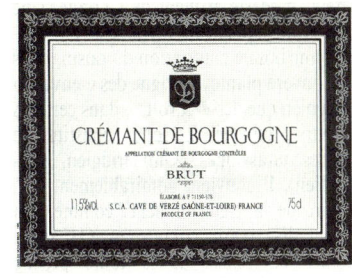

🍇 SCA Cave de Verzé, 71960 Verzé, tél. 03.85.33.30.76, fax 03.85.33.38.03 ✉ 🍷 r.-v.

VEUVE AMBAL
Cuvée Saint-Charles 1995★★

○　　　n.c.　　21 400　　🍶🍾❄　30 à 50 F

Mais oui, la Bourgogne a elle aussi des veuves effervescentes, et celle-ci retrouve une nouvelle jeunesse. Elle ne lésine pas sur la robe et vous séduit par un parfum de fleurs blanches et de pain grillé qui vous tourne doucement la tête. Commercial peut-être, mais sacrément bien fait… et avec du caractère (chardonnay à 70 %).

🍇 Veuve Ambal, rue des Bordes, B.P. 1, 71150 Rully, tél. 03.85.87.15.05, fax 03.85.87.30.15 ✉ 🍷 r.-v.
🍇 Eric Piffaut

Le Chablisien

Malgré une célébrité séculaire qui lui a valu d'être imité de la façon la plus fantaisiste dans le monde entier, le vignoble de Chablis a bien failli disparaître. Deux gelées tardives, catastrophiques, en 1957 et en 1961, ajoutées aux difficultés du travail de la vigne sur des sols rocailleux et terriblement pentus, avaient conduit à l'abandon progressif de la culture de la vigne ; le prix des terrains en grands crus atteignait un niveau dérisoire, et bien avisés furent les acheteurs du moment. L'apparition de nouveaux systèmes de protection contre le gel et le développement de la mécanisation ont rendu ce vignoble à la vie.

L'aire d'appellation couvre 6 834 ha sur les territoires de la commune de Chablis et de dix-neuf communes voisines ; plus de 4 000 ha sont actuellement plantés. La récolte a atteint 241 095 hl en

429　　　　　　LA BOURGOGNE

Le Chablisien

1997. Les vignes dévalent les fortes pentes des coteaux qui longent les deux rives du Serein, modeste affluent de l'Yonne. Une exposition sud-sud-est favorise à cette latitude une bonne maturation du raisin, mais on trouvera plantés en vigne des « envers » aussi bien que des « adroits » dans certains secteurs privilégiés. Le sol est constitué de marnes jurassiques (kimméridgien, portlandien). Il convient admirablement à la culture de la vigne blanche, comme s'en étaient déjà rendu compte au XIIe s. les moines cisterciens de la toute proche abbaye de Pontigny, qui y implantèrent sans doute le chardonnay, appelé localement beaunois. Celui-ci exprime ici plus qu'ailleurs ses qualités de finesse et d'élégance, qui font merveille sur les fruits de mer, les escargots, la charcuterie. Premiers et grands crus méritent d'être associés aux mets de choix : poissons, charcuterie fine, volailles ou viandes blanches, qui pourront d'ailleurs être accommodés avec le vin lui-même.

Petit chablis

Cette appellation constitue la base de la hiérarchie bourguignonne dans le chablisien. Elle a produit 29 227 hl en 1997. Moins complexe du point de vue aromatique, il possède une acidité un peu plus élevée qui lui confère une certaine verdeur. Autrefois consommé en carafe, dans l'année, il est aujourd'hui mis en bouteilles. Victime de son nom, il a eu de la peine à se développer, mais il semble qu'aujourd'hui le consommateur ne lui tienne plus rigueur de son adjectif dévalorisant.

DOM. D'ANTHONY 1996*

☐ 0,48 ha 3 000 ▮ ♦ 30 à 50 F

Petit chablis assez massif, imposant très structuré. Sans doute a-t-il perdu un peu de sa fraîcheur initiale, mais il garde de solides qualités. On le boira davantage à table qu'à l'apéritif, et il tiendra le choc avec une viande blanche. Or blanc et joli fruit.

• Dom. d'Anthony, 6, rue Dame-Julliot, 89000 Courgis, tél. 03.86.41.43.28, fax 03.86.41.43.28 ✓ ☥ t.l.j. 9h-20h
• Grossot

Petit chablis

DOM. BACHELIER 1996

☐ 0,13 ha 968 ▮ ♦ 30 à 50 F

Un nez légèrement citronné puis ouvrant sur une certaine complexité d'agrumes, sous des traits normalement dorés et brillants. Le sujet est assez vif, quoique souple et délié. Pas beaucoup de puissance, mais il faut considérer l'appellation.
• EARL Dom. Bachelier, 13, rue Saint-Etienne, 89800 Villy, tél. 03.86.47.49.56, fax 03.86.47.57.96 ✓ ☥ r.-v.

DOM. BILLAUD-SIMON 1996**

☐ 0,3 ha 2 400 ▮ ♦ 30 à 50 F

Tout pour plaire, du début à la fin. Si sa robe est de bon ton, le bouquet s'intensifie à l'aération sur des notes de menthe et de noisette. Quelle richesse sur la langue ! Quelle persistance ! Allons, la mariée n'est jamais trop belle...
• Dom. Billaud-Simon, 1, quai de Reugny, B.P. 46, 89800 Chablis, tél. 03.86.42.10.33, fax 03.86.42.48.77 ✓ ☥ t.l.j. sf dim. 8h-12h 14h-18h; sam. sur r.-v.; f. 15 août 1er sept.

BLASONS DE BOURGOGNE 1996

☐ n.c. n.c. ▮ ♦ 30 à 50 F

Bouteille plaisante. Elle ne cherche pas l'originalité à tout prix, mais se rapproche au maximum de l'esprit de l'appellation. On y trouve donc l'alliance du minéral et du floral, la vivacité, l'élan de la jeunesse.
• Blasons de Bourgogne, rue du Serein, 89800 Chablis, tél. 03.86.42.88.34, fax 03.86.42.83.75

PASCAL BOUCHARD 1996

☐ n.c. 40 000 ▮ ♦ 30 à 50 F

Sa minéralité épouse le caractère des 96, tant au nez qu'en bouche. Corps vif et un peu jeune : lui laisser le temps de se faire, un an ou deux.
• Pascal Bouchard, 5 bis, rue Porte-Noël, 89800 Chablis, tél. 03.86.42.18.64, fax 03.86.42.48.11 ✓ ☥ t.l.j. 10h30-12h30 15h-18h30; f. janv.

DOM. CAMU 1996***

☐ 1,3 ha 10 000 ▮ ♦ 30 à 50 F

Notre coup de cœur vient de Maligny. Il nous gâte, on peut le dire ! Ce petit chablis a tout d'un grand. L'or vert de sa robe est éclatant ! L'aspect

Le Chablisien — Petit chablis

minéral du bouquet s'inscrit dans une typicité parfaite. Quant au corps, à la structure, une pure merveille. Le gras, l'ampleur, et rien de trop.
☛ Christophe Camu, 50, Grande-Rue, 89800 Maligny, tél. 03.86.47.57.89, fax 03.86.47.57.98 ✓ 🍷 t.l.j. 8h-20h

DOM. DU CHARDONNAY 1996★

| ☐ | 9,1 ha | 40 000 | 🍾 | 30 à 50 F |

Blanc-jaune, il ne s'écarte pas de sa leçon bien apprise. Ses arômes sont au rendez-vous, à l'heure précise et sous l'horloge : la pierre à fusil, la fleur blanche. Bonne attaque, puissance, rondeur et nervosité, de l'élégance par-dessus le marché. Très représentatif.
☛ Dom. du Chardonnay, Moulin du Pâtis, 89800 Chablis, tél. 03.86.42.48.03, fax 03.86.42.16.49 ✓ 🍷 t.l.j. 8h-12h 14h-18h; sam. dim. sur r.-v.; f. 14 août-3 sept. 23 déc.-3 jan.

JEAN-CLAUDE COURTAULT 1996

| ☐ | 4,9 ha | 12 000 | 🍾 | 30 à 50 F |

Chi va piano va sano : cette bouteille a choisi cette devise. L'intensité de couleur est remarquable, le nez élégant, puis la bouche prend son temps. Pas trop de corps ni de longueur ; en revanche, le fruit tient bien son rôle et toute sa place. Un vin simple, coulant.
☛ Jean-Claude Courtault, 1, rte de Montfort, 89800 Lignorelles, tél. 03.86.47.50.59, fax 03.86.47.50.74 ✓ 🍷 r.-v.

DAMPT Vieilles vignes 1996★★

| ☐ | n.c. | n.c. | 🍾 | 30 à 50 F |

Il y a beaucoup de vin dans cette bouteille d'une belle brillance. Des signes d'évolution ? Peut-être, mais on n'y voit rien de surprenant. Cela se traduit par une belle structure, des arômes assez mûrs ainsi que par une forte expression en bouche.
☛ EARL Eve et Emmanuel Dampt, 3, rte de Tonnerre, 89700 Collan, tél. 03.86.55.29.55, fax 03.86.54.49.89 🍷 r.-v.
☛ Eric et Emmanuel Dampt

DOM. BERNARD DEFAIX 1996★

| ☐ | 1 ha | 8 000 | 🍾 | 30 à 50 F |

On se situe là sur une tonalité exotique qui, sans être d'une typicité parfaite, n'est pas déplaisante du tout. Bien au contraire ! Frais et souple,

BOURGOGNE

Le Chablisien

A.O.C. :
- Chablis Grand Cru
- Chablis Premier Cru
- Chablis
- Petit Chablis

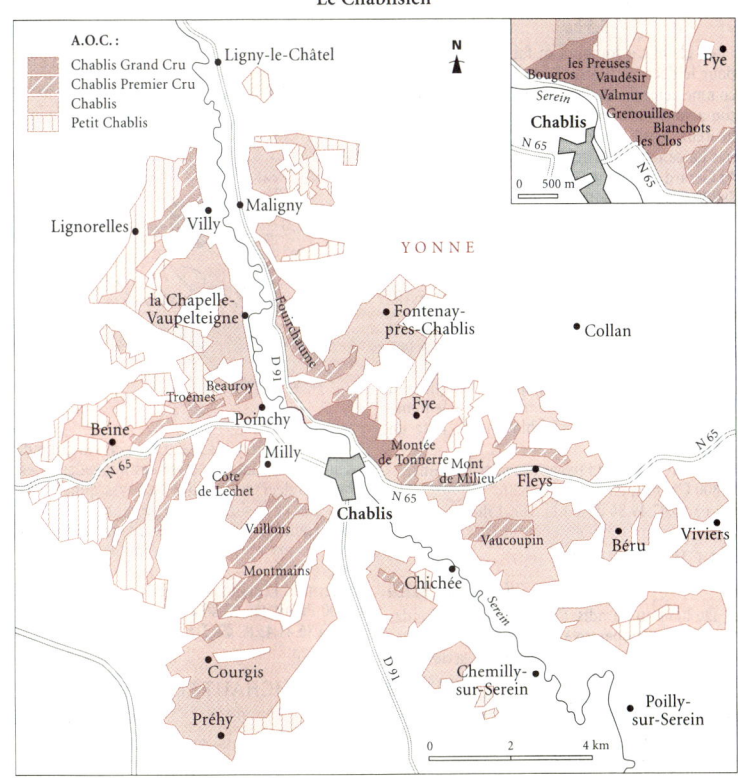

LA BOURGOGNE

Le Chablisien

Petit chablis

un chardonnay qui ne repose pas sur un socle considérable mais qui plaît, et c'est le principal.
➥ Dom. Bernard Defaix, 17, rue du Château, Milly, 89800 Chablis, tél. 03.86.42.40.75, fax 03.86.42.40.28 ✓ ☖ r.-v.

ALAIN GEOFFROY 1996**

| ☐ | 2,5 ha | 15 000 | 🍾 | 30 à 50 F |

Inventeur d'un fusil célèbre, le général Basile Gras vécut longtemps à Chablis. Mais ici ce serait plutôt la pierre à fusil... Une sensation minérale qui donne à ce vin beaucoup de relief. Il est jugé très beau selon tous les critères retenus.
➥ Dom. Alain Geoffroy, 4, rue de l'Equerre, 89800 Beines, tél. 03.86.42.43.76, fax 03.86.42.13.30 ✓ ☖ r.-v.

DOM. HAMELIN 1996*

| ☐ | 6,5 ha | 49 300 | 🍾 | 30 à 50 F |

Tendre ne signifie pas timide. Car si ce petit chablis est en effet fin et délicat, il entend toutefois marquer sa présence, sans complexe. Jaune pâle, discrètement floral, il tire le maximum d'une structure agréable et vivante.
➥ EARL Thierry Hamelin, 1, rue des Carillons, 89800 Lignorelles, tél. 03.86.47.52.79, fax 03.86.47.53.41 ✓ ☖ t.l.j. sf dim. 9h30-12h30 13h30-18h30; f. 10-16 août

DOM. DES ILES 1996*

| ☐ | 5,5 ha | n.c. | 🍾 | 30 à 50 F |

Le chablis a toujours su faire jaillir les mots pour le décrire. Il a de l'amour quand il séduit comme celui-ci. De la sève et du montant. Bref, son acidité est normale à cet âge et le gage d'un heureux vieillissement. Ne vous étonnez donc pas de ce petit côté acidulé.
➥ Gérard Tremblay, 12, rue de Poinchy, 89800 Chablis, tél. 03.86.42.40.98, fax 03.86.42.40.41 ✓ ☖ r.-v.

LA CAVE DU CONNAISSEUR 1996*

| ☐ | n.c. | 6 000 | 🍾 | 30 à 50 F |

Déjà évolué sans doute, ce 96, mais bon... et bon à boire un peu ambré, il a des accents mentholés et pierreux. Très vineux, riche, il ne manque ni d'ampleur ni de longueur en raison de sa maturité. « Je l'imagine bien sur une viande blanche », note un dégustateur.
➥ La Cave du Connaisseur, rue des Moulins, 89800 Chablis, tél. 03.86.42.48.36, fax 03.86.42.49.84 ✓ ☖ t.l.j. 10h-19h

LA CHABLISIENNE 1997

| ☐ | n.c. | n.c. | 🍾 | 30 à 50 F |

Du haut du paradis, l'abbé Balitrand - fondateur de cette coopérative - peut sonner les cloches en l'honneur de ce vin très jeune qui va développer en effet ses atouts. Sa fraîcheur, sa verdeur presque le rendent déjà sympathique.
➥ La Chablisienne, 8, bd Pasteur, B.P. 14, 89800 Chablis, tél. 03.86.42.89.89, fax 03.86.42.89.90 ✓ ☖ r.-v.

DOM. DE L'ORME 1996*

| ☐ | 1 ha | 6 000 | 🍾 | 30 à 50 F |

Limpide à reflets verts, il porte la tenue habituelle. Peu de bouquet dans l'immédiat, mais la situation peut changer. Le corps est turbulent, sans grande ampleur et cependant apprécié pour son gras, sa rondeur, assez exceptionnels pour cette appellation.
➥ Dom. de L'Orme, 16, rue de Chablis, 89800 Lignorelles, tél. 03.86.47.41.60, fax 03.86.47.56.66 ✓ ☖ r.-v.

DOM. DES MALANDES 1996**

| ☐ | n.c. | n.c. | 🍾 | 50 à 70 F |

Le fruit est la constante de ce 96 jaune soutenu, attaquant avec ardeur et qui exprime également une âme assez minérale. Il s'agit donc d'un vin très cohérent, bien typé et qui produit une impression de droiture.
➥ Dom. des Malandes, 63, rue Auxerroise, 89800 Chablis, tél. 03.86.42.41.37, fax 03.86.42.41.97 ✓ ☖ r.-v.
➥ Marchive

CH. DE MALIGNY 1996*

| ☐ | 10 ha | 75 000 | 🍾 | 30 à 50 F |

Un domaine de 170 ha en Chablisien, dont une dizaine pour ce vin à la robe claire et au bouquet sur la réserve. Il manque un peu de matière, mais le caractère est bien affirmé.
➥ SA Jean Durup Père et Fils, 4, Grande-Rue, 89800 Maligny, tél. 03.86.47.44.49, fax 03.86.47.55.49 ✓ ☖ t.l.j. sf sam. dim. 8h30-12h 13h30-17h30

DOM. DES MARRONNIERS 1996***

| ☐ | 1,5 ha | 11 000 | 🍾 | 30 à 50 F |

Domaine des Marronniers
Petit Chablis
APPELLATION PETIT CHABLIS CONTROLÉE
Mise en Bouteilles   Propriétaire-Viticulteur à
à la Propriété par   Préhy, 89800 Chablis
Bernard Légland   France
12,5 % vol.   PRODUCE OF FRANCE   750 ml

Tentez le curry d'agneau avec ce vin coup de cœur, et vous nous en direz des nouvelles. Il est d'une couleur caressante. Nez très aimable de fruits secs et de silex. Queue de paon pour la suite, tant l'équilibre est merveilleux. Une vinification à citer en exemple, sans mots inutiles : la perfection.
➥ Bernard Légland, Grande-Rue de Chablis, 89800 Préhy, tél. 03.86.41.42.70, fax 03.86.41.45.82 ✓ ☖ t.l.j. 8h-12h30 14h-20h; f. 1er -15 sept.

DOM. MICHAUT Cuvée quatrième 1996**

| ☐ | 0,65 ha | 3 000 | 🍾 | 30 à 50 F |

On croque dans ce vin comme dans une grappe de raisin. Le nez découvre des notes miné-

Le Chablisien

rales accompagnées de fragrances fruitées. La couleur et la vivacité sont typiques d'un vrai vin de Chablis. C'est superbe.
🕿 Dom. Michaut, 41, rue du Ruisseau, 89800 Beines, tél. 03.86.42.49.61, fax 03.86.42.49.63 ■ ▼ r.-v.

DOM. DES ORMES 1996**

| | 5,9 ha | 4 500 | 30 à 50 F |

« Lorsque l'on a l'esprit morose, il faut s'enfuir loin de Paris, chantait Aristide Bruant. Et pour voir l'existence en rose, s'en aller tout droit à Chablis ». Voilà bien un flacon digne de la chanson. Or ambré, un peu citronné, il laisse la bouche éblouie. Pour amateurs éclairés...
🕿 Dom. des Ormes, 4, rte de Lignorelles, 89800 Beines, tél. 03.86.42.40.91, fax 03.86.42.48.58 ■ ▼ t.l.j. 8h-21h

DOM. DE PERDRYCOURT 1996**

| | 0,75 ha | 1 600 | 30 à 50 F |

De mère en fille, un domaine proche de l'abbaye de Pontigny. Avec cet excellent petit chablis, il nous offre en effet l'occasion d'un retour aux sources. Sa couleur est sans défaut, son nez affirmé et très mûr, sa bouche déjà harmonieuse et longue, et son évolution assurée. Bravo, Mesdames !
🕿 Dom. de Perdrycourt, 9, voie Romaine, 89230 Montigny-la-Resle, tél. 03.86.41.82.07, fax 03.86.41.87.89 ■ ▼ t.l.j. 9h-20h
🕿 Arlette et Virginie Courty

DOM. DE PISSE-LOUP 1996*

| | 1,8 ha | 4 300 | 30 à 50 F |

« On se régale ! », confesse sur sa fiche l'un de nos jurés. Pas de doute sur l'année, c'est bien un 96. Jaune vif, fruité, franc et impulsif, il est très réussi...
🕿 SCEA Hugot-Michaut, 1, rue de la Poterne, 89800 Beines, tél. 03.80.97.04.67, fax 03.80.97.04.67 ■ ▼ r.-v.

DENIS POMMIER 1996**

| | 3 ha | 7 400 | 30 à 50 F |

Tout le problème d'un bon petit chablis est de triompher de ses contradictions. Entre l'acidité et le gras, le vif et le moelleux... C'est le cas ici, et ce 96 est maintenant prêt à boire. D'une qualité nettement au-dessus de la moyenne.
🕿 Denis Pommier, 31, rue de Poinchy, Poinchy, 89800 Chablis, tél. 03.86.42.83.04, fax 03.86.42.17.80 ■ ▼ t.l.j. 9h-20h; dim. sur r.-v.

PAUL REITZ 1996*

| | | n.c. | 8 000 | 30 à 50 F |

Pas si petit que ça, ce 96 jaune paille ! Ses arômes flatteurs annoncent un corps harmonieux, tendre pour le millésime. A ranger dans la catégorie du « vin plaisir ».
🕿 SA Paul Reitz, Grande-Rue, 21700 Corgoloin, tél. 03.80.62.98.24, fax 03.80.62.96.83

Chablis

DOM. JACKY RENARD 1996

| | 1,65 ha | 10 000 | 30 à 50 F |

D'une teinte claire, il reste très classique avec son bouquet d'aubépine et de silex, sa légère astringence, son aisance au palais. Agréable.
🕿 Dom. Jacky Renard, La Côte-de-Chaussan, 89530 Saint-Bris-le-Vineux, tél. 03.86.53.38.58, fax 03.86.53.33.50 ■ ▼ r.-v.

SIMONNET-FEBVRE 1996

| | | n.c. | 14 000 | 30 à 50 F |

Il fut un temps où l'on buvait à la cour du tsar de Russie, du chablis... mousseux issu de cette maison de négoce fondée en 1840 et demeurée familiale. Son petit chablis compense par la vivacité une constitution sobre et légère. Sa teinte est peu appuyée, son bouquet fin et floral.
🕿 Simonnet-Febvre, 9, av. d'Oberwesel, B.P. 12, 89800 Chablis, tél. 03.86.98.99.00, fax 03.86.98.99.01 ■ ▼ t.l.j. 8h-12h 14h-19h; sam. dim. sur r.-v.

Chablis

Le chablis, qui a produit 161 368 hl en 1997 contre 155 000 hl en 1996, doit à son sol ses qualités inimitables de fraîcheur et de légèreté. Les années froides ou pluvieuses lui conviennent mal, son acidité devenant alors excessive. En revanche, il conserve lors des années chaudes une vertu désaltérante que n'ont pas les vins de la Côte-d'Or également issus du chardonnay. On le boit jeune (un à trois ans), mais il peut vieillir jusqu'à dix ans et plus, gagnant ainsi en complexité et en richesse de bouquet.

PIERRE ANDRE Le Grand Pré 1996*

| | 1,5 ha | 8 000 | 100 à 150 F |

Un vin qui ne court pas deux lièvres à la fois. Simple et d'un accès aisé, il ne recherche pas les effets inutiles. Tout est léger en lui, de la robe à l'arrière-bouche, et on y prend plaisir. Bouteille à déboucher maintenant ou dans un avenir proche.
🕿 Pierre André, Ch. de Corton-André, 21420 Aloxe-Corton, tél. 03.80.26.44.25, fax 03.80.26.43.57 ▼ t.l.j. 10h-18h

DOM. BACHELIER Vieilles vignes 1996*

| | 1 ha | 5 625 | 50 à 70 F |

Viticulteurs en Chablisien depuis 1833, les Bachelier sont aujourd'hui à la tête d'une dizaine d'hectares. Leur 96 ? Brillance dorée, c'est bien. Nez peu ouvert, mais net et franc, montrant un début de caractère. Bon support d'alcool, presque trop, ce qui rend le verre assez lourd dans un contexte riche et vineux. Cela dit, une volatile plutôt grasse l'accompagnera gentiment.

LA BOURGOGNE

Le Chablisien / Chablis

☛ EARL Dom. Bachelier, 13, rue Saint-Etienne, 89800 Villy, tél. 03.86.47.49.56, fax 03.86.47.57.96 ☑ ⊺ r.-v.

DOM. BARAT 1996

| | 7 ha | 20 000 | 30 à 50 F |

S'il manque un peu d'audace en bouche, ce 96 se situe néanmoins et globalement dans la bonne moyenne. Couleur légère, arômes d'évolution (coing, fruits confits) et corps linéaire. Un classique élaboré par un domaine que l'on retrouve souvent dans le Guide.

☛ EARL Dom. Barat, 6, rue de Léchet, Milly, 89800 Chablis, tél. 03.86.42.40.07, fax 03.86.42.47.88 ☑ ⊺ r.-v.

BERSAN ET FILS 1996*

| | 3 ha | 18 000 | 30 à 50 F |

On nous dit que les Bersan sont au village depuis cinq siècles. Aujourd'hui, ils possèdent 36 ha et font de jolis vins comme celui-ci qui se refuse encore, et ces choses-là existent à Chablis comme partout ailleurs. Il ne faut pas en faire toute une affaire, car à l'œil il séduit, au nez il disserte sur la complexité des notes florales, fruitées et minérales. En bouche, il excite et remplit : il est d'une excellente typicité.

☛ Dom. Bersan et Fils, 20, rue de l'Eglise, 89530 Saint-Bris-le-Vineux, tél. 03.86.53.33.73, fax 03.86.53.38.45 ☑ ⊺ r.-v.

JEAN-CLAUDE BESSIN 1996

| | 5 ha | 11 000 | 30 à 50 F |

La bouteille du patron, comme on dit. A l'œil, c'est très intense. L'odorat y trouve de quoi se satisfaire, du minéral et du fruit. Normal. Ce vin est franc et net. De bonne compagnie.

☛ Jean-Claude Bessin, 3, rue de la Planchotte, 89800 Chablis, tél. 03.86.42.46.77, fax 03.86.42.85.30 ☑ ⊺ r.-v.

☛ Tremblay

BOISSET 1996*

| | n.c. | 120 000 | 50 à 70 F |

Jean-Claude Boisset s'est implanté en Chablisien en reprenant la maison Moreau. Il présente sous son nom un vin agréable, assez typé. Ses points forts : la qualité de la robe, la générosité du bouquet floral, l'équilibre entre l'alcool et l'acidité. Longueur très honorable et notes fruitées - pomme - sur la fin.

☛ J.-C. Boisset, 5, quai Dumorey, B.P. 102, 21702 Nuits-Saint-Georges Cedex 1, tél. 03.80.62.61.61, fax 03.80.62.37.38

PASCAL BOUCHARD 1996

| | n.c. | 500 000 | 30 à 50 F |

Vêtu de clair, ce chablis suggère un repas d'huîtres. Sa fraîcheur et sa bouche délicate (arômes secondaires rappelant la noix) font leur chemin et occupent un bon moment le cœur de la dégustation. A boire cette année plutôt que l'an prochain. Coup de cœur en 1996 pour le millésime 93.

☛ Pascal Bouchard, 5 bis, rue Porte-Noël, 89800 Chablis, tél. 03.86.42.18.64, fax 03.86.42.48.11 ☑ ⊺ t.l.j. 10h30-12h30 15h-18h30; f. janv.

BOUCHARD PERE ET FILS 1996*

| | n.c. | n.c. | 70 à 100 F |

Or pâle, un peu timide, ce vin est prêt à être servi. D'une nature minérale et vive, il affirme en bouche une présence très active, harmonieuse et fine. Classique jusqu'au bout des ongles... et des lèvres.

☛ Bouchard Père et Fils, Ch. de Beaune, 21200 Beaune, tél. 03.80.24.80.24, fax 03.80.24.97.56 ⊺ r.-v.

DOM. DE CHANTEMERLE 1996*

| | 10 ha | 72 000 | 30 à 50 F |

Grand prêtre de l'Homme Mort, ce *climat* qu'il a porté aux nues, voici Adhémar Boudin dans ses œuvres, assisté par la jeune génération. Le regard s'emplit d'un or limpide. Le nez s'interroge sans solution probante. Peut-être pas beaucoup de liant, mais - comme disait jadis le chanoine Gaudin, souvent cité - il a du montant et de la sève. L'évolution sera certainement positive. Coup de cœur en 1996 pour le millésime 93.

☛ Dom. de Chantemerle, 27, rue du Serein, 89800 La Chapelle-Vaupelteigne, tél. 03.86.42.18.95, fax 03.86.42.81.60 ☑ ⊺ r.-v.

☛ Francis Boudin

DOM. DU CHARDONNAY 1996*

| | 14 ha | 80 000 | 30 à 50 F |

Le sang de la pierre... Très minéral et très typé, bien dans sa peau de 96, un vin très légèrement jaune, aux arômes de citron vert et de pierre à fusil, parfaitement équilibré. L'acidité est là où il faut. Franc et carré, excellemment vinifié, il a une forte personnalité.

☛ Dom. du Chardonnay, Moulin du Pâtis, 89800 Chablis, tél. 03.86.42.48.03, fax 03.86.42.16.49 ☑ ⊺ t.l.j. 8h-12h 14h-18h; sam. dim. sur r.-v.; f. 14 août-3 sept. 23 déc.-3 jan.

DOM. CHEVALLIER 1996

| | 10,5 ha | 17 000 | 30 à 50 F |

Coup de cœur l'an passé pour le millésime 95. En scène maintenant, le suivant. Blanc-vert limpide, frais et jeune, il est logique pour un 96, l'acidité bien relayée par la rondeur, sans trop d'esprit de suite mais dans une amplitude satisfaisante.

☛ Claude et Jean-Louis Chevallier, 6, rue de l'Ecole, 89290 Montallery, tél. 03.86.40.27.04, fax 03.86.40.27.05 ☑ ⊺ r.-v.

DOM. DES CINQ VIGNES 1996

| | 8,68 ha | 67 000 | 30 à 50 F |

Restif de La Bretonne fut enfant de chœur dans ce village de Courgis. Faut-il y voir un rapport avec l'acidité de ce vin correctement vêtu, légèrement mentholé, épicé en bouche et qui a du potentiel ? L'impression s'améliore à la seconde dégustation.

☛ Jean-Claude Martin, rue de Chante-Merle, 89800 Courgis, tél. 03.86.41.40.33, fax 03.86.41.47.10 ☑ ⊺ t.l.j. 8h-12h 14h-19h; sam. dim. sur r.-v.; f. 15-31 août

434

Le Chablisien

Chablis

DOM. DU COLOMBIER 1996
27 ha   80 000

Sa robe est jolie, son parfum peu volubile, son corps rond et persistant sur une note fumée. Elevé pourtant en cuve... Comme quoi ! On l'apprécie surtout au palais et, entre nous, c'est bien là l'essentiel. A boire dans l'année.
- Dom. du Colombier, 42, Grand-Rue, 89800 Fontenay-près-Chablis, tél. 03.86.42.15.04, fax 03.86.42.49.67 ◘ ▼ t.l.j. sf dim. 8h-12h 13h30-19h
- Guy Mothe et ses Fils

DOM. DE CORBETON 1996**
11 ha   60 000

Le nez est en poste restante, mais tout le reste expédié rapidement et par porteur. De la longueur et du corps, de la profondeur, de l'élégance et du gras, un magnifique potentiel. A attendre absolument, et c'est l'exception pour un 96. Il se détache nettement du peloton.
- Dom. de Corbeton, rue Auxerroise, 89800 Chablis, tél. 03.80.24.37.27, fax 03.80.24.37.38

DOM. DANIEL DAMPT 1996*
11 ha   80 000

L'œil est prometteur, si l'on se fie à sa limpidité intense. Au nez, on trouve des notes florales et de camomille fines, complexes à souhait. L'attaque discrète est suivie d'une belle montée en puissance, accompagnée d'un bon retour d'arômes : la persistance est intéressante. Cela tiendra debout quatre à cinq ans.
- Dom. Daniel Dampt, 1, rue des Violettes, Milly, 89800 Chablis, tél. 03.86.42.47.23, fax 03.86.42.46.41 ◘ ▼ r.-v.

JEAN ET SEBASTIEN DAUVISSAT 1996
n.c.   13 000

Il demande de la patience, celui-là. Certes, la robe n'a pas besoin de se faire prier pour dire ce qu'elle a à dire : dorée, limpide. En revanche, le nez se développe lentement. De même, sa sève n'a pas encore gagné tout son corps et il est conseillé de le garder un peu en cave. Pas beaucoup de puissance mais une rondeur attrayante.
- Caves Jean Dauvissat, 3, rue de Chichée, 89800 Chablis, tél. 03.86.42.14.62, fax 03.86.42.45.54 ◘ ▼ t.l.j. 8h-12h 14h-19h

RENE ET VINCENT DAUVISSAT 1996
1,3 ha   7 500

« Notre histoire, c'est tout simple : c'est vouloir être vigneron et promouvoir les terroirs », disent les Dauvissat que les lecteurs retrouvent avec plaisir. Ils présentent un vin aux arômes de fruits exotiques, assez homogène mais confessant son acidité. On ne lui en fait pas reproche, d'autant que le jury l'estime - pour l'ensemble de ses qualités - digne de votre cave.
- GAEC René et Vincent Dauvissat, 8, rue Emile-Zola, 89800 Chablis, tél. 03.86.42.11.58, fax 03.86.42.85.32

DOM. BERNARD DEFAIX 1996*
10 ha   60 000

Jean Cocteau écrivit La Voix humaine en une seule nuit, dans un hôtel de Chablis. Sans doute l'inspiration lui vint-elle d'un vin comme celui-ci. De beaux reflets, un nez encore austère et à vocation minérale, une bouche très friande et qui met les papilles en joie, il n'a pas fini de s'exprimer.
- Dom. Bernard Defaix, 17, rue du Château, Milly, 89800 Chablis, tél. 03.86.42.40.75, fax 03.86.42.40.28 ◘ ▼ r.-v.

DOM. DES GARMINS
Elevé en fût de chêne 1996*
2,6 ha   n.c.

Relève-t-il de l'œnologie ou de la minéralogie ? On peut se poser la question tant il évoque le silex. Et encore, l'opulence de ses arômes est probablement dissimulée en partie par la verdeur, presque la dureté de sa note finale. Vin intéressant et dont la personnalité est forte.
- Hubert Dorut, rte de Vaucharmes, 89800 Préhy, tél. 03.86.41.46.88, fax 03.86.41.48.10 ◘ ▼ t.l.j. 8h-12h 14h-19h

DOM. JOSEPH ET XAVIER GARNIER 1996*
14 ha   14 000

Un jeune domaine - dix ans d'âge - et un vin bien fait, digne représentant du millésime et du vignoble : teint clair, arômes légers et suggérant la pomme verte, beaucoup de fruit ensuite et une acidité très présente mais qui n'agresse pas.
- Dom. Joseph et Xavier Garnier, chem. de Méré, 89144 Ligny-le-Chatel, tél. 03.86.47.42.12, fax 03.86.47.56.97 ◘ ▼ r.-v.

DOM. GRAND ROCHE 1996
7 ha   20 000

Assez jaune ou verdâtre, la question est posée. Au premier coup de nez, ce vin sauvignonne un peu, fenouil et céleri. Il s'améliore au reposé et à la seconde approche. En bouche, il explose dans un élan impétueux. Il est conseillé de le garder pour plus tard car l'attente sera ici récompensée. Pensez alors au foie gras.
- Lavallée, Dom. Grand Roche, 16, rte de Champs, 89530 Saint-Bris-le-Vineux, tél. 03.86.53.84.07, fax 03.86.53.88.36 ◘ ▼ t.l.j. sf dim. 9h-12h 13h30-19h; f. 10-30 août

JEAN-PIERRE GROSSOT 1996*
2,5 ha   n.c.

Des Saint-Jacques à la chablisienne, une riche idée pour accompagner ce vin très bien équilibré, or pâle et c'est bon signe, au nez sec comme la pierre à fusil (article devenu introuvable sauf à Chablis !) et volumineux, intense, démonstratif en bouche.
- Corinne et Jean-Pierre Grossot, 4, rte de Mont-de-Milieu, 89800 Fleys, tél. 03.86.42.44.64, fax 03.86.42.13.31 ◘ ▼ r.-v.

BOURGOGNE

435   LA BOURGOGNE

Le Chablisien

Chablis

DOM. GUITTON-MICHEL
Prestige Vieilles vignes 1996*

☐   0,5 ha   4 000   🍾   50 à 70 F

On peut être né à Epernay et se consacrer au vin de Bourgogne. C'est le cas de ce viticulteur qui signait, grâce à cette vigne plantée en 1922 (l'une des doyennes du Chablisien), le coup de cœur en 1995 pour un 92. Or vert, arômes de pamplemousse et de pin, ce millésime 96 se présente de façon souple et fine. Doit encore se fondre.

🔑 Dom. Guitton et Michel, 2, rue de Poinchy, 89800 Chablis, tél. 03.86.42.43.14, fax 03.86.42.17.64 ✓ ☕ t.l.j. 8h-20h

DOM. LA BRETAUCHE 1995*

☐   5,34 ha   10 000   🍾   50 à 70 F

A goûter sur un chèvre chaud, un vin faible en couleur et au bouquet complexe, à nuances muscatées. Très explicite en bouche, il attaque ferme, montrant fraîcheur et richesse. Un peu sévère.

🔑 Louis Bellot, rue de La Bretauche, 89800 Chablis, tél. 03.86.42.40.90, fax 03.86.42.49.81 ✓ ☕ r.-v.

LA CHABLISIENNE Cuvée L. C. 1995*

☐   n.c.   n.c.   🍾   50 à 70 F

Cette cuvée L.C. a obtenu un coup de cœur pour le millésime 93. Elle est cette fois-ci tonique et structurée, bien limpide, affirmant un bouquet chaleureux et complexe. La bouche est d'une grande franchise. Que lui manque-t-il pour recevoir le maillot jaune ? Un peu de gras et de puissance. Mais c'est très correct et aimable sur table.

🔑 La Chablisienne, 8, bd Pasteur, B.P. 14, 89800 Chablis, tél. 03.86.42.89.89, fax 03.86.42.89.90 ✓ ☕ r.-v.

DOM. DE LA GENILLOTTE 1996*

☐   10,05 ha   25 000   🍾   30 à 50 F

Si vous visitez l'abbaye de Pontigny, n'hésitez pas à parcourir les 6 km qui la séparent de ce domaine. En effet, celui-ci a proposé un vin qui est le portrait-robot d'un 96 très réussi ; sous une présentation pâle et limpide, il offre des arômes bien conçus, un corps rond et fruité, relevé au bon moment par une pointe acide du meilleur effet. Très bien, vraiment.

🔑 EARL Sourice-Depuydt, 11, rue Auxerroise, 89800 Lignorelles, tél. 03.86.47.44.44, fax 03.86.47.44.44 ✓ ☕ r.-v.

DOM. DE LA MOTTE 1996

☐   6 ha   29 000   🍾   30 à 50 F

On pourrait exposer cette bouteille à la devanture d'un bijoutier tant son or est fin. Nez 96, un peu fermé mais agréable. A boire sur une andouillette chablisienne, en profitant de sa souplesse et de sa bonhomie.

🔑 Dom. de La Motte, 35, Grande-Rue, 89800 Beines, tél. 03.86.42.43.71, fax 03.86.42.49.63 ✓ ☕ t.l.j. 8h-12h 14h-18h; groupes sur r.-v.
🔑 Michaut-Robin

DOM. LAROCHE Saint Martin 1996

☐   58,3 ha   450 000   🍾   70 à 100 F

Installé à l'Obédiencerie, ancienne demeure des moines de Saint-Martin, Michel Laroche dédie cette cuvée au fondateur de l'ordre. Généreux comme saint Martin qui n'hésitait pas à couper son manteau en deux, ce chablis met en quatre pour nous plaire : or intense, bouquet floral légèrement menthole, fraîcheur de printemps, aptitude à se conserver une paire d'années.

🔑 Dom. Laroche, 22, rue Louis-Bro, 89800 Chablis, tél. 03.86.42.89.00, fax 03.86.42.89.29 ✓ ☕ r.-v.

DOM. DE LA TOUR 1996*

☐   4,3 ha   13 000   🍾   30 à 50 F

L'espoir fait vivre, dit-on. Nos jurés estiment que ce 96 peut honnêtement passer le cap de l'an 2000 en acquérant une maturité excellente. Sa discrétion plaide pour lui, d'autant qu'on sent là derrière un solide potentiel. Sa complexité aromatique minérale et florale, un peu iodée, constitue un bon sujet de conversation. Et déjà il enchante le palais !

🔑 SCEA Dom. de La Tour, 8 bis, rue Jules-Philippe, 89800 Chablis, tél. 03.86.47.50.59, fax 03.86.47.50.74 ✓ ☕ r.-v.
🔑 Fabrici

DOM. DE L'EGLANTIERE 1996*

☐   50 ha   300 000   🍾   50 à 70 F

L'un des grands producteurs de chablis, qui possède un domaine de 170 ha et qui exporte 80 % de ses vins. Son 96 se présente bien dans le verre, or brillant, avec un bouquet de fleurs blanches ; l'attaque est délicate, puis la présence de fruits verts s'affirme dans une bouche franche assez typée. Les dégustateurs jugent préférable d'attendre un peu cette bouteille et de la servir avec des huîtres.

🔑 SA Jean Durup Père et Fils, 4, Grande-Rue, 89800 Maligny, tél. 03.86.47.44.49, fax 03.86.47.55.49 ✓ ☕ t.l.j. sf sam. dim. 8h30-12h 13h30-17h30

DOM. LE VERGER 1996

☐   24 ha   190 000   🍾   50 à 70 F

Un chablis au ton clair, jaune pastel. Il « mousseronne » comme le veut ici la tradition : arômes de mousse, de champignon, assez puissants et évoluant vers le miel. La suite est citronnée, vive sans se montrer acerbe. Pour des coquillages.

🔑 Dom. Alain Geoffroy, 4, rue de l'Equerre, 89800 Beines, tél. 03.86.42.43.76, fax 03.86.42.13.30 ✓ ☕ r.-v.

DOM. LONG-DEPAQUIT 1996**

☐   21 ha   60 000   🍾   50 à 70 F

Un vrai, bon et grand chablis. « C'est cette voix du cœur qui seule nous arrive », pour parler comme Musset. Robe de cristal comme dans les contes de fées. Bouquet de truffe blanche. Gras et finesse ornent le palais, selon une typicité hors du commun et due notamment à sa minéralité subtile.

Le Chablisien   Chablis

🍇 Dom. Long-Depaquit, 45, rue Auxerroise, 89800 Chablis, tél. 03.86.42.11.13, fax 03.86.42.81.89 ✅ 🍷 t.l.j. sf dim. 9h-12h30 13h30-18h
🍇 Bichot

DOM. DES MALANDES 1996★

☐   n.c.   n.c.   🍾 30 à 50 F

Le 89 eut le coup de cœur sur notre Guide 1992. Le 96 recevra peut-être la même distinction, mais dans quelques années, quand vous lui ferez quitter votre cave. Sa brillance est sans défaut, son nez diligent et minéral à touche herbacée ; vif comme on sait l'être à Chablis, riche et bien structuré, il se prépare à un grand plaisir futur.
🍇 Dom. des Malandes, 63, rue Auxerroise, 89800 Chablis, tél. 03.86.42.41.37, fax 03.86.42.41.97 ✅ 🍷 r.-v.
🍇 Marchive

DOM. DES MARRONNIERS 1996★

☐   11 ha   80 000   🍾 30 à 50 F

On ne connaîtrait pas son millésime, on le devinerait. Voilà le 96. Typé, typique, avec sa petite robe printanière et claire genre *Cacharel*, son bouquet sympathique et pas trop avancé, sa dominante citronnée, sa capacité à se faire - disons un an.
🍇 Bernard Légland, Grande-Rue de Chablis, 89800 Préhy, tél. 03.86.41.42.70, fax 03.86.41.45.82 ✅ 🍷 t.l.j. 8h-12h30 14h-20h; f. 1er -15 sept.

DOM. MATHIAS 1996★

☐   4 ha   10 000   🍾 30 à 50 F

Domaine créé en 1983 à la fois sur Epineuil et sur Chablis. Très clair, c'est vraiment un vin... blanc. Avec la légère présence aromatique propre du cru, son parcours en bouche est sans surprise mais plaisant. On ne s'ennuie pas en chemin et il y a là assez d'acidité pour vous réveiller si l'attention faiblissait. Bon 96.
🍇 Alain Mathias, rte de Troyes, 89700 Epineuil, tél. 03.86.54.43.90, fax 03.86.54.47.75 ✅ 🍷 r.-v.

LOUIS MAX Saint-Jean 1996★★

☐   n.c.   n.c.   🍾 150 à 200 F

Un louis d'or, un jaunet comme on aimerait en avoir beaucoup dans son coffre-fort et sa cave. Et il portera des intérêts ! Or soutenu, très parfumé (pêche et fleurs blanches), d'une minéralité intense, ce 96 attaque avec panache et semble capable d'offrir de très bonnes perspectives. Tout est déjà bien conduit sur des notes d'agrumes.
🍇 Louis Max, 6, rue de Chaux, 21700 Nuits-Saint-Georges, tél. 03.80.62.43.01, fax 03.80.62.43.16

MICHAUT 1996★

☐   3,1 ha 10 000   🍾 30 à 50 F

D'un or assez soutenu, dégageant de beaux arômes expressifs (camomille poivrée, si vous voyez), il attaque vif et évolue sur le fruit tout en gardant une bonne minéralité. Petite amertume, acidité bien présente, c'est le millésime tout craché. Il nous plaît.

🍇 Dom. Michaut, 41, rue du Ruisseau, 89800 Beines, tél. 03.86.42.49.61, fax 03.86.42.49.63 ✅ 🍷 r.-v.

LOUIS MICHEL ET FILS 1996★

☐   6 ha   40 000   🍾 30 à 50 F

« La noblesse sans l'orgueil », note en finale l'un de nos dégustateurs sur sa fiche. Petite nuance verdâtre sur fond jaune pâle, un vin au bouquet pur et discret, net et bien fait, vif et frais plus que structuré comme le 96 en général, d'une certaine onctuosité qui attire le regard sur lui.
🍇 Louis Michel et Fils, 9, bd de Ferrières, 89800 Chablis, tél. 03.86.42.88.55, fax 03.86.42.88.56 ✅ 🍷 r.-v.

ALICE ET OLIVIER DE MOOR
Bel Air 1996

☐   1 ha   n.c.   🍾 50 à 70 F

Domaine créé de toutes pièces il y a juste dix ans. Son 96, propre et net, présente un vanillé prononcé. Sa diversité aromatique va du jasmin aux fruits exotiques (goyave). En réalité, c'est un vin assez travaillé.
🍇 Alice et Olivier de Moor, 4, rue Jacques-Ferrand, 89800 Courgis, tél. 03.86.41.47.94, fax 03.86.41.47.94 ✅ 🍷 r.-v.

MOREAU-NAUDET ET FILS 1996★

☐   9 ha   10 000   🍾 30 à 50 F

Un domaine de 14 ha qui stocke ses bouteilles dans des caves du XIIIe s. Celle-ci offre un bon rapport entre le fruit (pêche), l'acidité et le corps. Les reflets sont encore jeunes, le bouquet complexe et à dominante minérale. Tout est conforme à l'idée qu'on se fait de l'appellation, jusqu'à la petite flamme d'amertume qui en nuance la finale. Pour un jambon au chablis.
🍇 GAEC Moreau-Naudet et Fils, 5, rue des Fossés, 89800 Chablis, tél. 03.86.42.14.83, fax 03.86.42.85.04 ✅ 🍷 t.l.j. 9h-20h

SYLVAIN MOSNIER
Cuvée Vieilles vignes 1996

☐   4 ha   12 000   🍾 50 à 70 F

La couleur chablis est toujours d'un jaune assez pâle, d'un or discret. On le vérifie à la vue de cette bouteille au parfum assez onctueux. Son acidité est correcte, sa matière bien mise en évidence. Prêt à passer à table.
🍇 Sylvain Mosnier, 4, rue Derrière-les-Murs, 89800 Beines, tél. 03.86.42.43.96, fax 03.86.42.42.88 ✅ 🍷 r.-v.

DOM. JEAN-MARIE NAULIN 1996★★

☐   8 ha   5 000   🍾 30 à 50 F

Les huîtres s'ouvriront toutes seules dès qu'il apparaîtra. Un chablis 100 %, à la robe réjouissante et au nez immense. Evolué certes, mais sur une palette aromatique impressionnante (du miel à la prune). Sa subtilité à la fois végétale (fougère) et fruitée (pomme verte) relève du grand art. Il faut le déguster maintenant pour bénéficier de sa maturité remarquable.
🍇 Dom. Jean-Marie Naulin, 52, Grande-Rue, 89800 Beines, tél. 03.86.42.46.71, fax 03.86.42.12.74 ✅ 🍷 r.-v.

LA BOURGOGNE

Le Chablisien

DE OLIVEIRA LECESTRE 1996★

□ 22,92 ha 19 480 30 à 50 F

Jacky Chatelain gère ce domaine de 35 ha créé en 1955 par Lucien De Oliveira. Un rien habille ce 96. Une nuance fruitée anime un nez peu ouvert mais apparemment fin. Une pointe de pamplemousse en attaque. On voit le personnage, vif et sec, néanmoins ample et assez subtil. Il a bonne bouche chablisienne, dans le style à crustacés.
↪ GAEC De Oliveira Lecestre, 11, Grand-Rue, 89800 Fontenay-près-Chablis,
tél. 03.86.42.40.78, fax 03.86.42.83.72 r.-v.

DENIS RACE 1996

□ 6,7 ha 22 000 30 à 50 F

Bonne couleur pour un 96, minéralité extrême. Un chablis de ton jeune, acidulé, un peu nerveux, respectueux du fruit, plaisant en bouche car comportant un peu d'étoffe. A réserver pour des coquillages.
↪ Denis Race, 5 a, rue de Chichée,
89800 Chablis, tél. 03.86.42.45.87,
fax 03.86.42.81.23 r.-v.

DOM. JEAN-PIERRE ROBIN 1996★

□ n.c. 12 000 30 à 50 F

Ce qu'on appelle en Bourgogne depuis longtemps « un vin fin ». Fin sur toute la ligne, depuis l'or initial jusqu'à la jolie pirouette en conclusion. Minéral, sec, souple, assez durable, il tient ses promesses et c'est déjà beaucoup.
↪ Jean-Pierre Robin, 13, rue Berthelot,
89800 Chablis, tél. 03.86.42.12.63,
fax 03.86.42.49.57 t.l.j. 8h-19h

FRANCINE ET OLIVIER SAVARY 1996

□ 8,5 ha 60 000 50 à 70 F

Il flotte un air marin, iodé, autour du verre, très caractéristique de certains chablis. D'où l'intérêt qu'on lui porte. Le nez s'ouvre à l'aération sur ces arômes océaniques mêlés à du minéral. L'acidité doit encore s'arrondir, la nervosité s'apaiser, mais c'est dans ses possibilités d'ici deux ans. Mérite de prendre de la bouteille.
↪ Francine et Olivier Savary, 4, chem. des Hates, B.P. 7, 89800 Maligny,
tél. 03.86.47.42.09, fax 03.86.47.55.80 r.-v.

DANIEL SEGUINOT 1996★★

□ 9 ha 10 000 30 à 50 F

Ce domaine de 13 ha a été créé en 1840. Servez ce vin à l'AJ Auxerre, à la mi-temps, et nul besoin de recourir aux tirs au but. Il donne une impression de surmaturité, de richesse, de gras, de fruit, mais aussi du tonus, de la souplesse. « Superbe », s'écrient d'une même voix nos dégustateurs éblouis.
↪ SCEA Daniel Seguinot, 3, rte de Tonnerre,
89800 Maligny, tél. 03.86.47.51.40,
fax 03.86.47.43.37 t.l.j. 8h-20h

ROGER SEGUINOT 1996★

□ 7,4 ha 5 000 30 à 50 F

L'attente est bonne conseillère. On fera donc bien d'oublier un peu cette bouteille tout en notant sur son *Almanach bourguignon* le moment de l'ouvrir : d'ici un à deux ans. Elle est très représentative de l'appellation et du millésime, avec de la richesse et du poids en plus.
↪ Roger Seguinot, 4, rue de Méré,
89800 Maligny, tél. 03.86.47.44.42,
fax 03.86.47.54.94 t.l.j. 8h-12h 14h-18h

SIMONNET-FEBVRE 1996★

□ n.c. 100 000 50 à 70 F

Par l'un des grands noms de chablis, qui approvisionnait la cour de Russie dès 1840. Souplesse et équilibre font de ce 96 un champion de gymnastique. Sa belle couleur, ses arômes puissants et distingués, son volume et le gras qui ne lui enlève en rien sa finesse fleurie en font une superbe bouteille parvenue à son sommet.
↪ Simonnet-Febvre, 9, av. d'Oberwesel,
B.P. 12, 89800 Chablis, tél. 03.86.98.99.00,
fax 03.86.98.99.01 t.l.j. 8h-12h 14h-19h;
sam. dim. sur r.-v.

ALAIN SORBA 1996★

□ n.c. 175 000 30 à 50 F

Variante du domaine Laroche. La robe n'appelle aucun commentaire particulier. Correcte et légèrement pâle. Le nez va devant lui, mariant les fleurs, les agrumes et le silex. La longueur est surtout appréciable, dans une rondeur aimable. Satisfaisant pour l'essentiel.
↪ Dom. Laroche, 22, rue Louis-Bro,
89800 Chablis, tél. 03.86.42.89.00,
fax 03.86.42.89.29 r.-v.

DOM. DE VAUROUX 1996★

□ n.c. 20 000 50 à 70 F

Les gougères fondent déjà tant ce chablis leur fait les yeux doux. D'une teinte assez ample et pleine, d'un bouquet charnu et tirant sur l'abricot, la pomme verte, il a une rondeur si fruitée, si intense, qu'on le croit sur parole quand il nous dit ses bons sentiments. Typicité parfaite.
↪ Dom. de Vauroux, rte d'Avallon,
89800 Chablis, tél. 03.86.42.10.37,
fax 03.86.42.49.13 r.-v.
↪ Famille Tricon

Chablis premier cru

Il provient d'une trentaine de lieux-dits sélectionnés pour leur situation et la qualité de leurs produits (45 000 hl en 1997). Il diffère du précédent moins par une maturité supérieure du raisin que par un bouquet plus complexe et plus persistant, où se mêlent des arômes de miel d'acacia, un soupçon d'iode et des nuances végétales. Le rendement est limité à 50 hl à l'hectare. Tous les vignerons s'accordent à situer son apogée la cinquième année, lorsqu'il « noisette ». Les *climats* les plus complets sont la Montée de Tonnerre,

Le Chablisien

Chablis premier cru

Fourchaume, Mont de Milieu, Forêt ou Butteaux, et Léchet.

PIERRE ANDRE Monts de Milieu 1996

☐ 1,5 ha 7 000

Considéré comme l'un des trois meilleurs 1ers crus, très proche géographiquement du grand cru, Mont de Milieu ne se révèle pas tout de suite. Celui-ci en offre l'exemple, justement. Jaune intense, il livre déjà quelques arômes d'agrumes, orientés vers le pamplemousse, mais il n'apparaîtra à son avantage qu'en 1999 ou 2000.
➥ Pierre André, Ch. de Corton-André, 21420 Aloxe-Corton, tél. 03.80.26.44.25, fax 03.80.26.43.57 t.l.j. 10h-18h

DOM. BARAT Côte de Léchet 1996★★

☐ 3 ha 15 000

Or clair, ce vin développe des arômes d'abord minéraux puis de beurre frais. L'attaque est nette, le milieu de bouche intense, la conclusion d'un goût très sûr. On retrouve l'ampleur d'un 1er cru, le charme du cépage et une véritable personnalité. Le millésime 85 reçut le coup de cœur en 1988.
➥ EARL Dom. Barat, 6, rue de Léchet, Milly, 89800 Chablis, tél. 03.86.42.40.07, fax 03.86.42.47.88 r.-v.
➥ Michel Barat

DOM. BEGUE-MATHIOT
Vaucopins 1996★

☐ 0,42 ha n.c.

Rive droite, ce *climat* gagne à être connu alors qu'il ne l'est pas assez. Il se présente dans le verre de façon limpide, au nez du côté de la fleur blanche et peut-être d'un horizon plus étendu. Plaisant sur la langue, il paraît apte à une certaine conservation.
➥ Dom. Bègue-Mathiot, Les Epinottes, 89800 Chablis, tél. 03.86.42.16.65, fax 03.86.42.81.54 r.-v.

JULES BELIN Fourchaumes 1996

☐ n.c. 6 000

Il se goûte bien car il est déjà ouvert sur de bons arômes fruités. Attaque réussie, toujours dans cet environnement de fruits mûrs, puis le corps s'estompe un peu.
➥ Jules Belin, 3, rue des Seuillets, 21704 Nuits-Saint-Georges Cedex, tél. 03.80.61.07.74, fax 03.80.61.31.40 r.-v.

JEAN-CLAUDE BESSIN
Fourchaume 1996★★

☐ n.c. 8 000

Mais oui, le chablis n'a pas son pareil ! Le **Montmains 96** est plein d'avenir, remarquablement vinifié. Quant à ce Fourchaume du même millésime, il a un merveilleux caractère. La robe pèse son poids d'or fin. Le bouquet a quelque chose de chablisien à dire. D'une délicieuse minéralité fruitée...
➥ Jean-Claude Bessin, 3, rue de la Planchotte, 89800 Chablis, tél. 03.86.42.46.77, fax 03.86.42.85.30 r.-v.

DOM. BILLAUD-SIMON
Mont de Milieu 1996★★

☐ 3,5 ha 27 000

Si « c'est à boire qu'il vous faut », comme dit la chanson, vous avez dans cette cave l'embarras du choix. **Vaillons, Montée de Tonnerre, Fourchaume 96** (une étoile) forment un peloton groupé autour du maillot jaune, ce Mont de Milieu qui réunit toutes les vertus cardinales : une subtilité faite de prudence et de tempérance, qui laisse l'âme éblouie. Coup de cœur il y a deux ans pour le millésime 94.
➥ Dom. Billaud-Simon, 1, quai de Reugny, B.P. 46, 89800 Chablis, tél. 03.86.42.10.33, fax 03.86.42.48.77 t.l.j. sf dim. 8h-12h 14h-18h; sam. sur r.-v.; f. 15 août 1er sept.

PASCAL BOUCHARD
Mont de Milieu 1996★

☐ n.c. 40 000

Dans cette dégustation, Mont de Milieu se dégage généralement comme une réussite en 96. **Fourchaume, Montmains**, pas mal, mais le prix d'excellence revient à ce vin vert-jaune. Le décor est planté et la pièce est passionnante du début à la fin. Agréable, ce mot figure sur toutes les fiches. Que demander de plus, sinon une truite de rivière pêchée en Morvan ?
➥ Pascal Bouchard, 5 bis, rue Porte-Noël, 89800 Chablis, tél. 03.86.42.18.64, fax 03.86.42.48.11 t.l.j. 10h30-12h30 15h-18h30; f. janv.

BOUCHARD PERE ET FILS
Fourchaume 1996

☐ n.c. n.c.

Robe légère, bouquet de pomme verte aux nuances un peu exotiques, il se présente avec une acidité assez marquée et dans un contexte boisé. Quelques retours d'arômes en fin de dégustation (fleurs blanches, notamment).
➥ Bouchard Père et Fils, Ch. de Beaune, 21200 Beaune, tél. 03.80.24.80.24, fax 03.80.24.97.56 r.-v.

JEAN-MARC BROCARD
Montée de Tonnerre 1996★★

☐ n.c. 20 000

Ses Montmains 94 ont reçu le coup de cœur en 1997. Cette année et c'est net, Montée de Tonnerre prend le meilleur sur tous les autres. Peu de brillance, mais un nez déjà dégourdi, assez de gras, une touche minérale ponctuant une phrase franche et souple. Son acidité assurera son heureux vieillissement.
➥ Jean-Marc Brocard, 89800 Préhy, tél. 03.86.41.49.00, fax 03.86.41.49.09 t.l.j. 8h-12h 14h-18h

DOM. DE CHANTEMERLE
Fourchaume 1996★

☐ 5 ha 35 000

Il est aisé d'avoir avec ce Fourchaume des atomes crochus. Car, jaune paille, il a le tempérament floral et minéral d'un parfait 1er cru. Son acidité est excellente pour un 96 et il tient bien en bouche. On pourra le conserver plusieurs années avant de lui offrir les huîtres dont il rêve.

439 LA BOURGOGNE

Le Chablisien — Chablis premier cru

🍷 Dom. de Chantemerle, 27, rue du Serein, 89800 La Chapelle-Vaupelteigne, tél. 03.86.42.18.95, fax 03.86.42.81.60 ⓥ ⊤ r.-v.
🍷 Francis Boudin

DOM. DU CHARDONNAY
Vaugiraut 1996★★

| ☐ | 1,21 ha | 2 600 | 🍾 50 à 70 F |

Il fallait de l'audace pour s'appeler Domaine du Chardonnay ! Mais le résultat est là : nous avons adoré **Montmains, Montée de Tonnerre et Mont de Milieu 96**. Mais le grand jury a élu - et c'est sans appel - toujours en 96, ce Vaugiraut (rive gauche sur Chichée) réellement princier, coup de cœur, et tout et tout. Robe de printemps, arômes de violette délicatement mentholés, amande grillée bien fondue tout comme l'acidité, un régal. Et de longue vie.
🍷 Dom. du Chardonnay, Moulin du Pâtis, 89800 Chablis, tél. 03.86.42.48.03, fax 03.86.42.16.49
ⓥ ⊤ t.l.j. 8h-12h 14h-18h; sam. dim. sur r.-v.; f. 14 août-3 sept. 23 déc.-3 jan.

DOM. DE CHAUDE ECUELLE
Montée de Tonnerre 1996★

| ☐ | 0,55 ha | 4 300 | 🍾 50 à 70 F |

Montmains, cité, ou celui-ci ? On opte pour Montée de Tonnerre. Car il brille comme ce n'est pas permis. Ne montre pas grand-chose de son nez, mais pourrait être embauché comme animateur socio-culturel tant il est actif et compétent face aux papilles qu'il ne laisse pas un instant sans l'empreinte de sa présence. A besoin de quelques années de maturité.
🍷 Dom. de Chaude Ecuelle, 35, Grande-Rue, 89800 Chemilly-sur-Serein, tél. 03.86.42.40.44, fax 03.86.42.85.13 ⓥ ⊤ r.-v.
🍷 Gabriel et Gérald Vilain

DOM. CHEVALLIER Montmains 1996★★

| ☐ | 0,25 ha | 1 600 | 50 à 70 F |

Vert Véronèse, un très beau 1er cru au bouquet élancé, toasté, beurré et fort heureusement fruité. Sa vigueur est prononcée, mais on sent littéralement le raisin présent dans le verre puis au palais. Toute la vivacité du millésime sans sa dureté, et une complexité aromatique qui, pour tout dire, relève du grand vin.

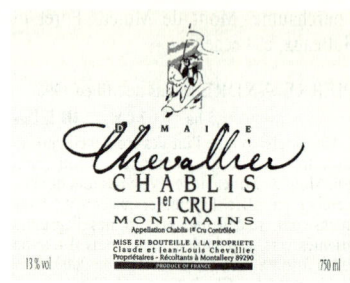

🍷 Claude et Jean-Louis Chevallier, 6, rue de l'Ecole, 89290 Montallery, tél. 03.86.40.27.04, fax 03.86.40.27.05 ⓥ ⊤ r.-v.

DOM. MICHEL COLBOIS
Côte de Jouan 1996

| ☐ | 1,2 ha | 9 000 | 🍾 50 à 70 F |

Climat assez peu connu qui produit ce 1er cru limpide et doré, vanillé sur quelques notes de fleurs, gardant ce caractère tout au long de la dégustation. il est évident que ce vin, apprécié par plusieurs footballeurs célèbres (on n'est pas loin du stade l'Abbé-Deschamps), sera en forme durant la seconde mi-temps. Le laisser en réserve.
🍷 Michel Colbois, 69, Grande-Rue, 89530 Chitry-le-Fort, tél. 03.86.41.40.23, fax 03.86.41.46.40 ⓥ ⊤ t.l.j. 8h-19h

DOM. JEAN COLLET ET FILS
Vaillons 1996★★

| ☐ | 9,6 ha | n.c. | 50 à 70 F |

Au centre de la grande côte au sud-ouest de Chablis, un Vaillons ne passe jamais inaperçu. Celui-ci est glorieux, d'une couleur très soignée et d'un nez en deux cornets, vanille et citron vert. Finale un peu miel après une bouche sans doute boisée mais bien maîtrisée. Vinification conduite avec art pour un vin de garde. **Montmains 96** également très bon.
🍷 Dom. Jean Collet et Fils, 15, av. de la Liberté, 89800 Chablis, tél. 03.86.42.11.93, fax 03.86.42.47.43 ⓥ ⊤ t.l.j. sf dim. 9h-12h 13h30-18h

DOM. DU COLOMBIER
Fourchaume 1996

| ☐ | 2,5 ha | 16 000 | 🍾 50 à 70 F |

Revue d'ordinaire ou de détail, tout le paquetage est réuni ici : la parure assez prononcée, le nez chargé d'arômes assez mûrs, la vivacité. De quoi faire du chemin, l'ensemble étant appuyé et à ne pas boire tout de suite.
🍷 Dom. du Colombier, 42, Grand-Rue, 89800 Fontenay-près-Chablis, tél. 03.86.42.15.04, fax 03.86.42.49.67 ⓥ ⊤ t.l.j. sf dim. 8h-12h 13h30-19h

DANIEL DAMPT Beauroy 1996

| ☐ | 0,5 ha | 3 000 | 🍾 70 à 100 F |

Honneur au roi, à ce Beauroy, même si **Côte de Léchet** n'est pas sans mérite dans le même millésime. La robe est typée chablis, le nez correct, le corps assez fin et en tout cas sans défaut, d'une longueur estimable. Etre cité ici vaut bien sceptre et couronne.

Le Chablisien   Chablis premier cru

🍇 Dom. Daniel Dampt, 1, rue des Violettes, Milly, 89800 Chablis, tél. 03.86.42.47.23, fax 03.86.42.46.41 ✉ 🍷 r.-v.

JEAN DAUVISSAT Séchet 1996*

| | 0,44 ha | 3 100 | 🍴 | 70 à 100 F |

Voisin des Lys, ce *climat* est rarement revendiqué sur une étiquette, sauf chez les Dauvissat. Et ils ont bien raison d'en être fiers ! Un 96 or vert comme il se doit, floral et dont l'équilibre paraît garantir l'avenir à moyen terme.

🍇 Caves Jean Dauvissat, 3, rue de Chichée, 89800 Chablis, tél. 03.86.42.14.62, fax 03.86.42.45.54 ✉ 🍷 t.l.j. 8h-12h 14h-19h

RENE ET VINCENT DAUVISSAT
Vaillons 1996

| | n.c. | n.c. | 🍷 | 70 à 100 F |

Jaune or intense, il possède un nez assez évolué, déjà mûr. Il attaque rondement, procurant un sentiment de richesse et de fraîcheur. Un peu de complexité également (minéral, pâtisserie).

🍇 GAEC René et Vincent Dauvissat, 8, rue Emile-Zola, 89800 Chablis, tél. 03.86.42.11.58, fax 03.86.42.85.12

DOM. BERNARD DEFAIX
Côte de Léchet 1996*

| | 8 ha | 50 000 | 🍴🍷 | 70 à 100 F |

D'une clarté lumineuse, un vin qui intéresse vivement. Le nez – silex, zeste d'agrume – est à citer en exemple comme modèle de typicité chablisienne. La bouche passe tous ses examens avec une note au-dessus de la moyenne. Il ne faut pas sonner trois frois à sa porte pour qu'il s'ouvre.

🍇 Dom. Bernard Defaix , 17, rue du Château, Milly, 89800 Chablis, tél. 03.86.42.40.33, fax 03.86.42.40.28 ✉ 🍷 r.-v.

DOM. DANIEL-ETIENNE DEFAIX
Les Lys 1993**

| | 3,6 ha | 26 000 | 🍴 | 70 à 100 F |

Au sud de Milly et tout près de Chablis, un *climat* historique : il doit son nom à la Couronne de France qui le posséda jadis. L'or est en effet royal. Les arômes portent le sceau du miel d'acacia. Un peu de moelleux, dans un palais riche, gras et d'harmonieuse construction. Un vin pour le bar ou le turbot, un grand poisson. N.B. : un 93 ! cela explique tout, l'éclat de la maturité. Il a d'ailleurs participé au grand jury qui a longuement hésité et choisi finalement des millésimes plus récents. Disponible ! Je le promet.

🍇 Dom. Daniel-Etienne Defaix, 14, rue Auxerroise, B.P. 50, 89800 Chablis, tél. 03.86.42.42.05, fax 03.86.42.48.56 ✉ 🍷 t.l.j. 9h-12h 14h-18h; f. du 1er jan. au 15 fév.

JEAN-PAUL DROIN Vaucoupin 1996**

| | 0,14 ha | 1 100 | 🍴🍷 | 70 à 100 F |

C'est bien simple, il obtient des appréciations flatteuses pour tous les 1ers crus présentés : **Montée de Tonnerre** 96 (le 89 reçut le coup de cœur en 1992), **Montmains, Vosgros, Fourchaume, Côte de Léchet** 96. Le plus réussi semble être Vaucoupin. D'un bel or gras, il suggère le fruit surmûri, la pierre à feu, dans un cadre vanillé. Le bois est bien dosé, et il ne cache pas le fond du sujet.

🍇 Dom. Jean-Paul Droin, 14 bis, rue Jean-Jaurès, 89800 Chablis, tél. 03.86.42.16.78, fax 03.86.42.42.09 ✉ 🍷 r.-v.

GERARD DUPLESSIS
Fourchaume 1995**

| | 0,44 ha | 3 300 | 🍴🍷 | 50 à 70 F |

Imaginez-le au premier rang du balcon, alors que tous les regards se fixent sur lui. Plastron doré, parfum minéral et légèrement animal, il a belle allure en effet. « Ce que j'attends d'un Fourchaume », écrit un juré sur sa fiche, et la phrase résume bien la satisfaction générale.

🍇 EARL Caves Duplessis, 5, quai de Reugny, 89800 Chablis, tél. 03.86.42.10.35, fax 03.86.42.11.11 ✉ 🍷 r.-v.

🍷 Gérard Duplessis

DOM. FOURREY ET FILS
Côte de Léchet 1996

| | 3 ha | 4 200 | 🍴 | 50 à 70 F |

Entre Poinchy et Milly, l'un des meilleurs 1ers crus de la rive gauche. Il donne ici un 96 paille de seigle, brillant clair et au bouquet bien présent. Sa bouche nuancée et fine, sa persistance aromatique, son gras en font un vin agréable à servir. Notez aussi le **Fourchaume 96**, même note.

🍇 Dom. Fourrey et Fils, 9, rue du Château, Milly, 89800 Chablis, tél. 03.86.42.44.04, fax 03.86.42.84.78 ✉ 🍷 r.-v.

RAOUL GAUTHERIN ET FILS
Vaillons 1996

| | 3,7 ha | n.c. | 🍴🍷 | 50 à 70 F |

Un Vaillons en met, dit-on, plein la bouche. Si la finale acidulée est ici écourtée, ce 96 d'un or pâle et brillant, discrètement fruité, sait gagner en attaque. Vif, minéral, il cadre bien avec l'idée qu'on s'en fait.

🍇 Raoul Gautherin et Fils, 6, bd Lamarque, 89800 Chablis, tél. 03.86.42.31.86, fax 03.86.42.87 ✉ 🍷 r.-v.

ALAIN GAUTHERON
Mont de Milieu 1996*

| | 1 ha | 8 000 | 🍴 | 50 à 70 F |

Fourneaux 96 assez vivifiants et **Vaucoupins 96** réussis, mais c'est pourtant cette bouteille qui remporte l'adhésion la plus complète. Clair aux reflets verts, ce Mont de Milieu répond au signalement. Le nez est lisse, sans aspérité ; la bouche fleurie. Heureux le tire-bouchon qui donnera le signal de la fête !

🍇 Alain Gautheron, 18, rue des Prégirots, 89800 Fleys, tél. 03.86.42.44.34, fax 03.86.42.44.50 ✉ 🍷 r.-v.

DOM. DES GENEVES Vaucoupin 1996*

| | 0,67 ha | 5 000 | 🍴🍷 | 50 à 70 F |

« Ah ! le bon curé, mes amis, que celui de notre pays ! De chambertin ou de chablis remplissez son verre, car il adresse au paradis les péchés de toute la terre... » Ainsi chantait Debailleul, à l'Alcazar de Paris, il y a cent ans. A ce bon curé, on pourrait servir cette bouteille d'un bel or et au bouquet aérien, intense et minéral. Une structure en tout point excellente l'emporte vers un bel avenir.

Le Chablisien — Chablis premier cru

🍷 EARL Dom. des Genèves, 3, rue des Fourneaux, 89800 Fleys, tél. 03.86.42.10.15, fax 03.86.42.47.34 ☑ ⵟ r.-v.
🍷 Dominique Aufrère et Fils

DOM. ALAIN GEOFFROY
Beauroy 1996★

| | 8,5 ha | 68 000 | 🍾⚱ | 50 à 70 F |

Ce viticulteur a présenté, il y a quelques mois, le fruit de ses innovations : un vin de paille et une « récolte tardive, à partir de chardonnay ». Plus classique ce Beauroy (coup de cœur en 1993 pour le 90) est doré comme un roi. Son parfum de poire, de confiserie reste assez frais. Belle première bouche ronde. Finale de grande séduction minérale et sur le fruit à chair blanche.
🍷 Dom. Alain Geoffroy, 4, rue de l'Equerre, 89800 Beines, tél. 03.86.42.43.76, fax 03.86.42.13.30 ☑ ⵟ r.-v.

JEAN-PIERRE GROSSOT
Fourchaume 1996★

| | 0,75 ha | 5 500 | 🍾⚱ | 70 à 100 F |

Coup de cœur en 1992 en l'honneur de son Vaucoupin, ce viticulteur place cette fois-ci Fourchaume en tête : jaune clair à reflets dorés, très finement bouqueté (fleur et agrumes), dansant ce pas de deux sur la langue, possédant une belle matière et assez d'acidité pour bien vieillir en cave. Citons par ailleurs, toujours en **96**, les **Fourneaux et Mont de Milieu**.
🍷 Corinne et Jean-Pierre Grossot, 4, rte de Mont-de-Milieu, 89800 Fleys, tél. 03.86.42.44.64, fax 03.86.42.13.31 ☑ ⵟ r.-v.

DOM. GUITTON-MICHEL
Montmains 1996★★

| | 0,7 ha | 4 000 | 🍾🍷 | 70 à 100 F |

On sent le savoir-faire du vinificateur dans ce vin de caractère à la forte personnalité. Excellente extraction de couleur, nuancée, tout comme la mise en valeur des arômes où les fruits mûrs côtoient des notes vanillées élégantes et bien mesurées. Gras et ampleur : le socle est solide, le boisé délicatement fondu, la concentration étonnante, la longueur parfaite.
🍷 Dom. Guitton et Michel, 2, rue de Poinchy, 89800 Chablis, tél. 03.86.42.43.14, fax 03.86.42.17.64 ☑ ⵟ t.l.j. 8h-20h

THIERRY HAMELIN Vau Ligneau 1996★

| | 1,65 ha | 12 000 | 🍾⚱ | 50 à 70 F |

Brillant et d'une teinte claire, le nez déjà expressif (fruits verts, sous-bois, quelques épices), ce vin provient d'un des *climats* de Beines. Un peu de charpente, beaucoup de nerf, assez long, c'est une bouteille d'avenir qui se révélera dans une paire d'années.
🍷 EARL Thierry Hamelin, 1, rue des Carillons, 89800 Lignorelles, tél. 03.86.47.52.79, fax 03.86.47.53.41 ☑ ⵟ t.l.j. sf dim. 9h30-12h30 13h30-18h30; f. 10-16 août

LA CAVE DU CONNAISSEUR
Montmains 1996

| | n.c. | 6 000 | 🍾🍷⚱ | 50 à 70 F |

Or jaune. Les arômes légers vantent les fruits secs. Souplesse pour l'entrée en matière, équilibre ample et généreux. La netteté l'emporte sur la puissance et le jugement global reste favorable. **Fourchaume et Montée de Tonnerre 96** peuvent constituer des replis honorables.
🍷 La Cave du Connaisseur, rue des Moulins, 89800 Chablis, tél. 03.86.42.48.36, fax 03.86.42.49.84 ☑ ⵟ t.l.j. 10h-19h

LA CHABLISIENNE
Mont de Milieu 1995★

| | n.c. | n.c. | 🍷🍾 | 70 à 100 F |

De la coopérative, un **Beauroy 96** qui manifeste déjà de bonnes dispositions, un **Fourchaume-Vaulorents 96** convenable, et ce 95 d'une bonne rondeur et qui fait le saut de l'ange en finale. Couleur discrète et bouquet moyen. Notre préféré. Coup de cœur en Fourchaume millésime 89 en 1992.
🍷 La Chablisienne, 8, bd Pasteur, B.P. 14, 89800 Chablis, tél. 03.86.42.89.89, fax 03.86.42.89.90 ☑ ⵟ r.-v.

DOM. DE LA CONCIERGERIE
Montmain 1996★

| | 4,5 ha | 12 000 | 🍾⚱ | 50 à 70 F |

Jaune doré, un vin facile à apprécier. Il n'a pas trop de dureté, mais de la richesse, du gras, une bonne concentration dans un fruit bien mûr. Ce fut l'an dernier notre coup de cœur, pour le Montmain 95.
🍷 Dom. de La Conciergerie, 2, allée du Château, 89800 Courgis, tél. 03.86.41.40.28, fax 03.86.41.45.75 ☑ ⵟ r.-v.
🍷 Christian Adine

DOM. DE LA MALADIERE
Montée de Tonnerre 1996★

| | 1,75 ha | 12 855 | 🍷🍾 | 70 à 100 F |

Coup de cœur en Montmains sur notre édition 1997 (millésime 94),William Fèvre signe une Montée de Tonnerre qui n'en est qu'au début de l'ascension. Son boisé nécessite une longue garde (deux à trois ans au minimum). Mais comme le sujet est bien traité, le gras important, la complexité suffisante, le pari n'est pas risqué.
🍷 William Fèvre, 14, rue Jules-Rathier, 89800 Chablis, tél. 03.86.42.12.51, fax 03.86.42.19.14 ☑ ⵟ t.l.j. 9h-12h 13h30-17h30

DOM. DE LA MOTTE
Beauroy Elevé en fût de chêne 1996★★

| | 0,8 ha | 4 300 | 🍾🍷⚱ | 50 à 70 F |

Rond comme la grande rosace de Saint-Germain d'Auxerre, un 1er cru absolument parfait. Ni grand cru ni chablis tout court. Il est à sa place, à son rang. Encore un peu fermé, mais la

Le Chablisien

Chablis premier cru

bouche avenante fraîche et élégante, riche et dense, fermement minérale, pleine de profondeur. Le nez semble receler de bien jolis recoins...
➥ Dom. de La Motte, 35, Grande-Rue, 89800 Beines, tél. 03.86.42.43.71, fax 03.86.42.49.63 ☑ ⵟ t.l.j. 8h-12h 14h-18h; groupes sur r.-v.
➥ Michaut-Robin

DOM. LAROCHE
Les Vaillons Vieilles vignes 1996★★

| ☐ | 6,95 ha | 50 000 | 🍾♨ | 70 à 100 F |

L'œil et le nez s'entendent pour nous réjouir dès l'approche du verre : beauté de la robe, délicatesse des arômes d'aubépine. Le gras s'harmonise avec une structure très ample, sur fond boisé, où perce le fruit de la passion. Superbe style Vaillons. Ce même vin fut coup de cœur en 1995 (pour le 92).
➥ Dom. Laroche, 22, rue Louis-Bro, 89800 Chablis, tél. 03.86.42.89.00, fax 03.86.42.89.29 ☑ ⵟ r.-v.
➥ Michel Laroche

DOM. LONG-DEPAQUIT
Les Beugnons 1996★★

| ☐ | 2,1 ha | 16 000 | 🍾♨ | 50 à 70 F |

Un 1ᵉʳ cru pas très connu mais à la pointe sud-ouest du plus important massif de l'appellation, rive gauche. Réputé pour sa fermeté, il s'auréole ici d'une délicatesse insigne. Du point de croix ! Peu de couleur, il « blanchotte ». Mais la suite est passionnante. Durée ? Somptueuse, de cinq à dix ans.
➥ Dom. Long-Depaquit, 45, rue Auxerroise, 89800 Chablis, tél. 03.86.42.11.13, fax 03.86.42.81.89 ☑ ⵟ t.l.j. sf dim. 9h-12h30 13h30-18h

DOM. DES MALANDES
Côte de Léchet 1996★

| ☐ | n.c. | n.c. | 🍾 | 50 à 70 F |

Vau de Vey 96 assez correct, mais notre préféré est le côte de Léchet : un chablis qui vous regarde droit dans les yeux. Son bouquet commence par l'amande fraîche, et le côté fruité ressort ensuite. Une cuvée de caractère aromatique, puissante et vive, d'une construction simple sans doute mais efficace. Coup de cœur pour le 87 en 1990.
➥ Dom. des Malandes, 63, rue Auxerroise, 89800 Chablis, tél. 03.86.42.41.37, fax 03.86.42.41.97 ☑ ⵟ r.-v.
➥ Marchive

CH. DE MALIGNY Vau de Vey 1996★★

| ☐ | 7 ha | 50 000 | 🍾♨ | 70 à 100 F |

Parmi toutes les bouteilles Durup (**Eglantière et Château de Maligny**) dégustées cette année, disons que **Fourchaume et Montée de Tonnerre 96** sont de bonne venue (une étoile). La palme va cependant à Vau de Vey : un chardonnay jaune clair, primevère, gras et vineux, d'une distinction assez rare. « De la sincérité, j'entends qu'on fasse vœu », disait Bussy-Rabutin. Celui-là obéit au nez et à l'œil.
➥ SA Jean Durup Père et Fils, 4, Grande-Rue, 89800 Maligny, tél. 03.86.47.44.49, fax 03.86.47.55.49 ☑ ⵟ t.l.j. sf sam. dim. 8h30-12h 13h30-17h30

DOM. DES MARRONNIERS
Côte de Jouan 1996★

| ☐ | 0,25 ha | 2 000 | 🍾♨ | 50 à 70 F |

Lauréat du coup de cœur en 1996 pour ce même Côte de Jouan (millésime 93), Bernard Légland ne nous déçoit pas avec son 96 à la robe légère, très aimable. Nez coquin de pomme verte, un peu épicé. Finesse et vivacité, inutile d'attendre Pâques et le retour des cloches pour le boire avec une andouillette du pays.
➥ Bernard Légland, Grande-Rue de Chablis, 89800 Préhy, tél. 03.86.41.42.70, fax 03.86.41.45.82 ☑ ⵟ t.l.j. 8h-12h30 14h-20h; f. 1ᵉʳ -15 sept.

DOM. JEAN-CLAUDE MARTIN
Beauregards 1996★

| ☐ | 2,27 ha | 17 500 | 🍾 | 50 à 70 F |

Produit du côté de Courgis, ce 96 témoigne des qualités de ce terroir moins connu que d'autres. « Seul le vin permet à l'homme de connaître la véritable saveur de la terre », disait Colette. Goûtez donc celui-ci, à la robe claire, aux arômes fleuris et beurrés, à la tenue irréprochable. Un Beauregards vineux, bien sec, bien chablis. Ne pas le boire trop tôt.
➥ Jean-Claude Martin, rue de Chante-Merle, 89800 Courgis, tél. 03.86.41.40.33, fax 03.86.41.47.10 ☑ ⵟ t.l.j. 8h-12h 14h-19h; sam. dim. sur r.-v.; f. 15-31 août

LOUIS MICHEL ET FILS
Montée de Tonnerre 1996

| ☐ | 4 ha | 25 000 | 🍾♨ | 70 à 100 F |

Ce n'est pas en vain qu'on escalade cette Montée de Tonnerre. Souplesse, fraîcheur, acidité accompagnent la promenade. Et du gras dès le premier coup d'œil (glycérol), avec qui on a rendez-vous plus tard en bouche. Bouquet d'agrumes très chaud et puissant. L'aptitude au vieillissement est certaine.
➥ Louis Michel et Fils, 9, bd de Ferrières, 89800 Chablis, tél. 03.86.42.88.55, fax 03.86.42.88.56 ☑ ⵟ r.-v.

MOREAU Vosgros 1996

| ☐ | 4,44 ha | 35 200 | 🍾♨ | 70 à 100 F |

Reprise par J.-Cl. Boisset, cette maison de négoce est redevenue bourguignonne après être passée sous le contrôle du groupe américano-canadien Hiram Walker. Elle présente ici un Vosgros limpide et doré. Il champignonne à qui mieux mieux, mais champignon de Paris plutôt que mousseron. Bouche bien pleine, persistante. A signaler aussi : **Vaucoupin 96** de même valeur.
➥ Sté Moreau et Fils, rte d'Auxerre, 89800 Chablis, tél. 03.86.42.88.00, fax 03.86.42.88.08 ☑ ⵟ r.-v.

DOM. LOUIS MOREAU Vaulignot 1996★

| ☐ | 10 ha | 32 000 | 🍾♨ | 50 à 70 F |

Ah ! ces gens du Chablisien... Brouillés avec l'orthographe. On lit Vau Ligneau, Vaulignau ou encore comme ici Vaulignot. Peu importe, ce sont des noms qui ne s'écrivent pas, mais se respirent et se goûtent ! Jaune discret et doré larmoyant (ce qui n'est pas triste en pareil cas), un vin au parfum typé (noisette), déjà assez moel-

LA BOURGOGNE

Le Chablisien

leux et ayant réglé à son avantage son problème d'acidité.
SCEV Dom. Louis Moreau, 10, Grande-Rue, 89800 Beines, tél. 03.86.42.87.20, fax 03.86.42.45.59 t.l.j. 9h-12h 14h-17h; sam. dim. sur r.-v.; f. août

MOREAU-NAUDET ET FILS
Vaillons 1996*

| | 1,7 ha | 3 300 | 50 à 70 F |

Montmains ou Montée de Tonnerre - l'un et l'autre recevant une citation - laissent l'emporter ce Vaillons doré sur tranche, bouqueté, suave, et dont la bouche a le col de cygne. Tout cela d'une excellente franchise ! Cette architecture est bâtie pour trois ans, cinq peut-être.
GAEC Moreau-Naudet et Fils, 5, rue des Fossés, 89800 Chablis, tél. 03.86.42.14.83, fax 03.86.42.85.04 t.l.j. 9h-20h

SYLVAIN MOSNIER Beauroy 1996*

| | 1 ha | 5 000 | 50 à 70 F |

Difficile de faire la fine bouche tant, et comme disait Boileau, « il est simple avec art, sublime sans orgueil, agréable sans fard ». Boileau qui, justement, possédait une vigne pas loin d'ici. Pain frais et acacia, les arômes ont du cœur. Bel enchaînement au palais, alors que le gras, le fruit se montrent explosifs, jusqu'à une note minérale. S'il n'en reste plus, on vous conseille le **Côte de Léchet 96**.
Sylvain Mosnier, 4, rue Derrière-les-Murs, 89800 Beines, tél. 03.86.42.43.96, fax 03.86.42.42.88 r.-v.

DE OLIVEIRA LECESTRE
Fourchaume 1996*

| | 3,78 ha | 11 180 | 50 à 70 F |

Un équilibre à rendre jaloux le roi des funambules. Une jeunesse épatante. Sa robe se contente de plaire. Son parfum ? Agréable et frais. En bouche, un peu de fruit, une acidité moyenne, une sensation d'épices. L'avenir lui sourit.
GAEC De Oliveira Lecestre, 11, Grand-Rue, 89800 Fontenay-près-Chablis, tél. 03.86.42.40.78, fax 03.86.42.83.72 r.-v.

DOM. PINSON La Forêt 1996

| | 0,68 ha | 4 400 | 70 à 100 F |

Une Forêt (d'autres écrivent Forest) boisée... Doit-on s'en étonner ? Le fût ne cache cependant pas le vin. Poire, nèfle, le nez, déjà un peu évolué, annonce un corps allongé, minéral et régulier, laissant au fruit l'occasion d'un retour apprécié.
SCEA Dom. Pinson, 9, quai Voltaire, 89800 Chablis, tél. 03.86.42.10.26, fax 03.86.42.49.94 r.-v.

DENIS POMMIER Côte de Léchet 1996*

| | 0,61 ha | 3 400 | 50 à 70 F |

Fourchaume et Beauroy 96 cèdent le pas à cette Côte de Léchet d'une couleur très nette. Le nez chardonne dans une ambiance fruitée. Le reste est bien en ligne, souple et presque onctueux, tant le gras l'emporte sur toute autre influence. Plaisant dans ce style.

Chablis premier cru

Denis Pommier, 31, rue de Poinchy, Poinchy, 89800 Chablis, tél. 03.86.42.83.04, fax 03.86.42.17.80 t.l.j. 9h-20h; dim. sur r.-v.

DENIS RACE Côte de Cuissy 1996*

| | 0,41 ha | 2 100 | 50 à 70 F |

Montmains Vieilles vignes et **Mont de Milieu** à un bon niveau, mais c'est cet autre 96, sur Courgis, qui nous inspire le plus de commentaires. Jaune paille clair, nettement porté sur la fleur blanche mais gardant des épices en réserve, il réussit son entrée et sa sortie de bouche comme s'il avait fait ça toute sa vie. Nuance d'amande et typicité marquée.
Denis Race, 5 a, rue de Chichée, 89800 Chablis, tél. 03.86.42.45.87, fax 03.86.42.81.23 r.-v.

DOM. GUY ROBIN Montmains 1996*

| | 2,5 ha | 18 000 | 50 à 70 F |

A égalité et au coude à coude, **Mont de Milieu 96** et ce Montmains. Il a le teint pâle et le nez fait pour séduire. Le terroir donne de la voix. Une leçon bien récitée, avec la rondeur, la note d'amertume finale, la rétro minérale... C'est le vrai 1er cru.
Guy Robin, 12, rue Berthelot, 89800 Chablis, tél. 03.86.42.12.63, fax 03.86.42.49.57 t.l.j. 8h-19h

FRANCINE ET OLIVIER SAVARY
Fourchaume 1996*

| | 0,75 ha | 5 500 | 70 à 100 F |

Fourchaume prolonge la Côte du grand cru, et c'est un seigneur. Né d'une vendange très mûre, semble-t-il, il se montre puissant, très structuré sous un nez plutôt fin. Robe classique. Peut s'apprécier dès à présent, mais gagnera à s'arrondir un peu.
Francine et Olivier Savary, 4, chem. des Hates, B.P. 7, 89800 Maligny, tél. 03.86.47.42.09, fax 03.86.47.55.80 r.-v.

ROGER SEGUINOT Fourchaume 1996

| | 0,6 ha | 4 800 | 50 à 70 F |

Vin équilibré malgré une pointe de vivacité en finale. Jaune clair soutenu, appréciez combien nos dégustateurs voient finement les choses ! Nez de poire bien mûre.
Roger Seguinot, 4, rue de Méré, 89800 Maligny, tél. 03.86.47.44.42, fax 03.86.47.54.94 t.l.j. 8h-12h 14h-18h

SIMONNET-FEBVRE Vaillons 1996

| | n.c. | 13 000 | 70 à 100 F |

Plus vif que riche, un vin au nez sans problème (floral) et à la jolie couleur. Encore jeune, il était turbulent lors de notre dégustation. Il appelle les huîtres car, selon un dégustateur, il a en bouche du sel marin... Nuance iodée, probablement.
Simonnet-Febvre, 9, av. d'Oberwesel, B.P. 12, 89800 Chablis, tél. 03.86.98.99.00, fax 03.86.98.99.01 t.l.j. 8h-12h 14h-19h; sam. dim. sur r.-v.

Le Chablisien

Chablis grand cru

GERARD TREMBLAY
Côte de Léchet 1996★★

☐   3 ha   20 000   🍾 🍷   50 à 70 F

Ce qu'on appelle un vin gourmand. Le caractère du millésime, celui du *climat* filent le plus parfait amour sous ce bouchon chablisien. Presque blanc, agrémenté d'agrumes, complexe et d'une superbe finesse, il s'offre le luxe de muscater un peu en conclusion. N'allons pas lui tenir rigueur de cette pirouette sympathique.

🔸 Gérard Tremblay, 12, rue de Poinchy, 89800 Chablis, tél. 03.86.42.40.98, fax 03.86.42.40.41 ◪ 🍷 r.-v.

DOM. OLIVIER TRICON
Montmains 1996★

☐   3 ha   n.c.   🍾 🍷   70 à 100 F

La scène se passe sur des tonalités dorées à reflets d'émeraude. On sait où on est. D'une longueur moyenne, mais d'un équilibre doux et charmeur ce vin procure un grand plaisir et n'est-ce pas là l'essentiel ? A attendre un ou deux ans.

🔸 Olivier Tricon, rte d'Avallon, ferme de Vauroux, 89800 Chablis, tél. 03.86.42.10.37, fax 03.86.42.49.13 ◪ 🍷 r.-v.

CH. DU VAL DE MERCY
Butteaux Cuvée Prestige 1994★★

☐   0,4 ha   2 400   70 à 100 F

Un 94 provenant de Butteaux, un grand *climat* coupé en deux morceaux par une partie de Forêt, sur Chablis. Et du très bon vin, gras, aromatique et long, jaune paille légèrement soutenu, au développement très intéressant. Le homard grillé ne sera pas indigne de cette compagnie.

🔸 Dom. du Ch. du Val de Mercy, 8, promenade du Tertre, 89530 Chitry, tél. 03.86.41.48.00, fax 03.86.41.46.80 ◪ 🍷 r.-v.

DOM. VERRET Beauroy 1996★★

☐   6,23 ha   25 000   70 à 100 F

Couleur chablis : si vous voulez vérifier, c'est celle-ci. Bouquet tirant sur la fougère, la pierre à fusil, selon une typicité qui ne désoriente pas l'esprit. Abricoté et rond, il a des formes appétissantes et déjà caressantes, tout en manifestant une certaine chaleur. Plutôt à boire dans les mois à venir.

🔸 Dom. Verret, 7, rte de Champs, B.P. 4, 89530 Saint-Bris-le-Vineux, tél. 03.86.53.31.81, fax 03.86.53.89.61 ◪ 🍷 t.l.j. sf dim. 8h-12h 14h-18h
🔸 GAEC du Parc

CHARLES VIENOT Vaillons 1996★★

☐   n.c.   n.c.   70 à 100 F

Charles Vienot s'en ferait volontiers livrer une caisse au paradis, tant il est agréable à contempler, à humer, à savourer. Or pâle, c'est le chablis de tradition, celui qu'on peut mettre de côté avec profit.

🔸 Charles Vienot, 5, quai Dumorey, B.P. 102, 21700 Nuits-Saint-Georges, tél. 03.80.62.61.41, fax 03.80.62.37.38

Chablis grand cru

DOM. DU VIEUX LOUP Beauroy 1996★

☐   1 ha   1000   🍾 🍷   50 à 70 F

On le sacre volontiers 1er cru, ce Beauroy or clair au nez si ouvert... Silex et fleurs blanches cohabitent en bonne intelligence. Corps tout en finesse et élégance, en générosité. Touche finale d'acacia, rappelant le bouquet. Ce Beauroy devrait attendre un peu (un an ou deux).

🔸 Dom. du Vieux Loup, 1, Grand-Rue, 89800 Beines, tél. 03.86.42.43.34, fax 03.86.42.43.34 ◪ 🍷 r.-v.
🔸 Goublot

DOM. VOCORET ET FILS Vaillon 1996★

☐   5 ha   35 000   🍾 🍷   50 à 70 F

Vous pouvez choisir la **Forêt 96** ou ce Vaillon limpide et bien construit, posé sur un bouquet carré. Gras en attaque, franc de bouche assez végétal, il a des atouts à jouer pour demain.

🔸 Dom. Vocoret et Fils, 40, rte d'Auxerre, 89800 Chablis, tél. 03.86.42.12.53, fax 03.86.42.10.39 ◪ 🍷 r.-v.

Chablis grand cru

Issu des coteaux les mieux exposés de la rive droite, divisés en sept lieux-dits (Blanchot, Bougros, les Clos, Grenouille, Preuses, Valmur, Vaudésir), le chablis grand cru possède à un degré plus élevé toutes les qualités des précédents, la vigne se nourrissant d'un sol enrichi par des colluvions argilo-pierreuses. Quand la vinification est réussie, un chablis grand cru est un vin complet, à grande persistance aromatique, auquel le terroir confère un tranchant qui le distingue de ses rivaux du sud. Sa capacité de vieillissement stupéfie, car il exige huit à quinze ans pour s'apaiser, s'harmoniser et acquérir un inoubliable bouquet de pierre à fusil, voire, pour les clos, de poudre à canon ! Plus que tout autre, il souffre de la standardisation des méthodes de travail de certains producteurs. 1997 a produit 5 500 hl.

DOM. BILLAUD-SIMON
Les Preuses 1996★

☐   0,5 ha   2 800   🍾 🍷   100 à 150 F

On peut faire pleine confiance à ce domaine, car le jury a retenu tous ses vins grand cru : **Les Clos** et **Vaudésir 96**, **Blanchots vieille vigne 95**, et ce quatrième mousquetaire, que l'on juge très typé 96. Sa cape est or pâle, son épée minérale au départ est faite ensuite de fruits cuits. Le corps est équilibré.

445   LA BOURGOGNE

Le Chablisien   Chablis grand cru

🍇 Dom. Billaud-Simon, 1, quai de Reugny, B.P. 46, 89800 Chablis, tél. 03.86.42.10.33, fax 03.86.42.48.77 ☑ ☒ t.l.j. sf dim. 8h-12h 14h-18h; sam. sur r.-v.; f. 15 août 1ᵉʳ sept.

DOM. PASCAL BOUCHARD
Vaudésir 1996

| | n.c. | 11 000 | 🍷 | 100 à 150 F |

Une vinification entièrement en fût, ceux-ci âgés de un à cinq ans. Puis élevage pendant six mois. D'un tempérament vif et sec, très doré, aux accents de noisette, ce 96 est assez boisé et pourra tenir quelques années. Remarque analogue pour le **Blanchots 96** également dégusté.

🍇 Pascal Bouchard, 5 bis, rue Porte-Noël, 89800 Chablis, tél. 03.86.42.18.64, fax 03.86.42.48.11 ☑ ☒ t.l.j. 10h30-12h30 15h-18h30; f. janv.

DOM. DU COLOMBIER Bougros 1996**

| | 1 ha | 5 000 | 🍷🍷 | 70 à 100 F |

On le croirait en pleine campagne électorale, tant il est rond et flatteur, agréable et riche en promesses. Ce n'est pas à lui qu'il faut demander de l'acidité, mais il sait s'y prendre pour empocher votre voix. Long, persistant, on ne le quitte pas ainsi... Fraîcheur et fruit, il a vraiment beaucoup d'arguments !

🍇 Dom. du Colombier, 42, Grand-Rue, 89800 Fontenay-près-Chablis, tél. 03.86.42.15.04, fax 03.86.42.49.67 ☑ ☒ t.l.j. sf dim. 8h-12h 13h30-19h

🍇 Guy Mothe et ses Fils

JEAN DAUVISSAT Les Preuses 1996

| | 0,74 ha | 4 000 | 🍷🍷🍷 | 100 à 150 F |

Ces Preuses ont du gras en attaque, et c'est bien leur caractère habituel. D'une teinte assez ferme, elles expriment des senteurs déjà évoluées, un peu complexes. Notes d'agrumes (pamplemousse, citron) très acidulées : elles nécessitent une attente en cave, dans l'espoir que cette vivacité s'apaisera.

🍇 Caves Jean Dauvissat, 3, rue de Chichée, 89800 Chablis, tél. 03.86.42.14.62, fax 03.86.42.45.54 ☑ ☒ t.l.j. 8h-12h 14h-19h

RENE ET VINCENT DAUVISSAT
Les Clos 1996**

| | 1,7 ha | 9 500 | 🍷 | 100 à 150 F |

Coup de cœur en 1991 pour des Preuses 88, le domaine fait état cette année d'un **Preuses 96** (coup de cœur pour le millésime 88), mais surtout de ces Clos de grande classe. Un vin coloré juste ce qu'il faut, embaumant l'anis et la fleur blanche, minéral et vivifiant en bouche, revigorant même en joignant l'agréable (miel) à l'utile. Incontestablement grand cru.

🍇 GAEC René et Vincent Dauvissat, 8, rue Emile-Zola, 89800 Chablis, tél. 03.86.42.11.58, fax 03.86.42.85.12

DOM. DANIEL-ETIENNE DEFAIX
Blanchot 1994

| | 0,14 ha | 900 | 🍷🍷 | 150 à 200 F |

Blanchot est le plus souvent l'une des images les plus fines et délicates du grand cru. Rappelez-vous : il n'y a qu'un seul chablis grand cru, réparti en *climats*, et ce producteur s'est spécialisé dans les millésimes d'un certain âge. Ici un 94. Forcément évolué, avec beaucoup de couleur, un nez de miel et cire d'abeille, du gras et un reste d'agilité. Il fait son âge, mais après tout...

🍇 Dom. Daniel-Etienne Defaix, 14, rue Auxerroise, B.P. 50, 89800 Chablis, tél. 03.86.42.42.05, fax 03.86.42.48.56 ☑ ☒ t.l.j. 9h-12h 14h-18h; f. 1ᵉʳ jan.-15 fév.

JEAN-PAUL DROIN Grenouille 1996**

| | 0,48 ha | 3 400 | 🍷 | 100 à 150 F |

L'un des principaux maîtres d'œuvre de la Saint-Vincent tournante du vignoble bourguignon, les 30 et 31 janvier 1999 à Chablis : coup de cœur en 1987, 90 et 91 ! **Valmur** et **Vaudésir** 96 sont excellents mais, comme il faut choisir le meilleur, la Grenouille a une longueur d'avance. Elle a une vivacité pétulante, et assez de détente pour échapper au fût et faire demain un très grand vin.

🍇 Dom. Jean-Paul Droin, 14 bis, rue Jean-Jaurès, 89800 Chablis, tél. 03.86.42.16.78, fax 03.86.42.09 ☑ ☒ r.-v.

JOSEPH DROUHIN Vaudésir 1996*

| | 1,4 ha | n.c. | 🍷 | 150 à 200 F |

L'un des négociants-éleveurs de la Côte de Beaune à avoir pris pied en Chablisien. Il signe ici un Vaudésir très doré et aux reflets verts de circonstance. Il est fin, mentholé peu intense, puis bien équilibré ; il repose sur un élégant boisé soutenant le fruit, fondé sur la réserve, laissant bien augurer de la suite.

🍇 Joseph Drouhin, 7, rue d'Enfer, 21200 Beaune, tél. 03.80.24.68.88, fax 03.80.22.43.14 ☒ r.-v.

GERARD DUPLESSIS Les Clos 1995

| | 0,36 ha | 2 500 | 🍷🍷 | 100 à 150 F |

La complexité n'est pas son fort, mais son harmonie générale est jugée suffisante pour figurer sur cette édition. Le bois a trop d'influence dans l'état actuel de la question, mais cette situation doit évoluer dans le bon sens.

🍇 EARL Caves Duplessis, 5, quai de Reugny, 89800 Chablis, tél. 03.86.42.10.35, fax 03.86.42.11.11 ☑ ☒ r.-v.

🍇 Gérard Duplessis

RAOUL GAUTHERIN ET FILS
Vaudésirs 1996

| | 0,81 ha | 5 000 | 🍷🍷 | 100 à 150 F |

Ce *climat* situé entre Preuses et Valmur est généralement de garde, après une jeunesse vive et nerveuse. Cela se vérifie ici. Sous des traits dorés, une bouteille qui se conservera fort bien, tout en développant ses aptitudes. Petite note d'amertume en fin de bouche.

🍇 Raoul Gautherin et Fils, 6, bd Lamarque, 89800 Chablis, tél. 03.86.42.11.86, fax 03.86.42.42.87 ☒ r.-v.

ALAIN GEOFFROY Vaudésirs 1995*

| | n.c. | 5 000 | | 100 à 150 F |

Derrière une couleur appuyée, sous des arômes un peu évolués et légèrement minéraux, ce vin assez souple devrait faire bonne escorte à l'andouillette au chablis. Il est « harmonieux et homogène », note un dégustateur.

446

Le Chablisien   Chablis grand cru

🍷 Dom. Alain Geoffroy, 4, rue de l'Equerre, 89800 Beines, tél. 03.86.42.43.76, fax 03.86.42.13.30 ◼ 🍷 r.-v.

CH. GRENOUILLE Grenouille 1995*
| □ | n.c. | n.c. | 🍾 | 150 à 200 F |

Château, c'est beaucoup dire. Il s'agit d'une modeste bâtisse, la seule construite dans la Côte du grand cru. Ancienne propriété de la famille Testut (les balances), reprise par un G.F.A. et commercialisée par la coopérative. Paille intense, citronné, un 95 longiligne mais qui s'ouvrira sans doute, s'éveillant actuellement sur des notes fumées et fruitées.

🍷 La Chablisienne, 8, bd Pasteur, B.P. 14, 89800 Chablis, tél. 03.86.42.89.89, fax 03.86.42.89.90 ◼ 🍷 r.-v.

DOM. GUITTON-MICHEL
Les Clos 1995
| □ | 0,16 ha | 1000 | 🍾 | 100 à 150 F |

Avec son air de ne pas en avoir l'air, son or vert, son parfum réglissé marié à l'acacia, c'est un vin intéressant, miellé, un peu d'agrumes surmaturés, à la bouche très épanouie et qui s'ouvre de façon conviviale et heureuse. Il n'y a pas beaucoup de puissance, mais de la complexité dans tout ça. A déboucher maintenant sur une douzaine d'escargots que l'on prépare si bien tout près d'ici, à Bassou.

🍷 Dom. Guitton et Michel, 2, rue de Poinchy, 89800 Chablis, tél. 03.86.42.43.14, fax 03.86.42.17.64 ◼ 🍷 t.l.j. 8h-20h

DOM. DES ILES Valmur 1996**
| □ | 0,4 ha | 2 500 | 🍾 | 100 à 150 F |

Le limpide et sec chablis a toujours pratiqué l'art de nous faire aimer les huîtres. Ces huîtres qu'on trouve en si grand nombre dans le sous-sol du pays, et ceci explique peut-être cela... Voici en tout cas une bouteille à recommander sur un plateau de douze. Couleur gaie, nez aromatique et un rien d'acidité qui le rend très vivant. La bouche est longue, un peu vanillée, flatteuse. L'attendre au moins trois ans. De ce producteur, Valmur 95 fut notre coup de cœur l'an dernier.

🍷 Gérard Tremblay, 12, rue de Poinchy, 89800 Chablis, tél. 03.86.42.40.98, fax 03.86.42.40.41 ◼ 🍷 r.-v.

LA CHABLISIENNE Les Preuses 1995**
| □ | n.c. | n.c. | 🍾 | 150 à 200 F |

Finesse et élégance, il se présente les yeux baissés, mais il a le nez en l'air : silex, cire, orange confite, il s'en donne à cœur joie. Net et frais, un très beau vin encore en retrait mais qui tiendra à coup sûr toutes ses promesses.

🍷 La Chablisienne, 8, bd Pasteur, B.P. 14, 89800 Chablis, tél. 03.86.42.89.89, fax 03.86.42.89.90 ◼ 🍷 r.-v.

DOM. DE LA MALADIERE
Vaudésir 1995
| □ | 1,21 ha | 8 295 | 🍾 | 100 à 150 F |

Ce vin a obtenu le coup de cœur en 1989 (millésime 86). Bien jaune, il a un nez très grillé, et cette sensation se retrouve tout au long de la dégustation. Pour amateur de boisé, sinon

oublier la bouteille en cave pendant plusieurs années. Mêmes observations pour le **Bougros 95**.

🍷 William Fèvre, 14, rue Jules-Rathier, 89800 Chablis, tél. 03.86.42.12.51, fax 03.86.42.19.14 ◼ 🍷 t.l.j. 9h-12h 13h30-17h30

DOM. LONG-DEPAQUIT Les Clos 1995*
| □ | 1,54 ha | 10 000 | 🍾 | 100 à 150 F |

C'est ici, dit-on, que la vigne fit ses premiers pas en Chablisien. Un superbe terroir, interprété par ce 95 très réussi. Son or brille de tous ses feux. Son bouquet est tout fin, tout miel. Un sentiment capiteux, gras et riche, impressionne le palais. On pensera à une oie, à une dinde braisée. Du même millésime, **Blanchots** un peu plus raide et **Vaudésir** avec un bon potentiel : une étoile.

🍷 Dom. Long-Depaquit, 45, rue Auxerroise, 89800 Chablis, tél. 03.86.42.11.13, fax 03.86.42.81.89 ◼ 🍷 t.l.j. sf dim. 9h-12h30 13h30-18h

DOM. DES MALANDES Vaudésir 1995**
| □ | n.c. | n.c. | 🍾 | 100 à 150 F |

Un bon vin jaune or, couvrant bien le sujet du fruit mûr (le bouquet) aux fruits secs (la fin de bouche). Bien équilibré, c'est « un vin à boire et à attendre sans surveillance » !

🍷 Dom. des Malandes, 63, rue Auxerroise, 89800 Chablis, tél. 03.86.42.41.37, fax 03.86.42.41.97 ◼ 🍷 r.-v.
🍷 Marchive

LOUIS MICHEL ET FILS Vaudésir 1996*
| □ | 1 ha | 4 500 | 🍾 | 100 à 150 F |

Acidité assez faible pour ce millésime, mais l'ensemble paraît - malgré tout - bien équilibré. Le nez part en trompette puis s'affine dans une certaine discrétion (nuances exotiques). D'une honnête franchise. A citer par ailleurs : **les Clos 96**, d'une nature très voisine, ainsi que **Grenouilles 96** qui suscite beaucoup de compliments.

🍷 Louis Michel et Fils, 9, bd de Ferrières, 89800 Chablis, tél. 03.86.42.88.55, fax 03.86.42.88.56 ◼ 🍷 r.-v.

MOREAU-NAUDET ET FILS
Valmur 1996**
| □ | 0,6 ha | 1 500 | 🍾 | 100 à 150 F |

Un 96 qu'il faut résolument conserver en cave. L'essentiel de ses qualités se révélera en effet avec le temps. Boisé inexistant : « Qu'il est donc agréable de déguster du vin ! » Situé au centre du grand cru, ce *climat* tient ici le juste milieu entre la charpente et la délicatesse, avec quelques arômes de citron vert.

🍷 GAEC Moreau-Naudet et Fils, 5, rue des Fossés, 89800 Chablis, tél. 03.86.42.14.83, fax 03.86.42.85.04 ◼ 🍷 t.l.j. 9h-20h

DOM. PINSON Les Clos 1996***
| □ | 2,57 ha | 10 000 | 🍾 | 100 à 150 F |

Cette bouteille est le major de la promotion. Elle règne sur les 96 et sur les 95. Le coup de cœur récompense un vin droit, honnête, sincère. Ses teintes d'aquarelle, son nez de pierre à feu légèrement iodé, sa complexité et sa race authentique témoignent du travail bien fait, de vigne en

BOURGOGNE

447   LA BOURGOGNE

Le Chablisien

cave. Aucun tapage, aucun effet appuyé, quelle finesse !

☛ SCEA Dom. Pinson, 5, quai Voltaire, 89800 Chablis, tél. 03.86.42.10.26, fax 03.86.42.49.94 ▨ ☖ r.-v.

REGNARD Valmur 1995

| ☐ | 0,5 ha | 3 000 | ▮♨ | 150 à 200 F |

A laisser patienter de trois à cinq ans, un Valmur qui se montre moins épanoui et moins bavard que le Grand Orateur des Piliers chablisien... Assez fermé, un peu sévère en finale, il se prépare à sa vie future. Dans les limites du millésime.

☛ Régnard, 28, bd Tacussel, 89800 Chablis, tél. 03.86.42.10.45, fax 03.86.42.48.67 ☖ r.-v.
☛ De Ladoucette

DOM. GUY ROBIN Valmur 1996★

| ☐ | 2 ha | 13 500 | ⑪♨ | 100 à 150 F |

Bon suivi entre le bouquet et le corps. Ce vin toutefois n'a pas encore ouvert ses persiennes... et on doit le juger avec davantage de recul. Tant par sa robe que par son attaque franche et directe, on lui trouve des aspects déjà positifs, qui justifient sa présence en ce lieu et dans votre cave.

☛ Guy Robin, 12, rue Berthelot, 89800 Chablis, tél. 03.86.42.12.63, fax 03.86.42.49.57 ▨ ☖ t.l.j. 8h-19h

DOM. SIMONNET Preuses 1994

| ☐ | n.c. | 700 | ▮♨ | 100 à 150 F |

Léger pour un grand cru mais il se boit assez bien dès maintenant. D'un jaune d'or moyennement intense, orienté vers des notes beurrées et briochées qui évoquent le chardonnay de la Côte de Beaune, il reste dans l'épure de notre sévère sélection.

☛ Simonnet-Febvre, 9, av. d'Oberwesel, B.P. 12, 89800 Chablis, tél. 03.86.98.99.00, fax 03.86.98.99.01 ▨ ☖ t.l.j. 8h-12h 14h-19h; sam. dim. sur r.-v.

DOM. VOCORET ET FILS
Les Clos 1996★

| ☐ | 1,6 ha | 9 000 | ▮⑪♨ | 100 à 150 F |

Ce séducteur ira-t-il jusqu'à l'autel ? On s'interroge un peu, tout en lui reconnaissant un charme fou. D'un or pâle et distingué, ce vin au bouquet floral et beurré passionne le palais et y fait très bonne impression. **Blanchot 96**, pas mal

Sauvignon de saint-bris AOVDQS

du tout, mais moins grand seigneur que celui-ci.
☛ Dom. Vocoret et Fils, 40, rte d'Auxerre, 89800 Chablis, tél. 03.86.42.12.53, fax 03.86.42.10.39 ▨ ☖ r.-v.

Sauvignon de saint-bris AOVDQS

Autrefois déclaré en appellation simple, ce vin de qualité supérieure, issu, comme l'appellation l'indique, du cépage sauvignon, est produit sur les communes de Saint-Bris-le-Vineux, Chitry, Irancy et une partie des communes de Quenne, Saint-Cyr-les-Colons et Cravant. Sa production est la plupart du temps limitée aux zones de plateaux calcaires où il atteint toute sa puissance aromatique. Contrairement aux vins du même cépage de la vallée de la Loire ou du Sancerrois, le sauvignon de saint-bris fait généralement sa fermentation malolactique, ce qui ne l'empêche pas d'être très parfumé et lui confère une certaine souplesse. Celle-ci s'extériorise le mieux lorsque la richesse alcoolique avoisine 12 °. Saint-Bris devrait très prochainement accéder à l'AOC.

PHILIPPE DEFRANCE 1996★

| ☐ | 3,5 ha | 12 000 | ▮♨ | 30 à 50 F |

D'un beau jaune vif, il n'est guère aromatique, sinon en bouche où l'on devine le cassis. Fin de course assez vive, mais l'entame est pleine de charme et de rondeur. L'un des meilleurs équilibres dans ce millésime.

☛ Philippe Defrance, 5, rue du Four, 89530 Saint-Bris-le-Vineux, tél. 03.86.53.39.04, fax 03.86.53.66.46 ▨ ☖ r.-v.

DOM. ANNE ET ARNAUD GOISOT 1996★

| ☐ | 3 ha | 25 000 | ▮♨ | -30 F |

Avec des bouteilles comme celle-ci, le seul VDQS de Bourgogne peut prétendre accéder à l'AOC. Il en a tous les arguments (brillance, typicité, finesse, équilibre, persistance). A boire dans l'année.

☛ Dom. Anne et Arnaud Goisot, 4 bis, rte de Champs, 89530 Saint-Bris-le-Vineux, tél. 03.86.53.32.15, fax 03.86.53.64.22 ▨ ☖ t.l.j. 8h-12h 13h30-19h30

La Côte de Nuits

JOEL ET DAVID GRIFFE 1996*

| ☐ | 0,6 ha | 4 000 | 🍷 | 30 à 50 F |

Bien dans le ton des 96, avec une teinte pâle, un bouquet peu marqué, une bouche intéressante, car on y retrouve un peu de l'originalité du cépage. Vif, nerveux, turbulent... mais dépourvu d'agressivité.

➥ GAEC Joël et David Griffe, 15, rue du Beugnon, 89530 Chitry, tél. 03.86.41.41.06, fax 03.86.41.47.36 ✓ 🍷 r.-v.

LA CHABLISIENNE 1996

| ☐ | n.c. | n.c. | 🍷 | 30 à 50 F |

Coloration suffisante, nez peu expressif, un vin qui descend tout seul. Il est vif et bon, sans prétention, à boire maintenant.

➥ La Chablisienne, 8, bd Pasteur, B.P. 14, 89800 Chablis, tél. 03.86.42.89.89, fax 03.86.42.89.90 ✓ 🍷 r.-v.

DOM. GERARD PERSENOT 1996

| ☐ | 2 ha | 5 000 | -30 F |

Jaune ambré et en cours d'évolution, un 96 assez facile à parcourir. Sauvignonne-t-il ? Pas vraiment, et il faut plutôt le considérer comme dans la chanson : le bon petit vin blanc qu'on boit du côté de Nogent...

➥ Gérard Persenot, 20, rue de Gouaix, 89530 Saint-Bris-le-Vineux, tél. 03.86.53.61.46, fax 03.86.53.61.52 ✓ 🍷 r.-v.

DOM. JACKY RENARD 1996

| ☐ | 5,5 ha | 30 000 | 🍷 | 30 à 50 F |

En robe claire, il a le nez profond et assez fin. Il sauvignonne ou il chardonne ? La question se pose, même si l'on porte sur lui une appréciation globalement positive.

➥ Dom. Jacky Renard, La Côte-de-Chaussan, 89530 Saint-Bris-le-Vineux, tél. 03.86.53.38.58, fax 03.86.53.33.50 ✓ 🍷 r.-v.

DOM. SAINT PRIX 1996**

| ☐ | 6 ha | 36 000 | 🍷 | 30 à 50 F |

Sur 36 ha, ce domaine en consacre six à ce cépage. Pour une belle réussite. Oui, ce doit être ça, un sauvignon de saint-bris : cette finesse qui citronne sur la fin, avec beaucoup de souplesse. « Ça doit plaire », conclut le jury.

➥ Dom. Bersan et Fils, 20, rue de l'Eglise, 89530 Saint-Bris-le-Vineux, tél. 03.86.53.33.73, fax 03.86.53.38.45 ✓ 🍷 r.-v.

DOM. SORIN-DEFRANCE 1996*

| ☐ | 11,85 ha | 100 000 | 🍷 | -30 F |

Limpide et brillant, un 96 à ne pas attendre plus de deux ans, car il est souple et fruité, marqué feuille de cassis en bouche, pamplemousse au nez. Le tout est plaisant.

➥ Dom. Sorin-Defrance, 11bis, rue de Paris, 89530 Saint-Bris-le-Vineux, tél. 03.86.53.32.99, fax 03.86.53.34.44 ✓ 🍷 t.l.j. 8h-12h 13h30-19h; dim. sur r.-v.

La Côte de Nuits

Marsannay

Les géographes discutent encore sur les limites nord de la Côte de Nuits car, au siècle dernier, un vignoble florissant faisait, des communes situées de part et d'autre de Dijon, la Côte dijonnaise. Aujourd'hui, à l'exception de quelques vignes vestiges comme les Marcs d'Or et les Montreculs, l'urbanisation a cantonné le vignoble au sud de Dijon, et même Chenôve a du mal à conserver en vigne son joli coteau.

Marsannay, puis Couchey ont, encore il y a une cinquantaine d'années, approvisionné la ville de grands ordinaires et manqué en 1935 le coche des AOC communales. Petit à petit, les viticulteurs ont replanté ces terroirs en pinot et la tradition du rosé s'est développée sous l'appellation locale « bourgogne rosé de Marsannay ». Puis, on a retrouvé les vins rouges et les vins blancs d'avant le phylloxéra et, après plus de vingt-cinq ans d'efforts et d'enquêtes, l'AOC marsannay a été reconnue en 1987 pour les trois couleurs. Une particularité cependant, encore une en Bourgogne : le « marsannay rosé », dont les deux mots sont indissociables, peut être produit sur une aire plus étendue – dans le piémont sur les graves – que le marsannay (vins rouges et vins blancs) délimité uniquement dans le coteau des trois communes de Chenôve, Marsannay-la-Côte et Couchey.

Les vins rouges sont charnus, un peu sévères dans leur jeunesse et il faut les attendre quelques années. Pas courants dans la Côte de Nuits, les vins blancs sont ici particulièrement recherchés pour leur finesse et leur solidité. Il est vrai que le chardonnay, mais aussi le pinot blanc, trouvent dans des niveaux marneux propices leur terroir d'élection.

Le vignoble a produit environ 7 000 hl en rouge et rosé et 1 133 en blanc en 1997. Les coteaux sont en cours de reconquête.

La Côte de Nuits — Marsannay

DOM. CHARLES AUDOIN 1996

| | 2 ha | 13 000 | 30 à 50 F |

Le **blanc 96** donne une belle bouteille, mais le rosé nous pince un peu le cœur. Marsannay doit y rester fidèle. On aime cette robe légère de printemps, ce petit nez fruité, cette vivacité plaisante, cette façon d'être et de faire. A boire jeune. **Clos du Roi 95 rouge** : faites-vous votre idée, car nos dégustateurs ont bifurqué à son propos.
- Dom. Charles Audoin, 7, rue de la Boulotte, 21160 Marsannay-la-Côte, tél. 03.80.52.34.24, fax 03.80.58.74.34 r.-v.

DOM. BART Les Champs Salomon 1995

| | 1,4 ha | 5 000 | 50 à 70 F |

Le **rosé 96** n'est pas mal du tout. Mme Bart mère n'est-elle pas la fille de l'inventeur de ce vin, Joseph Clair-Daü ? Quant à ce pinot noir, rouge clair légèrement tuilé, il porte en son bouquet du fruit confit et en sa bouche suffisamment d'acidité et des tanins sur une nuance un peu végétale. Typé et élégant quand il sera au terme de son élevage.
- Dom. Bart, 23, rue Moreau, 21160 Marsannay-la-Côte, tél. 03.80.51.49.76, fax 03.80.51.23.43 r.-v.

DOM. REGIS BOUVIER
Les Longeroies Vieilles vignes 1996**

| | 1,65 ha | n.c. | 50 à 70 F |

Sans agressivité ni complaisance, un vin complet et de belle longueur. Il devrait très bien se faire. La robe n'a pas bougé d'un pli. Bouquet animal et végétal sur fond vanillé raisonnable. Un peu de pivoine en bouche. C'est de la belle ouvrage, ouvrant sur des perspectives intéressantes et durables. Notez le **Clos du Roi 96 blanc**, très joli vin, une étoile.
- Dom. Régis Bouvier, 52, rue de Mazy, 21160 Marsannay-la-Côte, tél. 03.80.51.33.93, fax 03.80.58.75.07 r.-v.

RENE BOUVIER Les Longeroies 1996*

| | 1 ha | 4 700 | 50 à 70 F |

Un *climat* formant comme la colonne vertébrale de l'appellation à Marsannay. Il se traduit en cette bouteille par un tempérament charpenté, structuré, un jus sévère, fruits à l'eau-de-vie, sous belle attaque façon chasseur de sous-bois et de gibier. Rubis soutenu, nez de mousse et de cerise. Rappelons-nous le Père Trapet : « Avec l'âge, on distingue difficilement un marsannay et un gevrey ! »
- René Bouvier, 2, rue Neuve, 21160 Marsannay-la-Côte, tél. 03.80.52.21.37, fax 03.80.59.95.96 r.-v.

> Sachez ranger votre cave : les blancs près du sol, les rouges au-dessus ; les vins de garde dans les rangées du fond, les bouteilles à boire en situation frontale. Et n'oubliez pas le livre de cave....

MARC BROCOT 1995*

| | 0,46 ha | 2 000 | 50 à 70 F |

Le **rosé** est très bien, qu'on se le dise. Allez-y et gaiement ! Quant au blanc, sa robe bat le ban bourguignon. Muscade et pain grillé, le bouquet inspire le respect. Enfin ? Sur la langue ? L'aubépine, le fruit de la passion, une explosion (un peu évoluée, il est vrai) qui incite à une consommation rapide, pour profiter de tout avant le baisser de rideau.
- Marc Brocot, 34, rue du Carré, 21160 Marsannay-la-Côte, tél. 03.80.52.19.99, fax 03.80.59.84.39 r.-v.

MAURICE CHARLEUX
Côte de Beaune 1996*

| | 3,28 ha | n.c. | 30 à 50 F |

La robe est cerise, le nez de fruits confits. Après une attaque vive, le vin se montre expressif. Il faut cependant attendre deux à trois ans que l'harmonie s'accomplisse.
- Maurice Charleux, Petite-Rue, 71150 Dezize-lès-Maranges, tél. 03.85.91.15.15, fax 03.85.91.11.81 r.-v.

DOM. CHEVROT Sur le Chêne 1996*

| | 4 ha | 8 000 | 50 à 70 F |

De nouveaux chais équipent le domaine depuis 1997. Mais ce 96 n'est pas mal du tout et il a été bien vinifié. Robe rubis foncé, nez assez minéral sur un fond de fruits rouges mûrs. Les tanins fins accompagnent une bouche fruitée que le bois ne masque pas.
- Catherine et Fernand Chevrot, Dom. Chevrot, 71150 Cheilly-lès-Maranges, tél. 03.85.91.10.55, fax 03.85.91.13.24 r.-v.

DOM. BRUNO CLAIR 1996*

| | 2,13 ha | 8 500 | 50 à 70 F |

Un beau et vaste domaine (21 ha) qui exporte 50 % de sa production et qui fut coup de cœur pour le 88. Ce marsannay offre une belle acidité, mais ne manque pas de gras et d'enveloppe sur des notes d'agrumes (pamplemousse), avec une finale assez longue. Le tout se présente de façon impeccable. Les arômes sont fins, vifs, frais, légèrement mentholés.
- Dom. Bruno Clair, 5, rue du Vieux-Collège, 21160 Marsannay-la-Côte, tél. 03.80.52.28.95, fax 03.80.52.18.14 r.-v.

BERNARD COILLOT PERE ET FILS
Les Boivins 1996

| | 1 ha | n.c. | 50 à 70 F |

Légèrement vif (que c'est bourguignon, tout ça !), un vin bien construit, sans trop de gras, sur un socle solide en pierre de Comblanchien. Rubis grenat profond et une pincée d'épices au nez. Il faut fermer les yeux et l'attendre un peu.
- Bernard Coillot Père et Fils, 31, rue du Château, 21160 Marsannay-la-Côte, tél. 03.80.52.17.59, fax 03.80.52.12.75 t.l.j. sf dim. 8h-12h 14h-19h

DOM. COLLOTTE Clos de Jeu 1996*

| | 0,59 ha | 3 100 | 50 à 70 F |

Outre des **Boivins 96** qu'on vous recommande en rouge, voici - toujours pinot noir - un Clos de

La Côte de Nuits — Marsannay

Jeu à la couleur cassis et au bouquet de fruits rouges. Bâti pour une garde moyenne, un vin assez costaud et dont les tanins sont en train de se fondre. Bonne longueur sur une petite nuance animale. Coup de cœur pour le millésime 88.
☛ Dom. Collotte, 44, rue de Mazy, 21160 Marsannay-la-Côte, tél. 03.80.52.24.34, fax 03.80.58.74.40 ☑ ⌇ r.-v.

DEREY FRERES 1996

| ■ | n.c. | 12 000 | ⫽ 30 à 50 F |

Pourpre très intense, célébrant le pruneau sous des accents animaux, un vin tannique et vif mais long, intéressant sur le moyen terme. Comme en Bourse, une valeur à suivre. On vous conseille aussi les **Vignes Marie 96 en rouge**. Même chose. Valeur à suivre.
☛ Derey Frères, 1, rue Jules-Ferry, 21160 Couchey, tél. 03.80.52.15.04, fax 03.80.58.76.70 ☑ ⌇ t.l.j. sf dim. 8h-12h 13h30-20h

DOM. FOUGERAY DE BEAUCLAIR
1997★

| ◢ | | 3,5 ha | 12 000 | ⫽ 50 à 70 F |

Même si l'on ne doit plus dire ainsi, voici un bon rosé de Marsannay, saumon pâle, bouqueté à l'abricot, à la pêche. Léger goût de lie dans une ambiance chaleureuse et où le fruit se rappelle une fois encore à notre bon souvenir. Peu d'acidité, mais de la persistance. Domaine trois fois

La côte de Nuits (Nord-1)

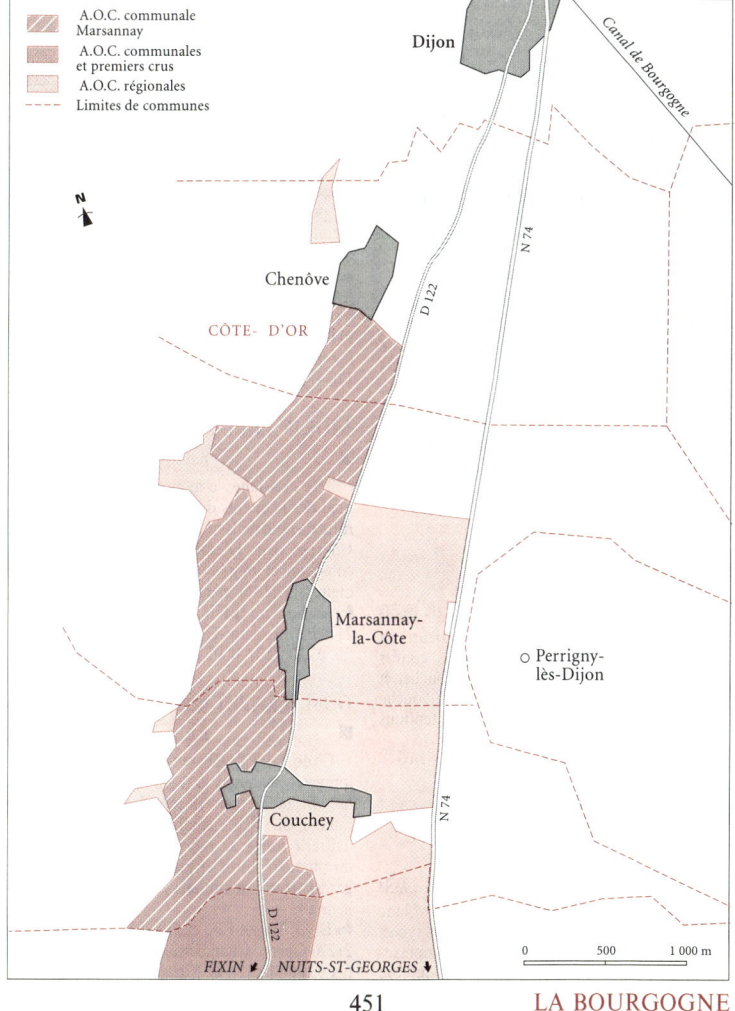

LA BOURGOGNE

La Côte de Nuits — Marsannay

coup de cœur dans le passé en marsannay et dont les **Favières 95 (rouge)** ont été appréciées cette année.

Dom. Fougeray de Beauclair, 44, rue de Mazy, B.P. 36, 21160 Marsannay-la-Côte, tél. 03.80.52.21.12, fax 03.80.58.73.83 r.-v.

JEAN FOURNIER Clos du Roy 1996*

| | 1,6 ha | 10 000 | | 50 à 70 F |

Trois vins retenus par le jury : **marsannay blanc 96, rouge 95 Les Longeroies** et ce Clos du Roy 96, toujours en rouge, venu de la partie la plus septentrionale de l'appellation, réputée depuis longtemps. Il offre l'éclat de sa robe cerise noire, son nez de fraise écrasée sur note végétale, beaucoup de présence en bouche et un message à faire passer. Honorable.

Jean Fournier, 29-34, rue du Château, 21160 Marsannay-la-Côte, tél. 03.80.52.24.38, fax 03.80.52.77.40 r.-v.

GOILLOT-BERNOLLIN
Clos du Roy 1996**

| | n.c. | 2 500 | | 50 à 70 F |

Clos du Roy ? Robe du sacre. Une élégance de bouquet à la fois charmante et puissante (pruneau, forts fruits mûrs). Structure très architecturée, un peu boisée, et tanins rigoureux. Mais que peut-on y faire ? Ce n'est pas une petite bouteille mais une grande ! A garder en réserve, quelque temps du moins.

SCE Goillot-Bernollin, 29, rte de Dijon, 21220 Gevrey-Chambertin, tél. 03.80.34.36.12, fax 03.80.34.16.00 t.l.j. 8h-12h 13h-20h

ALAIN GUYARD Les Etales 1996

| | 1 ha | 6 000 | | 30 à 50 F |

Jaune pâle et discrètement fleuri, il est fleurs blanches de bout en bout. Fleur bleue, comme on dit dans les romans : plein de bon sentiments et d'intentions honnêtes, c'est un vin qui épouse quand il a promis le mariage. Très aimable et rafraîchissant, il nous change de tous les maux de ce monde. Destiné à un duo de poisson sauce suprême (bar et rouget), selon un dégustateur.

Alain Guyard, 10, rue du Puits-de-Têt, 21160 Marsannay-la-Côte, tél. 03.80.52.14.46, fax 03.80.52.67.36 r.-v.

JEAN-PIERRE GUYARD
Les Récilles 1996

| | 3 ha | 11 000 | | 50 à 70 F |

Pas de problème visuel. Le nez fleuri au commencement, puis les fruits rouges confits (pruneaux) s'affirment. Bouteille à déboucher et à servir maintenant pour bénéficier de sa bouche « confiture de grand-mère », et de ses intentions honnêtes et modestes.

Dom. Jean-Pierre Guyard, 4, rue du Vieux-Collège, 21160 Marsannay-la-Côte, tél. 03.80.52.12.43, fax 03.80.52.95.85 r.-v.

DOM. ALBERT ET OLIVIER GUYOT 1996*

| | 1 ha | 2 000 | | 30 à 50 F |

Léger, boisé, intéressant, un marsannay blanc à la robe cristalline, or à reflets verts, bien typée. Le nez offre un fin grillé sur des notes complexes de fruits blancs (pêche), de foin sec. L'équilibre est réel ; la fin du film est rapide mais de qualité. Les **Boivins Vieilles vignes 96 en rouge** peuvent être cités ici.

EARL Olivier Guyot, 39, rue de Mazy, 21160 Marsannay-la-Côte, tél. 03.80.52.39.71, fax 03.80.51.17.58 t.l.j. 9h30-19h

DOM. HUGUENOT PERE ET FILS
Les Echézeaux 1995*

| | 1 ha | 4 800 | | 50 à 70 F |

Eh ! oui, il y a des Echézeaux à Marsannay. Ici, pour notre plaisir et notre patience. Coup de cœur en blanc pour son 91 autrefois, ce domaine a su tailler la robe dans du bon drap et mitonner un nez assez complexe, végétal, animal, fruité rouge. Le corps est net, précis, austère dans l'immédiat et apte à la garde.

Dom. Huguenot Père et Fils, 9, ruelle du Carron, 21160 Marsannay-la-Côte, tél. 03.80.52.11.56, fax 03.80.52.60.47 r.-v.

CH. DE MARSANNAY
Cuvée Pierre de Bauffremont 1995*

| | 2,01 ha | 8 900 | | 70 à 100 F |

Une pensée pour André Boisseaux dont le château de Marsannay fut la dernière aventure. Coup de cœur l'an dernier en rouge, il recueille des opinions favorables pour ses **villages 96 rouge et 96 rosé**, tous deux cités, avant de s'imposer pour cette cuvée rappelant le souvenir d'un dignitaire du temps des Grands Ducs. Fraise, framboise, un vin seigneurial en effet, enrobé de rubis et qui se présente de façon volontaire et courtoise. La noblesse.

Ch. de Marsannay, rte des Grands-Crus, 21160 Marsannay-la-Côte, tél. 03.80.51.71.11, fax 03.80.51.71.12 t.l.j. sf dim. 10h-12h 14h-18h30 ; f. 20 déc.-5 janv.

MORIN PERE ET FILS 1996*

| | n.c. | 6 000 | | 30 à 50 F |

Très classique, le marsannay *patara*, du surnom des habitants du pays. Il connaît toutes les filles du coin mais ne leur manque pas de respect. Un rosé dans la tradition, vif et fruité, assez consistant et long (il vous descend dans le corps), digne fils de son père le pinot.

Morin Père et Fils, 9, quai Fleury, 21700 Nuits-Saint-Georges, tél. 03.80.62.61.42, fax 03.80.62.37.38 t.l.j. 9h-12h 14h-18h

DOM. TRAPET 1996**

| | n.c. | n.c. | | 50 à 70 F |

Ce domaine de Gevrey-Chambertin s'est développé à Marsannay et il joue ici une belle carte : un vin taillé pour durer, dans l'esprit de la famille, habillé de sombre mais sachant reconnaître le rouge du rubis, agrémenté des arômes du pinot, réglissés et prenants. Une bouteille à garder trois à quatre ans en cave et qui fera des heureux.

Dom. Trapet Père et Fils, 53, rte de Beaune, 21220 Gevrey-Chambertin, tél. 03.80.34.30.40, fax 03.80.51.86.34 r.-v.

La Côte de Nuits — Fixin

Fixin

Après avoir visité les pressoirs des ducs de Bourgogne à Chenôve, dégusté le marsannay, vous rencontrez Fixin, première d'une série de communes donnant leur nom à une appellation d'origine contrôlée, où l'on produit surtout des vins rouges (3 717 hl de rouge et 154 hl en blanc). Ils sont solides, charpentés, souvent tanniques et de bonne garde. Ils peuvent également revendiquer, au choix, à la récolte, l'appellation côte-de-nuits-villages.

Les *climats* Hervelets, Arvelets, Clos du Chapitre et Clos Napoléon, tous classés en premiers crus, sont parmi les plus réputés, mais c'est le Clos de la Perrière qui en est le chef de file puisqu'il a même été qualifié de « cuvée hors classe » par d'éminents écrivains bourguignons et comparé au chambertin ; ce clos déborde un tout petit peu sur la commune de Brochon. Autre lieu-dit : le Meix-Bas.

VINCENT ET DENIS BERTHAUT 1996
■   2 ha   5 000   70 à 100 F

Trois fois coup de cœur dans le passé, les frères Berthaut présentent ici un 96 à la robe violine et dont le bouquet apparaît assez fauve, animal et poivré. Du gras et une belle acidité. Ce vin solide et vigoureux ressemble aux filières du Clos de Vougeot : monolithiques.

➤ Vincent et Denis Berthaut, 9, rue Noisot, 21220 Fixin, tél. 03.80.52.45.48, fax 03.80.51.31.05 ✉ ☎ r.-v.

DOM. REGIS BOUVIER 1996★
■   0,3 ha   n.c.   50 à 70 F

Rouge cerise, intense et brillant, il garde cette religion lors de nos coups de nez : malgré une pointe de fût, les arômes de griotte sont assez profonds. On trouve beaucoup de fond derrière l'attaque et un accord parfait tanins/acidité. Un beau pinot noir. Un fixin pur et typé.

➤ Dom. Régis Bouvier, 52, rue de Mazy, 21160 Marsannay-la-Côte, tél. 03.80.51.33.93, fax 03.80.58.75.07 ✉ ☎ r.-v.

BERNARD COILLOT PERE ET FILS 1996★
■   0,5 ha   n.c.   50 à 70 F

Bravo pour la typicité ! Robe violette. Parfums élégants et légers, style épices douces. D'un bel équilibre, construit sur de fins tanins, il offre un joli boisé. Quelques années de cave lui seront bénéfiques. Vin franc et sincère, qui va droit au but.

➤ Bernard Coillot Père et Fils, 31, rue du Château, 21160 Marsannay-la-Côte, tél. 03.80.52.17.59, fax 03.80.52.12.75 ✉ ☎ t.l.j. sf dim. 8h-12h 14h-19h

MICHEL DEFRANCE 1996★
■   3 ha   4 400   30 à 50 F

Installé depuis 1610 dans ce village, les Defrance sont vignerons depuis cinq générations. Leur fixin 96, pourpre violacé, avance en fanfare. Le bouquet de fruits noirs bien mûrs est assez ouvert. La bouche est souple, déjà fondue, et on peut le déguster dès maintenant avec plaisir en y trouvant les caractères de cette appellation. Jolie longueur.

➤ Michel Defrance, 38-50, rte des Grands-Crus, 21220 Fixin, tél. 03.80.52.84.67, fax 03.80.52.84.67 ✉ ☎ t.l.j. 9h-12h 14h-19h

DEREY FRERES 1996
■   1,5 ha   6 000   50 à 70 F

Issu de vignes d'une moyenne d'âge de 38 ans, ce 96 nous saute au nez sur des accents sauvages de liqueur de cassis. Un vin riche, avec du caractère, encore dans l'âge ingrat mais qui va en sortir. Le fond semble bien réel et il inspire confiance. Ne pas ouvrir avant quatre ans.

➤ Derey Frères, 1, rue Jules-Ferry, 21160 Couchey, tél. 03.80.52.15.04, fax 03.80.58.76.70 ✉ ☎ t.l.j. sf dim. 8h-12h 13h30-20h

DOUDET-NAUDIN 1996
■   n.c.   6 600   70 à 100 F

Il avance à pas comptés, tout en discrétion. Personnalité moyenne, mais un peu de fruit et une finale assez durable. Bouteille à déboucher sans trop attendre.

➤ Doudet-Naudin, 3, rue Henri-Cyrot, B.P. 1, 21420 Savigny-lès-Beaune, tél. 03.80.21.51.74, fax 03.80.21.50.69 ✉ ☎ r.-v.

DOM. GUY DUFOULEUR 1996
Clos du Chapitre 1995★★
■ 1er cru   3 ha   14 000   100 à 150 F

Ce 95 devrait tirer Napoléon de son sommeil sur la colline de Fixin ! Très agréable à goûter, il a de l'intensité visuelle, un bouquet distingué et une jolie structure, suave, fine. Et il ne s'endort pas en écoutant ces compliments... Voyez comme il a du nerf !

➤ Dom. Guy Dufouleur, 19, pl. Monge, 21700 Nuits-Saint-Georges, tél. 03.80.61.21.21, fax 03.80.61.10.65 ✉ ☎ r.-v.
➤ Xavier et Guy Dufouleur

DOM. FOUGERAY DE BEAUCLAIR
Clos Marion 1996
■   3,16 ha   n.c.   100 à 150 F

Fondé par l'une des plus anciennes familles du vignoble, le Clos Marion fait partie des *climats* qui pourraient être classés en 1er cru. Quant à ce 96 grenat sombre, l'unité sur le fruit cuit, il exprime une pointe d'amertume en fin de bouche.

➤ Dom. Fougeray de Beauclair, 44, rue de Mazy, B.P. 36, 21160 Marsannay-la-Côte, tél. 03.80.52.21.12, fax 03.80.58.73.83 ✉ ☎ r.-v.

LA BOURGOGNE

La Côte de Nuits

ALAIN GUYARD Les Chenevières 1995

■   1,5 ha   6 000   🍾 50 à 70 F

Quelques nuances brun-brique signalent un début d'évolution également perceptible au nez (vieux cuir). Bouteille correcte mais qu'il ne faut pas laisser vieillir.
🍇 Alain Guyard, 10, rue du Puits-de-Têt, 21160 Marsannay-la-Côte, tél. 03.80.52.14.46, fax 03.80.52.67.36 ✓ 🍷 r.-v.

JEAN-PIERRE GUYARD
Les Hervelets 1996**

■ 1er cru   0,3 ha   1000   🍾 100 à 150 F

Ici, depuis des générations, les vins sont élevés dans une belle cave voûtée. Quelle allure ! Ces Hervelets particulièrement brillants, intenses, sont pleins de flamme. Magnifique équilibre en perspective, quand les tanins seront tout à fait fondus. L'affaire était déjà en bonne voie lors de notre dégustation. A garder quelque temps.
🍇 Dom. Jean-Pierre Guyard, 4, rue du Vieux-Collège, 21160 Marsannay-la-Côte, tél. 03.80.52.12.43, fax 03.80.52.95.85 ✓ 🍷 r.-v.

JOLIET PERE ET FILS
Clos de La Perrière 1995*

■ 1er cru   4,5 ha   15 000   🍾 70 à 100 F

On a goûté une Perrière blanche 96, curiosité ici, mais on préfère en définitive la version rouge. Elle se livre à cœur ouvert, avec des élans de cerise tout à fait charmants. De l'ampleur, de la mâche, de la longueur, rien ne lui manque à l'intérieur. Attendre que les tanins se fondent pour le servir sur un petit gibier.
🍇 EARL Joliet Père et Fils, Manoir de La Perrière, 21220 Fixin, tél. 03.80.52.47.85, fax 03.80.51.99.90 ✓ 🍷 t.l.j. 8h-18h

ARMELLE ET JEAN-MICHEL MOLIN Les Hervelets 1996**

■ 1er cru   0,57 ha   1 800   🍾 70 à 100 F

Couleur très foncée et nez évoluant vers la confiture. En bouche, la vivacité typique du millésime et une excellente matière. On reconnaît un fixin les yeux fermés, à cette élégance à la fois sensible et charpentée.
🍇 EARL Armelle et Jean-Michel Molin, 54, rte des Grands-Crus, 21220 Fixin, tél. 03.80.52.21.28, fax 03.80.52.21.28 ✓ 🍷 r.-v.

DENIS PHILIBERT Les Hervelets 1996*

■ 1er cru   n.c.   n.c.   🍾 70 à 100 F

La féminité même sous une robe d'encre très soutenue. Le nez fin est encore réservé, puis la bouche onctueuse, fraîche, se montre ronde. L'ampleur n'est pas considérable, mais le résultat aimable, sympathique. A boire maintenant.
🍇 Maison Denis Philibert, 1, rue Ziem, 21200 Beaune, tél. 03.80.24.05.88, fax 03.80.22.37.08 ✓ 🍷 t.l.j. 9h-19h

CHARLES VIENOT
Cuvée de l'Empereur 1995*

■   n.c.   n.c.   🍾 30 à 50 F

Napoléon perce déjà sous Bonaparte : bonne attaque, beaux tanins, ce vin encore jeune possède un très fort potentiel et on pourra l'attendre un peu. Rubis moyen, il délivre des arômes épicés et de sous-bois qui s'harmonisent bien.
🍇 Charles Vienot, 5, quai Dumorey, B.P. 102, 21700 Nuits-Saint-Georges, tél. 03.80.62.61.41, fax 03.80.62.37.38

Gevrey-chambertin

Au nord de Gevrey, trois appellations communales sont produites sur la commune de Brochon : fixin sur une petite partie du Clos de la Perrière, côtes de nuits-villages sur la partie nord (lieux-dits Préau et Queue-de-Hareng) et gevrey-chambertin sur la partie sud.

En même temps qu'elle constitue l'appellation communale la plus importante en volume (18 000 hl en moyenne, 16 993 en 1997), la commune de Gevrey-Chambertin abrite des crus tous plus grands les uns que les autres ayant donné moins de 3 000 hl en 1997. La combe de Lavaux sépare la commune en deux parties. Au nord, nous trouvons entre autres *climats*, les Evocelles (sur Brochon), les Champeaux, la combe aux Moines (où allaient en promenade les moines de l'abbaye de Cluny qui furent au XIIIe s. les plus importants propriétaires de Gevrey), les Cazetiers, le Clos Saint-Jacques, les Varoilles, etc. Au sud, les crus sont moins nombreux, presque tout le coteau étant en grand cru ; on peut citer les *climats* de Fonteny, Petite-Chapelle, Clos-Prieur, etc.

Les vins de cette appellation sont solides et puissants dans le coteau, élégants et subtils dans le piémont. A ce propos, il convient de répondre à une rumeur erronée selon laquelle l'appellation gevrey-chambertin s'étend jusqu'à la ligne de chemin de fer Dijon-Beaune, dans des terrains qui ne le mériteraient pas. Cette information, qui fait fi de la sagesse des vignerons de Gevrey, nous donnera l'occasion d'apporter une petite explication : la côte a été le siège de nombreux phénomènes géologiques, et certains de ces sols sont constitués d'apports de couverture, dont une partie a pour origine les phénomènes glaciaires du quaternaire. La combe de Lavaux a servi de « canal », et à son pied s'est constitué un immense cône de déjec-

La Côte de Nuits   Gevrey-chambertin

tion dont les matériaux sont identiques ou semblables à ceux du coteau. Dans certaines situations, ils sont simplement plus épais, donc plus éloignés du substratum. Essentiellement constitués de graviers calcaires plus ou moins décarbonatés, ils donnent ces vins élégants et subtils dont nous parlions précédemment.

PIERRE ANDRE
Les Vignes d'Isabelle 1996★

■   0,8 ha   3 500   🍷 150 à 200 F

Un vin tout en douceur, très flatteur, assurant un équilibre satisfaisant entre l'acidité et le support tannique. Les arômes l'emportent sur les autres traits de caractère. Le pinot noir est bien maîtrisé, mais ce ne sera pas une bouteille de garde.
☞ Pierre André, Ch. de Corton-André, 21420 Aloxe-Corton, tél. 03.80.26.44.25, fax 03.80.26.43.57 🍷 t.l.j. 10h-18h

RENE BOUVIER 1996★★

■   1 ha   4 500   🍷 70 à 100 F

Très proche du coup de cœur, un gevrey qui mérite de porter aussi le nom de chambertin. Somptueux. Grenat intense, il possède une superbe palette aromatique : myrtille, cacao, le tout poivré. Le vif du sujet est passionnant, grâce à une concentration exceptionnelle. Les tanins sont à point, la persistance tenace. Grand vin de garde et le *summum* pour un *village*.
☞ René Bouvier, 2, rue Neuve, 21160 Marsannay-la-Côte, tél. 03.80.52.21.37, fax 03.80.59.95.96 ✓ 🍷 r.-v.

La côte de Nuits (Nord-2)

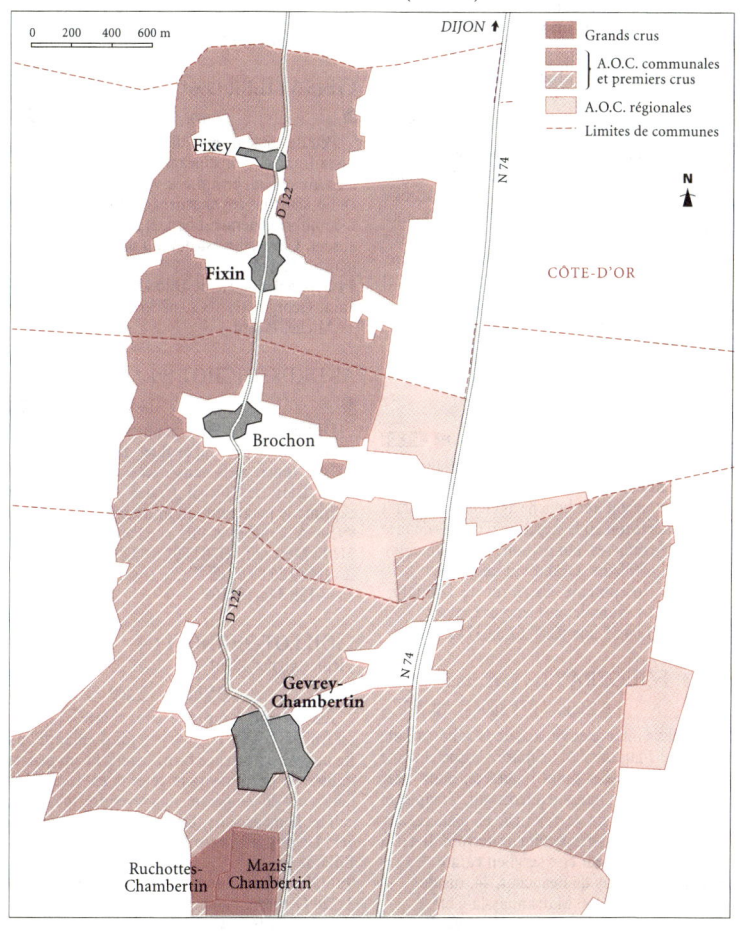

Légende :
- Grands crus
- A.O.C. communales et premiers crus
- A.O.C. régionales
- --- Limites de communes

Localités : Fixey, Fixin, Brochon, Gevrey-Chambertin, Ruchottes-Chambertin, Mazis-Chambertin, CÔTE-D'OR, DIJON

LA BOURGOGNE

La Côte de Nuits — Gevrey-chambertin

Herve Cluny 1995★

3 ha   3 000   70 à 100 F

Intensité moyenne dans une nuance cerise foncé, puis des arômes animaux qui descendent de la combe de Lavaux, avec une escorte de pruneaux. Charnu, assez tannique, ponctué par une note réglissée, son corps offre un aspect harmonieux. On conseille de ne pas le déguster trop vite.

➤ Hervé Cluny, 9, rue du Rapitot, 21220 Brochon, tél. 03.80.51.03.33, fax 03.80.51.03.33 ☑ ☧ r.-v.

Doudet-Naudin Les Fourneaux 1996★

n.c.   3 000   100 à 150 F

Comme on aime ces Fourneaux ! Rouge grenat assez vif, un vin aérien et cependant très ferme. Nez en forme de corbeille de petits fruits. Beaucoup de profondeur derrière une approche tendre, soyeuse, fraîche. Le style que l'on appelle féminin, bien agréable à table.

➤ Doudet-Naudin, 3, rue Henri-Cyrot, B.P. 1, 21420 Savigny-lès-Beaune, tél. 03.80.21.51.74, fax 03.80.21.50.69 ☑ ☧ r.-v.

Dom. Dupont-Tisserandot
Les Cazetiers 1996★

1er cru   2,5 ha   5 000   100 à 150 F

Une bouteille de Cazetiers ne passe jamais inaperçue. C'est le gevrey côté combe de Lavaux, côté Saint-Jacques : seuls les hasards de l'histoire ont mis ce côté pile en dehors des grands crus. Belle robe mature, bouquet assez complexe mais d'une sensibilité naissante, corps encore sévère, charpenté et en devenir. Il a besoin de se faire et il y parviendra.

➤ GAEC Dupont-Tisserandot, 2, pl. des Marronniers, 21220 Gevrey-Chambertin, tél. 03.80.34.10.50, fax 03.80.58.50.71 ☑ ☧ r.-v.

Faiveley Les Cazetiers 1995★★

1er cru   2,04 ha   3 770   150 à 200 F

Un Cazetiers portant une tenue faisant honneur au millésime. Ses arômes subtils et charmeurs annoncent une bouche aguichante, restant dans le même ton. Si la structure n'est pas dénuée de complexité, ses tanins sont bien aimables. Parmi les meilleurs. Grand vin de garde.

➤ Maison Joseph Faiveley, 8, rue du Tribourg, B.P. 9, 21701 Nuits-Saint-Georges Cedex, tél. 03.80.61.04.55, fax 03.80.62.33.17 ☑ ☧ r.-v.

Dom. Fougeray Les Seuvrées 1996★

0,25 ha   1 500   70 à 100 F

Au rubis intense et violacé de la robe s'ajoute une belle limpidité. À la mûre s'associent une touche de cuir, des notes réglissées, pour créer un complexe aromatique intéressant. Complet et équilibré, dense, un gevrey riche en matière, aux tanins caressants, respectant le terroir. Il est à aérer un peu et peut être servi en carafe.

➤ Dom. Fougeray de Beauclair, 44, rue de Mazy, B.P. 36, 21160 Marsannay-la-Côte, tél. 03.80.52.21.12, fax 03.80.58.73.83 ☑ ☧ r.-v.

Jean Fournier 1996★

0,55 ha   3 000   70 à 100 F

Violacée, presque bleutée, la robe crée un instant d'émotion et permet d'aborder avec confiance l'épreuve des trois coups de nez qui révèlent du grillé, des épices, du pruneau cuit, de l'animal ; on y prend plaisir. La bouche est, elle aussi, plaisante, ronde, fondue, de bonne longueur. Attendre cependant quatre ans.

➤ Jean Fournier, 29-34, rue du Château, 21160 Marsannay-la-Côte, tél. 03.80.52.24.38, fax 03.80.52.77.40 ☑ ☧ r.-v.

Dom. Dominique Gallois 1996★

2 ha   3 600   70 à 100 F

Tir groupé pour ce domaine qui sait nous faire apprécier son 1er cru 95 et sa Combe aux Moines 96. Allez-y de confiance. La palme revient à celui-ci, d'une teinte profonde, chantant la violette d'une voix très jeune, offrant une impression ronde et tendre. Les tanins sont superbes, l'acidité légère mais suffisante.

➤ Dominique Gallois, 30, pl. des Marronniers, 21220 Gevrey-Chambertin, tél. 03.80.34.11.99, fax 03.80.34.38.62 ☑ ☧ r.-v.

Geisweiler 1996★

n.c.   n.c.   100 à 150 F

Peu de couleur, mais il se rattrape par le nez, assez franc et convaincant. Du corps et du coffre : un vin qui remplit le verre et qui tiendrait en bouche tous ses quartiers d'hiver. Il s'y plaît ! L'équilibre général est bon, et le gras n'en est pas absent. Geisweiler est devenu une marque de la maison Picard.

➤ Geisweiler, 4, rte de Dijon, 21700 Nuits-Saint-Georges, tél. 03.80.62.35.00
➤ Michel Picard

Andre Goichot 1996★

n.c.   14 000   100 à 150 F

Difficile à discerner maintenant mais d'une qualité qui ne peut qu'évoluer dans le bon sens, un vin foncé mais sans excès, au bouquet de fruits frais très incisif (fraise écrasée) et qui exprime le maximum du millésime.

➤ SA A. Goichot et Fils, rue Paul-Masson, 21190 Merceuil, tél. 03.80.26.88.70, fax 03.80.26.80.69 ☑ ☧ t.l.j. sf sam. dim. 7h30-12h 14h-18h30

Goillot-Bernollin
Vieilles vignes 1996★

35 ha   2 400   100 à 150 F

Reflets moirés sur robe assez colorée. La suite est fruitée, boisée, comme les vins d'aujourd'hui. La bouche commence bien, se relâche un peu en milieu de parcours puis revient en force. Les tanins ont du tempérament à revendre, mais vont calmer leurs ardeurs. Un 96 qui peut se conserver. Le jury a beaucoup aimé, par ailleurs, les **Billards 96**.

➤ SCE Goillot-Bernollin, 29, rte de Dijon, 21220 Gevrey-Chambertin, tél. 03.80.34.36.12, fax 03.80.34.16.00 ☑ ☧ t.l.j. 8h-12h 13h-20h

La Côte de Nuits — Gevrey-chambertin

DOM. ROBERT GROFFIER PERE ET FILS 1996*

| | 0,82 ha | 3 900 | | 70 à 100 F |

Un vin qu'il faut saluer ! Il n'a sans doute pas beaucoup de brillance, sur un ton pourpre foncé. Il garde ses secrets aromatiques, pour le moment du moins. Mais quel plaisir de l'avoir sur la langue ! Les papilles en sont émoustillées. Beaucoup de fond et une forme agréable, un boisé intelligemment distillé, une finale impeccable et fruitée.
➥ Dom. Robert et Serge Groffier, 3, rte des Grands-Crus, 21220 Morey-Saint-Denis, tél. 03.80.34.31.53, fax 03.80.34.15.48 ☑ ⍭ r.-v.

GUILLARD Les Corbeaux 1995**

| ■ 1er cru | 0,48 ha | 1 800 | | 100 à 150 F |

Très agréable, puissante pour un 95, une bouteille cerise foncé, au nez encore jeune mais suffisant et prometteur. La bouche exprime une rare délicatesse. Le sujet est traité tout en finesse, avec de la rondeur, de l'élégance et de grandes capacités de garde. Cela démontre bien que les Corbeaux (juste après la Rôtisserie en allant à Morey) sont un des meilleurs 1ers crus du pays.
➥ SC Guillard, 3, rue des Halles, 21220 Gevrey-Chambertin, tél. 03.80.34.32.44 ☑ ⍭ r.-v.

JEAN-MICHEL GUILLON
La Petite-Chapelle 1996*

| ■ 1er cru | 0,23 ha | 1 200 | | 100 à 150 F |

Il pourrait concourir pour le titre de roi Chambertin tant sa prestance est puissante et noble. Sous sa cape très sombre, d'un rouge à la limite du noir, il se prépare à livrer un superbe bouquet. En bouche, une grande maîtrise. Encore jeune et un peu dur, mais sera très grand.
➥ Jean-Michel Guillon, 33, rte de Beaune, 21220 Gevrey-Chambertin, tél. 03.80.51.83.98, fax 03.80.51.85.59 ☑ ⍭ r.-v.

ALAIN GUYARD 1995*

| ■ | 0,7 ha | 4 000 | | 70 à 100 F |

Il a tout ce qu'il faut pour rendre heureux. Un rubis assez éclatant, un fruit très frais et qui ne souffre pas du bois, une attaque souple, une constitution bien faite. C'est encore discret, mais on comprend que cela va se révéler.
➥ Alain Guyard, 10, rue du Puits-de-Têt, 21160 Marsannay-la-Côte, tél. 03.80.52.14.46, fax 03.80.52.67.36 ☑ ⍭ r.-v.

DOM. ANTONIN GUYON 1995*

| ■ | 2,4 ha | 15 000 | | 100 à 150 F |

Un 95 au nez assez expressif sur fond de sous-bois, de cannelle et de vanille. Le bois se fond, les arômes secondaires apparaissent, et l'on s'affaire à un vin encore en plein devenir dont la maturité est annoncée heureuse.
➥ Dom. Antonin Guyon, 21420 Savigny-lès-Beaune, tél. 03.80.67.13.24, fax 03.80.66.85.87 ☑ ⍭ r.-v.

DOM. GUYON 1996*

| ■ | n.c. | n.c. | | 70 à 100 F |

Le style gibriacois, avec une première attaque enrobée et puis de la mâche et des tanins. C'est fort et de longue garde. Robe impressionnante. Nez de fruits noirs très mûrs et boisés. Sa typicité, cependant, est bien réelle.
➥ EARL Dom. Guyon, 11, R.N. 74, 21700 Vosne-Romanée, tél. 03.80.61.02.46, fax 03.80.62.36.56 ☑ ⍭ r.-v.

DOM. HARMAND-GEOFFROY
En Jouise 1995*

| ■ | 1,1 ha | 5 000 | | 70 à 100 F |

Rouge grenat, tirant sur le cassis et la mûre, il attaque franchement avant de laisser s'installer le gras. La fin de bouche atteint une certaine ampleur. Ce vin peut déjà être bu, mais il gagnera à prendre de la bouteille. La finale est très agréable, l'ensemble d'un bon niveau. Vous pouvez également porter votre choix sur la **Bossière 95** en 1er cru et - même millésime - **le Clos Prieur**.
➥ Dom. Harmand-Geoffroy, 1, pl. des Lois, 21220 Gevrey-Chambertin, tél. 03.80.34.10.65, fax 03.80.34.13.72 ☑ ⍭ r.-v.

DOM. HERESZTYN La Perrière 1996***

| ■ 1er cru | 0,34 ha | 2 000 | | 100 à 150 F |

Climat situé tout le long de la route des Grand Crus en allant vers Morey, avant les chambertins : il reçoit le coup de cœur tandis que **Les Corbeaux 96** du même domaine sont également bien notés. Bigarreau intense, un 1er cru étincelant. Le fruit à pleine maturité, une attaque soyeuse, bref l'expression la plus pure et la plus harmonieuse du pinot noir. A consommer ou garder pour un événement à fêter. Notez aussi un beau **Champonnet**. Ce domaine a de la ressource !
➥ Dom. Heresztyn, 27, rue Richebourg, 21220 Gevrey-Chambertin, tél. 03.80.34.30.86, fax 03.80.34.13.99 ☑ ⍭ t.l.j. 9h-12h 14h-19h; dim. 9h-12h

HUGUENOT PERE ET FILS 1995

| ■ | 2,6 ha | 12 000 | | 70 à 100 F |

Teinte un peu évoluée, mais le nez reste jeune et fin, voire subtil sur une dominante groseille. La bouche s'ouvre tout à fait ! Gras, assez plein, rustique dans le bon sens du mot, vraiment c'est un bon gevrey qui ne cherche pas de complication et qu'on boira maintenant.
➥ Dom. Huguenot Père et Fils, 9, ruelle du Carron, 21160 Marsannay-la-Côte, tél. 03.80.52.11.56, fax 03.80.52.60.47 ☑ ⍭ r.-v.

La Côte de Nuits — Gevrey-chambertin

DOM. HUMBERT FRERES
Petite Chapelle 1996*

■ 1er cru   0,15 ha   600   🍷 100 à 150 F

Couleur soutenue pour un bouquet où le fruit noir et le moka font la paire. En bouche, cela tient bien la route. Structure solide, texture tannique serrée et ronde, bon potentiel, de la personnalité... Conclusion ? Un beau vin. La Petite Chapelle en 1er cru tutoie les grands crus, ses voisins. Les **Lavaux saint-Jacques 96**, également très bien, reçoivent une étoile.

☙ Dom. Humbert Frères, rue de Planteligone, 21220 Gevrey-Chambertin, tél. 03.80.51.84.23, fax 03.80.51.80.14 ⓥ ⓣ r.-v.

LABOURE-ROI 1996*

■   n.c.   n.c.   🍷 100 à 150 F

Sous les pavés, la plage... Mais sous les tanins, qu'y a-t-il ? Ici, de l'aménité boisée, du rêve... Belle robe classique des 96, bouquet mariant le pruneau aux fruits confits, approche bien conduite, une certaine persistance. Tiendra cinq à six ans. Coup de cœur en 1994 pour le millésime 90.

☙ Labouré-Roi, rue Lavoisier, 21700 Nuits-Saint-Georges, tél. 03.80.62.64.00, fax 03.80.62.64.10 ⓣ r.-v.
☙ Cottin

LES CAVES DU CHANCELIER 1995*

■   n.c.   n.c.   🍷 100 à 150 F

Robe très 95. Noyau de cerise sur un registre qui commence à se diversifier et s'en va vers le sous-bois. L'intérieur est bon, avec un boisé bien fondu et des caudalies qui n'en finissent plus. Les tanins et le fruit font bon ménage. Inutile de le conserver très longtemps.

☙ Les Caves du Chancelier, 1, rue Ziem, 21200 Beaune, tél. 03.80.24.05.88, fax 03.80.22.37.08 ⓥ ⓣ t.l.j. 9h-19h

DOM. LEYMARIE-CECI La Justice 1995

■   0,68 ha   2 100   🍷 70 à 100 F

Légère, joliment parfumée, une bouteille qui vous saute au cou. L'attaque est rapide. Pas beaucoup d'ampleur, mais une constitution nette et saine. A boire cette année.

☙ Dom. Leymarie-Ceci, Clos du Village, 24, rue du Vieux-Château, 21640 Vougeot, tél. 03.80.62.86.06, fax 03.80.62.88.53 ⓥ ⓣ r.-v.

FREDERIC MAGNIEN
Les Seuvrées 1996

■   0,33 ha   1 200   🍷 70 à 100 F

Rouge foncé, peu bouqueté mais l'affaire est en cours, il est souple et agréable, fruité en bouche, un peu tannique et d'une honnête longueur. Le tout assez plaisant, faisant ce qu'on appelait jadis « un vin de rôti » : pour la table dominicale et familiale, simple et de bonne compagnie.

☙ Frédéric Magnien, 55, Grande-Rue, 21220 Morey-Saint-Denis, tél. 03.80.58.54.20, fax 03.80.58.51.76 ⓥ ⓣ r.-v.

MICHEL MAGNIEN 1996**

■   0,97 ha   2 000   🍷 70 à 100 F

Rubis intense à reflets violacés, le nez ouvert et plein de bonnes intentions (bourgeon de cassis, épices légères), ce 96 marque par sa présence. Le vinificateur n'a pas chômé, réussissant une extraction irréprochable et sans exagération. Quel relief ! Quel bonheur dans le goût ! Du même, on cite aussi les **Cazetiers 96** qui montent en puissance avec de sérieux atouts.

☙ Dom. Michel Magnien et Fils, 4, rue Ribordot, 21220 Morey-Saint-Denis, tél. 03.80.51.82.98, fax 03.80.58.51.76 ⓥ ⓣ r.-v.

DOM. JEAN-PHILIPPE MARCHAND
Vieilles vignes 1996*

■   n.c.   n.c.   🍷 70 à 100 F

Une plénitude accomplie ! Robe bigarreau foncé et dense ; on sent dans son nez la race d'un grand terroir (réglisse et mûre avec une note animale). Enveloppé, un peu court mais souple et soutenu par la fermeté de ses tanins, assez acide pour durer, il pourra être servi le jour de la Saint-Vincent tournante de l'an 2000 : elle aura lieu en effet à Gevrey.

☙ Dom. Jean-Philippe Marchand, 1, pl. du Monument, 21220 Gevrey-Chambertin, tél. 03.80.34.33.60, fax 03.80.34.12.77 ⓥ ⓣ r.-v.

CH. DE MARSANNAY 1996

■   2,95 ha   n.c.   🍷 100 à 150 F

Sa robe est claire et son nez amplement suffisant, mi-fruit mi-fût. Ses tanins sont déjà assez fondus. Plutôt dans la ligne des 95, avec juste ce qu'il faut de tanins, de chair, de structure. Evolution en cours.

☙ Ch. de Marsannay, rte des Grands-Crus, 21160 Marsannay-la-Côte, tél. 03.80.51.71.11, fax 03.80.51.71.12 ⓥ ⓣ t.l.j. sf dim. 10h-12h 14h-18h30; f. 20 déc.-5 janv.

DOM. THIERRY MORTET
Clos Prieur 1996*

■   0,3 ha   1 800   🍷 100 à 150 F

Robe presque noire et très costaude, faisant contraste avec un bouquet beaucoup plus subtil. On devine le fruit beaucoup plus qu'on ne le sent, avec des notes fumées. En bouche, il y a du monde à la scène : les tanins en arrière-plan, le gras, la richesse se devant, dans un décor velouté et une composition complexe. Il convient d'être patient, mais on sera récompensé. Le *village 96* mérite d'être cité.

☙ Dom. Thierry Mortet, 14, pl. des Marronniers, 21220 Gevrey-Chambertin, tél. 03.80.51.85.07, fax 03.80.34.16.80 ⓥ ⓣ r.-v.

CAVE DES PAULANDS 1996*

■   n.c.   n.c.   🍷 70 à 100 F

Pourpre appuyé, la couleur fait présager une bonne et belle bouteille. Impression que confirme le bouquet de fruits rouges, plein de vivacité. Le passage en bouche ne laisse que de bons souvenirs, et la chute est plaisante. Pour une entrecôte charolaise bien persillée, soit dès à présent, soit d'ici cinq à dix ans.

☙ Cave Paulands, RN 74, 21420 Aloxe-Corton, tél. 03.80.26.41.05, fax 03.80.26.47.56 ⓥ ⓣ t.l.j. 8h-12h 14h-18h30

La Côte de Nuits

GERARD QUIVY Les Corbeaux 1996

| ■ 1er cru | 0,17 ha | 1 000 | 100 à 150 F |

D'un rubis plutôt brillant, il joue la finesse. Cela apparaît dès le coup de nez, fruité et vanillé, recherchant la sensibilité davantage que la force de conviction. La rondeur l'emporte sur la robustesse. Excellente finale avec une touche fruitée qui reste au palais.

☞ Gérard Quivy, 7, rue Gaston-Roupnel, 21220 Gevrey-Chambertin, tél. 03.80.34.31.02, fax 03.80.34.31.02 ■ ▼ t.l.j. sf ven. 9h-19h; f. jan.

PHILIPPE ROSSIGNOL
Cuvée Vieilles vignes 1995

| ■ | 1,5 ha | 6 000 | 70 à 100 F |

Boisé sans que cela nuise à l'approche du fruit, un vin architecturé, porté par une belle matière, tannique aujourd'hui, lié encore au fût. L'attente est nécessaire, mais on pense que l'âge le maintiendra en de bonnes dispositions.

☞ Philippe Rossignol, 61, av. de la Gare, 21220 Gevrey-Chambertin, tél. 03.80.51.81.17, fax 03.80.51.81.17 ■ ▼ r.-v.

GERARD SEGUIN Craipillot 1996★

| ■ 1er cru | 0,6 ha | 3 000 | 100 à 150 F |

Nono, le vigneron imaginé par Gaston Roupnel, eût à coup sûr retrouvé l'optimisme en savourant ce Craipillot au corps persistant et riche, robuste et puissant. De son temps, les vins n'étaient pas si boisés, car on ne changeait pas tout le temps la futaille... Ici l'équilibre se fait autour d'une matière riche pleine de promesse : le fruit et le bois se répondent.

☞ Gérard Seguin, 11, rue de l'Aumônerie, 21220 Gevrey-Chambertin, tél. 03.80.34.38.72, fax 03.80.34.17.41 ■ ▼ t.l.j. 10h-12h 14h-19h; dim. sur r.-v.; f. fin août

DOM. TRAPET 1996★

| ■ | n.c. | n.c. | 70 à 100 F |

Avec ses reflets vifs, il donne dans la cerise noire. Son premier nez pinote bien sur le fruit ; le second présente un caractère vanillé. Le fût s'exprime en bouche, mais on sent que la matière existe. D'une longueur honorable, ce vin devrait monter en puissance dans les trois à quatre ans.

☞ Dom. Trapet Père et Fils, 53, rte de Beaune, 21220 Gevrey-Chambertin, tél. 03.80.34.30.40, fax 03.80.51.86.34 ■ ▼ r.-v.

Chambertin

Bertin, vigneron à Gevrey, possédant une parcelle voisine du Clos de Bèze et fort de l'expérience qualitative des moines, planta les mêmes plants, et obtint un vin similaire : c'était le « champ de Bertin », d'où Chambertin. En 1996, l'AOC a produit 629 hl, en 1997, 414 seulement.

Chambertin-clos de bèze

DOM. LOUIS REMY 1996★

| ■ Gd cru | 0,35 ha | 1 500 | +200 F |

Napoléon, grand amateur de chambertin, aurait pu pincer l'oreille de cette bouteille comme celle d'un grognard au soir d'Austerlitz. Car elle a du coffre et du cœur, de la vaillance. Un vin séveux et rond, charnu, et qui se tient bien droit. Arômes de pruneau et robe de gala.

☞ Dom. Louis Rémy, 1, pl. du Monument, 21220 Morey-Saint-Denis, tél. 03.80.34.32.59, fax 03.80.34.32.59 ■ ▼ r.-v.

Chambertin-clos de bèze

Les religieux de l'abbaye de Bèze plantèrent en 630 une vigne dans une parcelle de terre qui donna un vin particulièrement réputé : ce fut l'origine de l'appellation, qui couvre une quinzaine d'hectares ; les vins peuvent également s'appeler chambertin. La production a atteint 444 hl en 1997.

DOM. DROUHIN-LAROZE 1996★

| ■ Gd cru | 1,5 ha | 4 000 | +200 F |
95 96

Il porte la robe du roi Chambertin que l'on voit chaque été présider sa propre fête au cœur du village. Son bouquet unit le cassis et le cuir de façon savante et vanillée. Sa bouche est élégante, puissante, mais elle n'a pas encore atteint son altitude de croisière : un long-courrier au décollage.

☞ Dom. Drouhin-Laroze, 20, rue du Gaizot, 21220 Gevrey-Chambertin, tél. 03.80.34.31.49, fax 03.80.51.83.70 ■ ▼ r.-v.
☞ Bernard et Philippe Drouhin

FAIVELEY 1995★★

| ■ Gd cru | 1,29 ha | n.c. | +200 F |
89 (90) |92| **93 94 95**

Deuxième coup de cœur pour ce clos de bèze (le millésime 90 avait déjà été couronné) qui permet de vérifier le caractère de ce monument historique : racé et complexe. Sa couleur de feu, ses arômes de végétaux et de gibier, sa distinction

LA BOURGOGNE

La Côte de Nuits

naturelle en font vraiment « tout le grand bourgogne possible », pour reprendre le mot de Camille Rodier.
• Maison Joseph Faiveley, 8, rue du Tribourg, B.P. 9, 21701 Nuits-Saint-Georges Cedex, tél. 03.80.61.04.55, fax 03.80.62.33.37 r.-v.

ROBERT GROFFIER PÈRE ET FILS 1996*

| ■ Gd cru | n.c. | 1 600 | +200 F |

93 95 96

Il a la majesté voulue sous une couleur cerise sauvage presque noire. Si le premier nez suggère la pivoine sur une pointe poivrée, le second est d'une ardeur animale. Un mot revient souvent sur les fiches de dégustation : dense. Attaque, rondeur affable, il plaît, mais surtout pour sa plénitude. Réel grand cru en tout cas, et qu'on aimera revoir.
• Dom. Robert et Serge Groffier, 3, rte des Grands-Crus, 21220 Morey-Saint-Denis, tél. 03.80.34.31.53, fax 03.80.34.15.48 r.-v.

Autres grands crus de Gevrey-Chambertin

Autour des deux précédents, il y a une foule de crus qui, sans les égaler, restent de la même famille. Les conditions de production sont un peu moins exigeantes, mais les vins y ont les mêmes caractères de solidité, de puissance, de plénitude, où domine la réglisse, qui permet généralement de différencier les vins de Gevrey de ceux des appellations voisines : les Latricières (environ 7 ha) ; les Charmes (31 ha, 61 a, 30 ca) ; les Mazoyères, qui peuvent également s'appeler Charmes (l'inverse n'est pas possible) ; les Mazis, comprenant les Mazis-Haut (environ 8 ha) et les Mazis-Bas (4 ha, 59 a, 25 ca) ; les Ruchottes (venant de roichot, lieu où il y a des roches), toutes petites par la surface, comprenant les Ruchottes-du-Dessus (1 ha, 91 a, 95 ca) et les Ruchottes-du-Bas (1 ha, 27 a, 15 ca) ; les Griottes, où auraient poussé des cerisiers sauvages (5 ha, 48 a, 5 ca) ; et enfin, les Chapelles (5 ha, 38 a, 70 ca), nom donné par une chapelle bâtie en 1155 par les religieux de l'abbaye de Bèze, rasée à la Révolution.

Latricières-chambertin

Latricières-chambertin

DOM. LOUIS REMY 1996**

| ■ Gd cru | 0,7 ha | 3 000 | +200 F |

Un vin caressant, sensible et sensuel, rond et soyeux, plein de sève et très long. Il a de la race, de l'origine et il mérite du respect dans le compliment. Bref, il arrivera sur table comme un hôte de marque. Très violacé, il a des accents floraux et animaux dans un contexte légèrement torréfié.
• Dom. Louis Rémy, 1, pl. du Monument, 21220 Morey-Saint-Denis, tél. 03.80.34.32.59, fax 03.80.34.32.59 r.-v.

Chapelle-chambertin

DOM. JEAN ET JEAN-LOUIS TRAPET 1995

| ■ Gd cru | n.c. | n.c. | 150 à 200 F |

Vin assez bien structuré, sans doute encore fermé. Une chapelle en effet, et non une cathédrale. Il est d'un rouge vif et expressif, évoluant à l'aération d'arômes fruités à torréfiés. On recommande la patience qui, si elle n'est pas une vertu théologale, est utile en pareil cas.
• Dom. Trapet Père et Fils, 53, rte de Beaune, 21220 Gevrey-Chambertin, tél. 03.80.34.30.40, fax 03.80.51.86.34 r.-v.

Charmes-chambertin

DOM. DES BEAUMONT 1995

| ■ Gd cru | 0,6 ha | 2 400 | 150 à 200 F |

D'un beau rouge sombre, il raconte tout d'abord une histoire aromatique dont les personnages sont le cuir et la griotte, le tout confituré et vanillé. Une histoire du pays, comme on en raconte à la veillée. D'entrée de jeu, puissant et rappelant le fruit confit. C'est un peu bref et on conseille d'ouvrir cette bouteille dans le temps présent.
• Dom. des Beaumont, 9, rue Ribordot, 21220 Morey-Saint-Denis, tél. 03.80.51.87.89, fax 03.80.51.87.89 r.-v.

DUPONT-TISSERANDOT 1996*

| ■ Gd cru | 0,8 ha | 1000 | 150 à 200 F |

Grenat sombre, tirant nettement sur le fruit mûr et les épices, ce 96 prend ses aises dès qu'il est admis au palais. Sa fraîcheur, sa vivacité ne laissent pas insensible, et l'on constate qu'il a également de la consistance et quelque chose à dire. A attendre sûrement car il va développer ses atouts.
• GAEC Dupont-Tisserandot, 2, pl. des Marronniers, 21220 Gevrey-Chambertin, tél. 03.80.34.10.50, fax 03.80.58.50.71 r.-v.

La Côte de Nuits

DOM. DOMINIQUE GALLOIS 1996★

| ■ Gd cru | 0,3 ha | 1 600 | ❚❙ +200 F |

Les qualités de ce charmes sont nombreuses et cohérentes. Cerise proche du mauve, évoque-t-il le cassis ou le bourgeon de cassis ? Voilà bien le sujet de conversation préféré de nos dégustateurs ! Joli volume, belle longueur, corps charnu sous des nuances florales : l'intérieur vaut d'être visité dans trois à quatre ans.
☞ Dominique Gallois, 30, pl. des Marronniers, 21220 Gevrey-Chambertin, tél. 03.80.34.11.99, fax 03.80.34.38.62 ✓ ⌇ r.-v.

DOM. HUMBERT FRERES 1996

| ■ Gd cru | 0,22 ha | 1 100 | ❚❙ 150 à 200 F |

D'une teinte très soutenue et intense, rubis violacé, il opte pour des arômes végétaux nuancés de fruits frais à noyau. Belle envolée en bouche, un rien vivace. La structure est légère, appuyée toutefois par un renfort tannique en finale. Il est cependant destiné aux amateurs de vins qu'on ne conserve pas éternellement.
☞ Dom. Humbert Frères, rue de Planteligone, 21220 Gevrey-Chambertin, tél. 03.80.51.84.23, fax 03.80.51.80.14 ✓ ⌇ r.-v.

JEAN-PAUL MAGNIEN 1996

| ■ Gd cru | 0,2 ha | 1000 | ❚❙ 150 à 200 F |

Difficile à juger si jeune et selon des critères définitifs, ce 96 paraît apte à devenir un vin estimable si on lui en laisse le temps. Sa coloration profonde et brillante témoigne de ses bonnes résolutions. Gentil bouquet délicat et noisette, mais l'affaire est en cours. Bonne entrée en bouche et si l'acidité est forte, il en faut pour bien vieillir.
☞ Jean-Paul Magnien, 5, ruelle de l'Eglise, 21220 Morey-Saint-Denis, tél. 03.80.51.83.10, fax 03.80.58.53.27 ✓ ⌇ t.l.j. sf dim. 10h-12h 14h-19h

DOM. TORTOCHOT 1995★

| ■ Gd cru | 0,57 ha | 2 600 | ❚❙ +200 F |
|91| |92| **93** |94| 95

Gaby Tortochot a confié les pleins pouvoirs à sa fille Chantal. Le flambeau est entre de bonnes mains. Ce charmes se porte en effet comme un charme : rouge clair, évoquant le fruit cuit, il offre une structure tannique très équilibrée, une matière bien présente, d'importantes ressources pour l'avenir.
☞ SARL Dom. Tortochot, 12, rue de l'Eglise, 21220 Gevrey-Chambertin, tél. 03.80.34.30.68, fax 03.80.34.18.80 ✓ r.-v.

DOM. DES VAROILLES 1996

| ■ Gd cru | n.c. | n.c. | ❚❙ 150 à 200 F |

D'une coloration moyenne, d'un fruit rouge légèrement sauvage, sous-bois (comme s'il descendait des hauteurs de la Côte), il présente une version fraîche et fruitée des charmes, sans grande profondeur mais agréable.
☞ Dom. des Varoilles, 11, rue de l'Ancien-Hôpital, 21220 Gevrey-Chambertin, tél. 03.80.34.30.30, fax 03.80.51.88.99 ✓ ⌇ r.-v.

Mazoyères-chambertin

Griottes-chambertin

DOM. FOURRIER 1995

| ■ Gd cru | 0,25 ha | n.c. | ❚❙ +200 F |

Rouge évoluant vers la tuile bourguignonne, discret au premier nez, fruité par la suite avec quelques notes de gibier, une griotte 95 correctement construite mais dont la concentration est légère. Ne pas laisser vieillir. S'en saisir maintenant, et tenir compte du millésime.
☞ SCEA Dom. Fourrier, 7, rte de Dijon, 21220 Gevrey-Chambertin, tél. 03.80.34.33.99, fax 03.80.34.33.95 ✓ ⌇ r.-v.

Mazis-chambertin

FAIVELEY 1995★

| ■ Gd cru | 1,2 ha | 2 580 | ❚❙ +200 F |

Faiveley détient 13 % de la superficie totale de ce *climat* qui fut le premier à représenter la Côte de Nuits à la vente des Hospices de Beaune. Un vin tannique et plein, opulent et très persistant, d'un fin rubis et dont le bouquet évolue déjà vers des notes animales et épicées, puis de fruits à l'alcool. Sera sans doute de garde moyenne (trois à cinq ans).
☞ Maison Joseph Faiveley, 8, rue du Tribourg, B.P. 9, 21701 Nuits-Saint-Georges Cedex, tél. 03.80.61.04.55, fax 03.80.62.33.37 ✓ ⌇ r.-v.

ARMELLE ET JEAN-MICHEL MOLIN 1996★

| ■ Gd cru | 0,37 ha | 800 | ❚❙ +200 F |

Ce 96 possède son bâton de maréchal dans sa giberne. Il devrait très bien mûrir et devenir magnifique d'ici quelques années. Ce serait un crime de le déguster trop tôt. Sa robe est lyrique, intense et lumineuse. Son nez est comblé (sous-bois et bois discret, fruits et épices). Le mariage du vin et du fût est bien mené.
☞ EARL Armelle et Jean-Michel Molin, 54, rte des Grands-Crus, 21220 Fixin, tél. 03.80.52.21.28, fax 03.80.52.21.28 ✓ ⌇ r.-v.

Mazoyères-chambertin

DOM. HENRI RICHARD 1996

| ■ | 1,11 ha | 5 000 | ❚❙ 100 à 150 F |

Toujours une pointe d'émotion en dégustant ce vin, car la vigne a appartenu à l'écrivain bourguignon Gaston Roupnel, qui la vendit en 1938 au père de ce viticulteur. Coloration moyennement intense, nez de petits fruits rouges et bonne première impression en raison d'un gras agréable. Peu de complexité, mais une bouteille de vin, il est vrai, n'est pas un traité de philosophie.

461   LA BOURGOGNE

La Côte de Nuits

Ruchottes-chambertin

✆ SCE Henri Richard, 75, rte de Beaune, 21220 Gevrey-Chambertin, tél. 03.80.34.31.37, fax 03.80.34.35.81 ✉ 🍷 t.l.j. 8h-18h

Ruchottes-chambertin

DOM. ARMAND ROUSSEAU ET FILS
Clos des Ruchottes 1995

| ■ Gd cru | 1,06 ha | 4 100 | 🍷 | +200 F |

Monopole, ce clos représente un tiers du grand cru. Rouge cerise à reflets brique, l'édition 95 évolue sensiblement au nez (framboise, cuir naissant), mais reste fraîche en bouche. Un vin dont les proportions ne sont pas considérables mais qui n'en existe pas moins et mérite d'être cité.

✆ Dom. Armand Rousseau, 1, rue de l'Aumônerie, 21220 Gevrey-Chambertin, tél. 03.80.34.30.55, fax 03.80.58.50.25 🍷 r.-v.

Morey-saint-denis

Morey-Saint-Denis constitue, avec un peu plus de 100 ha, une des plus petites appellations communales de la Côte de Nuits. On y trouve d'excellents premiers crus et cinq grands crus ayant une appellation d'origine contrôlée particulière : clos de Tart, clos Saint-Denis, bonnes-mares (en partie), clos de la Roche et clos des Lambrays.

L'appellation est coincée entre Gevrey et Chambolle, et l'on pourrait dire que ses vins (3 699 hl en 1997 dont 188 en blanc) sont, avec leurs caractères propres, intermédiaires entre la puissance des premiers crus et la finesse des seconds. Les vignerons présentent au public les morey-saint-denis, et uniquement ceux-ci, le vendredi précédant la vente des Hospices de Nuits (3ᵉ semaine de mars) en un « Carrefour de Dionysos », à la salle des fêtes communale.

DOM. PIERRE AMIOT ET FILS
Les Millandes 1995*

| ■ 1er cru | 0,48 ha | 3 000 | 🍷 | 70 à 100 F |

Très bon vin à condition d'être patient. Il est en effet fortement tannique, encore jeune, un peu agressif. L'âge le fera rentrer dans le rang, pour notre plus grand plaisir. Robe profonde, grenat. Bouquet léger, genre fruits confits. Bref, beaucoup de puissance et de concentration. Une bouteille que l'on définit par son potentiel de garde : à ne pas ouvrir avant trois ans. A déguster pendant quinze ans.

✆ Dom. Pierre Amiot et Fils, 27, Grande-Rue, 21220 Morey-Saint-Denis, tél. 03.80.34.34.28, fax 03.80.58.51.17 ✉ 🍷 r.-v.

DOM. ARLAUD PERE ET FILS
Les Chezeaux 1995*

| ● 1er cru | 0,7 ha | n.c. | 🍷 | 100 à 150 F |

Complexe, sûrement, sur fond grenat intense. Le nez est un grand réservoir aromatique, fruité noir et rouge. Ces arômes peuplent le palais, avec des tanins très présents et d'heureuses perspectives pour l'avenir. Concentration et équilibre. Bref, on aime dans l'ensemble. En 1ᵉʳ cru, des **Ruchots 95** qui peuvent être cités, de même que les **Millandes 95**.

✆ Dom. Arlaud Père et Fils, 43, rte des Grands-Crus, 21220 Morey-Saint-Denis, tél. 03.80.34.32.65, fax 03.80.58.52.09 ✉ 🍷 r.-v.

DOM. DES BEAUMONT 1995*

| ■ 1er cru | 0,35 ha | n.c. | 🍷 | 70 à 100 F |

Thierry Beaumont a repris le domaine familial en 1991. Ce 1ᵉʳ cru à la couleur très prononcée, aux senteurs fraîches (cerise), à l'attaque tendre, se montre fruité et solide en bouche. Sa puissance permet de lui fixer un long rendez-vous dans l'avenir.

✆ Dom. des Beaumont, 9, rue Ribordot, 21220 Morey-Saint-Denis, tél. 03.80.51.87.89, fax 03.80.51.87.89 ✉ 🍷 r.-v.

DOM. REGIS BOUVIER
En la Rue de Vergy 1996

| | 0,5 ha | n.c. | 🍷 | 70 à 100 F |

Vin élégant, bien servi par son millésime. Agréable et charnu, plein de vie, il est typé morey sans pour autant montrer beaucoup de force intérieure. A l'aération, les arômes manifestent de bonnes intentions. Quant à la teinte, elle est cristalline. Attendre trois ans avant de lui proposer une viande rôtie.

✆ Dom. Régis Bouvier, 52, rue de Mazy, 21160 Marsannay-la-Côte, tél. 03.80.51.33.93, fax 03.80.58.75.07 ✉ 🍷 r.-v.

DOM. BRUNO CLAIR
En la rue de Vergy 1996*

| ☐ | 0,51 ha | 3 400 | 🍷 | 100 à 150 F |

Coup de cœur en 1994 pour le millésime 90, Bruno Clair réussit également très bien ce morey. Pensez à un magret de canard pour accompagner ce 96 fort coloré et dont le nez s'éveille sur le fruit. Bouche convaincante, grâce à une structure assez solide pour soutenir durablement son évolution, sinon ses ardeurs.

✆ Dom. Bruno Clair, 5, rue du Vieux-Collège, 21160 Marsannay-la-Côte, tél. 03.80.52.28.95, fax 03.80.52.18.14 ✉ 🍷 r.-v.

GUY COQUARD 1996*

| | 1 ha | 4 500 | 🍷 | 70 à 100 F |

Le nez de Cyrano. Très long et bien développé sur des notes de bourgeon de cassis, de groseille. Rubis dense et profond, d'allure encore sévère comme il se doit à son âge, c'est un vin remarquable en attaque et offrant une structure réussie.

La côte de Nuits (Centre)

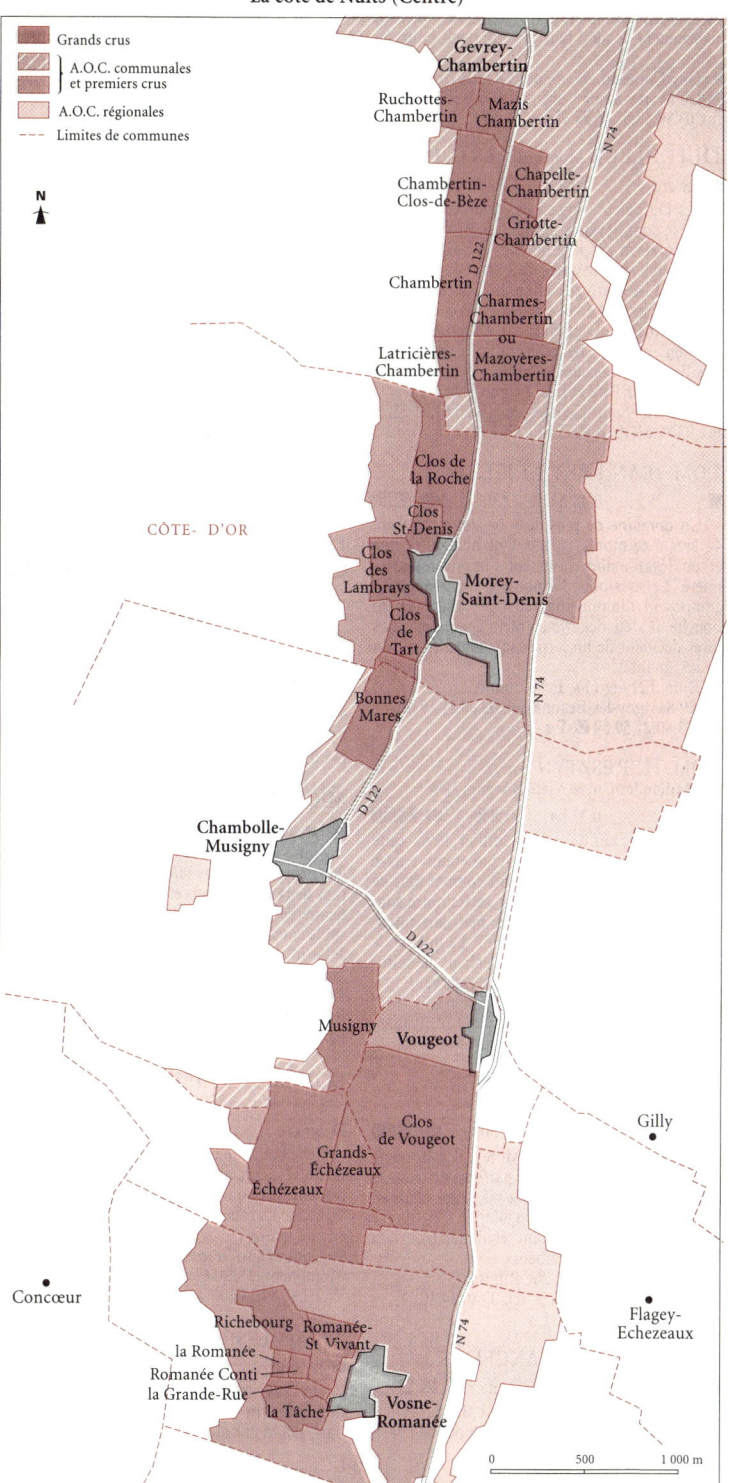

- Grands crus
- A.O.C. communales et premiers crus
- A.O.C. régionales
- --- Limites de communes

N

Gevrey-Chambertin
Ruchottes-Chambertin
Mazis-Chambertin
Chambertin-Clos-de-Bèze
Chapelle-Chambertin
Griotte-Chambertin
Chambertin
Charmes-Chambertin ou Mazoyères-Chambertin
Latricières-Chambertin

CÔTE-D'OR

Clos de la Roche
Clos St-Denis
Clos des Lambrays
Morey-Saint-Denis
Clos de Tart

Bonnes Mares

Chambolle-Musigny

Musigny
Vougeot

Clos de Vougeot
Grands-Échézeaux
Échézeaux

• Gilly

• Concœur

Richebourg
la Romanée
Romanée-St Vivant
Romanée Conti
la Grande-Rue
la Tâche
Vosne-Romanée

• Flagey-Echezeaux

0   500   1 000 m

La Côte de Nuits — Morey-saint-denis

Sa maturité complète est toutefois en devenir. Exactement ce qu'il faut avec un bœuf bourguignon.

Guy Coquard, 55, rte des Grands-Crus, 21220 Morey-Saint-Denis, tél. 03.80.34.38.88, fax 03.80.58.51.66 r.-v.

DUFOULEUR Monts-Luisants 1995*

■ 1er cru   n.c.   2 000   150 à 150 F

Les Dufouleur, vignerons depuis le début du XVIIe s., sont devenus négociants en 1848. Cette vieille maison propose un Monts-Luisants 1995 offrant une grande intensité à l'œil, du gras sous le regard, des arômes minéraux, avec du fruit noir en réserve. Le vin est encore fermé, mais sa rondeur incite à l'optimisme. Une certaine ténacité en bouche témoigne du tempérament. Confiance ? Sans aucun doute.

Dufouleur Père et Fils, 17, rue Thurot, 21700 Nuits-Saint-Georges, tél. 03.80.61.21.21, fax 03.80.61.10.65 t.l.j. 9h-19h

DOM. JEAN FERY ET FILS 1995

■   0,44 ha   2 100   70 à 100 F

Un domaine de plus de 9 ha qui a consacré 44 ares à ce morey village. Une nuance violine et un léger ambré résument l'impression première. Le sous-bois, la mousse, le champignon composent l'impression seconde. Anguleux en bouche, il a été dégusté en plein âge ingrat ; nos jurés décident de lui laisser sa chance en raison de ses qualités.

Dom. Féry et Fils, Echevronne, 21420 Savigny-lès-Beaune, tél. 03.80.21.59.60, fax 03.80.21.59.59 r.-v.

DOM. HERESZTYN
Les Millandes Cuvée Vieilles vignes 1996*

■ 1er cru   0,37 ha   1 800   150 à 200 F

Coup de cœur sur notre édition 1996, cette bouteille est à nouveau très représentative avec son millésime 96. On s'en rend compte tout de suite, tant la robe est brillante, cerise noire soutenue. Au nez, un registre un peu particulier, entre le fruit rouge et le sous-bois. La qualité de la vinification contribue à l'intérêt de la suite : une réelle typicité mais pleine de réserve...

Dom. Heresztyn, 27, rue Richebourg, 21220 Gevrey-Chambertin, tél. 03.80.34.30.86, fax 03.80.34.13.99 t.l.j. 9h-12h 14h-19h; dim. 9h-12h

CLOS DE LA BIDAUDE 1996

□   0,3 ha   1 800   100 à 150 F

Du chardonnay en plein Morey. Il se présente sous des abords dorés et des parfums de fruits et de pierre à fusil. Agréable et vif, assez coulant, il est à découvrir pour sa singularité. Cela dit, ce n'est pas une terre à blanc et l'intérêt devient curiosité. Satisfaite, d'ailleurs.

Robert Gibourg, 17, rue Ribordot, 21220 Morey-Saint-Denis, tél. 03.80.34.36.51, fax 03.80.34.11.15 r.-v.

LES CAVES DU CHANCELIER 1995

■   n.c.   n.c.   70 à 100 F

Rouge ambré, il a le bouquet flatteur. On a l'impression de poser le nez sur un pot de confiture de fraises ! Peu de chair, mais de la fraîcheur, de l'élégance. Il plaira aux amateurs de vins jeunes. En revanche, ils seront comblés s'ils patientent deux ou trois ans pour le servir sur un canard rôti.

Les Caves du Chancelier, 1, rue Ziem, 21200 Beaune, tél. 03.80.24.05.88, fax 03.80.22.37.08 t.l.j. 9h-19h

LIGNIER-MICHELOT
En la Rue de Vergy 1996**

■   2 ha   5 000   70 à 100 F

Ce domaine réalise un très beau triplé en plaçant son 1er cru Les Cheneverys 95, son 1er cru Aux Charmes 95 et son village En la Rue de Vergy 96 à égalité de haute qualité. C'est ce dernier qui a notre préférence : il a l'étoffe d'un 1er cru. D'une belle couleur à pointe violette, il offre un bouquet complexe et cependant très jeune, une attaque franche, un boisé bien fondu, des tanins soyeux : un vrai plaisir.

Dom. Lignier-Michelot, 11, rue Haute, 21220 Morey-Saint-Denis, tél. 03.80.34.31.13, fax 03.80.58.55.74 r.-v.

FREDERIC MAGNIEN Les Ruchots 1996

■ 1er cru   0,28 ha   1 800   100 à 150 F

D'un noir d'encre à anneau violet, un morey cerise/cassis et peu boisé. Fort bien ! Il pratique en bouche la règle de Cîteaux : une rigueur austère. Pourtant, l'équilibre, le potentiel sont là. Sa tannicité va se fondre, n'en doutons pas. Il a de bonnes réserves !

Frédéric Magnien, 55, Grande-Rue, 21220 Morey-Saint-Denis, tél. 03.80.58.54.20, fax 03.80.58.51.76 r.-v.

MICHEL MAGNIEN Les Chaffots 1996*

■ 1er cru   0,63 ha   4 000   100 à 150 F

Notre jury a apprécié le 1er cru Les Millandes 96 ainsi que le morey village du même millésime, tous deux retenus sans étoile, mais il signale particulièrement cette bouteille. Ce climat est situé sur le coteau juste au-dessus du Clos Saint-Denis. Jolie robe. Tous les petits fruits sont là. Bouche ample et ronde. Très beau vin de garde moyenne.

Dom. Michel Magnien et Fils, 4, rue Ribordot, 21220 Morey-Saint-Denis, tél. 03.80.51.82.98, fax 03.80.58.51.76 r.-v.

DOM. JEAN-PHILIPPE MARCHAND
Les Faconnières 1996

■ 1er cru   n.c.   n.c.   70 à 100 F

Belle bouteille en perspective, grâce à sa charpente, à sa structure, à sa solidité. Il lui manque actuellement quelques fleurs au balcon... Cela viendra ! La robe est tendre et pâle, le nez discret, encore masqué.

Dom. Jean-Philippe Marchand, 1, pl. du Monument, 21220 Gevrey-Chambertin, tél. 03.80.34.33.60, fax 03.80.34.12.77 r.-v.

MOMMESSIN La Forge 1995**

■ 1er cru   7,5 ha   n.c.   100 à 150 F

Un cas très spécial, puisqu'il s'agit du deuxième vin - façon bordelaise - du Clos de Tart, grand cru monopole de morey-saint-denis,

La Côte de Nuits

Clos de la roche

dont les jeunes vignes sont déclarées en premier cru. Seul exemple de ce type en Bourgogne. Entre le rubis et le mauve, ce 95 frais et fruité, d'une nature assez simple, typé, porte en lui de sérieuses espérances. La matière est là, et le pinot sera explosif. Rappelons que le **Clos de Tart 95** avait reçu un coup de cœur et trois étoiles l'an dernier.
🍇 Mommessin, Le Pont des Samsons, 69430 Quincié, tél. 04.74.69.09.30, fax 04.74.69.09.28 ☑ ⍑ r.-v.

MORIN PERE ET FILS 1996★

| ■ | | n.c. | 4 800 | 🍶 | 70 à 100 F |

Equilibre satisfaisant, fruité chaleureux, ardeur joyeuse en bouche, voilà un morey bien dans sa peau. D'un beau rouge rubis à reflets violacés, il est nettement boisé mais d'une souplesse agréable. Il devrait être de bonne garde, mais on peut tout aussi bien le boire dans l'année.
🍇 Morin Père et Fils, 9, quai Fleury, 21700 Nuits-Saint-Georges, tél. 03.80.62.61.42, fax 03.80.62.37.38 ☑ ⍑ t.l.j. 9h-12h 14h-18h

DOM. HENRI PERROT-MINOT
La Riotte 1995★

| ■ 1er cru | 0,57 ha | 1 800 | 🍶 | 100 à 150 F |

Vin ayant presque atteint sa maturité et dont l'évolution apparaît à l'œil (rouge brun). Son bouquet chante le sous-bois parmi des notes chocolatées et sur fond de laurier. En bouche, l'approche est ronde, assez ferme avec des tanins fins et une acidité discrète. Il pinote un peu. Ce domaine remontant au XVIIᵉs. fut coup de cœur en 1995 pour cette même Riotte 91.
🍇 Henri Perrot-Minot, 54, rte des Grands-Crus, 21220 Morey-Saint-Denis, tél. 03.80.34.32.51, fax 03.80.34.13.57 ☑ ⍑ r.-v.

REMI SEGUIN 1995★

| ■ | 0,51 ha | n.c. | 🍶 | 50 à 70 F |

Depuis dix ans, Rémy Seguin perpétue la tradition viticole familiale. Son **morey 1ᵉʳ cru 95** est honorable. Son morey *village* est plus qu'honorable : agréable, d'une jolie ampleur, rond et souple, porteur d'arômes de griottes à l'eau-de-vie. Certes, l'alcool est présent. Mais son équilibre général, ses accents de réglisse, violette et même... châtaigne selon l'un de nos jurés en font un vin à recommander. Il n'est pas indispensable de l'attendre longtemps.
🍇 Rémi Seguin, rue de Cîteaux, 21640 Gilly-lès-Cîteaux, tél. 03.80.62.89.61, fax 03.80.62.80.92 ☑ ⍑ r.-v.

VAUCHER PERE ET FILS 1996★

| ■ | n.c. | n.c. | 🍶 | 70 à 100 F |

Coloration intense, comme les joues d'un vieux vigneron de Morey. Bouquet de griotte et de cassis, évoluant vers le gibier. Boisé fondu. Caractère de vin jeune, plus vif que rond, charpenté. A revoir pour le développement de l'élégance car le caractère est excellent. Il s'agit d'une marque de la maison nuitonne Labouré-Roi.
🍇 Vaucher Père et Fils, rue Lavoisier, 21700 Nuits-Saint-Georges, tél. 03.80.62.64.00, fax 03.80.62.64.10 ⍑ r.-v.
🍇 Cottin

Clos de la roche, de tart, de saint-denis, des lambrays

Le Clos de la Roche - qui n'est pas un clos - est le plus important en surface (16 ha environ), et comprend plusieurs lieux-dits ; il a produit 544 hl en 1997 ; le Clos Saint-Denis, d'environ 6,5 ha, n'est pas non plus un clos, et regroupe aussi plusieurs lieux-dits (264 hl). Ces deux crus, assez morcelés, sont exploités par de nombreux propriétaires. Le Clos de Tart est, lui, entièrement clos de murs et exploité en monopole. Il fait un peu plus de 7 ha et les vins sont vinifiés et élevés sur place ; la cave de deux niveaux mérite une visite. Le Clos des Lambrays est également d'un seul tenant ; mais il regroupe plusieurs parcelles et lieux-dits : les Bouchots, les Larrêts ou Clos des Lambrays, le Meix-Rentier. Il représente un peu moins de 9 ha, dont 8,5 sont exploités par le même propriétaire. Il a produit 264 hl en 1997.

Clos de la roche

DOM. MICHEL MAGNIEN ET FILS
1996

| ■ Gd cru | 0,36 ha | 2 000 | 🍶 | +200 F |

Rubis soutenu, cerise sur l'arbre, un vin forcément muet à cette époque de sa vie ; il est tannique et anguleux, concentré ou, plus exactement, enfermé sur lui-même. Ce n'est pas un défaut. On l'appréciera vraiment dans quelques années. Pour l'instant, on ne peut pas en dire davantage.
🍇 Dom. Michel Magnien et Fils, 4, rue Ribordot, 21220 Morey-Saint-Denis, tél. 03.80.51.82.98, fax 03.80.58.51.76 ☑ ⍑ r.-v.

PAUL REITZ 1995

| ■ Gd cru | n.c. | 900 | 🍶 | 150 à 200 F |

Il n'est ni très intense, ni très long, mais il sait mettre en avant ce qui l'avantage. Un style assez agréable, léger, qui peut plaire et qu'on ne gardera pas trop longtemps. En réalité, il est en cours d'évolution.
🍇 SA Paul Reitz, Grande-Rue, 21700 Corgoloin, tél. 03.80.62.98.24, fax 03.80.62.96.83

LA BOURGOGNE

La Côte de Nuits

DOM. LOUIS REMY
Clos de la Roche 1996★

| ■ Gd cru | 0,7 ha | 2 700 | ◨ +200 F |

Il n'est pas plus bavard que le confesseur d'un roi... Dans sa robe bigarreau noir, avec son nez très mûr, aux senteurs animales agrémentées de myrtille, il s'entretient en bouche avec lui-même. Très 96, il attaque en douceur, montre patte rouge puis se cabre et s'isole. Normal : sa rigueur, sa sincérité assurent son avenir. Le millésime 93 fut honoré d'un coup de cœur.
☛ Dom. Louis Rémy, 1, pl. du Monument, 21220 Morey-Saint-Denis, tél. 03.80.34.32.59, fax 03.80.34.32.59 ✓ ⊺ r.-v.

Clos saint-denis

DOM. ARLAUD PERE ET FILS 1995★

| ■ Gd cru | n.c. | n.c. | ◨ 150 à 200 F |

|89| 90 91 ⑨② 93 95

Coup de cœur pour son 92, le domaine Arlaud Père et Fils présente en 95 ce vin tannique, au caractère affirmé, qui diffère un peu de l'image habituelle du clos saint-denis (le « Mozart de la Côte de Nuits »), mais chacun peut vivre sa vie... Coloration légère, nez épicé et kirsch modéré, souple et fermé à la fois, bien construit. Le jury considère que ce vin élégant est parvenu à maturité : on conseille de le déguster maintenant.
☛ Dom. Arlaud Père et Fils, 43, rte des Grands-Crus, 21220 Morey-Saint-Denis, tél. 03.80.34.32.65, fax 03.80.58.52.09 ✓ ⊺ r.-v.

DOM. HERESZTYN 1996

| ■ Gd cru | 0,23 ha | 1 100 | ◨ 150 à 200 F |

Moyennement soutenue, la robe est cependant nette. Les arômes primaires (framboise sur fond de cuir et de vanille) l'emportent sur toute autre considération olfactive. En première approche assez rond et gras, le corps se ferme ensuite sur ses tanins, de façon quelque peu sévère. Au fond, ce sont des 96 et il faut s'y faire, avec patience.
☛ Dom. Heresztyn, 27, rue Richebourg, 21220 Gevrey-Chambertin, tél. 03.80.34.30.86, fax 03.80.34.13.99 ✓ ⊺ t.l.j. 9h-12h 14h-19h; dim. 9h-12h

JEAN-PAUL MAGNIEN 1996★

| ■ Gd cru | 0,32 ha | 1 600 | ◨ 150 à 200 F |

|85| 86 87 89 90 |91| 93 94 96

Tout d'une pièce et donc un peu boisé si l'on va jusqu'au bout des mots, il est superbe à l'œil, très foncé et nuancé. Au nez, il est à dominante sauvage, cuir torréfié. En bouche, il est d'un silence cistercien - et donc assez expressif. Comme les moines, il parle par signes. D'une forte concentration et d'une belle structure - les tanins sont gras, longs, prometteurs -, il a de l'avenir. Confiance !
☛ Jean-Paul Magnien, 5, ruelle de l'Eglise, 21220 Morey-Saint-Denis, tél. 03.80.51.83.10, fax 03.80.58.53.27 ✓ ⊺ t.l.j. sf dim. 10h-12h 14h-19h

Clos saint-denis

DOM. MICHEL MAGNIEN ET FILS 1996★

| ■ Gd cru | 0,13 ha | 600 | ◨ +200 F |

Le rouge ici devient tellement sombre qu'on le croit d'un noir presque absolu. Pas mal de fût, ouvrant au palais sur de vastes enfilades où le gras, la puissance, l'alcool annoncent l'avenir dans une austérité assez grave. Lorsque le boisé sera fondu, ce sera peut-être un grand vin. Cinq ans ? huit ans ? Il faut veiller sur lui en cave.
☛ Dom. Michel Magnien et Fils, 4, rue Ribordot, 21220 Morey-Saint-Denis, tél. 03.80.51.82.98, fax 03.80.58.51.76 ✓ ⊺ r.-v.

PAUL REITZ 1996★

| ■ Gd cru | n.c. | 1 500 | ◨ +200 F |

Affable, il montre de la classe, de l'élégance. Il est racé. Rouge cerise brillant, bouqueté à l'eucalyptus (le fût ?) et dans un second temps au fruit mûr, il est très 96, s'élançant de façon vive et presque nerveuse, restant frais et dispos, capable de durer de cinq à dix ans en s'épanouissant.
☛ SA Paul Reitz, Grande-Rue, 21700 Corgoloin, tél. 03.80.62.98.24, fax 03.80.62.96.83

Clos de tart

MOMMESSIN 1996★

| ■ Gd cru | 7,5 ha | n.c. | ◨ +200 F |

64 69 76 78 82 83 84 |85| |86| |88| |89| |90| 93 ⑨⑤ 96

Huit cent cinquante ans... Quand on y pense ! Les cisterciennes de N.-D. de Tart ne reconnaîtraient pas leur fille, tant elle est ici revêtue d'une robe somptueuse (teinte cassis), parfumée comme il n'est pas permis (le fruit mûr assez vanillé), vive, déjà un peu ronde mais si jeune aujourd'hui. Devrait faire une grande bouteille dans cinq... ou dix ans ! Sylvain Pitiot tient bien la barre. Coup de cœur pour les millésimes 88 et 95. Didier Mommessin et sa famille sont restés propriétaires du Clos de Tart lorsqu'ils ont vendu leur marque à Jean-Claude Boisset mais c'est l'une des filiales de ce dernier qui commercialise désormais le grand cru.
☛ Mommessin, Le Pont des Samsons, 69430 Quincié, tél. 04.74.69.09.30, fax 04.74.69.09.28 ✓ ⊺ r.-v.

Clos des lambrays

DOM. DES LAMBRAYS 1995★★

| ■ Gd cru | 8,66 ha | 22 000 | ◨ +200 F |

79 81 82 83 85 88 89 |90| 92 |93| |94| 95

L'un des clos les plus intéressants de Bourgogne, créé au XIVes. et resté propriété de l'abbaye de Cîteaux jusqu'à la Révolution. Thierry

466

La Côte de Nuits

Brouin, œnologue et directeur du domaine, s'est attaché à mettre en valeur non seulement les bâtiments (cave du XVIII^{e}s.) mais aussi le vignoble en préservant la qualité des ceps. Elevé dix-huit mois en fût, ce 95 porte une robe profonde, soutenue, belle image de son grand caractère. Aujourd'hui austère, il affiche une structure qu'un dégustateur qualifie de « carrée ». Vin de garde, il offrira dans quelques années - au moins dix ans - un festival de sensations fruitées et soyeuses.

🍇 Dom. des Lambrays, 31, rue Basse, 21220 Morey-Saint-Denis, tél. 03.80.51.84.33, fax 03.80.51.81.97 ◼ 🍷 r.-v.
🍇 Freund

Chambolle-musigny

Le nom de Musigny à lui seul suffit à situer le pupitre dans la composition de l'orchestre. Commune de grande renommée malgré sa petite étendue, elle doit sa réputation à la qualité de ses vins et à la notoriété de ses premiers crus, dont le plus connu est le *climat* des Amoureuses. Tout un programme ! Mais Chambolle a aussi ses Charmes, Chabiots, Cras, Foussellottes, Groseilles et autres Lavrottes... Le petit village aux rues étroites et aux arbres séculaires abrite des caves magnifiques (domaine des Musigny). La production a atteint 4 206 hl en 1997.

Les vins de Chambolle sont élégants, subtils, féminins. Ils allient la force des bonnes-mares à la finesse des musigny ; c'est un pays de transition dans la Côte de Nuits.

DOM. ARLAUD PERE ET FILS 1995

| ◼ | 0,9 ha | n.c. | ◫ | 70 à 100 F |

La caille ou la perdrix ? Comme on envie les Bourguignons qui vont discuter deux heures sur la meilleure façon d'accompagner ce vin rubis aux arômes d'épices et de sous-bois ! Pas trop de corps, mais de la rondeur, une bonne acidité. En bouche, une touche de pruneau, de fruit cuit.
🍇 Dom. Arlaud Père et Fils, 43, rte des Grands-Crus, 21220 Morey-Saint-Denis, tél. 03.80.34.32.65, fax 03.80.58.52.09 ◼ 🍷 r.-v.

SYLVAIN CATHIARD
Les Clos de l'Orme 1996

| ◼ | 0,48 ha | 2 200 | ◫ | 70 à 100 F |

Encore fermé, un vin quelque peu abrupt mais dont l'évolution sera presque certainement positive. Patience et longueur de temps... Couleur intense, appuyée, et le parfum du cassis associé au grillé de l'élevage.

Chambolle-musigny

🍇 Sylvain Cathiard, 20, rue de la Goillotte, 21700 Vosne-Romanée, tél. 03.80.62.36.01, fax 03.80.61.18.21 ◼ 🍷 r.-v.

A. CHOPIN ET FILS 1996★★

| ◼ | 0,5 ha | 1 500 | ◫ | 70 à 100 F |

Superbe illustration de l'appellation dans ce millésime. Brillance et profondeur de la robe, arômes de réglisse et de café, attaque très flatteuse, pleine et bien enlevée, les fiches de dégustation sont une longue suite de compliments. La qualité de la forme n'enlève rien à la solidité du fond (structure, complexité).
🍇 Dom. A. Chopin et Fils, RN 74, 21700 Comblanchien, tél. 03.80.62.92.60, fax 03.80.62.70.78 ◼ 🍷 r.-v.

DOM. BRUNO CLAIR Les Veroilles 1995★

| ◼ | 1,47 ha | 4 800 | ◫ | 100 à 150 F |

A l'œil, la cerise noire. Au nez, une corbeille de fruits, la framboise, la fraise et un commencement d'évolution tirant sur le fruit cuit. Attaque tannique très démonstrative, menée tambour battant. Ce millésime ne sera pas « humanisé » avant quatre à cinq ans.
🍇 Dom. Bruno Clair, 5, rue du Vieux-Collège, 21160 Marsannay-la-Côte, tél. 03.80.52.28.95, fax 03.80.52.18.74 ◼ 🍷 r.-v.

CHRISTIAN CLERGET
Les Charmes 1995★

| ◼ 1er cru | 1 ha | n.c. | ◫ | 100 à 150 F |

On ne peut pas faire l'impasse sur ce vin à la robe intense et dont le nez est porté sur l'animal. Très concentré, il évolue ensuite vers la cerise confite. Ces notes confites se retrouvent en bouche. Du gras et de la longueur, en un mot un bon vin. Coup de cœur il y a deux ans pour son 93.
🍇 Christian Clerget, 21640 Vougeot, tél. 03.80.62.87.37, fax 03.80.62.84.37 ◼ 🍷 r.-v.

CAVES DU COUVENT DES CORDELIERS 1996

| ◼ | n.c. | 1 200 | ◫ | 100 à 150 F |

L'une des marques de la maison Patriarche à Beaune. Son chambolle 96 est expressif et persistant. Très boisé, mais le sentiment général est assez favorable : belle couleur, finesse aromatique, typicité du millésime. A attendre au moins trois ans.
🍇 Caves du Couvent des Cordeliers, rue de l'Hôtel-Dieu, 21200 Beaune, tél. 03.80.25.08.85, fax 03.80.25.08.21 ◼ 🍷 r.-v.

DUVERGEY-TABOUREAU 1995★

| ◼ | n.c. | n.c. | ▮◫ | 100 à 150 F |

Bonne constitution pour ce vin aux arômes de cerise, de kirsch, de champignon. Très tannique, il demande à s'assouplir et en a les moyens. On l'imagine volontiers avec un « plat canaille » comme de l'andouille aux haricots. Cette maison fait partie de l'ensemble Antonin Rodet.
🍇 Duvergey-Taboureau, 6, rue des Santenots, 21190 Meursault, tél. 03.80.21.63.00, fax 03.80.21.29.19 ◼ 🍷 r.-v.

LA BOURGOGNE

La Côte de Nuits Chambolle-musigny

DOM. MICHELLE GALLEY-GOLLIARD 1995*

■ n.c. 1 500 ◧ 70 à 100 F

Un pied à Chambolle, l'autre à Pouilly-Fuissé, cette viticultrice joue à la fois le rouge et le blanc. Côté rouge, voici un 95 à la robe discrète. On peut imaginer, sous-jacentes, les intentions aromatiques. Concentration moyenne et prestation honnête. A attendre deux ou trois ans.

☙ Michelle Galley-Golliard, Les Cras, Le Tremblay , 71250 Cluny, tél. 03.85.59.11.58, fax 03.85.59.21.46 ☑ ⲩ r.-v.

ANDRE GOICHOT 1996

■ n.c. 2 100 ◧ 100 à 150 F

Sous des abords carmin, un nez complexe évoquant la terre humide, le sous-bois, le fruit noir et le bois. L'impression première est ici la meilleure. La bouche devrait suivre dans quelques années. Elle est bien proportionnée pour un chapon dans trois ans.

☙ SA A. Goichot et Fils, rue Paul-Masson, 21190 Merceuil, tél. 03.80.26.88.70, fax 03.80.26.80.69 ☑ ⲩ t.l.j. sf sam. dim. 7h30-12h 14h-18h30

ROBERT GROFFIER PERE ET FILS
Les Hauts-Doix 1996**

■ 1er cru 1 ha n.c. ◧ 100 à 150 F

Deux fois deux étoiles pour ces deux très beaux chambolles : des **Sentiers 96** et, dans le même millésime, celui-ci. Sa robe presque noire habille un bouquet passionnant de complexité (réglisse, fruits mûrs). Le terroir possède en lui un avocat très convaincant. Du premier coup d'œil au dernier coup de langue, la perfection. Coup de cœur l'an dernier !

☙ Dom. Robert et Serge Groffier, 3, rte des Grands-Crus, 21220 Morey-Saint-Denis, tél. 03.80.34.31.53, fax 03.80.34.15.48 ☑ ⲩ r.-v.

DOM. A.-F. GROS 1996**

■ 0,41 ha 2 600 ◧ 100 à 150 F

Le patrimoine d'Anne-Françoise Parent s'est agrandi en 1996 avec la reprise des parcelles de chambolle-musigny de son père, Jean Gros. Qui saura attendre ce 96 sera récompensé. Superbe concentration de matière dans un contexte puissant. Enormément de potentiel. Les arômes tournent autour du pain grillé et ne sont pas encore révélés. Bouteille à garder pour un gibier qui n'est sans doute pas né...

☙ Dom. A.-F. Gros, La Garelle, 21630 Pommard, tél. 03.80.22.61.85, fax 03.80.24.03.16 ☑ ⲩ r.-v.
☙ Anne-Françoise Parent

DOM. ANNE GROS
La Combe d'Orveau 1996**

■ 1,1 ha 2 100 ◧ 100 à 150 F

Grand amateur de chambolle-musigny, Alfred Hitchcock aurait pu offrir cette bouteille à l'une de ses merveilleuses héroïnes, afin de se faire pardonner tant de sueurs froides. Cerise foncée, elle est très aromatique (bourgeon de cassis, bonbon, banane). Le pinot et le fruit font ici bon ménage mais avec beaucoup de tempérament et presque de la vigueur.

☙ Dom. Anne Gros, 11, rue des Communes, 21700 Vosne-Romanée, tél. 03.80.61.07.95, fax 03.80.61.23.21 ☑ ⲩ r.-v.

DOM. ANTONIN GUYON 1995*

■ 3,32 ha 15 000 ◧ 100 à 150 F

Vanille et cannelle, s'agirait-il d'un vin des îles ? Mais non : seulement d'un chambolle 95 aux tanins encore assez austères. On est toutefois dans le style de l'année et la typicité est satisfaisante. Le mieux serait de le garder pour le XXIe... au moins.

☙ Dom. Antonin Guyon, 21420 Savigny-lès-Beaune, tél. 03.80.67.13.24, fax 03.80.66.85.87 ☑ ⲩ r.-v.

LES CAVES DU CHANCELIER 1995

■ n.c. n.c. ◧ 100 à 150 F

Maison Denis Philibert. Ce 95 développe en première bouche une attaque souple et ronde, après un passage boisé. La fin de bouche est plus épicée, réunissant le pruneau, la cerise confite. A l'œil, pas de problème. Devrait faire un joli vin.

☙ Les Caves du Chancelier, 1, rue Ziem, 21200 Beaune, tél. 03.80.24.05.88, fax 03.80.22.37.08 ☑ ⲩ t.l.j. 9h-19h

DOM. LEYMARIE-CECI
Aux Echanges 1995

■ 1er cru 0,93 ha 5 600 ◧ 100 à 150 F

Les Leymarie sont négociants en Belgique ; leurs racines se trouvent cependant en Corrèze. Ils ont choisi la Bourgogne en 1933 mais sont aussi vignerons en Bordelais. Tout est rond et assez charmeur dans leur chambolle-musigny, mais est-ce que l'on attend d'un premier cru ? Il est techniquement réussi !

☙ Dom. Leymarie-Ceci, Clos du Village, 24, rue du Vieux-Château, 21640 Vougeot, tél. 03.80.62.86.06, fax 03.80.62.88.53 ☑ ⲩ r.-v.

LIGNIER-MICHELOT 1995*

■ n.c. 4 000 ◧ 70 à 100 F

Il nous mène par le bout du nez tant il nous aguiche par son bouquet. Fleur, fruit, tout y est. Le corps a un peu de mal à suivre, bien sûr, mais il y réussit de son mieux. L'un de nos jurés écrit même : « Très intéressant, ce vin nous interpelle ! ». Un vin d'amateur ?

☙ Dom. Lignier-Michelot, 11, rue Haute, 21220 Morey-Saint-Denis, tél. 03.80.34.31.13, fax 03.80.58.55.74 ☑ ⲩ r.-v.

FREDERIC MAGNIEN 1996

■ 0,1 ha n.c. ◧ 70 à 100 F

« Un vin gai », écrit l'un des dégustateurs sur sa fiche. Rubis à reflets bleutés, il offre un festival d'arômes. Fraise, framboise, bourgeon de cassis, l'ensemble est harmonieux, classique. Une nuance réglissée accompagne un rien d'agressivité en bouche, mais cela lui passera sans doute avec l'âge. On peut choisir aussi les **Sentiers 96**.

☙ Frédéric Magnien, 55, Grande-Rue, 21220 Morey-Saint-Denis, tél. 03.80.58.54.20, fax 03.80.58.51.76 ☑ ⲩ r.-v.

La Côte de Nuits

ANDRE MOREY 1996*

■ n.c. n.c. 🍷 70 à 100 F

Maison reprise en 1995 par quatre associés. Ce vin flatteur ne vit pas aux dépens de ceux qui vont le boire. Cerise noire, il laisse entrevoir la violette sous des senteurs vanillées. Très belle attache en bouche. Structure, acidité, tanins ont de sérieuses connivences. A oublier en cave durant quelques années.

☛ Sté nouvelle André Morey, 2, rue de l'Arquebuse, 21200 Beaune, tél. 03.80.22.24.12, fax 03.80.24.13.00 ☑ ⵏ r.-v.

DOM. THIERRY MORTET 1996*

■ 0,25 ha 1 500 🍷 70 à 100 F

Nous avons dégusté un **1er cru, les Beaux Bruns 96**, très honorable ; mais le jury a préféré le *village*. Rouge sombre à reflets pourprés, il commence sa mélodie par des notes fumées et boisées. Elle se poursuit par du cassis et une petite pointe vive en bouche caractéristique des 96. Un vin à la puissance contenue, assez charnu, fortement vanillé.

☛ Dom. Thierry Mortet, 14, pl. des Marronniers, 21220 Gevrey-Chambertin, tél. 03.80.51.85.07, fax 03.80.34.16.80 ☑ ⵏ r.-v.

DOM. MICHEL NOELLAT ET FILS
Les Feusselottes 1996

■ 1er cru 0,45 ha 1 500 🍷 100 à 150 F

Une très belle robe aux reflets violacés, un nez boisé où s'exprime un fruit bien mûr, une bouche ronde, aromatique, puissante et longue. A attendre cinq ans avant de l'offrir à un gibier à poil.

☛ SCEA Dom. Michel Noëllat et Fils, 5, rue de la Fontaine, 21700 Vosne-Romanée, tél. 03.80.61.36.87, fax 03.80.61.18.10 ☑ ⵏ r.-v.

DOM. HENRI PERROT-MINOT 1995*

■ 0,85 ha 3 500 🍷 70 à 100 F

Un 1er cru, **la Combe d'Orveau 95**, travaillé avec soin, de bonne tenue, et ce *village* sont retenus chez ce vigneron qui fut coup de cœur en 1990 pour le millésime 86. A l'exception de quelques tanins montrant les dents (les 95 sont ainsi faits, et vous ne les changerez pas), ce vin correspond pleinement à l'image dite « féminine » du chambolle : un fourreau de soie, une élégance raffinée. Début d'évolution et probablement pas de longue garde. Parfait sur une viande saignante.

☛ Henri Perrot-Minot, 54, rte des Grands-Crus, 21220 Morey-Saint-Denis, tél. 03.80.34.32.51, fax 03.80.34.13.57 ☑ ⵏ r.-v.

ARMELLE ET BERNARD RION
Les Gruenchers 1995

■ 1er cru 0,4 ha 2 000 🍷 100 à 150 F

Ces Chambolle sont entrés en 1985 dans ce domaine créé en 1870. Leur dixième anniversaire est marqué par une extraction vigoureuse. Ce vin est donc un peu rude. Il a partagé notre jury, certains membres lui trouvant beaucoup de qualités et d'autres jugeant utile de le revoir.

☛ Dom. Armelle et Bernard Rion, 8 R.N., 21700 Vosne-Romanée, tél. 03.80.61.05.31, fax 03.80.61.34.60 ☑ ⵏ t.l.j. sf dim. 8h-19h

Bonnes-mares

GENEVIEVE ROYER-MORETTI
Les Groseilles 1996

■ 1er cru 0,16 ha 950 🍷 100 à 150 F

Venu d'Italie en 1935, M. Moretti, père de Geneviève, a patiemment constitué son domaine par l'achat progressif de parcelles. Couleur cerise (cerise rouge !), ce chambolle très ouvert déborde d'arômes de fruits blancs, pêche par exemple. Les tanins sont bien présents mais nullement dominateurs. Un peu d'amertume sur une note de chaleur. Rien de grave cependant. L'appellation *village* est également citée.

☛ G. Royer-Moretti, rue du Carré, 21220 Chambolle-Musigny, tél. 03.80.62.85.79 ☑ ⵏ r.-v.

DOM. HERVE SIGAUT Les Sentiers 1996

■ 1er cru 0,8 ha 4 000 🍷 100 à 150 F

Charpente modeste, mais la fraîcheur et la souplesse compensent cette réserve. Sans doute ne s'agit-il pas d'un vin de longue garde : ne faut-il pas aussi des bouteilles à boire sans attendre la fin des temps ? Couleur franche et prononcée. Nuances variées (fruit dans l'alcool, réglisse, moka). Le *village* **96 en rouge** reçoit une même note : il s'ouvrira dans trois ans.

☛ Hervé Sigaut, rue des Champs, 21220 Chambolle-Musigny, tél. 03.80.62.80.28, fax 03.80.62.84.40 ☑ ⵏ r.-v.

DOM. ROBERT SIRUGUE
Les Mombies 1996

■ 0,3 ha 1 500 🍷 70 à 100 F

Le civet de lièvre devra patienter un peu. Car cette bouteille est à attendre, ne serait-ce qu'en raison de son boisé. Un brin de violette accroché au nez et un renfort de réglisse pour animer la bouche. Finale longue et délicieuse. Pour une caille aux raisins.

☛ Robert Sirugue, 3, av. du Monument, 21700 Vosne-Romanée, tél. 03.80.61.00.64, fax 03.80.61.27.57 ☑ ⵏ r.-v.

Bonnes-mares

Cette appellation qui a produit 602 hl en 1996 et 483 hl en 1997, déborde sur la commune de Morey au long du mur du Clos de Tart, mais la plus grande partie est située sur Chambolle. C'est le grand cru par excellence. Les vins de bonnes-mares, pleins, vineux, riches, ont une bonne aptitude à la garde et accompagnent allègrement le civet ou la bécasse au bout de quelques années de vieillissement.

La Côte de Nuits / Vougeot

JEAN-LUC AEGERTER 1996

| Gd cru | n.c. | 600 | +200 F |

Coup de cœur l'an dernier pour un magnifique 95 : que vaut le millésime suivant ? La couleur : sans plus, mais correcte. Le bouquet : très cajoleur, flatteur, parlant le cassis comme une langue maternelle. La bouche : les tanins jugulent encore le fruit qui rêve de voler de ses propres ailes. Du muscle et de la charpente pour bien vieillir.

➥ Grands vins Jean-Luc Aegerter, 49, rue Henri-Challand, 21700 Nuits-Saint-Georges, tél. 03.80.61.02.88, fax 03.80.62.37.99 ☑ ☕ r.-v.

DOM. ARLAUD PERE ET FILS 1995

| Gd cru | n.c. | n.c. | +200 F |

Coup de cœur il y a deux ans (pour son 93), un bonnes-mares s'exprimant davantage en souplesse qu'en rondeur, sur un registre léger et assez aimable. Sans doute ne laissera-t-il pas des souvenirs impérissables, mais il faut juger chaque vin dans son année, dans ses potentialités. Joliesse de la robe et de l'ensemble aromatique (confiture de fraise).

➥ Dom. Arlaud Père et Fils, 43, rte des Grands-Crus, 21220 Morey-Saint-Denis, tél. 03.80.34.32.65, fax 03.80.58.52.09 ☕ r.-v.

DOM. DROUHIN-LAROZE 1996★

| Gd cru | n.c. | n.c. | +200 F |

Une bouteille naissante, d'un pourpre violacé retenant le regard. Ses arômes restent cachés, mais on les sent présents et prêts à se manifester. Toutes les pièces du puzzle semblent réunies sur la table. Il suffit maintenant, en prenant tout son temps, de les assembler, pour un poulet de Bresse aux morilles.

➥ Dom. Drouhin-Laroze, 20, rue du Gaizot, 21220 Gevrey-Chambertin, tél. 03.80.34.31.49, fax 03.80.51.83.70 ☑ ☕ r.-v.

➥ Bernard et Philippe Drouhin

DOM. FOUGERAY DE BEAUCLAIR 1996★

| Gd cru | 1,6 ha | n.c. | +200 F |

88 89 90 **92 93** 94 **95** 96

Bien en chair, il entre en scène comme l'abbé, le confident, le personnage indispensable du théâtre autrefois. Il est discret. Il sait attendre. Bref, on le retrouvera à chaque moment important de l'action. D'une robe sombre, évidemment. D'un fruit bien mûr, naturellement. Souple et charpenté, bien sûr. Et d'une grande finesse !

➥ Dom. Fougeray de Beauclair, 44, rue de Mazy, B.P. 36, 21160 Marsannay-la-Côte, tél. 03.80.52.21.12, fax 03.80.58.73.83 ☑ ☕ r.-v.

ROBERT GROFFIER PERE ET FILS 1996★

| Gd cru | 0,98 ha | 3 900 | +200 F |

D'un velouté pourpre grenat, son dessein est parfaitement clair. Son nez ne se refuse pas, bien au contraire, et il offre un heureux exemple d'un mariage réussi entre le fruit et le fût. Aucune mollesse à l'attaque et retour olfactif intéressant sur la fin (réglisse, pruneau). Ce fut en 1996 notre coup de cœur millésime 93.

➥ Dom. Robert et Serge Groffier, 3, rte des Grands-Crus, 21220 Morey-Saint-Denis, tél. 03.80.34.31.53, fax 03.80.34.15.48 ☑ ☕ r.-v.

Vougeot

C'est la plus petite commune de la côte viticole. Si l'on ôte de ses 80 ha les 50 ha du clos, les maisons et les routes, il ne reste que quelques hectares de vignes en vougeot, dont plusieurs premiers crus, les plus connus étant le Clos Blanc (vins blancs) et le Clos de la Perrière. Le volume de production s'élève à 553 hl en 1997, dont 158 en blanc.

DOM. BERTAGNA
Clos de la Perrière 1996

| 1er cru | 2,2 ha | 12 000 | 150 à 200 F |

Coup de cœur en blanc pour le millésime 88, on le déguste cette fois-ci en rouge. Excellente présentation pourpre à la limite du noir, boisé très fin et bouquet légèrement lactique. Sa texture est fine, veloutée, framboisée. En finale, des points de suspension...

➥ Dom. Bertagna, rue du Vieux-Château, 21640 Vougeot, tél. 03.80.62.86.04, fax 03.80.62.82.58 ☑ ☕ t.l.j. 9h-19h; f. janv.

➥ Eva Siddle

DOM. L'HERITIER-GUYOT
Les Cras 1996★

| 1er cru | 0,99 ha | 6 664 | 150 à 200 F |

La maison l'Héritier-Guyot avait acquis ces vignes de vougeot en 1928. Aujourd'hui, elle a été reprise par Jean-Claude Boisset. Coup de cœur en 1995 pour le millésime 92, ce vin si coloré se présente à nouveau avec brio. Rouge griotte, nez de framboise, il est en brillant uniforme. L'attaque est vive et le fruit bien présent. Sa structure tannique va s'assouplir.

➥ L'Héritier-Guyot, rue des Clos-Prieurs, 21640 Gilly-lès-Cîteaux, tél. 03.80.62.86.27, fax 03.80.62.82.37 ☑ ☕ t.l.j. sf sam. dim. 8h-12h 13h45-16h; f. 1er-21 août

DOM. L'HERITIER-GUYOT
Clos blanc de Vougeot 1996★

| 1er cru | 1,73 ha | 12 230 | 150 à 200 F |

⑨⓪ |91| |92| 93 94 |95| 96

Un encépagement en blanc de vougeot ne doit pas étonner. Ce sont les Cisterciens qui, dit-on, le choisirent pour vin de messe. Celui-ci est tout à fait digne d'intérêt. Un reflet vert dans sa robe d'or annonce le bel équilibre de ce vin de garde aux arômes puissants et généreux. Jean-claude Boisset a présenté un **blanc 96 Clos du Prieuré de la maison Ponnelle** dans cette même appellation. Il peut être cité.

La Côte de Nuits — Clos de vougeot

🍇 L'Héritier-Guyot, rue des Clos-Prieurs, 21640 Gilly-lès-Cîteaux, tél. 03.80.62.86.27, fax 03.80.62.82.37 ☑ ⏳ t.l.j. sf sam. dim. 8h-12h 13h45-16h ; f. 1er-21 août

DOM. MONGEARD-MUGNERET
Les Cras 1996★

| ■ 1er cru | 0,54 ha | 3 500 | 🍾 | 150 à 200 F |

« Vougeot, boulot, dodo », promet-on comme programme électoral sur la tribune de la Confrérie du Tastevin, à deux pas d'ici. Pour appliquer ce programme, voici une cuvée réussie et d'une belle prestance. D'un grenat profond, sa structure est solide et son volume appréciable. Les tanins très fins se fondent convenablement. Jolie persistance. Une bouteille à attendre deux ou trois ans.
🍇 Dom. Mongeard-Mugneret, 14, rue de la Fontaine, 21700 Vosne-Romanée, tél. 03.80.61.11.95, fax 03.80.62.35.75 ⏳ r.-v.

ROUX PERE ET FILS
Les Petits Vougeot 1996

| ■ 1er cru | 1,1 ha | 6 500 | 🍾 | 150 à 200 F |

Un peu léger pour un 96, mais une assez bonne constitution, un certain grain et une bonne fin de bouche. Brillant et tirant sur le violacé, il possède un bouquet jeune et résolu, framboise/ réglisse. En bouche, le fruit est roi.
🍇 Dom. Roux Père et Fils, 21190 Saint-Aubin, tél. 03.80.21.32.92, fax 03.80.21.35.00 ☑ ⏳ r.-v.

Clos de vougeot

Tout a été dit sur le Clos ! Comment ignorer que plus de soixante-dix propriétaires se partagent ses 50 ha et les 1 609 hl déclarés en 1997 ? Un tel attrait n'est pas dû au hasard ; c'est bien parce qu'il est bon que tout le monde en veut ! Il faut bien sûr faire la différence entre les vins « du dessus », ceux « du milieu » et ceux « du bas », mais les moines de l'abbaye de Cîteaux, lorsqu'ils ont élevé le mur d'enceinte, avaient tout de même bien choisi leur lieu...

Fondé au début du XII^{e}s., le Clos atteignit très rapidement sa dimension actuelle ; l'enceinte d'aujourd'hui est antérieure au XV^{e}s. Plus que le Clos lui-même, dont l'attrait essentiel se mesure dans les bouteilles, quelques années après leur production, le château, construit aux XIIe et XVI^{e}s., mérite qu'on s'y attarde un peu. La partie la plus ancienne est constituée du cellier, de nos jours utilisé pour les chapitres de la confrérie des Chevaliers du Tastevin, actuel propriétaire des lieux, et la cuverie, qui abrite à chaque angle quatre magnifiques pressoirs d'époque.

PIERRE ANDRE 1995

| ■ Gd cru | 1,09 ha | 3 000 | 🍾 | +200 F |

Saint Bernard serait content, lui qui sans doute posa le pied dans le Clos au début du XII^{e}s. Un vin droit de goût, sans fioritures, se concentrant sur l'essentiel. Velours pourpre tirant sur le mauve, il est réservé mais structuré, assez original sans doute.
🍇 Pierre André, Ch. de Corton-André, 21420 Aloxe-Corton, tél. 03.80.26.44.25, fax 03.80.26.43.57 ⏳ t.l.j. 10h-18h

CHANSON PERE ET FILS 1996★★

| ■ Gd cru | n.c. | 1 543 | 🍾 | +200 F |

L'un des meilleurs pour cette année. Bien construit, c'est un grand clos de vougeot. Comme disait F.S. Wildman : « Quand il est réussi, ce vin est au vin ce que la tour Eiffel est à Paris. » D'un grenat vif et profond, le bouquet peuplé de myrtille et de pivoine, il présente une chair délicieuse tout en sachant se montrer ferme et puissant.
🍇 Chanson Père et Fils, 10, rue du Collège, B.P. 232, 21200 Beaune, tél. 03.80.22.33.00, fax 03.80.24.17.42 ⏳ r.-v.

JOSEPH DROUHIN 1996★

| ■ Gd cru | n.c. | n.c. | 🍾 | +200 F |

Deux parcelles aux deux bouts. Elles fournissent un 96 à la couleur excellemment extraite, rubis foncé, au nez bien ouvert, nettement cassis. Acidité et amertume se juxtaposent. Muet présentement, sans que les tanins ne le verrouillent. L'aération le ragaillardit : le corset se brise, la présence est plus affirmée. Sa structure, sa remarquable longueur plaident pour un grand avenir. Il méritera sans doute deux étoiles dans dix ans !
🍇 Joseph Drouhin, 7, rue d'Enfer, 21200 Beaune, tél. 03.80.24.68.88, fax 03.80.22.43.17 ⏳ r.-v.

DOM. DROUHIN-LAROZE 1996★★

| ■ Gd cru | n.c. | n.c. | 🍾 | +200 F |

Est-ce, comme l'affirmait Roupnel, « la dernière royauté de droit divin » ? En tout cas, il porte la robe du sacre, et son bouquet noble mais non très mûri marié à l'épice. Le cœur du sujet est admirablement traité, avec une formidable concentration derrière une attaque franche et nette, tout ce qu'il faut de gras et une conclusion fraîche, charmante. Un grand vin d'esprit *new age*, à attendre avec confiance.
🍇 Dom. Drouhin-Laroze, 20, rue du Gaizot, 21220 Gevrey-Chambertin, tél. 03.80.34.31.49, fax 03.80.51.83.70 ☑ ⏳ r.-v.
🍇 Bernard et Philippe Drouhin

DUFOULEUR PERE ET FILS 1995★

| ■ Gd cru | n.c. | 1 200 | 🍾 | +200 F |

« Voilà de la présence ! », s'exclame Hugh Johnson à propos de ce grand cru. On le vérifie en savourant ce 95 cerise burlat et dont le bouquet rappelle les fruits à l'eau-de-vie. Le corps est d'excellente composition, à la fois porté par

La Côte de Nuits — Clos de vougeot

l'acidité et d'un certain confort intérieur. L'élégance paraît assurée. Le sanglier sera à sa hauteur.
➥ Dufouleur Père et Fils, 17, rue Thurot, 21700 Nuits-Saint-Georges, tél. 03.80.61.21.21, fax 03.80.61.10.65 ☑ ⍓ t.l.j. 9h-19h

DOM. FRANCOIS GERBET 1996*

| ■ Gd cru | 0,31 ha | 1 500 | ⬤ 150 à 200 F |

Située dans la partie basse, cette parcelle semble confirmer une impression générale : la qualité n'est nullement liée à la situation de la vigne dans le clos (le mythe des trois cuvées d'autrefois). Cette bouteille chante à merveille la violette, la cerise, et elle séduit le palais par sa souplesse, son charme friand. Le mariage du vin et du fût est réussi. La garde ? Trois ans, raisonnablement.
➥ Dom. François Gerbet, 2, rte Nationale, 21700 Vosne-Romanée, tél. 03.80.61.07.85, fax 03.80.61.01.65 ☑ ⍓ r.-v.

DOM. ANNE GROS
Le Grand Maupertui 1996**

| ■ Gd cru | 0,93 ha | 4 800 | ⬤ +200 F |

88 89 90 91 **92** ⓐ 95 **96**

Dégusté l'année du neuvième centenaire de la fondation de Cîteaux - qui créa le Clos de Vougeot - voici un vin cistercien, austère et placé sous une règle aussi rigoureuse que celle de saint Benoît. Intense et sombre, ce 96 prépare l'instant de détente pour chanter la framboise en grégorien. Son nez est un beau cloître ! Ce vin est considéré par le jury comme le n°1 de cette dégustation, et s'il ne vit pas neuf cents ans, il sera superbe pendant très longtemps.
➥ Dom. Anne Gros, 11, rue des Communes, 21700 Vosne-Romanée, tél. 03.80.61.07.95, fax 03.80.61.23.71 ☑ ⍓ r.-v.

HAEGELEN-JAYER 1996**

| ■ Gd cru | 0,76 ha | 3 600 | ⬤ 150 à 200 F |

Ces parcelles situées dans le haut du clos donnent ici un 96 d'une couleur intense. Ouvert, riche et complexe, son nez est confit, épicé. Le moelleux est en retrait. Il n'y a aucun déséquilibre entre l'acidité et les tanins - socle indispensable à sa longévité. Encore sévère, mais promis à un très bel avenir : à oublier six ou sept ans en cave.
➥ Haegelen-Jayer, 4, rue de la Croix-Rameau, 21700 Vosne-Romanée, tél. 03.80.61.01.49, fax 03.80.62.36.71 ☑ ⍓ r.-v.

DOM. FRANCOIS LAMARCHE
Clos de Vougeot 1995*

| ■ Gd cru | 1,3 ha | 4 200 | ⬤ +200 F |

Comme l'avait fait le colonel Bisson, on peut présenter les armes devant ce vin issu de parcelles réparties aux quatre coins du clos et dont il constitue la synthèse. Présentation parfaite, un premier nez assez fin et fruité, évoquant aussi le cuir. La bouche est profonde et d'une belle texture, encore un peu effacée, mais tout est en ordre à ce stade de son évolution. Très belle vinification, conclut le jury.
➥ Dom. François Lamarche, 9, rue des Communes, 21700 Vosne-Romanée, tél. 03.80.61.07.94, fax 03.80.61.24.31 ☑ ⍓ r.-v.

CH. DE LA TOUR 1995*

| ■ Gd cru | 5,4 ha | n.c. | ⬤ +200 F |

Le plus vaste domaine entre les murs du clos : 5,5 ha, 10 % de la superficie totale. Il produit un vin grenat soutenu, très agréable à contempler. Epices, tabac, son nez est assez suave, d'autant qu'il évolue vers la tarte aux fraises... Boisé bien maîtrisé, de la structure, le sens des nuances, une vinification sur la bonne voie. Fondu à attendre et dégustation pas avant l'an 2002.
➥ Ch. de La Tour, Clos de Vougeot, 21640 Vougeot, tél. 03.80.62.86.13, fax 03.80.62.82.72 ☑ ⍓ t.l.j. 10h-19h; f. déc.-avril
➥ François Labet

MORIN PERE ET FILS 1996

| ■ Gd cru | n.c. | 1 200 | ⬤ +200 F |

Encore fermé, et c'est normal à cet âge pour un tel vin, il se présente sous une robe de bonne intensité. Arômes restreints, légèrement fruits rouges confits. Les grandes lignes de son architecture se dessinent de façon équilibrée, tandis que le fruit esquisse déjà un retour en finale. Morin fait partie du groupe J.-Cl. Boisset.
➥ Morin Père et Fils, 9, quai Fleury, 21700 Nuits-Saint-Georges, tél. 03.80.62.61.42, fax 03.80.62.37.38 ☑ ⍓ t.l.j. 9h-12h 14h-18h

DOM. MICHEL NOELLAT ET FILS
1996

| ■ Gd cru | 0,47 ha | 2 000 | ⬤ +200 F |

Une robe de dignitaire de la confrérie des Chevaliers du Tastevin ! Bouquet concentré et poivré, vanillé, et qui commence à développer des arômes de mûre, de cassis. La dominante est actuellement acide, ce qui peut conduire à une garde raisonnable. Mais il lui faut en effet arrondir ses angles.
➥ SCEA Dom. Michel Noëllat et Fils, 5, rue de la Fontaine, 21700 Vosne-Romanée, tél. 03.80.61.36.87, fax 03.80.61.18.10 ☑ ⍓ r.-v.

DOM. HENRI REBOURSEAU 1995**

| ■ Gd cru | 2,2 ha | 4 256 | ⬤ +200 F |

Vigne située au milieu central du clos. Du haut du paradis, Pierre Rebourseau (qui présida longtemps le syndicat des propriétaires du grand cru) peut être fier de son petit-fils, auteur d'un 95 très flatteur, charpenté comme le château voisin et orné d'une note fraîche en attaque. La complexité apparaît dès le nez (sous-bois, cuir, épices). Reflets rose violacé enveloppant la robe. A attendre absolument !
➥ MSE Dom. Henri Rebourseau, 10, pl. du Monument, 21220 Gevrey-Chambertin, tél. 03.80.51.88.94, fax 03.80.34.12.82 ☑ ⍓ r.-v.

CAVE PRIVEE D'ANTONIN RODET
1995

| ■ Gd cru | n.c. | n.c. | ⬤ +200 F |

Rouge profond avec des reflets violets, ce 95 affiche le cru. Le premier nez est complexe, boisé, riche et suave, puis le fruit rouge s'affirme. Puissant, construit sur un beau fond, mais très marqué par le fût, il est à attendre.

La Côte de Nuits

🍴 Antonin Rodet, 71640 Mercurey, tél. 03.85.98.12.12, fax 03.85.45.25.49 ✓ 🍷 t.l.j. sf sam. dim. 9h-12h 14h-18h

Echézeaux et grands-échézeaux

Au sud du Clos de Vougeot, la commune de Flagey-Echézeaux, dont le bourg est dans la plaine, tout comme celui de Gilly (les Citeaux) en face du Clos de Vougeot, longe le mur de celui-ci pour faire, jusqu'à la montagne, une incursion dans le vignoble. La partie du piémont bénéficie de l'appellation vosne-romanée. Dans le coteau se succèdent deux grands crus : le grands-échézeaux et l'échézeaux. Le premier fait environ 9 ha de surface, alors que le second en couvre plus de 30 pour un volume de 1 107 hl, sur plusieurs lieux-dits et n'a produit que 268 hl en 1997.

Les vins de ces deux crus, dont les plus prestigieux sont les grands-échézeaux mais qui ne sont pas représentés dans ce guide cette année, sont très « bourguignons » : solides, charpentés, pleins de sève mais aussi très chers. Ils sont essentiellement exploités par les vignerons de Vosne et de Flagey.

Echézeaux

DOM. BIZOT 1996

■ Gd cru	0,56 ha	2 500	❶❶ +200 F

|90| **92 93 94** 96

Coup de cœur en 1996 pour le millésime 92, ce domaine tire son échézeaux de parcelles situées En Orveaux et aux Treux. D'une couleur soutenue, le nez très mûr, c'est un vin tannique, charpenté, assez austère et qu'il convient d'attendre.

🍴 Dom. Bizot, 9, rue de la Grand-Velle, 21700 Vosne-Romanée, tél. 03.80.61.24.66, fax 03.80.61.24.66 ✓ 🍷 r.-v.

CHRISTIAN CLERGET 1995

■ Gd cru	1 ha	3 600	❶❶ 150 à 200 F

87 |89| (90) 91 92 93 **94 95**

Si la robe est fourrée, fournie, profonde, le nez est « de soleil » - écrit un juré sur sa fiche -, assez intéressant, fait de fruits confits. Attaque ronde,

Echézeaux

sur des notes animales et grillées ; une finale de tanins encore sévères. A juger sur le temps.

🍴 Christian Clerget, 21640 Vougeot, tél. 03.80.62.87.37, fax 03.80.62.84.37 ✓ 🍷 r.-v.

DOM. A.-F. GROS 1996★

■ Gd cru	0,26 ha	1 200	❶❶ +200 F

|94| **96**

Issu des Champs-Traversins, un des *climats* historiques des échézeaux, et de vignes âgées de soixante ans, ce 96 est présenté par Anne-Françoise Gros, fille de Jean. Magnifique robe de teinte assez forte, bouquet suggérant la myrtille, la vanille. D'une rondeur goûteuse, il valorise bien ses atouts : son gras, sa matière, son contenu en un mot. Un travail solide et sérieux.

🍴 Dom. A.-F. Gros, La Garelle, 21630 Pommard, tél. 03.80.22.61.85, fax 03.80.24.03.16 ✓ 🍷 r.-v.

🍴 Anne-Françoise Parent

DOM. MONGEARD-MUGNERET 1996

■ Gd cru	n.c.	n.c.	❶❶ +200 F

87 92 93 **95** 96

Attaque vive et franche avec un petit côté réglissé, une sorte de rondeur, peu de complexité mais de la finesse, des tanins néanmoins présents, une persistance plus que correcte... Sa rudesse apparente est due à son jeune âge. Bouquet peu expansif (groseille) et jolie robe.

🍴 Dom. Mongeard-Mugneret, 14, rue de la Fontaine, 21700 Vosne-Romanée, tél. 03.80.61.11.95, fax 03.80.62.35.75 🍷 r.-v.

🍴 Vincent Mongeard

JEAN-PIERRE MUGNERET 1995

■ Gd cru	0,78 ha	n.c.	❶❶ 150 à 200 F

|93| |95|

Parcelles situées En Orveaux et aux Treux, donnant un 95 dont la couleur évolue et qui a un bouquet plaisant, aux nuances de fruits confits. Long en bouche mais un peu sec, il semble plein de bonne volonté. Mais le jury conseille de ne pas trop l'attendre.

🍴 EARL Jean-Pierre Mugneret, 21700 Concœur, tél. 03.80.61.00.20, fax 03.80.62.33.04 ✓ 🍷 r.-v.

DOM. MICHEL NOËLLAT ET FILS 1996★

■ Gd cru	0,49 ha	2 500	❶❶ 150 à 200 F

94 **96**

Pourpre à reflets violines, il livre au premier nez une impression boisée. Mais il y a du fruit derrière. En bouche, il témoigne d'une typicité excellente : l'acidité des 96, la carrure des tanins, des arômes végétaux (feuille de cassis), beaucoup de puissance. A l'évidence, on prendra soin de le laisser vieillir.

🍴 SCEA Dom. Michel Noëllat et Fils, 5, rue de la Fontaine, 21700 Vosne-Romanée, tél. 03.80.61.36.87, fax 03.80.61.18.10 ✓ 🍷 r.-v.

LA BOURGOGNE

La Côte de Nuits

DOM. FABRICE VIGOT 1996*

| ■ Gd cru | 0,6 ha | 1 200 | 150 à 200 F |

90 91 92 93 **94** 96

Une robe violet pourpre, jeune et fraîche, habille un bouquet de fruits rouges parvenant doucement à maturation, dans un environnement grillé. Le gras donne du velours à un corps très masculin. Un peu monolithique comme les piliers de pierre du cellier, au Clos de Vougeot, il doit s'affiner en cave à la façon de tout grand cru.

⌖ Dom. Fabrice Vigot, 16, rue de la Fontaine, 21700 Vosne-Romanée, tél. 03.80.61.13.01, fax 03.80.61.13.01 ☑ ☥ r.-v.

Vosne-romanée

Là aussi, la coutume bourguignonne est respectée : le nom de romanée est plus connu que celui de Vosne. Quel beau tandem ! Comme Gevrey-Chambertin, cette commune est le siège d'une multitude de grands crus ; mais il existe à côté des *climats* réputés, tels les Suchots, les Beaux-Monts, les Malconsorts et bien d'autres. L'appellation vosne-romanée a produit 7 325 hl en 1996 et 5 939 hl en 1997, en vins rouges seulement.

DOM. ROBERT ARNOUX
Aux Reignots 1995**

| ■ 1er cru | 0,5 ha | 1 800 | 150 à 200 F |

On pense à ce que Voltaire, commentant l'œuvre de Racine, disait à chaque vers : « Admirable ! » Un Reignots qui flamboie, qui laisse au nez une délicieuse sensation de fraise, qui récapitule tous les charmes d'un vrai 1er cru : la rondeur, l'ampleur, l'équilibre, la persistance... Et quoi en plus ? Une pointe de clou de girofle qui réveille tout le palais. Un dégustateur conseille un pigeon poêlé avec une rosace de pommes de terre aux truffes.

⌖ SCE Robert Arnoux, 3, R.N. 74, 21700 Vosne-Romanée, tél. 03.80.61.09.85, fax 03.80.61.36.02 ☑ ☥ r.-v.

CH. DE BLIGNY
Au-dessus des Malconsorts 1996

| ■ 1er cru | 0,57 ha | 3 000 | 100 à 150 F |

Le château de Bligny a été acheté en 1985 par la Garantie Mutuelle des Fonctionnaires. Il est géré par la filiale Grands Millésimes de France. Limpide et d'intensité moyenne, le nez droit et bourgeon de cassis, ce vin manifeste un peu de sévérité tout en maintenant les équilibres fondamentaux : entre les tanins et l'acidité, le fût et le fruit. En cours d'évolution positive et encourageante.

Vosne-romanée

⌖ SCE Ch. de Bligny, 14, Grande-Rue, 21200 Bligny-lès-Beaune, tél. 03.80.21.47.38, fax 03.80.21.40.27 ☑ ☥ r.-v.

JACQUES CACHEUX ET FILS
La Croix Rameau 1996**

| ■ 1er cru | 0,17 ha | 900 | 150 à 200 F |

Ce nouveau coup de cœur en Croix Rameau (déjà en 1997 pour le millésime 94) devrait intéresser l'INAO car ce 1er cru enclavé dans la romanée saint-vivant réclame sa promotion en grand cru. Voyez ce 96 : cerise noire très dense, aromatique (entre végétal et épices), un vin sans doute boisé mais puissant, persistant, très démonstratif et à la vie assurée. **Les Suchots 96** sont également parfaits.

⌖ Jacques Cacheux et Fils, 58, RN, 21700 Vosne-Romanée, tél. 03.80.61.24.79, fax 03.80.61.01.84

SYLVAIN CATHIARD
Les Malconsorts 1996**

| ■ 1er cru | 0,75 ha | 3 500 | 150 à 200 F |

Deux 1ers crus qui se goûtent très bien : **En Orveaux 96** (une étoile) conseillé pour la garde, et ce Malconsorts d'une impeccable tenue visuelle, d'un bouquet résolu et pourtant très sensible, d'une richesse intérieure complète. Excellemment vinifié, à la même du vosne-romanée porté par les bras d'une fée.

⌖ Sylvain Cathiard, 20, rue de la Goillotte, 21700 Vosne-Romanée, tél. 03.80.62.36.01, fax 03.80.61.18.21 ☑ ☥ r.-v.

CHANSON PERE ET FILS 1995*

| ■ | n.c. | 4 000 | 100 à 150 F |

Comment résister à cette bouteille qui a la beauté du diable, entre le rouge et le violet ? Ses arômes de pruneau, de framboise, de vanille, de figue ont des accents mêlés. Sa structure tannique lui confère les moyens de tenir longtemps debout. Rétro-olfaction de groseille et là-dessus une sorte de rondeur féline qui vaut le détour.

⌖ Chanson Père et Fils, 10, rue du Collège, B.P. 232, 21200 Beaune, tél. 03.80.22.33.00, fax 03.80.24.17.42 ☥ r.-v.

DOM. DU CHATEAU DE VOSNE-ROMANEE Aux Reignots 1996*

| ■ 1er cru | 0,68 ha | n.c. | 150 à 200 F |

Les célèbres Reignots de feu l'abbé Just, nichés sur le coteau juste au-dessus de la romanée et de la romanée-conti. Ils émerveillent en 96 par leur droiture extrême. Le rouge ici vire au noir,

La Côte de Nuits — Vosne-romanée

dirigé vers la framboise. La bouche est franche, sans hésitation sur le but à atteindre, d'une bonne tannicité. Notez par ailleurs le vosne-romanée du château (*climat* La Colombière 96) : il a du caractère.

➥ Bouchard Père et Fils, Ch. de Beaune, 21200 Beaune, tél. 03.80.24.80.24, fax 03.80.24.97.56 ☒ ☒ r.-v.
➥ Comte Liger-Belair

MAURICE CHEVALLIER
Les Beaumonts 1996★★

| ■ 1er cru | 0,33 ha | 1 200 | ⊞ 150 à 200 F |

Vosne-Romanée est bien « la perle du milieu ». On en veut pour preuve cette bouteille exemplaire. Sa couleur d'encre promet une belle structure. Ses arômes suggèrent la cerise très mûre sur un support vanillé. Attendre, attendre, attendre... Possède tous les éléments constitutifs d'un grand vin de garde, d'un grand bourgogne.

➥ EARL Maurice Chevallier, 32, rte Nationale, 21700 Vosne-Romanée, tél. 03.80.61.04.02, fax 03.80.61.22.13 ☒ ☒ r.-v.

JEROME CHEZEAUX 1995★

| ■ 1er cru | 0,39 ha | 2 100 | ⊞ 70 à 100 F |

Bon boisé, mais attention : point trop n'en faut... Rubis mat et foncé, bouqueté et même confituré (fraise), un vin satisfaisant, assez plein, légèrement épicé et offrant un bon potentiel. Un sommelier-dégustateur du Guide le conseille sur un poulet de Bresse lardé.

➥ Jérôme Chézeaux, rte de Nuits-Saint-Georges, 21700 Premeaux-Prissey, tél. 03.80.61.29.79, fax 03.80.62.37.72 ☒ ☒ r. v.

DOM. BRUNO CLAVELIER
La Montagne Monopole 1995

| ■ 1er cru | 0,3 ha | 1 400 | ⊞ 70 à 100 F |

Deux cuvées reçoivent la même note : un **Beaux Monts 95 vieilles vignes** digne d'intérêt et cette Montagne, tout en haut du coteau, jugée agréable et recommandable. Souple, frais, un vin assez peu teinté, composant une suite aromatique fraise et champignon, offrant une rétro-olfaction de groseille très sympathique.

➥ Dom. Bruno Clavelier, 6, R.N. 74, 21700 Vosne-Romanée, tél. 03.80.61.10.81, fax 03.80.61.04.25 ☒ ☒ r.-v.
➥ Clavelier-Brosson

FRANCOIS CONFURON-GINDRE
Les Chaumes 1996★

| ■ 1er cru | 0,37 ha | 1 050 | ⊞ 100 à 150 F |

« Il n'y a pas de vins communs à Vosne », écrivait l'abbé Courtépée il y a deux siècles. On en reste là. Tendre et charnu, celui-ci sait demeurer simple comme le sont habituellement les Chaumes. D'une coloration intense (un noir d'encre), il rappelle la violette. Dans l'esprit du *climat*. Quant au *village* 96, il mérite une étoile et beaucoup d'estime.

➥ François Confuron, 21700 Vosne-Romanée, tél. 03.80.61.20.84, fax 03.80.62.31.29 ☒ ☒ r.-v.

DOM. FRANCOIS GERBET
Les Petits Monts 1996★

| ■ 1er cru | 0,6 ha | 3 600 | ⊞ 100 à 150 F |

Coup de cœur pour ses millésimes 95 et 88, ce domaine joue dans la cour des grands. Rouge foncé, un 96 dont le bouquet exprime toute l'élégance du pinot entre des mains de femmes (Marie-Andrée et Chantal Gerbet). Le corps est encore sévère, en train de se faire. Il doit, en bouteille, devenir plus sociable.

➥ Dom. François Gerbet, 2, rte Nationale, 21700 Vosne-Romanée, tél. 03.80.61.07.85, fax 03.80.61.01.65 ☒ ☒ r.-v.

DOM. ANNE GROS Les Barreaux 1996★

| ■ | 0,4 ha | 2 400 | ⊞ 100 à 150 F |

Climat situé sur les hauteurs, à côté du fameux Cros Parantou dont Henri Jayer a fait une apothéose. Il donne un vin typé aux arômes de violette, d'une couleur profonde, riche en alcool et d'une sensibilité féminine. Belle origine, bon travail.

➥ Dom. Anne Gros, 11, rue des Communes, 21700 Vosne-Romanée, tél. 03.80.61.07.95, fax 03.80.61.23.21 ☒ ☒ r.-v.

JEAN GROS Clos des Réas 1996★

| ■ 1er cru | 2,12 ha | 12 000 | ⊞ 150 à 200 F |

Curé de Vosne-Romanée et Grand Aumônier de la confrérie des Chevaliers du Tastevin, l'abbé Krau aurait volontiers reçu cette bouteille en confession. Robe soutenue, très bien ma fille ! Parfum de fruit très mûr ? Petit péché que tout cela. La bouche charnue ? C'est le Bon Dieu qui nous a faits ! Je vous donne l'absolution, vous invite au catéchisme de persévérance (un peu de cave vous fera du bien) et vous promets le paradis.

➥ Michel Gros, 3, rue des Communes, 21700 Vosne-Romanée, tél. 03.80.61.04.69 ☒ ☒ r.-v.

DOM. GUYON Les Brûlées 1996★★

| ■ 1er cru | n.c. | n.c. | ⊞ 150 à 200 F |

Un excellent **village 96** (une étoile) et, mieux encore, ces Brûlées en 1er cru : elles brillent comme un feu de sarments et répandent d'heureux arômes de mûre. Le corps présente déjà un équilibre certain, des tanins très fondants, une solide impression de matière et de gras, un je ne sais quoi (pépin de framboise) qui suscite l'émotion. Peut se conserver.

➥ EARL Dom. Guyon, 11, R.N. 74, 21700 Vosne-Romanée, tél. 03.80.61.02.46, fax 03.80.62.36.56 ☒ ☒ r.-v.

CH. DE MARSANNAY
En Orveaux 1995★★★

| ■ 1er cru | 0,28 ha | 1 250 | ⊞ 150 à 200 F |

On n'attendait sans doute pas le château de Marsannay en coup de cœur ici. Et pourtant : il présente et signe le meilleur vosne-romanée de la dégustation. Grenat, réglisse et muscade, légèrement cerise noire, corsé et de haute volée, il incarne à la fois l'appellation et le millésime en ce qu'ils ont de plus noble. Un filet de biche aux myrtilles aurait contenté le jury.

475 — LA BOURGOGNE

La Côte de Nuits — Vosne-romanée

➤ Ch. de Marsannay, rte des Grands-Crus, 21160 Marsannay-la-Côte, tél. 03.80.51.71.11, fax 03.80.51.71.12 ✓ ❣ t.l.j. sf dim. 10h-12h 14h-18h30; f. 20 déc.-5 janv.

PROSPER MAUFOUX Suchots 1995

| ■ 1er cru | n.c. | n.c. | ⏣ 100 à 150 F |

Diversement apprécié, ce vin témoigne cependant de qualités globalement suffisantes pour figurer ici. Sa couleur est d'un classicisme parfait. Son bouquet s'inspire de motifs cerisés, comme le kirsch. Sa constitution est assez bonne, et on n'attendra pas trop pour le servir à table.
➤ Prosper Maufoux, 1, pl. du Jet-d'Eau, 21590 Santeny, tél. 03.80.20.60.40, fax 03.80.20.63.26 ✓ ❣ r.-v.

DOM. MONGEARD-MUGNERET 1996

| | 1,97 ha | 9 000 | ⏣ 100 à 150 F |

Bon vin de race, rubis évoluant légèrement au bouquet largement ouvert sur le sous-bois et le fruit. Ces arômes persistent selon une attaque assez nette et sur des tanins déjà fondus. Le boisé est bien dompté. A suivre dans le temps.
➤ Dom. Mongeard-Mugneret, 14, rue de la Fontaine, 21700 Vosne-Romanée, tél. 03.80.61.11.95, fax 03.80.62.35.75 ❣ r.-v.

DENIS MUGNERET ET FILS 1996*

| ■ | 1,4 ha | 3 600 | ⏣ 70 à 100 F |

Lisons simplement la fiche de dégustation qui résume tout : « Beau vin très réussi, bien équilibré, avec une bonne fin de bouche, des tanins de qualité très présents mais un tannin très souple ». C'est assez dire qu'il plaît et s'inscrit dans la lignée des vins de garde. Grenat intense, il est superbement paré. Finesse des arômes (entre le végétal et le fruit frais).
➤ Denis et Dominique Mugneret, 9, rue de la Fontaine, 21700 Vosne-Romanée, tél. 03.80.61.00.97, fax 03.80.61.24.54 ✓ ❣ r.-v.

DOM. MICHEL NOELLAT ET FILS
Les Beaux Monts 1996

| ■ 1er cru | 1,56 ha | 3 600 | ⏣ 100 à 150 F |

Jeunes comme l'annonce la robe, ces Beaux Monts ont un joli nez de sous-bois et de cerise. On retrouve cette dernière en bouche, dans un contexte de bonne tannicité. Mais il faudra attendre deux ou trois ans pour connaître sa vraie valeur.
➤ SCEA Dom. Michel Noëllat et Fils, 5, rue de la Fontaine, 21700 Vosne-Romanée, tél. 03.80.61.36.87, fax 03.80.61.18.10 ✓ ❣ r.-v.

DENIS PHILIBERT Les Suchots 1995

| ■ 1er cru | n.c. | n.c. | ⏣ 100 à 150 F |

Encore acide (un 95), rouge soutenu légèrement acajou, d'un boisé fin, bien tempéré, il laisse évoluer le fruit sous une belle charpente. Ses tanins sont de bonne composition. Assez réussi dans l'ensemble.
➤ Maison Denis Philibert, 1, rue Ziem, 21200 Beaune, tél. 03.80.24.05.88, fax 03.80.22.37.08 ✓ ❣ t.l.j. 9h-19h

REINE PEDAUQUE 1996

| ■ | | n.c. | 15 000 | ⏣ 100 à 150 F |

Vin bien fait, à la robe suffisante et au bouquet un peu appuyé sur le fût. En bouche, un concerto pour framboise et orchestre, souple et long, salué par d'honnêtes applaudissements.
➤ Reine Pédauque, Le Village, 21420 Aloxe-Corton, tél. 03.80.25.00.00, fax 03.80.26.42.00 ❣ t.l.j. 9h-11h30 14h-17h30; f. janv.

ARMELLE ET BERNARD RION
Les Chaumes 1995*

| ■ 1er cru | 0,45 ha | 2 400 | ⏣ 100 à 150 F |

Les Chaumes touchent La Tâche. On n'est pas loin, ici, du paradis terrestre. Encore jeune et fougueux, ce 95 s'annonce bien. Jolie robe intense, cerise mariée pour le mieux au boisé, bouche rectiligne et tanins présents donnant une légère amertume, mais l'évolution n'est pas finie. Quant à la structure, elle est charpentée, convaincante. Gage d'avenir.
➤ Dom. Armelle et Bernard Rion, 8 R.N., 21700 Vosne-Romanée, tél. 03.80.61.05.31, fax 03.80.61.34.60 ✓ ❣ t.l.j. sf dim. 8h-19h

CAVE PRIVEE D'ANTONIN RODET 1995

| | n.c. | n.c. | + 200 F |

Extraction très poussée, aboutissant à des tanins costauds, peu sociables pour l'heure. Néanmoins sa fraîcheur incite à la clémence et on le croit capable de vieillir agréablement. Petites amorces aromatiques de myrtille, de violette, bien dans le ton du pays. Robe restée jeune, plus intense que brillante.
➤ Antonin Rodet, 71640 Mercurey, tél. 03.85.98.12.12, fax 03.85.45.25.49 ✓ ❣ t.l.j. sf sam. dim. 9h-12h 14h-18h

REMI SEGUIN 1995

| ■ | 0,34 ha | n.c. | ⏣ 70 à 100 F |

Rémy Seguin a pris il y a deux ans la succession du domaine. Rouge légèrement orangé, son vosne-romanée décline aromatiquement la gamme des fruits rouges confits. Arrondie, en forme de voûte romane, la bouche est agréable, sereine, conforme aux canons de l'appellation. Le charme bien sûr, mais aussi un bon rendu tannique et le soin apporté à l'essentiel. Un vin de gourmand !
➤ Rémi Seguin, rue de Cîteaux, 21640 Gilly-lès-Cîteaux, tél. 03.80.62.89.61, fax 03.80.62.80.92 ✓ ❣ r.-v.

La Côte de Nuits

DOM. ROBERT SIRUGUE
Les Petits Monts 1996

| ■ 1er cru | 0,6 ha | 3 300 | 🍷 100 à 150 F |

Les Petits Monts prolongent Les Richebourgs en montant le coteau. Petits en altitude, grands en qualité. Très gras au verre et de nuance pourpre, un nez qui annonce au loin le fruit. D'une constitution souple et affectueuse, avec un rien de vivacité. Sa modestie présente incite à le revoir.
↳ Robert Sirugue, 3, av. du Monument, 21700 Vosne-Romanée, tél. 03.80.61.00.64, fax 03.80.61.27.57 ✓ ⊤ r.-v.

MADAME ROLAND VIGOT
Les Petits Monts 1995★★

| ■ 1er cru | 0,18 ha | 900 | 🍷 100 à 150 F |

Cerise noire ? Grenat ? Cerise noire à reflets violacés ? Toujours est-il que ce 95 (le 89 a reçu le coup de cœur en 1992) est framboisé sur fond boisé. Il explose en bouche : plénitude et élan conquérant, tout en gardant des réserves. Rétro-olfaction évoquant la datte, la figue. Le type même du vin qui durera. On pourra l'essayer dans quelques années sur un lièvre à la royale.
↳ Dom. Madame Roland Vigot, 60, R.N. 74, 21700 Vosne-Romanée, tél. 03.80.61.17.70 ✓ ⊤ r.-v.

Richebourg, romanée, romanée-conti, romanée-saint-vivant, grande rue, tâche

Tous sont des crus plus prestigieux les uns que les autres, et il serait bien difficile d'en indiquer le plus grand... Certes, la romanée-conti jouit de la plus grande renommée, et l'on trouve dans l'histoire de nombreux témoignages de « l'exquise qualité » de ce vin. La célèbre pièce de vigne de la Romanée fut convoitée par les grands de l'Ancien Régime : ainsi madame de Pompadour ne réussit pas à l'emporter contre le prince de Conti, qui put l'acquérir en 1760. Jusqu'à la dernière guerre, la vigne de la Romanée-Conti et celle de la Tâche restèrent non greffées, traitées au sulfure de carbone contre le phylloxéra. Mais il fallut alors les arracher et la première récolte des nouveaux plants eut lieu en 1952. Ce romanée-conti, exploité en monopole sur 1,80 ha, reste l'un des plus illustres et des plus chers vins du monde.

Richebourg

La romanée est plantée sur une superficie de 0,83 ha, richebourg sur 8 ha, romanée-saint-vivant sur 9,5 ha, et la tâche sur un peu plus de 6 ha. Comme dans tous les grands crus, les volumes produits sont de l'ordre de 20 à 30 hl par hectare selon les années. L'ensemble de ces grands crus ne produit pas plus de 724 hl en 1997, dont 225 en richebourg et 255 en romanée-saint-vivant. La grande rue a été reconnue en grand cru par le décret du 2 juillet 1992.

Richebourg

DUFOULEUR PÈRE ET FILS 1995★

| ■ Gd cru | n.c. | 1 200 | 🍷 +200 F |

Beau vin grenat foncé à reflets imposants. Cerise à l'eau-de-vie, muscade, les arômes s'éclairent à l'aération. Sa bouche est plus élégante que catégorique, et laisse attendre son abandon. On se situe dans cette catégorie dans les cinq ans et plus.
↳ Dufouleur Père et Fils, 17, rue Thurot, 21700 Nuits-Saint-Georges, tél. 03.80.61.21.21, fax 03.80.61.10.65 ✓ ⊤ t.l.j. 9h-19h

DOM. ANNE GROS 1996★★

| ■ Gd cru | 0,6 ha | 2 500 | 🍷 +200 F |

|91| (95) 96

Profond et concentré, un richebourg qui n'y va pas par quatre chemins. Il est richebourg et n'en démord pas. Myrtille, poivre, cuir, il joue sur tous les registres pour composer un corps viril et subtil, rond et expressif, en pleine ascension et qui permet de croire en l'avenir. Coup de cœur pour les millésimes 91 et 95 !
↳ Dom. Anne Gros, 11, rue des Communes, 21700 Vosne-Romanée, tél. 03.80.61.07.95, fax 03.80.61.23.21 ✓ ⊤ r.-v.

DOM. A.-F. GROS 1996★★

| ■ Gd cru | 0,6 ha | 3 600 | 🍷 +200 F |

89 |90| |91| |92| |93| |94| 96

Le domaine vient d'acquérir de superbes caves et chais à Beaune. Elevé entièrement en fûts neufs de plusieurs origines, voici le premier de la classe. Quand s'éveillera ce richebourg ? Allez

LA BOURGOGNE

La Côte de Nuits

savoir, mais il obtient le coup de cœur pour son extrême élégance. On lui donne, de toute confiance, rendez-vous dans dix ans. Sous des abords veloutés, d'un rouge grenat franc, il évoque la mûre et la vanille à égalité. Simplicité et complexité, la marque d'un grand vin, tant son harmonie réglissée, sa générosité appellent un époisses ou un ami du... chambertin qui, pour l'occasion changera de religion.

🍷 Dom. A.-F. Gros, La Garelle,
21630 Pommard, tél. 03.80.22.61.85,
fax 03.80.24.03.16 ✉ 🍷 r.-v.
🍷 Anne-Françoise Parent

DENIS MUGNERET ET FILS 1996*

| ■ Gd cru | 0,52 ha | 1 200 | 🍾 +200 F |

|(93)| |94| 95 96

Intense et sombre, cuir et fruit, rehaussé par un boisé tout de finesse et distinction, un vin de belle structure qui manque encore de souplesse. Doit s'arrondir en oubliant la verdeur de ses jeunes années. C'est un mousquetaire qui aime la vie, la violence et la fête, et que ce domaine porta au coup de cœur en 1995 pour son 93.

🍷 Denis et Dominique Mugneret, 9, rue de la Fontaine, 21700 Vosne-Romanée,
tél. 03.80.61.00.97, fax 03.80.61.24.54 ✉ 🍷 r.-v.
🍷 Liger-Belair

La romanée

DOM. DU CHATEAU DE VOSNE-ROMANEE 1996*

| ■ Gd cru | 0,85 ha | n.c. | 🍾 +200 F |

82 83 85 88 |89| |(90)| |91| 92 93 |94| 95 96

Quatre-vingt-cinq ares sont consacrés à ce grand cru, monopole détenu par la famille Liger-Belair et géré par Bouchard Père et Fils. Ce 96 porte une somptueuse robe très sombre à reflets bleutés pleine de promesses. Mais il faudra attendre longtemps pour que celles-ci soient tenues. Le jury, composé de quatre grands dégustateurs bourguignons, a affirmé que cette bouteille était à revoir l'an prochain tant elle était fermée (31 mars 1998). Le support boisé laisse à peine s'exprimer la myrtille au nez et les baies noires macérées dans l'alcool en bouche.

🍷 Bouchard Père et Fils, Ch. de Beaune, 21200 Beaune, tél. 03.80.24.80.24,
fax 03.80.24.97.56 🍷 r.-v.
🍷 SCI Château de Vosne-Romanée

La romanée

La romanée-conti

DOM. DE LA ROMANEE-CONTI 1996★★★

| ■ Gd cru | 1,8 ha | n.c. | 🍾 +200 F |

|84| 88 89 90 |91| 94 95 (96)

Issue d'un rendement assez élevé pour le domaine (30 à 32 hl à l'hectare) en raison de la générosité de la nature en 1996, cette jeune bouteille semble capable d'une longue vie. D'un beau rubis chatoyant, d'une grâce omniprésente et fruitée, c'est un vin dont la puissance ne doit rien à l'alcool ni aux tanins, mais aux vertus très enveloppées du terroir. Une certaine parenté avec le millésime 66.

🍷 SC du Dom. de La Romanée-Conti,
21700 Vosne-Romanée, tél. 03.80.62.48.80

La grande rue

DOM. FRANCOIS LAMARCHE 1995

| ■ Gd cru | 1,65 ha | 6 000 | 🍾 +200 F |

|89| |(90)| |91| |92| |93| |94| 95

Impression première de puissance conquérante sur des arômes déjà confiturés. Cela passe avant tout. Ensemble rubis brillant mettant en valeur un bouquet de griotte et d'amande. Il faut oublier cette bouteille dans un coin de la cave pendant quatre ou cinq ans. Elle donnera alors le meilleur d'elle-même.

🍷 Dom. François Lamarche, 9, rue des Communes, 21700 Vosne-Romanée,
tél. 03.80.61.07.94, fax 03.80.61.24.31 ✉ 🍷 r.-v.

Nuits-saint-georges

Petite bourgade de 5 000 habitants, Nuits-Saint-Georges n'engendre pas de grands crus comme ses voisines du nord ; l'appellation déborde sur la commune de Premeaux, qui la jouxte

La Côte de Nuits

Nuits-saint-georges

au sud. Ici aussi, les très nombreux premiers crus sont à juste titre réputés, et avec l'appellation communale la plus méridionale de la Côte de Nuits, nous trouvons un type de vins différent aux caractères de *climats* très accusés, où s'affirme généralement une richesse en tanin plus élevée, assurant une grande conservation.

Les Saint-Georges, dont on dit qu'ils portaient déjà des vignes en l'an mil, les Vaucrains aux vins robustes, les Cailles, endroit où les volatiles du même nom devaient aimer habiter, les Champs-Perdrix, les Porets, de « poirets », au caractère de poire sauvage accusé, sur la commune de Nuits, et les Clos de la Maréchale, des Argillières, des Forêts-Saint-Georges, des Corvées, de l'Arlot, sur Premeaux, sont les plus connus de ces premiers crus. Les vignes ont produit 11 677 hl en 1997 dont 132 en blanc.

Petite capitale du vin de Bourgogne, Nuits-Saint-Georges a également son vignoble des Hospices, avec vente aux enchères annuelle de la production, le dimanche précédant les Rameaux. Elle est le siège de nombreux négoces de vin et de nombreux liquoristes qui produisent le cassis de Bourgogne, ainsi que d'élaborateurs de vins à mousse qui furent à l'origine du crémant de Bourgogne. C'est enfin ici que se trouve le siège administratif de la confrérie des Chevaliers du Tastevin.

RECOLTE DU DOM. JEAN-LUC AEGERTER 1996★★★

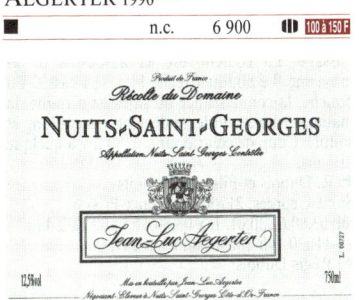

| | n.c. | 6 900 | 100 à 150 F |

Le coup de cœur numéro 1, l'as de cœur de tout le jeu de cartes. Un vin somptueux, rappelant la page de *Kaputt* où Malaparte fait l'éloge du nuits-saint-georges : « Aucun vin n'est aussi terrestre... » Page superbe, vin superbe. La robe semée d'éclairs, le nez bourgeon de cassis, adorable. Un corps réglissé et une colonne vertébrale qui tiendra dix ou quinze ans.

☞ Grands vins Jean-Luc Aegerter, 49, rue Henri-Challand, 21700 Nuits-Saint-Georges, tél. 03.80.61.02.88, fax 03.80.62.37.99 ✓ ⊺ r.-v.

ARTHUR BAROLET ET FILS 1995

| | n.c. | 12 000 | 70 à 100 F |

Cette marque de la maison Martenot rappelle que le groupe suisse Schenk avait naguère acquis la cave du docteur Barolet, un Beaunois fabuleux devenu antiquaire en millésimes très anciens. Venons-en au sujet : légèrement ambré, un vin assez fin bien qu'épicé en bouche et tannique. Nez un peu évolué mais chaleureux et expressif.
☞ Arthur Barolet, rue du Dr-Guyot, 21420 Savigny-lès-Beaune, tél. 03.80.24.70.07, fax 03.80.22.54.31 ✓ ⊺ t.l.j. sf mar. 9h30-18h30; jeu. 9h30-12h

CH. DE BLIGNY Aux Argillats 1996★

| | 0,21 ha | 1 420 | 100 à 150 F |

Le producteur fut coup de cœur en 1991 (millésime 88) ; voici le même vin édition 96. Il est jugé bien fait et élégant, rappelant l'année dès le premier regard. Nez ouvert sur la groseille, prometteur et un peu boisé. Le corps est tendre et fin, séducteur. Notez aussi le *village* 96, également apprécié.
☞ SCE Ch. de Bligny, 14, Grande-Rue, 21200 Bligny-lès-Beaune, tél. 03.80.21.47.38, fax 03.80.21.40.27 ✓ ⊺ r.-v.

JACQUES CACHEUX ET FILS
Au bas de Combe 1996

| | 0,55 ha | 2 800 | 70 à 100 F |

« Un verre de nuits prépare la nôtre », affirmait Pierre Deslandes. Cela vaut bien une tisane de tilleul ! La robe cerise sauvage, presque noire, le bouquet de fruits noirs, la bouche où résident beaucoup de densité et d'astringence, rien n'étonne à cette période de son élevage. Patience !
☞ Jacques Cacheux et Fils, 58, RN, 21700 Vosne-Romanée, tél. 03.80.61.24.79, fax 03.80.61.01.84

SYLVAIN CATHIARD Les Murgers 1996★

| 1er cru | 0,48 ha | 2 200 | 100 à 150 F |

Les *murgers* sont en Bourgogne des amas de pierres tirées des vignes au fil des siècles. La mémoire même. Ils s'expriment ici de façon parfaite, compte tenu de leur jeunesse. A l'œil, du plaisir. Au nez, du bonheur framboisé. En bouche, franchise et vinosité, de l'alcool certes et tout ce qu'il faut pour remplir sa mission dans trois ou quatre ans.
☞ Sylvain Cathiard, 20, rue de la Goillotte, 21700 Vosne-Romanée, tél. 03.80.61.02.36.01, fax 03.80.61.18.21 ✓ ⊺ r.-v.

DOM. JEAN CHAUVENET
Les Bousselots 1996★★

| 1er cru | 0,55 ha | 3 000 | 100 à 150 F |

Le grand vin, digne de la bécasse ou du chevreuil. Très coloré, le parfum un peu fauve et cassis dans un contexte brûlé, il exprime le bon terroir dans une belle année, c'est-à-dire tout ce qu'on lui demande. Sa fraîcheur, sa vinosité vont faire merveille avec le temps. A défaut d'un coup de cœur, un coup de chapeau !

LA BOURGOGNE

La Côte de Nuits

Nuits-saint-georges

Dom. Jean Chauvenet, 3, rue de Gilly, 21700 Nuits-Saint-Georges, tél. 03.80.61.00.72, fax 03.80.61.12.87 r.-v.

CHAUVENET-CHOPIN 1996***

5 ha · 6 000 · 70 à 100 F

Ce n'est pas le *Top 50*, mais le *Top 100*, car on en a dégusté une bonne centaine. Médaille d'argent sur le podium, un *village* qui défie du regard tous les 1ers crus du pays. On le dédie à la mémoire de Bernard Barbier qui fit tant pour Nuits ! Robe impeccable, nez franc et porté sur le fruit, attaque en souplesse, équilibre merveilleux dans l'onctuosité et l'intelligence : le garder pour plus tard, il rendra au centuple. Déjà coup de cœur en 1995.

Chauvenet-Chopin, 97, rue Félix-Tisserand, 21700 Nuits-Saint-Georges, tél. 03.80.61.28.11, fax 03.80.61.20.02 r.-v.

JEROME CHEZEAUX 1995*

1er cru · 0,64 ha · 2 100 · 70 à 100 F

Jérôme Chézeaux a succédé à son père en 1993. Le domaine compte quelque 10 ha. D'une couleur qui évolue légèrement en tirant sur le brun, ce 1er cru suggère le sous-bois et la myrtille. Très évocateur et champêtre ! Intéressant parcours aromatique. S'il lui faut un peu de temps pour mettre chaque chose à sa place, tout est là et notamment le terroir. Le *village* 96 reçoit également une étoile : sa bouche persuasive rend bien compte de la densité de ce vin et de la qualité de sa prestation. Bon niveau.

Jérôme Chézeaux, rte de Nuits-Saint-Georges, 21700 Premeaux-Prissey, tél. 03.80.61.29.79, fax 03.80.62.37.72 r.-v.

GEORGES CHICOTOT
Les Vaucrains 1995*

1er cru · 0,24 ha · 1 500 · 100 à 150 F

Nous avons apprécié un **Rues de Chaux 95** de bonne compagnie et, plus encore, ce Vaucrains. Son contemporain. La robe ? Nette et sans bavure. Le nez ? Flatteur, griotte légèrement boisée. Son corps un peu fermé nécessite un temps d'attente, habituel à Nuits.

Dom. Georges Chicotot, 12, rue Paul-Cabet, 21700 Nuits-Saint-Georges, tél. 03.80.61.19.33, fax 03.80.61.38.94 r.-v.

A. CHOPIN ET FILS Les Murgers 1996

1er cru · 0,5 ha · 1 500 · 70 à 100 F

Coup de cœur l'an dernier pour ce même 1er cru version 95, ce domaine présente un 96 d'intensité moyenne pour le millésime, encore assez fermé mais prometteur sur le fruit. Il débute en souplesse puis se montre plus viril. Une note d'austérité traduit sa jeunesse. Ne pas se précipiter pour le boire.

Dom. A. Chopin et Fils, RN 74, 21700 Comblanchien, tél. 03.80.62.92.60, fax 03.80.62.70.78 r.-v.

DOM. DU CLOS FRANTIN 1995**

1 ha · 6 000 · 100 à 150 F

Coup de cœur en 1994 pour le millésime 90 et déjà en 1988 pour le 82, le domaine de la maison Albert Bichot doit son nom, à Vosne, à une illustre lignée d'imprimeurs bourguignons du XVIII^{e}s. Ce vin est une très belle édition sous une reliure rubis brillant. Elle est encore sur un fruit très jeune, cassis léger. Elle a beaucoup de fond, avec le côté un peu sec aujourd'hui des 95. Elle dévoilera peu à peu ses charmes : trois ans ? Cinq ans ?

Dom. du Clos Frantin, 6 bis, bd Jacques-Copeau, 21200 Beaune, tél. 03.80.24.37.37, fax 03.80.24.37.38

A. Bichot

DOM. DU CLOS SAINT-MARC
Clos Saint-Marc 1996*

0,93 ha · n.c. · 100 à 150 F

Le clos Saint-Marc ne figure pas sur les cartes, mais il existe cependant. Situé dans Les Corvées et à Premeaux. Vous savez, la mignonne maison de poupée au milieu des vignes, qui abritait jadis un billard. Grenat très foncé, ce vin a bon nez et il apparaît équilibré. Les tanins assez présents sont de facture correcte. Sous la même signature, un **Clos des Argillières 96** ressemblant au précédent. Ils sont d'ailleurs voisins.

Bouchard Père et Fils, Ch. de Beaune, 21200 Beaune, tél. 03.80.24.80.24, fax 03.80.24.97.56 r.-v.

R. DUBOIS ET FILS 1995*

3,3 ha · 15 000 · 50 à 70 F

Le président du conseil d'administration du lycée viticole de Beaune réussit son examen de passage. La couleur est ici au-dessus de la moyenne. Le bouquet récite bien son cassis. En bouche, la connaissance du sujet est certaine, la matière riche et solide, le développement long et souple. Coup de cœur pour son 80 il y a quelque dix ans.

R. Dubois et Fils, rte de Nuits-Saint-Georges, 21700 Premeaux-Prissey, tél. 03.80.62.30.61, fax 03.80.61.24.07 t.l.j. 8h-11h30 14h-18h30; dim. sur r.-v.

Régis Dubois

DOM. GUY DUFOULEUR 1995

1,87 ha · 11 200 · 100 à 150 F

Les **Poulettes 95** ont retenu notre attention et reçoivent une citation. Dans cette cave, notre choix se porte principalement sur le *village* tout court... mais ayant des qualités de souplesse, de rondeur, d'équilibre méritant d'être signalées. Nuances aromatiques végétales et de fruits confits. Couleur cerise claire.

480

La Côte de Nuits

Nuits-saint-georges

🔑 Dom. Guy Dufouleur, 19, pl. Monge, 21700 Nuits-Saint-Georges, tél. 03.80.61.21.21, fax 03.80.61.10.65 ◼ 👓 r.-v.
🔑 Xavier et Guy Dufouleur

DOM. DUFOULEUR FRERES
Les Saint Georges 1995★★

| ■ 1er cru | n.c. | 914 | 🍷 100 à 150 F |

Plus de quatre cents ans de tradition vinicole assurent la respectabilité de cette maison nuitonne. Rouge groseille et d'une limpidité poussée jusqu'à l'extrême, un Saint Georges qui nous rappelle ce qu'en écrivait le docteur Morelot (1831) : « plus de finesse, plus de bouquet, beaucoup plus de délicatesse que les vins voisins ». On tient ici un 95 tout de dentelle, de velours, de plaisir, charnu et évoquant le noyau. Prêt à boire comme on entend un quatuor de Schubert !
🔑 Dufouleur Frères, 1, rue de Dijon, Au château, B.P. 5, 21700 Nuits-Saint-Georges, tél. 03.80.61.00.26, fax 03.80.61.36.33 ◼ 👓 r.-v.

FAIVELEY Les Damodes 1995★★

| ■ 1er cru | 0,85 ha | 4 300 | 🍷 150 à 200 F |

Vite, un sanglier ! Ce vin semble fait pour le repas d'anniversaire d'Obélix. Revêtu de lueurs violacées, gorgé d'arômes poivrés. On se perd en rêveries devant ce 95 porteur de grandes ambitions. Il concilie puissance et finesse. Ah ! si l'on avait eu ça à Alésia… On se rappelle le coup de cœur obtenu en 1997 pour un 93.
🔑 Maison Joseph Faiveley, 8, rue du Tribourg, B.P. 9, 21701 Nuits-Saint-Georges Cedex, tél. 03.80.61.04.55, fax 03.80.62.33.37 ◼ 👓 r.-v.

DOM. GACHOT-MONOT
Les Poulettes 1995★★

| ■ 1er cru | n.c. | n.c. | 🍷 100 à 150 F |

Que viennent faire ces Poulettes juste au-dessus de la falaise à 300 m d'altitude ? Toujours est-il qu'elles ont le plumage rouge grenat du plus bel effet. Elles chantent la cannelle, la violette, le pruneau… Bonne attaque, excellent retour d'arômes, fondu déjà réalisé, un vin qui ne sera pas de très longue garde mais qui est particulièrement intéressant.
🔑 Dom. Gachot-Monot, 13, rue Humbert-de-Gillens, 21700 Gerland, tél. 03.80.62.50.95, fax 03.80.62.53.85 👓 r.-v.

PHILIPPE GAVIGNET
Les Bousselots 1996★

| ■ 1er cru | n.c. | 2 700 | 🍷 70 à 100 F |

Viticulteur inspiré car il voit trois échantillons présentés passer avec succès la barre : **Chabœufs et Argillats 96**, de même que ces Bousselots. Ce nom signale un terrain rempli de bosses, et il est vrai que le vin n'en manque pas, avec ses tanins encore rugueux. Mais il se présente bien et est à la hauteur d'un 1er cru : reflets de jeunesse, nez expressif, belle matière, du fruit, une bonne aptitude à la garde.
🔑 Dom. Philippe Gavignet, 36, rue du Dr-Louis-Legrand, 21700 Nuits-Saint-Georges, tél. 03.80.61.09.41, fax 03.80.61.03.56 ◼ 👓 t.l.j. 8h-12h 14h-18h; sam. dim. sur r.-v.; f. 25 déc.-1er janv.

DOM. ANNE-MARIE GILLE
Les Cailles 1995★★

| ■ 1er cru | 0,4 ha | 2 400 | 🍷 100 à 150 F |

Cette bouteille a tout d'une grande, et elle approche le coup de cœur. L'étiquette vieillotte (un parchemin) n'est pas à sa hauteur. Mais quel vin ! Boisé très bien dosé, et c'est un bon point. Rouge sombre, un 95 forcément encore tannique, élégant, ample, vinifié de main de maître. Pour une volaille farcie vers 2003.
🔑 Dom. Anne-Marie Gille, 34, R.N. 74, 21700 Comblanchien, tél. 03.80.62.94.13, fax 03.80.62.94.13 ◼ 👓 r.-v.

DOM. GUYON 1996★

| ■ | n.c. | n.c. | 🍷 70 à 100 F |

Pourpre foncé, il pinote bien, délivrant avec ponctualité les arômes du cépage en Côte de Nuits. Sa typicité est confirmée au palais où il fait un long séjour fruité. Le jury le juge intéressant et à suivre.
🔑 EARL Dom. Guyon, 11, R.N. 74, 21700 Vosne-Romanée, tél. 03.80.61.02.46, fax 03.80.62.36.56 ◼ 👓 r.-v.

BERTRAND MACHARD DE GRAMONT Les Hauts Pruliers 1995★

| ■ | 0,58 ha | 3 000 | 🍷 100 à 150 F |

Climat situé côté Premeaux dont on disait jadis qu'il avait « un goût de cuivre » qui diminuait avec l'âge… Celui-ci n'est nullement à astiquer. Il brille bien. Développe son fruit à l'air libre, et sous son boisé a des choses à révéler. Beau finale. Signalons aussi les *Allots village* 95.
🔑 Bertrand Machard de Gramont, 13, rue de Vergy et 32, rue Thurot, 21700 Nuits-Saint-Georges, tél. 03.80.61.16.96, fax 03.80.61.16.96 ◼ 👓 r.-v.

MAISON MALLARD-GAULIN 1996

| ■ | 0,25 ha | 1 400 | 🍷 150 à 200 F |

Rubis soutenu, influencé par le végétal et le fruit confit, légèrement cacao, un vin délicat et tendre, bien fondu et prenant congé sur une pointe d'amertume. Il est à point et peut être savouré dans l'année qui vient.
🔑 Mallard-Gaulin, 21420 Aloxe-Corton, tél. 03.80.26.46.10

DOM. MONGEARD-MUGNERET
Les Boudots 1996★★

| ■ | 0,38 ha | 2 700 | 🍷 150 à 200 F |

L'honorable Compagnie des Veilleurs de Nuits pourra choisir cette bouteille pour animer l'une de ses Veillées, en invitant Jean Mongeard, ou Vincent. Car ces Boudots sont éblouissants de générosité et d'ampleur, avec un goût de griotte pour le plaisir. Grenat sombre très franc, exubérant au nez, réglissé et brûlé, tout cela est riche.
🔑 Dom. Mongeard-Mugneret, 14, rue de la Fontaine, 21700 Vosne-Romanée, tél. 03.80.61.11.95, fax 03.80.62.35.75 👓 r.-v.
🔑 Vincent Mongeard

LA BOURGOGNE

La Côte de Nuits

DENIS MUGNERET ET FILS
Les Saint-Georges 1996

■ 1er cru   1,11 ha   1 800   100 à 150 F

Climat fer de lance du pays, l'un des clos les plus anciens de Bourgogne. Il existait déjà en l'an mil. Limpide et cerisé, ce vin allie au bouquet la maturité du fruit rouge et l'éclat de la jeunesse spontanée. Bouche fournie, se partageant entre la vivacité et le désir de bien faire. Coup de cœur en 1997 pour le millésime 94 du même vin.
➛ Denis et Dominique Mugneret, 9, rue de la Fontaine, 21700 Vosne-Romanée, tél. 03.80.61.00.97, fax 03.80.61.24.54 ☑ ☥ r.-v.
➛ Liger Belair

CH. DE PREMEAUX
Clos des Argillières 1996★★

■ 1er cru   0,3 ha   8 000   70 à 100 F

Beau domaine viticole acheté en 1933 par le grand-père de l'actuel propriétaire. Grenat intense et brillant, cette bouteille au parfum encore réservé ressemble à la femme aimée : il faut parfois savoir se l'attendre et ne lui faire aucun reproche. C'est si doux, d'ailleurs, l'attente en faisant le tour de sa cave... Actuellement austère, mais charpenté, structuré, bien fait. Il tiendra ses promesses.
➛ Dom. du Ch. de Premeaux, 21700 Premeaux-Prissey, tél. 03.80.62.30.64, fax 03.80.62.39.28 ☑ ☥ t.l.j. 9h-12h 13h30-20h
➛ Pelletier

HENRI ET GILLES REMORIQUET
Les Bousselots 1996★★

■ 1er cru   0,5 ha   3 000   100 à 150 F

Plusieurs fois distingué par notre Guide, ce domaine réussit cette année à placer quatre vins parmi ceux qui passent la barre. **Allots 96** et **Damodes 96** vous donneront satisfaction, mais la palme revient à ce Bousselots (terrain très riche en calcaire actif) d'un rouge-noir étincelant, sévère mais de grande classe et plein de promesses. Le caractère du vin de Nuits et le chant du raisin !
➛ Dom. Henri et Gilles Remoriquet, 25, rue de Charmois, 21700 Nuits-Saint-Georges, tél. 03.80.61.24.84, fax 03.80.61.36.63 ☑ ☥ r.-v.

RENE TARDY ET FILS
Aux Argillats 1995★

■ 1er cru   0,4 ha   2 100   100 à 150 F

Ouvrier vigneron, René Tardy décide en 1962 de s'installer à son compte. Aujourd'hui son fils Joël dirige ce domaine de 5,7 ha tandis que son frère Jacques, œnologue, vinifie 150 ha de vignes dans l'Orégon ! Ce nuits, côté Vosne-Romanée, d'un rubis limpide, affiche des arômes de griotte mêlés à des accents minéraux. La matière n'est pas considérable, mais l'harmonie s'est déjà établie : tanins bien fondus, ensemble pondéré et agréable.
➛ René Tardy et Fils, 32, rue Caumont-Bréon, 21700 Nuits-Saint-Georges, tél. 03.80.61.20.50, fax 03.80.61.36.96 ☑ ☥ r.-v.

Côte de nuits-villages

PIERRE THIBERT
Rue de Chaux Vieilles vignes 1996★

■ 1er cru   n.c.   n.c.   100 à 150 F

Rue de Chaux... C'est ici que la Confrérie des Chevaliers de Tastevin a ses bureaux. C'est dire si ce *climat* est en bonne compagnie ! N'allons pas chercher plus loin : sa robe est tastevinesque ; son nez d'impétrant assistant à son premier chapitre ; sa structure estimable et sa concentration satisfaisante. Prendra du galon avec les années.
➛ Pierre Thibert, Grande-Rue, 21700 Corgoloin, tél. 03.80.62.73.40, fax 03.80.62.73.40 ☑ ☥ r.-v.

JEAN-PIERRE TRUCHETET 1995★★

■   1,63 ha   2 900   70 à 100 F

Pourpre vermeil pour dire les choses comme elles sont, ce vin décline de bons arômes de cassis et de mûre. Un certain volume et des tanins enrobés structurent sa bouche jusqu'à une jolie finale. Une réussite pour le millésime.
➛ Jean-Pierre Truchetet, RN 74, 21700 Premeaux-Prissey, tél. 03.80.61.07.22, fax 03.80.61.34.35 ☑ ☥ t.l.j. sf dim. 9h-12h 14h-20h; f. 15-30 août

Côte de nuits-villages

Après Premeaux, le vignoble s'amenuise pour se réduire à une longueur de vignes d'environ 200 m à Corgoloin. C'est l'endroit où la côte est la plus étroite. La « montagne » diminue d'altitude, et la limite administrative de l'appellation côte de nuits-villages, anciennement appelée « vins fins de la Côte de Nuits », s'arrête au niveau du clos des Langres, sur Corgoloin. Entre les deux, deux communes : Prissey, associée à Premeaux, et Comblanchien, réputée pour la pierre calcaire (appelée improprement marbre) que l'on tire des carrières du coteau. Toutes deux possèdent quelques terroirs aptes à porter une appellation communale. Mais les superficies de ces trois communes étant trop petites pour avoir une appellation individuelle, Brochon et Fixin y ont été associées pour constituer cette unique appellation côte de nuits-villages, qui a produit, en 1996, 8 171 hl de vin rouge et 172 hl de vin blanc et en 1997, 6 234 hl dont 83 en blanc. On y trouve d'excellents vins, à des prix abordables.

La Côte de Nuits

Côte de nuits-villages

BERTRAND AMBROISE 1996★

2 ha   10 000   70 à 100 F

Le côte de nuits-villages est « le vin de la poule au pot », celui qu'Henri IV eût offert à chaque famille le dimanche. Grenat foncé, ce 96 pinote bien aux trois coups de nez. Un peu de chaleur, du gras, déjà de la rondeur, il se situe dans l'esprit de l'appellation.

Maison Bertrand Ambroise, rue de l'Eglise, 21700 Premeaux-Prissey, tél. 03.80.62.30.19, fax 03.80.62.38.69 r.-v.

DOM. D'ARDHUY Clos des Langres 1996

2,74 ha   6 000   70 à 100 F

Vive et intense, la robe est tout simplement jolie. Le nez ne déroute pas : très frais, très fruité (nuances de groseille), avec un boisé assez net. En bouche, ce vin suscite aujourd'hui quelques réserves car sa jeunesse laisse parler davantage les tanins que le fruit. Cependant il a toutes ses chances, son volume et sa structure suffisamment équilibrée lui permettant d'attendre trois à cinq ans que tout se fonde.

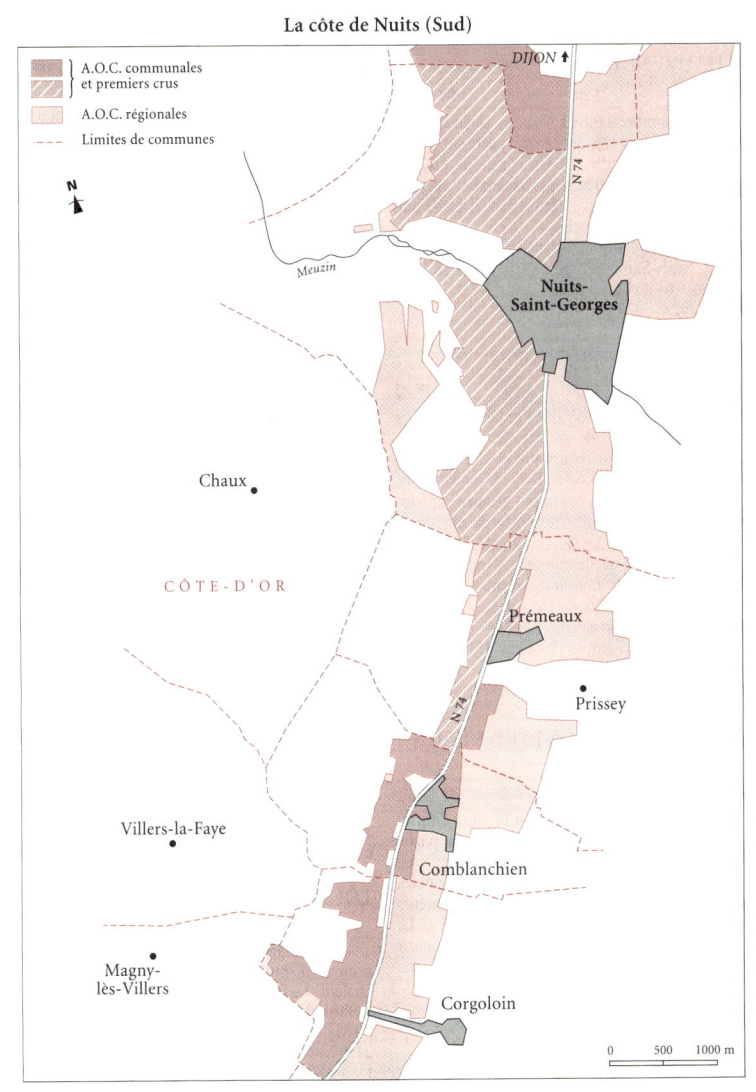

BOURGOGNE

La côte de Nuits (Sud)

- A.O.C. communales et premiers crus
- A.O.C. régionales
- Limites de communes

DIJON

Meuzin

Nuits-Saint-Georges

Chaux

CÔTE-D'OR

Prémeaux

Prissey

Villers-la-Faye

Comblanchien

Magny-lès-Villers

Corgoloin

0 500 1000 m

483   **LA BOURGOGNE**

La Côte de Nuits

Côte de nuits-villages

🍇 Dom. d'Ardhuy, Clos des Langres, 21700 Corgoloin, tél. 03.80.62.98.73, fax 03.80.62.95.15 ◩ ⏷ t.l.j. 10h-12h 14h-18h; f. dim. en hiver

CHARLES BERNARD 1995

■ 2,5 ha 11 000 ⏷◩ 50 à 70 F

Ce domaine situé à Fixey, hameau de Fixin, sur la partie nord de l'appellation, produit un vin honnête aux beaux reflets de pinot, à l'attaque de fruits rouges d'intensité moyenne. Assez représentatif et, en tout cas, correct pour le millésime.

🍇 Dom. du Clos Saint-Louis, 10, rue Abbé-Chevallier, 21220 Fixin, tél. 03.80.52.45.51, fax 03.80.58.88.76 ◩ ⏷ t.l.j. 9h-19h; f. 15-30 août

CHAUVENET-CHOPIN 1996

■ 3 ha 6 000 ◩ 50 à 70 F

Rouge sombre à reflets violacés, sa couleur est typique. Bouquet très concentré, porté sur le cassis, et un peu vanillé. Ce vin mérite de prendre de l'âge car il va acquérir probablement une certaine complexité. Dans l'immédiat, il est friand et très plaisant en bouche.

🍇 Chauvenet-Chopin, 97, rue Félix-Tisserand, 21700 Nuits-Saint-Georges, tél. 03.80.61.28.11, fax 03.80.61.20.02
◩ ⏷ r.-v.

A. CHOPIN ET FILS 1996*

■ 4 ha 4 500 ◩ 50 à 70 F

Le genre de pinot noir que l'on aime retrouver chaque année lors de la fête de l'appellation (« L'Eté des Côtes de Nuits-Villages »). « L'attaque est splendide », écrit un juré sur sa fiche. Riche et délicat, racé, ce vin fait honneur au viticulteur qui, s'appelant Chopin, n'en est plus à faire ses gammes... Ah ! un oubli : arômes de cassis avec une pointe de cannelle. Notez aussi le **blanc 96 Monts de Boncourt**, retenu sans étoile, qui devra vieillir deux ou trois ans.

🍇 Dom. A. Chopin et Fils, RN 74, 21700 Comblanchien, tél. 03.80.62.92.60, fax 03.80.62.70.78
◩ ⏷ r.-v.

BERNARD COILLOT PERE ET FILS 1996*

■ 0,5 ha n.c. ◩ 50 à 70 F

On sait que cette appellation se situe de part et d'autre de Nuits. Il s'agit ici de la partie septentrionale du vignoble, au nord de Gevrey. Voici un vin à la couleur foncée, cerise grenat, dont les arômes sont évocateurs du sous-bois, du champignon, des épices. La bouche est puissante, large, en train d'acquérir sa plénitude. L'attendre un à deux ans, sans crainte.

🍇 Bernard Coillot Père et Fils, 31, rue du Château, 21160 Marsannay-la-Côte, tél. 03.80.52.17.59, fax 03.80.52.12.75 ◩ ⏷ t.l.j. sf dim. 8h-12h 14h-19h

DESERTAUX-FERRAND
Les Perrières 1995*

■ 2,6 ha 12 000 ◩ 50 à 70 F

Climat situé sur Corgoloin, assez près du Clos des Langres (la « frontière » entre les deux Côtes). Il fournit ici un très bon vin, complet et structuré. Il pénètre bien en bouche et y a rendez-vous avec des arômes de cerise noire. Bonne intensité visuelle. Inutile de le garder longtemps en cave, buvez-le maintenant. On vous conseille également le **blanc 95**, prêt à boire, qui reçoit lui aussi une étoile.

🍇 Dom. Désertaux-Ferrand, Grande-Rue, 21700 Corgoloin, tél. 03.80.62.98.40, fax 03.80.62.70.32 ◩ ⏷ t.l.j. sf dim. 9h-12h 14h-18h30

DOM. FOUGERAY DE BEAUCLAIR 1995*

■ 1,3 ha 2 500 ◩ 70 à 100 F

Un 95 d'une nuance légèrement violine, au bon nez en ouverture, riche, empyreumatique. Actuellement austère, mais vinifié pour être gardé en cave quelque temps. Une viande en sauce s'accordera bien à sa plénitude, l'an prochain ou le suivant, pas au-delà.

🍇 Dom. Fougeray de Beauclair, 44, rue de Mazy, B.P. 36, 21160 Marsannay-la-Côte, tél. 03.80.52.21.12, fax 03.80.58.73.83 ◩ ⏷ r.-v.

DOM. GACHOT-MONOT
Les Monts de Boncourt 1996*

□ 0,21 ha n.c. ◩ 50 à 70 F

Jaune clair, il présente un beau nez style fruits exotiques (ananas, mangue...) et pain grillé. La bouche développe des arômes analogues, sur une structure mettant en relief le gras, la texture. Ce *climat* occupe le haut du coteau entre Comblanchien et Corgoloin : la pierre marbrière et la vigne sont ici en concurrence.

🍇 Dom. Gachot-Monot, 13, rue Humbert-de-Gillens, 21700 Gerland, tél. 03.80.62.50.95, fax 03.80.62.53.85 ◩ ⏷ r.-v.

GEISWEILER 1996

■ n.c. n.c. ◩ 50 à 70 F

C'est toujours avec émotion qu'on voit le nom de Geisweiler sur une bouteille, en pensant à ce que fut cette marque. Rachetée par la maison Picard, elle signe ici un 96 qui, sans développer abondamment le sujet, le traite assez correctement : c'est un vin rouge d'une bonne brillance et au nez peu ouvert. Sans défaut et à boire dès à présent.

🍇 Geisweiler, 4, rte de Dijon, 21700 Nuits-Saint-Georges, tél. 03.80.62.35.00
🍇 Michel Picard

LOUIS JADOT 1996

□ 0,7 ha 4 000 ◩ 50 à 70 F

Un vin blanc légèrement doré, d'une belle limpidité, vif, puis évoluant vers une sensation de chaleur. Le fût accompagne toute la dégustation. Affaire de goût : si vous aimez les vins boisés.

🍇 Maison Louis Jadot, 21, rue Eugène-Spuller, 21200 Beaune, tél. 03.80.22.10.57, fax 03.80.22.56.03 ⏷ r.-v.

La Côte de Beaune

JOURDAN-GUILLEMIER 1996*

■   2,2 ha   10 000   50 à 70 F

On fait plaisir aujourd'hui et encore plus demain : telle pourrait être la devise de ce 96 qui se présente déjà très bien et qui a du potentiel. Belle extraction de couleur, parfums fruités classiques et grillés, souplesse et rondeur sur fond tannique discret mais rassurant.

Jean Jourdan-Guillemier, Grande-Rue, 21700 Corgoloin, tél. 03.80.62.98.55, fax 03.80.62.98.55 r.-v.

DOM. MICHEL MALLARD ET FILS
1995

■   1,34 ha   7 000   50 à 70 F

Il mérite d'être cité en raison de ses aspects aimables. Sous une robe rouge ambré, le nez discret chuchote des arômes de fraise tandis que l'attaque part bien. Encore un peu fermé, un vin austère, réservé en bouche, mais qui peut offrir de bonnes surprises après quelques années de garde.

Dom. Michel Mallard et Fils, rte de Dijon, 21550 Ladoix-Serrigny, tél. 03.80.26.40.64, fax 03.80.26.47.49 r.-v.

JEAN-MARC MILLOT 1996*

■   3 ha   n.c.   30 à 50 F

D'une teinte fraîche et appétissante, il offre une intéressante complexité olfactive qui n'est pas si fréquente ici. Si le corps ne s'ouvre pas encore beaucoup, on lui prédit un bel avenir. La richesse est cachée, mais on la devine bien présente dans un contexte d'heureuse évolution.

Jean-Marc Millot, Grande-Rue, 21700 Comblanchien, tél. 03.80.61.34.81, fax 03.80.61.34.81 r.-v.

DOM. HENRI NAUDIN-FERRAND
Vieilles vignes 1995***

■   1,54 ha   8 500   50 à 70 F

Un amour de côtes de nuits-villages, et le coup de cœur en prime. Robe très brillante et bien cerise, mettant en valeur le contenu : un nez tout en finesse, nuance groseille, un corps gras et puissant aux tanins déjà mariés. Cette bouteille appelle le ragoût de sanglier, le rôti de biche, bref : un beau plat de gibier.

Dom. Henri Naudin-Ferrand, rue du Meix-Grenot, 21700 Magny-lès-Villers, tél. 03.80.62.91.50, fax 03.80.62.91.77 t.l.j. 8h-12h 13h30-19h; dim. sur r.-v.

H. Naudin

Ladoix

La Côte de Beaune

Ladoix

Trois hameaux, Serrigny, près de la ligne de chemin de fer, Ladoix, sur la RN 74, et Buisson, au bout de la Côte de Nuits, composent la commune de Ladoix-Serrigny. L'appellation communale est ladoix. Le hameau de Buisson est situé exactement à l'intersection géographique des Côtes de Nuits et de Beaune. L'intersection administrative s'est arrêtée à la commune de Corgoloin, mais la colline, elle, continue un peu plus loin ; les vignes et les vins aussi. Au-delà de la combe de Magny, qui concrétise la séparation, commence la montagne de Corton, aux grandes pentes à intercalations marneuses, constituant avec toutes ses expositions, est, sud et ouest, l'une des plus belles unités viticoles de la Côte.

Ces différentes situations confèrent à l'appellation ladoix une variété de types auxquels s'ajoute une production de vins blancs mieux adaptés aux sols marneux de l'argovien ; c'est le cas des gréchons, par exemple, situés sur les mêmes niveaux géologiques que les corton-charlemagne, plus au sud, mais jouissant d'une exposition moins favorable. Les vins de ce lieu-dit sont très typés. Ayant produit 3 277 hl en rouge et 741 hl en blanc en 1997, l'appellation ladoix est peu connue ; c'est dommage !

Autre particularité : bien que jouissant d'une classification favorable donnée par le Comité de viticulture de Beaune en 1860, Ladoix ne possédait pas de premiers crus : omission qui a été régularisée par l'INAO en 1978 : la Micaude, la Corvée et le Clou d'Orge, aux vins de même caractère que ceux de la Côte de Nuits, les Mourottes (basses et hautes), aux allures sauvages, le Bois-Roussot, sur la « lave », sont les principaux de ces premiers crus.

La Côte de Beaune — Ladoix

BERTRAND AMBROISE
Les Gréchons 1996★★

| | n.c. | 2 000 | 70 à 100 F |

Une *douix* ou une *douâ* est en Bourgogne une résurgence de rivière, une source vauclusienne. Ladoix vient de là. Doit-on s'étonner de l'on découvre dans ce vin une résurgence de fraîcheur du nez à la bouche ? Jaune léger et fleurs blanches, il n'est pas d'une longueur extrême, mais il charme par sa vivacité, son esprit, sa générosité.
🍷 Maison Bertrand Ambroise, rue de l'Eglise, 21700 Premeaux-Prissey, tél. 03.80.62.30.19, fax 03.80.62.38.69 ✓ 🍷 r.-v.

PIERRE ANDRE Le Rognet 1996★★

| | 1 ha | 4 500 | 150 à 200 F |

Nous avons aimé un **Clos des Chagnots 96 en rouge**, mais si le cœur doit se fixer sur un blanc, notre préféré est, sous la signature Pierre André, celui-ci. Jaune doré, il possède une bouquet à faire damner un saint : amande, aubépine, cannelle, muscade, vanille... Etoffé, gras et corsé en bouche, il y prend toute sa place et compte sur votre patience pour pouvoir s'exprimer pleinement. Le millésime 89 fut coup de cœur.
🍷 Pierre André, Ch. de Corton-André, 21420 Aloxe-Corton, tél. 03.80.26.44.25, fax 03.80.26.43.57 🍷 t.l.j. 10h-18h

DOM. CACHAT-OCQUIDANT ET FILS 1996★★

| | n.c. | 3 000 | 50 à 70 F |

Grenat soutenu, il a des choses à dire. Son bouquet est orienté vers les fruits mêlés aux épices. Les prolongements s'inspirent de la fraise pour donner une grande satisfaction en bouche. Fraîcheur et souplesse : les tanins sont doux comme des agneaux, mais néanmoins bien présents. Bref, ce qu'on appelle un beau vin pour viande rouge.
🍷 Dom. Cachat-Ocquidant et Fils, pl. du Souvenir, 21550 Ladoix-Serrigny, tél. 03.80.26.45.30, fax 03.80.26.48.16 ✓ 🍷 r.-v.

CAPITAIN-GAGNEROT
Les Gréchons 1996★

| | 0,84 ha | 6 000 | 70 à 100 F |

Coup de cœur pour ses millésimes 86 et 93, ce domaine est toujours digne d'attention. Il présente ici un ladoix net et brillant, floral et beurré, dont la fraîcheur se retrouve au palais. Pas trop de puissance, mais de l'équilibre, du potentiel et une touche de truffe en finale qui ravit le jury. Très bon vin.
🍷 SARL Capitain-Gagnerot, 38, rte de Dijon, 21550 Ladoix-Serrigny, tél. 03.80.26.41.36, fax 03.80.26.46.29 ✓ 🍷 r.-v.
🍷 GFA Capitain et Fils

C. CHARTON FILS 1996

| | n.c. | 3 000 | 100 à 150 F |

D'une jolie teinte discrète, un chardonnay mignon tout plein, vanillé, légèrement pomme verte. C'est son tempérament, plus vif que bien en chair. On n'écrirait pas un roman sur lui, mais il passe agréablement et réveillera une douzaine d'escargots.
🍷 C. Charton Fils, Clos Saint-Nicolas, 38, fg Saint-Nicolas, 21200 Beaune, tél. 03.80.22.00.05, fax 03.80.24.19.73 ✓ 🍷 r.-v.

CHEVALIER PERE ET FILS
Les Gréchons 1996★

| | 0,47 ha | 2 500 | 70 à 100 F |

Jaune or, minéral et boisé, il semble se tourner vers les arômes de tilleul. Vinification réussie, élevage bien dosé, et l'acidité des 96 présente au rendez-vous pour le bonifier. C'est un vin à laisser venir deux à trois ans, pas davantage.
🍷 SCE Chevalier Père et Fils, Buisson, B.P. 19, 21550 Ladoix-Serrigny, tél. 03.80.26.46.30, fax 03.80.26.41.47 ✓ 🍷 r.-v.

DOM. CORNU Côte de Beaune 1995

| | 0,96 ha | n.c. | 50 à 70 F |

Un peu masqué, mais ce n'est pas le Masque de Fer. Plutôt Venise. Léger tuilé, acceptable. Confiture et pain d'épice, le bouquet est cohérent. Les tanins ne sont pas acerbes, tout est rond et assez bien rendu, sur une persistance honorable.
🍷 Dom. Cornu, 21700 Magny-lès-Villers, tél. 03.80.62.92.05, fax 03.80.62.72.22 ✓ 🍷 r.-v.
🍷 Claude Cornu

J.-P. DUBOIS-CACHAT 1995★

| | 0,28 ha | n.c. | 30 à 50 F |

La personnalité d'un vin, cela se discerne tout de suite. Celui-ci n'en manque pas. Rubis légèrement soutenu, il a des accents de menthe, d'épices et de chocolat noir. Jeune encore, mais la valeur n'attendra pas le nombre des années. Il sait être présent sans dureté. Son astringence normale à cet âge va se fondre et nous donner une bonne et sérieuse bouteille.
🍷 Jean-Pierre Dubois, 2, Grande-Rue, 21200 Chorey-lès-Beaune, tél. 03.80.22.27.83, fax 03.80.22.27.83 ✓ 🍷 r.-v.

CAVEAU DES FLEURIERES
Les Gréchons 1996

| | n.c. | n.c. | 70 à 100 F |

Un poulet en sauce blanche accompagnerait volontiers ce Gréchons couleur paille, balançant entre la noisette et l'écorce d'orange, demandant encore à s'ouvrir, un peu vif et mordant, très 96. Une bouteille respectable et qui, courant 1999, sera prête.
🍷 Caveau des Fleurières, 50, rue Gal.-de-Gaulle, 21700 Nuits-Saint-Georges, tél. 03.80.61.10.30, fax 03.80.61.10.30 ✓ 🍷 r.-v.
🍷 Javouhey

FRANCOIS GAY 1995★★★

| | 0,48 ha | 2 200 | 50 à 70 F |

Typicité ladoix garantie et coup de cœur à l'unanimité : un 95 à la robe flamboyante et au nez complexe. Il fait la queue de paon, grâce à son élégance et à sa finesse. Aguicheur en diable ! Sa longévité paraît assurée, et elle développera son ampleur. Un ban bourguignon pour ce viticulteur.

486

La Côte de Beaune — Ladoix

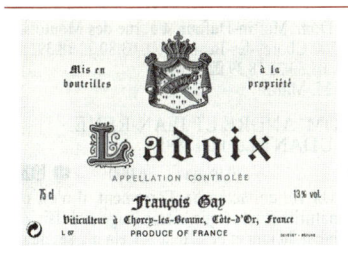

François Gay, 9, rue des Fiètres, 21200 Chorey-lès-Beaune, tél. 03.80.22.69.58, fax 03.80.24.71.42 ⬛ 🍷 r.-v.

JEAN GUITON La Corvée 1995

| ■ 1er cru | 0,79 ha | 3 000 | 🄾 50 à 70 F |

Le boire n'est pas une corvée, et le mieux est de le saisir sur sa vivacité pétulante de jeunesse entreprenante. Sa teinte rouge vif tirant sur le mauve, son parfum d'églantine épicée, sa franchise, tout conduit à une joie immédiate. Prenez-le tel qu'il est.

Jean Guiton, 4, rte de Pommard, 21200 Bligny-lès-Beaune, tél. 03.80.26.82.88, fax 03.80.26.85.05 ⬛ 🍷 t.l.j. 9h-12h 14h-19h

DOM. ROBERT ET RAYMOND JACOB 1996*

| ☐ | 1 ha | 6 000 | 🄾 50 à 70 F |

Or à reflets gris, bouqueté et « chardonnant » bien, il bénéficie d'une excellente impression en rétro, d'une vivacité chaleureuse. Notes de torréfaction. Ensemble assez corpulent, en cours d'évolution. Masculin ? Peut-être bien.

Dom. Robert et Raymond Jacob, Buisson, 21550 Ladoix-Serrigny, tél. 03.80.26.40.42, fax 03.80.26.49.34 ⬛ 🍷 r.-v.

DOM. DE LA GALOPIERE 1996

| ■ | 0,46 ha | 2 000 | 🄾 50 à 70 F |

Limpide et profond, il nous fait sa révérence sur une pointe de bourgeon de cassis. Un fût

La côte de Beaune (Nord)

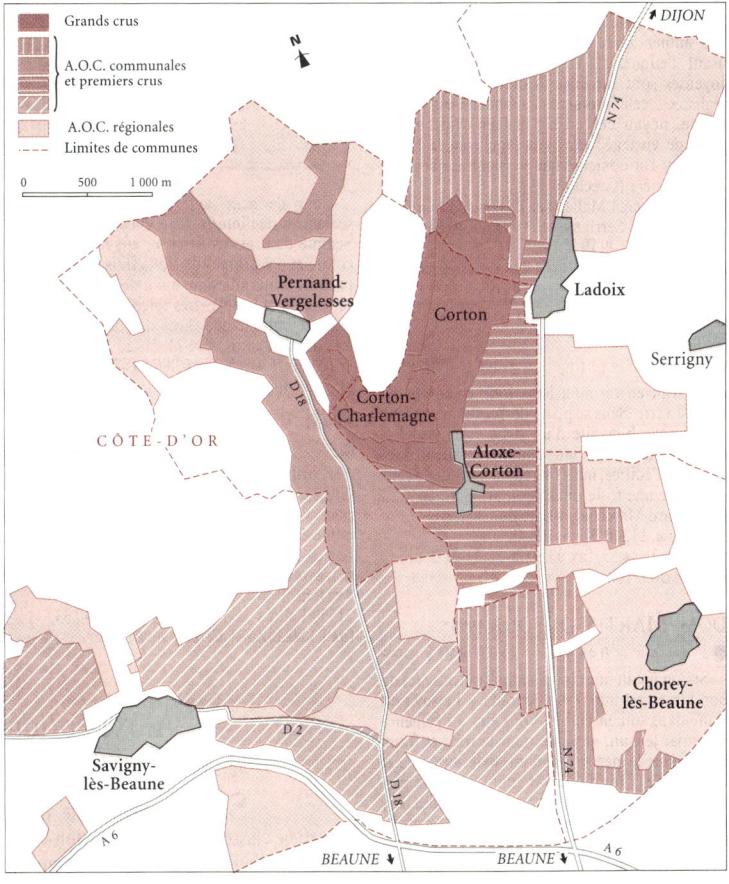

LA BOURGOGNE

La Côte de Beaune

généreux, qui fort heureusement ne masque pas la réalité d'une matière solide, consistante et qui a envie de bien faire. Charpente et tanins rendent actuellement ce 96 un peu rude, mais cela s'adoucira.
- Gabriel Fournier, 6, rue de l'Eglise, 21200 Bligny-lès-Beaune, tél. 03.80.21.46.50, fax 03.80.26.85.88 r.-v.

DOM. MAILLARD PERE ET FILS
Les Chaillots 1995

| | n.c. | n.c. | | 50 à 70 F |

Un peu rude d'approche tout en montrant du caractère et de la spontanéité. La franchise, l'élégance s'expriment ici sans contraintes. Le tout sous une petite robe sympathique et un nez qui ne craint pas de dire ses convictions (sous-bois fruité). Le terroir parle. A attendre, pas trop longtemps.
- Dom. Maillard, 2, rue Joseph-Bard, 21200 Chorey-lès-Beaune, tél. 03.80.22.10.67, fax 03.80.24.00.42 r.-v.

DOM. MICHEL MALLARD ET FILS
Les Joyeuses 1995*

| 1er cru | 0,37 ha | 4 600 | | 70 à 100 F |

Les Joyeuses, les Coquines, il y a ici des lieux-dits authentiques qui font danser les yeux en lisant l'étiquette ! Voyons donc de quoi ces Joyeuses sont capables. Violacées, confiturées, réglissées, cela promet... La bouche est voluptueuse, noyau de cerise. Chaleur évidemment, assez de vivacité : elles vous mettront la bague au doigt. Un domaine qui a obtenu un coup de cœur naguère (Gréchons 89).
- Dom. Michel Mallard et Fils, rte de Dijon, 21550 Ladoix-Serrigny, tél. 03.80.26.40.64, fax 03.80.26.47.49 r.-v.

GHISLAINE ET BERNARD MARECHAL-CAILLOT
Côte de Beaune 1995*

| | 1,81 ha | 2 000 | | 50 à 70 F |

Le fruit en un mot. Sans tourner autour du pot, du verre. Sans se poser de questions. Le fruit habite cette bouteille d'un riche éclat visuel et d'un bouquet suave. Sans doute la charpente soutient-elle l'édifice, mais on retient surtout de cette rencontre une forte dimension aromatique.
- Bernard Maréchal, 10, rte de Chalon-sur-Saône, 21200 Bligny-lès-Beaune, tél. 03.80.21.44.55, fax 03.80.26.88.21 t.l.j. 9h-20h; dim. 10h-12h

DOM. MARTIN-DUFOUR 1995*

| | 0,45 ha | 2 800 | | 30 à 50 F |

Si l'on notait une composition française (et un bon vin en est une !), on écrirait : « Le sujet est traité dans son ensemble. Vous êtes à l'évidence tenté par le fruit, groseille pour la robe et framboise pour le nez. C'est d'un style agréable et coulant. Le corps du devoir comporte deux parties bien équilibrées, entre tanins et acidité. Il y a du fond, de la matière, et la synthèse aboutit à une conclusion ouvrant sur un espoir raisonnable. »

Aloxe-corton

- Dom. Martin-Dufour, 4 a, rue des Moutots, 21200 Chorey-lès-Beaune, tél. 03.80.22.18.39, fax 03.80.22.18.39 r.-v.
- M. Martin

DOM. ANDRE ET JEAN-RENE NUDANT Les Buis 1995

| | 0,98 ha | 6 000 | | 50 à 70 F |

Un vin qui accroche. Forcément, il n'est pas à maturité et vit ce que Victor Hugo appelait « le combat du jour et de la nuit ». Cela dit, ses nuances d'un grenat puissant et sombre, son bouquet de réglisse et de mûre, son acidité presque véhémente (et utile) ont de quoi rassurer : ce vin-là est pour après-demain si vous avez une bonne cave.
- Dom. André Nudant et Fils, 11, RN 74, 21550 Ladoix-Serrigny, tél. 03.80.26.40.48, fax 03.80.26.47.13 r.-v.

LA MAISON PAULANDS
Le Clou d'Orge 1996**

| 1er cru | n.c. | n.c. | | 70 à 100 F |

Coup de cœur pour ce vin qui suscite non seulement de l'intérêt, mais encore de l'émotion. Sculpté dans le terroir et le cépage, il a le teint coloré et des arômes de fruits frais. Constitution parfaite d'un millésime qui a de l'avenir tout en se présentant déjà très bien. Sa densité, sa richesse ont quelque chose de grand.
- Cave Paulands, RN 74, 21420 Aloxe-Corton, tél. 03.80.26.41.05, fax 03.80.26.47.56 t.l.j. 8h-12h 14h-18h30

DOM. PRIN 1995**

| | 1,16 ha | n.c. | | 50 à 70 F |

Il brille comme un lustre dans la Galerie des Glaces. Il a le cassis pour religion, le sous-bois pour s'évader. L'attente en bouche est passionnante et comblée, avec de délicats arômes framboisés. Complet et séduisant, un 95 un tout petit peu évolué et donc à boire dans le temps présent.
- Dom. Prin, 12, rue de Serrigny, cidex 10, 21550 Ladoix-Serrigny, tél. 03.80.26.40.63, fax 03.80.26.46.16 r.-v.

Aloxe-corton

Si l'on tient compte de la superficie classée en corton et corton-charlemagne, l'appellation aloxe-corton en

La Côte de Beaune — Aloxe-corton

occupe une faible part, sur la plus petite commune de la Côte de Beaune, et a produit 6 000 hl en 1996 et en 1997, 5 266 hl de vin rouge et 27 hl en blanc. Les premiers crus y sont réputés ; les Maréchaudes, les Valozières, les Lolières (grandes et petites) sont les plus connus.

La commune est le siège d'un négoce actif, et plusieurs châteaux aux magnifiques tuiles vernissées méritent le coup d'œil. La famille Latour y possède un magnifique domaine où il faut visiter la cuverie du siècle dernier, qui reste encore un modèle du genre pour les vinifications bourguignonnes.

DOM. DE BRULLY Les Valozières 1996*
■ 1er cru   0,5 ha   3 000   100 à 150 F

Les Valozières touchent aux Bressandes. Elles se situent ici à la hauteur de ce voisinage. L'allure est brillante, le nez déjà porté sur un fruit qui n'est pas défendu. Du tonus en début de partie, le reste étant plus aimable, le tout équilibré. A boire dans un an ou deux.

➥ Dom. de Brully, 21190 Saint-Aubin, tél. 03.80.21.32.92, fax 03.80.21.35.00 r.-v.

DOM. CACHAT-OCQUIDANT ET FILS La Maréchaude 1996*
■ 1er cru   n.c.   n.c.   100 à 150 F

Notre jury l'a jugé harmonieux et plein de promesses, intéressant pour tout dire. Riche, robuste, il a les épaules solides mais aussi une grâce naturelle. Bouquet végétal et floral. Robe n'ayant pas besoin de retouches. Ce *climat* se trouve sur aloxe-corton, en limite de Ladoix-Serrigny.

➥ Dom. Cachat-Ocquidant et Fils, pl. du Souvenir, 21550 Ladoix-Serrigny, tél. 03.80.26.45.30, fax 03.80.26.48.16 r.-v.

CAPITAIN-GAGNEROT Les Moutottes 1995**
■ 1er cru   1,04 ha   6 000   100 à 150 F

Il mérite d'être connu, cet aloxe-corton 1er cru produit sur le territoire de Ladoix-Serrigny, très près du corton. Sa robe reflète bien le millésime, et son parfum balance entre le mûr et le confit. Complexe, dotée d'une grande personnalité, sa bouche ne pratique pas la langue de bois : finesse aromatique et élégance.

➥ SARL Capitain-Gagnerot, 38, rte de Dijon, 21550 Ladoix-Serrigny, tél. 03.80.26.41.30, fax 03.80.26.46.29 r.-v.

CHAMPY PERE ET CIE Les Vercots 1995
■ 1er cru   n.c.   n.c.   100 à 150 F

Rouge merise, aromatique (le fruit mûr, le fruit cuit), il est en phase ascendante. Les bases sont classiques : sensation de cassis et impression de pinot, assez de tanins. « La façon de donner vaut mieux que ce que l'on donne », prétend Corneille. En fait de vin, il a tort : attendons que cela se forme ! D'ailleurs, cette maison a décroché le coup de cœur il y a deux ans (un Clos du Chapitre 93).

➥ Maison Champy Père et Cie, 5, rue du Grenier-à-Sel, 21200 Beaune, tél. 03.80.24.97.30, fax 03.80.24.97.40 r.-v.

CHEVALIER PERE ET FILS 1995*
■   1,5 ha   8 000   70 à 100 F

Plaisant au regard, bouqueté sur le cuir et l'animal, un vin d'une bonne teneur en bouche, franc et fin, riche et assez volubile. Il est déjà en situation d'être servi à table, mais il peut attendre quelques années sans perdre ses attraits.

➥ SCE Chevalier Père et Fils, Buisson, B.P. 19, 21550 Ladoix-Serrigny, tél. 03.80.26.46.30, fax 03.80.26.41.47 r.-v.

DOM. EDMOND CORNU ET FILS
Les Valozières 1995*
■ 1er cru   0,4 ha   1 400   100 à 150 F

Cette bouteille n'est vraiment pas « la belle à qui il manque le nez » dont parlait Brillat-Savarin, je crois... Des petits fruits rouges comme on en cueille au printemps dans les Hautes-Côtes. Ses mérites seront reconnus à l'ancienneté. Pour l'heure, les tanins dressent encore le dos. Longueur appréciable. Assez fin dans l'ensemble.

➥ Edmond Cornu et Fils, Le Meix Gobillon, rue du Bief, 21550 Ladoix-Serrigny, tél. 03.80.26.40.79, fax 03.80.26.48.34 r.-v.

DOM. DOUDET 1996*
■ 1er cru   0,38 ha   1 500   100 à 150 F

Comme un personnage de mythologie, cet aloxe se transforme. Il brille comme une flamme, il embaume comme un jardin et devient sauvage. Il fait chatoyer la mûre et le cassis de façon persistante. Mais Hercule se cache sous ces apparences trompeuses, à en juger par les tanins puissants et fondus de ce vin masculin. Coup de cœur en 1997 pour ses Boutières (millésime 94).

➥ Dom. Doudet, 50, rue de Bourgogne, 21420 Savigny-lès-Beaune, tél. 03.80.21.51.74, fax 03.80.21.50.69 r.-v.

➥ Yves Doudet

BERNARD DUBOIS ET FILS
Les Brunettes 1995
■   1,54 ha   9 600   70 à 100 F

D'une intensité correcte, il découvre progressivement un nez végétal puis fruits confits, un peu épicé. Attaque assez nette sur le fût et les tanins. Un vin plein de sève mais qui doit encore se fondre.

➥ Dom. Bernard Dubois et Fils, 14, rue des Moutots, 21200 Chorey-lès-Beaune, tél. 03.80.22.13.56, fax 03.80.24.61.43 r.-v.

DOM. P. DUBREUIL-FONTAINE PERE ET FILS 1996*
■   1 ha   4 000   70 à 100 F

Une bouteille, c'est un peu comme une bicyclette. Pour qu'elle tienne en équilibre, il lui faut de l'élan. Celle-ci n'en manque pas. Elle a aussi beaucoup de vivacité, mais avec de la matière derrière et une finale sur des tanins fins. Le bouquet se rapproche du confit. Couleur grenat irisé. Le contrat sera tenu dans trois ou quatre ans.

La Côte de Beaune — Aloxe-corton

✆ Dubreuil-Fontaine, 21420 Pernand-Vergelesses, tél. 03.80.21.55.43, fax 03.80.21.51.69 ✓ ⊺ r.-v.

FRANCOIS GAY 1995★

| ■ | 0,73 ha | 4 500 | ⅢⅠ | 70 à 100 F |

Teinte correcte et qui n'appelle aucune critique. « Arômes de cerise distillée », nous dit-on. Admettons. Un fruit évolué. Cela reste agréable et pimpant. Pas mal de fût, un cassis jaillissant sur une attaque tendre et une suite plus dure qui devrait se fondre d'ici deux à trois ans.

✆ François Gay, 9, rue des Fiètres, 21200 Chorey-lès-Beaune, tél. 03.80.22.69.58, fax 03.80.24.71.42 ✓ ⊺ r.-v.

MICHEL GAY 1995

| ■ | 1,23 ha | 6 500 | ⅢⅠ | 70 à 100 F |

Une robe limpide comme entrée en matière. « Un nez où il y a de bonnes choses », écrit sur sa fiche un dégustateur. C'est le parler-vrai bourguignon ! Au palais, c'est le fût qui parle. Attendre que l'harmonie s'établisse. Sa longueur plaide pour lui.

✆ Michel Gay, 1b, rue des Brenôts, 21200 Chorey-lès-Beaune, tél. 03.80.22.22.73, fax 03.80.22.95.78 ✓ ⊺ r.-v.

JEAN GUITON 1995★

| ■ | 0,57 ha | 1 500 | ⅢⅠ | 70 à 100 F |

Rubis vermeil sans dégradé et de ton assez jeune, un 95 d'une bonne ampleur aromatique : cerise dominante avec une touche levurée. En bouche, il est souple, puis emporté par le fruit, il ne montre aucune faiblesse en milieu de parcours. Cela tient bon jusqu'à la finale. D'une droiture et d'un style bien dessinés, à recommander et à boire dans une paire d'années.

✆ Jean Guiton, 4, rte de Pommard, 21200 Bligny-lès-Beaune, tél. 03.80.26.82.88, fax 03.80.26.85.05 ✓ ⊺ t.l.j. 9h-12h 14h-19h

DOM. GUYON Les Guérets 1996★★★

| ■ 1er cru | n.c. | n.c. | ⅢⅠ | 100 à 150 F |

Ce *climat* situé en bordure de Pernand-Vergelesses donne naissance à ce vin jugé magnifique : il collectionne les bonnes notes. Robe irréprochable, arômes excellents, présence du gras et du fruit, boisé fondu. Il est complet et comblé par les fées.

✆ EARL Dom. Guyon, 11, R.N. 74, 21700 Vosne-Romanée, tél. 03.80.61.02.46, fax 03.80.62.36.56 ✓ ⊺ r.-v.

DOM. ANTONIN GUYON

Les Fournières 1995★★

| ■ 1er cru | 2,4 ha | 7 500 | ⅢⅠ | 100 à 150 F |

S'en tenir à Boileau : « Fuyez de ces auteurs l'abondance stérile et ne vous chargez point d'un détail inutile... » Ce vin va droit à l'essentiel sous sa couleur soutenue, derrière son nez droit : un 95 vigoureux et complet, orné de la délicatesse d'un terroir admirablement mis en valeur. Grande bouteille, assurément.

✆ Dom. Antonin Guyon, 21420 Savigny-lès-Beaune, tél. 03.80.67.13.24, fax 03.80.66.85.87 ✓ ⊺ r.-v.

DOM. DES HAUTES-CORNIERES 1995★

| ■ | 2 ha | 11 000 | ⅢⅠ | 70 à 100 F |

Vin de terroir, équilibré, au boisé bien fondu. Il a le teint rouge clair, le nez au milieu du visage, développé et épicé. Malgré des tanins encore très vifs, il est de bonne composition et d'excellente constitution. Une touche de tendresse agrémente son approche.

✆ Ph. Chapelle et Fils, Dom. des Hautes-Cornières, 21590 Santenay, tél. 03.80.20.60.09, fax 03.80.20.61.01 ✓ ⊺ t.l.j. sf dim. 9h-12h 14h-18h

DOM. DE LA GALOPIERE

Les Valozières 1996

| ■ 1er cru | 0,3 ha | 900 | ⅢⅠ | 100 à 150 F |

Une robe de bal cerise bien mûre qui tourbillonne dans le verre afin de dégager un parfum de fraise, de framboise mêlé à un boisé raisonnable. Il a peu d'ardeur en attaque car c'est un tendre. Il sait toutefois s'y prendre et trouve la façon de plaire sur une note finale très ample, mi-grillée mi-poivrée, et qui dure longtemps.

✆ Gabriel Fournier, 6, rue de l'Eglise, 21200 Bligny-lès-Beaune, tél. 03.80.21.46.50, fax 03.80.26.85.88 ✓ ⊺ r.-v.

DOM. DE LA JUVINIERE 1996★

| ■ | n.c. | 4 000 | ⅢⅠ | 100 à 150 F |

Des nuances odorantes de bonne qualité, légères, fraîches, végétales, accompagnent une présentation visuelle impeccable. Le corps est davantage à maturité, tout en demeurant capable d'évolution positive durant quatre à cinq ans. C'est assez dire qu'il inspire confiance.

✆ Dom. de La Juvinière, 21700 Corgoloin, tél. 03.80.62.98.73 ⊺ r.-v.
✆ Eric Plumet

DANIEL LARGEOT 1996★

| ■ | 0,45 ha | 2 800 | ⅢⅠ | 70 à 100 F |

Une étiquette parcheminée à bords roulés, comme au bon vieux temps ! Daniel Largeot étudie un nouveau graphisme. Car son vin le mérite : riche en reflets, avec un nez nuancé et fin, agréable et d'une typicité de terroir très satisfaisante, il sera prêt dans deux ou trois ans.

✆ Daniel Largeot, 5, rue des Brenôts, 21200 Chorey-lès-Beaune, tél. 03.80.22.15.10, fax 03.80.22.60.62 ✓ ⊺ r.-v.

La Côte de Beaune

DOM. MAILLARD PERE ET FILS
1995*

■   n.c.   n.c.   70 à 100 F

Belle extraction de couleur (vermillon) pour le millésime. Il en est de même pour les arômes, épicés et fruités, un peu grillés. Bouche sans accroc, assez tannique, franche et ferme ; on la sent s'arrondir au fil des mois. Un vin plaisir, mais comme le disait La Bruyère, le plaisir le plus délicat n'est-il pas de faire celui d'autrui ?
↝ Dom. Maillard Père et Fils, 2, rue Joseph-Bard, 21200 Chorey-lès-Beaune, tél. 03.80.22.10.67, fax 03.80.24.00.42 ⓂⓎ r.-v.

DOM. MICHEL MALLARD ET FILS
1995**

■ 1er cru   1,22 ha   8 000   100 à 150 F

Porter dans son nom le mot « corton » implique des devoirs. Ce vin peut garder la tête haute et regarder dans les yeux bien des grands crus. D'un rubis carminé et vif, il nuance d'un zeste de vanille un kirsch résolu. Souple, rond et bien plein, il pinote avec brio. Sans doute n'explose-t-il pas actuellement, mais cinq à dix ans ne lui feront pas peur. Notez aussi le **village 95** retenu sans étoile.
↝ Dom. Michel Mallard et Fils, rte de Dijon, 21550 Ladoix-Serrigny, tél. 03.80.26.40.64, fax 03.80.26.47.49 ⓂⓎ r.-v.

MAISON MALLARD-GAULIN 1996*

■ 1er cru   1 ha   4 500   +200 F

A l'œil, imaginez le soleil qui se couche derrière la montagne de Corton un beau soir d'été... Au nez, il tiendra ses promesses : un peu herbacé pour l'instant, il évolue vers le fruit rouge. La bouche offre une grande expression aromatique, fraîche et veloutée. La note finale, assez vive aujourd'hui, va s'atténuer. Encore un peu jeune, mais de grande classe et faisant honneur à l'appellation.
↝ Mallard-Gaulin, 21420 Aloxe-Corton, tél. 03.80.26.46.10

NAIGEON-CHAUVEAU
Les Valozières 1995*

■ 1er cru   n.c.   n.c.   70 à 100 F

Rubis sombre, le nez fin, discret mais prometteur sur une tonalité de cassis, il offre une complexité aromatique durable. Fruité, souple, il est riche en sève et est jugé « très bien fait » par le jury. De l'avenir.
↝ Naigeon-Chauveau, rue de la Croix-des-Champs, B.P. 7, 21220 Gevrey-Chambertin, tél. 03.80.34.30.30, fax 03.80.51.88.99 ⓂⓎ r.-v.

DOM. NUDANT Les Valozières 1995

■   0,86 ha   4 500   70 à 100 F

Un aloxe qui pourra être débouché dans l'année. Espiègle, il rêve de bondir dans un verre. Sa rondeur, sa fraîcheur s'ornent d'une couleur de bonne intensité et d'un bouquet cassis très fin et caractéristique, qui se révèle à l'aération. Evidemment, un tel vin ne s'éternise pas en bouche : ce n'est pas ce qu'il faut lui demander.
↝ Dom. André Nudant et Fils, 11, RN 74, 21550 Ladoix-Serrigny, tél. 03.80.26.40.48, fax 03.80.26.47.13 ⓂⓎ r.-v.

Pernand-vergelesses

PAULANDS Les Valozières 1996**

■ 1er cru   n.c.   n.c.   100 à 150 F

Descendu tout droit du paradis, ce Valozières (1er cru bien mis en valeur par la dégustation de cette année) fut coup de cœur pour le millésime 93. En 96, sa robe de soie moirée, ses arômes distingués, sa finesse témoignent d'une vinification et d'un élevage exemplaires. Il a tout pour lui. Certes, le fût ressuscite en fin de bouche mais cela devrait s'effacer. **Cuvée du Centenaire 96** : également remarquable.
↝ Cave Paulands, RN 74, 21420 Aloxe-Corton, tél. 03.80.26.41.05, fax 03.80.26.47.56 ⓂⓎ t.l.j. 8h-12h 14h-18h30

DOM. POULLEAU PERE ET FILS 1996

■   0,26 ha   1 500   70 à 100 F

Très typé aloxe et issu d'une bonne vinification, un 96 rubis violacé, peu aromatique (un fruit rouge discret), aux tanins assez doux et d'une honnête longueur.
↝ Dom. Poulleau Père et Fils, rue du Pied-de-la-Vallée, 21190 Volnay, tél. 03.80.21.62.61, fax 03.80.24.11.25 ⓂⓎ r.-v.

DOM. DES TERRES VINEUSES 1996*

■   n.c.   4 000   70 à 100 F

A l'œil, griotte intense, puissant et limpide. Au nez, l'amorce d'un discours probablement fruité. Bon équilibre ensuite et longueur enviable, sur un fruit immédiat et profond, quoique peu nuancé. Au temps de faire maintenant son œuvre ! L'exemple même du vin en devenir.
↝ Dom. des Terres Vineuses, 21700 Corgoloin, tél. 03.80.62.98.79 Ⓨ r.-v.
↝ M. P. Plumet

Pernand-vergelesses

Situé à la réunion de deux vallées, exposé plein sud, le village de Pernand est sans doute le plus « vigneron » de la Côte. Rues étroites, caves profondes, vignes de coteaux, hommes de grand cœur et vins subtils lui ont fait une solide réputation, à laquelle de vieilles familles bourguignonnes ont largement contribué. On y a produit 3 730 hl de vins rouges en 1996 et 3 308 hl en 1997, dont le premier cru le plus réputé, à juste titre, est l'Ile des Vergelesses, tout en finesse. On y fait aussi d'excellents vins blancs (1 708 hl en 1997).

JULES BELIN 1995*

■   n.c.   5 000   70 à 100 F

Un vin « fruiteux » comme disait Huysmans qui s'y connaissait presque autant qu'en religion. Rouge peu prononcé, il a le nez fin et la bouche typique des pernand, rustique, tannique, fruitée... et toujours jeune. D'une qualité sûre et certaine.

491   LA BOURGOGNE

La Côte de Beaune — Pernand-vergelesses

☛ Jules Belin, 3, rue des Seuillets, 21704 Nuits-Saint-Georges Cedex, tél. 03.80.61.07.74, fax 03.80.61.31.40 ☑ ⊥ r.-v.

DOM. CACHAT-OCQUIDANT ET FILS 1996*

| ■ | n.c. | n.c. | ◗ | 50 à 70 F |

Colette parle de « son instinctif penchant qui se plaît à la courbe »... Penchant que partage ce vin arrondi, sphérique, gras et chaleureux, excellemment travaillé en cuverie et en cave. Et puis, il a du fond qui s'ajoute à la forme. Un an ou deux de garde et il sera à son apogée. Quant au reste, rouge violacé, il est bouqueté par le fruit rouge.

☛ Dom. Cachat-Ocquidant et Fils, pl. du Souvenir, 21550 Ladoix-Serrigny, tél. 03.80.26.45.30, fax 03.80.26.48.16 ☑ ⊥ r.-v.

CHAMPY PERE ET CIE 1996*

| ☐ | n.c. | n.c. | ◗ | 70 à 100 F |

Aucune erreur sur l'objet, sur la personne, sur la substance, sur la cause ou sur la nature de l'acte, comme on dit en droit. Non, c'est un vin limpide, vanillé et beurré, mobilisant toutes ses ressources pour séduire. Il doit toutefois modérer son boisé, et donc vieillir un peu.

☛ Maison Champy Père et Cie, 5, rue du Grenier-à-Sel, 21200 Beaune, tél. 03.80.24.97.30, fax 03.80.24.97.40 ☑ ⊥ r.-v.

DOM. CHANDON DE BRIAILLES
Ile des Vergelesses 1995**

| ■ 1er cru | 3 ha | 13 000 | ◗ | 70 à 100 F |

Très jeune marquis en habit rouge grenat du meilleur tailleur. Bon boisé, du fruit en agitant le verre, on a envie de poursuivre avec lui la conversation. Elle est très élégante, arrondie et aimable, car il sait tourner la phrase qui n'est pas sans profondeur. On lui retourne le compliment. Une dégustatrice propose d'accompagner ce vin d'une oie rôtie aux fruits. A rechercher chez les meilleurs cavistes car il n'en reste pratiquement plus au domaine.

☛ Dom. Chandon de Briailles, 1, rue Sœur-Goby, 21420 Savigny-lès-Beaune, tél. 03.80.21.52.31, fax 03.80.21.59.15 ☑ ⊥ r.-v.
☛ Famille de Nicolay

C. CHARTON FILS Les Fichots 1996*

| ■ 1er cru | n.c. | n.c. | ◗ | 150 à 200 F |

Attaque charnue et soyeuse, dès lors que les tanins sont déjà rentrés dans le rang. De longueur moyenne, il est assez rond, déclinant ses arômes secondaires selon la gamme des fruits rouges cuits. Un bouquet engageant : on met le nez sur un pot de confiture de prunes. Couleur d'un beau pourpre violacé.

☛ C. Charton Fils, Clos Saint-Nicolas, 38, fg Saint-Nicolas, 21200 Beaune, tél. 03.80.22.00.05, fax 03.80.24.19.73 ☑ ⊥ r.-v.

R. DENIS PERE ET FILS
Ile des Vergelesses 1995*

| ■ 1er cru | 0,35 ha | 1 500 | ◗ | 70 à 100 F |

Une île nullement déserte : sentez plutôt ces parfums de fruits noirs, de surmaturité, de fruits cuits. Le vin est très présent en bouche, d'une concentration remarquable et persistant. On vous recommande également le **Vergelesses 95 rouge en 1er cru** et le **village** du même millésime et de même couleur : tous deux reçoivent une citation.

☛ Dom. Denis Père et Fils, chem. des Vignes-Blanches, 21420 Pernand-Vergelesses, tél. 03.80.21.50.91, fax 03.80.26.10.32 ☑ ⊥ r.-v.

M. DOUDET-NAUDIN 1996

| ■ | n.c. | 3 000 | ◗ | 70 à 100 F |

Le regard se fixe sur la robe avant de s'intéresser au reste. D'un fruité fin, le bouquet ne laisse pas sur sa faim. Va-t-on engager le dialogue ? Bien sûr que oui, car il a du répondant sur des notes tanniques et minérales. L'ensemble est ferme.

☛ Doudet-Naudin, 3, rue Henri-Cyrot, B.P. 1, 21420 Savigny-lès-Beaune, tél. 03.80.21.51.74, fax 03.80.21.50.69 ☑ ⊥ r.-v.

DOM. JEAN FERY ET FILS 1995**

| ■ 1er cru | 0,37 ha | 2 600 | ◗ | 70 à 100 F |

Il a frôlé le coup de cœur lors des dernières délibérations du jury. C'est donc un des meilleurs. Il excite le regard. Son nez donne envie d'y goûter (un bon brûlé, café arrosé de fraise). Gras et riche, le palais se profile bien, d'autant que tout est en harmonie, s'éveille et se répond.

☛ Dom. Féry et Fils, Echevronne, 21420 Savigny-lès-Beaune, tél. 03.80.21.59.60, fax 03.80.21.59.59 ☑ ⊥ r.-v.

DOM. GERMAIN 1996

| ☐ | 2,76 ha | 12 000 | ◗ | 70 à 100 F |

Vieil or à reflets verts, Monsieur porte blason. Un bouquet séveux, si l'on peut dire, plus fruité que floral, un peu capiteux. L'attaque est franche, soutenue par une acidité encore mordante. Sera tout à fait au point d'ici un an.

☛ Dom. Germain Père et Fils, Ch. de Chorey, 21200 Chorey-lès-Beaune, tél. 03.80.22.06.05, fax 03.80.24.03.93 ☑ ⊥ r.-v.

DOM. GIRARD-VOLLOT ET FILS
Les Belles Filles 1996*

| ☐ | 0,7 ha | 2 500 | ◗ | 50 à 70 F |

Il faut appeler un chat un chat, et ces Belles Filles de belles filles. Dans leurs jolies robes jaune paille, parfumées de miel et fruits confits, elles sont vives et généreuses, vous offrant tout ce qu'elles ont. La chaleur leur monte un peu à la tête... Vendange semble-il très mûre.

☛ Dom. Girard-Vollot et Fils, 16, rue de Citeaux, 21420 Savigny-lès-Beaune, tél. 03.80.21.56.15, fax 03.80.26.10.08 ☑ ⊥ r.-v.

DOM. ANTONIN GUYON 1996**

| ☐ | 1,13 ha | 6 000 | ◗ | 70 à 100 F |

Pernand je bois, verre je laisse... En **1er cru**, nous avons dégusté des honnêtes **Vergelesses 95 rouges** sous le nom de Dominique Guyon, qui reçoivent une citation et qui devront rester en cave au moins trois ans. Mais nous sommes surtout tombés en admiration devant ce *village* blanc 96 dont la jeunesse minérale, la souplesse, la vivacité permettent de se faire vraiment plaisir, et dès maintenant. Avec des langoustines ? Mais oui.

La Côte de Beaune

Dom. Antonin Guyon, 21420 Savigny-lès-Beaune, tél. 03.80.67.13.24, fax 03.80.66.85.87 r.-v.

JAFFELIN 1995*

| | n.c. | 19 992 | 50 à 70 F |

Un *village* élancé et bien posé sur sa base, comme le clocher de l'église de Pernand. D'un grenat velouté, nez de cuir et nez de coing, il montre une infinie délicatesse dans son explication de texte : attaque, constitution, longueur, caractère, on s'y retrouve. Intéressant à avoir dans sa cave et à sortir pour un gibier à poil. Le **village blanc 96** reçoit la même note : il a réussi le mariage du vin et du fût.

Jaffelin, 2, rue Paradis, 21200 Beaune, tél. 03.80.22.12.49, fax 03.80.24.91.87

DOM. LALEURE-PIOT 1996**

| | 0,4 ha | 1 800 | 50 à 70 F |

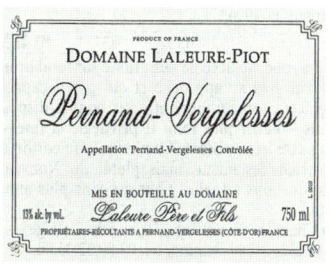

« Qui voit Pernand n'est pas dedans », dit-on ici. Car si on voit de loin le village, encore faut-il y grimper ! Cette bouteille coup de cœur est en revanche d'un accès très aisé, tant le nez est chaleureux (mandarine) et la bouche gourmande (relevée par une bonne acidité). Un grand vin ! Nous avons beaucoup aimé, en outre, **l'Ile des Vergelesses 96 en 1er cru rouge** (deux étoiles) et le **village** en **blanc 96** (cité pour son harmonie gustative). Un domaine où l'on sait travailler.

Dom. Laleure-Piot, 21420 Pernand-Vergelesses, tél. 03.80.21.52.37, fax 03.80.21.59.48 t.l.j. 8h-12h 14h-19h ; sam. dim. sur r.-v.

Laleure

PIERRE MAREY ET FILS
Les Fichots 1996

| 1er cru | 0,43 ha | 2 700 | 70 à 100 F |

D'un rouge moyen pour l'année, il s'exprime d'abord avec simplicité, sur fond vanillé. Un peu d'écorce d'orange et de framboise, puis - plus ferme que gras - le corps évolue vers la groseille de manière assez franche et sans grands effets démonstratifs. Vous pouvez aussi tomber dans les bras des **Belles Filles 96, en rouge** (même note) ainsi que sous le charme du **village blanc 96**, cité pour ses arômes de truffe et de fruits secs. Vous ne le regretterez pas.

Pierre Marey et Fils, 21420 Pernand-Vergelesses, tél. 03.80.21.51.71, fax 03.80.26.10.48 r.-v.

Corton

DOM. RAPET PERE ET FILS
Ile des Vergelesses 1996**

| | 0,7 ha | 3 000 | 70 à 100 F |

Un vin pour les *Copiaus*, ces jeunes comédiens réunis à Pernand quand ce village était un haut lieu du théâtre. Superbe costume de scène. Il passe sur la pièce un vent de cerise fraîche et un parfum de cassis. Le pinot noir joue à merveille son rôle, conciliant la finesse du propos et la force du discours, de façon subtile. Le rideau n'est pas prêt de tomber sur ce 96.

Rapet Père et Fils, 21420 Pernand-Vergelesses, tél. 03.80.21.50.05, fax 03.80.21.53.87 r.-v.

ROLLIN PERE ET FILS 1995*

| 1er cru | 0,6 ha | 2 500 | 70 à 100 F |

Le 93 fut notre coup de cœur dans l'édition 1996. Rubis, le 95 emploie au nez les grands moyens sur des tonalités sauvages et animales, grillées, réglissées. La bouche prend le train en marche et suit bien. Sa structure est assez impressionnante. Notez également le **village 96 en blanc**, qui nous plaît assez et reçoit une citation.

Rollin Père et Fils, rte des Vergelesses, 21420 Pernand-Vergelesses, tél. 03.80.21.57.31, fax 03.80.26.10.38 r.-v.

CH. ROSSIGNOL-JEANNIARD
Les Fichots 1995*

| 1er cru | 0,9 ha | 1 200 | 50 à 70 F |

Vin de garde, se présentant très bien. Il fait bloc dans une stratégie d'attente, se contentant de mettre en première ligne ses tanins pour protéger ce qui se passe à l'arrière : donner du cœur et de l'élan à la troupe. L'uniforme est rouge profond. Viandé frais, confituré, le nez a l'esprit de conquête et n'est pas dans la réserve.

Rossignol-Jeanniard, rue de Mont, 21190 Volnay, tél. 03.80.21.62.43, fax 03.80.21.27.61 r.-v.

Corton

La « montagne de Corton » est constituée, du point de vue géologique et donc du point de vue des sols et des types de vins, de différents niveaux. Couronnées par le bois qui pousse sur les calcaires durs du rauracien (oxfordien supérieur), les marnes argoviennes laissent apparaître des terres blanches propices aux vins blancs (sur plusieurs dizaines de mètres). Elles recouvrent la « dalle nacrée » calcaire en plaquettes, avec de nombreuses coquilles d'huîtres de grande dimension, sur laquelle ont évolué des sols bruns propices à la production de vins rouges.

493 LA BOURGOGNE

La Côte de Beaune — Corton

Le nom du lieu-dit est associé à l'appellation corton, qui peut être utilisée en blanc, mais est surtout connue en rouge. Les Bressandes sont produits sur des terres rouges, et allient à la puissance la finesse que leur confère le sol. En revanche, dans la partie haute des Renardes, des Languettes et du Clos du Roy, les terres blanches donnent en rouge des vins charpentés qui, en vieillissant, prennent des notes animales, sauvages, que l'on retrouve dans les Mourottes de Ladoix. Le corton est le grand cru le plus important en volume : près de 4 000 hl en 1996 dont 100 hl de blanc et en 1997, 3 479 hl en rouge et 69 hl en blanc.

JEAN ALLEXANT Vergennes 1995*

Gd cru	0,4 ha	1 700	100 à 150 F

Fruité et animal à la fois, il « cortonne » dès le premier coup de nez, sous des aspects rubis sombre. De la mâche du corps, de la puissance et du nerf, il montre son caractère. Sa jeunesse s'exprime dans sa finale austère. Il s'arrondira dans deux ou trois ans.
- Dom. Jean Allexant, Sainte-Marie-la-Blanche, 21200 Beaune, tél. 03.80.26.60.77, fax 03.80.26.50.01 r.-v.

PIERRE ANDRE Hautes Mourottes 1995*

Gd cru	0,61 ha	2 800	+200 F

Passionné par le corton, P. André créa notamment sa maison et La Reine Pédauque. Le vin est ici côté Ladoix, bien caractéristique du millésime, d'une couleur sombre et limpide ; le bouquet se dessine sur une ligne florale. Manifestant une réelle vinosité, un 95 plus fin que charpenté.
- Pierre André, Ch. de Corton-André, 21420 Aloxe-Corton, tél. 03.80.26.44.25, fax 03.80.26.43.57 t.l.j. 10h-18h

BONNEAU DU MARTRAY 1995*

Gd cru	1,6 ha	4 000	150 à 200 F

78 (80) |90| |91| |92| 93 **94** 95

Descendant en droite ligne de Madame de Sévigné, le propriétaire de ce domaine nous offre un vin ayant quelque chose de cette langue merveilleuse. Brillante et vive, captivante dès les premières lignes, franche, disant les choses comme elles sont et sans détour, d'une plume tannique, forte, parfois sévère, et dont le temps sera bon juge. Le millésime 80 fut un de ses premiers coups de cœur.
- Dom. Bonneau du Martray, 21420 Pernand-Vergelesses, tél. 03.80.21.50.64, fax 03.80.21.57.19
- de La Morinière

DOM. CACHAT-OCQUIDANT ET FILS Clos des Vergennes 1996*

Gd cru	1,42 ha	3 000	100 à 150 F

87 95 96

Un corton de Ladoix, très brillant sous le regard, et dont le nez s'ouvre sur le fruit puis se referme. L'attaque est pleine d'esprit, le bois bien fondu, les tanins expressifs et sans rudesse, jusqu'à une finale légèrement réglissée. Il promet beaucoup. Coup de cœur pour ce même vin millésimé 87 en 1991.
- Dom. Cachat-Ocquidant et Fils, pl. du Souvenir, 21550 Ladoix-Serrigny, tél. 03.80.26.45.30, fax 03.80.26.48.16 r.-v.

CHAMPY PERE ET CIE
Les Bressandes 1995*

Gd cru	n.c.	n.c.	+200 F

Rien qu'à les voir dans le verre, on reconnaît des Bressandes. Grenat profond, un 95 aux accents de myrtille et d'épices. Concentré, riche et complexe, il contribuera efficacement à la chaleur communicative d'un banquet républicain ou... d'un tête-à-tête amoureux.
- Maison Champy Père et Cie, 5, rue du Grenier-à-Sel, 21200 Beaune, tél. 03.80.24.97.30, fax 03.80.24.97.40 r.-v.

CHANSON PERE ET FILS
Vergennes 1996*

Gd cru	n.c.	831	+200 F

La robe violacée, le nez griotte sur fond brûlé, un vin gras à l'approche et qui paraît capable - grâce à son équilibre et à ses bonnes dispositions - d'aller plus loin. Il privilégie la finesse, sans être très puissant. Ce n'est pas un corton de l'Ancien Testament, mais plutôt du Nouveau. Vinifications actuelles pour des vins plus aimables.
- Chanson Père et Fils, 10, rue du Collège, B.P. 232, 21200 Beaune, tél. 03.80.22.33.00, fax 03.80.24.17.42 r.-v.

MAURICE CHAPUIS Languettes 1995

Gd cru	0,8 ha	n.c.	100 à 150 F

Frère de Maurice, Claude Chapuis a publié plusieurs ouvrages sur le vin de Corton et le métier de vigneron. Passons de la bibliothèque à la cave... Pâle en couleur, légèrement fruité, un vin frais et d'une grande souplesse, parvenu à l'heure de la consommation.
- Maurice Chapuis, 21420 Aloxe-Corton, tél. 03.80.26.40.99, fax 03.80.26.40.89 r.-v.

DOM. DOUDET
Maréchaudes Vieilles vignes 1995

Gd cru	0,6 ha	1 900	150 à 200 F

Encore jeune, un 95 qui a besoin de demeurer au cellier. D'un rubis lumineux, d'un fruit rouge résolu (coulis de framboise), il recherche sa complexité en bouche, mais sa structure lui offre d'intéressantes perspectives.
- Dom. Doudet, 50, rue de Bourgogne, 21420 Savigny-lès-Beaune, tél. 03.80.21.51.74, fax 03.80.21.50.69 r.-v.
- Yves Doudet

DOM. P. DUBREUIL-FONTAINE
PERE ET FILS Perrières 1995*

Gd cru	0,5 ha	2 000	100 à 150 F

« Corton sur pierre », un 95 assez représentatif de ce *climat* jugé plutôt féminin. D'un beau brillant, il a des arômes de mousse, végétaux. Attaque discrète, mais il évolue vers une longueur

La Côte de Beaune — Corton

non négligeable. A savourer dans deux à trois ans.
🍇 Dubreuil-Fontaine, 21420 Pernand-Vergelesses, tél. 03.80.21.55.43, fax 03.80.21.51.69 ✉ 🍷 r.-v.
🍇 Bernard Dubreuil

DUVERGEY TABOUREAU 1995★

| ■ Gd cru | n.c. | n.c. | 🍷 +200 F |

« Je ne puis souffrir d'autre vin », écrivait Voltaire au châtelain d'Aloxe ; il est vrai qu'il courtisait la présidente Le Bault, dont on garde le pastel par Greuze. Ce corton 95 ressemble à un billet doux. Grenat sombre à reflets bleutés, il s'ouvre sur un bouquet subtil et frais, attaque en rondeur, conserve un ton aimable tout en développant en bouche une race assez virile. A attendre deux ou trois ans minimum.
🍇 Duvergey-Taboureau, 6, rue des Santenots, 21190 Meursault, tél. 03.80.21.63.00, fax 03.80.21.29.19 ✉ 🍷 r.-v.

CLOS DES CORTONS FAIVELEY 1995★★★

| ■ Gd cru | 2,97 ha | 7 660 | 🍷 +200 F |
94 ⑨⑤

Situé dans Le Corton, Le Rognet et Corton, ce Clos des Cortons Faiveley est en Bourgogne l'exception qui confirme la règle : l'AOC (en raison d'une décision de justice antérieure) porte le nom du propriétaire. Le coup de cœur confirme la personnalité riche et généreuse d'un corton magnifique, intense en couleur et en fruit, donnant dans le sauvage, ample et gras. On en reparlera, de celui-là, et longtemps !
🍇 Maison Joseph Faiveley, 8, rue du Tribourg, B.P. 9, 21701 Nuits-Saint-Georges Cedex, tél. 03.80.61.04.55, fax 03.80.62.33.37 ✉ 🍷 r.-v.

MICHEL GAY Les Renardes 1996★

| ■ Gd cru | 0,21 ha | 1 000 | 🍷 100 à 150 F |

Coup de cœur sur notre édition 1996 (millésime 92), il retient cette fois encore l'attention. A mi-chemin entre le pourpre et le grenat, il sait astucieusement jouer le vin et le fût, et emplit la bouche dans une sensation de continuité. Du gras en attaque, de la chaleur en finale. Nul ne conteste la réussite.
🍇 Michel Gay, 1b, rue des Brenôts, 21200 Chorey-lès-Beaune, tél. 03.80.22.22.73, fax 03.80.22.95.78 ✉ 🍷 r.-v.

DOM. ROBERT ET RAYMOND JACOB Les Carrières 1996

| ■ Gd cru | n.c. | n.c. | 🍷 100 à 150 F |
95 96

Rouge brique, le nez très grillé avec un soupçon de cannelle, il reste dans les limites du millésime. Les tanins se feront vite, le rendant facile à boire dans deux ou trois ans. Il sera agréable, car il est déjà suffisamment fruité.
🍇 Dom. Robert et Raymond Jacob, Buisson, 21550 Ladoix-Serrigny, tél. 03.80.26.40.42, fax 03.80.26.49.34 ✉ 🍷 r.-v.

DOM. LALEURE-PIOT Rognet 1996★

| ■ Gd cru | 0,35 ha | 1 500 | 🍷 150 à 200 F |

La robe est concentrée, profonde à reflets violacés. Le nez dit la jeunesse de ce vin, laissant s'exprimer le raisin mûr et le fût. En bouche, le scénario reste sur le même registre, puissant, avec des arômes de fruits rouges « lissés par le bois ». A attendre trois ou quatre ans.
🍇 Dom. Laleure-Piot, 21420 Pernand-Vergelesses, tél. 03.80.21.52.37, fax 03.80.21.59.48 ✉ 🍷 t.l.j. 8h-12h 14h-19h; sam. dim. sur r.-v.

DOM. MAILLARD PERE ET FILS Renardes 1995★

| ■ Gd cru | n.c. | n.c. | 🍷 150 à 200 F |
80 81 83 85 86 88 |89| ⑨⓪ |91| |92| ⑨③ 94 95

Habitué du podium, coup de cœur l'an dernier, il y a deux ans, etc. Chaque bouteille est à considérer avec un grand intérêt. Celle-ci, d'une grande harmonie, est cerise, évoluant vers les fruits rouges confits, équilibrant tanins et acidité d'une manière très adroite et se présentant comme un vin de garde (sans excès toutefois).
🍇 Dom. Maillard, 2, rue Joseph-Bard, 21200 Chorey-lès-Beaune, tél. 03.80.22.10.67, fax 03.80.24.00.42 ✉ 🍷 r.-v.

FRANCOISE MALDANT
Les Renardes 1996★

| ■ Gd cru | 0,32 ha | 900 | 🍷 100 à 150 F |

Nuance cerise bigarreau, le nez assez incisif (fraise), il est net et carré dans l'esprit de ce *climat*. On sent au palais une agréable attaque et distinguée. Jeune encore, il devrait bien évoluer en exprimant le terroir tout en gardant cette façon aérienne de survoler les choses.
🍇 Dom. Françoise Maldant, 27, Grande-Rue, 21200 Chorey-lès-Beaune, tél. 03.80.22.11.94, fax 03.80.24.10.40 ✉ 🍷 r.-v.

MICHEL MALLARD ET FILS
Les Maréchaudes 1995★

| ■ Gd cru | 0,35 ha | 1 200 | 🍷 150 à 200 F |

Par saint Bacchus, quel vin ! Riche en alcool, harmonieux et long, il s'enveloppe d'une robe pourpre accentué et d'un parfum valeureux et subtil (fruits frais). Corps assez mince, mais élégant, comportant un passage velouté et un réveil tannique sur la fin. Mentionnons aussi le **Rognet 95** qui a tout autant séduit le jury.
🍇 Dom. Michel Mallard et Fils, rte de Dijon, 21550 Ladoix-Serrigny, tél. 03.80.26.40.64, fax 03.80.26.47.49 ✉ 🍷 r.-v.

LA BOURGOGNE

La Côte de Beaune

MAISON MALLARD-GAULIN
Clos du Roi 1995

| ■ Gd cru | 0,8 ha | 2 500 | | +200 F |

Une même note pour le **Renardes 96**, que nous avons apprécié, et ce Clos du Roi vif, foncé, un peu réglissé, encore jeune et austère, nécessitant un certain temps d'élevage en bouteille.
➥ Mallard-Gaulin, 21420 Aloxe-Corton, tél. 03.80.26.46.10

DOM. PARENT Les Renardes 1995★

| ■ Gd cru | 0,3 ha | n.c. | | 150 à 200 F |

« Je suis votre très obligé serviteur », écrivait Thomas Jefferson à son fournisseur en vins de Bourgogne, le tonnelier Etienne Parent, aïeul de cette famille. Celle-ci présente ici un 95 au bouquet très Renardes (jardin après la pluie) sous une robe rouge grenat. Elégance et finesse sont au rendez-vous.
➥ Dom. Parent, pl. de l'Eglise, 21630 Pommard, tél. 03.80.22.15.08, fax 03.80.24.19.33 ☑ ☥ r.-v.

PAULANDS Rognet 1996★

| ■ Gd cru | n.c. | n.c. | | 150 à 200 F |

Titulaire d'un coup de cœur pour le millésime 90, ce viticulteur-hôtelier et restaurateur met cette fois encore quatre mains à l'ouvrage. D'un presque noir violacé, suggérant la violette et la mûre, son Rognet gagne à demeurer un long moment en bouche. Sa structure délicate met en scène un tanin persistant et une riche concentration. A garder dans un coin tranquille de la cave.
➥ Cave Paulands, RN 74, 21420 Aloxe-Corton, tél. 03.80.26.41.05, fax 03.80.26.47.56 ☑ ☥ t.l.j. 8h-12h 14h-18h30

DOM. PRIN Bressandes 1995★★

| ■ Gd cru | n.c. | n.c. | | 150 à 200 F |

Réputé pour « couler en bouche », ce *climat* y réussit, tout en affirmant des prétentions plus fermes et plus concentrées. Après une très belle robe grenat tirant sur le violet, le nez esquisse des notes de cassis et de rose. Puis, sur des notes bigarreau, ce vin se présente d'une grande plénitude, avec force et persistance.
➥ Dom. Prin, 12, rue de Serrigny, cidex 10, 21550 Ladoix-Serrigny, tél. 03.80.26.40.63, fax 03.80.26.46.16 ☑ ☥ r.-v.

DOM. RAPET PERE ET FILS
Pougets 1996★

| ■ Gd cru | 0,4 ha | 1000 | | 150 à 200 F |

Terre à blancs, dit-on des Pougets. Les rouges y prospèrent également. Exemple, ce 96 qui remplit parfaitement son contrat. Coloration très suffisante, nez fruité sur la réserve, pas mal de chaleur et une certaine fermeté, le tout à dorloter en cave sans précipitation. Signalons aussi le **corton 96 village** qui affiche une personnalité analogue et reçoit une étoile.
➥ Rapet Père et Fils, 21420 Pernand-Vergelesses, tél. 03.80.21.50.05, fax 03.80.21.53.87 ☑ ☥ r.-v.

Corton-charlemagne

DOM. GASTON ET PIERRE RAVAUT
Les Hautes-Mourottes 1995★

| ■ Gd cru | 0,58 ha | 2 400 | | 150 à 200 F |

Une affaire à suivre. Si la robe reste intense et limpide, d'un éclat vif, le bouquet apparaît bien ouvert, complexe (sous-bois, végétal) et épicé. Bonne introduction en bouche, et les tanins arrivent ensuite à point nommé, lui donnant la charpente d'une longue garde.
➥ Dom. Gaston et Pierre Ravaut, Buisson, 21550 Ladoix-Serrigny, tél. 03.80.26.41.94, fax 03.80.26.47.63 ☑ ☥ r.-v.

PAUL REITZ 1995★★

| ■ Gd cru | n.c. | 2 400 | | +200 F |

Maupassant consacre au corton une page de *Bel-Ami*, évoquant « un bien-être complet, un bien-être de vie et de pensée ». Cette bouteille d'une plénitude charnue, d'un tonus éblouissant aurait pu servir à l'inspiration de l'écrivain. Rubis foncé, aromatique (fruits mûrs), elle porte en elle de superbes promesses pour le début du prochain siècle.
➥ SA Paul Reitz, Grande-Rue, 21700 Corgoloin, tél. 03.80.62.98.24, fax 03.80.62.96.83

COMTE SENARD Clos des Meix 1996★

| ■ Gd cru | 1,7 ha | 10 000 | | 100 à 150 F |

L'une des rares familles de la Côte de Beaune à compter parmi les dignitaires de la confrérie des Chevaliers du Tastevin, et notamment un ancien Grand Maître. La robe est ici celle portée au Clos de Vougeot les soirs de Chapitre. Le nez parle couramment le pinot. Quelque chose est caché quelque part, mais c'est normal car en attente d'assez longue garde. Charnu et déjà long. « Très bien vinifié », note le jury, sévère et pour une fois satisfait.
➥ Dom. Comte Senard, 7, rempart Saint-Jean, 21200 Beaune, tél. 03.80.24.21.65, fax 03.80.24.21.44 ☑ ☥ r.-v.

DOM. HIPPOLYTE THEVENOT
Bressandes 1995★★

| ■ Gd cru | 0,86 ha | 3 300 | | 150 à 200 F |

Charlie Chaplin envisagea un temps d'acquérir auprès de cette famille une vigne à Aloxe-Corton pour... y faire construire une maison. L'affaire ne se fit pas. Heureusement pour la vigne. Sachez qu'on a dégusté un **Clos du Roy 95** à oublier en cave mais superbe, et celui-ci, remarquablement réussi, image même du corton éternel et qu'on gardera également pour plus tard. Investissement très conseillé.
➥ Dom. Antonin Guyon, 21420 Savigny-lès-Beaune, tél. 03.80.67.13.24, fax 03.80.66.85.87 ☑ ☥ r.-v.

Corton-charlemagne

L'appellation charlemagne, dans laquelle jusqu'en 1948 pouvait entrer l'aligoté, n'est pas utilisée. L'appellation

La Côte de Beaune — Corton-charlemagne

corton-charlemagne représente un peu plus de 2 200 hl, dont la plus grande partie est produite sur les communes de Pernand-Vergelesses et d'Aloxe-Corton. Les vins de cette appellation - dont le nom est dû à l'empereur Charles le Grand qui aurait fait planter des blancs pour ne pas tacher sa barbe - sont d'un bel or vert, et atteignent leur plénitude après cinq à dix ans.

JEAN-LUC AEGERTER 1996

☐ Gd cru   n.c.   1 200   +200F

Or vert et partagé entre la fleur et le beurre, un être puissant, ne prenant pas de gants et entendant régler ses problèmes par lui-même. Il dispose d'atouts non négligeables pour se sortir de cette situation. Avec un peu de temps.
➥ Grands vins Jean-Luc Aegerter, 49, rue Henri-Challand, 21700 Nuits-Saint-Georges, tél. 03.80.61.02.88, fax 03.80.62.37.99 r.-v.

DOM. BERTAGNA 1996*

☐ Gd cru   0,26 ha   1 200   +200F

A bons reflets intenses, le bouquet mi-fleurs blanches mi-grillé, un vin très gras et d'une enveloppe acide, fruitée, appelant la bonne surprise. Typicité parfaite pour volaille à la crème. Truffes et girolles, évidemment. Bresse, bien sûr.
➥ Dom. Bertagna, rue du Vieux-Château, 21640 Vougeot, tél. 03.80.62.86.04, fax 03.80.62.82.58 t.l.j. 9h-19h; f. janv.
➥ Eva Siddle

PIERRE BITOUZET 1996*

☐ Gd cru   n.c.   n.c.   +200F

Limpide, jaune or, miel d'acacia, il est dans la norme. Son acidité compense sa chaleur, mais il a de la réserve et de quoi rester debout assez longtemps.
➥ Pierre Bitouzet, 13, rue de Cîteaux, 21420 Savigny-lès-Beaune, tél. 03.80.21.53.26, fax 03.80.21.58.29 r.-v.

DOM. BONNEAU DU MARTRAY 1996

☐ Gd cru   9,5 ha   35 280   +200F

Un grand parmi les grands. Coup de cœur dans nos éditions 1987, 1989, et pour les millésimes 79 et 83. Toujours à son rang, il se situe ici dans des sentiments de modestie qui incitent à la confiance. Car un tel vin est une fusée à plusieurs étages, et nous n'avons guère quitté à ce jour l'atmosphère terrestre.
➥ Dom. Bonneau du Martray, 21420 Pernand-Vergelesses, tél. 03.80.21.50.64, fax 03.80.21.57.19
➥ de La Morinière

DOM. BOUCHARD PERE ET FILS 1996

☐ Gd cru   3,25 ha   n.c.   +200F
(83) 94 95 96

Beau vin ayant plus de goût que de gras, équilibré cependant et d'une modération extrême. D'un léger or gris-vert, il cache son fruit mais confesse sa noisette. Bouche en demi-teinte, délicate et sensible, exprimant la vanille du fût et la chaleur de l'alcool, sans perdre de vue l'objectif à long terme.
➥ Bouchard Père et Fils, Ch. de Beaune, 21200 Beaune, tél. 03.80.24.80.24, fax 03.80.24.97.56 r.-v.

CHARTRON ET TREBUCHET 1996*

☐ Gd cru   n.c.   2 000   +200F

Riche, boisé et puissant, sous une belle couleur, il va vivre sa vie et assez longtemps. La robe n'est pas très accentuée, mais les arômes séduisent (notes minérales, miellées, grillées, vanillées). Longueur et volume sont au rendez-vous.
➥ Sté Chartron et Trébuchet, 13, Grande-Rue, 21190 Puligny-Montrachet, tél. 03.80.21.32.85, fax 03.80.21.36.35 r.-v.

DOM. DOUDET 1995

☐ Gd cru   0,47 ha   2 100   150 à 200F

Or brillant, il ne manque pas de complexité - nuances pêche et beurrées - tout en étant capiteux, entreprenant, un peu sec et abricoté. Vin d'une vinification assez personnelle, à prendre comme telle.
➥ Dom. Doudet, 50, rue de Bourgogne, 21420 Savigny-lès-Beaune, tél. 03.80.21.51.74, fax 03.80.21.50.69 r.-v.
➥ Yves Doudet

DUFOULEUR PERE ET FILS 1995*

☐ Gd cru   n.c.   1 200   +200F

Parvenu aux plus hautes marches du palais, il éblouit par sa sève dorée, son moelleux pimenté d'un rien de vivacité, son immensité. Très gras pour un corton-charlemagne, celui-ci répand des arômes d'agrumes sous un boisé élégant et discret. Bon bec ? Donc un brochet.
➥ Dufouleur Père et Fils, 17, rue Thurot, 21700 Nuits-Saint-Georges, tél. 03.80.61.21.21, fax 03.80.61.10.65 t.l.j. 9h-19h

DOM. ANTONIN GUYON 1996**

☐ Gd cru   0,55 ha   3 400   +200F

A la barbe fleurie ? Mais oui, et or vert s'il vous plaît. Un nez miellé qui respire la fraîcheur et le printemps. A peine fondu, franc et droit en attaque, chaleureux comme le meilleur des Bourguignons. Tout est en place pour en faire un empereur d'ici cinq à dix ans.
➥ Dom. Antonin Guyon, 21420 Savigny-lès-Beaune, tél. 03.80.67.13.24, fax 03.80.66.85.87 r.-v.

DOM. ROBERT ET RAYMOND JACOB 1996*

☐ Gd cru   1,07 ha   6 000   150 à 200F

« La seule façon de surmonter un problème est de bien lui survivre », disait Talleyrand. Ce corton-charlemagne s'en tient à cette opinion, visant la durée sous une belle parure dorée, des arômes de miel et d'acacia. Ample et subtil, et de l'évolution positive en perspective !
➥ Dom. Robert et Raymond Jacob, Buisson, 21550 Ladoix-Serrigny, tél. 03.80.26.40.42, fax 03.80.26.49.34 r.-v.

LA BOURGOGNE

La Côte de Beaune

LALEURE PERE ET FILS 1996*

☐ Gd cru   0,3 ha   1 500   ⓘ +200 F

On comprend que les fils de Charlemagne se soient disputés pour l'héritage. Sans doute cette vigne n'y figurait-elle plus, mais il restait probablement des bouteilles dans la cave. Un vrai grand cru, paille brillante, au nez d'abricot accentué, sans la moindre agressivité et tout en béatitude. Une bouche qui en dit long. L'étiquette ne ment pas, nous sommes là en grand cru.
☛ Dom. Laleure-Piot, 21420 Pernand-Vergelesses, tél. 03.80.21.52.37, fax 03.80.21.59.48 ✓ ⚲ t.l.j. 8h-12h 14h-19h; sam. dim. sur r.-v.

DOM. LOUIS LATOUR 1995**

☐ Gd cru   9,65 ha   40 000   ⓘ +200 F
⑧③ **85 89** 91 93 94 **95**

Charlemagne, en réalité, a beaucoup malmené la Bourgogne. Mais un simple geste répare tout et voyez donc aujourd'hui l'effet de ses œuvres. Il n'en reste que cela. Pâleur de la robe, vigueur du bouquet très miel frais, palais explosif en seconde bouche. Pour grande table et crustacés de haute lignée, en souvenir du millésime 83 déclaré coup de cœur cinq ans plus tard.
☛ Maison Louis Latour, 18, rue des Tonneliers, 21204 Beaune Cedex, tél. 03.80.24.81.00, fax 03.80.24.81.18 ⚲ r.-v.

LOUIS LEQUIN 1996*

☐ Gd cru   n.c.   550   ⓘ +200 F

Jaune timide mais le nez relevé et complexe, vanillé bien sûr mais aussi abricot, un grand cru à la hauteur de son message, alliant finesse et puissance, bien travaillé aux vignes et en cuverie, répondant à son appellation.
☛ Louis Lequin, 1, rue du Pasquier-du-Pont, 21590 Santenay, tél. 03.80.20.63.82, fax 03.80.20.67.14 ✓ ⚲ r.-v.

RENE LEQUIN-COLIN 1996

☐ Gd cru   0,9 ha   560   ⓘ +200 F

« Il faut encore que l'œil soit séduit et flatté », nous apprend un vieux manuel de dégustation. Reflet de l'appellation, l'œil est ici gâté. Nez de fût, mêlé cependant d'ortie blanche, de tilleul. La bouche est vanillée mais n'oublie pas la noisette, le miel, la fraîcheur et l'élégance.
☛ René Lequin-Colin, rue de Lavau, 21590 Santenay, tél. 03.80.20.66.71, fax 03.80.20.66.70 ✓ ⚲ r.-v.

REINE PEDAUQUE 1996*

☐ Gd cru   1,48 ha   n.c.   ⓘ +200 F

Les chanoines de Saulieu vont garder 1000 ans ce don de Charlemagne en 775 : pour des raisons politiques, il a besoin de se raccommoder avec l'Eglise. Peu importe, le résultat est là. L'or d'un reliquaire. L'épice et l'agrume d'un nez qui s'abandonne en bouche. Une presque perfection en bouche. Sacré Charlemagne !
☛ Reine Pédauque, Le Village, 21420 Aloxe-Corton, tél. 03.80.25.00.00, fax 03.80.26.42.00 ⚲ t.l.j. 9h-11h30 14h-17h30; f. janv.

Savigny-lès-beaune

Savigny-lès-beaune

Savigny est aussi un village vigneron par excellence. L'esprit du terroir y est entretenu, et la confrérie de la Cousinerie de Bourgogne est le symbole de l'hospitalité bourguignonne. Les Cousins jurent d'accueillir leurs convives « bouteilles sur table et cœur sur la main ».

Les vins de Savigny, en dehors du fait qu'ils sont « nourrissants, théologiques et morbifuges », sont souples, tout en finesse, fruités, agréables jeunes tout en vieillissant bien. En 1996, l'AOC a produit 14 600 hl de vin rouge et 1 513 hl de vin blanc. En 1997, 12 479 hl de vin rouge et 1 519 hl de vin blanc.

JEAN-LUC AEGERTER 1996**

■   n.c.   2 400   ⓘ 70 à 100 F

Rouge très foncé, nuance cassis, voici pour le regard. Le nez n'est pas encore fait. Une saveur réglissée embellit le paysage en bouche. Cela mérite du temps, un peu de patience, mais le résultat sera sans doute à la hauteur des espérances des dégustateurs. Bouteille également intéressante par son originalité.
☛ Grands vins Jean-Luc Aegerter, 49, rue Henri-Challand, 21700 Nuits-Saint-Georges, tél. 03.80.61.02.88, fax 03.80.62.37.99 ✓ ⚲ r.-v.

PIERRE ANDRE Clos des Guettes 1996

■ 1er cru   2,35 ha   9 000   ⓘ 100 à 150 F

Un vin d'une harmonie assez heureuse, brillant à l'œil et très présent au nez (fruits noirs et chêne). Souple et rond, commercial, et ce n'est pas un défaut, fait pour plaire mais sans prétendre à un destin éternel.
☛ Pierre André, Ch. de Corton-André, 21420 Aloxe-Corton, tél. 03.80.26.44.25, fax 03.80.26.43.57 ⚲ t.l.j. 10h-18h

ARNOUX PERE ET FILS 1995*

■   3 ha   8 000   ⓘ 70 à 100 F

A âme bien née, la valeur n'attend pas le nombre des années. Ce 95 n'est guère âgé, mais il exprime déjà de fortes qualités. On apprécie ses beaux reflets, mais plus encore l'ampleur et la richesse d'un bouquet de framboise très développé. Du gras, de la matière : les tanins tapissent les papilles sans les agresser. Une bouteille qui fera plaisir. Coup de cœur en 1991 pour des Guettes 88.
☛ Arnoux Père et Fils, rue des Brenôts, 21200 Chorey-lès-Beaune, tél. 03.80.22.57.98, fax 03.80.22.16.85 ✓ ⚲ r.-v.

DOM. GABRIEL BOUCHARD
Les Liards 1995**

■   0,22 ha   1 200   ⓘ 50 à 70 F

Caves du XVIe s., au centre du vieux Beaune. « On lèche trois fois ses lèvres et on en dit du

La Côte de Beaune — Savigny-lès-beaune

bien... », dit-on du vin de Savigny. C'est ici le cas. Grenat sombre à reflets rougeâtres, il est en train de s'éveiller sur des arômes de fruits rouges. A cette dentelle succède en bouche une structure robuste, forte, qui ne demande qu'à attendre. Ne pas déboucher cette bouteille avant deux ans minimum.

☛ Dom. Gabriel Bouchard, 4, rue du Tribunal, 21200 Beaune, tél. 03.80.22.68.63 ✉ ☎ r.-v.
☛ Alain Bouchard

DOM. BOUCHARD PERE ET FILS
Les Lavières 1996★

| ■ 1er cru | 3,91 ha | n.c. | ⏺ 70 à 100 F |

Couleur... bordeaux (et ce n'est pas un défaut !), boisé mais réservant au nez des accents sauvages et complexes (musc par exemple), il révèle au palais la puissance de ses jeunes tanins. Ce peut être un bon investissement, car il faut l'attendre un peu. Vous lui offrirez un canard, ou un gibier à plumes.

☛ Bouchard Père et Fils, Ch. de Beaune, 21200 Beaune, tél. 03.80.24.80.24, fax 03.80.24.97.56 ☎ r.-v.

DOM. CAMUS-BRUCHON
Aux grands Liards, Vieilles vignes 1995★

| ■ | 0,52 ha | 2 300 | ⏺ 50 à 70 F |

Comme on le dit au Tastevinage, un vin qu'on sera fier de servir à ses amis. Rouge cerise noire, le nez un peu minéral et épicé, délicatement boisé, il a la bouche ronde. Ses tanins sont enrobés dans une structure assez ferme. Le tout bien enveloppé.

☛ Lucien Camus-Bruchon, Les Cruottes, 16, rue de Chorey, 21420 Savigny-lès-Beaune, tél. 03.80.21.51.08, fax 03.80.26.10.21 ✉ ☎ r.-v.

DENIS CARRE 1996★

| ■ | n.c. | n.c. | ⏺ 50 à 70 F |

Avec ses senteurs de fruits rouges sous sa robe d'un grenat profond, ce vin a la particule. Élégant, raffiné, long en bouche, il exprime un fruit bien travaillé et une souplesse de jeune fille. Pas trop de corps ni de chair sans doute, mais quelle allure ! Finale un peu vive dans le style de certains 96.

☛ Denis Carré, rue du Puits-Bouret, 21190 Meloisey, tél. 03.80.26.02.21, fax 03.80.26.04.64 ✉ ☎ r.-v.

CHARTRON ET TREBUCHET 1996★★

| □ | n.c. | n.c. | ⏺ 100 à 150 F |

Le savigny blanc est peu représenté cette année. Vingt bouteilles seulement ont été dégustées, dont celle-ci, d'un or vert éclatant. Son bouquet rappelle le fruit mûr, l'abricot, après aération. La présence du bois n'est pas gênante, se mariant bien à une structure ferme et vive.

☛ Sté Chartron et Trébuchet, 13, Grande-Rue, 21190 Puligny-Montrachet, tél. 03.80.21.32.85, fax 03.80.21.36.35 ☎ r.-v.

DOM. BRUNO CLAIR
La Dominode 1995★★

| ■ 1er cru | 1,71 ha | 7 500 | ⏺ 100 à 150 F |

Nourrissants, théologiques et morbifuges : ainsi sont les vins du pays, si l'on en croit le dicton. D'une couleur cerise très foncée, ce 95 offre un bouquet épicé et fruité. Puis le fruit se dégage bien en bouche dans une structure de vin de garde. Le fût reste discret, mettant simplement en valeur ce très beau 1er cru, charpenté, prometteur, tirant sur le noyau. Rien ne vous étonnera quand on vous aura dit que ces vignes ont 90 ans.

☛ Dom. Bruno Clair, 5, rue du Vieux-Collège, 21160 Marsannay-la-Côte, tél. 03.80.52.28.95, fax 03.80.52.18.14 ✉ ☎ r.-v.

M. DOUDET-NAUDIN 1996★

| ■ | n.c. | 8 400 | ⏺ 70 à 100 F |

Intense et brillant, réglissé avec une impression de cassis, assez boisé, il accomplit son parcours en bouche de façon austère. On pressent une certaine rondeur prête à se libérer, et toujours ce petit goût de cassis. Il révèlera dans le temps sa richesse en réserve.

☛ Doudet-Naudin, 3, rue Henri-Cyrot, B.P. 1, 21420 Savigny-lès-Beaune, tél. 03.80.21.51.74, fax 03.80.21.50.69 ✉ ☎ r.-v.

BERNARD DUBOIS ET FILS
Clos des Guettes 1996

| ■ 1er cru | 0,84 ha | 5 400 | ⏺ 70 à 100 F |

Pourpre intense, un vin de garde très boisé, pour ceux qui aiment ce style. Le bouquet rappelle le cassis et le corps apparaît tannique, épicé. Suffisamment d'acidité pour tenir le coup.

☛ Dom. Bernard Dubois et Fils, 14, rue des Moutots, 21200 Chorey-lès-Beaune, tél. 03.80.22.13.56, fax 03.80.24.61.43 ✉ ☎ r.-v.

PHILIPPE DUBREUIL-CORDIER
Les Lavières 1996★★

| ■ 1er cru | 0,54 ha | 2 200 | ⏺ 50 à 70 F |

« J'aime beaucoup ce vin car il y a beaucoup de choses dedans », écrit un de nos dégustateurs, et c'est le plus bel hommage à lui rendre. Des Lavières superbes, rouge intense, au fruité indéfinissable mais passionnant, d'un équilibre saisissant. C'est vraiment autre chose que du fût. Des proportions parfaites, c'est l'Adonis du lieu. Coup de cœur l'an dernier. Ce domaine reçoit une étoile pour son 1er cru Les Narbantons rouge 96, très typé.

☛ Philippe Dubreuil, 4, rue Péjot, 21420 Savigny-lès-Beaune, tél. 03.80.21.53.73, fax 03.80.26.11.46 ✉ ☎ r.-v.

JEAN-PIERRE DUFOUR 1996★

| ■ | 1,89 ha | 3 000 | ⏺ 50 à 70 F |

Sur les quelque 1 800 000 bouteilles de savigny rouge produites en 1996, celle-ci parvient à sortir du lot. Rubis foncé, hésitant entre la fraise et les épices, elle affirme tout d'abord un caractère concentré, robuste et charpenté, puis évolue sur une finale fraîche et fruitée. Un salmis de pintade serait tout à fait en accord avec elle, mais pas avant trois ou quatre ans.

☛ Jean-Pierre et Gilberte Dufour, 11, rue de Ley, 21200 Chorey-lès-Beaune, tél. 03.80.22.10.93, fax 03.80.22.10.93 ✉ ☎ r.-v.

DUVERGEY-TABOUREAU
Les Gravains 1995★

| □ 1er cru | n.c. | n.c. | ⏺ 70 à 100 F |

Or clair, un vin au joli nez. L'un de nos dégustateurs parle de la rose, un autre de fruits exoti-

La Côte de Beaune — Savigny-lès-beaune

ques au sirop... Bouche agréable, équilibrée avec des accents d'agrumes, de fruits secs légèrement grillés. La richesse du millésime est bien illustrée.
🕭 Duvergey-Taboureau, 6, rue des Santenots, 21190 Meursault, tél. 03.80.21.63.00, fax 03.80.21.29.19 ☑ ⏳ r.-v.

MICHEL GAY Les Serpentières 1996*

■ 1er cru   46,36 ha   2 500   🍷 50 à 70 F

Deux vins à égalité : **Vergelesses 96** et ces Serpentières du même millésime. Le cœur penche pour ces dernières. Pourquoi ? La franchise du bouquet, peu sensible mais très net, sous une belle teinte pourpre qui réjouit le regard. Bouche entière, fruits rouges, consistante et plaisante. Un rien de charnu sans dureté et c'est bon pour la garde (pas trop longtemps tout de même).
🕭 Michel Gay, 1b, rue des Brenôts, 21200 Chorey-lès-Beaune, tél. 03.80.22.22.73, fax 03.80.22.95.78 ☑ ⏳ r.-v.

DOM. PIERRE GUILLEMOT
Les Jarrons 1996*

■ 1er cru   0,28 ha   1 800   🍷 70 à 100 F

Coup de cœur pour son 89 et son 91, ce domaine connaît son sujet sur le bout des doigts. Signalons le **Dessus des Golardes 96 blanc**, qui se détache bien, et celui-ci en rouge : pourpre et carmin, évoquant la violette et la « fraise poivrée » (lu sur une fiche), il est assez rond, discrètement tannique et d'une finesse expressive qui nous change agréablement des « brutes boisées » (lu encore sur une fiche).
🕭 SCE du Dom. Pierre Guillemot, 1, rue Boulanger-et-Vallée, 21420 Savigny-lès-Beaune, tél. 03.80.21.50.40, fax 03.80.21.59.98 ☑ ⏳ r.-v.

JEAN GUITON 1995

■   2,48 ha   4 000   🍷 50 à 70 F

Jean Guiton s'est installé en 1973, avec 1 ha en location. Aujourd'hui il conduit 13 ha. Belle progression. Son 95 fait partie des heureux élus parmi les 140 savigny dégustés. Couleur nette d'intensité moyenne, grenat sombre, il présente un bouquet de fruits mûrs, presque confits. Finesse et caractère, c'est typé. Assez sévère au premier abord, franc, porteur de bons tanins, il demande à vieillir et devrait y réussir.
🕭 Jean Guiton, 4, rte de Pommard, 21200 Bligny-lès-Beaune, tél. 03.80.26.82.88, fax 03.80.26.85.05 ☑ ⏳ t.l.j. 9h-12h 14h-19h

DOM. GUYON Les Peuillets 1996**

■ 1er cru   n.c.   n.c.   🍷 70 à 100 F

Ce *climat* se situe côté Beaune et mont Battois. Il nous délivre ici un beau message enveloppé d'une robe intense et profonde. Sa fraîcheur éclate au nez (cassis, mûre...). Tannique, charpentée, laissant glisser une note émouvante de rose ramier, masquant son acidité mais en faisant bon usage pour l'avenir, une bonne bouteille pour après l'an 2000.
🕭 EARL Dom. Guyon, 11, R.N. 74, 21700 Vosne-Romanée, tél. 03.80.61.02.46, fax 03.80.62.36.56 ☑ ⏳ r.-v.

DOM. ANTONIN GUYON 1995*

■   2,13 ha   11 500   🍷 70 à 100 F

Quelle jolie robe foncée et profonde ! Quel joli nez bourgeon de cassis, sureau, un petit peu. De la mûre ? En tout cas du bois, bien environné. Un vin qui arrondit bien les angles, d'un bel équilibre, d'une architecture soutenue et dont une viande rôtie fera ses délices dans quelques années.
🕭 Dom. Antonin Guyon, 21420 Savigny-lès-Beaune, tél. 03.80.67.13.24, fax 03.80.66.85.87 ☑ ⏳ r.-v.

DOM. LUCIEN JACOB
Les Vergelesses 1996**

■ 1er cru   1 ha   4 000   🍷 70 à 100 F

Un véritable accroche-cœur. Sa richesse, sa finesse, son élégance en font un vin séducteur au charme fou ! Rubis sombre, bourgeon de cassis (rien d'étonnant dans ce domaine qui en produit), il est puissant, persistant sans rien perdre de sa fraîcheur.
🕭 Dom. Lucien Jacob, 21420 Echevronne, tél. 03.80.21.52.15, fax 03.80.21.55.65 ☑ ⏳ t.l.j. 9h-12h 13h30-17h; dim. sur r.-v.
🕭 J.-M. Jacob et C. Forey-Jacob

DOM. JACOB-GIRARD ET FILS
Aux Gravains 1996*

■ 1er cru   1,36 ha   7 000   🍷 50 à 70 F

Un 96 côté Pernand, encore assez fermé mais dont le corps ne montre aucune agressivité. Robe brillante et limpide d'intensité moyenne, bouquet légèrement floral et bon équilibre général. Devrait donner satisfaction dans quelques années.
🕭 Dom. Jacob-Girard, 2, rue de Cîteaux, 21420 Savigny-lès-Beaune, tél. 03.80.21.52.29, fax 03.80.21.55.46 ☑ ⏳ r.-v.

LOUIS JADOT La Dominode 1996*

■ 1er cru   2 ha   9 000   🍷 100 à 150 F

Climat situé tout près de l'endroit historique où Georges Pompidou inaugura l'autoroute A6 à égale distance entre Lille et Marseille. En contrebas, bien sûr, et à l'écart de la circulation. Presque noir à reflets violacés, d'une composition aromatique concentrée sur le fruit mûr, un vin très étoffé, structuré, d'une matière pleine et virile, encore un peu austère mais se dessinant bien. A servir dans cinq ans sur un salmis de pigeon ramier.
🕭 Maison Louis Jadot, 21, rue Eugène-Spuller, 21200 Beaune, tél. 03.80.22.10.57, fax 03.80.22.56.03 ⏳ r.-v.

DOM. PIERRE LABET Vergelesses 1996**

□ 1er cru   n.c.   1 500   🍷 100 à 150 F

85 86 87 88 (89) |90| 91 |92| |93| |94| |95| 96

Déjà coup de cœur en 1988 pour un 85 blanc, trois étoiles pour le 95 l'an dernier, ce domaine est frère jumeau du château de la Tour au Clos de Vougeot. Il réédite l'exploit avec ce 96 d'une couleur très soutenue, au bouquet délicat (écorce d'orange, pamplemousse). Beaucoup de classe ! En bouche, tout est admirablement dosé, d'une remarquable persistance.

500

La Côte de Beaune — Savigny-lès-beaune

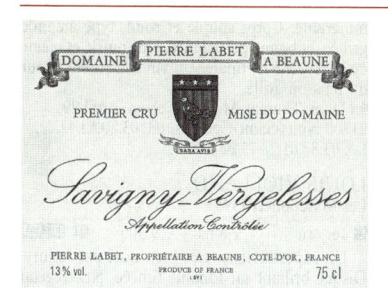

Dom. Pierre Labet, rempart de la Comédie, 21200 Beaune, tél. 03.80.62.86.13, fax 03.80.62.82.72 r.-v.
François Labet

DOM. DE LA PERRIERE
Les Grands Picotins 1996*

| | n.c. | 2 500 | | 50 à 70 F |

Pourpre à reflets violets, brillant, un nez sauvage et encore peu explicite, ce Grands Picotins sait concilier les genres. Assez tannique sans l'être trop, bien fruité, il est étoffé. On peut le conserver un peu, mais tout autant le déguster maintenant.

Dom. de La Perrière, La Cave de Pommard, 21630 Pommard, tél. 03.80.24.99.00, fax 03.80.24.62.42 t.l.j. 9h-19h
Cécile Chenu

LES CAVES DU CHANCELIER 1996*

| | n.c. | n.c. | | 70 à 100 F |

Tirant sur le mauve, se sent-il une vocation épiscopale ? Le nez est fût neuf, ouvert cependant sur la suite et les fruits rouges. Une vocation de cardinal ? Le tempérament, on le comprend, est équilibré et sage, un peu vif toutefois et ambitieux. La fin est framboisée.

Les Caves du Chancelier, 1, rue Ziem, 21200 Beaune, tél. 03.80.24.05.88, fax 03.80.22.37.08 t.l.j. 9h-19h

DOM. MICHEL MALLARD ET FILS
Les Serpentières 1995*

| 1er cru | 0,99 ha | 6 000 | | 70 à 100 F |

Un vin qui n'a pas encore tout dit. Tendre et vineux, assez complexe, on le sent encoquillé comme un escargot de vigne, et on lui fait confiance. Généreux à l'œil en revanche, et le nez évoluant vers les fruits confits, la confiture de vieux garçon.

Dom. Michel Mallard et Fils, rte de Dijon, 21550 Ladoix-Serrigny, tél. 03.80.26.40.64, fax 03.80.26.47.49 r.-v.

CLAUDE MARECHAL
Vieilles vignes 1995*

| | 1,53 ha | 5 000 | | 50 à 70 F |

Un vin gourmand et profitable, d'un rubis bien vif, tendant sur girofle et framboise, à l'attaque assez acide pour tenir le coup, typé savigny 95 et c'est le principal. Notez également le **Lavières 95 (rouge)**, bien noté par le jury.

EARL Claude Maréchal, 6, rte de Chalon, 21200 Bligny-lès-Beaune, tél. 03.80.21.44.37, fax 03.80.26.85.01 r.-v.

DOM. MARTIN-DUFOUR
Les Narbantons 1995*

| 1er cru | 0,24 ha | 1 500 | | 50 à 70 F |

Des Narbantons solides comme des bâtons. Mais à boire assez vite. Ils se tuilent et indiquent l'évolution. Mais vineux et pleins de caractère, subtils et parvenant au point d'équilibre. Ils ont du fond, et c'est là l'essentiel.

Dom. Martin-Dufour, 4 a, rue des Moutots, 21200 Chorey-lès-Beaune, tél. 03.80.22.18.39, fax 03.80.22.18.39 r.-v.

JEAN-MICHEL MAURICE
Les Lavières 1995*

| 1er cru | 0,8 ha | 4 500 | | 50 à 70 F |

Beau drapé velours cramoisi, annonçant un nez communicatif et flatteur, un peu acidulé (groseille). L'attaque est positive, avec un développement progressif sans sécheresse des tanins. Ensemble assez soyeux et qui reste bien en bouche. La séduction des nuances opèrera avec le temps. Le millésime 86 a reçu naguère le coup de cœur.

Jean-Michel Maurice, Dom. du Prieuré, 21420 Savigny-lès-Beaune, tél. 03.80.21.54.27, fax 03.80.21.59.77 t.l.j. 9h-12h 13h30-19h

DOM. NUDANT 1995*

| | 0,6 ha | 3 000 | | 50 à 70 F |

Rubis prononcé, il appelle la viande rouge. Bouquet net et flatteur, suggérant la fraise de Meuilley (délicieuse et des Hautes-Côtes !). Les tanins sont passés par les bons pères : rigoureux et bien élevés. Dans son style de vin jeune et apte à la garde, il tient la route.

Dom. André Nudant et Fils, 11, RN 74, 21550 Ladoix-Serrigny, tél. 03.80.26.40.48, fax 03.80.26.47.13 r.-v.

DOM. PARIGOT PERE ET FILS
Les Peuillets 1996**

| | n.c. | n.c. | | 50 à 70 F |

Très apprécié par le jury qui le note de façon homogène, un 96 de derrière les fagots ! On admire sa robe lumineuse, son bouquet confiture de cerises, sa structure et son équilibre, ses tanins de noble origine. Encore jeune, déjà fondu, voilà un savigny qui fera des heureux !

Dom. Parigot Père et Fils, rte de Pommard, 21190 Meloisey, tél. 03.80.26.01.70, fax 03.80.26.04.32 r.-v.

JEAN-MARC PAVELOT
La Dominode 1995**

| 1er cru | 2 ha | 9 000 | | 70 à 100 F |

Seul domaine à placer cinq bouteilles dans le quinté gagnant. Cinq en effet obtiennent une ou deux étoiles. Citons **Narbantons 95, Aux Guettes 95, Peuillets 95**, un **village 95** et celui-ci jugé le meilleur. Grenat intense, le nez glorieux et cassissé, il donne en bouche toute sa puissance de feu, de fruit. Dieu que c'est bon ! Deux fois coup de cœur dans le passé. Le jury a hésité pour ce vin et était à deux doigts de le lui accorder. Tout est bon dans la cave !

Jean-Marc Pavelot, 1, chem. des Guettottes, 21420 Savigny-lès-Beaune, tél. 03.80.21.55.21, fax 03.80.21.59.73 r.-v.

La Côte de Beaune

VINCENT PONT 1996*

■   0,2 ha   1 200   ◨ 50 à 70 F

Pourpre et légèrement violacé sur le pourtour du verre, un vin au boisé bien fondu avec une touche de violette. En bouche, une entrée majestueuse, tannique et réglissée. Tout l'orchestre est à l'œuvre ! On sent le raisin bien mûr. Un certain déficit en rondeur, mais c'est une bouteille à boire dans trois ou quatre ans.
🕭 Vincent Pont, rue des Etoiles, 21190 Auxey-Duresses, tél. 03.80.21.27.00, fax 03.80.21.24.49 ✓ ⊺ r.-v.

DOM. SEGUIN-MANUEL
Lavières 1995★★

■ 1er cru   1 ha   4 100   ▮◨♦ 50 à 70 F

DOMAINE SEGUIN-MANUEL
SAVIGNY-LAVIERES
APPELLATION SAVIGNY-LES-BEAUNE 1er CRU CONTRÔLÉE
12,5% Vol.   Mis en bouteille et Distribué par   750 ml
SEGUIN-MANUEL, Propriétaire à Savigny-les-Beaune (Côte-d'Or) France
L 30 B

Des caves cisterciennes pour ce domaine conduit par cette même famille depuis 1720. Joli record. Le vin est à la hauteur. Grenat soutenu, d'une présentation profonde et vive, notre coup de cœur offre un bouquet riche et plein, d'une harmonie parfaite. Dans la suite logique, la bouche est un feu d'artifice. Vinosité, gras, tout y est. Un très grand premier cru que l'on peut tout aussi bien savourer dès à présent ou conserver plusieurs années.
🕭 Dom. Seguin-Manuel, 15, rue Paul-Maldant, 21420 Savigny-lès-Beaune, tél. 03.80.21.50.42, fax 03.80.21.59.38 ✓ ⊺ t.l.j. 8h-12h 14h-17h; f. août

DOM. DES TERREGELESSES
Les Vergelesses 1995*

■ 1er cru   1 ha   3 000   ◨ 70 à 100 F

Attention, notez la nouvelle adresse de ce domaine qui vient de rejoindre de nouveaux locaux. Ce vin est puissant, sous tous rapports. D'emblée, il s'installe. Ensuite, il maintient. Au maximum de la couleur pour un 95, un bouquet de fruits rouges très joli, de la longueur et des tanins accomplissant leur mission. Encore assez dur, masquant le fruit, mais le masque tombera. **Le village 95 rouge** reçoit également une étoile : l'ensemble est riche, profond, épices douces, mûre, cerise noire... Deux belles bouteilles.
🕭 Dom. des Terregelesses, 7, rempart Saint-Jean, 21200 Beaune, tél. 03.80.24.21.65, fax 03.80.24.21.44 ✓ ⊺ t.l.j. sf sam. dim. 9h-12h 14h-18h; f. août

DOM. THOMAS-MOILLARD 1996*

□   n.c.   3 000   ◨ 70 à 100 F

Brillant, limpide, il a le nez puissant, expressif : nuances florales, pomme, et une certaine minéralité. Corps souple et rond, typé amande grillée, et bonne persistance. Du souffle et même de la vivacité en finale. Un vin chaleureux. Pour du poisson grillé.
🕭 Dom. Thomas-Moillard, chem. rural 29, 21700 Nuits-Saint-Georges, tél. 03.80.62.42.22, fax 03.80.61.28.13 ✓ ⊺ r.-v.

LOUIS VIOLLAND
Les Marconnets 1995★★

■ 1er cru   1,8 ha   9 300   ◨ 100 à 150 F

Un super-savigny, très bien noté par le jury. Disque brillant sur tonalité foncée. Nez végétal et cassis. Le fruit persiste et signe, jusqu'au fond du palais. De la rondeur, de l'équilibre et des tanins sans dureté. Main de fer, gant de velours.
🕭 Dom. Louis Violland, Abbaye Saint-Martin, 53, av. de l'Aigue, 21200 Beaune, tél. 03.80.22.35.17, fax 03.80.24.14.84 ⊺ r.-v.

Chorey-lès-beaune

Situé dans la plaine, en face du cône de déjection de la combe de Bouilland, le village possède quelques lieux-dits voisins de Savigny. On y a produit, en 1996, 6 442 hl d'appellation communale rouge, et 169 hl de blanc. Contre 5 687 hl en rouge et 151 hl en blanc en 1997.

DOM. CHARLES ALLEXANT ET FILS
Les Beaumonts 1996

■   1 ha   3 000   ◨ 50 à 70 F

Un domaine offrant quinze appellations bourguignonnes, constitué depuis 1957. Ce fut notre coup de cœur 1991, pour le millésime 88 et le même *climat*. Le 96 se présente de façon limpide. Nez de compote de fraises avec une gousse de vanille. Bel ensemble gardant de la fraîcheur mais développant déjà de solides arguments. Et la cerise confite domine l'ensemble.
🕭 Dom. Charles Allexant et Fils, rue du Château, Cissey, 21190 Merceuil, tél. 03.80.26.83.27, fax 03.80.26.84.04 ✓ ⊺ r.-v.

DOM. CACHAT-OCQUIDANT ET FILS 1996*

■   n.c.   n.c.   ◨ 50 à 70 F

Ce qu'on appelle un « vin fin ». De bout en bout, on apprécie en effet ce trait de sa nature, de son caractère. Grenat soutenu, un peu réglissé, il séduit par son harmonie, son équilibre. Mais il est encore réservé, sinon timide. Il faut l'attendre.
🕭 Dom. Cachat-Ocquidant et Fils, pl. du Souvenir, 21550 Ladoix-Serrigny, tél. 03.80.26.45.30, fax 03.80.26.48.16 ✓ ⊺ r.-v.

CHANSON PERE ET FILS 1995*

■   n.c.   3 600   ◨ 50 à 70 F

La dégustation commence bien : quelle heureuse couleur, entre le rubis et le grenat ! Nez de

La Côte de Beaune — Chorey-lès-beaune

pain frais, encore sur la réserve. Puis un vin enveloppé et assez complet, mais qui là encore ne s'exprime pas complètement. Cette relative austérité évoluera de façon positive.
➥ Chanson Père et Fils, 10, rue du Collège, B.P. 232, 21200 Beaune, tél. 03.80.22.33.00, fax 03.80.24.17.42 r.-v.

BERNARD DUBOIS ET FILS
Les Beaumonts 1995*

| ■ | 1,86 ha | 5 000 | 50 à 70 F |

Le rouge et le noir : on commence ici par Stendhal... Après la robe, le bouquet : fruits cuits, il serait plutôt balzacien. Attaque carrée, expression aromatique complexe en bouche, complétée par du gras et de la longueur grâce à des tanins d'excellente composition.
➥ Dom. Bernard Dubois et Fils, 14, rue des Moutots, 21200 Chorey-lès-Beaune, tél. 03.80.22.13.56, fax 03.80.24.61.43 r.-v.

JEAN-PIERRE DUFOUR 1996*

| ■ | 3,7 ha | 2 400 | 30 à 50 F |

Au siècle dernier, on disait que Chorey produisait un « vin médecin ». On avait recours à lui pour épauler les cuvées un peu pâles des crus voisins. Depuis, ce vin s'est fait un nom et une réputation. Il le mérite, comme on le constate ici. Le nez est bien mûr : pruneau, cerise à l'eau-de-vie. En bouche, le pinot parle nettement et équilibre le bois. Une note cassis accompagne la finale.
➥ Jean-Pierre et Gilberte Dufour, 11, rue de Ley, 21200 Chorey-lès-Beaune, tél. 03.80.22.10.93, fax 03.80.22.10.93 r.-v.

CHRISTINE ET JEAN-MARC DURAND 1996*

| ■ | 0,3 ha | 1 200 | 50 à 70 F |

Un domaine familial constitué d'un ensemble de parcelles dispersées formant plus de 5 ha de vignes. Rubis foncé à reflets bleutés, voici un chorey qui tient bien sa place et son rang. Le bouquet se révèle peu à peu à l'aération, franc et fruits noirs. On sent le goût du raisin au cœur d'une bouche coulante et croquante, très pinotante, correctement charpentée, concentrée. Une belle suite d'impressions convergentes.
➥ C. et J.-M. Durand, rue de l'Eglise, 21200 Bouze-lès-Beaune, tél. 03.80.22.75.31, fax 03.80.26.02.57 r.-v.

SYLVAIN DUSSORT
Les Beaumonts 1996*

| ■ | n.c. | n.c. | 70 à 100 F |

Sous des traits brillants, grenat soutenu, un 96 au bouquet assez riche et bien ouvert : notes de violette, de prune, de fruits rouges cuits... Un beau fruit mûr emplit le palais sur des tanins au dos arrondi, soyeux. Pas trop de chair mais cela se boit sans peine.
➥ Sylvain Dussort, 12, rue Charles-Giraud, 21190 Meursault, tél. 03.80.21.27.50, fax 03.80.21.65.91 r.-v.

FRANCOIS GAY 1995

| ■ | 2,75 ha | 12 000 | 30 à 50 F |

D'une belle teinte grenat, limpide, il sent bon la cerise fraîche et le printemps. D'un corps consistant et d'une maturité à parfaire avec le temps, il persiste et signe : cerise. Finale nettement tannique. Cela donne un joli vin.
➥ François Gay, 9, rue des Fiètres, 21200 Chorey-lès-Beaune, tél. 03.80.22.69.58, fax 03.80.24.71.42 r.-v.

DOM. GUYON Les Bons Ores 1996**

| ■ | n.c. | n.c. | 50 à 70 F |

L'un des meilleurs de la série. Opulente, presque noire, la robe a de la splendeur. Comme s'il voulait être en accord, le fruit aromatique est également noir et profond (mûre, cassis). La matière riche et démonstrative, un peu sauvage, gagnera à être domestiquée mais promet un dénouement de grande qualité. Le fût neuf est présent mais bien fondu.
➥ EARL Dom. Guyon, 11, R.N. 74, 21700 Vosne-Romanée, tél. 03.80.61.02.46, fax 03.80.62.36.55 r.-v.

DOM. DE LA PERRIERE 1996*

| ■ | n.c. | 2 100 | 50 à 70 F |

Intéressant exercice de vinification, donnant pleine satisfaction. Pourpre foncé intense, mariant brûlé et réglisse, un vin ample et gras, bien structuré, d'une puissance poivrée. Sa finale est très tannique, l'acidité demeurant élevée. On conseille de le boire... un peu plus tard.
➥ Dom. de La Perrière, La Cave de Pommard, 21630 Pommard, tél. 03.80.24.99.00, fax 03.80.24.62.42 t.l.j. 9h-19h
➥ Cécile Chenu

LES CAVES DU CHANCELIER 1996*

| ■ | n.c. | n.c. | 70 à 100 F |

Classique, il occupe le verre avec une forte coloration, avant de délivrer des arômes assez mûrs : le cuir, la cerise à l'eau-de-vie, le poivre. L'attaque parait fluide et fraîche, moins imposante, plus sensible que les deux premiers mouvements de la symphonie. Notes de kirsch. Mérite sa place ici.
➥ Les Caves du Chancelier, 1, rue Ziem, 21200 Beaune, tél. 03.80.24.05.88, fax 03.80.22.37.08 t.l.j. 9h-19h

GHISLAINE ET BERNARD MARECHAL-CAILLOT 1995*

| ■ | 0,39 ha | 750 | 50 à 70 F |

Ce n'est pas lui qui dirait, comme don Diègue : « O vieillesse ennemie ! » Car il a besoin d'un peu de recul pour se présenter au mieux. Pourpre de bonne intensité, il a le nez typique des 95, version groseille, tout en restant assez boisé. En bouche, la première impression framboisée est vite effacée par une touche vanillée, mais l'avis est général : il a de l'avenir (dans les deux à quatre ans).
➥ Bernard Maréchal, 10, rte de Chalon-sur-Saône, 21200 Bligny-lès-Beaune, tél. 03.80.21.44.55, fax 03.80.26.88.21 t.l.j. 9h-20h; dim. 10h-12h

GEORGES ROY 1995*

| ■ | 0,32 ha | 1 200 | 50 à 70 F |

La production de chorey blanc progresse, mais elle reste infime : quelque 10 000 bouteilles pour 700 000 en rouge. Celle-ci est donc un peu

La Côte de Beaune — Beaune

le loup blanc, seul rescapé de la dégustation des blancs. D'un or léger, il rappelle les fruits secs, la noix, la cire d'abeille. Le corps est fourni, rond et sans aspérité, le boisé fondu.
➤ Georges Roy, 20, rue des Moutots,
21200 Chorey-lès-Beaune, tél. 03.80.22.16.28,
fax 03.80.24.76.38 ☑ ⓘ r.-v.

PIERRE THIBERT
Les Beaumonts Vieilles vignes 1996

| ■ | 0,23 ha | 900 | ⓘ | 50 à 70 F |

Pierre Thibert est devenu en 1996 le propriétaire de cette parcelle qu'il avait jusque-là en fermage. Carmin et velouté, ce vin est peu enclin à la conversation, et il libère à peine ses arômes de myrtille, de sous-bois, de champignon. Mais il y a des perspectives là-dessous ! La bouche confirme le nez : assez d'acidité pour descendre en cave et y monter en puissance.
➤ Pierre Thibert, Grande-Rue,
21700 Corgoloin, tél. 03.80.62.73.40,
fax 03.80.62.73.40 ☑ ⓘ r.-v.

Beaune

En superficie, l'appellation beaune est l'une des plus importantes de la Côte. Mais Beaune, ville d'environ 20 000 habitants, est aussi et surtout la capitale viti-vinicole de la Bourgogne. Siège d'un important négoce, elle est une des cités les plus touristiques de France. La vente des vins des Hospices est devenue un événement mondial, et représente certainement l'une des ventes de charité les plus illustres. Grâce à sa situation au centre d'un nœud autoroutier très important, son développement touristique est certain.

Les vins, essentiellement rouges, sont pleins de force et de distinction. La situation géographique a permis le classement en premier cru d'une grande partie du vignoble, et, parmi les plus prestigieux, nous pouvons retenir les Bressandes, le Clos du Roy, les Grèves, les Teurons et les Champimonts. En 1996, l'AOC a produit 16 800 hl de vin rouge et 1 500 hl de vin blanc. En 1997, 15 080 hl de vin rouge et 1 723 hl de blanc.

ARNOUX PERE ET FILS
Les Cent Vignes 1995★

| ■ 1er cru | 0,5 ha | 2 500 | ⓘ | 70 à 100 F |

Chez ce propriétaire, choisissez plutôt celui-ci. Un bon vin, à ne pas trop attendre (un an, deux ans). Robe bien nette à reflets rubis. Parfums de réglisse et de cerise noire, particulièrement attachants. Pas beaucoup de charpente, mais cela se laisse boire (comme on dit en Bourgogne où l'on a le sens de la litote !).
➤ Arnoux Père et Fils, rue des Brenôts,
21200 Chorey-lès-Beaune, tél. 03.80.22.57.98,
fax 03.80.22.16.85 ☑ ⓘ r.-v.

BALLOT-MILLOT ET FILS
Epenottes 1996★

| ■ | 0,45 ha | 2 400 | ⓘ | 100 à 150 F |

A la sortie de Beaune en allant à Pommard, ce *climat* parvient à tirer son épingle du millésime 96 : rubis violacé, bouqueté framboise et réglisse dans la pure tradition du pinot noir, il laisse en bouche une belle impression. Tout y est, en effet : toutes les pièces du puzzle qui achèvera de se constituer en cave pendant les deux années à venir. Il aimera un faisan aux choux.
➤ Ballot-Millot et Fils, 9, rue de la Goutte-d'Or, B.P. 33, 21190 Meursault,
tél. 03.80.21.21.39, fax 03.80.21.65.92 ☑ ⓘ r.-v.

LYCEE VITICOLE DE BEAUNE
Les Perrières 1995★

| ■ 1er cru | 0,77 ha | 3 710 | ⓘ | 70 à 100 F |

Parmi les vins présentés par le lycée viticole de Beaune, celui-ci remporte - sinon le prix d'excellence - du moins le tableau d'honneur. Rouge vif, grillé et s'ouvrant sur la cuisson, un Perrières à la bouche fraîche et élégante, compensant ainsi sa puissance assez moyenne.
➤ Lycée viticole de Beaune, 16, av. Charles-Jaffelin, 21200 Beaune, tél. 03.80.26.35.81,
fax 03.80.22.16.66 ☑ ⓘ t.l.j. sf dim. 8h-11h30 14h-17h; sam. 8h-11h30

CH. DE BLIGNY Pertuisots 1996★

| ■ 1er cru | 0,52 ha | 2 700 | ⓘ | 100 à 150 F |

« Le vin de Beaune ne perd sa cause que faute de comparer », dit-on. Celui-ci affronte ses rivaux le front haut. Rouge vif, le nez framboisé et toasté, il ne manque pas de panache dans un style souple, élégant, désireux de plaire et y parvenant.
➤ SCE Ch. de Bligny, 14, Grande-Rue,
21200 Bligny-lès-Beaune, tél. 03.80.21.47.38,
fax 03.80.21.40.27 ☑ ⓘ r.-v.

DOM. GABRIEL BOUCHARD
Marconnets 1995★★

| ■ 1er cru | n.c. | 2 400 | ⓘ | 70 à 100 F |

Ce domaine (coup de cœur pour ses 88 et 91) vinifie extrêmement bien. Témoin en millésime 95 un **Cent-Vignes** très convenable (une étoile) et ce beau Marconnets en pleine ascension. Très jolie robe. Pruneau, griotte, un régal. De la chair, de l'équilibre. Une fin de bouche longue et complexe qui annonce une belle évolution. Excellente prestation et la quintessence du millésime.
➤ Dom. Gabriel Bouchard, 4, rue du Tribunal,
21200 Beaune, tél. 03.80.22.68.63 ☑ ⓘ r.-v.
➤ Alain Bouchard

DOM. BOUCHARD PERE ET FILS
Teurons 1996★

| ■ 1er cru | 2,4 ha | n.c. | ⓘ | 100 à 150 F |

Marconnets ou Teurons 96, sous la même signature. Optons pour ces derniers. La cerise

La Côte de Beaune — Beaune

noire évolue légèrement au nez. Les tanins font de l'artillerie lourde, dans un mouvement d'attaque puissant et long. Est-ce suffisant pour gagner la bataille ? Oui, car l'équilibre s'annonce clairement, ne gommant pas le fruit. A attendre deux à trois ans.

☛ Bouchard Père et Fils, Ch. de Beaune, 21200 Beaune, tél. 03.80.24.80.24, fax 03.80.24.97.56 ☖ r.-v.

DOM. BOUZERAND-DUJARDIN 1995

0,3 ha   15 000   50 à 70 F

Légèrement tuilé, ce 95 garde de la spontanéité : un fruit rouge très frais impressionne l'odorat après aération. Belle montée en puissance, franche et charpentée, ferme et décidée. Il demandera quelques années pour se fondre et pour vaincre sa petite note d'amertume laissée par le fût en finale.

☛ Dom. Bouzerand-Dujardin, pl. du Monument, 21190 Monthélie, tél. 03.80.21.20.02, fax 03.80.21.28.16 ☑ ☖ t.l.j. sf dim. 8h-12h 14h-19h; f. 1er-15 août

DOM. PHILIPPE BOUZEREAU 1995

0,5 ha   n.c.   50 à 70 F

Rouge obscur et sombre, il a le regard espagnol. Léger boisé au nez, type sous-bois frais. Encore jeune et tannique, un tendre qui attend le compliment. Il le mérite car il est de bonne constitution et l'acidité porte son gras avec une aimable complicité.

☛ Philippe Bouzereau, Ch. de Cîteaux, 18-20, rue de Cîteaux, 21190 Meursault, tél. 03.80.21.20.32, fax 03.80.21.64.34 ☑ ☖ r.-v.

CHAMPY PERE ET CIE
Les Bressandes 1995

■ 1er cru   n.c.   n.c.   70 à 100 F

Doyenne des maisons de négoce-éleveur, Champy est bien relancé par la famille Meurgey. Ce Bressandes 95 s'épanouit sur des notes florales et de fruits rouges. Bonne structure de vin de garde, un peu chaleureuse mais restant dans un esprit classique.

☛ Maison Champy Père et Cie, 5, rue du Grenier-à-Sel, 21200 Beaune, tél. 03.80.24.97.40 ☑ ☖ r.-v.

CHANSON PERE ET FILS
Clos des Fèves 1995*

■ 1er cru   3,96 ha   9 000   100 à 150 F

A tout seigneur, tout honneur : cette vénérable maison beaunoise a déjà reçu deux coups de cœur dans cette AOC. Elle présente ici un Clos des Fèves de bonne tenue, complet, long en bouche, bien équilibré, très coloré. Sa démarche est sans doute pleine de bonhomie, mais le raffinement est en train de se faire. Superbe bouteille... dans un petit moment.

☛ Chanson Père et Fils, 10, rue du Collège, B.P. 232, 21200 Beaune, tél. 03.80.22.33.00, fax 03.80.24.17.42 ☖ r.-v.

DOM. DES COURTINES
Les Grèves 1995*

■ 1er cru   0,3 ha   n.c.   100 à 150 F

Condamné à mort par son cousin le roi d'Angleterre, le duc de Clarence émit un dernier vœu : être noyé dans un tonneau de vin de Beaune. N'allons pas souhaiter un tel office à ce Grèves 95 ! Il mérite les plus grandes attentions à table. Il flamboie et offre un bouquet assez complexe de fruits frais. Un peu de tanin austère, mais la chair semble belle : les qualités sont suffisantes pour en faire, à terme, un bon produit.

☛ Dom. de Courtines, 21200 Beaune, tél. 03.80.24.97.30, fax 03.80.24.97.40
☛ S. Rosenfeld

COUVENT DES CORDELIERS
Cent-Vignes 1995

n.c.   2 900   100 à 150 F

Les Caves du Couvent des Cordeliers sont l'une des innombrables créations d'André Boisseaux, décédé l'an dernier. Le Cent-Vignes qu'elles présentent possède une robe rouge cerise, un nez friand et qui, sur un air de fraise, donne envie d'aller plus loin. Et en effet, le passage en bouche n'est pas une simple formalité. De l'ampleur et une palette aromatique intéressante.

☛ Caves du Couvent des Cordeliers, rue de l'Hôtel-Dieu, 21200 Beaune, tél. 03.80.25.08.85, fax 03.80.25.08.21 ☑ ☖ r.-v.

YVES DARVIOT Chaume Gaufriot 1996*

0,36 ha   1 500   50 à 70 F

Des **Grèves 96** encore un peu austères mais honnêtes, et ce vin à la couleur soutenue, au parfum légèrement viandé et très concentré, au corps vineux et fruité. Belle longueur pour un *village*. Si le mieux est l'ennemi du bien (et il y a pour certains vins des engouements passagers), préférons le bien !

☛ Dom. Yves Darviot, 2, pl. Morimont, 21200 Beaune, tél. 03.80.24.74.87, fax 03.80.22.02.89 ☑ ☖ r.-v.

RODOLPHE DEMOUGEOT
Les Epenottes 1996*

n.c.   n.c.   50 à 70 F

Un *climat* tout proche du pommard. Ce 96 porte une robe d'un rouge griotte aux allures de volcan. Les fruits rouges et les notes sauvages sont généreux sous l'angle olfactif. Beaucoup de rondeur au chapitre suivant : la bouche est presque suave, d'une politesse exquise, mais d'une bonne constitution.

☛ Dom. Rodolphe Demougeot, 2, rue du Clos-de-Mazeray, 21190 Meursault, tél. 03.80.21.28.99, fax 03.80.21.29.18 ☑ ☖ r.-v.

DOM. DOUDET Cent-Vignes 1996

■ 1er cru   0,38 ha   1 800   100 à 150 F

D'une coloration normale et d'une limpidité correcte, un vin qui au nez pratique la langue de bois : torréfaction. L'acidité prédomine, mais c'est une façon de vivre sa jeunesse dans l'attente d'autre chose. Sa structure lui permet d'envisager en effet un avenir certain.

☛ Dom. Doudet, 50, rue de Bourgogne, 21420 Savigny-lès-Beaune, tél. 03.80.21.51.74, fax 03.80.21.50.69 ☑ ☖ r.-v.
☛ Yves Doudet

505   LA BOURGOGNE

La Côte de Beaune — Beaune

DOM. DUBOIS D'ORGEVAL
Les Theurons 1995★★

| 1er cru | n.c. | n.c. | 70 à 100 F |

La présentation est remarquable, le nez végétal puis fruité. Tannique et robuste, un vin assez riche et qui persiste en bouche. Plus onctueux que puissant, il suscite beaucoup de compliments au sein de nos jurés gourmets.
- Dom. Dubois d'Orgeval, 3, rue Joseph-Bard, 21200 Chorey-lès-Beaune, tél. 03.80.24.70.89, fax 03.80.22.45.02 r.-v.

CH. GENOT-BOULANGER
Montrevenot 1995

| 1er cru | 0,38 ha | 2 000 | 70 à 100 F |

Au sommet du coteau et touchant Pommard, ce *climat* offre ici un visage sanguin et un nez de fruits mûrs, franc et attractif. Nuance d'amertume, un penchant animal, un peu de chaleur, c'est un tempérament à prendre tel qu'il se présente, avec de la matière et une richesse aromatique sous-jacente. Lui offrir dans deux ans des cailles aux raisins.
- Marie Delaby-Génot, Ch. Genot-Boulanger, 25, rue de Cîteaux, 21190 Meursault, tél. 03.80.21.49.20, fax 03.80.21.49.21 r.-v.

DOM. GERMAIN Vignes-Franches 1995★★

| 1er cru | n.c. | 3 500 | 150 à 200 F |

Coup de cœur en 1993 (millésime 89), il en était tout proche cette année tant son nez a de charme. Notre super-jury ne l'a pas retenu parmi les coups de cœur mais il se situe à un très bon niveau. C'est donc l'une des têtes d'affiche de cette dégustation, pourpre dense, cerise charmante, belle matière mariant à merveille l'acidité et les tanins pour atteindre l'apogée d'ici trois à quatre ans. **Les Cras 95** reçoivent une étoile : il faut là aussi attendre que les tanins se fondent.
- Dom. Germain Père et Fils, Ch. de Chorey, 21200 Chorey-lès-Beaune, tél. 03.80.22.06.05, fax 03.80.24.03.93 r.-v.

JEAN GUITON Les Sizies 1995★

| 1er cru | 0,53 ha | 1 400 | 70 à 100 F |

Jean Guiton est entré en viticulture en 1973. Ce *climat* très central donne forcément un résultat équilibré. Rouge cerise prononcé, assez aromatique dans une configuration de réglisse et de cuir, ce 95 a du coffre et tout ce qu'il faut pour durer. Toutes les qualités qui nous font croire en l'avenir.
- Jean Guiton, 4, rte de Pommard, 21200 Bligny-lès-Beaune, tél. 03.80.26.82.88, fax 03.80.26.85.05 t.l.j. 9h-12h 14h-19h

LOUIS JADOT Clos-des-Ursules 1995★★

| 1er cru | 2 ha | 14 000 | 150 à 200 F |

Un grand classique de chez Jadot, archétype du grand vin. D'une féminité extrême, cette bouteille à la robe vive, aux arômes de framboise, séduit par de superbes qualités. Ce que Camille Rodier appelait « une rondeur carrée » : tout à la fois ferme et délicate, structurée et bien construite, les pieds sur le terroir et la tête dans les étoiles.
- Maison Louis Jadot, 21, rue Eugène-Spuller, 21200 Beaune, tél. 03.80.22.10.57, fax 03.80.22.56.03 r.-v.

DANIEL LARGEOT Les Grèves 1996★★

| 1er cru | 0,62 ha | 2 700 | 70 à 100 F |

Précipitez-vous chez ce viticulteur ! Coup de cœur l'an dernier pour son Grèves 95, il réédite l'exploit avec le même en 96 ! Sur quelque cent vingt vins de l'AOC dégustés ! Pourpre violacé, il chante la violette, la cerise à l'eau-de-vie et le cassis, joue intelligemment du fût. Riche, plein, complexe et profond, il est magnifiquement structuré : « il lui manque la retenue pour être exceptionnel », écrit un juré. Demande-t-on à Grèves d'être modeste ? Il fut classé premier des coups de cœur par le grand jury.
- Daniel Largeot, 5, rue des Brenôts, 21200 Chorey-lès-Beaune, tél. 03.80.22.15.10, fax 03.80.22.60.62 r.-v.

CH. DE LA VELLE
Clos des Monsnières 1996★★★

| | 0,7 ha | 3 000 | 50 à 70 F |

Nous avons beaucoup aimé, en **rouge**, le **Marconnets 95**, ainsi que le **beaune village 96**. La palme, le coup de cœur reviennent cependant à ce grand blanc, impressionnant comme saint Bernard en personne. A l'œil et au nez, un pur plaisir. Le fût sait rester à sa place sans monopoliser l'attention. Son acidité bien enveloppée de gras lui donne des ailes. Ce clos des Monsnières a toujours été planté en chardonnay.
- Ch. de La Velle, 17, rue de la Velle, 21190 Meursault, tél. 03.80.21.22.83, fax 03.80.21.65.60 t.l.j. 9h-12h 14h-18h; f. sept.-avril
- Bertrand Darviot

DOM. CHANTAL LESCURE
Les Chouacheux 1995

| 1er cru | 1,5 ha | 2 500 | 70 à 100 F |

D'un rouge frais et un peu clair, d'un bouquet agréable et correctement boisé (tabac blond ?),

La Côte de Beaune — Beaune

un vin tendre et léger sur bon support tannique. Il tient sa partition de façon honorable.
☛ Dom. Chantal Lescure, 34 a, rue Thurot, 21700 Nuits-Saint-Georges, tél. 03.80.61.16.79, fax 03.80.61.36.64
☑ ☒ r.-v.

DOM. MAILLARD PERE ET FILS
1995**

| ■ | n.c. | n.c. | ◨ | 70 à 100 F |

Coup de cœur et médaille d'argent selon le super-jury. Les deux petits anges qui figurent sur l'étiquette annoncent une bouteille riche et complexe. Sa robe fraîche, nuance framboise, son bouquet fin aux nuances de fruits rouges, le charme persistant du fruit tout au long de la bouche lui confèrent des vertus exemplaires. Un *village* (si l'on peut dire à Beaune !) qui surpasse beaucoup de premiers crus.
☛ Dom. Maillard, 2, rue Joseph-Bard, 21200 Chorey-lès-Beaune, tél. 03.80.22.10.67, fax 03.80.24.00.42
☑ ☒ r.-v.

CHRISTIAN MENAUT
La Jolivode 1996**

| ■ | 0,86 ha | 4 200 | ◨ | 50 à 70 F |

Les vraiment bons, on finit toujours par les reconnaître. Coup de cœur pour son 92, ce viticulteur inspiré réitère cette fois encore son exploit. Une robe admirable, un bouquet délicat (très prometteur) font escorte à un corps équilibré avec des tanins bien construits. Cerise, framboise, la bouche est vivante et très longue. Vous auriez tort de le savourer tout de suite, mais l'impatience est permise...
☛ Christian Menaut, 21190 Nantoux, tél. 03.80.26.01.53, fax 03.80.26.01.53
☑ ☒ r.-v.

DOM. RENE MONNIER
Toussaints 1996*

| ■ 1er cru | 0,81 ha | 5 000 | ◨ | 70 à 100 F |

Ce même vin a reçu le coup de cœur en 1996, pour le millésime 93. Il n'atteint pas cette hauteur ici, mais le jury le note de façon très consensuelle. Rouge presque noir, griotte et café, il démontre tout à la fois d'heureuses dispositions et sa capacité à vieillir par une belle matière et des tanins présents mais assez fins. Réglissé en bouche et très typé. Beaunois jusqu'au bout des ongles.
☛ Dom. René Monnier, 6, rue du Dr-Rolland, 21190 Meursault, tél. 03.80.21.29.32, fax 03.80.21.61.79 ☑ ☒ t.l.j. 8h-12h 14h-18h
☛ M. et Mme Bouillot

MORIN PERE ET FILS 1996

| ■ | n.c. | 6 000 | ◨ | 70 à 100 F |

L'une des innombrables maisons reprises par Jean-Claude Boisset, mais avec un tact tout bourguignon. Il sait intelligemment jouer sur toutes ses marques comme sur un piano. Ce beaune rubis foncé, au nez de cerise montmorency, vif à l'attaque, gère ses tanins et son acidité.
☛ Morin Père et Fils, 9, quai Fleury, 21700 Nuits-Saint-Georges, tél. 03.80.62.61.42, fax 03.80.62.37.38 ☑ ☒ t.l.j. 9h-12h 14h-18h

DOM. PARIGOT PERE ET FILS
Les Grèves 1996

| ■ 1er cru | n.c. | 2 750 | ◨ | 70 à 100 F |

Ce fut notre coup de cœur en 1990, pour le 87. L'édition 96 est, comme on dit ici, « à revoir ». Si son intensité de couleur est moyenne, le parfum sait se faire entendre et admirer : de la framboise à l'animal sur fond encore boisé. La suite est un peu réglissée, équilibrée et structurée. Elle tient bon mais en des perspectives futures.
☛ Dom. Parigot Père et Fils, rte de Pommard, 21190 Meloisey, tél. 03.80.26.01.70, fax 03.80.26.04.32 ☑ ☒ r.-v.

PASCAL PRUNIER Les Sizies 1995

| ■ 1er cru | 0,32 ha | 1 800 | ◨ | 70 à 100 F |

Ancienne vigne des Hospices de Beaune achetée en 1990. Carmin, limpide, brillant, tel est le premier message. Le second : confiture fraîche, avec une note café en souvenir du fût. Bouche honnête.
☛ Pascal Prunier, rue Traversière, 21190 Auxey-Duresses, tél. 03.80.21.23.91, fax 03.80.21.67.33 ☑ ☒ r.-v.

LUCIEN RATEAU Les Mariages 1995

| ■ | 0,27 ha | 900 | ◨ | 70 à 100 F |

Lucien Rateau a soutenu pendant des années l'interprofession bourguignonne. Chapeau ! Il se présente cette fois tout seul et on le félicite. De ce clos des Mariages, il a su tirer la couleur et le bouquet (fruits mûrs et non pas fleur d'oranger...). En bouche, on passe à l'acte assez vite, de façon souple et cerisée.
☛ Lucien Rateau, 21340 La Rochepot, tél. 03.80.21.80.64 ☑ ☒ t.l.j. 8h-19h

DOM. REBOURGEON-MURE
Les Vignes Franches 1996

■ 1er cru   0,62 ha   2 400   70 à 100 F

Etre mentionné dans notre Guide résulte d'une sacrée course d'obstacles. Le Grand Steeple-Chase d'Auteuil n'est rien à côté ! Bravo, donc, à ce vin frais et gourmand, agréable, de garde moyenne sans doute mais qui n'est pas né pour dormir en cave. Excellente cohérence cassis/mûre. Vignes Franches : elles n'ont pas volé leur nom !
Rebourgeon-Mure, Grande-Rue, 21630 Pommard, tél. 03.80.22.75.39, fax 03.80.22.71.00 r.-v.

REGIS ROSSIGNOL-CHANGARNIER
Les Theurons 1995*

■ 1er cru   2 100   100 à 150 F

A la hauteur d'un 1er cru, et c'est déjà bon signe. Couleur sans problème, et beau nez complexe : macération du fruit. L'attaque est ample, la trame serrée, la concentration efficace, le fût très fin, les tanins présents mais dépourvus d'arrogance. Ne pas déboucher trop vite cette bouteille très complète, et penser à un filet de charolais aux morilles.
Régis Rossignol, rue d'Amour, 21190 Volnay, tél. 03.80.21.61.59, fax 03.80.21.61.59 r.-v.

DOM. THOMAS-MOILLARD
Grèves 1996**

■ 1er cru   n.c.   9 400   100 à 150 F

Des Grèves qui ne baissent pas les bras ni au contraire en plein effort. Charpentées, tanniques, elles répondent tout à fait à ce qu'on espère d'elles. D'ici quelque temps, elles seront formidables. Rouge à reflets grenat, un vin haute-couture, encore un peu fermé, mais évoluant sur le fruit tant au nez qu'en bouche. L'attendre trois ans.
Dom. Thomas-Moillard, chem. rural 29, 21700 Nuits-Saint-Georges, tél. 03.80.62.42.22, fax 03.80.61.28.13 r.-v.

CHRISTOPHE VIOLOT-GUILLEMARD
Clos des Mouches 1995

■ 1er cru   0,24 ha   1 500   70 à 100 F

Rubis moyen à reflets orangés, un vin au nez confituré et de bonne qualité. L'ensemble est chaleureux, sans excès de boisé, souple et rond, créant une atmosphère familière autour d'une bouteille aimable.
Christophe Violot-Guillemard, rue de la Refene, 21630 Pommard, tél. 03.80.22.03.49, fax 03.80.22.03.49 r.-v.

Côte de beaune

A ne pas confondre avec le côte de beaune-villages, l'appellation côte de beaune ne peut être produite que sur quelques lieux-dits de la montagne de Beaune. Elle a déclaré 992 hl de vin rouge et 603 hl de vin blanc en 1996 et 688 hl de vin rouge et 472 hl de vin blanc en 1997.

CHAMPY PERE ET CIE
La Grande Châtelaine 1996

□   n.c.   n.c.   50 à 70 F

Cette bouteille assez simple ne fera pas l'objet d'une communication à la société savante de Beaune, mais elle est cependant bien réussie. Robe agréable, petite note beurrée et chèvrefeuille, léger gras d'attaque et bon équilibre global, voilà qui n'est pas rien.
Maison Champy Père et Cie, 5, rue du Grenier-à-Sel, 21200 Beaune, tél. 03.80.24.97.30, fax 03.80.24.97.40 r.-v.

DOM. DUBOIS D'ORGEVAL 1995

□   n.c.   n.c.   50 à 70 F

Un 95 à la couleur correcte pour l'année, au bouquet assez puissant et nuancé (agrumes, beurre, boisé). Bon démarrage en bouche, avec de l'allant et de la conviction. Persistance moyenne. Ce vin atteint maintenant sa maturité.
Dom. Dubois d'Orgeval, 3, rue Joseph-Bard, 21200 Chorey-lès-Beaune, tél. 03.80.24.70.89, fax 03.80.22.45.02 r.-v.

EMMANUEL GIBOULOT
La Grande Châtelaine 1996*

□   2,35 ha   4 000   50 à 70 F

Il est encore tout jeune, ce côte de beaune au nez agréable et ouvert : accents végétaux (verdure, laurier) ainsi que fruités (pêche). On reste dans le même esprit par la suite. Ce vin présente un certain relief, en raison de sa personnalité partagée entre le gras et l'acidité. Jolie longueur.
Emmanuel Giboulot, Combertault, 21200 Beaune, tél. 03.80.26.52.85, fax 03.80.26.53.67 r.-v.

PIERRE GRUBER 1996

■   n.c.   3 000   70 à 100 F

D'une couleur rouge cerise qui signale son tonus, celui-ci confie à la fraise le soin de défendre ses intérêts aromatiques. Beaucoup de fruits lorsqu'on aborde le fond des choses. Certes, d'une texture moyenne, mais équilibrée et assez ronde. Le tout est plaisant.
Bourgognes Pierre Gruber, 49, rue Henri-Challand, 21700 Nuits-Saint-Georges, tél. 03.80.61.02.88, fax 03.80.62.37.99 r.-v.

DOM. CHANTAL LESCURE
La grande Châtelaine 1996**

□   1,5 ha   6 000   50 à 70 F

Une bouteille or jaune, très agréable à regarder. Quelles jolies jambes ! Une fois passée cette vision, on découvre un bouquet de fleurs blanches comportant une pointe de minéralité. Le corps est bien construit, présent dès l'attaque, continu dans son bel élan. Bois correctement maîtrisé. Enfin, et ce n'est pas rien : du potentiel. Le **rouge 95** reçoit une étoile.

La Côte de Beaune

☙ Dom. Chantal Lescure, 34 a, rue Thurot, 21700 Nuits-Saint-Georges, tél. 03.80.61.16.79, fax 03.80.61.36.64 ✓ ⵎ r.-v.

DOM. PIERRE PONNELLE
Les Pierres Blanches 1995★

| | 3 ha | 15 000 | ⑪ 70 à 100 F |

Or à reflets jaunes, il montre quelques signes d'évolution. Son nez est assez présent sur des notes florales et d'agrumes. La bouche en revanche demeure fraîche et vive sur la fin, dans une certaine complexité générale. Quelques arômes en rétro-olfaction.

☙ Pierre Ponnelle, 2, rue Paradis, 21200 Beaune, tél. 03.80.22.19.12, fax 03.80.24.91.87
☙ J.-C. Boisset

DOM. POULLEAU PERE ET FILS
Les Mondes Rondes 1996

| ■ | 3,2 ha | 3 000 | ⑪ 80 à 50 F |

Son côté charnu et fruité, son assez bonne constitution lui valent le billet d'entrée dans notre Guide. Robe framboise très éclatante : elle habille un nez encore très jeune, frais et teinté de fruits rouges.

☙ Dom. Poulleau Père et Fils, rue du Pied-de-la-Vallée, 21190 Volnay, tél. 03.80.21.62.61, fax 03.80.24.11.25 ✓ ⵎ r.-v.

Pommard

C'est l'appellation bourguignonne la plus connue à l'étranger, sans doute en raison de sa facilité de prononciation... Le vignoble a produit 15 454 hl en 1996 et 12 961 hl en 1997. L'argovien marneux est ici remplacé par des calcaires tendres, et les vins produits sont solides, tanniques et ont une bonne aptitude à la garde. Les meilleurs climats sont classés en premiers crus, dont les plus connus sont les Rugiens et les Epenots.

BALLOT-MILLOT ET FILS
Pézerolles 1996★★

| ■ 1er cru | 0,35 ha | 1 800 | ⑪ 100 à 150 F |

Domaine dont les origines remontent au XVIIe. A deux doigts du coup de cœur, ce Pézerolles nous rappelle le mot de Guillaume Paradin qui, dès le Moyen Age, disait : « Le vin de Pommard est la fleur des vins de Beaune ». Rubis foncé bien sûr, il est le bouquet expressif, une bouche adorable. Sa délicatesse est remarquable. Du charme, de la sensualité. Ce côté « fleur bleue » a enthousiasmé le jury.

☙ Ballot-Millot et Fils, 9, rue de la Goutte-d'Or, B.P. 33, 21190 Meursault, tél. 03.80.21.21.39, fax 03.80.21.65.92 ✓ ⵎ r.-v.

Pommard

JEAN-BAPTISTE BEJOT 1996★

| ■ | n.c. | n.c. | ⑪ 100 à 150 F |

Rouge violacé : on croirait voir un coucher de soleil dans le verre. Tendance aromatique : réglisse, vanille, un soupçon de fruits confits. Une bonne approche en bouche, dans l'esprit du millésime. Souple, sans excès de longueur, il sait discipliner ses tanins et semble promis à un gibier rôti...

☙ Jean-Baptiste Béjot, RN 74, B.P. 3, 21190 Meursault, tél. 03.80.21.22.45, fax 03.80.21.28.05 ✓ ⵎ r.-v.
☙ Sauvestre

DOM. GABRIEL BILLARD 1995★★

| ■ | 0,96 ha | 1 500 | ⑪ 70 à 100 F |

Laurence Jobard, œnologue réputée, est l'une des deux filles Billard qui signent ce village de très bonne facture. La robe est appétissante, rubis foncé. Petit bout de nez amer, gentiane, avec un grillé prononcé et flatteur si on aime ce type de vin. Rondeur et générosité contribuent à l'attaque. Tanins expressifs, mais ils protègent et accompagnent le fruit bien présent. Du fond et une bouteille sérieuse. Conseillée par le jury sur un filet de biche en croûte. Coup de cœur pour le 90.

☙ Dom. Gabriel Billard, imp. de la Commaraine, 21630 Pommard, tél. 03.80.22.27.82, fax 03.85.49.49.02 ✓ ⵎ r.-v.
☙ Jobard Desmonet

DOM. BILLARD-GONNET
Clos de Verger 1995★

| ■ 1er cru | 1,5 ha | 4 090 | ⑪ 100 à 150 F |

Coup de cœur en 1987 pour le Rugiens 82. Ce Clos du Verger violacé possède un nez franc et fin, fruité et légèrement réglissé. Sans fioritures, concentré et persistant, dur dans sa jeunesse et sachant mettre en valeur le vin plutôt que le fût : un bon point ! **Chaponnières 95** excellent, comme le 1er cru sans mention de climat.

☙ Dom. Billard-Gonnet, rte d'Ivry, 21630 Pommard, tél. 03.80.22.17.33, fax 03.80.22.68.92 ✓ ⵎ r.-v.

DOM. ALBERT BOILLOT
En l'Argillière 1996★

| ■ 1er cru | 0,23 ha | 1 400 | ⑪ 70 à 100 F |

Domaine établi à Volnay à la fin du XVIIe. Ce climat situé côté Beaune en milieu de coteau donne ici un 96 violacé de belle intensité, au boisé très fin et bien conduit, laissant le petit fruit s'exprimer à sa guise. Equilibre et harmonie : le corps est riche en matière bien extraite (comme on dit à Bordeaux !), soyeux et persistant. Le fruit l'emporte, en raison sans doute de la vinification très réussie.

☙ SCE du Dom. Albert Boillot, ruelle Saint-Etienne, 21190 Volnay, tél. 03.80.21.61.21, fax 03.80.21.61.21 ✓ ⵎ r.-v.

DOM. GABRIEL BOUCHARD
Les Charmots 1995

| ■ 1er cru | 0,33 ha | 1 200 | ⑪ 100 à 150 F |

« Manque un peu d'épaules, mais beaucoup de finesse », lit-on sur une fiche de dégustation. Un pommard ne sacrifiant pas à l'image d'un vin

509   LA BOURGOGNE

La Côte de Beaune — Pommard

costaud, jouant au contraire un air de griotte sur un ton délicat. Rouge profond, il est destiné à une consommation assez proche. Les millésimes 90 et 93 ont reçu le coup de cœur.
- Dom. Gabriel Bouchard, 4, rue du Tribunal, 21200 Beaune, tél. 03.80.22.68.63 ☑ ⌶ r.-v.
- Alain Bouchard

DENIS BOUSSEY 1996★★
■ 0,55 ha 3 000 ⫼ 70 à 100 F

Un 96 parfaitement réussi, rond et gras, puissant et soyeux, ménageant bien ses effets. Un très beau village, en vérité. La robe profonde et foncée est typée. Le nez commence à se confesser, sur des notes fruitées. Bonne persistance au fond du palais. Satisfaction garantie.
- Dom. Denis Boussey, rue du Pied-de-la-Vallée, 21190 Monthélie, tél. 03.80.21.21.23, fax 03.80.21.62.46 ☑ ⌶ t.l.j. 8h-12h 13h30-19h; f. 10-25 août

DOM. CAILLOT Epenots 1995★
■ 1er cru n.c. 1 200 ⫼ 70 à 100 F

Un pommard assez original, que l'on pourrait destiner à une truite pochée au vin rouge. Ses arômes évoquent en effet les fruits cuits (pruneau), avec des notes sauvages, et même exotiques. Grenat intense, il est bien en chair et architecturé, solide et durable. Intéressant.
- Dom. Caillot, 14, rue du Cromin, 21190 Meursault, tél. 03.80.21.20.12, fax 03.80.21.69.58 ☑ ⌶ r.-v.

DENIS CARRE Les Noizons 1996★★
■ n.c. n.c. ⫼ 70 à 100 F

Robe d'un beau brillant, nez épicé et un peu sauvage. Charnu et corpulent, bien planté sur ses deux jambes, voilà un pommard bien né et qui ne vous décevra pas. Il fut coup de cœur en 1995 (millésime 92). Ce 96, déjà fondu, et avec une acidité un peu cachée par le potentiel, peut être attendu cinq à dix ans. Mais on peut l'aimer déjà lorsqu'on est amateur averti.
- Denis Carré, rue du Puits-Bouret, 21190 Meloisey, tél. 03.80.26.02.21, fax 03.80.26.04.64 ☑ ⌶ r.-v.

DOM. DU CHATEAU DE MEURSAULT Les petits Noizons 1995
■ 1,5 ha 5 000 ⫼ 100 à 150 F

Attaque aimable, sur fond de tanins bien présents. La bouche, complète tout en restant austère, a du relief, de la concentration. La robe est classique, tirant sur le mauve, le bouquet expressif, fruité, frais et boisé.
- Ch. de Meursault, 21190 Meursault, tél. 03.80.26.22.75, fax 03.80.26.22.76 ☑ ⌶ r.-v.

DOM. DU CLOS DU PAVILLON
Les Fournières 1995★
■ 1er cru 0,38 ha 2 000 ⫼ 100 à 150 F

Cueille le plaisir de la vie là où il se trouve présentement. Les reflets violacés de ce vin sont de bon augure. Le bouquet est franc et réservé : ces Messieurs de Pommard sont ainsi version 95. Un vin très souple, simple et estimable. Appréciez ce sourire dès à présent et ne l'oubliez pas en cave. Un vin pour demain midi.
- Dom. du Clos du Pavillon, 6 bis, bd Jacques-Copeau, 21200 Beaune, tél. 03.80.24.37.37, fax 03.80.24.37.38
- A. Bichot

CORON PERE ET FILS
Clos de la Chanière, Domaine du Château de Bligny 1995★
■ 1er cru n.c. 3 000 ⫼ 150 à 200 F

Il faut tout dire : cette bouteille a profondément divisé nos dégustateurs. L'un l'a jugée honnête, sans plus. Les autres sont tombés en extase devant sa complexité épicée au nez et au palais, ses tanins longs et soyeux, son élégance, sa persistance. Sur une fiche, on lit : « un vin finaud », et cela - semble-t-il - résume tout.
- Maison Coron Père et Fils, 3, rue des Seuillets, B.P. 10, 21701 Nuits-Saint-Georges Cedex, tél. 03.80.24.78.58, fax 03.80.61.31.40 ☑ ⌶ r.-v.

RODOLPHE DEMOUGEOT
Les Vignots 1996★
■ n.c. n.c. ⫼ 70 à 100 F

Voilà le pommard qui aurait trois étoiles s'il était moins boisé. Il fut coup de cœur en 1997 (millésime 94). Le 96 se présente bien, nuance bigarreau, puissant aux trois coups de nez, offrant du gras et du velouté, de la complexité. Avec le temps, le boisé rentrera dans l'ordre.
- Dom. Rodolphe Demougeot, 2, rue du Clos-de-Mazeray, 21190 Meursault, tél. 03.80.21.28.99, fax 03.80.21.29.18 ☑ ⌶ r.-v.

DOUDET-NAUDIN Les Vignots 1996★★
■ n.c. 1 800 ⫼ 100 à 150 F

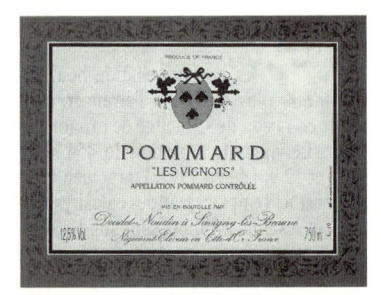

Alfred Hitchcock avait utilisé une bouteille de pommard dans son film Les Enchaînés : c'était la clé de l'intrigue. Dans ces Vignots 96, en revanche, pas de suspense. Le coup de cœur couronne une bouteille pourpre sombre, dont le bouquet marie le sous-bois et le champignon (mais du boisé aussi). Rond, plein et gras, c'est le roi des bons vivants, comme disait jadis Camille Rodier.
- Doudet-Naudin, 3, rue Henri-Cyrot, B.P. 1, 21420 Savigny-lès-Beaune, tél. 03.80.21.51.74, fax 03.80.21.50.69 ☑ ⌶ r.-v.

DOM. CHRISTINE ET JEAN-MARC DURAND 1996★★
■ 1 ha 2 000 ⫼ 70 à 100 F

Un vin d'homme. Un pommard comme on en boit chez Flaubert, dans Madame Bovary. Tradition respectée avec de l'intensité d'emblée, un

La Côte de Beaune

Pommard

bouquet violette et cassis, une bouche bien en chair et qui fait fort. Les détails apparaîtront avec le temps et c'est pour vous affaire de patience.
↘ C. et J.-M. Durand, rue de l'Eglise, 21200 Bouze-lès-Beaune, tél. 03.80.22.75.31, fax 03.80.26.02.57 V Y r.-v.

BERNARD FEVRE 1996

■   1 ha   2 000

Bernard Fèvre a succédé à son père en 1977. Il conduit un domaine de 5 ha. Limpide, brillant, profond, son pommard est rouge à souhait. Quelques notes de fraise, framboise. Ferme et bien charpenté, il était encore très jeune lors de notre dégustation, mais il s'exprimera davantage avec le temps.
↘ Bernard Fèvre, Petite-Rue, 21190 Saint-Romain, tél. 03.80.21.21.29, fax 03.80.21.66.47 V Y r.-v.

CH. GENOT-BOULANGER 1995★

■   2,22 ha   12 000

Rubis un peu ambré, un 95 aux accents de sous-bois et de cuir, légèrement floral. L'attaque est assez vive, puis les tanins prennent le relais. Il est encore fermé en bouche, tout en offrant une longueur satisfaisante et une netteté sans défaut. Un filet mignon devrait s'en accommoder.
↘ Marie Delaby-Génot, Ch. Genot-Boulanger, 25, rue de Cîteaux, 21190 Meursault, tél. 03.80.21.49.20, fax 03.80.21.49.21 V Y r.-v.

ANDRE GOICHOT Les Arvelets 1995★★

■ 1er cru   n.c.   n.c.

Victor Hugo voyait dans le pommard « le combat du jour et de la nuit ». Jolie formule, vérifiée ici sous notre regard. Premier nez dis-

La côte de Beaune (Centre-Nord)

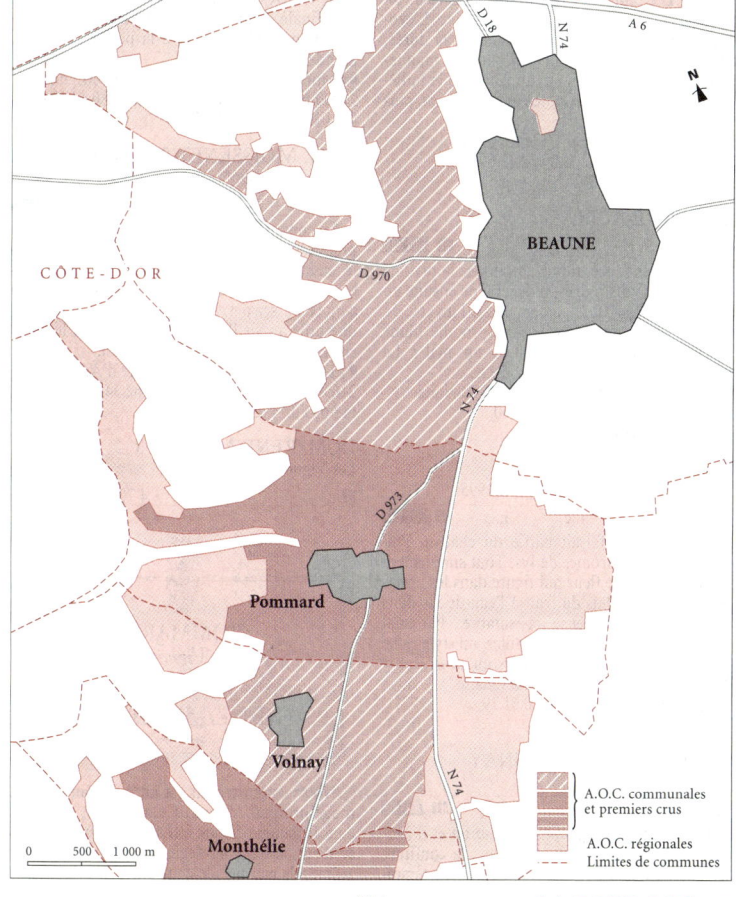

511 — LA BOURGOGNE

La Côte de Beaune — Pommard

cret : fourrure ? Eucalyptus à l'aération. Un vin encore fermé, au boisé raisonnable, très honnête sur tous les plans et offrant un bon potentiel de garde : tout est net et franc. Les Arvelets sont voisins des Charmots, en remontant sur la combe.
🍇 SA A. Goichot et Fils, rue Paul-Masson, 21190 Merceuil, tél. 03.80.26.88.70, fax 03.80.26.80.69 t.l.j. sf sam. dim. 7h30-12h 14h-18h30

JEAN GUITON 1995*

| | 0,64 ha | 1 300 | 70 à 100 F |

Il a de la noblesse, de la distinction. Cerise noire de la robe ; cerise encore, bien mûre, côté parfum, avec un grillé bien fait. Goût de noyau, bons tanins : harmonie et typicité. A déguster dans deux à trois ans.
🍇 Jean Guiton, 4, rte de Pommard, 21200 Bligny-lès-Beaune, tél. 03.80.26.82.88, fax 03.80.26.85.05 t.l.j. 9h-12h 14h-19h

JEAN-LUC JOILLOT Les Noizons 1995

| | 1,6 ha | 8 000 | 100 à 150 F |

La teinte est idéale, quoique dépourvue de reflets. Le nez, assez droit, est enveloppé de fruits rouges. Les tanins un peu austères reflètent un élevage en fût dont une partie est neuve. L'évolution apparaît : il faudra le tester sur la durée, mais c'est comme toujours un pari. Bu maintenant, il est correct. On se rappelle que le millésime 90 reçut le coup de cœur quatre ans plus tard.
🍇 Jean-Luc Joillot, rue de la Métairie, 21630 Pommard, tél. 03.80.22.47.60, fax 03.80.24.67.54 r.-v.

LABOURÉ-ROI 1996

| | n.c. | n.c. | 100 à 150 F |

Rouge très foncé, rappelant au nez la pivoine et les petits fruits rouges, il développe ensuite un corps fin et léger, tout en dentelle. A l'inverse du portrait-robot de l'appellation, produit d'une vinification plus douce : est-ce un mal ? La concentration est toutefois modeste.
🍇 Labouré-Roi, rue Lavoisier, 21700 Nuits-Saint-Georges, tél. 03.80.62.64.00, fax 03.80.62.64.10 r.-v.
🍇 Cottin

DOM. DE LA BUISSIÈRE 1995

| | n.c. | n.c. | 100 à 150 F |

Propriété qui faisait partie du château Philippe le Hardi. Arômes de lys. Tout simplement à l'image de cette fleur qui figure dans les armes de la province. Puis du fruit à l'eau-de-vie dans un décor visuel dense et sombre. Pas mal d'alcool, des tanins bien travaillés, un style riche et puissant qui l'emporte sur les nuances.
🍇 Jean Moreau, 4, rue de la Buissière, 21590 Santenay, tél. 03.80.20.61.79, fax 03.80.20.64.76 r.-v.

DOM. RAYMOND LAUNAY
Les Perrières 1995

| | n.c. | 10 000 | 70 à 100 F |

Ce 95 vire peu au rouge-brun et il évoque les fruits macérés dans l'alcool, la confiture de vieux garçon. Son passage en bouche témoigne de sa mâche. Il a du corps, le diable ! Des tanins aussi mais fondus ; nos jurés sont d'accord là-dessus : malgré quelques signes de vieillissement, il a encore du ressort.
🍇 Dom. Raymond Launay, 21630 Pommard, tél. 03.80.24.08.03, fax 03.80.24.12.87 t.l.j. 9h-18h30; groupes sur r.-v.

DOM. LEJEUNE Les Rugiens 1995*

| ■ 1er cru | 0,27 ha | 1 500 | 150 à 200 F |

Une très ancienne cuve, puisqu'elle remonte au XVII^{e}s., trône dans la cave de ce domaine. Son pommard offre un bouquet complexe et évolué sur fond légèrement épicé. En bouche, on trouve beaucoup de force, de puissance, mais ce vin n'est pas très bavard et on l'attendra avec profit. L'édition 86 de ces Rugiens avait reçu le coup de cœur en 1990.
🍇 Dom. Lejeune, F.-Jullien de Pommerol, La Confrérie, 21630 Pommard, tél. 03.80.22.90.88, fax 03.80.22.90.88 r.-v.

MOILLARD-GRIVOT 1996*

| | n.c. | 30 000 | 100 à 150 F |

Pourpre et peu bouqueté encore (cela viendra), un vin charpenté et qui développe ses atouts dans le verre et en bouche, pour terminer sur une jolie finale. Pour coq au... pommard, dans quelques années bien sûr, et à la portée de tout le monde.
🍇 Moillard-Grivot, 2, rue François-Mignotte, 21700 Nuits-Saint-Georges, tél. 03.80.62.42.00, fax 03.80.61.28.13 r.-v.

DOM. MOISSENET-BONNARD
Les Epenots 1996*

| ■ 1er cru | 0,93 ha | 2 900 | 100 à 150 F |

La concentration se perçoit d'entrée de jeu, au premier coup d'œil. Puis le bouquet évolue vers le cassis avec une sensation de maturité. Les tanins ne manquent pas de civilité, dans un contexte assez net, fruité, persistant et d'une acidité utile au vieillissement. Notez aussi le **96 1er cru Les Charmots**, également réussi.
🍇 Dom. Moissenet-Bonnard, rte d'Autun, 21630 Pommard, tél. 03.80.24.62.34, fax 03.80.24.62.34 r.-v.

DOM. RENE MONNIER
Les Vignots 1996***

| | 0,77 ha | 4 700 | 70 à 100 F |

[Étiquette : POMMARD "Les Vignots" 1996, Appellation Pommard Contrôlée, Domaine RENÉ MONNIER, 750 ml, 13% vol.]

Notre coup de cœur est un très grand *village* rouge profond, violacé. Ce qu'on fait de mieux dans la gamme des 96. « Il n'y a rien à y redire », écrit sur sa fiche un dégustateur comblé par ses arômes de marmelade de prunes, son charme, sa

La Côte de Beaune — Pommard

classe, ses perspectives d'évolution heureuse. L'harmonie en un mot ! Destiné à la haute gastronomie.

🍇 Dom. René Monnier, 6, rue du Dr-Rolland, 21190 Meursault, tél. 03.80.21.29.32, fax 03.80.21.61.79 ◾ 🍷 t.l.j. 8h-12h 14h-18h
🍇 M. et Mme Bouillot

DOM. PARIGOT PERE ET FILS
Les Vignots 1996*

■   n.c.   n.c.   🍾 70 à 100 F

Le millésime 90 valut à ce domaine le coup de cœur. Le **Clos Beauder 96** est un bon *village*. Préférence toutefois pour ces Vignots. Leur coloration est normale, leur nez prudent, leur bouche ronde et fruitée (framboise) d'emblée. La suite est plus austère. A boire plutôt jeune, dans les 2/3 ans. Vous pouvez en outre choisir le 1er cru **Les Charmots**, dans la bonne moyenne.

🍇 Dom. Parigot Père et Fils, rte de Pommard, 21190 Meloisey, tél. 03.80.26.01.70, fax 03.80.26.04.32 ◾ 🍷 r.-v.

CH. PHILIPPE LE HARDI
Petit Clos 1996*

■   n.c.   2 000   🍾 70 à 100 F

Rouge cerise bien mûre, il pinote au nez sur la fraise et l'animal sans pencher d'un côté ou de l'autre. Un peu austère encore en bouche, il possède la matière nécessaire à son envol. Bons tanins mais pas mal de bois que le temps gommera.

🍇 SAS Ch. de Santenay, B.P. 18, 21590 Santenay, tél. 03.80.20.61.87, fax 03.80.20.63.66 ◾ 🍷 r.-v.

MAX PIGUET Les Vignots 1996

■   0,59 ha   1 200   🍾 70 à 100 F

Max Piguet est devenu « vigneron par la force des choses » : lorsque son père mourut, il avait 12 ans. Il propose un pommard dont les aspérités vont s'estomper avec le temps pour laisser apparaître un loyal sujet de l'AOC. Rouge sombre et brillant, il a des notes sauvages et de mûre. Attaque vive, bouche typique, pleine, puissante, et un tempérament qui gagnera à rester 3 ans minimum en cave.

🍇 Max Piguet, rte de Beaune, 21190 Auxey-Duresses, tél. 03.80.21.25.78, fax 03.80.21.68.37 ◾ 🍷 r.-v.

GEORGES ET THIERRY PINTE 1995

■   0,7 ha   1 800   🍾 70 à 100 F

Bon vin standard de l'appellation avec sa couleur rouge cerise, son élan cassissé. Sa structure est convenable. Pas trop de longueur en bouche, mais il parfume les papilles. Une réussite.

🍇 GAEC Georges et Thierry Pinte, 11, rue du Jarron, 21420 Savigny-lès-Beaune, tél. 03.80.21.51.59, fax 03.80.21.51.59 ◾ 🍷 t.l.j. 10h-12h 14h-19h; dim. sur r.-v.

ALBERT PONNELLE Les Argillières 1996

■ 1er cru   n.c.   3 000   🍾 150 à 200 F

Le plus coloré de la série, d'une nuance rappelant la mûre. Va-t-on retrouver ce parfum au nez ? Il commence à s'ouvrir, plutôt fruits rouges, épicé. Massif en bouche, tannique, il devra acquérir le charme, le liant, la rondeur qui lui manquent un peu actuellement. Un 96 dégusté en 98 quitte tout juste son berceau.

🍇 Albert Ponnelle, Clos Saint-Nicolas, 38, fg Saint-Nicolas, 21200 Beaune, tél. 03.80.22.00.05, fax 03.80.24.19.73 ◾ 🍷 r.-v.

POULET PERE ET FILS 1995*

■   n.c.   n.c.   🍾 150 à 200 F

Sous une assez belle présentation classique, rouge foncé, un vin au nez très franc. Dans l'ensemble, le bouquet est encore hésitant, évoquant la cerise, la mûre peut-être, mais c'est le caractère des 95. Il emplit la bouche, répond aux critères du pommard et apparaît à la table réussi et typé, commercial sans doute. Le négoce n'est pas un défaut ! Poulet, l'une des plus anciennes maisons beaunoises, est devenu Laurent Max à Nuits.

🍇 Poulet Père et Fils, 6, rue de Chaux, 21700 Nuits-Saint-Georges, tél. 03.80.62.43.02, fax 03.80.61.28.08

PRUNIER-DAMY 1996*

■   1,2 ha   4 000   🍾 70 à 100 F

D'une teinte déjà ambrée, boisé et expressif, structuré et long, assez équilibré, c'est un pommard qui marie deux écoles : l'ancienne et la nouvelle. C'est un *village*, ne l'oublions pas, et dans cette catégorie il s'affirme. Soyons clairs : un peu moins de fût, et il aurait trois étoiles. Mais il sera bien dans trois ans.

🍇 Philippe Prunier-Damy, rue du Pont-Boillot, 21190 Auxey-Duresses, tél. 03.80.21.60.38, fax 03.80.21.26.64 ◾ 🍷 t.l.j. 9h-12h 13h30-19h

DOM. REBOURGEON-MURE 1995**

■   1,63 ha   4 500   🍾 70 à 100 F

Pour un gigot d'agneau aux pleurotes, suggère un de nos jurés. A vous de décider ! En tout cas, voici une bouteille bien pleine, riche et charnue, aux tanins denses mais veloutés, restée très jeune et préservant son fruit (cassis, cerise noire). Bouquet aimable avec un léger passage d'amande fraîche.

🍇 Rebourgeon-Mure, Grande-Rue, 21630 Pommard, tél. 03.80.22.75.39, fax 03.80.22.71.00 ◾ 🍷 r.-v.

REINE PEDAUQUE 1996**

■   n.c.   6 000   🍾 100 à 150 F

L'époisses sera parfaitement en accord avec ce 96 très équilibré. Le corps se fait sentir, sans masquer l'élégance. Persistance appréciable pour un vin de cet âge. Robe magnifique évidemment : quand on s'appelle Reine Pédauque, on se fournit haute couture. Nez attractif - cacao - et boisé qui devrait s'estomper dans trois à cinq ans.

🍇 Reine Pédauque, Le Village, 21420 Aloxe-Corton, tél. 03.80.25.00.00, fax 03.80.26.42.00 🍷 t.l.j. 9h-11h30 14h-17h30; f. janv.

REGIS ROSSIGNOL-CHANGARNIER 1995

■   n.c.   2 100   🍾 100 à 150 F

Rouge intense et odorant (sous-bois, cannelle), un 95 tannique dont la bouche fermée. A coup sûr un vin de garde déjà flatteur au nez, dont la matière et la charpente indiquent

La Côte de Beaune — Volnay

qu'il doit impérativement dormir dans votre cave. Coup de cœur en 1996 pour son 92.
☛ Régis Rossignol, rue d'Amour,
21190 Volnay, tél. 03.80.21.61.59,
fax 03.80.21.61.59 ⬛ ⚲ r.-v.

CH. ROSSIGNOL-JEANNIARD 1995*
■ 0,57 ha 600 ⬛ 70 à 100 F

Très viril, les épaules carrées, un rude gaillard lui aussi. Il brille de tous ses reflets sous une robe sombre. Cassis et grillé se partagent équitablement le nez. Puissant, on l'a dit, sans agressivité cependant, et d'une belle longueur. Lorsque le gras sera au rendez-vous dans quelque temps - quatre ou cinq ans -, ce sera parfait.
☛ Rossignol-Jeanniard, rue de Mont,
21190 Volnay, tél. 03.80.21.62.43,
fax 03.80.21.27.61 ⬛ ⚲ r.-v.

CHRISTOPHE VIOLOT-GUILLEMARD
Clos Orgelot 1995*
■ 1er cru 1,1 ha 4 500 ⬛ 100 à 150 F

L'arrière-grand-père de ce vigneron installé en 1991 acheta cette parcelle en 1915. Rouge très soutenu et auréolé de reflets brillants, ce vin est fortement boisé. Sa complexité apparaît cependant. La bouche fait en effet très bonne impression : pleine et longue, assez souple. Ce *climat* peu connu se situe juste au-dessus des Epenots, sur le coteau.
☛ Christophe Violot-Guillemard, rue de la Refene, 21630 Pommard, tél. 03.80.22.03.49, fax 03.80.22.03.49 ⚲ r.-v.

JOSEPH VOILLOT Les Pézerolles 1995*
■ 1er cru 0,45 ha 2 400 ⬛ 100 à 150 F

Pourpre, bigarreau bien mûr, un 95 qui combine bien la vanille et les fruits avec une nuance de fraise. « Nez puissant mais encore fermé », lit-on sur une fiche. Comprendre la Bourgogne, c'est comprendre cela ! Bonne attaque, concentration, finesse des tanins commençant à se fondre, l'impression générale est favorable, positive. L'attendre cinq à six ans.
☛ SCEV Joseph Voillot, 21190 Volnay,
tél. 03.80.21.62.27, fax 03.80.21.66.63 ⚲ r.-v.

Volnay

Blotti au creux du coteau, le village de Volnay évoque une jolie carte postale bourguignonne. Moins connue que sa voisine, l'appellation n'a rien à lui envier, et les vins sont tout en finesse ; ils vont de la légèreté des Santenots, situés sur la commune voisine de Meursault, à la solidité et à la vigueur du Clos des Chênes ou des Champans. Nous ne les citerons pas tous ici de peur d'en oublier... Le Clos des Soixante Ouvrées y est également très connu, et donne l'occasion de définir l'ouvrée : quatre ares et vingt-huit centiares, unité de base des terres viticoles correspondant à la surface travaillée à la pioche par un ouvrier dans sa journée, au Moyen Age.

De nombreux auteurs du siècle dernier ont cité le vin de Volnay. Nous rappellerons le vicomte A. de Vergnette qui, en 1845, au congrès des Vignerons français, terminait ainsi son savant rapport : « Les vins de Volnay seront encore longtemps comme ils étaient au XIVe s., sous nos ducs, qui y possédaient les vignobles de Caille-du-Roy ("Cailleray", devenu Caillerets) : les premiers vins du monde. » Signalons que 10 288 hl de volnay ont été produits en 1996 et 9 184 hl en 1997.

CH. DE BLIGNY Cros Martin 1996*
■ 0,38 ha 1 900 ⬛ 100 à 150 F

Beau vin et de bonne compagnie, rouge foncé, discrètement réglissé sans trahir le fruit noir ni oublier son fût. Les tanins ont du tempérament, mais la matière est là, bien charpentée, qui équilibre le tout dans une atmosphère de club anglais, aimable et d'une politesse exquise.
☛ SCE Ch. de Bligny, 14, Grande-Rue,
21200 Bligny-lès-Beaune, tél. 03.80.21.47.38,
fax 03.80.21.40.27 ⬛ ⚲ r.-v.

J. BOIGELOT Taillepieds 1995**
■ 1er cru 0,19 ha 1 200 ⬛ 100 à 150 F

Climat sur calcaire blanc argovien, très léger, d'aspect crayeux, donnant les premiers crus les plus délicats, les plus conformes à l'image qu'on se fait du volnay. Vous êtes servi ! L'œil est comblé. Le nez satisfait, fruits rouges écrasés sur végétal et poivre. Corps souple et soyeux, enveloppant ses tanins d'une caresse affectueuse. Du grand art ! Le volnay qu'on imagine.
☛ Jacques Boigelot, 21190 Monthélie,
tél. 03.80.21.22.81, fax 03.80.21.66.01 ⬛ ⚲ r.-v.

DOM. BOUCHARD PERE ET FILS
Caillerets Ancienne Cuvée Carnot 1996*
■ 1er cru 4 ha n.c. ⬛ 100 à 150 F

Cuvée dédiée à la famille Carnot, originaire de Nolay, non loin d'ici, et qui fit reconstruire le château de La Rochepot. Rouge brique, très aromatique (sous-bois léger, épices) et entrant dans une phase d'évolution, c'est un vin en trois dimensions : longueur, hauteur et profondeur. Plus robuste que fruité mais significatif.
☛ Bouchard Père et Fils, Ch. de Beaune,
21200 Beaune, tél. 03.80.24.80.24,
fax 03.80.24.97.56 ⚲ r.-v.

REYANE ET PASCAL BOULEY 1996*
■ 1er cru 0,5 ha 1 200 ⬛ 70 à 100 F

Issu de deux parcelles vinifiées ensemble (l'une en Ronceret - en dessous des Champans -, l'autre en Robardelle qui jouxte les Santenots), ce vin est d'un abord très agréable. Une robe

La Côte de Beaune   Volnay

presque d'évêque, rubis violet, un bouquet de cassis super concentré et un corps élégant invitant au plaisir, cela laisse de bons souvenirs.
☛ Reyane et Pascal Bouley, pl. de l'Eglise, 21190 Volnay, tél. 03.80.21.61.69, fax 03.80.21.66.44 ⓥ ⓨ r.-v.

PIERRE BOULEY-ROSSIGNOL
Champans 1996*

| ■ 1er cru | 0,26 ha | 1 200 | 🍷 | 100 à 150 F |

Belle bouteille en perspective, qui ne sera pas en situation d'infériorité face à une solide côte de bœuf. Sa robe est tout à fait 96, d'un rouge violacé concentré. Quant au bouquet, il y entre de l'animal et de la cerise écrasée. Une bonne chair, enfin. Un raisin dont on a su tirer parti.
☛ Pierre Bouley-Rossignol, rue de la Combe, 21190 Volnay, tél. 03.80.21.62.75 ⓥ ⓨ r.-v.

DENIS BOUSSEY 1996

| ■ | 0,61 ha | 3 000 | 🍷 | 70 à 100 F |

Prometteur, parfaitement équilibré, il a besoin de temps pour acquérir une maturité pleine d'aménité. Il est déjà assez souple, flatteur, mais sous des tanins actuellement rudes, à adoucir. La robe est rouge cerise à reflets pourprés et le nez, un tantinet sauvage, offre des pointes minérales et grillées.
☛ Dom. Denis Boussey, rue du Pied-de-la-Vallée, 21190 Monthélie, tél. 03.80.21.21.23, fax 03.80.21.62.46 ⓥ ⓨ t.l.j. 8h-12h 13h30-19h; f. 10-25 août

DOM. JEAN-MARIE BOUZEREAU
Champans 1995*

| ■ 1er cru | 0,7 ha | 1 800 | 🍷 | 100 à 150 F |

Faites comme Bossuet, qui adorait le volnay : goûtez-le avec l'aile et les blancs d'un poulet rôti. C'est une bouteille très plaisante, incarnant l'âme du bourgogne élégant et ferme. Sa couleur s'ambre un peu. Son bouquet évoque la cannelle, le champignon, la rose séchée. Bouche raffinée et longue, à maturité.
☛ Jean-Marie Bouzereau, 7, rue Labbé, 21190 Meursault, tél. 03.80.21.23.74, fax 03.80.21.65.97 ⓥ ⓨ r.-v.

DOM. FRANCOIS BUFFET
Carelles Dessous 1995

| ■ 1er cru | 0,7 ha | n.c. | 🍷 | 100 à 150 F |

On voisine ici avec Champans. On tient sous la langue un vin puissant mais sans dureté, monobloc, laissant passer un message de fruits frais en fin de bouche. Nez un peu confituré, genre merise. Présentation visuelle sans défaut. Le laisser quelques années en cave. François Buffet reçut le coup de cœur l'an dernier pour son Clos des Chênes 94. Le **95**, également retenu par le jury, était encore très tannique cette année. Il faudra le revoir.
☛ Dom. François Buffet, petite place de l'Eglise, 21190 Volnay, tél. 03.80.21.62.74, fax 03.80.21.65.82 ⓥ ⓨ r.-v.

DOM. CAILLOT Clos des Chênes 1995**

| ■ 1er cru | n.c. | 900 | 🍷 | 70 à 100 F |

On parle souvent d'un vin féminin à propos du volnay. Vous cherchez le portrait-robot : choisissez celui-ci. A reflets pourpres, il garde une robe de jeune fille. Pivoine, sous-bois et champignon, le bouquet est très flatteur. Un parfum de dame. Du velours au palais et une puissance aromatique, dans l'élégance et la beauté. Un corps de grande dame.
☛ Dom. Caillot, 14, rue du Cromin, 21190 Meursault, tél. 03.80.21.20.12, fax 03.80.21.69.58 ⓥ ⓨ r.-v.

DOM. FRANCOIS CHARLES ET FILS
Les Frémiets 1995*

| ■ 1er cru | 0,6 ha | 3 500 | 🍷 | 70 à 100 F |

Il tient en trois mots : pourpre, élégant, équilibré. Ce climat mitoyen de Pommard donne ici un vin assez tannique à attendre un peu, tirant le meilleur parti du fruit, dont l'appréciation générale est très favorable.
☛ Dom. François Charles et Fils, 21190 Nantoux, tél. 03.80.26.01.20, fax 03.80.26.04.84 ⓥ ⓨ r.-v.

LOUIS CHAVY 1995

| ■ | n.c. | 6 000 | 🍷 | 100 à 150 F |

Si la robe séduit, si le nez étonne, la bouche est franche, assez fraîche et de structure moyenne, mais elle passe la barre... et il faut se rappeler que le jury est sévère (un tiers des volnay présentés est retenu). Tout cela va se fondre.
☛ Louis Chavy, caveau la Vierge romaine, pl. des Marronniers, 21190 Puligny-Montrachet, tél. 03.80.26.33.09, fax 03.80.24.14.84 ⓥ ⓨ t.l.j. 10h-12h 13h-18h; f. mars-nov.

CH. GENOT-BOULANGER 1995

| ■ | 1,21 ha | 7 000 | 🍷 | 70 à 100 F |

Rubis montrant de légers signes d'évolution, il a le premier nez balsamique (résine) puis le second nez confit, fruits à l'alcool. Sur une attaque souple, fruitée, des tanins fins et fondants. Nuance de coing en finale assez persistante.
☛ Marie Delaby-Génot, Ch. Genot-Boulanger, 25, rue de Cîteaux, 21190 Meursault, tél. 03.80.21.49.20, fax 03.80.21.49.21 ⓥ ⓨ r.-v.

DOM. GEORGES GLANTENAY ET FILS Brouillard 1995*

| ■ 1er cru | 1,1 ha | 4 500 | 🍷 | 100 à 150 F |

Brouillard... Eh bien ! oui, il faut oser porter ce nom de 1er cru. Bravo ! Car le brouillard se dissipe vite face à ce vin à la robe légère, au léger bouquet fruité, tellement tendre, rond, souple, aimable qu'on a le sentiment de tenir entre ses bras le plus amoureux des volnay. Croyez-nous, c'est du bon, et si les tanins ont du coffre, n'allons pas nous en plaindre ! Les vignes, âgées de 55 ans, sont vendangées puis triées à la main, ce qui explique la belle maîtrise de ce vin.
☛ Dom. Georges Glantenay et Fils, rue de la Cave, 21190 Volnay, tél. 03.80.21.61.82, fax 03.80.21.68.05 ⓥ ⓨ t.l.j. sf dim. 9h-19h30

DOM. ANTONIN GUYON
Clos des Chênes 1995

| ■ 1er cru | 0,87 ha | 4 200 | 🍷 | 150 à 200 F |

Un vin bien élevé. En fût, on retrouve donc vanille et pain d'épice, avec une légère réglisse, sous une parure de fête. Tout le problème à venir

515   LA BOURGOGNE

La Côte de Beaune — Volnay

relève du boisé. Apparemment et si l'on en croit les fiches de dégustation, ce vin a de la chance de sortir vainqueur du tournoi. Il est vrai que quand on s'appelle Clos des Chênes...
☛ Dom. Antonin Guyon, 21420 Savigny-lès-Beaune, tél. 03.80.67.13.24, fax 03.80.66.85.87 ▨ ▼ r.-v.

JAFFELIN 1995**

| ■ | n.c. | 2 400 | ◨ 70 à 100 F |

Un *village* digne d'un cru, tant il est complet. Une brillance de pierre précieuse accompagne un fruit rouge très puissant, légèrement cuit. En bouche, une équation parfaite où le fruit, les tanins, l'acidité s'équilibrent à merveille et de façon complexe. Fait pour durer et déjà prêt à la consommation, il constitue un modèle pour l'appellation. Tout l'honneur du négoce-éleveur bourguignon.
☛ Jaffelin, 2, rue Paradis, 21200 Beaune, tél. 03.80.22.12.49, fax 03.80.24.91.87
☛ J.-Cl. Boisset

OLIVIER LEFLAIVE
Clos des Angles 1995**

| ■ 1er cru | n.c. | 4 800 | ◨ 100 à 150 F |

Bossuet écrivait en buvant du volnay, vin qu'il choisit par avance et délicatesse pour les hôtes de sa propre pompe funèbre. On peut servir ce Clos des Angles pour aller tout droit au paradis, mais mieux vaut s'en réjouir sur terre ! Une robe digne, un peu austère. Un nez entre confiture et épices. Une bouche merveilleuse, forte et soyeuse, tenant l'auditoire sous le coup d'une émotion vive et profonde. Un vin comme celui-ci a quelque chose de grand.
☛ Olivier Leflaive, pl. du Monument, 21190 Puligny-Montrachet, tél. 03.80.21.37.65, fax 03.80.21.33.94 ▨ ▼ r.-v.

MOILLARD-GRIVOT En Chevret 1996**

| ■ 1er cru | n.c. | 15 000 | ◨ 100 à 150 F |

En Chevret, c'est tout près de Meursault et des Santenots. Magnifique ! Le rouge sombre semble l'œuvre d'un peintre hollandais. Poivre vert et racé, le bouquet se mêle de végétal, de cacao. Présent, persistant, ce 96 a l'allure d'un seigneur conscient de garder sa terre de cinq à dix ans.
☛ Moillard-Grivot, 2, rue François-Mignotte, 21700 Nuits-Saint-Georges, tél. 03.80.62.42.00, fax 03.80.61.28.13 ▨ ▼ r.-v.

HUBERT DE MONTILLE
Les Champans 1995*

| ■ 1er cru | 0,66 ha | n.c. | ◨ 150 à 200 F |

Ce vin n'a pas besoin d'avocat. Il plaide sa cause tout seul et comme un grand. N'est-il pas la franchise, l'honnêteté même ? Rubis mauve, évoluant vers des notes d'humus, de sous-bois, de gibier, il est rond comme le globe terrestre mais d'une harmonie beaucoup plus sûre. Rien n'accroche. Parfait. Notez aussi des **Mitans 95**, même note, au sommet !
☛ Hubert de Montille, rue du Pied-de-la-Vallée, 21190 Volnay, tél. 03.80.21.62.67, fax 03.80.21.67.14 ▨ ▼ r.-v.

DOM. DES OBIERS
Clos des Chênes 1996**

| ■ 1er cru | n.c. | 4 000 | ◨ 100 à 150 F |

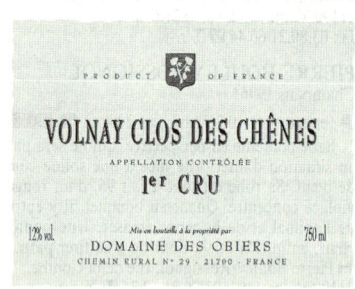

Un peintre semble avoir conçu cette toile. La cerise noire et le poivre vivent en son nez un amour débordant. Énormément de matière et les meilleures intentions du monde, dans le corps et la race. A suivre en toute confiance, pour le gibier ou l'époisses. Coup de cœur ? Mais c'est bien sûr !
☛ Dom. des Obiers, chem. rural n° 29, 21700 Nuits-Saint-Georges, tél. 03.80.62.42.00, fax 03.80.61.28.13 ▼ r.-v.

DOM. PARIGOT PERE ET FILS
Les Echards 1996

| ■ | n.c. | n.c. | ◨ 70 à 100 F |

Un *climat* situé à proximité des premiers crus Champans et Ronceret. D'une couleur superbe, très profonde, il produit un 96 boisé (du fruit derrière, et qui va monter au front) et de bonne structure ; les tanins sont encore un peu âpres mais leurs qualités sont réelles. On lui donne toutes ses chances.
☛ Dom. Parigot Père et Fils, rte de Pommard, 21190 Meloisey, tél. 03.80.26.01.70, fax 03.80.26.04.32 ▨ ▼ r.-v.

PICARD PERE ET FILS 1995***

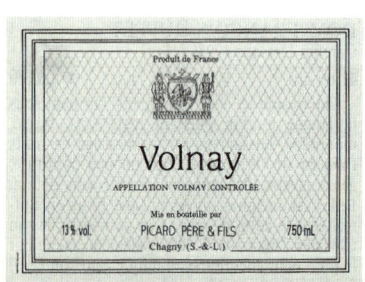

| ■ | n.c. | n.c. | ◨ 70 à 100 F |

Sombre profond, noyau épicé, il remplit d'admiration la bouche tant il est ample et concentré, persuasif. Des vins comme ça, on en ferait volontiers sa médecine quotidienne ! On peut le laisser reposer en cave - si l'on n'est pas curieux... Il vivra plus de dix ans.
☛ Michel Picard, rte de Saint-Loup-de-la-Salle, B.P. 49, 71150 Chagny, tél. 03.85.87.51.00, fax 03.85.87.51.11

La Côte de Beaune — Volnay

MAX PIGUET Grands Champs 1996★

■ 0,25 ha   1 200   70 à 100 F

Grands Champs ? Où c'est donc ? Sous L'Ormeau, sous La Barre, dans le milieu du pays. Mais ça fait du bon vin, voyez plutôt : belle coloration et bouquet légèrement framboisé, des tanins assez souples, une certaine rondeur affermie. De toute façon, le verdict est sans appel : belle bouteille à attendre.

🕭 Max Piguet, rte de Beaune, 21190 Auxey-Duresses, tél. 03.80.21.25.78, fax 03.80.21.68.31 ✓ ♉ r.-v.

VINCENT PONT Les Aussy 1996★

■ 0,24 ha   1 200   70 à 100 F

Ce *climat* proche des Champans est mi-premier cru mi-*village*. Visuellement réussi, agréable à respirer (fruits rouges très mûrs), ce 96 est boisé mais typé. A ne pas boire avant deux à trois ans, afin d'attendre le fondu encore insuffisant.

🕭 Vincent Pont, rue des Etoiles, 21190 Auxey-Duresses, tél. 03.80.21.27.00, fax 03.80.21.24.49 ✓ ♉ r.-v.

DOM. POULLEAU PERE ET FILS 1996

■ 1er cru   0,2 ha   1 000   70 à 100 F

Un vin très tannique et très boisé, limpide et brillant, d'une très jolie couleur. On sent qu'il rêve d'affirmer sa présence, de s'exprimer de façon conviviale. Cela semble à sa portée. Autre vin apprécié lors de la dégustation : le *village* **96**, de bonne facture et sur lequel on peut se porter sans problème.

🕭 Dom. Poulleau Père et Fils, rue du Pied-de-la-Vallée, 21190 Volnay, tél. 03.80.21.62.61, fax 03.80.24.11.25 ✓ ♉ r.-v.

DOM. PRIEUR-BRUNET
Santenots 1995★★

■ 1er cru   0,35 ha   1 800   150 à 200 F

On sait que le Santenots est produit sur la commune de Meursault. Il fait ici assaut d'élégance, de finesse : « le plus léger, le plus délicat des vins de la Côte de Beaune », écrivait d'ailleurs Jullien à propos des rouges. Vraiment un très beau 95, illustrant les qualités attendues d'un volnay et la typicité de ce cru.

🕭 Dom. Prieur-Brunet, rue de Narosse, 21590 Santenay, tél. 03.80.20.60.56, fax 03.80.20.64.31 ✓ ♉ r.-v.

MICHEL PRUNIER Les Caillerets 1996★

■ 1er cru   0,3 ha   2 000   100 à 150 F

Le volnay, a-t-on dit, laisse en bouche l'empreinte d'un baiser. On le vérifie avec ces Caillerets de teinte claire, au parfum d'œillet un peu minéral et grillé, à l'expression élégante, chaleureuse. Du gras et de l'étoffe. Il affiche déjà sa maturité et rêve de ses futures conquêtes...

🕭 Dom. Michel Prunier, rte de Beaune, 21190 Auxey-Duresses, tél. 03.80.21.21.05, fax 03.80.21.64.73 ✓ ♉ r.-v.

DOM. REBOURGEON-MURE
Santenots 1996★★

■ 1er cru   0,26 ha   1 200   70 à 100 F

Un coup de cœur en Caillerets 91. Et un autre pour le millésime 89 ! Voilà qui ne s'oublie pas !

Ce domaine nous présente à nouveau une excellente bouteille grenat aux reflets d'un violacé très jeune. Bourgeon de cassis et baies sauvages, solide comme un chêne, et pourtant... c'est un Santenots. Corsé, puissant, il a des réserves et un charme fou.

🕭 Rebourgeon-Mure, Grande-Rue, 21630 Pommard, tél. 03.80.22.75.39, fax 03.80.22.71.00 ✓ ♉ r.-v.

REGIS ROSSIGNOL-CHANGARNIER 1995★★

■   n.c.   4 000   70 à 100 F

Si nous avons bonne mémoire, le coup de cœur a salué naguère son volnay 84. Celui-ci est un vin intègre et de garde, tannique et charpenté, riche en arômes de griotte, de fruits rouges écrasés. Son ouverture aromatique ne manque pas d'intérêt d'autant qu'il y a de la cerise fraîche qui tourne autour du sujet. Pourpre grenat, classique et très élégant.

🕭 Régis Rossignol, rue d'Amour, 21190 Volnay, tél. 03.80.21.61.59, fax 03.80.21.61.59 ✓ ♉ r.-v.

CH. ROSSIGNOL-JEANNIARD
Cailleret 1995

■ 1er cru   0,23 ha   700   70 à 100 F

Rubis intense, grenat foncé, si vous saviez comme on discute autour d'une table de dégustation ! Café grillé, cuir, là encore on parlemente ferme. L'attaque est franche, nette, sur un corps assez gras et peut-être animal : on est d'accord là-dessus.

🕭 Rossignol-Jeanniard, rue de Mont, 21190 Volnay, tél. 03.80.21.62.43, fax 03.80.21.27.61 ✓ ♉ r.-v.

DE SOUSA-BOULEY 1995

■   0,29 ha   1 700   50 à 70 F

De la tenue, sans doute, sous une robe moyenne et d'un rubis habituel. Torréfié, sans doute, avec un rien réglissé pour rappeler le vin. En bouche, ça se tient, dans la rondeur et une certaine façon de faire qui plaira sans attendre.

🕭 Albert de Sousa-Bouley, 7, RN 74, 21190 Meursault, tél. 03.80.21.22.79 ✓ ♉ r.-v.

CHRISTOPHE VAUDOISEY
Clos des Chênes 1996★★

■ 1er cru   n.c.   n.c.   100 à 150 F

Un auteur ancien prétendait avoir reconnu à Volnay l'existence d'un volcan éteint... Si l'hypothèse est sans fondement, voici une bouteille en forme de volcan actif ! Riche en couleur, en parfum, souple et concentrée à la fois, exprimant le raisin bien mûr et dotée d'une belle acidité qui assurera sa garde, elle est superbe. Un **village 96** de Christophe Vaudoisey est à recommander.

🕭 Christophe Vaudoisey, pl. de l'Eglise, 21190 Volnay, tél. 03.80.21.20.14, fax 03.80.21.20.57 ✓ ♉ r.-v.

JOSEPH VOILLOT Les Champans 1995★

■ 1er cru   1,1 ha   3 500   100 à 150 F

« Il n'y a qu'un Volnay en France », écrivait au XVIII[e]s. l'abbé Courtépée qui avait le sens de la formule. Eh bien ! oui. Allez donc trouver ailleurs ce Champans pourpre vif, au nez épicé,

fruité, grillé. La bouche ? Finesse, plénitude et une finale impeccable, comme le dernier saut d'une gymnaste à la barre, aux J.O. Coup de cœur pour les Frémiets... 78 !
➥ SCEV Joseph Voillot, 21190 Volnay, tél. 03.80.21.62.27, fax 03.80.21.66.63 r.-v.

Monthélie

La combe de Saint-Romain sépare les terroirs à rouge des terroirs à blanc ; Monthélie est exposé sur le versant sud de cette combe. Dans ce petit village moins connu que ses voisins, les vins sont d'excellente qualité. 1996 a produit 5 151 hl de vin rouge et 321 hl de vin blanc et en 1997, 4 592 hl de vin rouge, 404 hl de vin blanc.

ERIC BOIGELOT Sur la Velle 1995★★
| 1er cru | 0,24 ha | 1 400 | 70 à 100 F |

Installé en 1990, Eric Boigelot propose un 95 d'un rouge plus foncé qu'intense, qui parvient à la maturité. Un vrai bouquet de violette, agrémenté de nuances de café, d'épices. Le corps est entier, viril, décidé. La force, la robustesse restent toutefois respectueuses de sa personnalité fine et complexe. Léger goût de griotte en bouche. Cet excellent 1er cru peut être servi dans l'année qui vient.
➥ Eric Boigelot, rue de Beaune, 21190 Monthélie, tél. 03.80.21.65.85, fax 03.80.21.66.01 r.-v.

DOM. BOUCHEZ-CRETAL 1995
| | n.c. | 1 800 | 50 à 70 F |

Rubis limpide, évoluant du fruit frais au fruit cuit et même au cuir à l'aération, un 95 convenable, équilibré, aux bons tanins, et qu'on a intérêt à laisser dormir un peu. Disons un à deux ans.
➥ Dom. Bouchez-Crétal, 21190 Monthélie, tél. 03.85.87.17.40, fax 03.48.05.19.32 r.-v.

DENIS BOUSSEY
Les Champs Fulliots 1996★
| 1er cru | 0,58 ha | 3 000 | 70 à 100 F |

Coup de cœur en 1996 pour son blanc 93, ce viticulteur séduit cette fois en rouge : une bouteille à la couleur très affirmée et au bouquet un peu épicé, exotique, intéressant. Bouche assez souple, fine, élégante, pas trop puissante.
➥ Dom. Denis Boussey, rue du Pied-de-la-Vallée, 21190 Monthélie, tél. 03.80.21.21.23, fax 03.80.21.62.46 t.l.j. 8h-12h 13h30-19h; f. 10-25 août

DOM. BOUZERAND-DUJARDIN 1995
| | 3 ha | 15 000 | 50 à 70 F |

Xavier Bouzerand est à la fois vigneron et sculpteur sur bois. Il s'associa avec un jeune viticulteur en 1990, Ulrich Dujardin. Leur 95 porte une jolie robe. Son parfum légèrement fruité s'ouvre gentiment. De la vigueur, de la fraîcheur, mais aussi un tempérament qui n'a pas encore atteint sa maturité parfaite. Quand vous lirez ces lignes, ce sera chose faite.
➥ Dom. Bouzerand-Dujardin, pl. du Monument, 21190 Monthélie, tél. 03.80.21.20.02, fax 03.80.21.28.16 t.l.j. sf dim. 8h-12h 14h-19h; f. 1er-15 août

DOMINIQUE CAILLOT
Les Toisières 1995
| | 0,17 ha | 1 200 | 50 à 70 F |

Le seul blanc de l'AOC à avoir convaincu nos dégustateurs. Ils le voient bien doré et porteur d'arômes de cire d'abeille et de fruits blancs. En bouche, il est original, toujours sur cette ligne aromatique qui plaît et doté d'une matière riche. Une bouteille à choisir si l'on veut peupler la conversation : elle va faire discuter !
➥ Dominique Caillot, 8, rue Pierre-Mouchoux, 21190 Meursault, tél. 03.80.21.64.99 r.-v.
➥ C. Martin

DOM. CHANGARNIER
Les Champs-Fulliot 1996★
| 1er cru | 0,5 ha | 4 500 | 50 à 70 F |

Deux vins à signaler : le **village 96 rouge**, très concentré et de garde, et celui-ci, offrant les mêmes qualités, la même typicité. L'œil se régale. Le nez est sollicité par la fraise des bois, avec quelques accents de gibier. Facile à boire mais sa structure lui permettra de prendre de l'âge sans difficulté.
➥ Dom. Changarnier, pl. du Puits, 21190 Monthélie, tél. 03.80.21.22.18, fax 03.80.21.68.21 t.l.j. 9h-12h 14h-19h

RODOLPHE DEMOUGEOT
La Combe Danay 1996★★
| | 0,3 ha | n.c. | 50 à 70 F |

Agé de 29 ans en 1992, Rodolphe Demougeot s'installe. En 1998, il transfère ses installations à Meursault, pour s'agrandir. « Une poule à Monthélie meurt de faim durant les moissons », affirme le dicton. Il n'y a ici que des pieds de vigne, on comprend pourquoi en dégustant cette bouteille pourpre intense dont le bouquet évoque la compote de fruits. Un corps plein et vineux. Lui laisser un peu de temps pour s'exprimer.
➥ Dom. Rodolphe Demougeot, 2, rue du Clos-de-Mazeray, 21190 Meursault, tél. 03.80.21.29.18 r.-v.

GUY DUBUET Les Champs-Fulliot 1995★
| 1er cru | 0,39 ha | 2 100 | 50 à 70 F |

« La félicité des sens est passagère », prétend Jean-Jacques Rousseau. En attendant, elle n'est pas si désagréable que ça ! Ainsi en dégustant cette bouteille vineuse à souhait, rubis limpide, au bouquet très complexe et tirant sur les épices. Manque un peu de mordant ? Peut-être, mais on n'en fera pas une histoire.
➥ Guy Dubuet, rue Bonne-Femme, 21190 Monthélie, tél. 03.80.21.26.22, fax 03.80.21.29.79 r.-v.

La Côte de Beaune — Monthélie

PAUL GARAUDET 1996★★
■   2 ha   6 000   🍷 50 à 70 F

On pense au conseil d'Helvétius : « Avançons par degrés au dernier des plaisirs... » Il suffit d'accompagner ce 96 aux traits foncés et brillants, au nez poivré et vanillé, influencé également par les fruits rouges. Le gras et la finesse s'accordent à merveille : miracle du pinot noir ! Une incontestable réussite. Destiné à un petit gibier à plumes.
☙ Paul Garaudet, 21190 Monthélie, tél. 03.80.21.28.78, fax 03.80.21.66.04 ☑ ⏳ r.-v.

GILBERT ET PHILIPPE GERMAIN 1996★
■   n.c.   2 000   🍷 30 à 50 F

Quinze mois de fût pour ce vin qui possède un beau potentiel : on doit le laisser prendre de la bouteille. Sa robe pourpre intense a du chic et du chien. Le bouquet évoque la framboise écrasée. Un peu rustique, mais charpenté, capable de remplir la bouche et terminant sur une note de cerise, une touche finale de grillé. D'ici un an, tout sera au point.
☙ Gilbert et Philippe Germain, rue du Vignoble, 21190 Nantoux, tél. 03.80.26.05.63, fax 03.80.26.05.12 ☑ ⏳ r.-v.

DOM. REMI JOBARD
Les Vignes Rondes 1996★
■ 1er cru   0,62 ha   2 400   🍷 70 à 100 F

Des Vignes Rondes qui portent bien leur nom. Un vin souple et d'accès facile dans sa robe très soutenue, violacée. Les arômes de fruits rouges (framboise) percent peu à peu le boisé. En bouche, légère pointe de chaleur mais la souplesse ne cache pas la belle matière. Sans lacune.
☙ Rémi Jobard, 12, rue Sudot, 21190 Meursault, tél. 03.80.21.20.23, fax 03.80.21.67.69 ☑ ⏳ r.-v.

LA TOUR BLONDEAU 1996★
■   n.c.   n.c.   🍷 70 à 100 F

Rubis intense, lumineux, il unit des accents de framboise et des notes poivrées. Il attaque en douceur, puis il exprime son gras. De la matière, mais le bois n'est pas encore tout à fait fondu. Bonne longueur pour finir. Forgeot dépend de Bouchard Père et Fils.
☙ Grands vins Forgeot, 15, rue du Château, 21200 Beaune, tél. 03.80.24.80.50

MOILLARD 1996
■   n.c.   40 000   🍷 50 à 70 F

Rouge foncé comportant un commencement d'évolution, il possède un nez discret mais plaisant. Fin et complexe, le corps est léger, bien dessiné. Bonne longueur en bouche. À boire dès maintenant.
☙ Moillard, 2, rue François-Mignotte, 21700 Nuits-Saint-Georges, tél. 03.80.62.42.22, fax 03.80.61.28.13 ☑ ⏳ r.-v.

DOM. RENE MONNIER 1995★
■   0,87 ha   4 500   🍷 50 à 70 F

Il crache le feu d'entrée de jeu : quelle robe somptueuse ! Nez discret, mais que l'on sent raffiné. Fruits cuits ? Belle amplitude au sortir d'une attaque enlevée. Accroche bien, persiste bien. Beaucoup de consistance et de structure. De garde, évidemment. Un carré d'agneau aux petits légumes nouveaux lui conviendra.
☙ Dom. René Monnier, 6, rue du Dr-Rolland, 21190 Meursault, tél. 03.80.21.29.32, fax 03.80.21.61.79 ☑ ⏳ t.l.j. 8h-12h 14h-18h

CH. DE MONTHELIE Sur la Velle 1995★
■ 1er cru   3 ha   11 500   🍷 70 à 100 F

Eric de Suremain mène ce château depuis 1978. Dans sa belle robe rubis, facile à boire, cette bouteille au parfum de cannelle et de fruits cuits plaira à coup sûr. En bouche, de la fraîcheur et de la rondeur, avec de la persistance aromatique. Coup de cœur pour son 88 sur notre édition 1992.
☙ EARL Eric de Suremain, Ch. de Monthélie, 21190 Monthélie, tél. 03.80.21.23.32, fax 03.80.21.66.37 ☑ ⏳ r.-v.

DOM. J. PARENT 1995
■ 1er cru   0,49 ha   800   🍷 70 à 100 F

La rondeur, le fruit sont ici en harmonie, dans un contexte souple, aimable et féminin. Chantal et Annick sont, il est vrai, à la barre ! Fin boisé qui s'intègre bien. La robe est correcte, le nez très fruité. Inutile de le garder longtemps en cave.
☙ Dom. J. Parent, rue du Château-Gaillard, 21190 Monthélie, tél. 03.80.21.21.98, fax 03.80.21.21.98 ☑ ⏳ r.-v.

VINCENT PONT Les Duresses 1996★★
■ 1er cru   0,17 ha   900   🍷 70 à 100 F

Vincent Pont, installé en 1979, pourra fêter ses vingt ans de viticulture avec ce remarquable 96. Le jury est unanime à chanter les louanges de ses Duresses pourpre intense et dont les arômes se marient subtilement. Le bois n'empêche pas la fraise, la framboise de revendiquer leur participation à la fête. Vif et plein, très plaisant, ce vin apparaît complet. Une certitude : on ne sera pas déçu et c'est bien le meilleur compliment.
☙ Vincent Pont, rue des Etoiles, 21190 Auxey-Duresses, tél. 03.80.21.27.00, fax 03.80.21.24.49 ☑ ⏳ r.-v.

DOM. PRUNIER Sur la Velle 1995★
■ 1er cru   0,19 ha   1 200   🍷 50 à 70 F

Cerise d'intensité moyenne à l'œil, il s'exprime d'abord par des notes fruitées un peu cuites. Le bois est bien présent. On ne s'étonne donc pas de le voir évoluer vers le sous-bois et le champignon... Attaque souple sur des tanins assez fins. Bonne finition. À boire dans les deux ans. Notez par ailleurs le *village 95 rouge* du même producteur, rond et léger, agréable.
☙ Dom. Jean-Pierre et Laurent Prunier, rue Traversière, 21190 Auxey-Duresses, tél. 03.80.21.23.91, fax 03.80.21.67.33 ☑ ⏳ r.-v.

PASCAL PRUNIER
Les Vignes Rondes 1996★
■ 1er cru   0,49 ha   3 000   🍷 50 à 70 F

Rubis foncé, limpide et brillant, il possède un nez intense où la vanille s'associe aux fruits cuits. Attaque souple, un peu chaude. Le fût doit se fondre avec quelques mois de garde. En défini-

LA BOURGOGNE

Auxey-duresses

tive, un 96 bien travaillé et qui apparaît aussi fin que complet.
☛ Pascal Prunier, rue Traversière, 21190 Auxey-Duresses, tél. 03.80.21.23.91, fax 03.80.21.67.33 ☑ ☓ r.-v.

Auxey-duresses

Auxey possède des vignes sur les deux versants. Les premiers crus rouges des Duresses et du Val sont très réputés. Sur le versant « Meursault », on produit d'excellents vins blancs qui, sans avoir la réputation des grandes appellations, sont également très intéressants. L'appellation a produit en 1997, 1 855 hl en blanc et 4 352 hl en rouge.

PASCAL ET CORINNE ARNAUD-PONT 1996★★

| ■ | 0,48 ha | 2 000 | ⓘ 50 à 70 F |

Une bouteille qui ne cache pas ses avantages. Et qui s'offre le coup de cœur. D'un beau rouge framboisé, elle transforme le nez en un fruit bien mûr, avant de s'imposer au palais. « Très-très bon », dit-on sur une des fiches de dégustation. Richesse et concentration au sommet pour l'appellation. Attendre un peu, car les tanins et le boisé gagneront à se lisser.
☛ Pascal et Corinne Arnaud-Pont, 36, av. Théophile-Gautier, 75016 Paris, tél. 01.42.24.74.80 ☑ ☓ r.-v.

ERIC BOUSSEY Les Hoz 1995

| ■ | n.c. | 2 500 | ⓘ 50 à 70 F |

Ce n'est pas un vin à oublier en cave, mais il donne satisfaction pour l'essentiel. Robe claire, bouquet assez épanoui et - dans un ensemble ample - du fruit bien mûr.
☛ EARL du Dom. Eric Boussey, Grande-Rue, 21190 Monthélie, tél. 03.80.21.60.70, fax 03.80.21.26.12 ☑ ☓ r.-v.

DOM. BOUZERAND-DUJARDIN 1995★

| ☐ | 0,41 ha | 2 000 | ⓘ 50 à 70 F |

D'une bonne teneur en or, le nez encore fermé (dommage, mais c'est ainsi), il affirme un bon équilibre entre le gras et la vivacité, au sein d'une harmonie familiale et paisible, face à une longueur plus qu'honorable. Une truite aux amandes devrait apprécier le rendez-vous.
☛ Dom. Bouzerand-Dujardin, pl. du Monument, 21190 Monthélie, tél. 03.80.21.20.02, fax 03.80.21.28.16 ☑ ☓ t.l.j. sf dim. 8h-12h 14h-19h; f. 1er-15 août

DOM. HENRI ET GILLES BUISSON
Les Ecusseaux 1996★

| ■ 1er cru | 0,14 ha | 800 | ⓘ 50 à 70 F |

Violacé, il annonce tout de suite la couleur. Le bouquet est très concentré, extrait de fruits noirs. Impression rustique, mais dense et d'un boisé agréable. Légère nuance de cerise bigarreau en arrière-bouche.
☛ Dom. Henri et Gilles Buisson, imp. du Clou, 21190 Saint-Romain, tél. 03.80.21.27.91, fax 03.80.21.64.87 ☑ ☓ t.l.j. 8h-12h 13h30-19h; dim. sur r.-v.

DENIS CARRE Les Crais 1996★★

| ■ | n.c. | n.c. | ⓘ 50 à 70 F |

Rouge feu, un 96 au nez discret mais profond, avec une pointe de soleil et de petits fruits frais. Son attaque est vineuse, portant acidité et tanins, assurant une bonne continuité. Un vin en définitive assez viril.
☛ Denis Carré, rue du Puits-Bouret, 21190 Meloisey, tél. 03.80.26.02.21, fax 03.80.26.04.64 ☑ ☓ r.-v.

CHRISTIAN CHOLET-PELLETIER 1996★

| ☐ | 0,25 ha | n.c. | ⓘ 50 à 70 F |

Or paille clair, fleurant bon le chèvrefeuille, c'est une montgolfière survolant Auxey-Duresses dans la fraîcheur d'un petit matin ensoleillé de printemps. Quelle jolie saveur de noisette ! On se sent devenir écureuil...
☛ Christian Cholet, 21190 Corcelles-les-Arts, tél. 03.80.21.47.76 ☑ ☓ t.l.j. 8h-12h 14h-18h

CH. DE CÎTEAUX Les Duresses 1995★

| ■ 1er cru | n.c. | 3 000 | ⓘ 70 à 100 F |

Les Duresses ont donné leur nom au village, et grâces leur soient rendues ! Le piano est ici bien accordé, le pinot noir au diapason. Premier mouvement pivoine foncé, bien prononcé. Second plus lyrique, la cerise mûre alternant avec le grillé. Troisième sans trop de longueur, mais sans la moindre langueur. Net, incisif.
☛ Philippe Bouzereau, Ch. de Cîteaux, 18-20, rue de Cîteaux, 21190 Meursault, tél. 03.80.21.20.32, fax 03.80.21.64.34 ☑ ☓ r.-v.

CLOS DU MOULIN AUX MOINES
Monopole Cuvée vieilles vignes 1996★★

| ■ | 3 ha | 7 000 | ⓘ 70 à 100 F |

Moulin aux Moines : c'était jadis, comme tout le village, une dépendance de Cluny. Les moines noirs avaient bon flair pour reconnaître les terroirs. Ce 96 se goûte bien, déjà, si l'on aime les vins vifs et tanniques. Grenat sombre, il a un bon fond et des arômes complexes où les fruits rouges s'enfoncent dans le sous-bois.
☛ Emile Hanique, Clos du Moulin aux Moines, 21190 Auxey-Duresses, tél. 03.80.21.60.79 ☑ ☓ r.-v.

La Côte de Beaune — Auxey-duresses

BERNARD FEVRE 1996

■ 1,2 ha n.c.

Une bouteille qui montre un peu les dents en attaque. Ne lui reprochons pas ce tempérament de jeunesse, d'autant que la structure s'installe ensuite. Rouge cerise, aromatique (mûre), ce 96 est à déboucher dans deux ans. Il aura alors fait des progrès.

⌁ Bernard Fèvre, Petite-Rue, 21190 Saint-Romain, tél. 03.80.21.21.29, fax 03.80.21.66.47 ▼ r.-v.

JEAN GAGNEROT 1996

■ n.c. 4 000

Chaleur en finale, mais avec de l'entrain et de la détermination. De beaux arômes de fruits rouges jouant à saute-mouton de nez en bouche. La petite pointe boisée ne déplaît pas. Quant à la robe, elle remplit son rôle à la perfection, rouge assombri bien sûr.

⌁ Jean Gagnerot, 21700 Corgoloin, tél. 03.80.25.00.07 ▼ r.-v.

ANDRE GOICHOT 1995★

■ n.c. 3 000

Le territoire d'Auxey était jadis peuplé de moulins... remplacés de nos jours par des pressoirs. Il n'a pas perdu au change. Ainsi voilà un pinot noir pourpre dont le bouquet raconte des histoires de chasse : l'animal, le sous-bois. Ses tanins demeurent vifs, mais la mâche est profonde et le boisé bien dosé. Sera de bonne garde.

⌁ SA A. Goichot et Fils, rue Paul-Masson, 21190 Merceuil, tél. 03.80.26.88.70, fax 03.80.26.80.69 ▼ t.l.j. sf sam. dim. 7h30-12h 14h-18h30

La côte de Beaune (Centre-Sud)

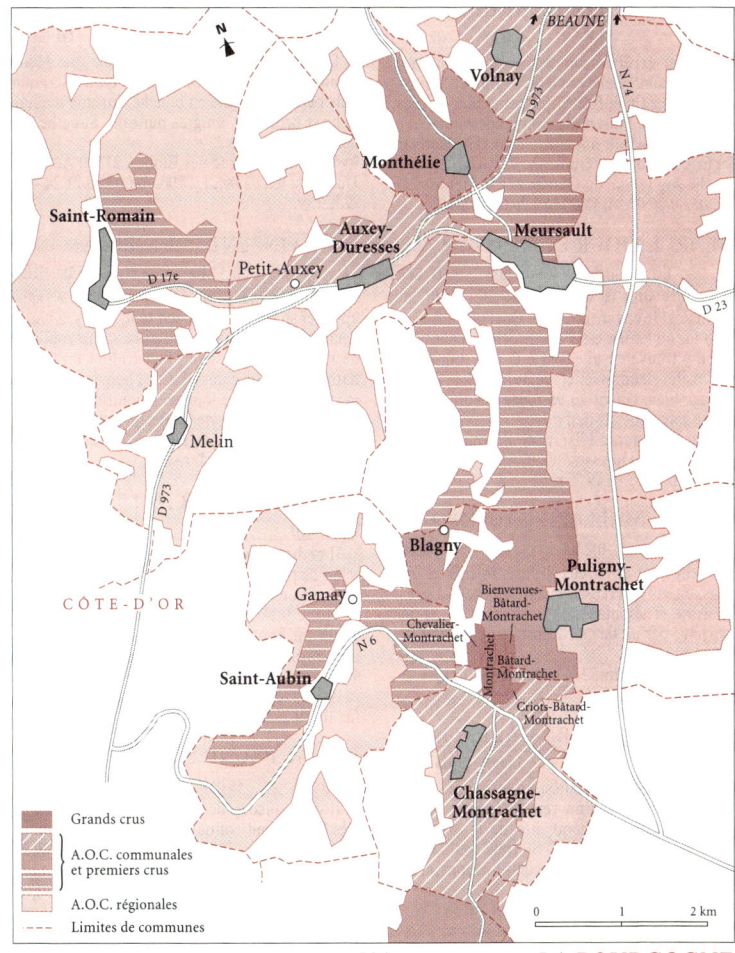

LA BOURGOGNE

La Côte de Beaune — Auxey-duresses

LES VILLAGES DE JAFFELIN 1995

■ n.c. 9 600 50 à 70 F

village 95 blanc à conseiller sous la même étiquette. Sa version rouge a le nez racé et ferme. En bouche, un vin svelte, délié, élégant, bien assis cependant sur ses tanins, avec une pointe d'alcool. A boire dans l'année.

🡆 Jaffelin, 2, rue Paradis, 21200 Beaune, tél. 03.80.22.12.49, fax 03.80.24.91.87

🡆 J.-Cl. Boisset

DOM. ANDRE ET BERNARD LABRY 1995

☐ 0,57 ha 2 000 50 à 70 F

Il est bien fait, de la couleur d'or vif à la longueur plus que convenable, en passant par le nez de citron et de boisé discret, et l'attaque franche, l'évolution souple, grasse, avec la fraîcheur en relais.

🡆 Dom. André et Bernard Labry, Melin, 21190 Auxey-Duresses, tél. 03.80.21.21.60, fax 03.80.21.64.15 ☑ ⊺ r.-v.

DOM. DE LA ROCHE AIGUE 1996★

☐ 1,5 ha 3 000 50 à 70 F

Ce vin exprime son terroir et on lui en est reconnaissant. Belle couleur, vraiment, pour un blanc ! Nez fin et fruité, que demander de plus ? Vif sur la fin, mais nullement épidermique, il est si gras qu'il paraît opulent. Original et captivant.

🡆 Eric et Florence Guillemard, EARL La Roche Aiguë, rue du Glacis, 21190 Meloisey, tél. 03.80.26.02.04, fax 03.80.26.06.14 ☑ ⊺ r.-v.

HENRI LATOUR ET FILS 1996★★

☐ 0,56 ha 2 200 50 à 70 F

Le jury situe ce vin dans les abords du coup de cœur et le couvre d'éloges. Quel brillant ! Quel brio ! L'ouverture est d'une fraîcheur charmante, et on y trouve ensuite tout à la fois souplesse et nervosité, tendresse et maturité. Le fruit se dégage bien. Quant au **95 rouge** il a lui aussi du répondant (une étoile).

🡆 Henri Latour et Fils, rte de Beaune, 21190 Auxey-Duresses, tél. 03.80.21.22.24, fax 03.80.21.63.08 ☑ ⊺ r.-v.

MAISON MALLARD-GAULIN 1996

☐ 0,2 ha 1000 100 à 150 F

Richement doré, aux arômes miellés et briochés, un vin qui réussit malgré ce profil à garder jeunesse et spontanéité. Le carafer ? Une idée suggérée par un de nos dégustateurs. En tout cas, bel et bon.

🡆 Mallard-Gaulin, 21420 Aloxe-Corton, tél. 03.80.26.46.10

MAISON MALLARD-GAULIN 1996

■ 1 ha 5 000 70 à 100 F

Grenat à reflets bleutés, un auxey au parfum très net, plutôt tourné vers la fraise. Coulant, avec un rien de minéral, il a de la distinction mais le discours est bref. Si vous souhaitez un vin typé, équilibré et sans complications, il sera votre serviteur.

🡆 Mallard-Gaulin, 21420 Aloxe-Corton, tél. 03.80.26.46.10

ROLAND MAROSLAVAC-LEGER
Les Bretterins 1995

■ 1er cru 0,27 ha 1 500 70 à 100 F

Intense, limpide, il a le nez légèrement réglissé, mêlé de fruits cuits. Il se montre fin et vineux en bouche ; l'acidité lui permettra de bien vieillir.

🡆 Roland Maroslavac-Léger, 43, Grande-Rue, 21190 Puligny-Montrachet, tél. 03.80.21.31.23, fax 03.80.21.91.39 ☑ ⊺ r.-v.

MAX PIGUET Les Boutonniers 1996★

☐ 0,38 ha 1 200 50 à 70 F

Il faut bien connaître son auxey-duresses pour savoir où se nichent ces Boutonniers. Vers Monthélie, face aux Duresses et autres Ecusseaux. Ils donnent un vin d'un beau brillant limpide, intéressant par le fruit comme par le végétal, tendre puis vif, animant le palais. Typé ? Assurément.

🡆 Max Piguet, rte de Beaune, 21190 Auxey-Duresses, tél. 03.80.21.25.78, fax 03.80.21.68.31 ☑ ⊺ r.-v.

VINCENT PONT 1996★★

■ 0,85 ha 4 500 50 à 70 F

La coloration tend au grenat sur une teinte sombre, tandis que le cassis se révèle à l'aération puis persiste et signe en bouche, sur une matière riche et profonde, un gras puissant. Superbe *village* et qui promet !

🡆 Vincent Pont, rue des Etoiles, 21190 Auxey-Duresses, tél. 03.80.21.27.00, fax 03.80.21.24.49 ☑ ⊺ r.-v.

DOM. VINCENT PRUNIER 1996★

☐ 0,55 ha 3 500 50 à 70 F

Rappelez-vous : on dit « aussey » sans appuyer sur le x. On adoucit tout, et voyez plutôt comme celui-ci montre du gras, de la rondeur, de l'aménité. Or pâle et d'un fruité subtil, plus harmonieux que colossal. C'est bon, tout simplement bon, et d'une longueur significative.

🡆 Vincent Prunier, rte de Beaune, 21190 Auxey-Duresses, tél. 03.80.21.27.77, fax 03.80.21.68.87 ☑ ⊺ r.-v.

MICHEL PRUNIER 1996★

■ 1er cru 0,74 ha 4 500 70 à 100 F

Il ne botte pas en touche, mais lance un beau relais de passes croisées entre l'acidité en attaque, les tanins en ligne arrière. Et pourtant, le ballon est rond ! D'un rouge griotte, cassis soutenu quant au bouquet, il a de la classe et sera en pleine forme d'ici un an.

🡆 Dom. Michel Prunier, rte de Beaune, 21190 Auxey-Duresses, tél. 03.80.21.21.05, fax 03.80.21.64.73 ☑ ⊺ r.-v.

PASCAL PRUNIER Les Duresses 1996★

■ 1er cru 0,49 ha 3 000 50 à 70 F

Il y a beaucoup de Prunier dans l'appellation. Dès lors, il faut connaître le prénom. Pascal fut coup de cœur en 1992 pour son millésime 89. Il nous propose ici des Duresses charpentées sans excès et qui vont bien mûrir, entre rouge et grenat, légèrement boisées, aux arômes complexes encore jeunes, fruités. Une belle élégance.

La Côte de Beaune — Saint-romain

☞ Pascal Prunier, rue Traversière, 21190 Auxey-Duresses, tél. 03.80.21.23.91, fax 03.80.21.67.33 ✓ ￼ r.-v.

PRUNIER-DAMY 1996★★
| ☐ | 2,44 ha | 6 000 | ￼ | 50 à 70 F |

En **village rouge 96**, vous pouvez avoir confiance : la bouteille est excellente. Faites-vous également plaisir avec celle-ci, chardonnay doré, appétissant, au parfum beurré, manifestant une bonhomie tellement bourguignonne. De la rondeur, mais aussi la vivacité de l'esprit. Prêt à boire sur un gros poisson.

☞ Philippe Prunier-Damy, rue du Pont-Boillot, 21190 Auxey-Duresses, tél. 03.80.21.60.38, fax 03.80.21.26.64 ✓ ￼ t.l.j. 9h-12h 13h30-19h

FRANCOIS RAPET ET FILS
Les Hautes 1996★
| ■ | 0,6 ha | 3 000 | ￼ | 50 à 70 F |

Sous sa robe pivoine, il est l'amabilité même. Cerisé et bien fondu, bouqueté, il présente une finesse et une élégance qui ne faiblissent jamais tout au long de la dégustation. Nuance fraise écrasée et tanins très soft.

☞ François Rapet Père et Fils, rue Sous-le-Château, 21190 Saint-Romain, tél. 03.80.21.22.08, fax 03.80.21.60.19 ✓ ￼ t.l.j. 9h-12h 14h-18h

ROGER SAUVESTRE 1996
| ■ | n.c. | n.c. | ￼ | 50 à 70 F |

Il pratique la religion du silence. C'est un contemplatif, un cistercien. Sévère, tannique et charpenté, sombre sous sa robe. Mais il a l'éternité (enfin, presque...) devant lui, et tout permet de penser qu'il tiendra ce pari.

☞ Roger Sauvestre, RN 74, B.P. 3, 21190 Meursault, tél. 03.80.21.22.45, fax 03.80.21.28.05 ✓ ￼ r.-v.
☞ Vincent Sauvestre

PIERRE TAUPENOT 1996
| ■ | 1,9 ha | 5 593 | ￼ | 50 à 70 F |

Cerise à l'œil, cerise en bouche, le pinot est bien présent. Au nez, c'est le fût qui l'emporte. Mais l'important est sa conduite à table : il se tient bien droit, sans raideur, équilibré, prometteur.

☞ Pierre Taupenot, rue du Chevrotin, 21190 Saint-Romain, tél. 03.80.21.24.37, fax 03.80.21.68.42 ✓ ￼ r.-v.

Saint-romain

Le vignoble est situé dans une position intermédiaire entre la Côte et les Hautes Côtes. Les vins de Saint-Romain, surtout les blancs (2 326 hl en 1996 et 2 319 hl en 1997), sont fruités et gouleyants, et toujours prêts à donner plus qu'ils n'ont promis, selon les viticulteurs eux-mêmes. Les rouges représentaient, en 1996, 1 922 hl et en 1997, 1 665 hl. Le site est magnifique et mérite une petite excursion.

BERTRAND AMBROISE 1996
| ☐ | 0,7 ha | 4 500 | ￼ | 70 à 100 F |

Roland Thévenin (1906-1991) qui créa littéralement cette appellation, poète à ses heures, eût composé un quatrain pour ce village à la robe or tendre et cristallin, minéral et fruits secs comme on aime le saint-romain, rond d'entrée de bouche, aérien comme une montgolfière, charmeur à souhait. Peu de fond ? Allons, ne gâtons pas le plaisir.

☞ Maison Bertrand Ambroise, rue de l'Eglise, 21700 Premeaux-Prissey, tél. 03.80.62.30.19, fax 03.80.62.38.69 ✓ ￼ r.-v.

DOM. BILLARD PERE ET FILS
La Perrière 1996
| ■ | 0,8 ha | 2 000 | ￼ | 30 à 50 F |

Le seul village des Hautes-Côtes (disons entre Côte et Hautes-Côtes) à avoir obtenu l'AOC communale, en 1947. Il le méritait. Témoin, ce pinot noir fin et d'une élégance indiscutable, enrobant ses tanins, jouant le charme direct plutôt que la méditation cérébrale. Jolie couleur en harmonie avec un bouquet bourgeon de cassis. A savourer dans l'année qui vient.

☞ GAEC Billard et Fils, rte de Beaune, 21340 La Rochepot, tél. 03.80.21.71.84, fax 03.80.21.72.17 ✓ ￼ r.-v.

DOM. HENRI ET GILLES BUISSON
Sous Roche 1996★
| ■ | 3 ha | 7 000 | ￼ | 50 à 70 F |

Ce domaine réussit un très beau tir groupé puisque quatre de ses vins sont retenus par le jury (sévère). Au tableau d'honneur en effet : **Sous le Château 96 blanc** (cité), **Sous la Velle 96 blanc** (une étoile), **village 96 rouge** (cité) et, puisqu'il faut ici choisir, celui-ci, cerise foncé, pruneau confituré très expressif, souple et alliant finesse et charpente avec un don de soi qui appelle la côte de bœuf à la moelle.

☞ Dom. Henri et Gilles Buisson, imp. du Clou, 21190 Saint-Romain, tél. 03.80.21.27.91, fax 03.80.21.64.87 ✓ ￼ t.l.j. 8h-12h 13h30-19h; dim. sur r.-v.
☞ Gilles Buisson

CHRISTOPHE BUISSON 1996
| ■ | 0,5 ha | n.c. | ￼ | 50 à 70 F |

Souple et vif, il offre « un bon petit plaisir », comme il écrit joliment lui-même à l'un de nos dégustateurs sur sa fiche. Couleur groseille d'un bon gras peu soutenu, bouquet fidèle à ce fruit, note de sécheresse en finale due à des tanins et à une acidité qui complotent encore et, probablement, peuvent s'entendre. Le **blanc 96** est également conseillé.

☞ Christophe Buisson, 21190 Saint-Romain, tél. 03.80.21.63.92, fax 03.80.21.67.03 ✓ ￼ r.-v.

La Côte de Beaune — Meursault

DENIS CARRE Le Jarron 1996*

| ■ | n.c. | n.c. | ❚❚❙ | 50 à 70 F |

Notre coup de cœur 1997 (millésime 94, déjà en Jarron) nous fait, cette année encore, chaud au cœur. Rubis profond à reflets mauves, il est riche en bouquet, ce 96, griotte, cerise au sirop. Le boisé passe bien sur des tanins très fins. Persistance correcte. Petite note poivrée. Vinification soignée.

⌬ Denis Carré, rue du Puits-Bouret, 21190 Meloisey, tél. 03.80.26.02.21, fax 03.80.26.04.64 ✓ ⊤ r.-v.

DOM. DE CHASSORNEY
Sous Roche 1996**

| ■ | n.c. | n.c. | ❚❚❙ | 70 à 100 F |

Adossé à sa falaise, Saint-Romain voit les choses de haut. Ce vin tout autant. Il est légèrement violacé, signe de jeunesse, son nez est franc, sur des impressions de fraise écrasée et de fût. Les tanins restent jeunes, mais commencent à composer une mâche appréciable derrière une attaque fraîche et sous une charpente solide. Il reste longtemps en arrière-bouche.

⌬ Dom. de Chassorney, 21190 Saint-Romain, tél. 03.80.21.65.55, fax 03.80.21.40.73 ✓ ⊤ r.-v.
⌬ Cossard et Elmerich-Gouachou

BERNARD FEVRE 1996*

| ■ | 1 ha | 2 500 | ❚❚❙ | 30 à 50 F |

Sans doute cette bouteille doit-elle s'assouplir en bouche, et surtout en cave, pour révéler tout son équilibre, mais elle possède une police d'assurance tout risque. Depuis 1996, sa couleur est restée ferme, limpide, tandis que le nez perçoit tour à tour la framboise et le même fruit à l'eau-de-vie. La pointe tannique, encore acerbe, n'a rien d'étonnant. Elle est même fort utile à la suite.

⌬ Bernard Fèvre, Petite-Rue, 21190 Saint-Romain, tél. 03.80.21.21.29, fax 03.80.21.66.47 ✓ ⊤ r.-v.

DOM. DE LA CREA Sous Roche 1996**

| ■ | n.c. | 1 200 | ❚❚❙ | 50 à 70 F |

Robe grenat à pourpre, de très forte intensité, accompagnant un nez déluré, très jeune, raisin frais. Ce qu'on appelle en Bourgogne un « nez de vendange ». Ce vin aborde l'étape de la bouche avec plusieurs longueurs d'avance sur le peloton. Il n'a plus qu'à mobiliser ses tanins en gardant sa fraîcheur, et il arrive parmi les meilleurs. A ne pas boire trop tôt.

⌬ Cécile Chenu, Dom. de La Créa, cave de Pommard, 21630 Pommard, tél. 03.80.24.99.00, fax 03.80.24.62.42 ✓ ⊤ t.l.j. 9h-19h

VINCENT PONT 1996

| □ | 0,5 ha | 1 800 | ❚❚❙ | 50 à 70 F |

Un combat en 15 rounds, dont une moitié sont à venir. Il gagne aux points les premiers. Jaune paille brillant, il s'impose (beau jeu de jambes) dès le départ. Peu d'arômes, là il perd un peu. Puis il attaque en bouche, avec beaucoup de chaleur, de la souplesse et de la profondeur dans le geste. Puissance, ce qu'on retient aujourd'hui.

⌬ Vincent Pont, rue des Etoiles, 21190 Auxey-Duresses, tél. 03.80.21.27.00, fax 03.80.21.24.49 ✓ ⊤ r.-v.

PASCAL PRUNIER 1996

| □ | 0,92 ha | 3 600 | ❚❚❙ | 30 à 50 F |

D'une teinte chardonnaire et le bouquet parfait (silex et fruits secs), on est tout de suite à bord. Pour une navigation au long cours ? selon votre patience. La traversée est nette, franche, équilibrée, une véritable croisière de vacances. A l'escale finale, chaleur et vivacité. L'émotion de se quitter, peut-être... De bons souvenirs, en tout cas.

⌬ Pascal Prunier, rue Traversière, 21190 Auxey-Duresses, tél. 03.80.21.23.91, fax 03.80.21.67.33 ✓ ⊤ r.-v.

PIERRE TAUPENOT
Côte de Beaune 1996*

| ■ | 2,58 ha | 5 675 | | 50 à 70 F |

Saint Romain (frère de saint Lupicin) doit penser à sa vie d'ermite dans le Jura en dégustant le vin de Bourgogne qui porte son nom. On doit sans doute lui en envoyer quelques caisses... Ici, un vin très puissant, porté par des fusées tanniques et structurées, aux réservoirs remplis de mâche, qui doivent le conduire au paradis. Brillant, coloré, cassis et mûre, il vise haut, en effet ! Mais dans le temps.

⌬ Pierre Taupenot, rue du Chevrotin, 21190 Saint-Romain, tél. 03.80.21.24.37, fax 03.80.21.68.42 ✓ ⊤ r.-v.

Meursault

Avec Meursault commence la véritable production de grands vins blancs. Avec près de 18 000 hl par an et des premiers crus mondialement réputés : les Perrières, les Charmes, les Poruzots, les Genevrières, les Gouttes d'Or, etc. Tous allient la subtilité à la force, la fougère à l'amande grillée, l'aptitude à être consommés jeunes aux possibilités de longévité. Meursault est bien la « capitale des vins blancs de Bourgogne ». Notons une petite production de vin rouge (873 hl en 1996 et 744 hl en 1997).

Les « petits châteaux » qui restent à Meursault sont les témoins d'une opulence ancienne, attestant une notoriété certaine des vins produits. La Paulée, qui a pour origine le repas pris en commun à la fin des vendanges, est devenue une manifestation traditionnelle qui se déroule le troisième jour des « Trois Glorieuses ».

524

La Côte de Beaune — Meursault

DOM. B. BACHELET ET SES FILS
Les Vireuils 1996*

| | 0,8 ha | 3 000 | 70 à 100 F |

Ce *climat* fait partie des *villages* souvent très proches des 1ers crus et qui les dépassent quelquefois. Il produit ici un 96 jaune paille, amande au nez, convaincant par la suite : d'une bonne ampleur, il est rehaussé par une note de coing qui accompagne une bouche équilibrée et longue. « Un vin jeune et très propre », lit-on sur une fiche.
🕮 Dom. Bernard Bachelet et Fils, 71150 Dezize-lès-Maranges, tél. 03.85.91.16.11, fax 03.85.91.12.33 ⓥ ⓨ r.-v.

BALLOT-MILLOT ET FILS
Genevrières 1996*

| ☐ 1er cru | 0,64 ha | 3 300 | 150 à 200 F |

Par un ancien lauréat du coup de cœur (millésime 93 mis sur le podium en 1996), voici d'excellentes Genevrières. Couleur d'intensité moyenne, nez indéfinissable, mais une bouche déjà fondue, charnue, complexe, effaçant tous les doutes : ce vin devrait fort bien évoluer.
🕮 Ballot-Millot et Fils, 9, rue de la Goutte-d'Or, B.P. 33, 21190 Meursault, tél. 03.80.21.21.39, fax 03.80.21.65.92 ⓥ ⓨ r.-v.

ROGER BELLAND Santenots 1996*

| ☐ 1er cru | 0,24 ha | 1 200 | 150 à 200 F |

D'un très léger or vert, assez grillé, il possède une belle vinosité qui assure notre contentement en bouche, notamment par une remarquable persistance. « Une longueur sans limite », nous dit-on. L'attaque est fraîche et franche. Sans être opulent, c'est tout de même riche !
🕮 Roger Belland, 3, rue de la Chapelle, B.P. 13, 21590 Santenay, tél. 03.80.20.60.95, fax 03.80.20.63.93 ⓥ ⓨ r.-v.

ALBERT BICHOT 1996*

| ☐ | n.c. | 28 000 | 100 à 150 F |

Claire à reflets verts, un peu boisée sous des abords de citron et d'amande, une bouche vive et à garder quelque temps. De la belle ouvrage, avec de l'élégance, mais encore dans l'âge ingrat...
🕮 Maison Albert Bichot, 6 bis, bd Jacques-Copeau, 21200 Beaune, tél. 03.80.24.37.37, fax 03.80.24.37.38

DOM. BOUCHARD PERE ET FILS
Genevrières 1996***

| ☐ 1er cru | 1,39 ha | n.c. | 150 à 200 F |

Une bouteille à apporter à la Paulée de Meursault pour réjouir ses amis et voisins de table. Dieu qu'elle est délectable ! Jolie robe discrète pour mettre en valeur un bouquet minéral et très frais. Une fin en finesse, un 96 ayant à la fois de la chair et du nerf, une persistance étonnante et beaucoup d'avenir.
🕮 Bouchard Père et Fils, Ch. de Beaune, 21200 Beaune, tél. 03.80.24.80.24, fax 03.80.24.97.56 ⓨ r.-v.

DOM. JEAN-MARIE BOUZEREAU
Goutte d'Or 1996**

| ☐ 1er cru | 0,22 ha | 1 200 | 100 à 150 F |

Une Goutte d'Or sage et prudente : elle ne met pas tout son or sur sa robe, mais en garde assez pour la bouche. Celle-ci apparaît plus corsée, charpentée que vraiment ronde ; on ne doit pas en être surpris à cet âge. Assez soutenue par l'alcool, charnue, complexe et racée, une bouteille de garde. Notez aussi le **village 96**, bien réussi.
🕮 Jean-Marie Bouzereau, 7, rue Labbé, 21190 Meursault, tél. 03.80.21.23.74, fax 03.80.21.65.97 ⓥ ⓨ r.-v.

PIERRE BOUZEREAU-EMONIN
Les Narvaux 1996*

| ☐ | 1 ha | 6 000 | 70 à 100 F |

Tout est bien qui finit bien. Surtout quand ça commence par une robe limpide, d'un bel et vert léger, par un bouquet assez frais et fruité... Très jeune et prometteur, ce vin possède assez d'acidité pour bien se conserver et prendre des rondeurs. Voyez aussi, dans cette propriété, la **Goutte d'Or 96**.
🕮 Pierre Bouzereau-Emonin, 7, rue Labbé, 21190 Meursault, tél. 03.80.21.23.74, fax 03.80.21.65.97 ⓥ ⓨ r.-v.

MICHEL BOUZEREAU ET FILS
Les Grands Charrons 1996**

| ☐ | 1 ha | n.c. | 70 à 100 F |

D'une teinte soutenue et intense, il a le nez plein et complexe, assez minéral. En bouche, l'expression aromatique demeure forte, avec un équilibre net et très fin, une bonne réserve d'acidité sous une chair fruitée à souhait. Il devrait parfaitement évoluer. Ce *climat* domine le village, au propre et au figuré.
🕮 Michel Bouzereau et Fils, 3, rue de la Planche-Meunière, 21190 Meursault, tél. 03.80.21.20.74, fax 03.80.21.66.41 ⓥ ⓨ r.-v.

MAISON JOSEPH DE BUCY
Bouchères 1996

| ☐ 1er cru | n.c. | 1 062 | 100 à 150 F |

Entre Porusot et Goutte d'Or, Les Bouchères ont de grands seigneurs comme voisins de palier. Elles se présentent ici vives et jeunes. Parfum très agréable de fleurs printanières et de fruits exotiques. Sans doute des angles à arrondir, mais c'est à leur portée.
🕮 Maison Joseph de Bucy, 34, rue Eugène-Spuller, 21200 Beaune, tél. 03.80.24.91.60, fax 03.80.24.91.54 ⓥ ⓨ r.-v.

DOM. DU CERBERON
Clos des Cras 1995*

| ☐ 1er cru | 0,6 ha | 1 400 | 100 à 150 F |

Une bouteille généreuse. Vous aurez reconnu ce style très murisaltien, associé à une robe dorée, à un nez d'agrumes et de pomme verte, à un corps équilibré et persistant où le gras, l'acidité ont leur rôle à jouer.
🕮 Dom. du Cerberon, 18, rue de Lattre-de-Tassigny, 21190 Meursault, tél. 03.80.21.22.95, fax 03.80.21.22.95 ⓥ ⓨ r.-v.
🕮 GFA des Belles Côtes

LA BOURGOGNE

La Côte de Beaune — Meursault

CH. DE CITEAUX Perrières 1995★
☐ 1er cru   n.c.   n.c.   150 à 200 F

Les premières vignes de Cîteaux se trouvaient à Meursault, avant même le Clos de Vougeot. D'où le nom de ce château de Cîteaux qui nous propose un 95 brillant, correctement bouqueté, encore vif sur des arômes secondaires de noisette et de beurre. Bien typé Perrières.
☛ Philippe Bouzereau, Ch. de Cîteaux, 18-20, rue de Cîteaux, 21190 Meursault, tél. 03.80.21.20.32, fax 03.80.21.64.34 ■ ▼ r.-v.

DOUDET-NAUDIN
Les Terres blanches 1996?
☐   n.c.   1 800   100 à 150 F

Un vin puissant, chaud, quelque peu dominateur mais qui s'impose à l'évidence. Le genre de citoyen qui, une fois en bouche, n'a pas envie de s'en aller. Sa robe assez pâle signale un autre trait de son tempérament : la discrétion. Petit nez de pamplemousse et une pointe de miel qui demande à s'ouvrir.
☛ Doudet-Naudin, 3, rue Henri-Cyrot, B.P. 1, 21420 Savigny-lès-Beaune, tél. 03.80.21.51.74, fax 03.80.21.50.69 ■ ▼ r.-v.

DOM. DUPONT-FAHN
Les Vireuils 1996★★
☐   0,4 ha   n.c.   70 à 100 F

Doré sur tranche, il est la beauté même. Ses arômes chantent les agrumes. Légèrement boisée, beurrée, la bouche est confortable, et son utile acidité ne se livre à aucune agressivité. Un vin complet, faisant honneur à l'appellation communale et que l'on peut déguster dès maintenant.
☛ Michel Dupont-Fahn, Les Toisières, 21190 Monthélie, tél. 03.80.21.26.78, fax 03.80.21.21.22 ■ ▼ r.-v.

ALBERT GRIVAULT
Clos des Perrières Monopole 1996★★★
☐ 1er cru   0,95 ha   6 000   +200 F

Ne disant sa messe qu'avec un meursault de pure origine, le cardinal de Bernis aurait pu choisir celui-ci : un fabuleux Clos des Perrières ou soutenu, suggérant la noisette et d'une riche complexité. Structuré, rond et cependant profond, ce très beau vin est « élaboré et réfléchi », selon l'un de nos dégustateurs. Coup de cœur unanime du jury.
☛ Dom. Albert Grivault, 7, pl. du Murger, 21190 Meursault, tél. 03.80.21.23.12, fax 03.80.21.24.70 ■ ▼ r.-v.
☛ Héritiers Bardet-Grivault

DOM. ANTONIN GUYON
Les Charmes Dessus 1996★
☐ 1er cru   0,69 ha   4 800   150 à 200 F

Un ensemble frais et jeune habille de tons clairs une bouteille florale, et qui chante la noisette. Excellente rétro en bouche, texture serrée, attaque grasse, puis longueur et fraîcheur. Un vin intéressant et agréable dès sa jeunesse, mais qui peut aller sensiblement plus loin, plus haut.
☛ Dom. Antonin Guyon, 21420 Savigny-lès-Beaune, tél. 03.80.21.67.13.24, fax 03.80.66.85.87 ■ ▼ r.-v.

J.-C. JHEAN-MOREY
Clos du Cromin 1996★
■   0,42 ha   n.c.   50 à 70 F

Le Cromin se situe côté Volnay/Monthélie. Dans les parages : Les Santenots. Le rouge s'y exprime donc avec verve, avec classe. La robe de ce 96 est fière. Note de cassis très marquée. Cette nuance accompagne le fondu tannique, une fluidité aérienne, une longueur moyenne et une bonne impression générale. Plutôt à déboucher maintenant.
☛ Jean-Claude Jhean-Morey, 17, rue de Cîteaux, 21190 Meursault, tél. 03.80.21.24.15, fax 03.80.21.24.15 ■ ▼ r.-v.

DOM. EMILE JOBARD
Les Narvaux 1996★
☐   0,66 ha   1 500   70 à 100 F

Nous avons dégusté une bouteille de **Tillets 96**, pas mal du tout. Notre préférence va à ces Narvaux, partie *village* de ce *climat*. Jaune pâle et d'une bonne brillance, floral, c'est un 96 assez long et robuste. Il tient sa place honorablement. **Les Charmes 96** sont très corrects en 1er cru et reçoivent une citation.
☛ Dom. Emile Jobard, 1, rue de la Barre, 21190 Meursault, tél. 03.80.21.26.43, fax 03.80.21.60.91 ■ ▼ r.-v.
☛ Jobard-Morey

DOM. DE LA GALOPIERE 1996★
☐   1,1 ha   4 000   70 à 100 F

Si l'œil ne trouve rien « à y redire », le nez se montre éloquent tant il est sollicité : abricot, cannelle, noisette, vanille... Le fruit est délicieux en bouche, dans un contexte gras et beurré, complexe. Sa structure offre à ce 96 d'heureux lendemains. Compliments !
☛ Gabriel Fournier, 6, rue de l'Eglise, 21200 Bligny-lès-Beaune, tél. 03.80.21.46.50, fax 03.80.26.85.88 ■ ▼ r.-v.

CH. DE LA VELLE Clos de la Velle 1996★★
☐   0,5 ha   3 000   70 à 100 F

Vieillissement nécessaire, sans attendre toutefois la fin des temps. Or pâle et distingué, il est d'une typicité modèle : son bouquet « chardonne » merveilleusement avec un renfort vanillé qui n'est pas envahissant ; le corps puissant vous emplit de belles sensations qui font naître l'espérance. Tout à fait le meursault tel qu'on l'imagine, ourlé de fine dentelle, fruité en finale.

La Côte de Beaune — Meursault

🍷 Ch. de La Velle, 17, rue de la Velle, 21190 Meursault, tél. 03.80.21.22.83, fax 03.80.21.65.60 ✉ 🍷 t.l.j. 9h-12h 14h-18h; f. sept.-avril
🍷 Bertrand Darviot

OLIVIER LEFLAIVE 1995**

| ☐ | n.c. | 12 000 | 🍶 100 à 150 F |

Good balance, résume un dégustateur britannique associé à ce jury. D'une couleur pleine et profonde, un 95 au nez plaisant, toasté et fleurs blanches. Tout le monde est d'accord pour lui reconnaître une bouche d'or : mais pas comme dans la Bible. Car elle ne garde pas le silence, au contraire ! Très expressive et réunissant tous les attraits.

🍷 Olivier Leflaive, pl. du Monument, 21190 Puligny-Montrachet, tél. 03.80.21.37.65, fax 03.80.21.33.94 ✉ 🍷 r.-v.

LE MANOIR MURISALTIEN 1996*

| ☐ | n.c. | 5 000 | 🍶 100 à 150 F |

Or brillant, un vin à attendre si l'on veut, mais on peut déjà se faire plaisir. Son nez n'est pas de ceux qui n'ont rien à déclarer. La fleur jaune et la vanille s'associent bien. Attaque vive, du gras, de la longueur, un meursault porté par le millésime.

🍷 Le Manoir murisaltien, 21190 Meursault, tél. 03.80.21.21.83, fax 03.80.21.66.48 ✉ 🍷 r.-v.
🍷 Marc Dumont

ROLAND MAROSLAVAC-LEGER
Les Murgers 1996**

| ☐ | 0,25 ha | 1 650 | 🍶 70 à 100 F |

Un chat de race qui fait le gros dos et ronronne : ainsi ce meursault nous apparaît-il sous des traits assez clairs. Ses parfums sont d'aubépine, mais aussi citronnés. Superbe parcours en bouche, subtil et raffiné, avec d'immenses possibilités de développement. Un vin certain de faire plaisir.

🍷 Roland Maroslavac-Léger, 43, Grande-Rue, 21190 Puligny-Montrachet, tél. 03.80.21.31.23, fax 03.80.21.91.39 ✉ 🍷 r.-v.

CHRISTOPHE MARY Charmes 1996**

| ☐ 1er cru | 0,16 ha | n.c. | 🍶 70 à 100 F |

Ce vin est passé à deux doigts du coup de cœur. On peut donc considérer qu'il reçoit la médaille d'argent de la dégustation (une centaine de bouteilles). « Voilà du vin et du meursault ! J'aime ! », écrit un juré sur sa fiche. Infiniment de personnalité. Tout autre commentaire serait banal. On recommande aussi un très bon **village 96**.

🍷 Christophe Mary, Corcelle-les-Arts, 21190 Meursault, tél. 03.80.21.48.93 ✉ 🍷 r.-v.

DOM. MAZILLY PERE ET FILS
Les Meurgers 1996**

| ☐ | 0,8 ha | 5 200 | 🍶 70 à 100 F |

Le moelleux et l'acidité forment ici une fameuse paire. Ce vin peut prétendre à un œl avenir. Noblement coloré, le bouquet assez léger, il offre à la bouche un corps merveilleux revêtu de lingerie fine... Rond et caressant, typique des 96 en pleine forme.

🍷 Dom. Mazilly Père et Fils, rte de Pommard, 21190 Meloisey, tél. 03.80.26.02.00, fax 03.80.26.03.67 ✉ 🍷 r.-v.

CH. DE MEURSAULT 1995**

| ☐ 1er cru | 5 ha | 22 000 | 🍶 +200 F |

Grâce à André Boisseaux, décédé l'an dernier - on a ici une pensée pour lui -, le parc du château fut sauvé... et planté de vigne. D'une couleur adolescente, ce 95 est une magnifique bouteille. Il a besoin d'un à deux ans de garde pour marier son gras et le fût, mais le succès du mariage est assuré.

🍷 Ch. de Meursault, 21190 Meursault, tél. 03.80.26.22.75, fax 03.80.26.22.76 ✉ 🍷 r.-v.

BERNARD MILLOT
La Goutte d'Or 1995*

| ☐ 1er cru | n.c. | n.c. | 🍶 100 à 150 F |

Le vin blanc de Bourgogne que préférait Thomas Jefferson. Une Goutte d'Or laisse rarement insensible. Celle-ci évoque le miel et la noisette, avant de prendre toute sa consistance en bouche. A la hauteur du sujet, le gras est convivial, le boisé discret, le corps chaleureux.

🍷 Bernard Millot, 27, rue de Mazeray, 21190 Meursault, tél. 03.80.21.20.91, fax 03.80.21.62.50 ✉ 🍷 r.-v.

MOILLARD-GRIVOT Les Narvaux 1996*

| ☐ | n.c. | 3 000 | 🍶 100 à 150 F |

Situé sur le coteau juste au-dessus des Genevrières, ce *climat* est toujours considéré avec respect. Un peu jaune, le 96 évolue vers un côté citronné cire d'abeille, comportant aussi des senteurs végétales. Moelleux en débutant, il continue sur un discret boisé, puis le corps s'affirme et demande à se fondre. Il peut donner un bon résultat dans quelques années. Rétro de chèvrefeuille.

🍷 Moillard-Grivot, 2, rue François-Mignotte, 21700 Nuits-Saint-Georges, tél. 03.80.62.42.00, fax 03.80.61.28.13 ✉ 🍷 r.-v.

DOM. PRIEUR-BRUNET
Chevalières 1995*

| ☐ | 0,55 ha | 2 850 | 🍶 100 à 150 F |

Jaune léger, il se contente pour le moment d'un nez fin et réservé, dans l'évolution normale des 95. Un peu herbacé, un vin vanillé. Original et agréable sur la langue avec une note de pêche mettant en valeur une riche matière. Mérite d'accomplir, en prenant un peu de bouteille, son destin.

🍷 Dom. Prieur-Brunet, rue de Narosse, 21590 Santenay, tél. 03.80.20.60.56, fax 03.80.20.64.31 ✉ 🍷 r.-v.
🍷 Prieur

REINE PEDAUQUE 1996*

| ☐ | n.c. | 12 000 | 🍶 100 à 150 F |

La reine porte ses bijoux d'or et d'émeraude. On commente longuement ses parfums de raisin de Corinthe, d'abricot sec, ce 96 printanier fleurissant. On reste en arrière-bouche sur les fruits secs, sa dominante aromatique, tandis qu'une finale fraîche conclut un parcours très en beauté. Vin jeune et généreux, à boire ou à différer un tout petit peu. Pour des Saint-Jacques poêlées.

La Côte de Beaune

🍷 Reine Pédauque, Le Village, 21420 Aloxe-Corton, tél. 03.80.25.00.00, fax 03.80.26.42.00 🍷 t.l.j. 9h-11h30 14h-17h30; f. janv.

ROPITEAU 1996★★

| ■ | n.c. | n.c. | 🍾 | 50 à 70 F |

Cela surprend toujours les invités quand on sert à table un meursault rouge, un vin il est vrai assez confidentiel. L'ensemble est ici bien construit, tout en restant nuancé et fin. Sous une jolie présentation violine, le nez est légèrement confituré (fraise) sur des notes épicées. La bouche de cet oiseau rare est très présente, sans excès, bien à sa place et longue.
🍷 Ropiteau Frères, 13, rue du 11-Novembre, 21190 Meursault, tél. 03.80.21.69.20, fax 03.80.21.69.29 ✓ 🍷 r.-v.

DOM. ROUX PERE ET FILS
Clos des Poruzots 1996★

| □ 1er cru | 0,2 ha | 1 200 | 🍾 | 150 à 200 F |

Un vin qui, en 1991, obtint le coup de cœur pour le millésime 88. Cette fois, il offre un aspect brillant et net, de ton léger. Dominante olfactive végétale et bois très prononcé. Bouche rapide, aérienne, encore assez fermée. L'éternel refrain pour les 96 : ne débouchez pas trop tôt une telle année !
🍷 Dom. Roux Père et Fils, 21190 Saint-Aubin, tél. 03.80.21.32.92, fax 03.80.21.35.00 ✓ 🍷 r.-v.

CAVE DE SAINTE-MARIE-LA-BLANCHE 1996

| □ | 0,2 ha | 1 100 | 🍾 | 70 à 100 F |

La Cave de Sainte-Marie-la-Blanche n'a pas froid aux yeux en signant un meursault. Elle aurait tort d'être trop modeste car cette bouteille affiche un jaune doré tout à fait plaisant. Bouquet discret sur nuances de pamplemousse, et corps assez vif. Il va s'aplanir... tout en prenant du relief ; certains éléments complexes que l'on perçoit déjà permettent de le penser.
🍷 Cave de Sainte-Marie-la-Blanche, rte de Verdun, 21200 Sainte-Marie-la-Blanche, tél. 03.80.26.60.60, fax 03.80.26.54.47 ✓ 🍷 t.l.j. 8h-12h 14h-18h

DE SOUSA-BOULEY Les Millerans 1995★

| □ | 0,51 ha | 1 800 | 🍾 | 70 à 100 F |

Les Millerans se trouvent à la sortie de Meursault quand on va vers Puligny. Couleur claire et minéralité au nez. Quant à la bouche, elle suit cette continuité de silex, de pierre à fusil, avec une étonnante force de conviction. Ce n'est pas vraiment de la typicité meursault, mais il s'agit cependant d'un excellent vin dans ce style.
🍷 Albert de Sousa-Bouley, 7, RN 74, 21190 Meursault, tél. 03.80.21.22.79 ✓ 🍷 r.-v.

GERARD THOMAS Blagny 1996★★

| □ 1er cru | 1,07 ha | 3 000 | 🍾 | 70 à 100 F |

Or blanc, un meursault Blagny très boisé au nez, mais qui n'est cependant pas exempt d'arômes authentiques. Au troisième stade de la dégustation, on touche à la perfection, grâce à une superbe concentration de goût, de fruits mûrs et de complexité structurante. Il a vraiment beaucoup d'étoffe.

🍷 Gérard Thomas, 21190 Saint-Aubin, tél. 03.80.21.32.57, fax 03.80.21.36.51 ✓ 🍷 r.-v.

Blagny

Situé à cheval sur les communes de Meursault et Puligny-Montrachet, un vignoble homogène s'est développé autour du hameau de Blagny. On y produit des vins rouges remarquables portant l'appellation blagny (273 hl en 1997), mais la plus grande superficie est plantée en chardonnay pour donner, selon la commune, du meursault 1er cru ou du puligny-montrachet 1er cru.

GILLES BOUTON Sous le Puits 1995

| ■ 1er cru | 0,4 ha | 2 400 | 🍾 | 70 à 100 F |

Comme disait La Bruyère, « l'amour naît brusquement, sans autre réflexion ». Ce vin rond et souple, bien en chair, ne se pose pas de questions. Sa couleur l'enflamme. Son bouquet l'anime sur des tons évolués de pruneau, de confiture de fraises. En bouche, ce sont les tanins qui s'expriment dans un environnement chaleureux. Tout ça s'arrangera, comme on dit ici, dans trois à cinq ans.
🍷 Gilles Bouton, Gamay, 21190 Saint-Aubin, tél. 03.80.21.32.63, fax 03.80.21.90.74 ✓ 🍷 r.-v.

DOM. HENRI CLERC ET FILS
Sous le Dos d'Ane 1995

| ■ 1er cru | 0,93 ha | 3 906 | 🍾 | 100 à 150 F |

Un dos d'âne que l'on franchit aisément, de l'œil au nez, et sans secousse : couleur intense et bouquet enthousiaste (du boisé au fruit surmaturé). Capiteux et riche, mais pour l'instant bloqué par le fût et la rudesse de sa tannicité.
🍷 Bernard Clerc, pl. des Marronniers, 21190 Puligny-Montrachet, tél. 03.80.21.32.74, fax 03.80.21.39.60 ✓ 🍷 r.-v.

DOM. LARUE Le Trezin 1996★

| ■ | 0,4 ha | 2 000 | 🍾 | 50 à 70 F |

Dans sa robe carminée niche un bouquet de griotte mûre et de grillé. Une certaine nervosité ne nuit en rien à ce 96 en pleine forme, assez complet, harmonieux et qui sera de longue garde. Un blagny respectable. Tout comme le **1er cru Sous le Puits 96**, qui reçoit une étoile pour son bon potentiel de garde (70 à 99 F).
🍷 Dom. Larue, Gamay, 21190 Saint-Aubin, tél. 03.80.21.30.74, fax 03.80.21.91.36 ✓ 🍷 r.-v.

PAUL PERNOT ET SES FILS
La Pièce sous le Bois 1995★★

| ■ 1er cru | 0,38 ha | 1 900 | 🍾 | 70 à 100 F |

Le meilleur en blagny, qui progresse lentement et sûrement. A légers reflets ambrés, la robe engage l'affaire, relayée par des arômes divers tendant au pruneau et au cuir en dernière ana-

La Côte de Beaune — Puligny-montrachet

lyse. Harmonie superbe, dans sa vinosité et sa virilité. Le bourgogne à l'état pur.
🍇 EARL Paul Pernot et ses Fils, 7, pl. du Monument, 21190 Puligny-Montrachet, tél. 03.80.21.32.35, fax 03.80.21.94.51 ▼

Puligny-montrachet

Centre de gravité des vins blancs de Côte-d'Or, serrée entre ses deux voisines Meursault et Chassagne, cette petite commune tranquille ne fait en surface de vignes que la moitié de Meursault, ou les deux tiers de Chassagne, mais se console de cette modestie apparente en possédant les plus grands crus blancs de Bourgogne, dont le montrachet, en partage avec Chassagne.

La position géographique de ces grands crus, selon les géologues de l'université de Dijon, correspond à une émergence de l'horizon bathonien, qui leur confère plus de finesse, plus d'harmonie et plus de subtilité aromatique qu'aux vins récoltés sur les marnes avoisinantes. L'AOC a produit 11 150 hl de vin blanc et 269 hl de vin rouge en 1996 et 10 805 hl de vin blanc et 134 hl de vin rouge en 1997.

Les autres *climats* et premiers crus de la commune exhalent fréquemment des senteurs végétales à nuances résineuses ou terpéniques, qui leur donnent beaucoup de distinction.

ROGER BELLAND
Les Champs-Gains 1996★

☐ 1er cru   0,46 ha   2 700   🍷 100 à 150 F

Jaune paille légèrement doré, végétal en ouverture puis grillé, un vin racé et de bonne maturité. Sa physionomie générale apparaît très satisfaisante. Peu d'acidité, mais en revanche du gras et de la rondeur. Coup de cœur il y a deux ans avec le millésime 94.
🍇 Roger Belland, 3, rue de la Chapelle, B.P. 13, 21590 Santenay, tél. 03.80.20.60.95, fax 03.80.20.63.93 ▼ 🍷 r.-v.

BOUCHARD PERE ET FILS
Les Folatières 1996★

☐ 1er cru   n.c.   n.c.   🍷 150 à 200 F

Bouchard Père et Fils maîtrise bien ce sujet, et depuis longtemps. Coup de cœur pour ses Pucelles 91 et 93. Ses Folatières sont nettement minérales sous un habillage or pâle. Leur acidité sait se rendre utile sans agressivité. Beaucoup de charme et un formidable potentiel de garde. Quinze ans au moins !

🍇 Bouchard Père et Fils, Ch. de Beaune, 21200 Beaune, tél. 03.80.24.80.24, fax 03.80.24.97.56 ▼ 🍷 r.-v.
🍇 Champagne Henriot

PIERRE BOUZEREAU-EMONIN
Les Folatières 1996★

☐ 1er cru   0,28 ha   1 500   🍷 150 à 200 F

D'un bel or clair, partagé entre des élans aromatiques divers (du minéral au fruit mûr), des Folatières équilibrées et amples. Un vin assez coulant et d'accès facile, agrémenté d'abricot en fin de bouche.
🍇 Pierre Bouzereau-Emonin, 7, rue Labbé, 21190 Meursault, tél. 03.80.21.23.74, fax 03.80.21.65.97 ▼ 🍷 r.-v.

MICHEL BOUZEREAU ET FILS
Les Champs Gains 1996★

☐ 1er cru   0,3 ha   n.c.   🍷 150 à 200 F

Coup de cœur pour le millésime 90, ce domaine maintient la flamme. Son Champs Gains 96 est d'une folle générosité aromatique (agrumes, fleurs blanches) tout en gardant le naturel. Et cela, c'est du grand art. Robe jaune uniforme. Fera une bouteille magnifique dans deux à trois ans.
🍇 Michel Bouzereau et Fils, 3, rue de la Planche-Meunière, 21190 Meursault, tél. 03.80.21.20.74, fax 03.80.21.66.41 ▼ 🍷 r.-v.

DOM. JEAN CHARTRON
Les Folatières 1996★★

☐ 1er cru   0,5 ha   3 000   🍷 +200 F

Nous avons dégusté un **village 96** très subtil, au bel équilibre, au boisé très discret (une étoile), qui pourrait être servi à l'apéritif ; un **Clos du Cailleret 96** avec un fût plus dominateur qui ne lui vaut qu'une citation honorable ; un **Clos de la Pucelle 96**, au boisé encore marqué mais au fruit plus présent, une étoile, à attendre deux ou trois ans ; et ces Folatières qui, même sous le joug du fût, révèlent une matière remarquable, une générosité, et des arômes raffinés qui justifieront, pour les cinq années à venir, un beau mariage avec un saumon en croûte.
🍇 Dom. Jean Chartron, 13, Grande-Rue, 21190 Puligny-Montrachet, tél. 03.80.21.32.85, fax 03.80.21.36.35 ▼ 🍷 r.-v.

DOM. GERARD CHAVY ET FILS
Les Folatières 1995★★

☐ 1er cru   2,6 ha   12 000   🍷 100 à 150 F

|85|86|88| **89** |91|92|93|95|

Très haut de gamme. Jaune-vert, il étincelle. Joli nez subtil en ouverture, évoluant vers le minéral, l'amande et le fruit mûr. La bouche est gourmande, tant l'étoffe, la race, le caractère remplissent le contrat. Vraiment très beau, un puligny-montrachet comme on l'aime, destiné à un brochet ou à un saumon.
🍇 Gérard Chavy et Fils, 12, rue du Château, 21190 Puligny-Montrachet, tél. 03.80.21.31.47, fax 03.80.21.90.05 ▼ 🍷 r.-v.

La Côte de Beaune — Puligny-montrachet

CHRISTIAN CHOLET-PELLETIER
1996★★

| | 1 ha | n.c. | 70 à 100 F |

Très bon vin auquel plusieurs dégustateurs accordaient le coup de cœur en première analyse. On peut donc jouer cette carte : un as ! Sa couleur n'est pas très prononcée. Bouquet en éveil. Et puis, il s'impose par la délicatesse, le fondu, l'élégance ; un plaisir raffiné que l'on peut tout aussi bien savourer aujourd'hui ou... en 2005. Un dégustateur propose un soufflé de langoustines.
☛ Christian Cholet, 21190 Corcelles-les-Arts, tél. 03.80.21.47.76 ✓ ✗ t.l.j. 8h-12h 14h-18h

DOM. HENRI CLERC ET FILS
Les Combettes 1996★★

| 1er cru | 0,62 ha | 4 026 | 150 à 200 F |

Doré comme ce n'est pas permis, il donne de l'appétit et fait rêver de foie gras. Car il s'affirme un vin gras, dense, long, persistant même, d'une richesse très puligny. Arômes de noisette, de pain grillé, discrètement exotiques.
☛ Bernard Clerc, pl. des Marronniers, 21190 Puligny-Montrachet, tél. 03.80.21.32.74, fax 03.80.21.39.60 ✓ ✗ r.-v.

COUVENT DES CORDELIERS 1995★

| | n.c. | 2 000 | 100 à 150 F |

Doré à l'or fin, le nez subtil et raffiné, un vin qui a de l'avenir. Long, comportant juste ce qu'il faut d'acidité, il ne présente qu'un défaut qui s'atténuera avec l'âge : l'excès de bois. Mais son gras, sa distinction font pencher la balance du bon côté.
☛ Caves du Couvent des Cordeliers, rue de l'Hôtel-Dieu, 21200 Beaune, tél. 03.80.25.08.85, fax 03.80.25.08.21 ✓ ✗ r.-v.

DUFOULEUR PERE ET FILS
Champ Gain 1995★★★

| 1er cru | n.c. | 1 500 | 100 à 150 F |

Elu premier coup de cœur, ce somptueux puligny ressemble à une symphonie. Ouverture jaune or, brillante. Premier mouvement : un nez pulpe d'abricot. Deuxième mouvement : de la mâche et du corps, les cuivres succèdent aux cordes. Troisième mouvement : un miel très marqué et la longueur en bouche. Il a tout pour plaire ! Ce n'est cependant pas un vin de longue garde. Dégustez-le maintenant.
☛ Dufouleur Père et Fils, 17, rue Thurot, 21700 Nuits-Saint-Georges, tél. 03.80.61.21.21, fax 03.80.61.10.65 ✓ ✗ t.l.j. 9h-19h

SYLVAIN LANGOUREAU
La Garenne 1996

| 1er cru | 0,22 ha | 900 | 70 à 100 F |

Robe légère de teinte claire, bouquet est primeur dont le bois est heureusement discret (abricot, acacia). C'est un vin qui démarre fort et qui reste expressif dans un esprit sincère, cépage et terroir. Une pointe acide demande à s'affaiblir. Normal à cet âge.
☛ Sylvain Langoureau, Gamay, 21190 Saint-Aubin, tél. 03.80.21.39.99, fax 03.80.21.39.99 ✓ ✗ r.-v.

ROLAND MAROSLAVAC-LEGER
Les Corvées des Vignes 1996

| | 0,8 ha | 5 300 | 100 à 150 F |

Jaune or et vert léger, agrumes sans boisé apparent, un puligny dépourvu de complexes. Sa pointe acide est vivifiante. Elle laissera de bonnes traces. Dans une honnête moyenne.
☛ Roland Maroslavac-Léger, 43, Grande-Rue, 21190 Puligny-Montrachet, tél. 03.80.21.31.23, fax 03.80.21.91.39 ✓ ✗ r.-v.

CHRISTOPHE MARY Les Referts 1996★

| 1er cru | 0,12 ha | n.c. | 70 à 100 F |

D'un bel aspect, il joue au nez ce tiercé : champignon, réglisse, vanille. Vin plaisant sur des arômes très personnels, tirant en bouche sur le beurre et l'amande. De l'espoir en raison d'une subtilité particulièrement évidente.
☛ Christophe Mary, Corcelle-les-Arts, 21190 Meursault, tél. 03.80.21.48.98 ✓ ✗ r.-v.

DOM. DU CH. DE MEURSAULT
Champ Canet 1995★

| 1er cru | 0,58 ha | 2 500 | 150 à 200 F |

Jaune, il l'est pleinement. Complexe aromatique où se rencontrent pêle-mêle l'aubépine, la pêche, la vanille. On retrouve en bouche ces caractères à l'identique, sur une texture assez solide et puissante. De l'alcool certes, mais on ne s'en plaint pas. Plus vif et rond que gras.
☛ Ch. de Meursault, 21190 Meursault, tél. 03.80.26.22.75, fax 03.80.26.22.76 ✓ ✗ r.-v.

MOILLARD-GRIVOT Les Perrières 1996★

| 1er cru | n.c. | 2 400 | 150 à 200 F |

Jaune paille et d'un beau brillant, il suggère la mangue vanillée. Au-delà, il coule comme un long fleuve tranquille, ample, large, profond. Mâche et acidité demeurent faibles, mais le problème n'est pas là. Un vin à consommer dès à présent, que l'on peut attendre un peu et qui plaira beaucoup.
☛ Moillard-Grivot, 2, rue François-Mignotte, 21700 Nuits-Saint-Georges, tél. 03.80.62.42.00, fax 03.80.61.28.13 ✓ ✗ r.-v.

VEUVE HENRI MORONI 1996

| | 2 ha | 1 500 | 100 à 150 F |

Robe très claire sur nez un peu floral et citronné. Léger boisé. La suite est assez vive, acidulée, sans trop de corps mais selon une ligne suffisamment droite pour en faire mention ici.
☛ Veuve Henri Moroni, 1, rue de l'Abreuvoir, 21190 Puligny-Montrachet, tél. 03.80.21.30.48, fax 03.80.21.33.08 ✓ ✗ r.-v.

La Côte de Beaune — Montrachet

ALBERT PONNELLE 1996★★

| ☐ | n.c. | 2 000 | 🍾 100 à 150 F |

La classe ! D'un doré caressant, évoquant le silex et le sous-bois, voilà un *village* passionnant. On passerait une journée entière à en explorer tous les contours ; c'est vif, enlevé. Lu sur une fiche : « Bon sang que c'est bon ! » Flatté il est vrai par le fût, mais ayant du dedans !
➥ Albert Ponnelle, Clos Saint-Nicolas, 38, fg Saint-Nicolas, 21200 Beaune, tél. 03.80.22.00.05, fax 03.80.24.19.73 ☑ 🍷 r.-v.

DOM. JACQUES PRIEUR
Les Combettes 1995★★

| ☐ 1er cru | 1,5 ha | 3 230 | 🍾 +200 F |

« Un beau vin dans l'esprit des anciens », note un de nos dégustateurs. Or vert et riche en jambes, le bouquet mariant les fleurs et l'orange confite, il aborde le fond du sujet avec infiniment d'adresse et de subtilité. Par petites touches sensibles, efficaces, dans la fraîcheur et le fruit. Des Combettes de grande garde et qui atteignent ici leur excellence parfaite. Coup de cœur, bien sûr.
➥ Dom. Jacques Prieur, 6, rue des Santenots, 21190 Meursault, tél. 03.80.21.23.85, fax 03.80.21.29.19 ☑ 🍷 r.-v.

CH. DE PULIGNY MONTRACHET 1996★

| ☐ | 1,49 ha | 8 500 | 🍾 100 à 150 F |

Déjà ambré, légèrement, un vin encore marqué par le bois mais qui a quelque chose à dire. Il est vif, il a envie de s'exprimer par lui-même. Il commence son discours par des notes minérales intéressantes. Il a de l'ampleur, et demande à se fondre. Quelques années de garde lui permettront d'accompagner un beau saumon.
➥ SCEA Dom. du château de Puligny-Montrachet, 21190 Puligny-Montrachet, tél. 03.80.21.39.14, fax 03.80.21.39.07 ☑ 🍷 r.-v.

ROPITEAU Champ Gain 1996

| ☐ 1er cru | n.c. | n.c. | 🍾 100 à 150 F |

Paille claire à reflets verts intenses, il se partage équitablement entre les arômes minéraux et floraux. Il opte en bouche pour le fleuri, avec du cœur et une certaine passion vive, presque nerveuse, entière en un mot. Le brochet y trouvera une harmonie parfaite.
➥ Ropiteau Frères, 13, rue du 11-Novembre, 21190 Meursault, tél. 03.80.21.69.20, fax 03.80.21.69.29 ☑ 🍷 r.-v.

ROUX PERE ET FILS
Les Enseignères 1996★

| ☐ | 0,5 ha | 3 000 | 🍾 100 à 150 F |

Pour un poisson grillé, un 96 or pâle, au bouquet fin et délicat mais encore peu ouvert, laissant deviner la finesse du chardonnay et offrant une légère impression de champignon en arrière-bouche. Élégant, plein, franc : les compliments ne lui manquent pas.
➥ Dom. Roux Père et Fils, 21190 Saint-Aubin, tél. 03.80.21.32.92, fax 03.80.21.35.00 ☑ 🍷 r.-v.

Montrachet, chevalier, bâtard, bienvenues bâtard, criots bâtard

La particularité la plus étonnante de ces grands crus, dans un passé récent, était de se faire attendre plus ou moins longtemps avant de manifester dans sa plénitude la qualité exceptionnelle qu'on attendait d'eux. Dix ans était le délai accordé au « grand » montrachet pour atteindre sa maturité, cinq ans pour le bâtard et son entourage ; seul le chevalier-montrachet semblait manifester plus rapidement une ouverture plus communicative.

Depuis quelques années cependant, on rencontre des cuvées de montrachet avec un bouquet d'une puissance exceptionnelle et des saveurs si élaborées qu'on peut en apprécier la qualité immédiatement, sans avoir à supputer l'avenir. Le volume de production est là aussi très faible : l'ensemble des grands crus de montrachet représente 1 447 hl.

Montrachet

CHARTRON ET TREBUCHET 1996★★

| ☐ Gd cru | n.c. | 600 | 🍾 +200 F |

Nous avons dégusté **bâtard** et **chevalier 96**, l'un et l'autre d'une courtoisie extrême. Ce montrachet ensuite, d'or brillant, finement aromatique : quelques notes de chèvrefeuille, d'acacia, de tilleul, sur un boisé vanillé. Quant au reste, c'est la définition de Dieu selon saint Bernard : « Il est longueur, largeur, hauteur et profondeur », tout enveloppé dans une discrète impression de fraîcheur. Faut-il préciser qu'il dispose d'un potentiel intéressant ?

LA BOURGOGNE

La Côte de Beaune

Chevalier-montrachet

🍷 Sté Chartron et Trébuchet, 13, Grande-Rue, 21190 Puligny-Montrachet, tél. 03.80.21.32.85, fax 03.80.21.36.35 ✉ 🍷 r.-v.

Chevalier-montrachet

DOM. JEAN CHARTRON
Clos des Chevaliers 1996★★

| ☐ Gd cru | 0,56 ha | 2 100 | 🍾 +200 F |

91 |92| 93 |94| **95 96**

Grand rime avec blanc. Sous sa robe assez discrète au demeurant, un chevalier qui joue au bâtard avec un nez de terroir insistant, presque animal et végétal coupé. Solide comme un chêne, pénétrant en bouche, masculin et riche en alcool, avec des notes boisées fougueuses excusables par sa jeunesse et que l'âge apaisera. Un vin de grande personnalité. Coup de cœur en 1997 pour l'édition 94 du grand cru.
🍷 Dom. Jean Chartron, 13, Grande-Rue, 21190 Puligny-Montrachet, tél. 03.80.21.32.85, fax 03.80.21.36.35 ✉ 🍷 r.-v.

OLIVIER LEFLAIVE 1995★

| ☐ Gd cru | n.c. | n.c. | 🍾 +200 F |

Un chevalier parfaitement armé pour gagner le tournoi. Ecu or pâle. Bouquet reçu de sa dame de cœur : pêche, noisette, noix de muscade. Et il attaque ! En équilibre, pointant sa lance de citron vert, soutenu par une monture vanillée (sans excès), tenant la distance... La puissance n'est peut-être pas sa dominante, mais un tournoi nécessite au Moyen Age beaucoup d'intelligence. Et lui n'en manque pas.
🍷 Olivier Leflaive, pl. du Monument, 21190 Puligny-Montrachet, tél. 03.80.21.37.65, fax 03.80.21.33.94 ✉ 🍷 r.-v.

Bâtard-montrachet

CHARTRON ET TREBUCHET 1996★

| ☐ Gd cru | n.c. | 1 200 | 🍾 +200 F |

Il est évidemment difficile de juger si tôt un 96 se situant à ce niveau de qualité, et qui a besoin de l'âge pour s'épanouir. On devrait nous présenter des 95. Cela dit, la couleur est ici en place, le nez en bouton (nuances de sous-bois, de fleurs blanches, touches végétales) et le corps réservé, mais disponible. Des notes d'écorce d'orange, de fumé sur une bonne longueur.
🍷 Sté Chartron et Trébuchet, 13, Grande-Rue, 21190 Puligny-Montrachet, tél. 03.80.21.32.85, fax 03.80.21.36.35 ✉ 🍷 r.-v.

OLIVIER LEFLAIVE 1995★

| ☐ Gd cru | n.c. | 1 500 | 🍾 +200 F |

Bâtard de bonne naissance, de bonne venue, d'un doré plutôt franc et qui sera bientôt reconnu en société. Le miel, l'acacia, cette petite pointe minérale, tout cela est dans la famille. Sa personnalité dérange et impressionne, par son brin de muguet en note finale mêlé d'amertume.
🍷 Olivier Leflaive, pl. du Monument, 21190 Puligny-Montrachet, tél. 03.80.21.37.65, fax 03.80.21.33.94 ✉ 🍷 r.-v.

LOUIS LEQUIN 1996★★

| ☐ Gd cru | n.c. | 600 | 🍾 +200 F |

Deux étoiles et coup de cœur pour sa robe de mousseline or vert, ses belles jambes, son bouquet de verveine et d'hydromel, son éveil à la maturité et à la complexité. Matière, acidité, gras, il a toutes les bonnes cartes en main, et son expression de pêche mûre accompagnant l'arrière-bouche relève du grand art.
🍷 Louis Lequin, 1, rue du Pasquier-du-Pont, 21590 Santenay, tél. 03.80.20.63.82, fax 03.80.20.67.14 ✉ 🍷 r.-v.

RENE LEQUIN-COLIN 1996★

| ☐ Gd cru | 0,12 ha | 700 | 🍾 +200 F |

Un petit coin de paradis. Trois ouvrées seulement mais dans le Saint des saints. Elles donnent un vin plein de luminescence dorée, au nez jeune de raisin mûr qui s'ouvre de façon suave sur le pain beurré et grillé. Le fruit, le gras composent un vrai grand cru qui, après un mouvement intense, se prolonge dans l'apaisement.
🍷 René Lequin-Colin, rue de Lavau, 21590 Santenay, tél. 03.80.20.66.71, fax 03.80.20.66.70 ✉ 🍷 r.-v.

Bienvenues-bâtard montrachet

DOM. GUILLEMARD-CLERC 1996

| ☐ Gd cru | 0,18 ha | 1 145 | 🍾 +200 F |

L'œil y trouve plaisir. Quand on s'appelle bienvenues... Un bouquet assez ouvert, entre les fleurs blanches et le fumé... et un rien de laurier. Cette situation se prolonge dans une acidité assez marquée. Après tout, saint Luc dans son Evangile ne recommande-t-il pas d'entrer au paradis par la porte étroite ?
🍷 Franck Guillemard-Clerc, 19, rue Drouhin, 21190 Puligny-Montrachet, tél. 03.80.21.34.22, fax 03.80.21.94.84 ✉ 🍷 r.-v.

La Côte de Beaune — Chassagne-montrachet

Criots-bâtard-montrachet

ROGER BELLAND 1996*
☐ Gd cru   0,61 ha   n.c.   +200 F

Les criots sont rares, quelque 8 500 bouteilles par an, dont un tiers issues de cette propriété. Ici, un vin jeune mais qui a de la personnalité. Or pâle, il laisse poindre au nez des notes de miel, de citron vert, de noisette sur fond beurré ; le bois est encore présent, mais le fruit aussi. La robe est belle, distinguée, le corps assez vif mais bien proportionné ; « dans la norme », écrit un dégustateur. Bonne longueur. A n'ouvrir qu'après 2001.
➥ Roger Belland, 3, rue de la Chapelle, B.P. 13, 21590 Santenay, tél. 03.80.20.60.95, fax 03.80.20.63.93 ✓ ⏻ r.-v.

LOUIS LATOUR 1995*
☐ Gd cru   n.c.   900   +200 F

Tout ce qui brille n'est pas or. La preuve ! Cet or est liquide et il brille. Le bouquet est d'allure austère et assez végétale, dans une phase précoce. La bouche est avenante et le corps prometteur, chaque élément complétant bien les autres. On se rappelle le coup de cœur obtenu par le millésime 93 dans le Guide 96.
➥ Maison Louis Latour, 18, rue des Tonneliers, 21204 Beaune Cedex, tél. 03.80.24.81.00, fax 03.80.24.81.18 ⏻ r.-v.

OLIVIER LEFLAIVE 1995**
☐ Gd cru   n.c.   n.c.   +200 F

Il faut savoir les dénicher, ces criots ! Ils sont ici très beaux et à boire entre amis. Visuellement, pas de problème. Olfactivement, un mélange de complexité florale et d'harmonie beurrée. L'attaque par surprise, par le gras ; continue par le coing, la passion, et, sous des abords onctueux, réussit à maintenir constamment une ligne vive, fraîche, qui anime la scène. Superbe.
➥ Olivier Leflaive, pl. du Monument, 21190 Puligny-Montrachet, tél. 03.80.21.37.65, fax 03.80.21.33.94 ✓ ⏻ r.-v.

Chassagne-montrachet

Une nouvelle combe, celle de Saint-Aubin, parcourue par la RN 6, forme à peu près la limite méridionale de la zone des vins blancs, suivie par celle des vins rouges ; les Ruchottes marquent la fin. Les Clos Saint-Jean et Morgeot, vins solides et vigoureux, sont les plus réputés des chassagne. Les blancs représentent 8 300 hl et les rouges 6 238 hl en 1997.

BERTRAND AMBROISE
La Maltroie 1996*

☐ 1er cru   n.c.   n.c.   150 à 200 F

Quelques micro-bulles, au service. Cela s'effacera. La robe est fluide, aimable, le bouquet toasté sur notes végétales et quelque peu épicées. Très riche pour un 96 et comportant une bonne acidité, il lui faudra un peu de temps pour trouver ses marques. Il peut y réussir.
➥ Maison Bertrand Ambroise, rue de l'Eglise, 21700 Premeaux-Prissey, tél. 03.80.62.30.19, fax 03.80.62.38.69 ✓ ⏻ r.-v.

DOM. B. BACHELET ET SES FILS 1995
■   4 ha   12 000   50 à 70 F

(78) 79 82 |85| **87** |88| |89| |90| |92| 93 94 95

Couleur soutenue dans le rubis violacé et senteurs très boisées... Beaucoup de mâche dans un style simple et développant peu à peu les fruits rouges. Vraiment un 95 dont l'équilibre et l'harmonie s'exprimeront dans deux à trois ans.
➥ Dom. Bernard Bachelet et Fils, 71150 Dezize-lès-Maranges, tél. 03.85.91.16.11, fax 03.85.91.12.33 ✓ ⏻ r.-v.

DOM. B. BACHELET ET SES FILS 1996*
☐   2 ha   8 000   70 à 100 F

D'une nuance légèrement mirabelle, limpide et fluide, une bouteille de bonne intensité aromatique aux fruits presque cuits. L'attaque est souple et généreuse. Il y a du fond, de la finesse, du bois et une jolie finale torréfiée, longue. Globalement positif.
➥ Dom. Bernard Bachelet et Fils, 71150 Dezize-lès-Maranges, tél. 03.85.91.16.11, fax 03.85.91.12.33 ✓ ⏻ r.-v.

DOM. BACHELET-RAMONET PERE ET FILS La Romanée 1996*

☐ 1er cru   0,3 ha   1 200   100 à 150 F

Mais oui, il existe une autre Romanée... à Chassagne. En blanc, cette fois. Limpide et fruitée, un peu chaude - mais c'est un excès de jeunesse -, elle donne satisfaction. Vous pouvez choisir aussi deux 1ers **crus 96, Morgeot** et la **Grande Montagne en blanc** : nos dégustateurs les mettent au même niveau de qualité. Un domaine aux résultats homogènes et flatteurs.
➥ Dom. Bachelet-Ramonet Père et Fils, 11, rue du Parterre, 21190 Chassagne-Montrachet, tél. 03.80.21.32.49, fax 03.80.21.91.41 ✓ ⏻ t.l.j. sf dim. 8h-12h 13h30-18h

ROGER BELLAND
Morgeot Clos Pitois 1996*

☐ 1er cru   0,64 ha   3 600   100 à 150 F

Le voir est un plaisir. Le respirer ? Charmant, beurré sur fond noisette, avec une note toastée et un peu de fumé. Le début ressemble à la brise de printemps et on reste sur cette fraîcheur généreuse. Un vin nature, si même s'il lui manque un peu de gras, il s'exprime tout en finesse. Voyez ça avec des écrevisses...
➥ Roger Belland, 3, rue de la Chapelle, B.P. 13, 21590 Santenay, tél. 03.80.20.60.95, fax 03.80.20.63.93 ✓ ⏻ r.-v.

LA BOURGOGNE

La Côte de Beaune — Chassagne-montrachet

CLOS BELLEFOND Morgeot 1995**
■ 1er cru   2 ha   n.c.   50 à 70 F

Le domaine Louis Nié a été fondé en 1889. Il compte 8,7 ha. Ce 1er cru a été en balance pour le coup de cœur. Chapeau bas ! Sa teinte est celle qu'on attend d'un Morgeot 1er cru. Fruits cuits, noyaux, le nez adopte un parti cassis à l'aération. D'un caractère très souple et accommodant, bien en chair, le vin dialogue avec des tanins encore verts à ce stade mais à s'assagir. Classicisme.
➥ SCE du Clos Bellefond, Dom. de Louis Nié, 2, rte de Chassagne, 21590 Santenay, tél. 03.80.20.60.29, fax 03.80.20.65.92 t.l.j. 8h-12h 14h-19h

CHRISTIAN BERGERET 1996
□   0,22 ha   1 500   70 à 100 F

Un nez aromatique, à la fois floral et végétal, avec une note toastée, boisée. Un vin très vif, nerveux ; pointu. Peut-il s'enrober d'un peu de gras ? C'est le genre de question qui occupe toute la dégustation. A tête reposée, on estime que oui. Il est sur le bon plateau de la balance, et, rappelez-vous que les deux tiers des vins ne s'y trouvent pas.
➥ Christian Bergeret, 13, rue des Huiliers, 21340 Nolay, tél. 03.80.21.71.93, fax 03.80.21.85.36 r.-v.

GILLES BOUTON
Les Voillenots Dessous 1996*
■   0,85 ha   5 400   50 à 70 F

Gilles Bouton a agrandi le domaine familial qu'il reçut de sa mère en 1977. Les vignes étaient alors plantées sur 2,5 ha. Aujourd'hui elles occupent 11 ha. Son chassagne a bel œil, pas très profond mais agréable. Les fruits rouges entendent avoir leur mot à dire dès l'étape des coups de nez. Le reste est encore assez tannique, apte à une longue garde. Ce 96 présente incontestablement les caractères du cru.
➥ Gilles Bouton, Gamay, 21190 Saint-Aubin, tél. 03.80.21.32.63, fax 03.80.21.90.74 r.-v.

DOM. HUBERT BOUZEREAU-GRUERE 1996*
■   2 ha   7 000   50 à 70 F

Le domaine Bouzereau est réparti sur six villages. Il présente un chassagne qui n'a pas connu le fût ; c'est un vin bien réussi et prêt à être servi sur table dès lors qu'un bon coq lui fera escorte. Rouge framboisé, il constitue au nez une excellente illustration des arômes du cépage (cerise), s'éveillant progressivement. De la mâche, de l'astringence encore : il doit se faire avec le temps, mais le potentiel est là.
➥ Hubert Bouzereau, 22 a, rue de la Velle, 21190 Meursault, tél. 03.80.21.20.05, fax 03.80.21.68.16 r.-v.

BERNARD COLIN ET FILS
Clos Saint-Jean 1995*
□ 1er cru   n.c.   n.c.   100 à 150 F

Ce clos est l'un des plus anciens du pays. Il se consacre aujourd'hui principalement au rouge, mais les bouteilles blanches, comme celle-ci, sont aussi intéressantes. Un vin jaune clair, marquant un petit côté végétal ; sa fraîcheur ne l'empêche pas de nourrir des ambitions plus élevées. Beaucoup de corps, en effet, soutenu par une acidité généreuse. A noter également un **village blanc 95** réussi.
➥ Bernard Colin et Fils, 22, rue Charles-Paquelin, 21190 Chassagne-Montrachet, tél. 03.80.21.32.78, fax 03.80.21.93.23 t.l.j. 8h-19h

DUFOULEUR FRERES 1995*
■   n.c.   1 520   50 à 70 F

Rouge sombre, il dédie son nez à la fraise des bois. C'est bien aimable de sa part ! Ses tanins sont déjà fondus. Il ne manque ni de gras ni d'allant. Ce beau *village* prêt à boire conviendra à l'amateur qui n'a pas de cave.
➥ Dufouleur Frères, 1, rue de Dijon, Au château, B.P. 5, 21700 Nuits-Saint-Georges, tél. 03.80.61.00.26, fax 03.80.61.36.33 r.-v.

DUPERRIER-ADAM 1996*
□   0,8 ha   1 200   70 à 100 F

Jaune vif à reflets émeraude, développant des arômes minéraux et des notes de fleurs blanches, un vin moelleux et gras, à la fin de bouche agréable, paraissant prometteur. On peut aussi lui donner sa chance dès maintenant avec un poisson au beurre blanc.
➥ SCA Duperrier-Adam, 3, pl. des Noyers, 21190 Chassagne-Montrachet, tél. 03.80.21.31.10, fax 03.80.21.31.10 r.-v.

GUY FONTAINE ET JACKY VION 1995***
■   0,54 ha   1 400   50 à 70 F

Coup de cœur sur la plus haute marche du podium, ce vin démontre abondamment que chassagne, surtout connu pour ses vins blancs, est également orfèvre en vins rouges. Celui-ci est d'un rouge flamboyant. Son bouquet reste jeune et frais, adolescent. L'équilibre entre le gras et la structure est parfaitement réalisé. De plus, il possède ce je ne sais quoi qui crée l'émotion. Le **Clos Saint-Jean 95** est également bien noté.
➥ GAEC des Vignerons, Le Bourg, 71150 Remigny, tél. 03.85.87.03.35, fax 03.85.87.03.35 r.-v.
➥ Fontaine Vion

ANDRE GOICHOT 1996*
■   n.c.   3 900   70 à 100 F

Un 96 honnête et qui remplit sa mission sans se poser trop de questions. Il n'est guère complexe, mais il évite l'excès de bois, laisse

La Côte de Beaune — Chassagne-montrachet

s'exprimer le fruit, montre de la souplesse, possède des perspectives de maturité harmonieuse. Un vin loyal.
➥ SA A. Goichot et Fils, rue Paul-Masson, 21190 Merceuil, tél. 03.80.26.88.70, fax 03.80.26.80.69 ✓ ⏷ t.l.j. sf sam. dim. 7h30-12h 14h-18h30

JAFFELIN 1996*

| | | n.c. | 12 000 | | 50 à 70 F |

Jaffelin fait partie du groupe Boisset, mais avec liberté de manœuvre. Cette vieille maison signe un chassagne prometteur et d'heureuse facture, rouge vif à bord violet, au bouquet fruité, vanillé et animal en dernière approche. L'attaque est souple, légère. Petit passage acidulé en milieu de bouche, dans l'esprit du millésime. Tout est bien maîtrisé.
➥ Jaffelin, 2, rue Paradis, 21200 Beaune, tél. 03.80.22.12.49, fax 03.80.24.91.87

GABRIEL JOUARD
Les Vides Bourses 1995*

| ☐ 1er cru | 0,4 ha | n.c. | | 70 à 100 F |

Savez-vous où sont les Vides Bourses ? À quelques mètres seulement du bâtard et des criots-bâtard-montrachet, les parcelles voisines. Profitez-en ! Bien jaune, un 95 au discret boisé, miel et groseille blanche (appréciez la nuance), assez rond et assez gras. Pour l'accompagner le jury propose une volaille à la crème. Le **rouge 95 village** est capable de vous plaire.
➥ Gabriel Jouard, 3, rue du Petit-Puits, 21190 Chassagne-Montrachet, tél. 03.80.21.94.73 ✓ ⏷ r.-v.

CH. DE LA CHARRIERE
Les Champs de Morjot 1996

| | 1 ha | 5 000 | | 50 à 70 F |

« A revoir », dit-on souvent dans les dégustations bourguignonnes. Cela signifie qu'on accorde à un vin assez de bons points pour souhaiter le retrouver par la suite. Ainsi de ce 96 encore un peu fermé, boisé, mais bien fait et dont une certaine aménité peut apparaître en cave. Sa jeunesse plaide pour lui.
➥ Dom. Yves Girardin, Ch. de La Charrière, 21590 Santenay, tél. 03.80.20.64.36, fax 03.80.20.66.32 ✓ ⏷ r.-v.

DOM. HUBERT LAMY
La Goujonne 1996**

| | 2 ha | 7 500 | | 50 à 70 F |

Il a manqué d'un rien le coup de cœur, il est juste de le signaler. C'est donc un 96 offrant du millésime le meilleur visage. Rouge vif et violacé, il présente une remarquable continuité entre le bouquet et le corps : un vin très cohérent, où le fruit se développe peu à peu de façon élégante. Vinification irréprochable à partir de beaux raisins.
➥ Dom. Hubert Lamy, Paradis, 21190 Saint-Aubin, tél. 03.80.21.32.55, fax 03.80.21.38.32 ✓ ⏷ r.-v.

DOM. LAMY-PILLOT
Clos Saint-Jean 1996*

| ☐ 1er cru | 0,55 ha | 3 000 | | 100 à 150 F |

En robe de bal, la jolie bouteille ! Dorée, gourmande, pleine de vie... Si son parfum est minéral, aubépine, pêche blanche peut-être, enrobé du grillé du fût, sa démarche ensuite est élégante, équilibrée. Attention toutefois : c'est un style boisé. Pour l'instant, le fût éclipse le cépage et le terroir. Attendre deux ans que ces derniers prennent le dessus.
➥ Dom. Lamy-Pillot, 31, rte de Santenay, 21190 Chassagne-Montrachet, tél. 03.80.21.30.52, fax 03.80.21.30.02 ✓ ⏷ r.-v.

SYLVAIN LANGOUREAU
Les Voillenots Dessous 1995*

| | | n.c. | 1 500 | | 30 à 50 F |

Gras dans le verre, de bonne brillance, il évoque le sous-bois, la framboise, dans un décor aromatique assez fin avec des notes de torréfaction. Il subit l'influence de tanins encore verts dans une bouche sévère. Mais sa fermeté incite à l'attente. Les vins ont besoin d'élevage, et celui-ci n'est pas fini.
➥ Sylvain Langoureau, Gamay, 21190 Saint-Aubin, tél. 03.80.21.39.99, fax 03.80.21.39.99 ✓ ⏷ r.-v.

DOM. LARUE 1996*

| | 2 ha | 4 500 | | 50 à 70 F |

Il attaque sur le tanin tout en restant assez souple. Sa longueur permet de marquer sur lui un temps d'arrêt. Le nez évolue sur les fruits rouges. Robe violacée. On lui prédit un bon avenir (trois, quatre ans). Autre vin conseillé : un **Morgeot 95 blanc** qui reçoit la même note.
➥ Dom. Larue, Gamay, 21190 Saint-Aubin, tél. 03.80.21.30.74, fax 03.80.21.91.36 ✓ ⏷ r.-v.

LOUIS LATOUR Les Morgeot 1995

| ☐ 1er cru | | n.c. | 6 000 | | 100 à 150 F |

Morgeot, Latour, voilà des noms ! L'ensemble est doré sur tranche, bouqueté avec une certaine réserve, d'une bouche sympathique, équilibrée et douce. Génial ? Certainement pas. Bien fait, sûrement.
➥ Louis Latour, 18, rue des Tonneliers, 21204 Beaune Cedex, tél. 03.80.24.81.10, fax 03.80.22.36.21 ⏷ r.-v.

OLIVIER LEFLAIVE 1995*

| | | n.c. | 3 000 | | 70 à 100 F |

Belle robe soutenue pour un pinot noir abordant le premier virage d'une course de demi-fond. Il a du souffle, mais il n'a pas encore donné tout son élan. Normal. Bref, son nez va s'ouvrir, et cette bouche bien ronde va acquérir de la profondeur. Un excellent *village*.
➥ Olivier Leflaive, pl. du Monument, 21190 Puligny-Montrachet, tél. 03.80.21.37.65, fax 03.80.21.33.94 ✓ ⏷ r.-v.

LOUIS LEQUIN Morgeot 1996*

| ☐ 1er cru | 0,3 ha | 2 000 | | 70 à 100 F |

Vin agréable et sans défaut, bon reflet de l'année, de couleur assez foncée à nuances noires, discrètement cassissée, tannique, long en bou-

La Côte de Beaune — Chassagne-montrachet

che mais de consistance somme toute légère. Pour ceux qui aiment la sincérité plutôt que l'apprêté.
☛ Louis Lequin, 1, rue du Pasquier-du-Pont, 21590 Santenay, tél. 03.80.20.63.82, fax 03.80.20.67.14 ✓ ꭤ r.-v.

RENE LEQUIN-COLIN 1996*

| ☐ | 0,17 ha | 1 800 | 🔵 | 100 à 150 F |

Jaune vif ? Doré pâle ? Les fiches de dégustation ont parfois des mystères... Cela dit, le nez se partage équitablement entre deux sentiments : le silex et la pêche blanche. Heureux mariage complexe. Bouche structurée, un peu chaude toutefois (alcool). Ce domaine fournit actuellement les caves du palais de l'Elysée.
☛ René Lequin-Colin, rue de Lavau, 21590 Santenay, tél. 03.80.20.66.71, fax 03.80.20.66.70 ✓ r.-v.

PROSPER MAUFOUX
Les Chenevottes 1995*

| ☐ 1er cru | n.c. | n.c. | 🔵 | 100 à 150 F |

Seule la RN 6 sépare ce *climat* du... fabuleux montrachet ! Dites-le à vos amis en dégustant ce 95 tranquille en première bouche du fait de sa faible acidité, toujours frais en finale et jugé bien réussi dans son ensemble. On l'imagine avec une viande blanche ou des noix de Saint-Jacques en raviole. L'habillage est clair ; le nez est fumé et légèrement miellé.
☛ Prosper Maufoux, 1, pl. du Jet-d'Eau, 21590 Santenay, tél. 03.80.20.60.40, fax 03.80.20.63.26 ✓ r.-v.

DOM. BERNARD MOREAU
Morgeot 1996*

| ☐ 1er cru | 0,33 ha | n.c. | 🔵 | 100 à 150 F |

Bon fruit et longueur en bouche sous une belle robe de vin jeune, tout est dit. Un Morgeot ne laisse jamais indifférent. C'est le cas de celui-ci, d'autant qu'il a un côté rond et flatteur qui exprime le bon vivant. En **village**, le **96** n'est pas mal du tout. Notez aussi un **rouge 96 Morgeot La Cardeuse 1er cru**, de bonne garde.
☛ Bernard Moreau, 3, rte de Chagny, 21190 Chassagne-Montrachet, tél. 03.80.21.33.70, fax 03.80.21.30.05 ✓ r.-v.

ANDRE MOREY Lee Pierres 1996**

| ☐ | n.c. | n.c. | 🔵 | 70 à 100 F |

Il apparaît doré pâle, transparent et étincelant : on voit au premier coup d'œil qu'on a affaire à un grand personnage. Bon nez de fruits blancs et une réelle présence en bouche. Sera-t-il éternel ? Sans doute pas. Il est donc à saisir sur le vif.
☛ Sté nouvelle André Morey, 2, rue de l'Arquebuse, 21200 Beaune, tél. 03.80.22.24.12, fax 03.80.24.13.00 ✓ r.-v.

MICHEL MOREY-COFFINET 1996***

| ■ | 1 ha | 6 000 | 🔵 | 50 à 70 F |

Ce coup de cœur distingue un chassagne très typé (charnu, charpenté) dans sa robe dense et brillante. Belle intensité de fruits rouges et discrète touche vanillée. Le potentiel de garde apparaît important. En **blanc**, vous pouvez faire pleine confiance à une **Romanée 1er cru 96** et à

des **Caillerets 96** notés chacun deux étoiles par le jury. Une jolie réussite pour ce domaine !

☛ Dom. Michel Morey-Coffinet, 6, pl. du Grand-Four, 21190 Chassagne-Montrachet, tél. 03.80.21.31.71, fax 03.80.21.90.81 ✓ r.-v.

DOM. PARIGOT PERE ET FILS
Clos Saint-Jean 1996*

| ■ 1er cru | n.c. | n.c. | 🔵 | 70 à 100 F |

Rouge noir très concentré, un 96 boisé (cacao) qui semble se diriger vers le fruit. Bonne extraction, de la vigueur en attaque : cuvaison longue, sans doute, aux effets légèrement griottés. Le tout de bonne tenue, pour une garde évidente.
☛ Dom. Parigot Père et Fils, rte de Pommard, 21190 Meloisey, tél. 03.80.26.01.70, fax 03.80.26.04.32 ✓ r.-v.

DENIS PHILIBERT Clos Saint-Jean 1996*

| ☐ 1er cru | n.c. | n.c. | 🔵 | 100 à 150 F |

Brillance convenable, couleur correcte et habituelle, on se trouve dans le ton. Le nez ne dit pas grand-chose. Ce n'est pas dramatique à cet âge. Si l'attaque est vive, le gras se fait déjà sentir et revendique sa place dans un bel équilibre. Jolie longueur. Au fond, c'est bien, mais pas pour tout de suite.
☛ Maison Denis Philibert, 1, rue Ziem, 21200 Beaune, tél. 03.80.24.05.88, fax 03.80.22.37.08 ✓ ꭤ t.l.j. 9h-19h

PICARD PERE ET FILS 1996

| ■ | n.c. | n.c. | 🔵 | 70 à 100 F |

Rouge vif intense, il laisse une sensation de noyau de cerise derrière un nez charnu. Tout cela va s'éclaircir cependant. Le soutien tannique est suffisant, un peu austère, mais il y a des échappées de vue laissant apercevoir de la complexité, et la promesse du plaisir dans deux ou trois ans.
☛ Michel Picard, rte de Saint-Loup-de-la-Salle, B.P. 49, 71150 Chagny, tél. 03.85.87.51.00, fax 03.85.87.51.11

JEAN-MARC PILLOT
Les Caillerets 1996**

| ☐ 1er cru | n.c. | 1 200 | ■ | 100 à 150 F |

Une bouteille de choix qui a mis le jury d'accord. Il en apprécie la couleur dorée et « chardonnante », le nez minéral, le gras miellé qui réjouit la bouche et suggère la volaille à la crème. La vinification et l'élevage sont parfaitement maîtrisés. Un vin déjà très plaisant, et il a matière à vieillir ! Le **Morgeot 95 rouge** mérite la mention très honorable (une étoile).

La Côte de Beaune

☛ Dom. Jean Pillot et Fils, 1, rue Combard, 21190 Chassagne-Montrachet, tél. 03.80.21.33.35, fax 03.80.21.92.57 ✌ ⊺ r.-v.

DOM. PRIEUR-BRUNET Morgeot 1995★

■ 1er cru 0,5 ha 3 000 ⑪ 100 à 150 F

78 79 81 83 85 87 |88| |89| |90| |91| |92| |93| |94| |95|

Bel éclat avec des reflets rose fushia, et premier nez de fougère, avant les fruits rouges, mûrs et cuits. La bouche est diplomatique : elle n'attaque pas avant négociations. D'où cette finesse, cette distinction, très quai d'Orsay. Ce 95 manque peut-être d'un peu de charpente, mais il est déjà bon à boire. Coup de cœur en 1991 pour le même vin millésimé 87.

☛ Dom. Prieur-Brunet, rue de Narosse, 21590 Santenay, tél. 03.80.20.60.56, fax 03.80.20.64.31 ✌ ⊺ r.-v.
☛ Guy Prieur

REINE PEDAUQUE 1996

■ n.c. 8 000 ⑪ 70 à 100 F

Rubis foncé à reflets violets, il assure le service de la Reine Pédauque avec le dévouement d'un grand chambellan. Bouquet présentant une pointe boisée et des accents animaux. Bouche agréable de vin fin, jeune et franche, qui atteindra sa maturité dans deux ou trois ans.

☛ Reine Pédauque, Le Village, 21420 Aloxe-Corton, tél. 03.80.25.00.00, fax 03.80.26.42.00 ⊺ t.l.j. 9h-11h30 14h-17h30; f. janv.

DOM. ROUX PERE ET FILS 1996★

□ 0,6 ha 4 000 ⑪ 100 à 150 F

Un domaine coup de cœur l'an dernier pour un 95. Voici le millésime suivant sous la même signature. Couleur convenable ; fin grillé, boisé bien fondu : il est « chêneux », comme on le constate. Y-a-t-il du vin là-dessous ? Oui, et c'est la raison de sa présence ici. Et il plaira à tout le monde.

☛ Dom. Roux Père et Fils, 21190 Saint-Aubin, tél. 03.80.21.32.92, fax 03.80.21.35.00 ✌ ⊺ r.-v.

Saint-aubin

Saint-Aubin est aussi dans une position topographique voisine des Hautes-Côtes ; mais une partie de la commune joint Chassagne au sud et Puligny et Blagny à l'est. Les Murgers des Dents de Chien, premier cru de Saint-Aubin, se trouvent même à faible distance des chevalier-montrachet et des Caillerets. Il faut dire que les vins sont également de grande qualité. Le vignoble s'est un peu développé en rouge (2 836 hl en 1996 et 2 728 en 1997), mais c'est en blanc (4 300 hl en 1996 et 4 193 hl en 1997) qu'il atteint le meilleur.

JEAN-CLAUDE BACHELET
Les Champlots 1995★

□ 1er cru 0,39 ha n.c. ⑪ 50 à 70 F

De coloration suffisante, un 95 tenant parfaitement la route. Il est prêt à être servi, ou peut se conserver quelques années. Ses arômes tournent autour des fruits blancs et du pain grillé. Une touche boisée en milieu de bouche, dans une atmosphère sympathique de miel et d'abricot.

☛ Jean-Claude Bachelet, rue de la Fontaine, 21190 Saint-Aubin, tél. 03.80.21.31.01, fax 03.80.21.91.71 ✌ ⊺ r.-v.

DOM. B. BACHELET ET SES FILS
Les Cortons 1995

■ 1er cru 1 ha 5 000 ⑪ 50 à 70 F

Joli profil aromatique (fruits confits, épices) après aération. C'est son point fort. Le rubis est de choix. Peu de puissance, mais une certaine présence.

☛ Dom. Bernard Bachelet et Fils, 71150 Dezize-lès-Maranges, tél. 03.85.91.16.11, fax 03.85.91.12.33 ✌ ⊺ r.-v.

CH. BADER-MIMEUR En Rémilly 1995★

□ 1er cru 0,5 ha n.c. ⑪ 70 à 100 F

Ce *climat* donne sur Puligny et n'est guère éloigné du montrachet. Ou intense et limpide, cet En Rémilly a le bouquet élégant. Sa bouche beurrée, étoffée et structurée joue la séduction immédiate. C'est donc un vin à déguster dès maintenant.

☛ Ch. Bader-Mimeur, 1, chem. du Château, 21190 Chassagne-Montrachet, tél. 03.80.21.30.22, fax 03.80.21.33.29 ✌ ⊺ r.-v.

CHRISTIAN BERGERET
Les Murgers des Dents de Chien 1996★

□ 1er cru 0,16 ha 1000 ⑪ 70 à 100 F

Or vert brillant, il évoque ce qu'on appelle au Moyen-Orient le *café blanc* : l'eau de rose. Agrumes, noisette, un vin assez tendre, flatteur. Une pointe de vivacité pour faire durer le plaisir et, à terme, dévoiler ce qui est encore caché.

☛ Christian Bergeret, 13, rue des Huiliers, 21340 Nolay, tél. 03.80.21.71.93, fax 03.80.21.85.36 ✌ ⊺ r.-v.

GILLES BOUTON En Rémilly 1996★

□ 1er cru 0,8 ha 5 700 ⑪ 50 à 70 F

Deux vins très réussis : en 1ers crus, **Les Champlots 96 en rouge** (coup de cœur l'an dernier pour le 95) et, en blanc, celui-ci : un chardonnay bien gras et délectable, qui réjouit le palais et invite à la fête. Peu de longueur, mais beaucoup de largeur moelleuse... La couleur est plaisante, le nez typé bourgeon de cassis.

☛ Gilles Bouton, Gamay, 21190 Saint-Aubin, tél. 03.80.21.32.63, fax 03.80.21.90.74 ✌ ⊺ r.-v.

DOM. DE BRULLY Les Cortons 1996★

□ 1er cru 0,8 ha 5 000 ⑪ 70 à 100 F

Pour combler vos papilles, ce Cortons... de saint-aubin n'y va pas par quatre chemins. Il opte pour une couleur paille, pour des arômes d'agru-

LA BOURGOGNE

La Côte de Beaune — Saint-aubin

mes sous une écorce vanillée, pour une bouche onctueuse et miellée, bientôt fruitée. Un peu d'attente, et le rendez-vous sera amoureux.
☛ Dom. de Brully, 21190 Saint-Aubin, tél. 03.80.21.32.92, fax 03.80.21.35.00 ▼ ▼ r.-v.

MAISON JOSEPH DE BUCY
Les Pitangerets 1996*

| ☐ 1er cru | n.c. | 1 300 | 70 à 100 F |

Climat situé près de Chassagne, presque le long de la RN 6. Il aurait plu à saint Bernard, celui-ci : très peu de couleur ! Noisette grillée et notes minérales accompagnent une attaque souple, d'importantes ressources en gras, une finale équilibrée. Début d'évolution : bouteille à ne pas oublier en cave.
☛ Maison Joseph de Bucy, 34, rue Eugène-Spuller, 21200 Beaune, tél. 03.80.24.91.60, fax 03.80.24.91.54 ▼ ▼ r.-v.

CHAMPY PERE ET CIE
Murgers des Dents de chien 1996*

| ☐ 1er cru | n.c. | n.c. | 70 à 100 F |

Ces Murgers des Dents de chien se situent, comme En Rémilly, dans le voisinage immédiat du montrachet. Ils ont, si l'on en croit cette bouteille, du nerf et de la vivacité, de la jeunesse d'esprit. Robe pâle et bouquet encore réservé.
☛ Maison Champy Père et Cie, 5, rue du Grenier-à-Sel, 21200 Beaune, tél. 03.80.24.97.30, fax 03.80.24.97.40 ▼ ▼ r.-v.

CHARTRON ET TREBUCHET
La Chatenière 1996**

| ☐ 1er cru | n.c. | n.c. | 100 à 150 F |

Jaune vert avec quelques reflets dorés, ce 96 au nez tout en finesse et élégance confirme en bouche ses qualités ; jouant la complexité, il laisse parler le terroir. D'un très bon équilibre, d'une longueur respectable, c'est une bouteille à servir pour les grandes occasions sur un filet de turbot.
☛ Sté Chartron et Trébuchet, 13, Grande-Rue, 21190 Puligny-Montrachet, tél. 03.80.21.32.85, fax 03.80.21.36.35 ▼ ▼ r.-v.

FRANCOISE ET DENIS CLAIR 1996*

| ■ 1er cru | n.c. | 6 000 | 50 à 70 F |

« Il faut soigner le corps pour que l'âme s'y plaise », disait saint François de Sales. Pour expérimenter ce sage précepte, choisissez par exemple cet autre saint du paradis. Un vin rouge vif, au nez pointu quoique un peu fermé. Son attaque est bien vineuse et la suite harmonieuse. Agréable dès maintenant.
☛ EARL Françoise et Denis Clair, 14, rue de la Chapelle, 21590 Santenay, tél. 03.80.20.61.96, fax 03.80.20.65.19 ▼ ▼ r.-v.

DOM. DARNAT En Rémilly 1996*

| ☐ 1er cru | 0,2 ha | 1000 | 70 à 100 F |

Accord complet entre la bouche et le nez, sur une tonalité de fruit frais et feuillage, de noix et d'amande grillée. Belle prestance en raison d'un gras persistant. La charpente est moyenne, mais elle n'en existe pas moins. Ce viticulteur a été coup de cœur en 1997 pour ce même vin millésimé 94.

☛ Dom. Darnat, 20, rue des Forges, 21190 Meursault, tél. 03.80.21.23.30, fax 03.80.21.64.62 ▼ ▼ r.-v.

DOMINIQUE ET CATHERINE DERAIN Le Ban 1996*

| ■ | 1,3 ha | 4 500 | 50 à 70 F |

« Biodynamique », cette bouteille d'un rouge violacé rappelle la griotte. L'attaque, ample, est suivie d'un tempérament astringent : les tanins ne se font pas oublier, mais, semble-t-il, le vin dispose d'un beau potentiel. Au bout du compte, confiance !
☛ Dominique et Catherine Derain, L'Ancienne Cure, 21190 Saint-Aubin, tél. 03.80.21.35.49, fax 03.80.21.94.31 ▼ ▼ r.-v.

DOM. HUBERT LAMY
En Rémilly 1996***

| ☐ 1er cru | 1,1 ha | 6 500 | 70 à 100 F |

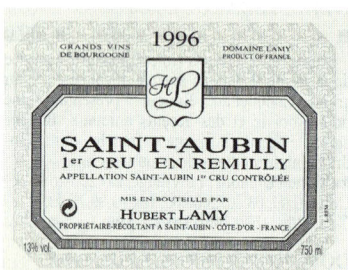

D'un or intense et limpide, le nez ferme aux notes de fruits secs, un coup de cœur excellemment vinifié. Il accumule les bons points : gras, charpente, fraîcheur. Il fera merveille sur un poisson grillé, tant il montre de sincérité dans l'expression élégante, étoffée du cru. Du premier cru ! Le **blanc Clos de la Chatenière 96** reçoit une étoile. Un dégustateur le « verrait bien sur des escargots ».
☛ Dom. Hubert Lamy, Paradis, 21190 Saint-Aubin, tél. 03.80.21.32.55, fax 03.80.21.38.32 ▼ ▼ r.-v.

SYLVAIN LANGOUREAU
Les Frionnes 1996***

| ☐ 1er cru | 0,29 ha | 2 100 | 50 à 70 F |

Coup de cœur, ce saint-aubin entre une seconde fois au paradis. La première grâce à cet évêque d'Angers. La seconde, après la dégusta-

La Côte de Beaune

tion d'un vin à la robe or vert, au nez de fleurs blanches et d'agrumes, et au corps parfait. Puissance, complexité, richesse, une bouteille haut de gamme et qui rehausse l'appellation.
🍇 Sylvain Langoureau, Gamay, 21190 Saint-Aubin, tél. 03.80.21.39.99, fax 03.80.21.39.99 ☑ 🍷 r.-v.

DOM. LARUE
Murgers des Dents de chien 1996

| ☐ 1er cru | 0,54 ha | 3 000 | 🍾 | 70 à 100 F |

Très pâle, la couleur signe la fraîcheur de ce vin au nez agréable (beurre fin et nuances de fruits exotiques). La bouche assez pleine, équilibrée, révèle plus le cépage que le terroir. À boire.
🍇 Dom. Larue, Gamay, 21190 Saint-Aubin, tél. 03.80.21.30.74, fax 03.80.21.91.36 ☑ 🍷 r.-v.

CH. PHILIPPE-LE-HARDI
En Vesvau 1996*

| ☐ | 0,95 ha | 7 300 | 🍾 | 50 à 70 F |

Jaune pâle à reflets verts, il a le nez fin et assez ouvert. Même impression par la suite, dans un style vif et frais, mais témoignant d'une bonne constitution. On le conseille à l'apéritif avec des gougères tendres et tièdes...
🍇 Ch. de Santenay, B.P. 18, 21590 Santenay, tél. 03.80.20.61.87, fax 03.80.20.63.66 ☑ 🍷 r.-v.

PICARD PERE ET FILS 1996*

| ■ | n.c. | n.c. | 🍾 | 50 à 70 F |

Sous sa belle robe soutenue, il est très agréable dans le verre et au palais. Le nez ne dit pas grand-chose, mais la richesse est présente, avec une finale vive caractéristique des 96 dans leur état actuel. Un vin à cœur, à saisir dès maintenant.
🍇 Michel Picard, rte de Saint-Loup-de-la-Salle, B.P. 49, 71150 Chagny, tél. 03.85.87.51.00, fax 03.85.87.51.11

HENRI PRUDHON ET FILS
Les Perrières 1996*

| ☐ 1er cru | 0,5 ha | 3 500 | 🍾 | 50 à 70 F |

Détenteur du coup de cœur sur notre édition 1988 (pour un 85), ce domaine présente ici un chardonnay jaune paille, au nez de torréfaction. En bouche, les arômes évoluent vers les agrumes. Ils « se citronnent ». Bien équilibré, cette bouteille convenable doit être attendue un à deux ans afin qu'elle puisse se fondre. Beaucoup d'autres bons vins dans cette cave, notamment des **Frionnes en rouge** recevant une étoile pour leur structure élégante. De garde également.
🍇 EARL Henri Prudhon et Fils, 21190 Saint-Aubin, tél. 03.80.21.36.70, fax 03.80.21.91.55 ☑ 🍷 r.-v.

DOM. VINCENT PRUNIER
Les Combes 1996**

| ■ 1er cru | 0,46 ha | 3 000 | 🍾 | 50 à 70 F |

Attaque poivrée et finale moelleuse, un très beau vin rouge qui demande sans doute à s'affirmer encore mais qui décroche déjà le coup de cœur. On retiendra surtout la maturité du fruit rouge, la robe, de rubis à grenat, et le très fort potentiel dans un contexte complexe et persuasif. Superbe longueur. Notez qu'en **blanc, La Chatenière 96** obtient une belle étoile pour sa puissance aromatique. C'est également un vin de garde.

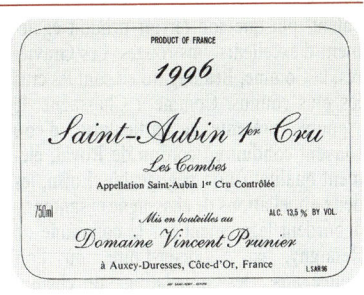

Santenay

PRODUCT OF FRANCE
1996
Saint-Aubin 1er Cru
Les Combes
Appellation Saint-Aubin 1er Cru Contrôlée
750 ml   ALC. 13,5 % BY VOL.
Mis en bouteilles au
Domaine Vincent Prunier
à Auxey-Duresses, Côte-d'Or, France

🍇 Vincent Prunier, rte de Beaune, 21190 Auxey-Duresses, tél. 03.80.21.27.77, fax 03.80.21.68.87 ☑ 🍷 r.-v.

ROUX PERE ET FILS
La Chatenière 1996*

| ☐ 1er cru | 0,5 ha | 3 000 | 🍾 | 70 à 100 F |

La Chatenière se trouve près du hameau de Gamay. Le chardonnay y réussit pourtant très bien. Or vif, ce vin se partage entre des notes fleuries et boisées avant de s'épanouir en un corps tendre et souple. Légère touche de miel au palais. Tout en harmonie.
🍇 Dom. Roux Père et Fils, 21190 Saint-Aubin, tél. 03.80.21.32.92, fax 03.80.21.35.00 ☑ 🍷 r.-v.

GERARD THOMAS 1996*

| ☐ | 0,56 ha | 3 600 | 🍾 | 30 à 50 F |

D'une teinte très claire, un 96 jouant sur le velours, avec des arômes d'aubépine, de muguet, d'abricot bientôt plébiscités. Pas très longue, la bouche est tendre, fleurie, féminine en diable. Peu de force, mais infiniment de gentillesse. **Les Frionnes 96 en rouge** méritent une étoile : dotées d'une belle matière, puissantes, disant parfaitement le boisé, élégantes, elles possèdent un grand potentiel et sont destinées à un gibier. À servir après 2002.
🍇 Gérard Thomas, 21190 Saint-Aubin, tél. 03.80.21.32.57, fax 03.80.21.36.51 ☑ 🍷 r.-v.

DOM. DE VALLIERE Les Cortons 1996**

| ☐ 1er cru | 0,5 ha | 3 600 | 🍾 | 70 à 100 F |

Or vert pâle, il décline des notes fumées et végétales, légèrement florales. L'attaque est douce, avec un rien de mordant dû à l'acidité. L'équilibre est réel, sur un fond d'agrumes assez chaud, un peu miellé. Puissance et persistance sont au rendez-vous.
🍇 Dom. de Vallière, 21190 Saint-Aubin, tél. 03.80.21.32.92, fax 03.80.21.35.00 ☑ 🍷 r.-v.

Santenay

Dominé par la montagne des Trois-Croix, le village de Santenay est devenu, grâce à sa « fontaine salée » aux eaux les plus lithinées d'Europe, une ville d'eau réputée... C'est donc un village poly-

La Côte de Beaune — Santenay

valent, puisque son terroir produit également d'excellents vins rouges. Les Gravières, la Comme, Beauregard en sont les crus les plus connus. Comme à Chassagne, le vignoble présente la particularité d'être souvent conduit en cordon de Royat, élément qualitatif non négligeable. Enfin, les deux appellations de chassagne et santenay débordent légèrement sur la commune de Remigny, en Saône-et-Loire, où l'on trouve aussi les appellations de cheilly, sampigny et dezize-lès-maranges, maintenant regroupées sous l'appellation maranges. L'AOC santenay a produit en 1997, 1 511 hl de vin blanc et 12 571 hl de vin rouge.

DOM. B. BACHELET ET SES FILS
1995*

■   3 ha   10 000   50 à 70 F

Pourpre violacé et limpide, il a le nez au milieu de la figure, sur un ton de pain d'épice, de fruits mûrs un peu confiturés. Puissant, charnu, il subit encore la loi de ses tanins et demande, à l'évidence, à vieillir pour atteindre son apogée. Il sera alors plein de charme. Vinification compétente.

Dom. Bernard Bachelet et Fils, 71150 Dezize-lès-Maranges, tél. 03.85.91.16.11, fax 03.85.91.12.33   r.-v.

JEAN-CLAUDE BELLAND
Comme 1996*

■ 1er cru   1,18 ha   7 500   50 à 70 F

Un sentiment de grande pureté se dégage de ce 96 rouge sombre violacé, magnifiquement mis en valeur. Pointe de menthol au nez dans un environnement complexe, mûre écrasée, un peu sauvage. On retrouve le style santenay en bouche par ailleurs : un corps tannique, un bon potentiel. Encore très carré, un vin aux perspectives superbes.

Jean-Claude Belland, pl. du Jet-d'Eau, 21590 Santenay, tél. 03.80.20.61.90, fax 03.80.20.65.60   t.l.j. sf sam. dim. 9h-12h 15h-18h; f. 15-31 août

JEAN BOUCHARD 1995*

■   n.c.   30 000   50 à 70 F

D'un rouge cerise uniforme, agréable au regard, il offre au nez un bouquet un rien austère, fait d'un peu de fruits, d'un peu de minéralité. On est bien à Santenay, d'ailleurs ! Bonnes structure et texture, avec un renfort tannique qui s'adoucit progressivement. Cette marque dépend de la maison Albert Bichot. Un Bouchard de plus !

Jean Bouchard, 6 bis, bd Jacques-Copeau, 21200 Beaune, tél. 03.80.24.37.27, fax 03.80.24.37.38

DOM. CAILLOT 1995*

□   n.c.   n.c.   50 à 70 F

Les épices ne lui font pas défaut, à en juger par son bouquet où l'on perçoit aussi une note de miel. Beaucoup de vin en bouche, dans un équilibre général satisfaisant, avec de la vivacité, de la présence d'esprit. Pour un saumon, mais attention : à l'oseille et non pas fumé.

Dom. Caillot, 14, rue du Cromin, 21190 Meursault, tél. 03.80.21.20.12, fax 03.80.21.69.58   r.-v.

DOM. CAPUANO-FERRERI ET FILS
Passe-Temps 1996*

■ 1er cru   n.c.   n.c.   50 à 70 F

Beau travail de coloriste ! Un rubis très soutenu, et, comme toujours, ces flammes mauves qui dansent sur les parois du verre. Ses arômes tournent autour du végétal, un tout petit peu évolués. Sa bouche est vineuse, ses tanins apparaissent bien enrobés, le fruit et le boisé en harmonie. Notez aussi la **Comme 96 rouge**, dans les mêmes bonnes dispositions.

Capuano-Ferreri et Fils, 1, rue de la Croix-Sorine, 21590 Santenay, tél. 03.80.20.64.12, fax 03.80.20.65.75   r.-v.

DOM. CHANZY Beaurepaire 1996

□ 1er cru   0,1 ha   600   70 à 100 F

Peu de couleur, et le nez doit se contenter de nouvelles brèves. En revanche, sa structure est assez consistante et laisse présager une évolution heureuse. Son attaque a du panache et on reste dans un climat de relative vivacité, jusqu'au bout du sujet complètement traité.

Dom. Chanzy, 1, rue de la Fontaine, 71150 Bouzeron, tél. 03.85.87.23.69, fax 03.85.91.24.92   r.-v.

Daniel Chanzy

CHARTRON ET TREBUCHET 1996*

□   n.c.   n.c.   100 à 150 F

D'un jaune très pâle, amande douce et foin coupé, il possède une acidité discrète mais non absente, un gras assez soutenu et une présence féminine. Le fût ne se fait pas oublier. Sensation de fruits secs.

Sté Chartron et Trébuchet, 13, Grande-Rue, 21190 Puligny-Montrachet, tél. 03.80.21.32.85, fax 03.80.21.36.35   r.-v.

F. ET D. CLAIR Clos Genêt 1996*

■   1,8 ha   9 000   30 à 50 F

Il gagne son affaire en première instance. Nul besoin d'aller en appel pour constater l'évidence : cette bouteille va dans le droit chemin. Couleur griotte, marquée par le fruit rouge bien mûr, elle a de la rondeur, du velouté, de l'ampleur, du développement.

EARL Françoise et Denis Clair, 14, rue de la Chapelle, 21590 Santenay, tél. 03.80.20.61.96, fax 03.80.20.65.19   r.-v.

MICHEL CLAIR Sous la Roche 1996*

□   0,43 ha   1 500   70 à 100 F

Laissez-le dormir un peu. D'un jaune soutenu, bouqueté à l'aération, ce santenay présente un bon équilibre gustatif. Beaucoup de gras en première bouche, une acidité en train de se fondre et des fruits secs en finale. Fidèle à son village, il devrait bien évoluer.

Dom. Michel Clair, 2, rue de Lavau, 21590 Santenay, tél. 03.80.20.62.55, fax 03.80.20.65.37   r.-v.

La Côte de Beaune — Santenay

Y. ET C. CONTAT-GRANGE
Saint-Jean de Narosse 1996

■ 0,8 ha 3 500

Couleur d'intensité correcte et nez assez sauvage, typé, d'une belle maturité. Quelques accents minéraux. Si le corps apparaît structuré, solide et ferme, il présente néanmoins, pour l'instant en finale, de l'astringence et une certaine dureté tannique. A attendre cinq ans. Le 93 a reçu le coup de cœur sur notre édition 1996.
↱ Yvon et Chantal Contat-Grangé, Grande-Rue, 71150 Dezize-lès-Maranges, tél. 03.85.91.15.87, fax 03.85.91.12.54 ▼ ⌶ r.-v.

DOM. GUY DUFOULEUR
Clos Genêts 1995★

■ 1,68 ha 10 000

Ne cherchez pas dans cette bouteille le secret de la Grande Pyramide. Mais vous y trouverez une simplicité, une sincérité de bon aloi. Un vin droit et sûr, conforme à cette appellation, fidèle au millésime. Couleur pourpre carminé d'apparence satinée, arômes bien frais et loquaces. Le millésime 93 avait reçu le coup de cœur.
↱ Dom. Guy Dufouleur, 19, pl. Monge, 21700 Nuits-Saint-Georges, tél. 03.80.61.21.21, fax 03.80.61.10.65 ▼ ⌶ r.-v.
↱ Xavier et Guy Dufouleur

La côte de Beaune (Sud)

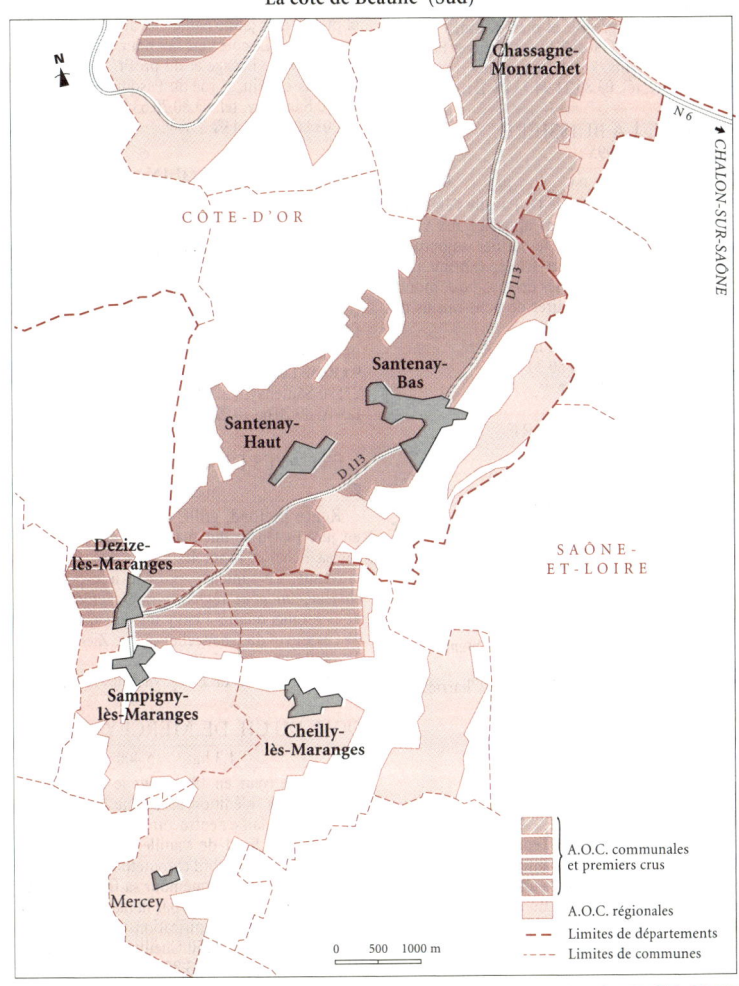

LA BOURGOGNE

La Côte de Beaune — Santenay

JACQUES GIRARDIN
Clos Rousseau 1996

■ 1er cru   1,5 ha   5 000   70 à 70 F

Ce n'est pas « la petite robe noire » un passe-partout, plutôt un somptueux fourreau d'un rare éclat. Le nez est assez neutre, mais ce vin possède un joli grain. Il est un peu distant, sans être revêche. A notre avis, il vit son âge ingrat et il devrait s'ouvrir de façon agréable. **Beauregard en 1er cru rouge 95** n'est pas mal du tout : il reçoit la même note.

🍇 Jacques Girardin, 13, rue de Narosse, 21590 Santenay, tél. 03.80.20.60.12, fax 03.80.20.64.96 ✓ ⊺ r.-v.

GABRIEL JOUARD 1995

■   1,4 ha   n.c.   50 à 70 F

C'est un puzzle dont toutes les pièces ne sont pas encore mises ensemble. Pourtant, on voit déjà une belle robe rubis brillant. Cette partie-là est en place. Du fruit, du bois, c'est en train de s'assembler. Le tableau complet apparaît peu à peu. Il semble agréable et bien dessiné.

🍇 EARL Dom. Gabriel Jouard Père et Fils, 3, rue du Petit-Puits, 21190 Chassagne-Montrachet, tél. 03.80.21.94.73 ✓ ⊺ r.-v.

DOM. DE LA BUISSIERE
Clos Rousseau 1995

■ 1er cru   n.c.   n.c.   70 à 100 F

Au milieu du XIXe s., le Dr Lavalle s'émerveillait de la qualité des soins apportés aux vignes de Santenay. Il pourrait le vérifier aujourd'hui encore. Ce vin souple et fruité, exprimant de façon continue des arômes de sous-bois, montre qu'on sait ici, en effet, tirer de bons raisins des vignes. La robe tuile un peu.

🍇 Jean Moreau, 4, rue de la Buissière, 21590 Santenay, tél. 03.80.20.61.79, fax 03.80.20.64.76 ✓ ⊺ r.-v.

CH. DE LA CHARRIERE
Clos Rousseau 1995★

■ 1er cru   1,8 ha   6 000   50 à 70 F

On peut miser sur le rouge au casino de Santenay. Et, à défaut, dans les caves du village. Ainsi ce 95 double la mise : la couleur est magnifique, le bouquet résumant tous les charmes de la mûre et du cassis. Rond et gras, dense et équilibré, sachant modérer l'ardeur de ses tanins, il tiendra bon jusqu'au XXIe s. Nous avons apprécié par ailleurs le **Sous la Roche en blanc 95**, qui a reçu la même note.

🍇 Dom. Yves Girardin, Ch. de La Charrière, 21590 Santenay, tél. 03.80.20.64.36, fax 03.80.20.66.32 ✓ ⊺ r.-v.

DOM. HUBERT LAMY
Clos des Hâtes 1996★

■   0,6 ha   2 100   50 à 70 F

Entre les *climats* Passe-Temps et Beaurepaire, Les Hâtes occupent à Santenay une position médiane. Rubis clair, ce 96 abat un jeu aromatique comportant plusieurs atouts : réglisse, cerise, noyau, pain grillé... Net sur le fruit, un vin simple et direct, un peu vanillé, pour un plaisir assez proche.

🍇 Dom. Hubert Lamy, Paradis, 21190 Saint-Aubin, tél. 03.80.21.32.55, fax 03.80.21.38.32 ✓ ⊺ r.-v.

HERVE DE LAVOREILLE
Clos des Gravières 1995

□ 1er cru   0,56 ha   2 000   70 à 100 F

Jaune pâle et encore jeune, il a un nez qui garde la plupart de ses secrets. En bouche, son gras et sa constitution lui permettent de susciter un jugement plutôt positif, confirmé par une finale réussie.

🍇 Dom. Hervé de Lavoreille, 10, rue de la Crée, Les Hauts de Santenay, 21590 Santenay, tél. 03.80.20.61.57, fax 03.80.20.66.03 ✓ ⊺ t.l.j. 8h-20h.

LOUIS LEQUIN Clos Rousseau 1995★

□ 1er cru   0,3 ha   1 900   50 à 70 F

Il gère ses affaires en bon père de famille, se gardant bien de porter un vêtement cousu d'or et préférant le jaune paille. Ses arômes sont miellés, beurrés. Le corps est fait pour durer, et il fera longtemps de l'usage et du profit.

🍇 Louis Lequin, 1, rue du Pasquier-du-Pont, 21590 Santenay, tél. 03.80.20.63.82, fax 03.80.20.67.14 ✓ ⊺ r.-v.

RENE LEQUIN-COLIN
Les Charmes 1996★

■   0,46 ha   3 000   50 à 70 F

Une famille vigneronne depuis 1679. Ce *climat* se situe côté Maranges, en-dessous des Clos Rousseau. Il donne une bouteille limpide et foncée au bouquet léger de fruits rouges écrasés. L'intensité charpentée est typique du santenay : un vin serré, ferme, et encore un peu fermé.

🍇 René Lequin-Colin, rue de Lavau, 21590 Santenay, tél. 03.80.20.66.71, fax 03.80.20.66.70 ✓ ⊺ r.-v.

LES CAVES DU CHANCELIER 1995★

■   n.c.   n.c.   70 à 100 F

Rouge profond, grillé, ce 95 a enthousiasmé un juré (« On se fait plaisir, enfin ! » note-t-il sur sa fiche) et rangé les autres dans la bonne moyenne. Ce santenay possède une pointe de chaleur, un goût réglissé ; rien d'étonnant : il nous promet quatre à cinq ans de vie sereine.

🍇 Les Caves du Chancelier, 1, rue Ziem, 21200 Beaune, tél. 03.80.24.05.88, fax 03.80.22.37.08 ✓ ⊺ t.l.j. 9h-19h.

DOM. DU CH. DE MERCEY 1995★

■   1,3 ha   5 400   50 à 70 F

Coup de cœur en 1994 pour le millésime 90 du même vin. L'édition 95 évolue légèrement à l'œil avant de laisser entrevoir des arômes de pâte de coing sur fond de vanille. Le discours est épicé, puis fruité. Subtil et toutefois solide par sa texture, un vin remarqué pour sa force aromatique. Ce domaine est géré par la maison Antonin Rodet qui assure la vinification.

🍇 Ch. de Mercey, 71150 Cheilly-lès-Maranges, tél. 03.85.91.13.19, fax 03.85.91.16.28 ✓ ⊺ r.-v.

La Côte de Beaune — Santenay

MESTRE PERE ET FILS
Passe-Temps 1995*

| 1er cru | n.c. | 3 000 | 70 à 100 F |

Coup de cœur dans notre édition 1990 et pour le millésime 87, ce Passe-Temps se goûte, cette fois encore, très bien. Et ce n'est pas la recherche du temps perdu ! Or vert brillant, d'une excellente typicité aromatique (miel, poivre), ce 95 est chaud, riche et cependant plein de mordant. D'une longue persistance, il laisse espérer une grande bouteille.
Mestre Père et Fils, 12, pl. du Jet-d'Eau, 21590 Santenay, tél. 03.80.20.60.11, fax 03.80.20.60.97 r.-v.

MOMMESSIN Clos Rousseau 1995**

| 1er cru | n.c. | n.c. | 70 à 100 F |

Tout à fait digne de ce nom et bien à la hauteur d'un 1er cru, voici un 95 d'une architecture parfaite. Aucune aspérité, du volume, une délicieuse sensibilité à fleur de peau, beaucoup de relief et de profondeur, un sans-faute qui le place parmi les meilleurs de la dégustation. En lever de rideau : rubis et myrtille.
Mommessin, Le Pont des Samsons, 69430 Quincié, tél. 04.74.69.09.30, fax 04.74.69.09.28 r.-v.

LUCIEN MUZARD ET FILS
Gravières 1996

| 1er cru | 1 ha | n.c. | 50 à 70 F |

Neuf générations ont contribué à la constitution de ce domaine d'une vingtaine d'hectares. Deux vins cités : **Maladière 96 rouge**, agréable et franc, puis celui-ci qui a notre préférence. Cerise et porteur encore de reflets de jeunesse, rappelant la violette sur une touche vanillée, il met le turbo en bouche. Une bouteille à conserver plusieurs années afin d'atteindre le fondu.
Lucien Muzard et Fils, 11 bis, rue de la Cour-Verreuil, B.P. 25, 21590 Santenay, tél. 03.80.20.61.85, fax 03.80.20.66.02 r.-v.

DOM. CLAUDE NOUVEAU
Grand Clos Rousseau 1995***

| 1er cru | 1,1 ha | 6 500 | 50 à 70 F |

Bis repetita... Coup de cœur en 1992 pour son millésime 89, ce viticulteur renouvelle cet exploit avec le même Grand Clos Rousseau, son cheval de bataille. Peut-on rêver d'une robe plus satinée, rubis grenat ? D'un nez défini avec une telle netteté, nuance cerise ? D'une harmonie intérieure aussi magistrale ? Un grand respect de la vendange, de vigne en cuve, de cuve en cave.

EARL Dom. Claude Nouveau, Marchezeuil, 21340 Changé, tél. 03.85.91.13.34, fax 03.85.91.10.39 r.-v.

DOM. PRIEUR-BRUNET
Clos Rousseau 1995

| 1er cru | 0,23 ha | 1 500 | 70 à 100 F |

Or blanc, offrant un bouquet végétal, ce vin nerveux et vif, légèrement teinté de fût neuf, demande à se fondre. Ce devrait être fait d'ici un an. Inutile de le conserver au-delà. On vous conseille également le 1er **cru Maladière 95 en rouge**, déjà plaisant et de bonne tenue.
Dom. Prieur-Brunet, rue de Narosse, 21590 Santenay, tél. 03.80.20.60.56, fax 03.80.20.64.31 r.-v.
Guy Prieur

BERNARD REGNAUDOT 1996***

| | 0,5 ha | 2 500 | 30 à 50 F |

Santenay la thermale change l'eau en vin quand elle est vigneronne. A ce miracle s'en ajoute un autre : la merveilleuse qualité de cette bouteille rouge-noir violacé, d'une finesse aromatique parfaite (myrtille, cassis), mariant superbement le bois, d'une bonne maturité tannique et, en bouche, framboise écrasée. Beau scénario, belle mise en scène ! A garder.
Bernard Regnaudot, rte de Nolay, 71150 Dezize-lès-Maranges, tél. 03.85.91.14.90, fax 03.85.91.14.90 r.-v.

JEAN-CLAUDE REGNAUDOT 1996*

| | 0,45 ha | 2 700 | 30 à 50 F |

Robe pourpre assombri et cocktail de fruits, cassis et framboise à la bouche, si l'on peut dire... L'attaque est souple, mais encore vive, les tanins en embuscade. Beau vin pour un *village*, car tout se tient et tout tient bon. De l'avenir.
Jean-Claude Regnaudot, 71150 Dezize-lès-Maranges, tél. 03.85.91.15.95, fax 03.85.91.16.45 r.-v.

ROPITEAU 1996*

| | n.c. | n.c. | 30 à 50 F |

Dans sa robe pivoine, un bon vin développant d'intéressants arômes de groseille, de cornouille. L'attaque est vigoureuse, également fruitée. De la vinosité, une jolie matière, un peu de gras, chacun y trouvera son plaisir.
Ropiteau Frères, 13, rue du 11-Novembre, 21190 Meursault, tél. 03.80.21.69.20, fax 03.80.21.69.29 r.-v.

DOM. DES VIGNES DES DEMOISELLES Clos Rousseau 1996*

| 1er cru | 0,42 ha | 1 490 | 70 à 100 F |

Viticulteur baptisé par le chanoine Kir, alors curé de Nolay, Gabriel Demangeot a l'aligoté pour parrain et la crème de cassis pour marraine. Il pratique cependant le pinot noir avec bonheur. Témoin ce 96 rouge grenat et au bouquet bien plein, grillé et épicé. Bonne attaque et de la charpente, une barrière de tanins, du mordant : tout cela doit se fondre avec l'âge qui rime avec élevage.

La Côte de Beaune — Maranges

🍷 Gabriel Demangeot et Fils, Le Bourg, 21340 Changé, tél. 03.85.91.11.10, fax 03.85.91.16.83 ☑ 🍷 r.-v.

Maranges

Le vignoble de maranges situé en Saône-et-Loire (Chailly, Dezize, Sampigny) bénéficie depuis 1989 d'un regroupement en une AOC unique, comportant six premiers crus. Il s'agit de vins rouges et blancs, les premiers ayant droit également à l'AOC côte de beaune-villages et étant naguère vendus ainsi. Fruités, ayant du corps et bien charpentés, ils peuvent vieillir de cinq à dix ans. Ce vignoble produit 8 204 hl d'AOC maranges dont 173 hl en blanc.

DOM. B. BACHELET ET SES FILS
La Fussière 1995*

| ■ 1er cru | 6 ha | 10 000 | 🍷 | 50 à 70 F |

Coup de cœur l'an passé pour le millésime précédent du même 1er cru en rouge, ce vin est encore sauvage : sa couleur rouge mauve à reflets bleutés, ses arômes animaux puis réglissés, sa forte teneur en tanins, tout porte à croire qu'il va discipliner ses ardeurs de façon positive. A surveiller de près, le gaillard ! N'oubliez pas le **Clos Roussots 95 en 1er cru rouge** : beau vin d'avenir recevant la même note.
🍷 Dom. Bernard Bachelet et Fils, 71150 Dezize-lès-Maranges, tél. 03.85.91.16.11, fax 03.85.91.12.33 ☑ 🍷 r.-v.

DOM. JEAN-FRANCOIS BOUTHENET Sur le chêne 1996**

| ☐ | 0,37 ha | 2 800 | 🍷 | 30 à 50 F |

Tout près du coup de cœur, un maranges faisant honneur au vin de Bourgogne. Jaune pâle, partagé entre l'ortie blanche et l'amande grillée, il montre franchise et fraîcheur. Quelques accents minéraux, une bonne mise en bouche : le meilleur de cette dégustation de maranges. Ce que peut donner le chardonnay sur un bon terroir.
🍷 Jean-François Bouthenet, Mercey, 71150 Cheilly-lès-Maranges, tél. 03.85.91.14.29, fax 03.85.91.18.24 ☑ 🍷 r.-v.

DOM. CAPUANO-FERRERI ET FILS
Clos de la Fussière 1996*

| ■ 1er cru | n.c. | n.c. | 🍷 | 30 à 50 F |

Nul besoin d'aller jusqu'aux tirs au but pour inscrire ce 96 comme vainqueur de la partie. Peu de brillance mais de l'intensité visuelle, un bouquet de sous-bois et assez d'ampleur, de caractère, de terroir pour plaire au plus grand nombre.
🍷 Capuano-Ferreri et Fils, 1, rue de la Croix-Sorine, 21590 Santenay, tél. 03.80.20.64.12, fax 03.80.20.65.75 ☑ 🍷 r.-v.

MAURICE CHARLEUX
Le Clos des Rois 1995

| ■ 1er cru | 0,3 ha | 2 000 | 🍷 | 50 à 70 F |

Cerise un peu foncé, le nez se déterminant difficilement sur le parti à prendre (plutôt épices douces), un maranges qui demande de l'ouverture, qui garde les caractères de sa première jeunesse et qui peut occuper - à terme, et s'il évolue bien comme on l'espère, sa place à table. Notez aussi le **maranges-côte de beaune 96 rouge**, mêmes remarques.
🍷 Maurice Charleux, Petite-Rue, 71150 Dezize-lès-Maranges, tél. 03.85.91.15.15, fax 03.85.91.11.81 ☑ 🍷 r.-v.

DOM. CHEVROT 1996*

| ☐ | 0,6 ha | 3 000 | 🍷 | 50 à 70 F |

Lauréat du coup de cœur naguère pour son 88, ce domaine qui fête son bicentenaire n'a pas perdu la main. Fleurs blanches et citron sur fond limpide, légèrement or vert, conduisent l'attaque avec brio et marient le fruit à une discrète et subtile touche de miel. C'est bon, tout ça ! **Sur le Chêne 96 en blanc** est également à recommander.
🍷 Catherine et Fernand Chevrot, Dom. Chevrot, 71150 Cheilly-lès-Maranges, tél. 03.85.91.10.55, fax 03.85.91.13.24 ☑ 🍷 r.-v.

Y. ET C. CONTAT-GRANGE
Les Clos Roussots 1996*

| ■ 1er cru | 0,35 ha | 2 000 | 🍷 | 50 à 70 F |

Plusieurs bouteilles ont retenu notre attention : le **village blanc 96**, le **1er cru La Fussière rouge 96** (une étoile) qui ne demande qu'à s'épanouir : son nez de cerise noire et d'épices, sa bouche ample aux tanins fins et sa longueur ont séduit le jury. Toujours en rouge, ce Clos Roussots d'excellente facture, presque noir tant il est coloré, noyau de cerise épicé, un peu rustique sans doute mais dans le bon sens du mot : humain, proche du terrain. Coup de cœur pour le millésime 88.
🍷 Yvon et Chantal Contat-Grangé, Grande-Rue, 71150 Dezize-lès-Maranges, tél. 03.85.91.15.87, fax 03.85.91.12.54 ☑ 🍷 r.-v.

ERIC DUCHEMIN
Les Clos Roussots 1995

| ■ 1er cru | n.c. | n.c. | 🍷 | 50 à 70 F |

Coup de cœur en 1994 pour son 90, cet ancien élève du lycée viticole de Beaune, qui fit son stage au domaine Leflaive et lui en garde une profonde reconnaissance, n'arrive pas aujourd'hui les mains vides. Grenat soutenu, un 1er cru cassissé intense, encore affronté à ses tanins mais comme à de bons démons familiers. Boisé élégant, structure honorable.
🍷 Eric Duchemin, Dom. du Vieux Pressoir, 71150 Sampigny-lès-Maranges, tél. 03.85.87.32.02, fax 03.85.91.15.76 ☑ 🍷 r.-v

RENE DUCHEMIN
Les Clos Roussots 1996*

| ■ 1er cru | 0,45 ha | n.c. | 🍷 | 50 à 70 F |

Pourpre lumineux, évoquant la feuille de cassis et la cerise noire, ce 96 est un beau vin agréable et rond, persistant et poivré, robuste et de

La Côte de Beaune

très bonne composition. A boire maintenant ou à attendre un peu.
🍇 René Duchemin, Dom. du Vieux Pressoir, 71150 Sampigny-lès-Maranges, tél. 03.85.91.12.71, fax 03.85.91.15.76 ☑ ☥ t.l.j. sf dim. 9h-19h; f. 15 sept.-31 oct.

HERVE GIRARD 1995

■			
	1,5 ha	5 000	🍷 30 à 50 F

Pourpre foncé, il décline un style aromatique classique en des nuances de cuir, de fourrure, d'humus même. Il attaque en souplesse, en rondeur, de façon assez fluide, puis il montre sa vraie nature : structurée, fondée sur des tanins demeurant assez verts mais en cours d'évolution. Il va devenir un maranges, et il a tout pour y parvenir.
🍇 Hervé Girard, rte de Saint-Sernin, 71150 Paris-l'Hôpital, tél. 03.85.91.11.56, fax 03.85.91.16.22 ☑ ☥ r.-v.

FRANCOIS MARTENOT 1996

■			
	n.c.	n.c.	🍷 50 à 70 F

Maranges-Côte de Beaune sur l'étiquette, cela ne se pratique plus guère. Mais il y a le mot Beaune... L'AOC mérite mieux, d'autant qu'on tient ici un vin rubis au bouquet de cerise sur un support végétal puissant, et qui accomplit en souplesse son parcours.
🍇 François Martenot, rue du Dr-Barolet, Z.I. Beaune Vignolles, 21200 Beaune Cedex, tél. 03.80.24.70.07, fax 03.80.22.54.31 ☥ r.-v.

DOM. RENE MONNIER
Clos de la Fussière 1996*

■ 1er cru	1,2 ha	7 000	🍷 50 à 70 F

Robe intense et profonde, rouge grenat. Nez un peu ouvert et assez prometteur si l'on en juge par l'amorce esquissée. Pas mal de caractère avec des tanins souples et une certaine verdeur due à l'âge.
🍇 Dom. René Monnier, 6, rue du Dr-Rolland, 21190 Meursault, tél. 03.80.21.29.32, fax 03.80.21.61.79 ☑ ☥ t.l.j. 8h-12h 14h-18h

DOM. CLAUDE NOUVEAU
La Fussière 1995*

■ 1er cru	0,25 ha	1 500	🍷 50 à 70 F

Ne pas oublier que ce 1er cru pourrait s'appeler santenay car il s'y trouve en réalité. Maranges mérite estime et respect, car seules les limites départementales arbitraires de la Révolution l'ont privé d'un destin plus glorieux et plus rapide. Que dire de ce 95 ? Une petite évolution est perceptible au regard, suivie d'un bouquet démonstratif, d'un corps un peu boisé mais équilibré et gardant l'esprit du terroir.
🍇 EARL Dom. Claude Nouveau, Marchezeuil, 21340 Changé, tél. 03.85.91.13.34, fax 03.85.91.10.39 ☑ ☥ r.-v.

MICHEL PICARD 1996

■			
	n.c.	n.c.	🍷 50 à 70 F

Un 96 assez sec (alcool) mais qui apparait capable de s'épanouir tant sa couleur est signe de fermeté, tant son bouquet (cerise sur l'arbre) est aimable, tant il désire bien faire, avec ses moyens sans doute mais une réelle bonne volonté. Aucune fausse note et c'est l'essentiel.

Côte de beaune-villages

🍇 Michel Picard, rte de Saint-Loup-de-la-Salle, B.P. 49, 71150 Chagny, tél. 03.85.87.51.00, fax 03.85.87.51.11

PONSARD-CHEVALIER
Clos Roussot 1996*

■ 1er cru	0,8 ha	n.c.	🍷 30 à 50 F

Noire intense, cette bouteille embaume de manière insistante : confiture de mûres. En raison d'une finesse fruitée et d'une belle matière qui semble apte à de longs lendemains, le jury conseille d'attendre ce 96, à condition d'avoir une bonne cave. Sinon, le plaisir est pour aujourd'hui.
🍇 Michel Ponsard-Chevalier, 2, Les Tilles, 21590 Santenay, tél. 03.80.20.60.87, fax 03.80.20.61.10 ☑ ☥ r.-v.

BERNARD REGNAUDOT
Clos des Rois 1996

■ 1er cru	1 ha	4 000	🍷 30 à 50 F

Sous une robe d'une concentration étonnante, rouge-noir espagnol, le bouquet montre des sentiments profonds où l'on distingue sans peine le cassis et la torréfaction. Le Clos des Rois est juste en dessous des Clos Roussots sur le coteau de Santenay/Maranges. Roi de cœur ? Pour plus tard. Dans l'immédiat, roi de pique, très enfermé sur lui-même, mais sur le chemin du sacre.
🍇 Bernard Regnaudot, rte de Nolay, 71150 Dezize-lès-Maranges, tél. 03.85.91.14.90, fax 03.85.91.14.90 ☑ ☥ r.-v.

Côte de beaune-villages

A ne pas confondre avec l'appellation côte de nuits-villages qui possède une aire de production particulière, l'appellation côte de beaune-villages n'est en elle-même pas délimitée. C'est une appellation de substitution pour tous les vins rouges des appellations communales de la Côte de Beaune, à l'exception de beaune, aloxe-corton, pommard et volnay.

BOUCHARD PERE ET FILS 1996*

■			
	n.c.	n.c.	🍷 50 à 70 F

Un soupçon de mâche en finale le rend très agréable, consistant. Et tout avait bien commencé : couleur attirante, parfums floraux, tannicité correcte. L'âme et le corps sont présents. Pas mal du tout !
🍇 Bouchard Père et Fils, Ch. de Beaune, 21200 Beaune, tél. 03.80.24.80.24, fax 03.80.24.97.56 ☥ r.-v.

MAURICE CHENU 1995

■			
	n.c.	20 000	🍷 50 à 70 F

L'état des lieux indique que la couleur est restée fraîche pour le millésime. Les arômes fruités évoluent vers des accents animaux et réglissés - ce

LA BOURGOGNE

La Côte chalonnaise

qui est normal. Enfin, l'attaque est carrée, mais révèle des tanins assez souples et une chair goûteuse.
🍷 Bourgognes Chenu-Tresch SA, chem. de la Pierre-qui-Vire, 21200 Montagny-lès-Beaune, tél. 03.80.26.37.37, fax 03.80.24.14.81

RAOUL CLERGET 1995*

| | n.c. | 20 000 | | 50 à 70 F |

Un concert harmonieux entre une robe soutenue à nuances noires très jeunes, un nez épicé où l'on perçoit également la mûre, une chair assez ferme et que l'on sent virile. De la suite en effet, d'un bout à l'autre de l'approche de ce vin qu'on laissera dormir un peu.
🍷 Bourgognes Raoul Clerget, chem. de la Pierre-qui-Vire, 21200 Montagny-lès-Beaune, tél. 03.80.26.37.37, fax 03.80.24.14.81

EDOUARD DELAUNAY ET SES FILS 1996*

| | n.c. | 36 000 | | 50 à 70 F |

D'une teinte superbe, ce vin présente un bouquet mais fruité qui s'exprimera mieux par la suite. Ample et puissant, il se montre efficace en bouche. Il est à revoir avec beaucoup d'espoir.
🍷 Edouard Delaunay et ses Fils, 5, rue du Moulin, 21700 Nuits-Saint-Georges, tél. 03.80.62.61.46, fax 03.80.62.61.60

NAIGEON-CHAUVEAU 1995

| | n.c. | n.c. | | 50 à 70 F |

« Ce nez est vivant », note un dégustateur. Traduisez que les fruits parlent dès les premiers parfums. Ensuite s'expriment quelques notes végétales et un peu d'alcool. La matière est présente ; les tanins devraient bien évoluer.
🍷 Naigeon-Chauveau, rue de la Croix-des-Champs, B.P. 7, 21220 Gevrey-Chambertin, tél. 03.80.34.30.30, fax 03.80.51.88.90 ✓ 🍷 r.-v.

La Côte chalonnaise

Bourgogne côte chalonnaise

Née le 27 février 1990, la nouvelle AOC bourgogne côte chalonnaise s'étend sur 44 communes qui ont donné 18 659 hl en rouge, et 7 369 hl en blanc en 1997. Selon la méthode appliquée déjà dans les Hautes-Côtes, un agrément résultant d'une seconde dégustation complète la dégustation obligatoire qui a lieu partout.

Située entre Chagny et Saint-Gengoux-le-National (Saône-et-Loire), la Côte chalonnaise possède une identité qui est reconnue à juste titre.

DOM. ARNOUX PERE ET FILS 1995*

| | 0,5 ha | 2 000 | | 30 à 50 F |

Svelte et délié bien que solide et tannique, un 95 à l'ouverture expressive entre réglisse et café. Une certaine évolution incite à déboucher maintenant cette bouteille, afin de profiter de ses bonnes dispositions. Le caractère pinot est bien présent.
🍷 Dom. Arnoux Père et Fils, pl. de la Salle-des-Fêtes, 71390 Buxy, tél. 03.85.92.11.06, fax 03.85.92.19.28 ✓ 🍷 r.-v.

DOM. DU CRAY 1995*

| | 4 ha | 15 000 | | 30 à 50 F |

On n'oublie jamais un coup de cœur. Rappelez-vous, édition 1996, le 92 em rouge. Il venait d'ici et le millésime 95 a de l'allure. Le rouge est mis. Le bois et le sous-bois s'associent à la framboise pour avoir, au nez, partie liée. Acidité et tanins sont comme larrons en foire. Une rondeur presque corpulente. A attendre un peu.
🍷 Roger et Michèle Narjoux, Dom. du Cray, Cidex 712, 71640 Saint-Martin-sous-Montaigu, tél. 03.85.45.13.17, fax 03.85.45.29.10 ✓ 🍷 r.-v.

CH. DU CRAY 1996

| | 163 ha | n.c. | | 30 à 50 F |

Un début d'évolution dans la robe qui brunit légèrement. Un peu de fruit au nez, groseille sans doute. Pas beaucoup de fond, mais un je-ne-sais quoi de finesse, de sensibilité qui le rend si facile à boire ! A tout péché miséricorde.
🍷 Cave des Vignerons de Buxy, Les Vignes de la Croix, 71390 Buxy, tél. 03.85.92.03.03, fax 03.85.92.08.06 ✓ 🍷 r.-v.

BERNARD ET ODILE CROS 1995**

| | 0,5 ha | 2 500 | | 30 à 50 F |

Une très étrange étiquette, byzantine, pour un vin qui n'est nullement byzantin. Il s'exprime de façon claire et pure, sans détours par le sérail. Teint clair, citron-vanille-réglisse. Il sait admirablement se servir de sa vivacité pour tenir la bouche en éveil tout en la caressant de façon légèrement épicée. Des tanins fondus. Belle bouteille.
🍷 Bernard et Odile Cros, Cercot, Cidex 1259, 71390 Moroges, tél. 03.85.47.92.52, fax 03.85.47.92.52 ✓ 🍷 r.-v.

DANIEL DAVANTURE ET FILS 1996*

| | n.c. | 1 400 | | 30 à 50 F |

Jaune et limpide, il entend remplir sa mission sur la Terre. Le bouquet ? Légèrement herbacé, à nuances miellées. L'attaque est fraîche, le fond solide. Petite note d'évolution mais il peut attendre un an, deux peut-être, sans états d'âme particuliers. En outre, un **rouge 95** bien ouvert, disponible : le parfait vin de quatre heures pour saucissonner dans la joie.
🍷 Daniel Davanture et Fils, rue de La Montée, Cidex 1548, 71390 Buxy, tél. 03.85.47.90.42, fax 03.85.47.99.88 ✓ 🍷 r.-v.

La Côte chalonnaise

Bourgogne côte chalonnaise

Dom. Denizot 1996
2,2 ha   6 000

Quand on lit Domaine Denizot, on pense toujours aux romans d'Henri Vincenot. Plusieurs de ses personnages portent ce nom, et il aimait les Maranges, dont la Côte chalonnaise. Ce vin lui aurait plu, dans sa fraîche jeunesse pourpre, dans son nez si bavard, dans son élan amoureux de l'instant présent et partagé. Mais oui, il est à boire et n'allez surtout pas l'emprisonner en cave !
➥ Dom. Christian et Bruno Denizot, 71390 Bissey-sous-Cruchaud, tél. 03.85.92.13.34, fax 03.85.92.12.87 ▼ ♀ t.l.j. 8h-19h; dim. 8h-12h

Cave des Vignerons de Genouilly 1996*
9 ha   12 000

Encore jeune et à attendre, bien sûr, mais on ne lui en fait pas reproche car il se donne avec cœur. Jaune pâle brillant, il débute sur la noisette, le pain grillé avant d'évoquer le fruit assez exotique. Miel et anis divertissent une bouche persistante et confortable. Dans cette AOC, le **pinot noir 96** est à citer car il a du répondant.
➥ Cave des Vignerons de Genouilly, 71460 Genouilly, tél. 03.85.49.23.72, fax 03.85.49.23.58 ▼ ♀ t.l.j. sf dim. 8h-12h 14h-18h

Dom. Michel Goubard et Fils 1995
10 ha   70 000

Un vin facile à boire, que sa robe rubis brillante habille avec grâce. Le nez de cerise, noyau, sous-bois, a du charme. La bouche est équilibrée, avec des tanins présents mais bien fondus. On retrouve les arômes du nez ; c'est le fruit qui persiste en finale.
➥ Dom. Michel Goubard et Fils, 71390 Saint-Désert, tél. 03.85.47.91.06, fax 03.85.47.98.12 ▼ ♀ t.l.j. 8h-12h 13h30-19h; dim. sur r.-v.

Pierre d'Heilly et Martine Huberdeau 1996
1,82 ha   12 000

Pour une viande grillée, un vin chaleureux, épicé, efficace et rapide, finissant sur le fruit. Il ne perd pas son temps en chemin, affichant sa robe profonde et rubis, flattant le nez de notes confiturées (fraise) évoluant sur le cuir, le gibier.
➥ EARL d'Heilly-Huberdeau, Cercot, 71390 Moroges, tél. 03.85.47.95.27, fax 03.85.47.98.97 ▼ ♀ r.-v.

Dom. Le Meix de la Croix 1996*
1 ha   6 000

En Bourgogne, on croit en l'avenir. La preuve, tous ces vins qui seront superbes dans deux à trois ans, comme celui-ci. Coloration intense, rouge violacé, synthèse aromatique de cannelle et de cerise fraîche... Les tanins restent verts, le fût conquérant, le corps un peu refermé sur lui-même. À la grâce de Dieu, mais on en prend le pari : les choses se dessinent bien.
➥ Fabienne et Pierre Saint-Arroman, 71640 Saint-Denis-de-Vaux, tél. 03.85.44.34.33, fax 03.85.44.59.86 ▼ ♀ r.-v.

Patrick et Véronique Mazoyer 1995*
5 ha   30 000

Ces vignes ont appartenu jadis au comte Hilaire de Chardonnet, l'inventeur français de la soie artificielle. Donnent-elles un vin... soyeux ? Les tanins ont encore des efforts à faire pour s'assouplir, mais la texture est ferme, résistante, de bonne composition. Cerise noire pour la teinte, confiture de cerise et noyau pour le parfum.
➥ Patrick et Véronique Mazoyer, imp. du Ruisseau, 71390 Saint-Désert, tél. 03.85.47.95.28 ▼ ♀ r.-v.

Moreteaux 1996*
4,5 ha   4 500

Sa charpente lui permettra d'atteindre le troisième millénaire. D'un rouge assez marqué, il a des accents de cassis qui championnonent un peu. Excellente structure, valorisée par l'enthousiasme d'arômes de cerise, de noyau, arrivant en fin de bouche pour prendre part à la fête. Très agréable à déguster et de bon niveau.
➥ GAEC Jean Moreteaux et Fils, Nantoux, 71150 Chassey-le-Camp, tél. 03.85.87.19.10, fax 03.85.91.23.74 ▼ ♀ r.-v.

Jean-Michel et Laurent Pillot 1996
5 ha   7 000

On retrouve notre coup de cœur de l'an passé, pour son 95 rouge. Voici le millésime suivant. Rubis cerise, il se présente avec soin. Noyau, cassis, animal, le bouquet ne passe pas inaperçu. Nuance encore austère en finale, mais la matière est belle, estimable, et le fruit embellit l'architecture.
➥ Dom. Jean-Michel et Laurent Pillot, rue des Vendangeurs, 71640 Mellecey, tél. 03.85.45.16.25, fax 03.85.45.20.48 ▼ ♀ t.l.j. sf dim. 9h-12h 14h-19h

Albert Sounit 1996
n.c.   n.c.

La côte chalonnaise a mis du temps à obtenir sa reconnaissance au sein de l'AOC régionale. Elle fait du bon vin, comme celui-ci d'un rouge net et franc, pointant un nez fruité et assez mûr, souple et fin, gardant de la réserve pour la suite de l'histoire. Dans la moyenne de l'appellation.
➥ SARL Albert Sounit, 5, pl. du Champ-Foire, 71150 Rully, tél. 03.85.87.20.71, fax 03.85.87.09.71 ▼ ♀ r.-v.

Martial Thevenot 1996*
2,3 ha   2 500

Grenat sombre, s'ouvrant pour laisser s'échapper quelques arômes discrets, boisés et griottés, un vin qui occupe le terrain : ferme, tannique et charpenté. Ouvrez le ban, fermez le ban. Plutôt à boire maintenant.
➥ Martial Thévenot, 4, rue du Champ-de-l'Orme, 71510 Aluze, tél. 03.85.45.18.43 ▼ ♀ r.-v.

LA BOURGOGNE

La Côte chalonnaise — Rully

A. ET P. DE VILLAINE Les Clous 1996★★
☐ 3,1 ha 15 000

Coup de cœur en 1995 et en 1997 (en blanc puis en rouge), et cette année bien proche du même exploit. Classé le meilleur blanc de la dégustation, tant il conjugue l'or et l'émeraude, la viennoiserie et la fleur blanche, le gras et la tenue en bouche. La maîtrise parfaite du sujet.
➥ A. et P. de Villaine, 71150 Bouzeron, tél. 03.85.91.20.50, fax 03.85.87.04.10 r.-v.

Rully

La Côte chalonnaise, ou région de Mercurey, assure la transition entre le vignoble de Côte-d'Or et celui du Mâconnais. L'appellation rully déborde de sa commune d'origine sur celle de Chagny, petite capitale gastronomique. On y produit un peu plus de vins blancs (10 395 hl) que de vins rouges (4 756 hl). Nés sur le jurassique supérieur, ils sont aimables et généralement de bonne garde. Certains lieux-dits classés en 1er cru ont déjà accédé à la notoriété.

DOM. BELLEVILLE Les Chauchoux 1996
■ 5,56 ha n.c.

Si le **rully blanc Les Chauchoux 96** méritera bien un sandre à l'automne 99, ce rully rouge pourra plaire assez vite. Une légèreté et une finesse originales, à découvrir sur des tanins encore présents. Subtil et discret, un vin au bouquet très expressif, dans une tonalité de framboise. Ce domaine a reçu un coup de cœur en 1991 (millésime 88).
➥ Dom. Belleville, 7, rue de la Luppe, 71150 Rully, tél. 03.85.91.22.19, fax 03.85.87.05.19 r.-v.

BOUCHARD PERE ET FILS 1996
☐ n.c. n.c.

Peu de couleur, mais des nuances, pour un nez floral, fleur blanche, se révélant progressivement. Moelleux et long, il est en train de se fondre sur le fruit sec. Assez savoureux, intéressant pour son équilibre, sa sincérité. A consommer dans les deux à trois ans.
➥ Bouchard Père et Fils, Ch. de Beaune, 21200 Beaune, tél. 03.80.24.80.24, fax 03.80.24.97.56 r.-v.

JEAN-CLAUDE BRELIERE Les Préaux 1996★★
■ 1er cru 2,35 ha 12 000

« Si l'on pouvait goûter la vérité toute nue... », disait Mentor à son élève, regrettant que ce fût impossible. Et pourtant ! Voici, en fait de rully rouge, la vérité toute pure, à la hauteur d'un 1er cru. Des notes florales composent avec le cassis un bouquet charmant. Il exprime un délicat fruité jusqu'en finale, s'abandonnant de façon persistante à des jeux pleins de finesse. En blanc, les **Margotés 1er cru 96** reçoivent une étoile. Coup de cœur en 1994 pour le 92.
➥ Jean-Claude Brelière, 1, pl. de l'Eglise, 71150 Rully, tél. 03.85.91.22.01, fax 03.85.87.20.64 r.-v.

CHAMPY PERE ET CIE
Les Saint-Jacques 1996
☐ n.c. n.c.

Or pâle vert, noisette et beurre avec un rien de coing légèrement confit, vous voyez le personnage. Il se tient bien, en finesse, un peu acidulé en fin de bouche. L'évolution peut être rapide ; ce vin est à saisir maintenant sur un saumon, un sandre...
➥ Maison Champy Père et Cie, 5, rue du Grenier-à-Sel, 21200 Beaune, tél. 03.80.24.97.30, fax 03.80.24.97.40 r.-v.

DOM. CHANZY L'Hermitage 1996
■ 11,5 ha 55 000

Ce domaine était à l'abandon jusqu'en 1974, date à laquelle il fut repris par un jeune homme de 21 ans qui avait reçu une formation hôtelière. Il propose aujourd'hui un vin léger, mais nullement désagréable, au contraire, sous sa couleur assez douce et à reflets grenat. Il respire bien (framboise). Tout est dans le fruit en bouche.
➥ Dom. Chanzy, 1, rue de la Fontaine, 71150 Bouzeron, tél. 03.85.87.23.69, fax 03.85.91.24.92 r.-v.
➥ Daniel Chanzy

DOM. DU CHAPITRE Cloux 1996
☐ 1er cru 1,03 ha n.c.

D'une teinte agréable et légère, ce rully a le nez un peu fermé, mais il est encore jeune. Tendances végétales et minérales, il connaît ses classiques. Bouche plaisante et très homogène, avec davantage de charpente que de longueur. Dans la moyenne, il a droit à la parole.
➥ Henriette Niepce, dom. du Chapitre, 20, rue des Buis, 71150 Rully, tél. 03.85.87.11.46 t.l.j. 10h-12h 14h-19h

CHARTRON ET TREBUCHET
La Chaume 1996★★
☐ n.c. 36 500

Très accrocheur, ce 96 légèrement boisé, d'une tonalité beurrée et miellée, est apprécié pour sa rondeur, son gras, l'équilibre de ses qualités. Sa

Le Chalonnais et le Mâconnais

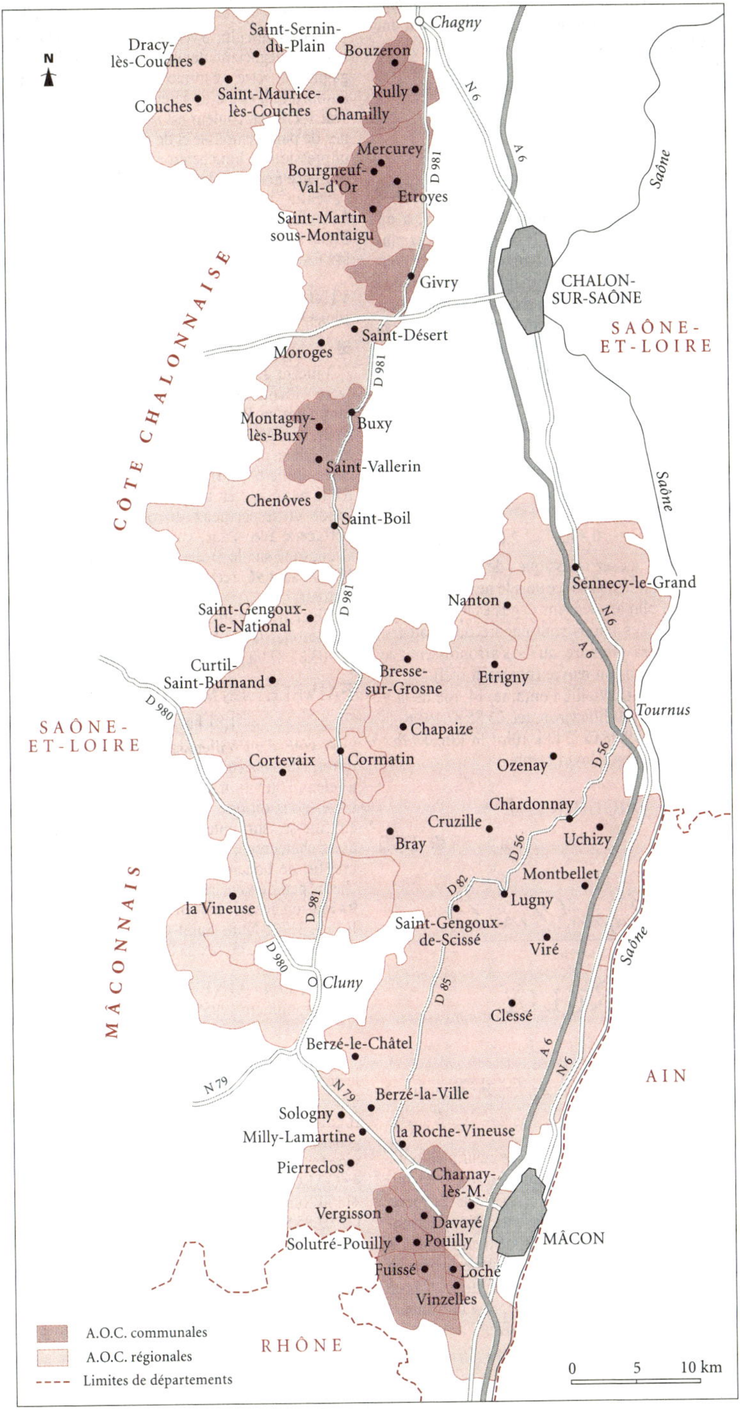

La Côte chalonnaise — Rully

très belle matière enveloppante permet un recours au bois qui vanille le tout. Un grand équilibre. On ne pouvait guère tirer davantage du millésime. En **rouge 96, la Chaume** reçoit une étoile. L'avenir lui sourit.
- Sté Chartron et Trébuchet, 13, Grande-Rue, 21190 Puligny-Montrachet, tél. 03.80.21.32.85, fax 03.80.21.36.35 r.-v.

LOUIS CHAVY 1996★★

| | n.c. | 6 000 | 70 à 100 F |

« La fraîcheur et le poli du marbre », a dit H. Duykert d'un grand rully blanc. Dégustez plutôt celui-ci et vérifiez ! Brillant et limpide, le bouquet minéral, il est exemplaire et ne demande qu'à s'exprimer. La vivacité de son approche est rapidement dépassée par le corps d'un vin gras et charpenté. Complexité finale, du bon travail.
- Louis Chavy, caveau la Vierge romaine, pl. des Marronniers, 21190 Puligny-Montrachet, tél. 03.80.26.33.09, fax 03.80.24.14.84 t.l.j. 10h-12h 13h-18h; f. mars-nov.

PIERRE COGNY ET DAVID DEPRES 1996

| | 0,8 ha | 2 000 | 30 à 50 F |

L'image assez classique de l'appellation. Enflammant le regard, ce 96 a le nez plus expressif que la plupart des vins dégustés ici (nuances végétales). Les tanins sont encore dominateurs. On préférera attendre qu'ils s'arrondissent : le temps va faire son œuvre (potentiel réel).
- GAEC de La Vieille Fontaine, 14, rue de la Fontaine, 71150 Bouzeron, tél. 03.85.87.19.96, fax 03.85.87.19.96 t.l.j. 10h-12h 13h30-19h
- Pierre Cogny, David Déprés

JOSEPH DROUHIN 1996★★★

| | n.c. | n.c. | 50 à 70 F |

Le meilleur de tous, le coup de cœur plébiscité. Quelle grâce ! Quel raffinement ! « Bravo le vinificateur ! », écrit un juré sur sa fiche. Et merci aux raisins... La robe sort de chez Dior. Harmonie des senteurs de fruits frais, de fleurs blanches vanillées avec tact et doigté. Complexe, la bouche reste émerveillée devant tant de subtilité. Car ce vin n'est pas seulement flatteur : il a une âme.
- Joseph Drouhin, 7, rue d'Enfer, 21200 Beaune, tél. 03.80.24.68.88, fax 03.80.22.43.14 r.-v.

DUFOULEUR PERE ET FILS
Margotey 1995★

| 1er cru | n.c. | 3 000 | 70 à 100 F |

Née en viticulture vers 1610, la famille Dufouleur est négociant depuis 1848. Cette bouteille gagne à être connue. Un peu rugueuse aujourd'hui, elle a de la classe, du panache. Un vrai 1er cru. La couleur est réussie, tout comme le nez de pamplemousse et de noisette. La première impression en bouche est excellente. S'il y a une présence marquée du fût en finale, on lui voit de l'avenir.
- Dufouleur Père et Fils, 17, rue Thurot, 21700 Nuits-Saint-Georges, tél. 03.80.61.21.21, fax 03.80.61.10.65 t.l.j. 9h-19h

VINCENT DUREUIL-JANTHIAL 1996★★

| | 0,91 ha | 5 000 | 50 à 70 F |

Vincent Dureuil-Janthial a été formé par le lycée viticole de Beaune. Il a repris les vignes familiales en 1994. S'il n'obtient pas le coup de cœur, il n'en est pas très loin. On a beaucoup apprécié sa présentation dans le verre, ses arômes café-vanille-petits fruits rouges sympathiques, sa réelle harmonie en bouche, fondée sur un corps solide et respectueux du détail. L'astringence s'effacera avec l'âge, car on note une aménité s'achevant sur le fruit. En blanc, **le 1er cru Le Meix Cadot 96**, reçoit une étoile : il est très prometteur.
- Vincent Dureuil-Janthial, rue de la Buisserolle, 71150 Rully, tél. 03.85.87.02.37, fax 03.85.87.00.24 r.-v.

FAIVELEY Les Mauvarennes 1995★

| | 1,81 ha | 11 800 | 70 à 100 F |

A côté d'un **Villeranges 95 rouge** fait pour durer, cité sans étoile, le blanc des Mauvarennes a retenu l'attention du jury. Couleur : citron-vert olive, nous dit-on... Admettons. Nez floral tout en finesse, sur notes grillées. Un chardonnay assez chaleureux, épicé, sans excès de bois, avec une fin de bouche réglissée. Beaucoup de fraîcheur, peu de vivacité. Prêt à être consommé.
- Maison Joseph Faiveley, 8, rue du Tribourg, B.P. 9, 21701 Nuits-Saint-Georges Cedex, tél. 03.80.61.04.55, fax 03.80.62.33.37 r.-v.

GUY FONTAINE ET JACKY VION
La Chaponnière 1995★

| | 0,5 ha | 3 000 | 50 à 70 F |

Très jeune pour un 95 : sa couleur est agréable, le nez assez frais, fleuri, encore peu ouvert. Après une attaque franche et vive, s'affirment quelque rondeur et encore de la fraîcheur. Le sentiment général s'est exprimé par un « bon pour le service ! » (viandes blanches ou poisson).
- GAEC des Vignerons, Le Bourg, 71150 Remigny, tél. 03.85.87.03.35, fax 03.85.87.03.35 r.-v.
- Fontaine-Vion

DOM. DES FROMANGES
La Chatalienne 1996★

| | 3 ha | 12 800 | 50 à 70 F |

Un vignoble créé en 1970 et un vin qui n'a pas connu le fût. Avec une pauchouse ? Pourquoi

La Côte chalonnaise — Rully

pas ? Or doré, ce 96 étincelle dans le verre ; vanillé et floral avec une note d'agrumes, il remonte souple avec une acidité suffisante, plaisant et assez complexe ; une certaine amertume ne le déshonore nullement. De garde moyenne et sans souci.
- Dom. des Fromanges, Ch. d'Etroyes, 71640 Mercurey, tél. 03.85.45.25.00, fax 03.85.45.14.87 r.-v.

LES VILLAGES DE JAFFELIN 1995*

n.c.   19 200   30 à 50 F

Ce vin appartient à la série « Les Villages de Jaffelin » (Groupe Jean-Claude Boisset, mais avec autonomie de gestion). Souple et léger, un rully rubis moyen et dont les parfums s'inspirent de la griotte douce, du lis, de la pivoine... Sa vinosité s'accompagne d'une structure équilibrée. Assez long au palais.
- Jaffelin, 2, rue Paradis, 21200 Beaune, tél. 03.80.22.12.49, fax 03.80.24.91.87
- Jean-Claude Boisset

DOM. DE LA BRESSANDE 1995*

n.c.   n.c.   50 à 70 F

Un vin de Nadine Gublin (Antonin Rodet) bien dans son appellation. Le turbot ou la sole ? Décidez-vous, car ce 95 est tout à fait au point. D'une teinte or doré, il offre un premier nez d'agrumes, un second de réglisse. Souple et gras, assez long, il est bien fait. Le fruit blanc apparaît en fin de dégustation. On aime !
- R. d'Herville, 71640 Mercurey, tél. 03.85.98.12.12, fax 03.85.45.25.49

DOM. DE LA FOLIE Clos La Folie 1996**

1,25 ha   6 000   50 à 70 F

Ces vignes étaient jadis la propriété de l'un des pères du cinéma, E.-J. Marey. Doit-on s'étonner si ce vin reçoit la palme d'or ? Un scénario passionnant, une mise en scène parfaite. Clair à reflets verts, excellemment vinifié, il s'adjuge en outre l'oscar du meilleur bouquet : minéral et floral, très racé. Il mérite amplement son coup de cœur. **Le clos Saint-Jacques 96 blanc reçoit deux étoiles.** Ces deux vins se prêteront aux poissons les plus finement cuisinés.
- Dom. de La Folie, 71150 Chagny, tél. 03.85.87.18.59, fax 03.85.87.03.53 t.l.j. 9h-19h
- Noël-Bouton

LA P'TIOTE CAVE
Montagne de Remenot 1996*

0,4 ha   2 000   50 à 70 F

Tannique, celui-ci, catégorique et robuste, carré d'épaules et soutenu par un boisé bien dosé. Rouge intense, boisé-grillé au nez, il remplit sa mission par la suite tout en suscitant ces deux avis : un vin qui tient déjà sur ses deux jambes, un vin qui est à attendre.
- La P'tiote Cave, Valotte, 71150 Chassey-le-Camp, tél. 03.85.87.15.21, fax 03.85.87.28.08 r.-v.
- Jean-Paul Mugnier

DOM. DE LA RENARDE Varot 1996*

10,13 ha   30 000   50 à 70 F

Rouge intense et profond, il porte un léger boisé, mais de l'ardeur à l'attaque ; ce rully est puissante, encore austère. Il faudra attendre deux à trois ans qu'il se fasse. Ce domaine fut coup de cœur à plusieurs reprises, mais en blanc.
- André Delorme, 2, rue de la République, 71150 Rully, tél. 03.85.87.10.12, fax 03.85.87.04.60 r.-v.
- J.-F. Delorme

DOM. DE L'ECETTE 1996*

n.c.   3 000   30 à 50 F

Vincent, fils de Jean Daux, arrive sur l'exploitation en 1997. L'avenir est assuré. Réussi, prêt à être servi, leur rully donnera satisfaction. L'œil est limpide, rouge grenat, le nez encore discret mais où l'on perçoit quelques touches florales. Très agréable pour un vin jeune, d'une belle typicité, ce 96 conclut l'affaire sur une note framboisée du meilleur effet.
- GAEC Jean et Vincent Daux, Dom. de l'Ecette, 21, rue de Geley, 71150 Rully, tél. 03.85.91.21.52, fax 03.85.91.24.33 t.l.j. 9h-12h 14h-18h

PHILIPPE MILAN ET FILS 1996

1,22 ha   7 000   30 à 50 F

Légèrement verdâtre, il marie des arômes de citronnelle et de résine sur fond boisé assez marqué. Souple, assez gras, il met surtout l'accent sur l'expression aromatique, sans se préoccuper excessivement de la charpente.
- Philippe Milan et Fils, 71150 Chassey-le-Camp, tél. 03.85.91.21.38, fax 03.85.87.00.85 t.l.j. 8h-12h 14h-19h

CH. DE MONTHELIE Agneux 1995*

1er cru   0,39 ha   1 070   50 à 70 F

Bon type de vin jeune, à l'acidité soutenue et qui vieillira donc bien. Rouge cerise appuyé, convenablement bouqueté (fruits cuits, fruits dans l'alcool), il offre un excellent équilibre en phase ascendante. Ampleur et gras s'appuient sur une tannicité bien dosée.
- EARL Eric de Suremain, Ch. de Monthélie, 21190 Monthélie, tél. 03.80.21.23.32, fax 03.80.21.66.37 r.-v.

P.-M. NINOT Chaponnières 1995*

2 ha   8 000   50 à 70 F

Créé en 1890, ce domaine comporte 9 ha en rully et mercurey. Voici, dans sa robe jaune

La Côte chalonnaise

intense, une jolie demoiselle de Rully, parfumée notamment au miel et à la cire d'abeille. Bien en chair - du gras dès l'attaque - elle sait se concentrer sur le vif du sujet, persiste et montre de la chaleur jusqu'à la fin. Arômes originaux, curieux, qui ne laissent pas indifférent.
🍷 Dom. P.-M. Ninot, Le Meix-Guillaume, 2, rue de Chagny, 71150 Rully, tél. 03.85.87.07.79, fax 03.85.91.28.56 ⓥ 🍷 t.l.j. 9h-12h 14h-18h

DENIS PHILIBERT Rabourcé 1996*

| ☐ 1er cru | n.c. | n.c. | 🍾 70 à 100 F |

Or blanc, net et limpide, bien dans ses bottes, il présente des caractères aromatiques lactiques et boisés, assez complexes. L'équilibre général est atteint : bonne richesse, gras, puissance, presque moelleux en milieu de bouche, et c'est son petit point faible. Négligeable en vérité face à l'essentiel.
🍷 Maison Denis Philibert, 1, rue Ziem, 21200 Beaune, tél. 03.80.24.05.88, fax 03.80.22.37.08 ⓥ 🍷 t.l.j. 9h-19h

CH. DE RULLY 1995*

| ☐ | 20 ha | 115 000 | 🍾 70 à 100 F |

Ce château des comtes de Terray date du XIIe s. Il est exploité par Antonin Rodet. Jaune à reflets dorés, exprimant les agrumes et les fruits blancs, ce vin à l'attaque souple, d'une bonne acidité, reste dans ce complexe aromatique, d'un abord facile et convaincant. Sans problème.
🍷 Ch. de Rully, 71640 Mercurey, tél. 03.85.98.12.12, fax 03.85.45.25.49 ⓥ 🍷 t.l.j. sf sam. dim. 9h-12h30 14h-18h

ROLAND SOUNIT Les Cailloux 1996**

| ☐ | 0,47 ha | 2 600 | 🍾 50 à 70 F |

Nous avons pleinement goûté **Plante Moraine 96 en village**, d'un niveau qualitatif équivalent à celui-ci qui, or pâle, bouqueté sur des élans floraux, suggère aussi la fougère et le buis. Après une bonne attaque très riche, on garde ensuite, longtemps, ces Cailloux aux notes exotiques en bouche. Un charme certain !
🍷 Roland Sounit, 21, rue du Moulin-à-Vent, 71150 Rully, tél. 03.85.91.24.31, fax 03.85.87.21.74 ⓥ 🍷 t.l.j. 8h-12h 14h-19h; sam. dim. sur r.-v.

ALBERT SOUNIT En Pellerey 1996**

| ■ | n.c. | 3 000 | 🍾 50 à 70 F |

« Il faut donner du temps au temps », disait saint Bernard. Appliquons ce sage principe et laissons ce 96 très concentré, parfaitement représentatif de l'appellation, assouplir ses tanins. A son bénéfice : une teinte très franche, un bouquet séduisant et fruité. L'image même du beau vin sans artifice.
🍷 SARL Albert Sounit, 5, pl. du Champ-de-Foire, 71150 Rully, tél. 03.85.87.20.71, fax 03.85.87.09.71 ⓥ 🍷 r.-v.

Mercurey

Mercurey

Mercurey, situé à 12 km au nord-ouest de Chalon-sur-Saône, en bordure de la route Chagny-Cluny, jouxte au sud le vignoble de Rully. C'est l'appellation communale la plus importante en volume de la Côte chalonnaise : 25 194 hl dont 3 437 en blanc. Elle s'étend sur trois communes : Mercurey, Saint-Martin-sous-Montaigu et Bourgneuf-Val-d'Or.

Quelques lieux-dits bénéficient de la dénomination « premier cru ». Les vins sont en général légers et agréables, avec de bonnes aptitudes au vieillissement.

PIERRE BITOUZET 1996*

| ■ | n.c. | n.c. | 🍾 30 à 50 F |

Belle robe violine en introduction à un nez explosif, fruité et un peu animal. Fougueux et jeune, assez vif, il a cependant réussi à discipliner ses tanins, soyeux et souples. Mûre en arrière-plan, c'est un 96 déjà prêt à la table et qui fera merveille sur le gigot.
🍷 Pierre Bitouzet, 13, rue de Cîteaux, 21420 Savigny-lès-Beaune, tél. 03.80.21.53.26, fax 03.80.21.58.29 ⓥ 🍷 r.-v.

JEAN BOUCHARD 1996**

| ■ | n.c. | 80 000 | 🍾 50 à 70 F |

On comprend grâce à ce vin coup de cœur pourquoi on a donné à la bouche le nom de palais... Tapis rouge et de l'éclat dans les lustres, parfum aux notes sauvages enrobées dans un écrin de fruits rouges, pas de déception sous la charpente. Aucune allusion au fût : on s'en réjouit. A garder dans sa cave ou à boire en vin jeune. Produit par une marque de la Maison Albert Bichot.
🍷 Jean Bouchard, 6 bis, bd Jacques-Copeau, 21200 Beaune, tél. 03.80.24.37.27, fax 03.80.24.37.38

BOUCHARD AINE FRANCE 1995*

| ■ | n.c. | 2 500 | 🍾 50 à 70 F |

D'une rougeur de jeune fille, fraîche et émue, cette bouteille rappelle le fruit rouge à noyau avant de construire une attaque efficace. Très

La Côte chalonnaise — Mercurey

facile à boire, dans l'année à venir, en raison de sa chaleur et de sa simplicité. Pour un *village*, c'est un bon *village*. De garde ? Inutile. Cette maison fait aujourd'hui partie du groupe J.-C. Boisset. Elle est traditionnellement bien implantée à Mercurey.
☛ Bouchard Aîné et Fils, Hôtel Parigot de Santenay, 4, bd Foch, 21200 Beaune, tél. 03.80.24.24.00, fax 03.80.24.91.87 r.-v.

CH. DE CHAMILLY 1995

■   5,2 ha   25 000   50 à 70 F

Les millésimes 85 et 88 ont été naguère jugés dignes du coup de cœur. Ce domaine présente cette année un 95 déjà un peu évolué mais agréable et de bonne typicité, mariant le végétal en ouverture et le fruit confit par la suite, léger et d'un abord commode, délié et destiné à des clients pressés de connaître le mercurey.
☛ Véronique et Louis Desfontaine, Le Château, 71510 Chamilly, tél. 03.85.87.22.24, fax 03.85.91.23.91 r.-v.

CH. DE CHAMIREY 1995★

■   n.c.   59 000   70 à 100 F

La bouteille de proue d'Antonin Rodet en mercurey, coup de cœur sur notre édition 1992 (millésime 88). Une couleur bien conservée pour un 95, du fruit rouge macéré, du cuir et du bois, puis le cépage qui s'exprime bien et vivifie la bouche. Ses tanins ont de l'humanité : une évolution lente et plaisante qui conduit inévitablement au fruit.
☛ Dom. du Ch. de Chamirey, 71640 Mercurey, tél. 03.85.98.12.12, fax 03.85.45.25.49 t.l.j. sf sam. dim. 9h-12h 14h-18h
☛ Ch. Devillard

JEAN-PIERRE CHARTON
Clos du Roy 1996★

■ 1er cru   0,88 ha   5 000   70 à 100 F

Carmin foncé, il apparaît sans complexe dès l'épreuve des trois coups de nez. Ouvert, riche et complexe, il célèbre la myrtille en dernière analyse. Sa chair en réveillée par une bonne acidité et il se raffermit peu à peu sur une finale plus tannique. Réussi ? A coup sûr très réussi !
☛ Jean-Pierre Charton, Grande-Rue, 71640 Mercurey, tél. 03.85.45.22.39, fax 03.85.45.22.39 r.-v.

CHARTRON ET TREBUCHET 1996★

■   n.c.   6 000   70 à 100 F

Un vin charnu dès le premier coup d'œil, rouge assombri, au bouquet boisé, grillé, chaleureux. Issu d'une extraction sérieuse, il passe bien en bouche, même s'il ne possède pas une grande longueur. Il a, en tout cas, l'art d'arrondir les angles et celui d'être d'accord avec tout le monde autour d'une viande blanche en sauce.
☛ Sté Chartron et Trébuchet, 13, Grande-Rue, 21190 Puligny-Montrachet, tél. 03.80.21.32.85, fax 03.80.21.36.35 r.-v.

DOM. DU CHATEAU DE MERCEY
En Sazenay 1995★

■ 1er cru   1,7 ha   7 000   50 à 70 F

Lorsque ses tanins se seront émoussés, il retrouvera toute sa féminité. Car il est flatteur par sa robe profonde aux reflets framboisés, son nez où domine la mûre, son volume en bouche où le fruit s'exprime déjà longuement. L'ouvrir dans un an.
☛ Ch. de Mercey, 71150 Cheilly-lès-Maranges, tél. 03.85.91.13.19, fax 03.85.91.16.28 r.-v.

DUVERNAY PERE ET FILS 1996

■   1 ha   6 000   50 à 70 F

Ah ! qu'en termes galants ces choses-là sont mises... Nuance cerise, un 96 au bouquet hésitant (semble opter pour la violette, tout en gardant quelque chose du raisin frais) et à la bouche tannique, astringente, actuellement du moins. Son charme et sa finesse incitent à l'optimisme.
☛ EARL Duvernay Père et Fils, rue du clos l'Evêque, 71640 Mercurey, tél. 03.85.45.12.56, fax 03.85.45.15.75 r.-v.

FAIVELEY Les Mauvarennes 1995★★

■   10,31 ha   35 500   50 à 70 F

Ce vin pourrait poser pour une statue du mercurey, tant il en est le modèle parfait. Structure, sève, composition aromatique sont à la hauteur. Il n'est pas perturbé par le fût bien mené et ne parle donc pas la langue de bois si fréquente. Pourpre profond, porté sur l'animal et le cuir, très harmonieux en bouche, il remporte le coup de cœur. A attendre trois ans encore. Le millésime 88 l'avait déjà obtenu, en 1991. Dans la pure tradition du négoce éleveur bourguignon.
☛ Maison Joseph Faiveley, 8, rue du Tribourg, B.P. 9, 21701 Nuits-Saint-Georges Cedex, tél. 03.80.61.04.55, fax 03.80.62.33.37 r.-v.

DOM. DE FISSEY 1996★

■   1,6 ha   5 000   50 à 70 F

« Savez-vous ce qu'est une caresse ? » demandait Colette. Buvez un verre de mercurey ! » Voici l'illustration du propos. Rouge vif, le nez vineux et racé (pruneau cuit, fruit rouge très mûr), il intervient avec beaucoup de détermination. Jeunesse ? Sans doute, mais le gras naissant, l'élégance spontanée donnent le sentiment d'un vin qui va très bien vieillir et devenir, alors, caressant...
☛ Yves et Catherine Léveillé, Dom. de Fissey, 71390 Moroges, tél. 03.85.47.98.70, fax 03.85.47.97.99.40 r.-v.

ANDRE GOICHOT 1996

■   n.c.   15 000   50 à 70 F

De couleur, il ne manque pas. De fût non plus, même si le fruit apparaît déjà très concentré et

553 LA BOURGOGNE

La Côte chalonnaise — Mercurey

en passe de s'exprimer. Austère, dans l'attente d'un développement futur qui sera peut-être en bonne voie lorsque vous lirez ces lignes.
• SA A. Goichot et Fils, rue Paul-Masson, 21190 Merceuil, tél. 03.80.26.88.70, fax 03.80.26.80.69 t.l.j. sf sam. dim. 7h30-12h 14h-18h30

PATRICK GUILLOT
Clos des Montaigu 1995★

| 1er cru | 0,66 ha | 3 000 | 50 à 70 F |

Le type même du « vin plaisir », brillant dans le verre et en société, aromatique entre l'épice et le fruit, tendre mais avec des tanins présents : les raisins ne sont pas égrappés. Avec lui, on ne se posera pas de questions. Ne pas l'oublier en cave trop longtemps.
• Patrick Guillot, rue de Vaugeailles, 71640 Mercurey, tél. 03.85.45.27.40, fax 03.85.45.28.57 r.-v.

JEANNIN-NALTET PERE ET FILS
Clos des Grands Voyens 1995★★

| 1er cru | 4,91 ha | 28 000 | 50 à 70 F |

Domaine familial créé en 1858. Voici deux vins remarquables **en rouge et en 95** : le **village** au caractère presque sauvage et qui illustre l'image d'un mercurey « à l'ancienne » et ce 1er cru au parfum de bourgeon de cassis sous la teinte rubis vermeil du millésime. Crescendo en bouche, au sein d'un ensemble charpenté et tannique.
• Jeannin-Naltet Père et Fils, 895 a, rue de Jamproyes, 71640 Mercurey, tél. 03.85.45.18.83, fax 03.85.45.18.24 t.l.j. 8h-12h 14h-18h; sam. dim. sur r.-v.

DOM. EMILE JUILLOT
Les Croichots 1996★

| 1er cru | 0,65 ha | 3 500 | 50 à 70 F |

Coup de cœur il y a deux ans pour le millésime 93 et déjà en 1995 pour le 88, ce domaine présente ici un mercurey puissant, charnu, un peu austère cependant et qui demande à se faire. Il a un bon potentiel de garde et doit être conjugué au futur (cinq ans). Couleur flatteuse et vive, bouquet de fruits frais et un rien herbacé. Notez aussi les **Champs Martins en 1er cru 96**.
• Dom. Emile Juillot, EARL N. et J.-C. Theulot, clos Laurent, 71640 Mercurey, tél. 03.85.45.13.87, fax 03.85.45.28.07 r.-v.

DOM. MICHEL JUILLOT
Clos des Barraults 1996

| 1er cru | 0,7 ha | 3 000 | 100 à 150 F |

Jaune d'or pâle auréolé d'un léger citron vert, un chardonnay encore un peu masqué par le chêne. Il attaque avec vivacité et reste longtemps au palais, avec une note d'amertume. Misons sur le temps, seul capable désormais de lui donner du gras tout en calmant le boisé.
• Dom. Michel Juillot, Grande-Rue, B.P. 10, 71640 Mercurey, tél. 03.85.45.27.27, fax 03.85.45.25.52 t.l.j. 9h-12h 13h30-18h; dim. sur r.-v.
• Michel et Laurent Juillot

LABOURE-ROI 1996★

| | n.c. | n.c. | 50 à 70 F |

Qui m'aime me suive ! Et comment ne pas courtiser cette jolie bouteille dans le ton des 96 et qui tire son bouquet du cépage ? Un début de rondeur : on la sent impatiente de vous plaire... Assez tendre et à consommer dans l'année.
• Labouré-Roi, rue Lavoisier, 21700 Nuits-Saint-Georges, tél. 03.80.62.64.00, fax 03.80.62.64.10 r.-v.

LA P'TIOTE CAVE Clos des Hayes 1996

| | 0,45 ha | 3 000 | 50 à 70 F |

Cerise noire sous le regard et pruneau sous les narines, il est nettement boisé et il montre un caractère encore vert. On pense cependant qu'il deviendra plus aimable en reposant en cave.
• La P'tiote Cave, Valotte, 71150 Chassey-le-Camp, tél. 03.85.87.15.21, fax 03.85.87.28.08 r.-v.
• Jean-Paul Mugnier

OLIVIER LEFLAIVE 1995★

| | n.c. | 10 000 | 50 à 70 F |

On retrouve le chardonnay à toutes les étapes de la dégustation : l'œil est ravi par le reflet vert qui traverse l'or de la teinte. Le nez découvre les fruits blancs exotiques avec une note grillée élégante. La bouche est fine, équilibrée, persistante, dans les mêmes tonalités avec une petite pointe vanillée. Vous pouvez la déguster les yeux fermés.
• Olivier Leflaive, pl. du Monument, 21190 Puligny-Montrachet, tél. 03.80.21.37.65, fax 03.80.21.33.94 r.-v.

DOM. DE L'EUROPE
Vignes des Chazeaux 1996★

| | 1 ha | 5 000 | 30 à 50 F |

Un viticulteur bourguignon, une artiste peintre belge : ce sera le Domaine de l'Europe à Mercurey, avec une étiquette comme on en voit rarement ici. Rouge rubis aux arômes cassis, un vin jeune encore, bien vinifié et à attendre trois ou quatre ans.
• Chantal Côte et Guy Cinquin, pl. du Bourneuf, 71640 Mercurey, tél. 03.85.45.23.82, fax 03.85.45.12.36 t.l.j. 8h-20h

LOUIS MAX Les Rochelles 1996

| | n.c. | n.c. | + 200 F |

Jaune assez appuyé (vieil or), il est vif et floral (aubépine) dès le premier contact. Rond et assez gras, il confirme son boisé tout en demeurant fidèle à sa fraîcheur initiale.
• Louis Max, 6, rue de Chaux, 21700 Nuits-Saint-Georges, tél. 03.80.62.43.01, fax 03.80.62.43.16

DOM. DU MEIX FOULOT 1995★

| 1er cru | 1,5 ha | 4 000 | 70 à 100 F |

Rubis soutenu, il est bien comme il faut. Bouquet léger, finement boisé - seulement 30 % de la vendange est élevée en fût - et corps agréable qui commence à s'arrondir bien que les tanins marquent encore leur territoire, ce qui est normal à cet âge. A déguster ou à garder deux ou trois ans. Figure de la Côte chalonnaise, Paul de Launay

La Côte chalonnaise Givry

a reçu un coup de cœur en mercurey dès le millésime 82 ! Il nous propose cette année également les **Veleys 95** en rouge, bouteille très réussie.
🍇 Dom. du Meix-Foulot, 71640 Mercurey, tél. 03.85.45.13.92, fax 03.85.45.28.10 🅥 🍷 r.-v.
🍇 Paul de Launay

DOM. MENAND PERE ET FILS
Cuvée Prestige Vieille vigne des Combins 1996

| ■ 1er cru | 0,5 ha | 2 500 | 🍾 70 à 100 F |

À goûter chez le viticulteur pour le plaisir de suivre son évolution, un vin qui paraît avoir de l'avenir. D'une concentration extrême (vieilles vignes, petit rendement sans doute), il est d'un noir d'encre. Une touche d'oxydation au nez, pas désagréable. Tanins et alcool très présents. En un mot, trop jeune le jour de la dégustation. Laissons-le finir son éducation.
🍇 Dom. Menand, Clos des Combins, 71640 Mercurey, tél. 03.85.45.19.19, fax 03.85.45.10.23 🅥 🍷 t.l.j. 8h-19h

CH. PHILIPPE-LE-HARDI 1996★★

| ■ 1er cru | 1,24 ha | 7 800 | 🍾 50 à 70 F |

Il tire son épingle du jeu grâce à sa robe limpide et brillante, grâce aussi à ses arômes très entreprenants (torréfaction notamment). Le fruit, l'acidité, les tanins, tout est présent mais sans excès, offrant l'image d'une solide constitution. La bouteille de **village 96**, en rouge également, a vivement séduit notre jury qui lui attribue une étoile.
🍇 Ch. de Santenay, B.P. 18, 21590 Santenay, tél. 03.80.20.61.87, fax 03.80.20.63.66 🅥 🍷 r.-v.

JEAN-MICHEL ET LAURENT PILLOT En Sazenay 1996★★

| ■ 1er cru | 2 ha | 10 000 | 🍾 50 à 70 F |

« L'oreille, disait Voltaire, est le chemin du cœur ». Et la vue ? Griotte uniforme, elle est ici superbe. Et l'odorat ? Fruit cuit, réglisse, vanille en un joli cocktail ? Texture souple, rétroolfaction de fraise, grande franchise, tanins en rangs serrés mais très pacifiques, un mercurey généreux jusqu'à la fin.
🍇 Dom. Jean-Michel et Laurent Pillot, rue des Vendangeurs, 71640 Mellecey, tél. 03.85.45.16.25, fax 03.85.45.20.48 🅥 🍷 t.l.j. sf dim. 9h-12h 14h-19h

FRANCOIS RAQUILLET
Les Naugues 1996★

| ■ 1er cru | 0,5 ha | 3 000 | 🍾 50 à 70 F |

Nos dégustateurs ont apprécié les **Feuillets 96 en rouge** ainsi que ces Naugues en 1er cru. Un vin de garde qui a le charme de la noblesse de province, une robe classique, un parfum bien ouvert et qui reste de bon goût (cassis), un corps ample et des tanins fondus, beaucoup de politesse enfin. Il se conservera, n'en doutez pas.
🍇 François Raquillet, rue de Jamproyes, 71640 Mercurey, tél. 03.85.45.14.61, fax 03.85.45.28.05 🅥 🍷 r.-v.

MICHEL RAQUILLET Les Vellées 1996★

| ■ 1er cru | 1,5 ha | 5 000 | 🍾 50 à 70 F |

Il ira loin sous sa robe carmin. Le poivre et le cassis font le siège de son nez. La vinosité ample et généreuse d'un vin présentant davantage de relief que de longueur. Peut se boire ou se conserver. Un petit gibier à plumes lui conviendra.
🍇 Michel Raquillet, Chamirey, 71640 Mercurey, tél. 03.85.45.19.25, fax 03.85.45.28.93 🅥 🍷 r.-v.

PATRICK SIZE
Vignes de Château-Beau 1995

| ■ | 0,57 ha | 2 500 | 🍾 50 à 70 F |

Plein, riche, d'un grain encore vif (des tanins assez austères), un vin grenat sombre à la couleur bien extraite et au bouquet d'amande, de cerise noire, un tantinet évolué jusqu'au cuit. Sa puissance et le réveil en bouche du fruit dans l'alcool inspirent confiance pour demain.
🍇 Patrick Size, impasse de l'Eglise, Cidex 703, 71640 Saint-Martin-sous-Montaigu, tél. 03.85.45.23.05, fax 03.85.45.23.05 🅥 🍷 r.-v.

DOM. TREMEAUX PERE ET FILS
1995★

| ■ | 1 ha | 5 000 | 🍾 50 à 70 F |

Vin classique pourpre noir et au nez peu prononcé en l'état actuel des choses. Corpulent, tannique, riche en alcool et presque capiteux, il est d'un gabarit impressionnant. Il est conseillé de le carafer - mais pas avant trois ans.
🍇 Dom. Trémeaux Père et Fils, rue de Jamproyes, 71460 Mercurey, tél. 03.85.45.26.17, fax 03.85.45.26.17 🅥 🍷 r.-v.

DOM. EMILE VOARICK
Clos de Paradis 1996★

| □ 1er cru | 0,82 ha | n.c. | 🍾 50 à 70 F |

Il chante *Joyeux Enfants de la Bourgogne* avec tant d'entrain et de flamme ! Or brillant et d'un arôme minéral accentué (avec un petit côté sauvage), il a bien profité du fût et il a l'intelligence de vivre sa vie sans lui. Fraîcheur, équilibre, longueur, il a tout pour plaire, et le dernier couplet évoque le miel. Un juré, toutefois, ne l'a pas du tout aimé car il lui manque encore une petite touche de rondeur. Normal à cet âge.
🍇 SCV Dom. Emile Voarick, 71640 Saint-Martin-sous-Montaigu, tél. 03.85.45.23.23, fax 03.85.45.16.37 🍷 t.l.j. sf dim. 8h-12h 14h-18h
🍇 Michel Picard

Givry

A 6 km au sud de Mercurey, cette petite bourgade typiquement bourguignonne est riche en monuments historiques. Le givry rouge, la production principale (plus de 9 000 hl en 1996 et 9 185 hl en 1997), aurait été le vin préféré d'Henri IV. Mais le blanc (2 000 hl en 1996 et 1 925 hl en 1997) intéresse aussi. Les prix sont très abordables. L'appellation s'étend principalement sur la commune de Givry, mais

LA BOURGOGNE

La Côte chalonnaise — Givry

« déborde » légèrement sur Jambles et Dracy-le-Fort.

XAVIER BESSON Le Petit Prétan 1996*

| ■ 1er cru | 0,6 ha | 4 000 | 30 à 50 F |

Nous avons goûté le Petit Prétan et les **Grands Prétans, en rouge 96**. On donne la préférence (mais d'une très courte tête) au premier. Rubis mauve, griotte dans un contexte épicé ; l'alcool, le gras, les tanins s'en donnent à cœur joie. Un vin d'attente.

Guillemette et Xavier Besson, 9, rue des Bois-Chevaux, 71640 Givry, tél. 03.85.44.42.44, fax 03.85.44.43.85 r.-v.

BOUCHARD AINE 1995*

| ■ | n.c. | 1 400 | 50 à 70 F |

Fondateur du musée du Louvre, Vivant Denon est le plus célèbre enfant de Givry. Cet esprit fin et sensible eût ressenti du plaisir face à ce vin beau à voir, au bouquet de violette et de fraise très mûre. La bouche réglissée, tannique, est très présente, insistante. N'oubliez pas que Vivant Denon est l'auteur de la nouvelle qui inspira à Louis Malle *Les Amants*...

Bouchard Aîné et Fils, Hôtel Parigot de Santenay, 4, bd Foch, 21200 Beaune, tél. 03.80.24.24.00, fax 03.80.24.91.87 r.-v.

RENE BOURGEON
Clos de la Brûlée 1996*

| □ | n.c. | n.c. | 50 à 70 F |

Les reflets verdâtres, l'or, il ne manque rien à l'uniforme. Entre le minéral et les fruits de la passion, le bouquet sait se faire admirer. Délicat et très fondu, un givry relativement simple mais qui ne passe pas inaperçu. Le **village rouge 96** reçoit également une étoile pour son nez empyreumatique dominé par les notes de griotte et son palais complexe et fin.

René Bourgeon, 71640 Jambles, tél. 03.85.44.35.85, fax 03.85.44.57.80 r.-v.

CAVE DES VIGNERONS DE BUXY
Clos de la Baraude 1996*

| ■ 1er cru | 2,33 ha | 15 000 | 50 à 70 F |

Suivez mon panache rouge ! Henri IV aurait eu des faiblesses, dit-on, pour le givry et pour l'une de ses favorites nichée pas loin d'ici. Ce vin de bonne intensité colorante relève le gant. A dominante fruitée, il attaque à cœur et conclut sur une note poivrée. Sympathique, bien fait.

Cave des Vignerons de Buxy, Les Vignes de la Croix, 71390 Buxy, tél. 03.85.92.03.03, fax 03.85.92.08.06 r.-v.

SCA Veuve Steinmaier et Fils

CLOS SALOMON 1996*

| ■ 1er cru | 6,3 ha | 35 000 | 50 à 70 F |

Impressionnant par sa taille, ses dimensions, ses ambitions, mais trop jeune pour être apprécié pleinement. Pourtant, il se goûte bien, mais on attend qu'il s'exprime tout à fait, et ce sera pour demain. On aimera son parfum de fraise des bois. La matière est à la hauteur de son AOC.

Clos Salomon, 16, rue du Clos-Salomon, 71640 Givry, tél. 03.85.44.32.24, fax 03.85.44.49.79 r.-v.

Du Gardin

DIDIER ERKER En Chenèvre 1996*

| □ | 0,68 ha | 5 200 | 30 à 50 F |

Tout en finesse, il joue Mozart plutôt que Wagner. Seule sa robe brille. Le reste est appliqué à bien faire, concentré sur l'objectif, sérieux et efficace. Ses arômes d'acacia illustrent cette approche du sujet par une typicité simple et tranquille. Sa fraîcheur montre sa spontanéité.

Didier Erker, 7 bis, bld St Martin, 71640 Givry, tél. 03.85.44.39.62 t.l.j. 8h-20h

DOM. DE LA CROIX JACQUELET 1995*

| □ | 1,1 ha | 6 000 | 30 à 50 F |

Aubépine et noisette, un petit chemin printanier. Il conduit, sous des traits d'un jaune pâle et discret, à un corps très minéral, encore un peu rude, finement mais nettement boisé. Vin de soif à boire très frais. Ce domaine est une propriété Faiveley (Nuits-Saint-Georges).

Dom. de la Croix Jacquelet, B.P. 6, 71640 Mercurey, tél. 03.85.45.14.72, fax 03.85.45.26.42 t.l.j. 8h-12h 13h30-18h; sam. dim. sur r.-v.

DOM. DE LA RENARDE
Clos du Cellier aux Moines 1996*

| ■ 1er cru | 4,41 ha | 30 000 | 50 à 70 F |

La cerise est à l'honneur. A l'œil au nez, on a recours à ces comparaisons. Avec quelques détails aromatiques, comme girofle, genièvre... S'il manque un peu de mordant, c'est un pur 96, très fidèle au millésime, s'adressant à cœur davantage qu'à l'esprit. Une entrecôte tombera sous le charme.

André Delorme, 2, rue de la République, 71150 Rully, tél. 03.85.87.10.12, fax 03.85.87.04.60 r.-v.

J.-F. Delorme

LA SAULERAIE
Les Grandes Vignes 1996**

| ■ 1er cru | 1,56 ha | 9 600 | 50 à 70 F |

Plusieurs dégustateurs n'ont jugé digne du coup de cœur. Il est donc dans le tiercé. Haut en couleur, il suggère le sous-bois, le fruit, la cannelle, la vanille. Corps soutenu par ce qu'il faut d'acidité. En fait, il ne manque rien à ce vin réussi, d'une certaine complexité et d'une appréciable longueur.

Parize Père et Fils, 18, rue des Faussillons, 71640 Givry, tél. 03.85.44.38.60, fax 03.85.44.43.54 t.l.j. 8h-20h

LA SAULERAIE Les Grandes Vignes 1996*

| □ 1er cru | 0,16 ha | 1 200 | 50 à 70 F |

Paille fraîche et noyau de pêche, un vin bondissant et boisé, charpenté et certainement à attendre un à espérer. Sa couleur est jolie, son nez résolu. Bonne appréciation en **village 96 blanc** : s'y reporter sans problème.

Parize Père et Fils, 18, rue des Faussillons, 71640 Givry, tél. 03.85.44.38.60, fax 03.85.44.43.54 t.l.j. 8h-20h

La Côte chalonnaise   Givry

DOM. FRANCOIS LUMPP
Clos Jus 1996★★

| ■ 1er cru | 0,5 ha | 2 500 | 🍷 | 50 à 70 F |

Plusieurs fois coup de cœur dans le passé, en particulier l'an dernier et ça recommence. On peut donc s'adresser à ce domaine en toute confiance. Très beau vin griotte profond, sachant équilibrer le fruit et le boisé dans un ensemble souple et élégant. Rester simple, quelquefois, est du grand art. Sur Dracy-le-Fort, le Clos Jus était jadis un *climat* très estimé, célébré par l'abbé Courtépée au XVIIIes. Deux autres 1ers crus 96 ont été notés deux étoiles par le jury en rouge, **le Clos du Cras Long 96**, le **Creusot 96** ; le **Petit Marole 96** reçoit une étoile.
🍇 Dom. François Lumpp, Le Pied du Clou, 71640 Givry, tél. 03.85.44.45.57, fax 03.85.44.46.66 ✉ ☎ r.-v.

DOM. FRANCOIS LUMPP
Crausot 1996★

| □ 1er cru | 0,3 ha | 1 800 | 🍷 | 50 à 70 F |

« Bon travail sur un beau terroir. » La couleur jaune pâle est sereine. Le bouquet floral est distingué. Le corps opulent et riche, jusqu'aux trois quarts de la bouche. L'acidité est en réserve, le fruit en complément. Nuance de pomme en finale. Ce 96 s'arrondira avec le temps.
🍇 Dom. François Lumpp, Le Pied du Clou, 71640 Givry, tél. 03.85.44.45.57, fax 03.85.44.46.66 ✉ ☎ r.-v.

RAYMOND MASSE Champ Lalot 1996

| ■ | 0,5 ha | 2 000 | 🍷 | 50 à 70 F |

Vin exprimant une bonne amplitude sur le fruit, avec du gras mais peu de complexité. Sa brillance limpide est rassurante. Au nez, du fruit rouge très frais, comme si l'on faisait son tour de marché.
🍇 Raymond Masse, 71640 Barizey, tél. 03.85.44.36.73 ✉ ☎ t.l.j. 8h-20h

DOM. DES MOIROTS 1996

| ■ | 0,63 ha | 4 000 | 🍷 | 50 à 70 F |

Grenat appuyé, pivoine foncé, profond dans le verre, ce vin entre tout de suite dans le vif du sujet. Fruits à l'eau-de-vie, épices, le bouquet met les bouchées doubles. Cette démarche résolue aboutit à un corps puissant, tannique, net, austère et rustique. L'âge lui donnera davantage d'aménité.
🍇 Dom. des Moirots, 71390 Bissey-sous-Cruchaud, tél. 03.85.92.16.93, fax 03.85.92.09.42 ✉ ☎ r.-v.
🍇 Lucien Denizot

GERARD MOUTON Clos Jus 1995★

| ■ 1er cru | 2 ha | 10 500 | 🍷 | 50 à 70 F |

Pour un fromage fort, nous conseille-t-on. On comprend pourquoi. Si sa robe tuile un peu, le bouquet pinote beaucoup. La matière est puissante et riche, un givry viril, terminant sa parade par un accent de fruit sec. Un coup de cœur en 1992 pour un 89.
🍇 SCEA Gérard Mouton, 6, rue de L'Orcène, Poncey, 71640 Givry, tél. 03.85.44.37.99, fax 03.85.44.48.19 ✉ ☎ t.l.j. 8h-12h 14h-18h30; sam. dim. sur r.-v.; f. 15-31 août

DOM. RAGOT 1996★

| ■ | 4 ha | 12 000 | 🍷 | 30 à 50 F |

D'un beau rouge assez soutenu, un *village* au fruit discret mais plaisant, tirant sur le fruit cuit. La bouche est agréable, fondue et de longueur correcte. Du bon travail et un résultat plus qu'honorable. Ce propriétaire a reçu le coup de cœur pour des millésimes 81 et 93. Notez aussi **Clos Jus 96 rouge**, un peu commercial, pas mal du tout, cité.
🍇 Dom. Ragot, 4, rue de l'Ecole, Poncey, 71640 Givry, tél. 03.85.44.35.67, fax 03.85.44.38.84 ✉ ☎ t.l.j. 8h-20h; dim. 9h-12h

MICHEL SARRAZIN ET FILS
Sous la Roche 1996

| ■ | n.c. | n.c. | 🍷 | 50 à 70 F |

Un peu léger peut-être, mais souple et friand, il a les qualités de ses défauts. Rien de grave pour un vin qui passe la barre, est d'aspect violacé et suggère le pruneau, les fruits cuits. De toute façon, il est à boire maintenant. Ce domaine a eu deux fois le coup de cœur, l'an dernier notamment pour un 95 les Grognots.
🍇 Michel Sarrazin et Fils, Charnailles, 71640 Jambles, tél. 03.85.44.30.57, fax 03.85.44.49.60 ✉ ☎ t.l.j. 8h-19h30

DOM. THENARD 1996★★

| □ | 2,22 ha | 3 000 | 🍷 | 30 à 50 F |

Limpide et accueillant au regard, d'une coloration plus douce qu'accusée, il propose un bouquet fleuri accompagné d'un peu de silex. Une présence immédiate en bouche, ronde, attrayante : un jeune chardonnay qui s'éveille et qui nous plaît. Ce domaine porte le nom de son fondateur : l'homme qui tenta de vaincre le phylloxéra par le sulfure de carbone.
🍇 Dom. Thénard, 7, rue de l'Hôtel-de-Ville, 71640 Givry, tél. 03.85.44.31.36, fax 03.85.44.47.83 ✉ ☎ r.-v.

DOM. EMILE VOARICK 1996★

| ■ | 2 ha | n.c. | 🍷 | 30 à 50 F |

Domaine géré par la maison Michel Picard. Il signe ici un 96 à la robe « normale » et au bouquet de fruits à noyau, sur fond poivré. En première bouche, la rose et la framboise font assaut de politesses. Quoique tannique, l'ensemble demeure frais et vivace.
🍇 SCV Dom. Emile Voarick, 71640 Saint-Martin-sous-Montaigu, tél. 03.85.45.23.23, fax 03.85.45.16.37 ☎ t.l.j. sf dim. 8h-12h 14h-18h
🍇 Michel Picard

LA BOURGOGNE

La Côte chalonnaise

Montagny

Entièrement voué aux vins blancs, Montagny, village le plus méridional de la région, annonce déjà le Mâconnais. L'appellation peut être produite sur quatre communes : Montagny, Buxy, Saint-Vallerin et Jully-lès-Buxy. Les *climats* peuvent être seuls revendiqués sur la commune de Montagny. La production a atteint 15 780 hl en 1996 et 14 522 hl en 1997.

STEPHANE ALADAME
Les Burnins 1996**

| 1er cru | 0,28 ha | 1 865 | 50 à 70 F |

Ce jeune viticulteur a repris en 1993 des vignes, dont certaines ont soixante-quinze ans, en location. Bien lui en a pris car ce vin appartient à ceux qui naissent pour plaire mais qui ont l'intelligence de se donner lentement... Robe brillante et claire, un rien de liquoreux surmaturé dans le bouquet (c'était son image au XIX°s.), une bouche chaleureuse, légèrement confite, complexe, évoquant de façon charmante la pêche de vigne. Sera à son apogée d'ici un an.
Stéphane Aladame, rue du Lavoir, 71390 Montagny-lès-Buxy, tél. 03.85.92.03.41, fax 03.85.92.04.97 r.-v.

BOUCHARD PERE ET FILS 1996*

| 1er cru | n.c. | n.c. | 50 à 70 F |

Cette bouteille a tout d'une grande. Jaune pâle, elle sait rester dans le ton. Nez de silex avec du potentiel. En bouche, la délicatesse avec renfort de gras, une acidité bien équilibrée et quelques notes légères d'abricot ou de pêche. Vin tout à fait recommandable. Un montagny comme on les aime.
Bouchard Père et Fils, Ch. de Beaune, 21200 Beaune, tél. 03.80.24.80.24, fax 03.80.24.97.56 r.-v.

JOSEPH DE BUCY 1996*

| | n.c. | 3 600 | 30 à 50 F |

Installée au cœur de Beaune, une maison qui exporte 85 % de sa production. Jeune et frais, légèrement sec en bouche, ce vin de bel équilibre, encore fermé, possède une acidité idéale qui assure son avenir. Style fleuri, avec juste ce qu'il faut de soutien tannique. D'aspect très clair et d'une intensité aromatique de fleurs blanches.
Maison Joseph de Bucy, 34, rue Eugène-Spuller, 21200 Beaune, tél. 03.80.24.91.60, fax 03.80.24.91.54 r.-v.

CAVE DES VIGNERONS DE BUXY
Cuvée spéciale 1996

| 1er cru | 110 ha | n.c. | 30 à 50 F |

La cave de Buxy bénéficie de l'apport de raisin issu de 850 ha. A reflets dorés, son montagny a une bouche délicate. L'affaire est rondement menée. Mérite d'être mentionnée, en raison de sa sincérité.

Cave des Vignerons de Buxy, Les Vignes de la Croix, 71390 Buxy, tél. 03.85.92.03.03, fax 03.85.92.08.06 r.-v.

CH. DE DAVENAY Clos Chaudron 1996

| 1er cru | 4,4 ha | n.c. | 30 à 50 F |

La présentation est belle. Le nez, légèrement fleuri, évoque la cire d'abeille. Un peu en retrait au plan aromatique en bouche, mais conforté par de la matière, de l'enveloppe. Bonne texture finale. Assez plaisant dans l'ensemble et encore d'une relative dureté qui nécessitera un an ou deux de patience.
SCEA Dom. du Ch. de Davenay, 71390 Buxy, tél. 03.85.45.23.23, fax 03.85.45.16.37
Michel Picard

DUVERGEY-TABOUREAU 1996*

| 1er cru | n.c. | n.c. | 50 à 70 F |

Jaune pâle, il présentait lors de la dégustation un nez très frais, sympathique. Bouche agréable et souple, offrant des perspectives intéressantes pour une consommation pas trop tardive. Vin d'une nature tendre et délicate.
Duvergey-Taboureau, 6, rue des Santenots, 21190 Meursault, tél. 03.80.21.63.00, fax 03.80.21.29.19 r.-v.

LABOURE-ROI 1996

| | n.c. | n.c. | 30 à 50 F |

Un vin qui n'attaque pas sabre au clair, mais tout en douceur et en subtilité. Petite pointe citronnée, mais du fruit pour un produit léger. Jaune d'intensité moyenne, le nez mélange vanille et abricot. Un 96 sans reproche. Bien élevé.
Labouré-Roi, rue Lavoisier, 21700 Nuits-Saint-Georges, tél. 03.80.62.64.00, fax 03.80.62.64.10 r.-v.
Cottin

LOUIS LATOUR La Grande Roche 1996**

| 1er cru | n.c. | 70 000 | 50 à 70 F |

« Un vin à dénicher », dit-on du montagny. En effet, et quelle heureuse surprise ! Celui-ci est tout simplement délicieux, jaune-vert, minéral, mariant la nervosité et le gras, gardant sa fraîcheur sur fond beurré, pain grillé. Une réussite saluée avec joie par la table de dégustation. Et il y en aura pour beaucoup.
Maison Louis Latour, 18, rue des Tonneliers, 21204 Beaune Cedex, tél. 03.80.24.81.10, fax 03.80.24.81.18 r.-v.

LES CAVES DU CHANCELIER 1996*

| 1er cru | n.c. | n.c. | 70 à 100 F |

Marque de la maison Denis Philibert. Beaucoup de compliments sur les fiches de dégustation : bel équilibre, bien ouvert, très expressif, franchise de la présentation. Robe classique et bouquet très typé montagny (acacia, aubépine). Longueur moyenne mais le reste (gras, volume, présence, fruit) donne du plaisir.
Les Caves du Chancelier, 1, rue Ziem, 21200 Beaune, tél. 03.80.24.05.88, fax 03.80.22.37.08 t.l.j. 9h-19h

Le Mâconnais

LES VIGNES DE LA CROIX 1996★

| ☐ | 55 ha | n.c. | 30 à 50 F |

« Tenez, mon cœur s'émeut à toutes ces tendresses... » Molière a bien raison, et cette bouteille accompagne notre émotion. Robe entre l'or et la paille, nez chardonnant et légèrement abricoté, bouche consistante et structurée, sachant habilement jouer sur tous les tableaux et investissant sur l'avenir.
↪ Cave des Vignerons de Buxy, Les Vignes de la Croix, 71390 Buxy, tél. 03.85.92.03.03, fax 03.85.92.08.06 ☑ ⏳ r.-v.

DOM. MICHEL-ANDREOTTI
Les Guignottes 1996★★

| ☐ 1er cru | 5 ha | n.c. | 30 à 50 F |

Philippe Andreotti reprend la propriété de son beau-père B. Michel en 1993. Il ne faut pas manquer d'aller découvrir ce vin qui rate de peu les trois étoiles : c'est une bouteille très séduisante et qui peut encore progresser, remarquable pour son gras et sa charpente, sa franchise. Joli nez de fleur d'acacia vanillée. Jaune-or impeccable. Ce qui se fait de plus sérieux dans l'appellation.
↪ Arlette et Philippe Andreotti, Dom. Michel-Andreotti, Les Guignottes, 71390 Saint-Vallerin, tél. 03.85.92.11.16, fax 03.85.92.09.60 ☑ ⏳ r.-v.

DOM. NOEL PERRIN Les Las 1996★

| ☐ 1er cru | 0,2 ha | 1000 | 50 à 70 F |

Noël Perrin vinifie pour la première fois cette appellation avec le 96 : minéral et rond, il a un côté friand qui plaît bien. Vif en finale, certes. Il se présente en deux phases sous une robe claire et un nez de fruit à pulpe. D'abord soyeux, chaleureux, puis acidulé. Il a en tout cas de la personnalité, il occupe le terrain.
↪ Noël Perrin, 71460 Culles-les-Roches, tél. 03.85.44.04.25, fax 03.85.44.04.25 ☑ ⏳ r.-v.
↪ G. Bordet

Le Mâconnais

Mâcon, mâcon supérieur et mâcon-villages

Les appellations mâcon, mâcon supérieur ou mâcon suivi de la commune d'origine sont utilisées pour les vins rouges, rosés et blancs. Les vins blancs peuvent s'appeler aussi pinot-chardonnay-mâcon et mâcon-villages. L'aire de production est relativement vaste, et, depuis la région de Tournus jusqu'aux environs de

Mâcon

Mâcon, la diversité des situations se traduit par une grande variété dans la production.

Le secteur de Viré, Clessé, Lugny, Chardonnay, propice à la production de vins blancs légers et agréables, est le plus connu, et de nombreux viticulteurs se sont groupés en caves coopératives pour vinifier et faire connaître leurs vins. C'est d'ailleurs dans ce secteur que la production s'est développée. La production atteint en 1997, 214 222 hl de vin blanc dont 201 471 hl en mâcon-villages. En rouge, elle est de 44 597 hl à partir des cépages gamay et pinot noir.

Mâcon

DOM. ABELANET-LANEYRIE
Chaintré 1997

| ☐ | 1 ha | 8 700 | 30 à 50 F |

Depuis 1993, le domaine vinifie et commercialise les vins que ses ancêtres donnaient à la coopérative. Un rien d'acidité, mais il faut bien que jeunesse se passe... Coloration impeccable, notes d'agrumes (pamplemousse), ce 97 entre en lice avec panache, ardeur, combativité. Il gagne en bouche le tournoi sans jamais perdre l'équilibre. Quelle heureuse nature !
↪ Eric Abélanet, Les Buissonnats, 71570 Chaintré, tél. 03.85.35.61.95, fax 03.85.35.66.43 ☑ ⏳ r.-v.

DOM. ARCELIN La Roche-Vineuse 1996★

| ■ | 1,6 ha | 5 900 | 30 à 50 F |

S'appeler La Roche-Vineuse ! Que demander de plus ? Fleurant bon le bourgeon de cassis, rubis intense, un mâcon rouge plein de mâche, de fruits rouges, à l'équilibre tannique tout à fait réussi.
↪ Eric Arcelin, Les Touziers, 71960 La Roche-Vineuse, tél. 03.85.36.61.38, fax 03.85.37.75.49 ☑ ⏳ r.-v.

DOM. DES BRUYERES Pierreclos 1996★

| ■ | 10 ha | 30 000 | -30 F |

Rouge cerise violacé et bouquet de myrtille, un 96 très complet et répondant cinq sur cinq au millésime. Astringence moyenne, structure solide, tout est dans le schéma suggéré par l'appellation. Les tanins sont déjà fondus. On peut y croire !
↪ Maurice Lapalus et Fils, Dom. des Bruyères, 71960 Pierreclos, tél. 03.85.35.71.90, fax 03.85.35.71.79 ☑ ⏳ r.-v.

DOM. CORDIER PERE ET FILS 1996

| ☐ | 1,6 ha | 14 000 | 30 à 50 F |

Un vin épicé, typé 96 ; il franchit la barre et accède à nos colonnes. Jaune pâle à reflets grisâtres, il décline ni non des arômes de fenouil et

LA BOURGOGNE

Le Mâconnais — Mâcon

de citron. Le gras n'est pas son fort, mais il est bien construit, franc et assez long.
☛ Dom. Cordier Père et Fils, 71960 Fuissé, tél. 03.85.35.62.89, fax 03.85.35.64.01 ☑ ⏳ r.-v.

DOM. CORDIER PERE ET FILS
Fuissé 1996★

| □ | 0,4 ha | 2 800 | 🍾♦ | 30 à 50 F |

Jaune, vif, typé noisette et fleurs blanches, nerveux, un mâcon-fuissé qui n'a pas besoin de décliner son identité tant on le reconnaît du premier coup de nez. L'andouillette fera bon ménage avec lui.
☛ Dom. Cordier Père et Fils, 71960 Fuissé, tél. 03.85.35.62.89, fax 03.85.35.64.01 ☑ ⏳ r.-v.

DOM. DES DEUX ROCHES
Pierreclos 1996★★

| ■ | 2 ha | 10 000 | 🍾🍷♦ | 30 à 50 F |

Superbe. Rouge au-delà du rouge. Le nez de fourrure, animal et complexe. L'attaque très puissante, structurée, féline et souple. L'acidité est bien fondue, les tanins accommodants. Bref, c'est bien construit et au mieux de l'appellation.
☛ Dom. des Deux Roches, 71960 Davayé, tél. 03.85.35.86.51, fax 03.85.35.86.12 ☑ ⏳ r.-v.

DOM. FICHET ET FILS
Igé La Crépillionne 1996★★

| □ | 2 ha | 12 000 | | 30 à 50 F |

Igé donne d'excellents vins blancs secs. Celui-ci par exemple, légèrement vert d'eau, d'une finesse nettement florale, né du terroir et n'en faisant pas mystère. Structure, équilibre, persistance répondent à nos espérances. Un vin complet, à boire pendant deux ou trois ans.
☛ Dom. Fichet et Fils, Le Martoret, 71960 Igé, tél. 03.85.33.30.46, fax 03.85.33.44.45 ☑ ⏳ r.-v.

DOM. FICHET ET FILS
Igé La Montpellière 1997★

| ■ | 1 ha | 8 600 | 🍾♦ | 30 à 50 F |

Typiquement gamay quant à la coloration ; quant à son bouquet avec une petite note épicée, le fruit à maturité. Le reste est plein, savoureux, un peu rustique comme un vrai vin paysan. Vin de garde ou pas ? Tout dépend de l'idée qu'on se fait de son acidité (faible) ou de ses tanins (déterminés). En tout cas la potée bourguignonne ne s'en plaindra pas.
☛ Dom. Fichet et Fils, Le Martoret, 71960 Igé, tél. 03.85.33.30.46, fax 03.85.33.44.45 ☑ ⏳ r.-v.

DOM. DE FUSSIACUS Fuissé 1997★★

| □ | 3 ha | 20 000 | 🍾🍷♦ | 30 à 50 F |

L'éternité possède en Mâconnais la couleur des jours. Ce domaine emprunte son nom au dignitaire romain qui se fixa ici durant le Haut-Empire et fonda Fuissé. Longtemps plus tard, on vérifie encore à quel point il fut bien inspiré... Ce 97 s'annonce en effet magnifique sous sa robe discrète et luisante. Tilleul, fleurs blanches, souplesse et finesse, rétro-olfaction de champignon : il mousseronne comme à Chablis ! Il est le bienvenu.
☛ Jean-Paul Paquet, 71960 Fuissé, tél. 03.85.35.63.65, fax 03.85.35.67.50 ☑ ⏳ r.-v.

DOM. GUEUGNON-REMOND
Charnay 1997

| □ | 0,5 ha | 4 600 | 🍾♦ | 30 à 50 F |

Un vin de comptoir, certes, mais avec une touche de simplicité familiale qui lui vaut notre estime. Après tout, le pouilly-fuissé fut longtemps, lui aussi, un vin de comptoir. Et il n'est pas si simple d'être simple et de bon goût. Ce 97 évolue assez vite, avec une teinte appuyée et des arômes marqués. A boire maintenant, pas forcément sur un comptoir !
☛ Dom. Gueugnon-Remond, chem. de la Cave, 71850 Charnay-lès-Mâcon, tél. 03.85.29.23.88, fax 03.85.20.20.72 ☑ ⏳ r.-v.

LES VIGNERONS D'IGE
Igé Elevé en fût de chêne 1995★★

| ■ | n.c. | 9 000 | 🍷 | 30 à 50 F |

Au paradis du gamay, on accueille bien volontiers ce bon apôtre en robe rouge vif sous son auréole violacée. Son nez d'abord fermé s'ouvre progressivement sur le fruit mûr. Tannique mais pourtant assez gras, il offre une longueur appréciable tout en réussissant son parcours en bouche. Bon boisé réglissé. Il devrait bien évoluer et sera prêt à la mi-99.
☛ Cave des Vignerons d'Igé, 71960 Igé, tél. 03.85.33.33.56, fax 03.85.33.41.85 ☑ ⏳ t.l.j. sf dim. 8h-12h 13h30-18h

CH. DE LA BRUYERE Igé 1996★★

| ■ | 1 ha | 6 500 | 🍾🍷♦ | 30 à 50 F |

Ce domaine élabore des vins cascher depuis 1997. Celui-ci ne répond pas aux règles religieuses ce qui ne l'empêche pas d'être remarquable. Une aquarelle mâconnaise, agréable et fruitée, à la limite de la perfection. Le rubis s'habille. La cerise et les épices y vont de bon cœur. Pour une bouche très droite, avec tout ce qu'il faut de gras et de tanins. Un pavé charolais sera à la hauteur de ce magnifique mâcon rouge.
☛ Paul-Henry Borie, GFA de la Bruyère, Ch. de La Bruyère, 71960 Igé, tél. 03.85.33.30.72, fax 03.85.33.40.65 ☑ ⏳ t.l.j. 8h-12h 14h-19h

DOM. DE LA COMBE Bray 1995★

| ■ | 4,5 ha | 8 000 | 🍾 | 30 à 50 F |

Pour un banquet de chasseurs, ce mâcon-Bray très animal - notes de gibier - rustique et charpenté, vineux et tannique, rouge rubis, aromatique dans la gamme classique.
☛ Henri Lafarge, Dom. de La Combe, 71250 Bray, tél. 03.85.50.02.18, fax 03.85.50.05.37 ☑ ⏳ r.-v.

DOM. DE LA FEUILLARDE
Prissé 1996★★

| ■ | 2 ha | 12 000 | 🍾♦ | 30 à 50 F |

Le tiercé des arômes : tabac, cerise et pointe végétale. Sous couvert rouge violet étincelant. Le corps ne reste pas inerte, mais au contraire s'exprime et accompagne le mouvement, toujours sur des notes fraîches. Un beau vin, bien cadré.
☛ Lucien Thomas, Dom. de La Feuillarde, 71960 Prissé, tél. 03.85.34.54.45, fax 03.85.34.31.50 ☑ ⏳ t.l.j. 8h-12h 13h-19h

Le Mâconnais   Mâcon

LES PETITS FILS DE BENOIT LAFONT Lugny 1996

□   10 ha   80 000   🗋🍷 30à50F

Bien et même très bien, un 96 qui a du champ devant lui. Sa teinte reste jeune, son bouquet de fleurs blanches parle franchement. Un chardonnay typé et qui, une fois sur la langue, se montre très aromatique dans une structure ronde qui possède suffisamment d'acidité pour tenir le coup deux ou trois ans. Sa jolie longueur est significative.

🍷 Les Petits-Fils de Benoît Lafont, Le Treve, 69460 Le Perréon, tél. 04.74.02.10.00, fax 04.74.03.26.99 ☑ 🍷 r.-v.

DOM. DE LA GARENNE Azé 1996★

□   3,32 ha   30 000   🗋🍷 30à50F

Cet Azé n'a peut-être pas un caractère considérable, mais il passe bien sur la langue. Peu de couleur, le nez beurre tendre et pain d'épice, le corps souple, d'un style fleurs blanches et genêt. La bouche reste alerte jusqu'en finale. Un tableau complet du sujet.

🍷 MM. Renoud-Grappin et Périnet, Dom. de La Garenne, 71260 Azé, tél. 04.74.55.06.08, fax 04.74.55.10.08 ☑ 🍷 r.-v.

DOM. DE LA SARAZINIERE
Bussières Les Devants Vieilles vignes 1996

■   0,6 ha   3 000   🍷 30à50F

A ossature boisée, un mâcon rubis limpide, orange ambre et kirsch vanillé, ample et généreux, d'une bonne texture, enrobant ses tanins mais restant sur le fût. Attendre l'effacement de cet omni-présent.

🍷 Philippe Trébignaud, Dom. de La Sarazinière, 71960 Bussières, tél. 03.85.37.76.04, fax 03.85.37.76.23 ☑ 🍷 r.-v.

DOM. LE BERCEAU DU CHARDONNAY
Chardonnay Vieilles vignes 1996★★

□   1 ha   5 000   🍷 30à50F

L'œuf ou la poule ? Chardonnay doit-il son nom à ce cépage, ou est-ce l'inverse ? Peu importe, on peut boire ainsi un chardonnay de Chardonnay : celui-ci en illustre les sérieuses qualités. D'un caractère assez boisé, il intègre harmonieusement le fût. Bel or translucide. Jolie longueur.

🍷 Dom. Le Berceau du Chardonnay, Les Teppes, 71700 Chardonnay, tél. 03.85.40.52.82, fax 03.85.40.52.82 ☑ 🍷 r.-v.
🍷 Daniel Nouhen

LES VIGNERONS DU CAVEAU LAMARTINE 1997★

■   80 ha   40 000   🗋🍷 -30F

« Je ne suis pas un poète, je suis un grand vigneron », écrivait Lamartine qui était d'ici et veillait sur ses vendanges. Il eût aimé ce mâcon placé sous son patronage, cerise à beaux reflets, respirant la framboise et d'une chaleur lyrique et profonde. Attendre quelques mois avant d'ouvrir cette bouteille.

🍷 SCA Les vignerons du caveau Lamartine, 71960 Sologny, tél. 03.85.36.60.64, fax 03.85.37.78.51 ☑ 🍷 t.l.j. 9h-12h 14h-18h

CH. DE LOCHE Loché 1996★

□   n.c.   40 000   🗋🍷 50à70F

Coron est une maison reprise par la famille Lanvin (Misserey, etc.). Sous cette signature, un mâcon Loché vif et brillant. Aubépine, acacia, chèvrefeuille, forment le bouquet agrémenté de noisette. Sensation de gras, beaucoup de fond, un peu de boisé et la caractéristique des 96 : cette petite pointe acide sur la fin.

🍷 Maison Coron Père et Fils, 3, rue des Seuillets, B.P. 10, 21701 Nuits-Saint-Georges Cedex, tél. 03.80.24.78.58, fax 03.80.61.31.40 ☑ 🍷 r.-v.

CAVE DE LUGNY Les Epillets 1997

■   n.c.   300 000   🗋🍷 30à50F

Trois cent mille bouteilles, il en restera pour vous. Une cuvée coopérative, ronde, honnête, typique et pleine de bons sentiments. C'est l'image même du travail de synthèse accompli avec conscience et rigueur. Mâcon rouge ? Oui, réel, tannique, fruité, enfin tout.

🍷 Cave de Lugny, rue des Charmes, B.P. 6, 71260 Lugny, tél. 03.85.33.22.85, fax 03.85.33.26.46 ☑ 🍷 r.-v.

DOM. ROGER LUQUET
Clos de Condemine 1996★

□   4,3 ha   35 000   🍷 30à50F

La robe semble évoluée, presque sombre, mais il faut aller au-delà. Car le nez est très frais, pamplemousse et poivre. Toujours les agrumes en bouche. Verdict : bonne qualité dans ce millésime.

🍷 GAEC Dom. Roger Luquet, 71960 Fuissé, tél. 03.85.35.60.91, fax 03.85.35.60.12 ☑ 🍷 t.l.j. sf dim. 8h-19h

DOM. MATHIAS 1996★

□   3 ha   20 000   🗋🍷 30à50F

Un 96 bien abouti, pour salade et chèvre chaud. Le jaune persiste et signe. Nez typico-mâcon, entre citron et fleur. Friand et croquant en bouche.

🍷 Dom. Béatrice et Gilles Mathias, rue saint-Vincent, 71570 Chaintré, tél. 03.85.35.60.67, fax 03.85.35.62.95 ☑ 🍷 r.-v.

CH. DE MESSEY
Cruzille Les Avoueries 1995★

□   5 ha   30 000   🗋🍷 30à50F

Assez réveillé en fin de bouche, il fait ses classes avec application. Vieil or gris, vieille France, il se coupe en deux quand on parvient au nez : le fruit sec d'un côté, la fleur de l'autre. Concentration. En bouche, une solide carrure.

🍷 Demessey, Ch. de Messey, 71700 Ozenay, tél. 03.85.51.33.83, fax 03.85.51.33.82 ☑ 🍷 r.-v.
🍷 Marc Dumont

DOM. RENE MICHEL ET SES FILS
Clessé Vieilles vignes 1996

□   8 ha   n.c.   🗋 30à50F

La nouvelle AOC Viré-Clessé va modifier ici les ambitions... et les étiquettes. Il faudra en effet assumer cette responsabilité communale. Ce clessé se comporte fort bien dans l'attente de la promotion tant attendue : léger en couleur mais

LA BOURGOGNE

Le Mâconnais — Mâcon

clair et net, arômes allant du floral au grillé, de l'élégance et un peu d'acidité pour tenir en haleine.
↪ René Michel et ses Fils, Cray, Cidex 624, 71260 Clessé, tél. 03.85.36.94.27, fax 03.85.36.99.63 ☑ ⊥ r.-v.

DOM. RENE MICHEL ET SES FILS
Clessé Vieilles vignes 1996

| ■ | 0,3 ha | 2 000 | 🍶♀ 30 à 50 F |

La robe évolue un peu. Le bouquet mêle la terre mouillée au sous-bois, le fruit à noyau à la fraise des bois. Bon vin de soif, marqué par son terroir et normalement ouvert. Un soupçon d'amertume sur la fin.
↪ René Michel et ses Fils, Cray, Cidex 624, 71260 Clessé, tél. 03.85.36.94.27, fax 03.85.36.99.63 ☑ ⊥ r.-v.

MOMMESSIN 1997*

| ■ | n.c. | n.c. | 🍶♀ -30 F |

Un mâcon rouge 97 comme on les adore. Véritable enfant du pays à l'accent déjà chantant. Rouge grenat foncé, d'une framboise délicieusement poivrée, il attaque ferme et mène rondement l'affaire, de façon vive et fruitée. Bel ensemble signé par une maison reprise par J.-Cl. Boisset et associée désormais au Cellier des Samsons (Quincié), et qui fut coup de cœur sur son millésime 96 l'an dernier.
↪ Mommessin, Le Pont des Samsons, 69430 Quincié, tél. 04.74.69.09.30, fax 04.74.69.09.28 ⊥ r.-v.

DOM. DU MORTIER
Peronne Cuvée Philibert 1996*

| □ | n.c. | 6 500 | 🍶♀ 30 à 50 F |

Intéressante bouteille dont la jolie nuance verdâtre est bien fondue dans l'or de la parure. Ses arômes un peu muscatés, de fruits cuits, mâtinés d'acacia, s'affirment aussi bien au nez qu'au palais. Cette touche de terroir au sein d'une bouche assez vive et consistante est séduisante. Bref, à consommer avec des crustacés ou des poissons bien épicés.
↪ Dom. du Mortier, chem. du Stade, 71260 Péronne, tél. 03.85.36.98.93, fax 03.85.36.92.90 ☑ ⊥ t.l.j. 8h-20h; f. 15-31 août
↪ M. Schlatter

ALAIN NORMAND
La Roche-Vineuse Elevé en fût de chêne 1996*

| □ | 0,5 ha | 2 000 | ◐ 30 à 50 F |

Alain Normand a repris en 1994 ce vignoble complantée de vieilles vignes. Sa Roche-Vineuse, brillante et soutenue, choisit un registre aromatique d'agrumes, tout en esquissant quelques parfums floraux. Le passage en fût ne se fait pas oublier mais ne s'impose pas. L'équilibre est réussi dans une bonne tenue générale. A boire ou à attendre trois ou quatre ans.
↪ Alain Normand, Vieux-Saint-Sorlin, 71960 La Roche-Vineuse, tél. 03.85.36.61.69, fax 03.85.51.60.97 ☑ ⊥ r.-v.

DOM. DES PONCETYS Davayé 1997**

| ■ | 1,6 ha | 14 000 | 🍶♀ 30 à 50 F |

Au tableau d'honneur, le lycée de Mâcon-Davayé. La robe, c'est tout juste. Le nez rattrape les choses, virginal et framboisé. On tire sur le beaujolais et ses arômes. La bouche conclut et marque les points décisifs. Ce qu'il faut de nervosité et d'assurance, la persistance, la mâche et la personnalité. Très bien fait, complet et charnu, il roule les « r » comme un Bourguignon.
↪ Lycée viticole de Mâcon-Davayé, Les Poncetys, 71960 Davayé, tél. 03.85.33.56.22, fax 03.85.35.86.34 ☑ ⊥ t.l.j. sf dim. 10h-12h30 14h-17h30

GROUPEMENT DES PRODUCTEURS DE PRISSE 1996*

| ■ | 80 ha | 170 000 | 🍶♀ -30 F |

L'étiquette montre le pavillon, reconstruit après un incendie en 1997, où Lamartine écrivit de nombreuses pages de son *Histoire des Girondins*, le pavillon de la Solitude. Ce vin, en revanche, n'inspire pas ce sentiment. Il est convivial et très typé 96, animal et mûr, tannique et fruité, d'une belle acidité, à recommander. Ah ! si les Girondins avaient bu du bourgogne...
↪ Groupement des Producteurs de Prissé, 71960 Prissé, tél. 03.85.37.82.53, fax 03.85.37.61.76 ☑ ⊥ t.l.j. 9h-12h30 13h30-18h30

DOM. DE ROCHEBIN Azé 1996*

| □ | 15 ha | 30 000 | 🍶♀ -30 F |

Il n'est pas de grande longueur mais il est si persuasif qu'il finit par nous convaincre. Car il se présente bien, sait jouer de plusieurs registres aromatiques (du floral au fruité - ce qui n'est pas à la portée de tout le monde) et attaque en fanfare. Et puis, il a le goût du fruit. Et c'est un vrai plaisir. Avec une terrine de volaille ?
↪ Dom. de Rochebin, En Normont, 71260 Azé, tél. 03.85.33.33.37, fax 03.85.33.34.00 ☑ ⊥ r.-v.

DOM. DES ROCHES Igé 1996**

| □ | 16 ha | 60 000 | 🍶◐ 30 à 50 F |

Cette bouteille s'inscrit bien dans le paysage. Elle a des formes arrondies, romanes. Elle incarne parfaitement le chardonnay mâconnais, sa typicité. Jaune clair, floral, un vin vif et net, aux arômes secondaires évoluant vers le fruit blanc. De toute confiance pour aujourd'hui ou pour demain.
↪ Carpi-Gobet, Dom. des Roches, Le Martoret, 71960 Igé, tél. 03.85.33.32.47, fax 03.85.33.43.60 ☑ ⊥ r.-v.

DOM. DE RUERE Pierreclos 1997**

| ■ | 2 ha | 5 000 | 🍶 -30 F |

De plaisir et de garde, un vin qui sait épauler le fruit par d'intelligents tanins, qui s'équilibre parfaitement et qui fait naître beaucoup de compliments parmi nos dégustateurs. Coup de cœur ? Mais oui, car il dépasse tous les autres par sa typicité à citer en exemple. Il danse sur la langue, brillant et d'un fruit rouge prononcé.

Le Mâconnais

Mâcon supérieur

Maurice Eloy, Ruère, 71960 Pierreclos, tél. 03.85.35.70.19 r.-v.

DOM. SAINT-DENIS
Sélection de grains botrytisés 1995★

| | 1,2 ha | 2 500 | 70 à 100 F |

Une curiosité : sélection dite de grains botrytisés, sinon de grains nobles. Millésime 95. Le jury qui l'ignorait a bien perçu la surmaturation, les arômes d'abricot sec, l'ampleur et la distinction de cette bouteille peu banale et qui ne risque pas de passer inaperçue. Un dégustateur conseille de la servir sur une entrée élaborée accompagnée d'une sauce à la crème.

↪ Hubert Laferrère, Dom. Saint-Denis, Cidex 1143, 71260 Lugny, tél. 03.85.33.24.33, fax 03.85.33.25.02 r.-v.

DOM. SAUMAIZE-MICHELIN
Les Bruyères 1997★

| | 0,6 ha | 3 500 | 30 à 50 F |

Cerise foncé, il va tout droit devant lui. Fraise écrasée, il enrobe le propos d'un fruit nuancé. Le reste est tout en rondeur, d'une vivacité agréable, le fruit soutenant le combat. Mais à boire dès à présent, sans aller au-delà.

↪ Dom. Roger et Christine Saumaize-Michelin, Le Martelet, 71960 Vergisson, tél. 03.85.35.84.05, fax 03.85.35.86.77 r.-v.

CELINE ET LAURENT TRIPOZ
Loché 1997★

| | 0,4 ha | 1 500 | -30 F |

Un 97 simple, gaillard, sans chichi, pas trop coloré, qui garde au nez une concentration raisonnable, un peu primeur et gamay souple, redressant le dos (les tanins sont bien présents) et bouclant la bouche sur une finale très nette, très claire. Mettra en valeur des charcuteries un peu grasses.

↪ EARL Céline et Laurent Tripoz, Loché, 71000 Mâcon, tél. 03.85.35.66.09, fax 03.85.35.66.09 r.-v.

DOM. DES VALANGES Davayé 1997★

| | 2 ha | 20 000 | 30 à 50 F |

Un Davayé qui emplit le palais (matière, structure, longueur, il est très solide et carré d'épaules) puis s'achève sur une finale encore astringente. Normal à cet âge. Quelques reflets verts sur sa robe, des arômes originaux tirant sur la feuille ou le bourgeon de cassis. Très réussi, il a de l'avenir.

↪ Michel Paquet, Les Valanges, 71960 Davayé, tél. 03.85.35.85.03, fax 03.85.35.86.67 r.-v.

Mâcon supérieur

VAUCHER PERE ET FILS 1996

| | n.c. | n.c. | -30 F |

Beaucoup de punch ! Rouge grenat vif et brillant, il a le nez minéral et pierreux, de pierre à feu. Un peu acidulé, il garde en bouche ce côté impulsif sur des accents de groseille. Il s'agit ici d'une marque reprise par les Frères Cottin à Nuits-Saint-Georges (Labouré-Roi).

↪ Vaucher Père et Fils, rue Lavoisier, 21700 Nuits-Saint-Georges, tél. 03.80.62.64.00, fax 03.80.62.64.10 r.-v.

CAVE DE VERZE
Verzé Grande Cuvée d'Automne 1996★★★

| | 3 ha | 19 000 | 30 à 50 F |

« Il n'est aucune des parties du monde où l'on ne trouve des mâcons », signalaient en 1894 Vermorel et Danguy dans leur livre sur les vins de cette région. A en juger par cette bouteille, la tradition est maintenue et voilà une bien belle ambassadrice ! Or-vert clair, marquée par le fruit cuit, elle chante la verveine et a des capacités de garde. Structure homogène, solide.

↪ SCA Cave de Verzé, 71960 Verzé, tél. 03.85.33.30.76, fax 03.85.33.38.03 r.-v.

DOM. VESSIGAUD PERE ET FILS
Fuissé 1996★

| | 2 ha | n.c. | 30 à 50 F |

Jaune profond, foncé, il est riche en reflets. Robe de paillettes ! Agréable et présent, un tantinet nerveux, il n'a pas envie de rester dans le verre et cela se comprend. A boire dès à présent sans abuser de sa patience.

↪ Dom. Vessigaud Père et Fils, Hameau de Pouilly, 71960 Solutré-Pouilly, tél. 03.85.35.81.18, fax 03.85.35.84.29 t.l.j. 9h-12h 14h-19h.

CAVE DE VIRE Viré Vieilles vignes 1996★★

| | 10 ha | 40 000 | 30 à 50 F |

Les premiers vins de la nouvelle AOC Viré-Clessé apparaîtront cette année. Il s'agit donc ici des dernières bouteilles portant l'appellation régionale. Celle-ci, d'un or pâle mais lumineux, marie la fleur et l'épice, offre une excellente concentration, montre de la rondeur et du charme. Nuances de fruits cuits, presque confits. Une impression très mûre.

↪ Cave de Viré-en-Vercheron, 71260 Viré, tél. 03.85.32.25.50, fax 03.85.32.25.55 t.l.j. 8h-12h 14h-18h

Mâcon supérieur

GABRIEL ALIGNE 1997★

| | n.c. | 4 800 | 30 à 50 F |

Nez jasmin et menthol sous des dehors rubis moyen. Beaucoup de fond et, comme disent nos dégustateurs, « de matière ». Tout se passe bien dans la fraîcheur et l'élan, le plaisir de la dégustation. Curieusement, Jacquemart le sonneur des heures dijonnaises veille sur l'étiquette. Captif de

LA BOURGOGNE

Le Mâconnais

Courtrai au temps des Grands-Ducs. La Bourgogne tient bon !
🍷 Les Vins Gabriel Aligne, La Chevalière, 69430 Beaujeu, tél. 04.74.04.84.36, fax 04.74.69.29.87 ▣ 🍷 t.l.j. sf sam. dim. 8h-12h 14h-18h

PIERRE CHANAU 1996★★

| ■ | n.c. | n.c. | 🍽 🍷 | 30 à 50 F |

Presque coup de cœur et signé par une marque de la maison Antonin Rodet, d'un beau rouge sombre, voilà un 96 expressif (mûre et vanille dans un sous-bois poivré) et riche, ample, long. Puissant, à l'évidence, appelant la daube et une cuisine de terroir. Le sujet est complexe et maîtrisé.
🍷 Pierre Chanau, 71640 Mercurey, tél. 03.85.98.12.12, fax 03.85.45.25.49

DOM. ELOY Pierreclos 1997

| ■ | n.c. | n.c. | | -30 F |

Vin assez souple et montrant une concentration correcte, sous une présentation très rouge et des arômes à discrète maturité, légèrement lactiques. Peu de complexité mais dans la bonne moyenne. Pierreclos fait partie du pèlerinage lamartinien, de rigueur ici.
🍷 Dom. Jean-Yves Eloy, Le Plan, 71960 Fuissé, tél. 03.85.35.67.03, fax 03.85.35.67.07 ▣ 🍷 r.-v.

CAVE DES VIGNERONS DE MANCEY 1997

| □ | n.c. | 15 000 | 🍽 🍷 | 30 à 50 F |

Un 97 qui sera en pleine forme quand vous lirez ces lignes. Il est agréablement coloré. Son nez est correctement construit pour un vin jeune (arômes primaires). Bonne attaque, puis assez de rondeur pour vous inciter à noter l'adresse sur votre carnet. Mancey se trouve du côté de Tournus, au nord de l'appellation.
🍷 Cave des Vignerons de Mancey, R.N. 6, B.P. 55, 71700 Tournus, tél. 03.85.51.00.83, fax 03.85.51.71.20 ▣ 🍷 r.-v.

FRANCOIS PAQUET 1996

| ■ | n.c. | 20 000 | 🍽 🍷 | 30 à 50 F |

Robe cerise pâle, bouquet discret sur fond d'épices, un vin simple et souple, tenant sur ses deux jambes, à la bouche fine et légère, avec un rien de chaleur due à l'alcool et une finale joliment fruitée. C'est le fruit qu'il nous faut, comme dit la chanson. A boire en effet, maintenant.
🍷 François Paquet, B.P. 1, Le Trève, 69460 Le Perréon, tél. 04.74.02.10.10, fax 04.74.03.26.99 🍷 r.-v.

DOM. DES PIERRES ROUGES 1995

| ■ | 1 ha | 1 500 | 🍽 🍷 | -30 F |

Poivré, épicé, voilà le mâcon rouge supérieur, à l'attaque légère et fruitée et qui règle son problème en deux temps et trois mouvements. Petit fruit agréable en effet. A boire, sans se poser de questions.
🍷 Dom. des Pierres Rouges, La Place, 71570 Chasselas, tél. 03.85.35.12.25, fax 03.85.35.10.96 ▣ 🍷 r.-v.

Mâcon-villages

REINE PEDAUQUE 1996★

| ■ | n.c. | n.c. | 🍽 | 30 à 50 F |

« Aqueuse Bourgogne », dit Shakespeare dans son *Roi Lear*. Il parlait de la Bourgogne flamande. Une belle tenue de couleur cerise, un parfum terrien et minéral, une structure tannique et, de l'avis unanime, un destin prometteur. Deux ans, voire davantage.
🍷 Reine Pédauque, Le Village, 21420 Aloxe-Corton, tél. 03.80.25.00.00, fax 03.80.26.42.00 🍷 t.l.j. 9h-11h30 14h-17h30; f. janv.

DOM. DE RUERE 1996

| ■ | n.c. | n.c. | 🍽 | 30 à 50 F |

Le disque est parfait, les larmes fines et nombreuses, l'œil se régale. Le nez si subtil... L'iris et la violette y font leur nid. Ces arômes floraux persistent de manière élégante, faisant oublier la petite note de sécheresse finale. Un caractère d'évolution particulièrement intéressant pour un fromage de Brie.
🍷 Prosper Maufoux, 1, pl. du Jet-d'Eau, 21590 Santenay, tél. 03.80.20.60.40, fax 03.80.20.63.26 ▣ 🍷 r.-v.

DOM. DE RUERE-LENOIR 1997★

| ■ | 5 ha | 35 000 | 🍽 🍷 | -30 F |

Une belle cuvée qui sent le raisin frais. Gourmande et très intense : un mâcon vraiment « supérieur », aux arômes de groseille et de zan, confirmant tout cela au palais. Gouleyant ? C'est le mot, sur fond de terroir de la Bourgogne méridionale.
🍷 Gilles Lenoir, 71860 Pierreclos, tél. 04.74.09.60.08

DOM. DIDIER TRIPOZ
Clos des Tournons 1997

| ■ | 1 ha | 3 000 | 🍽 🍷 | -30 F |

Un vin qui divise. Non pas sur la robe, impeccable et intense. Mais sur la suite. Cerise burlat, le nez interpelle. Curieux et atypique, noyau de cerise, le reste à l'avenant. Exotisme ? Peut-être. Cela étant, à découvrir si on aime le voyage.
🍷 Didier Tripoz, 450, chem. des Tournons, 71850 Charnay-lès-Mâcon, tél. 03.85.34.14.52, fax 03.85.34.14.52 ▣ 🍷 r.-v.

Mâcon-villages

PAUL BEAUDET Saint-Léger 1997★

| □ | n.c. | 30 000 | 🍽 🍷 | 30 à 50 F |

Un vin de détente, frais et jeune, qui entre en bouche puis en sort de la même démarche élégante et fière. Jaune pâle sans plus, le bouquet rassemblé autour du floral et du pain d'épice, il est citronné et s'en tire bien. Vite prêt à boire : c'est cela même.
🍷 Paul Beaudet, rue Paul-Beaudet, 71570 Pontanevaux, tél. 03.85.36.72.76, fax 03.85.36.72.02 ▣ 🍷 t.l.j. sf sam. dim. 8h-12h 13h30-17h; f. août

Le Mâconnais   Mâcon-villages

DOM. DES CAVES 1996★

| ☐ | 0,5 ha | 2 500 | 🗄 | 30 à 50 F |

Une formule 1 : au départ, cela met un peu de temps. Mais ensuite, en pôle-position à chaque tour du circuit. Couleur dorée, parfum citronné, de la rondeur et de la vivacité. Le garder précieusement pour une volaille de Bresse. Pas avant l'an 2000, sinon des huîtres tout de suite.
↱ Jean-Jacques Robin, Les Caves, 71960 Davayé, tél. 03.85.35.82.96, fax 03.85.35.83.48 Ⅴ Ⅰ r.-v.

DOM. DES CHENEVIERES
Les Poncemeugnes 1996★

| ☐ | 0,7 ha | 2 000 | 🗄 ⚐ | 30 à 50 F |

Pâle et soutenu, cela existe. Un bouquet qui vous donne rendez-vous à plus tard, cela arrive. Quant à la bouche ? C'est l'essentiel. Pleine et ronde, elle fait tout ce qu'elle peut faire. Un temps d'attente ? Mais oui.
↱ Dom. des Chenevières, 71260 Saint-Maurice-de-Satonnay, tél. 03.85.33.31.27, fax 03.85.33.31.71 Ⅴ Ⅰ r.-v.
↱ Lenoir

COLLIN-BOURISSET 1997★

| ☐ | n.c. | 22 000 | 🗄 ⚐ | 30 à 50 F |

Il ne court pas deux lièvres à la fois, mais se concentre sur sa vocation première. Il s'applique à bien faire. Doré, rappelant le miel et le fruit mûr, il se montre à la fois suave et complexe. Dégusté très jeune, mais jugé riche d'un bel avenir.
↱ Collin-Bourisset Vins Fins, av. de la Gare, 71680 Crèches-sur-Saône, tél. 03.85.36.57.25, fax 03.85.37.15.38 Ⅰ r.-v.

DOM. DES DEUX ROCHES 1996★★★

| ☐ | 6 ha | n.c. | 🗄 ⚐ | 30 à 50 F |

Il joue de la flûte et tout le monde le suit... Car c'est un vin de rêve, alliant fraîcheur et robustesse, sincérité et complexité. Ample et consistant, jamais pesant, il est sur son petit nuage et nous y donne rendez-vous. A proximité du coup de cœur.
↱ Dom. des Deux Roches, 71960 Davayé, tél. 03.85.36.86.51, fax 03.85.35.86.12 Ⅴ Ⅰ r.-v.

DUPOND D'HALLUIN Sélection 1997★

| ☐ | n.c. | n.c. | 🗄 | 30 à 50 F |

« Cueillez, cueillez votre jeunesse ! » conseille Ronsard. Ce mâcon-villages s'en donne à cœur joie. Vert-or, sa fraîcheur émerveille, son fruit étincelle. Ce qu'on appelle tout simplement un très joli vin.
↱ Dupond d'Halluin, B.P. 79, 69653 Villefranche, tél. 04.74.60.34.74, fax 04.74.68.04.14

DOM. ELOY 1996★

| ☐ | 2 ha | n.c. | 🗄 | 30 à 50 F |

Une jeunesse pétillante, à tout le moins pétulante. La robe est chatoyante, le nez ouvert et exubérant : coing, rhubarbe et notes florales, très chardonnay. La bouche est fraîche et rafraîchissante, nette et sans bavure. Lamartinien à un mot, ce vin ajoute à son caractère la petite touche d'émotion.

↱ Dom. Jean-Yves Eloy, Le Plan, 71960 Fuissé, tél. 03.85.35.67.03, fax 03.85.35.67.07 Ⅴ Ⅰ r.-v.

P. FERRAUD ET FILS 1997★

| ☐ | n.c. | 13 000 | 🗄 | 30 à 50 F |

S'il manque un peu d'ampleur, il n'en est pas moins d'un vif intérêt. Très jolie robe limpide et brillante, bouquet net et franc (s'ouvrant progressivement), bouche bien droite. Agréable pour son bon équilibre.
↱ P. Ferraud et Fils, 31, rue du Mal-Foch, 69220 Belleville, tél. 04.74.06.47.60, fax 04.74.66.05.50
Ⅴ Ⅰ r.-v.

DOM. DE LA CONDEMINE
Péronne 1996★

| ☐ | 3 ha | n.c. | 🗄 ⚐ | 30 à 50 F |

Ce 96 a commencé son évolution et il est prêt à être servi. On remarquera sa couleur bouton d'or, jaune vif ; son bouquet assez entreprenant, intense, insistant. La bouche classique, nerveuse et franche, mâconne agréablement.
↱ Véronique et Pierre Janny, La Condemine, 71260 Péronne, tél. 03.85.36.97.03, fax 03.85.36.96.58
Ⅴ Ⅰ r.-v.

DOM. DE LA DENANTE 1996★★

| ☐ | 2 ha | 10 000 | 🗄 ⚐ | 30 à 50 F |

Tenir tête à une douzaine d'escargots de Bourgogne, *Helix pomatia* ? Lui en est capable. Jaune paille, il préfère le fruit à chair blanche puis joue le grand jeu, ample, équilibré. Sa longueur passionnée, florale, fruitée (pamplemousse et toujours le fruit à chair blanche). Millésime de garde, surtout quand on a reçu autant de soins !
↱ Robert Martin, Les Peiguins, 71960 Davayé, tél. 03.85.35.82.88, fax 03.85.35.86.71
Ⅴ Ⅰ r.-v.

CH. DE LA TOUR PENET 1997★

| ☐ | n.c. | n.c. | 🗄 | 30 à 50 F |

Parmi les plus jeunes de la classe, il pourrait bien en prendre la tête un jour ou l'autre. Sa présentation réjouit l'œil. Petite note muscatée qui apparaît très vite et persiste tout au long de la dégustation. Pour ceux qui aiment cette nuance.
↱ Jacques Charlet, 71570 La Chapelle-de-Guinchay, tél. 03.85.36.82.41, fax 03.85.33.83.19

DOM. DES LEGERES Péronne 1997

| ☐ | n.c. | 10 000 | 🗄 ⚐ | 30 à 50 F |

Typicité mâcon pour ce 97 qui se présente assez bien. D'un jaune pâle néanmoins soutenu, il a le nez floral et très légèrement beurré. La bouche est intense et riche. On note également un retour d'arômes épicés, curry dit-on, sur l'une des fiches de dégustation. L'ensemble se situe à la hauteur du sujet.
↱ Véronique et Pierre Janny, La Condemine, 71260 Péronne, tél. 03.85.36.97.03, fax 03.85.36.96.58 Ⅴ Ⅰ r.-v.

LA BOURGOGNE

Le Mâconnais

DOM. LEMONIER
Vergisson Elevé en fût de chêne 1995★★

| | 0,5 ha | 2 500 | 🍷 | 30 à 50 F |

Un 95 au bel or brillant qui a des choses à dire. Le boisé est dominé par le vin qui ne s'en laisse pas conter. Enclin à des accents floraux, il exprime le meilleur de son appellation, pour une volaille à la crème. Le gras et l'acidité trouvent ici un accord complet.

🍷 Lemonier, En Carmentrant, 71960 Vergisson, tél. 03.85.35.84.10 ☑ ⊻ r.-v.

E LORON ET FILS 1996★★★

| | n.c. | n.c. | | 30 à 50 F |

Rien, sauf du foie gras... et on en produit en Bourgogne. Paille vive, un chardonnay nuancé floral, d'une finesse de dentelle, d'une féminité extrême. Il ne s'impose pas, mais reste à sa place, laissant les autres venir à lui. On se situe à un sommet des monts du Mâconnais.

🍷 Ets Loron et Fils, 71570 Pontanevaux, tél. 03.85.36.81.20, fax 03.85.33.83.19

HENRI PERRIN 1996★

| | 0,3 ha | 2 000 | 📦 | 30 à 50 F |

Son caractère minéral lui donne un petit côté chablis bien agréable, d'autant que ce bouquet réunit à son profit d'autres points de comparaison (iode, pierre à fusil). Belle prestance : la robe jaune pâle est limpide et scintillante. Ferme et nerveuse, la bouche possède une jolie pointe d'acidité. Ce vin provient de vignes situées sur Royer près du château de Brancion.

🍷 Henri Perrin, La Varette, 71700 Tournus, tél. 03.85.51.31.15 ☑

GROUPEMENT DES PRODUCTEURS DE PRISSÉ 1996

| | 100 ha | 150 000 | 📦 🥂 | -30 F |

L'or pâle est brillant. Nez de tilleul et d'acacia. Corps vif et nerveux, plein d'élan, donnant tout à l'instant présent.

🍷 Groupement des Producteurs de Prissé, 71960 Prissé, tél. 03.85.37.82.53, fax 03.85.37.61.76 ☑ ⊻ t.l.j. 9h-12h30 13h30-18h30

DOM. SAUMAIZE-MICHELIN
Les Sertaux 1996★

| | 0,5 ha | 5 000 | 🍷 | 30 à 50 F |

Minéralité à nuances boisées, un 96 qui maîtrise son problème. Brillant et lucide, il garde ses distances au nez et couvre la bouche de ses bonnes intentions. Sa gentillesse lui vaut tous les égards. Cela passe bien.

🍷 Dom. Roger et Christine Saumaize-Michelin, Le Martelet, 71960 Vergisson, tél. 03.85.35.84.05, fax 03.85.35.86.77 ☑ ⊻ r.-v.

DOM. DES TEPPES DE CHATENAY 1996★★

| | 7 ha | 50 000 | 📦 🥂 | 30 à 50 F |

Buffon explique le style, c'est l'ordre et le mouvement que l'on met dans ses actes. Ce mâcon-villages est d'un style admirable, car tout y est à sa juste place, car tout s'y développe harmonieusement. L'or brille. Amande et citron, le bouquet exprime toute la finesse d'un chardon-

Pouilly-fuissé

nay ciselé. Quant à la bouche, elle vibre d'émotion, longtemps... A marquer d'une pierre blanche !

🍷 Jean-Pierre Teissèdre, Dom. des Teppes de Chatenay, 69460 Saint-Etienne-des-Oullières, tél. 04.74.03.48.02, fax 04.74.03.46.33 ☑ ⊻ t.l.j. 8h-12h 13h30-18h30; sam. dim. sur r.-v.

CH. D'UXELLES 1996★

| | 4 ha | 6 000 | 📦 | 30 à 50 F |

Beaucoup de personnalité : ce vin semble évolué (jaune soutenu, arômes de noisette, amande et fruits très mûrs, caractère presque liquoreux, suave et d'une douceur extrême). En réalité, il est issu de raisins vendangés assez tard. C'est du moins notre idée... Le château d'Uxelles rappelle le nom d'une grande famille entrée dans l'histoire grâce à son cuisinier, le fameux La Varenne.

🍷 Alfred de La Chapelle, Ch. d'Uxelles, 71460 Chapaize, tél. 03.85.50.16.71, fax 03.85.50.15.10 ☑ ⊻ r.-v.

CHANTAL ET DOMINIQUE VAUPRÉ
Solutré 1996★

| | 0,65 ha | 6 000 | 📦 🥂 | 30 à 50 F |

Après l'escalade de la Roche de Solutré, voilà le réconfort ! Jaune or, chardonnant gentiment, ce 96 où percent quelques notes d'évolution distille au palais des nuances de poire, d'abricot, tandis que sa virilité s'affirme peu à peu. Un an d'attente et avec un chèvreton mâconnais...

🍷 Dominique Vaupré, Au Bourg, 71960 Solutré-Pouilly, tél. 03.85.35.85.67, fax 03.85.35.86.63 ☑ ⊻ r.-v.

Pouilly-fuissé

Le profil des roches de Solutré et Vergisson s'avance dans le ciel comme la proue de deux navires ; à leur pied, le vignoble le plus prestigieux du Mâconnais, celui de pouilly-fuissé, se développe sur les communes de Fuissé, Solutré-Pouilly, Vergisson, et Chaintré. La production est d'environ 44 000 hl.

Les vins de Pouilly ont acquis une très grande notoriété, notamment à l'exportation, et leurs prix ont toujours été en compétition avec ceux des chablis. Ils sont vifs, pleins de sève et parfumés. Lorsqu'ils sont élevés en fût de chêne, ils acquièrent en vieillissant des arômes caractéristiques d'amande grillée ou de noisette.

Le Mâconnais — Pouilly-fuissé

AUVIGUE BURRIER REVEL
Vieilles vignes 1996**

☐   n.c.   8 000   70 à 100 F

Or gris, un vin qui a de l'allant. Il plaît au nez par sa complexité florale, joliment boisée, sans excès vanillé. Il confirme cette première impression grâce à son gras, à sa finesse, à sa distinction naturelle qu'on sent encore sur la réserve et pleine de bonnes intentions. Dans la fourchette de prix inférieure, **les Chailloux 96** reçoivent la même note pour leur richesse aromatique et la race de leur palais.

🍷 Auvigue-Burrier-Revel, Le Moulin du Pont, 71850 Charnay-lès-Mâcon, tél. 03.85.34.17.36, fax 03.85.34.75.88 r.-v.

CH. DE BEAUREGARD 1996**

☐   18 ha   18 000   70 à 100 F

Aux abords du coup de cœur, il est exotique. Le fruit lointain s'épanouit dans son bouquet, sous une robe or jaune. Un peu de surmaturation, donnant du gras, de la longueur. Bien conçu et miellé, capable d'émerveiller d'ici un an ou deux : « un vin qui pousse », dit-on ici.
🍷 Ch. de Beauregard, Beauregard, 71960 Fuissé, tél. 03.85.35.60.76, fax 03.85.35.66.04 r.-v.
🍷 SCCB

GEORGES BURRIER Les Champs 1996*

☐   0,65 ha   5 000   50 à 70 F

« On goûte avec sensualité, on médite avec émotion, on rêve avec gratitude », disait le gastronome Ali Bab. Faites-en l'expérience avec ce pouilly-fuissé d'une brillance extrême, porteur d'arômes diversifiés (de floral à fruité) et d'une réelle consistance en bouche. Assez généreux en alcool, gras et robuste, il a su néanmoins préserver sa souplesse. Guy Burrier, le maître d'œuvre, est maire de Fuissé.
🍷 Ets Georges Burrier, 71960 Fuissé, tél. 03.85.35.61.75, fax 03.85.35.65.82 r.-v.

CHRISTIAN COLLOVRAY ET JEAN-LUC TERRIER
La Roche Vieilles vignes 1996***

☐   n.c.   10 000   70 à 100 F

La splendeur d'un millésime admirablement vinifié. L'or vert étincelle. Le bouquet explore des arômes minéraux, puis d'aubépine, de genêt. Le corps reste constamment sur le fruit, délicat et complexe, d'une distinction parfaite et d'une excellente longueur. Comme disait Boileau, il passe « du grave au doux, du plaisant au sévère », et y gagne son coup de cœur.

🍷 Les vins des Personnets, 71960 Davaye, tél. 03.85.35.83.29, fax 03.85.35.86.12 r.-v.

DOM. CORDIER PERE ET FILS
Les Vignes blanches 1996***

☐   1 ha   5 000   100 à 150 F

Premier coup de cœur du grand jury, ce vin appelle formidablement le poulet de Bresse à la crème et aux morilles. Robe brillante et bouquet de fleurs blanches, de truffe et de sous-bois, conduisant à un intérieur très gras, puissant, le sucre résiduel le rendant de plus en plus rond jusqu'en finale. Nous le préférons parmi tous les autres. Climat situé côté Fuissé.
🍷 Dom. Cordier Père et Fils, 71960 Fuissé, tél. 03.85.35.62.89, fax 03.85.35.64.01 r.-v.

DOM. CORSIN 1996**

☐   3,5 ha   16 400   70 à 100 F

Le millésime 90 a reçu le coup de cœur trois ans plus tard. Et le 96 ? Un vin qui n'explose pas encore, mais d'une grande féminité, s'ouvrant à l'aération, élégant et floral, d'une typicité sans défaut. Sa robe a les reflets qu'il faut. Boisé discret sur fleurs blanches. Tout est dans le ton.
🍷 Dom. Corsin, Les Plantes, 71960 Davayé, tél. 03.85.35.83.69, fax 03.85.35.86.64 r.-v.

DOM. MICHEL DELORME
La Vieille Vigne de la Maréchaude 1996**

☐   n.c.   n.c.   50 à 70 F

Un panache blanc qu'on a très envie de suivre ! D'une jolie teinte encore qu'elle n'abuse pas de ses effets, un vin aromatique et évoquant tour à tour le fruit et le silex : rien d'étonnant au pied des deux roches... Sa présence rend heureux, tant il a bon goût, tant il a de qualités. Une vivacité pleine de charme.
🍷 Michel Delorme, Le Bourg, 71960 Vergisson, tél. 03.85.35.84.50, fax 03.85.35.84.50 t.l.j. 9h-19h

GEORGES DUBŒUF 1995*

☐   n.c.   20 000   50 à 70 F

Vieil or profond, il impressionne par sa majesté, nuances miel et cire d'abeille. Un 95, à son apogée, dans toute sa puissance et toute sa charpente. Un feu d'artifice à apprécier maintenant. Le millésime 89 fut déclaré coup de cœur en 1992.
🍷 Les vins Georges Dubœuf SA, La Gare, B.P. 12, 71570 Romanèche-Thorins, tél. 03.85.35.34.20, fax 03.85.35.34.25 t.l.j. 9h-18h; f. 1er-25 jan.

LA BOURGOGNE

Le Mâconnais / Pouilly-fuissé

PIERRE DUPOND 1996*

☐ n.c. n.c. 50 à 70 F

Très frais, très nature, un pouilly-fuissé bien dans ses bottes. Jaune à reflets or, floral et fin (légère nuance beurrée), il se montre plus vif que puissant, demeurant fidèle à l'appellation et d'une sincérité absolue.

🍷 Pierre Dupond, 339, rue de Thizy,
69653 Villefranche-sur-Saône,
tél. 04.74.65.24.32, fax 04.74.68.04.14

DUPOND D'HALLUIN 1997**

☐ n.c. n.c. 50 à 70 F

Il s'agit toujours du négociant de Villefranche, sous une autre étiquette et un autre millésime. Déjà prêt à être servi, *Carpe diem*, ne remettons pas le plaisir à demain. Couleur assez dense, arômes de fruits secs avec des notes végétales (fleurs blanches) en sous-impression. Rondeur et puissance s'équilibrent au palais, tandis qu'une petite pointe rappelle le pamplemousse. Donnera de l'esprit à un confit de canard.

🍷 D. d'Halluin, B.P. 79, 69653 Villefranche,
tél. 04.74.60.34.74, fax 04.74.68.04.14

PASCAL FERRAND 1996*

☐ 6,5 ha 1 300 50 à 70 F

Assez d'attaque et de bataille, un pouilly-fuissé bien fait dans l'ensemble, d'un or soutenu et tout en fruit (accents discrets de menthe), qui se montre concentré et gras, gardant sa plénitude mais également cette note vive et conquérante. A attendre un peu, pour qu'elle s'estompe.

🍷 Pascal Ferrand, Pouilly, 71960 Solutré-Pouilly, tél. 03.85.35.86.05, fax 03.85.35.88.01 ☑ Ⲧ r.-v.

CH. FUISSÉ Les Brûlés 1996*

☐ 1,8 ha 4 000 100 à 150 F

L'un des *climats* mis en valeur par Jean-Jacques Vincent. Avec raison et bonheur, car on le trouve très agréable, d'excellente compagnie. Couleur assez mais discrète, nez grillé sur fond d'agrumes, et assez de gras, de longueur, de souplesse pour mettre de la joie au palais. Sera superbe en l'an 2000. Coup de cœur en 1989 pour le millésime 86, si vous voulez tout savoir.

🍷 SC Ch. de Fuissé, 71960 Fuissé,
tél. 03.85.35.61.44, fax 03.85.35.67.34 ☑ Ⲧ t.l.j.
8h-12h 13h30-17h30; sam. dim. sur r.-v.
🍷 J.-J. Vincent

DOM. DES GERBEAUX
Cuvée Prestige 1996***

☐ 0,4 ha 2 800 50 à 70 F

Coup de cœur en 1992 (millésime 90) et l'an dernier pour des Champs Roux 95, et renouvelant l'exploit. Boisé sans doute, mais respectant bien le vin, un 96 d'un or gris du plus bel effet, miellé et grillé, corsé et charnu, d'une persistance remarquable ne comptant plus les caudalies. Présence et structure, beaucoup de fées sur son berceau. **Aux Chailloux 96** reçoivent une étoile : verveine et tilleul avec un soupçon de vanille, riche et rond, il offre de bonnes perspectives de vieillissement.

🍷 Béatrice et J.-Michel Drouin, Les Gerbeaux,
71960 Solutré-Pouilly, tél. 03.85.35.80.17,
fax 03.85.35.87.12 ☑ Ⲧ r.-v.

CAVES DES GRANDS CRUS BLANCS 1996*

☐ 4,36 ha 28 000 50 à 70 F

Ce n'est pas la quadrature du cercle, mais au contraire le problème le plus simple à résoudre. Limpidité parfaite, nez floral et intense, mise en bouche fine et subtile, soutenue par des tanins naturels. Un vin croquant et plaisant, gardant sa jeunesse et offrant un bon potentiel de vieillissement.

🍷 Cave des Grands Crus blancs,
71680 Vinzelles, tél. 03.85.35.61.88,
fax 03.85.35.60.43 ☑ Ⲧ r.-v.

MADAME R. GUERIN La Roche 1995**

☐ 0,51 ha 2 700 70 à 100 F

Une Roche pas trop escarpée et qu'on gravit d'un bon pas. Fraîcheur de la robe, pierre à fusil sur fond aromatique un peu évolué (un 95), il y a ici de la chaleur, de l'ampleur, avec cette vivacité qui incite à revenir au verre. Bien fait, et d'une personnalité réelle, pour voir la vie du bon côté.

🍷 Mme René Guérin, Le Martelet,
71960 Vergisson, tél. 03.85.35.84.39 ☑ Ⲧ r.-v.

DOM. DE LA CHAPELLE
Vieilles vignes 1996**

☐ 1,7 ha 6 400 70 à 100 F

Viticulteur se considérant comme « un autodidacte du vin », cherchant à reconquérir le premier rang tenu jadis par ce domaine. Il y réussit, si l'on en croit nos dégustateurs. Vif et brillant, vanille et pêche de vigne, un excellent 96 tendre et gras à la fois, pure image du chardonnay. Typicité moyenne, mais cépage remarquablement mis en œuvre.

🍷 Pascal Rollet, Pouilly, 71960 Solutré-Pouilly,
tél. 03.85.35.81.51, fax 03.85.35.86.43 ☑ Ⲧ t.l.j.
8h-18h; f. début août

DOMAINES EDMOND LANEYRIE 1995**

☐ 1,5 ha 3 000 50 à 70 F

Main de fer, gant de velours, il a de la matière pour bien vieillir, et appelle les ris de veau, la blanquette. Jaune soutenu, il s'exprime par des notes végétales et grillées, puis il se montre savoureux, typé, et capable de faire son chemin dans la vie. Déjà à point mais ne pas se hâter.

568

Le Mâconnais — Pouilly-fuissé

🍇 Dom. Edmond Laneyrie, Le Bourg, 71960 Solutré-Pouilly, tél. 03.85.35.80.67, fax 03.85.35.80.67 🅥 🍷 r.-v.

DOM. LA SOUFRANDISE
Vieilles vignes 1996*

| ☐ | 3,5 ha | 20 000 | 📖🍷🍇 | 70 à 100 F |

Coup de cœur l'an dernier pour un Levrouté Vieilles vignes 96, ce domaine familial a été créé en 1856. De bonne garde, son 96 est en tout point rassurant. D'une robe limpide et vive, le nez très franc en forme de bouquet d'aubépine, il est complet en bouche, synthèse réussie de la bonhomie et du caractère, d'un peu de verdeur dans beaucoup de rondeur. Important potentiel.

🍇 Françoise et Nicolas Melin, Dom. La Soufrandise, 71960 Fuissé, tél. 03.85.35.64.04, fax 03.85.35.65.57 🅥 🍷 r.-v.

LA TOUR BLONDEAU 1996*

| ☐ | n.c. | n.c. | 📖🍷🍇 | 70 à 100 F |

Très « classe », bien né et bien élevé, un peu vif en finale mais sans agressivité, un vin de haute tenue. Or blanc, il est merveilleusement bouqueté, sur la poire veloutée, la plus gentil grillé. Peu de longueur, mais une bouche en forme d'auréole, fraîche et fruitée. Marque de Bouchard Père et Fils à Beaune.

🍇 Grands vins Forgeot, 15, rue du Château, 21200 Beaune, tél. 03.80.24.80.50

CH. POUILLY 1996*

| ☐ | 3,7 ha | 2 500 | 📖🍷🍇 | 50 à 70 F |

Sa teinte légère est moins expressive que son bouquet jeune et frais, un tantinet floral, agréable en un mot. On le respire avec plaisir. En revanche, on attendra quelque temps pour le boire car sa vivacité le rend assez espiègle.

🍇 Mme Véronique Canal Du Comet, Ch. Pouilly, 71960 Solutré-Pouilly, tél. 03.85.35.86.05, fax 03.85.35.88.01 🅥 🍷 r.-v.

PASCAL RENAUD Aux Chailloux 1996**

| ☐ | 5 ha | n.c. | 📖🍷🍇 | 50 à 70 F |

Les *climats* apparaissent ici peu à peu. De futurs 1ers crus sans doute. On verra... Voici des Chailloux. Or jaune, le teint ferme. Premier nez sur silex, le second noisette, amande grillée. Bouche tendre et ronde, livrant une délicieuse pointe d'amertume en forme de mélancolie face au bonheur passager... Tout est fin, net et stylé. Tonalité Solutré.

🍇 Pascal Renaud, 71960 Solutré-Pouilly, tél. 03.85.35.84.62, fax 03.85.35.87.42 🅥

MICHEL REY Vieilles vignes 1996**

| ☐ | 0,4 ha | 800 | 🍷 | 50 à 70 F |

Passionnément coloré, il embaume. Un nez superbe, flatteur en diable, tirant sur la confiserie, la vanille et la fleur blanche. Porté par une bonne acidité, légèrement beurré en bouche, il pourra se garder deux à trois ans, et probablement monter en puissance. On lui prédit en effet un avenir remarquable.

🍇 Michel Rey, Le Reposter, 71960 Vergisson, tél. 03.85.35.85.78, fax 03.85.35.87.91 🅥 🍷 r.-v.

JACQUES SAUMAIZE La Roche 1996*

| ☐ | 0,5 ha | n.c. | 🍷 | 70 à 100 F |

Fermeté et vivacité, il faut attendre et voir. Mais c'est assurément un grand vin en devenir. Brillant, il suggère le miel et l'écorce d'orange. Ses arômes secondaires très fruités laissent entrevoir une belle richesse, d'autant que la structure apparaît pleinement.

🍇 Jacques et Nathalie Saumaize, Les Bruyères, 71960 Vergisson, tél. 03.85.35.82.14, fax 03.85.35.87.00 🅥 🍷 r.-v.

DOM. SAUMAIZE-MICHELIN
Les Vignes Blanches 1996*

| ☐ | n.c. | 12 000 | 🍷 | 50 à 70 F |

« Qu'aimable est la vertu que la grâce environne », disait André Chénier. Ce vin s'y applique. Sur un net boisé légèrement mentholé, il est d'une élégance assez sûre et doit attendre en cave l'achèvement de son élevage.

🍇 Roger et Christine Saumaize, Dom. Saumaize-Michelin, Le Martelet, 71960 Vergisson, tél. 03.85.35.84.05, fax 03.85.35.86.77 🅥 🍷 r.-v.

JEAN-PIERRE SÈVE 1996

| ☐ | 1,2 ha | 8 000 | 🍷 | 50 à 70 F |

Frais et vif, minéral, or très pâle, il est bien de son âge. Correct quant au corps et à la matière, assez aromatique, un peu agressif en fin de bouche, il vise avec le temps une place sur le podium. Ce n'est pas hors de portée.

🍇 Jean-Pierre Sève, 71960 Solutré-Pouilly, tél. 03.85.35.80.19, fax 03.85.35.80.58 🅥 🍷 r.-v.

DOM. SIMONIN Vieilles vignes 1996***

| ☐ | n.c. | n.c. | 🍷 | 50 à 70 F |

Hors coups de cœur, sans doute le meilleur. D'un bel or, il a le nez charmeur et soyeux, très entreprenant, sur des nuances florales et vanillées, à mi-chemin entre l'aubépine et la vanille légère. En bouche, une véritable gourmandise. Que de richesse ! On reste impressionné par la maîtrise du sujet et le potentiel à venir.

🍇 Jacques Simonin, Le Bourg, 71960 Vergisson, tél. 03.85.35.84.72, fax 03.85.35.85.34 🅥 🍷 r.-v.

DOM. DES TROIS TILLEULS 1996*

| ☐ | 6 ha | n.c. | 📖🍷🍇 | 50 à 70 F |

Le vin de Denis Bouchecourt, qui préside actuellement le cru pouilly-fuissé, est commercialisé par l'excellent négociant de Pontanevaux, Jean Beaudet. Il a des arômes de fruits blancs marqués par la poire, il a la robe fluide et un équilibre qui garantira son maintien sous deux à trois ans. Léger boisé, bouche féconde et friande, on y prend plaisir.

🍇 Paul Beaudet, rue Paul-Beaudet, 71570 Pontanevaux, tél. 03.85.36.72.76, fax 03.85.36.72.02 🅥 🍷 t.l.j. sf sam. dim. 8h-12h 13h30-17h; f. août

DOM. DU VAL DES ROCHES 1996*

| ☐ | 4,5 ha | 2 000 | 🍷 | 50 à 70 F |

D'abord de caboulot, le pouilly-fuissé s'est élevé en un siècle, à la force du poignet, au niveau des plus grands. On en tient ici, dans le

LA BOURGOGNE

Le Mâconnais

verre, le plus bel exemple, d'une coloration séduisante, d'un bouquet minéral et floral, d'une bouche très fruitée (abricot) et qui finit en beauté le parcours complet, sans faire tomber une seule barre. L'appellation en un mot.
🍇 Dom. du Val des Roches, 71960 Vergisson, tél. 03.85.35.81.05, fax 03.85.35.81.05 ■ ▼ r.-v.
🍇 Jacky Moulins

DOM. VESSIGAUD PERE ET FILS
Vers Pouilly 1996*

| ☐ | n.c. | n.c. | ■ | 70 à 100 F |

Moelleux comme un lit de sultan, tendre et fruité, un rien herbacé, assez rond et agréable, il va son chemin comme si rien ne pouvait l'arrêter. Couleur classique et ferme. A l'aération, arômes de citron et de menthe. Bon et bien fait. Le coup de cœur salua naguère le millésime 89.
🍇 Dom. Vessigaud Père et Fils, hameau de Pouilly, 71960 Solutré, tél. 03.85.35.81.18, fax 03.85.35.84.29 ■ ▼ t.l.j. 9h-12h 14h-19h

Pouilly loché et pouilly vinzelles

Beaucoup moins connues que leur voisine, ces petites appellations situées sur les communes de Loché et Vinzelles produisent des vins de même nature que le pouilly-fuissé, avec peut-être un peu moins de corps. La production en 1997, 1 704 hl en loché et 2 991 hl en vinzelles, uniquement en vins blancs.

Pouilly loché

DOM. CORDIER PERE ET FILS 1996*

| ☐ | 0,5 ha | 2 400 | ◼ | 50 à 70 F |

Bouteille intéressante, à l'attaque franche et nette. Belle matière pas complètement fondue en mars 1998, mais le potentiel est au garde-à-vous et disposé à servir. Sa jeunesse lui laisse le temps de voir, et même de « voir à voir » comme disent les Bourguignons. Notes de noisette et de beurre en second nez. Au regard, cela étincelle.
🍇 Dom. Cordier Père et Fils, 71960 Fuissé, tél. 03.85.35.62.89, fax 03.85.35.64.01 ■ ▼ r.-v.

ALAIN DELAYE 1995

| ☐ | 0,99 ha | 7 000 | ■ ◼ | 50 à 70 F |

« Tous les genres sont bons, disait Voltaire, hors le genre ennuyeux ! » Ce loché n'est pas ennuyeux du tout, avec un nez assez ouvert de surmaturité (abricot sec, raisin de Corinthe), une jolie complexité aromatique, l'alcool rendant le tout chaleureux. Il est prêt.

Pouilly loché

🍇 Alain Delaye, Les Mures, 71000 Loché, tél. 03.85.35.61.63, fax 03.85.35.61.63 ■ ▼ r.-v.

CAVE DES GRANDS CRUS BLANCS
Les Mûres 1996**

| ☐ | 3,74 ha | 8 000 | ■ | 50 à 70 F |

Ce vin flatteur ne vit pas aux dépens de ceux qui le dégustent... Un *climat* réputé, Les Mûres. Jaune d'or, restant minéral et fermé, il témoigne d'une concentration formidable dès qu'il passe en bouche. Très gras, plus opulent que riche, il peut prendre un peu de recul et mieux se présenter encore dans un à deux ans.
🍇 Cave des Grands Crus blancs, 71680 Vinzelles, tél. 03.85.35.61.88, fax 03.85.35.60.43 ■ ▼ r.-v.

DOM. SAINT-PHILIBERT
Clos des Rocs 1994**

| ☐ | 2,37 ha | n.c. | ◀▶ | 50 à 70 F |

Le TGV s'arrête à Loché... et on comprend pourquoi. Quel beau vin, en effet ! Jaune d'or, riche en miel et en fruit, il se joue de toutes les difficultés. Du corps, il en possède. Cela ne l'empêche pas de garder la fleur au fusil, avec fraîcheur et entrain.
🍇 Philippe Bérard, Dom. Saint-Philibert, 71000 Loché, tél. 04.78.43.24.96, fax 04.78.35.90.87 ■ ▼ r.-v.

Pouilly vinzelles

CAVE DES GRANDS CRUS BLANCS
1996**

| ☐ | 17,31 ha | 35 000 | ■ ◼ | 50 à 70 F |

Du velours en fin de bouche, un régal. Il soutient le regard, d'un jaune vert clair aux reflets brillants. Son bouquet tient le milieu entre le minéral et le fruit sec : un travail d'orfèvre, complété par une attaque décisive et cependant très fine, délicate, presque langoureuse quand le corps ensuite s'abandonne tout à fait. Notez aussi les **Quarts 96**, également très bien.
🍇 Cave des Grands Crus blancs, 71680 Vinzelles, tél. 03.85.35.61.88, fax 03.85.35.60.43 ■ ▼ r.-v.

CH. DE LAYE 1996**

| ☐ | 11,73 ha | 15 000 | ■ ◼ | 50 à 70 F |

Le Château de Layé a droit à une mention spéciale, car Thomas Jefferson y fit étape lors de son fameux tour de France des vignobles. Il en parle avec respect dans ses *Carnets*. Deux siècles plus tard, l'âme du vin chante encore en ce cru à la robe déjà soutenue, au nez de fleurs jaunes (jonquille) et à la richesse ronde et souple. Un rien d'amertume ne surprend pas : tout plaisir a une fin.
🍇 Cave des Grands Crus blancs, 71680 Vinzelles, tél. 03.85.35.61.88, fax 03.85.35.60.43 ■ ▼ r.-v.

Le Mâconnais

DOM. MATHIAS 1996*

| | 1,13 ha | 6 000 | | 30 à 50 F |

Richelieu et Mazarin qui furent tous deux abbés de Cluny (ad honorem !) auraient volontiers choisi ce vin pour leurs burettes. Peu de couleur, mais justement : pour ne pas tacher le nappe sacramentelle ! Au nez, le silex solutréen, merveilleusement taillé comme il y a vingt mille ans. Au palais, le goût délicieux du péché aussitôt admis en confession et recevant l'absolution. Plein, rond et long.

↪ Dom. Béatrice et Gilles Mathias, rue saint-Vincent, 71570 Chaintré, tél. 03.85.35.60.67, fax 03.85.35.62.95 ☑ ⏧ r.-v.

REINE PEDAUQUE 1996

| | n.c. | n.c. | | 50 à 70 F |

Une curiosité : sans doute un essai de vendanges tardives (quelques rares viticulteurs tentent le coup en Mâconnais). A juger tel quel et sans parti pris, connaissant la règle du jeu. Bonne couleur évidemment, arômes de surmaturation cire et miel, sensation de chaleur. Mériterait d'être revu d'ici un an. Seuls cinq vins ont été retenus sur les seize présentés dans cette AOC.

↪ Reine Pédauque, Le Village, 21420 Aloxe-Corton, tél. 03.80.25.00.00, fax 03.80.26.42.00 ⏧ t.l.j. 9h-11h30 14h-17h30 ; f. janv.

DOM. THIBERT PERE ET FILS 1996*

| | 1,1 ha | 8 000 | | 50 à 70 F |

Le jury a loué la qualité du fût : « Très bon chêne », nous dit-il. Mais encore ? Faudra-t-il beaucoup attendre pour en savoir plus ? Oui. Mais la promesse de la belle couleur (ce reflet vert tant recherché) et de la bouche « arrondie et moelleuse » sera tenue.

↪ Dom. Thibert Père et Fils, Au Bourg, 71960 Fuissé, tél. 03.85.35.61.79, fax 03.85.35.66.21 ☑ ⏧ t.l.j. sf dim. 8h-12h 13h30-18h

Saint-véran

Réservée aux vins blancs produits sur huit communes de la Saône-et-Loire, saint-véran est la dernière née des appellations du Mâconnais (1971). La production, d'environ 35 000 hl, peut être située dans la hiérarchie entre le pouilly et les mâcons suivis d'un nom de village. Ces vins sont légers, élégants, fruités, et accompagnent à merveille les débuts de repas.

Produite surtout sur des terroirs calcaires, l'appellation constitue la limite sud du Mâconnais.

Saint-véran

JEAN BARONNAT 1997

| | n.c. | n.c. | | 30 à 50 F |

Cité ici parce qu'il a obtenu un verdict favorable, mais attention - et c'est l'occasion d'en parler - à ne pas créer des arômes levurés et atypiques. On est ici en plein Club Med'et dans le fruit exotique. C'est bon, sûrement. Gras, puissant. Mais saint-véran ?

↪ Jean Baronnat, Les Bruyères, rte de Lacenas, 69400 Gleizé, tél. 04.74.68.59.20, fax 04.74.62.19.21 ☑ ⏧ t.l.j. sf sam. dim. 8h30-12h 13h30-18h30

GEORGES BURRIER 1996*

| | 0,7 ha | 5 600 | | 30 à 50 F |

Un travail d'artisan sérieux. Doré profond à reflets verdâtres, un peu vert au nez tout en glissant un message de chèvrefeuille, le saint-véran rassure sur ses intentions futures. Son caractère est encore assez vif, vanillé, mais il semble qu'on puisse lui offrir le bénéfice de l'attente.

↪ Ets Georges Burrier, 71960 Fuissé, tél. 03.85.35.61.75, fax 03.85.35.65.82 ☑ ⏧ r.-v.

DOM. DES CAVES 1996*

| | 0,5 ha | 3 000 | | 30 à 50 F |

Lui, il a bien intégré l'acidité des 96. Mais pas de signe de faiblesse. Il est parti pour évoluer favorablement en complexité. La longueur tient la distance. Arômes de pamplemousse et or vif, encore jeune. Un saint-véran comme on les aime, bien vinifié, qui soutiendra la conversation avec la viande blanche (pensez à une blanquette, ou à une poularde).

↪ Jean-Jacques Robin, Les Caves, 71960 Davayé, tél. 03.85.35.82.96, fax 03.85.35.83.48 ☑ ⏧ r.-v.

CAVE DE CHAINTRE 1996

| | n.c. | n.c. | | 30 à 50 F |

Petit début d'évolution perceptible à l'œil nu, puis un ensemble aromatique homogène. Concentration moyenne, beaucoup de vivacité (pour ne pas dire tout feu tout flamme) et une appréciation globalement positive. Pour un fromage de chèvre.

↪ Cave de Chaintré, 71570 Chaintré, tél. 03.85.35.61.61, fax 03.85.35.61.48 ☑ ⏧ r.-v.

DOM. CORDIER PERE ET FILS
Clos à la Côte 1996*

| | 0,39 ha | 2 100 | | 70 à 100 F |

Dans le style puissant et structuré, un beau vin au disque épais, aux jambes fines et nombreuses, offrant au nez des variations de tilleul et d'acacia. L'attaque est nette et la suite très aromatique (pomme golden, citronnelle). Sa générosité le destine à un poisson, le sandre par exemple.

↪ Dom. Cordier Père et Fils, 71960 Fuissé, tél. 03.85.35.62.89, fax 03.85.35.64.01 ☑ ⏧ r.-v.

DOM. CORSIN 1996*

| | 4,2 ha | 18 500 | | 50 à 70 F |

Par un double lauréat du coup de cœur (1994 et 1995 pour les 91 et 92), un 96 qui se situe bien sur « la ceinture dorée du pouilly-fuissé ». Il en possède l'or vert, la complexité aromatique (coing surtout), et tous les caractères d'une très

BOURGOGNE

LA BOURGOGNE

Le Mâconnais — Saint-véran

belle cuvée, en cours de maturation et qui trouvera sa plénitude en 1999.
- Dom. Corsin, Les Plantes, 71960 Davayé, tél. 03.85.35.83.69, fax 03.85.35.86.64 ⓥ ⓣ r.-v.

DOM. DES DEUX ROCHES 1996***

| | 18 ha | n.c. | 🍷 | 50 à 70 F |

La passe de trois : coup de cœur déjà en 1990 et 1993 (millésimes 87 et 90), ce vin est à nouveau plébiscité. Jaune vif, d'un bouquet d'une rare complexité pour ce cru (discrète amande grillée sur fruit blanc légèrement épicé), il explose au palais grâce à sa richesse, à sa présence physique, à sa densité suave et un rien minérale. Le terroir s'exprime ici à la perfection. Sans doute petit rendement et vendange bien mûre.
- Dom. des Deux Roches, 71960 Davayé, tél. 03.85.35.86.51, fax 03.85.35.86.12 ⓥ ⓣ r.-v.

DOM. DE FUSSIACUS 1997*

| | 1,15 ha | 9 000 | 🍷 | 30 à 50 F |

Or vert, il chante une vieille chanson. Vous savez « ce petit chemin entouré de noisettes » légèrement citronné ici, tout en finesse et éblouissant l'odorat. Tendances exotiques, nuances briochées, l'acidité est convenable et le rendu assez rond, fondu, enchaîné.
- Jean-Paul Paquet, 71960 Fuissé, tél. 03.85.35.63.65, fax 03.85.35.67.50 ⓥ ⓣ r.-v.

ROGER GAILLARD 1996***

| | n.c. | 3 000 | 🍷 | 30 à 50 F |

« Il n'y a pas de grands vins, disait avec raison Albert Thibaudet, il n'y a que de grandes bouteilles. » En voulez-vous l'illustration ? La voici : sous des reflets or clair, le 96 offre de la fleur blanche au premier nez, de la mirabelle au second. Là-dessus une bouche qui met des gants beurre frais, le meilleur équilibre possible. fait honneur à l'appellation. Déjà plaisant ou à garder.
- Roger Gaillard, Les Plantes, 71960 Davayé, tél. 03.85.35.83.31, fax 03.85.35.80.81 ⓥ ⓣ r.-v.

DOM. JEAN GOYON Les Bruyères 1996*

| | 0,32 ha | 2 500 | 🍷 | 30 à 50 F |

S'il présente un bon potentiel de garde, on peut dire comme Lamartine, le grand homme du pays : « O temps suspends ton vol... ». Car il est prêt à boire. Robe à tendance dorée, bouquet mariant la noisette et la poire, bonne attaque bien ronde, une impulsivité sachant se retenir, l'ensemble est excellent. Et conviendra aux fruits de mer.
- Dom. Jean Goyon, Au Bourg, 71960 Solutré-Pouilly, tél. 03.85.35.81.15, fax 03.85.35.87.03 ⓥ ⓣ r.-v.

DOM. MARC GREFFET 1996

| | 0,6 ha | 4 500 | 🍷 | 30 à 50 F |

« Il a davantage le caractère saint-véran qu'une personnalité propre », nous dit-on sur les fiches de dégustation. Mais qu'est-ce que la typicité, sinon cela ? D'un jaune profond et intense, son petit nez fruité annonce une certaine vivacité accompagnée de persistance. Honorable en tout cas.
- Dom. Marc Greffet, 71960 Solutré-Pouilly, tél. 03.85.35.83.82, fax 03.85.35.84.24 ⓥ ⓣ r.-v.

LES VILLAGES DE JAFFELIN 1997*

| | n.c. | 6 000 | 🍷 | 50 à 70 F |

Le groupe J.-Cl. Boisset avance vers le sud à grandes enjambées (Mommessin, les Samsons, etc.). Jaffelin en fait partie et joue avec adresse la carte des *villages*. Ce saint-véran est élégant et bien fait, dans la fleur blanche et le brioché, souple et délicat sous un or vif rayonnant. Du bon vin et représentatif de l'AOC.
- Jaffelin, 2, rue Paradis, 21200 Beaune, tél. 03.80.22.12.49, fax 03.80.24.91.87
- J.-Cl. Boisset

DOM. DE LA CERISAIE 1996*

| | 2 ha | 10 000 | 🍷 | 30 à 50 F |

Le saint-véran mérite mieux que des « tirages précoces » et commercialisations rapides. Il gagne à prendre un peu de bouteille. On le constate ici avec ce 96 qui garde son teint de jeunesse tout en développant ses capacités aromatiques (fruits secs, fleurs blanches) et en prenant de la plénitude. Joli retour d'arômes et constitution vigoureuse. Pour une volaille de Bresse à la crème.
- Gérard Besson, En Bossu, 71570 Chânes, tél. 03.85.33.83.27, fax 03.85.33.86.87 ⓥ ⓣ r.-v.

DOM. DE LA CROIX SENAILLET 1996**

| | 15,5 ha | 60 000 | 🍷 | 30 à 50 F |

Grand chasseur de dragons et évêque de Cavaillon, saint Véran pouvait-il imaginer qu'il deviendrait... un vin ! Il bénirait en tout cas cette bouteille très catholique, limpide, florale et à la bouche très longue, presque tannique. Cuvée parfaitement représentative de l'appellation et qui se gardera quatre à cinq ans. Coup de cœur en 1996 pour son 93.
- Richard et Stéphane Martin, 71960 Davayé, tél. 03.85.35.82.83, fax 03.85.35.87.22 ⓥ ⓣ r.-v.

DOM. DE LA FEUILLARDE
Vieilles vignes 1996**

| | 1,5 ha | 6 000 | 🍷 | 30 à 50 F |

Davantage de couleur que de brillance et nez intense, exotique, et pierre à fusil, montrant de l'élégance. Il a déjà arrondi sa vivacité première, mais il lui reste encore des choses à faire. Il a le caractère des 96 et finit en beauté. Fera un grand bourgogne si vous lui en laissez le temps (de deux à trois ans).
- Lucien Thomas, Dom. de La Feuillarde, 71960 Prissé, tél. 03.85.34.54.45, fax 03.85.34.31.50 ⓥ ⓣ t.l.j. 8h-12h 13h-19h

Le Mâconnais — Saint-véran

ROGER LASSARAT Le Cras 1996★★

| | 0,55 ha | 2 100 | 70 à 100 F |

N'est peut-être pas typé saint-véran, mais le cercle de famille applaudit à grands cris. A la vérité, il est fait pour plaire. Une robe impeccable habille une fantasia d'arômes exotiques, pamplemousse, fruits de la passion. Le corps se déboutonne tant il est gras, ample, sur quelques notes fumées. Chardonnay de parade et pour son public.
➥ Roger Lassarat, Le Martelet, 71960 Vergisson, tél. 03.85.35.84.28, fax 03.85.35.86.73 ☑ ✱ r.-v.

DOM. L'ERMITE DE SAINT-VERAN
Jully Vieilles vignes 1996★★

| | 0,71 ha | 5 600 | 30 à 50 F |

Jully est l'un des *climats* de l'AOC qui se font peu à peu un nom et qui - peut-être - deviendront un jour des 1ers crus. Jaune vif légèrement doré : en Bourgogne, on a le sens de la nuance ! Arômes discrets mais sympathiques, son gras le rend assez souple, tandis que sa structure assure sa robustesse. Prêt à être servi à table. Un peu de décantation lui fait du bien.
➥ Gérard Martin, Les Truges, 71570 Saint-Vérand, tél. 03.85.36.51.09, fax 03.85.37.47.89 ☑ ✱ t.l.j. 7h30-20h; f. 1ère sem. d'août

MAISON MACONNAISE DES VINS 1996★★

| | n.c. | 12 000 | 30 à 50 F |

Il met le turbot, mais dans l'assiette ! Au beurre blanc, il va sans dire. Pas très loin du coup de cœur, jaune paille peu prononcé, un 96 qui dit sa joie de vivre. Bouquet floral, élégant et fin. Une acidité fort bien maîtrisée. Un corps très consistant et tout en harmonie, long comme deux rames de TGV accouplées.
➥ Maison mâconnaise des vins, 484, av. de-Lattre-de-Tassigny, 71000 Mâcon, tél. 03.85.38.36.70, fax 03.85.38.62.51 ☑ ✱ t.l.j. 8h-22h

JEAN-JACQUES ET SYLVAINE MARTIN 1996

| | 1 ha | 7 000 | 30 à 50 F |

Léger n'est pas péjoratif. Cela ne signifie pas plat, ni court en bouche. Celui-ci brille bien, suggère la fougère, le raisin frais, garde ensuite une ligne souple et de bonne tenue, légère, agréable à boire et d'une typicité correcte. Ce n'est pas un vin de garde, mais il plaira dans l'année. Un dégustateur le choisit pour un pavé de loup au fenouil.
➥ Jean-Jacques Martin, Les Verchères, 71570 Chânes, tél. 03.85.37.42.27, fax 03.85.37.47.43 ☑ ✱ r.-v.

DOM. DU POETE 1996★

| | n.c. | 25 000 | 30 à 50 F |

Domaine du Poète : non, il ne s'agit pas de Lamartine, mais de Jojo Lardet, qui versifie à Leynes tout en soignant ses vignes, chante et joue de l'accordéon. Il vend ses moûts à ce négociant-éleveur. Voyons voir le poème... La grume rime avec agrume, doré avec adoré : il a tant de rondeurs qu'on le laisse vous caresser sans penser à compter le nombre des pieds. Un vin complet et original comme son géniteur.
➥ Paul Beaudet, rue Paul-Beaudet, 71570 Pontanevaux, tél. 03.85.36.72.76, fax 03.85.36.72.02 ☑ ✱ t.l.j. sf sam. dim. 8h-12h 13h30-17h; f. août

DOM. DES PONCETYS 1997★★

| | 2 ha | 17 000 | 30 à 50 F |

Mention très bien accordée au Lycée viticole de Mâcon-Davayé, à l'écrit et à l'oral. La robe est de celles qu'on porte au bal de la promotion. Délicieux parfum d'ananas, nuancé de fleurs blanches plus mâconnaises. Tempérament assez sec, dans la nature du cépage remarquablement valorisé (finesse et structure).
➥ Lycée viticole de Mâcon-Davayé, Les Poncetys, 71960 Davayé, tél. 03.85.33.56.22, fax 03.85.35.86.34 ☑ ✱ t.l.j. sf dim. 10h-12h30 14h-17h30

JACQUES SAUMAIZE En Crèches 1996

| | 2 ha | n.c. | 30 à 50 F |

Titulaire du coup de cœur en 1989 (millésime 86), ce vin vieil er, moyennement poudré, résulte d'un bon travail d'élevage sur une matière saine mais peu concentrée. On le voit mieux avec des huîtres qu'avec des crustacés. Signalons aussi la **cuvée Vieilles Vignes 96**, satisfaisante.
➥ Jacques et Nathalie Saumaize, Les Bruyères, 71960 Vergisson, tél. 03.85.35.82.14, fax 03.85.35.87.00 ☑ ✱ r.-v.

DOM. SAUMAIZE-MICHELIN
Jean des Moitiés 1996★

| | 0,6 ha | 4 000 | 30 à 50 F |

Jaune léger ou et blanc ? Vous saisissez toute la difficulté du jugement... Les arômes font la fête, de façon déjà fondue où l'on reconnaît au passage la pêche, la poire. Un petit peu de fût, sans rien de pesant cependant. Le gras, le minéral, tout le secret du saint-véran. Et celui-ci vous l'offre, ce secret...
➥ Roger et Christine Saumaize, Dom. Saumaize-Michelin, Le Martelet, 71960 Vergisson, tél. 03.85.35.84.05, fax 03.85.35.86.77 ☑ ✱ r.-v.

LA BOURGOGNE

LA CHAMPAGNE

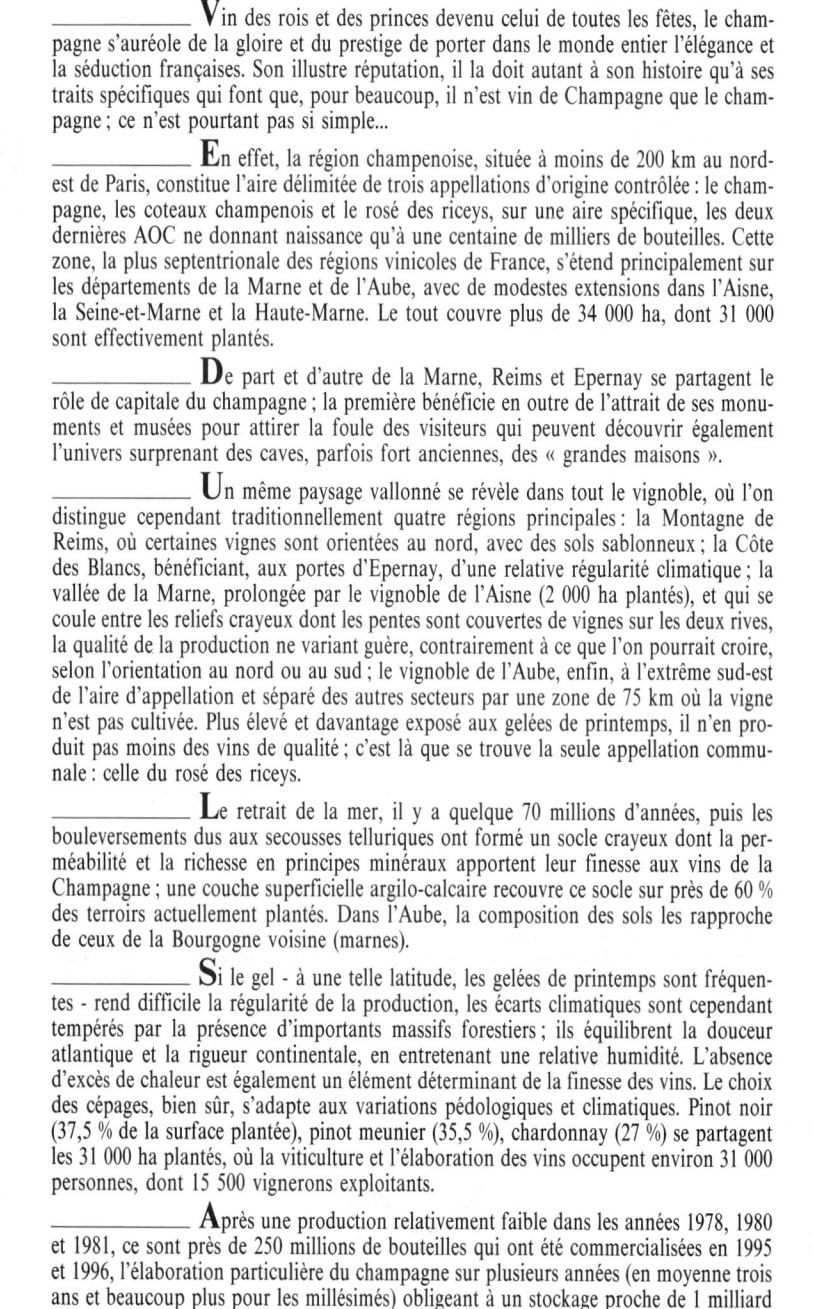

Vin des rois et des princes devenu celui de toutes les fêtes, le champagne s'auréole de la gloire et du prestige de porter dans le monde entier l'élégance et la séduction françaises. Son illustre réputation, il la doit autant à son histoire qu'à ses traits spécifiques qui font que, pour beaucoup, il n'est vin de Champagne que le champagne ; ce n'est pourtant pas si simple...

En effet, la région champenoise, située à moins de 200 km au nord-est de Paris, constitue l'aire délimitée de trois appellations d'origine contrôlée : le champagne, les coteaux champenois et le rosé des riceys, sur une aire spécifique, les deux dernières AOC ne donnant naissance qu'à une centaine de milliers de bouteilles. Cette zone, la plus septentrionale des régions vinicoles de France, s'étend principalement sur les départements de la Marne et de l'Aube, avec de modestes extensions dans l'Aisne, la Seine-et-Marne et la Haute-Marne. Le tout couvre plus de 34 000 ha, dont 31 000 sont effectivement plantés.

De part et d'autre de la Marne, Reims et Epernay se partagent le rôle de capitale du champagne ; la première bénéficie en outre de l'attrait de ses monuments et musées pour attirer la foule des visiteurs qui peuvent découvrir également l'univers surprenant des caves, parfois fort anciennes, des « grandes maisons ».

Un même paysage vallonné se révèle dans tout le vignoble, où l'on distingue cependant traditionnellement quatre régions principales : la Montagne de Reims, où certaines vignes sont orientées au nord, avec des sols sablonneux ; la Côte des Blancs, bénéficiant, aux portes d'Epernay, d'une relative régularité climatique ; la vallée de la Marne, prolongée par le vignoble de l'Aisne (2 000 ha plantés), et qui se coule entre les reliefs crayeux dont les pentes sont couvertes de vignes sur les deux rives, la qualité de la production ne variant guère, contrairement à ce que l'on pourrait croire, selon l'orientation au nord ou au sud ; le vignoble de l'Aube, enfin, à l'extrême sud-est de l'aire d'appellation et séparé des autres secteurs par une zone de 75 km où la vigne n'est pas cultivée. Plus élevé et davantage exposé aux gelées de printemps, il n'en produit pas moins des vins de qualité ; c'est là que se trouve la seule appellation communale : celle du rosé des riceys.

Le retrait de la mer, il y a quelque 70 millions d'années, puis les bouleversements dus aux secousses telluriques ont formé un socle crayeux dont la perméabilité et la richesse en principes minéraux apportent leur finesse aux vins de la Champagne ; une couche superficielle argilo-calcaire recouvre ce socle sur près de 60 % des terroirs actuellement plantés. Dans l'Aube, la composition des sols les rapproche de ceux de la Bourgogne voisine (marnes).

Si le gel - à une telle latitude, les gelées de printemps sont fréquentes - rend difficile la régularité de la production, les écarts climatiques sont cependant tempérés par la présence d'importants massifs forestiers ; ils équilibrent la douceur atlantique et la rigueur continentale, en entretenant une relative humidité. L'absence d'excès de chaleur est également un élément déterminant de la finesse des vins. Le choix des cépages, bien sûr, s'adapte aux variations pédologiques et climatiques. Pinot noir (37,5 % de la surface plantée), pinot meunier (35,5 %), chardonnay (27 %) se partagent les 31 000 ha plantés, où la viticulture et l'élaboration des vins occupent environ 31 000 personnes, dont 15 500 vignerons exploitants.

Après une production relativement faible dans les années 1978, 1980 et 1981, ce sont près de 250 millions de bouteilles qui ont été commercialisées en 1995 et 1996, l'élaboration particulière du champagne sur plusieurs années (en moyenne trois ans et beaucoup plus pour les millésimés) obligeant à un stockage proche de 1 milliard de bouteilles. Si la production annuelle (1 823 110 hl en 1997) représente 7,51 % du volume produit en France, l'exportation représente le quart de celle de l'ensemble des vins français, Allemagne, Grande-Bretagne et Etats-Unis venant en tête des pays importateurs devant la Suisse, la Belgique, l'Italie, les Pays-Bas et le Japon.

On fait du vin en Champagne au moins depuis l'invasion romaine. Il fut blanc, puis rouge et enfin gris, c'est-à-dire blanc ou presque, issu de pressurage de raisins noirs. Déjà, il avait la fâcheuse habitude de « bouillonner dans ses vaisseaux », c'est-à-dire de mousser dans les tonneaux. Ce fut sans doute en Angleterre que l'on inventa la mise en bouteilles systématique de ces vins instables qui, jusqu'en 1700 environ, étaient livrés en fûts ; cela eut pour effet de permettre au gaz carbonique de se dissoudre dans le vin : le vin effervescent était né. Procureur de l'abbaye de Hautvillers et technicien avant la lettre, Dom Pérignon produira dans son abbaye les meilleurs vins ; c'est aussi lui qui les vendra le plus cher...

En 1728, le conseil du roi autorise le transport du vin en bouteilles ; un an plus tard, la première maison de vin de négoce est fondée : Ruinart. D'autres suivront (Moët en 1743), mais c'est au XIXe s. que la plupart des grandes maisons se créent ou s'affirment. En 1804, Mme Clicquot lance le premier champagne rosé, et, dès 1830, apparaissent les premières étiquettes collées sur les bouteilles. A partir de 1860, Mme Pommery boit des « bruts », tandis que, vers 1870, sont proposés les premiers champagnes millésimés. Raymond Abelé invente, en 1884, le banc de dégorgement à la glace, avant que le phylloxéra puis les deux guerres ne ravagent les vignobles. Depuis 1945, les fûts de bois ont cédé la place, le plus souvent, aux cuves en acier inoxydable, dégorgement et finition sont automatisés, alors que le remuage lui-même se mécanise.

Une grande partie des vignerons champenois appartient aujourd'hui à la catégorie des producteurs de raisins : ce sont les « vendeurs au kilo ». Ils cèdent tout ou partie de leur production aux grandes marques qui vinifient, élaborent et commercialisent. Cette pratique a conduit l'interprofession à fixer chaque année le prix des raisins et à attribuer à chaque commune une cotation en fonction de la qualité de sa production : c'est l'échelle des crus. Les vins issus des communes viticoles sont classés dans une échelle des crus, apparue dès la fin du XIXe s. Cotés 100 %, ils ont droit au titre de « grand cru », ceux cotés de 99 à 90 % bénéficient de la mention « premier cru », la cotation des autres s'échelonne de 89 à 80 %. Le prix des raisins varie selon le pourcentage communal. Le rendement maximum à l'hectare ne peut dépasser en année normale 10 400 kg, alors que 160 kg de raisins ne permettent pas d'obtenir plus d'un hectolitre de moût apte à être vinifié en champagne.

Champagne

La singularité du champagne apparaît dès les vendanges. La machine à vendanger est interdite ; toute la cueillette est manuelle car il est essentiel que les baies (grains) de raisin parviennent en parfait état au lieu de pressurage. Pour cela, on remplace les hottes par de petits paniers, afin que le raisin ne soit pas écrasé. Il a fallu aussi créer des centres de pressurage disséminés au cœur du vignoble afin de raccourcir le transport du raisin. Pourquoi tous ces soins ? Parce que le champagne étant un vin blanc issu en majeure partie d'un raisin noir - le pinot -, il convient que le jus incolore ne soit pas taché au contact de l'extérieur de la peau.

Le pressurage, lui, doit se faire sans délai et permettre de recueillir successivement et séparément le jus issu des zones concentriques du grain ; d'où la forme particulière des pressoirs traditionnels champenois : on y entasse le raisin sur une vaste surface mais à une faible hauteur, pour ne pas abîmer les baies et pour faciliter la circulation du jus ; la vendange n'est jamais éraflée.

Le pressurage est sévèrement réglementé. On compte 2 000 centres de pressurage et chacun doit recevoir un

Champagne

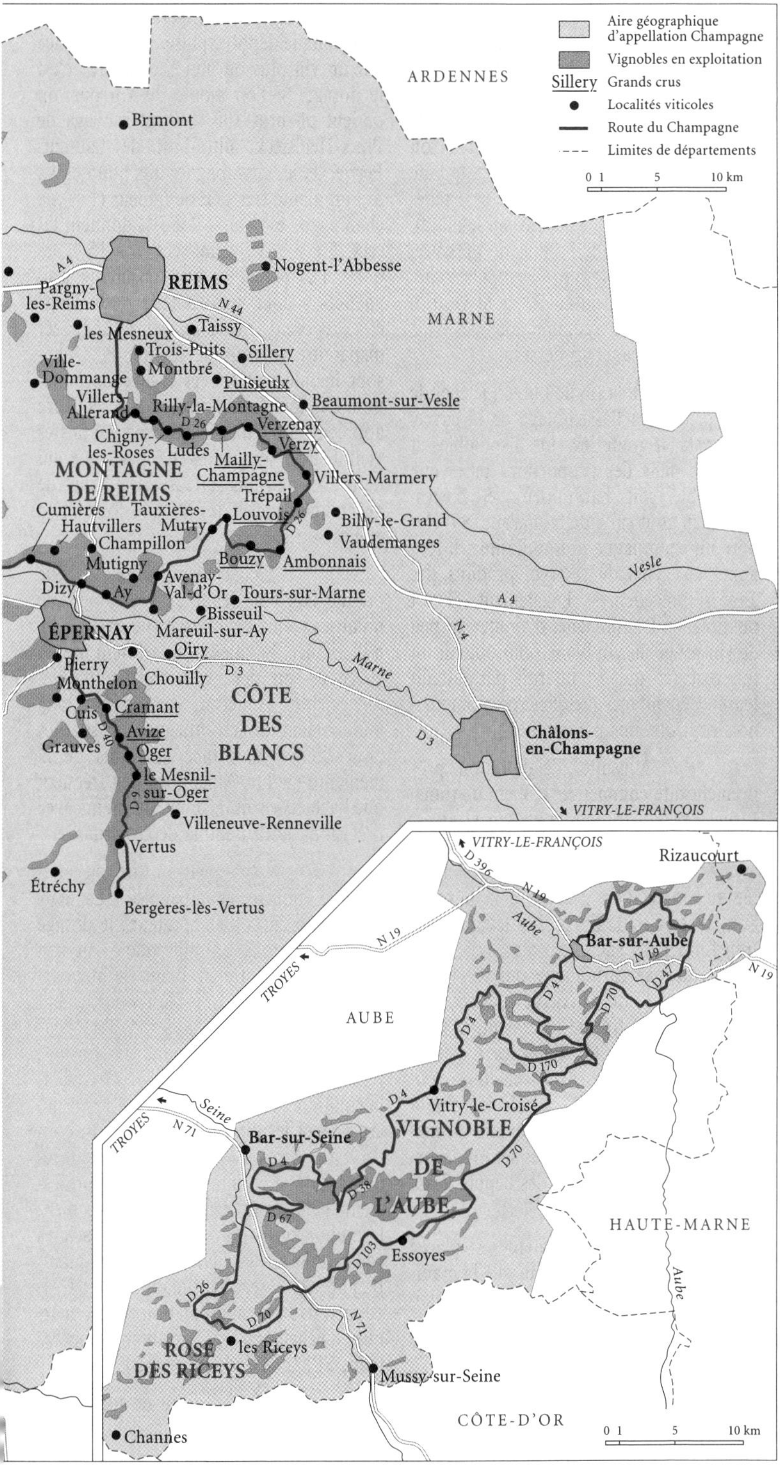

Aire géographique d'appellation Champagne
Vignobles en exploitation
Sillery Grands crus
Localités viticoles
Route du Champagne
Limites de départements
0 1 5 10 km
ARDENNES
MARNE
Brimont
Nogent-l'Abbesse
REIMS
Pargny-les-Reims
les Mesneux
Taissy
Trois-Puits
Sillery
Ville-Dommange
Montbré
Puisieulx
Villers-Allerand
Rilly-la-Montagne
Beaumont-sur-Vesle
Chigny-les-Roses
Ludes
Verzenay
Verzy
Mailly-Champagne
Villers-Marmery
MONTAGNE DE REIMS
Trépail
Cumières
Hautvillers
Tauxières-Mutry
Louvois
Billy-le-Grand
Vaudemanges
Champillon
Mutigny
Bouzy
Ambonnais
Dizy
Ay
Avenay-Val-d'Or
Tours-sur-Marne
ÉPERNAY
Bisseuil
Mareuil-sur-Ay
Oiry
Pierry
Chouilly
Monthelon
Cuis
Cramant
CÔTE DES BLANCS
Avize
Grauves
Oger
le Mesnil-sur-Oger
Villeneuve-Renneville
Vertus
Étréchy
Bergères-lès-Vertus
Châlons-en-Champagne
A 4
N 44
D 26
N 4
D 3
D 40
D 9
Vesle
Marne
VITRY-LE-FRANÇOIS
VITRY-LE-FRANÇOIS
Rizaucourt
D 396
N 19
Aube
Bar-sur-Aube
D 47
D 4
D 70
TROYES
AUBE
D 170
Vitry-le-Croisé
Seine
N 71
Bar-sur-Seine
VIGNOBLE DE L'AUBE
D 38
D 67
D 103
Essoyes
HAUTE-MARNE
D 26
D 70
ROSÉ DES RICEYS
les Riceys
Mussy-sur-Seine
CÔTE-D'OR
Channes
0 1 5 10 km

agrément pour avoir le droit de fonctionner. De 4 000 kg de raisins, on ne peut extraire que 25,50 hl de moût. Cette unité s'appelle un marc. Le pressurage est fractionné entre la cuvée (20,50 hl) et la taille (5 hl). On peut presser encore, mais on obtient alors un jus sans intérêt qui ne bénéficie d'aucune appellation, la « rebêche » (on a « bêché » à nouveau le marc), et destiné à la distillerie. Plus on pressure, plus la qualité s'affaiblit. Les moûts, acheminés par camion au cuvier, sont vinifiés très classiquement comme tous les vins blancs, avec beaucoup de soin.

À la fin de l'hiver, le chef de cave procède à l'assemblage de la cuvée. Pour cela, il goûte les vins disponibles et les mêle dans des proportions telles que l'ensemble soit harmonieux et corresponde au goût suivi de la marque. S'il élabore un champagne non millésimé, il fera appel aux vins de réserve, produits des années précédentes. Légalement, il est possible, en Champagne, d'ajouter un peu de vin rouge au vin blanc pour obtenir un ton rosé (ce qui est interdit partout ailleurs). Cependant, quelques rosés champenois sont obtenus par saignée.

Ensuite, l'élaboration proprement dite commence. Il s'agit de transformer un vin tranquille en vin effervescent. Une liqueur de tirage, composée de levures, de vieux vins et de sucre, est ajoutée au vin, et l'on procède à la mise en bouteilles : c'est le tirage. Les levures vont transformer le sucre en alcool et il se dégage du gaz carbonique qui se dissout dans le vin. Cette deuxième fermentation en bouteilles s'effectue lentement, à basse température (11 ° C), dans les fameuses caves champenoises. Après un long vieillissement sur lies, qui est indispensable à la finesse des bulles et aux qualités aromatiques des vins, les bouteilles seront dégorgées, c'est-à-dire purgées des dépôts dus à la seconde fermentation.

Chaque bouteille est placée sur les célèbres pupitres, afin que la manipulation fasse glisser le dépôt dans le col, contre le bouchon. Durant deux ou trois mois, les bouteilles vont être remuées et de plus en plus inclinées, la tête en bas, jusqu'à ce que le vin soit parfaitement limpide. Pour chasser le dépôt, on gèle alors le col dans un bain réfrigérant et on ôte le bouchon ; le dépôt expulsé, il est remplacé par un vin plus ou moins édulcoré : c'est le dosage. Si l'on ajoute du vin pur, on obtient un brut 100 % (brut sauvage de Piper-Heidsieck, ultra-brut de Laurent-Perrier, et les champagnes dits non dosés). Si l'on ajoute très peu de liqueur (1 %), le champagne est brut ; 2 à 5 % donnent les secs, 5 à 8 % les demi-secs, 8 à 15 % les doux. Les bouteilles sont ensuite « poignettées » pour homogénéiser le mélange et se reposent encore un peu pour laisser disparaître le goût de levure. Puis elles sont habillées et livrées à la consommation. Dès lors, le champagne est prêt à être apprécié au mieux de sa forme. Le laisser vieillir trop longtemps ne peut que lui nuire : les maisons sérieuses se flattent de ne commercialiser le vin que lorsqu'il a atteint son apogée.

D'excellents vins de belle origine issus du début de pressurage, de nombreux vins de réserve (pour les non-millésimés), le talent du créateur de la cuvée et son dosage discret, minimum, indécelable, s'allieront donc à un long mûrissement du champagne sur ses lies pour donner naissance aux vins de la meilleure qualité. Mais il est peu fréquent que l'acheteur soit informé, du moins avec précision, de l'ensemble de ces critères.

Que peut-on lire en effet sur une étiquette champenoise ? La marque et le nom de l'élaborateur ; le dosage (brut, sec, etc.) ; le millésime - ou son absence ; la mention « blanc de blancs » lorsque seuls des raisins blancs participent à la cuvée ; quand cela est possible - cas rare - la commune d'origine des raisins ; parfois enfin, mais cela est peu fréquent, la cotation qualitative des raisins : « grand cru » pour les dix-sept communes qui ont droit à ce titre ou « premier cru » pour les quarante et une autres. Le statut professionnel du producteur, lui, est une mention obligatoire, portée en petits caractères sous forme codée : NM, négociant-manipulant ; RM, récoltant-manipulant ; CM, coopérative de manipulation ; MA, marque d'acheteur ; RC, récoltant-coopérateur ; SR, société de récoltants.

Que déduire de tout cela ? Que les Champenois ont délibérément choisi une politique de marque ; que l'acheteur commande du Moët et Chandon, du Bollinger, du Taittinger, parce qu'il préfère le goût suivi de telle ou telle marque. Cette conclusion est valable pour tous les champagnes de négociants-manipulants, de coopératives et des marques auxiliaires, mais ne concerne pas les récoltants-manipulants qui, par obligation, n'élaborent de champagne qu'à partir des raisins de leurs propres vignes, généralement groupées dans une seule commune. Ces champagnes sont dits monocrus, et le nom de ce cru figure en général sur l'étiquette.

En dépit de l'appellation unique « champagne », il existe un très grand nombre de champagnes différents, dont les caractères organoleptiques variables sont susceptibles de satisfaire tous les usages et tous les goûts des consommateurs. Ainsi, le champagne peut-il être blanc de blancs ; blanc de noirs (de pinot meunier, de pinot noir ou des deux) ; issu du mélange blanc de blancs/blanc de noirs, dans toutes les proportions imaginables ; d'un seul cru ou de plusieurs ; originaire d'un grand cru, d'un premier cru ou de communes de moindre prestige ; millésimé ou non (les non-millésimés peuvent être composés de vins jeunes, ou faire appel à plus ou moins de vins de réserve ; parfois ils sont le produit de l'assemblage d'années millésimées) ; non dosé ou dosé très variablement ; mûri brièvement ou longuement sur ses lies ; dégorgé depuis un temps plus ou moins long ; blanc ou rosé (rosé obtenu par mélange ou par saignée)... La plupart de ces éléments pouvant se combiner entre eux, il existe donc une infinité de champagnes. Quel que soit son type, on s'accorde à penser que le meilleur est celui qui a mûri le plus longtemps sur ses lies (cinq à dix ans), consommé dans les six mois suivant son dégorgement.

En fonction de ce qui précède, on s'explique mieux que le prix des bouteilles puisse varier de un à huit, et qu'il existe des « hauts de gamme » ou des « cuvées spéciales ». Il est malheureusement certain que, dans les grandes marques, les champagnes les moins chers sont les moins intéressants. En revanche, la grande différence de prix qui sépare la gamme intermédiaire (millésimés) de la plus élevée ne traduit pas toujours rigoureusement un saut qualitatif.

Le champagne se boit entre 7° et 9°, frais pour les blancs de blancs et les champagnes jeunes, moins rafraîchi pour les millésimés et les champagnes vineux. Outre la bouteille classique de 75 cl, le champagne est proposé en quart, demi, « magnum » (2 bout.), « jéroboam » (4 bout.), « mathusalem » (8 bout.), « salmanazar » (12 bout.)... La bouteille sera refroidie progressivement par immersion dans un seau à champagne contenant de l'eau et de la glace. Pour le déboucher, enlever ensemble muselet et habillage. Si le bouchon tend à être expulsé par la pression, on le laissera venir avec habillage et muselet. Lorsque le bouchon résiste, on le maintient d'une main alors que l'on fait tourner la bouteille de l'autre. Le bouchon est extrait lentement, sans bruit, sans décompression brutale.

Le champagne ne doit pas être servi dans des coupes, mais dans des verres de cristal, étroits et élancés, secs, non refroidis par des glaçons, exempts de toute trace de détergent qui tuerait les bulles et la mousse. Il se boit aussi bien en apéritif, qu'avec les entrées et les poissons maigres. Les vins vineux, à majorité blanc de noirs, et les grands millésimés sont souvent servis avec les viandes en sauces. Au dessert et avec les mets sucrés, on boira un demi-sec plutôt qu'un brut, le sucre renforçant trop la sensibilité du palais aux structures acides.

Les derniers millésimes : 1982, grand millésime complet ; 1983, droit, sans artifices ; 1984 n'est pas un millésime, n'en parlons pas ; 1985, grandes bouteilles ; 1986, qualité moyenne, rarement millésimé ; 1987, un mauvais souvenir ; 1988, 1989, 1990, trois belles années à savourer.

HENRI ABELE★

| ⏺ | | n.c. | n.c. | 🍾 | 150 à 200 F |

Sur l'étiquette une date : 1757. Cette maison, en mains espagnoles, est l'une des plus anciennes de Champagne. Ce rosé à la robe tuilée est équilibré, rond, fondu. A signaler encore, le **millésime 89** qui allie la noisette et l'acidulé. Il est cité. (NM)

Champagne

🍷 Champagne Henri Abelé, 50, rue de Sillery, 51100 Reims, tél. 03.26.87.79.80, fax 03.26.87.79.81 ◪ 🍷 r.-v.

ACHILLE PRINCIER 1990★★

○ n.c. 10 000 ■ ♦ 100 à 150 F

Un beau palmarès pour cette marque d'Epernay lancée en 1995. Ce rosé 1990, presque mi-blanc mi-noir (30 % de pinot noir, 20 % de pinot meunier) est onctueux, souple, équilibré, généreusement fruité. Deux étoiles encore à la **cuvée Grand Art 90**, mi-noire mi-blanche, savant mélange de finesse et de vinosité, de fraîcheur et de complexité, de générosité et de puissance. Une étoile enfin au **blanc de blancs 90**, aux arômes de brioche beurrée, harmonieux et toujours jeune. (NM)

🍷 Achille Princier, 9, rue Jean Chandon Moët, 51207 Epernay, tél. 03.26.54.04.06, fax 03.26.59.16.90 ◪ 🍷 t.l.j. 10h-19h

AGRAPART ET FILS
Blanc de blancs 1989★★

○ Gd cru 1 ha 5 000 ■◫♦ 100 à 150 F

En 1984, Arthur Agrapart vinifie ses premières-petits-fils l'imitent en exploitant un vignoble de 9,5 ha. Ce blanc de blancs 89 grand cru d'Avize, issu de vignes âgées de 45 ans, est couvert de compliments. Elégance, évolution parfaite, équilibre idéal, dosage exemplaire. (RM)

🍷 EARL Agrapart et Fils, 57, av. Jean-Jaurès, 51190 Avize, tél. 03.26.57.51.38, fax 03.26.57.05.06 ◪ 🍷 r.-v.

JEAN-ANTOINE ARISTON
Carte Jaune★★

○ 2,5 ha 25 000 ■ ♦ 70 à 100 F

Exploitation familiale de 6 ha conduite par la cinquième génération d'Ariston. La cuvée Carte jaune (c'est-à-dire étiquette jaune) est composée de trois cépages champenois à parts égales, ces raisins ayant été récoltés en 1995 (mais c'est un brut sans année). Son attaque est franche, sa rondeur fraîche. Ce vin brille par sa netteté. Une étoile pour la **Carte blanche** comprenant plus de chardonnay que de pinot noir (60/40), raisins récoltés en 1995 (encore un brut sans année, vif et équilibré, conseillé avec des coquilles Saint-Jacques). (RM)

🍷 Jean-Antoine Ariston, 4, rue Haute, 51170 Brouillet, tél. 03.26.97.47.02, fax 03.26.97.49.75 ◪ 🍷 t.l.j. 8h-12h 14h-18h

ARISTON FILS★

○ n.c. 5 400 ■ 70 à 100 F

Cette propriété familiale date de 1794. Elle est sise dans la vallée de l'Ardre et s'étend sur 10 ha. Sa cuvée rosée, mi-noire, mi-blanche, framboise, cassis et cuir au nez, est douce, fruitée. Le dosage n'y est pas pour rien. Le **Carte blanche**, issu de trois cépages, est cité. Un champagne élégant, aux senteurs d'abricot et de figue, à la rondeur équilibrée. (RM)

🍷 Rémi Ariston, 4-8, Grande-Rue, 51170 Brouillet, tél. 03.26.97.43.46, fax 03.26.97.49.34 ◪ 🍷 t.l.j. 9h-18h; f. 3ᵉ semaine d'août

ARNAUD DE BEAUROY
Cuvée Tradition

○ n.c. n.c. ■ ♦ 50 à 70 F

Un blanc de noirs vinifié par la famille Gallimard. Robe jeune, nez épicé (poivre) soutenu par le cuir et la pâte de fruits, bouche puissante, riche de fruits cuits, de cerise et de griotte. (RM)

🍷 Champagne Gallimard Père et Fils, 18-20, rue Gaston-Cheq-Le-Magny, 10340 Les Riceys, tél. 03.25.29.32.44, fax 03.25.38.55.20 ◪ 🍷 r.-v.

MICHEL ARNOULD ET FILS 1993

○ 1 ha 7 000 ■ 70 à 100 F

Propriété de 12 ha et marque lancée en 1961 par Michel Arnould. Ce rosé de noirs (100 % pinot noir), à la robe saumon pâle, dévoile un nez léger, alors qu'en bouche se révèlent le pamplemousse rose et la citronnelle. Le dosage est généreux... (RM)

🍷 Michel Arnould et Fils, 28, rue de Mailly, 51360 Verzenay, tél. 03.26.49.40.06, fax 03.26.49.44.61 ◪ 🍷 r.-v.

L. AUBRY FILS Brut classique

○ 1er cru 11 ha 70 000 ■◫♦ 70 à 100 F

Les Aubry sont propriétaires depuis le XVIIIᵉˢ.; ils exploitent actuellement 16 ha. Ce brut sans année doit beaucoup au pinot meunier (60 %), les pinot noir et chardonnay se partageant le solde. Le vin est élevé en partie (10 %) sous bois. Sans doute est-ce pour cela qu'un dégustateur note : « assez coloré ». Mais aussi : « torréfaction, équilibre, bien fait ». Sont également cités, le **rosé** de couleur vieux rose, très fruité, et la belle cuvée de prestige **Aubry de Humbert 90**, issue des trois cépages à égalité, florale, souple, expressive. (RM)

🍷 SCEV Champagne L. Aubry Fils, 4-6, Grande-Rue, 51390 Jouy-lès-Reims, tél. 03.26.49.20.07, fax 03.26.49.75.27 ◪ 🍷 r.-v.

CH. DE L'AUCHE★

○ n.c. 4 000 ■ ♦ 70 à 100 F

Ce groupement de producteurs a été fondé en 1961, mais il ne commercialise des bouteilles que depuis 1970. Ce rosé naît de raisins noirs, presque exclusivement du pinot meunier. Sa teinte est pâle, son nez confituré (fruits rouges) et sa bouche complexe (bergamote). Sont cités le **brut sans année**, un blanc de noirs à base de pinot meunier (85 %), ample et habilement dosé, et la cuvée **Privilège 91**, mi-chardonnay, mi-pinot noir, aux notes de fleurs blanches et de poire, très réussie pour un millésime aussi difficile que 91. (CM)

🍷 Coop. Vinicole Germigny-Janvry-Rosnay, rue de Germigny, 51390 Janvry, tél. 03.26.03.63.40, fax 03.26.03.66.93 ◪ 🍷 r.-v.

AYALA★★

○ n.c. n.c. ■ 100 à 150 F

Maison fondée à Aÿ en 1860 et disposant d'un vignoble de 35 ha. Son brut sans année est particulièrement réussi. Les dégustateurs louent son équilibre, sa race, sa finesse. L'un d'entre eux lui donne un coup de cœur. Presque aussi complimenté, le **brut 93**. Il obtient une étoile pour ses

Champagne

arômes floraux et vanillés et pour sa bouche ronde et ample. (NM)
🍾 Champagne Ayala, 2, bd du Nord, B.P. 6, 51160 Ay, tél. 03.26.55.15.44, fax 03.26.51.09.04 ☑ 👓 r.-v.
🍾 Alain et Jean-Michel Ducellier

BAGNOST PERE ET FILS
Cuvée de réserve★★

| ○ | n.c. | n.c. | 🍾 | 70 à 100 F |

Depuis quatre générations, les Bagnost exploitent un vignoble qui s'étend aujourd'hui sur 8 ha. La Cuvée de réserve est composée des trois cépages champenois à parts égales. C'est un champagne d'été, floral (chèvrefeuille), avec une touche d'agrumes en bouche. (RM)
🍾 Champagne Bagnost Père et Fils, 30, rue du Gal-de-Gaulle, 51530 Pierry, tél. 03.26.54.04.22, fax 03.26.55.67.17
☑ 👓 t.l.j. 8h-12h 14h-19h

CHRISTIAN BANNIERE Cuvée Prestige

| ○ Gd cru | 1 ha | 3 000 | 🍾 | 70 à 100 F |

Marque lancée en 1950 disposant d'un vignoble de 4 ha. Mi-noire mi-blanche (pinot noir-chardonnay), cette cuvée Prestige n'est commercialisée qu'après trois ans de bouteille. On y découvre du pain d'épice et l'on apprécie son attaque franche et sa bonne longueur. (RM)
🍾 Christian Bannière, 5, rue Yvonnet, 51150 Bouzy, tél. 03.26.57.08.15, fax 03.26.59.35.02 ☑ 👓 r.-v.

PAUL BARA Spécial Club 1990★★

| ○ Gd cru | n.c. | 7 000 | 🍾 | 100 à 150 F |

Les Bara sont installés à Bouzy depuis plus de cent cinquante ans. Ils exploitent un vignoble de 11 ha. Deux tiers de pinot noir se marient à un tiers de chardonnay dans cette bouteille spéciale. Un vin ample, jeune, viril, pour tout un repas. Une étoile pour le **90** - grand cru également, encore plus tributaire du pinot noir (80 %), à boire maintenant. La bouche révèle des arômes de fruits secs et de cire d'abeille. Ont été cités, de même composition, le **Brut Réserve**, qui doit son équilibre nerveux à sa jeunesse ; et le **Grand Rosé**, à la robe intense, au nez puissant et à la bouche marquée par les fruits rouges. (RM)
🍾 Champagne Paul Bara, 4, rue Yvonnet, 51150 Bouzy, tél. 03.26.57.00.50, fax 03.26.57.81.24 ☑ 👓 r.-v.

BARANCOURT Cuvée des Fondateurs★

| ○ | n.c. | n.c. | 🍾 | 100 à 150 F |

Marque reprise par Vranken Monopole il y a quelques années, 90 % de pinot noir et 10 % de chardonnay sont associés dans cette cuvée au nez complexe et très fin, rond et masculin en bouche. Un champagne de repas. Le **Brut Réserve** (20 % de chardonnay, 10 % de pinot meunier et 70 % de pinot noir) a été cité pour son équilibre. (NM)
🍾 Vranken Monopole, 17, av. de Champagne, 51200 Epernay, tél. 03.26.59.50.50, fax 03.26.52.19.65
☑ 👓 t.l.j. 9h30-16h30; sam. 10h-16h; dim. et groupes sur r.-v.

F. BARBIER
Blanc de blancs Grande Réserve 1990★★

| ○ | n.c. | 5 000 | 🍾 | 70 à 100 F |

Entreprise familiale gouvernée par la troisième génération. Ce blanc de blancs 90 - un grand millésime -, aux arômes intéressants de mirabelle et de pain grillé, se montre puissant en bouche. Un beau vin complexe. (RM)
🍾 Champagne F. Barbier, 554, av. Jean-Jaurès, 51190 Avize, tél. 03.26.57.10.18, fax 03.26.58.31.77 ☑ 👓 r.-v.

BARDOUX PERE ET FILS★

| ◐ | 4 ha | 2 000 | 🍾 | 70 à 100 F |

Les Bardoux sont depuis trois siècles à Ville-dommange. Ils ont lancé leur marque en 1929 et exploitent un vignoble de 4 ha. Le vin de base de ce rosé ne comprend que 15 % de chardonnay, il est marqué par le pinot meunier. Ce champagne brille par sa puissance ; il s'accordera avec des figues rôties au ratafia. Ont été cités le **brut sans année** et le millésimé **91**, deux vins de type évolué, généreux, au fruité très mûr. (RM)
🍾 Pascal Bardoux, 5-7, rue Saint-Vincent, 51390 Villedommange, tél. 03.26.49.29.35, fax 03.26.49.23.15 ☑ 👓 r.-v.

G. DE BARFONTARC
Cuvée Sainte Germaine 1992★

| ○ | n.c. | 15 000 | 🍾 | 70 à 100 F |

Cette marque d'un groupement de producteurs barsurobois, lancée en 1964, dispose d'un vignoble de 90 ha. 38 % de chardonnay et 62 % de pinot noir, récoltés en 1992 dans les villages de Baroville, Fontaine et Arconville, composent cette cuvée aux arômes frais de fougère, bien équilibrée en bouche. (CM)
🍾 Champagne G. de Barfontarc, 10200 Baroville, tél. 03.25.27.07.09, fax 03.25.27.23.00 ☑ 👓 t.l.j. sf dim. 8h-12h 13h30-17h30

EDMOND BARNAUT Grande Réserve

| ○ Gd cru | 11,5 ha | 55 000 | 🍾 | 70 à 100 F |

Propriété familiale de 14,5 ha, exploitée par la cinquième génération. Le Grande réserve naît de l'assemblage de deux tiers de pinot noir et d'un tiers de chardonnay. Un bon brut sans année équilibré et ample, destiné aux repas. Sont également cités deux champagnes particuliers : le **Blanc de noirs** puissant, rond et frais, et le **Sélection extra brut** pur, aigu, destiné aux amateurs avertis. (RM)
🍾 Champagne Edmond Barnaut, 2, rue Gambetta, B.P. 19, 51150 Bouzy, tél. 03.26.57.01.54, fax 03.26.57.09.97 ☑ 👓 r.-v.
🍾 Philippe Secondé

BARON ALBERT Carte d'or★★

| ○ | n.c. | 97 000 | 🍾 | 70 à 100 F |

Chez ce producteur, les vins ne font pas leur fermentation malolactique. Cette cuvée se compose pour moitié de pinot meunier, complété des deux autres cépages champenois. Il en résulte un vin très frais aux arômes d'agrumes, souple et ample. Une étoile pour le **rosé** et pour la **Préférence 91**. Dans le premier, le fruité explose ;

581 LA CHAMPAGNE

Champagne

dans le second, fraîcheur et souplesse se conjuguent. (NM)
🍾 Champagne Baron Albert, Grand-Porteron, 02310 Charly-sur-Marne, tél. 03.23.82.02.65, fax 03.23.82.02.44 ✅ 🍷 r.-v.

BARON-FUENTE Grande Réserve*

| ○ | n.c. | n.c. | 🍾 | 70 à 100 F |

Marque lancée il y a trente ans par une famille vigneronne depuis trois siècles. Le vignoble couvre 18 ha. La Grande Réserve - beaucoup de pinot meunier, un peu de chardonnay et un soupçon de pinot noir - fleure l'acacia, alors qu'en bouche voisinent la noisette et l'agrume. Une certaine nervosité est perceptible. Une étoile encore pour la **cuvée Prestige**, élégante et vive, excellente à l'apéritif. (NM)
🍾 Champagne Baron-Fuenté, 21, av. Fernand-Drouet, B.P. 23, 02310 Charly-sur-Marne, tél. 03.23.82.01.97, fax 03.23.82.12.00 ✅ 🍷 r.-v.

BAUGET-JOUETTE Carte blanche

| ○ | n.c. | n.c. | 🍾 | 70 à 100 F |

Marque lancée en 1953, exploitant un vignoble de 14 ha. Le Carte blanche, cuvée mi-noire mi-blanche (40 % de pinot meunier) présente un nez de pomme fraîche et d'abricot ; elle est douce en bouche mais reste fraîche. Ont été également cités la **Grande Réserve** (chardonnay 60 %, pinot meunier 40 %), au nez de pain frais, franc et de bonne longueur (NM), et la **cuvée Jouette** (chardonnay 70 %, pinot noir 30 %) aux notes de fleurs et d'agrumes, crémeuse et épicée. (RM)
🍾 Champagne Bauget-Jouette, 60, rue de la Chaude-Ruelle, 51200 Epernay, tél. 03.26.54.44.05, fax 03.26.55.37.99 🍷 r.-v.

MICHEL BAUJEAN Cuvée de l'an 2000**

| ○ | n.c. | 10 000 | 🍾 | 70 à 100 F |

Cette marque familiale, dont Edouard Beau fut l'instigateur en 1886, dispose d'un vignoble de 12 ha. Sa cuvée de l'an 2000 naît d'un peu plus de pinot noir que de chardonnay. Un champagne remarquable par ses arômes frais, floraux (tilleul), par son équilibre, sa longueur et sa complexité en bouche. Une étoile pour la **cuvée Tradition**, issue des trois cépages champenois à parts égales, au parfum de citronnelle que l'on retrouve en bouche après une attaque souple. Une citation pour la **Sélection**, un blanc de noirs issu des deux pinots à parts égales. Un nez minéral, des notes de fruits confits. (RM)
🍾 Michel Baujean, La Mansardière, 10340 Bagneux-la-Fosse, tél. 03.25.29.37.44, fax 03.25.38.58.45 ✅ 🍷 r.-v.

HERBERT BEAUFORT
Carte or Tradition*

| ○ Gd cru | 9 ha | 30 000 | 🍾 | 100 à 150 F |

Les Beaufort étaient déjà vignerons trois siècles avant de commercialiser leur production en bouteille, à l'aube de la Grande Guerre. Leur vignoble s'étend sur 16 ha. A 10 % près, ce vin est un blanc de noirs. Un « vin mutin pour faire chavirer un tendre tête à tête », selon un membre du jury, alors qu'un autre dégustateur loue le « austérité droite ». Une **cuvée Age d'or 92**, de même composition, a été citée : un champagne d'une grande vivacité et pourtant miellé au nez. (RM)
🍾 Herbert Beaufort, 32, rue de Tours-sur-Marne, B.P. 7, 51150 Bouzy, tél. 03.26.57.01.34, fax 03.26.57.09.08 ✅ 🍷 r.-v.

JACQUES BEAUFORT
Vinifié dans les caves du Château de Polisy 1989*

| ○ | 5 ha | n.c. | 🍾 | 150 à 200 F |

Jacques Beaufort est vigneron à Ambonnay et dans l'Aube. Le château de Polisy est situé dans l'Aube et les vignes sont cultivées en biodynamie - sauf quand la nature s'y oppose. Ce 89 n'accuse pas son âge, surtout si l'on se souvient que ce millésime a tendance à évoluer. Robe or jaune, nez empyreumatique, bouche de pamplemousse et de cerise. Un vin de caractère. (RM)
🍾 Jacques Beaufort, 1, rue de Vaudemanges, 51150 Ambonnay, tél. 03.26.57.01.50, fax 03.26.52.83.50 ✅ 🍷 r.-v.

BEAUMET Blanc de blancs

| ○ | n.c. | n.c. | 🍾 | 100 à 150 F |

Maison fondée en 1878, achetée 99 ans plus tard par Michel et Jacques Trouillard et disposant d'un vignoble s'étendant sur 83 ha. Les deux vins retenus par les dégustateurs sont ce blanc de blancs et le **blanc de noirs** (millésimé 88). Deux vins contrastés : au premier la finesse, la touche florale, la fraîcheur ; au second la puissance, le caractère évolué et les arômes intensément fruités. (NM)
🍾 Champagne Beaumet, 3, rue Malakoff, B.P. 247, 51207 Epernay Cedex, tél. 03.26.59.50.10, fax 03.26.54.78.52 🍷 r.-v.

BEAUMONT DES CRAYERES
Cuvée de prestige**

| ○ | 8 ha | 63 000 | 70 à 100 F |

Groupement de producteurs fondé en 1955 et exploitant un vignoble de 73 ha. Deux étoiles pour cette Cuvée de prestige née de chardonnay, de pinot noir et de pinot meunier (respectivement 45 %, 40 % et 15 %). Nez biscuité et miellé, bouche souple équilibrée et très bien dosée. Une étoile pour la **Cuvée de prestige 94**, issue des trois cépages (50 % de chardonnay), fine, nerveuse et harmonieuse ; une étoile encore pour la cuvée **Nostalgie 90**, plus marquée par le chardonnay, évoluée avec des arômes d'abricot et de fruits mûrs, de bonne persistance. (CM)
🍾 Champagne Beaumont des Crayères, B.P. 1030, 51318 Epernay Cedex, tél. 03.26.55.29.40, fax 03.26.54.26.30 ✅ 🍷 t.l.j. 10h-12h 14h-18h

YVES BEAUTRAIT

| ○ Gd cru | n.c. | 25 000 | 🍾 | 70 à 100 F |

Yves Beautrait exploite un vignoble de 17 ha majoritairement situé en grand cru. Son brut sans année, mi-noir, mi-blanc, présente un nez discret, brioché et floral, suivi d'une bouche classique et équilibrée. (RM)
🍾 Yves Beautrait, 4, rue des Cavaliers, 51150 Louvois, tél. 03.26.57.03.38, fax 03.26.57.03.65 ✅ 🍷 r.-v.

L. BENARD-PITOIS Carte blanche
○ 1er cru   n.c.   n.c.   70 à 100 F

Trois citations pour cette exploitation de 10 ha, créée par le grand-père du propriétaire actuel : cette Carte blanche (55 % de pinot noir, 35 % de chardonnay et un soupçon de pinot meunier) aux arômes de fleurs blanches et à la bouche ronde et onctueuse ; le **Réserve** (60 % de chardonnay, 40 % de pinot noir) aux arômes de pain d'épice, frais, au fruité évoquant la pomme ; le **89** (65 % de pinot noir, 35 % de chardonnay) empyreumatique et long. (RM)
🍾 Champagne L. Bénard-Pitois, 23, rue Duval, 51160 Mareuil-sur-Ay, tél. 03.26.52.60.28, fax 03.26.52.60.12 ☑ ⲁ r.-v.

BERECHE ET FILS
Cuvée du Centenaire 1989★
○ 1er cru   2 ha   n.c.   100 à 150 F

Maison familiale exploitant un vignoble de 8 ha. Les trois cépages champenois collaborent également à cette Cuvée du Centenaire au nez empyreumatique et épicé (muscade, girofle, vanille), ample et rond en bouche. Le **brut sans année 1er cru**, équilibré et dans le même esprit, a été cité par le jury. (RM)
🍾 Champagne Bereche et Fils, Le Craon de Ludes, 51500 Ludes, tél. 03.26.61.13.28, fax 03.26.61.14.14 ☑ ⲁ t.l.j. 9h-12h 14h-19h

CHRISTIAN BERTHELOT
Cuvée du Centenaire 1991★
○   n.c.   5 000   100 à 150 F

Maison familiale disposant d'un vignoble de 22 ha. Le chardonnay (60 %) et le pinot noir s'unissent dans cette Cuvée du Centenaire à la palette aromatique associant fleurs blanches et notes citronnées. A signaler encore, deux cuvées issues des trois cépages champenois à parts égales, et citées par le jury : le brut **Eminence**, un champagne frais, aux nuances de citronnelle et d'acacia, et le **rosé** pelure d'oignon, un vin corsé aux accents de fruits secs. (NM)
🍾 SA Paul Berthelot, 889, av. du Gal-Leclerc, 51530 Dizy, tél. 03.26.55.23.83, fax 03.26.54.36.31 ☑ ⲁ r.-v.

BESSERAT DE BELLEFON
Grande Tradition★
○   n.c.   n.c.   100 à 150 F

Marque fondée en 1843 et reprise par Marne et Champagne. La cuvée Grande Tradition offre un nez de pain grillé et de pivoine. En bouche, elle est intense et longue. A retenir encore, la **Grande Cuvée**, au nez puissant de brioche et de fleurs blanches, alors qu'en bouche s'imposent des fruits rouges doublés d'agrumes. (NM)
🍾 Besserat de Bellefon, 19, av. de Champagne, 51200 Epernay, tél. 03.26.78.50.50, fax 03.26.78.53.88

BILLECART-SALMON
Cuvée Nicolas François Billecart 1990★★★
○   n.c.   n.c.   + 200 F

Fondée en 1818, cette maison est petite par la taille mais grande par la qualité de sa production, témoin ce champagne d'un grand millésime. Or pâle à reflets verts, ce 90 séduit d'emblée par un nez élégant d'amande, de pain grillé et de fruits à noyau. En bouche, l'attaque se montre ronde, sans mollesse ; puissance et vinosité ne nuisent pas à la finesse. Sa longueur est remarquable. Le jury s'est aussi enthousiasmé pour un **blanc de blancs 90**, parfaite expression du millésime. Une robe incroyablement jeune, des arômes de fleurs blanches (seringa) et d'agrumes, une belle vinosité fraîche lui ont valu deux étoiles. (NM)

🍾 Champagne Billecart-Salmon, 40, rue Carnot, 51160 Mareuil-sur-Ay, tél. 03.26.52.60.22, fax 03.26.52.64.88 ☑ ⲁ r.-v.

GAETAN BILLIARD★
○   n.c.   150 000   70 à 100 F

Deux champagnes de cette maison obtiennent tous deux une étoile. Le premier, brut sans année, associe des arômes de bourgeon de sapin et de pain frais à la fraîcheur de citronnelle. Le second, un **rosé** saumoné, présente des caractères de vinosité qui ne nuisent pas à sa vivacité. (NM)
🍾 Champagne Gaëtan Billiard, 14, rue des Moissons, 51100 Reims, tél. 03.26.77.50.10, fax 03.26.77.50.19 ☑ ⲁ r.-v.

BINET Sélection Spécial brut
○   n.c.   14 000   + 200 F

Maison fondée en 1849 par Léon Binet et reprise par le groupe Frey. Le pinot noir est majoritaire (70 %) dans cette cuvée de luxe. Un champagne fondu, équilibré, complexe et très évolué. (NM)
🍾 Champagne Binet, 31, rue de Reims, B.P. 1, 51500 Rilly-la-Montagne, tél. 03.26.03.49.18, fax 03.26.03.43.11 ☑ ⲁ r.-v.

H. BLIN ET CIE Brut Tradition★
○   n.c.   350 000   70 à 100 F

Groupement de producteurs fondé en 1947 et vinifiant la production de 100 ha. Ce brut Tradition est très noir (80 % de cépages noirs dont 70 % de pinot meunier). Agrumes, fruits secs, miel précèdent une attaque fraîche et ronde. Un champagne souple et habilement dosé. Une étoile également pour le **Réserve**, mi-blancs mi-noirs (pinot noir), équilibré, charpenté avec beaucoup de souplesse. Enfin, le **rosé**, issu de pinot meunier, mérite d'être cité : il a la rondeur du sirop de fraises. (CM)
🍾 SC Champagne H. Blin et Cie, 5, rue de Verdun, B.P. 35, 51700 Vincelles, tél. 03.26.58.20.04, fax 03.26.58.29.67 ☑ ⲁ r.-v.

Champagne

R. BLIN ET FILS Grande Tradition★
○　　　n.c.　　　n.c.　　70 à 100 F

Le Grande Tradition est habillé d'un ombre annonçant un nez évolué de miel, de fruits confits et de poire. En bouche, on retrouve la poire surmûrie. La rondeur ne nuit pas à l'élégance. Une étoile encore pour le **rosé**, à la robe tuilée-saumonée, aux notes de pain d'épice et de framboise évoluant en bouche vers le citron vert et la cerise. (RM)
• R. Blin et Fils, 11, rue du Point-du-Jour, 51140 Trigny, tél. 03.26.03.10.97, fax 03.26.03.19.63 ☑ ⓘ t.l.j. sf dim. 9h-19h

TH. BLONDEL Blanc de blancs 1993★
○ 1er cru　　5 ha　　6 000　　70 à 100 F

Marque de création récente (1985) exploitant un vignoble de près de 10 ha. Son blanc de blancs 93 est un champagne pour journées chaudes, alliant un caractère beurré avec la fraîcheur de la cerise citronnée. (RM)
• Th. Blondel, Dom. des Monts-Fournois, B.P. 12, 51500 Ludes, tél. 03.26.03.43.92, fax 03.26.03.44.10 ☑ ⓘ r.-v.

BOIZEL Brut Réserve★★
○　　　n.c.　　340 000　　100 à 150 F

Sympathique maison d'Epernay qui proposa sa première bouteille au milieu du siècle dernier, aujourd'hui dirigée par une descendante du fondateur. Ce Réserve fait appel au chardonnay pour 30 %. Le nez libère un fruité complexe alors qu'en bouche les arômes de fruits mûrs, de pomme au four équilibrent la fraîcheur apportée par l'acidité. Une étoile pour le **blanc de blancs** tout en fleurs au nez et tout en fruits confits au palais. Une citation pour le **rosé** de couleur orangé clair (10 % de chardonnay), jeune et facile. (NM)
• Champagne Boizel, 46, av. de Champagne, 51200 Epernay, tél. 03.26.55.21.51, fax 03.26.54.31.83 ⓘ r.-v.

BOIZEL Joyau de France 1988★★
○　　　n.c.　　50 000　　+200 F

Ce n'est pas donné, mais c'est très bon. Avec du corps et du caractère. Le coup de cœur n'est pas loin. Le chardonnay (65 %) accompagné du pinot noir a produit ce champagne complexe, aux arômes d'anis et de beurre frais, d'une fraîcheur qui contredit son âge et d'une finesse exemplaire. (NM)
• Champagne Boizel, 46, av. de Champagne, 51200 Epernay, tél. 03.26.55.21.51, fax 03.26.54.31.83 ⓘ r.-v.

BOLLINGER Grande Année 1990★
○　　　n.c.　　n.c.　　+200 F

Ce n'est pas la plus grande maison, mais sans doute la plus illustre. Sa cuvée Grande Année 90 - bien nommée - s'habille d'or jaune. L'œil annonce le nez aux arômes de pain d'épice et de fruits confits, lesquels se retrouvent dans une bouche charpentée et évoluée... Le **Spécial Cuvée** reçoit une étoile. Il est égal à lui-même, floral, empyreumatique, équilibré, idéalement dosé. (NM)

• Bollinger, 16, rue Jules-Lobet, 51160 Ay-Champagne, tél. 03.26.53.33.66, fax 03.26.54.85.59 ☑

BOLLINGER R.D. 1985★★
○　　　n.c.　　n.c.　　+200 F

Comme toujours chez Bollinger, ce champagne est vinifié en fût de chêne de 205 litres. Coup de cœur l'année dernière, cette cuvée R.D. (récemment dégorgé) est toujours au sommet. Vieil or dans le verre, elle séduit par son nez expressif et complet, au grillé subtil. La bouche mûre conserve une pointe de fraîcheur. Un vin de caractère, à son apogée. Truffes ou morilles lui sont destinées. (NM)
• Bollinger, 16, rue Jules-Lobet, 51160 Ay-Champagne, tél. 03.26.53.33.66, fax 03.26.54.85.59 ☑

BONNAIRE Cramant Blanc de blancs 1988★
○ Gd cru　　13 ha　　n.c.　　100 à 150 F

Cette maison, fondée en 1932 par Fernand Bouquemont, s'est appelée Bonnaire-Bouquemont ; elle est actuellement dirigée par Jean-Louis Bonnaire et dispose de 22 ha de vignes. Ce Cramant a gagné en complexité sans prendre de rides. Il cultive une élégance briochée, emplit la bouche d'agrumes et persiste longuement. Une étoile également pour le **Spécial Club 90**, même cépage, même provenance, même vin ou presque, en plus empyreumatique. (RM)
• Champagne Bonnaire, 120, rue d'Epernay, 51530 Cramant, tél. 03.26.57.50.85, fax 03.26.57.59.17 ☑ ⓘ r.-v.

ALEXANDRE BONNET Cuvée Tradition
○　　　n.c.　　n.c.　　70 à 100 F

Les Bonnet sont vignerons depuis deux siècles, mais la marque n'a été créée qu'en 1932. Tradition est un blanc de noirs. Il a pour lui des arômes de noisettes, de la souplesse, de la rondeur, auxquels s'ajoutent fraîcheur et longueur. (NM)
• SA Alexandre Bonnet, 138, rue du Gal-de-Gaulle, 10340 Les Riceys, tél. 03.25.29.30.93, fax 03.25.29.38.65 ☑ ⓘ r.-v.

BONNET-PONSON★★
● 1er cru　　n.c.　　n.c.　　70 à 100 F

Les Bonnet sont au service du vin depuis 1835. Aujourd'hui, Thierry Bonnet cultive ses 10 ha et invente des cuvées tel ce rosé, né de la vendange de 95. Afin de conserver toute sa fraîcheur, ce vin n'a pas fait sa fermentation malolactique. Il est pâle, sent la liqueur de framboise. Dès l'attaque, il se montre vif. Une étoile pour la **Cuvée spéciale**, très « blanche » (80 % de chardonnay) ;

584

pas de fermentation malolactique non plus pour ce vin structuré, à la longue finale réglissée. (RM)
🍾 Champagne Bonnet-Ponson, 20, rue du Sourd, 51500 Chamery, tél. 03.26.97.65.40, fax 03.26.97.67.11 ▼ ♈ t.l.j. sf dim. 9h-12h 14h-17h; f. 10 août-10 sept.

FRANCK BONVILLE
Blanc de blancs 1991*

| ○ Gd cru | 18 ha | 30 000 | 🔸 | 70 à 100 F |

Marque lancée peu après la guerre. La troisième génération de l'exploitation cultive 18 ha de vignes en grand cru. Elle présente un 91 fort réussi, ce qui est rare car le mauvais temps a sévi cette année-là. Sans doute le nez est-il curieusement évolué, mais le vin garde toute sa fraîcheur en bouche. Ses arômes rappellent le beurre et la pâtisserie. (RM)
🍾 Champagne Franck Bonville, 9, rue Pasteur, 51190 Avize, tél. 03.26.57.52.30, fax 03.26.57.79.20 ▼ ♈ t.l.j. 8h-12h 13h30-18h; sam. sur r.-v.

BOREL-LUCAS Cuvée Sélection

| ○ | n.c. | n.c. | | 70 à 100 F |

Christophe Crépaux appartient à la septième génération de viticulteurs installés à l'ombre du beau château d'Etoges. La marque a été lancée en 1929. Ce champagne se présente comme une cuvée spéciale ; c'est un blanc de blancs bien que l'étiquette n'en souffle mot ; les raisins sont récoltés dans des grands crus : Cramant, Avize, Chouilly. Un vin élégant, floral, léger, presque simple. Le **rosé** (85 % de cépages noirs dont 60 % de pinot meunier) est marqué par les fruits rouges ; gras, ample et long, il mérite aussi d'être cité. (RM)
🍾 Champagne Borel-Lucas, 1, rue Richebourg, 51270 Etoges, tél. 03.26.59.30.46, fax 03.26.51.59.84 ▼ ♈ t.l.j. 9h-12h 14h-19h; dim. 9h-12h

BOUCHE PERE ET FILS Blanc de blancs

| ○ | 10 ha | 50 000 | 🔸 | 70 à 100 F |

Maison créée en 1945 par Pierre Bouché et dirigée par son fils qui cultive 35 ha de vignes. Ce blanc de blancs fait appel à 20 % de vin de réserve - du chardonnay évidemment. Il apparaît pourtant jeune, droit, nerveux, ferme. (NM)
🍾 Champagne Bouché Père et Fils, 10, rue Charles-de-Gaulle, 51530 Pierry, tél. 03.26.54.12.44, fax 03.26.55.07.22 ▼ ♈ t.l.j. 8h-17h30; dim. sur r.-v.

RAYMOND BOULARD
Cuvée rosé Carte pourpre*

| ○ | 1,5 ha | 4 000 | 🔸 | 70 à 100 F |

Avant la Révolution, les Boulard étaient déjà vignerons à La Neuville-aux-Larris. Leur vignoble s'étend aujourd'hui sur 10 ha. Ce Carte pourpre, obtenu par saignée, est un rosé de noirs (55 % de pinot noir). Pêche blanche ou cerise griotte ? Les avis sont partagés. « Vin de fin d'après-midi, très champêtre ». Une étoile également pour **L'année de la Comète 86**, une cuvée mi-blanche mi-noire (50 % de chardonnay, les deux pinots à 25 %). Notes de miel, de fruits confits, de pâte de coing ; équilibré. Un 86 rare. Même note enfin pour la **cuvée Prestige Tradition** issue des trois cépages champenois (chardonnay 50 %). Un champagne très pâle, à l'attaque vive, aux arômes de citron et de pamplemousse. (NM)
🍾 Champagne Raymond Boulard, 1 et 4, rue du Tambour, 51480 La Neuville-aux-Larris, tél. 03.26.58.12.08, fax 03.26.58.13.02 ▼ ♈ r.-v.

JEAN-PAUL BOULONNAIS Réserve**

| ○ | 5 ha | 5 000 | | 70 à 100 F |

La cinquième génération de Boulonnais exploite un vignoble de 5 ha. Ce Réserve est un blanc de blancs, mais rien ne l'indique sur l'étiquette. Un dégustateur écrit : « Champagne élégant, harmonieux, typique du chardonnay ». Sa fraîcheur, son équilibre et sa finesse sont remarquables. (NM)
🍾 Jean-Paul Boulonnais, 14, rue de l'Abbaye, 51130 Vertus, tél. 03.26.52.23.41, fax 03.26.52.27.55 ▼ ♈ r.-v.

JEAN-PAUL BOULONNAIS
Blanc de blancs*

| ○ 1er cru | 5 ha | 17 000 | | 70 à 100 F |

Un blanc de blancs or pâle, minéral avec des notes de prune et de pomme verte. L'attaque est vive, la fin de bouche marquée par les arômes de fleur de troène. (NM)
🍾 Jean-Paul Boulonnais, 14, rue de l'Abbaye, 51130 Vertus, tél. 03.26.52.23.41, fax 03.26.52.27.55 ▼ ♈ r.-v.

BOURDELOIS Réserve*

| ○ | n.c. | 20 000 | | 70 à 100 F |

Créé au début du siècle, ce vignoble s'étend sur 6 ha. Les trois cépages champenois collaborent également à cette cuvée fraîche, briochée, fine, à l'attaque vive précédant des arômes de citronnelle, d'acacia et de fruits confits. (RM)
🍾 Raymond Bourdelois, 737, av. Gal Leclerc, 51530 Dizy, tél. 03.26.55.23.34, fax 03.26.55.29.81 ▼ ♈ t.l.j. 9h-12h 14h-18h; f. août

BOURGEOIS-BOULONNAIS*

| ○ | 5,5 ha | n.c. | | 70 à 100 F |

Ce vignoble de 5,5 ha, situé dans la commune de Vertus classée 1er cru, est exploité par la famille Bourgeois. Son rosé (75 % de chardonnay, 25 % de pinot noir), de couleur saumon orangé, évoque la gelée de fraise et l'amande. Il est équilibré avec souplesse. Deux autres champagnes méritent d'être cités : le **Grande Réserve**, un blanc de blancs, bien que l'étiquette ne l'indique pas, aux arômes de prune, de vanille et sur-

Champagne

tout de fruits blancs ; le **blanc de blancs**, plus coûteux, aussi fin que long. (RM)
🍾 Champagne Bourgeois-Boulonnais, 8, rue de l'Abbaye, 51130 Vertus, tél. 03.26.52.26.73, fax 03.26.52.06.55 💳 🍷 r.-v.

CH. DE BOURSAULT Tradition**

○   9,5 ha   45 000   🍾   70 à 100 F

La marque « Château de Boursault » a été lancée en 1927. Sur l'étiquette, le château, élevé par madame Veuve Clicquot en 1843. Ce Tradition fait appel aux trois cépages champenois. Fleurs et fruits blancs au nez, il allie complexité, harmonie et élégance en bouche. (NM)
🍾 Champagne Ch. de Boursault, 2, rue Maurice-Gilbert, 51480 Boursault, tél. 03.26.58.42.21, fax 03.26.58.66.12 💳 🍷 r.-v.

G. BOUTILLEZ-VIGNON*

○ 1er cru   2,3 ha   13 000   🍾   70 à 100 F

Cette exploitation familiale a présenté trois champagnes. Chacun a obtenu une étoile ! Ce brut 1er cru (70 % chardonnay, 30 % pinot noir) au nez de fraise, de prune et de figue, attaque doucement, en souplesse ; le **rosé**, tout aussi souple, évoque la groseille et les fruits rouges ; la **cuvée Prestige 1er cru** (60 % chardonnay et 40 % pinot noir des vendanges 93-94-95) présente un nez discret d'amande fraîche, un bon équilibre acide-alcool, mais son dosage est sensible. (RM)
🍾 G. Boutillez-Vignon, 26, rue Pasteur, 51380 Villiers-Marmery, tél. 03.26.97.95.87, fax 03.26.97.97.93 💳 🍷 t.l.j. 8h-12h 13h30-19h30; groupes sur r.-v.

BOUTILLIER-BAUCHET
Cuvée de réserve

○   6 ha   40 000   🍾   70 à 100 F

Les Boutillier exploitent un vignoble s'étendant sur six communes, ce qui facilite les assemblages. Les trois cépages champenois participent à cette cuvée de Réserve, dans des proportions très différentes : 80 % de pinot meunier, 10 % de pinot noir et 10 % de chardonnay. Un vin élégant, aux arômes de fleur d'acacia. Des touches de foin très sec sont couvertes par le dosage. (RM)
🍾 René Boutillier, 85, rue de Reuil, 51700 Villier-sous-Châtillon, tél. 03.26.58.02.37, fax 03.26.52.90.53 💳 🍷 r.-v.

BRATEAU-MOREAUX*

○   3 ha   17 000   🍾   50 à 70 F

Élaborée par une exploitation de 5 ha qui se transmet depuis quatre générations, voici une cuvée très particulière, un blanc de noirs de pinot meunier. Et il ne s'agit pas de n'importe quels raisins mais de ceux de Leuvrigny, les meilleurs. Cela donne une avalanche d'arômes briochés et des notes de fruits secs puis, en bouche, des fruits confits et exotiques. Un vin très typé. (RM)
🍾 Brateau-Moreaux, 12, rue Douchy, 51700 Leuvrigny, tél. 03.26.58.00.09, fax 03.26.52.83.61 💳 🍷 r.-v.

BRETON FILS 1993*

○   3,5 ha   20 000   🍾   70 à 100 F

Propriété de plus de 16 ha créée après la dernière guerre. Bien que l'étiquette n'en dise rien, ce 1993 est un blanc de blancs. Poire et violette se conjuguent au nez alors que la longue finale est épicée. (RM)
🍾 SCEV Breton Fils, 12, rue Courte-Pilate, 51270 Congy, tél. 03.26.59.31.03, fax 03.26.59.30.60 💳 🍷 t.l.j. 9h-12h 14h-17h

BRICE Bouzy*

○ Gd cru   n.c.   n.c.   100 à 150 F

Enracinée dans le vignoble depuis le XVIIe s., la famille Brice a lancé en 1994 une maison spécialisée dans les champagnes de cru, tel ce Bouzy (80 % pinot noir, 20 % chardonnay) au nez puissant de fruits confits légèrement mentholés, long. Ont été cités l'**Ay grand cru**, une cuvée encore plus tenue, mêlant chèvrefeuille, fougère, citronnelle et pain grillé ; le **1er cru**, empyreumatique et austère, ainsi que le **Tradition** vif et équilibré, avec des notes d'évolution en finale. (NM)
🍾 Champagne Brice, 3, rue Yvonnet, 51150 Bouzy, tél. 03.26.52.06.60, fax 03.26.57.05.07 💳 🍷 r.-v.

BRICOUT Prestige*

○ 1er cru   50 ha   400 000   🍾   100 à 150 F

Maison fondée en 1820 par un Allemand, redevenue française, et à nouveau allemande depuis 1979. Cette cuvée Prestige comprend à peine plus de pinot noir que de chardonnay ; elle est fraîche, minérale et florale. Après une attaque douce, l'ampleur s'installe. La cuvée **grand cru Arthur Bricout 90** (70 % chardonnay et 30 % pinot noir) aux arômes complexes d'amande grillée, fondue, équilibrée en bouche, a été citée. (NM)
🍾 Champagne Bricout et Koch, 29, rempart du Midi, 51190 Avize, tél. 03.26.53.30.00, fax 03.26.57.59.26 💳 🍷 r.-v.
🍾 Racke

BROCHET-HERVIEUX Brut extra 1993**

○ 1er cru   n.c.   50 000   🍾   70 à 100 F

Chez les Brochet, on « fait de la bouteille » depuis 1920. Le vignoble s'étend sur 15 ha. Le Brut extra est marqué par le pinot noir. Le chardonnay n'intervient qu'à la hauteur de 15 %, mais il s'affirme par l'amande sèche, le beurre, les fleurs blanches. La bouche est franche, son ampleur élégante, sa finale longue. Le millésime **92**, issu d'un assemblage presque identique, gras et vanillé mérite d'être cité. Pour un saint-pierre au jus de viande, selon un dégustateur. (RM)
🍾 Brochet-Hervieux, rue de Villers, 51500 Ecueil, tél. 03.26.49.77.44 💳 🍷 r.-v.

ANDRE BROCHOT 1992

○   n.c.   n.c.   🍾   70 à 100 F

Francis Brochot conduit une petite propriété de 1 ha créée en 1949. Il préfère la culture biologique et pratique la lutte raisonnée. Son champagne est un rosé de noirs, issu de pinot meunier. Un dégustateur écrit : « liqueur de cerise, chocolat, cannelle ». On a envie de goûter. (RM)
🍾 Francis Brochot, 50, rue Julien-Ducos, 51530 Saint-Martin-d'Ablois, tél. 03.26.59.91.39, fax 03.26.59.91.39 💳 🍷 r.-v.

Champagne

EDOUARD BRUN ET CIE Réserve*

| ○ 1er cru | n.c. | n.c. | 70 à 100 F |

Cette maison a cent ans. Elle propose d'ailleurs une **cuvée du Centenaire 90** (45 % chardonnay, 55 % pinot noir) qui mérite d'être citée pour sa richesse fondue de cire et de miel. Quant à ce Réserve 1er cru, il fait fortement appel au pinot noir (80 %). Ici la cire d'abeille se double de citronnelle. Le dosage est perceptible. (NM)
➥ Champagne Edouard Brun et Cie, 14, rue Marcel-Mailly, B.P. 11, 51160 Ay, tél. 03.26.55.20.11, fax 03.26.51.94.29 ◼ ⏃ t.l.j. 8h-12h 14h-18h; sam. dim. sur r.-v.

ERIC BUNEL Tradition*

| ○ | 5 ha | 25 000 | 70 à 100 F |

Marque exploitant un vignoble de 7,5 ha, créée en 1970 par son propriétaire actuel. Issue de 70 % de pinot noir complété par du chardonnay, cette cuvée Tradition, florale et briochée, est marquée par la vivacité tout au long de la dégustation. A essayer sur le poisson grillé. (RM)
➥ Eric Bunel, 32, rue Michel-Letellier, 51150 Louvois, tél. 03.26.57.03.06, fax 03.26.52.31.66 ◼ ⏃ t.l.j. 9h-12h 14h-18h

CHRISTIAN BUSIN Cuvée D'Uzès*

| ○ Gd cru | n.c. | 5 000 | 100 à 150 F |

En trois générations, les Busin ont constitué un vignoble de 6 ha. Du pinot noir complété par 20 % de chardonnay donnent à cette cuvée d'Uzès sa vinosité, sa corpulence et, pourquoi ne pas le dire, son poids. (RM)
➥ Christian Busin, EARL les Celliers d'Uzès, rue d'Uzès, 51360 Verzenay, tél. 03.26.49.40.94, fax 03.26.49.44.19 ◼ ⏃ r.-v.

JACQUES BUSIN Réserve 1992*

| ○ Gd cru | 9,5 ha | 8 000 | 70 à 100 F |

Quatre générations, quatre grands crus, 8,5 ha, dira-t-on pour décrire l'exploitation. Ce réserve 92 est un peu plus « noir » que « blanc » (60 % de pinot noir) ; il est tout en rondeur, en gras, en souplesse. Son acidité est étrangement faible, surtout pour un 92. On pourra le servir avec une volaille rôtie. Le **90**, également rond et fondu, mérite d'être cité. Il plaît aux amateurs de champagnes évolués. (RM)
➥ Jacques Busin, 17, rue Thiers, 51360 Verzenay, tél. 03.26.49.40.36, fax 03.26.49.81.11 ◼ ⏃ r.-v.

GUY CADEL Prestige 1990*

| ○ | n.c. | 10 000 | 70 à 100 F |

En trois générations, les Cadel ont créé un vignoble de 10 ha. Ce 90 naît d'un assemblage peu courant : pinot meunier (60 %) et chardonnay. Nez évolué aux notes d'abricot confit et de caramel ; bouche ample, longue mais très souple. (RM)
➥ Champagne Guy Cadel, 13, rue Jean-Jaurès, 51530 Mardeuil, tél. 03.26.55.24.59, fax 03.26.54.63.15 ◼ ⏃ t.l.j. 8h-18h; sam. dim. sur r.-v.
➥ P. Thiébault

DANIEL CAILLEZ

| ○ | n.c. | n.c. | 50 à 70 F |

Marque lancée par Daniel Caillez en 1977. Ce blanc de noirs (100 % pinot meunier) a retenu l'attention par son fruité généreux au nez comme en bouche, par son équilibre et par sa rondeur. (RM)
➥ Daniel Caillez, 19, rue Pierre-Curie, B.P. 7, 51480 Damery, tél. 03.26.58.46.02, fax 03.26.52.04.24 ◼ ⏃ r.-v.

CAILLEZ-LEMAIRE 1991*

| ○ | 1 ha | 3 500 | 70 à 100 F |

Une cuvée classique (chardonnay 60 % ; pinot 40 %, dont 10 % de pinot meunier) dans un millésime difficile. Nez vineux, bouche corsée et confite. Deux autres vins sont cités. Le **rosé de noirs**, issu des deux pinots à parts égales, couleur pelure d'oignon, allie la rondeur du fruité et le mordant des agrumes. Le **Carte blanche**, dans lequel le pinot meunier joue la plus forte partie, décline la noisette grillée, l'acacia, l'abricot sec et le miel. Dosage perceptible. (RM)
➥ Henri Caillez, 25, rue Pierre-Curie, B.P. 11, 51480 Damery, tél. 03.26.58.41.85, fax 03.26.52.04.23 ◼ ⏃ r.-v.

PIERRE CALLOT Vignes anciennes 1993

| ○ Gd cru | 0,5 ha | 1000 | 100 à 150 F |

Six générations se sont succédé sur cette exploitation d'Avize qui s'étend aujourd'hui sur 6 ha. Pierre Callot a lancé sa marque en 1955. Les « vignes anciennes » ont cinquante-cinq ans. Voici un blanc de blancs paradoxal : il est d'une acidité soutenue, mais extrêmement souple à l'attaque. (RM)
➥ Champagne Pierre Callot et Fils, 100, av. Jean-Jaurès, 51190 Avize, tél. 03.26.57.51.57, fax 03.26.57.99.15 ◼ ⏃ r.-v.

CANARD-DUCHENE
Grande cuvée Charles VII**

| ○ | n.c. | n.c. | 100 à 150 F |

Marque fondée en 1868. Cette cuvée, qui a obtenu un coup de cœur (voir l'édition 96 du Guide), n'est pas loin de cette distinction cette année. Les jurés ont été sensibles à son élégance, à son équilibre et à sa longueur. Une étoile pour la même **Grande cuvée Charles VII, rosé**, un champagne rond, aux arômes de poire et de cerise. (NM)
➥ Canard-Duchêne, 1, rue Edmond-Canard, 51500 Ludes, tél. 03.26.61.10.96, fax 03.26.61.13.90 ◼ ⏃ t.l.j. sf lun. 11h-13h 14h-17h; dim. 14h-17h

JEAN-YVES DE CARLINI**

| ○ 1er cru | 6,2 ha | 26 000 | 70 à 100 F |

La famille est au service de la vigne depuis le second Empire ; la marque a été lancée en 1970. Elle est deux fois distinguée cette année ; deux vins, ce brut 1er cru et le **grand cru cuvée de la Montgolfière**, ont obtenu deux étoiles. Le premier (trois quarts de pinot noir et un quart de chardonnay de la belle année 96, complétés par 40 % de vins de réserve) rappelle les fruits confits. Il est aussi ample que long, mais fortement dosé. Le second est un blanc de noirs de pinot noir

587 LA CHAMPAGNE

Champagne

récolté en 1996, complété par 40 % de vins de réserve. Il plaît par ses arômes de cerise, par sa longueur et sa puissance. (RM)
• Jean-Yves de Carlini, 13, rue de Mailly, 51360 Verzenay, tél. 03.26.49.43.91, fax 03.26.49.46.46 ☑ ⏁ r.-v.

CARPE DIEM*

| | 3 ha | 5 043 | ⏁ 70 à 100 F |

Marque déposée par le champagne Grongnet. Une cuvée composée de 60 % de chardonnay (avec les deux pinots à parts égales), élevée sous bois six mois. Le vin a fait sa fermentation malolactique. Le résultat ? Un champagne de plaisir, fruité, élégant, structuré, harmonieux et long. (RM)
• Guy Grongnet, 41, Grande Rue, 51270 Etoges, tél. 03.26.59.30.50, fax 03.26.59.30.50 ☑ ⏁ r.-v.

CASTELLANE Cuvée Commodore 1989**

| | n.c. | n.c. | 150 à 200 F |

Célèbre marque fondée en 1895 par Florens de Castellane. La cuvée Commodore a toujours été plutôt noire (70 % de pinot noir). Le 61 fut le premier millésime commercialisé, en 1968. Le 89 n'est pas loin du coup de cœur, certains membres du jury ayant été enthousiasmés par son côté sous-bois et noisette. Un esprit automnal que l'on retrouve en bouche. Du même millésime, la **cuvée Royale** a obtenu une étoile. Ce blanc de blancs allie la finesse du chardonnay à la charpente des 89. (NM)
• Champagne de Castellane, 57, rue de Verdun, B.P. 136, 51204 Epernay, tél. 03.26.51.19.19, fax 03.26.54.24.81 ☑ ⏁ t.l.j. 10h-12h 14h-18h; f. 1er nov. à Pâques

CASTELLANE Chardonnay*

| | n.c. | n.c. | 70 à 100 F |

Récolté d'Epernay à Mongneux en passant par le Sézannais, le chardonnay a donné un blanc de blancs typique, fin, floral, vif et très bien dosé. Une étoile encore pour la cuvée **Florens de Castellane 1988**. Une cuvée très blanche (90 % de chardonnay), coûteuse. Equilibrée, solide, vineuse, ronde, elle a gagné, du fait de son âge, en complexité sans avoir rien perdu de sa fraîcheur. (NM)
• Champagne de Castellane, 57, rue de Verdun, B.P. 136, 51204 Epernay, tél. 03.26.51.19.19, fax 03.26.54.24.81 ☑ ⏁ t.l.j. 10h-12h 14h-18h; f. 1er nov. à Pâques

CATTIER Vintage 1993*

| 1er cru | n.c. | 50 000 | 70 à 100 F |

Les Cattier étaient vignerons en 1763 mais n'ont lancé leur marque qu'en 1920. Leur vignoble s'étend sur 18 ha. Les trois cépages collaborent également à ce brut 1er cru 93, au nez floral assorti de pâte de coing. L'attaque est franche, la structure vineuse et la finale agréable. Une étoile également au **blanc de blancs 1er cru**, au nez fin et discret, franc et parfaitement dosé. Le **brut sans année** mérite d'être cité pour sa netteté et sa vivacité. C'est un champagne de repas. (NM)

• Cattier, 6, rue Dom-Pérignon, 51500 Chigny-les-Roses, tél. 03.26.03.42.11, fax 03.26.03.43.13 ☑ ⏁ t.l.j. sf sam. dim. 9h-11h 14h-17h; groupes sur r.-v.

CHARLES DE CAZANOVE
Stradivarius Tête de cuvée 1990*

| | n.c. | n.c. | +200 F |

Maison familiale fondée en 1811. Chardonnay (70 %) et pinot noir composent cette cuvée vineuse, puissante et dosée en conséquence. (NM)
• Charles de Cazanove, 1, rue des Cotelles, 51200 Epernay, tél. 03.26.59.57.40, fax 03.26.54.16.38 ☑
• Lombard

CHANOINE Tsarine Tête de cuvée***

| | n.c. | n.c. | 100 à 150 F |

Une des plus anciennes marques de champagne fondée en 1730 et reprise par le groupe présidé par M. Baijot. Les compliments ne tarissent pas sur cette Tsarine en robe jeune, or vert, aux arômes élégants (brioche, notes miellées, fruits mûrs), à la bouche équilibrée et persistante. (NM)
• Champagne Chanoine, av. de Champagne, 51100 Reims, tél. 03.26.36.61.60, fax 03.26.36.66.62

JACQUES CHAPUT*

| | 6,4 ha | 40 000 | 50 à 70 F |

Vignoble de 12 ha, créé en 1955 par Jacques Chaput. Une cuvée classique composée de pinot noir (70 %) et de chardonnay. Nez et bouche sont puissants, ronds et amples. A servir sur des viandes blanches. (RM)
• Champagne Jacques Chaput et Fils, La Haie Vignée, 10200 Arrentières, tél. 03.25.27.00.14, fax 03.25.27.01.75 ☑ ⏁ r.-v.

CHAPUY Tradition Carte noire*

| | 6,25 ha | 20 000 | 70 à 100 F |

Cette famille, installée de longue date à Oger, dispose d'un vignoble de plus de 6 ha. Le chardonnay est majoritaire dans son Tradition Carte noire aux notes d'aubépine, de fruit blanc et de citron vert. Un vin souple et fruité. (NM)
• SA Champagne Chapuy, 8 bis, rue de Flavigny, B.P. 14, 51190 Oger, tél. 03.26.57.51.30, fax 03.26.57.59.25 ☑ ⏁ r.-v.

CHARBAUT ET FILS Sélection**

| | n.c. | n.c. | 70 à 100 F |

Marque tombée dans le giron de Vranken, devenu Vranken Monopole. Le pinot noir (50 %), le chardonnay (20 %) et le pinot meunier (30 %) se complètent dans cette cuvée charpentée, équilibrée et de bonne longueur. (NM)
• Vranken Monopole, 17, av. de Champagne, 51200 Epernay, tél. 03.26.59.50.50, fax 03.26.52.19.65 ☑ ⏁ t.l.j. 9h30-16h30; sam. 10h-16h; dim. et groupes sur r.-v.

CHARDONNET ET FILS Réserve*

| | 1,5 ha | 1000 | 70 à 100 F |

Vignoble créé par le père de l'exploitant actuel qui associe son fils aux travaux de la vigne et de la cave. Le chardonnay et le pinot noir (20 %),

Champagne

nés de la vendange 90, donnent vie à un champagne destiné aux amateurs de vins évolués. Les arômes évoquent la châtaigne et la vanille ; la longueur est appréciable. Un champagne de repas. (RM)

↱ Michel Chardonnet, 7, rue de l'Abattoir, 51190 Avize, tél. 03.26.57.91.73, fax 03.26.57.84.46 Ⅴ Ⅰ t.l.j. 9h-20h

GUY CHARLEMAGNE Brut extra*

○   5 ha   40 000   70 à 100 F

Propriété de 14 ha créée peu après la dernière guerre. Le brut extra naît du chardonnay (75 %), complété par le pinot noir. Bien structuré, il offre des expressions de fleurs blanches et de miel d'une belle harmonie. Un champagne pour viande blanche en sauce à la crème. (RM)

↱ SA Champagne Guy Charlemagne, 4, rue de La Brèche-d'Oger, 51190 Le Mesnil-sur-Oger, tél. 03.26.57.52.98, fax 03.26.57.97.81 Ⅴ Ⅰ r.-v.

ROBERT CHARLEMAGNE**

⬤ Gd cru   0,5 ha   3 800   70 à 100 F

Cette propriété familiale d'environ 4 ha s'est distinguée avec ce rosé, un blanc de blancs teinté, de couleur saumon à reflets or, aux arômes de fruits rouges, de pêche jaune et de cerise. La bouche est fraîche, longue, bien dosée, élégante. Quant au **Réserve grand cru blanc de blancs**, il affiche une belle longueur et tire sa complexité des arômes de fleurs blanches. Il est cité. (RM)

↱ Champagne Robert Charlemagne, av. Eugène-Guillaume, B. P. 25, 51190 Le Mesnil-sur-Oger, tél. 03.26.57.51.02, fax 03.26.57.58.05 Ⅴ Ⅰ r.-v.

CHARLES IER 1990

○   n.c.   10 200   70 à 100 F

Marque déposée par le champagne Gruet, de Buxeuil. Une cuvée mi-blanche mi-noire, or pâle, fine, légère, fleurie, de bonne longueur. (NM)

↱ Champagne Gruet, 48, Grande-Rue, 10110 Buxeuil, tél. 03.25.38.54.94, fax 03.25.38.51.84 Ⅴ Ⅰ t.l.j. 8h-12h 14h-18h; sam. dim. sur r.-v.

CHARLIER ET FILS Carte noire**

○   n.c.   n.c.   70 à 100 F

Vignoble familial exploité depuis un siècle. Il s'étend sur 14 ha. Ce Carte noire, habillé d'or ambré à reflets roses, séduit par des arômes associant fleurs, tilleul, pâte de fruits et miel. On retrouve les notes miellées en bouche, ainsi que les fruits confits, tout cela fondu grâce à un dosage très équilibré. Un beau champagne de repas. (NM)

↱ Champagne Charlier et Fils, 4, rue des Pervenches, Aux foudres de chêne, 51700 Montigny-sous-Châtillon, tél. 03.26.58.35.18, fax 03.26.58.02.31 Ⅴ Ⅰ r.-v.

J. CHARPENTIER Réserve*

○   3,5 ha   25 000   70 à 100 F

Marque lancée en 1954 par les Charpentier qui exploitent un vignoble de 12 ha. Ce réserve est un blanc de noirs (dont 20 % de pinot noir). Nez de fleurs blanches, attaque fraîche, brioche et agrumes en bouche. Une étoile aussi pour le **brut Prestige**, issu de 60 % de pinot noir, complété de

chardonnay et de pinot meunier à parts égales. Nez discret, mais fin ; une finesse que l'on retrouve dans une bouche équilibrée. (RM)

↱ Jacky Charpentier, 88, rue de Reuil, 51700 Villers-sous-Châtillon, tél. 03.26.58.05.78, fax 03.26.58.36.59 Ⅴ Ⅰ r.-v.

CHARTOGNE-TAILLET
Cuvée Sainte-Anne*

○   n.c.   40 000   70 à 100 F

Les Taillet sont vignerons à Merfy depuis le XVIIe s. Les vignes, déjà plantées au XI[e]s., appartenaient alors à l'abbaye de Saint-Thierry et participent dans l'histoire du vin de Champagne. Le sol est ici sablo-calcaire. Cette cuvée Sainte-Anne, plus noire que blanche (60 % de pinots, dont 20 % de meunier), est née de la vendange de 93 avec 30 % de réserve. C'est un vin évolué, charnu, long, que l'on pourra servir sur des poissons grillés. (RM)

↱ Philippe Chartogne, 37-39, Grande-Rue, 51220 Merfy, tél. 03.26.03.10.17, fax 03.26.03.19.15 Ⅴ Ⅰ r.-v.

CHASSENAY D'ARCE Cuvée Sélection**

○   n.c.   150 000   100 à 150 F

« Un brut sans année qui présente toutes les qualités jusqu'à la finale », écrit un dégustateur. Tous les membres du jury l'ont trouvé excellent. Cette Sélection composée à 90 % de pinot noir a été élaborée par le plus important groupement de producteurs (325 ha de vignes) qui dispose donc d'un vaste choix. Nez de tilleul mentholé et miellé, bouche riche, équilibrée, parfaitement dosée. (CM)

↱ Champagne Chassenay d'Arce, 10110 Ville-sur-Arce, tél. 03.25.38.30.70, fax 03.25.38.79.57 Ⅴ Ⅰ r.-v.

CHASSENAY D'ARCE**

⬤   n.c.   12 000   70 à 100 F

Une moisson d'étoiles pour Chassenay d'Arce et deux cuvées remarquables ! Un champagne très noir (85 % de pinot noir), au fruité explosif. Son acidité lui donne fraîcheur, équilibre et harmonie. « On l'embrasserait », écrit un dégustateur. Une étoile pour la **cuvée spéciale 92**, qui naît d'un assemblage classique privilégiant les raisins noirs (60 % de pinot). Palette aromatique déclinant violette, banane, cerise et fraise ; un champagne tout en finesse. Une citation pour le **blanc de blancs 90**, long et surtout puissant. (CM)

↱ Champagne Chassenay d'Arce, 10110 Ville-sur-Arce, tél. 03.25.38.30.70, fax 03.25.38.79.57 Ⅴ Ⅰ r.-v.

A. CHAUVET Carte blanche

○   n.c.   n.c.   70 à 100 F

Cette maison familiale, fondée il y a plus d'un siècle, dispose d'un vignoble de 10 ha en grands et premiers crus. Son Carte blanche (deux tiers de pinot noir, un tiers de chardonnay, vin de base 93 complété des trois années antérieures) allie rondeur et vivacité acidulée. Egalement cité, le **Cachet vert** (vin de base 91 complété par du 90 et du 88), permet de savourer le chardonnay de Bisseuil dans sa franchise et sa puissance. (NM)

589   LA CHAMPAGNE

Champagne

🍷 Chauvet, 41, av. de Champagne, 51150 Tours-sur-Marne, tél. 03.26.58.92.37, fax 03.26.58.96.31 ⊠ ⏰ r.-v.
🍷 Mme J. Paillard-Chauvet.

MARC CHAUVET
○ n.c. n.c. 🍾♦ 70 à 100 F

Un vignoble de 12 ha constitué en quatre générations. Le brut sans année fait appel aux trois cépages champenois. Il présente un nez un peu confit, plus évolué que la bouche aux notes de griotte. La cuvée **Spécial Club 90**, légèrement plus blanche (55 % de chardonnay), offre un nez floral, discret mais élégant, et une bouche plus marquée par les fruits blancs que par les fruits rouges. (RM)

🍷 Champagne Marc Chauvet, 3, rue de la Liberté, 51500 Rilly-la-Montagne, tél. 03.26.03.42.71, fax 03.26.03.42.38 ⊠ ⏰ r.-v.

H. CHAUVET ET FILS Brut Réserve*
○ 1 ha 3 000 🍾 70 à 100 F

Au début du siècle, Henri Chauvet était viticulteur et pépiniériste. La quatrième génération a vinifié ce Réserve né d'un assemblage classique où les raisins noirs l'emportent (60 %). Un vin floral avec des notes d'agrumes, structuré, fort bien dosé. Le même assemblage, mais **millésimé 91** est plus complexe, plus puissant ; un champagne vineux avec des saveurs de brioche et de miel. Le **rosé** du domaine a été cité. Il comprend 20 % de chardonnay et du pinot noir et 15 % de vin rouge. Son attaque est fraîche, élégante. La framboise domine et la groseille n'est pas loin. (RM)

🍷 Damien Chauvet, 6, rue de la Liberté, 51500 Rilly-la-Montagne, tél. 03.26.03.42.69, fax 03.26.03.45.14 ⊠ ⏰ r.-v.

ANDRE CHEMIN Cuvée Sélectionnée*
○ 1 ha n.c. 🍾⏰ 70 à 100 F

André Chemin a lancé cette marque en 1948. Le vignoble s'étend sur 6,5 ha. Ce champagne est presque un blanc de noirs (90 % de pinots dont 80 % de pinot noir). Si les dégustateurs relèvent ses arômes de fruits rouges et de fruits secs, il séduit surtout par son équilibre, son corps, son volume et sa longueur. Pour des viandes blanches. (RM)

🍷 Champagne André Chemin, 3, rue de Châtillon, 51500 Sacy, tél. 03.26.49.22.42, fax 03.26.49.74.89 ⊠ ⏰ r.-v.

RICHARD CHEURLIN Carte noire***
○ 4 ha 30 000 🍾 70 à 100 F

La propriété comprenait à l'origine 2 ha ; aujourd'hui le vignoble s'étend sur plus de 7 ha. Cette Carte noire frôle le coup de cœur, un seul des dégustateurs ne l'ayant pas éprouvé ! Avec 70 % de pinot noir et du chardonnay, les Cheurlin ont obtenu une cuvée dotée d'une belle palette aromatique, ample, à la structure nerveuse et d'une belle longueur minérale. Que dit le dégustateur qui pense que ce champagne ne fait pas vibrer, tout en donnant une excellente note ? « Trop jeune ». (RM)

🍷 Richard Cheurlin, 16, rue des Huguenots, 10110 Celles-sur-Ource, tél. 03.25.38.55.04, fax 03.25.38.58.33 ⊠ ⏰ r.-v.

ARNAUD DE CHEURLIN Réserve
○ 2 ha 20 000 🍾 70 à 100 F

Exploitation de 6 ha située à Celles-sur-Ource. Issue de pinot noir (75 %) complété par du chardonnay, cette cuvée plaît par son équilibre, sa complexité et sa longueur. (RM)

🍷 Champagne Arnaud de Cheurlin, 58, Grande-Rue, 10110 Celles-sur-Ource, tél. 03.25.38.53.90, fax 03.25.38.58.07 ⊠ ⏰ r.-v.

CHEURLIN-DANGIN Réserve*
○ 10 ha 20 000 🍾 70 à 100 F

L'exploitation, qui comptait 1 ha à sa création, en 1960, dispose aujourd'hui de 18 ha de vignes. Ce Réserve privilégie les cépages noirs (70 %). Cela n'explique pas la bouche exotique (muscatée), gaie et florale que l'on retrouve dans une bouche ample et équilibrée. Une étoile encore pour la **Cuvée spéciale** (50 % pinot noir, 50 % chardonnay) au nez intense et d'un parfait équilibre en bouche. (RM)

🍷 Cheurlin-Dangin, 17, Grande-Rue, B.P. 2, 10110 Celles-sur-Ource, tél. 03.25.38.50.26, fax 03.25.38.58.51 ⊠ ⏰ r.-v.

CHEURLIN ET FILS Prestige**
○ n.c. 45 000 🍾♦ 70 à 100 F

Maison familiale fondée en 1930, exploitant un vignoble de 25 ha. Le brut Prestige naît de pinot noir (70 %), complété par du chardonnay. Un champagne qui se laisse boire tout seul, léger, aux arômes de miel. Le **Brut originel 92** obtient une étoile. Cette cuvée privilégie le chardonnay (60 %) et a connu brièvement le bois. Une bouteille florale (violette boisée), équilibrée et ronde. (NM)

🍷 SA Champagne Cheurlin et Fils, 13, rue de la Gare, 10250 Gyé-sur-Seine, tél. 03.25.38.20.27, fax 03.25.38.24.01 ⊠ ⏰ t.l.j. sf dim. 8h-12h 14h-18h

GASTON CHIQUET Tradition
○ 12 ha 100 000 🍾 70 à 100 F

Ce Tradition (65 % de pinots, dont 20 % de pinot noir) présente une attaque souple, un nez nuancé de citronnelle et un bon équilibre. Egalement citée, une curiosité : un **blanc de blancs d'Ay**, fief des raisins noirs. Une acidité vive, nette et franche lui donne du nerf et de la fraîcheur. Toujours en vente, le **Spécial Club 90**, deux étoiles dans la précédente édition du Guide, a été redégusté. Le jugement précédent est confirmé. (RM)

🍷 Champagne Gaston Chiquet, 912, av. du Gal-Leclerc, 51530 Dizy, tél. 03.26.55.22.02, fax 03.26.51.83.81 ⊠ ⏰ r.-v.

CHRISTOPHE Rosé*
● 1 ha 4 000 🍾♦ 70 à 100 F

Marque créée en 1975, disposant d'un vignoble de 10 ha. Un rosé 100 % pinot noir qui « pinote », avec de jolis arômes de fruits rouges : un peu de groseille au nez, cassis et fraise en bouche. (RM)

🍷 EARL Champagne Christophe, rue Saint-Antoine, 10200 Colombé-le-Sec, tél. 03.25.27.18.38, fax 03.25.27.27.45 ⊠ ⏰ r.-v.

Champagne

CLERAMBAULT
Cuvée Grande Epoque 1987*

        n.c.   n.c.   100 à 150 F

Ce groupement de producteurs de Neuville-sur-Seine propose un étonnant 87, millésime ancien, rare et difficile, issu de pinot noir et de chardonnay à parts égales. Une cuvée vive, florale, complexe. Après une attaque franche apparaissent des arômes de poire citronnée. (CM)
☛ Champagne Clérambault, 10250 Neuville-sur-Seine, tél. 03.25.38.38.60, fax 03.25.38.24.36 ☑ ⏷ r.-v.

JOEL CLOSSON Cuvée Prestige**

        5,13 ha   350 000   70 à 100 F

Joël Closson reprend la propriété familiale (5 ha) en 1973 ; il vinifie et vend ses premières bouteilles en 1984. Dans sa gamme, il a présenté un seul champagne. Voyez le résultat ! Cette cuvée est très noire (90 % de pinots, dont 50 % de pinot noir, complétés par 10 % de chardonnay). Elle est issue d'un assemblage de vendanges de 94 et 95. Floral, épicé, élégant, délicat, racé, c'est un brut sans année exemplaire. (RM)
☛ Joël Closson, 155, rte Nationale, 02310 Saulchery, tél. 03.23.70.17.34, fax 03.23.70.15.24 ☑ ⏷ r.-v.

PAUL CLOUET Brut

        1,5 ha   n.c.   70 à 100 F

Marque fondée après la guerre, disposant d'un vignoble de 5 ha. Un brut sans année, classique et de bonne facture, empyreumatique et rond. (RM)
☛ SCEV Paul Clouet, 10, rue Jeanne-d'Arc, 51150 Bouzy, tél. 03.26.57.07.31, fax 03.26.52.64.65 ☑ ⏷ t.l.j. 8h-12h 14h-17h; f. 5-30 août
☛ Marie-Thérèse Bonnaire

GEORGES COLIN Cuvée réservée brut**

        4 ha   n.c.   70 à 100 F

Une propriété de 6 ha et une marque lancée en 1950. Cette Cuvée réservée naît de 60 % de pinot meunier, le pinot noir et le chardonnay entrant pour 20 % chacun. Un champagne souple et fin, avec élégance. (RM)
☛ Champagne Georges Colin, 3, pl. Gal-Leclerc, 51530 Monthelon, tél. 03.26.59.70.03, fax 03.26.51.68.99 ☑ ⏷ r.-v.

RAOUL COLLET Carte d'or 1991**

        25 ha   180 000   100 à 150 F

Groupement de producteurs fondé en 1921, le plus ancien de Champagne. Sa cuvée Carte d'or 91, mi-blanche mi-noire, est une remarquable réussite dans un millésime difficile. Il est intense, frais, rond et de belle longueur. Le **rosé** obtient une étoile. Issu de pinot noir, il mêle habilement rondeur et fraîcheur. (CM)
☛ Champagne Raoul Collet, 14, bd Pasteur, 51160 Ay, tél. 03.26.55.15.88, fax 03.26.54.02.40 ☑ ⏷ r.-v.

JACQUES COPINET
Cuvée Marie-Etienne 1992**

        6 ha   12 000   70 à 100 F

Marque lancée il y a une vingtaine d'années, disposant d'un vignoble de 7 ha. Cette cuvée fait l'unanimité. Son élégance séduit, de même que la souplesse de son attaque, son équilibre, sa complexité et sa longueur. Du même producteur, un **blanc de blancs** classique mérite d'être cité. (RM)
☛ Jacques Copinet, 11, rue de l'Ormeau, 51260 Montgenost, tél. 03.26.80.49.14, fax 03.26.80.44.61 ☑ ⏷ r.-v.

STEPHANE COQUILLETTE Carte d'or

        1 ha   n.c.   70 à 100 F

Cette propriété de 6 ha propose une cuvée où s'allient le pinot noir (pour les deux tiers) et le chardonnay. Senteurs de sous-bois, fraîcheur en bouche, dosage effectué avec doigté. (RM)
☛ Stéphane Coquillette, 33 bis, rue des Bergers, 51530 Chouilly, tél. 03.26.51.74.12, fax 03.26.54.96.55 ☑ ⏷ r.-v.

CORBON Blanc de blancs 1988*

        2 ha   2 580   100 à 150 F

Cette propriété de 6 ha soigne ses vinifications. Seul le cœur du pressurage est utilisé. La fermentation malolactique est évitée. Un blanc de blancs 88 d'une grande fraîcheur, où le miel est présent. Une belle longueur et un dosage réussi contribuent à son agrément. (RM)
☛ Claude Corbon, 541, av. Jean-Jaurès, 51190 Avize, tél. 03.26.57.55.43, fax 03.26.51.63.54 ☑ ⏷ r.-v.

CORDEUIL PERE ET FILS*

        n.c.   n.c.   70 à 100 F

Marque lancée en 1974, disposant d'un vignoble de 7,5 ha. Un rosé tuilé aux arômes complexes de cassis, de mûre, de fraise, de grenadine assortis d'une touche mentholée. La bouche est équilibrée, ronde et très longue. Le **92** (un

591   LA CHAMPAGNE

Champagne

tiers de chardonnay, deux tiers de pinot noir) a été cité. Nez minéral, floral, où pointe une touche d'agrume ; bouche souple. (RM)
➼ GAEC Cordeuil, 2, rue de Fontette, 10360 Noe-les-Mallets, tél. 03.25.29.65.37, fax 03.25.29.65.37 ◨ ⊺ r.-v.

COUCHE PERE ET FILS Brut 1993

○　　　　　　n.c.　　28 000　　▮ ♨ 50 à 70 F

Si l'on cultive ici la vigne depuis quatre générations, on ne vend le vin en bouteilles que depuis 1992. Un petit prix pour cette cuvée plus noire que blanche (70 % de pinot noir, 30 % de chardonnay), puissante, persistante, ferme, dosée. (RM)
➼ EARL Champagne Couche, 29, Grande-Rue, 10110 Buxeuil, tél. 03.25.38.53.96, fax 03.25.38.41.69 ◨ ⊺ r.-v.

ROGER COULON★

◉　　　　1 ha　　　8 000　　🍾 70 à 100 F

Maison fondée en 1806. La huitième génération de Coulon exploite un vignoble de 8,5 ha. Ce rosé, mi-blanc mi-noir (dont 35 % de pinot meunier), a vieilli quatre ans avant de montrer sa robe pelure d'oignon et de révéler sa rondeur charnue aux nuances de fruits rouges. Le **brut Prestige Les Champs de Vallier** tire son nom du lieu-dit où fut récolté le chardonnay (80 %), élevé sous bois de cette cuvée. Nez de poire et de coing, attaque souple, arômes de violette et de réglisse. (RM)
➼ EARL Roger Coulon, 12, rue de la Vigne-du-Roy, 51390 Vrigny, tél. 03.26.03.61.65, fax 03.26.03.43.68 ◨ ⊺ r.-v.

ALAIN COUVREUR Cuvée de Réserve

◉　　　　1 ha　　　n.c.　　▮ ♨ 70 à 100 F

C'est maintenant la sixième génération qui œuvre au champagne Alain Couvreur. Celui-ci, de couleur foncée, est un rosé de noirs (pinot noir) qui a une personnalité affirmée. « Puissant et à la personnalité affirmée », écrit à son sujet un dégustateur. Un vin fait pour la table. (RM)
➼ Alain Couvreur, 18, Grande-Rue, 51140 Prouilly, tél. 03.26.48.58.95, fax 03.26.48.26.29 ◨ ⊺ r.-v.

REMI COUVREUR Blanc de noirs★

○　　　　1 ha　　　5 000　　▮ ♨ de 50 à 70 F

Rémi Couvreur est à la tête de ce vignoble familial de Prouilly depuis trois ans. Il propose un blanc de noirs (dont trois quarts de pinot noir) issu des récoltes 93 et 94. Un champagne rond, équilibré et fruité. Son prix de vente est sage. (RM)
➼ Rémi Couvreur, 18, Grande-Rue, 51140 Prouilly, tél. 03.26.48.58.95, fax 03.26.48.26.29 ◨ ⊺ r.-v.

ROLAND CRETE ET FILS★

◉　　　1,5 ha　　　n.c.　　▮ ♨ 70 à 100 F

Les Crété exploitent un vignoble de 7 ha du côté de Moussy. De couleur pâle, leur brut rosé est issu de 80 % de pinot meunier pour 20 % de chardonnay. Un vin très « griotte », mais aussi fin et léger. Cité par le jury, le **Sélection** résulte d'un assemblage inverse (90 % de chardonnay et 10 % de pinot meunier). Une cuvée tout en nervosité, tout en fleurs d'acacia. (RM)
➼ Roland Crété et Fils, 5, rue de la Liberté, 51530 Moussy, tél. 03.26.54.52.10, fax 03.26.52.79.93 ◨ ⊺ r.-v.

LYCEE AGRICOLE DE CREZANCY
Cuvée Euphrasie Guyenemer ★

○　　　　n.c.　　　n.c.　　▮ ♨ 70 à 100 F

Il existe au moins deux lycées qui produisent du champagne. Celui de Crézancy exploite près de 3 ha de vignes. L'assemblage de base de cette cuvée Euphrasie Guyenemer comporte 80 % de pinot meunier et 20 % de chardonnay. Ce champagne naît de la vendange de 93 ; il est équilibré et complexe. Issu de la même vendange et d'un assemblage proche, le **rosé** est cité : robe soutenue, arômes de cerise, grande fraîcheur. (RM)
➼ Lycée agricole et viticole de Crézancy, 02650 Crézancy, tél. 03.23.71.90.70, fax 03.23.71.90.72 ◨ ⊺ r.-v.

CUPERLY Cuvée Prestige 1989

○　　　　n.c.　　　n.c.　　▮ ♨ 100 à 150 F

Les Cuperly exploitent un vignoble depuis près d'un siècle. Etrangement, car la propriété est située du côté de Verzy, connu pour ses « grands noirs », ils proposent une cuvée très blanche (80 % de chardonnay). Les reflets verts de la robe en témoignent. On y trouve la pomme mûre au nez et en bouche. (NM)
➼ Champagne Cuperly, 2, rue de l'Ancienne Eglise, 51380 Verzy, tél. 03.26.70.23.90, fax 03.26.70.22.41 ◨ ⊺ r.-v.

LUCIEN DAGONET Brut Prestige★

○　　　　n.c.　　4 000　　🍾 100 à 150 F

Marque exploitant un vignoble de 6,5 ha, fondée par le grand-père du propriétaire actuel. Vinification intéressante, en fût, pour 40 % de pinot noir et 40 % de pinot meunier, épaulés par 20 % de chardonnay, sans fermentation malolactique. Deux belles années, 88 et 89, collaborent également à ce champagne rond, bien construit, qui a atteint son apogée. (RM)
➼ SCEV Champagne Lucien Dagonet et Fils, 7, rue Maurice-Gilbert, 51480 Boursault, tél. 03.26.58.60.38, fax 03.26.58.43.34 ◨ ⊺ t.l.j. 10h-18h

COMTE A. DE DAMPIERRE
Grande Année 1990★★

○　　　　n.c.　　10 000　　▮ 100 à 150 F

Audouin de Dampierre a fait élaborer ses champagnes par l'Union Champagne. Deux belles cuvées. Cette Grande Année, issue de deux tiers de noir et d'un tiers de blanc : un champagne ample, plein d'arômes, gras et long, pour fin de repas. Une étoile pour le **blanc de blancs**, citronné, minéral, d'une belle vivacité. (MA)
➼ Comte A. de Dampierre, 5, Grande-Rue, 51140 Chenay, tél. 03.26.03.11.13, fax 03.26.03.18.05 ◨ ⊺ r.-v.

PAUL DANGIN ET FILS
Tradition Cuvée du Cinquantenaire

○　　　　3 ha　　10 000　　▮ ♨ 70 à 100 F

Les troisième et quatrième générations de Dangin cultivent un vignoble de 30 ha. La mar-

Champagne

que a été lancée en 1947. La proportion importante de chardonnay (85 % complétés par 15 % de pinot noir) explique l'exploitation. Il propose un vin équilibré, fort justement dosé. (RM)
🍾 SCEV Paul Dangin et Fils, 11, rue du Pont, 10110 Celles-sur- Source, tél. 03.25.38.50.27, fax 03.25.38.58.08 ⬛ 🍷 r.-v.

DANTAN OUDIT 1990★★

| ○ | | 1 ha | 5 000 | 🍾 | 70 à 100 F |

Vignoble créé en 1969 et porté à 4 ha. Le fils, œnologue, a repris l'exploitation. Il propose un très beau brut 90 au prix fortement incitatif. Un vin mi-blanc mi-noir (25 % de pinot meunier), parfaitement équilibré, d'une grande fraîcheur malgré son âge, empyreumatique, harmonieux et long. (RC)
🍾 Dantan Oudit, Rue de Vavray, 51300 Bassuet, tél. 03.26.97.72.47, fax 03.26.40.52.90 ⬛ 🍷 r.-v.

HENRI DAVID-HEUCQ 1993★

| ○ | | 1,5 ha | 3 000 | 🍾 | 70 à 100 F |

La maison vient de fêter son quart de siècle ; son vignoble s'étend sur 8 ha. Un millésime rare et difficile, ici très réussi. Une cuvée mi-noire mi-blanche, qui affirme déjà des arômes d'évolution (coing, fruits confits, pain d'épice), souple et ronde en bouche. (RM)
🍾 Champagne Henri David-Heucq, rte de Romery, 51480 Fleury-la-rivière, tél. 03.26.58.47.19, fax 03.26.52.36.25 ⬛ 🍷 r.-v.

DEHOURS Grande Réserve 1988★★

| ○ | | n.c. | 5 000 | 🍾 | 70 à 100 F |

Après une brève association avec le groupe Frey, la famille Dehours a repris les rênes de la maison. Les 88 évoluent lentement et se conservent bien. Cette bouteille le confirme. Autant de chardonnay que de pinot noir dans ce vin floral, fin, à la finale légère et mentholée. Son prix est sage. (NM)
🍾 Diffusion Dehours, 2, rue de la Chapelle, Cerseuil, 51700 Mareuil-le-Port, tél. 03.26.52.71.75, fax 03.26.52.73.83 ⬛ 🍷 r.-v.

DEHU PERE ET FILS Extra brut★

| ○ | | n.c. | n.c. | 🍾 | 70 à 100 F |

Les Déhu sont vignerons à Fossoy depuis la Révolution au moins (1787). Ils cultivent 9 ha de vignes. Le pinot meunier (75 %), complété par 10 % de pinot noir et 15 % de chardonnay, compose cet extra-brut, un vin non dosé (ou faiblement). Un champagne léger, net, aux notes de fleurs blanches. Une étoile également pour le rosé **Prestige**, saumoné, équilibré et rond. Ont été cités le **Grande Réserve** et la **Tradition**, des assemblages proches de la première cuvée mentionnée. (RC)
🍾 Champagne Déhu Père et Fils, 3, rue Saint-Georges, 02650 Fossoy, tél. 03.23.71.90.47, fax 03.23.71.88.91 ⬛ 🍷 r.-v.

DELAHAIE Cuvée Sublime★

| ○ | | n.c. | 1 500 | 🍾 | 100 à 150 F |

Une cuvée classique (60 % de blancs, 40 % de noirs), ou vert, équilibrée, plus « blanche » que « noire » en bouche. (RM)

🍾 Champagne Delahaie, 22, rue des Rocherets, 51200 Epernay, tél. 03.26.54.08.74, fax 03.26.54.34.45 ⬛ 🍷 r.-v.
🍾 Brochet

DELAMOTTE PERE ET FILS
Blanc de blancs 1990★★

| ○ | | 15 ha | 40 000 | 🍾 | 150 à 200 F |

Maison très ancienne, fondée en 1760 et dirigée par Laurent-Perrier. Son blanc de blancs 90 conjugue les qualités propres au chardonnay et celles, très grandes, du millésime 90, d'où la puissance, l'équilibre mais aussi la richesse aromatique avec des notes empyreumatiques et minérales. Un champagne de superbe expression, qui mérite le foie gras. Une étoile pour le **brut sans année**, aux arômes de pêche et de poire. (NM)
🍾 Champagne Delamotte, 5, rue de la Brèche-d'Oger, 51190 Le Mesnil-sur-Oger, tél. 03.26.57.51.65, fax 03.26.57.79.29 🍷 r.-v.
🍾 Laurent-Perrier

ANDRE DELAUNOIS Carte d'or★★

| ○ | | n.c. | 15 000 | 🍾 | 70 à 100 F |

Marque lancée en 1920. La quatrième génération exploite un vignoble de 7,5 ha de vignes. 30 % de chardonnay, 40 % des deux pinots complétés par 30 % de vins de réserve donnent vie à ce champagne aussi élégant que fin. La **Cuvée du Fondateur** obtient, quant à elle, une étoile. Elle est plus marquée par le chardonnay (70 %), assisté de 30 % de vins de réserve. Un vin équilibré et puissant, pour les viandes blanches. (RM)
🍾 Champagne André Delaunois, 17, rue Roger-Salengro, B.P. 42, 51500 Rilly-la-Montagne, tél. 03.26.03.42.87, fax 03.26.03.45.40 ⬛ 🍷 r.-v.

DELBECK★

| ○ Gd cru | | n.c. | n.c. | | 100 à 150 F |

Cette maison, fondée en 1832, fut au siècle dernier le fournisseur de la cour de France. Elle a élaboré un blanc de blancs typé, frais, aux notes de citronnelle et de pamplemousse, ample et très bien dosé. Deux autres champagnes, plus « noirs » que « blancs » (70 % de pinots), ont été cités : le **brut Héritage** et le **Vintage 1990**. Tous deux sont évolués, généreusement dosés, et offrent des notes de fleurs et d'agrumes. (NM)
🍾 Champagne Delbeck, 46, bd Lundy, 51053 Reims Cedex, tél. 03.26.77.58.00, fax 03.26.77.58.01 ⬛
🍾 Martin de la Giraudière

MARIE DEMETS Cuvée Tradition★

| ○ | | n.c. | 19 800 | 🍾 | 50 à 70 F |

Vignoble de 12 ha, créé en 1973, et marque lancée en 1986. La cuvée Tradition est très noire (12 % seulement de chardonnay) ; elle apparaît pourtant florale et élégante. Un prix incitatif. La **Cuvée de réserve**, issue de la vendange 95, a été citée. C'est un assemblage identique à celui du Tradition. Un vin puissant, avec des notes de cuir, des touches animales marquées par une pointe d'amertume. (NM)
🍾 SA Demets-Brement, 7, rue des Vignes, 10250 Gyé-sur-Seine, tél. 03.25.38.23.30, fax 03.25.38.25.04 ⬛ 🍷 r.-v.

593   LA CHAMPAGNE

Champagne

SERGE DEMIERE Brut Réserve★★

○ Gd cru   n.c.   n.c.   70 à 100 F

Maison d'Ambonnay, donc située dans les grands crus, exploitant un vignoble de 6 ha. Le Réserve, une cuvée mi-noire mi-blanche, issu de la vendange 95, est puissant et long ; il a atteint son apogée. Ce champagne de repas est légèrement boisé, ce qui n'est pas étonnant car les cuves de bois font partie de l'équipement de la cave. Une étoile pour la **cuvée Prestige**, laquelle fait parler davantage le chardonnay (70 %) ; elle aussi se montre puissante, évoluée, équilibrée et complexe. A boire sur une viande. (RM)
● Serge Demière, 7, rue de la Commanderie, 51150 Ambonnay, tél. 03.26.57.07.79, fax 03.26.57.82.15 ✓ ⟂ r.-v.

DEMOISELLE Tête de cuvée 1990★

○ 1er cru   n.c.   n.c.   150 à 200 F

Marque très dynamique conduite par Paul Vranken. Cette Demoiselle 90 est un blanc de blancs qui ne l'avoue pas sur l'étiquette. Suprême coquetterie ? Ce 90 demeure d'une grande fraîcheur. Le chardonnay n'y est pas pour rien. Il est également responsable de l'attaque et de la franchise de cette bouteille classique. La **cuvée 21** est issue du même cépage. Elle est citée pour sa vinosité et pour ses arômes complexes (sous-bois, fruits blancs, fruits confits, amande amère, etc.). (NM)
● Vranken Monopole, 17, av. de Champagne, 51200 Epernay, tél. 03.26.59.50.50, fax 03.26.52.19.65 ✓ ⟂ t.l.j. 9h-16h30; sam. 10h-16h; dim. et groupes sur r.-v.

DEREGARD-MASSING Prestige★

○ Gd cru   2 ha   16 000   70 à 100 F

Maison de négoce fondée en 1978 et disposant d'un vignoble de 11 ha. Elle propose un blanc de blancs né de la vendange de 1992. Le nez évoque la pâte de coings et les fruits secs ; l'attaque se montre poivrée, mentholée et la finale est marquée par les agrumes. (NM)
● SA Deregard-Massing, La Haie-Maria, R.D.-9, 51190 Avize, tél. 03.26.57.52.92, fax 03.26.57.78.23 ⟂ t.l.j. sf sam. dim. 9h-12h 14h-16h
● Elia Deregard

CHAMPAGNE DESBORDES-AMIAUD M'Elodie 1990★

○ 1er cru   n.c.   22 000   70 à 100 F

Une maison dirigée « de mère en fille » depuis 1935. La quatrième génération, Elodie, vient de rejoindre sa mère Marie-Christine Desbordes. Le vignoble s'étend sur 9 ha. Cette cuvée M'Elodie n'a pas fait de fermentation malolactique. C'est un vrai 90, ample, puissant, souple, généreux, à la palette aromatique déclinant coing, miel et pain d'épice. Il doit tout cela à une forte proportion de pinot (80 %). Une étoile également pour le **rosé de noirs 1er cru**, un champagne harmonieux, au nez de sous-bois. Il a atteint son apogée. (RM)
● Marie-Christine Desbordes, 2, rue de Villiers-aux-Nœuds, 51500 Ecueil, tél. 03.26.49.77.58, fax 03.26.49.27.37 ✓ ⟂ r.-v.

A. DESMOULINS ET CIE Cuvée Prestige

○   n.c.   n.c.   100 à 150 F

Maison de négoce fondée au début du siècle. Elle propose un brut sans année classique, équilibré, dont le dosage est peu imperceptible. Cette dernière particularité se retrouve dans le **rosé**, qui reste agréable. Il est également cité. (NM)
● Champagne A. Desmoulins et Cie, 44, av. Foch, B.P. 10, 51201 Epernay Cedex, tél. 03.26.54.24.24, fax 03.26.54.26.15 ✓ ⟂ r.-v.
● Jean Bouloré

PAUL DETHUNE★

○ Gd cru   5 ha   25 000   70 à 100 F

Vignoble de 7 ha créé au fil des générations depuis un siècle et demi. Ce brut grand cru est issu majoritairement des cépages noirs (70 %). Un champagne sérieux, solide, de bonne longueur. Le **rosé** grand cru, dominé par le pinot noir, rappelle la fraise des bois. Pour l'apéritif. (RM)
● Paul Déthune, 2, rue du Moulin, 51150 Ambonnay, tél. 03.26.57.01.88, fax 03.26.57.09.31 ✓ ⟂ t.l.j. sf dim. 9h-12h 14h-18h; f. 2-15 janv.

DEUTZ 1993★

●   n.c.   15 000   150 à 200 F

Maison fondée en 1838 et reprise par le champagne Roederer. Ce rosé de noirs est particulièrement équilibré, de bonne longueur ; son acidité lui assure fraîcheur et élégance. Son bouquet mêle cannelle, fruits rouges (cerise à l'eau-de-vie) et noirs (cassis). (NM)
● Champagne Deutz, 16, rue Jeanson, 51160 Ay, tél. 03.26.56.94.00, fax 03.26.56.94.10 ✓ ⟂ r.-v.

VEUVE A. DEVAUX Blanc de noirs★

○   n.c.   n.c.   70 à 100 F

Marque déposée en 1846 à Epernay et reprise par l'Union auboise des producteurs. Ce blanc de noirs de pinot noir comprend 20 % de vins de réserve élevés en foudre. Il se distingue par sa richesse aromatique, au nez comme en bouche, par sa bonne structure et sa fraîcheur fruitée exemplaire. La cuvée **Distinction 90** obtient également une étoile. Elle est un peu plus blanche que noire (55 % de chardonnay). Ses arômes sont puissants ; en bouche, le vin apparaît gras, évolué. (CM)
● Union auboise prod. de vin de Champagne, Dom. de Villenueve, 10110 Bar-sur-Seine, tél. 03.25.38.30.65, fax 03.25.29.73.21 ✓ ⟂ r.-v.

DOM BASLE 1991★★

○   n.c.   8 000   70 à 100 F

Dom Basle est le nom d'un moine de Verzy qui vécut en ermite à l'époque mérovingienne. C'est aussi une marque du champagne Lallement Deville (1892), conduite depuis 1990 par Jacqueline Lallement. Cette cuvée est mi-noire, mi-blanche. Les dégustateurs ont apprécié sa complexité, sa rondeur, sa vinosité, toutes qualités qui la destinent à la table. (RM)

Champagne

🍷 Lallement-Deville, 28, rue Irénée-Gass, B.P. 29, 51380 Verzy, tél. 03.26.97.95.90, fax 03.26.97.98.25 ☑ ☿ r.-v.

PIERRE DOMI Cuvée spéciale*

| ○ | 0,3 ha | 1 800 | 🍾 | 70 à 100 F |

Marque lancée en 1947, exploitant un vignoble de 8 ha. Sans l'avouer, cette Cuvée spéciale est un blanc de blancs. Elle est issue de la vendange de 93, mais c'est un brut sans année. On y découvre fruits et fleurs blanches (poire et chèvrefeuille). La finale mêle des notes citronnées et des nuances de fleur d'oranger. (RM)

🍷 Champagne Pierre Domi, 8, Grande-Rue, 51190 Grauves, tél. 03.26.59.71.03, fax 03.26.52.86.91 ☑ ☿ r.-v.

DOQUET-JEANMAIRE
Blanc de blancs 1982**

| ○ 1er cru | n.c. | n.c. | 🍾 | 100 à 150 F |

Une marque lancée en 1974 et un vignoble de 14 ha. Sa spécialité : le blanc de blancs. Le millésime 89 avait obtenu un coup de cœur dans notre précédente édition. C'est au tour du 82. Pour être précis, ce champagne est noté par les dégustateurs entre deux et trois étoiles, suivant leur goût plus ou moins prononcé pour les vins évolués. Les raisons de cette distinction ? La puissance animale unie à la texture douce de la soie, le corps, l'équilibre, la fermeté mais aussi l'élégance d'un danseur... On n'oubliera pas le **blanc de blancs Sélection** : complexe, rond, frais et pourtant vineux, il a reçu une étoile. (RM)

🍷 Doquet-Jeanmaire, 44, chem. Moulin-Cense-Bizet, 51130 Vertus, tél. 03.26.52.16.50, fax 03.26.59.36.71 ☑ ☿ r.-v.

ETIENNE DOUE Cuvée Sélection**

| ○ | 3 ha | 20 000 | 🍾 | 50 à 70 F |

Le meilleur rapport qualité-prix du Guide. Coup de cœur dans l'édition 1997, étoilé l'année passée, Etienne Doué est coutumier des distinctions. Celle-ci lui est acquise par un assemblage chardonnay-pinot noir (60 %-40 %) des années 93-94-95. La fraîcheur de la fleur de vigne, du tilleul, de l'aubépine précède une attaque vive. Un champagne ample et harmonieux. L'origine des vins de base, l'enclave de Montgueux, n'est pas étrangère à sa qualité. (RM)

🍷 Etienne Doué, 11, rte de Troyes, 10300 Montgueux, tél. 03.25.74.84.41, fax 03.25.79.00.47 ☑ ☿ t.l.j. 8h-20h

DOURDON-VIEILLARD

| ○ | n.c. | 25 000 | 🍾 | 70 à 100 F |

Deux familles se sont alliées pour exploiter un vignoble sis à Reuil, dans la vallée de la Marne. Ce brut sans année est un blanc de noirs qui sollicite également les deux pinots. L'amande et les fleurs blanches dominent. Le champagne **Grande Réserve**, dans lequel le chardonnay joue une forte partie (60 %), est équilibré. Le coing et l'abricot contribuent à son charme. (RM)

🍷 Dourdon-Vieillard, 7, rue du Château, 51480 Reuil, tél. 03.26.58.06.38, fax 03.26.58.35.13 ☑ ☿ r.-v.

DOYARD-MAHE
Blanc de blancs Cuvée Carte d'or

| ○ | n.c. | 20 000 | 🍾 | 70 à 100 F |

Les Doyard sont vignerons depuis le XIXᵉˢ. Ils exploitent un vignoble de 6 ha sur la Côte des Blancs. Cette cuvée est issue de vin de 93, complété de 25 % de 92. Un champagne complexe, empyreumatique, à déguster sur un poisson en sauce. (RM)

🍷 Philippe Doyard, Le Moulin d'Argensole, 51130 Vertus, tél. 03.26.52.23.85, fax 03.26.59.36.69 ☑ ☿ t.l.j. 10h-19h

DRAPPIER Carte blanche*

| ○ | n.c. | n.c. | 🍾 | 70 à 100 F |

Négociants, mais surtout vignerons, les Drappier exploitent 40 ha de vignes. Le Carte blanche est un blanc de noirs (25 % de pinot meunier) : notes de fleurs blanches et de caramel blond, ampleur et longueur. Une étoile également pour le **Carte d'or 89**, presque un blanc de noirs puisque le chardonnay n'intervient que pour 7 %. Un champagne fondu, mature, équilibré, « à point ». (NM)

🍷 Champagne Drappier, Grande-Rue, 10200 Urville, tél. 03.25.27.40.15, fax 03.25.27.41.19 ☑ ☿ t.l.j. sf dim. 8h-12h 14h-18h

DRIANT-VALENTIN**

| ○ 1er cru | 2 ha | n.c. | 🍾 | 70 à 100 F |

En quatre générations, les Driant-Valentin ont créé un vignoble de 5,5 ha. Leur brut sans année naît d'un assemblage classique (chardonnay 60 %, pinot 40 %). Un champagne de table corpulent, fortement marqué par les fruits rouges, de bonne longueur. (RM)

🍷 Jacques Driant, 4, imp. de la Ferme, 51190 Grauves, tél. 03.26.59.72.26, fax 03.26.59.76.55 ☑ ☿ r.-v.

CLAUDE DUBOIS*

| ○ | 2 ha | n.c. | 🍾 | 70 à 100 F |

Claude Dubois est le petit-fils d'un Champenois célèbre, Edmond Dubois qui fut l'un des

595   LA CHAMPAGNE

Champagne

acteurs des événements de 1911. Son vignoble s'étend sur 7 ha. Il a élaboré un blanc de noirs issu des deux pinots (40 % de pinot noir), parfaitement dosé, fin et léger. (RM)
☛ Claude Dubois, rte d'Arty-les-Almanachs, 51480 Venteuil, tél. 03.26.58.48.37, fax 03.26.58.63.46 ☑ ⏳ r.-v.

GÉRARD DUBOIS Blanc de blancs 1992

| ○ Gd cru | 3 ha | 5 200 | 🍾 | 70 à 100 F |

Vignoble familial de 6 ha, fondé en 1920. Gérard Dubois propose un 92, millésime rare et difficile. Un vin aux arômes discrets, rond et équilibré. (RM)
☛ Gérard Dubois, 67, rue Ernest-Vallé, 51190 Avize, tél. 03.26.57.58.60, fax 03.26.57.99.26 ☑ ⏳ r.-v.

DUBOIS-FORGET 1989**

| ○ | 7,5 ha | 2 000 | 🍾 | 100 à 150 F |

Les Dubois-Forget exploitent un vignoble de 7,5 ha. Ce blanc de noirs (40 % pinot noir) au nez évolué et complexe (fruits confits et fleurs) est long en bouche. Le **Réserve**, issu des deux pinots avec 10 % de chardonnay, obtient une étoile pour son harmonie et son équilibre. (RM)
☛ Champagne Dubois-Forget, 6, rue des Bemonts, 51390 Rosnay, tél. 03.26.03.64.02, fax 03.26.03.41.16 ☑ ⏳ r.-v.

ROBERT DUFOUR ET FILS
Cuvée Sélection*

| ○ | n.c. | 12 000 | 🍾 | 70 à 100 F |

Les Dufour disposent d'un vignoble de 14 ha. Le Sélection, mi-noir mi-blanc, est issu de la récolte 91. La bouche est vive, arrondie par un dosage sensible. (RM)
☛ EARL Robert Dufour et Fils, 4, rue de la Croix-Malot, 10110 Landreville, tél. 03.25.29.66.19, fax 03.25.38.56.50 ☑ ⏳ r.-v.

J. DUMANGIN FILS Grande Réserve*

| ○ 1er cru | n.c. | 10 000 | 🍾 | 70 à 100 F |

Deux grandes réserves sont proposées par la marque Dumangin et Fils, l'une sous le prénom J., l'autre M. Toutes deux sont élaborées par Jacky. Elles reçoivent la même note. Cette Grande Réserve au nez fin, fruité, puissant propose des saveurs fraîches, rondes et persistantes. Le **91** reçoit également une étoile pour son attaque nette et franche comme pour ses arômes de fleurs, de fruits blancs et de miel. (RM)
☛ Champagne J. Dumangin Fils, 3, rue de Rilly, B.P. 23, 51500 Chigny-les-Roses, tél. 03.26.03.46.34, fax 03.26.03.45.61 ☑ ⏳ r.-v.

DANIEL DUMONT
Cuvée d'Excellence 1990*

| ○ | 1 ha | 5 000 | 🍾 | 100 à 150 F |

Vignoble créé en 1962 et atteignant aujourd'hui 10 ha. La Cuvée d'Excellence est mi-noire mi-blanche ; elle illustre bien le millésime 90 par sa puissance, son fondu et sa complexité aromatique. (RM)
☛ Daniel Dumont, 11, rue Gambetta, 51500 Rilly-la-Montagne, tél. 03.26.03.40.67, fax 03.26.03.44.82 ☑ ⏳ r.-v.

R. DUMONT ET FILS 1992**

| ○ | n.c. | 1000 | 🍾 | 70 à 100 F |

Les Dumont exploitent un vignoble de 22 ha. Ce 92 est un blanc de noirs de pinot noir. Un vin masculin sans lourdeur, aux saveurs de pomme, de coing et de fruit confit. Du même producteur, le **93**, mi-noir mi-blanc, a reçu une étoile. Un champagne léger, frais et fin. (RM)
☛ R. Dumont et Fils, 10200 Champignol-lez-Mondeville, tél. 03.25.27.45.95, fax 03.25.27.45.97 ☑ ⏳ r.-v.

DUVAL-LEROY
Blanc de blancs Fleur de Champagne 1993*

| ○ | n.c. | 300 000 | 🍾 | 100 à 150 F |

Maison familiale disposant d'un important vignoble de 140 ha. Un blanc de blancs d'un millésime peu courant, au caractère féminin, mirabelle, poire et chèvrefeuille au nez, fondu en bouche. Le **blanc de noirs** issu des deux pinots (dont 40 % de pinot meunier) recueille autant de suffrages que le blanc de blancs. Il est floral (pivoine) et épicé ; sa finale fait songer à la griotte. (NM)
☛ Champagne Duval-Leroy, 69, av. de Bammental, 51130 Vertus, tél. 03.26.52.10.75, fax 03.26.52.12.93 ☑ ⏳ r.-v.

EGLY-OURIET Cuvée spéciale

| ○ Gd cru | n.c. | 20 000 | 🍾 | 100 à 150 F |

Les Egly exploitent un vignoble de 7 ha. Ils proposent une cuvée comprenant 70 % de pinot noir et 30 % de chardonnay des récoltes 90 (40 %) et 91 (60 %). Un champagne équilibré. La finale est marquée par une touche amère mais reste agréable. (RM)
☛ Michel et Francis Egly, 9 et 15, rue de Trepail, 51150 Ambonnay, tél. 03.26.57.00.70, fax 03.26.57.06.52 ☑ ⏳ r.-v.

CHARLES ELLNER Prestige 1990*

| ○ | n.c. | 60 000 | 🍾 | 100 à 150 F |

Maison de négoce, demeurée familiale, disposant d'un vignoble de 54 ha. Sa cuvée Prestige 90 (un tiers de pinot noir, deux tiers de chardonnay) porte son âge. Elle est riche, vineuse, ample. Tout cela lui donne du poids. Est cité le **Qualité Extra** (70 % de noirs dont 20 % de pinot noir), fruité, brioché, jeune, dosé. (NM)
☛ Champagne Charles Ellner, 6, rue Côte-Legris, 51200 Epernay, tél. 03.26.55.60.25, fax 03.26.51.54.00 ☑ ⏳ r.-v.

CHRISTIAN ETIENNE**

| ○ | 3 ha | 10 000 | 🍾 | 50 à 70 F |

Ce champagne est pratiquement un blanc de noirs de pinot noir. Le vin de base du 92 est complété par 40 % de vins de réserve, tout cela au service d'une grande finesse. Arômes de beurre frais miellé et saveurs de pomme et de poire, harmonie et équilibre. Excellent rapport qualité-prix. (RM)
☛ Christian Etienne, rue de la Fontaine, 10200 Meurville, tél. 03.25.27.46.66, fax 03.25.27.45.84 ☑ ⏳ r.-v.

Champagne

JEAN-MARIE ETIENNE**

○ 1er cru   3,5 ha   n.c.   70 à 100 F

Vignoble constitué en trois générations ; marque lancée en 1958. Ce champagne comprend autant de pinot noir que de pinot meunier, complété de 20 % de chardonnay. Le vin de base est issu de la récolte de 93, avec 25 % de vins de réserve de 90 et 92. Arômes de fruits - abricot, pêche, poire - et équilibre harmonieux en bouche. (RM)

🕿 Etienne, 33, rue Louis-Dupont, 51480 Cumières, tél. 03.26.51.66.62, fax 03.26.55.04.65 ☑ ⏺ r.-v.

EUSTACHE DESCHAMPS

○   n.c.   n.c.   70 à 100 F

Marque déposée par la coopérative de Vertus en hommage au grand poète du Moyen Age, né dans cette commune, qui fut l'un des premiers à évoquer le « pynoz » dans sa *Ballade de la Verdure des Vins*. Ce brut sans année offre un nez riche, framboisé, caramélisé, alors qu'en bouche se développent des senteurs de frangipane. (CM)

🕿 Eustache Deschamps, 38, av. de Bammental, 51130 Vertus, tél. 03.26.52.18.95, fax 03.26.58.39.47 ☑ ⏺ r.-v.

FRANCOIS FAGOT*

○ 1er cru   3 ha   30 000   70 à 100 F

Marque fondée en 1956 disposant d'un vignoble de 7 ha. 25 % de chardonnay et 75 % de pinots (dont 30 % de pinot meunier) composent ce brut 1er cru. Un champagne floral, à l'attaque vive, aux saveurs de pêche et d'abricot. (NM)

🕿 SARL François Fagot, 26, rue Gambetta, 51500 Rilly-la-Montagne, tél. 03.26.03.42.56, fax 03.26.03.41.19 ☑ ⏺ r.-v.

FALLET-DART Grande Sélection*

○   n.c.   45 000   70 à 100 F

Les Fallet-Dart sont vignerons depuis trois siècles et demi. Ce champagne naît de l'assemblage de 25 % de chardonnay et de 75 % de pinot (dont 30 % de pinot meunier) récoltés dans les années 93 et 94. Il est floral (acacia, violette), flatteur en bouche, frais à l'attaque et fort justement dosé. (RM)

🕿 Fallet-Dart, 2, rue des Clos-du-Mont, 02310 Charly-sur-Marne, tél. 03.23.82.01.73, fax 03.23.82.19.15 ☑ ⏺ r.-v.

FANIEL-FILAINE Cuvée Eugénie*

○   n.c.   n.c.   100 à 150 F

Les Filaine sont vignerons depuis trois siècles. Leur vignoble s'étend sur plus de 5 ha. La cuvée Eugénie est très blanche (80 % de chardonnay) et fleure les fruits mûrs. En bouche, le dosage n'est pas étranger à sa rondeur. Est cité le **Réserve**, un blanc de noirs (dont 20 % de pinot meunier) très « mode champagne », selon un dégustateur. (RM)

🕿 Faniel-Filaine, 48, quai de Verdun, 51480 Damery, tél. 03.26.58.62.67, fax 03.26.58.03.26 ☑ ⏺ r.-v.

THIERRY FAUCHERON 1995

○ Gd cru   1 ha   7 000   70 à 100 F

Vignoble de 4 ha constitué en quatre générations. Une cuvée classique - pinot noir (60 %), chardonnay (40 %) - issue de la vendange 95. Nez de prune, de fumée et de fleurs séchées ; bouche très typée, vineuse aux notes de fruits à l'alcool. (RM)

🕿 Thierry Faucheron, chem. du CBR, 51380 Verzy, tél. 03.26.97.92.25, fax 03.26.97.92.05 ☑ ⏺ r.-v.

SERGE FAYE Tradition*

○ 1er cru   n.c.   25 000   70 à 100 F

Marque lancée en 1958, disposant d'un vignoble de 4 ha. Les raisins noirs dominent (80 %) dans cette cuvée Tradition d'une grande jeunesse, aux arômes de tilleul et de tabac, d'une belle présence en bouche. Potentiel intéressant. (RM)

🕿 Serge Faye, 2 bis, rue André-Lenôtre, 51150 Louvois, tél. 03.26.57.81.66, fax 03.26.59.45.12 ☑ ⏺ r.-v.

PHILIPPE FAYS Cuvée Tradition*

○   0,2 ha   2 000   100 à 150 F

Marque lancée il y a vingt-cinq ans, exploitant plus de 4 ha de vignes. Cette cuvée Tradition, bien que cela ne soit pas porté sur l'étiquette, n'est issue que de chardonnay (blanc de blancs). Son nez est fin, floral, alors qu'en bouche pêche, figue et mirabelle s'imposent. Franc, équilibré, un champagne de qualité. Est cité le **Réserve 93**, mi-noir mi-blanc, très vif et léger. Sympathique à l'heure de l'apéritif. (RM)

🕿 Philippe Fays, 94, Grande-Rue, 10110 Celles-sur-Ource, tél. 03.25.38.51.47, fax 03.25.38.23.04 ☑ ⏺ r.-v.

M. FERAT ET FILS Cuvée Prestige 1990**

○   n.c.   5 000   100 à 150 F

Pascal Férat cultive un vignoble de 10 ha. A 5 % près, cette cuvée Prestige est un blanc de blancs. Ses arômes, fins et harmonieux, évoluent du sous-bois au champignon en passant par le miel de tilleul. En bouche, fraîcheur, équilibre et longueur s'imposent, comme s'impose le coup de cœur. Du même producteur, un **92** a obtenu une étoile. Un blanc de blancs inavoué car l'étiquette n'en dit mot. Arômes empyreumatiques évoluant vers la truite citronnée, attaque vive, fraîcheur alliée à l'onctuosité. (RM)

🕿 Pascal Férat, rte de la Cense-Bizet, 51130 Vertus, tél. 03.26.52.25.22, fax 03.26.52.23.82 ☑ ⏺ r.-v.

597   LA CHAMPAGNE

Champagne

NICOLAS FEUILLATTE
Cuvée spéciale millésimée 1989★★

○　　　　　　n.c.　　n.c.　　■ 100 à 150 F

Groupement géant de producteurs drainant la vendange de 1 950 ha de vignes. Cette cuvée 89 comporte 40 % de pinot noir, 40 % de chardonnay et 20 % de pinot meunier. Elle attaque assez vivement, surtout pour un 89. La noisette s'installe longuement en bouche. Quatre autres cuvées méritent une étoile : le **brut 1ᵉʳ cru**, plus noir que blanc (20 %), à la finale citronnée ; le **blanc de blancs**, rond, souple et long ; le **Palme d'Or** (60 % de chardonnay, 40 % de pinot noir), un champagne épicé dont la finale évoque le noyau d'amande et enfin le **rosé 93**, très noir (90 % de pinots), au nez de framboise et de coing. (CM)
☛ Champagne Nicolas Feuillatte, B.P. 210, Chouilly, 51206 Epernay, tél. 03.26.59.55.50, fax 03.26.59.55.80 ☑ ☒ t.l.j. 10h-12h 14h-17h30; sam. dim. sur r.-v.

FLEURY PERE ET FILS★

●　　　　　　n.c.　　12 000　　■ ♦ 100 à 150 F

Dès 1929, un Fleury « fait de la bouteille ». Aujourd'hui, le vignoble de 13 ha est conduit en biodynamie. Ce rosé de noirs est fin et vif, subtil, équilibré. Le **90**, un blanc de noirs, évolué, souple, aux arômes de fruits confits et de coing, est à son apogée. Il a été cité. (NM)
☛ Champagne Fleury, 43, Grande-Rue, 10250 Courteron, tél. 03.25.38.20.28, fax 03.25.38.24.65 ☑ ☒ r.-v.

G. FLUTEAU Carte Rubis

●　　　　　　n.c.　　n.c.　　■ 70 à 100 F

Marque lancée en 1935, actuellement conduite par la troisième génération. Le Carte Rubis tend vers la pelure d'oignon. Il est vineux avec fraîcheur. (NM)
☛ Hérard et Fluteau, 5, rue de la Nation, 10250 Gye-sur-Seine, tél. 03.25.38.20.02, fax 03.25.38.24.84 ☑ ☒ t.l.j. sf dim. 8h30-12h 13h30-18h

FORGET-BRIMONT Carte blanche★★

○ 1er cru　　n.c.　　100 000　　■ 70 à 100 F

Marque lancée avant-guerre, Forget-Brimont dispose d'un vignoble de qualité s'étendant sur 10 ha. Le 1ᵉʳ cru est très noir (80 % de pinots dont 20 % de pinot meunier). Il est élégant, floral et racé. Le **Carte blanche extra brut**, assemblage identique, est étrangement vineux et l'absence (ou la faiblesse) du dosage ne nuit nullement à son harmonie. Il mérite deux étoiles également. (NM)
☛ Forget-Brimont, 11, rte de Louvois, 51500 Craon-de-Ludes, tél. 03.26.61.10.45, fax 03.26.61.11.58 ☑ ☒ t.l.j. 8h-12h 13h-19h; sam. dim. sur r.-v.

CH. FOURNAISE-THIBAUT★

●　　0,5 ha　　500　　■ 70 à 100 F

Un rosé de noirs (pinot meunier). Sa robe rose est violacée, signe de jeunesse. Fruits rouges et agrumes emplissent bien la bouche. Le **92**, mi-blanc mi-noir, au nez d'abricot confit, de miel et de brioche, a été cité par le jury. (RM)
☛ Fournaise, 2, rue des Boucheries, 51700 Châtillon-sur-Marne, tél. 03.26.58.06.44, fax 03.26.51.60.91 ☑ ☒ r.-v.

TH. FOURNIER Cuvée de réserve★★

○　　　　　　n.c.　　10 000　　■ 70 à 100 F

Vignoble de 7,5 ha, créé par trois générations. Cette cuvée de réserve naît de l'assemblage de 50 % de chardonnay, 30 % de pinot noir et 20 % de pinot meunier. Elle a été élevée quatre années en cave. Au nez, fruité intense et fondu ; en bouche, puissance, rondeur, équilibre, fraîcheur et longueur. Tout cela mérite bien un coup de cœur. (RM)
☛ Thierry Fournier, 8, rue du Moulin Meuville, 51700 Festigny, tél. 03.26.58.04.23, fax 03.26.58.09.91 ☑ ☒ r.-v.

PHILIPPE FOURRIER Réserve★

○　　2 ha　　6 000　　■ 70 à 100 F

Vignoble familial de 8 ha et marque lancée en 1981. Une cuvée composée de pinot noir et de chardonnay à parts égales, au nez fin et intense, fleuri et long en bouche. (SR)
☛ Champagne Philippe Fourrier, 10200 Baroville, tél. 03.25.27.13.44, fax 03.25.27.12.49 ☑ ☒ t.l.j. sf lun. dim. 9h-12h 14h-18h

FRANCOIS-BROSSOLETTE Tradition★

○　　　　　　n.c.　　17 500　　■ ♦ 50 à 70 F

Vignoble familial de 12 ha créé en quatre générations. Le Tradition est très noir (85 % de pinots), brioché, beurré, toasté, gras et ample. Est citée la cuvée **Prestige**, mi-noire mi-blanche aux notes d'agrumes et de fleurs, bien dosée. (RM)
☛ François-Brossolette, 42, Grande-Rue, 10110 Polisy, tél. 03.25.38.57.17, fax 03.25.38.51.56 ☑ ☒ r.-v.

FREDESTEL★

● 1er cru　　n.c.　　1000　　■ 70 à 100 F

Exploitation familiale de 2,6 ha. Ce rosé est un blanc de blancs teinté. Il fleure la framboise, la mûre ; il est équilibré, frais et distingué. (RM)
☛ Bertrand Jacqueminet, 3, rue Pierre-Brunet, 51380 Trépail, tél. 03.26.57.06.19, fax 03.26.57.92.20 ☑

MICHEL FURDYNA Carte blanche★

○　　3,5 ha　　28 000　　■ 70 à 100 F

Le vignoble de 8 ha s'étend sur cinq communes. Le Carte blanche comporte quatre fois plus de pinot noir que de chardonnay, son bouquet est jovial, fruité, frais. En bouche, les fruits rouges dominent. Un champagne équilibré et har-

598

Champagne

monieux destiné à l'apéritif. Le millésime **90** obtient une étoile également. Le chardonnay entre pour un tiers dans sa cuvée. Il se montre plus fin et moins évolué en bouche qu'au nez. Arômes framboisés, empyreumatiques. Pour le repas. (RM)

🍾 Michel Furdyna, 13, rue du Trot, 10110 Celles-sur-Ource, tél. 03.25.38.54.20, fax 03.25.38.25.63 ☑ 🍷 r.-v.

LUC GAIDOZ★

| ◐ 1er cru | n.c. | n.c. | 🍾 70 à 100 F |

Un rosé de noirs issu des deux pinots : meunier pour 40 %, noir pour 60 %. Les dégustateurs hésitent sur la couleur de la robe : saumon clair ou oignon clair ?... En revanche, ils s'accordent sur la légèreté du nez – chèvrefeuille et fleurs séchées – et sur la fraîcheur vive, fruitée de la bouche. Sur le dosage – sensible– aussi. Une étoile également pour la **Grande Réserve** issue à 50 % de pinot meunier, pinot noir et chardonnay se partageant également le solde. Tous ces raisins ont été récoltés dans les années 1989 et 1990. Un champagne riche, complexe, équilibré, ample, lui aussi, sensiblement dosé... (RM)

🍾 Luc Gaidoz, 4, rue Gambetta, 51500 Ludes, tél. 03.26.61.13.73 ☑ 🍷 r.-v.

GAIDOZ-FORGET Carte d'or★

| ○ | n.c. | n.c. | 🍾 70 à 100 F |

A 10 % près, ce champagne est un blanc de noirs, issu à 80 % de pinot meunier. Ces raisins ont été vendangés en 1993 et 1994. Nez classique, bouche équilibrée, citronnée et miellée. Quelques dégustateurs sont sensibles au dosage. Une étoile également pour la **cuvée spéciale Quintessence**, issue des vénérables vendanges de 1986 et 1987 et des trois cépages champenois à parts égales. La belle robe or soutenu témoigne de l'âge du vin, tout comme sa complexité, son fondu équilibré et sa longueur. Un champagne de caractère. (RM)

🍾 Gaidoz-Forget, 1, rue Carnot, 51500 Ludes, tél. 03.26.61.13.03, fax 03.26.61.11.65 ☑ 🍷 r.-v.

GALLIMARD PERE ET FILS
Cuvée de réserve

| ○ | n.c. | 65 643 | 🍾 70 à 100 F |

En cinq générations, les Gallimard ont constitué un vignoble de 10 ha ; ils « font de la bouteille » depuis 1930. Leur Cuvée de réserve est un blanc de noirs issu à 80 % de la récolte de 1995, complétée par celle de 1994. Elle allie fruité léger et équilibre. Le jury a également cité deux champagnes issus à 100 % du pinot noir, le **rosé** très - presque trop - puissant (pour la table, y compris le gigot à l'ail) et le **Prestige 93** qui a la fraîcheur de son âge. (RM)

🍾 Champagne Gallimard Père et Fils, 18-20, rue Gaston-Cheq-Le-Magny, 10340 Les Riceys, tél. 03.25.29.32.44, fax 03.25.38.55.20 ☑ 🍷 r.-v.

BERNARD GAUCHER Réserve★

| ○ | 8 ha | 51 000 | 🍾 100 F |

Le champagne Bernard Gaucher naît de raisins récoltés dans un vignoble de 12 ha sis près d'Arconville. Le Réserve est un blanc de noirs floral, léger, élégant : pour l'apéritif. Le **Carte d'or** (trois quarts de raisins noirs, un quart de chardonnay) a également été cité. Un champagne frais et vif, dans l'esprit du précédent. (RM)

🍾 Bernard Gaucher, Grande-Rue, 10200 Arconville, tél. 03.25.27.87.31, fax 03.25.27.85.84 ☑ 🍷 t.l.j. sf dim. 9h-19h; f. 10-20 août

GAUDINAT-BOIVIN Brut Tradition★

| ○ | n.c. | 25 000 | 🍾 50 à 70 F |

Vignoble familial de 5 ha. Le Tradition comporte 80 % de pinot meunier pour 20 % de chardonnay. Un vin plein de jeunesse qui se développe bien dans le verre et qui tapisse toute la bouche. Son prix mérite d'être signalé. (RM)

🍾 EARL Gaudinat-Boivin, 6, rue des Vignes, Mesnil-le-Hutier, 51700 Festigny, tél. 03.26.58.01.52, fax 03.26.58.97.46 ☑ 🍷 r.-v.

🍾 Roger Gaudinat

GELMINGER Blanc de blancs★

| ○ 1er cru | n.c. | n.c. | 🍾 70 à 100 F |

Le champagne Gelminger est élaboré par Bonnaire (voir ce nom) de Cramant, spécialiste du blanc de blancs. Il est largement distribué et le mérite car il affiche haut et fort les caractères du blanc de blancs, mais en privilégiant la puissance plutôt que la finesse. (RM)

🍾 Champagne Bonnaire, 120, rue d'Epernay, 51530 Cramant, tél. 03.26.57.50.85, fax 03.26.57.59.17 🍷 r.-v.

MICHEL GENET
Blanc de blancs Grande Réserve 1993★

| ○ Gd cru | n.c. | 8 000 | 🍾 70 à 100 F |

Vignoble familial s'étendant sur 7 ha. Ce 93 - millésime rare - est floral, beurré au nez. Le palais se montre frais, ample et miellé, avec des notes de fruits secs. Le **blanc de blancs sans année** nerveux, frais, très jeune, a été cité. (RM)

🍾 Michel Genet, 22, rue des Partelaines, 51530 Chouilly, tél. 03.26.55.40.51, fax 03.26.59.16.92 ☑ 🍷 r.-v.

RENE GEOFFROY Cuvée Prestige 1994★★

| ○ 1er cru | n.c. | 8 000 | 🍾 100 à 150 F |

Les Geoffroy sont présents à Cumières dès 1600. Aujourd'hui, le vignoble s'étend sur 13 ha. La cuvée Prestige, née de raisins récoltés en 1994 (deux tiers de chardonnay, un tiers de pinot noir) est vinifiée en foudre. Le vin ne fait pas sa fermentation malolactique. Les dégustateurs rendent hommage à cette vinification : « champagne bien vinifié », « un top », etc. D'autres compliments ouvrent la route du coup de cœur : « ampleur, élégance, finesse, harmonie, belle finale », etc. Une citation encore pour le **rosé**. Bien que ce récoltant produise du coteaux cham-

LA CHAMPAGNE

Champagne

penois, ce champagne n'est pas obtenu par adjonction de vin rouge dans un vin blanc, mais résulte d'une cuvaison courte de 18 à 48 heures. Sa teinte est assez soutenue, ses arômes évoquent les fruits rouges et la réglisse. (RM)
🍷 René Geoffroy, 150, rue du Bois-Jots, 51480 Cumières, tél. 03.26.55.32.31, fax 03.26.54.66.50 ✓ 🍷 r.-v.

PIERRE GERBAIS Cuvée Prestige*

| ○ | 1 ha | 4 000 | 🍾 | 70 à 100 F |

Marque d'après-guerre exploitant 14 ha de vignes. Cette cuvée Prestige, or clair, propose des arômes fins et discrets, légèrement fumés et boisés. En bouche, équilibre et fraîcheur ne masquent pas la maturité du vin. La **Cuvée de réserve**, assez bonne, mérite d'être citée pour sa souplesse et sa rondeur. (NM)
🍷 Pierre Gerbais, 13, rue du Pont, B.P. 17, 10110 Celles-sur-Ource, tél. 03.25.38.52.49, fax 03.25.38.55.17 ✓ 🍷 r.-v.

PIERRE GIMONNET ET FILS
Blanc de blancs*

| ○ 1er cru | n.c. | 100 000 | 🍾 | 70 à 100 F |

Les Gimonnet sont à Cuis depuis 1750. Les premiers champagnes ont été vinifiés en 1935. Le vignoble s'étend sur 26 ha. Ce blanc de blancs de Cuis comprend 80 % de vin de 94, complété de 89 et 92. Il présente des arômes de fruits confits, de la rondeur, du gras, un dosage idéalement faible. Deux blancs de blancs de 1990 obtiennent aussi une étoile : le **Fleuron**, issu de grands crus et de premiers crus, non chaptalisé, est un vin puissant et complexe, pur parce que faiblement dosé ; le **Spécial Club**, non chaptalisé également, plus rond et plus ample, se montre aussi complexe mais plus évolué. (RM)
🍷 Pierre Gimonnet et Fils, 1, rue de la République, 51530 Cuis, tél. 03.26.59.78.70, fax 03.26.59.79.84 ✓ 🍷 t.l.j. sf dim. 8h-12h 14h-18h; sam. sur r.-v.; f. 15-1er sept.

BERNARD GIRARDIN Brut Tradition*

| ○ | 5 ha | 12 800 | 🍾 | 70 à 100 F |

Marque lancée en 1970, disposant d'un vignoble de 5 ha. Le Tradition, brut sans année, naît des trois cépages champenois selon la classique proportion, 60 % de blancs, 40 % de noirs, dont 30 % de pinot meunier. Ces raisins ont été récoltés en 1992. L'un des dégustateurs lui accordera un coup de cœur ; il écrit : « très grand vin ». Le nez est élégant, noisette et brioche, la bouche souple, longue et complète. (RM)
🍷 Bernard Girardin, 14, Grande-Rue, 51530 Mancy, tél. 03.26.59.70.78, fax 03.26.51.55.45 ✓ 🍷 r.-v.

HENRI GIRAUD
Blanc de blancs Cuvée spéciale 1991*

| ○ Gd cru | n.c. | 5 000 | 🍾 | 100 à 150 F |

Léon Giraud a créé le vignoble dans l'entre-deux-guerres ; ses fils et petits-fils ont lancé la marque. Le vignoble actuel s'étend sur 13 ha. Ce blanc de blancs 91 a gagné, avec l'âge, en complexité. Ampleur et puissance le caractérisent. Une étoile également pour la **Cuvée fût de chêne** (deux tiers de noirs, un tiers de blancs),

légèrement boisé, évolué avec élégance. Pour les amateurs. (NM)
🍷 Champagne Henri Giraud, 71, bd Charles-de-Gaulle, 51160 Ay, tél. 03.26.55.18.55, fax 03.26.55.33.49 ✓ 🍷 t.l.j. 9h-19h

PHILIPPE GLAVIER Blanc de blancs**

| ○ | 3,3 ha | 6 000 | 🍾 | 70 à 100 F |

Un blanc de blancs « sans année » modèle, à servir en apéritif ou avec un poisson en sauce. Les reflets verts ne manquent pas à l'appel dans l'or de la robe, ni l'amande, les fruits blancs et les fruits secs au nez et en bouche les noisettes grillées-épicées précédées par la vivacité de l'attaque en bouche. (RM)
🍷 Philippe Glavier, 82, rue Nestor-Gaunel, 51530 Cramant, tél. 03.26.57.58.86 ✓ 🍷 r.-v.

PAUL GOBILLARD Cuvée Régence**

| ○ | n.c. | n.c. | 🍾 | 100 à 150 F |

La huitième génération de Gobillard occupe le château de Pierry. Une cuvée de prestige non millésimée ? Oui, parce qu'elle est composée de trois grands vins qui ont été millésimés en leur temps, 82, 83 et 85 (avec 70 % de chardonnay et les deux pinots à égalité). Ce champagne a atteint son apogée, donc un équilibre parfait entre vivacité et rondeur, entre pureté et complexité, entre floral et fruité, entre finesse et puissance : entre le cœur et l'esprit, comme on dit aujourd'hui. A déguster avec une coquille Saint-Jacques au gros sel, ou seul, pour lui-même. (NM)
🍷 Paul Gobillard, Ch. de Pierry, B.P. 1, 51530 Pierry, tél. 03.26.54.46.03, fax 03.26.54.46.03 ✓ 🍷 t.l.j. sf dim. 16h30; groupes sur r.-v.

PIERRE GOBILLARD

| ○ 1er cru | 5 ha | 40 000 | 🍾 | 70 à 100 F |

Marque lancée en 1947, disposant de 7,6 ha de vignes. Les trois cépages champenois collaborent également à cette cuvée aux notes de fleurs, de brioche et d'amande fraîche. La **cuvée Prestige**, mi-blanche mi-noire, doit être citée pour son attaque fraîche et pour sa finale minérale et longue. (RM).
🍷 Champagne Pierre Gobillard, 341, rue des Côtes-de-l'Héry, 51160 Hautvillers, tél. 03.26.59.40.67, fax 03.26.59.45.80 🍷 r.-v.

J.-M. GOBILLARD ET FILS Tradition**

| ○ 1er cru | 12 ha | 120 000 | 🍾 | 70 à 100 F |

Marque lancée en 1955, exploitant un vignoble de 25 ha. Les trois cépages champenois à parts égales, récoltés en 1995 et 1996, collaborent

Champagne

à ce Tradition floral, frais, équilibré. Deux étoiles également pour le **Privilège des Moines** (chardonnay 70 %, pinot noir 30 %) issu de la récolte 94, élevé en fût, avec bâtonnage pendant un an. Un champagne très intéressant qui frise le coup de cœur : nez de violette et de myrtille, touche de bois, attaque souple et rondeur harmonieuse. Enfin, le **blanc de blancs** reçoit une étoile pour sa rondeur équilibrée. (NM)
🍾 J.-M. Gobillard et Fils, SARL L'Altavilloise, 38, rue de l'Eglise , 51160 Hautvillers, tél. 03.26.51.00.24, fax 03.26.51.00.18 ⓥ ⓨ r.-v.

GODME PERE ET FILS Tradition★

○ Gd cru   1,5 ha   10 000   🍾 70 à 100 F

Entreprise familiale exploitant un vignoble de 12 ha. La Tradition est un blanc de noirs élevé six mois dans le bois. Ce champagne au nez harmonieux, fruité, tout en souplesse et en rondeur, témoigne d'un bel art de la vinification si l'on songe que les raisins dont il est issu ont été cueillis en 1993. Est cité la **Réserve**, mi-noir mi-blanc, à base de raisins vendangés en 1994. Un champagne équilibré, plus évolué en bouche qu'au nez. (RM)
🍾 Champagne Godmé Père et Fils, 10, rue de Verzy, 51360 Verzenay, tél. 03.26.49.48.70, fax 03.26.49.48.70 ⓥ ⓨ r.-v.

PAUL GOERG Blanc de blancs★

○   n.c.   300 000   🍾 70 à 100 F

Groupement de producteurs (une centaine) vinifiant la récolte de 125 ha de vignes. Son blanc de blancs est un classique : nez de fleurs blanches, équilibre et rondeur en bouche. (CM)
🍾 Champagne Paul Goerg, 4, pl. du Mont-Chenil, 51130 Vertus, tél. 03.26.52.15.31, fax 03.26.52.23.96 ⓥ ⓨ r.-v.

MICHEL GONET Blanc de blancs

○ Gd cru   8 ha   80 000   🍾 70 à 100 F

Michel Gonet est le grand vigneron d'Avize, fort de son vignoble de 40 ha. Son champagne s'annonce par des fragrances de fleurs blanches ; sa souplesse étonne après une attaque franche. Un vin de repas. (RM)
🍾 Michel Gonet, 196, av. Jean-Jaurès, 51190 Avize, tél. 03.26.57.50.56, fax 03.26.57.91.98 ⓥ ⓨ r.-v.

PHILIPPE GONET Blanc de blancs

○   6 ha   30 000   🍾 70 à 100 F

Philippe Gonet appartient à la septième génération de viticulteurs de la famille. Son vignoble couvre 18 ha. Il propose un blanc de blancs classique aux arômes de feuilles mortes et de fruits secs ; il a de l'esprit ; touche légèrement amère en finale. (RM)
🍾 Champagne Philippe Gonet, 1, rue de la Brèche-d'Oger, B.P. 18, 51190 Le Mesnil-sur-Oger, tél. 03.26.57.53.47, fax 03.26.57.51.03 ⓥ ⓨ r.-v.

GONET-SULCOVA
Blanc de blancs Spécial Club 1992

○   n.c.   n.c.   🍾 100 à 150 F

Charles, le grand-père, Jacques, le fils, et Vincent, le petit-fils : la famille Gonet est toujours présente dans la Côte des Blancs. Vincent Gonet, à la tête de 14,5 ha, élabore un Spécial Club 92, un millésime rare et difficile, dont les senteurs animales n'annoncent pas la fraîcheur discrète et équilibrée que l'on découvre en bouche. (RM)
🍾 Champagne Gonet-Sulcova, 13, rue Henri-Martin, 51200 Epernay, tél. 03.26.54.37.63, fax 03.26.55.36.71 ⓥ ⓨ r.-v.

GOSSET Célébris 1990★

○   n.c.   30 000   🍾 +200 F

Les Gosset sont à Ay depuis 1584. La marque fait désormais cause commune avec le cognac Frapin. Dans cette cuvée de luxe, 45 % de pinot noir sont mariés à 55 % de chardonnay - uniquement des grands crus. Ce 90 a toute la richesse du millésime ; il en a la puissance, mais il évolue, comme beaucoup de 90. Un champagne de repas. (NM)
🍾 Champagne Gosset, 69, rue Jules-Blondeau, B.P. 7, 51160 Ay, tél. 03.26.56.99.56, fax 03.26.51.55.88 ⓥ ⓨ r.-v.

GEORGE GOULET
Brut Bouteille spéciale★

○   n.c.   100 000   🍾 70 à 100 F

Maison fondée en 1834 et reprise en 1989 par Lionel Chaudron. Deux tiers de chardonnay et un tiers de pinot noir sont assemblés dans ce champagne au nez discret mais équilibré en bouche (NM)
🍾 Champagne George Goulet, 1, av. de Paris, 51100 Reims, tél. 03.26.66.44.88, fax 03.26.67.99.36 ⓥ ⓨ r.-v.
🍾 Lionel Chaudron

HENRY GOULET★

●   n.c.   30 000   🍾 70 à 100 F

Henry Goulet, George Goulet, même maison, même combat. On peut ajouter à ce duo le champagne Lang-Biémont. Ce rosé est issu d'un peu plus de chardonnay (55 %) que de pinot noir ; il est rose pâle, fleure les petits fruits rouges et le bonbon anglais, alors qu'en bouche, légèreté, élégance et souplesse se conjuguent. (NM)
🍾 Champagne George Goulet, 1, av. de Paris, 51100 Reims, tél. 03.26.66.44.88, fax 03.26.67.99.36 ⓨ r.-v.
🍾 Lionel Chaudron

GOUSSARD ET DAUPHIN
Extra brut Sélection★★

○   n.c.   n.c.   🍾 70 à 100 F

Marque fondée en 1989, disposant de 7 ha. Cet extra brut n'est pas - ou très peu - dosé : un champagne net, droit, direct, aux notes d'amande et de bergamote, d'une grande vivacité. Le **brut Prestige**, au nez citronné, avec des arômes de chèvrefeuille et de pâte de pain, révèle une extrême jeunesse en bouche. Il a été cité par le jury. (RM)
🍾 Goussard et Dauphin, GAEC du Val de Sarce, 2, chem. Saint-Vincent, 10340 Avirey-Lingey, tél. 03.25.29.30.03, fax 03.25.29.85.96
ⓥ ⓨ r.-v.

601   LA CHAMPAGNE

Champagne

HENRI GOUTORBE
Cuvée traditionnelle*

○ n.c. 80 000 | 70 à 100 F

Pépiniéristes mais aussi vignerons, les Goutorbe produisent toute une gamme de champagnes. Cette Cuvée traditionnelle, assez noire (75 %), apparaît florale ; son attaque est vive, presque raide. Bonne longueur. Le **91** reçoit une étoile également. Sa composition est semblable à celle du brut sans année. Il a atteint son apogée. Les viandes blanches lui conviennent. (RM)
🍾 SARL Champagne Goutorbe Père et Fils, 9 bis, rue Jeanson, 51160 Ay, tél. 03.26.55.21.70, fax 03.26.54.85.11 r.-v.

GOUTORBE-BOUILLOT Réserve*

○ n.c. n.c. | 70 à 100 F

Marque lancée en 1920, exploitant un vignoble de 7,7 ha. Le Réserve est issu de raisins noirs (80 % dont 20 % de pinot meunier) : nez de fleurs blanches, discret ; attaque franche, souplesse, finale de fruits blancs. (RM)
🍾 Champagne Goutorbe-Bouillot, 14, rue Anatole-France, 51480 Damery, tél. 03.26.58.40.92, fax 03.26.58.45.36 r.-v.
🍾 D. Papleux

ALFRED GRATIEN 1983***

○ n.c. n.c. | +200 F

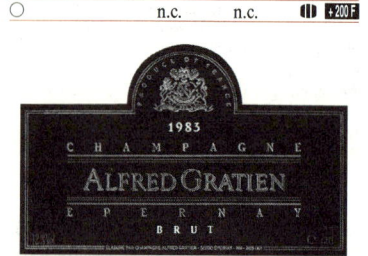

La maison Alfred Gratien, fondée en 1864 et restée familiale, est une habituée des coups de cœur. Cette fois, c'est le millésime 83 qui fait chavirer les dégustateurs. Une émotion qui vaut trois étoiles, altitude plutôt rare. Ce vin a fermenté dans de petits et vieux fûts de chêne. Il est composé de deux tiers de chardonnay et d'un tiers de pinot noir. Un champagne extraordinaire, aux arômes de chocolat, de noisette grillée et miellée, dont la bouche ample fait songer à une compote d'abricots, nappée de chocolat. « Génial », précise un dégustateur. (NM)
🍾 Champagne Alfred Gratien, 30, rue Maurice-Cerveaux, B.P. 3, 51201 Epernay Cedex, tél. 03.26.54.38.20, fax 03.26.54.53.44 r.-v.

ALFRED GRATIEN 1989

◐ n.c. n.c. | +200 F

Chez Alfred Gratien, on cultive des méthodes d'élaboration traditionnelles dans des locaux qui ne le sont pas moins. Ce 89 se compose de 60 % de chardonnay et de 40 % de pinots (dont 30 % de meunier). Le vin fermente en petits fûts. Il a atteint son apogée. Abricot, noisette, miel, pain grillé composent sa palette aromatique. Très belle fin de bouche. De la même maison, la **cuvée Paradis rosé**, cuivre blanc à l'œil, légère et nerveuse en bouche, a également été citée. (NM)

🍾 Champagne Alfred Gratien, 30, rue Maurice-Cerveaux, B.P. 3, 51201 Epernay Cedex, tél. 03.26.54.38.20, fax 03.26.54.53.44 r.-v.

GRUET Cuvée Tradition

○ n.c. 184 816 | 70 à 100 F

Vignerons depuis trois siècles, les Gruet exploitent aujourd'hui un vignoble de 10 ha. La cuvée Tradition est un blanc de noirs (pinot noir), élégant, aux arômes de noisette, mais un peu chaleureux. Le jury a également cité le **rosé** issu presque exclusivement de raisins noirs, de teinte soutenue, qui fait songer à des vins rouges frais ; et le **millésime 89** (deux tiers de noirs pour un tiers de blancs), jeune à l'œil mais qui fait son âge au nez comme en bouche. (NM)
🍾 Champagne Gruet, 48, Grande-Rue, 10110 Buxeuil, tél. 03.25.38.54.94, fax 03.25.38.51.84 t.l.j. 8h-12h 14h-18h; sam. dim. sur r.-v.

MAURICE GRUMIER Cuvée Sélection*

○ n.c. 30 000 | 70 à 100 F

Propriété familiale de 7 ha et marque fondée en 1928. La cuvée Sélection n'exploite que les pinots surtout le meunier (80 %). Un vin élégant, mais doit-il son élégance à sa légèreté ou l'inverse ? Une bonne finale de brut sans année. (RM)
🍾 Guy Grumier, 13, rte d'Arty, 51480 Venteuil, tél. 03.26.58.48.10, fax 03.26.58.66.08 r.-v.

GUY DE FOREZ

○ n.c. 20 300 | 50 à 70 F

Un blanc de noirs qui ne fait pas sa fermentation malolactique. Il est empyreumatique, fin, pointu. Sa mélodie est simple mais longue. (RM)
🍾 Guy de Forez, 32 bis, rue du Gal-Leclerc, 10340 Les Riceys, tél. 03.25.29.98.73, fax 03.25.38.23.01 r.-v.
🍾 Wenner

GUYOT-GUILLAUME Tradition

○ n.c. n.c. | 70 à 100 F

Un blanc de noirs qui fait la part belle au pinot meunier (85 %). Arômes de fruits mûrs, de pêches de vigne et d'agrumes, attaque souple, vinosité, finale minérale. (RM)
🍾 Dominique Guyot, 9, rue des Sablons, 51390 Méry-Prémecy, tél. 03.26.03.65.25, fax 03.26.03.65.06 r.-v.

HAMM 1992

○ n.c. 5 000 | 100 à 150 F

Maison toujours familiale, depuis sa création en 1910, Hamm est une des rares à avoir millésimé 1992. Une cuvée mi-noire mi-blanche, faisant appel à six grands crus. La fermentation malolactique a été évitée. Ce champagne présente une pointe d'évolution, du miel, de la cire d'abeille et quelque chose de moelleux en bouche. (NM)
🍾 Champagne Emile Hamm, 16, rue N.-Philipponnat, 51160 Ay, tél. 03.26.55.44.19, fax 03.26.51.98.68 r.-v.

Champagne

CHAMPAGNE HARLIN 1985*

○　　　　　n.c.　　　n.c.　　🍾 100 à 150 F

Maison familiale qui refait surface, sans changer de mains. Les 85 sont de plus en plus rares. Celui-ci est si frais que les dégustateurs n'en reviennent pas : « Atypique, très étonnant », écrivent-ils. D'autant plus que les reflets verts dans la robe sont signes de jeunesse. Un champagne complexe et équilibré. Le **89** obtient lui aussi une étoile. Arômes de fruits blancs, de pêche de vigne, équilibré. N'aurait-on pu supprimer le dosage ? A servir avec un bar au fenouil. (NM)

🍇 Harlin, 41, av. de Champagne, 51150 Tours-sur-Marne, tél. 03.26.51.88.95, fax 03.26.58.96.31 ☑ 🍴 t.l.j. sf sam. dim. 9h45-11h45 14h30-18h
🍇 Famille Paillard

JEAN-NOEL HATON*

◐　　　　　n.c.　　　n.c.　　70 à 100 F

13 ha de vignes pour cette marque lancée en 1928. Un quart de raisins blancs et trois quarts de raisins noirs (dont 25 % de pinot noir) ont contribué à ce rosé, à la jolie robe, au nez de framboise, pour d'autres plutôt de cerise. A servir avec du saumon fumé ou de la volaille. Le jury a cité le **blanc de blancs 93**, un champagne vif et équilibré que l'on boira dans l'après-midi. (NM)

🍇 Jean-Noël Haton, 5, rue Jean-Mermoz, 51480 Damery, tél. 03.26.58.40.45, fax 03.26.58.63.55 ☑ 🍴 t.l.j. 8h-12h 13h30-19h

HATON ET FILS Grande Réserve*

◐　　6,43 ha　　　n.c.　　🍾 70 à 100 F

Cette maison familiale exploite un vignoble de 6,5 ha. Elle a élaboré un rosé de noirs (dont 20 % de pinot noir) récoltés en 1995. Un champagne saumoné-orangé, rond et néanmoins citronné, à boire avec un biscuit de Savoie. (NM)

🍇 Haton et Fils, 3, rue Jean-Mermoz, 51480 Damery, tél. 03.26.58.41.11, fax 03.26.58.45.98 ☑ 🍴 r.-v.

JEAN-PAUL HEBRART Blanc de noirs

○ 1er cru　　1 ha　　4 300　　🍾 70 à 100 F

Le vignoble a été créé en 1983, la marque lancée en 1990. Un blanc de noirs de pinot noir vif mais équilibré, pour l'heure apéritive. (RM)

🍇 Jean-Paul Hébrart, 10, quai du Moulin, 51160 Mareuil-sur-Ay, tél. 03.26.52.60.75, fax 03.26.52.92.64 ☑ 🍴 r.-v.

MARC HEBRART
Club des Viticulteurs 1994

○ 1er cru　　n.c.　　5 000　　🍾 100 à 150 F

Marque lancée en 1963, exploitant un vignoble de 6,5 ha. 94 est un millésime rare, encore plus rare en cuvée spéciale. Il évolue rapidement. Celui-ci est à son apogée. Il assemble pinot noir et chardonnay dans des proportions classiques respectivement 60 % et 40 %. C'est un vin léger, dosé habilement, vif mais rond. (RM)

🍇 Marc Hébrart, 18-20, rue du Pont, 51160 Mareuil-sur-Ay, tél. 03.26.52.60.75, fax 03.26.52.92.64 ☑ 🍴 t.l.j. 8h-12h 13h-19h; groupes sur r.-v.

CHARLES HEIDSIECK
Blanc des Millénaires 1985**

○　　　　　n.c.　　　n.c.　　🍾 + 200 F

On prend le même et on recommence. Coup de cœur dans l'édition 1996, signalé glorieusement dans l'édition 1997, coup de cœur dans celle de 1998, coup de cœur aujourd'hui. Cette continuité inspire deux réflexions : la qualité des dégustateurs et la tenue inaltérable de ce champagne haut de gamme, issu des grands crus de la Côte des Blancs, remarquable par son harmonie, son équilibre, sa complexité et, plus extraordinaire, par la permanence de la fraîcheur. (NM)

🍇 Charles Heidsieck, 4, bd Henry-Vasnier, 51100 Reims, tél. 03.26.84.43.50, fax 03.26.84.43.86 ☑ 🍴 r.-v.

CHARLES HEIDSIECK Réserve privée

○　　　　　n.c.　　　n.c.　　🍾 150 à 200 F

Initiative intéressante de la vieille - mais toujours jeune - maison rémoise fondée en 1851. Sur la bouteille de ce champagne, un brut sans année sollicitant également les trois cépages champenois, figure la date de « mise en cave ». On n'en déduit pas son millésime, mais son temps d'élevage en cave. Sont ainsi proposées des mises en cave, 90, 94, etc. Les dégustateurs modulent leurs commentaires selon leur goût pour l'évolution des champagnes. Complexité, arômes de torréfaction, équilibre réussi dans des styles différents. (NM)

🍇 Charles Heidsieck, 4, bd Henry-Vasnier, 51100 Reims, tél. 03.26.84.43.50, fax 03.26.84.43.86 ☑ 🍴 r.-v.

HEIDSIECK MONOPOLE Red Top

○　　　　　n.c.　　　n.c.　　70 à 100 F

Marque reprise depuis peu par le groupe Vranken. Une cuvée très noire (80 % des deux pinots) pour des arômes empyreumatiques et un bon équilibre. « Un champagne sans surprise pour tarte au sucre », écrit un dégustateur. Le jury a également cité une vieille gloire de la maison, la cuvée spéciale **Diamant bleu 85**. (NM)

🍇 Heidsieck et Co Monopole, 17, av. de Champagne, 51200 Epernay, tél. 03.26.59.50.50, fax 03.26.52.19.65 ☑ 🍴 t.l.j. 9h30-16h30; sam. 10h-16h; dim. et groupes sur r.-v.

D. HENRIET-BAZIN*

○ Gd cru　　n.c.　　n.c.　　70 à 100 F

Propriété de 6 ha située sur la Montagne de Reims, constituée en trois générations. Ce vin est un blanc de noirs de pinot noir. Il révèle des arômes de pomme très mûre, une attaque souple et apparaît gras et puissant. Du même producteur, le jury a cité deux autres cuvées : le **Sélection**, mi-noir mi-blanc, un champagne assez léger, ayant atteint son apogée tout comme le

LA CHAMPAGNE

Champagne

blanc de blancs, dont le dosage ne passe pas inaperçu. (RM)
📞 D. Henriet-Bazin, 9 bis, rue Dom-Pérignon, 51380 Villers-Marmery, tél. 03.26.97.96.81, fax 03.26.97.97.30 ✉ 🍷 r.-v.

HENRIOT Cuvée des Enchanteleurs 1988*

| ○ | n.c. | n.c. | +200 F |

Joseph Henriot gouverne la maison Bouchard, en Bourgogne, mais il poursuit ses activités en Champagne. Les dégustateurs ont beaucoup apprécié sa cuvée de prestige. Elle marie le chardonnay de la Côte des Blancs (56 %) et le pinot noir de la Montagne de Reims du remarquable millésime 88. Ses points forts sont la rondeur et la puissance. Le **89**, un champagne de type souple, évolué, est prêt à boire et ne gagnera rien à être attendu. Il a obtenu une citation. (NM)
📞 Champagne Henriot, 3, pl. des Droits-de-l'Homme, B.P. 457, 51066 Reims, tél. 03.26.89.53.00, fax 03.26.89.53.10 🍷 r.-v.

PAUL HÉRARD Blanc de noirs

| ○ | n.c. | n.c. | 70 à 100 F |

Propriété créée en 1925 et s'étendant sur 6,5 ha. Ce blanc de noirs, issu de pinot noir, bien que monocépage, est assez complexe, brioché, fruité (pêche jaune, abricot frais). Sa rondeur élégante plaît. (NM)
📞 Champagne Paul Hérard, 31, Grande-Rue, 10250 Neuville-sur-Seine, tél. 03.25.38.20.14, fax 03.25.38.21.73 ✉ 🍷 r.-v.

DIDIER HERBERT

| ⦿ 1er cru | n.c. | 5 000 | 🍾 70 à 100 F |

En trois générations les Herbert ont constitué un vignoble de 8 ha. Ce 1er cru sollicite également les trois cépages champenois. Il est cuivre ambré ; les arômes évoquent les fruits rouges. Une grillade peut lui convenir. (RM)
📞 Didier Herbert, 32, rue de Reims, 51500 Rilly-la-Montagne, tél. 03.26.03.41.53, fax 03.26.03.44.64 ✉ 🍷 t.l.j. sf dim. 8h-18h30; f. août

HEUCQ PERE ET FILS
Cuvée antique***

| ○ | 0,6 ha | 4 500 | 🍾 100 à 150 F |

Depuis 1920, trois générations se sont succédé à la tête de ce vignoble de 6 ha. Cuvée antique ? Pas tant que cela, puisque les raisins ont été vendangés en 1991. 70 % de chardonnay et 30 % de pinot noir composent ce champagne au nez minéral, complexe, fin et élégant. La bouche est superbe par son équilibre, sa classe et sa longueur. (RM)
📞 André Heucq, 51700 Cuisles, tél. 03.26.58.10.08, fax 03.26.58.12.00 ✉ 🍷 r.-v.

HEUCQ PERE ET FILS Brut tradition**

| ○ | n.c. | 35 000 | 🍾 100 à 150 F |

Remarquable blanc de noirs, les deux pinots sont mis à contribution, 70 % de meunier et 30 % de pinot noir, récoltés en 1993, 1994 et 1995. Des arômes de fleurs blanches lui donnent de l'élégance. En bouche, fraîcheur miellée. A citer la **cuvée Prestige**, pinot noir-chardonnay (40/60) vendangés en 1992. Le dosage est perceptible. (RM)
📞 André Heucq, 51700 Cuisles, tél. 03.26.58.10.08, fax 03.26.58.12.00 ✉ 🍷 r.-v.

M. HOSTOMME ET SES FILS
Blanc de blancs*

| ○ Gd cru | n.c. | 40 000 | 🍾 70 à 100 F |

Marque lancée avant la Grande Guerre, disposant de 10 ha à Chouilly et de 3,5 ha dans la vallée de la Marne. Ce blanc de blancs de Chouilly aux arômes de fruits et de fleurs blanches attaque vivement, avec beaucoup de finesse. (NM)
📞 SARL M. Hostomme et ses Fils, 5, rue de l'Allée, 51530 Chouilly, tél. 03.26.55.40.79, fax 03.26.55.08.55 ✉ 🍷 r.-v.

BERNARD HUBSCHWERLIN

| ○ | 2,5 ha | n.c. | 🍾 50 à 70 F |

Marque lancée en 1990, exploitant un vignoble de 5 ha situé dans l'Aube. Elle présente une cuvée très noire (80 % de cépages noirs dont 70 % de pinot meunier). Les vins ne font pas leur fermentation malolactique. Les arômes sont discrets, évoquant en bouche la pomme acidulée puis les agrumes. Un prix sage. (RM)
📞 Bernard Hubschwerlin, 12, Grande-Rue, 10250 Courteron, tél. 03.25.38.24.11, fax 03.25.38.47.80 ✉ 🍷 t.l.j. 8h30-18h30; sam. dim. sur r.-v.

HUGUENOT-TASSIN Cuvée Tradition

| ○ | 3,5 ha | 23 000 | 🍾 50 à 70 F |

Propriété de près de 6 ha du côté de Celles-sur-Ource. Beaucoup de pinot noir (85 %) dans cette cuvée Tradition aux notes de fleurs, de brioche puis de pamplemousse rose, bien adaptée à l'apéritif. (RM)
📞 Benoît Huguenot, 4, rue du Val-Lune, 10110 Celles-sur-Ource, tél. 03.25.38.54.49, fax 03.25.38.50.40 ✉ 🍷 r.-v.

HURE FRERES Réserve*

| ○ | n.c. | 40 000 | 🍾 70 à 100 F |

Cette Réserve comprend beaucoup plus de raisins noirs que de blancs avec ses 70 % de pinot, dont 55 % de pinot meunier. Elle est gaie ; ses arômes de fleurs (acacia), d'agrumes et de miel éclairent la fraîcheur de son attaque et sa puissance. (RM)
📞 Champagne Huré Frères, 2, imp. Carnot, 51500 Ludes, tél. 03.26.61.11.20, fax 03.26.61.13.29 ✉ 🍷 r.-v.

Champagne

ROBERT JACOB Tradition★

○ 5 ha 12 000 ▪️ 70 à 100 F

Marque lancée en 1976, disposant d'un vignoble de 12 ha. Bien que les blancs n'entrent pour un tiers dans cette cuvée, le champagne est très marqué par le chardonnay dans sa palette aromatique mêlant noisette, brioché, agrumes, fleurs blanches. (RM)

🍾 Champagne Jacob, 14, rue de Morres, 10110 Merrey-sur-Arce, tél. 03.25.29.83.74, fax 03.25.29.34.86 ✉️ ⏱️ t.l.j. sf dim. 9h-12h 14h-18h

JACQUART Brut Tradition★

○ n.c. n.c. ▪️ 150 à 200 F

Vaste groupement de producteurs commercialisant le produit de 900 ha de vignes. Les trois cépages champenois participent également à cette cuvée Tradition, empyreumatique et fruitée, dont l'acidité marquée est compensée par un dosage sensible. Une étoile également pour la **cuvée Mosaïque**, mi-blanche mi-noire (dont 15 % de pinot meunier), qui décline les fleurs, la confiture de prunes, puis les cerises cuites citronnées. (CM)

🍾 Sté Vinicole Jacquart, 5, rue Gosset, 51100 Reims, tél. 03.26.07.88.40, fax 03.26.07.12.07 ✉️ ⏱️ r.-v.

ANDRE JACQUART ET FILS
Blanc de blancs Cuvée spéciale★★

○ Gd cru 10 ha n.c. ▪️ 70 à 100 F

Marque fondée en 1956, exploitant un vignoble de 18 ha, conduite par les enfants du fondateur. « Exceptionnel », selon un dégustateur ; ce blanc de blancs Cuvée spéciale se montre onctueux, souple, frais, rond et de grande longueur. Une étoile encore pour le **blanc de blancs 90 grand cru**, gras, vineux, riche, à servir avec un brochet ou un sandre. (RM)

🍾 André Jacquart et Fils, 6, av. de la République, 51190 Le Mesnil-sur-Oger, tél. 03.26.57.52.29, fax 03.26.57.78.14 ✉️ ⏱️ r.-v.

YVES JACQUES★

◐ n.c. 10 000 ▪️ 70 à 100 F

Cette marque familiale, lancée en 1962, dispose d'un vignoble de 16 ha. Son rosé, issu d'une forte proportion de raisins noirs (75 % dont 25 % de pinot noir), offre un fruité intense, fraise-framboise, au nez comme en bouche. Les dégustateurs signalent « une présence tannique ». La cuvée **Tradition**, assemblage identique au précédent, est citée. Elle n'a qu'un défaut, sa jeunesse, et une grande qualité, son prix. (RM)

🍾 Yves Jacques, 1, rue de Montpertuis, 51270 Baye, tél. 03.26.52.80.77, fax 03.26.52.83.97 ✉️ ⏱️ t.l.j. 8h-12h 14h-18h ; dim. sur r.-v.

JACQUINET-DUMEZ Brut rosé★

● 1er cru n.c. 6 000 70 à 100 F

Marque lancée après la dernière guerre, exploitant 7 ha de vignes. Ce rosé, presque totalement issu de raisins noirs (10 % de chardonnay), a divisé les dégustateurs. La couleur, très pâle, en est la cause. « Ce n'est pas un rosé », écrivent certains. « A commander dans un grand hôtel de luxe », conseillent d'autres. Tous s'accordent cependant pour reconnaître son agrément au nez comme en bouche. Une étoile aussi pour le **92 cuvée l'Excellence**, un blanc de noirs (pinot noir), praliné, vif et réglissé. « Un vin d'âme », écrit un dégustateur. (RM)

🍾 Jacquinet-Dumez, 26, rue de Reims, 51370 Les Mesneux, tél. 02.26.36.25.25, fax 02.26.36.58.92 ⏱️ r.-v.

SELECTION J.M. DE JAMART
Sélection 1990★

○ n.c. 2 500 ▪️ 100 à 150 F

Marque lancée avant la dernière guerre par le grand-père du propriétaire actuel. Ce 90 est un blanc de noirs (95 % de pinot meunier) discret au nez, fruits confits ; en attaque un champagne souple, quelque peu évolué. (NM)

🍾 Champagne E. Jamart et Cie, 13, rue Marcel-Soyeux, 51530 Saint-Martin-d'Ablois, tél. 03.26.59.92.78, fax 03.26.59.95.23 ✉️ ⏱️ t.l.j. sf lun. 8h-18h ; dim. sur r.-v.

🍾 J.-M. Oudart

CHRISTOPHE JANISSON

○ Gd cru n.c. 10 000 ▪️ 70 à 100 F

Marque lancée dans les années vingt disposant de 4,3 ha. 80 % de pinot noir et 20 % de chardonnay contribuent à cette cuvée qui ne fait pas sa fermentation malolactique. Très vif mais dosé, ce champagne s'avère un peu jeune, mais les dégustateurs lui reconnaissent un bon potentiel. Ce sont les fruits rouges qui dominent les arômes de ce vin puissant à la longue finale. (RM)

🍾 Christophe Janisson, 20, rue Kellermann, 51500 Mailly-Champagne, tél. 03.26.49.46.82, fax 03.26.49.46.82 ✉️ ⏱️ r.-v.

PH. JANISSON Cuvée Tradition★

○ 1er cru 4 ha 20 000 ▪️ 70 à 100 F

Marque familiale lancée en 1984. 70 % de pinot, dont 20 % de pinot meunier entrent dans cette cuvée Tradition incroyablement florale, avec ses fragrances de lilas, de muguet et de lys. La bouche développe un fruité généreux d'où le dosage n'est pas absent. Assemblage de pinot noir et de chardonnay à parts égales, le **rosé** a obtenu aussi une étoile grâce à sa fraîcheur de sous-bois et à sa franchise. (RM)

🍾 Philippe Janisson, 17, rue Gougelet, 51500 Chigny-les-Roses, tél. 03.26.03.46.93, fax 03.26.03.49.00 ✉️ ⏱️ r.-v.

JEANMAIRE Blanc de blancs

○ n.c. n.c. ▪️ 100 à 150 F

Marque lancée en 1933, exploitant un vignoble de 83 ha. Ce blanc de blancs a un corps de jeune fille. Un peu frêle. Le dosage lui donne de l'embonpoint. (RM)

🍾 Champagne Jeanmaire, 12, rue Godart-Roger, B.P. 256, 51207 Epernay Cedex, tél. 03.26.59.50.10, fax 03.26.54.78.52

🍾 M. et J. Trouillard

RENE JOLLY Blanc de blancs

○ 1 ha 6 600 ▪️ 70 à 100 F

Un blanc de blancs pour l'apéritif, floral, harmonieux, « très bien vinifié », note un dégustateur. Sa jeunesse nous conseille de l'attendre un peu.

LA CHAMPAGNE

Champagne

Le **rosé** de l'exploitation, une cuvée mi-blanche mi-noire, a obtenu la même note. Un champagne souple, rond, aux accents de cassis fumé. (RM)
🍾 Hervé Jolly, 10, rue de la Gare, 10110 Landreville, tél. 03.25.38.50.91, fax 03.25.29.12.43

BERTRAND JOREZ Brut Sélection

○ 1er cru   n.c.   n.c.   70 à 100 F

La troisième génération exploite 4,5 ha de vignes. Ls pinots sont majoritaires (78 % dont 25 % de pinot noir) dans ce Sélection, complété par 12 % de chardonnay. Ce champagne au caractère masculin accusé, typé par le terroir et par le pinot meunier, peut accompagner une solide viande. (RM)
🍾 Bertrand Jorez, rue de Reims, 51500 Ludes, tél. 03.26.61.14.05, fax 03.26.61.14.96

JEAN JOSSELIN Carte noire*

○   8,83 ha   67 000   70 à 100 F

Marque lancée en 1957 exploitant près de 10 ha. Ce Carte noire est un blanc de noirs né des vendanges 92, 93 et 95. Un champagne rond, qui attire l'attention par ses arômes fruités et fumés, assortis de notes de sous-bois. (RM)
🍾 Jean-Pierre Josselin, 14, rue des Vannes, 10250 Gyé-sur-seine, tél. 03.25.38.21.48, fax 03.25.38.25.00

CHARLES KINDLER Cuvée Excellence*

○   n.c.   5 000   100 à 150 F

Maison fondée en 1906, rachetée par le champagne Lenoble dans les années 50. Cette cuvée Excellence est très noire (80 % de pinots) ; elle naît de l'assemblage des récoltes de 1992, 1993 et 1994 associé à 20 % de vins de réserve. Après les agrumes vanillés surgissent les fruits rouges. Un champagne aussi équilibré que long. (NM)
🍾 Champagne A.R. Lenoble, 35-37, rue Paul-Douce, 51480 Damery, tél. 03.26.58.42.60, fax 03.26.58.65.57

KRUG
Clos du Mesnil Blanc de blancs 1989**

○   n.c.   16 372   +200 F

Ce Clos, qui fête cette année (1998) son troisième centenaire, est la propriété de Krug depuis 1971. Ce grand blanc de blancs - très cher - est vinifié selon la « méthode Krug » en petit fût. Ce passage par le bois se traduit à la dégustation par des touches boisées. Ce 89 est bien « typé Mesnil », c'est-à-dire masculin. Sa palette aromatique associe notes empyreumatiques, fruits à noyau et arômes tertiaires. Un champagne bâti pour durer. (NM)
🍾 Krug Vins fins de Champagne, 5, rue Coquebert, B.P. 22, 51100 Reims, tél. 03.26.84.44.20, fax 03.26.84.44.49

KRUG Grande Cuvée**

○   n.c.   n.c.   +200 F

Dans cette célèbre maison, fondée en 1843, tous les champagnes passent par le bois. Cette Grande Cuvée, très noire (75 % de pinots), se singularise en donnant des lettres de noblesse au pinot meunier (15 %). Son fondu harmonieux de vin évolué, sa rondeur, sa richesse et sa complexité lui valent un coup de cœur. Le **Krug Collection 1979**, fabuleux « vieux » champagne, lui aussi issu des trois cépages, est du même niveau. (NM)

🍾 Krug Vins fins de Champagne, 5, rue Coquebert, B.P. 22, 51100 Reims, tél. 03.26.84.44.20, fax 03.26.84.44.49

MICHEL LABBE ET FILS Prestige**

○   n.c.   5 000   100 à 150 F

Née d'un vignoble familial de 10 ha, cette cuvée Prestige, mi-noire mi-blanche, se distingue par sa complexité ; orange confite, miel, tilleul et même muscade se partagent le nez, des notes de brioche citronnée concluant la dégustation. (RM)
🍾 Michel Labbé, 24, rue du Gluten, 51500 Chamery, tél. 03.26.97.65.89, fax 03.26.97.67.42

DE LA CENSE Blanc de blancs*

○ 1er cru   n.c.   n.c.   70 à 100 F

Un vin élaboré par le champagne Doquet-Jeanmaire, spécialiste du blanc de blancs. Celui-ci est frais, fruits blancs mais aussi cerise confite. Biscuité, féminin. (SR)
🍾 De La Cense, 44, chem. Moulin-Cense-Bizet, 51130 Vertus, tél. 03.26.52.16.50, fax 03.26.59.36.71 t.l.j. 10h-19h

LACROIX Brut Tradition

○   n.c.   60 000   70 à 100 F

Marque lancée en 1974, disposant de près de 11 ha de vignes disséminées dans neuf communes. Son brut Tradition est vif, jeune, floral, frais. Il doit ses qualités aux raisins noirs (20 % de pinot noir) car le chardonnay n'intervient que pour 10 % dans l'assemblage. (RM)
🍾 Jean Lacroix, 14, rue des Genêts, 51700 Montigny-sous-Châtillon, tél. 03.26.58.35.17, fax 03.26.58.36.39 t.l.j. 9h-12h 14h-18h; dim. sur r.-v.; f. 15-31 août

LACROIX-TRIAULAIRE ET FILS
Rosé*

●   n.c.   1 800   70 à 100 F

Les premières plantations datent de 1972, les premières vinifications de 1991. Une robe assez soutenue pour cette cuvée, un nez plutôt floral que fruité, ce qui est rare pour un rosé. En bouche, la nervosité du citron vert. (RM)
🍾 François Lacroix, 4, rue de la Motte, 10110 Merrey-sur-Arce, tél. 03.25.29.83.59

606

Champagne

CHARLES LAFITTE
Orgueil de France 1989*

| | n.c. | n.c. | 100 à 150 F |

Une marque ancienne, reprise par Vranken. Signalons, sur l'étiquette, la mention « Appellation d'Origine contrôlée Champagne », rarement usitée. Cette cuvée Orgueil de France est mi-noire mi-blanche. Un vin gras, ample, rond, riche, beau représentant de son millésime. Une étoile encore pour le **Grand Prestige Tête de Cuvée**, un blanc de blancs, bien que l'étiquette n'en dise rien. Un champagne miellé, brioché et souple. (NM)

🍾 Charles Lafitte, 17, av. de Champagne, 51200 Epernay, tél. 03.26.59.50.50, fax 03.26.52.19.65 ✓ ⛄ r.-v.
🍷 P. F. Vranken

JEAN DE LA FONTAINE Collection*

| | n.c. | 20 000 | 70 à 100 F |

Les Baron sont vignerons à Charly-sur-Marne depuis 1677 et cultivent 30 ha de vignes. Jean de La Fontaine a composé « Le coche et la mouche » en traversant leur vignoble. Cette cuvée naît de l'assemblage de 90 % de pinot meunier et de 10 % de chardonnay. Les arômes évoquent le pain grillé, les agrumes, les fruits rouges ; la longueur est agréable. Le jury a également cité le **rosé Jean de La Fontaine** : trois vendanges, 70 % de pinot meunier et 30 % de chardonnay ; un champagne aux reflets cuivrés, très fruits rouges doublé d'une touche d'astringence. (NM)

🍾 Champagne Baron Albert, Grand-Porteron, 02310 Charly-sur-Marne, tél. 03.23.82.02.65, fax 03.23.82.02.44 ✓ ⛄ r.-v.

ALAIN LALLEMENT Cuvée Prestige*

| Gd cru | 0,5 ha | 2 000 | 70 à 100 F |

Famille de vignerons établie à Verzy depuis plus d'un siècle. À peine plus de pinot noir (55 %) que de chardonnay, récoltés en 1992, dans cette cuvée Prestige aux arômes de confiture de coing. Plutôt vineuse, elle est bien adaptée à la table. (RM)

🍾 Alain Lallement, 19, rue Carnot, 51380 Verzy, tél. 03.26.97.92.32, fax 03.26.97.92.32 ✓ ⛄ r.-v.

LAMIABLE Spécial Club 1989*

| Gd cru | n.c. | 9 000 | 100 à 150 F |

Vieille famille de Tours-sur-Marne (XVᵉ s.), marque lancée il y a une trentaine d'années, exploitant un vignoble de 6 ha. Ce Spécial Club naît d'une cuvée classique (40 % pinot, 60 % chardonnay) ; il est à son apogée. Sa richesse épicée et gourmande permettra de le servir avec du saumon fumé. L'**Extra Brut**, très noir (80 % de pinots) original, donc atypique, mérite d'être cité. (RM)

🍾 Champagne Lamiable, 8, rue de Condé, 51150 Tours-sur-Marne, tél. 03.26.58.92.69, fax 03.26.58.94.96 ✓ ⛄ r.-v.

JEAN-JACQUES LAMOUREUX
Réserve*

| | 7 ha | 21 922 | 70 à 100 F |

Maison disposant d'un vignoble de 7,5 ha. 90 % de pinot noir et un soupçon de chardonnay donnent vie à ce champagne floral, équilibré, complexe. (RM)

🍾 Champagne Jean-Jacques Lamoureux, 27 bis, rue du Gal-de-Gaulle, 10340 Les Riceys, tél. 03.25.29.11.55, fax 03.25.29.69.22 ✓ ⛄ r.-v.

LANCELOT FILS
Blanc de blancs Cuvée spéciale Cramant 1992

| Gd cru | 0,65 ha | 5 200 | 70 à 100 F |

Cette marque lancée dans l'entre-deux-guerres exploite un vignoble de 4,6 ha. Elle signe un blanc de blancs qui a atteint son apogée ; sa palette aromatique mêle vanille, épices, coing et poire. (RM)

🍾 Lancelot-Goussard, 30, rue Ernest-Vallé, 51190 Avize, tél. 03.26.57.94.68, fax 03.26.57.79.02 ✓ ⛄ r.-v.

P. LANCELOT-ROYER
Blanc de blancs Cuvée de réserve R.R.*

| | 2,5 ha | 12 000 | 70 à 100 F |

Cette marque lancée après la dernière guerre exploite un vignoble de 5 ha. Elle propose un blanc de blancs classique. Fleur d'oranger au nez, touche citronnée en bouche. De la finesse. (RM)

🍾 P. Lancelot-Royer, 540, rue du Gal-de-Gaulle, 51530 Cramant, tél. 03.26.57.51.41, fax 03.26.57.12.25 ✓ ⛄ r.-v.

LANG-BIEMONT Blanc de blancs 1988

| | n.c. | n.c. | 100 à 150 F |

Maison fondée en 1834, reprise en 1989 par Lionel Chaudron, ce blanc de blancs 88 jeune, élancé au nez, s'alourdit quelque peu en bouche. La **cuvée 111 de 87** est aussi un blanc de blancs. Équilibrée et fondue, elle a obtenu la même note. (NM)

🍾 Champagne George Goulet, 1, av. de Paris, 51100 Reims, tél. 03.26.66.44.88, fax 03.26.67.99.36 ✓ ⛄ r.-v.
🍷 Lionel Chaudron

LANSON Noble Cuvée 1988**

| | n.c. | n.c. | + 200 F |

Maison fondée en 1760, reprise par le groupe Marne et Champagne. Sa Noble Cuvée privilégie le chardonnay (70 %). C'est un bel exemple de ce millésime 88 à évolution lente : il y a de la pomme dans ce vin droit, linéaire, franc, « sûr de lui ». Il n'a pas fait sa fermentation malolactique. Le **blanc de blancs 90** et le **rosé** reçoivent tous deux une étoile, le premier pour sa pureté florale et son dosage exemplaire, le second pour son élégance et sa légèreté de dentelle. (NM)

🍾 Lanson, 12, bd Lundy, 51100 Reims, tél. 03.26.78.50.50, fax 03.26.78.53.88 ✓ ⛄ r.-v.

P. LARDENNOIS

| | 3 ha | 15 000 | 70 à 100 F |

Cette exploitation familiale de 3 ha établie sur la Montagne de Reims propose un brut sans année (65 % pinot noir, 35 % chardonnay) assez puissant et long. Un champagne de repas. (RM)

🍾 Pierre Lardennois, 33, rue Carnot, 51380 Verzy, tél. 03.26.97.91.23, fax 03.26.97.97.69 ✓ ⛄ r.-v.

LA CHAMPAGNE

Champagne

GUY LARMANDIER★
1er cru — 4 ha — 6 000 — 70 à 100 F

Famille établie de longue date dans la Côte des Blancs. Le vignoble de Guy Larmandier s'étend sur 9 ha. Ce rosé est presque un blanc de blancs teinté (80 % chardonnay). Son nez discret de groseille, son ampleur et sa longueur en font une belle réussite. La **Cuvée perlée grand cru** a été citée : un blanc de blancs plein de jeunesse, vif, anisé, aux notes de pomme fraîche. (RM)
EARL Guy Larmandier, 30, rue du Gal-Koenig, 51130 Vertus, tél. 03.26.52.12.41, fax 03.26.52.19.38 r.-v.

LARMANDIER-BERNIER
Blanc de blancs Extra brut Vieilles vignes de cramant★

Gd cru — n.c. — 10 000 — 100 à 150 F

Madame Bernier, née Larmandier, assistée de son fils Pierre, propose un Extra-brut, un type de champagne exigeant. Issu de vieux chardonnay de cramant grand cru, ce champagne est pur et net ; sa palette aromatique associe les agrumes (citron, pamplemousse), la poire, la pomme et la pêche jaune peu mûre. Un vin bien fait. Deux autres cuvées ont été citées : le **blanc de blancs Spécial Club 90**, léger, aérien, et le **brut sans année** (20 % de pinot noir), d'une grande nervosité. (RM)
Champagne Larmandier-Bernier, 43, rue du 28-Août, 51130 Vertus, tél. 03.26.52.13.24, fax 03.26.52.21.00 r.-v.

LARMANDIER PERE ET FILS
Cramant Spécial club Blanc de blancs 1990★

Gd cru — n.c. — 5 000 — 100 à 150 F

Ce Spécial Club 90, venu de Cramant, est issu de vieux chardonnay, le moût n'étant pas chaptalisé. Il présente un nez très fin, « en dentelle », et une bouche suave dont l'évolution est engagée. Deux autres Blancs de blancs ont été cités : le **Perlé de Larmandier 93**, frais et léger, pour l'apéritif, et le **brut sans année** plus gras, plus dosé. (RM)
Larmandier Père et Fils, 1, rue de la République, 51530 Cuis, tél. 03.26.57.52.19, fax 03.26.59.79.84 r.-v.
Famille Gimonnet

P. LASSALLE-HANIN Cuvée de réserve
9 ha — 30 000 — 70 à 100 F

Cette marque familiale lancée après la guerre, exploitant un vignoble de 9 ha, présente un Réserve (12 % chardonnay et les deux pinots à parts égales) floral, rond, au dosage perceptible. (RM)
Champagne P. Lassalle-Hanin, 2, rue des Vignes, 51500 Chigny-les-Roses, tél. 03.26.03.40.96, fax 03.26.03.42.10 r.-v.

LAUNOIS PERE ET FILS
Blanc de blancs Spécial Club 1994★

Gd cru — 3 ha — 15 000 — 100 à 150 F

Cette importante propriété de 20 ha, située au cœur de la Côte des Blancs propose un blanc de blancs grand cru de la difficile année 94. Ce champagne attaque en douceur et se développe avec rondeur. On y trouve les arômes classiques de noisette et de beurre frais et, moins classique, une touche anisée. (RM)
Champagne Launois Père et Fils, 2, av. Eugène-Guillaume, 51190 Le Mesnil-sur-Oger, tél. 03.26.57.50.15, fax 03.26.57.97.82 r.-v.

JEAN LAURENT 1989★★
0,3 ha — 1000 — 100 à 150 F

Cette propriété familiale de 8 ha s'est construite en trois générations. Chez Jean Laurent, on aime les cuvées toutes noires ou toutes blanches. Ce millésimé 89 est tout « noir ». Ses points forts : une palette aromatique complexe, associant des touches fraîches d'agrumes (pamplemousse) et des notes d'abricot, de prune cuite et de cire, sa belle tenue en bouche et sa longueur. Il accompagnera des coquilles Saint-Jacques. Deux autres champagnes obtiennent une étoile : le **blanc de blancs**, aux notes de miel et d'acacia ; frais en bouche, à essayer avec des asperges ; le **rosé** (40 % chardonnay, 45 % pinot noir, 15 % vin rouge) de teinte soutenue, ample et puissant, intéresse par ses arômes originaux (griottes mentholées, fraises anisées, fenouil). (RM)
Jean Laurent, 3, rue du Clamart, 10110 Celles-sur-Ource, tél. 03.25.38.56.02, fax 03.25.29.13.04 r.-v.

LAURENT-PERRIER Cuvée Ultra Brut★
n.c. — n.c. — 150 à 200 F

Célèbre maison de Tours-sur-Marne, fondée en 1812. L'Ultra Brut est le champagne non dosé de Laurent-Perrier. C'est un gand vin complexe, très vif. Autre cuvée tout aussi réussie : le **Brut rosé**, un rosé de noirs léger et frais, aux arômes de sous-bois et de pamplemousse. (NM)
Champagne Laurent-Perrier, Dom. de Tours-sur-Marne, 51150 Tours-sur-Marne, tél. 03.26.58.91.22, fax 03.26.58.77.29 r.-v.

LAURENT-PERRIER
Grand Siècle 1990★★
n.c. — n.c. — +200 F

A l'origine, la cuvée Grand Siècle n'était jamais millésimée. Depuis 1985, elle l'est parfois. Pinot noir et chardonnay se marient somptueusement dans ce 90. Une superbe année. Un champagne puissant, rond et très long en bouche. La **cuvée Grand Siècle non millésimée**, assemblage des mêmes cépages, a obtenu une étoile pour sa grande finesse et son équilibre. Elle est destinée à un apéritif de luxe. (NM)
Champagne Laurent-Perrier, Dom. de Tours-sur-Marne, 51150 Tours-sur-Marne, tél. 03.26.58.91.22, fax 03.26.58.77.29 r.-v.

ALBERT LE BRUN Vieille France★
n.c. — 120 000 — 70 à 100 F

Cette maison qui va doucement sur son siècle et demi d'existence commercialise une cuvée spéciale logée dans la bouteille la plus trapue de toute la Champagne. Le vin - miel, noisette, épices - est équilibré et long. La version **rosé** de cette cuvée, au fruité très nerveux, est citée, de même que la **Cuvée réservée**, en bouteille normale, à l'attaque douce, de type vineux. (NM)
Albert Le Brun, 93, av. de Paris, 51000 Châlons-sur-Marne, tél. 03.26.68.18.68, fax 03.26.21.53.31 r.-v.

Champagne

LE BRUN DE NEUVILLE
Demi-sec 1986*

○　　　　　n.c.　　　2 000　　　100 à 150 F

Ce groupement de producteurs fondé en 1963 vinifie la récolte de 142 ha. Il propose un champagne de dessert qui, à 10 % près, est un blanc de blancs. Le nez est complexe, évoluant vers la torréfaction (toast beurré) et les fruits exotiques. C'est un 86 bien conservé, auquel le dosage donne de la rondeur. (CM)

🍷 Sté Coop. Vinicole Le Brun de Neuville, rte de Chantemerle, 51260 Bethon, tél. 03.26.80.48.43, fax 03.26.80.43.28 ■ ▼ r.-v.

LE BRUN-SERVENAY Réserve*

○　　　　1,5 ha　　n.c.　　　70 à 100 F

Marque lancée en 1945, exploitant un vignoble de 7,5 ha. Sa Cuvée réserve comprend 60 % de chardonnay complété par les deux pinots à parts égales. La fermentation malolactique a été évitée. Il séduit par son nez élégant mêlant grillé, fruits secs, touches miellées et par son harmonie. Le **rosé** (80 % chardonnay, le solde également réparti entre les deux pinots) n'a pas fait non plus de fermentation malolactique. Un champagne plaisant par son équilibre et par son fruité associant fruits rouges et pamplemousse. (RM)

🍷 EARL Le Brun-Servenay, 14, pl. Léon-Bourgeois, 51190 Avize, tél. 03.26.57.52.73, fax 03.26.57.02.71 ■ ▼ r.-v.

LECLAIRE GASPARD
Blanc de blancs Cuvée spéciale*

○ Gd cru　　1 ha　　3 000　　　100 à 150 F

Maison fondée en 1899, disposant d'un vignoble de 4 ha. Elle propose un blanc de blancs floral (lilas blanc) équilibré, chaleureux, élégant. (RM)

🍷 Leclaire-Gaspard, 24, rue Pasteur, 51190 Avize, tél. 03.26.57.55.66, fax 03.26.52.36.08 ■ ▼ r.-v.

LECLERC-BRIANT
Cuvée du Solstice 2000 1990*

○ 1er cru　　n.c.　　10 000　　　+200 F

Marque lancée en 1872, disposant d'un vignoble de 30 ha. Pour l'an 2000 ? on pourra le boire avant, et après... S'il en reste ! Chardonnay et pinot noir à parts égales se marient dans cette cuvée empyreumatique, à l'attaque vive, et qui se développe bien en bouche. (NM)

🍷 Champagne Leclerc-Briant, 67, rue Chaude-Ruelle, B.P. 108, 51204 Epernay Cedex, tél. 03.26.54.45.33, fax 03.26.54.49.59 ■ ▼ t.l.j. 9h-12h 13h30-17h30; sam. dim. sur r.-v.; f. 5-25 août

MARIE-NOELLE LEDRU*

○ Gd cru　　n.c.　　n.c.　　　70 à 100 F

Marque lancée en 1946 disposant de 6 ha. Cette cuvée est très noire puisque le chardonnay n'y entre que pour 15 %. Un champagne plus fruité que floral, auquel l'attaque franche bien que le vin soit souple. Fruité vineux et flatteur. Même note pour la **Cuvée du Goulté** : un blanc de noirs rare (mille bouteilles), typé, évolué, au fruité ample et gras. Il sera excellent sur une viande blanche. (RM)

🍷 Marie-Noëlle Ledru, 5, pl. de la Croix, 51150 Ambonnay, tél. 03.26.57.09.26, fax 03.26.58.87.61 ■ ▼ r.-v.

ERIC LEGRAND Cuvée Rubis**

○　　　　1 ha　　10 000　　　70 à 100 F

Une propriété de près de 7 ha. La marque a été lancée en 1982. Mi-noire mi-blanche, la cuvée Rubis est issue de raisins vendangés en 1994. Un joli vin racé, aromatiquement riche et complexe (brioché, miel, fruits confits, cannelle), à l'équilibre parfait. Pour une viande blanche à la crème. (RM)

🍷 Eric Legrand, 39, Grande-Rue, 10110 Celles-sur-Ource, tél. 03.25.38.55.07, fax 03.25.38.56.84 ■ ▼ t.l.j. sf mer. dim. 9h30-12h30 14h-18h; f. 15 août-5 sept.

R. ET L. LEGRAS

○ Gd cru　　n.c.　　10 000　　　100 à 150 F

Les Legras sont à Chouilly depuis deux siècles. Leur vignoble s'étend sur 14 ha auxquels il faut ajouter 10 ha exploités en fermage. Ce rosé est un blanc de blancs teinté aux arômes de framboise et de fraise. Il est frais en bouche. Un vin d'été et d'après-midi. (NM)

🍷 Champagne R. et L. Legras, 10, rue des Partelaines, 51530 Chouilly, tél. 03.26.54.50.79, fax 03.26.54.88.74 ■ ▼ r.-v.

LEGRAS ET HAAS Blanc de blancs 1990*

○ Gd cru　　15 ha　　n.c.　　　100 à 150 F

François Legras et ses deux fils dirigent cette maison familiale, qui dispose d'un vignoble de 25 ha. Ils ont présenté ce beau 90, tout de miel et de coing, souple et charpenté. A signaler encore la **Tradition**, une cuvée classique (60 % chardonnay, 40 % pinot noir), aux notes de citron et fruits blancs, pleine de jeunesse. (NM)

🍷 Legras et Haas, 7 et 9, Grande-Rue, 51530 Chouilly, tél. 03.26.54.92.90, fax 03.26.55.16.78 ■ ▼ r.-v.

LEJEUNE-DIRVANG 1991

○　　　　n.c.　　n.c.　　　70 à 100 F

Marque fondée en 1984 et disposant d'un vignoble de près de 4 ha. Or soutenu à l'œil, sa cuvée 91, mi-noire mi-blanche, apparaît très florale au nez (muguet, jasmin, aubépine), tandis que la bouche révèle un fruité, pêche et abricot, quelque peu masqué par le dosage. **Les Seilles d'Or**, deuxième marque des Lejeune, a reçu une étoile pour son brut sans année élaboré avec 75 % de pinot et 25 % de chardonnay : il est corpulent, structuré, plein. (RM)

🍷 EARL Lejeune-Dirvang, 2, rue de Germaine, 51150 Tauxières-Mutry, tél. 03.26.57.04.11, fax 03.26.59.25.63 ■ ▼ r.-v.

LE LORIOT 1995

○　　　　n.c.　　1 800　　　100 à 150 F

Ce domaine familial exploite plus de 6 ha de vignes. Le petit passereau jaune et noir qui a donné son nom à la cuvée orne l'étiquette de ce champagne issu de 80 % de pinot meunier et de 20 % de chardonnay. Il a un nez de noisette fraîche ; la bouche, équilibrée, évolue vers les fleurs blanches et le pain d'épice. (RM)

609

LA CHAMPAGNE

Champagne

•┐ Michel Loriot, 13, rue de Bel-Air, 51700 Festigny, tél. 03.26.58.33.44, fax 03.26.58.03.98 ⊠ ⚍ r.-v.

PATRICE LEMAIRE 1993

| ○ | n.c. | n.c. | ⬤ | 70 à 100 F |

Exploitation familiale depuis quatre générations. Bien que rien ne l'indique ce vin est un blanc de blancs. Il est vinifié et élevé dans le bois. 93 est un millésime difficile, celui-ci est agréable avec ses touches empyreumatiques, sa rondeur élégante sans doute due à la légèreté de la structure. (RM)

•┐ Patrice Lemaire, 9, rue Croix-Saint-Jean, 51480 Boursault, tél. 03.26.58.40.58, fax 03.26.52.30.67 ⊠ ⚍ r.-v.

PHILIPPE LEMAIRE Sélection★

| ○ | n.c. | n.c. | ⬤ | 70 à 100 F |

Cette propriété familiale de 3 ha, reprise en 1988, a présenté des champagnes élaborés avec beaucoup de soins : fermentations en cuves inox thermorégulées, puis élevage dans le bois avec bâtonnage. Ce Sélection (trois quarts de noirs, dont un quart de pinot meunier, issus des vendanges 94 et 95) est intense, vineux, rond, avec des arômes de coing et surtout de framboise. Une étoile encore pour le **92** (80 % de pinot meunier, 20 % de chardonnay), gras, long, fondu, très réussi pour ce millésime. Une citation pour la cuvée **Dame de Louis**, issue des trois cépages, dont la fraîcheur convient à l'apéritif. (RM)

•┐ Philippe Lemaire, 4, rue de la Liberté, 51480 Œuilly, tél. 03.26.58.30.82, fax 03.26.52.92.44 ⊠ ⚍ r.-v.

R.C. LEMAIRE★

| ● 1er cru | n.c. | n.c. | ⚍ | 70 à 100 F |

La quatrième génération exploite un vignoble de 10 ha. Ce rosé de noirs, issu des deux pinots à parts égales, provient d'une saignée, ce qui est rare ; il ne fait pas sa fermentation malolactique. La robe n'est pas timide, le coing et les fruits confits sont la partie, suivis de la framboise et de la groseille. (RM)

•┐ Tournant, rue de la Glacière, 51700 Villers-sous-Châtillon, tél. 03.26.58.36.79, fax 03.26.58.39.28 ⊠ ⚍ t.l.j. 9h-13h 14h-19h

LEMAIRE-RASSELET Sélection★★

| ○ | n.c. | 14 000 | ⚍ | 70 à 100 F |

Maison fondée en 1946, exploitant un vignoble de plus de 9 ha. Plutôt noir (85 % de pinots, dont 15 % de pinot noir), le Sélection est très réussi pour la diversité de ses arômes (brioche, noisette, coing) et par sa bouche charpentée et longue. Une étoile pour le **rosé cuvée Hippolyte Rasselet** (assemblage identique), tendre et sensuel, et pour la **Tradition** (réunissant les trois cépages) fin et léger, à dominante florale. (RM)

•┐ Françoise Lemaire, 5, rue de la Croix-Saint-Jean, Villesaint, 51480 Boursault, tél. 03.26.58.44.85, fax 03.26.59.46.08 ⊠ ⚍ r.-v.

A.R. LENOBLE Réserve★

| ○ Gd cru | n.c. | 100 000 | ⚍ | 70 à 100 F |

Marque fondée en 1920 disposant d'un vignoble de 18 ha. Le Réserve comprend 60 % de pinots (dont 30 % de pinot meunier) et 40 % de chardonnay grands crus. C'est un champagne vif, miellé, légèrement exotique. Deux autres cuvées ont été citées : le **blanc de blancs** à l'attaque riche, distinguée, et le **Gentilhomme 90**, un blanc de blancs lui aussi, qu'un dosage généreux destine aux desserts (sabayon de fruits rouges). (NM)

•┐ Champagne A.R. Lenoble, 35-37, rue Paul-Douce, 51480 Damery, tél. 03.26.58.42.60, fax 03.26.58.65.57 ⊠ ⚍ r.-v.

LEONCE D'ALBE Tête de cuvée★

| ○ | n.c. | n.c. | ⚍ | 70 à 100 F |

Important groupe de producteurs de l'Aube, et marque lancée en 1969. Ce Tête de cuvée comprend un tiers de chardonnay et deux tiers de pinot noir, avec 33 % de vin de réserve. Le nez discret est suivi d'une bouche puissante, pleine, complète. Une étoile également pour le **rosé Spécial Réserve**, un rosé de noirs très fruits rouges pour viandes de la même teinte. (CM)

•┐ Union auboise prod. de vin de Champagne, Dom. de Villeneuve, 10110 Bar-sur-Seine, tél. 03.25.38.30.65, fax 03.25.29.73.21 ⊠ ⚍ r.-v.

CHARLES LEPRINCE Grande Réserve★★

| ○ | n.c. | 25 000 | ⚍ | 70 à 100 F |

Une des marques d'un groupement de producteurs d'Epernay. La Grande Réserve est une cuvée plutôt noire (75 % de pinots dont 20 % de pinot noir). Ses points forts : son équilibre et sa richesse aromatique : - coing, pêche, abricot. (CM)

•┐ Champagne Charles Leprince, B.P. 1030, 51318 Epernay Cedex, tél. 03.26.55.29.40, fax 03.26.54.26.30 ⚍ r.-v.

LIEBART-REGNIER Cuvée An 2000 1995

| ○ | n.c. | n.c. | ⬤ | 100 à 150 F |

Marque lancée en 1964, exploitant un vignoble de 8 ha situé dans les communes de Baslieux-sous-Châtillon et de Vaucienne. Le chardonnay est majoritaire (70 % pour 30 % de pinot noir) dans ce champagne passé par le bois, au nez de brioche et de fruits jaunes, ample et rond en bouche. (RM)

•┐ Liébart-Régnier, 6, rue Saint-Vincent, 51700 Baslieux-sous-Châtillon, tél. 03.26.58.11.60, fax 03.26.52.34.60 ⊠ ⚍ r.-v.

•┐ Laurent Liébart

LOCRET-LACHAUD Cuvée spéciale★★

| ● 1er cru | n.c. | 15 000 | ⚍ | 70 à 100 F |

La famille est établie à Hautvillers depuis 1630 ; la marque a été fondée en 1920 ; le vignoble compte 13 ha. Ce rosé comporte 80 % des deux pinots à parts égales et 20 % de chardonnay ; il « pinote » grâce à l'apport de 15 % de vin rouge. On y trouve la cerise, bien sûr, mais aussi une fraîcheur mentholée. (RM)

•┐ Champagne Locret-Lachaud, 40, rue Saint-Vincent, 51160 Hautvillers, tél. 03.26.59.40.20, fax 03.26.59.40.92 ⊠ ⚍ r.-v.

JACQUES LORENT
Cuvée des Tournesols★

| ○ | n.c. | 55 000 | | 70 à 100 F |

Une marque d'un groupement de producteurs d'Epernay. Issue de 85 % de pinot meunier

Champagne

complété de chardonnay (15 %) cette cuvée des Tournesols se montre florale, comme il se doit ; la bouche est fraîche et fruitée. (CM)
🍷 Champagne Jacques Lorent, B.P. 1030, 51318 Epernay Cedex, tél. 03.26.55.29.40, fax 03.26.54.26.30 ⚑ t.l.j. sf sam. dim. 10h-12h 14h-18h; f. août

YVES LOUVET Cuvée de sélection*

| ○ | n.c. | 20 000 | 70 à 100 F |

En cinq générations, les Louvet ont constitué un vignoble de 6,5 ha. Le pinot noir (75 %) et le chardonnay sont mariés dans ce champagne or pâle, fruité (pamplemousse), rond, équilibré, et surtout persistant. (RM)
🍷 Yves Louvet, 21, rue du Poncet, 51150 Tauxières, tél. 03.26.57.03.27, fax 03.26.57.67.77 ☑ ⚑ r.-v.

REMY LOUVET Cuvée Prestige*

| ○ | n.c. | n.c. | 70 à 100 F |

Un brut sans année (70 % pinot noir, 30 % chardonnay) de qualité avec ses arômes beurrés et briochés que l'on retrouve dans une bouche équilibrée et grasse, après une attaque vive. La longue finale est marquée par les agrumes (pamplemousse). (RM)
🍷 Rémy Louvet, 2, rue de Condé, 51150 Bouzy, tél. 03.26.57.01.41 ☑ ⚑ r.-v.

PHILIPPE DE LOZEY Brut Réserve**

| ○ | n.c. | n.c. | 🍾♨ | 70 à 100 F |

Cette marque, lancée en 1990 par Philippe Cheurlin, dispose d'un vignoble de 15 ha dans la Côte des Bars. Elle se distingue particulièrement cette année avec deux bouteilles remarquables (deux étoiles). Le Brut Réserve, couleur paille claire, charme par son développement aromatique (fleurs, puis pêche blanche) et par son attaque vive et fraîche. Le **Brut Prestige** est un champagne évolué, aux arômes de torréfaction complexes soutenus par une charpente chaleureuse. Son caractère « opulent et gargantuesque » - pour reprendre la formule d'un dégustateur - le destine aux repas. Quant au **Tradition**, élégant et harmonieux, avec un dosage sensible, il a obtenu une étoile. (NM)
🍷 Champagne Philippe de Lozey, 72, Grande-Rue, B.P. 3, 10110 Celles-sur-Ource, tél. 03.25.38.51.34, fax 03.25.38.54.80 ☑ ⚑ r.-v.

M. MAILLART 1990**

| ⊘ | 0,3 ha | 2 500 | 🍾 | 70 à 100 F |

Les Maillart sont vignerons depuis le début du XVIIIᵉ s. Leur vignoble s'étend sur plus de 8 ha. Une bonne vieille recette (60 % de pinot noir, 40 % de chardonnay) pour ce rosé équilibré au fruité mêlant fraise, framboise, banane. Deux étoiles, encore, pour le **Prestige 83**, millésime de plus en plus rare, un assemblage proche du précédent (70 % de pinot noir), au nez de fruits mûrs et de poire williams, souple en attaque ; il sera parfait avec des morilles sautées à la ciboulette. Le **blanc de blancs 88** mérite d'être cité pour son évolution élégante. (RM)
🍷 Michel Maillart, 13, rue de Villers, 51500 Ecueil, tél. 03.26.49.77.89, fax 03.26.49.24.79 ☑ ⚑ r.-v.

MAILLY GRAND CRU Extra brut**

| ○ Gd cru | n.c. | 30 000 | 🍾♨ | 100 à 150 F |

Groupement de producteurs - on pourrait presque dire club - réservé aux vignerons de la commune de Mailly, classée grand cru. Fondé en 1929, il vinifie et commercialise la production de 70 ha. L'Extra brut est un vin mature qui n'a pas besoin d'être dosé. D'un assemblage privilégiant le pinot noir (75 %) naissent des arômes empyreumatiques et miellés. Une étoile pour **l'Intemporelle 90**, nouvelle cuvée (60 % pinot noir, 40 % chardonnay) qui a atteint son apogée, aux arômes harmonieux de fruits secs et d'abricot. (CM)
🍷 Champagne Mailly Grand Cru, 28, rue de la Libération, 51500 Mailly-Champagne, tél. 03.26.49.41.10, fax 03.26.49.42.27
☑ ⚑ r.-v.

JEAN-LOUIS MALARD

| ○ Gd cru | 6 ha | 51 600 | 🍾♨ | 70 à 100 F |

Marque fondée en 1996 par Jean-Louis Malard et vinifiée à Oiry. Ce blanc de blancs, annoncé tout simplement chardonnay, séduit par ses arômes fondus de thé et de caramel et par son gras. Il a atteint son apogée. (NM)
🍷 Champagne Jean-Louis Malard, 19, rue Jeanne d'Arc, B.P. 95, 51203 Epernay Cedex, tél. 03.26.57.77.24, fax 03.26.52.75.54 ☑ ⚑ r.-v.

HENRI MANDOIS Blanc de blancs 1993

| ○ 1er cru | 3 ha | n.c. | 🍾♨ | 70 à 100 F |

Sur cinq générations, les Mandois ont créé un vignoble de 30 ha. Leur blanc de blancs 93 est marqué par la noisette au nez comme en bouche. Un champagne frais et léger. Le **rosé**, mi-blanc mi-noir (dont 20 % de pinot noir) est un vin puissant, aux arômes de fraise et de pruneau ; pour une viande blanche grillée. (NM)
🍷 Champagne Henri Mandois, 66, rue du Gal-de-Gaulle, 51530 Pierry, tél. 03.26.54.03.18, fax 03.26.51.53.60
☑ ⚑ r.-v.

MANSARD Tradition Grande cuvée

| ○ | n.c. | 500 000 | 🍾♨ | 70 à 100 F |

Maison de négoce disposant d'un vignoble de 16 ha. Pour une fois, les blancs sont majoritaires (70 %) dans ce champagne né de la récolte 95. Quelques mots pour le résumer : élégance, fraîcheur, finesse, légèreté. Idéal avec une sole grillée. (NM)
🍷 Champagne Mansard-Baillet, 14, rue Chaude-Ruelle, B.P. 187, 51206 Epernay Cedex, tél. 03.26.54.18.55, fax 03.26.51.99.50
☑ ⚑ r.-v.

A. MARGAINE
Blanc de blancs Cuvée Spécial Club 1992

| ○ | n.c. | 3 000 | | 100 à 150 F |

En quatre générations, les Margaine ont lancé une marque et créé un vignoble de 6 ha. Le Spécial Club est un blanc de blancs équilibré, fondu, frais, judicieusement dosé. (RM)
🍷 SCEV A. Margaine, 3, av. de Champagne, 51380 Villers-Marmery, tél. 03.26.97.92.13, fax 03.26.97.97.45 ☑ ⚑ r.-v.

Champagne

MARGUET-BONNERAVE
Cuvée Privilège**

| ○ Gd cru | 4 ha | n.c. | 100 à 150 F |

La quatrième génération exploite un vignoble de 13 ha. Cette cuvée mi-noire mi-blanche, issue de la récolte 91, a atteint son apogée. Elle se distingue par ses arômes d'agrumes confits, assortis d'une pointe mentholée, mais surtout par sa générosité et sa puissance. Elle sera excellente sur une viande blanche. Une étoile pour le **rosé**, vif et équilibré. (RM)
↪ EARL Marguet-Bonnerave, 14, rue de Bouzy, 51150 Ambonnay, tél. 03.26.57.01.08, fax 03.26.57.09.98 ☑ 🍷 r.-v.
↪ Bonnerave

MARQUIS DE LA FAYETTE

| ○ 1er cru | n.c. | n.c. | 70 à 100 F |

Sigismond du Mottier de La Fayette est actionnaire de la SA Mignon et Pierrel depuis qu'il a choisi d'associer son titre à un champagne. Cette cuvée de chardonnay est un blanc de blancs, même si l'étiquette n'en dit rien. Un champagne fruité, vif, ample, rond et souple, très agréable. (NM)
↪ SA Pierrel et Associés, 26, rue Henri-Dunant, B.P. 295, 51200 Epernay, tél. 03.26.51.00.90, fax 03.26.51.69.40 ☑ 🍷 r.-v.

MARQUIS DE SADE
Vintage Private Reserve 1991

| ○ Gd cru | 1 ha | 8 000 | 100 à 150 F |

Marque lancée en 1972 par Michel Gonet d'Avize en accord avec les descendants du marquis. Ce blanc de blancs fleure le chèvrefeuille et la pâte à pain ; le dosage sensible fait le pont entre l'amertume et l'acidité. (RM)
↪ Michel Gonet et Fils, 196, av. Jean-Jaurès, 51190 Avize, tél. 03.26.57.50.56, fax 03.26.57.91.98 ☑ 🍷 r.-v.

G. H. MARTEL & C° Prestige*

| ○ | n.c. | 250 000 | 70 à 100 F |

Cette maison de négoce, fondée en 1869 et disposant de 100 ha de vignes, propose une cuvée Prestige, 60 % de chardonnay, 40 % de pinot noir, raisins vendangés en 1994. Robe d'or soutenue, touche minérale, bon équilibre au service des arômes d'agrumes mûrs. La **cuvée Victoire 94** (assemblage très proche) est citée pour sa rondeur et sa longueur. (NM)
↪ Champagne G.H. Martel, 69, av. de Champagne, B.P. 1011, 51318 Epernay Cedex, tél. 03.26.51.06.33, fax 03.26.54.41.52 ☑ 🍷 r.-v.
↪ Rapeneau

MARX BARBIER ET FILS*

| ○ | 7,5 ha | n.c. | 70 à 100 F |

Marque lancée en 1962 disposant d'un vignoble de 7,5 ha. Les trois cépages champenois contribuent à cette cuvée (pinot meunier 40 %, pinot noir 35 %), issue de la vendange 95. Avec ses arômes de fruits mûrs confits, sa bouche vineuse, bonne longueur, elle est fort réussie. Un vin de repas ou de dessert. Pourquoi ne pas l'essayer avec du pain perdu aux épices ? (RM)

↪ EARL Champagne Marx-Barbier & Fils, 1, rue du Château, 51480 Venteuil, tél. 03.26.58.48.39, fax 03.26.58.67.06 ☑ 🍷 t.l.j. 9h-18h; dim. sur r.-v.

MASSE PERE ET FILS*

| ○ | n.c. | n.c. | 70 à 100 F |

Maison fondée en 1853, reprise de longue date par Lanson, lequel est tombé dans le giron de Marne et Champagne. Une cuvée issue majoritairement de raisins noirs (pinot noir 55 %, pinot meunier 20 %). Le vin n'a pas fait la fermentation malolactique. Floral et minéral, ce champagne est fin et long en bouche. (NM)
↪ Lanson, 12, bd Lundy, 51100 Reims, tél. 03.26.78.50.50, fax 03.26.78.53.88 ☑ 🍷 r.-v.

THIERRY MASSIN Réserve*

| ○ | n.c. | 14 000 | 70 à 100 F |

Marque fondée en 1977 exploitant un vignoble de 10 ha. Les raisins vendangés en 1993 et 1995, - 75 % de pinot noir, 25 % de chardonnay - contribuent aux arômes de pâte d'amande et de fleurs blanches, ainsi qu'à la rondeur harmonieuse de ce brut sans année. Une étoile encore pour la cuvée **Prestige** (assemblage identique mais vendanges 92, 94 et 95), un vin ample et équilibré. (RM)
↪ Thierry Massin, rte des 2-Bar, 10110 Villesur-Arce, tél. 03.25.38.74.01, fax 03.25.38.79.10 ☑ 🍷 t.l.j. 9h-12h 13h30-19h; sam. dim. sur r.-v.

REMY MASSIN ET FILS
Cuvée Tradition**

| ○ | 7,5 ha | 64 900 | 70 à 100 F |

Cette marque, lancée en 1975 et disposant d'un vignoble de 20 ha propose un blanc de noirs de pinot noir, issu des vendanges 94 et 95. Au nez, fleurs blanches et fruits blancs (poire), en bouche, agrumes et touche anisée. Une harmonie réussie. Une étoile pour la **Réserve** (70 % pinot-30 % chardonnay des mêmes années), équilibré, rond et vif. (RM)
↪ Champagne Rémy Massin et Fils, Grande-Rue, 10110 Ville-sur-Arce, tél. 03.25.38.74.09 ☑ 🍷 t.l.j. 10h-12h 13h30-18h30; sam. dim. sur r.-v.
↪ Sylvère Massin

SERGE MATHIEU*

| ● | n.c. | 5 000 | 70 à 100 F |

Marque lancée en 1970 par la sixième génération de Mathieu. Leur vignoble couvre 11 ha. De couleur pelure d'oignon, le joli rosé de noirs aux arômes de fraise-cassis se montre souple et long. Une étoile encore pour la **cuvée Prestige** (70 % pinot noir, 30 % chardonnay), souple, onctueuse et fondue. (RM)
↪ Champagne Serge Mathieu, 6, rue des Vignes, 10340 Avirey-Lingey, tél. 03.25.29.32.58, fax 03.25.29.11.57 ☑ 🍷 r.-v.

PASCAL MAZET

| ○ 1er cru | 2 ha | n.c. | 70 à 100 F |

Une marque lancée en 1930. Les trois cépages champenois sont également sollicités dans ce premier cru sapide, d'une grande vivacité due à sa jeunesse. (RM)

Champagne

🍷 Mazet, 8, rue des Carrières, 51500 Chigny-les-Roses, tél. 03.26.03.41.13, fax 03.26.03.41.74 ⓥ 🍷 r.-v.

GUY MEA

○ 1er cru   n.c.   n.c.   70 à 100 F

Un rosé issu de l'assemblage de pinot noir (65 %) et de chardonnay (35 %), le vin étant teinté par l'adjonction de 10 % de vin rouge de Bouzy. Il évoque la framboise, la crème de fruits rouges, et sa finale est biscuitée. (RM)
🍷 La Voie des Loups, 1, rue de l'Eglise, 51150 Louvois, tél. 03.26.57.03.42, fax 03.26.57.86.44 ⓥ 🍷 r.-v.

MERCIER**

⊙   n.c.   n.c.   70 à 100 F

Eugène Mercier fut une grande figure du champagne. C'est en 1858 qu'il fonda la maison qui porte son nom et qui dispose aujourd'hui d'un vignoble d'environ 220 ha. Ce rosé est un rosé de noirs (40 % de pinot meunier). Il se distingue par son fruité, son ampleur et son gras. Le dosage est sensible, selon quelques dégustateurs. Deux vins de la maison reçoivent une étoile : la **Cuvée du Fondateur**, très noire (90 % de pinots), un vin équilibré et puissant, et le **Mercier vendange 93**, un blanc de noirs (35 % pinot meunier), réglissé et équilibré. (NM)
🍷 Champagne Mercier, 75, av. de Champagne, B.P. 134, 51333 Epernay, tél. 03.26.51.22.00, fax 03.26.51.22.01 ⓥ 🍷 r.-v.

J.B. MICHEL Carte blanche*

○ 1er cru   7 ha   60 000   🍾 70 à 100 F

Marque lancée en 1980 exploitant un vignoble de 10 ha. Cette Carte blanche naît de pinot meunier (60 %) et de chardonnay (40 %), assemblage peu fréquent. Un vin à la fois acidulé et gras, équilibré et frais. Le **89**, cité par le jury, est d'un assemblage du même esprit. Un champagne au nez de vanille et d'ananas mûr, citronné, plus puissant que fin, très justement dosé. (RM)
🍷 Bruno Michel, 4, allée de la Vieille-Ferme, 51530 Pierry, tél. 03.26.55.10.54, fax 03.26.54.75.77 ⓥ 🍷 r.-v.

GUY MICHEL ET FILS
Blanc de blancs 1990**

○   10 300   🍾🍷 70 à 100 F

Cette marque lancée en 1959, exploitant un vignoble de 20 ha, propose un remarquable blanc de blancs, ce qui n'est pas étonnant puisque ces chardonnays ont été récoltés en 1990. On y trouve de la noisette, des agrumes, de la bergamote ; la bouche est briochée, ronde, complexe. Une étoile pour la **Cuvée du Prieuré 85** (chardonnay et pinot noir à parts égales). Un champagne fumé, épicé, complexe, harmonieux, à la finale de miel et de cire. 85 : un beau millésime de grande garde. Celui-ci est en pleine forme. (RM)
🍷 SCEV Guy Michel et Fils, 54, rue Léon-Bourgeois, B.P. 25, 51530 Pierry, tél. 03.26.54.67.12 ⓥ 🍷 r.-v.

JOSE MICHEL ET FILS
Blanc de blancs Clos des Plants de chênes 1992*

○   3 ha   14 000   🍾 70 à 100 F

Cette marque, lancée en 1980, a bien réussi ce blanc de blancs d'un millésime difficile. Un champagne floral (acacia), complexe en bouche, séduisant par son équilibre. (RM)
🍷 Champagne José Michel et Fils, 14, rue Prelot, 51530 Moussy, tél. 03.26.54.04.69, fax 03.26.55.37.12 ⓥ 🍷 r.-v.

CHARLES MIGNON Grande Réserve

○ 1er cru   n.c.   90 000   🍾 70 à 100 F

Marque lancée en 1995. Trois quarts de pinot noir pour un quart de chardonnay dans cette Grande Réserve au nez de pomme mûre, presque abricot, arômes que l'on retrouve fortement en bouche. Un champagne du haut de gamme. (NM)
🍷 Charles Mignon, 1, av. de Champagne, 51200 Epernay, tél. 03.26.58.33.33, fax 03.26.51.54.10 ⓥ 🍷 r.-v.
🍷 Bruno Mignon

PIERRE MIGNON Brut Prestige*

○   n.c.   800 000   🍾 70 à 100 F

Marque fondée en 1920 exploitant un vignoble de 10 ha. Son Brut Prestige fait la part belle au pinot meunier (50 %), complété de pinot noir (20 %) et de chardonnay (30 %). Un vin très évolué, qu'il faut boire sans attendre pour profiter de sa puissance confite. Le **rosé de noirs** (pinot noir 20 %) au nez de groseille et de petits fruits rouges, a été cité. (NM)
🍷 Pierre Mignon, 5, rue des Grappes-d'Or, 51210 Le Breuil, tél. 03.26.59.22.03, fax 03.26.59.26.74 ⓥ 🍷 r.-v.

MIGNON ET PIERREL Cuvée florale*

○ 1er cru   n.c.   n.c.   100 à 150 F

Les Mignon sont à Venteuil depuis 1692 mais n'ont lancé leur marque qu'en 1911. 60 % de chardonnay et 40 % de pinot noir pour cette cuvée épicée, miellée, charpentée et vineuse. Une étoile encore pour le **rosé**, presque un blanc de blancs teinté, un vin très frais avec du corps, et pour le **blanc de blancs 92**, très marqué par des arômes d'amande. (NM)
🍷 SA Pierrel et Associés, 26, rue Henri-Dunant, B.P. 295, 51200 Epernay, tél. 03.26.51.00.90, fax 03.26.51.69.40 ⓥ 🍷 r.-v.

JEAN MILAN
Blanc de blancs Cuvée de réserve*

○ Gd cru   n.c.   n.c.   ⓘ 70 à 100 F

Cette exploitation familiale de 5 ha fondée dès 1864 est actuellement conduite par la cinquième génération. Elle propose un blanc de blancs longuement élevé en fût de chêne, un champagne équilibré et long, mais au dosage sensible. A citer le **blanc de blancs Terres de Noël** léger et floral, qui semble un peu jeune. Il provient néanmoins de la vendange 92 qui n'a pas la réputation d'évoluer si lentement... (RM)
🍷 Champagne Milan, 6, rue d'Avize, 51190 Oger, tél. 03.26.57.50.09, fax 03.26.57.47.78 ⓥ 🍷 t.l.j. 9h30-12h30 14h-18h; dim. sur r.-v.

LA CHAMPAGNE

Champagne

MOET ET CHANDON
Dom Pérignon 1986★★

| ○ | n.c. | n.c. | ▮ +200 F |

Si la maison Moët a été fondée en 1743, un certain Claude Moët était déjà négociant en vins à Cumières à l'époque de Dom Pérignon. « L'inventeur du champagne » a légué son nom à la plus célèbre des cuvées prestige. Les multiples étoiles et coups de cœur qui lui sont attribués dans chaque édition du Guide montrent que cette renommée n'est pas usurpée. La voici cette année dans sa version rosée. Issue de pinot noir et de chardonnay à parts presque égales, elle est d'un rose cuivré profond. Le nez complexe marie la confiture de fraises, les fruits confits et la pâte de coing, arôme que l'on retrouve dans une bouche équilibrée et longue, assorti de nuances de poire et de praliné. « Un vin de collection », écrit un dégustateur. (NM)
🍾 Moët et Chandon, 20, av. de Champagne, B.P. 140, 51333 Epernay, tél. 03.26.51.20.00, fax 03.26.54.84.23 ☑ ⍲ r.-v.
🍾 LVMH

MOET ET CHANDON★

| ○ | n.c. | n.c. | ▮ 100 à 150 F |

Ce brut rosé fait appel aux trois cépages champenois. Il est fumé, fruité, avec de la noisette grillée. En bouche, pomme et cocktail de fruits rouges. Un rosé rond pour viande grillée. Le **Brut Impérial 92** (45 % pinot noir, 15 % pinot meunier, 40 % chardonnay) a été cité. Un champagne empyreumatique, à l'attaque fraîche et à la finale d'herbe séchée. (NM)
🍾 Moët et Chandon, 20, av. de Champagne, B.P. 140, 51333 Epernay, tél. 03.26.51.20.00, fax 03.26.54.84.23 ⍲ r.-v.

PIERRE MONCUIT
Blanc de blancs 1990★★

| ○ Gd cru | 6 ha | 25 000 | ▮ 100 à 150 F |

Cette maison centenaire, s'étendant sur 18 ha, signe un blanc de blancs qui fleure la noisette, nerveux et pourtant évolué. « Vin d'élite d'une bonne amplitude », écrit un dégustateur. (RM)
🍾 Champagne Pierre Moncuit, 11, rue Persault-Maheu, 51190 Le Mesnil-sur-Oger, tél. 03.26.57.52.65, fax 03.26.57.97.89 ☑ ⍲ r.-v.

MONMARTHE ET FILS Brut Prestige★★

| ○ 1er cru | n.c. | 5 000 | ▮ 100 à 150 F |

Marque créée en 1930, disposant de 17 ha de vignes à Ludes (1er cru). Autant de chardonnay que de pinot noir dans cette cuvée Prestige, assemblant les millésimes 91 et 92, aux notes de sous-bois et de fruits confits, chaleureuse et longue. (RM)
🍾 Jean-Guy Monmarthe, 38, rue Victor-Hugo, 51500 Ludes, tél. 03.26.61.10.99, fax 03.26.61.12.67 ☑ ⍲ r.-v.

MONTAUDON 1993

| ○ | n.c. | n.c. | ▮ 100 à 150 F |

Maison de négoce fondée en 1891. Ce brut 93, un millésime difficile, est floral ; en bouche, il se montre ample et rond, avec souplesse. (NM)
🍾 Champagne Montaudon, 6, rue Ponsardin, 51100 Reims, tél. 03.26.47.53.30, fax 03.26.47.88.82 ☑ ⍲ r.-v.

DANIEL MOREAU
Blanc de blancs Carte d'or 1994★★

| ○ | 1 ha | 5 000 | ▮ 70 à 100 F |

Ce domaine fondé en 1925 a lancé sa marque en 1971 ; il exploite un vignoble de 5 ha selon des méthodes respectueuses de l'environnement, telle la lutte raisonnée. Il propose un blanc de blancs. Au nez, ce vin apparaît discrètement floral et mentholé. Il se montre souple, rond et frais. Son dosage est sensible. (RM)
🍾 Daniel Moreau, 5, rue du Moulin, Cidex 318, 51700 Vandières, tél. 03.26.58.01.64, fax 03.26.58.15.64 ☑ ⍲ t.l.j. 10h-12h 14h-20h

MOREL PERE ET FILS
Rosé de cuvaison★★

| ○ | n.c. | 2 000 | ▮ 70 à 100 F |

Connus pour leur rosé des riceys, les Morel élaborent maintenant aussi des champagnes issus des raisins récoltés dans leur vignoble de 6,7 ha. Ce rosé a été obtenu par macération (36-48 heures), c'est donc un rosé de noirs (pinot noir). La couleur est soutenue, le fruité intense, la bouche puissante. Pour accompagner une viande ou un magret de canard aux cerises. Une étoile pour le **brut sans année**, à 5 % près un blanc de noirs, aux arômes d'agrumes et de fruits acidulés ; il est destiné à l'apéritif. (RM)
🍾 Pascal Morel, 93, rue du Gal-de-Gaulle, 10340 Les Riceys, tél. 03.25.29.10.88, fax 03.25.29.66.72 ☑ ⍲ r.-v.

PIERRE MORLET Cuvée suivie★

| ○ | n.c. | 30 000 | ▮ 70 à 100 F |

Marque déposée en 1995 disposant de vignobles en premier et grand crus. Le goût régulier de la Cuvée suivie est assuré par l'assemblage de cinq années. 75 % de pinot noir et 25 % de chardonnay composent ce champagne équilibré, fondu, bien évolué. Une étoile aussi pour le **Grande Réserve** (assemblage identique mais des récoltes 91, 92 et 93), vif, frais, rond, brioché et long. (NM)
🍾 SARL Pierre Morlet, 7, rue Paulin-Paris, 51160 Avenay-Val-d'Or, tél. 03.26.52.32.32, fax 03.26.59.77.13 ☑ ⍲ r.-v.

Champagne

JEAN MOUTARDIER La Centenaire**

○   2 ha   15 000   70 à 100 F

Propriété de 16 ha conduite par la troisième génération. Cette cuvée a été réalisée pour le centenaire de Madame Moutardier, fondatrice de la maison. Elle se compose essentiellement de chardonnay, complété par 15 % de pinot noir. Un vin rond et persistant. Une étoile pour le **rosé**, un rosé de noirs (100 % meunier), très vineux et très rond, pour le repas, et une étoile encore pour le **Sélection**, mi-noir mi-blanc, équilibré, ample et léger. (NM)

➽ SA Champagne Jean Moutardier, 51210 Le Breuil, tél. 03.26.59.21.09, fax 03.26.59.21.25 ▣ ¥ t.l.j. 8h-12h 13h30-18h30

MOUTARD PERE ET FILS
Grande Réserve**

○   3 ha   18 000   70 à 100 F

Marque disposant d'un vignoble d'une vingtaine d'hectares. Ce Grande Réserve est un blanc de blancs bien que l'étiquette bleue n'en souffle mot. D'excellente qualité, il frôle le coup de cœur ! Un champagne peu dosé, frais, fin et élégant. L'**Extra brut**, mi-noir mi-blanc, vif, quelque peu astringent, net et bref, a été cité. Il conviendra aux amateurs de champagnes non dosés. (NM)

➽ SARL Champagne Moutard-Diligent, 6, rue des Ponts, B.P. 1, 10110 Buxeuil, tél. 03.25.38.50.73, fax 03.25.38.57.72 ▣ ¥ r.-v.

R. MOUZON-JUILLET*

○ 1er cru   n.c.   1 600   🍾 100 à 150 F

La troisième marque du champagne Ph. Mouzon-Leroux (voir ce nom). Cette cuvée privilégiant le chardonnay constitue, selon l'un des dégustateurs, « un des sommets de raffinement ». Un champagne fondu, harmonieux et long, issu de la belle vendange de 1989. Il n'a pas fait sa fermentation malolactique. (RM)

➽ EARL Mouzon-Leroux, 16, rue Basse-des-Carrières, 51380 Verzy, tél. 03.26.97.96.68, fax 03.26.97.97.67 ▣ ¥ r.-v.

PH. MOUZON-LEROUX
Grande Réserve*

○ Gd cru   n.c.   50 000   🍾 70 à 100 F

Marque lancée en 1946, exploitant un vignoble de 9,5 ha. Cette cuvée Grande Réserve comporte 75 % de pinot noir pour 15 % de chardonnay ; une partie des vins assemblés ont fait leur fermentation malolactique ; la vendange 94 est complétée par 55 % de vins de réserve des années 1990 à 1993. C'est un champagne floral, presque épicé. Le dosage n'est pas étranger à sa rondeur fruitée. Une étoile encore pour la **92 cuvée Prestige** (pinot noir 30 %, chardonnay 70 %), le vin ne faisant pas sa fermentation malolactique. Un champagne élégant, assez puissant, que l'on suggère de servir avec un foie gras poêlé aux amandes amères. (RM)

➽ EARL Mouzon-Leroux, 16, rue Basse-des-Carrières, 51380 Verzy, tél. 03.26.97.96.68, fax 03.26.97.97.67 ▣ ¥ r.-v.

MOUZON PERE ET FILS
Brut Prestige Grand cru 1990**

○ Gd cru   n.c.   1 500   🍾 100 à 150 F

L'une des marques du champagne Mouzon Leroux (voir à ce nom). Une cuvée mi-noire mi-blanche qui fait vibrer. L'agrément et la richesse de sa palette aromatique, composée de notes grillées et épicées, d'agrumes et de pomme fraîche, son très bel équilibre font l'unanimité. (NM)

➽ Philippe Mouzon, rue du Point-du-Jour, 51380 Verzy, tél. 03.26.97.96.68, fax 03.26.97.97.67 ▣ ¥ r.-v.

MUMM Mumm de Cramant

○ Gd cru   n.c.   50 000   🍾 +200 F

Maison fondée en 1827 disposant d'un très vaste vignoble. Le Mumm de Cramant est un blanc de blancs. C'est le seul vin de cru - cramant - proposé par une grande maison. Un vin légèrement fumé, frais, léger, pour apéritif de luxe. Le **Mumm Grand Cordon 90** est également cité ; à peine plus noir que blanc (54/46), il est miellé, biscuité. Il a déjà atteint son apogée. (NM)

➽ G.-H. Mumm et Cie, 29, rue du Champ-de-Mars, B.P. 2712, 51100 Reims, tél. 03.26.49.59.69, fax 03.26.77.40.69 ▣ ¥ t.l.j. 9h-11h 14h-17h

➽ Seagram

NAPOLEON 1989**

○   n.c.   n.c.   100 à 150 F

La maison Prieur, créée en 1825, est toujours dirigée par la famille fondatrice. Mais Napoléon - marque déposée à la fin du siècle dernier - tend à supplanter Prieur sur l'étiquette. Ce 89 a enthousiasmé les dégustateurs car il a la finesse florale d'un vin jeune et la complexité de son âge. Arômes de beurre et de noisette, fin de bouche vanillée qui fait songer à un meursault : un champagne de plaisir. De la même marque, on ne négligera pas le **brut sans année Réserve Carte verte** : son nez fin et complexe, sa bouche vineuse finissant sur une note d'écorce de pamplemousse lui valent une étoile. (NM)

➽ Grand Champagne Napoléon, 2, rue de Villers-aux-Bois, B.P. 41, 51130 Vertus, tél. 03.26.52.11.74, fax 03.26.52.29.10 ▣ ¥ r.-v.

➽ Ch. et A. Prieur

NOWACK Carte d'or 1990**

○   3 ha   5 000   🍾 100 à 150 F

Cette famille de vignerons s'est lancée dans la vente directe en 1920. Les trois cépages champenois sont également sollicités dans ce Carte d'or 90 très floral (acacia, tilleul), d'un bel équilibre.

LA CHAMPAGNE

Champagne

La finale gourmande est citronnée et confite. (RM)
• EARL Nowack, 10, rue Bailly, 51700 Vandières, tél. 03.26.58.02.69, fax 03.26.58.39.62 ◪ ⌶ t.l.j. 9h-12h 14h-18h

CHARLES ORBAN
Blanc de blancs Carte d'or★★

| ○ | 2 ha | 10 000 | ▮ ⌄ | 70 à 100 F |

Marque fondée en 1948, disposant d'un vignoble de 6 ha. Ce blanc de blancs, né de la vendange 92, a reçu un très bon accueil, grâce à ses arômes torréfiés, épicés et confits et à sa bouche puissante dont la finale demeure fine longue. (SR)
• Charles Orban, 44, rte de Paris, 51700 Troissy, tél. 03.26.52.70.05, fax 03.26.52.74.66 ◪ ⌶ t.l.j. sf dim. 10h-12h 14h-18h
• Rajeneau

CUVEE ORPALE Blanc de blancs 1988★

| ○ Gd cru | n.c. | n.c. | 150 à 200 F |

Orpale est le nom de la cuvée haut de gamme du champagne Saint-Gall. Un blanc de blancs qui a gagné en complexité et même en originalité durant sa lente évolution depuis 1988. La bouche équilibrée privilégie la finesse aux dépens de la puissance. (CM)
• Union Champagne, 7, rue Pasteur, 51190 Avize, tél. 03.26.57.94.22, fax 03.26.57.57.98 ◪ ⌶ r.-v.

OUDINOT

| ◐ | n.c. | n.c. | ▮ ⌄ | 100 à 150 F |

Marque lancée en 1889, reprise en 1981 par Jacques et Michel Trouillard, et disposant d'un important vignoble de 83 ha. Ce rosé est un rosé de noirs (pinot noir 70 %, pinot meunier 30 %), sa robe rose soutenu signale sa jeunesse ; les arômes de fraise, de framboise et de groseille ont un petit air de rosé du riceys. (NM)
• Champagne Oudinot, 12, rue Godart-Roger, B.P. 256, 51207 Epernay Cedex, tél. 03.26.59.50.10, fax 03.26.54.78.52

BRUNO PAILLARD
Blanc de blancs Réserve privée

| ○ | n.c. | 30 000 | ▮ ⌄ | 150 à 200 F |

Cette marque, lancée en 1981 par Bruno Paillard, exporte les trois quarts de sa production. Ce blanc de blancs - étiqueté « chardonnay » - s'annonce par un nez suave de fruits confits, d'abricot, de pêche et de poire ; l'attaque est ronde, le dosage sensible. (NM)
• Champagne Bruno Paillard, av. de Champagne, 51100 Reims, tél. 03.26.36.20.22, fax 03.26.36.57.72 ◪ ⌶ r.-v.

PIERRE PAILLARD★★

| ○ Gd cru | n.c. | n.c. | ▮ | 70 à 100 F |

L'exploitation, qui s'est lancée dans la vente directe en 1946, exploite un vignoble de 10,5 ha environ. Elle propose une cuvée (60 % de pinot noir, 40 % de chardonnay) remarquable par sa richesse aromatique (muguet, chèvrefeuille, moka, caramel blond) grasse et fraîche, d'un bel équilibre. (RM)

• Pierre Paillard, 2, rue du XXe Siècle, 51150 Bouzy, tél. 03.26.57.08.04, fax 03.26.57.83.03 ◪ ⌶ t.l.j. 9h30-11h30 14h30-18h; dim. sur r.-v.

PALMER 1991★

| ○ | n.c. | n.c. | ▮ ⌄ | 100 à 150 F |

Créée en 1948, cette coopérative regroupe deux cent trente sociétaires exploitant 400 ha. Elle propose une cuvée à peu près mi-noire mi-blanche, au nez floral et délicat, structurée, fraîche et longue. Le **brut sans année**, cité par le jury, naît d'un assemblage proche. Son attaque est nerveuse et la bouche longue. (CM)
• Palmer et C°, 67, rue Jacquart, 51100 Reims, tél. 03.26.07.35.07, fax 03.26.07.45.24 ◪ ⌶ r.-v.

PANNIER Cuvée Louis-Eugène★★

| ○ | n.c. | n.c. | ▮ ⌄ | 100 à 150 F |

La marque Pannier, lancée dans l'entre-deux-guerres, a été rachetée par un groupement de producteurs qui exploitent aujourd'hui 560 ha. La cuvée Louis-Eugène exploite les trois cépages champenois. Ce champagne, qui brille par ses arômes d'amande et de noisette grillée, sera excellent à l'apéritif. La **même cuvée dans sa version rosée**, nettement plus noire (chardonnay 25 %) obtient une étoile. Sa robe est légère, tout comme son nez. La bouche, nerveuse, évoque les fruits rouges et la groseille. (CM)
• Champagne Pannier, 23, rue Roger-Catillon, B.P. 300, 02406 Château-Thierry Cedex, tél. 03.23.69.51.30, fax 03.23.69.51.31 ◪ ⌶ r.-v.

PASCAL-DELETTE Cuvée Prestige★

| ○ | 1 ha | 7 000 | ▮ ⌄ | 70 à 100 F |

Un brut sans année de bonne tenue, arrivé à son apogée. Un nez floral lui assure une élégance fraîche ; le mariage de la pêche et de l'abricot contribue à son équilibre. (RM)
• Yves Pascal, 48, rue Valentine-Régnier, 51700 Baslieux-sous-Châtillon, tél. 03.26.58.11.35, fax 03.26.57.11.93 ◪ ⌶ t.l.j. 8h-19h

ERIC PATOUR★

| ○ | n.c. | n.c. | ▮ | 70 à 100 F |

Propriété et marque nées de l'effort de trois générations. Le BSA est un blanc de noirs de pinot noir. On y découvre le coing, l'aubépine et, en bouche, une présence citronnée. Un vin tout en dentelle et néanmoins puissant, que l'on boira à table. La **Cuvée de réserve** (deux tiers de noirs, un tiers de blancs) joue une musique harmonieuse et simple sur des notes de fruits jaunes (pêche, abricot). Elle a également obtenu une étoile. (RM)
• Eric Patour, 1, rue des Huguenots, 10110 Celles-sur-Ource, tél. 03.25.38.51.32, fax 03.25.38.22.65 ◪ ⌶ r.-v.

DENIS PATOUX Cuvée Prestige 1989★★

| ○ | n.c. | n.c. | ▮ ⌄ | 70 à 100 F |

Cette exploitation, qui s'est lancée dans la vente directe en 1945, dispose d'un vignoble de 8 ha. Elle a présenté une cuvée classique (60 % de pinot noir, 40 % de chardonnay), un 89 typique de ce millésime arrivé à son apogée, avec ses arômes de fruits cuits et ses notes miellées. La

Champagne

bouche est ronde, ample et charpentée. Une étoile pour le **rosé 93** (25 % de chardonnay, 60 % de pinot noir, 15 % de vin rouge), rond et long, dénué d'agressivité. (RM)

✆ Denis Patoux, 1, rue Bailly, 51700 Vandières, tél. 03.26.58.36.34, fax 03.26.59.16.10 ⓥ ⓣ r.-v.

HUBERT PAULET 1992

| ○ 1er cru | n.c. | n.c. | 🍾 | 70 à 100 F |

L'exploitation existe depuis environ un siècle, la marque depuis 1930 ; la propriété compte 8 ha de vignes. Les trois cépages champenois sont à l'origine de ce brut 92, certes un peu bref, mais plaisant par sa légèreté, sa souplesse et sa fraîcheur. (RM)

✆ Pierre Paulet, 55, rue de Chigny, 51500 Rilly-la-Montagne, tél. 03.26.03.40.68, fax 03.26.03.48.63 ⓥ ⓣ r.-v.

JEAN PERNET Blanc de blancs 1992★

| ○ Gd cru | 1,5 ha | 4 000 | 🍾 | 70 à 100 F |

Cette exploitation disposant d'un vignoble de 13,5 ha a élaboré un blanc de blancs marqué par les fleurs blanches (acacia), très mûr et gras, pour un poisson en sauce. Le **blanc de blancs Réserve**, un brut sans année, est dans le même esprit, mais plus léger. Un champagne qui privilégie la finesse. Il est cité. (RM)

✆ Champagne Jean Pernet, 6, rue de la Brèche-d'Oger, 51190 Le-Mesnil-sur-Oger, tél. 03.26.57.54.24, fax 03.26.57.96.98 ⓥ ⓣ r.-v.

✆ Frédéric et Christophe Pernet

JOSEPH PERRIER
Cuvée Joséphine 1985★★★

| ○ | n.c. | n.c. | 🍾 | + 200 F |

Maison fondée en 1825 à Châlons-sur-Marne, aujourd'hui Châlons-en-Champagne, où elle se trouve toujours. A peine plus de pinot noir que de chardonnay dans cette cuvée haut de gamme, fraîche, beurrée, élégante, au nez parfaitement intégré, « pleine de vie et d'harmonie », pour reprendre les termes d'un dégustateur. **La Cuvée royale 90** (50 % chardonnay, 50 % pinots), équilibrée, ronde et évoluée, a été citée. (NM)

✆ SA Champagne Joseph Perrier, 69, av. de Paris, B.P. 31, 51000 Châlons-en-Champagne, tél. 03.26.68.29.51, fax 03.26.70.57.16 ⓥ ⓣ r.-v.

PERRIER-JOUËT Grand Brut 1990★

| ○ | n.c. | n.c. | 🍾 | 150 à 200 F |

Maison célèbre, fondée en 1811, exploitant un vignoble de 65 ha. Trois de ses cuvées ont obtenu chacune une étoile : ce Grand Brut 90, issu de trois cépages champenois, très frais, puissant et complexe ; et les deux cuvées **Belle Epoque** (pinot noir et chardonnay), dans leur superbe bouteille dessinée par Gallé, en **blanc (90) et en rosé (89)**. La première, aux arômes de pamplemousse, de sous-bois et de miel, révèle une extrême harmonie ; la seconde est tout en onctuosité fraîche. Le dosage de ces deux champagnes n'est pas imperceptible. (NM)

✆ Champagne Perrier-Jouët, 28, av. de Champagne, 51200 Epernay, tél. 03.26.53.38.00, fax 03.26.54.54.55 ⓥ ⓣ r.-v.

PERSEVAL-FARGE
Blanc de noirs 1994★★★

| ○ 1er cru | 3 ha | 1000 | 🍾 | 70 à 100 F |

Les Perseval sont établis à Chamery depuis le XVIII[e]s. et commercialisent leurs champagnes depuis 1955. Ils exploitent un vignoble de 4 ha. Voici probablement le seul blanc de noirs du Guide obtenant trois étoiles ! Les deux pinots y collaborent également. Le nez est fait de coing, fruit que l'on retrouve en bouche assorti d'un léger fumé. Un vin superbe de complexité et de longueur. « J'achèterais volontiers », écrit un dégustateur. Une étoile pour le **blanc de blancs**, né de la vendange 94, comme le précédent. Un champagne fin, floral, dont le dosage est perceptible. (RM)

✆ Isabelle et Benoist Perseval, 12, rue du Voisin, 51500 Chamery, tél. 03.26.97.64.70, fax 03.26.97.67.67 ⓥ ⓣ r.-v.

PIERRE PETERS
Blanc de blancs Extra brut★

| ○ | 12 ha | 25 000 | 🍾 | 70 à 100 F |

Propriété de 17,5 ha située dans la Côte des Blancs. Son blanc de blancs extra brut, c'est-à-dire non dosé, présente un nez fin et discret ; il est vineux, structuré et équilibré. Deux autres blancs de blancs ont été cités : le **94** et la cuvée **Perle de Mesnil**, d'une extrême jeunesse, mérite d'être attendu un peu car il a du potentiel ; le second apparaît nerveux et primesautier. (RM)

✆ Champagne Pierre Peters, 26, rue des Lombards, 51190 Le-Mesnil-sur-Oger, tél. 03.26.57.50.32, fax 03.26.57.97.71 ⓥ ⓣ t.l.j. sf dim. 8h-12h 13h30-18h; f. 24 déc.-2 jan.

✆ François Peters

PETITJEAN-PIENNE Blanc de blancs★

| ○ Gd cru | 2,63 ha | n.c. | 🍾 | 70 à 100 F |

Cette exploitation familiale de 3,6 ha a élaboré un blanc de blancs de Cramant fleurant la brioche chaude ; équilibré, complexe et long, c'est un champagne de repas. (RM)

✆ Champagne Petitjean-Pienne, 4, allée des Bouleaux, 51530 Cramant, tél. 03.26.57.58.26, fax 03.26.59.34.09 ⓥ ⓣ r.-v.

MAURICE PHILIPPART Carte d'or

| ○ 1er cru | 6,2 ha | 28 000 | 🍾 | 70 à 100 F |

Ce Carte d'or est issu majoritairement de pinot meunier (80 %), complété par les deux autres cépages champenois à parts égales. Un champagne aux arômes discrets, à la structure solide. Egalement citée, la cuvée **Prestige 89**, très blanche (90 % de chardonnay, 10 % de pinot noir) possède un très joli nez. (RM)

✆ Gisèle Philippart, 16, rue de Rilly, 51500 Chigny-les-Roses, tél. 03.26.03.42.44, fax 03.26.03.46.05 ⓥ ⓣ r.-v.

PHILIPPONNAT Clos des Goisses 1988★★

| ○ | 5,5 ha | 26 000 | 🍾 | + 200 F |

Maison fondée en 1913, désormais présidée par Bruno Paillard. On ne présente plus le Clos des Goisses, le plus grand clos de Champagne (5,5 ha) qui longe la route de Mareuil-sur-Ay à Tours-sur-Marne. Coup de cœur l'année passée, ce champagne a été redégusté à l'aveugle par

LA CHAMPAGNE

Champagne

d'autres experts cette année, avec la même appréciation : il est toujours aussi puissant, équilibré et long, mais surtout, il a toujours autant de caractère. (NM)

☛ Champagne Philipponnat, 13, rue du Pont, 51160 Mareuil-sur-Ay, tél. 03.26.56.93.00, fax 03.26.56.93.18 ■ ▼ r.-v.

JACQUES PICARD**

○   8 ha   40 000   70 à 100 F

Un domaine créé en 1950 disposant d'un vignoble de 15 ha. Un assemblage peu courant (70 % de chardonnay et 30 % de pinot meunier) séduit les dégustateurs par sa race, son caractère et son élégance. Un champagne vineux et généreux. La **cuvée Prestige 90** (60 % de chardonnay et 40 % de pinot noir), expressive et très longue, mérite d'être citée. (RM)
☛ SCEV champagne Jacques Picard, 12, rue de Luxembourg, 51420 Berru, tél. 03.26.03.22.46, fax 03.26.03.26.03 ■ ▼ r.-v.

PICARD ET BOYER Cuvée Tradition

○   2,5 ha   20 000   70 à 100 F

Marque datant de 1928, reprise en 1993. Le vignoble s'étend sur près de 5 ha. Cette cuvée Tradition est un blanc de noirs de pinot meunier. Son attaque est nerveuse, sa finale pointue ; les arômes rappellent les fruits blancs (pêche). (RM)
☛ SCEV Picard et Boyer, chem. de Vrilly, 51100 Reims, tél. 03.26.85.11.69, fax 03.26.82.60.88 ■ ▼ r.-v.

PIERSON-CUVELIER Tradition

○ 1er cru   5,5 ha   24 000   50 à 70 F

Créé en 1901, ce domaine commercialise du champagne depuis 1978. Il exploite un vignoble de 8 ha. Sa cuvée Tradition est issue majoritairement de pinot noir (88 % complété de 12 % de chardonnay de la vendange 94). Elle est empyreumatique, fruitée, vineuse, voire corsée. (RM)
☛ François Pierson-Cuvelier, 4, rue de Verzy, 51150 Louvois, tél. 03.26.57.03.72, fax 03.26.51.83.84 ■ ▼ t.l.j. sf dim. 9h-12h 14h-19h; f. 15 août-15 sept.

REGIS POISSINET Cuvée Prestige*

○   n.c.   2 500   70 à 100 F

Cette cuvée Prestige est un blanc de noirs de pinot meunier. Un champagne agréable, au nez floral, à l'attaque discrète et d'une bonne ampleur. (RM)
☛ Champagne Régis Poissinet, 10, bis rue de Ménicourt, 51480 Cuchery, tél. 03.26.58.16.20 ■ ▼ r.-v.

POISSINET-ASCAS Blanc de blancs 1993*

○   n.c.   1000   70 à 100 F

L'exploitation s'est lancée dans la vente directe en 1974. Son blanc de blancs 93 possède un grand nez et une gentille bouche, une attaque douce et une belle rondeur. Le **blanc de noirs 93 Carte d'or** (100 % pinot meunier), cité par le jury, mérite aussi attention. C'est un champagne aérien, aux notes miellées et mentholées. (RM)
☛ Champagne Poissinet-Ascas, 8, rue du Pont, 51480 Cuchery, tél. 03.26.58.12.93, fax 03.26.52.03.55 ■ ▼ r.-v.

POL ROGER 1990*

○   n.c.   300 000   150 à 200 F

Maison fondée en 1849, demeurée familiale et disposant d'un important vignoble (85 ha). Son 90, mariant chardonnay de la Côte des Blancs et pinot noir du nord d'Epernay, n'accuse pas son âge. Le nez livre des notes de fruits confits accompagnées d'une touche mentholée, arômes que l'on retrouve en bouche. C'est un champagne de repas. Une étoile encore pour le **blanc de blancs 90**. Lui aussi a gardé la fraîcheur de sa jeunesse, avec de jolis arômes de pêche blanche, de fleurs de pommier et de brioche grillée. (NM)
☛ SA Pol Roger Cie, 1, rue Henri-Lelarge, 51206 Epernay, tél. 03.26.59.58.00, fax 03.26.55.25.70 ■ ▼ r.-v.

POMMERY 1991**

○ Gd cru   n.c.   300 000   150 à 200 F

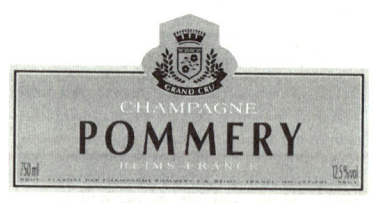

La marque a été lancée en 1836. Son essor revient à Madame Pommery qui constitua un fabuleux vignoble de 300 ha. Chez Pommery, on a le goût des défis. On aime affronter les millésimes difficiles, comme pour démontrer le pouvoir des sélections et du savoir-faire. Ainsi l'amateur pourra-t-il découvrir, après un 87, cet étonnant 91, mi-noir mi-blanc, d'une rare élégance, d'un équilibre idéal et d'une finesse empyreumatique inespérée. (NM)
☛ Pommery, 5, pl. du Gal-Gouraud, B.P. 87, 51100 Reims, tél. 03.26.61.62.63, fax 03.26.61.63.97 ■ ▼ r.-v.
☛ LVMH

POMMERY Royal Apanage*

○   n.c.   500 000   150 à 200 F

Cette cuvée Royal Apanage presque aussi blanche que noire (45 % de chardonnay, 35 % de pinot meunier) apparaît beurrée, miellée sur fond d'agrumes. Le dosage n'est pas absent. Une étoile également pour la cuvée **Louise 88** (60 % de chardonnay, 40 % de pinot noir). Typée du millésime, elle séduit par sa fraîcheur et par sa palette aromatique complexe mêlant orange, mandarine, crème de citron et fraise. (NM)

Champagne

🍾 Pommery, 5, pl. du Gal-Gouraud, B.P. 87, 51100 Reims, tél. 03.26.61.62.63, fax 03.26.61.63.97 ■ ▼ r.-v.

VIRGILE PORTIER Brut Extra★

| ○ Gd cru | 8,5 ha | 32 000 | ■ ♦ | 70 à 100 F |

Cette exploitation « fait de la bouteille » depuis 1924. Elle exploite un vignoble de 8,5 ha. Son Brut Extra, majoritairement issu de raisins noirs (70 % de pinot noir) comprend 20 % de vins de réserve. La fermentation malolactique est évitée. Son équilibre, son harmonie et la finesse de ses arômes de miel d'acacia en font un champagne très réussi. (RM)

🍾 Champagne Virgile Portier, 21, rte Nationale, 51360 Beaumont-sur-Vesle, tél. 03.26.03.90.15, fax 03.26.03.99.31 ■ ▼ t.l.j. sf dim. 8h-12h 14h-19h

ROGER POUILLON ET FILS
Brut Vigneron★

| ○ 1er cru | n.c. | 4 000 | ■ | 70 à 100 F |

Fabrice, vingt-deux ans, vient de s'installer sur cette exploitation qui commercialise du champagne depuis 1947. Le vignoble compte 6,5 ha. Le Brut Vigneron naît d'une cuvée mi-blanche minoritaire (pinot noir). Il se distingue par un nez franc, nimbé d'exotisme, et par une bouche ferme, équilibrée et longue. Le domaine propose aussi une cuvée intéressante, assemblage identique au précédent, élevée dix mois dans le chêne et issue de raisins provenant de la « côte » de Mareuil (1er cru), d'où son nom : **Fleur de Mareuil**. Léger et fin, discrètement boisé, brioché et fruité, ce champagne doit être cité. (RM)

🍾 Champagne Roger Pouillon et Fils, 3, rue de la Couple, 51160 Mareuil-sur-Ay, tél. 03.26.52.60.08, fax 03.26.59.45.83 ■ ▼ t.l.j. 9h-19h

PRESTIGE DES SACRES 1990★

| ○ | n.c. | 3 000 | ■ ♦ | 100 à 150 F |

Le groupement de producteurs de Janvry a été créé en 1961. L'ensemble des vignobles couvre 125 ha. La marque Prestige des Sacres a été déposée en 1970. Les trois cépages champenois collaborent à cette cuvée intense, briochée, miellée, ronde, ample et longue, qui atteint son apogée. Cité par le jury, **le rosé Réserve spéciale** est un rosé de noirs (75 % de pinot meunier). Vanillé, épicé, très rond, il est destiné à l'apéritif. (CM)

🍾 Coop. Vinicole Germigny-Janvry-Rosnay, rue de Germigny, 51390 Janvry, tél. 03.26.03.63.40, fax 03.26.03.66.93 ■ ▼ r.-v.

YANNICK PREVOTEAU

| ⊘ | 0,4 ha | 4 000 | ■ | 70 à 100 F |

Cette exploitation familiale a créé sa marque en 1970. Elle dispose d'un vignoble de plus de 9 ha. Son brut rosé, issu des trois cépages champenois (chardonnay 25 %), est légèrement évolué au nez, agréable et équilibré en bouche. (RM)

🍾 Gérald Prévoteau, 4 bis, av. de Champagne, 51480 Damery, tél. 03.26.58.41.65, fax 03.26.58.61.05 ■ ▼ r.-v.

PREVOTEAU-PERRIER
Cuvée Adrienne Lecouvreur★★

| ○ | n.c. | 10 000 | | 100 à 150 F |

Marque lancée après guerre exploitant un vignoble de 12 ha. Célèbre tragédienne du XVIIIᵉˢ., Adrienne Lecouvreur est née à Damery, dans une maison appartenant aux Prévoteau-Perrier. Cette cuvée lui rend hommage. Elle est composée d'autant de chardonnay que de pinot noir récoltés en 1990, 1991 et 1992 ; ses arômes vanillés sont flatteurs, l'équilibre et la longueur remarquables. La **Grande Réserve**, sollicitant également les trois cépages champenois dans les mêmes années que la précédente, est nerveuse et jeune. Elle est citée. (NM)

🍾 Champagne Prévoteau-Perrier, 15, rue André-Maginot, 51480 Damery, tél. 03.26.58.41.56, fax 03.26.58.65.88 ■ ▼ r.-v.
🍾 P. Prévoteau et C. Boudard

SERGE RAFFLIN Cuvée Prestige 1992★

| ○ 1er cru | n.c. | 15 000 | ■ ♦ | 70 à 100 F |

Vignerons depuis 1740, les Rafflin ont créé la marque Serge Rafflin dans les années 1950. Leur vignoble s'étend sur 9,5 ha. Leur cuvée Prestige 92, élaborée avec 60 % de chardonnay et 40 % de pinot noir, exprime des notes miellées. C'est un champagne jeune. A citer, le **rosé** et le **Brut Extra Réserve**, exploitant tous deux fortement les raisins noirs ; le premier, de couleur soutenue, évolué et souple, est bien adapté aux repas ; le second, incisif, aigu, est destiné à l'apéritif. (RM)

🍾 Denis Rafflin, 10, rue Nationale, 51500 Ludes, tél. 03.26.61.12.84, fax 03.26.61.14.07 ■ ▼ r.-v.

PASCAL REDON Cuvée du Hordon★

| ○ 1er cru | 0,3 ha | 2 000 | ■ ♦ | 100 à 150 F |

Cette marque lancée en 1980, disposant d'un vignoble de 4 ha, a bien réussi cette cuvée minoritaire mi-blanche, au nez de violette, de poire et de noix, souple, miellée et ronde en bouche. (RM)

🍾 Pascal Redon, 2, rue de la Mairie, 51380 Trépail, tél. 03.26.57.06.02, fax 03.26.58.66.54 ■ ▼ r.-v.

R. RENAUDIN Réserve★

| ○ | n.c. | 90 000 | ■ ♦ | 70 à 100 F |

Vaste vignoble familial de 24 ha et marque créée en 1933. Le brut Réserve naît d'une cuvée mi-blanche mi-rouge (avec des pinots noir et meunier récoltés en 1994). Arômes discrets (fleurs et fruits), attaque ronde et rétro-olfaction grillée. Un champagne qui privilégie la fraîcheur. (RM)

🍾 SCEV Champagne R. Renaudin, 31, rue de la Liberté, 51530 Moussy, tél. 03.26.54.03.41, fax 03.26.54.31.12 ■ ▼ r.-v.
🍾 Thérèse Tellier

ALAIN ROBERT
Le Mesnil Blanc de blancs★

| ○ Gd cru | n.c. | n.c. | ■ ♦♦ | 150 à 200 F |

Cette exploitation familiale, au service du vin depuis dix générations, exploite un vignoble de 11 ha. Alain Robert, spécialiste du blanc de blancs, propose toujours du champagne de caractère. Celui-ci en manque pas, à l'œil, au

LA CHAMPAGNE

Champagne

nez comme en bouche. Une teinte or jaune, un nez de pâte de coing et de pruneau, une attaque souple et une rétro-olfaction confite dénotent un champagne évolué, qui trouvera ses amateurs. (RM)

➥ Alain Robert, 25, av. de la République, 51190 Le Mesnil-sur-Oger, tél. 03.26.57.52.94, fax 03.26.57.59.22 ▨ ▼ r.-v.

BERTRAND ROBERT
Le Mesnil Blanc de blancs

| ○ Gd cru | n.c. | n.c. | ▌ 70 à 100 F |

Cette propriété familiale, en activité depuis un siècle, a élaboré un blanc de blancs léger, très vif, jeune et néanmoins charnu. Un champagne d'apéritif. (RM)

➥ Champagne André Robert Père et Fils, 15, rue de l'Orme, B.P. 5, 51190 Le Mesnil-sur-Oger, tél. 03.26.57.59.41, fax 03.26.57.54.90 ▨ ▼ r.-v.
➥ Bertrand Robert

ROBERT ALLAIT*

| ◐ | 1 ha | 7 000 | ▌ 70 à 100 F |

Marque lancée en 1981 exploitant un vignoble de 9 ha. Deux tiers de raisins noirs (dont 50 % de pinot meunier) et un tiers de chardonnay ont donné cette cuvée où entre environ un quart de vins de réserve. Un rosé aux reflets orangés, plaisant par ses arômes de cerise et de framboise, son équilibre et sa longueur. (RM)

➥ Régis Robert, 6, rue du Parc, 51700 Villers-sous-Châtillon, tél. 03.26.58.37.23, fax 03.26.58.39.26 ▨ ▼ t.l.j. 9h-12h 14h-19h sf dim.; f. 8-25 août

ERIC RODEZ Cuvée des Crayères*

| ○ Gd cru | n.c. | n.c. | ▌◐▌ 70 à 100 F |

Eric Rodez élabore avec beaucoup de science les champagnes issus de son vignoble de 6,5 ha. Cette cuvée, mi-noire mi-blanche, assemble des vins dont une partie font leur fermentation malolactique - 10 % d'entre eux ont été vinifiés en fût. Fleurs blanches au nez, l'attaque franchement, s'arrondit et finit sur les agrumes. (RM)

➥ Eric Rodez, 4, rue de Isse, 51150 Ambonnay, tél. 03.26.57.04.93, fax 03.26.57.02.15 ▨ ▼ r.-v.

LOUIS ROEDERER Brut Premier**

| ○ | n.c. | 1 800 000 | ▌♦ 150 à 200 F |

Cette célèbre maison rémoise, fondée en 1760, dispose d'un superbe vignoble de 190 ha. Les raisins noirs, pour les deux tiers (dont 10 % de pinot meunier) et les blancs sont mariés dans ce Brut Premier d'une belle couleur, or pâle, frais et fruité, dont l'attaque nette, qui se développe harmonieusement en bouche. Il sera très agréable à l'apéritif. (NM)

➥ Louis Roederer, 21, bd Lundy; B.P. 66, 51053 Reims cedex, tél. 03.26.40.42.11, fax 03.26.47.66.51 ▼ r.-v.

ALFRED ROTHSCHILD ET CIE
Grande Réserve

| ○ | n.c. | n.c. | 100 à 150 F |

L'une des marques de l'important producteur Marne et Champagne. Le brut Grande Réserve exploite également les trois cépages champenois. Expressif, il évoque les fleurs blanches, avec un soupçon de végétal et même de noix muscade, selon un dégustateur. Le **blanc de blancs**, floral et très nerveux, a été cité sans étoile. (NM)

➥ Marne et Champagne, 22, rue Maurice-Cerveaux, 51200 Epernay, tél. 03.26.78.50.50, fax 03.26.78.53.88

ROUSSEAUX-BATTEUX

| ◐ | n.c. | 2 000 | ▌ 70 à 100 F |

Cette marque, lancée en 1978 et disposant d'un vignoble de 3 ha, propose un rosé de cinq, issu de pinot noir récolté en 1995, coloré avec 10 % de vin rouge de Verzenay vendangé en 1994. Par la douceur de son attaque, sa puissance, ses notes épicées et réglissées qui s'ajoutent au fruité, c'est un champagne original. (RM)

➥ Denis Rousseaux, 17, rue de Mailly, 51360 Verzenay, tél. 03.26.49.81.81, fax 03.26.49.48.49 ▨ ▼ r.-v.

ROUSSEAUX-FRESNET**

| ○ | 3,5 ha | 12 000 | ▌ 70 à 100 F |

Marque familiale lancée en 1984. Issue de pinot noir pour 60 %, complété par du chardonnay, voici une cuvée au nez de fleurs et de fruits blancs (poire), tout en légèreté, en finesse et en élégance. « Bravo, très bien vinifié », écrit un dégustateur sous le charme. (RM)

➥ Jean-Brice Rousseaux, 21, rue de Chanzy, 51360 Verzenay, tél. 03.26.49.45.66, fax 03.26.49.40.09 ▨ ▼ r.-v.

ROYER PERE ET FILS Cuvée de réserve*

| ○ | 14 ha | 125 000 | ▌ 70 à 100 F |

La marque a été lancée en 1963 ; elle dispose d'un vignoble de 21 ha. Comprenant 75 % de pinot noir pour 25 % de chardonnay, cette Cuvée de réserve plaît par son nez de fruits très mûrs (abricot et pêche), par son équilibre et son harmonie. (RM)

➥ Champagne Royer Père et Fils, 120, Grande-Rue, B.P. 6, 10110 Landreville, tél. 03.25.38.52.16, fax 03.25.29.92.26 ▨ ▼ r.-v.

RUELLE-PERTOIS

| ○ | 3 ha | 20 000 | ▌ 70 à 100 F |

Marque créée en 1970, disposant d'un vignoble de 6 ha. Ce vin est presque un blanc de noirs (5 % de chardonnay) ; le pinot meunier y joue la partie principale (80 %). Il est vineux, rond et très jeune. (RM)

➥ Michel Ruelle-Pertois, 11, rue de Champagne, 51530 Moussy, tél. 03.26.54.05.12, fax 03.26.52.87.58 ▨ ▼ t.l.j. 9h-12h 13h30-19h; sam. dim. sur r.-v.; f. 10-25 août

RUINART « R »

| ○ | n.c. | n.c. | ▌ 150 à 200 F |

La doyenne des marques, fondée en 1729. Or pâle dans le verre, avec des reflets ambrés, le « R » de Ruinart offre des arômes de noisette et de praline, avec rondeur. Le dosage est sensible. Dans la série des « R », le **rosé** doit être cité pour son équilibre sucre-acidité. C'est un champagne évolué. (NM)

➥ Champagne Ruinart, 4, rue des Crayères, B.P. 85, 51053 Reims Cedex, tél. 03.26.77.51.51, fax 03.26.82.88.43 ▨ ▼ r.-v.

Champagne

DOM RUINART Blanc de blancs 1990★★

| ○ | n.c. | n.c. | 🍾 | +200 F |

Un grand millésime traité par une grande maison. Résultat : un coup de cœur. La robe est fille du cépage, comme le nez, très élégant, fin et pur, qui se laisse découvrir lentement. En bouche, après une attaque franche apparaît une structure délicate et stylée préparant une longue finale de noisette. (NM)

🍇 Champagne Ruinart, 4, rue des Crayères, B.P. 85, 51053 Reims Cedex, tél. 03.26.77.51.51, fax 03.26.82.88.43 ✓ 𝕴 r.-v.

RENE RUTAT Grande Réserve★

| ○ 1er cru | 6 ha | n.c. | 🍾 70 à 100 F |

Marque familiale lancée en 1960. Bien que l'étiquette n'en dise rien, ce champagne est un blanc de blancs. Il doit au chardonnay son or vert, ses arômes fins d'agrumes, son attaque franche et sa vivacité. (RM)

🍇 René et Michel Rutat, av. du Général-de-Gaulle, 51130 Vertus, tél. 03.26.52.14.79, fax 03.26.52.97.36 ✓ 𝕴 r.-v.

LOUIS DE SACY 1989★

| ○ Gd cru | 4 ha | 20 000 | 🍾 🍷 100 à 150 F |

Marque familiale disposant d'un vignoble de 25 ha. Le 89 (chardonnay 40 %, pinots 60 % dont 10 % de pinot meunier) est représentatif de son millésime par sa vinosité et sa puissance. Une étoile également pour le **rosé** de noirs (20 % de pinot meunier) d'un rose intense légèrement tuilé, floral, corsé, complexe (violette), de type évolué. Une étoile enfin pour **Grand Soir**, assemblant du pinot noir élevé dans le bois, du pinot meunier élevé en cuve et du chardonnay des années 86, 88 et 90 ; un champagne fumé, épicé et frais. (NM)

🍇 Champagne Louis de Sacy, 6, rue de Verzenay ; B.P. 2, 51380 Verzy, tél. 03.26.97.91.13, fax 03.26.97.94.25 ✓ 𝕴 r.-v.
🍇 André Sacy

SADI-MALOT
Vieille Réserve Blanc de blancs★★

| ○ 1er cru | n.c. | 10 000 | 🍾 70 à 100 F |

Villers-Marmery, où cette marque exploite un vignoble de près de 10 ha, est célèbre par la qualité de ses blancs de blancs. Celui-ci associe les vins de l'année à 33 % de vins de réserve d'où la dénomination Vieille Réserve. Les dégustateurs saluent son joli nez mêlant fleurs, fruits exotiques et pêche blanche, sa bouche expressive où l'on retrouve les fruits blancs. Ils soulignent aussi son beau potentiel. Le **blanc de blancs Réserve**, proche du précédent, le **rosé**, un blanc de blancs teinté, très ample, et le **Carte blanche**, un brut sans année dans lequel les cépages noirs jouent la moitié de la partie, ont été cités sans étoile. (RM)

🍇 Sadi-Malot, 35, rue Pasteur, 51380 Villers-Marmery, tél. 03.26.97.90.48, fax 03.26.97.97.62 ✓ 𝕴 t.l.j. 8h-19h ; dim. sur r.-v.

CHAMPAGNE SAINT-CHAMANT
Carte or Blanc de blancs★

| ○ | n.c. | 16 007 | 🍾 70 à 100 F |

Cette exploitation dispose d'un vignoble de 11,5 ha. Elle a effectué une belle prestation, trois de ses blancs de blancs obtenant une étoile : le Carte or, un vin de soif léger et équilibré, le **Carte crème**, un solide gaillard et le **89**, un champagne onctueux qui est à son apogée. (RM)

🍇 Christian Coquillette, Champagne Saint-Chamant, 50, av. Paul-Chandon, 51200 Epernay, tél. 03.26.54.38.09, fax 03.26.54.96.55 ✓ 𝕴 r.-v.

DE SAINT GALL Blanc de blancs

| ○ 1er cru | n.c. | 200 000 | 🍾 🍷 100 à 150 F |

Marque de l'Union Champagne d'Avize dont le haut de gamme est la cuvée Orpale (voir ce nom). Poire et agrumes au nez, citron-cédrat en bouche, ce blanc de blancs apparaît ample ; son acidité est savamment compensée par un dosage habile. (CM)

🍇 Union Champagne, 7, rue Pasteur, 51190 Avize, tél. 03.26.57.94.22, fax 03.26.57.57.98 ✓ 𝕴 r.-v.

DENIS SALOMON 1990★

| ○ | n.c. | 7 500 | 🍾 70 à 100 F |

Marque familiale déposée en 1974. Un très bon millésime et un cépage, le pinot meunier, sont à l'origine de ce blanc de noirs aux accents de noisette et de brioche, bien équilibré et qui procure un réel plaisir. Trois autres vins sont cités : la **cuvée Prestige**, un blanc de noirs dans lequel le pinot noir (70 %) joue la plus grande partie, vineux et direct, le **Réserve** (65 % pinot meunier, 35 % chardonnay), sans défaut, et le **blanc de blancs**, rond et intense. (RM)

🍇 Denis Salomon, 5, rue Principale, 51700 Vandières, tél. 03.26.58.05.77, fax 03.26.58.00.25 ✓ 𝕴 r.-v.

SALON Blanc de blancs Le Mesnil 1988★★

| ○ | 12 ha | 80 000 | 🍾 🍷 +200 F |

Cette marque très particulière produit uniquement des champagnes blancs de blancs millésimés issus exclusivement de vignes du Mesnil-sur-Oger. Bien que le premier millésime remonte à 1921, ce 88 n'est que le trentième commercialisé. Un vin typé aux arômes de caramel et aux saveurs de pruneau. Il a sans doute atteint son apogée. (NM)

🍇 Champagne Salon, 5, rue de la Brèche-d'Oger, 51190 Le Mesnil-sur-Oger, tél. 03.26.57.51.65, fax 03.26.57.79.29 𝕴 r.-v.

JEAN SANDRIN Cuvée Carte d'or

| ○ | n.c. | 5 000 | 🍾 70 à 100 F |

Cette propriété familiale de 10 ha propose un blanc de noirs auquel collaborent également les deux pinots. Un vin persistant et bien fait, même si le dosage est perceptible. (RM)

Champagne

⚯ Jean Sandrin, 12, pl. de l'Eglise, 10110 Celles-sur-Ource, tél. 03.25.38.52.42, fax 03.25.38.59.27 ⬛ ⬛ r.-v.

SANGER Blanc de blancs★

| ○ Gd cru | n.c. | 15 000 | ⬛ | 70 à 100 F |

Les anciens élèves du lycée agricole d'Avize se sont associés en coopérative en créant cette marque du lycée. Le blanc de blancs présente des arômes de fleurs blanches, de pamplemousse et de citron ; il est assez souple. Le **rosé**, de teint intense, fruité, souple et dosé, et le **brut sans année**, de belle longueur et d'une grande complexité, ont obtenu la même note. (CM)

⚯ Coopérative des Anciens Elèves du Lycée viticole d'Avize, 51190 Avize, tél. 03.26.57.79.79, fax 03.26.57.78.58 ⬛ ⬛ t.l.j. sf sam. dim. 8h-12h 14h-18h

CAMILLE SAVES Cuvée de réserve★

| ○ Gd cru | 7,5 ha | 11 600 | ⬛ | 70 à 100 F |

Cette exploitation familiale dispose d'un vignoble de 9 ha. Ici le vin ne fait pas sa fermentation malolactique ; en revanche il passe par le bois. Cette Cuvée de réserve (60 % chardonnay, 40 % pinot noir), miellée et citronnée avec des notes épicées, vineuse, est longue en bouche. Le **Carte d'Or** (75 % pinot noir, 25 % chardonnay), très fruité, plus évolué au nez qu'en bouche, mérite d'être cité. (RM)

⚯ Camille Savès, 4, rue de Condé, 51150 Bouzy, tél. 03.26.57.00.33, fax 03.26.57.03.83 ⬛ ⬛ t.l.j. sf dim. 8h-12h30 13h30-19h

⚯ Hervé Savès

FRANCOIS SECONDE
Blanc de blancs 1994★

| ○ Gd cru | 1 ha | 1 560 | | 70 à 100 F |

Marque lancée en 1976, disposant d'un vignoble de près de 5 ha. Ce blanc de blancs, miellé, frais, charpenté et long, est très réussi. Quant au **Clavier 95**, à l'étiquette en forme de piano, issu pour les deux tiers de chardonnay complété par du pinot noir, il est cité sans étoile. Il ne souffre cependant pas de sa jeunesse, et affirme un grand potentiel. Complexe, intense, fruité avec une touche de sucre d'orge, harmonieux, il a une « âme », pour reprendre la formule d'un dégustateur. (RM)

⚯ François Secondé, 6, rue des Galipes, 51500 Sillery, tél. 03.26.49.16.67, fax 03.26.49.11.55 ⬛ ⬛ r.-v.

CRISTIAN SENEZ Grande Réserve 1992★

| ○ | n.c. | 11 000 | ⬛ | 100 à 150 F |

Marque lancée en 1973, disposant d'un vignoble de 30 ha. Ce Grande Réserve 92 naît du mariage de 30 % de chardonnay avec 70 % de pinots, dont 10 % de pinot meunier. Le nez associe pain grillé, pistache et bonbon anglais ; la bouche est citronnée et longue. Une étoile également pour un autre millésime **92 Fontette** où le chardonnay est majoritaire (75 % pour 25 % de pinot noir). Un champagne floral, brioché, miellé, d'un bon équilibre. (NM)

⚯ Champagne Cristian Senez, 6, Grande-Rue, 10360 Fontette, tél. 03.25.29.60.62, fax 03.25.29.64.63 ⬛ ⬛ r.-v.

SERVEAUX FILS Carte noire★

| ○ | n.c. | 30 000 | ⬛ | 70 à 100 F |

Ce vignoble familial de 10,5 ha propose une cuvée plutôt noire (55 % de pinot meunier, 35 % de pinot noir et 10 % de chardonnay récoltés en 1994 et 1995). Un champagne floral au nez évoquant le pamplemousse, la poire et la pêche en bouche. (RM)

⚯ Pascal Serveaux, 2, rue de Champagne, 02850 Passy-sur-Marne, tél. 03.23.70.35.65, fax 03.23.70.15.99 ⬛ ⬛ r.-v.

SIMON-SELOSSE
Blanc de blancs Extra Brut

| ○ Gd cru | n.c. | 10 000 | ⬛ | 70 à 100 F |

Ce domaine, créé en 1896, a lancé sa marque en 1960. Son vignoble compte 4,5 ha de vignes. Il ne produit que du blanc de blancs. Celui-ci est un assemblage de vin de 1994 et de vins de réserve des années 92 et 93. Le nez est fruité et floral. Après une attaque franche se développent des arômes complexes. Un champagne destiné à l'apéritif. (RM)

⚯ Philippe Simon, 20, rue d'Oger, 51190 Avize, tél. 03.26.57.52.40, fax 03.26.58.97.47 ⬛ ⬛ t.l.j. 10h-12h 14h-19h; groupes sur r.-v.

DE SOUSA ET FILS
Blanc de blancs Réserve

| ○ Gd cru | 2,8 ha | 25 000 | ⬛ | 70 à 100 F |

Ce vignoble de 6 ha, conduit en agriculture biologique, propose un champagne vinifié à partir de raisins récoltés en 1995. Le nez est-il évolué, comme le prétendent quelques dégustateurs ? En tout cas, les membres du jury s'accordent pour juger la bouche vive, complexe et longue. (RM)

⚯ Champagne de Sousa, 12, pl. Léon-Bourgeois, 51190 Avize, tél. 03.26.57.53.29, fax 03.26.52.30.64 ⬛ ⬛ r.-v.

A. SOUTIRAN 1993★

| ○ Gd cru | 0,5 ha | 4 000 | ⬛ | 100 à 150 F |

Marque lancée en 1974, disposant d'un vignoble de 7,5 ha. 65 % de pinot noir et 35 % de chardonnay composent ce brut 93 au nez de bourgeon de sapin, de fleurs séchées et de fruits secs. L'attaque est vive ; la finale fait songer au citron confit. (NM)

⚯ Alain Soutiran-Pelletier, 12, rue Saint-Vincent, 51150 Ambonnay, tél. 03.26.57.07.87, fax 03.26.57.81.74 ⬛ ⬛ r.-v.

STEPHANE ET FILS Carte blanche

| ○ | 3,5 ha | 12 000 | ⬛ | 70 à 100 F |

Cette exploitation familiale de 4 ha propose une cuvée Carte blanche marquée par les raisins noirs. De légers reflets roses apparaissent dans la robe dorée ; fruité, équilibré, c'est un champagne de repas. (RM)

⚯ Xavier Foin, 1, pl. Berry, 51480 Boursault, tél. 03.26.58.40.81, fax 03.26.51.03.79 ⬛ ⬛ r.-v.

JEAN-PAUL SUSS Brut Réserve 1983★★

| ○ | n.c. | 1 500 | ⬛ | 100 à 150 F |

Marque lancée en 1992 exploitant un vignoble familial de 20 ha. Les 83 sont de plus en plus rares. Celui-ci est un blanc de blancs, bien que l'étiquette n'en souffle mot. Ce champagne aux

Champagne

arômes de miel, de cire d'abeille et de fleurs est rond, très frais, surtout pour son âge. Le **brut Réserve rosé** est issu exclusivement de pinot noir ; il a été obtenu par macération - technique rare - ce qui lui donne une forte présence de fruits rouges réglissés. Un rosé de repas. (MA)
🍾 Jean-Paul Suss, 7, rue des Ponts, 10110 Buxeuil, tél. 03.25.38.56.22, fax 03.25.38.58.58 ☑ ☧ r.-v.

TAITTINGER Brut Réserve*

○ n.c. n.c. 100 à 150 F

Grande marque rémoise disposant d'un vaste vignoble (250 ha). Ce Réserve (chardonnay 40 %, pinot noir 40 %, pinot meunier 20 %) associe au nez le pain frais, la brioche et une touche végétale. On retrouve la brioche en bouche, alliée à la reine-claude et au pamplemousse rose. Ce champagne séduit aussi par son bel équilibre. Une étoile encore pour le **92**, à peine plus blanc que noir (53 % de chardonnay). Le nez associe notes minérales et fleurs blanches ; l'attaque est fondue, le palais rond, masqué par des fruits jaunes. Pour un poisson en sauce. (NM)
🍾 Taittinger, 9, pl. Saint-Nicaise, 51100 Reims, tél. 03.26.85.45.35, fax 03.26.85.17.46 ☧ r.-v.

TAITTINGER
Blanc de blancs Comtes de Champagne 1989**

○ n.c. n.c. 🍾 +200 F

Du chardonnay de haute origine, un grand savoir-faire, un léger passage par le bois sont à la source de cette cuvée qui reste une valeur sûre, millésime après millésime. L'élégance, l'équilibre, la longueur, un je-ne-sais-quoi en bouche qui évoque le meursault, une touche réglissée et un dosage idéal appellent un coup de cœur. (NM)
🍾 Taittinger, 9, pl. Saint-Nicaise, 51100 Reims, tél. 03.26.85.45.35, fax 03.26.85.17.46 ☧ r.-v.

TANNEUX-MAHY
Grande Réserve Les Chasseurs

○ 3 ha 20 000 🍾 🍷 70 à 100 F

Quatre générations ont constitué un vignoble de plus de 6 ha. La cuvée Les Chasseurs comporte 30 % de chardonnay et 70 % de pinots, dont 16 % de pinot noir, récoltés en 1992, 1995 et 1996. Un brut sans année de réserve passent par le bois. Un brut sans année léger et citronné. La **cuvée Prestige** (90 % chardonnay), au nez discret et à la bouche fondue et vanillée, a été également citée. (RM)
🍾 Jacques Tanneux, 7, rue Jean-Jaurès, 51530 Mardeuil, tél. 03.26.55.24.57, fax 03.26.52.84.59 ☑ ☧ r.-v.

TARLANT Blanc de blancs*

○ n.c. 3 000 🍾 🍷 70 à 100 F

Marque lancée en 1929 par une famille vigneronne depuis 1687. Le domaine s'étend sur 13 ha. Un blanc de blancs puissant, complexe, gras, charpenté, d'une grande jeunesse. Une étoile également pour la **cuvée Louis**, élevée sept mois dans le bois. Mi-noire mi-blanche, elle mêle des arômes d'amande et de citron dans une fraîcheur légèrement boisée. (RM)
🍾 Champagne Tarlant, 51480 Œuilly, tél. 03.26.58.30.60, fax 03.26.58.37.31 ☑ ☧ t.l.j. 8h-12h 14h-18h; dim. sur r.-v.

J. DE TELMONT
Blanc de blancs Cuvée Grand Couronnement 1988**

○ 1er cru 30 ha n.c. 🍾 🍷 100 à 150 F

Henri Lhopital « fait de la bouteille » dès 1920 ; son fils André lance la marque Telmont en 1949 ; le vignoble s'étend sur 30 ha et les achats de raisin s'effectuent dans quarante crus. Ici le grand millésime 88 donne toute sa mesure et affirme sa longévité, ce qui permet aux vins de gagner en complexité : brioche, pain beurré et grillé se partagent le nez. La finale est fraîche, longue, très marquée par la noisette. Une étoile pour le **blanc de blancs 93** pour ses arômes d'agrumes mûrs et de vanille, pour sa jeunesse et sa fraîcheur. (NM)
🍾 Champagne J. de Telmont, 1, av. de Champagne, B.P. 17, 51480 Damery, tél. 03.26.58.40.33, fax 03.26.58.63.93 ☑ ☧ r.-v.
🍾 André et Serge Lhopital

V. TESTULAT Blanc de blancs*

○ 2,5 ha 20 000 🍾 🍷 70 à 100 F

Une maison de négoce conduite par une famille qui s'attache au vignoble dès 1862. Son brut sans année blanc de blancs, de bonne facture et très justement dosé, a atteint son apogée. Ont été cités la **Cuvée de réserve**, un blanc de noirs (25 % de pinot noir), vif, mêlant les fruits frais, la pomme, le coing et le **Prestige**, mi-blanc mi-noir (25 % de pinot meunier), très vif et plein de jeunesse. Ces trois champagnes sont nés de la vendange de 1993. (NM)
🍾 Champagne Testulat, 23, rue Léger-Bertin, B.P. 21, 51200 Epernay, tél. 03.26.54.10.65, fax 03.26.54.61.18 ☑ ☧ t.l.j. sf dim. 9h-12h 14h-18h; f. 10-25 août

JACKY THERREY Carte blanche**

○ 3 ha 15 000 🍾 🍷 50 à 70 F

Jacky Therrey est un producteur doué qui exploite un excellent terroir de 6 ha dans l'enclave de Montgueux. Son Carte blanche comporte 80 % de chardonnay pour 20 % de pinot de la vendange 95. Un vin harmonieux, de type nerveux et fin. A retenir, encore, citées par le jury, la **Cuvée spéciale**, assemblage identique au précédent, florale, noisette et d'une grande jeunesse et la **Cuvée François 93**, un blanc de blancs agrumes et fruits confits, au dosage perceptible. (RM)
🍾 Jacky Therrey, 8, rte de Montgueux, 10300 La Grange-au-Rez, tél. 03.25.70.30.87, fax 03.25.70.30.84 ☑ ☧ r.-v.

LA CHAMPAGNE

Champagne

ALAIN THIENOT Grande Cuvée 1988*
○   n.c.   50 000   🍾 150 à 200 F

Alain Thiénot est un homme extrêmement efficace qui déborde d'activité en Champagne et en fait autant dans le Bordelais. Sa Grande Cuvée 88 (30 % de chardonnay, 70 % de pinots dont 10 % de meunier) est une réussite par ses arômes de pain d'épice, par son attaque souple suivie de saveurs d'épices (cannelle, poivre rouge) et de tabac blond, et enfin par sa complexité et son harmonie. (NM)
🍇 Alain Thiénot, 14, rue des Moissons, 51100 Reims, tél. 03.26.77.50.10, fax 03.26.77.50.19 ☑ ⊥ r.-v.

MICHEL TIXIER Réserve Grande Année
○   1,5 ha   10 000   🍾 70 à 100 F

Marque familiale lancée en 1963, et disposant d'un vignoble de plus de 4 ha. 70 % de pinot noir marié à 30 % de chardonnay, récoltés en 1991 sont à l'origine de cette cuvée qui joue plus la puissance que la finesse. (RM)
🍇 Michel Tixier, 8, rue des Vignes, 51500 Chigny-les-Roses, tél. 03.26.03.42.61, fax 03.26.03.41.80 ☑ ⊥ r.-v.

GUY TIXIER Sélection Grande Année**
○   1 ha   7 000   🍾 70 à 100 F

Une sympathique marque de Chigny devenu Chigny-les-Roses en 1902, juste hommage rendu à la roseraie de Madame Louise Pommery. Deux remarques : sur l'étiquette, Grande Année au singulier ; le champagne pourrait donc être millésimé puisqu'il a plus de trois ans. D'autre part n'est-il pas audacieux de qualifier ainsi 1992 ? Quoi qu'il en soit, le résultat est là. Cette cuvée 60 % pinot noir, 40 % chardonnay a une « charpente de cathédrale », des arômes de miel, de fleurs blanches, de brioche ; elle est fine, fraîche et vive. (RC)
🍇 Olivier Tixier, 12, rue Jobert, 51500 Chigny-les-Roses, tél. 03.26.03.42.51, fax 03.26.03.43.00 ☑ ⊥ r.-v.

CHAMPAGNE G. TRIBAUT
Blanc de blancs 1993
○ 1er cru   n.c.   7 000   🍾 70 à 100 F

Cette exploitation familiale a lancé sa marque en 1976. Elle dispose d'un vignoble de 10 ha. Son blanc de blancs 93 attaque vivement. Une touche d'astringence, signe de jeunesse, devrait disparaître avec le temps. Un vin d'apéritif. (RM)
🍇 G. Tribaut, 88, rue d'Eguisheim, B.P. 5, 51160 Hautvillers, tél. 03.26.59.40.57, fax 03.26.59.43.74 ☑ ⊥ r.-v.

TRIBAUT-SCHLŒSSER
Cuvée René Schlœsser*
○   n.c.   50 000   🍾 70 à 100 F

Marque de négoce lancée en 1929, exploitant un vignoble de 20 ha et achetant les raisins produits sur une surface équivalente. La Cuvée René Schlœsser est très blanche (80 % de chardonnay, 20 % de pinot noir). Les vins passent par le bois. Un champagne d'une bonne intensité, long et surtout très équilibré. Le **Tradition**, issu des trois cépages champenois, mérite d'être cité pour ses arômes francs et directs. (NM)

🍇 Champagne Tribaut-Schlœsser, 21, rue Saint-Vincent, 51480 Romery, tél. 03.26.58.64.21, fax 03.26.58.44.08 ☑ ⊥ r.-v.

ALFRED TRITANT Carte d'or*
○ Gd cru   n.c.   15 300   🍾 70 à 100 F

Ce vignoble familial est entièrement situé sur le coteau de Bouzy. Son Carte d'or est une cuvée classique (pinot noir 60 %, chardonnay 40 %), miellée et marquée par l'abricot, équilibrée et harmonieuse. Le **rosé** est cité pour son nez de fruits rouges confiturés et pour sa bouche délicate. (RM)
🍇 Alfred Tritant, 23, rue de Tours, 51150 Bouzy, tél. 03.26.57.01.16, fax 03.26.58.49.56 ☑ ⊥ t.l.j. 9h-12h 14h-18h; sam. dim. sur r.-v.

JEAN-CLAUDE VALLOIS
Blanc de blancs 1990**
○   3 ha   14 424   🍾 70 à 100 F

Vignoble de 6 ha constitué en cinq générations. Coup de cœur il y a un an, ce champagne le frise cette année et retrouve ses deux étoiles, car il est aussi agréable, aussi frais, aussi long et brille toujours autant par son équilibre, sa fraîcheur et sa longueur. (RM)
🍇 Jean-Claude Vallois, 4, rte des Caves, 51530 Cuis, tél. 03.26.59.78.46, fax 03.26.58.16.73 ☑ ⊥ r.-v.

VARNIER-FANNIERE Blanc de blancs
○ Gd cru   n.c.   20 000   🍾 70 à 100 F

L'exploitation qui s'est lancée dans la commercialisation du champagne en 1946, dispose d'un vignoble de 4 ha. Elle propose un blanc de blancs qui fait appel à 40 % de vin de réserve. Un champagne typique, vif, aux arômes de pain grillé, qui commence à évoluer. (RM)
🍇 Champagne Varnier-Fannière, 23, rempart du Midi, 51190 Avize, tél. 03.26.57.53.36, fax 03.26.57.17.07 ☑ ⊥ r.-v.
🍇 Denis Varnier

VAUTRAIN-PAULET Carte blanche*
○ 1er cru   n.c.   25 000   🍾 70 à 100 F

Un vignoble familial de 8 ha, situé à Dizy et à Ay. Son Carte blanche marie 30 % de raisins blancs à 70 % de raisins noirs (15 % de pinot meunier) ; le nez est floral et élégant, la bouche discrète et bien dosée. (RM)
🍇 Vautrain-Paulet, 195, rue du Colonel-Fabien, 51530 Dizy, tél. 03.26.55.24.16, fax 03.26.51.97.42 ☑ ⊥ r.-v.

F. VAUVERSIN Blanc de blancs**
○ Gd cru   n.c.   n.c.   🍾 70 à 100 F

Cette famille vigneronne depuis 1650 a lancé sa marque en 1930 ; elle dispose d'un vignoble de 3 ha. Ce blanc de blancs est un assemblage de 93 (75 %) et de 92. Le nez, très typé chardonnay par ses notes florales, beurrées et briochées, et la bouche, expressive, droite et franche, composent une bouteille remarquable. (RM)
🍇 Vauversin, 9 bis, rue de Flavigny, 51190 Oger, tél. 03.26.57.51.01, fax 03.26.51.64.44 ☑ ⊥ r.-v.

Champagne

VAZART-COQUART ET FILS
Blanc de blancs Brut Réserve

○ Gd cru   7 ha   40 000   70 à 100 F

Cette famille, au service du vin depuis 1785, a lancé sa marque en 1957 ; son vignoble de 9 ha est situé à Chouilly (grand cru). Ce blanc de blancs est issu de la vendange 94, complétée par 30-40 % de vins de réserve. Son nez de fleurs blanches, d'aubépine et de coing précède une bouche fruitée de pêche blanche et d'agrumes. (RM)

🍇 Champagne Vazart-Coquart et Fils, 6, rue des Partelaines, 51530 Chouilly, tél. 03.26.55.40.04, fax 03.26.55.15.94 ✓ ⊥ r.-v.

JEAN VELUT Cuvée Tradition

○   6 ha   17 000   70 à 100 F

Cette exploitation familiale s'est lancée en 1976 dans la commercialisation du champagne. Elle dispose d'un vignoble de 7 ha. Sa cuvée Tradition est très marquée par le chardonnay (85 %, complété de 15 % de pinot noir). Les vins de réserve interviennent pour un tiers. Nez de beurre frais, attaque vive et équilibre lui permettent de passer la barre. (RM)

🍇 EARL champagne Velut, 9, rue du Moulin, 10300 Montgueux, tél. 03.25.74.83.31, fax 03.25.74.17.25 ✓ ⊥ r.-v.

VELY-RASSELET Cuvée Alix 1988**

○   n.c.   4 000   100 à 150 F

L'exploitation a été fondée après la dernière guerre. La cuvée Alix, plutôt noire (50 % de pinot meunier, 25 % de pinot noir), a été élevée sous bois. On y découvre des arômes complexes (torréfaction, fruits secs et confits, miel...). En bouche, un fruit rond et chaleureux révèle qu'elle a atteint son apogée. Deux autres champagnes, issus d'un assemblage identique, mais qui n'ont pas connu le bois, ont obtenu une étoile : le **Carte d'or** (récolte 92), équilibré et frais ; la **cuvée Prestige**, dans laquelle fruits blancs et caramel flattent le palais. (RM)

🍇 Françoise Vély, 4, rue du Château, 51480 Reuil, tél. 03.26.58.38.60, fax 03.26.57.15.50 ✓ ⊥ r.-v.

DE VENOGE Blanc de noirs**

○   n.c.   n.c.   150 à 200 F

Cette maison réputée, fondée en 1837, fait l'unanimité avec ce blanc de noirs de très belle qualité, au nez empyreumatique et épicé, vif, gras et ample. Un champagne jeune et prometteur. Les dégustateurs ont cité le **Grand Vin des Princes 92**, un blanc de blancs floral, biscuité et velouté, et le **90** au nez original, citronné, un peu bref. (NM)

🍇 Champagne de Venoge, 30, av. de Champagne, 51204 Epernay Cedex, tél. 03.26.53.34.34, fax 03.26.53.34.35 ✓ ⊥ r.-v.
🍇 Rémy Cointreau

J.-L. VERGNON Blanc de blancs*

○ Gd cru   n.c.   8 000   70 à 100 F

Cette exploitation, qui s'est lancée dans la vente directe en 1950, exploite quelque 5 ha de vignes. Son blanc de blancs, issu de la vendange 94, présente déjà quelques arômes complexes de vieillissement. En bouche, on apprécie une ner-

vosité équilibrée. Deux autres **blancs de blancs** ont été cités : l'**Extra brut**, droit, frais, onctueux, et le **89**, confit, élégant, bien évolué. Un vin de cérémonie, selon un dégustateur. (RM)

🍇 J.-L. Vergnon, 1, Grande-Rue, 51190 Le Mesnil-sur-Oger, tél. 03.26.57.53.86, fax 03.26.52.07.06 ✓ ⊥ r.-v.

B. VESSELLE

○ 1er cru   n.c.   50 000   70 à 100 F

Marque lancée en 1994 par le fils de Georges Vesselle. Ce 1er cru associe 30 % de raisins blancs et 70 % de raisins noirs (20 % de pinot meunier) ; il est puissant, masculin, charpenté et fruité. (NM)

🍇 Georges Vesselle, 16, rue des Postes, 51150 Bouzy, tél. 03.26.57.00.15, fax 03.26.57.09.20 ⊥ r.-v.

GEORGES VESSELLE *

○ Gd cru   12,5 ha   90 000   70 à 100 F

Marque lancée en 1954 exploitant un vignoble de 12,5 ha. A 10 % près, ce champagne est un blanc de noirs de pinot noir. Son nez est étonnant puisqu'il mêle les fleurs blanches et les fruits rouges. La bouche se montre ronde, élégante et longue. A essayer avec une escalope de veau à la crème. (NM)

🍇 Georges Vesselle, 16, rue des Postes, 51150 Bouzy, tél. 03.26.57.00.15, fax 03.26.57.09.20 ⊥ r.-v.

MAURICE VESSELLE

● Gd cru   1 ha   6 000   70 à 100 F

Cette exploitation, qui s'est lancée dans la vente directe en 1955, exploite un vignoble de 8,5 ha. Elle propose un rosé de saignée, donc un rosé de noirs - en l'occurrence de pinot noir. Un champagne à la robe très soutenue, dominé par les fruits rouges. (RM)

🍇 Maurice Vesselle, 2, rue Yvonnet, 51150 Bouzy, tél. 03.26.57.00.81, fax 03.26.57.83.08 ✓ ⊥ r.-v.

VEUVE CLICQUOT-PONSARDIN
La Grande Dame 1990**

○   n.c.   n.c.   +200 F

Maison fondée en 1772 par le beau-père de Madame Veuve Clicquot, la grande dame du champagne, d'où le nom donné à cette cuvée de prestige (pinot noir 61 %, chardonnay 39 %). 1990 fut la plus ensoleillée de ces trente dernières années, et ce champagne témoigne de la qualité de ce millésime. Il frôle le coup de cœur par sa puissance structurée, par ses arômes d'agrumes et de noisette, par son équilibre et sa longueur. Qualités et caractères qui sont, avec moins d'intensité, ceux du **brut sans année**, ce qui vaut bien une étoile. (NM)

🍇 Veuve Clicquot-Ponsardin, 12, rue du Temple, 51100 Reims, tél. 03.26.89.54.40, fax 03.26.40.60.17 ✓ ⊥ r.-v.

VEUVE CLICQUOT-PONSARDIN
Carte jaune*

○   n.c.   n.c.   100 à 150 F

Une célèbre étiquette de couleur orange pour un champagne qui ne l'est pas moins, le Veuve Clicquot brut sans année. Très noir (deux tiers

LA CHAMPAGNE

Coteaux champenois

de pinot, un tiers de chardonnay), comme la plupart des cuvées vinifiées par cette grande maison rémoise, il est fin, élégant et néanmoins vineux. Son équilibre, sa longueur lui valent une étoile. Même note pour le **90**, assemblage identique, plus évolué, aux arômes de fruits cuits et d'amande, généreux en bouche. (NM)

🍷 Veuve Clicquot-Ponsardin, 12, rue du Temple, 51100 Reims, tél. 03.26.89.54.40, fax 03.26.40.60.17 ⌇ r.-v.

CHAMPAGNE VEUVE FOURNY ET FILS★★

| ⚪ 1er cru | n.c. | n.c. | 🍷 | 70 à 100 F |

Marque de Vertus, fondée en 1950. Ce rosé naît de 80 % de pinot noir et de 20 % de chardonnay. Fruits secs et fruits rouges marquent le nez. Équilibre, rondeur et longueur contribuent à son agrément. Ont été cités le **Réserve**, souple et rond, et le **92**, un blanc de blancs aux arômes de noisette et de brioche. (NM)

🍷 Veuve Fourny et Fils, 5, rue du Mesnil, 51130 Vertus, tél. 03.26.52.16.30, fax 03.26.52.20.13 ⌇ t.l.j. 9h-13h 14h-19h; dim sur r.-v.

VEUVE MAURICE LEPITRE★

| ⚪ 1er cru | 1 ha | 5 000 | 70 à 100 F |

Cette exploitation familiale de 7 ha de vignes, fondée en 1905, propose une cuvée de rosé minoire mi-blanche (10 % de pinot meunier). L'adjonction de près de 20 % de vin rouge donne une couleur soutenue à ce champagne puissant et confit en bouche. Un rosé de repas. (RM)

🍷 Veuve Maurice Lepitre, 26, rue de Reims, 51500 Rilly-la-Montagne, tél. 03.26.03.40.27, fax 03.26.03.45.76 ⌇ r.-v.

🍷 B. Milliex

MARCEL VEZIEN Sélection★

| ⚪ | 1 ha | 4 000 | 🍷 | 70 à 100 F |

Domaine de 14 ha, fondé en 1958 à Celles-sur-Ource. Ce Sélection (80 % de pinot noir, 20 % de chardonnay) a atteint son apogée. L'attaque est vive, la bouche assez puissante. Le **brut sans année**, une cuvée de noirs (20 % de pinot meunier), est issu des vendanges 94 et 95. Sa fraîcheur lui vaut d'être cité. (RM)

🍷 SCEV Champagne Marcel Vézien et Fils, 68, Grande-Rue, 10110 Celles-sur-Ource, tél. 03.25.38.50.22, fax 03.25.38.56.09 ⌇ t.l.j. 8h30-18h; sam. dim. sur r.-v.

VOIRIN-DESMOULINS
Blanc de blancs Cuvée Prestige 1992

| ⚪ Gd cru | 1 ha | 4 000 | 🍷 | 100 à 150 F |

En 1960, Bernard Voirin épouse Nicole Desmoulins. De cette union naît le champagne Voirin-Desmoulins, élaboré à partir du vignoble familial de 9 ha. Ce 92 aux arômes d'orange et de fruits secs (noisette) attaque en souplesse. En bouche, il révèle un fondu assez évolué. (RM)

🍷 SCEV Voirin-Desmoulins, 41, rue Dom-Pérignon, 51530 Chouilly, tél. 03.26.54.50.30, fax 03.26.52.87.87 ⌇ r.-v.

🍷 Bernard Voirin

VOLLEREAUX Blanc de blancs 1991★

| ⚪ | n.c. | 30 000 | 🍷 | 70 à 100 F |

Marque fondée en 1920, disposant d'un vignoble de 42 ha. Ce blanc de blancs apparaît toasté et fumé au nez. L'attaque est franche, presque poivrée. Des notes d'amandes torréfiées suggèrent de le servir avec un poisson grillé. La **Cuvée Marguerite 93** (75 % de chardonnay, 25 % de pinot noir) est florale, fine et longue, mais aussi dosée avec magnanimité. (NM)

🍷 Champagne Vollereaux, 48, rue Léon-Bourgeois, B.P. 4, 51530 Pierry, tél. 03.26.54.03.05, fax 03.26.54.88.36 ⌇ t.l.j. 9h-12h 14h-18h; dim. 10h-13h

VRANKEN
Tête de cuvée Tradition Grande Réserve★★

| ⚪ | n.c. | n.c. | 🍷 | 70 à 100 F |

Le groupe Vranken dispose de plusieurs marques. Ce champagne porte le nom du président du groupe. Issu des trois cépages champenois à parts égales, il exhale de délicates fragrances florales et citronnées. Son élégance le destine à l'apéritif. Le **Spécial Brut**, assemblage proche du précédent (avec un peu plus de chardonnay), a été cité. Un champagne miellé, dosé, certainement à son apogée. (NM)

🍷 Vranken Monopole, 17, av. de Champagne, 51200 Epernay, tél. 03.26.59.50.50, fax 03.26.52.19.65 ⌇ t.l.j. 9h30-16h30; sam. 10h-16h; dim. et groupes sur r.-v.

🍷 P.-F. Vranken

WARIS-LARMANDIER
Blanc de blancs Collection★

| ⚪ Gd cru | 1 ha | 1000 | 🍷 | 100 à 150 F |

Cette exploitation de 5,5 ha pratique la vente directe depuis 1992. Elle propose un joli blanc de blancs, né de la vendange 93. Un champagne fin, floral, élégant, qui convient à l'apéritif. (NM)

🍷 Waris-Larmandier, 608, rempart du Nord, 51190 Avize, tél. 03.26.57.79.05, fax 03.26.52.79.52 ⌇ r.-v.

Coteaux champenois

Appelés vins nature de Champagne, ils devinrent AOC en 1974 et prirent le nom de coteaux champenois. Tranquilles, ils sont rouges, plus rarement rosés ; on boira les blancs avec respect et curiosité historique, en songeant qu'ils sont la survivance de temps anciens, antérieurs à la naissance du champagne. Comme lui, ils peuvent naître de raisins noirs vinifiés en blanc (blanc de noirs), de raisins blancs (blanc de blancs), ou encore d'assemblages.

Le coteau champenois rouge le plus connu porte le nom de la célèbre

Coteaux champenois

commune de Bouzy (grand cru de pinot noir). Dans cette commune, on peut admirer l'un des deux vignobles les plus étranges au monde (l'autre est situé à Aÿ) : un vaste panneau indique « vieilles vignes françaises préphylloxériques » ; on ne les distinguerait pas des autres si elles n'étaient conduites « en foule », selon une technique immémoriale abandonnée partout ailleurs. Tous les travaux sont exécutés artisanalement, à l'aide d'outils anciens. C'est la maison Bollinger qui entretient ce joyau destiné à l'élaboration du champagne le plus rare et le plus cher.

Les coteaux champenois se boivent jeunes, à 7-8 ° et avec les plats convenant aux vins très secs pour les blancs, à 9-10 ° et avec des mets légers (viandes blanches et... huîtres) pour les rouges que l'on pourra, pour quelques années exceptionnelles, laisser vieillir.

PAUL BARA Bouzy 1990

■   3 ha   10 000   100 à 150 F

Ce 90, élevé en cuve, s'annonce par une robe « d'époque », sans excès, ni en intensité ni en évolution. Le nez évoque la cerise réglissée, la bouche est framboisée. L'évolution s'exprime par une touche de pruneau. (RM)

Champagne Paul Bara, 4, rue Yvonnet, 51150 Bouzy, tél. 03.26.57.00.50, fax 03.26.57.81.24 r.-v.

HERBERT BEAUFORT Bouzy 1992

■   5 ha   10 000   70 à 100 F

Les deux ans passés dans le bois ont tuilé la robe de ce 92, mais n'ont pas altéré sa fraîcheur. Egalement cité, une curiosité, **le bouzy blanc**, un blanc de blancs. Il est floral, brioché, vif et léger. (RM)

Herbert Beaufort, 32, rue de Tours-sur-Marne, B.P. 7, 51150 Bouzy, tél. 03.26.57.01.34, fax 03.26.57.09.08 r.-v.

Henry Beaufort

CHARLES DE CAZANOVE 1993**

■   n.c.   n.c.   70 à 100 F

Une surprise ? Ce vin a toute la séduction de son cépage, le pinot meunier. Une vinification exemplaire et un élevage en pièces champenoises ont donné ce 93 à la robe profonde et sombre, au nez vanillé, épicé, intense et fondu, à la bouche pleine, équilibrée, aux tanins soyeux. Un « coteaux » sensuel : coup de cœur. (NM)

Charles de Cazanove, 1, rue des Cotelles, 51200 Epernay, tél. 03.26.59.57.40, fax 03.26.54.16.38

Lombard

EGLY-OURIET
Ambonnay Cuvée des Grands Côtés 1995

■   0,3 ha   n.c.   100 à 150 F

Ce vin de pinot noir, élevé dix-huit mois dans le bois, est revêtu d'une robe foncée à reflets violets. Pinot et bois se marient dans des arômes de fruits rouges, de cassis, de café et de vanille, que l'on retrouve en bouche. (RM)

Michel et Francis Egly, 9 et 15, rue de Trepail, 51150 Ambonnay, tél. 03.26.57.00.70, fax 03.26.57.06.52 r.-v.

EGROT FILS Bouzy 1993*

■   0,2 ha   1 141   70 à 100 F

Ce 93 est un vin de Bouzy rouge ; il provient donc obligatoirement de pinot noir. Il a été élevé deux ans en fût. Sa robe est d'un beau rouge violacé, ses arômes fruités font songer à la poire et au cassis, assaisonnés d'un soupçon de poivre et de curry vanillé. Sa légèreté en bouche le destine au petit gibier. (RM)

Philippe Egrot, rue de Bouzy, 51150 Louvois, tél. 03.26.57.81.21 r.-v.

JEAN-MARIE ETIENNE

■   n.c.   n.c.   70 à 100 F

Les raisins sont foulés, éraflés, macérés à froid, cuves avec réintroduction de 20 % de rafle. Le vin séjourne en fût de six à neuf mois. Celui-ci ne porte pas de millésime car il comprend deux tiers de 97 et un tiers de 96. La robe montre encore des nuances violacées, signe de jeunesse. Le vin apparaît souple, avec une touche moderne de bonbon anglais. (RM)

Etienne, 33, rue Louis-Dupont, 51480 Cumières, tél. 03.26.51.66.62, fax 03.26.55.04.65 r.-v.

RENE GEOFFROY Cumières*

■   n.c.   10 000   70 à 100 F

Un « coteaux » vinifié à la bourguignonne - cuves ouvertes et chapeau immergé - puis élevé dix mois en fût. Celui-ci n'est pas millésimé puisqu'il est issu de l'assemblage des années 94, 95 et 96. Aromatiquement jeune, il offre une bouche équilibrée et fraîche. Le **rouge de Cumières 93** mérite d'être cité : c'est un vin délicat qui joue plus sur la finesse que sur la matière. (RM)

René Geoffroy, 150, rue du Bois-Jots, 51480 Cumières, tél. 03.26.55.32.31, fax 03.26.54.66.50 r.-v.

J.-M. GOBILLARD ET FILS 1994*

□   0,6 ha   2 000   70 à 100 F

Un vin blanc de chardonnay élevé un an en fût et bâtonné. Le nez est brioché, beurré et boisé. En bouche, on retrouve ces arômes, assortis de notes de fruits blancs. Un vin équilibré, long, chaleureux. L'**hautvillers rouge** a été cité. C'est un vin de pinot noir élevé dans le chêne, issu de raisins éraflés. Sa robe est très foncée, violacée,

627   LA CHAMPAGNE

Coteaux champenois

son boisé-vanillé précède un fruité tannique. (NM)
➤ J.-M. Gobillard et Fils, SARL L'Altavilloise, 38, rue de l'Eglise , 51160 Hautvillers, tél. 03.26.51.00.24, fax 03.26.51.00.18 ☑ ⏲ r.-v.

PAUL GOERG Vertus 1995*

■   n.c.   5 000   ▮ 70 à 100 F

Une vinification techniquement moderne de pinots noirs récoltés en 1995 et un élevage en cuve sont à l'origine de ce « coteaux » qui divise les dégustateurs. Ceux qui le complimentent le trouvent fin, vif, riche, harmonieux. (CM)
➤ Champagne Paul Goerg, 4, pl. du Mont-Chenil, 51130 Vertus, tél. 03.26.52.15.31, fax 03.26.52.23.96 ☑ ⏲ r.-v.

HENRI GOUTORBE Ay 1996

■   n.c.   2 000   ◉ 70 à 100 F

Dans un grand cru, seul le pinot noir a droit de cité. Les raisins sont foulés et éraflés, les vins élevés un an en fût. Celui-ci apparaît coloré, très présent, jeune et fort boisé. Les dégustateurs recommandent de le laisser reposer un an ou deux pour qu'il « digère » son bois. (RM)
➤ Champagne Henri Goutorbe, 9, bis rue Jeanson, 51160 Ay, tél. 03.26.55.21.70, fax 03.26.54.85.11 ☑ ⏲ r.-v.

MARC HEBRART Mareuil

■   n.c.   2 000   ▮ 70 à 100 F

Ce vin rouge résulte d'un assemblage savant de 90 % de pinot noir de 90 avec 10 % de pinot meunier de 88, deux bons millésimes élevés en cuve. Sa robe très claire ferait presque penser à un rosé très foncé. La bouche, légère et bien équilibrée, révèle un début d'évolution. (RM)
➤ Marc Hébrart, 18-20, rue du Pont, 51160 Mareuil-sur-Ay, tél. 03.26.52.60.75, fax 03.26.52.92.64 ☑ ⏲ t.l.j. 8h-12h 13h-19h; groupes sur r.-v.

BENOIT LAHAYE Bouzy

■   0,6 ha   1000   ◉ 70 à 100 F

Du pinot noir vendangé en 1996, un éraflage partiel, deux remontages par jour, un élevage de dix mois dans le bois sont à l'origine de ce « coteaux » fruité. Un vin léger à l'œil, au nez et en bouche. (RC)
➤ Benoît Lahaye, 33, rue Jeanne-d'Arc, 51150 Bouzy, tél. 03.26.57.03.05, fax 03.26.52.79.94 ☑ ⏲ t.l.j. 8h30-20h

GUY LARMANDIER Vertus

■   0,7 ha   2 000   ▮◉ 70 à 100 F

Un vin de pinot noir modérément coloré, fruité, équilibré, rond, qui s'ouvre lentement. (RM)
➤ EARL Guy Larmandier, 30, rue du Gal-Koenig, 51130 Vertus, tél. 03.26.52.12.41, fax 03.26.52.19.38 ☑ ⏲ r.-v.
➤ Guy et François Larmandier

LARMANDIER-BERNIER
Vertus 1996**

■   0,75 ha   2 500   ◉ 70 à 100 F

La vendange n'est pas foulée mais éraflée. L'extraction est obtenue par pigeage et remontage (trois remontages par jour). Le vin demeure

dans le bois dix-huit mois. Ce 96 est bien habillé. Sa palette aromatique mêle notes épicées et boisées, cassis, poivre et moka. Rond et long, il offre un équilibre chaleureux. (RM)
➤ Champagne Larmandier-Bernier, 43, rue du 28-Août, 51130 Vertus, tél. 03.26.52.13.24, fax 03.26.52.21.00 ☑ ⏲ r.-v.

LAURENT-PERRIER Blanc de blancs*

□   n.c.   n.c.   ▮◉ 70 à 100 F

La grande maison de Tours-sur-Marne ne néglige pas la production de vins tranquilles. Ce « blanc de blancs de chardonnay » - ce qui est pour le moins une redondance - est un vin floral, vanillé et surtout distingué. A signaler encore, cité par le jury, le **bouzy rouge** dont la charpente légère soutient un fruité harmonieux. (NM)
➤ Champagne Laurent-Perrier, Dom. de Tours-sur-Marne, 51150 Tours-sur-Marne, tél. 03.26.58.91.22, fax 03.26.58.77.29 ☑ ⏲ r.-v.

PAUL LOUIS MARTIN Bouzy 1995

■   2 ha   10 000   ▮◉ 70 à 100 F

Ce vin naît de cuvaison courte dans des cuves à chapeau immergé. Sa robe est légère, le vin commence à évoluer. A boire. (RM)
➤ Paul-Louis Martin, 3, rue d'Ambonnay, 51150 Bouzy, tél. 03.26.57.01.27, fax 03.26.57.83.25 ☑ ⏲ r.-v.

JEAN MILAN*

□   n.c.   n.c.   ◉ 50 à 70 F

Ce vin apparaît or pâle dans le verre, fleuri, délicat, vanillé, complexe, riche et nerveux. (RM)
➤ Champagne Milan, 6, rue d'Avize, 51190 Oger, tél. 03.26.57.50.09, fax 03.26.57.47.78 ☑ ⏲ t.l.j. 9h30-12h30 14h-18h; dim. sur r.-v.

PH. MOUZON-LEROUX Verzy*

■   n.c.   n.c.   ◉ 70 à 100 F

Ce vin de pinot noir est élevé deux ans dans le bois. Il se montre gouleyant en bouche, avec une robe légère et un nez délicat. (RM)
➤ EARL Mouzon-Leroux, 16, rue Basse-des-Carrières, 51380 Verzy, tél. 03.26.97.96.68, fax 03.26.97.97.67 ☑ ⏲ r.-v.

VIRGILE PORTIER 1996*

■   0,6 ha   1 600   ◉ 50 à 70 F

Issu de pinot noir récolté en 1996, ce vin a été vinifié dans des cuves à chapeau immergé puis élevé un an en fût. Il affiche une vraie robe de vin rouge, colorée et intense, un vrai nez qui « pinote » ; la bouche se montre équilibrée. Un joli « coteaux ». (RM)
➤ Champagne Virgile Portier, 21, rte Nationale, 51360 Beaumont-sur-Vesle, tél. 03.26.03.90.15, fax 03.26.03.99.31 ☑ ⏲ t.l.j. sf dim. 8h-12h 14h-19h

ERIC RODEZ Ambonnay

■   n.c.   n.c.   70 à 100 F

Eric Rodez propose un coteaux champenois d'Ambonnay coloré, fruité, rond, aux tanins fins, sans la lourdeur qu'ont parfois les vins de cette commune. (RM)
➤ Eric Rodez, 4, rue de Isse, 51150 Ambonnay, tél. 03.26.57.04.93, fax 03.26.57.02.15 ☑ ⏲ r.-v.

Rosé des riceys

FRANCOIS SECONDE Sillery 1995

■　　　　　　1 ha　　2 000　　70 à 100 F

Ce vin faiblement coloré, issu de la vendange 95, séduit surtout par son nez qui offre la fraîcheur d'un sous-bois. La suite est plus convenue. Ce 95 a atteint son apogée. (RM)
🕭 François Secondé, 6, rue des Galipes, 51500 Sillery, tél. 03.26.49.16.67, fax 03.26.49.11.55 ✓ 🍷 r.-v.

PATRICK SOUTIRAN Ambonnay 1992

■　　　　　　3 ha　　1 500　　🍺 70 à 100 F

Un pinot noir vinifié en cuve à chapeau flottant, puis élevé six mois dans le bois. La robe est moyenne, le boisé fruité léger du nez est suivi d'arômes de griotte et de fruits sauvages. (RM)
🕭 Patrick Soutiran, 3, rue des Crayères, 51150 Ambonnay, tél. 03.26.57.08.18, fax 03.26.57.81.87 ✓ 🍷 t.l.j. 9h-12h 14h-19h; dim. sur r.-v.

MAURICE VESSELLE Bouzy blanc*

□　　　　　　0,25 ha　　1 500　　🍺 50 à 70 F

Le deuxième bouzy blanc du Guide : serait-ce une nouvelle mode ? Cette cuvée comprend 85 % de pinot noir, vinifié en blanc, et 15 % de chardonnay. Le vin, qui ne fait pas sa fermentation malolactique, est élevé dix-huit mois sous bois. Il est d'une grande jeunesse, riche d'arômes exotiques (ananas, banane) et vanillés. On peut l'oublier quelque temps en cave. (RM)
🕭 Maurice Vesselle, 2, rue Yvonnet, 51150 Bouzy, tél. 03.26.57.00.81, fax 03.26.57.83.08 ✓ 🍷 r.-v.

Rosé des riceys

Les trois villages des Riceys (Haut, Haute-Rive et Bas) sont situés à l'extrême sud de l'Aube, non loin de Bar-sur-Seine. La commune des Riceys accueille les trois appellations : champagne, coteaux champenois et rosé des riceys. Ce dernier est un vin tranquille, d'une grande rareté et d'une grande qualité, l'un des meilleurs rosés de France. C'est un vin que buvait déjà Louis XIV : il aurait été apporté à Versailles par les spécialistes établissant les fondations du château, les « canats », originaires des Riceys.

Ce rosé est issu de la vinification par macération courte de pinot noir, dont le degré alcoolique naturel ne peut être inférieur à 10 °. Il faut interrompre la macération - « saigner la cuve » - à l'instant précis où apparaît le « goût des riceys », qui, sinon, disparaît. Ne sont labellisés que les rosés marqués par ce goût spécial. Elevé en cuve, le rosé des riceys se boit jeune, à 8-9 °C ; élevé en pièces, il attendra entre trois et dix ans, et on le servira alors à 10-12 °C, pendant le repas. Jeune, il se boira à l'apéritif ou au début du repas.

ALEXANDRE BONNET 1996*

◪　　　　　　4,75 ha　　7 000　　🍺 70 à 100 F

Sur les 42 ha de l'exploitation, 4,75 ha sont consacrés aux pinots noirs destinés au rosé des riceys. Celui-ci est frais, vif - presque nerveux - fruité, équilibré et long. Un rosé de soif très agréable.
🕭 SA Bonnet Père et Fils, 138, rue du Gal-de-Gaulle, 10340 Les Riceys, tél. 03.25.29.30.93, fax 03.25.29.38.65 ✓ 🍷 r.-v.

LEGRAS ET HAAS 1996**

◪　　　　　　1 ha　　1000　　🍺 70 à 100 F

Le vignoble s'étend sur 25 ha, mais seul un hectare est consacré à la production de rosé des riceys. Celui-ci est un modèle de l'appellation, tant par sa robe d'un rose soutenu et par son nez franc, de griotte et de framboise, que par sa bouche, équilibrée, harmonieuse, réglissée, fraîche et longue.
🕭 Legras et Haas, 7 et 9, Grande-Rue, 51530 Chouilly, tél. 03.26.54.92.90, fax 03.26.55.16.78 ✓ 🍷 r.-v.

YVAN WALCZAK 1996*

◪　　　　　　1 ha　　1 666　　🍺 50 à 70 F

Cette propriété de 3 ha a bien réussi son rosé à la robe assez intense, un nez typique des riceys, fin, tendant vers le fruit rouge (cerise), alors qu'en bouche se révèle l'abricot.
🕭 Yvan Walczak, 7, rue Sottel, 10340 Les Riceys, tél. 03.25.29.11.45, fax 03.25.29.17.88 ✓ 🍷 r.-v.

LE JURA, LA SAVOIE ET LE BUGEY

Le Jura

  Faisant le pendant de celui de la haute Bourgogne, de l'autre côté de la vallée de la Saône, ce vignoble occupe les pentes qui descendent du premier plateau des monts du Jura vers la plaine, selon une bande nord-sud traversant tout le département, depuis la région de Salins-les-Bains jusqu'à celle de Saint-Amour. Ces pentes, beaucoup plus dispersées et irrégulières que celles de la Côte-d'Or, se répartissent sous toutes les expositions, mais ce ne sont que les plus favorables qui portent des vignes, à une altitude se situant entre 250 et 400 m. Le vignoble couvre environ 1 836 ha sur lesquels ont été produits, en 1996, année abondante, environ 98 400 hl.

  Nettement continental, le climat voit ses caractères accusés par l'orientation générale en façade ouest et par les traits spécifiques du relief jurassien, notamment l'existence des « reculées » ; les hivers sont très rudes et les étés très irréguliers, mais avec souvent beaucoup de journées chaudes. La vendange s'effectue pendant une période assez longue, se prolongeant parfois jusqu'à novembre en raison des différences de précocité qui existent entre les cépages. Les sols sont en majorité issus du trias et du lias, surtout dans la partie nord, ainsi que des calcaires qui les surmontent, surtout dans le sud du département. Les cépages locaux sont parfaitement adaptés à ces terrains argileux et sont capables de réaliser une remarquable qualité spécifique. Ils nécessitent toutefois un mode de conduite assez élevé au-dessus du sol, pour éloigner le raisin d'une humidité parfois néfaste à l'automne. C'est la taille dite « en courgées », longs bois arqués que l'on retrouve sur des sols semblables du Mâconnais. La culture de la vigne est ici très ancienne : elle remonte au moins au début de l'ère chrétienne si l'on en croit les textes de Pline ; et il est sûr que le vignoble du Jura, qu'appréciait tout particulièrement Henri IV, était fort en vogue dès le Moyen Age.

  Pleine de charme, la vieille cité d'Arbois, si paisible, est la capitale de ce vignoble ; on y évoque le souvenir de Pasteur qui, après y avoir passé sa jeunesse, y revint souvent. C'est là, de la vigne à la maison familiale, qu'il mena ses travaux sur les fermentations, si précieux pour la science œnologique ; ils devaient, entre autres, aboutir à la découverte de la « pasteurisation ».

  Des cépages locaux voisinent avec d'autres, issus de la Bourgogne. L'un d'entre eux, le poulsard (ou ploussard) est propre aux premières marches des monts du Jura ; il n'a été cultivé, semble-t-il, que dans le Revermont, ensemble géographique incluant également le vignoble du Bugey, où il porte le nom de mècle. Ce très joli raisin à gros grains oblongs, délicieusement parfumé, à pellicule fine peu colorée, contient peu de tanin. C'est le cépage type des vins rosés, qui sont en fait vinifiés ici le plus souvent comme des rouges. Le trousseau, autre cépage local, est en revanche riche en couleur et en tanin, et c'est lui qui donne les vins rouges classiques très carac-

Arbois

téristiques des appellations d'origine du Jura. Le pinot noir, venu de la Bourgogne, lui est souvent associé en petites proportions pour l'élaboration des vins rouges. Il a par ailleurs un avenir important pour la vinification de vins blancs de noirs destinés à des assemblages avec le blanc de blancs, pour élaborer des mousseux de qualité. Le chardonnay, comme en Bourgogne, réussit ici parfaitement sur les terres argileuses, où il apporte aux vins blancs leur bouquet inégalable. Le savagnin, cépage blanc local, cultivé sur les marnes les plus ingrates, donne, après cinq ou six ans d'élevage spécial dans des fûts en vidange, le magnifique vin jaune de très grande classe.

La région paraît spécialement favorable à l'obtention d'un type d'excellents mousseux de belle classe, issus, comme on l'a dit, d'un assemblage de blanc de noirs (pinot) et de blanc de blancs (chardonnay). Ces mousseux sont de grande qualité, depuis que les vignerons ont compris qu'il fallait les élaborer avec des raisins d'un niveau de maturité assurant la fraîcheur nécessaire.

Les vins blancs et rouges sont de style classique, mais, du fait semble-t-il d'une attraction pour le vin jaune, on cherche à leur donner un caractère très évolué, presque oxydé. Il y a un demi-siècle, il existait même des vins rouges de plus de cent ans, mais on est maintenant revenu à des évolutions plus normales.

Le rosé, quant à lui, est en fait un vin rouge peu coloré et peu tannique, qui se rapproche souvent plus du rouge que du rosé des autres vignobles. De ce fait, il est apte à un certain vieillissement. Il ira très bien sur les mets assez légers, les vrais rouges - surtout issus de trousseau - étant réservés aux mets puissants. Le blanc a les usages habituels, viandes blanches et poissons ; s'il est vieux, il sera un bon partenaire du fromage de comté. Le vin jaune excelle sur le comté mais aussi sur le roquefort et sur certains plats difficiles à accorder aux vins tels le canard à l'orange ou les préparations en sauce américaine.

Arbois

La plus connue des appellations d'origine du Jura s'applique à tous les types de vins produits sur douze communes de la région d'Arbois, soit environ 937 ha ; la production a atteint 33 297 hl en 1997. Il faut rappeler l'importance des marnes triasiques dans cette zone, et la qualité toute particulière des « rosés » de poulsard qui sont issus des sols correspondants.

FRUITIERE VINICOLE D'ARBOIS
Vin jaune 1991**

| | 35 ha | 15 000 | | 100 à 150 F |

88 89 |90| 91

Tout près du château Pécauld, qui abrite un musée de la Vigne et du Vin et l'Institut des vins du Jura, la fruitière vinicole d'Arbois possède elle aussi son château à Arbois, le château Béthanie. Un véritable vin de château que ce jaune 91 aux reflets vieil or. Le nez est un peu lourd, mais très complexe : noix, champignon, chocolat et torréfié. Encore fermé, mais de belle structure, le palais développe quelques arômes de noix et une finale de cacao. Un beau vin qui va s'affiner.
🕭 Fruitière vinicole d'Arbois, 2, rue des Fossés, 39600 Arbois, tél. 03.84.66.11.67, fax 03.84.37.48.80 ⓥ ⓨ r.-v.

FRUITIERE VINICOLE D'ARBOIS
Cuvée Vieilles vignes 1996**

| ■ | 15 ha | 30 000 | | 90 à 50 F |

La cuvée vieilles vignes de cette importante coopérative est régulièrement citée dans le Guide Hachette. Le millésime 96 est d'un beau rouge soutenu. Petits fruits rouges et épices séduisent au premier nez. Les tanins sont légers et le fruité apparaît particulièrement expressif. Toutes les qualités des trois cépages rouges du Jura sont réunies ici pour votre plus grand plaisir.
🕭 Fruitière vinicole d'Arbois, 2, rue des Fossés, 39600 Arbois, tél. 03.84.66.11.67, fax 03.84.37.48.80 ⓥ ⓨ r.-v.

LUCIEN AVIET
Trousseau Cuvée des Géologues 1996***

| ■ | | n.c. | 6 000 | | 50 à 70 F |

Ah ! la cuvée des Géologues ! Découvrez ses strates mène à une véritable éruption sensorielle ! Cela commence par une robe rouge cerise. Vient ensuite un nez puissant où la framboise explose. L'exploration continue par une bouche à la fois souple et puissante, riche et équilibrée. Un vin

Arbois

de caractère, très typique de l'appellation. Le lias est une époque formidable, ce trousseau qui y plonge ses racines vous le dira !

🍷 Lucien Aviet, 39600 Montigny-lès-Arsures, tél. 03.84.66.11.02 ☑ ☒ r.-v.

MARCEL CABELIER Chardonnay 1995*

| | n.c. | 18 337 | | -30 F |

En vente uniquement dans la grande distribution, cet arbois présente une belle intensité au nez, nous plongeant dans le monde des fruits secs et de l'amande grillée. La bouche n'est pas en reste et se plaît à nous dévoiler une charpente solide mais élégante. Des arômes minéraux et de fruits secs attisent notre convoitise.

🍷 Cie des Grands Vins du Jura, rte de Champagnole, 39570 Crançot, tél. 03.84.87.61.30, fax 03.84.48.21.36

DANIEL DUGOIS Vin jaune 1989***

| | n.c. | 1 600 | | 150 à 200 F |

On ne prend pas le même, mais on recommence ! Coup de cœur pour le jaune 88 et pour le jaune 89 ! Un doublé spectaculaire ! Que se cache-t-il derrière cette robe jaune et ses reflets de bronze ? D'abord un nez légèrement épicé, puis vanillé ou encore grillé. Ensuite une bouche, au début très fermée, mais qui va littéralement exploser quelques secondes plus tard. Noix, mirabelle, touche citronnée et finale de cacao. Juste ce qu'il faut d'acidité. Un vin élégant, très complet et au grand potentiel. Il devrait vieillir longtemps, longtemps, longtemps.

🍷 Daniel Dugois, 4, rue de la Mirode, 39600 Les Arsures, tél. 03.84.66.03.41, fax 03.84.37.44.59 ☑ ☒ t.l.j. 9h-19h

DOM. FORET Rubis 1995

| ■ | 1 ha | 5 000 | | 30 à 50 F |

Il porte le nom de rubis et en a effectivement la couleur. Le nez est franc mais discret. La bouche est agréable, équilibrée, quoiqu'un peu légère. A boire.

🍷 Dom. Foret, 13, rue de la Faïencerie, 39600 Arbois, tél. 03.84.66.23.01, fax 03.84.66.10.98 ☑ ☒ t.l.j. 8h-12h 13h30-19h30

DOM. FORET 1995

| | 1 ha | 5 000 | | 50 à 70 F |

Un assemblage de 70 % de chardonnay et de 30 % de savagnin élevé deux ans en fût. Robe jaune pâle aux reflets verts, légèrement perlante. Le nez est intense et évoque le vieux miel, la cire et les fruits confits. On peut le déguster dès à présent.

🍷 Dom. Foret, 13, rue de la Faïencerie, 39600 Arbois, tél. 03.84.66.23.01, fax 03.84.66.10.98 ☑ ☒ t.l.j. 8h-12h 13h30-19h30

RAPHAEL FUMEY ET ADELINE CHATELAIN Méthode traditionnelle*

| ○ | 0,5 ha | 2 500 | | 30 à 50 F |

Belle mousse active, composée de fines bulles. Le nez n'est pas très intense mais agréablement brioché et très subtil. La bouche est bien équilibrée, avec une petite vivacité qui laisse une bonne impression de fraîcheur. A boire à l'apéritif, en préférant les mélanges de fruits secs aux traditionnels petits gâteaux salés.

🍷 Raphaël Fumey et Adeline Chatelain, 39600 Montigny-lès-Arsures, tél. 03.84.66.27.84, fax 03.84.66.27.84 ☑ ☒ r.-v.

MICHEL GAHIER Trousseau 1996*

| ■ | 1,5 ha | 5 000 | | 30 à 50 F |

Michel Gahier habite à quelques pas de l'église de Montigny-lès-Arsures. Ses caves abritent un arbois d'un rouge très soutenu. Mûre et humus forment un très beau nez, intense et expressif. Les tanins assèchent encore un peu la bouche, mais derrière ce caractère de jeunesse se cache un potentiel certain. Il faut absolument attendre. Un gibier lui conviendra parfaitement.

🍷 Michel Gahier, pl. de l'Eglise, 39600 Montigny-lès-Arsures, tél. 03.84.66.17.63 ☑ ☒ r.-v.

MICHEL GAHIER
Méthode traditionnelle 1996*

| ○ | 1 ha | 3 000 | | 30 à 50 F |

Une nouvelle autoroute dessert désormais le Jura. On peut ainsi accéder plus vite au vignoble et, par exemple, chez Michel Gahier pour goûter ses dernières cuvées comme cette méthode traditionnelle. Une belle mousse sur un fond jaune mais sans excès. Le nez, floral et fruité, est distingué. La première impression acidulée en bouche est confirmée ensuite par une acidité qui lui apporte beaucoup de fraîcheur.

🍷 Michel Gahier, pl. de l'Eglise, 39600 Montigny-lès-Arsures, tél. 03.84.66.17.63 ☑ ☒ r.-v.

DOM. DE LA CROIX D'ARGIS 1996**

| | n.c. | n.c. | | 30 à 50 F |

La Croix d'Argis est le plus jeune des domaines Henri Maire. Reconstitué en 1968, il est planté en cépages rouges et blancs. Contrairement à beaucoup de rouges jurassiens, cette cuvée est d'une couleur soutenue, probablement

Arbois

due au pinot. Le nez apparaît encore un peu fermé, mais franc et net. Ce vin se montre riche, très puissant, alors que les tanins sont pourtant souples. Le vinificateur a su tirer parti du raisin et, s'il n'est pas certain qu'à l'aveugle on puisse reconnaître un arbois, notamment à cause de l'intensité colorante, on est en présence d'un vin d'une consistance harmonieuse.

🍇 Dom. de La Croix d'Argis, 39600 Arbois, tél. 03.84.66.12.34, fax 03.84.66.42.42 ✓ ⊤ r.-v.
🍇 Henri Maire

DOM. DE LA PINTE Vin de Paille 1994★★

| | 2 ha | 800 | ⦿ | +200 F |

Les caves imposantes de ce domaine, situé aux portes d'Arbois, sont à visiter. Voici un vrai vin de paille ; très jolie robe ambrée. Nez d'agrumes confits, de pâte de coing et fine touche empyreumatique. Bel équilibre en bouche entre sucre et acidité. Très fruité, ce 94 devrait se marier à merveille avec un dessert au chocolat.

🍇 Dom. de La Pinte, rte de Lyon, 39601 Arbois Cedex, tél. 03.84.66.06.47, fax 03.84.66.24.58 ✓ ⊤ t.l.j. 9h-12h 14h-18h; sam. dim. sur r.-v.
🍇 Famille Martin

DOM. DE LA PINTE Savagnin 1994★★

| | 5 ha | 6 000 | ⦿ | 70 à 100 F |

La devise du domaine est la suivante : « plante beau, feuille bon, pinte bien ». Il semble qu'avec cet arbois pur savagnin, on ait atteint l'objectif. Belle robe jaune pâle et reflets dorés. La noisette domine au nez, soulignée d'un trait de vanille. La bouche est ronde, équilibrée, à en être presque gouleyante. Fruitée et minérale, elle est encore très fraîche. Un ensemble fin et subtil qu'il faut avoir dans sa cave.

🍇 Dom. de La Pinte, rte de Lyon, 39601 Arbois Cedex, tél. 03.84.66.06.47, fax 03.84.66.24.58 ✓ ⊤ t.l.j. 9h-12h 14h-18h; sam. dim. sur r.-v.

DOM. DE LA RENADIERE
Pupillin Chardonnay 1996★

| | 1,4 ha | 9 000 | ⦿ | 30 à 50 F |

Capitale du ploussard, le village de Pupillin est récompensé pour son fleurissement. Floral, le vin de Jean-Michel Petit l'est aussi. Bien équilibré, avec juste une petite pointe d'acidité, il est miellé à souhait. Avec des coquilles Saint-Jacques passées à la poêle dans du beurre demi-sel très frais, ce sera un régal.

🍇 Jean-Michel Petit, rue du Chardonnay, 39600 Pupillin, tél. 03.84.66.25.10, fax 03.84.66.25.10 ✓ ⊤ t.l.j. 10h-12h 13h30-19h

DOM. DE LA RENADIERE
Pupillin Ploussard 1996

| ■ | 2 ha | 12 000 | ⦿ | 30 à 50 F |

La totalité des vins de cette exploitation est vendue en direct. On y produit, entre autres, un ploussard rouge cerise net et franc au nez, qui, sans posséder beaucoup de matière, offre un petit goût de groseille fort sympathique. Léger mais équilibré, il est bon à boire dès maintenant.

🍇 Jean-Michel Petit, rue du Chardonnay, 39600 Pupillin, tél. 03.84.66.25.10, fax 03.84.66.25.10 ✓ ⊤ t.l.j. 10h-12h 13h30-19h

DOM. DE LA TOURNELLE
Chardonnay 1996

| | 1,4 ha | 6 000 | ⦿ | 30 à 50 F |

Pascal Clairet continue avec passion son nouveau métier de vigneron après avoir été conseiller viticole pendant cinq ans à la chambre d'agriculture du Jura. Son arbois blanc 94 avait été remarqué. Le 96, fruité et minéral avec des notes boisées et miellées, est bien réussi. Il est encore vif en fin de bouche.

🍇 Pascal Clairet, 5, Petite-Place, 39600 Arbois, tél. 03.84.66.25.76, fax 03.84.66.27.15 ✓ ⊤ r.-v.

LES ANGES 1993

| | n.c. | n.c. | ⦿ | 150 à 200 F |

« La grande maison » nous présente ici un assemblage de chardonnay et de savagnin qui n'est déjà plus tout jeune. Cette cuvée dite « Les Anges » s'annonce bien. Discrète mais efficace. Le nez cire d'abeille, agrémenté d'une pointe d'agrumes, est très flatteur. La bouche sait encore se tenir. Prune fermentée et marc composent une jolie palette aromatique. A défaut de nous faire pousser des ailes, ce vin saura accompagner agréablement un bon repas d'ici-bas.

🍇 Henri Maire SA, Dom. de Boichailles, 39600 Arbois, tél. 03.84.66.12.34, fax 03.84.66.42.42 ✓ ⊤ t.l.j. 9h-18h

DOM. LIGIER PERE ET FILS
Trousseau 1996★★

| ■ | 0,7 ha | 3 000 | ⦿ | 30 à 50 F |

C'est à Mont-sous-Vaudrey que naquit Jules Grévy, successeur de Mac Mahon à la présidence de la République, en 1879. C'est dans ce même village que la famille Ligier a élaboré ce trous-

Le Jura

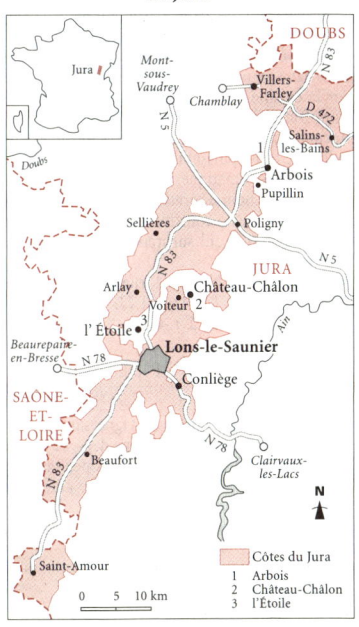

Côtes du Jura
1 Arbois
2 Château-Châlon
3 l'Étoile

LE JURA

Arbois

seau d'un beau rouge cerise, qui sent bon les petits fruits du début de l'été. Très bien constitué, il est long en bouche. Une bien jolie réalisation et surtout très typique.
- Ligier Père et Fils, 7, rte de Poligny, 39380 Mont-sous-Vaudrey, tél. 03.84.71.74.75, fax 03.84.81.59.82 ☑ ☥ r.-v.

FREDERIC LORNET Trousseau 1996

| ■ | 0,6 ha | n.c. | 🕮 | 30 à 50 F |

C'est le 23 août qu'est dignement fêté le trousseau à Montigny-lès-Arsures, capitale de ce cépage jurassien. Pour se mettre en bouche, cet arbois de Frédéric Lornet fera l'affaire. Le nez est expressif, intense et très fruité. Un vin souple à ne pas trop attendre.
- Frédéric Lornet, L'Abbaye, 39600 Montigny-lès-Arsures, tél. 03.84.37.44.95, fax 03.84.37.40.17 ☑ ☥ r.-v.

HENRI MAIRE Vin jaune 1985

| □ | n.c. | n.c. | 🕮 | +200 F |

Le propriétaire de la « plus grande réserve mondiale de vin jaune » a soumis à l'appréciation du jury un millésime déjà ancien. Ce 85 s'offre à nous sous une robe vieil or bien brillante. Le nez est puissant, évoquant la noix sèche et le grillé. Un peu monocorde en bouche sur le plan aromatique, ce vin jaune est pourtant agréable. Il peut être bu dès à présent.
- Henri Maire SA, Dom. de Boichailles, 39600 Arbois, tél. 03.84.66.12.34, fax 03.84.66.42.42 ☑ ☥ t.l.j. 9h-18h

JEAN-FRANCOIS NEVERS
Vin jaune 1988★★

| □ | n.c. | 880 | 🕮 | 150 à 200 F |

Si vous ne connaissez pas le vin jaune et surtout si vous êtes indécis quant aux alliances possibles avec les mets, vous pourrez trouver dans cette cave un petit livret réalisé par Betty Nevers sur la cuisine au vin jaune. Au vu des propositions fort alléchantes contenues dans le précieux document, vous pourrez emporter quelques clavelins de ce 88 puissant au nez et bien constitué en bouche. Aromatique, il ne s'exprime pourtant qu'après une bonne aération. Une fine amertume rappelant le cacao constitue une belle finale. Un vin très complet qui surprend agréablement les papilles.
- Jean-François Nevers, 4, rue du Lycée, 39600 Arbois, tél. 03.84.66.01.73, fax 03.84.37.49.68 ☑ ☥ r.-v.

PIERRE OVERNOY Pupillin 1994

| □ | 0,68 ha | 2 000 | 🕮 | 50 à 70 F |

Pierre Overnoy cultive sa vigne sans désherbant chimique depuis longtemps déjà. Le nez de son blanc est intense, évolué et un peu curieux. La bouche est épicée, avec une légère amertume en finale. Déjà évolué, ce vin typé demande pourtant à être encore attendu pour se révéler totalement.
- Pierre Overnoy, rue du Ploussard, 39600 Pupillin, tél. 03.84.66.14.60, fax 03.84.66.14.60 ☑ ☥ r.-v.

DESIRE PETIT ET FILS
Pupillin Ploussard 1996★

| ◢ | 4,35 ha | 20 000 | ■ 🕮 ♦ | 30 à 50 F |

Encore en foudre au moment de la dégustation, cet arbois Pupillin pur ploussard manifestait encore un peu de dégagement gazeux. La teinte cerise de sa robe est soutenue. Framboise et groseille alimentent un nez riche et puissant. Les tanins sont bien fondus et la rétro-olfaction permet de confirmer une grande richesse aromatique.
- Désiré Petit, 39600 Pupillin, tél. 03.84.66.01.20, fax 03.84.66.26.59 ☑ ☥ r.-v.
- Gérard Marcel Petit

DESIRE PETIT ET FILS
Vin de paille 1994

| □ | 0,6 ha | 2 400 | 🕮 | 100 à 150 F |

Dans des chais pouvant accueillir cent cinquante mille bouteilles, on ne peut pas dire que le vin de paille prenne énormément de place, mais il occupe une place de choix ! Celui-ci est constitué, au nez, de notes de caramel, de pomme chaude et de boisé. Le côté sucré est dominant en bouche et le rend un peu doux.
- Désiré Petit, 39600 Pupillin, tél. 03.84.66.01.20, fax 03.84.66.26.59 ☑ ☥ r.-v.

AUGUSTE PIROU Vin jaune 1990

| □ | n.c. | n.c. | 🕮 | 100 à 150 F |

Nez d'intensité moyenne mais complexe : sous-bois, champignon, curry, clou de girofle puis évolution vers la noix et le miel. Plus fin en bouche qu'au nez, il manque néanmoins un peu de longueur. Déjà assez évolué, il ne devra pas être trop attendu.
- Auguste Pirou, Les Caves royales, 39600 Arbois, tél. 03.84.66.12.34, fax 03.84.66.42.42

JACQUES PUFFENEY
Cuvée Les Bérangères Trousseau 1996★

| ■ | n.c. | 4 000 | 🕮 | 50 à 70 F |

Jacques Puffeney, vigneron discret mais scrupuleux, élabore avec passion depuis 1964 sa cuvée des Bérangères. C'est dans ce coteau de Montigny-lès-Arsures qu'il a choisi de planter du trousseau. La robe apparaît intense et si le nez l'est moins, il se montre en revanche très franc. Les arômes de fruits rouges (groseille, framboise) sont appétissants. Déjà assez rond, ce 96 est équilibré et plaît en bouche.
- Jacques Puffeney, Saint-Laurent, 39600 Montigny-lès-Arsures, tél. 03.84.66.10.89, fax 03.84.66.08.36 ☑ ☥ r.-v.

JACQUES PUFFENEY Chardonnay 1996

| □ | 1,2 ha | 6 000 | 🕮 | 50 à 70 F |

Une grâce printanière se dégage de cet arbois pur chardonnay, très frais au nez, fleurs et amande, léger en bouche, même si une nuance d'amande verte arrive à percer. Un vin discret mais aimable.
- Jacques Puffeney, Saint-Laurent, 39600 Montigny-lès-Arsures, tél. 03.84.66.10.89, fax 03.84.66.08.36 ☑ ☥ r.-v.

Arbois

JACQUES PUFFENEY Vin jaune 1990
1,2 ha   3 000   150 à 200 F

Japon et Etats-Unis sont les destinations de certaines bouteilles de cette propriété proche d'Arbois. Légèrement épicé et finement grillé, le nez de ce vin jaune présente une bonne intensité. La bouche, qui offre moins d'éclat, est déjà évoluée. Une discrète nuance de chocolat noir termine cette dégustation. Ce 90 n'est pas très puissant mais se montre agréable.

➥ Jacques Puffeney, Saint-Laurent, 39600 Montigny-lès-Arsures, tél. 03.84.66.10.89, fax 03.84.66.08.36 ✓ ☥ r.-v.

FRUITIERE VINICOLE A PUPILLIN
Pupillin chardonnay 1996*

28 ha   170 000   30 à 50 F

Paul-Emile Victor, qui passa par cette cave, naquit presque en même temps qu'elle, au début de ce siècle. Nos dégustateurs se sont penchés sur cet arbois Pupillin et l'ont trouvé très floral au nez. La bouche, finement citronnée, a été jugée souple et harmonieuse.

➥ Fruitière vinicole de Pupillin, rue du Ploussard, 39600 Pupillin, tél. 03.84.66.12.88, fax 03.84.37.47.16 ✓ ☥ r.-v.

ROLET PERE ET FILS Mémorial 1994**
n.c.   12 000   50 à 70 F

Cette cuvée Mémorial est mémorable. A dominante de trousseau, elle aurait pourtant presque un penchant bourguignon par son nez de cassis, d'épices et de cuir souligné d'un joli trait de boisé. La bouche ronde évoque les habituels fruits rouges mais possède aussi un côté animal et torréfié. De la puissance et une belle harmonie générale pour ce millésime qui n'est plus tout jeune.

➥ GAEC Rolet Père et Fils, rte de Dole, 39600 Arbois, tél. 03.84.66.00.05, fax 03.84.37.47.41 ☥ r.-v.

ROLET PERE ET FILS Vin jaune 1989**
n.c.   10 000   150 à 200 F

Ce vin qui fêtera bientôt sa première décennie fait encore très jeune. Rien de plus normal pour un vin jaune : la gestation est si longue ! Le nez est fin, discret mais complexe : noix sèche, curry et sous-bois. A l'aération, café, pain grillé et vanille apparaissent. Elégant, le palais possède cette acidité nécessaire au vieillissement des grands jaunes. Ce vin secret demande du temps et une bonne aération pour s'ouvrir. Votre patience sera récompensée par un splendide bouquet aromatique.

➥ GAEC Rolet Père et Fils, rte de Dole, 39600 Arbois, tél. 03.84.66.00.05, fax 03.84.37.47.41 ☥ r.-v.

DOM. AMELIE THOREZ
Vieilles vignes Chardonnay 1995

0,4 ha   1 690   50 à 70 F

Oui, c'est bien un nouveau nom dans le Guide Hachette. Dans le vignoble aussi, puisqu'Amélie Thorez a créé son domaine en 1995, diplôme d'œnologie en poche, sur 2 ha de vieilles vignes dont 40 ares de chardonnay. Discret au nez, ce premier vin, qui présente une pointe de gaz en bouche, surprend par sa fraîcheur.

➥ Amélie Thorez, 5, rue de Bourgogne, 39600 Arbois, tél. 03.84.66.11.78, fax 03.84.66.16.79 ✓ ☥ r.-v.

DOM. AMELIE THOREZ
Vieilles vignes Poulsard 1995**

1,5 ha   5 260   50 à 70 F

Ce poulsard, issu de vieilles vignes, a subi une longue macération qui lui donne puissance et richesse. Le nez est intense, plutôt sauvage, mêlant fruits et épices. Les tanins sont présents mais déjà fondus, élégants. Ce très grand vin sera parfait avec un filet de bœuf.

➥ Amélie Thorez, 5, rue de Bourgogne, 39600 Arbois, tél. 03.84.66.11.78, fax 03.84.66.16.79 ✓ ☥ r.-v.

ANDRE ET MIREILLE TISSOT
Vin jaune 1991**

3 ha   2 000   150 à 200 F

87 88 89 90 91

A cause du gel, 91 n'a vu naître pour André et Mireille Tissot que de quoi remplir 2 000 bouteilles de vin jaune, soit moins de la moitié d'une année normale. Petite quantité, mais grand vin. Le nez puissant de noix et de morille évolue vers le sous-bois. Le palais est plus discret mais néanmoins très élégant. Pas encore à son apogée mais très prometteur, ce vin doté d'une imposante structure fera parler de lui quand vous l'ouvrirez... mais à condition d'attendre au moins deux ans.

➥ André et Mireille Tissot, 39600 Montigny-lès-Arsures, tél. 03.84.66.08.27, fax 03.84.66.25.08 ✓ ☥ r.-v.

ANDRE ET MIREILLE TISSOT
Trousseau 1996**

5 ha   21 000   50 à 70 F

Le millésime 95 fut auréolé d'un coup de cœur. Ce 96 n'atteint pas la perfection de son aîné mais reste très expressif. Le nez est frais, vif, extrêmement complexe et témoigne de la liste donnée par les dégustateurs : fraise, mûre, cassis, agrumes mais aussi touches herbacées. Ce vin est bien persistant. Il saura vieillir.

➥ André et Mireille Tissot, 39600 Montigny-lès-Arsures, tél. 03.84.66.08.27, fax 03.84.66.25.08 ✓ ☥ r.-v.

ANDRE ET MIREILLE TISSOT
Chardonnay 1996*

2 ha   9 000   30 à 50 F

Ce vin blanc a été vinifié pour 40 % en cuve et pour 60 % en fût dont 10 % de pièces neuves. L'assemblage donne un produit fort réussi. Nez fruité et d'amande grillée. Une belle structure en bouche apporte une sensation de rondeur et de plénitude. Il est bon à boire dès maintenant. Retenez-le à dîner.

➥ André et Mireille Tissot, 39600 Montigny-lès-Arsures, tél. 03.84.66.08.27, fax 03.84.66.25.08 ✓ ☥ r.-v.

LE JURA

JACQUES TISSOT Vin jaune 1990★★

☐　　　4 ha　　5 000　🍾🍷♦ 150 à 200 F

Personnage haut en couleur, Jacques Tissot est un chantre intarissable du vignoble d'Arbois, présent dans tous les grands salons et, bien sûr, en pays comtois. On aurait vraiment tort de se détourner de son jaune 90, vin de garde par excellence. Très complexe et très riche au nez, long en bouche avec une acidité lui conférant un bel avenir, il finit sur une note plaisante de cacao amer. Et si justement vous le dégustiez avec un chocolat bien amer ?

🍇 Dom. Jacques Tissot, 39, rue de Courcelles, 39600 Arbois, tél. 03.84.66.14.27, fax 03.84.66.24.88 ✅ 🍷 r.-v.

JACQUES TISSOT Savagnin 1994★★

☐　　　n.c.　　7 500　🍾🍷♦ 70 à 100 F

Jacques Tissot est une figure de la viticulture arboisienne. C'est avec une verve communicative qu'il saura vous expliquer l'arbois de A à Z. Son vignoble de 27 ha est vendangé moitié à la machine, moitié à la main. Le savagnin est souvent réservé au vin jaune ou assemblé au chardonnay. Ici, il a servi de manière exclusive à l'élaboration d'un vin blanc que l'on pourrait qualifier de « classique ». Pain d'épice, noisette et pomme bien mûre au nez, chaleureux et équilibré en bouche, ce 94 est promis à un bel avenir. Un beau vin typé qui appelle une carpe farcie.

🍇 Dom. Jacques Tissot, 39, rue de Courcelles, 39600 Arbois, tél. 03.84.66.14.27, fax 03.84.66.24.88 ✅ 🍷 r.-v.

JEAN-LOUIS TISSOT Poulsard 1996★

◪　　　1 ha　　7 500　🍾 30 à 50 F

Macéré une dizaine de jours, le poulsard donne ici un rosé bien typique de la production jurassienne. Le nez est fin, pêche et fruits exotiques. La bouche, bien que légère, apparaît tout à fait équilibrée et laisse une impression très agréable. Aux éléments aromatiques déjà perçus au nez s'ajoute une touche de groseille. Une petite pointe acide apporte la fraîcheur nécessaire. On peut le dire, c'est bon.

🍇 Jean-Louis Tissot, Vauxelles, 39600 Montigny-lès-Arsures, tél. 03.84.66.13.08, fax 03.84.66.08.09 ✅ 🍷 t.l.j. 9h30-12h 14h-18h; dim. sur r.-v.

JEAN-LOUIS TISSOT Vin jaune 1990★

☐　　　1 ha　　2 000　🍷 100 à 150 F

Le vin jaune 1987 de cette propriété fut couronné d'un coup de cœur. Le 90 est un peu de la même veine. Très fin, déjà très ouvert, mais moins complexe sur le plan aromatique (noix fraîche et pain grillé). Avec un joli gras en bouche, il est très harmonieux et s'exprime sans retenue.

🍇 Jean-Louis Tissot, Vauxelles, 39600 Montigny-lès-Arsures, tél. 03.84.66.13.08, fax 03.84.66.08.09 ✅ 🍷 t.l.j. 9h30-12h 14h-18h; dim. sur r.-v.

Château-chalon

Château-chalon

Le plus prestigieux des vins du Jura, produit sur 46 ha, est exclusivement du vin jaune, le célèbre vin de voile élaboré selon des règles strictes. Le raisin est récolté dans un site remarquable, sur les marnes noires du lias ; les falaises, au-dessus desquelles est établi le vieux village, le surplombent. La production est limitée mais a atteint, en 1997, 1 273 hl, et la mise en vente s'effectue six ans et trois mois après la vendange. Il est à noter que, dans un souci de qualité, les producteurs eux-mêmes ont refusé l'agréage en AOC pour les récoltes de 1974, 1980 et 1984.

BAUD 1990★

☐　　　1,9 ha　　2 000　🍾🍷 150 à 200 F

Un domaine de 16 ha réparti sur toutes les AOC du Jura. Ce château-chalon a séduit. Quel beau nez ! Noix verte, muscade, tabac, pain d'épice, caramel et touche de grillé : un nez de vin jaune accompli. Assez bien structuré en bouche, ce vin demeure fermé mais prometteur. Un vieillissement de cinq ans ne devrait pas lui faire de mal. Il pourra alors accompagner un coq aux morilles.

🍇 Baud Père et Fils, rte de Voiteur, 39210 Le Vernois, tél. 03.84.25.31.41, fax 03.84.25.30.09 ✅ 🍷 r.-v.

DOM. BERTHET-BONDET 1991

☐　　　5 ha　　6 000　🍷 150 à 200 F

Plus de la moitié de l'exploitation est consacrée au château-chalon. Le reste permet d'élaborer un côtes du jura toujours apprécié. La robe de ce vin jaune est dorée à souhait, et de lourdes larmes pleurent sur la paroi du verre. Le nez se montre assez puissant, plutôt sec, dans un registre de tabac et de noix. La bouche est équilibrée. Un château-chalon qui peut être consommé dès maintenant.

🍇 Berthet-Bondet, 39210 Château-Chalon, tél. 03.84.44.60.48, fax 03.84.44.61.13 ✅ 🍷 r.-v.

PHILIPPE BUTIN 1990

☐　　　n.c.　　1000　🍷 150 à 200 F

Juste 1 000 bouteilles de ce château-chalon paré d'une robe cuivrée. Le nez de noix verte est classique, typique. Ce vin a de la finesse en bouche et une longueur très honorable. Sa souplesse actuelle nous fait dire qu'il ne tiendra pas un siècle. Nous suivrons les conseils de Ronsard et profiterons de ses charmes à présent.

🍇 Philippe Butin, 21, rue de la Combe, 39210 Lavigny, tél. 03.84.25.36.26, fax 03.84.25.39.18 ✅ 🍷 r.-v.

D. ET P. CHALANDARD 1990

☐　　　1 ha　　2 500　🍷 100 à 150 F

Un hectare, sur les sept que compte ce domaine, est consacré au château-chalon. Ce 90

Côtes du jura

porte une robe très pâle. Le nez est ouvert sur une bonne odeur de noix et de café. Un palais boisé auquel ne manque qu'un peu plus de longueur. Il possède cependant un bon équilibre. Voilà un château-chalon d'initiation qu'il faut attendre environ cinq ans.

🍷 Daniel et Pascal Chalandard, Caveau du Vieux-Pressoir, 39210 Le Vernois, tél. 03.84.25.31.15, fax 03.84.25.37.62 ☑ 🍸 r.-v.

DENIS CHEVASSU 1990

| ☐ | 0,5 ha | 1000 | 🍾 | 150 à 200 F |

C'est le 15 octobre 1990 que commencèrent les vendanges du savagnin destinées à ce château-chalon au nez simple mais typé. La première bouche est avenante, marquée d'une pointe d'amertume. Un vin de bonne qualité qui demande à s'affirmer quelque temps.

🍷 Denis Chevassu, Granges Bernard, 39210 Menétru-le-Vignoble, tél. 03.84.85.23.67 ☑ 🍸 r.-v.

DOM. VICTOR CREDOZ 1991

| ☐ | 1 ha | 1000 | 🍾 | 150 à 200 F |

Daniel et Jean-Claude Credoz exploitent un domaine de 10 ha (dont 1 ha de château-chalon), fondé en 1859 par Victor Credoz. Le nez de ce château-chalon est déjà ouvert ; assez puissant mais un peu rustique, il rappelle la noix verte et le pain d'épice. Aromatique, le palais est encore un peu rude mais sa forte acidité laisse augurer une bonne capacité de vieillissement.

🍷 Dom. Victor Credoz, 39210 Menétru-le-Vignoble, tél. 03.84.85.26.98, fax 03.84.44.62.41 ☑ 🍸 t.l.j. 8h-12h 14h-20h

LES VINS AUGUSTE PIROU 1990

| ☐ | n.c. | n.c. | 🍾 | 100 à 150 F |

Un des rares château-chalon que l'on puisse trouver en grande distribution. La robe jaune pâle et les reflets verts sont assez typiques. Le nez est peu ouvert, mais dégage une légère odeur de surmaturé, de caramel. Si la longueur en bouche est honnête, elle se montre un peu lourde. A ne pas trop attendre.

🍷 Auguste Pirou, Les Caves royales, 39600 Arbois, tél. 03.84.66.12.34, fax 03.84.66.42.42

Côtes du jura

L'appellation englobe toute la zone du vignoble de vins fins. La surface en production est de 632 ha en 1997 et donne 18 658 hl, comportant tous les types de vins.

CH. D'ARLAY Vin jaune 1990

| ☐ | 5 ha | 7 000 | 🍾 | 150 à 200 F |

Le vin jaune du comte de Laguiche surprend toujours. Mais comme l'indique un dégustateur : « ce vin a vraisemblablement sa clientèle ». Il y a dans ce 90 une superbe complexité aromatique qui s'ouvre vers des notes de torréfaction, de fruits secs et d'amande grillée. Pas de noix comme dans la plupart de ses congénères, mais néanmoins une belle matière soutenue par une acidité bien dosée.

🍷 Ch. d'Arlay, 39140 Arlay, tél. 03.84.85.04.22, fax 03.84.48.17.96 ☑ 🍸 t.l.j. 8h-12h 14h-18h; dim. sur r.-v.

🍷 A. de Laguiche.

BERNARD BADOZ Vin jaune 1991★★

| ☐ | 1 ha | 1 300 | | 150 à 200 F |

Poligny a été la première cité vigneronne du Jura où a été organisée la « Percée du vin jaune » en février 1997. Une nouvelle manifestation qui devient vite très populaire. Peut-être aurez-vous l'occasion à la prochaine édition de cette fête de goûter au vin jaune de Bernard Badoz. Puissance et vivacité rendent ce 91 plutôt viril. On le sent malgré tout encore sur la réserve, mais une réserve bien remplie ! Un grand vin de garde, sans aucun doute.

🍷 Bernard Badoz, 15, rue du Collège, 39800 Poligny, tél. 03.84.37.11.85, fax 03.84.37.11.18 ☑ 🍸 t.l.j. 8h-13h 14h-20h

BERNARD BADOZ 1994★

| ☐ | 1,5 ha | 4 000 | 🍾 | 50 à 70 F |

La robe est d'un jaune prononcé, mais, pour un 94, rien d'anormal. Le nez est intense, puissant et complexe : noix, muscade et même un peu d'abricot. En bouche, bel équilibre entre la noix et le fruité pomme-pêche. Mais que l'on se rassure, il ne s'agit pas du tout d'une boisson aux fruits. C'est bien du vin, avec du gras et juste ce qu'il faut d'acidité. Une certaine personnalité qu'il faut savoir attendre.

🍷 Bernard Badoz, 15, rue du Collège, 39800 Poligny, tél. 03.84.37.11.85, fax 03.84.37.11.18 ☑ 🍸 t.l.j. 8h-13h 14h-20h

BAUD Cuvée Tradition 1993

| ☐ | 3 ha | 6 000 | 🍾 | 50 à 70 F |

Cette cuvée Tradition, moitié savagnin, moitié chardonnay, a été élaborée en 1993. Elle se tient plutôt bien. La robe est soutenue, vieil or. Au nez, les épices devancent la noix. Très concentré en bouche, ce millésime donne une superbe impression de gras et une belle longueur. C'est un vin complet qui est désormais prêt à boire.

🍷 Baud Père et Fils, rte de Voiteur, 39210 Le Vernois, tél. 03.84.25.31.41, fax 03.84.25.30.09 ☑ 🍸 r.-v.

DOM. BERTHET-BONDET
Tradition 1995★★

| ☐ | 3 ha | 15 000 | 🍾 | 30 à 50 F |

Producteur de château-chalon, Jean Berthet-Bondet utilise aussi son savagnin pour élaborer cette cuvée de côtes du jura en association avec le chardonnay. Fermentés en cuve, les deux cépages sont élevés séparément, sous voile pour le savagnin et en fût ouillé pour le chardonnay, puis assemblés. Le nez est d'une grande délicatesse : mangue, ananas, gingembre et même une pointe mentholée. Après une première impression un peu rude, la bouche explose en quelques

LE JURA

Côtes du jura

secondes. Plutôt féminin, ce vin est à la hauteur du site classé de Château-Chalon : superbe !
🍇 Berthet-Bondet, 39210 Château-Chalon, tél. 03.84.44.60.48, fax 03.84.44.61.13 ☑ ⊤ r.-v.

PHILIPPE BUTIN Pinot 1996★

| ■ | 0,5 ha | 2 000 | 🍾 30 à 50 F |

Lavigny est proche du château du Pin, bâtisse des XIIe et XV^{e}s. Un 96 de couleur rouge vif, à nuances violacées, au nez puissant et distingué (fruits rouges frais et un peu de cassis). La bouche est veloutée, harmonieuse, l'astringence sympathique : ce vin affiche une belle typicité.
🍇 Philippe Butin, 21, rue de la Combe, 39210 Lavigny, tél. 03.84.25.36.26, fax 03.84.25.39.18 ☑ ⊤ r.-v.

PHILIPPE BUTIN Cuvée spéciale 1994

| □ | 1,5 ha | 3 000 | 🍷 30 à 50 F |

Spéciale ? Vous avez dit spéciale ? Oui, c'est la cuvée spéciale de Philippe Butin, composée de 60 % de chardonnay et de 40 % de savagnin. Nez d'épices et de cire. La bouche présente une légère oxydation, mais laisse une bonne impression finale. Cette bouteille est à boire.
🍇 Philippe Butin, 21, rue de la Combe, 39210 Lavigny, tél. 03.84.25.36.26, fax 03.84.25.39.18 ☑ ⊤ r.-v.

MARCEL CABELIER Chardonnay 1995★

| □ | n.c. | 4 696 | 30 à 50 F |

Paré d'une robe jaune d'or très profonde, ce 95 présente un nez très ouvert, avec une note d'artichaut un peu déconcertante mais vite compensée par un joli boisé doublé de notes de fruits secs. L'attaque en bouche est vive. L'acidité est en effet très présente. Un vieillissement de deux ans, ce vin d'un beau potentiel devrait gagner en harmonie.
🍇 Cie des Grands Vins du Jura, rte de Champagnole, 39570 Crançot, tél. 03.84.87.61.30, fax 03.84.48.21.36

DANIEL ET PASCAL CHALANDARD 1995★★★

| □ | 2 ha | 6 000 | 🍷 30 à 50 F |

Après nous avoir offert un côtes du jura 94 splendide, Daniel et Pascal Chalandard triomphent avec un 95 exceptionnel. Sous une robe jaune doré très brillante, cet assemblage de chardonnay et de savagnin dévoile un nez remarquable par son côté épicé, fait de curry et de cumin. La bouche sait être ronde et fraîche à la fois. Douceur au palais et orange amère, épices, pointe vanillée en rétro-olfaction. Nos sens en émoi en appellent à la cuisine méditerranéenne pour continuer la fête !
🍇 Daniel et Pascal Chalandard, Caveau du Vieux-Pressoir, 39210 Le Vernois, tél. 03.84.25.31.15, fax 03.84.25.37.62 ☑ ⊤ r.-v.

CELLIER DES CHARTREUX 1994

| □ | 4 ha | 15 000 | 🍷 30 à 50 F |

Vinum et musica laetificant cor, semblent nous murmurer les vieilles pierres du Cellier des Chartreux. On peut se réjouir en effet de ce blanc possédant un nez intense et dont la bouche souple, équilibrée et miellée sait convaincre.
🍇 Pignier Père et Fils, Cellier des Chartreux, 39570 Montaigu, tél. 03.84.24.24.30, fax 03.84.47.46.00 ☑ ⊤ t.l.j. 8h-12h 13h30-19h; groupes sur r.-v.

DENIS CHEVASSU Pinot noir 1996★★

| ■ | 0,5 ha | 2 000 | 🍾🍷 30 à 50 F |

Cuvée 100 % pinot noir, rouge sombre à reflets violacés. Très joli nez de fruits rouges bien mûrs, avec en fond une note de kirsch. Les tanins sont bien présents, encore un peu durs. Charnu, de nature fruitée, ce vin bien constitué se caractérise également par une bonne persistance aromatique. L'attendre un à deux ans.
🍇 Denis Chevassu, Granges Bernard, 39210 Menétru-le-Vignoble, tél. 03.84.85.23.67 ☑ ⊤ r.-v.

JEAN-MARIE COURBET Trousseau 1996★

| ■ | n.c. | 2 600 | 🍾 30 à 50 F |

Président de la Société de viticulture du Jura, Jean-Marie Courbet cultive un peu moins de 7 ha dans la petite vallée de la Seille, à quelques kilomètres du célèbre cirque de Baume. Il a élaboré un vin de pur trousseau, racé et puissant au nez, à la fois confiture de mûres et réglisse. La structure est dominée par l'alcool, mais le côté aromatique est intéressant. Cacao et fruits rouges cuits se partagent une bouche aux tanins discrets. Cette bouteille s'exprimera pleinement sur une viande rouge.
🍇 Jean-Marie Courbet, 39210 Nevy-sur-Seille, tél. 03.84.85.28.70, fax 03.84.44.68.88 ☑ ⊤ t.l.j. sf dim. 8h-12h 14h-20h

DOM. VICTOR CREDOZ Savagnin 1994

| □ | 2 ha | 3 500 | 🍷 50 à 70 F |

Cette cuvée pur savagnin a passé trois ans de sa vie en fût. Le nez est déjà assez typé. Intense, il est dominé par la noix, les épices, des nuances minérales et même des notes de fleurs blanches : une complexité engageante. Le palais est onctueux. On y retrouve un côté « jura » marqué. Noix et épices s'affirment dans une belle longueur. Ce 94 est bon à boire.
🍇 Dom. Victor Credoz, 39210 Menétru-le-Vignoble, tél. 03.84.85.26.98, fax 03.84.44.62.41 ☑ ⊤ t.l.j. 8h-12h 14h-20h

RICHARD DELAY
Cuvée Paul Delay 1995★

| □ | | 2 000 | 🍷 30 à 50 F |

Cette cuvée résulte d'un assemblage de savagnin et de chardonnay élevé en fût pendant

Côtes du jura

vingt-quatre mois. D'abord plutôt fruits exotiques, le nez développe rapidement des notes de fruits secs - dont la fameuse noix si typique des vins blancs jurassiens. La sensation de douceur perdure en bouche après une attaque presque suave. La palette aromatique est fort intéressante : noix, réglisse, curry et noix muscade. Une bien jolie matière, ma foi.
🕭 Richard Delay, 37, rue du Château, 39570 Gevingey, tél. 03.84.47.46.78, fax 03.84.43.26.75 ✉ ☎ r.-v.

RICHARD DELAY
Méthode traditionnelle 1996★★

| ○ | 1,4 ha | 8 000 | 🍾 | 30 à 50 F |

Beaucoup de chardonnay, un peu de pinot noir et un grand savoir-faire ont permis à Richard Delay d'élaborer cette cuvée méthode traditionnelle. Le nez est très floral. Nous sommes certains de la bonne composition de ce vin tout à fait représentatif de ce type de production jurassienne. Ces bulles-là vous feront craquer à l'apéritif ou au dessert.
🕭 Richard Delay, 37, rue du Château, 39570 Gevingey, tél. 03.84.47.46.78, fax 03.84.43.26.75 ✉ ☎ r.-v.

RICHARD DELAY Pinot noir 1996★

| ■ | 1,8 ha | 4 500 | 🍷 | 30 à 50 F |

Cette cuvée de pinot noir a obtenu un coup de cœur pour le millésime 95. Le 96 possède un nez de fruits assez jeune, marqué par un côté vanillé dû à l'élevage en fût. Il est bien équilibré, riche, avec des tanins assez doux ; on pourrait presque le confondre avec un bourgogne, ce qui pose le problème de la typicité. Il demande en tout cas à vieillir pour s'affirmer.
🕭 Richard Delay, 37, rue du Château, 39570 Gevingey, tél. 03.84.47.46.78, fax 03.84.43.26.75 ✉ ☎ r.-v.

DOM. GRAND FRERES 1995★★

| □ | n.c. | 20 000 | 🍷 | 30 à 50 F |

La robe de ce 95 est d'un doré brillant. Le nez est d'abord plutôt fermé mais il s'ouvre rapidement sur des notes de fruits secs, d'amande puis d'ananas et de fruits exotiques. Une vraie gourmandise. La bouche est ronde, avenante. Bourgeon de cassis et fruits exotiques forment une bien élégante série aromatique. La finale est finement épicée. Il n'y a aucune rupture entre le nez et la bouche. Un très bel accord.
🕭 Dom. Grand Frères, rte de Frontenay, 39230 Passenans, tél. 03.84.85.28.88, fax 03.84.44.67.47 ✉ ☎ t.l.j. 9h-12h 14h-18h

DOM. GRAND FRERES Sélection 1996★

| ■ | n.c. | 18 000 | 🍾 | 30 à 50 F |

Cette cuvée Sélection est un assemblage des trois cépages rouges du Jura. Le millésime 94 fut récompensé par un coup de cœur. Quant à ce 96, il n'est pas mal du tout. Teinte franche. Nez bourgeon de cassis et fruits rouges. Ces arômes sont confirmés en bouche. Les tanins sont bien présents, encore un peu verts, mais ils assureront un bon vieillissement. Une petite note alcoolique se perçoit agréablement en cours de dégustation. Un vin solide et encore un peu sauvage, qu'il faut attendre quelques années.

🕭 Dom. Grand Frères, rte de Frontenay, 39230 Passenans, tél. 03.84.85.28.88, fax 03.84.44.67.47 ✉ ☎ t.l.j. 9h-12h 14h-18h

CLOS DES GRIVES Vin de paille★

| □ | 0,3 ha | 700 | 🍾 | 70 à 100 F |

Le développement de l'agriculture biologique s'est fait plus rapidement chez certains de nos voisins européens, comme les Allemands, que dans l'Hexagone. C'est peut-être pour cela que Claude Charbonnier, partisan de ce type de culture, vend 40 % de sa production à l'étranger. Il pourra faire apprécier, entre autres, ce vin de paille encore jeune mais que l'on sent riche et équilibré. Les premiers arômes de fruits (abricot sec) sont prometteurs.
🕭 Claude Charbonnier, 204, Grande-Rue, 39570 Chillé, tél. 03.84.47.23.78, fax 03.84.47.29.27 ✉ ☎ r.-v.

CLOS DES GRIVES 1996★

| ■ | 1 ha | n.c. | 🍾 | 30 à 50 F |

Couleur cerise, un peu tuilé, ce côtes du jura est constitué à parts égales par les trois cépages rouges de l'appellation : trousseau, poulsard et pinot noir. Le nez, légèrement animal, évolue vers des notes de fruits mûrs. Assez harmonieux, le palais possède de bons tanins. A boire sur une grillade.
🕭 Claude Charbonnier, 204, Grande-Rue, 39570 Chillé, tél. 03.84.47.23.78, fax 03.84.47.29.27 ✉ ☎ r.-v.

CAVEAU DES JACOBINS
Chardonnay 1996

| □ | 21 ha | 18 000 | 🍷 | 30 à 50 F |

Depuis 1907, seules les guerres ont interrompu l'activité du Caveau des Jacobins. Il se pourrait que ce côtes du jura ravive la querelle qui oppose les tenants de la typicité et les autres. On y retrouve en effet avec grand plaisir des notes d'agrumes très rafraîchissantes mais qui font peu couleur locale. Une chose sur laquelle s'accordent les dégustateurs : c'est maintenant qu'il est bon.
🕭 Caveau des Jacobins, ZI, rue Nicolas-Appert, 39800 Poligny, tél. 03.84.37.14.58, fax 03.84.37.30.47 ✉ ☎ r.-v.

DOM. MOREL-THIBAUT
Vin jaune 1990★

| □ | 0,8 ha | 3 000 | 🍷 | 150 à 200 F |

Jean-Luc Morel et Michel Thibaut, associés de l'exploitation, plaident pour une vinification du vin jaune la plus naturelle possible. Cette bouteille est convaincante : robe jaune d'or sympathique, nez subtil aux notes de fruits secs mais surtout très chocolaté. Sa vivacité, présente en bouche, présage un bel avenir.
🕭 Dom. Morel-Thibaut, 8, rue Coittier, 39800 Poligny, tél. 03.84.37.07.61, fax 03.84.37.07.61 ✉ ☎ t.l.j. 15h-19h; dim. 10h-12h

DOM. MOREL-THIBAUT
Vin de paille 1995★

| □ | 1 ha | 3 000 | 🍾 | 70 à 100 F |

Le vin de paille de ces deux jeunes vignerons, on l'aime en général ! C'est un habitué des coups

Côtes du jura

de cœur du Guide Hachette. Ce 95 est orienté au nez sur le caramel et le raisin sec. La bouche est généreuse et équilibrée mais une note cendrée et de pruneau prend le dessus, venant gêner l'appréciation du développement aromatique d'une belle matière première. Attendre que le boisé se fonde.
🍷 Dom. Morel-Thibaut, 8, rue Coittier, 39800 Poligny, tél. 03.84.37.07.61, fax 03.84.37.07.61 ☑ ⊺ t.l.j. 15h-19h; dim. 10h-12h

DOM. MOREL-THIBAUT
Trousseau 1996

| ■ | | 1 ha | 8 000 | 🍷 | 30 à 50 F |

Vinifié de façon à développer les parfums, ce côtes du jura pur trousseau offre en effet un nez de petits fruits rouges qui évolue vers un vanillé agréable. La structure est assez discrète, mais les tanins sont élégants. Même s'il n'a pas toute l'ampleur que l'on peut attendre d'un rouge, il est plaisant par son côté friand et fruité.
🍷 Dom. Morel-Thibaut, 8, rue Coittier, 39800 Poligny, tél. 03.84.37.07.61, fax 03.84.37.07.61 ☑ ⊺ t.l.j. 15h-19h; dim. 10h-12h

AUGUSTE PIROU Rouge chaud 1996**

| ■ | | n.c. | n.c. | 🍷 | 30 à 50 F |

L'étiquette annonce la couleur et ce qui va avec : « Rouge chaud ». C'est tout à fait cela. La robe rouge bigarreau est profonde, brillante. Le nez, typé pinot, est superbe : fruits cuits, cassis, menthe poivrée, vanille. Tout se marie parfaitement. Encore un peu fermée, la bouche charnue développe toute la série des fruits rouges au sein d'une structure parfaitement équilibrée. Une certaine noblesse qui pourrait l'apparenter à un vin de la Côte de Nuits ! Il va sans dire qu'il faut patienter avant de le déguster.
🍷 Auguste Pirou, Les Caves royales, 39600 Arbois, tél. 03.84.66.12.34, fax 03.84.66.42.42

XAVIER REVERCHON Vin jaune 1991

| □ | | 0,9 ha | 1000 | 🍾 | 150 à 200 F |

Ce vin provient presque exclusivement d'une jeune vigne de trois ans qui a été miraculeusement épargnée par le gel de 1991. La présentation est irréprochable. Le premier nez, intense et ouvert, offre une belle complexité aromatique, très typique, entre fruits secs et cire d'abeille. L'attaque en bouche est ample. Une légère note alcooleuse engonce un peu la superbe palette aromatique, mais ce vin jaune reste réussi et très représentatif de son AOC.

🍷 Xavier Reverchon, EARL Chantemerle, 2, rue du Clos, 39800 Poligny, tél. 03.84.37.02.58, fax 03.84.37.00.58 ☑ ⊺ r.-v.

XAVIER REVERCHON 1996

| ■ | | 0,5 ha | 2 000 | 🍷 | 30 à 50 F |

Composée uniquement de cépages indigènes, poulsard et trousseau, cette cuvée rosé soutenu possède une grande souplesse et une bonne harmonie générale. Elle devrait accompagner avec bonheur une saucisse de Morteau, cette charcuterie fumée dans les « tuyés » du haut Doubs.
🍷 Xavier Reverchon, EARL Chantemerle, 2, rue du Clos, 39800 Poligny, tél. 03.84.37.02.58, fax 03.84.37.00.58 ☑ ⊺ r.-v.

PIERRE RICHARD 1995*

| □ | | 3 ha | 13 000 | 🍾 | 30 à 50 F |

Ce 95 issu de chardonnay a vieilli deux ans en fût sans ouillage. A la fois fruité et floral au nez, il semble encore réservé. La bouche est élégante et racée : avec un agréable fruité se rappelle à nous. En le dégustant en entrée, avec une tourte aux champignons, on ne devrait pas être déçu.
🍷 Pierre Richard, 39210 Le Vernois, tél. 03.84.25.33.27, fax 03.84.25.36.13 ☑ ⊺ r.-v.

MARIE-CLAUDE ROBELIN ET FILS
Vin de paille 1995

| □ | | 0,5 ha | 1 500 | 🍾 | 100 à 150 F |

Cette propriété de 15 ha a été créée en 1986 par Marie-Claude Robelin, fille de vignerons. Ses fils, Philippe et Didier, après avoir étudié en Bourgogne, sont revenus sur l'exploitation. Leur vin de paille est d'un bel or profond et brillant. La jeunesse de ce produit est évidente au nez. L'attaque en bouche est souple, mais l'acidité monte en puissance très rapidement. Des notes d'amande fraîche, d'abricot, de bois brûlé, de cendré. Il faut qu'il « se fasse ».
🍷 Marie-Claude Robelin et Fils, pl. de l'Eglise, 39210 Voiteur, tél. 03.84.25.33.30, fax 03.84.85.26.03 ☑ ⊺ t.l.j. 10h-12h 14h-19h

MARIE-CLAUDE ROBELIN ET FILS
Vin jaune 1990

| □ | | 2 ha | 4 000 | 🍾 | 100 à 150 F |

Le nez de ce vin jaune issu de vignes pas très âgées a quelque chose de particulièrement séduisant : fruits secs et noix associés à des odeurs citronnées donneraient envie de se lever la nuit pour le humer. Pour le boire, il faudra attendre quelques années, le temps que la bouche soit un peu moins vive ; il est néanmoins très plaisant.
🍷 Marie-Claude Robelin et Fils, pl. de l'Eglise, 39210 Voiteur, tél. 03.84.25.33.30, fax 03.84.85.26.03 ☑ ⊺ t.l.j. 10h-12h 14h-19h

ROLET PERE ET FILS
Chardonnay 1996*

| □ | | n.c. | n.c. | 🍾 | 50 à 70 F |

C'est au caveau de la rue de l'Hôtel-de-Ville, à Arbois, et non à la propriété, que vous pourrez acheter ce vin qui a étonné par son nez très ouvert et qui « déménage » : plutôt végétal, il tire sur l'herbe fraîchement coupée et les fruits frais. Des notes de grillé et de bourgeon de cassis complètent ce premier contact surprenant mais sympathique. La bouche est également originale,

640

Crémant du jura

se rapprochant presque d'un sauvignon : fruitée et souple, elle laisse déceler la patte du vinificateur qui maîtrise sa technologie. Atypique mais très bien fait.
🍇 GAEC Rolet Père et Fils, rte de Dole, 39600 Arbois, tél. 03.84.66.00.05, fax 03.84.37.47.41 r.-v.

CLAUDE ROUSSELOT-PAILLEY
Chardonnay 1995

| | 2 ha | 8 000 | | 30 à 50 F |

Un nez de quatre saisons : fleurs blanches, foin sec, noix et notes beurrées. L'attaque en bouche est vive et puissante. Des arômes réglissés persistent. Il faudra attendre au moins un an avant de déguster ce vin avec une terrine de lapin.
🍇 Claude Rousselot-Pailley, 140, rue Neuve, 39210 Lavigny, tél. 03.84.25.38.38, fax 03.84.25.31.25 r.-v.

CLAUDE ROUSSELOT-PAILLEY
1996★★

| | 0,7 ha | 5 000 | | -30 F |

Le poulsard donne ici un véritable rosé pelure d'oignon. Très expressif au nez, il associe notes florales et fruitées. En bouche, fruits et réglisse se marient dans la fraîcheur et la rondeur. C'est tout à fait le type de rosé qu'il faut avoir dans sa cave pour les bonnes occasions. Pour apprécier sa fraîcheur, il faut le boire dans les deux ans.
🍇 Claude Rousselot-Pailley, 140, rue Neuve, 39210 Lavigny, tél. 03.84.25.38.38, fax 03.84.25.31.25 r.-v.

JEAN TRESY ET FILS Trousseau 1996★★

| | n.c. | n.c. | | 30 à 50 F |

Denis, fils de Jean Trésy, affiche sa volonté d'extraire un maximum de couleur du trousseau en utilisant toutes les connaissances de la science œnologique. Effectivement, la robe pourpre de ce 96 est superbe d'intensité et de profondeur. Le nez est puissant, alliant le grillé, le cassis, la mûre, la réglisse, les épices et un peu de cuir. En bouche, toujours les fruits et un côté sauvage, animal, en retrait. Riche et ample, ce vin affiche une qualité révélatrice d'un bon vinificateur.
🍇 Jean Trésy et Fils, rte de Saint-Lamain, 39230 Passenans, tél. 03.84.85.22.40 r.-v.

FRUITIERE VINICOLE DE VOITEUR
Chardonnay Cuvée réservée 1994

| | n.c. | 5 300 | | 30 à 50 F |

Un côtes du jura blanc 94 de cette coopérative a été dégusté en 1997. Pour cette édition du Guide, c'est également un 94, mais d'une cuvée réservée. Le nez est élégant mais assez court. Miel, cire et épices se partagent la bouche dans une belle persistance. Franc, fin et harmonieux, ce vin est bon à boire.
🍇 Fruitière vinicole de Voiteur, 60, rue de Nevy-sur-Seille, 39210 Voiteur, tél. 03.84.85.21.29, fax 03.84.85.27.67 r.-v.

FRUITIERE VINICOLE DE VOITEUR
1996★★

| | n.c. | 23 000 | | 30 à 50 F |

Une très belle couleur jurassienne. Distingué et puissant, le nez est déjà un peu évolué, tirant vers le cuir et les notes animales. Ce côté ressort également en bouche. Les tanins sont présents mais déjà bien fondus. C'est un vin d'assemblage parfaitement représentatif de ce type de production du vignoble franc-comtois.
🍇 Fruitière vinicole de Voiteur, 60, rue de Nevy-sur-Seille, 39210 Voiteur, tél. 03.84.85.21.29, fax 03.84.85.27.67 r.-v.

Crémant du jura

Reconnue par décret du 9 octobre 1995, l'AOC crémant du jura s'applique à des mousseux élaborés selon les règles strictes des crémants, à partir de raisins récoltés à l'intérieur de l'aire de production de l'AOC côtes du jura. Les cépages rouges autorisés sont le poulsard (ou ploussard), le pinot noir appelé localement gros noirien, le pinot gris et le trousseau ; les cépages blancs sont le savagnin (appelé localement naturé), le chardonnay (appelé melon d'Arbois ou gamay blanc). Les vins mousseux revendiqués sous les AOC arbois, côtes du jura et l'étoile pourront le demeurer jusqu'au 31 décembre 1999. Pourront être admis en AOC crémant du jura, après dégustation et analyse, les mousseux de ces trois AOC provenant des récoltes 91, 92, 93 et 94. Notez qu'en 1997, ont été déclarés 6 003 hl de crémant.

CAVEAU DES BYARDS 1996★★

| | n.c. | 15 000 | | 30 à 50 F |

Le village du Vernois s'étire le long de la route départementale qui va de Voiteur à Lons-le-Saunier. De gauche à droite, les maisons de vignerons se succèdent. La coopérative qui porte le nom de Caveau des Byards est située à l'entrée du village, côté Voiteur. On y produit un crémant au nez de pomme et de noisette qui offre une très belle tenue générale en bouche. Ce vin est bien équilibré ; le fruité lui confère son charme. Recommandé sur les coquillages.
🍇 Caveau des Byards, 39210 Le Vernois, tél. 03.84.25.33.52, fax 03.84.25.38.02 r.-v.

MARCEL CABELIER
Blanc de blancs 1995★★★

| | n.c. | 151 724 | | 30 à 50 F |

Le crémant du jura, c'est la spécialité de la maison, installée tout au bord du plateau jurassien, à quelques kilomètres de l'abbaye de Baume-les-Messieurs. Plus de 150 000 bouteilles produites ! Mais vous ne les trouverez qu'en grande distribution. D'une robe jaune très pâle s'échappe une mousse plaisante. Le nez est élégant, grillé et chocolaté. En bouche, l'attaque se montre vive mais révèle de nombreux arômes, comme le citron. Le côté grillé apporte une tou-

Crémant du jura

che de raffinement supplémentaire. Une belle réussite.

🍷 Cie des Grands Vins du Jura, rte de Champagnole, 39570 Crançot, tél. 03.84.87.61.30, fax 03.84.48.21.36

DOM. GRAND FRERES Prestige★★
○   n.c.   45 000   30 à 50 F

L'œil est tout de suite attiré par une jolie robe d'un jaune paille soutenu. Le nez est plutôt original par son côté légèrement boisé. Charmeur, il s'ouvre sur des notes de citron et de pamplemousse. L'effervescence est discrète, mais le vin, très ample, très travaillé, délivre des arômes de fraise, de miel, toujours sur un fond légèrement boisé. C'est agréable, mais nos dégustateurs sont frappés par l'originalité marquée de ce crémant. Un coup de griffe à la typicité ?

🍷 Dom. Grand Frères, rte de Frontenay, 39230 Passenans, tél. 03.84.85.28.88, fax 03.84.44.67.47 ▼ ▼ t.l.j. 9h-12h 14h-18h

CH. DE L'ETOILE 1995★★
○   2 ha   10 000   30 à 50 F

Dans l'édition 1997 du Guide Hachette, les frères Vandelle avaient décroché un coup de cœur pour leur crémant du jura. Cette année, celui-ci n'est peut-être pas aussi envoûtant mais il apparaît terriblement charmeur. Deux étoiles largement méritées : de jolies petites bulles, un nez pas très intense mais agréable, légèrement grillé. Un grand équilibre en bouche, sur un fond de vanille et d'agrumes. Un vin frais qui peut accompagner tout un repas.

🍷 GAEC Ch. de L'Etoile, Vandelle et Fils, 39570 L'Etoile, tél. 03.84.47.33.07, fax 03.84.24.93.52 ▼ ▼ r.-v.

DESIRE PETIT 1996
◐   0,5 ha   2 700   30 à 50 F

Une mousse intense et persistante, composée de fines bulles, se dégage de ce rosé pur pinot. Au nez, les notes de fruits rouges s'avèrent particulièrement intéressantes. Equilibré en bouche avec juste assez de vivacité pour qu'il soit agréablement énergique, ce vin sera d'apéritif ou de dessert, comme il vous plaira.

🍷 Désiré Petit, 39600 Pupillin, tél. 03.84.66.01.20, fax 03.84.66.26.59 ▼ r.-v.
🍷 Gérard Marcel Petit

PIGNIER 1995
○   3 ha   21 000   30 à 50 F

La maison Pignier élabore quatre types de crémant : brut ou demi-sec, blanc ou rosé. Cette famille, propriétaire du Cellier des Chartreux depuis 1794, nous offre donc un choix toujours... royal ! Le blanc brut issu de chardonnay révèle une belle personnalité au nez, en distillant d'agréables notes d'orange, d'abricot et de pomme. Il ne possède pas une grande présence en bouche, mais laisse une bonne impression finale.

🍷 Pignier Père et Fils, Cellier des Chartreux, 39570 Montaigu, tél. 03.84.24.24.30, fax 03.84.47.46.00 ▼ ▼ t.l.j. 8h-12h 13h30-19h; groupes sur r.-v.

AUGUSTE PIROU Chardonnay 1995
○   n.c.   n.c.   50 à 70 F

Ce crémant blanc de blancs est vendu dans la grande distribution. C'est une des marques de la célèbre maison Henri Maire. Une robe jaune paille et, malgré une légère réduction, un nez agréable. L'attaque en bouche l'est aussi et développe des arômes de chocolat et de grillé fort plaisants. A boire dès à présent.

🍷 Auguste Pirou, Les Caves royales, 39600 Arbois, tél. 03.84.66.12.34, fax 03.84.66.42.42

XAVIER REVERCHON 1996
○   0,75 ha   4 000   30 à 50 F

On en est à la quatrième génération de vignerons chez les Reverchon, mais c'est la première vinification de crémant du jura. La robe est d'un jaune très pâle ; le nez de pomme laisse une impression de fraîcheur agréable. La bouche est ample, mais monolithique. La fin de bouche est chaleureuse. Un premier essai qui sera sans nul doute transformé.

🍷 Xavier Reverchon, EARL Chantemerle, 2, rue du Clos, 39800 Poligny, tél. 03.84.37.02.58, fax 03.84.37.00.58 ▼ ▼ r.-v.

DOM. PIERRE RICHARD 1996
○   2 ha   10 000   30 à 50 F

Chez Pierre Richard, comme chez la plupart des vignerons jurassiens, le crémant va remplacer progressivement le côtes du jura méthode traditionnelle. Elaboré à partir du seul cépage chardonnay, celui-ci offre une robe jaune pâle assez soutenue. Le nez est très citronné. La bouche est vive et l'effervescence très présente. L'acidité est relativement importante, mais ce crémant présente un bon potentiel. A attendre deux ans.

🍷 Pierre Richard, 39210 Le Vernois, tél. 03.84.25.33.27, fax 03.84.25.36.13 ▼ ▼ r.-v.

ROLET PERE ET FILS 1995★
○   n.c.   60 000   50 à 70 F

Cette importante exploitation du Jura ne laisse rien au hasard. C'est avec un grand professionnalisme qu'elle produit, élève et vend ses vins. Son crémant ne peut que confirmer sa réputation. Les bulles se glissent entre les arômes beurrés, notes de miel et de citron. Très équilibré, c'est un vin de grande qualité, qui doit être servi bien frais.

🍷 GAEC Rolet Père et Fils, rte de Dole, 39600 Arbois, tél. 03.84.66.00.05, fax 03.84.37.47.41 ▼ r.-v.

L'étoile

FRUITIERE VINICOLE DE VOITEUR
Blanc de blancs 1995★

○ n.c. 7 500 30 à 50 F

La surface moyenne de chaque adhérent de cette cave coopérative est de 1 ha. Mais l'union fait la force, et toute la gamme de vins pouvant être produits dans ce secteur est présente à la fruitière, y compris le fameux château-chalon. La rencontre avec ce crémant est des plus conviviales. Limpidité de la robe, fraîcheur du nez sur fond de pomme verte et de pêche. Quant à la bouche, elle semble plus évoluée que le nez. Relativement souple, avec un peu de miel en finale, elle délivre une effervescence bien présente. Le contraste entre olfaction et palais est un peu déroutant mais l'ensemble est intéressant.

➤ Fruitière vinicole de Voiteur, 60, rue de Nevy-sur-Seille, 39210 Voiteur, tél. 03.84.85.21.29, fax 03.84.85.27.67 r.-v.

L'étoile

Le village doit son nom à des fossiles, segments de tiges d'encrines (échinodermes en forme de fleurs), petites étoiles à cinq branches. Son vignoble (80 ha) a produit en 1997 3 168 hl de vins blancs, jaunes, de paille et mousseux.

DOM. GENELETTI
Elevé en fût de chêne 1995★

□ 2 ha 8 000 30 à 50 F

Un peu plus de vingt ans après avoir créé son exploitation, Michel Geneletti est heureux de travailler désormais avec son fils, David. Ils viennent en effet de créer un GAEC juste avant les vendanges 1997. Ce 95 n'est pas aussi réussi que le 93 (coup de cœur), mais il sait se tenir. Encore un peu mal à l'aise au nez, il développe une bouche souple mais, elle aussi, encore fermée. A noter, un bon équilibre.

➤ Dom. Michel Geneletti et Fils, 373, rue de l'Eglise, 39570 L'Etoile, tél. 03.84.47.46.35, fax 03.84.47.38.18 r.-v.

CH. DE L'ETOILE
Cuvée des Ceps d'or 1995★

□ 12 ha 20 000 30 à 50 F

Un bien joli nom pour cette cuvée spéciale issue de vignes de chardonnay d'une quarantaine d'années et qui côtoie la réserve du mont Muzard. La robe est d'un jaune très soutenu. Le nez apparaît déjà très évolué. Même impression en bouche où la fraîcheur manque un peu pour un 95. Ce vin gras qui donne dans la noisette grillée sans retenue se révèle tout à fait intéres-

sant. Ne pas trop attendre tout de même pour le déguster.

➤ GAEC Ch. de L'Etoile, Vandelle et Fils, 39570 L'Etoile, tél. 03.84.47.33.07, fax 03.84.24.93.52 r.-v.

DOM. DE MONTBOURGEAU 1995★★★

□ 6 ha 25 000 30 à 50 F

Achetée par la famille Gros en 1920, cette grande propriété compte forêts, prés et vignes. Celles-ci ont donné ce 95 qui est incontestablement une réussite. Sous une magnifique robe jaune pâle se cache un nez intense d'une grande complexité : fleurs d'acacia, miel, noisette, fruits secs, amande témoignent d'une magnifique présence aromatique. Mais le feu d'artifice ne s'arrête pas là. La bouche présente une grande ampleur, conservant une pointe d'acidité qui assure une bonne capacité de vieillissement. Une note vanillée conclut une heureuse dégustation. Qu'on se le dise : cet étoile nous montre la voie !

➤ Jean Gros, Dom. de Montbourgeau, 39570 L'Etoile, tél. 03.84.47.32.96, fax 03.84.24.41.44 r.-v.

DOM. DE MONTBOURGEAU
Vin jaune 1990★★

□ n.c. 2 000 150 à 200 F

Ce ne sont pas des vignes qui entourent directement la maison et ses caves mais un joli parc arboré. Le vignoble ne se trouve pourtant pas loin et compte une bonne surface de savagnin qui nous a donné ce fameux vin jaune. Le nez est d'une grande délicatesse. La première impression en bouche est nette : on a affaire à un vin jaune très typé, bien équilibré, qui offre de la noix mûre dans la finesse et la rondeur. Bien représentatif de l'appellation.

➤ Jean Gros, Dom. de Montbourgeau, 39570 L'Etoile, tél. 03.84.47.32.96, fax 03.84.24.41.44 r.-v.

DOM. DE MONTBOURGEAU
Vin de paille 1993★

□ 1 ha 1 500 100 à 150 F

60 % de chardonnay, 20 % de savagnin et 20 % de poulsard composent cette cuvée de vin de paille jaune ambré. La bouche assez harmonieuse, où se côtoient fruits secs, coing, fruits confits, est bien agréable.

➤ Jean Gros, Dom. de Montbourgeau, 39570 L'Etoile, tél. 03.84.47.32.96, fax 03.84.24.41.44 r.-v.

LE JURA

Crépy

CH. DE PERSANGES Vin jaune 1990*

☐ 1 ha 1000 ◧ 100 à 150 F

Conduite des vignes en « lutte raisonnée », vinification sous bois, absence d'ensemencement pour les vins jaunes ; Arnaud et Isabelle Lionel-Marie d'Arc ont de leur métier une conception respectueuse de l'environnement et des traditions. Le nez de ce vin jaune peut encore s'ouvrir, même s'il commence déjà à dévoiler d'intéressantes touches épicées. La bouche demande également à vieillir mais l'harmonieuse structure qui se dégage laisse présager une bonne évolution.

⌐ Ch. de Persanges, rte de Saint-Didier, 39570 L'Etoile, tél. 03.84.47.46.56, fax 03.84.47.46.56 ☑ ⟟ t.l.j. sf dim. 8h-12h 14h30-18h30

⌐ Lionel-Marie d'Arc

La Savoie

Du lac Léman à la vallée de l'Isère, dans les deux départements de la Savoie et de la Haute-Savoie, le vignoble occupe les basses pentes favorables des Alpes. En constante extension (près de 1 800 ha), il produit bon an mal an environ 130 000 hl. Il forme une mosaïque complexe au gré des différentes vallées dans lesquelles il est établi en îlots plus ou moins importants. Cette diversité géographique se retrouve dans les variantes climatiques, accentuées par le relief ou tempérées par le voisinage des lacs Léman et du Bourget.

Vin de savoie et roussette de savoie sont les appellations régionales, utilisées dans toutes les zones ; elles peuvent être suivies de la mention d'un cru, mais ne s'appliquent alors qu'à des vins tranquilles, uniquement blancs pour les roussettes. Les vins des secteurs de Crépy et de Seyssel ont droit chacun à leur propre appellation.

Les cépages, du fait de la grande dispersion du vignoble, sont assez nombreux, mais, en réalité, un certain nombre n'existent qu'en très faible quantité : le pinot et le chardonnay, notamment. Quatre blancs et deux noirs sont les principaux, en même temps que ceux qui donnent des vins originaux spécifiques. Le gamay, importé du Beaujolais voisin après la crise phylloxérique, est celui des vins frais et légers, à consommer dans l'année. La mondeuse, cépage local de qualité, donne des vins rouges bien charpentés ; c'était, avant le phylloxéra, le cépage le plus important de la Savoie ; il est souhaitable qu'il reprenne sa place, car ses vins sont de belle qualité et ont beaucoup de caractère. La jacquère est le cépage blanc le plus répandu ; elle donne des vins blancs frais et légers, à consommer jeunes. L'altesse est un cépage très fin, typiquement savoyard, celui des vins blancs vendus sous le nom de roussette de savoie. La roussanne, enfin, portant le nom local de bergeron, donne également des vins blancs de haute qualité, spécialement à Chignin, avec le chignin-bergeron.

Crépy

Comme sur toute la rive du lac Léman, c'est le chasselas qui est planté dans le vignoble de Crépy (80 ha), dont il est le cépage unique. Il donne environ 6 000 hl de vin blanc léger. Cette petite région a obtenu l'AOC en 1948.

DOM. LE CHALET 1997

☐ 30 ha 120 000 ◧ 30 à 50 F

1962, date de création du vignoble par Jean Métral. Depuis 1972, son fils Jacques l'a développé. Avec 30 ha cultivés face au lac Léman, il s'agit du plus important domaine de l'appellans. La robe de ce 97 est mordorée. C'est une impression de rondeur, de gras, qui domine en bouche, bien qu'une pointe de fraîcheur subsiste, garante d'une bonne évolution. Doté d'une gamme aromatique complexe, marquée par des notes de fleurs et de fruits blancs, voilà un joli vin qui ne devrait pas décevoir.

🍷 Jacques Métral, chem. du Chalet, 74140 Loisin, tél. 04.50.94.10.60, fax 04.50.94.18.39 ☑ 🍸 t.l.j. sf dim. 9h-12h 14h-18h30

Vin de savoie

Le vignoble donnant droit à l'appellation vin de savoie est installé le plus souvent sur les anciennes moraines glaciaires ou sur les éboulis, ce qui, joint à la dispersion géographique, conduit à une diversité qui est souvent consacrée par l'adjonction du nom du cru local à celui de l'appellation régionale. Au bord du Léman, c'est, comme sur la rive suisse, le chasselas qui, à Marin, Ripaille, Marignan, donne des vins blancs légers, à boire jeunes, et que l'on élabore souvent perlants. Les autres zones ont des cépages différents et, selon la vocation des sols, produisent des vins blancs ou des vins rouges. On trouve ainsi, du nord au sud, Ayze, au bord de l'Arve, avec des vins pétillants ou mousseux, puis, au bord du lac du Bourget (et au sud de l'appellation seyssel), la Chautagne, dont les vins ont un caractère très particulier, et Charpignat, au pied du mont du Chat. Au sud de Chambéry, les bords du mont Granier recèlent des vins blancs frais, comme l'apremont et le cru des Abymes, vignoble établi sur un effondrement qui, en 1248, fit des milliers de victimes. En face, Montherminod, envahi par l'urbanisation, a conservé un vignoble qui donne des vins remarquables ; ce petit vignoble est suivi de

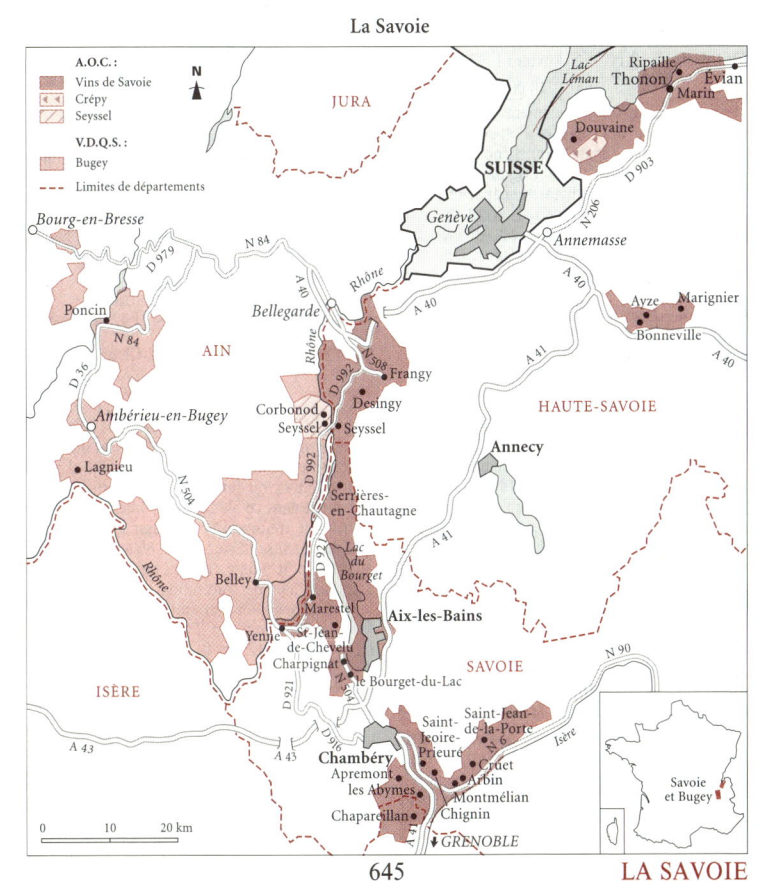

La Savoie

Vin de savoie

ceux de Saint-Jeoire-Prieuré, de l'autre côté de Challes-les-Eaux, puis de Chignin, dont le bergeron a une renommée parfaitement justifiée. En remontant l'Isère, rive droite, les pentes sud-est sont occupées par les crus de Montmélian, Arbin, Cruet et Saint-Jean-de-la-Porte.

Produits en faible quantité, mais avoisinant les 130 000 hl dans une région très touristique, les vins de savoie sont surtout consommés dans leur jeunesse, sur place, avec un marché où la demande dépasse parfois l'offre. Les vins de savoie blancs vont bien sur les produits des lacs ou de la mer, et les rouges issus de gamay, très complaisants, s'accordent avec beaucoup de mets. Il est cependant dommage de consommer jeunes les vins rouges de mondeuse, qui ont besoin de plusieurs années pour s'épanouir et s'assouplir : ces bouteilles de haut niveau conviendront aux plats puissants, au gibier, à l'excellente tomme maigre de Savoie et au fameux reblochon.

DOM. DES ANGES Abymes 1997

| | 5 ha | 10 000 | | -30 F |

Situé au cœur de l'éboulement du mont Granier, le vignoble des Angelier n'est composé pratiquement que de cépages blancs, notamment de la célèbre jacquère. Cette origine géologique confère au terroir des Abymes la capacité à donner des vins légers, voire aériens. Tout en subtilité, voilà comment se présente cet Abymes, aux arômes frais de fleurs et de végétaux. Une jolie bouteille à boire à l'apéritif et qui devrait gentiment vous mettre en appétit.

Angelier-Leplan Frères, Hameau de Murs, 73800 Les Marches, tél. 04.79.28.03.41, fax 04.79.71.52.59

RENE BERNARD
Apremont Cuvée des Hautes Vignes 1997*

| | 1,5 ha | 10 000 | | -30 F |

Installée sur le coteau d'Apremont depuis 1700, la famille Bernard perpétue la tradition tout en intégrant au fil des temps les améliorations techniques. Notre jury a été séduit par ce 97 très agréable. Bien équilibré en bouche, frais et désaltérant, ce vin devrait constituer le compagnon idéal des débuts de repas fins.

René Bernard, Le Cellier du Palais, Village de l'Eglise, 73190 Apremont, tél. 04.79.28.33.30, fax 04.79.28.28.61 r.-v.

DOM. GILBERT BLANC ET FILS 1997

| | 0,6 ha | 4 000 | | -30 F |

Notre jury a tenu à citer ce 97 obtenu à partir du cépage gamay. Vif dans sa robe ainsi que dans ses arômes classiques de fruits rouges, voilà un vin frais, gouailleur et amusant. Suffisamment rond en bouche, il accompagnera sans histoire les repas légers et fins.

Dom. Gilbert Blanc et Fils, 73, chem. de Revaison, 73190 Saint-Baldoph, tél. 04.79.28.36.90, fax 04.79.28.36.90 t.l.j. sf mar. dim. 9h-12h 15h-19h; groupes sur r.-v.

GILBERT BOUCHEZ Cruet 1997*

| | n.c. | 10 000 | | -30 F |

Malgré des vignes encore jeunes, Gilbert Bouchez a réussi une bien jolie bouteille. Le nez reste marqué par des notes très nettes d'agrumes, mêlées d'arômes plus floraux. Elaboré à partir d'une matière riche, c'est un vin solide. Une belle impression de rondeur finit par l'emporter. La bonne charpente est gage d'un avenir serein. Une bouteille à déguster en famille, à l'apéritif.

Gilbert Bouchez, Saint-Laurent, 73800 Cruet, tél. 04.79.84.30.91, fax 04.79.84.30.50 r.-v.

CAVE DE CHAUTAGNE
Chautagne Mondeuse 1997**

| | 10 ha | 60 000 | | 30 à 50 F |

Unanimité de notre jury pour ce coup de cœur. Sa robe d'un pourpre intense introduit une palette aromatique riche où dominent le cassis et la groseille. Ces notes accompagnent la dégustation qui révèle des tanins agréablement fondus. La longueur en bouche est remarquable. Un tel plébiscite récompense une cave coopérative qui a su innover à bon escient.

Cave de Chautagne, 73310 Ruffieux, tél. 04.79.54.27.12, fax 04.79.54.51.37 r.-v.

CAVE DE CHAUTAGNE Chautagne 1997

| | 25 ha | 100 000 | | 30 à 50 F |

La Cave de Chautagne vient de se doter d'un ensemble de vinification moderne. Les bâtiments anciens ont été rénovés, modernisés, et une nouvelle structure capable de traiter 2 000 hl a été conçue. Le savoir-faire technique s'exprime parfaitement dans ce blanc. Les arômes de jeunesse devront se fondre afin de laisser apparaître les qualités intrinsèques de ce vin bien équilibré. Vif à l'attaque, le palais s'assagit rapidement. Après quelques mois de maturation, ce vin deviendra le bon compagnon d'un poisson du lac.

Cave de Chautagne, 73310 Ruffieux, tél. 04.79.54.27.12, fax 04.79.54.51.37 r.-v.

CAVE DES VINS FINS DE CRUET
Cruet 1997

| | 4,94 ha | 47 000 | | -30 F |

La Cave de Cruet fait une brillante démonstration de son savoir-faire avec cette bouteille. Si les arômes primaires de la fermentation à basse température dominent encore dans ce vin blanc à base de jacquère, sa fraîcheur en bouche et son

Vin de savoie

harmonie lui confèrent déjà une belle tenue. Vous le trouverez au mieux à la sortie du Guide, car il devrait exprimer pleinement à ce moment-là une certaine complexité.
☛ Cave des vins fins de Cruet, Quartier Gavy, 73800 Cruet, tél. 04.79.84.28.52, fax 04.79.84.08.70 ☑ ☨ r.-v.

ANDRE GENOUX Arbin Mondeuse 1997*

| ■ | n.c. | n.c. | 🍷 50 à 70 F |

Notre jury a aimé ce vin au nez très fin rappelant la griotte. Sa prise en bouche, très équilibrée, sans agressivité, laisse une impression de plénitude que des tanins structurés prolongent agréablement. Nul doute qu'un élevage soigné apportera à ce produit la touche finale qui le fera tenir quelques années.
☛ André Genoux, 450, chem. des Moulins, 73800 Arbin, tél. 04.79.65.24.32, fax 04.79.65.24.32 ☑ ☨ t.l.j. 8h-12h 14h-20h

CHARLES GONNET Chignin 1997**

| ☐ | 5 ha | 40 000 | 🍷 30 à 50 F |

Notre jury a été ébloui par ce vin aux arômes de fleurs et de brioche. La prise en bouche est ample, soutenue par une légère amertume qui lui confère une certaine élégance. Incontestablement, voici un vin encore dans sa prime jeunesse mais doté d'un avenir brillant. La sélection des vignes les plus âgées de la propriété, bénéficiant de l'exposition favorable du terroir de Chignin, donne à ce produit une classe certaine. A encaver.
☛ Charles Gonnet, Chef-lieu, 73800 Chignin, tél. 04.79.28.09.89 ☑ ☨ r.-v.

EDMOND JACQUIN ET FILS
Mondeuse 1997*

| ■ | 5,6 ha | 6 000 | 🍷 -30 F |

Une splendide mondeuse dans le tumulte de sa jeunesse. Ce 97 ne fait pas dans la dentelle avec son agressivité juvénile tant au nez qu'en bouche, mais quelles belles sensations il promet lorsque l'élevage aura fait son œuvre ! Robe pourpre, intensité aromatique, tanins structurés, tout est réuni pour faire de ce vin un ambassadeur de grande classe du vignoble savoyard.
☛ EARL Edmond Jacquin et Fils, Le Haut, 73170 Jongieux, tél. 04.79.44.02.35, fax 04.79.44.03.05 ☑ ☨ t.l.j. sf dim. 8h-12h 15h-19h

LA CAVE DU PRIEURE Jongieux 1997

| ■ | 7 ha | 50 000 | 🍷 -30 F |

La famille Barlet réussit très souvent à retenir l'attention de nos jurés par ses vins rouges à base de gamay. Très typique de ce cépage, ce Jongieux à la belle robe grenat enchante par sa bouche ronde et charnue. Un vin à boire dès maintenant sur une viande ou une charcuterie de Savoie.
☛ Raymond Barlet et Fils, La Cave du Prieuré, 73170 Jongieux, tél. 04.79.44.02.22, fax 04.79.44.03.07 ☑ ☨ r.-v.

LE CHAI DES MOULINS
Arbin Mondeuse 1997**

| ■ | 3 ha | 22 000 | 🍷 30 à 50 F |

Dans sa robe grenat intense, voilà un vin encore corseté, mais de bel avenir. Une impression de fruits rouges et d'épices, voire une discrète note de truffe, révèlent le vin de matière. Impression confirmée en bouche où les tanins fondus sous-tendent une rondeur de grande classe. Conformément à la signature de la maison, ce 97 pourra attendre quelques années avec bonheur.
☛ Charles Trosset, chem. des Moulins, 73800 Arbin, tél. 04.79.84.30.99 ☑ ☨ r.-v.

LE VIGNERON SAVOYARD
Apremont 1997*

| ☐ | 28,24 ha | n.c. | 🍷 -30 F |

Au sein de cette petite coopérative, on n'hésite pas à récolter en fin de saison. Ce fut encore le cas cette année, les raisins bénéficiant à plein des excellentes conditions climatiques des vendanges 1997. Notre jury a aimé l'attaque en bouche de ce vin, soutenue par des arômes minéraux. Son nez au caractère floral lui apporte finesse et élégance. Un vin techniquement irréprochable, doté, en outre, à l'image du millésime, d'un supplément d'âme. Capable de ravir les plus exigeants.
☛ Le Vigneron savoyard, Le Crozet, 73190 Apremont, tél. 04.79.28.33.23, fax 04.79.54.81.15 ☑ ☨ t.l.j. sf lun. dim. 8h-12h 14h-18h; f. 1er-20 mai

LOUIS MAGNIN
Chignin Bergeron 1996**

| ☐ | n.c. | n.c. | 🍷 50 à 70 F |

Louis Magnin élève ses vins avant commercialisation. Voici un chignin-bergeron de grande classe aux arômes d'abricot sec, de fruits confits voire de miel. Il est long et harmonieux en bouche où l'on retrouve une note d'amande grillée qui participe à une fin de dégustation suave. Assurément, une grande bouteille à acheter le plus vite possible, mais à déboucher pour saluer l'avènement du vingt et unième siècle.
☛ Louis Magnin, 90, chem. des Buis, 73800 Arbin, tél. 04.79.84.12.12, fax 04.79.84.40.92 ☑ ☨ r.-v.

JEAN-FRANCOIS MARECHAL
Apremont 1997

| ☐ | 7 ha | 25 000 | 🍷 -30 F |

Jean-François Maréchal fait son entrée dans notre Guide. Installé depuis 1990, il a mené un dur combat pour reconquérir les coteaux parmi les plus élevés de l'appellation. S'engage-t-il sur le chemin de la notoriété ? Il a su traduire dans ce vin à la fois les particularités de son terroir et du millésime 97. Cette bouteille devrait être prête à boire lors de la sortie du Guide. A acquérir sans hésiter.
☛ Jean-François Maréchal, Les Bellettes, 73190 Apremont, tél. 04.79.28.33.22 ☑ ☨ t.l.j. 9h-20h

ANDRE ET MICHEL QUENARD
Chignin 1997*

| ☐ | 6,38 ha | 12 000 | 🍷 30 à 50 F |

Ce vignoble, situé au cœur des éboulis, au pied du massif des Bauges - qui a été déclaré Parc naturel régional - donne le meilleur de lui-même encore cette année. Ce vin équilibré, aux arômes discrets de buis et de sous-bois, remplit la bouche

647 LA SAVOIE

Vin de savoie

sans aucune aspérité. A la limite de la saveur sucrée, sa rondeur lui confère une finale longue, soutenue par une note de fraîcheur. Une bouteille harmonieuse.
🍷 André et Michel Quénard, Torméry, 73800 Chignin, tél. 04.79.28.12.75, fax 04.79.28.19.36 ☑ 𝖄 r.-v.

ANDRE ET MICHEL QUENARD
Chignin Mondeuse 1997★★★

| ■ | 1,62 ha | 10 000 | 🍷 | 30 à 50 F |

Les qualificatifs manquent pour décrire ce vin remarquable. Dans sa somptueuse robe pourpre, il présente une complexité aromatique à dominante fruitée, avec des nuances profondes de réglisse. En bouche, ses tanins puissants, déjà arrondis, lui confèrent beaucoup d'ampleur. Un grand seigneur, élaboré pour la garde.
🍷 André et Michel Quénard, Torméry, 73800 Chignin, tél. 04.79.28.12.75, fax 04.79.28.19.36 ☑ 𝖄 r.-v.

ANDRE ET MICHEL QUENARD
Chignin Bergeron 1997★

| ☐ | 6,14 ha | 25 000 | 🍷 | 30 à 50 F |

Notre jury a été intéressé par ce vin encore très jeune, mais dont le potentiel est certain. Issu d'une récolte tardive, il présente des arômes de jeunesse puissants où se mêlent déjà des notes grillées. En bouche, on trouve un bouquet de raisins secs et d'amande grillée. Une bouteille à garder quelque temps.
🍷 André et Michel Quénard, Torméry, 73800 Chignin, tél. 04.79.28.12.75, fax 04.79.28.19.36 𝖄 r.-v.

JEAN-PIERRE ET JEAN-FRANCOIS QUENARD
Chignin Bergeron Vieilles vignes 1997★

| ☐ | 1 ha | 8 000 | 🍷 | 30 à 50 F |

Jean-François Quénard, œnologue, s'attache à porter haut la qualité des vins de savoie. Le chignin-bergeron figure parmi les fleurons de l'aire d'appellation et ne souffre pas d'être seulement acceptable. Le terroir est là, aux hommes d'en tirer « la substantifique moelle ». Ayez la patience de laisser ce vin évoluer quelques années : sa richesse aromatique et sa structure sont le gage d'une bonne évolution.
🍷 Jean-Pierre et Jean-François Quénard, Le Villard, 73800 Chignin, tél. 04.79.28.13.39, fax 04.79.28.18.92 ☑ 𝖄 r.-v.

DOM. RAYMOND QUENARD
Chignin Bergeron 1997★

| ☐ | 1,07 ha | 7 000 | 🍷 | 50 à 70 F |

Raymond Quénard n'a pas hésité cette année à récolter ce chignin-bergeron en trois passages, le premier effectué le 25 septembre, le troisième le 18 octobre. Complexe, la palette aromatique de ce 97 est dominée par des notes de fruits jaunes bien mûrs. En bouche, la richesse de la matière et l'amertume, due probablement à la fermentation malolactique, s'allient pour lui donner une longueur digne d'un grand vin. Il mérite qu'on lui laisse le temps de s'épanouir.
🍷 Dom. Raymond Quénard, Le Villard, 73800 Chignin, tél. 04.79.28.01.46, fax 04.79.28.16.78 ☑ 𝖄 r.-v.

LES FILS DE RENE QUENARD 1997★

| ■ | 1 ha | n.c. | 🍷 | 30 à 50 F |

Le seul pinot retenu cette année dans le Guide. Les jurés ont été séduits par sa richesse aromatique où des notes animales le disputent à des senteurs plus épicées. Une bouche soyeuse, des tanins fondus dans un bon soutien alcoolique confèrent beaucoup de classe à cette bouteille. Un joli produit qui récompense une maison soucieuse de traduire son terroir.
🍷 Les Fils de René Quénard, Les Tours, 73800 Chignin, tél. 04.79.28.01.15, fax 04.79.28.18.98 ☑ 𝖄 r.-v.

LES FILS DE RENE QUENARD
Chignin Mondeuse 1997★★

| ■ | 1 ha | n.c. | 🍷 | 30 à 50 F |

Un vin à deux doigts du coup de cœur. Les arômes à caractère épicé, poivré, accompagnent des tanins très présents mais bien enveloppés. Un vin haut de gamme, remarquable ambassadeur de ce millésime 97 que les vignerons savoyards ont su si bien exploiter. Ceux qui aiment les mondeuses expressives ne manqueront pas de le mettre en cave.
🍷 Les Fils de René Quénard, Les Tours, 73800 Chignin, tél. 04.79.28.01.15, fax 04.79.28.18.98 ☑ 𝖄 r.-v.

BERNARD ET CHRISTOPHE RICHEL Apremont Vieilles vignes 1997★

| ☐ | 2,5 ha | 20 000 | 🍷 | -30 F |

La troisième génération viticole de la famille Richel est maintenant à l'œuvre sur ce terroir originel de la dénomination Apremont. Ici, pas d'éboulement : nous sommes sur les sols marneux du crétacé, évolués sur place. L'âge des vignes transparaît dans ce vin à la charpente soutenue par une amertume de bon aloi. Ample et riche d'un bouquet de fruits et d'odeurs minérales, voilà le compagnon idéal d'un poisson en sauce. N'oubliez pas le mariage souvent réussi avec le fromage beaufort.
🍷 Bernard et Christophe Richel, rte de Fontaine-Lamée, 73190 Saint-Baldoph, tél. 04.79.28.36.55 ☑ 𝖄 r.-v.

DOM. DE ROUZAN Gamay 1997

| ■ | 0,45 ha | 4 000 | 🍷 | -30 F |

Installé sur les marnes crétacées de ce secteur où l'on produit d'excellents apremont, Denis

648

Fortin a réussi une jolie bouteille à partir du gamay qui a trouvé cette année de bonnes conditions de maturité. Très avenant dans sa robe pourpre, ce 97 se donne sans retenue. Vous apprécierez son élégance en bouche, sa rondeur amicale. Un vin convivial, facile à boire et qui fera l'unanimité en accompagnement d'une raclette, par exemple.
☛ Denis Fortin, 152, chem. de la Mairie, 73190 Saint-Baldoph, tél. 04.79.28.25.58, fax 04.79.28.21.63 ☑ Ⓨ r.-v.

ADRIEN VACHER Abymes 1997

| | n.c. | n.c. | -30 F |

La maison Adrien Vacher développe la vinification des vendanges et des moûts qu'elle achète à la propriété. A la finesse habituelle des vins de ce terroir, ce 97 ajoute une belle rondeur en bouche, due probablement à une bonne matière première. Un vin franc et droit, typique de son appellation, soutenu par une fraîcheur agréable en fin de bouche. A acheter sans se poser de questions.
☛ Maison Adrien Vacher, 2 A, plan Cumin, 73800 Les Marches, tél. 04.79.28.11.48, fax 04.79.28.09.26

DOM. DE VERONNET
Chautagne Mondeuse 1997**

| | 1,5 ha | 12 000 | 30 à 50 F |

Revêtu d'une robe pourpre remarquable, un vin intense et ouvert au nez. Tout en fruits et en fleurs, il devient vite sérieux en bouche. Doté de tanins arrondis et déjà civilisés, ce 97 doit évoluer favorablement. Une bouteille qu'il sera sage de laisser en cave jusqu'au troisième millénaire.
☛ Alain Bosson, Dom. de Veronnet, 73310 Serrières-en-Chautagne, tél. 04.79.63.73.11, fax 04.79.63.73.11 ☑ Ⓨ r.-v.

DOM. DE VERONNET 1997*

| | 2,5 ha | 20 000 | 30 à 50 F |

Habitué du Guide, Alain Bosson livre ici un vin structuré 100 % gamay. La robe rubis, les arômes où domine la framboise constituent une invite des plus séduisantes. En bouche, la dominante fruitée persiste dans un ensemble de tanins ronds, presque soyeux. Chaleureux, ce 97 pourra être servi sur une volaille de Bresse.
☛ Alain Bosson, Dom. de Veronnet, 73310 Serrières-en-Chautagne, tél. 04.79.63.73.11, fax 04.79.63.73.11 ☑ Ⓨ r.-v.

DOM. VIALLET Abymes 1997*

| | 6 ha | 50 000 | -30 F |

Reconnaissable à sa robe pâle, nuancée de quelques reflets verts, ce 97 s'offre immédiatement au nez. D'abord caractéristiques d'une élaboration à basse température, les arômes évoluent vers les fruits frais et les agrumes. Bien équilibrée en bouche, voilà une bouteille rafraîchissante, typique de ce que l'on peut attendre des vins nés sur l'un des plus grands glissements géologiques connus.

☛ SARL Maison Philippe Viallet, rte de Myans, 73190 Apremont, tél. 04.79.28.33.29, fax 04.79.28.20.68 ☑ Ⓨ t.l.j. 8h30-12h 13h30-18h30

Roussette de savoie

Issue du seul cépage altesse pour les crus, ou associée au chardonnay en dehors des crus, la roussette de savoie se trouve essentiellement à Frangy, le long de la rivière des Usses, à Monthoux et à Marestel, au bord du lac du Bourget. L'usage qui veut que l'on serve jeunes les roussettes de ce cru est regrettable, puisque, bien épanouies avec l'âge, elles font merveille avec des préparations de poisson ou de viandes blanches ; ce sont elles qui accompagnent le beaufort local.

EUGENE CARREL ET FILS
Marestel 1997**

| | 1,5 ha | 10 000 | 30 à 50 F |

Fidèle à sa réputation, la maison Carrel livre ici un excellent représentant de ce coteau, capable de produire les plus grands vins de Savoie. Une jolie robe or paille précède une suite aromatique où se mêlent notes miellées et fumées, annonciatrices d'un vin issu d'une récolte de qualité. La bouche encore vive laisse entrevoir une jolie structure, gage d'avenir. Un vin complet, voire complexe, à attendre un peu.
☛ GAEC Eugène Carrel et Fils, 73170 Jongieux, tél. 04.79.44.00.20, fax 04.79.44.03.06 ☑ Ⓨ t.l.j. 8h-19h; sam. dim. sur r.-v.

CHARLES GONNET 1997

| | 1 ha | 8 000 | 30 à 50 F |

Respect de la matière première, vinification soignée signent ici un produit de qualité. Son nez est complexe, où les nuances de fruits mûrs le disputent aux arômes floraux typiques de l'altesse. Des notes minérales en fin de bouche lui apportent classe et élégance. Pour autant, notre jury aurait aimé un vin franchement sec, lui permettant d'afficher une typicité plus affirmée.
☛ Charles Gonnet, Chef-lieu, 73800 Chignin, tél. 04.79.28.09.89 ☑ Ⓨ r.-v.

EDMOND JACQUIN ET FILS
Cuvée Gastronomique 1996**

| | 2 ha | 12 000 | 30 à 50 F |

Les vins de ce coteau ont une capacité de vieillissement intéressante. Ce 96, aux notes aromatiques d'abricot confit, en donne un bon exemple. Sa complexité ne se dément pas en bouche, soutenue par du gras, de la structure. Incontestablement un vin de grand avenir, notamment

649   LA SAVOIE

Roussette de savoie

lorsque les sucres résiduels seront liés à l'ensemble.
➤ EARL Edmond Jacquin et Fils, Le Haut, 73170 Jongieux, tél. 04.79.44.02.35, fax 04.79.44.03.05 ☑ ⊤ t.l.j. sf dim. 8h-12h 15h-19h

LA CAVE DU PRIEURE Marestel 1997*

| | 2 ha | 120 000 | | 30 à 50 F |

Notre jury a apprécié la complexité aromatique de ce vin au bel or pâle. La matière première de qualité ainsi qu'une fermentation lente confèrent à ce 97 une grande classe. A peine sorti de ses langes lors de la dégustation, voilà un vin à encaver dès que possible et à oublier quelques années. Votre patience sera récompensée. Rappelez-vous le coup de cœur du millésime précédent.
➤ Raymond Barlet et Fils, La Cave du Prieuré, 73170 Jongieux, tél. 04.79.44.02.22, fax 04.79.44.03.07 ☑ ⊤ r.-v.

DOM. DE L'IDYLLE 1997*

| | 2 ha | 12 000 | | -30 F |

Le cépage altesse s'exprime parfaitement dans certains terroirs riches en marnes. Le domaine de L'Idylle a su parfaitement traduire ce lieu dans ce vin encore marqué par des arômes fermentaires où transparaissent franchement des notes de violette. En bouche, on retrouve l'incomparable finesse de cette appellation où rondeur et fraîcheur, alliées à une finale plus minérale, en font un vin de plaisir.
➤ Dom. de L'Idylle, Saint-Laurent, 73800 Cruet, tél. 04.79.84.30.58, fax 04.79.65.26.26 ☑ ⊤ lun. mer. ven. sam. 9h-12h15 14h-19h
➤ Ph. et F. Tiollier

M. MILLION Monthoux 1996

| | 1,2 ha | 8 000 | | 30 à 50 F |

La finesse et l'élégance de ce 96 ont séduit le jury. Doté d'une palette aromatique intense et variée (cire d'abeille, violette), il apparaît encore nerveux en bouche avec quelques traces de sucres résiduels. Typique de son appellation, ce vin réussi pourra servir d'heureux préambule aux repas fins.
➤ Michel Million Rousseau, Monthoux, 73170 Saint-Jean-de-Chevelu, tél. 04.79.36.83.93, fax 04.79.36.74.43 ☑ ⊤ r.-v.

CH. MONTERMINOD
Cru Monterminod 1996

| | 3 ha | 18 000 | | 30 à 50 F |

Depuis 1991, Gilbert Bouvet a repris ce domaine attaché au château de Monterminod. Cet ancien vignoble du XIVᵉ s. appartenait à l'abbaye de Cluny ; il est pour l'essentiel complanté en cépage altesse. Ce producteur a su tirer de ce terroir sur argiles marneuses et de vignes âgées une jolie bouteille à l'évolution intéressante. Aux arômes de fruits secs succède en bouche une structure certes discrète, mais équilibrée et élégante. Une bouteille à ouvrir dès maintenant, pour accompagner une salaison de montagne par exemple.
➤ Dom. G. et G. Bouvet, Le Villard, 73250 Fréterive, tél. 04.79.28.54.11, fax 04.79.28.51.97 ☑ ⊤ t.l.j. sf dim. 8h-12h 14h-19h

JEAN PERRIER ET FILS 1996

| | n.c. | 8 000 | | 30 à 50 F |

Les vins de roussette de savoie bien nés peuvent évoluer favorablement. Gilbert Perrier en fournit ici la preuve. Si le nez de ce 96 reste discret, subtil, c'est une impression de structure qui domine, donnant à ce vin une classe incontestable. Sa finale citronnée lui confère une pointe de vivacité tout à fait agréable. Prêt à boire maintenant, mais peut encore attendre quelques années sans perdre d'intérêt.
➤ Jean Perrier et Fils, Saint-André, 73800 Les Marches, tél. 04.79.28.11.45, fax 04.79.28.09.91 ☑ ⊤ t.l.j. sf dim. 9h-12h 14h-18h; sam. sur r.-v.

MAISON PHILIPPE VIALLET 1996*

| | n.c. | 15 000 | | -30 F |

Philippe Viallet a sélectionné et embouteillé à la propriété cette roussette de savoie 1996. Le nez est dominé par des arômes d'ananas confit et de fruits mûrs. Son attaque en bouche est franche et soutenue. Un fort joli vin, très plaisant, bien équilibré, que l'on peut boire sans attendre.
➤ SARL Maison Philippe Viallet, rte de Myans, 73190 Apremont, tél. 04.79.28.33.29, fax 04.79.28.20.68 ☑ ⊤ t.l.j. 8h30-12h 13h30-18h30

DOM. JEAN VULLIEN 1997*

| | 1,1 ha | 8 000 | | 30 à 50 F |

Impossible de ne pas repérer le chai de Jean Vullien dans Fréterive : une ancienne roue à aube de 8 m de diamètre est installée devant la cave. Elle rappelle que la force motrice de l'eau fut autrefois utilisée ici. Le domaine Jean Vullien a profité de l'arrivée de David qui, avec son frère, entend en faire une référence en Savoie. Ambition justifiée au vu de cette roussette de savoie au nez flatteur de fruits exotiques. Très typique de son AOC, doté d'une belle longueur en bouche, soutenu par l'impression de matière, ce vin ne devrait pas décevoir à la sortie du Guide.
➤ Jean Vullien, Chef-lieu, 73250 Fréterive, tél. 04.79.28.61.58, fax 04.79.28.69.37 ☑ ⊤ t.l.j. sf dim. 9h-12h 14h-18h30

Pour tout savoir d'un vin, lisez les textes d'introduction des appellations et des régions ; ils complètent les fiches des vins.

Trouver un producteur, un négociant ou une coopérative ? Consultez l'index en fin de volume.

Bugey AOVDQS

Dans le département de l'Ain, le vignoble du Bugey occupe les basses pentes des monts du Jura, dans l'extrême sud du Revermont, depuis le niveau de Bourg-en-Bresse jusqu'à Ambérieu-en-Bugey, ainsi que celles qui, de Seyssel à Lagnieu, descendent sur la rive droite du Rhône. Autrefois important, il est aujourd'hui très réduit et dispersé. Il est établi le plus souvent sur des éboulis calcaires de pentes assez fortes. L'encépagement reflète la situation de carrefour de la région : en rouge, le poulsard jurassien - limité à l'assemblage des effervescents de Cerdon - y voisine avec la mondeuse savoyarde et le pinot et le gamay de Bourgogne ; de même, en blanc, la jacquère et l'altesse sont en concurrence avec le chardonnay - majoritaire - et l'aligoté, sans oublier la molette, seul cépage vraiment local.

PHILIPPE BALIVET
Cerdon Méthode ancestrale 1997

| | 4,53 ha | 24 000 | | 30 à 50 F |

Installé en GAEC avec sa fille depuis 1991, Philippe Balivet s'attache à l'amélioration des vins de Cerdon. Cette bouteille confirme le savoir-faire de la maison et nous offre un produit de caractère. La tenue de bulles et sa présence en bouche lui donnent de la classe. Un vin à découvrir entre amis.

↱ GAEC Balivet, Le bourg, 01450 Mérignat, tél. 04.74.39.98.26, fax 04.74.39.98.23 ✓ ✗ r.-v.

CELLIER DE BEL-AIR
Chardonnay 1997★★

| | 4,3 ha | 40 000 | | 30 à 50 F |

Village charnière entre Savoie et Bugey, Culoz possédait autrefois un vignoble qui compta jusqu'à 150 ha au siècle dernier. Lové dans un cirque naturel, le domaine perpétue la tradition et livre ici un 97 marqué au nez par des notes de pierre à fusil. Très équilibré en bouche, conservant une pointe de fraîcheur, ce vin typé traduit également une bonne maîtrise œnologique.

↱ Dom. du Cellier de Bel-Air, rue Albert-Ferier, 01350 Culoz, tél. 04.79.87.04.20, fax 04.79.87.18.23 ✓ ✗ t.l.j. 9h-12h 15h-20h
↱ Michelle Ferier

CHRISTIAN BOLLIET
Cerdon Pétillant Méthode ancestrale Cuvée spéciale 1997★

| | 0,5 ha | 3 000 | | 30 à 50 F |

L'encépagement des vins de Cerdon est constitué pour l'essentiel de gamay. Christian Bolliet propose une cuvée à base de poulsard, un cépage traditionnellement cultivé ici et qui revient sur les coteaux du Cerdonnais. L'expression, tant au nez qu'au palais, est dominée par la fraîcheur et l'élégance. Ce vin laisse en bouche une note rappelant les fruits rouges. Il est très représentatif de son appellation.

↱ Christian Bolliet, Bôches, 01450 Saint-Alban, tél. 04.74.37.37.21, fax 04.74.37.37.69 ✓ ✗ r.-v.

DOM. MONIN Gamay 1997★

| | 4,5 ha | 20 000 | | -30 F |

D'une grande complexité, issu de vignes âgées, ce gamay d'un rubis profond développe au nez sa panoplie habituelle de fruits rouges. Remarquable composition entre tanins corpulents et finesse, ce vin présente toutes les qualités d'un produit élaboré avec respect par des vignerons amoureux de leur métier.

↱ Dom. Hubert et Philippe Monin, 01350 Vongnes, tél. 04.79.87.92.33, fax 04.79.87.93.25 ✓ ✗ t.l.j. 8h-12h 14h-19h30 ; groupes sur r.-v.

CAVEAU DU MONT JULY
Cerdon Méthode ancestrale 1997★★

| | 1,7 ha | 7 500 | | 30 à 50 F |

Le Caveau du Mont July travaille à faire revivre la vigne dans le Bugey grâce à la maîtrise de la difficile technique de l'élaboration des vins de Cerdon selon la méthode dite ancestrale. Tout est quasi parfait dans ce joli rosé au nez remarquable de cerise et de fraise. L'équilibre subtil entre rondeur et vivacité lui apporte une touche d'élégance et de classe. Ce vin au charme fou a enthousiasmé notre jury. Nul doute que vous enchanterez vos amis et qu'ils vous sauront gré de la découverte.

↱ Caveau du Mont July, Le Village, 01250 Bohas, tél. 04.74.24.33.66, fax 04.74.24.33.53 ✓ ✗ r.-v.

ALAIN RENARDAT-FACHE
Cerdon Méthode ancestrale 1997★

| | 6,5 ha | 65 000 | | 50 à 70 F |

Depuis plusieurs années, les produits du Cerdonnais retiennent l'attention de nos jurys. La maison Renardat-Fache a joué un rôle majeur dans cette renaissance. Aujourd'hui Elie, qui représente la cinquième génération de vignerons, est venu rejoindre son père Alain sur l'exploitation. Le savoir-faire ressort dans cette bouteille aux arômes de fraise et de groseille. La mousse fine et délicate introduit une prise en bouche tout en dentelle. Un ravissement à l'apéritif, qui ne manquera pas d'attiser la curiosité de vos amis.

↱ Alain et Elie Renardat-Fache, 01450 Mérignat, tél. 04.74.39.97.19, fax 04.74.39.93.39 ✓ ✗ r.-v.

LE BUGEY

LE LANGUEDOC ET LE ROUSSILLON

Entre la bordure méridionale du Massif central et les régions orientales des Pyrénées, c'est une mosaïque de vignobles et une large palette de vins qui s'offrent à travers quatre départements côtiers : le Gard, l'Hérault, l'Aude, les Pyrénées-Orientales, grand cirque de collines en pentes parfois raides se succédant jusqu'à la mer, constituant quatre zones successives : la plus haute, formée de régions montagneuses,

Le Languedoc

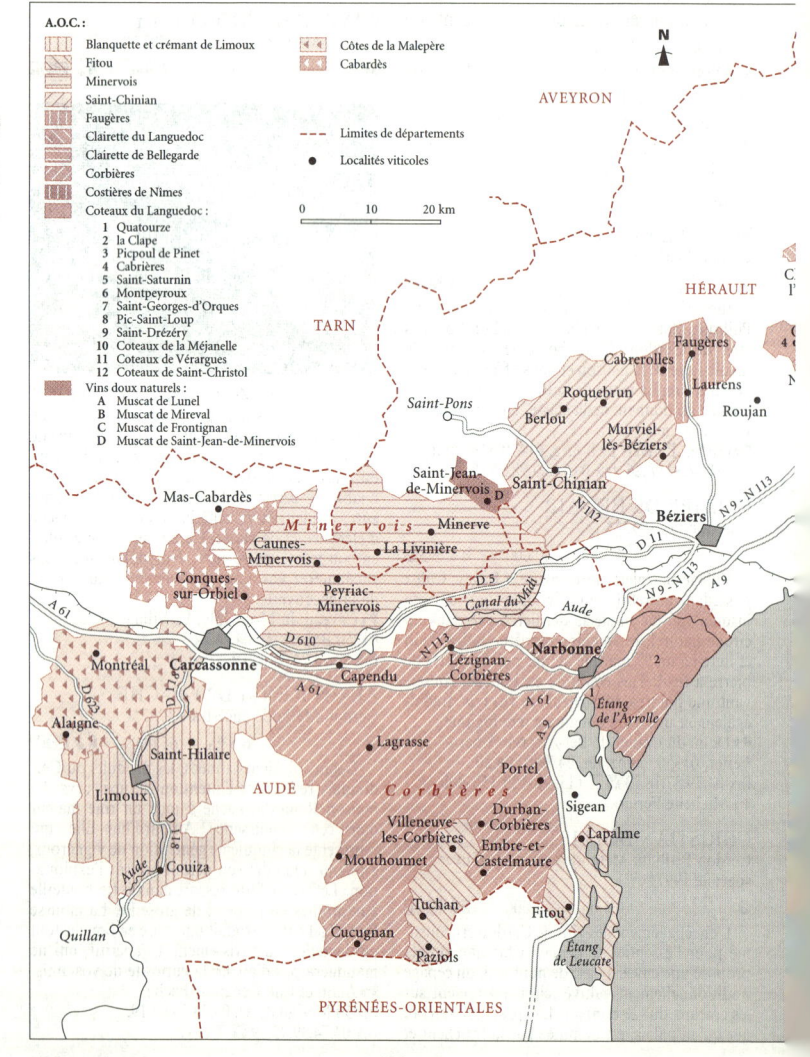

A.O.C. :
- Blanquette et crémant de Limoux
- Fitou
- Minervois
- Saint-Chinian
- Faugères
- Clairette du Languedoc
- Clairette de Bellegarde
- Corbières
- Costières de Nîmes
- Coteaux du Languedoc :
  1. Quatourze
  2. la Clape
  3. Picpoul de Pinet
  4. Cabrières
  5. Saint-Saturnin
  6. Montpeyroux
  7. Saint-Georges-d'Orques
  8. Pic-Saint-Loup
  9. Saint-Drézéry
  10. Coteaux de la Méjanelle
  11. Coteaux de Vérargues
  12. Coteaux de Saint-Christol
- Vins doux naturels :
  - A Muscat de Lunel
  - B Muscat de Mireval
  - C Muscat de Frontignan
  - D Muscat de Saint-Jean-de-Minervois
- Côtes de la Malepère
- Cabardès
- Limites de départements
- Localités viticoles

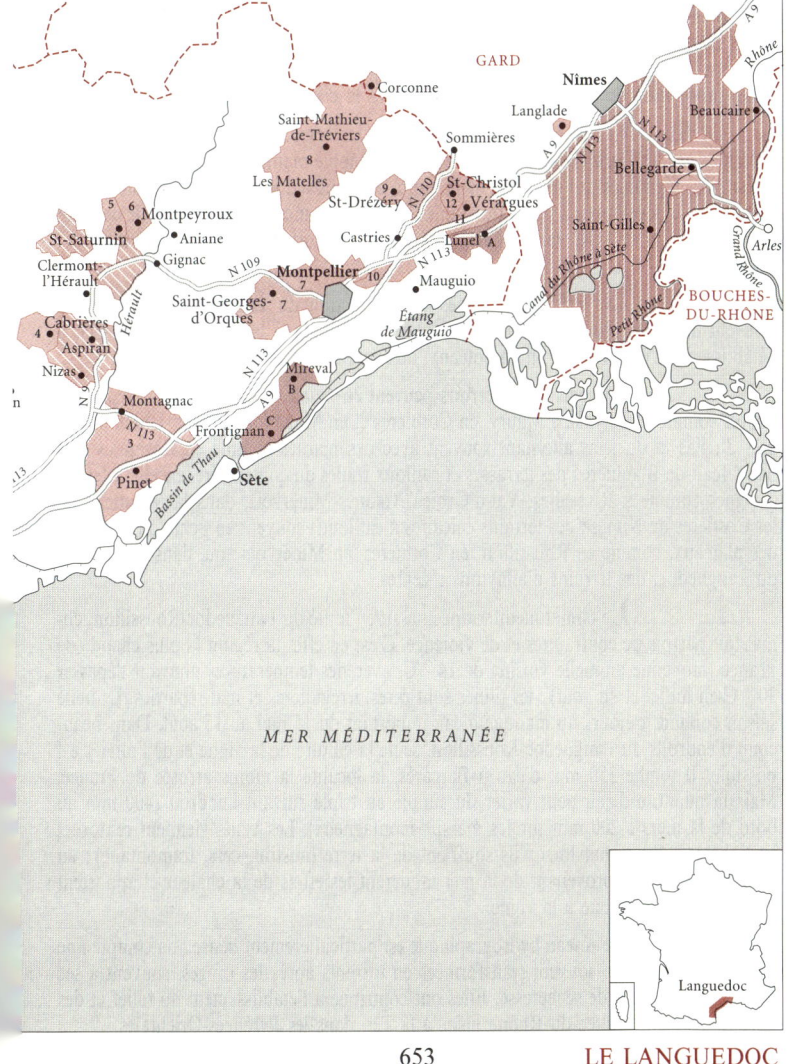

notamment de terrains anciens du Massif central ; la seconde, région des soubergues et des garrigues, la partie la plus ancienne du vignoble ; la troisième, la plaine alluviale assez bien abritée présentant quelques coteaux peu élevés (200 m) ; et la quatrième, zone littorale formée de plages basses et d'étangs dont les récents aménagements ont fait l'une des régions de vacances les plus dynamiques d'Europe. Ici encore, c'est aux Grecs que l'on doit sans doute l'implantation de la vigne, dès le VIIIe s. av. J.-C., au voisinage des points de pénétration et d'échanges. Avec les Romains, le vignoble se développa rapidement et concurrença même le vignoble romain, si bien qu'en l'an 92 l'empereur Domitien ordonna l'arrachage de la moitié des surfaces plantées ! La culture de la vigne resta alors une spécificité de la Narbonnaise pendant deux siècles. En 270, Probus redonna au vignoble du Languedoc-Roussillon un nouveau départ, en annulant les décrets de 92. Il se maintint sous les Wisigoths, puis dépérit lorsque les Sarrasins intervinrent dans la région. Le début du IXe s. marqua une renaissance du vignoble, dans laquelle l'Eglise joua un rôle important grâce à ses monastères et à ses abbayes. La vigne est alors placée surtout sur les coteaux, les terres de plaine étant réservées aux cultures vivrières.

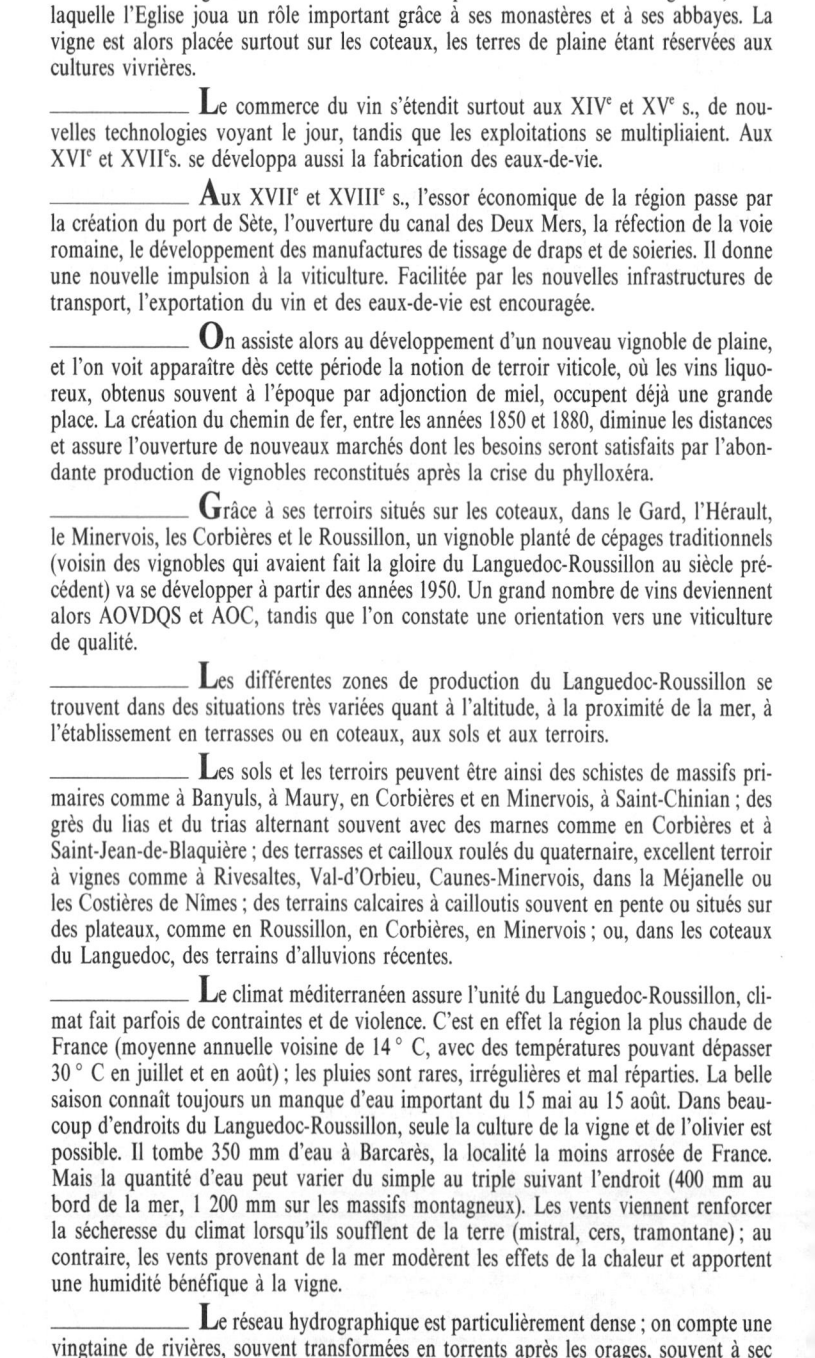

Le commerce du vin s'étendit surtout aux XIVe et XVe s., de nouvelles technologies voyant le jour, tandis que les exploitations se multipliaient. Aux XVIe et XVII^{e}s. se développa aussi la fabrication des eaux-de-vie.

Aux XVIIe et XVIIIe s., l'essor économique de la région passe par la création du port de Sète, l'ouverture du canal des Deux Mers, la réfection de la voie romaine, le développement des manufactures de tissage de draps et de soieries. Il donne une nouvelle impulsion à la viticulture. Facilitée par les nouvelles infrastructures de transport, l'exportation du vin et des eaux-de-vie est encouragée.

On assiste alors au développement d'un nouveau vignoble de plaine, et l'on voit apparaître dès cette période la notion de terroir viticole, où les vins liquoreux, obtenus souvent à l'époque par adjonction de miel, occupent déjà une grande place. La création du chemin de fer, entre les années 1850 et 1880, diminue les distances et assure l'ouverture de nouveaux marchés dont les besoins seront satisfaits par l'abondante production de vignobles reconstitués après la crise du phylloxéra.

Grâce à ses terroirs situés sur les coteaux, dans le Gard, l'Hérault, le Minervois, les Corbières et le Roussillon, un vignoble planté de cépages traditionnels (voisin des vignobles qui avaient fait la gloire du Languedoc-Roussillon au siècle précédent) va se développer à partir des années 1950. Un grand nombre de vins deviennent alors AOVDQS et AOC, tandis que l'on constate une orientation vers une viticulture de qualité.

Les différentes zones de production du Languedoc-Roussillon se trouvent dans des situations très variées quant à l'altitude, à la proximité de la mer, à l'établissement en terrasses ou en coteaux, aux sols et aux terroirs.

Les sols et les terroirs peuvent être ainsi des schistes de massifs primaires comme à Banyuls, à Maury, en Corbières et en Minervois, à Saint-Chinian ; des grès du lias et du trias alternant souvent avec des marnes comme en Corbières et à Saint-Jean-de-Blaquière ; des terrasses et cailloux roulés du quaternaire, excellent terroir à vignes comme à Rivesaltes, Val-d'Orbieu, Caunes-Minervois, dans la Méjanelle ou les Costières de Nîmes ; des terrains calcaires à cailloutis souvent en pente ou situés sur des plateaux, comme en Roussillon, en Corbières, en Minervois ; ou, dans les coteaux du Languedoc, des terrains d'alluvions récentes.

Le climat méditerranéen assure l'unité du Languedoc-Roussillon, climat fait parfois de contraintes et de violence. C'est en effet la région la plus chaude de France (moyenne annuelle voisine de 14 ° C, avec des températures pouvant dépasser 30 ° C en juillet et en août) ; les pluies sont rares, irrégulières et mal réparties. La belle saison connaît toujours un manque d'eau important du 15 mai au 15 août. Dans beaucoup d'endroits du Languedoc-Roussillon, seule la culture de la vigne et de l'olivier est possible. Il tombe 350 mm d'eau à Barcarès, la localité la moins arrosée de France. Mais la quantité d'eau peut varier du simple au triple suivant l'endroit (400 mm au bord de la mer, 1 200 mm sur les massifs montagneux). Les vents viennent renforcer la sécheresse du climat lorsqu'ils soufflent de la terre (mistral, cers, tramontane) ; au contraire, les vents provenant de la mer modèrent les effets de la chaleur et apportent une humidité bénéfique à la vigne.

Le réseau hydrographique est particulièrement dense ; on compte une vingtaine de rivières, souvent transformées en torrents après les orages, souvent à sec à certaines périodes de sécheresse. Elles ont contribué à l'établissement du relief et des terroirs depuis la Vallée du Rhône jusqu'à la Têt, dans les Pyrénées-Orientales.

Blanquette de limoux

Sols et climat constituent un environnement très favorable à la vigne en Languedoc-Roussillon, ce qui explique qu'y soit localisée près de 40 % de la production nationale, dont annuellement environ 2 700 000 hl en AOC et 50 000 hl en AOVDQS.

Les vins AOC se composent de 550 000 hl de vins doux naturels produits en majeure partie dans les Pyrénées-Orientales, le reste venant de l'Hérault (voir le chapitre les concernant) ; 66 000 hl de vins mousseux dans l'Aude ; 1 950 000 hl de vins rouges et 120 000 hl de vins blancs. Les AOVDQS, produits dans les départements de l'Aveyron et de l'Aude, sont constitués à 95 % de vins rouges.

Dans le vignoble de vins de table, on constate depuis 1950 une évolution de l'encépagement : régression importante de l'aramon, cépage de vins de table légers planté au XIX^{e}s., au profit des cépages traditionnels du Languedoc-Roussillon (carignan, cinsault, grenache noir, syrah et mourvèdre) ; et implantation d'autres cépages plus aromatiques (cabernet-sauvignon, cabernet-franc et merlot).

Dans le vignoble de vins fins, les cépages rouges sont essentiellement le carignan, qui représente plus de 50 % de l'encépagement en raison de sa rusticité, et qui apporte au vin structure, tenue et couleur ; le grenache, cépage sensible à la coulure, qui donne au vin sa chaleur, participe au bouquet mais s'oxyde facilement lors du vieillissement ; la syrah, cépage de qualité, qui apporte ses tanins et un arôme se développant avec le temps ; le mourvèdre, qui vieillit bien et donne des vins corsés, colorés, riches en tanins, résistants à l'oxydation ; le cinsault enfin, qui, cultivé en terrain pauvre, donne un vin souple présentant un fruité agréable.

Les blancs sont produits à base de grenache blanc pour les vins tranquilles, de picpoul, de bourboulenc, de macabeu, de clairette - donnant une certaine chaleur mais madérisant assez rapidement. Depuis peu, marsanne, roussanne et vermentino agrémentent cette production. Pour les vins effervescents, on fait appel au mauzac, au chardonnay et au chenin.

Le Languedoc

Blanquette de limoux

Ce sont les moines de l'abbaye Saint-Hilaire, commune proche de Limoux, qui, découvrant que leurs vins repartaient en fermentation, ont été les premiers élaborateurs de blanquette de limoux. Trois cépages sont utilisés pour son élaboration : le mauzac (90 % minimum), le chenin et le chardonnay, ces deux derniers cépages étant introduits à la place de la clairette et apportant à la blanquette acidité et finesse aromatique.

La blanquette de limoux est élaborée suivant la méthode traditionnelle et se présente sous dosages brut, demi-sec ou doux. AOC à part entière, la blanquette méthode ancestrale reste un produit confidentiel. Le principe d'élaboration réside dans une fin de fermentation en bouteille. Aujourd'hui, les techniques

Crémant de limoux

modernes permettent d'élaborer un vin peu alcoolisé, doux, provenant du seul cépage mauzac.

AIMERY Tête de Cuvée*

○   500 ha   150 000   30 à 50 F

Un outil remarquable, fruit du regroupement des hommes, une rigueur exemplaire dans la tenue du vignoble, et un œnologue, A. Gayda, reconnu par ses pairs et porté à la présidence nationale des œnologues, voilà la clef de la réussite. Le jaune de cette blanquette est pâle, finement éclairé par une effervescence présente et délicate. Retenue au premier nez, la pomme s'exprime ensuite, agrémentée de zeste de citron. Très bel équilibre sur des notes de noisette et de pain brioché que relève l'acidité finale.
🍷 Les Caves du Sieur d'Arques, av. du Mauzac, 11300 Limoux, tél. 04.68.74.63.00, fax 04.68.74.63.12 r.-v.

DOM. COLLIN Cuvée Jean-Philippe 1996*

○   n.c.   84 000   -30 F

En blanquette ou en crémant, l'application est la même. Rien d'étonnant donc à trouver ces vignerons négociants dans les deux appellations. Ici, l'effervescence est souple, présente en habit jaune pâle à reflets verts. Puis vient le fruit mûr sur des notes liquoreuses ; après une attaque ronde et douce, il s'estompe sur un équilibre chaleureux. A consommer très frais.
🍷 Dom. Collin-Rosier, rte de Carcassonne, ZI de Flassian, 11300 Limoux, tél. 04.68.31.48.38, fax 04.68.31.34.16 r.-v.

DOM. DE FOURN
Brut Carte noire 1995***

○   4,5 ha   20 000   30 à 50 F

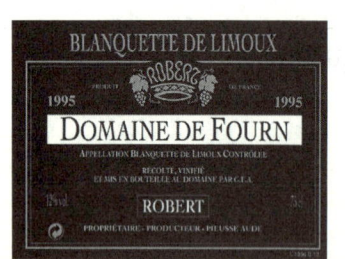

Belle récompense pour la famille Robert, dont la cuvée du Cinquantenaire (célébrant la création du superbe domaine de Fourn) avait reçu trois étoiles dans le Guide 97. Cette année, le coup de cœur a été unanimement décerné par le jury. Tout commence discrètement dans un ensemble jaune pâle à reflets de jeunesse. C'est pour mieux surprendre en bouche par la complexité aromatique, la présence, l'équilibre parfait et, surtout, par la finale infinie aux accents de pêche. On en redemande en apéritif ou sur un dessert aux fruits.
🍷 GFA Robert, Dom. de Fourn, 11300 Pieusse, tél. 04.68.31.15.03, fax 04.68.31.77.65 r.-v.

JEAN LAFON Tête de cuvée**

○   n.c.   n.c.   30 à 50 F

Lorsque l'on a une tradition de fête, que l'on fait carnaval six mois par an, comme le disent les jaloux, autant le faire dans de bonnes conditions, avec un vin festif. N'est-ce pas là, en fait, la véritable origine de la blanquette ? L'agrément de la robe frétillante met déjà en joie. Puis le vin s'évade en notes d'agrumes, de fruits mûrs et de fleurs mellifères. Enfin, c'est la rondeur, l'équilibre, qui marquent le palais où se retrouvent le fruité et une idée de beignets d'acacia des plus agréables.
🍷 Georges et Roger Antech, Dom. de Flassian, 11300 Limoux, tél. 04.68.31.15.88, fax 04.68.31.71.61 t.l.j. sf sam. dim. 8h-12h 14h-18h

LE BERCEAU 1996**

○   12 ha   60 000   30 à 50 F

N'allez pas croire que les Vergnes sont élevés à la blanquette dès le berceau ! Non, le nom de ce vin tient son origine des moines de l'abbaye de la commune qui, en 1531, donnèrent naissance au plus vieux brut du monde. Le vin se devait d'être typique. Il l'est, tout en senteurs de pomme mûre, de fleurs d'acacia et d'aubépine, avec cette présence riche, cette touche d'évolution qui rappelle le fruit sec et cette finale où le clin d'œil végétal du mauzac concourt à l'élégance.
🍷 Vignobles Vergnes, Dom. de Martinolles, 11250 Saint-Hilaire, tél. 04.68.69.41.93, fax 04.68.69.45.97 t.l.j. sf sam. dim. 8h-12h 14h-19h; groupes sur r.-v.

VERGNES Méthode ancestrale 1997*

○   5,5 ha   30 000   30 à 50 F

Technique et tradition doivent faire bon ménage pour garantir au consommateur ce vin original, peu alcoolisé, qui hésite souvent entre cidre et vin, mais qui reste inimitable. L'effervescence est légère, discrète ; la robe est tendre, pâle, limpide. L'intensité du nez surprend : la pomme verte d'abord, puis le fruit plus mûr. Très typique, la bouche est ronde, bien soutenue par l'effervescence ; la pomme s'exprime avec fraîcheur et maturité. On est bien en pays mauzac.
🍷 Vignobles Vergnes, Dom. de Martinolles, 11250 Saint-Hilaire, tél. 04.68.69.41.93, fax 04.68.69.45.97 t.l.j. sf sam. dim. 8h-12h 14h-19h; groupes sur r.-v.

Crémant de limoux

Créé par le décret du 21 août 1990, le crémant de limoux n'en est pas pour autant peu expérimenté. En effet, les conditions de production de la blanquette étant très strictes et très proches du crémant, les Limouxins n'ont eu aucune difficulté à intégrer ce groupe d'élite.

Limoux

Depuis déjà quelques années s'affinaient dans les chais des cuvées issues de subtils mariages entre la personnalité et la typicité du mauzac, l'élégance et la rondeur du chardonnay, la jeunesse et la fraîcheur du chenin.

ANTECH Grande Cuvée 1993

○   n.c.   19 922

Vignerons et négociants, les frères Antech se distinguent une nouvelle fois. Il est vrai que la réputation de sérieux de la maison n'est plus à faire. Le vin est joyeux, pétillant et vif dans une robe ou pâle. Il surprend par ses senteurs florales où se mêlent les fruits rouges acides. Puis fruits et fleurs se disputent le palais qui succombe sur d'élégantes notes miellées.

➥ Georges et Roger Antech, Dom. de Flassian, 11300 Limoux, tél. 04.68.31.15.88, fax 04.68.31.71.61 ☑ ⚊ t.l.j. sf sam. dim. 8h-12h 14h-18h

IMPERIAL GUINOT Brut tendre 1994**

○   9 ha   50 000

Modernité et tradition : la plus ancienne maison de blanquette est branchée sur Internet. Elle fournit le tsar Nicolas II en son temps, et en 1994, ce vin fut servi à l'empereur du Japon, événement retransmis au journal de 13h de TF1. Aujourd'hui, elle exporte 38 % de sa production. Que dire de ce millésime ? L'or est dans le verre, agrémenté d'une effervescence vive, agréable. Puis la fleur s'impose et l'acacia domine sur un fond lacté très riche. L'évolution se retrouve dans une bouche ample, miellée, à l'équilibre parfait.

➥ Maison Guinot, 3, chem. de Ronde, B.P. 74, 11304 Limoux Cedex, tél. 04.68.31.01.33 ☑ ⚊ t.l.j. sf sam. dim. 9h-12h 14h-18h
➥ Rancoule-Guinot

DOM. J. LAURENS Cuvée Prestige 1995***

○   10 ha   42 566

Grâce à une belle maîtrise technique, ce Champenois porte très haut les couleurs du Limouxin à l'étranger. Ainsi, désormais, deux cols sur trois partent à l'export. La robe or pâle frémit sous une effervescence délicate qui vient éclater en senteurs florales, tout en douceur. Très présent, ample, harmonieux, le vin se décline doucement, longuement. La fleur se fait fruit, l'équilibre est parfait pour ce 95 qui saura également attendre.

➥ SARL Dervin, rte de La Digne-d'Amont, 11300 La Digne d'Aval, tél. 04.68.31.54.54, fax 04.68.31.61.61 ☑ ⚊ r.-v.

SIEUR D'ARQUES
Grande cuvée Renaissance***

○   500 ha   150 000

Ce crémant, dont l'effervescence provient d'une seconde fermentation en bouteille, tient son charme et son originalité de la réalisation d'une première fermentation en barrique. Beaucoup de travail, mais quel résultat ! L'approche est superbe, agrémentée par une effervescence fine et délicate. Le nez est complexe ; aubépine, rose et lilas masquent le fruit mais laissent échapper une note grillée. Harmonieux, équilibré, le bois épouse le vin qui finit sa course en touches miellées tout en conservant sa fraîcheur.

➥ Les Caves du Sieur d'Arques, av. du Mauzac, 11300 Limoux, tél. 04.68.74.63.00, fax 04.68.74.63.12 ⚊ r.-v.

CH. DE VILLELONGUE 1996*

○   n.c.   28 000

Tout l'art du blanquetier réside dans le subtil assemblage des chenin, chardonnay et mauzac, qualité essentielle pour un négociant, surtout lorsqu'il a l'appui d'Eugène Sanchez, maître de l'effervescent. La jeunesse et la fraîcheur caractérisent l'approche de ce 96. Le nez confirme ces premières impressions, avec des notes de fleurs blanches accompagnées d'une touche plus sauvage discrètement boisée. Harmonieux, les agrumes et le miel se fondent dans la fraîcheur d'une note vanillée.

➥ Dom. Collin-Rosier, rte de Carcassonne, ZI de Flassian, 11300 Limoux, tél. 04.68.31.48.38, fax 04.68.31.34.16 ☑ ⚊ r.-v.

Limoux

L'appellation limoux nature reconnue en 1938 était en réalité le vin de base destiné à l'élaboration de l'appellation blanquette de limoux et toutes les maisons de négoce en commercialisaient quelque peu.

En 1981, cette AOC s'est vu interdire à son grand regret l'utilisation du terme nature et elle est devenue limoux. Resté à 100 % mauzac, le limoux a décliné lentement, les vins de base blanquette de limoux étant alors élaborés avec du chenin, du chardonnay et du mauzac.

Cette appellation renaît avec l'intégration, pour la première fois à la récolte 1992, des cépages chenin et chardonnay, le mauzac restant toutefois obligatoire. Une particularité : la fermentation et l'élevage jusqu'au 1er mai, à réaliser obligatoirement en fût de chêne. La dynamique équipe limouxine voit ainsi ses efforts récompensés.

DOM. DE L'AIGLE Classique 1996★

| ☐ | n.c. | 20 000 | 🎵 | 30 à 50 F |

Jean-Louis Denois est de ceux qui, curieux, n'hésitent pas à parcourir le monde pour acquérir toujours plus de connaissances viticoles. L'approche de ce 96 est nette ; le vin brillant, limpide, d'un jaune intense, est accueillant par ses notes vanillées entremêlées de fruits exotiques. Après une attaque douce, il monte en puissance et s'exprime avec l'abricot sec sur un fond grillé avant de retrouver une belle nervosité.
🍷 Dom. de L'Aigle, 11300 Roquetaillade, tél. 04.68.31.39.12, fax 04.68.31.39.14 ☑ ♟ r.-v.
🍷 J.-L. Denois

DOM. DE MAYRAC 1996★

| ☐ | 6 ha | 22 800 | 🎵 | 30 à 50 F |

Dominant la belle Aude, le vignoble du domaine descend doucement du plateau calcaire jusqu'à cerner la cave. Il est vrai qu'en culture biologique il faut toujours être présent pour agir vite. Pain d'épice, noisette et grillé soulignent un vin mature dans sa robe vieil or. De même la bouche s'impose, ample, posée, avant que l'amertume typique du mauzac vienne relever la finale.
🍷 GAEC du dom. de Mayrac, 11190 Couiza, tél. 04.68.74.04.84, fax 04.68.74.20.01 ☑ ♟ r.-v.
🍷 Gino Buoro

TOQUES ET CLOCHERS
Terroir Haute Vallée Elevé en fût de chêne 1996★★★

| ☐ | 20 ha | 35 000 | 🎵 | 30 à 50 F |

Les terroirs très frais du piémont pyrénéen se prêtent à merveille à l'expression du chardonnay. Aucune surprise donc dans ce choix qui vient appuyer le mauzac. Le vieil or, signe de richesse, accompagne l'harmonie du nez faite de grillé, de fleurs blanches et de châtaigne. Mais le plaisir est en bouche, donné par le superbe mariage du fruit et du bois. Ample, gras, le vin est agréable, et sa finale reste fraîche. Il sera superbe dans deux ou trois ans. A noter également, un excellent **Terroir méditerranéen** dans ce millésime.
🍷 Les Caves du Sieur d'Arques, av. du Mauzac, 11300 Limoux, tél. 04.68.74.63.00, fax 04.68.74.63.12 ☑ ♟ r.-v.

Clairette de bellegarde

Reconnue AOC en 1949, la clairette de bellegarde est produite dans la partie sud-est des Costières de Nîmes, dans une petite région comprise entre Beaucaire et Saint-Gilles, et entre Arles et Nîmes, sur des sols rouges cailouteux. 2 000 hl de vin présentant un bouquet caractéristique en sont issus.

DOM. DU MAS CARLOT 1997★

| ☐ | 15 ha | 80 000 | 🍴 | -30 F |

Le Mas Carlot, habitué des citations dans le Guide, présente cette année une clairette à la belle robe jaune aux reflets brillants. Son nez fin et agréable développe des arômes de miel et de cire. La bouche ferme et équilibrée laisse apparaître, en cours de dégustation, la note tannique caractéristique de cette appellation. Malgré une finale un peu courte, ce vin est très réussi et bien typé.
🍷 Mas Carlot, 30127 Bellegarde, tél. 04.66.01.11.83, fax 04.66.01.62.74 ☑ ♟ r.-v.
🍷 Paul Blanc

Clairette du languedoc

Les vignes sont cultivées dans huit communes de la vallée moyenne de l'Hérault et produisent 5 000 hl. Après vinification à basse température avec le minimum d'oxydation, on obtient un vin blanc généreux, d'une robe jaune soutenu. Il peut être sec, demi-sec ou moelleux. En vieillissant, il acquiert un goût de rancio qui plaît à certains consommateurs. Il s'allie bien à la bourride sétoise et à la baudroie à l'américaine.

ADISSAN Sec 1997★

| ☐ | 6 ha | 25 000 | ♟ | -30 F |

Une étoile pour ce vin blanc sec, jaune clair à reflets verts, une pour la **clairette** vinifiée en **moelleux**. Le nez d'une belle intensité est typé, avec des notes de buis et de fruit de la passion. Bien dans le style de l'appellation, ce 97 offre beaucoup de rondeur et d'élégance.
🍷 Cave coop. La Clairette d'Adissan, 34230 Adissan, tél. 04.67.25.01.07, fax 04.67.25.37.76 ☑ ♟ t.l.j. sf dim. 9h-12h 15h-18h

DOM. DES MONTEZES
Blanc sur lies 1997

| ☐ | 12 ha | 10 000 | 🍴 | -30 F |

Jolie clairette à la robe jaune pâle, aux arômes de pomme fraîche et d'agrumes. La bouche délicate, onctueuse, est moins expressive mais c'est un bon vin, à boire à l'apéritif ou sur un poisson à la crème.
🍷 Cave Coop. d'Aspiran, 8, rte de Peret, 34800 Aspiran, tél. 04.67.96.50.16, fax 04.67.96.53.02 ☑

Corbières

Les corbières, VDQS depuis 1951, sont passés AOC en 1985. L'appellation s'étend sur quatre-vingt-sept communes, pour une production de 650 000 hl (7 % de blanc et rosé, 93 % de rouge). Ce sont des vins généreux, puisqu'ils titrent entre 11° et 13° d'alcool. Ils sont élaborés à partir de vignobles comportant dans l'encépagement un maximum de 60% de carignan.

Les Corbières constituent une région typiquement viticole, et n'offrent guère d'autres possibilités de culture. L'influence méditerranéenne dominante, mais également une certaine influence océanique à l'ouest, le cloisonnement des sites par un relief accentué, l'extrême diversité des sols, plantés surtout de carignan, en font une région difficile à classer. Les corbières possèdent une confrérie vineuse, l'Illustre Cour des Seigneurs de Corbières, dont le siège est à Lézignan-Corbières.

CH. AIGUILLOUX
Cuvée des Trois Seigneurs 1996**

| | 5 ha | 25 000 | | 30 à 50 F |

Au cœur des Corbières, au point culminant de la crête des Aiguilloux, une borne délimite les trois comtés de Narbonne, Durban et Lézignan, d'où la dénomination « Cuvée des Trois Seigneurs ». Son portrait ? Un parfum de confiture, des arômes sauvages, une note très agréablement animale, puis des impressions gustatives raffinées, équilibrées, amples, concentrées avec souplesse et originalité.

🍇 Marthe et François Lemarié, Ch. Aiguilloux, 11200 Thézan-des-Corbières, tél. 04.68.43.32.71, fax 04.68.43.30.66 ☑ 🍷 r.-v.

CELLIER AVALON
Vertiges Elevé en fût de chêne 1995**

| | 1 ha | 3 500 | | 30 à 50 F |

A Montgaillard vous êtes au plus vrai des Corbières ; un village perché entouré de garrigues, au fort accent, au soleil étouffant et, à l'horizon, les citadelles cathares, vertigineuses, comme ce 95 du Cellier d'Avalon : parfums de truffe, fruits cuits, cassis, cannelle, épices... une symphonie ; ample et suave, d'une belle constitution, cette cuvée possède des tanins généreux, du relief et une personnalité sincère et naturelle.

🍇 Cellier Avalon, 11330 Montgaillard, tél. 04.68.45.41.98, fax 04.68.45.01.37 ☑ 🍷 t.l.j. 8h-12h 14h-18h

CH. BEL EVEQUE 1997*

| | 3 ha | 8 000 | | 30 à 50 F |

Vous le connaissez, c'est lui « le grand blond », l'acteur Pierre Richard, enjoué, sympathique, jovial mais souvent distrait. Son rosé 97, lui, est sans gaffe et même brillant, raffiné, avec un floral intense et gai, franc, frais, soutenu et élégant.

🍇 SCEA Pierre Richard, Dom. de l'Evêque, 11430 Gruissan, tél. 04.68.75.07.95, fax 04.68.49.09.23 ☑ 🍷 t.l.j. 10h-13h 15h-19h

DOM. DES CHANDELLES 1995***

| | 5 ha | 10 000 | | 50 à 70 F |

En 1995, Peter et Susan Munday, Britanniques et experts-comptables, deviennent vignerons dans les Corbières. Il faut croire que c'est un atout car, dès leur première vendange, ils remportent la palme du succès. Ils ont su apprécier l'importance du terroir et vinifier seulement syrah et grenache. Des reflets soigneusement violacés, une présence aromatique subtile (girofle, confitures, beurre, petits fruits macérés) d'une intensité suffisante et fraîche. Le palais se délecte d'un parfait équilibre entre rondeur et charme, d'une fraîcheur exhalant les flaveurs, et de tanins soyeux et racés.

🍇 Dom. des Chandelles, 4, chem. des Pins, 11800 Floure, tél. 04.68.79.00.10, fax 04.68.79.21.92 ☑ r.-v.
🍇 P. et S. Munday

CHEVALIER SAINT MARTIN 1996*

| | 18 ha | 6 000 | | -30 F |

Saint Martin, saint patron du village, a sa chapelle tout en haut de la colline d'où l'on aperçoit la mer et les falaises calcaires qui enserrent Roquefort-des-Corbières. La présentation de 96 dévoile un soupçon de maturation, les arômes fins et subtils sont à dominante minérale ; l'arôme gustatif confirme cette sensation. D'une belle constitution, ce vin offre une finale assez traditionnelle du corbières.

🍇 Celliers Saint-Martin, 11540 Roquefort-des-Corbières, tél. 04.68.48.21.44, fax 04.68.48.48.76 ☑ 🍷 r.-v.

DOM. DOHIN LE ROY
Tradition mourvèdre les Bruyères 1996*

| | 3,28 ha | 10 000 | | 30 à 50 F |

Dominique « maîtrisait » le droit à Nanterre, Jacques « doctorisait » l'histoire, mais c'est à Roquefort-des-Corbières qu'ils « vigneronnent » et réussissent ; déjà récompensés auparavant, ils récidivent avec le millésime 96 ; la robe est grenat, brillante et chaleureuse ; le nez discret, net, avec beaucoup de finesse à tendance végétale, s'ouvre sur un palais accueillant, rond, plaisant par ses tanins soyeux.

Corbières

🖐Jacques et Dominique Raynaud, SCEA des Airelles, 21, av. des Plages, 11540 Roquefort-des-Corbières, tél. 04.68.48.23.88, fax 04.68.48.23.88 ✓ ⌾ r.-v.

ENCLAVE DU MOUTON 1997*

◢   15 ha   18 600   ■⬇ -30F

Une statue de mouton datant de l'époque romaine découverte sur les lieux, cela suffit pour baptiser le domaine ; mais le nom n'a de valeur que si le vin, lui, en a une, et en goûtant ce rosé à la teinte parfaite, aux arômes intenses et au fruité persistant, les gourmets s'en trouveront fort satisfaits.

🖐SCEA Dom. du Mouton, rte des Plages, 11100 Narbonne, tél. 04.68.41.05.96, fax 04.68.42.81.73

CH. ETANG DES COLOMBES 1997***

☐   n.c.   40 000   ■ -30F

Henri Gualco, avec son Etang des Colombes, a porté loin la réputation des corbières rouges. Mais en 97, il a décidé de vous épater avec un corbières blanc. La teinte est délicate, pâle mais cristalline, le nez flatteur, complexe et soutenu. Son élégance s'affirme par un parfait équilibre et sa persistance en fait un vin de race.

🖐Henri Gualco, Ch. Etang des Colombes, 11200 Cruscades, tél. 04.68.27.00.03, fax 04.68.27.24.63 ✓ ⌾ t.l.j. 8h-12h 14h-20h

CH. FABRE GASPARETS
Cuvée 1651 Elevé en fût de chêne 1996**

■   5 ha   25 000   ❙❙ 30à50F

La famille Fabre est installée au cœur des Corbières, à Boutenac, et ce depuis 1690 ! Aussi les usages loyaux, locaux et constants n'ont-ils plus de secrets pour elle et tout naturellement le Château Fabre-Gasparets se distingue une nouvelle fois. Couleur limpide, mais dont la teinte laisse présager un bon élevage sous bois ; nez épicé et très « garrigue », surmonté de caramel et de vanille ; bouche souple, à peine relevée d'une petite vivacité.

🖐Louis Fabre, Gasparets, 11200 Boutenac, tél. 04.68.27.10.80 ✓ ⌾ r.-v.

FLEUR DE BRUYERE 1997**

☐   n.c.   90 000   ❙❙ -30F

La Haute Corbière est réputée pour ses vins rouges - à remarquer, la cuvée **Excellence du Domaine de la Perrière rouge 95** - mais les coopérateurs du Tauch se distinguent aussi en nous présentant un fameux corbières blanc. Sa touche de boisé lui confère une originalité aromatique à peine sensible en bouche. Celle-ci, ample et onctueuse, s'étire harmonieusement.

🖐Les Producteurs du Mont Tauch, 11350 Tuchan, tél. 04.68.45.41.08, fax 04.68.45.45.29 ✓ ⌾ t.l.j. sf sam. dim. 9h-12h 14h-18h

CH. FONTARECHE
Cuvée Pierre Mignard Elevé en fût de chêne 1995**

■   5 ha   15 000   ❙❙ -30F

Voici un authentique corbières, authentique d'abord par la personnalité du gérant, M. de Lamy, ancien directeur du cru corbières, puis par un encépagement constitué pour moitié de carignan, cépage traditionnel par excellence, pour l'autre part de grenache noir, syrah et mourvèdre ; enfin par son expression même : robe grenat sombre, arômes lourds et généreux de grillé, de poivre, de groseille ; le boisé est discret et élégant, le vin se montre gras et suave au palais, où l'amplitude et les tanins enrobés s'allient pour donner un plaisir complet et complexe.

🖐Ch. Fontarèche, 11200 Lézignan-Corbières, tél. 04.68.27.10.01, fax 04.68.27.48.15 ✓ ⌾ r.-v.

FONTBORIES Elevé en fût de chêne 1996*

■   25 ha   100 000   ❙❙ 30à50F

Cette cave coopérative du penchant sud de l'Alaric reste un exemple de vie commune, et le nom des « Vignerons de Camplong » se justifie pleinement. D'importance modeste, elle assure une revalorisation et personnalisation de ses vins. Le plus réputé est Fontbories, typique des corbières ; avec son accent assez rocailleux et une bonne charpente, il a bien mûri dans le bois et se montre généreux. La finale est agréable.

🖐Vignerons de Camplong, 11200 Camplong-d'Aude, tél. 04.68.43.60.86, fax 04.68.43.69.21 ✓ ⌾ t.l.j. sf dim. 8h-12h 14h-18h

DOM. DU GRAND ARC
La Tour Fabienne 1997*

◢   1 ha   6 000   ■⬇ -30F

En 1990, Fabienne et Bruno Schenck sont « estourbis » par la vallée de Cucugnan qui mène à Quéribus et à Peyrepertuse et abandonnent leur vie de citadins pour devenir vignerons et même maîtres vignerons. Déjà révélé avec un blanc 96, le domaine obtient un fameux accessit pour ce rosé 97 ; un bon et vrai rosé avec du fruit, de la fleur, frais, léger, fluide, vif... il a tout.

🖐Bruno et Fabienne Schenck, Dom. du Grand Arc, 11350 Cucugnan, tél. 04.68.45.04.16, fax 04.68.45.01.03 ✓ ⌾ r.-v.

CH. DU GRAND CAUMONT
Tentation 1995*

■   5,4 ha   34 000   ■⬇ 30à50F

En 1906, la famille Rigal achète le château de Caumont en Corbières, et comme il s'agit de Louis Rigal, fondateur de la célèbre marque de roquefort, il fallait que le vin soit à la hauteur du fromage. Pour cela il faut beaucoup de tempérament et ce 95 n'en manque pas : une couleur forte, un bouquet puissant aux notes d'amandes grillées et de pruneau ; une belle assise aux tanins généreux ; il mérite d'attendre.

🖐SARL F.L.B. Rigal, Ch. du Grand Caumont, 11200 Lézignan-Corbières, tél. 04.68.27.10.82, fax 04.68.27.54.59 ✓ ⌾ r.-v.

CH. LA BARONNE Vieilles vignes 1997*

☐   10 ha   25 000   ■⬇ 30à50F

Vignobles et château ont été créés au XIX[e]s. par la baronne de Saint-Vincent. Suzette et André Lignères ont développé et restructuré l'exploitation et maintenant, assistés de leurs enfants, ils nous offrent, comme tous les ans, un très beau blanc, à la présentation sans reproche. Sa note caractéristique de fleur d'aubépine s'affirme et se poursuit dans une bouche ample et douce.

660

Corbières

☛ Suzette Lignères, Ch. La Baronne, 11700 Fontcouverte, tél. 04.68.43.90.20, fax 04.68.43.96.73 ☑ r.-v.

DOM. DE LA PEYROUSE 1996*

■　　　　3 ha　　10 000　　🍷 30 à 50 F

La Haute Corbière, un terroir de schiste, la rondeur du grenache, la profondeur de la syrah, la touche indispensable du carignan pour garder l'originalité, voilà le domaine de Lapeyrouse ; discret, plaisant, élégant, fruits cuits, fruits mûrs, épicé, montrant du relief dans un parfait équilibre, rond et gras, voilà le vin.

☛ Jean-Louis Gili, av. de Narbonne, 11360 Durban-Corbières, tél. 04.68.48.85.69, fax 04.68.45.85.69 ☑ t.l.j. 10h-12h 16h-19h

CH. DE LASTOURS
Blanc de blancs 1997**

□　　　　10 ha　　13 000　　🍷 30 à 50 F

C'est un vin de gourmandise qui s'apprécie à l'apéritif. Juste quelques reflets verts dans le verre, puis une forte présence aromatique d'où se dégage le parfum de la pivoine. Soyeux et agréable, il est long et généreux. Généreux comme le sont ces éducateurs du CAT qui savent, par le travail de la vigne et du vin, redonner espoir et bonheur à des handicapés.

☛ C.A.T. Ch. de Lastours, 11490 Portel-des-Corbières, tél. 04.68.48.29.17, fax 04.68.48.29.14 ☑ r.-v.

CH. LA VOULTE-GASPARETS
Cuvée réservée 1995**

■　　　18 ha　　85 000　　🍷 50 à 70 F

Patrick Reverdy nous enchante tous les ans ; bien sûr le terroir est là ; les vieilles vignes aussi, mais quel talent ! Son **blanc 97** se distingue, son **rosé 97** est une splendeur et son rouge Cuvée réservée est magnifique : nez grillé, doux, mais relevé par la fraîcheur du romarin et la discrétion tout en finesse du bois. Les papilles s'enivrent de tanins puissants mais à la souplesse délicate.

☛ Patrick Reverdy, Ch. La Voulte-Gasparets, 11200 Boutenac, tél. 04.68.27.07.86, fax 04.68.27.41.33 ☑ t.l.j. 8h-12h 14h-19h

CH. LES OLLIEUX ROMANIS
Vieilli en fût de chêne 1995*

■　　　10 ha　　n.c.　　🍷 -30 F

Le château des Ollieux aime à respecter tout d'abord le milieu - c'est le terroir de Boutenac avec son exposition privilégiée -, puis les raisins apportés jusqu'au cuvier, en grains entiers, par un astucieux « chemin de fer » ; ensuite le vin, souvent collé, rarement filtré ; enfin le gourmet qui peut déguster ce 95 d'une bonne intensité aromatique, épicé, à peine végétal, avec une pointe de garrigue, charnu, aux tanins fins, à la personnalité attachante.

☛ Vignerons de La Méditerranée, ZI de Plaisance, 12, rue du Rec-de-Veyret, 11100 Narbonne, tél. 04.68.42.75.37, fax 04.68.42.75.01
☛ Bories

CH. DE L'ILLE Cuvée Andréas 1996**

■　　　　n.c.　　11 400　　🍷 30 à 50 F

Entourée par les étangs de Bages et de Sigean, la propriété s'inscrit dans un paysage méditerranéen lumineux. À la beauté du site répond celle de cette bouteille : robe profonde, senteurs de sous-bois agrémentées de fraise et de framboise mûre, palais charnu, gras, aux tanins soyeux et présents ; un vin prêt à boire maintenant mais aussi en devenir.

☛ SCEA Ch. de L'Ille, 11440 Peyriac-de-Mer, tél. 04.68.41.05.96, fax 04.68.42.81.73 ☑ r.-v.

CH. DE MATTES-SABRAN
Cuvée Sabran 1996*

■　　　12 ha　　8 000　　🍷 -30 F

Ancienne « campagne » (c'est ainsi que sont désignées les propriétés hors des villages en Languedoc) des ducs de Narbonne puis de Sabran, le vignoble se situe sur un plateau argilo-calcaire de galets roulés, dominant la mer. Vin attrayant aux senteurs de garrigue, de romarin et de cyprès, franc et velouté ; du charme avec des tanins charnus.

☛ Mme Brouillat-Arnould, Dom. de Mattes, B.P. 44, 11130 Sigean, tél. 04.68.48.22.77, fax 04.68.48.55.32 ☑ t.l.j. 8h30-20h

CH. MAYLANDIE
Cuvée Prestige Fût de chêne 1996**

■　　　3 ha　　12 000　　🍷 30 à 50 F

Pour Anne-Marie et Jean Maymil, le vin n'est pas un produit ; c'est l'un des éléments du terroir au même titre que le milieu humain, l'environnement avec les châteaux et abbayes. Aussi, deux remarquables gîtes vous attendent pour apprécier la région et ce Château Maylandie, dont le boisé de vanille et de cacao ne masque pas le fruit. Équilibré et charnu, il mérite de mûrir encore un peu.

☛ Maymil, Ch. Maylandie, 11200 Ferrals-Corbières, tél. 04.68.43.66.50, fax 04.68.43.69.42 ☑ r.-v.

CH. MEUNIER SAINT-LOUIS
Cuvée Chêne rouge 1995***

■　　　　n.c.　　9 700　　🍷 30 à 50 F

Martine et Philippe Pasquier-Meunier ont su conjuguer tous les atouts pour que ce Château Saint-Louis soit une parfaite réussite : de vieux carignans amoureusement vinifiés en grains entiers, une bonne proportion de syrah, une longue et lente cuvaison et un parfait élevage en barrique. Celui-ci assure un vin de haute expression, vanillé, grillé, épicé, racé, à la bouche

LE LANGUEDOC

Corbières

grasse, au boisé très présent, aux tanins exceptionnels. Puissance et caractère signent un ensemble dense et digne.
☛ Ch. Meunier Saint-Louis, 11200 Boutenac, tél. 04.68.27.09.69, fax 04.68.27.53.34 ⓥ ⓨ r.-v.
☛ Ph. Pesquier-Meunier

CH. D'ORNAISONS
Cuvée René Joyeux 1996★★

| ■ | n.c. | 2 000 | 🍷 | 30 à 50 F |

Cette propriété familiale, de longue date installée à Ornaisons, n'avait jamais éprouvé le désir de chérir son vin. Robert et Geneviève Joyeux ont retrouvé la passion du terroir ; un nouveau maître de chai, une sélection plus que rigoureuse, l'association de l'égrappage et du grain entier, quelques fûts et voilà la dive Bouteille : pointe vanillée, florale et originale, élégance, rondeur, fondu, et de parfaits tanins.
☛ Ch. d'Ornaisons, Dom. de la Cendrillon, R.D. 24, 11200 Ornaisons, tél. 04.68.27.49.01, fax 04.68.27.49.01 ⓥ
☛ R. et G. Joyeux

CH. PECH-LATT
Sélection Vieilles vignes 1996

| ■ | 15 ha | 40 000 | 🍷 | 30 à 50 F |

Ce grand domaine dépendait, jadis, de l'abbaye de Lagrasse ; les moines y cultivaient la vigne, certainement avec peu de produits... phytosanitaires... et c'est toujours le cas aujourd'hui. Ce vin connaît la barrique avant sa mise en bouteille ; toujours vif à l'œil, il développe des arômes de réglisse, de mûres et de fruits cuits ; bonne charpente où se marient tanins et rondeur.
☛ Jacques André, Ch. Bech-Latt, 11220 Lagrasse, tél. 04.68.58.11.40, fax 04.68.58.11.41 ⓥ ⓨ r.-v.

CH. PRIEURE BORDE-ROUGE
Signature 1996★

| ■ | 3 ha | 15 000 | 🍷 | 30 à 50 F |

Cités dans le Guide précédent, Natacha et Alain Devillers-Quenehen nous démontrent avec ce 96 que leur attachement à Lagrasse et à Borde-Rouge est toujours aussi passionné et porte ses fruits : nez discret qui s'élève lentement en notes de fruits, d'amande amère, puis de fines épices ; un léger boisé lui confère une facilité d'approche mais s'ouvre sur un « grain » racé.
☛ SCEA Devillers-Quenehen, Dom. de Borde-Rouge, 11220 Lagrasse, tél. 04.68.43.12.55, fax 04.68.43.12.51 ⓥ ⓨ t.l.j. 9h-20h

CH. DU ROC La Grange 1997★

| □ | 1,3 ha | 10 000 | 🍷 | -30 F |

On dit que l'assemblage des cépages, surtout en terre méridionale, est le secret de la réussite d'un vin rouge. Il peut-être aussi pour le corbières blanc ; la marsanne à égalité avec du vermentino et un soupçon de grenache donnent ici un vin attrayant : des parfums de fruits et d'agrumes, une attaque vive, fluide et suffisamment ample.
☛ Jacques Bacou, Ch. du Roc, 11700 Montbrun, tél. 04.68.32.84.84, fax 04.68.32.84.84 ⓥ ⓨ t.l.j. 9h-12h 14h-18h

CH. DE ROQUENEGADE 1995

| ■ | 9,5 ha | 14 500 | 🍷 | 30 à 50 F |

Roquenegade s'adosse à l'Alaric sur son flanc sud-ouest, là où l'influence méditerranéenne se trouve amoindrie ; le vin porte la marque de ce terroir : nuances odorantes de garrigue, thym et réglisse légèrement soutenues d'une tonalité végétale toute particulière. La bouche, toujours aussi aromatiquement expressive, s'appuie sur des tanins fondus qui en font un vin harmonieux.
☛ Frédéric Juvet, Dom. de Roquenegade, 11220 Pradelles-en-Val, tél. 04.68.24.01.24, fax 04.68.24.01.58 ⓥ ⓨ r.-v.

CH. SAINT-ESTEVE Prestige 1996

| ■ | n.c. | 20 000 | 🍷 | 30 à 50 F |

Un château au sens premier ; un sol argilo-calcaire, les cépages grenache noir, syrah et carignan pour un tiers chacun, une vinification en grains entiers, un élevage associant cuve et fûts donnent un assortiment de cerise, de kirsch, de vanille, de cuir, puis un corps harmonieux, légèrement chaleureux, aux tanins agréables ; sans prétention mais franc, un joli vin pour s'initier au corbières.
☛ GFA Ch. Saint-Estève, 11200 Thézan-des-Corbières, tél. 04.68.43.32.34, fax 04.68.43.32.34 ⓥ ⓨ t.l.j. sf sam. dim. 8h-18h

CH. SAINT-JAMES
Prieuré Elevé en fût de chêne 1996★

| ■ | n.c. | 25 000 | 🍷 | 30 à 50 F |

Une pente douce, une exposition remarquable, un terroir un peu sec mais compensé par une profondeur de sol de colluvions et d'éboulis calcaires, un encépagement associant syrah, mourvèdre et grenache noir, voilà le domaine Saint-James. Ce 96 s'exprime déjà par des arômes de fruits rouges et de torréfaction ; ample et rond, il termine sur les tanins caractérisant les corbières. Un vin séduisant par son développement aromatique.
☛ Christophe Gualco, Ch. Saint-James, 11200 Nevian, tél. 04.68.27.00.03, fax 04.68.27.24.63 ⓥ ⓨ r.-v.

VENT MARIN 1997★

| □ | n.c. | 11 000 | 🍷 | 30 à 50 F |

La complicité entre le terroir de coteaux marins, les cépages rolle et grenache blanc et Luc Mazot, maître vinificateur, nous révèle un fameux corbières blanc ; parfaitement présenté, il développe des parfums de fleurs avec finesse et élégance, laisse s'exhaler une belle palette aromatique, le tout dans un ensemble parfaitement équilibré.
☛ Cave Coop. de Portel, 11490 Portel, tél. 04.68.48.28.05, fax 04.68.48.45.92 ⓨ t.l.j. 9h-12h 14h-19h

CH. DU VIEUX PARC
La Sélection Elevé en fût de chêne 1996★★★

| ■ | 10 ha | 32 000 | 🍷 | 30 à 50 F |

Faut-il encore présenter Louis Panis, mentionné tous les ans ? Il suffit de déguster son Vieux Parc pour se faire une idée de l'homme. Présentation sans reproche, simple mais franche. Le nez, sans artifice, complexe mais pas compli-

Costières de nîmes

qué, nous adresse des senteurs d'encens, de cire et de fruits mûrs. La dégustation s'annonce veloutée, puis se fait plus ferme ; les arômes arrivent en nombre, aussi généreux que ceux du nez ; surviennent alors les tanins, d'abord enrobés et chatoyants puis plus présents par l'apport de l'élevage en fût - un savant équilibre entre la douceur et la force. Un sacré potentiel.

aux coquillages et aux poissons de la Méditerranée et les rouges, chaleureux et corsés, préfèrent les viandes grillées. Une confrérie vineuse, l'Ordre de la Boisson de la Stricte Observance des Costières de Nîmes, a repris une tradition créée en 1703. Une route des Vins parcourt cette région au départ de Nîmes.

CH. DES AVEYLANS 1997★★

6,1 ha   9 700

🖛 Louis Panis, av. des Vignerons, 11200 Conilhac-Corbières, tél. 04.68.27.47.44, fax 04.68.27.38.29 r.-v.

CH. VILLEMAJOU 1997★★

n.c.   n.c.

Président du Racing, le XV de Narbonne, Gérard Bertrand s'applique à être l'ambassadeur du beau rugby et du bon corbières. Le Villemajou rouge 95, toujours aussi gaillard, passe la balle pour cette saison 97 à son cadet le Villemajou blanc qui est remarquable par la complexité de ses arômes. Voyez les mots pris tels quels sur les fiches des dégustateurs : intense et minéral, net et équilibré, un boisé mesuré sur fond d'écorces, châtaigne et agrumes ; élégance, gras et rondeur. Fraîcheur suffisante pour un blanc sous l'influence d'un parfait boisé.

🖛 Gérard Bertrand, av. de Lézignan, 11200 Saint-André-de-Roquelongue, tél. 04.68.42.68.68, fax 04.68.42.68.71 t.l.j. sf dim. 8h-18h ; sam. sur r.-v.

Costières de nîmes

25 000 ha de terrains ont été classés en AOC ; 12 000 ha sont actuellement plantés dans ce périmètre. Les vins rouges, rosés ou blancs sont élaborés dans un vignoble établi sur les pentes ensoleillées de coteaux constitués de cailloux roulés, dans un quadrilatère délimité par Meynes, Vauvert, Saint-Gilles et Beaucaire, au sud-est de Nîmes, au nord de la Camargue. 150 000 hl de vin sont commercialisés sous l'appellation costières de nîmes (75 % de rouge, 22 % de rosé, 3 % de blanc), produits sur le territoire de vingt-quatre communes. Les rosés s'associent aux charcuteries des Cévennes, les blancs se marient fort bien

Deux jolis vins pour ce producteur : un **blanc 97** au bouquet complexe alliant les notes vanillées du bois à la fleur d'oranger et aux fruits exotiques, ample et frais ; il reçoit une étoile. Et cette admirable cuvée qui a enthousiasmé le jury par sa belle robe rouge grenat, ses arômes intenses, complexes et fins, mêlant les fruits rouges à des nuances de grillé, de fumée, de tabac, avec en rétro-olfaction une touche de réglisse. L'équilibre en bouche est réussi autour de tanins très fins. La finale est longue et savoureuse.

🖛 EARL Hubert Sendra, Dom. des Aveylans, 30127 Bellegarde, tél. 04.66.70.10.28, fax 04.66.70.10.89 r.-v.

CH. DE BELLE-COSTE
Cuvée Saint-Marc 1997★

20 ha   10 000

Un beau domaine de 100 ha, et une cuvée que l'on retrouve régulièrement dans ce Guide. Dans le millésime 97, c'est le rosé qui a particulièrement séduit le jury par sa très jolie robe rose bonbon et par son nez, où les petits fruits rouges dominent, accompagnant le bourgeon de cassis. Très agréable en bouche, avec beaucoup de rondeur, ce vin finit bien et donne une impression d'harmonie.

🖛 Bertrand du Tremblay, Ch. de Belle-Coste, 30132 Caissargues, tél. 04.66.20.26.48, fax 04.66.20.16.90 r.-v.

CH. PAUL BLANC 1996★

2 ha   2 600

Elevé neuf mois en fût, un 96 à la robe jaune or. Le nez est intense et complexe, avec des arômes d'évolution, alliant des parfums de fleurs jaunes, des touches de miel et de cire d'abeille. L'équilibre est réussi, la rondeur domine. La finale est longue et savoureuse.

Costières de nîmes

◦ SNC Blanc et Cie, Mas Carlot,
30127 Bellegarde, tél. 04.66.01.11.83,
fax 04.66.01.62.74 ☑ ☗ t.l.j. sf dim. 8h-12h
14h-18h
◦ Paul Blanc

CH. DE CAMPUGET
Tradition de Campuget 1997**

| | 7 ha | 50 000 | ■ ♦ | 30 à 50 F |

Typicité et technologie maîtrisée font bon ménage dans le **Tradition de Campuget rosé 97** qui reçoit une étoile. Ce blanc issu de macération pelliculaire séduit encore davantage ; sa robe jaune clair citronné à reflets verts, ses arômes fins et de qualité, de type fleurs blanches, annoncent un vin très bien équilibré en bouche, gras mais sans mollesse, avec une bonne longueur. Une bouteille fort harmonieuse.
◦ SCA Ch. de Campuget, 30129 Manduel, tél. 04.66.20.20.15, fax 04.66.20.60.57 ☑ ☗ t.l.j. sf dim. 10h-12h 14h-18h
◦ Jean-Lin Dalle

DOM. DES CANTARELLES 1997*

| | 6,5 ha | 28 000 | ■ ♦ | -30 F |

On retrouve souvent ce domaine dans ce livre ; son étiquette très réussie séduira les convives qui apprécieront ce joli vin à la robe rose bonbon. Le nez est agréable et franc, de type fruits rouges. En bouche, la rondeur et la fraîcheur, combinées à une petite présence de gaz carbonique, lui assurent un bel équilibre.
◦ Jean-François Fayel, Dom. des Cantarelles, 30127 Bellegarde, tél. 04.66.01.16.78, fax 04.66.01.02.80 ☑ r.-v.

CH. CLAUSONNE
Vieilli en fût de chêne 1996**

| | 1,2 ha | 4 000 | ◫ | 30 à 50 F |

Propriété de Nicolas Seydoux, président de la cave de Pazac, ce 96 est vêtu d'un beau rouge intense, profond ; le nez de fruits confits annonce la bouche ronde et vanillée. Les tanins sont fins et puissants à la fois. La finale apparaît franche et longue. Ce vin remarquable est prêt à boire maintenant mais il pourra aussi supporter encore un hiver ou deux.
◦ SCA Grands Vins de Pazac, rte de Redessan, 30840 Meynes, tél. 04.66.57.59.95, fax 04.66.57.57.63 ☑ ☗ t.l.j. sf dim. 8h-12h 14h-18h; sam. 8h-12h

FONTAINE MIRACULEUSE
Cuvée du Trentenaire 1997*

| | 0,6 ha | 3 600 | ■ ♦ | -30 F |

Une marque de la cave de Pazac qui honore ainsi la fontaine où Charles Martel abreuva ses soldats lors des combats contre les Sarrazins. Ce vin jouera dans la cour du « franc paradoxe » ! Les arômes de garrigue et d'épices complètent la dominante fruits rouges. En bouche, il est équilibré malgré la présence de tanins encore jeunes. Sa rétro-olfaction à connotation végétale accompagne agréablement la fin de la dégustation. Peut attendre un an.
◦ SCA Grands Vins de Pazac, rte de Redessan, 30840 Meynes, tél. 04.66.57.59.95, fax 04.66.57.57.63 ☑ ☗ t.l.j. sf dim. 8h-12h 14h-18h; sam. 8h-12h

CH. GUIOT 1997*

| ■ | 45 ha | 200 000 | ■ ♦ | -30 F |

Cette exploitation qui domine les étangs et qui sent bon la Camargue voit deux vins retenus à égalité : un **rosé 97**, où fruité, rondeur et fraîcheur se conjuguent pour lui conférer beaucoup de charme, et ce très beau rouge dont la robe est grenat et le nez, aux arômes de syrah, encore fermé. La bouche est fort agréable avec ses tanins fins et fondus qui laissent apparaître une rondeur certaine en finale. L'ensemble est encore jeune et demande à mûrir pendant quelque temps.
◦ GFA Ch. Guiot, Dom. de Guiot, 30800 Saint-Gilles, tél. 04.66.73.30.86, fax 04.66.73.32.09 ☑ ☗ r.-v.
◦ Cornut

DOM. HAUT PLATEAU 1997*

| ■ | n.c. | n.c. | ■ ♦ | -30 F |

Un vin qui piaffe d'impatience de se faire découvrir. Il a une belle allure et une réelle présence. L'équilibre des cépages syrah et grenache donne du fruit rouge et de la rondeur alors que le cinsault apporte la finesse.
◦ Denis Fournier, Dom. du Haut-Plateau, 30129 Manduel, tél. 04.66.20.31.78, fax 04.66.20.20.53 ☑ ☗ r.-v.

DOM. DE LA BAUME
Réserve Saint-Jacques 1996*

| ■ | 2 ha | 10 000 | ■ ♦ | -30 F |

Les pèlerins de Saint-Jacques de Compostelle s'arrêtaient à la Baume pour y entendre la messe. On conseille cette étape aux nouveaux pèlerins, afin de découvrir cette Réserve à la robe rouge foncé à reflets violets et à l'éclat brillant. Les arômes sont intenses : violette, fruits rouges, laurier-sauce et tabac. Les tanins sont très présents, accompagnés de l'acidité caractéristique du millésime. Un vin réussi.
◦ Jean-François Andreoletti, Dom. de la Baume, 30800 Saint-Gilles, tél. 04.66.87.30.77, fax 04.66.87.16.47 ☑ ☗ t.l.j. sf dim. 9h-12h 14h-19h

CH. LA CADENETTE
Cuvée authentique 1997**

| | n.c. | 25 000 | ■ ♦ | -30 F |

Commercialisée par Jeanjean, négociant à Saint-Félix-de-Lodez, cette cuvée se présente parée d'un beau rouge soutenu, avec un nez végétal de bourgeon de cassis, fin et agréable. Sa bouche est faite de rondeur et de souplesse, à peine rafraîchie par un soupçon de gaz carbonique. Sa finale est plutôt longue pour un rosé, mais dans le bon sens du terme ! Vin remarquable qui réjouira plus d'un amateur.
◦ Pierre Dideron, Ch. La Cadenette, 30600 Vestric et Candiac, tél. 04.67.88.80.00 ☗ r.-v.

CH. LA COURBADE 1997*

| ■ | n.c. | 200 000 | ■ ♦ | -30 F |

Ce costières multicépages a une couleur intense, un nez de petits fruits rouges et une nuance végétale. En bouche, il est équilibré et sa rétro-olfaction où le végétal se confirme, lui procure une finale longue et intéressante. Attendre

Costières de nîmes

un an ou deux avant de l'apprécier pleinement. Du même château, toujours commercialisé par le négociant Michel Bernard, le rosé 97, rond, fruité, tendre en bouche, agréable, pourra accompagner dès maintenant une anchoïade.

🕭 Domaines Michel Bernard, quartier Sommelongue, 84100 Orange, tél. 04.90.11.86.86, fax 04.90.34.87.30 ⚑ r.-v.
🕭 J. Boucoiran

CH. LAMARGUE Cuvée Prestige 1997★★

| | 5 ha | 33 000 | | -30F |

Cet assemblage à dominante roussanne-rolle se présente sous un habit jaune clair à reflets brillants. Son nez est intense, complexe, fait d'agrumes et de fleurs blanches. En bouche, la rondeur domine et les accents floraux se retrouvent jusqu'à la fin de la dégustation, avec bonheur. C'est un vin remarquable qui pourra attendre un an ou deux ans avant d'être consommé. Tout aussi remarquable, le **Château Lamargue rouge 97** reçoit deux étoiles : ce sont les fruits rouges de son bouquet, l'ampleur de son volume et la qualité de ses tanins qui lui confèrent une grande harmonie que l'amateur appréciera.

🕭 SCI Dom. de Lamargue, rte de Vauvert, 30800 Saint-Gilles, tél. 04.66.87.31.89, fax 04.66.87.41.87 ⚑ t.l.j. sf dim. 8h-12h 14h-18h
🕭 Anders Bergengren

CH. DE L'AMARINE
Cuvée des Bernis 1997★★★

| | 3 ha | 20 000 | | 30à50F |

L'un des plus beaux rosés de la dégustation qui a séduit dès le premier coup d'œil par sa très jolie robe d'un rose franc aux légères nuances violettes. Les arômes sont fins et de qualité, à la fois floraux et fruités (fraise et framboise). L'attaque, ronde, est suivie d'un bel équilibre en bouche, alliant le gras et la fraîcheur. La finale est particulièrement longue et chaleureuse. Ne pas oublier non plus cette même **Cuvée des Bernis en blanc 97** qui mérite une étoile, tout en fleurs blanches avec des nuances de pêche.

🕭 SCA Ch. de L'Amarine, Ch. de Campuget, 30129 Manduel, tél. 04.66.20.20.15, fax 04.66.20.60.57 ⚑ t.l.j. sf dim. 10h-12h 14h-18h
🕭 Jean-Lin Dalle

CH. DE LA TUILERIE
Carte blanche 1997★

| | 9,3 ha | 43 000 | | -30F |

D'un bel or pâle et brillant, cette Carte blanche a retenu l'attention du jury : le nez complexe dégage des notes florales puis des senteurs de fruits exotiques. La finale est marquée par des nuances soutenues d'agrumes. La bouche révèle un bel équilibre ; elle est fraîche et d'une belle longueur. L'ensemble est très réussi.

🕭 Chantal et Pierre-Yves Comte, Ch. de La Tuilerie, rte de Saint-Gilles, 30900 Nîmes, tél. 04.66.70.07.52, fax 04.66.70.04.36 ⚑ r.-v.

DOM. MAS DE LA TOUR 1997★★

| | 12 ha | 50 000 | | 30à50F |

Ce jeune domaine ne produit de costières de nîmes que depuis trois ans : franc succès pour la coopérative. D'un beau rouge profond, ce 97 aux arômes complexes de garrigue et de fruits confits offre une bouche souple où les tanins sont fondus et amples. Avec une rétro-olfaction fruitée et une finale plutôt longue, c'est un vin remarquable, à apprécier dans un an.

🕭 SCA Costières et Soleil, rue Emile-Bilhau, B.P. 25, 30510 Générac, tél. 04.66.01.31.31, fax 04.66.01.38.85 ⚑ t.l.j. sf dim. 10h-12h30 15h30-19h

MAS DES BRESSADES
Cuvée Excellence 1997★★

| | 2,5 ha | 13 000 | | 30à50F |

Un rosé de saignée, **Cuvée Tradition 97**, tout en finesse, tendre dans sa couleur comme en bouche, reçoit une étoile. Le magnifique blanc à base de roussanne arbore un beau jaune brillant, un nez fin et discret de brûlé. Sa bouche est ronde et harmonieuse ; ses arômes sont marqués d'une façon élégante par une note de fumée. Sa finale, fondue et agréable, laisse présager un bel avenir à ce vin remarquable.

🕭 Cyril Marès, Mas des Bressades, 30129 Manduel, tél. 04.66.01.11.78, fax 04.66.01.63.63 ⚑ r.-v.

CH. MOURGUES DU GRES 1997★★★

| | 10 ha | 60 000 | | -30F |

Ce château a présenté un **Galets Rouges 97** noté deux étoiles, d'une grande élégance et qui devrait atteindre sa maturité dans un an ou deux, une autre cuvée rouge **Terre d'Argence 96** notée une étoile pour son nez, riche de fruits rouges aux notes épicées, et pour sa belle structure, et cet exceptionnel rosé. Tout flatte agréablement dans ce vin : la robe, rose vif, brillante et franche, le nez floral d'abord puis fruits exotiques et bonbon anglais, enfin la bouche vive et fruitée jusqu'en finale, équilibrée, généreuse et longue. Très belle présence pour un rosé qui s'appréciera aussi bien sur un poisson grillé tout simple que sur une cuisine exotique.

🕭 François Collard, Ch. Mourgues du Grès, 30300 Beaucaire, tél. 04.66.59.46.10, fax 04.66.59.34.21 ⚑ r.-v.

CH. DE NAGES
Réserve du château 1997★★

| | 7,8 ha | 70 000 | | -30F |

Ce château appartient au maire de Nîmes qui fut décapité lors de la Révolution française. Roger Gassier est à la tête du domaine depuis 1962. Sa cuvée **Joseph Torres 95 en rouge** et la **Réserve du Château 97 en rouge** reçoivent une étoile. La première est boisée, la seconde tout en fruit. Dans une robe jaune à reflets verts, ce blanc se caractérise par la finesse et l'élégance de ses arômes de type floral et fruité (pêche), ainsi que par sa fraîcheur, révélée à la fois par son acidité et par ses notes amyliques nuancées d'agrumes. L'ensemble est plein et harmonieux, à apprécier sans attendre.

🕭 R. Gassier, Ch. de Nages, 30132 Caissargues, tél. 04.66.38.15.68, fax 04.66.38.16.47 ⚑ r.-v.

LE LANGUEDOC

Coteaux du languedoc

PREFERENCE 1997★

◢　　　　11 ha　　50 000　　🌡 -30F

Une jolie robe rose à reflets vifs. En bouche, on peut noter une belle vivacité avec des arômes de fruits rouges. Un vin complet et agréable.
🕭 SCA Costières et Soleil, rue Emile-Bilhau, B.P. 25, 30510 Générac, tél. 04.66.01.31.31, fax 04.66.01.38.85 ✓ 𝕴 t.l.j. sf dim. 10h-12h30 15h30-19h

CH. SAINT-CYRGUES 1997★★

■　　　　5 ha　　10 000　　🌡 30 à 50 F

Quel beau vin que ce rouge 97 à la robe profonde et aux reflets brillants ! Le nez est très concentré, bien qu'encore fermé : on y retrouve la violette, le cassis, des nuances végétales de sous-bois. Une légère note animale, qui disparaît à l'aération, traduit la présence de syrah. La bouche est ample et charnue. Les tanins, très présents, sont bien fondus dans un ensemble d'une longueur remarquable. Vin très prometteur. Egalement retenues avec une étoile, la cuvée **Amérique 96 en rouge**, élevée en fût, et la cuvée principale **Château Saint-Cyrgues 97 en blanc**.
🕭 Guy de Mercurio, rte de Montpellier, Ch. Saint-Cyrgues, 30800 Saint-Gilles, tél. 04.66.87.31.72, fax 04.66.87.70.76 𝕴 r.-v.

DOM. SAINTE-COLOMBE ET LES RAMEAUX 1996★

■　　　　n.c.　　n.c.　　🌡 -30F

Acheté en 1974 par Philippe Guillon, le vignoble a été replanté en cépages nobles. Les vignes atteignent un âge respectable ; syrah (60 %) et grenache composent ce 96 d'un beau rouge intense, au nez végétal agréable. En bouche il est harmonieux et ses tanins révèlent une légère note d'amertume qui ne nuit pas à la qualité de l'ensemble. Ce vin devrait atteindre son apogée dans un an ou deux. Le **rosé 97**, une étoile, à boire dès maintenant, est friand, bien équilibré.
🕭 Philippe Guillon, Dom. Sainte-Colombe et les Rameaux, 30800 Saint-Gilles, tél. 04.66.87.30.30, fax 04.66.87.17.46 𝕴 r.-v.

DOM. DES TROIS PIERRES 1997★

■　　　　25 ha　　170 000　　🌡 -30F

Cette coopérative a bien maîtrisé l'élaboration de ce vin : belle robe rouge pourpre profond, caractères aromatiques intenses - petits fruits rouges, cassis où l'on reconnaît la syrah, avec une rétro-olfaction épicée (cannelle) ; structure équilibrée en bouche, présence de tanins encore jeunes mais souples, finale qui repose sur l'alcool. L'ensemble est agréable, d'une bonne longueur.
🕭 SCA Les Vignerons de Jonquières Saint-Vincent, 20, rue de Nîmes, 30300 Jonquières-Saint-Vincent, tél. 04.66.74.50.07, fax 04.66.74.49.40 ✓ 𝕴 t.l.j. sf dim. 8h-12h30 14h30-18h

CH. DE VALCOMBE
Prestige de Valcombe 1997★

■　　　　40 ha　　20 000　　🍷 -30F

Depuis deux cents ans dans la même famille, Valcombe a proposé un **rosé 97** de bonne tenue, une étoile, et cette cuvée Prestige dont la robe est d'un rouge profond à reflets violets. Le nez, encore fermé, laisse deviner des arômes complexes de fruits rouges, de cassis et d'épices, alors qu'une note végétale s'exprime en rétro-olfaction. La structure en bouche, à la fois ample et équilibrée, s'appuie sur un tanin bien mûr. La finale est longue et généreuse.
🕭 Dominique Ricome, Ch. de Valcombe, 30510 Générac, tél. 04.66.01.32.20, fax 04.66.01.92.24 ✓ 𝕴 r.-v.

CH. VESSIERE 1997★

■　　　　30 ha　　150 000　　🍷 50 à 70 F

Après avoir été privé de caves, totalement détruites par un avion militaire, ce domaine a surmonté les difficultés et se distingue aujourd'hui. Son 97 présente une très belle robe pourpre à reflets noirs profonds. Le nez complexe évoque d'abord les petits fruits bien mûrs, accompagnés de notes végétales (bourgeon de cassis) puis épicées. La bouche est ample, dominée par des tanins fermes, qui durcissent un peu la finale. Donnons-leur un peu de temps pour s'assouplir.
🕭 Philippe Teulon, Ch. Vessière, 30800 Saint-Gilles, tél. 04.66.73.30.66, fax 04.66.73.33.04 ✓ 𝕴 r.-v.

Coteaux du languedoc

Cent cinquante-six communes, dont cinq dans l'Aude et quatorze dans le Gard, les autres étant dans l'Hérault, constituent un ensemble de terroirs disséminés dans le Languedoc, dans la zone des coteaux et des garrigues s'étendant de Narbonne à Nîmes. Ces terroirs spécialisés plus particulièrement dans le vin rouge et rosé produisent des AOC coteaux du languedoc, appellation générale depuis 1985, à laquelle peuvent être ajoutées onze dénominations particulières en rouge et rosé : la Clape et Quatourze dans l'Aude, Cabrières, Montpeyroux, Saint-Saturnin, Pic-Saint-Loup, Saint-Georges-d'Orques, les coteaux de la Méjanelle, Saint-Drézéry, Saint-Christol et les coteaux de Vérargues dans l'Hérault ; ainsi que deux dénominations en blanc : la Clape et Picpoul de Pinet.

Toutes sont issues des vins renommés dans les siècles passés. Les coteaux du languedoc produisent 315 000 hl de vins rouges et rosés et 32 000 hl de vins blancs.

Coteaux du languedoc

Une confrérie vineuse a été créée pour les coteaux du languedoc, l'Ordre des Ambassadeurs des Coteaux du Languedoc.

ABBAYE DE VALMAGNE 1997*

6 ha 18 000

Cette majestueuse abbaye cistercienne du XII^{e}s. a toujours perpétué la culture de la vigne. On retrouve dans ce 97 la finesse des blancs de Valmagne, leur robe or pâle très lumineuse, et un nez marqué de notes fruitées - abricot, agrumes. Si la rondeur et la persistance signent la bouche, c'est aussi toute la magie du lieu que l'on retrouve dans la bouteille.

D'Allaines, SCEA Abbaye de Valmagne, 34560 Villeveyrac, tél. 04.67.78.06.09, fax 04.67.78.02.50 t.l.j. 10h-12h 14h-18h

DOM. HONORE AUDRAN
Cuvée Terroir Elevé en fût de chêne 1995**

1 ha 2 000

Après la cuvée Gourmande retenue l'an dernier, voici la cuvée Terroir dont le vignoble est situé sur les contreforts du Larzac. Il ne lui manquait qu'une voix pour être proposée en coup de cœur ; elle vous ravira avec sa robe couleur de mûre, ses arômes de confiture de cerise et de fumé, sa bouche volumineuse. Ses tanins, encore solides, lui permettront d'attendre. Un vigneron à suivre de près.

Luc Biscarlet, Dom. Honoré Audran, 34700 Saint-Alban-du-Bosc, tél. 04.67.44.73.44, fax 04.67.44.73.44 r.-v.

DOM. DE BAUBIAC 1996

1,8 ha 7 500

Vignoble de 17 ha restructuré depuis 1986. Il donne dix ans après un vin dont les dégustateurs ont apprécié au nez les notes de grillé, de fruits cuits et de sous-bois qui pourraient rappeler le précédent millésime. Le palais est équilibré mais les tanins gagneront à attendre encore quelques mois pour s'arrondir.

SCEA Philip Frères, Dom. de Baubiac, 30260 Brouzet-lès-Quissac, tél. 04.66.77.33.45, fax 04.66.77.33.45 t.l.j. 10h-12h 14h-18h; sam. dim. sur r.-v.

BERGERIE DE L'ARBOUS 1996**

25 ha 80 000

Une étoile pour la **Bergerie de Lunes 95**, et une proposition de coup de cœur pour cette cuvée. Décidément les vignobles implantés par les frères Jeanjean sur le causse d'Aumelas font parler d'eux. La robe est pourpre, le nez évoque la garrigue, le cuir et le sous-bois. La présence et la solidité en bouche assureront une bonne garde. Belle complicité entre le terroir et l'élevage en barrique.

Hugues et Bernard Jeanjean, Dom. Jeanjean, B.P. 1, 34725 Saint-Félix-de-Lodez, tél. 04.67.88.80.00, fax 04.67.96.65.67 r.-v.

BOIS D'ELEINS
Grande Réserve Elevé en fût de chêne 1995

5 ha 3 500

C'est dans la région des terres de Sommières, à l'est de l'appellation, qu'a été élaboré ce vin à la robe encore jeune et aux arômes de fumé et de boisé. La bouche est harmonieuse et réussie, mais un peu trop marquée par l'élevage en fût de chêne au goût du jury qui souhaiterait davantage retrouver le terroir.

SCA Crespian, 30260 Crespian, tél. 04.66.77.81.87, fax 04.66.77.81.43 r.-v.

MAS BRUGUIERE
Pic Saint-Loup Elevé en fût de chêne 1996**

3 ha 14 500

Encore de très beaux lauriers pour le mas Bruguière qui reçoit deux étoiles pour le **blanc 97 coteaux du languedoc** issu en majorité de roussanne, magnifique par sa rondeur et son bouquet, ainsi que pour cette cuvée à la robe très sombre riche d'une superbe palette d'arômes : de la garrigue, des épices (clou de girofle, muscade) et un boisé fin. La bouche est pleine, concentrée mais sans excès, et l'on y devine un élevage en barrique bien maîtrisé. 96 ne décevra pas ceux qui ont eu le bonheur de déguster les millésimes précédents.

Guilhem Bruguière, La Plaine, 34270 Valflaunès, tél. 04.67.55.20.97, fax 04.67.55.20.97 r.-v.

MAS CAL DEMOURA 1997*

5,15 ha 20 000

Les cinq cépages de l'appellation sont implantés sur des cailloutis argilo-calcaires. Amoureux du terroir, Jean-Pierre Jullien s'attache à élaborer de beaux vins comme ce 97, qui se présente dans une jolie robe profonde, avec de puissants arômes de cassis, de groseille et d'épices douces. La bouche ronde et gracieuse exprime beaucoup de tendresse.

Jean-Pierre Jullien, Mas Cal Demoura, 34725 Jonquières, tél. 04.67.88.61.51, fax 04.67.88.61.51 r.-v.

CH. DE CAPITOUL
La Clape Grand Terroir 1996*

5 ha 20 000

Derrière une belle robe violine à légers reflets bruns, on découvre des arômes bien typés pour le terroir : des fruits rouges, du cuir, du pain brûlé. La bouche, ample et assez souple, est peut-être plus discrète que le nez, mais elle reste très harmonieuse.

Ch. de Capitoul, rte de Gruissan, 11100 Narbonne, tél. 04.68.49.23.30, fax 04.68.49.55.71 t.l.j. 8h-20h
Charles Mock

CH. DE CAZENEUVE
Pic Saint-Loup 1997*

7 ha n.c.

Un sans-faute pour le millésime 97 à Cazeneuve : les trois vins ont obtenu une étoile. Le **blanc** fin et typé, le **rouge élevé en fût** et cette cuvée classique bien dans le ton des Pic Saint-Loup avec sa robe violine et ses arômes de fruits

667 LE LANGUEDOC

Coteaux du languedoc

rouges et de pain d'épice. Après une attaque flatteuse et douce s'affirment des tanins bien enrobés et une bonne persistance réglissée. Un vin qui sait réunir personnalité et élégance.
André Leenhardt, Ch. de Cazeneuve, 34270 Lauret, tél. 04.67.59.07.49, fax 04.67.59.06.91 r.-v.

MAS DES CHIMÈRES 1996*
3 ha 16 000 30 à 50 F

Proche du lac du Salagou et du cirque de Mourèze, le terroir, typé, s'exprime bien dans ce vin à la robe violine presque noire. Le nez de garrigue, de fruits mûrs et de boisé doux demande encore à s'ouvrir. Puissance, jeunesse et structure marquent la dégustation. Ces Chimères vont s'épanouir dans les mois à venir.
Guilhem Dardé, Mas des Chimères, 34800 Octon, tél. 04.67.96.22.70, fax 04.67.88.07.00 sam. 14h-19h; dim. 10h-12h30

DOM. CLAVEL
La Méjanelle La Copa Santa 1996*
10 ha n.c. 50 à 70 F

Ce vignoble est implanté sur une terrasse de galets roulés, aux portes de Montpellier, et l'on raconte que Rabelais venait ici herboriser. Une belle richesse s'exprime dans ce vin : la profondeur de la couleur, la complexité des arômes (fruits à l'alcool, épices, torréfaction), la générosité de la bouche. Le gras a su y épouser les tanins denses. Si vous le carafez, il vous réservera de grandes surprises.
Dom. Pierre Clavel, rue du Languedoc, 34160 Saint-Bauzille-de-Montmel, tél. 04.67.86.97.36, fax 04.67.86.97.37 r.-v.

DOM. COSTE ROUGE
Elevé en fût de chêne 1995*
n.c. 80 000 30 à 50 F

Deux cuvées 95 ont reçu une étoile : le **Gabiam 95** et ce Coste Rouge à la robe profonde, aux arômes de fruits rouges (groseille, cerise) et de vanille. Un peu discret en première bouche, il se révèle ensuite ample et fondu, fin et équilibré. Si vous allez à Gabian en venant de Pézenas vous passerez devant l'imposant château de Cassan.
Cave coopérative La Carignano, 13, rte de Pouzolles, 34320 Gabian, tél. 04.67.24.65.64, fax 04.67.24.80.98 t.l.j. 8h-12h 13h30-16h

DOM. DES COSTES Pic Saint-Loup 1997*
n.c. 30 000 -30 F

De la syrah et du grenache sur « gravettes » et voici un rosé subtil, tout en finesse : une robe vive et tendre, des arômes de fruits rouges et de fleurs blanches. Une belle harmonie entre la vivacité et le gras.
SCV La Gravette, 30260 Corconne, tél. 04.66.77.32.75, fax 04.66.77.13.56 t.l.j. 9h-12h 15h-17h30

DUC DE MORNY Picpoul de Pinet 1997*
30 ha 160 000 -30 F

Pas moins de cent soixante mille bouteilles pour cette belle cuvée de la cave de Pinet. Après la robe discrète et brillante, voici des arômes d'agrumes et une bouche à la fois vive et ronde, très rafraîchissante. Un vin qui fera l'unanimité sur des huîtres de Bouzigues. A noter aussi le **Domaine de la Rose 97**, élevé sept mois en fût, cité cette année en blanc.
Cave de L'Ormarine, 1, av. du Picpoul, 34850 Pinet, tél. 04.67.77.76.10, fax 04.67.77.76.23 t.l.j. 8h-12h 14h-19h

DOM. DURAND-CAMILLO 1996
3 ha 5 000 30 à 50 F

Si ce millésime semble moins puissant que le 95, noté deux étoiles l'an dernier, il n'en reste pas moins séducteur et élégant : une robe pourpre très brillante, des arômes de fruits mûrs, de cacao et de grillé, une bouche chaleureuse aux tanins fins.
Armand Durand, 44, bd du Puits-Allier, 34720 Caux, tél. 04.67.98.44.26, fax 04.67.98.44.26 r.-v.

ERMITAGE DU PIC SAINT-LOUP
Guilhem Gaucelm 1996
3 ha 5 000 70 à 100 F

Voici un vin étonnant par ses arômes inattendus qui ont suscité de nombreux commentaires parmi le jury. En effet, derrière la robe profonde on découvre des notes de noix de coco, de rose et de vanille au côté des fruits rouges et des touches muscatées. La bouche, pleine à l'attaque, reste dans la même gamme aromatique. Ses tanins méritent encore de se fondre durant quelques mois. Certains ont conseillé de le servir sur des plats exotiques.
Ravaille, Ermitage du Pic Saint-Loup, 34270 Saint-Mathieu-de-Tréviers, tél. 04.67.55.20.15, fax 04.67.55.23.49 r.-v.

DOM. FAURMARIE 1996**
5 ha 6 000 -30 F

Belle performance pour ce domaine qui fait son entrée dans le Guide avec en moins qu'une proposition de coup de cœur pour ce 96. Ce qui a charmé le jury ? Sa robe grenat, ses arômes intenses alliant des senteurs balsamiques, des fruits confits et des notes de grillé, sa bouche de caractère, tannique et fraîche, élégante et charnue. Un petit bonheur de grand vin pour du plaisir durant tout un repas. Etiquette intéressante.
Christian Faure, rte de Sommières, 34160 Galargues, tél. 04.67.86.94.25, fax 04.67.86.87.26 r.-v.

DOM. FERRI ARNAUD La Clape 1997
2,3 ha 12 000 30 à 50 F

C'est à Fleury, à 8 km de la plage, que sont implantées les vignes de vermentino et de grenache qui ont donné ce blanc à la robe claire et aux arômes d'agrumes et de fruits secs. La bouche, marquée par la vivacité, est bien agréable.
EARL Ferri Arnaud, av. de l'Hérault, 11560 Fleury-d'Aude, tél. 04.68.33.62.43, fax 04.68.33.74.38 t.l.j. 9h-13h 15h-20h
Joseph Ferri

CH. DE FLAUGERGUES
La Méjanelle Cuvée Sélection 1997*
6,5 ha 38 000 30 à 50 F

Ce château ? La plus ancienne des « folies » de Montpellier qu'il vous faut découvrir absolu-

Coteaux du languedoc

ment et des vins toujours retenus par notre jury. L'un d'entre eux fut même grappe d'or du Guide Hachette. Le terroir de galets roulés a donné ce vin très charmeur. Sous sa robe violine se cachent des arômes de fruits rouges (mûre, cassis) et de poivre. L'attaque est ronde, les tanins enrobés et fondus malgré leur jeune âge, la persistance réglissée. Il est déjà prêt.

Comte Henri de Colbert, 1744, av. Albert-Einstein, 34000 Montpellier, tél. 04.99.52.66.37, fax 04.99.52.66.44 ⓥ Ⓨ r.-v.

L'ESPRIT DE FONT CAUDE
Montpeyroux 1996**

| | 1,4 ha | 5 000 | | 70 à 100 F |

Voici Montpeyroux avec ses garrigues, ses rochers, et ses vignes qui humanisent le paysage. Ce vin arbore une belle robe couleur de mûre, un nez puissant de fruits cuits, de cuir et de fines notes boisées. Un joli plaisir en bouche où l'ampleur et la structure s'équilibrent et assureront un beau devenir. La **cuvée Tradition 96** du domaine Font-Caude a été citée par le jury.

Alain Chabanon, Dom. Font-Caude, 10 bis, rue du Barry, 34150 Montpeyroux, tél. 04.67.88.64.63, fax 04.67.88.64.63 ⓥ Ⓨ r.-v.

CH. DE FOURQUES
Saint-Georges d'Orques Cuvée Jeanne 1997

| | 3 ha | 4 000 | | -30 F |

Une histoire de femmes, ce vignoble de Fourques. Lise Fons-Vincent perpétue la tradition et nous propose ce rosé de saignée à la robe pastel, au nez de framboise et de fraise, à la bouche fraîche et équilibrée. On appréciera sa finesse sur des entrées gourmandes.

Mme Fons-Vincent, Ch. de Fourques, 34990 Juvignac, tél. 04.67.47.90.87, fax 04.67.27.48.72 ⓥ Ⓨ r.-v.

DOM. DE GRANOUPIAC 1996*

| | 4 ha | 16 000 | | 30 à 50 F |

Deux très jolis vins présentés cette année : le **blanc 97** noté une étoile et celui-ci, à la personnalité très languedocienne. Des reflets noirs et pourpres annoncent un nez riche où se côtoient des notes animales, du fumé et de la cerise. La bouche est soyeuse et puissante à la fois, avec des arômes typés de garrigue en finale. Prenez le temps de l'attendre, il vous surprendra encore.

Claude Flavard, Dom. de Granoupiac, 34725 Saint-André-de-Sangonis, tél. 04.67.57.58.28, fax 04.67.57.95.83 ⓥ Ⓨ t.l.j. sf dim. 9h-12h 15h-19h

CH. GRES SAINT-PAUL
Cuvée Prestige 1997**

| | 6,22 ha | 37 000 | | 30 à 50 F |

Cette superbe terrasse de galets roulés, classée aussi en muscat de lunel, confère aux vins une belle puissance. Le 97 est un bon exemple : robe pourpre profond, arômes typés de zan, de mûre, de grillé avec une pointe mentholée très originale. C'est un vin charnu, sensuel, aux tanins enrobés mais solides ; pour des plats aux saveurs méditerranéennes.

GFA du Grès Saint-Paul, Ch. Grès Saint-Paul, 34400 Lunel, tél. 04.67.71.27.90, fax 04.67.71.73.76 ⓥ Ⓨ t.l.j. sf dim. mar. 9h-12h 16h-19h

DOM. HENRY
Saint-Georges d'Orques 1996**

| | n.c. | 13 000 | | 50 à 70 F |

En mariant quatre cépages de l'appellation, François Henry a bien exprimé l'originalité du terroir de Saint-Georges d'Orques. Après une robe pourpre et sombre, c'est un nez d'une grande finesse que l'on découvre, avec de la violette, du cassis, du sous-bois. L'harmonie est remarquable en bouche. Le gras et les tanins, veloutés mais serrés, assureront une belle garde.

Dom. Henry, av. d'Occitanie, 34680 Saint-Georges-d'Orques, tél. 04.67.45.57.74, fax 04.67.45.57.74 ⓥ Ⓨ r.-v.

CH. DES HOSPITALIERS
Saint-Christol Réserve 1996

| | n.c. | n.c. | | 30 à 50 F |

Voici un vin de couleur rubis, au nez de cuir, de fruits rouges et au boisé discret. Le palais est ample, souligné par des tanins bien harmonisés. Il s'ouvrira si on le met en carafe.

Martin-Pierrat, Ch. des Hospitaliers, pl. Gal-Chaffard, 34400 Saint-Christol, tél. 04.67.86.01.15, fax 04.67.86.00.19 ⓥ Ⓨ t.l.j. 8h-20h

HUGUES DE BEAUVIGNAC
Picpoul de Pinet 1997**

| ☐ | 150 ha | 100 000 | | -30 F |

Une fois encore, très bon palmarès pour les vins blancs de la cave de Pomérols. Le **château Béranger**, noté une étoile, et cette cuvée bien typique de l'appellation : une robe pâle, des agrumes au nez et une pointe mentholée, une bouche étonnamment onctueuse et soutenue, comme toujours, par une vivacité bien agréable.

Cave Coopérative de Pomérols, Les Costières de Pomérols, 34810 Pomérols, tél. 04.67.77.01.59, fax 04.67.77.77.21 ⓥ Ⓨ t.l.j. 8h-12h 14h-18h

CH. DE JONQUIERES
Cuvée La Baronnie Elevé en fût de chêne 1995

| | 2,3 ha | n.c. | | 30 à 50 F |

C'est dans les caves d'un magnifique château du XII^{e}s. que naît ce vin très charmeur par sa robe rubis, ses notes épicées et fruitées, sa bouche ronde et bien équilibrée. En finale, de classiques touches vanillées sont apportées par l'élevage en barrique, discret et maîtrisé. Goûtez aussi le **Comte de Lansade blanc 96**, un de ces blancs méditerranéens qui méritent d'attendre.

Isabelle de Cabissole, Ch. de Jonquières, 34725 Jonquières, tél. 04.67.96.62.58, fax 04.67.88.61.92 ⓥ Ⓨ r.-v.

DOM. DE LA COSTE
Saint-Christol Cuvée sélectionnée 1996**

| | 13 ha | 38 600 | | 30 à 50 F |

Un coup de cœur vraiment mérité pour Luc Moynier qui, depuis 1975, n'a cessé d'affirmer la qualité du terroir de Saint-Christol et de son sol de galets roulés. Ce 96 en témoigne : une robe

LE LANGUEDOC

Coteaux du languedoc

couleur de myrtille et, surtout, un grand nez ! Les senteurs de garrigue, de poivre, de fruits confits et de sous-bois se succèdent. Le palais répond bien avec son gras, ses tanins soyeux et sa longue persistance. Du velours.

☛ Luc et Elisabeth Moynier, Dom. de La Coste, 34400 Saint-Christol, tél. 04.67.86.02.10, fax 04.67.86.07.71 ☑ ☲ t.l.j. sf dim. 8h-12h30 13h30-19h30

DOM. LA CROIX SAINTE EULALIE
1997★★★

1 ha — 3 000 — 50 à 70 F

Nous voici ici sur les schistes de Saint-Chinian. Pour une première vinification en blanc, c'est un coup de maître. Une robe bien dorée, de superbes parfums de rose, d'abricot, de tilleul et de vanille, un palais très ample et soyeux au boisé bien maîtrisé. Un vin d'exception qui n'aura pas peur du temps.

☛ P. et M. Gleizes, Combejean, av. de Saint-Chinian, 34360 Pierrerue, tél. 04.67.38.08.51, fax 04.67.38.08.51 ☑ ☲ t.l.j. 11h30-13h 17h-21h

DOM. L'AIGUELIERE
Montpeyroux Côte Rousse 1996★★

5 ha — 12 000 — 70 à 100 F

L'Aiguelière, un grand nom du Guide Hachette. Après le 95, coup de cœur l'an dernier, le 96 impose à nouveau sa personnalité. Une très belle robe brillante à reflets noirs et un ravissante complexité aromatique avec des touches de tabac, de cacao, de fruits mûrs et d'épices. C'est en bouche une superbe matière, soyeuse, racée, et une persistance longue et réglissée. N'hésitez pas.

☛ SARL L'Aiguelière, 10, ch. des Tuillières, 34150 Montpeyroux, tél. 04.67.96.61.43, fax 04.67.96.61.43 ☑ ☲ r.-v.

CH. DE LANCYRE
Pic Saint-Loup Grande cuvée 1996★

4 ha — 17 000 — 50 à 70 F

Le jury a été séduit par le **rosé 97** très friand (noté une étoile) ainsi que par ce rouge profond en couleur. Il a souligné la finesse des arômes (fruits rouges, fleurs séchées, épices) et la rondeur de la bouche. Bien qu'assez souple, le vin est bien là avec sa matière, l'élevage sous bois ayant su rester très discret.

☛ GAEC de Lancyre, 34270 Valflaunès, tél. 04.67.55.22.28, fax 04.67.55.23.84 ☑ ☲ r.-v.
☛ Durand et Valentin

CH. DE LA NEGLY La Clape 1996★★

4,5 ha — 12 000 — 30 à 50 F

Très belle révélation cette année avec le vignoble de La Négly qui prend racine sur le versant maritime de La Clape, à 1 km de la mer. Le jury a adoré la profondeur de sa robe et de son nez aux senteurs de garrigue, d'olive noire, de fruits rouges et de torréfaction. En bouche, il est plein, concentré et charnu. Un très grand avenir en vue. Mais aura-t-on la patience d'attendre ?

☛ SCEA Ch. de La Négly, 11560 Fleury-D'Aude, tél. 04.68.32.36.28, fax 04.68.32.10.69 ☑ ☲ r.-v.
☛ Jean Paux-Rosset

CH. DE LA PAGEZE La Clape 1997★

8,4 ha — 6 250 — -30 F

De cet agréable rosé de saignée à robe pâle s'échappent des notes de fruits rouges, de grillé et de fleurs. Sa bouche, bien équilibrée, s'accordera avec une gibelotte de sardines.

☛ SCEA les Terres du château, Dom. de La Pagèze, 11560 Fleury-d'Aude, tél. 04.68.33.60.34, fax 04.68.33.60.34 ☑ ☲ t.l.j. sf dim. 10h-12h 14h-18h
☛ Pierre Allemandet

DOM. DE LA PROSE
Saint-Georges d'Orques Fût de chêne 1995★

1 ha — 2 400 — 70 à 100 F

Découvert l'an dernier, ce domaine confirme son talent. Voici un 95 paré d'une robe encore très jeune. Il évoque au nez de la confiture de fruits rouges, la réglisse et la vanille. Il offre un beau compromis en bouche entre structure, finesse et générosité. Il est prêt à boire.

☛ Alexandre et Patricia de Mortillet, Dom. de La Prose, B.P. 25, 34570 Pignan, tél. 04.67.03.08.30 ☑ ☲ r.-v.

CH. LA ROQUE Cuvée Tradition 1997★

10 ha — 18 000 — 30 à 50 F

Aux côtés de la cuvée **Cupa Numismae rouge 96**, en Pic Saint-Loup, citée par le jury, voici un blanc très élégant. La robe, pâle, est lumineuse. Les arômes rappellent les agrumes et les fleurs blanches. L'attaque en bouche, vive, est suivie d'ampleur et d'une belle finesse. Ce vin se tiendra bien à table.

☛ Jack Boutin, Dom. de La Roque, 34270 Fontanès, tél. 04.67.55.34.47, fax 04.67.55.10.18 ☑ ☲ r.-v.

Coteaux du languedoc

DOM. DE LA ROUSSETTE 1996**

■ 5 ha 11 000 30 à 50 F

Des raisins bien mûris sur les schistes de Faugères ont donné ce vin à la robe grenat, au bouquet très expressif, déjà mûr lui aussi, de cerise, de confiture de fruits rouges. Le jury salue sa générosité, son ampleur et sa belle présence aromatique. Il charmera un gibier à plumes.

🕭 Rambier-Fourcat, 75, rue du Passage, 34070 Montpellier, tél. 04.67.47.91.19

CH. LA SAUVAGEONNE
Cuvée Prestige 1997

■ n.c. 10 000 30 à 50 F

Arraché au maquis en 1973, le domaine de La Sauvageonne porte bien son nom. D'ailleurs, le 97 est dominé par des arômes de garrigue, de grillé et de réglisse. La bouche est bien construite avec ses tanins solides mais fins. On retrouve une finale fortement réglissée, très typique de ce domaine.

🕭 Gaëtan Poncé, Ch. La Sauvageonne, 34700 Saint-Jean-de-la-Blaquière, tél. 04.67.44.71.74, fax 04.67.44.71.02 ✉ ☎ t.l.j. 8h-12h 13h30-18h

CH. DE LASCAUX 1997*

□ n.c. n.c. 30 à 50 F

C'est un tènement qui a donné son nom à ce domaine situé au nord du Pic Saint-Loup. Le blanc 97 allie typicité et élégance, comme le prouvent sa robe or à reflets verts, ses arômes de fleurs blanches, de noisette et de fruits mûrs, sa bouche à la fois vive et complète. Il laisse une belle persistance, délicatement anisée. On rêve d'un poisson grillé servi avec un filet d'huile d'olive.

🕭 Jean-Benoît Cavalier, 34270 Vacquières, tél. 04.67.59.00.08, fax 04.67.59.06.03

CH. DE LASCOURS
Pic Saint-Loup Tradition 1996*

■ n.c. 7 000 30 à 50 F

Voici un vin de plaisir qui ne manque pas de caractère avec sa couleur pourpre, ses arômes de garrigue, de fumé et d'épices. Il nous a séduits par ses tanins doux, son ampleur et sa persistance subtilement mentholée. Il aimera une épaule d'agneau aux herbes.

🕭 Claude Arlès, Ch. de Lascours, 34270 Sauteyrargues, tél. 04.67.59.00.58, fax 04.67.59.00.58 ☎ t.l.j. 9h-20h

CH. LA VERNEDE
Elevé en fût de chêne 1996*

■ 12 ha 8 000 30 à 50 F

Voici un domaine riche d'histoire, établi sur le site d'une *villa* romaine à 2 km de l'oppidum d'Ensérune. La robe de ce 96 est vive et lumineuse, le nez, fruité et d'épices. On retrouve bien en bouche la souplesse déjà observée sur le 95. Un vin fondu au boisé discret, prêt à boire.

🕭 Jean-Marc Ribet, Ch. de La Vernède, 34440 Nissan-lez-Ensérune, tél. 04.67.37.00.30, fax 04.67.37.60.11 ✉ ☎ t.l.j. 8h-12h 13h-20h

CH. DE L'ENGARRAN
Saint-Georges d'Orques
Cuvée Quetton Saint-Georges 1996

■ n.c. 12 000 50 à 70 F

C'est depuis 1995 qu'existe cette nouvelle cuvée à l'Engarran, superbe château du XVIII°s. classé monument historique. Le 96 ? Une robe sombre à nuances brunes, des arômes enivrants de fleurs et de cuir. La bouche est structurée et vive : ses tanins exigent encore un peu de temps pour s'arrondir.

🕭 SCEA du Ch. de L'Engarran, 34880 Laverune, tél. 04.67.47.00.02, fax 04.67.27.87.89 ✉ ☎ t.l.j. 12h-18h; sam. dim. 10h-18h

MAS LES CATALOGNES
Cuvée Dionysos 1996*

■ 2 ha n.c. 70 à 100 F

Ici, le vignoble remonterait à l'époque romaine. Jean Clavel, vigneron et passionné d'histoire, vous captivera en vous contant le riche passé du Languedoc et du terroir Grès de Montpellier. Le vin associe finesse et concentration : une robe vive, des arômes fruités et vanillés, une bouche ample, chaude et bien structurée. On décuplera le plaisir si l'on a la patience d'attendre que les tanins s'assagissent.

🕭 GFA Les Catalognes, 4, pl. de la Champagne, 34670 Saint-Brès, tél. 04.67.70.27.76, fax 04.67.70.41.83 ✉

LES COTEAUX DU PIC
Pic Saint-Loup Cuvée spéciale 1996*

■ n.c. 7 000 30 à 50 F

Deux vins ont mérité une étoile : le **Château Boisset 97 rosé** et cette Cuvée spéciale, très sombre en couleur. Une jolie palette d'arômes réunit la vanille, les fruits mûrs et le fumé. La bouche, concentrée et pleine, se termine sur quelques notes boisées fondues. Ce vin soutiendra une daube languedocienne.

🕭 SCA Les Coteaux du Pic, 34270 Saint-Mathieu-de-Tréviers, tél. 04.67.55.20.22, fax 04.67.55.36.17 ✉ ☎ r.-v.

CH. L'EUZIERE
Pic Saint-Loup Cuvée Tradition 1996*

■ 6 ha 18 000 30 à 50 F

Le nom de l'Euzière provient des chênes verts que l'on appelle ici « yeuses ». C'est la finesse de ce vin qui a charmé les dégustateurs : sa robe vive et brillante, ses arômes d'épices et de fruits frais, ses tanins élégants et discrets qui soutiennent l'ensemble. Assez de tendresse et de chaleur pour égayer tout un repas.

🕭 Michel et Marcelle Causse, ancien chem. d'Anduze, 34270 Fontanès, tél. 04.67.55.21.41, fax 04.67.55.21.41 ✉ ☎ r.-v.

DOM. DE L'HORTUS
Pic Saint-Loup Classique 1996*

■ 20 ha 120 000 30 à 50 F

Au cœur d'un splendide site classé, vous découvrirez une cave construite tout en bois. Deux beaux vins ont été notés une étoile : la **Grande cuvée 96** élevée en fût de chêne et cette cuvée Classique, qui ne connaît pas le bois, déjà

LE LANGUEDOC

Coteaux du languedoc

très expressive. De ce vin à la robe grenat s'échappent des arômes de fruits rouges et des notes balsamiques. La bouche ronde et chaleureuse offre beaucoup d'élégance dans ses tanins. Une valeur sûre.

Jean Orliac, Dom. de l'Hortus, 34270 Valflaunès, tél. 04.67.55.31.20, fax 04.67.55.38.03 r.-v.

CH. L'HOSPITALET La Clape 1996★

4,6 ha   24 000   50 à 70 F

Plus de cinquante mille visiteurs découvrent chaque année ce domaine avec ses seize musées, son auberge et son immense chai à barriques où a séjourné ce blanc durant huit mois. Une robe très brillante à reflets verts et or, un nez de fleurs, de vanille et de boisé doux, ce vin se révèle à la fois vif et gras et d'une belle expression aromatique. Il est élégamment marqué par son élevage en fût.

Béatrice et Jacques Ribourel, Dom. de l'Hospitalet, 11100 Narbonne, tél. 04.68.45.27.03, fax 04.68.45.23.49 t.l.j. 9h-12h 14h-19h

CLOS MARIE
Pic Saint-Loup L'Olivette 1996★★

3 ha   7 000   30 à 50 F

Installé en 1994, ce jeune vigneron confirme son talent. Son 96 vous surprendra par sa concentration, sa couleur myrtille, sa belle complexité au nez avec des notes de confiture de fruits rouges, d'épices et de cuir, sa bouche à la fois très structurée et soyeuse. Ce vin promet encore de grandes surprises pour l'avenir.

Christophe Peyrus, 34270 Lauret, tél. 04.67.59.06.96, fax 04.67.59.08.56 sam. dim. 18h-21h; semaine sur r.-v.

CH. MIRE L'ETANG
La Clape Blanc de blancs 1997★

8 ha   10 000   30 à 50 F

Situé sur le versant maritime du massif de La Clape, Mire l'Etang a présenté un joli rouge 96, la **cuvée des Ducs de Fleury**, cité par le jury, ainsi que ce blanc tout en finesse. Sa robe est pâle et brillante ; son nez, discret, dévoile des agrumes, des fleurs blanches et une touche anisée. Sa vivacité, son bon équilibre et son élégance seront appréciés sur des poissons grillés.

Ch. Mire L'Etang, 11560 Fleury-d'Aude, tél. 04.68.33.62.84, fax 04.68.33.99.30 t.l.j. sf dim. 8h-12h 15h-19h

Chamayrac

CH. DE MONTPEZAT 1996

0,71 ha   3 200   50 à 70 F

Du mourvèdre né sur un terroir villafranchien compose ce vin typé, à la robe rubis et aux arômes d'épices, de fruits cuits et de sous-bois. Les tanins sont présents en bouche. La finale, vanillée, se caractérise par sa chaleur et sa générosité.

Christophe Blanc, Ch. de Montpezat, 34120 Pézenas, tél. 04.67.98.10.84, fax 04.67.98.98.78 t.l.j. sf dim. 10h-19h; hiver sur r.-v.

DOM. DE MORIN-LANGARAN
Picpoul de Pinet 1997

16 ha   30 000   -30 F

Du fruit, des fleurs, une note minérale, une bouche vive et équilibrée, voici un vin plein de fraîcheur ; l'allié des coquillages.

Albert Morin, Dom. Morin-Langaran, 34140 Mèze, tél. 04.67.43.58.01, fax 04.67.43.33.60 t.l.j. en hiver 10h-18h; en été 10h-20h

MORTIES
Pic Saint-Loup Grande cuvée 1996★★

12 ha   15 000   50 à 70 F

Encore deux étoiles comme les millésimes précédents. Bravo ! On retrouve bien la robe pourpre sombre, puis des senteurs très méditerranéennes de garrigue, de cade et d'épices. La belle matière en bouche, équilibrée par du gras, est, elle aussi, très expressive. A table, il vous fera rêver de ce terroir superbe et des paysages sauvages qui lui ont donné naissance.

GAEC du Mas de Mortiès, 34270 Saint-Jean-de-Cuculles, tél. 04.67.55.11.12, fax 04.67.55.11.12 r.-v.

Jorcin-Duchemin

A. DE NEFFIEZ
Elevé en fût de chêne 1995★

12 ha   5 000   50 à 70 F

Un terroir argilo-calcaire, des vignes de syrah et de grenache de plus de vingt ans d'âge, un élevage en barrique bien maîtrisé : tout s'est parfaitement harmonisé pour donner ce 95. Le jury a aimé la robe profonde, le nez de garrigue, de sous-bois et de fruits, la rondeur de la bouche qui ne manque pas de structure. Un plaisir sans conditions.

Cave coop. Les Coteaux, 34320 Neffies, tél. 04.67.24.61.98, fax 04.67.24.62.12 t.l.j. 9h-12h 14h-18h

DOM. DU NOUVEAU MONDE 1996★

9 ha   20 000   30 à 50 F

Un vin bien méditerranéen malgré son nom de « Nouveau Monde ». Sa robe violine encore très jeune, son nez dense et concentré où se révèlent quelques touches animales ainsi que du cassis et du grillé témoignent de sa qualité. En bouche, la matière est belle mais encore fougueuse. Une bouteille à attendre patiemment durant quelques mois.

Jacques et Any Gauch, Dom. Le Nouveau Monde, 34350 Vendres, tél. 04.67.37.33.68, fax 04.67.37.58.15 r.-v.

CH. PECH REDON
La Clape L'Epervier 1996★

10 ha   30 000   50 à 70 F

Pech Redon est le point culminant du massif de La Clape où a grandi ce 96, intense en couleur, et au nez de cerise, de fruits confits et de réglisse. Bien présent dès l'attaque en bouche, il dévoile des tanins soyeux et amples, mais sans excès, ainsi qu'une fine touche boisée. Un bel équilibre, tout comme dans la **cuvée Sélection 96** notée elle aussi une étoile.

672

Coteaux du languedoc

☛ Bousquet, Ch. Pech Redon, rte de Gruissan, 11100 Narbonne, tél. 04.68.90.41.22, fax 04.68.65.11.48 ☑ ⌐ t.l.j. sf dim. 10h-19h

DOM. DU PEYROU Montpeyroux 1995*

| ■ | n.c. | n.c. | 🍴 | -30 F |

Un superbe terroir comme Montpeyroux, un beau millésime comme 95 : ce vin ne pouvait pas nous décevoir. La robe pourpre est élégante avec ses légers reflets bruns. Le nez a mûri et a développé des arômes de cire d'abeille, de cerise et de fruits secs. En bouche la structure est toujours là, mais très fondue. Un vin tout prêt pour un civet de lièvre.

☛ SCAV les coteaux du Castellas, 5, pl. T.-Villon, 34150 Montpeyroux, tél. 04.67.96.61.08, fax 04.67.88.60.91 ☑ ⌐ t.l.j. 8h30-12h 14h30-18h

PRIEURE SAINT-HIPPOLYTE 1997**

| ◪ | 15 ha | 25 000 | 🍴 | -30 F |

Voici l'un des rosés qui ont le plus touché le jury cette année, presque jusqu'au coup de cœur ! Avec une robe vive et brillante, des arômes subtils de fruits, d'acacia, une bouche très friande, tout en finesse et en intensité, il saura s'affirmer tout au long d'un repas.

☛ Cave Coopérative La Fontesole, bd Jules-Ferry, 34320 Fontès, tél. 04.67.25.14.25, fax 04.67.25.30.66 ☑ ⌐ t.l.j. sf sam. dim. 8h-12h 14h-18h

PRIEURE SAINT-MARTIN DES CROZES
Cabrières Elevé en fût de chêne 1996*

| ■ | 30 ha | 120 000 | 🍷 | -30 F |

Très beau palmarès pour Cabrières. Une étoile pour le **rosé 97**, le **rouge Excellence** et enfin pour cette toute nouvelle cuvée qui provient d'une sélection de parcelles situées sur sols schisteux à 200 m d'altitude. Derrière la robe dense et sombre se cachent de puissants arômes de fruits rouges, de torréfaction et de vanille. On apprécie au palais sa chaleur et son gras aux côtés de tanins encore solides. Un vin qui mérite d'être attendu.

☛ Cave des Vignerons de Cabrières, 34800 Cabrières, tél. 04.67.96.07.05, fax 04.67.88.00.15 ☑ ⌐ t.l.j. sf dim. 9h-12h 14h-18h

DOM. PUECH Spéciale 1996**

| | 2 ha | 1 200 | 🍷 | 50 à 70 F |

Très belle entrée dans le Guide avec ce 96 qui a frôlé le coup de cœur... La robe très noire laisse place à un nez de caractère où se mêlent les épices, le cacao et le cassis. La bouche possède du gras, mais aussi une structure étoffée encore par l'élevage en barrique. Un vin qui promet le plus bel avenir. Dommage qu'il y ait si peu de bouteilles de cette cuvée Spéciale.

☛ Jean-Louis Puech, 25, rue du Four, 34980 Saint-Clément-de-Rivière, tél. 04.67.84.12.31, fax 04.67.66.63.16 ☑ ⌐ r.-v.

CH. PUECH-HAUT Saint-Drézéry 1996

| | 3 ha | 20 500 | 🍷 | 50 à 70 F |

Une cave très moderne où se côtoient des cuves en inox, un grand chai à barriques et une série de cuves en bois tronconiques posées sur des pierres sculptées en forme de béliers. De couleur pourpre, ce vin exhale des senteurs de garrigue et de sous-bois. La bouche, jeune et très structurée, est encore dominée par le boisé. Ce vin ne demande qu'à attendre.

☛ Ch. Puech-Haut, 2250, rte de Teyran, 34160 Saint-Drézéry, tél. 04.67.86.93.70, fax 04.67.86.94.07 ☑ ⌐ r.-v.
☛ Gérard Bru

LES VIGNERONS DE PUISSERGUIER
Cuvée Saint-Christophe 1997**

| | 8 ha | 40 000 | 🍴 | -30 F |

De belles émotions avec ce blanc né sur un terroir argilo-calcaire au sud de l'appellation saint-chinian, à quelques kilomètres à peine de l'abbaye de Fontcaude. On découvre d'abord une robe très lumineuse, or pâle à reflets verts. Puis c'est tout un bouquet de fleurs qui vous submerge, suivi de notes de grillé et de pêche. On aime sa rondeur, sa persistance en bouche. Sa grande finesse lui permettra de respecter les poissons les plus délicats.

☛ Les Vignerons de Puisserguier, 29, rue Georges-Pujol, 34620 Puisserguier, tél. 04.67.93.74.03, fax 04.67.93.87.73 ☑ ⌐ r.-v.

CH. RICARDELLE La Clape 1997

| | 2 ha | 12 000 | 🍴 | -30 F |

Deux vins cités pour ce château : un **La Clape rosé 97** très friand et ce blanc issu de roussanne et de marsanne. Le jury a apprécié son nez de fleurs et de fruits frais et son bon équilibre en bouche, très classique.

☛ Pellegrini, Ch. de Ricardelle, rte de Gruissan, 11100 Narbonne, tél. 04.68.65.21.00, fax 04.68.32.58.36 ☑ ⌐ r.-v.

ROUCAILLAT
Hautes Terres de Comberousse 1997***

| | 3,5 ha | 14 000 | 🍴 | 30 à 50 F |

Magnifique, ce Roucaillat qui, comme son nom l'indique, est issu d'un pays rocailleux, semi-désertique, très propice à une forte concentration des vins. Ce 97 entre en scène vêtu d'une robe dorée très brillante. Ses arômes, puissants et complexes, ont captivé le jury : des fleurs, des fruits mûrs, du grillé, des épices. La bouche est tout en rondeur et en gras. Un grand caractère mais aussi tout le charme de la garrigue où il a grandi et où Alain Reder aime planter des arbres de toutes espèces.

☛ Alain Reder, Comberousse de Fertalière, Montbazin, 34660 Cournonterral, tél. 04.67.85.05.18, fax 04.67.85.05.18 ☑ ⌐ r.-v.

CH. ROUMANIERES
Les Garrics Vieilli en fût de chêne 1995

| ■ | n.c. | 10 000 | 🍷 | 50 à 70 F |

Un très beau caveau a été aménagé dans une ancienne bergerie. On peut y découvrir ce vin aux arômes bien mûrs de cerise, de cuir et d'épices. La bouche, fondue et chaleureuse, a atteint sa maturité tout en conservant des notes boisées qui se marieront avec une daube languedocienne.

Coteaux du languedoc

🍷 Robert et Catherine Gravegeal, Ch. Roumanières, 34160 Garrigues, tél. 04.67.86.91.71, fax 04.67.86.82.00 ☑ ♈ t.l.j. sf dim. lun. 9h-12h 15h-19h; f. 15-24 fév.

CH. ROUQUETTE-SUR-MER
La Clape Cuvée Henry Lapierre 1995*

■　　　　　24 ha　　6 500　　◫　50 à 70 F

L'un des vignobles les plus proches de la Méditerranée dont l'influence participe au caractère des vins. Par exemple ce 95 à robe grenat profond, dominé au nez par des fruits rouges, des épices et du cuir. Avec son bon volume en bouche, ses tanins présents mais déjà fondus, il est bien dans la lignée des précédents millésimes. Le **rosé 97** a reçu une citation.

🍷 Jacques Boscary, rte Bleue, 11100 Narbonne-Plage, tél. 04.68.49.90.41, fax 04.68.65.32.01 ☑ ♈ t.l.j. 10h-12h 15h-19h; f. janv.

DOM. SAINT ANDRIEU
Montpeyroux Les Marnes bleues 1997

■　　　　　3,9 ha　　4 000　　◫　50 à 70 F

Révélé l'an dernier, ce domaine est bien au rendez-vous avec deux vins cités par le jury : la **cuvée Vallongue** et cette cuvée Marnes bleues issue de mourvèdre et de grenache. La couleur est d'un pourpre profond. Le nez, encore fermé, donne un ton minéral et fruité. Les tanins marquent leur présence mais la bouche ne manque pas d'ampleur. Un bel épanouissement est promis à ce vin dans les mois à venir.

🍷 René-Marie et Charles Giner, La Dysse, 34150 Montpeyroux, tél. 04.67.96.61.37, fax 04.67.96.63.20 ☑ ♈ r.-v.

SAINT-JACQUES 1997*

◪　　　　　8 ha　　53 000　　◫♨　-30 F

Quel joli nez de framboise, de cassis et de fleurs ! La bouche reste à la hauteur avec son gras et sa rondeur. Ce vin se tiendra fort bien à table. Sa **cuvée rouge Cardabelle 96** a été cité par le jury.

🍷 La Cave des Vignerons de Saint-Félix-de-Lodez, 21, av. Marcellin-Albert, 34725 Saint-Félix-de-Lodez, tél. 04.67.96.60.61, fax 04.67.88.61.77 ☑ ♈ r.-v.

CH. SAINT-JEAN D'AUMIERES
Cuvée Noble de Massane 1996

■　　　　n.c.　　13 000　　◫♨　30 à 50 F

Une robe profonde, des arômes déjà mûrs de fruits cuits, une bouche chaleureuse et réglissée, voici un vin à marier avec un canard aux olives. Un petit regret : que les tanins ne soient pas plus arrondis en finale.

🍷 Daniel Delclaud, Dom. de Saint-Jean d'Aumières, 34150 Gignac, tél. 04.67.57.52.57, fax 04.67.57.52.57 ☑ ♈ r.-v.

CH. SAINT-JEAN DE BUEGES
Elevé en fût de chêne 1996*

■　　　　1 ha　　4 800　　◫　30 à 50 F

Ce vin naît sur les éboulis calcaires de la montagne Séranne, dans un paysage sauvage et authentique. Il ne manque pas de finesse avec sa robe grenat bien brillante, ses arômes fruités et vanillés. Son équilibre subtil entre l'acidité, le gras et les tanins enchantera un gigot d'agneau aux herbes. A découvrir aussi, la **cuvée classique 96**, dans la même couleur mais élevée en cuve, citée par le jury.

🍷 Les vignerons des Coteaux de Buèges, rte des Graves, 34380 Saint-Jean-de-Buèges, tél. 67.73.10.07, fax 04.67.73.12.38 ☑ ♈ r.-v.

MAS SAINT-LAURENT
Picpoul de Pinet Cuvée réservée 1997**

□　　　　3 ha　　20 000　　◫♨　30 à 50 F

C'est avec beaucoup de tendresse que le jury a accordé un coup de cœur à ce vin qui nous transporte instantanément sur le terroir de Pinet, l'étang de Thau, avec ses coquillages et son soleil méditerranéen. Ce Picpoul de Pinet porte une magnifique robe à reflets dorés et verts. Ses arômes bien typiques, où se mêlent citronnelle, fleurs et notes minérales, sont à l'unisson d'une bouche vive, puissante et voluptueuse. Alors courez vite chez Roland Tarroux et dans ses vignes, près de Mèze, vous y trouverez peut-être, en outre, des œufs de dinosaures.

🍷 Roland Tarroux, Mas Saint-Laurent, Montmèze, 34140 Mèze, tél. 04.67.43.92.30, fax 04.67.43.99.61 ☑ ♈ r.-v.

CH. SAINT-MARTIN DE LA GARRIGUE Picpoul de Pinet 1997**

□　　　1,25 ha　　7 600　　◫♨　30 à 50 F

C'est dans un ravissant domaine, sur des grès calcaires, que naît ce très joli Picpoul de Pinet à la robe dorée et au nez délicat de fleurs blanches et de pêche. La bouche est harmonieuse et d'une présence remarquable. On prendrait bien le risque de le marier à des huîtres chaudes au blanc de poireau.

🍷 SCEA Saint-Martin de la Garrigue, 34530 Montagnac, tél. 04.67.24.00.40, fax 04.67.24.16.15 ☑ ♈ r.-v.

SEIGNEUR DES DEUX VIERGES
Saint-Saturnin Elevé en fût de chêne 1996*

■　　　　3,38 ha　　18 000　　◫　50 à 70 F

Le nom de cette cuvée provient du château du X⁰s. dominant le village de Saint-Saturnin. Une étoile pour le **blanc 97** et pour celui-ci, tous deux logés dans des bouteilles satinées. Une robe sombre, violine, introduit ce vin au nez fruité, minéral et poivré. En bouche, la structure, ne manque pas d'élégance, offrant un bel équilibre entre le boisé et le corps du vin.

🍷 Les Vins de Saint-Saturnin, rte d'Arboras, 34725 Saint-Saturnin-de-Lucian, tél. 04.67.96.61.52, fax 04.67.88.60.13 ☑ ♈ r.-v.

Faugères

DOM. DE TERRE MEGERE
Les Dolomies 1996★

 4 ha 15 000   30 à 50 F

Au cœur de la garrigue dans la région des grès de Montpellier, Terre Mégère élève toujours des ânes de randonnée. Que de belles sensations lorsque l'on découvre du nez de ce vin : des effluves minérales, du cuir, des épices et des fruits mûrs. La bouche, harmonieuse et typée, paraît plus discrète, bien que suffisamment structurée et persistante avec des notes réglissées. Goûtez **La Galopine blanc 97** qui a obtenu une étoile : un vin que l'on n'oublie pas non plus.
☏ Michel Moreau, Dom. de Terre Mégère, 34660 Cournonsec, tél. 04.67.85.42.85, fax 04.67.85.25.12 ☑ ✉ r.-v.

CH. TIBERET Cabrières 1996★

 4 ha 3 000   30 à 50 F

Le seul domaine particulier de Cabrières. Il était déjà cultivé à la fin du XII°s. par l'ordre des Templiers. La robe de ce 96, grenat foncé, laisse place à un nez de sous-bois, de fruits cuits et de vanille. Sa belle persistance, sa rondeur et ses tanins fondus, bien que boisés, lui permettent d'accompagner un civet de sanglier.
☏ SCEA Dom. du Temple, 34800 Cabrières, tél. 04.67.96.07.64, fax 04.67.96.17.20 ☑ ✉ t.l.j. 8h-18h

CH. DE VIRES La Clape Tête de cuvée 1997

 2 ha 7 500   -30 F

Un blanc classique du terroir de La Clape, avec sa robe pâle, son nez d'agrumes délicatement anisé, sa bouche vive et ronde. Il a de l'élégance, tout comme le **rosé 97** cité lui aussi.
☏ GFA Dom. de Vires, rte de Narbonne-plage, 11100 Narbonne, tél. 04.68.45.30.80, fax 04.68.45.25.06 ☑ ✉ t.l.j. 9h-12h 14h-19h
☏ Yves Lignères

Faugères

Les vins de Faugères sont des vins AOC depuis 1982, comme les saint-chinian leurs voisins. La région de production, qui comporte sept communes situées au nord de Béziers et au sud de Bédarieux, produit 80 000 hl de vin. Les vignobles sont plantés sur des coteaux à forte pente, d'altitude relativement élevée (250 m), dans les premiers contreforts schisteux peu fertiles des Cévennes. Le faugères est un vin bien coloré, pourpre, capiteux, à l'arôme de fruits rouges.

CH. DES ADOUZES
Elevé en fût de chêne 1996★★★

 8 ha 20 000   30 à 50 F

Les faugères ont tout d'un grand cru. On en a ici la preuve. Ce 96 élevé en fût de chêne a particulièrement séduit notre jury par ses arômes complexes de fruits rouges mûrs, de zan, de garrigue, de griotte. Un vin plein, rond, gras, avec des tanins expressifs et harmonieux, signe d'une très bonne maturité. S'il se montre déjà agréable, il est préférable d'attendre quelques années. Une grande classe !
☏ Jean-Claude Estève, Tras du Castel, 34320 Roquessels, tél. 04.67.90.24.11, fax 04.67.90.12.74 ☑ ✉ r.-v.

CH. CHENAIE Les Douves 1996★★

 6 ha 19 000   50 à 70 F

Deux étoiles pour **le blanc 97** et pour cette cuvée Les Douves 96 qui a participé à la finale du grand jury pour le coup de cœur. La robe est d'un rouge pourpre à reflets violacés. Le nez très concentré laisse apparaître des parfums de fruits cuits, de moka, de réglisse. La bouche est charnue, pleine, avec des arômes de torréfaction et de fruits à l'alcool. Les tanins sont bien présents et il faudra attendre deux à trois ans pour apprécier ce très beau vin.
☏ GAEC André Chabbert et Fils, Ch. Chenaie, 34600 Caussiniojouls, tél. 04.67.23.17.73, fax 04.67.95.44.98 ☑ ✉ r.-v.

CH. DES ESTANILLES 1996★★★

 10 ha 12 000   70 à 100 F

Véritable magicien, Michel Louison réussit une fois encore à ignorer les contraintes du millésime pour nous offrir un vin d'une très belle aptitude à la garde. La robe annonce sa force par une densité et une profondeur aussi impressionnantes que la puissance du bouquet. Soutenu par des notes boisées, torréfiées, des nuances de cerise et de cuir, celui-ci annonce la complexité

LE LANGUEDOC

Faugères

aromatique de la bouche aux tanins serrés mais ronds. Vin grandiose. Superbe expression des schistes. Bravo !
🔶Michel Louison, Ch. des Estanilles, Lenthéric, 34480 Cabrerolles, tél. 04.67.90.29.25, fax 04.67.90.10.99 Ⅴ Ⅰ r.-v.

CLOS FANTINE 1997

5,25 ha   25 000   -30 F

Un vin qui inspire la sympathie. A base de grenache, il esquisse un bouquet très fruité avec de légères notes de torréfaction. La bouche, en continuité, privilégie les arômes, la délicatesse, l'élégance, plutôt que la puissance ou la force pure. Un vin plaisir à boire sur le fruit.
🔶Olivier Andrieu, La Liquière, Clos Fantine, 34480 Cabrerolles, tél. 04.67.90.20.89 Ⅴ Ⅰ r.-v.

DOM. DE FENOUILLET 1997*

n.c.   10 000   -30 F

Hugues et Bernard Jeanjean vinifient cette cuvée à la cave de Laurens. Ces négociants dynamiques ont présenté un joli rosé soutenu et brillant qui séduit par son nez fruité. La bouche est très bien équilibrée, ronde et ample. Un rosé de gastronomie !
🔶Hugues et Bernard Jeanjean, Domaines Jeanjean, B.P. 1, 34725 Saint-Félix-de-Lodez, tél. 04.67.88.80.00, fax 04.67.96.65.67

CH. GREZAN
Cuvée Arnaud Lubac 1995***

7 ha   25 000   30 à 50 F

Presque un coup de cœur... C'est dire si ce 95 possède du feu et de la flamme. L'habit est de pourpre ; nez qui évoque le pruneau, les fruits mûrs, le cuir, les épices. Le vin est encore jeune avec une bouche puissante, chaleureuse, constante, sur des tanins racés. Un vin sérieux qui mérite une garde de deux ou trois au minimum. Une étoile pour la **cuvée Vieilles vignes 94**.
🔶Ch. de Grézan, 34480 Laurens, tél. 04.67.90.27.46, fax 04.67.90.29.01 Ⅴ Ⅰ t.l.j. 9h-12h 13h30-18h
🔶 Fardel-Lubac et Pujol

CH. DE LA LIQUIERE Cistus 1995*

4 ha   18 000   70 à 100 F

Bernard Vidal s'est attaché à dynamiser le cru faugères. Une étoile pour le **rosé 97** et une encore pour cette cuvée Cistus, bien connue des œnophiles. Elle arbore de nouveau une robe d'un rouge très soutenu. Le nez révèle des parfums de garrigue, de ciste, de fruits à l'eau-de-vie, d'encens. Cette expression aromatique réjouit le palais par sa puissance et sa complexité. Un vin que l'on a envie de garder.
🔶Bernard Vidal, Ch. de La Liquière, 34480 Cabrerolles, tél. 04.67.90.29.20, fax 04.67.90.10.00 Ⅴ Ⅰ r.-v.

LE MOULIN COUDERC
Elevé en fût de chêne 1996**

4 ha   3 000   30 à 50 F

N'oubliez pas d'aller visiter la chapelle datant du XII°s. et classée monument historique. Une fois de plus, Vincent Fonteneau séduit les dégustateurs de ce vin rouge grenat, élégant et robuste à la fois. Le nez floral (violette) est accompagné de notes de fumée. Les tanins bien présents demandent quelques années pour se fondre. Ce 96 pourra alors être dégusté sur un cuissot de sanglier.
🔶Vincent Fonteneau, Ch. de l'Aire, Le Village, 34320 Roquessels, tél. 04.67.90.23.25, fax 04.67.90.11.05 Ⅴ Ⅰ t.l.j. 10h-12h 14h-19h

DOM. MAS BLANC 1996*

n.c.   150 000   -30 F

Trois cuvées en rouge dont deux avec une étoile montrent la qualité du terroir et la motivation des vignerons de cette cave. Ce vin présente une couleur pourpre et un nez puissant, complexe, avec des parfums de fruits rouges mûrs, de cachou et une pointe animale. Très expressif en bouche, il a du volume, de la matière et une longue persistance aromatique finement boisée. Pour un gigot d'agneau du Languedoc à la broche.
🔶Cave coop. de Laurens, 34480 Laurens, tél. 04.67.90.28.23, fax 04.67.90.25.47 Ⅰ r.-v.

DOM. DU METEORE Réserve 1995**

n.c.   n.c.   50 à 70 F

Un cratère de 220 m de diamètre a été ouvert par la chute d'une météorite. Après la visite de ce cratère vous pourrez aller découvrir ce qu'est la typicité des schistes en dégustant cette remarquable cuvée d'un rouge intense. Le nez complexe de fruits rouges, de café, de réglisse et de fumée annonce la bonne concentration des tanins fins. D'une grande persistance, c'est un très bon faugères.
🔶EARL G. Coste et G. Libes, Dom. du Météore, 34480 Cabrerolles, tél. 04.67.90.21.12, fax 04.67.90.11.92 Ⅴ Ⅰ r.-v.

DOM. OLLIER TAILLEFER
Cuvée Castel Fossibus 1996*

5 ha   8 000   50 à 70 F

Confirmant la régularité qualitative de ce domaine, cette cuvée déploie une jolie robe, puis des parfums de fruits mûrs (cerise) avec des notes minérales et vanillées qui lui donnent de l'élégance. Equilibrée et ronde, la bouche est simple mais tout aussi sympathique.
🔶Dom. Ollier-Taillefer, rte de Gabian, 34320 Fos, tél. 04.67.90.24.59, fax 04.67.90.12.15 Ⅴ Ⅰ r.-v.

CH. DES PEYREGRANDES 1995*

3 ha   14 000   30 à 50 F

Marie Boudal-Bénézech perpétue la tradition familiale depuis la disparition de son père en 1995. Le lecteur ne s'étonnera donc pas des qualités de ce 95 dont la robe a très peu évolué. Le nez fin, élégant avec des notes de figue sèche demande à s'ouvrir. Ample et rond, l'attaque s'efface pour laisser la place à un palais construit sur de jolis tanins.
🔶SCEA Dom. Pierre Bénézech et Fils, 34320 Roquessels, tél. 04.67.90.15.00, fax 04.67.90.15.60 Ⅴ Ⅰ r.-v.

Fitou

DOM. DU ROUGE GORGE
Cuvée Privilège 1995*

3 ha   6 000   30 à 50 F

Dès l'âge de quinze ans, Alain Borda a travaillé à la vigne. Son expérience lui a permis d'élaborer cette cuvée où les cinq cépages de l'appellation se marient avec élégance. Malgré un nez moyennement intense, ce vin développe une bonne structure avec de la rondeur et une réelle persistance. Le rosé du même domaine a été cité par le jury.
↪ Alain Borda, Dom. Les Affanies, 34480 Magalas, tél. 04.67.36.22.86, fax 04.67.36.61.24 ◪ ᴵ t.l.j. 8h-12h 14h-19h

DOM. SAINT ANTONIN
Magnoux 1996**

1,5 ha   4 000   70 à 100 F

Frédéric Albaret, un nom à retenir ! Jeune vigneron installé depuis 1995 sur un terroir exceptionnel, il a très vite compris le pouvoir des schistes. Tenant les promesses de la robe, d'un très beau rouge, le nez et le palais de ce vin se développent harmonieusement. L'un est marqué par des notes empyreumatiques qui se mêlent aux épices ; l'autre, par une attaque progressive et des tanins puissants et racés.
↪ Frédéric Albaret, La Liquière, 34480 Cabrerolles, tél. 04.67.90.13.24, fax 04.67.90.13.24

TERRASSES DU RIEUTOR 1996*

60 ha   20 000   50 à 70 F

A dominante de syrah, ce vin élevé en barrique est très bien réussi. D'une couleur pourpre, il est marqué par des parfums intenses de confiture de fruits rouges mêlés de notes grillées et vanillées. Il est rond en attaque puis les tanins évoluent avec une certaine puissance. Il faudra attendre deux à trois ans pour en apprécier toute la saveur. Le **Château Caussiniojouls** a été cité par les dégustateurs.
↪ Les Crus Faugères, Mas Olivier, 34600 Faugères, tél. 04.67.95.08.80, fax 04.67.95.14.67 ◪ ᴵ t.l.j. 8h-12h 14h-18h

Fitou

L'appellation fitou, la plus ancienne appellation AOC rouge du Languedoc-Roussillon (1948), est située dans la zone méditerranéenne de l'aire des corbières ; elle s'étend sur neuf communes qui ont également le droit de produire les vins doux naturels rivesaltes et muscat rivesaltes. La production est de 110 000 hl. C'est un vin qui compte au moins 12 °C d'alcool, qui est élevé en fût, neuf mois ou plus, d'une belle couleur rubis foncé.

LES MAITRES VIGNERONS DE CASCASTEL Cuvée spéciale 1995***

100 ha   20 000   30 à 50 F

Cascastel fait partie de ces villages qui se méritent. Ceux qu'il faut aller chercher par des routes sinueuses dans les Corbières et que l'on découvre au cœur du maquis, dans la fraîcheur du parcours tourmenté de la Berre. Après, c'est le pourpre de la Cuvée spéciale aux senteurs de cannelle, de ciste et de maquis qui vous attend, avec sa présence, son ampleur. Puis le tanin soyeux et l'ensemble harmonieux, persistant, de fruits mûrs et de sous-bois, vous rappellent qu'un bon fitou demande le gibier.
↪ Les Maîtres Vignerons de Cascastel, 11360 Cascastel, tél. 04.68.45.91.74, fax 04.68.45.82.70 ◪ ᴵ r.-v.

DOM. DE LA PERRIERE
Ambition Elevé en fût de chêne 1995*

n.c.   n.c.   -30 F

Au travers de ses domaines, la cave de Leucate tient à mettre en avant les hommes qui, au quotidien, s'investissent pleinement dans un cadre plus propice aux joies des vacances qu'au labeur incessant. La robe de ce fitou est fraîche, le rubis encore jeune ; l'épice, le pruneau s'échappent d'un verre marqué en outre par une touche de garrigue. Gras, ample, très présent, le tanin reste solide ; le fruit réglissé confère à ce vin une finale très fraîche.
↪ Vignerons de La Méditerranée, ZI de Plaisance, 12, rue du Rec-de-Veyret, 11100 Narbonne, tél. 04.68.42.75.37, fax 04.68.42.75.01
↪ C. Kerboas

DOM. DE LA ROCHELIERRE
Elevé en fût de chêne 1996**

5 ha   6 600   30 à 50 F

Pour son entrée dans le Guide, Jean-Louis Fabre a réussi le mariage de l'ancien et du moderne en associant vieux carignan et grenache avec syrah et mourvèdre, plus jeunes mais déjà sages. Le résultat, sur fond de fitou confits, se décline en fruits confits, épices et torréfaction avant d'enchanter le palais par une grande présence, le velouté vanillé des tanins, l'harmonie du vin et du bois et sa finale relevée. Un fitou encore en pleine jeunesse.
↪ Jean-Louis Fabre, 17, rue du Vigné, 11510 Fitou, tél. 04.68.45.70.52, fax 04.68.45.70.52 ◪ ᴵ r.-v.

DOM. LEPAUMIER 1995*

n.c.   8 000   -30 F

Au cœur du village, c'est dans l'ancienne bâtisse familiale que dorment et se font sagement les fitou, fruits des traditionnels grenache et carignan. Celui-ci est d'un rubis limpide, brillant, au léger tuilé. S'en échappe un monde de fruits confits, d'épices et de grillé. Puis, sous le velouté des tanins, l'épice et le grillé se fondent doucement, le pruneau s'annonce. Ce vin sera complice de grillades et de civets. Il est prêt à table !
↪ Lepaumier, 12, rue de l'Eglise, 11510 Fitou, tél. 04.68.45.66.95 ◪ ᴵ t.l.j. 9h-12h30 14h-19h30 ; groupes sur r.-v.

LE LANGUEDOC

Minervois

DOM. LERYS Cuvée Prestige 1996*

| 20 ha | 12 000 | 30 à 50 F |

Viticulteurs devenus vignerons en 94, Maguy et Alain Izard sont déjà une référence et se font remarquer par un **Domaine du Loubier**, commercialisé par Destavel et par cette cuvée Prestige 96 à la robe pourpre soutenu, aux senteurs d'épices (clou de girofle). Le fruité charnu maîtrise un tanin généreux de belle facture. Encore jeune, ce vin puissant sera velours sur du gibier.
- Dom. Lerys, 11360 Villeneuve-les-Corbières, tél. 04.68.45.96.47, fax 04.68.45.86.11 t.l.j. 10h-20h
- Izard

MARQUIS DE VILLECOR
Haute Expression Elevé en fût de chêne 1996**

| n.c. | 50 000 | 30 à 50 F |

Forte de son demi-siècle d'existence, la cave pilote peut s'enorgueillir des services rendus à l'œnologie. N'est-ce pas en ces lieux que J. Flanzy expérimenta les premières vinifications en macération carbonique ? Deux très beaux vins ont été présentés, un **Château de Montmal** et cette marque à la robe classique d'où émanent des senteurs de fruits et de vanille sur fond de ciste et de fenouil. L'équilibre est parfait ; le vin séduit par la sagesse de ses tanins et par la puissance aromatique du fruit mêlé d'épices.
- Cave pilote de Villeneuve-les-Corbières, 11360 Villeneuve-les-Corbières, tél. 04.68.45.91.59, fax 04.68.45.81.40 t.l.j. sf dim. 8h15-12h 14h-18h

CH. DE NOUVELLES Cuvée 4 1996*

| 7 ha | 20 000 | 50 à 70 F |

L'endroit est sauvage, isolé et d'une grande beauté. Depuis bien longtemps, la vigne s'accroche en ces lieux. En effet, le domaine est situé à l'emplacement d'une ancienne villa romaine où l'on a découvert des amphores. Brillant, limpide, le rubis annonce la fraîcheur du fruit rouge qui s'impose sur des notes poivrées. Le palais séduit par une belle rondeur avant que des tanins présents, au grain agréable, viennent rappeler que ce fitou a de la garde.
- EARL R. Daurat-Fort, Ch. de Nouvelles, 11350 Tuchan, tél. 04.68.45.40.03, fax 04.68.45.49.21 r.-v.

DOM. DE ROLLAND 1996

| n.c. | 40 000 | 30 à 50 F |

Tuchan doit son nom aux ifs (*taxus*) qui coiffaient jadis le mont Tauch dominant le village. C'est ici que, depuis cinq générations, la famille Colomer ne vit que pour la vigne. Le vin hésite entre le pourpre et la cerise. L'approche est sauvage, évocatrice de sous-bois et de venaison. Mais cette rudesse n'est qu'apparente. La bouche est souple, féline, grillée ; épices et fruit charnu se fondent, sous couvert d'un tanin encore présent.
- Dom. de Rolland, imp. Saint-Roch, 11350 Tuchan, tél. 04.68.45.42.47, fax 04.68.45.49.50 t.l.j. 10h-19h; f. 15 sept.-15 oct.

DOM. SAINT-APHRODISE 1996

| 9,17 ha | 21 000 | -30 F |

Nul ne sait si J.-B. Aphrodise, qui créa la cave et les bâtisses du domaine, était un saint. Mais le fait est là : ses descendants le vénèrent. Le jury aime le rouge profond de ce 96 et le joli nez encore sauvage où se mêlent cuir, épice, grillé et fumé. Le mourvèdre apporte sa touche avec le beau grain des tanins bien présents, et contribue à l'équilibre de ce vin en pleine jeunesse.
- GAEC Jalabert, Dom. Saint-Aphrodise, imp. du Couvent, 11480 La Palme, tél. 04.68.48.48.21, fax 04.68.48.48.21 r.-v.

DOM. SAINT ROCH
Elevé en fût de chêne 1996***

| 25 ha | 88 000 | 30 à 50 F |

Avec plus de 40 000 hl de fitou, la cave de Tuchan est incontournable. Le choix fut délicat entre un Saint-Roch 96, finalement préféré, et un **Domaine du Grand Bosc**, ainsi qu'un **Château Ségure de Fort** de belle tenue. La coupe de fruits rehaussée de vanille et de laurier qui compose le nez de ce Saint-Roch est en parfait accord avec le rubis profond de la robe. L'approche en bouche est souple, envoûtante. Le tanin déjà fondu s'accorde avec élégance à la puissance du vin. Un très beau classique qui saura également attendre l'an 2000.
- Les Producteurs du Mont Tauch, 11350 Tuchan, tél. 04.68.45.41.08, fax 04.68.45.45.29 t.l.j. sf sam. dim. 9h-12h 14h-18h

Minervois

Le minervois, vin AOC, est produit sur soixante et une communes, dont quarante-cinq dans l'Aude et seize dans l'Hérault. Cette région plutôt calcaire, aux collines douces et au revers exposé au sud, protégée des vents froids par la Montagne Noire, produit des vins blancs, rosés et rouges : ces derniers représentent 95 % ; en tout 200 000 hl dans les trois couleurs sur près de 5 000 ha. La commune de la Livinière va s'inscrire dans le cadre d'une

Minervois

appellation minervois-la-livinière regroupant cinq communes.

Le vignoble du Minervois est sillonné de routes séduisantes ; un itinéraire fléché constitue la route des Vins, bordée de nombreux caveaux de dégustation. Un site célèbre dans l'histoire du Languedoc (celui de l'antique cité de Minerve, où eut lieu un acte décisif de la tragédie cathare), de nombreuses petites chapelles romanes et les intéressantes églises de Rieux et de Caune sont les atouts touristiques de la région. La confrérie locale, les Compagnons du Minervois, a son siège à Olonzac.

CH. ASTRUC SAINTE EULALIE
Cuvée Martin 1996*

10 ha 10 000

Si le rosé 97 est cité pour sa fraîcheur et ses arômes de mangue, c'est surtout avec la cuvée Martin, tout en fruit et en douceur, que Bruno Astruc s'impose ; c'est un vin rubis dans l'air du temps, charmeur et élégant ; sa souplesse et ses notes de cassis finales vous séduiront. Une bouteille idéale sur des grillades.
🍷 Bruno Astruc, Ch. Sainte-Eulalie, 11800 Trèbes, tél. 04.68.79.17.21 ✓ Ⲧ r.-v.

DOM. BORIE DE MAUREL
Cuvée Sylla 1996***

3 ha 13 000

Troisième coup de cœur en quatre ans pour cette cuvée Sylla qui reçoit les ovations du super-jury du Guide. Altière dans sa robe pourpre, elle est riche de nuances fruitées, florales et épicées, éclatante de puissance, de volume et de majesté. La bouche, parfaitement structurée, finit en apothéose. Notez que le rosé 97 est remarquable.
🍷 Dom. Borie de Maurel, GAEC Escande, 34210 Félines-Minervois, tél. 04.68.91.63.92, fax 04.68.91.63.92 ✓ Ⲧ r.-v.

LES EVANGILES DE CH. CANET
1995*

3,5 ha 16 000

Vaste domaine de 115 ha d'un seul tenant, Canet propose ici sa cuvée haut de gamme, créée avec la complicité de Jean-Luc Colombo par les œnologues de la société. En robe cardinalice, dispensant au passage ses vertus, ce vin prêche l'équilibre, l'harmonie, le bienfait des arômes vanillés et fruités.
🍷 SA Dopff et Irion, Ch. Canet, 11800 Rustiques, tél. 04.68.79.12.09, fax 04.68.79.09.05 ✓ Ⲧ t.l.j. 8h-12h 14h-18h
🍷 Jacques Ricard

DOM. CANTAUSSEL
Cuvée Cantaussel 1996*

n.c. n.c.

Alliant la technique et la tradition, le domaine présente sa cuvée à dominante de carignan, élevée douze mois en barrique neuve. Elle a fière allure avec son boisé bien équilibré. La bouche est suave, grasse et chaleureuse ; un bouquet final de violette rappelle que la syrah fait également partie de la fête. A boire.
🍷 Claude Bohler, Dom. de Cantaussel, 34210 Siran, tél. 04.68.91.44.82 ✓ Ⲧ r.-v.

DOM. CHABBERT-FAUZAN
Clos la Coquille 1995

2,5 ha 4 000

Elevé dans le cercle restreint du clos, ce 95 n'est pas pour autant replié sur lui-même. Dès l'ouverture, on découvre un vin intense au nez volubile de cannelle et d'épices. Il hésite cependant à s'exprimer pleinement en bouche, car sa charpente est solide ; le temps déliera l'ensemble.
🍷 Gérard Chabbert, Fauzan, 34210 Cesseras, tél. 04.68.91.23.64, fax 04.68.91.31.17 ✓ Ⲧ r.-v.

LA CAVE DES COTEAUX DU HAUT-MINERVOIS
Sélection Minervois La Livinière 1995*

20 ha 20 000

630 ha sont vinifiés par cette coopérative qui propose ici sa cuvée élevée en fût ; elle se présente dans une jolie robe de taffetas pourpre ; élégante, elle défile au milieu de violettes et de senteurs vanillées ; on admire le soyeux de l'étoffe et sa finesse. La longueur de la prestation en fait un grand modèle des minervois.
🍷 Cave coop. de La Livinière, 34210 La Livinière, tél. 04.68.91.42.67, fax 04.68.91.51.77 ✓ Ⲧ t.l.j. sf dim. 8h-12h 14h-18h; sam. 8h-12h

CH. COUPE ROSES 1997

8 ha 3 000

Ce vin mutin au regard qui en dit long évolue avec élégance sur un parterre de fleurs blanches. S'il fait quelques pointes, c'est pour mieux séduire, car on reste touché par la grâce de sa révérence.
🍷 Françoise Le Calvez, Ch. Coupe Roses, 34210 La Caunette, tél. 04.68.91.21.95, fax 04.68.91.11.73 ✓ Ⲧ r.-v.

PIERRE CROS Cuvée Tradition 1996

n.c. n.c.

Régulièrement sélectionné, le vin de Pierre Cros, rugbyman bien connu des sportifs, porte une tenue grenat. Vif à l'attaque, il évolue ensuite avec puissance entre fruits et épices sur de bons tanins. A boire.
🍷 Pierre Cros, 20, rue du Minervois, 11800 Badens, tél. 04.68.79.21.82, fax 04.68.79.24.03 ✓ Ⲧ r.-v.

Minervois

CLOS D'ESPEROU 1996

4,18 ha 8 000

Il n'y a pas que l'or qui brille à Salsigne, on extrait aussi de ce terroir des trésors, comme ce vin rouge rubis, aux tanins bien fondus, aux nuances d'épices rares, que l'on peut mettre en bonne place dans sa cave.
Jean-Louis Alaux, Dom. Le Bouchat, 11600 Salsigne, tél. 04.68.77.50.52, fax 04.68.77.54.76 r.-v.

CH. GIBALAUX-BONNET
Cuvée Tradition 1997*

5 ha 15 000

Si son **rouge Prieuré 1995** réchauffe les cœurs, c'est avec son rosé que ce domaine - ancien couvent de carmes - séduit. Sous la pâleur du teint se cache toute la suavité de la pêche, de l'abricot et des fruits confits. Charnu, ample et persistant, ce vin incite à la fête !
Ch. Gibalaux-Bonnet, 11800 Laure-Minervois, tél. 04.68.78.12.02, fax 04.68.78.30.02 r.-v.

CH. DE GOURGAZAUD
Cuvée Mathilde 1996*

5 ha 25 000

Mathilde est un prénom qui se transmet de génération en génération dans ce domaine. La petite dernière, vêtue d'une robe garance, nous promène de cerisiers aux fruits charnus en groseilliers aux arômes intenses. Riche et complexe, elle a du caractère, bien campée sur ses jambes ; on apprécie son équilibre. Belle est sa jeunesse.
SA Ch. de Gourgazaud, 34210 La Livinière, tél. 04.68.78.10.02, fax 04.68.78.30.24 r.-v.

CH. LA GRAVE Expression 1997**

4 ha 15 000

Si le **rouge 1995 Privilège** a recueilli beaucoup de suffrages, ce blanc a fait l'unanimité par sa tenue scintillante et par sa complexité. Méridional bon teint, il passe en revue avec chaleur les registres floraux et fruités. Sa vivacité citronnée assoit un bel équilibre ; la finale gorgée de soleil est gage d'un avenir certain.
Orosquette, SCEA Ch. La Grave, 11800 Badens, tél. 04.68.79.16.00, fax 04.68.79.22.91 r.-v.

DOM. LA TOUR BOISEE
Cuvée Marie-Claude 1995*

n.c. n.c.

Jean-Louis Poudou dédie à son épouse sa meilleure cuvée. En seyante tenue violine, celle-ci exhale des parfums floraux, épicés et les senteurs d'une corbeille de fruits. Equilibrée, parfaitement structurée, elle traversera les épreuves du temps même si déjà s'expriment la douceur et l'harmonie.
Jean-Louis Poudou, 11800 Laure-Minervois, tél. 04.68.78.10.04, fax 04.68.78.10.98 r.-v.

LAURAN-CABARET 1997

3 ha 18 000

Les vignerons de Laure, premiers producteurs en volume de l'appellation, voient leurs efforts récompensés par ce blanc pâle et brillant aux notes de pêche. Un vin à la fois ample, fin et persistant, à servir sur du poisson grillé et des fromages à pâte blanche.
Cellier de Lauran Cabaret, 11800 Laure-Minervois, tél. 04.68.78.12.12, fax 04.68.78.17.34 t.l.j. sf dim. 8h-12h 14h-18h; ouv. le dim. en juil.-août

CLOS DE L'ESCANDIL
Elevé en fût de chêne 1996***

5 ha 8 000

Ce vin sort de l'espace confiné de son clos pour s'imposer comme le deuxième coup de cœur du Minervois. Il passe parfaitement dans le registre boisé avec ses notes grillées, vanillées et fumées, tout en puissance et en longueur. Sa charpente corsée et chaleureuse le met à l'abri du temps ; il est promis à un bel avenir.
Gilles Chabbert, Dom. des Aires Hautes, 34210 Siran, tél. 04.68.91.54.40, fax 04.68.91.54.40 r.-v.

CLOS L'ESQUIROL 1996*

n.c. 6 000

Notre « écureuil » (en occitan *esquirol*) porte les couleurs de la capitale viticole du Minervois puisque c'est à Siran que siège le syndicat. Pour la deuxième année consécutive, ce vin est sélectionné. Issu de pure syrah née sur argilo-calcaire, il est paré d'une robe pourpre et de notes animales. Gras en attaque, il affiche des tanins soyeux et des arômes de fruits rouges et de fruits secs ; persistant, il a le temps devant lui.
Cave coop. La Siranaise, 34210 Siran, tél. 04.68.91.42.17, fax 04.68.91.58.41 r.-v.

Saint-chinian

DOM. LIGNON Vignes d'antan 1995**
■   4 ha   12 600   ◀▶ 50 à 70 F

De vignes pentues exposées plein sud, on extrait ce grand vin de terroir aux senteurs de garrigue, d'épices et de vanille. La bouche corsée affiche complexité et caractère. Roulant en finale son accent rocailleux, cette cuvée demande du temps pour calmer ses tanins fougueux.
↬ Dom. Rémi Lignon, 1, rue du Vent-du-Nord, 34210 Aigues-Vives, tél. 04.68.91.34.12 ☑ ⏳ r.-v.

CH. MALVES BOUSQUET 1995**
☐   1 ha   2 600   ■♦ 30 à 50 F

Techniques et tradition font ici bon ménage pour composer un vin blanc, brillant et doré, élevé sur lies. Les parfums floraux sont remarquables. D'une puissance et d'un volume rares, ce 95 passe avec chaleur et aisance la ligne d'arrivée et nous tient en haleine jusqu'au bouquet final.
↬ SCEA Jean-Louis et Christian Bousquet, Ch. de Malves, 11600 Malves-Minervois, tél. 04.68.72.25.32, fax 04.68.77.18.82 ☑ ⏳ t.l.j. 9h-12h 14h-19h; sam. dim. sur r.-v.

CH. MASSAMIER LA MIGNARDE 1997*
◪   1 ha   3 000   ■♦ -30 F

Le nom du domaine dérive de Maximus, un légionnaire qui fut propriétaire d'une *villa* sur ce site. Ses successeurs présentent aujourd'hui un rosé délicatement saumoné. Équilibré, rond et fin, ce 97 est gorgé de fruits rouges ; sa fraîcheur finale l'impose comme le vin plaisir de cet automne.
↬ Jacques Venes, Ch. Massamier la Mignarde, 11700 Pépieux, tél. 04.68.91.40.74 ☑ ⏳ t.l.j.10h-20h

CH. D'OUPIA Les Barons 1996**
■   7 ha   25 000   ◀▶ 30 à 50 F

Les Barons d'Oupia s'imposent chaque année aux joutes du Guide. S'appuyant sur une excellente structure, ce 96 évolue harmonieusement sur la langue. On trouve des parfums de cuir et de vanille. Ampleur, puissance font de lui un vin de haute lignée. Rappelons que cette cuvée fut coup de cœur pour le millésime 95.
↬ Famille André Iché, EARL Ch. d'Oupia, 34210 Oupia, tél. 04.68.91.20.86, fax 04.68.91.18.23 ☑ ⏳ t.l.j. sf dim. 10h-12h 15h-19h

DOM. PICCININI Clos l'Angély 1996*
■   10 ha   30 000   ◀▶ 30 à 50 F

La cave est aménagée sur les douves de l'ancien château du village. Le propriétaire monte au créneau avec le Clos l'Angély au blason grenat. C'est un vin boisé dont on apprécie également les arômes de fruits mûrs et les notes épicées. Il tient bien la position grâce aux tanins présents ; son ampleur et sa puissance imposent le respect.
↬ Jean-Christophe Piccinini, rte des Meulières, 34210 La Livinière, tél. 04.68.91.44.32, fax 04.68.91.58.65 ☑ ⏳ r.-v.

CH. REMAURY Grande Réserve Cuvée élevée en fût 1996**
■   40 ha   40 000   ◀▶ -30 F

La propriété appartient depuis cinq siècles à la même famille. Notre jury s'est enthousiasmé pour ce vin à la robe profonde, au nez intense de cassis, d'épices et de violette et au bel équilibre ; les tanins fins et la puissance corsée assurent une longueur qui promet une grande garde.
↬ GAEC Floris, Ch. Floris, 11700 Azille, tél. 04.68.91.40.30 ⏳ r.-v.
↬ Remaury

CH. SAINTE-EULALIE
Élevé en fût de chêne 1996
■   n.c.   42 000   ◀▶ 30 à 50 F

D'après les bréviaires, sainte Eulalie était la douceur même ; le vin du domaine qui porte son nom ne la désavoue pas. Avec sa couleur rubis, ses arômes vanillés et fruités et sa finesse, il est plein de mérites.
↬ Isabelle Coustal, Sainte-Eulalie, 34210 La Livinière, tél. 68.91.42.72, fax 04.68.91.66.09 ☑ ⏳ t.l.j. 9h-17h

DOM. TAILHADES MAYRANNE Cuvée Pierras 1995
■   n.c.   7 000   ■ ◀▶ 30 à 50 F

« Pierras » était le surnom de l'aïeul qui, à force de courage, réussit à implanter son vignoble sur le piton rocheux de Minerve. Il serait fier de ce vin intense et fin, aux arômes minéraux et fruités, arraché de haute lutte à la rocaille.
↬ André Tailhades, Dom. Mayranne, 34210 Minerve, tél. 04.68.91.26.77, fax 04.68.91.11.96 ☑ ⏳ t.l.j. 10h-13h 15h-19h; f. jan. à avril

CH. VILLERAMBERT JULIEN 1997**
◪   10 ha   56 000   ■♦ 30 à 50 F

Voici un rosé tendre et pâle, issu des terroirs de marbre qui ont donné le grand Trianon et l'Opéra. Élégants, les arômes fruités et floraux défilent, soutenus avec grâce par une bouche équilibrée. La douceur finale ferait fondre un cœur de pierre !
↬ Michel Julien, Ch. Villerambert Julien, 11160 Caunes-Minervois, tél. 04.68.78.00.01, fax 04.68.78.05.34 ☑ ⏳ t.l.j. 8h-11h30 13h-19h; sam. dim. sur r.-v.

Saint-chinian

V_DQS depuis 1945, le saint-chinian est devenu AOC en 1982 ; cette appellation couvre vingt communes et produit 111 000 hl de vins rouges et rosés. Dans l'Hérault, au nord de Béziers, sur des coteaux s'élevant à 100 ou 200 m d'altitude, le vignoble est orienté vers la mer. Les sols sont constitués de schistes, surtout dans la

Saint-chinian

partie nord, et de cailloutis calcaires, dans le sud. Le vin est réputé depuis très longtemps : on en parlait déjà en 1300. Une maison des Vins a été créée à Saint-Chinian même.

CH. DES ALBIERES 1995*
n.c.   5 400   30 à 50 F

Une visite à la table d'orientation permet de comprendre ce merveilleux terroir. Une robe pourpre soyeuse au léger brillant caractéristique du schiste habille ce 95. Le nez est une symphonie de parfums : garrigue, ciste, plantes aromatiques, sous-bois, épices. La bouche ample et puissante offre un très bel équilibre. C'est une jolie bouteille qu'il faut attendre.

🍷 Les Coteaux du Rieu Berlou, 34360 Berlou, tél. 04.67.89.58.58, fax 04.67.89.59.21 ☑ ☒ r.-v.

CLOS BAGATELLE
La Gloire de mon Père 1995**
1,5 ha   8 000   100 à 150 F

Une belle réussite dans ce millésime : la robe pourpre, les notes de burlat bien mûre, la solide structure tannique, tout annonce une jolie bouteille. Délicatement bouqueté avec des notes évoquant la vanille, le poivre et la réglisse, ce 95 méritera d'être attendu trois à quatre ans.

🍷 Henry Simon, Clos Bagatelle, 34360 Saint-Chinian, tél. 04.67.93.61.63, fax 04.67.93.68.84 ☑ ☒ t.l.j. sf dim. 8h-12h 13h-18h

DOM. DE BASTIDE ROUSSE 1996*
2,5 ha   25 000   -30 F

Ce vin s'ouvre peu à peu, et de façon émouvante, avec un fond fruité élégant. En bouche la rondeur et le gras révèlent la présence du grenache. Les tanins sont fondus. Grâce à sa persistance aromatique, ce vin accompagnera agréablement des volailles farcies aux truffes de Villespassans.

🍷 Anne et Jean-Paul Crassus, Dom. de Bastide rousse, 34360 Villespassans, tél. 04.67.38.18.54 ☑ ☒ r.-v.

BORIE LA VITARELE 1996*
1 ha   5 400   50 à 70 F

Dès la présentation, il affirme sa personnalité par sa teinte sombre. S'appuyant sur des fruits très mûrs, des épices, le bouquet et le palais montent bien en puissance. La structure un peu austère en finale devrait s'arrondir d'ici trois à quatre ans. Le même producteur reçoit également une étoile pour son **coteaux du languedoc**.

🍷 Jean-François Izarn et Cathy Planes, Borie la Vitarèle, chem. de la Vernède, 34490 Saint-Nazaire-de-Ladarez, tél. 04.67.89.50.43, fax 04.67.89.50.43 ☑ ☒ r.-v.

CANET VALETTE Fût de chêne 1996**
2 ha   6 000   70 à 100 F

Marc Valette a créé sa cave en 1992. Six ans après, quel succès ! Une robe avenante, d'un pourpre brillant, habille des notes originales de menthol, de résine, de fruits à noyau, de pruneau. Un élevage soigné, subtil, donne des tanins soyeux enrobés de chair et laisse une finale en révérence. A boire dans cinq ans et jusqu'en 2010...

🍷 Marc Valette, 22, av. Waldeck-Rousseau, 34370 Cazouls-lès-Béziers, tél. 04.67.93.60.84, fax 04.67.93.60.84 ☑ ☒ r.-v.

CH. CAZAL-VIEL Cuvée des Fées 1997*
7 ha   24 000   50 à 70 F

Tout sur le fruit pour cette cuvée d'Henri Miquel. D'un pourpre intense, ce vin développe des parfums de fruits rouges. En bouche, il n'exprime pas l'intensité du saint-chinian, mais il est très élégant, très rond, et prêt à boire.

🍷 SCEA Cazal-Viel, Dom. de Cazal-Viel, 34460 Cessenon, tél. 04.67.89.63.15, fax 04.67.89.65.17 ☑ ☒ t.l.j. 8h30-12h30 13h30-18h; dim. sur r.-v.
🍷 Henri Miquel

DOM. COMPS Cuvée des Gleizettes 1995*
3 ha   6 000   -30 F

Sur sol calcaire de garrigue, on privilégie ici le grenache. La couleur intense de ce 95 présente quelques nuances d'évolution. Le nez agréable offre des notes d'épices qui demandent à s'exprimer. L'attaque fraîche, des tanins très doux révèlent un ensemble bien construit, homogène et typique.

🍷 Pierre Comps, 23, rue Paul-Riquet, 34620 Puisserguier, tél. 04.67.93.73.15 ☑ ☒ t.l.j. 8h-19h

DOM. DESLINES Prestige 1996**
1,93 ha   3 000   50 à 70 F

Un peu de tourisme à Notre-Dame-de-Nazareth, à la source Malibert et à la Pierre trouée de Tudery avant de visiter ce domaine qui est à quelques kilomètres. Cette cuvée Prestige comporte 80 % de syrah, 20 % de grenache. La robe est d'un rouge brillant et les parfums intenses de cassis, de cuir, de grillé rappellent la typicité du schiste. Ce très joli vin se montre charnu et persistant.

🍷 Line Cauquil, Donnadieu, 34360 Babeau-Bouldoux, tél. 04.67.38.19.95, fax 04.67.38.19.95 ☑ ☒ r.-v.

DONNADIEU Cuvée Camille 1995
8 ha   45 000   -30 F

Son gras est charmeur. Son nez à dominante de fruits confits et d'épices rappelle le carignan bien mûr. Les tanins sont élégants et révèlent un bon potentiel.

🍷 Luc Simon, Clos Bagatelle, 34360 Saint-Chinian, tél. 04.67.93.61.63, fax 04.67.93.68.84 ☑ ☒ t.l.j. sf dim. 8h-12h 13h-18h

CH. ETIENNE LA DOURNIE 1995*
5 ha   7 500   50 à 70 F

Ce domaine exigeant propose un 95 riche en couleurs et en arômes, avec des notes complexes de fruits rouges bien mûrs. Franc en attaque, ce vin évolue sur de beaux tanins très soyeux et puissants. La finale assez longue et réglissée engage à l'attendre deux ou trois ans.

🍷 EARL Ch. La Dournie, rte de Saint-Pons, 34360 Saint-Chinian, tél. 04.67.38.19.43, fax 04.67.38.00.37 ☑ ☒ r.-v.

Saint-chinian

DOM. DE FONTCAUDE
Elevé en fût de chêne 1996

■　　　　　12 ha　　35 000　　🍷 -30F

Ce 96 a une robe franche à légers reflets rubis. Rond et souple, avec des arômes de fruits rouges, voilà un vin bien fait, de bonne typicité, qui pourra accompagner tout un repas.

🔑 SCA Les Vignerons du pays d'Ensérune, 235, av. Jean-Jaurès, 34370 Maraussan, tél. 04.67.90.09.82, fax 04.67.90.09.55 ✉ 🍷 r.-v.

DOM. DES JOUGLA Cuvée signée 1995

■　　　　　3 ha　　14 200　　🍷 30 à 50F

Un vin servi par une robe rouge intense et des senteurs animales, mêlées de petits fruits à l'alcool. Sa bouche aux arômes vanillés et grillés est dominée par le fût ; elle incite à mettre cette bouteille en cave.

🔑 Alain Jougla, 34360 Prades-sur-Vernazobre, tél. 04.67.38.06.02, fax 04.67.38.17.74 ✉ 🍷 t.l.j. 8h-12h 14h-19h; dim. sur r.-v.

DOM. DU LANDEYRAN
Cuvée Les Demoiselles 1997

◢　　　　　0,5 ha　　1 800　　30 à 50F

Dans ce domaine, on trouve des vins francs et loyaux qui traduisent bien le terroir de Saint-Chinian d'où ils sont issus. Tout en fraîcheur avec des notes de petits fruits, ce rosé taquine les papilles d'une légère nervosité adoucie par son volume.

🔑 EARL du Landeyran, rue de la Vernière, 34490 Saint-Nazaire-de-Ladarez, tél. 04.67.89.67.63, fax 04.67.89.67.63 ✉ 🍷 r.-v.
🔑 Patricia et Michel Soulier

CH. MILHAU-LACUGUE
Les Truffières 1996**

◢　　　　　1,5 ha　　7 000　　🍷 50 à 70F

Ce 96 pourpre aux parfums de la garrigue (laurier, cade) est harmonieux et puissant. Il attaque tout en souplesse mais révèle d'emblée sa richesse. Typique de son terroir argilo-calcaire, il devra attendre deux ou trois ans en cave. La **Cuvée des Chevaliers** a reçu une étoile. Jean Lacugue mérite cet encouragement.

🔑 SCEA Ch. Milhau-Lacugue, Dom. de Milhau, rte de Cazedarnes, 34620 Puisserguier, tél. 04.67.93.64.79, fax 04.67.93.51.93 ✉ 🍷 t.l.j. 10h-12h 14h-17h; sam. dim. sur r.-v.

CH. PISTRE BERAY
Cuvée Charles Joseph Elevé en fût de chêne 1996

　　　　　2 ha　　2 700　　🍷 30 à 50F

Une robe soutenue, un nez fruité avec des notes de cassis : ce saint-chinian provenant d'un terroir argilo-calcaire est tout en finesse. Il se laissera boire dès maintenant sans faire d'histoires.

🔑 Louis Pistre, 6, rue du Frêne, 34460 Cazedarnes, tél. 04.67.38.08.33, fax 04.67.38.08.33 ✉ 🍷 r.-v.

DOM. DES PRADELS 1996**

■　　　　　4 ha　　n.c.　　🍷 30 à 50F

Des vignes fumées et labourées avec un cheval, des vendanges manuelles, un élevage en demi-muids et... deux étoiles : la famille Quartironi récolte des résultats bien mérités. Ce très beau vin de schiste marque d'emblée ses ambitions grâce à des arômes de cerise à l'eau-de-vie et d'épices. Les tanins s'arrondissent et la finale dominée par les fruits confits est délicieuse. Plein d'avenir.

🔑 Roger Quartironi, Dom. des Pradels, le Priou, 34360 Pierrerue, tél. 04.67.38.01.53, fax 04.67.38.01.53 ✉ 🍷 r.-v.

LES VIGNERONS DE PUISSERGUIER
Cuvée Saint Christophe 1997

◢　　　　　4 ha　　18 000　　🍷 -30F

Issu des coteaux de Puisserguier, ce rosé est soutenu en couleur mais d'une son expression. Sa séduction joue sur des notes de fruits rouges et de réglisse, et sur une bouche longue et parfumée.

🔑 Les Vignerons de Puisserguier, 29, rue Georges-Pujol, 34620 Puisserguier, tél. 04.67.93.74.03, fax 04.67.93.87.73 ✉ 🍷 r.-v.

DOM. RIMBERT Le Mas aux schistes 1996

■　　　　　1,2 ha　　5 500　　🍷 30 à 50F

Un jeune de plus à Berlou ! « Goûteur de fruit », il a su extraire, dans sa première vinification, la typicité de ce superbe terroir. Son vin est tout en finesse, avec des notes de fleurs et de fruits exotiques. Elégant, il est doté d'un bel équilibre. A découvrir.

🔑 Jean-Marie Rimbert, 4, av. des Mimosas, 34360 Berlou, tél. 04.67.89.73.98, fax 04.67.89.73.98 ✉ 🍷 r.-v.

LES VINS DE ROQUEBRUN
Cuvée Roches noires 1997*

◢　　　　　25 ha　　120 000　　🍷 30 à 50F

La **cuvée Prestige** et le **blanc 97** de cette cave ont obtenu une citation. Ses Roches noires sont d'un rouge soutenu à reflets légèrement bleutés. Le nez un peu végétal s'épanouit agréablement sur des notes grillées de laurier. Souple et équilibré, ce vin est à apprécier dès maintenant.

🔑 Cave Les Vins de Roquebrun, av. des Orangers, 34460 Roquebrun, tél. 04.67.89.64.35, fax 04.67.89.57.93 ✉ 🍷 t.l.j. sf dim. 8h-12h 14h-18h

DOM. DU SACRE-CŒUR 1997

◢　　　　　2,5 ha　　10 000　　🍷 -30F

Profonde, la robe sert de préambule à une farandole d'odeurs florales et fruitées. Sa vivacité transmet à ce vin un bon équilibre. Un vin destiné à ceux qui aiment le rosé en apéritif. La **Cuvée Kevin en rouge**, pour le repas, est citée elle aussi.

🔑 GAEC du Sacré-Cœur, 34360 Assignan, tél. 04.67.38.17.97, fax 04.67.38.24.52 ✉ 🍷 t.l.j. 9h-12h 14h-19h
🔑 Marc et Luc Cabaret

CH. SOULIE DES JONCS 1996**

■　　　　　3 ha　　5 000　　🍷 30 à 50F

Un nouveau caveau, une cave souterraine de 300 m^2 ont permis un élevage soigné de quinze mois en barrique. Un dégustateur a estimé que ce 96 peut attendre cinq à dix ans avant d'attein-

LE LANGUEDOC

Cabardès AOVDQS

dre sa plénitude. Complexe, avec des notes de fruits à l'alcool et de fruits mûrs, le nez s'ouvre après agitation dans le verre. La matière première est riche, le support tannique important. Ce vin marqué par sa jeunesse est promis à un bel avenir.
➥ Rémy et Aurore Soulié, Carriera de la Teuliera, 34360 Assignan, tél. 04.67.38.11.78, fax 04.67.38.19.31 ▪ ▪ r.-v.

DOM. DE TRIANON 1996*

| | 4 ha | 21 000 | 30 à 50 F |

Des sélections rigoureuses de vieilles vignes, un rendement faible, une vinification soignée ont permis à cette cuvée d'accrocher une étoile. Ce 96 grenat, aux arômes de fruits rouges et de silex, est harmonieux et élégant. Les tanins fondus et souples donnent un certain équilibre. A boire !
➥ Cave des Vignerons de Saint-Chinian, rte de Sorteilho, 34360 Saint-Chinian, tél. 04.67.38.00.31, fax 04.67.38.16.13

CH. DE VILLESPASSANS 1996**

| | 10 ha | 10 000 | -30 F |

Voici un vin complexe, puissant, avec des parfums où se mêlent confitures et pain d'épice. Ses tanins racés commencent à se fondre mais il demande encore un peu de temps pour dévoiler davantage ses charmes. Ne pas hésiter à le mettre en cave.
➥ Cave coop. de Cruzy, 34310 Cruzy, tél. 04.67.89.41.20, fax 04.67.89.35.01 ▪ ▪ r.-v.

CH. VIRANEL 1996*

| | n.c. | 60 000 | 30 à 50 F |

Coup de cœur l'an dernier pour son 95, ce domaine est à nouveau sélectionné. Une belle robe pourpre vif. Un nez de fruits rouges, encore un peu fermé, avec quelques notes de garrigue à l'agitation. Une attaque légère et des tanins fins qui relèvent un ensemble bien construit et homogène.
➥ GFA de Viranel, 34460 Cessenon, tél. 04.90.55.85.82, fax 04.90.55.88.97 ▪ ▪ r.-v.
➥ Bergasse-Milhé

Cabardès AOVDQS

Les vins des Côtes de Cabardès et de l'Orbiel proviennent de terroirs situés au nord de Carcassonne et à l'ouest du Minervois. Le vignoble s'étend sur 2 200 ha et quatorze communes. Il produit 15 000 hl de vins rouges associant les cépages méditerranéens et atlantiques. Ces vins d'appellation sont assez différents des autres vins du Languedoc-Roussillon : produits dans la région la plus occidentale, ils subissent davantage l'influence océanique. Le passage en AOC est à l'étude.

DOM. DE CABROL
Cuvée Vent d'Ouest 1996***

| | n.c. | n.c. | 30 à 50 F |

Une charmante propriété en limite de causse, dirigée par des vignerons passionnés. Beaucoup s'étonnaient que la sélection du Guide Hachette ne l'ait pas encore retenue. C'est chose faite avec le millésime 96 qui a reçu le coup de cœur. D'emblée, le jury a été séduit par sa très belle robe pourpre. Il a été surpris par son nez complexe associant framboise, mûre, cacao et épices (poivre). Une merveilleuse dégustation suit en bouche, avec une très longue finale déployant des notes de fruits confits et de réglisse. A signaler, la cuvée **Vent d'Est 96** qui, elle aussi, a été distinguée parmi les meilleures.
➥ Claude et Michel Carayol, Dom. de Cabrol, 11600 Aragon, tél. 04.68.77.19.06, fax 04.68.77.54.90 ▪ ▪ t.l.j. 17h-19h; sam. dim. 11h-19h

CH. CAUNETTES HAUTES 1995*

| | 2,5 ha | 14 000 | 30 à 50 F |

Cette petite exploitation, en limite de causse, a été gagnée grâce à de nombreux défrichements effectués par son propriétaire, Gilbert Rouquet. Ce vin élevé sous bois traduit un bel équilibre, avec au nez des notes de grillé, de vanille et de réglisse. Les tanins sont très fondus ; la bouche, harmonieuse, offre une jolie finale sur des nuances de fruits confits. Un vin prêt à boire.
➥ SCAEDM Dom. de Caunettes Hautes, 11170 Moussoulens, tél. 04.68.24.93.15, fax 04.68.24.81.77 ▪ ▪ r.-v.
➥ Gilbert Rouquet

NOTRE DAME DE LA GARDIE 1996*

| | 21 ha | 13 900 | -30 F |

Notre-Dame de la Gardie accompagne avec bonheur, depuis plusieurs années, les vignerons de Conques-sur-Orbiel. La robe de ce 96 est profonde. Le nez complexe, pour le moment un peu fermé, laisse apparaître la garrigue et la résine.

684

Côtes de la malepère

Un vin racé, encore jeune et de forte constitution qu'il convient de savoir attendre.
➥ Sté coop. de Conques-sur-Orbiel, 11600 Conques-sur-Orbiel, tél. 04.68.77.12.90, fax 04.68.77.14.95 ☑ ☐ t.l.j. sf dim. 8h-12h 14h-18h; sam. 9h-12h

CH. DE PENNAUTIER
Collection privée 1996**

■ 38 ha 30 000 ☐ 30 à 50 F

Citer le château de Pennautier, c'est raconter les plus grands moments de l'histoire du Languedoc ; c'est aujourd'hui dans le vin qu'elle se perpétue. Voyez ce remarquable 96 vêtu d'une robe grenat profond à reflets sombres. Complexe, le nez laisse parler les épices, le clou de girofle. En bouche, le boisé encore un peu dominant accompagne très bien le vin. Il conviendra de savoir l'attendre quelques mois. A signaler que le **Château Rougepeyre** a obtenu une citation.
➥ SCEA Ch. de Pennautier, B.P. 4, 11610 Pennautier, tél. 04.68.72.65.29, fax 04.68.72.65.84 ☑ ☐ r.-v.
➥ de Lorgeril

SEIGNEUR DE GALANTOU 1996*

■ 5,09 ha 6 500 ☐ -30 F

Un récent regroupement des caves d'Aragon et de Pezens a permis de mettre en valeur la complémentarité des hommes et des terroirs. Deux vins ont été sélectionnés cette année : un **rosé d'Aragon 97** et ce rouge de Pezens qui se présente dans une robe d'une belle couleur soutenue. Le nez est puissant et fruité (mûre et fraise). Après une bonne attaque, la bouche révèle un tanin très fin qui accompagne la dégustation. Quelques notes réglissées apparaissent en finale. Un vin à boire.
➥ SCV Les Celliers du Cabardès, 11170 Pezens, tél. 04.68.24.90.64, fax 04.68.24.87.09 ☑ ☐ t.l.j. sf dim. lun. 9h30-12h30 15h-19h

CH. VENTENAC 1997**

◪ n.c. 40 000 ☐ -30 F

Une propriété souvent distinguée, coup de cœur en rouge pour le millésime 93, et dont on a retenu cette année le vin rosé. Celui-ci se caractérise par sa finesse. On la devine à l'œil tant la robe saumonée est brillante ; l'élégance du nez repose sur un mariage de notes fruitées (fraise) et florales (acacia). Ces arômes accompagnent la dégustation. Très gras, ample avec une légère fraîcheur, c'est un réel un plaisir. A noter que le vin **rouge** a également été sélectionné avec une étoile.
➥ Alain Maurel, 1, pl. du Château, 11610 Ventenac-Cabardès, tél. 04.68.24.93.42, fax 04.68.24.81.16 ☑ ☐ r.-v.

Côtes de la malepère

On produit 30 000 hl de cette AOC sur trente et une communes de l'Aude, dans un terroir soumis à l'influence océanique et situé au nord-ouest des Hauts-de-Corbières qui le protègent de l'influence méditerranéenne. Ces vins rouges ou rosés, corsés et fruités, comprennent non pas du carignan, mais, en plus du grenache et de la syrah, les cépages bordelais cabernet-sauvignon, cabernet-franc et merlot dominants.

DOM. DE BEAUSEJOUR 1996***

■ n.c. 9 000 ☐ -30 F

De l'avis des dégustateurs, ce vin est racé et a de la classe. Le nez est tout en finesse, floral, alors que la bouche se révèle bien ronde avec une très belle expression du merlot. La structure est fondue, de bonne longueur. Un vin à boire.
➥ Cave du Razès, 11240 Routier, tél. 04.68.69.02.71, fax 04.68.69.00.49 ☑ ☐ t.l.j. sf sam. dim. 8h-12h 14h-18h

DOM. DE FOUCAULD 1996*

■ n.c. 33 000 ☐ -30 F

Joli vin de couleur rubis d'intensité moyenne. Fruité au nez et en bouche, ce 96 est tout en élégance et finesse. Il est à boire dès maintenant.
➥ Cave La Malepère, av. des Vignerons, 11290 Arzens, tél. 04.68.76.71.71, fax 04.68.76.71.72 ☑ ☐ r.-v.

CH. G. GUIRAUD 1995***

■ n.c. 50 000 ☐ 30 à 50 F

Cette année encore, la cave du Razès se voit attribuer le coup de cœur et confirme sa position de premier plan dans l'appellation. Cette cuvée du millésime 95, élevée en fût de chêne, présente une robe grenat intense et un nez de fruits noirs très mûrs accompagnés de senteurs de tabac et de vanille. Complexe en bouche, elle offre beaucoup de volume. Très belle longueur avec une finale sur des tanins soyeux.
➥ Cave du Razès, 11240 Routier, tél. 04.68.69.02.71, fax 04.68.69.00.49 ☑ ☐ t.l.j. sf sam. dim. 8h-12h 14h-18h

DOM. LE FORT 1997**

◪ 2 ha 2 000 ☐ 30 à 50 F

On est heureux de saluer le retour d'un jeune œnologue sur l'exploitation familiale. Déjà ce produit original annonce le talent et l'enthousiasme. C'est donc une propriété à suivre de près. Son rosé « très original », mariage de grenache, de merlot et de cabernet, dont la fermentation en

Côtes de la malepère

barrique a été suivie d'un élevage de six mois, nous offre un nez puissant, complexe, de vanille, de fleurs séchées et d'abricot sec. Fort gras en bouche, il se montre long, la finale étant finement vanillée.

🕭 GAEC Pagès, Dom. Le Fort,
11290 Montréal-de-l'Aude, tél. 04.68.76.20.11, fax 04.68.76.20.11 ☑ ☖ r.-v.

DOM. DE MATIBAT
Elevé en fût de chêne 1995*

| | 5 ha | 8 000 | | 30 à 50 F |

Une belle exploitation située sur le versant est de la Malepère et limitrophe du vignoble de Limoux, qui présente souvent de jolis vins, en général élevés sous bois. Voici un vin à boire, tout en nuances, à la robe rubis présentant une légère évolution. Nez de fruits cuits à l'alcool avec des notes de torréfaction. Tanins très fondus. Bouche équilibrée.

🕭 Jean-Claude Turetti, Dom. de Matibat,
11300 Saint-Martin-de-Villereglan,
tél. 04.68.31.15.52, fax 04.68.31.04.29 ☑ ☖ r.-v.
🕭 Henri Turetti

> Plus une vigne est âgée, meilleur est son vin.

CH. DE MONTCLAR 1995**

| | 20 ha | 26 000 | | -30 F |

Un habitué du Guide, qui a reçu de nombreux coups de cœur. Ce millésime porte une très jolie robe sombre à reflets grenat. Au nez, la grande finesse du boisé est accompagnée par de la réglisse et du poivron. Ce joli vin se montre très fondu, harmonieux, d'une bonne longueur. On peut le boire mais il saura attendre.

🕭 Cave du Razès, 11240 Routier,
tél. 04.68.69.02.71, fax 04.68.69.00.49 ☑ ☖ t.l.j. sf sam. dim. 8h-12h 14h-18h

CH. DE ROUTIER
Cuvée Jean Lézerat Elevé en fût 1995*

| | 15 ha | 15 000 | | 30 à 50 F |

Certainement le plus beau château viticole de l'appellation. Ses origines remontent au XVe s. et d'admirables voûtes abritent l'élevage du vin en fût de chêne. Un 95 à la robe pourpre sombre, très complexe au nez - vanille et sous-bois -, puissant en bouche, avec un tanin assez présent qui laisse augurer une grande longévité. Il faudra savoir attendre un an ou deux.

🕭 Michèle Lézerat, Le Château, 11240 Routier,
tél. 04.68.69.06.13, fax 04.68.69.06.58 ☑ ☖ t.l.j. 9h-20h

Le Roussillon

L'implantation de la vigne en Roussillon, sous l'impulsion des marins grecs attirés par les richesses minières de la côte catalane, date du VIIe s. avant notre ère. Elle se développa au Moyen Age et les vins doux de la région connurent de bonne heure une solide réputation. Après l'invasion phylloxérique, la vigne a été replantée en abondance sur les coteaux du plus méridional des vignobles de France.

Amphithéâtre tourné vers la Méditerranée, le vignoble du Roussillon est bordé par trois massifs : les Corbières au nord, le Canigou à l'ouest, les Albères au sud, qui font la frontière avec l'Espagne. La Têt, le Tech et l'Agly sont des fleuves qui ont modelé un relief de terrasses dont les sols caillouteux et lessivés sont propices aux vins de qualité, et particulièrement aux vins doux naturels (voir ce chapitre). On rencontre également des sols d'origine différente avec des schistes noirs et bruns, des arènes granitiques, des argilo-calcaires ainsi que des collines détritiques du Pliocène.

Le vignoble du Roussillon bénéficie d'un climat particulièrement ensoleillé, avec des températures clémentes en hiver, chaudes en été. La pluviométrie (350 à 600 mm) est mal répartie, et les pluies d'orages ne profitent guère à la vigne. Il

Côtes du roussillon

s'ensuit une période estivale sèche, dont les effets sont souvent accentués par la tramontane qui favorise la maturation des raisins.

La vigne est conduite en gobelet, avec une densité de 4 000 pieds. La culture reste traditionnelle, souvent peu mécanisée. L'équipement des caves se modernise avec la diversification des cépages et des techniques de vinification. Après de rigoureux contrôles de maturité, la vendange est transportée en comportes ou petites bennes sans être écrasée ; une partie des raisins est traitée par macération carbonique. Les températures au cours de la vinification sont de mieux en mieux maîtrisées, afin de protéger la finesse des arômes : tradition et technicité se côtoient.

Côtes du roussillon et côtes du roussillon-villages

Ces appellations sont issues des meilleurs terroirs de la région. Le vignoble, de 6 800 ha environ, produit 300 à 320 000 hl dans l'ensemble des appellations. Les côtes du roussillon-villages sont localisés dans la partie septentrionale du département des Pyrénées-Orientales ; deux communes bénéficient de l'appellation avec le nom du village : Caramany et Latour-de-France. Terrasses de galets, arènes granitiques, schistes confèrent aux vins une richesse et une diversité qualitatives que les vignerons ont bien su mettre en valeur.

Les vins blancs sont produits principalement à partir des cépages macabeu, malvoisie du Roussillon et grenache blanc, mais également avec la marsanne, la roussanne et le rolle, vinifiés par pressurage direct. Ils sont de type vert, légers et nerveux, avec un arôme fin, floral (fleur de vigne). Ce sont des compagnons de choix pour les fruits de mer, les poissons et les crustacés.

Les vins rosés et les vins rouges sont obtenus à partir de plusieurs cépages : le carignan noir (60 % maximum), le grenache noir, le lladonner pelut, le cinsaut, comme cépages principaux, et la syrah, le mourvèdre et le macabeu (10 % maximum dans les vins rouges) comme cépages complémentaires ; il faut obliga-

Le Roussillon

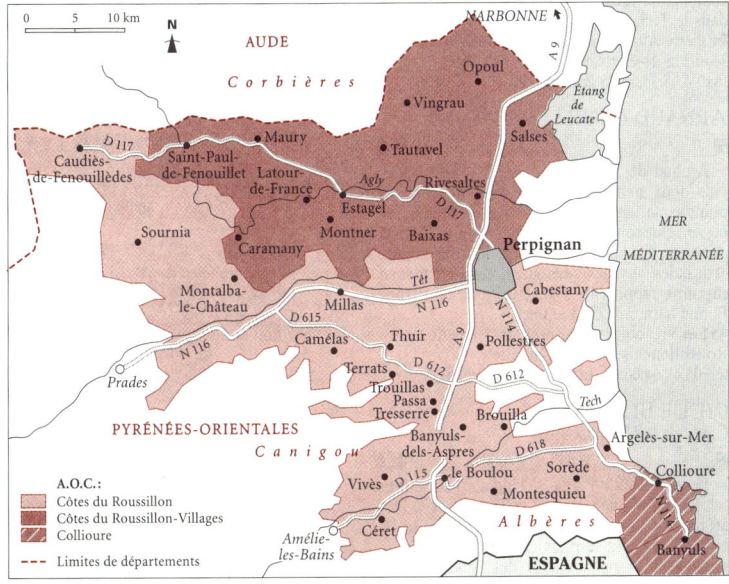

Côtes du roussillon

toirement deux cépages principaux et un cépage complémentaire. Tous ces cépages (sauf la syrah) sont conduits en taille courte à deux yeux. Souvent, une partie de la vendange est vinifiée en macération carbonique, surtout à partir du carignan qui donne, avec cette méthode de vinification, d'excellents résultats. Les vins rosés sont vinifiés obligatoirement par saignée.

Les vins rosés sont fruités, corsés et nerveux ; les vins rouges sont fruités, épicés, avec une richesse alcoolique de 12 °C environ. Les côtes du roussillon-villages sont plus corsés et chauds ; certains peuvent se boire jeunes, mais d'autres peuvent se garder plus longtemps et développer alors un bouquet intense et complexe. Leurs qualités organoleptiques bien personnalisées et diversifiées leur permettent de s'associer avec les mets les plus variés.

Côtes du roussillon

DOM. ALQUIER 1997**
| | 3 ha | 5 000 | | 30 à 50 F |

Un domaine situé entre le Tech et les contreforts des Albères. Une robe or pâle légèrement nuancée de reflets verts. Des arômes de pomelo et de fleurs blanches, avec en bouche une fraîcheur onctueuse et une bonne persistance. Le compagnon idéal pour quelques farios pêchées dans le Tech.
➤ Pierre Alquier, Dom. Alquier, 66490 Saint-Jean-Pla-de-Corts, tél. 04.68.83.20.66, fax 04.68.83.55.45 ☑ ☓ t.l.j. 9h-12h 14h-19h

ARNAUD DE VILLENEUVE 1997
| | n.c. | 40 000 | | -30 F |

Arnaud de Villeneuve a été le « père » des vins doux naturels au XIII°s., en mettant au point le mariage du jus de la vigne et de l'esprit-de-vin. Une robe d'un rubis profond à reflets de cerise, entourant des arômes de fruits confits et de baies sauvages. Quelques notes de vendange surmûrie rappellent la générosité de ce terroir. Bonne harmonie d'ensemble.
➤ Les Vignobles du Rivesaltais, 1, rue de la Roussillonnaise, 66602 Rivesaltes, tél. 04.68.64.06.63, fax 04.68.64.64.69 ☑

CH. DE BLANES
Cuvée de la Marquise 1996*
| | 20 ha | 10 000 | | -30 F |

Le vignoble de Pézilla s'étend sur les collines schisteuses qui dominent la vallée de la Têt. Des arômes de fruits rouges bien mûris au soleil apparaissent dès le premier coup de nez, puis s'associent en bouche avec des notes d'épices douces. Un tanin au grain très fin et une bonne onctuosité laissent une impression de rondeur.
➤ Les Vignerons de Pézilla, 66370 Pézilla-la-Rivière, tél. 04.68.92.00.09, fax 04.68.92.49.91 ☑ ☓ t.l.j. sf dim. 8h30-12h30 14h-18h30

CH. DE CALCE 1995*
| | 23 ha | 15 000 | | -30 F |

Le vignoble de Calce doit son nom à la présence de sols très calcaires dominant les terrasses de l'Agly. Une belle robe d'un rubis brillant ; des arômes de raisins bien mûrs. Une attaque chaleureuse, une charpente tannique bien construite. Puissant et gras à la fois, c'est un vin plein de générosité.
➤ Cave Les Vignerons de Calce, 8, rte d'Estagel, 66600 Calce, tél. 04.68.64.47.42, fax 04.68.64.36.48 ☑ ☓ t.l.j. sf dim. 8h-12h 14h-18h

CH. CAP DE FOUSTE
Elevé en fût de chêne 1996**
| | 19 ha | 139 400 | | 30 à 50 F |

A côté du lac de Villeneuve-de-la-Raho, tout près de Perpignan, le château de Cap de Fouste est un haut lieu de réceptions. Un 96 bien « habillé » par ses notes boisées en parfaite harmonie avec les arômes de fruits rouges et de fenaison. Des tanins élégants, une robe brillante, des arômes délicats... on est bien dans le goût juste du vin.
➤ Les Vignerons Catalans, 1870, av. Julien-Panchot, B.P. 2035, 66011 Perpignan Cedex, tél. 04.68.85.04.51, fax 04.68.55.25.62 ☑ ☓ r.-v.
➤ SCI Ch. Cap de Fouste

CH. DE CASTELNOU 1995*
| | 7 ha | 7 000 | | 50 à 70 F |

Le château médiéval de Castelnou domine le village bien connu des artistes qui apprécient les vieilles pierres dans cet oasis au cœur des Aspres. Une robe sombre à reflets pourpres. Les arômes de cassis et de cerise bien mûrs laissent peu à peu la place à la charpente aux tanins puissants, bien habillés par l'élevage en fût, qui laissent augurer pour ce vin un très bel avenir.
➤ SA Ch. de Castelnou, 66300 Castelnou, tél. 04.68.53.22.91, fax 04.68.53.33.81 ☑ ☓ r.-v.

DOM. CAZES 1996***
| | 7,5 ha | 40 000 | | 30 à 50 F |

De bons terroirs, de bons vignerons, de bons cépages... la recette des bonnes cuvées est vraiment toute simple ! Ce 96 développe dès le pre-

Côtes du roussillon

mier coup de nez des arômes de fruits rouges bien mûrs, d'iris et d'épices douces. La symphonie se poursuit en bouche où le tanin paraît soyeux, révélant une onctuosité savoureuse. Avec une selle d'agneau catalane, l'accord sera parfait.
🕭 Dom. Cazes, 4, rue Francisco-Ferrer, B.P. 61, 66602 Rivesaltes, tél. 04.68.64.08.26, fax 04.68.64.69.79 V ⏳ r.-v.
🕭 André et Bernard Cazes

DOM. CAZES 1997*

| ◪ | 4,5 ha | 20 000 | 🍴♨ 30 à 50 F |

On ne présente plus les frères Cazes dont les cuvées se distinguent dans toutes les appellations du Roussillon. Un rosé à reflets pivoine évoquant le raisin bien mûr, à l'accent savoureusement épicé. Chaleureux en bouche, il donnera la réplique à une marmite de poisson à la catalane.
🕭 Dom. Cazes, 4, rue Francisco-Ferrer, B.P. 61, 66602 Rivesaltes, tél. 04.68.64.08.26, fax 04.68.64.69.79 V ⏳ r.-v.

DOM. ELS BARBATS
Bouquet des Cistes 1996

| ◼ | 6 ha | 1 333 | 🍴♨ -30 F |

Un vin aux arômes de fruits et de fleurs évoquant la garrigue... comme semble l'indiquer l'étiquette. En bouche l'attaque est généreuse, et donne l'impression de mordre dans des baies rouges. Le tanin, encore solide, prend le dessus en finale.
🕭 Paul Milhe Poutingon, Dom. Els Barbats, 66300 Tresserre, tél. 04.68.83.28.51, fax 04.68.83.28.51 V ⏳ t.l.j. sf sam. dim. 10h-18h

DOM. FERRER RIBIERE
Cuvée Caroline 1996

| ◼ | 2 ha | 7 200 | 🍴🍷♨ 30 à 50 F |

Domaine né de l'association d'un jeune vigneron et d'un ancien cadre d'une organisation professionnelle viticole. Un vin de garde, à en juger par sa charpente tannique solide qui est le support d'arômes de fruits rouges et de réglisse. Une robe profonde entourant une trame corsée et rustique.
🕭 Dom. Ferrer-Ribière, GAEC des Flo, 5, rue du Colombier, 66300 Terrats, tél. 04.68.53.24.45, fax 04.68.53.10.79 V ⏳ t.l.j. sf dim. 8h-12h 14h-18h

LES VIGNERONS DE FOURQUES
1997

| ◪ | n.c. | 6 000 | -30 F |

Un vignoble de collines sur les hauteurs de Aspres. Belle robe un rose très pâle. Nez aux accents amyliques entourant des notes de petits fruits rouges. Onctueux et frais à la fois, ce vin sera aussi à l'aise pour accompagner un buffet froid que des préparations plus gastronomiques.
🕭 SCV Les Vignerons de Fourques, 1, rue des Taste-Vin, 66300 Fourques, tél. 04.68.38.80.51, fax 04.68.38.89.65 V ⏳ t.l.j. sf dim. 9h-12h 14h-18h

DOM. JOLIETTE
Cuvée André Mercier 1996

| ◼ | n.c. | 9 000 | 🍴♨ 30 à 50 F |

Un domaine à la lisière des premières pinèdes qui grimpent sur le massif des Corbières. Des tanins encore puissants se fondent peu à peu dans la vinosité et laissent apparaître quelques notes de griotte et de mûre. Un vin en pleine croissance, qui s'épanouira complètement à maturité.
🕭 EARL Mercier, Dom. Joliette, rte de Vingrau, 66600 Espira-de-l'Agly, tél. 04.68.64.50.60, fax 04.68.64.18.82 V ⏳ t.l.j. 8h-12h30 14h-18h30; sam. dim. sur r.-v.

LA CASENOVE 1994

| ◼ | 21 ha | 40 000 | 🍴♨ 30 à 50 F |

Passionné de photos et de vins, Etienne Montes, ancien reporter, mène son vignoble avec enthousiasme. Il a créé de nombreuses cuvées dont il a su mettre en valeur l'originalité en les sortant au bon moment, comme ce millésime 94 savoureusement épicé et fruité, dont les notes d'évolution évoquent la réglisse et le cuir.
🕭 La Casenove, 66300 Trouillas, tél. 04.68.21.66.33, fax 04.68.21.77.81 V ⏳ t.l.j. sf dim. 10h-12h 16h-19h
🕭 Montes

DOM. LAFAGE
Elevé en fût de chêne 1996*

| ◼ | 1,3 ha | 7 000 | 🍷 30 à 50 F |

Un domaine conduit par un couple de jeunes œnologues passionnés par la vinification. Des arômes complexes où le fruité s'associe aux notes empyreumatiques et légèrement vanillées, dans un écrin d'un rubis profond et brillant. Un vin harmonieux et persistant en bouche.
🕭 Dom. Lafage, Mas Llaro, rte de Canet, 66000 Perpignan, tél. 04.68.67.12.47, fax 04.68.62.10.99 V ⏳ r.-v.

LAPORTE 1996***

| ◼ | 7 ha | 12 000 | 🍴♨ 50 à 70 F |

Toujours de beaux succès pour ce vignoble installé sur les terrasses caillouteuses, aux portes de Perpignan, en direction des plages. Une robe d'un rubis aux reflets grenat et violines, entourant un univers de fruits rouges sauvages. Les tanins, à la fois puissants et nobles, se fondent peu à peu pour laisser chanter les arômes en fin de bouche, sur des notes réglissées.
🕭 Laporte, Château-Roussillon, 66000 Perpignan, tél. 04.68.50.06.53, fax 04.68.66.77.52 V ⏳ r.-v.

DOM. LA ROUREDE
Cuvée élevée en fût de chêne 1996*

| ◼ | 1,5 ha | 8 000 | 🍷 30 à 50 F |

Un caveau qui évoque les vieux mas catalans ; des vins élevés patiemment dans les fûts de chêne de la cave climatisée. Ce millésime commence déjà à développer le bouquet classique de l'élevage, avec des notes empyreumatiques, des arômes légèrement boisés enveloppant une charpente tannique encore jeune.

LE ROUSSILLON

Côtes du roussillon

◦┐Jean-Luc Pujol, EARL La Rourède, Dom. La Rourède, 66300 Fourques, tél. 04.68.38.84.44, fax 04.68.38.88.86 ☑ ☒ t.l.j. sf sam. dim. 9h-12h 15h-18h

LES HAUTS DE FORCA REAL 1996★★

| | 1,5 ha | 5 500 | | 50 à 70 F |

Planté de malvoisie, cépage mythique du Roussillon, ce vignoble est établi sur des pentes schisteuses au pied de l'Ermitage de Força Réal. Belle robe à reflets d'or pâle. Arômes floraux élégants et persistants, rehaussés par quelques notes boisées. En bouche, belle harmonie entre la fraîcheur des arômes et l'onctuosité persistante. Un vin puissant et délicat à la fois.
◦┐J.-P. Henriquès, Dom. Força Réal, Mas de la Garrigue, 66170 Millas, tél. 04.68.85.06.07, fax 04.68.85.49.00 ☑ ☒ r.-v.

LESQUERDE 1996

| | n.c. | 60 000 | | -30 F |

La cave de Lesquerde nous donne toujours des vins fidèles à ce terroir d'arènes granitiques qui leur confère une finesse remarquable. Ce 96 tout en rondeur laisse le soin aux arômes fruités et épicés d'orchestrer toutes les sensations gustatives. A apprécier dans toute sa fraîcheur.
◦┐SCV de Lesquerde, 66220 Lesquerde, tél. 04.68.59.02.62, fax 04.68.59.08.17 ☑ ☒ t.l.j. sf dim. 8h-12h 14h-18h

DOM. MALER 1996★

| | n.c. | 1 500 | | -30 F |

Le vignoble s'accroche sur les hautes collines de Tresserre, d'où il domine la plaine du Roussillon. Une robe d'un rubis encore violine habille des arômes de jeunesse où le fruit et les notes poivrées s'épanouissent du premier coup de nez jusqu'en fin de bouche, dans une harmonie complice.
◦┐Pierre et Yolande Maler, 1, rue du Canigou, 66300 Tresserre, tél. 04.68.38.82.61, fax 04.68.38.81.27 ☑ ☒ t.l.j. sf dim. 10h30-12h 16h-20h

DOM. DU MAS CREMAT 1996★★

| | 10 ha | 39 000 | | 30 à 50 F |

Un Bourguignon d'origine vinifie avec bonheur des cépages méditerranéens. Il a élaboré un 96 à la belle robe pourpre qui dévoile des arômes de baies sauvages d'automne, d'épices douces et de clou de girofle. Un tanin plein de chair assure l'équilibre entre la puissance et la rondeur.
◦┐Jeannin-Mongeard, Dom. du Mas Crémat, 66600 Espira-de-l'Agly, tél. 04.68.38.92.06, fax 04.68.38.92.23 ☑ ☒ r.-v.

DOM. DU MAS ROUS
Elevé en fût de chêne 1995★★

| | 7,5 ha | 39 800 | | 30 à 50 F |

Toujours de belles cuvées pour ce domaine niché sur les contreforts des Albères. Ce 95, élevé en fût de chêne, arrive déjà à une bonne maturité. Quelques reflets tuilés dans la robe annoncent les notes grillées et balsamiques. En bouche, une charpente solide mais douce reflète une bonne maîtrise de l'élevage.

◦┐José Pujol, Dom. du Mas Rous, 66740 Montesquieu, tél. 04.68.89.64.91, fax 04.68.89.80.88 ☑ ☒ r.-v.

CH. MOSSE 1995★

| | 10 ha | 15 000 | | 30 à 50 F |

Véritable bijou d'architecture traditionnelle, le petit village de Sainte-Colombe-de-la-Commanderie perpétue la tradition de qualité de ses vins depuis l'époque des Templiers. Beaucoup de rondeur en bouche pour ce 95 où les arômes de fruits frais dominent, dans un écrin d'un rubis brillant. Quelques notes épicées apparaissent en finale.
◦┐Jacques Mossé, 66330 Sainte-Colombe-de-la-Commanderie, tél. 04.68.53.08.89, fax 04.68.53.35.13 ☑ ☒ r.-v.

MOULIN DE BREUIL 1996

| | 20 ha | 24 000 | | -30 F |

Plusieurs générations de vignerons ont mis en valeur ce domaine au pied des Albères. Les arômes de fruits surmûris et les notes de raisin confit reflètent une vendange de haute maturité à base de grenache. Belle robe d'un rubis cerise enveloppant un vin chaleureusement corsé.
◦┐Joseph de Massia, Moulin de Breuil, 66740 Montesquieu, tél. 04.68.89.67.68, fax 04.68.89.67.68 ☑ ☒ t.l.j. sf sam. dim. 10h30-12h30; f. 25 déc.-2 janv.

DOM. PAGES HURE 1996★

| | n.c. | 5 500 | | -30 F |

Un domaine situé au pied des Albères dont la silhouette figure sur l'étiquette de ce vin. Belle robe rubis à reflets cerise, arômes de fruits rouges rappelant à la fois la griotte et le cassis. Les tanins ronds et souples permettent d'apprécier ces qualités aromatiques jusqu'en fin de bouche. Le rosé 97, une étoile, long et onctueux, révèle une belle harmonie.
◦┐Dom. Pages Huré, 2, allée des Moines, 66740 Saint-Génis-des-Fontaines, tél. 04.68.89.82.62, fax 04.68.89.82.62 ☑ ☒ r.-v.
◦┐Jean-Louis Pages

DOM. PARCE Vieilli en fût de chêne 1995★★

| | 3 ha | 16 000 | | -30 F |

Coup de cœur pour le millésime 94, ce domaine élabore avec bonheur ses cuvées, d'année en année. Une belle robe d'un rubis vermeil entourant des arômes de baies rouges macérées aux épices. Les tanins encore présents et l'onctuosité s'accordent en un duo savoureux sur des notes réglissées qui s'amplifient en fin de bouche.
◦┐EARL A. Parcé, 21 ter, rue du 14-Juillet, 66670 Bages, tél. 04.68.21.80.45, fax 04.68.21.69.40 ☒ t.l.j. sf dim. 9h30-12h15 16h-19h30

DOM. PIQUEMAL 1996

| | n.c. | n.c. | | 30 à 50 F |

Les quatre principaux cépages de l'appellation sont assemblés dans ce vin. Lequel apporte le fruit, lequel apporte la puissance ou le tanin ?... On n'oubliera pas les différents terroirs d'Espira, qui marquent de leur empreinte chaque cuvée et assurent l'harmonie gustative.

Côtes du roussillon

🍷 Dom. Piquemal, 1, rue Pierre-Lefranc, 66600 Espira-de-l'Agly, tél. 04.68.64.09.14, fax 04.68.38.52.94 ☑ ⏰ r.-v.
🍷 Pierre et Franck Piquemal

DOM. DE ROMBEAU
Vieilles vignes Cuvée Elise 1995**

| ■ | 36 ha | 12 000 | 🍷 | 50 à 70 F |

Le domaine de Rombeau est le lieu incontournable de la viticulture de la région. La convivialité festive de son restaurant au cœur même de la cave, la faconde de Pierre-Henri de La Fabrègue, véritable troubadour des vignobles rivesaltais, ne sauraient laisser indifférent. Un vin de vendange bien mûre dont les notes charnues en bouche, sur une harmonie où tanins, onctuosité et arômes se conjuguent sans la moindre fausse note.

🍷 SCEA Dom. de Rombeau, 66600 Rivesaltes, tél. 04.68.64.05.35, fax 04.68.64.64.64 ☑ ⏰ r.-v.
🍷 Pierre-Henri de La Fabrègue

DOM. ROZES 1996

| ■ | 5 ha | n.c. | | 30 à 50 F |

Un terroir à l'entrée de la vallée de l'Agly, avec de nombreuses caves particulières reconnues pour leur qualité. Un nez de baies rouges sauvages rappellent les confitures gourmandes, une saveur charnue et chaleureuse en bouche accompagnant ces notes aromatiques font de ce vin un bon compagnon des grillades.

🍷 Catherine Philip-Fournols, 3, rue de Lorraine, 66600 Espira-de-l'Agly, tél. 04.68.64.17.78, fax 04.68.38.51.38

DOM. DE SAINTE BARBE 1994

| ■ | 18 ha | 12 000 | 🍷 | 30 à 50 F |

Un vignoble qui côtoie les premiers immeubles de Perpignan. Belle robe cerise ; arômes de cassis et de mûre. En bouche, le tanin est encore solide, mais il commence à se patiner. Un millésime qui devrait s'épanouir sur plusieurs années.

🍷 Robert Tricoire, chem. de Sainte-Barbe, 66000 Perpignan, tél. 04.68.63.29.23 ☑ ⏰ t.l.j. sf dim. 10h-18h

DOM. SALVAT Taïchac 1997*

| □ | 13 ha | 32 000 | 🍷 | -30 F |

Un vignoble perché sur le toit du Roussillon en pays de Fenouillèdes où les nouveaux cépages blancs se sont bien acclimatés. Une robe aux nuances d'or vert pâle ; des arômes floraux avec une légère touche anisée. Beaucoup de fraîcheur en bouche, quelques notes amyliques. Un compagnon idéal pour des fruits de mer. Cette même cuvée en **rosé 97**, peut être citée pour ses arômes de baies rouges sauvages et sa fraîcheur.

🍷 Salvat Père et Fils, Pont-Neuf, 66610 Villeneuve-la-Rivière, tél. 04.68.92.17.96, fax 04.68.38.00.50 ☑ ⏰ t.l.j. sf dim. 8h-12h 14h-18h; f. sept.

DOM. SARDA-MALET Réserve 1995***

| ■ | 12 ha | 14 000 | 🍷 | 50 à 70 F |

Situé aux portes de Perpignan, ce domaine produit régulièrement de très belles cuvées présentées avec passion par Suzy Malet. Jolie robe pourpre. Des arômes de fruits rouges confits, quelques notes de pruneau et de truffe entourent une charpente tannique puissante, magnifiquement enrobée par l'onctuosité en bouche et quelques touches légèrement vanillées. Remarquable persistance.

🍷 Dom. Sarda-Malet, Mas Saint-Michel, chem. de Sainte-Barbe, 66000 Perpignan, tél. 04.68.56.72.38, fax 04.68.56.47.60 ☑ ⏰ t.l.j. 8h-12h30 14h-19h; sam. dim. sur r.-v.
🍷 Suzy Malet

DOM. SARDA-MALET 1996**

| □ | 8 ha | 30 000 | 🍷 | -30 F |

Une autre remarquable production du mas Saint-Michel et de Suzy Malet, issue d'un « cocktail » de cépages blancs. Elégance des arômes, puissance des notes florales dans leur écrin d'or pâle. Une fraîcheur savoureuse qui domine toutes les sensations gustatives. Bonne persistance. L'autre **cuvée blanche, Terroir Mailloles 97**, passée en fût de chêne, obtient une étoile. Il accompagnera les meilleurs poissons de la Méditerranée.

🍷 Dom. Sarda-Malet, Mas Saint-Michel, chem. de Sainte-Barbe, 66000 Perpignan, tél. 04.68.56.72.38, fax 04.68.56.47.60 ☑ ⏰ t.l.j. 8h-12h30 14h-19h; sam. dim. sur r.-v.

CH. DE SAU 1995

| ■ | 28 ha | 180 000 | 🍷 | -30 F |

Situé entre Thuir et Perpignan, ce château fait partie des grands domaines traditionnels de l'agriculture catalane. Ce 95 est déjà à bonne maturité, à en juger par la rondeur de ses tanins et l'harmonieuse souplesse de son équilibre. Les notes de fruits rouges et d'épices n'en sont que plus appréciées.

🍷 Hervé Passama, Ch. de Sau, 66300 Thuir, tél. 04.68.53.40.16, fax 04.68.53.29.07 ⏰ r.-v.

LES VIGNERONS DE TARERACH
Roc de Maure 1996*

| ■ | n.c. | 13 000 | 🍷 | -30 F |

Le vignoble de Tarérach, dans le Fenouillèdes, se caractérise par la fraîcheur de son *climat*, due à l'altitude. C'est peut-être cela qui donne à ce vin cette rondeur gouleyante où les arômes de fruits rouges sauvages, d'épices et de poivre dominent du premier coup de nez jusqu'en fin de bouche.

🍷 SCV Tarérach Roc de Maure, B.P. 31, 66320 Tarérach, tél. 04.68.96.54.96, fax 04.68.96.17.91 ☑ ⏰ r.-v.

LE ROUSSILLON

Côtes du roussillon-villages

TERRASSOUS
Elevé en fût de chêne Les Pierres Plates 1995*

■   30 ha   25 000   ⬛ 30 à 50 F

Des Pierres Plates pour un terroir qui ne l'est pas. Ce 95, issu de sélections de terroirs et élevé en fût de chêne, se révèle déjà bien mûr avec ses nuances de venaison, d'épices et de fruits grillés. Une robe pourpre entoure une charpente tannique bien fondue avec les notes boisées.
🍇 SCV Les Vignerons de Terrats, B.P. 32, 66302 Terrats, tél. 04.68.53.02.50, fax 04.68.53.23.06 ✅ 🍷 t.l.j. sf dim. 8h-12h 14h-18h

TREMOINE DE RASIGUERES 1997**

◢   25 ha   130 000   30 à 50 F

La réputation des vins rosés de Rasiguères n'est plus à faire, et ce n'est pas ce 97 qui faillira à la tradition. Un rosé dont la robe presque rouge annonce des arômes de framboise et d'autres fruits rouges mêlés de touches amyliques. Délicat et puissant, nerveux et gras, il offre une belle persistance aromatique.
🍇 Les Vignerons Catalans, 1870, av. Julien-Panchot, B.P. 2035, 66011 Perpignan Cedex, tél. 04.68.85.04.51, fax 04.68.55.25.62 ✅ 🍷 r.-v.

CELLIER TROUILLAS 1997

■   137 ha   30 000   🍷 -30 F

Le Mas Deu, haut-lieu des Templiers, veille sur le vignoble de Trouillas. Une robe rubis à reflets brillants pour des arômes de baies rouges. Des tanins tout en rondeur et en finesse. Légèrement épicé, un vin qui accompagnera facilement tous les repas.
🍇 SCV Le Cellier de Trouillas, 1, av. du Mas-Deu, 66300 Trouillas, tél. 04.68.53.47.08, fax 04.68.53.24.56 ✅ 🍷 t.l.j. sf dim. 8h-12h 14h-18h

CH. DE VESPEILLES 1993**

■   n.c.   10 000   🍷 -30 F

Un très joli vin sélectionné par la société Destavel dans ce millésime qui arrive à parfaite maturité. Quelques reflets tuilés dans la robe, des notes alléchantes de viande grillée, une touche boisée harmonieusement fondue sur une charpente bien patinée par l'élevage composent une bouteille prête à boire.
🍇 SA Destavel, 7 bis, av. du Canigou, 66000 Perpignan, tél. 04.68.68.36.00, fax 04.68.54.03.54 ✅

Côtes du roussillon-villages

ARNAUD DE VILLENEUVE
Elevé en barrique de chêne 1996*

■   n.c.   20 000   ⬛ 30 à 50 F

Arnaud de Villeneuve fut le médecin qui mit au point le procédé de mutage à l'alcool utilisé dans l'élaboration des vins doux naturels depuis le XIII^{e}s. Ici, point de mutage pour cette cuvée d'une belle couleur rubis cerise. Les arômes d'épices accompagnent des notes empyreumatiques. Structuré et puissant, un vin harmonieux en bouche.
🍇 Les Vignobles du Rivesaltais, 1, rue de la Roussillonnaise, 66602 Rivesaltes, tél. 04.68.64.06.63, fax 04.68.64.64.69 ✅

CH. DE BELESTA 1996*

■   n.c.   34 000   🍷 -30 F

Un vin au nez de baies rouges sauvages et aux notes d'épices persistantes en bouche. La robe brillante d'un beau rubis entoure des sensations dominées par la rondeur.
🍇 Les Vignerons Catalans, 1870, av. Julien-Panchot, B.P. 2035, 66011 Perpignan Cedex, tél. 04.68.85.04.51, fax 04.68.55.25.62 ✅ 🍷 r.-v.
🍇 Les Vignerons de Bélesta

DOM. BONZOMS 1996

■   8 ha   5 000   🍷 -30 F

Un vin tout en finesse et rondeur, assez éloigné des expressions plus tanniques rencontrées habituellement sur ce terroir. La typicité est apportée par l'élégance du fruité et des tanins bien enveloppés par la puissance et l'onctuosité. « Simple » et « bon » se conjuguent parfaitement dans cette cuvée.
🍇 Frédéric Bonzoms, 2, pl. de la République, 66720 Tautavel, tél. 04.68.29.40.15 ✅ 🍷 r.-v.

DOM. REGIS BOUCABEILLE 1995**

■   1,2 ha   3 000   ⬛ 70 à 100 F

D'origine audoise, installé dans les affaires à Bruxelles, Régis Boucabeille a choisi le Roussillon pour réaliser son rêve viticole. Le vin de son domaine a certainement dû être imaginé avec beaucoup de passion. La robe de ce 95 est vermeille et un parfum légèrement vanillé enveloppe des arômes de baies rouges. La solide charpente laisse augurer un bel avenir à ce vin.
🍇 Régis Boucabeille, rte Nationale, 66550 Corneilla-la-Rivière, tél. 04.68.57.38.93, fax 04.68.57.23.36 ✅ 🍷 r.-v.

CH. DE CALADROY 1996

■   n.c.   n.c.   🍷 30 à 50 F

Ce château perché sur les crêtes schisteuses qui dominent la vallée de la Têt constituait un rempart à la frontière franco-espagnole avant le traité des Pyrénées. Son 96, dans une robe profonde aux reflets grenat, offre des notes de fruits mûrs rehaussés de clou de girofle. L'attaque est puissante et chaleureuse en bouche ; celle-ci laisse peu à peu le tanin s'exprimer.
🍇 SARL Arnold-Bobo et Fils, Ch. de Caladroy, 66720 Bélesta, tél. 04.68.57.10.25, fax 04.68.57.27.76 ✅ 🍷 r.-v.
🍇 O. Arnold

CH. DE CALCE 1993*

■   n.c.   5 000   🍷 30 à 50 F

Ce vignoble de coteaux calcaires domine la plaine du Roussillon. Voici un millésime déjà assagi par le temps, comme le montrent ses reflets tuilés et ses notes de confiture de griottes. Mais il y a toute une jeunesse encore dans son corps charnu où l'on apprécie le velours des tanins.

Côtes du roussillon-villages

⚒ Cave Les Vignerons de Calce, 8, rte d'Estagel, 66600 Calce, tél. 04.68.64.47.42, fax 04.68.64.36.48 ☑ ☊ t.l.j. sf dim. 8h-12h 14h-18h

CAVE COOP. DE CARAMANY
Caramany La Carmagnole 1995★★

■   3 ha   10 000   ■♦   30 à 50 F

Ce millésime arrive à sa pleine maturité. Robe d'un rubis pourpre, arômes de fruits rouges toujours rehaussés par les épices dues à la macération carbonique du carignan. Un tanin au grain doux complète l'harmonie gourmande en bouche.

⚒ SCV de Caramany, 66720 Caramany, tél. 04.68.84.51.80, fax 04.68.84.50.84 ☑ ☊ t.l.j. sf dim. 9h-12h 14h-17h30

LES VIGNERONS DE CARAMANY
Caramany Cuvée du Presbytère 1996★★

■   30 ha   70 000   30 à 50 F

Cette cuvée, produite par les Vignerons catalans, reste toujours l'archétype du caramany : on y trouve les baies sauvages, la pointe florale, la saveur épicée avec une dominante poivrée, le tout dans un écrin d'un rubis brillant. La charpente tannique reste harmonieuse grâce à la finesse des sensations tactiles.

⚒ Les Vignerons Catalans, 1870, av. Julien-Panchot, B.P. 2035, 66011 Perpignan Cedex, tél. 04.68.85.04.51, fax 04.68.55.25.62 ☑ ☊ r.-v.

VIGNERONS CATALANS
Saveurs oubliées Vinifié à l'ancienne 1997★

■   n.c.   n.c.   -30 F

Jamais oublié dans ce Guide, ce vin se caractérise toujours par la finesse de ses tanins qui se fondent dans les saveurs épicées. Les arômes de fruits rouges sont habillés d'une belle robe rubis brillant.

⚒ Les Vignerons Catalans, 1870, av. Julien-Panchot, B.P. 2035, 66011 Perpignan Cedex, tél. 04.68.85.04.51, fax 04.68.55.25.62 ☊ r.-v.

DOM. CAZES 1994★★

■   6 ha   28 000   ■♦   30 à 50 F

Quelle complexité aromatique ! On passe tour à tour des notes épicées, poivrées, aux accents de fruits rouges à l'eau-de-vie puis à un univers de touches réglissées. La bouche harmonieuse, où le tanin se fond dans la puissance et dans des saveurs somptueuses, confirme que c'est un vin de gastronome.

⚒ Dom. Cazes, 4, rue Francisco-Ferrer, B.P. 61, 66602 Rivesaltes, tél. 04.68.64.08.26, fax 04.68.64.69.79 ☑ ☊ r.-v.
⚒ André et Bernard Cazes

DOM. DES CHENES Les Alzines 1995

■   n.c.   10 000   ■⬤♦   30 à 50 F

Le cirque de Vingrau, terroir exceptionnel, un père vigneron passionné et un fils professeur d'œnologie, ne sont pas étrangers à la réussite de ce domaine. Dès le premier coup de nez, ce sont les arômes de garrigue et d'épices qui apparaissent, puis quelques notes boisées se manifestent en bouche où la structure tannique domine, en harmonie avec l'onctuosité. A laisser mûrir.

⚒ Razungles et Fils, Dom. des Chênes, 7, rue du Maréchal-Joffre, 66600 Vingrau, tél. 04.68.29.40.21, fax 04.68.29.10.91 ☑ ☊ r.-v.

LES VIGNERONS DES COTES D'AGLY
Cuvée François Arago Vieilli en fût de chêne 1996★

■   3 ha   10 000   ⬤■   -30 F

Les Caves des Vignerons des Côtes d'Agly regroupent les terroirs d'Estagel et de Montner. Ce 96 d'un rubis vermeil offre des notes de fruits rouges grillées avec quelques touches boisées, bien fondues dans le corps du vin. La charpente au tanin bien patiné laisse les sensations onctueuses orchestrer l'harmonie gustative.

⚒ SCAV Les Vignerons des Côtes d'Agly, 66310 Estagel, tél. 04.68.29.00.45, fax 04.68.29.19.80 ☑ ☊ r.-v.

CH. CUCHOUS 1995

■   n.c.   80 000   ■♦   30 à 50 F

Jolie robe grenat ; nez puissant de fruits très mûrs, d'épices et de poivre. Belle structure tannique en équilibre avec l'onctuosité et la persistance des arômes.

⚒ Les Vignerons Catalans, 1870, av. Julien-Panchot, B.P. 2035, 66011 Perpignan Cedex, tél. 04.68.85.04.51, fax 04.68.55.25.62 ☑ ☊ r.-v.

DOM BRIAL Elevé en fût de chêne 1995★

■   n.c.   45 000   ■⬤♦   30 à 50 F

La belle robe rubis laisse apparaître quelques reflets tuilés. Les notes fumées évoquent la réglisse en bouche, autour d'une sensation à la fois tannique et charnue.

⚒ Cave des Vignerons de Baixas, 14, av. du Maréchal-Joffre, 66390 Baixas, tél. 04.68.64.22.37, fax 04.68.64.26.70 ☑ ☊ r.-v.

DOM. FONTANEL
Vieilli en fût de chêne 1995★★

■   10 ha   13 000   ■⬤♦   30 à 50 F

Le vignoble de Tautavel marque ici sa typicité calcaire par la puissance et la race de ce vin. Des notes de fruits surmûris, avec quelques senteurs rappelant le vieux cuir, entourent une charpente virile mais harmonieuse qui laisse augurer un bel avenir à ce vin.

⚒ Dom. Fontanel, 25, av. Jean-Jaurès, 66720 Tautavel, tél. 04.68.29.04.71, fax 04.68.29.19.44 ☑ ☊ t.l.j. 10h-12h 14h-19h

DOM. FORCA REAL 1996★★★

■   5 ha   15 000   ♦   30 à 50 F

Déjà coup de cœur pour le côtes du roussillon l'an dernier, le domaine de Força Réal nous confirme son haut niveau qualitatif avec ce côtes du roussillon-villages 96. L'élégance du fruité, la subtilité des épices, le velours du tanin, l'onctuosité de la charpente, les notes balsamiques puis de réglisse, tout concourt à un parcours sensoriel sans faute. A déguster autour de quelques côtes d'agneau sur la braise.

⚒ J.-P. Henriquès, Dom. Força Réal, Mas de la Garrigue, 66170 Millas, tél. 04.68.85.06.07, fax 04.68.85.49.00 ☑ ☊ r.-v.

LE ROUSSILLON

Côtes du roussillon-villages

DOM. GARDIES Tautavel 1996**

n.c.   8 000   30 à 50 F

Un vignoble installé sur le terroir de Vingrau, célèbre par son cirque majestueux et par la passion de ses vignerons. La robe de ce 96, d'un rubis profond, annonce des arômes de baies rouges à l'eau-de-vie et des notes de réglisse en bouche. Les tanins sont puissants mais d'excellente facture. Un vin très prometteur.

• Jean Gardiés, 1, rue Millère, 66600 Vingrau, tél. 04.68.64.61.16, fax 04.68.64.69.36 ☑ ▼ r.-v.

CH. DE JAU 1996**

64 ha   230 000   30 à 50 F

Un vin que l'on appréciera au « grill » du château qui abrite une fondation d'art contemporain. La belle robe rubis à reflets vermeils dévoile un vin déjà mûr où les tanins sont fondus dans une bouche onctueuse. Les sensations aromatiques évoquent les fruits en compote, le clou de girofle et le foin coupé.

• Ch. de Jau, 66600 Cases-de-Pène, tél. 04.68.38.90.10, fax 04.68.38.91.33 ☑ ▼ r.-v.

DOM. DE JOLIETTE
Cuvée Romain Mercier 1996

n.c.   8 000   50 à 70 F

Un vignoble à la lisière des pinèdes accrochées sur les contreforts des Corbières. Nez de garrigue et de noyau de fruits rouges pour ce 96. La structure tannique solide, encore dominante mais de bonne qualité, dialogue avec le corsé et l'onctuosité sur un fond d'arômes épicés.

• EARL Mercier, Dom. Joliette, rte de Vingrau, 66600 Espira-de-l'Agly, tél. 04.68.64.50.60, fax 04.68.64.18.82 ▼ t.l.j. 8h-12h30 14h-18h30; sam. dim. sur r.-v.

DOM. LA PLEIADE 1994

1,5 ha   7 000   30 à 50 F

Bien connu pour ses maury, le domaine de La Pléiade produit également au cœur des schistes noirs, ce vin rouge sec, habillé d'une robe rubis. Les arômes classiques sur ce terroir sont de mûre et d'autres baies rouges. Puissante et chaleureuse, une bouteille d'une belle onctuosité.

• Dom. La Pléiade, 41, chem. du Sacré-Cœur, 66000 Perpignan, tél. 04.68.52.21.66, fax 04.68.52.21.66 ☑ ▼ r.-v.
• Delcour

CH. LES PINS 1995**

n.c.   70 000   30 à 50 F

Le château Les Pins reçoit rencontres théâtrales et manifestations culturelles autour du vin. Coup de cœur l'année dernière avec le millésime 94, son vin a encore une fois séduit le jury dans ce millésime 95. Les notes boisées et fumées, encore dominantes, entourent une charpente aux tanins d'excellente qualité, qui demande encore à mûrir pour parfaire l'harmonie d'ensemble.

• Cave des Vignerons de Baixas, 14, av. du Maréchal-Joffre, 66390 Baixas, tél. 04.68.64.22.37, fax 04.68.64.26.70 ☑ ▼ r.-v.

LESQUERDE
Lesquerde Les Arènes de Granit 1995***

7 ha   30 000   30 à 50 F

L'appellation peut s'enorgueillir à juste titre de ce 95 dont le nom évoque la nature même de ce terroir. Sa robe d'un rubis cerise entoure des arômes déjà mûrs, évoquant les baies rouges confites. La bouche laisse apparaître une dominante de saveurs épicées. L'harmonie onctueuse, la finesse exceptionnelle des tanins et l'impressionnante persistance des arômes en font un vin de grande expression.

• SCV de Lesquerde, 66220 Lesquerde, tél. 04.68.59.02.62, fax 04.68.59.08.17 ☑ ▼ t.l.j. sf dim. 8h-12h 14h-18h

LES VIGNERONS DE MAURY
Cuvée du Président Bories 1996

6 ha   25 000   -30 F

Un vignoble sur les croupes de schistes noirs au pied du château cathare de Quéribus. Les arômes de fruits surmûris de ce 96 évoquent le grenache des grands terroirs à vins doux naturels. La robe d'un rubis cerise et brillant entoure des tanins charnus dominés par une puissance chaleureuse.

• SCAV Les Vignerons de Maury, 128, av. Jean-Jaurès, 66460 Maury, tél. 04.68.59.00.95, fax 04.68.59.02.88 ☑ ▼ r.-v.

DOM. DU MOULIN Crest 1995

2 ha   5 000   50 à 70 F

La robe d'un rubis peu soutenu ne laisse guère deviner l'harmonie de ce vin dont le tanin s'exprime en bouche, accompagné de notes de baies rouges et d'épices. A apprécier sur quelques grives à la broche.

• Henri Lhéritier, av. Gambetta, 66600 Rivesaltes, tél. 04.68.64.06.52, fax 04.68.38.54.88 ☑ ▼ t.l.j. 9h-12h 15h-19h

DOM. PIQUEMAL
Elevé en fût de chêne 1996*

10 ha   12 000   30 à 50 F

Régulièrement retenu par nos jurys, le domaine présente un 96 dont la robe grenat annonce des arômes de fruits rouges macérés et légèrement surmûris. En bouche, les notes boisées et réglissées se développent autour d'une harmonie qui est encore dominée par le tanin et l'élevage en fût.

• Dom. Piquemal, 1, rue Pierre-Lefranc, 66600 Espira-de-l'Agly, tél. 04.68.64.09.14, fax 04.68.38.52.94 ☑ ▼ r.-v.
• Pierre Piquemal

DOM. DU ROUVRE 1995**

2 ha   5 000   30 à 50 F

Un vignoble installé sur les pentes schisteuses de l'Ermitage de Força Réal. Dès le premier coup de nez, on apprécie des notes d'épices et de foin coupé. L'empreinte boisée est séduisante et donne une belle harmonie à ce vin.

• GFA Dom. du Château Royal, Los Parès, 66550 Corneilla-la-Rivière, tél. 04.68.57.22.02, fax 04.68.57.11.63 ☑ ▼ r.-v.

Collioure

DOM. SAINT-FRANCOIS 1996*
■　　　8 ha　　13 000　　■↓ 30à50F

Une belle robe rubis, des arômes de baies rouges sauvages et d'épices orientales. Ce vin est poivré en bouche. La discrétion et l'élégance des tanins laissent jouer aux arômes leur concert de séduction.
☛ Jean-Marie Sire, 21, av. Henri-Barbusse, 66310 Estagel, tél. 04.68.29.03.75, fax 04.68.29.19.14 ☑ ⌵ r.-v.

DOM. DES SCHISTES Tradition 1996***
■　　　8 ha　　13 000　　■↓ 30à50F

Ce terroir de schistes est particulièrement bien mis en valeur par Jacques et Nadine Sire. La robe d'un rubis profond de cette cuvée Tradition s'ouvre sur un univers d'arômes évolués évoquant les épices, le cuir, avec une pointe de venaison. L'onctuosité en bouche donne à la charpente tannique un savoureux côté charnu.
☛ Jacques Sire, 1, av. Jean-Lurçat, 66310 Estagel, tél. 04.68.29.11.25, fax 04.68.29.47.17 ☑ ⌵ r.-v.

LES MAITRES VIGNERONS DE TAUTAVEL Tautavel 1996**
■　　　50 ha　　13 000　　　　50à70F

Un terroir célèbre tant par son site préhistorique que par la qualité de ses vins dont la typicité provient de la présence du calcaire. Cette cuvée millésimée 96 bénéficie de l'appellation côtes du roussillon-villages Tautavel. La robe brillante, d'un rubis transparent, entoure des arômes d'épices, de mûre et de griotte. La fraîcheur en bouche est habilement mise en valeur par la finesse du tanin, l'onctuosité et la puissance chaleureuse.
☛ Les Maîtres Vignerons de Tautavel, 24, av. Jean-Badia, 66720 Tautavel, tél. 04.68.29.12.03, fax 04.68.29.41.81 ☑ ⌵ t.l.j. 8h-12h 14h-18h

LES MAITRES VIGNERONS DE TAUTAVEL
Cuvée Bernard Taillefer 1993***
■　　　85 ha　　24 000　　■　50à70F

Un terroir de race et une parfaite maîtrise de l'élevage en fût se conjuguent harmonieusement dans cette bouteille. Une robe rubis aux reflets tuilés annonce les arômes intenses et complexes, évoquant les fruits cuits, avec quelques notes de cuir, une touche à la fois légèrement viscérale et élégante. La délicatesse des notes grillées apportées par le fût vient ici en parfait complément, apportant l'harmonie gustative propres aux grands vins. La réplique parfaite à un civet de marcassin.
☛ Les Maîtres Vignerons de Tautavel, 24, av. Jean-Badia, 66720 Tautavel, tél. 04.68.29.12.03, fax 04.68.29.41.81 ☑ ⌵ t.l.j. 8h-12h 14h-18h

CELLIER TREMOINE
Cuvée Moura Lympany Elevé en fût de chêne 1996*
■　　　4 ha　　15 000　　◪ 30à50F

Cette cuvée rend hommage à la célèbre pianiste qui s'est passionnée pour ce terroir de Rasiguères. Les notes boisées sont ici parfaitement en harmonie avec l'élégance des tanins et des arômes de vendanges fraîches. Pas de fausse note dans l'élevage en fût qui révèle au contraire toute la subtilité de ce vin.
☛ Cellier Tremoine, 66720 Rasiguères, tél. 04.68.29.11.82, fax 04.68.29.16.45 ☑ ⌵ r.-v.

Collioure

C'est une toute petite appellation : actuellement, 330 ha produisent quelque 8 000 hl. Le terroir est le même que celui de l'appellation banyuls : les quatre communes de Collioure, Port-Vendres, Banyuls-sur-Mer et Cerbère.

L'encépagement est à base de grenache noir, carignan et mourvèdre, avec la syrah et le cinsault comme cépages accessoires. Ce sont uniquement des vins rouges et rosés, qui sont élaborés en début de vendanges, avant la récolte des raisins pour les banyuls. La faiblesse des rendements est à l'origine de vins bien colorés, assez chauds, corsés, avec des arômes de fruits rouges bien mûrs. Les rosés sont aromatiques, riches et néanmoins nerveux.

ABBAYE DE VALBONNE 1996**
■　　　n.c.　　134 028　　◪ 50à70F

Des arômes de baies rouges sauvages habillés d'une robe pourpre. Une belle harmonie en bouche où la finesse des tanins donne la réplique à la puissance chaleureuse. Beaucoup d'élégance dans cette bouteille remarquable.
☛ Cellier des Templiers, rte du Balcon-de-Madeloc, 66650 Banyuls-sur-Mer, tél. 04.68.98.36.70, fax 04.68.98.36.91 ☑ ⌵ r.-v.

DOM. DE BAILLAURY 1995**
■　　　n.c.　　7 120　　■↓ 70à100F

Un millésime déjà bien mûr, réservé aux restaurateurs et aux cavistes. Il reflète bien les caractéristiques d'un collioure évolué. Quelques reflets tuilés dans la robe rubis, des arômes de cuir mêlés de notes de venaison se dissipent peu à

LE ROUSSILLON

Colliore

peu pour faire renaître le fruit dans le verre. Les tanins sont harmonieusement fondus.
➥ La Cave de L'Abbé Rous, 56, av. du Gal-de-Gaulle, 66650 Banyuls-sur-Mer,
tél. 04.68.88.72.72, fax 04.68.88.30.57

CASTELL DES HOSPICES 1995★★★

n.c.   8 060   100 à 150 F

Déjà coup de cœur l'année dernière pour le millésime 1994, cette cuvée millésimée 1995 confirme la haute qualité des vins issus des vignobles des Hospices. Quelques reflets tuilés dans la robe d'un rubis brillant annoncent les arômes complexes - notes grillées légèrement vanillées, puis griotte confite en bouche. Les tanins sont très doux, mûris par les touches boisées. L'onctuosité en finale est remarquable. Quelques perdreaux à la catalane lui donneront la réplique gourmande attendue.
➥ La Cave de L'Abbé Rous, 56, av. du Gal-de-Gaulle, 66650 Banyuls-sur-Mer,
tél. 04.68.88.72.72, fax 04.68.88.30.57

CLOS CHATART 1995★

n.c.   8 000   70 à 100 F

Le clos Chatart se trouve juste à côté du tombeau du sculpteur Aristide Maillol. Une cave creusée dans le schiste reçoit les équipements technologiques respectant le patrimoine du terroir. Ce 95, paré d'une robe d'un rubis cerise, offre des notes de cerise confite et de mûre. De jolis tanins, encore bien présents, se fondent peu à peu avec les impressions chaleureuses de ce vin.
➥ Clos Chatart, 66650 Banyuls-sur-Mer,
tél. 04.68.88.12.58, fax 04.68.88.51.51

DOM. DE LA CASA BLANCA 1995

1,8 ha   4 000   30 à 50 F

Notes de cerise bien mûre et de vieux cassis dans un écrin d'un rubis vermeil : ce vin de caractère possède une structure tannique encore virile, heureusement soutenue par une puissance chaleureuse.
➥ Dom. de La Casa Blanca, 16, av. de la Gare, 66650 Banyuls-sur-Mer, tél. 04.68.88.12.85, fax 04.68.88.04.08

DOM. DE LA MARQUISE
Cuvée Pierre Robert 1994

2 ha   2 500   50 à 70 F

Une robe où les reflets tuilés annoncent des arômes de vieux cuir, de fruits rouges en cuisson et quelques notes de cacao qui font un clin d'œil au banyuls, produit sur le même terroir avec le même grenache noir.
➥ Dom. de La Marquise, 17, rue Pasteur, 66190 Collioure, tél. 04.68.98.01.38, fax 04.68.82.51.77
➥ Jacques Py

DOM. DE LA RECTORIE
Cuvée Coume Pascole 1996★

2 ha   10 000   70 à 100 F

La robe, d'un grenat profond, s'ouvre sur un univers de fruits rouges bien mûrs rehaussés d'épices. La bouche découvre beaucoup de tanins, au grain très fin, légèrement grillés, commençant à se fondre dans la puissance chaleureuse. En bonne voie de maturation.

➥ SCEA Dom. de La Rectorie, 54, av. du Puig-del-Mas, 66650 Banyuls-sur-Mer,
tél. 04.68.88.13.45, fax 04.68.88.18.55
➥ Parcé Frères

CUVÉE DE LA SALETTE 1997

37 296   50 à 70 F

Belle robe d'un rosé légèrement saumoné. Amylique, floral et épicé au nez, ce vin développe tout son fruit en bouche, dans une harmonie où la fraîcheur domine.
➥ Cellier des Templiers, rte du Balcon-de-Madeloc, 66650 Banyuls-sur-Mer,
tél. 04.68.98.36.70, fax 04.68.98.36.91

DOM. LA TOUR VIEILLE
Cuvée Puig Oriol 1996★★★

n.c.   10 000   50 à 70 F

Vincent et Christine se sont retrouvés sur le terroir de leur enfance. De belles cuvées rendent hommage à leur passion. Dès le premier coup de nez, on est ici séduit par les arômes de baies rouges sauvages et d'épices, enveloppés dans un écrin pourpre. Les tanins sont à la fois puissants et soyeux, et les arômes réglissés se fondent dans une impression charnue.
➥ Dom. La Tour Vieille, 3, av. du Mirador, 66190 Collioure, tél. 04.68.82.42.20,
fax 04.68.82.38.42
➥ Cantié et Campadieu

DOM. LA TOUR VIEILLE
Rosé des Roches 1997★★

2,5 ha   8 000   30 à 50 F

Un rosé de saignée du soir, nous dit-on. De couleur framboise, presque cerise, il offre beaucoup de fruits rouges dès le premier coup de nez. Rond et frais à la fois, avec de savoureuses notes épicées, c'est un vin gourmand.
➥ Dom. La Tour Vieille, 3, av. du Mirador, 66190 Collioure, tél. 04.68.82.42.20,
fax 04.68.82.38.42

LE CASOT DES MAILLOLES
Le Clôt de Taillelauque 1996

2 ha   4 000   50 à 70 F

Ce couple de jeunes vignerons audois s'est installé depuis peu à Banyuls après avoir été séduit par la grandeur de ce terroir. Dès le premier coup de nez, on retrouve dans ce 96 les arômes classiques des raisins surmûris sur les terrasses de ce vignoble : fruits confits, épices douces sur un fond chaleureux et puissant.
➥ Dom. Le Casot des Mailloles, 17, av. Puig-del-Mas, 66650 Banyuls-sur-Mer,
tél. 04.68.88.59.37, fax 04.68.88.54.03
➥ G. Magnier

CELLIER LE DOMINICAIN
Cuvée de la Colline de Matisse 1996

n.c.   20 000   30 à 50 F

Un ancien couvent de dominicains reconverti en cave de vinification au cœur même du village de Collioure. Les arômes épicés, poivrés et les notes de griotte bien mûre de ce 96 annoncent un vin qui est en pleine phase de jeunesse. L'équilibre en bouche privilégie la rondeur et la souplesse.

Collioure

Cellier Le Dominicain, pl. Orphila, 66190 Collioure, tél. 04.68.82.05.63, fax 04.68.82.43.06 ⓥ ⓣ r.-v.

L'ETOILE 1997

1,65 ha   6 500   30 à 50 F

La cave de l'Etoile, réputée pour ses vieux banyuls, offre également des vins aux accents plus frais comme ce rosé 97. Sa robe aux nuances peau d'ange s'ouvre sur des arômes de fraise écrasée et d'épices douces. Il se montre chaleureux et savoureux en bouche.

Sté coop. L'Etoile, 26, av. du Puig-del-Mas, 66650 Banyuls-sur-Mer, tél. 04.68.88.00.10, fax 04.68.88.15.10 ⓥ ⓣ t.l.j. sf sam. dim. 8h-12h 14h-18h

LES CLOS DE PAULILLES 1996*

8 ha   40 000   50 à 70 F

Des vins que l'on peut apprécier au restaurant des Clos de Paulilles, tout au bord de la mer, dans une des criques les plus accueillantes de la Côte Vermeille. Une robe rubis grenat entoure les arômes de baies rouges, avec quelques notes grillées qui annoncent l'élevage boisé qui donne à ce vin une charpente solide. L'avenir lui appartient. A savoir attendre !

Les Clos de Paulilles, Baie de Paulilles, 66660 Port-Vendres, tél. 04.68.38.90.10, fax 04.68.38.91.33 ⓥ ⓣ r.-v.

LES CLOS DE PAULILLES 1997***

13 ha   60 000   30 à 50 F

Belle robe brillante d'un rose bien soutenu. Le fruit domine du premier coup de nez jusqu'à la fin de bouche, accompagné tour à tour de notes de banane et d'épices. L'équilibre gustatif laisse libre cours aux sensations charnues qui permettent à ce vin d'accompagner tout un repas gastronomique.

Les Clos de Paulilles, Baie de Paulilles, 66660 Port-Vendres, tél. 04.68.38.90.10, fax 04.68.38.91.33 ⓥ ⓣ r.-v.

DOM. DU ROUMANI 1996*

n.c.   129 912   50 à 70 F

La robe brillante, d'un rubis vermeil, entoure des arômes de fruits confits et d'épices orientales. Puissant et charnu en bouche, ce 96 offre une appréciable persistance des arômes évoquant la bonne maturité des raisins.

Cellier des Templiers, rte du Balcon-de-Madeloc, 66650 Banyuls-sur-Mer, tél. 04.68.98.36.70, fax 04.68.98.36.91 ⓥ ⓣ r.-v.

DOM. DU TRAGINER 1996

3 ha   6 500   50 à 70 F

Le *Traginer* était celui qui conduisait le mulet aidant autrefois aux travaux viticoles. Une robe cerise pour ce vin aussi traditionnel que la culture des vignes d'où il provient. On y retrouve les notes de vendange surmûrie et celles de l'élevage en fût.

Dom. du Traginer, 56, av. du Puig-del-Mas, 66650 Banyuls-sur-Madeloc, tél. 04.68.88.15.11, fax 04.68.88.31.48 ⓥ ⓣ r.-v.

VIAL-MAGNERES 1995*

1 ha   4 000   50 à 70 F

Bernard Sapéras est fier de son terroir, qu'il cultive avec passion, et de ses vieilles vignes traditionnelles en terrasses étayées par des murets de schistes. Il présente un collioure en pleine maturité comme le montrent les reflets légèrement tuilés de la robe, les arômes de vieux cuir et de venaison et son tanin déjà bien patiné. A apprécier sur quelque gibier à plume.

Vial-Magnères, Clos Saint-André, 66650 Banyuls-sur-Mer, tél. 04.68.88.31.04, fax 04.68.55.01.06 ⓥ ⓣ r.-v.

Monique Sapéras

LE ROUSSILLON

LA PROVENCE ET LA CORSE

La Provence

La Provence, pour tout un chacun, c'est un pays de vacances, où « il fait toujours soleil » et où les gens, à l'accent chantant, prennent le temps de vivre... Pour les vignerons, c'est aussi un pays de soleil, qui brille trois mille heures par an. Les pluies y sont rares mais violentes, les vents fougueux et le relief tourmenté. Les Phocéens, débarqués à Marseille vers 600 av. J.-C., ne se sont pas étonnés d'y voir de la vigne, comme chez eux, et ont participé à sa diffusion. Plus tard, les Romains puis les moines et les nobles, et jusqu'au roi-vigneron René d'Anjou, comte de Provence, les ont imités.

Eléonore de Provence, épouse d'Henri III, roi d'Angleterre, sut donner aux vins de Provence un grand renom, tout comme sa belle-mère, Aliénor d'Aquitaine, l'avait fait pour les vins de Gascogne. Ils furent par la suite un peu oubliés du commerce international, faute de se trouver sur les grands axes de circulation. Ces dernières décennies, le développement du tourisme les a remis à l'honneur, et spécialement les vins rosés, vins joyeux s'il en fut, symboles de vacances estivales et dignes accompagnements des plats provençaux.

La structure du vignoble est souvent morcelée, ce qui explique que près de la moitié de la production soit élaborée en caves coopératives : il n'y en a pas moins de cent dans le département du Var. Mais les domaines, pour la plupart embouteilleurs, ont toujours leur importance, et leur présence active sur le marché et dans la promotion s'avère précieuse pour toute la région. La production annuelle atteint deux à trois millions d'hectolitres, dont sept à huit cent mille dans les sept appellations d'origine contrôlée dont environ un million dans les huit appellations d'origine. Pour le seul département du Var, le vin représente encore 45 % du produit agricole brut, pour 51 % de la surface.

Comme dans les autres vignobles méridionaux, les cépages sont très variés : l'appellation côtes de provence en admet jusqu'à treize. Encore que les muscats, qui firent la gloire de bien des terroirs provençaux avant la crise phylloxérique, aient aujourd'hui disparu. Le vignoble est le plus souvent conduit en gobelet bas ; cependant, les formes palissées se font de plus en plus fréquentes. Vins rosés et vins blancs (ceux-ci plus rares, mais souvent surprenants) sont généralement bus jeunes ; et peut-être pourrait-on revoir cette habitude si l'on trouvait des conditions de maturation en bouteilles moins sévères que celles de notre climat. Il en est de même pour beaucoup de rouges, lorsqu'ils sont légers. Mais les plus corsés, dans toutes les appellations, vieillissent fort bien : on connaît un bandol 1965 qui se tient encore bien droit !

Côtes de provence

Tout petit, le vignoble de Palette, aux portes d'Aix, englobe l'ancien clos du bon roi René. On signalera ici ses blancs, rosés et rouges (environ 600 hl par an).

Et puisqu'on parle encore provençal dans quelques domaines, sachez qu'un « avis » est un sarment, qu'une « tine » est une cuve et qu'une « crotte » est une cave ! Peut-être vous dira-t-on aussi qu'un des cépages porte le nom de « pecoui-touar » (queue tordue) ou encore « ginou d'agasso » (genou de pie), à cause de la forme particulière du pédoncule de sa grappe...

Côtes de provence

Cette appellation dont la production est considérable (près de 800 000 hl par an) occupe un bon tiers du département du Var, avec des prolongements dans les Bouches-du-Rhône, jusqu'aux abords de Marseille, et une enclave dans les Alpes-Maritimes. Elle produit en moyenne 850 000 hl dont 80 % de rosés, 15 % de rouges et 5 % de blancs. Trois terroirs la caractérisent : le massif siliceux des Maures, au sud-est, bordé au nord par une bande de grès rouge allant de Toulon à Saint-Raphaël et, au-delà, l'importante masse de collines et de plateaux calcaires qui annonce les Alpes. On conçoit que les vins issus de nombreux cépages différents, en proportions variables, sur des sols et des expositions tout aussi divers, présentent, à côté d'une parenté due au soleil, des variantes qui font précisément leur charme... Un charme que le Phocéen Protis goûtait sans doute déjà, 600 ans avant notre ère, lorsque Gyptis, fille du roi, lui offrait une coupe en aveu de son amour...

Sur les blancs tendres, mais sans mollesse, du littoral, les nourritures maritimes et très fraîches seront tout à fait à leur place, tandis que ceux qui sont un peu plus « pointus », un peu plus au nord, apaiseront mieux les irritations des écrevisses à l'américaine et des fromages piquants. Les rosés, tendres ou nerveux, selon l'humeur et le goût, seront les meilleurs compagnons des fragrances puissantes de la soupe au pistou, de l'anchoïade, de l'aïoli, de la bouillabaisse, et aussi des poissons et des fruits de mer aux arômes iodés : rougets, oursins, violets. Enfin, dans les rouges, ceux qui sont tendres (à boire frais) conviennent aux gigots, aux rôtis, mais aussi aux pot-au-feu, et en particulier au pot-au-feu froid en salade ; quelques rouges corsés, puissants, généreux, conviendront aux civets, aux daubes, aux bécasses. Et pour ceux qui ne sont pas ennemis d'harmonies insolites, rosé frais et champignons, rouge et crustacés en civet, blanc avec daube d'agneau (au vin blanc) procurent de bonnes surprises.

DOM. DES ASPRAS 1997*

2,6 ha   10 000   -30 F

Le domaine tire son nom d'« Apremonts », terme qui caractérise les terres calcaires blanches spécifiques du terroir. Implanté dans les zones les plus septentrionales de l'appellation, il a su profiter des spécificités du millésime pour nous proposer ce rosé délicat, légèrement acidulé, mais avec beaucoup de longueur au palais, enveloppé de fragrances fruitées et florales qui rappellent les litchis et le citron vert.
↘ SCEA Lisa Latz, Dom. des Aspras, 83570 Correns, tél. 04.94.59.59.70, Fax 04.94.59.53.92 ◫ ⊤ r.-v.

CH. BARBANAU 1997**

10 ha   30 000   30 à 50 F

Après neuf ans d'existence et bien des apparitions dans notre Guide, est-il nécessaire de présenter ce domaine ? Vignoble tardif situé à 300 m d'altitude, il a su admirablement tirer profit de l'été indien du millésime 97. Cela se traduit par un rosé très pâle, brillant et joliment nuancé. Ses arômes élégants et tout en finesse rappellent l'amande douce et les fruits frais, tandis qu'en bouche il est d'abord vif, puis ample, soyeux et long. Une très belle harmonie. Parfaitement réussi, le **blanc 97** du domaine a reçu une étoile.
↘ GAEC Ch. Barbanau, Hameau de Roquefort, 13830 Roquefort-la-Bédoule, tél. 04.42.73.14.60, Fax 04.42.73.17.85 ◫ ⊤ r.-v.
↘ Cerciello

CH. BARON GEORGES 1997*

10 ha   50 000   30 à 50 F

Le domaine est situé au pied de la Montagne Sainte-Victoire à 20 km d'Aix-en-Provence. La nature du sol est particulière : ce sont des limons

Côtes de provence

à galets roulés. Un style traditionnel pour ce rosé à la couleur légère, ample et équilibré.
🍷 Baron Georges Antony Gassier, Ch. Baron Georges, 13114 Puyloubier, tél. 04.42.66.31.38, Fax 04.42.66.31.38 ▼ ⊤ r.-v.

BASTIDE DES BERTRANDS 1997**

■   n.c. 25 000 ▮♦ 30 à 50 F

Acquis en 1964, le domaine étend ses 200 ha de terre au cœur du massif des Maures, dont 90 sont consacrés à la vigne. Rouge très sombre à reflets violets. Nez très intense de griotte, avec une nuance balsamique. Ce vin complexe, rond, gras offre une bouche fort agréable. Ses tanins, présents mais déjà bien fondus, laissent prévoir un optimum dans deux ou trois ans. Comme l'an dernier, le **rosé 97**, cristallin, au nez de fruits frais, à la bouche bien équilibrée, obtient une étoile.
🍷 Dom. des Bertrands, rte de La Garde-Freinet, 83340 Le Cannet-des-Maures, tél. 04.94.73.02.94, Fax 04.94.73.17.63 ▼ ⊤ r.-v.
🍷 Marotzki

DOM. TROPEZ BERAUD 1996*

■   3 ha 15 000 ▮◐ 30 à 50 F

Après un rosé 96 remarqué l'an dernier, le petit-fils de Tropez Béraud présente son premier rouge dans le même millésime, dont le profil aromatique rappelle le bois grillé et l'eucalyptus. C'est un vin joliment structuré et fruité dont la flatteuse note boisée ne demande qu'à se fondre.
🍷 Grégoire Chaix, Campagne Virgile, 83580 Gassin, tél. 04.94.56.27.27, Fax 04.94.56.11.81 ▼ ⊤ r.-v.

La Provence

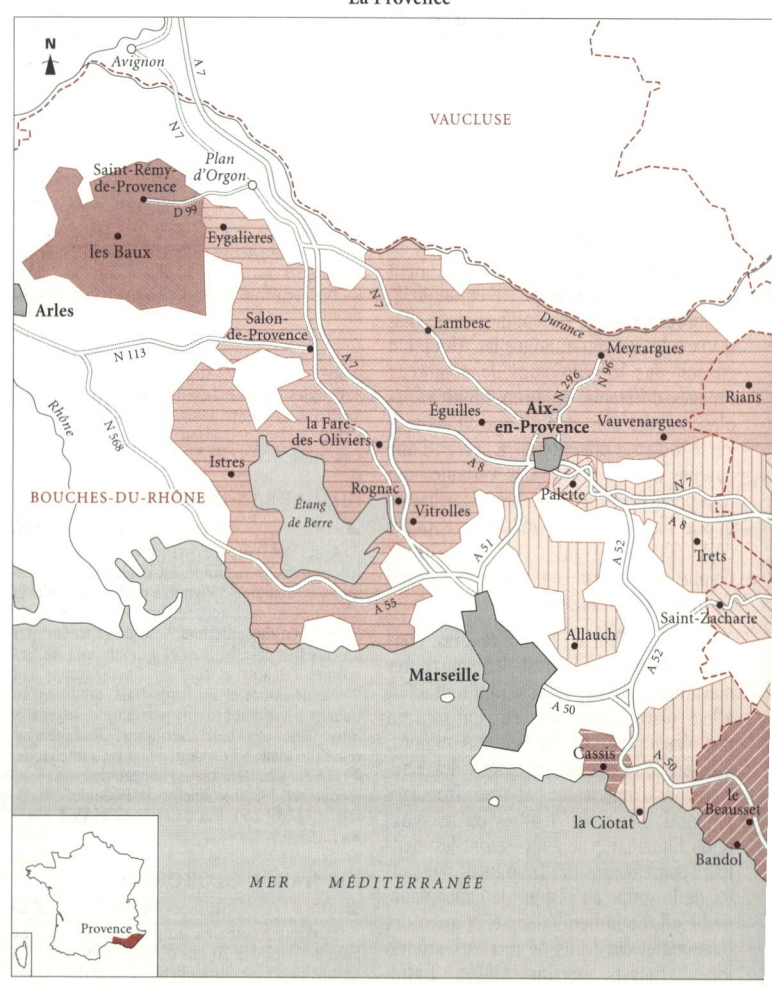

Côtes de provence

CH. DE BERNE Cuvée spéciale 1997

4 ha   20 000   50 à 70 F

La pâleur de sa robe satinée, la finesse de ses odeurs de cacao et de bonbon anglais créent un environnement très féminin. Parfumé en bouche, où dominent des arômes de fruits rouges, il taquine le palais de saveurs qui mériteraient de se fondre.

SA Ch. de Berne, chem. de Berne, 83510 Lorgues, tél. 04.94.60.43.60, 04.94.60.43.58 t.l.j. 9h30-18h

DOM. DU BOIS DES DEMOISELLES
Cuvée des Selves Elevé en fût de chêne 1996★

4 ha   8 000   30 à 50 F

Dans l'édition 96 de cette cuvée des Selves, les tanins sont encore très présents, mais l'ensemble apparaît structuré et profond. Sa palette aromatique riche (violette, fruits cuits, vanille...), douce et puissante donne déjà à ce vin une approche affable. Même note pour le **rosé 97** du domaine, tout en souplesse, délicat et long.

Sebodem, Dom. du Bois des Demoiselles, 83300 Draguignan, tél. 04.94.68.18.40, 04.94.47.12.45 r.-v.

F. Lechien

LES VINS BREBAN 1997

n.c.   50 000   -30 F

Vinifié à la cave de Correns, ce blanc est ensuite élevé, embouteillé et commercialisé par la maison Bréban, parmi d'autres cuvées bien provençales. Très floral dans ses odeurs, il rappelle l'aubépine relevée d'une pointe de cire

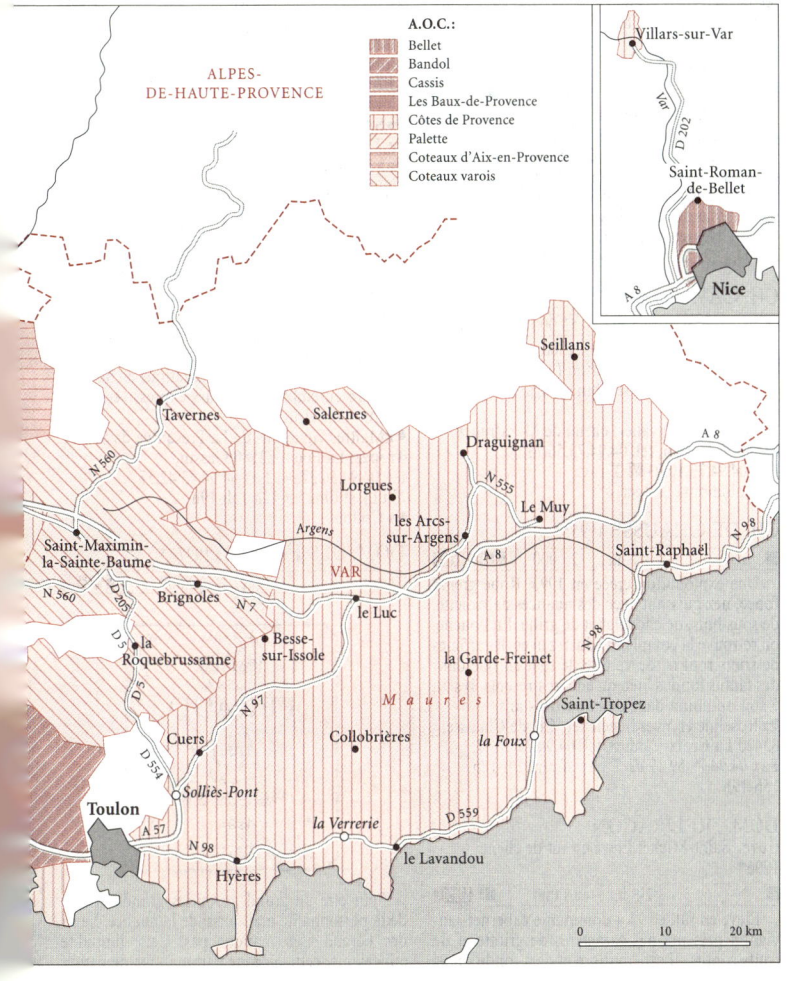

701   LA PROVENCE

Côtes de provence

d'abeille. Frais et équilibré au palais, il est vivifiant avec des arômes où la fleur se confirme.
• Vignerons de Correns, 83170 Correns, tél. 04.94.59.59.46

CH. DE BREGANCON
Tête de Cuvée 1997★

| Cru clas. | 2 ha | 6 000 | 30 à 50 F |

Majestueusement flanquée de ses deux tours, cette demeure seigneuriale du XVII°s. ne manque pas de noblesse. Elle offre un point de vue exceptionnel sur la baie d'Hyères, le fort de Brégançon et les îles de Porquerolles. La Tête de Cuvée du domaine est une sélection des meilleurs terroirs, et la syrah en constitue le cépage principal. Alliant fraîcheur et finesse, volume et élégance, elle ne manque pas non plus de senteurs variées où la syrah et l'aubépine accompagnent les fruits des bois. Plus classique, **la Réserve du Château en rosé** a aussi mérité une étoile.
• Jean-François Tézenas, Ch. de Brégançon, 639, rte de Léoube, 83230 Bormes-les-Mimosas, tél. 04.94.64.80.73, Fax 04.94.64.73.47 t.l.j. sf dim. 9h-12h 14h-18h

MAS DE CADENET 1997★

| | 4 ha | 15 000 | 30 à 50 F |

Une agréable découverte que ce blanc, typique de l'appellation, puissant et équilibré, finement acidulé et largement égayé par ses arômes d'acacia et de fruit exotique. Sa complexité en bouche le destine à accompagner généreusement poissons et viandes blanches.
• Guy Négrel, Mas de Cadenet, 13530 Trets, tél. 04.42.29.21.59, Fax 04.42.61.32.09 r.-v.

CH. CAVALIER 1997

| | 12,5 ha | 53 000 | 30 à 50 F |

L'éclat d'un rosé pâle et cristallin, l'odeur puissante des fruits de saison (abricot, pêche) et la richesse chaleureuse d'une journée d'été : que de sensations...
• SCEA Ch. Cavalier, chem. de Marafrance, 83550 Vidauban, tél. 04.94.73.56.73, Fax 04.94.73.10.93 r.-v.
• Colombina et Zech

CH. DE CHAUSSE 1995★★

| | 7 ha | 25 000 | 30 à 50 F |

Une exploitation créée en 1993. Robe grenat foncé, nez puissant avec des nuances de violette, de sous-bois, de chocolat et de grillé. En bouche, on retrouve la complexité du nez avec des arômes de fruits rouges, de vanille, le tout enrobé dans des tanins fondus bien qu'encore présents. Il sera à son optimum dans deux ou trois ans.
• Roseline et Yves Schelcher, Ch. de Chausse, 83420 La Croix-Valmer, tél. 04.94.79.60.57, Fax 04.94.79.59.19 t.l.j. sf dim. 9h-12h 15h-19h

DOM. DU DRAGON
Cuvée Saint-Michel Elevé en fût de chêne 1996★

| | 2,5 ha | 18 000 | 30 à 50 F |

Elevé en fût, ce 96 à dominante cabernet-sauvignon présente des caractères de griotte et de fruits confits. Il est équilibré et déjà fondu, mais vous pouvez l'attendre une ou deux années encore.
• SCEA Dom. du Dragon, rte de Montferrat, 83300 Draguignan, tél. 04.94.68.14.46, Fax 04.94.47.12.45 t.l.j. 10h-12h 16h-19h

CH. D'ESCLANS Mourbase 1995★

| | 3 ha | 5 000 | 50 à 70 F |

Sous une étiquette très dépouillée, un 95 en robe rubis clair, au nez de fruits rouges paré de fines notes grillées. En bouche, un petit côté végétal lui confère de la fraîcheur ; ce vin présente un bon équilibre, une belle harmonie de tanins bien fondus avec des arômes de café, de pain grillé sur une dominante de fruits cuits. A consommer dès maintenant.
• Rabiega Vin, Ch. d'Esclans, rte de Callas, 83920 La Motte, tél. 04.94.60.40.40, Fax 04.94.70.28.61 r.-v.
• Vin et Spirit AB

ESTANDON 1997

| | n.c. | n.c. | -30 F |

Créé par Jean Bagnis, l'Estandon, une des marques les plus anciennes de l'appellation, a été reprise récemment par les Caves de Provence. Ce rosé classique à la teinte franche et aux saveurs d'orange confite vous séduira par son équilibre.
• SA Bagnis et Fils, Les Caves de Provence, rte de Taradeau, 83460 Les Arcs, tél. 04.94.47.56.54, Fax 04.94.47.56.55

CH. FARAMBERT 1997★

| | 20 ha | 80 000 | -30 F |

Ce vignoble de Pierrefeu a intégré les Maîtres Vignerons de la Presqu'île de Saint-Tropez qui assurent la commercialisation de sa production. Parmi celle-ci, un rosé de couleur framboise, framboise que l'on retrouve au nez, accompagnée de quelques notes amyliques en un accord plutôt agréable. Il est très aromatique en bouche, avec un ensemble de saveurs expressives, peut-être un peu viriles.
• Maîtres vignerons de La Presqu'île de Saint-Tropez, La Foux, 83580 Gassin, tél. 04.94.56.32.04, Fax 04.94.43.42.57 t.l.j. sf dim. 9h-12h 15h-19h
• Codoul

DOM. DES FERAUD 1997★★

| | n.c. | 10 500 | -30 F |

Pour être un grand parmi les grands, il faut de la personnalité mais aussi de la nuance. Le 97 des Féraud n'en manque pas. Cette limpidité étincelante, cette élégance aromatique de petites

Côtes de provence

fleurs et de fruits de la passion, cette caresse veloutée aux accents maternels ont fait l'unanimité du jury qui recommande chaleureusement ce beau vin.

☛ SECV Dom. des Féraud, rte de La Garde-Freinet, 83550 Vidauban, tél. 04.94.73.03.12, Fax 04.94.73.08.58 r.-v.

CH. DES GARCINIERES 1997*
0,8 ha 4 000 30 à 50 F

Cette majestueuse bastide se cache derrière de gigantesques platanes séculaires. Dans les chais, Stéphanie Valentin, pétillante en font aussi, se consacre à perpétuer le travail de ses aïeux. Ce cristal citrin, aux fragrances florales est le présage de saveurs amples et tendres qui rafraîchissent le palais.

☛ Valentin, Ch. des Garcinières, 83310 Cogolin, tél. 04.94.56.02.85, Fax 04.94.56.07.42 r.-v.

GASPERINI Dame Jardin 1997*
2 ha 10 000 30 à 50 F

Cet élégant rosé, fleuri d'aubépine et de jacinthe, sait se faire tendre. Ses arômes plus fruités et sa belle structure en bouche en font aussi un excellent compagnon pour tout un repas d'été ou à l'apéritif.

☛ Gasperini, 42, av. de la Libération, 83260 La Crau, tél. 04.94.66.70.01, Fax 04.94.66.10.33 t.l.j. sf sam. dim. 8h-12h 14h-19h

CH. GASQUI Cuvée Prestige 1995*
1,3 ha 5 000 30 à 50 F

Avec une robe sombre et un nez de fruits cuits et de vanille, ce vin attaque franchement, sans agressivité, grâce à ses tanins fondus, et laisse en bouche une harmonie d'arômes de fraise très mûre, de framboise, nuancée d'épices. Bien équilibré, il peut s'apprécier tout de suite, mais sa structure permettra de l'attendre deux à trois ans.

☛ SCEA Ch. Gasqui, rte de Flassan, 83590 Gonfaron, tél. 04.94.78.23.14 r.-v.
☛ F.-G. Fiat

DOM. GAVOTY Cuvée Clarendon 1997*
3 ha 12 000 30 à 50 F

Un des dégustateurs l'a qualifié de technologique, sans doute à cause de son nez plutôt amylique. La robe est franche, le vin pâle et finement nuancé. Le jury souligne son bel équilibre alcool-acidité, son ampleur et sa longueur. Un rosé riche et bien fait.

☛ EARL Grand Campdumy, 83340 Cabasse, tél. 04.94.69.72.39, Fax 04.94.59.64.04 r.-v.

DOM. DE GRANDPRE
Clos des Ferrières 1997**
8 ha 20 000 30 à 50 F

Les deux précédents millésimes de cette même étiquette nous avaient déjà bien séduits. Pour celui-ci, c'est un enthousiasme qui lui vaut la consécration. Si la robe, pâle et finement nuancée, se veut discrète, le nez est nettement plus explosif sans négliger l'élégance. On y décèle des notes fruitées complexes qui rappellent l'ananas, la pêche, la banane, les fruits rouges... Souple,

élégant et friand en bouche, il est structuré et complet.

Domaine de Grandpré
CLOS des FERRIERES
Côtes de Provence
APPELLATION CÔTES DE PROVENCE CONTRÔLÉE
Mis en bouteille au Domaine
Emmanuel PLAUCHUT Vigneron à PUGET-VILLE 83390 - TÉL. 04 94 48 32 16
12,5% vol. Produit de France 75 cl

☛ Emmanuel Plauchut, Dom. de Grandpré, 83390 Puget-Ville, tél. 04.94.48.32.16, Fax 04.94.33.53.49 t.l.j. 9h-12h 13h30-18h30

CH. DE JASSON Cuvée Eléonore 1997**
7,3 ha 48 000 30 à 50 F

Parce qu'il a d'abord été restaurateur, Benjamin Defresnes a bien compris qu'une simple recette ne suffit pas pour réussir un plat. A la cave comme en cuisine, il faut passion et rigueur, mais aussi une touche d'intuition... La cuvée Eléonore, régulièrement présente dans cet ouvrage, traverse les millésimes avec une constance rassurante : sa robe « pétale » est séduisante, ses senteurs florales, fruitées et poivrées aiguisent les sens tandis qu'en bouche, elle ronronne avec une juste vivacité et une belle persistance.

☛ Defresne, Ch. de Jasson, R.D. 88, 83250 La Londe-les-Maures, tél. 04.94.66.81.52, Fax 04.94.05.24.84 t.l.j. 8h30-12h 14h-18h

DOM. DE LA BASTIDE NEUVE
Cuvée des Anges 1997*
5 ha 30 000 30 à 50 F

Plusieurs fois sélectionnée dans les différentes éditions du Guide, cette cuvée des Anges apparaît en 97 comme un vin équilibré, suave, persistant, aux arômes goûteux de mandarine et d'abricot sec. Une belle réussite.

☛ SCEA Dom. de La Bastide Neuve, 83340 Le Cannet-des-Maures, tél. 04.94.60.73.30, Fax 04.94.60.92.54 t.l.j. 8h-12h 13h-17h
☛ Wiestner

DOM. LA BERNARDE 1994*
n.c. n.c. 50 à 70 F

Brillante, rouge soutenu et profond, sa robe est pleine d'éclat. Ce 94 développe des caractères fruités (cerise confite, fraise) aux nuances de kirsch. Harmonie et équilibre distinguent ce vin à maturité.

☛ Meulnart Père et Fils, Dom. La Bernarde, 83340 Le Luc, tél. 04.94.60.71.31, Fax 04.94.47.96.04 r.-v.

DOM. DE LA BOUISSE
Le Clos du Paradis 1997*
5 ha 15 000 -30 F

Le domaine a été repris en 1995 et la cave de vinification rénovée. Il propose un rosé pâle à la

LA PROVENCE

Côtes de provence

robe brillante, élégant dans son expression et friand. Il accompagnera des spécialités exotiques, chinoises par exemple.
🍇 Mathilde Merle, Dom. de la Bouisse, la Moutonne, 83260 La Crau, tél. 04.94.57.94.93, Fax 04.94.38.51.88 ☑ ⚲ t.l.j. sf dim. 10h-13h 15h-19h

CH. LA COULERETTE 1997*
◪ 50 ha 200 000 ▮⚲ -30 F

Entre massif des Maures et littoral hyérois, la vigne bénéficie de conditions particulières qui peuvent donner des rosés pleins, ronds et généreux. Celui-ci ne fait pas exception et la prédominance du grenache lui confère des notes fruitées mais aussi florales. L'ensemble offre une impression de puissance et de complexité.
🍇 S. Brechet, SCA Ch. La Coulerette, 83250 La Londe-les-Maures, tél. 04.90.12.32.42, Fax 04.90.12.32.49

DOM. DE LA CRESSONNIERE
Cuvée Prunelle 1997*
◪ 2 ha 10 000 ▮⚲ 30 à 50 F

Comme beaucoup de domaines de la région, La Cressonnière était au XVII°s. une magnanerie. En 97, sa cuvée Prunelle revêt une robe pastel. Elle offre la fraîcheur des fruits frais avec une légère note de gouache, pour finir sur une note plus acidulée. Tout aussi fin et élégant, le **blanc 97, cuvée Bel-Avi**, a obtenu la même note.
🍇 GFA Dom. de La Cressonnière, R.N. 97, 83790 Pignans, tél. 04.94.48.81.22, Fax 04.94.48.81.25 ☑ ⚲ t.l.j. 8h-20h
🍇 Gourdon et Depeursinge

CH. DE LA DEIDIERE 1997**
◪ 45 ha 300 000 ▮⚲ -30 F

Parmi les nombreuses cuvées que vinifient les domaines Fabre, nous avons retenu celle-ci où la syrah ne passe pas inaperçue ! Très framboisée dans sa robe et ses senteurs, elle se nuance en bouche d'une touche florale d'églantine et de rose et rafraîchit le palais de ses saveurs rondes, élégantes et même désaltérantes.
🍇 SCEA des Domaines Fabre, Dom. de l'Aumerade, 83390 Pierrefeu, tél. 04.94.28.20.31, Fax 04.94.48.23.09 ⚲ r.-v.

CH. LA FONT DU BROC 1997*
◪ 5 ha 10 000 ▮⚲ 30 à 50 F

A la Font-du-Broc, on a d'abord élevé des chevaux. Le domaine s'est reconverti il y a une dizaine d'années à la viticulture et ne commercialise ses bouteilles que depuis 1996. Ce rosé en robe légère à reflets saumonés séduit par la bonne entente qui règne entre l'alcool, l'acidité et les arômes.
🍇 Sylvain Massa, Ch. La Font-du-Broc, 83460 Les Arcs, tél. 04.94.47.48.20, Fax 04.94.47.50.46 ☑ r.-v.

DOM. DE LA GARNAUDE
Cuvée Santane 1996*
■ 3,5 ha 4 800 ▮🍷⚲ 30 à 50 F

Citadins d'origine, les propriétaires actuels se sont installés là en 1993, séduits par la beauté des Maures, peut-être aussi par les tortues et les ânes volants de Gonfaron. Habillé d'une robe pourpre embellie de légers reflets grenat, parfumé de fruits rouges nuancés d'épices, ce vin rond et équilibré laissera une bouche fruitée persistante aux tanins bien enrobés par un élevage en bois. Il peut être consommé tout de suite, mais possède une structure suffisante pour évoluer favorablement pendant trois à cinq ans.
🍇 SCEA Martel-Lassechere, Dom. de La Garnaude, rte de Repenti, 83590 Gonfaron, tél. 04.94.78.20.42, Fax 04.94.78.24.71 ☑ ⚲ t.l.j. 9h-12h 14h-18h; sam. dim. sur r.-v.
🍇 GFA Dom. de La Garnaude

CELLIER DE LA GAVOTTE 1997*
■ n.c. n.c. -30 F

La Cave de Provence est une union de coopératives dont le poids commercial est très important dans la région PACA. Elle occupe une place prépondérante au sein de l'appellation. Ce vin rouge rubis au nez de fruits rouges et d'épices possède des tanins présents dans une bouche pleine, équilibrée et homogène.
🍇 Caves de Provence, rte de Taradean, 83460 Les Arcs, tél. 04.94.47.56.56, Fax 04.94.47.50.08

DOM. DE LA GERADE
Cuvée Bleue 1997**
◪ 5 ha 10 000 ▮⚲ 30 à 50 F

Si cette cuvée porte le nom d'une teinte qui rappelle l'azur de ses origines et de son étiquette, par sa robe elle n'en reste pas moins une digne représentant des nuances de l'appellation. Pâle et saumonée, elle enivre d'odeurs florales tandis qu'en bouche elle est équilibrée, à la fois vive et généreuse, riche d'arômes de fruits rouges. Une juste harmonie qui lui assure un bel avenir.
🍇 Bernard Henry, 1300, chem. des Tourraches, 83260 La Crau, tél. 04.94.66.13.88 ☑ ⚲ t.l.j. sf mar. jeu. dim. 9h-12h 15h-18h

DOM. DE LA GISCLE Carte noire 1996*
■ 2 ha 10 000 🍷 30 à 50 F

Repris en 1994, ce domaine fut d'abord un moulin, puis une magnanerie. La cave a été rénovée en 1996. Son vin est jeune, comme en témoigne la robe grenat à reflets violacés. Il est bien structuré, mais l'élevage en bois est trop présent. D'ici trois à cinq ans on peut espérer une belle évolution. Pour les amateurs de vins élevés en barrique.
🍇 EARL Dom. de La Giscle, hameau de l'Amirauté, rte de Collobrières, 83310 Cogolin, tél. 04.94.43.21.26, Fax 04.94.43.37.53 ☑ ⚲ t.l.j. 8h30-12h 14h-19h; dim. 8h30-12h
🍇 Audemard

DOM. DE LA JEANNETTE
Les Bouquets de Jeannette 1997**
☐ 2 ha 1 500 ▮⚲ 30 à 50 F

Symbole de terroir et de tradition, ce domaine propose des vins à l'accent très provençal. Ses rouges ont fait autorité dans nos précédentes éditions. Mais ce blanc ne manque pas non plus d'attrait avec ses arômes finement ciselés de citron frais, d'anis et d'acacia. Élégant et enjôleur

Côtes de provence

au palais, il laisse un agréable souvenir et surtout l'envie d'y revenir !
• SCIR Dom. de La Jeannette, 566, rte des Borrels, 83400 Hyères, tél. 04.94.65.68.30, Fax 04.94.12.76.07 t.l.j. sf dim. 8h30-11h30 14h-18h; groupes sur r.-v.
• Moutte Frères

DOM. DE LA LAUZADE 1997★
3 ha 13 300 30 à 50 F

Ce domaine s'est particulièrement distingué les deux années précédentes, dans les trois couleurs. Le rouge 97 s'annonce par une robe claire, un nez de vanille et de pain grillé. Le boisé et le vin se marient harmonieusement dans une bouche complexe, où le fondu viendra avec l'hiver. Le **blanc 97** de l'exploitation fera un agréable vin de dessert. Il a été cité par le jury.
• SARL Dom. de La Lauzade, rte de Toulon, 83340 Le Luc-en-Provence, tél. 04.94.60.72.51, Fax 04.94.60.96.26 t.l.j. sf dim. 8h-12h 14h-17h30; sam. sur r.-v.

CH. LA MOUTTE 1997★★
n.c. 6 600 30 à 50 F

La cave coopérative de Saint-Tropez, qui vient de rénover ses chais, propose un vrai rosé couleur framboise. Les arômes élégants, fins et floraux se font plus fruités en finale avec des notes de pêche blanche. Ensemble équilibré et long.
• Cave de Saint-Tropez, av. Paul-Roussel, 83990 Saint-Tropez, tél. 04.94.97.01.60, Fax 04.94.97.70.24 t.l.j. 8h-12h 14h-18h

DOM. DE LA NAVARRE
Cuvée Réservée 1997★
2,9 ha n.c. 30 à 50 F

Un domaine fondé par saint Jean Bosco et toujours dirigé par les frères Salésiens. L'établissement comporte un collège et un important domaine viticole, situé en bordure des Maures. Cinq cépages ont contribué à cette cuvée rubis intense. Le nez est un peu fermé, mais prometteur. Plus expressif, le palais révèle de la chair et des tanins fondus. Un côtes de provence facile à boire et typique.
• Fondation La Navarre, Cave du Domaine, 83260 La Crau, tél. 04.94.66.04.08, Fax 04.94.35.10.64 r.-v.

LES MAITRES VIGNERONS DE LA PRESQU'ILE DE SAINT-TROPEZ
Carte noire 1996★
70 ha 120 000 30 à 50 F

Au carrefour des transhumances estivales, les vignerons de la presqu'île protègent leurs vignes. Ils nous en présentent le fruit : la robe est franche, d'un grenat bleuté ; après des senteurs chocolat noir, on découvre une bouche ample et fondue où le fruit sauvage et l'olive noire dominent.
• Maîtres vignerons de La Presqu'île de Saint-Tropez, 83580 Gassin, tél. 04.94.56.32.04, Fax 04.94.43.42.57 t.l.j. sf dim. 9h-12h 15h-19h

DOM. DE LA ROSE TREMIERE 1997★
n.c. 10 000 30 à 50 F

La robe est limpide, claire, avec des reflets saumonés. Si le nez est un peu léger, ce rosé se rattrape par sa bouche, ample et grasse. Un ensemble harmonieux.
• Pierre Maunier, Dom. La Rose Trémière, quartier Saint-Jaumes, 83510 Lorgues, tél. 04.94.73.26.93, Fax 04.94.73.26.93 t.l.j. 9h30-12h15 15h-19h

DOM. DE LA ROUVIERE
Cuvée Prestige 1997★★
3,5 ha 20 000 30 à 50 F

Une belle surprise que ce rosé dont la dégustation est un crescendo pour les sens. La robe est diaphane ; le premier nez, plus intense, associe des notes fruitées et briochées, mais c'est en bouche qu'il se révèle complètement. L'équilibre et l'enchaînement des saveurs lui confèrent agrément et relief tandis que se développe toute sa complexité aromatique.
• SONEVI, Dom. de La Rouvière, quartier La Rouvière, 83390 Pierrefeu, tél. 04.94.48.13.13, Fax 04.94.48.11.64 t.l.j. 8h-12h 13h30-18h; sam. dim. sur r.-v.
• M. Kanoui

DOM. DE L'AUMERADE
Cuvée Sully 1997★
Cru clas. 1,5 ha 10 000 50 à 70 F

Sa robe fuschia ne manque pas de gaieté. Ses arômes délicats, à la fois floraux et fruités, inspirent confiance mais c'est par ses saveurs équilibrées et distinguées qu'il force le respect. Un beau représentant de l'appellation, auquel on ajouterait volontiers une pointe d'excentricité.
• SCEA des Domaines Fabre, Dom. de l'Aumerade, 83390 Pierrefeu, tél. 04.94.28.20.31, Fax 04.94.23.23.09 r.-v.

CH. DES LAUNES Cuvée Spéciale 1997★
2,5 ha 10 000 30 à 50 F

Sa robe très pâle a la discrétion d'une jeune fille. Plus volubile par ses odeurs, il rappelle avec beaucoup de délicatesse des senteurs de fleurs blanches et de fruits exotiques, nuancées de notes minérales. La bouche se veut tout en finesse sans manquer d'équilibre ni de persistance.
• H.-Y. et B. Handtmann, Ch. des Launes SA, 83680 La Garde-Freinet, tél. 04.94.60.01.95, Fax 04.94.60.01.43 r.-v.

LE GRAND CROS
Cuvée L'Esprit de Provence 1997★
3 ha 10 000 30 à 50 F

Le Grand Cros est une bastide provençale, au jardin moins méridional qu'anglais. De couleur pétale de rose, son rosé évoque le printemps plutôt que la fraîcheur du printemps, en raison de sa personnalité forte et généreuse. Il emplit la bouche d'impressions suaves au goût de fraise. Un rosé de repas, que l'on peut garder quelque temps.
• J.-H. Faulkner, Dom. du Grand-Cros, 83660 Carnoules, tél. 04.94.28.33.11, Fax 04.94.28.30.28 r.-v.

LA PROVENCE

Côtes de provence

CH. LES CROSTES Cuvée spéciale 1997★★
17 ha   33 000   -30 F

Sous sa teinte pâle, il retient l'attention par un nez expressif de fleurs blanches. L'attaque en bouche est immédiate et offre sa générosité dans la rondeur et le gras, avec une finale subtile et longue à la touche exotique. Un coup de cœur régal ! Une étoile au **blanc 97** chaleureux, vif et franc, à la belle persistance aromatique (30 à 49 F). Le **rouge 96** est lui aussi intéressant à la dégustation (même prix).
- SC Vignoble du Ch. Les Crostes, 83510 Lorgues, tél. 04.94.73.98.40, Fax 04.94.73.97.93 ✉ ⚲ r.-v.

LES VIGNERONS DU LUC
Cuvée Grande Tradition 1997★★
10 ha   9 000   -30 F

Les vignerons fondateurs, il y a déjà quatre-vingt-sept ans, auraient certainement apprécié cette cuvée Grande Tradition. Quelle réussite ! Les notes de fleurs blanches et de pêche de vigne annoncent une bouche suave où l'on croque le fruit mûr longtemps, très longtemps...
- Les Vignerons du Luc, rue de l'Ormeau, 83340 Le Luc, tél. 04.94.60.70.25, Fax 04.94.60.81.03 ⚲ r.-v.

CH. MARAVENNE
Collection Privée 1997★
1,5 ha   6 600   30 à 50 F

Un rosé du bord de mer à la robe pâle et brillante. Son fruité se teinte d'exotisme en finale et laisse une bouche très agréable.
- Jean-Louis Gourjon, Ch. Maravenne, rte du Golf-de-Valcros, 83250 La Londe-les-Maures, tél. 04.94.66.80.20, Fax 04.94.66.97.79 ✉ ⚲ r.-v.

DOM. DES MARQUETS 1997★
8,9 ha   62 000   30 à 50 F

La coopérative du Plan de la Tour présente avec succès ce rosé à l'approche timide, mais à la bouche riche, puissante et longue. Des mets épicés le mettront en valeur.
- Les Fouleurs de Saint-Pons, rte de Grimaud, 83120 Plan-de-la-Tour, tél. 04.94.43.70.60, Fax 04.94.43.00.55 ⚲ t.l.j. sf dim. lun. 9h-12h 14h-18h

DOM. DE MAUVAN 1997★
5 ha   20 000   30 à 50 F

Situé à l'ouest de l'appellation, ce domaine propose un rosé aux airs printaniers, avec sa robe claire et brillante, son nez et sa finale fruités.
- Gaëlle Maclou, Dom. de Mauvan, R.N. 7, 13114 Puyloubier, tél. 04.42.29.38.33, Fax 04.42.29.38.33 ✉ ⚲ r.-v.

CH. MENTONE 1997★
n.c.   10 800   30 à 50 F

Une propriété familiale depuis 1840, installée au cœur du Var, entre l'abbaye du Thoronet et le château d'Entrecasteaux. Dans sa robe violacée, avec son nez puissant de cerise confite nuancé de réglisse, ce vin présente une attaque vive liée à sa jeunesse, puis développe un goût de réglisse agrémenté de touches de violette ; chaleureux, il offre un bel équilibre, malgré la présence de tanins jeunes qui s'assoupliront d'ici deux ans.
- SCEA Perrot de Gasquet, Ch. Mentone, 83510 Saint-Antonin-du-Var, tél. 04.94.04.42.00, Fax 04.94.04.49.39 ✉ ⚲ t.l.j. 9h-12h 14h-19h

CH. MINUTY Prestige 1997★
Cru clas.   10 ha   30 000   50 à 70 F

Un château qui a su mettre en valeur la qualité des terroirs de la presqu'île de Saint-Tropez : on y produit des vins racés, régulièrement retenus ici. Le jury a apprécié la finesse et la subtilité de ce rosé très pâle, aux arômes élégants de petites fleurs jaunes et d'épices. Rond et suave en bouche, légèrement acidulé, il offre une belle persistance sur des notes plus fruitées.
- Matton-Farnet, Ch. Minuty, 83580 Gassin, tél. 04.94.56.12.09, Fax 04.94.56.18.38 ✉ ⚲ t.l.j. 9h30-12h 14h-18h30

CH. MIRAVAL 1995★
3 ha   6 000   30 à 50 F

Un vaste domaine (250 ha) autour d'un hameau qui remonte à l'époque romaine. Repris en 1993, il propose un 95 aux arômes de vanille et de pruneau, mis en valeur par la structure ample, harmonieuse et franche. Un vin complet, prêt à boire avec des viandes en sauce.
- Tom Bove, SA Ch. Miraval, 83143 Le Val, tél. 04.94.86.46.80, Fax 04.94.86.46.79 ✉ ⚲ r.-v.

CH. MONTAUD 1997★
4 ha   28 000   30 à 50 F

Le blanc 96 de ce domaine nous avait laissé une excellente impression par sa droiture et son élégance aromatique. Tout aussi équilibré et rond, avec une belle présence en bouche, ce 97 se veut peu incisif dans ses odeurs où dominent des notes vanillées et boisées. Réservez-le à des plats légèrement épicés.
- Vignobles François Ravel, Ch. Montaud, 83390 Pierrefeu, tél. 04.94.28.20.30, Fax 04.94.28.26.26 ✉ ⚲ t.l.j. sf sam. dim. 8h-12h 13h30-17h30 ; ven. 16h30 ; f. 25 déc.-2 janv.

DOM. DE MONT REDON
Cuvée Louis Joseph 1997★
1,5 ha   5 200   30 à 50 F

Ancien relais de diligence, carrefour de la Résistance lors du débarquement en Provence, ce domaine est devenu un lieu de sérénité. Au passage, admirez la magnifique orangeraie. Le 97, cuvée Louis-Joseph, est très réussi : sa robe rubis foncé, son nez puissant de fruits macérés et de musc, la bonne attaque, la bouche structu-

Côtes de provence

rée avec du gras et des tanins bien fondus en font un vin représentatif de l'appellation, qui développe des arômes de cuir, de musc. Il sera à son optimum dans trois à cinq ans. Sous la même étiquette, le **rosé 97** a séduit notre jury qui lui décerne une étoile.

Françoise Torné, Dom. de Mont-Redon, 2496, rte de Pierrefeu, 83260 La Crau, tél. 04.94.66.73.86, Fax 04.94.57.82.12 t.l.j. sf dim. 8h-12h 14h-18h

CH. DE PAMPELONNE 1997*

22 ha   100 000   30 à 50 F

Les vins, ici, sont pris en charge par les maîtres vignerons de la presqu'île de Saint-Tropez, qui en assurent la commercialisation. La robe d'un rose tendre et évocateur et les arômes de fruits frais de ce 97 sont une introduction prometteuse. Equilibré et chaleureux en bouche, il satisfait pleinement le palais.

Ch. de Pampelonne, 83350 Ramatuelle, tél. 04.94.56.32.04 r.-v.
Pascaud

DOM. DES PEIRECEDES
Tradition 1997*

12 ha   55 000   -30 F

Une étiquette naïve évoquant la Provence pour ce rosé pâle et fin, présent en bouche avec une bonne attaque, du gras et de la longueur. Le **rouge 96** du domaine, revêtu d'une robe intense, a également intéressé le jury, qui lui a attribué la même note. A revoir d'ici trois ans pour apprécier son évolution.

Alain Baccino, SCEA de Beauvais, Dom. des Peirecèdes, 83390 Pierrefeu, tél. 04.94.48.67.15, Fax 04.94.48.52.30

DOM. PINCHINAT 1996*

3,2 ha   17 000   30 à 50 F

Né au pied de la montagne Sainte-Victoire dans une propriété familiale depuis deux siècles et aujourd'hui cultivée en agriculture biologique, ce vin, grenat intense et profond, marqué par un nez d'olive noire et de réglisse, remplit la bouche avec ampleur et velouté. Tendre, très agréable, il peut être dégusté maintenant comme dans deux ou trois ans.

Alain de Welle, Dom. de Pinchinat, 83910 Pourrières, tél. 04.42.29.28.99, Fax 04.42.29.29.92 r.-v.

CH. DE POURCIEUX 1997**

16 ha   30 000   30 à 50 F

Typique de son appellation, ce rosé révèle une vinification bien maîtrisée. Avec ses arômes puissants, marqués par les fruits rouges, sa bouche qui s'arrondit avec générosité et sa longue persistance, il laisse une agréable impression.

Michel d'Espagnet, Ch. de Pourcieux, 83470 Pourcieux, tél. 04.94.59.78.90, Fax 04.94.59.32.46 r.-v.

CH. REAL MARTIN 1997**

10 ha   30 000   50 à 70 F

Malgré une gelée de printemps qui a touché une grande partie des vignes, le domaine a pu, grâce à une sélection rigoureuse, élaborer ce rosé à la robe pâle ; un vin complet, charnu et gras au palais, qui plaît également par sa finesse aromatique. Quant au **blanc 97**, issu d'ugni blanc, il surprend par sa rondeur, son équilibre et sa bouche aromatique. Il a obtenu une étoile, tout comme le **rouge 96**, encore fermé mais prometteur, à découvrir d'ici deux ans.

J. Clotilde, Ch. Réal Martin, rte de Barjols, 83143 Le Val, tél. 04.94.86.40.90, Fax 04.94.86.32.23 t.l.j. 8h-12h 14h-18h; sam. dim. sur r.-v.

CH. REQUIER Blanc de blanc 1997**

3 ha   4 000   -30 F

Produit uniquement à partir de rolle, ce blanc est un festival à lui tout seul. Drapé d'un or nuancé de reflets verts, il exhale des odeurs d'une grande richesse où se mêlent le lilas blanc, la mangue, la poire et autres fruits. Rond et soyeux en bouche, il offre une plénitude digne des grands.

A. C. Loison, Ch. Réquier, 83340 Cabasse, tél. 04.94.80.22.01, Fax 04.94.80.21.14 r.-v.

CLOS DU REYRAN 1997**

1,25 ha   5 000   30 à 50 F

Sous cette étiquette, les domaines Costamagna proposent une cuvée issue exclusivement du cépage rolle - ou vermentino - vinifié en barrique bordelaise. Le résultat est plutôt bien réussi car même si les notes vanillées et briochées de ses odeurs masquent un peu sa typicité, il réjouit le palais par son moelleux, ses saveurs amples et fondues et son élégance. Encore jeune lors de la dégustation, il atteindra sa plénitude à l'automne 98.

SCEA Domaines B.-M. Costamagna, 93, rue Noël-Jean, Dom. des Escaravatiers, 83480 Puget-sur-Argens, tél. 04.94.19.88.22, Fax 04.94.45.55.83 r.-v.

DOM. RICHEAUME
Cuvée Columelle 1996*

6 ha   24 000   70 à 100 F

Tombé amoureux des terres de Richeaume, un professeur de droit à Berlin s'est reconverti dans la vigne en 1973 ; son souci de la protection de l'environnement le conduit à la culture biologique. Grenat foncé avec un nez complexe de fruits rouges (cassis, groseille), de violette et d'épices, ce vin très équilibré aux tanins agréables présente des arômes de fruits rouges nuancés par un élevage en fût. S'il est actuellement attrayant, deux ou trois ans de patience l'amèneront à son optimum.

Henning Hoesch, Dom. Richeaume, 13114 Puyloubier, tél. 04.42.66.31.27, Fax 04.42.66.30.59 r.-v.

CH. DE ROQUEFORT Sémiramis 1997*

4 ha   13 000   30 à 50 F

Cet ancien vignoble a connu en 1995 une profonde rénovation sous l'impulsion de son propriétaire, digne descendant de la famille de Villeneuve « branche » Flayosc. Riche de ses expériences antérieures, celui-ci nous propose un rosé généreux à la robe très présente, qui sent bon la cerise et les fruits rouges. La chaleur des grenaches surmûris est agréablement nuancée

707   LA PROVENCE

Côtes de provence

par la finesse du cinsault et la rigidité du mourvèdre.
- Raimond de Villeneuve Flayosc, Ch. de Roquefort, 13830 Roquefort-la-Bédoule, tél. 04.42.73.20.84, Fax 04.42.73.11.19 r.-v.

CH. DU ROUET Cuvée Belle Poule 1997★★
5 ha   20 000

Le vignoble date du siècle dernier. L'ancêtre des propriétaires actuels était aussi directeur des Forges et Chantiers de la Seyne : il ramena quelques vestiges d'une des dernières frégates de la navigation à voile - la Belle Poule. Ceux-ci ornent aujourd'hui la chapelle du château. Juste transition entre passé et avenir, la cuvée Belle Poule affirme une personnalité charnelle dont les senteurs fruitées ont séduit notre jury. Sous la même étiquette, le **rouge 96** a lui aussi reçu deux étoiles. Remarquable exploit.
- Ch. du Rouët, rte de Bagnols-en-Forêts, 83490 Le Muy, tél. 04.94.99.21.10, Fax 04.94.99.20.42 t.l.j. sf dim. matin 8h-12h 14h-18h
- B. Savatier

DOM. DE SAINTE CROIX 1997★
10 ha   10 000

Un vin blanc bien fait qui séduit par son moelleux, sa densité, ses nuances florales délicates. Un ensemble harmonieux et réjouissant.
- SCEA Pélépol Père et Fils, Dom. de Sainte-Croix, 83570 Carces, tél. 04.94.04.56.51, Fax 04.94.04.38.10 r.-v.

CH. SAINTE-MARGUERITE
Cuvée Grande Réserve 1997★★
Cru clas.   12 ha   60 000

Sainte-Marguerite : la rencontre entre la rigueur et le goût de bien vivre. La faconde de son propriétaire comme les différentes cuvées qui y sont vinifiées en sont autant d'attraits. La Grande Réserve 97 a séduit notre jury par ses fragrances, sa douceur, son équilibre et l'envie d'y tremper à nouveau les lèvres. Certes encore jeunes lors de notre sélection, ses arômes ne demandent qu'à s'épanouir cet automne.
- Jean-Pierre Fayard, Ch. Ste-Marguerite Le Haut-Pansard, B.P. 1, 83250 La Londe-les-Maures, tél. 04.94.66.81.46, Fax 04.94.66.51.05 t.l.j. sf dim. 9h-12h30 14h30-18h30

CH. SAINTE-ROSELINE
Cuvée Prieuré 1996★
Cru clas.   3 ha   8 690

A l'origine propriété du diocèse de Fréjus, Sainte-Roseline est un domaine viticole important. Outre une exposition d'œuvres de Chagall et de Giacometti, vous découvrirez cette cuvée au caractère boisé et vanillé affirmé. Un vin de garde dont la puissance laisse augurer une bien jolie bouteille dans quelques années.
- SCEA Ch. Sainte-Roseline, 83460 Les Arcs, tél. 04.94.99.50.30, Fax 04.94.47.53.06 t.l.j. 9h-12h 14h-19h
- B. Teillaud

CH. SAINT-PIERRE
Cuvée du Prieuré 1997★★
1 ha   5 300

Soutenu en couleur et de grand caractère, il sait se faire remarquer. On apprécie sa complexité aromatique de fruits mûrs légèrement boisés, tandis qu'en bouche, vanille et épices nous rappellent un élevage en fût bien maîtrisé qui a su conforter la richesse des raisins. Un vin rond, fondu et très puissant.
- Jean-Philippe Victor, Ch. Saint-Pierre, Les Quatre-Chemins, 83460 Les Arcs, tél. 04.94.47.41.47, Fax 04.94.73.34.73 r.-v.

DOM. DE SAINT-QUINIS 1997★
15 ha   12 000

La légende dit que les ânes s'envolaient de Saint-Quinis pour rejoindre Gonfaron. Leurs bâts étaient-ils chargés de vins ressemblant à cette cuvée rubis aux reflets violacés et aux senteurs de kirsch, de groseille et de griotte à l'eau-de-vie ? Un joli vin assurément ! Digne représentant de l'appellation.
- Les Maîtres Vignerons de Gonfaron, 83590 Gonfaron, tél. 04.94.78.30.02, Fax 04.94.78.27.33 t.l.j. 8h-12h 14h-18h

DOM. DE SAINT-SER 1997★
n.c.   n.c.

Dans ce rosé cristallin à la nuance d'églantine, nos dégustateurs ont relevé des notes prononcées de fruits frais et de menthe qui donnent envie « d'en manger ». A la fois tendre et frais en bouche, il est suffisamment vif pour accompagner quelques poissons en sauce ou truites fumées.
- Dom. de Saint-Ser, R.D. 17, 13114 Puyloubier, tél. 04.42.66.30.81, Fax 04.42.66.37.51 t.l.j. 10h-12h 14h-18h
- Pierlot

DOM. DE SANT JANET
Cuvée Aurore 1997★★
2 ha   10 600

« Un vrai rosé de Provence ! » s'est exclamé un dégustateur. Expressif, intense, élégant, harmonieux, éclatant de jeunesse, c'est un remarquable représentant de l'appellation, qui honorera tout un repas.
- Dom. de Sant Janet, 83570 Cotignac, tél. 04.94.04.77.69, Fax 04.94.04.76.31 t.l.j. 8h-20h
- Delmes

DOM. SIOUVETTE
Cuvée Marcel Galfard 1997★
8,5 ha   27 000

A l'œil, il est vraiment très pâle. Légèrement amylique, il évolue avec fraîcheur ; la finale, chaleureuse, porte la marque du grenache.
- Sylvaine Sauron, Dom. Siouvette, 83310 La Mole, tél. 04.94.49.57.13, Fax 04.94.49.59.12 t.l.j. 9h-12h 13h30-19h

DOM. SORIN Cuvée Privée 1996★
1 ha   5 000

Ce Bourguignon, installé dans le vignoble provençal depuis 1994, a fait réaliser et installer

Cassis

dans sa cave des foudres en bois rotatifs uniques dans leur conception. Avec sa robe grenat aux reflets bleus, son nez boisé aux senteurs de coco et de vanille, finissant en clou de girofle, ce vin attaque en douceur puis monte en puissance très graduellement pour finir sur une présence tannique importante. Vin jeune, plein d'avenir, à consommer dans quatre ou cinq ans.
🖝 Dom. Luc Sorin, rte de la Cadière d'Azur, 83270 Saint-Cyr-sur-Mer, tél. 04.94.26.62.28, Fax 04.94.26.40.06 ✓ 🍷 t.l.j. sf dim. 8h-19h

CH. THUERRY 1997★★★

| | 2 ha | 15 000 | 30 à 50 F |

Cet ancien domaine templier est situé à la limite nord du département. Le grand jury a été charmé par l'éclat des arômes de son 97 paré d'une robe légère, et qui trouve sa plénitude dans un équilibre remarquable. D'une exceptionnelle longueur, c'est un rare rosé qui pourra se garder jusqu'en l'an 2000.
🖝 SCEA Les Abeillons, Ch. Thuerry, 83690 Villecroze, tél. 04.94.70.63.02, Fax 04.94.70.67.03 ✓ 🍷 r.-v.
🖝 Parmentier

DOM. TURENNE 1997★

| ☐ | 1,6 ha | 3 000 | 30 à 50 F |

Philippe Benezet, qui s'est installé en 1993 sur le domaine acheté par son grand-père, propose un vin blanc issu de clairette. Ce 97 à reflets verts séduit par son caractère, ses arômes floraux (lis), son remarquable équilibre entre vivacité et douceur, sa finesse et sa persistance.
🖝 Philippe Benezet, rte de Pierrefeu, 83390 Cuers, tél. 04.94.48.68.77, Fax 04.94.28.57.13 ✓ 🍷 t.l.j. 8h-12h 13h-18h

CH. VANNIERES 1997★

| | n.c. | 30 000 | 70 à 100 F |

Un 97 élégamment paré de sa livrée rose pâle, discret et retenu ; laissez-le s'épanouir en bouche où sa structure marquée par le mourvèdre étale sa force. Un vin complet et harmonieux.
🖝 Ch. Vannières, 83740 La Cadière-d'Azur, tél. 04.94.90.08.08, Fax 04.94.90.15.98 ✓ 🍷 t.l.j. sf dim. 8h-12h 14h-18h
🖝 Boisseaux

CH. DE VAU COULS 1997★★

| ☐ | 2 ha | 7 000 | 30 à 50 F |

Un domaine situé non loin de Fréjus, où Bonaparte fit halte à son retour d'Egypte. On pourra y découvrir ce vin blanc très expressif,

issu de rolle. Un nez floral, nuancé d'agrumes, une bouche pleine, longue, équilibrée, avec ce qu'il faut de fraîcheur, en font un excellent représentant de l'appellation. Le **rosé 97**, de couleur claire, marqué par la mandarine et l'acidulé de l'orange sanguine, mérite d'être mentionné.
🖝 Le Bigot, Ch. de Vaucouleurs, R.N. 7, 83480 Puget-sur-Argens, tél. 04.94.45.20.27, Fax 04.94.45.20.27 ✓

CH. VEREZ 1997★

| | 32,5 ha | 45 000 | 30 à 50 F |

Entré dans le Guide l'an dernier avec le blanc, ce domaine, repris en 1994, obtient à nouveau une étoile avec son rosé. La robe rose pâle attire. Les arômes explosent au palais, où alternent sensations de douceur et notes acidulées (pamplemousse, citron vert). Désaltérant et flatteur.
🖝 Ch. Verez, Le Grand Pré, 83550 Vidauban, tél. 04.94.73.69.90, Fax 04.94.73.55.84 🍷 t.l.j. 9h-19h
🖝 Rosinoer

Cassis

Un creux de rochers, auquel on n'accède que par des cols relativement hauts depuis Marseille ou Toulon, abrite, au pied des plus hautes falaises de France, les calanques, une certaine fontaine qui, selon les Cassidens, rendait leur ville plus remarquable que Paris... Mais aussi un vignoble que se disputaient déjà, au XIe s., les puissantes abbayes, en demandant l'arbitrage du pape. Le vignoble occupe aujourd'hui environ 175 ha, dont 123 en cépages blancs. Les vins sont rouges et rosés, mais surtout blancs. Mistral disait de ces derniers qu'ils sentaient le romarin, la bruyère et le myrte. Ne cherchez pas les grandes cuvées : elles sont bues au fur et à mesure, avec les bouillabaisses, les poissons grillés et les coquillages.

CLOS D'ALBIZZI 1997

| ☐ | 10 ha | 50 000 | 30 à 50 F |

Ce domaine viticole remonte au XVI^{e}s. Il a été fondé par un Florentin chassé de sa ville, qui a légué son nom à l'exploitation. Son cassis blanc tire sur le jaune ; il évoque des « petites douceurs » miellées. La suavité l'emporte sur la fraîcheur. A découvrir avec un suprême de volaille.
🖝 François Dumon, Clos d'Albizzi, 13260 Cassis, tél. 04.42.01.11.43 ✓ 🍷 r.-v.

MAS DE BOUDARD Blanc de blancs 1997

| ☐ | 3 ha | 12 000 | 30 à 50 F |

Pierre Marchand est à la tête de l'exploitation familiale créée par son grand-père depuis 1982.

709　　　　　　　　　LA PROVENCE

Bellet

Son cassis affirme la typicité de son appellation avec sincérité. La bouche est gouleyante. Des légumes farcis à la provençale accueilleront cette bouteille avec plaisir.
☛ Pierre Marchand, Mas de Boudard, 7, rte de Belle-Fille, 13260 Cassis, tél. 04.42.01.72.66 V

DOM. CAILLOL 1997★★

| | 3 ha | 6 000 | 30 à 50 F |

« Le vin de Marseille » relève-t-il d'une histoire marseillaise ? Non, il existe vraiment, et la famille Caillol le commercialise, mais il s'agit d'une édition très limitée ; quant au cassis blanc du domaine, il séduit par son bouquet odorant (pêche blanche, lait d'amande, abricot sec...). En bouche, l'impression de maturité expressive est encore plus nette. De la même exploitation, le **rouge 95** mérite d'être cité. Un vin de terroir, à découvrir un peu frais.
☛ Dom. Caillol, 11, chem. du Bérard, 13260 Cassis, tél. 04.42.01.05.35, Fax 04.42.01.31.59 V r.-v.

CH. DE FONTCREUSE Cuvée F 1996★★

| | n.c. | 62 000 | 30 à 50 F |

En décrochant un coup de cœur pour la deuxième année consécutive, le Château de Fontcreuse confirme son savoir-faire. Le millésime 96 est un vin de caractère aux arômes encore frais (mangue, litchi). Sa bouche, structurée et complexe, lui confère cette générosité méridionale, savoureuse. Bravo ! A signaler, du même domaine, le **rosé 97**, plus aérien et amylique. Il a obtenu une étoile.
☛ SA J.-F. Brando, Ch. de Fontcreuse, 13, rte de La Ciotat, 13260 Cassis, tél. 04.42.01.71.09, Fax 04.42.01.32.64 V t.l.j. sf sam. dim. 8h30-12h 14h-17h30

DOM. LA FERME BLANCHE 1997★

| | 22 ha | 70 000 | 50 à 70 F |

Un bouquet d'aubépine et de pêche blanche ; le palais, d'abord rond et gouleyant, devient vif mais reste très agréable. Un blanc printanier dans la lignée du 96.
☛ Paret-Garnier, Dom. de la Ferme Blanche, RD 559, BP 57, 13714 Cassis Cedex, tél. 04.42.01.00.74, Fax 04.42.01.73.94 V t.l.j. 9h-19h

DOM. DES QUATRE VENTS 1997★★

| | 4,4 ha | 10 000 | 30 à 50 F |

Régulièrement présent dans le Guide, le domaine des Quatre-Vents s'est particulièrement distingué cette année avec son rosé. Sous sa robe pâle à reflets saumon, ce 97 joue de finesse. Sa bouche agréable, souple, bien équilibrée, a une réelle persistance aromatique. Bon représentant de l'appellation. Le **blanc 97** de l'exploitation est un ton en dessous, tout en ayant une évolution ronde et franche.
☛ Alain de Montillet, Dom. des Quatre-Vents, 13260 Cassis, tél. 04.42.01.01.12 V t.l.j. sf sam. dim. 8h30-12h 14h-18h

Bellet

De rares privilégiés connaissent ce minuscule vignoble (32 ha) situé sur les hauteurs de Nice, dont la production est réduite (environ 800 hl) et presque introuvable ailleurs qu'à Nice. Elle est faite de blancs originaux et aromatiques, grâce au rolle, cépage de grande classe, et au chardonnay (qui se plaît à cette latitude quand il est exposé au nord et suffisamment haut) ; de rosés soyeux et frais ; de rouges somptueux, auxquels deux cépages locaux, la fuella et le braquet, donnent une originalité certaine. Ils seront à leur juste place avec la riche cuisine niçoise si originale, la tourte de blettes, le tian de légumes, l'estoficada, les tripes, sans oublier la soca, la pissaladière ou la poutine.

DOM. AUGIER
Cuvée Charles Augier 1995★

| ■ | 0,4 ha | 1 200 | 70 à 100 F |

Après un millésime 93 très apprécié, c'est encore un rouge qui est décrit ici. Ce 95 se distingue par des arômes puissants et profonds : cerise, fumée, humus, vanille.... La structure est ferme. Un bellet qui ravira les amateurs de vins typiques.
☛ Rose Augier, 680, rte de Bellet, 06200 Nice, tél. 04.93.37.81.47 V r.-v.

CH. DE BELLET Cuvée Baron G. 1996★★

| | 1,5 ha | 5 000 | 100 à 150 F |

Derrière un boisé franc, ce beau vin blanc a séduit le jury par son évolution harmonieuse. Les fragrances de miel d'acacia s'expriment dans une plénitude fraîche et douce, puis la finale fait res-

Bandol

sortir l'écorce d'orange confite. Ce vin aurait pu se passer du bois, tant il est superbe ! D'excellente facture, il pourra accompagner les poissons les plus fins.
☛ Ghislain de Charnacé, Ch. de Bellet, 440, chem. de Saquier, 06200 Nice,
tél. 04.93.37.81.57, Fax 04.93.37.93.83 ▼ ⊤ r.-v.

CH. DE CREMAT 1997**
☐   3,99 ha   10 000   ⬤ 100 à 150 F

C'est sous les voûtes d'anciennes caves et dans le respect du terroir qu'a été élevé ce bellet blanc qui privilégie la fraîcheur, avec des arômes explosifs (banane, ananas, notes minérales). Sa robe à reflets verts est fort élégante. Egalement typique, le **rosé 97** est cependant plus rond, tout en restant aussi parfumé.
☛ SCEA Ch. de Crémat, 442, chem. de Crémat, 06200 Nice, tél. 04.92.15.12.15,
Fax 04.92.15.12.13 ▼ ⊤ r.-v.

LES COTEAUX DE BELLET 1997*
☐   2,06 ha   9 300   ⬤ 70 à 100 F

Ce domaine résulte de l'association de trois vignerons qui se sont regroupés pour valoriser leur terroir et perpétuer la tradition du « vin de Nice ». Le blanc 96 avait obtenu un coup de cœur. Le 97 se caractérise par des notes florales et mentholées ; la bouche ample est marquée par le boisé en finale. Un vin de repas pour accompagner du saumon fumé et du poisson en sauce. A signaler encore, un **rouge 96**, qui devra patienter pour s'assagir.
☛ SCEA Les Coteaux de Bellet, 325, chem. de Saquier, 06200 Saint-Roman-de-Bellet,
tél. 04.93.29.92.99, Fax 04.93.18.10.99 ▼ ⊤ r.-v.

Bandol

Noble vin, qui n'est d'ailleurs pas produit à Bandol même, mais sur les terrasses brûlées de soleil des villages alentour recouvrant une superficie de 1 300 ha, le bandol est blanc, rosé ou rouge. Ce dernier est corsé et tannique grâce au mourvèdre, cépage qui le compose pour plus de la moitié. Vin généreux, compagnon idéal des venaisons et des viandes rouges, il apporte ses subtilités aromatiques faites de poivre, de cannelle, de vanille et de cerise noire. Il supporte fort bien une longue garde.

DOM. DES BAGUIERS 1996**
■   3 ha   14 400   ⬤ 50 à 70 F

La finesse des arômes, des tanins bien présents et de qualité contribuent à la complexité et à l'équilibre de ce bandol rouge, promis à un bel avenir.

☛ GAEC Jourdan, Dom. des Baguiers, 83330 Le Plan-du-Castellet, tél. 04.94.90.41.87, Fax 04.94.90.41.87 ▼ ⊤ r.-v.

DOM. BARTHES 1997**
☐   2,5 ha   4 000   ⬤ 30 à 50 F

De teinte pâle, ce bandol présente un nez subtil et délicat, floral et fruité. Frais à l'attaque, il s'épanouit en bouche. Un vin plaisir à déguster sur un poisson grillé.
☛ Monique Barthès, chem. du Val-d'Arenc, 83330 Le Beausset, tél. 04.94.98.60.06, Fax 04.94.98.65.31 ▼ ⊤ r.-v.

DOM. DU CAGUELOUP 1997*
☐   2,5 ha   12 000   ⬤ 50 à 70 F

Présent dans le Guide dès la première année, ce domaine fait preuve d'une belle régularité. Vous serez séduit par ce bandol blanc dont l'expression au palais va crescendo, avec du gras et une typicité clairette (ce cépage représente 50 % de l'assemblage). Le nez était encore fermé lors de la dégustation, mais il devrait s'ouvrir cet automne. A essayer en accompagnement d'une viande blanche.
☛ SCEA Dom. de Cagueloup, quartier Cagueloup, 83270 Saint-Cyr-sur-Mer,
tél. 04.94.26.15.70, Fax 04.94.26.54.09 ▼ ⊤ r.-v.
☛ Richard Prebost

DOM. DE FONT-VIVE 1997*
◢   6 ha   15 000   ⬤ 30 à 50 F

Installé depuis peu, Philippe Dray a élaboré un rosé intéressant par sa complexité aromatique (il mêle des notes florales, fruitées et grillées) et par son équilibre général.
☛ Philippe Dray, Dom. de Font-Vive, 83330 Le Beausset, tél. 04.94.98.60.06, Fax 04.94.98.65.31 ▼ ⊤ r.-v.

DOM. DE FREGATE 1996*
■   3 ha   n.c.   ⬤ 50 à 70 F

Un des domaines de l'appellation les plus proches de la côte : il jouxte le golfe du même nom. Si ce 96 n'a pas le panache du millésime précédent, se montrant timide dans son bouquet (mi-fruit, mi-sous-bois), il se rattrape par ses tanins fins et denses. Il gagnera en harmonie avec le temps.
☛ Dom. de Frégate, rte de Bandol, 83270 Saint-Cyr-sur-Mer, tél. 04.94.32.57.57,
Fax 04.94.32.24.22 ▼ ⊤ t.l.j. sf dim. 8h30-12h 15h-17h30

LA BASTIDE BLANCHE 1996***
■   1,7 ha   6 000   ⬤ 50 à 70 F

Une valeur sûre de l'appellation, maintes fois présente dans le Guide. Bien construit, ce 96 se distingue par des notes fruitées qui gagneront encore en intensité, par un palais dense, rond et élégant, discrètement poivré. Une bouteille brillante, savoureuse et de bonne garde. Le jury recommande aussi le **bandol blanc 97** du domaine. Riche en arômes (fleuri, exotique, bergamote...), il prend de l'ampleur au long de la dégustation et affiche un réel équilibre acidité-gras.

LA PROVENCE

Bandol

🍇 Louis et Michel Bronzo, 367, rte de l'Oratoire, 83330 Sainte-Anne-du-Castellet, tél. 04.94.32.63.20, Fax 04.42.08.62.04 ✓ ⊥ t.l.j. sf sam. dim. 9h-18h

LA CADIERENNE 1997★

■ n.c. n.c. 🍷 30 à 50 F

On retrouve le rosé de la coopérative de La Cadière. Le millésime 97 est expressif, avec des arômes persistants de pêche et d'agrumes. Il montre un certain mordant en bouche. Il se comportera bien à table.
🍇 SCV La Cadiérenne, quartier Le Vallon, 83740 La Cadière-d'Azur, tél. 04.94.90.11.06, Fax 04.94.90.18.73 ✓ ⊥ r.-v.

DOM. LAFRAN-VEYROLLES 1995★

■ 3 ha 7 000 🍷 70 à 100 F

Ce très ancien domaine, remontant en partie à la première moitié du XVII^{e}s., propose un bandol rouge à la robe profonde et vive, au nez flatteur de fruits rouges et de violette. Le palais montre du coffre, les tanins sont présents, mais fins. Un vin franc, typé par le mourvèdre qui représente 95 % de l'assemblage. Il sera de garde.
🍇 Mme Claude Jouve-Férec, Dom. Lafran-Veyrolles, rte de l'Argile, 83740 La Cadière-d'Azur, tél. 04.94.90.13.37, Fax 04.94.90.11.18 ✓ ⊥ r.-v.

DOM. DE LA LAIDIERE 1997★

■ 9 ha 30 000 🍷 50 à 70 F

Ce domaine de 25 ha, régulièrement mentionné dans le Guide, a retenu l'attention du jury avec ses bandol rosé et blanc. Le rosé présente un nez complexe alliant fruits exotiques et notes minérales, arômes qui s'affirment dans une bouche conjuguant rondeur et longueur. Si l'un des dégustateurs émet quelques réserves quant à sa typicité, ce vin n'en plaît pas moins pour son caractère. Le **blanc 97** est plus vert, mais tout aussi odorant et élégant. Il a obtenu la même note.
🍇 SCEA Estienne, Dom. de La Laidière, 83330 Sainte-Anne-d'Evenos, tél. 04.94.90.37.07, Fax 04.94.90.38.05 ✓ ⊥ t.l.j. sf sam. dim. 9h-12h 13h30-18h

CH. DE LA NOBLESSE 1996

■ 3 ha 13 330 70 à 100 F

Creusées dans le roc, les caves du domaine recèlent un bandol rouge bien typé, à l'ancienne. Un vin généreux, au bouquet déclinant la cerise à l'eau-de-vie, la figue et le cuir.

🍇 Jean-Pierre Gaussen, Dom. de La Noblesse, 1585, chem. de l'Argile, 83740 La Cadière-d'Azur, tél. 04.94.98.75.54, Fax 04.94.98.65.34 ✓ ⊥ r.-v.

LA ROQUE
Cuvée Grande Réserve Elevé en fût de chêne 1995★

■ n.c. n.c. 🍷 50 à 70 F

L'an passé, le blanc Sélection s'était attiré des compliments ; cette année la préférence va au rouge Grande Réserve 95 : c'est un vin étoffé, à la gamme aromatique complexe, évolutive ; les tanins fins sont bien intégrés à la finale épicée. Une bouteille pleine de personnalité, à garder de cinq à dix ans et à servir sur un civet de sanglier.
🍇 SCA La Roque, quartier Vallon, 83740 La Cadière-d'Azur, tél. 04.94.90.10.39, Fax 04.94.90.08.11 ✓ ⊥ r.-v.

CH. LA ROUVIERE 1996★

■ 4 ha 15 000 🍷 70 à 100 F

Le château La Rouvière fait partie de la trilogie des domaines de la famille Bunan. Son bandol rouge 96 est un vin typique et plein d'avenir. Après une belle attaque fruitée, la dégustation évolue vers des notes plus épicées. Un vin chaleureux et généreux, qui s'épanouira pleinement après trois ou quatre ans de vieillissement. Elégant et fin, le **rosé 97** a obtenu également une étoile.
🍇 Dom. Bunan, B.P. 17, 83740 La Cadière-d'Azur, tél. 04.94.98.58.98, Fax 04.94.98.60.05 ✓ ⊥ t.l.j. 8h-12h30 14h-19h

DOM. LA SUFFRENE 1996

■ 8 ha 30 000 50 à 70 F

Il est du genre sérieux : une robe sombre à reflets de cerise noirs, de la matière et de la densité. Peut-être lui faut-il encore un peu de temps ?
🍇 Cédric Gravier, 1066, chem. de Cuges, 83740 La Cadière-d'Azur, tél. 04.94.90.09.23, Fax 04.94.90.02.21 ✓ ⊥ t.l.j. sf dim. 9h-12h30 14h-18h

DOM. DE LA TOUR DU BON 1996★★

■ 4 ha 11 000 🍷 50 à 70 F

Ce domaine viticole existait déjà au XVIII^{e}s. sous le nom de « Jas de la Tour du Bon ». Son vin rouge 96 a captivé le jury par sa personnalité automnale presque sauvage. La robe est sombre. Des notes concentrées de sous-bois, de musc, s'ouvrent sur une bouche ample, dense et puissante. Un bandol racé. Il n'est pas encore mûr,

Bandol

mais s'inscrit dans l'esprit de son appellation par son potentiel de garde de cinq ans au moins.
🕭 SCEA Saint-Vincent, Dom. de La Tour du Bon, 83330 Le Brûlat-du-Castellet, tél. 04.94.32.61.62, Fax 04.94.32.71.69 ☑ Ⲧ r.-v.

DOM. DE LA VIVONNE 1995*

| ■ | 6,09 ha | 20 000 | ⧌ | 50 à 70 F |

C'est déjà la cinquième génération qui est aux commandes de cette exploitation, fondée à l'aube du XXe s. Le bandol rouge 95 du domaine présente un bouquet aux notes fruitées (mûre, cassis), des tanins boisés et puissants. C'est un vin viril qui s'assouplira avec quatre ou cinq ans de garde.
🕭 Walter Gilpin, 3345, montée du Château, 83330 Le Castellet, tél. 04.94.98.70.09, Fax 04.94.90.59.98 ☑ Ⲧ r.-v.

LE GALANTIN 1997*

| ◪ | | n.c. | 50 000 | ■ ♦ | 30 à 50 F |

D'une couleur mandarine, il privilégie les fruits rouges dans son expression aromatique. Un rosé structuré, bien travaillé, à marier avec un plat légèrement relevé.
🕭 Achille Pascal, Dom. Le Galantin, 83330 Le Plan-du-Castellet, tél. 04.94.98.75.94, Fax 04.94.90.29.55 ☑ Ⲧ r.-v.

DOM. DE L'HERMITAGE 1996

| ■ | 8 ha | 40 000 | ⧌ | 50 à 70 F |

Ce vaste domaine, restauré dans les années 70 après une longue période d'abandon, propose une cuvée harmonieuse. Un vin qui sait montrer sa personnalité par un bouquet expressif aux notes fruitées, végétales et animales, et par des tanins boisés.
🕭 Gérard Duffort, Dom. de l'Hermitage, Le Rouve, B. P. 41, 83330 Le Beausset, tél. 04.94.98.71.31, Fax 04.94.90.44.87 ☑ Ⲧ r.-v.

DOM. DE L'OLIVETTE 1996*

| ■ | 4 ha | 20 000 | ⧌ | 50 à 70 F |

Fondée en 1790, cette exploitation est restée depuis cette date dans la même famille. Avec une superficie de 54 ha, c'est l'un des plus vastes vignobles de l'appellation. Cette année, le jury a remarqué un 96 rouge. Revêtu d'une robe foncée à reflets violets, ce vin offre une belle expression de mourvèdre. Sa carrure laisse présager un vieillissement heureux d'au moins cinq ans. Les plus patients s'y intéresseront dans dix ans.
🕭 SCEA Dumoutier, Dom. de L'Olivette, 83330 Le Castellet, tél. 04.94.32.62.89, Fax 04.94.32.68.43 ☑ Ⲧ r.-v.

MOULIN DES COSTES 1996**

| ■ | 5 ha | 20 000 | ⧌ | 50 à 70 F |

Le premier domaine acquis par la famille Bunan possède un conservatoire ampélographique qui rassemble les cépages de l'appellation. En rouge comme en blanc, ses vins ont reçu une pluie de compliments (deux étoiles chacun !). À l'agitation, ce 96 révèle des notes de cuir, de sous-bois, de cacao. Le fruit rouge se manifeste dans l'attaque, douce et vive à la fois, puis il laisse les tanins assurer une finale longue, soyeuse et goûteuse. Un bandol complet et harmonieux, à découvrir dans quelques années. Le **blanc** 97

séduit par une envolée de notes exotiques, douce, suave, tout en finesse et élégance. Le coup de cœur n'est pas loin.
🕭 Dom. Bunan, B.P. 17, 83740 La Cadière-d'Azur, tél. 04.94.98.58.98, Fax 04.94.98.60.05 ☑ Ⲧ t.l.j. 8h-12h30 14h-19h

DOM. DU PEY-NEUF 1997**

| ◪ | | 15 ha | 75 000 | ■ ♦ | 30 à 50 F |

Souvent cité pour ses rosés, ce domaine a particulièrement réussi le millésime 97. Paré d'une robe rose pâle, ce vin exhale des fragrances fines et persistantes. Sa bouche ample présente une finale fort agréable, bien fruitée et longue.
🕭 Guy Arnaud, Dom. Pey-Neuf, 367 rte de Sainte-Anne, 83740 La Cadière-d'Azur, tél. 04.94.90.14.55, Fax 04.94.26.13.89 ☑ Ⲧ r.-v.
🕭 Arnaud et Fils

CH. DE PIBARNON 1996*

| ■ | 20 ha | 55 000 | ⧌ | 70 à 100 F |

A Pibarnon, les vignes plongent leurs racines dans un sol triasique qui donne des vins rouges, gras et tanniques. Elles ont produit un 96 aux reflets noirs, flatteur au nez. Le palais apparaît ample, avec des tanins goûteux et une longueur honorable. Cette bouteille méritera votre attention dès cet automne, et pendant deux ou trois ans.
🕭 Ch. de Pibarnon, Henri et Eric de Saint-Victor, 83740 La Cadière-d'Azur, tél. 04.94.90.12.73, Fax 04.94.90.12.73 ☑ Ⲧ t.l.j. sf dim. 8h30-12h30 14h30-18h30

CH. PRADEAUX 1993**

| ■ | 14 ha | 30 000 | ⧌ | 70 à 100 F |

Un long élevage en fût pour ce 93 dont les dégustateurs ont apprécié... la jeunesse. Les arômes concentrés et élégants (poivre, réglisse, cassis, cuir...), la bouche puissante, solidement charpentée, ont été également admirés. Un bandol de très longue garde (dix à vingt ans).
🕭 Ch. Pradeaux, quartier Les Pradeaux, 83270 Saint-Cyr-sur-Mer, tél. 04.94.32.10.21, Fax 04.94.32.16.02 ☑ Ⲧ t.l.j. 8h30-12h30 13h30-18h30; dim. sur r.-v.
🕭 Cyrille Portalis

DOM. ROCHE REDONNE
Cuvée Les Bartavelles 1996*

| ■ | | n.c. | 10 000 | ⧌ | 70 à 100 F |

Le domaine est dominé par le village médiéval de La Cadière. Il a élaboré une cuvée dont le nez associe des notes boisées et animales. En bouche, les tanins du vin et ceux du bois s'équilibrent et confèrent à ce 96 une typicité policée. Le **rosé 97** a obtenu aussi une étoile pour la fraîcheur de sa robe et pour sa persistance.
🕭 Tournier, Dom. La Roche Redonne, 83740 La Cadière-d'Azur, tél. 04.94.90.11.83, Fax 04.94.90.00.96 ☑ Ⲧ r.-v.

CH. ROMASSAN-DOMAINES OTT
Cœur de Grain 1997**

| ◪ | | 25 ha | 120 000 | ■ ♦ | 70 à 100 F |

La famille Ott est également propriétaire dans l'AOC côtes de provence de deux autres domaines : le clos Mireille et le château de Selle. Son bandol à reflets orangés n'est pas passé inaperçu.

LA PROVENCE

Nos dégustateurs prédisent un bel avenir à ce vin bien structuré et complexe dans son expression aromatique.
☙ Dom. Ott, Ch. Romassan, 601, rte des Mourvèdres, 83330 Le Castellet, tél. 04.94.98.71.91, Fax 04.94.98.65.44 ☑ ⚐ r.-v.

CH. SAINTE-ANNE 1996*

■   5 ha   15 000   ⬤❙ 50 à 70 F

Ce bandol rouge se distingue par sa mâche, son caractère concentré et tannique. Les tanins ont besoin de temps pour se fondre. C'est un vin de tradition qui trouvera ses amateurs.
☙ Françoise Dutheil de La Rochère, Ch. Sainte-Anne, 83330 Sainte-Anne-d'Evenos, tél. 04.94.90.35.40, Fax 04.94.90.34.20 ☑ ⚐ t.l.j. sf dim. 9h-12h 14h-19h

CH. SALETTES 1996*

■   9 ha   42 600   ⬤❙ 70 à 100 F

Ce domaine a presque quatre siècles d'existence, puisqu'il a été fondé en 1604. Jean-Pierre Boyer y est installé depuis 1965, et ce 96 représente sa trente-troisième vinification ! Ce vin aux reflets rubis révèle une structure et un volume prometteurs. Les tanins bien présents demandent à se fondre. On l'attendra quelques années pour lui permettre de gagner en harmonie.
☙ Jean-Pierre Boyer, Ch. Salettes, 83740 La Cadière-d'Azur, tél. 04.94.90.06.06, Fax 04.94.90.06.06 ☑ ⚐ r.-v.
☙ GFA Ch. Salettes

DOM. DE SOUVIOU 1997**

◪   10 ha   44 000   ▮♦ 50 à 70 F

Fondé au XVIᵉ s., ce domaine possédait autrefois un moulin à huile. Régulièrement présent dans le Guide depuis sa rénovation, il s'est particulièrement illustré cette année grâce à ce bandol rosé d'excellente facture : robe saumonée avec de beaux reflets roses, arômes intenses de pêche, d'abricot, bouche ronde et équilibrée. On n'oubliera pas non plus le **rouge 95** de l'exploitation, très réussi. Il mérite d'être conservé quelques années.
☙ SCEA Dom. de Souviou, R.N. 8, 83330 Le Beausset, tél. 04.94.90.57.63, Fax 04.94.98.62.74 ☑ ⚐ r.-v.
☙ Cagnolari

> Plus une vigne est âgée, meilleur est son vin.

DOM. DE TERREBRUNE 1997*

☐   2 ha   6 000   ⬤❙ 50 à 70 F

Viticulture et floriculture font bon ménage à Ollioules, commune où est établie cette exploitation. Celle-ci propose un bandol blanc fort prometteur, équilibré et acidulé. Encore fermé, le nez laisse deviner des arômes qui sont à dominante agrumes et bergamote. À découvrir avec un chèvre chaud ou une bourride.
☙ Delille, Dom. de Terrebrune, 83190 Ollioules, tél. 04.94.74.01.30 ☑ ⚐ t.l.j. 9h-12h30 14h-19h; dim. sur r.-v.

CH. VANNIÈRES 1997*

◪   n.c.   40 000   ▮♦ 70 à 100 F

Ce domaine, fondé au XVIᵉ s., nous propose un rosé friand : belle robe, beau nez, belle bouche ! Il se montre rond, et présente une structure intéressante. Il fera le plaisir de vos apéritifs.
☙ Ch. Vannières, 83740 La Cadière-d'Azur, tél. 04.94.90.08.08, Fax 04.94.90.15.98 ☑ ⚐ t.l.j. sf dim. 8h-12h 14h-18h
☙ Boisseaux

Coteaux d'aix

Sise entre la Durance au nord et la Méditerranée au sud, entre les plaines rhodaniennes à l'ouest et la Provence triasique et cristalline à l'est, l'AOC coteaux d'aix-en-provence appartient à la partie occidentale de la Provence calcaire. Le relief est façonné par une succession de chaînons, parallèles au rivage marin, et couverts naturellement de taillis, de garrigue ou de résineux : chaînon de la Nerthe près de l'étang de Berre, chaînon des Costes prolongé par les Alpilles, au nord.

Entre ces reliefs s'étendent des bassins sédimentaires d'importance inégale (bassin de l'Arc, de la Touloubre, de la basse Durance) où se localise l'activité viticole, soit sur des formations marno-calcaires donnant des sols cailloteux à matrice argilo-limoneuse, soit sur des formations de molasses et de grès avec des sols très sableux ou sablo-limoneux cailloteux. 3 500 ha produisent 170 000 hl en moyenne. La production de vins rosés s'est développée récemment (70 %). Grenache et cinsaut forment encore la base de l'encépagement, avec une prédominance du grenache ; syrah et cabernet-sauvignon sont en progression et remplacent progressivement le carignan.

Coteaux d'aix

Les vins rosés sont légers, fruités et agréables ; ils ont largement profité des améliorations des techniques de vinification. Ils doivent être bus jeunes avec des plats provençaux : ratatouille, artichauts barigoule, poissons grillés au fenouil, aïoli...

Les vins rouges sont des vins équilibrés, quelquefois rustiques. Ils bénéficient d'un contexte pédologique et climatique favorable. Jeunes et fruités, avec des tanins souples, ils peuvent accompagner viandes grillées et gratins. Ils atteignent leur plénitude après deux ou trois ans d'élevage et peuvent accompagner alors viandes en sauce et gibier. Ils méritent que l'on parle à leur (re)découverte.

La production de vins blancs est limitée. La partie nord de l'aire de production est plus favorable à leur élaboration qui mêle de la rondeur du grenache blanc et du bourboulenc à la finesse de la clairette et du rolle, sur un support d'ugni-blanc.

CH. BARBEBELLE
Cuvée Jas d'Amour 1997★

| | 2,5 ha | 13 500 | | -30 F |

« Il a de la personnalité », souligne un membre du jury. Son attaque est dominée par le sauvignon. Il fait preuve de beaucoup de franchise, présente un beau relief aromatique et une longue finale.
↪ Brice Herbeau, Ch. Barbebelle, 13840 Rognes, tél. 04.42.50.22.12, Fax 04.42.50.10.20 ☑ ☕ t.l.j. 9h-12h 14h-18h30

CH. BAS Pierres du Sud 1997★★

| | 7 ha | 12 000 | | 30 à 50 F |

Signé par Philippe Pouchin, le meilleur vin blanc de la dégustation, de l'avis d'un dégustateur. Ce n'est pas le premier venu : il fut cette année cuvée du Festival. Sa palette aromatique originale - parfums citronnés mêlés d'effluves exotiques - séduit. Elle inspire les membres du jury : « une île en bouteille », écrit l'un d'eux. Vif et frais, un vin aguicheur et bien typé. Signalons encore le **rouge 96 Cuvée du Temple**, élevé en fût : sa robe sombre presque noire, son nez animal et cuir, sa riche matière et sa structure prometteuse lui valent d'être cité. Il pourra surprendre dans quelques années.
↪ Ch. Bas, 13116 Vernègues, tél. 04.90.59.13.16, Fax 04.90.59.45.84 ☑ ☕ r.-v.
↪ Georges de Blanquet

CH. BEAUFERAN
Elevé en fût de chêne 1993★

| ■ | 6 ha | 20 000 | | 30 à 50 F |

Une robe sombre pour ce vin d'une présentation irréprochable et élégante. Il est prêt à boire : le fût de chêne est bien intégré, et les arômes évoquent des fruits rouges (fraise) mûris et chauffés au soleil.
↪ Ch. Beauferan, 870, chem. de la Degaye, RD 20, 13880 Velaux, tél. 04.42.74.73.94, Fax 04.42.87.42.96 ☑ ☕ t.l.j. sf dim. 9h-12h 14h-18h; sam. 9h-12h
↪ SCEA Adam

CH. DE BEAUPRE 1996★

| ■ | | n.c. | 48 000 | | 30 à 50 F |

Cette belle bastide du XVIII[e]s. appartient à la famille Double depuis 1835. Le vignoble a été créé à la fin du XIX[e]s. Parmi les trois cuvées retenues, le jury a donné la préférence à ce 96. Son nez poivron traduit une forte proportion de cabernet-sauvignon. L'attaque est souple et ronde, le fruité soutenu évoque la groseille. Un vin prêt à boire, mais pouvant encore attendre. Le **rosé 97** et le **rouge 96 Collection du Château** (élevé en fût) sont tous deux cités.
↪ Christian Double, RN 7, 13760 Saint-Cannat, tél. 04.42.57.33.59, Fax 04.42.57.27.90 ☑ ☕ t.l.j. 9h-12h 14h-18h; groupes sur r.-v.

CH. CALISSANNE Clos Victoire 1996★★

| ■ | | n.c. | 15 000 | | 70 à 100 F |

Ce coup de cœur récompense vingt ans d'efforts pour élaborer des cuvées exprimant le terroir. Celle-ci est superbe. Un travail du bois maîtrisé magnifie le vin. Explosifs et complexes, les parfums déclinent les fruits confits, la vanille, la réglisse, le cuir. Tanins fondus et riche matière complètent le portrait de cette bouteille de grande classe. Le **Clos Victoire** existe dans les trois couleurs. Le **blanc 97**, élevé en fût, plaît presque autant que le rouge. Quant au **rosé 97**, il reçoit une étoile.
↪ Ch. Calissanne, R.D. 10, 13680 Lançon-de-Provence, tél. 04.90.42.63.03, Fax 04.90.42.40.00 ☑ ☕ t.l.j. 8h-12h 14h-18h
↪ Compass et UAP

CH. CALISSANNE
Cuvée du Château 1997★

| | | n.c. | 5 000 | | 30 à 50 F |

Avec les vins mentionnés ci-dessus, on ne compte pas moins de huit vins du Château Calissanne retenus par le jury. Dans la Cuvée du Château, belle réussite en blanc avec ce 97, aux arômes d'amande fraîche, de pêche blanche et de fleurs, sur un soutien plein de fraîcheur. Une citation pour le **rosé 97**. La **cuvée Prestige** est trois fois citée, en **rosé 97** (un vin brillant et net, de style bonbon anglais), en **rouge 96** (une bouteille

LA PROVENCE

Coteaux d'aix

pour maintenant), en **blanc 97** (un vin chaleureux et vanillé).
- Ch. Calissanne, R.D. 10, 13680 Lançon-de-Provence, tél. 04.90.42.63.03, Fax 04.90.42.40.00 ☑ ☨ t.l.j. 8h-12h 14h-18h

DOM. DE CAMAISSETTE
Cuvée Amadeus 1996

| □ | 1 ha | 2 500 | ⦿ | 30 à 50 F |

Le domaine de Camaïssette appartient à la même famille depuis 1901. Sa cuvée Amadeus a fait l'objet d'un élevage très soigné en fût de chêne neuf, ce qui lui donne une couleur jaune d'or et des notes vanillées. Plutôt vif, ce 96 s'exprimera davantage quand le bois aura laissé parler le vin.
- Michelle Nasles, Dom. de Camaïssette, 13510 Eguilles, tél. 04.42.92.57.55, Fax 04.42.28.21.26 ☑ ☨ t.l.j. sf dim. 9h30-12h 14h30-18h30

DOM. D'EOLE Cuvée Léa 1996*

| ◪ | 3 ha | 8 000 | ⦿ | 70 à 100 F |

Il faut boire cette cuvée sans attendre, pour profiter de son aménité présente, faite de tanins bien fondus, d'un certain gras, de rondeur et d'effluves agréables, vanille et fruits rouges macérés, kirsch et griotte. A signaler encore, le **rosé 97**, cité par le jury.
- EARL Dom. d'Eole, 13810 Eygalières, tél. 04.90.95.93.70, Fax 04.90.95.99.85 ☑ ☨ r.-v.
- C. Raimont

CH. DE FONSCOLOMBE
Cuvée spéciale 1997

| ◪ | 17 ha | 112 000 | ⦿ | 30 à 50 F |

Construit en 1720, le château de Fonscolombe inscrit sa façade harmonieuse dans le paysage de la vallée de la Durance, face à la montagne du Luberon. Son rosé 97 est typique de l'appellation : du fruit, un peu de chaleur, de la franchise. A marier à des plats ensoleillés.
- SCA des Dom. de Fonscolombe, 13610 Le Puy-Sainte-Réparade, tél. 04.42.61.89.62, Fax 04.42.61.93.95 ☑ ☨ r.-v.
- De Saporta

CH. DES GAVELLES 1997

| □ | 2 ha | 10 000 | ⦿ | -30 F |

L'exploitation tire son nom du terme provençal *gaveou* qui signifie « sarment ». Son blanc 97 ne fait pas de manières. Il est franc et se lit facilement. Il va droit au but, sans poser de questions. Légèrement citronné, il donne dans la fraîcheur. A boire le soir, sous la tonnelle.
- Ch. des Gavelles, 165, chem. de Maliverny, 13540 Puyricard, tél. 04.42.92.06.83, Fax 04.42.92.24.12 ☑ ☨ t.l.j. 9h30-12h30 15h-19h30 (hiver 19h)
- J. et B. de Roany

CH. GRAND SEUIL
Cuvée Prestige 1995**

| ■ | 2 ha | 8 000 | ⦿ | 50 à 70 F |

Ce vin constitue la cuvée Prestige du château du Seuil, élevée en fût. En rouge aussi, ce domaine a excellé ; avec ce 95, il est passé près du coup de cœur. Les dégustateurs saluent dans ce vin l'heureux mariage entre le fruit et le bois.

Un bois fondu, signe d'un élevage bien mené. La complexité aromatique mérite également d'être signalée. Cette bouteille a du potentiel en réserve.
- Carreau-Gaschereau, Ch. du Seuil, 13540 Puyricard, tél. 04.42.92.15.99, Fax 04.42.28.05.00 ☑ ☨ t.l.j. 9h-12h 14h-19h

CH. LA BOUGERELLE Prestige 1996*

| ■ | 4 ha | 10 000 | ⦿ | 30 à 50 F |

C'est la première vinification de Nicolas Granier, et le résultat est encourageant. Robe profonde, d'un beau pourpre cardinalice, tanins présents, palette aromatique associant le sous-bois à des notes épicées et poivrées : l'archevêque de Vintimille, qui résidait dans ce domaine à la fin du XVIII°s., lui aurait donné sa bénédiction !
- Nicolas Granier, Ch. La Bougerelle, 1360, rte de Berre, 13090 Aix-en-Provence, tél. 04.42.20.18.95, Fax 04.42.20.81.78 ☑ ☨ t.l.j. 9h-19h

CH. LA COSTE Cuvée Lisa 1997*

| ◪ | 10 ha | 60 000 | ⦿ | 30 à 50 F |

Macération pelliculaire, saignée à 100 % et fermentation entre 16 et 18 °C ont donné ce rosé très bien équilibré, à l'attaque franche marquée par les agrumes (mandarine) suivie d'une bouche aux notes de fruits rouges et à la longue finale. Un vrai plaisir.
- GFA du Ch. La Coste, CD 14, 13610 Le Puy-Sainte-Réparade, tél. 04.42.61.89.98, Fax 04.42.61.89.41 ☑ ☨ t.l.j. sf dim. 8h-12h 14h-18h
- Bordonado

DOM. DE LA CREMADE 1996*

| ■ | 15 ha | 60 000 | ⦿ | -30 F |

Appartenant aux mêmes propriétaires que le château de Fonscolombe, ce domaine est établi sur le site de deux *villae* romaines dont les contours sont encore visibles. On produit ici du vin depuis l'Antiquité. Le 96 est issu de cinq cépages différents. Encore fermé, le nez laisse poindre des notes de fruits rouges mêlés de clou de girofle. On a recherché l'élégance dans ce vin aux tanins enveloppés, qui sera prêt à la sortie du Guide. Un cran au-dessous, le **rosé 97** n'en mérite pas moins d'être cité.
- SCA Dom. de Fonscolombe, 13610 Le Puy-Sainte-Réparade, tél. 04.42.61.89.62, Fax 04.42.61.93.95 ☑ ☨ r.-v.
- de Saporta

MAS DE LA DAME
Blanc des Roches 1997

| □ | 4,15 ha | 6 000 | | 30 à 50 F |

Un célèbre domaine dont la façade a été immortalisée par une peinture de Van Gogh. Son Blanc des Roches est de type technologique : il présente un côté amylique, bonbon anglais, tout au long de la dégustation. Il faut espérer qu'il ait été mis en bouteilles précocement ; il gardera ainsi toute sa jeunesse. A boire.
- Mas de La Dame, D. 5, 13520 Les Baux-de-Provence, tél. 04.90.54.32.24, Fax 04.90.54.40.67 ☑ r.-v.
- A. Poniatowski et C. Missoffe

Coteaux d'aix

DOM. DE LA REALTIERE
Cuvée Léa 1996★

| | 1,5 ha | 4 400 | | 30 à 50 F |

Après avoir passé vingt ans dans le Pacifique, Jean-Louis Michelland, agronome, se consacre aux vignes et aux oliviers de La Réaltière, propriété qu'il a achetée en 1994. Fidèle à la tradition culturale, il proscrit les désherbants, pesticides et engrais chimiques. Sa cuvée Léa a une très belle robe. Elle privilégie la finesse, s'enveloppant de fragrances de vanille et de cuir qui évoquent les grands parfums.

☙ Jean-Louis Michelland, Dom. de la Réaltière, rte de Jouques, 83560 Rians, tél. 04.94.80.32.56, Fax 04.94.80.55.70 ✓ ♈ t.l.j. 9h30-12h30 14h30-19h; dim. sur r.-v.

DOM. LES TOULONS
Cuvée spéciale 1995★

| | 2 ha | 5 000 | | 30 à 50 F |

Ce domaine est établi à l'emplacement de la plus grande villa romaine à vocation viticole connue à ce jour, dont le plan reste visible. Est-ce en raison de cet héritage qu'il reste fidèle aux vendanges manuelles et privilégie les vinifications traditionnelles, avec macération de vingt jours ? Il faut saluer en tout cas ce 96 en pleine possession de ses moyens, aux notes de fruits mûrs ou en confiture, à la structure ronde, agrémentée par une pointe d'épices. Un **blanc 97**, dominé par le rolle, a obtenu la même note. C'est un vin très jeune, au nez léger de fleurs blanches, à la bouche élégante de pamplemousse.

☙ Denis Alibert, Dom. les Toulons, 83560 Rians, tél. 04.94.80.37.88, Fax 04.94.80.57.57 ✓ ♈ t.l.j. 8h30-12h 14h-18h

CH. MONTAURONE 1997

| | 37 ha | 270 000 | | -30 F |

Il ne force ni sur l'intensité ni sur la complexité, mais il sait plaire par son côté « léger et gai », pour reprendre les termes d'un dégustateur.

☙ Pierre Decamps, Ch. Montaurone, 13760 Saint-Cannat, tél. 04.42.57.20.04, Fax 04.42.57.32.80

DOM. DES OULLIERES
Cuvée Prestige 1997★

| | 20 ha | 20 000 | | 30 à 50 F |

La cave de ce vaste domaine a été aménagée en 1990. Une jolie robe grenadine pour ce rosé : la forte proportion de cabernet-sauvignon ne doit pas être étrangère à cette couleur soutenue. Le nez intense mêle les fruits et les fleurs. Bouche équilibrée, harmonieuse, de belle longueur. Très bon rosé de plaisir.

☙ EARL Les Treilles de Cézanne, RN 7, 13410 Lambesc, tél. 04.42.92.83.39, Fax 04.42.92.70.83 ✓ ♈ r.-v.

DOM. DE PARADIS 1997★★

| | n.c. | 5 000 | | -30 F |

Il concilie une grande puissance en bouche et une belle harmonie, marie tout au long de la dégustation les fruits rouges à des accents de garrigue. Sa longueur est appréciable. Un rosé de repas à servir sur des viandes blanches relevées.

☙ Dom. de Paradis, Quartier Paradis, 13610 Le Puy-Sainte-Réparade, tél. 04.42.54.09.43, Fax 04.42.54.09.41 ✓ ♈ t.l.j. sf dim. 14h30-18h
☙ Pintore

CH. PIGOUDET Cuvée la Chapelle 1995★★

| | 28,18 ha | 10 000 | | 30 à 50 F |

Un très joli vin de garde, qui n'est pas loin du coup de cœur. Le pigeage lui a donné une robe soutenue, le bois des notes grillées. Les tanins sont bien présents, mais dénués d'agressivité. Cette belle structure en fait un vin fort prometteur.

☙ SCA Ch. Pigoudet, rte de Jouques, 83560 Rians, tél. 04.94.80.31.78, Fax 04.94.80.54.25 ✓ ♈ r.-v.

CH. PONTET BAGATELLE Rubis 1996

| | 3 ha | 10 000 | | 30 à 50 F |

Si les bâtiments qui abritent aujourd'hui la cave de vieillissement existaient déjà à l'époque du roi René, le domaine viticole est de création récente. Thierry Van Themsche en a pris les commandes en 1993. Sa cuvée Rubis est un vin travaillé pour séduire. Mission accomplie ! La syrah (70 %) imprime son caractère et donne un nez mêlant l'animal et le cuir. En bouche se développent des notes de fruits et de réglisse apportées par la grenache. A boire sur des plats légers.

☙ Thierry Van Themsche, Ch. Pontet Bagatelle, rte de Pélissanne, 13410 Lambesc, tél. 04.42.92.70.50, Fax 04.42.92.90.85 ✓ ♈ t.l.j. 9h30-19h

CH. PONT-ROYAL 1996

| | n.c. | 11 000 | | -30 F |

Cette exploitation était autrefois un relais de poste royal. Napoléon, nous dit-on, y fit halte, et, plus tard, la duchesse de Berry. Le domaine a été cité pour deux vins rouges très différents : ce 96, élevé en cuve, cherche à plaire dès à présent, tandis que la **Grande Cuvée 95**, élevée un an sous bois, privilégie la structure à l'extrême ; elle devra s'assouplir.

☙ Sylvette Jauffret, Ch. Pont-Royal, 13370 Mallemort, tél. 04.90.57.40.15, Fax 04.90.59.12.28 ✓ ♈ t.l.j. sf dim. lun. 9h-12h 15h-19h; groupes sur r.-v.
☙ Jacques-Alfred Jauffret

CELLIER DES QUATRE TOURS
Cuvée Prestige Vieilli en fût de chêne 1996★★

| | 6 ha | 24 000 | | 30 à 50 F |

Ces deux étoiles confirment le savoir-faire de cette cave et la qualité de cette cuvée dont le millésime 95 avait obtenu un coup de cœur. Elevage en fût bien mené, belle matière première, palette aromatique complexe, associant à l'animal le cassis, le café grillé, la réglisse, les épices, très longue bouche : il a tout pour plaire. On peut aussi se laisser tenter par le **rosé 97, cuvée Prestige**, qui mérite une citation.

☙ Cellier des Quatre Tours, R.N. 96, 13770 Venelles, tél. 04.42.54.71.11, Fax 04.42.54.11.22 ✓ ♈ t.l.j. sf dim. 8h30-12h 14h-19h

LA PROVENCE

Les baux-de-provence

LE GRAND ROUGE DE REVELETTE
1996

■   4 ha   n.c.   ▥ 50 à 70 F

Fidèle au rendez-vous du Guide, Revelette nous propose encore son Grand Rouge, un vin qui a bénéficié d'un élevage de douze mois en fût. Atypique par sa composition (50 % de cabernet-sauvignon), il affiche une robe profonde assortie d'une belle puissance et de tanins très présents auxquels il faut donner le temps de s'arrondir. La longueur est appréciable.

☛ Peter Fischer, Ch. Revelette, 13490 Jouques, tél. 04.42.63.75.43, Fax 04.42.67.62.04 ☑ ⌶ r.-v.

LES VIGNERONS DU ROY RENE
1997

□   15 ha   15 000   ▮♦ -30 F

Fondée au début du siècle, cette coopérative vinifie la récolte de 550 ha de vignes. Cinq cépages ont contribué à ce vin blanc, mais le grenache domine et lui donne un côté chaleureux. La macération pelliculaire apporte de la complexité aromatique, avec des parfums de pamplemousse, de grillé et de fleurs blanches. Une bouteille à déguster sans attendre.

☛ Les Vignerons du Roy René, R.N. 7, 13410 Lambesc, tél. 04.42.57.00.20, Fax 04.42.92.91.52 ☑ ⌶ t.l.j. sf dim. 8h-12h 14h-19h

CH. SAINT-JEAN Cuvée Margot 1997

◢   30 ha   6 000   ▮♦ -30 F

Un rosé d'une nuit. D'une « nuit orientale », précise un dégustateur, qui le compare à une odalisque, pour exprimer le charme rond, gras, bien mûr de ce 97 aux parfums musqués.

☛ Charles Sardou, 15, av. de la Méditerranée, 13620 Carry-le-Rouet, tél. 04.42.44.70.33, Fax 04.42.45.17.28 ☑ ⌶ r.-v.
☛ Somatal

DOM. DE SAINT-JULIEN-LES-VIGNES
Cuvée du Château 1996*

■   10 ha   12 000   ▮ -30 F

Un vin aujourd'hui austère par sa forte présence tannique. Encore sur sa réserve, il consent à livrer des notes réglissées, chocolatées et poivrées. Sa solide ossature en fait un vin fort prometteur. Il faudra de la patience pour le découvrir - deux ans, selon un dégustateur.

☛ Dom. de Saint-Julien-les-Vignes, 2495, rte du Seuil, 13540 Puyricard, tél. 04.42.92.10.02, Fax 04.42.92.10.74 ☑ ⌶ t.l.j. 13h-19h
☛ Famille Reggio

CH. DU SEUIL 1997***

◢   18 ha   90 000   ▮♦ 30 à 50 F

Depuis 1970, la famille Carreau-Gaschereau se consacre au vignoble du château du Seuil. Avec ce rosé, elle a signé une bouteille digne de cette noble bastide de la campagne aixoise. Le jury ne tarit pas d'éloges sur ce 97, louant son attaque superbe, sa souplesse, son très bel équilibre, sa finale harmonieuse. Il a également retenu, avec une étoile, le **blanc 97** du domaine.

☛ Carreau-Gaschereau, Ch. du Seuil, 13540 Puyricard, tél. 04.42.92.15.99, Fax 04.42.28.05.00 ☑ ⌶ t.l.j. 9h-12h 14h-19h

CH. DE VAUCLAIRE Cuvée Prestige 1996

■   4 ha   20 000   ▮ -30 F

Un vin qui attire la sympathie pour sa franchise, sa sincérité. Pas de grande déclaration, de la souplesse qui accompagne une sensation de fruits rouges tout au long de la dégustation. Un vin pour maintenant.

☛ Uldaric Sallier, Ch. de Vauclaire, 13650 Meyrargues, tél. 04.42.57.50.14, Fax 04.42.63.47.16 ☑ ⌶ r.-v.

LA SOURCE DE VIGNELAURE 1997**

◢   8,5 ha   40 000   ▮♦ -30 F

Signé par Hugh Ryman, ce rosé couleur pétale de rose apparaît très délicat. Sa palette aromatique évolue de la groseille aux fruits exotiques en passant par les agrumes. La structure est fine et vive. Remarquable.

☛ Ch. Vignelaure, rte de Jouques, 83560 Rians, tél. 04.94.37.21.10, Fax 04.94.80.53.39 ☑ ⌶ t.l.j. 9h30-12h30 14h-18h

Les baux-de-provence

Les Alpilles, chaînon le plus occidental des anticlinaux provençaux, est un massif érodé, au relief pittoresque taillé en biseau, fait de calcaires et calcaires marneux du crétacé. C'est le paradis de l'olivier. Le vignoble trouve également dans ce secteur un milieu favorable, sur les dépôts caillouteux très caractéristiques de cette région. Les grèzes litées sont peu épaisses et la fraction fine, dont dépend la réserve hydrique du sol, est importante. Au sein de l'AOC coteaux d'aix-en-provence, ce secteur se distingue par une nuance climatique qui en fait une zone précoce, peu gélive, chaude et plus arrosée (650 mm).

Des règles de production plus affinées (rendement plus bas, densité plus élevée, taille plus restrictive, élevage de douze mois minimum pour les vins rouges, minimum de 50 % de saignée pour les vins rosés), un encépagement mieux défini reposant sur le couple grenache-syrah, accompagné quelquefois du mourvèdre, sont à la base de la reconnaissance de cette appellation sous-régionale en 1995. Elle est réservée aux vins rouges (80 % et rosés, et met en valeur un terroir original autour de la citadelle des Baux-de-Provence sur une superficie de 300 ha.

HOSPICE D'AUGE 1995*
13 ha   8 000   30 à 50 F

Ce vaste domaine est dans la famille d'Olivier Penel depuis le début du siècle. Il tient son nom d'un hospice fondé au XVᵉ s. Son 95 demande à s'arrondir, ses tanins n'étant pas encore fondus. C'est un vin représentatif du millésime, élaboré à partir de raisins bien mûrs, offrant des notes de confiture et de garrigue. Son caractère dominant est aujourd'hui la puissance.
↪ Olivier Penel, Dom. d'Auge,
13990 Fontvieille, tél. 04.90.54.62.95,
Fax 04.90.54.63.09

DOM. DE LA VALLONGUE 1997*
20 ha   10 000   50 à 70 F

On ne compte pas moins de six cépages dans l'assemblage de ce rosé ! Le 97 résulte d'une saignée effectuée après une macération de douze à dix-huit heures qui lui donne ses arômes de fruits frais (fraise et cerise). Le grenache marque la bouche par son gras, sa rondeur ; il confère une véritable douceur à ce vin.
↪ Paul-Cavallier, Dom. de La Vallongue, B.P. 4, 13810 Eygalières, tél. 04.90.95.91.70, Fax 04.90.95.97.76 ✓ ☕ t.l.j. sf dim. 9h30-12h 14h30-18h

MAS DE GOURGONNIER
Réserve du Mas 1996
5 ha   20 000   30 à 50 F

Niché au cœur des Alpilles, ce domaine propose un vin rouge agréable, assez chaleureux. Un boisé discret, marié à une note animale, lui donne un caractère un peu sauvage qui devrait se laisser apprivoiser dans deux ans.
↪ Mme Nicolas Cartier et Fils, Mas de Gourgonnier, 13890 Mouriès,
tél. 04.90.47.50.45, Fax 04.90.47.51.36 ✓ ☕ t.l.j. 9h-12h 14h-18h; f. dim. et janv.-fév.

MAS SAINTE BERTHE
Cuvée Tradition 1996*
8 ha   42 000   30 à 50 F

Ce domaine fut jusqu'au XIXᵉ s. un lieu de pèlerinage. Aujourd'hui, ce n'est plus l'eau de source miraculeuse qui fait sa renommée, mais son vin, grâce au talent de l'œnologue Christian Nief qui a élaboré trois cuvées dignes d'éloges. Ce 96 Tradition a des « accents de myrte, d'encens », nous dit un membre du jury. C'est un vin aguichant et très fin. Une étoile encore pour le **96 rouge, cuvée Louis David**, dont les deux millésimes 93 et 95 avaient obtenu un coup de cœur. Elle résulte d'un travail rigoureux : deux semaines de vinification avec pigeage, élevage en fût pour 30 % du volume (associant bois neuf et barriques de un à trois vins). Même note enfin pour le **rosé 97, cuvée Passe Rose**. Flatteur avec ses arômes de fruits rouges (framboise, mûre), complexe, élégant, rond et gras, c'est le plus beau rosé de la dégustation.
↪ GFA Mas Sainte Berthe, 13520 Les Baux-de-Provence, tél. 04.90.54.39.01, Fax 04.90.54.46.17 ✓ ☕ t.l.j. 9h-12h 14h-19h
↪ Mme David

CH. ROMANIN 1997*
9,5 ha   18 000   30 à 50 F

Par sa délicatesse, il fait penser aux nobles dames, juges des cours d'amours qui firent la célébrité du château Romanin au Moyen Age. La robe est d'un tendre rose pâle, à peine saumoné - une présentation résultant d'une saignée pratiquée six heures après l'encuvage. Quant aux arômes, subtils et élégants, ils sont bien dans l'esprit du château.
↪ SCEA Ch. Romanin, 13210 Saint-Rémy-de-Provence, tél. 04.90.92.45.87, Fax 04.90.92.24.36 ✓ ☕ t.l.j. 8h30-18h30; sam. dim. 11h-19h

DOM. TERRES BLANCHES 1996
17,4 ha   64 000   30 à 50 F

Deux citations pour ce domaine. Le vin rouge présente une robe violine très vive. Il aurait pu montrer plus de gras, mais il séduit par sa fraîcheur et par son nez fin, minéral. Un bon point aussi pour le **rosé 97** à la robe irréprochable, limpide, d'une couleur franche, cerise légère. Nez délicat, évoquant la framboise et la prune noire. Palais fin, racé et gras : un vrai plaisir.
↪ Dom. Terres Blanches, 13210 Saint-Rémy-de-Provence, tél. 04.90.95.91.66, Fax 04.90.95.99.04 ✓ ☕ r.-v.
↪ Noël Michelin

Coteaux varois

Les coteaux varois sont produits au centre du département, autour de Brignoles. Les vins, à boire jeunes, sont friands, gais et tendres, à l'image de cette jolie petite ville provençale qui fut résidence d'été des comtes de Provence. Ils ont été reconnus en AOC par décret du 26 mars 1993 et recouvrent 1 700 ha ; 60 % de rosés, 35 % de rouges et 5 % de blancs se partagent les 55 000 hl de l'AOC.

Coteaux varois

CH. DE BOULON
Cuvée du Grand Chêne 1996

Ce 96 montre suffisamment d'originalité pour que l'on s'y attarde. Prêt à boire, il est rond, agréable. Une robe à reflets grenat lui donne une belle prestance.
• Renée Fassetta, Dom. de Boulon, RN 7, 83170 Tourves, tél. 04.94.78.85.38, Fax 04.94.78.85.38 r.-v.

CH. DE CANCERILLES
Cuvée spéciale 1996*

1,5 ha   5 600

Etablie aux portes de la vallée du Gapeau, cette bastide provençale fut la propriété des chartreux de Montrieux. Dans le millésime 96, sa Cuvée spéciale a une robe riche et colorée, de l'épaisseur en bouche. Le nez est déjà fort intéressant (réglisse, menthol, cassis...). Laissons à ce vin le temps de grandir (au moins trois ans).
• Chantal et Serge Garcia, Ch. de Cancerilles, vallée du Gapeau, 83870 Signes, tél. 04.94.90.83.93, Fax 04.94.90.83.93 t.l.j. 10h-12h 14h-19h

DOM. DES CHABERTS
Cuvée Prestige 1997**

n.c.   13 000

Titulaire de plusieurs coups de cœur, ce domaine a manqué de peu cette distinction pour ce rosé et un **blanc 97** qui ont obtenu chacun deux étoiles. De teinte pâle, le rosé est séduisant et d'une belle franchise aromatique : l'exotisme joue avec les saveurs fruitées de groseille, de fraise. Présent, ample, de bonne constitution, il persiste en finale. Quant au blanc, sa longueur et son harmonie promettent un réel instant de plaisir. Sous une attaque vive, il se développe une rondeur avenante aux accents de pêche, de brugnon et de prune.
• SCI Dom. des Chaberts, 83136 Garéoult, tél. 04.94.04.92.05, Fax 04.94.04.00.97 t.l.j. sf dim. 9h-12h 14h-19h

CH. DE CLAPIERS 1997**

n.c.   3 500

Le château de Clapiers a fait peau neuve avec une nouvelle étiquette pour un rosé des plus séduisants. D'un rose pâle saumoné, ce vin présente au nez un fruité explosif déclinant la banane, l'abricot et la pêche, et révèle un bon équilibre entre rondeur et tannicité. Un réel plaisir.
• Pierre Burel, rte de Saint-Maximin, B.P. 2, 83149 Bras, tél. 04.94.69.95.46, Fax 04.94.69.99.36 r.-v.

DOM. DES DEOUX Cuvée Rouvel 1997*

0,3 ha   2 000

Certes, dans le domaine aromatique, ce 97 reste quelque peu sur sa réserve. Mais le jury a bien aimé ce blanc friand, fin, élégant, à la bouche acidulée, vive et fringante. Autre vin tout en dentelle, le **rouge 97**, à la structure assez légère et gouleyant.

• Yves Odasso, Dom. des Déoux, 83136 Forcalqueiret, tél. 04.94.86.73.76, Fax 04.94.86.64.69 t.l.j. 8h-20h

DOM. DE GARBELLE 1995*

n.c.   3 000

Un vin classique, agréable au nez, fin, rond et équilibré en bouche. On ne le laissera pas vieillir, pour profiter de son fruité et de sa fraîcheur.
• M. Gambini, Vieux chemin de Brignoles, 83136 Garéoult, tél. 04.94.86.30 r.-v.

DOM. DE LA BATELIERE 1996

n.c.   800

Ce 96 est la première mise en bouteilles au domaine. La robe a un éclat de jeunesse. Un vin nerveux, qui se rattrape par un nez expressif (pain grillé, notes végétales et même animales).
• Philippe Chabas, Dom. de La Batelière, 83470 Saint-Maximin-la-Sainte-Baume, tél. 04.94.78.01.21 r.-v.

CH. LA CALISSE 1997*

1 ha   4 000

Ce domaine produit aussi de l'essence de lavandin. Le vignoble a été entièrement reconstitué à partir de 1991 et la cave rénovée en 1996. La production, modeste par la quantité, manque pas d'intérêt. Le rouge présente un nez encore timide, qui ne consent à libérer ses parfums de fruits rouges qu'après une longue aération. On retrouve ces arômes dans un palais marqué par la rondeur. La structure est de bon augure. Quant à la robe, elle est superbe de profondeur. Une bouteille à laisser évoluer, pour permettre au nez de s'ouvrir. En attendant, on pourra découvrir le **blanc 97** de l'exploitation, charnu et velouté. Il a obtenu également une étoile.
• Patricia Ortelli, Ch. La Calisse, 83670 Pontevès, tél. 04.93.99.11.01, Fax 04.93.99.06.10 r.-v.

CH. LA CURNIERE 1997*

1,05 ha   5 000

Brillant, ce 97 est de belle ampleur. Les arômes (acacia, écorce d'orange confite...) se développent sur une note acidulée. Encore un peu fermé, il devrait s'ouvrir et se déguster avec plaisir à la sortie du Guide.
• Michèle et Jacques Pérignon, Ch. La Curnière, 83670 Tavernes, tél. 04.94.72.39.31, Fax 04.94.72.30.06 t.l.j. 10h-12h 15h-19h

DOM. DE LA LIEUE 1996

5 ha   10 000

Un vaste domaine de 330 ha, couvert de forêt méditerranéenne (chênes, pins parasols, genévriers...) ; 60 ha sont complantés en vignes. Ce 96 n'attendra pas des lustres. Mais l'ensemble est agréable, souple et parfumé, avec une palette aromatique allant du cassis au chocolat en passant par le pruneau.
• Jean-Louis Vial, Dom. de La Lieue, rte de Cabasse, 83170 Brignoles, tél. 04.94.69.00.12, Fax 04.94.69.47.68 t.l.j. 8h30-19h

Coteaux varois

DOM. LA ROSE DES VENTS
Cuvée Marine 1997★★

■   3,5 ha   13 000   30 à 50 F

Un domaine qui monte... Depuis sa création en 1994, il obtient régulièrement deux étoiles avec sa cuvée Marine. Dans le millésime 97, le rouge est à l'honneur. Un vin imposant, qui sait affirmer sa personnalité avec élégance. L'œil est attiré par le rouge rubis profond de la robe ; la palette aromatique est complexe, à la fois empyreumatique, animale et fruitée. Son expression puissante enveloppe le palais pour s'adoucir longuement sur un fond plus fruité. Le temps qui passe joue en sa faveur. Bravo ! Délicat, exotique, le **rosé 97** est plus simple.
☛ EARL Baude, Dom. La Rose des Vents, rte de Toulon, 83136 La Roquebrussanne, tél. 04.94.86.99.28, Fax 04.94.86.99.28 ☑ ☒ t.l.j. sf lun. dim. 9h-12h 15h-18h

LE CELLIER DE LA SAINTE BAUME
Elevé en fût de chêne 1996★

■   10 ha   15 000   -30 F

Un coteaux varois rouge d'une agréable rondeur, aux arômes de cannelle et de torréfaction. Un peu plus ferme et boisé en finale, il est prêt à consommer.
☛ Le Cellier de La Sainte Baume, RN 7, 83470 Saint-Maximin-la-Sainte-Baume, tél. 04.94.78.03.97, Fax 04.94.78.07.40 ☑ r.-v.

CH. DE L'ESCARELLE
Les Hautes Bastides 1994★★

■   5 ha   20 000   -30 F

En 1690, Cassini faisait déjà apparaître sur sa *Grande carte de France* le vignoble de L'Escarelle. Ce 94 embaume la fraise très mûre. Sa bouche bien construite révèle des tanins riches et soyeux et se décline sur des notes de cannelle, de réglisse et d'épices. Une bouteille à maturité.
☛ SA Escarelle, Dom. de L'Escarelle, 83170 La Celle, tél. 04.94.69.09.98, Fax 04.94.69.55.06 ☑ ☒ r.-v.

DOM. DU LOOU 1997

◩   5 ha   n.c.   -30 F

Le rosé du Président ! En effet, Dominique de Placido a été l'un des artisans de l'accession à l'AOC. Il présente un rosé traditionnel aux nuances orangées, franc, équilibré, qui fait son petit effet. A boire rapidement.
☛ SCEA di Placido, Dom. du Loou, 83136 La Roquebrussanne, tél. 04.94.86.94.97, Fax 04.94.86.80.11 ☑ ☒ t.l.j. sf dim. 9h-12h 14h-18h30

CH. MARGILLIERE 1996★

■   5 ha   12 000   30 à 50 F

Un nouveau propriétaire pour ce domaine de 90 ha, qui a rénové les caves et souhaite redonner à l'exploitation, passée en de nombreuses mains, une « âme provençale ». Le résultat est encourageant, avec un rouge 96 agréable : un ensemble franc, harmonieux, aux tanins soyeux et d'une riche complexité aromatique déclinant le cuir, le menthol, la réglisse, avec une légère touche de poivron. A ouvrir dès à présent, sur un gigot d'agneau. De la même exploitation, le **blanc 97** mérite d'être cité.
☛ SCEA Ch. La Margillière, rte de Cabasse, 83170 Brignoles, tél. 04.94.72.68.00, Fax 04.94.69.33.11 ☑ ☒ r.-v.
☛ Patrick Caternet

CH. MIRAVAL 1997★

☐   5 ha   20 000   30 à 50 F

Ce vaste domaine (250 ha) élabore également des côtes de provence. En coteaux varois, il ne produit que du blanc. Le 97 n'est pas passé inaperçu. C'est, pour reprendre les termes d'un dégustateur, un « blanc au relief amusant » : nez minéral, suivi d'une bouche acidulée, légèrement frémissante (en raison d'une pointe de CO_2), à la note finale d'agrumes.
☛ Tom Bove, SA Ch. Miraval, 83143 Le Val, tél. 04.94.86.46.80, Fax 04.94.86.46.79 ☑ ☒ r.-v.
☛ Thomas Bove

CH. ROUTAS Pyramus 1996★★

☐   n.c.   n.c.   30 à 50 F

Une robe or à reflets paille d'orge, un nez intense, et ce gras qui l'enveloppe sous un feu d'artifice de fragrances (mandarine, fruits confits, vanille fraîche, caramel...) : on comprend que ce blanc ait participé au grand jury des coups de cœur. C'est un vin complexe qui met l'eau à la bouche de nos dégustateurs ; l'un d'entre eux rêvait d'un chapon aux morilles.
☛ SARL Rouvière-Plane, 83149 Châteauvert, tél. 04.94.69.93.92, Fax 04.94.69.93.61 ☑ ☒ r.-v.
☛ P. Bieler

CH. SAINT-ESTEVE Prestige 1995

■   8 ha   12 500   30 à 50 F

La robe de ce 95 est moyennement intense mais vive. Le palais rond et tendre offre des notes de grillé, de cerise à l'eau-de-vie et de réglisse. Ce vin sympathique n'est pas fait pour vieillir.
☛ Ch. Saint-Estève, Source d'Argens, 83119 Brue-Auriac, tél. 04.94.72.14.70, Fax 04.94.72.11.89 ☑ ☒ t.l.j. 8h30-12h30 14h-18h
☛ Sven Arnerius

DOM. DE SAINT-JEAN-LE-VIEUX 1997★

☐   1,4 ha   7 000   -30 F

Une robe pâle ; un nez intense de fruits exotiques et de fleurs blanches. L'attaque franche est adoucie par une rondeur aux accents de fruits frais. Un vin très réussi, adapté à toutes les circonstances. A retenir encore, le **rouge 97**. En deux mots : simple et bon !

PROVENCE

LA PROVENCE

◕┐ GAEC Dom. Saint-Jean-le-Vieux, rte de Bras, 83470 Saint-Maximin, tél. 04.94.59.77.59, Fax 04.94.59.73.35 ◪ ⊥ r.-v.
◕┐ Boyer

CH. THUERRY
Les Abeillons de Tourtour 1996★★
■   4 ha   12 000   30 à 50 F

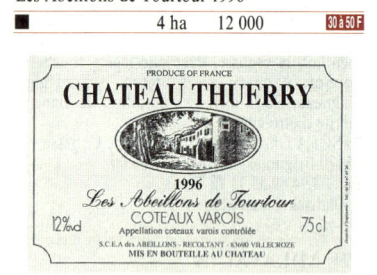

Première vinification du nouveau propriétaire, ce 96 est salué avec enthousiasme par le grand jury. Le premier nez, quelque peu animal, s'ouvre sur des senteurs provençales (sarriette...) et des notes de bourgeon de cassis. En bouche, le volume s'accentue sur un support tannique encore jeune. Un vin à la personnalité sauvageonne, qui devrait s'arrondir d'ici trois ans. Une étoile encore pour un **blanc 97**, gourmand, au palais velouté mais non dénué de vivacité.
◕┐ SCEA Les Abeillons, Ch. Thuerry, 83690 Villecroze, tél. 04.94.70.63.02, Fax 04.94.70.67.03 ◪ ⊥ r.-v.
◕┐ Parmentier

CH. TRIANS 1995★
■   3 ha   12 000   ◐   30 à 50 F

Le 94 avait obtenu un coup de cœur. Le 95 donne un sentiment de plénitude, avec ses tanins soyeux et sa finale marquée par la réglisse. Un vin charnu et fondant.
◕┐ Dom. de Trians, chem. des Rudelles, 83136 Néoules, tél. 04.94.04.08.22, Fax 04.94.04.84.39 ◪ ⊥ r.-v.
◕┐ Jean-Louis Masurel

La Corse

Une montagne dans la mer : la définition traditionnelle de la Corse est aussi pertinente en matière de vins que pour mettre en évidence ses attraits touristiques. La topographie est en effet très tourmentée dans toute l'île, et même l'étendue que l'on appelle la plaine orientale - et qui, sur le continent, prendrait sans doute le nom de costière - est loin d'être dénuée de relief. Cette multiplication des pentes et des coteaux, inondés le plus souvent de soleil mais maintenus dans une relative humidité par l'influence maritime, les précipitations et le couvert végétal, explique que la vigne soit présente à peu près partout. Seule l'altitude en limite l'implantation.

Le relief et les modulations climatiques qu'il entraîne s'associent à trois grands types de sols pour caractériser la production vinicole, dont la majeure partie est constituée de vins de pays et de vins de table. Le plus répandu des sols est d'origine granitique ; c'est celui de la quasi-totalité du sud et de l'ouest de l'île. Au nord-est se rencontrent des sols de schistes, et, entre ces deux zones, existe un petit secteur de sols calcaires.

Associés à des cépages importés, on trouve en Corse des cépages spécifiques d'une originalité certaine, en particulier le niellucio, au caractère tannique dominant et qui excelle sur le calcaire. Le sciaccarello, lui, quoique de type assez solide, présente plus de fruité et donne des vins que l'on apprécie davantage dans leur jeunesse. En blanc, le malvasia (vermentino ou malvoisie) est, semble-t-il, apte à produire les meilleurs vins des rivages méditerranéens.

En règle générale, on consommera plutôt jeunes les blancs et surtout les rosés ; ils iront très bien sur tous les produits de la mer et avec les excellents fromages

Vins de corse

de chèvre du pays, ainsi qu'avec le broccio. Les rouges, eux, conviendront, selon leur âge et la vigueur de leurs tanins, aux différentes préparations de viande et, bien sûr, à tous les fromages de brebis.

Vins de corse

Les vignobles de l'appellation vins de corse couvrent une superficie de 1 200 ha. Selon les régions et les domaines, les proportions respectives des différents cépages ajoutées aux variétés des sols apportent des tonalités diverses qui, dans la plupart des cas, justifient une indication spécifique de la sous-région dont le nom peut être associé à l'appellation (Coteaux du Cap Corse, Calvi, Figari, Porto-Vecchio, Sartène). Ces vins peuvent en effet être produits partout, hormis dans l'aire des deux autres AOC. La majeure partie des 50 000 hl vinifiés chaque année est issue de la côte orientale, où les coopératives sont nombreuses. Les rouges représentent 60 %, les rosés 30 %, les blancs 10 %.

CLOS COLOMBU
Calvi Cuvée Prestige 1996★★

6 ha   18 000

Ce vignoble a vingt-cinq ans et Etienne Suzzoni est devenu maître ès vinification. Cette année il s'est abonné aux deux étoiles. Son rouge 96, Cuvée Prestige, est habillé par un grand couturier. Aromatiquement, il fait songer à du cassis légèrement fumé. En bouche, la séduction est complète ; son fondu, son harmonie et sa souplesse ont conquis le jury. Le coup de cœur n'est pas loin.

Etienne Suzzoni, Dom. Colombu, chem. de la Chapelle-San-Petru, 20260 Lumio, tél. 04.95.60.70.68, Fax 04.95.60.63.46 t.l.j. 8h-20h

CLOS COLOMBU
Calvi Cuvée Prestige 1997★★

7 ha   20 000

Or clair à l'œil, un blanc de grand charme, avec ses arômes alertes de garrigue et sa bouche souple, ronde et généreuse. Deux étoiles couronnent également le **rosé** habillé de saumon, aussi floral que fruité, d'un équilibre irréprochable.

Etienne Suzzoni, Dom. Colombu, chem. de la Chapelle-San-Petru, 20260 Lumio, tél. 04.95.60.70.68, Fax 04.95.60.63.46 t.l.j. 8h-20h

CORSICAN 1997

20 ha   130 000

Une vinification moderne avec macération pelliculaire pour ce blanc de vermentino. D'un or clair tirant sur le vert, c'est un vin floral et empyreumatique, à la rondeur souple. A citer également, le **rouge 96** issu de cépages originaux : 70 % de nielluccio, 20 % de syrah et 10 % de grenache. Une belle robe, un fruité généreux et une simplicité de bon aloi lui ont valu de figurer ici.

SICA UVAL, lieu-dit Rasignani, 20290 Borgo, tél. 04.95.58.44.00, Fax 04.95.38.38.10 r.-v.

DOM. FIUMICICOLI Sartène 1997★★

15 ha   n.c.

Belle réussite pour ce rosé de sciaccarello dont la robe rose clair annonce fraîcheur et nervosité. Les arômes terpéniques se retrouvent dans une bouche équilibrée, tout en finesse. A signaler encore, l'étoile obtenue par le **rouge 96**, issu de 80 % de nielluccio complété par du sciaccarello. Le cassis domine dans ce vin fin et gai. Quant au **blanc 1997** à base de vermentino, aérien, recti

La Corse

A.O.C. :
1. Coteaux du Cap Corse
2. Calvi
3. Sartène
4. Figari
5. Porto Vecchio
- Ajaccio
- Patrimonio
- Muscat du Cap Corse
- Limites de départements

723   **LA CORSE**

Vins de corse

ligne, aux notes légères d'agrumes, il mérite d'être cité.
- EARL Andréani, Dom. Fiumicicoli, rte de Levie, 20100 Sartène, tél. 04.95.76.14.08, Fax 04.95.76.24.24 ☑ ☒ t.l.j. sf dim. 8h-12h 14h-17h

CLOS LANDRY Calvi 1996★★

■ 5 ha 15 000

Un vin qui parle, qui chante même. Robe profonde, arômes de groseille, de cassis, de bergamote, bel équilibre tannique, rondeur et plénitude. Le **rosé 97** de l'exploitation est rose très clair. Il est tout en finesse, tant au nez qu'en bouche. Il obtient une étoile. Une citation enfin pour le **blanc 97**, presque incolore, évoquant les agrumes, floral, moderne.
- Fabien et Cathy Paolini, rte de l'Aéroport, 20260 Calvi, tél. 04.95.65.04.25, Fax 04.95.65.37.56 ☑ ☒ t.l.j. 9h-20h; mai-oct. 9h-12h

DOM. MAESTRACCI
E Prove Calvi 1995★★★

■ 20 ha 24 000

Ce 95 surclasse largement le millésime précédent. La robe est belle, d'époque. Au nez, E Prove nous offre mûre, framboise, groseille et le charme floral de la violette. Ces arômes se retrouvent dans une bouche élégante, harmonieuse et longue. Même distinction dans le **blanc 97** souple et aristocratique, qui mérite deux étoiles. Quant au **rosé 97**, frais, plus blanc que rosé, il a été cité par le jury.
- Michel Raoust, Clos Reginu, E Prove, 20225 Feliceto, tél. 04.95.61.72.11, Fax 04.95.61.80.16 ☑ ☒ t.l.j. sf dim. 8h-12h30 14h-19h30; f. dim. lun. mar.15 oct.-15 mars

DOM. MAESTRACCI Réginu Calvi 1997

◢ n.c. n.c.

Son or tend vers l'argent, sa finesse est florale, sa bouche évite toute lourdeur. Signalons la superbe étiquette qui invite à découvrir la Corse.
- Michel Raoust, Clos Reginu, E Prove, 20225 Feliceto, tél. 04.95.61.72.11, Fax 04.95.61.80.16 ☑ ☒ t.l.j. sf dim. 8h-12h30 14h-19h30; f. dim. lun. mar.15 oct.-15 mars

CLOS MILELLI 1997

◢ 5 ha 6 000

Ce rosé de nielluccio naît d'un pressurage direct. Sa teinte est accusée alors que son nez discret s'ouvre lentement. En bouche, son équilibre s'impose.
- Coop. d'Aghione, Samuletto, 20270 Aghione, tél. 04.95.56.60.20, Fax 04.95.56.61.27 ☑ ☒ t.l.j. sf sam. dim. 8h-12h 14h-18h

DOM. DE MUSOLEU 1996

■ 5 ha 15 000

Ce vin rouge s'exprime simplement, avec bonhomie, rondeur et souplesse. Souplesse que l'on retrouve dans le **rosé 97**, marqué par une touche citronnée, épicée et poivrée.
- Charles Morazzani, Dom. de Musoleu, 20213 Folelli, tél. 04.95.36.80.12, Fax 04.95.36.90.16 ☑ ☒ t.l.j. sf dim. 8h30-12h 15h-19h

DOM. PIERETTI
Coteaux du Cap Corse 1997

☐ 2 ha 5 600

Une petite propriété (9 ha) qui a réussi un joli vin blanc aux notes d'agrumes - citron, cédrat - et au caractère minéral. Équilibré, ce 97 est efficace, plus puissant que fin, d'une longueur notable.
- Lina Venturi-Pieretti, Santa-Severa, 20228 Luri, tél. 04.95.35.01.03, Fax 04.95.35.03.93 ☑ ☒ r.-v.

RESERVE DU PRESIDENT 1997

◢ 50 ha 300 000

Un rosé remarquablement présent en bouche. Arômes de grenadine, touche terpénique et couleur en accord avec sa sapidité. De la même coopérative, on ne négligera pas la **Réserve du Président**, **rouge 96**, composée aux deux tiers de nielluccio et à un tiers de syrah, au nez de fruits surmûris, à la bouche plus puissante que fine.
- Union de Vignerons de l'Ile de Beauté, Padulone, 20270 Aléria, tél. 04.95.57.02.48, Fax 04.95.57.09.59 ☑ ☒ r.-v.

DOM. SAN MICHELE Sartène 1997★

☐ 3 ha 7 000

Sa robe n'est pas timide et son or est authentique. Son nez apparaît imposant, sa bouche souple et puissante. A boire à table. Du même domaine, le jury a cité le **rosé 97** ; dans sa robe saumon foncé, ce vin ne reste pas non plus sur sa réserve. Sa bouche ronde le destine aux repas.
- Dom. San Michele, 24, rue Jean-Jaurès, 20100 Sartène, tél. 04.95.77.06.38 ☑
- Phelip

DOM. DE TANELLA
Figari Grande Réserve de la Cuvée Alexandra 1996★

■ 2 ha 6 000

Il en impose dans sa grande bouteille à l'italienne et dans sa robe grenat foncé. Au nez comme en bouche, son fruité se double de vanille, d'amande et d'une nervosité qui étonne. Du même domaine, le jury a cité l'étrange **Cuvée Prestige Alexandra blanc 97**, logée dans une bouteille spéciale, aux arômes exotiques, très ronde en bouche.
- de Peretti della Rocca, Dom. de Tanella, 20114 Figari, tél. 04.95.70.46.23, Fax 04.95.70.54.40 ☑ ☒ r.-v.

DOM. DE TORRACCIA
Porto Vecchio 1995★

■ 14 ha 55 000

La robe est pleine d'allégresse, claire ; elle annonce un nez spirituel au fruité praliné-groseille. En bouche, la gaieté règne toujours, avec nervosité.
- Christian Imbert, Dom. de Torraccia, Lecci, 20137 Porto-Vecchio, tél. 04.95.71.43.50, Fax 04.95.71.50.03 ☑ ☒ t.l.j. sf dim. 8h-12h 14h-18h

Patrimonio

DOM. VICO 1997★

n.c.   60 000   -30 F

Sa robe est superbe, saumonée et traversée de reflets violets, signe d'une extrême jeunesse. Au nez, un air frais et léger qui sent la garrigue. La bouche est fluide, fine et longue. De la même exploitation, deux autres vins méritent d'être cités : le **blanc 97**, or pâle, un soupçon végétal au nez (rhubarbe confite ?), d'une bonne rondeur en bouche, et le **rouge 96**, sombre, au nez précis et net, dense en bouche.

SCEA Dom. Vico, 20218 Ponte-Leccia, tél. 04.95.47.61.35, Fax 04.95.36.50.26 t.l.j. sf dim. 9h-12h 14h-18h

Ajaccio

Les vignes de l'appellation ajaccio couvrent 250 ha sur les collines dans un rayon de quelques dizaines de kilomètres autour du chef-lieu de la Corse du Sud et de son illustre golfe, sur des terrains en général granitiques, avec une dominante du cépage sciaccarello. Les rouges, que l'on peut laisser vieillir, sont majoritaires au sein d'une production moyenne d'environ 8 000 hl.

CLOS D'ALZETO 1994★

20 ha   60 000   30 à 50 F

Depuis 1820 la famille Albertini exploite ce vignoble haut perché, à 500 m d'altitude - un record pour la Corse. Le sciaccarello, pour deux tiers environ, et le grenache, contribuent au fruité puissant et rond de ce 94. Un vin équilibré, qui s'avance fièrement, plein de certitude, et se répand longuement en bouche.

Pascal Albertini, Clos d'Alzeto, 20151 Sari-d'Orcino, tél. 04.95.52.24.67, Fax 04.95.52.27.27 t.l.j. sf dim. 8h-12h 14h30-18h

CLOS CAPITORO 1996★★

40 ha   53 000   30 à 50 F

Jacques Bianchetti a son style. Ses vins sont spirituels. La légèreté de la robe de ce 96 est en accord avec la pureté aromatique d'un nez de fruits rouges tout en finesse. En bouche, une belle concentration donne au vin plénitude et longueur. Longueur que l'on retrouve dans le **Clos Capitoro blanc 97**, aux arômes d'agrumes confits, « civilisé » et équilibré.

Jacques Bianchetti, Clos Capitoro, Pisciatella, rte de Sartène, 20166 Porticcio, tél. 04.95.25.19.61, Fax 04.95.25.19.33 t.l.j. 8h-12h 14h-19h

DOM. ALAIN COURREGES 1996

n.c.   4 500   30 à 50 F

Il diffère du 95 car sa couleur est affirmée, bien que marquée par un début d'évolution. Nez et bouche font songer à des fruits très mûrs.

Alain Courrèges, A Cantina, 20123 Cognocoli, tél. 04.95.24.35.54, Fax 04.95.24.32.31 t.l.j. sf dim. 9h-12h 15h30-18h

DOM. COMTE PERALDI 1996★★

n.c.   150 000   30 à 50 F

Ce domaine, fondé au XVI[e]s. mais entièrement recréé en 1965, est régulièrement « étoilé » dans le Guide. Pour certains, plus un vin rouge est foncé, meilleur il est. Comme le sciaccarello colore peu, ils seraient tentés de négliger ce superbe vin, plus rouge cerise que grenat, dont le fruité poivré est souligné d'une touche balsamique parfaitement élégante en bouche. Harmonie et longueur se conjuguent et assurent à ce 96 un coup de cœur.

Guy Tyrel de Poix, Dom. Peraldi, 20167 Mezzavia, tél. 04.95.22.37.30, Fax 04.95.20.92.91 r.-v.

DOM. COMTE PERALDI
Vermentino 1997★★

n.c.   26 000   30 à 50 F

Cette exploitation a obtenu deux étoiles pour trois de ses vins ! Le blanc de vermentino prend des teintes d'or blanc. Il est tout en harmonie, en souplesse, en fondu. Après une touche d'agrumes, son fruité rond emplit la bouche. Même note pour le **rouge Clos du Cardinal 96**. Ce vin se distingue de la cuvée principale par un élevage en fût neuf et par la vinification exclusive de vignes âgées de sciaccarello. Le style Peraldi s'y exprime parfaitement : finesse, élégance, harmonie, le tout habillé d'un boisé luxueux.

Guy Tyrel de Poix, Dom. Peraldi, 20167 Mezzavia, tél. 04.95.22.37.30, Fax 04.95.20.92.91 r.-v.

Patrimonio

La petite enclave (425 ha) de terrains calcaires, qui, depuis le golfe de Saint-Florent, se développe vers l'est et surtout vers le sud, présente vraiment les caractères d'un cru bien homogène dans lequel l'encépagement, s'il est bien adapté,

LA CORSE

Patrimonio

permet d'obtenir des vins de très haut niveau. Ce sont le nielluccio en rouge et le malvasia en blanc qui devraient devenir, à brève échéance, les cépages uniques ; ils donnent déjà ici des produits très typés et d'excellente qualité, notamment des rouges somptueux et de bonne garde.

DOM. ALISO-ROSSI
Fleurs d'Amandiers 1997★★

| □ | n.c. | 3 000 | 30 à 50 F |

Domaine d'une vingtaine d'hectares, dans la production, d'une régularité exemplaire et d'un haut niveau qualitatif, s'affirme d'année en année, dans les trois couleurs. Le blanc, 100 % vermentino, or blanc éclatant, s'ouvre doucement sur des arômes de fleurs blanches et de cédrat. En bouche, fraîcheur, finesse, équilibre aérien parfait. Une étoile pour le **rouge 96**, habillé de grenat soutenu, à la bouche de mûre et de framboise, tout en rondeur.
Dom. Aliso-Rossi, 20246 Santo-Pietro-di-Tenda, tél. 04.95.37.15.96, Fax 04.95.37.18.05 r.-v.
Dominique Rossi

DOM. ALISO-ROSSI
Pétale de Rose 1997★★

| | n.c. | 5 000 | 30 à 50 F |

Ce rosé naît de l'assemblage de nielluccio brièvement cuvé et de moût de nielluccio pressuré. Sa robe est pétale de rose, comme il se doit, alors qu'à l'olfaction, des arômes originaux évoquent les fruits rouges, la groseille et la cannelle. La bouche se montre fraîche, équilibrée et ample. Souplesse et longueur complètent ce tableau d'un rosé d'anthologie.
Dom. Aliso-Rossi, 20246 Santo-Pietro-di-Tenda, tél. 04.95.37.15.96, Fax 04.95.37.18.05 r.-v.
Dominique Rossi

ANTOINE ARENA 1996★★

| ■ | n.c. | 7 000 | 50 à 70 F |

Antoine Arena allait-il renouveler son exploit, son incroyable 95 ? La nature ne l'a pas voulu. Ce vin, très concentré grâce à une saignée et à un mois de cuvaison, est imposant, puissant et long. Viandes rouges et sanglier l'accompagneront à merveille. Le **blanc 97** obtient deux étoiles également, pour sa franchise et sa persistance. Le **rosé 97**, un ton en dessous, reçoit une étoile. Il s'accordera pour le mieux avec des charcuteries corses.
Antoine Arena, 20253 Patrimonio, tél. 04.95.37.08.27, Fax 04.95.37.01.14 t.l.j. sf sam. dim. 8h-12h 15h-20h

CLOS DE BERNARDI
Crème de tête 1996★

| ■ | 4 ha | n.c. | 30 à 50 F |

Bon vin de belle facture, à la fois fin, complexe et généreusement fruité. On le passera en carafe pour que son nez puisse s'exprimer.
Clos de Bernardi, 20253 Patrimonio, tél. 04.95.37.01.09 t.l.j. 8h-20h

DOM. DE CATARELLI 1996★★★

| ■ | 5 ha | 10 000 | 30 à 50 F |

Le patrimonio comme on l'aime : coloré - celui-ci avec une touche d'évolution -, tout en finesse spirituelle au nez, le fruité étant animé par des arômes de vanille et de pinède. Si la construction est rigoureuse, le vin est lisse et aimable, persistant. Le domaine a obtenu une étoile pour le **blanc 97**, un vin citronné, fin, fluide. Quant au **rosé 97**, tout en fraîcheur, il a été cité.
EARL Dom. de Catarelli, Marine de Farinole, 20253 Patrimonio, tél. 04.95.37.02.84, Fax 04.95.37.38.72 t.l.j. 9h-12h 15h-18h
Laurent Le Stunff

DOM. GENTILE 1996★

| ■ | 12,5 ha | 30 000 | 50 à 70 F |

Depuis de nombreuses années, Dominique Gentile a su faire reconnaître ses produits par la grande restauration. Son rouge 96 fait preuve d'une vigueur qu'annonce sa robe sombre et profonde. Sa concentration extrême en fait un vin sérieux, de longue garde. Le **blanc 97** est un vin de classe, qui présente une fraîcheur citronnée et une bouche dont l'acidité et l'amertume s'équilibrent. Il a également obtenu une étoile.
Dominique Gentile, Olzo, 20217 Saint-Florent, tél. 04.95.37.01.54, Fax 04.95.37.20.20 t.l.j. 8h-12h 14h-19h

DOM. LECCIA 1996★★

| ■ | 8 ha | 25 000 | 30 à 50 F |

Chez Leccia, tout est bon. Deux étoiles pour le rouge 96, deux étoiles pour le **blanc 97**, deux étoiles encore pour le **rosé 97** ! Le rouge ? une purée de fruits, homogène, rond, puissant. Le blanc ? Or soutenu à l'œil, riche d'arômes, sensuel en bouche. Le rosé ? Assez soutenu, vif en attaque, franc et puissant.
Dom. Leccia, 20232 Poggio-d'Oletta, tél. 04.95.37.11.35, Fax 04.95.37.17.03 r.-v.
Yves Leccia

CLOS MARFISI Goccie di Sole 1996

| ■ | 2,5 ha | 10 000 | 30 à 50 F |

Le nielluccio est érafflé, cuvé huit jours à 30 °C puis élevé un an en cuves neutres. La robe de ce 96 commence à avouer son âge, le nez est profond, la bouche directe. De cette même exploitation ont été cités les **blanc et rosé 97** ; le premier, équilibré et souple, finit énergiquement ; le second est ample, rond, plus puissant que fin.

726

Patrimonio

☛ Clos Marfisi, av. Jules-Ventre, 20253 Patrimonio, tél. 04.95.37.01.16, Fax 04.95.37.01.16 ✅ 🍷 t.l.j. 9h-13h 15h-19h; f. fév.

DOM. ORENGA DE GAFFORY
Cuvée des Gouverneurs 1996★★

■   5 ha   18 000   🍷 50 à 70 F

Qui a dit que les vins du Sud manquaient de finesse ? Lorsque l'on examine la robe de ce 96, on devine qu'il sera subtil : son grenat est nuancé. Le nez confirme cette première impression : on y retrouve délicatesse, complexité. En bouche, on apprécie un fruité harmonieux, aristocratique. Un beau vin « civilisé ».

☛ GFA Pierre et Henri Orenga de Gaffory, Morta Majo, 20253 Patrimonio, tél. 04.95.37.45.00, Fax 04.95.37.14.25 ✅ 🍷 r.-v.

DOM. ORENGA DE GAFFORY 1997★★

◪   15,22 ha   80 000   🍷 30 à 50 F

Une teinte idéale, saumon clair, des arômes d'agrumes et des notes terpéniques, gais et fins,
une bouche pleine, ronde, puissante, équilibrée et longue, composent un rosé de classe : un coup de cœur évident.

☛ GFA Pierre et Henri Orenga de Gaffory, Morta Majo, 20253 Patrimonio, tél. 04.95.37.45.00, Fax 04.95.37.14.25 ✅ 🍷 r.-v.

DOM. PASTRICCIOLA 1997★★

◪   4,45 ha   10 000   🍷 30 à 50 F

Un rosé de saignée de couleur claire, au nez jeune et floral, gai mais distingué. En bouche, il est équilibré et rond. Le côté espiègle du nez fait place à un côté « réfléchi ».

☛ Dom. Pastricciola, rte de Saint-Florent, 20253 Patrimonio, tél. 04.95.37.18.31, Fax 04.95.37.08.83 ✅ 🍷 t.l.j. 9h-18h; f. nov.

DOM. SAN QUILICO 1997

☐   6,28 ha   18 000   🍷 30 à 50 F

Un vin blanc issu de vermentino, habillé d'or blanc, au nez floral et fin, droit et franc en bouche. Le **rosé 97** du même producteur doit être cité pour sa fraîcheur. En bouche, une touche d'astringence le destine à l'accompagnement de charcuteries locales.

☛ EARL du Dom. San Quilico, Morta Majo, 20253 Patrimonio, tél. 04.95.37.45.00, Fax 04.95.37.14.25 ✅ 🍷 r.-v.

☛ Orenga de Gaffory-Alessendrini

DOM. SANTA MARIA 1997★

☐   2 ha   n.c.   🍷 30 à 50 F

Une robe d'or blanc, des arômes précis, fins, aériens. Tout cela s'accorde avec une bouche lisse, franche, longue et bien dessinée.

☛ Jean-Louis Santamaria, 20232 Oletta, tél. 04.95.39.05.16, Fax 04.95.39.07.42 ✅ 🍷 r.-v.

LA CORSE

LE SUD-OUEST

Groupant sous la même bannière des appellations aussi éloignées qu'irouléguy, bergerac ou gaillac, la région viticole du Sud-Ouest rassemble ce que les Bordelais appelaient « les vins du Haut-Pays » et le vignoble de l'Adour. Jusqu'à l'apparition du rail, le premier groupe, qui correspond aux vignobles de la Garonne et de la Dordogne, a vécu sous l'autorité bordelaise. Fort de sa position géographique et des privilèges royaux, le port de la Lune dictait sa loi aux vins de Duras, Buzet, Fronton, Cahors, Gaillac et Bergerac. Tous devaient attendre que la récolte bordelaise soit entièrement vendue aux amateurs d'outre-Manche et aux négociants hollandais avant d'être embarqués, quand ils n'étaient pas utilisés comme vin « médecin » pour remonter certains clarets. De leur côté, les vins du piémont pyrénéen ne dépendaient pas de Bordeaux, mais étaient soumis à une navigation hasardeuse sur l'Adour avant d'atteindre Bayonne. On peut comprendre que, dans ces conditions, leur renommée ait rarement dépassé le voisinage immédiat.

Et pourtant, ces vignobles, parmi les plus anciens de France, sont le véritable musée ampélographique des cépages d'autrefois. Nulle part ailleurs on ne trouve une telle diversité de variétés. De tout temps, les Gascons ont voulu avoir leur vin et, quand on connaît leur individualisme forcené et leur goût du particularisme, on ne s'étonne pas de la découverte de ces terroirs épars et de leur forte personnalité. Les cépages manseng, tannat, négrette, duras, len-de-l'el (loin-de-l'œil), mauzac, fer servadou, arrufiac ou baroque, et cot sont sortis de la nuit des temps viticoles et donnent à ces vins des accents d'authenticité, de sincérité et de typicité inimitables. Loin de renier le qualificatif de vin « paysan », toutes ces appellations le revendiquent avec fierté en donnant à ce terme toute sa noblesse. La viticulture n'a pas exclu les autres activités agricoles, et les vins côtoient sur le marché les produits fermiers avec lesquels ils se marient tout naturellement. Les cuisines locales trouvent dans les vins de « leur » pays une confraternité qui fait de ce Sud-Ouest l'une des régions privilégiées de la gastronomie de tradition.

Tous ces vignobles sont aujourd'hui en plein renouveau sous l'impulsion de la coopération ou de propriétaires passionnés. Un grand effort d'amélioration de la qualité, tant par les méthodes culturales ou la recherche de clones mieux adaptés que par les techniques de vinification, conduit peu à peu ces vins vers l'un des meilleurs rapports qualité/prix de l'Hexagone.

Cahors

D'origine gallo-romaine, le vignoble de Cahors (4 100 ha) est l'un des plus anciens de France. Jean XXII, pape d'Avignon, fit venir des vignerons quercinois pour cultiver le châteauneuf-du-pape, et François Ier planta à Fontainebleau un cépage cadurcien ; l'Eglise orthodoxe l'adopta comme vin de messe et la cour des tsars comme vin d'apparat... Pourtant, le vignoble de cahors revient de loin ! Totalement anéanti par les gelées de 1956, il était retombé à 1 % de sa surface antérieure. Reconstitué dans les méandres de la vallée du Lot avec des cépages nobles traditionnels, le principal étant l'auxerrois qui porte aussi les noms de cot ou malbec,

Cahors

complété par le tannat ou le merlot, le terroir de Cahors a retrouvé la place qu'il mérite parmi les terres productrices de vins de qualité. On assiste d'ailleurs à des tentatives courageuses de reconstitution sur les causses, comme dans les temps anciens.

Les cahors sont puissants, robustes, hauts en couleur (le *black wine* des Anglais) ; ce sont incontestablement des vins de garde. Un cahors peut toutefois être bu jeune : il est alors charnu et aromatique avec un bon fruité, et doit être consommé légèrement rafraîchi, sur des grillades par exemple. Après deux ou trois années où il devient fermé et austère, le cahors se reprend, pour donner toute son harmonie au bout d'un délai égal, avec des arômes de sous-bois et d'épices. Sa rondeur, son ampleur en bouche en font le compagnon idéal des truffes sous la cendre, des cèpes et des gibiers. Les différences de terroir et d'encépagement donneront des vins plus ou moins aptes à la garde, la tendance actuelle étant de produire des vins plus légers et rapidement consommables.

CH. DE CAIX 1996★

13 ha — 75 000 — 30 à 50 F

Le vignoble du prince consort du Danemark. Depuis 1993, le domaine assure lui-même l'élaboration des vins. Le 96 est paré d'une robe cerise burlat profonde et limpide. Le nez, sur la réserve mais déjà complexe, associe les fruits à un boisé bien fondu. La bouche ronde monte en puissance, et les tanins font sentir progressivement leur présence.
➤ SCEA Prince Henrik, Ch. de Caïx, 46140 Luzech, tél. 05.65.20.80.80, fax 05.65.20.80.81 ☑ ⏰ r.-v.

CH. DE CALASSOU 1996★

8 ha — 16 000 — -30 F

Exclusivement issue de malbec, cette cuvée attire l'œil par sa belle couleur rubis, soutenue et brillante. Le nez, bien présent, est marqué par les baies noires, avec une pointe végétale puis florale. La bouche, plutôt ronde et chaude, évoque une matière assez mûre. Des arômes persistants, des tanins fins et un bon équilibre complètent ce portrait d'un cahors bien réussi.
➤ GAEC Ch. de Calassou, 46700 Duravel, tél. 05.65.24.62.67, fax 05.65.23.41.65 ☑ ⏰ r.-v.
➤ Souveton

CH. DE CASTELA 1996★

5 ha — n.c. — 30 à 50 F

L'encépagement du château de Castela est constitué à 70 % de cot noir et à 30 % de merlot. Pour ce millésime 96, on a porté la proportion de cot à 80 %. La robe est très profonde, avec

Le Sud-Ouest

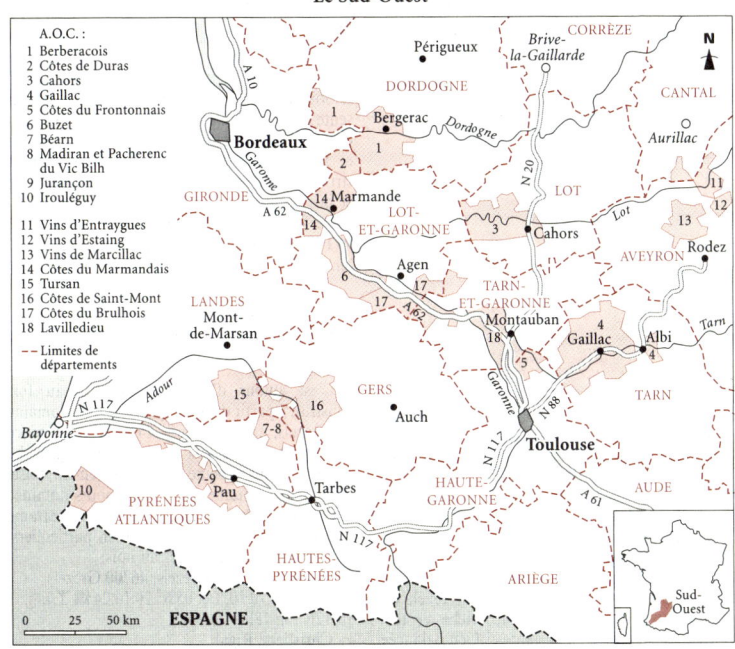

A.O.C. :
1 Berberacois
2 Côtes de Duras
3 Cahors
4 Gaillac
5 Côtes du Frontonnais
6 Buzet
7 Béarn
8 Madiran et Pacherenc du Vic Bilh
9 Jurançon
10 Irouléguy
11 Vins d'Entraygues
12 Vins d'Estaing
13 Vins de Marcillac
14 Côtes du Marmandais
15 Tursan
16 Côtes de Saint-Mont
17 Côtes du Brulhois
18 Lavilledieu

— Limites de départements

Cahors

des nuances de café. Le nez intense fait penser à des fruits sauvages confiturés sur une tranche de pain d'épice brûlé. L'attaque est douce, la bouche bien ronde, très suave, faite de tanins lisses. On y retrouve les fruits surmûris. Un vin câlin.
☛ GAEC Le Castela Delbès, Castela, 46700 Mauroux, tél. 05.65.36.51.18, fax 05.65.24.68.21 ☑ ☒ r.-v.

DOM. DE CAUSE
La Lande Cavagnac 1996

■   3,5 ha   19 000   ▮ 30 à 50 F

Ce domaine familial est situé dans un hameau perché sur une crête dominant la vallée du Lot et celle de la Thèze. Serge et Martine Costes l'ont repris en 1994. Ils ont élaboré une cuvée de couleur très foncée aux nuances violettes. Le nez, d'intensité moyenne, est franchement fruité. La bouche, bien fraîche, révèle une assez bonne matière et des tanins vigoureux, un peu austères en finale. Un vin encore jeune. A suivre.
☛ Serge et Martine Costes, Cavagnac, 46700 Soturac, tél. 05.65.36.41.96, fax 05.65.36.41.95 ☑ ☒ t.l.j. sf dim. 10h-12h 14h-19h
☛ Durou

CH. DE CAZERAC
Sélection de vieilles vignes 1995★

■   3 ha   15 000   ▮ -30 F

Voici une Sélection de vieilles vignes tout à fait intéressante. Sa couleur est profonde et intense. Le nez est bien ouvert, plein de fruits noirs bien mûrs, à peine viandé, légèrement fumé et épicé. La bouche, équilibrée, ronde et charnue, est remplie d'une belle mâche. La finale est soutenue par des tanins enrobés et réglissés. Une savoureuse plénitude.
☛ Alain Dumeaux, 46140 Anglars-Juillac, tél. 05.65.36.20.81, fax 05.65.21.40.76 ☑ ☒ r.-v.

CH. DU CEDRE Le Cèdre 1996★★

■   4,5 ha   20 000   ◫ 100 à 150 F

Et le festival continue pour les frères Verhaegue, vignerons passionnés et perfectionnistes. Ils nous avaient déjà largement convaincus avec leur cuvée Prestige ; ils relèvent la barre encore plus haut avec cette nouvelle et admirable cuvée Le Cèdre. Ce premier millésime 96 est d'une couleur d'encre, magnifique. Somptueux, intense et complexe, le nez mêle des notes de pivoine, de fruits rouges et d'épices drapées d'un joli boisé aux accents de pain grillé. La bouche révèle un énorme volume, ronde, pleine, riche et très grasse ; la structure est élégante et bien balancée avec des tanins abondants et soyeux. Enfin le vin s'installe, généreux et savoureux, pour un immense plaisir.
☛ Verhaeghe et Fils, Bru, 46700 Vire-sur-Lot, tél. 05.65.36.53.87, fax 05.65.24.64.36 ☑ ☒ t.l.j. sf dim. 10h-12h 14h-18h

CHEVALIER DE MALECROSTE 1996★

■   1,5 ha   9 000   ◫ 30 à 50 F

Cette cuvée se pare d'une robe vive, couleur d'aubergine. Le nez, d'abord fermé, s'ouvre légèrement sur le fruit. Ce fruité s'affirme à l'attaque ; la bouche reste souple et discrètement boisée. Un vin qui n'a pas dit son dernier mot.
☛ Gérard Delbru, rte du Collège, 46220 Prayssac, tél. 05.65.22.42.40, fax 05.65.30.67.41 ☑ ☒ r.-v.

CH. DE GAUDOU Renaissance 1996★

■   28 ha   14 000   ◫ 50 à 70 F

Voici une cuvée 100 % auxerrois, issue d'une vendange tardive entièrement triée à la main. La couleur est sombre, très profonde, avec des nuances pourpres. Intense, le nez mêle des fragrances florales, fruitées et épicées à un boisé aux accents de torréfaction. La bouche séduit par une belle matière, charnue et concentrée, solidement charpentée et puissamment aromatique. Encore dominant, le boisé devrait se fondre. A suivre.
☛ René Durou, Ch. de Gaudou, 46700 Vire-sur-Lot, tél. 05.65.36.52.93, fax 05.65.36.53.60 ☑ ☒ t.l.j. 9h-12h 14h30-18h30; sam. dim. sur r.-v.

DOM. DES GRAVALOUS
Cuvée traditionnelle 1995★

■   5 ha   30 000   ▮ 30 à 50 F

Parmi les deux cuvées proposées par le domaine, le jury a préféré celle qui n'a pas connu le bois, la Cuvée traditionnelle. Celle-ci se présente dans une belle robe noire. Le nez, puissant et évolué, associe les fruits à noyau, bien mûrs, et des épices exotiques. La bouche, solidement structurée, offre une belle mâche toute réglissée et des tanins puissants, au caractère fortement épicé. Un bon vin qui mérite qu'on l'attende.
☛ Fabbro et Fils, 46220 Pescadoires, tél. 05.65.22.40.46, fax 05.65.30.68.15 ☑ ☒ r.-v.

CH. DE GREZELS
Prestige Vieilli en fût de chêne 1996★

■   24 ha   150 000   ◫ -30 F

C'est autour d'un imposant château fort construit à partir du XIes. qu'étend le domaine de Grézels, un vignoble de 24 ha. Il a donné ce 96 à la robe dense, aux nuances d'aubergine. Le nez est présent, à peine fruité et fortement boisé. La bouche est ferme, tonique, toujours dominée par un sérieux boisé qui confère au vin une trame de tanins serrés et des arômes bien particuliers. Un vin qui devrait résister au bois.
☛ SCEA du Ch. de Grézels, 46700 Grézels, tél. 05.65.30.70.10, fax 05.65.20.16.24 ☑ ☒ t.l.j. 8h-12h 14h-18h
☛ Christiane Rigal

Cahors

CH. HAUTE BORIE 1996★
3 ha   5 000

Sur la première terrasse de la rive droite du Lot, les graves quartzeuses et calcaires permettent une maturation du raisin exceptionnelle. Cela donne un vin presque noir aux nuances violines. Le nez, sur la réserve, laisse poindre quelques notes de fruits rouges. La bouche révèle un joli volume, des arômes de fruits acidulés, du gras et une charpente souple. Une jeunesse plutôt attrayante.
➥ Jean-Marie Sigaud, Haute-Borie, 46700 Soturac, tél. 05.65.22.41.80, fax 05.65.30.67.32

DOM. DE HAUTERIVE 1996★★
7 ha   45 000

D'un rouge montrant quelques signes d'évolution, la robe est intense, tout comme le nez de fruits mûrs et d'épices macérés dans l'eau-de-vie. Après une attaque souple, la bouche, d'un superbe équilibre, révèle une matière agréable, grasse et fondante. La finale est prolongée par des tanins très fins. Une séduisante personnalité.
➥ Filhol et Fils, Le bourg, 46700 Vire-sur-Lot, tél. 05.65.36.52.84, fax 05.65.24.64.93 t.l.j. sf dim. 8h-12h 14h30-19h

CH. DE HAUTE-SERRE 1996★
57 ha   230 000

Héritier de trois générations de vignerons passionnés par le cahors, Georges Vigouroux est aujourd'hui à la tête de plusieurs domaines. A partir de raisins « récoltés sur les coteaux de Cahors », il a élaboré un 96 paré d'une robe de bigarreau. Le nez, expressif et fin, fleure bon la violette, le cassis et les épices, sur un fond doucement beurré et vanillé. La bouche, d'une agréable présence, joue sur la rondeur et la souplesse. Les tanins fins sont accompagnés d'épices et de réglisse. Un vin très plaisant.
➥ GFA Georges Vigouroux, Ch. de Haute-Serre, 46230 Cieurac, tél. 05.65.20.80.80, fax 05.65.20.80.81 t.l.j. 9h-12h 14h-18h; groupes sur r.-v.

IMPERNAL 1996★
n.c.   80 000

C'est le retour d'un grand fleuron de la cave des Côtes d'Olt, qui fait la fierté de ses vignerons, aux côtés d'une autre grande réussite, la **cuvée Comte André de Montpezat**. Ce 96 fait bonne figure avec sa robe foncée, presque noire, à reflets violets. Son nez montant fait ressortir un boisé intense sur un fond de fruits noirs et sucrés. L'attaque est souple, la bouche relativement concentrée, avec du gras et l'apport tannique d'un boisé toujours présent.
➥ Cave Coop. Côtes d'Olt, 46140 Parnac, tél. 05.65.30.71.86, fax 05.65.30.35.28 r.-v.

DOM. LA BERANGERAIE
Cuvée Juline 1996★
13 ha   12 000

Ici, deux œnologues assument la conduite des vinifications et de l'élevage. Leurs maîtres-mots : la rigueur et l'originalité. Brillante, de couleur cerise, leur cuvée Juline offre un nez typé aux senteurs de cassis et de violette. La bouche est souple, harmonieuse, plutôt aérienne avec des tanins soyeux. Une profusion de fruits rouges agrémente la finale. Un vin équilibré, tout en finesse.
➥ Béranger, Dom. La Bérangeraie, Coteaux de Cournou, 46700 Grézels, tél. 05.65.31.94.59, fax 05.65.31.94.59 t.l.j. 8h-22h

CH. LA CAMINADE 1996★
15 ha   110 000

D'origine monastique, ce domaine propose une cuvée sombre, d'un pourpre foncé intense. Après aération, le nez, qui semblait animal, apparaît plus délicat, libérant des notes de fruits noirs bien mûrs. La bouche révèle une structure harmonieuse et bien déliée, des tanins présents mais assez souples ; on apprécie sa générosité ainsi qu'un agréable retour du fruit. Un vin au bon potentiel.

Cahors

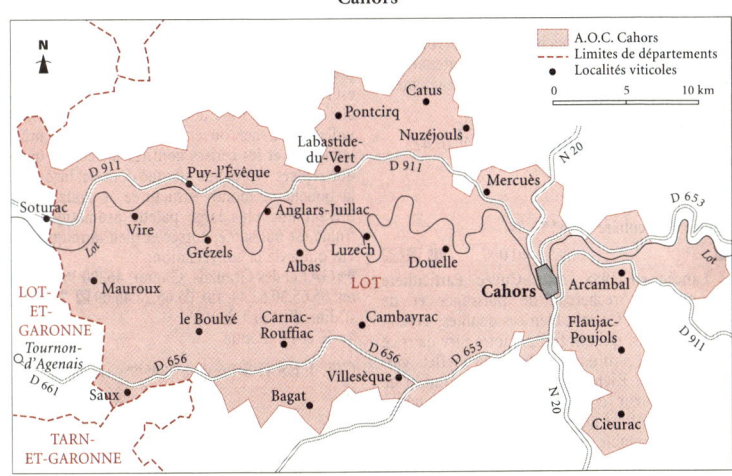

LE SUD-OUEST

Cahors

↱ Resses et Fils, Ch. La Caminade, 46140 Parnac, tél. 05.65.30.73.05, fax 05.65.20.17.04 ✓ ⏵ t.l.j. sf sam. dim. 8h-12h 14h-19h

CH. LA COUSTARELLE
Grande Cuvée Prestige 1996★

■   10 ha   60 000   ⓘ 30 à 50 F

Michel et Nadine Cassot mènent depuis 1980 une politique de qualité. Ils ont élaboré en 96 un vin épais d'un rouge très foncé. Le nez, discrètement fruité, exhale des senteurs de bois brûlé qui évoquent le moka. La bouche, très sapide, est marquée par un boisé aux accents exotiques de coco et d'épices. Si les tanins sont bien enrobés, on n'échappe pas à une certaine austérité. Il faudra attendre ce vin quelque temps.
↱ SCEA Michel et Nadine Cassot, 46220 Prayssac, tél. 05.65.22.40.10, fax 05.65.30.62.46 ✓ ⏵ t.l.j. sf dim. 8h-12h30 14h-20h; groupes sur r.-v.; f. 20-31 août

CLOS LA COUTALE 1996★

■   50 ha   250 000   30 à 50 F

Depuis six générations, ce vaste vignoble (55 ha) est aux mains de la famille Bernède. Celle-ci a élaboré un vin au disque noir et brillant. Le nez est profond, bien concentré, marqué par un boisé au caractère exotique, à la fois épicé, grillé et balsamique. La bouche est volumineuse et fortement structurée, garnie d'une bonne matière et de tanins enrobés. Un boisé voluptueux aux accents de fumée domine encore la finale. A attendre.
↱ Philippe Bernède, Clos La Coutale, 46700 Vire-sur-Lot, tél. 05.65.36.51.47, fax 05.65.24.63.73 ✓ ⏵ t.l.j. 9h-12h 14h-18h

CH. LAGREZETTE 1995★★

■   20 ha   115 000   ⓘ 70 à 100 F

Edifié entre le XVe et le XVI^{e}s. sur les bases d'une maison forte du XII^{e}s., le château La Grézette est classé monument historique. Son vin se pare d'une couleur pourpre, bien soutenue. Le nez est à la fois frais et puissant. A une première impression très fruitée succède un boisé aux accents d'épices et de torréfaction. Après une attaque franche, la bouche évolue en rondeur, révélant une chair fraîche et grasse soutenue par un fort boisé au caractère grillé et légèrement amer. Un beau style.
↱ Alain-Dominique Perrin, SCEV de Lagrezette, 46140 Caillac, tél. 05.65.20.07.42, fax 05.65.20.06.95 ✓ ⏵ t.l.j. 9h-19h

CH. LAMARTINE
Cuvée Particulière 1996★★

■   8 ha   40 000   ⓘ 50 à 70 F

Lancée en 1988, cette Cuvée Particulière exprime une recherche de puissance et de concentration. Ce sont bien ces qualités, avec la classe en plus, qui nous ont frappé dans ce 96. La robe ? Profonde et dense aux reflets violets. Le nez ? Riche et corsé - concentration de fruits au cœur d'un joli boisé. La bouche ? Superbe, parfaitement harmonieuse et sculpturale. Tout semble déjà fondu, les tanins sont soyeux. Le vin reste omniprésent.

↱ SCEA Ch. Lamartine, 46700 Soturac, tél. 05.65.36.54.14, fax 05.65.24.65.31 ✓ ⏵ t.l.j. 9h-18h; dim. sur r.-v.
↱ Alain Gayraud

CH. LATUC
Prestige Vieilli en fût de chêne 1996★

■   3 ha   12 000   ⓘ🍷 30 à 50 F

Une couleur rubis bien brillante. Un nez agréable, chaleureux, au parfum de guignolet et de fruits mûrs, plutôt chic. Une bouche équilibrée, charnue et fruitée, à la structure plutôt souple, au boisé fin et très fondu. L'ensemble est charmeur.
↱ EARL Ch. Latuc, Laborie, 46700 Mauroux, tél. 05.65.36.58.63, fax 05.65.24.61.57 ✓ ⏵ t.l.j. 11h-12h30 14h-19h
↱ Colin Duns

CH. LAUR Cuvée Prestige 1996★

■   7,5 ha   31 000   🍷 30 à 50 F

Planté sur des sols de nature argilo-calcaire, l'auxerrois (malbec) a donné ce vin d'un rubis très profond à reflets violacés, au nez intense de fruits bien mûrs en confiture, accompagnés de notes florales. La bouche exprime une matière bien fraîche et fruitée. La structure est large, déliée, composée de tanins d'un grain agréable. Ce 96 a gardé une belle jeunesse.
↱ Maurice et Patrick Laur, 46700 Floressas, tél. 05.65.31.95.61, fax 05.65.31.95.61 ✓ ⏵ r.-v.

CH. LES GRAUZILS 1996★

■   n.c.   60 000   🍷 30 à 50 F

Francis et Philippe Pontié représentent la quatrième génération au domaine des Grauzils; le premier a la charge de la viticulture et le second est responsable des vinifications et de la commercialisation. La robe de ce 96 a d'intenses reflets violets. Son nez ouvert exprime les fruits mûrs compotés et les cerises confites mêlées de quelques épices. Après une attaque douce et briochée, la bouche se montre structurée et chaleureuse, offrant une plus large palette aromatique. La finale est puissante, corsée et bien tannique. Un vin qui a de la conversation.
↱ GAEC des Grauzils, Gamot, 46220 Prayssac, tél. 05.65.30.62.44, fax 05.65.22.46.09 ✓ ⏵ t.l.j. sf dim. 8h-12h 14h-19h
↱ F. et Ph. Pontié

CH. LES IFS Prestige 1995★★

■   n.c.   8 000   ⓘ 30 à 50 F

Ce vignoble, situé dans une des boucles du Lot, s'étage sur des terrasses d'alluvions composées de graves et de silice. Après un très beau 94,

Cahors

le 95 ne déçoit pas. D'un pourpre foncé, ce vin séduit par un nez riche et complet, mêlant les senteurs de fruits cuits à celles du chocolat ou de la réglisse, le tout sur fond d'épices et de pain grillé. La bouche présente une matière bien charnue et concentrée. La charpente aux tanins puissants ne manque pas non plus de charme. La force tranquille.
👉 Buri et Fils, EARL La Laurière, 46220 Pescadoires, tél. 05.65.22.44.53, fax 05.65.30.68.52 ◫ 🍷 t.l.j. sf dim. 8h-12h 14h-19h

CH. LES RIGALETS La Quintessence 1996
■   2,5 ha   11 000   ◫ 50 à 70 F

Très souvent mentionné dans le Guide, ce domaine propose une cuvée à la robe grenat très dense. Ce 96 offre un bon nez assez complexe, harmonieux mariage du fruit et du bois, avec quelques aromates en plus. L'attaque est souple. La bouche propose une belle matière, puissamment aromatique et correctement structurée. En finale, elle se montre chaleureuse et épicée. Une visite s'impose.
👉 Bouloumié et Fils, Les Cambous, 46220 Prayssac, tél. 05.65.30.61.69, fax 05.65.30.60.46 ◫ 🍷 t.l.j. 8h-12h30 14h-20h; dim. sur r.-v.

CH. PAILLAS 1996*
■   27 ha   200 000   ■🍷 30 à 50 F

Le château Paillas élabore des vins de caractère, expressifs et très fruités. Le 96 est paré d'une robe rubis profond aux nuances violettes. Il offre un nez assez intense de fruits rouges (groseille) et d'épices. L'attaque apparaît franche et épicée. La bouche, ronde et large, est soulignée par des tanins bien présents mais lisses. La finale est aromatique et persistante. Bon équilibre entre le nez et la bouche.
👉 SCEA de Saint-Robert, Paillas, 46700 Floressas, tél. 05.65.36.58.28, fax 05.65.24.61.30 ◫ 🍷 t.l.j. sf sam. dim. 8h-12h 13h30-17h30

CLOS RESSEGUIER 1996*
■   n.c.   10 000   ■🍷 -30F

L'ancienne grange à la charpente étonnante abrite à présent les chais de l'exploitation. Elle a été construite par l'arrière-grand-père des actuels propriétaires. Aujourd'hui, ceux-ci présentent un 96 à la robe intense et brillante. Le nez, dominé par les fruits des bois (mûre, myrtille), est bien concentré. Après une attaque ronde, la bouche apparaît légère, bien équilibrée, riche en fruits. Elle finit douce et chaude. Une caresse toute fruitée.
👉 EARL Clos Rességuier, 46140 Sauzet, tél. 05.65.36.90.03, fax 05.65.31.92.66 ◫ 🍷 t.l.j. 9h-20h

CH. ROCHET-LAMOTHE 1996**
■   16 ha   110 000   ■🍷 -30F

Un assemblage judicieux de cot majoritaire, de merlot et de tannat, une vinification parfaitement maîtrisée, un élevage traditionnel en cuve inox ont donné cette remarquable cuvée à la jolie robe sombre d'un rubis profond. Le nez, d'abord délicat, avec des notes de fruits rouges, s'ouvre ensuite sur la réglisse et quelques épices douces. L'attaque est bien ronde, la bouche pleine et charnue. On retrouve au palais tous les arômes du nez, soutenus par une agréable fraîcheur et une sérieuse trame de tanins fins. Présence et délicatesse. Troisième du grand jury des coups de cœur.
👉 SCEA des Dom. Roche, 46700 Vire-sur-Lot, tél. 05.65.21.30.13, fax 05.65.30.83.76 ◫ 🍷 t.l.j. sf dim. 9h-12h 15h-19h

CH. SAINT-DIDIER-PARNAC 1996
■   n.c.   400 000   ◫ -30F

Le domaine tient son nom d'un saint évêque qui aurait vécu au château au début du Moyen Âge. Ses vins étaient exportés au XVIIIᵉ s. dans toute l'Europe de l'Est. Ils trouvent aussi des amateurs hors de nos frontières au XXᵉ s. Ce 96 se présente dans une robe rubis profond. Le nez, encore fermé mais concentré, laisse poindre des notes d'épices et de réglisse. La bouche est droite, avec une assez bonne structure renforcée par un boisé marqué aux tanins bien fermes. Un vin encore sur la défensive.
👉 SCEA Ch. Saint-Didier-Parnac, 46140 Parnac, tél. 05.65.30.70.10, fax 05.65.20.16.24 ◫ 🍷 t.l.j. 8h-12h 14h-18h
👉 Franck Rigal

CH. SAINT-SERNIN
Prestige Vieilli en fût de chêne 1995*
■   12 ha   80 000   ◫ 30 à 50 F

Cette exploitation familiale a complètement réaménagé ses chais en 1993. Elle propose un vin respirant la jeunesse avec sa jolie robe grenat bien dense. Le nez, fin et délicat, distille des senteurs de fruits des bois mêlées de vanille. La bouche révèle une belle matière première, riche et pleine de sève. Des tanins veloutés complètent un ensemble fort harmonieux.
👉 SCEA Ch. Saint-Sernin, Les Landes, 46140 Parnac, tél. 05.65.20.13.26, fax 05.65.30.79.88 🍷 t.l.j. sf dim. 8h-19h
👉 D. Cavalié

CH. SOUILLOU 1996*
■   13 ha   40 000   ■🍷 30 à 50 F

Ce 96 se présente dans une jolie robe aux nuances mauves et violacées. Le nez intense est fait de fruits noirs, de violette et de bourgeon de cassis. La bouche ample, garnie de fruits rouges, se montre plutôt chaleureuse. Les tanins bien présents sont un peu austères en finale, mais l'ensemble n'en est pas moins très réussi.
👉 Jean-Pierre Raynal, La Prade, 46140 Douelle, tél. 05.65.20.01.88, fax 05.65.20.03.18 ◫ 🍷 r.-v.

CLOS TRIGUEDINA Prince Probus 1996*
■   10 ha   50 000   ◫ 70 à 100 F

Le clos Triguedina est un vaste vignoble d'une soixantaine d'hectares, planté sur les deuxième et troisième terrasses du Lot. La cuvée Prince Probus est l'un de ses fleurons. Le 96 s'annonce par une robe d'un grenat profond. Tout aussi puissant, le nez réglissé est riche d'un superbe boisé aux notes d'épices, de vanille, de café moka et de torréfaction. La bouche confirme ces premières impressions, révélant une belle matière

LE SUD-OUEST

concentrée, appuyée sur une structure sérieuse renforcée par un fort boisé maintenant une finale bien rémanente.
🏠 SCEA Baldès et Fils, Clos Triguedina, 46700 Puy-l'Evêque, tél. 05.65.21.30.81, fax 05.65.21.39.28 ◩ ⏣ t.l.j. 9h30-12h 14h-18h; dim. sur r.-v.

Gaillac

Comme l'attestent les vestiges d'amphores fabriquées à Montels, les origines du vignoble gaillacois remontent à l'occupation romaine. Au XIIIᵉ s., Raymond VII, comte de Toulouse, prit à son endroit un des premiers décrets d'appellation contrôlée, et le poète occitan Auger Gaillard célébrait déjà le vin pétillant de Gaillac bien avant l'invention du champagne. Le vignoble (2 500 ha) se divise entre les premières côtes, les hauts coteaux de la rive droite du Tarn, la plaine, la zone de Cunac et le pays cordais.

Les coteaux calcaires se prêtent admirablement à la culture des cépages blancs traditionnels comme le mauzac, le len-de-l'el (loin-de-l'œil), l'ondenc, le sauvignon et la muscadelle. Les zones de graves sont réservées aux cépages rouges, duras, braucol ou fer servadou, syrah, gamay, négrette, cabernet, merlot. La variété des cépages explique la palette des vins gaillacois.

Pour les blancs qui représentent un volume de 47 000 hl, on trouvera les vins secs et perlés, frais et aromatiques, et les vins moelleux des premières côtes, riches et suaves. Ce sont ces vins, très marqués par le mauzac, qui ont fait la renommée du gaillac. Le gaillac mousseux peut être élaboré soit par une méthode artisanale à partir du sucre naturel du raisin, soit par la méthode champenoise, que la législation européenne appelle désormais méthode traditionnelle ; la première donne des vins plus fruités, avec du caractère. Les rosés de saignée sont légers et faciles à boire, les vins rouges dits de garde, typés et bouquetés (75 000 hl).

DOM. DES ARDURELS Doux 1996

| ☐ | 1,3 ha | 3 000 | ■⌆ -30F |

Une cuvée de pure muscadelle pour ce moelleux 96 habillé d'or pâle. Le nez subtil est surtout fleuri (fleurs d'oranger, d'acacia et tilleul). L'attaque est douce, assez grasse, puis la bouche se fait plus fluide, sans trop de vivacité mais toujours bien typée par des arômes fleuris et briochés. Un vin gourmand.
🏠 Maurice Cabal, Dom. des Ardurels, 81150 Lagrave, tél. 05.63.41.74.79 ◩ ⏣ t.l.j. 8h-20h

MAS D'AUREL Cuvée Alexandra 1996★

| ■ | 2,5 ha | 20 000 | ■⌆ 30à50F |

Issu de braucol (60 %) et de cabernet-sauvignon (40 %), ce gaillac est revêtu d'une robe rubis soutenu, nuancée de violet. Séduisant, assez intense, mêlant les fruits rouges et noirs et les épices, le nez apparaît légèrement fumé. D'une bonne tenue, dense, la bouche ne manque ni de fruit ni de matière. Les tanins se font veloutés et la finale est assez longue. Un vin plein de personnalité. Le jury recommande aussi le **brut** effervescent de l'exploitation.
🏠 EARL Mas d'Aurel, Mas d'Aurel, 81170 Donnazac, tél. 05.63.56.06.39, fax 05.63.56.09.21 ◩ ⏣ t.l.j. 8h-12h 14h-19h
🏠 Ribot

BARON THOMIERES Sec 1997

| ☐ | n.c. | 10 000 | ■ -30F |

Cette cuvée est un hommage à un aïeul, un général des armées napoléoniennes tombé en Espagne à la bataille des Arapiles, en juillet 1812. Jaune clair à reflets verts, ce 97 possède un nez bien soutenu, plutôt complexe, surtout fruité (pêche au sirop, écorce d'orange...). La bouche est pleine, assez riche et toujours aromatique. Elle laisse une sensation particulièrement douce jusque dans sa finale de fruits sucrés. Un blanc sec bien poli.
🏠 Laurent Thomières, La Raffinié, 81150 Castelnau-de-Lévis, tél. 05.63.60.39.03, fax 05.63.53.11.99 ◩ ⏣ t.l.j. sf sam. dim. 8h-12h 14h-18h

CH. CANDASTRE Puech Marty 1995★

| ■ | 10 ha | 27 000 | ■⌆ 30à50F |

Ce vaste domaine (plus de 100 ha) tient son nom d'un château fort, bâti à la fin du XIIᵉ s. et détruit au début du XIIIᵉ s. Ses vins rouges sont régulièrement présents dans le Guide. Ce 95 présente une robe tuilée, ce qui indique un début d'évolution. Son nez, fin et élégant, joue sur les fruits rouges, le poivron et les épices. La bouche, tout aussi gracieuse, offre de belles rondeurs et de la chaleur. Les tanins doux sont déjà bien assouplis. Un vin dans toute son élégance, prêt à boire.
🏠 Vins Descombe, Ch. Candastre, rte de Senouillac, 81600 Gaillac, tél. 05.63.41.70.88, fax 05.63.57.60.44 ◩ ⏣ t.l.j. sf dim. 9h-12h 14h-18h

DOM. DE CAUSSE-MARINES
Doux Délires d'Automne 1996★★★

| ☐ | n.c. | 900 | ⏣ 100à150F |

Délires d'Automne ou délires des sens ? L'effet sur notre jury fut détonant : coup de cœur ! Exceptionnel ! Ce joyau d'or cuivré ruisselle de larmes onctueuses. Le nez évoque le grain de raisin rôti, le sucre candi, l'orange ou le coing confit. La bouche est énorme, opulente et très grasse, extraordinairement parfumée et d'une

Gaillac

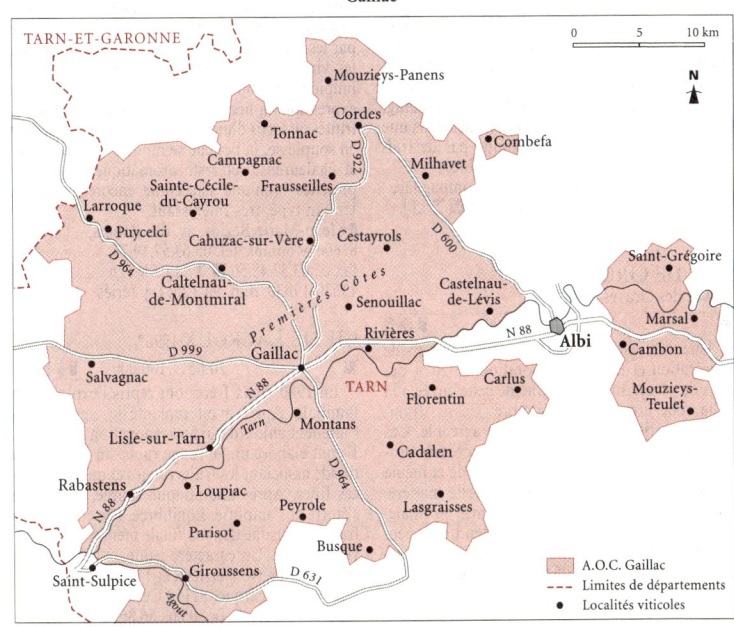

longueur époustouflante. Un vin « extra-terrestre », pour reprendre l'expression d'un dégustateur. NDLR : l'étiquette est un ruban enroulé autour de la bouteille.

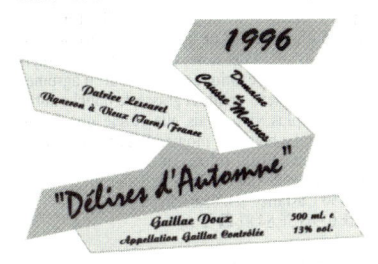

🕭 Patrice Lescarret, Dom. de Causse-Marines, 81140 Vieux, tél. 05.63.33.98.30, fax 05.63.33.96.23 ✔ ⵏ r.-v.

CH. CLEMENT TERMES
Sec Fraîcheur perlée 1997*

| | 14 ha | 70 000 | 🍾 | -30F |

Ce grand domaine de 85 ha propose plusieurs marques dans l'appellation (voir plus loin « Château Lamartine »). Revêtue d'or pâle, cette Fraîcheur perlée n'offre qu'une perle timide, dans le verre comme en bouche. En revanche, la fraîcheur est présente dans un palais bien fruité où pointent quelques notes d'agrumes et de menthol. Nez bien montant, porté par les fruits à chair blanche et les fleurs. Un vin agréable.

🕭 J.-P. et F. David, Les Fortis, 81310 Lisle-sur-Tarn, tél. 05.63.40.47.80, fax 05.63.40.45.08
✔ ⵏ t.l.j. sf dim. 9h-12h 14h-19h

CH. DONAT 1996**

| ■ | 5 ha | 20 000 | 30 à 50 F |

Un assemblage judicieux de cinq cépages pour ce gaillac à la robe intense et limpide. Pas tout à fait ouvert, le nez est marqué par la griotte avec une note fraîche et végétale de sous-bois printanier. En bouche, le vin révèle une matière généreuse, chaude et bien grasse, une charpente harmonieuse aux tanins présents. Les arômes s'intensifient tout au long de la dégustation. Un vin très bien fait.

🕭 SCEA Ch. Donat, 81600 Gaillac, tél. 05.63.57.06.88, fax 05.63.57.06.88 ✔ ⵏ r.-v.
🕭 Larroux

CH. D'ESCABES Vieilli en fût 1996*

| ■ | 13 ha | 35 000 | 🍷 | 30 à 50 F |

Le château d'Escabes a été repris par la cave de Rabastens en 1993. La vinification, l'élevage et la mise en bouteilles se font au château, dans des chais entièrement rénovés. Le millésime 96 est paré d'une belle robe rouge rubis. Chaleureux, bien mûr, le nez exprime les fruits en confiture et les épices. En bouche, l'équilibre est réussi, la structure agréable. Le boisé assez fin apporte des notes de réglisse et de fumé en finale. Un vin généreux.

🕭 SCEA Ch. d'Escabes, 81310 Lisle-sur-Tarn, tél. 05.63.33.73.80, fax 05.63.33.85.82 ⵏ r.-v.

735 LE SUD-OUEST

Gaillac

DOM. D'ESCAUSSES
Sec Cuvée la Vigne de l'oubli 1996**

☐   1,5 ha   7 000   🍷 30 à 50 F

Régulièrement mentionné dans le Guide, Denis Balaran a proposé la cuvée la plus remarquée dans la catégorie des blancs secs (elle n'est pas loin du coup de cœur). Un 96 d'un joli jaune pâle à reflets verts. Au nez, les parfums sont bien épanouis - agrumes et fruits exotiques, nuancés de notes boisées. L'attaque est franche, la bouche ronde, suffisamment fraîche et puissamment aromatique. Le fruit se marie parfaitement avec le bois et persiste longuement. Un vin gourmand.
🍷 EARL Denis Balaran , Dom. d'Escausses, 81150 Sainte-Croix, tél. 05.63.56.80.52, fax 05.63.56.87.62 ✓ 🍷 t.l.j. 9h-19h; dim. sur r.-v.

DOM. DE GINESTE
Cuvée Pourpre 1996**

■   1,5 ha   8 000   🍷 -30 F

Cette propriété, rachetée en 1991, révèle rapidement ses capacités : coup de cœur pour un excellent Rouge fût du millésime 94, encore remarquable cette année, elle confirme son talent avec une cuvée plus classique qui ne manque pas de panache. Un vin pourpre, à l'aspect satiné. Le nez est superbe de sincérité, exhalant des parfums à la fois végétaux et floraux mais aussi fruités et épicés. La bouche gourmande est pleine de fruits ; le corps, bien balancé, offre ses rondeurs ; l'étoffe est de qualité et les tanins enrobés. Un gaillac parfaitement typé.
🍷 EARL Dom. de Gineste, 81600 Técou, tél. 05.63.33.03.18, fax 05.63.81.52.65 ✓ 🍷 r.-v.
🍷 V. Laillier-D. Bellevret

CH. GRADDE Doux 1996*

☐   2 ha   10 000   -30 F

Issu exclusivement de mauzac, cépage traditionnel du Gaillacois, ce vin de couleur pâle est d'une parfaite limpidité. Le nez, d'intensité modérée, allie le miel et les fruits (pomme, coing, pêche-abricot). On retrouve ces arômes dans une bouche équilibrée, qui ne manque pas de fraîcheur. Un vin « gentil », très agréable.
🍷 SCEA Dom. de Graddé, 81140 Campagnac, tél. 05.63.33.12.61, fax 05.63.33.20.75 ✓ 🍷 t.l.j. 8h-19h; dim. sur r.-v.

MAS DE GROUZE
Cuvée des Graves 1996*

■   5 ha   30 000   🍷 -30 F

Une vinification traditionnelle, vingt jours de macération et une réincorporation de 20 % des vins de presse sont à l'origine de cette cuvée à la jolie robe grenat plutôt sombre. Cassis, framboise et cerise rendent le nez très agréable. Ces senteurs sont accompagnées d'une note très prononcée de poivron vert. D'abord ronde et même corpulente, la bouche révèle une belle matière. Les tanins se montrent un peu fermes en finale. Un vin fort réussi, que l'on peut attendre un peu.
🍷 Mas de Grouze, 81800 Rabastens, tél. 05.63.33.80.70, fax 05.63.33.79.48 ✓ 🍷 t.l.j. 8h-19h; dim. 10h-12h30
🍷 Alquier

DOM. DE LABARTHE
Doux Les Grains d'Or Fût de chêne 1996*

☐   0,8 ha   3 000   🍷 50 à 70 F

Enracinée dans le Gaillacois depuis bientôt quatre siècles et demi, la famille Albert propose un 96 d'un jaune d'or bien limpide. Au nez, on perçoit d'abord des notes boisées, puis des nuances de fruits exotiques et surtout d'agrumes. Assez complexe, ronde et grasse, la bouche aurait pu être plus vive, mais elle révèle une bonne matière. Le boisé s'y montre élégant, se mariant bien avec le fruit. Intéressant.
🍷 Jean-Paul Albert, Dom. de Labarthe, 81150 Castanet, tél. 05.63.56.80.14, fax 05.63.56.84.81 ✓ 🍷 r.-v.

CH. LABASTIDIE 1996*

■   n.c.   25 000   🍷 30 à 50 F

Achetée en 1990, cette propriété est située sur une croupe graveleuse dominant la vallée du Tarn. Vinifié par la cave de Labastide, son rouge 96 s'annonce par une robe sombre, couleur cerise, fort engageante. Le nez puissant est marqué par les fruits à l'eau-de-vie, avec des notes animales et épicées. La bouche est complète, ronde, pleine d'une belle matière riche et grasse, bien équilibrée. Le fruit persiste sur un tapis de tanins soyeux. Un très joli gaillac. Du même domaine, le **blanc perlé** est bien agréable.
🍷 Cave de Labastide de Lévis, 81150 Marssac-sur-Tarn, tél. 05.63.53.73.73, fax 05.63.53.73.74 ✓ 🍷 t.l.j. sf dim. 8h-12h 14h-18h30

DOM. LA CROIX DES MARCHANDS 1996**

■   8 ha   30 000   🍷 30 à 50 F

Après une visite à l'Archéoscope voisin, consacré aux passé gallo-romain de la contrée - ce lieu-dit était un carrefour commercial fréquenté par les artisans potiers -, vous pourrez découvrir les vins de ce domaine. Celui-ci, parfaitement limpide, a la couleur du grenat. Il offre une belle expression au nez avec de fins arômes floraux et fruités, assortis d'une nuance végétale. Attaquant en souplesse, la bouche se montre ensuite ample et chaleureuse, et reste aromatique. Une forte présence tannique s'accentue encore en finale. Un vin typé, très intéressant.
🍷 Jean-Marie Bezios, av. des Potiers, 81600 Montans, tél. 05.63.57.19.71, fax 05.63.57.48.56 ✓ 🍷 t.l.j. 9h-12h 13h30-19h30; dim. 9h-12h; f. j. fériés

CH. DE LACROUX 1996*

■   20 ha   100 000   🍷 30 à 50 F

En 1980, deux frères ont repris l'exploitation familiale. Après avoir replanté le vignoble, ils s'attellent aujourd'hui à la rénovation de la cave. Ils ont élaboré un 96 rouge rubis, au nez un peu timide associant les fruits rouges et quelques épices fines. Après une attaque souple, la bouche s'étoffe et s'amplifie. Equilibrée, elle conserve sa fraîcheur jusque dans sa finale mentholée et relevée d'épices. Un caractère jeune.
🍷 GAEC Pierre Derrieux et Fils, Dom. de Lacroux, Lincarque, 81150 Cestayrols, tél. 05.63.56.88.88, fax 05.63.56.86.18 ✓ 🍷 r.-v.

Gaillac

CH. LAMARTINE Cuvée Prestige 1996*
■   4,67 ha   38 400   -30 F

La robe est pivoine, d'une grande intensité. Le nez, plus discret, distille des senteurs subtiles de fruits et de fleurs. La bouche montre un caractère souple et rond, sans aspérité. Elle a conservé une bonne fraîcheur. Un vin aromatique, de style léger, prêt à boire.

🕿 J.-P. et F. David, Ch. Lamartine, Saint-Salvy, 81310 Lisle-sur-Tarn, tél. 05.63.40.47.80, fax 05.63.40.45.08 ⏣ r.-v.

DOM. DE LA RAMAYE
Quintessence 1996*
□   0,5 ha   1000   ⏣ 50 à 70 F

Cette Quintessence des premières côtes de gaillac est issue exclusivement de len-de-l'el. Or pâle dans le verre, ce 96 présente un nez contenu ; enchâssé dans un fort boisé aux arômes de cire et de résine, celui-ci laisse poindre quelques notes d'agrumes. La bouche révèle une belle matière, riche et corsée ; la structure est toujours dominée par le bois et demande à s'assouplir. Quant aux arômes, ils confirment le nez avec une finale évoquant le zeste de pamplemousse.

🕿 Michel Issaly, Sainte-Cécile-d'Avès, 81600 Gaillac, tél. 05.63.57.06.64, fax 05.63.57.35.34 ⏣ ⏣ r.-v.

LES GRAVIERS BLANCS DU CH. DE LASTOURS 1997*
◢   3 ha   18 000   ⏣ 30 à 50 F

Issu de duras et de syrah, voici un rosé obtenu par saignée. A l'œil, il est rose franc, clair et brillant. Au nez, il apparaît très intense, fortement fruité et amylique mais aussi floral et frais. La bouche plaît tout autant, gouleyante, fruitée elle aussi tout au long de la dégustation, équilibrée et élégante.

🕿 H. et P. de Faramond, Ch. de Lastours, 81310 Lisle-sur-Tarn, tél. 05.63.57.07.09, fax 05.63.41.01.95 ⏣ ⏣ t.l.j. sf dim. 8h-12h 14h-19h

CH. LECUSSE 1996**
■   n.c.   30 000   ⏣ 30 à 50 F

Propriétaire depuis 1994, M. Olesen, généticien et créateur de variétés de roses, a agrandi et rénové le vignoble, et modernisé les chais. Ses efforts sont récompensés avec ce remarquable 96 paré d'une robe grenat foncé. Le nez, parfaitement épanoui, évoque les fruits rouges, le poivre blanc et le poivron vert. La bouche est bien équilibrée, grasse et fortement charpentée, garnie de tanins fermes très réglissés. Un vin typé, d'une belle nature.

🕿 SCA du Ch. Lecusse, Broze, 81600 Gaillac, tél. 05.63.33.90.09, fax 05.63.33.94.36 ⏣ ⏣ t.l.j. 8h-12h 14h-18h ; dim. juil. août 14h-18h
🕿 Olesen

CH. LES MERITZ
Doux Cuvée Prestige 1996*
□   n.c.   n.c.   ⏣ 70 à 100 F

Un 96 d'un jaune d'or presque ambré et bien brillant. Le nez, intense et fin, offre des senteurs de fruits surmûris (agrumes et pâte de coing) d'une bonne typicité. La bouche, aromatique, dominée par le fruit confit, se montre pleine, grasse, presque onctueuse. Un vin très bien fait.

🕿 Les Dom. Philippe Gayrel, Ravailhe, 81140 Cahuzac-sur-Vère, tél. 05.63.33.91.16, fax 05.63.33.95.57 ⏣ r.-v.

DOM. DE LONG-PECH Doux 1995*
□   n.c.   n.c.   ⏣ 30 à 50 F

Cette très ancienne propriété familiale a présenté un 95 d'un jaune d'or éclatant. Le nez, d'une finesse remarquable, est plein du parfum suave des fruits rôtis. L'attaque est souple, la bouche ample, bien douce. La finale est marquée par des arômes de fruits mûrs.

🕿 Christian Bastide, Lapeyrière, 81310 Lisle-sur-Tarn, tél. 05.63.33.37.22, fax 05.63.40.42.06 ⏣ ⏣ t.l.j. 9h-19h ; f. janv.

MANOIR DE L'EMMEILLE
Brut Méthode traditionnelle 1996
○   1 ha   3 000   ⏣ 30 à 50 F

Il est bien gai, cet effervescent couleur paille de blé, à la mousse abondante et à la couronne composée de fines perles bien persistantes... Le nez, plutôt discret, offre des senteurs de fleurs blanches et de pomme au miel. L'attaque est franche, la bouche vive avec une bulle foisonnante. On y retrouve les arômes perçus à l'olfaction. La finale est assez douce.

🕿 EARL Manoir de l'Emmeillé, 81140 Campagnac, tél. 05.63.33.12.80, fax 05.63.33.20.11 ⏣ ⏣ t.l.j. sf dim. 8h-19h ; f. 20 déc.-5 jan.
🕿 Ch. Poussou

CH. DE MAYRAGUES Doux 1996**
□   2,76 ha   3 000   ⏣ 50 à 70 F

Les Ecossais savent parfois faire autre chose que du whisky... Coup de cœur l'an dernier, Alan Geddes confirme son savoir-faire dans l'élaboration des gaillac doux avec ce 96 d'une belle couleur paille dorée. Le nez semble une agréable friandise miellée, anisée, avec un centre de raisins secs. La bouche opulente, riche, évoquant quelque généreuse marmelade ou les fruits confits, est suffisamment fraîche pour rester parfaitement harmonieuse jusqu'au *finish*. Excellente bouteille.

🕿 Alan et Laurence Geddes, Ch. de Mayragues, 81140 Castelnau-de-Montmiral, tél. 05.63.33.94.08, fax 05.63.33.98.10 ⏣ ⏣ t.l.j. 8h30-13h 14h-19h30

DOM. DES PARISES Doux 1996**
□   1 ha   2 200   ⏣ 30 à 50 F

Pour un domaine qui ne vend en bouteilles que depuis 1995, voici un coup d'éclat que l'on espère voir confirmer, car ce vin est superbe. Sa teinte ? Un or pur, brillant et soutenu. Son nez ? Ouvert et complexe, livrant à profusion des fragrances de fleurs blanches et jaunes, de fruits très mûrs, voire confits. Sa bouche ? D'un gros volume, très concentrée, presque liquoreuse mais à l'acidité juste. Une bouteille suave, longuement parfumée et d'une richesse remarquable.

LE SUD-OUEST

Gaillac

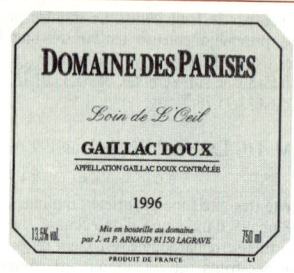

•┐SCEV Arnaud, rue de la Mairie,
81150 Lagrave, tél. 05.63.41.78.63,
fax 05.63.41.78.63 ☑

DOM. RENE RIEUX
Doux Méthode gaillacoise 1996★★

○　　　　　2 ha　　　3 000　　　30 à 50

D'une jolie couleur à reflets jaune serin, ce gaillac doux laisse de belle jambes sur le verre. Remarquablement fin et complexe, le nez mêle le coing, les fruits à chair blanche, les fleurs, le miel, le muscat... La bouche, tout aussi subtile et harmonieuse, se montre à la fois fraîche et suave, ample et souple. Le arômes sont toujours présents. Un vin délicat et très flatteur. On ne négligera pas le **rouge 96** du domaine, un vin boisé, agréable mais encore jeune.
•┐CAT Boissel, hameau de Boissel,
81600 Gaillac, tél. 05.63.57.29.29,
fax 05.63.57.41.71 ☑ ♀ t.l.j. sf dim. 8h-12h 14h-18h

DOM. ROTIER Renaissance 1996★★

■　　　　　2,8 ha　　15 000　　　50 à 70

C'est plutôt deux coups de cœur qu'aurait dû obtenir Alain Rotier pour ses fameuses cuvées Renaissance en rouge 96 et en **blanc doux 97**. Saluons ce vigneron plein de talent, qui a pris l'habitude de proposer de si beaux vins. Ce 96 se pare d'une robe somptueuse d'un rouge profond. Le nez, d'une grande élégance et d'une parfaite harmonie, joue son récital sur un registre large et varié. Après une attaque souple, la bouche évolue dans un parfait équilibre, ample, grasse et suave, sans jamais mollir, tout en nuances et en finesse, jusque dans sa trame de tanins soyeux et vanillés qui portent loin la finale. Un vin proche de la perfection.
•┐Dom. Rotier, Petit Nareye, 81600 Cadalen, tél. 05.63.41.75.14, fax 05.63.41.54.56 ☑ ♀ t.l.j. sf dim. 8h-12h 14h-18h
•┐Alain Rotier et Francis Marre

CH. DE SALETTES 1996★

■　　　　　12 ha　　35 000　　　80 à 50 F

Un 96 d'une belle couleur rubis. Fin et assez intense, le nez offre une large palette aromatique alliant fleurs, fruits, notes végétales et épices. Après une attaque franche, la bouche révèle une matière fondue et une structure élégante. Le boisé, bien présent, ne masque cependant pas le vin ; il l'accompagne.
•┐SCEV Ch. de Salettes, Salettes,
81140 Cahuzac-sur-Vère, tél. 05.61.84.92.92, fax 05.61.84.92.42 ☑ ♀ r.-v.
•┐Roger-Paul Lenet

CAVE DE TECOU Sec Passion 1997★

□　　　　　3 ha　　18 000　　　30 à 50 F

Une référence de cette petite cave coopérative, régulièrement présente dans le Guide, en blanc ou en rouge. Pour le millésime 97, c'est un blanc sec teinté d'or qui nous est ici proposé. Le nez fin embaume avec ses fragrances de fleurs blanches et d'agrumes. La bouche, bien équilibrée, est portée par une acidité toute citronnée relevant les arômes ; le boisé bien dosé s'inscrit parfaitement dans cet ensemble. Une belle homogénéité.
•┐Cave de Técou, 81600 Técou,
tél. 05.63.33.00.80, fax 05.63.33.06.69 ☑ ♀ r.-v.

DOM. DES TERRISSES Sec 1997★

□　　　　　1,8 ha　　15 000　　　- 30 F

Len-de-l'el (70 %), mauzac (20 %) et sauvignon (10 %) composent cette cuvée de gaillac sec. Ce 97 couleur paille fraîche possède un nez séduisant par ses nuances de fruits à chair blanche et d'agrumes. La bouche offre un joli gras, équilibré par une réelle fraîcheur. Les arômes s'affirment, de type fermentaire. On retrouve les agrumes dans une finale marquée par une pointe d'amertume.
•┐Brigitte et Alain Cazottes, Les Terrisses, 81600 Gaillac, tél. 05.63.57.16.80,
fax 05.63.41.05.87 ☑ ♀ t.l.j. 9h-19h; dim. sur r.-v.

DOM. DE VAYSSETTE 1996★★

■　　　　　3 ha　　10 000　　　80 à 50 F

Ce domaine s'est souvent illustré avec des blancs moelleux. Cette année, c'est un rouge qui a fait forte impression. D'un grenat aux reflets nettement violacés, il manifeste une grande franchise au nez, livrant une gamme de senteurs variées fort plaisantes (banane, cassis, menthol...). Rond et gras, plutôt chaleureux, il présente une forte persistance aromatique. Un ensemble équilibré, offrant un beau potentiel de garde.
•┐Dom. de Vayssette, Laborie, 81600 Gaillac, tél. 05.63.57.31.95, fax 05.63.81.56.84 ☑ ♀ t.l.j. 8h30-12h 14h30-19h

CH. VIGNE-LOURAC
Vieilles vignes 1995★★

■　　　　　n.c.　　　n.c.　　　50 à 70 F

La très belle couleur sombre et profonde, ainsi que le nez dense fait de fruits noirs et rouges sont de bon augure. En bouche, ce vin se montre franc et droit, sans artifices ; gras et bien en chair. Le

Buzet

corps est solidement bâti, soutenu par des tanins fermes. Un vin très typé et fort prometteur.
➤ Alain Gayrel, 81140 Cahuzac-sur-Vère, tél. 05.63.33.91.16, fax 05.63.33.95.76

VIN D'AUTAN DE ROBERT PLAGEOLES ET FILS Doux 1996*

| | 3 ha | 2 000 | | 150 à 200 F |

Les lecteurs du Guide connaissent bien Robert Plageoles, qui s'est fait remarquer par des vins originaux, à base des cépages ancestraux du Gaillacois. Issu exclusivement d'ondenc, ce blanc doux est richement doré et plein d'éclat. Le nez, concentré et capiteux, exprime la gelée de coing, la figue et la cire d'abeille, arômes de grande maturité que l'on retrouve en bouche. Même concentration au palais, où la matière s'impose, grasse et chaleureuse. A signaler encore, le **mauzac nature** et le **vin de voile**.
➤ Robert Plageoles et Fils, Dom. des Très-Cantous, 81140 Cahuzac-sur-Vère, tél. 05.63.33.90.40, fax 05.63.33.95.64 ▼ ⊤ r.-v.

Buzet

Connu depuis le Moyen Age comme partie intégrante du haut-pays bordelais, le vignoble de Buzet s'étageait entre Agen et Marmande. D'origine monastique, il a été développé par les bourgeois d'Agen. Réduit à l'état de souvenir après la crise phylloxérique, il est devenu à partir de 1956 le symbole de la renaissance du vignoble du haut-pays. Deux hommes, Jean Mermillo et Jean Combabessous, ont présidé à ce renouveau, qui a dû aussi beaucoup à la cave coopérative des Producteurs Réunis, laquelle élève toute sa production en barriques régulièrement renouvelées. Ce vignoble s'étend aujourd'hui entre Damazan et Sainte-Colombe, sur les premiers coteaux de la Garonne ; il irrigue la ville touristique de Nérac et Barbaste.

L'alternance de boulbènes, de sols graveleux et argilo-calcaires permet d'obtenir des vins à la fois variés et typés. Les rouges, puissants, profonds, charnus et soyeux, rivalisent avec certains de leurs voisins girondins. Ils s'accordent à merveille avec la gastronomie locale : magret, confit et lapin aux pruneaux. Le buzet est rouge par tradition, mais blancs et rosés complètent une palette consacrée aux harmonies pourpres, grenat et vermillon.

CH. DU BOUCHET 1996*

| | n.c. | 88 000 | | 30 à 50 F |

Le château du Bouchet est le domaine expérimental de la cave des Vignerons de Buzet. Il propose un 96 de couleur intense, au nez copieusement fruité - cassis, framboise, griotte - avec quelques notes boisées et épicées. La bouche, bien équilibrée, offre une matière agréable, aux tanins fondus et généreuse en arômes. Un joli caractère.
➤ Les Vignerons de Buzet, B.P. 17, 47160 Buzet-sur-Baïse, tél. 05.53.84.74.30, fax 05.53.84.74.24 ▼ ⊤ t.l.j. sf dim. 9h-12h 14h-18h; sam. 9h-12h

CH. DU FRANDAT 1996**

| | 8 ha | 30 000 | | 30 à 50 F |

Le château du Frandat (XVIᵉ s.) semble avoir eu une vocation viticole très ancienne. La rénovation récente de ses chais lui permet de prendre un nouvel essor, qui se confirme par ce coup de cœur pour le millésime 96. Sa robe est jeune, très profonde, presque opaque. Le nez complexe exprime les fruits bien mûrs et les épices, puis la violette et la réglisse, le tout sur fond toasté. La bouche révèle une matière superbe, très grasse et soyeuse. Un ensemble à la fois harmonieux et puissant, aux tanins déjà bien fondus. Un vin de grande classe, encore plein de promesses.
➤ Patrice Sterlin, Ch. du Frandat, 47600 Nérac, tél. 05.53.65.23.83, fax 05.53.97.05.77 ▼ ⊤ t.l.j. sf dim. 10h-12h 14h-18h; f. janv.

DOM. DE LA TUQUE 1995*

| | n.c. | 238 000 | | 30 à 50 F |

« La Tuque » signifie le sommet en occitan : ce domaine possède un vignoble sur le haut d'une colline. Il confie l'élaboration de ses cuvées à la cave des Vignerons de Buzet. Ce 95 a une robe limpide, rubis aux nuances violettes. Le nez se montre d'abord discret, puis, tout en subtilité, il diffuse des senteurs à la fois animales et fruitées. L'attaque est franche et aromatique, la montée en puissance progressive dans une bouche remarquablement ronde et équilibrée. La finale est toujours plus fruitée. Un bon vin.
➤ Les Vignerons de Buzet, B.P. 17, 47160 Buzet-sur-Baïse, tél. 05.53.84.74.30, fax 05.53.84.74.24 ▼ ⊤ t.l.j. sf dim. 9h-12h 14h-18h; sam. 9h-12h

LE SUD-OUEST

Côtes du frontonnais

CH. SAUVAGNERES
Elevé en fût de chêne 1996★★

1 ha   8 000

Déjà salué dans notre Guide l'an passé pour un 95, ce producteur signe encore cette année deux cuvées très réussies, dont la plus remarquée reste celle passée en fût. S'annonçant par une robe irréprochable d'un beau rouge foncé, elle séduit par un nez puissant où le fruit et les épices s'associent pour le meilleur grâce au soutien d'un agréable boisé. Un ensemble très bien équilibré et long en bouche, alliant force et finesse. Un vin de haute expression.
• Bernard Therasse, Sauvagnères,
47310 Sainte-Colombe-en-Bruilhois,
tél. 05.53.67.20.23, fax 05.53.67.20.86 r.-v.
• Jacques Therasse

Côtes du frontonnais

Vin des Toulousains, le côtes du frontonnais provient d'un très ancien vignoble, autrefois propriété des chevaliers de l'ordre de Saint-Jean-de-Jérusalem. Lors du siège de Montauban, Louis XIII et Richelieu se livrèrent à force dégustations comparatives... Reconstitué grâce à la création des coopératives de Fronton et de Villaudric, le vignoble a conservé un encépagement original avec la négrette, cépage local que l'on retrouve à Gaillac ; lui sont associés le cot, le cabernet-franc et le cabernet-sauvignon, le fer, la syrah, le gamay, et le mauzac.

Le terroir occupe les trois terrasses du Tarn, avec des sols de boulbènes, graves ou rougets. Les vins rouges, à forte proportion de cabernet, gamay ou syrah, sont légers, fruités et aromatiques. Les vins les plus riches en négrette sont plus puissants, tanniques, dotés d'un fort parfum de terroir. Les vins rosés sont francs, vifs, avec un agréable fruité.

CH. BAUDARE 1996★★

13 ha   100 000

Claude Vigouroux monte régulièrement dans le palmarès des meilleurs producteurs de fronton. Cette année, son 96 rouge n'est pas loin du coup de cœur. Il est d'une jolie couleur rubis soutenu. Le nez intense et persistant, très typé, livre des senteurs de fruits noirs (mûre, cassis...) en confiture et d'épices. La bouche se montre volumineuse, pleine et aromatique. Son équilibre, presque parfait, repose sur des tanins présents en train de se fondre. Une fort belle typicité.

• Claude Vigouroux, Ch. Baudare,
82370 Labastide-Saint-Pierre, tél. 05.63.30.51.33,
fax 05.63.64.07.24 sam. 9h-13h 14h-19h

CH. BELLEVUE LA FORET 1996★

84 ha   650 000

Régulièrement présent dans le Guide, ce domaine de 135 ha a acquis une solide réputation. Son vin rouge 96 a des reflets grenat intenses. Son nez capiteux exhale des senteurs de petits fruits : cassis, myrtille et griotte à l'eau-de-vie. L'attaque est souple. On retrouve en bouche les arômes perçus à l'olfaction, soutenus par une légère acidité. L'ensemble apparaît équilibré et friand tout comme le **rosé** dans la même gamme.
• Ch. Bellevue la Forêt, 4500, av. de Grisolles,
31620 Fronton, tél. 05.61.82.43.21,
fax 05.61.82.39.70 r.-v.
• Patrick Germain

CH. CAHUZAC L'Authentique 1996★★

20 ha   130 000

Créé en 1766, ce domaine solidement enraciné dans son terroir et plein de dynamisme faisait régulièrement l'objet de commentaires élogieux depuis quelques années. Ce sont des vins « Authentiques » (rouge et **rosé**) qui ont conquis notre jury. Pour l'occasion, le rouge s'est paré d'une belle robe de bigarreau. Le nez, nettement épicé et réglissé, se nuance de notes subtiles de narcisse et de pivoine. La bouche, copieuse, concentrée, fait impression tant par son ampleur, sa rondeur et son gras que par sa puissance aromatique montante qui se prolonge sur un tapis de tanins soyeux. Remarquable.
• EARL de Cahuzac, Les Peyronnets,
82170 Fabas, tél. 05.63.64.10.18,
fax 05.63.67.36.97 r.-v.
• Ferran Père et Fils

DOM. CAZE Villaudric 1996

10 ha   20 000

Six générations se sont succédé à la tête du domaine depuis la fin du XIX[e]s. On pourra y visiter une belle cave semi-enterrée, et découvrir ce plaisant 96. La couleur, bien nette, présente des nuances violines. Le nez associe les fruits rouges et quelques épices. La bouche, légère et fraîche, est assez bien équilibrée.
• Martine Rougevin-Baville, Dom. Caze,
31620 Villaudric, tél. 05.61.82.92.70,
fax 05.61.82.92.70 t.l.j. 9h-12h 15h-19h;
dim. lun. sur r.-v.

Côtes du frontonnais

CH. CLOS-MIGNON
Tradition Elevé en fût de chêne 1996★

33,7 ha   7 000

Ce domaine est la propriété de la famille Muzart depuis quarante ans. Sa cuvée Tradition 96 se distingue par une belle présentation. Assez intense et évolué, le premier nez livre des notes fruitées et épicées, puis on découvre des accents fumés dus à l'élevage. Après une bonne attaque, la bouche se fait ronde et gourmande, soutenue par un boisé bien fondu.

↘ GAEC du Cap de l'Homme, Ch. Clos-Mignon, 31620 Villeneuve-les-Bouloc, tél. 05.61.82.10.89, fax 05.61.82.99.14 t.l.j. 9h-12h 15h-19h; dim. 10h-12h
↘ F. Muzart

COMTE DE NEGRET
Cuvée Excellence 1997★★

n.c.   150 000

La marque Comte de Négret est le fleuron de la cave coopérative de Fronton. L'Excellence, en rosé comme en **rouge**, fut très remarqué. Le rosé est le plus brillant et à beaucoup d'éclat. Son nez bien frais et intense propose une gamme complète associant arômes fermentaires, notes de fleurs et d'agrumes. Ces arômes se prolongent dans une bouche toujours fraîche par une note de pamplemousse très persistante. L'ensemble est harmonieux, d'un bon volume et bien gourmand.

↘ Cave de Fronton, av. des Vignerons, 31620 Fronton, tél. 05.62.79.97.79, fax 05.62.79.97.70 r.-v.

CH. DEVES 1996★

11 ha   40 000

Appartenant à la famille depuis 1900, ce domaine a été restructuré en 1975 pour accéder à l'appellation d'origine. Il a élaboré un 96 à la robe très foncée, presque noire. Le nez est tout aussi profond, marqué par les fruits noirs, la violette et les épices, et légèrement fumé. La bouche privilégie la concentration, avec une matière très serrée aux tanins solides. Un ensemble plutôt carré, mais qui doit s'arrondir. On peut encore l'attendre un an ou deux.

↘ André et Michel Abart, Ch. Devès, 31620 Castelnau-d'Estretefonds, tél. 05.61.35.14.97, fax 05.61.35.14.97 r.-v.

DUC DE SAYRAL 1996★

n.c.   100 000

Pour saluer le renouveau de la cave de Villaudric, voici une cuvée qui a belle allure. La couleur est de bonne intensité, le nez affirmé évoque les fruits rouges et noirs bien mûrs. On retrouve le fruité dans une bouche plutôt chaleureuse, ronde, bien soutenue par une trame de tanins tendres. Un fronton de bonne facture.

↘ Cave de Villaudric, 31620 Villaudric t.l.j. 9h-12h 14h-18h

CH. FERRAN 1997

10 ha   8 000

Ce domaine, situé aux portes de Fronton, est depuis 1994 la propriété de Nicolas Gélis. On le retrouve chaque année dans le Guide. Comme l'an dernier, il s'est fait remarquer par son rosé, fort agréable à l'œil avec sa robe brillante à reflets orangés. Son nez évoque un bouquet de fleurs de nos jardins. Sa bouche est fraîche, voire vive, plutôt grasse et bien aromatique, toujours florale. Un bon petit rosé.

↘ Nicolas Gélis, Ch. Ferran, 31620 Fronton, tél. 05.61.82.39.23, fax 05.61.82.39.23 r.-v.

CH. JOLIET 1997★★

3,5 ha   13 000

Dans cette ferme typiquement toulousaine, tout en brique rose, sont élaborés d'excellents vins rouges ou rosés. Ce rosé de saignée, constitué à 80 % du cépage local, la négrette, a particulièrement séduit notre jury. La robe ? Limpide et brillante. Le nez ? Agréable, à la fois floral et fruité. Quant à la bouche, franche, d'un joli volume, elle se montre pleine de fraîcheur et d'arômes qui persistent. Un rosé comme on l'aime. A deux doigts du coup de cœur.

↘ François Daubert, Dom. de Joliet, rte de Grisolles, 31620 Fronton, tél. 05.61.82.46.02, fax 05.61.82.34.56 t.l.j. sf dim. 9h-12h 14h-18h

CH. LE ROC 1996★

10 ha   50 000

Ce jeune et talentueux vigneron œnologue s'est déjà forgé une solide réputation avec ses vins de caractère, très bien accueillis dans le Guide. Cette cuvée classique est parée d'une robe satinée, rubis aux nuances violettes. Le nez expressif et persistant offre une harmonie de notes fruitées sur fond de fumée. L'attaque est douce. La bouche révèle beaucoup de gras et des tanins fondants et réglissés. L'ensemble est chaleureux et d'une bonne tenue. A ne pas oublier non plus, la **cuvée Réservée**.

↘ Famille Ribes, Dom. Le Roc, 31620 Fronton, tél. 05.61.82.93.90, fax 05.61.82.72.38 r.-v.

CH. MONTAURIOL 1996★

n.c.   150 000

Dépendant autrefois des chevaliers de l'ordre de Saint-Jean-de-Jérusalem et de l'abbaye de Moissac, ce domaine appartient depuis 1995 à la famille de Galard. C'est un vin rouge élevé en fût qui a retenu l'attention du jury. Sa belle robe est d'un rubis très intense. Son nez déjà bien riche livre des senteurs de fruits mûrs et d'épices, mêlées d'une pointe de violette et d'une légère note toastée. L'attaque est veloutée, avec un retour des arômes. La bouche assez concentrée est garnie de tanins doux ; un boisé discret enveloppe bien la finale. Du beau travail.

↘ SCEA Ch. de Montauriol, 31340 Villematier, tél. 05.61.35.30.58, fax 05.61.35.30.59 t.l.j. 9h-12h 14h-18h; f. 15 août-8 sept.
↘ Famille de Galard

CH. PLAISANCE 1996

16,8 ha   70 000

Depuis son installation sur l'exploitation familiale en 1991, Marc Penavayre, ingénieur œnologue, a modernisé et agrandi le domaine qui compte aujourd'hui 21,5 ha. Il présente ce 96 à la robe claire et limpide. Un nez expressif, bien parfumé, mêle des senteurs de cuir, de fruits rouges et noirs et de sous-bois. L'attaque est souple et ronde. La bouche, toute légère, reste fraîche et

LE SUD-OUEST

fruitée, et conserve une bonne tenue. Une agréable simplicité, garantie d'authenticité.
🍷 EARL de Plaisance, pl. de la Mairie, 31340 Vacquiers, tél. 05.61.84.97.41, fax 05.61.84.11.26 ▮ ♀ r.-v.
🍷 Penavayre

VICOMTE DE VILLEROSE 1996*

| | 7 ha | 50 000 | ▮ ♦ -30F |

La cuvée de cette maison de négoce s'annonce par une très jolie robe à reflets rubis. Un nez odorant exprime le cuir puis les fruits à l'eau-de-vie, l'ensemble est soutenu par une pincée d'épices. Après une attaque assez vive, le vin se montre souple, ample, plutôt équilibré, et confirme son caractère épicé en finale. Une bonne typicité. On goûtera aussi la **cuvée du château Saint-Louis**, élevée en fût.
🍷 Arbeau SA, 6, rue Demages, 82370 Labastide-Saint-Pierre, tél. 05.63.64.01.80, fax 05.63.30.11.42 ▮

Lavilledieu AOVDQS

Au nord du frontonnais, sur les terrasses du Tarn et de la Garonne, le petit vignoble de Lavilledieu produit des vins rouges et rosés. La production, classée en AOVDQS, est encore très confidentielle.

DOM. DE MAGNAC 1996

| | 5 ha | 22 000 | ▮ ♦ -30F |

Un assemblage quelque peu hétéroclite de cépages (négrette, gamay, syrah, cabernet franc et tannat) est à l'origine de cette cuvée à la belle robe sombre et profonde. Chaleureux et particulièrement vineux, le nez sent la compote de fruits rouges. Après une attaque souple, la bouche apparaît svelte, rectiligne jusqu'en finale. Un vin à attendre quelque temps.
🍷 Cave de La Ville-Dieu-du-Temple, 82290 La Ville-Dieu-du-Temple, tél. 05.63.31.60.05, fax 05.63.31.69.11 ▮ ♀ r.-v.

Côtes du brulhois AOVDQS

Passés de la catégorie des vins de pays à celle des AOVDQS en novembre 1984, ces vins sont produits de part et d'autre de la Garonne, autour de la petite ville de Layrac, dans les départements du Lot-et-Garonne et du Tarn-et-Garonne. Essentiellement rouges, ils sont issus des cépages bordelais et des cépages locaux tannat et cot. La majeure partie de la production est assurée par deux caves coopératives.

CAVE DE DONZAC Tradition 1997

| | 50 ha | 50 000 | ▮ ♦ -30F |

Ce rosé est obtenu par saignée de cabernet franc (60 %), de merlot (30 %) et de tannat (10 %). Il s'annonce par une robe brillante, à reflets violets. Le nez, intense, exprime les fruits rouges. La bouche laisse une bonne impression par sa tenue aromatique, sa rondeur et son gras. L'ensemble est plutôt chaleureux. Un rosé à boire dans l'année.
🍷 Cave de Donzac, 82340 Donzac, tél. 05.63.39.91.92, fax 05.63.39.82.83 ▮ ♀ t.l.j. sf dim. 8h-12h 14h-18h; lun. 14h-18h

Côtes du marmandais

Non loin des graves de l'Entre-deux-Mers, des vins de Duras et de Buzet, les côtes du marmandais sont produits en majorité par les coopératives de Beaupuy et de Cocumont, sur les deux rives de la Garonne. Les vins blancs, à base de sémillon, sauvignon, muscadelle et ugni blanc, sont secs, vifs et fruités. Les vins rouges, à base de cépages bordelais et d'abouriou, syrah, cot et gamay, sont bouquetés et d'une bonne souplesse. Le vignoble occupe environ 1 800 ha.

CAVE DE BEAUPUY
Prestige Vieilli en fût de chêne 1996*

| | 30 ha | 60 000 | ⦿ 30 à 50F |

Fondée en 1947, la cave de Beaupuy est la plus ancienne coopérative du département. Vieillie en fût de chêne, sa cuvée Prestige séduit par une robe dense, un nez très présent aux accents de bois brûlé, mêlés de notes de fruits noirs et d'épices. L'attaque est souple. D'un bon équilibre général, la bouche se montre d'abord ronde et grasse, puis le boisé revient en finale. Un ensemble bien structuré.
🍷 Cave de Beaupuy, 47200 Beaupuy, tél. 05.53.64.32.04, fax 05.53.64.63.90 ▮ ♀ t.l.j. sf dim. 8h-12h 14h-18h30

CAVE DE COCUMONT Tradition 1996**

| | 100 ha | 100 000 | ▮ ♦ -30F |

La cave coopérative de Cocumont regroupe trois cents adhérents cultivant 1 100 ha de vignes. Parmi plusieurs cuvées très réussies, celle-ci est remarquable, avec sa robe d'un rouge profond, son nez fin, très fruité, légèrement floral et discrètement épicé. La bouche ronde, bien friande et fruitée, révèle des tanins gras, bien enrobés,

qui donnent à la finale un agréable fondant. Un ensemble aimable et harmonieux.
☛ Cave coop. de Cocumont, La Vieille Eglise, 47250 Cocumont, tél. 05.53.94.50.21, fax 05.53.94.52.84 ⬛ 🍷 t.l.j. sf dim. 8h-12h 14h-18h

Floriade 1996*

■   n.c.   n.c.   🍷 -30F

Une robe intense, sombre, à reflets violets. Un nez puissant et généreux de fruits mûrs et d'épices, avec une pincée de paprika. Une attaque souple, une bouche presque onctueuse de belle amplitude, ronde et équilibrée, soutenue par des tanins bien mûrs. Un vin réussi, typique.
☛ Domainie de Sansac, Les Lèves, 33220 Sainte-Foy-la-Grande, tél. 05.57.56.02.02, fax 05.57.56.02.22 🍷 t.l.j. sf dim. lun. 8h30-12h30 14h-18h

Dom. des Geais 1996

■   6 ha   50 000   🍷 -30F

L'un des rares producteurs indépendants de l'appellation propose une cuvée composée à 50 % de cabernet, et pour l'autre moitié de merlot, d'abouriou et de syrah. La robe est d'un rouge plutôt mat. Le nez évoque les fruits mûrs macérés et les épices. La bouche est franche et dense, la structure puissante avec sa trame de tanins austères. Un vin encore ferme, à attendre un peu.
☛ Vignobles Boissonneau, Cathelicq, 33190 Saint-Michel-de-Lapujade, tél. 05.56.61.72.14, fax 05.56.61.71.01 ⬛ 🍷 r.-v.

Vins d'entraygues et du fel AOVDQS

Jean-Marc Viguier
Cuvée spéciale 1996

☐   2 ha   6 000   🍷 30 à 50F

Ce vignoble domine les vallées du Lot et de la Truyère. Couvrant des coteaux de schiste et de granit, les vignes de chenin ont donné ce 96 élevé sur lies fines, d'un or pâle brillant à reflets vert soutenu. Le nez « en trompette », hésitant entre l'amande et le foin frais, est relevé d'une pointe amylique. En bouche, une forte acidité couvre la sensation de gras, en harmonie avec l'impression citronnée qui persiste en finale. Un vin vif, tonique.
☛ Jean-Marc Viguier, Les Buis, 12140 Entraygues, tél. 05.65.44.50.45, fax 05.65.48.62.72 ⬛ 🍷 t.l.j. 9h-12h30 14h-19h30

Vins de marcillac

Dans une cuvette naturelle, le « vallon », au microclimat favorable, le mansoi (fer servadou) donne aux vins rouges de marcillac une grande originalité empreinte d'une rusticité tannique et d'arômes de framboise. En 1990, cette démarche de typicité, cette volonté d'originalité ont été reconnues par l'accession à l'AOC qui recouvre aujourd'hui 110 ha et produit 5 140 hl d'un vin reconnaissable entre tous.

Claudine Costes 1996

■   1,8 ha   7 500   🍷 -30F

Une exploitation familiale reprise en mains par la nouvelle génération. Bonne chance ! Ce 96 présente une robe aubergine très soutenue. Le nez, plaisant, est à la fois viril (animal et épicé) et fruité. La bouche tout acidulée, souple et légère, finit sur des notes de sorbet sur le cassis. Un vin gai et sympathique, à boire un peu frais.
☛ Claudine Costes, Combret, 12330 Nauviale, tél. 05.65.72.83.85 ⬛ 🍷 t.l.j. sf lun. 9h-12h 14h-19h

Dom. du Cros Cuvée spéciale 1996**

■   3 ha   20 000   🍷 30 à 50F

Installé en 1984, Philippe Teulier se signale par la qualité de sa production, dont témoigne cette cuvée spéciale, issue de vignes de soixante ans et élevée en foudre de chêne. Ce 96 est à deux doigts du coup de cœur : robe rouge grenat soutenu, aux nuances violines ; nez intense, très expressif et bien typé, mêlant le cassis et la mûre, avec une touche de pivoine et une note végétale plus fraîche de poivron ; bouche charnue, puissante, solidement construite, révélant en finale des tanins serrés, épicés, de belle extraction. Un modèle du genre.
☛ Philippe Teulier, Dom. du Cros, 12390 Goutrens, tél. 05.65.72.71.77, fax 05.65.72.68.80 ⬛ 🍷 r.-v.

Jean-Luc Matha 1996*

■   11 ha   n.c.   🍷 -30F

Un producteur qui cultive l'authenticité et qui propose des cuvées de caractère. La cuvée traditionnelle est vraiment très réussie avec sa robe éclatante, grenat intense, son nez complexe, mêlant cassis, framboise, épices, réglisse et chocolat... La bouche est elle aussi aromatique et persistante. A la fois gouleyante et tannique, elle est typique.
☛ Matha, Bruejouls, 12330 Clairvaux, tél. 05.65.72.63.29, fax 05.65.72.63.29 ⬛ 🍷 r.-v.

Les Vignerons du Vallon
Elevé en fût de chêne 1995

■   n.c.   8 500   🍷 30 à 50F

Issu du cépage mansoi planté sur un terroir particulier, le Vallon, ce 95 apparaît sombre et dense... Le nez assez fin, discrètement fumé, évolue vers la griotte et le cassis, assortis d'une pincée d'épices. L'attaque est souple, agréable, puis des tanins fermes s'imposent en bouche.
☛ Les Vignerons du Vallon, RN 140, 12330 Valady, tél. 05.65.72.70.21, fax 05.65.72.68.39 ⬛ 🍷 t.l.j. sf dim. 9h-12h 14h-18h

Côtes de millau AOVDQS

L'appellation AOVDQS côtes de millau a été reconnue le 12 avril 1994. La production atteint environ 1 500 hl. Les vins sont composés de syrah et de gamay noir et, dans une moindre proportion, de cabernet-sauvignon et de fer servadou.

LES VIGNERONS DES GORGES DU TARN 1997*

n.c.   n.c.   -30 F

Très beau rosé moyennement intense, brillant et limpide, au nez minéral. L'équilibre en bouche est réussi : la fraîcheur domine plaisamment. Les arômes, toujours minéraux, sont élégants. Malgré une finale un peu courte, c'est de toute évidence un vin très réussi qui régalera plus d'un amateur. A réserver pour les soirées entre amis.
🡆 Cave des Vignerons des Gorges du Tarn, rue du Colombier, 12520 Aguessac, tél. 05.65.59.84.11, fax 05.65.59.17.90 ✓ ⊤ t.l.j. sf dim. 8h15-12h 14h-18h15

LES VIGNERONS DES GORGES DU TARN 1997*

n.c.   n.c.   -30 F

Rouge profond au nez plaisant, fait de notes végétales à base de poivron vert évoluant à l'aération vers le cassis. En bouche, il est structuré, avec des tanins encore jeunes à caractère végétal. Sa longueur est moyenne et sa finale bien franche. De réelles qualités dans ce beau côtes de millau qu'il conviendra de consommer avec ou sans « trenels » dans les deux ans.
🡆 Cave des Vignerons des Gorges du Tarn, rue du Colombier, 12520 Aguessac, tél. 05.65.59.84.11, fax 05.65.59.17.90 ✓ ⊤ t.l.j. sf dim. 8h15-12h 14h-18h15

LES VIGNERONS DES GORGES DU TARN 1997

n.c.   n.c.   -30 F

Une robe jaune pâle à reflets verts, un arôme minéral accompagné de quelques notes de fruits secs caractérisent le début de la dégustation de ce blanc. Sa structure à dominante acide en bouche se marie assez bien à une rétroolfaction de type minéral. Ce vin, franchement marqué par la vivacité du chenin, devrait favorablement accompagner les crustacés ou occasionnellement la fouace aveyronnaise.
🡆 Cave des Vignerons des Gorges du Tarn, rue du Colombier, 12520 Aguessac, tél. 05.65.59.84.11, fax 05.65.59.17.90 ✓ ⊤ t.l.j. sf dim. 8h15-12h 14h-18h15

Trouver un vin ? Consultez l'index en fin de volume.

Béarn

Les vins du Béarn peuvent être produits sur trois aires séparées. Les deux premières coïncident avec celles du jurançon et du madiran. La zone purement béarnaise comprend les communes qui entourent Orthez et Salies-de-Béarn. C'est le béarn de Bellocq.

Reconstitué après la crise phylloxérique, le vignoble occupe les collines prépyrénéennes et les graves de la vallée du Gave. Les cépages rouges sont constitués par le tannat, les cabernet-sauvignon et cabernet-franc (bouchy), les anciens manseng noir, courbu rouge et fer servadou. Les vins sont corsés et généreux, et accompagnent garbure (soupe régionale) et palombe grillée. Les rosés de Béarn, les meilleurs produits de l'appellation, sont vifs et délicats, avec des arômes fins de cabernet et une bonne structure en bouche.

DOM. LAPEYRE 1996*

3 ha   18 000   30 à 50 F

Ce domaine de 11 ha a présenté la cuvée la plus remarquée dans l'appellation béarn, un vin passé en fût. D'intensité moyenne, la robe rouge griotte a des nuances tuilées. Le nez chaleureux rappelle les fruits rouges et le pruneau à l'alcool, sur un fond de sous-bois. La bouche douce et chaude, bien équilibrée, est garnie de tanins épicés et réglissés qui ressortent en finale. Un vin expressif, plutôt corsé.
🡆 Pascal Lapeyre, 52, av. des Pyrénées, 64270 Salies-de-Béarn, tél. 05.59.38.10.02, fax 05.59.38.03.98 ✓ ⊤ t.l.j. 9h-12h30 14h-19h30

DOM. LARRIBERE 1996

n.c.   20 000   -30 F

Le domaine particulier des Vignerons de Bellocq en Béarn réapparaît dans ce nouveau millésime. Sa robe est marquée de reflets tuilés. Le nez s'ouvre sur des arômes de fruits cuits, de sous-bois et d'épices. La bouche assez bien équilibrée révèle une forte charpente, un bon volume, de la mâche. La finale ferme est toujours épicée. A signaler encore, le **rosé** du domaine Oumprès.
🡆 Les Vignerons de Bellocq, 64270 Bellocq, tél. 05.59.65.10.71, fax 05.59.65.12.34 ✓ ⊤ t.l.j. sf dim. 9h-12h 14h-18h30

PEYRESOL 1997

n.c.   84 000   -30 F

Les Producteurs de Jurançon s'illustrent dans cette appellation béarn par un joli rosé issu essentiellement de tannat, à reflets saumonés. Le nez est soutenu par des notes copieusement beurrées, puis fruitées. Après une attaque franche et vive, la bouche reste bien fraîche, soutenue par

Irouléguy

les petits fruits et toujours cette sensation de beurre. Un vin à la forte personnalité.
🞄 Cave des Producteurs de Jurançon, 53, av. Henri-IV, 64290 Gan, tél. 05.59.21.57.03, fax 05.59.21.72.06 ✅ 🍴 r.-v.

Irouléguy

Dernier vestige d'un grand vignoble basque dont on trouve la trace dès le XIe s., l'irouléguy (le chacoli, côté espagnol) témoigne de la volonté des vignerons de perpétuer l'antique tradition des moines de Roncevaux. Le vignoble s'étage sur le piémont, dans les communes de Saint-Etienne-de-Baïgorry, d'Irouléguy et d'Anhaux.

Les cépages d'autrefois ont à peu près disparu pour laisser place au cabernet-sauvignon, au cabernet-franc et au tannat pour les vins rouges, au courbu et aux gros et petit manseng pour les blancs. La presque totalité de la production est vinifiée par la coopérative d'Irouléguy, mais de nouveaux vignobles sont en train de voir le jour. Le vin rosé est vif, bouqueté et léger, avec une couleur cerise ; il accompagnera la piperade et la charcuterie. L'irouléguy rouge est un vin parfumé, parfois assez tannique, qui conviendra aux confits.

DOM. ABOTIA 1996
■   4 ha   14 000   🎖 30 à 50 F

Un vignoble phare de l'appellation, couvrant la pente vertigineuse du flanc sud de l'Arraday. Bénéficiant d'une parfaite exposition, il produit des vins rouges colorés comme ce 96 au nez expressif, complexe, mêlant la violette aux baies rouges, la réglisse aux épices. La bouche est fringante, toute parfumée, tannique et vive en finale.
🞄 Jean-Claude Errecart, Abotia, 64220 Ispoure, tél. 05.59.37.03.99, fax 05.59.37.23.57 ✅ 🍴 r.-v.

DOM. ARRETXEA Cuvée Haitza 1996**
■   1 ha   5 000   🎖 30 à 70 F

Vouée naguère à l'élevage, cette petite exploitation s'est reconvertie à la viticulture biologique. Avec brio, à en juger par ce 96 à la robe très sombre, presque noire, au nez concentré et profond, où se mêlent les fruits noirs, le cuir, la vanille et d'autres épices douces. Pleine et charnue, la bouche se gonfle de tanins riches et serrés. Elle laisse s'exprimer le fruit et le bois dans une longue conversation. Un vin à poigne dans un gant de velours.

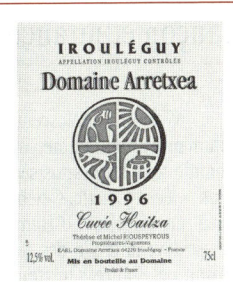

🞄 Thérèse et Michel Riouspeyrous, Dom. Arretxea, 64220 Irouléguy, tél. 05.59.37.33.67, fax 05.59.37.33.67 ✅ 🍴 r.-v.

DOM. BRANA 1996*
■   10 ha   38 000   🎖 50 à 70 F

Etablie en 1985 sur le mont Arradoy, cette propriété bénéficie d'un terroir depuis longtemps renommé. Le vignoble en terrasses s'accroche à de fortes pentes très bien exposées, donnant des vins de qualité, tel ce 96 de couleur intense et profonde. Assez puissant, le nez est bien typé ; d'abord végétal, il évoque un sous-bois printanier, avec des fragrances de mousse et de lierre mêlées de notes de fruits rouges, avant d'apparaître boisé et épicé. Après une attaque souple, le palais révèle du volume, de la rondeur, des tanins fins et fondus, un peu austères en finale. On retrouve un boisé épicé en fin de bouche.
🞄 Jean et Adrienne Brana, 3 bis, av. du Jaï-Alaï, 64220 Saint-Jean-Pied-de-Port, tél. 05.59.37.00.44, fax 05.59.37.14.28 ✅ 🍴 r.-v.

DOM. ETXEGARAYA 1996*
■   n.c.   15 000   🎖 30 à 50 F

Le couple Hillau a repris en main ce domaine en 1995. Il propose un 96 couleur cerise burlat, au nez bien net de fruits rouges, agrémenté de réglisse et d'épices, à la bouche plutôt bien équilibrée, ronde, aux tanins souples et fondus. La finale est marquée par la réglisse et la vanille. Un vin agréable.
🞄 EARL Hillau, Dom. Etxegaraya, 64430 Saint-Etienne-de-Baïgorry, tél. 05.59.37.23.76, fax 05.59.37.23.76 ✅ 🍴 t.l.j. 10h30-12h30 14h-18h

DOM. DE MIGNABERRY 1996*
■   16 ha   90 000   🎖 30 à 50 F

Le domaine de Mignaberry serait le vignoble le plus ancien de l'appellation. Il produit la cuvée Prestige de la cave d'Irouléguy. Très expressif au nez, le 96 livre des senteurs complexes de cuir, de fruits rouges et d'épices douces associées à un joli boisé. La bouche est ample, bien structurée, avec une pointe d'acidité relayée en finale par des tanins boisés et bien épicés. Un vin de bonne composition.
🞄 Cave coop. des vins d'Irouléguy, 64430 Saint-Etienne-de-Baigorry, tél. 05.59.37.41.33, fax 05.59.37.47.76 ✅ 🍴 t.l.j. sf dim. 9h-12h 14h-18h; groupes sur r.-v.; f. 16 sept.-15 juin

LE SUD-OUEST

Jurançon

Jurançon et jurançon sec

« Je fis, adolescente, la rencontre d'un prince enflammé, impérieux, traître comme tous les grands séducteurs : le jurançon », écrit Colette. Célèbre depuis qu'il servit au baptême d'Henri IV, le jurançon est devenu le vin des cérémonies de la maison de France. On trouve ici les premières notions d'appellation protégée - car il était interdit d'importer des vins étrangers - et même des notions de cru et de classement, puisque toutes les parcelles étaient répertoriées suivant leur valeur par le parlement de Navarre. Comme les vins de Béarn, le jurançon, alors rouge ou blanc, était expédié jusqu'à Bayonne, au prix de navigations parfois hasardeuses sur les eaux du Gave. Très prisé des Hollandais et des Américains, le jurançon parvint à un vedettariat qui ne prit fin qu'avec le phylloxéra. La reconstitution du vignoble (680 ha) aujourd'hui fut effectuée avec les méthodes et les cépages anciens, sous l'impulsion de la cave de Gan et de quelques propriétaires fidèles.

Ici plus qu'ailleurs, le millésime revêt une importance primordiale, surtout pour les jurançons moelleux qui demandent une surmaturation tardive par passerillage sur pied. Les cépages traditionnels, uniquement blancs, sont le gros et le petit manseng, et le courbu. Les vignes sont cultivées en hautains pour échapper aux gelées. Il n'est pas rare que les vendanges se prolongent jusqu'aux premières neiges.

Le jurançon sec, 75 % de la production, est un blanc de blancs d'une belle couleur claire à reflets verdâtres, très aromatique, avec des nuances miellées. Il accompagne les truites et saumons du Gave. Les jurançon moelleux ont une belle couleur dorée, des arômes complexes de fruits exotiques (ananas et goyave) et d'épices, comme la muscade et la cannelle. Leur équilibre acide-liqueur en fait des faire-valoir tout indiqués du foie gras. Ces vins peuvent vieillir très longtemps et donner de grandes bouteilles qui accompagneront un repas, de l'apéritif au dessert en passant par les poissons en sauce et le fromage pur brebis de la vallée d'Ossau. Meilleurs millésimes : 1970, 1971, 1975, 1981, 1982, 1983, 1987, 1989, 1990, 1995. La production atteint au milieu des années 90, une moyenne de 32 000 hl.

Jurançon

DOM. BARTHELEMY
Cuvée Saint-Barth 1996*

| | 1,07 ha | 1 500 | | 50 à 70 F |

Une nouvelle étiquette pour une nouvelle exploitation qui fait revivre une très ancienne propriété grâce au travail de toute une famille. Cette cuvée Saint-Barth est jaune d'or, avec des reflets bien verts... Le nez, un peu fermé, s'ouvre à l'agitation sur des senteurs douces, fruitées et florales. L'attaque se montre grasse et vive. La bouche, plus fruitée, révèle une acidité croissante qui se traduit par une finale fortement acidulée.
🍇 Tessier, Dom. Barthelemy, 64360 Monein, tél. 05.59.71.52.03, fax 05.59.71.52.03 ✓ ⊺ r.-v.

DOM. BELLEGARDE
Cuvée Thibault 1996*

| | 4 ha | 12 000 | | 70 à 100 F |

Régulièrement « étoilé » dans le Guide, Pascal Labasse nous a présenté une cuvée Thibault, d'un jaune intense et brillant. Le nez est flatteur avec un boisé doucement vanillé et brioché qui enveloppe des senteurs fruitées et des notes de miel d'acacia. L'attaque est ample, la bouche onctueuse, puis l'acidité l'emporte vers une finale plutôt nerveuse, plus aromatique et soutenue par un fort boisé. Un vin de caractère.
🍇 Pascal Labasse, quartier Coos, 64360 Monein, tél. 05.59.21.33.17, fax 05.59.21.44.40 ✓ ⊺ t.l.j. sf dim. 10h-12h 14h-19h

DOM. P. BORDENAVE
Cuvée des Dames 1996*

| | n.c. | n.c. | | 50 à 70 F |

Spécialisée dans la viticulture depuis six ans, cette exploitation est fidèle aux rendez-vous du Guide. 65 % de gros manseng et 35 % de petit manseng pour cette cuvée des Dames 96 habillée d'or pâle avec des reflets verts et brillants. Le nez, assez intense, est dominé par les fruits exotiques accompagnés de poire et de coing. L'attaque franche est suivie d'une bouche tonique, aux arômes de fruits frais et relevée par une note de menthe. Au cours de la dégustation, l'acidité prend le pas sur le moelleux, et la finale se montre vive. Un moelleux plein de fougue.
🍇 Pierre et Gisèle Bordenave, quartier Ucha, 64360 Monein, tél. 05.59.21.34.83, fax 05.59.21.37.32 ✓ ⊺ t.l.j. 8h-20h

DOM. BRU-BACHE L'Eminence 1996**

| | n.c. | n.c. | | +200 F |

Trois coups de cœur consécutifs pour le domaine et pour cette cuvée Eminence, une création de Claude Loustalot qui prolonge l'œuvre de Georges Bru-Baché (La Quintessence). D'une couleur paille dorée brillante et soutenue, ce 96

Jurançon

séduit par un nez vif, d'une grande puissance et d'une impressionnante richesse, mêlant fruits exotiques, framboise, agrumes, épices et un boisé complexe. Après une attaque moelleuse, vite rééquilibrée par des notes citronnées, la bouche reste fraîche, d'une ampleur remarquable, soutenue par un boisé très bien fondu. La finale est longue et soyeuse. Du grand art.

🍇 Dom. Bru-Baché, rue Barada, 64360 Monein, tél. 05.59.21.36.34, fax 05.59.21.32.67 ✉ 🍷 t.l.j. 9h-12h 14h-18h; sam. dim. sur r.-v.
🍇 Claude Loustalot

CANCAILLAU Gourmandise 1996**

| | 1,5 ha | 4 200 | 🍾 70 à 100 F |

Cette exploitation produit aussi le **Clos de la Vierge**, dont le **blanc sec de gros manseng** mérite une mention. Plus séduisante encore, cette cuvée de petit manseng, issue des dernières tries. Elle flatte l'œil par sa couleur brillante, d'un bel or, puis le nez, avec des parfums floraux et fruités accompagnés d'un boisé plus doux. La bouche enfin, très homogène, nette, friande et fruitée, révèle un superbe développement. Vraiment très gourmand !

🍇 EARL Barrère, 64150 Lahourcade, tél. 05.59.60.08.15, fax 05.59.60.07.38 ✉ 🍷 t.l.j. sf dim. 8h-19h; f. 8 oct.-15 nov.

DOM. CAPDEVIELLE 1996*

| | 3,5 ha | 15 000 | 🍾 50 à 70 F |

Propriété familiale depuis 1847, vouée entièrement à la viticulture depuis 1990. Didier Capdevielle, qui s'est installé en 1995, propose un jurançon séduisant par sa robe très dorée. La suite ne déçoit pas : le nez, après aération, paraît assez puissant ; il associe la vanille, le caramel, la cire d'abeille et une note citronnée. La bouche se montre équilibrée et homogène, aromatique et de bonne longueur.

🍇 Didier Capdevielle, Quartier Coos, 64360 Monein, tél. 05.59.21.30.25, fax 05.59.21.30.25 ✉ 🍷 t.l.j. sf dim. 8h30-12h 13h-19h.

CLOS CASTET
Cuvée Spéciale Vieillie en fût de chêne neuf 1996*

| | 2,8 ha | 10 000 | 🍾 70 à 100 F |

Un domaine récent (1980) et du fût de chêne neuf pour cette cuvée signée par Alain Labourdette, installé en 1992. De couleur paille, brillant dans le verre, ce 96 présente un nez d'une bonne intensité, déclinant les fruits bien mûrs - poire, ananas, coing - assortis de quelques notes florales. Après une attaque franche, la bouche évolue, ronde, suave et toujours aromatique. La vivacité est toutefois très présente, notamment en finale. Un moelleux très « tonique ».

🍇 Alain Labourdette, 64360 Cardesse, tél. 05.59.21.33.09, fax 05.59.21.28.22 ✉ 🍷 t.l.j. 8h-13h 14h-20h

DOM. CAUHAPE
Noblesse du temps 1996**

| | 5 ha | n.c. | 🍾 150 à 200 F |

On ne peut parler de ce domaine sans évoquer ses vins moelleux de renommée mondiale. Celui-ci est couvert d'or. Le nez, riche et équilibré, livre des parfums de fleurs blanches, de miel, de coing et d'abricot, agrémentés d'un boisé bien marqué. L'attaque est vive. La bouche, d'une grande élégance, offre une superbe liqueur, un fruit très mûr et une parfaite structure avec un boisé bien fondu. La finale évoque le pain d'épice. Une bouteille au bel avenir.

🍇 Henri Ramonteu, Dom. Cauhapé, 64360 Monein, tél. 05.59.21.33.02, fax 05.59.21.41.82 ✉ 🍷 r.-v.

DOM. DU CINQUAU
Elevé en fût de chêne 1996**

| | 3,5 ha | 6 000 | 🍾 70 à 100 F |

Encore deux étoiles cette année pour ce domaine. Tout plaît dans ce vin : la robe riche aux reflets d'or et d'ambre ; le nez complexe, évoquant le passerillage ou les fruits surmûris (raisins de Corinthe, nèfle, abricot sec...), avec quelques épices ; la bouche, qui confirme la qualité de la matière, concentrée et parfaitement équilibrée jusqu'à la finale relevée et persistante.

🍇 Pierre Saubot, Dom. du Cinquau, Cidex 43, 64230 Artiguelouve, tél. 05.59.83.10.41, fax 05.59.83.12.93 ✉ 🍷 r.-v.

CAVE DES PRODUCTEURS DE JURANCON Prestige d'Automne 1996**

| | 200 ha | 100 000 | 🍾 50 à 70 F |

La cave des producteurs de Jurançon propose une gamme de vins intéressants, tant en blanc sec qu'en doux. Cette cuvée Prestige est d'ailleurs remarquable. A l'œil, de la paille dorée. Au nez, de belle intensité, une corbeille de fruits exotiques et d'agrumes (ananas, mangue, pamplemousse, citron, etc.) Attaque fraîche, bouche généreuse, ample et très expressive, toujours sur le fruit. Un vin équilibré franc et long.

🍇 Cave des Producteurs de Jurançon, 53, av. Henri-IV, 64290 Gan, tél. 05.59.21.57.03, fax 05.59.21.72.06 ✉ 🍷 r.-v.

DOM. LARREDYA
Sélection des Terrasses 1996**

| | 2 ha | 6 000 | 🍾 70 à 100 F |

Jean-Marc Grussaute s'est retiré de la coopérative en 1988. Ce 96 témoigne de son savoir-faire. La couleur est intense, bien dorée. Riche et puissant, le nez associe de multiples parfums : fleurs, fruits exotiques en confiture, épices variées (dont une belle gousse de vanille), goutte de miel. L'attaque apparaît bien ronde et grasse. En bouche, on apprécie un développement ample qui ne manque pas de fraîcheur. La finale

LE SUD-OUEST

Jurançon sec

aux arômes persistants s'intensifie sur des notes boisées. Magnifique !
↘ Jean-Marc Grussaute, La Chapelle-de-Rousse, 64110 Jurançon, tél. 05.59.21.74.42, fax 05.59.21.76.72 ☑ ⊤ r.-v.

DOM. LARROUDE
Un jour d'automne 1996★★

☐   n.c.   2 000   ⊞   100 à 150 F

Aux côtés d'un **sec** d'une parfaite fraîcheur, ce jurançon moelleux d'un style bien léché fut très remarqué par notre grand jury. Impressionnante d'intensité, sa robe est tout ambrée. Le nez est fort, spiritueux, évocation de fruits secs ou surmûris macérés dans l'alcool, accompagnés d'une pointe de vanille. En bouche, une grande matière semble s'alanguir, suave et onctueuse, puis étonne par le retour d'une réelle acidité. L'ensemble se tient parfaitement sous le couvert d'un boisé sérieusement dosé. Un vin de très belle facture.
↘ EARL du dom. Larroudé, 64360 Lucq-de-Béarn, tél. 05.59.34.35.92, fax 05.59.34.36.45 ☑ ⊤ r.-v.

DOM. DE NAYS LABASSERE
Sélection 1996★★

☐   n.c.   6 000   ⊞   70 à 100 F

Bravo pour ce superbe jurançon de grande tradition ! Sa qualité résulte pour l'essentiel d'une sélection de petit manseng issu des meilleures parcelles ; elle résulte aussi d'un élevage parfaitement maîtrisé. Ce vin apparaît somptueux dans sa robe d'or et d'ambre. Le nez intense, complexe et concentré, exprime avant tout la surmaturation, associant nèfle, figue, pâte de coing, banane et abricot séchés, raisins de Corinthe et fruits exotiques confits. A cette séduisante palette s'ajoutent de belles notes boisées. La bouche grasse, riche d'une confiture très gourmande, toujours fraîche et harmonieuse, au boisé bien fondu, s'achève par une magnifique finale en queue de paon.
↘ Philippe de Nays, Chapelle-de-Rousse, 64110 Jurançon, tél. 05.59.21.70.57, fax 05.59.21.70.67 ☑ ⊤ t.l.j. sf dim. 9h-19h

CH. DE ROUSSE 1996★★

☐   1,5 ha   6 000   ⊞   70 à 100 F

Ce château est un ancien rendez-vous de chasse du roi Henri IV, grand amateur de jurançon. Le jury recommande celui-ci, d'un beau jaune doré brillant. Le nez fin, profond et complexe, mêle fruits jaunes, écorce d'agrumes,

réglisse, menthol, miel et notes de légère torréfaction... Après une belle attaque, on découvre une bouche concentrée, très liquoreuse, marquée par un agréable retour aromatique.
↘ Ch. de Rousse, La Chapelle-de-Rousse, 64110 Jurançon, tél. 05.59.21.75.08, fax 05.59.21.76.54 ☑ ⊤ r.-v.
↘ J. Labat

DOM. DE SOUCH 1996★★

☐   5 ha   n.c.   ⊞   70 à 100 F

Or pâle dans le verre, ce 96 présente un nez tout en finesse, qui distille des fragrances délicates de fleur d'acacia et de bois de cèdre, d'épices et de fruits exotiques. L'attaque est franche. La bouche, bien fraîche et toute ronde, toujours fruitée, donne l'impression qu'on croque dans les raisin. La finale, toujours acidulée, porte loin les arômes. Un jurançon plein de subtilité.
↘ Yvonne Hegoburu, Dom. de Souch, 64110 Laroin, tél. 05.59.06.27.22, fax 05.59.06.51.55 ☑ ⊤ r.-v.

Jurançon sec

DOM. DE CABARROUY 1997★

☐   1,5 ha   6 500   ⊞   30 à 50 F

Venus du Pays nantais où ils produisaient du muscadet, Patrice Limousin et Freya Skoda se sont installés dans les Pyrénées-Atlantiques en 1988. Ils ont élaboré un vin couleur paille. Le nez très jeune est marqué par les agrumes et rappelle les bonbons acidulés. L'attaque est vive, la bouche franche, bien nette, toujours aromatique et bien ferme au palais. Plaisant et rafraîchissant.
↘ Patrice Limousin et Freya Skoda, Dom. de Cabarrouy, 64290 Lasseube, tél. 05.59.04.23.08, fax 05.59.04.21.85 ☑ ⊤ r.-v.

DOM. CASTERA 1997★★

☐   1,6 ha   11 000   ⊞   30 à 50 F

Issu exclusivement de gros manseng, un 97 d'un jaune pâle et limpide. Nez intense et complexe, d'une grande typicité, aux nuances de fruits à chair blanche ou exotiques. Attaque vive, bouche soutenue, assez concentrée, toujours parfumée, finissant sur une note acidulée. Une belle bouteille, bien aromatique. Le 93 avait eu un coup de cœur.
↘ Christian Lihour, quartier Ucha, 64360 Monein, tél. 05.59.21.34.98, fax 05.59.21.46.32 ☑ ⊤ t.l.j. sf dim. 9h-12h 14h-19h

DOM. CAUHAPE Chant des vignes 1997★★

☐   10 ha   50 000   ⊞   30 à 50 F

Vigneron réputé, Henri Ramonteu poursuit son œuvre dans un registre toujours plus varié. Le jury a apprécié la nouvelle mélodie de ce Chant des vignes, d'une excellente harmonie : nez en fanfare, très net et puissant sur le fruit, presque primaire mais tellement plaisant ! Bouche pleine et dense, tenue par une belle fraîcheur,

aromatique et très longue. On n'est pas près d'oublier ce couplet.
🍇 Henri Ramonteu, Dom. Cauhapé, 64360 Monein, tél. 05.59.21.33.02, fax 05.59.21.41.82 ☑ 🍷 r.-v.

COLLECTION ROYALE 1997*

| | n.c. | n.c. | 🍾 | 30 à 50 F |

Ce négociant du Pays basque, plein de talent, produit aussi de belles cuvées de jurançon. Un 97 d'un jaune pâle minéral. Nez discret, plutôt délicat, de fleurs et de fruits à chair blanche. Palais équilibré, de bonne tenue, ni trop chaud ni trop vif, finale bien relevée. Un vin bien fait qui doit encore s'ouvrir.
🍇 Etienne Brana, 3 bis, av. du Jaï-Alaï, 64220 Saint-Jean-Pied-de-Port, tél. 59.37.00.44, fax 05.59.37.14.28 ☑ 🍷 t.l.j. sf sam. dim. 9h-12h 14h-18h

CHARLES HOURS Cuvée Marie 1996**

| | 2 ha | 15 000 | 🍾 | 50 à 70 F |

Présent dans le Guide dès la première année, Charles Hours propose de séduisantes cuvées, en sec comme en moelleux, telle cette cuvée Marie, qui s'attire régulièrement une pluie d'étoiles, et, cette année, un coup de cœur ! Bouton d'or intense à l'œil, on livre nous charme d'emblée par un bouquet expressif et raffiné, fait de mille senteurs florales et fruitées, mêlées de notes de brioche beurrée. Attaque fraîche, bouche élégante, suave, richement aromatique, parfaitement structurée, très persistante : du grand art.
🍇 Charles Hours, Clos Uroulat, quartier Trouilh, 64360 Monein, tél. 05.59.21.46.19, fax 05.59.21.46.90 ☑ 🍷 r.-v.

CLOS LAPEYRE
Cuvée Vitatge Vielh 1996**

| | 1 ha | 6 000 | 🍾 | 50 à 70 F |

Depuis 1985, Jean-Bernard Larrieu a mis avec brio ce domaine, naguère voué à la polyculture, au service du jurançon. Ce vignoble, tout en coteaux, a été partiellement aménagé en terrasses. Le Vitatge Vielh est la parcelle la plus ancienne, avec des vignes de soixante ans, d'où son nom. Le vin qui en est issu est d'un jaune doré intense et brillant. Le nez, délicat et élégant, mêle les fleurs aux fruits, le miel à la brioche. L'attaque franche, assez vive, fait suite une bouche à la fois ronde et suave, bien structurée par un boisé qui se fond parfaitement dans la matière, d'une belle complexité aromatique.

Madiran

🍇 Jean-Bernard Larrieu, Chapelle-de-Rousse, 64110 Jurançon, tél. 05.59.21.50.80, fax 05.59.21.51.83 ☑ 🍷 t.l.j. 10h-12h 14h-18h; sam. dim. sur r.-v.

DOM. NIGRI 1997**

| | 2 ha | 8 000 | 🍾 | 30 à 50 F |

Ce domaine existait déjà sous Louis XIV. Il est maintenant dirigé par Jean-Louis Lacoste, un œnologue qui a fait ses armes dans le cognac. Jaune clair à reflets d'or vert, son jurançon sec a été fort remarqué : nez d'emblée très intense, s'ouvrant sur des parfums frais, nettement fruités (pêche jaune, abricot, kaki, agrumes) ; même fraîcheur au palais, après une attaque souple, légèrement perlante ; bouche croquante, ronde, volumineuse, aromatique. Un vin typé et bien équilibré.
🍇 Jean-Louis Lacoste, Dom. Nigri, Candeloup, 64360 Monein, tél. 05.59.21.42.01, fax 05.59.21.42.59 ☑ 🍷 r.-v.

Madiran

D'origine gallo-romaine, le madiran fut pendant longtemps le vin des pèlerins de Saint-Jacques-de-Compostelle. La gastronomie du Gers et ses ambassadeurs dans la capitale représentent ce vin pyrénéen. Sur les 1 200 ha de l'appellation, le cépage roi est le tannat, qui donne un vin âpre dans sa jeunesse, très coloré, avec des arômes primaires de framboise ; il s'exprime après un long vieillissement. Lui sont associés cabernet-sauvignon et cabernet-franc (ou bouchy), fer servadou (ou pinenc). Les vignes sont conduites en demi-hautain.

Le vin de Madiran est le vin viril par excellence. Quand sa vinification est adaptée, il peut être bu jeune, ce qui permet de profiter de son fruité et de sa souplesse. Il accompagne les confits d'oie et les magrets saignants de canard. Les madiran traditionnels, à forte proportion de tannat, supportent très bien le passage sous bois et doivent attendre quelques années. Les vieux madiran sont sensuels, charnus et charpentés, avec des arômes de pain grillé, et s'allient avec le gibier et les fromages de brebis des hautes vallées.

CH. D'ARRICAU-BORDES 1996

| ■ | 15 ha | 120 000 | 🍾 | 30 à 50 F |

Cette belle propriété de 70 ha propose un 96 limpide, d'intensité moyenne. Le nez est franc, axé sur les fruits à l'eau-de-vie. Après une attaque

Madiran

vive, la bouche conserve un bon niveau d'acidité et du fruit. La présence tannique s'accentue en finale. Un représentant honorable de l'appellation.
☛ Gilbert Terradot, Ch. d'Arricau-Bordes, 64350 Arricau-Bordes, tél. 05.59.68.13.97
☑ ☐ t.l.j. sf dim. 9h-12h 14h-18h

CH. D'AYDIE 1996★

■ 15 ha 70 000 ⊞ 70 à 100 F

Présente dans le Guide dès la première édition, cette exploitation a bien contribué à la notoriété du madiran. Elle propose un 96 intense à l'œil et tout aussi profond au nez où le boisé se mêle à des parfums de fruits noirs et d'épices. En bouche, on découvre un vin corsé et bien charpenté qui s'exprime dans toute sa jeunesse: vigoureux mais fins, les tanins soutiennent une finale de fruits noirs, largement vanillée. Un beau vin qu'il faudrait attendre.
☛ Pierre Laplace, Vignobles Laplace, 64330 Aydie, tél. 05.59.04.01.17, fax 05.59.04.01.53 ☑ ☐ r.-v.

CH. BARREJAT Tradition 1996★

■ 9,5 ha 70 000 ⊞ -30 F

Héritier de quatre générations de vignerons, Denis Capmartin est à la tête d'un domaine de 17 ha qu'il vient d'équiper d'un chai d'une capacité de deux cents barriques. Ce 96, qui n'a pas connu le bois, est d'un rouge profond. Le nez, plutôt complexe, offre profusion de fruits noirs et de réglisse mêlés d'une pointe fumée. La bouche, bien homogène, structurée autour de tanins de qualité, se montre aromatique tout au long de la dégustation. La finale reste agréable. La tradition dans l'harmonie.
☛ Denis Capmartin, Ch. Barréjat, 32400 Maumusson, tél. 05.62.69.74.92, fax 05.62.69.77.54 ☑ ☐ t.l.j. sf dim. 8h-12h 14h-19h

DOM. BERNET 1996

■ 7 ha n.c. ⊞ -30 F

Ce madiran est issu de 60 % de tannat et de 40 % de cabernet franc, assemblage traditionnel dans l'appellation. La robe est d'un grenat intense et brillant. Le nez, bien mûr, évoque les fruits à noyau plutôt confits et les épices. En bouche, un fruité agréable s'exprime sur une trame de tanins mûrs qui néanmoins sont austères en finale. Une franche typicité.
☛ Yves Doussau, Bernet, 32400 Viella, tél. 05.62.69.71.99, fax 05.62.69.75.08 ☑ ☐ r.-v.

DOM. BERTHOUMIEU
Cuvée Charles de Batz Fût de chêne 1995★★

■ 5,5 ha 35 000 ⊞ 50 à 70 F

Pour Didier Barré, jeune vigneron passionné, véritable mousquetaire au service de son appellation, c'est une juste récompense que ce coup de cœur unanime décerné par notre grand jury. Aux côtés des belles cuvées de pacherenc, ce madiran est exemplaire. Drapé d'une riche livrée rouge foncé, il présente un nez puissant et complexe, intégrant parfaitement le boisé aux différentes senteurs fruitées et épicées. La bouche, tout aussi maîtrisée, est parfaitement équilibrée, généreusement concentrée, construite sur des tanins serrés et bien enrobés. Un ensemble très prometteur.

☛ Didier Barré, Dutour, 32400 Viella, tél. 05.62.69.74.05, fax 05.62.69.80.64 ☑ ☐ t.l.j. 8h-12h 14h-19h; dim. 15h-19h

DOM. CAPMARTIN
Cuvée du Couvent Elevé en fût de chêne neuf 1995★★

■ 3 ha 14 000 ⊞ 50 à 70 F

On dit que c'est à l'ensemble de sa production que l'on reconnaît la valeur d'un vigneron. Coup de cœur l'an passé pour sa cuvée Tradition 95, Guy Capmartin confirme qu'il est un des meilleurs avec cette cuvée du Couvent élevée en fût. La robe est d'un magnifique rubis intense. Le nez, ample et profond, offre des petits fruits rouges enrobés d'un joli boisé aux accents vanillés et torréfiés. La bouche se montre ronde, très grasse et volumineuse, la structure est parfaitement assise sur des tanins de grande qualité. Un vin superbe, promis à un bel avenir.
☛ Guy Capmartin, Le Couvent, 32400 Maumusson, tél. 05.62.69.87.88, fax 05.62.69.83.07 ☑ ☐ t.l.j. sf dim. 9h-13h 14h-19h

CH. DE CROUSEILLES 1995★★

■ 14 ha 65 000 ⊞ 50 à 70 F

Tannat et cabernet ont contribué chacun pour moitié à l'élaboration de cette cuvée. La couleur est sombre, soutenue. Le nez est poli ; bien fondu, le boisé apporte ses notes vanillées à une remarquable palette aromatique. En bouche, la structure est remarquable. Les tanins sont fondus, la matière est ample avec du gras. Un ensemble toujours agréable.
☛ Cave de Crouseilles, 64350 Crouseilles, tél. 05.59.68.10.93, fax 05.59.68.14.33 ☑ ☐ t.l.j. sf dim. 9h-12h30 14h-18h; groupes sur r.-v.

750

Madiran

DOM. DAMIENS
Cuvée vieillie en fût de chêne 1995★★

■ 3 ha 10 300 ◧ 30 à 50 F

Micro-oxygénation et thermorégulation contribuent à l'amélioration de la qualité. Ce domaine fait bon usage de ces techniques. Ce 95 semble opaque tant sa couleur est foncée. Le nez profond, assez complexe, évoque des fruits rouges et noirs macérés, mêlés d'épices et de nuances de café et de cacao. La bouche, très ample, se montre fortement charpentée. Une certaine astringence et une pointe d'amertume sont le signe d'une extraction poussée. Un vin très prometteur, à attendre.

☞ André Beheity, Dom. Damiens, 64330 Aydie, tél. 05.59.04.03.13, fax 05.59.04.02.74 ☑ ☒ t.l.j. 8h30-12h 14h-18h30; sam. dim. sur r.-v.

DOM. DE DIUSSE 1996★

■ 10,5 ha 55 000 ◧ 30 à 50 F

Ce centre d'aide par le travail produit des vins de grande qualité, tel ce 96 d'un rouge moyen, aux nuances violacées. Le nez est franc, déjà bien mûr avec ses senteurs de café et de cacao légèrement torréfiés. En bouche, la structure est déliée, équilibrée avec des tanins mûrs et un fruit plus persistant qu'à l'olfaction. Un vin à boire mais qui peut aussi attendre.

☞ Dom. de Diusse, 64330 Diusse, tél. 05.59.04.02.83, fax 05.59.04.05.77 ☑ r.-v.

DOM. DE GRABIEOU
Dom. du Chic 1996★

■ 5 ha 35 000 ◧ -30 F

Régulièrement présentes dans le Guide, les cuvées de ce domaine bénéficient d'une vinification et d'un élevage traditionnels. Celle-ci, d'un rouge moyen aux reflets violacés, offre un nez ouvert sur les fruits. En bouche, les tanins s'affirment dès l'attaque. Plutôt sages, ils maintiennent un bon équilibre et préservent une jolie note de cassis. Un vin bien fait, prêt à boire.

☞ René et Frédéric Dessans, GAEC Dom. de Grabieou, 32400 Maumusson-Laguian, tél. 05.62.69.74.62, fax 05.62.69.73.08 ☑ r.-v.

DOM. LABORDE Tradition 1996★

■ 4,5 ha 25 000 ◧ -30 F

Ce 96, à la robe intense, résulte d'une longue macération. Plutôt complexe, le nez s'ouvre progressivement, déclinant les fruits noirs et les épices avec quelques notes fumées. Après une attaque franche, la bouche se montre ferme, solidement structurée. On y retrouve les fruits noirs. Ce vin révèle une bonne matière, mais s'avère un peu ferme en finale. Les tanins devront se fondre.

☞ Pierre Laborde, Au Village, 32400 Viella, tél. 05.62.69.73.59, fax 05.62.69.83.33 ☑ ☒ t.l.j. 9h-13h 14h-20h

DOM. LABRANCHE LAFFONT
Vieilles vignes 1995★

■ 1,5 ha 9 500 ◧ 30 à 50 F

Une production de qualité régulière signalée ici, pour cette exploitation familiale reprise en 1993 par Christine Dupuy après ses études d'œnologie. Ce 95 se présente sous une robe rubis fort limpide. Le nez bien remontant exprime les fruits rouges à noyau macérés dans l'eau-de-vie et relevés d'épices. L'attaque est franche, la bouche grasse, solidement charpentée, encore sur le fruit. La finale, renforcée par le boisé, apparaît assez ferme. Déjà très satisfaisant, ce vin doit encore mûrir.

☞ Christine Dupuy, 32400 Maumusson, tél. 05.62.69.74.90, fax 05.62.69.76.03 ☑ ☒ r.-v.

CH. LAROCHE VIELLA 1995★

■ n.c. 45 000 ◧ 50 à 70 F

Cette coopérative propose une gamme de vins intéressants et quelques cuvées très réussies comme ce madiran du millésime 95, d'une couleur grenat très soutenue. Le nez est franc, plutôt intense, bien marqué par le fruit et enrobé de vanille. La bouche séduit dès l'attaque par un joli gras des saveurs qui s'équilibrent, un boisé fondu aux accents balsamiques et des tanins soyeux. Une belle tenue.

☞ Vignoble de Gascogne, Saint-Mont, 32400 Riscle, tél. 05.62.69.62.87, fax 05.62.69.61.68 ☑ ☒ t.l.j. sf dim. 9h-12h 14h-18h; groupes sur r.-v.

DOM. DE MAOURIES
Vieilli en fût de chêne 1995

■ 2,6 ha 18 666 ◧ 30 à 50 F

Le domaine de Maouries, créé en 1907 dans la famille Dufau, s'étend aujourd'hui sur 20 ha de coteaux caillouteux exposés plein sud. Il est partagé entre les appellations madiran et côtes de saint-mont. Ce 95 présente une robe grenat d'intensité moyenne. Le nez s'entrouve sur les fruits rouges et le sous-bois moussu, avec des senteurs de chêne. La bouche, plutôt équilibrée et ample, offre des tanins bien marqués particulièrement en finale, dans laquelle on retrouve la nuance végétale du nez. Un vin bien fait qui peut encore se bonifier.

☞ Dom. de Maouries, 32400 Labarthete, tél. 05.62.69.63.84, fax 05.62.69.65.49 ☑ ☒ t.l.j. 9h-12h30 14h-19h; dim. sur r.-v.

☞ Dufau

DOM. MOUREOU 1996★

■ 11 ha n.c. ◧ 30 à 50 F

Représentant de la nouvelle génération, Patrick Ducournau est un vigneron inventif et passionné, précurseur de la micro-oxygénation. Il a élaboré un 96 d'un rouge rubis assez intense. Le nez, de bonne présence, mêle fruits rouges et épices, avec une légère note boisée sous-jacente. La bouche est entière, franche et équilibrée, la structure homogène et la finale bien enveloppée. Un vin très satisfaisant. Pour le nouveau millésime de la Chapelle Lenclos (la cuvée haut de gamme), il faudra attendre l'année prochaine.

☞ Patrick Ducournau, 32400 Maumusson-Laguian, tél. 05.62.69.78.11, fax 05.62.69.75.87 ☑ ☒ r.-v.

CRU DU PARADIS Réserve Royale 1995

■ n.c. 5 000 ◧ 50 à 70 F

Cette propriété familiale a été créée en 1918. La dernière rénovation du chai de vinification a été effectuée en 1995. Le vin de ce millésime est bien coloré, plutôt foncé. Le nez de bonne inten-

LE SUD-OUEST

sité est marqué par un boisé prononcé qui accompagne des senteurs de cuir et de fruits surmûris. Quant à la bouche, elle s'avère ronde et enlevée. Sa structure est déliée, peu imposante.
→ Jacques Maumus, Cru du Paradis, lieu-dit Le Paradis, 65700 Saint-Lanne, tél. 05.62.31.98.23, fax 05.62.31.93.23 ☑ ⏐ r.-v.

CH. PEYROS 1996

■　　　　　　16 ha　　n.c.　　🍷　30 à 50 F

Au XVIe s., les vins de ce domaine étaient si renommés qu'on les exportait jusqu'au nord de l'Europe. Celui-ci est d'un rouge aux nuances violines. Le nez assez intense associe une note végétale fraîche aux fruits rouges. On retrouve ces arômes fruités dans une bouche moyennement tannique qui devient austère en finale. Un style traditionnel.
→ Denis de Robillard, Ch. Peyros, 64350 Corbère-Abères, tél. 05.59.02.45.90, fax 05.59.84.06.71 ☑ ⏐ r.-v.

COLLECTION PLAIMONT
Elevée en fût de chêne neuf 1995*

■　　200 ha　120 000　　⏐⏐　30 à 50 F

A la cave de Saint-Mont, on produit aussi de très bons madiran, témoin cette cuvée Collection. La robe est d'un rouge grenat, profond et épais. Le nez, tout aussi intense, livre des arômes de fruits noirs mêlés d'un boisé aux accents vanillés et torréfiés. L'attaque est franche ; la bouche, concentrée, révèle une structure tannique de belle constitution, présente jusque dans la finale bien relevée.
→ Plaimont Producteurs, 32400 Saint-Mont, tél. 05.62.69.62.87, fax 05.62.69.61.68 ☑ ⏐ t.l.j. sf. dim. 9h-12h 14h-18h; groupes sur r.-v.

DOM. TAILLEURGUET 1996*

■　　　　　4 ha　　n.c.　　🍷　-30 F

La robe profonde est teintée de violet. Le nez, soutenu et complexe, est axé à la fois sur le fruit et les épices, avec des nuances de cacao. Après une attaque plutôt souple, la bouche se concentre, évoluant sur les fruits noirs. La structure est sérieuse et les tanins de bonne extraction. La finale surprend par son aspect minéral. Un vin intéressant.
→ EARL Dom. Tailleurguet, 32400 Maumusson, tél. 05.62.69.73.92, fax 05.62.69.83.69 ☑ ⏐ t.l.j. sf dim. 9h-19h
→ Bouby

CH. DE VIELLA
Vieilli en fût de chêne 1995*

■　　　5 ha　15 000　　⏐⏐　30 à 50 F

On retrouve la cuvée fût de chêne du château de Viella ; le millésime 95, limpide et d'un beau rouge assez intense, a été fort apprécié. Le nez est enlevé, floral, fruité et légèrement boisé. La bouche se montre ronde, équilibrée et d'un agréable fondu. L'ensemble, bien enrobé, finit sans aspérité. Très plaisant.
→ Ch. de Viella, Alain et Christine Bortolussi, 32400 Viella, tél. 05.62.69.75.81, fax 05.62.69.79.18 ☑ ⏐ t.l.j. sf dim. 8h30-12h30 14h-19h

Pacherenc du vic-bilh

Sur la même aire que le madiran, ce vin blanc est issu de cépages locaux (arrufiac, manseng, courbu) et bordelais (sauvignon, sémillon) ; cet ensemble apporte une palette aromatique d'une extrême richesse. Suivant les conditions climatiques du millésime, les vins seront secs et parfumés ou moelleux et vifs. Leur finesse est alors remarquable ; ils sont gras et puissants avec des arômes mariant l'amande, la noisette et les fruits exotiques. Ils feront d'excellents vins d'apéritif et, moelleux, seront parfaits sur le foie gras en terrine.

CH. BARREJAT Moelleux 1996★★

☐　　1,8 ha　　9 000　　　30 à 50 F

Cette exploitation qui conserve une parcelle de tannat âgée de deux cents ans sait aussi produire d'excellents vins blancs, comme ce moelleux issu exclusivement de petit manseng. D'un jaune paille bien vif, ce 96 séduit par un nez riche et surmûri, qui exprime d'abord les litchis puis d'autres fruits exotiques, et la figue. Après une attaque relativement vive, une sensation de suavité s'installe en bouche, enveloppant les arômes, et s'impose en finale. Un sucre d'orge !
→ Denis Capmartin, Ch. Barréjat, 32400 Maumusson, tél. 05.62.69.74.92, fax 05.62.69.77.54 ☑ ⏐ t.l.j. sf dim. 8h-12h 14h-19h

ALAIN BRUMONT
Moelleux Vendémiaire 1997★★

☐　　25 ha　80 000　　⏐⏐　30 à 50 F

Un très grand vin que ce Vendémiaire tout d'or vêtu. Capiteux mais fin, le nez fait défiler les fleurs blanches, le lys, la rose, une pointe de menthe, des fruits exotiques et, pour finir, des fruits secs et torréfiés. L'attaque superbe montre une belle vivacité. Puis la bouche apppparaît ronde, richement concentrée, parfaitement structurée et équilibrée. La persistance aromatique est renforcée par la fraîcheur. Du grand art.
→ Alain Brumont, 32400 Maumusson-Laguian, tél. 05.62.69.74.67, fax 05.62.69.70.46 ⏐ t.l.j. sf dim. 9h-12h 14h-19h

DOM. CAPMARTIN
Moelleux Cuvée du Couvent 1996★★★

☐　　　n.c.　　4 000　　⏐⏐　50 à 70 F

On retrouve cette cuvée du Couvent, dont le millésime 96 n'est pas loin du coup de cœur. Issue exclusivement de petit manseng, elle est d'un jaune bien doré qui évoque des raisins passerillés. Le nez, riche et complexe, mêle fruits exotiques, agrumes et fleurs, une touche de vanille enrobant le tout. La bouche, pleine et bien grasse, offre toute l'harmonie d'un parfait mariage entre le bois et le fruit jusqu'à la longue finale. Quel panache !

Pacherenc du vic-bilh

🍴 Guy Capmartin, Le Couvent, 32400 Maumusson, tél. 05.62.69.87.88, fax 05.62.69.83.07 ✉ 🍷 t.l.j. sf dim. 9h-13h 14h-19h

DOM. FLEURY LAPLACE 1996*

| ☐ | n.c. | n.c. | 🥂 | 30 à 50 F |

Ce beau domaine de 45 ha consacre une part non négligeable à ce pacherenc d'une remarquable teinte d'or, au nez complexe associant les fruits exotiques et le miel. Gras et ample, ce vin montre un parfait équilibre entre le sucre et l'acidité : sa belle matière, concentrée, et sa longue finale où l'on retrouve les notes fruitées et miellées plaident pour une longue vie - « dix ans et davantage », note le jury.

🍴 SARL Pierre Laplace, 64330 Aydie, tél. 05.59.04.03.96, fax 05.59.04.01.53 ✉ 🍷 r.-v.

FOLIE DE ROI Moelleux 1996**

| ☐ | n.c. | 15 000 | 🍾 | 30 à 50 F |

Régulièrement mentionnée dans le Guide, cette coopérative a proposé deux très belles cuvées, **Excellence d'Automne** et Folie de Roi. Cette dernière, parée d'or, n'est pas passée loin du coup de cœur. Intense, le nez séduit par une agréable sensation beurrée qui s'harmonise avec une série de nuances évoquant les fruits, exotiques et bien mûrs. Ces arômes éclatent dans une bouche assez riche et très moelleuse, soutenue d'abord par la fraîcheur puis par un léger boisé doucement vanillé. Une « folie douce » à laquelle on cède toujours volontiers.

🍴 Cave de Crouseilles, 64350 Crouseilles, tél. 05.59.68.10.93, fax 05.59.68.14.33 ✉ 🍷 t.l.j. sf dim. 9h-12h30 14h-18h; groupes sur r.-v.

CH. LAFFITTE-TESTON
Moelleux Elevé en fût de chêne 1996

| ☐ | 3,2 ha | 20 000 | 🍾 | 30 à 50 F |

Ce domaine figure régulièrement dans le Guide pour ses pacherenc. Ce moelleux, de couleur vieil or, s'annonce par un nez très intense de fruits bien mûrs enveloppés de miel fleuri et de vanille. Après une attaque très douce, la bouche reste suave, dominée par le miel. Un vin très riche.

🍴 Jean-Marc Laffitte, 32400 Maumusson, tél. 05.62.69.74.58, fax 05.62.69.76.87 ✉ 🍷 t.l.j. sf dim. 8h-12h30 14h-19h

DOM. LAFFONT
Moelleux Elevé en fût de chêne neuf 1996*

| ☐ | 0,15 ha | 1000 | 🍾 | 30 à 50 F |

Pierre Speyer est à la tête de cette propriété depuis 1993. Il s'impose par des cuvées de grande qualité, en blanc comme en rouge. Ce moelleux 96 est bien doré. Fortement corsé, son nez s'ouvre sur les fruits secs ou bien mûrs. La bouche se montre moelleuse. Aux fruits surmûris, toujours très présents, se mêle une touche boisée ; le chaleur s'accentue en finale.

🍴 Pierre Speyer, Dom. Laffont, 32400 Maumusson, tél. 05.62.69.75.23, fax 05.62.69.80.27 ✉ 🍷 r.-v.

CH. DE LA MOTTE Sec 1996

| ☐ | 2,5 ha | 8 000 | 🥂 | 30 à 50 F |

Un assemblage original de sémillon, de sauvignon et d'arrufiac a donné ce vin à la couleur vignon et d'arrufiac a donné ce vin à la couleur vignon, d'un jaune ambré, au nez aérien et fruité, fait d'agrumes et d'amandes fraîches mêlés de quelques notes empyreumatiques. L'attaque souple est suivie par une bouche franche, aromatique, qui évoque encore les agrumes. Une pointe d'amertume marque la finale aux accents de pamplemousse. Un pacherenc rafraîchissant.

🍴 Michel et Ghislaine Arrat, Ch. de la Motte, 64350 Lasserre, tél. 05.59.68.16.98, fax 05.59.68.26.83 ✉ 🍷 t.l.j. sf dim. 9h-18h

DOM. LAOUGUE 1996

| ☐ | 4 ha | n.c. | 🍷 | 30 à 50 F |

Du petit manseng en livrée de couleur paille d'or, au nez agréable, floral et fruité puis miellé. Si la bouche semble dominée par la douceur, on apprécie sa finale de pêche au sirop.

🍴 EARL Pierre Dabadie, rte de Madiran, 32400 Viella, tél. 05.62.69.90.05, fax 05.62.69.71.41 ✉ 🍷 t.l.j. 8h-12h 14h-17h

PACHERENC DE LA SAINT-ALBERT
Moelleux 1996**

| ☐ | 10 ha | 50 000 | 🍾 | 70 à 100 F |

Ce pacherenc est issu des troisièmes ou quatrièmes tries, c'est-à-dire de raisins vendangés aux alentours du 15 novembre, arrivés à un stade de surmaturation. La robe en est toute dorée. Le nez, fin et élégant, apparaît fruité et légèrement miellé. En bouche, une attaque douce, la bouche très agréable révèle un bon volume et un bel équilibre. Chaleureuse, elle porte une longue finale au goût de pain d'épice. Un saint auquel on peut se vouer.

🍴 Plaimont Producteurs, 32400 Saint-Mont, tél. 05.62.69.62.87, fax 05.62.69.61.68 ✉ 🍷 t.l.j. sf. dim. 9h-12h 14h-18h; groupes sur r.-v.

SAINT-MARTIN Moelleux 1996**

| ☐ | n.c. | 50 000 | 🍾 | 70 à 100 F |

Comme son nom le suggère, ce pacherenc provient de raisins vendangés aux alentours de la Saint-Martin (qui tombait autrefois le 11 novembre). D'un doré intense à reflets verts, il offre un nez puissant de fruits à chair blanche avec une délicate pointe de miel. L'attaque vive est suivie d'une bouche agréablement équilibrée entre fraîcheur et douceur. Suave et riche, d'une belle complexité aromatique, elle s'éternise en finale. Très plaisant.

🍴 Vignoble de Gascogne, Saint-Mont, 32400 Riscle, tél. 05.62.69.62.87, fax 05.62.69.61.68 ✉ 🍷 t.l.j. sf dim. 9h-12h 14h-18h; groupes sur r.-v.

DOM. SERGENT Sec 1997*

| ☐ | 0,5 ha | 3 600 | 🍷 | -30 F |

Des deux cuvées présentées de moelleux issu de pur petit manseng, une de sec à base de gros manseng, le jury a préféré cette dernière, de couleur paille fraîche aux nuances vertes. Nez très ouvert, fait de fleurs et de fruits exotiques accompagnés de notes grillées. Attaque vive, bouche

LE SUD-OUEST

fraîche aux arômes de jeunesse, encore acidulée en finale, agrémentée d'un boisé très fin. Un vin plein d'allant !
→ EARL Gilbert Dousseau, Dom. Sergent, 32400 Maumusson, tél. 05.62.69.74.93, fax 05.62.69.75.85 ☑ ⊺ t.l.j. sf dim. 8h-20h

CH. DE VIELLA Moelleux 1996★

| | 5 ha | 12 000 | ⅰⅰ | 30 à 50 F |

Voici une cuvée issue de vendanges tardives de petit manseng et d'arrufiac. Jaune d'or vif et d'un bel éclat, elle présente un nez bien concentré exprimant les fruits très mûrs, plutôt exotiques, le miel et la vanille. On retrouve la même concentration dans une bouche bien ronde et onctueuse : une tartine au miel d'acacia agrémentée d'un boisé aux accents vanillés.
→ Ch. de Viella, Alain et Christine Bortolussi, 32400 Viella, tél. 05.62.69.75.81, fax 05.62.69.79.18 ☑ ⊺ t.l.j. sf dim. 8h30-12h30 14h-19h

Tursan AOVDQS

Autrefois vignoble d'Aliénor d'Aquitaine, le terroir de Tursan produit des vins rouges, rosés et blancs. Les plus intéressants sont les blancs, issus d'un cépage original, le baroque. Sec et nerveux, au parfum inimitable, le tursan blanc accompagne alose, pibale et poisson grillé.

CH. DE BACHEN 1996

| ☐ | 17 ha | 24 000 | ⅰⅰ ⅰⅰ ⅰ | 50 à 70 F |

En 1983, le chef Michel Guérard entreprit la restauration du château de Bachen, édifié en 1235, puis, en 1988, la rénovation des anciens chais. Le millésime 96 présente une robe or pâle à reflets verts, parcourue de perles fines. Franc et intense, le nez livre des senteurs typiques d'agrumes et de fenaison. Après une attaque vive, la bouche se montre bien relevée et aromatique. La finale évoque le bonbon acidulé au miel. Un vin de caractère.
→ SA Michel Guérard, Cie fermière et thermale d'Eugénie-les-Bains, 40800 Duhort-Bachen, tél. 05.58.71.76.76, fax 05.58.71.77.77 ☑ ⊺ r.-v.

CH. BOURDA 1996★

| ■ | 15 ha | 30 000 | ⅰⅰ ⅰⅰ ⅰ | 30 à 50 F |

Cette cuvée particulière de la cave des Vignerons est issue des deux cabernets et du tannat. Sa robe grenat est de bonne intensité. Son nez tout en finesse, doucement boisé, associe les fruits et les épices. La bouche se montre expressive, sapide et aromatique, harmonieuse ; le boisé se fond tout en laissant sa marque épicée. Un élevage bien mené.
→ Les Vignerons de Tursan, 40320 Geaune, tél. 05.58.44.51.25, fax 05.58.44.40.22 ☑ ⊺ r.-v.

Côtes de saint-mont AOVDQS

Prolongement du vignoble de Madiran, les côtes de saint-mont sont la dernière-née des appellations pyrénéennes en vins de qualité supérieure (1981). Le cépage rouge principal est encore ici le tannat, les cépages blancs se partageant entre la clairette, l'arrufiac, le courbu et les mansengs. L'essentiel de la production est assuré par l'union dynamique des caves coopératives Plaimont. Les vins rouges sont colorés et corsés, et deviennent vite ronds et plaisants. Ils seront bus avec des grillades et de la garbure gasconne. Les rosés sont fins et estimables par leurs arômes fruités. Les blancs ont des parfums de terroir et sont secs et nerveux.

BASTZ D'AUTAN
Vieilli en fût de chêne 1997★

| ☐ | 45 ha | 320 000 | ⅰⅰ | 30 à 50 F |

Le « Bastz d'Autan », en blanc comme en rouge, est un vin issu des meilleures cuvées de cette cave unie à celle de Plaimont. Ce 97 est vêtu d'un léger voile jaune pâle nuancé de vert. Le nez bien fruité évoque les fruits à chair blanche, saupoudrés de vanille et nappés de miel. L'attaque est soyeuse, la bouche très ronde et douce, plutôt chaleureuse.
→ Vignoble de Gascogne, Saint-Mont, 32400 Riscle, tél. 05.62.69.62.87, fax 05.62.69.61.68 ☑ ⊺ t.l.j. sf dim. 9h-12h 14h-18h; groupes sur r.-v.

COLLECTION PLAIMONT
Elevé en fût de chêne 1995★

| ■ | 50 ha | 300 000 | ⅰⅰ | 30 à 50 F |

Un produit phare de la gamme proposée par les producteurs de Plaimont. Le 95 présente une belle couleur soutenue, en pleine évolution, un bon nez complexe aux arômes de fruits mûrs et d'épices, enrobé d'un sérieux boisé. Beaucoup de fruits mûrs et du gras en milieu de bouche pour un vin qui s'équilibre, se renforce de tanins au grain fin, et se prolonge sur des notes boisées et agréablement réglissées.
→ Plaimont Producteurs, 32400 Saint-Mont, tél. 05.62.69.62.87, fax 05.62.69.61.68 ☑ ⊺ t.l.j. sf dim. 9h-12h 14h-18h; groupes sur r.-v.

LES HAUTS DE BERGELLE
Vieilli en fût de chêne 1997★★

| ☐ | 60 ha | 440 000 | ⅰⅰ ⅰⅰ ⅰ | 30 à 50 F |

Ce vin blanc, issu d'un judicieux assemblage des cépages arrufiac et courbu ainsi que des gros et petit mansengs, a été élevé en barrique durant six mois. Il attire déjà l'attention par sa robe légère d'or pâle, puis par son nez intense, frais et très parfumé. Enfin une bouche volumineuse, ronde et suave, marquée par des notes fruitées

Bergerac

puis grillées qui se prolongent dans une finale toujours équilibrée, achève l'entreprise de séduction. Plus original, le vin des « **Vignes retrouvées** », issu d'une sélection d'anciennes parcelles, a obtenu une étoile.

↱ Plaimont Producteurs, 32400 Saint-Mont, tél. 05.62.69.62.87, fax 05.62.69.61.68 ☑ ☒ t.l.j. sf. dim. 9h-12h 14h-18h; groupes sur r.-v.

THIBAULT DE BRETHOUS
Elevé en fût de chêne 1995★★

| ■ | 0,5 ha | n.c. | ◨ | 30 à 50 F |

Cette cuvée est issue à 80 % de tannat, le cabernet-sauvignon et le pinenc représentant chacun 10 %. Une sélection sévère à la vigne, une taille en vert, puis une vendange entièrement manuelle suivie d'une vinification parfaitement maîtrisée ont permis d'obtenir ce 95 à la superbe robe d'un pourpre intense à reflets violets. Le nez soutenu, particulièrement évolué, est de type animal. Une attaque en douceur, la bouche monte en puissance, ronde et charpentée, pour exploser dans une finale aromatique et persistante garnissant le palais de tanins savoureux. Une parfaite maturité.

↱ Vignoble de Gascogne, Saint-Mont, 32400 Riscle, tél. 05.62.69.62.87, fax 05.62.69.61.68 ☑ ☒ t.l.j. sf dim. 9h-12h 14h-18h; groupes sur r.-v.

les coteaux du Bergeracois, où des sols riches en fer lui donnent un goût de terroir très typé ; vin de garde, au bouquet fin et subtil, il accompagnera les classiques de la cuisine périgourdine. Le rosette est un blanc moelleux issu des mêmes cépages que les bordeaux et récolté dans une petite zone de la rive droite de la Dordogne autour de Bergerac.

Connu depuis le XIVe s., le monbazillac est l'un des vins « liquoreux » les plus célèbres. Son vignoble est exposé au nord sur des terrains argilo-calcaires. Le microclimat qui y règne est particulièrement favorable au développement d'une forme particulière du botrytis : la pourriture noble. D'une belle couleur dorée, les monbazillac ont des arômes de fleurs sauvages et de miel. Très longs en bouche, ils peuvent être bus à l'apéritif, dégustés avec du foie gras, du roquefort et des desserts à base de chocolat. Gras et puissants, ils deviennent en vieillissant de grands liquoreux au goût de « rôti ».

Les vins de la Dordogne

Suite naturelle du vignoble libournais, celui de Dordogne n'en est séparé que par une frontière administrative. Avec des cépages classiques girondins, le vignoble périgourdin est caractérisé par une production très diversifiée et un grand nombre d'appellations. Il s'épanouit en terrasses sur les rives de la Dordogne.

L'appellation régionale bergerac comprend des blancs, des rosés et des rouges. Les côtes de bergerac sont des vins blancs moelleux, au bouquet délicat, et des rouges charpentés et ronds, à boire avec des volailles et des viandes en sauce. L'appellation saussignac désigne d'excellents vins moelleux qui possèdent un équilibre idéal entre vivacité et sucre, vins d'apéritif intermédiaires entre le bergerac et le monbazillac. Montravel, proche de Castillon, est le vignoble de Montaigne ; la production s'y divise en montravel blanc sec, très typé par le sauvignon, et en côtes de montravel et haut-montravel, moelleux, élégants et racés, excellents vins de dessert. Le pécharmant est un vin rouge récolté sur

Bergerac

Les vins peuvent être produits sur toute l'étendue de l'arrondissement de Bergerac qui représente 12 633 ha. Le rosé, frais et fruité, est souvent issu de cabernet ; le rouge, aromatique et souple, est un assemblage des cépages traditionnels.

CH. DES EYSSARDS
Prestige Elevé en fût de chêne 1996★

| ■ | n.c. | 30 000 | ◨ | 30 à 50 F |

Ce domaine s'est illustré ces dernières années par des bergerac très bien notés, en rouge (92) et en blanc (94). Ce 96 présente un nez élégant aux arômes intenses de fruits noirs (cassis, myrtille). L'attaque est ronde et plaisante, avec un fruit très présent. Ce vin charnu a de la mâche et finit sur des tanins encore un peu austères ; il devrait être à son apogée dans un an ou deux.

↱ GAEC des Eyssards, Les Eyssards, 24240 Monestier, tél. 05.53.58.45.48, fax 05.53.58.63.74 ☒ r.-v.

CH. GRAND MARSALET
Cuvée Prestige Elevé en fût de chêne 1996★

| ■ | 3 ha | 12 000 | ▮◨ | 30 à 50 F |

A peine 3 ha réservés à la production de ce vin sur la centaine que possède le domaine et des vendanges manuelles, c'est dire le soin apporté

SUD-OUEST

LE SUD-OUEST

Bergerac

à l'élaboration de cette cuvée. Un boisé et un vanillé très prononcés dominent aujourd'hui le fruit. L'attaque est souple, dense et corsée. Le vin évolue très bien sur une grosse structure capable de supporter l'élevage en barrique. Un peu fermé aujourd'hui, il sera sûrement plus agréable et appréciable dans un an ou deux.

↱ SCEA du Grand Marsalet, Le Marsalet, 24100 Saint-Laurent-des-Vignes, tél. 05.53.57.30.59, fax 05.53.61.37.49 ✉ ⍱ t.l.j. 8h-12h 14h-18h
↱ Nadal et Ode

CH. GRINOU
Réserve Elevé en fût de chêne 1996★

■   6,5 ha   35 000   ⍱⍱   30 à 50 F

Ce domaine se distingue régulièrement, tant en blanc qu'en rouge. On retrouve avec plaisir cette cuvée de merlot élevée en fût de chêne. Le premier nez révèle des parfums de vanille, de boisé et de toast, puis les fruits rouges et la réglisse se développent à l'agitation. En bouche, les notes de fruits mûrs explosent avant de laisser la place à des tanins très présents. La finale est un peu austère et dominée par le bois : il faut donc l'attendre quatre ou cinq ans.

↱ Catherine et Guy Cuisset, Ch. Grinou, rte de Gageac, 24240 Monestier, tél. 05.53.58.46.63, fax 05.53.61.05.66 ✉ ⍱ r.-v.

CH. HAUT-MARSALET 1997★

■   n.c.   40 000   ⍱⍱   -30 F

La robe rouge vif a de belles nuances violettes, le nez est très agréable avec des notes de fruits rouges et de petits fruits des bois. Le fruit domine aussi en bouche. La structure n'est pas celle d'un vin de garde, mais ce 97, bu assez jeune, sera apprécié.

↱ Cave de Monbazillac, rte de Mont-de-Marsan, 24240 Monbazillac, tél. 05.53.63.65.00, fax 05.53.63.65.09 ⍱ t.l.j. sf dim. 8h30-12h30 13h30-19h

DOM. DU HAUT MONTLONG
Cuvée Laurence 1996★

■   5 ha   13 000   ⍱⍱   30 à 50 F

Le dynamique président des caves particulières signe à nouveau une cuvée de merlot d'une belle qualité, dans la lignée du 1995 qui avait obtenu deux étoiles. La robe profonde annonce un vin structuré. Le nez complexe révèle des notes de fruits rouges, de grillé et de réglisse. Les tanins sont très puissants mais sans agressivité. La longue finale rappelle le chocolat. C'est un vin plaisant à boire et qui peut vieillir raisonnablement.

↱ Alain et Josy Sergenton, Dom. du Haut Montlong, 24240 Pomport, tél. 05.53.58.81.60, fax 05.53.58.09.42 ✉ ⍱ t.l.j. 9h-12h 13h30-19h

CH. JEANBRUN 1996★

■   25 ha   20 000   ⍱⍱   -30 F

« Là où Dieu est, le diable n'en peut nuire » : telle est la devise figurant sur l'étiquette de ce vin. Ce 96 a un beau nez de fruits noirs et rouges (cassis et framboise) mis en valeur par une délicate note boisée. La bouche est souple, ronde et fruitée. L'ensemble, bien équilibré, alléchant, peut être apprécié dès maintenant.

↱ Jean de La Verrie, Jeanbrun, 24240 Gageac-Rouillac, tél. 05.53.27.92.92 ✉ ⍱ r.-v.

JULIEN DE SAVIGNAC Réserve 1996

■   n.c.   4 500   ⍱⍱   30 à 50 F

Patrick Montfort et Hugh Ryman se sont associés pour élaborer un grand vin de garde. Le nez de ce 96 est dominé par des notes vanillées grillées qui témoignent d'un long élevage en barrique. La bouche est concentrée et complexe, avec un bon équilibre entre le boisé et le fruité. Un vin à attendre qui, de toute façon, ne sera commercialisé qu'en janvier 1999.

↱ Julien de Savignac, av. de la Libération, 24260 Le Bugue, tél. 05.53.07.10.31, fax 05.53.07.16.41 ✉ ⍱ r.-v.

CH. DE LA COLLINE Carminé 1996★★

■   0,89 ha   5 600   ⍱⍱   70 à 100 F

Un beau doublé pour Charles Martin, et aussi pour le XV de France, déjà coup de cœur l'année dernière. Le 96 offre un nez puissant, particulièrement complexe, associant fruits rouges confits, notes boisées, torréfiées et nuances de café. La bouche riche, ample, très fruitée, se distingue par une longueur exceptionnelle, soutenue par le boisé. L'harmonie entre le vin et le bois, remarquable, témoigne d'un superbe travail d'extraction et d'élevage.

↱ Charles R.L. Martin, Ch. de La Colline, Les Pigniers, 24240 Thénac, tél. 05.53.61.87.87, fax 05.53.61.71.09 ✉ ⍱ r.-v.
↱ B.K. Timms and Sons

CH. LA GRANDE BORIE 1997★

■   11 ha   65 000   ⍱⍱   -30 F

C'est un parcours intéressant qu'effectue depuis 1983 Claude Lafaye qui se définit lui-même comme un autodidacte de la vigne et du vin. Depuis son installation, il a développé son domaine qui est passé de 13 à 30 ha. Il propose un 97 au nez de fruits rouges très puissant, présentant cette petite note épicée que l'on rencontre souvent à Saint-Nexans. En bouche, ce vin se montre fruité, assez rond, harmonieux et long. Le jury a aussi apprécié les **côtes de bergerac rouge 96**, un vin aux tanins encore austères, qui doivent s'affiner. Il est cité sans étoile.

↱ Claude Lafaye, La Grande Borie, 24520 Saint-Nexans, tél. 05.53.24.33.21, fax 05.53.24.97.74 ✉ ⍱ r.-v.

CH. DE LA JAUBERTIE
Cuvée Tradition 1996★★

■   n.c.   n.c.   ⍱⍱   30 à 50 F

Un bon pourcentage de merlot récolté manuellement et une vinification à l'australienne pilotée par Hugh Ryman font le succès de cette cuvée dite Tradition. La robe retient l'œil par sa couleur sombre et profonde. Les tanins bien fondus flattent le palais, puis se développent en bou-

756

Bergerac

che le gras, la douceur et un boisé très fondu. Ce vin à la structure complexe et harmonieuse peut être consommé jeune ou être attendu deux ou trois ans.

🗝 Henry Ryman SA, Ch. de La Jaubertie, 24560 Colombier, tél. 05.53.58.32.11, fax 05.53.57.46.22 ◪ 🍷 t.l.j. sf dim. 10h-12h 14h30-18h; f. oct.-mars

CH. LAMOTHE BELAIR 1996*

| ■ | 8,5 ha | 55 000 | 🍶 | -30 F |

Ce terroir de Saint-Michel, si cher à Montaigne, s'exprime clairement dans cette bouteille, mais c'est surtout la proportion dominante de cabernets, inhabituelle, qui mérite d'être signalée. Ce 96 se montre discret au nez ; des notes de vanille et de cuir se révèlent à l'agitation après une première impression dominée par les fruits rouges. Les tanins, très présents en bouche, gagneront à s'arrondir en vieillissant. A attendre deux ou trois ans.

🗝 GAEC Jean Puyol et Fils, Ch. Barberousse, 33330 Saint-Emilion, tél. 05.57.24.74.24, fax 05.57.24.62.77 ◪ 🍷 r.-v.

DOM. DE L'ANCIENNE CURE
Cuvée Abbaye 1996*

| ■ | 3 ha | 12 000 | 🍾 | 30 à 50 F |

Comme l'année dernière, la cuvée Abbaye élevée en barrique neuve est fort réussie. Le nez est très mûr, un peu animal et confit avec des notes très boisées et chocolatées. Un vin chaleureux, à la structure encore un peu ferme, qui devrait s'assouplir au vieillissement. A retenir également, la **cuvée classique**, un vin harmonieux cité par le jury.

🗝 Christian Roche, L'Ancienne Cure, 24560 Colombier, tél. 05.53.58.27.90, fax 05.53.24.83.95 ◪ 🍷 t.l.j. sf dim. 9h-12h 14h-18h

CH. LA RESSAUDIE 1996*

| ■ | 5 ha | 40 000 | 🍶 | 30 à 50 F |

La couleur est très intense, dense, presque noire. Le nez, un peu fermé, révèle de jolies notes fruitées à l'agitation. Après une attaque souple, la structure tannique apparaît, énorme, un peu carrée ; l'extraction, très poussée, a privilégié un côté massif.

🗝 Jean Rebeyrolle, Ch. La Ressaudie, 33220 Port-Sainte-Foy, tél. 05.53.24.71.48, fax 05.53.58.52.29 ◪ 🍷 t.l.j. 9h-12h 14h-18h

LA TOUR SAINT-VIVIEN 1996

| ■ | 280 ha | 69 878 | 🍶 | -30 F |

Bon terroir ne saurait mentir : ce plateau argilo-calcaire situé dans le prolongement du Libournais a donné un 96 habillé d'une robe sombre à reflets violets. Les arômes de fruits rouges (framboise) et de cassis sont bien présents, avec la pointe animale du merlot. Le palais se montre structuré mais sans excès, doté de tanins assez souples légèrement austères en finale. A retenir de la même cave, un **montravel** cité par le jury : un vin très typé sauvignon, qui montre une certaine nervosité.

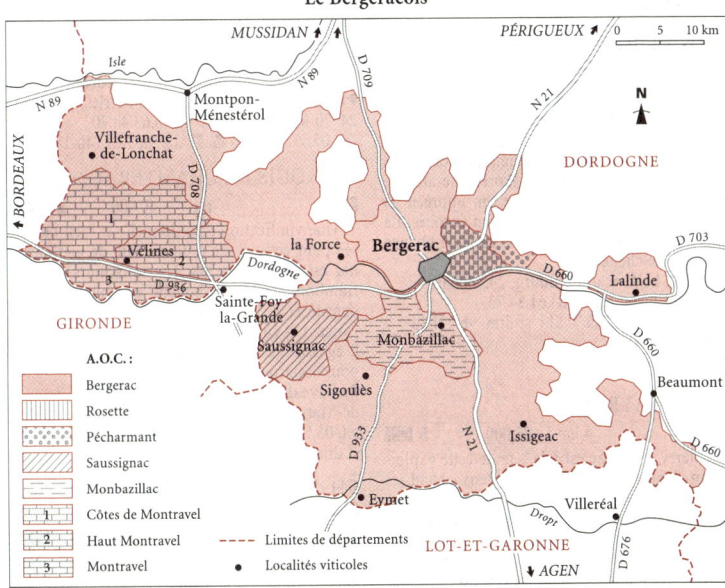

LE SUD-OUEST

Bergerac

☛ Les Viticulteurs réunis de Saint-Vivien et Bonneville, 24230 Saint-Vivien, tél. 05.53.27.52.22, fax 05.53.22.61.12 ☑ ⅂ r.-v.

CH. LAULERIE
Vieilli en fût de chêne 1996*

■ 10 ha 70 000 ⅠⅠ 30 à 50 F

La famille Dubard poursuit la restauration de ses magnifiques bâtiments périgourdins au pigeonnier typique. Ses vins se sont particulièrement distingués ces dernières années. Ce 96 offre un nez très complexe, mêlant subtilement la mûre, la myrtille, la groseille et le cassis au boisé et à des notes de torréfié, de café très présentes. L'attaque surprend par sa douceur, avec des tanins puissants mais très ronds. Une pointe austère en fin de bouche témoigne d'un bon potentiel de garde. Une main de fer dans un gant de velours !

☛ Vignobles Dubard Frère et Sœur, Le Gouyat, 24610 Saint-Méard-de-Gurçon, tél. 05.53.82.48.31, fax 05.53.82.47.64 ☑ ⅂ t.l.j. 8h-13h 14h-20h; dim. sur r.-v.

CH. LE BONDIEU Cuvée Gabriel 1996*

■ 5,4 ha 4 200 ⅠⅠ♦ 30 à 50 F

Cette cuvée haut de gamme fait l'objet des plus grands soins : cuvaison longue, micro-oxygénation, vieillissement en barrique, collage aux blancs d'œufs frais. Le millésime 96 mêle intimement au nez des notes de fruits rouges, de grillé et de vanillé. La bouche marie bien les tanins du bois et ceux du raisin, révélant une bonne extraction. D'une jeunesse pleine de puissance, ce vin s'affirme et présente une bonne persistance. Une bouteille qui a de belles réserves pour l'avenir.

☛ Didier Feytout, Le Bondieu, 24230 Saint-Antoine-de-Breuilh, tél. 05.53.58.30.83, fax 05.53.24.38.21 ☑ ⅂ t.l.j. sf dim. 8h-12h 14h-19h; sam. sur r.-v.
☛ Gabriel Feytout

CLOS LE JONCAL 1996*

■ 1,2 ha 3 600 ■♦ -30 F

Voilà un bergerac classique, qui n'a pas été élevé en fût et qui est très représentatif de son appellation. Bien qu'encore un peu fermé, le nez est agréable ; il développe à l'agitation des notes de fruits noirs et de réglisse. Après une attaque très souple, presque moelleuse, on apprécie la montée en puissance de tanins bien enrobés. La finale se montre un peu courte mais ça change du tanin de chêne !

☛ SCEA Le Joncal, Le Bourg, 24500 Saint-Julien-d'Eymet, tél. 05.53.61.84.73, fax 05.53.61.84.73 ☑ ⅂ t.l.j. sf dim. 9h-12h30 14h-18h30
☛ Joëlle Tatard

CH. LE PAYRAL 1997

■ 4 ha 25 000 ■ -30 F

Thierry Daulhiac est à la tête de cette exploitation depuis 1992. Il propose deux chambres d'hôte trois épis et des vins régulièrement mentionnés dans le Guide. Celui-ci présente un nez de fruits rouges un peu fermé pour un 1997. L'attaque se fait en douceur, avec une montée sur les tanins enrobés, souples et ronds, qui sou-lignent la note fruitée que l'on retrouve en bouche.

☛ Thierry Daulhiac, 24240 Razac-de-Saussignac, tél. 05.53.22.38.07, fax 05.53.27.99.81 ☑ ⅂ t.l.j. 9h-12h 14h-18h

LE PIF 1997

■ 10 ha 80 000 ■♦ -30 F

Il fallait oser appeler un vin « Le Pif ». Une allusion à Cyrano sans doute... Et pourtant le nez de ce vin n'est pas des plus remarquables, avec un côté fermé et un peu évolué. Heureusement, la bouche présente de la rondeur, de l'ampleur et du velouté. Les tanins sont discrets mais fins.

☛ Producta SA, 21, cours Xavier-Arnozan, 33082 Bordeaux Cedex, tél. 05.57.81.18.18, fax 05.56.81.22.12

CH. LES MARNIERES 1997**

■ 4 ha 20 000 ■♦ -30 F

Ce domaine familial de 20 ha tire son nom de carrières de marnes exploitées naguère à proximité. Le nouveau chai de vinification, parfaitement équipé, a permis l'élaboration de cette belle cuvée. Son nez présente des notes de cassis bien prononcées, que l'on retrouve souvent sur ce terroir de Saint-Nexans. La structure en bouche est imposante avec une finale très fruitée, à nouveau marquée par le cassis. Ce sera un vin très plaisant dans trois ou quatre ans, lorsqu'il sera plus fondu.

☛ Alain et Christophe Geneste, GAEC des Brandines, Les Brandines, 24520 Saint-Nexans, tél. 05.53.58.31.65, fax 05.53.73.20.34 ☑ ⅂ t.l.j. 9h-20h

CH. LES MERLES 1997*

■ 56 ha 100 000 ■ 30 à 50 F

Issue d'un terroir argilo-siliceux particulier, cette cuvée a bénéficié de la technique de la micro-oxygénation pendant la vinification. Du fruit, du fruit, tant au nez qu'en bouche, c'est le côté très agréable de ce vin. Les tanins sont bien fondus et persistants en finale. Une bouteille bien sympathique, à boire sans trop tarder.

☛ J. et A. Lajonie, GAEC Les Merles, 24520 Mouleydier, tél. 05.53.63.48.70, fax 05.53.58.06.46 ☑ ⅂ t.l.j. 9h-12h 14h-18h

MARQUIS DE CHAMTERAC 1997

■ n.c. 40 000 ■♦ -30 F

Une vinification traditionnelle et bien maîtrisée pour cette cuvée à dominante de merlot. Le nez est très marqué par les fruits mûrs - cassis, framboise, fraise. La bouche manque un peu de densité et de gras mais elle séduit par son élégance. Un vin fruité à boire rapidement. Le jury a également cité le **côtes de bergerac** moelleux pour ses arômes fruités.

☛ Cave de Monbazillac, rte de Mont-de-Marsan, 24240 Monbazillac, tél. 05.53.63.65.00, fax 05.53.63.65.09 ☑ ⅂ t.l.j. sf dim. 8h30-12h30 13h30-19h

CH. MOULIN CARESSE
Cuvée Vieilles vignes 1996

■ 4,5 ha 28 000 ■ⅠⅠ♦ 30 à 50 F

Vieilles vignes, rendements faibles, cuvaison longue, élevage en barrique : voilà une recette qui

758

Bergerac

a fait ses preuves. On retrouve souvent cette cuvée dans le Guide. Le 96 présente un nez dominé par les fruits rouges et le cassis, le boisé ne se manifestant qu'avec timidité. La bouche est pleine, ronde et riche, avec des arômes de fruits très présents, des tanins bien fondus et une bonne persistance.

🕿 Sylvie et Jean-François Deffarge, Ch. Moulin Caresse, 24230 Saint-Antoine-de-Breuilh, tél. 05.53.27.55.58, fax 05.53.27.07.39 ☑ ☥ t.l.j. 9h-12h 15h-19h; dim. sur r.-v.

MOULIN DES DAMES 1996*

■   5 ha   20 000   ▮◫♦ 70 à 100 F

Cette cuvée est la sélection d'un terroir particulier de l'exploitation à forte proportion de calcaire lacustre. Le nez, dominé par le bois, laisse cependant poindre quelques notes de fruits noirs bien mûrs. L'attaque souple et moelleuse est vite « débordée » par les tanins qui emplissent la bouche : une structure hors du commun, qui en fait « un vin plus à manger qu'à boire », pour reprendre l'expression d'un dégustateur. Très concentré et fort boisé, ce vin est-il encore un bergerac ?

🕿 SCEA de Conti, Tour des Gendres, 24240 Ribagnac, tél. 05.53.57.12.43, fax 05.53.58.89.49 ☑ ☥ r.-v.

DOM. DU PETIT PARIS
Cuvée Tradition 1997*

■   4 ha   20 000   ▮♦ -30 F

Puissance et rondeur caractérisent ce vin au nez dominé par les fruits mûrs. La structure tannique, puissante mais équilibrée, lui confère une belle harmonie. À boire dans les deux ans. Dans le même registre, le jury a apprécié le **Domaine de Maisonneuve**, l'autre marque du domaine, qui est cité sans étoile.

🕿 Dom. du Petit Paris, 24240 Monbazillac, tél. 05.53.58.30.41, fax 05.53.58.35.63 ☑ ☥ t.l.j. 8h-19h

🕿 Geneste

PEYBOUQUET 1996

■   5 ha   30 000   ▮ -30 F

Cette cuvée est de plus en plus appréciée par les amateurs de vins fruités. Le nez, où domine le bourgeon de cassis, témoigne d'une forte proportion de cabernet. La bouche, particulièrement souple et agréable, offre à nouveau beaucoup de fruits. Qualifié unanimement de savoureux par les jurés, c'est un « vin de soif ».

🕿 Union vinicole Bergerac Le Fleix, 24130 Le Fleix, tél. 05.53.24.64.32, fax 05.53.24.65.46 ☑ ☥ t.l.j. 8h-12h 14h-18h

CH. POULVERE 1996

■   22 ha   40 000   ▮♦ 30 à 50 F

Situé au pied du château de Monbazillac, ce domaine bénéficie d'un terroir dont la qualité ne peut être contestée. Outre un **côtes de bergerac moelleux 96** aux arômes muscatés, le jury a cité ce 96 en rouge. Au nez, des notes de cerise et de cassis côtoient une pointe de poivron vert - due au cabernet - qui donne un peu de relief. L'attaque est savoureuse mais les tanins sont fermes et

un peu austères en fin de bouche. Attendre qu'ils s'assouplissent.

🕿 GFA Vignobles Poulvère et Barses, Poulvère, 24240 Monbazillac, tél. 05.53.58.30.25, fax 05.53.58.35.87 ☑ ☥ r.-v.

CH. RUINE DE BELAIR
Cuvée Tradition 1996*

■   3 ha   12 000   ◫ 30 à 50 F

Si vous passez par Razac-de-Saussignac, vous pourrez visiter un musée de la vigne et du vin aménagé par la famille Rigal, qui expose notamment un pressoir à vis du XVIII^{e}s. Les vins ne manquent pas d'intérêt. La robe de ce 96, particulièrement profonde, montre beaucoup de larmes. Un nez aux parfums de fruits mûrs et de cassis, indiquant une proportion importante de cabernet, évolue rapidement sur des notes vanillées et boisées. La bouche, pleine et mûre, révèle une belle structure et un bon équilibre. Les tanins demandent encore à s'assouplir.

🕿 EARL Vignobles Rigal, Dom. du Cantonnet, 24240 Razac-de-Saussignac, tél. 05.53.27.88.63, fax 05.53.23.77.11 ☑ ☥ r.-v.

SEIGNEURS DU PERIGORD 1997**

■   n.c.   n.c.   ▮♦ -30 F

Cette cuvée de négoce particulièrement réussie avait déjà obtenu une étoile l'an passé. Le 97 présente un nez particulièrement riche en notes de fruits mûrs. Les tanins sont ronds et gras, avec un beau retour de fruits en finale. La structure bien équilibrée laisse augurer une garde de deux ou trois ans.

🕿 Yvon Mau SA, rue André-Dupuy-Chauvin, B.P. 1, 33190 Gironde-sur-Dropt, tél. 05.56.61.54.54, fax 05.56.61.54.61

ROSE DE SIGOULES
Elevé en fût de chêne 1996**

■   n.c.   23 000   ◫ 30 à 50 F

Le succès se confirme d'année en année pour cette cuvée vieillie en fût de chêne, qui témoigne d'un beau travail au vignoble et au chai. Après les fruits rouges apparaissent des notes vanillées et épicées alliées à des nuances de cuir, qui donnent une sensation de douceur. La bouche laisse une impression de plénitude, d'équilibre, de velouté. Ce 96 a frôlé le coup de cœur.

🕿 Cave coop. des Producteurs de Montravel et Sigoulès, 24240 Sigoulès, tél. 05.53.61.55.00, fax 05.53.61.55.10 ☑ ☥ t.l.j. sf dim. 8h30-12h30 14h30-18h30

CH. TOUR DE GRANGEMONT 1997**

■   n.c.   30 000   -30 F

La famille Lavergne s'était particulièrement distinguée dans le millésime précédent, en AOC côtes de bergerac. Elle ne démérite pas avec ce 97 marqué par des notes de grillé, de fumé et de chocolat qui témoignent d'une parfaite maturité du raisin. Les tanins sont mûrs et bien fondus. C'est un vin riche, gras, long et harmonieux. À oublier deux ou trois ans au fond de sa cave.

🕿 EARL Lavergne, 24560 Saint-Aubin-de-Lanquais, tél. 05.53.24.32.89, fax 05.53.24.56.77 ☑ ☥ t.l.j. sf dim. 8h-12h 14h-18h

LE SUD-OUEST

Bergerac rosé

CH. TOURMENTINE Barrique 1996★

5 ha   15 000

Jean-Marie Huré élabore de bons vins blancs, mais aussi des rouges, témoin cette cuvée issue exclusivement de merlot. Après une longue extraction, ce vin a subi un élevage en barrique pendant un an. Les arômes de grillé et de fumé soutenus par des petits fruits noirs demandent à s'ouvrir. Après une attaque souple se développe une structure tannique puissante et bien charpentée. La finale se montrant quelque peu austère et dominée par le boisé, ce vin gagnera à attendre.
🍇 Jean-Marie Huré, Tourmentine, 24240 Monestier, tél. 05.53.58.41.41, fax 05.53.63.40.52 r.-v.

CH. VARI 1997★

2 ha   18 000

Habitué à la sélection Hachette, ce domaine propose un 97 au nez concentré et fruité, mêlant le cassis et les épices. La structure en bouche est riche, ronde, très équilibrée, avec un fruit mûr bien présent. Un vin représentatif du millésime.
🍇 Vignobles Jestin, Ch. Vari, 24240 Monbazillac, tél. 05.53.24.97.55, fax 05.53.24.97.55 r.-v.
🍇 Yann Jestin

CLOS DES VERDOTS 1997★

2,6 ha   17 000

Un terroir vraiment calcaire : les Fourtout n'ont-ils pas découvert une rivière souterraine en creusant leur cave ? Ils ont élaboré un 97 au nez aromatique, d'une bonne intensité, complexe, légèrement épicé. Ce vin présente beaucoup de volume en bouche, avec des tanins marqués mais fins. La finale est vineuse.
🍇 GAEC Fourtout et Fils, Clos des Verdots, 24560 Conne-de-Labarde, tél. 05.53.58.34.31, fax 05.53.57.82.00 t.l.j. 9h-12h30 14h-19h; dim. sur r.-v.

Bergerac rosé

DOM. DE COMBET 1997

2,5 ha   6 000

C'est un rosé de saignée dans lequel il reste quelques grammes de sucres résiduels. Sa couleur est soutenue, proche du style d'un clairet. Le nez est fermé, très légèrement fleuri. La bouche aussi ; cependant ce vin sera à boire avant Noël. Un rosé de repas.
🍇 EARL de Combet, 24240 Monbazillac, tél. 05.53.58.34.21, fax 05.53.58.33.47 t.l.j. sf dim. 9h-12h 13h30-19h

DOM. DU HAUT MONTLONG 1997

4 ha   13 000

Beaucoup de merlot dans cette cuvée : le nez est fermé et laisse deviner des arômes de fraise à l'agitation. L'équilibre acide-alcool est agréable. La sensation acidulée l'emporte en bouche sur le fruité.

🍇 Alain et Josy Sergenton, Dom. du Haut Montlong, 24240 Pomport, tél. 05.53.58.81.60, fax 05.53.58.09.42 t.l.j. 9h-12h 13h30-19h

CH. LA BRIE 1997

1,1 ha   90 000

C'est un rosé de cabernets dont la couleur est très pâle. Le nez aromatique aux notes fruitées est assez fin. On retrouve les fruits rouges en bouche avec une bonne intensité.
🍇 Lycée viticole de Bergerac, Dom. de La Brie, 24240 Monbazillac, tél. 05.53.74.42.42, fax 05.53.58.24.08 t.l.j. sf dim. 10h-12h 13h30-19h30

CH. DE LA MALLEVIEILLE 1997

1 ha   6 000

La couleur est assez soutenue pour un rosé. Le nez présente de la finesse avec des arômes de fraise des bois. En bouche, ce vin montre une bonne fraîcheur.
🍇 Vignobles Biau, La Mallevieille, 24130 Monfaucon, tél. 05.53.24.64.66, fax 05.53.58.69.91 t.l.j. 9h-19h

CH. LE FAGE 1997

2 ha   12 000

C'est un rosé complexe qui comprend les quatre cépages, saignés à différents moments puis assemblés avant un élevage sur lies de deux mois. La robe est rose intense. Le nez laisse deviner des notes fruitées. On retrouve beaucoup de fruits rouges en bouche. Celle-ci se montre charnue et bien équilibrée.
🍇 François Gérardin, Ch. Le Fagé, 24240 Pomport, tél. 05.53.58.32.55, fax 05.53.24.57.19 t.l.j. 9h-12h30 13h30-19h; sam. dim. sur r.-v.

CH. LE RAZ 1997★

8 ha   68 000

Grâce au nouveau chai de vinification climatisé, la technique est ici de mieux en mieux maîtrisée. Le nez de petits fruits rouges de ce rosé est complexe et ne s'ouvre qu'à l'aération. La persistance aromatique est remarquable sur un équilibre plutôt vif. Excellent pour un barbecue...
🍇 Vignobles Barde, Le Raz, 24610 Saint-Méard-de-Gurçon, tél. 05.53.82.48.41, fax 05.53.80.07.47 t.l.j. sf dim. 8h-12h30 14h-19h; sam. sur r.-v.

CH. DU PRIORAT 1997★

4,39 ha   35 000

La famille Maury est passée maître dans l'art de vinifier les rosés. Voyez celui-ci : au nez, la puissance des fruits rouges (cassis, groseille, framboise) est remarquable. Après une attaque ronde, suave, le vin évolue vers des arômes minéraux. Ce 97 est frais en bouche et présente une bonne longueur. Il est apprécié pour son bouquet ; il est à boire pour son goût et sa persistance.
🍇 GAEC du Priorat, Le Priorat, 24610 Saint-Martin-de-Gurson, tél. 05.53.80.76.06, fax 05.53.81.21.83 t.l.j. sf dim. 8h-12h 14h-18h
🍇 Maury

Bergerac sec

CH. TOUR MONTBRUN 1997
0,45 ha   3 000

Le château Tour-Montbrun se situe à l'emplacement de l'ancienne citadelle de Montravel rasée par Louis XIII. Le nez de son rosé est très agréable avec ses notes de fruits mûrs (fraise, cassis) et de bonbon anglais. En bouche, ce vin puissant, concentré, révèle une légère amertume tannique en finale. Il pourrait, pourquoi pas, remplacer un vin rouge sur un plat de viande.
- Philippe et Mylène Poivey, Montravel, 24230 Montcaret, tél. 05.53.58.66.93 r.-v.

Bergerac sec

La diversité des sols (calcaire, graves, argile) donne des expressions aromatiques variées. Jeunes, les vins sont fruités et élégants, avec une pointe de nervosité. S'ils sont vinifiés dans le bois, il faudra patienter un an ou deux pour obtenir l'expression du terroir.

CH. CAILLAVEL 1997
1 ha   6 000

Le château Caillavel est une belle demeure historique ; mentionnée dès 1322, elle connut les vicissitudes de la guerre de Cent Ans, puis celles de la Révolution. Le vignoble compte aujourd'hui 18,5 ha. Il a donné ce 97 au nez aromatique et fin, qui laisse poindre des notes de miel et d'acacia. Bien structuré en bouche, nerveux comme il sied à un bergerac sec, c'est un vin classique mais bien fait.
- GAEC Ch. Caillavel, Caillavel, 24240 Pomport, tél. 05.53.58.43.30, fax 05.53.58.20.31 r.-v.
- GFA Lacoste

DIANE DU PERIGORD 1997
n.c.   35 000

Ce bergerac sec est un vin de macération élevé sur lie. Le jour de la dégustation, le nez était fermé et peu expressif. Mais la bouche a surpris par son gras et par sa rondeur. Bien équilibrée et longue au palais, cette bouteille devrait s'épanouir dans quelques mois.
- Cave coop. des Producteurs de Montravel et Sigoulès, 24240 Sigoulès, tél. 05.53.61.55.00, fax 05.53.61.55.10 t.l.j. sf dim. 8h30-12h30 14h30-18h30

CH. DES EYSSARDS
Cuvée Prestige 1997★
n.c.   20 000

La couleur jaune paille surprend un peu. Le nez étonne aussi par ses notes très confites, fumées et grillées, qui témoignent d'un élevage sous bois. Il y a beaucoup de gras en bouche mais le boisé est loin d'être fondu. Difficile à apprécier à ce stade d'élevage, ce vin est à réserver aux initiés.
- GAEC des Eyssards, Les Eyssards, 24240 Monestier, tél. 05.53.58.45.48, fax 05.53.58.63.74 r.-v.

CH. DES GANFARDS 1997
8,3 ha   50 000

Viticulteurs de père en fils depuis 1870, les Géraud exploitent un domaine de 60 ha. Ils ont élaboré un bergerac sec aux arômes nets, fruités, typiques du sauvignon. D'un style léger, presque aérien mais nerveux, ce 97 est agréable. Très classique, il ne déçoit pas.
- GAEC des Ganfards Haute-Fonrousse, 24240 Saussignac, tél. 05.53.27.92.18, fax 05.53.22.37.82 r.-v.
- Serge et J.-Cl. Géraud

CH. GRINOU Grande Réserve 1996★★
n.c.   5 000

Le coup de cœur a été décerné sans hésitation à cette cuvée fermentée en barrique. Un dégustateur a même eu l'impression d'atteindre le nirvana ! Au nez comme en bouche, on est séduit par un mariage subtil entre les agrumes, les fruits confits et la vanille. L'ensemble est d'une richesse et d'une concentration remarquables. Et quelle longueur… Ce vin devrait avoir une durée de vie particulièrement longue.
- Catherine et Guy Cuisset, Ch. Grinou, rte de Gageac, 24240 Monestier, tél. 05.53.58.46.63, fax 05.53.61.05.66 r.-v.

CH. DE LA JAUBERTIE 1997
n.c.   n.c.

Un château construit au XVIe s., et un domaine régulièrement mentionné dans le Guide, notamment pour ses bergerac secs. Celui-ci présente beaucoup de finesse au nez, avec quelques notes de coing. La bouche est marquée par une certaine rondeur et un peu de gras. C'est un vin au « goût australien », à essayer sur des viandes blanches en sauce.
- Henry Ryman SA, Ch. de La Jaubertie, 24560 Colombier, tél. 05.53.58.32.11, fax 05.53.57.46.22 t.l.j. sf dim. 10h-12h 14h30-18h; f. oct.-mars

CH. LE CHABRIER
La Cuvée classique 1997
2,29 ha   12 000

Un château à découvrir pour son site dominant la vallée de la Dordogne, pour son chai

LE SUD-OUEST

Côtes de bergerac

semi-enterré dont la falaise constitue le mur et révèle une manière de coupe géologique, et enfin pour ses vins, fréquemment salués par notre Guide. Le nez de ce 97, encore un peu fermé, apparaît vineux. La bouche se montre bien structurée, avec beaucoup de matière. Ce vin a été jugé prometteur, mais on ne pourra l'apprécier que dans quelques temps.

↬Pierre Carle, Ch. Le Chabrier, 24240 Razac-de-Saussignac, tél. 05.53.27.92.73, fax 05.53.23.39.03 ✓ ⊺ r.-v.

CH. LES MIAUDOUX 1997*

☐ 4,6 ha 30 000

Situé à Saussignac, ce domaine est régulièrement retenu pour ses vins blancs. Dans ce 97, la vinification classique conduite à basse température a permis de révéler les arômes de sauvignon, dominant dans cet assemblage. Le buis, le fruit de la passion et les agrumes sont particulièrement présents au nez. Ces notes persistent en bouche avec un gras suffisant. Un ensemble harmonieux, bien équilibré et d'une belle longueur.

↬Gérard Cuisset, Les Miaudoux, 24240 Saussignac, tél. 05.53.27.92.31, fax 05.53.27.96.60 ✓ ⊺ r.-v.

MOULIN DES DAMES
Anthologia 96 1996★★

☐ 2 ha 3 000

Luc de Conti nous livre ici le résultat d'une nouvelle expérience : un blanc sec issu de vendanges surmûries, triées grain à grain, et vinifié en barrique. Le nez boisé évolue sur des notes de fruits confits. La bouche surprend par son gras et son ampleur. La longueur est assez exceptionnelle. C'est un vin hors normes, destiné aux « passionnés de la dégustation », pour reprendre les termes de son auteur.

↬SCEA de Conti, Tour des Gendres, 24240 Ribagnac, tél. 05.53.57.12.43, fax 05.53.58.89.49 ✓ ⊺ r.-v.

CH. DU PRIORAT 1997★★

☐ 5,27 ha 30 000

Ancien domaine des comtes de Gurson, le château du Priorat est la propriété de la famille Maury depuis 1929. Avec des vins très bien notés ces dernières années, cette exploitation est une valeur sûre du Bergeracois. Du sauvignon au nez pour ce 97, mais aussi des notes épicées et des nuances de bonbon anglais. La bouche révèle un superbe équilibre entre la muscadelle - présente à discrétion -, le sauvignon - qui marque l'attaque - et le sémillon - qui donne le gras . Subtile et suave, saluée par les dégustateurs, cette bouteille n'est pas loin du coup de cœur.

↬GAEC du Priorat, Le Priorat, 24610 Saint-Martin-de-Gurson, tél. 05.53.80.76.06, fax 05.53.81.21.83 ✓ ⊺ t.l.j. sf dim. 8h-12h 14h-18h

CH. SINGLEYRAC Cuvée sur lie 1997★

☐ 14 ha 80 000

Très souvent mentionné dans le Guide, ce domaine propose un vin élevé sur lie agréable à boire et très réussi. Il présente un nez plaisant de buis et d'agrumes. Après une attaque franche, un joli gras se développe en bouche. Ce 97 se montre équilibré.

↬SCEA Ch. Singleyrac, 24500 Singleyrac, tél. 05.53.58.41.98, fax 05.53.58.37.07 ✓ ⊺ t.l.j. sf dim. 8h30-12h 14h-18h

CH. TOUR DE GRANGEMONT 1997

☐ n.c. 10 000

Sans aller chercher des technologies complexes, ce vin est un bon produit issu d'une vinification traditionnelle. Les arômes sont caractéristiques du sauvignon bien mûr, sans être écœurants pour autant. Légèrement carbonique, la bouche révèle des notes d'agrumes avec du gras et de la longueur. Un bergerac sec classique, bien fait et agréable.

↬EARL Lavergne, 24560 Saint-Aubin-de-Lanquais, tél. 05.53.24.32.89, fax 05.53.24.56.77 ✓ ⊺ t.l.j. sf dim. 8h-12h 14h-18h

CH. TOURMENTINE 1997

☐ 12 ha 60 000

L'élevage sur lie est parfaitement réussi et cela donne à ce vin une rondeur et un gras particuliers. Le nez est dominé par des notes d'agrumes, la finale se montre persistante. Voilà un vin très harmonieux. Du même producteur, le **côtes de bergerac moelleux 97**, bien équilibré par le sucre et la nervosité, a été cité par le jury.

↬Jean-Marie Huré, Tourmentine, 24240 Monestier, tél. 05.53.58.41.41, fax 05.53.63.40.52 ✓ ⊺ r.-v.

Côtes de bergerac

Cette dénomination ne définit pas un terroir mais des conditions de récolte plus restrictives qui doivent permettre d'obtenir des vins riches et charpentés. Ils sont recherchés pour leur concentration et leur durée de conservation plus longue.

CH. BELINGARD Cuvée Prestige 1996★

■ 6 ha 8 000

Tout a été dit sur le château Belingard et la famille de Bosredon, mais il faut redire que l'on y fait d'excellents vins. Beaucoup de bois sûr dans cette cuvée Prestige, mais aussi des notes épicées, vanillées, de caramel et de réglisse. Une attaque souple de fruits rouges précède les tanins ronds et des accents boisés intenses. Ce 96 présente un bel équilibre et une finale élégante.

↬SCEA Comte de Bosredon, Belingard, 24240 Pomport, tél. 05.53.58.28.03, fax 05.53.58.38.39 ✓ ⊺ r.-v.

CH. DU BLOY 1996★

■ 20 ha 70 000

C'est une cuvée classique, qui n'a pas vieilli dans le bois, que nous proposent les frères Guillermier. Le nez offre des notes de fruits mûrs. La

Côtes de bergerac

bouche est pleine, ample, avec beaucoup de caractère. Les tanins, très jeunes, ne sont pas encore assez fondus, mais l'ensemble est prometteur.
➤ Guillermier Frères, Bonneville, 24230 Vélines, tél. 05.53.27.50.59, fax 05.53.27.56.34 ▣ ♈ t.l.j. sf sam. dim. 9h-12h 14h-18h

CH. COURT-LES-MUTS 1996

■ 6,7 ha 50 000 📖 30 à 50 F

Le château Court-les-Mûts a toujours été salué pour le savoir-faire de ses deux œnologues. Les notes de pain grillé et de brûlé un peu cuit dominent au nez. La bouche est intéressante par sa structure harmonieuse et équilibrée mais très boisée. Ce 96 sera bon à boire rapidement.
➤ SCEA Vignobles Pierre Sadoux, Ch. Court-les-Mûts, 24240 Razac-de-Saussignac, tél. 05.53.27.92.17, fax 05.53.23.77.21 ▣ ♈ t.l.j. sf dim. 9h-11h30 14h-17h30; sam. sur r.-v.

CH. FONFREDE 1996

■ 2 ha 9 000 📖 30 à 50 F

Le boisé de ce vin élevé en barrique pendant huit mois ne domine pas : le nez est fruité avec une certaine fraîcheur et même vivacité. Assez souple en attaque, la bouche présente une pointe acidulée et des tanins un peu jeunes. Ce vin est plutôt typé bergerac.
➤ SARL Dom. de La Métairie, Ch. Fonfrède, 24610 Montpeyroux, tél. 05.53.80.09.85, fax 05.53.80.14.72 ▣ r.-v.

CH. LADESVIGNES Velours Rouge 1996★

■ 3 ha 6 000 📖 30 à 50 F

« Velours Rouge » : le nom semble bien choisi pour cette cuvée élevée en barrique, tout en subtilité et en finesse au nez ; on apprécie les notes vanillées, grillées, épicées et réglissées. On trouve beaucoup de matière en bouche et des tanins qui ne sont pas encore fondus. Ce vin demande à vieillir.
➤ Ch. Ladesvignes, 24240 Pomport, tél. 05.53.58.30.67, fax 05.53.58.22.64 ▣ ♈ r.-v.
➤ Monbouché

CH. LE CHABRIER
Elevé en fût de chêne 1996★

■ 12,85 ha 14 000 📖 30 à 50 F

Petits rendements, vendanges à surmaturité, macérations très longues, voilà la recette de Pierre Carle. Ce 96 ? Un peu de fruit et de fraîcheur (menthol), mais surtout des notes boisées pour son joli nez. La structure tannique est très puissante et surprend un peu. La finale demande à s'assouplir. A redécouvrir dans quelques années.
➤ Pierre Carle, Ch. Le Chabrier, 24240 Razac-de-Saussignac, tél. 05.53.27.92.73, fax 05.53.23.39.03 ▣ r.-v.

CH. LE MAYNE Cuvée réservée 1996

■ 6 ha 35 000 📖 30 à 50 F

Patiemment développé par la famille Martrenchard, le vignoble atteint aujourd'hui 70 ha. Le nez de ce 96 est totalement dominé par des notes boisées élégantes. La bouche est bien structurée, quoique le bois ait tendance à écraser le fruit. Demande à se fondre.
➤ Les Vignobles du Mayne, Le Mayne, 24240 Sigoulès, tél. 05.53.58.40.01, fax 05.53.24.67.76 ▣ ♈ t.l.j. sf dim. 8h-12h 14h-18h; f. 20 déc.-2 janv.
➤ J.-P. Martrenchard

CH. LE MAYNE 1996★

■ 14 ha 90 000 📖 -30 F

C'est la cuvée classique du domaine, qui n'est pas élevée en fût et qui est agréable par son côté fruité et gouleyant. Le nez séduit par ses arômes de fruits rouges, avec des notes de gibier et de réglisse. Après une attaque franche et ronde, ce vin évolue sur des tanins bien fondus et agréables. C'est une belle expression de terroir sans structure excessive.
➤ Les Vignobles du Mayne, Le Mayne, 24240 Sigoulès, tél. 05.53.58.40.01, fax 05.53.24.67.76 ▣ ♈ t.l.j. sf dim. 8h-12h 14h-18h; f. 20 déc.-2 janv.

CH. LES TOURS DES VERDOTS
Les Verdots selon David Fourtout 1996★★

■ 2,5 ha 10 500 📖 70 à 100 F

Remarquable tout au long de la chaîne : le choix du terroir, le travail à la vigne, la vinification et l'élevage ne peuvent laisser indifférent. Le nez de ce 96 est d'une puissance et d'une concentration extrêmes avec des fruits mûrs, du cassis sur des notes très boisées. L'attaque est soyeuse et l'harmonie est puissante entre le panier de fruits noirs et le boisé des tanins. Soyez patients pour déguster cette bouteille à son optimum, vous ne le regretterez pas.
➤ GAEC Fourtout et Fils, Clos des Verdots, 24560 Conne-de-Labarde, tél. 05.53.58.34.31, fax 05.53.57.82.00 ▣ ♈ t.l.j. 9h-12h30 14h-19h; dim. sur r.-v.

CH. DE PANISSEAU
Cuvée Tradition Elevé en fût de chêne 1996★

■ 10 ha 46 000 📖 30 à 50 F

A nouveau une étoile méritée pour cette cuvée vieillie en fût de chêne. De belles notes de fruits noirs se fondent dans le boisé. Celles de grillé et de fumé sont encore un peu vives en bouche mais les tanins sont souples et persistants. Ce vin alliant finesse et puissance peut être attendu deux ou trois ans.
➤ Panisseau SA, Ch. de Panisseau, 24240 Thénac, tél. 05.53.58.40.03, fax 05.53.58.94.46 ▣ ♈ r.-v.

CH. SINGLEYRAC 1996

■ 5 ha 17 300 📖 30 à 50 F

Un travail d'extraction important a été réalisé sur ce vin qui se montre assez charnu, bien structuré. Les fruits rouges se mêlent au boisé et au vanillé. La finale laisse sur une impression de fraîcheur. Ce vin commence à s'ouvrir et ne sera pas à garder très longtemps.
➤ SCEA Ch. Singleyrac, 24500 Singleyrac, tél. 05.53.58.41.98, fax 05.53.58.37.07 ▣ ♈ t.l.j. sf dim. 8h30-12h 14h-18h

763 LE SUD-OUEST

CH. THEULET Cuvée spéciale 1996★★

4,5 ha   24 000   30 à 50 F

Déjà deux étoiles pour le 95, ex-aequo avec la Tour des Gendres cette année ! C'est une harmonie privilégiant le fruit qui caractérise ce vin. Fruits rouges, cassis, mûre dominent à l'aération avant que n'apparaissent d'agréables notes de café torréfié. C'est un 96 structuré, harmonieux et puissant en bouche ; sa finale est soyeuse sur des tanins très fins. Beau potentiel de garde. Vous apprécierez aussi le **Domaine du Haut-Rauly 1997** en bergerac rouge, à boire dans les deux ans.
→ SCEA Alard, Le Theulet,
24240 Monbazillac, tél. 05.53.57.30.43,
fax 05.53.58.88.28 ✓ ♀ t.l.j. 8h-18h; sam. dim. sur r.-v.

CH. TOUR DES GENDRES
Cuvée La Gloire de mon père 1996★★

13 ha   60 000   50 à 70 F

Il eût été étonnant que cette cuvée ne figurât pas au palmarès 1999, mais cette année, il faudra partager la plus haute marche du podium. Du fruit, de la vanille : il y en a tellement que l'on s'y perd. La puissance du bois masque encore les fruits mais ce vin est dense, sans raideur et sa matière est d'une classe exceptionnelle. La finesse aromatique est remarquable, ne serait-ce que par sa longueur. Mais quand pourra-t-on le boire ? Dans trois ans ? Dix ans ?
→ SCEA de Conti, Tour des Gendres,
24240 Ribagnac, tél. 05.53.57.12.43,
fax 05.53.58.89.49 ✓ ♀ r.-v.

CH. DES VIGIERS
Réserve Jean Vigier 1996

15 ha   3 000   50 à 70 F

Erreur volontaire ou rêve futuriste : la plaquette définit le paradis terrestre comme un terrain de golf avec son arboretum et son vignoble au cœur de la région bordelaise. Si le boisé est fin et élégant, il domine cependant largement le vin dans ce 96. Dans un site aussi superbe, vous ne pourrez que l'apprécier sur la gastronomie périgourdine, ainsi que le **bergerac sec 97** élevé sur lies, dont le gras est remarquable.
→ SCEA La Font du Roc, Ch. des Vigiers,
24240 Monestier, tél. 05.53.61.50.30,
fax 05.53.61.50.31 ✓ ♀ r.-v.
→ Petersson

Côtes de bergerac moelleux

Les mêmes cépages que les vins blancs secs, mais récoltés à surmaturité, permettent d'élaborer ces vins moelleux recherchés pour leurs arômes de fruits confits et leur souplesse.

CH. FONMOURGUES 1997

1 ha   5 000   30 à 50 F

Cette cuvée est le résultat d'un assemblage de vin vinifié d'une part en cuve et d'autre part en barrique (20 %). Le nez de fruits frais est légèrement fermé. On retrouve le fruit en bouche, avec une pointe de fumé. D'un bon équilibre, ce vin peut accompagner des volailles rôties.
→ Dominique Vidal, Ch. Fonmourgues,
24240 Monbazillac, tél. 05.53.63.02.79,
fax 05.53.27.20.32 ✓ ♀ r.-v.

CLOS LE JONCAL Cuvée du Tuquet 1996★

2,6 ha   1 856   30 à 50 F

« Tuquet » signifie colline. C'est donc un excellent terroir qui donne un vin plus liquoreux que moelleux. Des arômes de miel, de fruits confits et de boisé se mêlent au nez de ce 96. En bouche, on trouve une belle matière issue de vendanges surmûries avec du gras et du rôti. A essayer sur une salade de gésiers périgourdine.
→ SCEA Le Joncal, Le Bourg, 24500 Saint-Julien-d'Eymet, tél. 05.53.61.84.73,
fax 05.53.61.84.73 ✓ ♀ t.l.j. sf dim. 9h-12h30 14h-18h30
→ Joëlle Tatard

CH. DE PANISSEAU 1997★

20 ha   50 000   -30 F

C'est un beau château du XVIIIe s. parfaitement conservé qui présente une gamme complète de vins de Bergerac. Le nez de ce 97 est frais et fruité. En bouche, ce sont surtout les arômes de muscadelle qui ressortent. Le jury a aussi apprécié le **bergerac sec cuvée Tradition 97** qui, boisé aujourd'hui, doit être attendu.
→ Panisseau SA, Ch. de Panisseau,
24240 Thénac, tél. 05.53.58.40.03,
fax 05.53.58.94.46 ✓ ♀ t.l.j. sf sam. dim. 9h-12h 14h-18h

Monbazillac

CH. DU PRIORAT 1997*

| | 2,73 ha | 19 600 | | -30F |

Après le sec et le rosé, c'est au tour du moelleux de figurer dans la sélection. Le nez rappelle la fleur d'acacia avec des notes de vendanges surmûries. Le gaz carbonique donne une sensation de fraîcheur et gêne un peu aujourd'hui la dégustation. Un vin bien équilibré cependant, dont la finale aromatique évoque le sauvignon et la muscadelle. Une bouteille d'avenir.
↱ GAEC du Priorat, Le Priorat, 24610 Saint-Martin-de-Gurson, tél. 05.53.80.76.06, fax 05.53.81.21.83 ☑ ♈ t.l.j. sf dim. 8h-12h 14h-18h
↱ Maury

Monbazillac

S'étendant sur 2 500 ha, le vignoble de monbazillac produit des vins riches, issus de raisins botrytisés. Le sol argilo-calcaire apporte des arômes intenses ainsi qu'une structure complexe et puissante. En 1995, millésime dégusté, la récolte a atteint 51 748 hl.

CH. FONMOURGUES
Cuvée vieillie en barrique 1996

| | 8 ha | 4 800 | | 70 à 80 F |

Le nez très riche de rôti, de miel, de nougatine est caractéristique de ce terroir. Après une première impression de souplesse et de rondeur, ce vin évolue à nouveau sur des fruits très mûrs. Une petite amertume en finale révèle un élevage en barrique.
↱ Dominique Vidal, Ch. Fonmourgues, 24240 Monbazillac, tél. 05.53.63.02.79, fax 05.53.27.20.32 ☑ ♈ r.-v.

CH. GRAND MARSALET
Cuvée Prestige Elevée en fût de chêne 1996

| | 5 ha | 6 000 | | 70 à 80 F |

C'est, comme l'an dernier, un vin parfaitement maîtrisé que nous propose le Grand Marsalet. Rôti, fruits exotiques mais aussi boisé et vanillé flattent le nez. La structure est riche et la bouche bien équilibrée ; cependant, la finale, un peu courte, dominée par le bois, montre une pointe d'amertume : à revoir dans deux à trois ans.
↱ SCEA du Grand Marsalet, Le Marsalet, 24100 Saint-Laurent-des-Vignes, tél. 05.53.57.30.59, fax 05.53.61.37.49 ☑ ♈ t.l.j. 8h-12h 14h-18h
↱ Nadal et Ode

CH. HAUT-THEULET 1996

| | 8,4 ha | 25 000 | | 30 à 50 F |

Connu dès le XVI°s., ce vignoble est une ancienne marque hollandaise. Les vignes s'accrochent aux pentes en haut d'un coteau. Elles ont donné en 1996 un monbazillac au nez dominé par les fruits frais et les fleurs blanches. La bouche, encore un peu nerveuse, manque légèrement de gras et de volume, mais le jury a apprécié son expression aromatique où l'on reconnaît la pêche et les agrumes.
↱ GAEC Ch. Caillavel, Caillavel, 24240 Pomport, tél. 05.53.58.43.30, fax 05.53.58.20.31 ☑ ♈ r.-v.
↱ GFA Lacoste

CH. LA BRIE
Elevé en fût de chêne Cuvée Prestige 1996

| | 28,5 ha | 11 200 | | 50 à 70 F |

Dans un chai pédagogique aussi bien équipé, on ne peut élaborer que de grands vins. Celui-ci offre un nez d'une jolie complexité, mêlant des notes de fruits confits, d'abricot, de boisé et de vanille. Il présente un bel équilibre et une plaisante harmonie avec une attaque ronde, du gras et une finale aromatique. A attendre de deux à trois ans.
↱ Lycée viticole de La Brie, Dom. de la Brie, 24240 Monbazillac, tél. 05.53.74.42.42, fax 05.53.58.24.08 ☑ ♈ t.l.j. sf dim. 10h-12h 13h30-19h30; f. fév.

LAJONIE
Réserve Vieilli en fût de chêne 1996**

| | 10 ha | 15 000 | | 70 à 50 F |

En dix ans, ce domaine a parcouru bien du chemin, témoin ce 96 qui n'est pas loin du coup de cœur. Le nez, très complexe, livre des notes balsamiques, des nuances de marmelade et d'abricot. On apprécie le gras et la rondeur en bouche, le retour sur le fruit. Un vin riche, concentré, de grande sucrosité, qui peut vieillir de nombreuses années.
↱ Gérard Lajonie, Saint-Christophe, 24100 Bergerac, tél. 05.53.57.17.96, fax 05.53.58.06.46 ☑ ♈ r.-v.

CUVEE LA SERAINE
Elevée en fût de chêne 1996

| | 2,5 ha | 2 400 | | 70 à 80 F |

Ce domaine s'est distingué ces dernières années avec de remarquables cuvées 94 et 95. Le millésime suivant est plus difficile mais ce vin a suffisamment de qualités pour figurer ici. Du miel, du rôti, du confit dominent au nez. On retrouve les mêmes arômes en bouche sur une structure souple et équilibrée.
↱ Marlène et Alain Mayet, Le Bois de Pourquié, 24560 Conne-de-Labarde, tél. 05.53.58.25.58, fax 05.53.61.34.59 ☑ ♈ r.-v.

CH. LES MARNIERES
Elevé en fût de chêne 1996*

| | 0,3 ha | 1000 | | 70 à 50 F |

C'est l'une des plus petites parcelles de monbazillac (le reste de cette exploitation de 20 ha étant dans l'AOC bergerac). Elle a donné ce 96 au nez très marqué par les fruits, notamment le coing. En bouche on trouve une belle liqueur - sans excès - avec des notes de fruits et d'épices. C'est un vin plaisir pour maintenant.

LE SUD-OUEST

➤ Alain et Christophe Geneste, GAEC des Brandines, Les Brandines, 24520 Saint-Nexans, tél. 05.53.58.31.65, fax 05.53.73.20.34 ✉ ⚑ t.l.j. 9h-20h

CH. LES MARQUISES Boisé 1996

| | 7 ha | 20 000 | 🍷 | 50 à 70 F |

Un monbazillac de négoce élevé en fût pendant douze mois. Le nez, plaisant et simple, évoque les fruits confits. La bouche présente un bon équilibre avec un gras (modéré) et de la rondeur (sans excès). Ce 96 manque un peu de matière, mais c'est un honorable représentant de l'appellation et du millésime.

➤ Producta SA, 21, cours Xavier-Arnozan, 33082 Bordeaux Cedex, tél. 05.57.81.18.18, fax 05.56.81.22.12

DOM. DE PECOULA 1996

| | 17 ha | n.c. | 🍷 | 70 à 100 F |

Ce domaine nous avait offert l'an dernier un superbe 95 : on le revoit avec plaisir dans cette sélection. Le nez du 96, plutôt discret, livre des notes surmûries, du coing et de l'abricot. Après une attaque souple, on retrouve le fruit, légèrement citronné. S'il manque un peu de volume en finale, ce vin est bien équilibré.

➤ GAEC de Pécoula, 24240 Pomport, tél. 05.53.58.46.48, fax 05.53.58.82.02 ✉ ⚑ r.-v.
➤ GFA Labaye

PELERIN D'AMOUR 1996

| | n.c. | n.c. | 🍷 | 30 à 50 F |

Un bien joli nom pour un vin à boire rapidement. Le nez très fermé laisse poindre quelques arômes de fruits à l'agitation. La bouche est plaisante, typique, bien équilibrée, avec un beau retour sur le fruit.

➤ Cave de Monbazillac, rte de Mont-de-Marsan, 24240 Monbazillac, tél. 05.53.63.65.00, fax 05.53.63.65.09 ⚑ t.l.j. sf dim. 8h30-12h30 13h30-19h

CH. THEULET Cuvée Prestige 1996★★

| | 12 ha | 9 000 | 🍷 | 70 à 100 F |

C'est le seul château où le millésime 96 soit mieux noté que le 95, c'est dire le travail remarquable qui a été accompli. Le nez, complexe, concentré, est dominé par les fruits confits. La bouche se montre pleine, volumineuse, avec du fruit, du rôti mais aussi un boisé bien fondu. Un joli vin qui peut attendre sept à huit ans.

➤ SCEA Alard, Le Theulet, 24240 Monbazillac, tél. 05.53.57.30.43, fax 05.53.58.88.28 ✉ ⚑ t.l.j. 8h-18h; sam. dim. sur r.-v.

CH. TIRECUL LA GRAVIERE
Cuvée Madame 1996★★

| | 8,61 ha | 4 000 | 🍷 | +200 F |

Entre le château et la cuvée Madame, on est toujours sûr de retrouver un vin de Bruno Bilancini au-dessus du lot. A l'œil déjà, on peut apprécier le gras de ce 96 vieil or qui « colle » au verre. Le nez est très dense, puissant et complexe, avec des notes de fruits mûrs et confits, de miel et d'abricot. En bouche, la concentration est remarquable tout au long de la dégustation. Un vin rond, équilibré, aromatique, volumineux : un véritable nectar. (Bouteilles de 50 cl).

➤ Claudie et Bruno Bilancini, Ch. Tirecul la Gravière, 24240 Monbazillac, tél. 05.53.57.44.75, fax 05.53.24.85.01 ⚑ r.-v.

CH. TIRECUL LA GRAVIERE 1996★

| | 8,61 ha | 13 000 | 🍷 | 150 à 200 F |

Ce vin qui fut coup de cœur l'an dernier pour le millésime 1995 n'était pas au mieux de sa forme lors de la dégustation. Le nez d'intensité moyenne mêle les fruits exotiques au miel et à la vanille. La matière est riche et ample, avec des notes d'orange et de pêche en finale. D'un bon équilibre, ce vin manque un peu de gras comme tous les 96. (Bouteilles de 50 cl).

➤ Claudie et Bruno Bilancini, Ch. Tirecul la Gravière, 24240 Monbazillac, tél. 05.53.57.44.75, fax 05.53.24.85.01 ⚑ r.-v.

Montravel

Sur les coteaux, du Fleix jusqu'au-delà de Saint-Michel-de-Montaigne, le terroir de Montravel produit sur 1 200 ha des vins blancs secs et des vins blancs moelleux toujours remarqués pour leur élégance.

K DE KREVEL 1996

| | 3 ha | 10 000 | 🍷 | 50 à 70 F |

Le nez développe essentiellement des arômes de boisé, de grillé, de fumé. La structure en bouche est bonne avec du gras et de l'acidité, mais elle est aujourd'hui totalement dominée par le bois. On cherche en vain l'âme du montravel.

➤ SARL Dom. de La Métairie, Ch. Fonfrède, 24610 Montpeyroux, tél. 05.53.80.09.85, fax 05.53.80.14.72 ✉ ⚑ r.-v.

CH. DU FAUGA 1996★★

| | 8 ha | n.c. | 🍷 | 30 F |

Incontestablement le meilleur de la sélection : c'est d'ailleurs un vin qui parle le langage du terroir. Le nez est puissant, complexe, avec ce petit côté minéral, pierre à fusil, que l'on aime trouver dans les montravel. La bouche est aussi

minérale, bien équilibrée, avec des notes de citron et de pamplemousse. Bravo !
🍷 Francis Lagarde, Port-Sainte-Foy, 33220 Fougueyrolles, tél. 05.53.24.84.42
☑ 🍷 t.l.j. 8h-20h

CH. LA RESSAUDIE 1997

| ☐ | 2 ha | 15 000 | 🗝 ⬇ -30 F |

C'est un 97 très classique à dominante de sauvignon. Le nez est fin et élégant, typique du cépage, avec des notes d'agrumes et de bourgeon de cassis. A l'attaque, le vin est fruité, vif, nerveux ; les arômes de bouche sont identiques à ceux du nez.
🍷 Jean Rebeyrolle, Ch. La Ressaudie, 33220 Port-Sainte-Foy, tél. 05.53.24.71.48, fax 05.53.58.52.29 ☑ 🍷 t.l.j. 9h-12h 14h-18h

CH. LE BONDIEU
Cuvée Gabriel Vinifié en fût de chêne 1996★

| ☐ | 2 ha | 1 800 | 🍷 30 à 50 F |

La vinification en barrique n'a pas spécialement impressionné le jury. Beaucoup plus intéressant est le nez très floral avec une note de tilleul bien marquée. En bouche, c'est un vin bien construit, équilibré. « Un style que j'aime », note un dégustateur. Idéal sur un poisson cuisiné.
🍷 Didier Feytout, Le Bondieu, 24230 Saint-Antoine-de-Breuilh, tél. 05.53.58.30.83, fax 05.53.24.38.21 ☑ 🍷 t.l.j. sf dim. 8h-12h 14h-19h; sam. sur r.-v.

CH. MOULIN CARESSE
Cuvée sur lies 1996★

| ☐ | 1 ha | 4 500 | 🍷 30 à 50 F |

Le boisé est présent, dominant, avec quelques notes d'agrumes. Une structure particulièrement riche et complexe allie l'acidité du vin et la sucrosité du bois. Aujourd'hui un peu austère, ce 96 sera plus fondu dans deux à trois ans.
🍷 EARL Sylvie et Jean-François Deffarge, Ch. Moulin Caresse, 24230 Saint-Antoine-de-Breuilh, tél. 05.53.27.55.58, fax 05.53.27.07.39 ☑ 🍷 t.l.j. 9h-12h 15h-19h; dim. sur r.-v.

CH. PUY-SERVAIN
Cuvée Marjolaine Elevé en fût de chêne 1996

| ☐ | 1,5 ha | 9 000 | 🍷 50 à 70 F |

Les arômes de fruits secs dominent le nez avec des notes de pain grillé et de boisé. Ce 96 est très riche en attaque ; le fruit mûr et des notes de grillé et de torréfié s'affichent. Puis viennent les tanins de la barrique qui devront, avec le temps, laisser la place au vin.
🍷 SCEA Puy-Servain, Calabre, 33220 Sainte-Foy, tél. 05.53.24.77.27, fax 05.53.58.37.43 ☑ 🍷 t.l.j. sf sam. dim. 8h-12h 14h-18h
🍷 Hecquet

Haut-montravel
Côtes de montravel

CH. DU BLOY 1996★

| ☐ | 5 ha | 5 000 | 🗝 ⬇ 30 à 50 F |

Beaucoup de savoir-faire dans ce 96 vendangé à la main. Le nez est complexe est fruité (pêche blanche, abricot) avec des notes de miel et de vanille. En bouche, le vin frais et séveux révèle un bon équilibre alcool-sucre. Très jolie finale.
🍷 Guillermier Frères, Bonneville, 24230 Vélines, tél. 05.53.27.50.59, fax 05.53.27.56.34 ☑ 🍷 t.l.j. sf sam. dim. 9h-12h 14h-18h

CH. LESPINASSAT 1996★

| ☐ | 2,5 ha | 4 200 | 🗝 ⬇ 50 à 70 F |

C'est une véritable passion pour la vigne qui anime Agnès Verseau ; ce vin est issu d'une récolte par tries successives sur des ceps plus que centenaires. De l'abricot, de l'amande, du miel, du rôti et aussi une note muscatée à l'agitation. Beaucoup de gras et de rondeur en bouche et de nouveau ce petit goût de muscat. Le vin est assez bien équilibré avec une pointe de fraîcheur. C'est un vrai liquoreux à boire sur un fromage fort.
🍷 Agnès Verseau, Les Oliviers, 24230 Montcaret, tél. 05.53.58.34.23, fax 05.53.61.36.57 ☑ 🍷 r.-v.

Haut-montravel

CH. DAUZAN LA VERGNE
Elevé en fût de chêne 1996

| ☐ | 5 ha | 12 000 | 🍷 50 à 70 F |

La plume sur l'étiquette : c'est Montaigne pour la sagesse et Cyrano pour le panache. Le nez fruité est aujourd'hui un peu fermé, même à l'agitation. Après une attaque fraîche et ronde, on apprécie le gras accompagné de notes de fruits secs. L'amertume en finale révèle la présence du bois qui n'est pas encore suffisamment fondu. Un fromage à pâte persillée conviendra à ce vin dans quelques mois.
🍷 SNC Ch. Pique-Sègue, 33220 Port-Sainte-Foy, tél. 05.53.58.52.52, fax 05.53.63.44.97 ☑ 🍷 r.-v.
🍷 Mallard

DUC DE MEZIERE
Vinifié en fût de chêne 1996★

| ☐ | 2,2 ha | 5 000 | 🍷 -30 F |

On remarque au nez des notes d'écorce d'orange, de miel et de vanille. La bouche est riche, séveuse, bien équilibrée, sans acidité excessive. Le boisé encore dominant demande à se fondre. La longue finale aromatique est prometteuse.
🍷 Union de Viticulteurs de Port-Sainte-Foy, 78, rte de Bordeaux, 33220 Port-Sainte-Foy, tél. 05.53.24.75.63, fax 05.53.57.69.59 ☑ 🍷 t.l.j. sf dim. 9h-12h 14h-19h

LE SUD-OUEST

Pécharmant

CH. LE RAZ Cuvée Pierres blanches 1996*
☐   2,36 ha   8 000   🍷 70 à 100 F

Des pierres blanches, il n'en manque pas à Saint-Méard. Ici les vignes sont effeuillées, triées en vert, vendangées par tries et la récolte acheminée par bastes comme autrefois. Au nez, on apprécie le rôti et le miel qui accompagnent des notes vanillées et fumées. Le vin est riche et bien équilibré, la finale longue et aromatique. Du beau travail tout au long de la chaîne.

☙ Vignobles Barde, Le Raz, 24610 Saint-Méard-de-Gurçon, tél. 05.53.82.48.41, fax 05.53.80.07.47 ☑ 𝕐 t.l.j. sf dim. 8h30-12h30 14h-19h; sam. sur r.-v.

CH. PUY-SERVAIN TERREMENT 1996**
☐   5 ha   8 000   🍷 100 à 150 F

Après avoir frôlé le coup de cœur l'année dernière, voilà enfin ce cru justement récompensé. Du miel, du rôti, des fruits secs et une légère note boisée pour couronner le tout. Beaucoup de sève et de gras en bouche avec une plaisante finale sur les fruits (abricot) et le miel. L'équilibre est parfait, sans lourdeur malgré la richesse en sucre. Un beau vin de garde, déjà agréable à déguster.

☙ SCEA Puy-Servain, Calabre, 33220 Port-Sainte-Foy, tél. 05.53.24.77.27, fax 05.53.58.37.43 ☑ 𝕐 t.l.j. sf sam. dim. 8h-12h 14h-18h

☙ Hecquet

tion, on trouve un boisé discret, intimement lié à des fruits noirs ou rouges. La bouche est à la hauteur du nez avec une structure souple, ronde sur un boisé bien intégré. Une belle mélodie pour les sens.

☙ Arlette Best, Ch. de Biran, 24520 Saint-Sauveur-de-Bergerac, tél. 05.53.22.46.29, fax 05.53.22.39.50 ☑ 𝕐 r.-v.

DOM. BRISSEAU-BELLOC 1996
■   4,8 ha   20 000   🍷 30 à 50 F

Cette cuvée est régulièrement citée dans le Guide. Le nez est très boisé avec des notes de grillé, de café. Les tanins du vin sont présents, sans excès, et assez veloutés malgré le chêne qui marque la finale. C'est malgré tout un vin à boire dans les deux ans.

☙ Union vinicole Bergerac Le Fleix, 24130 Le Fleix, tél. 05.53.24.64.32, fax 05.53.24.65.46 ☑ 𝕐 r.-v.

CH. CHAMPAREL 1996*
■   6,62 ha   45 000   🍷 30 à 50 F

Au-delà du terroir, c'est la passion du producteur qui permet d'offrir à ce vin un goût et un bouquet si typiques. La robe grenat et le nez puissant de fruits rouges annoncent un vin de grande concentration. La bouche est soutenue, ronde, avec un petit côté animal. Les tanins sont présents et bien fondus dans le bois. Trois à quatre années de garde semblent nécessaires pour atteindre l'optimum.

☙ Françoise Bouché, Pécharmant, 24100 Bergerac, tél. 05.53.57.34.76, fax 05.53.73.24.18 ☑ 𝕐 r.-v.

DOM. DES COSTES 1996**
■   11 ha   40 000   🍷 30 à 50 F

Pécharmant

Au nord-est de Bergerac, ce « Pech », colline de 300 ha, donne un vin exclusivement rouge, très riche, apte à la garde. L'élevage en barrique, souvent pratiqué, apporte complexité et finesse.

CH. DE BIRAN 1996**
■   10,5 ha   60 000   🍷 30 à 50 F

On peut constater dans cette bouteille une parfaite maîtrise de l'élevage en barrique. A l'olfac-

Un rapport qualité-prix remarquable pour une superbe bouteille. C'est le fruit de la passion qui nous est proposé ! Après un premier coup de nez vanillé, ce sont les pruneaux, le cassis et les fruits mûrs qui explosent. L'attaque est dominée par la vanille, puis viennent la framboise et les fruits rouges. Les tanins sont serrés, gras, mûrs avec des notes de grillé et de torréfié. C'est un vin qui vous laissera le palais en fête dans quatre ou cinq ans.

☙ Nicole Dournel, Les Costes, 24100 Bergerac, tél. 05.53.57.64.49, fax 05.53.61.69.08 ☑ 𝕐 r.-v.

☙ Lacroix

Saussignac

DOM. DU GRAND JAURE
Elevé et vieilli en fût de chêne 1996★★

■　　　　n.c.　　5 000　　🍷 30 à 50 F

C'est une petite cuvée de 5 000 bouteilles qui a fait l'objet des plus grands soins tout au long de son élaboration. Le nez fin et distingué se remarque par des notes très épicées. En bouche, on apprécie une belle matière aux tanins élégants, tout en finesse. La finale est soyeuse avec un joli retour de fruits. L'harmonie entre le vin et le bois est parfaite.
☛ GAEC Baudry, Dom. du Grand Jaure, 24100 Lembras, tél. 05.53.57.35.65, fax 05.53.57.10.13 ✓ ⊥ t.l.j. 9h-20h; dim. sur r.-v.

CH. LA RENAUDIE 1996

■　　　　n.c.　　80 000　　🍷 30 à 50 F

La Renaudie est un beau vignoble dont les vignes commencent à avoir l'âge de raison (25 ans) ! Le nez de ce 96 est très puissant avec des notes de fruits rouges bien mûrs. Le vin est complexe en bouche et présente beaucoup de matière. Attendre que sa jeunesse passe.
☛ Cave de Monbazillac, rte de Mont-de-Marsan, 24240 Monbazillac, tél. 05.53.63.65.00, fax 05.53.63.65.09 ✓ ⊥ t.l.j. sf dim. 8h30-12h30 13h30-19h
☛ M. Allamagny

CH. LES COTES 1996

■　　　6 ha　　25 000　　🍷 30 à 50 F

Le domaine se situe aux portes de Bergerac. La conduite du vignoble et des vinifications y est traditionnelle et la vendange manuelle. Le nez de ce 96 n'est pas très puissant mais élégant par ses notes de fruits rouges et de fleur d'acacia. La structure est équilibrée, les tanins sont ronds, homogènes, avec une bonne longueur. Un vin bien fait.
☛ Colette Bourgès, Les Costes, 24100 Bergerac, tél. 05.53.57.59.89, fax 05.53.24.20.24 ✓ ⊥ r.-v.

YVON MAU 1996★

■　　　2 ha　　15 000　　🍷 -30 F

Voici une sélection de négoce intéressante qui prouve qu'un vin peut être bon sans avoir vu le bois. Finesse et élégance marquent le nez par des notes de fruits rouges et de cuir. Malgré des tanins bien présents, le vin est souple, avec une belle longueur. C'est un très joli raisin qui a été parfaitement vinifié.
☛ Yvon Mau SA, rue André-Dupuy-Chauvin, B.P. 1, 33190 Gironde-sur-Dropt, tél. 05.56.61.54.54, fax 05.56.61.54.61

CLOS PEYRELEVADE 1996★

■　　10 ha　　50 000　　🍷 50 à 70 F

Le **domaine du Haut Pécharmant** qui avait obtenu un coup de cœur pour son 95 était un peu fermé : le 96 n'a obtenu qu'une note 2. En revanche, le clos Peyrelevade est plus expressif. La réglisse domine le nez avec un petit côté épicé et animal. La matière est riche, pleine, et présente une bonne longueur. Les tanins sont bien garnis et soyeux. Ce vin est très harmonieux. La maison Roches reste une valeur sûre.
☛ Michel Roches, Pécharmant, 24100 Bergerac, tél. 05.53.57.29.50, fax 05.53.24.28.05 ✓ ⊥ t.l.j. 8h-12h30 14h-19h; dim. sur r.-v.

DOM. PUY DE GRAVE
Elevé en fût de chêne 1996★★

■　　　3 ha　　8 000　　🍷 70 à 100 F

Tiercé gagnant pour M. Kreusch dont trois domaines figurent dans la sélection du Guide. Dans ce 96, le bois est très présent au nez, marqué de notes épicées et de pain grillé. La bouche possède une grande densité de tanins. Les épices et la vanille masquent encore le vin qui ne demande qu'à s'exprimer : il ne peut que se bonifier en vieillissant.
☛ SARL Dom. de La Métairie, Ch. Fonfrède, 24610 Montpeyroux, tél. 05.53.80.09.85, fax 05.53.80.14.72 ✓ ⊥ r.-v.

Saussignac

Loué au XVIe s. par le Pantagruel de François Rabelais, inscrit au cœur d'un superbe paysage de plateaux et de coteaux, ce terroir donne naissance à de grands vins moelleux et liquoreux.

DOM. DU CANTONNET
Cuvée Cécile 1996★

□　　4 ha　　12 000　　🍷 30 à 50 F

C'est un millésime plus ingrat que le 95 qui avait obtenu trois étoiles, mais il figure toutefois en bonne place dans la sélection. Aux notes de fruits viennent s'ajouter le miel, la cire et un léger boisé assorti d'une pointe de pain grillé. La bouche s'exprime tout d'abord avec rondeur et souplesse, puis on assiste à une montée en puissance. La finale est un peu vive, traduisant une acidité de bon aloi : cette bouteille pourra vieillir.
☛ EARL Vignobles Rigal, Dom. du Cantonnet, 24240 Razac-de-Saussignac, tél. 05.53.27.88.63, fax 05.53.23.77.11 ✓ ⊥ r.-v.
☛ Jean-Paul Rigal

CH. DES EYSSARDS Cuvée Flavie 1996★★

□　　n.c.　　n.c.　　🍷 50 à 70 F

Après le rouge et le sec, c'est aussi le saussignac qui est cette année sélectionné. Le nez, superbe et chaleureux, livre des arômes de miel et d'orange confite. Gras et vivacité se retrouvent en bouche, l'acidité tempérant un peu le volume énorme de ce vin. Toujours des notes de fruits et de miel, avec beaucoup d'élégance. Sera parfait dans deux à trois ans.
☛ GAEC des Eyssards, Les Eyssards, 24240 Monestier, tél. 05.53.58.45.48, fax 05.53.58.63.74 ✓ ⊥ r.-v.

LE SUD-OUEST

Côtes de duras

CH. GRINOU
Noble Vinifié en fût de chêne 1996★★

| □ | 1 ha | 1 300 | 🍷 | 70 à 100 F |

C'est une cuvée rare qui n'a produit que 1 300 bouteilles sur un hectare de vignes. Le nez, concentré et riche, allie des notes de fruits confits, d'abricot avec une pointe fraîche et mentholée sur un boisé intense. En bouche, on apprécie le gras et le volume, sans acidité, et une grande finesse. On dirait un tableau impressionniste où les fines touches sont harmonieusement réparties.

➥ Catherine et Guy Cuisset, Ch. Grinou, rte de Gageac, 24240 Monestier, tél. 05.53.58.46.63, fax 05.53.61.05.66 ☑ ☒ r.-v.

LA ROSE DE L'ECRIVAIN
Elevé en fût de chêne 1996

| □ | 5 ha | 10 000 | 🍷 | 50 à 70 F |

On pourrait presque dire que c'est une cuvée familiale réalisée par les administrateurs et le personnel de la cave, laquelle vinifie néanmoins 1 255 ha de vignes. Les fruits sont très concentrés au nez avec une pointe d'épices et de cannelle. Dominée par le fruité, la bouche révèle une grande fraîcheur et tient même sur une petite note acidulée. Un vin harmonieux.

➥ Cave coop. des Producteurs de Montravel et Sigoulès, 24240 Sigoulès, tél. 05.53.61.55.00, fax 05.53.61.55.10 ☑ ☒ t.l.j. sf dim. 8h30-12h30 14h30-18h30

CH. LE CHABRIER
Vinifié en fût de chêne 1995★

| □ | 1,75 ha | 2 200 | 🍷 | 70 à 100 F |

Une vinification en fût et deux ans d'élevage en barrique font de ce 95 un produit de grande garde. Des fruits mûrs et surtout l'abricot se mêlent à un boisé très intense. Souple et dense, ce vin évolue sur un moelleux équilibré par l'acidité. Le boisé n'est pas encore tout à fait fondu, mais ce vin possède une matière suffisante pour bien vieillir.

➥ Pierre Carle, Ch. Le Chabrier, 24240 Razac-de-Saussignac, tél. 05.53.27.92.73, fax 05.53.23.39.03 ☑ ☒ r.-v.

CH. LE PAYRAL
Cuvée Marie-Jeanne 1995★★

| □ | 2 ha | 4 000 | 🍷 | 70 à 100 F |

Un encépagement particulier pour ce vin puisque le sauvignon et la muscadelle représentent chacun 25 % de l'assemblage. Le nez est extraordinairement complexe avec des notes d'agrumes, d'orange confite, de prunelle, de raisins de Corinthe, d'acacia, de miel et, bien sûr, de vanille. Le moelleux évolue sur une matière énorme, bien équilibrée par l'acidité. Le vin explose dans une finale d'une très grande longueur.

➥ Thierry Daulhiac, 24240 Razac-de-Saussignac, tél. 05.53.22.38.07, fax 05.53.27.99.81 ☑ ☒ r.-v.

CH. MIAUDOUX Réserve 1996★

| □ | 1,75 ha | 5 000 | 🍷 | 70 à 100 F |

On perçoit au nez des notes de pêche et de mandarine dans un boisé fondu. Si le gras est bien présent en bouche, la structure est encore légèrement dominée par le fût malgré une finale de fruits confits. Ce 96 gagnera sa deuxième étoile dans deux ou trois ans, lorsque le mariage du vin et du bois sera consommé.

➥ Gérard Cuisset, Les Miaudoux, 24240 Saussignac, tél. 05.53.27.92.31, fax 05.53.27.96.60 ☑ ☒ r.-v.

CH. RICHARD Coup de cœur 1996

| □ | 3 ha | 5 000 | 🍷 | 100 à 150 F |

Richard Doughty reste toujours le défenseur des traditions et l'homme du renouveau de Saussignac. Cette cuvée est en cours d'élevage et ne se présente pas au mieux. Le nez, peu complexe, évoque les fruits confits. L'attaque est très caractéristique, avec beaucoup de gras et de rondeur sur des fruits frais. Le vin finit sur un boisé que le temps devra fondre.

➥ Richard Doughty, Ch. Richard, La Croix-Blanche, 24240 Monestier, tél. 05.53.58.49.13, fax 05.53.61.17.28 ☑ ☒ t.l.j. 10h-12h30 14h30-19h

CLOS D'YVIGNE
Vendanges tardives 1996★★★

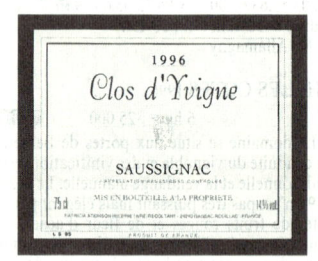

| □ | n.c. | n.c. | 🍷 | 100 à 150 F |

1996
Clos d'Yvigne
SAUSSIGNAC

Sans aucune contestation possible, Patricia Atkinson obtient un nouveau coup de cœur unanimement décerné. Son 96 séduit par des arômes de miel, de rôti, mais surtout par cette subtile note d'abricot si caractéristique de ce terroir exceptionnel. La bouche est très grasse et longue et l'on y retrouve les fruits secs, le raisin confit, le miel, ainsi qu'une pointe de réglisse. Somptueux, puissant mais élégant, ce vin a un avenir très prometteur.

➥ Patricia Atkinson, Le Bourg, 24240 Gageac-Rouillac, tél. 05.53.22.94.40, fax 05.53.23.47.67 ☑ ☒ t.l.j. 9h-12h 14h-18h

Côtes de duras

Les côtes de duras sont issus d'un vignoble de 2 000 ha qui est le prolongement naturel du plateau de l'Entre-Deux-Mers. On raconte qu'après la révoca-

Côtes de duras

tion de l'édit de Nantes, les exilés huguenots gascons faisaient venir le vin de Duras jusqu'à leur retraite hollandaise et marquaient d'une tulipe les rangs de vigne qu'ils se réservaient.

Sur des coteaux découpés par la Dourdèze et ses affluents, avec des sols argilo-calcaires, les côtes de duras ont accueilli tout naturellement les cépages bordelais. En blanc, sémillon, sauvignon et muscadelle ; en rouge, cabernet-franc, cabernet-sauvignon, merlot et malbec. On trouve également le chenin, l'ondenc et l'ugni-blanc. La gloire de Duras, c'est bien le vin blanc : des moelleux suaves, mais surtout des blancs secs à base de sauvignon, qui sont de réelles réussites. Racés, nerveux, au bouquet spécifique, ils accompagnent à merveille fruits de mer et poissons de l'Océan. Les vins rouges, souvent vinifiés en cépages séparés, sont charnus, ronds et d'une belle couleur.

DOM. DES ALLEGRETS
Cuvée Champs du bourg Vieilles vignes Elevé en fût 1996★★

  1 ha   3 600   100 à 150 F

Cette année, il y aura deux coups de cœur à Duras car le jury se devait de récompenser ce liquoreux remarquable. Du muscat, des fruits confits, du miel et un peu de boisé composent un nez d'une belle complexité. Puissance, ampleur, onctuosité, concentration, équilibre, richesse, longueur, intensité : les qualificatifs élogieux se bousculent pour décrire ce vin. En raison d'un boisé encore un peu dominant, il est conseillé de l'attendre. Un apéritif parfait pour l'an 2 000 et les quinze années suivantes.

🔹 SCEA Francis et Monique Blanchard, Dom. des Allégrets, 47120 Villeneuve-de-Duras, tél. 05.53.94.74.56, fax 05.53.94.74.56 ☑ ☥ t.l.j. 9h-12h 14h-19h

DOM. DES ALLEGRETS 1996★

  5 ha   10 000   -30 F

Le domaine des Allégrets s'est également distingué en rouge par un 96 élevé en cuve. Les fruits rouges sont très intenses au nez. Après une attaque souple et ronde, le vin se montre très volumineux, avec des tanins tendres et déliés. La finale, longue et fruitée, présente une petite touche animale. Un vin harmonieux et bien fait.

🔹 SCEA Francis et Monique Blanchard, Dom. des Allégrets, 47120 Villeneuve-de-Duras, tél. 05.53.94.74.56, fax 05.53.94.74.56 ☑ ☥ t.l.j. 9h-12h 14h-19h

DOM. AMBLARD 1997★

  10 ha   83 000   -30 F

Sur les boulbènes et les argilo-calcaires de Saint-Sernin, le sauvignon peut pleinement s'exprimer. Dans ce 97, les arômes du cépage sont à la fois fins et puissants au nez. En bouche, le vin est équilibré, long, évoluant sur une matière mûre. La finale laisse une impression de vivacité qui rend cette bouteille idéale pour les fruits de mer.

🔹 SCEA Dom. Amblard, 47120 Saint-Sernin-de-Duras, tél. 05.53.94.77.92, fax 05.53.94.27.12 ☑ ☥ t.l.j. sf dim. 8h-12h30 14h-19h

BERTICOT Sauvignon 1997★

  30 ha   200 000   -30 F

Les caves de Landerrouat et de Duras se sont associées dans l'intérêt de leurs adhérents mais aussi du consommateur. Le sauvignon est toujours au rendez-vous du Guide avec deux cuvées. La première présente un nez bien net, agréable, aux notes de raisins mûrs. La bouche surprend par sa richesse et par sa longueur. Assez vif en attaque, ce vin termine sur des notes très fruitées en fin de bouche. La **cuvée vieilles vignes 97, en blanc** aussi, a obtenu la même note. Elle est plus ronde.

🔹 SCA Les Vignerons de Landerrouat-Duras, rte de Sainte-Foy-la-Grande, 47120 Duras, tél. 05.53.83.71.12, fax 05.53.83.82.40 ☑ ☥ r.-v.

DOM. DU BOURRAN 1996★

  6 ha   18 000   -30 F

Reprise en 1994, cette ancienne propriété de polyculture-élevage se spécialise aujourd'hui en viticulture. Elle a élaboré un 96 au nez complexe, frais et vif, avec des notes de framboise et de cerise. Après une attaque ample et ronde, la bouche évolue sur des tanins jeunes, fermes mais dénués d'agressivité. D'une bonne persistance aromatique, c'est un beau vin de garde.

🔹 SCEA McGrane, Le Bourran, 47120 Saint-Jean-de-Duras, tél. 05.53.89.64.31, fax 05.53.89.64.31 ☑ ☥ r.-v.

CLOS DU CADARET 1996★★★

  2 ha   7 500   50 à 70 F

Installés depuis peu à Loubès-Bernac, les Le Jan sont des passionnés de viticulture et d'œnologie. Conduit en biodynamie, leur vignoble a

LE SUD-OUEST

Côtes de duras

des rendements modérés et les vendanges sont effectuées par tris en cagettes. Une politique de qualité qui porte ses fruits. Voyez cette cuvée en rouge : le nez puissant et complexe allie les fruits mûrs à des notes boisées et vanillées. On retrouve ces mêmes arômes en bouche avec une structure tannique puissante, concentrée mais parfaitement équilibrée. Une bouteille exceptionnelle par sa richesse et son élégance. Le vin **blanc sec 97** vinifié en barrique, gras et boisé, mérite d'être cité. Un vin idéal pour les poissons en sauce.
🍷 Corinne et Gérard Le Jan, Le Clos du Cadaret, 47120 Loubès-Bernac,
tél. 05.53.94.59.42, fax 05.53.94.59.42 ☒ ⬚ r.-v.

DOM. DES COURS Sauvignon 1997★★

| ☐ | 5 ha | 20 000 | 🍷 | -30 F |

Le vin blanc sec de la famille Lusoli est régulièrement présent dans le Guide. Cette année, il a obtenu deux étoiles. Le sauvignon s'exprime au nez avec finesse sur des notes florales sans montrer le côté sauvage du cépage. En bouche, ce 97 a de la matière, se révèle rond et long. Une certaine nervosité rend l'attaque vive mais sans nuire en rien à l'équilibre.
🍷 EARL Lusoli, Dom. des Cours,
47120 Sainte-Colombe-de-Duras,
tél. 05.53.83.74.35, fax 05.53.83.63.18 ☒ ⬚ r.-v.

DOM. DU GRAND MAYNE 1997★★

| ◪ | 1,8 ha | 20 000 | 🍷 | -30 F |

Grâce à Andrew Gordon, les Anglais redécouvrent le bon vin de Duras. Dans les trois couleurs, il a de quoi satisfaire l'amateur. Le rosé continue sur sa lancée, gagnant même une étoile. Ce vin au nez fruité délicat révèle un équilibre harmonieux entre la fraîcheur et le fruit. La bouche offre beaucoup de rondeur et une longueur appréciable. De la même propriété, vous apprécierez le **blanc sec 97**, très typique des sauvignons de l'appellation (ce cépage est majoritaire dans la cuvée), et le **rouge 96** aux arômes de fruits rouges très flatteurs et aux tanins veloutés. Ces deux vins ont obtenu une étoile. Une belle gamme !
🍷 Andrew Gordon, Le Grand Mayne,
47120 Villeneuve-de-Duras, tél. 05.53.94.74.17,
fax 05.53.94.77.02 ☒ ⬚ r.-v.

DOM. DU GRAND TRUCHASSON
Rosé 1997★

| ◪ | 0,5 ha | 2 000 | 🍷 | -30 F |

C'est un rosé de cabernet-sauvignon issu de macération que propose le GAEC Teyssandier. Les parfums de fruits sont très présents et puissants au nez. On retrouve ces arômes bien marqués dans une attaque tendre et agréable. La finale un peu courte est dominée par la vivacité. A découvrir avec une charcuterie.
🍷 GAEC Teyssandier, 47120 Saint-Jean-de-Duras, tél. 05.53.89.01.13,
fax 05.53.89.01.57 ⬚ t.l.j. 8h-19h

CH. LA MOULIERE
Elevé en fût de chêne 1996★★

| ■ | 2 ha | 12 000 | 🍷 | 30 à 50 F |

Le cabernet-sauvignon, vendangé à bonne maturité et élevé en barrique, domine dans cette cuvée. Epices, fruits noirs, boisé, fumé forment un nez complexe et puissant. La bouche confirme l'olfaction avec une attaque tout en rondeur, puis une matière tannique imposante et bien équilibrée. Vin de pleine maturité, il peut être consommé maintenant ou gardé plusieurs années. A découvrir aussi, la **cuvée traditionnelle 96 en rouge**, aux tanins encore un peu végétaux.
🍷 Blancheton Frères, La Moulière,
47120 Duras, tél. 05.53.83.70.19,
fax 05.53.83.37.92 ☒ ⬚ r.-v.

CH. LA MOULIERE Grains tardifs 1996★★

| ☐ | 1 ha | 3 000 | 🍷 | 100 à 150 F |

Les frères Blancheton se distinguent régulièrement par des cuvées haut de gamme, en particulier en blanc. Celle-ci, élaborée selon les techniques propres aux grands liquoreux, est remarquable. Le nez intense et net présente des notes de miel et de fruits mûrs avec une touche boisée puissante. Très concentré et liquoreux, ce vin présente un bon équilibre sucre-acidité-alcool. La bouche grasse finit sur une note un peu dure, due au bois. Un vin d'apéritif apte à la garde.
🍷 Blancheton Frères, La Moulière,
47120 Duras, tél. 05.53.83.70.19,
fax 05.53.83.37.92 ☒ ⬚ r.-v.

CH. LA PETITE BERTRANDE
Vieilli en fût de chêne 1996★

| ■ | 4 ha | 20 000 | 🍷 | 30 à 50 F |

Installé à Saint-Astier-de-Duras depuis 1991, Jean-François Thierry propose une cuvée de forte extraction où domine le cabernet-sauvignon. Ce 96 se montre très flatteur au nez, avec ses notes d'épices, de vanille et de fruits rouges. La suite se montre plus austère, car les tanins manquent de fondu et la finale est un peu vive. Mais « tout y est ! » C'est le vin qu'il faut pour une partie de chasse.
🍷 Jean-François Thierry, Les Guignards,
47120 Saint-Astier-de-Duras, tél. 05.53.94.74.03,
fax 05.53.94.75.27 ☒ ⬚ r.-v.

DOM. DE LA SOLLE
Rosé d'une nuit 1997★★

| ◪ | 0,3 ha | 2 500 | 🍷 | 30 à 50 F |

Installé depuis trois ans dans la région, Roger Visonneau fait de nouveau parler de lui. Le jury a particulièrement apprécié son rosé de saignée, issu de cabernets, fruit d'une grande maîtrise technique. Les arômes très présents au nez évoquent les fruits rouges et le bonbon anglais. En bouche, le fruit domine, soutenu par une pointe de gaz carbonique. Un ensemble à la fois frais et rond et surtout très harmonieux. Un vrai vin de soif. En rouge, la **cuvée Fernand 96**, avec son nez épicé et ses tanins soyeux, a obtenu une étoile.
🍷 Roger Visonneau, Boussinet, 47120 Saint-Jean-de-Duras, tél. 05.53.83.07.09,
fax 05.53.20.10.54 ☒ ⬚ t.l.j. sf dim. 9h-12h 14h-19h

DOM. DE LAULAN
Cuvée Emile Chariot 1997★★

| ☐ | 1 ha | 5 000 | 🍷 | 30 à 50 F |

Il n'est plus besoin de présenter le domaine de Laulan, qui collectionne les étoiles dans le Guide. Cette cuvée Emile Chariot s'est distinguée

Côtes de duras

ces dernières années (notamment le millésime 95). Au nez, le 97 séduit par une bonne harmonie entre le fruit et le boisé. Après une attaque particulièrement souple et ronde, la bouche montre beaucoup de richesse et de gras sur un boisé non dominant et offre une finale longue et intense. L'équilibre entre le fruité et le boisé fondu est parfait.

🍷 EARL Gilbert Geoffroy, Dom. de Laulan, 47120 Duras, tél. 05.53.83.73.69, fax 05.53.83.81.54 ✉ 🍷 r.-v.

DOM. DU PETIT MALROME
Elevé en fût de chêne 1996★★

■   0,5 ha   3 000   🍾 30 à 50 F

Alain Lescaut s'est installé sur le domaine familial en 1990. Il a rénové la cave et s'est lancé dans la mise en bouteilles à la propriété. Le meilleur de la vendange, après récolte manuelle, est destiné à l'élaboration de cette cuvée haut de gamme. Le 96 présente un nez complexe qui évolue sur des notes de fruits mûrs avec une touche de boisé et d'épicé. La bouche est puissante, tannique et bien équilibrée. Les arômes boisés de l'élevage dominent encore un peu. Un superbe vin de garde qu'il faudra attendre (quatre à cinq ans).

🍷 Alain Lescaut, 47120 Saint-Jean-de-Duras, tél. 05.53.89.01.44, fax 05.53.89.01.44 ✉ 🍷 r.-v.

> Pour tout savoir d'un vin, lisez les textes d'introduction des appellations et des régions ; ils complètent les fiches des vins.

LE SUD-OUEST

LA VALLÉE DE LA LOIRE ET LE CENTRE

_____ **U**nis par un fleuve que l'on a dit royal, et qui justifierait le qualificatif par sa seule majesté si les rois en effet n'avaient aimé résider sur ses rives, les divers pays de la vallée de la Loire sont baignés par une lumière unique, mariage subtil du ciel et de l'eau qui fait éclore ici le « jardin de la France ». Et dans ce jardin, bien sûr, la vigne est présente ; des confins du Massif central jusqu'à l'estuaire, les vignobles ponctuent le paysage au long du fleuve et d'une dizaine de ses affluents, dans un vaste ensemble que l'on désignera sous le nom de « vallée de la Loire et Centre », plus étendu que ne l'est le Val de Loire au sens strict, sa partie centrale. C'est dire combien le tourisme est ici varié, culturel, gastronomique ou œnologique ; et les routes qui suivent le fleuve sur les « levées », ou celles, un peu en retrait, qui traversent vignobles et forêts sont les axes d'inoubliables découvertes.

_____ **J**ardin de la France, résidence royale, terre des Arts et des Lettres, berceau de la Renaissance, la région est vouée à l'équilibre, à l'harmonie, à l'élégance. Tantôt étroite et sinueuse, rapide et bruyante, tantôt imposante et majestueuse, calme d'apparence, la Loire en est bien le facteur d'unité ; mais il convient cependant d'être attentif aux différences, surtout lorsqu'il s'agit des vins.

_____ **D**epuis Roanne ou Saint-Pourçain jusqu'à Nantes ou Saint-Nazaire, la vigne occupe les coteaux de bordure, bravant la nature des sols, les différences de climat et les traditions humaines. Sur près de 1 000 km, plus de 50 000 ha couverts de vignes produisent, avec de grandes variations, autour de 3 000 000 hl. En 1997, le volume des vins d'appellation a représenté 2 783 989 hl, soit 11,47 % de la production française. Les vins de cette vaste région ont pour points communs la fraîcheur et la délicatesse de leurs arômes, essentiellement dues à la situation septentrionale de la plupart des productions.

La Vallée de la Loire

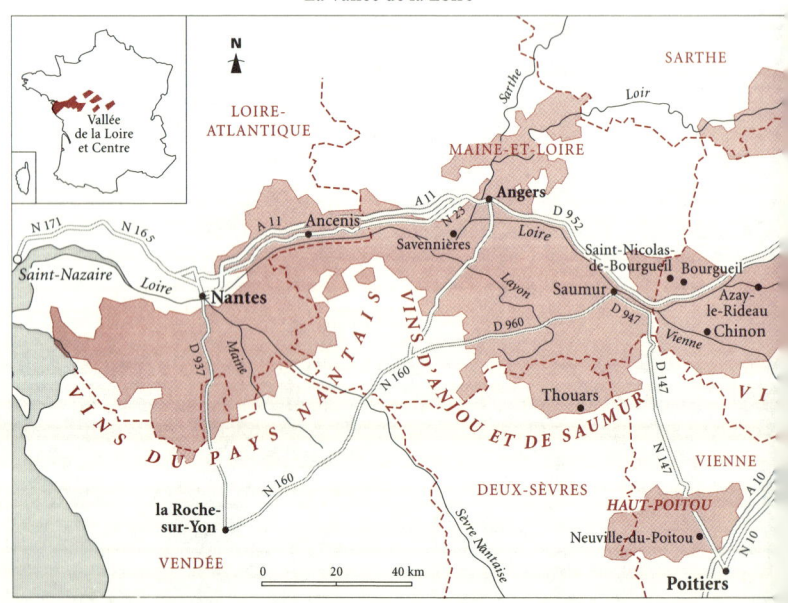

Vouloir désigner toutes ces productions sous le même vocable est un peu audacieux malgré tout, car bien qu'identifiés comme septentrionaux, certains vignobles sont situés à une latitude qui, dans la vallée du Rhône, subit l'influence climatique méditerranéenne... Mâcon est à la même latitude que Saint-Pourçain et Roanne que Villefranche-sur-Saône. C'est donc le relief qui influe ici sur le climat pour limiter l'action des courants : le courant d'air atlantique s'engouffre d'ouest en est dans le couloir tracé par la Loire, puis s'estompe peu à peu au fur et à mesure qu'il rencontre les collines du Saumurois et de la Touraine.

Les vignobles formant de véritables entités sont donc ceux de la région nantaise, de l'Anjou et de la Touraine. Mais on y a joint ceux du haut Poitou, du Berry, des côtes d'Auvergne et roannaises ; il faut bien les associer à une grande région, et celle-ci est la plus proche, aussi bien géographiquement que par les types de vins produits. Il paraît donc nécessaire, sur un plan général, de définir quatre grands ensembles, les trois premiers cités, plus le Centre.

Dans la basse vallée de la Loire, l'aire du muscadet et une partie de l'Anjou reposent sur le Massif armoricain, constitué de schistes, de gneiss et d'autres roches sédimentaires ou éruptives de l'ère primaire. Les sols évolués sur ces formations sont très propices à la culture de la vigne, et les vins qui y sont produits sont d'excellente qualité. Encore appelée région nantaise, cette première entité, la plus à l'ouest du Val de Loire, présente un relief peu accentué, les roches dures du Massif armoricain étant entaillées à l'abrupt par de petites rivières. Les vallées escarpées ne permettent pas la formation de coteaux cultivables, et la vigne occupe les mamelons de plateau. Le climat est océanique, assez uniforme toute l'année, l'influence maritime atténuant les variations saisonnières. Les hivers sont peu rigoureux et les étés chauds et souvent humides ; l'ensoleillement est bon. Les gelées printanières viennent cependant parfois perturber la production.

L'Anjou, pays de transition entre la région nantaise et la Touraine, englobe historiquement le Saumurois ; cette région viticole s'inscrit presque entièrement dans le département du Maine-et-Loire, mais géographiquement le Saumurois devrait

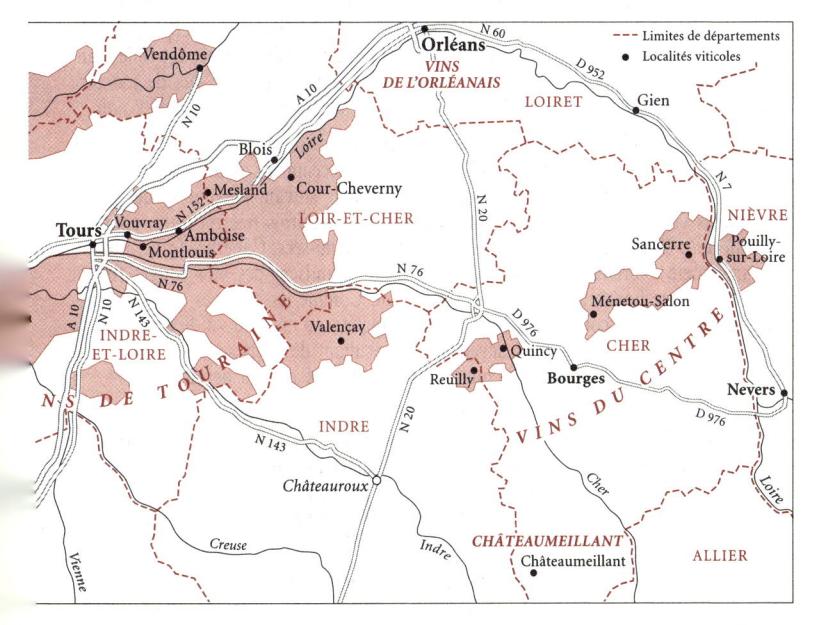

LA VALLEE DE LA LOIRE

plutôt être rattaché à la Touraine occidentale avec laquelle il présente davantage de similitudes, tant au point de vue des sols que du climat. Les formations sédimentaires du Bassin parisien viennent d'ailleurs recouvrir en transgression des formations primaires du Massif armoricain, de Brissac-Quincé à Doué-la-Fontaine. L'Anjou se divise en plusieurs sous-régions : les coteaux de la Loire (prolongement de la région nantaise), en pente douce d'exposition nord, où la vigne occupe la bordure du plateau ; les coteaux du Layon, schisteux et pentus, les coteaux de l'Aubance ; et la zone de transition entre l'Anjou et la Touraine, dans laquelle s'est développé le vignoble des rosés.

Le Saumurois se caractérise essentiellement par la craie tuffeau sur laquelle poussent les vignes ; au-dessous, les bouteilles rivalisent avec les champignons de Paris (30 % de la production nationale) pour occuper galeries et caves facilement creusées. Les collines un peu plus élevées arrêtent les vents d'ouest et favorisent l'installation d'un climat qui devient semi-océanique et semi-continental. En face du Saumurois, on trouve sur la rive droite de la Loire les vignobles de Saint-Nicolas-de-Bourgueil, sur le coteau turonien. Plus à l'est, après Tours, et sur le même coteau, le vignoble de Vouvray se partage avec Chinon - prolongement du Saumurois sur les coteaux de la Vienne - la réputation des vins de Touraine. Azay-le-Rideau, Montlouis, Amboise, Mesland et les coteaux du Cher complètent la panoplie de noms à retenir dans ce riche jardin de la France, où l'on ne sait plus si l'on doit se déplacer pour les vins, les châteaux ou les fromages de chèvre (Sainte-Maure, Selles-sur-Cher, Valençay) ; mais pourquoi pas pour tout à la fois ? Les petits vignobles des coteaux du Loir, de l'Orléanais, de Cheverny, de Valençay et des coteaux du Giennois peuvent être rattachés à la troisième entité naturelle que forme la Touraine.

Les vignobles du Berry (ou du Centre) constituent une quatrième région, indépendante et différente des trois autres tant par les sols, essentiellement jurassiques, voisins du Chablisien pour Sancerre et Pouilly-sur-Loire, que par le climat semi-continental, aux hivers froids et aux étés chauds. Pour la commodité de la présentation, nous rattachons Saint-Pourçain, les côtes roannaises et le Forez à cette quatrième unité, bien que sols (Massif central primaire) et climats (semi-continental à continental) soient différents.

Si, pour aborder les domaines spécifiquement viticoles, on reprend la même progression géographique, le muscadet est caractérisé par un cépage unique (le melon) produisant un vin « unique », blanc sec irremplaçable. Le cépage folle blanche est également dans cette région à l'origine d'un autre vin blanc sec, de moindre classe, le gros-plant. La région d'Ancenis, elle, est « colonisée » par le gamay noir.

Dans l'Anjou, en blanc, le cépage chenin ou pineau de la Loire est le principal ; le chardonnay et le sauvignon y ont été récemment associés. Il est à l'origine des grands vins liquoreux ou moelleux, ainsi que, suivant l'évolution des goûts, d'excellents vins secs et mousseux. En cépage rouge, autrefois très répandu, citons le grolleau noir. Il donne traditionnellement des rosés demi-secs. Cabernet-franc, anciennement appelé « breton », et cabernet-sauvignon produisent des vins rouges fins et corsés ayant une bonne aptitude au vieillissement. Comme les hommes, les vins reflètent, ou contribuent à constituer la « douceur angevine » : à un fond vif dû à une acidité forte vient souvent s'associer une saveur douce résultant de la présence de sucres restants. Le tout dans une production multiple, à la diversité un peu déroutante.

A l'ouest de la Touraine, le chenin en Saumurois, Vouvray et Montlouis ou dans les coteaux du Loir, et le cabernet-franc à Chinon, Bourgueil et dans le Saumurois, puis le grolleau à Azay-le-Rideau, sont les principaux cépages. Le gamay noir en rouge et le sauvignon en blanc produisent, dans la région est, des vins légers, fruités et agréables. Citons enfin pour être complets le pineau d'Aunis des coteaux du Loir, à la nuance poivrée, et le gris meunier, dans l'Orléanais.

Dans le vignoble du Centre, le sauvignon (en blanc) est roi à Sancerre, Reuilly, Quincy et Menetou-Salon, ainsi qu'à Pouilly, où il est encore appelé

Le Val de Loire — Rosé de loire

blanc-fumé. Il partage là son territoire avec quelques vignobles vestiges de chasselas, donnant des blancs secs et nerveux. En rouge, on perçoit le voisinage de la Bourgogne, puisqu'à Sancerre et Menetou-Salon les vins sont produits à partir de pinot noir.

Pour être exhaustif, il convient d'ajouter quelques mots sur le vignoble du haut Poitou, réputé en blanc pour son sauvignon aux vins vifs et fruités, son chardonnay aux vins corsés, et, en rouge, pour ses vins légers et robustes issus des cépages gamay, pinot noir et cabernet. Sous un climat semi-océanique, le haut Poitou assure la transition entre le Val de Loire et le Bordelais. Entre Anjou et Poitou, la production du vignoble du Thouarsais (AOVDQS) est confidentielle. Quant au vignoble des Fiefs vendéens, terroir AOVDQS anciennement dénommé vin des Fiefs du Cardinal et implanté le long du littoral atlantique, ses vins les plus connus sont les vins rosés de Mareuil, issus de gamay noir et pinot noir ; la curiosité de la région étant constituée par le vin de « ragoûtant », issu du cépage négrette et difficile à trouver.

La vallée de la Loire

Le Val de Loire

Rosé de loire

Il s'agit de vins d'appellation régionale, AOC depuis 1974, qui peuvent être produits dans les limites des AOC régionales d'anjou, saumur et touraine. Cabernet-franc, cabernet-sauvignon, gamay noir à jus blanc, pineau d'Aunis et grolleau se retrouvent dans ces vins rosés secs.

DOM. DU CERISIER 1997

| | 5 ha | 35 000 | | -30F |

Un rosé de loire bien représentatif de son appellation : robe rose saumoné, arômes discrets de pêche et de fruits rouges, bouche harmonieuse, fruitée avec une finale tout en fraîcheur. Un vin qui peut être conservé de un à deux ans.

Vinival, La Sablette, 44330 Mouzillon, tél. 02.40.36.66.25, fax 02.40.33.95.81
Raymond et Hubert Deffois

CH. DE CHAMPTELOUP 1997★

| | 10 ha | 50 000 | | -30F |

Le château de Champteloup exploite environ 90 ha avec une production principalement orientée vers les vins rosés. La robe est rose framboise. Les arômes rappellent les fruits mûrs (pêche, cassis) associés à des notes amyliques (bonbon anglais et banane caractéristiques des vinifications à basse température). La bouche est rafraîchissante, harmonieuse avec une bonne persistance en finale.

SCEA de Champteloup, 49700 Brigné-sur-Layon, tél. 02.40.36.66.00, fax 02.40.36.66.01
Babonneau

DOM. COUSIN-LEDUC 1997★★

| | 1 ha | 6 000 | | -30F |

Olivier Cousin a repris le domaine familial, orienté à l'origine vers la production des vins commercialisés en vrac. Les objectifs de travail sont aujourd'hui tout autres. Jugez-en par ce rosé de loire qualifié de remarquable par le jury de dégustation : robe rose pâle avec des reflets orangés, arômes de fruits et de fleurs, bouche fraîche, désaltérante qui laisse une impression fruitée étonnante. Un vin à conseiller.

Le Val de Loire

➥ Olivier Cousin, 7, rue du Colonel-Panaget, 49540 Martigné-Briand, tél. 02.41.59.49.09, fax 02.41.59.69.83 ☑ ☿ r.-v.

DOM. DE GATINES 1997★★

| | 1,5 ha | 5 000 | ■ ☥ -30 F |

Un domaine qui a été champion de France de la taille de vigne en 1996 et qui s'est acquis une solide réputation pour la production de ses vins rosés et rouges. Robe rose intense, arômes délicats de fruits mûrs et de fleurs, bouche fraîche, désaltérante et dominée par des sensations fruitées, un très joli vin qualifié de remarquable par le jury de dégustation.

➥ EARL Dessevre, Dom. de Gatines, 12, rue de la Boulaie, 49540 Tigné, tél. 02.41.59.41.48, fax 02.41.59.94.44 ☑ ☿ t.l.j. sf dim. 8h-12h30 14h-19h

DOM. DE HAUTE PERCHE 1997★

| | n.c. | 8 000 | ■ ☥ -30 F |

Christian Papin fait partie des viticulteurs de la région de l'Aubance qui ont œuvré pour la reconnaissance de l'AOC anjou-villages-brissac, et qui, d'une façon plus générale, ont été à l'origine du renouveau du vignoble de l'Anjou. Son rosé montre un très bel équilibre entre fraîcheur et souplesse : ses arômes rappellent les fruits mûrs et, par leur délicatesse, reflètent bien l'originalité des vins du Val de Loire. Ce 97 charmeur, à boire dès cette année, peut également être conservé un à deux ans.

➥ EARL Agnès et Christian Papin, 9, chem. de la Godelière, 49610 Saint-Melaine-sur-Aubance, tél. 02.41.57.75.65, fax 02.41.57.75.42 ☑ ☿ r.-v.

DOM. DES HAUTES OUCHES 1997★

| | 2 ha | n.c. | ■ -30 F |

Nous avons dit que cette exploitation est régulièrement citée pour l'ensemble de sa production. Cherchez dans les autres appellations de l'Anjou, et le domaine des Hautes Ouches sera là. Ici, la robe est rose saumoné ; les arômes intenses de fraise, la bouche harmonieuse, équilibrée laissent une sensation fruitée. Un vin délicat.

➥ EARL Joël et Jean-Louis Lhumeau, 9, rue Saint-Vincent, 49700 Brigné-sur-Layon, tél. 02.41.59.30.51, fax 02.41.59.31.75 ☑ ☿ r.-v.

CH. DE PASSAVANT 1997★

| | 4,5 ha | 25 000 | ■ ☥ 30 à 50 F |

Le château de Passavant, construit sur un éperon rocheux, domine le cours du Layon. Bâti au XIe s. par Foulque Nerra pour défendre la frontière sud de l'Anjou, il fut remanié aux XIIIe, XIVe, XVes., puis brûlé à la Révolution. Cette exploitation a obtenu, il y a quelques années, un coup de cœur pour un vin de cette appellation : 97 porte une robe rose tendre, des arômes délicats de fraise, notamment de violette, et de fruits ; sa bouche harmonieuse, ronde et fraîche, signe, une fois encore, une belle réussite.

➥ SCEA David Lecomte, Ch. de Passavant, 49560 Passavant-sur-Layon, tél. 02.41.59.53.96, fax 02.41.59.57.91 ☑ ☿ r.-v.

DOM. DES TROIS MONTS 1997

| | 8 ha | 5 000 | ■ ☥ -30 F |

Domaine dont le nom « Les trois Monts » est à relier aux trois collines constituant la commune de Trémont. Son rosé de loire est un bon représentant de l'appellation : robe rose clair à reflets orangés, arômes de cerise, de fruits exotiques, bouche agréable donnant cependant une sensation de vivacité en finale.

➥ SCEA Hubert Gueneau, 1, rue Saint-Fiacre, 49310 Trémont, tél. 02.41.59.45.21, fax 02.41.59.69.90 ☑ ☿ r.-v.

DOM. DE TROMPE-TONNEAU 1997

| | 2,5 ha | 20 000 | ■ ☥ -30 F |

Le domaine de Trompe-Tonneau est une exploitation traditionnelle qui élève une partie de ses vins - dont le fameux bonnezeaux - en barrique. Ce rosé de loire agréable présente cependant une vivacité en finale qui peut surprendre. Les arômes fruités sont associés à des notes amyliques (banane, bonbon anglais, fraise). Un vin à boire dans l'année.

➥ Joël et Yvon Guillet, 12, rue du Layon, 49380 Faveraye-Machelles, tél. 02.41.54.14.95, fax 02.41.54.03.88 ☑ ☿ r.-v.

Crémant de loire

Ici encore, l'appellation régionale peut s'appliquer à des vins effervescents produits dans les limites des appellations anjou, saumur, touraine et cheverny. La méthode traditionnelle fait ici merveille ; la production de ces vins de fêtes a atteint 26 785 hl en 1997. Les cépages sont nombreux : chenin ou pineau de Loire, cabernet-sauvignon et cabernet-franc, pinot noir, chardonnay, etc. Si la plus grande part de la production est constituée de vins blancs, on trouve aussi quelques rosés.

CH. D'AVRILLE 1996

| ○ | n.c. | 20 000 | ■ ☥ 30 à 50 F |

Le château d'Avrillé avec ses 150 ha de vignes est l'exploitation la plus importante de l'Anjou. Son crémant séduit par sa robe de couleur paille avec des reflets verts, ses bulles fines et persistantes donnant des cordons réguliers, ses arômes floraux rappelant l'acacia et la citronnelle. D'une agréable fraîcheur en bouche, ce joli vin d'apéritif pourra également être servi sur des pâtisseries meringuées ou des nougatines.

➥ Ch. d'Avrillé, 49320 Saint-Jean-des-Mauvrets, tél. 02.41.54.80.59 ☿ t.l.j. sf dim. 9h30-11h45 14h30-18h

➥ Biotteau

Le Val de Loire

Crémant de loire

DOM. DE BABLUT 1993*
○   3 ha   10 000

Ce vignoble, familial depuis 1546, exploite aujourd'hui 85 ha de vignes. Les crémants de loire sont élaborés sur le domaine avec un élevage sur lattes de trois ans. Ce vin laisse une impression d'équilibre et d'harmonie. La mousse est fine et abondante ; l'expression aromatique intense rappelle les notes riches du muscat ; la bouche, ample, persistante avec une finale fraîche, est élégante. A découvrir à l'apéritif.
➥ SCEA Daviau, Bablut, 49320 Brissac-Quincé, tél. 02.41.91.22.59, fax 02.41.91.24.77 t.l.j. 9h-12h 14h-18h30 ; dim. sur r.-v.

DOM. DE BRIZE***
○   n.c.   5 000

Un domaine qui soigne particulièrement la production des vins effervescents élaborés entièrement sur l'exploitation (ce qui est rare sur ce type de vin) : récolte manuelle des vendanges, assemblage de plusieurs cépages, conservation des vins sur lattes. Ce savoir qualitatif sur l'ensemble de l'élaboration se traduit par une robe délicate, une effervescence fine et persistante, une expression aromatique intense et complexe (notes de brioche, de fruits exotiques, de fruits à chair blanche). La bouche, rafraîchissante et puissante à la fois, laisse une impression d'équilibre étonnant. A découvrir au plus vite !
➥ SCEA Marc et Luc Delhumeau, Dom. de Brizé, 49540 Martigné-Briand, tél. 02.41.59.43.35, fax 02.41.59.66.90 r.-v.
➥ Luc et Line Delhumeau

COMTE DE MONTMORENCY*
○   n.c.   26 000

C'est en 1859 que furent fondées les caves de Grenelle spécialisées aujourd'hui dans la méthode traditionnelle. Le crémant affiche une expression aromatique étonnante pour ce type de vin : notes de fleurs blanches, de fruits à chair blanche à l'olfaction et de pomme à la dégustation. Sa bouche offre une très belle fraîcheur et une sensation d'ensemble équilibré.
➥ Caves de Grenelle, 20, rue Marceau, B.P. 206, 49415 Saumur Cedex, tél. 02.41.50.17.63, fax 02.41.50.83.65 t.l.j. sf dim. 10h-12h 14h-18h

JEAN-MICHEL COURTIOUX*
○   0,8 ha   4 500

Présent également en AOC cheverny, Jean-Michel Courtioux a bien réussi son crémant. Les points forts de ce vin ? Une mousse très fine, des arômes floraux, une belle attaque et une finale très souple et élégante.
➥ Jean-Michel Courtioux, Juchepie, 41120 Chitenay, tél. 02.54.70.42.18 r.-v.

XAVIER FRISSANT*
○   0,5 ha   5 000

Faisant partie des producteurs dynamiques du village de Mosnes près d'Amboise sur la rive gauche de la Loire, Xavier Frissant cherche la perfection et y parvient pour cette cuvée blanc de blancs au nez discret, brioché, à la bouche fraîche avec une mousse imposante. Encore jeune, mais déjà harmonieux, il demande à évoluer un peu pour s'affirmer.
➥ Xavier Frissant, 1, Chemin-Neuf, 37530 Mosnes, tél. 02.47.57.23.18, fax 02.47.57.23.25 r.-v.

CHRISTIANE GREFFE*
○   n.c.   n.c.

Maison créée en 1965, élaboratrice de vouvray et de touraine effervescents pour son propre négoce, ainsi qu'à façon pour les producteurs. Les bulles sont fines dans le liquide jaune paille. Le bouquet assez fin, la matière, présente et persistante, composent une cuvée harmonieuse.
➥ Christiane Greffe, 35, rue Neuve, 37210 Vernou-sur-Brenne, tél. 02.47.52.12.24, fax 02.47.52.09.56 r.-v.

DOM. DE LA DESOUCHERIE 1996*
○   1,5 ha   10 000

Ce producteur bien connu dans les AOC cheverny et cour-cheverny présente un crémant aux jolis reflets jaune pâle, à la mousse très fine et persistante, qui séduit par sa légèreté et son élégance.
➥ Christian Tessier, Dom. de La Désoucherie, 41700 Cour-Cheverny, tél. 02.54.79.90.08, fax 02.54.79.22.48 r.-v.

MLLE LADUBAY*
○   n.c.   52 000

Maison traditionnelle de vins effervescents du Saumurois dont l'image est celle de l'élégance. La robe jaune pâle, avec des reflets légèrement verts, et l'effervescence fine donnant des cordons réguliers et persistants annoncent des arômes jeunes de fleurs de genêt, d'acacia. La bouche est fraîche, harmonieuse, et laisse apparaître des notes briochées. Une belle réussite.
➥ Bouvet-Ladubay, 1, rue de l'Abbaye, 49400 Saint-Hilaire-Saint-Florent, tél. 02.41.83.83.83, fax 02.41.50.24.32 t.l.j. 8h-12h30 14h-18h

DOM. DE LA GABETTERIE 1993*
○   1 ha   4 000

Bien sûr le domaine de la Gabetterie est connu pour la production de ses bonnezeaux. Mais pourquoi ne pas commencer la dégustation avec un crémant de loire ? Et apprécier sa robe jaune pâle délicatement perlée, ses arômes de réglisse et d'anis, sa bouche fraîche et ample. Une très jolie harmonie d'ensemble.
➥ Vincent Reuiller, La Gabetterie, 49380 Faveraye-Machelles, tél. 02.41.54.14.99, fax 02.41.54.33.12 r.-v.

LA VALLEE DE LA LOIRE

Le Val de Loire — Crémant de loire

DOM. DU LANDREAU Préférence 1994*
○   5 ha   20 000   50 à 70 F

Exploitation importante de l'Anjou avec ses 50 ha et une production d'ensemble de bon niveau. Il y a beaucoup de finesse dans ce crémant de loire. L'effervescence est délicate, persistante. Les arômes floraux, la bouche harmonieuse avec des notes aromatiques rappelant la cire d'abeille et le miel donnent un très joli vin d'apéritif.
- Raymond Morin, Dom. du Landreau, 49750 Saint-Lambert-du-Lattay, tél. 02.41.78.30.41, fax 02.41.78.45.11 t.l.j. sf dim. 9h-12h30 14h-19h

DOM. DE L'ANGELIERE 1994*
○   1 ha   6 000   30 à 50 F

Depuis 1850, ce domaine est passé de 8 à 38 ha. Son crémant a produit une belle impression d'ensemble. L'effervescence est fine, sous forme de cordons réguliers et persistants dans une robe jaune doré, assez intense pour ce type de vin ; les arômes de fruits secs (noisette) et de brioche annoncent une bouche ample dont la finale fraîche est élégante. Un joli vin à recommander.
- GAEC Boret Frères, Dom. de L'Angelière, 49380 Champ-sur-Layon, tél. 02.41.78.85.09, fax 02.41.78.67.10 r.-v.

LANGLOIS-CHATEAU*
○   n.c.   250 000   50 à 70 F

Maison familiale créée en 1885 et qui prit son essor à partir de 1912 avec E. Langlois et son épouse J. Château. Essentiellement connue pour ses vins effervescents, elle donne une image d'élégance bien représentative des vins du Val de Loir. Voyez la très belle robe jaune pâle et la délicatesse de l'effervescence ! Les arômes sont caractéristiques de ce type de vin et rappellent les fleurs d'aubépine et d'acacia. D'une très belle fraîcheur et d'un excellent équilibre en bouche, c'est un bel ensemble.
- SA Langlois-Château, 3, rue Léopold-Palustre, B.P. 57, 49400 Saint-Hilaire-Saint-Florent, tél. 02.41.40.21.40, fax 02.41.40.21.49 t.l.j. 10h-12h30 14h30-18h30

DOM. MICHAUD
○   1,5 ha   14 500   30 à 50 F

Ce domaine familial, dynamique et bien situé, est un habitué des colonnes du Guide. Sa cuvée trois quarts blanc, un quart noir, à la robe paille et aux agréables notes briochées, se montre un peu nerveuse : c'est un véritable brut.
- Dom. Michaud, Les Martinières, 41140 Noyers-sur-Cher, tél. 02.54.32.47.23, fax 02.54.75.39.19 r.-v.

CH. DE MIDOUIN*
○   n.c.   n.c.   30 à 50 F

La commune de Saint-Hilaire-Saint-Florent regroupe les principales maisons de vins effervescents du Saumurois dont celle-ci. Voici un crémant à la très belle effervescence, fine et persistante. Ses arômes délicats de fruits blancs, de citron et de bonbon anglais, sa bouche harmonieuse, équilibrée et dominée par des notes fruitées, composent une bouteille qui vous surprendra, servie à l'apéritif.
- Maurice Rémy, Midouin-le-Haut, 49400 Saint-Hilaire-Saint-Florent, tél. 02.41.53.03.30, fax 02.41.53.03.39

MONMOUSSEAU*
○   n.c.   85 030   30 à 50 F

C'est en 1886 que furent fondées les caves Monmousseau, dont la visite est très intéressante. La société est aujourd'hui filiale du groupe luxembourgeois Bernard Massard ; elle exporte d'ailleurs les tiers de sa production. Le crémant de loire, vendangé en 96 - centenaire de la marque - ne peut que séduire le monde : bouquet floral accompagné d'une nuance de fruits exotiques, bouche fraîche (agrumes) et bon potentiel : il sera à point à partir de la fin de l'année 1998.
- SA Monmousseau, 71, rte de Vierzon, B. P. 25, 41400 Montrichard, tél. 02.54.71.66.66, fax 02.54.32.56.09 t.l.j. 10h-18h; groupes sur r.-v.
- Bernard Massard

MONTVERMEIL*
○   n.c.   20 000   30 à 50 F

Ce vin effervescent, élaboré par une maison de négoce spécialisée dans ce type de vin, se montre délicat avec sa robe jaune pâle, son effervescence légère, ses arômes de fleurs blanches. La bouche est fraîche, harmonieuse et bien représentative des vins élaborés dans cette région du Val de Loire. A découvrir.
- SA Lacheteau, Z.I. de la Saulaie, 49700 Doué-la-Fontaine, tél. 02.41.59.26.26, fax 02.41.59.01.94 r.-v.

DOM. MOREAU
○   0,5 ha   2 000   30 à 50 F

Cette exploitation familiale, créée il y a plus d'un siècle, possède maintenant un chai spacieux et bien équipé, au milieu des vignes. Son crémant est un vin à la robe soutenue, au bouquet floral assez intense, facile à boire et qui « crème » bien au palais.
- Catherine Moreau, Fleuray, 37530 Cangey, tél. 02.47.30.18.82, fax 02.47.30.02.79 r.-v.

DOM. DE NERLEUX*
○   3 ha   20 000   30 à 50 F

Régis Neau est à la tête du domaine de Nerleux, marqué par la personnalité du père. Il est également le président du Syndicat du vin blanc liquoreux coteaux de saumur. Il propose un crémant de loire de caractère. La mousse est délicate, régulière, et l'expression aromatique est également celle de la finesse : notes de fruits secs, de pâtisserie. La bouche impressionne par sa puissance et sa persistance en finale. Pour un apéritif haut en couleur !
- SARL Régis Neau, Dom. de Nerleux, 4, rue de la Paleine, 49260 Saint-Cyr-en-Bourg, tél. 02.41.51.61.04, fax 02.41.51.65.34 r.-v.

DOM. DES NOELS 1996
○   0,5 ha   3 005   30 à 50 F

Domaine créé en 1928 et repris en 1994 par J.-M. Garnier qui fut auparavant œnologue dans

La région nantaise

une grande maison de négoce spécialisée en vins effervescents ; il a apporté son savoir-faire à l'exploitation familiale. La belle effervescence donne de fins cordons persistants. Les arômes bien développés associent des notes de fleurs et de levure. La bouche fraîche, harmonieuse, laisse une impression de fruits délicats.

SCEA Dom. des Noëls, Les Noëls, 49380 Faye-d'Anjou, tél. 02.41.54.18.01, fax 02.41.54.30.70 ☑ ☒ r.-v.

J.-M. Garnier

DOM. DU PETIT CLOCHER 1994**

| ○ | n.c. | 4 000 | ■♦ 30 à 50 F |

Un domaine que l'on attend tous les ans pour sa production de vins rouges et qui depuis quelques années brille également sur les effervescents. Ce 94 était à deux doigts d'obtenir un coup de cœur. Après un élevage de trois ans sur lattes, il exprime avec puissance et élégance tout son potentiel par ses arômes intenses de fruits secs (amande, noisette) et de miel, sa bouche agréable, ronde, très structurée, et sa finale fraîche, intense, aromatique (sensation de sucer des bonbons au miel).

A. et J.-N. Denis, GAEC du Petit-Clocher, 3, rue du Layon, 49560 Cléré-sur-Layon, tél. 02.41.59.54.51, fax 02.41.59.59.70 ☑ ☒ r.-v.

PASCAL PIBALEAU**

| ○ | 1 ha | 5 000 | ■♦ 30 à 50 F |

Producteur installé à Azay-le-Rideau, qui produit une gamme de vins de Touraine et a créé sa propre maison d'élaboration de vins mousseux et pétillants. Il a eu bien raison : cette cuvée d'assemblage de raisins noirs et blancs offre des bulles fines, un bouquet intense, frais, floral, une saveur agréable et puissante avec une bouche d'agrumes. Elle représente en beauté l'AOC. Un verre en redemande un autre : du pur plaisir.

Pascal Pibaleau, 68, rte de Langeais, 37190 Azay-le-Rideau, tél. 02.47.45.27.58, fax 02.47.45.26.18 ☑ ☒ r.-v.

CH. DE PUTILLE 1996**

| ○ | 5 ha | 27 000 | ■♦ 30 à 50 F |

Le château de Putille compte désormais parmi les exploitations intéressantes de l'Anjou. Montrant un souci constant apporté à la récolte et lors de l'élevage (prise de mousse, conservation sur lattes), il propose un vin élaboré entièrement à la propriété (ce qui est rare pour ce type de vin). Très belle robe jaune pâle et délicatesse de l'effervescence - richesse et intensité aromatique (notes de fleurs, de fruits exotiques). La bouche a du caractère et témoigne de la qualité des vendanges récoltées.

Pascal Delaunay, EARL Ch. de Putille, 49620 La Pommeraye, tél. 02.41.39.02.91, fax 02.41.39.03.45 ☑ ☒ t.l.j. sf dim. 8h-12h30 14h-19h30

TERRES D'ALLAUME 1996*

| ○ | 0,51 ha | 3 000 | ■♦ 30 à 50 F |

Exploitation créée en 1992 à partir de plusieurs petites exploitations ayant leur vignoble situé sur les coteaux bordant la Loire, de Rochefort-sur-Loire à Mozé-sur-Louet. Voici un crémant de Loire encore très jeune et qu'il faudra attendre quelques années même si ses arômes de fruits mûrs sont déjà intenses (coing, pomme). Sa fraîcheur en bouche et sa finale agréable sont dominées par des notes fruitées.

Eric Blanchard, Le Perray-Chaud, 49610 Mozé-sur-Louet, tél. 02.41.45.76.15, fax 02.41.45.37.79 ☑ ☒ r.-v.

PHILIPPE TESSIER 1995*

| ○ | 0,6 ha | 3 000 | ■♦ 30 à 50 F |

Ce crémant présente une mousse fine et légère. Sa robe claire attire. Son attaque est douce et la bouche révèle des arômes de fruits rouges délicats.

Philippe Tessier, rue Colin, 41700 Cheverny, tél. 02.54.44.23.82, fax 02.54.44.21.71 ☑ ☒ r.-v.

DOM. DES VARINELLES 1995*

| ○ | 3,5 ha | 27 000 | ■♦ 30 à 50 F |

Le domaine des Varinelles évoque bien entendu les fameux saumur-champigny. Un soin particulier est également donné aux crémant de loire élaborés entièrement sur l'exploitation avec notamment un élevage sur lattes d'au moins trois ans. Très belle impression de finesse sur ce vin du millésime 1995 qui se caractérise par une mousse délicate et persistante, des arômes de fleurs blanches (aubépine) et de fruits ; la bouche fruitée offre une finale fraîche.

SCA Daheuiller Père et Fils, 28, rue du Ruau, 49400 Varrains, tél. 02.41.52.90.94, fax 02.41.52.94.63 ☑ ☒ t.l.j. sf dim. 8h30-12h 14h-19h; sam. sur r.-v.

La région nantaise

Ce sont des légions romaines qui apportèrent la vigne il y a deux mille ans en pays nantais, carrefour de la Bretagne, de la Vendée, de la Loire et de l'Océan. Après un hiver terrible en 1709 où la mer gela le long des côtes, le vignoble fut complètement détruit, puis reconstitué principalement par des plants du cépage melon venu de Bourgogne.

L'aire de production des vins de la région nantaise occupe

LA VALLEE DE LA LOIRE

La région nantaise — Muscadet des coteaux de la Loire

aujourd'hui 16 500 ha et s'étend géographiquement au sud et à l'est de Nantes, débordant légèrement des limites de la Loire-Atlantique vers la Vendée et le Maine-et-Loire. Les vignes sont plantées sur des coteaux ensoleillés exposés aux influences océaniques. Les sols plutôt légers et cailloutaux se composent de terrains anciens entremêlés de roches éruptives. Le vignoble de la région nantaise produit quatre vins d'appellations d'origine contrôlée : les muscadet, muscadet des coteaux de la loire, muscadet sèvre-et-maine, et muscadet côtes de grand-lieu, ainsi que les AOVDQS gros-plant du pays nantais, coteaux d'ancenis et fiefs vendéens.

aucun cas avant le 1er mars, la commercialisation étant autorisée seulement à partir du troisième jeudi de mars. Ce procédé permet d'accentuer la fraîcheur, la finesse et le bouquet des vins. Par nature, le muscadet est un vin blanc sec, mais sans verdeur, au bouquet épanoui. C'est le vin de toutes les heures. Il accompagne parfaitement les poissons, les coquillages et les fruits de mer et constitue également un excellent apéritif. Il doit être servi frais, mais non glacé (8 °-9 °C). Quant au gros-plant, c'est par excellence le vin d'accompagnement des huîtres.

Les AOC du muscadet et le gros-plant du pays nantais

Le muscadet est un vin blanc sec qui bénéficie de l'appellation d'origine contrôlée depuis 1936. Il est issu d'un cépage unique : le melon. La superficie du vignoble est de 13 000 ha. Quatre appellations d'origine contrôlée sont distinguées suivant la situation géographique : le muscadet sèvre-et-maine, qui représente à lui seul 11 000 ha et 550 000 hl, le muscadet côtes de grand-lieu (400 ha et 16 877 hl en 1997), le muscadet des coteaux de la loire (330 ha et 110 000 hl) et le muscadet (2 270 ha, 110 000 hl). Le gros-plant du pays nantais, classé AOVDQS en 1954, est également un vin blanc sec. Issu d'un cépage différent, la folle blanche, il est produit sur 2 700 ha environ. La production a été de 169 133 hl en 1997. Ainsi la région du muscadet produit plus de 860 000 hl de vin.

La mise en bouteilles sur lie est une technique traditionnelle de la région nantaise, qui fait l'objet d'une réglementation précise, renforcée en 1994. Pour bénéficier de cette mention, les vins doivent n'avoir passé qu'un hiver en cuve ou en fût, et se trouver encore sur leur lie et dans leur chai de vinification au moment de la mise en bouteilles ; celle-ci ne peut intervenir qu'à des périodes définies et en

Muscadet des coteaux de la loire

DOM. DES GALLOIRES Sur lie 1997*

| | 1,5 ha | 9 000 | | -30 F |

Face à Ancenis, sur la rive angevine de la Loire, ce domaine produit un vin pâle au discret nez d'aubépine. Bien typé, tout en finesse, il se révèle vif, rond et minéral en bouche. On citera par ailleurs dans ce même millésime ses **coteaux d'ancenis gamay** et **pinot**, le premier vif et fruité, le second flatteur et parfumé.
☛ GAEC des Galloires, La Galloire, 49530 Drain, tél. 02.40.98.20.10, fax 02.40.98.22.06 ☑ ⚌ r.-v.

CLOS DU GRAND BOIS Sur lie 1997*

| | 10 ha | 50 000 | | -30 F |

Ce vin du Sud-Loire (les coteaux de la loire viennent en majorité du nord) est issu d'un vaste « clos » en haut de coteau. Discret, un peu rustique au nez, il se révèle en bouche plein et gras ; c'est un essai de compromis entre la tradition et le modernisme. A citer sans étoile, le **Domaine du Champ Chapron 97**, à la bouche ronde et longue.
☛ SCA Suteau Ollivier, Le Champ-Chapron, 44450 Barbechat, tél. 02.40.03.65.27, fax 02.40.33.34.43 ☑ ⚌ ven. sam. 9h-20h

DOM. DE LA PLEIADE Sur lie 1997*

| | 1,7 ha | 10 000 | | -30 F |

Le « petit Liré » cher à Du Bellay vaut à ce domaine un nom littéraire. Avec son nez aromatique de poire et de fruit de la passion, sa bouche ronde et souple, ce vin ne manque pas d'harmonie.
☛ Bernard Crespin, Dom. de La Pléiade, 49530 Liré, tél. 02.40.09.01.39, fax 02.40.09.07.42 ☑ ⚌ t.l.j. sf dim. 9h30-12h30 14h-19h30

La région nantaise

Muscadet sèvre-et-maine

DOM. DE L'OUCHE-GUINIERE
Sur lie 1997★

| | 1,05 ha | 7 000 | -30F |

Aux portes d'Ancenis, ce domaine produit un vin au nez discret et minéral, typique des coteaux de loire, à l'attaque ferme et vive et à la finale longue. Chez le même producteur, un **coteaux d'ancenis gamay 97**, frais et gai, « pour jeune fille en fleur ».

☛ Joseph Toublanc, Le Pré-Haussé, Dom. de L'Ouche-Guinière, 44150 Saint-Géréon, tél. 02.40.83.17.50, fax 02.40.98.85.62 ✓ r.-v.

Muscadet sèvre-et-maine

CUVEE ABBAYE DES TEMPLIERS
1997★★

| | 4 ha | 25 000 | -30F |

Tout au sud-ouest de l'aire du sèvre-et-maine, ce domaine est en partie situé sur les terres de la Templerie, autrefois exploitées par des moines cisterciens. D'où le nom de cette cuvée au nez flatteur et puissant, qui a séduit les dégustateurs pour son attaque légère, sa longueur et son excellent équilibre général.

☛ EARL Les Grands Chais de la Maine, Chantemerle, 44690 Château-Thébaud, tél. 02.40.06.50.57, fax 02.40.06.50.57 ✓ t.l.j. sf dim. 8h-12h 14h-19h
☛ Jean-Paul Drouard

DOM. AUDOUIN Sur lie 1997★

| | 6 ha | 20 000 | -30F |

Sur les coteaux sud du Landreau, La Momenière produit un vin bien typé, aux nuances vertes, au nez iodé et minéral et à la bouche d'abord mordante, puis très fine. Très réussi également, son **gros-plant 97** riche et rond, au nez de lie.

☛ EARL Audouin, La Momenière, 44430 Le Landreau, tél. 02.40.06.43.04, fax 02.40.06.47.89 ✓ t.l.j. 9h-19h

DOM. BASSE VILLE Sur lie 1997

| | 31 ha | 120 000 | -30F |

Un vin agréable venu d'un grand domaine de La Chapelle-Heulin, mais dont le caractère de surmaturité incite à le boire rapidement.

☛ Gilbert Bossard, Dom. Basse-Ville, 44330 La Chapelle-Heulin, tél. 02.40.06.74.33, fax 02.40.06.77.48 ✓ t.l.j. sf dim. 8h-19h

DOM. DE BEAULIEU
Sur lie Cuvée Prestige 1997★

| | 2 ha | 13 000 | 30 à 50F |

Issu d'une friche au sol de gabbro plantée voilà quarante ans, ce vin au nez minéral et aux notes de fleurs blanche (aubépine, citronnier) montre en bouche de l'équilibre et du fruit. Le même producteur propose aussi sa cuvée principale du **Domaine de Beau-Lieu 97**, qui mérite une citation.

le Pays nantais

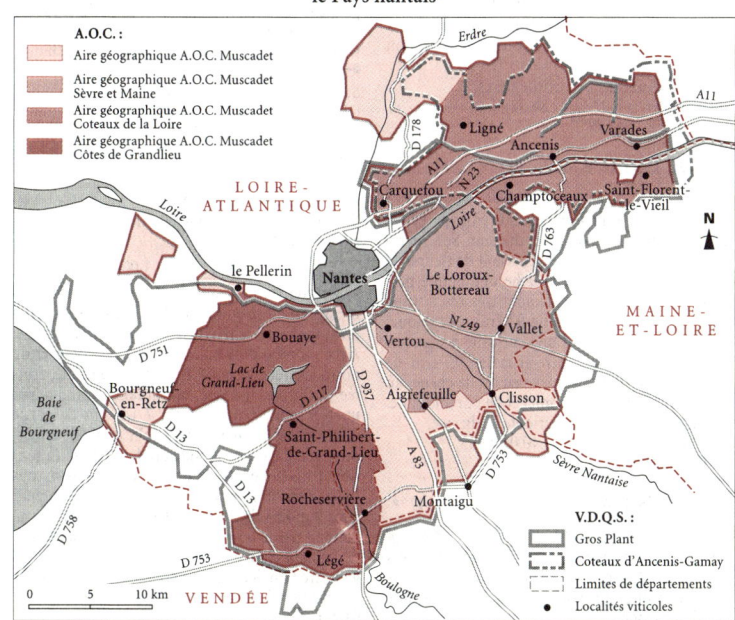

LA VALLEE DE LA LOIRE

La région nantaise — Muscadet sèvre-et-maine

➤ GAEC Travers Fils, Dom. de Beau-Lieu, La Fosse, 44330 Vallet, tél. 02.40.33.91.58, fax 02.40.33.91.58 r.-v.

DOM. DE BEGROLLE Sur lie 1997

| | 10 ha | n.c. | -30 F |

Le type d'un vin moderne mettant en valeur des arômes de fleurs et d'agrumes. Il est frais, irréprochable.
➤ Jean-Pierre Méchineau, Dom. de Bégrolle, 44690 La Haye-Fouassière, tél. 02.40.54.80.95, fax 02.40.54.80.95
➤ SA Sautejeau

DOM. BEL AIR Sur lie 1997*

| | 22 ha | 140 000 | -30 F |

De l'or dans la robe à reflets verdâtres, de la fleur blanche dans les parfums discrets, du fruit mûr en bouche, celle-ci se montrant séveuse mais équilibrée par une note acidulée de bon aloi. Jolie longueur.
➤ GAEC Audrain Père et Fils, 26, rue de la Caillaudière, 44690 La Haye-Fouassière, tél. 02.40.54.84.11, fax 02.40.36.91.36 t.l.j. sf dim. 8h-19h30

CH. DE BOIS BENOIST Sur lie 1997*

| | n.c. | n.c. | -30 F |

Très fruité, ce vin à la teinte pâle à reflets verts, au nez intense et à la bouche puissante, pleine et longue, attendra quelques mois avec profit avant de satisfaire des Saint-Jacques poêlées.
➤ Christian et Pascale Luneau, Le Bois-Braud, 44330 Mouzillon, tél. 02.40.33.93.76, fax 02.40.36.22.73 r.-v.

DOM. DES BOTTEREAUX Sur lie 1997

| | 9 ha | 80 000 | -30 F |

Bien sec, ce vin à la bonne attaque et aux excellents arômes devrait évoluer dans le bon sens.
➤ GAEC Aubron, Les Corbeillères, 44330 Vallet, tél. 02.41.72.89.52, fax 02.41.72.77.13 r.-v.

CH. DE BRIACE Sur lie 1997*

| | 10 ha | 22 000 | -30 F |

Haut lieu de l'enseignement viticole privé, Briacé est aussi un grand producteur. Son sèvre-et-maine développe un nez puissant de fleurs, de fruits secs et montre en bouche une bonne persistance aromatique. Egalement très réussi (une étoile), un **gros-plant sur lie 97** frais et typique, mais sans agressivité. Et une curiosité à signaler, citée sans étoile : un **sèvre-et-maine 95** issu de macération pelliculaire, élevé en fût de chêne, au nez intense de vanille, de miel et pomme cuite.
➤ Ch. de Briacé, Lycée agricole de Briacé, 44430 Le Landreau, tél. 02.40.06.43.33, fax 02.40.06.46.15 r.-v.

DOM. DES CANTREAUX Sur lie 1997**

| | 2 ha | 10 000 | -30 F |

Ce beau domaine d'un seul tenant, aux sols de micaschistes, produit un vin aux reflets verts et au nez fruité, très gouleyant, soutenu par une grande fraîcheur.

➤ Patrice Marchais, Les Cantreaux, 44430 Le Loroux-Bottereau, tél. 02.40.33.84.20, fax 02.51.71.90.36 r.-v.

DOM. DE CHANTEGROLLE
Sur lie Prestige 1997*

| | 6 ha | 40 000 | -30 F |

Cette grolle chanteuse est, en patois nantais, un corbeau. Le domaine donne un bon muscadet, bien vinifié, dont le nez intense, assez complexe, annonce la richesse et la rondeur en bouche.
➤ Jean-Michel Poiron, Chantegrolle, 44690 Château-Thébaud, tél. 02.40.06.56.42, fax 02.40.06.58.02 r.-v.

CH. DE CHASSELOIR
Sur lie Comte Leloup Cuvée des Ceps centenaires 1997*

| | 5 ha | n.c. | 30 à 50 F |

Authentiques centenaires, les ceps du château donnent un vin de bonne expression au nez comme en bouche, ample, et de bonne acidité, qui gagnera à attendre. Chez le même producteur, dans la série des noms à faire rêver, citons le **Château l'Oiselinière de la Ramée, Grande vinée de l'aigle d'or**, vif et équilibré. Et aussi le **Domaine du Bois-Bruley**, fenouil et anis au nez. Tous en 97. Tous deux cités sans étoile, tous trois dans la même fourchette de prix.
➤ Bernard Chéreau, La Mouzière-Portillon, 44120 Vertou, tél. 02.40.54.81.15, fax 02.40.54.81.70 r.-v.

CH. DU CLERAY Sur lie 1997

| | n.c. | n.c. | -30 F |

Ce vin au nez floral, à la bonne attaque et à la bonne tenue en bouche, est un grand classique proposé par un important négociant du vignoble nantais. A citer aussi, la marque **Carte d'Or Sauvion 97**, qui a un petit air exotique sympathique.
➤ SCE Sauvion Fils, Ch. du Cléray-Sauvion-en-Eolie, B.P. 3, 44330 Vallet, tél. 02.40.36.22.55, fax 02.40.36.34.62 t.l.j. sf sam. dim. 8h30-12h 13h30-16h30; groupes sur r.-v.

CLOS CORMERAIS
Sur lie Cuvée Vieilles vignes Elevé en fût de chêne 1996*

| | 0,6 ha | 3 000 | 30 à 50 F |

Issu de vignes plantées en 1927, le Clos Cormerais est élevé en fût de chêne de trois ans sans levurage, sans chaptalisation, avec bâtonnage. Avec sa robe d'or pâle, son nez de coing et de poire légèrement boisé et sa bouche ronde, fruitée et florale, il incite aux alliances originales : un foie gras, pourquoi pas ? Un vin de garde dont un dégustateur pense qu'il pourrait atteindre avec l'âge une étoile supplémentaire (attention, trois mille bouteilles seulement). En 96 toujours, dans la gamme de prix inférieure, on peut citer à moins de 30 F le **Clos des Briords** qui ne connaît pas le bois et laisse la parole aux arômes de fruits à chair jaune.
➤ Marc Ollivier, La Pépière, 44690 Maisdon-sur-Sèvre, tél. 02.40.03.81.19, fax 02.40.06.69.85 r.-v.

La région nantaise — Muscadet sèvre-et-maine

CLOS DES ROSIERS
Sur lie Vieilles vignes 1997★

| | 12 ha | 40 000 | |

Non loin du fameux cimetière gitan de Vallet, ce clos donne un vin très structuré issu d'une belle matière, concentré, typique de vieilles vignes, où dominent les notes minérales caractéristiques du terroir argilo-schisteux. A citer par ailleurs, un **gros-plant 97** très représentatif, au nez rustique et à la bouche équilibrée.
↳ Philippe Laure, Les Rosiers, 44330 Vallet, tél. 02.40.33.91.83, fax 02.40.36.39.28 r.-v.

CLOS DU MOULIN Sur lie 1997★

| | n.c. | n.c. | |

Ce domaine familial a été créé en 1840. En 1966, Gilbert Ganichaud possédait 7 ha. Aujourd'hui, avec son fils Olivier, il exploite 30 ha. N'est-ce pas un bel exemple de dynamisme ? Produit de manière traditionnelle, y compris la vendange manuelle, ce vin qui développe un agréable nez d'anis, de fruits secs et d'agrumes offre beaucoup de matière et d'ampleur en bouche. Destiné à un grand plat de poisson en sauce.
↳ Gilbert Ganichaud et Fils, 9, rte d'Ancenis, 44330 Mouzillon, tél. 02.40.33.93.40, fax 02.40.36.38.79 t.l.j. 8h-12h 14h-20h

DOM. DES COGNETTES Sur lie 1997★

| | 2 ha | 8 000 | |

Issu des bords de la Maine, peu avant qu'elle ne rejoigne la Sèvre à Clisson, ce vin assez minéral, fin et rond, présente une certaine acidité - mais c'est un gage de bon avenir. Autres Cognettes, chez Stéphane Perraud cette fois (seule la couleur de l'étiquette change), un sèvre-et-maine frais et fruité à la finale vive.
↳ Vincent Perraud, Bournigal, 44190 Clisson, tél. 02.40.54.45.62, fax 02.40.54.45.52 r.-v.

DOM. BRUNO CORMERAIS
Sur lie Cuvée Chambaudière 1997★

| | 4 ha | 15 000 | |

Issu des confins sud de l'aire d'appellation, ce vin de caractère respire l'océan avec, au nez, des notes salées et iodées. Ample et structuré, il s'achève en bouche sur une finale acidulée évoquant la pomme verte.
↳ Bruno Cormerais, La Chambaudière, 44190 Saint-Lumine-de-Clisson, tél. 02.40.03.85.84, fax 02.40.06.68.74 t.l.j. sf dim. 10h-19h

DOM. MICHEL DAVID
Sur lie Clos du Ferré 1997★

| | 23 ha | 65 000 | |

Issu d'un terroir classique de micaschiste, au nord de Vallet, ce muscadet harmonieux développe au nez des notes iodées et salées. Plein, structuré, équilibré, il se comportera agréablement avec des petites fritures de poisson.
↳ Dom. Michel David, Le Landreau-Village, 44330 Vallet, tél. 02.40.36.42.88, fax 02.40.33.95.94 t.l.j. sf dim. 8h15-12h15 14h-19h

CH. ELGET Sur lie 1997★

| | 9 ha | 50 000 | |

Si l'histoire de ce domaine est ancienne (avant 1789), sa technique est ultra-moderne. Son original vin de terroir révèle en fin de bouche des tanins encore marqués dus à la vinification qui incitent à le laisser attendre un peu.
↳ Gilles Luneau, ch. Elget, Les Forges, 44190 Gorges, tél. 02.40.54.05.09, fax 02.40.54.05.67 t.l.j. 8h-13h 14h-20h; sam. dim. sur r.-v.

CH. DE FROMENTEAU
Sur lie Elevé en fût de chêne 1997★

| | 1 ha | 4 000 | |

Du château du marquis de Fromenteau, détruit sous la Révolution, subsistent d'étonnantes caves aux voûtes en tuffeau. Un cadre de choix pour ce vin rare (quatre mille bouteilles), d'une grande finesse, où les arômes de fruits à noyau (pêche, cerise) s'enrichissent de notes boisées et minérales. Hormis cette cuvée, le **sèvre-et-maine classique 97** du château élevé en cuve mérite lui aussi une étoile pour sa puissance et sa rondeur. Comme d'ailleurs un excellent **gros-plant 97**, floral au nez et plutôt fruité en bouche (pomme, poire).
↳ Christian Braud, Fromenteau, 44330 Vallet, tél. 02.40.36.23.75, fax 02.40.36.23.75 r.-v.

DOM. DES GRANDES VIGNES
Sur lie 1997

| | 1,8 ha | 12 000 | |

A 100 m de l'étang des Tuileries, ce domaine dispose de 16 ha. Avec son nez d'agrumes aux notes acidulées, son muscadet fin et vif est plaisant, équilibré, fruité en bouche, quoique pas très long. Il accompagnera les huîtres.
↳ EARL Daniel Métaireau, Coursay, 44690 Monnières, tél. 02.40.54.60.08, fax 02.40.54.65.73 r.-v.

DOM. DU GRAND FERRE
Sur lie Cuvée Alexandre Elevé en fût de chêne 1997★

| | 0,3 ha | 1 200 | |

Une origine fameuse (le terroir du Grand Ferré) et un élevage en fût de chêne pour ce vin ample et rond sous une robe dorée, et qui montre un bel équilibre entre l'alcool, les tanins et l'acidité.
↳ Philippe Douillard, La Champinière, 44330 Vallet, tél. 02.40.36.61.77, fax 02.40.36.38.30 r.-v.

DOM. DES GRAND TERRES
Sur lie Bouquet 1997★

| | 1,5 ha | 8 000 | |

Ce domaine possède encore des muscadet millésimés depuis 1959. Sous une étiquette à bouquet, comme il se doit dans un village fleuri, ce vin au vif nez d'aubépine manifeste en bouche beaucoup de fraîcheur grâce à ses touches acidulées et minérales.
↳ Jean-Paul et Frédérick Doucet, La Roseraie, 44330 La Chapelle-Heulin, tél. 02.40.06.73.90, fax 02.40.06.77.95 r.-v.

LA VALLEE DE LA LOIRE

La région nantaise

Muscadet sèvre-et-maine

CH. DES GUERCHES Sur lie 1997*

| | 30 ha | 180 000 | | -30F |

Produit des rives de la Sèvre en aval de Monnières, ce muscadet sèvre-et-maine équilibré et puissant, très typé, présente un bon potentiel de vieillissement. Chez le même distributeur, le **Château de Rochefort 97**, superbe propriété de La Haye-Fouassière, est à citer pour son nez odorant, sa franchise et sa bonne typicité.

🕿 Drouet Frères, 8, bd du Luxembourg, 44330 Vallet, tél. 02.40.36.65.20, fax 02.40.33.99.78 ✉ ⚐ r.-v.

GUILBAUD FRERES
Sur lie Grand Or 1997**

| | n.c. | 300 000 | | -30F |

Première marque créée voilà longtemps par cet important négociant, la cuvée Grand Or est parfaitement représentative pour sa puissance, sa rondeur et ses arômes typiques. Elle devrait faire le tour du monde pour que le muscadet puisse conquérir les palais des amateurs de fruits de mer ! Une étoile également pour le **Domaine de la Moutonnière 97**, à l'attaque puissante et à la bouche pleine. A citer aussi, **Le Soleil nantais 97**, souple, floral et minéral à boire dès maintenant. La même maison distribue aussi un **fiefs vendéens mareuil rosé 97 La Pierre levée** très réussi (une étoile), aromatique, équilibré, gras et long en bouche.

🕿 Guilbaud Frères, Les Lilas, 44330 Mouzillon, tél. 02.40.36.30.55, fax 02.40.36.36.35 ✉ ⚐ r.-v.

DOM. DU HAUT-PLANTY
Sur lie Clos des Yonnières Vieilles vignes 1997*

| | 2 ha | 12 000 | | -30F |

Faisant partie d'un domaine de 20 ha, ce clos de 2 ha est vinifié à part pour donner un vin gai et gouleyant, très typique du muscadet. « Le premier verre en appelle un second », avertit un dégustateur.

🕿 GAEC Couillaud Père et Fils, le Haut-Planty, 44430 Le Landreau, tél. 02.40.36.42.76, fax 02.40.06.48.13 ✉ ⚐ r.-v.

DOM. DU HAUT-SENCY Sur lie 1997

| | 1,3 ha | 8 000 | | -30F |

Un domaine de 16 ha dont 1,30 est consacré à cette cuvée bien vinifiée dont les raisins ont été vendangés à la main ; elle présente un nez fruité et des notes de fleurs blanches, une bouche vive et épanouie, une robe d'or pâle, et une étiquette élégante. C'est une bouteille à mettre sur sa table pour partager un plat de fruits de mer.

🕿 François Rivière, Le Gast, 44690 Maisdon-sur-Sèvre, tél. 02.40.03.86.28, fax 02.40.33.56.91 ✉ ⚐ r.-v.

DOM. DES JARDINS DE LA MENARDIERE Sur lie 1997**

| | 2 ha | 10 000 | | -30F |

Ce domaine stratégiquement situé au centre du triangle Vallet, Le Pallet, La Chapelle-Heulin donne un vin au nez flatteur et plein de promesses. Jeune et bien équilibré en bouche, riche et long, c'est un vin d'avenir qui ne demande qu'à progresser encore.

🕿 Benoît Grenetier, La Ménardière, 44330 Vallet, tél. 02.40.33.93.30 ✉ ⚐ r.-v.

DOM. DE LA BARILLERE Sur lie 1997

| | 2,3 ha | 10 000 | | -30F |

Au-dessus de la Sanguèze, en amont du célèbre pont gallo-romain de Mouzillon, ce domaine donne un vin harmonieux, rond, fruité et souple, voire un peu tendre. Plaisant.

🕿 Pascal et Laurent Hervouet, La Barillère, 44330 Mouzillon, tél. 02.40.36.23.22 ✉ ⚐ t.l.j. sf dim. 8h-12h30 14h-19h

DOM. DE LA BERNARDIERE
Sur lie 1997

| | n.c. | 12 000 | | -30F |

Au sud des verts marais de Goulaine, la Bernardière donne un vin au nez un peu lourd, fleuri et minéral, qui développe après une bonne attaque une bouche harmonieuse.

🕿 Dominique Coraleau, 14, rue des Châteaux, La Bernardière, 44330 La Chapelle-Heulin, tél. 02.40.06.76.21 ✉

CH. LA BERRIERE Sur lie 1997*

| | 27 ha | 149 000 | | -30F |

Aristocratique depuis ses origines, ce vignoble repose sur un sol schisto-sablonneux. Gras et équilibré, bien frais en début de bouche, le vin manifeste son caractère de terroir qui lui donne une certaine complexité (notes minérales et florales à la fois). Prêt à boire, il devrait pouvoir vivre agréablement pendant trois ans.

🕿 SCEA La Berrière, Ch. de La Berrière, 44450 Barbechat, tél. 02.40.06.34.22, fax 02.40.03.61.96 ✉ ⚐ r.-v.
🕿 De Bascher

DOM. DE LA BRETONNIERE
Sur lie Elevé en fût de chêne 1997**

| | 0,5 ha | 1000 | | -30F |

Ce domaine propose deux cuvées spéciales qui méritent toutes deux les compliments du jury. L'une (mille bouteilles), élevée en fût de chêne, développe un très beau nez de vanille, de noisette et d'abricot, puis une bouche équilibrée, à la fois vive et grasse. L'autre (six mille bouteilles), la **Cuvée Prestige 97** (une étoile), produite à partir de vignes quinquagénaires, mais élevée en cuve, se signale par un nez intense de fleurs et de fruits secs, et par une bouche fraîche à la belle attaque.

🕿 GAEC Joël et Bertrand Cormerais, La Bretonnière, 44690 Maisdon-sur-Sèvre, tél. 02.40.54.83.91, fax 02.40.36.73.45 ✉ ⚐ t.l.j. 8h-21h

CH. LA CARIZIERE Sur lie 1997*

| | 8 ha | 50 000 | | -30F |

Situé à l'ouest de La Haye-Fouassière, ce château donne un vin aux reflets verts et au nez floral élégant. Souple, frais et bien fait, il inspire la convivialité.

🕿 Bernard Landron, Ch. La Carizière, 44690 La Haye-Fouassière, tél. 02.40.36.96.89, fax 02.40.36.96.89 ✉ ⚐ r.-v.

La région nantaise

Muscadet sèvre-et-maine

CH. DE LA CASSEMICHERE
Sur lie 1997*

| ☐ | 12 ha | 80 000 | 🍾🥂 -30F |

Un domaine de référence, distribué par l'un des grands négociants de la région nantaise. Il donne un vin au fin bouquet, bien rond, jeune et frais. A citer aussi, le **Fondation Donatien Bahuaud 97**, aux arômes légers, très perlant et à l'acidité peu marquée (les lecteurs fidèles se souviendront que le 94 fut coup de cœur du Guide 96).
☛ Sté Donatien Bahuaud, B.P. 1, 44330 La Chapelle-Heulin, tél. 02.40.06.70.05, fax 02.40.06.77.11.

CH. DE LA CORMERAIS
Sur lie Cuvée Vieilles vignes 1996*

| ☐ | 1 ha | 5 000 | 🍾🥂 -30F |

Cette ancienne seigneurie médiévale bretonne comprend une parcelle de vignes quinquagénaires, qui donne un vin brillant, aux parfums floraux très fins, légèrement acidulé en bouche où les arômes de citron et de fruits à chair blanche accompagnent une bonne structure.
☛ Thierry Besnard, La Cormerais, 44690 Monnières, tél. 02.40.06.95.58, fax 02.40.06.50.76 ☑ 🍷 r.-v.

DOM. DE LA CORNULIERE
Sur lie 1997**

| ☐ | 2,5 ha | 15 000 | 🍾🥂 -30F |

Entre Gorges et Mouzillon, ce domaine produit un sèvre-et-maine blanc-vert brillant au fin nez de fruits blancs. Après une attaque élégante, il se montre long et volumineux en bouche où il exprime excellemment son terroir.
☛ Jean-Michel Barreau, dom. de la Cornulière, les Giraudières, 44190 Gorges, tél. 02.40.03.95.06, fax 02.40.54.23.13 ☑ 🍷 r.-v.

DOM. DE LA FERTE Sur lie 1997

| ☐ | 15 ha | 80 000 | 🍾🥂 -30F |

Situé près du pont de Sanguèze, qui relie la Bretagne à l'Anjou, ce château produit un vin au disque perlant, au nez discrètement floral et minéral, à la structure légère et fine accompagnée d'une note minérale de bon aloi.
☛ Jérôme et Rémy Sécher, GAEC de La Ferté, 44330 Vallet, tél. 02.40.33.95.54 ☑ 🍷 t.l.j. 8h-13h 14h-20h; dim. sur r.-v.

DOM. DE LA FOLIETTE Sur lie 1997

| ☐ | 10 ha | 50 000 | 🍾🥂 -30F |

Cette Foliette était un lieu de folies pour les armateurs nantais dans l'Ancien Régime. C'est aujourd'hui un beau domaine viticole d'une trentaine d'hectares. On souhaiterait un peu plus de longueur en bouche pour ce vin traditionnel, très perlant lors de la dégustation qui suivait une mise récente. S'il a passé la rampe, c'est pour sa fraîcheur, sa couleur, et ses promesses.
☛ D. Brosseau - J. Hervouet - E. Vincent, Dom. de La Foliette, 35, rue de la Fontaine, 44690 La Haye-Fouassière, tél. 02.40.36.92.28, fax 02.40.36.98.16 ☑ 🍷 r.-v.

DOM. DE LA FRUITIERE Sur Lie 1997*

| ☐ | 20 ha | 60 000 | 🍾🥂 -30F |

Ancienne dépendance du château voisin de La Placelière, ce domaine propose un vin au nez de fruits blancs, iodé en bouche, avec une note minérale tout en finesse. Puissant, équilibré, il a de la réserve.
☛ Jean Douillard, La Fruitière, 44690 Château-Thébaud, tél. 02.40.06.53.05, fax 02.40.06.54.55 ☑ 🍷 r.-v.

DOM. DE LA GARNIERE Sur lie 1997**

| ☐ | 1,25 ha | 7 000 | 🍾🥂 -30F |

Produit en Anjou sur les coteaux de la Moine, qui rejoint la Sèvre bien avant la Maine, ce vin harmonieux, au nez fin citronné, révèle en bouche une belle fraîcheur, du fruit et beaucoup de caractère.
☛ Camille et Olivier Fleurance, La Garnière, 49230 Saint-Crespin-sur-Moine, tél. 02.41.70.40.25, fax 02.41.70.68.84 ☑ 🍷 t.l.j. 9h-19h; dim. sur r.-v.

DOM. DE LA GRANGE Sur lie 1997**

| ☐ | 15 ha | n.c. | 🍾 -30F |

Les terroirs les plus tardifs du vignoble nantais se sont particulièrement illustrés en 1997. Gras et aromatique, fruité et frais, puissant et long en bouche, ce vin issu des coteaux de la Sanguèze, juste à l'est du bourg de Mouzillon, en est un exemple remarquable.
☛ Béatrice et Dominique Hardy, dom. de La Grange, 44330 Mouzillon, tél. 02.40.33.93.60, fax 02.40.36.29.79 ☑ 🍷 r.-v.

DOM. DE LA GRANGE
Sur lie Vieilles vignes 1997*

| ☐ | n.c. | 18 000 | 🍾🥂 -30F |

Vendanges manuelles, vignes de quarante ans d'âge. Cave climatisée, fermentation longue thermorégulée, tout est mis en œuvre pour produire un vin de belle couleur pâle à reflets verts, au vrai nez de muscadet, bien structuré, auquel il ne manque qu'un peu de longueur. Du caractère. A boire ou à garder.
☛ Rémy Luneau, La Grange, 44430 Le Landreau, tél. 02.40.06.45.65, fax 02.40.06.48.17 ☑ 🍷 t.l.j. 9h-12h 14h-19h; sam. dim. sur r.-v.

DOM. DE LA GRENAUDIERE
Sur lie Cuvée sélectionnée 1996

| ☐ | 18 ha | 150 000 | 🍾🥂 30à50F |

Le gaz carbonique bien présent confère de la fraîcheur à ce vin bien marqué par son terroir,

787   LA VALLEE DE LA LOIRE

La région nantaise — Muscadet sèvre-et-maine

et d'une bonne acidité. Dans le verre, sa couleur pâle à reflet vert est très engageante.

☛ GAEC Ollivier Père et Fils, La Grenaudière, 44690 Maisdon-sur-Sèvre, tél. 02.40.06.62.58, fax 02.40.06.66.35 ◼ t.l.j. 8h30-20h

DOM. DE LA HAIE TROIS SOLS
Sur lie 1997★★

| □ | 18 ha | n.c. | ◼ | -30 F |

Entre Maisdon et Saint-Fiacre (donc entre Sèvre et Maine), ce domaine donne un vin harmonieux aux reflets verts et au nez minéral, souple, élégant et riche en bouche. Chez les mêmes producteurs, le **Domaine de La Cognardière 97**, fruité et rond, mérite une étoile.

☛ Dominique et Vincent Richard, La Cognardière, 44330 Le Pallet,
tél. 02.40.80.42.30, fax 02.40.80.44.37 ◼ r.-v.

DOM. LA HAUTE FEVRIE
Sur lie Excellence Vieilles vignes 1997★

| □ | 4 ha | 25 000 | ◼ | 30 à 50 F |

Avec leurs cinquante-cinq printemps, ces vignes plantées sur des sols silico-argileux caillouteux ont toujours de la ressource. Leur vin aux reflets verts, au nez floral avec une touche d'amande et à la bouche équilibrée, souple et longue, est plein d'agrément.

☛ Claude Branger, Dom. La Haute Févrie, 44690 Maisdon-sur-Sèvre, tél. 02.40.36.94.08, fax 02.40.36.96.69 ◼ t.l.j. sf dim. 8h-12h30 13h30-19h30

CH. DE L'AIGUILLETTE Sur lie 1997

| □ | 20 ha | 70 000 | ◼ | -30 F |

Fruité et floral, bien coloré, ce vin ne possède peut-être pas l'acidité typique du muscadet mais est au demeurant fort agréable.

☛ Patrice et Vincent Grégoire, L'Aiguillette, 44330 Mouzillon, tél. 02.40.33.95.62, fax 02.40.36.23.74 ◼ r.-v.

DOM. DE LA JOCONDE 1997★

| □ | 2 ha | 10 000 | ◼ | -30 F |

Issu de vignes agrippées aux coteaux assez raides de la Sèvre nantaise, ce vin de caractère au nez minéral et aux notes d'agrumes (citron, pamplemousse) se montre en bouche équilibré et délicat.

☛ Yves Maillard, dom. de La Joconde, Le Pé-de-Sèvre, 44330 Le Pallet, tél. 02.40.80.43.29, fax 02.40.80.43.29 ◼ r.-v.

CH. DE LA JOUSSELINIERE
Sur lie 1997

| □ | 12 ha | 70 000 | ◼ | -30 F |

Beau domaine remontant au XV^{e}s. où sont commercialisés les vins des propriétés familiales (Château Salmonière plus loin). Les schistes granitiques ont ici donné une cuvée au nez flatteur mais qui ne retrouvera son expression en bouche qu'à l'hiver 98.

☛ Gilbert Chon et Fils, Ch. de La Jousselinière, 44450 Saint-Julien-de-Concelles,
tél. 02.40.54.11.08, fax 02.40.54.19.90 ◼ t.l.j. sf dim. 10h-12h 14h-18h

DOM. DE LA LANDELLE
Sur Lie L'Astrée 1997★

| □ | 1 ha | 7 000 | ◼ | -30 F |

A l'ouest du Loroux, un moulin à vent signale La Landelle, d'où provient ce vin de vieilles vignes au subtil nez d'agrumes et de noisette, vif et bien équilibré en bouche. Peut-être sera-t-il digne d'un brochet au beurre blanc.

☛ Michel Libeau, La Landelle, 44430 Le Loroux-Bottereau, tél. 02.40.33.81.15, fax 02.40.33.85.37 ◼ r.-v.

DOM. DE LA LEVRAUDIERE
Sur lie 1997★

| □ | 15 ha | 80 000 | ◼ | -30 F |

Bâti sur le site de la demeure médiévale du comte breton Hoël, le domaine produit un plaisant vin au nez de terroir, de beurre frais et de viennoiserie. Rond en bouche, c'est un beau travail de vignerons.

☛ Bonnet-Huteau, Dom. de La Levraudière, 44330 La Chapelle-Heulin, tél. 02.40.06.73.87, fax 02.40.06.77.56 ◼ t.l.j. 8h30-19h; dim. sur r.-v.

☛ Rémi et Jean-Jacques Bonnet

DOM. DE LA LEVRAUDIERE
Sur lie 1997

| □ | 15 ha | 10 000 | ◼ | -30 F |

Robe brillante et nez expressif de fleurs et d'agrumes, ce vin très vif accompagnera bien les fruits de mer.

☛ Gripon, La Levraudière, 44330 La Chapelle-Heulin, tél. 02.40.06.76.38, fax 02.40.06.76.38 ◼ r.-v.

DOM. DE L'ALOUETTE Sur lie 1997★

| □ | 4 ha | 10 000 | ◼ | -30 F |

Tenures maraîchères le long de la Loire, vignes sur le coteau : Saint-Julien-de-Concelles est une commune aux deux visages. Elle donne ici un vin de terroir bien fait, minéral et structuré, équilibré, qui s'exprimera encore mieux après quelques mois sur un brochet au beurre blanc.

☛ Jean-Paul Pétard, Plessis-Glain, 44450 Saint-Julien-de-Concelles, tél. 02.40.03.60.28, fax 02.40.33.34.81 ◼ r.-v.

DOM. DE LA LOUVETRIE
Sur lie Hermine d'Or 1997★★

| □ | 5 ha | 18 000 | ◼ | 30 à 50 F |

Cette ancienne résidence du lieutenant de louveterie local donne un vin qui sort un peu de la tradition, mais bien équilibré et très séduisant avec son nez explosif et sa bouche ample, ronde, persistante. Une cuvée de charme pour des poissons en sauce. Dans cette AOC, deux étiquettes sont proposées sous ce nom de domaine. C'est le lot portant une étiquette foncée que nous avons dégusté.

☛ Pierre Landron et Fils, Les Brandières, 44690 La Haye-Fouassière, tél. 02.40.54.83.27, fax 02.40.54.89.82 ◼ r.-v.

La région nantaise — Muscadet sèvre-et-maine

DOM. DE LA MARTINIERE
Sur lie 1997*

| | 6 ha | 80 000 | -30F |

Juste au sud des verdoyants marais de Goulaine, ce domaine de 36 ha en consacre six à ce vin à l'attaque souple, citronné, long et fin, qui devrait gagner à attendre quelques mois.
➥ Baron-Brevet, 8, rue de la Martinière, 44330 La Chapelle-Heulin, tél. 02.40.06.75.11, fax 02.40.06.76.23 r.-v.

CH. DE LA MERCREDIERE
Sur lie Clos des Sablons 1997

| | 6 ha | 30 000 | 30 à 50F |

Produit par un grand domaine, situé sur une butte où se célèbre le culte du dieu Mercure, ce vin n'avait pas encore atteint son plein épanouissement lors de la dégustation. Sa vivacité, son équilibre permettent cependant d'attendre une évolution positive.
➥ Futeul Frères, Ch. de La Mercredière, 44330 Le Pallet, tél. 02.40.54.80.10, fax 02.40.54.89.79 t.l.j. sf dim. 9h-12h 14h-18h; f. 1er-20 août

DOM. DE LA PINGOSSIERE
Sur lie 1997

| | 11 ha | n.c. | -30F |

Des vendanges manuelles ont présidé à l'élaboration de ce vin issu de vignes de quarante ans plantées sur micaschiste. Très fruité, souple et gras, ce 97 devrait s'ouvrir après quelques mois de garde.
➥ Jean Bouyer, 49, rue d'Anjou, La Charouillère des Moulins, 44330 Vallet, tél. 02.40.36.23.77, fax 02.40.36.30.92 r.-v.

DOM. DE LA QUILLA Sur lie 1997*

| | 12,68 ha | 60 000 | -30F |

Produit par un grand domaine, voici un vin né sur sable de roche métamorphique où la matière s'exprime. D'une couleur classique et élégante, frais et floral, bien équilibré, il ne manque pas pour autant de finesse et de fruit.
➥ Daniel et Gérard Vinet, La Quilla, 44690 La Haye-Fouassière, tél. 02.40.54.88.96, fax 02.40.54.89.84 t.l.j. sf dim. 8h-12h30 13h30-17h

DOM. DE LA REBOURGERE
Sur lie Sélection 1997**

| | 8,5 ha | 10 000 | 30 à 50F |

A mi-chemin de la Sèvre et de la Maine, il n'y a pas plus représentatif que la Rebourgère. En voilà une confirmation avec ce vin typique d'un excellent muscadet, qui, après une attaque « donnant faim », se montre équilibré, d'une excellente finesse ; un muscadet de jour de fête.
➥ Joseph Launais, La Rebourgère, 44690 Maisdon-sur-Sèvre, tél. 02.40.54.61.32, fax 02.40.54.61.32 r.-v.

DOM. DE LA ROCHE BLANCHE
Sur lie 1997*

| | 8,8 ha | 10 000 | -30F |

Un domaine de 23 ha qui en consacre huit à ce sèvre-et-maine un peu fermé au nez, avec toutefois des notes minérales et florales, mais qui développe en bouche des arômes de fruits verts et un caractère de terroir affirmé. L'un des dégustateurs devine en lui un muscadet de garde.
➥ EARL Lechat et Fils, 12, av. des Roses, 44330 Vallet, tél. 02.40.33.94.77, fax 02.40.36.44.31 r.-v.

DOM. DE LA ROCHERIE
Sur lie Vieilles vignes 1996*

| | 2 ha | 10 000 | -30F |

Daniel Gratas est l'une des personnalités de la viticulture nantaise. Plus que cinquantenaires, ses vieilles vignes sont plantées sur des coteaux sud en aval de Briacé. Elles donnent un 96 de bonne tenue, rond et structuré, au nez fin et frais, aux saveurs d'abricot.
➥ Daniel Gratas, Dom. de La Rocherie, 44430 Le Landreau, tél. 02.40.06.41.55, fax 02.40.06.48.92 t.l.j. sf dim. 8h-20h

DOM. DE LA SAULZAIE Sur lie 1997

| | 1 ha | 6 800 | -30F |

Des arômes de bonbon anglais et de fleurs blanches, et une finale briochée pour ce vin équilibré, acidulé et gras sans excès, né sur des schistes sableux.
➥ EARL Luc Pétard, 60, rte de la Loire, 44450 La Chapelle-Basse-Mer, tél. 02.40.33.30.92, fax 02.40.33.30.92 r.-v.

DOM. DE LA THEBAUDIERE 1997*

| | 16,5 ha | 18 000 | -30F |

La Thébaudière, qui se rattache à la fameuse butte de La Roche, donne un vin perlant au nez minéral de terroir et à l'attaque souple, de caractère très personnalisé.
➥ Lucien et Philippe Pétard, GAEC de La Thébaudière, 44430 Le Loroux-Bottereau, tél. 02.40.33.81.81, fax 02.40.33.81.81 r.-v.

CH. DE L'AUBERDIERE Sur lie 1997**

| | 23,4 ha | 85 000 | -30F |

Au-dessus de la levée de la Divatte, qui longe la rive sud de la Loire, ce château produit un muscadet sèvre-et-maine gourmand, long et très aromatique, d'un corps et d'une finesse remarquables.
➥ GAEC Morille Luneau, ch. de L'Auberdière, 44450 La Chapelle-Basse-Mer, tél. 02.40.06.34.09, fax 02.40.06.33.14 r.-v.

DOM. DE L'AUBINERIE Sur lie 1997**

| | 5 ha | 15 000 | -30F |

De présentation très traditionnelle, ce vin, d'une très élégante teinte pâle, d'un bel éclat, offre au nez comme en bouche un intéressant aspect de terroir - il est né sur du micaschiste et un sol silico-argileux - et une belle maturité. Chez le même producteur, une cuvée **Tradition Vieilles vignes 96**, légère et souple, citée par le jury, mais surtout un **gros-plant 97** remarquable (deux étoiles), perlant et équilibré aux arômes de fruits blancs.
➥ Jean-Marc Guérin, 26, La Barillère, 44330 Mouzillon, tél. 02.40.36.37.06, fax 02.40.36.37.06 r.-v.

789 — LA VALLEE DE LA LOIRE

La région nantaise — Muscadet sèvre-et-maine

DOM. DE L'AULNAYE
Sur lie Cuvée Prestige 1997★

| | 2 ha | 13 000 | | -30 F |

Peu à peu englobé par l'agglomération nantaise, Vertou peine à défendre sa vocation viticole. Dommage, si l'on en juge par ce vin très réussi au nez fruité de raisin et à la texture fraîche, bien acidulé et séveux en bouche.
➤ Pierre-Yves Perthuy, L'Aulnaye,
44120 Vertou, tél. 02.40.34.70.22,
fax 02.40.34.70.22 ▨ ⌘ r.-v.

DOM. DES LAURES
Sur lie Cuvée Prestige 1997★

| | 3 ha | 10 000 | | -30 F |

Les vignes de ce domaine familial sont plantées sur granit et sur micaschiste. Il produit un vin à reflets verts, au nez intense d'agrumes et de fleurs d'aubépine, à la bouche fraîche tout en nuances.
➤ Marcel Laurent, Les Laures, 44330 Vallet, tél. 02.40.33.90.67 ▨ ⌘ r.-v.

DOM. DE LA VIAUDIERE Sur lie 1997★

| | 5 ha | 10 000 | | -30 F |

Une seule couronne sur l'étiquette pour les deux Roy de ce GAEC, dont le vin aux fins arômes de cire d'abeille, de fruits et de fleurs séduit pour son équilibre et son volume. A signaler, dans une gamme de prix supérieure, **Les Claircontes 97**, issu de vignes sexagénaires. Le domaine produit aussi le **Fief des Roy 97**, cité sans étoile, au caractère minéral marqué, distribué par Marcel Sautejeau.
➤ GAEC Roy, La Viaudière, 44690 La Haye-Fouassière, tél. 02.40.54.82.65, fax 02.40.54.82.65 ▨ ⌘ r.-v.

LE BOUQUET DU CHAMP DORE
1997★

| | 4 ha | 25 000 | | -30 F |

Produit sur un sous-sol de gabbro, ce vin au nez fruité et épicé se révèle plaisant en bouche, gras et riche, avec beaucoup de parfum.
➤ Alain Gaubert, dom. du Champ-Doré,
Bonne-Fontaine, 44330 Vallet,
tél. 02.40.36.38.05, fax 02.40.36.46.74 ▨ ⌘ t.l.j. sf dim. 8h-19h

DOM. DE L'ECU Sur lie 1997★

| | 4 ha | 20 000 | | -30 F |

Ce domaine pratique l'agriculture biologique depuis longtemps. C'est probablement pour cela que le jury se réjouit de retrouver « un vin de nos grands-pères », un peu surprenant certes par sa rusticité, mais agréable pour cela même. A suivre.
➤ Guy Bossard, La Bretonnière, 44430 Le Landreau, tél. 02.40.06.40.91, fax 02.40.06.46.79 ▨ ⌘ r.-v.

LE FIEF COGNARD Sur Lie 1997★

| | n.c. | n.c. | | -30 F |

Ce domaine de la rive gauche de la Maine produit un vin intéressant pour son nez minéral, fumé et poivré, mais aussi pour sa bouche aux registres acidulés. Chez le même producteur, la **Réserve du Fief Cognard 97** est à citer (sans étoile) pour son caractère de terroir affirmé.
➤ Dominique Salmon, Les Landes de Vin,
44690 Château-Thébaud, tél. 02.40.06.53.66, fax 02.40.06.55.42 ▨ ⌘ r.-v.

LE FIEF DUBOIS
Sur lie Cuvée Sélection Fief du Breil 1997★

| | 2 ha | 16 000 | | -30 F |

Le Fief du Breil, fameux terroir argilo-schisteux dominant la Sèvre, mérite sa réputation avec ce vin limpide, pimpant, au très bon nez de pain grillé et à la bouche harmonieuse.
➤ Bruno Dubois, La Févrie, 44690 Maisdon-sur-Sèvre, tél. 02.40.36.93.84, fax 02.40.36.98.87 ▨ ⌘ r.-v.

CH. LE JAUNAY Sur lie 1997★

| | 21 ha | 60 000 | | -30 F |

Entre Le Landreau et les marais de Goulaine, ce château produit un 97 perlant aux reflets verts, bien charnu en même temps que frais, fin et élégant, avec une finale minérale. Chez le même producteur, la cuvée **Prestige du Domaine de l'Errière 97** mérite aussi une étoile pour la grande finesse de sa bouche minérale, de même que le très typique **gros-plant Domaine de la Tauraudière 97** (qui fut coup de cœur du Guide 97).
➤ GAEC Jean-Paul et Hervé Madeleineau, L'Errière, 44430 Le Landreau,
tél. 02.40.06.43.94, fax 02.40.06.48.82 ▨ ⌘ r.-v.

DOM. DE L'EPINAY Sur lie 1997★

| | n.c. | 13 000 | | -30 F |

Entre Moine et Sanguèze (les deux autres rivières du sèvre-et-maine), ce domaine de 25 ha produit un vin qui évoque la fraîcheur par sa robe très pâle, son nez citronné et sa bouche vive et acidulée. Pour les huîtres, bien sûr.
➤ Albert Paquereau, L'Epinay, 44190 Clisson, tél. 02.40.36.13.57, fax 02.40.36.13.57 ▨ ⌘ r.-v.

LES JARDINS DES AMIRAUX
Sur lie 1997★★

| | n.c. | 60 000 | | -30 F |

Avec ces Jardins, la Gabare de Sèvre se rêve vaisseau de haut bord, sans doute... Ce groupement de viticulteurs donne un vin de caractère au nez fringant, très équilibré en bouche, plaisant pour sa bonne attaque, sa rondeur et sa force de caractère.
➤ GIE Gabare de Sèvre, Le Pé-de-Sèvre, 44330 Le Pallet, tél. 02.40.80.97.30, fax 02.40.36.29.72 ▨ ⌘ r.-v.

DOM. DE L'ESPERANCE
Sur lie Prestige de l'Espérance 1997★

| | 1 ha | 5 000 | | -30 F |

Seulement cinq mille bouteilles produites pour ce sèvre-et-maine angevin né sur sol argilo-limoneux, vif, élégant et équilibré, où les arômes du citron et du pamplemousse se mêlent à ceux de la mie de pain.
➤ GAEC Patrice et Daniel Chesne, L'Espérance, 49230 Tillières, tél. 02.41.70.46.09 ▨ ⌘ r.-v.

La région nantaise

Muscadet sèvre-et-maine

DOM. LES PERRIERES Sur lie 1997★

☐ 4 ha 7 000 -30F

Issu d'un sol argilo-graniteux, vendangé manuellement, ce vin, de caractère bien typé et équilibré, gagnera à attendre quelques mois afin que son bouquet puisse s'ouvrir.
➥ Philippe Augusseau, Les Perrières, 44330 Mouzillon, tél. 02.40.03.92.14, fax 02.40.03.92.14 ☑ ⊺ r.-v.

CLOS LES PIERRES BLANCHES
Sur lie Vieilles vignes 1997★

☐ 4 ha 20 000 -30F

Longtemps, les deux domaines de La Grange n'ont fait qu'un, puis les deux frères Luneau, Pierre et Rémy, ont préféré leur autonomie réciproque, tout en continuant à remporter maintes distinctions. Pierre a produit cette année un vin très clair, au nez minéral et citronné, frais, gras et fruité en bouche. Chez Pierre encore, le classique **Clos des Allées 97**, perlant et acidulé, révèle de belles qualités de vinification.
➥ Pierre Luneau-Papin, Dom. Pierre de La Grange, 44430 Le Landreau, tél. 02.40.06.45.27, fax 02.40.06.46.62 ☑ ⊺ r.-v.

LES PRINTANIERES Sur lie 1997★

☐ n.c. n.c. -30F

Produite par la maison Barré, cette marque est une « valeur sûre ». Avec son nez champêtre, floral et iodé, sa bouche fine et longue, le 97 a en outre un bon potentiel de vieillissement. Marque jumelle, et au même prix mais sans mise sur lie, **Les Mesnils** est cité sans étoile, tout comme le **Domaine A. Barré**, celui-ci vin de propriété, jeune, fruité et équilibré (30 à 49 F).
➥ Barré Frères, Beau-Soleil, 44190 Gorges, tél. 02.40.06.90.70, fax 02.40.06.96.52 ☑

PRESTIGE DE L'HERMITAGE
Sur lie 1997★

☐ 7 ha 50 000 30à50F

Le GAEC Moreau Frères est devenu Moreau tout court avec l'arrivée d'une jeune Isabelle, œnologue diplômée. Il produit un joli vin bien fait et bien typé, minéral et assez gras, avec une pointe d'acidité et une bonne tenue en bouche.
➥ GAEC Moreau, La Petite Jaunaie, 44690 Château-Thébaud, tél. 02.40.06.61.42, fax 02.40.06.69.45 ☑ ⊺ t.l.j. 8h-19h; dim. sur r.-v.

DOM. DU CH. DE L'HYVERNIERE
Sur lie 1997

☐ 25 ha 120 000 30à50F

Un grand classique, ce vin franc au nez très aromatique et à la bouche équilibrée. Chez le même producteur, le **Clos des Orfeuilles 97**, vin de caractère léger et frais, est un bon compagnon pour les huîtres.
➥ SE du Dom. de l'Hyvernière, La Guillemochère, 44330 La Chapelle-Heulin, tél. 02.40.06.73.83, fax 02.40.06.76.49 ☑ ⊺ r.-v.

MICHEL LUNEAU ET FILS
Sur lie Vins de Mouzillon 1997★

☐ 6 ha 30 000 -30F

Issu d'un domaine exploité de père en fils depuis 1860 et atteignant aujourd'hui 24 ha, ce vin bien typé au nez de fruits mûrs manifeste une vivacité et une élégance caractéristiques de l'appellation.
➥ GAEC Michel Luneau et Fils, 3, rte de Nantes, 44330 Mouzillon, tél. 02.40.33.95.22, fax 02.40.33.95.27 ☑ ⊺ t.l.j. sf dim. 8h-12h 14h-18h; sam. 8h-12h

CHRISTOPHE MAILLARD
Sur lie Cuvée Camille Vieilles vignes 1997

☐ 0,5 ha 2 200 -30F

Cette cuvée rare (2 200 bouteilles) issue de vieilles vignes révèle des arôme floraux élégants et, en bouche, une bonne structure qui devrait bien évoluer.
➥ Christophe Maillard, Le Pé-de-Sèvre, 44330 Le Pallet, tél. 02.40.80.44.92, fax 02.40.80.44.92 ☑ ⊺ t.l.j. sf dim. 9h-12h 14h-19h

CH. DU MAILLON Sur lie 1997★★

☐ 18 ha 30 000 -30F

Proposé par un important négociant, ce vin au nez de daphné et de citron séduit pour sa finesse en bouche, son équilibre et sa longueur. Toujours chez Vinival dans cette même AOC et également remarquable (deux étoiles), le **Château de l'Auberdière 97** développe un nez de lilas et d'agrumes annonciateur d'une bouche subtile, fine et fraîche. Quant à **La Sablette 97**, c'est un sèvre-et-maine d'assemblage d'une excellente harmonie (une étoile).
➥ Vinival, La Sablette, 44330 Mouzillon, tél. 02.40.36.66.25, fax 02.40.33.95.81

CH. DU MAILLON Sur lie 1997★

☐ 10 ha 60 000 -30F

Un calvaire en bordure de propriété rappelle combien les guerres de Vendée ont été meurtrières au Loroux. Plus pacifique, ce vin, né sur un sol argilo-siliceux, évoque la fraîcheur et la jeunesse avec son très bon nez floral et ses saveurs de pêche blanche. Chez le même producteur, le **Domaine de la cour du château de la Pommeraie 97**, issu d'un terroir sableux léger, mérite une citation.
➥ EARL Albert Poilane, Le Maillon, 44330 Le Loroux-Botteraux, tél. 02.40.33.80.63, fax 02.40.33.80.63 ☑ ⊺ r.-v.

MAITRES VIGNERONS NANTAIS
Sur lies Terroir la Chapelle Heulin 1997★★

☐ 20 ha 130 000 -30F

Créée en 1997 par quatorze vignerons (250 ha), cette coopérative s'est dotée d'une charte de qualité. Ainsi cette cuvée vient des terroirs de micaschiste avec sol argileux du secteur de La Chapelle-Heulin. Ce vin remarquable est un premier coup au but. « Quel nez ! » s'exclame un dégustateur. Citronné et minéral, il charme par sa délicatesse. Et la bouche de caractère, franche et vive, aux arômes de pêche et de pêche de vigne, ne le dépare pas. Cette bouteille est

LA VALLEE DE LA LOIRE

La région nantaise — Muscadet sèvre-et-maine

arrivée en première position dans le classement du grand jury des coups de cœur ! La même coopérative propose aussi **Fleur de terroirs 97**, un sèvre-et-maine pas très ample, mais fin et harmonieux.

🕭 Coop. Les Maîtres Vignerons Nantais, l'Echasserie, 44330 Vallet, tél. 02.40.33.37.01, fax 02.40.03.69.12 ⊻ r.-v.

MANOIR DE LA GRELIERE
Cuvée Sélection 1997

| | 10 ha | 60 000 | ▮♦ -30F |

Cette vieille terre noble des ducs de Bretagne donne un vin au bouquet complexe dans lequel domine une note minérale, bien structuré, avec du perlant en attaque et une bonne ampleur en bouche. Et, avec la même note, un **gros-plant 97** au nez flatteur et à la bouche vive.

🕭 R. Branger et Fils, Manoir de la Grelière, 44120 Vertou, tél. 02.40.05.71.55, fax 02.40.31.29.39 ⊻ r.-v.

DOM. DU MOULIN Sur lie 1997★★

| | 6 ha | 40 000 | ▮♦ -30F |

La Bourchinière, village vigneron très typé, donne ici un vin qui ne l'est pas moins, issu d'un sol de gneiss, schiste et granit. Ce vin de caractère, à la fois fin, puissant et structuré, avec des arômes d'agrumes et une finale minérale, patientera volontiers deux ou trois ans.

🕭 Bernard Déramé, 2, rue du Courtil-Bochet, La Bourchinière, 44690 Saint-Fiacre-sur-Maine, tél. 02.40.54.83.80, fax 02.40.54.80.87 ⊻ t.l.j. sf dim. 8h-12h 14h-18h

DOM. DU MOULIN DAVID
Sur lie 1997★

| | 3 ha | 10 000 | -30F |

Sur les coteaux de la Sanguèze (dont le nom serait une déformation de « Saint-Guy »), ce domaine donne un vin pâle à reflet vert, à la belle typicité, tout en finesse, équilibré, avec ses arômes de pomme verte et sa longue finale minérale.

🕭 Didier Blanlœil, Les Corbeillères, 44330 Vallet, tél. 02.40.33.91.23, fax 02.40.33.91.23 ⊻ r.-v.

DOM. DES NOES Sur lie 1997★★

| | 4 ha | 25 000 | ▮♦ -30F |

Ce domaine, qui vient d'aménager un confortable caveau de dégustation, propose un vin au très beau nez aromatique et complexe de fleurs et de fruits blancs et à la bouche fraîche, bien construite, jeune et longue. Autre sèvre-et-maine du même producteur, le **Fief de la Tégrie 97** mérite une étoile pour sa bouche expressive. Ces deux vins se tiendront bien à table.

🕭 Léone Loiret, Brétigné, 44330 Le Pallet, tél. 02.40.80.98.60, fax 02.40.80.48.11 ⊻ r.-v.

CUVEE DES NOES GUERETS 1996★★

| | 5 ha | 9 000 | ▮ -30F |

Cette cuvée porte le nom d'un clos dont le sol silico-argileux a une dominante argileuse. Il donne des vins d'un degré naturel élevé : 12,9 pour ce 96, typique, équilibré et de bonne longueur, avec des arômes minéraux et des notes de fruits à chair blanche. C'est le terroir qui s'exprime dans ce vin haut de gamme, phare de l'exploitation des Lebas qui sont très attentifs à la qualité des vinifications, ce que consacre ici notre jury.

🕭 GIE Jean-Claude et Michel Lebas, 38, rue de Bazoges, 44330 Vallet, tél. 02.40.33.98.69, fax 02.40.36.34.27 ⊻ r.-v.

DOM. DES ORMIERES Sur lie 1997

| | 1,5 ha | 8 000 | ▮♦ -30F |

Didier Branger dirige ce domaine depuis 1989. Son 97 porte une robe blanche et un nez floral bien droit. Ce vin agréable est à consommer sans tarder.

🕭 Didier Branger, Le Gast, 44690 Maisdon-sur-Sèvre, tél. 02.40.03.82.14, fax 02.40.03.82.14 ⊻ r.-v.

DOM. DES PELERINS
Sur lie Souverain 1997★

| | 1,35 ha | 75 000 | ▮♦ 30à50F |

Produit d'un domaine resté dans la même famille depuis sa création en 1795, ce vin est né sur un sol de micaschistes précoce. Son bon nez de fruits blancs est encore un peu fermé, mais son équilibre et sa finesse promettent une évolution favorable.

🕭 Philippe Guérin, Les Pèlerins, 44330 Vallet, tél. 02.40.36.24.14, fax 02.40.36.40.73 ⊻ r.-v.

LAURENT PERRAUD
Sur lie Cuvée Amphora 1996★★

| | 0,7 ha | 3 000 | ◐ 50à70F |

Elevée non en jarres de terre mais en fût de chêne neuf pendant huit mois, cette cuvée représente un volume très confidentiel parmi la production de ce domaine de 40 ha. Mais quel vin ! Il développe un nez boisé (notes de caramel, de vanille) enrichi de coing et de prune. Souple et ronde, la bouche révèle un fruité que n'étouffent pas les parfums d'un bois de qualité.

La région nantaise — Muscadet sèvre-et-maine

🠶 Laurent Perraud, dom. de La Vinçonnière, 44190 Clisson, tél. 02.40.03.95.76, fax 02.40.03.96.56 ☑ ☷ t.l.j. 8h-12h 14h-19h; sam. dim. sur r.-v.

DOM. DES PERRIERES Sur lie 1997★★

| ☐ | 10 ha | 67 000 | 🍷 -30F |

Entre Le Loroux et Le Landreau via la fameuse « route des moulins », ce domaine donne un vin de très bonne tenue, encore un peu fermé mais plein d'avenir. Parfumé (le floral domine) et rond, bien fruité, suffisamment long, il devrait en outre se conserver un ou deux ans sans problème. Ravissante étiquette représentant une scène de vendange.

🠶 Daniel Pineau, La Martelière, 44430 Le Loroux-Bottereau, tél. 02.40.33.81.82 ☷ r.-v.

DOM. DES PERRIERES Sur lie 1997

| ☐ | 6 ha | 30 000 | 🍷 -30F |

Cette cuvée est issue de raisins vendangés à la main. De couleur pâle, avec un nez léger, elle est harmonieuse et équilibrée.

🠶 Xavier Gouraud, Le Pin, 44330 Mouzillon, tél. 02.40.36.62.85, fax 02.40.36.39.95 ☑ r.-v.

DOM. DES PETITES COSSARDIERES
Sur lie 1997★★

| ☐ | 2 ha | 12 000 | 🍷 -30F |

Souvent cité pour son gros-plant (coup de cœur du Guide 1996) ce domaine produit aussi un beau muscadet sèvre-et-maine, au nez complexe de fruits verts, d'agrumes et de fleurs blanches, avec une touche empyreumatique, à la fois vif et moelleux en bouche où l'on retrouve les fleurs dans une très belle finale. Et le **gros-plant 97** ? demandera-t-on. Bien typique, il mérite au moins une citation.

🠶 Jean-Claude Couillaud, 17, rue de la Loire, 44430 Le Landreau, tél. 02.40.06.42.81, fax 02.40.06.49.14 ☑ ☷ r.-v.

CH. PLESSIS-BREZOT
Sur lie Elevé en fût de chêne 1996

| ☐ | | n.c. | 12 000 | 30 à 50F |

Ce vin de couleur paille, au nez de fruits mûrs, voire confits, se signale par une belle attaque franche et vive à laquelle répond la vivacité de la bouche. Pour des coquillages.

🠶 Ch. Plessis-Brézot, 44690 Monnières, tél. 02.40.54.63.24, fax 02.40.54.66.07 ☑ ☷ t.l.j. 8h-20h

🠶 Calonne

DOM. DU RAFOU
Sur lie Clos de Bejarry Cuvée Claire 1997

| ☐ | 7,5 ha | 50 000 | 🍷 -30F |

Marc, Jean et Yves Luneau mènent ce domaine familial de 17 ha. Ils sont régulièrement cités dans ce Guide. Agréablement fleuri au nez sous une robe vert pâle, leur Clos de Bejarry est un vin bien gras en bouche présentant un équilibre satisfaisant.

🠶 EARL Luneau Frères, Dom. du Rafou, Tillières, 49230 Montfaucon, tél. 02.41.70.68.78, fax 02.41.70.68.78 ☑ ☷ t.l.j. sf dim. 9h-12h 14h-19h

DOM. DES REBOURGERES
Sur lie 1997★

| ☐ | 7,3 ha | 40 000 | 🍷 -30F |

« A exporter pour rehausser l'image du grand muscadet », assure un dégustateur à propos de ce vin riche et structuré, à la belle robe pâle. Il devrait même gagner encore à attendre quelques mois. Chez le même producteur, une étoile aussi pour le **Clos du Moulin de la Gustais 97**, un sèvre-et-maine très proche du précédent.

🠶 Jean Lebas, La Rebourgère, 44690 Maisdon-sur-Sèvre, tél. 02.40.54.60.78, fax 02.40.54.66.59 ☑ ☷ r.-v.

CLOS DES ROCHES GAUDINIERES
Sur lie 1997★

| ☐ | 5 ha | n.c. | 🍷 -30F |

Venu d'entre Sèvre et Sanguèze, un vin bien fait, jaune pâle brillant à reflets verts, au nez expansif de fruits à chair blanche et de fleurs, d'une belle vivacité en bouche où il se montre aussi très expressif. A citer, le **Domaine Chiron 97**.

🠶 Dom. Chiron, La Morandière, 44330 Mouzillon, tél. 02.40.80.41.43, fax 02.40.80.46.54 ☑ ☷ t.l.j. 9h-12h30 14h-19h; sam. dim. 9h-12h30

DOM. DES ROCHES PYRENEES
Sur lie 1997★

| ☐ | 8 ha | 5 000 | 🍷 -30F |

Produit sur des roches éocènes, ce vin dont les raisins sont vendangés à la main, de teinte légèrement paille, s'exprime en bouche sans agressivité, avec une certaine rondeur.

🠶 Bernard Maillard, Les Defoix, 44190 Saint-Lumine-de-Clisson, tél. 02.40.54.71.29, fax 02.40.54.71.29 ☑ ☷ r.-v.

DOM. DES ROUAUDIERES 1995★★

| ☐ | 2 ha | 1 200 | 🍷 -30F |

Pas plus de mille deux cents bouteilles, hélas, pour ce vin, né sur un sol d'argile et de gneiss, plein de personnalité, où le cépage se fond dans le terroir et où la fraîcheur va de pair avec la complexité des saveurs. Aromatique et souple, le typique (et tout aussi peu abondant **gros-plant 97** du même domaine mérite quant à lui une étoile.

🠶 Jacky Bordet, La Rouaudière, 44330 Mouzillon, tél. 02.40.36.22.46, fax 02.40.36.39.84 ☑ ☷ r.-v.

LA VALLEE DE LA LOIRE

La région nantaise

DOM. DU ROYAUME Sur lie 1997★

| 5 ha | 33 000 | ■ ♦ -30F |

Une étiquette or mat sur or brillant pour ce vin « régalien » à la belle teinte, au nez très floral. Il est agréable en bouche depuis sa bonne attaque jusqu'à sa finale acidulée. Il est à boire tout de suite avec des coquillages.
➥ GAEC Chénard et Fils, La Boisselière, 44330 Le Pallet, tél. 02.40.80.98.17, fax 02.40.80.44.38 ⊥ r.-v.

DOM. SAINT-MICHEL Sur lie 1997

| 1,5 ha | 10 000 | ■ ♦ -30F |

Sous une étiquette au dragon vaincu, un vin bien fait avec des arômes intenses de fleurs blanches, de miel et de noisette. La finale est plus vive, franche et typée. On le propose pour un canard au muscadet. Pourquoi ne pas essayer ?
➥ Jean-Michel Merlaud, 17 bis, rte de la Loire, 44330 Vallet, tél. 02.40.36.60.60 ☑ ⊥ t.l.j. sf dim. 9h-12h 15h-19h

CH. SALMONIERE
Sur lie Vieilles vignes 1997★★

| 10 ha | 50 000 | ■ ♦ -30F |

Cette ancien bastion templier des bords de la Sèvre donne un vin remarquable sur un terroir argilo-granitique. C'est sûrement une bouteille de garde : la couleur séduit, puis le nez très prononcé, odorant, annonce la richesse et la puissance de la bouche. Mais tout cela ne nuit en rien à la fraîcheur de la longue finale. Intéressant à revoir dans deux ou trois ans, mais déjà si plaisant.
➥ Xavier Chon, Ch. de La Salmonière, 44120 Vertou, tél. 02.40.54.11.08, fax 02.40.54.19.90 ☑ ⊥ t.l.j. sf dim. 10h-12h 14h-18h

DOM. SAUPIN Sur lie Cuvée Prestige 1997★

| 15 ha | 100 000 | ■ ♦ -30F |

Connue de longue date pour ses pépinières viticoles, la famille Saupin leur a adjoint ce domaine en 1984. Plaisante et typique, sa **Cuvée principale 97** se distingue par une très belle robe, une bonne attaque fraîche au léger perlant et un bon caractère. C'est une bouteille tonique. Ces qualités sont davantage exaltées avec la cuvée Prestige du domaine, au nez agréablement fleuri et minéral précédant une bouche à l'attaque fraîche, au développement équilibré.
➥ Dom. Serge Saupin, Le Norestier, 44450 La Chapelle-Basse-Mer, tél. 02.40.06.31.31, fax 02.40.03.60.67 ☑ r.-v.

DOM. YVES SAUVETRE Sur lie 1997★

| 25 ha | 30 000 | ■ ♦ -30F |

Ce domaine de l'ouest du Loroux repose sur un sol de micaschiste. Il donne un vin limpide à la couleur classique (reflet vert), au nez de fruit blanc, fort harmonieux et équilibré en bouche.
➥ EARL Y. Sauvêtre et Fils, La Landelle, 44430 Le Loroux-Bottereau, tél. 02.40.33.81.48, fax 02.40.33.87.67 ☑ ⊥ r.-v.

Muscadet côtes de grand-lieu

Muscadet côtes de grand-lieu

CH. DE BAGATELLE Sur lie 1997

| 8 ha | 7 000 | ■ ♦ -30F |

« Vin plaisir », dit un dégustateur. Facile, léger, fruité, un peu court, il mérite bien son nom.
➥ Yvon Guillet, La Fiolière, 44650 Corcoué-sur-Logne, tél. 02.40.05.94.41, fax 02.40.05.89.05 ☑ ⊥ r.-v.

DOM. DU GRAND POIRIER
Sur lie 1997

| 9 ha | 13 300 | ■ ♦ -30F |

Pâle et brillant, ce 97 n'est peut-être pas typé, sa richesse lui conférant moins de fraîcheur qu'on en attend de l'AOC, mais c'est un bon vin, persistant, qui devrait être très satisfaisant pour la sortie du Guide.
➥ Christian Jaulin, Le Poirier, 44310 La Limouzinière, tél. 02.40.05.94.47, fax 02.40.05.94.47 ☑ ⊥ r.-v.

DOM. DU HAUT BOURG Sur lie 1997★

| 20 ha | 15 000 | ■ ♦ -30F |

Au nord du lac de Grand-Lieu, ce domaine produit un vin franc, riche et fin, avec en fin de bouche la note acidulée typique de l'appellation. En dehors de l'aire côtes de grand-lieu, chez le même producteur, un **muscadet AC 97** tonique et bien fait qui mérite une citation.
➥ Michel et Hervé Choblet, SCEA Dom. du Haut-Bourg, 11, rue de Nantes, 44830 Bouaye, tél. 02.40.65.47.69, fax 02.40.32.64.01 ☑ ⊥ t.l.j. sf dim. 9h-12h 14h-19h

LES VIGNERONS DE LA NOELLE
Sur lie 1997★★★

| 22 ha | 120 000 | ■ ♦ -30F |

Comme l'an dernier, le muscadet côtes de grand-lieu est le vin le mieux noté dans la remarquable gamme de ce grand groupement de producteurs. Vin de terroir d'une grande richesse, il développe une bouche équilibrée aux arômes de brioche et pourra fort bien patienter quelque temps. Dans la même gamme, un autre côtes de grand-lieu, **L'Aiguière 97**, bien structuré, mérite une étoile. En muscadet coteaux de la loire, deux étoiles pour le **Folies Siffait 97**, belle réussite technologique au nez aromatique de citronnelle et de poire. En muscadet sèvre-et-maine, on peut retenir le **Domaine La Malonnière 97**. A citer aussi, un **gros-plant** très typique (sur lie, comme les muscadets ci-dessus), l'original **pineau de la loire Champs-Jumeaux** vinifié en liquoreux et un coteaux d'ancenis gamay à caractère rustique, **La Pierre Couvretière**.
➥ Les Vignerons de La Noëlle, bd des Alliés, B.P. 155, 44154 Ancenis Cedex, tél. 02.40.98.92.72, fax 02.40.98.96.70 ☑ ⊥ r.-v.

DOM. DE LA REVELLERIE Sur lie 1997

| 4 ha | n.c. | ■ ♦ -30F |

Avec son nez rond et complexe (pomme verte), sa bouche mûre et de bonne tenue, ce vin ne manque pas de personnalité. Il est unique-

La région nantaise

Gros-plant AOVDQS

Gros-plant AOVDQS

ment commercialisé par la maison Sautejeau dont le siège est au Pallet.
- Jean-Michel Mercier, La Révellerie, 44310 Saint-Philbert-de- Grand-Lieu
- SA Sautejeau

Le gros-plant du pays nantais est un vin blanc sec, AOVDQS depuis 1954. Il est issu d'un cépage unique : la folle blanche, d'origine charentaise, appelée ici gros-plant. La superficie du vignoble est de 3 000 ha et la production moyenne a atteint 169 133 hl en 1997. Comme le muscadet, le gros-plant peut être mis en bouteilles sur lie. Vin blanc sec, il convient parfaitement aux fruits de mer en général et aux coquillages en particulier ; il doit être servi lui aussi frais mais non glacé (8 °-9 ° C).

CLOS DE LA SENAIGERIE
Sur lie 1997*

	6,5 ha	36 000	-30F

Maintes fois distingué, ce vaste domaine, l'un des plus en vue des côtes-de-grand-lieu, ne déçoit pas avec ce vin de caractère, bien typé, au nez intense, complexe et aromatique, à la bouche franche, ronde et riche. Une étoile aussi pour le **Clos de La Fine 97** aux qualités analogues, mais davantage minéral et floral. Et une encore pour le **gros-plant 97** du domaine des Herbauges, frais et avec un intéressant nez fruité.
- Luc Choblet, Dom. des Herbauges, 44830 Bouaye, tél. 02.40.65.44.92, fax 02.40.32.62.93 ◨ ⌑ t.l.j. sf dim. 9h-12h 14h-18h30

LE DEMI-BŒUF Sur lie 1997*

	10 ha	60 000	-30F

Au sud du lac de Grand-Lieu, ce grand domaine moderne doit son nom à un épisode des guerres de Vendée. Il produit un vin de terroir à la belle robe limpide et au fin nez floral encore un peu fermé, plein de richesse en bouche et d'une longueur intéressante. Très réussi également (une étoile) son **gros-plant 97** aux beaux reflets, très typique.
- Michel Malidain, 3, Le Demi-Bœuf, 44310 La Limouzinière, tél. 02.40.05.82.29, fax 02.40.05.95.97 ⌑ r.-v.

DOM. LES HAUTES NOELLES
Sur lie 1997

	7 ha	40 000	-30F

Un vin vif et bien droit, assez long, minéral, dans une jolie robe à nuances dorées.
- Serge Batard, La Haute Galerie, 44710 Saint-Léger-les-Vignes, tél. 02.40.31.53.49, fax 02.40.04.87.80 ⌑ r.-v.

DOM. DU PARC Sur lie 1997*

	13 ha	50 000	-30F

Produit sur un sol d'amphibolite (roches vertes), ce beau vin riche en gaz et bien structuré manifeste une harmonie flatteuse. Le **gros-plant 97**, vert pâle, au nez citronné bien typé, rond en bouche, reçoit une citation.
- Pierre Dahéron, Le Parc, 44650 Corcoué-sur-Logne, tél. 02.40.05.86.11, fax 02.40.05.94.98 ◨ ⌑ r.-v.

CH. DU ROCHER SAINT PHILBERT
Sur lie 1997***

	17 ha	46 000	-30F

Au pied du coteau dominant la cuvette de Grand-Lieu, le Rocher Saint-Philbert produit un vin attirant dès sa belle robe blanche. Fin et floral au nez, il présente en bouche une attaque très agréable et légère. Bien structuré, long, il laisse derrière lui beaucoup de plaisir.
- Didier Hervouet, Le Rocher Saint Philbert, 44310 Saint-Philbert-de-Grand-Lieu, tél. 02.41.72.89.52, fax 02.41.72.77.13 ◨ ⌑ r.-v.

DOM. DE BEAUREPAIRE Sur lie 1997

	2,72 ha	n.c.	-30F

Equilibré et aromatique, ce vin présente la touche de verdeur sans laquelle il n'est pas de gros-plant typique.
- Jean-Paul Bouin-Boumard, La Recivière, 44330 Mouzillon, tél. 02.40.33.90.37, fax 02.40.36.35.97 ◨ ⌑ t.l.j. 9h-20h

DOM. DES BEGAUDIERES
Sur lie 1997***

	3,5 ha	10 000	-30F

Les parcelles de gros-plant sont souvent très petites. Avec 3,5 ha, ce domaine ferait presque figure de « poids lourd » de l'appellation. Il s'impose en tout cas par la qualité : ce vin harmonieux, aux reflets verts et au très bon nez, montre du gras, de l'élégance et de la souplesse en bouche.
- GAEC Jauffrineau-Boulanger, Bonne-Fontaine, 44330 Vallet, tél. 02.40.36.22.79, fax 02.40.36.34.90 ◨ ⌑ r.-v.

DOM. DU BOIS-JOLY 1997*

	1,2 ha	1 200	-30F

Peu représentatif certes (1200 bouteilles seulement), ce gros-plant mérite pourtant une mention particulière pour son nez typique, son équilibre et son harmonie générale. En **muscadet sèvre-et-maine, la Cuvée Harmonie** est citée : elle est intéressante par sa bouche grasse et fraîche, mais surtout par son nez complexe de fruits secs et de citron.
- Henri et Laurent Bouchaud, Le Bois-Joly, 44330 Le Pallet, tél. 02.40.80.40.83, fax 02.40.80.45.85 ⌑ r.-v.

CH. BRAIRON Sur lie 1997*

	0,65 ha	2 400	-30F

Installé depuis 1982, Serge Méchineau s'attache à faire revivre cette ancienne propriété viticole jadis ruinée par le phylloxéra. Il propose des chambres d'hôtes. Son gros-plant de bonne tenue, typique de l'appellation, pourra même patienter quelques mois. Signalons aussi un **muscadet sur lie 97** de caractère, à la minéralité marquée, cité par le jury.

LA VALLEE DE LA LOIRE

La région nantaise — Gros-plant AOVDQS

🍷 Serge Méchineau, Le Chatelier, 44690 Château-Thébaud, tél. 02.40.06.51.21, fax 02.40.06.57.76 ☑ ⚑ r.-v.

DOM. DU BUISSON 1997★
| ☐ | 3,56 ha | 28 485 | 🍾 | -30 F |

Situé dans la partie orientale de l'aire d'appellation, en Anjou déjà, ce domaine a produit un vin limpide, très typique de l'appellation, intense et long en bouche. Du même millésime, son **muscadet coteaux de la loire** mérite lui aussi une étoile ; un peu fermé mais bien structuré, il présente une note très typique de pierre à fusil.

🍷 GAEC Bernard et Michel Sécher, Le Buisson, 49410 La Chapelle-Saint-Florent, tél. 02.41.72.89.52, fax 02.41.72.77.13 ☑ ⚑ r.-v.

GADAIS PERE ET FILS 1997★
| ☐ | 0,75 ha | 7 000 | 🍾 | -30 F |

Vif sans agressivité, légèrement floral en fin de bouche, cet agréable gros-plant ne représente que 4 % de l'encépagement de cette grande exploitation (32 ha), plus connue pour son **muscadet sèvre-et-maine**, en particulier pour ses cuvées haut de gamme, **Vieilles vignes** et **Grande Réserve du Moulin**. Dans le millésime 97, la première a obtenu une étoile pour sa belle attaque acidulée, la seconde a été citée.

🍷 Gadais Père et Fils, 16 bis, rue du Coteau, 44690 Saint-Fiacre, tél. 02.40.54.81.23, fax 02.40.36.70.25 ☑ ⚑ r.-v.

CH. DES GILLIERES Sur lie 1997
| ☐ | 22 ha | 170 000 | 🍾 | -30 F |

Sous un nez terroité, ce gros-plant de bonne origine développe une bouche acidulée et bien persistante.

🍷 SA Louis Nogue et Fils, Ch. des Gillières, 44690 La Haye-Fouassière, tél. 02.40.54.80.05, fax 02.40.54.89.56 ☑ ⚑ r.-v.

DOM. DES GRANDS-PRIMEAUX 1997★
| ☐ | 0,6 ha | 3 000 | 🍾 | -30 F |

Le village vigneron du Pé, accroché sur une butte au bord de la Sèvre, est le cadre idéal pour produire un tel vin de terroir, fin et bien structuré, sans agressivité.

🍷 Michel Bedouet, Le Pé-de-Sèvre, 44330 Le Pallet, tél. 02.40.80.97.30, fax 02.40.80.40.68 ☑ ⚑ r.-v.

DOM. GUINDON Sur lie 1997★
| ☐ | 1,9 ha | 7 000 | 🍾 | 30 à 50 F |

Ce domaine de la rive droite de la Loire propose une gamme fort diversifiée de vins nantais. On y retiendra particulièrement ce gros-plant élégant, souple et équilibré.

🍷 Jacques Guindon, La Couleuverdière, 44150 Saint-Géréon, tél. 02.40.83.18.96, fax 02.40.83.29.51 ☑ ⚑ t.l.j. sf dim. 9h-12h 14h-18h

DOM. DE LA BRETONNIERE 1997★★
| ☐ | 1 ha | 7 000 | 🍾 | -30 F |

Produit des coteaux situés à l'ouest du Landreau, inclinés vers les marais de Goulaine, ce gros-plant à la belle attaque est parfaitement typé. On en dira autant du **muscadet sèvre-et-maine cuvée sélectionnée 97** (une étoile), légèrement grillé au nez, ample et équilibré en bouche.

🍷 GAEC Charpentier-Fleurance, La Bretonnière, 44430 Le Landreau, tél. 02.40.06.43.39, fax 02.40.06.44.05 ☑ ⚑ r.-v.

DOM. DE LA GOULBAUDIERE Sur lie 1997★★
| ☐ | 1 ha | 4 000 | 🍾 | -30 F |

Produit sur 1 ha seulement, ce gros-plant n'est disponible qu'en petite quantité. Dommage, car son nez de citron et d'aubépine, puis sa bouche acidulée, bien dans le type, en séduiront plus d'un. C'est le type même du vin à servir avec les fruits de mer.

🍷 Michel Pineau, La Goulbaudière, 44430 Le Landreau, tél. 02.40.06.44.52, fax 02.40.06.44.52 ☑ ⚑ r.-v.

CH. DE LA GRANGE Sur lie 1997★
| ☐ | 16,4 ha | 30 000 | 🍾 | -30 F |

Propriété des Goulaine depuis 1777 - ce n'est rien ! le château de Goulaine, lui, leur appartient depuis plus de mille ans -, ce domaine a produit un vin plaisant et très typique : le nez est floral et la bouche, après une bonne attaque, apparaît fine et longue.

🍷 Comte Baudouin de Goulaine, Ch. de La Grange, 44650 Corcoué-sur-Logne, tél. 02.40.26.68.66, fax 02.40.26.61.89 ☑ ⚑ r.-v.

DOM. DE LA HOUSSAIS Sur lie 1997★
| ☐ | 1,5 ha | 6 000 | 🍾 | -30 F |

Fidèle aux vendanges manuelles, ce domaine a produit un gros-plant harmonieux, au nez fin, à la bouche ronde, équilibrée, pas trop vive. Une étoile encore pour un **muscadet sèvre-et-maine 97 sur lie** bien typé, capable de patienter un an ou deux. Plus souple et minéral, le sèvre-et-maine **Clos du Bien-Aimé 97** mérite une citation.

🍷 Bernard Gratas, Dom. de La Houssais, 44430 Le Landreau, tél. 02.40.06.46.27, fax 02.40.06.47.25 ☑ ⚑ t.l.j. sf dim. 9h-12h30 14h-19h

DOM. DE LA LANDE Sur lie 1997★
| ☐ | 10 ha | 36 000 | 🍾 | -30 F |

Installé depuis 1966 sur une partie du domaine familial, Didier Malidain présente un vin bien travaillé, peut-être pas vraiment typique mais équilibré, persistant et harmonieux. Plus atypique encore avec ses arômes de genêt, son **muscadet côtes de grand-lieu 97** mérite néanmoins une citation pour sa bonne attaque et sa richesse.

🍷 EARL Didier Malidain, Grossève, 44650 Corcoué-sur-Logne, tél. 02.40.05.95.95, fax 02.40.05.80.99 ☑ ⚑ r.-v.

CH. LA PERRIERE Sur lie 1997★★
| ☐ | 3 ha | 10 000 | 🍾 | -30 F |

Vincent Loiret a repris l'exploitation de sa mère en 1997 ; sa famille cultive la vigne depuis 1765. Son gros-plant a toutes les qualités : il est plaisant à l'œil ; le nez, légèrement citronné, se montre très frais et la bouche, souple et ronde, équilibrée, intéresse le jury.

La région nantaise

Vincent Loiret, La Mare Merlet, 44330 Le Pallet, tél. 02.40.80.43.24, fax 02.40.80.46.99

DOM. DE LA TOURLAUDIERE
Sur lie 1997**

| | 2,5 ha | 9 000 | | -30 F |

Issu d'un sol de gabbro (roche éruptive caractéristique de la région), ce vin au nez fruité, gras et équilibré en bouche, n'est pas très vif pour un gros-plant - mais il n'en est que plus accessible pour la majorité des consommateurs. En **muscadet sèvre-et-maine**, la **cuvée Première fût de chêne 97** mérite une étoile : franche et ronde, elle révèle en fin de bouche des nuances de miel, d'abricot et de coing.

EARL Petiteau-Gaubert, Dom. de La Tourlaudière, 44330 Vallet, tél. 02.40.36.24.86, fax 02.40.36.29.72 t.l.j. 9h-12h30 14h-18h30

R. et J. Petiteau

CH. DE L'AUJARDIERE 1997

| | 4,65 ha | 10 000 | | -30 F |

Venu de la limite orientale du département, un vin au nez légèrement grillé. La bouche, souple, n'est pas des plus vives mais l'ensemble est agréable.

EARL Lebrin, L'Aujardière, 44430 La Remaudière, tél. 02.40.33.72.72, fax 02.40.33.74.18 t.l.j. sf dim. 8h-12h30 14h-18h30

MARQUIS DE GOULAINE
Sur lie Cuvée du Marquisat 1997**

| | n.c. | n.c. | | -30 F |

Avec plus de mille ans d'histoire, le château de Goulaine est une référence incontournable du vignoble nantais. D'un superbe classicisme, très bien fait, ce gros-plant long et frais, sans agressivité, porte haut ses couleurs. Quant au **muscadet sèvre-et-maine Château de Goulaine 97**, il mérite une citation.

SA Goulaine, Ch. de Goulaine, 44115 Haute-Goulaine, tél. 02.40.54.91.42

MOULIN DE LA MINIERE
Sur lie 1997**

| | n.c. | 15 000 | | -30 F |

Ce domaine, dominé par l'un des grands moulins à vent de Monnières, a produit un gros-plant bien perlant, au nez très fin et à la bouche expressive. Son **muscadet sèvre-et-maine cuvée Prestige 97**, très vif au moment de la dégustation, mérite une étoile pour ses promesses d'avenir ; une étoile aussi pour **la cuvée 96 élevée en fût de chêne**, au puissant nez de fruits secs, de vanille, de cara-

mel ; un vin encore prometteur (4000 bouteilles seulement).

SC Ménard-Gaborit, La Minière, 44690 Monnières, tél. 02.40.54.61.06, fax 02.40.54.66.12 t.l.j. sf dim. 8h-20h

Philippe et Thierry Ménard

DOM. DAMIEN RINEAU 1997***

| | n.c. | 5 000 | | -30 F |

Le voilier figurant sur l'étiquette annonce la couleur, et un dégustateur confirme : « Vive les huîtres ». Ce n'est pas que ce gros-plant soit typique, bien au contraire, mais il doit sa note flatteuse à une excellente harmonie générale.

Damien Rineau, La Maison-Neuve, 44190 Gorges, tél. 02.40.06.98.27, fax 02.40.06.98.27 t.l.j. sf dim. 8h-20h

DOM. DES ROCHETTES 1997*

| | 2 ha | 10 000 | | -30 F |

Venu du pied des coteaux du Landreau, ce vin au nez fruité révèle en bouche des arômes de pamplemousse. Chez les mêmes producteurs, le **muscadet sèvre-et-maine sur lie Fleuron des Rochettes 97**, très typique, mérite aussi une étoile pour sa bonne structure et pour sa fin de bouche agréable.

EARL Jean-Pierre et Eric Florance, Bas-Briacé, 44430 Le Landreau, tél. 02.40.06.43.84, fax 02.40.06.45.66 r.-v.

Fiefs vendéens AOVDQS

Anciens fiefs du Cardinal : cette dénomination évoque le passé de ces vins, appréciés par Richelieu après avoir connu un renouveau au Moyen Age, ici, comme bien souvent, à l'instigation des moines. La dénomination AOVDQS fut accordée en 1984, confirmant les efforts qualitatifs qui ne se relâchent pas sur les 380 ha complantés. 23 000 hl ont été produits en 1997.

A partir de gamay, de cabernet et de pinot noir, la région de Mareuil produit des rosés et des rouges fins, bouquetés et fruités ; les blancs sont encore confidentiels. Non loin de la mer, le vignoble de Brem, lui, donne des blancs secs à base de chenin et grolleau gris, mais aussi du rosé et du rouge. Aux environs de Fontenay-le-Comte, blancs secs (chenin, colombard, melon, sauvignon), rosés et rouges (gamay et cabernet) proviennent des régions de Pissotte et Vix. On boira ces vins jeunes, selon les alliances classiques des mets et des vins.

La région nantaise

LA FERME DES ARDILLERS
Mareuil Collection 1997★

■   8 ha   70 000   -30 F

Venu des bords du Lay, la plus grande rivière de Vendée, cet assemblage composé à égalité de gamay noir et de cabernet-sauvignon plaît par son caractère aromatique et long, sa bouche équilibrée et ronde, sa robe intense à reflets violacés. A boire tout au long de l'année 1999. Citons aussi le **Mareuil blanc « Collection »**, tout aussi typique de l'appellation (qui fut coup de cœur du Guide 98).
☞ Jean Mourat et Jean Larzelier, Ferme des Ardillers, 85320 Mareuil-sur-Lay, tél. 02.51.97.20.10, fax 02.51.97.21.58 ☑ ☒ t.l.j. sf dim. 8h-12h 14h-18h

XAVIER COIRIER
Pissotte Cuvée Mélusine 1997★

☐   6,5 ha   20 000   -30 F

Aux portes de la forêt de Mervent, ce domaine produit un beau vin blanc par macération pelliculaire. Equilibré et gras en bouche, le millésime 97 représente bien cette appellation. Le **rosé 97** doit être plutôt bu pour son équilibre, mais il est à boire sans tarder.
☞ Xavier Coirier, La Petite Groie, 15, rue des Gélinières, 85200 Pissotte, tél. 02.51.69.40.98, fax 02.51.69.74.15 ☑ r.-v.

DOM. DES DAMES
Mareuil Les Agates 1997

◩   4 ha   12 000   -30 F

Un vin rosé limpide au nez intense mais typique de l'appellation, à boire sans trop tarder. Bien équilibrée, avec des arômes puissants en fin de bouche, la cuvée **Les Aigues Marines 97** (Mareuil rouge) pourra attendre davantage.
☞ GAEC Vignoble Daniel Gentreau, Follet, 85320 Rosnay, tél. 02.51.30.55.39, fax 02.51.28.22.36 ☑ r.-v.

DOM. DE LA CHAIGNEE Vix 1997★

■   6 ha   48 000   30 à 50 F

Ce grand domaine produit de très beaux vins, tel celui-ci, né sur un terroir de graves reposant sur calcaire. Coloré, particulièrement intense au nez et en bouche, bien tannique, il accompagnera une côte de bœuf dans un à deux ans.
☞ Vignobles Mercier, La Chaignée, 85770 Vix, tél. 02.51.00.65.14, fax 02.51.00.67.60 ☑ r.-v.

DOM. DE LA VIEILLE RIBOULERIE
Mareuil Cuvée des Moulins brûlés 1997★★

■   1,5 ha   6 000   -30 F

Les trois moulins à vent de Rosnay n'ont pas survécu aux guerres de Vendée. La parcelle donne aujourd'hui un vin très réussi, mariage de gamay et de cabernet plantés sur un sol argilo-siliceux. Très typée, puissante et équilibrée, cette cuvée pourra patienter sans problème un an ou deux. Le rosé du domaine, **Cuvée des Rêves de l'Yon 97**, intense et long, mérite d'être cité.

Fiefs vendéens AOVDQS

☞ Hubert Macquigneau, Le Plessis, 85320 Rosnay, tél. 02.51.30.55.82, fax 02.51.28.21.80 ☑ ☒ t.l.j. sf dim. 8h-12h 14h-19h

DOM. DE LA VRIGNAIE Mareuil 1997★

◩   n.c.   46 000   -30 F

Ce vin très typique se montre équilibré et rond en bouche, alors que ses arômes sont encore discrets. Typique également, mais moins riche en bouche, le **Mareuil rouge 97** mérite d'être cité (sans étoile).
☞ Daviet et Brisson, La Noue, 85310 Le Tablier, tél. 02.51.46.77.74, fax 02.51.46.77.74 ☑

JEAN-PIERRE RICHARD Brem 1997★

☐   2,5 ha   n.c.   -30 F

Héritier des vins de messe du cardinal de Richelieu, ce vin blanc de Brem à base de chenin et de groslot ne manque pas de charme avec sa robe limpide et son nez fleuri. Equilibré et long en bouche, il est d'une bonne typicité.
☞ Jean-Pierre Richard, 5, imp. Richelieu, 85470 Brem-sur-Mer, tél. 02.51.90.56.84 ☑ r.-v.

CH. DE ROSNAY Mareuil Prestige 1997★

■   10 ha   70 000   -30 F

Ce petit château entouré d'une grande propriété viticole produit un vin bien typé, fin, rond, équilibré, associant gamay, cabernet et pinot. Et aussi (sans étoile) un **Mareuil blanc 97 Cuvée Elégance** aux arômes étonnamment développés.
☞ Christian et Marylène Jard, EARL Ch. de Rosnay, 85320 Rosnay, tél. 02.51.30.59.06, fax 02.51.28.21.01 ☑ ☒ t.l.j. sf dim. 9h-19h

DOM. SAINT-NICOLAS
Brem Cuvée Prestige 1997

☐   7 ha   40 000   30 à 50 F

Depuis l'automne 95, le domaine Saint-Nicolas est cultivé en biodynamie. Pas très long mais aromatique, équilibré et typique de l'appellation,

Anjou-Saumur

ce vin devra être bu dans l'année. Le **rosé cuvée Prestige**, typé, rond et riche, développe des arômes puissants.

M.-J. Michon et Fils, 11, rue des Vallées, 85470 Brem-sur-Mer, tél. 02.51.33.13.04, fax 02.51.33.18.42 r.-v.

Coteaux d'ancenis AOVDQS

Les coteaux d'ancenis sont classés AOVDQS depuis 1954. On en produit quatre types, à partir de cépages purs : gamay (80 % de la production), cabernet, chenin et malvoisie. La superficie du vignoble est de 300 ha et la production moyenne de 17 657 hl en 1997. Le coteau d'ancenis-gamay a pour cépage le gamay noir à jus blanc ; c'est un vin léger, sec et fruité, rosé ou rouge suivant sa vinification. Il accompagne agréablement les hors-d'œuvre, la charcuterie et les viandes. Il peut être bu légèrement frais ou à température ambiante.

DOM. DES GENAUDIERES
Malvoisie 1997*

| | 0,3 ha | 2 000 | | -30 F |

Idéalement situé au-dessus de la rive droite de la Loire, ce domaine produit une gamme très diversifiée. Et d'abord cette gourmandise rare (2000 bouteilles) : une malvoisie pleine de fougue et de douceur à la fois, dont le nez chaleureux et « antique » évoque les vieilles pierres et les meubles cirés. Une étoile aussi pour le **cabernet** à la belle couleur franche et au nez de confiture, avec en fin de bouche une touche de myrtille infiniment sympathique. Une étoile encore pour le **pinot (chenin)** très clair aux odeurs de pomme, de mandarine et de vanille, onctueux en bouche. A citer enfin, un **muscadet coteaux de la loire 97** vif et minéral ainsi qu'un **gamay** flatteur, au nez de framboise bien mûre.

EARL Athimon et ses Enfants, Dom. des Génaudières, 44850 Le Cellier, tél. 02.40.25.40.27, fax 02.40.25.30.38 t.l.j. sf dim. 8h-12h 14h30-19h

CH. HAUTE ROCHE Gamay 1997*

| | 14 ha | n.c. | -30 F |

Venu des confins nord-est du vignoble nantais, ce vin plaisant à la couleur prononcée, au nez de fruits rouges avec une note poivrée, ne manque pas de fraîcheur en bouche et s'achève sur une note minérale.

Yves Terrien, Ch. Haute Roche, 44521 Oudon, tél. 02.40.83.68.88, fax 02.40.83.69.26 r.-v.

Anjou-Saumur

A la limite septentrionale des zones de culture de la vigne, sous un climat atlantique, avec un relief peu accentué et de nombreux cours d'eau, les vignobles d'Anjou et de Saumur s'étendent dans le département du Maine-et-Loire, débordant un peu sur le nord de la Vienne et des Deux-Sèvres.

Les vignes ont de tout temps été cultivées sur les coteaux de la Loire, du Layon, de l'Aubance, du Loir, du Thouet... C'est à la fin du XIXe s. que les surfaces plantées sont les plus vastes. Le Dr Guyot, dans un rapport au ministre de l'Agriculture, cite alors 31 000 ha en Maine-et-Loire. Le phylloxéra anéantira le vignoble, comme partout. Les replantations s'effectueront au début du XXe s. et se développeront un peu dans les années 1950-1960, pour régresser ensuite. Aujourd'hui, ce vignoble couvre environ 14 500 ha, qui produisent de 400 000 à un million d'hectolitres selon les années.

Les sols, bien sûr, complètent très largement le climat pour façonner la typicité des vins de la région. C'est ainsi qu'il faut faire une nette différence entre ceux qui sont produits sur « l'Anjou bleu », constitué de schistes et autres roches primaires du Massif armoricain, et ceux qui sont produits sur « l'Anjou blanc », ou Saumurois, terrains sédimentaires du Bassin parisien dans lesquels domine la craie tuffeau. Les cours d'eau ont également joué un rôle important relativement au commerce : ne trouve-t-on pas encore trace aujourd'hui de petits ports d'embarquement sur le Layon ? Les plantations sont de 4 500-5 000 pieds par hectare ; la taille, qui était plus particulièrement en gobelet et en éventail, a évolué en guyot.

La réputation de l'Anjou est due aux vins blancs et rosés moelleux, dont les coteaux du layon sont les plus renommés. L'évolution conduit cependant désormais aux types demi-sec et sec, et à la production de vins rouges. Dans le Saumurois, ces derniers sont les plus estimés, avec les vins mousseux qui ont connu une forte croissance, notamment les AOC saumur-mousseux et crémant de loire.

LA VALLÉE DE LA LOIRE

Anjou-Saumur — Anjou

Anjou

Constituée d'un ensemble de près de 200 communes, l'aire géographique de cette appellation régionale englobe toutes les autres. On y trouve des vins blancs (59 802 hl en 1997) et des vins rouges (100 000 hl). Pour beaucoup, le vin d'anjou est, avec raison, synonyme de vin blanc doux ou moelleux. Le cépage est le chenin, ou pineau de la Loire, mais l'évolution de la consommation vers des secs a conduit les producteurs à y associer chardonnay ou sauvignon, dans la limite maximum de 20 %. La production de vins rouges est en train de modifier l'image de la région ; ce sont les cépages cabernet franc et cabernet-sauvignon qui sont alors mis en œuvre.

De très gros efforts qualitatifs ont été couronnés par l'avènement d'une appellation anjou-villages. C'est dans l'Aubance et les régions bordant le Layon et la Loire que l'on trouvera les meilleurs vins : belle robe rubis, arômes de fruits rouges, tanins permettant les vieillissement sont leurs caractéristiques essentielles. Au vieillissement, ils évoluent vers des arômes plus sauvages leur conférant une aptitude à être servis, selon leur âge, avec les viandes rouges ou le gibier.

CHARLES BEDUNEAU 1997★★
■ 8 ha 5 000 ■↓ -30 F

Le domaine est situé en plein cœur du village de Saint-Lambert-du-Lattay. L'**anjou blanc 97**, noté une étoile, est rond et fruité ; mais c'est le rouge qui l'emporte : sa robe est sombre, à reflets violets. Son nez est fermé ; cependant à l'aération les fruits noirs apparaissent. Sa bouche, onctueuse et pleine, repose sur des tanins bien intégrés. Même si le plaisir est grand actuellement, il est conseillé de laisser un peu ce vin en cave car il n'a pas dit son dernier mot.
↱ Charles Béduneau, 18, rue Rabelais, 49750 Saint-Lambert-du-Lattay, tél. 02.41.78.30.86, fax 02.41.74.01.46 ☑ ⊺ r.-v.

DOM. DU BELVEDERE
Les Vinzelles 1997★
■ 6 ha 20 000 ■↓ 30 à 50 F

En 1980, vignoble familial transmis du grand-père au petit-fils, Olivier Chartrain qui fait alors de nouvelles plantations sur les coteaux, réaménage le chai et se met à la vente directe aux particuliers. Sa cuvée Les Vinzelles est d'un beau rubis ; les arômes intenses et fins sont ceux de fruits frais, que l'on retrouve de façon agréable dans une bouche bien équilibrée avec une finale onctueuse.
↱ Olivier Chartrain, Dom. du Belvédère, 79290 Saint-Martin-de-Sanzay, tél. 05.49.67.72.80, fax 05.49.67.83.23 ☑ ⊺ r.-v.

DOM. DES BLOUINES 1997★
■ 7 ha 8 000 ■↓ -30 F

Exploitation reprise par Jean-Luc Cesbron en 1978. A cette époque, le cabernet était vinifié en rosé. C'est en 1981 que M. Cesbron a commencé à élaborer des vins rouges. La robe de ce 97 est grenat et le nez ne trompe pas : le raisin a été vendangé à maturité. La réglisse et le fruit rouge confit apparaissent dès l'attaque. La bouche se révèle très typique de l'anjou né de schistes.
↱ Jean-Luc Cesbron, Dom. des Blouines, 49750 Beaulieu-sur-Layon, tél. 02.41.78.38.25, fax 02.41.78.69.09 ☑ ⊺ r.-v.

CH. DE BOIS BRINCON
Le Clos Bertin 1996★★
■ 2 ha 10 000 ■|■ 50 à 70 F

Ce vignoble est sans doute l'un des plus anciens domaines angevins, puisque son origine remonte à 1219. Cette vaste propriété dont les terroirs se répartissent sur cinq communes propose une remarquable cuvée d'un beau rouge profond. Le nez est bien présent, avec des nuances vanillées. Après une attaque fraîche et ronde, les tanins du cabernet-sauvignon s'affirment ; c'est un vin de garde qu'il faudra savoir attendre ou décanter pour un plaisir immédiat. La **Cuvée principale blanc 96**, élevée quatre mois en fût, reçoit une étoile ; c'est un blanc de garde.
↱ Xavier Cailleau, Le Bois Brinçon, 49320 Blaison-Gohier, tél. 02.41.57.19.62, fax 02.41.57.10.46 ☑ ⊺ r.-v.

DOM. DES BONNES GAGNES 1997★
■ n.c. n.c. ■↓ -30 F

Cette belle propriété viticole de 28 ha est le berceau de la famille Héry qui est établie ici en lieu depuis 1610. Son anjou rouge attire par les reflets grenat de la robe. La bouche ne déçoit pas, laissant apparaître des tanins enveloppés. Sa persistance est axée sur le fruit rouge. Ce vin donnera satisfaction accompagné de grillades.
↱ Jean-Marc Héry, Orgigné, 49320 Saint-Saturnin-sur-Loire, tél. 02.41.91.22.76, fax 02.41.91.21.58 ☑ ⊺ t.l.j. 9h-12h 14h-19h30; dim. sur r.-v.

CH. DU BREUIL 1997★
□ 8 ha 6 000 ■↓ -30 F

Magnifique propriété viticole. Dans un caveau chaleureux vous dégusterez des vins délicieux comme cet anjou qui, dans une robe paillée légèrement ambrée, livre de délicats et frais parfums de fleurs blanches. La bouche est agréable, ronde, souple et d'une bonne persistance.
↱ Ch. du Breuil, 49750 Beaulieu-sur-Layon, tél. 02.41.78.32.54, fax 02.41.78.30.03 ☑ ⊺ r.-v.
↱ Morgat

DOM. DE BRIZE 1997★
■ 3 ha 15 000 ■↓ -30 F

Cette vaste exploitation de 38 ha mérite une halte pour la saveur particulière de ses vins. Rouge ou **blanc**, l'anjou 97 est très réussi. La robe de celui-ci est profonde ; le rubis apparaît en

Anjou-Saumur / Anjou

reflets. Le nez intense livre des arômes de fruits confits. L'attaque est parfaite, ronde et bien équilibrée. Une pointe tannique ressort en finale, ce qui autorise une garde de plusieurs années pendant lesquelles ce vin continuera son épanouissement.

➥ SCEA Marc et Luc Delhumeau, Dom. de Brizé, 49540 Martigné-Briand,
tél. 02.41.59.43.35, fax 02.41.59.66.90 ☑ ⌘ r.-v.

CH. DE BROSSAY 1997***

■ 6 ha 45 000 ⌘ -30 F

Dans une cave splendide datant du XVe s., les frères Deffois réservent le meilleur accueil au visiteur. Une macération courte a permis d'extraire tous les caractères nobles du raisin, et a conduit à une présence délicate du fruité. Celui-ci explose littéralement en bouche : celle-ci est ample et pleine de finesse. A découvrir dès maintenant, mais c'est aussi un vin de garde.

➥ Raymond et Hubert Deffois, Ch. de Brossay, 49560 Cléré-sur-Layon, tél. 02.41.59.59.95, fax 02.41.59.58.81 ☑ ⌘ t.l.j. sf dim. 8h-12h30 14h-19h

DOM. CADY 1997*

■ 3 ha 20 000 ⌘ -30 F

Charmante exploitation au bord du Layon. Dans un ancien séchoir à tabac, transformé en cave, vous dégusterez des vins d'une grande finesse. La robe de ce 97 est pourpre intense. Le nez est tout d'abord réservé puis, après agitation, le fruit rouge apparaît. La bouche est harmonieuse, avec du caractère dû à des tanins bien présents. C'est un vin qui a de l'avenir. L'**anjou blanc 97** reçoit une étoile pour son excellente typicité.

➥ EARL Dom. Cady, Valette, 49190 Saint-Aubin-de-Luigné, tél. 02.41.78.33.69,
fax 02.41.78.67.79 ☑ ⌘ r.-v.

DOM. DES CHARBOTIERES 1997**

□ 0,4 ha 1 500 ⌘ 30 à 50 F

Descendant d'une famille toulousaine, M. Vintrou a été élu Meilleur sommelier du Sud-Ouest en 1988. Son vin est d'une jolie couleur jaune doré. L'olfaction offre de puissants arômes aux nuances d'abricot et de fruits surmûris que l'on retrouve en bouche avec plaisir. La longueur est étonnante et très harmonieuse.

Anjou et Saumur

Carte de la région viticole d'Anjou et Saumur indiquant les appellations : Anjou, Coteaux de l'Aubance, Anjou-Coteaux de la Loire, Savennières, Coteaux du Layon, Saumur, Saumur-Champigny, Bonnezeaux (1), Quarts de Chaume (2), limites de départements et localités viticoles.

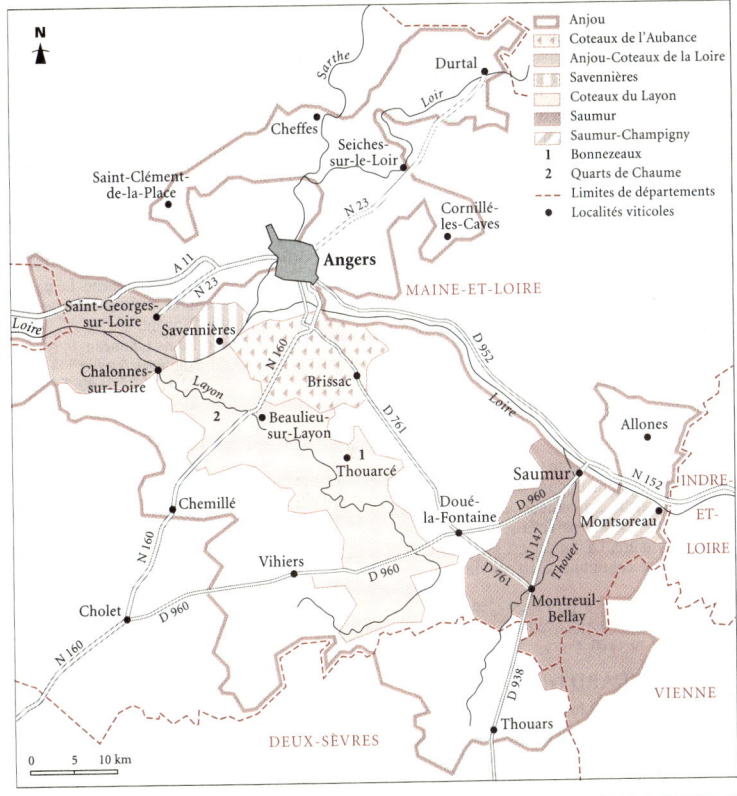

LA VALLÉE DE LA LOIRE

Anjou-Saumur — Anjou

🍷 Paul-Hervé Vintrou, Dom. des Charbotières, Clabeau, 49320 Saint-Jean-des-Mauvrets, tél. 02.41.91.22.87, fax 02.41.91.22.87 ☑ 🍷 r.-v.

DOM. PIERRE CHAUVIN 1997★★

| | n.c. | 3 000 | 🍾🥂 -30 F |

En plein cœur du village vigneron de Rablay, vous trouverez ce petit caveau de dégustation très convivial. Cet anjou blanc réjouit l'œil par sa couleur brillante. Les arômes complexes à l'olfaction se développent agréablement en bouche. La légère amertume en finale confère à ce vin une très belle harmonie.

🍷 Dom. Pierre Chauvin, 45, Grande-Rue, 49750 Rablay-sur-Layon, tél. 02.41.78.32.76, fax 02.41.78.32.76 ☑ 🍷 r.-v.

DOM. DES EPINAUDIERES 1997★

| | 5 ha | 2 000 | 🍾🥂 -30 F |

En 1996 Roger Fardeau prend le vignoble en métayage, qui passe au fermage en 1975. En 1991, il s'associe en GAEC avec son fils Paul. En janvier 1997, a été créée la SCEA Fardeau gérée par Paul Fardeau. La robe légèrement ambrée de ce 97 offre de beaux reflets dorés. Le nez est agréable par ses arômes complexes, gais et frais. Après une attaque vive, des notes fruitées se révèlent en bouche autour d'un bon équilibre général.

🍷 SCEA Fardeau, Sainte-Foy, 49750 Saint-Lambert-du-Lattay, tél. 02.41.78.35.68, fax 02.41.78.35.50 ☑ 🍷 r.-v.

F. DE FESLES 1997★★

| | 2 ha | 12 000 | 🍾🥂 30 à 50 F |

Le château de Fesles, dont l'origine remonte au XIe s., ne manque pas d'étonner. Ayant longtemps appartenu à la famille Boivin, le domaine a été racheté en 1991 par Gaston Lenôtre qui vient de passer la main à Bernard Germain. La robe de cet anjou blanc sec est d'un jaune paille limpide. Le nez, intense et frais, est légèrement boisé, ce sont les notes fruitées qui l'emportent. La bouche, souple et bien structurée, présente une belle continuité aromatique. Un vin racé, bien fait.

🍷 SA de Fesles, Ch. de Fesles, 49380 Thouarcé, tél. 02.41.68.94.00, fax 02.41.68.94.01 ☑ 🍷 r.-v.
🍷 Bernard Germain

DOM. DU FRESCHE
Moulin de la Roche Evière 1997★★

| | n.c. | 8 000 | 🍾🥂 -30 F |

Alain Boré est un jeune viticulteur. Son anjou, typique par sa couleur jaune pâle à reflets dorés, offre une palette aromatique intense, avec des notes de fruits confits caractéristiques d'une vendange bien mûre. La bouche est riche, complexe et d'une belle continuité. C'est un vin de grande classe.

🍷 EARL Boré, Dom. du Fresche, 49620 La Pommeraye, tél. 02.41.77.74.63, fax 02.41.77.79.39 ☑ 🍷 r.-v.

DOM. GAUDARD Les Paragères 1997★★★

| | 10,3 ha | 10 000 | 🍾🥂 30 à 50 F |

En plein cœur du vignoble, Pierre et Janet Aguilas ont installé une vaste salle de dégustation et de réception où vous goûterez d'excellents coteaux du layon. Les vins secs ont aussi leur place dans leur production ! Ce 97 d'une couleur jaune paille offre d'intenses et riches arômes de fruits surmûris. La bouche ample et souple est d'une belle longueur. C'est un vin de race.

🍷 Pierre Aguilas, Dom. Gaudard, rte de Saint-Aubin, 49290 Chaudefonds-sur-Layon, tél. 02.41.78.10.68, fax 02.41.78.67.72 ☑ 🍷 t.l.j. 9h-12h 14h-19h; dim. sur r.-v.

DOM. DES GRANDES VIGNES
La Varenne des Combres 1997★★

| | 4,5 ha | 5 000 | 🍾🥂 30 à 50 F |

Ce domaine possède une cave souterraine creusée dans le falun, comportant de nombreuses galeries où les vins vieillissent dans les meilleures conditions. Ici le vigneron a choisi un élevage en barrique sur lie avec bâtonnage. La très belle matière première de ce 97 justifie un tel choix. Il a obtenu un vin de garde à la couleur attrayante, au nez boisé, vanillé, caractère que l'on retrouve en bouche de façon agréable.

🍷 GAEC Vaillant, Dom. des Grandes Vignes, La Roche-Aubry, 49380 Thouarcé, tél. 02.41.54.05.06, fax 02.41.54.08.21 ☑ 🍷 r.-v.

DOM. DES HAUTES OUCHES 1997★

| | 10 ha | n.c. | 🍾🥂 -30 F |

Cette exploitation viticole familiale connaît, d'année en année, un essor considérable. Elle exploite actuellement 43 ha de vignes dont 10 en anjou rouge. Ce 97 est plaisant à l'œil ; ses reflets rubis le rendent très gai. Le nez est délicat, floral, caractères que l'on retrouve en bouche. Le palais est parfaitement équilibré ; la finale très persistante rend ce vin très fringant.

🍷 EARL Joël et Jean-Louis Lhumeau, 9, rue Saint-Vincent, 49700 Brigné-sur-Layon, tél. 02.41.59.30.51, fax 02.41.59.31.75 ☑ 🍷 r.-v.

HENRY DE BRIERES 1997★

| | n.c. | 20 000 | 🍾🥂 -30 F |

Le nez est assez plaisant, marqué par des arômes cuits et réglissés. Après une attaque ronde se développent des tanins gras et onctueux sur une fraîcheur fruitée.

🍷 Castel Frères, rte de la Guillonnière, 49320 Brissac-Quincé, tél. 02.41.91.50.00, fax 02.41.54.25.40

DOM. JOLIVET 1997★

| | n.c. | n.c. | 🍾🥂 -30 F |

Un anjou bien typique par sa couleur jaune pâle à reflets verdâtres, par ses arômes très fruités et délicats, par sa bouche ronde, ample, harmonieuse et d'une longueur intéressante. C'est un vin élégant et plaisant.

Anjou-Saumur — Anjou

🍇 Dom. Jolivet, 31, rue Rabelais, 49750 Saint-Lambert-du-Lattay, tél. 02.41.78.30.35, fax 02.41.78.45.34 ☑ 🍷 r.-v.

DOM. DE LA BOURRELIERE 1997**

☐   6 ha   n.c.   ▮ 🍴 -30 F

Le cabernet d'anjou est la fierté des frères Jolly, mais leur anjou blanc pourrait aussi tenir un rôle de premier plan : à une robe jaune pâle, brillante et limpide, s'associe un nez intense, très fruité. La bouche ronde, puissante, bien structurée possède une acidité rafraîchissante, gage d'une belle longévité.

🍇 Jolly Frères, La Bourrelière, 49610 Mûrs-Erigné, tél. 02.41.57.76.76, fax 02.41.57.87.36 ☑ 🍷 r.-v.

DOM. DE LA CESBRONNETTE 1997*

▮   n.c.   n.c.   ▮ 🍴 -30 F

Situé dans un merveilleux cadre champêtre, ce domaine est très accueillant. La robe de ce 97 séduit par sa couleur rubis. Les arômes élégants de fruits rouges se développent dans une bouche plaisante. A découvrir dès à présent.

🍇 GAEC Charbonnier, Cesbronnette, 49750 Chanzeaux, tél. 02.41.78.30.94, fax 02.41.78.44.25 ☑ 🍷 r.-v.

DOM. DE LA CROIX DES LOGES 1997*

▮   8 ha   5 000   ▮ 🍴 -30 F

Située à proximité du village de Martigné, cette exploitation viticole produit de grands vins comme celui-ci où le cabernet franc planté sur argilo-calcaire est très présent. C'est le fruit qui domine, le fruit du raisin bien mûr, associé à un bel équilibre gustatif. Un anjou plein de charme.

🍇 Ch. et Th. Bonnin, Dom. de La Croix des Loges, 49540 Martigné-Briand, tél. 02.41.59.43.58, fax 02.41.59.41.11 ☑ 🍷 t.l.j. sf dim. 8h-12h 14h-18h30

LA CUVEE DE SOPHIE 1997**

▮   4 ha   7 000   ▮ 🍴 30 à 50 F

Un domaine impressionnant : 145 ha répartis sur les communes de Tigné, Martigné-Briand et Nueil-sur-Layon, dont 26 ha pour les coteaux du layon, un élevage original pour le moelleux, des caves magnifiques creusées sur deux niveaux dans le falun, où dorment des bouteilles plus que centenaires. Cet anjou rouge réjouit l'œil par sa couleur rubis. Les arômes fins et complexes rappellent les fruits rouges. La bouche est longue, intense, bien structurée. Un vin remarquable à découvrir dès maintenant.

🍇 SARL Vignobles Touchais, 25, av. du Gal-Leclerc, 49700 Doué-la-Fontaine, tél. 02.41.59.14.06, fax 02.41.59.96.27 ☑ 🍷 r.-v.

CH. LA FRANCHAIE
Clos Bachelot 1997**

☐   n.c.   n.c.   ▮ 🍴 30 à 50 F

Ce vin est flatteur par sa robe légère, jaune paille, limpide et brillante. L'olfaction franche libère des arômes de fruits blancs (pomme bien mûre notamment). La bouche ronde, puissante et bien structurée, se prolonge sur une note assez douce. Le **rouge 97** représente l'une des plus belles expressions de fruits mûrs que l'on puisse imaginer, accompagnée en finale d'une note d'iris très élégante. C'est le schiste gréseux qui parle dans ce vin qui reçoit également deux étoiles (moins de 30 F).

🍇 SCEA Ch. La Franchaie, Dom. de La Franchaie, 49170 La Possonnière, tél. 02.41.39.18.16, fax 02.41.39.18.17 ☑ 🍷 r.-v.
🍇 Chaillou

DOM. DE LA GACHERE 1997

▮   15 ha   60 000   ▮ 🍴 -30 F

Sa robe est intéressante, d'un rubis très agréable aux reflets éclatants. C'est un vin gai, friand, fringant ; sa structure tannique assure une présence en bouche qui ne laisse pas indifférent.

🍇 GAEC Claude Lemoine, La Gachère, 79290 Saint-Pierre-à-Champ, tél. 05.49.96.81.03, fax 05.49.96.32.38 ☑ 🍷 r.-v.

DOM. DE LA GRANDE VARANE 1997*

☐   2,72 ha   5 000   ▮ 🍴 -30 F

Claude Buchet, formé à l'Ecole d'œnologie de Montpellier il y a trente ans, dirige un domaine d'une quinzaine d'hectares. Ses vins vieillissent dans de vieilles caves de falun. Celui-ci est élégant, d'un joli jaune limpide et brillant. Il offre une belle expression aromatique avec de discrètes notes de noisette. Même richesse en bouche, laquelle présente une persistance appréciable.

🍇 Claude Buchet, Dom. de La Grande Varane, 49380 Faveraye-Machelles, tél. 02.41.54.14.66, fax 02.41.54.02.49 ☑ 🍷 r.-v.

LES VIGNES DE L'ALMA
Cuvée Prestige 1997*

▮   2 ha   7 000   ▮ 🍴 -30 F

Ce domaine, situé sur un plateau, bénéficie d'un panorama sur Saint-Florent-le-Vieil et sur la vallée de la Loire. D'un rouge profond, plein d'attrait, ce 97 est né sur un terroir de schistes. L'olfaction, de bonne intensité, révèle des arômes de fruits rouges et de mûre. La bouche ample et onctueuse apparaît bien équilibrée. Une belle réussite !

🍇 Roland Chevalier, Les Vignes de L'Alma, 49410 Saint-Florent-le-Vieil, tél. 02.41.72.71.09, fax 02.41.72.63.77 ☑ 🍷 t.l.j. sf dim. 8h-12h 14h-19h

CH. DE LA MULONNIERE
Cuvée Margot 1997**

▮   8 ha   40 000   ▮ 30 à 50 F

La petite route qui mène au château offre une vue magnifique sur la vallée du Layon. Cet anjou rouge est très structuré ; la matière très serrée laisse penser que le potentiel des vendanges aurait permis de faire un anjou-villages ! Le fruité très mûr est associé à des tanins ronds et souples. Bon vin de garde.

🍇 B. Marchal-Grossat, La Mulonnière, 49750 Beaulieu-sur-Layon, tél. 02.41.78.47.52, fax 02.41.78.63.63 ☑ 🍷 r.-v.

DOM. DE LA SAUGOURDE 1997

▮   3 ha   n.c.   ▮ 🍴 -30 F

La robe est légère, d'un beau rouge très net. L'olfaction révèle une note fruitée fraîche, bien

LA VALLÉE DE LA LOIRE

Anjou-Saumur — Anjou

présente et tenace. L'attaque est bien équilibrée, la finale s'accompagne de tanins puissants. C'est le signe que ce vin doit être attendu.
↬ Letheuil, Dom. de la Saugourde, rte de Doué, 49700 Les Verchers-sur-Layon, tél. 02.41.59.17.60, fax 02.41.59.38.26 ☑ ⫶ t.l.j. sf dim. 8h30-12h30 14h-19h

DOM. DE LA VILLAINE 1997*

| | 3,5 ha | 10 000 | | -30 F |

Dans une jolie cave voûtée datant du début du siècle, Pascal Batail et Jean-Paul Carré - qui réalisent de très belles étiquettes - ont produit cet anjou rouge, fleuron du domaine. La robe rubis est attrayante, tout comme le bouquet au fruité bien présent, très confit. La bouche est ronde, souple, légère. C'est un vin printanier qui ne décevra pas.
↬ GAEC des Villains, La Villaine, 49540 Martigné-Briand, tél. 02.41.59.75.21, fax 02.41.59.75.21 ☑ ⫶ r.-v.

LE MOULIN JOLI 1997*

| | 9 ha | 6 000 | | -30 F |

L'étiquette représente une image typique du vignoble angevin : un moulin à cave, constitué d'une partie basse en pierre et d'une partie haute en bois, tournant autour d'un axe central au gré des vents. Le type unique rouge bien présent dans ce vin à peine marqué par le cabernet-sauvignon. Il est frais à l'œil, ainsi qu'au nez. Les tanins apparaissent certes, mais assez enrobés car le grain en est fin. Servi frais, ce 97 sera parfait.
↬ Les Vignerons de La Noëlle, bd des Alliés, B.P. 155, 44154 Ancenis Cedex, tél. 02.40.98.92.72, fax 02.40.98.96.70 ☑ ⫶ r.-v.

LE PRESSOIR A CALES 1997***

| | 10 ha | 30 000 | | -30 F |

Cadre merveilleux dans lequel s'épanouissent les vins, la cave date de la fin du XVIIIe s. Foudres et demi-muids y trouvent une place de choix. Alors... C'est vraiment un bel anjou rouge où le cabernet franc, vendangé à maturité, a été parfaitement vinifié. L'extraction des constituants nobles a fait l'objet d'un soin particulier. Nous trouvons dans ce 97 le fruité du raisin, la douceur du fruit avec un tanin soyeux qui amène une belle présence. Quelle réussite ! Et Alain Arnault n'en restera pas là...
↬ Arnault, Les Landes, 79290 Bouillé-Loretz, tél. 05.49.67.04.85, fax 05.49.67.12.39 ☑ ⫶ t.l.j. sf dim. 8h-12h 14h-18h; f. oct.

LES TERRIADES 1997

| | 100 ha | 40 000 | | -30 F |

Cette cave coopérative, créée en 1951, s'est développée jusqu'à nos jours. La capacité actuelle est de 210 000 hl. C'est une belle réussite que cet anjou rouge, tout en fruits rouges bien mûrs, tant à l'œil qu'à l'olfaction, où la nuance cassis apparaît. Un vin équilibré et harmonieux.
↬ Les Caves de la Loire, rte de Vauchrétien, 49320 Brissac, tél. 02.41.91.22.71, fax 02.41.54.20.36 ☑ ⫶ r.-v.

LOGIS DE LA GIRAUDIERE 1996**

| | 2,8 ha | n.c. | | -30 F |

Le vignoble entourant le Logis de la Giraudière était planté en cépages rouges dès 1598. Quatre siècles après, le vin est remarquable dans sa jolie robe au rubis très prononcé. L'olfaction offre des fruits rouges très mûrs. La bouche superbe s'emplit d'arômes fruités intenses. La belle persistance confère à ce 97 un très bon équilibre et une plaisante homogénéité.
↬ SCEA Dom. des Baumard, 8, rue de l'Abbaye, 49190 Rochefort-sur-Loire, tél. 02.41.78.70.03, fax 02.41.78.83.82 ☑ ⫶ t.l.j. sf sam. dim. lun.10h-12h 14h-18h; f. 25-31 déc.

DOM. MATIGNON 1997*

| | 2 ha | 15 000 | | -30 F |

Exploitation située au cœur de Martigné-Briand, village aux vieilles maisons de pierre pleines d'authenticité. Le nez de ce 97 est ample et l'on ne se lasse pas d'analyser la très belle complexité de ses arômes de fruits rouges et de ses caractères floraux (iris, pivoine...). Le palais est rond, généreux, équilibré. Les tanins apparaissent soyeux.
↬ EARL Yves Matignon, 21, av. du Château, 49540 Martigné-Briand, tél. 02.41.59.43.71, fax 02.41.59.92.34 ☑ ⫶ r.-v.

DOM. DE MIHOUDY
Les Tréjeots 1997**

| | 5 ha | 25 000 | | 30 à 50 F |

La famille Cochard a le sens de l'accueil et produit des vins d'une grande finesse sur 45 ha de vignes. On se souvient que Jean-Paul Cochard reçut la grappe de bronze du Guide pour son anjou rouge 95. Le 97 est, lui aussi, parfait. L'élevage a renforcé son caractère fruité et son équilibre, ce qui le rend très harmonieux. Jean-Paul Cochard a une fois de plus réussi le mariage du cabernet franc et du cabernet-sauvignon. L'**anjou blanc 97** du domaine reçoit une étoile. Il est très harmonieux.
↬ Jean-Paul Cochard, Dom. de Mihoudy, 49540 Aubigné-sur-Layon, tél. 02.41.59.46.52, fax 02.41.59.68.77 ☑ ⫶ r.-v.

LE CLOS DES MOTELES 1997**

| | 7,5 ha | 20 000 | | -30 F |

Le Clos des Motêles est une exploitation familiale de 16 ha de vignes complantées sur un terrain graveleux, située au nord des Deux-Sèvres. Voici un bel anjou rouge qui procure un plaisir immédiat. Il est convivial, harmonieux, tout en douceur, d'une remarquable complexité aromatique (nuancée de fruits rouges compotés).

804

Anjou-Saumur — Anjou

L'**anjou blanc 97** reçoit la même note ! Il est remarquable par la finesse et l'élégance de ses arômes et par sa bouche soyeuse. Deux superbes vins.
• Basset-Baron, GAEC Le Clos des Motèles, 42, rue de la Garde, 79100 Sainte-Verge, tél. 05.49.66.05.37, fax 05.49.66.37.14 ☑ ⍙ r.-v.

GILLES MUSSET-SERGE ROULLIER 1996*

| | 1 ha | 3 000 | | 30 à 50 F |

Le domaine jouit d'un panorama remarquable découvrant l'église de Montjean-sur-Loire qui semble suspendue au-dessus du vignoble. Vous y trouverez le meilleur accueil. Ce 96, d'une couleur jaune pâle, offre une belle expression aromatique. La bouche est fraîche et bien équilibrée. Un vin plaisant, charnu, plein d'avenir.
• GAEC Vignoble Musset-Roullier, Le Pélican, 49620 La Pommeraye, tél. 02.41.39.05.71, fax 02.41.77.75.76 ☑ ⍙ r.-v.

DOM. OGEREAU 1997***

| | 2 ha | 6 000 | | 50 à 70 F |

La musique et la viticulture sont les passions de Vincent Ogereau. Il vous apprendra beaucoup sur l'art de la dégustation. Il sait de quoi il parle, comme en témoigne ce vin, expression de son talent de viticulteur. Structuré et élégant, d'un jaune intense, ce 97 offre une palette aromatique étonnante avec des notes fruitées (pamplemousse) qui se prolongent agréablement dans une bouche ronde et charnue de très belle longueur. Voilà un magnifique anjou blanc où le raisin a été respecté à la perfection.
• Vincent Ogereau, 44, rue de la Belle-Angevine, 49750 Saint-Lambert-du-Lattay, tél. 02.41.78.30.53, fax 02.41.78.43.55 ☑ ⍙ r.-v.

CH. DE PASSAVANT 1997*

| | 3 ha | 11 000 | | 30 à 50 F |

L'histoire viticole récente de ce domaine, marqué par son château fort, a commencé en 1900. Relancée depuis trente ans par M. David, la production a profité de l'amélioration technique continue en Anjou depuis quinze ans. Cet anjou est beau à regarder dans sa robe brillante à reflets dorés. Sa bouche intense, harmonieuse, offre d'agréables arômes de fleurs blanches. D'une bonne longueur, ce vin s'amplifiera avec le temps.
• SCEA David Lecomte, Ch. de Passavant, 49560 Passavant-sur-Layon, tél. 02.41.59.53.96, fax 02.41.59.57.91 ☑ ⍙ r.-v.

DOM. DES PETITES GROUAS 1997*

| | 2 ha | 8 500 | | -30 F |

Élaboré par une petite exploitation familiale reprise en 1989, ce vin est harmonieux. A l'olfaction, il associe le fruit rouge bien mûr à la violette. Son attaque est ronde, souple, et le fruit transparaît en finale. C'est un bel anjou rouge.
• Philippe Léger, Cornu, 49540 Martigné-Briand, tél. 02.41.59.67.22, fax 02.41.59.69.32 ☑ ⍙ r.-v.

CH. DE PIMPEAN
Cuvée du Festival 1997*

| | n.c. | 4 000 | | 30 à 50 F |

Vignoble racheté et restauré en 1993 par M. Tugendhat, homme d'affaires parisien. La robe soutenue et profonde de cet anjou est associée à une belle olfaction de fruits rouges très mûrs. L'ensemble est rond, souple ; la perception tannique intense mais sans agressivité. C'est un vin prometteur.
• SCA dom. de Pimpéan, Ch. de Pimpéan, 49320 Grézillé, tél. 02.41.68.35.96, fax 02.41.45.51.93 ☑ ⍙ r.-v.
• Tugendhat

CH. DU PIN 1997*

| | n.c. | 33 000 | | -30 F |

Un domaine familial de 40 ha, associant les quatre enfants aux travaux de la vigne et de la cave. Son anjou rouge a du charme. La robe est plutôt soutenue. Le fruit rouge, très plaisant, apparaît au nez, se poursuit en bouche où les tanins sont souples mais présents. Ce vin procurera un plaisir immédiat. A servir à 14 °C.
• Dom. Delaunay Père et Fils, Daudet, B.P. 37, 49570 Montjean-sur-Loire, tél. 02.41.39.08.39, fax 02.41.39.00.20 ☑ ⍙ t.l.j. 8h-12h30 13h30-18h30 ; sam. dim. sur r.-v.

DOM. DE PUTILLE 1997*

| | 1 ha | 2 000 | | -30 F |

Un vin rubis, au nez de fruits rouges délicats, bien mûrs. La dégustation ne déçoit pas. C'est un anjou d'une belle homogénéité.
• Dom. de Putille, 49620 La Pommeraye, tél. 02.41.39.80.43, fax 02.41.39.81.91 ☑ ⍙ r.-v.
• Pierre Sécher

CH. DE PUTILLE 1997**

| | 6 ha | 18 000 | | -30 F |

Sur la route qui mène au château de Putille, des ruines géantes d'anciens fours à chaux vous surprendront. Ce bel anjou rouge tout en souplesse et harmonie est un vin généreux où l'expression du terroir est particulièrement marquée. Très très belle réussite.
• Pascal Delaunay, EARL Ch. de Putille, 49620 La Pommeraye, tél. 02.41.39.02.91, fax 02.41.39.03.45 ☑ ⍙ t.l.j. sf dim. 8h-12h30 14h-19h30

DOM. DES QUARRES Les Graviers 1996*

| | 2 ha | 4 600 | | 30 à 50 F |

Ce 96 porte une belle robe. Les arômes que l'on découvre à l'olfaction se développent harmonieusement en bouche. C'est un vin qu'il faut découvrir dès maintenant.

805 LA VALLÉE DE LA LOIRE

Anjou-Saumur

 Anjou-gamay

•↪ SCEA Vignoble Bidet, 66, Grande-Rue, 49750 Rablay-sur-Layon, tél. 02.41.78.36.00, fax 02.41.78.62.58 ☑ ⌘ t.l.j. 9h-12h 14h-18h; sam. dim. sur r.-v.

DOM. RICHOU 1997

| ■ | | 4 ha | 15 000 | ⌘ | 30 à 50 F |

Voici un anjou rouge typique, printanier, qui ravira gaiement les papilles. Robe légère, bouche souple, associées à une délicatesse fruitée en fin de bouche.

•↪ Dom. Richou, Chauvigné, 49610 Mozé-sur-Louet, tél. 02.41.78.72.13, fax 02.41.78.76.05 ☑ ⌘ r.-v.

DOM. JEAN-LOUIS ROBIN-DIOT
Les Buissons Cuvée R 1996*

| □ | | 1 ha | 2 000 | ⌘ | 30 à 50 F |

Ayant pris la tête de l'exploitation familiale en 1969, J.-L. Robin mène sa barque seul. De cette époque date la cave qui domine les coteaux. On lui doit la décision d'interdire la machine à vendanger qui sera effective pour les coteaux du layon avant la fin du siècle. Sa Cuvée R associe une jolie robe jaune pâle à d'agréables arômes de fruits confits et de noyau. La bouche, légèrement boisée, est fraîche et offre, outre une belle longueur, un réel équilibre acidité-amertume. A découvrir pour le plaisir.

•↪ Jean-Louis Robin-Diot, Les Hauts Perrays, 49290 Chaudefonds-sur-Layon, tél. 02.41.78.68.29, fax 02.41.78.67.62 ☑ ⌘ t.l.j. 9h-19h

CH. DES ROCHETTES 1997**

| ■ | | 12 ha | 30 000 | ⌘ | 30 à 50 F |

Les bâtiments de cette exploitation datent en majeure partie du siècle dernier. Les anciennes écuries ont été transformées en chais. La cave abrite des fûts et de gigantesques foudres où sont élevés les coteaux du layon. L'anjou n'est pas oublié. Ses nuances rubis attirent l'œil. Son nez, au caractère de cabernet-sauvignon, livre des arômes de fruits rouges bien mûrs. La bouche est ample et souple, même si les tanins très présents apportent une légère nervosité en finale. Ils laissent augurer une évolution intéressante au cours du temps. Le **blanc 97** (moins de 30 F), est riche, opulent même, et de garde. Il a obtenu une étoile.

•↪ Jean Douet, Ch. des Rochettes, 49700 Concourson-sur-Layon, tél. 02.41.59.11.51, fax 02.41.59.37.73 ☑ ⌘ r.-v.

DOM. SAINT-ARNOUL 1996**

| ■ | | 8 ha | 10 000 | ⌘ | -30 F |

L'exploitation, transmise de père en fils, s'est agrandie progressivement. Les deux tiers de la production sont vinifiés en rouge. Ici, le potentiel de la vendange a été bien respecté par la vinification. Ce 96 rond et souple, offre des arômes de fruits rouges très présents. Il est bien équilibré et la richesse de la matière excite les papilles. Il est très long en finale.

•↪ EARL Poupard et Fils, Dom. Saint-Arnoul, Sousigné, 49540 Martigné-Briand, tél. 02.41.59.43.62, fax 02.41.59.69.23 ☑ ⌘ r.-v.

CLOS DES SAULAIES
Vieilles vignes 1997**

| ■ | | 5,17 ha | 5 000 | ⌘ | 30 à 50 F |

Cette propriété familiale de 13 ha propose un anjou rouge digne d'intérêt. Il a du volume, et ses tanins ronds, associés à une belle charpente, permettront son plein épanouissement dans quelques années. La maturité, bien maîtrisée au cours de l'extraction, a donné un vin plein et harmonieux.

•↪ Joël Rochard, Le Clos des Saulaies, 49190 Saint-Aubin-de-Luigné, tél. 02.41.78.37.76 ☑ ⌘ r.-v.

SAUVEROY Cuvée de Printemps 1997*

| □ | | 1,5 ha | 10 500 | ⌘ | 30 à 50 F |

Pascal Cailleau a reçu ce domaine en 1985. Ses efforts considérables ont permis une gestion efficace du terroir et l'amélioration des vins de la propriété. Plusieurs fois sélectionné dans le Guide, il propose ici une cuvée d'un jaune doré soutenu ; ce vin offre de beaux arômes complexes aux nuances de grillé. La bouche, d'une bonne tenue, est ronde, élégante et parfaitement équilibrée. Un « vin plaisir ».

•↪ EARL Pascal Cailleau, Dom. du Sauveroy, 49750 Saint-Lambert-du-Lattay, tél. 02.41.78.30.59, fax 02.41.78.46.43 ☑ ⌘ r.-v.

DOM. DES TRAHAN 1997*

| ■ | | 6 ha | 30 000 | ⌘ | -30 F |

Un foudre massif, au coin de la rue, signale cette exploitation. Son anjou rouge est fort bien fait ! Sa robe éclatante est d'un rouge intense, et les arômes concentrés se montrent fins et expressifs. La bouche est un mariage réussi entre la structure aux tanins soyeux et la souplesse. Belle harmonie générale.

•↪ Dom. des Trahan, 34, rue du Moulin, 79290 Cersay, tél. 05.49.96.80.38, fax 05.49.96.37.23 ☑ ⌘ r.-v.

Anjou-gamay

Vin rouge produit à partir du cépage gamay noir. Sur les terrains les plus schisteux de la zone, bien vinifié, il peut donner un excellent vin de carafe. Quelques exploitations se sont spécialisées dans ce type, qui n'a d'autre ambition que de plaire au cours de l'année de sa récolte. 16 457 hl ont été produits en 1997.

DOM. DU FRESCHE 1997**

| ■ | | n.c. | 4 000 | ⌘ | -30 F |

Cet anjou-gamay procure un plaisir intense. Aussi étonnant à l'œil qu'au nez et en bouche, il conserve un équilibre parfait d'un bout à l'autre de la dégustation. Un vin printanier qui correspond bien à la volonté originelle du producteur.

Anjou-Saumur

☛ Dom. du Fresche, EARL Boré, 49620 La Pommeraye, tél. 02.41.77.74.63, fax 02.41.77.79.39 ✉ ⚏ r.-v.

DOM. DE LA BELLE ANGEVINE 1997★

| | 1 ha | 6 000 | -30 F |

Ce domaine provient du regroupement, en 1993, de deux propriétés, l'une établie à Saint-Lambert, l'autre à Beaulieu-sur-Layon. Son millésime 97 traduit la remarquable maturité du gamay. Le caractère fruité, printanier (en particulier la fraise) est amplifié par la macération carbonique. Ce vin ne décevra pas le consommateur.

☛ Florence Dufour, La Belle Angevine, 49750 Saint-Lambert-du-Lattay, tél. 02.41.78.34.86, fax 02.41.72.81.58 ✉ ⚏ r.-v.

Anjou-villages

DOM. DE BRIZE Clos Médecin 1996★

| | 3 ha | 10 000 | 30 à 50 F |

Line et Luc Delhumeau sont œnologues. Marc, le père, faisait déjà parler de l'exploitation avec sa cuvée du Clos Médecin. Un domaine sympathique et dynamique. Cet anjou-villages révèle une matière première imposante. Le jury a noté l'intensité et l'éclat de la robe rouge sombre qui signale d'emblée le potentiel de ce vin, à attendre quelques années.

☛ SCEA Marc et Luc Delhumeau, Dom. de Brizé, 49540 Martigné-Briand, tél. 02.41.59.43.35, fax 02.41.59.66.90 ✉ ⚏ r.-v.

CH. DE BROSSAY 1996

| | 5 ha | n.c. | -30 F |

La production d'un vin rouge de garde de haut niveau est un des objectifs de cette exploitation. Celui-ci possède une matière imposante, une robe rubis intense ; il donne une impression de moelleux en attaque. Un vin à conserver quelques années pour lui permettre d'exprimer toutes ses qualités.

☛ Raymond et Hubert Deffois, Ch. de Brossay, 49560 Cléré-sur-Layon, tél. 02.41.59.59.95, fax 02.41.59.58.81 ✉ ⚏ t.l.j. sf dim. 8h-12h30 14h-19h

DOM. DES CLOSSERONS 1996

| | n.c. | 5 000 | 30 à 50 F |

Cette exploitation rassemble le père et ses deux fils : trois personnalités attachantes que l'on retrouve toujours avec plaisir. Leur anjou-villages offre une belle couleur rubis à reflets violacés. Les arômes fins et expressifs évoquent les fruits rouges bien mûrs. La bouche est souple avec une finale encore dominée par une sensation tannique. Ce vin sera encore plus agréable d'ici une à deux années.

☛ EARL Jean-Claude Leblanc et Fils, Dom. des Closserons, 49380 Faye-d'Anjou, tél. 02.41.54.30.78, fax 02.41.54.12.02 ✉ ⚏ r.-v.

Anjou-villages

DOM. DES FORGES 1996★★

| | 2 ha | 7 000 | -30 F |

Ce domaine était à deux doigts d'un coup de cœur pour cet anjou-villages 1996. Ce sont la puissance et l'harmonie de ce vin qui ont séduit le jury. Intensité de la robe grenat, intensité aromatique avec des notes de fruits compotés, intensité de la bouche : tout cela donne une très belle bouteille.

☛ Dom. des Forges, EARL Vignoble Branchereau, 49190 Saint-Aubin-de-Luigné, tél. 02.41.78.33.56, fax 02.41.78.67.51 ✉ ⚏ r.-v.

CH. GAILLARD 1996

| | 1 ha | 5 500 | -30 F |

Exploitation bien connue de l'Anjou : G. Cailleau, le père, a été le président des viticulteurs de la commune de Saint-Lambert-du-Lattay (fonction exercée par un de ses fils aujourd'hui), ce qui lui donne une autorité qui va bien au-delà des limites communales. Ce anjou-villages laisse une impression de souplesse en bouche. La robe est rubis intense et les arômes puissants évoquent les fruits rouges et le sous-bois. A conserver de un à deux ans.

☛ EARL de La Ducquerie, 2, chem. du Grand-Clos, 49750 Saint-Lambert-du-Lattay, tél. 02.41.78.42.00, fax 02.41.78.48.17 ✉ ⚏ r.-v.

DOM. DES HAUTES OUCHES 1996★

| | 4 ha | n.c. | 30 à 50 F |

Ce domaine réussit dans toutes les catégories de vins de l'Anjou. Son anjou-villages est très bien vinifié. Sa robe rubis est intense ; ses arômes évolués et délicats rappellent les fruits à noyau macérés ; sa bouche souple demeure équilibrée, avec une finale dominée par des notes de pruneau. Une fois encore, un vin du domaine des Hautes Ouches à recommander. Cela surprend-il quelqu'un ?

☛ EARL Joël et Jean-Louis Lhumeau, 9, rue Saint-Vincent, 49700 Brigné-sur-Layon, tél. 02.41.59.30.51, fax 02.41.59.31.75 ✉ ⚏ r.-v.

DOM. DE LA MOTTE 1996★

| | 2 ha | 9 000 | -30 F |

Le domaine de la Motte est une exploitation traditionnelle et familiale de Rochefort-sur-Loire dirigée depuis cette année par le fils Sorin. Celui-ci propose un anjou-villages particulièrement agréable par sa robe rouge intense, ses arômes complexes rappelant les fruits rouges macérés, sa bouche élégante à la structure tannique bien fondue (le qualificatif « soyeux » a été utilisé par plusieurs dégustateurs). A recommander.

☛ Gilles Sorin, 31-35, av. d'Angers, 49190 Rochefort-sur-Loire, tél. 02.41.78.71.13, fax 02.41.78.75.49 ✉ ⚏ t.l.j. sf dim. 8h-19h

CH. DE LA MULONNIERE 1996★

| | 17 ha | 8 000 | 50 à 70 F |

Le château de La Mulonnière est situé à Beaulieu-sur-Layon au pied d'un coteau réputé pour ses vins liquoreux. Cela n'empêche pas cet anjou-villages de posséder beaucoup de matière et de puissance. Il présente une belle intensité aromatique avec des notes évoluées (noyau, pruneau) et une bonne structure en bouche. On a en finale

Anjou-Saumur — Anjou-villages

la sensation de déguster des fruits macérés dans de l'eau-de-vie (griotte, pruneau).
B. Marchal-Grossat, La Mulonnière, 49750 Beaulieu-sur-Layon, tél. 02.41.78.47.52, fax 02.41.78.63.63 r.-v.

DOM. DU LANDREAU 1996★★

4 ha — 24 000 — 30 à 50 F

Domaine régulièrement mentionné dans le Guide pour tous les types de vin de l'Anjou. Celui-ci est remarquable par sa souplesse et sa structure - ce qui ne peut être obtenu qu'à partir de vendanges récoltées à très bonne maturité et parfaitement vinifiées. Un excellent représentant de l'appellation.
Raymond Morin, Dom. du Landreau, 49750 Saint-Lambert-du-Lattay, tél. 02.41.78.30.41, fax 02.41.78.45.11 t.l.j. sf dim. 9h-12h30 14h-19h

CH. LA TOMAZE 1996★

4 ha — 10 000 — 30 à 50 F

Un anjou-villages bien fait, facile d'accès, à conseiller aux amateurs souhaitant découvrir cette appellation. La robe rubis intense, les arômes d'épices et de fruits rouges, la bouche harmonieuse dominée par des notes de cerise bien mûre suggèrent de le boire dès à présent.
EARL Vignoble Lecointre, Ch. La Tomaze, 49380 Champ-sur-Layon, tél. 02.41.78.86.34, fax 02.41.78.61.60 r.-v.

DOM. DE L'ECHALIER 1996★

1,5 ha — 8 000 — 30 à 50 F

Domaine repris en 1990 par I. et F. Lorent-Bureau, tous deux œnologues. Ils élèvent leurs vins rouges de garde en barrique. Ce joli vin, puissant et harmonieux, doit être attendu de deux à trois ans, de façon que les notes boisées (vanille, épices) s'associent pleinement avec les arômes de fruits et de sous-bois caractéristiques de cette appellation.
SCEA I. et F. Lorent-Bureau, 24, Grande-Rue, Dom. de L'Echalier, 49750 Rablay-sur-Layon, tél. 02.41.78.32.82, fax 02.41.78.64.38 t.l.j. 8h-12h30 14h-18h

DOM. LEDUC-FROUIN
La Seigneurie 1996

2 ha — 7 000 — 30 à 50 F

La propriété de La Seigneurie appartenait au marquis de Becdelièvre ; elle a été achetée en 1933 par la famille Frouin. Paré d'une robe rouge intense et développant après aération des notes de fruits mûrs, ce vin à la bouche agréable et bien équilibrée peut être bu dès à présent ou conservé quelques années.
Mme Georges Leduc, Dom. Leduc-Frouin, Sousigné, 49540 Martigné-Briand, tél. 02.41.59.42.83, fax 02.41.59.47.90 r.-v.

LE LOGIS DU PRIEURÉ 1996★

2 ha — 10 000 — -30 F

Louis Jousset, l'aïeul né en 1774, travaillait à Concourson dans les mines de charbon de Monsieur, frère de Louis XVI. Il cultivait aussi quelques boisselées de vignes. C'est ainsi que naquit une famille de vignerons réputés de l'Anjou. Ce vin a réussi à allier force et finesse ; il peut donc être apprécié dès à présent - ou se garder plusieurs années. Notez l'intensité aromatique associant les fruits noirs (cassis, mûre) à des notes empyreumatiques (fumé).
SCEA Jousset et Fils, Le Logis du Prieuré, 49700 Concourson-sur-Layon, tél. 02.41.59.11.22, fax 02.41.59.38.18 t.l.j. sf dim. 9h-12h 14h-19h

DOM. LE MONT 1996★

n.c. — 6 000 — -30 F

Entrant dans le Guide, cet anjou-villages a été jugé très réussi pour sa souplesse et son élégance. La structure est assez légère et les arômes sont ceux des fruits rouges cuits. Des notes de griotte dominent en finale. Une belle bouteille qui peut être bue dès à présent.
EARL Louis et Claude Robin, Mont, 49380 Faye-d'Anjou, tél. 02.41.54.31.41, fax 02.41.54.17.98 r.-v.

DOM. MATIGNON 1996★

2 ha — 6 000 — 30 à 50 F

Cet anjou-villages a été élevé pour partie en fût sans que les notes boisées dominent le vin. La présentation est parfaite : robe grenat intense, arômes de grillé et de fruits noirs. La bouche souple, puissante et fruitée, offre une élégante finale.
EARL Yves Matignon, 21, av. du Château, 49540 Martigné-Briand, tél. 02.41.59.43.71, fax 02.41.59.92.34 r.-v.

CH. DES NOYERS 1996★

8 ha — 15 000 — 30 à 50 F

Le château des Noyers ainsi que les bâtiments attenants sont du XVe et du XVI[e]s. et sont classés monuments historiques. Ils sont d'architecture militaire, ce qui donne à l'exploitation un air de sobriété, de force et d'élégance. Ce vin a été élevé en barrique et les notes boisées dominent encore à la dégustation. Il est néanmoins harmonieux, puissant, donnant une impression séduisante de velouté. Quelques années de garde lui donneront tout son éclat.
Ch. des Noyers, Les Noyers, 49540 Martigné-Briand, tél. 02.41.54.03.71, fax 02.41.92.63.84 r.-v.

DOM. OGEREAU 1996★

10 ha — 25 000 — 30 à 50 F

Vincent Ogereau est l'un des hommes qui comptent en Anjou. Son villages, bien que du millésime 96, est encore jeune. Avec le temps, il s'épanouira. A conserver quelques années : la surprise sera de taille.
Vincent Ogereau, 44, rue de la Belle-Angevine, 49750 Saint-Lambert-du-Lattay, tél. 02.41.78.30.53, fax 02.41.78.43.55 r.-v.

DOM. DE PAIMPARE 1996

n.c. — n.c. — -30 F

Michel Tessier fait partie de la génération montante de la commune très viticole de Saint-Lambert-du-Lattay. Son anjou-villages, bien fait, sera à son apogée dans deux ou trois ans : robe rubis intense, arômes de fruits et de sous-bois, bouche harmonieuse donnant une sensation tannique bien présente en finale.

Anjou-Saumur

⌐ Michel Tessier, 25, rue Rabelais, 49750 Saint-Lambert-du-Lattay, tél. 02.41.78.43.18, fax 02.41.78.41.73 ☑ ⚲ r.-v.

CH. DE PASSAVANT 1996*

■　　　15 ha　　25 000　　🍷 30 à 50 F

Le château de Passavant, construit sur un éperon rocheux, domine le cours du Layon. Bâti au XI^{e}s. par Foulque Nerra pour défendre la frontière sud de l'Anjou, il fut remanié aux XIIIe, XIVe, XV^{e}s. puis brûlé à la Révolution. Ce très beau vin a été élaboré à partir de vendanges bien mûres et parfaitement vinifié. Le résultat ? Une structure puissante avec des tanins souples, fondus. Ce que l'on attend des vins de cette appellation.

⌐ SCEA David Lecomte, Ch. de Passavant, 49560 Passavant-sur-Layon, tél. 02.41.59.53.96, fax 02.41.59.57.91 ☑ ⚲ r.-v.

CH. DE PLAISANCE
Climat de Chaume 1996*

■　　　5 ha　　6 000　　🍷 30 à 50 F

Le château de Plaisance, situé en plein cœur de la célèbre appellation coteaux du layon Chaume, en est une sorte de gardien. Il produit aussi des vins rouges comme celui-ci, très beau, riche et élégant, dans sa robe pourpre profond. Ses arômes intenses apparaissent à l'aération. La bouche ample, puissante, est dominée par des notes de fruits rouges macérés. Son caractère corsé et charpenté est bien dans le style des vins élaborés par cette exploitation.

⌐ Guy Rochais, Ch. de Plaisance, 49190 Rochefort-sur-Loire, tél. 02.41.78.33.01, fax 02.41.78.67.52 ☑ ⚲ t.l.j. sf dim. 9h-11h 14h30-18h30

CH. DE PUTILLE 1996*

■　　　4 ha　　20 000　　🍷 30 à 50 F

Pascal Delaunay est devenu le président du dynamique Syndicat des vins rouges d'Anjou. Toute la difficulté de produire un anjou-villages est d'extraire de la matière qui ne doit cependant pas donner une impression de dureté à la dégustation. Et ce pari est complètement tenu sur ce 96 dont la structure est veloutée. Un vin bien représentatif de son appellation. Il pourra être dégusté rapidement et conservé quelques années.

⌐ Pascal Delaunay, EARL Ch. de Putille, 49620 La Pommeraye, tél. 02.41.39.02.91, fax 02.41.39.03.45 ☑ ⚲ t.l.j. sf dim. 8h-12h30 14h-19h30

DOM. DE PUTILLE 1996*

■　　　1 ha　　2 500　　🍷 -30 F

Quelques jeunes viticulteurs des coteaux de la Loire sont à l'origine d'un renouveau de ce vignoble. Pierre Sécher fait incontestablement partie de ce groupe. La maturité des vendanges était d'un très bon niveau et cette richesse se manifeste lors de toutes les étapes de la dégustation : robe intense, arômes complexes et délicats, bouche ronde avec une finale onctueuse. Un très bon représentant de l'appellation.

⌐ Dom. de Putille, 49620 La Pommeraye, tél. 02.41.39.80.43, fax 02.41.39.81.91 ☑ ⚲ r.-v.
  ⌐ Pierre Sécher

Anjou-villages

DOM. DES QUARRES 1996

■　　　2,5 ha　　10 000　　🍷 30 à 50 F

Des chambres d'hôtes vous attendent dans ce domaine bien connu de Faye-d'Anjou. Vous pourrez y goûter ce 96 à la robe rubis intense, aux arômes fruités bien représentatifs de l'appellation. La bouche souple, légère - « trop légère » penseront les spécialistes - est agréable. Ce vin peut être bu dès à présent.

⌐ SCEA Vignoble Bidet, 66, Grande-Rue, 49750 Rablay-sur-Layon, tél. 02.41.78.36.00, fax 02.41.78.62.58 ☑ ⚲ t.l.j. 9h-12h 14h-18h; sam. dim. sur r.-v.

MICHEL ROBINEAU 1996*

■　　　1 ha　　3 000　　🍷 -30 F

Depuis la création de l'exploitation en 1990, Michel Robineau a cherché à élaborer des vins de caractère. Celui-ci témoigne de sa réussite. C'est un très joli 96 vinifié à partir de vendanges bien mûres. Sa robe grenat intense, ses arômes soutenus de fruits rouges avec des notes d'épices et de poivron, sa bouche puissante et pourtant harmonieuse laissent une impression très agréable. Un vin qui peut être bu dès à présent et conservé quelques années.

⌐ Michel Robineau, 16, rue Rabelais, 49750 Saint-Lambert-du-Lattay, tél. 02.41.78.34.67 ☑ ⚲ r.-v.

DOM. ROULLET 1996

■　　　1,5 ha　　8 000　　🍷 30 à 50 F

Jean-Paul Roullet, après avoir assumé d'importantes responsabilités professionnelles, se consacre désormais entièrement à son exploitation. Son anjou-villages est assez léger, mais agréable et bien vinifié. L'impression en bouche est harmonieuse et laisse une sensation de fruits frais intéressante. Ce vin peut être bu dès à présent.

⌐ Jean-Paul Roullet, 5, rue de la Poste, 49380 Champ-sur-Layon, tél. 02.41.78.86.61, fax 02.41.78.63.24 ☑ ⚲ r.-v.

SAUVEROY Cuvée Antique 1996**

■　　　4,3 ha　　23 000　　🍷 30 à 50 F

Cadet d'une famille de huit enfants, Pascal Cailleau a repris le domaine en 1985 et en a fait une exploitation viticole phare de l'Anjou. Il obtient un coup de cœur à l'unanimité du super jury pour cet anjou-villages élaboré à partir de vendanges exceptionnelles : robe grenat intense, arômes puissants de fruits compotés (mûre, cassis), bouche onctueuse, dense, et qui donne la sensation de croquer des fruits mûrs. Ce vin déjà

LA VALLEE DE LA LOIRE

Anjou-Saumur

Anjou-villages-brissac

remarquable se bonifiera encore pendant plusieurs années.
→ EARL Pascal Cailleau, Dom. du Sauveroy, 49750 Saint-Lambert-du-Lattay, tél. 02.41.78.30.59, fax 02.41.78.46.43 ▼ ▼ r.-v.

DOM. DES TROTTIERES 1996*
■ 8,42 ha 55 000 ▪ -30 F

Le domaine a été créé en 1905 sur une superficie de 110 ha d'un seul tenant (dont 78 ha de vignes). D'importants travaux de modernisation ont été entrepris ces dernières années. Ce vin étonne par sa souplesse et par son équilibre. Il peut être bu dès à présent ou conservé quelques années, ce qui est le privilège des anjou-villages élaborés à partir de vendanges bien mûres et bien vinifiées.
→ SCEA Dom. des Trottières, Les Trottières, 49380 Thouarcé, tél. 02.41.54.14.10, fax 02.41.54.09.00 ▼ ▼ r.-v.
→ Lamotte

DOM. DES VARANNES 1996
■ 1,5 ha 6 500 ▪ ♦ -30 F

Un vin surprenant, de couleur soutenue, et qui se révèle à la dégustation assez léger. Cette impression est confirmée par les notes aromatiques de fruits frais (griotte), à l'origine d'une certaine fraîcheur. Peut être bu dès à présent.
→ Christian Cautain, Dom. des Varannes, 49540 Martigné-Briand, tél. 02.41.59.67.81 ▼ ▼ r.-v.

Anjou-villages-brissac

DOM. DE BABLUT 1996*
■ 8 ha 30 000 ▪ ⏸ ♦ 30 à 50 F

Christophe Daviau, œnologue, fait partie de la jeune génération montante de l'Aubance. Le domaine de Bablut a déjà une réputation solide, mais ce n'est qu'un commencement. Son vin fondu, très agréable aujourd'hui, peut être également conservé quelques années : robe rouge intense, arômes de fruits rouges (notamment framboise), bouche harmonieuse, équilibrée, puissante.
→ SCEA Daviau, Bablut, 49320 Brissac-Quincé, tél. 02.41.91.22.59, fax 02.41.91.24.77 ▼ ▼ t.l.j. 9h-12h 14h-18h30; dim. sur r.-v.

CH. DE BRISSAC 1996**
■ 10 ha 53 000 ▪ ⏸ ♦ 30 à 50 F

Le château de Brissac a vu la réconciliation de Marie de Médicis et de Louis XIII. Il est aussi aujourd'hui l'emblème des vignerons de l'appellation, et ce n'est pas son moindre mérite. Ce vin, haut en couleur, associe richesse et délicatesse. La robe est rubis intense, les arômes complexes marient des notes de fruits noirs (prunelle, myrtille) et des nuances plus légères de fruits rouges (cerise). La bouche moelleuse, veloutée en attaque, offre une finale légèrement tannique. Un vin remarquable, digne du baptême de cette nouvelle appellation.

→ SCEA Daviau, Bablut, 49320 Brissac-Quincé, tél. 02.41.91.22.59, fax 02.41.91.24.77 ▼ ▼ t.l.j. 9h-12h 14h-18h30; dim. sur r.-v.

DOM. DITTIERE 1996*
■ 2 ha 8 000 ▪ ♦ 30 à 50 F

Le domaine Dittière a une solide réputation en matière de vins rouges. Les fils, Joël et Bruno, continuent avec succès l'œuvre paternelle. « Il y a de la soie sous l'armure », écrit l'un des membres du jury. La délicatesse des arômes apparaît à l'aération, rappelant les épices, la torréfaction et la réglisse. Il possède un potentiel de vieillissement d'au moins dix ans.
→ Bruno et Joël Dittière, 49320 Vauchrétien, tél. 02.41.91.23.78, fax 02.41.54.28.00 ▼ ▼ r.-v.

CH. LA VARIERE La Chevalerie 1996*
■ 4 ha 15 000 ▪ ⏸ ♦ 30 à 50 F

Les bâtiments datent du XIII et XV^{e}s. L'exploitation produit toutes les grandes appellations de l'Anjou. Ici, la robe rouge grenat est étonnamment intense et indique la grande maturité des vendanges. Les arômes sont complexes et marient harmonieusement des notes fruitées, épicées et boisées. La bouche est moelleuse, pleine, avec une finale qui demande encore à se faire. A attendre quelques années.
→ Jacques Beaujeau, Ch. La Varière, 49320 Brissac-Quincé, tél. 02.41.91.22.64, fax 02.41.91.23.44 ▼ ▼ r.-v.

DOM. DE L'HOMOIS
Cuvée Croie de Chaie 1996
■ 1,8 ha 12 000 ▪ 30 à 50 F

Propriété ancienne achetée en 1938 par le grand-père vigneron qui souhaitait se rapprocher d'Angers pour les études de ses enfants. Ce millésime présente une belle harmonie d'ensemble avec cependant une légère vivacité. Les notes fruitées et épicées donnent une impression de gaieté et de légèreté à ce vin qui peut être bu dès à présent.
→ Alain Moget, L'Homois, 49320 Saint-Jean-des-Mauvrets, tél. 02.41.54.81.40 ▼ t.l.j. sf dim. 8h30-12h30 14h30-19h30; f. 15-31 août

DOM. RICHOU 1996*
■ 6 ha 25 000 ▪ ⏸ ♦ 30 à 50 F

Henri Richou a été sans doute le père fondateur des appellations anjou-villages-brissac et anjou-villages. Un nom de famille intimement associé à l'histoire des vins rouges de l'Anjou. Ce 96 a un grand potentiel et ne s'exprimera pleinement que dans quelques années. Sa très belle robe

Anjou-Saumur

Rosé d'anjou

rouge carmin sombre et ses arômes concentrés apparaissant à l'aération annoncent sa richesse . Une même sensation d'intensité et de puissance s'affirme en bouche. Ce sera une valeur sûre de l'appellation.
➥ Dom. Richou, Chauvigné, 49610 Mozé-sur-Louet, tél. 02.41.78.72.13, fax 02.41.78.76.05 ☑ ⚭ r.-v.

DOM. DE ROCHAMBEAU 1996

| | 1,5 ha | 9 000 | | 30 à 50 F |

L'origine du domaine remonte au XVIII°s. ; celui-ci s'est développé autour d'un ancien pavillon de chasse du château de Brissac ; une dizaine d'hectares ont été plantés. Ce vin puissant et de garde, dans un millésime de garde, a donc besoin de s'épanouir. Les arômes, à l'aération, reflètent une grande complexité et rappellent les épices, les fruits surmûris et les figues. On a proposé de le servir sur un civet de sanglier aux champignons des bois en l'an 2000 ou 2001.
➥ Maurice Forest, Dom. de Rochambeau, 49610 Soulaines-sur-Aubance,
tél. 02.41.57.82.26, fax 02.41.57.82.26 ☑ ⚭ r.-v.

DOM. DES ROCHELLES
La Croix de Mission 1996★★

| | n.c. | 10 000 | | 30 à 50 F |

J.-Y. Lebreton est l'un des chefs de file de l'appellation anjou-villages-brissac. Sa compétence et sa rigueur sont des atouts pour l'ensemble du vignoble de l'Anjou. Le regard est séduit par la robe rubis sombre de ce 96 ; puis les arômes d'évolution associent des notes de fruits noirs compotés, de réglisse et de poivron. La bouche est étonnamment fondue et moelleuse. Un vin qui apparaît comme un véritable porte-drapeau de tous les vins rouges de garde de l'Anjou.
➥ EARL J.-Y. A. Lebreton, Dom. des Rochelles, 49320 Saint-Jean-des-Mauvrets, tél. 02.41.91.92.07, fax 02.41.54.62.63 ☑ ⚭ t.l.j. 9h-12h 14h-19h; f. août

DOM. DE SAINTE-ANNE 1996★

| | 2 ha | 10 000 | | 30 à 50 F |

Domaine exploité depuis six générations de père en fils et situé sur la plus élevée des croupes argilo-calcaires de la commune de Saint-Saturnin-sur-Loire. Ce vin agréable, harmonieux et léger, est intéressant par ses arômes de fruits noirs (prunelle, cassis, myrtille) mêlés à des notes végétales. Il est prêt à être servi.
➥ EARL Brault, Dom. de Sainte-Anne, 49320 Brissac-Quincé, tél. 02.41.91.24.58, fax 02.41.91.25.87 ☑ ⚭ t.l.j. sf dim. 9h-12h 14h-19h

Rosé d'anjou

Avec ses 140 000 à 195 000 hl selon les années (155 462 hl en 1997), c'est l'appellation d'anjou la plus importante par le volume. Après un fort succès à l'exportation, ce vin demi-sec se commercialise difficilement aujourd'hui. Le grolleau, principal cépage, autrefois conduit en gobelet, produisait des vins rosés, légers, appelés « rougets ». Il est de plus en plus vinifié en vin rouge léger, de table ou de pays.

CH. DE CHAMPTELOUP 1997★

| | 20 ha | 60 000 | | -30 F |

Ce château exploite environ 90 ha vers une production principalement orientée vers les vins rosés. Un choix qui s'avère judicieux au vu de la qualité de ce rosé d'anjou à la robe rose intense, aux arômes de fruits mûrs et de grenadine ; la bouche fraîche, désaltérante, est dominée par les sensations fruitées. Un vin très intéressant.
➥ SCEA de Champteloup, 49700 Brigné-sur-Layon, tél. 02.40.36.66.00, fax 02.40.33.95.81
➥ Babonneau

MICHEL FARDEAU
Rosé lumineux Demi-sec 1997★

| | 0,63 ha | 3 000 | | 30 à 50 F |

Cette propriété familiale où la qualité de l'accueil est reconnue propose un joli rosé d'anjou. L'attaque est vive et la bouche laisse apparaître de multiples arômes fruités et amyliques (banane, fraise). Un vin délicat, très agréable, qui accompagnera avec bonheur la salade de fruits rouges.
➥ Dom. Michel Fardeau, Les Hauts Perrays, 49290 Chaudefonds-sur-Layon,
tél. 02.41.78.67.57, fax 02.41.78.68.78 ☑ ⚭ t.l.j. 9h-12h30 13h30-19h30

DOM. DE LA MONTCELLIERE 1997★

| | 11 ha | 2 000 | | -30 F |

L'arrière-grand-père était greffeur de vignes et a été à l'origine de cette exploitation familiale. Voici un 97 à la très belle robe rose pâle à reflets orangés, aux arômes de fruits mûrs et de vinification (banane, bonbon anglais, fraise...). La bouche, fraîche, élégante et riche en arômes fruités, en fait un vin très agréable qui surprend par sa délicatesse et son intensité aromatique.
➥ SCEA Louis Guéneau et Fils, La Montcellière, 49310 Trémont,
tél. 02.41.59.60.72, fax 02.41.59.66.15 ☑ ⚭ t.l.j. sf dim. 8h-12h 13h30-19h

DOM. DE LA PETITE CROIX 1997★★

| | 7 ha | n.c. | | -30 F |

Ce domaine fait partie des exploitations enviées, productrices d'un des crus les plus réputés d'Anjou, le célèbre bonnezeaux. Mais les autres vins produits méritent également le respect. Ce rosé d'anjou a ainsi été jugé remarquable par le jury de dégustation : robe rose pâle délicate, arômes de fruits des bois, bouche souple, harmonieuse, laissant la sensation d'avoir croqué des fruits mûrs.
➥ Alain Denechère, Dom. de La Petite Croix, 49380 Thouarcé, tél. 02.41.54.06.99,
fax 02.41.54.06.99 ☑ ⚭ r.-v.

811   LA VALLEE DE LA LOIRE

Anjou-Saumur — Cabernet d'anjou

CAVES DES PERRIERES 1997★★
n.c.   200 000   -30 F

Cette maison de négoce, présidée par A. Lacheteau, est spécialisée dans la production de vins effervescents. Elle donne aussi ce très joli rosé d'anjou, tout en fruit : robe rose pâle, arômes délicats rappelant les fleurs et les fruits mûrs, bouche harmonieuse dominée par les sensations fruitées. A découvrir.
- SA Lacheteau, Z.I. de la Saulaie,
49700 Doué-la-Fontaine, tél. 02.41.59.26.26, fax 02.41.59.01.94   r.-v.

DOM. DES TROTTIERES 1997
27,75 ha   200 000   -30 F

Domaine créé en 1905 et qui regroupe 110 ha d'un seul tenant dont 78 ha de vignes ; il produit essentiellement des vins rosés dont environ 30 ha pour l'appellation rosé d'anjou. Robe rose avec des reflets jaunes (couleur pelure d'oignon, diront les spécialistes), arômes fruités, bouche agréable avec cependant en finale une sensation de vivacité : un vin à boire dans l'année.
- SCEA Dom. des Trottières, Les Trottières, 49380 Thouarcé, tél. 02.41.54.14.10, fax 02.41.54.09.00   r.-v.
- Lamotte

Cabernet d'anjou

On trouve dans cette appellation d'excellents vins rosés demi-secs, issus des cépages cabernet franc et cabernet-sauvignon. A table, on les associe assez facilement, lorsqu'ils sont parfumés et servis frais, au melon en hors-d'œuvre, ou à certains desserts pas trop sucrés. En vieillissant, ils prennent une nuance tuilée et peuvent être bus à l'apéritif. La production a atteint 162 780 hl en 1997. C'est sur les faluns de la région de Tigné et dans le Layon que ces vins sont les plus réputés.

DOM. DES BLEUCES 1997★★
4 ha   30 000   -30 F

Le chai de l'exploitation est installé dans un ancien moulin dominant le village de Concourson et la vallée du Layon. Très joli cabernet d'anjou, donnant l'impression de croquer des fruits frais. Intensité aromatique, équilibre de la bouche qui, bien que puissante, reste rafraîchissante : un vin très représentatif de son appellation.
- Benoît Proffit, Dom. des Bleuces, 49700 Concourson-sur-Layon, tél. 02.41.59.11.74, fax 02.41.59.97.64   t.l.j. sf dim. 8h-12h 14h-18h

CH. DE BROSSAY 1997★
8 ha   n.c.   -30 F

Les frères Deffois se sont résolument engagés dans une démarche qualitative, et leur exploitation est devenue une référence de l'Anjou. Voici un vin typique de l'appellation et du millésime 97 : notes fruitées marquées, bouche harmonieuse et rafraîchissante. Il est fait pour l'apéritif et pourra également être servi cet automne sur tout un repas.
- Raymond et Hubert Deffois, Ch. de Brossay, 49560 Cléré-sur-Layon, tél. 02.41.59.59.95, fax 02.41.59.58.81   t.l.j. sf dim. 8h-12h30 14h-19h

DOM. DE CHAMPIERRE 1997
n.c.   3 000   -30 F

Exploitation située à la limite sud du vignoble angevin, dans le département des Deux-Sèvres. Voici un vin flatteur et léger. L'expression aromatique fruitée est intéressante (notes caractéristiques de fruits rouges). La bouche est équilibrée, avec une finale cependant peu intense. Un vin prêt à boire.
- Jean Volerit, 11, rue des Tilleuls, 79290 Saint-Pierre-à-Champ, tél. 05.49.96.81.05, fax 05.49.96.30.66   r.-v.

DOM. DE CLAYOU 1997★
6 ha   44 000   -30 F

Propriété qui se développe depuis trois générations. J.-B. Chauvin a été ces dernières années le président des viticulteurs de Saint-Lambert-du-Lattay, une des communes les plus viticoles de tout l'Anjou. Son cabernet d'anjou 97, tout en équilibre, de couleur rose orangé, présente des arômes caractéristiques de fruits rouges, une bouche fraîche, intense et fruitée. Ce que l'on attend de ce type de vin.
- Jean-Bernard Chauvin, 18 bis, rue du Pont-Barré, 49750 Saint-Lambert-du-Lattay, tél. 02.41.78.42.84, fax 02.41.78.48.52   r.-v.

DOM. DES EPINAUDIERES 1997★★
5 ha   10 000   -30 F

Roger et Paul Fardeau ont fait du cabernet d'anjou leur cheval de bataille, au même titre que les vins liquoreux et les vins rouges de garde. Celui-ci est bien dans le style de l'exploitation : ample, puissant, mais aussi très aromatique. Les notes fruitées, notamment de cerise bien mûre, dominent l'ensemble de la dégustation. Un vin haut en couleur, qui pourra être conservé quelques années.
- SCEA Fardeau, Sainte-Foy, 49750 Saint-Lambert-du-Lattay, tél. 02.41.78.35.68, fax 02.41.78.35.50   r.-v.

DOM. DU FRESCHE 1997
n.c.   6 000   -30 F

Depuis 1850, ce domaine est passé de 8ha à 38 ha. Son cabernet d'anjou 97, de couleur rose saumoné, est plaisant. Ses arômes évoquent la confiture de groseilles. La bouche est agréable, avec cependant en finale une sensation d'amertume, due sans doute à des vignes assez jeunes.

Anjou-Saumur — Cabernet d'anjou

⚲ EARL Boré, Dom. du Fresche, 49620 La Pommeraye, tél. 02.41.77.74.63, fax 02.41.77.79.39 ✓ ☧ r.-v.

DOM. DE GATINES 1997

| | 2 ha | 7 000 | 🍷 -30 F |

Cette exploitation a remporté le championnat de France 1996 de taille de la vigne. Signalons aussi le coup de cœur obtenu pour un anjou-villages du millésime 95. Voici un cabernet d'anjou agréable, bien fait, avec des notes fruitées caractéristiques de son appellation. Un vin à boire dans l'année.

⚲ EARL Desseure, Dom. de Gatines, 12, rue de la Boulaie, 49540 Tigné, tél. 02.41.59.41.48, fax 02.41.59.94.44 ✓ ☧ t.l.j. sf dim. 8h-12h30 14h-19h

DOM. GAUDARD 1997*

| | 2,92 ha | 12 000 | 🍷 30 à 50 F |

Le monde viticole français connaît bien Pierre Aguilas, président de la fédération des viticulteurs de l'Anjou et du Saumurois. Son cabernet d'anjou 97 est typique de son appellation et de son millésime : robe rose orangé intense, arômes puissants et délicats, bouche harmonieuse donnant en finale la sensation de croquer des fruits (fraise, cerise, cassis). Un vin de caractère, à découvrir.

⚲ Pierre Aguilas, Dom. Gaudard, rte de Saint-Aubin, 49290 Chaudefonds-sur-Layon, tél. 02.41.78.10.68, fax 02.41.78.67.72 ✓ ☧ t.l.j. 9h-12h 14h-19h; dim. sur r.-v.

DOM. DES GRANDES VIGNES 1997*

| | 10 ha | 75 000 | 🍷 -30 F |

Exploitation performante sur l'ensemble de sa production (vin rouge, vin blanc, vin liquoreux). Pour preuve les coups de cœur obtenus régulièrement, et dans chaque catégorie de vin, dans nos précédentes éditions. Le cabernet d'anjou 97 laisse une impression de puissance tant olfactive que gustative (intensité des arômes - pêche, amande, notes végétales - et structure importante en bouche). Il exprimera pleinement son potentiel lors de la parution, fin septembre, de ce guide.

⚲ GAEC Vaillant, Dom. des Grandes Vignes, La Roche-Aubry, 49380 Thouarcé, tél. 02.41.54.05.06, fax 02.41.54.08.21 ✓ ☧ r.-v.

DOM. DES HAUTES OUCHES 1997*

| | 3 ha | n.c. | 🍷 -30 F |

Le domaine des Hautes Ouches collectionne les récompenses sur l'ensemble de sa production. A noter, dans le millésime 96 un coup de cœur pour un rosé d'anjou. La robe de ce cabernet d'anjou étonne par ses reflets jaune intense. Même sentiment d'évolution en bouche avec des notes aromatiques compotées (marmelade d'oranges). Un vin qui laisse une impression de délicatesse.

⚲ EARL Joël et Jean-Louis Lhumeau, 9, rue Saint-Vincent, 49700 Brigné-sur-Layon, tél. 02.41.59.30.51, fax 02.41.59.31.75 ✓ ☧ r.-v.

DOM. JOLIVET 1997

| | 1 ha | 5 000 | 🍷 -30 F |

Domaine qui a obtenu pour le 96 un coup de cœur dans cette appellation. Belle réussite cette année avec ce vin de couleur rose intense et dont les arômes rappellent les fleurs et les fruits. La bouche équilibrée manque cependant d'expression fruitée, ce qui est recherché sur ce type de vin.

⚲ Dom. Jolivet, 31, rue Rabelais, 49750 Saint-Lambert-du-Lattay, tél. 02.41.78.30.35, fax 02.41.78.45.34 ✓ ☧ r.-v.

DOM. DE LA CROIX DES LOGES 1997**

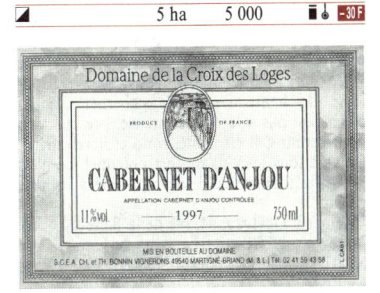

| | 5 ha | 5 000 | 🍷 -30 F |

Ce domaine exploite 40 ha dans la commune de Martigné-Briand. Son cabernet d'anjou 97, très bien vinifié, est élaboré à partir de vendanges bien mûres. Les arômes de vinification (notes amyliques) sont associés à des notes de fruits frais (fraise, fruits rouges) et la bouche est intense, harmonieuse, délicate. Un vin qui brille par sa délicatesse et qui étonne par sa richesse aromatique.

⚲ Ch. et Th. Bonnin, Dom. de La Croix des Loges, 49540 Martigné-Briand, tél. 02.41.59.43.58, fax 02.41.59.41.11 ✓ ☧ t.l.j. sf dim. 8h-12h 14h-18h30

DOM. DE LA MONTCELLIERE 1997

| | 8 ha | 4 000 | 🍷 -30 F |

Un cabernet d'anjou agréable, qui reste cependant discret à l'exception de l'expression aromatique avec ses notes florales (acacia) et fruitées. La robe est rose pâle et la bouche donne une impression de légèreté.

⚲ SCEA Louis Guéneau et Fils, La Montcellière, 49310 Trémont, tél. 02.41.59.60.72, fax 02.41.59.66.15 ✓ ☧ t.l.j. sf dim. 8h-12h 13h30-19h

LE LOGIS DU PRIEURE 1997*

| | 5 ha | 5 000 | 🍷 -30 F |

Le travail de Vincent Jousset est à saluer et les résultats sont régulièrement de bon niveau. Ce cabernet d'anjou est bien représentatif de son appellation : une robe rose intense, des notes de fruits rouges qui apparaissent avec douceur et qui laissent en fin de bouche l'impression d'avoir croqué des fruits frais. Un vin très agréable.

⚲ SCEA Jousset et Fils, Le Logis du Prieuré, 49700 Concourson-sur-Layon, tél. 02.41.59.11.22, fax 02.41.59.38.18 ✓ ☧ t.l.j. sf dim. 9h-12h 14h-19h

LA VALLEE DE LA LOIRE

Anjou-Saumur — Coteaux de l'aubance

CLOS DE MIREBEAU 1997
2 ha — 14 000 — -30 F

Exploitation traditionnelle d'environ 10 ha. Les vieux bâtiments en pierre apparente ont été aménagés en gîte avec vue sur les coteaux. Ce cabernet d'anjou, agréable, est assez peu représentatif du millésime 97 par sa légèreté. La bouche est fraîche (certains membres du jury ont même utilisé le terme vivacité). À boire dans l'année.

Jean-Paul Rochard, Aux Quatre Vents, 49750 Rablay-sur-Layon, tél. 02.41.78.32.92 r.-v.

DOM. OGEREAU 1997
3 ha — 10 000 — 30 à 50 F

Le domaine Ogereau n'est plus à présenter : une référence en matière de vins liquoreux, une valeur sûre pour les vins rouges, et des rosés toujours de haut niveau. Ce cabernet d'anjou n'échappe pas à la règle : intense, presque trop pour certains, il est fruité, rond et harmonieux. Comme tous les vins de fort potentiel, ce n'est qu'en fin d'année qu'il sera apprécié à sa juste valeur.

Vincent Ogereau, 44, rue de la Belle-Angevine, 49750 Saint-Lambert-du-Lattay, tél. 02.41.78.30.53, fax 02.41.78.43.55 r.-v.

DOM. DE PAIMPARE 1997*
n.c. — n.c. — -30 F

Michel Tessier fait partie de la génération montante des viticulteurs de la commune de Saint-Lambert-du-Lattay. Son cabernet d'anjou 97 laisse une impression fruitée étonnante. Très agréable, puissant et aromatique, il fera merveille à l'apéritif.

Michel Tessier, 25, rue Rabelais, 49750 Saint-Lambert-du-Lattay, tél. 02.41.78.43.18, fax 02.41.78.41.73 r.-v.

DOM. SAINT-ARNOUL 1997
5 ha — 20 000 — -30 F

Le domaine se situe dans un village construit sur des faluns (sables coquilliers calcaires). De nombreuses caves et maisons troglodytiques y sont creusées, dont la chapelle Saint-Arnoul, monument classé. Ce vin plaisant laisse une impression de fruits frais (fraise). Harmonieux, délicat, il donne une bonne image de l'appellation.

EARL Poupard et Fils, Dom. Saint-Arnoul, Sousigné, 49540 Martigné-Briand, tél. 02.41.59.43.62, fax 02.41.59.69.23 r.-v.

DOM. DES SAULAIES 1997
1,5 ha — 7 000 — 30 à 50 F

Domaine exploité depuis 1680 par la même famille. L'objectif, aujourd'hui, est de diminuer la superficie totale du vignoble afin de jouer pleinement la carte des vins haut de gamme : les liquoreux et les vins rouges de garde. La présence importante de gaz carbonique, le jour de la dégustation, accentuant la sensation de fraîcheur, n'a pas permis d'estimer la qualité réelle de ce cabernet d'anjou. À noter cependant une très belle expression aromatique, dominée par les fruits rouges. Ce 97 sera intéressant lors de la parution du Guide, fin septembre.

EARL Philippe et Pascal Leblanc, Dom. des Saulaies, 49380 Faye-d'Anjou, tél. 02.41.54.30.66, fax 02.41.54.17.21 r.-v.

DOM. DE TROMPE-TONNEAU 1997*
5,5 ha — 40 000 — -30 F

Un domaine traditionnel dont une partie de la production est vinifiée en barriques. Dans certaines d'entre elles, on trouve le fameux bonnezeaux et ce cabernet d'anjou intéressant, qui surprend dans un premier temps par sa couleur peu intense. L'expression aromatique rassure avec ses notes de fruits frais que l'on retrouve en bouche. Celle-ci est équilibrée, avec une bonne harmonie entre acidité (à l'origine de la sensation de fraîcheur) et sucres non fermentés donnant la douceur.

Joël et Yvon Guillet, 12, rue du Layon, 49380 Faveraye-Machelles, tél. 02.41.54.14.95, fax 02.41.54.03.88 r.-v.

Coteaux de l'aubance

La petite rivière Aubance est bordée de coteaux de schistes portant de vieilles vignes de chenin, dont on tire un vin blanc moelleux qui s'améliore en vieillissant. La production a atteint 7 156 hl en 1997. Cette appellation a choisi de limiter strictement ses rendements.

DOM. DE BABLUT Vin Noble 1996***
10 ha — 6 000 — 100 à 150 F

Christophe Daviau est le jeune président de l'appellation. S'il en était besoin, ses succès montrent la voie ! La sensation de concentration que laisse son Vin Noble est exceptionnelle. Les arômes intenses d'agrumes et de miel, la puissance et la fraîcheur de la bouche, définissent ce grand liquoreux d'Anjou. Superbe !

SCEA Daviau, Bablut, 49320 Brissac-Quincé, tél. 02.41.91.22.59, fax 02.41.91.24.77 t.l.j. 9h-12h 14h-18h30; dim. sur r.-v.

DOM. DE BABLUT Grandpierre 1996
4 ha — 7 000 — 70 à 100 F

La sélection de Grandpierre présente une belle harmonie d'ensemble, avec cependant un potentiel moins important que le Vin Noble. Les arômes apparaissent à l'aération et rappellent fruits mûrs (poire, coing) et les fruits exotiques. La bouche est chaleureuse, l'alcool présent, mais l'équilibre et la longueur sont gages d'un bon avenir.

SCEA Daviau, Bablut, 49320 Brissac-Quincé, tél. 02.41.91.22.59, fax 02.41.91.24.77 t.l.j. 9h-12h 14h-18h30; dim. sur r.-v.

Anjou-Saumur

Coteaux de l'aubance

DOM. DES CHARBOTIERES
Clos des Huttières 1996

| | 3,5 ha | 700 | 70 à 100 F |

Cette exploitation s'oriente vers la culture biodynamique. Elle propose un coteaux de l'aubance intéressant par sa finesse (arômes de miel, de fleurs et de bonbon anglais, sensation délicate en bouche). C'est un vin léger quoique de qualité.
• Paul-Hervé Vintrou, Dom. des Charbotières, Clabeau, 49320 Saint-Jean-des-Mauvrets, tél. 02.41.91.22.87, fax 02.41.91.22.87 r.-v.

DOM. DE GAGNEBERT 1997**

| | 10 ha | 3 000 | 70 à 100 F |

Domaine traditionnel de la région des coteaux de l'aubance dont la production était principalement orientée vers les vins rosés et rouges. Des efforts particuliers ont été réalisés depuis quelques années pour les vins liquoreux avec, dans le millésime 97, une belle réussite. Ce vin présente un gros potentiel et devrait s'exprimer pleinement d'ici quelques mois. La sensation de fruits concentrés et de fruits secs en bouche est la marque des très grands vins liquoreux.
• GAEC Moron, Dom. de Gagnebert, 2, chem. de la Naurivet, 49610 Juigné-sur-Loire, tél. 02.41.91.92.86, fax 02.41.91.95.30 t.l.j. sf dim. 8h-12h 14h-19h

DOM. DE HAUTE PERCHE 1996*

| | 6 ha | 8 000 | 50 à 70 F |

Christian Papin fait partie des « sages » de ce vignoble dynamique des coteaux de l'aubance où la moyenne d'âge des vignerons est peu élevée. Ce 96 est bien représentatif de son appellation par ses arômes minéraux et ses notes de fruits mûrs, par sa fraîcheur en bouche qui laisse une impression de fruits frais. Un vin de caractère et de plaisir à la fois.
• EARL Agnès et Christian Papin, 9, chem. de la Godelière, 49610 Saint-Melaine-sur-Aubance, tél. 02.41.57.75.65, fax 02.41.57.75.42 r.-v.

MANOIR DE VERSILLE
Château Rousset 1996**

| | 2 ha | 3 500 | 70 à 100 F |

Le Manoir de Versillé est un joli ensemble architectural datant des XVIe et XVII[e]s. Trois tries récoltées à un degré potentiel voisin de 20° naturel ont permis l'élaboration de ce vin remarquable par sa superbe expression aromatique, avec des notes florales (tilleul), de fruits concentrés (coing), d'agrumes et de fruits secs. Même impression de délicatesse et de richesse en bouche.
• Colette Berthe, Manoir de Versillé, 49320 Saint-Jean-des-Mauvrets, tél. 02.41.45.34.00, fax 02.41.45.77.75 r.-v.

DOM. DE MONTGILET
Le Tertereaux 1996***

| | n.c. | n.c. | 100 à 150 F |

La sélection de Tertereaux est une fois encore somptueuse. Sa robe jaune doré, ses arômes intenses de fruits confits et de coing, sa bouche puissante laissant une impression de confit étonnante composent un vin dont la longévité sera difficile à constater, à moins que vous ne viviez plus de cent ans.
• Victor et Vincent Lebreton, Dom. de Montgilet, 49610 Juigné-sur-Loire, tél. 02.41.91.90.48, fax 02.41.54.64.25 t.l.j. sf dim. 9h-12h 14h-19h

DOM. DE MONTGILET
Les Trois Schistes 1996*

| | 8,97 ha | 11 014 | 30 à 50 F |

La cuvée des Trois Schistes est, comme celle des Tertereaux, un vin de caractère ; elle offre une expression aromatique typique de l'appellation avec ses notes minérales et ses nuances de fruits confits. La bouche associe finesse, légèreté et richesse. (Bouteilles de 50 cl.)
• Victor et Vincent Lebreton, Dom. de Montgilet, 49610 Juigné-sur-Loire, tél. 02.41.91.90.48, fax 02.41.54.64.25 t.l.j. sf dim. 9h-12h 14h-19h

DOM. RICHOU
Les Trois Demoiselles 1996***

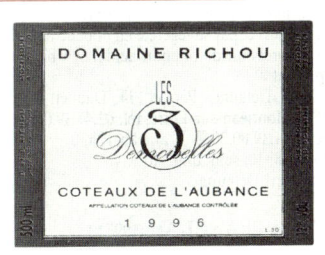

| | 3,5 ha | n.c. | 100 à 150 F |

Le domaine Richou était connu pour ses vins rouges. Il atteint aujourd'hui les sommets avec les liquoreux ! Ce qu'il y a de remarquable dans cette cuvée des Trois Demoiselles, c'est l'impression de légèreté malgré la concentration et la richesse de ce vin. La complexité aromatique avec ses notes fraîches de fleurs (tilleul, menthe), ses parfums de fruits frais (poire) et de fruits secs (abricot), est étonnante. Un très grand vin bien représentatif des coteaux bordant la Loire.
• Dom. Richou, Chauvigné, 49610 Mozé-sur-Louet, tél. 02.41.78.72.13, fax 02.41.78.76.05 r.-v.

DOM. DE SAINTE-ANNE 1997

| | 4,3 ha | 8 000 | 30 à 50 F |

Le domaine de Sainte-Anne se situe sur la croupe argilo-calcaire la plus élevée de la commune de Saint-Saturnin. Son vin, agréable, bien fait, est élaboré à partir de vendanges récoltées très mûres. Il se boit facilement, mais n'en est pas moins un produit de caractère.
• EARL Brault, Dom. de Sainte-Anne, 49320 Brissac-Quincé, tél. 02.41.91.24.58, fax 02.41.91.25.87 t.l.j. sf dim. 9h-12h 14h-19h

LA VALLÉE DE LA LOIRE

Anjou-Saumur

Anjou-coteaux de la loire

L'appellation est réservée aux vins blancs issus du pinot de la Loire. Les volumes sont confidentiels (1 500 hl) par rapport à l'aire de production (une douzaine de communes), située uniquement sur les schistes et calcaires de Montjean. Lorsqu'ils sont triés et qu'ils atteignent la surmaturité, ces vins se distinguent des coteaux du layon par une couleur plus verte. Ils sont généralement de type demi-sec. Dans cette région aussi, la reconversion du vignoble se fait peu à peu vers la production de vins rouges.

DELAUNAY 1997

| ☐ | n.c. | 12 000 | 🍷⬇ 30 F |

Avec ses quelque 40 ha en production, ce domaine est la plus grande entreprise viticole de l'AOC. Son vin est bien représentatif de l'appellation par ses notes fraîches (arômes de fleurs et d'agrumes) et par sa légèreté en bouche qui laisse une impression de bonbon acidulé. À boire dès à présent.

☛ Dom. Delaunay Père et Fils, Daudet, B.P. 37, 49570 Montjean-sur-Loire, tél. 02.41.39.08.39, fax 02.41.39.00.20 ☑ ⍾ t.l.j. 8h-12h30 13h30-18h30; sam. dim. sur r.-v.
☛ Gilbert Delaunay

CH. LA FRANCHAIE 1997**

| ☐ | n.c. | n.c. | 🍷⬇ 30 à 50 F |

Beaucoup de choses changent dans cette région des Coteaux de la Loire. Ainsi, Alain Boré, maître de chai du domaine de La Franchaie, est-il devenu le président du syndicat. Il a élaboré un vin liquoreux puissant, structuré, mais qui garde la légèreté typique de ce vignoble bordant la Loire. Robe jaune pâle à reflets verts, arômes de fruits frais et de fruits mûrs, bouche pleine, chaleureuse et délicate. Une très belle harmonie d'ensemble.

☛ SCEA Ch. La Franchaie, Dom. de La Franchaie, 49170 La Possonnière, tél. 02.41.39.18.16, fax 02.41.39.18.17 ☑ ⍾ r.-v.
☛ Chaillou Frères

DOM. DE PUTILLE 1997

| ☐ | n.c. | 2 000 | 30 à 50 F |

Ce vin, d'un réel potentiel, est issu d'une vendange scrupuleusement sélectionnée. Encore très jeune, il dévoile cependant une grande puissance au nez, un bel équilibre gras-fraîcheur et une finale intéressante. Le jury n'a eu aucun doute quant à son devenir. Ce 97 sera la surprise de la fin d'année.

☛ Dom. de Putille, 49620 La Pommeraye, tél. 02.41.39.80.43, fax 02.41.39.81.91 ☑ ⍾ r.-v.
☛ Pierre Sécher

Anjou-coteaux de la loire

Savennières

Ce sont des vins blancs de type sec, produits à partir du chenin, essentiellement sur la commune de Savennières. Les schistes et grès pourpres leur confèrent un caractère particulier, ce qui les a fait définir longtemps comme crus des coteaux de la loire ; mais ils méritent d'occuper une place à part entière. Cette appellation devrait s'affirmer et se développer. Pleins de sève, un peu nerveux, ses vins vont à merveille sur les poissons cuisinés. La production du savennières et de ses crus coulée-de-serrant et roche-aux-moines a atteint 5 097 hl en 1997.

DOM. DES BARRES Les Bastes 1997*

| ☐ | 1,5 ha | 2 500 | 🍷 30 à 50 F |

Le hameau des Barres est un endroit charmant, situé sur les hauteurs et bénéficiant d'un splendide panorama sur les coteaux du Layon. Monsieur Achard reçoit en toute simplicité dans un caveau bien restauré. La robe de ce 97 est d'un beau jaune pâle, limpide et brillant. Il offre une palette aromatique étonnante, avec des notes florales typiques de vendanges bien mûres. Il montre une même richesse en bouche. La persistance aromatique confère à ce vin beaucoup d'élégance.

☛ Patrice Achard, Dom. des Barres, 49190 Saint-Aubin-de-Luigné, tél. 02.41.78.98.24, fax 02.41.78.68.37 ☑ ⍾ r.-v.

DOM. DES BAUMARD 1996**

| ☐ | n.c. | n.c. | 🍷⬇ 50 à 70 F |

Famille viticole angevine établie à Rochefort-sur-Loire depuis 1634. Elle a créé son vignoble de savennières en 1968. Dans sa jolie robe jaune pâle, ce vin affiche une belle expression aromatique (notes minérales). La bouche est ronde, fruitée, et d'une appréciable longueur.

☛ Florent Baumard, Dom. des Baumard, 8, rue de l'Abbaye, 49190 Rochefort-sur-Loire, tél. 02.41.78.70.03, fax 02.41.78.83.82 ☑ ⍾ t.l.j. sf mer. sam. dim. 10h-12h 14h-18h

DOM. EMILE BENON
Clos du Grand Hamé 1996***

| ☐ | 4 ha | 15 000 | 🍷 30 à 50 F |

M. et Mme Benon conduisent seuls leur vignoble de 4 ha à Savennières, et de 8 ha à Mozé-sur-Louet. Leur savennières 96 est vêtu d'une magnifique robe brillante jaune pâle, à reflets verts. L'olfaction, très intense et complexe, libère des arômes de fleurs et de fruits exotiques. La bouche est élégante, fraîche ; la belle persistance aromatique confère à ce vin beaucoup de classe.

☛ Dom. Emile Benon, rte de la Lande-Epiré, 49170 Savennières, tél. 02.41.77.10.76, fax 02.41.77.10.07 ☑ ⍾ r.-v.

Anjou-Saumur

Coteaux du layon

CH. DE LA BIZOLIERE 1996*

| | 1 ha | 5 000 | | 30 à 50 F |

Ce 96 en robe jaune pâle à reflets verts livre d'intenses et plaisants parfums où l'on distingue une nuance de brioche. L'attaque est franche et la finale persistante. Bel équilibre général.
➤ EARL Pierre Soulez, Ch. de Chamboureau, 49170 Savennières, tél. 02.41.77.20.04, fax 02.41.77.27.78 ☑ ☒ r.-v.

CH. LA FRANCHAIE 1997*

| | n.c. | n.c. | | 50 à 70 F |

Le vin est habillé d'une belle robe jaune pâle à reflets verts. Le nez, de bonne intensité, révèle d'agréables arômes de fruits exotiques et de fleurs blanches que l'on retrouve en bouche avec beaucoup de plaisir. C'est un vin chaleureux qu'il faut découvrir.
➤ SCEA Ch. La Franchaie, Dom. de La Franchaie, 49170 La Possonnière, tél. 02.41.39.18.16, fax 02.41.39.18.17 ☑ ☒ r.-v.
➤ Chaillou

CH. DE VARENNES 1997**

| | 4,5 ha | 34 000 | | 50 à 70 F |

L'origine du château de Fesles remonte au XIe s. Ayant longtemps appartenu à la famille Boivin, le domaine a été racheté en 1991 par G. Lenôtre qui vient de passer la main à la famille Germain. Ce 97 se présente dans une jolie robe jaune à reflets verts. L'olfaction livre d'intenses arômes de pain d'épice, de miel, de pâte de coing, avec une pointe de boisé. La bouche est belle et la persistance aromatique remarquable. C'est un vin bien élégant. C'est un grand !
➤ SA de Fesles, Ch. de Fesles, 49380 Thouarcé, tél. 02.41.68.94.00, fax 02.41.68.94.01 ☑ ☒ r.-v.
➤ Bernard Germain

qualités s'épanouissent pleinement. Le millésime 96 n'était pas prêt lors de notre dégustation et n'a pas pu être goûté. La roche-aux-moines appartient à plusieurs propriétaires et couvre une surface de 19 ha déclarés (qui n'est pas totalement plantée) pour une production moyenne de 600 hl. Si elle est moins homogène que son homologue, on y trouve des cuvées qui n'ont cependant rien à lui envier.

Savennières roche-aux-moines

CH. DE CHAMBOUREAU
Cuvée d'Avant 1996**

| | 5,37 ha | 7 500 | | 70 à 100 F |

Le château de Chamboureau, vénérable bâtisse du XVe s., remaniée au XVIIe s., est situé aux portes d'Epiré, jolie bourgade qui domine la Loire. Vous y dégusterez d'excellents savennières qui se plaisent à vieillir dans un tel cadre. Ce 96, bien typique par sa robe couleur jaune pâle, aux reflets mordorés, révèle d'intenses arômes fruités et frais, avec une note minérale. On trouve une même richesse en bouche, celle-ci présentant une belle persistance.
➤ EARL Pierre Soulez, Ch. de Chamboureau, 49170 Savennières, tél. 02.41.77.20.04, fax 02.41.77.27.78 ☑ ☒ r.-v.

Savennières roche-aux-moines, savennières coulée-de-serrant

Il est difficile de séparer ces deux crus qui ont reçu une codification particulière, tant ils sont proches en caractères et en qualité. La coulée-de-serrant, plus restreinte en surface (6,85 ha), est située de part et d'autre de la vallée du petit Serrant. La plus grande partie est en pente forte, d'exposition sud-ouest. Propriété en monopole de la famille Joly, cette appellation a atteint, tant par sa qualité que par son prix, la notoriété des grands crus de France. C'est après cinq ou dix ans que ses

Coteaux du layon

Sur les coteaux des vingt-cinq communes qui bordent le Layon, de Nueil à Chalonnes, on a produit, en 1997, 63 891 hl de vins demi-secs, moelleux ou liquoreux. Le chenin est le seul cépage. Plusieurs villages sont réputés : le plus connu est celui de Chaume, avec 2 383 hl produits sur 78 ha. Six autres noms peuvent être ajoutés à l'appellation : Rochefort-sur-Loire, Saint-Aubin-de-Luigné, Saint-Lambert-du-Lattay, Beaulieu-sur-Layon, Rablay-sur-Layon, Faye-d'Anjou. Vins subtils, or vert à Concourson, plus jaunes et plus puissants en aval, ils présentent des arômes de miel et d'acacia acquis lors de la surmaturation. Leur capacité de vieillissement est étonnante.

LA VALLEE DE LA LOIRE

Anjou-Saumur — Coteaux du layon

DOM. D'AMBINOS
Beaulieu Cuvée de la Duchesse d'Anjou 1996**

11 ha   1 500   100 à 150 F

Il est parfait : l'œil est attiré par sa teinte d'un très bel or. Le premier nez, délicat, complexe, associe les fruits surmûris au miel, avec une pointe vanillée. La bouche puissante révèle un chenin très concentré. D'une longue persistance, c'est un vin de grande race, parfaitement élevé par J.-P. Chéné. Sa **Sélection de grains nobles Beaulieu 96** obtient également trois étoiles. Son caractère botrytisé est bien marqué. Voilà deux superbes bouteilles !

Jean-Pierre Chéné, 3, imp. des Jardins, 49750 Beaulieu-sur-Layon, tél. 02.41.78.48.09, fax 02.41.78.61.72 r.-v.

DOM. BANCHEREAU
Saint-Aubin Vieilles vignes 1997*

8,17 ha   2 300   70 à 100 F

Domaine créé en 1950 avec 4 ha de chenin. Il en compte aujourd'hui 47, dont 24 en chenin. Pratiquement toute la production est écoulée en vente directe auprès de sept à huit mille clients satisfaits. Ce vin a été récolté en quatre tries. La teinte, or paille, est engageante. Le nez, floral et printanier, laisse présager une belle structure. La bouche, ronde, fruitée, est marquée par le botrytis. Une impression d'équilibre règne tout au long de la dégustation.

Dom. Banchereau, 62, rue du Canal-de-Monsieur, 49190 Saint-Aubin-de-Luigné, tél. 02.41.78.33.24, fax 02.41.78.66.58 r.-v.

DOM. DES BARRES
Saint-Aubin Les Paradis 1997*

2 ha   2 500   30 à 50 F

Le Paradis est un coteau propice aux liquoreux ; Patrice Achard s'attache à produire de grands coteaux du layon par tries successives, tel celui-ci dont la robe paille brille d'un bel éclat. Au nez, ce 97 révèle une grande finesse aromatique. C'est un vin qui arrive tout droit du chai : il va falloir l'attendre. Il est gras, rond, bien équilibré et la botrytisation apparaît en rétronasale. Une valeur sûre.

Patrice Achard, Dom. des Barres, 49190 Saint-Aubin-de-Luigné, tél. 02.41.78.98.24, fax 02.41.78.68.37 r.-v.

DOM. DES BOHUES 1997

8,5 ha   8 000   70 à 100 F

Cette exploitation où toute une famille s'investit compte environ 20 ha dont 9 sont orientés vers la production de vins liquoreux. Celui-ci est assez peu complexe mais bien fait : les arômes sont caractéristiques de raisins récoltés bien mûrs et passerillés. Si la finale est assez brève, elle laisse une impression fruitée agréable.

GAEC Retailleau, Les Bohues, 49750 Saint-Lambert-du-Lattay, tél. 02.41.78.33.92, fax 02.41.78.34.11 r.-v.

CH. DU BREUIL
Beaulieu Orantium Vignes centenaires 1996*

4 ha   n.c.   100 à 150 F

Le château du Breuil, magnifique propriété viticole, a proposé un **coteaux du layon Beaulieu 96 Vieilles vignes** qui a reçu une étoile pour sa grande fraîcheur et pour tous ses caractères liés au chenin. Même note pour cette cuvée Orantium d'une couleur soutenue, profonde, ambrée, signe d'une vendange attendue. Le boisé qui apparaît à l'olfaction perdure. Il faudra savoir attendre que ce vin ait gagné en harmonie.

Ch. du Breuil, 49750 Beaulieu-sur-Layon, tél. 02.41.78.32.54, fax 02.41.78.30.03 r.-v.
Morgat

CH. DE BROSSAY Vieilles vignes 1997**

3 ha   4 500   30 à 50 F

En quelques années, le château de Brossay a acquis une réelle notoriété. Désormais, à chaque millésime, on attend ses vins avec impatience. Celui-ci est haut en couleur. Il offre une grande harmonie d'ensemble, reflet d'un élevage en barrique bien maîtrisé. C'est un festival d'arômes au nez et en bouche, avec des notes minérales, florales, des nuances de fruits mûrs et de fruits secs, mais aussi d'épices (vanille, muscade...). La bouche ample et délicate est l'exemple même de ce que l'on attend des grands vins liquoreux. Le **Sélection de grains nobles 97**, au potentiel impressionnant, a été jugé très réussi (une étoile) et s'exprimera pleinement dans quelques années.

Raymond et Hubert Deffois, Ch. de Brossay, 49560 Cléré-sur-Layon, tél. 02.41.59.59.95, fax 02.41.59.58.81 t.l.j. sf dim. 8h-12h30 14h-19h

DOM. CADY
Saint-Aubin Cuvée Volupté Grains nobles 1996**

4 ha   n.c.   100 à 150 F

Située en bordure du Layon, cette admirable exploitation a transformé un ancien séchoir à tabac en cave. Vous y dégusterez des vins liquoreux d'une grande finesse. Voici sa cuvée de grains nobles d'une couleur dorée, étincelante. A l'agitation, quelle superbe explosion d'arômes de fruits confits surmûris, d'une complexité surprenante, assortis de notes miellées ! La bouche équilibrée, pleine de douceur et de personnalité, persistante, montre la qualité de la vendange. Le **Coteaux Chaume 97** reçoit une étoile. C'est un vin de caractère, dont les arômes (abricot sec, orange confite...) sont dus à la pourriture noble. La concentration et la légèreté en bouche signent un grand liquoreux (50 à 70 F).

EARL Dom. Cady, Valette, 49190 Saint-Aubin-de-Luigné, tél. 02.41.78.33.69, fax 02.41.78.67.79 r.-v.
Philippe Cady

DOM. CADY
Saint-Aubin Les Varennes 1997**

2,5 ha   10 000   50 à 70 F

Parmi tous les vins de Philippe Cady, c'est cette cuvée des Varennes qui emporte le coup de cœur unanime des cinq dégustateurs. Sa superbe robe brillante a la couleur de la paille dorée. Ses arômes complexes aux nuances miellées, sa bouche ample, grasse, équilibrée, puissante, tout séduit. Le très bel équilibre confère à ce vin un remarquable potentiel de garde. C'est un layon généreux qui vous réjouira dès maintenant ou dans quelques années. Son prix est intéressant.

Anjou-Saumur   Coteaux du layon

🍷 EARL Dom. Cady, Valette, 49190 Saint-Aubin-de-Luigné, tél. 02.41.78.33.69, fax 02.41.78.67.79 ◩ 𝕐 r.-v.

CHUPIN PRESTIGE
Vendanges tardives 1996★★

| | 3,35 ha | 10 000 | 70 à 100 F |

Voici un coteaux du layon de caractère bien vinifié, proposé par une importante exploitation (plus de 60 ha). L'élevage pour partie en barrique a bien mis en valeur la qualité des vendanges. Ses arômes de fruits mûrs, d'agrumes et d'épices, sa bouche concentrée et délicate sont autant de caractères que l'on attend des grands vins liquoreux du Val de Loire. (Bouteilles de 50 cl.)

🍷 Guy Saget, SCEA dom. Chupin, 8, rue de l'Eglise, 49380 Champ-sur-Layon, tél. 02.41.78.86.54, fax 02.41.78.61.73 ◩ 𝕐 r.-v.

DOM. DU CLOS DES GOHARDS 1997★

| | 4,5 ha | 4 000 | 30 à 50 F |

Cette propriété familiale, dont la superficie est passée de 4 ha à 35 ha, propose depuis quelques années des vins très intéressants comme celui-ci, assez traditionnel et prometteur. Les arômes de ce 97 étaient peu intenses le jour de la dégustation ; ils s'épanouiront avec le temps. La bouche était en revanche bien présente avec ses notes de coing, d'ananas et de miel. La très belle sensation de concentré en finale est un caractère qui ne trompe pas !

🍷 EARL Joselon, Les Oisonnières, 49380 Chavagnes-les-Eaux, tél. 02.41.54.13.98, fax 02.41.54.13.98 ◩ 𝕐 r.-v.

CLOS DES SAULAIES
Saint-Aubin Vendanges tardives 1997

| | 2,85 ha | 3 000 | 30 à 50 F |

Issu d'un vignoble de 13 ha exploité aujourd'hui pour la troisième génération, ce 97, dont 20 % est élevé en fût, est caractérisé par une robe jaune paille d'une belle brillance, de fins arômes de pomme, une bouche agréable offrant un bon équilibre des saveurs. La finale acidulée en fait un vin plaisant.

🍷 Joël Rochard, Le Clos des Saulaies, 49190 Saint-Aubin-de-Luigné, tél. 02.41.78.37.76 ◩ 𝕐 r.-v.

DOM. DES CLOSSERONS
Vieilles vignes 1997★★★

| | 10,82 ha | 8 000 | 50 à 70 F |

La même foi rassemble les trois personnalités menant ce domaine, celle qui s'attache au travail bien fait. Tous leurs vins sont de caractère, à l'image de cet excellent 97 : une robe jaune doré, des arômes intenses et délicats de fruits blancs et de fleurs, une bouche ample, harmonieuse et racée, d'une superbe expression aromatique, avec des notes de fruits mûrs, d'abricot, de coing et de miel, tout cela constitue un véritable régal.

🍷 EARL Jean-Claude Leblanc et Fils, Dom. des Closserons, 49380 Faye-d'Anjou, tél. 02.41.54.30.78, fax 02.41.54.12.02 ◩ 𝕐 r.-v.

DOM. DES COTEAUX BLANCS
Clos de Pierre Couts Récolte tardive 1997★

| | 2 ha | 4 000 | 50 à 70 F |

Exploitation située sur la corniche angevine qui domine les vallées du Layon et de la Loire. Délicat et charmeur, son coteaux du layon porte une robe jaune intense et livre des arômes fins de fruits blancs (pêche, poire) et de fleurs. Harmonieuse, la bouche laisse sur des notes de fruits confits. Un vin de plaisir et de caractère à la fois. Mêmes caractéristiques pour le 96, jugé également très réussi par le jury.

🍷 François Picherit, Les Coteaux Blancs, 49290 Chalonnes-sur-Loire, tél. 02.41.78.16.83, fax 02.41.74.91.91 ◩ 𝕐 r.-v.

DOM. DESMAZIERES
Beaulieu Grains nobles 1997★

| | 4 ha | 2 500 | 50 à 70 F |

Fondé en 1987, ce domaine oriente principalement sa production vers les coteaux du layon villages et recherche la qualité du cépage chenin, notamment en pratiquant des tries très serrées. Les nuances vertes dans le verre caractérisent bien le millésime. L'olfaction est fine, délicate, livrant des arômes de fruits blancs surmûris sur l'arbre. L'équilibre alcool-sucre est parfait ; il met en évidence le raisin botrytisé.

🍷 Marc Godeau, Dom. Desmazières, 27, rue Saint-Vincent, 49750 Beaulieu-sur-Layon, tél. 02.41.78.41.64, fax 02.41.78.63.35 ◩ 𝕐 r.-v.

DOM. DULOQUET
Cuvée Noblesse 1997★★

| | 6 ha | 750 | 100 à 150 F |

Hervé Duloquet a repris l'exploitation familiale en 1991 ; il lui a donné un nouveau style, celui d'un domaine viticole de haut niveau, avec comme porte drapeau les vins liquoreux des coteaux du layon. Le jury a trouvé beaucoup de caractère et de « noblesse » dans celui-ci. Sa robe or, ses arômes de fruits surmûris et de fruits secs, sa bouche ample et majestueuse composent une bouteille remarquable.

🍷 Dom. Duloquet, Les Mousseaux, 49700 Les Verchers-sur-Layon, tél. 02.41.59.17.62, fax 02.41.59.37.53 ◩ 𝕐 r.-v.

DOM. DES EPINAUDIERES 1997★★

| | 1 ha | 4 000 | 30 à 50 F |

Le domaine des Epinaudières est désormais une référence en matière de vins liquoreux. Mais commencez votre dégustation par un cabernet d'anjou, vous serez surpris ! On n'est pas étonné de découvrir la très belle matière et la complexité de ce coteaux du layon. La robe est or pâle. Le nez évoque les fruits confits et les épices. On retrouve les fruits confits dans une bouche ample, intense. Un vin à conserver quelques années et qui fera tourner la tête à plus d'un !

LA VALLÉE DE LA LOIRE

Anjou-Saumur — Coteaux du layon

○┓SCEA Fardeau, Sainte-Foy, 49750 Saint-Lambert-du-Lattay, tél. 02.41.78.35.68, fax 02.41.78.35.50 ✓ 🍷 r.-v.

DOM. FARDEAU
Cuvée Stefy Sélection de grains nobles 1997★★

| | 2,5 ha | 6 500 | 🍾 | 100 à 150 F |

On nous dit qu'ici la qualité de l'accueil est grande. Celle des vins aussi, à en juger par ce 97, jaune d'or, aux arômes délicats et frais (agrumes, confiture d'oranges, citronnelle). La bouche riche, concentrée, intense prendra encore de l'ampleur et du caractère les années.
○┓Dom. Michel Fardeau, Les Hauts Perrays, 49290 Chaudefonds-sur-Layon, tél. 02.41.78.67.57, fax 02.41.78.68.78 ✓ 🍷 t.l.j. 9h-12h30 13h30-19h30

DOM. DES FORGES
Saint-Aubin-de-Luigné Cuvée des Forges 1997★

| | n.c. | 8 000 | 🍾 | 50 à 70 F |

Claude Branchereau est l'une des valeurs sûres en coteaux du layon, mais aussi l'un des moteurs de l'évolution qualitative de cette AOC considérée aujourd'hui comme l'une des grandes appellations de liquoreux. Celui-ci propose un vin à robe paille, limpide, d'un bel éclat. Bien que le nez soit actuellement discret, il est prometteur. La bouche ronde, grasse, très équilibrée, donc très harmonieuse, suggère cependant d'attendre encore un peu ce vin pour qu'il s'exprime pleinement. Le **Chaume 97, cuvée les Onnis** reçoit la même note mais il grandira encore. Trop jeune le jour de la dégustation, il affichait toutefois l'équilibre entre la puissance et la fraîcheur qui fait les grands liquoreux. A mettre en cave.
○┓EARL Branchereau, Dom. des Forges, 49190 Saint-Aubin-de-Luigné, tél. 02.41.78.33.56, fax 02.41.78.57.51 ✓ 🍷 r.-v.

DOM. GAUDARD Cuvée Vénerie 1997★

| | 3,25 ha | 12 000 | 🍾 | 70 à 100 F |

Faut-il rappeler que chez Pierre Aguilas on trouve des vins blancs secs (dont l'un a un coup de cœur dans ce Guide) et des liquoreux qui méritent un détour ? Ce coteaux du layon est un bon porte-drapeau de son appellation. Une structure bien présente mais sans excès, des arômes frais de fleurs blanches (aubépine) et d'agrumes, une bouche équilibrée, élégante et tout en nuances composent un vin de plaisir et de caractère.
○┓Pierre Aguilas, Dom. Gaudard, rte de Saint-Aubin, 49290 Chaudefonds-sur-Layon, tél. 02.41.78.10.68, fax 02.41.78.67.72 ✓ 🍷 t.l.j. 9h-12h 14h-19h; dim. sur r.-v.

DOM. GAUDARD
Saint-Lambert-du-Lattay Cuvée Or 1997★★

| | 1,46 ha | 2 700 | 🍾 | 70 à 100 F |

En plein cœur du vignoble, Pierre et Janet Aguilas ont installé une vaste salle de dégustation. La robe de ce 97 est jaune pâle. Le nez, subtil et fin, mêle les fruits secs et les fruits exotiques. La bouche confirme le caractère exotique et la délicatesse de ce vin harmonieux, tout en dentelle.

○┓Pierre Aguilas, Dom. Gaudard, rte de Saint-Aubin, 49290 Chaudefonds-sur-Layon, tél. 02.41.78.10.68, fax 02.41.78.67.72 ✓ 🍷 t.l.j. 9h-12h 14h-19h; dim. sur r.-v.

DOM. DES GRANDES BROSSES
Vieilles vignes 1997★★

| | 6,08 ha | 6 500 | 🍾 | 30 à 50 F |

Un domaine familial soucieux de bien faire et à découvrir, comme nous l'avons fait pour ce 97. Si le nez de ce coteaux du layon peut paraître discret, tel n'est pas le cas de la bouche, étonnante, expressive avec une très belle sensation de fruits très mûrs, d'abricot, de coing et de miel. Ce vin devra être attendu quelques années afin de lui permettre de révéler tout son potentiel.
○┓EARL Longépé, Les Grandes Brosses, 49380 Champ-sur-Layon, tél. 02.41.54.16.16 ✓ 🍷 r.-v.

DOM. DES GRANDES VIGNES
Sélection de grains nobles 1997★★

| | n.c. | n.c. | 🍾 | 70 à 100 F |

Y-a-t-il une appellation où le domaine des Grandes Vignes n'a pas été cité ? Un tir groupé impressionnant réalisé par cette exploitation et, qui plus est, se répétant année après année. D'un jaune d'or attirant, ce 97 offre une très belle expression aromatique de fruits confits et d'orange. La bouche est majestueuse, pleine, tout en restant légère et délicate. Un grand liquoreux du Val de Loire.
○┓GAEC Vaillant, Dom. des Grandes Vignes, La Roche-Aubry, 49380 Thouarcé, tél. 02.41.54.05.06, fax 02.41.54.08.21 ✓ 🍷 r.-v.

DOM. GROSSET Rochefort Acacia 1996★

| | n.c. | n.c. | 🍾 | 70 à 100 F |

Autour du bar en forme de demi-pressoir, Serge Grosset réserve au visiteur un accueil amical. C'est un jaune paille soutenu et très gai qui habille ce coteaux du layon. Au nez, le caractère torréfié apparaît, avec des nuances de grillé et de fruits secs. La bouche est onctueuse, grasse, épicée, originale. Une bonne maîtrise œnologique a permis de révéler la spécificité d'un raisin dont on a attendu la bonne maturité.
○┓Serge Grosset, 60, rue René-Gasnier, 49190 Rochefort-sur-Loire, tél. 02.41.78.78.67, fax 02.41.78.79.79 ✓ 🍷 t.l.j. sf dim. 9h30-19h

DOM. DES HARDIERES
Vieilles vignes 1997★★

| | 1 ha | 2 500 | 🍾 | 30 à 50 F |

Les frères Aubert sont établis à Saint-Lambert-du-Lattay, la commune la plus viticole de l'Anjou. Ce coteaux du layon est incontestablement une référence : robe jaune d'or, arômes de vanille et de coing, bouche grasse, intense où l'on remarque la très belle vivacité de l'attaque aux notes fraîches rappelant le citron, le pamplemousse et autres agrumes.
○┓Aubert Frères, Les Hardières, 49750 Saint-Lambert-du-Lattay, tél. 02.41.78.30.83, fax 02.41.78.30.83 ✓ 🍷 r.-v.

Anjou-Saumur — Coteaux du layon

DOM. JOLIVET 1997★
☐ 2 ha 5 000 30 à 50 F

Un domaine traditionnel du vignoble de l'Anjou et un layon bien représentatif de son appellation, élégant et structuré. La matière est présente mais sans excès. Fleurs et fruits apparaissent après aération, complétés en bouche par des notes d'agrumes (mandarine) à l'origine d'une fraîcheur intéressante. Ce vin peut être bu dès à présent. Le layon **Saint Lambert 97, cuvée Prestige**, est cité pour ses arômes de pêche de vigne et pour son agréable équilibre.
• Dom. Jolivet, 31, rue Rabelais, 49750 Saint-Lambert-du-Lattay, tél. 02.41.78.30.35, fax 02.41.78.45.34 ✉ ☎ r.-v.

DOM. DE LA BELLE ANGEVINE
Beaulieu Cuvée Behuard 1996
☐ 1,2 ha 3 000 50 à 70 F

Propriété constituée en 1993 en regroupant deux vignobles, l'un situé à Beaulieu, l'autre à Saint-Lambert-du-Lattay. Le jaune paille de ce vin est attirant, tout comme le nez, fin, délicat, mais puissant. L'harmonie générale est satisfaisante.
• Florence Dufour, La Belle Angevine, 49750 Saint-Lambert-du-Lattay, tél. 02.41.78.34.86, fax 02.41.72.81.58 ✉ ☎ r.-v.

DOM. DE LA BERGERIE
Cuvée Fragrance 1996★★
☐ 2 ha 4 000 100 à 150 F

Ce domaine de 32 ha est devenu une valeur sûre : on retrouve cette cuvée qui avait tant séduit dans le millésime 95. Le 96 est intense, puissant, tout en restant délicat. L'or intense de la robe, les arômes de fruits confits, d'abricot, de miel et de cire d'abeille, la bouche majestueuse, ample, dominée en finale par des notes d'agrumes et d'abricot sont particulièrement remarquables. Une bouteille à conserver des dizaines d'années, mais déjà si plaisante !
• Yves Guégniard, Dom. de La Bergerie, 49380 Champ-sur-Layon, tél. 02.41.78.85.43, fax 02.41.78.60.13 ✉ ☎ t.l.j. sf dim. 9h-12h30 14h-19h

DOM. DE LA BOUGRIE 1996
☐ 3 ha 8 800 30 à 50 F

Exploitation d'une trentaine d'hectares dont environ 3 ha sont réservés à la production de vins liquoreux. Assez peu concentré, ce layon surprend par sa fraîcheur en bouche. La sensation fruitée est présente, tant à l'olfaction (après une légère aération) qu'à la dégustation. Un vin simple et agréable.
• GAEC Goujon, Dom. de La Bougrie, 49380 Champ-sur-Layon, tél. 02.41.78.86.21, fax 02.41.78.63.45 ✉ ☎ r.-v.

CH. DE LA GENAISERIE
Chaume Les Tetuères Sélection de grains nobles 1996★★★
☐ 1,2 ha 4 000 70 à 90 F

Le château de la Genaiserie a une notoriété particulière en matière de vins liquoreux. Voyez celui-ci : intense, concentré et élégant, dont les arômes sont caractéristiques de vendanges « rôties » par le soleil et rappellent les fruits confits et secs. La bouche, ample, riche et délicate à la fois, donne l'impression de croquer des baies de raisins surmûries. Deux vins ont été retenus en **saint-aubin 96 Sélection de grains nobles : La Roche** (une étoile), à oublier longuement dans sa cave, et le remarquable **Les Simonnelles** (deux étoiles), superbe de richesse et de vivacité.
• Yves Soulez, SC Ch. de La Genaiserie, 49190 Saint-Aubin-de-Luigné, tél. 02.41.78.33.22, fax 02.41.78.67.78 ✉ ☎ r.-v.

DOM. DE LA PETITE CROIX 1997★★
☐ 2,5 ha n.c. 30 à 50 F

Ce domaine, intéressant par l'ensemble des vins qu'il produit, a entrepris des travaux de défrichement et de terrassement pour aménager un coteau. Son vin peut paraître discret au premier abord (couleur légère, arômes peu intenses) mais il étonne en bouche par sa richesse et sa complexité, mêlant des notes de fruits exotiques (ananas), d'agrumes (pamplemousse) et de fruits secs. Il peut être bu dès à présent ou conservé plusieurs années.
• Alain Denechère, Dom. de La Petite Croix, 49380 Thouarcé, tél. 02.41.54.06.99, fax 02.41.54.06.99 ✉ ☎ r.-v.

LA PIERRE D'ARDENAY 1997★
☐ 1 ha 4 000 50 à 70 F

Jean-Louis Robin a été pendant des années le président du puissant Syndicat des coteaux du layon. Et tant dans son exploitation qu'à la tête de l'organisation, il a été un artisan du renouveau de ce vignoble. Ce 97 était encore fermé le jour de la dégustation. Il affirmait cependant une bouche racée, délicate, laissant en finale des notes de fruits exotiques et de fruits confits. Ce qui est la marque des vins liquoreux de caractère. Le **Clos du Cocher, Rochefort 97**, reçoit lui aussi une étoile pour son élégance et sa légèreté. Il est le produit de tries réussies de raisins botrytisés. Quant à la **Cuvée intégrale 97**, dans la même AOC, elle est encore trop jeune pour être notée à sa juste valeur, ayant en partie passé neuf mois en barrique. Très prometteuse, elle devrait être revue l'an prochain... s'il en reste !
• Jean-Louis Robin-Diot, Les Hauts Perrays, 49290 Chaudefonds-sur-Layon, tél. 02.41.78.68.29, fax 02.41.78.67.62 ✉ ☎ t.l.j. 9h-19h

DOM. DE LA POTERIE Chaume 1997★★
☐ 0,5 ha 1 200 70 à 100 F

Venu dans le vignoble en 1996, Guillaume Mordacq a eu l'heureuse idée de travailler avec un viticulteur accompli, plusieurs fois cité dans ce Guide. L'association d'un grand terroir avec un vinificateur de talent ne pouvait donner que de bons résultats ! Robe or paille étonnamment intense, arômes complexes et délicats de fruits concentrés, de pain d'épice et de vanille ; bouche majestueuse, envoûtante par sa structure et sa fraîcheur, superbe finale de fruits exotiques, de pêche et de coing : il s'agit d'un grand vin liquoreux. Il n'y en aura pas pour tout le monde !
• Guillaume Mordacq, La Chevalerie, 49380 Thouarcé, tél. 02.41.52.20.95, fax 02.41.52.26.41 ✉ ☎ r.-v.

LA VALLÉE DE LA LOIRE

Anjou-Saumur — Coteaux du layon

DOM. DE LA ROCHE MOREAU
Chaume 1997★★

| | n.c. | n.c. | | 50 à 70 F |

Des pans de murs ont été abattus devant la cave pendant la guerre de 40 afin d'en dissimuler l'entrée aux Allemands, aussi reste-t-il quelques bouteilles antérieures à ces années. Ne passons pas à côté de ce coteaux du layon Chaume du millésime 1997. Sa robe est jaune paille, ses arômes évoquent le miel, le pain d'épice et les fruits concentrés ; la bouche ample, riche, donne en finale l'impression de croquer des raisins surmûris : un vin capable de vous faire voyager sans que vous vous en rendiez compte !

⚜ André Davy, Dom. de la Roche Moreau, La Haie-Longue, 49190 Saint-Aubin-de-Luigné, tél. 02.41.78.34.55, fax 02.41.78.34.55 ✓ ⊤ r.-v.

CH. DE LA ROULERIE
Chaume Les Aunis 1996★

| | 7,2 ha | 22 000 | | 150 à 200 F |

Le château de la Roulerie a été repris successivement par Gaston Lenôtre, le célèbre patissier, puis par Bernard Germain, également propriétaire de vignobles dans le Bordelais. Ce joli coteaux du layon Chaume, concentré, est marqué par le bois. En bouche, les arômes de fruits confits témoignent de la qualité de la vendange. La finale intense est harmonieuse, on conseille tout autant de le boire que de l'attendre deux à quinze ans.

⚜ SA de Fesles, Ch. de Fesles, 49380 Thouarcé, tél. 02.41.68.94.00, fax 02.41.68.94.01 ✓ ⊤ r.-v.
⚜ Bernard Germain

CH. LA TOMAZE
Rablay Cuvée des Lys Sélection de grains nobles 1996★★

| | 5 ha | 3 000 | | 100 à 150 F |

L'exploitation viticole de Vincent Lecointre est une affaire de famille : le domaine abrite la même lignée de vignerons depuis plus de deux siècles. Vincent a à cœur de rendre ses lettres de noblesse au joyau de sa région, le coteaux du layon. La robe de ce 96 est dorée, puis les fruits confits concentrés apparaissent. Ils finissent avec une fraîcheur étonnante. La dégustation confirme qu'il s'agit de raisins passerillés, très représentatifs des terroirs de graviers mais aussi du millésime. (Bouteilles de 50 cl.)

⚜ EARL Vignoble Lecointre, Ch. La Tomaze, 49380 Champ-sur-Layon, tél. 02.41.78.86.34, fax 02.41.78.61.60 ✓ ⊤ r.-v.

DOM. DE LA VILLAINE 1997

| | 0,8 ha | 2 500 | | 30 à 50 F |

Exploitation reprise en 1997 par deux jeunes viticulteurs de Martigné-Briand. Leur vin encore simple est cependant agréable, avec des notes amyliques de bonbon anglais. Un vin facile qui ne pourra donner que ce qu'il a (matière importante) mais qui ne manque pas d'harmonie.

⚜ GAEC des Villains, La Villaine, 49540 Martigné-Briand, tél. 02.41.59.75.21, fax 02.41.59.75.21 ✓ ⊤ r.-v.

DOM. LEDUC-FROUIN
Le Grand Clos La Seigneurie 1997★★

| | 3 ha | 5 000 | | 50 à 70 F |

La propriété La Seigneurie appartenait au marquis de Becdelièvre ; achetée en 1933 par la famille Frouin, elle s'est appelée, après alliance, Leduc-Frouin. Elle propose un très joli coteaux du layon sans concentration ou puissance excessives. Les arômes de miel et de fruits confits restent aériens, et la bouche, pourtant structurée, laisse une impression de légèreté. Un vin de plaisir et de caractère à la fois ! A découvrir.

⚜ Mme Georges Leduc, Dom. Leduc-Frouin, Sousigné, 49540 Martigné-Briand, tél. 02.41.59.42.83, fax 02.41.59.47.90 ✓ ⊤ r.-v.

LE LOGIS DU PRIEURE
Sélection de grains nobles 1997★★

| | 7 ha | 1 800 | | 100 à 150 F |

Vincent Jousset met tous les atouts de son côté pour réussir de grands vins liquoreux : vignes bien conduites, éclaircies, et vendanges scrupuleusement sélectionnées. Le résultat est évident avec ce vin à la fois puissant et délicat. La bonne vinification et l'élevage en fût bien maîtrisé met en valeur la richesse des raisins, les arômes de fruits mûrs (poire), de fruits secs, d'épices, et la bouche remarquablement concentrée. Une bouteille à découvrir absolument.

⚜ SCEA Jousset et Fils, Le Logis du Prieuré, 49700 Concourson-sur-Layon, tél. 02.41.59.11.22, fax 02.41.59.38.18 ✓ ⊤ t.l.j. sf dim. 9h-12h 14h-19h

DOM. LE MONT Faye-d'Anjou 1997★

| | 4 ha | 8 000 | | 30 à 50 F |

Voici un vin flatteur. Si la couleur est pâle, les arômes rappellent les fruits bien mûrs avec une pointe briochée. La bouche fine et équilibrée confirme la sensation fruitée. Ce 97 s'épanouira dans quelques années et donnera alors une belle image du coteaux du layon.

⚜ EARL Louis et Claude Robin, Mont, 49380 Faye-d'Anjou, tél. 02.41.54.31.41, fax 02.41.54.17.98 ✓ ⊤ r.-v.

CH. DES NOYERS
Réserve Vieilles vignes 1997★★

| | 7 ha | 5 000 | | 70 à 100 F |

Très beau domaine désormais régulièrement mentionné pour ses vins liquoreux. Etonnant de puissance et de concentration, celui-ci offre une séduisante palette aromatique mêlant l'ananas, l'orange, aux fruits secs (abricot, figue) et aux fleurs (chèvrefeuille, acacia, aubépine). A conserver quelques années pour une grande surprise et à goûter à 17 heures.

⚜ Ch. des Noyers, Les Noyers, 49540 Martigné-Briand, tél. 02.41.54.03.71, fax 02.41.92.63.84 ✓ ⊤ r.-v.
⚜ Florian Carlo

DOM. OGEREAU
Saint-Lambert Clos des Bonnes Blanches 1996★★

| | 2 ha | 2 500 | | 150 à 200 F |

Près du célèbre musée de la Vigne et du Vin, vous serez chaleureusement reçu par Vincent

Anjou-Saumur — Coteaux du layon

Ogereau qui allie deux passions : la viticulture et la musique. Ce 97 est superbe. La robe est limpide, d'un très beau vieil or. Les arômes délicats rappellent la mandarine, l'orange, les fruits confits, avec une pointe boisée fort agréable. La bouche bien structurée offre une concentration extrême. Un vin qui témoigne d'un élevage en fût fort bien maîtrisé, pour amateur de liquoreux sachant attendre.

🠖 Vincent Ogereau, 44, rue de la Belle-Angevine, 49750 Saint-Lambert-du-Lattay, tél. 02.41.78.30.53, fax 02.41.78.43.55 ☑ 🍷 r.-v.

DOM. PERCHER Le Chapitre 1996

| ☐ | 1 ha | 3 000 | 🍾♨ | 50 à 70 F |

Une exploitation traditionnelle du haut Layon et un vin d'un bon niveau, agréable et bien vinifié : le nez mêle la cire d'abeille, le miel et les fruits mûrs. La bouche bien équilibrée et harmonieuse présente une structure assez légère. Ce 96 peut être bu dès à présent ou conservé quelques années.

🠖 SCEA dom. Percher, Savonnières, 49700 Les Verchers-sur-Layon, tél. 02.41.59.76.29, fax 02.41.59.90.44 ☑ 🍷 t.l.j. sf dim. 8h-12h 14h-18h

DOM. DES PETITES GROUAS 1996*

| ☐ | 1 ha | 1 500 | 🍾 | 50 à 70 F |

Ce domaine implanté à Martigné-Briand produit principalement des vins rosés et rouges. Mais, ces dernières années, Philippe Léger élabore des vins liquoreux et on peut l'encourager dans cette voie : ce 96 est bien vinifié et a du caractère. L'élevage en barrique est réussi car la sensation boisée n'écrase pas le vin. On apprécie la complexité de sa gamme aromatique associant des notes d'écorce d'orange, d'agrumes et de fruits secs. Des premiers pas qui s'annoncent prometteurs.

🠖 Philippe Léger, Cornu, 49540 Martigné-Briand, tél. 02.41.59.67.22, fax 02.41.59.69.32 ☑ 🍷 r.-v.

DOM. DU PETIT METRIS
Chaume 1997**

| ☐ | 3 ha | n.c. | 🍾 | 50 à 70 F |

Rappelons le coup de cœur obtenu dans l'appellation reine quarts de chaume par cette exploitation étonnamment brillante en matière de vins liquoreux ! Jugé remarquable, ce layon fait également partie des grands par ses arômes intenses de pain d'épice, de fruits confits et de fruits exotiques présents au nez comme en bouche. Intense, plein et concentré, voilà un vin de caractère. En **saint-aubin 97**, le vin ne reçoit pas d'étoile, mais il est franc, aromatique, très typique.

🠖 GAEC Joseph Renou et Fils, Le Grand Beauvais, 49190 Saint-Aubin-de-Luigné, tél. 02.41.78.33.33, fax 02.41.78.67.77 ☑ 🍷 r.-v.

DOM. DU PETIT VAL 1997*

| ☐ | 3,5 ha | 9 000 | 🍾♨ | 30 à 50 F |

Le domaine du Petit Val a une solide réputation en matière de liquoreux. N'oublions pas qu'il élabore des vins du célèbre cru de Bonnezeaux ! Cet harmonieux coteaux du layon est bien représentatif de son appellation. Les arômes floraux et les notes d'orange témoignent de l'action de la pourriture noble sur la vendange. La belle structure et la finale d'une grande fraîcheur mentholée sont très agréables.

🠖 EARL Denis Goizil, Dom. du Petit Val, 49380 Chavagnes, tél. 02.41.54.31.14, fax 02.41.54.03.48 ☑ 🍷 r.-v.

CH. PIERRE-BISE Chaume 1997*

| ☐ | 4,5 ha | 4 000 | 🍾 | 70 à 100 F |

Un domaine désormais célèbre et auquel ce millésime 97 a particulièrement réussi : un coup de cœur (voir ci-après), mais aussi un **Beaulieu Les Rouannières** remarquable et une cuvée **L'Anclaie** très réussie (une étoile), tout comme ce Chaume très concentré qui ne pouvait être apprécié à sa juste valeur lors de sa dégustation à la fin d'avril 98. Il est surprenant par l'intensité de ses arômes rappelant les fruits secs, les épices, et les fruits surmûris. Un vin à attendre patiemment ; le résultat sera à la hauteur des espérances.

🠖 Claude Papin Chevallier, Ch. Pierre-Bise, 49750 Beaulieu-sur-Layon, tél. 02.41.78.31.44, fax 02.41.78.41.24 ☑ 🍷 r.-v.

CH. PIERRE-BISE
Rochefort Les Rayelles 1997**

| ☐ | 5 ha | 8 000 | 🍾 | 70 à 100 F |

Château Pierre-Bise — LES RAYELLES — Coteaux du Layon Rochefort — 1997

La robe est magnifique, dorée, aux nuances orangées. Le nez enchante : le raisin passerillé apporte des notes de miel et de fruits confits. La bouche confirme que ce vin est le produit d'une concentration du fruit sur souche. Celle-ci a été largement attendue : les vendanges ont commencé le 20 octobre. Une remarquable matière, bien structurée, révélant un équilibre acidité-sucrosité du plus bel effet, confère un extrême élégance à ce vin superbe, un très grand layon.

🠖 Claude Papin Chevallier, Ch. Pierre-Bise, 49750 Beaulieu-sur-Layon, tél. 02.41.78.31.44, fax 02.41.78.41.24 ☑ 🍷 r.-v.

CH. DE PLAISANCE
Chaume Les Zerzilles 1997**

| ☐ | 3 ha | 4 000 | 🍾 | 100 à 150 F |

Le château de Plaisance, situé en haut du coteau de Chaume, semble le gardien de ce site exceptionnel. Et cette sélection, Les Zerzilles, est un véritable porte-drapeau de cette appellation. Robe or, arômes intenses et fins de fruits surmûris, de raisins « rôtis » par le soleil, d'épices. Bouche pleine, concentrée : un vin chaudement conseillé par le jury de dégustation. La cuvée **Les Charmelles en Chaume 97** (moins de 100 F) n'a pas le caractère des Zerzilles mais peut être citée pour sa bonne présence et ses arômes de fruits mûrs.

823 — LA VALLÉE DE LA LOIRE

Anjou-Saumur — Coteaux du layon

☞ Guy Rochais, Ch. de Plaisance,
49190 Rochefort-sur-Loire, tél. 02.41.78.33.01,
fax 02.41.78.67.52 ☑ ⚑ t.l.j. sf dim. 9h-11h
14h30-18h30

DOM. DES QUARRES
Faye d'Anjou Sélection de grains nobles 1996★

☐   16 ha   3 000   🍾 100 à 150 F

Une certaine notoriété a été donnée à cette propriété représentée sur les affiches faisant la promotion de l'Anjou. Le vin a autant d'attraits que les coteaux de la Magdeleine dont il est issu. La teinte, paille dorée, est belle. Bien qu'actuellement fermé, le nez est subtil, fait de fruits confits concentrés. La bouche suave, élégante, presque moelleuse, sans trop de relief toutefois, révèle cependant une matière pleinement concentrée.

☞ SCEA Vignoble Bidet, 66, Grande-Rue,
49750 Rablay-sur-Layon, tél. 02.41.78.36.00,
fax 02.41.78.62.58 ☑ ⚑ t.l.j. 9h-12h 14h-18h;
sam. dim. sur r.-v.

YVES RENOU
Saint-Lambert-du-Lattay 1996★

☐   5 ha   4 000   🍾 70 à 100 F

Sa couleur est jaune limpide, voire orangée ; son bouquet, fin et subtil, avec une pointe boisée ; son élevage en fût apparaît tout doucement en fin de bouche, ce qui amplifie sa rondeur délicate.

☞ Yves Renou, 12, rue du Coteau-des-Martyrs,
49750 Saint-Lambert-du-Lattay,
tél. 02.41.78.43.84, fax 02.41.78.43.84 ☑ ⚑ r.-v.

DOM. ROBINEAU CHRISLOU
Vieilles vignes 1997★

☐   1 ha   2 600   30 à 50 F

Exploitation familiale reprise en 1991 par Louis Robineau. Encore fermé le jour de la dégustation, ce vin possède néanmoins une bouche assez concentrée et laisse une impression de fruité et de fraîcheur. A conserver quelques années.

☞ Louis Robineau, 14, rue Rabelais,
49750 Saint-Lambert-du-Lattay,
tél. 02.41.78.42.65, fax 02.41.78.42.65 ⚑ r.-v.

CH. DES ROCHETTES
Cuvée Sophie 1997★

☐   n.c.   4 000   🍾 70 à 100 F

Le château des Rochettes est une référence en matière de vins liquoreux. Cette cuvée Sophie et le **Sélection de vieilles vignes** ont été jugés tous les deux très réussis. Ils se distinguent par une même harmonie d'ensemble et par des arômes caractéristiques de vendanges très mûres (notes de fruits confits, de fruits mûrs et de fruits secs). Leur forte présence en bouche associe puissance et fraîcheur. Deux vins de caractère.

☞ Jean Douet, Ch. des Rochettes,
49700 Concourson-sur-Layon,
tél. 02.41.59.11.51, fax 02.41.59.37.73 ☑ ⚑ r.-v.

CH. DES ROCHETTES
Sélection de grains nobles Cuvée Folie 1997★★★

☐   4 ha   4 000   🍾 70 à 100 F

Les sélections de grains nobles correspondent à des vins élaborés à partir de raisins récoltés à plus de 17°5 naturels (richesse contrôlée par l'INAO). J. Douet est le promoteur de cette démarche pour l'ensemble des appellations de vins liquoreux de l'Anjou. Cette Cuvée Folie reçoit un coup de cœur pour la troisième année consécutive. Elle a été plébiscitée par les jurys de dégustation (jury et super jury) pour sa présence exceptionnelle, son harmonie de tout instant, sa robe jaune d'or, ses arômes caractéristiques de pourriture noble (orange, fruits confits, coing). Sa bouche, majestueuse et délicate, est bien représentative des grands vins liquoreux de la Loire.

Cuvée Folie 1997
COTEAUX DU LAYON
APPELLATION COTEAUX DU LAYON CONTRÔLÉE
Sélection de Grains Nobles
CHÂTEAU DES ROCHETTES

☞ Jean Douet, Ch. des Rochettes,
49700 Concourson-sur-Layon,
tél. 02.41.59.11.51, fax 02.41.59.37.73 ☑ ⚑ r.-v.

DOM. ROMPILLON
Saint-Aubin Cuvée Prestige 1996★

☐   1 ha   1 500   🍾 50 à 70 F

Jean-Pierre Rompillon a construit ici sa première cave en 1977. A l'époque, il possédait 5 ha. Aujourd'hui, son domaine compte 15 ha de vignes, majoritairement du chenin. L'éclat de ce 96 fait ressortir l'or dans le verre. Le nez surprend par son intensité et charme par ses arômes de fruits bien mûrs. L'équilibre entre la sucrosité et l'alcool s'établit au palais : c'est un vin frais, franc, bien fait. Un chenin racé.

☞ Jean-Pierre Rompillon, l'Ollulière,
49750 Saint-Lambert-du-Lattay,
tél. 02.41.78.48.84, fax 02.41.78.48.84 ☑ ⚑ r.-v.

DOM. DES SABLONNETTES
Quintessence Sélection de grains nobles Le Vilain Canard 1996★★★

☐   n.c.   n.c.   🍾 100 à 150 F

Joël Ménard a rejoint son père en 1984 et s'est lancé rapidement dans les vins liquoreux. La cuvée Quintessence est à ranger parmi les « monstres » du layon. Une belle robe jaune doré limpide enveloppe ce vin dont le nez, intense, est d'une complexité étonnante à dominante de mangue et de rhubarbe. La bouche confirme les impressions olfactives tant elle est ample, grasse, structurée, délicatement parfumée. Sa superbe persistance est gage d'un très grand avenir. La **cuvée Faye Quintessence Sélection de grains nobles 97** est presque d'aussi belle facture. Elle reçoit deux étoiles.

☞ Joël Ménard, EARL dom. des Sablonnettes,
60, Grande-Rue, 49750 Rablay-sur-Layon,
tél. 02.41.78.40.49, fax 02.41.78.61.15 ☑ ⚑ r.-v.

Anjou-Saumur

DOM. SAINTE-CATHERINE
Rochefort 1997*

☐ 1 ha 2 400 ▮ ▮▮ 50 à 70 F

Issus d'une famille de vignerons, M. et Mme Chevalier ont créé leur propre exploitation et vouent une véritable passion à leur métier. Ce vin a été vendangé par tries. Sa couleur limpide est jaune orangé. L'olfaction est légère au premier abord, mais de complexes nuances de fruits confits aiguisent les sens. La bouche grasse et moelleuse signe une belle structure. C'est un vin facile, mais plaisant et agréable.

☙ Jean-Noël Chevalier, dom. Sainte-Catherine, 49190 Rochefort-sur-Loire, tél. 02.41.78.81.01, fax 02.41.78.81.01 ☑ ♟ t.l.j. sf dim. 10h-19h

DOM. DES SAULAIES
Faye d'Anjou Cuvée Trémellières 1996*

☐ 0,5 ha 1 400 ▮▮ 70 à 100 F

Au service du vin depuis 1680 environ, la famille Leblanc cherche à élaborer des bouteilles haut de gamme en coteaux du layon et anjou-villages. C'est une belle robe, jaune soutenu, à reflets dorés, qui pare ce 96. Le nez n'est que fruits confits et compotés, avec une note minérale en finale. La bouche opulente révèle du gras et du fruit. Ce vin peut être dégusté maintenant, mais gagnera à être attendu quelque temps.

☙ EARL Philippe et Pascal Leblanc, Dom. des Saulaies, 49380 Faye-d'Anjou, tél. 02.41.54.30.66, fax 02.41.54.17.21 ☑ ♟ r.-v.

SAUVEROY
Saint-Lambert Cuvée des Anges 1997**

☐ 1,7 ha 1 200 ▮▮ 100 à 150 F

Benjamin d'une famille de huit enfants, Pascal Cailleau a repris le domaine en 1985. Des efforts considérables l'ont conduit à une gestion efficace du terroir et à une amélioration de ses vins, régulièrement retenus ici. Voici de quoi fêter le cinquantenaire de son domaine. La robe de ce 97 est d'un plaisant jaune doré. Au nez comme en bouche, la puissance s'associe à la finesse avec des notes d'abricot, de fruits confits légèrement grillés. La bouche, d'une grande richesse, fait preuve d'une belle continuité aromatique. Un très grand liquoreux. Bravo !

☙ EARL Pascal Cailleau, Dom. du Sauveroy, 49750 Saint-Lambert-du-Lattay, tél. 02.41.78.30.59, fax 02.41.78.46.43 ☑ ♟ r.-v.

CH. SOUCHERIE Chaume 1997*

☐ 4 ha 12 000 ▮ 50 à 70 F

Propriété dominant majestueusement les coteaux du Layon en un site voisin du coteau sur lequel sont définies les appellations quarts de chaume et coteaux du layon chaume. Cette dernière a donné en 97 un vin agréable, presque léger et bien vinifié. La bouche laisse une impression fruitée intéressante. A noter, en finale, une légère pointe d'acidité à l'origine d'une sensation de fraîcheur. La cuvée principale **coteaux de layon 97 Vieilles vignes** reçoit une même note.

☙ Pierre-Yves Tijou et Fils, Ch. Soucherie, 49750 Beaulieu-sur-Layon, tél. 02.41.78.31.18, fax 02.41.78.48.29 ☑ ♟ r.-v.

Bonnezeaux

Bonnezeaux

C'est l'inimitable vin de dessert, disait le Dr Maisonneuve en 1925. A cette époque, les grands vins liquoreux étaient essentiellement consommés à ce moment du repas ou dans l'après-midi, entre amis. De nos jours, on apprécie plutôt ce grand cru à l'apéritif. Très parfumé, plein de sève, le bonnezeaux doit toutes ses qualités au terroir exceptionnel qu'il occupe : plein sud, sur trois petits coteaux de schistes abrupts au-dessus du village de Thouarcé (La Montagne, Beauregard et Fesles).

Le volume de production a atteint, en 1997, 3 075 hl. L'aire de production comprend 130 ha plantables. D'un bon rapport qualité-prix, c'est un vin de grande garde, une valeur sûre.

PHILIPPE GILARDEAU
Cuvée Prestige 1996**

☐ 2 ha 3 000 ▮▮ 70 à 100 F

Philippe Gilardeau est arrivé en 1996 sur l'exploitation, qu'il a rénovée. Le moins que l'on puisse dire c'est que ses premiers pas sont prometteurs. Voyez ce bonnezeaux paré d'une superbe robe jaune d'or. Ses arômes délicats et intenses rappellent les fleurs blanches, les fruits secs et les fruits confits ; la bouche ample et fraîche donne la sensation de croquer des raisins surmûris. Ces caractères sont la marque des grands vins liquoreux.

☙ EARL Philippe Gilardeau, Les Noues, 49380 Thouarcé, tél. 02.41.54.39.11, fax 02.41.54.38.84 ☑ ♟ r.-v.

DOM. DES GRANDES VIGNES 1997**

☐ 2 ha n.c. ▮▮ 70 à 100 F

Qui s'intéresse aux vins d'Anjou ne saurait ignorer le domaine des Grandes Vignes. Le bonnezeaux 96 en apporte une nouvelle preuve. Une très belle expression accompagne toute la dégustation. Des notes fraîches (citronnelle) se mêlent à celles de fruits mûrs et concentrés (coing, abricot), tandis que la finale laisse sur une impression suave de miel. Un vin d'une rare élégance.

825 **LA VALLÉE DE LA LOIRE**

Anjou-Saumur — Bonnezeaux

🍷 Dom. des Grandes Vignes, GAEC Vaillant, La Roche-Aubry, 49380 Thouarcé, tél. 02.41.54.05.06, fax 02.41.54.08.21 💳 🍷 r.-v.
🍷 GFA Vaillant

DOM. DE LA PETITE CROIX
Vieilles vignes 1997★★

| ☐ | 3,5 ha | 6 000 | 🍷 70 à 100 F |

Le domaine de la Petite Croix compte une trentaine d'hectares de vignes. Fait notable, sur Faye-d'Anjou, un coteau a été en partie aménagé en terrasse. La cuvée Vieilles vignes 97 présente un potentiel impressionnant. La concentration en bouche et la finale persistante sont des signes qui ne trompent pas. Ce vin a été jugé remarquable par les dégustateurs sans l'ombre d'une hésitation.
🍷 Alain Denechère, Dom. de La Petite Croix, 49380 Thouarcé, tél. 02.41.54.06.99, fax 02.41.54.06.99 💳 🍷 r.-v.

DOM. DES PETITS QUARTS
Les Melleresses 1996★

| ☐ | 3 ha | n.c. | 🍷 100 à 150 F |

Le domaine des Petits Quarts, comme à son habitude, fait parler de lui. Quatre vins présentés et quatre vins retenus avec pour l'un d'entre eux un coup de cœur, ce qui ne surprendra personne. La cuvée Les Melleresses 96 est bien représentative de son millésime et de son appellation. Les arômes fruités et la robe or témoignent de l'ensoleillement d'arrière-saison ; les parfums de fleurs, de fruits confits, ainsi que l'harmonie et la sensation de légèreté en bouche sont caractéristiques de ce terroir favorable au dessèchement des baies sur souche.
🍷 Godineau Père et Fils, Dom. des Petits Quarts, 49380 Faye-d'Anjou, tél. 02.41.54.03.00, fax 02.41.54.25.36 💳 🍷 t.l.j. sf dim. 8h-12h 14h-18h30

DOM. DES PETITS QUARTS
Le Malabé 1997★★

| ☐ | 3 ha | n.c. | 🍷 100 à 150 F |

La cuvée Le Malabé reçoit à nouveau la suprême récompense. Sa robe or soutenu, ses arômes complexes et intenses rappelant les fruits exotiques, les agrumes, les fruits cuits et les notes grillées, sa bouche ample, majestueuse, laissant une impression de miel et de fruits confits en finale consacrent un produit de grande classe. La cuvée **Beauregard** dans le même millésime a été jugée très réussie et bien représentative de l'appellation.

🍷 Godineau Père et Fils, Dom. des Petits Quarts, 49380 Faye-d'Anjou, tél. 02.41.54.03.00, fax 02.41.54.25.36 💳 🍷 t.l.j. sf dim. 8h-12h 14h-18h30

DOM. DU PETIT VAL
Sélection de grains nobles 1996★

| ☐ | 2,5 ha | 2 000 | 🍷 50 à 70 F |

Le domaine du Petit Val est bien connu des amateurs. Ce 96 a été élaboré à partir de vendanges récoltées à plus de 17,5° naturels. L'expression aromatique est caractéristique de cette appellation : notes florales, fruits secs et accents grillés, fruits confits. Même délicatesse et impression de légèreté en bouche. Un bonnezeaux qui paraît facile tout en étant un vin de caractère. (Bouteilles de 50 cl.)
🍷 EARL Denis Goizil, Dom. du Petit Val, 49380 Chavagnes, tél. 02.41.54.31.14, fax 02.41.54.03.48 💳 🍷 r.-v.

DOM. RENE RENOU
Cuvée Zénith 1996★★

| ☐ | 7,36 ha | 2 000 | 🍷 +200 F |

René Renou est un homme de pari : après avoir été associé de 1985 à 1995, il exploite seul ses 8 ha de vignes en bonnezeaux. Son ambition ? Ne produire que des grands vins ! La cuvée Zénith 96 en est l'exemple même. Vêtue d'or, elle dévoile des arômes de fruits surmûris et de miel à l'aération. Sa bouche riche reste fraîche, légère. Ce vin de grand caractère exprime la magie du terroir d'un des crus les plus réputés d'Anjou. Citée, la **cuvée Anne 96** présente également une belle harmonie d'ensemble, mais sa concentration est plus faible ; elle a cependant les caractères de l'AOC.
🍷 René Renou, pl. du Champ-de-Foire, 49380 Thouarcé, tél. 02.41.54.11.33, fax 02.41.54.11.34 💳 🍷 r.-v.

DOM. LOUIS ET CLAUDE ROBIN
Cuvée Théo 1996★

| ☐ | 5 ha | 6 000 | 🍷 70 à 100 F |

Nouveau venu dans le Guide, le fils a rejoint l'exploitation en 1995 et s'est associé à son père. D'ores et déjà, la succession est assurée avec la naissance du petit-fils Théo, dont cette cuvée porte le nom. Quatre tries des vendanges ont été effectuées pour réaliser ce 96. Un vin très floral, élégant, qui laisse une impression de délicatesse et de finesse. À déguster avec un(e) ami(e) digne de ce privilège.
🍷 EARL Louis et Claude Robin, Mont, 49380 Faye-d'Anjou, tél. 02.41.54.31.41, fax 02.41.54.17.98 💳 🍷 r.-v.

DOM. DE TROMPE-TONNEAU
Grande sélection 1997

| ☐ | 3 ha | 4 000 | 🍷 100 à 150 F |

Les meilleures cuvées de cette exploitation traditionnelle sont vinifiées en barrique. Ce 96 traduit bien le cépage chenin de l'appellation à travers une robe pailletée d'or et un nez de tilleul. Manque de puissance ? Peut-être. Mais la bouche, fort bien équilibrée, offre une finale longue, fleurie et chaleureuse.

Anjou-Saumur

☛ Joël et Yvon Guillet, 12, rue du Layon, 49380 Faveraye-Machelles, tél. 02.41.54.14.95, fax 02.41.54.03.88 ■ ɪ r.-v.

Quarts de chaume

Le seigneur se réservait le quart de la production : il gardait le meilleur, c'est-à-dire le vin produit sur le meilleur terroir. L'appellation, qui couvre 40 ha (31 ha en 1990) pour un volume de 857 hl, est située sur le mamelon d'une colline, plein sud, autour de Chaume, à Rochefort-sur-Loire.

Les vignes sont vieilles, en général. La conjonction de l'âge des ceps, de l'exposition et des aptitudes du chenin conduit à des productions souvent faibles et de grande qualité. La récolte se fait par tries. Les vins sont du type moelleux, séveux et nerveux, et ont une bonne aptitude au vieillissement.

CH. BELLERIVE Quintessence 1996*

| ☐ | 12 ha | 10 000 | ◖◗ 150 à 200 F |

Le château de Bellerive, situé au pied du célèbre coteau de Quarts-de-Chaume, prend un air méridional avec ses arbres et ses plantes xérophiles. Si le microclimat chaud et sec est favorable à cette végétation, il l'est aussi à la production de grands vins liquoreux, tel ce 96 délicat, fin et bien vinifié. Des arômes complexes de coing, de figue et d'orange confite précèdent une bouche intense. Concentré et imprégné de fruits confits, ce vin conserve cependant une agréable légèreté.
☛ SARL Ch. Bellerive, 49190 Rochefort-sur-Loire, tél. 02.41.78.33.66, fax 02.41.78.68.47 ɪ r.-v.
☛ Serge et Michèle Malinge

DOM. DE LA BERGERIE 1996*

| ☐ | 1,36 ha | 2 200 | ◖◗ 150 à 200 F |

Le domaine de La Bergerie, après avoir fait ses preuves en matière de vins liquoreux dans les appellations coteaux du layon et coteaux du layon-rablay, est rentré en 1995 dans le club très fermé des producteurs du célèbre quarts de chaume. Ce 96 peut être considéré comme un classique de l'appellation : robe jaune paille soutenu, arômes de raisins concentrés, de miel et d'épices, bouche délicate associant richesse et fraîcheur. Un quarts de chaume de caractère qui s'exprime tout au long de la dégustation.
☛ Yves Guégniard, Dom. de La Bergerie, 49380 Champ-sur-Layon, tél. 02.41.78.85.43, fax 02.41.78.60.13 ■ ɪ t.l.j. sf dim. 9h-12h30 14h-19h

Saumur

DOM. DE LA ROCHE MOREAU 1996*

| ☐ | n.c. | n.c. | ◖◗ 100 à 150 F |

Au bord du Layon, le chai de ce domaine familial correspond à une demeure classée du XVIIᵉ s. Le visiteur pourra admirer la cave creusée dans une ancienne mine de charbon, qui abrite de nombreux vins de garde millésimés. Ce 96 est, quant à lui, représentatif de son appellation. Vêtu d'une robe jaune paille, il dévoile un nez de fruits concentrés, notes que l'on retrouve en bouche ; une fraîcheur perceptible lui donne une grande élégance.
☛ André Davy, Dom. de la Roche Moreau, La Haie-Longue, 49190 Saint-Aubin-de-Luigné, tél. 02.41.78.34.55, fax 02.41.78.34.55 ■ ɪ r.-v.

DOM. DU PETIT METRIS
Les Guerches 1996***

| ☐ | 1,05 ha | n.c. | ◖◗ 150 à 200 F |

Coup de cœur pour la cuvée Les Guerches 96 ! Agrumes confits, noix, fruits confits et vanille se déclinent dans une palette aromatique d'une complexité étonnante. Le jury a été envoûté par la fraîcheur et la concentration en bouche. Un vin de haut niveau, promis à une garde exceptionnelle. S'il ne s'exprime pas encore à son optimum, le millésime **97 de la cuvée principale** du domaine du Petit Métris n'en est pas moins très réussi. La sensation de richesse et de concentration est garante d'un vin de qualité.
☛ GAEC Joseph Renou et Fils, Le Grand Beauvais, 49190 Saint-Aubin-de-Luigné, tél. 02.41.78.33.33, fax 02.41.78.67.77 ■ ɪ r.-v.

Saumur

L'aire de production (2 735 ha) s'étend sur 36 communes. On y a produit des vins blancs secs et nerveux (23 561 hl en 1997), des vins rouges (50 763 hl), et des mousseux (49 945 hl) avec les mêmes cépages que dans les AOC anjou. Leur aptitude au vieillissement est bonne.

Les vignobles s'étalent sur les coteaux de la Loire et du Thouet. Les vins blancs de Turquant et Brézé étaient

LA VALLÉE DE LA LOIRE

Anjou-Saumur — Saumur

autrefois les plus réputés ; les vins rouges du Puy-Notre-Dame, de Montreuil-Bellay et de Tourtenay, entre autres, ont acquis une bonne notoriété. Mais l'appellation est beaucoup plus connue par les vins mousseux dont l'évolution qualitative mérite d'être soulignée. Les élaborateurs, tous installés à Saumur, possèdent des caves creusées dans le tuffeau, qu'il faut visiter.

ACKERMAN
Mousseux Cuvée de l'Aiglon★★

○ n.c. n.c. 30 à 50 F

Maison fondée en 1811 par Jean Ackerman qui eut l'idée d'utiliser les caves creusées dans le tuffeau pour élaborer des vins selon la méthode de dom Pérignon. Cette cuvée offre une belle harmonie d'ensemble. Les bulles sont fines, persistantes, et les arômes complexes rappellent les fleurs blanches et les fruits frais. Équilibré, frais et riche, c'est un excellent vin d'apéritif.
• Laurance Ackerman, rue Léopold-Palustre, 49400 Saint-Hilaire-Saint-Florent, tél. 02.41.53.03.20, fax 02.41.53.03.29

CH. DE BEAUREGARD 1997

■ n.c. 50 000 -30 F

Sur une vaste exploitation, dont les caves sont également consacrées à la culture des champignons de Paris, Philippe Gourdon réserve une large place à la vigne, puis s'étend devant le château. Ce 97 revêt une robe rubis foncé aux reflets étincelants. Le nez ne déçoit pas, même s'il est encore un peu fermé : c'est le fruit rouge, net et précis qui apparaît. L'attaque est franche, avec une pointe réglissée. Les tanins présents, mais bien fondus assureront à ce vin une belle longévité.
• Ch. de Beauregard, 4, rue Saint-Julien, 49260 Le Puy-Notre-Dame, tél. 02.41.52.24.46, fax 02.41.52.39.96 r.-v.
• Ph. et A. Gourdon

DOM. DU BOURG NEUF 1997★

■ 6 ha n.c. -30 F

Revenu à la vigne et au vin, Christian Joseph a installé des cuves de macération, sans négliger la cave et les fûts de ses ancêtres, pour vinifier un saumur consistant et concentré. La robe de ce 97 est pimpante ; le bouquet, quelque peu fermé, se fait délicat : l'iris et la pivoine apparaissent. La bouche, subtile, associe fleurs et réglisse, ce qui confère au vin une belle enveloppe.
• Christian Joseph, 12, rue de la Mairie, 49400 Varrains, tél. 02.41.52.94.43, fax 02.41.52.94.53 r.-v.

CH. DE BREZE
Cuvée spéciale Comte de Colbert★

○ 1,3 ha 11 200 50 à 70 F

Le château de Brézé est un site exceptionnel dont les propriétaires sont souvent été des figures de l'histoire de France. Citons le marquis de Dreux-Brézé qui représentait le roi Louis XVI à la séance de la salle du Jeu de paume du 23 Juin 1789. C'est donc un vignoble historique qui produit un saumur effervescent délicat avec sa robe jaune pâle, sa mousse légère, ses arômes de brioche et de fruits mûrs. La bouche ronde, harmonieuse, est bien représentative des vins élaborés dans cette région du Val de Loire. Retenu sans étoile, le **saumur rouge 97 du château de Brézé** est très typique.
• Bernard de Colbert, Ch. de Brézé, B.P. 3, 49260 Brézé, tél. 02.41.51.62.06, fax 02.41.51.63.92 t.l.j. 8h-11h 13h30-16h30; sam. dim. sur r.-v.

DOM. DE BRIZE★

○ n.c. 10 000 30 à 50 F

Le domaine de Brizé soigne particulièrement la production des vins effervescents, qui sont élaborés entièrement sur l'exploitation (ce qui est rare pour ce type de vin). A noter le coup de cœur obtenu dans ce Guide pour un crémant de loire. L'effervescence de ce saumur mousseux est délicate et persistante, les arômes intenses de fleurs, de pâtisserie et de fruits frais sont aussi agréables que la bouche fraîche et fruitée. A servir sur des desserts aux fruits.
• SCEA Marc et Luc Delhumeau, Dom. de Brizé, 49540 Martigné-Briand, tél. 02.41.59.43.35, fax 02.41.59.66.90 r.-v.
• Luc et Line Delhumeau

DOM. DES CLOS MAURICE 1997★

■ 4 ha 12 000 -30 F

La robe est rubis foncé, limpide et brillante. Les arômes assez évolués évoquent les fruits rouges, la framboise notamment. La bouche, ronde et plaisante, offre une belle persistance aromatique.
• EARL Maurice Hardouin et Fils, Dom. des Clos-Maurice, 10, rue du Ruau, 49400 Varrains, tél. 02.41.52.93.76, fax 02.41.52.44.32 r.-v.

COMTE DE MONTMORENCY★

○ n.c. 85 000 30 à 50 F

C'est en 1859 que fut fondée la cave de Grenelle, spécialisée aujourd'hui dans la méthode traditionnelle. Ce joli vin effervescent donne une impression de jeunesse. Sa robe jaune pâle et sa mousse assez fine, ses nuances aromatiques rappellent les fleurs blanches et la verdure, sa bouche équilibrée constituent un ensemble d'une réelle fraîcheur.
• Caves de Grenelle, 20, rue Marceau, B.P. 206, 49415 Saumur Cedex, tél. 02.41.50.17.63, fax 02.41.50.83.65 t.l.j. sf dim. 10h-12h 14h-18h

DOM. DE FIERVAUX
Elevé en fût de chêne 1997★

■ 1,3 ha 5 000 30 à 50 F

Ici, tout est harmonie, beauté et qualité. Les caves seraient du XIIe s., l'alignement des tonneaux est impressionnant et les vins délicieux. La robe de ce 97 est intense, tirant vers le grenat. Au nez, s'exprime le fruit rouge du raisin de cabernet franc très mûr. On perçoit même une note de pruneau. L'attaque est ronde, ample, souple, et les tanins soyeux. Très agréable dès maintenant, ce vin s'épanouira pourtant encore dans les cinq années à venir. Dégustée pour le plaisir, la **Cuvée exceptionnelle vieillie en fût 1995** a été élevée vingt-quatre mois dans le chêne neuf. C'est le

Anjou-Saumur — Saumur

bois qui domine actuellement, mais il devrait se fondre (une étoile).

☛ SCEA Cousin-Maitreau, 235, rue des Caves, 49260 Vaudelnay, tél. 02.41.52.34.63, fax 02.41.38.89.23 ☑ ☒ r.-v.

DOM. GERON Clos de la Tronnière 1995**

○   n.c.   5 000   30 à 50 F

Cette exploitation du nord des Deux-Sèvres est régulièrement citée pour la production de ses effervescents. Cette sélection de millésime 1995 a été jugée remarquable tant pour sa présentation (robe ou pâle et cordons de bulles réguliers, persistants) que pour ses arômes de fruits exotiques et d'agrumes. La bouche ronde, fruitée et intense, n'est pas en reste, offrant une très belle harmonie d'ensemble.

☛ EARL dom. Géron, 14, rte de Thouars, 79290 Brion-près-Thouet, tél. 05.49.67.73.43, fax 05.49.67.80.89 ☑ ☒ r.-v.

DOM. DES GUYONS 1997**

□   2,22 ha   4 000   -30 F

Les débuts de Franck Bimont, installé ici depuis 1995, sont prometteurs. Quelle richesse aromatique, quel équilibre dans ce vin dont la finale tout en fruit et fraîcheur est caractéristique des vins blancs produits dans cette région du Saumurois.

☛ Franck Bimont, 6, rue du Moulin, 49260 Le Puy-Notre-Dame, tél. 02.41.52.51.15 ☑ ☒ r.-v.

CH. DU HUREAU 1996***

□   3 ha   10 000   50 à 70 F

Chaque année, cette exploitation régulière, au plus haut niveau, est récompensée par un coup de cœur. Superbe étiquette, superbe vin, étonnant par sa robe ou paille et ses arômes délicats de fruits mûrs. Même étonnement en bouche avec un équilibre exceptionnel entre la fraîcheur et la structure. Une des plus jolies expressions de cette région du Val de Loire.

☛ Philippe et Georges Vatan, Ch. du Hureau, 49400 Dampierre-sur-Loire, tél. 02.41.67.60.40, fax 02.41.50.43.35 ☑ ☒ t.l.j. sf sam. dim. 9h-12h30 14h-17h30

CLOS DE L'ABBAYE 1997*

■   9 ha   n.c.   -30 F

Un des plus beaux vignobles du Saumurois : la vigne souffre sur le coteau et transmet aux vins, surtout rouges, un caractère typé de terre blanche que les dégustateurs savent reconnaître. La vaste cave est propice au vieillissement. À l'œil, ce 97 est parfait, rubis intense, aux reflets très attrayants. Le nez égrène des notes de torréfaction, signe que la vendange a peut-être été attendue. Mais le volume gustatif procure de belles sensations qui perdurent en finale. Le vin ne déçoit pas.

☛ Jean-François Aupy, Clos de l'Abbaye, 49260 Le Puy-Notre-Dame, tél. 02.41.52.26.71, fax 02.41.52.26.71 ☑ ☒ r.-v.

DOM. DE LA CHESNAIE 1997

■   8 ha   8 000   -30 F

Cette cuvée revêt une robe rouge cerise à reflets orangés. Le nez, de bonne intensité, livre des arômes de fruits rouges (cerise notamment). Enfin, l'impression en bouche est fraîche, fruitée. Les tanins bien présents restent souples. Un vin représentatif du millésime.

☛ Philippe Micou, Messemé, 49260 Le Vaudelnay, tél. 02.41.52.20.61 ☑ ☒ r.-v.

MELLE LADUBAY Suprême 1995

○   n.c.   204 000   50 à 70 F

Maison traditionnelle de vins effervescents du Saumurois, Bouvet-Ladubay est l'image même de l'élégance. Cette cuvée Suprême est agréable, privilégiant la délicatesse sur la puissance. Pâle dans le verre, elle rappelle les fleurs blanches.

☛ Bouvet-Ladubay, 1, rue de l'Abbaye, 49400 Saint-Hilaire-Saint-Florent, tél. 02.41.83.83.83, fax 02.41.50.24.32 ☑ ☒ t.l.j. 8h-12h30 14h-18h

DOM. DE LA GIRARDRIE 1997*

■   7,5 ha   12 000   -30 F

Les foires et les marchés ont fait connaître les vins de ce domaine. Le Guide a sélectionné ce vin à la robe soutenue, grenat à reflets bleutés éclatants. Il est tout en arômes intenses de fruits rouges (notamment cerise confite). L'attaque est ample et le volume apporte une sensation de plénitude. Fin et élégant, ce 97 peut être bu maintenant, mais sera encore plus convivial dans quelques années.

☛ SCEA Fallous et Fils, Dom. de La Girardrie, 49260 Le Puy-Notre-Dame, tél. 02.41.52.25.10, fax 02.41.52.83.77 ☑ ☒ r.-v.

DOM. DE LA GUILLOTERIE 1997

□   3 ha   15 000   30 à 50 F

J.-C. Duveau est le président du Syndicat historique du Saumurois, le syndicat des Côtes de Saumur. Une fonction pas si facile que cela dans le contexte actuel de ce vignoble ! Joli vin, le 97 est bien représentatif de l'appellation par son caractère rafraîchissant. Le notes aromatiques rappelant les fruits exotiques et la pomme sont à relier à une vinification à basse température. Bouche agréable et harmonieuse.

☛ GAEC Duveau Frères, 63, rue Foucault, 49260 Saint-Cyr-en-Bourg, tél. 02.41.51.62.78, fax 02.41.51.63.14 ☑ ☒ r.-v.

YVES LAMBERT 1997**

■   11 ha   10 000   30 à 50 F

Voilà un saumur rouge typé et plein de jeunesse : robe grenat très soutenu, à reflets violets. Le nez libère de puissants mais fins arômes de fruits rouges que l'on retrouve dans une bouche souple et agréable, aux tanins bien fondus. C'est

LA VALLÉE DE LA LOIRE

Anjou-Saumur — Saumur

un très beau produit qu'il faut encore attendre un peu.
☞ SCEA Yves Lambert, 49260 Saint-Just-sur-Dive, tél. 02.41.51.62.01, fax 02.41.67.94.51 ☐ ☒ r.-v.

DOM. LANGLOIS-CHATEAU 1996*
■   15 ha   100 000   ☐ ☒ 30 à 50 F

Cette excellente maison est spécialisée dans la production de vins effervescents. Mais ce sont deux vins tranquilles qui ont été présentés à nos dégustateurs. Celui-ci, paré d'une robe grenat profond et soutenu qui laisse penser que la vendange a été attendue et que l'extraction des constituants nobles du raisin a été parfaitement maîtrisée. Le nez, complexe, est fait de pruneau et de notes de torréfaction. C'est un beau vin, plein, avec du gras et des tanins qui assurent sa structure. Encore un peu jeune, ce sera une belle découverte dans quelques années. En **blanc, la cuvée Vieilles vignes 96** ne manque pas d'intérêt. Elaborée à partir d'une vendange bien mûre, élevée en fût de chêne, elle est certes atypique mais de garde.
☞ SA Langlois-Château, 3, rue Léopold-Palustre, B.P. 57, 49400 Saint-Hilaire-Saint-Florent, tél. 02.41.40.21.40, fax 02.41.40.21.49 ☐ ☒ t.l.j. 10h-12h30 14h30-18h30

DOM. DE LA PALEINE 1997*
■   8 ha   40 000   ☐ ☒ 30 à 50 F

Ce cabernet franc exprime parfaitement le terroir dont il est issu. C'est un vin du turonien moyen, riche et ample. Il est certes difficile à comprendre maintenant, mais il s'épanouira à terme, compte tenu de son potentiel.
☞ Joël Lévi, Dom. de La Paleine, 9, rue de la Paleine, 49260 Le Puy-Notre-Dame, tél. 02.41.52.21.24, fax 02.41.52.21.66 ☐ ☒ r.-v.

DOM. DE LA PERRUCHE
La Pente des Rochepicards 1997★★
☐   n.c.   15 000   ☐ ☒ -30 F

Le domaine de la Perruche est situé sur la commune de Montsoreau, réputée pour la production de vins blancs. Et ce saumur blanc en est bien la preuve. Jaune doré, il offre des arômes puissants rappelant les fleurs et les fruits mûrs. Sa bouche puissante reste harmonieuse et délicate. Un vin gourmand qui en séduira plus d'un.
☞ Marie-Madeleine Rouiller, Dom. de La Perruche, 29, rue de la Maumenière, 49730 Montsoreau, tél. 02.41.51.73.36, fax 02.41.38.18.70 ☐ ☒ t.l.j. sf dim. 9h-12h30 13h30-19h

DOM. DE LA RENIERE
Coulée de la Cerisaie Cuvée Alliance 1997
☐   3,52 ha   22 000   ☐ ☒ 30 à 50 F

La famille Gay est vigneronne sur la commune du Puy-Notre-Dame depuis 1631. Ce saumur blanc a été élaboré avec des raisins récoltés bien mûrs. Il nécessite donc un long élevage et ne pouvait être apprécié à sa juste valeur lors de la dégustation de sélection mi-avril. Mais il sera prêt lors de la parution de ce Guide et méritera alors toute votre attention.

☞ René-Hugues Gay, Les Caves, 49260 Le Puy-Notre-Dame, tél. 02.41.52.26.31, fax 02.41.52.24.62 ☐ ☒ t.l.j. 9h-13h 14h-19h

LE LOGIS DU PRIEURE 1995*
○   1 ha   n.c.   ☐ ☒ 30 à 50 F

Un domaine à retenir pour l'ensemble de sa production et particulièrement pour cette méthode traditionnelle représentative de son appellation. L'effervescence est délicate et persistante. Les arômes légers rappellent les fleurs et les fruits blancs. La bouche équilibrée, se révèle fraîche et fruitée. Une belle harmonie d'ensemble.
☞ SCEA Jousset et Fils, Le Logis du Prieuré, 49700 Concourson-sur-Layon, tél. 02.41.59.11.22, fax 02.41.59.38.18 ☐ ☒ t.l.j. sf dim. 9h-12h 14h-19h

DOM. DE L'EPINAY 1997*
☐   5 ha   10 000   ☐ -30 F

Laurent Menestreau fait partie de la génération montante des viticulteurs du département de la Vienne. Son saumur blanc, représentatif de l'appellation, quoique élaboré à partir de vendanges bien mûres, a su garder toute sa fraîcheur. A noter sa belle couleur jaune pâle avec ses reflets verts caractéristiques des vins blancs produits dans cette région du Saumurois. Quant au **saumur rouge 97**, il reçoit également une étoile. Très typé par son terroir de craie tuffeau, il devrait faire aimer le cabernet franc à tous les curieux.
☞ Laurent Menestreau, Dom. de L'Epinay, 86120 Pouançay, tél. 05.49.22.98.08, fax 05.49.22.39.98 ☐ ☒ r.-v.

LES BAUMIERS 1997★★★
☐   5 ha   n.c.   ☐ ☐ -30 F

Cette exploitation familiale, dont l'origine remonte à 1722, est régulièrement citée pour la production de vins blancs secs ou liquoreux. Certains millésimes réservent de véritables surprises. Le 97 présente une structure exceptionnelle avec une finale tout en fruit. La robe or paille à reflets verts est caractéristique des vins blancs produits sur les terrains calcaires du Saumurois.
☞ EARL Yves Drouineau, 3, rue Morains, 49400 Dampierre-sur-Loire, tél. 02.41.51.14.02, fax 02.41.50.32.00 ☐ ☒ r.-v.

LES VIGNERONS DE SAUMUR
Réserve des Vignerons 1997*
    n.c.   40 000   ☐ ☒ -30 F

Créée par une poignée de vignerons en 1957, la cave a su allier harmonieusement modernisme et respect du passé ; preuve en est la coexistence de caves presque millénaires et de matériel de haute technologie. A côté d'une cuvée **Réserve blanc 97** citée pour sa fraîcheur et ses notes exotiques, ce vin paré d'une robe à la nuance rubis foncé doit être aéré pour libérer les arômes de fruits rouges du cabernet franc (fraise, framboise). L'attaque est fraîche, voire acidulée ; la structure de ce saumur rouge traduit une vendange bien mûre ; les tanins étoffés s'assoupliront dans le temps.

Anjou-Saumur   Saumur

🍷 Cave des Vignerons de Saumur, 49260 Saint-Cyr-en-Bourg, tél. 02.41.53.06.06, fax 02.41.53.06.10 ☑ ♈ t.l.j. sf dim. 9h-12h 14h-18h; f. oct.-avr.

DOM. LES VIGNES BICHES 1997★★
■   2 ha   10 000   ■♦ -30F

Ce 97 porte une belle robe au rubis profond et soutenu. Le nez puissant offre des arômes de fruits rouges avec une pointe réglissée. L'attaque en bouche est élégante, souple, ample et très aromatique. Une belle réussite à découvrir dès maintenant ou à attendre encore un peu. Du même producteur, le **Domaine de la Sicardière rouge 97** est assez proche de cette cuvée.

🍷 Vinival, La Sablette, 44330 Mouzillon, tél. 02.40.36.66.25, fax 02.40.33.95.81

LOUIS FOULON★★
○   n.c.   50 000   ■ 30à50F

La maison de négoce dirigée par A. Lacheteau est spécialisée dans les vins effervescents. En témoigne ce vin à la très belle mousse, dont les bulles fines forment des cordons réguliers. Aromatique et équilibré, il pourra être servi sur des poivrons, des fruits de mer, des pâtisseries et des fruits frais.

🍷 SA Lacheteau, Z.I. de la Saulaie, 49700 Doué-la-Fontaine, tél. 02.41.59.26.26, fax 02.41.59.01.94 ♈ r.-v.

MANOIR DE LA TETE ROUGE
Vieilles vignes 1997★
■   3 ha   13 700   ■♦ 30à50F

Guillaume Reynouard s'est installé en 1995, après avoir racheté et rénové un manoir et 13,40 ha de vignes. Son 97 offre une belle intensité à l'œil, où le rubis domine. Si le nez est encore discret, la bouche est très agréable, souple et assez puissante. Un vin plaisant.

🍷 Guillaume Reynouard, Manoir de la Tête Rouge, 3, pl. J.-Raimbault, 49260 Le Puy-Notre-Dame, tél. 02.41.38.76.43, fax 02.41.38.29.54 ☑ r.-v.

DOMINIQUE MARTIN
Vieilles vignes 1997★
■   1 ha   6 000   ■♦ 30à50F

A l'ombre du prestigieux château de Brézé, ce jeune vigneron a repris l'exploitation ancestrale avec près de 20 ha de chenin et cabernet. Les caves de tuffeau se prêtent à merveille au vieillissement des « Brézé ». La matière première du 97 est bien présente comme le montrent la robe rubis foncé à reflets bleutés, la puissance olfactive marquée par les petits fruits rouges, et la structure ronde et souple, avec des tanins très soyeux. Un vin très agréable à boire maintenant, mais qui dispose d'un très beau potentiel pour les années à venir.

🍷 Dominique Martin, 20, rue du Puits-Aubert, 49260 Brézé, tél. 02.41.51.60.28, fax 02.41.51.60.27 ☑ ♈ r.-v.

DOM. MATIGNON 1995★★
○   1 ha   5 000   30à50F

Cette exploitation située au cœur de Martigné-Briand, régulièrement citée pour la production de ses vins rouges ou rosés, surprend avec cet effervescent remarquable dont la très belle robe jaune pâle est animée par une mousse délicate. L'expression aromatique d'agrumes, de fleurs blanches et de fruits exotiques séduit, tout comme la bouche intense, harmonieuse, équilibrée. Un vin qui sera à son apogée lors de la parution de ce Guide.

🍷 EARL Yves Matignon, 21, av. du Château, 49540 Martigné-Briand, tél. 02.41.59.43.71, fax 02.41.59.92.34 ☑ ♈ r.-v.

DOM. DES MATINES 1997★
□   10 ha   13 000   ■ 30à50F

Dans cette exploitation bien connue pour son accueil chaleureux, la cave creusée dans le roc par le patriarche réserve quelques surprises... Ce saumur blanc porte une robe jaune pâle avec des reflets vert doré. Ses arômes intenses de genêt et de cire, ainsi que sa bouche puissante dont la finale rappelle la réglisse, ont retenu l'attention du jury.

🍷 Michèle Etchegaray-Mallard, Dom. des Matines, 31, rue de la Mairie, 49700 Brossay, tél. 02.41.52.25.36, fax 02.41.52.25.50 ☑ ♈ t.l.j. sf dim. 8h-12h 14h-19h; sam. 9h30-12h; f. 14 août-14 sept.

CH. DE MONTGUERET 1997★
□   n.c.   40 300   ■♦ -30F

Le château de Montgueret est une exploitation traditionnelle de l'Anjou reprise il y a quelques années par A. Lacheteau, fondateur par ailleurs d'une maison de négoce. Son saumur blanc agréable, léger, accompagnera avec bonheur les fruits de mer. Les notes florales et végétales rappellent le genêt et les feuilles de cassis. Presque aussi réussi, le **saumur rouge 97** devra attendre que ses tanins s'arrondissent et laissent s'exprimer le cabernet franc.

🍷 SCEA Ch. de Montgueret, 49560 Nueil-sur-Layon, tél. 02.41.59.59.19, fax 02.41.59.59.02 ☑ ♈ r.-v.

🍷 Lacheteau

LYCEE VITICOLE DE MONTREUIL-BELLAY
Cuvée des Hauts de Caterne 1997★
■   1,7 ha   10 000   ■♦ 30à50F

Le lycée viticole de Montreuil-Bellay met l'accent sur la formation pratique de ses élèves, qui produisent du vin sur l'exploitation. Cette cuvée des Hauts de Caterne n'est pas encore à son apogée. Peut-être le cabernet-sauvignon la marque-t-il trop... mais c'est aussi un gage de longévité ! Ce vin est structuré ; les tanins bien présents apportent le support, et la finale nous offre des fruits bien mûrs.

🍷 Lycée prof. agricole de Montreuil-Bellay, rte de Méron, 49260 Montreuil-Bellay, tél. 02.41.40.19.20, fax 02.41.52.38.55 ☑ ♈ r.-v.

DOM. DU MOULIN 1997★★★
□   1,3 ha   8 500   ■ -30F

Les vignes du Moulin remontent au XIV[e]s. Endommagé à la Révolution, l'édifice fut reconstruit au début du siècle dernier. Restauré en 1985, il sert aujourd'hui de caveau et de salle d'accueil. Ce saumur blanc possède une structure exceptionnelle et procure une sensation de puissance

831   LA VALLÉE DE LA LOIRE

Anjou-Saumur

Cabernet de saumur

et de moelleux inoubliable. Les arômes apparaissent avec plénitude à l'aération et rappellent les fruits secs et les pâtisseries. Un 97 qui peut être conservé plusieurs années et qui sera à son optimum d'ici un à deux ans.

⚭ SCEA Marcel Biguet, 5, pl. de la Paleine, 49260 Le Puy-Notre-Dame, tél. 02.41.52.26.68, fax 02.41.38.85.64 ☑ ⏵ r.-v.

DOM. DU MOULIN DE L'HORIZON
Cuvée Symphonie 1997

■　　　　2 ha　　14 000　　　■ ↓ -30 F

Vieux moulin à vent au milieu du plus haut domaine du Val de Loire, planté sur une butte de tuffeau en cépages nobles cabernet et chenin. Ici, c'est le cabernet franc qui s'exprime. Le printemps et l'été sont réunis dans cette cuvée à servir assez fraîche. La vivacité du fruit rouge et de légers tanins toutefois bien présents donnent un vin équilibré et agréable.

⚭ Jacky Clée, 1, rue du Lys, Sanziers, 49260 Le Puy-Notre-Dame, tél. 02.41.52.24.96, fax 02.41.52.48.39 ☑ ⏵ r.-v.

NEMROD*

○　　　　2 ha　　6 000　　　■ ↓ 30 à 50 F

Ce domaine renommé pour la production de vins liquoreux (qui ne perdrait pas la tête avec la cuvée La Folie ?) soigne également les vins effervescents. Voyez cette jolie mousse fine et régulière, la légèreté des nuances florales et fruitées, la bouche délicate, surprenante par ses notes de fruits verts et de fruits secs. Un vin intéressant.

⚭ Jean Douet, Ch. des Rochettes, 49700 Concourson-sur-Layon, tél. 02.41.59.11.51, fax 02.41.59.37.73 ☑ ⏵ r.-v.

DOM. DE NERLEUX*

○　　　　8 ha　　15 000　　　■ ↓ 30 à 50 F

Régis Neau est à la tête du domaine de Nerleux, acquis en 1870 par sa famille. Son exploitation a fière allure avec ses caves souterraines, sa maison du XVIIᵉs. et sa chapelle du XVIIIᵉs. Jaune pâle, à l'effervescence délicate, ce vin rappelle la brioche et les pâtisseries. La bouche est ronde, harmonieuse avec une légère sensation d'amertume en finale, signant la jeunesse d'un vin qui s'épanouira dans les prochains mois.

⚭ SARL Régis Neau, Dom. de Nerleux, 4, rue de la Paleine, 49260 Saint-Cyr-en-Bourg, tél. 02.41.51.61.04, fax 02.41.51.65.34 ☑ ⏵ r.-v.

DOM. RECLU 1997**

■　　　　30 ha　　80 000　　　■ -30 F

Les Reclu font partie des vignerons passionnés par leur art. Mieux encore qu'en 96, leur réussite est complète avec ce millésime à la robe pimpante. C'est un joli vin. S'il est peu développé au premier nez, il s'éveille après agitation, et son caractère fruité s'exprime. La bouche est bien structurée, et la matière serrée lui procure une parfaite harmonie. A découvrir et à apprécier.

⚭ Jean-Marie Reclu, 532, bd Paul-Painlevé, 49260 Montreuil-Bellay, tél. 02.41.52.43.47, fax 02.41.52.42.91 ☑ ⏵ r.-v.

DOM. DU VIEUX PRESSOIR 1997**

□　　　　3,5 ha　　26 000　　　■ ↓ -30 F

Le domaine du Vieux Pressoir représente désormais une valeur sûre du Saumurois. Voici un saumur blanc représentatif de l'appellation dans sa robe or pâle. Ses arômes associent des notes florales (genêt) et fruitées. Sa bouche délicate et rafraîchissante repose sur un très bel équilibre d'ensemble. **En rouge, la cuvée Céline Vieilles vignes 97** obtient une étoile (30 à 40 F) : c'est le cabernet franc bien mûr né sur un terroir jurassique qui s'exprime. Une étoile également pour la **Cuvée principale du Vieux Pressoir en rouge 97**, qui est un vin en devenir (moins de 30 F).

⚭ Bruno Albert, 235, rue du Château-d'Oiré, Messemé-Oiré, 49260 Vaudelnay, tél. 02.41.52.21.78, fax 02.41.38.85.83 ☑ ⏵ r.-v.

DOM. DU VIEUX TUFFEAU 1996*

□　　　　4,18 ha　　28 330　　　■ 30 à 50 F

D'anciennes carrières creusées dans la craie tuffeau permettent une prise de mousse ainsi qu'un vieillissement sur lattes dans des conditions idéales. Elles sont à l'origine du nom de ce domaine viticole représentatif du vignoble saumurois. Ce vin effervescent est typique de l'appellation malgré sa jeunesse. Une jolie mousse délicate persistante et des arômes de fruits et de miel annoncent une bouche ample, dont la vivacité s'effacera au vieillissement.

⚭ Christian Giraud, Les Caves, 212, rue de la Cerisaie, 49260 Le Puy-Notre-Dame, tél. 02.41.52.27.41, fax 02.41.52.26.07 ☑ ⏵ t.l.j. sf dim. 8h-13h 14h-20h

Cabernet de saumur

Bien qu'elle ne représente que de faibles volumes (5 138 hl en 1997), l'appellation cabernet de saumur tient bien sa place par la finesse de ce cépage, élaboré en rosé et cultivé sur des terrains calcaires.

DOM. DES SANZAY 1997*

◪　　　　0,5 ha　　3 000　　　■ ↓ -30 F

Le domaine des Sanzay évoque bien entendu l'appellation saumur-champigny. Mais laissez-vous tenter par cette appellation de vin rosé typiquement saumuroise et injustement méconnue. La robe est délicate et rappelle la couleur des pétales de rose. Les notes de fruits rouges apparaissent avec douceur, et l'on garde en fin de bouche l'impression d'avoir croqué des fruits frais. Le vin désaltérant par excellence.

⚭ Dider Sanzay, 93, Grand-Rue, 49400 Varrains, tél. 02.41.52.91.30, fax 02.41.52.45.93 ☑ ⏵ r.-v.

832

Anjou-Saumur

Coteaux de saumur

Ils ont acquis autrefois leurs lettres de noblesse. Les coteaux de saumur, équivalents en Saumurois des coteaux du layon en Anjou, sont élaborés à partir du chenin pur planté sur la craie tuffeau. 949 hl ont été vinifiés en 1997.

DOM. DES CHAMPS-FLEURIS
Cuvée Sarah 1996★★

| | 3 ha | 3 000 | | 70 à 100 F |

Cette exploitation également productrice de saumur-champigny prête une attention particulière à la production de ses vins liquoreux coteaux de saumur. Pas moins de cinq tries (récolte manuelle d'une partie des vendanges) ont permis l'élaboration de cette cuvée Sarah. Du grand art à l'origine d'un vin délicat et complexe qui exprime les fruits frais, les fruits confits et les fruits exotiques. A réserver aux amateurs de grands vins.

↱ Rétiveau-Rétif, 50-54, rue des Martyrs, 49730 Turquant, tél. 02.41.51.48.97, fax 02.41.51.75.33 ☑ ☨ r.-v.

CH. DU HUREAU 1996★

| | 3 ha | 1 600 | | 70 à 100 F |

Cette exploitation a reçu deux coups de cœur dans le guide 99, l'un en saumur-champigny, l'autre en saumur blanc. Son coteaux de saumur traduit bien la noblesse des vendanges dont il est issu : robe or vert intense, arômes de fruits mûrs et de banane, bouche puissante, grasse et pourtant légère. Un vin qui a du style et qui donnera le ton à l'apéritif de grands repas.

↱ Philippe et Georges Vatan, Ch. du Hureau, 49400 Dampierre-sur-Loire, tél. 02.41.67.60.40, fax 02.41.50.43.35 ☑ ☨ t.l.j. sf sam. dim. 9h-12h30 14h-17h30

LES MURAILLES NEUVES 1997★

| | 0,17 ha | 780 | | 70 à 100 F |

Installé à Varrains, commune célèbre pour son saumur-champigny, Jean-Claude Richard a procédé à trois tries sélectives en octobre et novembre pour élaborer ce vin. Le résultat est une réussite incontestable. Robe jaune pâle à reflets verts, arômes délicats de raisins mûrs apparaissant à l'aération ; bouche pleine, intense et désaltérante.

↱ Jean-Claude Richard, 7, rue de la Poterne, 49400 Varrains, tél. 02.41.52.90.45 ☑ ☨ r.-v.

DOM. DE NERLEUX 1997★★

| | n.c. | 1 500 | | 70 à 100 F |

Régis Neau est le président des coteaux de saumurois, seule appellation de vins liquoreux du Saumurois. Son vin est caractéristique de l'appellation sur terroir crayeux : robe jaune pâle à reflets verts, arômes de fleurs et de fruits mûrs, bouche équilibrée, pleine, et pourtant fraîche. Quoique structuré, il sait rester délicat, aérien, léger.

↱ SARL Régis Neau, Dom. de Nerleux, 4, rue de la Paleine, 49260 Saint-Cyr-en-Bourg, tél. 02.41.51.61.04, fax 02.41.51.65.34 ☑ ☨ r.-v.

DOM. DU VAL BRUN 1997★

| | n.c. | 5 000 | | 70 à 100 F |

Le domaine du Val Brun s'est forgé une solide réputation pour la production des coteaux de saumur. Vignes peu chargées, récolte manuelle par tries successives sont les clefs de cette réussite. Le millésime 97, non encore « dépouillé » le jour de la dégustation, offre cependant une très belle puissance et beaucoup de concentration. Son potentiel étonnant se révélera après quelques mois d'élevage. Une valeur sûre sans aucun doute !

↱ Jean-Pierre et Eric Charruau, 74, rue Valbrun, 49730 Parnay, tél. 02.41.38.11.85, fax 02.41.38.16.22 ☑ ☨ t.l.j. sf dim. 8h-12h 14h-18h

Saumur-champigny

En circulant dans les villages aux rues étroites du Saumurois, vous accéderez au paradis dans les caves de tuffeau qui abritent de nombreuses vieilles bouteilles. Si l'expansion de ce vignoble (1 300 ha) est récente, les vins rouges de Champigny sont connus depuis plusieurs siècles. Produits sur neuf communes, à partir du cabernet franc (ou breton), ils sont légers, fruités, gouleyants. La production est de l'ordre de 60 000 à 80 000 hl, (78 996 hl en 1997). La cave des vignerons de Saint-Cyr-en-Bourg n'est pas étrangère au développement du vignoble.

DOM. DU BOIS MOZÉ 1997★★

| | 1 ha | 8 000 | | -30 F |

Patrick Pasquier est à la tête de cette exploitation, petite en surface (6 ha de vignes) depuis 1994. La cuvée du Bois Mozé correspond à une parcelle d'un hectare dont les vignes ont environ quarante ans. Ce vin, d'un bel équilibre, est plein, puissant et de grande longueur, intéressant par sa belle expression aromatique de fruits noirs compotés, d'épices (réglisse, poivre) et de fleurs rouges entêtantes (pivoine). Un très beau représentant de l'appellation.

↱ Patrick Pasquier, 9, rue du Bois-Mozé, 49400 Chacé, tél. 02.41.52.42.50, fax 02.41.52.59.73 ☑ ☨ sam. 9h-12h 14h-18h

DOM. DES BONNEVEAUX 1997★

| | 13 ha | 15 000 | | 30 à 50 F |

Les Bonneveaux sont un lieu-dit de l'appellation saumur-champigny. Et ce vin, par sa tendreté olfactive et gustative, donne une bonne

Anjou-Saumur — Saumur-champigny

image de cette appellation. Léger, friand, il se laisse boire facilement. Attention aux abus !
➤ Camille Bourdoux, 79, Grand-Rue, 49400 Varrains, tél. 02.41.52.94.91, fax 02.51.52.99.24 ☑ ⓘ r.-v.

DOM. DU CAILLOU 1997*

■   6 ha   n.c.   ◻ 30 à 50 F

Domaine de 11 ha situé sur la commune de Turquant. Ce 97, agréable, bien fait, avec une structure légère, est un vrai vin de comptoir. Les arômes de fruits rouges frais contribuent à son côté désaltérant.
➤ Dom. Régis Vacher, 1, rue des Déportés, 49730 Turquant, tél. 02.41.38.11.21 ☑ ⓘ r.-v.

DOM. DES CHAMPS FLEURIS
Vieilles vignes 1996*

■   n.c.   12 000   ◻ 30 à 50 F

Le domaine des Champs Fleuris a été créé par F. Rétiveau qui s'est associé à P. Rétif, son gendre, en 1988, et à D. Rétiveau, son fils, en 1995. Ce 96 a été élaboré à partir de vendanges très mûres et il n'est pas difficile de s'en rendre compte : robe rubis intense, arômes concentrés, bouche puissante et souple. Des signes qui ne trompent pas ! La **Cuvée principale 97** possède des caractères assez semblables. La bouche veloutée témoigne également de la richesse de la vendange, le bouquet rappelle les fruits noirs compotés et les épices. Un vin structuré et de garde.
➤ Rétiveau-Rétif, 50-54, rue des Martyrs, 49730 Turquant, tél. 02.41.51.48.97, fax 02.41.51.75.33 ☑ ⓘ r.-v.

CLOS DES CORDELIERS 1997*

■   15 ha   100 000   ◻ 30 à 50 F

Le clos des Cordeliers est un haut lieu du vignoble de Saumur-Champigny. Son vin est très bien vinifié, offrant un bon équilibre et une structure assez légère. Le jury a aimé la belle expression aromatique avec des notes de fruits rouges, de caramel au lait de réglisse et de confiture de framboises. Un vin tendre bien représentatif de l'appellation. La sélection **Prestige 97** est du même niveau avec une bouche plus affirmée et des arômes de concentration à relier à des vendanges d'un potentiel supérieur.
➤ GAEC Ratron Frères, Clos des Cordeliers, 49400 Champigny, tél. 02.41.52.95.48, fax 02.41.52.99.50 ☑ ⓘ t.l.j. 8h-12h 14h-19h

DOM. DES CLOS MAURICE
Vieilles vignes 1997*

■   3 ha   20 000   ◻ 30 à 50 F

Le domaine des Clos-Maurice a sans doute un pourcentage de vieilles vignes parmi les plus importantes des exploitations de Saumur-Champigny. Cette cuvée a été élaborée à partir de vignes dont l'âge moyen est de soixante ans. Parée d'une belle robe rubis foncé, elle laisse apparaître après aération des arômes concentrés de fruits cuits et d'épices. La bouche intense et riche reprend les mêmes arômes. Un vin de fort potentiel qui se révélera pleinement d'ici quelques années.

➤ EARL Maurice Hardouin et Fils, Dom. des Clos-Maurice, 10, rue du Ruau, 49400 Varrains, tél. 02.41.52.93.76, fax 02.41.52.44.32 ☑ ⓘ r.-v.

CLOS CRISTAL Les Murs 1996**

■   1 ha   3 000   ◻ 30 à 50 F

Clos exceptionnel créé en 1886 par Antoine Cristal qui en fit don aux hospices de Saumur. Les raisins récoltés le long des 3 km de murs du clos permettent d'élaborer cette cuvée spéciale Les Murs. Le microclimat dû à la réverbération du soleil assure une maturité optimale. Et cela est évident à la dégustation, tant l'impression de rondeur et de souplesse s'impose. Les notes aromatiques concentrées s'expriment en force ; ce vin « historique » est particulièrement intéressant. La **cuvée principale**, dans ce même millésime, peut être citée. Elle est de structure légère, mais plaisante par ses arômes de fruits rouges.
➤ Hospices de Saumur, Clos Cristal, 49400 Champigny, tél. 02.41.52.96.08, fax 02.41.52.97.81 ☑ ⓘ r.-v.

DOM. DUBOIS Cuvée d'automne 1997**

■   3 ha   20 000   ◻ 30 à 50 F

Une **Cuvée de printemps** et cette Cuvée d'automne sont présentées sous le millésime 97 : la première désigne un vin léger et la seconde un vin de garde. Si ce sont les arômes de fruits frais qui caractérisent la Cuvée de printemps, ce sont la puissance, la richesse et la concentration qui dominent la Cuvée d'automne. Deux vins très intéressants jugés très réussis pour le premier et remarquable pour le second. Quant à la **cuvée principale 96** elle reçoit une étoile ; très typique de son AOC, fruitée, harmonieuse, désaltérante, elle peut être bue dès à présent ou conservée quelques années.
➤ EARL Michel et Jean-Claude Dubois, 8, rte de Saint-Cyr, 49260 Saint-Cyr-en-Bourg, tél. 02.41.51.61.32, fax 02.41.51.95.29 ☑ ⓘ r.-v.

DOM. FILLIATREAU
Vieilles vignes 1997*

■   n.c.   50 000   ◻ 30 à 50 F

Le domaine Filliatreau tient une place particulière dans l'appellation, car il fut à la tête du syndicat, il y a quelques années, lors de la mise en place des réformes de fond qui ont permis son succès. Voici un très joli vin intense et fruité. Robe grenat profond, nez gourmand associant des notes de petits fruits rouges (framboise, fraise...) et de fruits noirs (mûre, myrtille...). La bouche ronde, souple et fraîche, en surprendra plus d'un !
➤ Paul Filliatreau, Chaintres, 49400 Dampierre-sur-Loire, tél. 02.41.52.90.84, fax 02.41.52.49.92 ☑ ⓘ t.l.j. 8h-12h 14h-18h; sam. dim. sur r.-v.

CH. DU HUREAU
Cuvée Lisagathe 1997***

■   2,8 ha   15 000   ◻ 50 à 70 F

Le château du Hureau obtient une nouvelle fois un coup de cœur après en avoir obtenu deux successivement dans cette appellation. Un palmarès étonnant qui consacre un savoir-faire exceptionnel ! La cuvée Lisagathe a fait l'unanimité du jury par sa structure et sa puissance éton-

Anjou-Saumur — Saumur-champigny

nante. Robe grenat intense, arômes de fruits compotés, d'épices et notes entêtantes de pivoine. La bouche, charnue et complexe, laisse une impression veloutée. Un grand vin de l'appellation et, oserons-nous dire, de l'ensemble des appellations de vins rouges françaises !

🍇 Philippe et Georges Vatan, Ch. du Hureau, 49400 Dampierre-sur-Loire, tél. 02.41.67.60.40, fax 02.41.50.43.35 ☑ ☗ t.l.j. sf sam. dim. 9h-12h30 14h-17h30

DOM. LA BONNELIERE
Les Landes 1997★

■ 1,2 ha   10 000   [icons] 30 à 50 F

Créé en 1972 sous le nom de caveau Saint-Vincent, ce domaine s'agrandit afin d'associer les fils à l'exploitation en 1999. Ce vin, élaboré avec des vendanges bien mûres, sera prêt en fin d'année. Equilibré, un peu vif en finale, il sera intéressant sur des rillauds d'Anjou.

🍇 André Bonneau, 45, rue du Bourg-Neuf, 49400 Varrains, tél. 02.41.52.92.38, fax 02.41.52.92.38 ☑ ☗ r.-v.

DOM. DE LA GUILLOTERIE 1997★★

■ 24 ha   50 000   [icons] 30 à 50 F

J.-C. Duveau est le président du Syndicat historique du vignoble du Saumurois ainsi que de celui de la cave des vignerons de Saumur. Ce champigny, parfaitement équilibré, associe la douceur de la structure à la fraîcheur des raisins récoltés bien mûrs. Une sensation de fruits frais et de fruits noirs accompagne toute la dégustation. Ce vin est une véritable gourmandise ; il peut être dégusté seul ou sur une viande rouge, voire sur un gros gibier en sauce. La **Cuvée des Loges 97**, issue de vieilles vignes, reçoit une étoile pour son expression de fruits noirs compotés et confits. Superbe longévité assurée.

🍇 GAEC Duveau Frères, 63, rue Foucault, 49260 Saint-Cyr-en-Bourg, tél. 02.41.51.62.78, fax 02.41.51.63.14 ☑ ☗ r.-v.

DOM. LAVIGNE Les Aïeules 1997★

■ 6 ha   40 000   [icons] 30 à 50 F

Gilbert Lavigne a un coup de patte particulier. Son exploitation passe pour être l'une des plus sûres et régulières de l'appellation. Ce vin confirme le savoir-faire : robe rouge intense et arômes délicats rappellent les fruits rouges et noirs (mûre, framboise). La bouche agréable, élégante, concentrée, offre une belle finale fruitée ; un classique de l'appellation. La **Cuvée traditionnelle 97** reçoit la même note. Le style est plus léger : c'est un vin plaisir pour amateurs raffinés.

🍇 SCEA Lavigne, 15, rue des Rogelins, 49400 Varrains, tél. 02.41.52.92.57, fax 02.41.52.40.87 ☑ ☗ r.-v.

RENE-NOEL LEGRAND
Les Terrages 1997★

■ 2 ha   10 000   [icons] 50 à 70 F

Amateur avisé de géologie, René-Noël Legrand propose deux cuvées provenant de terroirs différents. La sélection des Terrages a la structure la plus affirmée, liée à des vendanges d'un grand potentiel. La robe rubis intense, les arômes concentrés de fruits mûrs et la bouche riche et longue laissent une impression de puissance. Autant de signes caractéristiques d'un vin pouvant se conserver plusieurs années. La sélection des **Fosses de Chaintré 97** est fraîche, légère et fruitée, très harmonieuse. Citée, elle mérite d'être découverte dans l'année.

🍇 René-Noël Legrand, 13, rue des Rogelins, 49400 Varrains, tél. 02.41.52.94.11, fax 02.41.52.49.78 ☑ ☗ r.-v.

LE PETIT SAINT VINCENT 1997★★

■ 3 ha   10 000   [icons] 30 à 50 F

Exploitation située sur un coteau dominant la majestueuse vallée de la Loire et dont le nom évoque le patron des viticulteurs. Et ce dernier doit être fier de la cuvée du Petit Saint Vincent : robe pourpre profond, arômes intenses de fruits mûrs, bouche ronde qui ne se livre pas immédiatement. Un vin de connaisseur, que chaque amateur se devrait d'avoir en cave.

🍇 Dominique Joseph, 14, rue de la Mairie, 49400 Varrains, tél. 02.41.52.91.47, fax 02.41.38.75.76 ☑ ☗ t.l.j. sf dim. 8h-12h 14h-18h30

DOM. LES PETITES MARIGROLLES 1997★

■ 6 ha   n.c.   [icons] 30 à 50 F

Les deux marques présentées par Christian Joseph montrent deux aspects des vins de l'appellation saumur-champigny. La légèreté pour les vins du domaine les Petites Marigrolles : robe rubis, arômes délicats de fruits rouges, bouche ronde et souple avec une structure tannique bien fondue. C'est le vin plaisir et gourmand qui a fait le succès de l'appellation saumur-champigny. La puissance l'emporte dans le **Domaine du Bourg Neuf 97** : un vin de matière, aux arômes concentrés, à la bouche ample, charnue et soyeuse en finale, en un mot élégante.

🍇 Christian Joseph, 12, rue de la Mairie, 49400 Varrains, tél. 02.41.52.94.43, fax 02.41.52.94.53 ☑ ☗ r.-v.

DOM. DES SABLES VERTS 1997★★

■ 2,5 ha   30 000   [icons] 30 à 50 F

Exploitation adhérente à la cave coopérative de Saint-Cyr-en-Bourg et vinifiant une partie de sa récolte sur la propriété. Les Sables Verts correspondent à une formation géologique constituée de sables riches en glauconie, minéral de couleur verte. Ce 97 était à deux doigts d'obtenir un coup de cœur (proposé par le jury de dégustation et non retenu par le super jury). Robe très foncée rouge noir, arômes de fruits rouges et noirs écrasés (framboise, mûre, cassis), bouche

LA VALLÉE DE LA LOIRE

Anjou-Saumur — Saumur-champigny

ample et charnue. Un vin envoûtant qui promet un grand plaisir d'ici quelques mois.
☛ GAEC Dominique et Alain Duveau, 66, Grand-Rue, 49400 Varrains, tél. 02.41.52.91.52, fax 02.41.38.75.32 ☑ ☒ r.-v.

DOM. DE SAINT-JUST
La montée des Roches 1997★★

■ 3 ha 20 000 🍷♂ 50 à 70 F

Yves Lambert, en homme entrepreneur, a recherché les conseils et l'expérience d'un maître à penser de l'appellation saumur-champigny, parti en pleine gloire à la recherche d'une expérience nouvelle en Amérique du Sud, Denis Duveau. Et la magie a bien eu lieu. Une expression fruitée opulente de framboise et de cerise bien mûre accompagne toute la dégustation de ce vin qui se goûte comme une friandise et qui laisse en bouche une impression de fraîcheur, de fruit et d'harmonie. Etonnant !
☛ SCEA Yves Lambert, 49260 Saint-Just-sur-Dive, tél. 02.41.51.62.01, fax 02.41.67.94.51 ☑ ☒ r.-v.

DOM. SAINT VINCENT
Les Trézellières 1997★

■ 20 ha 50 000 🍷♂ 50 à 70 F

Le lieu-dit Saint-Vincent occupe les hauteurs de la cuesta curonienne constituant le vignoble de l'appellation saumur-champigny. La cuvée Les Trézellières présente une grosse « matière » qui mérite de vieillir. Aujourd'hui (mi-avril 98), elle est assez fermée bien que l'on puisse discerner les fruits rouges, derrière des tanins très présents.
☛ Patrick Vadé, Dom. Saint-Vincent, 49400 Saumur, tél. 02.41.67.43.19, fax 02.41.50.23.28 ☑ ☒ t.l.j. 8h-12h 14h-18h30

CAVE DES VIGNERONS DE SAUMUR Réserve des Vignerons 1997★

■ n.c. 40 000 🍷♂ 30 à 50 F

La Réserve des Vignerons correspond à des vins élaborés à partir des vendanges les plus mûres, et cette dénomination a incontestablement acquis une notoriété. La robe est grenat intense. Le nez, complexe, associe les notes de fruits rouges et noirs et des arômes de réglisse ; la bouche ample, veloutée et structurée, autorise une garde d'une dizaine d'années, mais rien n'empêche de consommer ce vin dès maintenant.
☛ Cave des Vignerons de Saumur, 49260 Saint-Cyr-en-Bourg, tél. 02.41.53.06.06, fax 02.41.53.06.10 ☑ ☒ t.l.j. sf dim. 9h-12h 14h-18h; f. oct.-avr.

CH. DE TARGÉ Cuvée Ferry 1995★★

■ 2 ha 7 000 🍷♂♀ 50 à 70 F

La seigneurie de Targé, résidence de chasse du secrétaire personnel de Louis XIV, a été achetée par la famille en 1655. Elle servit de logis à Gambetta et à Jules Ferry qui a donné son nom à cette cuvée du millésime 95 qui étonne par sa jeunesse et sa gaieté, sa structure harmonieuse et la grande sensation de richesse. La seule réserve, si tant est que l'on puisse en faire sur un vin de ce niveau, est relative au caractère boisé dû à un élevage pour partie en barrique. C'est une grande réussite.
☛ Edouard Pisani-Ferry, Ch. de Targé, 49730 Parnay, tél. 02.41.38.11.50, fax 02.41.38.16.19 ☑ ☒ t.l.j. sf dim. 8h-12h 14h-18h

DOM. DES TERRES ROUGES 1997

■ n.c. 80 000 🍷♂ 30 à 50 F

Le domaine des Terres Rouges correspond à un lieu-dit individualisé par la Cave des Vignerons de Saumur. Cette dernière, créée par une poignée de vignerons en 1957, est devenue un pilier du vignoble saumurois. Cette cuvée est honorable : robe grenat intense, arômes simples de fruits rouges, bouche agréable, facile et peu complexe. Un vin de soif, léger et bien vinifié.
☛ Cave des Vignerons de Saumur, 49260 Saint-Cyr-en-Bourg, tél. 02.41.53.06.06, fax 02.41.53.06.10 ☑ ☒ t.l.j. sf dim. 9h-12h 14h-18h; f. oct.-avr.

DOM. DES VARINELLES
Vieilles vignes 1997★

■ 3,5 ha 20 000 🍷♂♀ 50 à 70 F

Le domaine des Varinelles, dont le nom bucolique évoque le chemin emprunté par les lavandières, est une vieille propriété familiale animée par Claude et Laurent Daheuiller. Ce saumur-champigny a été élaboré pour partie en fût de chêne. C'est un vin riche, bien vinifié, mais avec des notes boisées très présentes (voire envahissantes), estiment certains dégustateurs. Est-il représentatif de son appellation ? La question reste posée.
☛ SCA Daheuiller Père et Fils, 28, rue du Ruau, 49400 Varrains, tél. 02.41.52.90.94, fax 02.41.52.94.63 ☑ ☒ t.l.j. sf dim. 8h30-12h 14h-19h; sam. sur r.-v.

DOM. DU VIEUX BOURG
Vieilles vignes 1996★★★

■ 2,5 ha 16 000 🍷 50 à 70 F

Le domaine du Vieux Bourg est une exploitation traditionnelle gérée par Jean-Marie et Noël Girard, ce dernier étant le président du Syndicat de Saumur-Champigny. Cette sélection de Vieilles vignes a été proposée à un coup de cœur par le jury de dégustation qui a été enthousiasmé par la puissance et le caractère de ce vin (récompense attribuée uniquement pour un vin de l'année). Robe rubis intense, arômes de fruits concentrés, bouche opulente et fraîche à la fois, un très grand vin dans un millésime exceptionnel. Avis aux connaisseurs.
☛ GAEC Girard Frères, 30, Grand-Rue, 49400 Varrains, tél. 02.41.52.91.89, fax 02.41.52.42.43 ☑ ☒ t.l.j. 8h-12h 14h-19h

La Touraine

La Touraine

Les intéressantes collections du musée des Vins de Touraine à Tours témoignent du passé de la civilisation de la vigne et du vin dans la région ; et il n'est pas indifférent que les récits légendaires de la vie de saint Martin, évêque de Tours vers 380, émaillent la *Légende dorée* d'allusions viticoles ou vineuses... A Bourgueil, l'abbaye et son célèbre clos abritaient le « breton », ou cabernet franc, dès les environs de l'an mil, et, si l'on voulait poursuivre, la figure de Rabelais arriverait bientôt pour marquer de faconde et de bien-vivre une histoire prestigieuse. Une histoire qui revit au long des itinéraires touristiques, de Mesland à Bourgueil sur la rive droite (par Vouvray, Tours, Luynes, Langeais), de Chaumont à Chinon sur la rive gauche (par Amboise et Chenonceaux, la vallée du Cher, Saché, Azay-le-Rideau, la forêt de Chinon).

Célèbre il y a donc fort longtemps, le vignoble tourangeau atteignit sa plus grande extension à la fin du XIXᵉ s. Sa superficie (environ 10 000 ha) demeure actuellement inférieure à celle d'avant la crise phylloxérique ; il se répartit essentiellement sur les départements de l'Indre-et-Loire et du Loir-et-Cher, empiétant au nord sur la Sarthe. Des dégustations de vins anciens, des années 1921, 1893, 1874 ou même 1858, par exemple, à Vouvray, Bourgueil ou Chinon, laissent apparaître des caractères assez proches de ceux des vins actuels. Cela montre que, malgré l'évolution des pratiques culturales et œnologiques, le « style » des vins de Touraine reste le même ; sans doute parce que chacune des appellations n'est élaborée qu'à partir d'un seul cépage. Le climat joue aussi son rôle : le jeu des influences atlantique et continentale ressort dans l'expression des vins, les coteaux du Loir formant écran aux vents du nord. En outre, la succession du nord au sud de vallées orientées est-ouest, vallée du Loir, de la Loire, du Cher, de l'Indre, de la Vienne, de la Creuse, multiplie les coteaux de tuffeau favorables à la vigne, sous un climat tout en nuances, et en entretenant une saine humidité. Dans les sols des vallées, l'argile se mêle au calcaire et au sable, avec parfois des silex ; au bord de la Loire et de la Vienne, des graviers s'y ajoutent.

Ces différents caractères se retrouvent donc dans les vins. A chaque vallée correspond une appellation, dont les vins s'individualisent chaque année grâce aux variations climatiques ; et l'association du millésime aux données du cru est indispensable.

En 1989, année chaude et sèche, les vins étaient riches, pleins, avec une longue promesse de vie. En 1984, année de floraison tardive, de climat plus maussade, les vins blancs étaient plus secs, les rouges plus légers, et ils atteignent aujourd'hui un optimum d'expression. Ainsi est-il possible d'établir une échelle de générosité des vins, tendance globale des dernières années classées comme suit : 1989, 1959, 1976, 1985, 1964, 1990, 1982, 1961, 1970, 1969, 1981, 1986, 1983, 1990, 1996. Mais classement à moduler, bien sûr, entre les rouges tanniques de Chinon ou de Bourgueil (plus souples quand ils sont des « bas », plus charpentés quand ils sont issus des coteaux) et ceux plus légers, et largement diffusés en primeur, de l'appellation touraine (gamay) ; entre les rosés plus ou moins secs selon l'ensoleillement, tout comme les blancs d'Azay-le-Rideau ou d'Amboise, et ceux de Vouvray et de Montlouis dont la production va des secs aux moelleux en passant par les vins effervescents. Les techniques d'élaboration des vins ont leur importance. Si les caves de tuffeau permettent un excellent vieillissement à une température constante d'environ 12 °C, les vinifications en blanc se font à basse température ; les fermentations durent quelquefois plusieurs semaines, voire plusieurs mois pour les vins moelleux. Les rouges légers, de type touraine primeur, sont issus de cuvaisons au contraire assez courtes ; en revanche, à Bourgueil et Chinon, les cuvaisons sont longues : deux à quatre semaines. Si les rouges font leur fermentation malolactique, les blancs et les rosés doivent au contraire leur fraîcheur à la présence de l'acide malique. Globalement, la production, qui durant les bonnes années approche en moyenne les 600 000 hl, est commercialisée à 60 % par le négoce. Les ventes directes représentent 25 % et les coopératives 15 %.

Touraine

S'étendant sur l'ensemble de la Touraine, l'appellation régionale touraine recouvre 5 250 ha. Elle est cependant principalement localisée entre les vallées de la Loire et de l'Indre, de part et d'autre de celle du Cher. De sable et d'argile, les sols comportent parfois des secteurs où le calcaire est présent ; ils sont plantés surtout de gamay noir pour les vins rouges, accompagné selon les terrains de cépages plus tanniques, comme le cabernet et le cot. Les vins primeurs, légers et fruités, sont issus du gamay noir uniquement. A base de deux ou trois cépages, les rouges ont une bonne tenue en bouteille. Nés des cépages sauvignon, chenin blanc (ou pineau de la Loire), les blancs « nature » sont secs (101 889 hl en 1997). Une partie de la production des blancs (20 616 hl) est vinifiée en mousseux ou pétillants. Enfin, les rosés toujours secs, friands et fruités, sont élaborés à partir des cépages rouges. Rouges et rosés ont atteint 163 621 hl en 1997.

Aux portes de Tours, il faut noter le renouveau d'un vignoble historique donnant des rosés secs, d'appellation touraine, mais anciennement et à nouveau dénommé « noble joué ». Les cépages sont les trois pinots : pinot gris, pinot meunier et pinot noir.

JACKY ET PHILIPPE AUGIS
La Pierre à Fusil Sauvignon 1997

| □ | 2,2 ha | 15 000 | ■↓ -30F |

L'extraction de la pierre à fusil a été très largement pratiquée dans le secteur de Meusnes, qui a longtemps participé à l'équipement des armées françaises. L'étiquette de ce vin ne manque pas de le rappeler. Voici un vin blanc bien typé dans sa robe brillante. Floral et fruité (pêche), il est net et souple.
●┐ GAEC Jacky et Philippe Augis, Le Musa, 41130 Meusnes, tél. 02.54.71.01.89, fax 02.54.71.74.15 ☑ ⊺ t.l.j. 8h-19h30; dim. 8h-12h30

CELLIER DU BEAUJARDIN
Sauvignon 1997*

| □ | 30 ha | 20 000 | ■↓ -30F |

Vinifiant la récolte de 200 ha, la coopérative de Bléré joue un rôle primordial dans le renouveau de la viticulture de cette partie des Côtes du Cher. Dans une robe à reflets dorés, ce 97 sent bon les fruits mûrs (poire, agrumes). Il dévoile beaucoup de rondeur au palais, tout en restant bien sec. Très équilibré, c'est un vin de plaisir. Beaujardin produit également un vin rouge à partir du seul cépage côt qui dominait ici il y a quarante ans. Le 96 est encore très jeune mais sa robe grenat et ses arômes de fruits rouges sont prometteurs. Il est cité par le jury.
●┐ Cellier du Beaujardin, 32, av. du 11-Novembre, 37150 Bléré, tél. 02.47.30.33.44, fax 02.47.23.51.27 ☑ ⊺ t.l.j. sf dim. 8h-12h 14h-18h30
●┐ Cave coopérative de Bléré

DOM. BEAUSEJOUR
Vieilles vignes 1996*

| ■ | 5 ha | 10 000 | ■↓ -30F |

Deux générations exploitent le domaine, toutes deux partageant la même conception de la qualité, la même exigence en matière de vinification. Issu de sol perrrucheux (argile à silex), voici un 96 à la robe sombre, aux évocations de noyau. Si l'attaque puissante est un peu surprenante, ce vin se montre déjà plaisant avec ses nuances de grillé. Le blanc 97 se distingue aussi par sa puissance.
●┐ GAEC Trotignon et Fils, Dom. de Beauséjour, 10, rue des Bruyères, 41140 Noyers-sur-Cher, tél. 02.54.71.34.17, fax 02.54.75.06.73 ☑ ⊺ t.l.j. 8h-19h

DOM. BELLEVUE Gamay 1997*

| ■ | 5 ha | 30 000 | ■↓ -30F |

De la cour de la propriété, se dessinent la vallée du Cher, bordée ici par un charmant canal, et la silhouette du château de Saint-Aignan. Vingt pour cent de la production est exportée. Vêtu de grenat aux reflets violets, ce vin au nez encore discret, mais tout en fruit au palais, possède ce qu'il faut de structure et des nuances épicées en finale. Le blanc de la même année est tout aussi plaisant.
●┐ EARL Patrick Vauvy, Les Martinières, 41140 Noyers-sur-Cher, tél. 02.54.75.38.71, fax 02.54.75.21.89 ☑ ⊺ r.-v.

BERTRAND DE GRATELOUP 1996

| ■ | 35,61 ha | 19 200 | ■↓ -30F |

Cette marque porte le nom d'un personnage qui séjourna au château de Chenonceau, tout proche de la cave. Issue du pur cépage côt, cette cuvée en porte encore la marque avec sa robe profonde et ses nuances animales. Au palais, la puissance devrait se fondre dans les années à venir et participer à l'équilibre du vin.
●┐ Les Maîtres Vignerons La Gourmandière, 14, rue de Chenonceaux, 37150 Francueil, tél. 02.47.23.91.22, fax 02.47.23.82.50 ☑ ⊺ r.-v.

THIERRY BESARD 1996*

| ■ | 0,7 ha | 3 500 | ■↓ -30F |

La propriété produit également du touraine azay-le-rideau. Elle est située non loin du musée Dufresne où l'on peut admirer une collection impressionnante d'objets et tours en genres, de l'aiguille à la locomotive... Ce 96 à la belle structure, riche et rond, sent bon la violette et les fruits rouges. Dans sa robe presque noire, c'est un beau représentant de la Touraine de l'Ouest et du millésime.
●┐ Thierry Bésard, Les Priviers n° 10, 37130 Lignières-de-Touraine, tél. 02.47.96.85.37, fax 02.47.96.41.98 ☑ ⊺ r.-v.

La Touraine

DANIEL BESNARD Gamay 1997*

■　　　　4 ha　　20 000　　　■ ↓ -30 F

Ce producteur traditionnel de l'extrémité orientale de la Touraine produit toute la gamme des cépages de l'appellation. Dans sa robe cerise, soutenue, ce 97, épicé, fruité (mûre, fraise des bois) est souple. Plaisant dans sa jeunesse, il saura attendre deux années en bouteille grâce à son bel équilibre.
☙ Daniel Besnard, Les Mardelles,
41130 Châtillon-sur-Cher, tél. 02.54.32.61.52
☑ ⟡ r.-v.

DOM. DES CAILLOTS Tradition 1996*

■　　　　3 ha　　20 000　　　■ ↓ -30 F

Ce domaine viticole est très ancien, puisque le père de Dominique Girault a retrouvé des actes notariés du XVIIIe s. Le chai est parfaitement équipé, et le vinificateur très soigneux. Vêtu de rubis, un 97 au fruité agréable, à la belle matière, assez corsé tout en restant gouleyant : un bel assemblage qui s'est arrondi et fondu.
☙ EARL Dominique Girault, Le Grand Mont, 41140 Noyers-sur-Cher, tél. 02.54.32.27.07, fax 02.54.75.27.87 ☑ ⟡ t.l.j. sf dim. 8h-12h 14h-19h

DOM. DES CAILLOTS Sauvignon 1997*

☐　　　　5 ha　　25 000　　　■ ↓ -30 F

Le plateau de Noyers, à l'extrémité orientale de la Touraine, présente des sols à couverture sableuse, surmontant l'argile à silex, qui se réchauffent bien au printemps. La robe de ce 97 est si brillante qu'elle semble métallisée : le bouquet très fin exprime la vanille, le litchi, le menthol. L'attaque souple est suivie d'un palais riche d'une belle harmonie entre gras, finesse et fraîcheur. Un superbe doublé.
☙ EARL Dominique Girault, Le Grand Mont, 41140 Noyers-sur-Cher, tél. 02.54.32.27.07, fax 02.54.75.27.87 ☑ ⟡ t.l.j. sf dim. 8h-12h 14h-19h

DOM. DU CHAPITRE Gamay 1997

■　　　　6 ha　　8 000　　　■ ↓ -30 F

Saint-Romain-sur-Cher est une commune de la rive droite, qui fait face à Saint-Aignan et à son château. Vêtu de grenat aux reflets violets, ce vin plaît par son nez assez fin, fruité et viandé. L'équilibre tend vers la fraîcheur.
☙ GAEC Desloges, Le Bourg, 41140 Saint-Romain-sur-Cher, tél. 02.54.71.71.22, fax 02.54.71.08.21 ☑ ⟡ t.l.j. 8h-19h

La Touraine

A.O.C. de la Touraine :
1. Bourgueil
2. Saint-Nicolas-de-Bourgueil
3. Chinon
4. Montlouis
5. Vouvray
6. Touraine-Azay-le-Rideau
7. Touraine-Amboise
8. Touraine-Mesland

A.O.C. Coteaux du Loir :
9. Jasnières
10. Coteaux du Loir

A.O.C. régionale Touraine

A.O.C. Cheverny

A.O.C. Cour-Cheverny

A.O.V.D.Q.S. :
11. Coteaux du Vendômois
12. Valençay

--- Limites de départements

0　10　20 km

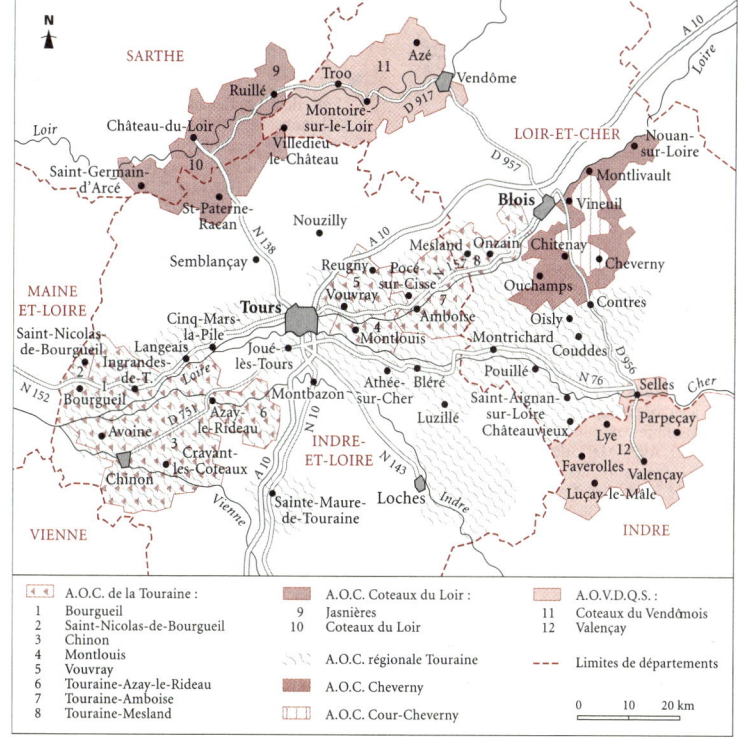

LA VALLÉE DE LA LOIRE

La Touraine — Touraine

CHARDANNE Côt 1996

■ n.c. 7 500 ■ ♣ -30 F

Dans ce vignoble de la Touraine orientale, les vignes poussent sur argile à cossille, variété locale de silex. Un vin rouge à la robe soutenue, au nez intense évoquant les fruits rouges que l'on retrouve en bouche. Celle-ci est équilibrée et ronde à souhait.

☛ Thierry Mandard, 23, rue du Gauget, 41110 Couffy, tél. 02.54.75.43.26 ✓ ♈ t.l.j. 9h-19h; dim. 9h-12h

CH. DE CHENONCEAU 1996*

■ 14 ha 90 000 ■ ♣ 30 à 50 F

On ne présente plus le château de Chenonceau, le plus visité du Val de Loire. La vente de bouteilles aux visiteurs a été favorisée, voici quelques années, par l'ouverture d'un caveau. Le millésime 96 est très réussi. Il donne ici un vin à la robe presque noire, aux arômes de myrtille, de sous-bois et de grillé. Puissant et surprenant par ses tanins, il défiera les années, comme la demeure qui l'a vu naître... Le **blanc 96** est agréable, lui aussi.

☛ SA Chenonceau-Expansion, Ch. de Chenonceau, 37150 Chenonceaux, tél. 02.47.23.44.07, fax 02.47.23.89.91 ✓ ♈ t.l.j. 11h-18h30; f. nov-mars

DOM. DES CHEZELLES
Sauvignon 1997**

☐ 8 ha 50 000 ■ ♣ -30 F

Installé avec son père voici une dizaine d'années, au cœur du beau plateau viticole de Noyers, Alain Marcadet vole de ses propres ailes depuis 1997. Coup d'essai, coup de maître. En effet, ce vin a enthousiasmé le jury par son bouquet intense, composé à la fois de notes minérales et de fruits exotiques. Le palais confirme le nez, avec beaucoup de matière et d'expression : son équilibre rondeur-vivacité est parfait.

☛ EARL Alain Marcadet, Le Grand-Mont, 41140 Noyers-sur-Cher, tél. 02.54.75.13.62, fax 02.54.75.44.09 ✓ ♈ t.l.j. 8h30-12h 14h-19h30; dim. 8h30-12h

CŒUR DE CRAY Sauvignon 1997

☐ 9 ha 81 000 ■ ♣ -30 F

Michel Antier a confié à la société Boutinot la vinification et la commercialisation des produits de son vignoble. L'appellation crémant de loire est dominante mais il nous présente ici un touraine blanc aux reflets dorés. Ce vin sent bon les fruits bien mûrs (abricot, litchi) et ne manque ni de volume, ni d'harmonie.

☛ Paul Boutinot, La Chapelle de Cray, Rte de l'Aquarium, 37400 Lussault-sur-Loire, tél. 02.47.57.17.74, fax 02.47.57.18.25 ♈ r.-v.

DOM. DES CORBILLIERES
Gamay 1997**

■ 3 ha n.c. ■ ♣ -30 F

Un domaine que les lecteurs retrouvent avec plaisir dans ce Guide, idéalement situé sur une croupe sablo-graveleuse dominant les plateaux de Oisly, et qui est tenu de mains de maître par père, mère et fils. Un cinquième de la production exporte hors de France les couleurs de la Touraine. Ce vin grenat intense, au bouquet de fruits des bois (myrtille, framboise, fraise), explose au palais avec ce qu'il faut de tanins. Belle longueur, beaucoup de matière, superbe harmonie : coup de cœur.

☛ EARL Barbou, Dom. des Corbillières, 41700 Oisly, tél. 02.54.79.52.75, fax 02.54.79.64.89 ✓ ♈ r.-v.

CH. DES COULDRAIES
Cuvée Prestige 1996

■ 0,75 ha 2 000 ■ ♣ -30 F

Cette demeure Renaissance est contemporaine de Chenonceaux, dont elle n'est distante que de 2 km. Historiquement réduit au clos du château, le vignoble a été agrandi à proximité immédiate. Par sa robe d'un rouge foncé, violacé, ses arômes intenses rappelant le poivre et la cerise, sa structure et son tanin, le 96 est encore jeune et doit s'assagir.

☛ SCEA des Couldraies, Ch. des Couldraies, 41400 Saint-Georges-sur-Cher, tél. 02.54.32.27.42, fax 02.54.32.40.03 ✓ ♈ r.-v.

CRISTAL BUISSE Sauvignon 1997**

☐ n.c. 15 000 ■ ♣ 30 à 50 F

Un des meilleurs négociants de Touraine, privilégiant la qualité sur la quantité, dont on peut visiter les superbes caves dans la jolie petite ville de Montrichard. Il propose une cuvée séduisante par son caractère floral (acacia) qui s'installe au palais d'une touche de cassis, assez puissante, et d'un équilibre parfait. Que d'élégance dans le verre !

☛ Paul Buisse, 69, rte de Vierzon, 41400 Montrichard, tél. 02.54.32.00.01, fax 02.54.71.35.78 ✓ ♈ t.l.j. sf dim. 8h-12h 14h-18h

DANIEL DELAUNAY Sauvignon 1997

☐ 5 ha 15 000 ■ ♣ -30 F

Exploitation traditionnelle, sur les coteaux et plateaux de Pouillé, non loin du château d'eau

840

La Touraine   Touraine

sur lequel trône le nom… de l'appellation ! Dans sa robe pâle, c'est un touraine classique, agréable à boire, qui ne peut renier son cépage d'origine.
☛ Daniel Delaunay, 2, rue de la Bergerie, 41110 Pouillé, tél. 02.54.71.46.93, fax 02.54.71.77.34 ■ ▼ t.l.j. sf dim. 9h-12h30 14h-18h30; f. 15-31 août

DOM. JOEL DELAUNAY Gamay 1997★
■   8 ha   40 000   🍾 ♨ 30 à 50 F

Au XIIIes., les vins des coteaux du Cher étaient appréciés à la table royale. Ce domaine est parfaitement équipé pour vinifier et recevoir le visiteur. Vêtu d'une robe cerise, son 97 est très fruité - cassis, framboise et griotte. L'attaque est franche, le vin s'installe agréablement avant de laisser la bouche fraîche. Il est très plaisant, bien dans le type de l'appellation.
☛ Dom. Joël Delaunay, 48, rue de la Tesnière, 41110 Pouillé, tél. 02.54.71.45.69, fax 02.54.71.55.97 ■ ▼ t.l.j. 8h-12h 14h-19h; dim. sur r.-v.

DOM. DESROCHES Cabernet 1996★
■   2 ha   7 000   🍾 ♨ -30F

La propriété familiale d'environ 12 ha, située sur les coteaux et plateaux de la rive gauche du Cher, ouvre volontiers aux visiteurs sa cave creusée dans le tuffeau. Ce touraine est typique de son millésime : robe foncée, jolie puissance aromatique, beaucoup de matière bien qu'encore un peu sèche. Il commence à s'arrondir. C'est un vin solide.
☛ Jean-Michel Desroches, Les Raimbaudières, 41400 Saint-Georges-sur-Cher, tél. 02.54.32.33.13, fax 02.54.32.56.31 ■ ▼ r.-v.

BLANC FOUSSY Brut★
○   20 ha   177 930   🍾 ♨ 30 à 50 F

Une partie des belles et grandes caves est aménagée en galerie d'art dont les parois sculptées racontent l'histoire de la région. Ce touraine présente une mousse généreuse, une robe dorée, des arômes floraux et briochés. Au palais, on découvre un vin plein, assez souple avec ce qu'il faut de nervosité. Une belle harmonie. La cuvée **Veuve Oudinot** est aussi agréable.
☛ SA Blanc Foussy, 95, quai de la Loire, 37210 Rochecorbon, tél. 02.47.40.40.20, fax 02.47.52.65.82 ■ ▼ r.-v.

DOM. FRISSANT Sauvignon 1997★
□   3 ha   12 000   🍾 ♨ -30F

Située près d'Amboise, cette propriété fait des efforts de replantation sur de bons terroirs de première côte. Avec ce 97, les dégustateurs naviguent entre le floral (buis, fleurs blanches) et le fruité (amande). Un vin - on l'avait deviné - issu du sauvignon. Il se développe au palais, soutenu par une bonne vivacité. Il est élégant et structuré.
☛ Xavier Frissant, 1, Chemin-Neuf, 37530 Mosnes, tél. 02.47.57.23.18, fax 02.47.57.23.25 ■ ▼ r.-v.

DOM. GIBAULT Sauvignon 1997★★
□   10 ha   50 000   🍾 ♨ -30F

Ce vignoble familial est situé sur le coteau argilo-sableux des Martinières de Noyers, exposé sud vers le Cher et le canal du Bourg. Presque la moitié de la production de vin blanc est vendue hors de France. Dans sa robe légèrement ambrée, le 97 dévoile un bouquet complexe (menthol, vanille, fruits exotiques). L'attaque, en douceur, le volume et la générosité témoignent de raisins récoltés à parfaite maturité. Que d'harmonie… La **cuvée 96 de cabernet** est agréable également.

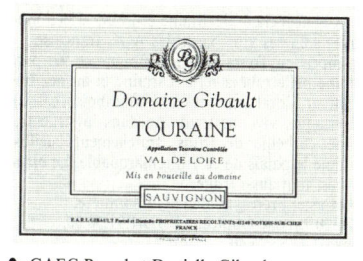

Domaine Gibault
TOURAINE
Appellation Touraine Contrôlée
VAL DE LOIRE
Mis en bouteille au domaine
SAUVIGNON

☛ GAEC Pascal et Danielle Gibault, Les Martinières, 41140 Noyers-sur-Cher, tél. 02.54.75.36.52, fax 02.54.75.29.79 ■ ▼ t.l.j. sf dim. 10h-19h

VIGNOBLE GIBAULT Côt 1996★
■   1 ha   8 000   🍾 -30F

Installés à Meusnes sur l'argile à silex où les caves sont rares, ce couple vinifie dans un chai de 500 m^2 parfaitement équipé. Leur 96 est rerement élaboré à partir du côt. Très coloré, avec des reflets violets, il offre un nez intense de fruits rouges et beaucoup de matière et de chair. Prometteur jusqu'à l'an 2000. Le **blanc 97** est en revanche flatteur dès aujourd'hui.
☛ EARL Chantal et Patrick Gibault, rue Gambetta, 41130 Meusnes, tél. 02.54.71.02.63, fax 02.54.71.58.92 ■ ▼ t.l.j. 9h-19h; dim. 9h-12h

CHRISTIANE GREFFE
Méthode traditionnelle
◑   n.c.   20 000   30 à 50 F

L'entreprise d'élaboration, créée en 1965, a récemment modernisé ses installations. Ici les bulles sont fines et régulières. Ce vin fruité à la belle robe rose pâle est agréable, mais son dosage est plus sec que vraiment « brut ».
☛ Christiane Greffe, 35, rue Neuve, 37210 Vernou-sur-Brenne, tél. 02.47.52.12.24, fax 02.47.52.09.56 ■ ▼ r.-v.

DOM. GUENAULT Sauvignon 1997
□   7 ha   38 000   🍾 ♨ -30F

Développé par Jean-Claude Bougrier, ce domaine familial est situé sur les hauteurs de Saint-Georges, en rive gauche du Cher. Les Britanniques sont de bons clients pour ce vin à la robe lumineuse, aux senteurs de fruits exotiques. Il n'est pas très long mais ne manque ni de gras ni d'équilibre.
☛ Jean-Claude Bougrier, SCEA dom. des Hauts-Lieux, 41400 Saint-Georges-sur-Cher, tél. 02.54.32.31.36, fax 02.54.71.09.61 ■ ▼ r.-v.

DOM. DU HAUT BAIGNEUX 1996
■   2,35 ha   10 000   🍾 -30F

Cheillé est un village placé entre Azay-le-Rideau et la lisière de la forêt de Chinon. Ce vin à la robe rouge grenat à reflets violacés sent bon

LA VALLÉE DE LA LOIRE

les fruits rouges. Déjà souple (les tanins sont tendres), il pourra être bu en 1999.
🍷 Jean-Pierre Perdriau, Dom. Haut-Baigneux, 37190 Cheillé, tél. 02.47.45.35.95, fax 02.47.45.27.87 ☑ 🍷 r.-v.

HENRY DE BRIERES Gamay 1997★★

■ n.c. n.c. 🍷 -30F

Ce négociant de Maine-et-Loire sélectionne avec soin ses vins parmi les AOC françaises, y compris en Touraine. En témoigne ce 97, paré d'une belle robe à reflet carminé et au nez très flatteur, floral (rose) et fruité (framboise, cassis). L'attaque, vive, se fond vite dans la structure. Une corbeille de fruits, fraîchement cueillis, anime le palais de ce vin remarquable. Le **blanc 97** est tout aussi fruité.
🍷 Castel Frères, rte de la Guillonnière, 49320 Brissac-Quincé, tél. 02.41.91.50.00, fax 02.41.54.25.40

DOM. DE LA BERGERIE
Sauvignon 1997

□ 6 ha 30 000 🍷 -30F

Un des nombreux producteurs installés à la Tesnière, hameau où habitent la plupart des vignerons de la commune de Pouillé. Ce vin de touraine est réussi. Des évocations de citron se retrouvent tant dans la couleur que dans la finale, un peu vive. Le nez est intéressant, avec des nuances de fleurs blanches et d'amande. Le **rosé 97** est équilibré.
🍷 François Cartier, 13, rue de la Bergerie, 41110 Pouillé, tél. 02.54.71.51.54, fax 02.54.71.74.09 ☑ 🍷 r.-v.

DOM. DE LA CEVERIE 1997

◪ 1 ha 5 000 🍷 -30F

Ce producteur installé à deux pas du centre de Saint-Aignan, petite ville ne manquant pas d'attraits avec ses bords de Cher, sa collégiale romane, son château et ses vieilles rues, propose un 97 rose vif assez aromatique (il sent la rose). Souple à l'attaque, ce vin finit par une agréable vivacité.
🍷 Philippe Bougré, La Cèverie, 41110 Saint-Aignan-sur-Cher, tél. 02.54.75.14.82, fax 02.54.75.12.26 ☑ 🍷 r.-v.

DOM. DE LA CHAISE Côt 1996

■ 4 ha 10 000 🍷 -30F

La Chaise est un hameau de Saint-Georges-sur-Cher qui s'enorgueillit de posséder, d'une part un ancien prieuré ; d'autre part, sa propre confrérie vineuse. Ce domaine familial important présente une cuvée de pur cépage côt, traditionnel ici avant l'arrivée du gamay. Avec un nez fin de fruits rouges, beaucoup de matière et d'équilibre, c'est un vin à laisser mûrir.
🍷 J.-P. et Ch. Davault, GAEC Dom. de La Chaise, 37, rue de la Liberté, 41400 Saint-Georges-sur-Cher, tél. 02.54.71.53.08, fax 02.54.71.53.08 ☑ 🍷 r.-v.

DOM. DE LA CHARMOISE
Sauvignon 1997

□ 17 ha 80 000 🍷 30 à 50F

Un domaine très médiatique que l'on ne présente plus, placé sur un point haut de la partie solognote de la Touraine. Dans sa belle robe aux nuances dorées, ce vin est très aromatique (réglisse), gras, équilibré ; il est fait pour la soif, tout comme son frère le **rosé 97**.
🍷 Henry Marionnet, La Charmoise, 41230 Soings, tél. 02.54.98.70.73, fax 02.54.98.75.66 ☑ 🍷 r.-v.

DOM. DE LA CROIX BOUQUIE
Prestige 1996★

■ 1 ha 6 000 🍷 30 à 50F

La commune de Thenay, en Sologne viticole, possède une partie de son vignoble sur des pentes bien exposées. Vendangés vers la mi-octobre, les raisins rouges de cette cuvée se sont gorgés du soleil de 1996. Il en résulte un vin très fruité (framboise, cassis), souple, équilibré. On se régale. Le **blanc 97** est bien réussi.
🍷 Christian et Annie Girard, 1, chem. de la Chaussée, Phages, 41400 Thenay, tél. 02.54.32.50.67, fax 02.54.32.74.17 ☑ 🍷 r.-v.

DOM. DE LA GARENNE
Sauvignon 1997

□ 9 ha 20 000 🍷 30 à 50F

En rive gauche du Cher, le village d'Angé est situé à 500 m de la propriété ; il ne manque pas d'intérêt avec son église du XVIe s. Ce vigneron traditionnel présente un touraine blanc qui ne l'est pas moins ; le nez est agréable, léger, le palais ne manque pas de gras.
🍷 Jacky Charbonnier, 11, rte de la Vallée, 41400 Angé, tél. 02.54.32.10.06, fax 02.54.32.60.84 ☑ 🍷 r.-v.

DOM. DE LA GARRELIERE
Cabernet 1996

◪ 5 ha 18 000 🍷 -30F

Propriété de 20 ha acquise en 1973 par la famille Plouzeau, après un coup de foudre pour ce beau site viticole, implanté sur les sols calcaires de la région de Richelieu. Ce vin, issu du cabernet cultivé selon les méthodes de la biodynamie, est assez riche et de bonne longueur. Son équilibre lui permettra d'évoluer trois ou quatre ans pour s'exprimer au mieux.
🍷 François Plouzeau, Dom. de la Garrelière, 37120 Razines, tél. 02.47.95.62.84, fax 02.47.95.67.17 ☑ 🍷 r.-v.

DOM. DE LA GIRARDIERE
Sauvignon 1997

□ 3,4 ha 5 000 🍷 -30F

Vignoble de 16 ha situé sur les hauteurs de Saint-Aignan-sur-Cher, non loin du parc zoologique de Beauval qui attire chaque année plus de visiteurs, avec ses animaux rares. Tout est vif dans ce touraine : la robe, le bouquet plutôt floral et l'impression au palais. Un vin de soif, très sec. Son pair **rosé** est sympathique aussi.
🍷 Patrick Léger, La Girardière, 41110 Saint-Aignan, tél. 02.54.75.42.44, fax 02.54.75.21.14 ☑ 🍷 r.-v.

LES MAITRES VIGNERONS DE LA GOURMANDIERE Gamay 1997★

◪ 110 ha 30 000 🍷 -30F

La plus importante coopérative de Touraine, administrée par une équipe dynamique, vinifie

La Touraine

la production de 500 ha de vignes plantées sur plusieurs communes. Ce touraine a une belle robe rose bonbon, des arômes fruités plaisants, une bonne souplesse en bouche et une finale agréable : un vin très cohérent.

⚭ Les Maîtres Vignerons de La Gourmandière, 14, rue de Chenonceaux, 37150 Francueil, tél. 02.47.23.91.22, fax 02.47.23.82.50 ⓥ ⓣ r.-v.

CAVES DE LA GRANDE BROSSE
Cabernet 1996★★

| ■ | 5 ha | n.c. | ▯ -30 F |

Une cave exceptionnelle en Sologne viticole. Elle a servi de carrière depuis six siècles ; pour accéder au tuffeau, il a fallu descendre à 40 m sous le plateau, au moyen d'un long tunnel incliné, carrossable. Vêtu d'une robe rubis brillante, ce 96 très aromatique, floral, est équilibré. Il finit agréablement sur de fines notes de fruits rouges. Très élégant.

⚭ Oudin Frères, Cave de la Grande-Brosse, 41700 Chémery, tél. 02.54.71.81.03, fax 02.54.71.76.67 ⓥ ⓣ r.-v.

DOM. DE LA GRANDE FOUCAUDIERE 1997★

| ■ | 0,75 ha | 5 400 | ▯ -30 F |

Lionel Truet s'est installé en 1992 sur les vignes familiales, après avoir travaillé quinze ans... à la SNCF. Passionné, il produit aussi la gamme des touraine-amboise. Epicés au premier coup de nez, les arômes de ce vin évoluent vers la banane. Un 97 souple, léger, gouleyant, charmeur comme tout bon gamay.

⚭ Lionel Truet, La Grande Foucaudière, 37530 Saint-Ouen-les-Vignes, tél. 02.47.30.04.82, fax 02.47.30.03.55 ⓥ ⓣ t.l.j. 8h-20h

JEAN-PIERRE LAISEMENT
Méthode traditionnelle 1995★

| ◯ | 0,66 ha | 4 400 | ▯ 30 à 50 F |

Un des producteurs dynamiques de Vouvray. Sa cave conserve le pressoir du grand-père, toujours en état de marche après un siècle ! Vous serez reçu dans une agréable salle de dégustation. La bulle de ce rosé, Méthode traditionnelle, est fine et régulière dans le liquide d'un rose soutenu ; les arômes jouent dans un registre très fruité. Un vin riche et souple, distingué.

⚭ Jean-Pierre Laisement, 15 et 22, Vallée-Coquette, 37210 Vouvray, tél. 02.47.52.74.47, fax 02.47.52.65.03 ⓥ ⓣ t.l.j. 8h-12h30 13h30-20h; dim. et groupes sur r.-v.

Touraine

DOM. DE LA PRESLE Sauvignon 1997★

| □ | 15 ha | 100 000 | ▯ 30 à 50 F |

Dans une belle maison bourgeoise solidement plantée sur le plateau sableux de Oisly, l'accueil est chaleureux. Ce vin blanc, à la belle robe jaune paille, sent bon les fruits exotiques. Marqué par beaucoup de gras et de longueur, il provient certainement de raisins bien mûrs, et se bonifiera au moins deux ans. Le touraine **gamay 97** reçoit la même note. Il se montre souple et gouleyant, en fruits rouges.

⚭ EARL dom. Jean-Marie Penet, La Presle, 41700 Oisly, tél. 02.54.79.52.65, fax 02.54.79.08.50 ⓥ ⓣ t.l.j. 8h-12h 14h-19h

DOM. DE LA RABLAIS 1996

| ■ | 5 ha | 10 000 | ▯ -30 F |

Le vignoble familial, agrandi depuis 1970, se tourne depuis quatre ans vers la vente directe avec un sympathique caveau d'accueil. Les tanins de ce 96 sont dominants mais assez ronds : c'est une cuvée d'assemblage qui évoque la griotte par sa robe et son fruité.

⚭ Antoine Simoneau, La Poterie, 41400 Saint-Georges-sur-Cher, tél. 02.54.71.36.14, fax 02.54.32.59.32 ⓥ ⓣ t.l.j. sf dim. 13h30-20h; f. 25 août-1er sept.

LES CAVES DE LA RAMEE Côt 1996

| ■ | n.c. | 4 000 | ⓘ -30 F |

La commune de Thésée s'enorgueillit de ses ruines romaines des Ier et IIe s. Elle possède aussi de superbes coteaux calcaires bien exposés au sud. Ceux-ci donnent un beau vin rouge grenat, au bouquet discret, bien équilibré, assez puissant, à essayer sur un gibier.

⚭ Gérard Gabillet, 31, rue des Charmoises, 41140 Thésée, tél. 02.54.71.45.02, fax 02.54.71.31.48 ⓥ ⓣ r.-v.

DOM. DE LA RENAUDIE
Sauvignon 1997★

| □ | 6 ha | 45 000 | ▯ -30 F |

Un couple de jeunes très « pointus » sur la technique et sur la qualité. Ils essaient de garder de vieilles vignes, produisant assez peu pour obtenir une vendange riche. Le bouquet de ce 97 (menthol, acacia, fruits blancs) est élégant. Le corps harmonieux, assez puissant, est rafraîchi d'une pointe de perlant. C'est un vin persistant et délicat. Le **Tradition 96** est intéressant lui aussi.

⚭ Patricia et Bruno Denis, Dom. de La Renaudie, 115, rte de St-Aignan, 41110 Mareuil-sur-Cher, tél. 02.54.75.18.72, fax 02.54.75.27.65 ⓥ ⓣ r.-v.

DOM. DE LA RENNE Cabernet 1996★

| ■ | 2,1 ha | 15 000 | ▯ -30 F |

A Saint-Romain, en rive nord du Cher, les argiles à silex possèdent souvent une couverture sableuse. Ce domaine de 17 ha propose un 96 à la robe rubis brillant, sentant puissamment les fruits rouges et noirs (cassis). L'attaque est souple, puis le tanin domine : c'est un vin pour le troisième millénaire...

⚭ Guy Lévêque, 1, chemin de la Forêt, 41140 Saint-Romain-sur-Cher, tél. 02.54.71.72.79, fax 02.54.71.35.07 ⓣ r.-v.

LA VALLÉE DE LA LOIRE

La Touraine / Touraine

CH. DE LA ROCHE Gamay 1997*
■ 15 ha 100 000 ■♦ -30F

Un des deux domaines de la famille Chainier d'Amboise. Chargé est située à l'est du chef-lieu, en rive gauche de la Loire. Vinifié à la beaujolaise, ce 97 ne le renie pas : robe aux reflets violets, fruit prononcé (banane, framboise) bien persistant au palais. Un peu technologique ? Ne boudons pas notre plaisir ! Le **rosé du même millésime** est estimable, lui aussi.
☛ SCA dom. Chainier, Ch. de La Roche, 37500 Chargé, tél. 02.47.67.15.96, fax 02.47.22.13.36

DOM. DE LA ROCHETTE
Sauvignon 1997
☐ 14 ha 60 000 ■♦ -30F

Un domaine parfaitement équipé, facile à trouver, au pied du coteau de Pouillé en rive gauche du Cher, où le visiteur est toujours bien accueilli. Les caves sont creusées dans le tuffeau. On y trouve ce 97 à la robe pâle, aux arômes floraux, léger mais harmonieux au palais.
☛ François Leclair, 79, rte de Montrichard, 41110 Pouillé, tél. 02.54.71.44.02, fax 02.54.71.10.94 ☑ ☧ r.-v.

CAVES DE LA TOURANGELLE
Sauvignon 1997
☐ n.c. 400 000 ■♦ -30F

Chai de vinification créé voici trois ans par la maison Bougrier, implantée depuis longtemps à Saint-Georges-sur-Cher. Une quarantaine de vignerons y livrent leur vendange. Le premier nez de ce 97 est fermé, puis des arômes élégants (ananas, mangue, réglisse) apparaissent à l'agitation. L'attaque et la bouche ne manquent pas de finesse.
☛ Caves de La Tourangelle, 26 rue de la Liberté, 41400 Saint-Georges-sur-Cher, tél. 02.54.32.31.36, fax 02.54.71.09.61 ☑ ☧ r.-v.
☛ Bougrier SA

DOM. DE L'AUMONIER
Sauvignon 1997*
☐ 12 ha 19 000 ■♦ -30F

Installé en 1996 sur ce vignoble de la rive gauche du Cher, ce couple de producteurs a modernisé son chai l'année suivante. Voici, élevé sur lies fines, un vin blanc qui sent bon les fleurs blanches. Équilibré, gras et long, il laisse un goût « de raisin mûr à croquer », écrit un membre du jury.
☛ Thierry Chardon, Villequemoy, 41110 Couffy, tél. 02.54.75.21.83, fax 02.54.75.17.07 ☑ ☧ r.-v.

LE HAUT CHESNEAU Sauvignon 1997
☐ 4,7 ha 7 000 ■♦ -30F

Le Haut-Chesneau est une ancienne maison bourgeoise à la situation sympathique au milieu des vignes, acquises par l'arrière-grand-père de Jean-Marc Villemaine. Son 97 est né du sauvignon implanté sur sable à silex. La nuance est claire aux reflets dorés. Les arômes floraux (acacia) sont agréables. Au palais, une légère amertume ne gâche pas l'équilibre. L'**effervescent méthode traditionnelle** est dans la même lignée florale.
☛ Jean-Marc Villemaine, La Ramée, 41140 Thésée, tél. 02.54.71.52.69 ☑ ☧ r.-v.

LE PARADIS Brut 1995
○ 0,8 ha 5 000 ■ 30 à 50F

Un viticulteur traditionnel et un blanc de blancs de pur chenin, puissant, récolté sur argile à silex en rive droite de la Loire. Généreux, en bulles, ce 95 offre un bouquet floral (acacia) et fruité, puis une bouche souple. Les avis sont partagés sur son devenir : le paradis ? Au moins le purgatoire...
☛ Philippe Souciou, Dom. du Paradis, 39, rue d'Asnières, 41150 Onzain, tél. 02.54.20.81.86, fax 02.54.33.72.35 ☑ ☧ r.-v.

ANDRE LHOMME 1997*
■ 1 ha 5 000 ■ -30F

Chambon-sur-Lisse est un charmant village situé non loin des portes de Blois en partant plein ouest, bordé de coteaux cailloutueux. Vinifiée traditionnellement, cette cuvée d'un beau rouge grenat, très fruitée (framboise et banane), est souple et suffisamment structurée. Bref, très gouleyante.
☛ André Lhomme, 2, chem. de Frottelièvre, 41190 Chambon-sur-Cisse, tél. 02.54.70.02.40 ☑ ☧ r.-v.

DOM. LOUET-ARCOURT
Réserve 1996**
■ 1 ha 3 000 ■♦ 30 à 50F

L'exploitation de 16 ha sur les argiles à silex de Monthou-sur-Bièvre, au sud-ouest de Blois, est dirigée maintenant par Jean-Louis Arcourt, qui succède à son beau-père. Le 96 à la robe rouge violacé embaume les fruits noirs (mûre, cassis). De belle structure, il reste rond et souple, surprenant de richesse et de jeunesse. Le **rosé 97** est fort joli.
☛ EARL dom. Louet-Arcourt, 1, rue de la Paix, 41120 Monthou-sur-Bièvre, tél. 02.54.44.04.54, fax 02.54.44.15.06 ☑ ☧ r.-v.

JEAN-CHRISTOPHE MANDARD
Côt 1996
■ 0,6 ha 3 000 ■♦ -30F

Jean-Christophe représente la quatrième génération de Mandard sur ce domaine familial. Récolte et vinification restent ici traditionnelles. La cuvée rubis de côt, cépage traditionnel sur ces côtes du Cher, est un peu tannique au palais, mais intense et fine par son bouquet.
☛ Jean-Christophe Mandard, Le Haut-Bagneux, 41110 Mareuil-sur-Cher, tél. 02.54.75.19.73, fax 02.54.75.16.70 ☑ ☧ r.-v.

DOM. DE MARCE 1996*
○ 2 ha 13 000 ■♦ 30 à 50F

Un producteur de Oisly, en Sologne viticole, qui cultive majoritairement des cépages blancs, nous propose son effervescent qui sent bon la brioche avec une touche de café. Au palais, on trouve souplesse, volume et longueur. A prendre cependant à l'apéritif plutôt qu'au petit déjeuner...

La Touraine

Touraine

🍷 GAEC Godet, Dom. de Marcé, 41700 Oisly, tél. 02.54.79.54.04, fax 02.54.79.54.45 ☑ ⌶ t.l.j. 8h-12h 14h-19h.

MARECHAL
Réserve Carte noire Brut 1996★

| ○ | n.c. | 8 000 | 30 à 50 F |

Installé à Vouvray, voici un spécialiste des vins effervescents. L'élaboration, traditionnelle, se fait en caves naturelles. Agréable à l'œil avec un joli cordon, cette cuvée millésimée sent bon l'abricot sec ; ample et bien ronde au palais, elle ne manque pas d'harmonie.

🍷 Nouveaux Ets Maréchal et Cie, 36, Vallée Coquette, 37210 Vouvray, tél. 02.47.52.71.21, fax 02.47.52.61.05 ☑ ⌶ r.-v.

DOM. JACKY MARTEAU
Gamay 1997★★

| ■ | 8,5 ha | 25 000 | -30 F |

Parmi les bons vignerons de la Tesnière, hameau de Pouillé dominant la vallée du Cher, au milieu des vignes, Jacky Marteau est attentif à la maîtrise du rendement. Ce beau vin rouge violacé, assez structuré tout en restant fruité, avec une finale épicée, est plaisant aussi bien qu'équilibré. La cuvée de **cabernet 96** est généreuse en matière.

🍷 Jacky Marteau, 36, rue de la Tesnière, 41110 Pouillé, tél. 02.54.71.50.00, fax 02.54.71.75.83 ☑ ⌶ r.-v.

DOM. MAX MEUNIER Côt 1996★

| ■ | n.c. | n.c. | -30 F |

La famille a construit une nouvelle cave de stockage de 250 m², à laquelle on accède par un tunnel passant sous la route. Ce touraine 96 vêtu de rubis, au nez puissant de fruits rouges en confiture, est rond en bouche, avec une pointe de vivacité à l'attaque, due à sa jeunesse. La finale est très agréable. C'est un beau touraine.

🍷 EARL Max Meunier, 6, rue Saint-Gennefort, 41110 Seigy, tél. 02.54.75.04.33, fax 02.54.75.39.69 ☑ ⌶ r.-v.

DOM. MICHAUD Côt 1996★

| ■ | 2,3 ha | 9 000 | -30 F |

Originaire d'une commune voisine, le père de Thierry a toujours cultivé le cépage côt et l'a implanté à Noyers voici trente ans, sur des terres maigres en premières côtes. Cette cuvée sent bon le cassis et la mûre. Puissante et charpentée, elle est agréable à boire dès maintenant grâce à sa chair pleine de rondeur. Le **blanc 97** est tout aussi bien fait.

🍷 Dom. Michaud, Les Martinières, 41140 Noyers-sur-Cher, tél. 02.54.32.47.23, fax 02.54.75.39.19 ☑ ⌶ r.-v.

MAISON MIRAULT Demi-sec

| ○ | n.c. | n.c. | 30 à 50 F |

Cette maison de Vouvray est réputée pour ses vins tranquilles et effervescents. Elle complète sa gamme avec des vins d'AOC touraine. La cave en roc se visite. Rose vif, animé de belles bulles, fruité (fraise) au nez comme en bouche et souple, un vin très flatteur pour l'apéritif ou le dessert.

🍷 Maison Mirault, 15, av. Brûlé, 37210 Vouvray, tél. 02.47.52.71.62, fax 02.47.52.60.90 ☑ ⌶ t.l.j. 8h-12h 14h-18h; dim. sur r.-v.

CH. MONCONTOUR
Cuvée Eugénie Grandet 1994

| ○ | 10 ha | 80 000 | 30 à 50 F |

Ce château, bâti au XV ͤˢ. et dominant la Loire a servi de cadre au roman de Balzac *La Femme de trente ans*. Son vignoble très ancien est actuellement le plus important de Touraine et dépasse les frontières de Vouvray. La robe du 94 est pâle, brillante à reflets verts ; le nez rappelle la cannelle et la brioche. Une cuvée plutôt souple et bien équilibrée.

🍷 Ch. Moncontour, 37210 Vouvray, tél. 02.47.52.60.77, fax 02.47.52.65.50 ☑ ⌶ r.-v.

DOM. DE MONTIGNY Sauvignon 1997

| □ | 7 ha | 32 000 | -30 F |

Dans cette propriété située aux portes de la Sologne viticole, le chai climatisé permet une vinification bien maîtrisée par ce vigneron soigneux. Dans sa robe pâle aux reflets dorés, ce vin sent bon les fleurs blanches ; il se montre souple et fruité au palais.

🍷 Danielle Corbin, Montigny, 41700 Sassay, tél. 02.54.79.60.82, fax 02.54.79.07.51 ☑ ⌶ r.-v.

DOM. DE MORTAISE Gamay 1997

| ■ | 2 ha | 4 000 | -30 F |

Le domaine familial est situé non loin des châteaux de Villandry, d'Azay-le-Rideau et de Langeais. La robe de ce 97 est légère. Les arômes, floraux, persistent bien en finale. Un vin pour grillades.

🍷 Frédéric Hardy, 40, vallée de Mortaise, 37190 Vallères, tél. 02.47.45.92.55 ⌶ r.-v.

CH. DE NITRAY Cabernet 1996★

| ■ | 1 ha | 6 000 | 30 à 50 F |

Sur la rive gauche du Cher, à une vingtaine de kilomètres de Tours, un ensemble remarquable de bâtiments Renaissance attend votre visite tous les jours en été. Sa production de vin rouge est récente, mais aux âmes bien nées... Son 96 à la jolie robe rubis est équilibré, sans aucune dureté, plutôt floral et chaleureux.

🍷 H. de L'Espinay, Ch. de Nitray, 37270 Athée-sur-Cher, tél. 02.47.50.29.74, fax 02.47.50.29.61 ☑ ⌶ t.l.j. 9h-12h 14h-19h

DOM. OCTAVIE Sauvignon 1997★

| □ | 10 ha | 50 000 | -30 F |

Cette exploitation familiale depuis 1885 - âge redoutable des ravages du phylloxéra - possède maintenant une solide réputation. Un quart de la production est exportée. En 1997, le matériel de réception et de pressurage de la vendange a été renouvelé. Il en résulte ce millésime brillant, dont le nez se développe après aération avec des nuances de fruits exotiques. Au palais, très fin, vient une touche de fleur d'acacia : un vin équilibré, à suivre. La cuvée de **gamay** de la même année se tient bien aussi.

🍷 Noë Rouballay, Dom. Octavie, 41700 Oisly, tél. 02.54.79.54.57, fax 02.54.79.65.20 ☑ ⌶ t.l.j. 8h-12h30 14h-19h; dim. sur r.-v.

LA VALLÉE DE LA LOIRE

La Touraine / Touraine

JAMES PAGET Cuvée tradition 1996*

■   1,5 ha   7 000   ◨ 30 à 50 F

Spécialiste du touraine azay-le-rideau rosé, James Paget montre son talent sur une autre couleur. La très belle robe rubis à nuances violacées, le nez puissant aux évocations de fruits rouges, l'attaque franche annoncent un vin solide qui atteindra sans problème le prochain millénaire. Un beau représentant de son riche millésime.
🍇 EARL James Paget, 13, rue d'Armentières, 37190 Rivarennes, tél. 02.47.95.54.02, fax 02.47.95.45.90 ▣ ⅄ r.-v.

CAVES DU PERE AUGUSTE Côt 1996*

■   6 ha   20 000   ■ ⌄ -30 F

Il y a cent vingt ans, Auguste Villemaine commençait à creuser le tuffeau de la colline pour y loger ses barriques. Quatre générations plus tard, le nom de la propriété reprend celui du fondateur. Les vignes, plein sud, touchent celles du château de Chenonceau. D'un rouge rubis soutenu, ce vin est riche d'arômes très mûrs, fruités et grillés. Rond, chaleureux, il remplit bien la bouche et persiste longtemps : une valeur sûre de l'appellation.
🍇 Alain Godeau, Caves du Père Auguste, 14, rue des Caves, 37150 Civray-de-Touraine, tél. 02.47.23.93.04, fax 02.47.23.99.58 ▣ ⅄ r.-v.

PIERRE PLOUZEAU
Méthode traditionnelle 1996*

○   n.c.   12 000   ■ ⌄ 30 à 50 F

Cette maison de négoce, implantée à Chinon depuis plus d'un siècle, est dirigée depuis quelques mois par Mme Plouzeau après le décès brutal de son mari. Vêtue de brillant, cette cuvée charme par ses arômes grillés et floraux. La mousse tient bien en bouche, avec ce qu'il faut d'ampleur et de finesse. Le **rosé « tranquille »** 97 est très fruité.
🍇 Pierre Plouzeau, Ch. de La Bonnelière, 37500 La Roche-Clermault, tél. 02.47.93.16.34, fax 02.47.98.48.23 ▣ ⅄ r.-v.

DOM. DU PRE BARON Sauvignon 1997

□   10 ha   50 000   ■ ⌄ -30 F

Un des domaines familiaux dynamiques de Oisly, situé sur les plateaux argilo-siliceux de la Sologne viticole. Un tiers de son vin blanc est consommé hors de France. Dans une robe brillante, ce 97 aux arômes intenses (agrumes, fruits exotiques) ne révèle certes pas beaucoup de longueur, mais il ne manque ni de gras ni d'équilibre. La cuvée **Elégante** est, quant à elle, tout en puissance.
🍇 Guy et Jean-Luc Mardon, Dom. du Pré Baron, 41700 Oisly, tél. 02.54.79.52.87, fax 02.54.79.00.45 ▣ ⅄ t.l.j. 8h-12h 14h-19h

DOM. JACKY PREYS ET FILS
Tradition 1996*

■   4 ha   30 000   ■ ⌄ -30 F

Deux générations de Preys travaillent sur le domaine, devenu avec ses 75 ha l'un des plus importants de l'appellation touraine ; il s'étend au sud de l'AOVDQS valençay. Vêtue d'une robe à la nuance brique, la cuvée Tradition au bouquet rappelant la framboise et le café possède des tanins bien ronds et une finale assez longue. Une réussite.
🍇 Dom. Jacky Preys et Fils, Bois Pontois, 41130 Meusnes, tél. 02.54.71.00.34, fax 02.54.71.34.91 ▣ ⅄ r.-v.

DOM. DU PRIEURE Sauvignon 1997*

□   3 ha   2 000   ■ -30 F

Jean-Marc Gallou a retrouvé la trace de ses ancêtres vignerons... depuis 1720, sur ce terroir d'argile à silex, en rive gauche de la Loire. La cuvée 97 de gamay a du caractère, mais le blanc est encore meilleur : il « saute au nez » avec ses nuances d'agrumes et de fruits exotiques, que l'on retrouve au palais. L'attaque est douce sur la langue et se prolonge en souplesse ; un vin certainement issu d'une vendange bien mûre.
🍇 Jean-Marc Gallou, Dom. du Prieuré, 41120 Valaire, tél. 02.54.44.11.62, fax 02.54.44.16.92 ▣ ⅄ r.-v.

DOM. DES QUATRE VENTS
Pineau d'Aunis 1997

◢   3 ha   12 000   ■ ⌄ -30 F

Ce vinificateur soigneux et dynamique n'hésite pas à se déplacer pour faire connaître ses produits. Les vignes sont plantées sur argiles sableuses ou graveleuses. Voici un rosé plutôt orangé, aux arômes fruités (banane). L'attaque est souple. La pointe de douceur est équilibrée par la vivacité finale. A apprécier nature ou en apéritif avec un doigt de cassis.
🍇 José Marteau, La Rouerie, 41400 Thenay, tél. 02.54.32.50.51, fax 02.54.32.18.52 ▣ ⅄ t.l.j. 8h-12h30 13h30-19h30; dim. 9h-13h

CH. DE QUINCAY Côt 1996**

■   2,5 ha   10 000   ■ ⌄ -30 F

Propriété de la même famille depuis cent cinquante ans, le château de Quinçay (gîte rural) veille maintenant sur une vingtaine d'hectares de vignes, dont la plupart poussent sur le silex de Meusnes. D'un beau rouge grenat, le 96 sent bon la framboise avec une touche de noyau. Ces arômes se prolongent bien en bouche. Structuré, ce vin est rond, riche et fin. Son frère issu de **cabernet** est goûteux mais plus tannique.
🍇 M. Cadart, GAEC Ch. de Quinçay, 41130 Meusnes, tél. 02.54.71.00.11, fax 02.54.71.77.72 ▣ ⅄ r.-v.

DOM. DU RIN DU BOIS Gamay 1997

■   10 ha   70 000   ■ ⌄ 30 à 50 F

Dynamique, la propriété familiale du Rin du Bois a renouvelé son encépagement dans les années 60 et 70. Vêtu de grenat, son 97 sent bon les fruits cuits avec une touche de caramel. Au palais, léger, le pruneau et le grillé dominent. Un vin que l'on peut proposer (nous sommes en Sologne) sur une terrine de gibier.
🍇 Jousselin et Fils, Dom. du Rin du Bois, 41230 Soings-en-Sologne, tél. 02.54.98.71.87, fax 02.54.98.75.09 ⅄ r.-v.

CLOS ROCHE BLANCHE Gamay 1997

■   9 ha   30 000   ■ ⌄ 30 à 50 F

Propriété familiale en culture biologique depuis 1992, dont la réputation n'est plus à faire, puisque la moitié de la récolte est vendue hors

La Touraine

Touraine

de France. La robe de ce 97 est franche, à reflets roses ; le bouquet est assez complexe. En bouche, le vin se montre équilibré, un peu tannique. Encore légèrement sévère, il évoluera sur plusieurs années.
🍇 GAEC du Clos Roche Blanche,
41110 Mareuil-sur-Cher, tél. 02.54.75.17.03, fax 02.54.75.17.02 🆅 🍷 r.-v.

ROUSSEAU FRERES Noble Joué 1997*

| | 11 ha | 30 000 | | -30F |

Au sud de Tours, renaît depuis vingt ans un vignoble historique, celui de Noble Joué, sur un terroir (calcaire lacustre) original, planté de pinot noir, gris et meunier. Vêtue d'une robe saumon, cette cuvée aux arômes floraux puissants se montre souple, peut-être un peu marquée par le levurage (banane) reste très friande. Elle laisse bonne bouche. Elaboré à partir des mêmes raisins, le **rosé « Méthode »** est très fin.
🍇 Rousseau Frères, Le Vau, 37320 Esvres-sur-Indre, tél. 02.47.26.44.45, fax 02.47.26.53.12 🆅 🍷 t.l.j. sf dim. 8h-12h30 14h-19h

JEAN-FRANCOIS ROY Côt 1996*

| | 1 ha | 5 000 | | 30 à 50F |

Lye est un village du VDQS valençay, qui touche l'aire de la Touraine. La vigne de cépage côt pousse sur les silex de Meusnes. Cette cuvée offre un nez intense de fruits rouges. Corsée, charnue, encore tannique, elle évoluera bien pendant plusieurs années.
🍇 Jean-François Roy, 3, rue des Acacias, 36600 Lye, tél. 02.54.41.00.39, fax 02.54.41.06.89 🆅 🍷 r.-v.

ALAIN ET PHILIPPE SALLE
Sauvignon 1997

| | 11 ha | 40 000 | | -30F |

Cette propriété viticole s'est surtout développée dans la décennie 80. Un dixième du vin est vendu hors de nos frontières. Ce 97, vêtu de jaune paille, ne renie pas son cépage. Bien sec, il reste rond et fruité. Son frère issu du **gamay** sent bon le cassis.
🍇 EARL Alain et Philippe Sallé, Les Martinières, 41140 Noyers-sur-Cher, tél. 02.54.75.48.10, fax 02.54.75.39.80 🆅 🍷 r.-v.

JEAN-JACQUES SARD Noble-Joué 1997

| | 3,4 ha | 13 000 | | -30F |

Un vin rosé issu des trois pinots (gris, noir et meunier) qui pourrait être goûté sur une rillette de Tours ou un poisson. Vêtu de rose vif, il offre un joli nez floral et ce qu'il faut d'équilibre et de rondeur.
🍇 Jean-Jacques Sard, La Chambrière, 37320 Esvres-sur-Indre, tél. 02.47.26.42.89, fax 02.47.26.57.59 🆅 🍷 r.-v.

DOM. SAUVETE Privilège 1996*

| | 2 ha | 10 000 | | 50 à 70F |

La plupart des vignes de la propriété sont situées en premières côtes du Cher, exposées au sud. Jérôme Sauvète est l'un des rares producteurs de Touraine à supprimer sans hésiter les raisins en surnombre. Tout est puissance dans cette cuvée d'assemblage : la robe presque noire,

le bouquet complexe et la structure qui reste parfaitement équilibrée. Un grand vin de garde.
🍇 Dom. Sauvète, La Bocagerie,
41400 Monthou-sur-Cher, tél. 02.54.71.48.68, fax 02.54.71.75.31 🆅 🍷 t.l.j. sf dim. 9h-12h 14h-19h

DOM. DES SOUTERRAINS
Gamay 1997**

| | 4,5 ha | 20 000 | | -30F |

Fait rare en Touraine, le vignoble de Châtillon-sur-Cher est visible depuis une route nationale, en l'occurrence la RN 76 Tours-Vierzon. Sur ce plateau, le sol est généralement sableux en surface. Vêtu de grenat aux reflets violacés, le 97 du domaine des Souterrains est très fruité : après l'attaque désaltérante se développent des notes de framboise puis d'épices en finale, soutenues par un léger tanin. Quelle harmonie ! Le **blanc 97** est agréablement souple.
🍇 Jacky Goumin, Dom. des Souterrains, La Haie Jallet, 41130 Châtillon-sur-Cher, tél. 02.54.71.02.94, fax 02.54.71.76.26 🆅 🍷 t.l.j. sf dim. 8h30-12h 14h-19h; f. 15 août-1er sept.

DOM. THOMAS Gamay 1997

| | 3,5 ha | 6 000 | | -30F |

Le vignoble est situé sur le plateau de Saint-Aignan, au point culminant de la commune, non loin du parc zoologique de Beauval qui attire chaque année davantage de visiteurs. Dans sa robe légère à reflets violacés, cette cuvée offre des arômes épicés et une bonne fraîcheur : sympathique et désaltérante sur une « cochonnaille ». Le **mousseux blanc** est tout aussi agréable.
🍇 EARL Thomas, Les Ormeaux, 41110 Saint-Aignan, tél. 02.54.75.17.00, fax 02.54.75.33.71 🆅 🍷 r.-v.

CH. DE VALLAGON Sauvignon 1997

| | 6 ha | 48 000 | | -30F |

Bien placé sur les côtes du Cher, le vignoble a été acquis voici quelques années par la confrérie de Oisly et Thésée. Jaune pâle, cette cuvée à l'attaque vive possède ce qu'il faut de gras et d'équilibre. Le nez fruité est encore discret.
🍇 Confrérie des vignerons de Oisly et Thésée, Le Bourg, 41700 Oisly, tél. 02.54.79.75.20, fax 02.54.79.75.29 🆅 🍷 r.-v.

DOM. DU VIEUX PRESSOIR
Sauvignon 1997

| | 6 ha | 10 000 | | -30F |

Le vieux pressoir sur roues qui a donné son nom au domaine est exposé à l'entrée de la propriété et illustre l'étiquette de ce vin. Un 97 vêtu d'une robe pâle à reflets roses, développant un nez intense et floral. L'attaque est franche et la finale ne manque pas d'équilibre. La **Cuvée des Sourdes 96** est un vin rouge intéressant.
🍇 Joël Lecoffre, 27, rte de Vallières,
41150 Rilly-sur-Loire, tél. 02.54.20.90.84, fax 02.54.20.99.69 🆅 🍷 t.l.j. 9h-20h

847 LA VALLEE DE LA LOIRE

La Touraine

Touraine-amboise

Touraine-amboise

De part et d'autre de la Loire sur laquelle veille le château des XVe et XVIe s., non loin du manoir du Clos-Lucé où vécut et mourut Léonard de Vinci, le vignoble de l'appellation touraine-amboise (150 ha) produit surtout des vins rouges (10 710 hl) à partir du gamay et accessoirement du côt et du cabernet. Ce sont des vins pleins, avec des tanins légers ; lorsque côt et cabernet dominent, les vins ont une bonne aptitude au vieillissement. Les mêmes cépages donnent des rosés secs et tendres, fruités et bien typés. Secs à demi-secs selon les années, avec une bonne aptitude au vieillissement, ce sont 1 888 hl de vins blancs qui sont produits.

DOM. DES BESSONS
Prestige des Beauvoirs 1996*

| | 0,65 ha | 1000 | | 30 à 50 F |

L'arrière-saison très ensoleillée de 1996 a permis de vendanger des raisins surmûris sur les meilleurs terroirs des deux rives de la Loire. Brillant avec de légers reflets roses, ce vin moelleux se livre tout en finesse et en élégance. Floral au nez (acacia, tilleul), fruité au palais (coing, abricot), il est de belle tenue. La **cuvée Prestige des Bessons rouge 96** ne dépareille pas.
➤ François Péquin, Dom. des Bessons, 113, rue de Blois, 37530 Limeray, tél. 02.47.30.09.10, fax 02.47.30.02.25 ⬛ ⬛ r.-v.

CARREFOUR 1997*

| | n.c. | 20 000 | | -30 F |

Négociant à Amboise, Pierre Chainier dispose d'un chai parfaitement équipé. Il produit pour Carrefour cette jolie bouteille. La teinte de ce rosé est discrète alors que les arômes commencent à se développer. C'est un vin agréable par son équilibre et sa fraîcheur. A boire cet automne sur les entrées de cochonnailles.
➤ Ets Pierre Chainier, chem. du Roy, 37400 Amboise, tél. 02.47.57.15.96, fax 02.47.23.13.36

DOM. DUTERTRE
Cuvée François Ier 1996

| ⬛ | 4,5 ha | 36 000 | | 30 à 50 F |

Bien équipée, la cave comprend un petit musée d'outillage ancien, ouvert au public. Issu de sols argilo-sableux, ce vin attaque bien ; il est suffisamment enveloppé pour être agréable dès maintenant.
➤ Dom. Dutertre, 20-21, rue d'Enfer, pl. du Tertre, 37530 Limeray, tél. 02.47.30.10.69, fax 02.47.30.06.92 ⬛ ⬛ t.l.j. 8h-12h30 14h-18h; dim. sur r.-v.

XAVIER FRISSANT
Cuvée François Ier 1996*

| ⬛ | 3 ha | 20 000 | | -30 F |

Mosnes, village du bord de la Loire, est un agréable lieu de séjour. La propriété Frissant a aménagé un joli caveau de dégustation. Ce 96, presque noir, évoque le cassis, au nez comme au palais. Equilibré et riche en tanins, il s'arrondira après un an ou deux de vieillissement en bouteille. Belle réussite.
➤ Xavier Frissant, 1, Chemin-Neuf, 37530 Mosnes, tél. 02.47.57.23.18, fax 02.47.57.23.25 ⬛ ⬛ r.-v.

DOM. DE LA GABILLIERE
Doux 1996**

| | 3 ha | 9 000 | | 30 à 50 F |

Le domaine expérimental du lycée viticole d'Amboise voit passer une bonne partie des jeunes viticulteurs de Touraine... et d'ailleurs. Le **rouge 96** a beaucoup de matière, mais c'est ce blanc moelleux qui remporte la palme. Vêtu de jaune d'or, il embaume les fruits secs et confits (abricot). Ces nuances se retrouvent dans une bouche volumineuse et harmonieuse. Un vin qui révèle les potentialités du terroir d'Amboise, dans un millésime propice à la surmaturation.
➤ Dom. de La Gabillière, 46, av. Emile-Gounin, 37400 Amboise, tél. 02.47.23.35.51, fax 02.47.57.01.76 ⬛ ⬛ t.l.j. sf sam. dim. 8h-12h 13h30-17h30

DOM. LA GRANGE TIPHAINE
Cuvée Prestige 1996

| ⬛ | 0,7 ha | 3 500 | | 30 à 50 F |

Jackie Delécheneau exploite le vignoble le plus important de la commune d'Amboise. Cette cuvée est issue de vignes de quarante ans d'âge en moyenne. La robe est profonde ; les arômes sont fruités. Une pointe tannique apparaît en finale, signe que le vin demande à s'assouplir. Côt et cabernet, nés sur argilo-calcaire et assemblés à parts égales, donnent des vins de bonne garde.
➤ Jackie Delécheneau, 1353, rue du clos Chauffour, 37400 Amboise, tél. 02.47.57.64.17, fax 02.47.57.39.49 ⬛ ⬛ t.l.j. 9h-19h; groupes sur r.-v.

DOM. DE LA PERDRIELLE
Cuvée François Ier 1996**

| ⬛ | 2 ha | 12 000 | | -30 F |

Un producteur de Nazelles, commune située en rive droite de Loire entre Amboise et Vouvray.

La Touraine

Les vignes sont plantées sur argile à silex. Un vin à la robe soutenue ; les arômes de fruits noirs apparaissent en bouche, accompagnant des tanins qui s'arrondissent déjà. L'équilibre parfait permettra à cette cuvée d'atteindre le prochain millénaire.

Jacques Gandon, 24, Vallon de Vauriflé, 37530 Nazelles-Négron, tél. 02.47.57.31.19, fax 02.47.57.77.28 ☑ ⟨ t.l.j. 9h-13h 14h-19h; dim. sur r.-v.

DOM. DE LA PREVOTE
Cuvée François Ier 1996★

| | n.c. | 20 000 | | -30 F |

La cave acquise par l'arrière-grand-père servait de salle de musique ! Elle n'est maintenant plus assez grande pour vinifier la récolte des 50 ha du domaine. Vêtu de grenat, ce vin offre un joli bouquet de fruits rouges. Gouleyant, élégant et rond, c'est un bon représentant des touraine-amboise de semi-garde. Ce domaine, dont le nom évoque le palais de justice du XIIIes. situé non loin de la cave, propose également un **rosé 97** que le jury a retenu - sans étoile - pour ses arômes floraux très flatteurs.

Dom. de La Prévôté, GAEC Bonnigal, 17, rue d'Enfer, 37530 Limeray, tél. 02.47.30.11.02, fax 02.47.30.11.09 ☑ ⟨ t.l.j. sf dim. 9h-19h

CELLIER LEONARD DE VINCI
Cuvée François Ier 1996★★

| | n.c. | n.c. | | -30 F |

Modernisée et rebaptisée en 1995, la cave coopérative de Limeray prend un nouveau départ, forte de ses 110 ha vendangés. D'une belle teinte cerise soutenue, ce 96 charme le nez avant d'enchanter le palais par sa matière et son équilibre. Déjà agréable, il laisse bonne bouche et vieillira cinq ans. Le **rosé 97** est très fruité.

Cellier Léonard de Vinci, 11, rte de Saint-Ouen-les-Vignes, 37530 Limeray, tél. 02.47.30.10.31, fax 02.47.30.06.31 ☑ ⟨ t.l.j. sf dim. 8h-12h 14h-18h

DOM. MESLIAND La Besaudière 1996★★★

| | 1 ha | 6 000 | | 30 à 50 F |

Encore un producteur installé rue d'Enfer à Limeray, et qui vinifie en cave comme le veut la tradition. Issu des vignes les plus âgées situées en premières côtes, voici un 96 à la robe profonde. Il dévoile un bouquet puissant aux notes boisées, une bonne attaque, de la matière sans agressivité. Il se prolonge agréablement sur une touche de cerise : une harmonie superbe.

Touraine-azay-le-rideau

Dom. Mesliand, 15 bis, rue d'Enfer, 37530 Limeray, tél. 02.47.30.11.15, fax 02.47.30.02.89 ☑ ⟨ t.l.j. 8h-21h; groupes sur r.-v.

DOMINIQUE PERCEREAU
Cuvée François Ier 1996

| | 4 ha | 10 000 | | -30 F |

Une exploitation typiquement tourangelle : la maison est au pied du coteau ; la cave, derrière, est creusée dans le tuffeau et les vignes sont au-dessus, sur le plateau. Ce vin coloré sent bon les fruits noirs. Assez tannique, il montre un caractère un peu rustique. Sa finale évoque le cassis.

Dominique Percereau, 85, rue de Blois, 37530 Limeray, tél. 02.47.30.17.86, fax 02.47.30.16.51 ☑ r.-v.

Touraine-azay-le-rideau

Sur 50 ha répartis sur les deux rives de l'Indre, les vins ont ici l'élégance du château qui se reflète dans la rivière et dont ils ont pris le nom. Les blancs dominent (1 104 hl) ; secs à tendres, particulièrement fins, ils vieillissent bien ; ils sont issus du cépage chenin blanc (ou pineau de la Loire). Les cépages grolleau (60 % minimum de l'assemblage), gamay, côt (avec au maximum 10 % de cabernets) donnent des rosés secs et très friands (978 hl).

DOM. DU HAUT BAIGNEUX★

| | 3,13 ha | 12 000 | | -30 F |

En passant à Cheillé, on peut découvrir une curiosité, une église dont un mur est traversé par les racines d'un chêne, et goûter ce vin vêtu de jaune à reflets dorés ; un 96 aromatique aux nuances florales et minérales, bien équilibré.

Jean-Pierre Perdriau, Dom. Haut-Baigneux, 37190 Cheillé, tél. 02.47.45.35.95, fax 02.47.45.27.87 ☑ r.-v.

LA CAVE DES VALLEES 1996★

| | n.c. | 5 000 | | -30 F |

A Cheillé ont été découverts les restes d'un pressoir gallo-romain du IIIes., preuve de l'ancienneté du vignoble d'Azay. La cave des Vallées est située presque en lisière de la forêt de Chinon. On pourra y goûter un 96 de couleur pâle à reflets verts, qui sent bon les agrumes et l'ananas. Vif en attaque, il est long et équilibré.

Marc Badiller, 29, Le Bourg, 37190 Cheillé, tél. 02.47.45.24.37, fax 02.47.45.29.66 ☑ ⟨ t.l.j. sf dim. 8h30-12h 14h30-19h

LA VALLEE DE LA LOIRE

La Touraine

LA HERPINIERE Vieilles vignes 1996*
□ 1 ha 5 000

Située entre Villandry et Azay, la cave de la Herpinière est une ancienne carrière de plus de 5000 m², d'où l'on extrayait le tuffeau qui servait à construire les maisons de la région. Installé en 1994, Christophe Verronneau nous propose un vin au bouquet frais, floral (acacia) et fruité (ananas confit), bien équilibré entre tendreté et vivacité ; la finale reste fraîche avec des notes de fruits secs. Elégant et typé.
↝ Christophe Verronneau, 16, la Vallée Vallères, 37190 Azay-le-Rideau, tél. 02.47.45.92.38, fax 02.47.45.92.39 ✓ Ⲧ r.-v.

RENE MÉNARD 1996
□ 1 ha 4 000

Exploitant depuis 1962, René Ménard est à la fois viticulteur et arboriculteur, comme nombre de ses collègues de la région d'Azay. Il a élaboré une cuvée jaune citron, au nez discret mais assez fin, suffisamment longue en bouche, dans un équilibre demi-sec.
↝ René Ménard, Les Ribottières, 10, chem. de la Dîme, 37190 Azay-le-Rideau, tél. 02.47.45.41.88 ✓ Ⲧ r.-v.

JAMES PAGET 1997*
□ 1 ha 5 000

Habitué du Guide, ce producteur vend 15 % de sa récolte hors de France. Son rosé est clair, presque gris. Il sent bon les fruits, notamment la fraise. Un vin très bien fait, qualifié de gourmand par un de nos dégustateurs. Le **blanc 96** sera de longue garde.
↝ EARL James Paget, 13, rue d'Armentières, 37190 Rivarennes, tél. 02.47.95.54.02, fax 02.47.95.45.90 ✓ Ⲧ r.-v.

PASCAL PIBALEAU 1997**
□ 2,5 ha 8 000

Installé en 1987, Pascal Pibaleau est l'un des jeunes producteurs dynamiques de l'appellation. Ses vins sont réputés au-delà même de nos frontières, et ils le méritent, à en juger par ce rosé à la robe claire, très fruité. Typique de son terroir d'Azay, il sera gouleyant à plaisir pour l'été 1999.
↝ Pascal Pibaleau, 68, rte de Langeais, 37190 Azay-le-Rideau, tél. 02.47.45.27.58, fax 02.47.45.26.18 ✓ Ⲧ r.-v.

MADAME PIERRE RIVRY 1996*
□ 1 ha n.c.

Les vignes plantées sur argile à silex sont âgées d'une trentaine d'années en moyenne. Elles ont donné ce 96 d'un jaune citron limpide, au bouquet intense et fin, nuancé de coing, long et rond en bouche, révélant une belle matière.
↝ Bernadette Rivry, 10, rue de Villandry, 37130 Lignières-de-Touraine, tél. 02.47.96.72.38 ✓ Ⲧ r.-v.

FRANCK VERRONNEAU 1997
□ 1 ha 7 000

Installé en 1992, ce jeune producteur de Cheillé est attaché aux méthodes de vinification traditionnelles. Issu du pur cépage grolleau, son rosé 97 s'annonce par une robe saumonée et un nez typé avec ses touches épicées. Agréable et bien rond, il sera parfait sur de la charcuterie.
↝ EARL Franck Verronneau, Beaulieu, 37190 Cheillé, tél. 02.47.45.40.86, fax 02.47.45.94.82 ✓ Ⲧ r.-v.

Touraine-mesland

Touraine-mesland

Sur la rive droite de la Loire, au nord de Chaumont et à l'extrémité orientale de la Touraine, l'aire d'appellation couvre 250 ha. 3 383 hl ont été produits en 1997 dont 341 en blanc. La production de vins rouges est abondante ; issus du gamay pur ou en assemblage avec du cabernet et du côt, ils sont bien structurés et typés. Comme les rosés, les blancs (surtout chenin) sont secs.

BOIS D'ASNIERES 1997*
■ 10 ha 25 000

Onzain est situé en face du beau château de Chaumont qui domine la Loire. Ce vignoble fut acquis en 1990 par un ancien négociant, qui l'a agrandi depuis. Dans sa robe soutenue, ce vin rouge de Mesland a un nez puissant rappelant le poivron. Plaisante au palais par son attaque franche et son équilibre, voici une cuvée réussie.
↝ Jean-Claude Saunier, GFA Dom. des Cailloux, 45, rue d'Asnières, 41150 Onzain, tél. 02.54.20.78.77, fax 02.54.20.78.77 ✓ Ⲧ t.l.j. 9h-12h 14h-19h; f. fév.

DOM. DE LA BESNERIE
Vieilles vignes 1997*
■ 3 ha 6 000

Ici, la salle de dégustation est neuve et accueillante. Elle complète le chai, construit voici vingt ans. Ce 97 plaît par son bouquet complexe et franc, puis par son équilibre en bouche. Avec son bon goût de raisins mûrs, il ne manque pas d'élégance. Le **blanc 96** dévoile lui aussi de jolis arômes.
↝ François Pironneau, Dom. de La Besnerie, rte de Mesland, 41150 Monteaux, tél. 02.54.70.23.75, fax 02.54.70.21.89 ✓ Ⲧ r.-v.

CLOS DE LA BRIDERIE Gris 1997*
□ 1,3 ha 9 000

Un vignoble cultivé en biodynamie et un chai parfaitement équipé, situé sur le plateau viticole, entre Mesland et Monteaux. Belle salle de réception. Ce joli vin, assez pâle, à reflets saumon, sent bon la rose. Au palais, il attaque en souplesse et se développe longuement avec des notes d'agrumes. C'est un rosé harmonieux, bien typé Mesland.
↝ J. et F. Girault, Clos de La Briderie, 41150 Monteaux, tél. 02.47.57.07.71, fax 02.47.57.65.70 ✓ Ⲧ r.-v.

La Touraine — Bourgueil

LES VAUCORNEILLES 1996*

0,8 ha   1 200   -30 F

Les Vaucorneilles furent achetées en 1936 par le grand-père de Jean-Louis Darde. Ici, la vinification est traditionnelle. Parfaitement limpide, jaune citron, ce vin blanc offre un bouquet puissant, aux nuances florales. Bien rond, équilibré, c'est un mesland typique qui évoluera bien.
→ Jean-Louis Darde, Les Vaucornelles, 10, rue de l'Egalité, 41150 Onzain, tél. 02.54.20.72.91, fax 02.54.20.74.26 ✓ ⟁ t.l.j. 9h-19h; dim. 10h-12h30

DOM. DE LUSQUENEAU 1997

3 ha   4 000   -30 F

Le domaine, d'une trentaine d'hectares, a été repris en 1991 par la famille Latreuille. Vêtu de rose brillant, ce vin aux nuances animales tapisse bien la bouche avec ce qu'il faut de structure et de gras. Il se tiendra bien à table.
→ SCEA Dom. de Lusqueneau, rue du Foyer, 41150 Mesland, tél. 02.54.70.25.51, fax 02.54.70.27.49 ✓ ⟁ r.-v.
→ Latreuille

JACQUES VEUX 1997

2 ha   n.c.   -30 F

Un vin issu principalement du gamay noir, cultivé sur sol argilo-sableux. Sa robe est d'une intensité soutenue ; il sent bon le raisin. Long en bouche avec des évocations de fraise, c'est un rosé plutôt puissant.
→ Jacques Veux, 3 bis, Ch. Gaillard, 41150 Mesland, tél. 02.54.70.26.27 ✓ ⟁ r.-v.

Bourgueil

A partir du cépage cabernet-franc ou breton, 71 898 hl de vins rouges très caractérisés sont produits sur les 1 250 ha de l'aire d'appellation contrôlée bourgueil, à l'ouest de la Touraine et aux frontières de l'Anjou, sur la rive droite de la Loire. Racés, dotés de tanins élégants plus ou moins marqués selon les terrains (coteaux ou terrasses) et les sols (calcaire et argile ou graviers), ils ont une très bonne aptitude au vieillissement, après une cuvaison longue. Leur évolution en cave peut durer plusieurs dizaines d'années pour les meilleurs millésimes (1976, 1989, 1990 par exemple). Quelques centaines d'hectolitres (3 % de la production) sont vinifiés en rosés secs. Il est à noter que les viticulteurs membres de la coopérative de Bourgueil élèvent généralement leurs vins individuellement dans leur propre cave.

YANNICK AMIRAULT
La Petite Cave 1996*

1,4 ha   8 000   50 à 70 F

Toujours présent dans le Guide - souvent aux places d'honneur -, Yannick Amirault élabore plusieurs cuvées selon la nature du sol, l'exposition, l'âge des vignes, et ne présente que celle pour laquelle il a une affection particulière. Hier, c'étaient les Malgagnes, les Quartiers, et autres Vieilles vignes... Aujourd'hui, c'est la Petite Cave. La robe est d'un rouge profond, brillante. Le nez, encore un peu fermé, laisse échapper quelques notes boisées que l'on retrouve en bouche, mais délicates, celles-ci se fondent dans une matière pleine où les tanins tiennent une place discrète. Un vin superbe, promis à un bel avenir.
→ Yannick Amirault, La Coudraye, rte du Moulin, 37140 Bourgueil, tél. 02.47.97.78.07, fax 02.47.97.94.57 ✓ ⟁ r.-v.

JEAN-MARIE AMIRAULT
Cuvée Prestige 1996**

3 ha   10 000   30 à 50 F

[Étiquette : BOURGUEIL 1996, Grand Cru du Val de Loire, Cuvée Prestige A, Appellation d'Origine Contrôlée, 12%vol – 750ml, Mis en bouteille à la Propriété par Jean-Marie et Nathalie AMIRAULT, Vignerons « La Motte » à BENAIS - 37140 BOURGUEIL - Tél. 02.47.97.48.00 - Fax 02.47.97.47.47]

Les sols de Benais proviennent des éboulis du coteau. De nature argilo-calcaire, ils donnent des vins solidement constitués pour peu que l'on respecte les normes de rendement et de vinification du terroir. C'est le cas de ce 96, un vin de caractère, pourvu d'une matière dense, enveloppante, qui donne une juste réplique à des tanins encore fermes. Mais ces derniers se tiennent à leur place et attendent le moment d'évoluer, en promettant de très beaux arômes. Une belle bouteille représentative des vins de garde de bourgueil. A choisir en toute confiance.
→ Jean-Marie Amirault, La Motte, 37140 Benais, tél. 02.47.97.48.00, fax 02.47.97.47.47 ✓ ⟁ r.-v.

HUBERT AUDEBERT
Cuvée Jolinet 1996*

1 ha   6 700   30 à 50 F

Travaillant sur l'exploitation depuis plus de vingt ans, Hubert Audebert en connaît tous les ceps. Fort de cette expérience, il a réussi un vin d'un bel équilibre où les tanins jouent leur rôle avec justesse et talent. Une évocation de cerise, au nez et en bouche, complète cette scène que l'on applaudit des deux mains. A savourer sans attendre.
→ Hubert Audebert, 5, rue Croix-des-Pierres, 37140 Restigné, tél. 02.47.97.42.10, fax 02.47.97.77.53 ✓ ⟁ r.-v.

La Touraine — Bourgueil

DOM. AUDEBERT ET FILS
Vignoble Les Marquises 1996*

1,5 ha   10 000   30 à 50 F

Cette ancienne maison est renommée pour ses vins, bien distribués dans la restauration. Elle propose un 96 issu d'un vignoble récemment acquis. Elle a eu la main heureuse dans cette affaire puisque voilà un vin fort réussi. Le nez très intense de cassis et poivron est typique de l'appellation. Les constituants en bouche sont équilibrés et une note de fruit de la passion laisse une impression flatteuse. A servir sans attendre. A signaler, présenté par la même maison, un **rosé 97** friand, cité par le jury.
- Dom. Audebert et Fils, av. Jean-Causeret, 37140 Bourgueil, tél. 02.47.97.80.24 t.l.j. sf sam. dim. 8h30-12h 14h-18h

VIGNOBLE AUGER
Climat tempéré 1996**

6 ha   20 000   30 à 50 F

« La particularité de mon vignoble, dit Christophe Auger, tient à la diversité des terroirs et à l'âge respectable de mes vignes ». Cette singularité est sans doute la clé de la réussite de ce 96. Une belle robe brillante à reflets rubis met d'emblée dans de bonnes dispositions. Le nez est superbe par l'intensité de ses notes de fruits rouges et de cassis. Au palais, les tanins très fondus se remarquent à peine et font place à une impression de rondeur et de plénitude. La finale n'en finit pas... et laisse une sensation de bien-être.
- Christophe Auger, 58, rte de Bourgueil, Fougerolles, 37140 Restigné, tél. 02.47.97.41.37, fax 02.47.97.49.78 r.-v.

CAVE DES GRANDS VINS DE BOURGUEIL Les Chevaliers 1996*

n.c.   60 000   30 à 50 F

C'est une des plus anciennes caves coopératives de la Touraine qui, à l'origine, se chargeait uniquement de l'élaboration des vins. Aujourd'hui, elle procède à leur commercialisation et, grâce à sa réputation de sérieux et de suivi dans la qualité, a trouvé des débouchés dans le monde entier. Sa cuvée Les Chevaliers semble prête : le nez de fruits rouges est élégant, en bouche possède beaucoup de substance avec des tanins bien estompés. C'est plus qu'il n'en faut pour vous rendre heureux.
- Cave des Grands Vins de Bourgueil, 16, rte des Chevaliers, 37140 Restigné, tél. 02.47.97.32.01, fax 02.47.97.46.29 t.l.j. sf dim. 8h-12h 13h30-18h

DOM. DU CHENE ARRAULT
Cuvée Vieilles vignes 1996*

1,3 ha   8 000   30 à 50 F

Une installation récente (1990) sur un coquet vignoble de près de 13 ha sis sur les côtes de Benais, voilà un bon départ pour les Deschamps. Ce 96 témoigne : très ouvert au nez, il livre des notes de réglisse et de confiture qui pointe un peu de surmaturation. Les mêmes arômes se retrouvent en bouche avec une nette évocation de poivron. Le parfait équilibre entre matière et tanins en fait un vin à servir dès aujourd'hui. La seconde cuvée de ces jeunes vignerons, dite du **« Chêne Arrault »** est tout aussi fruitée.
- Christophe Deschamps, 4, Le Chêne-Arrault, 37140 Benais, tél. 02.47.97.46.71, fax 02.47.97.82.90 r.-v.

DOM. DES CHESNAIES
Cuvée Lucien Lamé 1996**

6 ha   45 000   30 à 50 F

Lamé, Delisle et Boucard sont les trois familles de vignerons qui ont bâti le domaine des Chesnaies. Disparu récemment, Lucien Lamé a construit un chai équipé de cuves et foudres en bois où les vins séjournent souvent plus de deux ans. Ce savoir-faire se retrouve dans ce vin où les tanins sont à la fois très présents et épanouis. Ils ont perdu de leur astringence pour ne laisser paraître qu'un fond, générateur d'arômes qui se développeront avec les ans. Une bouteille fort prometteuse.
- EARL Lamé-Delisle-Boucard, Dom. des Chesnaies, 37140 Ingrandes-de-Touraine, tél. 02.47.96.98.54, fax 02.47.96.92.31 t.l.j. sf dim. 9h-11h30 14h-17h30
- GFA Chesnaies

MAX COGNARD Les Tuffes 1996*

1,2 ha   7 500   30 à 50 F

Près de la cave touristique, que tout amateur éclairé de bourgueil se doit d'avoir vue, les vignes de Max Cognard croissent au pied d'un coteau, sur sol argilo-calcaire. La nature du sol explique les caractères de ce 96 : la bouche est sévère ; on sent le vin au potentiel intéressant mais qui a besoin de maturation. Une garde moyenne arrondira ses tanins et lui permettra de développer des arômes qui le rendront plus séduisant.
- Max Cognard, Chevrette, 37140 Saint-Nicolas-de-Bourgueil, tél. 02.47.97.76.88, fax 02.47.97.97.83 t.l.j. sf dim. 10h-12h30 14h30-19h

DOM. DES FORGES
Cuvée Les Bézards 1996*

4 ha   25 000   30 à 50 F

Jean-Yves Billet vient de terminer son mandat à la tête du syndicat viticole. Président dynamique, il n'a eu de cesse d'installer dans l'ancienne demeure de Jean Carmet, au centre de Bourgueil, une maison d'accueil pour le touriste, à laquelle est jointe une salle de dégustation dernier cri où se déroulent concours et contrôles de qualité. Il a trouvé tout de même le temps de s'occuper de ses vins et de les réussir ! Celui-ci se distingue par un nez intense de fruits et des tanins remarquables de douceur. La finale tient un moment. C'est un bon compromis entre le vin à boire

852

La Touraine

Bourgueil

jeune et le vin de garde. Quant à la cuvée **Vieilles vignes 96**, elle a été citée par le jury.
🕿 Jean-Yves Billet, pl. des Tilleuls, 37140 Restigné, tél. 02.47.97.32.87, fax 02.47.97.46.47 ⓥ ⓣ r.-v.

GERARD GALTEAU 1996

■ 2 ha 6 000 30 à 50 F

Lorsque l'on vient de Tours, c'est à Ingrandes-de-Touraine que l'on découvre la terrasse de Bourgueil ; celle-ci va s'élargissant et porte quelques-uns des plus beaux vignobles de l'appellation. Le sol graveleux mêlé d'argile, ou argilo-calcaire près du coteau, donne des vins de référence. Ce 96, assez animal au nez, est ample, souple et doté d'une belle finale. Prêt à boire, il peut aussi être mis en cave.
🕿 Gérard Galteau, 44, rue de Touraine, 37140 Ingrandes-de-Touraine, tél. 02.47.96.90.91, fax 02.47.96.90.91 ⓥ ⓣ t.l.j. 8h-20h

DOM. DES GELERIES 1996

■ n.c. 5 000 30 à 50 F

Voici un très bel exemple de bourgueil de printemps : floral et fruité au nez, léger et friand en bouche. On a envie de le boire tout de suite, bien frais, avec des amis autour d'une table dressée en toute simplicité.
🕿 Mme Jeannine Rouzier-Meslet, Dom. des Géléries, 2, rue des Géléries, 37140 Bourgueil, tél. 02.47.97.72.83, fax 02.47.97.48.73 ⓥ ⓣ t.l.j. sf dim. 9h-12h30 14h30-19h

DOM. GUION 1996*

■ 3 ha 15 000 30 à 50 F

Près de 7 ha de vignes sur les sols argilo-calcaires de Benais, conduits en culture biologique, voilà le bel outil dont dispose Stéphane Guion. Il en fait bon usage comme en témoigne ce superbe vin de garde à la note boisée. Bien charpenté avec des tanins qui répondent présents, il devra être mis en pénitence pour son plus grand bien durant quatre ou cinq ans.
🕿 Stéphane Guion, 3, rte de Saint-Gilles, 37140 Benais, tél. 02.47.97.30.75, fax 02.47.97.83.17 ⓥ ⓣ r.-v.

CLOS DE L'ABBAYE 1996**

■ 6,85 ha 30 000 30 à 50 F

L'abbaye, fondée en 990, est le berceau du vignoble de Bourgueil. Les moines y plantèrent les premières vignes qui se développèrent rapidement et bientôt se répandirent sur les terrasses environnantes. On ne pouvait trouver ici plus authentique expression du cépage breton : la robe est grenat, dense, tout en restant brillante, le nez empyreumatique témoigne d'une légère surmaturation, et la bouche, harmonieusement constituée, révèle une charpente tannique bien mesurée qui laisse une impression de soie. C'est un vin qui va connaître une évolution heureuse et donnera bien des satisfactions.
🕿 SCEA de La Dime, Clos de L'Abbaye, 37140 Bourgueil, tél. 02.47.97.76.30, fax 02.47.97.72.03 ⓥ ⓣ r.-v.
🕿 Congrégation sœurs St-Martin

DOM. DE LA CHANTELEUSERIE
Cuvée Beauvais 1996**

■ 2,35 ha 12 000 30 à 50 F

Cette exploitation est l'héritière d'une tradition de qualité puisque déjà, en 1934, l'arrière-grand-père s'était distingué au Concours général agricole de Paris. Thierry Boucard a, quant à lui, installé une table de tri qui permet d'éliminer les débris végétaux et les grappes trop abimées. Cela impose une vendange manuelle. Le résultat est là avec ce beau vin de garde, étoffé, aux tanins très présents mais assez fondus. Ajoutez-y les senteurs classiques du bourgueil, fruits rouges et réglisse, et vous avez là une bouteille qui sort du lot. Du même domaine, la cuvée **Vieilles vignes 96** mérite d'être citée.
🕿 Thierry Boucard, La Chanteleuserie, 37140 Benais, tél. 02.47.97.30.20, fax 02.47.97.46.73 ⓥ ⓣ r.-v.

LA CHARPENTERIE
Vieilles vignes Vieilli en fût de chêne 1996*

■ 3 ha 6 000 30 à 50 F

Installé en 1970 sur une exploitation de 12 ha, Alain Caslot a toujours été un partisan des procédés anciens. Ses vins vieillissent en fût dans la plus pure tradition bourgueilloise, le temps qu'il faut. Cela donne un 96 qui « bretonne » bien et dont les tanins puissants ont encore besoin d'être assagis. Un beau vin classique, fait pour la garde, à oublier dans quelque cave profonde. Le 93 avait obtenu un coup de cœur.
🕿 EARL Alain Caslot-Bourdin, La Charpenterie, 37140 La Chapelle-sur-Loire, tél. 02.47.97.34.45, fax 02.47.97.44.80 ⓥ ⓣ r.-v.

DOM. DE LA GAUCHERIE 1996*

■ 10 ha 25 000 30 à 50 F

La commune de Restigné possède des sols constitués en majeure partie de graviers et de sable qui sont d'anciennes alluvions de la Loire. Ils donnent des vins pleins, aux arômes de fruits rouges où domine la framboise. Le Chat Pendu, les Evois, les Champizaux sont autant de lieux-dits du vignoble de Régis Mureau présentant ce type de sol. Le vin proposé ici a perdu ses senteurs de jeunesse mais il a gardé sa capacité à vieillir. Laissons-lui deux ans : il s'affirmera.
🕿 Régis Mureau, La Gaucherie, 37140 Ingrandes-de-Touraine, tél. 02.47.96.97.60, fax 02.47.96.93.43 ⓥ ⓣ t.l.j. 8h-12h 14h-18h; f. 15-31 juil.

DOM. DE LA LANDE
Cuvée Prestige 1996*

■ 2 ha 10 000 30 à 50 F

François Delaunay vient d'entrer dans l'entreprise familiale. Avec Marc, son père, il est à bonne école. Le jury a apprécié cette cuvée Prestige. Le nez de ce 96 est complexe : on y trouve du poivron vert et du cuir avec une touche légère de fumée. En bouche, les tanins s'affichent ouvertement, tout en faisant preuve d'une certaine élégance. C'est un beau bourgueil plein de promesses.
🕿 EARL Delaunay Père et Fils, La Lande, 37140 Bourgueil, tél. 02.47.97.80.73, fax 02.47.97.95.65 ⓥ ⓣ t.l.j. sf dim. 8h-12h 14h-18h

LA VALLEE DE LA LOIRE

La Touraine — Bourgueil

VIGNOBLE DE LA RENAISSANCE 1996

■ 2,38 ha   3 000   -30F

Jean-Paul Verneau est un jeune vigneron installé en 1994. Si le domaine a pâti de la première année d'une forte gelée, il propose un 96 équilibré où des tanins souples promettent une évolution favorable en cave. Un début encourageant.
➥ Jean-Paul Verneau, 14, rue Noiret, 37140 Restigné, tél. 02.47.24.95.05 ⓥ Ⲧ r.-v.

VIGNOBLE DE LA ROSERAIE 1996

■ n.c.   15 000   30 à 50 F

Toute la famille, les parents et les deux fils, participe à la marche de ce beau domaine de 24 ha. Le jury a aimé ce vin bien construit où les tanins sont présents mais restent à leur place. Une fin épicée lui donne une allure fraîche et plaisante. Ce 96 peut être servi dès maintenant, mais constitue une bouteille de semi-garde tout à fait honorable.
➥ Vignoble de La Roseraie, 46, rue Basse, 37140 Restigné, tél. 02.47.97.32.97, fax 02.47.97.44.24 ⓥ Ⲧ r.-v.
➥ Vallée

DOM. DE LA VERNELLERIE 1996★

■ 2 ha   5 000   -30F

Le domaine compte 14 ha et résulte du regroupement de quatre exploitations. Récolté sur les terres de Benais, ce bourgueil ne pouvait qu'être solidement charpenté. Mais grâce à une vinification et à un élevage en bois bien menés, il présente des tanins, certes puissants, mais fondus, avec en soutien une belle matière qui le rend vineux. A laisser vieillir absolument.
➥ Camille et Marie-Thérèse Petit, Dom. de La Vernellerie, 37140 Benais, tél. 02.47.97.31.18, fax 02.47.97.31.18 ⓥ Ⲧ r.-v.

DOM. LES PINS Vieilles vignes 1996★

■ 2,5 ha   20 000   30 à 50 F

Ce domaine d'une taille coquette - 18 ha - est dans la famille depuis cinq générations. Une bâtisse du XVIe s., sise au milieu du vignoble, atteste son ancienneté. Il présente un 96 bien né mais qui est loin encore de sa maturité. Tanin, matière, tout cela révèle un vin de bonne facture mais qui doit évoluer absolument. De la même exploitation, un **rosé 97** mérite d'être cité pour sa franchise.
➥ EARL Pitault-Landry et Fils, Dom. Les Pins, 37140 Bourgueil, tél. 02.47.97.82.89, fax 02.47.97.98.69 ⓥ Ⲧ r.-v.

MICHEL ET JOELLE LORIEUX
Chevrette 1996★

■ 2 ha   5 000   30 à 50 F

Michel Lorieux tient son exploitation et son savoir de son grand-père avec lequel il a travaillé longtemps. Une formation sur le tas fructueuse, à en juger par ce vin au nez très ouvert de fruits rouges, à la bouche puissante, ronde et fruitée. Il est plaisant dès maintenant mais progressera certainement en cave.
➥ Michel Lorieux, Chevrette, 37140 Bourgueil, tél. 02.47.97.85.86, fax 02.47.97.85.86 Ⲧ t.l.j. 9h-12h30 14h-19h

DOM. LAURENT MABILEAU 1996

■ 3 ha   20 000   30 à 50 F

Laurent Mabileau possède une exploitation de 18 ha située à cheval sur les appellations bourgueil et saint-nicolas-de-bourgueil. Son bourgueil 96 est un vin souple et plaisant qui accompagnera une cuisine sans prétention.
➥ Dom. Laurent Mabileau, La Croix du Moulin-Neuf, 37140 Saint-Nicolas-de-Bourgueil, tél. 02.47.97.74.75, fax 02.47.97.99.81 ⓥ Ⲧ t.l.j. 8h-20h

CH. DE MINIERE Rubis de Minière 1996★

■ 4 ha   30 000   30 à 50 F

Le château de Minière est une élégante demeure qui s'ouvre sur une belle perspective de vigne. Le vignoble reste modeste, 7 ha. C'est Jean-Yves Billet qui a pris en charge les vinifications et on sent son coup de patte dans ce 96 un peu empyreumatique, à la bouche souple et équilibrée. Ce vin développe des arômes de fruits et sa persistance est très honorable. Il peut être consommé dès maintenant ou gardé pour plus tard.
➥ Ch. de Minière, 37140 Ingrandes-de-Touraine, tél. 02.47.97.32.87, fax 02.47.97.46.47 ⓥ Ⲧ r.-v.

DOMINIQUE MOREAU
Cabernet-franc 1996★

■ 1 ha   n.c.   30 à 50 F

Les qualificatifs ne manquent pas pour décrire ce vin de grande garde : équilibré, gras, intense, rond et long. Ce 96 doit bien attendre trois ou quatre ans en cave avant d'être prêt. C'est un vin superbe qui est une bonne illustration du millésime.
➥ Dominique Moreau, L'Ouche-Saint-André, 37140 Restigné, tél. 02.47.97.31.93 ⓥ Ⲧ r.-v.

NAU FRERES Les Blottières 1996★★

■ 6 ha   25 000   30 à 50 F

De mémoire de Nau, au moins six générations de cette vieille famille du Bourgueillois se seraient succédé sur ce vignoble de la Perrée... La dernière, deux frères, conduit 20 ha de vignes, plantés exclusivement de cabernet franc sur des terres graveleuses ou argilo-calcaires. Elle présente un vin de garde que le jury a loué unanimement : le nez un peu discret laisse fuser à l'agitation des senteurs de cassis, et la bouche, à l'attaque franche, montre une impression de richesse et d'équilibre. C'est un vin tout en harmonie qui fera une belle carrière. Du même millésime, la cuvée **Vieilles vignes** a obtenu une étoile.
➥ GAEC Nau Frères, La Perrée, 37140 Ingrandes-de-Touraine, tél. 02.47.96.98.57, fax 02.47.96.90.34 ⓥ Ⲧ r.-v.

DOM. OLIVIER 1996

■ 0,7 ha   4 000   30 à 50 F

« Le vin est notre domaine » ; « venez partager notre passion », lancent en guise d'invitation, Bernard et Patrick Olivier, à la tête de 27 ha de vignes sur les deux appellations bourgueil et saint-nicolas. Ils présentent un bourgueil légèrement boisé, ce qui n'est pas désagréable. La

La Touraine — Bourgueil

substance abondante lui donne puissance et longueur et en fait plutôt un vin de garde.
➥ GAEC Bernard et Patrick Olivier, La Forcine, D. 35, 37140 Saint-Nicolas-de-Bourgueil, tél. 02.47.97.75.32, fax 02.47.97.48.18 ☑ ⌾ t.l.j. 8h-12h30 14h-20h

BERNARD OMASSON 1996
■   2 ha   4 000   ⌾ ♦ 30 à 50 F

Bernard Omasson se qualifie de « petit propriétaire vigneron ». Certes, il n'a pas une grande superficie à cultiver, mais il a tout son temps pour peaufiner ses vins et les mener à un bon niveau de qualité. Celui-ci est d'un type léger, très parfumé au nez ; la bouche se montre souple et ronde ; les tanins sont bien fondus et les arômes de fruits rouges se rappellent à votre bon souvenir. Un vin gai, de bonne compagnie.
➥ Bernard Omasson, La Perrée, 54, rue de Touraine, 37140 Ingrandes-de-Touraine, tél. 02.47.96.98.20 ☑ ⌾ r.-v.

DOM. DES OUCHES
Sélection Vieilles vignes 1996*
■   3 ha   18 000   ⌾ 30 à 50 F

Paul Gambier et son fils Thomas ont le sens de l'accueil. Si vous allez chez eux, ils vous communiqueront leur passion du vin. Leur sélection Vieilles vignes présente un nez un peu fermé mais qui dégage à l'aération des senteurs de vanille et d'amande. En bouche, l'attaque est franche, et la matière généreuse. Les tanins, un peu austères aujourd'hui, s'adouciront avec quatre ou cinq années de garde. Un beau vin, à encaver en toute confiance. Une deuxième cuvée, le **Clos Princé**, a été également très appréciée.
➥ Paul et Thomas Gambier, 3, rue des Ouches, 37140 Ingrandes-de-Touraine, tél. 02.47.96.98.77, fax 02.47.96.93.08 ☑ ⌾ r.-v.

ANNICK PENET 1996★★
■   3,7 ha   n.c.   ⌾ 30 à 50 F

Voilà bientôt quarante ans qu'Annick Penet est installée sur sa petite exploitation de Restigné. Elle a bien fait de ne pas décrocher : nous aurions été privés de ce très beau 96, ample à souhait et équilibré. Après deux ans de garde, il sera superbe.
➥ Annick Penet, La Sablonnière, 29, rue Basse, 37140 Restigné, tél. 02.47.97.33.68 ☑ ⌾ r.-v.

DOM. DU PETIT BONDIEU
Cuvée des Couplets 1996*
■   2 ha   9 000   ■ ♦ 30 à 50 F

Thomas Pichet vient d'arriver sur le domaine, représentant la septième génération. La qualité demeure, à en juger par ce 96. C'est un vin puissant à la matière abondante et aux tanins encore austères. Il a vocation à vieillir quelques années.
➥ EARL Jean-Marc Pichet, Le Petit Bondieu, 30, rte de Tours, 37140 Restigné, tél. 02.47.97.33.18, fax 02.47.97.46.57 ☑ ⌾ t.l.j. 9h-12h 14h-19h

DOM. PONTONNIER
Cuvée Vieilles vignes 1996*
■   1,7 ha   1 400   ■ ⌾ 50 à 70 F

Ce domaine familial de 15 ha a élaboré une Cuvée Vieilles vignes qui mérite compliments. Le nez fruité montre beaucoup d'élégance et de finesse. Les tanins riches, assez discrets, sont en équilibre avec la matière. On retrouve en finale la distinction que l'on avait remarquée à l'olfaction. Un vin prêt à boire mais qui peut faire un peu de garde sans dommage.
➥ Dom. Guy Pontonnier, 4, chem. de L'Epaisse, 37140 Saint-Nicolas-de-Bourgueil, tél. 02.47.97.84.69, fax 02.47.97.48.55 ☑ ⌾ r.-v.

DOM. DU PRESSOIR-FLANIERE 1996
■   1 ha   4 000   ■ ⌾ ♦ 30 à 50 F

Ce petit domaine de 7 ha, situé sur les hauts d'Ingrandes, à flanc de coteau, bénéficie d'une situation priviligiée, bien abrité des vents du nord et exposé au sud. Ce terroir donne des vins charnus et ronds, comme ce 96. Un élevage bien conduit a assoupli ses tanins. Point n'est besoin de l'attendre.
➥ Gilles Galteau, 48, rue de Touraine, 37140 Ingrandes-de-Touraine, tél. 02.47.96.98.95 ☑ ⌾ r.-v.

DOM. DES RAGUENIERES 1996
■   3 ha   20 000   ■ ⌾ 30 à 50 F

Situé près du coteau, sur sol argilo-calcaire, le domaine des Raguenières est armé pour produire des vins de garde. Ses caves profondes, creusées dans le roc, sont un outil précieux pour l'élevage en fût. Tendre et rond, ce 96 paraît déjà un peu évolué. Il est très agréable en l'état et on peut hésiter sur l'opportunité de le laisser encore vieillir.
➥ SCEA Dom. des Raguenières, 11, rue du Machet, 37140 Benais, tél. 02.47.97.30.16, fax 02.47.97.46.78 ☑ ⌾ r.-v.
➥ D. Maitre et R. Viémont

DOM. DU ROCHOUARD 1996
■   2 ha   4 500   ■ 30 à 50 F

Récolte manuelle, tri sévère de la vendange et remontages journaliers durant les fermentations, on est vraiment dans la tradition à Rochouard. Si l'on y ajoute le progrès technique, comme par exemple le contrôle des températures, on a toutes les chances de son côté pour obtenir de beaux vins. Celui-ci est gras, avec beaucoup de matière et des tanins bien présents. Il a un potentiel d'évolution qui peut le mener assez loin.
➥ GAEC Duveau-Coulon et Fils, rue des Géléries, 37140 Bourgueil, tél. 02.47.97.85.91, fax 02.47.97.99.13 ☑ ⌾ r.-v.

JEAN-MARIE ROUZIER
Cuvée Tradition 1996*
■   1,5 ha   8 000   ■ ⌾ ♦ 30 à 50 F

Jean-Marie Rouzier est chinonais par son père et bourgueillois par sa mère... mais peu lui chaut, c'est toujours de ce bon cabernet franc - qu'il soit de Chinon ou de Bourgueil - qu'il doit tirer la quintessence. Il présente un bourgueil fort réussi, que sa structure tannique destine à la garde.
➥ Jean-Marie Rouzier, Les Géléries, 37140 Bourgueil, tél. 02.47.97.74.83, fax 02.47.97.48.73 ☑ ⌾ t.l.j. sf dim. 9h-13h 14h30-19h

LA VALLEE DE LA LOIRE

La Touraine — Saint-nicolas-de-bourgueil

DOM. THOUET-BOSSEAU
Vieilles vignes 1996

■ 2,1 ha 11 000

Sylvie et Jean-Baptiste Thouet sont les héritiers d'une famille vigneronne présente dans le Bourgueillois depuis au moins quatre générations. Installés en 1990, ils mettent en valeur un coquet vignoble de 7 ha. Leur 96 Vieilles vignes est étonnant par son fruité, au nez comme en bouche. Un vin bien structuré avec des tanins présents mais arrondis, frais et avenant. C'est une cuvée dont on se régalerait volontiers tout de suite.

• Sylvie et Jean-Baptiste Thouet, 13, rue de Santenay, L'Humelaye, 37140 Bourgueil, tél. 02.47.97.73.51, fax 02.47.97.44.65   r.-v.

Saint-nicolas-de-bourgueil

Les vins de saint-nicolas-de-bourgueil répondent aux mêmes caractéristiques d'encépagement, de vinification et de conservation que les bourgueil ; on en a produit 52 259 hl en 1997, sur 900 ha.

DOM. DE BEAU PUY 1996*

■ n.c. 6 000

Jean-Paul Morin est installé depuis 1980, sur un vignoble qui date du XVIIIᵉ s. Il a rénové son chai l'année dernière. Il présente un saint-nicolas plutôt léger qui devrait se boire dans les années à venir. Le nez est intense, fruité, avec une touche empyreumatique. La bouche ronde, fruitée également, a une pointe d'acidité qui lui confère une fraîcheur plaisante.

• Jean-Paul Morin, Le Coudray-la-Lande, 37140 Bourgueil, tél. 02.47.97.76.92, fax 02.47.97.98.20   r.-v.

DOM. DES BERGEONNIERES 1996*

■ n.c. 10 000

L'année dernière, André Delagouttière avait réussi un très beau rosé, un type de vin rare à Saint-Nicolas. Cette année, c'est un rouge plus classique qui souligne son talent. Le nez de ce 96 est fin, élégant avec des notes de fruits rouges affirmées. Cette évocation fruitée se retrouve en bouche, accompagnant une rondeur suffisante pour donner un caractère de semi-garde à ce vin. Mais il est à parier que cette bouteille, par sa fraîcheur et ses senteurs printanières, est bien plaisante dans l'immédiat. Du même domaine, et du même millésime, la **cuvée Vieilles vignes** a obtenu également une étoile.

• André Delagouttière, Les Bergeonnières, 37140 Saint-Nicolas-de-Bourgueil, tél. 02.47.97.75.87, fax 02.47.97.48.47   t.l.j. sf dim. 8h-12h 14h-19h

DOM. DU BOURG Les Graviers 1996**

■ 10 ha 50 000

C'est dans une salle de dégustation parfaitement aménagée que Jean-Paul Mabileau fait goûter ses différentes cuvées. Cette année, il y a intérêt à se présenter avec les papilles fraîches et l'attention aiguisée. Jean-Paul obtient en effet la suprême récompense pour un vin grandissime. Pour l'heure, ce 96 développe un nez de cuir et de gibier. Son attaque un peu vive lui donne un côté léger mais la matière concentrée et les tanins reprennent vite le dessus. Il tient bien en bouche. Son ascension va commencer et il ne sera pas loin de son apogée dans quatre ou cinq ans. Du même millésime, la **cuvée Prestige** (une étoile) mérite l'attention. Sa deuxième cuvée, dite du Bourg, n'a pas la même dimension mais laisse penseur tout de même.

• EARL Jean-Paul Mabileau, 4-6, rue du Pressoir, 37140 Saint-Nicolas-de-Bourgueil, tél. 02.47.97.82.02, fax 02.47.97.70.92   t.l.j. sf dim. 10h-12h30 15h-19h

CAVE BRUNEAU DUPUY
Vieilles vignes 1996

■ 5 ha 30 000

Jean Bruneau-Dupuy est à la tête d'un vignoble de 13 ha, situé sur les pentes qui dominent l'ancien lit de la Loire. Le sol, argilo-calcaire, repose directement sur le tuffeau. Il ne faut donc pas s'étonner d'y trouver des vins plus solides que sur le reste de l'appellation où ce ne sont que terres sableuses et graveleuses. Dans ce 96, les tanins sont très présents, mais agrémentés heureusement par des accents de réglisse et d'épices que l'on perçoit dès le nez. Ils s'assoupliront après une garde de deux ou trois ans.

• Jean Bruneau-Dupuy, La Martellière, 37140 Saint-Nicolas-de-Bourgueil, tél. 02.47.97.75.81, fax 02.47.97.43.25   r.-v.

MAX COGNARD-TALUAU
Cuvée des Malgagnes 1996

■ 2 ha 14 000

Fidèle au rendez-vous du Guide, la cuvée des Malgagnes est, dans le millésime 96, un joli vin gourmand avec sa petite vivacité, ses tanins qui font le dos rond et son bouquet exubérant, le tout dans une réelle harmonie. À offrir sans plus tarder à une joyeuse tablée.

• Max Cognard, Chevrette, 37140 Saint-Nicolas-de-Bourgueil, tél. 02.47.97.76.88, fax 02.47.97.97.83   t.l.j. sf dim. 10h-12h30 14h30-19h

La Touraine — Saint-nicolas-de-bourgueil

PATRICE DELARUE
Vieilles vignes 1996★★

0,45 ha   1000   -30F

Installé en 1985, Patrice Delarue se fait sa place dans le milieu viticole de Saint-Nicolas. Son vignoble couvre aujourd'hui 7,50 ha, avec des ceps de plus de cinquante ans en moyenne. Ajoutez à cela des vendanges manuelles et un travail méticuleux en cave : on ne s'étonnera pas de découvrir de superbes vins comme ce 96, où de multiples arômes foisonnent au nez comme en bouche. Les tanins ne présentent aucune aspérité et sont fondus dans une matière riche et abondante. Une merveille d'équilibre et d'harmonie - le coup de cœur n'est pas loin ! Les amateurs patients pourront le faire vieillir, mais il est déjà si tentant...

Patrice Delarue, La Perrée, 37140 Saint-Nicolas-de-Bourgueil, tél. 02.47.97.94.74 r.-v.

CLAUDE ESNAULT Vieilles vignes 1996★

0,5 ha   2 000   30 à 50F

Claude Esnault a plus de trente ans de pratique viticole. Il a vu passer bien des millésimes, et a fort bien su tirer parti de ce 96. Avec sa cuvée Vieilles vignes, il propose un solide vin de garde riche d'arômes de fruits rouges, long en bouche et superbement équilibré. On aura plaisir à suivre cette bouteille dans son évolution.

Claude Esnault, Chézelles, 37140 Saint-Nicolas-de-Bourgueil, tél. 02.47.97.78.45 r.-v.

LE VIGNOBLE DU FRESNE 1996★

1 ha   5 000   30 à 50F

Installé depuis 1980, Patrick Guenescheau propose un vin d'équilibre aux tanins très arrondis, fondus dans une jolie matière, agrémentée d'arômes de poivron et de fruits rouges bien mûrs. C'est le type même du saint-nicolas léger, qui se boira facilement... plus que de raison si l'on n'y prend garde !

Patrick et Marie-Claude Guenescheau, 1, Le Fresne, 37140 Saint-Nicolas-de-Bourgueil, tél. 02.47.97.86.60, fax 02.47.97.42.53 t.l.j. 8h-19h30; dim 8h-13h

DOM. DES GESLETS 1996★★

3 ha   20 000   30 à 50F

Installé depuis 1964, Pierre Grégoire a élaboré un saint-nicolas dans la tradition du terroir avec son nez extrêmement fruité et sa bouche charnue et soyeuse. Les tanins font partie intégrante du corps du vin, on ne les sent pas. On a une impression de puissance amplifiée par une collection d'arômes où se mêlent, aux habituels fruits rouges de la région, une pointe originale de vanille. Très représentative de l'appellation, c'est une bouteille de référence.

Pierre Grégoire, Les Geslets, 37140 Bourgueil, tél. 02.47.97.80.01, fax 02.47.97.44.96 r.-v.

GERARD ET MARIE-CLAIRE GODEFROY Vieilles vignes 1996★

1,9 ha   12 000   30 à 50F

Le domaine des Godefroy est implanté sur une de ces îles de l'ancien lit de la Loire, constituée

il y a de nombreux millénaires et que l'on appelle aujourd'hui des « montilles ». Les sols, graveleux et argileux, sont en tous points semblables à ceux des terrasses situées plus haut et conviennent parfaitement à la production des vins de qualité. Celui-ci est d'un caractère jeune et facile, avec ses tanins souples et ses arômes persistants dominés par la framboise et la fraise des bois.

Gérard et Marie-Claire Godefroy, 37, rue de la Taille, 37140 Saint-Nicolas-de-Bourgueil, tél. 02.47.97.77.43, fax 02.47.97.48.23 r.-v.

DOM. DES GRAVIERS
Vieilles vignes 1996★

3 ha   16 000   30 à 50F

« Le vin est une œuvre d'art qui nécessite une attention et une présence continuelles du vigneron », dit Hubert David. On ne peut que l'approuver : ce beau saint-nicolas ne se serait certainement pas fait sans le sérieux de ce jeune viticulteur aidé par sa souriante épouse. Ce 96 s'écarte quelque peu du profil habituel des vins du terroir, car il se montre assez charpenté, tannique, d'un bon volume, fait pour une assez longue garde. S'il se boit avec plaisir dès aujourd'hui, on le voit aller très loin.

Hubert David, 20 La Forcine, 37140 Saint-Nicolas-de-Bourgueil, tél. 02.47.97.86.93, fax 02.47.97.48.50 r.-v.

DOM. DE LA CAILLARDIERE 1996★

4 ha   20 000   30 à 50F

Un domaine fondé en 1840, et qui compte aujourd'hui une quinzaine d'hectares. Implantées en majeure partie sur des sols de graviers, les vignes ont donné un 96 très parfumé au nez comme en bouche, aux accents traditionnels de fruits rouges et de poivron. A cela s'ajoute une belle harmonie générale qui laisse augurer une évolution sereine.

James Morisseau et Fils, La Caillardière, 37140 Saint-Nicolas-de-Bourgueil, tél. 02.47.97.75.40, fax 02.47.97.88.88 r.-v.

DOM. DE LA CLOSERIE
Vieilles Vignes 1996★

n.c.   15 000   30 à 50F

Installé à Restigné et producteur de bourgueil, Jean-François Mabileau possède quelques parcelles à Saint-Nicolas, sur sables et graviers. Des vignes âgées de cinquante ans ont donné ce 96 dont le nez embaume les épices et la framboise. La bouche est pleine, fruitée, vive aussi et d'une bonne longueur. Les tanins n'ont pas une présence trop marquée. Bref, c'est un vin bien construit, à la fois jeune et sérieux, et qui ne devrait pas pâtir d'un petit repas forcé.

Jean-François Mabileau, 28, rte de Bourgueil, 37140 Restigné, tél. 02.47.97.36.29, fax 02.47.97.48.33 r.-v.

DOM. DE LA COTELLERAIE-VALLEE 1996★

n.c.   n.c.   30 à 50F

Claude Vallée, aujourd'hui à la tête de 17 ha à La Cotelleraie, vous y accueillera chaleureusement. Il saura vous parler de son 96. Ce vin offre un nez puissant, mélange de fruits rouges où le cassis se taille la part belle mais où le poivron

857   LA VALLÉE DE LA LOIRE

La Touraine — Saint-nicolas-de-bourgueil

n'est pas en reste. En bouche, l'attaque aimable se prolonge par de la rondeur et du gras assortis des mêmes évocations aromatiques qu'à l'olfaction. Une longueur appréciable complète un tableau flatteur. Cependant, millésime oblige, cette bouteille attendra un peu.

• Claude Vallée, La Cotelleraie, 37140 Saint-Nicolas-de-Bourgueil, tél. 02.47.97.75.53, fax 02.47.97.85.90 ☑ ☥ t.l.j. 9h-18h

DOM. LES PINS Les Maugurets 1996

■	1 ha	n.c.	☥ ♦ 30 à 50 F

Cette exploitation de 18 ha, située en partie seulement sur l'aire d'appellation saint-nicolas, propose un 96 équilibré, mais dans un style charpenté, avec des tanins rugueux. Intéressante, la palette aromatique rend ce vin déjà plaisant ; elle va des fruits rouges à la réglisse en passant par le poivron vert et le tabac. Elle devrait toutefois se bonifier avec un peu de garde.

• EARL Pitault-Landry et Fils, Dom. Les Pins, 37140 Bourgueil, tél. 02.47.97.82.89, fax 02.47.97.98.69 ☑ ☥ r.-v.

LES QUARTERONS 1996

■	2 ha	13 000	☥ ❶ ♦ 30 à 50 F

Quand Thierry Amirault est occupé, c'est son père Claude qui accueille les visiteurs dans une grande maison bourgeoise du bourg de Saint-Nicolas. Il sait parler avec conviction des vins de l'exploitation. Celui-ci, au nez évolué mais plaisant où pointe le cassis, est d'un type printanier, bien équilibré. Les tanins sont timides, les fruits rouges presque impertinents. Une bouteille flatteuse qui trouvera sa place facilement.

• Clos des Quarterons-Amirault, 37140 Saint-Nicolas-de-Bourgueil, tél. 02.47.97.75.25, fax 02.47.97.97.97 ☑ ☥ r.-v.
• Amirault

PASCAL LORIEUX
Cuvée Agnès Sorel 1996

■	0,6 ha	5 000	☥ 50 à 70 F

Pascal Lorieux, qui exploite également un vignoble sur Chinon avec son frère Alain, met en valeur à Saint-Nicolas 9 ha de vignes plantées sur sols graveleux et siliceux. Il propose deux cuvées. Celle-ci, baptisée « Agnès Sorel », provient de rendements limités et de cuvaisons longues. On évite également collage et filtration. Le nez évoque le cassis et le bois de châtaignier. La bouche un peu austère rappelle les fruits rouges et montre une belle longueur. Encore un vin que l'on a tout intérêt à laisser évoluer un moment.

• EARL Pascal et Alain Lorieux, Le Bourg, 37140 Saint-Nicolas-de-Bourgueil, tél. 02.47.97.92.93, fax 02.47.97.47.88 ☑ ☥ r.-v.

DOM. JACQUES MABILEAU
Vieilles vignes 1996*

■	3,7 ha	18 000	☥ ♦ 30 à 50 F

La majeure partie du domaine de 17 ha de Jacques Mabileau est située sur le coteau de Saint-Nicolas, bien abritée des vents du nord et exposée plein sud. Une situation exceptionnelle pour une production de vins charpentés qui ont tout loisir de mûrir dans les fameuses caves de « Cochamtorille ». Celui-ci, un peu boisé au nez, se distingue par ses tanins bien fondus avec

mêlent à une matière pleine, tenant bien en bouche. Vanille et fruits rouges viennent compléter l'ensemble et tout cela laisse une impression de souplesse et d'harmonie.

• Jacques Mabileau, La Gardière, 37140 Saint-Nicolas-de-Bourgueil, tél. 02.47.97.75.85, fax 02.47.97.98.03 ☑ ☥ r.-v.

DOM. LAURENT MABILEAU 1996

■	13 ha	100 000	☥ ♦ 30 à 50 F

Laurent Mabileau pilote depuis 1985 un domaine de 18 ha au cœur de l'appellation. Il présente un vin à la belle matière, fruitée et longue en bouche. Équilibré, charnu, il montre une aptitude à la garde.

• Dom. Laurent Mabileau, La Croix du Moulin-Neuf, 37140 Saint-Nicolas-de-Bourgueil, tél. 02.47.97.74.75, fax 02.47.97.99.81 ☑ ☥ t.l.j. 8h-20h

FREDERIC MABILEAU
Les Rouillères 1996*

■	5 ha	30 000	☥ ♦ 30 à 50 F

On a rarement vu un vin aussi fruité. C'est une envolée d'arômes de fruits rouges mêlés de vanille et de fleurs, autant au nez qu'en bouche. De plus, ce vin a un potentiel de garde par sa consistance et par ses tanins, ce qui vous laisse devant un véritable dilemme : faut-il sacrifier à ce bouquet exceptionnel un avenir prometteur ? Une décision bien difficile à prendre pour cette cuvée Les Rouillères, bien connue des habitués du Guide (le 93 avait obtenu un coup de cœur). La seconde cuvée du domaine, baptisée **Eclipse** (même millésime, une étoile), est de bien belle tenue aussi.

• Frédéric Mabileau, 17, rue de la Treille, 37140 Saint-Nicolas-de-Bourgueil, tél. 02.47.97.79.58, fax 02.47.97.45.19 ☑ ☥ r.-v.

DOM. OLIVIER
Cuvée du Mont des Olivier 1996*

■	3 ha	18 000	☥ ♦ 30 à 50 F

Patrick et Bernard Olivier conduisent ensemble ce beau vignoble de 27 ha qui ne comptait qu'un hectare et demi à sa création en 1959. Un chai des plus modernes permet l'élaboration de vin de qualité, comme ce 96 à la robe d'un rouge intense et brillant. Le nez, assez développé, laisse échapper des senteurs de fruits rouges. La bouche, équilibrée et assez longue, finit sur des notes fruitées. Même note pour la **cuvée Domaine Olivier 96**, tout aussi aromatique mais aux tanins plus affirmés.

• GAEC Bernard et Patrick Olivier, La Forcine, D. 35, 37140 Saint-Nicolas-de-Bourgueil, tél. 02.47.97.75.32, fax 02.47.97.48.18 ☑ ☥ t.l.j. 8h-12h30 14h-20h

LES CAVES DU PLESSIS
Sélection Vieilles vignes 1996*

■	2,58 ha	20 000	☥ 30 à 50 F

Les Caves du Plessis sont le fruit du travail de quatre générations de vignerons. Près de 22 ha entourant une de ces élégantes maisons tourangelles en pierre blanche de tuffeau, un chai de vinification bien conçu, des caves dans le tuffeau : autant d'atouts pour élaborer des vins de qualité. Voici un 96 où l'on sent un raisin conduit

à une maturité optimale. La bouche est ronde, pleine, avec une forte évocation de framboise. Une jolie bouteille prête à boire, mais qui a sa place en cave également.
☛ Claude Renou, 17 La Martellière, 37140 Saint-Nicolas-de-Bourgueil, tél. 02.47.97.85.67, fax 02.47.97.45.55 ☑ ⊺ r.-v.

DOM. PONTONNIER
Cuvée Domaine 1996

■   6 ha   30 000   ⊺ ◗ 30 à 50 F

C'est un « vin de tuf » que produit Guy Pontonnier, le tuf étant un sous-sol calcaire recouvert d'une terre plus ou moins épaisse, composée d'argile et de pierres calcaires. Ces vins sont généralement plus solides que ceux issus de terroirs sableux. C'est bien le cas de ce 96 qui révèle une matière épaisse avec des tanins présents. Les arômes tirent du côté des épices ou du gibier. Une belle bouteille de garde.
☛ Dom. Guy Pontonnier, 4, chem. de L'Epaisse, 37140 Saint-Nicolas-de-Bourgueil, tél. 02.47.97.84.69, fax 02.47.97.48.55 ☑ ⊺ r.-v.

DOM. CHRISTIAN PROVIN
Vieilles vignes 1996★

■   1 ha   3 000   ◗ 50 à 70 F

Les vignes du domaine de Christian Provin s'appuient contre un coteau, dont les sols argilo-calcaires, tenaces, donnent des vins à leur image, fortement constitués. Ajoutez à cela l'âge respectable des ceps et vous obtenez une cuvée Vieilles vignes capable de vivre vingt-cinq ans. Avec un bouquet flatteur, véritable assortiment de fruits rouges, c'est un vin particulièrement bien doté.
☛ Christian Provin, L'Epaisse, 37140 Saint-Nicolas-de-Bourgueil, tél. 02.47.97.85.14, fax 02.47.97.47.75 ☑ ⊺ r.-v.

DOM. DU ROCHOUARD
Cuvée de la Pierre du Lane 1996★

■   2 ha   3 000   ⊺ 30 à 50 F

Cette propriété de 15 ha produit des vins des deux appellations bourgueil et saint-nicolas. En 1986, elle a acquis une parcelle de vieilles vignes qui, en 1996, a donné ce très beau vin de garde au nez développé évoquant le gibier. La bouche est puissante, riche, pleine, tempérant parfaitement les tanins et présente une harmonie d'ensemble rare. La note de poivron propre aux vins de cabernet réussis persiste en fin de bouche. Une bouteille surprenante, peu courante dans cette appellation.
☛ GAEC Duveau-Coulon et Fils, rue des Géléries, 37140 Bourgueil, tél. 02.47.97.85.91, fax 02.47.97.99.13 ☑ ⊺ r.-v.
☛ Guy Duveau

JOEL TALUAU Vieilles vignes 1996★

■   4 ha   24 300   ⊺ ♦ 50 à 70 F

Joël Taluau élabore des vins au caractère puissant dans une appellation qui passe pour produire des vins plus légers. Cela tient d'abord à ses goûts, mais aussi à la nature forte des sols et à la bonne orientation des pentes. Les rendements raisonnables font le reste. La robe de ce 96 est si foncée qu'elle en paraît noire ! Le nez, ouvert, libère des senteurs de gibier et d'épices. Le palais est enveloppant et la matière consistante. Les tanins montrent un peu le bout du nez, comme il se doit dans un vin de garde. Une bouteille qui devrait vieillir deux décennies, voire davantage.
☛ Joël Taluau, Chevrette, 37140 Saint-Nicolas-de-Bourgueil, tél. 02.47.97.78.79, fax 02.47.97.95.60 ☑ ⊺ r.-v.

DOM. GERALD VALLEE
Le Vau Jaumier 1996★

■   2 ha   10 000   ◗ 30 à 50 F

Gérald Vallée a repris en 1995 une partie des vignes de son père. Il aurait été dommage que ce talentueux vigneron ne puisse pas voler de ses propres ailes. Ce 96, l'une de ses premières récoltes, est à recommander. La robe est pourpre et limpide, le nez ouvert, les senteurs de bois se fondant dans celles de fruits rouges. La bouche évoque la vanille et les fruits, et révèle une bonne structure. On a l'impression que ce vin a bénéficié d'un élevage très soigné, tant les constituants sont bien liés. Cette bouteille devrait en outre évoluer favorablement.
☛ Gérald Vallée, 3 rue de la Cotelleraie, 37140 Saint-Nicolas-de-Bourgueil, tél. 02.47.97.75.53 ☑ ⊺ r.-v.

DOM. DES VALLETTES 1996★

■   13 ha   60 000   ⊺ 30 à 50 F

Le domaine couvre 18 ha et le chai vient de bénéficier d'une rénovation sérieuse. Francis Jamet fait partie de ces vignerons de Loire, entreprenants, qui n'ont de cesse de perfectionner leur outil de production. Il présente un vin solide qui ne trouvera son aboutissement que dans une garde prolongée. C'est un peu le revers de ce millésime 96, qui a été généreux et qui n'a pas permis d'obtenir ces vins fruités, légers, qui sont la particularité de l'appellation.
☛ Francis Jamet, Les Vallettes, 37140 Saint-Nicolas-de-Bourgueil, tél. 02.41.52.05.99, fax 02.41.52.87.52 ☑ ⊺ r.-v.

Chinon

Dans le triangle formé par le confluent de la Vienne et de la Loire, autour de la vieille cité médiévale qui lui a donné son nom et son cœur, au pays de Gargantua et de Pantagruel, l'AOC chinon (1 900 ha) bénéficie de coteaux à l'exposition sud très favorable. Le cabernet-franc dit breton y donne en moyenne 95 808 hl de beaux vins rouges (avec cependant quelques centaines d'hectolitres de rosé sec), qui égalent en qualité les bourgueil : race, élégance des tanins, longue garde - certains millésimes exceptionnels pouvant dépasser plusieurs décennies ! Confidentiel mais très original, le chinon blanc (1001 hl en

La Touraine — Chinon

1997) est un vin plutôt sec, mais qui peut devenir tendre selon les années.

G. ET M. ANGELLIAUME
Cuvée Vieilles vignes 1996*

■   6 ha   35 000

A la tête d'un grand vignoble de 35 ha depuis quatre décennies, Gérard Angelliaume ne manque pas d'expérience. Deux de ses chinon, sélectionnés par le jury, témoignent de son talent. Sa cuvée Vieilles vignes 96, avec ses tanins bien fondus, tout en finesse, et son bon équilibre général, est fort réussie. C'est un vin bien évolué. Une deuxième cuvée, baptisée **Domaine des Falaises 96**, n'a pas connu le bois. Elle mérite d'être citée.
GAEC Angelliaume, La Croix de Bois, 37500 Cravant-les-Coteaux, tél. 02.47.93.06.35 r.-v.

DOM. CLAUDE AUBERT
Cuvée Prestige 1996*

■   n.c.   8 000

Claude Aubert conduit un domaine de 13 ha tout en propriété. Il dispose de terroirs différents - terrasses graveleuses, sols argilo-siliceux et sols argilo-calcaires - ce qui lui permet de réaliser des assemblages harmonieux et d'élaborer de belles cuvées. C'est le cas de celle-ci, tout en fraîcheur avec sa pointe d'acidité et son fruité, très marquée par le cassis. Un charnu en milieu de bouche laisse prévoir une garde moyenne.
EARL Dom. Claude Aubert, 4, rue Malvault, 37500 Cravant-les-Coteaux, tél. 02.47.93.33.73, fax 02.47.98.34.70 t.l.j. 9h-12h30 14h-20h; f. 20-30 août

DOM. BERNARD BAUDRY
Domaine 1996*

■   7 ha   40 000

Bernard Baudry est passé par l'œnologie et le travail de laboratoire avant de se lancer dans la viticulture. Ce qui explique la qualité des produits de son vignoble, qui compte aujourd'hui 25 ha. Sa cuvée Domaine, un assemblage de vin de graviers et d'argile de coteau, est assez charpentée, mais reste aimable par sa rondeur et son fruité. Elle est faite pour évoluer au moins trois ans.
Bernard Baudry, 13, coteau de Sonnay, 37500 Cravant-les-Coteaux, tél. 02.47.93.15.79, fax 02.47.98.44.44 r.-v.

DOM. DE BEAUSÉJOUR 1996*

■   26 ha   60 000

Le domaine de Beauséjour - 80 ha dont 26 ha d'un seul tenant dans l'AOC chinon - est une création récente des années 70, due à Gérard Chauveau, architecte et urbaniste de formation avant de devenir un vigneron à part entière. Par son attaque souple, fraîche et fruitée, et par ses tanins présents mais non envahissants, son 96 est un vin agréable, qui se boira facilement, sans attendre.
EARL Gérard et David Chauveau, Dom. de Beauséjour, 37220 Panzoult, tél. 02.47.58.64.64, fax 02.47.95.27.13 t.l.j. 8h-12h30 14h-18h30

DOM. DES BÉGUINERIES
Vieilles vignes 1996*

■   n.c.   15 000

Depuis son installation en 1995, Jean-Christophe Pelletier est au rendez-vous du Guide. Derrière une étiquette sobre et de bon goût se cache un vin bien fait et d'un parfait équilibre. Les tanins sont discrets mais suffisants pour une garde de quelques années. On n'est cependant pas obligé d'attendre.
Jean-Christophe Pelletier, Dom. des Béguineries, Saint-Louand, 37500 Chinon, tél. 06.08.92.88.17, fax 06.47.93.04.30 r.-v.

DOM. DES BOUQUERRIES
Cuvée royale 1996*

■   2,5 ha   14 000

Une tête de bouc dessinée sur l'étiquette rappelle qu'il y a plus de deux siècles, on abattait les boucs à cet endroit. Les chèvres ont disparu mais le nom est resté. Quant à ce 96, il se montre plutôt... bouqueté, très fruité, avec une bonne ampleur et des tanins solides. Un vin d'avenir.
GAEC des Bouquerries, 4, les Bouquerries, 37500 Cravant-les-Coteaux, tél. 02.47.93.10.50, fax 02.47.93.10.50 r.-v.
Guillaume et Jérôme Sourdais

CATHERINE ET PIERRE BRETON
Beaumont 1996

■   5 ha   11 000

Catherine et Pierre Breton cultivent en agrobiologie un beau vignoble de 13 ha implanté sur des sols argilo-calcaires. Ils s'efforcent de se rapprocher au maximum des méthodes d'autrefois : vendanges manuelles, absence de levurage, fermentations douces et longues, élevage en fût et mise sans filtration. Le résultat ? Un vin de garde qu'il ne faudra pas toucher avant 2010.
Catherine et Pierre Breton, 8, rue du Peu-Muleau, Les Galichets, 37140 Restigné, tél. 02.47.97.30.41, fax 02.47.97.46.49 r.-v.

PHILIPPE BROCOURT
Vieilles vignes 1996

■   1,5 ha   5 500

Issue d'un beau vignoble de 12 ha implanté sur les terrasses sud de la Vienne, cette sélection présente des arômes très prononcés de fruits mûrs au nez comme en bouche. Elle laisse une première impression de souplesse et fait preuve d'un bon équilibre. La finale est légèrement boisée. A attendre deux ans. Du même producteur, un **rosé 97** assez puissant, étiqueté **Domaine des Clos Godeaux**, a également été cité.
Philippe Brocourt, 3, chem. des Caves, 37500 Rivière, tél. 02.47.93.34.49, fax 02.47.93.97.40 r.-v.

PASCAL BRUNET Vieilles vignes 1996*

■   2 ha   4 000

Avant les années 70, toutes les exploitations de la région vivaient de la polyculture. C'est le cas de celle-ci. Depuis son installation en 1980, Pascal Brunet y a développé la viticulture, et il se consacre désormais à plein temps à ses 9 ha de vignes. Son 96 Vieilles vignes séduit par son attaque souple et une jolie matière. La finale est

860

La Touraine — Chinon

cependant boisée et les tanins demandent à s'arrondir.
➤ Pascal Brunet, Etilly, 37220 Panzoult, tél. 02.47.58.62.80, fax 02.47.58.62.80 ✉ ☓ t.l.j. 8h30-12h30 14h-20h

P. BRUNET Les Menilles 1996

■ 2,9 ha 20 000 🍷 30 à 50 F

Plusieurs viticulteurs du Chinonais ont créé, dans les années 80, une société de commercialisation des vins afin de pouvoir approvisionner des marchés qui n'étaient pas à la portée de vignerons isolés. Cette entreprise, qui travaille aujourd'hui dans le cadre d'une union de coopératives pour une plus grande efficacité économique, s'est développée et écoule dans les grandes et moyennes surfaces beaucoup de ses produits. Le vin qu'elle présente est aromatique (poivron), assez charnu et bien équilibré malgré une touche acidulée, qui lui donne une certaine fraîcheur et de la légèreté. Un vin de viandes blanches et de grillades, à boire un peu frais.
➤ SICA Les caves des Vins de Rabelais, 37500 Saint-Louans, tél. 02.41.68.81.81, fax 02.41.54.07.23 ✉ ☓ r.-v.
➤ Brunet

CH. DE COULAINE
Clos de Turpenay 1996★

■ 1,3 ha 10 000 🍷 30 à 50 F

En arrivant à Coulaine, on est frappé par l'imposant manoir de la fin du Moyen Age et par le parc à l'anglaise, legs du XIXᵉs., qui ouvre une superbe perspective jusqu'à la Vienne. Le vignoble, autrefois modeste, a été développé par les actuels propriétaires et couvre 11 ha. Le Clos de Turpenay offre un nez très flatteur de cassis, qui annonce une bouche fruitée, souple et équilibrée. C'est un vin aimable, à boire dès maintenant.
➤ Etienne et Pascale de Bonnaventure, Ch. de Coulaine, 37420 Beaumont-en-Véron, tél. 02.47.98.44.51, fax 02.47.93.49.15 ✉ ☓ t.l.j. 9h30-12h 14h-19h30; nov.-fév. sur r.-v.

COULY-DUTHEIL Les Chanteaux 1997★★

☐ 4,5 ha n.c. 🍷 30 à 50 F

Cet établissement a pignon sur rue dans le Chinonais. Maison de négoce sérieuse, propriétaire de plus de 80 ha de vignes, elle a beaucoup contribué à la diffusion des vins de Chinon et à leur notoriété, en particulier dans la restauration. Celui-ci, un blanc au nez assez distingué, un peu exotique, se montre plein et charnu en bouche. Sa finale est longue et fort délicate. Une très belle bouteille d'avenir, à apprécier dans dix ans.
➤ Couly-Dutheil, 12, rue Diderot, 37500 Chinon, tél. 02.47.97.20.20, fax 02.47.97.20.25 ✉ ☓ r.-v.

VIGNOBLE GASNIER
Vieilles vignes 1996★

■ 3 ha 16 000 ⅏ -30 F

Une installation qui date de près de quarante ans... c'est l'expérience qui parle dans ce vin à l'attaque charnue et aux tanins denses, mais pourtant délicat. Si une pointe d'acidité et des arômes de vanille lui donnent un côté jeune qui peut plaire dès maintenant, ce 96 est cependant apte à la garde. Du même millésime, la **Cuvée Prestige** du domaine, légère et fruitée, est également très réussie.
➤ Vignoble Jacky et Fabrice Gasnier, Chézelet, 37500 Cravant-les-Coteaux, tél. 02.47.93.11.60, fax 02.47.93.44.83 ✉ ☓ r.-v.

DOM. GOURON Cuvée Prestige 1996

■ 4 ha 20 000 🍷⅏♦ 30 à 50 F

En sortant de la cave des Gouron, située à flanc de coteau, il faut prendre le temps d'admirer le vignoble de Cravant qui s'étend en contrebas sur les terrasses graveleuses de la Vienne. Chez cette vieille famille du Chinonais où trois générations se côtoient, on pourra découvrir ce vin au nez fruité. La bouche est tannique, certes, mais rondeur et longueur sont à l'appel.
➤ EARL Gouron et Fils, La Croix de Bois, 37500 Cravant-les-Coteaux, tél. 02.47.93.15.33, fax 02.47.93.96.73 ✉ ☓ t.l.j. sf dim. 8h-12h 13h30-18h

DOM. HERAULT
Cuvée Vieilles vignes 1996★

■ 2,63 ha 18 000 🍷 30 à 50 F

Il a fallu deux générations pour constituer ce très beau vignoble de près de 20 ha. Aidés par la chance, les exploitants ont découvert, obstruée par des déblais, une immense cave, qui servait autrefois de carrière. Bouquet avenant, puissance tannique et rondeur : leur 96 Vieilles vignes fait bonne impression. Une longueur intéressante achève de convaincre. Ce vin pourrait être prêt à la sortie du Guide.
➤ GAEC Hérault, Le Château, 37220 Panzoult, tél. 02.47.58.56.11, fax 02.47.58.69.47 ✉ ☓ r.-v.

DOM. DE L'ABBAYE
Vieilles vignes 1996★

■ 20 ha 100 000 ⅏ 30 à 50 F

Dès le XIᵉs., les vignes de Parilly étaient renommées. Elles furent rattachées à l'abbaye de Noyers, aujourd'hui disparue, ce qui explique le nom de ce domaine aux vins toujours réputés. Celui-ci est certainement issu d'une grande matière et l'on y sent la patte de l'éleveur. Une attaque souple, des tanins très arrondis et une finale aromatique donnent une rare impression d'harmonie.
➤ Michel Fontaine, Le Repos Saint-Martin, 37500 Chinon, tél. 02.47.93.35.96, fax 02.47.98.36.76 ✉ ☓ t.l.j. 8h-12h 14h-19h

DOM. DE L'ABBAYE 1997★

◪ 3 ha 20 000 🍷♦ -30 F

A découvrir également du domaine de l'Abbaye, un rosé de très belle facture, à l'attaque souple, soutenue par du gras et des arômes marqués de fruits exotiques. Un vin sympathique, qui mettra en valeur un repas léger. Egalement sélectionné par le jury, le **chinon blanc 97**, plein, souple, à la finale élégante. Flatteur aujourd'hui, il a quelque aptitude à la garde.
➤ Michel Fontaine, Le Repos Saint-Martin, 37500 Chinon, tél. 02.47.93.35.96, fax 02.47.98.36.76 ✉ ☓ t.l.j. 8h-12h 14h-19h

La Touraine   Chinon

MANOIR DE LA BELLONNIERE
Vieilles vignes 1996

■   5 ha   5 300   ⫿⫿ 30 à 50 F

Les origines du manoir de La Bellonnière remontent au XVe s. Différentes familles nobles, et des gouverneurs de Chinon y ont séjourné. Planté à la fin du siècle dernier, le vignoble de 25 ha est situé sur les graviers de la Vienne. Il a donné un vin rouge bien fait, friand, qui se boira facilement et qui trouvera sa place sur des mets simples, partagés avec de joyeux convives.
➥ EARL Béatrice et Patrice Moreau,
37500 Cravant-les-Coteaux, tél. 02.47.93.45.14, fax 02.47.93.93.65 ✓ ⚑ r.-v.

CH. DE LA BONNELIERE 1996*

■   6 ha   20 000   ■♦ 30 à 50 F

Situé à La Roche-Clermault, le gentil manoir de La Bonnelière date du XVIIe s. Il est dans la famille Plouzeau depuis 1846. Un cèdre majestueux, planté le jour du sacre de Louis XVI, accueille le visiteur. Les efforts du fils, qui mène les vinifications, sont couronnés de succès, témoin ce 96, bien équilibré dans l'ensemble. Les tanins, légers et fondus, laissent la bouche fraîche. Un vin qui mettra en valeur les viandes blanches.
➥ Pierre Plouzeau, Ch. de La Bonnelière,
37500 La Roche-Clermault, tél. 02.47.93.16.34, fax 02.47.98.48.23 ✓ ⚑ r.-v.

DOM. DE LA CHAPELLE
Vieilles vignes 1996*

■   6 ha   18 000   ■♦ 30 à 50 F

Une ancienne chapelle, aujourd'hui disparue, a légué son nom à ce vignoble de 16 ha implanté sur les alluvions graveleuses de la Vienne. Philippe Pichard conduit ce domaine depuis 1982, et l'a équipé de matériel performant. Son 96 Vieilles vignes n'a suscité aucune critique et s'est attiré en revanche beaucoup de compliments. C'est un chinon rouge de tradition, où tous les constituants sont en justes proportions. Plein, rond, persistant, c'est un vin à savourer maintenant et qui, nous dit-on, devrait plaire aux femmes.
➥ Philippe Pichard, 9, rue Malvault,
37500 Cravant-les-Coteaux, tél. 02.47.93.42.35, fax 02.47.98.33.76 ✓ ⚑ t.l.j. sf dim. 15h-19h; sam. 10h-19h

DOM. DE LA COMMANDERIE
Sélection 1996

■   n.c.   20 000   ■♦ 30 à 50 F

Charles Pain peut être fier de ce beau vignoble de 28 ha, créé en 1981, et dont les installations de caves viennent d'être rénovées. Des sols de gravier et d'argile sont à l'origine de cette sélection marquée par une belle richesse aromatique. Les tanins ressortent, mais modérément, sans contrarier l'impression de souplesse et d'élégance qui persiste en finale. Un rosé 97 tout en rondeur est aussi à mettre à l'actif de ce vigneron dynamique.
➥ Philippe Pain, Dom. de La Commanderie,
37220 Panzoult, tél. 02.47.93.39.32, fax 02.47.98.41.26 ✓ ⚑ r.-v.

CLOS DE LA CROIX MARIE 1996

■   3,67 ha   15 000   ■⫿⫿♦ 30 à 50 F

En 1964, André Barc était ouvrier sur ce domaine de La Croix-Marie, qui n'avait pas l'importance qu'il a aujourd'hui. Il l'a acheté en 1974 en viager, l'a agrandi et équipé, et il dirige maintenant un ensemble de 18 ha. Son 96 présente un nez très « bretonnant », pour reprendre l'expression des vignerons : ses arômes évoquent le breton, ou cabernet. La bouche affiche des tanins solides mais elle n'est pas dénuée d'une certaine rondeur. C'est le type même du chinon bien structuré des belles années, offrant une perspective de longue garde.
➥ EARL A. Barc Père et Fils, Clos de La Croix-Marie, 37500 Rivière, tél. 02.47.93.02.24, fax 02.47.93.99.45 ✓ ⚑ r.-v.
➥ André Barc

DOM. DE LA LYSARDIERE 1996

■   2,7 ha   12 000   - 30 F

C'est un vignoble qui a été créé en 1989 pour favoriser l'intégration des handicapés. Il est situé sur les sols argilo-calcaires de Beaumont, qui ont la réputation de produire des vins charpentés. Celui-ci n'échappe pas à la règle, avec sa puissance et ses tanins consistants. Mais ces derniers, grâce à un élevage bien conduit, ont acquis une bonne maturité et contribuent à l'équilibre. Les arômes rappellent la réglisse avec insistance. Un vin de garde.
➥ Vignoble du Paradis, C.A.T., 2, imp. du Grand-Bréviande, 37500 La Roche-Clermault, tél. 02.47.95.81.57, fax 02.49.98.15.31 ✓ ⚑ t.l.j. 9h-12h 14h-18h; f. 10 nov.-31 mars

PATRICK LAMBERT
Vieilles vignes 1996★★

■   2 ha   10 000   ■⫿⫿ 30 à 50 F

Patrick Lambert, un jeune viticulteur qui monte... Il s'installe en 1990 sur l'exploitation de ses parents, agrandit celle-ci en 1994, crée sa cuvée Vieilles vignes en 1995, et obtient enfin un coup de cœur avec ce 96, « un chinon complet » pour reprendre le commentaire d'un dégustateur : nez de cassis typique du cabernet, tanins souples et puissants à la fois et bouche persistante qui vous abandonne à regret sur une note de fruits rouges. Un vin aux mille vertus, que vous aurez envie de mettre en réserve tant il est attrayant aujourd'hui.
➥ Patrick Lambert, 6, coteau de Sonnay,
37500 Cravant-les-Coteaux, tél. 02.47.93.92.39, fax 02.47.93.92.39 ✓ ⚑ r.-v.

La Touraine — Chinon

DOM. DE LA NOBLAIE 1996*

12 ha — 30 000 — 30 à 50 F

Pierre Billard marche sur les traces de son beau-père, Pierre Manzagol, une figure du monde viticole trop tôt disparue. Il conduit habilement ce beau domaine de 12 ha, fort bien équipé. Son 96 prouve son savoir-faire. Le nez est marqué par les fruits rouges. La bouche tannique et puissante révèle une matière de qualité. Le bois est encore présent. Une belle bouteille à conserver. Du même vigneron, on retiendra un **rosé 97** : un vin fruité, de persistance convenable et d'une vivacité qui laisse une impression de légèreté et de fraîcheur. Il a été cité par le jury.
• SCEA Manzagol-Billard, Le Vau Breton, Dom. de La Noblaie, 37500 Ligré, tél. 02.47.93.10.96, fax 02.47.93.26.13 r.-v.

VIGNOBLE DE LA POELERIE
Vieilles vignes 1996*

n.c. — 5 000 — 30 à 50 F

Guy Caillé, qui a longtemps été le premier magistrat de sa commune, laisse à son fils le soin d'assurer les destinées du vignoble de La Poëlerie. Le domaine propose un 96 au nez ouvert, un peu évolué avec un caractère animal ; on y trouve aussi une note de fumée. La bouche a du gras, du coffre, tout en restant élégante. Un vin équilibré qui reflète parfaitement le millésime. Il gagnera en expression avec le temps.
• Guy et François Caillé, Le Grand Marais, 37220 Panzoult, tél. 02.47.58.53.16, fax 02.47.58.53.16 t.l.j. 10h-12h 14h30-18h30

DOM. DE LA ROCHE HONNEUR
Cuvée Rubis 1996★★

4 ha — 20 000 — 30 à 50 F

Huit générations de Mureau se sont succédé sur ce domaine de 15 ha constitué de terroirs différents : sable, gravier, argile. La cuvée présentée ici, et qui résulte de savants assemblages, est « structurée et épanouie », selon ses auteurs. L'attaque est caressante, suivie de gras et d'une juste vivacité. Les tanins n'ont rien d'excessif. L'ensemble est harmonieux, presque féminin. Une très belle bouteille, qui est tout à l'honneur d'Yves et de Stéphane Mureau.
• Dom. de La Roche Honneur, 1, rue de la Berthelonnière, 37420 Savigny-en-Véron, tél. 02.47.58.42.10, fax 02.47.58.45.36 r.-v.
• Stéphane Mureau

DOM. DE LA ROCHE HONNEUR
1997*

1 ha — 5 000 — 30 à 50 F

Au nez, ce rosé rappelle le cassis. La bouche souple, ronde, équilibrée, vous laissera une impression de frais très agréable un soir d'une belle journée, sous la tonnelle...
• Dom. de La Roche Honneur, 1, rue de la Berthelonnière, 37420 Savigny-en-Véron, tél. 02.47.58.42.10, fax 02.47.58.45.36 r.-v.

L'ARPENTY 1996

4 ha — 10 000 — 30 à 50 F

Le grand-père, le père, et maintenant les enfants ont contribué au développement de cette belle propriété viticole de près de 13 ha, située sur les sols graveleux des bords d'une petite vallée pittoresque. Le 96 est souple, un peu tannique ; son fruit insiste au nez comme en bouche. Un chinon réussi.
• Francis Desbourdes, Arpenty, 37220 Panzoult, tél. 02.47.95.22.86, fax 02.47.95.22.86 r.-v.

CAVES DE LA SALLE Tradition 1996

7 ha — 15 000 — -30 F

Rémi Desbourdes a organisé un camping à la ferme avec location de caravanes, qui lui amène de nombreux vacanciers. Ceux-ci apprécieront sûrement cette cuvée Tradition à la robe soutenue et d'un bel éclat. La bouche souple et friande en fera un agréable invité d'un repas convivial. Du même millésime et élevée en fût, sa cuvée **Vieilles vignes** est tout aussi réussie. Elle offre une constitution plus solide et devra attendre.
• Rémi Desbourdes, La Salle, 37220 Avon-les-Roches, tél. 02.47.95.24.30, fax 02.47.95.24.83 r.-v.

DOM. DE LA TOUR
Cuvée Vieilles vignes 1996

n.c. — n.c. — 50 à 70 F

Ce vignoble de 15 ha est situé sur le point culminant de la commune. Au beau milieu du domaine se dresse une ancienne construction fortifiée qui fut sans doute une tour de guet au Moyen Age. Les sols en grande partie argilo-calcaires, avec le tuffeau qui affleure presque par endroits, donnent le plus souvent des vins consistants, dans la tradition des vins de garde de Chinon. Ce n'est pas le cas de celui-ci, à la robe dense et « bretonnant » bien au nez : en bouche, il s'avère plutôt rond et gouleyant. Il se situe dans une bonne et aimable moyenne.
• Guy Jamet, 37420 Beaumont-en-Véron, tél. 02.47.58.47.61, fax 02.47.58.40.24 r.-v.

LE MOULIN A TAN
Réserve Stanislas 1996

4 ha — 20 000 — 30 à 50 F

Le domaine tient son nom d'un ancien moulin à broyer les écorces de chêne pour approvisionner les tanneries, nombreuses en Touraine. Pierre Sourdais s'est installé en 1981 sur une partie de l'exploitation familiale. Il a réalisé de 1990 à 1996 des aménagements considérables dans le chai. L'exploitation mérite une visite, tant pour la vue panoramique sur la plaine de Cravant et son vignoble offerte de la terrasse que pour ce vin à la matière dense, fondue, sans aspérités, fraîche et aromatique. Difficile d'avoir mieux dans le style vin de plaisir... immédiat.
• Pierre Sourdais, Le Moulin à Tan, 37500 Cravant-les-Coteaux, tél. 02.47.93.31.13, fax 02.47.98.30.48 r.-v.

JACQUELINE ET PIERRE LEON 1996

1,6 ha — 5 000 — 30 à 50 F

Chez Jacqueline et Pierre Léon, tout est traditionnel, jusqu'à l'étiquette qui fait vraiment d'un autre temps. Les vendanges sont manuelles, et les raisins égrappés avec soin. Auparavant, les vignes auront été éclaircies pour limiter les rendements et favoriser la maturation. Le résultat ?

La Touraine — Chinon

Un 96 au nez fin et délicat de fruits rouges avec un peu de menthol. A l'attaque ronde, fait suite une présence tannique élégante. Un vin sincère, que l'on peut éventuellement garder quelques années.
✎ Pierre et Jacqueline Léon, 2, rue des Capelets, 37420 Savigny-en-Véron, tél. 02.47.58.93.37 ◼ ⏷ t.l.j. 8h-12h 13h30-19h

DOM. LES CHESNAIES 1997*

| | 0,4 ha | 2 300 | 30 à 50 F |

« Vin droit dans ses bottes », a dit un membre du jury, en s'inspirant du langage politique... Au sens œnologique, il faut entendre : « franc et bien fait ». Ce que les autres membres du jury ont confirmé en parlant de vin équilibré, plein, persistant et très élégant. Une bouteille à laisser couchée longtemps en cave.
✎ Pascal Lambert, Les Chesnaies, 37500 Cravant-les-Coteaux, tél. 02.47.93.13.79, fax 02.47.93.40.97 ◼ ⏷ t.l.j. sf dim. 9h-12h30 14h30-19h

CH. DE LIGRE 1997*

| | 1,1 ha | 8 000 | 30 à 50 F |

Le château de Ligré - où Pierre Ferrand officie à la suite de son père, Gatien, un vigneron reconnu par la profession tout entière - se distingue cette année par un rosé de tempérament. Il ne faut pas le sentir de trop près tant il est « explosif », a dit le jury. Il offre une palette d'arômes qui va de la fraise au bonbon anglais en passant par tous les fruits du verger. La bouche est souple, pleine, avec une pointe de gaz carbonique qui ajoute à sa fraîcheur. Une belle bouteille pour une journée chaude.
✎ Pierre Ferrand, Ch. de Ligré, 37500 Ligré, tél. 02.47.93.16.70, fax 02.47.93.43.29 ◼ ⏷ t.l.j. 8h-12h 14h-18h; sam. dim. sur r.-v.

DOM. DES MILLARGES 1996*

| | 6 ha | 40 000 | 30 à 50 F |

Le domaine des Millarges fait partie du centre expérimental rattaché au lycée agricole de Tours Fondettes. Il sert de support d'application pour les élèves et à l'expérimentation des nouvelles sélections de cabernet. On y travaille comme sur un domaine classique, et le vin est là pour couvrir une partie des frais relevant de ses missions. Le nez de ce 96 est bien typé cabernet avec son bouquet de fruits rouges ; l'attaque en bouche, souple, est suivie d'une impression soyeuse, relevée à nouveau d'arômes de fruits rouges. Un chinon léger, facile à boire et plaisant par son côté désaltérant.
✎ Centre viti-vinicole de Chinon, Les Fontenils, 37500 Chinon, tél. 02.47.93.36.89, fax 02.47.93.96.20 ◼ ⏷ r.-v.

DOM. DU MORILLY
Cuvée Vieilles vignes 1996*

| | n.c. | 6 000 | -30 F |

Comme beaucoup d'exploitations de Cravant, le vignoble de ce domaine est partagé entre les terrasses graveleuses de la Vienne et le coteau qui les domine. Les sols de ces pentes, de nature argilo-calcaire, donnent des vins pleins, généralement de garde, comme cette cuvée Vieilles vignes. La robe est rouge rubis assez dense, et le nez fringant évoque les fruits rouges. On retrouve ces arômes en bouche, mêlés de fruits confits, avec une sensation de gras, relevée par un brin de vivacité. Un vin peu compliqué, qui mettra en valeur un plat de veau en sauce.
✎ EARL André-Gabriel Dumont, Malvault, 37500 Cravant-les-Coteaux, tél. 02.47.93.24.93, fax 02.47.93.45.05 ◼ ⏷ t.l.j. 9h-20h

CLOS DE NEUILLY 1996**

| | n.c. | 15 000 | 30 à 50 F |

Le Carroi Portier, morcelé au gré des successions, ne compte plus aujourd'hui que 15 ha. Gérard Spelty a réalisé d'importants travaux d'aménagement et d'équipement et a donné au domaine, en France et à l'étranger, une notoriété enviable. Il a disparu accidentellement à l'automne dernier, et c'est son épouse Paule et son fils Yoann qui prennent courageusement le relais. Le 96 présenté ici est de ses mains. C'est un vin superbe, à la substance riche et élégante. Le fruit est loin d'être absent. Un type cabernet exemplaire, à savourer dans les années à venir.
✎ Gérard Spelty, Dom. du Carroi Portier, 37500 Cravant-les-Coteaux, tél. 02.47.93.08.38, fax 02.47.93.93.50 ◼ ⏷ r.-v.

DOM. JAMES PAGET 1996*

| | 1,5 ha | 6 000 | 30 à 50 F |

James Paget (l'homonyme de notre viticulteur), garde de la reine Victoria, aurait donné son nom à un hôpital anglais... C'est un chirurgien qui a travaillé longtemps chez cet établissement qui, s'arrêtant un jour chez James (le nôtre) a rapporté cette information. On soulignera à ce propos que le marché anglais s'intéresse de plus en plus aux vins rouges de la Loire. Celui-ci se distingue par un nez intense, fruité, qui s'affine à l'agitation. La bouche, bien structurée, laisse poindre ses tanins en fin de dégustation. Une bouteille qui pourra faire un peu de garde.
✎ EARL James Paget, 13, rue d'Armentières, 37190 Rivarennes, tél. 02.47.95.54.02, fax 02.47.95.45.90 ◼ ⏷ r.-v.

DOM. CHARLES PAIN
Rosé de saignée 1997*

| | n.c. | 15 000 | -30 F |

Le vignoble de Charles Pain couvre 20 ha et s'étend sur les trois communes les plus à l'est de l'appellation. C'est le rosé de saignée du domaine qui a eu la préférence. Il est issu d'un prélèvement de jus dans la cuve, effectué durant les premières heures de la fermentation, avant que la couleur et les tanins ne diffusent. On obtient alors des vins très vifs et fruités. Celui-ci est assez fin et délicat au nez et rond en bouche (une caractéristique de l'année). Charles Pain a présenté également deux vins **rouges 96** : une **Cuvée Prestige**, friande et équilibrée, et une **Cuvée Domaine**, plutôt tendre. Toutes les deux méritent une citation.
✎ Dom. Charles Pain, Chézelet, 37220 Panzoult, tél. 02.47.93.06.14, fax 02.47.93.04.43 ◼ ⏷ r.-v.

La Touraine — Chinon

CLOS DU PARC DE SAINT-LOUANS
1996*

| | 6 ha | 16 000 | | 30 à 50 F |

Louis Farou a longtemps eu des responsabilités syndicales. Aujourd'hui, il se fait seconder par son neveu sur son domaine de 11 ha. Pour la petite histoire saint Louans était un ermite qui vivait au VI^{e}s. et qui aurait fait un usage thérapeutique du vin. Ce 96 présente un nez encore fermé, rappelant les fruits rouges, frais et confits. En bouche, la puissance et les tanins surprennent. Le boisé est présent mais un peu fondu. Un vin long, qui demande un bon séjour en cave.
➤ Farou, rue de La Batellerie, 37500 Chinon, tél. 02.47.93.07.14, fax 02.47.93.06.77 ☑ ⊺ r.-v.

PIERRE PRIEUR 1996*

| | 2 ha | 10 000 | | 30 à 50 F |

Les vignes de Pierre Prieur sont au cœur du Véron, cette petite région située entre Loire et Vienne, et d'anciennes alluvions de sable et de graviers se prêtent admirablement à la culture de la vigne. Les vins, de qualité, sont d'un type particulier : aromatiques, légers, aux tanins effacés. Celui-ci en est un bon exemple, avec son nez de fumée et de cassis, son attaque et sa finale douces et une agréable évocation de la vanille.
➤ Pierre Prieur, 1, rue des Mariniers, Bertignolles, 37420 Savigny-en-Véron, tél. 02.47.58.45.08, fax 02.47.58.94.56 ☑ ⊺ r.-v.

DOM. DU PUY 1996

| | 8 ha | 12 000 | | -30 F |

Ce domaine a été créé en 1820 ; cinq générations s'y sont succédé. Il propose un vin friand, souple, équilibré - le type même du chinon dit « de printemps », par opposition au chinon de garde. Une légère présence tannique en fin de bouche rappelle le cabernet-franc.
➤ Patrick Delalande, GAEC du Puy, N 11, Le Puy, 37500 Cravant-les-Coteaux, tél. 02.47.98.42.31 ☑ ⊺ r.-v.

DOM. DU PUY RIGAULT
Vieilles vignes 1996**

| | 2 ha | 8 400 | | 30 à 50 F |

Une robe rouge vif et un nez vanille et liqueur de fruits rouges à la fois, c'est une bonne entrée en matière pour une dégustation. La suite est enthousiasmante : l'attaque soyeuse, le volume, la persistance. Un vin délicat, frais, élégant. En bref, beaucoup de choses exquises dans une bouteille qu'il faudra essayer de garder.
➤ Michel Page, 6, rue de la Fontaine-Rigault, 37420 Savigny-en-Véron, tél. 02.47.58.44.46, fax 02.47.58.99.50 ☑ ⊺ r.-v.

DOM. OLGA RAFFAULT
Les Barnabés 1996*

| | 6 ha | n.c. | | 50 à 70 F |

Une attaque souple, de la rondeur et encore de la souplesse, des arômes de cuit et des tanins très estompés, on ne peut demander mieux à cette cuvée Les Barnabés qui n'affiche pas de grandes prétentions. C'est tout à son honneur : ce qu'elle fait, elle le fait bien.
➤ SARL Dom. Olga Raffault, 1, rue des Caillis, Roguinet, 37420 Savigny-en-Véron, tél. 02.47.58.42.16, fax 02.47.58.83.61 ☑ ⊺ r.-v.
➤ Jean Raffault

JEAN-MAURICE RAFFAULT
Les Picasses 1996*

| | n.c. | n.c. | | 30 à 50 F |

Jean-Maurice Raffault, qui a une longue expérience professionnelle, s'est toujours appuyé sur la tradition pour élever ses vins. Il dispose d'ailleurs de caves imposantes, aux longs alignements de fûts, qui se prêtent admirablement au vieillissement du cabernet. Son fils, jeune œnologue, travaille avec lui maintenant. La cuvée Les Picasses provient de parcelles argilo-calcaires qui donnent des vins généralement fortement structurés, comme celui-ci. Assez rond, avec des tanins soutenus mais déjà mûrs, ce 96 apparaît puissant et bien équilibré. Le nez, encore fermé, laisse fuser un peu de réglisse. C'est un vin qui fera une belle carrière. Du même producteur, un **chinon blanc 97**, sec, vif, léger et plaisant, mérite d'être cité.
➤ Jean-Maurice Raffault, La Croix, 37420 Savigny-en-Véron, tél. 02.47.58.42.50, fax 02.47.58.83.73 ☑ ⊺ t.l.j. 8h-12h 14h-19h

PHILIPPE RICHARD 1996

| | 2 ha | 6 000 | | 30 à 50 F |

Philippe Richard s'est installé en 1992 sur un vignoble de 4,5 ha, un peu excentré dans l'appellation. Il a produit un vin très aromatique, marqué par la fraise des bois. Souple, léger, facile à boire, cordial, ce 96 a suffisamment de qualités pour s'inviter à une soirée sans façon.
➤ Philippe Richard, Le Sanguier, 37420 Huismes, tél. 02.47.95.52.50, fax 02.47.95.45.82 ☑ ⊺ t.l.j. 9h-19h

DOM. DU RONCEE Clos des Folies 1996

| | 2,5 ha | n.c. | | 30 à 50 F |

Le Roncée dépendait au XII^{e}s. de la châtellenie de l'Ile-Bouchard. Au XV^{e}s., chaque parcelle était entourée de murs, formant ces fameux clos que l'on trouve un peu partout en Touraine. Aujourd'hui, bien des murs ont disparu mais les noms restent. Le clos des Folies est l'un de ceux-là. Il est à l'origine de ce vin plaisant, et moyen dans sa structure, ce qui ne lui impose pas une longue garde.
➤ SCEA Dom. du Roncée, La Morandière, 37220 Panzoult, tél. 02.47.58.53.01, fax 02.47.58.64.06 ☑ ⊺ t.l.j. sf sam. dim. 9h-12h 14h-18h

DOM. DES ROUET
Cuvée des Battereaux 1996

| | 3 ha | 13 000 | | 30 à 50 F |

Sa vie durant, Odette Rouet a poursuivi sur son petit vignoble le travail des quatre générations qui l'ont précédée. Aujourd'hui, le domaine couvre près de 15 ha ; le relais est assuré par le fils, Jean-François, qui s'implique de plus en plus dans la marche de l'exploitation. La cuvée des Battereaux présente une structure légère, des tanins sans aspérités et des arômes de fruits à profusion. Que demander de mieux ? C'est un vin qui trouvera sa place dans beaucoup d'occasions.

LA VALLÉE DE LA LOIRE

La Touraine

Coteaux du loir

Odette Rouet, Chézelet, 37500 Cravant-les-Coteaux, tél. 02.47.93.19.41, fax 02.47.93.96.58 ☑ ⛾ t.l.j. 8h30-12h 14h-18h30

CH. DE SAINT LOUAND
Réserve de Trompegueux 1996**

| | 5,63 ha | 15 000 | | 30 à 50 F |

Le château de Saint-Louand a été acheté en 1898 par Charles Walter, président de l'Académie de médecine et grand-père des actuels propriétaires. Le nom moyenâgeux de « Trompegueux » attaché à cette vigne évoquerait les « trompes », lourdes chaussures des gueux qui traversaient la contrée. Le domaine comprend plus de 6 ha de vignes implantées sur les sols argilo-calcaires des coteaux qui dominent la Vienne. Une situation exceptionnelle qui se retrouve dans ce vin coup de cœur, à la matière abondante et de belle qualité. Le nez est un peu fermé mais à l'agitation il évoque la groseille. Après une attaque souple, tout se fond dans un moelleux où les tanins soyeux passent pratiquement inaperçus. Ce vin possède un excellent potentiel de garde. Il vivra une vieillesse heureuse.

Bonnet-Walther, Ch. de Saint-Louand, 37500 Chinon, tél. 02.47.93.48.60, fax 02.47.98.48.54 ☑ r.-v.

Coteaux du loir

Un petit vignoble de la Sarthe sur les coteaux de la vallée du Loir qui renaît après avoir failli disparaître il y a vingt ans. Une production intéressante avec près de 1 359 hl d'un rouge léger et fruité (pineau d'Aunis, cabernet, gamay ou cot) et de rosé, de 1 013 hl de blanc sec (chenin ou pineau blanc de la Loire).

AUBERT LA CHAPELLE 1997*

| | 2 ha | 5 000 | | -30 F |

La propriété vient de prendre le nom de « la Chapelle » car elle possède, au beau milieu d'une parcelle, une maison de vigne construite par le curé de Marçon en 1950. Elle propose un « gris » au nez assez délicat, typique du pineau d'Aunis. Un vin équilibré, ne manquant pas de fraîcheur, à boire sous la tonnelle.

Aubert, La Roche, 72340 Marçon, tél. 02.43.79.17.82, fax 02.43.79.17.82 ☑ r.-v.

DOM. DE BELLIVIERE L'Aunis 1996

| | 1,3 ha | 3 000 | | 30 à 50 F |

Eric Nicolas est un jeune producteur, installé depuis 1995. Il a élaboré un 96 élevé neuf mois en fût. La belle robe est profonde, de couleur cerise. La palette aromatique mêle les notes empyreumatiques (grillé) et les fruits rouges. En bouche, ce vin se montre encore vif, avec un boisé perceptible.

Eric Nicolas, Bellivière, 72340 Lhomme, tél. 02.43.44.59.97, fax 02.43.79.18.33 ☑ r.-v.

DOM. DE CEZIN 1997*

| | 3 ha | 10 000 | | 30 à 50 F |

Cette exploitation familiale existe depuis 1925. Les vignes blanches ont une trentaine d'années d'âge moyen. D'une belle robe paille, ce coteaux du loir blanc est assez gras et bien rond. Il séduit surtout par son bouquet superbe à nuances minérales et florales (giroflée). Le rosé du domaine possède, lui aussi, une belle matière.

François Fresneau, La rue de Cezin, 72340 Marçon, tél. 02.43.44.13.70, fax 02.43.44.41.54 ☑ r.-v.

PASCAL JANVIER 1997*

| | 0,8 ha | 2 600 | | -30 F |

Viticulteur installé ici depuis 1991, Pascal Janvier présente un vin aux agréables parfums de fleurs blanches mêlés de touches grillées. Après une attaque franche, on découvre une bouche persistante, marquée par l'ananas.

Pascal Janvier, La Minée, 72340 Ruillé-sur-Loir, tél. 02.43.44.29.65, fax 02.43.79.25.25 ☑ r.-v.

DOM. DE LA TOUCHE
Vieilles vignes 1996*

| | 0,5 ha | 2 000 | | 30 à 50 F |

L'arrière-grand-père de Jean-Marc Rimbault a créé le domaine en 1860. Les vignes replantées par le grand-père, au début du siècle, après le phylloxéra, subsistent en partie. C'est dire si cette cuvée Vieilles vignes est bien nommée. D'une couleur rubis clair, elle offre des nuances épicées et fumées. Elle surprend par son tanin et sa structure : ce beau 96 sera de garde.

Jean-Marc Rimbault, Dom. de La Touche, 72340 Marçon, tél. 02.43.44.14.82, fax 02.43.44.90.26 ☑ r.-v.

LES MAISONS ROUGES 1997

| | 1,2 ha | 6 000 | | -30 F |

Un vin blanc aux légers reflets verts, au nez très franc de fleurs blanches, un peu minéral aussi ; ces impressions se confirment au palais, soutenues par une vivacité de bon aloi. Bravo à ce jeune couple, arrivé dans ce vignoble en 1994.

Elisabeth et Benoît Jardin, Les Maisons rouges, Les Chaudières, 72340 Ruillé-sur-Loir, tél. 02.43.79.50.09, fax 02.43.79.13.95 ☑ r.-v.

La Touraine

DOM. J. MARTELLIERE 1996
0,55 ha   2 500

Un producteur installé à Montoire-sur-le-Loir où il produit aussi du coteaux du vendômois. Il vous y recevra à la cave ou au bar-restaurant *La Paix*, sur la place centrale. Le jury a retenu un rouge 96 vêtu de fruits rouges, au joli nez de fruits rouges (cassis, griotte) avec une touche de poivron. Le cabernet (20 %) fait sentir un peu trop sa présence pour l'appellation, mais c'est un vin équilibré et solide. Cité également, le **Jasnières 97** du domaine est prometteur.

SCEA du Dom. J. Martellière, 46, rue de Fosse-Fosse, 41800 Montoire-sur-le-Loir, tél. 02.54.85.16.91, fax 02.54.85.16.91 r.-v.

TUFFEAU MONT-VEILLON
Pineau d'Aunis 1996★★
2 ha   6 000

Un domaine créé en 1991 par un gendre et beau-père aussi passionnés l'un que l'autre. La vinification s'effectue dans un chai isolé et climatisé. Vêtu de rubis clair, ce 96 présente un nez superbe aux nuances fruitées (griotte) et torréfiées, se prolongent au palais. Les tanins sont soutenus par une belle matière. Un joli vin pour l'an 2000. Le **blanc** de l'exploitation, lui aussi, développe des arômes prometteurs.

SCE viticole du Val du Loir, La Tendrière, 50, rue Principale, 72340 Poncé-sur-le-Loir, tél. 02.43.44.45.27, fax 02.43.44.91.14 r.-v.
A. Sevault et T. Honnons

Jasnières

C'est le cru des coteaux du Loir, bien délimité sur un unique versant plein sud de 4 km de long et de quelques centaines de mètres de large seulement. Une production de 1 930 hl de vin blanc, issu du seul cépage chenin ou pineau de la Loire, qui peut donner des produits sublimes les grandes années. Curnonsky n'a-t-il pas écrit : « Trois fois par siècle, le jasnières est le meilleur vin blanc du monde » ? Il accompagne élégamment la « marmite sarthoise », spécialité locale, où il rejoint d'autres produits du terroir : poulets et lapins finement découpés, légumes cuits à la vapeur. Vin rare, à découvrir.

CLAUDE CARTEREAU 1997★
2,5 ha   8 000

Ici, le secret de la réussite du jasnières se transmet depuis quatre générations. L'exploitation a été à l'initiative de la création de l'AOC, reconnue en 1937. Encore pâle et très jeune, son 97 présente déjà des arômes floraux et une finale assez longue. Il se bonifiera dans les cinq ans huit

Montlouis

prochaines années au moins. Le **coteaux du loir rouge 97** du domaine est bien réussi lui aussi.

Claude Cartereau, La Gaudinière, 72340 Lhomme, tél. 02.43.44.55.38 r.-v.

DOM. DE LA CHARRIERE
Clos Saint-Jacques 1997
2 ha   12 000

Un domaine dynamique qui exporte 15 % de sa production. La vinification reste traditionnelle, la plupart des vins fermentent lentement en barrique dans la cave. Celui-ci, d'une belle couleur jaune d'or, accusait donc les caractères de sa jeunesse au moment de la dégustation. Assez souple et puissant, il sent le bourgeon de cassis.

Joël Gigou, 4, rue des Caves, 72340 La Chartre-sur-le-Loir, tél. 02.43.44.48.72, fax 02.43.44.42.15 r.-v.

BENEDICTE DE RYCKE
Cuvée Louise 1997★
0,75 ha   5 000

Cette exploitation de 5 ha est maintenant conduite par une femme, de la vigne aux chais. La cuvée Louise est un vin de surmaturation, produit d'une vendange effectuée fin octobre. Jaune d'or dans le verre, ce 97 est très moelleux et offre une bonne concentration. Le nez devrait s'ouvrir dans quelques années. La productrice suggère de servir cette bouteille avec des coquilles Saint-Jacques. Le domaine propose aussi un estimable **coteaux du loir blanc 97**.

Bénédicte De Rycke, Le coteau de la Pointe, 72340 Marçon, tél. 02.43.44.46.43, fax 02.43.79.63.54 r.-v.

DOM. DES VAUX DU LOIR 1997★
1,3 ha   8 000

Deux exploitations de Poncé-sur-le-Loir viennent de créer un groupement d'intérêt économique. Leur jasnières est limpide, avec un nez discret plutôt floral. La bouche révèle beaucoup de matière, une finale encore vive et une nuance d'abricot.

GAEC des Vaux du Loir, 50, rue Principale, La Tendrière, 72340 Poncé-sur-le-Loir r.-v.

Montlouis

La Loire au nord, la forêt d'Amboise à l'est et les confins de Tours à l'ouest limitent l'aire d'appellation (350 ha). Sur des sols argilo-calcaires plantés de chenin blanc (ou pineau de la Loire) sont produits des vins blancs vifs et pleins de finesse, secs ou doux, tranquilles ou effervescents (16 946 hl en 1997 dont 5 929 en mousseux). Ils gagnent à évoluer longuement en bouteille dans les caves de tuf-

La Touraine / Montlouis

feau. Ils ont un potentiel de garde d'une dizaine d'années.

DOM. AURORE DE BEAUFORT
Demi-sec 1996

| | 2 ha | 7 000 | 30 à 50 F |

Les Moyer sont des descendants d'une vieille famille de la noblesse tourangelle, les Scourion de Beaufort. Un de leurs ancêtres a d'ailleurs été maire de la commune au moment de la Révolution. Aurore, leur fille, qui sera peut-être un jour à son tour vigneronne, a donné son prénom au domaine. Le jury a apprécié le charme et la féminité de ce demi-sec où l'on trouve une expression du chenin typique. La finale tendre incite à savourer ce vin maintenant.

☛ Marie-Claude Moyer, 23, rue des Caves, 37270 Saint-Martin-le-Beau, tél. 02.47.50.61.51, fax 02.47.50.27.56 ☥ r.-v.

PATRICE BENOIT
La Cuvée Saint-Martin 1996**

| | 1 ha | 3 000 | ⫯ | 50 à 70 F |

Pour célébrer le mille six centième anniversaire de la mort de saint Martin qui, selon la légende, a planté la première vigne en Touraine, les vignerons ont décidé de dédier au saint évêque de Tours chacun une cuvée. La cuvée Saint-Martin ne concerne que des moelleux, le millésime s'y prêtant particulièrement. Patrice Benoit a obtenu les compliments du jury pour la sienne : dotée d'un nez intense de fruits confits, d'une bouche ronde, pleine, longue et d'un bel équilibre, elle nous emmènerait au paradis. Du même domaine, on n'oubliera pas le **montlouis sec 96** et la **méthode traditionnelle**, tous deux cités par le jury.

☛ Patrice Benoît, 3, rue des Jardins, Nouy, 37270 Saint-Martin-le-Beau, tél. 02.47.50.62.46 ☑ ☥ r.-v.

CLAUDE BOUREAU
Sec Les Maisonnettes

| | 1 ha | 3 000 | ⫯ | 30 à 50 F |

A la tête d'une exploitation de 7 ha depuis 1969, Claude Boureau se dit volontiers « artisan-vigneron ». Ses vins sont le résultat d'un travail méticuleux. Celui-ci, un sec, présente une robe brillante avec une note jaune clair, un nez ample à dominante de fruits mûrs et une bouche vive et fraîche. C'est simple et bien fait, tout comme une **méthode traditionnelle** citée également par le jury.

☛ Claude Boureau, 1, rue de la Résistance, 37270 Saint-Martin-le-Beau, tél. 02.47.50.61.39 ☑ ☥ r.-v.

THIERRY CHAPUT
Doux Grande Réserve 1996*

| | 3 ha | 3 000 | ■ ⫯ | 100 à 150 F |

Le domaine de Thierry Chaput s'étend sur les coteaux ensoleillés d'Husseau. Il se trouve à deux pas de l'Aquarium de Touraine qui présente, dans un cadre très bien aménagé, les espèces des étangs et rivières de France. Après l'eau, il n'est pas interdit de s'intéresser au vin et d'aller déguster ce moelleux. Si le nez est encore un peu fermé, la bouche, très expressive, offre des fruits mûrs ou confits à profusion. Un vin chaleureux que l'on ne peut que recommander, pour tout de suite ou plus tard.

☛ Thierry Chaput, 21, rue des Rocheroux, Husseau, 37270 Montlouis-sur-Loire, tél. 02.47.50.80.70, fax 02.47.50.71.46 ☑ ☥ t.l.j. 8h-20h

DOM. DES CHARDONNERETS
Sec 1996*

| | 4 ha | 8 000 | ■ | 30 à 50 F |

Daniel Mosny est installé sur son domaine de 14 ha depuis vingt-huit ans. Il en connaît tous les ceps et leurs possibilités. Son montlouis sec au nez intense, frais, « qui rappelle un lever du jour au printemps » selon le dégustateur, fait preuve de beaucoup d'harmonie. Il se prolonge en bouche avec une acidité discrète. Il devrait plaire aux amateurs de vins secs et jeunes.

☛ Daniel Mosny, 6, rue des Vignes, Cangé, 37270 Saint-Martin-le-Beau, tél. 02.47.50.61.84, fax 02.47.50.61.84 ☑ ☥ t.l.j. 8h-12h 14h-19h30

LAURENT CHATENAY
Demi-sec 1996**

| | 1,5 ha | 3 000 | ⫯ | 30 à 50 F |

Laurent Chatenay a repris en 1996 l'exploitation de ses parents après de solides études viti-vinicoles. L'installation se fait sous les meilleurs auspices : l'année 96 fut exceptionnelle et le vin réussi. Ce demi-sec offre une très belle expression du millésime, plein, gras et équilibré. Il peut faire un peu de garde, mais aujourd'hui il s'accordera parfaitement avec une géline de Touraine à la crème.

☛ Laurent Chatenay, 41, rte de Montlouis, 37270 Saint-Martin-le-Beau, tél. 02.47.50.65.58, fax 02.47.50.29.90 ☑ ☥ r.-v.

YVES CHIDAINE
Brut Méthode traditionnelle 1995*

| ○ | n.c. | 5 000 | ■ ♦ | 30 à 50 F |

Yves Chidaine a de l'ancienneté dans le métier et fait preuve d'un savoir-faire dans l'élaboration des méthodes traditionnelles. Celle-ci est dotée d'une robe brillante, à la mousse bien présente et aux bulles fines. Son nez est un peu lacté. L'attaque est souple, délicate, avec une effervescence non dominante. C'est un vin frais, aimable, parfait pour un apéritif. On n'oubliera pas non plus son **demi-sec 96**, plus que réussi.

☛ Yves Chidaine, 2, Grande-Rue, Husseau, 37270 Montlouis-sur-Loire, tél. 02.47.50.83.72, fax 02.47.45.02.16 ☑ ☥ r.-v.

FRANCOIS CHIDAINE
Les Tuffeaux 1996*

| | 2 ha | 5 000 | ⫯ | 30 à 50 F |

Des fermentations qui n'en finissent pas dans des muids bien calés au fond des caves profondes du coteau d'Husseau où la température ne s'élève jamais au-dessus de 11°, voilà la clé de la réussite des vins de François Chidaine. Celui-ci, un demi-sec, possède un nez intense de fruits confits et une bouche fraîche, avec ce qu'il faut de gras pour être en équilibre. Il peut se faire oublier un peu.

☛ François Chidaine, 5, Grande-Rue, 37270 Montlouis-sur-Loire, tél. 02.47.45.19.14, fax 02.47.45.19.08 ☑ ☥ r.-v.

La Touraine

Montlouis

FREDERIC COURTEMANCHE
Sec 1996*

| | 2 ha | 3 000 | | 30 à 50 F |

Pierre Courtemanche fait partie de la troisième génération de vignerons installés sur ce petit vignoble de 5 ha des côtes du Cher. Lui-même étant vigneron depuis plus de trente ans dans le métier, c'est l'expérience et la tradition qui prévalent ici. Il en résulte un sec très aromatique au nez et en bouche, bien agréable avec sa note fraîche. Il se placera admirablement sur un poisson au four. Un bon point également pour un **demi-sec 96** souple et équilibré.

Frédéric Courtemanche, 12, rue d'Amboise, 37270 Saint-Martin-le-Beau, tél. 02.47.50.62.30 r.-v.

DOM. DELETANG Demi-sec 1996**

| | n.c. | 6 000 | | 50 à 70 F |

Un domaine de 22 ha, constitué par quatre générations de vignerons. Les vignes couvrent les pentes siliceuses qui descendent doucement vers le Cher, et bénéficient d'un soleil généreux. Gérard Delétang a présenté un demi-sec, qui fut fort complimenté : nez intense de fleurs et de fruits, et bouche moelleuse de fruits mûrs presque botrytisés. C'est une expression superbe du millésime. À réserver pour l'apéritif.

EARL Delétang, 19, rue d'Amboise, 37270 Saint-Martin-le-Beau, tél. 02.47.50.67.25, fax 02.47.50.26.46 r.-v.

DOM. DELETANG
Moelleux Grande Réserve 1996*

| | n.c. | 7 000 | | 50 à 70 F |

Ce moelleux de Gérard Delétang est un peu dans le même style que son demi-sec, avec ses arômes de fruits mûrs et sa bouche équilibrée tout en finesse. Il peut jouer aussi les vins de garde.

EARL Delétang, 19, rue d'Amboise, 37270 Saint-Martin-le-Beau, tél. 02.47.50.67.25, fax 02.47.50.26.46 r.-v.

DANIEL FISSELLE 1996*

| | 5 ha | 3 000 | | 50 à 70 F |

Daniel Fisselle a créé son exploitation en 1972 et l'a agrandie au fil des ans. Elle couvre maintenant 8 ha sur les secondes côtes de Montlouis où le sol est très siliceux. Le jury a aimé ce moelleux : le fruit mûr se retrouve à toutes les étapes de la dégustation, porté par une belle matière où le sucre est très présent. Avec un peu de garde, ce 96 sera un modèle d'harmonie.

Daniel Fisselle, 74, rte de Saint-Aignan, 37270 Montlouis-sur-Loire, tél. 02.47.50.93.59, fax 02.47.50.93.59 r.-v.

PHILIPPE GALLIOT Doux 1996

| | 1 ha | 3 500 | | 50 à 70 F |

Le respect de la tradition et les petits rendements sont le secret des vins réussis. Philippe Galliot, fidèle à ces principes, présente un liquoreux intéressant. Si le nez, minéral, légèrement fruité, est encore fermé, la bouche montre une plénitude et une onctuosité qui surprennent. Les sucres, encore nettement présents, devraient se fondre avec le temps.

Philippe Galliot, 97, rue de Tours, 37270 Saint-Martin-le-Beau, tél. 02.47.50.24.24, fax 02.47.50.24.94 r.-v.

DOM. DE LA MILLETIERE
Moelleux Grande Réserve 1996**

| | 2 ha | 1 800 | | 100 à 150 F |

Attaché à la tradition, Jean-Christophe Dardeau laboure ses sols, vendange par tries et élève ses vins en fût dans des caves fraîches et profondes... Tous ces gestes se retrouvent dans ce moelleux Grande Réserve d'une qualité remarquable, unanimement loué. C'est un vin à la matière dense, aromatique, et équilibrée. Il va évoluer au fil des ans et deviendra superbe d'arômes et d'onctuosité.

Jean-Christophe Dardeau, 14, rue de la Miltière, 37270 Montlouis-sur-Loire, tél. 02.47.50.81.71, fax 02.47.50.85.25 t.l.j. 9h-12h30 13h30-19h30; dim. sur r.-v.

DOM. DE LA MILLETIERE
Brut Méthode traditionnelle

| | n.c. | n.c. | | 30 à 50 F |

Jean-Christophe Dardeau maîtrise également l'élaboration des effervescents, témoin cette méthode traditionnelle. L'attaque est souple, le palais, où la vanille et la brioche se disputent la priorité, apparaît dense et harmonieux. Ce vin laisse en bouche une note d'élégance et de fraîcheur plaisante.

Jean-Christophe Dardeau, 14, rue de la Miltière, 37270 Montlouis-sur-Loire, tél. 02.47.50.81.71, fax 02.47.50.85.25 t.l.j. 9h-12h30 13h30-19h30; dim. sur r.-v.

DOM. DE LA ROCHEPINAL Sec 1996

| | 1 ha | n.c. | | 30 F |

Une exploitation de création récente : Hervé Denis s'est installé en 1989. En achetant, louant et plantant des vignes, il a réussi en quelques années à constituer un vignoble de près de 7 ha en AOC Montlouis. Le chai s'est fait dans le même temps. Voici l'un de ses premiers résultats : un vin sec, vif et bien typé qui conviendra parfaitement aux charcuteries et aux fruits de mer.

Hervé Denis, 4, rue de La Barre, 37270 Montlouis-sur-Loire, tél. 02.47.45.16.65, fax 02.47.50.71.70 r.-v.

LA VALLÉE DE LA LOIRE

La Touraine — Montlouis

DOM. DE LA TAILLE AUX LOUPS
Brut Tradition 1996**

○   2,5 ha   42 000   30 à 50 F

Jacky Blot a créé son exploitation en 1989 en regroupant trois petits vignobles sans successeur. Il l'a agrandie progressivement, et aujourd'hui, celle-ci couvre près de 12 ha. Sa recherche de qualité l'a conduit à se référer aux méthodes d'autrefois tout en s'appuyant sur les données de l'œnologie moderne. Il présente une méthode traditionnelle assez remarquable par son équilibre général. L'attaque est tout en finesse et la finale élégante. Entre les deux, il y a place pour de la fraîcheur, des arômes floraux variés. A noter, une petite note de boisé. Dans le même style, équilibré et légèrement boisé, un **moelleux 96**, qui a vocation de vin de garde, a été retenu par le jury.
→ Dom. de La Taille aux Loups, 8, rue des Aîtres, 37270 Montlouis-sur-Loire, tél. 02.47.45.11.11, fax 02.47.45.11.14 t.l.j. 9h-19h

DOM. DE L'ENTRE-CŒURS
Demi-sec 1996*

□   1,2 ha   5 400   30 à 50 F

Le domaine de l'Entre-Cœurs, dans la famille Lelarge depuis cinq générations, compte plus de 16 ha et s'étend sur les pentes siliceuses de la vallée du Cher, ce qui représente un potentiel de production remarquable. Ce demi-sec se distingue par ses qualités aromatiques et par son équilibre. Bien plein, il peut vieillir avantageusement.
→ Alain Lelarge, 10, rue d'Amboise, 37270 Saint-Martin-le-Beau, tél. 02.47.50.61.70, fax 02.47.50.68.92 r.-v.

CLAUDE LEVASSEUR Demi-sec 1996*

□   1,2 ha   5 600   30 à 50 F

Claude Levasseur est un perfectionniste ; sur son domaine de 13 ha, il a aménagé un chai qu'il ne cesse d'améliorer. Des vignes sur le coteau dominant la Loire et un matériel performant constituent les deux atouts maîtres de ce vigneron. Son demi-sec est riche de matière et de fruits, c'est un vin sympathique pour maintenant ou pour plus tard. Un **moelleux 96** de la même veine a obtenu la même note.
→ Claude Levasseur, 38, rue des Bouvineries, Husseau, 37270 Montlouis-sur-Loire, tél. 02.47.50.84.53, fax 02.47.45.14.85 r.-v.

CLAUDE LEVASSEUR 1994*

○   3 ha   16 000   30 à 50 F

Cette superbe méthode traditionnelle, à la fois bien typée et équilibrée, finit sur une note fraîche et fruitée qui lui donne un peu de légèreté.
→ Claude Levasseur, 38, rue des Bouvineries, Husseau, 37270 Montlouis-sur-Loire, tél. 02.47.50.84.53, fax 02.47.45.14.85 r.-v.

DOM. DE L'OUCHE GAILLARD
Demi-sec 1996*

□   1 ha   2 500   30 à 50 F

La société Dansault-Baudeau mène de front deux activités : un négoce de détail de vin et une exploitation viticole. Cette dernière, d'une dizaine d'hectares, a été constituée par regroupement de petits vignobles sans successeur. La qualité est l'un des soucis premiers de cette entreprise. Son demi-sec se montre assez riche et expressif. Il est floral au nez, avec une évocation de sauvignon, ce qui se rencontre quelquefois dans le chenin. Bien fait, plaisant, ce vin a sa place à table aujourd'hui. Un **moelleux 96** est aussi à mettre à l'actif de cette dynamique maison. Il a été cité par le jury.
→ SCEA Dansault-Baudeau, 94, av. George-Sand, 37700 La-Ville-aux-Dames, tél. 02.47.44.36.23, fax 02.47.44.95.30 r.-v.

DOM. DE L'OUCHE GAILLARD
Sec 1996

□   1 ha   3 500   30 à 50 F

Voici un sec dont le caractère de jeunesse surprend. Avec sa légère rondeur, il coule agréablement et donne un long moment de plaisir. Autant en profiter tout de suite.
→ SCEA Dansault-Baudeau, 94, av. George-Sand, 37700 La-Ville-aux-Dames, tél. 02.47.44.36.23, fax 02.47.44.95.30 r.-v.

DOM. MARNE Demi-sec 1996

□   n.c.   2 179   -30 F

Chaque génération a participé au développement de ce vignoble de 8 ha, sis sur les hauts de Montlouis. En 1928, le grand-père a refait l'encépagement, en 1979 le père a aménagé un chai et une cave et Patrick, responsable du domaine depuis 1986, vient de rénover les installations de vinification. Le résultat ? Un demi-sec un peu timide, qui a de la peine à s'exprimer, mais attachant par sa bonne tenue et son côté tendre.
→ Patrick Marné, 14, rte du Chapitre, 37270 Montlouis-sur-Loire, tél. 02.47.45.11.32, fax 02.47.45.07.49 r.-v.

D. MOYER Sec 1996**

□   5 ha   10 000   30 à 50 F

Près de 12 ha de vignes entourent une élégante demeure bâtie au XVII^{e}s. par le duc de Choiseul pour en faire un rendez-vous de chasse. La famille Moyer réserve à ses visiteurs un accueil délicat et ne se montre jamais avare d'explications. Elle propose un sec dont le nez très intense de fruit et de miel est surprenant. En bouche, ce vin évoque la confiture et se montre long et équilibré. Quel beau mariage avec une tarte au fromage ! Étiqueté « domaine du Vieux Château », un **moelleux 96** frais surmûri mérite d'être cité. Il faut se garder de le boire tout de suite.
→ Dominique Moyer, 2, rue de la Croix-des-Granges, 37270 Montlouis-sur-Loire, tél. 02.47.50.94.83, fax 02.47.45.10.48 r.-v.

CH. DE PINTRAY Demi-sec 1996***

□   5,3 ha   2 350   30 à 50 F

Qui ne tomberait amoureux de cette élégante demeure des XVIIe et XIX^{e}s., entourée d'un parc plein de sérénité ? Marius Rault y a aménagé des chambres d'hôtes qui ont beaucoup de succès. Le vignoble de 6,5 ha est implanté sur les argiles à silex des côtes de Lussault, proches de la Loire. On en tire de beaux demi-secs. Voyez celui-ci : le nez floral très puissant annonce une bouche tout en rondeur, agrémentée de fruits et d'une légère touche d'anis. On peut boire cette bouteille dès

870

La Touraine

maintenant certes, mais elle se bonifiera avec les ans.
➥ Marius Rault, Ch. de Pintray, 37400 Lussault-sur-Loire, tél. 02.47.23.22.84, fax 02.47.57.64.27 ☑ ☒ t.l.j. 9h-20h

CH. DE PINTRAY Moelleux 1996*

| ☐ | 1 ha | n.c. | 🍷 50 à 70 F |

Le château est ancien mais plus ancienne encore la présence de la vigne en ces lieux. Au XIV^{e}s., ce vignoble était cultivé par les moines. Il y élaboraient peut-être des moelleux comme celui-ci : mentholé au nez, offrant un mélange de coing et de fruits mûrs, et une évocation de confiture en bouche, avec suffisamment de vivacité pour donner légèreté et fraîcheur. Une belle bouteille qu'il faut certainement attendre un peu. Toujours dans ce registre de vivacité et de fraîcheur, un **sec 96** a été cité par le jury.
➥ Marius Rault, Ch. de Pintray, 37400 Lussault-sur-Loire, tél. 02.47.23.22.84, fax 02.47.57.64.27 ☑ ☒ t.l.j. 9h-20h

DOM. SAINT JEROME 1996

| ☐ | 8 ha | 3 500 | 🍷 70 à 100 F |

Ce vignoble important - plus de 12 ha - est situé sur les premières côtes de Montlouis, et bénéficie des influences de la Loire. La cave vient d'être rénovée. Riche de tous ces atouts, le domaine a bien réussi ce liquoreux au nez frais de fruits confits, à la bouche pleine et riche, se terminant sur une impression de douceur. Un vin à attendre.
➥ EARL Supligeau, Dom. de Saint-Jérôme, 7, quai Albert-Baillet, 37270 Montlouis-sur-Loire, tél. 02.47.45.07.75, fax 02.47.45.07.75 ☑ ☒ t.l.j. 8h30-19h30; dim. 9h-12h30

DOM. DES TOURTERELLES Sec 1996*

| ☐ | 3 ha | 2 000 | 🍷 -30 F |

Le domaine, fondé en 1900 par le grand-père de Jean-Pierre Trouvé, compte aujourd'hui 12 ha sur les pentes argilo-calcaires et siliceuses des coteaux du Cher. On y fait de beaux vins secs, présentant souvent un caractère minéral. Celui-ci, sans avoir ce trait, est très bien construit, alliant puissance, vivacité et harmonie. Il lui faudra au moins deux ans pour s'exprimer pleinement.
➥ Jean-Pierre Trouvé, 1, rue de la Gare, 37270 Saint-Martin-le-Beau, tél. 02.47.50.63.62, fax 02.47.50.63.62 ☑ ☒ r.-v.

DOM. DES TOURTERELLES
Méthode traditionnelle Demi-sec*

| ☐ | 1 ha | 3 000 | 🍷 30 à 50 F |

Les méthodes traditionnelles demi-sec ne sont pas fréquentes dans l'appellation et il était bon de signaler celle-ci : l'attaque est souple, la structure légère, et la finale assez ronde et longue pour vous laisser sur une impression de douceur marquée.
➥ Jean-Pierre Trouvé, 1, rue de la Gare, 37270 Saint-Martin-le-Beau, tél. 02.47.50.63.62, fax 02.47.50.63.62 ☑ ☒ r.-v.

Vouvray

RESERVE DES VIGNERONS
La Cuvée Saint-Martin 1996

| ☐ | 1 ha | 3 500 | 🍷 50 à 70 F |

Encore une cuvée Saint-Martin. Son nez est vif, fruité, un peu mentholé. La bouche, dense, exprime les fruits secs. Une jolie bouteille à laisser évoluer quelques années.
➥ Alain Joulin, 58, rue de Chenonceaux, 37270 Saint-Martin-le-Beau, tél. 02.47.50.28.49, fax 02.47.50.69.73 ☑ ☒ t.l.j. 8h-12h 14h-20h

Vouvray

Un long vieillissement en cave et en bouteille révèle toutes les qualités des vouvray, blancs nés au nord de la Loire, sur un terroir de 2 000 ha qu'écorne au nord l'autoroute A10 et que traverse la Brenne. Le cépage des blancs de Touraine, chenin blanc (ou pineau de la Loire), donne ici des vins tranquilles de haut niveau (50 706 hl), colorés, très racés, secs ou moelleux selon les années, et des vins mousseux ou pétillants (57 390 hl), très vineux. Les deux types sont parfaitement aptes à une longue garde, même si l'on boit parfois les vins effervescents assez jeunes. Poissons, fromages (de chèvre) iront bien avec les uns, plats fins ou desserts légers avec les autres, qui feront aussi d'excellents apéritifs.

DOM. ALLIAS Méthode traditionnelle*

| ○ | 4 ha | 11 000 | 🍷 30 à 50 F |

Daniel Allias et son fils Dominique conduisent avec succès ce beau domaine de 12 ha, le Petit Mont, lieu-dit renommé de Vouvray, sis sur les hauts de la vallée Coquette. D'un jaune doré, leur vin de méthode traditionnelle présente une belle mousse abondante. L'équilibre sucre-acide laisse une impression de frais. La fin de bouche, qui évoque les fruits secs, suggère un mariage avec une truite aux amandes. De la même exploitation, un **blanc sec 96** se montre plutôt rond, avec une note épicée. Il mérite d'être cité.
➥ GAEC Allias Père et Fils, Clos du Petit Mont, 37210 Vouvray, tél. 02.47.52.74.95, fax 02.47.52.66.38 ☑ ☒ r.-v.

JEAN-CLAUDE ET DIDIER AUBERT
Sec 1996**

| ☐ | 4 ha | 15 000 | 🍷 30 à 50 F |

Situé à deux pas de la Loire, ce domaine de 19 ha mené par un tandem père-fils, a vu passer six générations de la même famille. On visitera avec intérêt leurs caves très bien aménagées dans le tuffeau où l'on pourra découvrir ce remarquable sec, d'une bonne intensité et d'un équilibre sans faille, aux arômes plaisants de coing et

La Touraine — Vouvray

d'agrumes. Un vin de garde. A signaler encore, cité par le jury, un **demi-sec 96** de la même facture, bien frais, qui demande à se fondre en bouche.
🍷 Jean-Claude et Didier Aubert, 10, rue de la Vallée-Coquette, 37210 Vouvray, tél. 02.47.52.71.03, fax 02.47.52.68.38 ☑ ⟁ t.l.j. 8h30-12h30 14h-19h

DOM. DES AUBUISIERES
Le Marigny Moelleux 1996★★★

| | 1,35 ha | 4 000 | | 150 à 200 F |

Un vin d'élite : le 93 a obtenu un coup de cœur, le 95 l'a manqué de peu, et le 96 remporte la suprême récompense cette année. Bernard Fouquet qui conduit un vignoble de 21 ha sur des terres « d'aubuis », mêlées de silice et de calcaire, a élaboré un moelleux d'exception : la couleur est jaune doré ; le nez intense témoigne d'une sélection sévère des raisins ; la richesse en bouche laisse pantois. Le coing est présent à tous les stades de la dégustation. Un vin pour une grande occasion qui ne devrait pas atteindre son apogée avant dix ans. Ce domaine s'est encore distingué par un remarquable vin de **méthode traditionnelle brut 96** (deux étoiles). Un vin plein de jeunesse au nez puissant, floral et fruité, montrant une attaque souple et une évolution généreuse.
🍷 Bernard Fouquet, Dom. des Aubuisières, 37210 Vouvray, tél. 02.47.52.61.55, fax 02.47.52.67.81 ☑ ⟁ r.-v.

DOM. DU BAS ROCHER Doux 1996★

| | 1,3 ha | 3 000 | | 70 à 100 F |

Les coteaux qui bordent la vallée Chartier dominent la Loire et reçoivent largement les influences du fleuve. Ils produisent souvent des raisins marqués par la surmaturation et la pourriture noble et qui donnent des vins à l'image de ce 96. Ce moelleux contient 60 g de sucre résiduel. Très riche, exprimant nettement le terroir, il évoque le coing et les fruits secs. C'est un vin puissant qu'il faudrait laisser sagement évoluer pour un plaisir futur.
🍷 Boutet-Saulnier, 17, rue de la Vallée-Chartier, 37210 Vouvray, tél. 02.47.52.73.61, fax 02.47.52.63.27 ☑ ⟁ t.l.j. 8h-20h

CLOS BAUDOIN Moelleux 1996

| | 3 ha | 4 000 | | 70 à 100 F |

Un ecclésiastique passionné d'ampélographie, l'abbé Baudoin, a légué son nom au domaine. Les vignes ont conservé les murs d'origine qui les entourent et qui forment le clos. Les arômes de ce moelleux, qui affiche 47 g de sucre résiduel, sont marqués par la finesse et l'élégance : deux traits que l'on retrouve en bouche et qui laissent une impression d'harmonie. Egalement cité par le jury, le **sec 96**, issu du même terroir, mais étiqueté **Aigle Blanc**, un sec plutôt tendre, bien né, de longueur moyenne, aux senteurs d'agrumes caractéristiques.
🍷 SARL Clos Baudoin Vitifera, 2, rue de la Vallée-de-Nouy, 37210 Vouvray, tél. 02.47.52.71.02, fax 02.47.52.60.94 ☑ ⟁ t.l.j. 8h-12h 13h30-17h30 ; sam. dim. sur r.-v.
🍷 Prince Poniatowski

PASCAL BERTEAU ET VINCENT MABILLE Moelleux 1996★

| | 2 ha | 3 000 | | 30 à 50 F |

Fils et petit-fils de vigneron, Pascal Berteau et Vincent Mabille se sont associés en 1990. Ils ont élaboré un moelleux à 25 g de sucre résiduel, remarquable par son équilibre et par ses qualités aromatiques ; fleurs, fruits et miel y sont très présents. Un peu de garde lui permettrait de gagner en souplesse.
🍷 Pascal Berteau et Vincent Mabille, GAEC B.M., Vaugondy, 37210 Vernou-sur-Brenne, tél. 02.47.52.03.43, fax 02.47.52.03.43 ☑ ⟁ r.-v.

BONGARS Demi-sec 1996★★★

| | 1 ha | 5 000 | | -30 F |

Bernard Bongars vient de passer la main à sa fille Denise. Celle-ci gère maintenant, avec sa mère, ce beau vignoble de 12 ha, sis sur les pentes de Noisay, la commune la plus à l'est de l'appellation et qui domine le lit majeur de la Loire. Leur demi-sec a enthousiasmé le jury, avec sa robe lumineuse à reflets dorés, son nez puissant et friand à la fois, livrant des arômes d'acacia et de fruits, sa bouche longue, pleine de miel et de coing. C'est un vin très fondu, masculin par sa solidité et féminin par sa douceur. Il est plus qu'un demi-sec et se mariera harmonieusement avec une salade de foie gras aux asperges vertes.
🍷 Bernard Bongars, 232, coteau de Venise, 37210 Noizay, tél. 02.47.52.11.64, fax 02.47.52.05.73 ☑ ⟁ r.-v.

DOM. BOURILLON-DORLEANS
Demi-sec 1996★

| | 9 ha | 50 000 | | 30 à 50 F |

Frédéric Bourillon s'intéresse à l'art et au tourisme. Il a ouvert une de ses caves à la visite en y présentant des sculptures et bas-reliefs taillés dans le roc, que l'on admire, un verre de vouvray à la main. Il prend tout de même le temps d'élaborer de beaux demi-secs. Celui-ci présente un nez intense, riche, et une bouche équilibrée qui se termine par une évocation de riesling. Il peut faire un peu de garde sans dommage.
🍷 Frédéric Bourillon, 4, rue du Chalateau, 37210 Rochecorbon, tél. 02.47.52.83.07, fax 02.47.52.82.19 ☑ ⟁ r.-v.

MARC BREDIF Méthode traditionnelle★★★

| ○ | 10 ha | n.c. | | 50 à 70 F |

Les établissements Marc Brédif élaborent des effervescents depuis 1893 dans de remarquables caves aménagées sur les bords de Loire. Cette méthode traditionnelle Cuvée Marc Brédif a fait

La Touraine — Vouvray

l'unanimité, les dégustateurs louent à l'envi ses bulles fines et légères, son nez intense alliant la bergamote, le tilleul et la verveine, avec une pointe de grillé, sa bouche où tout est en équilibre et sa finale ronde qui laisse rêveur. Deux étoiles encore pour un pétillant brut (**Cuvée Brédif brut**) assez évolué, généreux tout en gardant de la fraîcheur, à la fin de bouche voluptueuse et ronde.
- Marc Brédif, 87, quai de la Loire, 37210 Rochecorbon, tél. 02.47.52.50.07, fax 02.47.52.53.41 ☑ ☥ t.l.j. 8h-12h 14h-18h
- De Ladoucette

YVES BREUSSIN
Réserve Moelleux 1996★★

| | 3 ha | 5 000 | | 30 à 50 F |

Un attelage père-fils pour conduire ce domaine de 11 ha créé par l'arrière-grand-père, et qui s'étend sur les coteaux bordant la vallée de Vaugondy. Voici une année faste pour l'exploitation, dont les chais viennent d'être rénovés. Ce moelleux vaut le détour. Son premier trait est la finesse. Il évoque le coing, le caramel et le grillé. Un vin superbe, et qui atteindra à peine son apogée dans dix ans. Une étoile encore pour le **sec 96**, au nez d'amande et d'agrumes, et à la bouche bien structurée et longue : un vin prometteur. Une citation enfin pour une **méthode traditionnelle** harmonieuse et souple, à servir à l'apéritif.
- GAEC Yves et Denis Breussin, Vaugondy, 37210 Vernou-sur-Brenne, tél. 02.47.52.18.75 ☑ ☥ r.-v.

DOM. BRION Demi-sec 1996★

| | n.c. | 4 000 | 30 à 50 F |

Jean Brion exploite depuis des années une petite propriété de 4 ha située sur les dernières côtes de Vouvray. Fidèle aux techniques traditionnelles, il a élaboré cette année un demi-sec généreux et puissant, non dénué cependant d'une certaine élégance. Équilibré, ce 96 peut être bu rapidement ou mis en cave quelques années. Jean a également réussi un **pétillant 93 méthode traditionnelle** ; un vin assez souple et fruité, cité par le jury.
- Jean Brion, Dom. Brion, 26, rte de Monnaie, 37210 Vouvray, tél. 02.47.52.78.99 ☑ ☥ r.-v.

VIGNOBLES BRISEBARRE Sec 1996★

| | 5 ha | 10 000 | | 30 à 50 F |

15 ha sur les premières côtes de Vouvray qui dominent la Loire et des responsabilités professionnelles, voilà de quoi occuper un homme de tempérament comme Philippe Brisebarre. Il ne néglige pas pour autant ses vins puisque son sec a été remarqué. Une belle robe brillante jaune doré, un nez plutôt fermé au départ mais qui s'ouvre à l'aération sur des notes de fruits mûrs, et une bouche souple, riche et d'une bonne longueur. Voilà un vin typé qui devrait s'épanouir rapidement.
- Philippe Brisebarre, la Vallée-Chartier, 37210 Vouvray, tél. 02.47.52.63.07, fax 02.47.52.65.59 ☑ ☥ t.l.j. 8h-12h30 13h30-19h30; dim. sur r.-v.

DOM. GEORGES BRUNET Sec 1996★

| | 3 ha | 4 000 | | 30 à 50 F |

A la Croix Mariotte, les sols argilo-calcaires, appelés ici « aubuis », donnent des vins marqués par le terroir. Vinifiés dans le respect des techniques traditionnelles, les vouvray de Georges Brunet sont très représentatifs de l'appellation. Ce sec friand, par son côté aromatique, son attaque souple et sa finale fraîche, est tout à fait dans le type et pourra sans dommage patienter quelques années en cave. On n'oubliera pas non plus le **moelleux 96**, un vin bien équilibré où sucre et acidité s'entendent à merveille. Il a été cité par le jury.
- Georges Brunet, 12, rue de la Croix-Mariotte, 37210 Vouvray, tél. 02.47.52.60.36, fax 02.47.52.75.38 ☑ ☥ t.l.j. 9h30-19h30

CHAMPALOU Sec 1996

| | 6 ha | 36 000 | | 30 à 50 F |

Ce couple de jeunes vignerons talentueux est à la tête d'un domaine de 19 ha depuis 1985. Il présente un vin à mi-chemin des demi-secs, subtil et riche d'arômes classiques du vouvray, comme le miel et le pruneau. Il fera le bonheur d'un palais délicat.
- Champalou, 7, rue du Grand-Ormeau, 37210 Vouvray, tél. 02.47.52.64.49, fax 02.47.52.67.99 ☑ ☥ r.-v.

DOM. CHAMPION Moelleux 1996★★

| | 1 ha | 4 000 | | 50 à 70 F |

Encore une association père-fils qui tire dans le même sens un domaine bien structuré, doté de caves profondes, propices aux fermentations longues en fût. Pas d'élévation de température et des levures qui travaillent lentement. Le résultat ? Un moelleux d'un équilibre parfait d'où les arômes fusent de partout - fleurs, grillé, tilleul, menthe... Un très beau vin, plein d'avenir. On recommande aussi le **Réserve 96**, un liquoreux issu, lui aussi, de fermentations longues. Un vin également prometteur, où le fruit mûr imprègne longuement la bouche. Il a obtenu une étoile.
- GAEC Champion, 57, Vallée-de-Cousse, 37210 Vernou-sur-Brenne, tél. 02.47.52.02.38, fax 02.47.57.05.69 ☑ ☥ t.l.j. sf dim. 8h-12h30 14h-19h

DOM. DU CLOS DE L'EPINAY
Méthode traditionnelle Tête de cuvée

| ○ | 2 ha | 4 000 | 30 à 50 F |

Le clos de l'Epinay est une ancienne « vinerie » du XVIIᵉ s., toujours entourée de ses murs. Il aurait appartenu au duc de Choiseul. Les caves, situées à Rochecorbon, s'étendent sur deux étages. Elles proposent une méthode traditionnelle très fruitée au nez, avec une impression d'amande marquée en bouche. A servir frappée en apéritif.
- Dom. de L'Epinay, Clos de l'Epinay, 37210 Vouvray, tél. 02.47.52.87.87, fax 02.47.52.56.34 ☑ ☥ t.l.j. sf sam. dim. 9h-12h 14h-17h30

LA VALLEE DE LA LOIRE

La Touraine / Vouvray

DOM. DU CLOS DES AUMONES
Brut 1996*

○   4 ha   30 000   30 à 50 F

Les premières côtes de Rochecorbon ont toujours été renommées. Philippe Gaultier conduit un vignoble de 15 ha sur les premières pentes de l'appellation, en bordure de la Loire. Ses vins de méthode traditionnelle figurent régulièrement dans le Guide. Le millésime 96 présente une mousse discrète mais une robe bien dorée. Le nez, d'une grande finesse, exprime à la fois la vanille, l'acacia et l'amande. La bouche, assez ronde, laisse sur des saveurs marquées. Presque aussi bien noté, un vin tranquille, le **demi-sec 96** est aussi à mettre à l'actif de ce vigneron.
➥ Philippe Gaultier, 10, rue Vaufoynard, 37210 Rochecorbon, tél. 02.47.54.69.82, fax 02.47.42.62.01 ☑ ☥ r.-v.

DOM. COTEAU DE LA BICHE
Collection Moelleux 1996*

☐   n.c.   3 000   150 à 200 F

Un vignoble qui remonte à 1734, des caves curieuses, aménagées sur plusieurs étages, un vieux pressoir du XVIe s. : la visite ne manque pas d'intérêt, le moelleux non plus. Harmonieux dans ses saveurs et sa structure, il est capable de donner dans quelques années une superbe bouteille.
➥ EARL Jean-Claude et Christophe Pichot, 32, rue de la Bonne-Dame, 37210 Vouvray, tél. 02.47.52.72.45, fax 02.47.52.66.59 ☑ ☥ r.-v.

MAISON DARRAGON
Cuvée Simone Mignot Moelleux 1996**

☐   n.c.   2 400   50 à 70 F

Dédiée à Simone Mignot, la grand-mère de Pierre Darragon, voici une remarquable cuvée. On apprécie l'équilibre entre la fraîcheur et le gras et l'on est séduit par les arômes de fruits mûrs, de cire et de miel, aux multiples nuances. Plaisant dès maintenant, il y a aussi un bon potentiel de garde. L'exploitation propose encore deux bouteilles de qualité, qui ont obtenu chacune une étoile : un **demi-sec 96** proche du moelleux, d'une attaque agréable, au palais riche et puissant ; un **sec 96**, plein de fraîcheur et de gaieté, que l'on appréciera sur des rillons et rillettes de la région.
➥ SCA Maison Darragon, 34, rue de Sanzelle, 37210 Vouvray, tél. 02.47.52.74.49, fax 02.47.52.64.96 ☑ ☥ r.-v.

JEAN-FRANCOIS DELALEU
Moelleux 1996**

☐   1 ha   2 200   50 à 70 F

Tradition, synonyme de qualité ? Jean-François et Sylvie en font la démonstration. Ils avaient organisé à l'automne 96 une reconstitution des vendanges d'autrefois : seilles en bois, hottes en osier, poinçons, charrettes, chevaux et même costumes d'époque. Et c'est le vin liquoreux issu de cette récolte qui obtient aujourd'hui le coup de cœur. La robe est d'or, brillante, limpide, avec des reflets verts ; le nez complexe livre de multiples fragrances de fleurs et de fruits secs. L'attaque est franche, la bouche bien structurée ; d'emblée, une impression de châtaigne grillée vous envahit. Quelle élégance, quel équilibre, c'est un vin de collection, mais comment ne pas y toucher ? Quant au **moelleux 96** baptisé **Clos de Chaillemont**, son nez floral, sa bouche harmonieuse aux accents de poire cuite lui ont valu deux étoiles. C'est une remarquable bouteille pour aujourd'hui ou pour demain.

➥ Jean-François et Sylvie Delaleu, la Vallée-Chartier, 37210 Vouvray, tél. 02.47.52.63.23, fax 02.47.52.69.27 ☑ ☥ r.-v.

REGIS FORTINEAU
Méthode traditionnelle Brut 1996*

○   2 ha   4 000   30 à 50 F

Au détour d'une promenade, dans le vignoble vouvrillon, il est tout indiqué de s'arrêter chez Régis Fortineau qui vous proposera une méthode traditionnelle bien désaltérante. Souple avec des expressions de miel et de coing, ce vin vous laissera une bouche fraîche.
➥ Régis Fortineau, 4, rue de la Croix-Mariotte, 37210 Vouvray, tél. 02.47.52.63.62, fax 02.47.52.69.97 ☑ ☥ r.-v.

DOM. ANDRE FRESLIER
Pétillant Demi-sec 1995*

○   1 ha   6 000   30 à 50 F

André Freslier est au service de la vigne depuis un demi-siècle. Culture, vendange et fermentation, chez lui tout se fait à l'ancienne. Ne parlons pas des phases lunaires qui sont suivies scrupuleusement. Cela donne une méthode traditionnelle comme on les faisait autrefois, très ronde, mais avec ce qu'il faut de vivacité pour apporter une sensation de fraîcheur. Quant au bouquet de fruits, il est des plus agréables.
➥ André Freslier, 90, rue de la Vallée-Coquette, 37210 Vouvray, tél. 02.47.52.71.81 ☑ ☥ t.l.j. 9h-19h; dim. 9h-12h

DOM. GANGNEUX Sec 1996**

☐   2 ha   12 000   30 à 50 F

Gérard Gangneux exploite un domaine de 12 ha situé au cœur de l'appellation. Très méticuleux en très organisé, ce vigneron voit cette année la récompense de son travail, avec ce coup de cœur décerné pour un sec, proche de la perfection. La robe est d'un jaune assez soutenu, avec quelques reflets verts, et le nez bien typé. Mais la surprise vient de l'ampleur ! La bouche donne une impression de plénitude et de longueur tout à fait inhabituelle. Des arômes de fruits secs et de fruits exotiques fusent de partout. Son fort potentiel incite à ne pas consommer trop rapidement cette superbe bouteille. De la même exploitation, le jury a apprécié (une étoile) un

874

La Touraine

Vouvray

demi-sec 96, un vin très structuré tout en restant souple et élégant. Ce vouvray s'accordera avec des quenelles de brochet à la lyonnaise ou un poisson au beurre blanc.

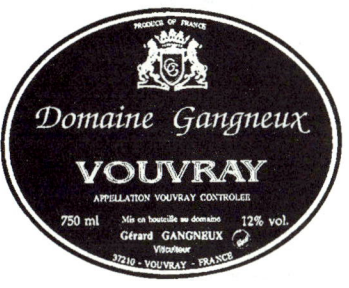

[Étiquette : Domaine Gangneux VOUVRAY, Appellation Vouvray Contrôlée, 750 ml, Gérard GANGNEUX, Viticulteur, 37210 – VOUVRAY – FRANCE, 12% vol.]

🕿 Gérard Gangneux, 1, rte de Monnaie, 37210 Vouvray, tél. 02.47.52.60.93, fax 02.47.52.67.66 ✓ 🍷 t.l.j. sf dim. 8h-12h 14h-19h.

CH. GAUDRELLE
Réserve personnelle Liquoreux 1996★★

| | 4,5 ha | 3 600 | 70 à 100 F |

C'est Alexandre Monmousseau qui a la responsabilité de ce domaine de près de 14 ha, que domine une gentilhommière du XVIe s. Couvrant les hautes côtes de Vouvray, baignées de soleil, les vignes de château Gaudrelle donnent d'excellents moelleux et liquoreux. Celui-ci montre un nez très frais, une bouche ample, puissante et longue, et une concentration d'arômes de fruits confits étonnante. Presque de la même facture, la **Réserve spéciale 96** est un autre liquoreux qui a fermenté très lentement. Ses arômes bien développés de fruits mûrs sont plus évolués. Il a été cité par le jury. Comme le précédent, il est de garde.

🕿 SCEA A. Monmousseau, 87, rte de Monnaie, 37210 Vouvray, tél. 02.47.52.67.50, fax 02.47.52.67.98 ✓ 🍷 r.-v.

DOM. SYLVAIN GAUDRON
Liquoreux 1996

| | 0,5 ha | 2 000 | 50 à 70 F |

Gilles Gaudron tient maintenant bien en main les destinées du domaine créé par son père en 1958 et porté au fil des ans à près de 15 ha. Après une attaque franche et douce, la structure de ce 96 se révèle légère, accompagnée d'une bonne impression de fruits. La finale, un peu vive, lui donne ce qu'il faut de fraîcheur. A boire maintenant.

🕿 EARL Dom. Sylvain Gaudron, 59, rue Neuve, 37210 Vernou-sur-Brenne, tél. 02.47.52.12.27, fax 02.47.52.05.05 ✓ r.-v.
🕿 Gilles Gaudron

JEAN-PIERRE GILET Sec 1996★

| | 2 ha | 4 000 | 30 à 50 F |

Ce vignoble, d'une superficie de 7 ha, s'étend sur les terres de l'ancienne seigneurie de Parçay qui dépendait de l'abbaye de Marmoutier, où, comme chacun sait, saint Martin planta la première vigne de vouvray. Jean-Pierre Gilet y a produit un sec, un petit peu rond et très bouqueté. La vivacité en fin de bouche surprend, mais plutôt agréablement. Belle bouteille à boire ou à attendre.

🕿 Jean-Pierre Gilet, 5, rue de Parçay, 37210 Parçay-Meslay, tél. 02.47.29.12.99, fax 02.47.29.07.96 ✓ 🍷 r.-v.

C. GREFFE Méthode traditionnelle★

| ○ | n.c. | 35 000 | 30 à 50 F |

Créée en 1965, cette entreprise d'élaboration d'effervescents a longtemps travaillé à façon pour les viticulteurs. Aujourd'hui c'est Christiane Greffe qui la pilote en produisant des méthodes traditionnelles pour son propre compte, achetant des vins aux viticulteurs et utilisant sa connaissance du terroir pour les assemblages. Bien lui en a pris puisqu'elle a doublé son chiffre d'affaires en quelques années. Elle a présenté trois cuvées qui ont toutes mérité une étoile. La première, sous une étiquette noire, est souple, fruitée et harmonieuse. La seconde, dite **Tête de Cuvée**, a un nez très floral, agrémenté de réglisse. La bouche est bien structurée et on y retrouve des arômes de fleurs (acacia). C'est un vin de grande classe. La troisième dite **Anne-Christine** présente des bulles fines et persistantes, un nez franc et assez floral et une bouche souple, vineuse et bien typée chenin ; c'est un joli vin à boire maintenant.

🕿 Christiane Greffe, 35, rue Neuve, 37210 Vernou-sur-Brenne, tél. 02.47.52.12.24, fax 02.47.52.09.56 ✓ 🍷 r.-v.

DANIEL JARRY Chenin Demi-sec 1996★

| | n.c. | 16 840 | 30 à 50 F |

A la tête d'un domaine de 10 ha situé sur les hauts de la vallée Coquette, Daniel Jarry a particulièrement réussi son demi-sec : un vin vif, fruité, équilibré, avec une longue finale. Il est à boire sans tarder. Quant à son vin de **méthode traditionnelle 93 demi-sec**, fruité avec une note vive, plutôt agréable, il a recueilli une citation.

🕿 Daniel Jarry, 99, rue de la Vallée-Coquette, 37210 Vouvray, tél. 02.47.52.78.75, fax 02.47.52.67.36 ✓ 🍷 t.l.j. 8h-19h; groupes sur r.-v.

DOM. DE LA BLOTTIERE
Méthode traditionnelle Brut 1995★

| ○ | 3 ha | 13 000 | 30 à 50 F |

Nichée au sein d'un vignoble de 9 ha, la Blottière est l'une de ces maisons tourangelles typiques de la campagne vouvrillonne. Jean-Michel Fortineau y produit de beaux vins, dont ce méthode traditionnelle brut assez rond, fruité et agréable. On mentionnera aussi le **moelleux 96** d'un type léger, mais plaisant et équilibré.

🕿 Jean-Michel Fortineau, La Blottière, 37210 Vouvray, tél. 02.47.52.74.24, fax 02.47.52.65.11 ✓ 🍷 r.-v.

DOM. DE LA FONTAINERIE
Coteau les Brûlés Demi-sec 1996

| | 1,5 ha | 3 000 | 50 à 70 F |

La demeure des XVe et XVIe s., imposante, ne passe pas inaperçue dans la vallée Coquette. Elle est dotée de caves impressionnantes et entourée d'un joli vignoble de 5 ha bien exposé à l'est. Catherine Dhoye-Deruet propose un demi-sec au nez typé où la noisette et la pomme tiennent la

LA VALLEE DE LA LOIRE

La Touraine / Vouvray

meilleure place. La bouche est bien structurée tout en présentant un caractère de jeunesse intéressant. On peut profiter dès maintenant de cette bouteille ou la laisser évoluer deux ans.
🞂 Catherine Dhoye-Deruet, Dom. de La Fontainerie, 64, Vallée-Coquette, 37210 Vouvray, tél. 02.47.52.67.92, fax 02.47.52.79.41 ■ ▼ r.-v.

DOM. DE LA GALINIERE
Cuvée Clément Brut 1995★

| ○ | 7 ha | 51 000 | ■ | 30 à 50 F |

Le vignoble remonterait à la fin du XVII^{e}s. Il couvre aujourd'hui une superficie de 15 ha, et Pascal Delaleu en est le responsable depuis 1983. Une belle présentation pour cette méthode traditionnelle. L'attaque est vive, mais elle laisse vite place à une impression de vinosité assortie d'arômes floraux. Un peu d'amertume se fait jour en fin de bouche, s'équilibrant avec le sucre.
🞂 Pascal Delaleu, La Galinière, Vallée-de-Cousse, 37210 Vernou-sur-Brenne, tél. 02.47.52.15.92, fax 02.47.52.19.50 ■ ▼ r.-v.

DOM. DE LA GAVERIE
Cuvée Saint Georges Moelleux 1996★

| □ | 1 ha | 1 900 | ‖ | 50 à 70 F |

Le vignoble est dans la famille depuis 1850, et chaque parcelle en est vinifiée séparément pour respecter les types de sol. Cette cuvée de blanc moelleux a été particulièrement remarquée par le jury. Le nez est un peu fermé, mais la bouche aux arômes de coing et de grillé est équilibrée et longue. Ce vin s'ouvrira progressivement. Du même domaine, un **sec 96**, tendre, presque demi-sec, a été cité avec son élégance.
🞂 GAEC de La Pinsonnière, 13, rue de la Pinsonnière, 37210 Parçay-Meslay, tél. 02.47.29.14.43, fax 02.47.29.14.43 ■ ▼ r.-v.
🞂 Philippe et Vincent Gasnier

CLOS LA LANTERNE Sec 1996★

| □ | 1,5 ha | 4 000 | ■♦ | 30 à 50 F |

Benoît Gautier a la chance de compter dans son vignoble de 11 ha les deux plus belles parcelles de vignes du terroir. Le clos de la Lanterne, à l'origine de ce blanc sec, est situé au bord de la falaise, au-dessus de la Loire, et exposé plein sud. Le tuffeau y affleure. La bouche de ce sec surprend par son ampleur et par ses arômes de pomme et de pruneau. Elle présente une petite note vive intéressante, mais c'est une impression de rondeur qui domine. Un vin à marier avec des mets à la crème.
🞂 Benoît Gautier, Dom. de La Châtaigneraie, 37210 Rochecorbon, tél. 02.47.52.84.63, fax 02.47.52.84.65 ■ ▼ r.-v.

DOM. DE LA RACAUDERIE
Méthode traditionnelle Brut 1996★

| ○ | 3 ha | 7 000 | ■ | 30 à 50 F |

Jean-Michel Gautier s'est installé en 1992 sur un petit domaine qui comptait alors 3 ha et dépasse aujourd'hui 7 ha. Il a bien réussi cette année une méthode traditionnelle au nez développé offrant des nuances florales et minérales. Celles-ci se retrouvent en bouche, accompagnées de notes d'amande et de mie de pain. A boire en milieu d'après-midi pour accompagner une brioche pas trop sucrée.
🞂 Jean-Michel Gautier, Dom. de La Racauderie, 37210 Parçay-Meslay, tél. 02.47.29.12.82 ■ ▼ r.-v.

DOM. DES LAURIERS
Grande Réserve Moelleux 1996★★

| □ | 2 ha | 14 000 | ‖ | 70 à 100 F |

Les pèlerins en route pour Saint-Jacques-de-Compostelle faisaient étape dans cette vieille maison du Petit Coteau à Vouvray. La coquille figurant sur le fronton en témoigne. Y buvaient-ils déjà du vin comme celui-ci ? Le jury a qualifié de « très grande bouteille » ce liquoreux au nez concentré de fruits confits et à la bouche étoffée, persistante, où se mêlent des arômes de fruits secs et de gelée de coing. Une plénitude qui n'enlève rien à l'élégance. Un vin harmonieux à garder très longtemps. Dans une fourchette de prix inférieure (30-49 F), on retiendra un **moelleux 96** à la bouche équilibrée, à la fois puissante et élégante, finissant sur des notes de fruits mûrs et de miel. Une bouteille que l'on peut déguster ou encaver.
🞂 Laurent Kraft, 29, rue du Petit-Coteau, 37210 Vouvray, tél. 02.47.52.61.82, fax 02.47.52.61.82 ■ ▼ t.l.j. 8h-19h

CAVE DES PRODUCTEURS DE LA VALLEE COQUETTE
Réserve des Producteurs Moelleux 1996

| □ | n.c. | 6 000 | ‖ | 70 à 100 F |

Caves de belles dimensions, équipement performant et accueil de qualité attirent chaque année de nombreux visiteurs dans cette coopérative où ils peuvent déguster une gamme complète de vouvray. Cette année, ils apprécieront un moelleux très botrytisé au nez gras et rond en bouche, et d'un bon équilibre général.
🞂 Cave des Producteurs de La Vallée Coquette, 37210 Vouvray, tél. 02.47.52.75.03, fax 02.47.52.66.41 ■ ▼ t.l.j. 9h-12h 14h-18h30

LE MONT Moelleux 1996★

| □ | 8 ha | 25 000 | ‖ | 100 à 150 F |

Le manoir du Haut Lieu où se trouve le siège de l'exploitation est au centre d'un vignoble de 35 ha comprenant plusieurs crus dont le Mont, considéré au XV^{e}s. comme l'un des premiers de Vouvray. C'est sur ce dernier, situé au bord de la côte dominant la Loire, qu'a été récolté le moelleux présenté ici. La couleur est dense avec des reflets orangés, le nez plutôt discret mais très élégant ; la bouche possède une attaque franche suivie d'une opposition sucre-acide intéressante. Le tout donne l'impression d'un très beau vin qui n'est qu'au début d'une longue vie et qui est loin encore de révéler toutes ses qualités. Du même clos, le jury a cité un **sec 96** très bien structuré mais encore fermé et bien en deçà, lui aussi, de ses possibilités.
🞂 Dom. Huet, 11-13, rue de la Croix-Buisée, B.P. 34, 37210 Vouvray, tél. 02.47.52.78.87, fax 02.47.52.66.51 ■ ▼ r.-v.
🞂 Gaston Huet

876

La Touraine — Vouvray

LES LARMES DE BACCHUS
Moelleux 1996*

| | 25 ha | 3 000 | +200F |

Une exploitation de 25 ha conduite par un père et son fils. Ces Larmes de Bacchus sont le produit d'une récolte particulièrement soignée : les grains ont été cueillis un par un et ont fait l'objet de tries sévères. Toute cette rigueur a donné un liquoreux à la forte personnalité tant par sa structure que par ses arômes de fleurs et de fruits où le coing domine. « Un vin éternel », selon un membre du jury.
➤ EARL Jean-Claude et Christophe Pichot, 32, rue de la Bonne-Dame, 37210 Vouvray, tél. 02.47.52.72.45, fax 02.47.52.66.59 r.-v.

BERNARD MABILLE Moelleux 1996*

| | 2 ha | 4 000 | 30 à 50F |

Avec ses 37 g de sucre résiduel par litre, ce moelleux se situe dans une bonne moyenne. Il présente au nez des arômes délicats de fruits très mûrs. En bouche, il est souple et équilibré. Très représentatif de l'appellation il peut se boire maintenant ou attendre.
➤ Bernard Mabille, 7, rue de la Vallée-de-Vaugondy, 37210 Vernou-sur-Brenne, tél. 02.47.52.10.94, fax 02.47.52.07.32 r.-v.

FRANCIS MABILLE Moelleux 1996*

| | n.c. | 2 328 | 30 à 50F |

Francis Mabille représente la quatrième génération de vignerons qui se sont succédé sur cette exploitation de 13 ha. Il perpétue la tradition de qualité maintenue par cette famille avec un moelleux proche d'un demi-sec. C'est un festival de pomme et de poire au nez, arômes que l'on retrouve en bouche jusqu'à la longue finale. Du même domaine, le jury a cité un **liquoreux 96** qui doit s'affiner avec l'âge.
➤ Francis Mabille, 17, rue de la Vallée-de-Vaugondy, 37210 Vernou-sur-Brenne, tél. 02.47.52.01.87, fax 02.47.52.00.34 r.-v.

MARC ET LAURENT MAILLET
Sec 1996

| | 1,1 ha | 2 000 | -30F |

Les frères Marc et Laurent Maillet sont installés sur un domaine de 13 ha sis à mi-parcours de la vallée Coquette que Balzac qualifiait de « délicieuse ». Ils proposent un sec au nez intense, brioché. La bouche se montre bien structurée, voire ferme, ce qui est appréciable en cette année 96 où tous les vins révèlent beaucoup de rondeur. De ces mêmes producteurs, le jury a cité un **liquoreux 96** très floral.
➤ Marc et Laurent Maillet, 101, rue de la Vallée-Coquette, 37210 Vouvray, tél. 02.47.52.76.46, fax 02.47.52.63.06 t.l.j. 9h-19h; groupes sur r.-v.

DOM. DU MARGALLEAU Sec 1996*

| | n.c. | 5 000 | 30 à 50F |

Deux frères ont succédé à leur père et mis en commun leurs biens pour gérer à présent un domaine de 25 ha qui s'étend sur les coteaux de la vallée de Vau et de la Brenne. Ils ont élaboré un sec dont le nez, un peu fermé au départ, a vite développé des notes fleuries d'acacia et de jasmin. L'attaque souple est suivie d'une forte impression de richesse. La finale assez vive donne une note gaie à l'ensemble.
➤ GAEC Bruno et Jean-Michel Pieaux, Vallée de Vaux, rue du Clos-Baglin, 37210 Chançay, tél. 02.47.52.97.27, fax 02.47.52.25.51 r.-v.

METIVIER ET FILS
Méthode traditionnelle*

| | n.c. | 4 000 | 30 à 50F |

Eliane Métivier, qui laisse de plus en plus d'initiative à son fils Vincent, tient avec compétence un domaine établi sur les côtes de Vernou qui dominent l'ancien lit de la Loire. Sa méthode traditionnelle est d'un très bon niveau de qualité : robe assez soutenue, mousse fine et abondante, nez fruité avec un côté grillé, et bouche ronde et volumineuse, le tout dans un bon équilibre général. Un vin généreux et plaisant.
➤ GAEC Métivier, 51, rue Neuve, 37210 Vernou-sur-Brenne, tél. 02.47.52.01.95, fax 02.47.52.06.01 t.l.j. 9h-12h 14h-20h
➤ Eliane Métivier

MAISON MIRAULT Sec 1996*

| | n.c. | 5 500 | -30F |

Depuis plus d'un demi-siècle la maison Mirault sélectionne les meilleurs vins de producteurs et les assemble. Cette année vient en tête un sec tranquille au grain fin. Ampleur, structure et vivacité, agrémentées de fruits secs, sont en harmonie. Du même négociant, un **effervescent brut** mérite d'être cité.
➤ Maison Mirault, 15, av. Brûlé, 37210 Vouvray, tél. 02.47.52.71.62, fax 02.47.52.60.90 t.l.j. 8h-12h 14h-18h; dim. sur r.-v.

CH. MONCONTOUR Moelleux 1996*

| | 10 ha | 16 000 | 30 à 50F |

Ce bel édifice Renaissance dominant la Loire a servi de cadre à l'un des romans de Balzac, *La Femme de trente ans*. Ce domaine présente un moelleux à la robe assez pâle mais limpide et brillante, aux arômes délicats de fleurs et de fruits mûrs. Gras en bouche avec un bon équilibre sucre-acide, ce vin s'exprimera mieux avec le temps.
➤ Ch. Moncontour, 37210 Vouvray, tél. 02.47.52.60.77, fax 02.47.52.65.50 r.-v.
➤ Feray

CH. DE MONTFORT Sec 1996**

| | 35,26 ha | 10 000 | 30 à 50F |

Classé monument historique, le château de Montfort dépendait de l'archevêché de Tours. Après avoir changé plusieurs fois de main au cours des siècles, il est devenu la propriété des Etablissements Cordier associés à la société allemande Schlumberger. Un équipement très performant et une équipe technique compétente sont à l'origine de ce sec remarquable, au nez de pamplemousse, à la bouche marquée par les fruits exotiques et d'une puissance surprenante. C'est un joli vin équilibré, et que l'on peut sans hésitation mettre en cave quelques années.
➤ SCI Ch. de Montfort, La ferme des Quarts, 37210 Noizay, tél. 02.47.52.14.57, fax 02.47.52.06.09 r.-v.

LOIRE

877 LA VALLÉE DE LA LOIRE

La Touraine   Vouvray

DOM. D'ORFEUILLES Moelleux 1996*

| ☐ | 3 ha | 5 500 | 🍷 | 70 à 100 F |

Situé sur l'ancienne dépendance d'un château médiéval, aujourd'hui disparu, le domaine d'Orfeuilles, fondé en 1947 par Paul Hérivault, s'étend sur 16 ha, répartis sur les communes de Chançay et de Reugny. Il a élaboré un liquoreux présentant une note de citronnelle légèrement mentholée au nez. La bouche est marquée par le coing et les fruits secs. Révélant un bon équilibre général satisfaisant, ce vin a une bonne aptitude à la garde. Bernard Hérivault a obtenu en outre une citation pour un **effervescent brut** très brioché.

🍇 Bernard Hérivault, La Croix-Blanche, 37380 Reugny, tél. 02.47.52.91.85, fax 02.47.52.25.01 💳 🍷 t.l.j. 8h-20h; dim. sur r.-v.

VINCENT PELTIER Demi-sec 1996*

| ☐ | 3 ha | 1 800 | 🍷 | -30 F |

Vincent Peltier s'est installé en 1991 sur un petit vignoble, créé par son arrière-grand-père en 1900, et que chaque génération a développé. Aujourd'hui le domaine compte près de 10 ha. L'équipement de cave est resté traditionnel, ce qui a du bon puisque deux vins du domaine ont été retenus avec une étoile : ce demi-sec, puissant, généreux et équilibré, un vouvray de tradition qui ne demande qu'à vieillir ; et une **méthode traditionnelle brut 95** : un vin jaune paille, au nez assez évolué, à la bouche harmonieuse dans un type vouvray marqué, qui laisse une impression de fruit de la passion. Pour l'apéritif.

🍇 Vincent Peltier, 25, rue de la Garenne, 37210 Chançay, tél. 02.47.52.93.34, fax 02.47.52.96.98 💳 🍷 r.-v.

FRANCOIS PINON Cuvée Réserve 1996

| ☐ | 3 ha | 7 000 | 🍷 | 50 à 70 F |

Il faut se promener dans la pittoresque vallée de Cousse - de préférence à pied - et contempler maisons anciennes et troglodytiques, entrées de caves et coteaux aux rangs de vignes bien entretenues. On y déguste aussi de bons vouvray. Celui de François Pinon, un liquoreux, est riche d'arômes de fleurs et de fruits. Sa finale acidulée laisse une note fraîche. Même note pour la **cuvée Tradition 96**, un demi-sec à la gaieté communicative.

🍇 François Pinon, 55, vallée de Cousse, 37210 Vernou-sur-Brenne, tél. 02.47.52.16.59, fax 02.47.52.10.63 💳 🍷 r.-v.

J.G. RAIMBAULT Moelleux 1996**

| ☐ | 1 ha | 3 000 | 🍷 | 30 à 50 F |

Un frère et une sœur gèrent ce domaine dont les très belles caves méritent une visite. Le jury recommande ce superbe moelleux aux parfums surprenants de poire que l'on retrouve de façon insistante en bouche, avec du caramel. Un vin équilibré et long. On n'oubliera pas le **sec 96** de l'exploitation, qui a obtenu une étoile. Un vin au nez intense d'amande, de miel et de cire et au palais vif, ample et long. Quant au **demi-sec 96**, il est cité pour son potentiel.

🍇 GAEC Jean et Ghislaine Raimbault, 186, coteau des Vérons, 37210 Noizay, tél. 02.47.52.00.10, fax 02.47.52.05.29 💳 🍷 t.l.j. 9h-20h

VINCENT RAIMBAULT Demi-sec 1996*

| ☐ | 1 ha | 4 000 | 🍷 | 30 à 50 F |

Vincent Raimbault s'est installé sur ce domaine de 15 ha, situé sur les coteaux qui bordent la Brenne. L'équipement y est complet et les caves profondes. Ce demi-sec séduit par des senteurs de fruits confits et de miel. Au palais, il apparaît net et équilibré. Une belle bouteille que l'on peut faire patienter.

🍇 Vincent Raimbault, 9, rue des Violettes, 37210 Chançay, tél. 02.47.52.92.13, fax 02.47.52.24.90 💳 🍷 t.l.j. sf dim. 10h-19h

DOM. DES RAISINS DORES
Demi-sec 1996**

| ☐ | n.c. | 1 500 | 🍷 | 30 à 50 F |

Des vignes qui s'étendent sur les hauts de Vernou, baignées de soleil, le nom du domaine était tout trouvé. Ce demi-sec a bénéficié d'un ensoleillement généreux pour arriver à une telle richesse d'expression : coing, abricot, fruits mûrs... L'attaque est dense et se prolonge en une longue ampleur. Ce 96 pourra vivre vingt ans, a-t-on dit, mais pour l'heure il ferait merveille sur des ris de veau braisés. De la même exploitation, on ne négligera pas une **méthode traditionnelle brut**, bien équilibrée, qui a été citée.

🍇 François Benoist, 36, rue du Professeur-Debré, 37210 Vernou-sur-Brenne, tél. 02.47.52.00.54, fax 02.47.52.00.54 🍷 r.-v.

ALAIN ROBERT
Méthode traditionnelle 1995*

| ○ | n.c. | 25 000 | 🍷 | 30 à 50 F |

C'est au cœur de la vallée de la Brenne qu'est installé Alain Robert, sur un beau domaine de 22 ha. Les influences de la Loire remontent par cette vallée et jouent un rôle important dans le processus de maturation du raisin. L'exploitation propose une méthode traditionnelle, un petit peu ronde, mais harmonieuse et fine. Elle devrait plaire à des palais féminins. A signaler également, un **sec 96**, légèrement fleuri et très frais, cité par le jury.

🍇 Alain Robert, Charmigny, 37210 Chançay, tél. 02.47.52.97.95, fax 02.47.52.27.24 💳 🍷 r.-v.

ALAIN ROHART
Méthode traditionnelle Cœur de Cuvée Brut 1995*

| ○ | 1,2 ha | 3 400 | 🍷 | 30 à 50 F |

Faire un travail que l'on aime rend heureux, dit en substance Alain Rohart. Cette joie de vivre, il la transmet à ses vins. Une bouteille « sympathique » a dit le jury à propos de sa méthode traditionnelle. Le nez est délicat, légèrement floral, l'attaque souple, et la mousse généreuse et enveloppante. La bonne longueur ne gâte rien.

🍇 Alain Rohart, La Loge, 85 bis, rte de Monnaie, 37210 Vouvray, tél. 02.47.52.63.70, fax 02.47.52.76.55 💳 🍷 r.-v.

La Touraine

CHRISTIAN THIERRY Moelleux 1996★
1 ha   1 500   50 à 70 F

Christian Thierry s'est installé sur le domaine de son père en 1982. Il n'a cessé d'améliorer ses équipements et le dernier en date est destiné à ses clients : une belle salle de dégustation dans laquelle il est fier de présenter ses vins. Celui-ci, un liquoreux, trouvera certainement un bon accueil, avec un nez riche de fleurs et de fruits, une attaque fraîche suivie d'une structure ample, légèrement confite, et d'une finale un peu vive qui donne de la gaieté. A boire maintenant.

➥ Christian Thierry, 37, rue Jean-Jaurès, la Vallée-de-Cousse, 37210 Vernou-sur-Brenne, tél. 02.47.52.18.95, fax 02.47.52.13.23 ✓ t.l.j. 10h-12h 14h-19h, dim. sur r.-v., f. 24-31 août

YVES ET ERIC THOMAS
Méthode traditionnelle Demi-sec★★
2 ha   16 000   -30 F

Voilà une belle affaire de famille. Deux frères travaillaient ensemble ; ils ont pris leur retraite et ce sont maintenant les deux cousins qui sont associés. Une alliance heureuse, puisque voilà une méthode traditionnelle superbe. Le nez est intense, fin, avec des fruits confits, du coing, de l'abricot et même une note de surmaturation. L'attaque est vive, mais évolue vite vers une impression de volupté. La fin de bouche est dans le même ton, grasse et savoureuse. Un excellent vin d'après-midi ou de dessert.

➥ GAEC Yves et Eric Thomas, 10, rue des Boissières, 37210 Parçay-Meslay, tél. 02.47.29.09.13, fax 02.47.29.09.13 ✓ t.l.j. sf dim. 8h30-12h 14h-18h30

CHRISTOPHE THORIGNY
Méthode traditionnelle 1995★★
2,5 ha   12 000   -30 F

Installé depuis 1989, ce jeune vigneron a maintenant repris l'ensemble du domaine que lui ont laissé ses parents et qui compte près de 9 ha. Il a élaboré ce méthode traditionnelle remarquable. Le cordon d'un jaune doré est complet, les bulles sont très fines et le nez, un peu discret au premier abord, s'ouvre vite sur une impression de grains mûrs et de grillé. La bouche est douce, un peu crémeuse, mais équilibrée. En finale, on retrouve les arômes du nez. Une jolie bouteille.

➥ Christophe Thorigny, 30, rue des Auvannes, 37210 Parçay-Meslay, tél. 02.47.29.13.33, fax 02.47.29.13.33 ✓ t.l.j. sf dim. 9h-12h30 14h-19h

DOM. DE VAUGONDY
Demi-sec 1996★★★
5 ha   20 000   30 à 50 F

Le domaine de Philippe Perdriaux compte près de 29 ha sur les pentes qui bordent la vallée de Vaugondy. Celles-ci assez fortes captent parfaitement les rayons du soleil, permettant aux raisins d'arriver à bonne maturité. Ce demi-sec en est témoin : c'est un vin magnifique, au nez intense de violette et de fruits mûrs et à la bouche riche, longue, presque tannique. Une bouteille pleine d'harmonie et apte à un long vieillissement. De la même exploitation, le **moelleux 96**, très typique, a obtenu une étoile. Un vin agréable dès aujourd'hui, et qui peut évoluer favorablement quelques années.

➥ EARL Philippe Perdriaux, Les Glandiers, 37210 Vernou-sur-Brenne, tél. 02.47.52.02.26, fax 02.47.52.04.81 ✓ r.-v.

DOM. VIGNEAU-CHEVREAU
Sec 1996★
3 ha   10 000   30 à 50 F

Cette exploitation de 25 ha a cette année à son actif un vouvray sec d'équilibre et d'harmonie, représentatif de l'appellation. On peut le boire dès maintenant, mais il peut aussi attendre. A noter encore, un **liquoreux 96** de bonne longueur, qui vieillira certainement bien.

➥ EARL Vigneau-Chevreau, 4, rue du Clos-Baglin, 37210 Chançay, tél. 02.47.52.93.22, fax 02.47.52.23.04 ✓ r.-v.

CLAUDE VILLAIN
Cuvée Léo Moelleux 1996★
n.c.   4 000   30 à 50 F

Installé depuis trente-cinq ans, Claude Villain a ralenti ses activités. Il a tout de même gardé les meilleures parcelles, celles du bord du coteau dominant la Loire. Elles ont donné un vin puissant mais austère qui ne demande qu'à s'épanouir. Trop jeune encore, il ne sera pas au sommet avant plusieurs années, mais alors quelle fête !

➥ Claude Villain, rue Saint-Georges, 37210 Rochecorbon, tél. 02.47.52.50.72, fax 02.47.52.82.48 ✓ t.l.j. sf dim. 8h30-12h 14h-19h

Cheverny

Cheverny

Consacré AOC en 1993, cheverny était né VDQS en 1973. Dans cette appellation, dont le terroir (plus de 2 000 ha délimités, 400 ha en production) s'étend le long de la rive gauche du fleuve depuis la Sologne blésoise jusqu'aux portes de l'Orléanais, les cépages sont nombreux. Les producteurs ont réussi à les assembler, en proportions variant légèrement selon les terroirs, pour trouver le « style » cheverny. Les vins rouges (8 343 hl), à base de gamay et de pinot noir, sont fruités dans leur jeunesse et acquièrent, en évoluant, des arômes animaux... en harmonie avec l'image cynégétique de cette région. Les rosés, à base de gamay, sont secs et parfumés. Les blancs (6 549 hl), où le sauvignon est assemblé avec un peu de chardonnay, sont floraux et fins.

Les décrets des 27 et 28 mars 1993 ont reconnu l'AOC cheverny rouge, rosé, blanc. Les vins mousseux n'accédant pas à l'AOC cheverny demandent à bénéficier de celle de crémant de loire.

LES CAVES BELLIER 1997**

6 ha   4 000   -30 F

Cette exploitation familiale de 25 ha s'est particulièrement distinguée avec ce fort joli rosé à la robe rose saumon pâle. En bouche, ce vin associe des notes de fruits mûrs avec une touche acidulée. Du même domaine, on ne négligera pas le **blanc 97**, au nez flatteur de bourgeon de cassis et de fruit de la passion, montrant une bonne évolution en bouche. Ce vin élégant a obtenu une étoile.
• Les Caves Bellier, 3, rue Reculée, 41350 Vineuil, tél. 02.54.20.64.31, fax 02.54.20.58.19 t.l.j. sf mar. jeu. dim. 9h-12h 13h30-19h

JEAN-MICHEL COURTIOUX 1997

5,5 ha   5 000   -30 F

Jean-Michel Courtioux conduit depuis treize ans ce domaine d'une dizaine d'hectares. Il présente un vin rouge quelque peu sévère en finale en raison de sa jeunesse, mais réussi par son fruité de griotte et par sa bonne puissance en bouche.
• Jean-Michel Courtioux, Juchepie, 41120 Chitenay, tél. 02.54.70.42.18 r.-v.

DOM. DU CROC DU MERLE 1997**

2 ha   3 000   -30 F

Cette exploitation de 8 ha, qui a deux siècles d'existence, propose un vin blanc remarquable par sa teinte pâle et brillante et sa longue finale. Ses arômes intenses rappellent le buis et la pierre à fusil, sa bouche allie puissance et fraîcheur. Le **rouge 97** ne manque pas non plus d'agréments (une étoile) ; c'est un vin léger et souple, flatteur en bouche par la finesse de ses arômes et par son équilibre.
• Patrice Hahusseau, 38, rue de La Chaumette, 41500 Muides-sur-Loire, tél. 02.54.87.58.65, fax 02.54.87.02.85 t.l.j. 10h-18h

DOM. DES HUARDS 1997

7 ha   15 000   30 à 50 F

Ce vin attire par une belle couleur dorée aux nuances vertes. Son attaque est franche et sa pointe d'acidité le rend rafraîchissant en finale.
• Jocelyne et Michel Gendrier, Les Huards, 41700 Cour-Cheverny, tél. 02.54.79.97.90, fax 02.54.79.26.82 r.-v.

FRANCIS ET PATRICK HUGUET 1997*

4 ha   8 000   -30 F

Cette exploitation familiale de 8 ha, située entre Blois et Chambord, a bien réussi son vin rouge, de couleur rubis. Ce 97 vous ravira par son nez qui marie la framboise et le poivron. Après une bonne attaque, il apparaît souple et fruité. Le **blanc 97** du domaine a été cité. Ce vin souple offre en attaque un côté mordant pas désagréable et présente une bonne finale.
• Francis et Patrick Huguet, 12, rue de la Franchetière, 41350 Saint-Claude-de-Diray, tél. 02.54.20.57.36, fax 02.54.20.58.57 r.-v.

DOM. DE LA DESOUCHERIE 1997**

8 ha   40 000   30 à 50 F

Christian Tessier nous a habitués à de belles cuvées. Celle-ci en rouge ne décevra pas. Ses arômes de pruneau la rendent certes un peu atypique, mais quelle élégance et quelle puissance en bouche ! Une étoile pour le **blanc 97** du domaine, d'un beau jaune doré à reflets verts, au nez ample et complexe d'agrumes et de fruits exotiques, rond et d'une bonne longueur.
• Christian Tessier, Dom. de La Désoucherie, 41700 Cour-Cheverny, tél. 02.54.79.90.08, fax 02.54.79.22.48 r.-v.

DOM. DE LA GAUDRONNIERE
Cuvée Tradition 1997**

8 ha   20 000   -30 F

Une très bonne année pour Christian Dorléans, installé depuis 1985 sur ce domaine d'une vingtaine d'hectares. Deux de ses cuvées ont été jugées remarquables ! Ce Tradition aux arômes de fruits rouges, qui charme par sa fraîcheur, sa jeunesse, son élégance et sa présence en bouche ; et le **rouge 97 Douce Elise**, d'un beau rouge soutenu, au nez complexe de fruits rouges gentiment dominé par la griotte, à la fois souple et puissant en bouche, prêt à boire mais pouvant attendre. Un autre **rouge 97, la cuvée Elégance**, obtient une étoile pour son agrément en bouche, sa puissante structure et sa finale plaisante.
• EARL Christian Dorléans, Dom. de La Gaudronnière, 41120 Cellettes, tél. 02.54.70.40.41, fax 02.54.70.38.83 r.-v.

CELLIER DE LA MARIGONNERIE 1997

n.c.   n.c.   -30 F

Ce domaine de 10 ha a élaboré un vin rouge léger, agréable en bouche, qui devrait s'accorder avec un fromage de chèvre jeune.
• Daridan, La Marigonnerie, 41700 Cour-Cheverny, tél. 02.54.79.94.53, fax 02.54.79.94.53 t.l.j. sf dim. 9h30-13h 14h-20h

LE PETIT CHAMBORD 1997

4 ha   13 000   30 à 50 F

François Cazin est à la tête de ce domaine de 18 ha depuis 1990. Il obtient deux citations : l'une, pour ce vin blanc au nez encore un peu timide mais plaisant au palais, en particulier en finale ; l'autre, pour le **rouge 97**, à l'attaque douce, suivie d'une bouche enveloppante, tout en rondeur et d'une bonne persistance.
• François Cazin, Le Petit Chambord, 41700 Cheverny, tél. 02.54.79.93.75, fax 02.54.79.27.89 r.-v.

L'HERITIERE 1997**

4 ha   6 000   30 à 50 F

Cette cuvée du GAEC Delaille est un très beau spécimen de cheverny blanc, généreux et harmonieux. L'attaque douce annonce une bouche ronde, enveloppante. Les arômes rappellent le

La Touraine / Cheverny

buis et le genêt ; une note minérale apparaît en finale, avec une impression de vivacité.
🍷 GAEC Delaille, Dom. du Salvard, 41120 Fougères-sur-Bièvre, tél. 02.54.20.28.21, fax 02.54.20.22.54 ☕ 🍴 t.l.j. sf dim. 8h30-12h 14h-19h

DOM. MAISON PERE ET FILS 1997*

☐ 18 ha   60 000   🍴 ♦ -30F

En 1906, Alphonse Pinon construit sa maison, un petit cellier, et plante des vignes. Son descendant, Jean-François Maison, s'installe en 1990 à la tête d'un coquet domaine de 40 ha. Il a élaboré un 97 harmonieux, d'une bonne intensité aromatique. Une légère douceur en finale renforce le côté gras de ce vin. Le **rouge 97** de l'exploitation a été cité pour son nez plaisant et sa fraîcheur en bouche, renforcée par une touche mentholée.
🍷 EARL Maison Père et Fils, 22, rue de la Roche, 41120 Sambin, tél. 02.54.20.22.87, fax 02.54.20.22.91 ☕ 🍴 r.-v.

JEROME MARCADET
Cuvée de l'Orme 1997

☐ 0,6 ha   4 000   🍴 ♦ -30F

Installé en 1995 sur le domaine familial, ce jeune vigneron a élaboré un 97 jaune pâle, souple, d'une bonne longueur et qui témoigne d'une vinification soignée.
🍷 Jérôme Marcadet, L'Orme Favras, 41120 Feings, tél. 02.54.20.28.42, fax 02.54.20.28.42 ☕ 🍴 t.l.j. 8h-19h30; dim. sur r.-v.

MARQUIS DE LA PLANTE D'OR 1997

■ 4 ha   14 000   🍴 ♦ 30 à 50F

Ce jeune vin rouge est encore dominé par des tanins qui le rendent austère en finale. Il est cependant équilibré et devrait bien évoluer.
🍷 Philippe Loquineau, La Demalerie, 41700 Cheverny, tél. 02.54.44.23.09, fax 02.54.44.22.16 ☕ 🍴 r.-v.

DOM. DE MONTCY
Cuvée Clos des Cendres 1997*

☐ 2,5 ha   6 500   🍴 ♦ 30 à 50F

Ce vignoble, qui entoure le château de Troussay, a été repris par les Simon en 1994. Il est régulièrement mentionné dans le Guide. La cuvée Clos des Cendres séduit par son bouquet floral aux nuances d'acacia et de seringa. Après une attaque tendre mais franche, elle évolue harmonieusement en bouche. Une autre cuvée de **blanc 97** a été citée. Encore ferme et timide, elle devrait se révéler dans les mois à venir.
🍷 R. et S. Simon, Dom. de Montcy, rte de Fougères, Porte Dorée, 41700 Cheverny, tél. 02.54.44.20.00, fax 02.54.44.21.00 ☕ 🍴 t.l.j. sf dim. 10h-12h 14h-18h; f. 24 août-7 sept.

LES VIGNERONS DE MONT-PRES-CHAMBORD 1997**

☐ n.c.   80 000   🍴 ♦ -30F

Les Vignerons de Mont-près-Chambord défendent bien l'appellation, et les fidèles du Guide ne s'étonneront pas de trouver deux vins remarquables dans cette édition. Ce blanc séduit par sa couleur, jaune pâle limpide, par la subtilité de sa palette aromatique (verveine, citronnelle, fleurs blanches, notes minérales) et par son parfait équilibre sucre-acidité. C'est un vin de soif. Tout aussi rafraîchissant, le **rosé 97** (deux étoiles également) se montre fruité et d'une agréable vivacité en bouche. Quant au **rouge 97**, il révèle un parfait assemblage des cépages gamay et pinot noir. Ses arômes complexes où pointe une note de sous-bois, ses tanins bien fondus en finale lui valent une étoile.
🍷 Les Vignerons de Mont-près-Chambord, 816, la Petite-Rue, 41250 Mont-près-Chambord, tél. 02.54.70.71.15, fax 02.54.70.70.65 ☕ 🍴 t.l.j. sf lun. dim. 9h-12h 14h-18h

LES VIGNERONS DE OISLY ET THESEE 1997**

☐ 7,5 ha   60 000   🍴 ♦ -30F

Cette coopérative, créée en 1961 par sept viticulteurs, compte aujourd'hui cinquante-sept adhérents et vinifie la vendange de 550 ha de vignes. Son blanc 97 est très intéressant par son nez intense, légèrement muscaté. La note carbonique renforce sa fraîcheur et son côté acidulé. Une belle finale longue conclut agréablement la dégustation.
🍷 Confrérie des vignerons de Oisly et Thésée, Le Bourg, 41700 Oisly, tél. 02.54.79.75.20, fax 02.54.79.75.29 ☕ 🍴 r.-v.

DOM. DU SALVARD 1997*

■ 6 ha   20 000   🍴 ♦ -30F

Le GAEC Delaille (27 ha) a élaboré ce 97 au nez intense et élégant marqué par les fruits rouges et à la bouche distinguée. Une bouteille harmonieuse. Le **blanc 97** du domaine, un vin sympathique et vif, a été cité par le jury.
🍷 GAEC Delaille, Dom. du Salvard, 41120 Fougères-sur-Bièvre, tél. 02.54.20.28.21, fax 02.54.20.22.54 🍴 t.l.j. sf dim. 8h30-12h 14h-19h

DOM. SAUGER ET FILS
Vieilles vignes 1995**

■ 4 ha   25 000   🍴 ♦ 30 à 50F

Philippe Sauger s'est installé en 1988 sur ce domaine familial de 22 ha. Son frère Luc l'a rejoint en 1994. Ces deux vignerons nous présentent un vin rouge élevé en fût, qui associe avec beaucoup d'élégance les notes de fruits rouges et les arômes provenant du bois. La bouche présente un bel équilibre. Les tanins boisés, bien intégrés, dominent légèrement. Le **blanc 97** de l'exploitation séduit par ses arômes distingués et fins, fruités et végétaux (buis et genêt) et son palais suffisamment gras. Il a obtenu une étoile.
🍷 Dom. Sauger et Fils, Les Touches, 41700 Fresnes, tél. 02.54.79.58.45, fax 02.54.79.03.35 ☕ 🍴 r.-v.

DANIEL TEVENOT 1997

☐ 2,35 ha   7 000   🍴 ♦ -30F

Daniel Tévenot a repris le domaine familial en 1978 et l'a spécialisé dans la viticulture. Jaune pâle dans le verre, son cheverny blanc allie la rondeur et la fraîcheur en fin de bouche. Un vin bien équilibré.

LA VALLÉE DE LA LOIRE

La Touraine

Daniel Tévenot, 4, rue du Moulin-à-Vent, Madon, 41120 Candé-sur-Beuvron, tél. 02.54.79.44.24, fax 02.54.79.44.24 ☑ ⦿ t.l.j. sf dim. 8h-12h30 14h-19h

Cour-cheverny

Les décrets des 27 et 28 mars 1993 ont reconnu l'AOC cour-cheverny. Celle-ci est réservée aux vins blancs de cépage romorantin, produits dans l'aire de l'ancienne AOS cour-cheverny mont-près-chambord et quelques communes des alentours où ce cépage s'est maintenu. La vendange de 1997 a représenté 1 185 hl.

MICHEL GENDRIER
Vieilles vignes Cuvée François 1er 1997

☐ 2,3 ha 10 000 30 à 50 F

Ses arômes caractéristiques du cépage romorantin sont ravissants. L'attaque est ferme. Un vin de caractère qu'il faut boire dès cet automne.

Jocelyne et Michel Gendrier, Les Huards, 41700 Cour-Cheverny, tél. 02.54.79.97.90, fax 02.54.79.26.82 ☑ ⦿ r.-v.

DOM. DES HUARDS 1997*

☐ 5 ha 15 000 30 à 50 F

Exubérant et fougueux, ce vin ravira les amateurs de vins intenses et vifs. Sa note citronnée en finale est rafraîchissante.

Jocelyne et Michel Gendrier, Les Huards, 41700 Cour-Cheverny, tél. 02.54.79.97.90, fax 02.54.79.26.82 ☑ ⦿ r.-v.

DOM. DE LA DESOUCHERIE 1996***

☐ 4 ha 18 000 30 à 50 F

Sa couleur jaune doré fait penser aux raisins bien mûrs. Ses arômes de miel et de fleurs d'acacia sont charmeurs et de très belle intensité. Très équilibré en bouche, frais et persistant, ce cour-cheverny a tout un avenir prometteur.

Christian Tessier, Dom. de La Désoucherie, 41700 Cour-Cheverny, tél. 02.54.79.90.08, fax 02.54.79.22.48 ☑ ⦿ r.-v.

Cour-cheverny

DOM. DE LA GAUDRONNIERE 1997*

☐ 1 ha 2 000 30 à 50 F

Son nez bonbon anglais est surprenant mais sympathique. Ce vin de bonne présence en bouche ne peut que se bonifier avec le temps. Le millésime 96 avait obtenu un coup de cœur.

EARL Christian Dorléans, Dom. de La Gaudronnière, 41120 Cellettes, tél. 02.54.70.40.41, fax 02.54.70.38.83 ☑ ⦿ r.-v.

LE PETIT CHAMBORD
Cuvée Renaissance 1997***

☐ 1,5 ha 6 000 30 à 50 F

Elle n'est pas loin du coup de cœur, cette cuvée Renaissance au nez intense mêlant intimement les agrumes et les notes minérales. Son attaque franche dénote beaucoup de personnalité. Bien équilibré et gras en bouche, ce vin est promis à un bel avenir. L'autre cuvée de cour-cheverny, du même millésime, a obtenu une étoile. Revêtue d'une robe dorée très typique du cépage, elle offre des senteurs de miel et de fleur d'acacia. La bouche est vive, très présente, d'un bel équilibre.

François Cazin, Le Petit Chambord, 41700 Cheverny, tél. 02.54.79.93.75, fax 02.54.79.27.89 ☑ ⦿ r.-v.

LES GABARES 1997

☐ n.c. 13 000 30 à 50 F

Produit par la coopérative de Mont-près-Chambord, ce cour-cheverny jaune pâle à reflets verts est plaisant par son équilibre et sa fraîcheur en bouche.

Les Vignerons de Mont-près-Chambord, 816, la Petite-Rue, 41250 Mont-près-Chambord, tél. 02.54.70.71.15, fax 02.54.70.70.65 ☑ ⦿ t.l.j. sf lun. dim. 9h-12h 14h-18h

MARQUIS DE LA PLANTE D'OR 1997*

☐ 4 ha 10 000 30 à 50 F

Un vin à la robe jaune doré nuancée de vert. D'un bel équilibre en bouche, il séduit par une finale très longue où dominent les arômes de noisette.

Philippe Loquineau, La Demalerie, 41700 Cheverny, tél. 02.54.44.23.09, fax 02.54.44.22.16 ☑ ⦿ r.-v.

Coteaux du vendômois AOVDQS

La particularité, unique en France, de cette appellation est constituée par le vin gris de pineau d'Aunis, dont la robe doit rester très pâle, et les arômes exprimer des nuances poivrées. On y apprécie également un blanc de chenin, comme dans les AOC coteaux du loir et jasnières voisins.

La Touraine

Coteaux du vendômois AOVDQS

Depuis quelques années, à la demande des consommateurs, les rouges tendent à se développer. La nervosité légèrement épicée du pineau d'Aunis est tempérée par le calme gamay et rehaussée soit en finesse par le pinot noir, soit en tanin par le cabernet.

La production a été de 8 034 hl en 1997, dont 1 132 hl en blanc entre Vendôme et Montoire. Le touriste pourra apprécier les coteaux truffés d'habitations troglodytiques et de caves taillées dans le tuffeau.

LES CAVES BAUDET
Pineau d'Aunis 1997

	1,4 ha	8 000	

Ce domaine de quelque 15 ha, fondé il y a plus de cent ans, propose un rosé limpide, à l'attaque souple. La bouche est droite et rafraîchissante, c'est l'esprit de la jeunesse ! Même note pour le **rouge Tradition 97**, agréable par ses arômes de fruits mûrs et ses tanins très fondus.
↪ Jacques Noury, Montpot, 41800 Houssay, tél. 02.54.85.36.04, fax 02.54.85.19.30 r.-v.

DOM. DU CARROIR 1997★

	4 ha	5 000	

Deux belles réussites pour ce domaine de 20 ha associant un père et son fils : ce chenin 97 d'un jaune pâle brillant, qui exprime par la jeunesse de ses arômes et par son équilibre les caractéristiques du millésime ; et le **rouge 96 Tradition**, aromatique et équilibré, qui a obtenu la même note.
↪ GAEC Brazilier, 17, rue des Ecoles, 41100 Thoré-La-Rochette, tél. 02.54.72.81.72, fax 02.54.72.77.13 r.-v.

DOM. CHEVAIS 1997

	1 ha	n.c.	

D'un rouge rubis à reflets ambrés, ce 97 est issu d'un assemblage de pineau d'Aunis (50 %), pinot noir et cabernet franc. Il plaît par son attaque et par son côté épicé en finale.
↪ GAEC Chevais Frères, Les Portes, 41800 Houssay, tél. 02.54.85.30.34 r.-v.

PATRICE COLIN Silex 1997★

	4 ha	6 000	

Trois vins retenus pour ce domaine de 18 ha. La préférence est allée au blanc, dont les reflets verts annoncent une certaine fraîcheur. Le nez discret associe miel et fleurs blanches. La bouche est équilibrée et longue. Le **gris 97** et le **rouge 97** méritent d'être cités, le premier pour son côté rafraîchissant et ses arômes typiques du pineau d'Aunis, le second pour son attaque franche et ses notes persistantes de fruits rouges.
↪ Patrice Colin, 41100 Thoré-La-Rochette, tél. 02.54.72.80.73, fax 02.54.72.75.54 r.-v.

DOM. DU FOUR A CHAUX 1997★

	7 ha	15 000	

Ce domaine de 25 ha, fondé en 1935, tire son nom d'un ancien four à chaux situé sur les terres de la propriété. Très sympathique par sa couleur, son rosé a des arômes d'une bonne intensité aussi bien au nez qu'en bouche. Le **blanc 97** de l'exploitation a reçu également une étoile, pour son nez discret mais très fin, son attaque pleine de jeunesse, son équilibre et sa longueur.
↪ GAEC Norguet, Berger, 41100 Thoré-la-Rochette, tél. 02.54.77.12.52, fax 02.54.77.86.18 t.l.j. sf dim. 8h-12h 14h-19h30

CHARLES JUMERT ET MICHEL MARVILLE 1997★

	n.c.	3 000	

Dans la cave troglodytique de ce domaine, vous pourrez goûter ce blanc jaune pâle, au nez élégant, franc et léger en attaque, bien équilibré en bouche.
↪ GAEC Jumert et Marville, 4, rue de la Berthelotière, 41100 Villiers-sur-Loir, tél. 02.54.72.94.09, fax 02.54.72.94.09 r.-v.

DOM. DE LA CHARLOTTERIE 1997

	1,82 ha	10 000	

Deux citations pour ce domaine : ce rouge (assemblage de pineau d'Aunis, de pinot noir et de cabernet), un vin plaisant et bien typé, subtil, légèrement épicé ; et le **rosé 97** d'une couleur « œil de gardon » caractéristique du pineau d'Aunis, agréable par son attaque et par sa finale rafraîchissante.
↪ Dominique Houdebert, 2, rue du Bas-Bourg, 41100 Villiersfaux, tél. 02.54.80.29.79, fax 02.54.73.10.01 r.-v.

DOM. J. MARTELLIERE
Réserve Jean Vivien 1997★

	1,6 ha	6 000	

Ce rouge est issu d'un assemblage de pineau d'Aunis et de cabernet-sauvignon à parts égales, avec un soupçon de gamay. Le nez privilégie la fraise et la framboise. Un vin intéressant par son bel équilibre en bouche et par sa finale persistante. Même note pour le **blanc 97** du domaine, dont la couleur jaune d'or dénote une bonne maturité des raisins. Un vin tout en rondeur, chaleureux en finale.
↪ SCEA du Dom. J. Martellière, 46, rue de Fosse-Fosse, 41800 Montoire-sur-le-Loir, tél. 02.54.85.16.91, fax 02.54.85.16.91 r.-v.

MINIER 1997★

	n.c.	n.c.	

Cette exploitation traditionnelle élabore aussi du fromage à partir du lait de ses chèvres. Son rouge 97 et le **blanc 97** ont obtenu chacun une étoile. Le rouge séduit par l'intensité de ses arômes de fruits rouges où dominent la mûre et la cerise, et par son attaque et sa finale fraîche. Le blanc, encore fermé au nez, est prometteur par sa structure et par son équilibre en bouche.

883 LA VALLÉE DE LA LOIRE

La Touraine

⚷ GAEC Claude Minier, Les Monts, 41360 Lunay, tél. 02.54.72.02.36, fax 02.54.72.18.52 ▣ ⏁ r.-v.

CAVE COOPERATIVE DU VENDOMOIS 1997★★

| | 10 ha | 65 000 | |

La cave du Vendômois nous livre chaque année de brillantes cuvées, comme ce gris à la robe parfaite, d'une grande limpidité. Les arômes sont frais, poivrés, puissants. D'un équilibre et d'une intensité remarquables, ce vin offre un deuxième coup de cœur consécutif à la coopérative. Le **rouge 97 La Bonne Aventure**, coup de cœur dans le millésime précédent, est plus modeste cette année (une citation). Il est prêt à boire. Quant au **blanc sélection 97**, il a obtenu une étoile pour ses arômes généreux et persistants et pour sa bouche enveloppante et onctueuse.

⚷ Cave coop. du Vendômois, 60, av. du Petit-Thouars, 41100 Villiers-sur-Loir,
tél. 02.54.72.90.69, fax 02.54.72.75.09 ▣ ⏁ r.-v.

Valençay AOVDQS

Aux confins du Berry, de la Sologne et de la Touraine, la vigne alterne avec les forêts, la grande culture et l'élevage de chèvres. Les sols sont à dominante argilo-calcaire ou argilo-limoneuse. Le vignoble s'étend sur près de 200 ha. L'encépagement y est classique pour l'élaboration des vins du type « Val de Loire », à boire jeunes le plus souvent. Le sauvignon fournit des vins aromatiques aux touches de cassis ou de genêt, avec un complément apporté par le chardonnay. A côté du gamay, on trouve les cabernets, le côt et le pinot noir. En 1997, 6 235 hl ont été revendiqués, dont 1 481 en blanc.

Dans cette région marquée par le passage de Talleyrand, il existe également un label pour les fromages de chèvre « Valençay de l'Indre ». Ces pyramides s'accordent aussi bien avec les vins rouges qu'avec les blancs secs.

ANDRE FOUASSIER 1997

| | 6 ha | 20 000 | |

Ce jeune viticulteur, installé depuis 1991, présente un blanc charmeur dominé par des arômes de noisette. Très présent en bouche, ce vin est d'une bonne longueur.

⚷ André Fouassier, Vaux, 36600 Lye,
tél. 02.54.40.16.13, fax 02.54.40.16.13 ▣ ⏁ r.-v.

CHANTAL ET PATRICK GIBAULT 1997

| | 4 ha | 20 000 | |

Fidèle au rendez-vous du Guide, ce domaine propose un vin rouge en robe soutenue bien typé pinot noir (ce cépage entre pour 50 % dans l'assemblage). La bouche est équilibrée et assez longue. A boire dès cet automne.

⚷ EARL Chantal et Patrick Gibault, rue Gambetta, 41130 Meusnes, tél. 02.54.71.02.63, fax 02.54.71.58.92 ▣ ⏁ t.l.j. 9h-19h; dim. 9h-12h

FRANCIS JOURDAIN
Cuvée des Griottes 1997★★★

| | 1,6 ha | 10 000 | |

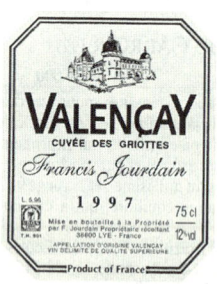

Après une cuvée Primevère en blanc, qui a fait l'unanimité dans la précédente édition du Guide, ce sont ces Griottes (assemblage de quatre cépages rouges) qui ont enthousiasmé le jury. D'un rouge rubis soutenu à nuances violettes, ce 96 a atteint sa plénitude. Son nez intense offre des arômes de mûre, cassis et, bien sûr, griotte. Son attaque est douce, onctueuse, ses tanins veloutés charment la finale. Ce 97 représente superbement l'appellation.

⚷ Francis Jourdain, Les Moreaux, 36600 Lye, tél. 02.54.41.01.45, fax 02.54.41.07.56 ▣ ⏁ t.l.j. sf dim. 9h-12h30 14h-19h30

FRANCIS JOURDAIN
Cuvée Chèvrefeuille 1997★★

| | 1,5 ha | 8 000 | |

Francis Jourdain n'a pas démérité en blanc. Cette cuvée Chèvrefeuille séduit par son harmonie en bouche et par son très bon équilibre. Elle accompagnera très bien tous les plats de poisson et même les fromages de chèvre.

⚷ Francis Jourdain, Les Moreaux, 36600 Lye, tél. 02.54.41.01.45, fax 02.54.41.07.56 ▣ ⏁ t.l.j. sf dim. 9h-12h30 14h-19h30

Le Poitou

JEAN-FRANCOIS ROY 1997★★

■　　　　7 ha　　50 000　　　■♦　-30 F

A la tête d'une exploitation de 18 ha depuis 1989, Jean-François Roy vient de rénover sa cave de vinification. Son vin rouge 97 (50 % de gamay, 40 % de pinot noir complété par du côt) a été fort complimenté pour sa belle robe rubis en accord avec les arômes de fruits rouges où dominent la mûre et la cerise. La bouche est charnue, avec des tanins soyeux, et la finale rafraîchissante. Le **blanc 97** du domaine a été cité. Sa couleur jaune légèrement dorée révèle une bonne maturité de la vendange. C'est un vin équilibré, à l'attaque franche.

⌘ Jean-François Roy, 3, rue des Acacias, 36600 Lye, tél. 02.54.41.00.39, fax 02.54.41.06.89 ☑ ⊤ r.-v.

HUBERT SINSON 1997★★★

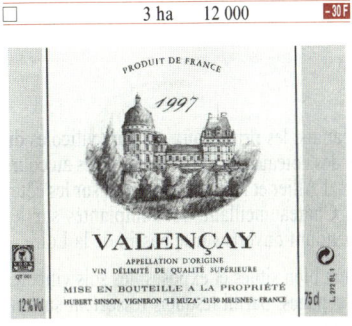

□　　　　3 ha　　12 000　　　　　-30 F

Coup de cœur pour un blanc dans l'édition 97 du Guide, ce domaine ne déçoit pas avec ce 97, assemblage de sauvignon (70 %) et de chardonnay. Jaune pâle à nuances dorées, lumineux, ce vin offre un nez intense mêlant les agrumes et les fleurs. Il surprend en bouche par sa puissance et sa finesse. On apprécie particulièrement son équilibre et sa longueur. Une étoile pour le **rouge 97** (50 % de côt, 40 % de gamay complétés par du pinot noir), à la robe soutenue, au nez réservé, très équilibré en bouche. Un vin d'un bon potentiel, à attendre.

⌘ Hubert Sinson, 1397, rue des Vignes, Le Muza, 41130 Meusnes, tél. 02.54.71.00.26, fax 02.54.71.50.93 ☑ ⊤ r.-v.

GERARD TOYER Cuvée du Prince 1997★

■　　　　1,5 ha　　n.c.　　　■♦　-30 F

Fruits rouges sur toute la ligne, ce valençay (60 % de gamay, 30 % de cabernet, 10 % de pinot noir) est surprenant par son harmonie et sa souplesse.

⌘ Gérard Toyer, 63, Grande-Rue, Champcol, 41130 Selles-sur-Cher, tél. 02.54.97.49.23, fax 02.54.97.49.23 ☑ ⊤ r.-v.

CAVE DES VIGNERONS REUNIS DE VALENCAY 1997★★

□　　　　12 ha　　20 000　　　■♦　-30 F

Ce vin blanc, issu de pur sauvignon, a été jugé remarquable par son intensité aromatique, son attaque franche et nette, sa bouche enveloppante et sa finale. La coopérative a présenté aussi deux cuvées de **rouge** que le jury a citées : la cuvée **Terroir 96**, un peu fermée au nez mais équilibrée et plaisante en bouche, prête à boire ; le **Tradition 97**, rouge cerise, dont la vivacité taquine les papilles gustatives et renforce son côté gouleyant et rafraîchissant.

⌘ Cave des Vignerons réunis de Valençay, 36600 Fontguenand, tél. 02.54.00.16.11, fax 02.54.00.05.55 ☑ ⊤ t.l.j. 8h-12h 14h-18h; lun. 14h-18h

Le Poitou

Haut-poitou AOVDQS

Le Dr Guyot rapporte, en 1865, que le vignoble de la Vienne représente 33 560 ha. De nos jours, outre le vignoble du nord du département, rattaché au Saumurois, le seul intérêt porté à la vigne se situe autour des cantons de Neuville et Mirebeau ! Marigny-Brizay est la commune la plus riche en viticulteurs indépendants. Les autres se sont regroupés pour former la cave de Neuville-de-Poitou qui vinifie 90 % des 30 000 hl des vins du haut-Poitou (28 955 hl en 97 dont 13 693 en blanc), dont elle a été à l'origine.

Les sols du plateau du Neuvillois, évolués sur calcaires durs et craie de Marigny ainsi que sur marnes, sont propices aux différents cépages de l'appellation ; le plus connu d'entre eux est le sauvignon (blanc).

CH. DE BRIZAY 1997★

■　　　　11 ha　　60 000　　　■♦　50 à 70 F

Propriété de la cave du Haut-Poitou depuis 1988, ce château propose un 97 d'un beau jaune pâle à reflet verdâtre. L'olfaction nous livre d'intenses arômes de fleurs blanches avec une touche d'agrumes. C'est fin et délicat ! La bouche confirme le nez : souple, ronde, dotée d'une finale fruitée très élégante, elle offre une bonne harmonie.

⌘ SA Cave du Haut-Poitou, 32, rue Aphonse-Plault, B.P. 5, 86170 Neuville-de-Poitou, tél. 05.49.51.21.65, fax 05.49.51.16.07 ☑ ⊤ r.-v.

CAVE DU HAUT-POITOU
Sauvignon 1997

□　　　　159 ha　　800 000　　■♦　-30 F

Huit cent mille bouteilles de ce vin sont produites par la cave du Haut-Poitou. Jolie robe à reflet vert, nez agréable fait de nuances de fleurs

Les vignobles du Centre

blanches et d'agrumes. La bouche est agréable, souple et fruitée, persistante.

● SA Cave du Haut-Poitou, 32, rue Aphonse-Plault, B.P. 5, 86170 Neuville-de-Poitou, tél. 05.49.51.21.65, fax 05.49.51.16.07 ☑ ⊺ r.-v.

DOM. DE LA ROTISSERIE
Cabernet 1997★

| ■ | 3,5 ha | 15 000 | ▮◊ | -30 F |

Exploitation située sur la butte argilo-calcaire de Marigny-Brizay, à quelques kilomètres du Futuroscope. Une robe vive et brillante, d'un beau rubis, habille ce vin au nez très intense, dominé par les fruits rouges, avec des notes de poivron vert. L'attaque est souple, suivie d'une structure très fruitée. Un vin « plaisir » à découvrir dès maintenant.

● Jacques Baudon, Dom. de La Rôtisserie, 86380 Marigny-Brizay, tél. 05.49.52.09.02, fax 05.49.37.11.45 ☑ ⊺ t.l.j. sf dim. 8h-12h 14h-19h

---

Les vignobles du Centre

Des côtes du Forez à l'Orléanais, les principaux secteurs viticoles du Centre occupent les endroits les mieux exposés des coteaux ou plateaux modelés au cours des âges géologiques par la Loire et ses affluents, l'Allier et le Cher. Ceux qui, sur les côtes d'Auvergne, à Saint-Pourçain en partie ou à Châteaumeillant, sont implantés sur les flancs est et nord du Massif central restent cependant ouverts sur le bassin de la Loire.

Siliceux ou calcaires, toujours bien situés et exposés, les sols viticoles de ces régions portent un nombre restreint de cépages, parmi lesquels ressortent surtout le gamay pour les vins rouges et rosés, et le sauvignon pour les vins blancs. Quelques spécialités émergent çà et là : tressallier à Saint-Pourçain et chasselas à Pouilly-sur-Loire pour les blancs ; pinot noir à Sancerre, Menetou-Salon et Reuilly pour les rouges et rosés, avec encore le délicat pinot gris dans ce dernier vignoble ; et enfin le meunier qui, près d'Orléans, fournit l'original « gris meunier ». Somme toute, un encépagement sélectif.

Tous les vins obtenus dans ces terroirs et avec ces cépages ont en commun légèreté, fraîcheur et fruité, qui les rendent particulièrement attrayants, agréables et digestes. Et combien en harmonie avec les spécialités gastronomiques de la cuisine régionale ! Qu'ils soient d'Auvergne, du Bourbonnais, du Nivernais, du Berry ou de l'Orléanais, pays verts et calmes, aux horizons larges, aux paysages variés, les vignerons savent faire apprécier des vins méritants, issus de vignobles souvent familiaux et artisanaux.

Châteaumeillant AOVDQS

Le gamay retrouve ici les terroirs qu'il affectionne, dans un site très anciennement viticole et dont l'histoire est retracée par un musée intéressant.

La réputation de Châteaumeillant s'est établie grâce à son célèbre « gris », vin issu du pressurage immédiat des raisins de gamay et présentent un grain, une fraîcheur et un fruité remarquables. Les rouges (à boire jeunes et frais), produits de sols d'origine éruptive, rappellent un grand frère célèbre et allient légèreté, bouquet et gouleyance. 1 614 hl ont été produits en 1997, la cave coopérative assurant la majeure partie de la production.

DOM. DU CHAILLOT 1997★

| ■ | 3 ha | 5 000 | -30 F |

Pierre Picot développe avec succès l'exploitation qu'il a reprise en 1993, permettant à Vesdun de renouer avec sa tradition viticole. Son rouge

Les vignobles du Centre

97 présente des arômes complexes de fruits mûrs où l'on décèle du cassis, assortis d'évocations végétales et de notes de torréfaction. Un vin rond et équilibré où le tanin se manifeste par une légère amertume, gage d'un avenir prometteur.
🍇 Dom. du Chaillot, pl. de la Tournoise, 18130 Dun-sur-Auron, tél. 02.48.59.57.69, fax 02.48.59.58.78 ☑ 🍷 r.-v.
🍇 Pierre Picot

CELLIER DU CHENE COMBEAU 1997

■   4,13 ha   8 000   🍷 -30 F

Fils de Maurice Lanoix, Patrick présente un 97 où le gamay apporte sa pointe végétale dans un panier de fruits rouges. L'attaque est suave, puis les tanins font rapidement sentir leur présence. Ce n'est qu'un excès de jeunesse qui n'empêche pas ce vin de faire preuve de persistance.
🍇 Patrick Lanoix, Cellier du Chêne-Combeau, Beaumerle, 18370 Châteaumeillant, tél. 02.48.61.39.59, fax 02.48.61.42.19 ☑ 🍷 t.l.j. 10h-12h 14h-19h

DOM. DU FEUILLAT 1997

■   4,91 ha   9 100   🍷 -30 F

Rubis à reflets grenats, ce vin séduit par ses senteurs de violette et de sous-bois. En bouche, il devient progressivement fruité. Un vin frais et gai, facile à boire.
🍇 Maurice Lanoix, Dom. du Feuillat, Beaumerle, 18370 Châteaumeillant, tél. 02.48.61.33.89, fax 02.48.61.43.43 ☑ 🍷 t.l.j. 10h-12h 14h-19h

DOM. DES TANNERIES
Cuvée des Maîtres de chai 1996

■   6,47 ha   10 000   🍷 30 à 50 F

Les maîtres de chai que sont Henri Raffinat et ses fils ont réussi cette cuvée d'un rubis profond, légèrement ambré ; les arômes évoquent la cerise mûre et le marc avec quelques traces de truffe. La bouche est souple et fluide. Un vin prêt à consommer.
🍇 Raffinat et Fils, Dom. des Tanneries, 18370 Châteaumeillant, tél. 02.48.61.35.16, fax 02.48.61.44.27 ☑ 🍷 r.-v.

Côtes d'auvergne AOVDQS

Qu'ils soient issus de vignobles des puys, en Limagne, ou des vignobles des monts (dômes) en bordure orientale du Massif central, les bons vins d'Auvergne proviennent tous du gamay, très anciennement cultivé. Ils ont droit à la dénomination AOVDQS depuis 1977, et naissent d'environ 400 ha de vignes. La production a atteint 15 157 hl en 1997, dont 548 hl de vin blanc. Ces rosés malicieux et ces rouges agréables (les deux tiers de la production) sont particulièrement indiqués sur les fameuses charcuteries locales ou les plats régionaux réputés. Dans les crus, ils peuvent prendre un caractère, une ampleur et une personnalité surprenants.

JACQUES ABONNAT Boudes 1997★

◢   1 ha   4 000   🍷 -30 F

Un bon point pour Jacques Abonnat, installé depuis 1992 dans le cru Boudes. Le producteur propose deux vins satisfaisants : ce rosé, très aromatique, agréable par sa fraîcheur et sa longueur

Les vins du Centre

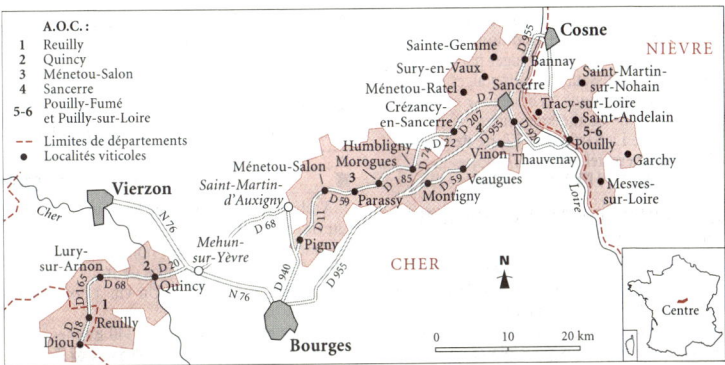

LA VALLÉE DE LA LOIRE

Les vignobles du Centre — Côtes d'auvergne AOVDQS

en bouche, et un **97 rouge** issu de gamay, à l'attaque franche, un peu tannique en finale.
↳ Jacques Abonnat, 63340 Chalus, tél. 04.73.96.45.95 ☑ ☒ r.-v.

HENRI BOURCHEIX
Chanturgue Gamay 1997

| ■ | 1,45 ha | 9 000 | ■ ↓ | 30 à 50 F |

Le millésime précédent avait obtenu un coup de cœur. Timide au nez, le 97 a des ambitions plus modestes, mais il se rattrape bien en bouche. Un vin marqué par la fraîcheur.
↳ Henri Bourcheix, 4, rue Saint-Marc, 63170 Aubière, tél. 04.73.26.04.52, fax 04.73.27.96.46 ☑ ☒ r.-v.

ANDRE CHARMENSAT Boudes 1997★★

| ■ | 6,55 ha | 38 000 | ■ ↓ | -30 F |

André Charmensat est un vigneron d'expérience, puisqu'il met en valeur depuis près de quatre décennies son exploitation située dans le cru Boudes. Il propose une remarquable cuvée, associant le gamay (dominant) au pinot noir. Ce 97 s'annonce par une robe rouge cerise aux nuances orangées. Le nez très expressif mêle les arômes de fruits rouges et de fleurs. Le palais révèle beaucoup de matière et de gras en bouche. Un vin prometteur. Du même domaine, le **rosé 97**, issu d'une vendange très mûre de gamay, mérite d'être cité.
↳ André Charmensat, 63340 Boudes, tél. 04.73.96.44.75, fax 04.73.96.58.04 ☑ ☒ r.-v.

PIERRE GOIGOUX Chateaugay 1997★★

| ■ | 8 ha | 50 000 | ■ ↓ | -30 F |

On retrouve Pierre Goigoux avec ce très joli 97, issu de gamay, floral et fruité au nez. Une bonne attaque, une bouche tout en rondeur, fine, élégante et longue en font une bouteille fort harmonieuse. Du même producteur, le **rouge 97 Chanturgue** (90 % de gamay) a obtenu une étoile : il sent la fraise et la framboise, et tempère la vivacité de son attaque en offrant un palais souple et onctueux.
↳ GAEC Pierre Goigoux, 22, rue des Caves, 63119 Châteaugay, tél. 04.73.87.67.51, fax 04.73.78.02.70 ☑ ☒ t.l.j. sf dim. 10h-11h30 15h-19h; f. 15 sept.-15 avr. sf sam. sur r.-v.

ODETTE ET GILLES MIOLANNE
Cuvée Volcane 1997★

| ■ | 3,5 ha | 4 000 | ■ | -30 F |

Depuis 1992, Odette et Gilles Miolanne ont rénové avec passion la tradition vitcole de la région ; avec bonheur, à en juger par ce 97 rouge rubis, au nez puissant de fruits rouges très mûrs. Tout aussi aromatique, la bouche se montre bien équilibrée et de bonne longueur.
↳ GAEC de La Sardissère, 17, rte de Coudes, 63320 Neschers, tél. 04.73.96.72.45, fax 04.73.96.25.79 ☑ ☒ t.l.j. 8h-20h

JEAN-PIERRE ET MARC PRADIER
Chardonnay 1997★

| □ | 2 ha | 3 000 | ■ ↓ | 30 à 50 F |

Jean-Pierre, puis Marc ont pris la succession de Jean Pradier, le fondateur du domaine, aujourd'hui retiré. Leur vin blanc de chardonnay possède tous les atouts pour plaire : des arômes intenses de fleurs blanches et de miel, une bouche soyeuse et enveloppante - un régal ! Quant au **rouge 97**, issu de pinot noir, il séduit par sa robe cerise soutenu, son nez développé, fruité et floral, son attaque souple et ses tanins soyeux en finale.
↳ Jean-Pierre et Marc Pradier, 9, rue Saint-Jean-Baptiste, 63730 Les Martres-de-Veyre, tél. 04.73.38.86.41, fax 04.73.39.88.17 ☑ ☒ sam. 8h15-12h 14h15-19h

CHRISTOPHE ROMEUF Gamay 1997★

| ◪ | 1,5 ha | 8 000 | ■ ↓ | -30 F |

Discret au nez, ce rosé aux nuances orangées a su plaire par l'élégance de sa bouche.
↳ Christophe Romeuf, 3, rue du Couvent, 63670 Orcet, tél. 04.73.84.92.10, fax 04.73.84.07.83 ☑ ☒ r.-v.

MICHEL ET ROLAND ROUGEYRON
Cuvée Bousset d'Or Châteaugay 1997★★

| ■ | 13 ha | 76 000 | ■ ↓ | -30 F |

Ce domaine et sa cuvée Bousset d'Or sont régulièrement distingués. Trois générations de Rougeyron ont participé à la dernière vinification, élaborant deux remarquables bouteilles. Ce rouge à la teinte cerise, aux arômes fruités et intenses, se montre généreux en bouche et très bien équilibré. Les tanins, fondus en finale, lui assureront une bonne longévité. Le **rosé 97 Bousset d'Or**, légèrement orangé, est tout en finesse. Nez légèrement épicé, attaque franche, équilibre et longueur : deux étoiles.
↳ Michel et Roland Rougeyron, 27, rue de La Crouzette, 63119 Châteaugay, tél. 04.73.87.24.45, fax 04.73.87.23.55 ☑ ☒ r.-v.

CAVE SAINT-VERNY
Première cuvée 1997

| ■ | n.c. | 60 000 | ■ ↓ | -30 F |

Fondée en 1951, la cave Saint-Verny vinifie la production de 150 ha de vignes. Elle obtient deux citations pour deux vins issus du seul gamay. La première pour ce 97 aux arômes primeurs, plaisant par la vivacité de son attaque et par sa bouche où les notes de fruits rouges abondent. La seconde citation va à la **Sélection des Pays**, qui présente une robe légère et brillante, une attaque agréable et fraîche, des arômes de fruits et de foin frais.
↳ Cave Saint-Verny, rte d'Issoire, B.P. 2, 63960 Veyre-Monton, tél. 04.73.69.60.11, fax 04.73.69.65.22 ☑ ☒ r.-v.

SAUVAT
Boudes Collection Prestige Elevage bois Pinot noir 1996

| ■ | 2,5 ha | 7 000 | ◨ | 30 à 50 F |

Voilà plus de dix ans que les Sauvat sont à la tête de ce domaine de 10 ha. Leur collection Prestige est issue de leur pinot noir, élevé sous bois. Elle offre au nez des arômes de fruits très mûrs, de pruneau et de vanille. Un vin à boire maintenant.
↳ Claude et Annie Sauvat, 63340 Boudes, tél. 04.73.96.41.42, fax 04.73.96.58.34 ☑ ☒ r.-v.

Les vignobles du Centre

DOM. SOUS-TOURNOEL 1997

■ 1,45 ha 7 000 ■ ♦ -30 F

Volvic nous donne aussi du vin, tel ce 97, produit sur le coteau de Tournoël, d'un rouge cerise assez intense. Les arômes légèrement végétaux devraient s'estomper avec le temps. La bouche offre un équilibre satisfaisant.

☞ Jean et Alain Gaudet, Dom. Sous-Tournoël, 63530 Volvic, tél. 04.73.33.52.12, fax 04.73.33.62.71 ✓ ♈ r.-v.

Côtes du forez AOVDQS

C'est à une somme d'efforts intelligents et tenaces que l'on doit le maintien d'un bel et bon vignoble (193 ha) sur 21 communes autour de Boën-sur-Lignon (Loire).

La quasi-totalité des excellents vins rosés et rouges, secs et vifs, exclusivement à base de gamay, est issue de terrains du tertiaire au nord et du primaire, au sud. Ils proviennent en majorité d'une belle cave coopérative. On consomme jeunes ces AOVDQS qui postulent pour l'AOC.

LES VIGNERONS FOREZIENS
Cuvée Tradition 1997★

■ 30 ha 150 000 ■ ♦ -30 F

Ne cessant d'innover, cette coopérative a vinifié un 97 rouge foncé, au beau nez intense et fin de kirsch, de chocolat et de poivre. Remplissant bien la bouche, ce vin s'y épanouit assez longuement, laissant apprécier des tanins souples enrobés d'une chair aux arômes épicés. Harmonieuse, complexe et facile à boire, cette bouteille est prête, mais elle peut encore attendre un à deux ans.

☞ Les Vignerons Foréziens, Le Pont-Rompu, 42130 Trelins, tél. 04.77.24.00.12, fax 04.77.24.01.76 ✓ ♈ r.-v.

LES VIGNERONS FOREZIENS
Cuvée des Passementiers 1997

■ 18 ha 100 000 ■ ♦ -30 F

Dédiée au très ancien métier de la passementerie autrefois bien présent dans la région, cette cuvée grenat violet révèle des parfums assez intenses de framboise et de fraise, agrémentés de notes de tabac et de poivre. L'attaque accentue le caractère un peu sauvage de ce vin sans remettre en cause son équilibre général. Une bouteille bien faite que l'on attendra un à deux ans.

☞ Les Vignerons Foréziens, Le Pont-Rompu, 42130 Trelins, tél. 04.77.24.00.12, fax 04.77.24.01.76 ✓ ♈ r.-v.

Côtes du forez AOVDQS

DOM. DE LA PIERRE NOIRE
Cuvée spéciale 1996★

■ 1 ha 4 000 ■ ♦ -30 F

Des vignes de plus de cinquante ans d'âge ont donné un vin plein de fraîcheur. Le nez, très intense, rappelle le poivre, la pierre à fusil mêlée de notes de fruits rouges. Il est en harmonie avec une bouche puissante et riche où dominent des arômes de tabac qui se fondent dans un volume tannique important mais élégant. Ce 96, expressif, aux magnifiques parfums, est prêt, mais pourra attendre de deux à trois ans.

☞ Christian Gachet, chem. de l'Abreuvoir, 42610 Saint-Georges-Hauteville, tél. 04.77.76.08.54 ✓ ♈ r.-v.

DOM. DE LA PIERRE NOIRE 1997★★

■ 2 ha 8 000 ■ ♦ -30 F

Ce n'est pas le premier coup de cœur décroché par le domaine de La Pierre Noire (voir le rouge 94). Le 97 attire l'œil par sa splendide robe grenat sombre. Des parfums intenses et racés de kirsch, de mirabelle et de réséda tout associés à une note minérale. L'équilibre de la riche matière s'impose rapidement. Souple, charnu et aromatique, volumineux, harmonieux, typé, les adjectifs élogieux ne manquent pas. Ce vin qui séjourne longuement au palais est prêt, mais il pourra attendre (de un à deux ans).

☞ Christian Gachet, chem. de l'Abreuvoir, 42610 Saint-Georges-Hauteville, tél. 04.77.76.08.54 ✓ ♈ r.-v.

DOM. DU POYET 1997

◪ 0,3 ha 2 000 ■ -30 F

Installé à son propre compte depuis deux ans, Jean-François Arnaud a élaboré un vin d'un rubis limpide et brillant, à la palette aromatique fine et éclectique : cassis, pivoine et poivre nuancés de notes empyreumatiques. L'attaque souple évolue rapidement vers des tanins épicés et élégants. Très bien équilibré, ample et frais, ce beau 97 est prêt, mais on peut le garder encore un an.

☞ Jean-François Arnaud, Dom. du Poyet, 42130 Marcilly-le-Châtel, tél. 04.77.97.48.54 ✓ ♈ t.l.j. 8h-20h; groupes sur r.-v.

ODILE VERDIER ET JACKY LOGEL
1997

◪ 2 ha n.c. ■ -30 F

Dominant la plaine et les étangs du pays d'Astrée, ce vignoble a produit un rosé assez soutenu aux discrètes odeurs d'herbe fraîche, de framboise et de cassis. L'attaque, agréablement

LA VALLEE DE LA LOIRE

Coteaux du giennois

fruitée (fraise), montre aussi beaucoup de fraîcheur. Un rosé pour les beaux jours.
☛ Odile Verdier et Jacky Logel, La Côte, 42130 Marcilly-le-Châtel, tél. 04.77.97.41.95
☑ ⊺ r.-v.

Coteaux du giennois

Sur les coteaux de Loire réputés depuis longtemps, tant dans la Nièvre que dans le Loiret, s'étendent des sols siliceux ou calcaires. Trois cépages traditionnels, le gamay, le pinot et le sauvignon ont donné 4 807 hl (dont 1 253 hl en vin blanc) de vins légers et fruités, peu tanniques, authentique expression d'un terroir original. On pourra les boire jusqu'à cinq ans d'âge, sur toutes les viandes.

Les plantations progressent toujours nettement dans la Nièvre, elles reprennent aussi dans le Loiret, attestant la bonne santé du vignoble, qui atteint 140 ha. Les coteaux du giennois ont accédé à l'AOC en 1998.

JOSEPH BALLAND-CHAPUIS 1997
| | 1 ha | 6 000 | | 30 à 50 F |

Le rose est intense, très légèrement orangé. Ce vin offre de bons arômes de fruits rouges bien mûrs. La bouche, très vineuse, est relevée par une pointe d'amertume. Ce rosé devrait être excellent sur des viandes grillées.
☛ Dom. Balland-Chapuis, allée des Soupirs, 45420 Bonny-sur-Loire, tél. 02.38.31.55.12, fax 02.48.54.07.97 ☑ ⊺ t.l.j. 8h-12h 14h-18h; sam. dim. sur r.-v.

PHILIPPE CARROUE
Cuvée Pensée 1996**
| | 1 ha | 5 500 | | -30 F |

Attaché à ses racines vigneronnes, Philippe Carroué nous offre un 96 d'excellente facture : séducteur par la finesse de ses arômes rappelant les fruits rouges, avec une touche de grillé, charmant par son corps bien balancé. Cette bouteille ne manque pas d'originalité. Ce vin gagnera encore en harmonie, et peut donc être attendu.
☛ Philippe Carroué, Ménétéreau, 58200 Saint-Père, tél. 03.86.28.35.76, fax 03.86.28.35.76
☑ ⊺ r.-v.

MARCEL GODINOU 1997
| | 0,07 ha | 900 | | -30 F |

Ancien horticulteur, Marcel Godinou ne doit pas regretter sa reconversion dans la viticulture, et ses amis non plus. Son rosé se présente sous une robe saumonée, très brillante. Le nez est intense, dominé par des nuances de fruits rouges. Le palais est flatté par beaucoup de rondeur et de corps. Un vin bien fait.
☛ Marcel Godinou, Maimbray, 28, rue des Grèves, 45630 Beaulieu, tél. 02.38.35.80.44
☑ ⊺ t.l.j. sf dim. 8h-12h 14h-19h

DOM. DE LA GRANGE ARTHUIS
Les Daguettes 1997*
| | 2 ha | 6 000 | | 30 à 50 F |

A la suite de la crise de l'arboriculture fruitière, Bernard Marty s'est reconverti dans la viticulture. Il continue d'apporter tout son art à ce vignoble dont il a la charge depuis sa création en 1992. Il a présenté un beau vin blanc au nez expressif, fait de roses avec une pointe de miel. Il donne l'impression de manger des fruits, pêche et abricot - car la maturité ne manque pas. Voilà un vin à la fois frais, tendre et fin.
☛ Dom. de La Grange Arthuis, 89170 Lavau, tél. 03.86.74.06.20, fax 03.86.74.18.01 ☑ ⊺ r.-v.

MICHEL LANGLOIS 1996
| | 1,8 ha | 6 900 | | 30 à 50 F |

Michel Langlois s'occupe du vignoble depuis deux ans. Ses efforts se trouvent justement récompensés à travers ce blanc aux arômes variés - buis, champignon, orange. Le palais, d'abord en retrait, sort de sa réserve après une légère aération. Très bonne persistance. N'oubliez pas le **rouge 96 le Champ de la Croix**, également cité.
☛ Michel Langlois, Le Bourg, 58200 Pougny, tél. 03.86.28.06.52, fax 03.86.28.59.29 ☑ ⊺ t.l.j. 9h-13h 15h-20h

DOM. DES ORMOUSSEAUX 1997**
| | 1,8 ha | 10 000 | | -30 F |

Richesse et complexité caractérisent le bouquet de petits fruits rouges (fraise, cassis). La structure est puissante. On perçoit l'équilibre entre un gras souligné et une élégante acidité. Un rosé qui vous fera aimer les rosés. Magnifique. A recommander également, le **blanc 96**, retenu avec une étoile.
☛ SCEA Hubert Veneau, Les Ormousseaux, 58200 Saint-Père, tél. 03.86.28.01.17, fax 03.86.28.44.71 ☑ ⊺ r.-v.

ALAIN PAULAT
Les Têtes de Chats 1996**
| | 1,5 ha | 7 300 | | 30 à 50 F |

Des notes de gibier au milieu des épices et des fruits rouges. « De la matière, beaucoup de richesse dès la vigne », ont écrit les membres du jury. Un très beau vin qui révélera toutes ses qualités avec le temps.
☛ Alain Paulat, Villemoison, 58200 Saint-Père, tél. 03.86.26.75.57, fax 03.86.28.06.78 ☑ ⊺ r.-v.

POUPAT ET FILS Le Trocadéro 1997**
| | 2,45 ha | 16 000 | | 30 à 50 F |

Après deux coups de cœur consécutifs pour des blancs 95 et 96, c'est avec un rouge que Philippe Poupat nous éblouit cette année. Ce 97 est l'enfant d'un vignoble soigné et d'une vinification méticuleuse ! Robe d'un rouge intense à reflets violets, arômes de cassis, de myrtille, nuances de sous-bois et d'épices ; palais structuré, montrant beaucoup de finesse et d'harmonie, autant de qualités qui ont enthousiasmé le

Les vignobles du Centre

jury. Toujours aussi bien noté (deux étoiles), le **blanc Rivotte 97**, d'une belle puissance. Arômes de pêche, de poire, d'abricot sec, presque miellé au nez et rappelant les fleurs blanches en bouche ; palais rond et long, finale vive et d'une grande finesse. Et, pour ne pas être en reste, le **rosé Le Trocadéro 97** est cité.

☛ Poupat et Fils, Rivotte, 45250 Briare, tél. 02.38.31.39.76, fax 02.38.31.39.76 ☑ ☨ t.l.j. 9h-12h 14h-19h; sam. dim. sur r.-v.

DOM. DE VILLARGEAU 1997**

| | 2,5 ha | 20 000 | 🍷 30 à 50 F |

Au nez, la fraîcheur et les agrumes. Puis s'y mêlent délicatement quelques notes d'abricot très mûr et un peu de genêt. Ronde et riche, longue et très agréable, une cuvée d'une noblesse remarquable.

☛ GAEC Thibault, Villargeau, 58200 Pougny, tél. 03.86.28.23.24, fax 03.86.28.47.00 ☑ ☨ r.-v.

Saint-pourçain AOVDQS

Le paisible et plantureux Bourbonnais possède aussi, sur dix-neuf communes, un beau vignoble au sud-ouest de Moulins (500 ha ; 21 127 hl dont 4 678 hl de vin blanc).

Les coteaux et les plateaux calcaires ou graveleux bordent la charmante Sioule. C'est surtout l'assemblage des vins issus de gamay et de pinot noir qui confère aux vins rouges et rosés leur charme fruité.

Les blancs, remarquables, ont fait autrefois la réputation de ce vignoble ; un cépage original, le tressallier, est assemblé avec le chardonnay et le sauvignon. L'originalité aromatique de cet assemblage sur les terroirs de Saint-Pourçain mérite plus qu'une mention.

Saint-pourçain AOVDQS

DOM. DE BELLEVUE
Cuvée spéciale 1996*

| ■ | 1,3 ha | 7 300 | 🍷 30 à 50 F |

Jean-Louis Pétillat tient maintenant seul les rênes de cette exploitation fondée en 1922 et régulièrement citée dans le Guide. Sa Cuvée spéciale issue exclusivement de pinot noir offre des reflets tuilés caractéristiques de ce cépage. De bonne intensité, la palette aromatique associe des notes fumées à des arômes de fruits rouges. Le palais est long, avec des tanins présents en finale.

☛ Jean-Louis Pétillat, Dom. de Bellevue, 03500 Meillard, tél. 04.70.42.05.56, fax 04.70.42.09.75 ☑ ☨ r.-v.

DOM. DE CHINIERE 1997*

| | 5,3 ha | 30 000 | -30 F |

Ce vignoble est dans la famille depuis 1800. Les caves ont été rénovées en 1995. Parmi les vins présentés, le jury a préféré ce blanc. Un vin bien fait, au nez discret mais charmeur, très souple en attaque. Sa vivacité en finale renforce la fraîcheur. Le **rouge 97** mérite d'être cité. Revêtu d'une robe jeune, rubis à nuance violacée, il est à boire maintenant.

☛ Philippe Cherillat, Chinière, 03500 Saulcet, tél. 04.70.45.49.65

ELIE GROSBOT-DENIS BARBARA 1997**

| | 2,5 ha | 12 000 | 🍷 -30 F |

Fondé en 1910, ce domaine de 10 ha associe depuis 1996 deux familles. Le jury a donné un coup de cœur au blanc 97 pour sa générosité et sa délicatesse. Un vin jaune paille aux nuances vertes, au nez subtil de fleurs blanches et de miel. En bouche, il allie la fraîcheur et l'onctuosité. Outre cette belle bouteille, fleuron de l'appellation, les dégustateurs ont retenu un **rouge 96 Grande Réserve** pour son équilibre en bouche.

☛ Grosbot-Barbara, Maupertuis, 03500 Bransat, tél. 04.70.45.35.89, fax 04.70.45.54.95 ☑ ☨ t.l.j. 9h-12h 14h-19h

DOM. DE LA CROIX D'OR 1997

| ■ | 8,5 ha | 30 000 | 🍷 -30 F |

Jean-François Colas est installé depuis 1995 sur ce domaine d'une douzaine d'hectares. Il obtient deux citations : la première pour ce vin rouge au nez plutôt fermé mais de bonne intensité, à la bouche bien équilibrée, dont une note légèrement acidulée renforce la fraîcheur. La seconde pour le **blanc 97**, jaune paille nuancé de vert, encore fermé mais qui devrait bien évoluer d'ici deux ans.

LA VALLÉE DE LA LOIRE

Les vignobles du Centre

🍷 Jean-François Colas, La Croix d'Or, 03210 Chemilly, tél. 04.70.42.86.22

LAURENT Elevé en fût de chêne 1996★
■　　　　3 ha　　11 700　　🍾 30 à 50 F

Autre pilier de l'appellation, la famille Laurent se voit accorder une étoile en rouge et en blanc. Cette cuvée, issue majoritairement de pinot noir, conserve une très belle couleur rubis soutenu. On apprécie ses arômes de bonne intensité, associant les fruits rouges très mûrs à une note vanillée, et sa structure en bouche. Ce vin a encore un bel avenir. Même note pour le **blanc 95 Cuvée Prestige** qui, malgré son âge, reste frais et élégant. Très bien équilibré, il s'accordera aussi bien avec un poisson en sauce qu'avec de la fourme d'Ambert.

🍷 Famille Laurent, Montifaud, 03500 Saulcet, tél. 04.70.45.45.13, fax 04.70.45.60.18 ✓ 🍴 r.-v.

NEBOUT 1997★
□　　　　5 ha　　30 000　　🍾♦ -30 F

Fréquemment présente dans le Guide, cette exploitation a élaboré en 1997 un très joli vin à la robe dorée, qui séduit par son équilibre et par sa longueur en bouche.

🍷 GAEC Nebout, Les Champions, 03500 Saint-Pourçain-sur-Sioule, tél. 04.70.45.31.70, fax 04.70.45.12.54 ✓ 🍴 r.-v.

UNION DES VIGNERONS DE SAINT-POURÇAIN Réserve spéciale 1997
　　　　　n.c.　　100 000　　🍾♦ -30 F

Régulièrement mentionnée dans le Guide, la cave de Saint-Pourçain a été fondée en 1950 et rénovée en 1995. Elle propose deux jolies bouteilles : un rouge de gamay, agréable et gouleyant, à boire légèrement frais dès maintenant, et une cuvée **Atlantis 97 en blanc**, encore fermée mais plaisante par son équilibre en bouche et sa bonne longueur.

🍷 Union des Vignerons de Saint-Pourçain, Enclos de la Ronde, B.P. 27, 03500 Saint-Pourçain-sur-Sioule, tél. 04.70.45.42.82, fax 04.70.45.99.34 ✓ 🍴 t.l.j. sf dim. 8h-12h30 13h30-18h30 ; groupes sur r.-v.

Côte roannaise

Des sols d'origine éruptive face à l'est, au sud et au sud-ouest, sur les pentes d'une vallée creusée par une Loire encore adolescente : voilà un milieu naturel qui appelle aussi le gamay.

Quatorze communes (164 ha) situées sur la rive gauche du fleuve produisent d'excellents vins rouges et de frais rosés, plus rares. Des vignerons particuliers soignent attentivement leur vinification (7 728 hl en 1997) ; ils obtiennent des vins originaux et de caractère, auxquels s'intéressent les chefs les plus prestigieux de la région. On évoque les traditions viticoles de la région au musée forézien d'Ambierle.

Lentement mais sûrement, le vignoble progresse... Cependant, le fait le plus notable réside dans l'intérêt que le négoce et la distribution attachent aux vins de la côte roannaise, confirmant ainsi l'originalité et la qualité du cru.

Quoique très timidement, le chardonnay s'implante localement et fournit des produits non dépourvus de valeur.

ALAIN BAILLON Cuvée Montplaisir 1997
■　　　　1,4 ha　　5 000　　🍾 30 à 50 F

Cette cuvée rouge sombre au nom prédestiné révèle de plaisants parfums de fruits et d'épices. Remplissant bien la bouche, elle est ronde et bien équilibrée. On peut déjà la boire, mais on gagnera à la garder un an.

🍷 Alain Baillon, Montplaisir, 42820 Ambierle, tél. 04.77.65.65.51, fax 04.77.65.65.65 ✓ 🍴 r.-v.

P. ET J.-P. BENETIERE Cuvée Vieilles vignes 1997★
　　　　　1 ha　　7 000　　🍾♦ -30 F

Cette exploitation de 4 ha produit aussi des articles en osier. Paul Bénétière est installé depuis 1960, Jean-Pierre l'a rejoint en 1991. Ils nous proposent une cuvée couleur cerise burlat qui exhale de subtils parfums floraux sur un fond de cassis et de fruits confits. Bien structurée et aromatique, la bouche ne manque pas de chair. La charpente tannique développée apparaît plutôt ronde. Un vin proche de son apogée, que l'on pourra garder un an ou deux.

🍷 Paul et Jean-Pierre Bénétière, pl. de la Mairie, 42155 Villemontais, tél. 04.77.63.18.29, fax 04.77.63.18.29 ✓ 🍴 t.l.j. 9h-19h

THIERRY BONNETON 1997
■　　　　5 ha　　12 000　　🍾 -30 F

Des vignes de quarante ans d'âge ont donné cette cuvée rouge clair aux subtils parfums de fruits confits nuancés de notes amyliques. Un 97 de type léger, friand, frais, équilibré, élégant, facile à boire : un plaisir pour maintenant.

🍷 Thierry Bonneton, La Prébande, 42370 Saint-André-d'Apchon, tél. 04.77.65.85.40, fax 04.77.65.94.72 ✓ 🍴 t.l.j. 8h-19h

CH. DE CHAMPAGNY 1996
■　　　　1 ha　　5 000　　🍾♦ -30 F

La belle robe foncée de ce 96 est d'une impertinente jeunesse. Le bouquet très frais de framboise, de tabac et d'épices constitue une belle entrée en matière. Au palais, le vin apparaît franc et plein, mais sa charpente développée s'impose assez vite. Il est déjà prêt, mais il vaut mieux le garder un an ou deux.

892

Les vignobles du Centre — Côte roannaise

🍇 André et Frédéric Villeneuve, Champagny, 42370 Saint-Haon-le-Vieux, tél. 04.77.64.42.88, fax 04.77.62.12.55 t.l.j. 8h-12h 14h-19h30

JEAN-CLAUDE CHAUCESSE
Cuvée à l'Ancienne 1997★★

■ 3 ha n.c. -30F

Une famille vigneronne enracinée dans la « paroisse » depuis bientôt quatre siècles. Dès avant 1900, ses vins arrivaient par péniche jusqu'à Bercy. Ce 97, paré d'une robe rubis sombre à reflets violets, révèle des parfums complexes de pivoine et de rose accompagnés de cassis et de mûre. Ample et plein de chair, il glisse comme du velours dans le palais. Des tanins agréablement fondus contribuent à l'harmonie de sa structure. Une bouteille pleine de charme, que l'on pourra déguster au cours des deux années à venir.

🍇 Jean-Claude Chaucesse, 121, rue des Alloués, 42370 Renaison, tél. 04.77.64.26.10, fax 04.77.62.13.84 t.l.j. 8h-12h 14h-19h

DOM. DE FONTENAY 1997★

■ 10 ha 40 000 30 à 50 F

L'œil est attiré par la robe sombre limpide et brillante de cette cuvée au nez de framboise agrémenté d'une pointe de cassis. La bouche est tout d'abord charnue et suave, d'une bonne fraîcheur, puis des tanins un peu austères apparaissent en finale. Bien équilibré et présentant une bonne évolution, ce vin sera à son optimum dans un à deux ans.

🍇 Simon Hawkins, Dom. de Fontenay, 42155 Villemontais, tél. 04.77.63.12.22, fax 04.77.63.15.95 t.l.j. 8h-12h 14h-20h

DOM. DU PAVILLON 1997★

◢ 1,5 ha 5 000 -30F

Les parfums intenses qui se dégagent de cette cuvée d'un rose moyen brillant évoquent les fleurs, mais aussi le pêche et le miel. Souple, très bien équilibré, ce 97 a bénéficié d'une vinification particulièrement soignée. Ses beaux arômes persistent longuement au palais. Ce vin plein, rond, qui s'exprime avec beaucoup de finesse, est à consommer dans l'année.

🍇 Maurice Lutz, GAEC Dom. du Pavillon, 42820 Ambierle, tél. 04.77.65.64.35, fax 04.77.65.69.69 r.-v.

DOM. DES POTHIERS 1997★

■ 0,6 ha 3 500 -30F

La robe rouge violacé de ce 97 suggère un vin riche. Il s'ouvre peu à peu sur d'enivrantes notes de cassis, de fruits rouges confits et d'épices. Sa chair et sa vinosité ne masquent pas la présence de tanins denses et dominateurs qui s'imposent jusqu'en finale. Un vin équilibré, à oublier un ou deux ans en cave pour lui permettre d'exprimer plus sagement sa belle matière.

🍇 Georges Paire, Les Pothiers, 42155 Villemontais, tél. 04.77.63.19.24 t.l.j. sf dim. 8h-12h30 13h30-19h

JEAN-FRANCOIS PRAS 1997★

■ 1,36 ha 4 000 30 à 50 F

Il y a une dizaine d'années, Jean-François Pras a repris un petit vignoble qu'il a développé ; il a aménagé en outre des chambres d'hôtes. Ce viticulteur propose une cuvée grenat clair aux parfums assez intenses de fruits rouges, nuancés de pivoine et de cuir. Assez riche et bien charpentée, sa très belle structure promet beaucoup de satisfaction dans les deux années à venir.

🍇 Jean-François Pras, Magnerot, 42370 Saint-Haon-le-Vieux, tél. 04.77.64.45.56, fax 04.77.62.12.52 r.-v.

ROBERT SEROL ET FILS
Les Vieilles Vignes 1997★★

■ 4,8 ha 25 000 -30F

Exploité en partie en partenariat avec P. Troigros, ce domaine perpétue une tradition viticole qui remonte à 1700. Issue de vignes cinquantenaires, cette cuvée à la robe rubis sombre éclairée de reflets pourpres séduit d'emblée par un nez de rose caractéristique, qui évolue vers des nuances très fines de pivoine, d'épices et d'anis. Elle se laisse « croquer » en bouche, montrant une belle ampleur gourmande. Les tanins, serrés en finale, ne manquent pas d'élégance. Un vin complet et harmonieux que l'on dégustera dès la sortie du Guide. On ne négligera pas non plus la cuvée **Les Originelles 97**, citée par le jury. Un vin friand et agréable, à apprécier dans l'année !

🍇 EARL Robert Sérol et Fils, Les Estinaudes, 42370 Renaison, tél. 04.77.64.44.04, fax 04.77.62.10.87 r.-v.

PHILIPPE ET MARCEL VIAL
Bouthéran 1997

■ 2 ha 10 000 30 à 50 F

Ce coteau de Bouthéran, bien connu dans la région, a donné cette cuvée rubis brillant au nez moyennement intense mais complexe de fruits rouges, d'épices et de cuir. Si celle-ci s'avère plus simple au palais, elle reste bien équilibrée et de bonne persistance. Un vin bien fait. A boire.

🍇 GAEC Philippe et Marcel Vial, Bel-Air, 42370 Saint-André-d'Apchon, tél. 04.77.65.81.04, fax 04.77.65.91.99 r.-v.

FELIX VIAL 1997

◢ 0,47 ha 2 500 -30F

Des vignes exposées au sud ont donné un vin couleur œil-de-perdrix, aux frais parfums d'œillet et de violette. Rafraîchissant à souhait, il séduit par sa finesse et son bel équilibre.

LA VALLÉE DE LA LOIRE

Les vignobles du Centre   L'orléanais AOVDQS

🕿 Félix Vial, Bel-Air, 42370 Saint-André-d'Apchon, tél. 04.77.65.80.41 ◪ 🍷 r.-v.

L'Orléanais AOVDQS

Parmi les « vins françois », ceux d'Orléans eurent leur heure de gloire à l'époque médiévale. Sur d'aimables plateaux (100 ha), de part et d'autre du grand fleuve, la tradition est maintenue. A côté des jardins, des pépinières et des vergers renommés, la vigne prospère.

Les vignerons ont su adapter des cépages cités depuis le Xe s. comme venus d'Auvergne, mais identiques à ceux de Bourgogne : auvernat rouge (pinot noir), auvernat blanc (chardonnay) et gris-meunier, auxquels est venu s'ajouter le cabernet (ou breton). L'original gris-meunier donne un rosé de couleur soutenue, frais, au bouquet de groseille et de cassis. Il faut le boire sur des perdreaux et des faisans rôtis, des pâtés de gibier de la Sologne voisine et des fromages cendrés du Gâtinais. La production en rouge a atteint 2 728 hl en 1997 ; les vins blancs restent confidentiels avec 634 hl.

VIGNOBLE DU CHANT D'OISEAUX 1997*

| ☐ | 2 ha | 2 000 | -30 F |

A la tête d'un domaine de 10 ha, Jacky Legroux a bien réussi cet orléanais qui vous surprendra par son intensité aromatique, sa fraîcheur en bouche et sa persistance. Le **rouge 97**, issu de gris meunier, a obtenu une citation pour son nez élégant. Il faut l'attendre quelques mois.
🕿 Jacky Legroux, 315, rue des Muids, 45370 Mareau-aux-Prés, tél. 02.38.45.60.31, fax 02.38.45.62.35 ◪ 🍷 r.-v.

COVIFRUIT Cabernet 1997*

| ■ | 12,6 ha | 20 000 | -30 F |

Ce vin rouge de cabernet offre avec générosité ses arômes fins et délicats, caractéristiques du cépage. La bouche est souple, équilibrée, de bonne longueur. Un vin sympathique et gai. Cité par le jury, le **rosé 97** a un côté frais et rafraîchissant.
🕿 Covifruit, 613, rue du Pressoir-Tonneau, 45160 Olivet, tél. 02.38.63.40.20, fax 02.38.63.55.94 ◪ 🍷 t.l.j. sf dim. 9h-12h 14h-18h

LES VIGNERONS DE LA GRAND'MAISON Auvernat 1997*

| ☐ | 19 ha | n.c. | -30 F |

Deux cuvées réussies pour cette coopérative. Le jury a préféré le blanc 97, dont la couleur jaune doré rappelle le raisin bien mûr. Ses arômes intenses, son bon équilibre en font un représentant très plaisant de l'appellation. Le **rouge 97**, issu de cabernet franc, mérite d'être cité.
🕿 Les Vignerons de la Grand'Maison, 550, rte des Muids, 45370 Mareau-aux-Prés, tél. 02.38.45.61.08, fax 02.38.45.65.70 ◪ 🍷 r.-v.

SAINT AVIT 1997*

| ☐ | 1,8 ha | 6 000 | -30 F |

Les Javoy sont vignerons à Mézières depuis 1792. Leur auvernat blanc attire l'attention par une très belle robe jaune pâle et un nez complexe. En bouche, sa légère acidité renforce son côté frais. Le **rouge 97** (70 % pinot meunier, 30 % pinot noir) a obtenu la même note grâce à l'intensité de ses arômes de fruits rouges et à sa souplesse en bouche.
🕿 Javoy et Fils, 450, rue du Buisson, 45370 Mézières-lez-Cléry, tél. 02.38.45.61.91, fax 02.38.45.69.77 ◪ 🍷 t.l.j. sf dim. 8h-12h 14h-19h

CLOS SAINT-FIACRE 1997***

| ☐ | 4 ha | 5 600 | 30 à 50 F |

Le Clos Saint-Fiacre est exploité depuis 1635 par la même famille. On lui souhaite de continuer longtemps à porter haut les couleurs de l'appellation avec des vins tels que ce blanc d'un jaune doré éclatant. Son nez, subtil et intense, privilégie les fleurs blanches ; sa bouche est franche, droite et persistante.
🕿 GAEC Clos Saint-Fiacre, 560, rue Saint-Fiacre, 45370 Mareau-aux-Prés, tél. 02.38.45.61.55, fax 02.38.45.66.58 ◪ 🍷 r.-v.
🕿 D. Montigny.

CLOS SAINT-FIACRE 1997**

| ■ | 5,3 ha | 25 000 | 30 à 50 F |

Avec ses coups de cœur et ses mentions régulières dans le Guide, le Clos Saint-Fiacre est une des valeurs sûres de l'appellation. Cette année, sa production reçoit une pluie de compliments : deux étoiles pour cette cuvée rubis léger (75 % pinot meunier, 25 % pinot noir) aux arômes typiques de l'orléanais. Un vin rond et gouleyant à souhait, d'une bonne ampleur en bouche. Deux étoiles encore pour le **rosé 97** « œil-de-perdrix », pour sa rondeur et sa fraîcheur. Une citation

Les vignobles du Centre

enfin pour le **rouge 97** issu de cabernet franc, aux arômes de fruits rouges et aux tanins fondus.
➳ GAEC Clos Saint-Fiacre, 560, rue Saint-Fiacre, 45370 Mareau-aux-Prés, tél. 02.38.45.61.55, fax 02.38.45.66.33 ✓ ⊺ r.-v.

Menetou-salon

Menetou-Salon doit son origine viticole à la proximité de la métropole médiévale qu'était Bourges ; Jacques Cœur y eut des vignes. A l'encontre de nombreux vignobles jadis célèbres, la région est demeurée viticole, et son vignoble de 336 ha est de qualité.

Sur ses coteaux bien adaptés, Menetou-Salon partage, avec son prestigieux voisin Sancerre, sols favorables et cépages nobles : sauvignon blanc et pinot noir. D'où ces vins blancs frais, épicés, ces rosés délicats et fruités, ces rouges harmonieux et bouquetés, à boire jeunes. Fierté du Berry viticole, ils accompagnent à ravir une cuisine classique mais savoureuse (apéritif, entrées chaudes pour les blancs ; poisson, lapin, charcuterie pour les rouges, à servir frais). La production avoisine 20 000 hl par an.

DOM. DE BEAUREPAIRE 1997*
◻   4,9 ha   50 000

Au domaine de Beaurepaire, une cave fonctionnelle a été aménagée dans un ancien bâtiment de ferme restauré. L'amateur pourra y découvrir ce 97 fort intéressant. Si le nez était encore fermé au moment de la dégustation, les membres du jury ont été unanimes à reconnaître la richesse et la maturité de la vendange. Ce vin laisse une impression très favorable avec sa finale chaleureuse et sa belle harmonie.
➳ Cave Gilbon, Beaurepaire, 18220 Soulangis, tél. 02.48.64.41.09, fax 02.48.64.39.89 ✓ ⊺ r.-v.

DOM. DE CHATENOY 1997*
◼   8 ha   60 000

Isabelle et Pierre Clément prennent progressivement les rênes du domaine de Chatenoy. Le jury a bien aimé ce rouge 97, une belle construction du millésime et du cépage. Du haut degré de maturité du raisin résultent des arômes de prune et de griotte. Les tanins, que l'on pourrait avoir tendance à oublier, rappellent au bon moment leur présence, sans nuire à la rondeur.
➳ SCEA Clément Père et Fils, Dom. de Chatenoy, 18510 Menetou-Salon, tél. 02.48.64.80.25, fax 02.48.64.88.51 ✓ ⊺ r.-v.

Menetou-salon

G. CHAVET ET FILS 1997*
◿   0,93 ha   7 200

Les Chavet tiennent à garder un caractère familial à leur exploitation. On ne compte pas moins de sept membres de la famille pour la valoriser. Le visiteur y trouvera aussi un gîte rural. Le jury a distingué le rosé du domaine, aussi intense à l'œil qu'au nez. Les arômes sont élégants, d'un beau fruité aux évocations de bonbon anglais. La vivacité de l'attaque évolue vers une souplesse plaisante. Pour accompagner des charcuteries. On s'intéressera aussi au **blanc 97** qui mérite d'être cité.
➳ G. Chavet et Fils, Les Brangers, 18510 Menetou-Salon, tél. 02.48.64.80.87, fax 02.48.64.84.78 ✓ ⊺ t.l.j. 8h-12h 13h30-18h

DOM. DE COQUIN 1997*
◼   2 ha   12 000

Encore un jeune vigneron qui ne manque ni de sérieux, ni d'avenir. Dans cette cuvée, le fruité est typique des rouges issus de pinot, avec ses notes de cerise mûre et de cassis. L'attaque est souple, le corps rond et gouleyant. Le support tannique est équilibré. Un vin bien fait. Le **blanc 97** du domaine mérite d'être cité. Il est bien représentatif de l'appellation.
➳ Francis Audiot, Dom. de Coquin, 18510 Menetou-Salon, tél. 02.48.64.80.46, fax 02.48.64.84.51 ✓ ⊺ t.l.j. 8h-19h

FOURNIER 1997
◻   6 ha   40 000

Les arômes sont particulièrement fins, avec des notes de pamplemousse. L'attaque ronde laisse s'exprimer le terroir et des accents minéraux. Assez chaleureux, ce vin montre une bonne et fruitée persistance.
➳ Fournier Père et Fils, Chaudoux, B.P. 7, 18300 Verdigny, tél. 02.48.79.35.24, fax 02.48.79.30.41 ✓ ⊺ t.l.j. 8h-18h30 ; sam. dim. sur r.-v.
➳ GFA des Chanvrières

JEAN-PAUL GILBERT Pinot noir 1997
◼   11,4 ha   80 000

Jean-Paul Gilbert est à la tête de l'une des plus importantes propriétés de l'AOC. La couleur rubis sombre de sa cuvée reflète une évolution avancée et une bonne concentration. Les tanins dominent les saveurs sur des notes d'épices et de petits fruits rouges. Ce vin a besoin de s'affirmer.
➳ Jean-Paul Gilbert, rte des Aix, 18510 Menetou-Salon, tél. 02.48.64.80.77, fax 02.48.64.82.55 ✓ ⊺ t.l.j. sf dim. 8h-20h

CLOS DE LA CURE 1996
◻   0,84 ha   7 000

Comme plusieurs autres vignerons sancerrois, Roger Champault a choisi de diversifier sa gamme. Son menetou-salon 96 respire la finesse et l'élégance, avec un caractère minéral nuancé d'orange mûre. Un vin friand faisant preuve d'une nervosité persistante, d'un bon équilibre général.
➳ Roger Champault et Fils, Champtin, 18300 Crézancy-en-Sancerre, tél. 02.48.79.00.03, fax 02.48.79.09.17 ✓ ⊺ r.-v.

LA VALLÉE DE LA LOIRE

Les vignobles du Centre

LA TOUR SAINT-MARTIN
Morogues 1997

■   5,5 ha   40 000   30 à 50 F

Grenat à reflets légèrement ambrés, ce menetou-salon rouge exhale des senteurs prononcées de violette, à peine nuancées de bigarreau très mûr. Les tanins sont fondus mais l'évolution paraît déjà avancée pour ce 97 généreux et capiteux, qui pourra être apprécié dès la sortie du Guide.

➤ Albane et Bertrand Minchin, La Tour Saint-Martin, 18340 Crosses, tél. 02.48.25.02.95, fax 02.48.25.05.03 ✓ ⊺ t.l.j. sf sam. dim. 9h-12h 14h-19h; f. 15-31 août

LE PRIEURÉ DE SAINT-CEOLS 1997*

☐   5 ha   40 000   30 à 50 F

Pierre Jacolin a créé de toutes pièces son vignoble à partir de 1986, sur les coteaux de Morogues et d'Humbligny. Il propose un 97 blanc aux arômes intenses d'agrumes (pamplemousse). On « croque » un fruité charnu et soyeux. La finale est nette et fort agréable. Ce vin devrait bien s'accorder avec des coquillages. A signaler encore le **rouge 97** de l'exploitation, cité pour sa qualité aromatique.

➤ Pierre Jacolin, Le Prieuré de Saint-Céols, 18220 Saint-Céols, tél. 02.48.64.40.75, fax 02.48.64.41.15 ✓ ⊺ t.l.j. 8h-19h; dim. sur r.-v.; f. 1 sem. août

DOM. DE LOYE 1997*

■   2,02 ha   n.c.   30 à 50 F

Avec encore beaucoup de réserve, le nez exprime les fruits rouges (cerise, framboise) mêlés de quelques notes végétales. Si la structure apparaît légère, les tanins n'en sont pas moins présents. Ce vin rouge frais et plaisant devrait s'accorder avec la volaille ou les entrées.

➤ Jean-Bernard Moindrot, Dom. de Loye, 18220 Morogues, tél. 02.48.64.35.17, fax 02.48.64.41.29 ✓ ⊺ t.l.j. 9h-12h 14h-18h30

CH. DE MAUPAS 1997

☐   5 ha   37 000   30 à 50 F

Le GAEC de La Busardière exploite cette propriété du marquis Antoine de Maupas dont la première vigne a été plantée en 1952. Quant au château, il remonte au XV^{e}s. Encore habité, il est ouvert aux visiteurs. Les arômes de 97, de bonne intensité, sont d'abord citronnés puis dominés par le genêt. La bouche est ample, légèrement pointue en finale. Un vin qui ne craint pas d'affirmer franchement son terroir.

➤ GAEC La Busardière, Les Terreux, 18220 Morogues, tél. 02.48.64.22.30, fax 02.48.64.22.30 ✓ ⊺ r.-v.
➤ de Maupas

DOM. HENRY PELLÉ Morogues 1997

☐   17,5 ha   130 000   30 à 50 F

Ce menetou-salon a un nez d'agrumes. Voici un vin de belle maturité, emplissant joliment la bouche, vivifiant. L'œnologue Julien Zernott peut être fier de son travail puisque la cuvée **Clos des Blanchais blanc 97** ainsi que le **rouge 96 Les Cris** sont également cités.

Pouilly-fumé et pouilly-sur-loire

➤ Dom. Henry Pellé, rte d'Aubinges, 18220 Morogues, tél. 02.48.64.42.48, fax 02.48.64.36.88 ✓ ⊺ t.l.j. sf dim. 9h-12h 14h-18h

DOM. JEAN TEILLER 1997**

◪   0,8 ha   4 000   30 à 50 F

Les rosés peuvent donner de grandes bouteilles, pour peu que l'on s'y intéresse, semble vouloir nous dire Jean-Jacques Teiller avec ce 97 à la robe brillante, d'un rose soutenu. Le nez de ce vin, intense et délicat, rappelle les fruits à chair blanche (pêche). Et quelle bouche ! Savoureuse, d'une exceptionnelle puissance, elle allie fraîcheur et longueur. Un rosé de grande classe.

➤ Dom. Jean Teiller, 13, rte de la Gare, 18510 Menetou-Salon, tél. 02.48.64.80.71, fax 02.48.64.86.92 ✓ ⊺ t.l.j. sf dim. 8h-12h 14h-19h
➤ J.-J. Teiller

CHRISTOPHE ET GUY TURPIN
Morogues 1997*

☐   6 ha   40 000   30 à 50 F

Installé au cœur d'un vieux et beau village vigneron, Morogues, Christophe Turpin, à la tête de l'exploitation depuis 1991, se consacre tranquillement à l'expansion de son vignoble. Son vin blanc sent d'emblée le travail bien fait, avec ses notes d'agrumes mûrs, d'orange sanguine et de miel. Puis il vous captive. Une finale longue et chaude comme un premier amour », écrit l'un des membres du jury. Du même domaine, le **rosé 97**, souple et floral, est aussi sélectionné.

➤ GAEC Turpin, 11, pl. de l'Eglise, 18220 Morogues, tél. 02.48.64.32.24, fax 02.48.64.32.24 ✓ ⊺ r.-v.

Pouilly-fumé et pouilly-sur-loire

Œuvre de moines, et qui plus est de bénédictins, voilà l'heureux vignoble des vins blancs secs de Pouilly-sur-Loire ! La Loire s'y heurte à un promontoire calcaire qui la rejette vers le nord-ouest, mais dont le sol, moins calcaire cependant qu'à Sancerre, sert de support privilégié au vignoble exposé sud-sud-est. C'est là que l'on retrouve les vignes de sauvignon « blanc fumé », lequel aura bientôt entièrement supplanté le chasselas, pourtant historiquement lié à Pouilly et producteur d'un vin non dénué de charme lorsqu'il est cultivé sur sols siliceux. Le pouilly-sur-loire (50 ha) a produit 2 197 hl en 1997, alors que le pouilly-fumé (950 ha) a donné 58 000 hl d'un vin qui traduit bien

Les vignobles du Centre — Pouilly-fumé

les qualités enfouies en terres calcaires : une fraîcheur qui n'exclut pas une certaine fermeté, un assortiment d'arômes spécifiques du cépage, affinés par le milieu de culture et les conditions de fermentation du moût.

Ici encore la vigne s'intègre harmonieusement aux paysages de Loire où le charme des lieux-dits (les Cornets, les Loges, le calvaire de Saint-Andelain...) fait pressentir la qualité des vins. Fromages secs et fruits de mer leur conviendront, mais ils seront séduisants aussi en apéritif, servis bien frais.

Pouilly-fumé

CEDRICK BARDIN 1997

| | n.c. | n.c. | | 30 à 50 F |

Or soutenu, ce vin, s'il reste fermé, fait preuve d'une grande subtilité. L'aération révèle des arômes de végétaux et de fumé. Equilibré, ample sans excès d'acidité, il est bien dans le type, et doté d'une bonne aptitude à la conservation. Même note pour la **cuvée des Bernadats 97**.
Cedrick Bardin, 12, rue Waldeck-Rousseau, 58150 Pouilly-sur-Loire, tél. 03.86.39.11.24 t.l.j. 9h-19h; dim. 9h-12h

GILLES BLANCHET Vieilles vignes 1996

| | 0,4 ha | 1 100 | | 30 à 50 F |

Deux citations pour Gilles Blanchet : d'abord cette cuvée Vieilles vignes 96, typée par ses notes d'agrumes fugaces qui font place à des nuances végétales tirant sur l'asperge. La bouche, qui allie rondeur et acidité, conserve un bon équilibre avec le nez. Le jury a également retenu le **pouilly-fumé 97**, très classique.
Gilles Blanchet, Le Bourg, 58150 Saint-Andelain, tél. 03.86.39.14.03, fax 03.86.39.00.54 r.-v.

FRANCIS BLANCHET
Vieilles vignes 1997

| | 0,6 ha | 4 000 | | 30 à 50 F |

A l'œil, ce 97 annonce la couleur : sa teinte, or franc à reflets ambrés, laissse augurer des arômes puissants, beurrés et un peu toastés. La bouche est souple, très grasse. Un style très particulier qui a ses amateurs.
Francis Blanchet, Le Bouchot, 58150 Pouilly-sur-Loire, tél. 03.86.39.05.90, fax 03.86.39.13.19 t.l.j. sf dim. 9h-12h 14h-19h

BOUCHIE-CHATELLIER
Premier millésime 1997*

| | 1 ha | 7 000 | | 50 à 70 F |

Cette cuvée, issue d'une trie des meilleurs raisins, est sans doute bien trop jeune pour être appréciée à sa juste valeur. Le nez séduit déjà par son intensité et sa richesse (fleurs blanches, fruits exotiques). La structure est souple, tapissée, harmonieuse. Une bouteille à oublier pendant deux ans, puis à suivre avec intérêt. Du même domaine, la cuvée **la Chatellière 97**, d'un style plus facile et immédiat, a été citée par le jury.
Bouchié-Chatellier, La Renardière, 58150 Saint-Andelain, tél. 03.86.39.14.01, fax 03.86.39.05.18 r.-v.

HENRI BOURGEOIS
La Demoiselle de Bourgeois 1997**

| | 3,8 ha | 28 000 | | 70 à 100 F |

L'exigence et la rigueur dont fait preuve la maison Bourgeois ne sont pas étrangères à la qualité de ce pouilly-fumé. Le sauvignon est sous votre nez, avec ses parfums intenses, floraux et fruités (pêche, fruit de la passion). Le gras est remarquablement équilibré par une acidité marquée par une touche mentholée en finale. Une bien jolie Demoiselle.
Dom. Henri Bourgeois, Chavignol, 18300 Sancerre, tél. 02.48.78.53.20, fax 02.48.54.14.24 r.-v.

DOMINIQUE BRISSET 1997

| | 2,6 ha | 15 000 | | 30 à 50 F |

Or pâle dans le verre, ce vin offre des arômes francs, à dominante de pomme et de coing. L'équilibre en bouche marie le gras avec un certain velouté et un peu d'amertume. Ce 97 devrait s'améliorer sensiblement au cours de l'élevage.
Dominique Brisset, 18, rue des Levées, 58150 Tracy-sur-Loire, tél. 03.86.26.16.72, fax 03.86.26.19.87 r.-v.

DOM. A. CAILBOURDIN Les Cris 1997*

| | 3 ha | 24 000 | | 50 à 70 F |

A Maltaverne, on boit du bon vin ! Alain Cailbourdin y est établi en bordure de la nationale 7. Aussi l'amateur n'aura-t-il pas de mal à le trouver. Le jury a recommandé cette cuvée de couleur or soutenu, aux parfums aussi variés qu'agréables (rose, acacia). L'attaque est franche, puis se manifestent des sensations de gras et des arômes de vanille. La pointe de sécheresse perçue en finale n'est qu'un défaut de jeunesse. On n'oubliera pas la cuvée **Vieilles vignes 96**, vinifiée en fût de chêne, qui a obtenu la même note.
Dom. A. Cailbourdin, 58150 Tracy-sur-Loire, tél. 03.86.26.17.73, fax 03.86.26.14.73 r.-v.

CHATELAIN 1997*

| | 19 ha | 150 000 | | 30 à 50 F |

La tendance florale l'emporte au jour de cette dégustation. Cependant on sent poindre du végétal (buis) et du fruité (cassis). Le volume et l'harmonie confirment une personnalité bien construite. Une valeur sûre. Le **pouilly-fumé 96 cuvée Pilou** élevée en fût est cité pour son potentiel de garde.
Dom. Châtelain, Les Berthiers, 58150 Saint-Andelain, tél. 03.86.39.17.46, fax 03.86.39.01.13 r.-v.

LA VALLEE DE LA LOIRE

Les vignobles du Centre │ Pouilly-fumé

DOM. DE CONGY 1996

☐ 1,75 ha 13 800 ■ ♦ 30 à 50 F

Le blanc fumé exprime ici son côté végétal, avec des notes de buis et de genêt d'une intensité mesurée. Fin, d'un bon volume tout en restant léger, ce vin peut être consommé dès maintenant.
•┱ GAEC Bonnard Père et Fils, Dom. de Congy, 58150 Saint-Andelain, tél. 03.86.39.14.20, fax 03.86.39.14.20 ☑ ⏦ r.-v.

PATRICK COULBOIS Les Cocques 1997

☐ 8,3 ha 35 000 ■ ♦ 30 à 50 F

Le premier nez, à dominante de buis et de grillé, masque les autres odeurs. Une aération permet de mieux apprécier la finesse de ce vin. Il est bien structuré, avec une acidité encore sensible, que quelques mois de bouteille devraient aisément atténuer.
•┱ Patrick Coulbois, Les Berthiers, 58150 Saint-Andelain, tél. 03.86.39.15.69, fax 03.86.39.12.14 ☑ ⏦ r.-v.

JEAN-CLAUDE DAGUENEAU
Cuvée d'Eve Vieilles vignes 1996**

☐ 2,5 ha 15 000 ■ ♦ 50 à 70 F

Le millésime 96 arrive peu à peu à maturité. En voici un parfait modèle. Ces parfums explosifs de buis et de genêt, cette plénitude, cette onctuosité et cette persistance sont des caractères qui ne trompent pas. Cette cuvée d'Eve donne une grande bouteille. Du même domaine, le **pouilly-fumé 97** mérite d'être cité pour sa finesse olfactive.
•┱ SCEA Dom. des Berthiers, B.P. 30, 58150 Saint-Andelain, tél. 03.86.39.12.85, fax 03.86.39.12.94 ☑ ⏦ r.-v.
•┱ Jean-Claude Dagueneau

MARC DESCHAMPS
Cuvée Vieilles vignes 1997*

☐ 2,7 ha 10 000 ■ 30 à 50 F

Cette cuvée Vieilles vignes allie avec bonheur la maturité et la fraîcheur aromatique. La palette aromatique, où se mêlent fruit de la passion et abricot, apparaît complexe. La bouche plaît dès le premier abord. Un beau représentant de l'appellation. La **cuvée traditionnelle 97** mérite aussi d'être mentionnée ici.
•┱ Marc Deschamps, Les Loges, 58150 Pouilly-sur-Loire, tél. 03.86.39.16.79, fax 03.86.39.06.90 ☑ ⏦ r.-v.

CH. FAVRAY 1997**

☐ 13 ha 90 000 ■ ♦ 50 à 70 F

Installé depuis 1981, Quentin David travaille avec patience et persévérance. Cette année, il offre au château Favray une belle consécration : le coup de cœur du Guide. Les arômes de ce 97, puissants et complexes, évoquent le raisin mûr et les fruits exotiques. Le palais est ample, riche en parfums, avec la juste touche de nervosité minérale. Un vin prometteur, à garder.

•┱ Quentin David, Ch. Favray, 58150 Saint-Martin-sur-Nohain, tél. 03.86.26.19.05, fax 03.86.26.11.59 ☑ ⏦ r.-v.

DOM. DES FINES CAILLOTTES 1996**

☐ 3 ha 21 400 ■ ♦ 50 à 70 F

Voici l'une des variantes du pouilly-fumé : celle des vins qui, tout en restant secs, présentent des caractères de surmaturation. Les arômes intenses de ce 96 rappellent les fruits confits. Le palais révèle volume, rondeur et chaleur, agrémentés de notes épicées. Un vin qui pourrait parfaitement s'allier avec du foie gras. A noter également, le **Domaine des Fines Caillotes 97**, cité par le jury.
•┱ Jean Pabiot et Fils, 9, rue de la Treille, 58150 Pouilly-sur-Loire, tél. 03.86.39.10.25, fax 03.86.39.10.12 ☑ ⏦ t.l.j. 8h-12h 14h-18h

DOM. LANDRAT-GUYOLLOT
La Rambarde 1997

☐ 13,5 ha 50 000 ■ ♦ 50 à 70 F

De couleur or vert pâle, ce pouilly-fumé présente un nez discret mais d'une agréable finesse. La bouche est d'une nervosité étonnante pour un 97, avec une rétro-olfaction de nature végétale et fruitée. Ce vin pourra être servi en apéritif.
•┱ Dom. Landrat-Guyollot, Les Berthiers, 58150 Saint-Andelain, tél. 03.86.39.11.83, fax 03.86.39.11.65 ☑ ⏦ t.l.j. 9h-19h; groupes sur r.-v.

LAPORTE Les Duchesses 1997

☐ n.c. 30 000 ■ ♦ 50 à 70 F

C'est le type même des pouilly-fumé secs et fruités. Les arômes, puissants, affirment une belle complexité, mêlant agrumes, accents végétaux et notes florales. Le palais révèle une forte vivacité. Ce vin devrait s'accorder avec des fruits de mer.
•┱ Dom. Laporte, Cave de la Cresle, rte de Sury-en-Vaux, 18300 Saint-Satur, tél. 02.48.54.04.07, fax 02.48.54.34.33 ☑ ⏦ r.-v.

DOM. MASSON-BLONDELET
Les Angelots 1997**

☐ 6 ha 45 000 ■ ♦ 50 à 70 F

Jean-Michel Masson élabore ses cuvées en fonction des terroirs. Les Angelots est produit sur sols calcaires. Le 97 présente un nez de style floral marqué par le sauvignon. Equilibrée, la bouche affirme une belle élégance et séduit par sa longueur. Un grand vin.

Les vignobles du Centre

Pouilly-sur-loire

🍇 Jean-Michel Masson, 1, rue de Paris, 58150 Pouilly-sur-Loire, tél. 03.86.39.00.34, fax 03.86.39.04.61 ▪ ▪ r.-v.

JOSEPH MELLOT Le Troncsec 1997

| □ | 10 ha | 65 000 | ▪ ▪ 50 à 70 F |

Issue d'un sol à dominante de marnes kimméridgiennes, cette cuvée évoque fort curieusement les fruits secs, au milieu d'arômes assez puissants. L'ensemble fait preuve d'un relief modéré. Un vin typique, bien agréable à boire.

🍇 Vignobles Joseph Mellot Père et Fils, rte de Ménétréol, B.P. 13, 18300 Sancerre, tél. 02.48.54.21.50, fax 02.48.54.15.25 ▪ ▪ t.l.j. 8h-19h; sam. dim. sur r.-v.

DOM. DIDIER PABIOT 1997

| □ | 12 ha | 100 000 | ▪ ▪ 30 à 50 F |

Un 97 jaune pâle à reflets verts argentés. Le nez, assez fermé, évoque les fruits exotiques, les fruits secs, la rose. Il a de la souplesse, du fond et une harmonie un peu vive, qui se cherche. Il dispose de tous les atouts pour accompagner un poisson en sauce.

🍇 Didier Pabiot, Les Loges, B.P. 5, 58150 Pouilly-sur-Loire, tél. 03.86.39.01.32, fax 03.86.39.03.27 ▪ ▪ r.-v.

DOM. ROGER PABIOT ET SES FILS
Coteau des Girarmes 1997*

| □ | 12 ha | 70 000 | ▪ ▪ 30 à 50 F |

Roger Pabiot a su former ses deux fils, Gérard et Bernard, pour qu'ils perpétuent la tradition familiale. Or pâle à reflets argentés, leur cuvée Coteau des Girarmes fait penser à un bouquet de fleurs, où ressort la violette. L'attaque est sans faiblesse. Il y a du gras et de la complexité. Très réussi.

🍇 SCEA Robert Pabiot et ses Fils, 13, rte de Pouilly, Boisgibault, 58150 Tracy-sur-Loire, tél. 03.86.26.18.41, fax 03.86.26.19.89 ▪ ▪ r.-v.

DOM. RAIMBAULT-PINEAU ET FILS
La Montée des Lumeaux 1997**

| □ | 3,3 ha | 25 000 | ▪ ▪ 50 à 70 F |

Ce vin a tout pour séduire : les arômes intenses et complexes, évoquant les fruits mûrs et même confits, avec une touche de végétal ; un palais gras et chaleureux relevé par une finale vive et épicée, une persistance remarquable. Son charme est tel qu'on le prendra en apéritif... pour le conserver tout le repas.

🍇 GAEC Raimbault-Pineau et Fils, rte de Sancerre, 18300 Sury-en-Vaux, tél. 02.48.79.33.04, fax 02.48.79.36.25 ▪ ▪ t.l.j. 8h-12h 14h-18h; sam. dim. sur r.-v.

DOM. DE RIAUX 1997

| □ | 7 ha | n.c. | ▪ ▪ 30 à 50 F |

De couleur or pâle, ce 97 flatte le nez par des arômes aussi élégants que puissants. Fin, doté d'une bonne vivacité tout en restant équilibré, voilà un vin très agréable.

🍇 GAEC Jeannot Père et Fils, Dom. de Riaux, 58150 Saint-Andelain, tél. 03.86.39.11.37, fax 03.86.39.06.21 ▪ ▪ r.-v.

GUY SAGET Les Logères 1997

| □ | 15 ha | 100 000 | ▪ ▪ 30 à 50 F |

Les établissements Guy Saget ont installé une cave sous la mer (la première sans doute). Leur cuvée Les Logères présente un nez complexe, dominé par le fruit de la passion. Bien évolué, c'est un « vin plaisir ». Les amateurs de vin vieilli en fût s'intéresseront aussi à la cuvée **Marie de Beauregard 1996**.

🍇 Guy Saget, 58150 Pouilly-sur-Loire, tél. 03.86.39.57.75, fax 03.86.39.08.30 ▪ ▪ t.l.j. 8h-12h 14h-18h

YVON ET PASCAL TABORDET 1997

| □ | 5,9 ha | 50 000 | ▪ ▪ 30 à 50 F |

Yvon et Pascal Tabordet proposent un pouilly-fumé aux qualités multiples. Retenons des arômes subtils de fleurs blanches (acacia), de fruits (poire) qui s'expriment avec élégance et délicatesse. Un vin sobre.

🍇 Yvon et Pascal Tabordet, Chaudoux, 18300 Verdigny, tél. 02.48.79.34.01, fax 02.48.79.32.69 ▪ ▪ t.l.j. 8h-12h 14h-18h; dim. sur r.-v.

DOM. THIBAULT 1997*

| □ | 12,5 ha | 80 000 | ▪ ▪ 30 à 50 F |

Or très pâle, d'un bel éclat, ce vin livre des odeurs assez intenses, dominées par le cassis. La bonne attaque est prolongée par une bouche montant en puissance, justement dosée. La finale est un peu plus légère. Une belle expression du terroir.

🍇 SCEV André Dezat et Fils, Chaudoux, 18300 Verdigny, tél. 02.48.79.38.82, fax 02.48.79.38.24 ▪ ▪ r.-v.

F. TINEL-BLONDELET
L'Arrêt Buffatte 1997

| □ | 3,5 ha | 25 000 | ▪ ▪ 50 à 70 F |

Prélevé sur cuve, ce vin se goûtait assez mal en raison de sa teneur en gaz. Cependant, les dégustateurs ont apprécié ses arômes (fruits mûrs, acacia, sous-bois). La bouche est marquée par une certaine vivacité. Un vin typique et agréable.

🍇 Annick Tinel-Blondelet, La Croix-Canat, 58150 Pouilly-sur-Loire, tél. 03.86.39.13.83, fax 03.86.39.02.94 ▪ ▪ r.-v.

Pouilly-sur-loire

DOM. CHAMPEAU 1997**

| □ | 2 ha | 7 000 | ▪ 30 à 50 F |

Une robe d'un or vert très pâle. Un nez d'agrumes (citron mûr) et d'amande fraîche. Une constitution équilibrée, une harmonieuse complexité aromatique, une belle persistance. C'est vraiment très beau.

🍇 SCEA Dom. Champeau, Le Bourg, 58150 Saint-Andelain, tél. 03.86.39.15.61, fax 03.86.39.19.44 ▪ ▪ r.-v.

🍇 Franck et Guy Champeau

LA VALLÉE DE LA LOIRE

Les vignobles du Centre — Quincy

GUSTAVE DAUDIN 1996*

| | 1,3 ha | 3 300 | | 50 à 70 F |

Thierry Redde figure au nombre des vignerons qui ont récemment replanté du chasselas. Il présente un 96 marqué par le bois avec ses notes de moka, de vanille et de beurre frais. L'attaque est ronde, suivie d'un certain gras. La finale, légèrement tannique, est heureusement prolongée par une touche d'amande grillée. Une curiosité.
• SA Michel Redde et Fils, La Moynerie, 58150 Pouilly-sur-Loire, tél. 03.86.39.14.72, fax 03.86.39.04.36 r.-v.
• Thierry Redde

DOM. LANDRAT-GUYOLLOT
La Roselière 1997

| | 1,01 ha | 6 500 | | 30 à 50 F |

C'est bien un chasselas de sol siliceux. De bonne intensité, les évocations de noisette mûre sont égayées de senteurs fraîches. Rond, agréable et assez persistant, voilà un vin fort désaltérant et facile à boire.
• Dom. Landrat-Guyollot, Les Berthiers, 58150 Saint-Andelain, tél. 03.86.39.11.83, fax 03.86.39.11.65 t.l.j. 9h-19h; groupes sur r.-v.

Quincy

C'est sur les bords du Cher, non loin de Bourges et près de Mehun-sur-Yèvre, lieux riches en souvenirs historiques du XVIe s., que les vignobles de Quincy et de Brinay s'étendent sur 180 ha, sur des plateaux recouverts de sable et de graviers anciens.

Le seul cépage sauvignon blanc fournit les vins de quincy (6 110 hl en 1997), qui présentent une grande légèreté, une certaine finesse et de la distinction dans le type frais et fruité.

Si, comme l'écrivait le Dr Guyot au siècle dernier, le cépage domine le cru, quincy apporte aussi la démonstration que, dans une même région, la même variété peut s'exprimer en vins différents selon la nature des sols ; et c'est tant mieux pour l'amateur, qui trouvera ici l'un des plus élégants vins de Loire, à déguster avec les poissons et les fruits de mer aussi bien qu'avec les fromages de chèvre.

DOM. DES BALLANDORS 1997*

| | 3,31 ha | 24 000 | | 30 à 50 F |

Chantal Wilk et Jean Tatin nous font partager une fois de plus leur passion avec ce quincy aux nuances olfactives particulièrement complexes. Le fruité perçu au premier nez (abricot, ananas) évolue après aération vers le floral. Une bouche ample laisse apparaître des notes épicées, puis iodées. Bien équilibré, ce 97 devrait encore se parfaire pour qui saura attendre.
• Chantal Wilk et Jean Tatin, Le Tremblay, 18120 Brinay, tél. 02.48.75.20.09, fax 02.48.75.70.50 r.-v.

DOM. DES CAVES 1997

| | 1,8 ha | 15 220 | | 30 à 50 F |

Prenez-le comme il est : en toute simplicité ! Il respire une vinification bien maîtrisée : nez assez intense, d'abord levuré, puis fruité (pamplemousse et poire) avec une pointe amylique et minérale. L'attaque vive fait place à un certain gras. Il devrait bien se tenir.
• Bruno Lecomte, 105, rue Saint-Exupéry, 18520 Avord, tél. 02.48.69.27.14, fax 02.48.69.16.42 r.-v.

DOM. DE CHEVILLY 1997

| | 2,35 ha | 16 600 | | 30 à 50 F |

A travers ce cru net et franc transparaît une vinification rigoureuse réalisée avec un beau raisin et un équipement moderne. A l'olfaction, on décèle de discrètes notes de pierre à fusil et d'acacia. La bouche, encore vive, s'ouvre sur un fruité plaisant. La finale est rafraîchissante.
• Dom. de Chevilly, 52, rte de Chevilly, 18120 Mereau, tél. 02.48.52.80.45, fax 02.48.52.80.45 r.-v.

PIERRE DURET 1997*

| | 6 ha | 30 000 | | 30 à 50 F |

Les vignes, âgées dans l'ensemble, du domaine Pierre Duret nous donnent ce 97 déjà fort mûr. Son nez de bonne intensité, d'abord marqué par le noyau de cerise et la bergamote, évolue vers les sous-bois et le fruit sec. La bouche chaleureuse est faite de fruits cuits (confiture de fraises). Un bon quincy de tradition.
• SARL Pierre Duret, rte de Lury, 18120 Quincy, tél. 02.48.78.05.01, fax 02.48.78.05.04 r.-v.

JEAN-PAUL GODINAT 1996

| | 12,83 ha | 25 000 | | 30 à 50 F |

Jean-Paul Godinat a repris cette propriété en 1996 et sa première cuvée est une réussite. Sa richesse olfactive - un fruité intense d'agrumes et de pêche mûre - retient l'attention. L'onctuosité de la bouche recherche encore une entente avec une acidité un peu pointue. A retenir et à attendre.
• Jean-Paul Godinat, 34, rte de Bourges, 18510 Menetou-Salon, tél. 02.48.64.88.88, fax 02.48.64.87.97 r.-v.

DOM. DU GRAND ROSIERES 1997

| | 1,5 ha | 12 000 | | 30 à 50 F |

Très intenses et complexes, les arômes rappellent le zeste de pamplemousse et le citron avec des notes minérales (pierre à fusil). Certains dégustateurs mettent l'accent sur la douceur de l'attaque, d'autres sur le côté vif et frais du développement en bouche. Tous sont d'accord sur l'harmonie de ce 97.

Les vignobles du Centre — Reuilly

Jacques Siret, Le Grand Rosières, 18400 Lunery, tél. 02.48.68.90.34, fax 02.48.68.03.71 r.-v.

LES BERRY CURIENS Villain 1997

☐ 2 ha 2 500 30 à 50 F

De surprenantes senteurs animales pour ce quincy qui s'ouvre ensuite sur des parfums de fruits mûrs (élevage sur lie ?). La structure ne montre aucune agressivité. La finale est heureusement relevée par des notes de poivre et d'épices. A suivre avec intérêt.

SCEV Les Berry Curiens, 9, rte de Boisgisson, 18120 Preuilly, tél. 02.48.51.30.17, fax 02.48.51.35.47 r.-v.

DOM. MARDON 1997

☐ 11,3 ha 50 000 30 à 50 F

On trouve tout naturel de voir figurer un vin du domaine Mardon dans ce Guide. On est plus surpris par certains des caractères organoleptiques de ce 97 or pâle à reflets gris : fumé, épicé, son nez s'ouvre sur la bergamote et le fruit mûr, avec une forte présence de l'arôme minéral. Suave en attaque, le palais apparaît vif et végétal en finale. Une personnalité qui saura se faire attendre.

Dom. Mardon, 40, rte de Reuilly, 18120 Quincy, tél. 02.48.51.31.60, fax 02.48.51.35.55 t.l.j. 9h-12h 14h-19h; dim. sur r.-v.

PHILIPPE PORTIER 1997

☐ 6 ha 40 000 30 à 50 F

Le terroir siliceux qui a produit ce 97 est-il à l'origine des arômes à dominante minérale que les dégustateurs ont été unanimes à remarquer ? Il n'est pas interdit de le penser. La structure en bouche ne laisse pas indifférent : attaque vive, finale un peu aiguë sur des notes de pamplemousse et de pêche. Un ensemble jeune.

Philippe Portier, Bois-Gy-Moreau, 18120 Brinay, tél. 02.48.51.09.02, fax 02.48.51.00.96 r.-v.

DOM. JACQUES ROUZE
Cuvée Vieilles vignes 1996

☐ 3,5 ha 14 000

Le style est typé 96 : le premier nez végétal (genêt, champignon) évolue vers les fruits exotiques ; attaque franche et suave, équilibre bien construit dans un environnement rustique. Pour se faire plaisir.

Dom. Jacques Rouzé, chem. des Vignes, 18120 Quincy, tél. 02.48.51.35.61, fax 02.48.51.05.00 t.l.j. 9h-19h

JEAN-MICHEL SORBE 1997

☐ 2,5 ha 6 000 30 à 50 F

Le nez est une corbeille de fruits très mûrs (poire, ananas, coing). La bouche est fringante, avec des nuances de réglisse et d'anis et une bonne longueur. Un vin pour les moments de joie et de plaisir.

Jean-Michel Sorbe, 9, rte de Boisgisson, 18120 Preuilly, tél. 02.48.51.30.17, fax 02.48.51.35.47 r.-v.

DOM. DU TONKIN 1997**

☐ 2,6 ha 20 000 30 à 50 F

La teinte or pâle à reflets verdâtres est de bon augure, tout comme le superbe défilé d'arômes : agrumes, fruit de la passion, poivre. Une fraîcheur mentholée, une structure présentant un côté tannique, tout concourt à donner de la présence à ce bel ensemble qui devrait pleinement s'épanouir à partir de l'automne.

EARL du Tonkin, Le Tonkin, 18120 Brinay, tél. 02.48.51.09.72, fax 02.48.51.09.72 t.l.j. 8h-12h 15h-18h

DOM. TROTEREAU 1997

☐ 10 ha 25 000 30 à 50 F

C'est comme s'il fallait lui laisser le temps de réfléchir avant de s'exprimer. Ce quincy a besoin d'une aération pour que la première impression, légèrement foxée, disparaisse au profit de notes florales et fruitées. Gras et rond, ce 97 révèle une pointe de fraîcheur épicée en finale. Un vin gourmand !

Pierre Ragon, rte de Lury, 18120 Quincy, tél. 02.48.51.37.37, fax 02.48.26.82.58 r.-v.

Reuilly

Par ses coteaux accentués et bien ensoleillés, ses sols remarquables, Reuilly était prédestiné à la plantation de la vigne.

L'appellation recouvre sept communes situées dans l'Indre et le Cher, dans une région charmante traversée par les vertes vallées du Cher, de l'Arnon et du Théols. Elle produit près de 6 000 hl de vin.

Le sauvignon blanc produit l'essentiel des vins de reuilly dans la gamme des blancs secs et fruités, qui prennent ici une ampleur remarquable (3 612 hl en 1997). Le pinot gris fournit localement un rosé de pressoir tendre, délicat, distingué à souhait, mais qui risque de disparaître, supplanté par le pinot noir dont on tire également d'excellents rosés, plus colorés, frais et gouleyants, mais surtout des rouges pleins, enveloppés, toujours légers, au fruité affirmé.

BERNARD AUJARD Les Varennes 1997*

☐ 2,2 ha 12 000 30 à 50 F

Bernard Aujard est un habitué du Guide. Son blanc 97 présente un nez élégant, aux senteurs de souci et d'abricot mûr. La bouche confirme ces bonnes dispositions, avec des saveurs douces et un excellent retour. Un beau vin. Quant au **rouge 96**, il mérite d'être cité.

901 LA VALLÉE DE LA LOIRE

Les vignobles du Centre — Reuilly

☛ Bernard Aujard, 2, rue du Bas-Bourg, 18120 Lazenay, tél. 02.48.51.73.69, fax 02.48.51.73.69 r.-v.

ANDRE BARBIER 1997
2,25 ha — 12 000

André Barbier a parfaitement réussi la vinification de ce vin blanc, comme le prouvent les arômes de bourgeons de cassis, d'agrumes, de réglisse. Agréable et facile à boire, ce reuilly sera très apprécié à l'apéritif. Du même producteur, le **rouge 96** a également été cité.

☛ André Barbier, Le Crot-au-Loup, 18120 Chéry, tél. 02.48.51.75.81, fax 02.48.51.72.47 r.-v.

DOM. HENRI BEURDIN ET FILS
Sauvignon 1997

7 ha — 13 000

On retrouve Henri Beurdin avec ce blanc 97 aux arômes assez intenses rappelant la pointe d'asperge. Les premières sensations gustatives de rondeur font place à une certaine vivacité citronnée. A servir sur des fruits de mer ou de la charcuterie.

☛ Dom. H. Beurdin et Fils, 14, Le Carroir, 18120 Preuilly, tél. 02.48.51.30.78, fax 02.48.51.34.81 r.-v.

GERARD BIGONNEAU
Les Bouchauds 1997★★

3,8 ha — 30 000

Quel admirable reuilly avec son défilé de fragrances - agrumes, cassis, pêche, pomme verte -, avec sa rondeur, son gras, sa plénitude ; et puis cette finale somptueuse qui exprime le zeste de pamplemousse et l'abricot. Il a tout pour lui... et procurera un grand moment de plaisir.

☛ Gérard Bigonneau, La Chagnat, 18120 Brinay, tél. 02.48.52.80.22, fax 02.48.52.83.41 r.-v.

GERARD BIGONNEAU 1997★★

1,6 ha — 11 000

Etonnant ! C'est aussi le coup de cœur du jury des vins rouges. La règle ne veut qu'une étiquette mais les deux vins sont de même niveau. Grenat très soutenu, presque opaque, ce 97 exhale des arômes de fruits rouges très mûrs (cerise, bigarreau, cassis), la structure est consistante, riche, avec une progression équilibrée des sensations. Les tanins se révèlent peu à peu, comme pour mieux garantir la longévité de cette bouteille à la fois harmonieuse et concentrée. A signaler, enfin, chez Gérard Bigonneau, le **rosé de pinot gris 97**, cité.

☛ Gérard Bigonneau, La Chagnat, 18120 Brinay, tél. 02.48.52.80.22, fax 02.48.52.83.41 r.-v.

FRANCOIS CHARPENTIER 1997★

2,5 ha — 10 000

Le fruité d'une grande élégance (zeste d'orange, pêche) est conforté par une belle expression en bouche. Un reuilly coulant, sans aspérité, auquel une pointe de vivacité en finale donne du relief. De la finesse et de la longueur. Il devrait convenir sur une viande blanche en sauce. Le **rosé 97** du domaine a également obtenu une étoile pour l'intensité et la finesse de ses arômes, ainsi que pour sa rondeur.

☛ François Charpentier, Dom. du Bourdonnat, 36260 Reuilly, tél. 02.54.49.28.74, fax 02.54.49.29.91 r.-v.

GERARD CORDIER 1997

4 ha — 8 000

Appartenant à l'une des plus anciennes familles vigneronnes de l'appellation puisqu'il représente la neuvième génération sur l'exploitation, Gérard Cordier a bien réussi son blanc 97. Derrière les premières impressions de champignon, on perçoit nettement le fruité. Une rondeur certaine, une puissance qui ne demande qu'à percer, voilà un bon reflet du millésime. Le **rouge 97** du domaine mérite aussi d'être cité.

☛ Gérard Cordier, 6, imp. de l'Ile-Camus, La Ferté, 36260 Reuilly, tél. 02.54.49.25.47, fax 02.54.49.29.34 t.l.j. 8h-12h30 13h30-19h

PASCAL DESROCHES
Clos des Varennes 1997★

3 ha — 26 000

Avec ce 97, on sort des « senteurs battues » avec des évocations de souci, de prairie, d'amande fraîche. Le nez est flatté par une rondeur non dénuée de fraîcheur. On y retrouve les nuances végétales. Cette bouteille devrait avoir une certaine aptitude à la garde.

☛ Pascal Desroches, 13, rte de Charost, 18120 Lazenay, tél. 02.48.51.71.60, fax 02.48.51.71.60 r.-v.

CLAUDE LAFOND La Raie 1997★★

8,7 ha — 70 000

Régulièrement « étoilé » dans le Guide, Claude Lafond nous réjouit encore cette année. Ce blanc à la parole facile. Le nez, mûr et fin, évoque le cassis avec une légère touche mentholée. Le palais allie la rondeur, le gras et la fraîcheur avec des arômes persistants de fruits de la passion et d'ananas. Une cuvée très dense qui ne demande qu'à attendre pour s'épanouir. Le **rosé 97 cuvée La Grande Pièce** du domaine est tout aussi remarquable (deux étoiles). Rose clair à reflets gris, il possède un nez puissant et charmeur de pêche et de fruits exotiques. D'une bonne rondeur, il joue dans la finesse et la subtilité.

☛ Claude Lafond, Le Bois-Saint-Denis, rte de Graçay, 36260 Reuilly, tél. 02.54.49.22.17, fax 02.54.49.26.64 t.l.j. 8h-12h 13h30-18h; groupes sur r.-v.

Les vignobles du Centre

ALAIN MABILLOT 1997★★

n.c.   10 000   📖 -30 F

Ce 97 frappe d'emblée par sa couleur, ou soutenu, et par ses arômes surmûris évoquant l'orange très mûre. Ampleur et fraîcheur - soulignée par une pointe de gaz - marquent la bouche. On devra patienter quelque peu pour apprécier pleinement ce fort joli blanc. Le **rouge 97** de l'exploitation a été sélectionné avec une étoile.

⌦ Alain Mabillot, Villiers-les-Roses, 36260 Saint-Lizaigne, tél. 02.54.04.02.09, fax 02.54.04.01.33 ✉ 🍷 r.-v.

GUY MALBÊTE Pinot noir 1997★★

3 ha   20 000   🍷 30 à 50 F

L'aspect est grenat foncé à très légers reflets violacés. De bonne intensité, un peu empyreumatique, le nez évoque les fruits rouges et noirs avec une touche animale. Les tanins fondus apportent du charnu. La persistance est remarquable avec des impressions de fruits rouges, de pruneau et des notes animales. A attendre. Autre vin très réussi chez Guy Malbête : le **blanc 97** (une étoile).

⌦ EARL Guy Malbête, 16, chem. du Boulanger, Bois-Saint-Denis, 36260 Reuilly, tél. 02.54.49.25.09, fax 02.54.49.27.49 ✉ 🍷 r.-v.

JACQUES RENAUDAT 1997

3,55 ha   5 100   🍷 30 à 50 F

Un millésime plus modeste que les deux précédents, qui avaient obtenu chacun un coup de cœur. Arômes de fruits cuits, confitures (cerise et prune). Un beau fondu suivi d'une pointe de sécheresse - qui rime avec jeunesse. Tout cela devrait s'estomper à la faveur de quelques mois d'élevage.

⌦ Jacques Renaudat, Seresnes, 36260 Diou, tél. 02.54.49.21.44, fax 02.54.49.21.44 ✉ 🍷 t.l.j. 8h-19h; f. 15-31 août

JEAN-MICHEL SORBE 1996★

3 ha   5 000   🍷 30 à 50 F

Teinte inattendue, grenat à reflets violacés. Bouquet intense de cerise, de fumée et d'épices. Si les tanins font encore un peu sentir leur présence en finale, ce vin a incontestablement du potentiel.

⌦ Jean-Michel Sorbe, 9, rte de Boisgisson, 18120 Preuilly, tél. 02.48.51.30.17, fax 02.48.51.35.47 ✉ 🍷 r.-v.

JACQUES VINCENT 1997★

2,5 ha   15 000   🍷 -30 F

Robe platine, nez tout en dentelle composé d'agrumes et de fleurs discrètes, réveillé par une pointe de cassis. Structure souple, coulante, avec du zeste de pamplemousse en finale. Voilà un reuilly blanc particulièrement sobre. On n'oubliera pas le **rouge 97** de l'exploitation, cité par le jury.

⌦ Jacques Vincent, 11, chem. des Caves, 18120 Lazenay, tél. 02.48.51.73.55, fax 02.48.51.14.96 ✉ 🍷 t.l.j. 9h-19h; dim. sur r.-v.

Sancerre

Sancerre

Sancerre, c'est avant tout un lieu prédestiné dominant la Loire. Sur onze communes, s'étend un magnifique réseau de collines parfaitement adaptées à la viticulture, bien orientées, exposées et protégées, et dont les sols calcaires ou siliceux conviennent à la vigne et contribuent à la qualité des vins ; environ 2 400 ha sont plantés et produisent 148 000 hl.

Deux cépages règnent à Sancerre : le sauvignon blanc et le pinot noir, deux raisins éminemment nobles, capables de traduire l'esprit du milieu et du terroir, d'exprimer au mieux les dons des sols qui s'épanouissent dans des blancs (les plus nombreux) frais, jeunes, fruités ; dans des rosés tendres et subtils ; dans des rouges légers, parfumés, enveloppés.

Mais Sancerre, c'est aussi un milieu humain particulièrement attachant. Il n'est pas facile, en effet, de produire un grand vin avec le sauvignon, cépage de deuxième époque de maturité, non loin de la limite nord de la culture de la vigne, à des altitudes de 200 à 300 m qui influencent encore le climat local et sur des sols qui comptent parmi les plus pentus de notre pays, d'autant plus que les fermentations se déroulent dans une conjoncture délicate de fin de saison tardive !

On appréciera particulièrement le sancerre blanc sur les fromages de chèvre secs, comme l'illustre « crottin » de Chavignol, village lui-même producteur de vin, mais aussi sur les poissons ou les entrées chaudes peu épicées ; les rouges iront sur les volailles et les préparations locales de viandes.

DOM. JEAN-PAUL BALLAND 1996★

4,2 ha   28 000   🍷 50 à 70 F

Jean-Paul Balland dirige depuis vingt-cinq ans ce domaine. Habillé légèrement, ce vin rouge, au nez noyau de cerise et boisé léger, développe une expression fruitée typique du cépage et du vignoble ligérien.

⌦ Dom. Jean-Paul Balland, 10, chem. de Marloup, 18300 Bué, tél. 02.48.54.07.29, fax 02.48.54.20.94 ✉ 🍷 r.-v.

903   LA VALLÉE DE LA LOIRE

Les vignobles du Centre — Sancerre

JOSEPH BALLAND-CHAPUIS
Le Chatillet 1997

☐ 4 ha 24 000 30 à 50 F

Le domaine Balland-Chapuis, entré dans le giron d'un grand négociant pouillyssois, propose un vin or pâle au nez puissant, assez minéral, au bon équilibre en bouche, puis à la finale un peu vive mais persistante.

🍇 SARL Joseph Balland-Chapuis, La Croix-Saint-Laurent, B.P. 24, 18300 Bué, tél. 02.48.54.06.67, fax 02.48.54.07.97 ☑ ⊤ t.l.j. 8h-12h 14h-18h; sam. dim. sur r.-v.

HENRI BOURGEOIS
La Côte des Monts Damnés 1997**

☐ 1,47 ha 12 900 50 à 70 F

La Côte des Monts-Damnés est un célèbre lieu-dit de l'appellation sancerre, dominant le village de Chavignol. Henri Bourgeois y a produit un vin au nez d'agrumes mûrs, pamplemousse et citron, que l'on retrouve à la dégustation sur un substrat bien structuré et puissant. La cuvée **rouge La Bourgeoise 96** est citée par le jury. Elle est moins marquée terroir que ses aînées. Bien faite mais de « type américain », note un dégustateur regrettant la forte présence du boisé du début à la fin de la dégustation (de 70 à 99 F).

🍇 Dom. Henri Bourgeois, Chavignol, 18300 Sancerre, tél. 02.48.78.53.20, fax 02.48.54.14.24 ☑ ⊤ r.-v.

DOM. HUBERT BROCHARD 1997*

☐ 27,89 ha 250 000 50 à 70 F

Le domaine Hubert Brochard est l'un des grands domaines du village de Chavignol. Le terroir a fortement marqué ce vin au nez intense de minéralité, et de fleurs blanches. Une attaque franche, un retour aromatique d'agrumes frais et de fumé en font une bouteille à déguster pour les fêtes. A noter également la **Cuvée des Monts-Damnés blanc 97** (de 70 à 99 F) recommandée par le jury.

🍇 SA Dom. Hubert Brochard, Chavignol, 18300 Sancerre, tél. 02.48.54.12.92, fax 02.48.54.12.58 ☑ ⊤ t.l.j. 8h-12h 14h-18h

DOM. DES BUISSONNES 1997

☐ 1,61 ha 14 000 30 à 50 F

Un rosé saumoné au fruité d'abricot, à l'attaque franche et fraîche. Des arômes de fruits à peine mûrs, comme le citron vert, apparaissent sur une finale de bonne persistance.

🍇 SCEA des Buissonnes, Maison Sallé, 18300 Sury-en-Vaux, tél. 02.48.79.34.68, fax 02.48.79.34.68 ☑ ⊤ t.l.j. 8h-12h 14h-19h

DOM. DU CARROIR PERRIN 1997

☐ 8 ha 50 000 30 à 50 F

Une bouteille offrant un nez typique de cassis et de buis, ainsi qu'une attaque franche sur fond de fleurs et d'agrumes (orange, mandarine). Un vin à la finale agréable et fraîche.

🍇 Pierre Riffault, Chaudoux, 18300 Verdigny, tél. 02.48.79.31.03, fax 02.48.79.35.68 ☑ ⊤ r.-v.

CHAUDENAY 1997

■ 2,3 ha 10 000 30 à 50 F

Un domaine de 14,5 ha, constitué depuis cinq générations. Son sancerre est un vin fin à la robe profonde, au nez discret de pruneau. Bien construit, il s'attache à être un digne représentant de l'appellation.

🍇 Roger et Didier Raimbault, GAEC de Chaudenay, 18300 Verdigny, tél. 02.48.79.32.87, fax 02.48.79.39.08 ☑ ⊤ t.l.j. 8h-12h30 13h-20h

PRESTIGE DU COLOMBIER
Vieilles vignes 1996**

■ 7 ha 50 000 50 à 70 F

Champtin, village vigneron de la commune de Crézancy-en-Sancerre, abrite des vignerons reconnus. Voici un beau vin réussi par la famille Champault. Tout est remarquable : le nez aux odeurs animales et aux notes de sous-bois, l'attaque suave, le développement consistant, les tanins ronds et enrobés. Un élevage très réussi. A conserver en cave.

🍇 Roger Champault et Fils, Champtin, 18300 Crézancy-en-Sancerre, tél. 02.48.79.00.03, fax 02.48.79.09.17 ☑ ⊤ r.-v.

DANIEL CROCHET 1997**

■ 1 ha 8 000 30 à 50 F

Daniel Crochet a réussi un très beau produit avec ce vin rouge au fumé légèrement vanillé et à l'extraordinaire élégance en bouche, qui ravira les connaisseurs. Un vieillissement de trois à quatre ans sera nécessaire pour que ce vin atteigne sa plénitude.

🍇 Daniel Crochet, Venoize, 18300 Bué, tél. 02.48.54.07.70, fax 02.48.54.07.70 ☑ ⊤ r.-v.

LUCIEN CROCHET Le Chêne 1997*

☐ 8 ha 60 000 50 à 70 F

L'extension de ce domaine familial créé au XVIII°s. date des années 70. Vendangé à la main, ce sancerre porte une robe jaune très brillante à reflets argentés. Au nez, les fleurs blanches se marient aux notes végétales sans excès. L'attaque assez vive laisse place à une impression de plénitude et de gras. Un vin à recommander sur les coquillages les plus fins.

🍇 SA Lucien Crochet, pl. de l'Eglise, 18300 Bué, tél. 02.48.54.08.10, fax 02.48.54.27.66 ☑ ⊤ t.l.j. sf dim. 8h30-12h 14h-18h; sam. dim. sur r.-v.

DOM. CROIX SAINT URSIN
Terroirs 1997**

☐ n.c. 60 000 50 à 70 F

Bué est une commune riche en producteurs de qualité et Sylvain Bailly fait partie du club. Elégante comme les fleurs du nez, la bouche très florale, construite, équilibrée, finissant sur les fruits secs est ample et longue. Un beau produit. Le **sancerre rouge 96** reçoit une étoile : fraise et griotte alliées au robe jaune très frais, des tanins fins associés à une belle ampleur feront le bonheur du consommateur.

🍇 Sylvain Bailly, 71, rue de Venoize, 18300 Bué, tél. 02.48.54.02.75, fax 02.48.54.28.41 ☑ ⊤ t.l.j. 8h-12h 14h-19h; dim. sur r.-v.

Les vignobles du Centre — Sancerre

DOM. VINCENT DELAPORTE 1997
☐   15 ha   120 000   30 à 50 F

Le domaine Vincent Delaporte à Chavignol a présenté un sancerre au nez marqué fleurs blanches et fruits exotiques, à l'attaque ronde et florale. La finale est plus exotique et miellée. Un vin qui tapisse le palais. Citons également la **cuvée Vieilles vignes 97** (de 50 à 69 F) élevée en fût de chêne qui demandera un peu de patience pour être appréciée à sa juste valeur, ou encore, passant la ligne de notre dégustation, le **sancerre rouge 97**, au potentiel de vieillissement affirmé. Fruits rouges, torréfaction, tanins élégants ont séduit le jury (de 30 à 49 F).
→ SCEV Vincent Delaporte et Fils, Chavignol, 18300 Sancerre, tél. 02.48.78.03.32, fax 02.48.78.02.62 r.-v.

DOM. DES GODONS 1997
☐   10 ha   n.c.   50 à 70 F

D'une belle robe or soutenu à reflets ambrés, ce sancerre offre un nez agréablement citronné qui fait place à une belle persistance, où l'ananas côtoie les fruits exotiques. Un vin harmonieux à attendre un peu.
→ GAEC Raimbault-Pineau et Fils, rte de Sancerre, 18300 Sury-en-Vaux, tél. 02.48.79.33.04, fax 02.48.79.36.25 t.l.j. 8h-12h 14h-18h; sam. dim. sur r.-v.

PASCAL JOLIVET
Le Chêne Marchand 1997*

☐   1 ha   6 000   50 à 70 F

Jeune négociant-vigneron, Pascal Jolivet propose un vin brillant, aux notes d'agrumes affirmées et de fruit de la passion. Une attaque franche et une belle ampleur en font une bouteille très typique du Sancerrois.
→ Pascal Jolivet, rte de Chavignol, 18300 Sancerre, tél. 02.48.54.20.60, fax 02.48.54.29.97 r.-v.

DOM. DE LA GARENNE 1997*
☐   7,22 ha   50 000   30 à 50 F

Bernard-Noël Reverdy a repris en 1969 une exploitation familiale de 10 ha, alors organisée en polyculture. Aujourd'hui, seule la vigne règne. 35 % de la production sont exportés. Rien n'étonne lorsqu'on déguste cette bouteille offrant des satisfactions tant olfactives (bourgeon de cassis) que gustatives : équilibre, plénitude, fraîcheur sont au rendez-vous avec une petite amertume en finale qui lui permettra d'évoluer avec harmonie.
→ Bernard-Noël Reverdy, Dom. de la Garenne, 18300 Verdigny-en-Sancerre, tél. 02.48.79.35.79, fax 02.48.79.32.82 t.l.j. 8h-12h 14h-19h

DOM. LA GEMIERE 1996
■   2 ha   10 000   50 à 70 F

Un beau vin rubis éclatant, au nez très frais et jeune. Une bouche également fraîche et équilibrée aux tanins légers, aux arômes de prune. Un sancerre à attendre un peu.
→ Daniel Millet, Champtin, 18300 Crézancy-en-Sancerre, tél. 02.48.79.07.96, fax 02.48.79.02.10 t.l.j. 9h-12h 14h-19h; groupes sur r.-v.

DOM. DE LA MERCY-DIEU 1997
☐   12 ha   75 000   30 à 50 F

Un vin de découverte de l'appellation, encore très jeune au moment de la sélection. Le nez discret, une fragrance de fleurs blanches et de fruits secs, une bonne harmonie en font un sancerre conforme au millésime.
→ SA Bailly-Reverdy, 43, rue de Vénoize, 18300 Bué, tél. 02.48.54.18.38, fax 02.48.78.04.70 r.-v.

DOM. LA MOUSSIERE
Génération XIX 1996*

■   n.c.   7 500   100 à 150 F

D'une belle intensité grenat, ce vin dévoile un nez puissant à dominante de vanille, puis de bois sec allié à un fruité complexe. Vin de garde de par sa constitution tannique, c'est un produit fort bien réussi, un peu décalé par rapport aux rouges traditionnels de Sancerre.
→ Alphonse Mellot, Dom. La Moussière, 18300 Sancerre, tél. 02.48.54.07.41, fax 02.48.54.07.62 r.-v.

DOM. DE LA PERRIERE
Mégalithe 1997*

■   n.c.   10 000   70 à 100 F

Ce Mégalithe ne laissera pas les consommateurs de marbre. Les arômes boisés et vanillés en font un vin certes réussi mais atypique de l'appellation. Un sancerre néanmoins beau et rond, à boire sur un foie gras poêlé fondant ou un sandre au beurre blanc.
→ Dom. de La Perrière, Cave La Perrière, 18300 Verdigny, tél. 02.48.54.16.93, fax 02.48.54.11.54 t.l.j. 8h-18h

DOM. SERGE LAPORTE
Les Royaux 1996

■   n.c.   9 000   70 à 100 F

Une belle robe rubis soutenu, de la questche mariée à la pivoine et la rose, un boisé élégant où le vanillé masque pour l'instant un peu le fruit. Un très beau vin à découvrir.
→ Dom. Laporte, Cave de la Cresle, rte de Sury-en-Vaux, 18300 Saint-Satur, tél. 02.48.54.04.07, fax 02.48.54.34.33 r.-v.

LA REINE BLANCHE 1997**
☐   9 ha   60 000   50 à 70 F

La Reine Blanche mérite bien son titre ! Sa robe est claire ; la puissance des arômes allie le lierre, le bourgeon de cassis au miel et à l'ananas. L'attaque suave, la bouche soyeuse et la finale généreuse en font un vin d'expression du terroir sancerrois.
→ Jean Reverdy et Fils, Chaudoux, 18300 Verdigny, tél. 02.48.79.31.48, fax 02.48.79.32.44 r.-v.

DOM. DE LA ROSSIGNOLE 1997*
☐   7 ha   55 000   30 à 50 F

Un vin intéressant, au nez d'agrumes agrémenté d'une pointe de menthol, à la bouche ample et puissante représentative du millésime 97.

LA VALLEE DE LA LOIRE

Les vignobles du Centre — Sancerre

SCEV Pierre Cherrier et Fils, Chaudoux, 18300 Verdigny-en-Sancerre, tél. 02.48.79.34.93, fax 02.48.79.33.41 ☑ ☏ t.l.j. 9h-19h

DOM. LA VOLTONNERIE
Champ de la Pierre 1997

| | 8,5 ha | 60 000 | | 30 à 50 F |

Jack Pinson nous a concocté un joli vin, rond et gras, aux arômes légèrement fumés. Un bon équilibre en bouche et une finale longue en font un sancerre agréable, à découvrir.

Jack Pinson, Le Bourg, 18300 Crézancy-en-Sancerre, tél. 02.48.79.00.94, fax 02.48.79.00.11 ☑ ☏ t.l.j. 9h-12h 14h-19h; dim. 9h-12h

DOM. LES GRANDS GROUX 1997**

| | 8 ha | 35 000 | | 50 à 70 F |

Deux beaux sancerre blancs présentés par Jean-Michel et Pierre Fouassier. Un classique de l'appellation (**les Romains**) et du millésime 97, et ce vin élégant et consistant (Domaine les Grands Groux), au caractère affirmé, sans exubérance mais avec beaucoup d'assise. Une bouteille pour chaque occasion.

SA Fouassier Père et Fils, 180, av. de Verdun, 18300 Sancerre, tél. 02.48.54.02.34, fax 02.48.54.35.61 ☑ ☏ t.l.j. 9h-12h 14h-18h

DOM. RENE MALLERON 1997*

| | 0,86 ha | 7 000 | | 50 à 70 F |

Moins d'1 ha de ce domaine de 12,5 ha est consacré à cette cuvée bien dans le type « rosé macéré », où puissance et corps prennent le pas sur le fruité et la finesse. On retrouve néanmoins du bigarreau et de la prune fraîche à l'olfaction puis, en bouche, de la mâche. La finale persistante évoque la confiture de prunes.

Dom. René Malleron, Champtin, 18300 Crézancy-en-Sancerre, tél. 02.48.79.06.90, fax 02.48.79.42.18 ☑ ☏ r.-v.

JOSEPH MELLOT La Chatellenie 1997*

| | 20 ha | 130 000 | | 50 à 70 F |

Plus de trente pays accueillent 50 % de la production de Joseph Mellot. Ce vin est frais et distrayant, avec des arômes de fruits mûrs affirmés. La bouche marquée par les agrumes est ample et persistante. En définitive, un compagnon des bonnes tables.

Vignobles Joseph Mellot Père et Fils, rte de Ménétréol, B.P. 13, 18300 Sancerre, tél. 02.48.54.21.50, fax 02.48.54.15.25 ☑ ☏ t.l.j. 8h-19h; sam. dim. sur r.-v.

THIERRY MERLIN-CHERRIER 1997***

| | 11 ha | 70 000 | | 30 à 50 F |

C'est à l'entrée du village de Bué que l'on trouve la cave de Thierry Merlin-Cherrier qui a repris l'exploitation familiale. Très marqué par des arômes de bourgeon de cassis et de fleurs blanches, ce vin chaleureux a enthousiasmé le jury par sa typicité, son ampleur et ses riches arômes d'orange et de miel. Un coup de cœur mérité pour cette harmonie et cette plénitude. Profitez de votre visite pour déguster le **rouge 96** de ce jeune producteur (une étoile). Vous ne devriez pas être déçu.

DOMAINE MERLIN-CHERRIER

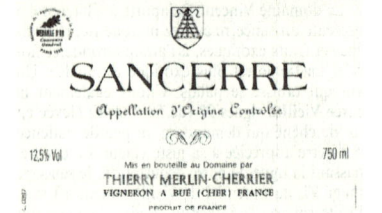

SANCERRE
Appellation d'Origine contrôlée

12,5% Vol   Mis en bouteille au Domaine par   750 ml
THIERRY MERLIN-CHERRIER
VIGNERON A BUÉ (CHER) FRANCE
PRODUIT DE FRANCE

Thierry Merlin-Cherrier, 43, rue Saint-Vincent, 18300 Bué, tél. 02.48.54.06.31, fax 02.48.54.01.78 ☑ ☏ t.l.j. 9h-12h 14h-19h

DOM. PAUL MILLERIOUX 1997*

| | 13,5 ha | 90 000 | | 30 à 50 F |

Paul Millérioux a encore frappé un grand coup avec ce vin intense au nez, à la belle structure, aux arômes d'orange et de pamplemousse. Le terroir est bien présent dans cette bouteille très réussie, tout comme la main de son propriétaire.

Paul Millérioux, Champtin, 18300 Crézancy-en-Sancerre, tél. 02.48.79.07.12, fax 02.48.79.07.63 ☑ ☏ t.l.j. 8h-12h 14h-20h; dim. sur r.-v.

DOM. FRANCK MILLET 1997*

| | 5 ha | 40 000 | | 30 à 50 F |

Il y a trois ans, Frank Millet nous avait émerveillé avec un sancerre rouge fabuleux. Il séduit cette année avec un blanc aux notes florales fortes. Vif et frais, c'est un sancerre bien dans le type, tout en volume, qui méritera de mûrir dans votre cave.

Dom. Franck Millet, L'Estérille, 18300 Bué, tél. 02.48.54.25.26, fax 02.48.54.39.85 ☑ ☏ r.-v.

DOM. DE MONTIGNY 1996*

| | 0,99 ha | n.c. | | 30 à 50 F |

Un rosé à la robe orangée, aux arômes concentrés de fruits mûrs (cassis et coing), dont l'équilibre en bouche et la fraîcheur en font un compagnon de choix des viandes blanches.

Henry Natter, Place de l'Eglise, 18250 Montigny, tél. 02.48.69.58.85, fax 02.48.69.51.34 ☑ ☏ r.-v.

NEVEU Clos des Bouffants 1997**

| | 7 ha | 45 000 | | 50 à 70 F |

Un Clos des Bouffants qui est une bouffée d'images inoubliables. Du foin fraîchement coupé et des fleurs blanches se révèlent au nez, puis une grande maturité s'impose en bouche, dans une finesse qui n'en finit pas. Un beau vin à déguster pour lui-même, en fermant les yeux.

Dom. Roger Neveu et Fils, 18300 Verdigny, tél. 02.48.79.40.34, fax 02.48.79.32.93 ☑ ☏ r.-v.

DOM. DU NOZAY 1997**

| | 10 ha | 72 000 | | 30 à 50 F |

Au château du Nozay règnent Maître Philippe et Dame Marie-Lène sur un vignoble uniquement complanté en cépage blanc, situé sur la commune de Saint-Gemme en Sancerrois. Cette

Les vignobles du Centre — Sancerre

spécialisation a permis de présenter ce beau sancerre à la palette aromatique fascinante, à l'équilibre sans faille, qui a subjugué le jury. Un vin de maître !

☛ Philippe de Benoist, Dom. du Nozay, Ch. du Nozay, 18240 Sainte-Gemme, tél. 02.48.79.30.23, fax 02.48.79.36.64 ⬛ 🍷 r.-v.

JEAN-PAUL PICARD 1997*

| ⬛ | 2,5 ha | 15 000 | 🍾 | 30 à 50 F |

Domaine d'une dizaine d'hectares, familial depuis le XVIIIᵉs. Le jury a apprécié la jolie couleur sombre de ce sancerre rouge au nez très développé d'épices et de poivron vert. Une attaque souple, de l'expression, des tanins présents mais ronds en feront un vin à découvrir dès maintenant, à l'instar du **blanc 97**, cité sans étoile, très fin par son bouquet de buis allié au genêt, d'une grande fraîcheur en bouche.

☛ Jean-Paul Picard, 11, chem. de Marloup, 18300 Bué, tél. 02.48.54.16.13, fax 02.48.54.34.10 ⬛ 🍷 t.l.j. sf dim. 8h30-12h 14h-19h

LES CAVES DU PRIEURE
Tradition Vieilli en fût de chêne 1996

| ⬛ | 1 ha | 5 000 | 🍾 | 50 à 70 F |

Ce jeune domaine pratique la « lutte raisonnée » et l'élevage en barrique pendant un an. Le 96 ne le cache pas ! La robe rouge profond est superbe, tout comme le nez complexe et épicé, qui marie muscade, poivre et fruit rouge. L'attaque suave laisse place à une bouche et une finale marquées par le bois. Il est préférable d'attendre que cette note se fonde. Pour amateur de vins mûris en fût.

☛ Jacques Guillerault, Dom. des Caves du Prieuré, Reigny, 18300 Crézancy-en-Sancerre, tél. 02.48.79.02.84, fax 02.48.79.01.02 ⬛ 🍷 r.-v.

DOM. HIPPOLYTE REVERDY 1997**

| ⬛ | 9,5 ha | 60 000 | 🍾 | 30 à 50 F |

Que recherche-t-on lorsque l'on déguste un vin ? Du plaisir et de l'émotion ! Hyppolyte Reverdy saura vous restituer l'un et l'autre avec ce vin à la parfaite harmonie et à la persistance fraîche.

☛ Dom. Hippolyte Reverdy, Chaudoux, 18300 Verdigny-en-Sancerre, tél. 02.48.79.36.16, fax 02.48.79.36.65 ⬛ 🍷 r.-v.

PASCAL ET NICOLAS REVERDY 1997*

| ⬛ | 6,3 ha | 45 500 | 🍾 | 30 à 50 F |

Pascal et Nicolas Reverdy se sont fait une réputation dans l'élaboration des vins rouges. Ils ont proposé un **sancerre rouge 97**, une étoile, qui ne compromettra pas leur aura. C'est un vin structuré, de bonne garde. Le blanc est tout aussi réussi : terroir, cépage et travail de l'homme se sont conjugués pour obtenir l'image même de l'appellation sancerre. Orange, pamplemousse s'expriment au nez ; on retrouve ces fruits dans une bouche ample et parfaitement équilibrée.

☛ GAEC Pascal et Nicolas Reverdy, Maimbray, 18300 Sury-en-Vaux, tél. 02.48.79.37.31, fax 02.48.79.41.48 ⬛ 🍷 r.-v.

DOM. BERNARD REVERDY ET FILS
1997

| ⬛ | 8,5 ha | 62 000 | 🍾 | 50 à 70 F |

Régulièrement sélectionné dans le Guide, ce domaine a vu son **rosé 97** cité par le jury pour sa couleur groseille, son nez expressif et sa fraîcheur. Le sancerre blanc, vin élégant aux arômes complexes de fruits exotiques, a bénéficié de la même reconnaissance. Typé sauvignon en bouche, où l'on retrouve du buis et également une certaine fraîcheur, c'est une bouteille caractéristique du millésime 97.

☛ SCEV Bernard Reverdy et Fils, Chaudoux, 18300 Verdigny, tél. 02.48.79.33.08, fax 02.48.79.37.93 ⬛ 🍷 r.-v.

CLAUDE RIFFAULT
Les Boucauds 1997**

| ⬛ | 4,8 ha | 40 000 | 🍾 | 30 à 50 F |

Claude Riffault avait déjà retenu l'attention du jury l'an passé. Il se distingue encore cette année avec ce magnifique 97 d'un beau jaune d'or, où la finesse est toujours présente. Les arômes de fruits mûrs ne masquent pas l'élégance de l'ensemble.

☛ SCEV Claude Riffault, Maison-Sallé, 18300 Sury-en-Vaux, tél. 02.48.79.38.22, fax 02.48.79.36.22 ⬛ 🍷 t.l.j. 8h-12h 14h-19h ; dim. sur r.-v.

DOM. DE SAINT-PIERRE 1997

| ⬛ | 12 ha | 95 000 | 🍾 | 30 à 50 F |

Ce domaine était déjà connu en Angleterre au XIXᵉs., lorsque l'ancêtre Patient Maréchal conduisait ce domaine. Les cuvées Prestiges **Maréchal Prieur** lui sont dédiées. En blanc 97, cette cuvée de bonne facture est retenue sans étoile, à l'instar de ce vin sympathique, aux arômes intenses de genêt et de cassis. A boire.

☛ SA Pierre Prieur et Fils, Dom. de Saint-Pierre, 18300 Verdigny, tél. 02.48.79.31.70, fax 02.48.79.38.87 ⬛ 🍷 r.-v.

DOM. DE SAINT PIERRE
Cuvée Maréchal Prieur 1996**

| ⬛ | n.c. | 3 000 | 🍾 | 70 à 100 F |

Un grand vin qui gagne son « bâton » de Maréchal, bien évidemment, grâce à son nez intense aux notes grillées et aux accents de pruneau cuit, son attaque franche où le bois se marie merveilleusement aux fruits rouges. Un vin plai-

Les vignobles du Centre — Sancerre

sir, une bouteille à déboucher dans les moments de bonheur. Que d'émotions ! Un coup de cœur mérité !

☛ SA Pierre Prieur et Fils, Dom. de Saint-Pierre, 18300 Verdigny, tél. 02.48.79.31.70, fax 02.48.79.38.87 ✉ ☒ r.-v.

DOM. DE SAINT-ROMBLE 1997*

| | 5 ha | 30 000 | 30 à 50 F |

Cette exploitation a été reprise en 1996 par la famille Fournier, installée à Verdigny. Le vin est toujours élégant avec sa dominante de fruits mûrs et de fleurs. Ample, il est équilibré et offre une bonne persistance des arômes. Le jury a également dégusté un excellent **rouge 96** élevé douze mois en fût, qu'il faudra découvrir dans un an ou deux.

☛ Paul Vattan, Dom. de Saint-Romble, Maimbray, B.P. 45, 18300 Sury-en-Vaux, tél. 02.48.79.30.36, fax 02.48.79.30.41 ✉ ☒ t.l.j. 8h-12h 14h-18h; sam. dim. sur r.-v.

CHRISTIAN SALMON 1997

| | 2,36 ha | 13 000 | 50 à 70 F |

Des reflets verts du fond du verre montent des arômes d'agrumes de belle intensité unis un peu de beurre frais. Une attaque franche et souple avec une légère amertume en fait un vin typé et généreux.

☛ SA Christian Salmon, Le Carroir, 18300 Bué, tél. 02.48.54.20.54, fax 02.48.54.30.36 ✉ ☒ t.l.j. 8h-19h

☛ Armand Salmon

CH. DE SANCERRE 1997

| | 25 ha | n.c. | 50 à 70 F |

Implanté au cœur de la ville de Sancerre, le château a fière allure. Le vin produit ne l'a pas moins fait, avec ses arômes de beurre frais, sa bouche ronde aux notes finement épicées. Les agrumes sont présents et renforcent la structure de ce vin à la belle finale.

☛ Sté Marnier-Lapostolle, Ch. de Sancerre, 18300 Sancerre, tél. 02.48.78.51.52 ✉ ☒ r.-v.

DOM. TABORDET 1997*

| | 2,22 ha | 17 300 | 30 à 50 F |

Yvon et Pascal Tabordet sont frères. Ils proposent un **sancerre blanc 97**, une étoile, harmonieux, très charmeur par la belle intensité de ses arômes d'agrumes bien mûrs. Tout aussi élégant, ce rouge aux parfums typique des vins ligériens. Frais, goulayant, il offre un nez développé de cassis. Sa souplesse alliée à un excellent fruité donne un vin très sympathique.

☛ Yvon et Pascal Tabordet, Chaudoux, 18300 Verdigny, tél. 02.48.79.34.01, fax 02.48.79.32.69 ✉ ☒ t.l.j. 8h-12h 14h-18h; dim. sur r.-v.

DOM. THOMAS 1997*

| | 10 ha | 60 000 | 50 à 70 F |

Un vin encore jeune lors de sa dégustation et qui a besoin d'évoluer. Le jury est certain qu'il donnera une belle bouteille, tant sa matière est généreuse et son nez d'agrumes et de fleurs blanches semble subtil. Une jolie réussite dans ce millésime.

☛ Dom. Thomas et Fils, Chaudoux, 18300 Verdigny, tél. 02.48.79.38.71, fax 02.48.79.38.14 ✉ ☒ t.l.j. sf dim. 8h30-12h 13h30-19h

DOM. MICHEL THOMAS ET FILS 1996

| | 2 ha | 12 000 | 30 à 50 F |

Ce beau domaine de 15 ha propose un vin au potentiel indéniable, au nez intense de fruits confits et de cuir sur un fond framboise. Une bonne structure et une finale un peu tannique laissent augurer un avenir intéressant.

☛ Dom. Michel Thomas et Fils, Les Egrots, 18300 Sury-en-Vaux, tél. 02.48.79.35.46, fax 02.48.79.37.60 ✉ ☒ t.l.j. 8h-12h 14h-19h; dim. sur r.-v.

CLAUDE ET FLORENCE THOMAS-LABAILLE L'Authentique 1997

| | 2,2 ha | 15 000 | 30 à 50 F |

Comme l'indique son étiquette, un vin authentique au nez discrètement floral. Du gras en bouche sur une note épicée et une finale agréable en feront un bon allié du crottin de Chavignol !

☛ EARL Thomas-Labaille, Chavignol, 18300 Sancerre, tél. 02.48.54.06.95, fax 02.48.54.07.80 ✉ ☒ r.-v.

ROLAND TISSIER ET FILS 1997

| | 2 ha | 13 000 | 30 à 50 F |

Vous pourrez déguster ce joli vin à la « Bonne Auberge » de Chavignol, tenue par la famille Tissier. Floral, bien équilibré, il accompagnera harmonieusement les plats, notamment les poissons de Loire.

☛ Roland Tissier et Fils, 5, rue Saint-Jean, 18300 Sancerre, tél. 02.48.54.12.31, fax 02.48.78.04.32 ✉ ☒ r.-v.

DOM. DES TROIS NOYERS 1997*

| | 0,8 ha | 4 500 | 30 à 50 F |

Un beau rosé marqué par la chaleur du millésime, bien dans le style sancerre par ses notes de pamplemousse et de coing. Plein, rond, ferme, généreux, un vin que l'on pourra conserver sans crainte pendant trois ou quatre ans.

☛ EARL Reverdy-Cadet, rte de La Perrière, 18300 Verdigny, tél. 02.48.79.38.54, fax 02.48.79.35.25 ✉ ☒ t.l.j. 10h-12h30 13h30-19h

Les vignobles du Centre — Sancerre

DOM. ANDRE VATAN Les Charmes 1997

☐ 7,2 ha 62 000 50 à 70 F

Le terroir du Sancerrois se décline selon trois situations géologiques différentes. André Vatan en a fait une synthèse fort heureuse dans ce beau vin aux arômes typiques et à la finale persistante. Un produit harmonieux à déguster dès à présent. A déguster également la **Cuvée Saint-François 96, en blanc**.
⌁ André Vatan, Chaudoux, 18300 Verdigny, tél. 02.48.79.33.07, fax 02.48.79.36.30 ☑ ⊤ r.-v.

DOM. ANDRE VATAN
Maulin Bèle 1997★★

■ 1,5 ha 10 000 50 à 70 F

Après une robe d'un beau rouge rubis à reflets cerise, voici qu'apparaissent des arômes de fruits rouges mûrs sur une note chocolat. Un excellent volume en attaque, des tanins magiques, une finale souple en font un vin que l'on peut boire sans conteste dès maintenant, mais dont on peut également garnir sa réserve. Coup de cœur à l'unanimité du jury.

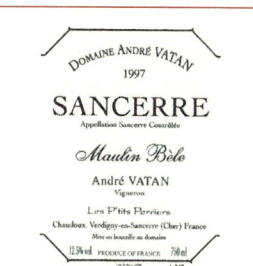

⌁ André Vatan, Chaudoux, 18300 Verdigny, tél. 02.48.79.33.07, fax 02.48.79.36.30 ☑ ⊤ r.-v.

DOM. DU VIEUX PRECHE 1997★

■ 0,92 ha 7 500 30 à 50 F

Un beau millésime 97 pour ce vin rouge à la robe sombre, au nez puissant, à l'attaque soutenue, que l'on devra attendre avant d'en apprécier pleinement toutes les qualités.
⌁ SCEV Robert Planchon et Fils, Dom. du Vieux Prêche, 3, rue Porte-Serrure, 18300 Sancerre, tél. 02.48.54.22.22, fax 02.48.54.09.31 ☑ ⊤ r.-v.

LA VALLEE DE LA LOIRE

LA VALLEE DU RHONE

              Viril et fougueux, le Rhône file vers le Midi, vers le soleil. Sur ses rives, le long des pays qu'il unit plus qu'il ne les divise, s'étendent des vignobles parmi les plus anciens de France, ici prestigieux, plus loin méconnus. La vallée du Rhône est, en production de vins fins, la seconde région viticole de l'Hexagone après le Bordelais ; en qualité aussi, elle peut rivaliser sans honte avec certains de ses crus, suscitant l'intérêt des connaisseurs autant que quelques-uns des bordeaux ou des bourgognes les plus réputés.

              Longtemps, pourtant, le côtes du rhône fut mésestimé : gentil vin de comptoir un peu populaire, il n'apparaissait que trop rarement aux tables élégantes. « Vin d'une nuit » qu'une si brève cuvaison rendait léger, fruité et peu tannique, il voisinait avec le beaujolais dans les « bouchons » lyonnais ; mais les vrais amateurs appréciaient pourtant les grands crus et goûtaient un hermitage avec tout le respect dû aux plus grandes bouteilles. Aujourd'hui, grâce aux efforts de 12 000 vignerons et de leurs organismes professionnels, en vue d'une constante amélioration de la qualité, l'image des côtes du rhône s'est redressée. S'ils continuent à couler allégrement sur le zinc des bistrots, ils prennent une place de plus en plus grande sur les meilleures tables, et, tandis que leur diversité fait leur richesse, ils ont regagné désormais le succès que l'histoire, déjà, leur avait accordé.

              Peu de vignobles sont en effet capables de se prévaloir d'un passé aussi glorieux que ceux-ci, et, de Vienne jusqu'à Avignon, il n'est pas un village qui ne puisse retracer quelques pages parmi les plus mémorables de l'histoire de France. On revendique en outre, aux abords de Vienne, l'un des plus anciens vignobles du pays, développé par les Romains, après avoir été créé par des Phocéens « montés » depuis Marseille. Vers le IVe s. avant notre ère, des vignobles étaient attestés dans les secteurs des actuels hermitage et côte rôtie, tandis que ceux de la région de Die apparaissaient dès le début de l'ère chrétienne. Les Templiers, au XIIe s., ont planté les premières vignes de Châteauneuf-du-Pape, œuvre poursuivie par le pape Jean XXII deux siècles plus tard. Quant aux vins de la Côte du Rhône gardoise, ils connurent une grande vogue aux XVIIe et XVIIIe s.

              Aujourd'hui, dans le secteur méridional, sur la rive gauche du fleuve, le château médiéval de Suze-la-Rousse s'est reconverti au service du vin : l'université du Vin y siège et y organise stages, formation professionnelle et manifestations diverses.

              Tout le long de la vallée, les vins sont produits sur les deux rives, certains séparant cependant les vins de la rive gauche, plus lourds et capiteux, de ceux de la rive droite, plus légers. Mais on distingue plus généralement deux grands secteurs nettement différenciés : celui des Côtes du Rhône septentrionales, au nord de Valence, et celui des Côtes du Rhône méridionales, au sud de Montélimar, coupés l'un de l'autre par une zone d'environ cinquante kilomètres où la vigne est absente.

              Il ne faut pas oublier non plus les appellations voisines de la vallée du Rhône, qui, si elles sont moins connues du grand public, produisent pourtant des vins originaux et de qualité. Ce sont le coteaux du tricastin au nord, le côtes du ventoux et le côtes du lubéron à l'est, l'AOVDQS côtes du vivarais au nord-ouest. Il existe trois autres appellations que leur situation géographique éloigne davantage de la vallée proprement dite : la clairette de die et le châtillon-en-diois, dans la vallée de la Drôme, en bordure du Vercors, et les coteaux de pierrevert, produits dans le département des Alpes-de-Haute-Provence. Il convient enfin de citer les deux appellations de vins doux naturels du Vaucluse : muscat de beaumes-de-venise et rasteau (voir le chapitre consacré aux vins doux naturels).

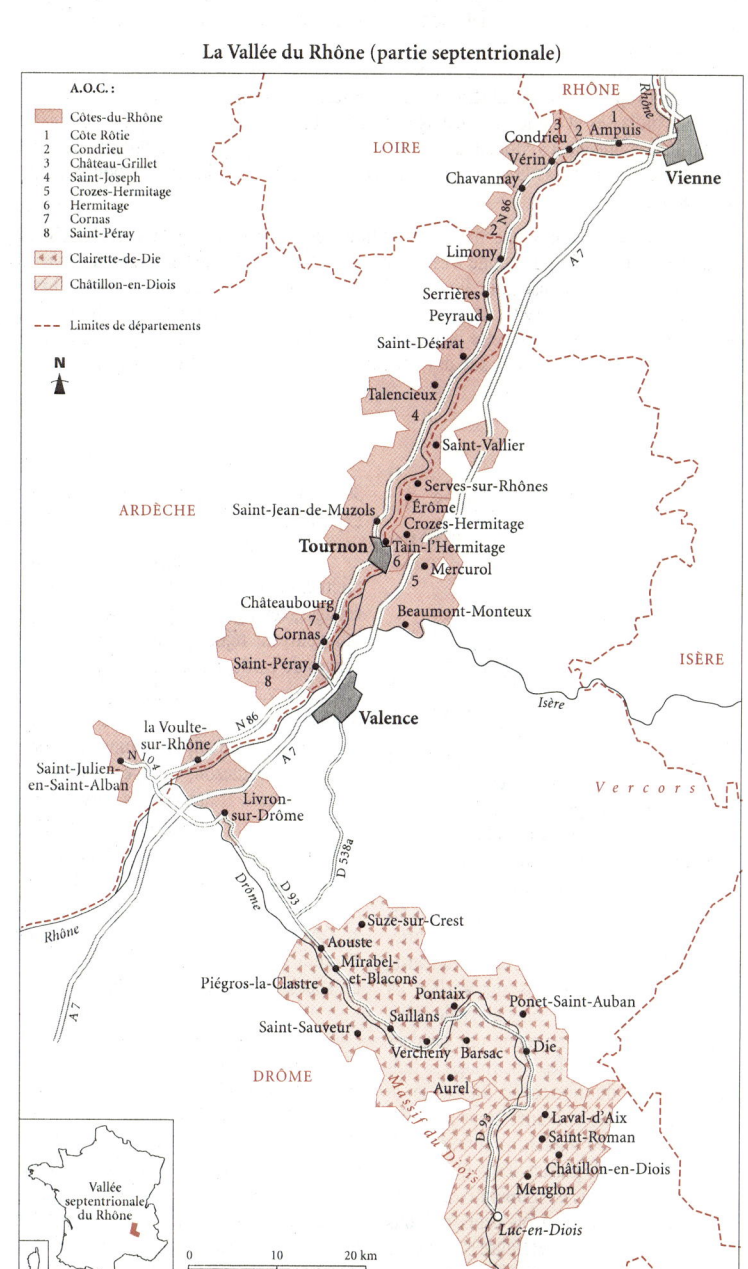

La Vallée du Rhône (partie septentrionale)

LA VALLEE DU RHONE

Selon les variations de sol et de climat, il est encore possible de repérer trois sous-ensembles dans cette vaste région de la vallée du Rhône. Au nord de Valence, le climat est tempéré à influence continentale, les sols sont le plus souvent granitiques ou schisteux, disposés en coteaux à très forte pente ; les vins sont issus du seul cépage syrah pour les rouges, des cépages marsanne et roussanne pour les blancs, et le cépage viognier est à l'origine du château-grillet et du condrieu. Dans le Diois, le climat est influencé par le relief montagneux, et les sols calcaires sont constitués par des éboulis de bas de pente ; les cépages clairette et muscat se sont bien adaptés à ces conditions naturelles. Au sud de Montélimar, le climat est méditerranéen, les sols très variés sont répartis sur un substrat calcaire (terrasses à galets roulés, sols rouges argilo-sableux, molasses et sables) ; le cépage principal est alors le grenache, mais les excès climatiques obligent les viticulteurs à utiliser plusieurs cépages pour obtenir des vins parfaitement équilibrés : la syrah, le mourvèdre, le cinsaut, la clairette, le bourboulenc, la roussanne.

Après une nette diminution des superficies plantées au XIX^{e}s., le vignoble de la vallée du Rhône s'est à nouveau étendu, et il demeure aujourd'hui en expansion. Dans son ensemble, il couvre 70 000 ha, pour une production de 3,370 millions d'hectolitres en 1997, qui représente 13,88 % de la production nationale de VQPRD ; près de 50 % de cette production sont commercialisés par le négoce dans le secteur septentrional et 70 % par des coopératives dans la zone méridionale.

Côtes du rhône

L'appellation régionale côtes du rhône a été définie par décret en 1937. En 1996, un nouveau décret a fixé les nouvelles conditions d'encépagement qui devront être appliquées dès l'an 2000 : en rouge, le grenache devra représenter 40 % minimum, syrah et mourvèdre devant tenir leur place. Cette disposition n'est bien sûr valable que pour les vignobles méridionaux situés au sud de Montélimar. La possibilité d'incorporer des cépages blancs n'existera plus que pour les rosés. L'AOC s'étend sur six départements : Gard, Ardèche, Drôme, Vaucluse, Loire et Rhône. Produits sur 44 000 ha situés en quasi-totalité dans la partie méridionale, ces vins représentent une production de 2 200 000 hl, les vins rouges se taillant la part du lion avec 96 % de la production, rosés et blancs étant à égalité avec 2 %. 10 000 vignerons sont répartis entre 1610 caves particulières (35 % des volumes) et 70 caves coopératives (65 % des volumes). Sur les trois cents millions de bouteilles commercialisées chaque année, 45 % sont consommées à domicile, 30 % dans la restauration et 25 % sont exportées.

Grâce aux variations des microclimats, à la diversité des sols et des cépages, ces vignobles produisent des vins qui pourront réjouir tous les palais : vins rouges de garde, riches, tanniques et généreux, à servir sur la viande rouge, produits dans les zones les plus chaudes et sur des sols de diluvium alpin (Domazan, Estezargues, Courthézon, Orange...) ; vins rouges plus légers, fruités et plus nerveux, nés sur des sols eux-mêmes plus légers (Puymeras, Nyons, Sabran, Bourg-Saint-Andéol...) ; vins « primeurs » enfin (environ 15 millions de cols), fruités et gouleyants, à boire très jeunes, à partir du 3e jeudi de novembre, et qui connaissent un succès sans cesse grandissant.

La chaleur estivale prédispose les vins blancs et les vins rosés à une structure caractérisée par leur équilibre et leur rondeur. L'attention des producteurs et le soin des œnologues permettent d'extraire le maximum d'arômes et d'obtenir des vins frais et délicats, dont la demande augmente continuellement. On les servira respectivement sur les poissons de mer, et sur les salades ou la charcuterie.

Côtes du rhône

DOM. DES AIGRETTES 1996*

n.c.   n.c.   -30F

La cave de Chusclan a produit de belles cuvées. À côté d'un **Domaine de la Baranière rouge 96**, souple et prêt, cité sans étoile, deux vins reçoivent une étoile : le **Domaine du Grès Blanc 97, en blanc**, très frais, fruité et floral, et ce Domaine des Aigrettes à la robe légère, fin en bouche, plaisant dès maintenant.

Cave Chusclan-Laudun-4 Chemins, 12, rue Saint-Victor, 30200 Bagnols-sur-Cèze, tél. 04.66.89.56.04, fax 04.66.79.80.24 t.l.j. 8h-12h 14h-18h
J.-L. Dumarcher

DOM. DES AMANDIEU 1996

0,6 ha   3 000   -30F

C'est un vin d'abord facile que nous présentent ici les propriétaires de ce domaine, situé tout près de Cairanne. Des parfums floraux très jeunes et une exquise souplesse le classent parmi les vins rouges prêts à boire.

Michel Achiary, quartier Beauregard, 84290 Cairanne, tél. 04.90.66.17.41, fax 04.90.66.01.28 r.-v.

DOM. D'ANDEZON Vieilles vignes 1996

20 ha   120 000   -30F

Deux vins de cette coopérative reçoivent une même note : **Les Grandes Vignes Cuvée M, en rouge 96**, très plaisant à boire dès cet hiver, et celui-ci, syrah à 80 %, ayant subi une macération de dix-huit jours. Ce vin n'est pas filtré ! C'est une tentative réussie pour un vin au bouquet animal (cuir), puissant et long en bouche, et qu'il ne faudra pas trop attendre.

Cave des Vignerons d'Estézargues, 30390 Estézargues, tél. 04.66.57.03.64, fax 04.66.57.04.83 t.l.j. sf dim. 8h-12h 14h-18h

CLOS DU BAILLY 1997*

n.c.   n.c.   -30F

Tout proche d'un site exceptionnel (pont du Gard), la cave du Clos du Bailly vous accueillera avec chaleur et vous proposera ce rosé 97 généreux, structuré, puissant en arômes, à consommer à table.

Soulier, rte d'Avignon, 30210 Remoulins, tél. 04.66.37.12.23, fax 04.66.37.38.44 r.-v.

JEAN BARONNAT 1996

n.c.   n.c.   -30F

« Le respect du vin », est à souligner dans cette bouteille aux accents septentrionaux, issue de l'assemblage des cinq cépages principaux de la vallée du Rhône, grenache, carignan, cinsaut, mourvèdre et syrah. Une bouteille honorable.

Jean Baronnat, Les Bruyères, rte de Lacenas, 69400 Gleizé, tél. 04.74.68.59.20, fax 04.74.62.19.21 t.l.j. sf sam. dim. 8h30-12h 13h30-18h30

DOM. BEAU MISTRAL
Réserve gastronomique 1996**

5 ha   n.c.   -30F

Des sols caillouteux et argilo-calcaires bien exposés et de très vieilles vignes donnent ce remarquable vin à peine boisé. Il a enchanté le jury par sa robe violacée brillante, son nez complexe et fin, et surtout par sa bouche structurée par des tanins fondus d'une grande ampleur, aromatique et persistante.

Jean-Marc Brun, Dom. Beau Mistral, pl. de la Poste, 84110 Rasteau, tél. 04.90.46.16.90, fax 04.90.46.17.30 r.-v.

DOM. DE BEAURENARD 1997*

25 ha   20 000   30 à 50F

Sans doute une légère surmaturité de la vendange donne-t-elle à ce vin jeune des parfums de pruneau qui caractérisent le grenache. Les tanins sont denses mais l'équilibre est respecté. Ce 97 devrait très bien évoluer dans votre cave.

SCEA Paul Coulon et Fils, Dom. de Beaurenard, 84230 Châteauneuf-du-Pape, tél. 04.90.83.71.79, fax 04.90.83.78.06 t.l.j. 8h-12h 13h30-17h30; groupes sur r.-v.

DOM. DE BELLE-FEUILLE 1997*

8 ha   20 000   -30F

Ce vin surprend ! Il a été jugé non représentatif des côtes du rhône ; pourtant il est bien issu des cépages classiques. L'utilisation de levures sélectionnées et le remontage des lies fines jusqu'au 15 décembre expliquant sans doute ces caractères. Les arômes rappellent la cerise et aussi le miel ; c'est un vin agréable à découvrir pour son originalité.

Gilbert Louche, Dom. de Belle-Feuille, 30200 Venejan, tél. 04.66.79.27.33, fax 04.66.79.22.82 t.l.j. sf dim. 8h-20h

DOM. DU BOIS DE SAINT-JEAN 1996*

10 ha   10 000   -30F

Connu et reconnu dans sa région et à l'étranger, ce domaine, assez isolé dans ce petit village proche d'Avignon, associe à la perfection modernité et tradition. Empyreumatique et animal, le nez de ce 96 est puissant ; on y trouve les épices et la myrtille. La bouche est structurée, dense. Une bouteille apte à la garde.

EARL Vincent et Xavier Anglès, 126, av. de la République, 84450 Jonquerettes, tél. 04.90.22.53.22 t.l.j. 8h-12h 14h-20h

DOM. BOUCHE La Truffière 1996*

4,5 ha   20 000   30 à 50F

La gamme des vins de ce domaine est intéressante ; cette Truffière à la robe intense, aux arômes de fruits confits, équilibrée et longue en bouche, est très élégante mais un peu évoluée. À servir dès à présent.

Dom. Bouche, chem. d'Avignon, 84850 Camaret-sur-Aigues, tél. 04.90.37.27.19, fax 04.90.37.74.17 r.-v.

CH. BOURDINES 1996*

n.c.   170 000   -30F

Un vin de plaisir aux arômes puissants de cerise à l'eau-de-vie qui annoncent une excellente dégustation. Souple et gouleyant, ce 96 est chaleureux et fin.

LA VALLÉE DU RHONE

Côtes du rhône

🍷 Caves Saint-Pierre Henry Bouachon, av. Pierre-de-Luxembourg, B.P. 5, 84230 Châteauneuf-du-Pape, tél. 04.90.83.58.35, fax 04.90.83.77.23 🍷 t.l.j. sf dim. 8h-18h

CH. DE BOUSSARGUES 1997*

☐   3 ha   10 000   ■ ♦ -30 F

Le site est exceptionnel (les vignes s'étendent au pied d'une ancienne commanderie des Templiers), l'accueil est remarquable et les vins très réussis. Voyez ce blanc 97 ; de couleur jaune-vert, il exhale des parfums d'abricot et de genêt. La bouche, ronde et équilibrée, tend vers les fruits exotiques. Une belle harmonie qui flattera un aïoli provençal. Resté très jeune, le **rouge 96** se montre friand. Il a obtenu une étoile.

🍷 Chantal Malabre, Ch. de Boussargues, Colombier, 30200 Sabran, tél. 04.66.89.32.20 ☑ 🍷 t.l.j. 9h-20h

LAURENT CHARLES BROTTE 1997*

☐   6 ha   12 000   ■ ♦ 30 à 50 F

Un vin de marque vinifié à Châteauneuf avec des raisins issus de Sabran, commune gardoise voisine. C'est un vin blanc plutôt puissant et onctueux, à découvrir sur des plats en sauce blanche.

🍷 Laurent-Charles Brotte, rte d'Avignon, 84230 Châteauneuf-du-Pape, tél. 04.90.83.70.07, fax 04.90.83.74.34 ☑ 🍷 r.-v.

CH. CARBONEL 1996**

■   10 ha   60 000   ■ ♦ -30 F

Une vaste propriété de 120 ha dont une dizaine est consacrée aux vignes entrant dans cette remarquable cuvée : florale et épicée, celle-ci porte une robe haute couture. L'équilibre en bouche, dû à une exceptionnelle rondeur, rend ce vin très agréable, et la puissance de ses saveurs le range parmi les meilleurs côtes du rhône 96. L'apparente facilité de la dégustation n'arrive pas à cacher toute sa complexité.

🍷 Famille Dupond, Ch. Carbonel, 84830 Sérignan-du-Comtat, tél. 04.90.70.00.10, fax 04.90.70.09.21 ☑ 🍷 r.-v.

LES VIGNERONS DU CASTELAS 1996*

■   n.c.   60 000   ■ -30 F

Cette coopérative regroupe 530 ha et sélectionne ses vendanges. Un rouge soutenu et profond, des notes de fruits rouges citronnés accompagnées de légères touches de fougère, une bonne présence en bouche où les tanins sont à la fois fermes et fins composent ce côtes du rhône bien réussi. Le **blanc 97**, une étoile, répond aussi aux caractères de l'AOC.

🍷 Les Vignerons du Castelas, 30650 Rochefort-du-Gard, tél. 04.90.31.72.10, fax 04.90.26.62.64 ☑

BERNARD CHAMFORT
Cuvée de Rochedouble 1997*

■   12 ha   50 000   ■ ♦ -30 F

Conseillée sur des charcuteries épicées et odorantes, cette cuvée à base de grenache est aujourd'hui très flatteuse. Ses arômes de fruits rouges intenses procurent un réel plaisir. Ce qu'on appelle un vin sympathique.

🍷 Bernard Chamfort, Dom. de Verquière, 84110 Sablet, tél. 04.90.46.90.11, fax 04.90.46.99.69 🍷 r.-v.

DOM. DE CHANABAS 1996**

■   2 ha   15 000   ⅅ -30 F

Un vin encore jeune, très structuré. Il lui faudra une paire d'années pour assouplir ses tanins

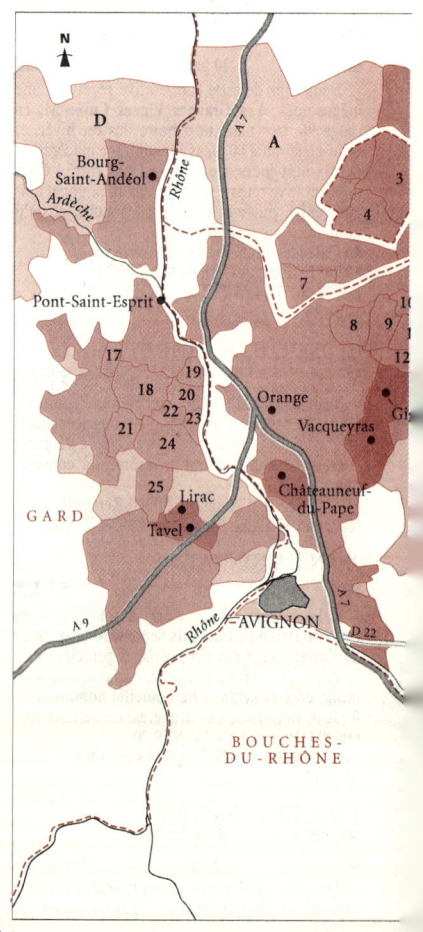

Côtes du rhône

et être tout en rondeur. Ses arômes sont déjà fruités : cassis, framboise et cerise. La robe est vive et chatoyante.

☛ Robert Champ, Dom. de Chanabas, 84420 Piolenc, tél. 04.90.29.63.59, fax 04.90.29.55.67 ☑ ☊ t.l.j. 9h-19h; mer. dim. 9h-12h; groupes sur r.-v.

DOM. DIDIER CHARAVIN 1996

■   n.c.   10 000   ▌ -30F

Beaucoup de maturité dans ce vin dont les arômes de torréfaction se retrouvent au nez comme en bouche avec des notes de cacao, de grillé et une pointe d'épices. Il est un peu jeune aujourd'hui, mais il ne vieillira sans doute pas plus de deux ans.

☛ Didier Charavin, rte de Vaison, 84110 Rasteau, tél. 04.90.46.15.63, fax 04.90.46.16.22
☑ ☊ r.-v.

CHARTREUSE DE VALBONNE
Cuvée de la Font des Dames 1996★

■   2,6 ha   12 000   ▌↓ 30 à 50 F

La chartreuse de Valbonne est un passage obligé pour les amateurs de sites splendides et de vin. Dans un cadre exceptionnel, très retiré, la vigne pousse sous un microclimat plutôt frais. On y produit une jolie cuvée de la Font des Dames bien typée, où mûre et cassis dialoguent autour de tanins encore fermes.

☛ ASVMT Dom. Chartreuse de Valbonne, 30130 Saint-Paulet-de-Caisson, tél. 04.66.90.41.00, fax 04.66.82.76.10 ☑ ☊ r.-v.

CELLIER DES CHARTREUX 1997★★

☐   n.c.   n.c.   -30F

Sans doute un des meilleurs rapports qualité-prix de la région pour ce vin blanc aux arômes très francs (aubépine puis abricot et poire). L'acidité moyenne est relayée par un gras impressionnant. On revient en bouche sur une note d'exo-

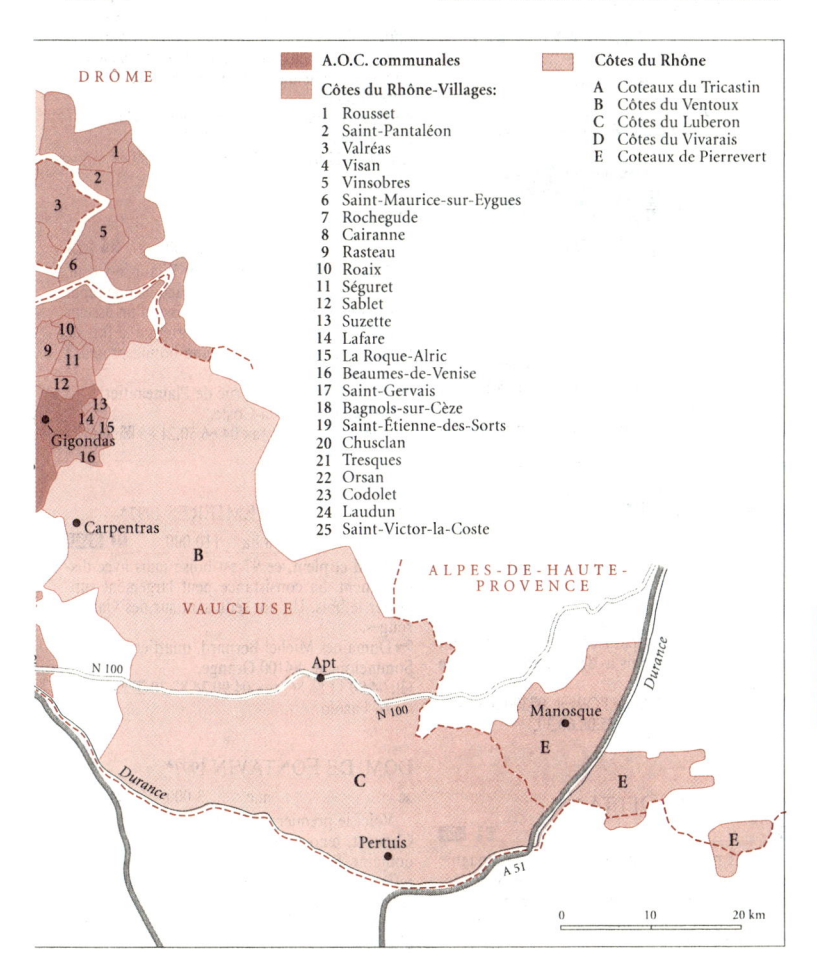

A.O.C. communales

Côtes du Rhône-Villages:
1. Rousset
2. Saint-Pantaléon
3. Valréas
4. Visan
5. Vinsobres
6. Saint-Maurice-sur-Eygues
7. Rochegude
8. Cairanne
9. Rasteau
10. Roaix
11. Séguret
12. Sablet
13. Suzette
14. Lafare
15. La Roque-Alric
16. Beaumes-de-Venise
17. Saint-Gervais
18. Bagnols-sur-Cèze
19. Saint-Étienne-des-Sorts
20. Chusclan
21. Tresques
22. Orsan
23. Codolet
24. Laudun
25. Saint-Victor-la-Coste

Côtes du Rhône
A. Coteaux du Tricastin
B. Côtes du Ventoux
C. Côtes du Luberon
D. Côtes du Vivarais
E. Coteaux de Pierrevert

LA VALLEE DU RHONE

Côtes du rhône

tisme très intéressante. A découvrir le plus tôt possible et à consommer avec délectation. Le **côtes du rhône rouge 95** a su garder son caractère de terroir. Charpenté et complexe, il peut être attendu une à deux années : il est cité par le jury.
➼ Coop. Cellier des Chartreux, Sauveterre, 30131 Pujaut, tél. 04.66.82.53.53, fax 04.66.82.89.07 r.-v.

DOM. DE COSTE CHAUDE
L'Argentière Elevé en fût de chêne 1995

| | n.c. | 4 000 | 30 à 50 F |

C'est bien la note vanillée du bois qui domine toute la personnalité de cette bouteille. « Dommage », diront les uns ! « Superbe », diront les autres ; question d'école. Mais c'est bien fait.
➼ Marianne Fues, SCA Dom. de Coste Chaude, 84820 Visan, tél. 04.90.41.91.04, fax 04.90.41.96.52 t.l.j. sf dim. 8h-12h 14h-18h; groupes sur r.-v.

CH. COURAC 1996**

| | 7 ha | 4 200 | 30 à 50 F |

« Un vin soigné », dit le jury, très agréable en bouche, où de jolies notes de fruits rouges et d'épices s'expriment sur un ensemble fondu et gras. Il peut se consommer sur tout un repas bien cuisiné.
➼ SCEA Frédéric Arnaud, Ch. Courac, 30330 Tresques, tél. 04.66.82.90.51, fax 04.66.82.94.27 r.-v.

DELAS FRERES Saint Esprit 1996

| | n.c. | n.c. | 30 à 50 F |

Une cuvée qu'on imagine bien en Cuvée du patron des bistrots parisiens : ses arômes sont discrets au départ, puis la dégustation est fruitée et fraîche.
➼ Delas Frères, Z.A. de l'Olivet, 07300 Saint-Jean-de-Muzols, tél. 04.75.08.60.30, fax 04.75.08.53.67 r.-v.

CELLIER DU DELTA 1996

| | n.c. | 5 000 | -30 F |

Toute proche du pont du Gard, la Compagnie rhodanienne est une maison de négoce. Son côtes du rhône est un vin fruité, très franc, bien équilibré. Le gras et les tanins fins lui confèrent une belle présence.

➼ La Compagnie rhodanienne, 30210 Castillon-du-Gard, tél. 04.66.37.49.50, fax 04.66.37.49.51

DOM. DEPEYRE ET FILS 1997*

| | 1 ha | 4 000 | 30 à 50 F |

Recommandé sur crustacés et coquillages, ce vin aux arômes élégants et fins rappelle les fruits secs. Il est très gras et légèrement épicé ; pourtant son acidité lui permet une bonne persistance. Issu à 80 % de clairette, c'est un vin original et intéressant.
➼ Gérard et Jean-Paul Depeyre, Lieu-dit Notre-Dame, 84820 Visan, tél. 04.90.41.93.68, fax 04.90.41.97.04 r.-v.

DOM. DE DEURRE 1997**

| | 10 ha | 20 000 | -30 F |

90 % de grenache complété de syrah pour ce 97. Le nez, légèrement truffé, semble typé terroir. En bouche, la première impression est faite de douceur, puis des petits fruits noirs - cassis et mûre - s'imposent, soutenus par un bon gras et une finale bien structurée. Les dégustateurs annoncent quelques belles années de gloire à cette bouteille.
➼ Hubert Valayer, Dom. de Deurre, RD 94, 26110 Vinsobres, tél. 04.75.27.62.66, fax 04.75.27.67.24 r.-v.

DOM. ESTOURNEL 1997*

| | 3 ha | 3 000 | -30 F |

Au cœur du village de Saint-Victor-la-Coste, les vins de Rémy Estournel ont acquis une réputation incontestée. Ce blanc 97, issu d'un assemblage de six cépages, vous apportera à la fois de la chaleur, du moelleux et une bonne présence d'arômes persistants.
➼ Rémy Estournel, 13, rue de Plaineautier, 30290 Saint-Victor-la-Coste, tél. (04) 66.50.01.73, fax 04.66.50.21.85 t.l.j. 9h-12h 14h-19h

DOM. DES ESTREMIERES 1997*

| | 18 ha | 110 000 | 30 à 50 F |

Rond et plein, ce 97 est boisé mais avec discernement. Sa consistance peut largement supporter le bois. Un vin séduisant sur des viandes rouges.
➼ Domaines Michel Bernard, quartier Sommelongue, 84100 Orange, tél. 04.90.11.86.86, fax 04.90.34.87.30 r.-v.
➼ A. Fasolo

DOM. DE FONTAVIN 1997*

| | n.c. | 3 000 | -30 F |

Voici le premier millésime vinifié par Hélène Chouvet, œnologue, fille du propriétaire de ce domaine. Ce 97, à la robe claire aux multiples reflets vifs, est fin et discret ; ses arômes rappellent les agrumes comme le citron, accompagnés d'un peu de réglisse. A découvrir sur des hors-d'œuvre.

Côtes du rhône

🍷 EARL Michel et Martine Chouvet, Dom. de Fontavin, 1468, rte de la Plaine, 84350 Courthézon, tél. 04.90.70.72.14, fax 04.90.70.79.39 ☑ ⓘ t.l.j. 9h-12h30 13h30-19h; dim. sur r.-v.

CH. DE FONTSEGUGNE 1995*

3 ha   20 000   30 à 50 F

Une cuvée élaborée par la coopérative des Coteaux d'Avignon, qui témoigne de la rigueur mise en œuvre par les vignerons et les techniciens de cette cave. Généreux et puissant, assez méridional, ce vin est un bien bel ambassadeur des côtes du rhône.

🍷 SCA Les Coteaux d'Avignon, 583, rte de la Gare, 84470 Châteauneuf-de-Gadagne, tél. 04.90.22.65.65, fax 04.90.33.43.31 ☑ ⓘ r.-v.

CH. DE GALLIFFET 1996*

n.c.   n.c.   50 à 70 F

René Aubert a investi en 1997 plus de 500 KF dans la modernisation de ses chais, en apportant un grand soin à la maîtrise des températures. Nous en verrons les effets l'an prochain. Résolument tournée vers le boisé, cette cuvée 96 peut plaire ou ne pas plaire ; les dégustateurs sont partagés, car les arômes de vanille sont très présents et masquent les fruits qui, pourtant, apparaissent après agitation. La bouche est construite sur d'élégants tanins fondus et persistants.

🍷 Vignobles Max Aubert, Dom. de La Présidente, 84290 Sainte-Cécile-les-Vignes, tél. 04.90.30.80.34, fax 04.90.30.72.93 ☑ ⓘ t.l.j. sf dim. été 9h-19h; hiver 8h30-18h30

GENTILHOMME 1996*

n.c.   250 000   -30 F

C'est un joli vin de marque, grenat avec des reflets violacés. Ses parfums sont fruités, mêlés à des notes animales (cuir) ; sa puissance et sa chaleur ne gênent en rien l'agréable fin de bouche.

🍷 SA Ogier, 10, bd Pasteur, 84230 Châteauneuf-du-Pape, tél. 04.90.39.32.32, fax 04.90.83.72.51 ☑ ⓘ t.l.j. sf sam. 9h-17h

DOM. DES GIRASOLS
Cuvée de Malalangue 1995***

4,5 ha   26 000   30 à 50 F

L'assemblage des cépages dès le premier jour est le secret de cette fabuleuse cuvée, sœur de la **cuvée Vieilles vignes 97** qui arrive, elle aussi, aux sommets de l'appellation : un côtes du rhône puissant, équilibré, dense, concentré, fondu, harmonieux... Que dire de plus si ce n'est que le bouquet est à la fois réglissé, fait de fruits noirs et de violette ? Un très grand vin.

🍷 Paul Joyet, Dom. des Girasols, 84110 Rasteau, tél. 04.90.46.11.70, fax 04.90.46.16.82 ☑ ⓘ t.l.j. 8h-12h 14h-19h

DOM. DU GRAND BOURJASSOT
Fûts neufs 1997*

0,6 ha   n.c.   50 à 70 F

C'est la puissance du soleil qui ressort dans ce blanc de blancs dont la complexité aromatique est également due à la fermentation alcoolique en fût neuf. Beaucoup de gras et de rondeur mal- gré une pointe d'acidité, dans ce vin du Sud, puissant, floral, et légèrement réglissé.

🍷 Pierre Varenne, quartier Les Parties, 84190 Gigondas, tél. 04.90.65.88.80, fax 04.90.65.89.38 ☑ ⓘ t.l.j. 10h-12h 14h-18h

DOM. GRAND VENEUR
Blanc de viognier 1997**

1 ha   3 000   60 à 70 F

Evocateur de grandes chasses ou d'art culinaire, ce domaine a proposé un **rouge 96** cité, assez gouleyant (30 à 40 F), et, pur nectar, un viognier 100 %, tout simplement parfait avec un nez fruité aux arômes de réglisse et une remarquable persistance de ces mêmes notes en bouche. Cet ensemble est solidement ancré sur une matière très présente.

🍷 EARL Alain Jaume, Dom. Grand Veneur, rte de Châteauneuf-du-Pape, 84100 Orange, tél. 04.90.34.68.70, fax 04.90.34.43.71 ☑ ⓘ t.l.j. sf dim. 8h-12h 14h-18h

DOM. DU GROS PATA 1997

0,8 ha   42 000   -30 F

Un rosé de saignée assemblant grenache et cinsaut, à la robe saumonée et aux arômes de fruits frais. Rond et vif, relevé par une pointe de CO_2, c'est un vin de grillades à partager entre amis.

🍷 Gérald Garagnon, Dom. du Gros-Pata, 84110 Vaison-la-Romaine, tél. 04.90.36.23.75, fax 04.90.28.77.05 ☑ ⓘ t.l.j. 9h-12h 13h30-19h

CH. D'HUGUES Traditionnel 1996

1,75 ha   11 700   30 à 50 F

Les dégustateurs le disent très plaisant, et fait pour être dégusté maintenant. Son originalité est d'être rosé, léger, fruité, avec un joli nez de fruits rouges encore jeune.

🍷 Sylviane et Bernard Pradier, Ch. d'Hugues, 84100 Uchaux, tél. 04.90.70.06.67, fax 04.90.70.10.28 ☑ ⓘ t.l.j. 9h-12h 14h-19h; sam. dim. sur r.-v.

INNOCENT VI 1996**

2 ha   4 000   60 à 70 F

Bien que la réputation d'Alain Paret ne soit plus à faire, il faut souligner la réussite de ce vin à 90 % syrah. Ample et chaleureux, il est paré d'une robe violine, et les fruits rouges l'emportent sur le boisé. Les tanins, souples en bouche, permettent de le laisser deux ans en cave.

🍷 Alain Paret, pl. de l'Eglise, 42520 Saint-Pierre-de-Bœuf, tél. 04.74.87.12.09, fax 04.74.87.17.34 ☑ ⓘ r.-v.

DOM. JAUME Cuvée des Côtes 1995

2 ha   13 000   -30 F

Surprenant par son arôme très particulier, plutôt minéral sur un fond de pâte de coing et de fleur d'oranger, l'ensemble est assez strict, mais bien représentatif des côtes du rhône méridionaux. A passer en carafe avant consommation.

🍷 Dom. Jaume, 24, rue Reynarde, 26110 Vinsobres, tél. 04.75.27.61.01, fax 04.75.27.68.40 ☑ ⓘ t.l.j. sf dim. 8h-12h 13h30-19h30

LA VALLÉE DU RHONE

Côtes du rhône

LA BASTIDE SAINT-DOMINIQUE
Cuvée Prestige 1995*

10 ha — 20 000 — 30 à 50 F

Un bel équilibre, beaucoup de rondeur et de souplesse dans cette cuvée Prestige puissante grâce à la présence importante de grenache. Vous pourrez déceler au palais, après des arômes de fruits rouges, quelques jolies notes d'épices (cannelle). Il est prêt à consommer !
• SCEA G. et M.-C. Bonnet, La Bastide-Saint-Dominique, 84350 Courthézon, tél. 04.90.70.85.32, fax 04.90.70.76.64 r.-v.

LA BASTIDE SAINT-VINCENT 1997*

2 ha — 12 000 — 30 à 50 F

La pointe de chaleur en fin de bouche nous rappelle la présence importante de grenache bien mûr dans l'assemblage de ce vin qui est très équilibré. Ses parfums sont de type fruits rouges acidulés. Un côtes du rhône charmant et facile à marier.
• Guy Daniel, La Bastide Saint-Vincent, rte de Vaison, 84150 Violès, tél. 04.90.70.94.13, fax 04.90.70.96.13 t.l.j. 8h-19h; f. 1er-15 janv. 15 sept.-15 oct.

DOM. LA BOUVAUDE
Vieilli en fût de chêne 1996

3 ha — 8 000 — 30 à 50 F

Un vin issu de syrah pure, élevé dix mois en fût. Il est paré d'une très belle robe grenat foncé. Au nez, on trouve des nuances épicées et boisées alors qu'au palais les tanins sont présents mais doux. La finesse de la bouche peut surprendre pour une syrah, mais le jury est unanime à conseiller de servir ce 96 dès cet hiver.
• Stéphane Barnaud, Dom. La Bouvaude, 26770 Rousset-les-Vignes, tél. 04.75.27.90.32, fax 04.75.27.98.72 r.-v.

DOM. LA CHARADE
Elevé en fût de chêne 1995*

22 ha — n.c. — 30 à 50 F

Nous vous rappelons que c'est sur la contre-étiquette qu'est portée la mention de l'élevage en barrique de ce 95, très marqué par le bois. Une robe soutenue l'habille, puis le caractère méridional est accompagné de notes vanillées, de cannelle et autres boisés.
• Jullien, Dom. La Charade, 30760 Saint-Julien-de-Peyrolas, tél. 04.66.82.18.21, fax 04.66.82.33.03 t.l.j. sf dim. 9h-12h 14h-19h

CH. LA CROIX CHABRIERE
Cuvée Privilège 1995*

2 ha — 9 000 — 50 à 70 F

C'est réussi ! Et c'est réellement un « privilège » de détenir ce 95 dans sa cave. Sans aucun doute un grand vin de garde qui, derrière ses arômes boisés, développe des notes de fruits rouges et de sous-bois. Son bon équilibre tanins-acidité lui permettra d'atteindre l'an 2000.
• Ch. La Croix Chabrière, rte de Saint-Restitut, 84500 Bollène, tél. 04.90.40.00.89, fax 04.90.40.19.93 t.l.j. 9h-12h 14h-18h30; groupes sur r.-v.

DOM. DE LA CROZE 1996

12 ha — n.c. — -30 F

Située sur la rive droite du Rhône à Roquemaure, ancien domaine des pontifes, cette propriété traverse l'histoire avec succès depuis déjà quatre générations. Les vins rouges de la cave bénéficient d'un léger passage en bois bien maîtrisé. Souple mais dense, rond mais tannique, ce 96 équilibre les forces et faiblesses du millésime pour donner un vin apte à la consommation.
• Françoise Granier, Dom. de La Croze, rue de l'Escatillon, 30150 Roquemaure, tél. 04.66.82.56.73, fax 04.66.90.23.90 r.-v.

LA GAILLARDE Cuvée Pied Vaurias 1997

n.c. — 10 080 — -30 F

Un rosé de saignée bien vinifié à partir d'une matière première sélectionnée rigoureusement. Son équilibre entre le gras, la richesse et l'acidité lui donne toute la fraîcheur qu'on attend de ce type de vin. Bonne persistance.
• Cave La Gaillarde, av. de l'Enclave-des-Papes, B.P. 95, 84600 Valréas, tél. 04.90.35.00.66, fax 04.90.35.11.38 t.l.j. sf dim. 9h-12h 14h30-17h; groupes sur r.-v.

DOM. DE LA GRAND'RIBE 1996

n.c. — 30 000 — 30 à 50 F

Ce vin est conseillé sur le gibier à plumes, car son équilibre est assez tannique et peut surprendre certains amateurs de côtes du rhône traditionnellement plus légers. Ses arômes sont tout d'abord floraux puis se développent sur le fruit en bouche. Rappelons que ce domaine fut coup de cœur pour son rosé 96 l'an dernier.
• Abel Sahuc, 84290 Sainte-Cécile-les-Vignes, tél. 04.90.30.83.75, fax 04.90.30.76.12 t.l.j. sf dim. 10h-12h 14h30-18h

DOM. DE LA GUICHARDE
Viognier 1997

0,45 ha — 1 200 — 30 à 50 F

Mille deux cents bouteilles pour cette cuvée pur viognier sélectionnée par le jury du Guide, qui a apprécié son équilibre assez franc et ses arômes typiques. Vous pourrez découvrir ce 97 au caveau du domaine et le mettre en réserve, car il peut attendre.
• Arnaud et Isabelle Guichard, Dom. de La Guicharde, Derboux, 84430 Mondragon, tél. 04.90.30.17.84, fax 04.90.40.05.69 t.l.j. sf dim. 10h-12h 14h-18h

DOM. DE LA JANASSE 1997

10 ha — 30 000 — 30 à 50 F

« Un bon côtes du rhône de niveau honnête », nous dit un œnologue dégustateur. Ce vin est net et franc, et sa structure est très abordable. Il est peu tannique, plutôt féminin, et conseillé sur des grillades. A noter également du même producteur la **Cuvée des Garrigues 96**, légèrement plus boisée.
• EARL Aimé Sabon, 27, chem. du Moulin, 84350 Courthézon, tél. 04.90.70.86.29, fax 04.90.70.75.93 t.l.j. 8h-12h 14h-19h; sam. dim. sur r.-v.

Côtes du rhône

DOM. LA MEREUILLE 1995*

16 ha   2 500

On retrouve dans ce vin la patte du producteur de châteauneuf-du-pape, qui associe puissance et finesse. Très concentrés et denses, les arômes sont de type réglisse et truffe. Ses tanins puissants mais fins le classent parmi les côtes du rhône de garde ; à servir en carafe.
➥ Michel Bouyer, Quartier-le-Grès, dom. La Mereuille, 84100 Orange, tél. 04.90.34.10.68, fax 04.90.34.27.77 ⊠ ⊤ r.-v.

DOM. DE LA MORDOREE 1997*

3 ha   10 000

Malgré la diversité des crus élaborés par la famille Delorme, rien n'est laissé au hasard. Preuve en est ce côtes du rhône blanc aux reflets verts, à la fois discret et élégant, idéal pour les fruits de mer. De même, le **rosé 97** reçoit une étoile ; c'est un vin assez puissant, à servir à table dès maintenant.
➥ Dom. de La Mordorée, chem. des Oliviers, 30126 Tavel, tél. 04.66.50.00.75, fax 04.66.50.47.39 ⊠ ⊤ t.l.j. 8h-12h 13h30-17h30
➥ Delorme

LA NYONSAISE
Cuvée Prestige Elevé en fût 1995

3 ha   16 000

C'est un côtes du rhône très agréable par sa fraîcheur. Friand et rond, il se dégustera sur des grillades ou des charcuteries. Tout à fait prêt à boire.
➥ Coop. du Nyonsais, pl. Olivier-de-Serres, 26111 Nyons Cedex, tél. 04.75.26.03.44, fax 04.75.26.23.16 ⊠ ⊤ r.-v.

DOM. LA REMEJEANNE
Les Arbousiers 1996*

6 ha   40 000

François Klein s'est installé en 1960. Depuis 1988, son fils Rémy dirige avec son épouse ce domaine bien connu de nos lecteurs. Deux cuvées sont toujours très remarquées en dégustation : l'une 100 % syrah, élevée sous bois, **Les Eglantiers 96** (50 à 69 F), révèle après aération une intensité exceptionnelle et un potentiel très important. L'autre, les Arbousiers, 50 % grenache, 50 % syrah, joue la carte de la finesse et de l'élégance, type côtes du rhône flatteur. Très réussi, ce vin n'est pas réservé aux seuls repas familiaux et peut animer une table amicale.
➥ EARL Ouahi et Rémy Klein, Cadignac, 30200 Sabran, tél. 04.66.89.44.51, fax 04.66.89.64.22 ⊠ ⊤ r.-v.

CH. LA RENJARDIERE 1996**

90 ha   250 000

Pierre Dupond est bien connu à La Chapelle-de-Guinchay, en Beaujolais ; sa famille possède depuis... 1880 ce vaste domaine de 120 ha. Son **rosé 97** reçoit une étoile : les fruits rouges très présents lui permettront d'être servi en hors-d'œuvre sur des feuilletés. En **rouge, le 97**, une étoile, sera déjà prêt à la sortie du Guide, mais le 96 séduit davantage. Il chante une mélodie de senteurs et de saveurs bien agréables. Les nuances odorantes de cassis sont très présentes et des notes de violette et de poivre terminent cette multitude de sensations accessibles à tout amateur de grand vin.
➥ Pierre Dupond, Ch. la Renjardière, 84830 Sérignan-du-Comtat, tél. 04.74.65.24.32, fax 04.74.68.04.14

LE CLOS DE LASCAMP 1997*

n.c.   15 000

Un assemblage réussi pour ce vin typique des côtes du rhône. A la fois chaleureux et intenses, les fruits de jeunesse explosent à l'olfaction et restent présents en bouche. Une vinification bien maîtrisée de vendange très saine...
➥ EARL Imbert, Clos de Lascamp, Cadignac, 30200 Sabran, tél. 04.66.89.69.28, fax 04.66.89.62.44 ⊠ ⊤ t.l.j. sf dim. 8h-12h 14h-18h

DOM. DE LA TALADETTE 1996

n.c.   120 000

Gendre de Pierre André, grand négociant d'Aloxe-Corton, Gabriel Liogier ne s'est pas trompé en sélectionnant pour sa mise en bouteilles ce côtes du rhône très typique de la région, avec une robe grenat profond, des arômes de fruits, et cet équilibre très strict entre l'acidité, l'alcool et les tanins.
➥ Gabriel Liogier, Ch. de Corton-André, 21420 Aloxe-Corton, tél. 03.80.26.44.25, fax 03.80.26.43.57

LAURUS 1997*

5 ha   20 000

Une très jolie couleur jaune clair à reflets verts et dorés. Les parfums de ce vin blanc sont d'une intensité remarquable. L'attaque en bouche est agréable et rappelle la pêche blanche ; quelques notes grillées sur un fond soyeux le classent parmi les bons vins blancs des côtes du rhône. Ravissante étiquette.
➥ Gabriel Meffre, 84190 Gigondas, tél. 04.90.12.32.42, fax 04.90.12.32.49

DOM. DE LA VIEILLE JULIENNE
Vieilles vignes 1995

4 ha   20 000

Un 95 qui a gardé beaucoup de fraîcheur après un an de vieillissement en foudre. Il est équilibré, fruité, harmonieux. Ses tanins soyeux en font un joli vin.
➥ EARL Daumen Père et Fils, Dom. de La Vieille Julienne, Le Grès, 84100 Orange, tél. 04.90.34.20.10, fax 04.90.34.10.20 ⊠ ⊤ t.l.j. 9h-12h 14h-19h; sam. dim. sur r.-v.

LE CLOS DU CAILLOU
Bouquet des Garrigues 1996**

25 ha   40 000

La **cuvée principale 96** reçoit une étoile, celle-ci en obtient deux. 80 % de grenache, 10 % de syrah, 10 % de mourvèdre forment le même assemblage dans ces deux cuvées du Clos du Caillou, avec sélection de vieilles vignes complantées sur galets roulés pour la cuvée Bouquet des Garrigues. Jugée remarquable par le jury, elle a du caractère : fine, fruitée, équilibrée, elle révèle du gras et d'intenses arômes de cuir et de vanille. Une belle réussite pour des vins très travaillés.

RHONE

LA VALLEE DU RHONE

Côtes du rhône

✆ Sylvie et Jean-Denis Vacheron-Pouizin, Le Clos du Caillou, 84350 Courthézon, tél. 04.90.70.73.05, fax 04.90.70.76.47 ☑ ☒ t.l.j. sf dim. 8h30-12h 14h-19h30

DOM. LE COUROULU 1996**

■   5 ha   15 000   ░ -30 F

Ce vin est composé des cépages rois de l'AOC, grenache (70 %), syrah (25 %) et mourvèdre : terroir et vinification traditionnelle nous donnent ce remarquable vin rouge aux reflets violacés, au nez épicé et vanillé. Chaleureux, ample, équilibré, il possède de très jolis tanins. Une bien belle bouteille à boire dès janvier 99.
✆ GAEC Le Couroulu, Cave Guy Ricard, La Pousterle, 84190 Vacqueyras, tél. 04.90.65.84.83, fax 04.90.65.81.25 ☑ ☒ t.l.j. 8h-18h; dim. sur r.-v.

LE GRAVILLAS 1997*

■   12,4 ha   70 000   ░ -30 F

Les trois vins présentés en côtes du rhône reçoivent une étoile. Le **rosé 97**, puissant, destiné aux charcuteries, le **blanc 97**, soyeux, ample, élégant, typé grenache blanc, et ce vin rouge. Ce millésime, bien que délicat, est parfaitement vinifié et développe des arômes de framboise bien marqués. Sa belle complexité en finale et sa fraîcheur en font un vin plaisant dès maintenant.
✆ Cave Le Gravillas, 84110 Sablet, tél. 04.90.46.90.20, fax 04.90.46.96.71 ☑ ☒ t.l.j. sf dim. 8h-12h 14h-18h

CH. LES AMOUREUSES 1996**

■   4 ha   12 000   30 à 50 F

Que ces Amoureuses sont belles ! La robe, déjà, séduit, profonde et brillante. Le nez est tout entier sur le fruit, tant l'élevage en fût est bien maîtrisé ; mûre, cassis, griotte éveillent les sens. En bouche, le bois s'exprime par la finale réglis-

sée, longue, puissante, corsée. Mais les notes d'amande grillée ne gomment pas le fruit ; elles l'accompagnent agréablement. A ouvrir dans un an ou deux.
✆ Alain Grangaud, chem. de Vinsas, 07700 Bourg-Saint-Andéol, tél. 04.75.54.57.85, fax 04.75.54.51.85 ☑ ☒ r.-v.

DOM. LES AULIERES 1996

■   15 ha   80 000   30 à 50 F

La **Cuvée Prestige 96** laisse la syrah jouer les premiers rôles sur des notes réglissées et reçoit la même note que ce vin de domaine qui met en scène des arômes de type cerise à l'alcool : à l'inverse de la cuvée Prestige, c'est le cépage grenache qui domine cette sélection. Ce vin équilibré est agréable et, sans être inoubliable, il sort parfaitement bien de cette dégustation très sélective.
✆ Les Vignerons de Saint-Hilaire-d'Ozilhan, av. Paul-Blisson, 30210 Saint-Hilaire-d'Ozilhan, tél. 04.66.37.16.47, fax 04.66.37.35.12 ☑ ☒ t.l.j. sf dim. lun. 9h-12h15 14h-18h15; ouv. lun. juin-sept.

LES DOMANIALES 1997*

□   n.c.   n.c.   ░ -30 F

Les vins des domaines Michel Bernard se sortent bien de cette vaste dégustation. Les cuvées **Réserve des Pontifes** et **Marquis de Queyradel, en rouge 97**, reçoivent une étoile et peuvent être considérées comme de très bonnes références en côtes du rhône, tout comme ce blanc ample et aromatique. Une fois de plus, l'œnologue J.-F. Ranvier sait maîtriser ses assemblages.
✆ Domaines Michel Bernard, quartier Sommelongue, 84100 Orange, tél. 04.90.11.86.86, fax 04.90.34.87.30 ☒ r.-v.

LES LAUZERAIES 1997*

□   n.c.   15 000   ░ -30 F

Un produit assez nouveau dans la gamme des vins de la cave de Tavel ; issu de clairette et grenache, c'est un vin très floral avec des notes de fruits frais. L'impression en bouche révèle un bel équilibre, toujours sur du fruit type pêche blanche. Intéressant sur du poisson.
✆ Les Vignerons de Tavel, rte de La Commanderie, 30126 Tavel, tél. 04.66.50.03.57, fax 04.66.50.46.57 ☒ t.l.j. 9h-12h 14h-18h

DOM. DE L'ESPIGOUETTE 1995*

■   8 ha   25 000   ░ -30 F

Riche, c'est un parfait vin de garde, équilibré et typique de l'appellation. Les notes de fruits rouges au nez se retrouvent en bouche. Un millésime très réussi pour ce domaine.
✆ Bernard Latour, EARL Dom. de L'Espigouette, rte d'Orange, 84150 Violès, tél. 04.90.70.95.48, fax 04.90.70.96.06 ☒ r.-v.

CH. LES QUATRE FILLES 1996*

■   35 ha   3 865   30 à 50 F

Un 96 conseillé sur des « œufs vignerons », spécialité locale à découvrir. Un assemblage réussi de cépages de l'AOC et une vinification traditionnelle donnent à ce vin sa noblesse. Des notes de sous-bois, une attaque franche et fruitée,

Côtes du rhône

des tanins fondus et équilibrés, une bonne fin de bouche, ce n'est rien que du plaisir !
↘ Roger Flesia, Ch. Les Quatre-Filles, rte de Lagarde-Paréol, 84290 Sainte-Cécile-les-Vignes, tél. 04.90.30.84.12, fax 04.90.30.86.15 t.l.j. 8h-20h

DOM. LE VIEUX MOULIN 1997★

1,02 ha — 7 000 — -30 F

Un blanc typique, issu de l'assemblage des trois cépages grenache, clairette et bourboulenc. Il est satisfaisant et harmonieux. Ses arômes subtils sont au départ floraux et légèrement réglissés par la suite. Sa bonne vivacité prouve la maîtrise de la vinification.
↘ GAEC Les Fils de Gabriel Roudil, rue des Lavandières, 30126 Tavel, tél. 04.66.50.07.79, fax 04.66.50.10.02 r.-v.

MAS DE LIBIAN 1995★★

7 ha — 10 000 — -30 F

« Une puissance et une concentration dignes d'un très bon côtes du rhône-villages », nous dit un dégustateur. Son étiquette manuscrite est originale, un peu désuète. Mais ce vin, né sur les galets roulés et élevé en foudre de chêne, ne l'est pas ; sa robe est dense, son nez profond et puissant. Des tanins superbes, assez fondus pour être déjà plaisants, lui assureront encore de belles années. Son bon rapport qualité-prix risque d'attirer. Attention, il n'y a que 10 000 bouteilles.
↘ Thibon, Le Mas de Libian, 07700 Saint-Marcel-d'Ardèche, tél. 04.75.04.66.22, fax 04.75.98.66.38 t.l.j. 8h-19h

DOM. DE L'OLIVIER 1997

3 ha — 16 000 — -30 F

Dans ce caveau tout proche du pont du Gard, au cœur du village de Saint-Hilaire-d'Ozilhan, vous pourrez découvrir un rosé provençal d'une belle intensité, au nez fleuri ; rondeur et acidité se donnent la réplique.
↘ E. Bastide, Dom. de L'Olivier, 1, rue de la Clastre, 30210 Saint-Hilaire-d'Ozilhan, tél. 04.66.37.12.43, fax 04.66.37.00.46 r.-v.

DOM. DE L'ORATOIRE SAINT-MARTIN 1996★★

7 ha — 30 000 — 30 à 50 F

« Un beau vin avec de la personnalité et du caractère » ; le jury s'enthousiasme. Toute la dégustation séduit : la robe pourpre intense, le nez mêlant des notes animales au tabac et au cuir, mais aussi à de légères nuances mentholées. Tout se retrouve en bouche, avec en prime des arômes de mûre et de cassis élégants. Équilibrée, riche et persistante, « la bouche signe un vrai vin ».
↘ Frédéric et François Alary, rte de Saint-Roman, 84290 Cairanne, tél. 04.90.30.82.07, fax 04.90.30.74.27 t.l.j. sf dim. 8h-12h 14h-19h

MARQUISE DES CHARMES 1997★

n.c. — 40 000 — -30 F

Le plus surprenant dans ce vin est sans aucun doute l'arôme marqué de fruits confits, très présent et agréable, car il est associé à la fraîcheur. L'ensemble est harmonieux.
↘ Cellier de L'Enclave des Papes, B.P. 51, 84602 Valréas Cedex, tél. 04.90.41.91.42, fax 04.90.41.90.21

DOM. MARTIN DE GRANGENEUVE 1996

20 ha — 30 000 — 30 à 50 F

A déboucher sur une viande blanche, ce vin aux arômes primaires est légèrement boisé ; bien agréable par sa structure souple et équilibrée, il apportera une note élégante aux viandes blanches et aux fromages.
↘ Dom. Martin de Grangeneuve, 84150 Jonquières, tél. 04.90.70.62.62, fax 04.90.70.38.08 t.l.j. sf dim. 10h-12h 15h-19h

DOM. DES MASSES
Réserve du domaine 1997★

n.c. — 310 000 — -30 F

Une belle robe rouge cardinal, intense et limpide. Les arômes sont de type végétal (sous-bois) et, bien que l'équilibre soit plutôt tannique, ce sont des tanins fins qui ne masquent en rien la puissance de cette cuvée.
↘ Domaines Michel Bernard, quartier Sommelongue, 84100 Orange, tél. 04.90.11.86.86, fax 04.90.34.87.30 r.-v.
↘ Bertolo

DOM. MIREILLE ET VINCENT 1995

5 ha — 25 000 — -30 F

C'est un vrai côtes du rhône gouleyant, facile à boire, plaisant aussi par ses arômes de fruits rouges et ses jolis tanins.
↘ Bernard et Marie-Thérèse Bizard, rte de Taulignan, 84600 Valréas, tél. 04.90.35.00.77, fax 04.90.35.60.06 t.l.j. 9h30-12h 14h-18h; dim. sur r.-v.

CH. DE MONTFAUCON
Baron Louis 1996★

4 ha — 12 000 — 30 à 50 F

Un château féodal fut édifié au XI^{e}s. Entièrement reconstruit au XIX^{e}s., il produit de beaux vins comme cette cuvée Baron Louis, parée d'une superbe robe rouge soutenu à reflets grenat et framboise. Vanille et fruits cuits dialoguent au nez, alors que la bouche, équilibrée, affiche plutôt la réglisse. Pour amateurs de vin vieilli dans le chêne.
↘ Rodolphe de Pins, Ch. de Montfaucon, 30150 Montfaucon, tél. 04.66.50.37.19, fax 04.66.50.37.19 r.-v.

921 — LA VALLEE DU RHONE

Côtes du rhône

CLOS MONT-OLIVET 1996

■　　　　　4 ha　　20 000　　■ ▮ 30 à 50 F

Particularité originale de ce vin, ses arômes minéraux et herbacés. « Poivron vert », écrit un dégustateur qui ajoute : « Il tend vers les vins océaniques. » Rassurez-vous, grenache et syrah composent ce 96 qui, bien que peu typique de l'appellation, reste pourtant intéressant par sa consistance et sa longueur en bouche.
☛ GAEC du Clos Mont-Olivet, 15, av. Saint-Joseph, 84230 Châteauneuf-du-Pape, tél. 04.90.83.72.46, fax 04.90.83.51.75 ✓ ⌥ r.-v.
☛ Les Fils Sabon

CH. MONT-REDON Viognier 1997★★★

□　　　　　2 ha　　4 500　　■ ▮ 50 à 70 F

Ce côtes du rhône, issu de viognier pur, est éblouissant. Toutes les qualités du cépage planté sur sol argilo-calcaire sont mises en valeur de façon remarquable : de la fraîcheur, des senteurs d'acacia et d'abricot dans un ensemble riche et gras, très long en bouche. Un vin qui conjugue délicatesse et finesse avec ampleur et structure. « Le rêve accompli ».
☛ Ch. Mont-Redon, 84230 Châteauneuf-du-Pape, tél. 04.90.83.72.75, fax 04.90.83.77.20 ✓ ⌥ r.-v.
☛ Abeille-Fabre

DOM. DU MOULIN 1997★

□　　　　　2 ha　　8 000　　■ ▮ -30 F

Né sur un sol argilo-calcaire, un vin blanc assez pâle aux reflets verts, élaboré dans la plus pure tradition. Les arômes d'amande et de fruits blancs (pêche) sont très présents et très francs. À découvrir sur une daurade au four, par exemple.
☛ Denis Vinson, Dom. du Moulin, 26110 Vinsobres, tél. 04.75.27.65.59, fax 04.75.26.63.92 ✓ ⌥ t.l.j. 8h-12h 13h30-19h; dim. sur r.-v.

DOM. MOULIN DU POURPRE 1996★

■　　　　　5 ha　　20 000　　■ ▮ -30 F

Ce domaine a une valeur sûre des Côtes du Rhône gardoises. Concentré et complexe, ce vin reste harmonieux tout au long de la dégustation. Les fruits rouges l'emportent, accompagnés de notes d'épices et de sous-bois. À servir sur des viandes rôties ou du gibier.
☛ Françoise Simon, Colombier, 30200 Sabran, tél. 04.66.89.73.98, fax 04.66.89.92.26 ✓ ⌥ t.l.j. 8h-20h

DOM. GUY MOUSSET 1996

■　　　　　7 ha　　40 000　　■ ▮ 30 à 50 F

80 % de grenache : c'est en premier lieu ses arômes de framboise qui vous marqueront. Bien que discret, c'est un vin qui a de la matière, avec des tanins fins. Il ne sera pas de longue garde, mais il est très harmonieux.
☛ EARL Vignobles Guy Mousset et Fils, le Clos Saint-Michel, rte de Châteauneuf, 84700 Sorgues, tél. 04.90.83.56.05, fax 04.90.83.56.06 ✓ ⌥ r.-v.

PAVILLON DE SAINT COSME 1997★

■　　　　　n.c.　　30 000　　■ ▮ 30 à 50 F

Un véritable « négoce vigneron » avec sélection et achat de vendange fraîche pour l'élaboration de ses propres cuvées. La sélection est réussie, à en lire les commentaires élogieux de cette dégustation. Fruits rouges mûrs, tanins ronds et élégants, belle harmonie et potentiel de garde d'un à quatre ans.
☛ Louis Barruol, Ch. Saint-Cosme, 84190 Gigondas, tél. 04.90.65.86.97, fax 04.90.65.81.05 ✓ ⌥ r.-v.

PLAN DE DIEU 1997★

◪　　　　　5 ha　　15 000　　■ ▮ -30 F

Considéré comme un cépage délicat, le cinsaut, cultivé sur un terroir de galets roulés, entre pour un tiers dans ce rosé discret, assez minéral. Fin et ample, ce vin bénéficie d'une bonne longueur en bouche. C'est là que le grenache s'exprime.
☛ Gabriel Meffre, 84190 Gigondas, tél. 04.90.12.32.42, fax 04.90.12.32.49

DOM. DE PONT LE VOY 1996

■　　　　　10 ha　　61 300　　■ ▮ -30 F

L'intensité des arômes de fruits des bois est surprenante ; au nez comme au palais, on a la sensation de croquer à pleines dents dans une tartine nappée de confiture de groseilles. L'équilibre est rond et gras, la longueur en bouche appréciable.
☛ Ogier, Caves des Papes, 10 bd Pasteur, 84230 Châteauneuf-du-Pape, tél. 04.90.39.32.32, fax 04.90.83.72.51 ✓ ⌥ t.l.j. sf sam. dim. 9h-17h
☛ Xavier Dumas

CAVE DES VIGNERONS DES QUATRE CHEMINS 1997★★

□　　　　　10 ha　　20 000　　■ ▮ 30 à 50 F

Déjà très réputé, le blanc de la cave des Quatre Chemins est un vin harmonieux aux notes d'aubépine assez complexes que l'on retrouve en bouche dans une plénitude de gras et de rondeur ; à découvrir sur des coquilles Saint-Jacques.
☛ Cave des Quatre-Chemins, 30290 Laudun, tél. 04.66.82.00.22, fax 04.66.82.44.26 ✓ ⌥ t.l.j. sf dim. 8h-12h 14h-18h

DOM. DES RAMIERES 1997★

■　　　　　25 ha　　145 000　　■ ▮ -30 F

Charmeur par l'expression intense de ses parfums, ce joli vin saura vieillir deux à trois ans.

Côtes du rhône

⌐ Domaines Michel Bernard, quartier Sommelongue, 84100 Orange, tél. 04.90.11.86.86, fax 04.90.34.87.30 ⏳ r.-v.
⌐ Alain Luiselli

CAVE DE RASTEAU Carte blanche 1996
■   35 ha   230 000   ■↓ -30F

« Le temps lui apportera beaucoup », nous dit un membre du jury. Ce vin, discret à l'ouverture, développe ensuite des arômes confits et réglissés sur une structure agréable et équilibrée. Un produit de bonne envergure pour les vignerons de la Cave de Rasteau.
⌐ Cave de Rasteau, 84110 Rasteau, tél. 04.90.10.90.10, fax 04.90.46.16.65 ☑ ⏳ t.l.j. 8h-12h 14h-18h

DOM. DE ROCHEMOND 1996*
■   n.c.   n.c.   ■↓ -30F

Bon nombre de parfums de garrigue et de sous-bois se développent dans ce vin bien élaboré, après une attaque de fruits rouges et de réglisse très franche. Le plateau ensoleillé où est située la propriété tient pour une grande part dans la réussite de ce produit.
⌐ EARL Philip-Ladet, 30200 Sabran, tél. 04.66.79.04.42, fax 04.66.79.04.42 ☑ ⏳ r.-v.

DOM. DES ROCHES FORTES
Prestige 1995**
■   1 ha   3 000   ■⏳↓ 30à50F

Cette étiquette aurait très bien pu se retrouver sur le Guide en coup de cœur, mais les notes boisées assez marquées gênent un dégustateur. Le vin est pourtant puissant et flatteur, rond et gras. C'est une syrah pure d'une expression exceptionnelle. A découvrir !
⌐ GAEC Brunel et Fils, Dom. des Roches Fortes, quartier Le Château, 84110 Vaison-la-Romaine, tél. 04.90.36.03.03, fax 04.90.28.77.14 ☑ ⏳ r.-v.

DOM. DES ROMARINS 1996*
■   5 ha   30 000   ■↓ -30F

10 % de carignan dans ce vin où le grenache se taille la part du lion, associé à 30 % de syrah et 10 % de mourvèdre. Une jolie robe brillante et vive à reflets violacés. Un nez agréable mêlant d'intenses notes fruitées à des nuances animales. La bouche structurée évolue sur les fruits rouges avec une pointe élégante de réglisse. A mettre en cave et à servir avec une épaule d'agneau au four.
⌐ Georges Fabre, SARL Dom. des Romarins, Saint-Sylvestre, 30390 Domazan, tél. 04.66.57.05.84, fax 04.66.57.14.87 ☑ ⏳ r.-v.

DOM. DE ROQUEBRUNE
Cuvée du Vieux Chêne 1997*
■   n.c.   12 000   ■↓ -30F

L'élevage sous bois n'est pas mentionné sur la fiche du producteur, pourtant les dégustateurs sont unanimes pour déceler des parfums de vanille accompagnant les fruits rouges déjà confits en bouche. Les cépages peuvent donner cette sensation boisée qui s'estompe avec l'âge. Quoi qu'il en soit, c'est un vin concentré et riche, assez fruité, et que deux ou trois ans de garde rendront fort aimable.

⌐ Pierre Rique, Dom. de Roquebrune, 30130 Saint-Alexandre, tél. 04.66.39.33.30, fax 04.66.39.23.85 ☑ ⏳ r.-v.

CH. DE RUTH
Cuvée Nicolas de Beauharnais 1996
■   90 ha   100 000   ■↓ -30F

Ce château, construit en 1592, rend hommage à Nicolas de Beauharnais, propriétaire au début du siècle. De bonne consistance, ce vin est très typique des côtes du rhône, avec des tanins fins et des arômes fruités assez légers. A ne pas trop attendre, le rosé 97 donne une bonne expression de grenache. Il reçoit la même note. Les 580 000 bouteilles de la cuvée principale de **Château de Ruth 96, en rouge** ont semblé assez proches de la cuvée Nicolas de Beauharnais.
⌐ Christian Meffre, Ch. de Ruth, 84290 Sainte-Cécile-les-Vignes, tél. 04.90.12.32.42, fax 04.90.12.32.49 ☑

CH. SAINT-ESTEVE D'UCHAUX 1997*
□   3 ha   20 000   ■↓ 30à50F

Assemblage de grenache et roussanne très réussi. Les arômes d'aneth et de fenouil sont très nuancés. Puis l'ensemble se montre floral, tout en finesse ; malgré une discrétion relative, ce vin se révèle puissant et persistant.
⌐ Ch. Saint-Estève d'Uchaux, 84100 Uchaux, tél. 04.90.40.62.38, fax 04.90.40.63.49 ☑ ⏳ t.l.j. sf dim. 9h-12h 14h-18h
⌐ Gérard et Marc Français

DOM. SAINT-ETIENNE 1997*
■   9 ha   60 000   ■↓ -30F

Régulièrement cité dans le Guide, le domaine Saint-Etienne présente un côtes du rhône réussi, typique du sud de l'appellation ; à base de grenache essentiellement, il est déjà très agréable à consommer.
⌐ Michel Coullomb, 26, fg du Pont, 30490 Montfrin, tél. 04.66.57.50.20, fax 04.66.57.22.78 ☑ ⏳ r.-v.

DOM. SAINT-GUERY
Cuvée La Bergide 1996*
■   3 ha   20 000   ■ 30à50F

La robe est grenat foncé. Le nez a des notes fumées. Réglisse, poivre gris, fruits cuits et café en bouche en font un vin typique de l'AOC, bien équilibré. Les tanins fins donnent une bouche soyeuse.
⌐ Guy Reynaud, La Baume de Transit, 26790 Suze-la-Rousse, tél. 04.75.98.19.18, fax 04.75.98.19.18 ☑ ⏳ r.-v.

CH. SAINT-JEAN 1995
■   n.c.   20 000   ⏳ -30F

Franc et agréable, ce vin, constitué essentiellement de grenache (72 %), ne cache pas son élevage en fût. Les notes boisées sont légères au nez alors que la bouche exprime uniquement des arômes de cannelle, de réglisse et de moka. Mais c'est enrobé, c'est gras, et c'est assez long pour être recommandé aux amateurs de ce type d'élevage. Un gibier lui conviendra dès la prochaine ouverture.

LA VALLÉE DU RHONE

Côtes du rhône-villages

•⌐ SCA Ch. Saint-Jean, Le Plan de Dieu, 84850 Travaillan, tél. 04.90.65.88.93, fax 04.90.65.88.96 ☑ ☥ r.-v.

DOM. SAINT LAURENT
Cuvée de la Tamardière 1995

■   7 ha   16 000   ■⬤⇃   30 à 50 F

C'est un beau vin ! Prêt à boire, même s'il ressort une dominante boisée avec des notes vanillées et épicées. Le jury apprécie l'équilibre entre sa souplesse, ses tanins et ses arômes à nuance animale, en finale surtout, mais il n'a pu trouver le terroir.
•⌐ Robert Henri Sinard, 1375, chem. Saint-Laurent, 84350 Courthézon, tél. 04.90.70.87.92, fax 04.90.70.78.49 ☑ ☥ t.l.j. sf dim. 8h30-12h 14h-18h30

DOM. SANTA DUC 1996

■   7 ha   45 000   ■⇃   30 à 50 F

Yves Gras a proposé un vin qui demande encore du temps ! Ce 96 est puissant, capiteux ; une nuance réglissée accompagne les fruits (le cassis domine).
•⌐ EARL Edmond et Yves Gras, Dom. Santa Duc, Les Hautes Garrigues, 84190 Gigondas, tél. 04.90.65.84.49, fax 04.90.65.81.63 ☑ ☥ r.-v.

SEIGNEUR DE LAURIS 1995*

■   n.c.   15 000   ■⬤⇃   - 30 F

Un vin typique de l'appellation, à base de grenache, pour un millésime prometteur. Le passage en fût lui a procuré beaucoup de finesse et de belles notes de vanille très agréables. L'équilibre tourne autour de bons tanins, de notes fruitées et épicées.
•⌐ Arnoux et Fils, 84190 Vacqueyras, tél. 04.90.65.84.18, fax 04.90.65.80.07 ☑ ☥ t.l.j. sf dim. 8h-12h 14h-18h

DOM. DE SERVANS
Cuvée du domaine 1995**

■   3 ha   8 000   ■   30 à 50 F

Une cuvée remarquable par son fruité accompagné d'arômes réglissés. Les tanins d'une grande finesse confèrent une réelle harmonie à cette bouteille bien structurée, à boire dès la sortie du Guide.
•⌐ Pierre Granier, av. de Provence, 26790 Tulette, tél. 04.75.98.31.47, fax 04.75.98.31.47 ☑ ☥ r.-v.

CH. SIMIAN 1996**

■   8 ha   42 000   ■⇃   30 à 50 F

Le haut Vaucluse est bien représenté par ce vin tout en harmonie comme la nature qui entoure ce domaine. Sa robe profonde incite à la cuisine des viandes rouges et laisse découvrir au palais une douceur incomparable, le calme après l'orage... A noter également, le **96 Simian élevé six mois en fût** très réussi (une étoile).
•⌐ Jean-Pierre Serguier, Ch. Simian, 84420 Piolenc, tél. 04.90.29.50.67, fax 04.90.29.62.33 ☑ ☥ t.l.j. sf dim. 8h-12h 14h-19h

CUVÉE DES TEMPLIERS 1997*

□   20 ha   25 000   ■⇃   - 30 F

Essentiellement à base de grenache et de bourboulenc, ce blanc de blancs est très typique des côtes du rhône. Son équilibre est plutôt acide, et lui permettra d'honorer vos plateaux de coquillages.
•⌐ Cave La Vigneronne, 84110 Villedieu, tél. 04.90.28.92.37, fax 04.90.28.93.00 ☑ ☥ r.-v.

CH. DU TRIGNON
Cuvée du Bois des Dames 1997**

■   3 ha   15 000   ■   30 à 50 F

La **cuvée principale**, et cette cuvée du Bois des Dames reçoivent chacune deux étoiles. C'est remarquable dans un millésime si sensible. Voisines de Gigondas, les vignes de la propriété ont dû être choyées pour donner autant de puissance aromatique, alcoolique et tannique. Mais il faut laisser ces vins mûrir un peu.
•⌐ SCEA Ch. du Trignon, 84190 Gigondas, tél. 04.90.46.90.27, fax 04.90.46.98.63 ☑ ☥ r.-v.
•⌐ Pascal Roux

DOM. DU VIEUX COLOMBIER 1996*

■   n.c.   33 000   ■⇃   - 30 F

C'est bien fait et c'est à boire : une belle robe, un nez frais aux notes de garrigue et de fruits confits, un bon équilibre en bouche. Elégant et flatteur, riche et gouleyant, ce vin est franc.
•⌐ Jacques Barrière et Fils, Dom. du Vieux Colombier, 30200 Sabran, tél. 04.66.89.98.94, fax 04.66.89.98.94 ☑ ☥ r.-v.

Côtes du rhône-villages

A l'intérieur de l'aire des côtes du rhône, quelques communes ont acquis une notoriété certaine grâce à des terroirs qui produisent des vins (environ 150 000 hl) dont la typicité et les qualités sont unanimement reconnues et appréciées. Les conditions de production de ces vins sont soumises à des critères plus restrictifs en matière notamment de délimita-

Côtes du rhône-villages

tion, rendement et degré alcoolique par rapport à ceux des côtes du rhône.

Il y a d'une part les côtes du rhône-villages pouvant mentionner un nom de commune, seize noms historiquement reconnus et qui sont : Chusclan, Laudun et Saint-Gervais dans le Gard ; Beaumes-de-Venise, Cairanne, Sablet, Séguret, Rasteau, Roaix, Valréas et Visan dans le Vaucluse ; Rochegude, Rousset-les-Vignes, Saint-Maurice, Saint-Pantaléon-les-Vignes et Vinsobres dans la Drôme, et qui recouvrent vingt-cinq communes pour une superficie déclarée de 3 200 ha.

Il y a d'autre part les côtes du rhône-villages sans nom de communes, dont la délimitation vient de s'achever sur le reste de l'ensemble des communes du Gard, du Vaucluse et de la Drôme dans l'aire côtes du rhône.

Soixante-dix communes ont été retenues. Cette délimitation avait pour premier objectif de permettre l'élaboration de vins de semi-garde. Il s'en déclare actuellement 1 800 ha.

DOM. D'AERIA
Cairanne Cuvée Tradition 1995*

| | 2 ha | 6 000 | | 30 à 50 F |

Il vous faudra patienter pour que ce cru s'exprime totalement. Sa robe intense, son nez fermé où l'on devine à peine les fruits cuits et les épices, sa bouche tannique et corsée peuvent étonner aujourd'hui, mais le fruit est bien là, et s'exprimera dans deux ou trois ans.

➤ SCEA Dom. d'Aéria, rte de Rasteau, 84290 Cairanne, tél. 04.90.30.88.78, fax 04.90.30.78.38 ◫ 𝒯 r.-v.

DOM. DE BEAURENARD
Rasteau 1996**

| | 4 ha | 20 000 | | 30 à 50 F |

Terroir, encépagement et vinification traditionnelle n'empêchent pas, lorsqu'ils sont bien compris, d'élever douze mois en fût un millésime 96. Le résultat est remarquable : pourpre intense, la robe séduit autant que le nez aux accents de garrigue. Les tanins très jeunes commencent à se fondre, apportant équilibre et charme à cette bouteille de grand avenir méritant les viandes rouges.

➤ SCEA Paul Coulon et Fils, Dom. de Beaurenard, 84230 Châteauneuf-du-Pape, tél. 04.90.83.71.79, fax 04.90.83.78.06 ◫ 𝒯 t.l.j. 8h-12h 13h30-17h30; groupes sur r.-v.

DOM. DE BELLE-FEUILLE 1997*

| | 7 ha | 11 300 | | 30 à 50 F |

La Belgique et l'Angleterre représentent 50 % du marché de ce beau domaine dont ce vin blanc 97 témoigne de la qualité du travail. Sa couleur vive à reflets verts, sa dominante boisée bien fondue, son volume, le caractère moelleux de la finale fortement boisée en font un vin de petite garde.

➤ Gilbert Louche, Dom. de Belle-Feuille, 30200 Venejan, tél. 04.66.79.27.33, fax 04.66.79.22.82 ◫ 𝒯 t.l.j. sf dim. 8h-20h

DOM. BERTHET-RAYNE
Cairanne Tradition 1996**

| | n.c. | n.c. | | 30 à 50 F |

Deux grands vins blancs proposés par ce domaine qui reçoit deux fois deux étoiles ! La cuvée prestige élevée en fût de chêne neuf, **Castel Mireio 97**, associe citronnelle et notes toastées, excellent témoignage d'une belle vinification moderne. Et cette autre cuvée, jaune d'or à reflets légèrement orangés, offre un nez complexe et intense, fleuri et épicé. En bouche, le vin évolue vers les fruits confits et exotiques. Aromatique, persistante et ronde, une bouteille de charme. En **rouge 96, Castel Mireio, la cuvée prestige** mérite aussi une étoile pour son élégance et l'excellent mariage du fût et du fruit.

➤ M. et A. Berthet-Rayné, rte d'Orange, 84290 Cairanne, tél. 04.90.30.88.15, fax 04.90.30.83.17 ◫ 𝒯 t.l.j. 8h-12h 14h-18h

DOM. DU BOIS DES MEGES 1996*

| | 1,6 ha | 9 500 | | 30 à 50 F |

C'est sur des sols très caillouteux que sont implantés les grenaches qui représentent 85 % de l'assemblage, le mourvèdre le complétant. Ce villages sera vraiment prêt à boire à la sortie du Guide. Il évolue très bien : son nez tout en fruits mûrs allant sur le confit, est élégant. La bouche est belle, avec une longueur qui confirme le nez, ajoutant des notes de coing, de pruneau à l'eau-de-vie. Un vin très bien fait.

➤ Ghislain Guigue, Les Tappys, rte d'Orange, 84150 Violès, tél. 04.90.70.92.95, fax 04.90.70.97.39 ◫ 𝒯 r.-v.

DOM. DE BOISSAN Sablet 1996*

| | 2 ha | 4 000 | | 30 à 50 F |

Ce blanc de macération pelliculaire est présent après huit mois de vieillissement en fût. Les fleurs séchées, les fruits secs et des notes grillées s'expriment au nez. Vif en bouche, ce vin légèrement boisé et de bonne acidité joue sur de jolis arômes bien typiques. Il conviendra à tous les plats de poisson.

➤ Christian Bonfils, Dom. de Boissan, 84110 Sablet, tél. 04.90.46.93.30, fax 04.90.46.99.46 ◫ 𝒯 r.-v.

DOM. BRESSY-MASSON Rasteau 1996*

| | n.c. | 10 000 | | 30 à 50 F |

A boire tout au long du repas, un vin harmonieux au nez très fin de violette et petits fruits rouges. Les tanins très fondus assurent un bel équilibre, laissant poindre une note de cassis.

➤ Marie-France Masson, Dom. Bressy-Masson, rte d'Orange, 84110 Rasteau, tél. 04.90.46.10.45, fax 04.90.46.17.58 ◫ 𝒯 t.l.j. 8h-12h 14h-19h

LA VALLÉE DU RHONE

Côtes du rhône-villages

CAVE DE CAIRANNE
Cairanne Cuvée Antique 1996

■   10 ha   45 000   ❙❙   50 à 70 F

La belle étiquette de la Cave de Cairanne, pour un vin où le boisé et les fruits font bon ménage au nez comme en bouche. Les tanins sont fins. Bien fait et prêt à boire. La cuvée **Réserve des Voconces 96** mérite aussi d'être citée pour ses qualités gustatives.

🍇 Cave de Cairanne, 84290 Cairanne, tél. 04.90.30.82.05, fax 04.90.30.74.03 ☑ ☊ r.-v.

DOM. CHAMFORT Rasteau 1996*

■   1,7 ha   9 300   ❙❙   30 à 50 F

Six mois de fût pour ce 96 assemblant 70 % de grenache à la syrah. La dégustation est très agréable. Bois et raisin sont à leur place, les fruits l'emportant au nez comme en bouche. Les tanins fondus en font un vin prêt à boire.

🍇 Denis Chamfort, La Pause, 84110 Sablet, tél. 04.90.46.95.75, fax 04.90.46.99.84 ☑ ☊ r.-v.

DOM. CHAPOTON Rochegude 1995**

■   10 ha   n.c.   ❙❙   30 à 50 F

Après une visite du château de Suze-la-Rousse, passez par Rochegude et arrêtez-vous au domaine Chapoton pour y déguster ce magnifique *villages* offrant un nez végétal aux nuances de musc et d'épices. Velouté en bouche, ce vin possède beaucoup de complexité aromatique (fruits et épices). Plein et puissant, un 95 qui sera prêt au printemps 99.

🍇 Remusan, Dom. Chapoton, rte du Moulin, 26790 Rochegude, tél. 04.75.98.22.46, fax 04.75.98.22.46 ☑ ☊ r.-v.

DOM. DIDIER CHARAVIN
Rasteau Cuvée Prestige Elevé et vieilli en fût de chêne 1995*

■   n.c.   3 200   ❙❙   30 à 50 F

Le type même du vin souvent recherché : une bouteille de tradition qui sent bon le grenache, exprimant toute sa puissance par un corps bien charpenté, des tanins présents. La finale joue sur les épices.

🍇 Didier Charavin, rte de Vaison, 84110 Rasteau, tél. 04.90.46.15.63, fax 04.90.46.16.22 ☑ ☊ r.-v.

DOM. CLAVEL Chusclan 1997*

■   1,4 ha   4 000   ❙❙   30 à 50 F

Jeune, vraiment jeune, mais il sera prêt à l'automne 98 : la robe est rubis soutenu et le nez très empyreumatique, avec du fruit cuit. Les tanins sont déjà ronds, et les fruits mûrs s'imposent en bouche. Le **blanc 96, cuvée spéciale élevée en fût** est un vin à la mode américaine : un grillé un peu intense cache encore les notes florales. Mais il est harmonieux et mérite son étoile. Prix élevé (70 à 99 F).

🍇 Denis Clavel, rue du Pigeonnier, 30200 Saint-Gervais, tél. 04.66.82.78.90, fax 04.66.82.74.30 ☑ ☊ r.-v.

DOM. DU COLOMBIER Laudun 1995

■   n.c.   20 000   ❙❙   -30 F

Viril, nous dit-on. Traduire par tannique. Le nez et la bouche évoluent cependant sur des arômes tertiaires. Il est préférable de ne pas attendre ce 95 longtemps.

🍇 Cellier de L'Enclave des Papes, B.P. 51, 84602 Valréas Cedex, tél. 04.90.41.91.42, fax 04.90.41.90.21
🍇 Bellegarde

DOM. DE CORIANCON
Vinsobres Cuvée Claude Vallot 1995*

■   2 ha   6 000   ❙❙   30 à 50 F

« Un vin rustique car typé grenache », note le jury. Bien vu, car ce cépage représente en effet 80 % de l'assemblage. Mais il ne manque ni gras ni rondeur à ce vin. Les tanins présents ne cachent pas le fruit. Le nez est épicé, la robe rubis à reflets violacés est d'une incroyable jeunesse.

🍇 François Vallot, Dom. du Coriançon, 26110 Vinsobres, tél. 04.75.26.03.24, fax 04.75.26.44.67 ☑ ☊ t.l.j. sf dim. 9h-12h 14h-19h

DOM. DES COTEAUX DES TRAVERS
Rasteau 1996**

■   4 ha   n.c.   ❙❙   30 à 50 F

Un **Rasteau blanc 97, Cuvée Marine**, assemblage de quatre cépages élevé en fût, reçoit une étoile pour son caractère très particulier, très intéressant, que nous conseillons aux amateurs avertis. Plus traditionnel, ce 96 possède le charme des grands vins. La robe est profonde, le nez délicieux, la bouche bien enveloppée. C'est riche, c'est généreux, c'est bon et à attendre une paire d'années.

🍇 Robert Charavin, 84110 Rasteau, tél. 04.90.46.13.69, fax 04.90.46.15.81 ☑ ☊ t.l.j. sf dim. 9h-12h 14h-18h

CH. COURAC Laudun 1996***

■   0,6 ha   3 300   ❙❙   30 à 50 F

Lui dans les vignes, elle dans la cave : un couple exemplaire si l'on en croit ce vin, lui-même exemplaire ! Construit sur le fruit, sans fard, il est très intense tant dans sa couleur, dans ses arômes (violette, fruits rouges, cassis, réglisse) que dans son équilibre puissant et sa superbe longueur. Il sera prêt pour fêter les Rois mages.

🍇 SCEA Frédéric Arnaud, Ch. Courac, 30330 Tresques, tél. 04.66.82.90.51, fax 04.66.82.94.27 ☑ ☊ r.-v.

DOM. DELUBAC
Cairanne Les Bruneau 1995*

■   3 ha   15 000   ❙❙   30 à 50 F

Bruno et Vincent Delubac disposent d'un beau domaine de 23 ha dont trois sont consacrés à cette cuvée parée de grenat intense. Il faudra attendre ce 95 deux ou trois ans car il est assez fermé (bien que frais au nez) et très tannique. Mais les fruits rouges sont là et la structure est franche, équilibrée.

🍇 Dom. Delubac, Les Charoussans, rte de Carpentras, 84290 Cairanne, tél. 04.90.30.82.40, fax 04.90.30.71.18 ☑ ☊ r.-v.

DOM. DE DEURRE Vinsobres 1996*

■   10 ha   20 000   ❙❙   30 à 50 F

La robe de ce 96 a de beaux reflets violacés, son nez est élégant, avec des notes de fruits rouges. Sa bouche est bien structurée ; ses notes frui-

Côtes du rhône-villages

tées se développent en présence de jolis tanins qui s'assagiront avec une garde de deux à trois ans.
☛ Hubert Valayer, Dom. de Deurre, RD 94, 26110 Vinsobres, tél. 04.75.27.62.66, fax 04.75.27.67.24 r.-v.

DOM. DES ESCARAVAILLES
Rasteau 1995★★

| | 3 ha | 16 000 | | 30 à 50 F |

Un beau domaine de 65 ha et des chais semi-enterrés situés à 4 km de Rasteau (église du XIIᵉ s.). Une cuvaison de vingt et un jours a permis à ce vin né sur sol argilo-calcaire de donner une formidable concentration d'arômes (fruits mûrs, épices, notes animales). Les tanins puissants sont encore très présents. Il faudra laisser au moins deux ans en cave et 95 afin que la riche matière donne le meilleur d'elle-même.
☛ GAEC Ferran et Fils, Dom. des Escaravailles, 84110 Rasteau, tél. 04.90.46.14.20, fax 04.90.46.11.45 r.-v.

DOM. DES ESCOULAIRES
Vinsobres 1996

| | n.c. | n.c. | | 30 à 50 F |

Un domaine distribué par un négociant castelpapal. Il est prêt à être servi, ce vin rouge dont l'harmonie s'affiche tant au nez qu'en bouche ; les arômes laissent poindre une note de réglisse ; l'évolution est agréable.
☛ Caves Saint-Pierre Henry Bouachon, av. Pierre-de-Luxembourg, B.P. 5, 84230 Châteauneuf-du-Pape, tél. 04.90.83.58.35, fax 04.90.83.77.23 t.l.j. sf dim. 8h-18h
☛ H. Vallot

DOM. DE FENOUILLET
Beaumes de Venise Cuvée Yvon Soard 1996★★

| | 1,5 ha | 6 500 | | 30 à 50 F |

Situé à 2 km des Dentelles de Montmirail, ce domaine de 24 ha est réputé produire de très jolis vins. Ce 96 ne démentira pas cette rumeur ! Remarquable par son équilibre, ses tanins fondus, sa robe grenat sombre et sa palette aromatique où l'on retrouve la mûre, les épices, le thym, le romarin et des notes boisées très fines, c'est un vrai villages qui peut se boire ou se faire oublier quatre à cinq ans en cave.
☛ GAEC Patrick et Vincent Soard, Dom. de Fenouillet, allée Saint-Roch, 84190 Beaumes-de-Venise, tél. 04.90.62.95.61, fax 04.90.62.90.67 r.-v.

DOM. DES GIRASOLS Rasteau 1995★

| | 2,8 ha | 16 000 | | 50 à 70 F |

Grenache (66 %), cinsaut (32 %) et mourvèdre composent cette cuvée vieillie en foudre de 50 hl pendant douze mois. Sachant que le sol est argilo-calcaire, vous comprenez l'équilibre et l'élégance de ce vin rubis vif au nez complexe (réglisse, fumée, épices et notes de fruits cuits). Ses tanins fondus invitent à la découverte dès à présent.
☛ Paul Joyet, Dom. des Girasols, 84110 Rasteau, tél. 04.90.46.11.70, fax 04.90.46.16.82 t.l.j. 8h-12h 14h-19h

CH. DU GRAND MOULAS 1996★

| | 10 ha | 30 000 | | 30 à 50 F |

C'est la syrah qui parle le plus dans cet assemblage où elle fait part égale avec le grenache. Ce joli villages, paré d'une robe pourpre, offre un nez d'épices, de réglisse et de fruits rouges en évolution et une bonne structure déjà fondue. A servir sur une viande rouge.
☛ Marc Ryckwaert, Ch. du Grand Moulas, 84550 Mornas, tél. 04.90.37.00.13, fax 04.90.37.05.89 r.-v.

CH. D'HUGUES
Vieilli en fût de chêne 1996★

| | 1 ha | 5 800 | | 30 à 50 F |

Souvenez-vous : leur premier millésime reçut un coup de cœur dans le Guide Hachette 1991. Depuis, leur passion pour la vigne est régulièrement saluée. Ce 96 est vraiment bien fait. Il évolue sur le fruit sans que le bois le domine. Les tanins sont fins, élégants, et les arômes généreux s'ouvrent sur le grillé du fût puis affirment les épices. L'attendre un an ou deux.
☛ Sylviane et Bernard Pradier, Ch. d'Hugues, 84100 Uchaux, tél. 04.90.70.06.27, fax 04.90.70.10.28 t.l.j. 9h-12h 14h-19h; sam. dim. sur r.-v.

DOM. JAUME Vinsobres 1996★

| | 2 ha | 6 000 | | 30 à 50 F |

Une bouteille qui représente bien l'appellation - on ne pouvait pas en attendre moins de ce domaine qui a joué dès 1937 un rôle important dans la reconnaissance de Vinsobres. La robe est profonde et le nez complexe réunit cassis, poivre vert, note animale. La bouche équilibrée, finement tannique mais pleine, finit sur une jolie note de fruits rouges.
☛ Dom. Jaume, 24, rue Reynarde, 26110 Vinsobres, tél. 04.75.27.61.01, fax 04.75.27.68.40 t.l.j. sf dim. 8h-12h 13h30-19h30

CH. LA DECELLE
Valréas Cuvée Saint-Paul 1996

| | 5 ha | 5 000 | | 30 à 50 F |

Syrah et grenache se partagent à parts égales ce 96 vinifié de manière traditionnelle. Une petite superficie de ce domaine de 29 ha est consacrée à cette cuvée équilibrée. Ses parfums de garrigue, de sous-bois, sont très méridionaux. Bien structuré, ce vin présente une finale fruitée fort plaisante.
☛ Ch. La Décelle, rte de Pierrelatte, D 59, 26130 Saint-Paul-Trois-Châteaux, tél. 04.75.04.71.33, fax 04.75.04.56.98 r.-v.
☛ Seroin

DOM. DE LA GUICHARDE
Cuvée Genest 1996

| | n.c. | 20 000 | | 30 à 50 F |

75 % de grenache complété de syrah, cépages nés sur un sol sablonneux-calcaire, donnent ce joli nez très frais, fruité. La bouche ronde et bien structurée permet de boire ce vin dès maintenant pour profiter de son fruité.

LA VALLEE DU RHONE

Côtes du rhône-villages

⦁ Arnaud et Isabelle Guichard, Dom. de La Guicharde, Derboux, 84430 Mondragon, tél. 04.90.30.17.84, fax 04.90.40.05.69 ☑ ⚑ t.l.j. sf dim. 10h-12h 14h-18h

DOM. DE LA JANASSE 1996**

■　　　　　2 ha　　5 000　　🍷 ◀▶　70 à 100 F

Galets roulés sur argile rouge, grenache, syrah, mourvèdre pour un tiers chacun, maîtrise des vinifications et du vieillissement : le domaine de La Janasse produit un côtes du rhône-villages aux arômes complexes (épices, mûre, vanille) enrobés de tanins très fins. Il est conseillé avec des plats en sauce et du gibier.

⦁ EARL Aimé Sabon, 27, chem. du Moulin, 84350 Courthézon, tél. 04.90.70.86.29, fax 04.90.70.75.93 ☑ ⚑ t.l.j. 8h-12h 14h-19h; sam. dim. sur r.-v.

DOM. DE LA MAVETTE Sablet 1996*

■　　　1,5 ha　　8 000　　◀▶　30 à 50 F

Un vin bien typé, né de la vinification traditionnelle du grenache (65 %) et de la syrah complantés sur un sol argilo-calcaire et élevés douze mois en fût. Tout est bien maîtrisé car c'est le fruit qui l'emporte : au nez, très franc, en bouche, équilibrée, ronde. Un très joli vin.

⦁ EARL Lambert et Fils, Dom. de La Mavette, 84190 Gigondas, tél. 04.90.65.85.29, fax 04.90.65.87.41 ☑ ⚑ r.-v.

DOM. LA MONTAGNE D'OR
Séguret 1996

■　　　16,5 ha　　10 000　　🍷 ♦　30 à 50 F

Un vin que l'on ne trouve qu'à la Maison des Vins de l'office de tourisme de Vaison-la-Romaine. Sa robe est framboise, légèrement tuilée. Le nez est très intense, débutant sur des notes de cerise cuite, évoluant vers le cuir. Franc et tannique, ce 96 possède assez de gras et de longueur. Il est prêt.

⦁ Alain Mahinc, La Combe, 84110 Vaison-la-Romaine, tél. 04.90.36.22.42, fax 04.90.36.22.42

DOM. LA SOUMADE
Rasteau Cuvée Confiance 1996***

■　　　　3 ha　　8 000　　◀▶　70 à 100 F

Deux vins exceptionnels sont proposés par ce domaine que nos lecteurs connaissent bien - ou doivent à tout prix découvrir. Une **cuvée Prestige 96** trois étoiles (vingt mille bouteilles entre 50 et 69 F, qui doivent attendre deux à trois ans que le bois se fonde) et cette cuvée Confiance qui témoigne d'un remarquable travail sur l'élevage en fût d'un vin issu de vieilles vignes de cinquante ans. Le bois est très présent par ses notes grillées et vanillées, mais le raisin parle. Plein, bien structuré, élégant quoique puissant, persistant, ce 96 sera admirable dans trois ans.

⦁ André Roméro, Dom. La Soumade, 84110 Rasteau, tél. 04.90.46.11.26, fax 04.90.46.11.69 ☑ ⚑ t.l.j. sf dim. 8h30-11h30 14h-18h

LES VIGNERONS DE LAUDUN
Laudun 1996

　　　　　n.c.　　300 000　　◀▶　-30 F

Vinifiant 760 ha de vignes, cette coopérative propose ici son fer de lance. La robe est rubis brillant. Le nez associe réglisse et petits fruits. La bouche est ronde, fruitée, mais les tanins du bois s'expriment en finale.

⦁ Les Vignerons de Laudun, 105, rte de l'Ardoise, 30290 Laudun, tél. 04.66.90.55.20, fax 04.66.90.55.21 ☑ ⚑ r.-v.

DOM. CATHERINE LE GŒUIL
Cairanne 1996*

　　　　　n.c.　　45 000　　🍷 ♦　30 à 50 F

A boire ou à mettre en cave, un Cairanne puissant et équilibré, aux odeurs champêtres. Le bouquet mêle fruits à l'eau-de-vie et épices. La robe profonde séduit.

⦁ Dom. Catherine Le Gœuil, 84290 Cairanne, tél. 04.90.30.82.38, fax 04.90.30.76.56 ☑ ⚑ t.l.j. sf dim. 8h30-12h 15h-17h30

DOM. LES HAUTES CANCES
Cairanne Cuvée Tradition 1995

■　　　　1 ha　　5 000　　🍷 ♦　30 à 50 F

Un **rosé 97** et ce 95 sont sélectionnés par nos dégustateurs très exigeants. Celui-ci est viril, mais noble dans sa rusticité. Cuir, réglisse et poivre campent le personnage. Les tanins très présents ont besoin de se fondre. Dans deux ans, un civet lui conviendra.

⦁ SCEA Achiary-Astart, quartier Les Travers, 84290 Cairanne, tél. 04.90.30.76.14, fax 04.90.38.65.02 ☑ ⚑ r.-v.

LES QUATRE CHEMINS Laudun 1997

□　　　　4 ha　　15 000　　🍷 ♦　30 à 50 F

Les vins blancs sont l'une des spécialités de cette coopérative. Ce 97 est bien fait, portant une couleur or soutenu, et arborant un nez puissant très floral. La bouche, assez chaleureuse mais fraîche, égrène des notes d'abricot, d'agrumes, de fruits exotiques. Cette bouteille accompagnera une viande blanche.

⦁ Cave des Quatre-Chemins, 30290 Laudun, tél. 04.66.82.00.22, fax 04.66.82.44.26 ☑ ⚑ t.l.j. sf dim. 8h-12h 14h-18h

DOM. DE LINDAS
Chusclan Cuvée Royale 1995*

■　　　　2 ha　　5 000　　◀▶　70 à 100 F

Etiquette bleue fleurdelisée pour cette cuvée Royale aux parfums charmeurs de myrtille, de cassis et de toutes sortes de fruits rouges. Les tanins fins, nobles, définissent une jolie bouche réglissée et fruitée. A boire dès cet hiver.

⦁ Jean-Claude Chinieu, rte de Pont-Saint-Esprit, 30201 Bagnols-sur-Cèze, tél. 04.66.89.88.83, fax 04.66.89.65.70 ☑ ⚑ r.-v.

DOM. DE L'OLIVIER 1996

| 1 ha | 4 800 |

Peut-on dire d'un côtes du rhône-villages qu'il est typé bois de chêne ? C'est ce qu'a noté un dégustateur qui attendait davantage de fruit. Lorsque le boisé sera atténué (vers Pâques 99 ?), on retrouvera les caractères de la syrah et du grenache qui composent à parts égales cette cuvée.
🍷 Bastide, 1, rue de la Clastre, 30210 Saint-Hilaire-d'Ozilhan, tél. 04.66.37.12.43 ✓ ⟂ r.-v.

DOM. DE L'ORATOIRE SAINT-MARTIN
Cairanne Haut-Coustias 1996*

| 5 ha | 10 000 |

Ce domaine, créé en 1692, a proposé un **Cairanne blanc 96 Haut-Coustias** élevé douze mois en fût, pas très typique mais réussi, mêlant grillé et notes d'acacia. Le jury a préféré cette même cuvée en rouge, agréable au nez et en bouche avec des notes d'épices, de réglisse, de cuir avec une pointe de grillé. C'est un vin très bien fait. Son excellent potentiel permettra de le faire vieillir pendant cinq ans, mais les amateurs de vins boisés l'apprécieront dès à présent.
🍷 Frédéric et François Alary, rte de Saint-Roman, 84290 Cairanne, tél. 04.90.30.82.07, fax 04.90.30.74.27 ✓ ⟂ t.l.j. sf dim. 8h-12h 14h-19h

CH. MONGIN 1996*

| 4 ha | 15 000 |

Le lycée viticole d'Orange dispose d'un domaine de 20 ha. Son *villages*, né sur sol argilo-calcaire, est franc et bien fait. Pruneau, truffe et épices accompagnent les fruits des bois. Il a de la matière, mais tout en rondeur et longueur. C'est élégant, facile à marier à toutes sortes de plats, aujourd'hui ou dans deux ans.
🍷 Lycée viticole d'Orange, 2260, rte du Grès, 84100 Orange, tél. 04.90.51.48.04, fax 04.90.51.48.20 ✓ ⟂ r.-v.

DOM. DU MOULIN Vinsobres 1996*

| 5 ha | 20 000 |

Denis Vinson possède un domaine d'une vingtaine d'hectares ; sa femme a laissé son tablier de pharmacienne pour travailler avec lui. A proposé un joli **blanc 97** dans cette AOC, retenu sans étoile, et cette cuvée que la barrique accompagne avec élégance. Robe profonde, nez de vanille, d'épices mais aussi de fruits noirs. La bouche, équilibrée, structurée comme il faut, présente une longueur prometteuse.
🍷 Denis Vinson, Dom. du Moulin, 26110 Vinsobres, tél. 04.75.27.65.59, fax 04.75.26.63.92 ✓ ⟂ t.l.j. 8h-12h 13h30-19h; dim. sur r.-v.

OGIER Cairanne 1995*

| n.c. | 27 000 |

Ogier possède une immense cave d'élevage dont les foudres ont, entre autres crus, élevé ce Cairanne à servir dès maintenant sur un filet de porc aux petits légumes. Certes sa couleur a évolué, et le nez est tourné vers les fruits cuits, mais la bouche est soyeuse, riche d'épices et d'écorce d'orange. Un 95 friand, velouté, agréable à table.
🍷 SA Ogier, 10, bd Pasteur, 84230 Châteauneuf-du-Pape, tél. 04.90.39.32.32, fax 04.90.83.72.51 ✓ ⟂ t.l.j. sf sam. dim. 9h-17h

DOM. DE PERILLIERE 1996**

| 10 ha | 40 000 |

Située à 5 km du pont du Gard, cette cave propose une cuvée magistrale, née sur des galets roulés. Sa robe pourpre profonde plaide d'emblée pour elle. La suite ne déçoit jamais : nez de fruits rouges mûrs, bouche franche, aux tanins enveloppés, aromatique et longue. Riche, généreux, un vin d'une très belle typicité.
🍷 Cave des Vignerons d'Estézargues, 30390 Estézargues, tél. 04.66.57.03.64, fax 04.66.57.04.83 ✓ ⟂ t.l.j. sf dim. 8h-12h 14h-18h

DOM. DU PRIEURE SAINT JUST
Seguret 1995*

| 1,5 ha | 2 000 |

Après avoir flâné dans les rues de Seguret, magnifique village provençal, faites une halte à ce domaine pour y déguster ce vin aux saveurs méridionales de garrigue et de truffe. Les tanins fins et la finale de fruits rouges incitent à le boire.
🍷 GAEC Dom. du Prieuré Saint Just, rte de Vaison-la-Romaine, 84110 Seguret, tél. 04.90.46.17.71, fax 04.90.46.17.71 ✓ ⟂ t.l.j. 9h-12h 14h-19h
🍷 Goliard-Montjean

DOM. DES QUAYRADES 1996*

| 1,5 ha | 8 000 |

L'harmonie générale de ce 96 est belle. Sa conservation peut être de cinq ans et il est recommandé sur un rôti de bœuf aux cèpes. Fruits macérés et épicés forment le nez. La bouche, ronde, agréable, possède de jolis tanins. Un négociant qui a fait le bon choix.
🍷 Pascal, rte de Gigondas, 84190 Vacqueyras, tél. 04.90.65.85.91, fax 04.90.65.89.23 ✓ ⟂ r.-v.

CH. REDORTIER Beaumes-de-Venise 1997

| 1 ha | 3 000 |

Saumonée et vive est sa couleur. Les fleurs et les petits fruits forment le nez. Fin, fruité, bien construit, ce rosé est prêt à boire.
🍷 GAEC de Menthon, Ch. Redortier, 84190 Suzette, tél. 04.90.62.96.43, fax 04.90.65.03.38 ✓ ⟂ t.l.j. 10h-12h 14h-19h

DOM. SAINTE-ANNE
Cuvée Notre-Dame des Cellettes 1996***

| 4 ha | 22 000 |

Ce domaine est exceptionnel. Même lorsque le millésime est difficile, il réussit à faire l'unanimité, tant sur la note que sur le coup de cœur. Disposant d'un beau terroir de grès calcaire et de vignes maintenant âgées de trente ans, maîtres dans les méthodes de vinification, les Steinmaier ont assemblé pour cette cuvée 60 % de grenache à 30 % de syrah et 10 % de mourvèdre. Ce vin enchante le jury dès le premier regard sur la robe sombre aux reflets violets. Quelle palette d'arômes ! Fruits rouges, épices, notes animales et senteurs de garrigue où le thym joue sa gamme. La

LA VALLÉE DU RHONE

Côtes du rhône-villages

bouche retrouve cette grande concentration aromatique dans une architecture équilibrée, aux tanins très fins et fondus. Un vrai *villages*, un grand vin à ouvrir en l'an 2000 et de bonne garde.

☛ EARL Dom. Sainte-Anne, Les Cellettes, 30200 Saint-Gervais, tél. 04.66.82.77.41, fax 04.66.82.74.57 ☑ ☎ t.l.j. sf dim. 9h-11h 14h-18h
☛ Steinmaier

CH. SAINT-ESTEVE D'UCHAUX
Vieilles vignes 1995**

| ■ | n.c. | n.c. | 🍷 | 70 à 100 F |

60 % de syrah assemblés au grenache dont l'âge moyen est de trente-cinq ans, élevés douze mois en barrique, donnent ce magnifique vin, riche, complexe, harmonieux. Certes le boisé est très présent (vanille, notes grillées) mais il est bien fondu, ne masquant pas le fruit.
☛ Ch. Saint-Estève d'Uchaux, 84100 Uchaux, tél. 04.90.40.62.38, fax 04.90.40.63.49 ☑ ☎ t.l.j. sf dim. 9h-12h 14h-18h
☛ Gérard et Marc Français

DOM. SAINT ETIENNE 1996*

| ■ | 1,5 ha | 6 000 | 🍷 | 30 à 50 F |

Est-ce le millésime ou une nouvelle façon de travailler ? Ce producteur offre un vin plaisant, plus ouvert que ne le sont habituellement ces cuvées au même âge. Il est déjà très fruité, doté d'une structure tannique légère et prêt à être consommé.
☛ Michel Coullomb, 26, fg du Pont, 30490 Montfrin, tél. 04.66.57.50.20, fax 04.66.57.22.78 ☑ ☎ r.-v.

LES VIGNERONS DE SAINT-GERVAIS Saint-Gervais 1995*

| ■ | 40 ha | 20 000 | 🍷 | -30 F |

Vivement recommandé par le jury, un Saint-Gervais paré d'une robe profonde, qui exhale un joli parfum de griotte. Très élégant en bouche, il déroule son parcours sur des tanins fondus, toujours accompagnés de fruits rouges. La finale est réglissée. Un vin prêt à boire.
☛ Cave des Vignerons de Saint-Gervais, Le Village, 30200 Saint-Gervais, tél. 04.66.82.77.05, fax 04.66.82.78.85 ☑ ☎ r.-v.

CH. SAINT-MAURICE
Laudun Cuvée Vicomte de Joyeuse 1996

| ■ | 15 ha | 50 000 | 🍷 | 30 à 50 F |

Un grand château, un vaste domaine (100 ha), une sélection parcellaire, des vignes de quarante-cinq ans et une légère domination (60 %) de grenache sur la syrah. La robe est vive à reflets pourpres. Les fruits rouges règnent sur l'ensemble qui est gras, bien structuré. C'est bien fait, c'est plaisant, c'est à boire.
☛ SCA Ch. Saint-Maurice, RN 580, l'Ardoise, 30290 Laudun, tél. 04.66.50.29.31, fax 04.66.50.40.91 ☑ ☎ t.l.j. sf dim. 8h-12h 13h30-19h

CAVE DES VIGNERONS DE SAINT VICTOR Laudun 1997**

| □ | n.c. | 8 500 | 🍷 | -30 F |

Félicitons cette cave pour son remarquable Laudun blanc de couleur jaune paille à reflets dorés. Le nez intense est flatteur (fleurs et fruits blancs). La bouche joue sur la pêche-abricot, affirmant un bel équilibre entre l'alcool et l'acidité. Une harmonie onctueuse. La cuvée **rouge Laudun 96** reçoit également deux étoiles. C'est un excellent vin aux tanins fondus et persistants, prêt à boire, et à moins de 30 F. Voilà ce que donne une excellente sélection de terroirs.
☛ Cave des Vignerons de Saint-Victor-la-Coste, 30290 Saint-Victor-la-Coste, tél. 04.66.50.02.07, fax 04.66.50.43.92 ☑ ☎ t.l.j. sf dim. 9h-12h 14h-18h; sam. 9h-12h

ANDEOL SALAVERT
Réserve des Chapelains 1996**

| ■ | n.c. | n.c. | 🍷 | -30 F |

Un **Seguret 96 Andeol Salavert** très réussi (une étoile), portant bien haut la marque de cette maison de négoce, épanoui, et à moins de 30 F, et cette Réserve des Chapelains, marque déposée, remarquable par sa robe grenat et surtout par son nez superbe de réglisse, épices et fruits. Elégants, les tanins souples invitent à y revenir, mais cette bouteille se portera aussi très bien en cave pendant cinq ans.
☛ Caves Salavert, Les Mûres, rte de Saint-Montan, 07700 Bourg-Saint-Andéol, tél. 04.75.54.77.22, fax 04.75.54.47.91

CH. SIGNAC 1996**

| ■ | n.c. | 27 000 | 🍷 | 30 à 50 F |

La Dent de Signac est un promontoire qui domine la vallée à 250 m d'altitude. Elle a donné son nom à la vieille ferme qui a planté ses vignes sur un sol silico-argileux exposé au levant. Tout cela est joliment représenté sur l'étiquette. Voici un vin remarquable par l'élégance et l'harmonie de ses tanins soyeux et de ses notes épicées et de fruits rouges. Puissant et riche, il atteindra sa plénitude dans un an ou deux.
☛ Ch. Signac, rte d'Orsan, 30200 Bagnols-sur-Cèze, tél. 04.66.89.58.47, fax 04.66.89.58.47 ☑ ☎ r.-v.

SIMIAN 1996*

| ■ | n.c. | 3 000 | 🍷 | 30 à 50 F |

Rubis à reflets violacés, un vin de marque très réussi : le nez aux nuances de violette et de groseille annonce une bouche bien fruitée, reposant sur des tanins fondus. Agréable.
☛ Jean-Pierre Serguier, Ch. Simian, 84420 Piolenc, tél. 04.90.29.50.67, fax 04.90.29.62.33 ☑ ☎ t.l.j. sf dim. 8h-12h 14h-19h

Côte rôtie

CH. DU TRIGNON Sablet 1996**

| | 12 ha | 60 000 | | 30 à 50 F |

Comment se jouer d'un millésime difficile ? Par une sélection des meilleurs raisins. Le résultat est superbe : couleur intense, nez de truffe, de fruits mûrs et de notes animales (les arômes sont en cours d'évolution). Puissant, capiteux, long, ce vin est prêt pour un civet de sanglier ou une omelette aux truffes.

Ch. du Trignon, 84190 Gigondas, tél. 04.90.46.90.27, fax 04.90.46.98.63 ☑ 𝕐 r.-v.
Pascal Roux

Côte rôtie

Situé à Vienne, sur la rive droite du fleuve, c'est le plus ancien vignoble de la Vallée du Rhône. Il représente 191 ha de production, répartis entre les communes d'Ampuis, Saint-Cyr-sur-Rhône et Tupins-Sémons. La vigne est cultivée sur des coteaux très abrupts, presque vertigineux. Et si l'on peut distinguer la Côte Blonde et la Côte Brune, c'est en souvenir d'un certain seigneur de Maugiron, qui aurait, par testament, partagé ses terres entre ses deux filles, l'une blonde, l'autre brune. Notons que les vins de la Côte Brune sont les plus corsés, ceux de la Côte Blonde les plus fins.

Le sol est le plus schisteux de la région. Les vins sont uniquement des rouges, obtenus à partir du cépage syrah, mais aussi du viognier, dans une proportion maximale de 20 %. Le vin de côte rôtie est d'un rouge profond, et offre un bouquet délicat, fin, à dominante de framboise et d'épices, avec une touche de violette. D'une bonne structure, tannique et très long en bouche, il a indéniablement sa place au sommet de la gamme des vins du Rhône et s'allie parfaitement aux mets convenant aux grands vins rouges.

DOM. GILLES BARGE Côte Brune 1996*

| | 1,2 ha | 5 000 | | 100 à 150 F |

À côté d'une très honorable **Cuvée du Plessy 96**, le domaine propose une Côte Brune qui obtient tous les suffrages : elle a passé vingt-quatre mois en fût mais celui-ci ne marque pas le vin qui conserve tout son fruité. La groseille bien mûre ouvre le ban, flatteuse. Le côté animal donné par la syrah apparaît ensuite, accompagné de notes de cuir. Équilibrée et bien fondue, la bouche séduit.

Gilles Barge, 8, bd des Allées, 69420 Ampuis, tél. 04.74.56.13.90, fax 04.74.56.10.98 ☑ 𝕐 t.l.j. sf dim. 9h-12h 14h-19h

MICHEL BERNARD 1996*

| | n.c. | n.c. | | 70 à 100 F |

Sélectionnés chez les vignerons, les vins de Michel Bernard ont été bien élevés. Le résultat est parlant : un nez de fruits rouges très mûrs liés à un léger boisé, puis un bouquet épices-vanille particulièrement chaleureux. La concentration est mise en avant et cela est extrêmement sensible dans ce millésime : les tannins très présents exigent quelques années de garde.

Domaines Michel Bernard, quartier Sommelongue, 84100 Orange, tél. 04.90.11.86.86, fax 04.90.34.87.30 𝕐 r.-v.

DE BOISSEYT Côte Blonde 1996

| | 0,8 ha | 2 800 | | 100 à 150 F |

Didier Chol a fêté le bicentenaire de sa propriété en décembre 1997. Ses vignes, âgées de cinquante-huit ans, sont implantées sur argile et schiste. En 1996, la syrah assemblée à 15 % de viognier donne une jolie couleur grenat à cette Côte Blonde. L'âge des vignes et l'expérience sont là pour vous servir ce bouquet intense de cerise cuite. L'élevage en fût, assez long, apparaît surtout en bouche. Mais la matière, d'une belle concentration, transparaît : une évolution de quelques années mariera le tout avec bonheur.

de Boisseyt-Chol, RN 86, 42410 Chavanay, tél. 04.74.87.23.45, fax 04.74.87.07.36 ☑ 𝕐 t.l.j. sf dim. 9h-12h 14h-18h ; f. 15 août-10 sept.
Didier Chol

PATRICK ET CHRISTOPHE BONNEFOND 1996

| | 4 ha | 12 000 | | 70 à 100 F |

Des vignes de vingt-cinq ans d'âge et quinze mois de fût pour la cuvée principale de ce domaine. De douces épices sur fond de vanille mettent en appétit. Bien que le bois domine actuellement la dégustation, la finesse des tannins et surtout la rondeur de cette syrah permettent de recommander ce vin sans hésitation. La patience sera récompensée.

Patrick et Christophe Bonnefond, Mornas, 69420 Ampuis, tél. 04.74.56.12.30, fax 04.74.56.17.93 ☑ 𝕐 t.l.j. sf dim. 9h-19h

PATRICK ET CHRISTOPHE BONNEFOND Les Rochains 1996

| | 1 ha | 3 000 | | 100 à 150 F |

Élaborée avec des vignes de syrah d'un demi-siècle et élevée dix-huit mois en fût, cette cuvée « Les Rochains » offre un nez fin, dans un style un peu végétal qui apporte une jolie fraîcheur en bouche. Ce vin brille surtout par son élégance, même si les tannins doivent encore attendre quelques mois.

Patrick et Christophe Bonnefond, Mornas, 69420 Ampuis, tél. 04.74.56.12.30, fax 04.74.56.17.93 ☑ 𝕐 t.l.j. sf dim. 9h-19h

DOM. DE BONSERINE Côte Brune 1996

| | 10 ha | 54 000 | | 100 à 150 F |

Un peu campée comme une tour de garde - à l'image de ce vignoble adossé aux ruines des pre-

LA VALLÉE DU RHONE

Côte rôtie

mières fortifications d'Ampuis - l'architecture de ce vin est très présente. Les arômes de feuilles et de genévrier, plutôt agréables, mènent au-delà du rempart tannique pour découvrir une alliance syrah-viognier (5 %) fort sympathique.

🍇 Dom. de Bonserine, 2, chem. de la Viallière, Verenay, 69420 Ampuis, tél. 04.74.56.14.27, fax 04.74.56.18.13 ■ ▼ t.l.j. sf dim. 9h-18h

LAURENT-CHARLES BROTTE 1996

| | 0,4 ha | n.c. | 150 à 150 F |

Une robe grenat limpide, un nez de cuir encore un peu fermé, voici ce côte rôtie à mettre en cave un an ou deux, même si ses tanins fondus participent au bon équilibre général.

🍇 Laurent-Charles Brotte, rte d'Avignon, 84230 Châteauneuf-du-Pape, tél. 04.90.83.70.07, fax 04.90.83.74.34 ■ ▼ r.-v.

BERNARD BURGAUD 1996**

| | 4 ha | 14 000 | 100 à 150 F |

Coup de cœur l'an dernier avec son 94, déjà très bien noté auparavant, Bernard Burgaud est une valeur sûre de l'AOC. Voyez ce millésime difficile : notes animales, cuir, senteurs de garrigue, épices... le nez n'a pas tout livré. Nos dégustateurs n'ont pu évaluer la part de la vigne et la part de l'homme mais ils ont apprécié la belle rondeur de ce côte rôtie gras, ses tanins charnus et son boisé déjà très fondu.

🍇 Bernard Burgaud, Le Champin, 69420 Ampuis, tél. 04.74.56.11.86, fax 04.74.56.13.03 ■ ▼ r.-v.

M. CHAPOUTIER 1995*

| | n.c. | 30 000 | 150 à 200 F |

Nos lecteurs connaissent cette célèbre maison de Tain-l'Hermitage, qui a proposé un beau 95 au boisé discret, particulièrement agréable, lié à des notes de torréfaction (café, cacao) et de réglisse, le tout relayé en bouche par des épices. Ce vin est structuré et équilibré comme cela se doit pour cette appellation, mais nos dégustateurs ne se sont vraiment extasiés que sur les tanins : du velours, de la soie... Ce côte rôtie, déjà très agréable, peut encore se bonifier en vieillissant, si vous avez la patience de l'attendre ! Il devrait être superbe lors de ses dix ans...

🍇 M. Chapoutier, 18, av. Docteur-Paul-Durand, 26600 Tain-l'Hermitage, tél. 04.75.08.28.65, fax 04.75.08.81.70 ■ ▼ r.-v.

CUILLERON Coteau de Bassenon 1996

| | 1,2 ha | 6 000 | 100 à 150 F |

La robe de belle couleur devance un nez encore un peu fermé. En revanche, la dégustation vous laissera un palais tapissé par de fins tanins. De concentration moyenne, ce Coteau a surtout une parfaite élégance acquise grâce à un boisé de bonne facture.

🍇 Yves Cuilleron, Verlieu, 42410 Chavanay, tél. 04.74.87.02.37, fax 04.74.87.05.62 ■ ▼ t.l.j. sf dim. 8h-12h 13h30-19h ; f. 15-30 août

DELAS FRERES
Seigneur de Maugiron 1996*

| | 5 ha | 20 000 | 150 à 200 F |

Parée d'une très jolie robe pourpre profond, annoncée par un nez intense, la syrah porte ici ses plus beaux atours. Des fruits rouges (cerise, mûre), des notes boisées et épicées se révèlent tout au long de la dégustation procurant un plaisir sans cesse renouvelé. La bouche est veloutée et présente une harmonie superbe où la belle matière et les notes boisées sont bien assorties.

🍇 Delas Frères, Z.A. de l'Olivet, 07300 Saint-Jean-de-Muzols, tél. 04.75.08.60.30, fax 04.75.08.53.67 ■ ▼ r.-v.

DUCLAUX 1995*

| | 4 ha | 15 000 | 70 à 100 F |

La construction d'une nouvelle cave est-elle responsable de cette grande réussite ? La timidité du nez (défaut de jeunesse) est bien compensée par sa richesse : épices, fruits macérés, cannelle, boisé... La matière est superbe, et ce bon potentiel mérite impérativement un vieillissement.

🍇 Edmond et David Duclaux, RN 86, 69420 Tupin-et-Semons, tél. 04.74.59.56.30, fax 04.74.56.64.09 ■ ▼ t.l.j. sf mer. dim. 9h-19h

PHILIPPE FAURY 1996*

| | 0,4 ha | 2 000 | 100 à 150 F |

Pas de doute, il s'agit bien d'un 96. Celui-ci, né de très jeunes vignes, a été remarqué pour ses arômes floraux intenses, notamment de violette. La bouche agréable et équilibrée a la finesse et l'élégance des grands mais l'évolution devrait être assez rapide ; vous pouvez presque le boire dès cet hiver.

🍇 Philippe Faury, La Ribaudy, 42410 Chavanay, tél. 04.74.87.26.00, fax 04.74.87.05.01 ■ ▼ r.-v.

J.-M. GERIN Champin le Seigneur 1996

| | 4 ha | 18 000 | 100 à 150 F |

Plusieurs fois coup de cœur, dont l'an dernier pour cette même cuvée en millésime 95, Jean-Michel Gérin est une valeur sûre en côte rôtie. Le 96 développe déjà un nez intense mariant fruits rouges, fruits noirs, épices, violette, vanille, etc. Cette richesse ne se retrouve pas aujourd'hui en bouche, mais les dégustateurs ont déjà perçu l'évolution des tanins bien fondus qui en font un vin charmeur. Soyez rassuré : harmonieux et charnu, ce vin devrait beaucoup progresser dans les années à venir.

🍇 Jean-Michel Gerin, 19, rue de Montmain, Vérenay, 69420 Ampuis, tél. 04.74.56.16.56, fax 04.74.56.11.37 ■ ▼ r.-v.

E. GUIGAL Côte Brune et Blonde 1995**

| | n.c. | n.c. | 100 à 150 F |

La cuvée principale de Guigal en côte rôtie, et non pas les cuvées Prestige, La Mouline ou La Landotte, aussi rares que la Romanée-Conti ! Ne boudons pas notre plaisir car le jury a adoré ce 95 paré d'une robe de velours grenat profond « qui demande le recueillement ». Le nez envoûte par ses notes de mûre confite mêlées à un côté animal qui s'éveille. Les tanins sont présents, encore jeunes, et la longueur confirme que nous avons affaire à un vin de longue garde.

🍇 Marcel Guigal, RN 86, 69420 Ampuis, tél. 04.74.56.10.22 ■

Côte rôtie

JEAN-PAUL ET JEAN-LUC JAMET 1995*
6 ha — n.c. — 100 à 150 F

Rustique pour les uns, viril pour les autres, un 100 % syrah à coup sûr, affirme le jury. Il ne se trompe pas : fruité et épicé (poivre), le nez livre également quelques notes de marc. L'attaque en bouche est souple, puis les tanins se révèlent assez pointus, enfin la finale se profile, particulièrement chaleureuse. Typique du côte rôtie par sa matière, ce 95 gagnera beaucoup à être attendu, au moins quatre ou cinq ans.
- Dom. Jean-Paul et Jean-Luc Jamet, Le Vallin, 69420 Ampuis, tél. 04.74.56.12.57, fax 04.74.56.02.15 ☑ ⌇ r.-v.

LA BROCARDE 1996*
n.c. — 1 200 — 100 à 150 F

L'intensité de la robe annonce ici celle du nez : très agréable, il est constitué d'un subtil assemblage de notes boisées, de fruits noirs très mûrs et de réglisse. Si certains, notant la longueur en bouche, restent dans l'expectative en attendant son évolution, d'autres sont formels : ce côte rôtie est suave, charnu en bouche, avec des tanins fins mais présents. Il a tout pour être très réussi.
- François Villard, 42410 Saint-Michel-sur-Rhône, tél. 04.74.53.11.25, fax 04.74.53.38.32 ☑ ⌇ r.-v.

LA CHATILLONNE Côte Blonde 1995*
1 ha — 3 300 — 150 à 200 F

La Châtillonne, une Côte Blonde qui a de la matière et du caractère. Nos dégustateurs ont pu assister à la naissance d'un bouquet de fruits confits, de griotte, d'épices, de fruits macérés, de torréfaction... Un moment d'émotion que vous pourrez vivre et revivre encore longtemps. Mais dès aujourd'hui, goûtez ces tanins soyeux, ce velouté qui cependant ne manquera pas de relief.
- Dom. J. Vidal-Fleury, 19, rte de la Roche, 69420 Ampuis, tél. 04.74.56.10.18, fax 04.74.56.19.19 ☑ ⌇ r.-v.

LA SERINE 1994
n.c. — 18 000 — 70 à 100 F

Les Caves des Papes sont nées de la fusion, en 1980, de la maison Ogier fondée en 1859 avec la maison Bessac. La robe a la brillance et la maturité de son âge, tout comme le nez : le bouquet est en train d'éclore : fruits confits, épices, musc. Déjà très harmonieux en bouche, il laisse la souplesse et l'équilibre tanin-alcool procurer un plaisir simple mais certain. Pour accompagner un filet de bœuf dès maintenant.
- Caves des Papes, 10, bd Louis-Pasteur, 84230 Châteauneuf-du-Pape, tél. 04.90.39.32.32, fax 04.90.83.72.51 ☑ ⌇ t.l.j. sf sam. dim. 9h-17h

DOM. LES MOUTONNES 1994*
1,05 ha — 5 000 — 100 à 150 F

Ouvert, bien sûr il l'est, mais ce 94 présente encore une certaine jeunesse par ses arômes de fruits rouges (mûre, framboise) que la maturité a intensifiés et agrémentés de notes épicées et mentholées. Tout un bouquet est repris en chœur en finale de dégustation. La matière a elle aussi évolué pour donner un ensemble bien équilibré dont le charme réside dans le fondu des tanins.
- Cellier de L'Enclave des Papes, B.P. 51, 84602 Valréas Cedex, tél. 04.90.41.91.42, fax 04.90.41.90.21
- Louis Drevon

B. LEVET 1996**
3,5 ha — 12 000 — 70 à 100 F

S'il n'a pas obtenu de coup de cœur comme pour son 92, c'est sans doute dû à ce millésime 96. La complexité du nez est au rendez-vous (réglisse, poivre vert), tout comme la concentration en bouche. La cinquantaine d'années du vignoble confère à ce vin son charme et une amplitude superbe. Ajoutez à cela la finesse des tanins et la longue persistance aromatique. Un très beau côte rôtie dont la longévité pourrait être rare pour un 96.
- Bernard Levet, 26, bd des Allées, 69420 Ampuis, tél. 04.74.56.15.39, fax 04.74.56.19.75 ☑ ⌇ r.-v.

GABRIEL MEFFRE
Côte Brune et Blonde 1996
n.c. — 3 000 — 100 à 150 F

Un assemblage de la « Brune » et de la « Blonde », au nez encore jeune, flatteur par ses notes de petits fruits rouges mais aussi complexe par ses nuances épicées-boisées. Le bon équilibre tanin-gras et l'harmonie générale semblent très intéressants. Ce vin nécessite une bonne aération avant dégustation : il devrait rapidement (d'ici deux ou trois ans) pouvoir être servi.
- Gabriel Meffre, 84190 Gigondas, tél. 04.90.12.32.42, fax 04.90.12.32.49

MICHEL OGIER 1996**
2 ha — 10 000 — 70 à 100 F

Michel Ogier vendait ses récoltes à Guigal. En 1982, il a commencé à vinifier. Le résultat est probant. Bien qu'en très faible proportion, la présence de viognier a été ressentie favorablement. Si le premier contact semble accrocheur, la qualité appréciée tout au long de la dégustation traduit un vin d'une grande harmonie. Les sensations se succèdent et ne vous laissent jamais regretter les précédentes. Un goût de « revenez-y », tant la longueur séduit ; mais il serait plus sage de le garder encore en cave.
- Dom. Michel Ogier, 3, chem. du Bac, 69420 Ampuis, tél. 04.74.56.10.75, fax 04.74.56.01.75 ☑ ⌇ r.-v.

DOM. DE ROSIERS 1996
6,55 ha — 30 000 — 100 à 150 F

Il n'est pas de rosiers sans épines, mais il existe des tanins sans aspérité. Quelle belle structure ! Les notes de fruits confits et d'épices en bouche sont devancées par un cocktail odorant très harmonieux (fruits noirs, pruneau, torréfaction). Ce vin déjà agréable a, en plus, du caractère et une belle matière qui devrait s'affiner dans les années à venir.
- Louis Drevon, 3, rue des Moutonnes, 69420 Ampuis, tél. 04.74.56.11.38, fax 04.74.56.13.00 ☑ ⌇ r.-v.

Condrieu

Le vignoble est situé à 11 km au sud de Vienne, sur la rive droite du Rhône, sur des sols granitiques. Seuls les vins provenant uniquement du cépage viognier peuvent bénéficier de l'appellation. L'aire d'appellation, répartie sur sept communes et trois départements, n'a qu'une superficie de 93 ha. Ces caractéristiques contribuent à donner au condrieu une image de vin très rare. Blanc, il est riche en alcool, gras, souple, mais avec de la fraîcheur. Très parfumé, il exhale des arômes floraux - où domine la violette - et des notes d'abricot. Un vin unique, exceptionnel et inoubliable, à boire jeune (sur toutes les préparations à base de poisson), mais pouvant se développer en vieillissant. Il apparaît depuis peu une production de vendanges tardives avec des tries successives des raisins (allant parfois jusqu'à huit passages par récolte).

PATRICK ET CHRISTOPHE BONNEFOND Côte Chatillon 1997*

| | 1 ha | 3 000 | | 100 à 150 F |

« L'union fait la force », dit-on. Ici, deux frères se sont associés en 1990 pour continuer d'exploiter le domaine familial. Bien leur en prit si l'on en juge par ce beau vin long et riche. La vinification en barrique, bien maîtrisée, met en valeur la délicatesse du boisé. Le nez est d'une grande complexité : retrouvez avec nous l'abricot sec, l'acacia, les épices douces, la vanille. La bouche est souple à l'attaque puis évolue sur une structure moelleuse. Superbe longueur. Pour des poissons à chair délicate.
➥ Patrick et Christophe Bonnefond, Mornas, 69420 Ampuis, tél. 04.74.56.12.30, fax 04.74.56.17.93 ☑ ⌇ t.l.j. sf dim. 9h-19h

DOM. DU CHENE 1996

| | 3,5 ha | 10 700 | | 100 à 150 F |

Un domaine de 14 ha que les Rouvière conduisent depuis 1985. Leur condrieu, dont un dégustateur a noté la parfaite typicité, a réjoui le jury. Il a tous les caractères d'un condrieu sec, à la fois onctueux et plein de fragrances ; on retrouve la pêche bien mûre et de légères notes florales. Sa robe est d'or fin, sa longueur élégante. Un vin facile à boire. La **cuvée Julien 97** reçoit des appréciations similaires mais c'est un moelleux issu de vendanges tardives, destiné au foie gras.
➥ Marc et Dominique Rouvière, Le Pêcher, 42410 Chavanay, tél. 04.74.87.27.34, fax 04.74.87.02.70 ☑ ⌇ r.-v.

GILBERT CHIRAT 1997

| | 0,5 ha | 2 500 | | 70 à 100 F |

Encore un peu fermé, peut-être, mais déjà ses caractères s'affirment : il joue sur le registre de la finesse et de l'équilibre. La pêche blanche domine légèrement. La rétro-olfaction délicate s'appuie sur les fruits secs. Ce 97 apportera bien plus dans quelque temps. Mais c'est d'ores et déjà un joli vin pour la soif.
➥ Gilbert Chirat, Le Piaton, 42410 Saint-Michel-sur-Rhône, tél. 04.74.56.68.92, fax 04.74.56.85.28 ☑ ⌇ r.-v.

DOM. FARJON Les Graines Dorées 1997*

| | 0,36 ha | 800 | | 150 à 200 F |

Juste retour de Thierry Farjon dans ce Guide pour un condrieu dont un tiers seulement a été élevé en barrique et dont le boisé dominait pourtant le jour de la dégustation. Annoncé par une robe jaune doré, ce vin récolté le 20 novembre n'est pas encore totalement élevé. Les fruits confits le caractérisent. C'est un « moelleux nouvelle tendance », dit le jury. Il pourra surprendre les amateurs de condrieu classique. Il n'y aura que 800 heureux élus.
➥ Dom. Thierry Farjon, Morzelas, 42520 Malleval, tél. 04.74.87.16.84, fax 04.74.87.95.30 ☑ ⌇ r.-v.

PHILIPPE FAURY 1997

| | 2 ha | 10 000 | | 100 à 150 F |

Des vignes de vingt ans et une vendange effectuée le 18 septembre 1997. Il est dommage que le bois masque encore le cépage et l'appellation, note le jury qui destine ce vin aux amateurs de chêne. Il trouve toutefois des nuances abricot et pêche de vigne. Il conseille d'attendre que le bois se soit fondu pour laisser paraître la typicité du condrieu.
➥ Philippe Faury, La Ribaudy, 42410 Chavanay, tél. 04.74.87.26.00, fax 04.74.87.05.01 ☑ ⌇ r.-v.

GILLES FLACHER Cuvée Léa 1997*

| | 0,2 ha | 300 | | +200 F |

Historiquement, on élaborait autrefois, dans les années où l'arrière-saison était sèche et ensoleillée, une partie des vins avec des vendanges surmûries. Remis au goût du jour, ce type moelleux laisse perplexes les dégustateurs qui ont tendance à le juger « atypique ». Notre jury, lui, a aimé ce vin qui explose au nez sur des notes de confit de figue, de coing et d'abricot. Beaucoup de longueur et de puissance viennent couronner le tout. Une production confidentielle.
➥ Gilles Flacher, 07340 Charnas, tél. 04.75.34.09.97, fax 04.75.34.09.96 ☑ ⌇ r.-v.

JEAN-MICHEL GERIN
Coteau de la Loye 1997*

| | 2 ha | 8 000 | | 100 à 150 F |

Un élevage « turbo », barrique et cuve ! Cela donne un vin d'un très bel équilibre, riche, gras et long. La puissance et le boisé élégant accompagnent la fraîcheur sur un fond d'acacia, d'abricot, de pêche, de réglisse. Le choisir pour un poisson blanc cuisiné avec une sauce relevée ou

des Saint-Jacques crémées : ce sera un véritable régal.
● Jean-Michel Gerin, 19, rue de Montmain, Vérenay, 69420 Ampuis, tél. 04.74.56.16.56, fax 04.74.56.11.37 ☑ ⚱ r.-v.

E. GUIGAL 1997*

	n.c.	n.c.	70 à 100 F

Milan Kundera est cité par un dégustateur qui, lyrique, évoque à propos de ce vin *L'insoutenable légèreté de l'être*, tant ce condrieu, jaune pâle, laisse échapper des essences de rose. Une association qu'on ne réfutera pas. La bouche est davantage dans le ton du livre, très présente, chantant des parfums d'abricot et de violette dans un contexte construit et chaleureux.
● Marcel Guigal, RN 86, 69420 Ampuis, tél. 04.74.56.10.22 ☑

DOM. DU MONTEILLET
Grain de Folie 1996*

		750	150 à 200 F

« Dans l'âme, j'ai un grain de folie », chante Nougaro. Il en faut peut-être un peu pour réaliser ici quatre tries successives pour les vendanges, puis élever le vin en barrique neuve ! Le résultat est pourtant probant : ce vin offre beaucoup d'intensité et un parfait équilibre sucre-acidité-alcool. On respire l'orange confite, le miel, l'aubépine. On goûte aussi de l'amande et de la noisette. La finale est superbe, très longue, « sans jamais empâter les papilles ». Très jolie bouteille représentative de l'AOC.
● Antoine Montez, Dom. du Monteillet, Le Montelier, 42410 Chavanay, tél. 04.74.87.24.57, fax 04.74.87.06.89 ☑ ⚱ r.-v.

CAVE DES VIGNERONS RHODANIENS 1996

	0,25 ha	1 300	100 à 150 F

Cette cave coopérative créée en 1929 ne produit de condrieu que depuis 1995. L'aventure débute bien, à en juger par ce vin dont on sent la bonne maturité. Le nez est bien typé et délivre des notes dominantes de litchi. La bouche est grasse, longue, assez chaude. On attend avec intérêt le millésime suivant.
● Cave des Vignerons Rhodaniens, 35, rue du Port-Vieux, 38550 Péage-de-Roussillon, tél. 04.74.86.57.87, fax 04.74.86.57.95 ☑ ⚱ mar. sam. 8h-12h 14h-18h

GEORGES VERNAY
Coteau de Vernon 1996*

	n.c.	5 000	150 à 200 F

Coup de cœur l'an dernier pour le millésime 94, ce Coteau de Vernon est incontestablement un vin de garde. L'attendre est un devoir afin d'en recevoir un plaisir décuplé. Véritable Ferrari de l'AOC, il démarre avec vivacité et montre qu'il a des chevaux sous le capot. A l'heure actuelle, on perçoit la rose, la violette, du fumé ; la robe est d'un jaune léger et brillant à reflets d'or. Bien structuré, ce 96 offre une jolie longueur prometteuse.
● Dom. Georges Vernay, 1, rte Nationale, 69420 Condrieu, tél. 04.74.59.52.22, fax 04.74.56.60.98 ☑ ⚱ t.l.j. sf dim. 9h-12h 14h30-19h

Château-grillet

FRANCOIS VILLARD
Coteaux de Poncins 1996*

	0,85 ha	4 500	100 à 150 F

On retrouve chaque année cette cuvée qui témoigne d'une réelle maîtrise de la vigne. En effet, on sent qu'il y a de la matière dans ce vin profond qui tapisse bien la bouche. Une étoffe couleur et s'exhalent des senteurs de fumée, d'ananas. Franche et nette, la longueur incite à un plaisir immédiat.
● François Villard, Monjout, 42410 Saint-Michel-sur-Rhône, tél. 04.74.53.11.25, fax 04.74.53.38.32 ☑ ⚱ r.-v.

Château-grillet

Cas presque unique dans la viticulture française, cette appellation n'est produite que par un seul domaine ! Avec ses 3,5 ha sur deux communes, c'est l'une des plus petites appellations d'origine contrôlée. Le vignoble est implanté sur des terrasses granitiques bien exposées, abritées du vent, isolées dans un cirque dominant la vallée du Rhône. Ce terroir bien particulier apporte toute son originalité au vin (130 hl), un blanc issu, tout comme le condrieu, du cépage viognier. Riche en alcool, gras, faible en acidité, très parfumé et d'une finesse étonnante, il se boit jeune, mais acquiert en vieillissant une classe et des arômes qui en font un vin rare, idéal sur le poisson.

CHATEAU-GRILLET 1993**

	3,5 ha	n.c.	+200 F

66 68 72 **75 76 78 79 81 82 85** ⑧⑥ 87 |88| |89| 90 |92| |93| 94 |95|

A vin d'exception, exception est faite à la règle. En effet, le jury a dégusté le 93 qui avait été présenté il y a quelques années. L'âge confirme tout le bien qu'en disaient nos dégustateurs d'alors. Plein de jeunesse, le nez est tout de pêche blanche puis de fleurs blanches. Le vin, extrêmement gras, tapisse longuement le palais ; l'ensemble est fondu et présent. Le jury conseille le foie gras comme accord gourmand.
● Neyret-Gachet, Château-Grillet, 42410 Vérin, tél. 04.74.59.51.56, fax 04.78.92.96.10 ☑ ⚱ r.-v.
● Famille Canet

LA VALLÉE DU RHONE

Saint-joseph

Sur la rive droite du Rhône, dans le département de l'Ardèche, l'appellation saint-joseph s'étend sur vingt-six communes de l'Ardèche et de la Loire et avoisine les 800 ha. Les coteaux sont constitués de pentes granitiques rudes, qui offrent de belles vues sur les Alpes, le mont Pilat et les gorges du Doux. Rouges, issus de syrah, les saint-joseph sont élégants, fins, relativement légers et tendres, avec des arômes subtils de framboise, de poivre et de cassis, qui se révéleront sur les volailles grillées ou sur certains fromages. Les vins blancs, issus des cépages roussanne et marsanne, rappellent ceux de l'hermitage. Ils sont gras, avec un parfum délicat de fleurs, de fruits et de miel. Il est conseillé de les boire assez jeunes.

GABRIEL ALIGNE 1995

n.c.   11 000   30 à 50 F

Une robe encore jeune pour ce 95 mais un bouquet déjà riche : la framboise y côtoie les épices, les notes animales. Ce qui distingue ce saint-joseph, c'est la qualité des arômes en bouche, calqués sur ceux qui s'exprimaient à l'olfaction. Il possède aussi une certaine aptitude au vieillissement - encore au moins deux ou trois ans.

Les Vins Gabriel Aligne, La Chevalière, 69430 Beaujeu, tél. 04.74.04.84.36, fax 04.74.69.29.87 t.l.j. sf sam. dim. 8h-12h 14h-18h

HENRY BOUACHON
Roquebrussanne 1995*

n.c.   20 000   50 à 70 F

Si les fruits rouges persistent même en bouche, on découvre dans ce vin un festival de senteurs : réglisse, fruits noirs, épices, cannelle, légère finale animale. La bouche est typique mais dans un style attrayant ; ce 95 sera prêt pour l'an 2000.

Caves Saint-Pierre Henry Bouachon, av. Pierre-de-Luxembourg, B.P. 5, 84230 Châteauneuf-du-Pape, tél. 04.90.83.58.35, fax 04.90.83.77.23 t.l.j. sf dim. 8h-18h

BOUCHER 1996

2 ha   8 000   30 à 50 F

En attendant les grands ténors, dégustez ce vin souple, presque goulayant selon certains. Il est en fait surtout flatteur et d'un style tout en finesse. Bien maîtrisé, le passage en fût laisse flotter quelques discrets effluves vanillés.

GAEC Boucher M.-G.-S., Vintabrin, 42410 Chavanay, tél. 04.74.87.23.38, fax 04.74.87.08.36 r.-v.

LAURENT-CHARLES BROTTE
Marandy 1995*

n.c.   18 000   30 à 50 F

La richesse du nez est déjà un atout incontestable : il est, dans ce vin rouge profond, aromatique, légèrement boisé, épicé, mais les fruits rouges sont aussi présents. Vous oscillez ensuite entre l'ampleur, la légèreté, la raideur de la fin de bouche puis à nouveau des senteurs plaisantes. Le potentiel est là, mais il faut encore un brin d'évolution pour donner un vrai saint-joseph et un vrai 95.

Laurent-Charles Brotte, rte d'Avignon, B.P. 1 84230 Châteauneuf-du-Pape, tél. 04.90.83.70.07, fax 04.90.83.74.34 r.-v.

CAVES DES PAPES Les Chaillés 1996

n.c.   70 000   30 à 50 F

Le bouquet se révèle déjà par des fruits mûrs ou compotés, une pointe de pruneau et de noyau ; la robe aussi annonce un début d'évolution. En revanche, le vin ne se livre pas totalement en bouche. A partir de janvier 99, il devrait pouvoir accompagner vos plats, y compris les plus relevés.

Caves des Papes, 10, bd Louis-Pasteur, 84230 Châteauneuf-du-Pape, tél. 04.90.39.32.32, fax 04.90.83.72.51 t.l.j. sf sam. dim. 9h-17h

CAVE DE CHANTE-PERDRIX 1996

0,6 ha   2 600   30 à 50 F

Une pure marsanne franche et sincère : sincérité du nez floral et généreux puis franchise de la bouche, de l'attaque à la finale. Fidèle à la typicité de l'appellation, ce vin est conseillé pour accompagner le poisson.

Philippe Verzier, Izeras, La Madone, 42410 Chavanay, tél. 04.74.87.06.36, fax 04.74.87.07.77 r.-v.

CAVE DE CHANTE-PERDRIX 1996**

2,8 ha   10 000   30 à 50 F

Fruits mûrs sur fond d'épices, un ensemble complet et agréable pour le hors-d'œuvre. Epices et olives noires pour agrémenter le plat principal composé de tanins bien enrobés. Ce vin agréablement typé a été salué comme une grande réussite dans ce millésime 96 pas facile. Il faudra tout de même l'attendre.

Philippe Verzier, Izeras, La Madone, 42410 Chavanay, tél. 04.74.87.06.36, fax 04.74.87.07.77 r.-v.

M. CHAPOUTIER Deschants 1995*

n.c.   60 000   50 à 70 F

La qualité se mérite et sait se faire attendre, à l'instar des stars ! Déjà la puissance du nez aux arômes fondus mêlant fruits, épices et boisé vous aiguisera l'appétit. La bouche est dans la même lignée, mais il serait dommage de déjà porter la coupe aux lèvres. Cinq à huit ans seront encore nécessaires à la pleine expression de ce vin, selon nos spécialistes.

M. Chapoutier, 18, av. Docteur-Paul-Durand, 26600 Tain-l'Hermitage, tél. 04.75.08.28.65, fax 04.75.08.81.70 r.-v.

Saint-joseph

DOM. DU CHENE Cuvée Anaïs 1995★
6 ha   8 000   50 à 70 F

Une sélection de vieilles vignes de syrah (quarante ans) permet à cette cuvée Anaïs d'exprimer une belle concentration. Le nez est puissant, marqué par les fruits rouges et la réglisse. La bouche est ronde, vanillée, grasse. Le passage en fût de chêne pendant dix-huit mois est perceptible mais la sensation est déjà fondue. Quelques années de vieillissement supplémentaires seront du meilleur effet.
➥ Marc et Dominique Rouvière, Le Pêcher, 42410 Chavanay, tél. 04.74.87.27.34, fax 04.74.87.02.70 r.-v.

DOM. DU CHENE 1996
6 ha   30 000   30 à 50 F

Un chêne qui marque le vin, indiscutablement. Déjà le nez montre des signes de bonne évolution, repris plus tard par les notes de fruits et d'épices. Ce saint-joseph bien typique est assez long et tannique. L'âge des vignes et la bonne maturité en font un vin de garde qui accompagnera les viandes rouges.
➥ Marc et Dominique Rouvière, Le Pêcher, 42410 Chavanay, tél. 04.74.87.27.34, fax 04.74.87.02.70 r.-v.

MAURICE ET DOMINIQUE COURBIS 1996★
13 ha   47 000   50 à 70 F

Ce domaine pourrait faire partie d'un club très fermé des vignerons Hachette, s'il existait ! En effet, tous ses vins présentés sont sélectionnés. Le rouge 96 a des arômes plus floraux que ceux du Domaine des Royes, mais ils jouent toujours dans la finesse. La structure est un élément essentiel de cette appellation : elle ne faillit pas ici à la tradition. Mais tout est affaire d'équilibre ; ce saint-joseph n'est pas prêt de trébucher. Il en est de même du millésime 95 auquel le jury a attribué une étoile.
➥ Dom. Courbis, 07130 Châteaubourg, tél. 04.75.40.32.12, fax 04.75.40.25.39 r.-v.

PIERRE COURSODON L'Olivaie 1996★
n.c.   12 000   70 à 100 F

Une ancienne oliveraie transformée en vignoble il y a bien longtemps, pour le plus grand plaisir du dégustateur. La syrah y trouve apparemment son terroir de prédilection, cette cuvée ayant obtenu un coup de cœur dans l'édition 97 pour son millésime 1994. Le 96, très réussi, développe des notes d'épices, de mûre, de framboise et de cassis. Tout en équilibre, sa structure lui confère un bon potentiel de vieillissement.
➥ Pierre Coursodon, 3, pl. du Marché, 07300 Mauves, tél. 04.75.08.18.29, fax 04.75.08.75.72 t.l.j. 8h-12h 14h-19h

PIERRE COURSODON
Le Paradis Saint-Pierre 1996
n.c.   3 000   70 à 100 F

Beaucoup de finesse dans le nez pour qui saura le décrypter. L'harmonie et l'équilibre en bouche donnent un vin prêt à servir avec du gibier à plumes.

➥ Pierre Coursodon, 3, pl. du Marché, 07300 Mauves, tél. 04.75.08.18.29, fax 04.75.08.75.72 t.l.j. 8h-12h 14h-19h

CUILLERON
L'Amarybelle Cuvée Prestige 1996★
3 ha   12 000   50 à 70 F

Contraste de la robe encore jeune et des arômes aux notes très mûres. Contraste du joli boisé apportant un début de complexité et des tanins pas encore totalement fondus. Le prestige demande du temps, laissons ce dernier faire son œuvre dans la tranquillité des caves.
➥ Yves Cuilleron, Verlieu, 42410 Chavanay, tél. 04.74.87.02.37, fax 04.74.87.05.62 t.l.j. sf dim. 8h-12h 13h30-19h; f. 15-30 août

CUILLERON Les Serines 1996
1 ha   3 000   100 à 150 F

Voici un très beau 96 à la robe rouge profond. Cette cuvée est destinée aux amateurs de vins boisés : le passage en fût domine, tant au nez qu'en bouche ; il faudra donc impérativement patienter, le temps que l'ensemble se fonde en une belle harmonie.
➥ Yves Cuilleron, Verlieu, 42410 Chavanay, tél. 04.74.87.02.37, fax 04.74.87.05.62 t.l.j. sf dim. 8h-12h 13h30-19h; f. 15-30 août

DIASKOT SA Cuvée Prestige 1995
5 ha   15 000   30 à 50 F

Diaskot est une maison de négoce qui élève des vins du Rhône depuis 1880. Elle commercialise ce vin produit par la Cave de Saint-Désirat. La puissance du nez, marqué par les fruits cuits et les épices mêlées de quelques notes animales, est déjà un gage de réussite. Cassis, réglisse et épices se retrouvent en bouche mais cette pure syrah a surtout la particularité d'être chaleureuse. A associer avec de petits gibiers.
➥ Diaskot SA, 6, rue Yves-Farge, 69700 Givors, tél. 04.72.49.50.20, fax 04.78.73.16.97 t.l.j. sf sam. dim. 7h30-18h

ERIC ET JOEL DURAND
Les Coteaux 1996★
4 ha   n.c.   50 à 70 F

Un nez explosif, où le cassis côtoie toutes sortes de notes, précède une dégustation en plusieurs temps. Premier temps : une attaque pleine de volume, deuxième temps ; une structure où le bois est très présent ; troisième temps : tout tourne rond à nouveau. C'est une valse à trois temps qui s'approche du remarquable.
➥ Eric et Joël Durand, imp. de la Fontaine, 07130 Châteaubourg, tél. 04.75.40.46.78, fax 04.75.40.29.77 r.-v.

PHILIPPE FAURY 1997★
1 ha   5 000   50 à 70 F

Un départ sans faute pour ce coureur de fond. Il est franc et de très belle constitution pour ce qui est de la charpente et du gras. Les arômes sont marqués par le fruit (poire Williams) et les épices en finale. Très bien parti, ce 97 tiendra la tête un an ou deux sans se laisser doubler.
➥ Philippe Faury, La Ribaudy, 42410 Chavanay, tél. 04.74.87.26.00, fax 04.74.87.05.01 r.-v.

LA VALLEE DU RHONE

Saint-joseph

PHILIPPE FAURY 1996

| 4 ha | 20 000 | 50 à 70 F |

Beaucoup de fraîcheur et de simplicité dans ce vin au nez dominé par des fruits rouges, en particulier par le cassis. Certes il manque un peu de puissance, mais son bon équilibre et son côté accueillant lui laissent une place méritée aux côtés des « top-models ».
➥ Philippe Faury, La Ribaudy, 42410 Chavanay, tél. 04.74.87.26.00, fax 04.74.87.05.01 r.-v.

GILLES FLACHER Cuvée Prestige 1996

| 1,5 ha | 5 000 | 70 à 100 F |

Un domaine de 7 ha, patiemment constitué depuis 1806. On perçoit déjà dans son 96 une certaine fusion des arômes, bien que ceux-ci soient actuellement masqués par le bois. Cette cuvée Prestige n'est bien sûr pas destinée à être consommée rapidement. Alors prenez patience, la réussite n'en sera que plus belle.
➥ Gilles Flacher, 07340 Charnas, tél. 04.75.34.09.97, fax 04.75.34.09.96 r.-v.

PIERRE GONON Les Oliviers 1996

| 1,6 ha | 5 500 | 70 à 100 F |

Un léger boisé évoluant vers des notes d'amande grillée mêlées de quelques évocations florales, doublées de nuances beurrées moins fréquentes. La bouche, elle, est harmonieuse, oscillant entre rondeur et vivacité.
➥ Pierre Gonon, 11, rue des Launays, 07300 Mauves, tél. 04.75.08.07.95, fax 04.75.08.65.21 r.-v.

BERNARD GRIPA 1996★★

| 2,5 ha | n.c. | 50 à 70 F |

Sa belle complexité aromatique reposant sur d'intenses effluves floraux un peu miellés saura d'emblée retenir l'attention. La bouche joue sur un autre registre : notes grillées, amande... Elle est particulièrement harmonieuse, de l'attaque à la finale. L'attraction est alors irréversible. Un très joli vin à boire dès maintenant, mais il n'y a aucun risque à mettre quelques flacons de côté.
➥ Bernard Gripa, 5, av. Ozier, 07300 Mauves, tél. 04.75.08.14.96, fax 04.75.07.06.81 r.-v.

BERNARD GRIPA 1996★

| 6 ha | n.c. | 50 à 70 F |

La complexité aromatique n'apparaît pas encore mais la qualité est là. Très tannique, ce saint-joseph peut surprendre par son austérité. Fort heureusement, le volume permettra d'enrober la structure. A ne pas ouvrir avant au moins deux ans.
➥ Bernard Gripa, 5, av. Ozier, 07300 Mauves, tél. 04.75.08.14.96, fax 04.75.07.06.81 r.-v.

DOM. JEAN-LOUIS GRIPPAT 1996★

| 4,3 ha | 23 000 | 50 à 70 F |

Ce saint-joseph, dont on devine la concentration et l'aptitude au vieillissement, semble encore fermé. Rondeur et amplitude seront au rendez-vous. La réussite est indéniable ; laissons le temps au temps pour apprécier ce vin à sa juste valeur.
➥ Dom. Jean-Louis Grippat, La Sauva, 07300 Tournon, tél. 04.75.08.15.51, fax 04.75.07.00.97 r.-v.

DOM. DU MONTEILLET 1996★

| 0,7 ha | 3 500 | 50 à 70 F |

Trente ans de labeur permettent une belle maîtrise du sujet ! C'est ainsi qu'Antoine Montez a réussi l'élevage de ce vin blanc : intensité florale importante, rondeur, gras en bouche, tout est là. Un saint-joseph pour tester les dons de vos amis à l'aveugle ! Ils pourront poursuivre avec des quenelles lyonnaises.
➥ Antoine Montez, Dom. du Monteillet, Le Montelier, 42410 Chavanay, tél. 04.74.87.24.57, fax 04.74.87.06.89 r.-v.

DOM. DU MONTEILLET
Cuvée du Papy 1996★★

| 1,5 ha | 6 000 | 70 à 100 F |

Aromatique, puissant, intense... D'ordinaire l'excès en toute chose est une mauvaise chose, mais un Papy (encore trop jeune, paraît-il) n'a plus rien à craindre. Alors, profitez de sa grande présence en bouche, de sa complexité, de ses notes capiteuses ; tannique, avec un gras particulièrement développé, ce vin habitué du Guide, coup de cœur de l'an dernier pour sa cuvée 95, se voit souhaiter longue vie par le jury.
➥ Antoine Montez, Dom. du Monteillet, Le Montelier, 42410 Chavanay, tél. 04.74.87.24.57, fax 04.74.87.06.89 r.-v.

ANDRE PERRET Les Grisières 1996★

| 1 ha | 4 000 | 50 à 70 F |

Les vignes de trente-six ans d'âge, le bon terroir granitique de Saint-Joseph et l'utilisation intelligente des techniques d'extraction de matière permettent une fois de plus à cette cuvée Les Grisières d'être bien notée. Des fruits intenses se développent au nez où harmonie et finesse forment le duo gagnant. La souplesse de la bouche incite à boire dès maintenant cette jolie bouteille ; cependant son excellente matière lui assurera longtemps une bonne tenue.
➥ André Perret, Verlieu, 42410 Chavanay, tél. 04.74.87.24.74, fax 74.87.05.26 r.-v.

REINE PEDAUQUE 1996★

| n.c. | n.c. | 50 à 70 F |

Un saint-joseph proposé par une grande maison bourguignonne : on lui trouve des notes de fruits rouges intenses qui seraient surprenantes si on ne décelait pas déjà quelques signes d'évolution. La bonne surprise vient de la bouche : des tanins sérieux, du gras et de l'équilibre bien sûr, mais une rondeur... quelle rondeur !
➥ Reine Pédauque, Le Village, 21420 Aloxe-Corton, tél. 03.80.25.00.00, fax 03.80.26.42.00 t.l.j. 9h-11h30 14h-17h30; f. janv.

HERVE ET MARIE-THERESE RICHARD 1996

| 0,7 ha | 2 000 | 50 à 70 F |

Un assemblage marsanne-roussanne qui cultive le paradoxe. Il est flatteur et étonne, tout en étant intense par ses notes de miel et d'amande. La bouche laisse deviner un passage en barrique et présente une belle attaque ronde,

Crozes-hermitage

tandis que la finale est vive et acidulée. Très rafraîchissant actuellement, ce vin pourra gagner en complexité avec le temps.

• Hervé et Marie-Thérèse Richard, Verlieu, 42410 Chavanay, tél. 04.74.87.07.75, fax 04.74.87.05.09 ☑ ☒ t.l.j. 10h-19h; dim. sur r.-v.

HENRI ET MARIE-THERESE RICHARD La Degaultière 1996

■　　　　0,8 ha　　4 000　■ ⅏ ⅃　50 à 70 F

Ces vignes ont une trentaine d'années. Le terroir s'exprime ici de façon très typique pour les uns, rustique pour les autres : voici un vin « viril » à coup sûr, au nez sauvage, à la structure tannique. L'équilibre général et le bon nez sont là pour garantir une évolution bénéfique de cette syrah.

• Hervé et Marie-Thérèse Richard, Verlieu, 42410 Chavanay, tél. 04.74.87.07.75, fax 04.74.87.05.09 ☑ ☒ t.l.j. 10h-19h; dim. sur r.-v.

DOM. ROCHEVINE 1997*

□　　　　3 ha　　14 000　■ ⅏ ⅃　50 à 70 F

Saint-Désirat contrôle la qualité à toutes les étapes : vendange saine, triée, maturation suivie, matériel performant, et en plus, le savoir-faire du vinificateur. Le présent assemblage à dominante marsanne est le reflet de ces efforts. La robe est brillante ; le nez commence à développer une grande complexité fleurs-fruits (poire Williams). L'équilibre en bouche s'appuie sur la rondeur en affirmant la puissance du corps. La persistance aromatique dans les tons de miel est particulièrement agréable.

• Cave de Saint-Désirat, 07340 Saint-Désirat, tél. 04.75.34.22.05, fax 04.75.34.30.10 ☑ ☒ t.l.j. 8h-12h 14h-18h; groupes sur r.-v.

DOM. ROCHEVINE 1996

■　　　　15 ha　　n.c.　■ ⅃　50 à 70 F

Rochevine : il porte bien son nom, ce vin rouge qui a l'aspérité de la rocaille et les senteurs des plantes odorantes à peine accrochées au roc. Les fruits rouges à l'attaque en bouche sont bienvenus.

• Cave de Saint-Désirat, 07340 Saint-Désirat, tél. 04.75.34.22.05, fax 04.75.34.30.10 ☑ ☒ t.l.j. 8h-12h 14h-18h; groupes sur r.-v.

DOM. DES ROYES 1996**

■　　　2,5 ha　　11 000　　⅏　70 à 100 F

Respect du terroir et maîtrise de la vinification permettent de mettre en avant un produit de belle facture, coup de cœur pour son millésime 94. La robe est sombre, presque noire ; légèrement boisés, les arômes sont délicats et le fruit ressort de manière intense. Mais c'est en bouche que la syrah explose sur fond de fruits d'épices. Très concentré, ce vin devra évoluer en cave pour atteindre une expression optimale.

• Dom. Courbis, 07130 Châteaubourg, tél. 04.75.40.32.12, fax 04.75.40.25.39 ☑ ☒ r.-v.

CAVE DE SARRAS
La Mandragore 1995**

■　　　　7,3 ha　　40 000　■ ⅏ ⅃　50 à 70 F

Une Mandragore qui n'est pas inconnue du Guide. Agréable, puissant et persistant, telles sont les principales qualités de ce rouge jugé très typique de l'appellation. Il faudra attendre cependant qu'il ait l'âge de raison avant de l'ouvrir. Entre-temps, dégustez la **Cuvée Champtenaud 95**, une bouteille citée qui ne laisse pas de marbre et où le consensus s'est fait autour de la dominante fruits-réglisse et de l'équilibre.

• SCA Cave de Sarras, Le Village, 07370 Sarras, tél. 04.75.23.14.81, fax 04.75.23.38.36 ☑ ☒ r.-v.

CAVE DE TAIN L'HERMITAGE
Les Nobles Rives 1996

■　　　　n.c.　　n.c.　⅏ ⅃　50 à 70 F

Que de jeunesse encore dans ce fruité ! La bouche présente des tanins fins. L'ensemble rond et harmonieux flirte en souplesse. Malgré tout, il faudra attendre encore un peu avant de déguster le produit de ces Nobles Rives.

• Cave de Tain-l'Hermitage, 22, rte de Larnage, B.P. 3, 26600 Tain-l'Hermitage, tél. 04.75.08.20.87, fax 04.75.07.15.16 ☑ ☒ r.-v.

CAVE DE TAIN L'HERMITAGE
Les Nobles Rives 1997

□　　　　n.c.　　n.c.　■ ⅃　50 à 70 F

Un beau duo, agrumes-fleurs blanches à l'accueil. Si cet assemblage de roussanne et de marsanne manque un peu de ressort, il surprendra par son gras et son développement en bouche. Déjà prêt à s'inviter à table avec un beau poisson.

• Cave de Tain-l'Hermitage, 22, rte de Larnage, B.P. 3, 26600 Tain-l'Hermitage, tél. 04.75.08.20.87, fax 04.75.07.15.16 ☑ ☒ r.-v.

Crozes-hermitage

Cette appellation, couvrant des terrains moins difficiles à cultiver que ceux de l'hermitage, s'étend sur onze communes environnant Tain-l'Hermitage. C'est le plus grand vignoble des appellations septentrionales : la superficie de production est de 1 100 ha pour 59 000 hl de production. Les sols, plus riches que ceux de l'hermitage, donnent des vins moins puissants, fruités et à boire jeunes. Rouges, ils sont assez souples et aromatiques ; blancs, ils sont secs et frais, légers en couleur, à l'arôme floral, et, comme les hermitage blancs, ils iront parfaitement sur les poissons d'eau douce.

LA VALLÉE DU RHONE

Crozes-hermitage

GABRIEL ALIGNE 1995

n.c.   3 000   30 à 50 F

Un négociant du Beaujolais nous propose cette cuvée sélectionnée dans cette appellation. Le travail bien fait porte toujours ses fruits comme le montre ce vin dont l'identité est marquée à l'olfaction par un ensemble réglisse, sous-bois, nuances animales très plaisant. Un bon équilibre en bouche sur fond de tanins soyeux complète cette bouteille à apprécier dès maintenant.

☛ Les Vins Gabriel Aligne, La Chevalière, 69480 Beaujeu, tél. 04.74.04.84.36, fax 04.74.69.29.87 ☑ ☒ t.l.j. sf sam. dim. 8h-12h 14h-18h

DOM. BERNARD CHAVE 1996*

1,44 ha   4 600   30 à 50 F

Dès à présent, vous apprécierez au nez complexe et puissant où dominent des notes d'amande. Marquant sa différence par une structure légère, ce vin révèle un équilibre et une persistance aromatique qui font espérer de bonnes possibilités d'évolution.

☛ Bernard Chave, La Burge, 26600 Mercurol, tél. 04.75.07.42.11, fax 04.75.07.47.34 ☑ ☒ t.l.j. 8h-12h 14h-18h

DOM. BERNARD CHAVE 1996*

10,65 ha   28 500   30 à 50 F

Un nez actuellement marqué par des odeurs animales et des nuances végétales mais qui gagnera encore en puissance et se transformera en un bouquet complexe et relevé. La belle matière aux tanins serrés, la sculpture du corps sont tout en harmonie. Ce 96 n'exprime pas encore tout son intérêt, mais il faut l'avoir en cave.

☛ Bernard Chave, La Burge, 26600 Mercurol, tél. 04.75.07.42.11, fax 04.75.07.47.34 ☑ ☒ t.l.j. 8h-12h 14h-18h

CAVE DES CLAIRMONTS
Cuvée des Pionniers 1996*

n.c.   10 900   50 à 70 F

Le jury salue la très belle intensité aromatique de cette syrah qui joue l'alliance fruits-violette-épices. La cuvaison longue appliquée à une bonne maturation assure à cette cuvée une structure établie sur des tanins fondus et un équilibre souplesse-matière très réussi.

☛ SCA Cave des Clairmonts, 26600 Beaumont-Monteux, tél. 04.75.84.61.91, fax 04.75.84.56.98 ☑ ☒ t.l.j. sf dim. 8h-12h 14h-18h; groupes sur r.-v.

DOM. DU COLOMBIER 1996*

10 ha   20 000   30 à 50 F

Coup de cœur pour la cuvée Gaby 94 il y a deux ans, deux étoiles pour cette même cuvée 95 l'an dernier, voici un domaine dont on ne compte plus les citations. Elevée partiellement en fût (30 %), cette cuvée 96 est réussie. Son nez est fruité (cassis) avec des nuances poivrées classiques ; la surprise viendra de la nuance fruits secs et sans doute aussi de la bouche. L'attaque est fruitée, le développement souple. Finalement, une belle harmonie pour un vin friand dans le style léger et donc à boire dès maintenant.

☛ SCEA Viale, Dom. du Colombier, Mercurol, 26600 Tain-l'Hermitage, tél. 04.75.07.44.07, fax 04.75.07.41.43 ☑ ☒ r.-v.

CH. CURSON 1996

4 ha   12 000   70 à 100 F

Ce domaine reçut notre coup de cœur l'an dernier pour son 95. Elevé en fût neuf ou d'un vin (un an), le millésime 96 n'a pas encore digéré le bois. Pourtant, sa robe rouge rubis séduit d'emblée. Le fruité du nez est agréable, bien que dominé par le bois. Le bon équilibre en bouche laisse présager une bonne évolution. Il faudra l'attendre au moins un an pour que le bois ne s'estompe et laisse la place à un bouquet en rapport avec les espoirs suscités par ce vin.

☛ Dom. Pochon, Ch. de Curson, 26600 Chanos-Curson, tél. 04.75.07.34.60, fax 04.75.07.30.27 ☑ ☒ ven. sam. 14h-19h

DELAS FRERES Les Launes 1996*

n.c.   n.c.   50 à 70 F

Une cuvée Les Launes fidèle à elle-même : on lui trouve de la rondeur, du gras, des tanins soyeux et pourtant une structure forte. L'équilibre en toute chose est un gage de réussite. Le boisé riche devrait laisser dans peu de temps la place à un très beau vin.

☛ Delas Frères, Z.A. de l'Olivet, 07300 Saint-Jean-de-Muzols, tél. 04.75.08.60.30, fax 04.75.08.53.67 ☑ ☒ r.-v.

DOM. DES ENTREFAUX 1997*

20 ha   65 000   50 à 70 F

Bien connu de nos lecteurs, ce domaine créé en 1979 va fêter ses vingt ans d'existence le 1er janvier. Certains apprécieront déjà son 97 au nez complexe, poivré, avec des nuances empyreumatiques. Dès l'attaque en bouche, une belle matière de syrah typée vous confirmera dans votre choix. Plus controversée est la cuvée **Dessus des Entrefaux rouge 96** où le boisé semble plus marqué. Mais l'un comme l'autre accompagneront sans fausse note votre gibier.

☛ Dom. des Entrefaux, quartier de la Beaume, 26600 Chanos-Curson, tél. 04.75.07.33.38, fax 04.75.07.35.27 ☑ ☒ r.-v.
☛ Tardy et Ange

FONT VIGNAL 1996

n.c.   120 000   30 à 50 F

Un crozes-hermitage bien dans la tradition. L'approche se fait par un nez particulièrement attrayant : des arômes de fleurs, des épices, des fruits, le tout d'une très bonne intensité. La bouche, légèrement en retrait, lie néanmoins des tanins fins et ronds dans une belle harmonie qui laisse entrevoir un bon devenir. Ce vin est commercialisé en grandes et moyennes surfaces.

☛ Caves Saint-Pierre Henry Bouachon, av. Pierre-de-Luxembourg, B.P. 5, 84230 Châteauneuf-du-Pape, tél. 04.90.83.58.35, fax 04.90.83.77.23 ☒ t.l.j. sf dim. 8h-18h

Crozes-hermitage

DOM. LES CHASSIS 1996
■   5 ha   23 300   30 à 50 F

Voici une syrah qui s'efface sur une belle expression de terroir : un joli succès pour ce négociant. Après un moment d'aération, le bouquet complexe s'exprime encore discrètement. La bouche, en revanche, affirme sa structure, son gras, sa longueur.
➥ Ogier, Caves des Papes, 10 bd Pasteur, 84230 Châteauneuf-du-Pape, tél. 04.90.39.32.32, fax 04.90.83.72.51 ✉ ☎ t.l.j. sf sam. dim. 9h-17h

DOM. LES SEPT CHEMINS 1996*
■   4,5 ha   20 000   30 à 50 F

Distribué par Gabriel Meffre, ce domaine offre un vin de belle concentration, rouge grenat. Avec des fruits noirs macérés aux épices que l'on retrouve tout au long de la dégustation, l'ensemble est agréable. Cependant les tanins, d'une facture un peu astringente, demanderont un peu de temps pour s'affiner.
➥ Jean-Louis Buffières, 26600 Pont-d'Isère, tél. 04.90.12.32.42, fax 04.90.12.32.49

GABRIEL LIOGIER Montfortin 1995
■   n.c.   n.c.   70 à 100 F

Agréable, typique et même intéressant, voici une bonne expression de la syrah dans cette cuvée Montfortin. Dominé par la griotte, le nez est fin. La bouche joue sur du velours avec des tanins harmonieux. Laissez-vous faire en douceur...
➥ Gabriel Liogier, Ch. de Corton-André, 21420 Aloxe-Corton, tél. 03.80.26.44.25, fax 034.80.26.43.57

GABRIEL MEFFRE Bois Fardeau 1996
■   4 ha   20 000   30 à 70 F

Une fois encore, voici deux vins sélectionnés par le Guide pour les vignobles Gabriel Meffre, ce qui révèle une bonne réussite dans ce millésime 96. Cette cuvée présente des qualités de rondeur, de gras et une belle finesse de tanins. Quant à la cuvée **Les Murières 96**, d'un style plus léger, c'est surtout par ses arômes qu'elle a eu la faveur des dégustateurs qui lui attribuent une note identique.
➥ Gabriel Meffre, 84190 Gigondas, tél. 04.90.12.32.42, fax 04.90.12.32.49

GABRIEL MEFFRE Laurus 1995**
■   3 ha   12 000   50 à 70 F

« Peu importe le flacon... ». Adage mis à mal par cette cuvée Laurus. Pour le consommateur, une présentation attrayante sous étiquette numérotée. Pour le vinificateur, des demi-queues de Vaucluse, soit des barriques neuves de 275 l reproduites par le tonnelier Dargand et Jaegle. Cet élevage peut être tenu pour responsable de la très belle harmonie entre le fruit, les tanins et le boisé. Pour le collectionneur qui le mettra en cave, car il faudra le garder encore trois à quatre ans pour l'apprécier pleinement.
➥ Gabriel Meffre, 84190 Gigondas, tél. 04.90.12.32.42, fax 04.90.12.32.49

DOM. PRADELLE 1997
☐   5 ha   15 000   50 à 70 F

La typicité de ce vin est marquée par la marsanne. De robe jaune paille ou or pâle, ce 97 avance tout d'abord un nez de fleurs blanches très fin et frais mais persistant. C'est surtout en bouche qu'il surprend par sa belle harmonie et son impression de moelleux qui donne envie de le recommander pour l'apéritif.
➥ GAEC Pradelle, 26600 Chanos-Curson, tél. 04.75.07.31.00, fax 04.75.07.35.34 ✉ ☎ t.l.j. sf dim. 8h-12h 14h-18h

LES VIGNERONS DE RASTEAU ET DE TAIN L'HERMITAGE 1996
☐   50 ha   300 000   -30 F

Beaucoup de notes grillées sur fond de fruit mariées à des senteurs de miel viendront agréablement chatouiller vos narines. La bouche est également intéressante, déclinant les mêmes senteurs avec persistance. L'équilibre entre le gras et l'acidité exprime un travail d'élevage bien fait : un joli vin.
➥ Les Vignerons de Rasteau et de Tain-l'Hermitage, rte des Princes-d'Orange, 84110 Rasteau, tél. 04.90.10.90.10, fax 04.90.46.16.55

DOM. DES REMIZIERES
Cuvée Christophe 1996**
■   1,5 ha   7 000   50 à 70 F

Les superlatifs n'ont pas été comptés pour ce crozes-hermitage très bien travaillé. Des épices relevant un côté animal devancent une attaque souple, relayée par des tanins soyeux et fondus. Une cuvée Christophe qui a une suavité à l'orientale, toujours sur fond d'épices. Deux à trois ans de patience minimum sont recommandés.
➥ Cave Desmeure, rte de Romans, 26600 Mercurol, tél. 04.75.07.44.28, fax 04.75.07.45.87 ✉ ☎ r.-v.
➥ Desmeure Philippe

DOM. DES REMIZIERES
Cuvée particulière 1995*
☐   5 ha   9 000   50 à 70 F

Issu à 100 % de marsanne vinifiée en macération pelliculaire, ce vin laisse le cépage s'exprimer ici avec une particulière richesse : un nez de miel et de tilleul auquel des nuances d'amande grillée apportent la subtilité. Un élevage recherché a permis une belle harmonie entre le moelleux et l'acidité. La finale tout en chair vous laissera un souvenir incitant aux retrouvailles.
➥ Cave Desmeure, rte de Romans, 26600 Mercurol, tél. 04.75.07.44.28, fax 04.75.07.45.87 ✉ ☎ r.-v.

DOM. GILLES ROBIN
Cuvée Albéric Bouvet 1996
■   5 ha   12 000   50 à 70 F

Cette cuvée Albéric Bouvet, hommage à un vieux vigneron, démontre que l'enseignement des ancêtres allié à du matériel performant, est porteur de réussite. Voici donc un crozes-hermitage au nez complexe dominé par le cassis et le poivre : un vin promis à un bel avenir, tout comme la vigneron qui l'a élevé.

LA VALLÉE DU RHONE

Hermitage

🍷 Gilles Robin, Les Hauts Chassis, 26600 Mercurol, tél. 04.75.08.43.28, fax 04.75.08.43.64 ✉ 🍷 r.-v.

CAVE DE TAIN L'HERMITAGE
Les Hauts du Fief 1995

| ■ | n.c. | 25 000 | ⬤ | 30 à 50 F |

Une très belle couleur soutenue, dévoilant quelques reflets plus évolués. La finesse du nez fait place ensuite à une bouche bien fondue. Une syrah bien dans le millésime, qu'il faut boire dès maintenant.

🍷 Cave de Tain-l'Hermitage, 22, rte de Larnage, B.P. 3, 26600 Tain-l'Hermitage, tél. 04.75.08.20.87, fax 04.75.07.15.16 ✉ 🍷 r.-v.

CAVE DE TAIN-L'HERMITAGE
Les Nobles Rives 1996*

| ☐ | n.c. | n.c. | ⬤ | 30 à 50 F |

Un vin qui ne laisse pas indifférent et qui a particulièrement divisé notre jury. Nous retiendrons le bon équilibre acidité-moelleux et puis une bouche bien faite qui joue des notes miellées sur fond de type minéral. Le mieux est de venir le déguster, ce qui vous permettra de faire connaissance avec les autres produits de la cave.

🍷 Cave de Tain-l'Hermitage, 22, rte de Larnage, B.P. 3, 26600 Tain-l'Hermitage, tél. 04.75.08.20.87, fax 04.75.07.15.16 ✉ 🍷 r.-v.

DOM. DE THALABERT 1996*

| ■ | 35 ha | n.c. | ⬤ | 100 à 150 F |

Coup de cœur pour les millésimes 92 et 95, cette maison réputée propose un 96 d'une bonne intensité, tirant sur le pourpre et le grenat. Quant au nez, il joue dans des registres variés allant des fruits rouges (cassis, mûre) aux épices (cannelle, poivre), sans oublier les odeurs de sous-bois et les notes légèrement animales. Une grande richesse caractérise ce vin également fort en bouche et persistant. Recommandé sur des viandes rouges.

🍷 Paul Jaboulet Aîné, Les Jalets, RN 7, B.P. 46, 26600 La Roche-de-Glun, tél. 04.75.84.68.93, fax 04.75.84.56.14 ✉ 🍷 r.-v.

Hermitage

Le coteau de l'Hermitage, très bien exposé au sud, est situé au nord-est de Tain-l'Hermitage. La culture de la vigne y remonte au IV^{e}s. av. J.-C., mais on attribue l'origine du nom de l'appellation au chevalier Gaspard de Sterimberg qui, revenant de la croisade contre les Albigeois en 1224, décida de se retirer du monde. Il édifia un ermitage, défricha et planta de la vigne.

L'appellation couvre 126 ha. Le massif de Tain est constitué à l'ouest d'arènes granitiques, terrain idéal pour la production de vins rouges (les Bessards). Dans les parties est et sud-est, formées de cailloutis et de lœss, se trouvent les zones ayant vocation à produire des vins blancs (les Rocoules, les Murets).

L'hermitage rouge est un très grand vin tannique, extrêmement aromatique, qui demande un vieillissement de cinq à dix ans, voire vingt ans, avant de développer un bouquet d'une richesse et d'une qualité rares. C'est donc un grand vin de garde, que l'on servira entre 16 °C et 18 °C, sur le gibier ou les viandes rouges goûteuses. L'hermitage blanc (cépage roussanne, et surtout marsanne) est un vin très fin, peu acide, souple, gras et très parfumé. Il peut être apprécié dès la première année, mais atteindra son plein épanouissement après un vieillissement de cinq à dix ans. Mais les grandes années, en blanc comme en rouge, peuvent supporter un vieillissement de trente ou quarante ans.

MICHEL BERNARD
La Réserve des Pontifes 1994**

| ■ | n.c. | n.c. | ⬤ | 70 à 100 F |

Jean-François Ranvier, œnologue de Michel Bernard, travaille en étroite collaboration avec les vignerons auxquels il achète des vins avant de les assembler et de les élever. Cette cuvée des Pontifes témoigne d'une sélection rigoureuse de vendanges très mûres. La puissance, la concentration, l'ampleur caractérisent ce vin d'un parfait équilibre.

🍷 Domaines Michel Bernard, quartier Sommelongue, 84100 Orange, tél. 04.90.11.86.86, fax 04.90.34.87.30 🍷 r.-v.

CHANTE-ALOUETTE 1996*

| ☐ | n.c. | n.c. | ⬤ | 150 à 200 F |

Propriétaire de 34 ha en hermitage, réalisant 70 % de son chiffre d'affaires à l'export, la maison Chapoutier ne propose ici que des vins de forte personnalité, comme en témoigne cette cuvée célèbre, issue d'une marsanne née sur du lœss avec couverture argilo-calcaire. Cette année encore, elle ne laisse pas le jury insensible, même si le boisé et le grillé dominent sans effacer toutefois la fraîcheur et le gras. Un vin de garde, bien sûr.

🍷 M. Chapoutier, 18, av. Docteur-Paul-Durand, 26600 Tain-l'Hermitage, tél. 04.75.08.28.65, fax 04.75.08.81.70 ✉ 🍷 r.-v.

DOM. BERNARD CHAVE 1996*

| ■ | 1,12 ha | 1 850 | ⬤ | 100 à 150 F |

Ce viticulteur pratique une forte extraction avec une vinification longue et pigeage manuel. La robe de ce 96 est belle ; le nez semble fermé. La bouche est équilibrée, mais il faudra attendre qu'elle s'exprime. C'est cela, un hermitage : il ne se donne pas avant sa majorité.

Hermitage

🍷 Bernard Chave, La Burge, 26600 Mercurol, tél. 04.75.07.42.11, fax 04.75.07.47.34 ✓ 🍷 t.l.j. 8h-12h 14h-18h

DOM. JEAN-LOUIS CHAVE 1995★★★
■ 5 ha 16 000 🍷 150 à 200 F

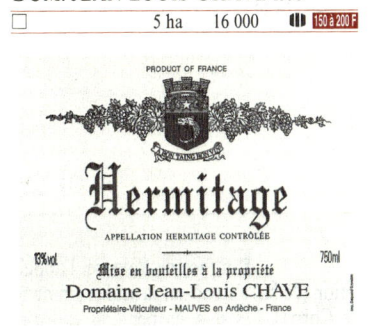

Quelle jeunesse dans cet hermitage blanc 95 ! L'attaque est minérale puis le vin tapisse bien le palais où le bois apparaît parfaitement maîtrisé, au service du raisin. Un vin de grande classe dont un dégustateur vante « la présence sans tapage qui exprime la vraie noblesse du terroir ».
🍷 Jean-Louis Chave, 37, av. du Saint-Joseph, 07300 Mauves, tél. 04.75.08.24.63, fax 04.75.07.14.21

DOM. JEAN-LOUIS CHAVE 1995★★
■ 10 ha 30 000 🍷 +200 F

Bien pourpre, ce vin porte bien le sceau de la famille Chave qu'il n'est plus nécessaire de présenter tant sa notoriété a traversé les océans. Ici, le jury a découvert de beaux arômes de fruits rouges associés à des nuances de chocolat. Encore vif, ce 95 est loin d'avoir atteint son optimum. Bien structuré, d'une réelle longueur, il promet de parvenir sans embûche au prochain millénaire et d'y jouer longtemps dans la cour des grands.
🍷 Jean-Louis Chave, 37, av. du Saint-Joseph, 07300 Mauves, tél. 04.75.08.24.63, fax 04.75.07.14.21

DOM. DU COLOMBIER 1996★★
■ 1,61 ha 5 000 🍷 100 à 150 F

Une vinification traditionnelle de qualité, avec trois semaines de cuvaison de vendanges non égrappées et un élevage en fût de dix-huit mois. Tout cela a donné un vin d'une magnifique franchise, avec des odeurs affirmées de cassis, de vieux cuir et d'épices. L'équilibre repose sur des tanins concentrés mais fins, sur une matière charnue. La longueur promet une superbe bouteille de grande garde.
🍷 SCEA Viale, Dom. du Colombier, Mercurol, 26600 Tain-l'Hermitage, tél. 04.75.07.44.07, fax 04.75.07.41.43 ✓ 🍷 r.-v.

DELAS Marquise de La Tourette 1996
■ 10 ha 30 000 🍷 100 à 150 F

La robe intense traduit une bonne concentration. Très marqué à la fois par les fruits rouges mûrs et par les tanins, ce 96 demande à vieillir afin d'affirmer son caractère.
🍷 Delas Frères, Z.A. de l'Olivet, 07300 Saint-Jean-de-Muzols, tél. 04.75.08.60.30, fax 04.75.08.53.67 ✓ 🍷 r.-v.

DOM. JEAN-LOUIS GRIPPAT 1995
■ 1,2 ha 5 500 🍷 70 à 100 F

Un hermitage blanc qui a déjà trois ans et qui est prêt à boire. Bien qu'issu de très vieilles vignes, il n'a pas recherché l'intensité mais l'équilibre et la fraîcheur. Le nez est sur le fruit, la bouche est plus florale.
🍷 Dom. Jean-Louis Grippat, La Sauva, 07300 Tournon, tél. 04.75.08.15.51, fax 04.75.07.00.97 ✓ 🍷 r.-v.

GUYOT Les Sensitives 1996★
■ n.c. 5 000 🍷 100 à 150 F

Guyot se taille une bonne réputation avec ce vin de belle facture ! Il est encore jeune mais présente des caractères intéressants. Après aération, apparaissent des notes de fruits, d'épices, de cuir, de sous-bois qui se révèlent aussi en bouche ; celle-ci, équilibrée, possède une solide structure : attendre le siècle prochain.
🍷 maison Guyot, Montée de l'Eglise, 69440 Taluyers, tél. 04.78.48.70.54, fax 04.78.48.77.31 ✓ 🍷 t.l.j. sf dim. 8h-17h

PAUL JABOULET AINE
La Chapelle 1996★
■ 20 ha n.c. 🍷 +200 F

Située au sommet de l'Hermitage, la chapelle Saint-Christophe appartient à la maison Jaboulet. Si vous avez la chance de vous procurer ce 96 chez votre caviste, car il n'est plus disponible chez son producteur, vous ne serez pas déçu : la robe réjouit l'œil puis le nez s'appuie sur des notes de sous-bois. Epicé, équilibré, construit sur des tanins de qualité, ce vin s'affirmera avec quelques années de garde.
🍷 Paul Jaboulet Aîné, Les Jalets, RN 7, B.P. 46, 26600 La Roche-de-Glun, tél. 04.75.84.68.93, fax 04.75.84.56.14 ✓ 🍷 r.-v.

PAUL JABOULET AINE
Le Chevalier de Sterimberg 1996★
■ 5 ha n.c. 🍷 100 à 150 F

Né sur les alluvions glaciaires sableuses de l'Hermitage, ce vin est l'un des archétypes de l'AOC. Sa couleur cristalline, légère, s'oppose au nez intense de tilleul et de pain d'épice. Complexe et équilibré, il ne parle pas encore en bouche, et c'est normal. Il faudra l'attendre au moins deux ans pour qu'il se développe ; il sera superbe en 2005.

943 LA VALLEE DU RHONE

☛ Paul Jaboulet Aîné, Les Jalets, RN 7,
B.P. 46, 26600 La Roche-de-Glun,
tél. 04.75.84.68.93, fax 04.75.84.56.14 ⓥ Ⲡ r.-v.

LA SIZERANNE 1995★★

| | n.c. | n.c. | 🍷 | +200 F |

Comme l'étiquette imprimée en braille, ce vin a du relief. Les vignes, travaillées en biodynamie, donnent ici une vendange très riche. Le terroir (granitique, argilo-calcaire et sédimentaire) apporte sa complexité. Des fruits rouges très mûrs et des épices composent le nez. La bouche harmonieuse reflète une puissance maîtrisée. Ce 95 fait partie des meilleurs vins de cette dégustation et a su observer la maxime française selon laquelle le premier devoir d'un vinificateur est de savoir respecter son terroir.

☛ M. Chapoutier, 18, av. Docteur-Paul-Durand, 26600 Tain-l'Hermitage, tél. 04.75.08.28.65, fax 04.75.08.81.70 ⓥ Ⲡ r.-v.

DOM. DES REMIZIERES 1995★

| | 0,6 ha | 3 000 | 🍷 | 70 à 100 F |

Philippe Desmeure réalise un sans faute sur le millésime 95. Macération pelliculaire, élevage en barrique, tout est maîtrisé. Le boisé marqué mais sans excès, laissant s'exprimer des senteurs d'acacia de bonne intensité. Ensuite, il y a bien sûr le gras, les notes vanillées nuancées de fruits blancs, l'équilibre et la longueur. La belle teinte cristalline et dorée n'avait pas menti.

☛ Cave Desmeure, rte de Romans, 26600 Mercurol, tél. 04.75.07.44.28, fax 04.75.07.45.87 ⓥ Ⲡ r.-v.

DOM. DES REMIZIERES 1995★★

| | 1,5 ha | 5 000 | 🍷 | 70 à 100 F |

Une cave bien équipée (égrappoir, pressoir pneumatique) a contribué à la réussite de ce vin qui a passé quatorze mois en fût. Le nez est tout en finesse, avec des notes de fruits rouges et un boisé bien fondu. Les tanins sont présents mais de bonne facture. On apprécie l'équilibre entre la structure et le gras. De belle longueur, un authentique hermitage.

☛ Cave Desmeure, rte de Romans, 26600 Mercurol, tél. 04.75.07.44.28, fax 04.75.07.45.87 ⓥ Ⲡ r.-v.

DOM. SAINT JEMMS 1996★

| | 0,18 ha | n.c. | 🍷 | 100 à 150 F |

Un domaine familial de 45 ha. Cette petite cuvée a bien des atouts pour faire un vin de garde : la robe est brillante et le nez affiche des fruits rouges cuits. C'est la bouche qui montre par ses tanins que l'amateur a un devoir de patience ; très tannique, elle développe néanmoins des notes de cassis persistantes.

☛ Robert Michelas, Dom. Saint-Jemms, Bellevue-la-Chassis, 26600 Mercurol, tél. 04.75.08.33.03, fax 04.75.08.69.80 ⓥ Ⲡ r.-v.

CAVE DE TAIN L'HERMITAGE
Les Nobles Rives 1996★★

| | n.c. | n.c. | 🍷 | 70 à 100 F |

Une coopérative fidèle aux grands rendez-vous et que les dégustateurs élisent aux meilleures places. Voyez ce vin blanc jaune paille à reflets dorés, dont le nez associe vanille, tilleul et fleurs blanches. Rondeur, équilibre et longueur caractérisent la bouche. « Il peut encore attendre », disent les dégustateurs charmés.

☛ Cave de Tain-l'Hermitage, 22, rte de Larnage, B.P. 3, 26600 Tain-l'Hermitage, tél. 04.75.08.20.87, fax 04.75.07.15.16 ⓥ Ⲡ r.-v.

Cornas

En face de Valence, l'appellation (75 ha) s'étend sur la seule commune de Cornas. Les sols, en pente assez forte, sont composés d'arènes granitiques, maintenues en place par des murets. Le cornas est un vin rouge viril, charpenté, qu'il faut faire vieillir au moins trois années (mais il peut attendre parfois beaucoup plus) afin qu'il puisse exprimer ses arômes fruités et épicés sur viandes rouges et gibier.

LAURENT COURBIS 1996★

| | 1 ha | 3 500 | 🍷 | 70 à 100 F |

Un cornas relevé par la présence d'épices depuis les premières senteurs jusqu'à la note finale. Mais il possède aussi tout ce qu'il faut là où il le faut : bonne attaque, tanins soyeux, persistance aromatique. Il appartient aux 96 à consommer dès les premières années du troisième millénaire.

☛ Laurent Courbis, Le Village, 07130 Châteaubourg, tél. 04.75.40.32.12

DELAS Chante-Perdrix 1996★

| | 1 ha | n.c. | 🍷 | 100 à 150 F |

Un vin à l'aube de son existence, si l'on en juge par la jeunesse des arômes où dominent fruits et réglisse. Cette cuvée Chante-Perdrix brille essentiellement par sa matière. L'attaque est charnue, puis la plénitude s'exprime. Bien sûr, la structure tannique représentative du cornas est là : l'épanouissement en bouche est celui d'un vin complet qui demande encore au moins cinq ans pour s'assouplir et s'enrichir.

☛ Delas Frères, Z.A. de l'Olivet, 07300 Saint-Jean-de-Muzols, tél. 04.75.08.60.30, fax 04.75.08.53.67 ⓥ Ⲡ r.-v.

DUMIEN-SERRETTE 1996

| | 1,3 ha | 4 500 | 🍷 | 50 à 70 F |

Un nez classique de fruits rouges sur fond boisé qui se transforme au palais en fruits à noyau et en épices. Une bouteille qu'il faudra ouvrir avant ses consœurs car elle est d'un style certes charnu mais plus simple. Simplicité rime ici avec réussite.

☛ Dumien-Serrette, 18, rue du Ruisseau, 07130 Cornas, tél. 04.75.40.41.91, fax 04.75.40.41.91 ⓥ Ⲡ r.-v.

Saint-péray

ERIC ET JOEL DURAND 1996

n.c.   n.c.   70 à 100 F

Une syrah qui développe ici un nez déjà bien ouvert et complet ; des épices et des notes animales accompagnent un agréable boisé légèrement grillé. Si la dégustation ne vous laisse pas cette impression de présence particulière au cornas, vous souviendrez longtemps de l'équilibre de ce vin sensible, depuis l'attaque jusqu'à la finale poivrée.

☛ Eric et Joël Durand, imp. de la Fontaine, 07130 Châteaubourg, tél. 04.75.40.46.78, fax 04.75.40.29.77 ☑ ☓ r.-v.

DOM. DE SAINT-PIERRE 1996**

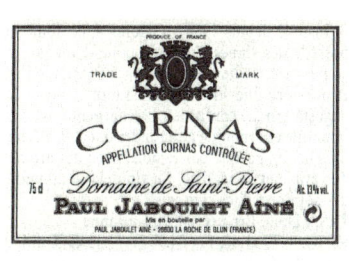

3,8 ha   n.c.   100 à 150 F

La richesse des notes aromatiques est souvent annonciatrice de qualité. Ici, elle est associée à une grande élégance. On retrouve les fruits mûrs, la cannelle et une touche boisée. Le jury a été conquis par la présence et la complexité de ce cornas qui devrait, dans quelques années, être digne des meilleures tables.

☛ Paul Jaboulet Aîné, Les Jalets, RN 7, B.P. 46, 26600 La Roche-de-Glun, tél. 04.75.84.68.93, fax 04.75.84.56.14 ☑ ☓ r.-v.

J.-L. ET F. THIERS 1996

1 ha   4 000   70 à 100 F

Des fruits rouges aux accents boisés en passant par des notes de réglisse et d'épices, notamment de clou de girofle : quelle richesse olfactive ! La bouche est bien représentative de ce millésime 96, une acidité marquée étant compensée par une bonne constitution tannique et par une finale aromatique sur fond d'épices très agréable.

☛ J.-.L et F. Thiers, EARL du Biguet, Toulaud, 07130 Saint-Péray, tél. 04.75.40.49.44, fax 04.75.40.33.03 ☑ ☓ r.-v.

DOM. DU TUNNEL
Cuvée Prestige 1996***

0,5 ha   530   70 à 100 F

Un domaine très jeune mais un vigneron déjà particulièrement compétent, qui a su tirer toute la quintessence de la syrah. Puissance, richesse, complexité... la liste des qualificatifs est très longue ; les dégustateurs ont visiblement vécu un grand moment avec le sentiment indescriptible d'avoir changé de catégorie, mais toujours dans la lignée des cornas. Très confidentielle, cette cuvée ne pourra satisfaire que de rares élus. Précipitez-vous.

☛ Stéphane Robert, 20, rue de la République, 07130 Saint-Péray, tél. 04.75.80.04.66, fax 04.75.40.38.60 ☑ ☓ t.l.j. 9h-12h 14h-18h

DOM. DU TUNNEL 1996

1,5 ha   4 000   50 à 70 F

Il s'agit de la cuvée principale proposée par ce producteur qui reçoit trois étoiles pour sa petite cuvée Prestige. Ici, la matière est moins riche mais le vin est réussi. De belle intensité, les nuances boisées et fruitées du nez sont de bon augure. La dégustation se poursuit sans heurts ; ce cornas bien équilibré est d'un style peut-être inattendu, c'est-à-dire rond et soyeux. La finale est complexe et laisse penser que cette bouteille pourra être ouverte relativement tôt.

☛ Stéphane Robert, 20, rue de la République, 07130 Saint-Péray, tél. 04.75.80.04.66, fax 04.75.40.38.60 ☑ ☓ t.l.j. 9h-12h 14h-18h

Saint-péray

Situé face à Valence, le vignoble de Saint-Péray (58 ha) est dominé par les ruines du château de Crussol. Un microclimat relativement plus froid et des sols plus riches que dans le reste de la région sont favorables à la production de vins plus acides, secs et moins riches en alcool, remarquablement bien adaptés à l'élaboration de blanc de blancs par la méthode traditionnelle. C'est d'ailleurs la principale production de l'appellation, et l'un des meilleurs vins effervescents de France. Aucun n'a été sélectionné cette année.

BERNARD GRIPA 1996*

1 ha   n.c.   50 à 70 F

Coup de cœur l'an dernier pour le millésime 95, Bernard Gripa est bien connu de nos lecteurs. Il a très bien réussi le 96 dont le maître mot est « floral », terme repris par tous les jurés du début à la fin de la dégustation. La parure jaune soutenu est très flatteuse, et l'équilibre confère à ce vin une belle harmonie.

☛ Bernard Gripa, 5, av. Ozier, 07300 Mauves, tél. 04.75.08.14.96, fax 04.75.07.06.81 ☑ ☓ r.-v.

PASCAL 1996

n.c.   3 000   30 à 50 F

D'une belle couleur à reflets verts, ce 96 a un nez agréable, typé, plutôt évolué. La bouche équilibrée, assez longue, est de bonne qualité.

☛ Pascal, rte de Gigondas, 84190 Vacqueyras, tél. 04.90.65.85.91, fax 04.90.65.89.23 ☑ ☓ r.-v.

LA VALLEE DU RHONE

Gigondas

CAVE DE TAIN L'HERMITAGE
Les Nobles Rives 1996★★

24 ha   n.c.   30 à 50 F

Une présentation irréprochable, dorée, limpide. « On a affaire ici à un très bon vin », note un dégustateur, ce que confirme le jury qui apprécie son équilibre, sa complexité recherchée, ses notes florales (acacia et fleurs blanches) et minérales. Il sera parfait en apéritif mais poissons et fruits de mer aimeront cet accord.
• Cave de Tain-l'Hermitage, 22, rte de Larnage, B.P. 3, 26600 Tain-l'Hermitage, tél. 04.75.08.20.87, fax 04.75.07.15.16 ☑ ⊤ r.-v.

Gigondas

Au pied des étonnantes Dentelles de Montmirail, le célèbre vignoble de Gigondas ne couvre que la commune de Gigondas et est constitué d'une série de coteaux et de vallonnements. La vocation viticole de l'endroit est très ancienne, mais son réel développement date du XIVe s. (vignobles du Colombier et des Bosquets), sous l'impulsion d'Eugène Raspail. D'abord côtes du rhône, puis, en 1966, côtes du rhône-villages, gigondas obtient ses lettres de noblesse en tant qu'appellation spécifique en 1971, couvrant presque 1 200 ha.

Les caractéristiques du sol et son climat font que les vins de gigondas (40 000 hl) sont, dans une très grande proportion, des vins rouges à très forte teneur en alcool, puissants, charpentés et bien équilibrés, tout en présentant une finesse aromatique où se mêlent réglisse, épices et fruits à noyau. Bien adaptés au gibier, ils mûrissent lentement et peuvent garder leurs qualités pendant de nombreuses années. Il existe également quelques vins rosés, puissants et capiteux.

DOM. DES BOSQUETS 1996★★

27 ha   20 000   30 à 50 F

D'ici quatre ou cinq ans, un civet de gibier devrait vous permettre d'apprécier à sa juste valeur ce gigondas très charpenté et à la couleur soutenue. Le temps doit encore affiner sa structure tannique mais ses arômes, la qualité de sa chair et sa persistance en bouche sont très prometteurs.
• Sylvette Brechet, Dom. des Bosquets, 84190 Gigondas, tél. 04.90.65.80.45 ☑ ⊤ r.-v.

DOM. BRUSSET
Les Hauts de Montmirail Fût de chêne 1996★★

8 ha   25 000   70 à 100 F

Installé depuis 1986 à Gigondas, ce domaine possède des vignes d'une trentaine d'années. La couleur très soutenue de ce vin a surpris le jury et annonce une structure puissante et riche. La dégustation le confirme : la charpente est très tannique et demande à se fondre dans un ensemble encore marqué par le bois, avec des arômes de vanille et de réglisse. Ce vin devrait atteindre des sommets d'ici cinq ans.
• SA Dom. Brusset, 84290 Cairanne, tél. 04.90.70.91.60, fax 04.90.30.73.31 ☑ ⊤ t.l.j. 10h-12h 14h-19h

DOM. DE CABASSE 1995★

3 ha   6 000   50 à 70 F

Du temps des papes en Avignon, la propriété s'appelait Casa Bassa, ce qui est devenu au fil du temps Cabasse. Ce 95 n'a pas encore tout dévoilé mais sa charpente est aromatique, tout en rondeur, et laisse présager un avenir brillant.
• Dom. de Cabasse, 84110 Séguret, tél. 04.90.46.91.12, fax 04.90.46.94.01 ☑ ⊤ t.l.j. 8h-12h 14h-19h
• Alfred Haeni

DOM. DE CASSAN 1996

7,5 ha   35 000   50 à 70 F

Une note d'évolution marque ce 96 aux nuances de fruits à l'alcool, d'épices et de sous-bois. Sa matière déjà bien fondue, d'une belle finesse, en fait un vin qualifié de féminin par le jury. Déjà agréable à boire.
• SCIA Saint-Christophe, Dom. de Cassan, 84190 Lafare, tél. 04.90.62.96.12, fax 04.90.65.05.47 ☑ ⊤ r.-v.
• Famille Croset

DOM. DU CAYRON 1995

14 ha   40 000   50 à 70 F

Un vin intéressant, d'une très belle couleur soutenue et franche, au nez élégant et à la bouche construite sur beaucoup de tanins, de matière. Il demande à s'ouvrir pour atteindre plus de complexité et de finesse.
• EARL Michel Faraud, Dom. du Cayron, 84190 Gigondas, tél. 04.90.65.87.46, fax 04.90.65.88.81 ☑ ⊤ r.-v.

Gigondas

Dom. des Espiers
Cuvée Tradition 1996**

2 ha　　9 000　　30 à 50 F

Le plaisir commence avec la diversité des arômes (violette et fruits rouges). Il se poursuit en bouche grâce à des tanins très soyeux et respectueux du fruit. Le tout donne un vin bien équilibré et tout en finesse. Une belle réussite de la part d'un jeune vigneron.
☞ Philippe Cartoux, Dom. des Espiers, 84190 Vacqueyras, tél. 04.90.65.81.16, fax 04.90.65.81.16 ☑ ☖ t.l.j. sf dim. 8h-12h 14h-18h

Dom. du Gour de Chaule
Cuvée Tradition 1995**

10 ha　　20 000　　50 à 70 F

Grenat foncé à reflets rubis, ce 95 est encore bien marqué par son séjour en fût ; on y trouve non seulement des notes boisées mais aussi des nuances de cacao, de fruits rouges cuits, de truffe, de tabac, de romarin. Les tanins sont bien présents mais commencent à se fondre. Le temps jouera en sa faveur.
☞ SCEA Beaumet-Bonfils, Dom. du Gour de Chaulé, 84190 Gigondas, tél. 04.90.65.85.62, fax 04.90.65.82.40 ☑ ☖ t.l.j. sf dim 9h-12h30 14h30-19h
☞ Aline Bonfils

Dom. du Grapillon d'Or 1995*

14 ha　　35 000　　50 à 70 F

Joli bouquet varié où le fruit se mêle aux épices et aux notes de sous-bois. La structure est déjà bien fondue et équilibrée, ce qui fait dire à certains de nos dégustateurs que ce 95 est déjà prêt à boire avec une pintade rôtie, mais il a aussi un bel avenir devant lui.
☞ Bernard Chauvet, Le Péage, 84190 Gigondas, tél. 04.90.65.86.37, fax 04.90.65.82.99 ☖ t.l.j. sf dim. 8h30-12h 13h30-18h

Dom. Le Clos des Cazaux
Cuvée de la Tour Sarrazine 1995

7 ha　　32 000　　50 à 70 F

Le vignoble existe ici depuis un siècle, planté sur une ancienne métairie des Templiers. Cette cuvée possède un nez à dominante fruits rouges, une bouche ronde, équilibrée et chaleureuse. C'est un gigondas que l'on pourra apprécier dès à présent.
☞ EARL Archimbaud-Vache, Dom. Le Clos des Cazaux, 84190 Vacqueyras, tél. 04.90.65.85.83, fax 04.90.65.83.94 ☑ ☖ t.l.j. sf dim. 9h-11h30 14h-18h
☞ L. et M. Vache

Le Grand Priant 1996*

60 ha　　30 000　　30 à 50 F

Un gigondas à la fois intense et élégant, avec déjà quelques notes d'évolution (fruits cuits, pruneau, réglisse). Sa structure correcte devrait avoir le temps s'épanouir et gagner en complexité.
☞ Pierre Amadieu, 84190 Gigondas, tél. 04.90.65.84.08, fax 04.90.65.82.14 ☑ ☖ r.-v.

Le Pavillon de Beaumirail 1995

n.c.　　15 000　　50 à 70 F

Présenté dans une robe grenat, voici un vin assez équilibré, flatté par son passage en fût. Sous la dominante tannique, on trouve des arômes boisés, épicés et vanillés. Un 95 qui ne demande qu'à s'épanouir sur un civet.
☞ Cave des Vignerons de Gigondas, 84190 Gigondas, tél. 04.90.65.86.27, fax 04.90.65.80.65 ☑ ☖ r.-v.

Dom. Les Chenes Blancs 1995

10 ha　　n.c.　　30 à 50 F

Un assemblage grenache-syrah classique qui donne un vin corsé avec une pointe d'évolution ; le bois doit cependant encore se fondre et les tanins s'affiner. Ce 95 devrait avoir un bel avenir.
☞ Jean Roux, Dom. Les Chênes Blancs, 84190 Gigondas, tél. 04.90.65.85.04, fax 04.90.65.82.94 ☑ ☖ r.-v.

Dom. Les Goubert 1995**

n.c.　　n.c.　　50 à 70 F

Elevé vingt-trois mois en cuve pour 60 %, le reste en pièces de troisième et quatrième année, le vin est ici assemblé sans collage ni filtrage. Une robe rubis profond habille ce 95 puissant et élégant. Les tanins sont serrés mais laissent la part belle à des arômes concentrés et persistants, aux nuances animales, d'épices et de cuir. Très beau vin de garde.
☞ Dom. Les Goubert, 84190 Gigondas, tél. 04.90.65.86.38, fax 04.90.65.81.52 ☑ ☖ t.l.j. 9h-12h 14h-19h; sam. dim. sur r.-v.
☞ Jean-Pierre Cartier

Dom. de Longue Toque 1997

2 ha　　3 000　　50 à 70 F

Acheté en 1995 par la famille Glénat, ce domaine propose un rosé élégant, couleur pelure d'oignon, au nez de fleurs et de cannelle, surprenant par ses arômes qui évoluent vers des notes de rhum et d'épices très originales. Il sera en accord avec la cuisine salée-sucrée.
☞ SC Glénat et Fils, Dom. de Longue Toque, 84190 Gigondas, tél. 04.90.12.39.31, fax 04.90.12.39.32 ☑ ☖ t.l.j. 10h-18h

L'Oustau Fauquet
Du Petit Montmirail 1995

9 ha　　30 000　　50 à 70 F

Un vin tendre et charmeur qui n'impressionne pas par sa puissance mais plutôt par sa rondeur, son élégance et sa finesse.
☞ Roger Combe et Fille, Dom. La Fourmone, rte de Bollène, 84190 Vacqueyras, tél. 04.90.65.86.05, fax 04.90.65.87.84 ☑ ☖ t.l.j. 9h-12h 14h-18h

Ch. de Montmirail
Cuvée de Beauchamp 1996*

n.c.　　n.c.　　50 à 70 F

On nous dit que le château de Montmirail fut autrefois station thermale. On ne peut que se réjouir de sa reconversion en goûtant ce vin dont la matière est généreuse : les tanins sont fondus et laissent une impression générale de rondeur et

RHONE

947　　LA VALLÉE DU RHONE

Gigondas

d'équilibre. A déguster sur des volailles à la broche, propose le jury.
•┓ Archimbaud-Bouteiller, Ch. de Montmirail, B.P. 12, 84190 Vacqueyras, tél. 04.90.65.86.72, fax 04.90.65.81.31 ☑ ♈ t.l.j. sf dim. 8h30-12h 14h-18h30

DOM. NOTRE DAME DES PALLIERES 1997

| | 1 ha | 1 500 | | 30 à 50 F |

Frais et fruité au nez, souple et rond en bouche avec une finale chaleureuse, ce rosé de saignée tire profit des caractères du grenache et du cinsault. Il pourra accompagner la cuisine provençale.
•┓ Dom. de Notre Dame des Pallières, chem. des Tuileries, 84190 Gigondas, tél. 04.90.65.83.03, fax 04.90.65.83.03 ☑ ♈ r.-v.
•┓ J.-P. et C. Roux

DOM. DU PESQUIER 1995

| | 16 ha | 40 000 | | 50 à 70 F |

« Ancien vignoble des princes d'Orange », peut-on lire sur l'étiquette. Il offre aujourd'hui une belle composition : complexe, riche, ayant du gras. Des tanins présents et une finale empyreumatique et boisée donnent un gigondas classique et bien représentatif de l'appellation.
•┓ EARL Dom. du Pesquier, R. Boutière et Fils, 84190 Gigondas, tél. 04.90.65.86.16, fax 04.90.65.88.48 ☑ ♈ t.l.j. 8h-12h 14h-19h; groupes sur r.-v.

CH. DE SAINT-COSME Valbelle 1996*

| | 4 ha | n.c. | | 70 à 100 F |

Après avoir obtenu l'an dernier un coup de cœur pour cette même cuvée en millésime 95, le château de Saint-Cosme présente un 96 de belle facture avec une structure grasse et tannique et une longueur prometteuse. Le mariage avec le bois est réussi mais demande encore un peu de temps pour s'épanouir.
•┓ Louis Barruol, Ch. Saint-Cosme, 84190 Gigondas, tél. 04.90.65.86.97, fax 04.90.65.81.05 ☑ ♈ r.-v.

DOM. SAINTE ANNE 1996**

| | 5 ha | 21 000 | | 50 à 70 F |

Bien dans le type de l'appellation avec un nez expressif aux notes grillées. En bouche, il trouve le juste équilibre entre la rondeur, les tanins et l'alcool, et il finit sur une note aromatique persistante. Les autres vins distribués par Gabriel Meffre dans cette appellation, **Laurus, Domaine de la Chapelle, Domaine de la Daysse** et **La Font Boissière**, sont un léger ton en dessous mais ont reçu une étoile. Une remarquable gamme de produits.
•┓ Robert Devin, Dom. Sainte-Anne, 84190 Gigondas, tél. 04.90.12.32.42, fax 04.90.12.32.49

DOM. SAINT GAYAN 1995**

| | 16 ha | 50 000 | | 50 à 70 F |

Issu de vignes d'un âge respectable, voici un vin ample, gras et tannique. Les arômes sont complexes et contribuent grandement à l'impression de plénitude que laisse cette dégustation.

•┓ EARL Jean-Pierre et Martine Meffret, Dom. Saint Gayan, 84190 Gigondas, tél. 04.90.65.86.33, fax 04.90.65.85.10 ☑ ♈ r.-v.

DOM. DU TERME 1995*

| | 12 ha | n.c. | | 30 à 50 F |

Le Clos du Terme marquait les marches de la principauté d'Orange. Situé aujourd'hui en ce lieu, le domaine a pris son nom. Avec un nez très agréable et une bouche sans astringence, faite de tanins fondus, de gras et de longueur, voici un vin bien réussi, idéal pour vos viandes rouges en sauce.
•┓ Rolland Gaudin, Dom. du Terme, 84190 Gigondas, tél. 04.90.65.86.75, fax 04.90.65.80.29 ☑ ♈ r.-v.

DOM. DES TOURELLES 1996**

| | 8 ha | 32 000 | | 50 à 70 F |

Un domaine dont l'ancienneté est attestée par de très belles caves voûtées âgées de quatre siècles. Voici un vin athlétique et promis à un bel avenir. Si la matière est ferme, elle n'en est pas pour autant uniforme, avec des notes boisées, de fruits noirs et d'épices. Il vous donnera la force d'affronter une randonnée à pied ou en VTT dans les Dentelles de Montmirail qui dominent le village de Gigondas. Egalement dégusté, le **millésime 95** reçoit deux étoiles et les compliments du jury.
•┓ Roger Cuillerat, Dom. des Tourelles, 84190 Gigondas, tél. 04.90.65.86.98, fax 04.90.65.89.47 ☑ ♈ r.-v.

CH. DU TRIGNON 1996**

| | 20 ha | 60 000 | | 50 à 70 F |

80 % de la production de ce domaine, d'excellente réputation, part pour le nord de l'Europe et le continent américain. Ceux qui auront la chance de goûter ce millésime se réjouiront. Un membre du jury le définit comme « musclé » ! Il est à fait bien reconnaître qu'il ne manque pas de puissance aromatique et tannique. Chaleureux en bouche, il est ample avec des tanins serrés et une longueur très prometteuse qui lui vaut un coup de cœur unanime.
•┓ SCEA Ch. du Trignon, 84190 Gigondas, tél. 04.90.46.90.27, fax 04.90.46.98.63 ☑ ♈ r.-v.
•┓ Pascal Roux

DOM. VARENNE 1996

| | 8 ha | 17 000 | | 50 à 70 F |

Avec une jolie coloration brillante et soutenue, ce vin a un potentiel intéressant. A la fois

948

fruité et tannique, il aurait mérité un peu plus de rondeur.
➤ Dom. Varenne, Le petit chemin, 84190 Gigondas, tél. 04.90.65.86.55, fax 04.90.12.39.28 ☑ ⊺ t.l.j. 9h30-12h 14h-18h30

Vacqueyras

L'appellation d'origine contrôlée vacqueyras, dont les conditions de production ont été définies par décret du 9 août 1990, est la treizième et dernière-née des AOC locales des côtes du rhône.

Elle rejoint gigondas et châteauneuf-du-pape à ce niveau hiérarchique dans le département du Vaucluse. Situé entre Gigondas au nord et Beaumes-de-Venise au sud-est, son territoire s'étend sur les deux communes de Vacqueyras et de Sarrians. Les 870 ha de vignes produisent un peu plus de 38 000 hl.

Vingt-trois embouteilleurs, une cave coopérative ainsi que trois négociants-éleveurs commercialisent 1,5 million de cols en vacqueyras.

Les vins rouges (95 %), élaborés à base de grenache, syrah, mourvèdre et cinsaut, sont aptes au vieillissement (trois à dix ans). Les rosés (4 %) sont issus d'un encépagement similaire. Les blancs restent confidentiels (cépages : clairette, grenache blanc, bourboulenc, roussanne).

DOM. DES AMOURIERS
Les Genestes 1996**

| | 3 ha | 10 000 | | 50 à 70 F |

Le domaine emprunte son nom aux mûriers (amouriers en langue provençale) qui servaient à l'élevage des vers à soie. Cette cuvée Les Genestes, partagée entre syrah et grenache, a une couleur profonde et des arômes de fruits rouges intenses. Équilibré en bouche, avec des tanins bien présents, c'est un vin puissant et de bonne garde. Presque coup de cœur.
➤ Dom. des Amouriers, Les Garrigues, 84260 Sarrians, tél. 04.90.65.83.22, fax 04.90.65.84.13 ☑ ⊺ r.-v.
➤ Chudzikiewicz

LA BASTIDE SAINT-VINCENT 1995**

| | 5 ha | 8 500 | | 30 à 50 F |

D'une remarquable régularité d'un millésime à l'autre, le domaine La Bastide Saint-Vincent fait partie des valeurs sûres de l'appellation. Ce 95 en témoigne une nouvelle fois par sa complexité, son amplitude en bouche et la finesse de ses tanins.
➤ Guy Daniel, La Bastide Saint-Vincent, rte de Vaison, 84150 Violès, tél. 04.90.70.94.13, fax 04.90.70.96.13 ☑ ⊺ t.l.j. 8h-19h; f. 1er-15 janv. 15 sept.-15 oct.

DOM. LA FOURMONE
Trésor du Poète 1996*

| | 11 ha | 20 000 | | 30 à 50 F |

La cuvée Trésor du Poète se présente dans une robe soutenue et brillante. Agréable en bouche avec des notes grillées et des arômes de fruits rouges, ce vin est assez chaleureux et persistant. Deux autres cuvées du domaine (en **rouge, Sélection Maître de Chais** et **Cuvée des Ceps d'Or**), ont été citées plus pour leur finesse que pour leur puissance, ce qui est assez caractéristique du millésime 96.
➤ Roger Combe et Fille, Dom. La Fourmone, rte de Bollène, 84190 Vacqueyras, tél. 04.90.65.86.05, fax 04.90.65.87.84 ☑ ⊺ t.l.j. 9h-12h 14h-18h

DOM. LA FOURMONE
Cuvée Fleurantine 1997*

| | 1,5 ha | 8 000 | | 30 à 50 F |

La production de vacqueyras blanc est plutôt anecdotique mais ce plaisant assemblage clairette-grenache se distingue par ses arômes floraux intenses et d'une bonne persistance. Il sera parfait en apéritif ou sur des crustacés.
➤ Roger Combe et Fille, Dom. La Fourmone, rte de Bollène, 84190 Vacqueyras, tél. 04.90.65.86.05, fax 04.90.65.87.84 ☑ ⊺ t.l.j. 9h-12h 14h-18h

DOM. LA GARRIGUE 1995*

| | 20 ha | 20 000 | | 30 à 50 F |

Cette propriété est exploitée par les Bernard depuis plus de cent cinquante ans. Un nez de violette et de fruits rouges, une bouche souple et ronde caractérisent ce vin équilibré et tout en finesse, qui ne joue pas les gros bras. Vous pourrez l'apprécier dès à présent.
➤ EARL A. Bernard et Fils, Dom. La Garrigue, 84190 Vacqueyras, tél. 04.90.65.84.60, fax 04.90.65.80.79 ☑ ⊺ t.l.j. 8h-12h 14h-19h30; dim. sur r.-v.

DOM. DE LA VERDE 1996*

| | n.c. | 30 000 | | 30 à 50 F |

Encore jeune mais prometteur, ce vin mérite votre patience. Sa structure puissante et un brin rustique devrait dans trois ou quatre ans s'affiner pour accompagner idéalement du gibier en civet.
➤ Caves Saint-Pierre Henry Bouachon, av. Pierre-de-Luxembourg, B.P. 5, 84230 Châteauneuf-du-Pape, tél. 04.90.83.58.35, fax 04.90.83.77.25 ☑ ⊺ t.l.j. sf dim. 8h-18h

DOM. LE COUROULU
Cuvée vieillie en foudre 1996

| | 10 ha | 26 500 | | 30 à 50 F |

Après douze mois d'élevage en foudre, les tanins sont présents mais savent se faire oublier, et ce sont les arômes fruités et la dominante chaleureuse qui prennent le dessus pour donner un vin agréable, pouvant être bu dès à présent.

Châteauneuf-du-pape

🕯GAEC Le Couroulu, Cave Guy Ricard, La Pousterle, 84190 Vacqueyras, tél. 04.90.65.84.83, fax 04.90.65.81.25 ✉ ☎ t.l.j. 8h-18h; dim. sur r.-v.

DOM. LE SANG DES CAILLOUX
Cuvée Doucinello 1996

■　　　　　n.c.　15 000　🍴🍷　30 à 50 F

Si la cuvée 96 du domaine Le Sang des Cailloux ne se hisse pas au niveau exceptionnel des deux dernières récoltes (coup de cœur lors des deux précédentes éditions), elle n'a pas laissé indifférent notre jury qui en a apprécié la rondeur, l'équilibre et la persistance.
🕯Dom. Le Sang des Cailloux, rte de Vacqueyras, 84260 Sarrians, tél. 04.90.65.88.64, fax 04.90.65.88.75 ✉ ☎ r.-v.
🕯Férigoule

LES GRANDS CYPRES 1996

■　　　　25 ha　40 000　🍴🍷　30 à 50 F

Souple et équilibré avec des arômes de fruits rouges, ce vacqueyras est déjà agréable et prêt à boire sur des viandes en sauce ou rôties.
🕯Gabriel Meffre, 84190 Gigondas, tél. 04.90.12.32.42, fax 04.90.12.32.49

CH. DE MONTMIRAIL
Cuvée des deux Frères 1996*

■　　　　　n.c.　15 000　🍴🍷　30 à 50 F

Bon représentant de l'appellation. Les commentaires du jury sont élogieux : ample, généreux, des arômes complexes de fruits mûrs et de sous-bois, une structure à la fois grasse et tannique. Voilà autant de gages d'un vieillissement harmonieux.
🕯Archimbaud-Bouteiller, Ch. de Montmirail, B.P. 12, 84190 Vacqueyras, tél. 04.90.65.86.72, fax 04.90.65.81.31 ✉ ☎ t.l.j. sf dim. 8h30-12h 14h-18h30

DOM. DE MONTVAC 1996***

■　　　　12 ha　n.c.　🍴🍷　30 à 50 F

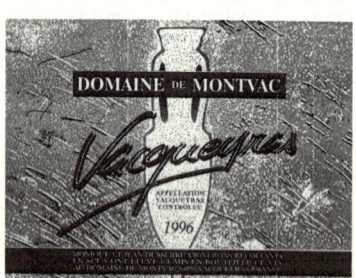

Exceptionnel si l'on en croit le plaisir pris par le jury lors de la dégustation de ce vin de grande garde à la robe grenat, aux arômes puissants et complexes, avec des notes de cuir et d'épices. La structure est tannique, élégante et persistante. Que dire de plus... sinon à vos verres.
🕯Jean Dusserre, Dom. de Montvac, 84190 Vacqueyras, tél. 04.90.65.85.51, fax 04.90.65.82.38 ✉ ☎ t.l.j. sf dim. 8h30-12h 14h-18h

DOM. DU PONT DE RIEU 1996*

■　　　　6,5 ha　30 000　🍴🍷　30 à 50 F

Voici un vacqueyras bien marqué par le grenache : souple et équilibré, il allie harmonieusement et sans excès le fruit et la puissance.
🕯Jean-Pierre Faraud, 84190 Vacqueyras, tél. 04.90.12.32.42, fax 04.90.12.32.49

CH. DES ROQUES 1996*

■　　　　22 ha　40 000　🍷　30 à 50 F

Elevé en fût de chêne, ce 96 du château des Roques, à la robe pourpre et limpide, présente des arômes épicés et sauvages que l'on retrouve en bouche, enrobés par des tanins élégants.
🕯SCEA Ch. des Roques, B.P. 9, 84190 Vacqueyras, tél. 04.90.65.85.16, fax 04.90.65.88.18 ✉ ☎ t.l.j. sf sam. dim. 8h-18h
🕯Seroul

Châteauneuf-du-pape

Le territoire de production de l'appellation, la première à avoir défini légalement ses conditions de production en 1931, s'étend sur la quasi-totalité de la commune qui lui a donné son nom et sur certains terrains de même nature des communes limitrophes d'Orange, Courthézon, Bédarrides, Sorgues (3 200 ha). Ce vignoble est situé sur la rive gauche du Rhône, à une quinzaine de kilomètres au nord d'Avignon. Son originalité provient de son sol, formé notamment de vastes terrasses de hauteurs différentes, recouvertes d'argile rouge mêlée à de nombreux cailloux roulés. Les cépages sont très divers, avec prédominance du grenache, de la syrah, du mourvèdre et du cinsaut. Le rendement ne dépasse pas 35 hl/ha.

Les châteauneuf-du-pape ont toujours une couleur très intense. Ils seront mieux appréciés après un vieillissement qui varie en fonction des millésimes. Amples, corsés et charpentés, ce sont des vins au bouquet puissant et complexe, qui accompagnent avec succès les viandes rouges, le gibier et les fromages à pâte fermentée. Les blancs, produits en petite quantité, savent cacher leur puissance par leur saveur et la finesse de leurs arômes. La production globale avoisine les 100 000 hl.

Châteauneuf-du-pape

DOM. PIERRE ANDRE 1995*

15,5 ha   40 000   70 à 100 F

Un élevage de huit mois en foudre pour une maturation lente et une mise en bouteilles sans filtration donnent à ce vin toute sa subtilité aromatique et son élégance. Les fruits et la réglisse vous enchanteront longtemps encore après la dégustation. Sa bonne constitution lui permettra de traverser les ans sans risque.
Dom. Pierre André, fg Saint-Georges, 84350 Courthézon, tél. 04.90.70.81.14, fax 04.90.70.75.73 r.-v.

DOM. PAUL AUTARD
Cuvée la Côte Ronde 1996

n.c.   n.c.   150 à 200 F

Un vin subtil et de bonne tenue. Les arômes classiques de l'appellation portés par la douceur d'un écrin de velours rouge. Ce 96 possède un bon potentiel de garde mais peut être bu dès aujourd'hui. La cuvée traditionnelle du domaine est plus abordable ; elle se situe un ton en dessous.
Dom. Paul Autard, rte de Châteauneuf-du-Pape, 84350 Courthézon, tél. 04.90.70.73.15, fax 04.90.70.29.59 t.l.j. 9h-12h30 15h-19h

DOM. DE BABAN 1996**

9 ha   25 000   70 à 100 F

Distribués par Gabriel Meffre depuis quelques années, les vins du domaine sont élevés en foudre. D'une robe soutenue à reflets rubis, ce 96 a un nez animal évoluant sur des notes d'épices et de réglisse. La bouche est pleine et ronde, les tanins sont présents et complexes. C'est un vin qui d'ici cinq ans accompagnera heureusement gibier et viandes rouges.
SCEA Dom. Riche, 84230 Châteauneuf-du-Pape, tél. 04.90.12.32.42, fax 04.90.12.32.49

DOM. DE BEAURENARD 1997*

3,4 ha   12 000   70 à 100 F

Ce domaine possède une collection de bouteilles remontant à 1929. Pionnier du blanc à châteauneuf, il présente un 97 dont la robe est jeune, brillante, avec des reflets verts. Le nez floral, complexe, s'agrémente de notes grillées. La bouche persistante, bien équilibrée, enchante le palais. C'est un vin harmonieux, représentatif de l'appellation et de longue garde.
SCEA Paul Coulon et Fils, Dom. de Beaurenard, 84230 Châteauneuf-du-Pape, tél. 04.90.83.71.79, fax 04.90.83.78.06 t.l.j. 8h-12h 13h30-17h30; groupes sur r.-v.

DOM. BERTHET-RAYNE
Vieilli en fût de chêne 1996*

n.c.   n.c.   70 à 100 F

Une robe grenat profond à reflets rubis habille sur mesure ce 96. Son nez est discret car encore jeune, dominé par des notes vanillées et boisées. En revanche la bouche révèle un beau potentiel avec des tanins présents mais à grain fin, un équilibre enchanteur et une finale aromatique très longue. Les dégustateurs sont unanimes pour conseiller de le laisser vieillir cinq ans au moins.

Christian Berthet-Rayne, rte de Caderousse, 84350 Courthézon, tél. 04.90.70.74.14, fax 04.90.70.77.85 t.l.j. 8h-18h; sam. dim. sur r.-v.

DOM. DE BOIS DAUPHIN 1996*

18 ha   70 000   50 à 70 F

Une vinification traditionnelle, une longue cuvaison donnent à ce 96 une jolie robe aux nuances pourpres ; le nez est riche avec ses épices et ses fruits rouges à l'alcool. Le palais est flatté par une bonne structure et des tanins fins qui confèrent à ce vin une belle personnalité. Attendre au moins deux ans pour le déguster.
Jean Marchand, 21, rte d'Orange, 84230 Châteauneuf-du-Pape, tél. 04.90.83.70.34, fax 04.90.83.50.83 t.l.j. sf sam. dim. 8h-18h

DOM. BOIS DE BOURSAN
Prestige 1995*

0,6 ha   2 000   70 à 100 F

Une cuvée Prestige malheureusement confidentielle (2 000 bouteilles) qui montre tout le savoir-faire de ce domaine de 16 ha. Un élevage de douze mois en fût apporte au nez un léger boisé qui se fond avec les notes animales et épicées. Une belle complexité et une longueur réjouissante contribuent à la réussite. Attendre deux à trois ans pour profiter pleinement de sa classe.
GAEC Jean-Paul Versino, quartier Saint-Pierre, 84230 Châteauneuf-du-Pape, tél. 04.90.83.73.60, fax 04.90.83.73.60 r.-v.

BOISRENARD 1996*

2,5 ha   10 000   100 à 150 F

Une vinification traditionnelle avec une cuvaison très longue, un respect rare de l'âme du vin donnent à ce 96 une belle couleur grenat foncé. Le nez intense et riche enchante par ses fruits rouges, ses épices et sa vanille. La bouche ronde et puissante n'acquerra sa plénitude que dans plusieurs années, mais elle est riche de promesses et de plaisir.
SCEA Paul Coulon et Fils, Dom. de Beaurenard, 84230 Châteauneuf-du-Pape, tél. 04.90.83.71.79, fax 04.90.83.78.06 t.l.j. 8h-12h 13h30-17h30; groupes sur r.-v.

BOSQUET DES PAPES 1997

1,5 ha   4 500   50 à 70 F

La fermentation à basse température apporte beaucoup de fraîcheur aromatique : fenouil, anis, verveine. La bouche est tout en dentelle, ronde et discrète. Un vin sans excès à réserver à l'apéritif et aux entrées. La cuvée **Chantemerle Vieilles vignes rouge 96** reçoit une citation (100 à 149 F).
Maurice Boiron, Dom. Bosquet des Papes, rte d'Orange, 84230 Châteauneuf-du-Pape, tél. 04.90.83.72.33, fax 04.90.83.50.52 t.l.j. sf dim. 9h-12h 13h30-19h30

LAURENT-CHARLES BROTTE 1997*

4 ha   20 000   70 à 100 F

Une maison de négoce qui vinifie ce joli 97 en macération pelliculaire pour obtenir un nez riche de fruits, de fleurs blanches et d'agrumes. Mais c'est en bouche que s'expriment toute la puissance et l'élégance de ce vin. L'équilibre est par-

LA VALLÉE DU RHONE

Châteauneuf-du-pape

fait, et la persistance aromatique remarquable. Un vin très réussi qui a un bel avenir. Conseillé avec un brochet au beurre blanc.
☙ Laurent-Charles Brotte, rte d'Avignon, 84230 Châteauneuf-du-Pape, tél. 04.90.83.70.07, fax 04.90.83.74.34 ☑ Ⲟ r.-v.

CH. CABRIERES 1996*

| ■ | | 30 ha | 80 000 | 🍷 | 50 à 70 F |

Un élevage en fût puis en foudre a permis au boisé de s'allier harmonieusement au vin. Son nez offre une palette de fruits rouges et d'épices (vanille). Son élégance et son équilibre associent en bouche les arômes de cassis et de framboise. Peut déjà se goûter, mais gagnera à attendre un peu.
☙ Ch. Cabrières, rte d'Orange, CD 68, 84230 Châteauneuf-du-Pape, tél. 04.90.83.73.58, fax 04.90.83.75.55 ☑ Ⲟ r.-v.

DOM. CHANTE-PERDRIX 1996

| ■ | | 16,5 ha | 40 000 | 🍷 | 50 à 70 F |

Puissant, ce 96 avec sa robe soutenue brillante qui commence à évoluer et son nez très intense de réglisse, de fruits rouges à l'alcool. En bouche, l'attaque est souple et ample, les arômes bien typiques. La finale est un peu austère pour ce vin à boire dans les trois ans.
☙ Guy et Frédéric Nicolet, Dom. Chante-Perdrix, 84230 Châteauneuf-du-Pape, tél. 04.90.83.71.86, fax 04.90.83.53.14 ☑ Ⲟ r.-v.

DOM. CHARVIN Non filtré 1996

| ■ | | 7,5 ha | 16 000 | 🍷 | 50 à 70 F |

Respectueux de la tradition, ce domaine élabore, sans éraflage ni filtration, un vin traditionnel. Une belle robe grenat à reflets orangés. Le nez évoque les fruits rouges, les épices (réglisse). La structure équilibrée, d'une certaine finesse, en fait un vin honnête qui accompagnera tout un repas.
☙ Dom. Charvin, chem. de Maucoil, 84100 Orange, tél. 04.90.34.41.10, fax 04.90.51.65.59 ☑ Ⲟ r.-v.

CLOS DES PAPES 1996*

| □ | | 2,5 ha | 10 000 | 🍷 | 70 à 100 F |

Un subtil équilibre des cépages blancs de l'appellation place ce vin puissant dans la grande tradition du domaine. Vous serez conquis par son nez fin aux notes de miel. L'attaque est soyeuse ; les notes d'amande grillée emplissent le palais. Ce vin chaleureux accompagnera poisson et viandes blanches.
☙ Paul Avril, Clos des Papes, 13, av. Pierre-de-Luxembourg, 84230 Châteauneuf-du-Pape, tél. 04.90.83.70.13, fax 04.90.83.50.87 ☑ Ⲟ r.-v.

CLOS DU CALVAIRE 1997*

| □ | | n.c. | 19 000 | 🍷 | 70 à 100 F |

Ce vin jaune pâle à reflets brillants possède une bonne intensité aromatique de fleurs blanches et d'agrumes. La bouche révèle la présence de beaucoup de gras et de rondeur avec des notes de fleurs et de fruits mais la finale reste vive. C'est un vin bien équilibré.

☙ SCEA Dom. du Père Pape, 24, av. Baron-le-Roy, 84230 Châteauneuf-du-Pape, tél. 04.90.83.70.16, fax 04.90.83.50.47
☙ Nayard

CUVEE PRESTIGE DES DOMANIALES Elevé en fût de chêne 1996*

| ■ | | n.c. | n.c. | 🍷 | 150 à 200 F |

Un vin de négociant qui présente une belle robe profonde, un nez épicé avec de multiples notes chocolatées. L'attaque en bouche est moelleuse, les tanins sont élégants. C'est un vin bien équilibré et harmonieux qui se conservera trois à quatre ans.
☙ Domaines Michel Bernard, quartier Sommelongue, 84100 Orange, tél. 04.90.11.86.86, fax 04.90.34.87.30 Ⲟ r.-v.

DOM. DE FERRAND 1995**

| ■ | | 5 ha | 2 500 | 🍷 | 50 à 70 F |

Philippe Bravay gère aujourd'hui ce domaine d'une quinzaine d'hectares. Dans une jolie robe pourpre, son 95 est remarquable par son nez complexe, d'une grande finesse ! La bouche est riche de fruits rouges et de vanille. Ce vin possède une très belle structure qui lui assure un avenir long et heureux. A consommer avec des viandes rouges et des civets.
☙ EARL Charles Bravay, Dom. de Ferrand, chem. de Saint-Jean, 84100 Orange, tél. 04.90.34.26.06, fax 04.90.34.26.06 ☑ Ⲟ r.-v.

CH. DES FINES ROCHES 1997

| □ | | 4,25 ha | 16 000 | 🍷 | 70 à 100 F |

Avec une belle couleur pâle, ce 97 fin et intense vous laissera découvrir ses notes fruitées aussi bien en bouche qu'au nez. Sa structure légère en fait un vin à boire dans les deux ans avec, par exemple, des coquillages.
☙ SCEA Ch. des Fines Roches, Ch. du Bois de la Garde, 1, av. Baron-le-Roy, 84230 Châteauneuf-du-Pape, tél. 04.90.83.51.73, fax 04.90.83.52.77 ☑ Ⲟ r.-v.

DOM. DE FONTAVIN 1996**

| ■ | | 9,2 ha | 7 000 | 🍷 | 50 à 70 F |

Un mode d'élevage bien maîtrisé a permis de doser finement le boisé du vin. C'est une remarquable réussite : le nez, délicat et fruité, est soutenu par des épices. La bouche, complète et harmonieuse à ce jour, est encore plus prometteuse pour l'avenir. Une belle bouteille que vous laisserez se bonifier deux à trois ans.
☙ EARL Michel et Martine Chouvet, Dom. de Fontavin, 1468, rte de la Plaine, 84350 Courthézon, tél. 04.90.70.72.14, fax 04.90.70.79.39 ☑ t.l.j. 9h-12h30 13h30-19h; dim. sur r.-v.

DOM. FONT DE MICHELLE 1997**

| □ | | n.c. | 10 000 | 🍷 | 70 à 100 F |

Remarquable, ce 97 d'un beau jaune pâle et brillant. Le nez est intense et subtil, fait de fleurs blanches et d'agrumes. Si agréable qu'il invite à porter le verre aux lèvres pour y découvrir un équilibre superbe, des arômes élégants de fruits. La persistance aromatique est, elle aussi, remarquable. A recommander avec un loup grillé.

952

Châteauneuf-du-pape

🍷 EARL Les Fils d'Etienne Gonnet, 14, imp. des Vignerons, 84370 Bédarrides, tél. 04.90.33.00.22, fax 04.90.33.20.27 ▣ ♈ t.l.j. sf dim. 9h-11h30 14h-17h30; sam. sur r.-v.

CH. FORTIA Tête de cru 1995
■   27 ha   60 000   ◫ 70 à 100 F

Une élaboration dans la grande tradition de l'appellation donne naissance à ce 95 très puissant, aux notes animales et grillées. L'accompagner d'un gibier, dès aujourd'hui et pendant quelques années encore.
🍷 Bruno Le Roy, SARL Ch. Fortia, 84231 Châteauneuf-du-Pape Cedex, tél. 04.90.83.72.25, fax 04.90.83.51.03 ▣ ♈ t.l.j. 8h30-11h45 14h30-18h30

DOM. DU GALET DES PAPES
Vieilles vignes 1996*
■   n.c.   12 000   ◫ 70 à 100 F

Cette cuvée Vieilles vignes contient 30 % de mourvèdre et est élevée six mois en fût et en foudre. Cela lui donne une robe assez soutenue. Le nez, agréable, évoque la cerise mûre et la cire d'abeille. La bouche est souple, avec de beaux tanins bien fondus. Il en ressort un côté harmonieux et féminin qui séduira tous les amateurs. Il existe une **cuvée Tradition 96** intéressante mais plus masculine, qui reçoit une citation.
🍷 Jean-Luc Mayard, Dom. du Galet des Papes, rte de Bédarrides, 84230 Châteauneuf-du-Pape, tél. 04.90.83.73.67, fax 04.90.83.50.22 ▣ ♈ r.-v.

CH. GIGOGNAN Clos du Roi 1995
■   26 ha   80 000   ◫ 70 à 100 F

La cuvée Clos du Roi 95 offre une robe soutenue, un nez intense de fruits confits et de petits fruits rouges. La charpente est intéressante et laisse présager une évolution favorable d'ici deux ans. C'est un vin harmonieux, d'une valeur moyenne mais sûre. La cuvée **Vigne du Dauphin** 96 garde les qualités de son aînée ainsi que son style.
🍷 SCEA Ch. Gigognan, chem. du Castillon, 84700 Sorgues, tél. 04.90.39.57.46, fax 04.90.39.15.28 ▣ ♈ r.-v.
🍷 Callet

DOM. GRAND VENEUR 1996*
■   15 ha   50 000   ◫ 70 à 100 F

Un élevage en fût de dix-huit mois a finement enrichi le vin de nuances noisette et vanille, se mariant avantageusement à des notes de cuir. C'est un beau vin très agréable à boire et qui le restera de nombreuses années.

🍷 EARL Alain Jaume, Dom. Grand Veneur, rte de Châteauneuf-du-Pape, 84100 Orange, tél. 04.90.34.68.70, fax 04.90.34.43.71 ▣ ♈ t.l.j. sf dim. 8h-12h 14h-18h

LA BASTIDE-SAINT-DOMINIQUE 1996*
■   n.c.   25 000   ◫ 70 à 100 F

Un 96 bien caractéristique de son millésime, avec sa robe légèrement tuilée ; son nez épicé est typé par la grenache. Le plaisir est en bouche, où des tanins élégants et une rondeur caressante feront honneur à un bon gibier.
🍷 SCEA G. et M.C. Bonnet, La Bastide-Saint-Dominique, 84350 Courthézon, tél. 04.90.70.85.32, fax 04.90.70.76.64 ▣ ♈ r.-v.

LA BERNARDINE 1995*
■   n.c.   ◫ 100 à 150 F

Une grande maison de négoce de Tain-l'Hermitage qui a élaboré un grand vin, élevé un an en fût. Il se caractérise par un dosage très équilibré de ses composants et nous réjouit le palais avec un parfum de truffe, de fruits rouges et de vanille. Si vous différez votre plaisir de deux à trois ans, vous serez récompensé par un bonheur plus grand encore.
🍷 M. Chapoutier, 18, av. Docteur-Paul-Durand, 26600 Tain-l'Hermitage, tél. 04.75.08.28.65, fax 04.75.08.81.70 ▣ ♈ r.-v.

DOM. DE LA CHARBONNIERE 1997*
□   1 ha   4 400   ◫ 70 à 100 F

Un vin d'une bonne typicité, ce 97 à la robe jaune doré aux reflets verts. Les parfums frais de pamplemousse, de fruits exotiques et de citron évoluent vers des notes d'acacia et de vanille. C'est un vin puissant, encore marqué par le bois, mais finement. Très agréable par sa persistance aromatique, il est promis à un bel avenir.
🍷 Michel Maret, Dom. de La Charbonnière, 84230 Châteauneuf-du-Pape, tél. 04.90.83.74.59, fax 04.90.83.53.46 ▣ ♈ t.l.j. sf dim. 9h-12h 14h-19h

DOM. DE LA CHARBONNIERE
Cuvée Vieilles vignes 1996*
■   2 ha   n.c.   ◫ 100 à 150 F

C'est une cuvée Vieilles vignes issue à 95 % de grenache, vinifiée en longue macération. Le résultat est ce 96 très réussi avec sa couleur grenat aux reflets violacés. Il se caractérise par une complexité aromatique rare, alliée à une charpente solide mais douce. Belle ampleur, finale enchanteresse : c'est un vin bien fait.
🍷 Michel Maret, Dom. de La Charbonnière, 84230 Châteauneuf-du-Pape, tél. 04.90.83.74.59, fax 04.90.83.53.46 ▣ ♈ t.l.j. sf dim. 9h-12h 14h-19h

DOM. DE LA COTE DE L'ANGE 1995*
■   10 ha   15 000   ◫ 50 à 70 F

On ne peut mettre en doute l'origine céleste de ce 95, tant ses qualités sont associées avec harmonie et finesse. Les notes de gibier présentes aussi bien en bouche que au nez le destinent naturellement à accompagner une belle pièce. Si vous

953   LA VALLEE DU RHONE

Châteauneuf-du-pape

avez la patience d'attendre de deux à quatre ans, soyez sûr qu'il s'approchera du divin !
☛ Jean-Claude Mestre, quartier La-Font-du-Pape, 84230 Châteauneuf-du-Pape, tél. 04.90.83.72.24, fax 04.90.83.54.88 ☒ ☥ t.l.j. 9h-19h

CH. DE LA GARDINE
Cuvée des Générations, Gaston Philippe 1996**

| | 5 ha | 15 000 | ⊞ | +200 F |

Une Cuvée des Générations pour un vin haut de gamme qui est puissant et bien structuré. On peut déjà découvrir sa belle matière tout en finesse, mais ce vin tiendra facilement cinq à dix ans, tant il est somptueux. La cuvée principale **Château de la Gardine rouge 96** est moins exaltante (elle reçoit une citation), mais plus abordable (70 à 99 F).
☛ Brunel, Ch. de La Gardine, rte de Roquemaure, B.P. 35, 84230 Châteauneuf-du-Pape, tél. 04.90.83.73.20, fax 04.90.83.77.24 ☒ ☥ r.-v.

DOM. DE LA JANASSE
Vieilles vignes 1996***

| | 2 ha | 7 000 | ⊞ | 100 à 150 F |

Encore une cuvée Vieilles vignes qui se démarque par ses qualités exceptionnelles. C'est un beau vin dès l'attaque, franche et harmonieuse. Il est riche de fragrances de fruits à l'alcool et d'épices. Son équilibre est parfait, tout comme ses arômes qui s'estompent tout doucement pour faire durer le plaisir. La cuvée **Chaupin 96**, 100 % grenache, est aussi de très grande qualité (une étoile). N'allez pas au domaine sans les goûter toutes les deux.
☛ EARL Aimé Sabon, 27, chem. du Moulin, 84350 Courthézon, tél. 04.90.70.86.29, fax 04.90.70.75.93 ☒ ☥ t.l.j. 8h-12h 14h-19h; sam. dim. sur r.-v.

DOM. DE LA MORDOREE 1996**

| | 3,5 ha | 14 000 | ⊞ | 100 à 150 F |

Voilà un domaine qui fait preuve d'une belle persévérance en élaborant des vins très riches et de longue garde. Ce 96 présente une jolie robe foncée presque noire, un nez intense de beurre de cacao associé au boisé, mais c'est en bouche que se révèle sa véritable nature, avec une structure solide, des arômes riches et complexes qui exploseront après plusieurs années de garde.

☛ Dom. de La Mordorée, chem. des Oliviers, 30126 Tavel, tél. 04.66.50.00.75, fax 04.66.50.47.39 ☒ ☥ t.l.j. 8h-12h 13h30-17h30
☛ Delorme

CH. LA NERTHE
Cuvée des Cadettes 1995***

| | 5 ha | 15 000 | ⊞ | 100 à 150 F |

Une longue macération de vingt et un jours, un élevage en fût de douze mois et enfin une mise en bouteilles dix-huit mois après la récolte. Voilà les étapes qui ont donné naissance à ce vin exceptionnel. Paré d'une robe très soutenue, il laisse sur le verre des jambes fabuleuses. Le nez intense de fruits rouges est éclatant. La bouche est puissante, mais quelle élégance dans les tanins et les arômes ! Un très grand vin, bien élevé. La cuvée **Château La Nerthe rouge 96**, qui est aussi de très bonne tenue, est moins riche mais plus abordable. Elle devra cependant encore attendre un an ou deux pour gagner sa deuxième étoile.
☛ SCA Ch. La Nerthe, rte de Sorgues, 84230 Châteauneuf-du-Pape, tél. 04.90.83.70.11, fax 04.90.83.79.69 ☒ ☥ r.-v.
☛ M. Richard

CH. LA NERTHE 1997*

| | 6 ha | 28 000 | ▮⊞ ♦ | 70 à 100 F |

Avec un élevage de six mois en fût, on sent bien que ce 97 a été « nourri » par les lies fines. Il possède une robe limpide légèrement dorée. Le nez est flatteur, tout en finesse avec des notes de bourgeon de cassis et de miel. La bouche est suave, d'un bel équilibre. Un vin agréable dès l'apéritif. Il ne faut pas oublier le **Clos de Beauvenir 96, en blanc** (une étoile), encore trop jeune pour être goûté parfaitement mais qui est promis à un bel avenir.
☛ SCA Ch. La Nerthe, rte de Sorgues, 84230 Châteauneuf-du-Pape, tél. 04.90.83.70.11, fax 04.90.83.79.69 ☒ ☥ r.-v.

LA NONCIATURE Grande Réserve 1997

| | | n.c. | 1 300 | ⊞ | 100 à 150 F |

Un domaine dynamique qui a fait de gros investissements pour maîtriser la température des vendanges nécessaire à la macération pelliculaire à froid. Ce mode de vinification donne un 97 jaune pâle au nez d'amande et de boisé. En bouche, le gras confère de l'amplitude aux arômes boisés qui persistent durablement. Ce vin doit se découvrir à l'apéritif.

Châteauneuf-du-pape

☛ Vignobles Max Aubert, Dom. de La Présidente, 84290 Sainte-Cécile-les-Vignes, tél. 04.90.30.80.34, fax 04.90.30.72.93 ☑ ☂ t.l.j. sf dim. été 9h-19h, hiver 8h30-18h30
☛ René Aubert

DOM. LA PINEDE 1997

| | 1,5 ha | 6 000 | | 50 à 70 F |

Un 97 caractéristique du millésime. Une robe jaune paille, un nez floral avec des notes de cire et d'agrumes et une bouche fruitée tout en rondeur. L'ensemble donne un vin agréable et harmonieux.
☛ Georges-Pierre Coulon, SCEA du Dom. de la Pinède, 84230 Châteauneuf-du-Pape, tél. 04.90.83.71.50, fax 04.90.83.52.20 ☑ ☂ r.-v.

DOM. LA ROQUETTE 1996

| | 24,17 ha | 90 000 | | 70 à 100 F |

Un long élevage de vingt mois dont huit en foudre a finement structuré ce vin qui est tout en souplesse et en harmonie. Le boisé est particulièrement bien fondu et soutient les arômes de fruits cuits et de cannelle. Dans un an ou deux, il sera à son optimum, vous pourrez alors en profiter pleinement.
☛ Brunier Frères, Dom. La Roquette, 2,av. Louis-Pasteur, 84230 Châteauneuf-du-Pape, tél. 04.90.33.00.31, fax 04.90.33.18.47 ☑ ☂ r.-v.

LA TIARE DU PAPE 1996*

| | n.c. | 20 000 | | 70 à 100 F |

Un sens de l'élevage bien compris pour ce négociant éleveur, qui offre un 96 paré d'une robe soutenue à reflets tuilés. Le nez reste discret. La bouche offre un grand plaisir par ses tanins fondus, sa puissance et son bel équilibre. On ne peut pas lui faire porter le chapeau de la banalité !
☛ Caves Saint-Pierre Henry Bouachon, av. Pierre-de-Luxembourg, B.P. 5, 84230 Châteauneuf-du-Pape, tél. 04.90.83.58.35, fax 04.90.83.77.23 ☂ t.l.j. sf dim. 8h-18h

DOM. DE LA VIEILLE JULIENNE
Réservé 1995**

| | 1,3 ha | 3 000 | | 100 à 150 F |

Une belle couleur rouge très soutenue, carmin, avec des reflets pourpres. Le nez est intense et profond : fruits rouges bien mûrs, épicés et vanillés. C'est un vin structuré et puissant qui s'harmonise brillamment avec le boisé du fût. Il possède une longueur remarquable aujourd'hui, mais il s'affirmera encore mieux dans quatre ou cinq ans.
☛ EARL Daumen Père et Fils, Dom. de La Vieille Julienne, Le Grès, 84100 Orange, tél. 04.90.34.20.10, fax 04.90.34.10.20 ☑ ☂ t.l.j. 9h-12h 14h-19h; sam. dim. sur r.-v.

LE CLOS DU CAILLOU 1996*

| | 8 ha | 30 000 | | 50 à 70 F |

Dans un souci de respecter toutes les nuances du vin, celui-ci n'est ni collé ni filtré. Paré d'une robe soutenue à reflets violines, il présente des arômes de fruits rouges et de réglisse. La bouche offre une belle amplitude. Laissez-lui trois ans pour qu'il s'affine et devienne sans aucun doute un très grand vin.
☛ Vacheron, Le Clos du Caillou, 84350 Courthézon, tél. 04.90.70.73.05, fax 04.90.70.76.47 ☑ ☂ t.l.j. sf dim. 8h30-12h 14h-19h30

LES CALCERNIERS 1996

| | n.c. | n.c. | | 70 à 100 F |

Un vin de négociant qui présente une bonne harmonie et un bel équilibre. Après une robe profonde, un nez de pruneau, de cerise et de torréfaction, la bouche est souple sans agressivité, de longueur moyenne avec des notes d'épices.
☛ Delas Frères, Z.A. de l'Olivet, 07300 Saint-Jean-de-Muzols, tél. 04.75.08.60.30, fax 04.75.08.53.67 ☂ r.-v.

LES GALETS BLANCS 1996

| | n.c. | n.c. | | 30 à 50 F |

Un vin de marque qui tient élégamment son rang, à la robe intense au reflet légèrement évolué. Le nez est riche de cerise, de pruneau et de sous-bois. La bouche est ample, les tanins sont soyeux, avec une finale de cannelle et d'orange.
☛ Les Grandes Serres, B.P. 17, 84230 Châteauneuf-du-Pape, tél. 04.90.83.72.22, fax 04.90.83.78.77 ☑ ☂ r.-v.

GABRIEL LIOGIER Montjoie 1995**

| | 1 ha | 6 500 | | 100 à 150 F |

Cette cuvée Montjoie fera votre joie commune comme elle a fait celle des dégustateurs si vous aimez les belles robes profondes, les nez épicés aux senteurs de garrigue. La bouche est flatteuse et solide. S'il vous plaît, patientez au moins deux ans avant de la découvrir.
☛ Gabriel Liogier, Ch. de Corton-André, 21420 Aloxe-Corton, tél. 03.80.26.44.23, fax 03.80.26.43.57

MARQUIS ANSELME MATHIEU
Vignes centenaires 1995*

| | 2,5 ha | 10 000 | | 100 à 150 F |

Avec des vignes centenaires qui produisent des raisins de très haute qualité, le vinificateur a élaboré ce grand vin à la robe soutenue, au nez fin de fruits rouges, à la bouche ample et bien structurée qui lui permettra de se bonifier encore deux à trois ans.
☛ Dom. Mathieu, rte de Courthézon, B.P. 32, 84230 Châteauneuf-du-Pape, tél. 04.90.83.72.09, fax 04.90.83.50.55 ☑ ☂ t.l.j. sf dim. 8h-12h 13h-18h
☛ Charles Mathieu

MAS DE BOISLAUZON 1997

| | 1 ha | 1000 | | 50 à 70 F |

Avec sa robe très brillante à reflets verts, ce vin aérien au nez frais et vanillé vous permettra d'aborder les châteauneuf blancs en douceur.
☛ Monique et Daniel Chaussy, quartier Boislauzon, 84100 Orange, tél. 04.90.34.46.49, fax 04.90.34.46.61 ☑ ☂ t.l.j. sf dim. 10h-12h 13h-19h; 15-30 sept.

RHONE

LA VALLEE DU RHONE

Châteauneuf-du-pape

CLOS DU MONT-OLIVET 1996*

10 ha   37 000

Ce 96 très réussi porte une jolie robe grenat aux nuances orangées. Le nez est riche de senteurs de truffe, de cerise au kirsch et de fraise. La bouche moins expressive à ce jour est puissante, tannique tout en restant élégante. Un vin de belle harmonie, qui accompagnera gibier et viandes rouges.
• Les Fils de Joseph Sabon, GAEC du Clos Mont-Olivet, 15 av. Saint-Joseph, 84230 Châteauneuf-du-Pape, tél. 04.90.83.72.46, fax 04.90.83.51.75 r.-v.

DOM. DE NALYS 1997

10 ha   50 000

Une folle diversité aromatique pour un vin qui ne se prend pas au sérieux (genêt, fleurs blanches, citrus, fruits à chair blanche). La bouche, assez ronde, reste fine et légère avec une finale douce comme une invitation à y revenir.
• SCI du Nalys, rte de Courthézon, 84230 Châteauneuf-du-Pape, tél. 04.90.83.72.52, fax 04.90.83.51.15 t.l.j. sf dim. 8h-12h 13h30-18h; sam. sur r.-v.

DOM. DE PANISSE 1996*

n.c.   8 000

Un châteauneuf et tous ses attributs : une robe grenat soutenu, un nez subtil et classique de fruits rouges et d'épices. La bouche apparaît plus évoluée avec des notes de fruits confits et de confiture. Un vin de plaisir déjà prêt à boire.
• Jean-Marie Olivier, Dom. de Panisse, 161, chem. de Panisse, 84350 Courthézon, tél. 04.90.70.78.93, fax 04.90.70.78.93 t.l.j. sf dim. lun. mar. 8h30-11h30 13h30-18h

PAVILLON DE SAINT-COSME 1997

n.c.   1 500

Des vignes encore jeunes (dix ans) pour une cuvée à dominante grenache donnent un vin de couleur dorée. Le nez intense est boisé avec une pointe de sureau. La bouche, ample, offre des notes de grillé et de torréfaction. Cette cuvée est à réserver aux amateurs de vins boisés.
• Louis Barruol, Ch. Saint-Cosme, 84190 Gigondas, tél. 04.90.65.86.97, fax 04.90.65.81.05 r.-v.

DOM. DU PEGAU Cuvée réservée 1996*

14 ha   50 000

Le Pégau est un nom provençal désignant un pichet en terre cuite qui pourrait contenir ce 96 à la robe foncée aux reflets tuilés ; le nez est intense, avec des notes de fruits rouges et d'épices. En bouche, les tanins sont puissants mais élégants, la longueur est moyenne. Une bonne harmonie pour ce vin classique et agréable.
• Paul Féraud et Fille, av. Impériale, 84230 Châteauneuf-du-Pape, tél. 04.90.83.72.70, fax 04.90.83.53.02 r.-v.

DOM. RICHE 1995

n.c.   2 000

Un 95 bien typé avec une jolie robe, un nez fin et fruité ; une structure discrète et tout en finesse, accompagnée de notes de fruits rouges.
• SCEA Dom. Riché, 27, av. du Gal-de-Gaulle, 84230 Châteauneuf-du-Pape, tél. 04.90.83.72.63, fax 04.90.83.53.04 r.-v.

DOM. ROGER SABON
Cuvée Prestige 1996**

n.c.   12 000

Une cuvée Prestige qui porte bien son nom, et qui rayonne dans le monde entier puisque le domaine réalise 70 % de ses ventes à l'exportation. La robe est brillante et très soutenue. Le nez puissant, riche de fruits rouges, d'épices, de réglisse et de vanille annonce la bouche ample et agréable. Son bon équilibre lui permettra d'attendre deux à trois ans.
• EARL Dom. Roger Sabon, av. Impériale, B.P. 57, 84230 Châteauneuf-du-Pape, tél. 04.90.83.71.72, fax 04.90.83.50.51 r.-v.

DOM. SAINT-BENOIT
Cuvée de Grande Garde 1996**

5 ha   10 000

Cette cuvée de Grande Garde 96 porte bien son nom. Sa robe très soutenue, grenat à reflets ambrés, traversera les ans sans crainte. Le nez est intense, avec du cassis et des épices. La bouche, pleine, fine, équilibrée, présente des tanins solides qui vont s'enrober au fil des ans. C'est un vin puissant et long, à garder de cinq à dix ans. La cuvée **Soleil et Festins 96** est plus classique, tout en restant agréable (une étoile).
• Cellier, Dom. Saint-Benoît, quartier Les Galimardes, 84230 Châteauneuf-du-Pape, tél. 04.90.83.51.36, fax 04.90.83.51.37 r.-v.

DOM. SAINT GAYAN 1995

n.c.   3 000

Des vignes de cinquante ans, à 90 % de grenache, expriment toutes les qualités intrinsèques de ce cépage sur le terroir de Châteauneuf. Ce 95 offre une robe rubis foncé, dense. Son nez évoque les fruits mûrs et confits. La bouche, ample avec des tanins fondus et élégants, annonce un vin agréable, à conserver quelques années.
• EARL Jean-Pierre et Martine Meffre, Dom. Saint Gayan, 84190 Gigondas, tél. 04.90.65.86.33, fax 04.90.65.85.10 r.-v.

CLOS SAINT-MICHEL
Cuvée réservée 1995*

2 ha   6 000

Ce 95 présente une robe rouge sombre, profonde, accompagnée d'un nez intense, boisé, rapidement étayé par des notes animales et des touches de cuir. Il possède beaucoup de matière, et celle-ci est d'une belle harmonie. Les tanins demandent un peu de temps pour se fondre : la plénitude devrait être atteinte d'ici quatre à cinq ans. La **cuvée principale 96** présente la même élégance mais évoluera plus vite. A boire dans les trois à quatre ans.
• EARL Vignobles Guy Mousset et Fils, le Clos Saint-Michel, rte de Châteauneuf, 84700 Sorgues, tél. 04.90.83.56.05, fax 04.90.83.56.06 r.-v.

Châteauneuf-du-pape

DOM. DE SAINT SIFFREIN 1995**
■ 12 ha 10 000 ●❙❙ 70 à 100 F

Une vinification traditionnelle sans éraflage donne à ce vin un caractère sauvage qui réjouira les amateurs de vins corsés. Avec sa robe grenat, ses notes animales et ses arômes de sous-bois, sa bouche complexe et longue, il offre une très bonne harmonie et devrait totalement s'ouvrir dans les cinq ans.

☛ Claude Chastan, Dom. de Saint-Siffrein, rte de Châteauneuf, 84100 Orange, tél. 04.90.34.49.85, fax 04.90.51.05.20 V T t.l.j. sf dim. 8h-12h 14h-19h

DOM. DES SENECHAUX 1996
■ 23 ha 65 000 ●❙❙ 50 à 70 F

Ce 96 présente une robe légèrement tuilée mais toujours soutenue. On ressent l'élevage en foudre de douze mois grâce à l'alliance du fruit et des notes grillées puis épicées. L'attaque est franche, avec une structure tannique fondue. Ce vin possède tous les charmes de l'élevage en foudre. A servir sur des viandes en sauce ou du fromage. A découvrir aussi, le **blanc 97** du domaine (même note) : il est agréable et de bonne tenue.

☛ Pascal Roux, Dom. des Sénéchaux, 84230 Châteauneuf-du-Pape, tél. 04.90.83.73.52, fax 04.90.83.52.88 V T t.l.j. sf dim. 10h-19h

CH. SIMIAN 1996*
■ 3,8 ha 16 000 ●❙❙ 70 à 100 F

Les raisins de Château Simian sont issus de vignes d'un âge respectable. Ce 96 a une robe pourpre intense à reflets rubis. Le nez est subtil et fin, avec des fruits rouges et des pointes vanillées. L'attaque en bouche est franche, puis une belle rondeur s'installe, épaulée par des tanins fondus. Un vin bien équilibré pouvant attendre deux à quatre ans.

☛ Jean-Pierre Serguier, Ch. Simian, 84420 Piolenc, tél. 04.90.29.50.67, fax 04.90.29.62.33 V T t.l.j. sf dim. 8h-12h 14h-19h

CH. SIMIAN 1997*
□ 0,4 ha 1 500 ●❙❙ 70 à 100 F

Ce 97 est un assemblage très réussi de grenache blanc, de clairette et de roussanne. La robe, extrêmement pâle, a des reflets verts. Le nez est très fin et vif, avec des notes complexes de genêt, de fleurs blanches et d'aubépine. Un bel équilibre, beaucoup de volume, et des arômes d'abricot et de mangue très intenses. Une finale qui s'éteint tout doucement longtemps après...

☛ Jean-Pierre Serguier, Ch. Simian, 84420 Piolenc, tél. 04.90.29.50.67, fax 04.90.29.62.33 V T t.l.j. sf dim. 8h-12h 14h-19h

DOM. RAYMOND USSEGLIO 1996**
■ 1 ha n.c. ●❙❙ 50 à 70 F

Un élevage en foudre de seize mois donne à ce 96 une robe très foncée et brillante. Le nez est intense et complexe : vanille, fruits rouges, réglisse, violette. La bouche est en parfaite harmonie, très ample et très longue. Déjà agréable, ce vin gagnera à attendre plusieurs années dans une bonne cave.

☛ Dom. Raymond Usseglio, rte de Courthézon, B.P. 29, 84230 Châteauneuf-du-Pape, tél. 04.90.83.71.85, fax 04.90.83.50.42 V T r.-v.

DOM. PIERRE USSEGLIO ET FILS 1996**
■ 5 ha 18 000 ●❙❙ 70 à 100 F

Une cuvée qui a été élevée dix-huit mois en fût pour donner ce 96 à la belle robe pourpre et sombre. Le nez est intense et riche de senteurs animales et de sous-bois. L'attaque en bouche est marquée par le bois, mais sa belle structure ne s'en trouve que plus confortée. Les arômes sont fruités et épicés, avec une persistance très importante. Un vin classique dans le sens noble du terme.

☛ Dom. Pierre Usseglio et Fils, rte d'Orange, 84230 Châteauneuf-du-Pape, tél. 04.90.83.72.98, fax 04.90.83.72.98 V T r.-v.

CH. DE VAUDIEU 1996*
■ 60 ha 100 000 ●❙❙ 70 à 100 F

Un grand domaine qui tire son nom de « Val de Dieu » désignant une position géographique exceptionnelle et protégée du domaine. Et c'est vrai qu'il est divin, ce 96, avec sa robe rouge profond à reflets rubis, son nez complexe et élégant aux notes veloutées de cerise, de réglisse et de café. Après une attaque tout en finesse, on assiste à une montée en puissance progressive sur des tanins fondants. La finale mentholée est d'une belle longueur.

☛ Sylvette Brechet, Ch. de Vaudieu, 84230 Châteauneuf-du-Pape, tél. 04.90.83.70.31, fax 04.90.83.51.97 V T r.-v.

CH. DE VAUDIEU 1997
□ 10 ha 40 000 ●❙❙ 70 à 100 F

Une robe aux reflets déjà dorés pour ce 97 issu majoritairement de grenache blanc et de roussanne. Le nez est discret mais complexe, avec des notes grillées et boisées. La bouche conjugue harmonieusement volume et puissance. A garder deux à quatre ans pour qu'il atteigne sa plénitude.

☛ Sylvette Brechet, Ch. de Vaudieu, 84230 Châteauneuf-du-Pape, tél. 04.90.83.70.31, fax 04.90.83.51.97 V T r.-v.

VIEUX CHEMIN 1996
■ n.c. 50 000 ●❙❙ 50 à 70 F

Le nom de cette cuvée Vieux Chemin, vient de la Via Agrippa, voie romaine qui passe devant l'exploitation. Ce 96 rouge foncé possède un nez puissant et agréable de fougère et de caramel. La bouche est pleine de fruits rouges mûrs et de réglisse, la structure légère.

☛ Cellier de l'Enclave des Papes, B.P. 51, 84602 Valréas Cedex, tél. 04.90.41.91.42, fax 04.90.41.90.21

DOM. DU VIEUX LAZARET 1995*
■ 80 ha n.c. ●❙❙ 70 à 100 F

Ce domaine se situe sur l'emplacement d'un ancien hospice, d'où son nom de « Vieux Lazaret ». C'est un 95 de bonne tenue, paré d'une robe à reflets tuilés. Le nez est fin quoique discret, avec des notes de fruits rouges. La bouche

LA VALLEE DU RHONE

Lirac

est longue, agréable, constituée d'une belle matière. Voilà une jolie bouteille qui accompagnera vos plats sans les écraser.
🍇 Vignobles Jérôme Quiot, B.P. 38, av. Baron-Leroy, 84231 Châteauneuf-du-Pape, tél. 04.90.83.73.55, fax 04.90.83.78.48 ◾ ⛥ t.l.j. sf dim. 8h30-18h; sam. 10h-18h

Lirac

Dès le XVIe s., Lirac produisait des vins de qualité que les magistrats de Roquemaure authentifiaient en apposant sur les fûts, au fer rouge, les lettres « C d R ». Nous y trouvons, à peu près, le même climat et le même terroir qu'à Tavel, au nord, sur une aire répartie entre Lirac, Saint-Laurent-des-Arbres, Saint-Geniès-de-Comolas et Roquemaure. Depuis l'accession de vacqueyras à l'AOC, ce n'est plus le seul cru méridional. Il produit 18 000 hl, sur 430 ha. L'appellation offre trois sortes de vins : les rosés et les blancs, tout de grâce et de parfums, qui se marient agréablement avec les fruits de la Méditerranée toute proche et se boivent jeunes et frais ; les rouges, puissants, au goût de terroir prononcé, généreux, et qui accompagnent parfaitement les viandes rouges.

CH. D'AQUERIA 1997*
☐　　　　4 ha　　13 000　　◾◾　50 à 70 F

Né au XVIIIe s., ce beau et sobre château est entouré d'arbres centenaires ; le vin est l'objet de tous les soins d'une famille attachée depuis 1920 à ce vignoble. Ce lirac 97 est clair et brillant, avec des reflets dorés. Fruits mûrs et fleurs blanches s'expriment au nez. Equilibre et fraîcheur définissent la bouche.
🍇 SCA Jean Olivier, Ch. d'Aquéria, 30126 Tavel, tél. 04.66.50.04.56, fax 04.66.50.18.46 ◾ ⛥ t.l.j. sf dim. 8h-12h 14h-18h; sam. sur r.-v.; f. jan.

BARON D'ASPRE 1996*
■　　1,7 ha　　10 000　　◾◾◾　30 à 50 F

Un vin de marque très réussi, comme l'attestent la brillance de la robe cerise et le nez de fruits mûrs et d'épices. Franche, bien structurée et très aromatique, cette bouteille devra être décantée une à deux heures avant d'être servie sur des viandes rouges en sauce.
🍇 Les Vignerons de Rasteau et de Tain-l'Hermitage, rte des Princes-d'Orange, 84110 Rasteau, tél. 04.90.10.90.10, fax 04.90.46.16.65

CH. DE BOUCHASSY 1997*
☐　　　　1 ha　　4 000　　◾◾　30 à 50 F

Six cépages blancs sont assemblés pour donner ce 97 jaune clair à reflets dorés et verts. Miel et fruits cuits composent le bouquet. La bouche généreuse signe la grande maturité de ce vin équilibré et agréable.
🍇 Gérard Degoul, Ch. de Bouchassy, rte de Nîmes, 30150 Roquemaure, tél. 04.66.82.82.49, fax 04.66.82.87.80 ◾ ⛥ t.l.j. sf dim. 8h-12h 14h-18h

DOM. DES CAUSSES ET SAINT-EYNES 1997*
◨　　　10 ha　　10 000　　◾◾　30 à 50 F

Pour les amateurs de rosé, voici une bouteille structurée et équilibrée. Son joli nez de violette et de mandarine, sa longueur permettent de le servir en apéritif.
🍇 Assémat, Dom. des Causses et Saint-Eynes, 30150 Roquemaure, tél. 04.66.82.65.52, fax 04.66.82.86.76 ◾ ⛥ r.-v.

CHAPELLE DE MAILLAC 1996**
■　　　8 ha　　30 000　　◾◾◾　30 à 50 F

Un 96 remarquable par son harmonie générale, sa couleur vive, profonde, brillante, son nez d'une forte intensité où se mêlent vanille, café et fruits rouges. En bouche, on retrouve les fruits rouges qu'accompagnent des tanins très soyeux. Ce vin est prêt à boire mais peut se garder trois ans.
🍇 EARL Dom. Roger Sabon, av. Impériale, B.P. 57, 84230 Châteauneuf-du-Pape, tél. 04.90.83.71.72, fax 04.90.83.50.51 ◾ ⛥ r.-v.

DOM. DUSEIGNEUR 1996
■　　12,5 ha　　65 000　　◾◾◾　30 à 50 F

Frédéric Duseigneur possède un beau domaine de 27 ha. Il a élevé six mois en barrique de plusieurs vins ce 96 à la robe profonde, au nez végétal et épicé ; très agréable en bouche, où se mêlent notes vanillées, mûre et myrtille, c'est un lirac que l'on gardera deux ans en cave.
🍇 Dom. Duseigneur, rte de Saint-Victor, 30126 Saint-Laurent-des-Arbres, tél. 04.66.50.02.57, fax 04.66.50.43.57 ◾ ⛥ r.-v.

DOM. DES GARRIGUES 1996*
■　　4,5 ha　　n.c.　　◾◾　30 à 50 F

Très joli vin dont la palette d'arômes est assez impressionnante (épices avec dominante poivre, réglisse, menthe, fruits rouges). Les tanins fondus suivent une attaque souple, ronde, et structurent la bouche, donnant au fruit tout son agrément. Ce 96 pourra être servi dans un an.
🍇 Assémat, Dom. des Garrigues, 30150 Roquemaure, tél. 04.66.82.65.65, fax 04.66.82.86.76 ◾ ⛥ r.-v.

DOM. DE LA CROZE 1996*
■　　　1 ha　　5 000　　◾◾◾　30 à 50 F

Diplômé d'œnologie, le fils de Françoise Granier vient de rejoindre le domaine. Déjà réputé, celui-ci propose un 96 paré d'une robe rubis intense. Animal, le nez n'oublie pas les notes de café et cacao. La grande structure repose sur des

Lirac

tanins fins, mais qui permettront à ce vin bien fait de vieillir de trois à cinq ans.
☛ Françoise Granier, rue de l'Escatillon, 30150 Roquemaure, tél. 04.66.82.56.73, fax 04.66.90.23.90 ⓥ ⓣ r.-v.

DOM. LAFOND Roc-Epine 1997**
☐   1 ha   5 000   30 à 50 F

Grenache (70 %) et viognier composent cette admirable bouteille où miel et fruits mûrs accompagnent toute la dégustation. Riche et fraîche à la fois, équilibrée, complète, longue, elle mérite d'être goûtée pour elle-même, mais peut aussi accompagner un dîner de poisson fin. Les 22 000 bouteilles de **lirac rouge 96**, équilibrées, généreuses, devront attendre que le boisé se fonde ; ce vin reçoit une citation.
☛ Dom. Lafond Roc-Epine, rte des Vignobles, 30126 Tavel, tél. 04.66.50.24.59, fax 04.66.50.12.42 ⓥ ⓣ t.l.j. sf sam. dim. 8h-12h 14h-18h

DOM. DE LA MORDOREE
Cuvée de la Reine des Bois 1996**
■   23 ha   50 000   50 à 70 F

Une propriété de 46 ha que les dégustateurs sélectionnent souvent avec les meilleures notes. Cette cuvée les a enthousiasmés par sa couleur très sombre et ses parfums superbes de fruits noirs (mûre et cassis) qui se poursuivent en bouche où le vin révèle toute sa concentration, toute sa puissance. Cette même **Reine des Bois en blanc 97** a reçu une étoile : elle pourra accompagner les coquillages du Jour de l'an.
☛ Dom. de La Mordorée, chem. des Oliviers, 30126 Tavel, tél. 04.66.50.00.75, fax 04.66.50.47.39 ⓥ ⓣ t.l.j. 8h-12h 13h30-17h30
☛ Delorme

DOM. LA ROCALIERE
Cuvée Prestige 1995
■   n.c.   1000   50 à 70 F

Un 95 élevé en fût de chêne neuf. Si la robe porte quelques reflets tuilés, signe d'évolution, dans un fond intense et jeune, si le nez tire vers la truffe et les épices, la bouche est dominée par le bois. La cave devra accueillir cette bouteille jusqu'à ce que le vin paraisse. Présentée par la maison Michel Bernard, la **cuvée principale 97** de ce domaine mérite une étoile pour sa complexité, son fruité, son boisé. Elle devra attendre au moins l'an 2000.

☛ Dom. La Rocalière, Le Palai Nord, B.P. 21, 30126 Tavel, tél. 04.66.50.12.60, fax 04.66.50.12.60 ⓥ ⓣ t.l.j. 8h-12h 14h-18h; sam. dim. sur r.-v.
☛ Borrelly-Maby

CH. LE DEVOY MARTINE 1997**
☐   n.c.   n.c.   30 à 50 F

Les frères Lombardo ont élaboré un lirac blanc remarquable par sa fraîcheur, sa puissance et son équilibre. L'or de la robe, la richesse des parfums (amande, noisette, miel) ne sont pas en reste. Destiné aux mets raffinés, ce vin aimera un poisson en sauce.
☛ SCEA Lombardo, Ch. Le Devoy Martine, 30126 Saint-Laurent-des-Arbres, tél. 04.66.50.01.23, fax 04.66.50.43.58 ⓥ ⓣ t.l.j. sf dim. 8h30-12h 14h-17h30

GABRIEL LIOGIER Les Beauforts 1996*
■   n.c.   n.c.   70 à 100 F

Une très belle robe habille ce vin de marque. Le nez mêle les notes animales aux épices, au thym, au romarin. Franche et bien faite, la bouche laisse parler les fruits cuits, le cuir et la finesse de ses tanins.
☛ Gabriel Liogier, Ch. de Corton-André, 21420 Aloxe-Corton, tél. 03.80.26.44.25, fax 03.80.26.43.57

CAVE DES VINS DE CRU DE LIRAC 1997*
◪   n.c.   50 000   -30 F

Créée en 1931, la coopérative vinifie 560 ha de vignes. Son lirac rosé offre de beaux reflets violacés et un nez fruité très fin. Bien structurée, la bouche, marquée d'une pointe de myrtille, est très agréable dès maintenant.
☛ Cave des vins de cru de Lirac, 30126 Saint-Laurent-des-Arbres, tél. 04.66.50.01.02, fax 04.66.50.37.23 ⓥ ⓣ t.l.j. 8h-12h 14h-18h

DOM. DES MURETINS 1997*
■   4 ha   7 000   30 à 50 F

Intense et profonde, cette bouteille ne cache pas son élevage en barrique. La vanille accompagne les fruits rouges et les épices tant au nez qu'en bouche. Equilibrée, celle-ci repose sur des tanins bien présents ; trois ou quatre années de garde donneront un grand vin.
☛ Domaines Michel Bernard, quartier Sommelongue, 84100 Orange, tél. 04.90.11.86.86, fax 04.90.34.87.30 ⓣ r.-v.
☛ J.-L. Roudil

DOM. PELAQUIE 1997**
◪   1 ha   4 000   30 à 50 F

Remarquable, ce rosé fait de grenache, de mourvèdre et de cinsaut. Limpide et luisant, il offre des reflets violacés. Le nez puissant laisse dominer la fraise des bois, alors que ce sont les petits fruits rouges qui l'emportent en bouche. L'équilibre et la persistance signent un rosé d'une rare qualité.
☛ SCEA Dom. Pélaquié, 7, rue du Vernet, Hameau de Palus, 30290 Saint-Victor-la-Coste, tél. 04.66.50.06.04, fax 04.66.50.33.32 ⓥ ⓣ t.l.j. sf dim. 10h-12h 14h-18h
☛ GFA du Grand Vernet

959   LA VALLEE DU RHONE

Tavel

CH. SAINT-MAURICE 1996★★
■   2 ha   10 000

Un grand domaine d'une centaine d'hectares qui en consacre deux à ce très beau lirac rouge dont on aime la robe vive, le nez qui associe garrigue, épices et fruits à l'eau-de-vie, et la bouche franche aux tanins fondus. Remarquable.
➥ Valat, SCA Ch. Saint-Maurice, RN 580, L'Ardoise, 30290 Laudun, tél. 04.66.50.29.31, fax 04.66.50.40.91 ☑ ⛾ t.l.j. sf dim. 8h-12h 13h30-19h

CH. SAINT-ROCH 1997★
◪   4 ha   20 000

Le **lirac blanc 97** de ce château reçoit la même note que ce vin rosé qui offre un véritable feu d'artifice : bonbon anglais, fruits rouges accompagnent le nez et la bouche ample, de grand relief. On a le sentiment que le raisin était bien mûr. Déjà la robe framboise donnait cette impression.
➥ SARL Antoine Verda et Fils, Ch. Saint-Roch, 30150 Roquemaure, tél. 04.66.82.82.59, fax 04.66.82.83.00 ☑ ⛾ t.l.j. sf sam. 8h-12h 14h-18h
➥ Jean-Jacques Verda

CH. DE SEGRIES 1997★
☐   1,5 ha   6 000

Les raisins très mûrs et une bonne technique de vinification ont donné ce lirac blanc d'une belle tenue. Jaune pâle à reflets verts, floral et végétal au nez, il est vif et généreux en bouche.
➥ Henri de Lanzac, rue de la Fontaine, 30126 Tavel, tél. 04.66.50.22.97, fax 04.66.50.17.02 ☑ ⛾ r.-v.

LES VIGNERONS DE TAVEL 1997
☐   n.c.   10 000

Le lirac blanc de la coopérative de Tavel, qui sera à boire dans les mois en « r ». Jolie couleur claire à reflets dorés, nez élégant, bouche tout en fraîcheur, équilibre généreux. C'est bon.
➥ Les Vignerons de Tavel, rte de La Commanderie, 30126 Tavel, tél. 04.66.50.03.57, fax 04.66.50.46.57 ☑ ⛾ t.l.j. 9h-12h 14h-18h

TOUR DES CHENES 1997
☐   0,5 ha   3 000

Bien fait et typé, ce lirac blanc à reflets d'or laisse miel et abricot s'exprimer au nez. Chaleur et générosité se retrouvent en bouche avec une pointe vive qui lui donne une certaine fraîcheur. A boire.
➥ Jean-Claude Sallin, 30126 Saint-Laurent-des-Arbres, tél. 04.66.50.01.19, fax 04.66.50.34.69 ☑ ⛾ t.l.j. 8h-12h 14h-19h

Tavel

Considéré par beaucoup comme le meilleur rosé de France, ce grand vin des Côtes du Rhône provient d'un vignoble situé dans le département du Gard, sur la rive droite du fleuve. Sur des sols de sable, alluvions argileuses ou cailloux roulés, c'est la seule appellation rhodanienne à ne produire que du rosé, sur le territoire de Tavel et sur quelques parcelles de la commune de Roquemaure, soit 950 ha ; la production est de 42 000 hl. Le tavel est un vin généreux, au bouquet floral puis fruité, qui accompagnera le poisson en sauce, la charcuterie et les viandes blanches.

CH. D'AQUERIA 1997
◪   45 ha   240 000

Terroir d'exception, encépagement remarquable, le château d'Aqueria a tout pour réussir ses vins. Bien typique de l'AOC, celui-ci a du charme et de la générosité. Il acceptera grillades et poisson.
➥ SCA Jean Olivier, Ch. d'Aquéria, 30126 Tavel, tél. 04.66.50.04.56, fax 04.66.50.18.46 ☑ ⛾ t.l.j. sf dim. 8h-12h 14h-18h; sam. sur r.-v.; f. jan.

CANTO PERDRIX 1997
◪   25 ha   70 000

Un rosé pâle, traversé de reflets orangés. Le nez de fleurs blanches est délicat. La bouche fraîche est jeune est animée par une pointe d'amande. Une dégustation très agréable. A essayer avec des crustacés.
➥ SCEA Mejan-Taulier, pl. du Président-Le-Roy, 30126 Tavel, tél. 04.66.50.04.02, fax 04.66.50.21.72 ☑ ⛾ r.-v.
➥ André Mejan

DOM. DES CHASTELLES 1997★
◪   n.c.   60 000

Propriété de la Compagnie rhodanienne, ce domaine propose un tavel vêtu d'une magnifique robe rubis brillant. Jeune et frais au nez, aromatique en bouche, ce 97 devrait plaire.
➥ Caves des producteurs de Tavel, 30126 Tavel, tél. 04.66.37.49.50, fax 04.66.37.49.51
➥ La Cie rhodanienne

DOM. CORNE-LOUP 1997
◪   28 ha   150 000

Jacques Lafond a produit un 97 par saignée, qui s'impose par sa maturité, sa chaleur, sa puissance. Violette au nez, fruits rouges et guimauve en bouche, un rosé destiné aux plats exotiques.
➥ Jacques Lafond, SCEA Corne-Loup, rue Mireille, 30126 Tavel, tél. 04.66.50.34.37, fax 04.66.50.31.36 ☑ ⛾ t.l.j. sf sam. dim. 9h-12h 14h-18h; f. 15-31 août

DOM. DE LA MORDOREE 1997★★
◪   8,5 ha   50 000

Toujours présent dans le Guide, ce domaine présente une fois de plus un rosé remarquable. Sa vive couleur rose rubis, son nez fin et subtil,

Tavel

sa bouche de petits fruits rouges, fine et bien équilibrée, permettront de le servir en toutes occasions.
➤ Dom. de La Mordorée, chem. des Oliviers, 30126 Tavel, tél. 04.66.50.00.75, fax 04.66.50.47.39 ✉ 🍷 t.l.j. 8h-12h 13h30-17h30
➤ Delorme

DOM. LA ROCALIERE 1997★

| | 23 ha | 138 000 | | 30 à 50 F |

Rubis à reflets violets, ce 97 annonce d'emblée sa puissance. Le nez confirme cette impression, affichant des notes épicées qui se retrouvent en bouche. Celle-ci s'achève par une longue finale fruitée. C'est plutôt un rosé de grillades.
➤ Dom. La Rocalière, Le Palai Nord, B.P. 21, 30126 Tavel, tél. 04.66.50.12.60, fax 04.66.50.12.60 ✉ 🍷 t.l.j. 8h-12h 14h-18h; sam. dim. sur r.-v.
➤ Borrelly-Maby

DOM. DE L'AVE MARIA 1997★

| | 5 ha | 25 000 | | 30 à 50 F |

Cette union de coopératives a bien réussi ce rosé élégant par sa couleur rose à reflets orangés, et par son nez floral et fruité. Riche, équilibré, il finit sur une longue note de fruits rouges. Conseillé sur une brandade de morue.
➤ Cellier de L'Enclave des Papes, B.P. 351, 84602 Valréas Cedex, tél. 04.90.41.91.42, fax 04.90.41.90.21

DOM. DES MURETINS 1997★

| | 6 ha | 30 000 | | 30 à 50 F |

Jean-Louis Roudil a passé un contrat qualité avec son distributeur, le négociant Michel Bernard. Il a réussi un très beau tavel dont la robe pure, légèrement cerise, brille de tous ses feux. Très typé grenache, le vin joue sur les fruits rouges, laissant une impression de gras et d'équilibre.
➤ Domaines Michel Bernard, quartier Sommelongue, 84100 Orange, tél. 04.90.11.86.86, fax 04.90.34.87.30 🍷 r.-v.
➤ J.-L. Roudil

DOM. DES OISEAUX 1997★

| | n.c. | 25 000 | | 30 à 50 F |

Distribué par Gabriel Meffre, un joli vin floral et fruité. Une note d'exotisme en bouche, du gras, de la longueur. Destiné à un repas indien, dès cet automne.
➤ Christian Leperchois, 30150 Roquemaure, tél. 04.90.12.32.42, fax 04.90.12.32.49

PRIEURE DE MONTEZARGUES 1997

| | 34 ha | 100 000 | | 50 à 70 F |

Pétale de rose pour sa couleur. Comme tous les ans, on retrouve cette fraîcheur du fruité qui le caractérise (cassis et fraise). Son élégance et sa finesse en font un vin prêt à boire.
➤ GFA du Prieuré de Montézargues, 30126 Tavel, tél. 04.66.50.04.48, fax 04.66.50.30.41 ✉ 🍷 t.l.j. 10h-12h 15h-18h; groupes et sam. dim. sur r.-v.
➤ Allauzen

DOM. ROC DE L'OLIVET 1997★★

| | 1,5 ha | 4 550 | | 30 à 50 F |

Une superbe réussite pour ce petit domaine de 2,5 ha exploité depuis deux ans par Thierry Valente. Ce rosé a tout pour plaire : couleur, nez de petits fruits rouges, bouche grasse et longue, éclatante, un peu exotique, tout lui apporte l'élégance des tavel de tradition.
➤ Thierry Valente, Roc de l'Olivet, chem. de la Vaussière, 30126 Tavel, tél. 04.66.50.37.87 ✉

CH. DE SEGRIES 1997

| | 7 ha | n.c. | | 30 à 50 F |

30 ha d'un seul tenant et un château du XVIIe s. ; ce domaine propose un tavel réussi, tant par sa couleur soutenue que par ses parfums floraux. Frais et élégant, il est prêt à boire.
➤ Henri de Lanzac, rue de la Fontaine, 30126 Tavel, tél. 04.66.50.22.97, fax 04.66.50.17.02 ✉ 🍷 r.-v.

LES VIGNERONS DE TAVEL
Cuvée Tableau 1997★

| | n.c. | 50 000 | | 30 à 50 F |

Cette cuvée est ornée d'une étiquette noire reproduisant en son centre un tableau aux couleurs vives - couleurs que l'on retrouve dans le vin, rubis à reflets grenat. Un nez floral, des fruits frais en bouche, une réelle puissance donnent une bouteille bien typée.
➤ Les Vignerons de Tavel, rte de La Commanderie, 30126 Tavel, tél. 04.66.50.03.57, fax 04.66.50.46.57 ✉ 🍷 t.l.j. 9h-12h 14h-18h

DOM. DE TOURTOUIL 1997

| | 20 ha | 25 000 | | 30 à 50 F |

Michèle Lefèvre est conseillée par Noël Rabot. Ils ont réussi un tavel vif et friand, bien joli dans le verre (couleur saumonée), et faisant preuve d'une belle maturité en bouche où les agrumes dominent sur un fond de petits fruits rouges.
➤ Michèle Lefèvre, Dom. de Tourtouil, 30126 Tavel, tél. 04.66.50.05.68, fax 04.66.50.21.11 ✉ 🍷 r.-v.

DOM. DU VIEUX RELAIS 1997★★

| | 9,05 ha | 9 600 | | 30 à 50 F |

Mireille Bastide dirige ce domaine de 18 ha dont elle assure aussi la tâche de maître de chai ; conseillée par Noël Rabot, elle a réussi un superbe vin, tavel en diable ; rubis clair, ce 97 montre un joli nez ouvert à toutes les fleurs de printemps et un palais équilibré, délicat, où épi-

LA VALLEE DU RHONE

ces et notes de fraise des bois se conjuguent pour donner un ensemble des plus agréables.
🕿 GAEC Dom. du Vieux Relais, rte de La Commanderie, 30126 Tavel, tél. 04.66.50.36.52, fax 04.66.50.35.92 ✓ 🍷 t.l.j. sf sam. dim. 8h-12h 13h30-17h30; jan.-mars. sur r.-v.

Clairette de die

La clairette de die est l'un des vins les plus anciennement connus au monde. Le vignoble occupe les versants de la moyenne vallée de la Drôme, entre Luc-en-Diois et Aouste-sur-Sye. On produit ce vin mousseux essentiellement à partir du cépage muscat (75 % minimum). La fermentation se termine naturellement en bouteille. Il n'y a pas adjonction de liqueur de tirage. C'est la méthode dioise ancestrale.

CAVE COOP. DE DIE Tradition 1996
○ 500 ha 3 000 000   30 à 50 F

Un vin surtout marqué par le muscat ; cependant la présence d'une petite proportion de clairette est sensible. La tradition (vendange manuelle, etc.) fait ici bon ménage avec des méthodes plus modernes, telle la vinification à basse température. L'ensemble est élégant et la régularité de la qualité de cette cuvée Tradition est notoire. On ne le trouve qu'en grande surface.
🕿 Cave coop. de Die, B.P. 79, 26150 Die, tél. 04.75.22.30.00, fax 04.75.22.21.06 🍷 t.l.j. 8h-12h30 13h30-18h30

UNION DES PRODUCTEURS DE DIE
Cuvée Impériale Tradition Méthode dioise ancestrale 1996*
○ 100 ha 600 000   30 à 50 F

A tous les néophytes de la clairette de die, nous recommandons celle-ci en tant que bonne référence. Nous laissons le soin à cette cuvée Impériale de faire la conquête des sceptiques, car personne ne peut être insensible à la finesse et à l'élégance de ses arômes, en particulier des notes exotiques (mangue, agrumes) qui s'expriment en bouche.
🕿 Cave coop. de Die, B.P. 79, 26150 Die, tél. 04.75.22.30.00, fax 04.75.22.21.06 ✓ 🍷 t.l.j. 8h-12h30 13h30-18h30

Clairette de die

Crémant de die

Le décret du 26 mars 1993 a reconnu l'AOC crémant de die, produite uniquement à partir du cépage clairette selon la méthode dite champenoise de seconde fermentation en bouteille.

DOM. VINCENT ACHARD 1995
○ 2,15 ha 16 000   30 à 50 F

Un joli nez assez puissant et surtout expressif, ceci pour vous mettre en bouche. L'ensemble de la dégustation est à la hauteur : franc et équilibré, ce crémant issu de culture biologique possède une belle harmonie et vous laissera sur une finale souple fort agréable.
🕿 Vincent Achard, Le Village, 26150 Sainte-Croix, tél. 04.75.21.20.73, fax 04.75.21.20.88 ✓ 🍷 t.l.j. 8h-20h

CHAMBERAN 1995*
○ 6 ha 40 000   30 à 50 F

Une union originale réalisée par sept exploitations et qui perdure après vingt-cinq ans de travail en commun. Ce crémant est également le fruit d'un dosage judicieux sur la base d'un bon équilibre. Parfait pour l'apéritif, ce vin aux arômes de fleurs blanches et de brioche accompagnera aussi le poisson.
🕿 Union des Jeunes Viticulteurs Récoltants, rte de Die, 26340 Vercheny, tél. 04.75.21.70.88, fax 04.75.21.73.73 🍷 t.l.j. 8h30-12h 14h-18h30

DIDIER CORNILLON
Brut absolu 1995**
○ n.c. 4 200   30 à 50 F

Une bouteille qui ne laisse pas indifférent mais peut surprendre au sein de cette appellation : le passage en fût lui confère un nez puissant et vanillé. Bien travaillée, la bouche est ample et longue. Vous êtes en présence d'un vin de caractère. Bien que nommé Brut absolu, il vous fera chavirer tout en douceur.
🕿 Didier Cornillon, 26410 Saint-Roman, tél. 04.75.21.81.79, fax 04.75.21.84.44 ✓ 🍷 t.l.j. 10h30-12h30 14h30-19h; oct.- mars sur r.-v.

Châtillon-en-diois

Le vignoble du châtillon-en-diois occupe 50 ha, sur les versants de la haute vallée de la Drôme, entre Luc-en-Diois (550 m d'alt.) et Pont-de-Quart (465 m). L'appellation produit des rouges (cépage gamay), légers et fruités, à consommer jeunes, ou des blancs (cépages aligoté et chardonnay), agréables et nerveux. Production totale : 2 500 hl.

Côtes du ventoux

CLOS DE BEYLIERE 1996*

■   n.c.   3 500

Destiné aux amateurs de vins boisés, ce 96 montre des nuances d'évolution mais les porte bien, car l'appréciation d'ensemble est excellente : d'une longue tenue en bouche, complexe, il finit sur un arrière-goût de noisette.

☛ Didier Cornillon, 26410 Saint-Roman, tél. 04.75.21.81.79, fax 04.75.21.84.44 t.l.j. 10h30-12h30 14h30-19h; oct.- mars sur r.-v.

DIDIER CORNILLON 1996

☐   n.c.   12 000

C'est un aligoté bien dans l'aspect du chanoine Kir ! De l'acidité persistante dans un vin ne cherchant pas la complexité mais la nuance. A boire lentement dès maintenant.

☛ Didier Cornillon, 26410 Saint-Roman, tél. 04.75.21.81.79, fax 04.75.21.84.44 t.l.j. 10h30-12h30 14h30-19h; oct.- mars sur r.-v.

UNION DES PRODUCTEURS DE DIE 1997**

☐   8 ha   40 000

L'élevage sur lies fines lui donne un côté perlé en bouche et apporte beaucoup de fraîcheur. Le nez expressif reflète l'aligoté par ses notes d'acacia et de fleurs de vigne. Equilibré et doté d'une certaine longueur, ce vin prouve une bonne maîtrise de la matière première et de la chaîne technologique.

☛ Cave coop. de Die, B.P. 79, 26150 Die, tél. 04.75.22.30.00, fax 04.75.22.21.06 t.l.j. 8h-12h30 13h30-18h30

Coteaux du tricastin

Cette appellation couvre 2 000 ha répartis sur vingt-deux communes de la rive gauche du Rhône, depuis La Baume-de-Transit au sud, en passant par Saint-Paul-Trois-Châteaux, jusqu'aux Granges-Gontardes, au nord. Les terrains d'alluvions anciennes très caillouteuses et les coteaux sableux, situés à la limite du climat méditerranéen, produisent environ 100 000 hl de vin.

CH. LA CROIX CHABRIERE
Fleur de Viognier 1997

☐   n.c.   10 000

Fleur de Viognier ne peut nier son origine. En effet, le nez est caractéristique, avec ses notes d'abricot et de fleurs. La bouche, d'une grande fraîcheur, joue sur l'équilibre. Bouteille sérigraphiée.

☛ Ch. La Croix Chabrière, rte de Saint-Restitut, 84500 Bollène, tél. 04.90.40.00.89, fax 04.90.40.19.93 t.l.j. 9h-12h 14h-18h30; groupes sur r.-v.
☛ Patrick Daniel

DOM. DE MONTINE 1997*

◢   8 ha   20 000

Si le **rouge 96** peut être cité pour son équilibre et ses arômes bien typés, c'est le rosé qui a la préférence : robe framboise soutenue ; fruits rouges au nez légèrement fumé ; fraîcheur en bouche où s'expriment cerise et framboise. Toute l'harmonie d'un rosé bien fait.

☛ Dom. de Montine, 26230 Grignan, tél. 04.75.46.54.21, fax 04.75.46.93.26 t.l.j. 9h-12h 14h-19h
☛ Monteillet

DOM. DES ROZETS 1996

■   10 ha   33 000

Une même citation pour deux vins du **domaine des Rozets, le rosé 97**, légèrement évolué mais si joliment fruité, et ce rouge dont la robe garde tous les signes de la jeunesse (grenat à reflets violacés). Le nez est animal, épicé, alors que la bouche, bien structurée, assez chaleureuse, choisit un registre plus épicé que fruité.

☛ SCEA Ch. Beauchêne, 84420 Piolenc, tél. 04.90.51.75.87, fax 04.90.51.73.36 r.-v.
☛ M. Bernard

DOM. SAINT LUC 1996

■   5 ha   24 000

Un domaine créé en 1971. Le vigneron a restauré une ferme du XVIII[e]s., et planté ses vignes : grenache et syrah se partagent équitablement ce vin à la robe soutenue dont les reflets violacés disent la jeunesse. Les tanins sont présents sans excès puisque la bouche est ronde, fruitée, épicée, harmonieuse.

☛ Ludovic Cornillon, Dom. Saint-Luc, 26790 La Baume-de-Transit, tél. 04.75.98.11.51, fax 04.75.98.19.22 r.-v.

Côtes du ventoux

A la base du massif calcaire du Ventoux, « le géant du Vaucluse » (1 912 m), des sédiments tertiaires portent ce vignoble qui s'étend sur cinquante et une communes (6 888 ha), entre Vaison-la-Romaine au nord et Apt au sud. Les vins produits sont essentiellement des rouges et des rosés. Le climat, plus froid que celui des Côtes du Rhône, entraîne une maturité plus tardive. Les vins rouges sont de moindre degré alcoolique, mais frais et élégants dans leur jeunesse ; ils sont cependant plus charpentés dans les communes situées le

LA VALLÉE DU RHONE

Côtes du ventoux

plus à l'ouest (Caromb, Bédoin, Mormoiron). Les vins rosés sont agréables et demandent à être bus jeunes. La production totale a atteint 316 000 hl en 1997.

DOM. AYMARD 1997*

| □ | 0,82 ha | 5 000 | 30 à 50 F |

Exploitation familiale depuis 1860, le domaine Aymard est situé au cœur des Côtes du Ventoux et comprend 25 ha de vignes. L'œnologue, M. Rabot, a élaboré ce 97 au bouquet exotique (pamplemousse, fruit de la passion) et aux arômes à dominante amylique. Un vin « bien balancé », écrit un dégustateur, et qui se caractérise par une grande finesse. Il peut attendre un an. Du même domaine, la **cuvée des Galères 95 rouge** reçoit une étoile. Elle est prête.
- Dom. Aymard, Les Galères, Serres, 84200 Carpentras, tél. 04.90.63.35.32, fax 04.90.67.02.79 ☑ ⏵ t.l.j. sf dim. mar. 8h-12h 13h30-19h

CH. BLANC 1996*

| ■ | 10 ha | 60 000 | -30 F |

Jean-Claude Chasson, conseiller de gestion de nombreuses propriétés viticoles, a réalisé son rêve d'enfant en créant son propre domaine, situé à Roussillon, un des plus beaux villages de France, réputé pour ses falaises d'ocre. Ce 96 d'une très belle couleur grenat intense, au nez épicé, boisé, possède beaucoup de matière en bouche ; les tanins du bois bien mariés avec ceux du vin lui donnent un très bon équilibre. Il faut le déguster avec un grenadin de veau aux morilles.
- Dom. Chasson, Les Grimauds, 84220 Roussillon, tél. 04.90.05.64.56, fax 04.90.05.72.79 ☑ ⏵ r.-v.

CANTEPERDRIX 1997

| □ | n.c. | n.c. | -30 F |

Jaune pâle dans le verre, très limpide, voici un 97 particulièrement flatteur, présentant des notes amyliques et fruitées marquées, et en bouche, des arômes de banane verte très rafraîchissants. Il est à boire.
- Les Vignerons de Canteperdrix, rte de Caromb, B.P. 15, 84380 Mazan, tél. 04.90.69.70.31, fax 04.90.69.87.41 ☑ ⏵ r.-v.

DOM. DE CHAMP-LONG 1997*

| ◪ | 6 ha | 20 000 | -30 F |

Propriété située au pied du mont Ventoux, créée par Maurice Gély en 1965. Vinifié à la fois par saignée et pressurage direct, ce rosé 97 se présente dans une robe pâle très brillante ; il exhale des parfums de fleurs et des nuances odorantes de fraise et de banane, qui se retrouvent en bouche accompagnés d'une finale amylique flatteuse.
- Christian Gély, Dom. de Champ-Long, 84340 Entrechaux, tél. 04.90.46.01.58, fax 04.90.46.04.40 ☑ ⏵ t.l.j. sf dim. 9h-12h30 14h-19h

DOM. CHAUMARD 1997

| □ | 1 ha | 4 860 | -30 F |

Séduisant et prometteur, ce 97, à la robe or brillant à reflets verts, exhale des parfums floraux mêlés à des notes anisées. Des fruits de mer ou un poisson se plairont en sa compagnie.
- Gilles Chaumard, rte d'Aubignan, 84810 Caromb, tél. 04.90.62.43.38, fax 04.90.62.35.84 ☑ ⏵ t.l.j. sf dim. 9h-12h 14h-18h30

DOM. DE FENOUILLET 1997*

| ◪ | 1,5 ha | 4 500 | -30 F |

La famille Soard exploite le vignoble depuis plusieurs générations. Elle a pris la décision en 1989 de vinifier à nouveau au domaine. C'est un rosé assez pâle à reflets bleutés qui est présenté au jury ; il possède un nez à la fois floral et fruité, se caractérise en bouche par des arômes de framboise tout en finesse.
- GAEC Patrick et Vincent Soard, Dom. de Fenouillet, allée Saint-Roch, 84190 Beaumes-de-Venise, tél. 04.90.62.95.61, fax 04.90.62.90.67 ☑ r.-v.

DOM. DE FONDRECHE
Cuvée Persia 1997**

| ◪ | 1 ha | 2 000 | 50 à 70 F |

Situé au pied du mont Ventoux, le domaine de Fondrèche a été racheté en 1990. En 1993, Sébastien Vincenti commence à s'occuper de la vinification. En 1996, une nouvelle cave est construite. Désormais habitué aux citations et coups de cœur, le domaine de Fondrèche fait une nouvelle fois apprécier le délicat mariage du bois et du vin dans ce 97 jaune doré à reflets verts, au bouquet floral très intense. Doté d'un joli potentiel et se terminant sur des notes de fruits mûrs et de vanille très agréables, ce vin sera apprécié sur un fromage de chèvre. Cette même cuvée **Persia rouge 96** reçoit une étoile et peut être achetée les yeux fermés (30 à 50 F).
- Dom. de Fondrèche, quartier Fondrèche, 84380 Mazan, tél. 04.90.69.61.42, fax 04.90.69.61.18 ☑ ⏵ t.l.j. sf sam. dim. 8h-12h 14h-19h
- N. Barthélemy et S. Vincenti

DOM. DE LA BASTIDONNE 1997*

| ◪ | n.c. | 7 500 | 30 à 50 F |

Situé entre Fontaine-de-Vaucluse et Gordes, le domaine de La Bastidonne se trouve dans un lieu touristique privilégié. Gérard Marreau, l'œnologue de la famille, peut être fier de son 97 rose bonbon, au bouquet de fruits rouges, très gras et rond en bouche, bien équilibré et typique de l'appellation.
- Dom. de La Bastidonne, 84220 Cabrières-d'Avignon, tél. 04.90.76.70.00, fax 04.90.76.74.34 ☑ ⏵ t.l.j. sf dim. 9h-12h30 14h-18h30
- Marreau

DOM. DE LA COQUILLADE 1997**

| ◪ | 16 ha | 20 000 | -30 F |

L'origine du nom La Coquillade remonte au XIII[e]s. ; le mot signifie « alouette huppée » ou « cochevis huppé ». La robe est rose pâle, le nez fin, élégant, délicat, aux nuances amyliques et

Côtes du ventoux

fruitées (banane) ; les arômes de fruits rouges sont très plaisants en bouche. C'est un vin particulièrement féminin (selon un membre du jury) et très original. Sa longueur et son équilibre ont séduit.

➤ Dom. de La Coquillade, Hameau de La Coquillade, 84400 Gargas, tél. 04.90.74.54.67, fax 04.90.74.71.86 ✓ ⊺ t.l.j. sf dim. 10h-12h 15h-19h

LA COURTOISE 1997

| | n.c. | 70 000 | -30 F |

Issue à 80 % de grenache et 20 % de syrah, cette cuvée à la robe rose vif très brillante, possède un nez discret mais fruité ; elle s'épanouit en bouche et termine sur des notes de fruits rouges très agréables. A servir sur une viande blanche ou une grillade.
➤ Cave coop. La Courtoise, 84210 Saint-Didier, tél. 04.90.66.01.15, fax 04.90.66.13.19 ✓ ⊺ r.-v.

CH. LA CROIX DES PINS
Cuvée Prestige 1996*

| | n.c. | 13 000 | 30 à 50 F |

La propriété familiale existe depuis 1780. Philippe Avon, amoureux de la vigne et du vin, attaché aux traditions tant au niveau de l'équipement de sa cave que de la méthode de vinification, nous fait apprécier ce 96 aux nuances odorantes de réglisse et de fruits rouges, bien équilibré et particulièrement harmonieux. A recommander sur un gibier. Il peut attendre deux à trois ans.
➤ Marie-Hélène et Philippe Avon-Giraud, La Croix des Pins, 84380 Mazan, tél. 04.90.69.60.19, fax 04.90.69.64.91 ✓ ⊺ t.l.j. 10h-12h 15h-19h; dim. sur r.-v.

LA CUVEE DES TOQUES 1997*

| | n.c. | 250 000 | -30 F |

Nous voici devant un rosé de saignée à servir sur une viande blanche ou des écrevisses à la nage. Aromatique, il offre une bouche ronde où le gras l'emporte.
➤ Cave des Vignerons de Beaumes-de-Venise, 84190 Beaumes-de-Venise, tél. 04.90.12.41.00, fax 04.90.65.02.05 ✓ ⊺ r.-v.

LA FERME SAINT PIERRE
Cuvée du Roi Fainéant 1996

| | 2 ha | 6 000 | -30 F |

Principalement du grenache (80 %) et de la syrah (20 %) dans cette cuvée très structurée, finement boisée, aux arômes de fruits cuits et aux tanins qui permettront d'attendre. Un vin épanoui. A servir sur un gibier.

➤ Paul Vendran, Dom. de la ferme Saint-Pierre, 84410 Flassan, tél. 04.90.61.80.95, fax 04.90.61.90.88 ✓ ⊺ r.-v.

LA VIEILLE FERME 1996**

| | 3 ha | n.c. | -30 F |

Ce sont de vieux cépages (grenache, syrah, etc.) plantés sur un sol argilo-calcaire qui ont permis d'obtenir cette cuvée rouge violacé dans le verre. Le bouquet de fruits rouges très marqué est élégant. Harmonieux, remarquable dans l'équilibre de ses constituants (acides, alcools, tanins...), ce 96 a séduit les dégustateurs.
➤ La Vieille Ferme, rte de Jonquières, 84100 Orange, tél. 04.90.11.12.00, fax 04.90.11.12.19 ✓ ⊺ t.l.j. sf sam. dim. 8h-12h 14h-18h; f. août
➤ Perrin

LES ROCHES BLANCHES
Vieilles vignes 1996**

| | n.c. | 9 000 | -30 F |

Richard Oms, l'œnologue de la cave coopérative de Mormoiron, a réussi un brillant tiercé : le **blanc 97** le **rosé Réserve 97** reçoivent chacun une citation. Mais c'est surtout cette cuvée Vieilles vignes, issue d'un terroir argilo-calcaire, vinifiée traditionnellement, qui a séduit. Elle se caractérise par des arômes fruités (fruits rouges) et des tanins fondus d'une grande finesse. Très représentatif de l'appellation, ce vin est très friand et doit être bu avec une viande rouge.
➤ Cave Les Roches blanches, 84570 Mormoiron, tél. 04.90.61.80.07, fax 04.90.61.97.23 ✓ ⊺ t.l.j. 8h-12h 14h-18h

CAVE DE LUMIERES
Elevé en barrique 1996*

| | n.c. | 5 000 | 30 à 50 F |

Elevée en barrique, cette cuvée est parée d'une robe rouge vif particulièrement brillante. Le bouquet de fruits confits associe parfaitement le bois par ses nuances vanillées, d'une bonne persistance. L'harmonie générale est très intéressante.
➤ Cave de Lumières, Hameau de Lumières, 84220 Goult, tél. 04.90.72.20.04, fax 04.90.72.42.52 ✓ ⊺ r.-v.

DOM. MASCLAUX
Cuvée Belle-Vue 1996**

| | 5 ha | 15 000 | -30 F |

Ce domaine, situé au pied du mont Ventoux vers le sud, domine la plaine du Comtat-Venaissin. Il se trouve à 1 km du village de Crillon-le-Brave qui porte le nom du capitaine d'Henri IV. Remarquable, cette cuvée Belle-Vue, d'un rouge sombre très dense aux reflets violacés, offre un nez de fruits cuits et d'épices douces ; sa structure assez légère repose sur des tanins fondus. Elle est facile à boire, expressive, gouleyante. A recommander sur une viande rouge.
➤ Yves Masclaux, Belle-Vue, 84410 Crillon-le-Brave, tél. 04.90.62.42.29, fax 04.90.62.34.55 ✓ ⊺ r.-v.

LA VALLEE DU RHONE

Côtes du luberon

DOM. PELISSON 1997*

| | 3,2 ha | 15 000 | | -30 F |

Un vin très jeune, dont la couleur est attrayante, le fruité expressif et l'équilibre très réussi. Un beau succès.

Patrick Pelisson, 84220 Gordes, tél. 04.90.72.28.49, fax 04.90.72.23.91 r.-v.

CH. PESQUIE Quintessence 1995*

| | n.c. | n.c. | | 50 à 70 F |

Cette cuvée Quintessence dominée par la syrah, à la robe pourpre soutenu, au nez puissant, animal, est particulièrement structurée, charpentée et possède une très bonne persistance aromatique. Elle peut attendre deux à trois ans avant de s'exprimer pleinement. A côté de cette cuvée haut de gamme, du même château, **Les Hauts du Parandier 97**, élevé en cuve, reçoit une étoile (moins de 30 F).

Ch. Pesquié, 84570 Mormoiron, tél. 04.90.61.94.08, fax 04.90.61.94.13 t.l.j. 10h-12h 14h-18h; f. dim. janv.-mars

Chaudière-Bastide

DOM. DE PEZET 1997*

| | n.c. | 53 000 | | -30 F |

Cette cuvée du domaine de Pezet possède une robe pourpre foncé à reflets violacés, très brillante, et un nez de fruits rouges et d'épices. En bouche, les arômes sont dominés par la réglisse et les tanins très fondus. Ce vin peut être apprécié actuellement ou attendre deux à trois ans ; le choisir pour une viande rôtie.

Ch. Pesquié, 84570 Mormoiron, tél. 04.90.61.94.08, fax 04.90.61.94.13 t.l.j. 10h-12h 14h-18h; f. dim. janv.-mars

CH. SAINT-SAUVEUR 1996*

| | 26,85 ha | 20 000 | | -30 F |

Florence Rey, l'œnologue de la famille, a élaboré avec le plus grand soin ce 96 qui possède une robe rouge vif très brillante et un nez complexe assez intense, dominé par le coing et les fruits rouges. Son acidité un peu vive lui a permis de garder beaucoup de fraîcheur. Il peut être bu actuellement ou attendre deux ans. Le **rosé 97**, très fruité, cité sans étoile, sera fort apprécié sur les charcuteries ou sur un couscous.

EARL les Héritiers de Marcel Rey, Ch. Saint-Sauveur, rte de Caromb, 84810 Aubignan, tél. 04.90.62.60.39, fax 04.90.62.60.46 r.-v.

Guy Rey

DOM. DE TARA 6ᵉ feuille 1996**

| | 2,4 ha | 12 500 | | -30 F |

A la tête de la propriété depuis 1991, Anselme Selosse, merveilleux vigneron champenois, a eu un coup de cœur pour le « Colorado provençal » (Rustrel) et le village de Roussillon. Cité lors de la dernière édition pour un rosé et un rouge 96, le domaine de Tara réalise un véritable exploit avec son blanc 96 au nez délicatement boisé, vanillé, fruité, très élégant, et tout en finesse. Ses arômes de coing, d'acacia et de miel ont fait l'unanimité des dégustateurs qui lui décernent ce coup de cœur.

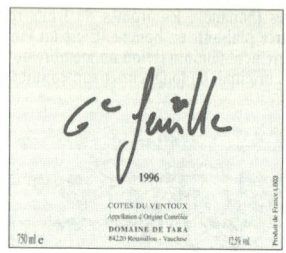

Dom. de Tara, Les Rossignols, 84220 Roussillon, tél. 03.26.57.53.56, fax 03.26.57.53.56

Anselme Selosse

CH. VALCOMBE Les Genévrières 1996*

| | 3 ha | n.c. | | 50 à 70 F |

Acheté en 1988, le château Valcombe comporte une bâtisse rénovée par un artiste peintre allemand. Ce sont les épices qui dominent dans ce rouge 96 à la robe rubis de bonne intensité, aux tanins très présents, un peu vifs actuellement, mais que le temps arrondira. Un gibier lui conviendra. La cuvée **Les Griottes 97**, dégustée trop jeune pour un vin rouge, élevée en fût, semble posséder d'excellents atouts. Le jury estime que les étoiles devraient pleuvoir lorsque l'élevage sera terminé et souhaite la revoir l'an prochain... s'il en reste.

Claude Fonquerle, Ch. Valcombe, 84330 Saint-Pierre-de-Vassols, tél. 04.90.62.51.29, fax 04.90.62.51.47 r.-v.

Côtes du luberon

L'appellation côtes du lubéron a été promue AOC par décret du 26 février 1988.

Le vignoble des 36 communes que compte cette appellation, s'étendant sur les versants nord et sud du massif calcaire du Lubéron, représente près de 3 000 ha et produit en moyenne 172 000 hl. L'appellation donne de bons vins rouges marqués par un encépagement de qualité (grenache, syrah) et un terroir original. Le climat, plus frais qu'en vallée du Rhône, et les vendanges plus tardives expliquent la part importante des vins blancs (25 %) ainsi que leur qualité, reconnue et recherchée.

CH. CONSTANTIN-CHEVALIER
Cuvée des Fondateurs 1997

| | 10 ha | 6 000 | | 30 à 50 F |

Le village de Lourmarin est réputé pour son château, son site, ses hommes et ses restaurants. Vinifié à partir d'une macération pelliculaire à

Côtes du luberon

froid puis une fermentation en barrique, ce 97 à la robe jaune pâle et aux reflets verts possède un bouquet de fruits blancs (poire) et de coing, et des arômes de bouche plutôt floraux accompagnés de nuances boisées. Tout cela fait de ce vin une bouteille plaisante.

🕭 EARL Constantin-Chevalier et Filles, Ch. Constantin, 84160 Lourmarin,
tél. 04.90.68.38.99, fax 04.90.68.37.37 ☑ ⏲ t.l.j. 10h-12h 15h-19h
🕭 A. Chevallier

CH. CONSTANTIN-CHEVALIER
Cuvée des Fondateurs 1996★

■   10 ha   20 000   ⏲ 30 à 50 F

Déjà citée lors de la dernière parution du Guide pour un 95, cette cuvée des Fondateurs est à nouveau très réussie. Elle a une robe grenat concentré, un nez un peu fermé, marqué par le bois avec des notes vanillées, une structure lui donnant un beau potentiel de vieillissement (trois à cinq ans). A recommander sur du gibier ou une viande rouge.

🕭 EARL Constantin-Chevalier et Filles, Ch. Constantin, 84160 Lourmarin,
tél. 04.90.68.38.99, fax 04.90.68.37.37 ☑ ⏲ t.l.j. 10h-12h 15h-19h

DOM. DE FONTENILLE 1997

■   19 ha   7 000   ⏲ 30 à 50 F

Les archives du domaine établissent son existence depuis le XV^{e}s. En 1949, Jules Lévêque l'achète pour l'exploiter avec ses deux fils ; aujourd'hui, ses petits-fils Pierre et Jean en ont pris la direction. Vinifié par saignée et fermenté à basse température, ce rosé de belle couleur saumonée développe un bouquet puissant de fruits rouges (cerise, fraise). C'est un vin réussi et représentatif de l'appellation.

🕭 EARL Lévêque et Fils, Dom. de Fontenille, 84360 Lauris, tél. 04.90.08.23.36,
fax 04.90.08.45.05 ☑ ⏲ t.l.j. 9h-12h30 14h-19h30

DOM. DE FONTENILLE
Cuvée Tradition non filtré 1995★

■   19 ha   10 000   ⏲ 30 à 50 F

La cuvée classique 94 fut coup de cœur dans notre Guide 97. Le millésime 95 est très réussi : une robe d'un rouge profond avec des reflets violacés, un nez intense dominé par les fruits rouges (cassis, mûre), une bonne structure avec des tanins encore jeunes caractérisent ce 95 vinifié traditionnellement et qui reste encore un peu fermé. Il faudra attendre deux à trois ans pour l'apprécier véritablement.

🕭 EARL Lévêque et Fils, Dom. de Fontenille, 84360 Lauris, tél. 04.90.08.23.36,
fax 04.90.08.45.05 ☑ ⏲ t.l.j. 9h-12h30 14h-19h30

CH. LA CANORGUE 1997

■   6 ha   16 000   ⏲ 30 à 50 F

Jean-Pierre Margan a reçu beaucoup de coups de cœur, le dernier ayant été attribué à son rouge 95. 80 % de grenache et 20 % de cinsaut sont à l'origine de ce 97 à la robe claire saumonée, au nez agréable de fruits blancs (pêche, poire) présentant une bonne typicité. Il sera plaisant, bien frais, en apéritif.

🕭 Jean-Pierre Margan, Ch. La Canorgue, 84480 Bonnieux, tél. 04.90.75.81.01,
fax 04.90.75.82.98 ☑ ⏲ r.-v.

DOM. DE LA CAVALE 1997

◪   n.c.   10 000   ⏲ 30 à 50 F

Jean-Paul Aubert, le directeur de la cave, toujours très dynamique, ne ménage pas ses efforts pour atteindre la qualité. Il présente un rosé typique de l'appellation, au nez agréable à dominante exotique et aux arômes de fruits des bois, qui pourra être recommandé sur un agneau grillé du Lubéron.

🕭 Paul Dubrule, rte de Lourmarin, 84160 Cucuron, tél. 04.90.77.22.96,
fax 04.90.77.25.64 ☑ ⏲ r.-v.

DOM. DE LA CAVALE 1995★

◪   n.c.   10 000   ⏲ 30 à 50 F

Le mariage du vin et du bois est bien réussi dans ce 95. Le nez complexe de fruits à l'eau-de-vie avec des notes épicées, vanillées, boisées est très agréable. Le palais est généreux, bien structuré, d'une grande persistance aromatique. Ce vin peut attendre deux ans et sera servi sur une daube provençale ou un civet de sanglier.

🕭 Paul Dubrule, rte de Lourmarin, 84160 Cucuron, tél. 04.90.77.22.96,
fax 04.90.77.25.64 ☑ ⏲ r.-v.

DOM. DE LA CITADELLE
Elevé en fût de chêne 1996★

■   8 ha   45 000   ⏲ 30 à 50 F

Domaine restructuré par son propriétaire, M. Rousset-Rouard, personnalité liée au monde de la politique et des arts et qui a créé un musée du Tire-Bouchon riche de plus de mille pièces. Ici, la culture est traditionnelle, sans désherbant ni engrais chimiques. La cuvée principale porte une jolie couleur. Elle vous séduira autant par son nez boisé, vanillé que par ses arômes fins et élégants et par sa structure harmonieuse. Un vin qui peut attendre deux ans et qui accompagnera agréablement un magret de canard.

🕭 Dom. de La Citadelle, 84560 Ménerbes, tél. 04.90.72.41.58, fax 04.90.72.41.59 ☑ ⏲ r.-v.
🕭 Rousset-Rouard

DOM. DE LA CITADELLE
Cuvée Le Châtaignier 1997★★★

■   5 ha   30 000   ⏲ -30 F

Étiquette : Cuvée Le Châtaignier — Côtes du Luberon — Appellation Côtes du Luberon Contrôlée — 1997 — 13 % vol. — MIS EN BOUTEILLE AU DOMAINE — 750 ml — S.C.E.A. DOMAINE DE LA CITADELLE, PROPRIÉTAIRE-RÉCOLTANT À 84560 MÉNERBES - FRANCE

Exceptionnelle, cette cuvée Le Châtaignier à la robe rubis intense, très brillante, au bouquet floral (violette) particulièrement puissant ; ses arômes de fruits rouges expriment le terroir avec une grande discrétion. Elle évoluera favorable-

Côtes du vivarais AOVDQS

ment dans le temps et ne devrait être véritablement apprécié que dans trois ou quatre ans.
🍷 Dom. de La Citadelle, 84560 Ménerbes, tél. 04.90.72.41.58, fax 04.90.72.41.59 ◨ 🍷 r.-v.

DOM. DE LA CITADELLE 1997*

| | 2 ha | 4 000 | 🍾♨ | 30 à 50 F |

Beaucoup de gras, de rondeur dans cette cuvée dominée par le grenache blanc et qui exhale un bouquet délicat de fleurs blanches. Elle est bien équilibrée, élégante, riche, complexe et pourra attendre un an.
🍷 Dom. de La Citadelle, 84560 Ménerbes, tél. 04.90.72.41.58, fax 04.90.72.41.59 ◨ 🍷 r.-v.

CH. DE LA TOUR D'AIGUES 1997**

| | 3,8 ha | 8 000 | 🍾♨ | 30 à 50 F |

Il s'agit d'un « vin séducteur », d'après un membre du jury : le nez très flatteur est à la fois floral et fruité. Les arômes d'agrumes sont très fins, élégants avec de légères notes amyliques. Il conviendra très bien à l'apéritif.
🍷 Cellier de Marrenon, rue Amédée-Ginies, 84240 La Tour-d'Aigues, tél. 04.90.07.40.65, fax 04.90.07.30.77 ◨ 🍷 r.-v.

LA VIGNERONNE TOURAINE
Cuvée du Millésime 1996

| | n.c. | 3 000 | 🍾♨ | -30 F |

Cette coopérative vinifie 1 500 ha de vignes. Elle propose un joli vin blanc à la robe jaune paille, au nez encore fermé avec quelques notes de verveine. L'attaque est nette et franche, puis la bouche montre beaucoup de rondeur. Ce 97 devra attendre deux ans.
🍷 La Vigneronne touraine, 160, bd Saint-Roch, 84240 La Tour d'Aigues, tél. 04.90.07.40.34, fax 04.90.07.32.31 ◨ 🍷 r.-v.

CH. DE L'ISOLETTE Blanc de blancs 1997

| | 8 ha | 35 000 | 🍾♨ | 50 à 70 F |

Le château de l'Isolette domine cette région aride, sauvage, mouvementée et isolée du Luberon. Des cuves à vin attestent la présence de l'homme et de la vigne sur le terroir du domaine depuis très longtemps. Ce blanc 97, très fruité, rond en bouche avec des notes de miel, bien équilibré, sera servi avec un poulet à la crème ou une omelette aux truffes.
🍷 Ch. de l'Isolette, rte de Bonnieux, 84400 Apt, tél. 04.90.74.16.70, fax 04.90.04.70.73 ◨ 🍷 t.l.j. sf dim. 8h-12h 14h-17h45
🍷 EARL Luc Pinatel

CH. DE L'ISOLETTE Prestige 1996*

| | 20 ha | 60 000 | 🍷 | 50 à 70 F |

Comprenant un pourcentage important de syrah (70 %), cette cuvée Prestige Vieilles vignes encore un peu fermée s'ouvre sur des notes végétales, puis animales et épicées. Elle est prête à boire mais peut attendre un à deux ans. A recommander sur un lapin en gibelotte.
🍷 Ch. de l'Isolette, rte de Bonnieux, 84400 Apt, tél. 04.90.74.16.70, fax 04.90.04.70.73 ◨ 🍷 t.l.j. sf dim. 8h-12h 14h-17h45

DOM. DE MAYOL 1996

| | 12 ha | 35 000 | 🍾♨ | 30 à 50 F |

A la tête de la propriété depuis 1976, Bernard Viguier a restructuré son vignoble et amélioré sa cave de vinification. Il présente son 96, vinifié par macération carbonique : le nez puissant de fruits mûrs s'ouvre sur des notes épicées. Sa persistance tannique lui permettra de vieillir deux à trois ans.
🍷 Bernard Viguier, rte de Bonnieux, 84480 Apt, tél. 04.90.74.12.80, fax 04.90.04.85.64 ◨ 🍷 t.l.j. sf dim. 9h-12h 14h30-19h

CH. SAINT ESTEVE DE NERI 1997

| | 5,1 ha | 12 000 | 🍾♨ | -30 F |

Déjà cité lors de la dernière parution du Guide pour son rosé 96, cette propriété située à 1 km du château d'Ansouis, nous présente un 97 à la robe très claire, au nez relativement discret, très fin, aux arômes fruités, mais qui manque peut-être un peu de typicité. Il n'en est pas moins réussi.
🍷 SA Ch. Saint Estève de Néri, 84240 Ansouis, tél. 04.90.09.90.16, fax 04.90.09.89.65 ◨ 🍷 r.-v.
🍷 Roussellier

CH. VAL JOANIS Les Griottes 1995

| | 10 ha | 43 000 | 🍷 | 50 à 70 F |

Un vaste domaine de 162 ha et une belle étiquette. Un bouquet aux notes de cerises à l'eau-de-vie dans cette cuvée 95 Les Griottes, quoi de plus naturel ! Franche, bien construite, dotée de bons tanins fondus et d'une jolie longueur, « elle sera agréable tout au long d'un repas », selon un membre du jury qui recommande de la déguster sur des grillades.
🍷 Ch. Val Joanis, Famille Chancel, 84120 Pertuis, tél. 04.90.79.20.77, fax 04.90.09.69.52 ◨ 🍷 t.l.j. 9h-12h 14h-18h
🍷 J.-L. Chancel

DOM. DES VAUDOIS
Réserve du domaine 1997**

| | 10 ha | 26 000 | 🍾♨ | -30 F |

Beaucoup de structure dans ce 97 aux arômes floraux très développés (genêt), qui présente un équilibre parfait et qui mérite réellement de vieillir avant d'être apprécié sur un civet de lièvre ou un fromage de chèvre.
🍷 Domaines Michel Bernard, quartier Sommelongue, 84100 Orange, tél. 04.90.11.86.86, fax 04.90.34.87.30 🍷 r.-v.
🍷 F. Aurouze

Côtes du vivarais AOVDQS

A la limite nord-ouest des Côtes du Rhône méridionales, les Côtes du Vivarais chevauchent les départements de l'Ardèche et du Gard, sur 577 ha. Les

Coteaux de pierrevert

communes d'Orgnac (célèbre par son aven), Saint-Remèze et Saint-Montan peuvent ajouter leur nom à celui de l'appellation. Les vins, produits sur des terrains calcaires, sont essentiellement des rouges à base de grenache (30 % minimum), de syrah (30 % minimum), et des rosés, caractérisés par leur fraîcheur et à boire jeunes.

DOM. DES CHAMPS DE LIERRE
Saint-Remèze 1997★★

| ■ | n.c. | n.c. | -30 F |

Un assemblage grenache-syrah qui peut sembler classique par ses arômes de fruits rouges, mais un ensemble qui l'est beaucoup moins. La bouche ample offre une structure reposant sur des tanins soyeux, après une attaque nette suivie d'une belle rondeur. Ce vin remarquable a de l'avenir.
☛ Dupré et Fils, Dom. de Vigier, 07150 Lagorce, tél. 04.75.88.01.18, fax 04.75.37.18.79 ☑ ♈ t.l.j. sf dim. 8h-12h 14h-18h; groupes sur r.-v.

DOM. DE COMBELONGE 1997★★

| □ | 1,3 ha | 6 000 | -30 F |

Quelle richesse aromatique dans ce blanc à base de grenache blanc et de marsanne : ananas, abricot, mangue composent une palette très expressive. La dégustation est à la hauteur, offrant de la fraîcheur et de l'élégance dans un très bel équilibre. Une remarquable réalisation, vinifiée avec soin, à un voix du coup de cœur.
☛ Denis Manent, SCEA Dom. de Combelonge, 07110 Vinezac, tél. 04.75.36.92.54, fax 04.75.36.99.59 ☑ ♈ t.l.j. 9h-12h 14h30-18h30

DOM. DE LA BOISSERELLE 1996★

| ■ | 11 ha | 16 000 | -30 F |

Le rouge intense annonce un type de vivarais mature. Le nez prend des notes de confiture, de pruneau cuit que l'on retrouve en bouche. Celle-ci est tout en harmonie, de l'attaque franche à la structure souple, à la finale d'une grande persistance aromatique. Aucune agressivité ne viendra heurter le palais le plus délicat.
☛ Richard Vigne, Dom. de La Boisserelle, 07700 Saint-Remèze, tél. 04.75.04.24.37, fax 04.75.04.24.37 ☑ ♈ r.-v.

ORGNAC 1997★★

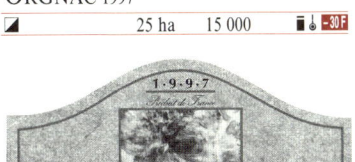

| ◪ | 25 ha | 15 000 | -30 F |

C'est ici que fut constituée en 1924 la première cave coopérative de l'Ardèche. Ce rosé soutenu est particulièrement typique de cette région d'Orgnac. Nez très fruité (ananas), suivi d'une bouche vive, nerveuse. Le tout est gouleyant, friand, long. Un vin d'été certes, mais avant tout un vin de plaisir !
☛ Union des Producteurs d'Orgnac-l'Aven, 07150 Orgnac-l'Aven, tél. 04.75.38.60.08, fax 04.75.38.65.90 ☑ ♈ t.l.j. sf sam. dim. 8h-12h 14h-18h

LES VIGNERONS REUNIS DE SAINT-REMEZE 1997

| □ | 15 ha | 8 000 | -30 F |

D'un blanc brillant dont la vivacité se retrouve en bouche, voici un vivarais fin et élégant. Le nez surtout floral et le bon équilibre en bouche sont très appréciés. Ce 97 accompagnera volontiers une truite aux amandes (truite de l'Ardèche, bien sûr).
☛ SCA Les Chais du Vivarais, 07700 Saint-Remèze, tél. 04.75.04.08.56, fax 04.75.98.47.40 ☑ ♈ r.-v.

Coteaux de pierrevert

Dans le département des Alpes-de-Haute-Provence, la majeure partie des vignes se trouve sur les versants de la rive droite de la Durance (Corbières, Sainte-Tulle, Pierrevert, Manosque...), couvrant environ 210 ha. Les conditions climatiques, déjà rigoureuses, cantonnent la culture de la vigne dans une dizaine de communes sur les quarante-deux que compte légalement l'aire d'appellation. Les vins rouges, rosés et blancs (13 000 hl), d'assez faible degré alcoolique et d'une bonne nervosité, sont appréciés par ceux qui traversent cette région touristique. Les coteaux de pierrevert ont été reconnus en appellation d'origine contrôlée par le Comité national de l'INAO en 1998.

DOM. LA BLAQUE 1997★

| □ | 10 ha | 50 000 | -30 F |

Très jolie robe scintillante à reflets verts pour ce blanc fort réussi, aux nuances odorantes plutôt florales, bien équilibré en bouche où les arômes délicats et fins sont harmonieux. Il est à boire. Du même domaine, le **rosé 97** reçoit une citation : frais et gouleyant, il correspond bien à son AOC. Egalement cité, le **rouge 96**.
☛ SCI Châteauneuf, Dom. Châteauneuf, 04860 Pierrevert, tél. 04.92.72.39.71, fax 04.92.72.81.26 ☑ ♈ t.l.j. sf dim. 8h-12h 14h-18h

LA VALLÉE DU RHONE

Coteaux de pierrevert

CAVE DES VIGNERONS DE PIERREVERT 1996*

■ n.c. 150 000 ▮♨ -30F

« Un village d'or semblable à une barque portée par une vague de rochers ». Cette citation de Jean Giono à propos de la commune de Pierrevert, dont le nom provient de la mousse couvrant les rochers à l'endroit où le village a été édifié, apparaît sur les étiquettes de la Cave des Vignerons. Ce 96 à dominante de fruits cuits, possédant beaucoup de personnalité, est représentatif de l'appellation. Il s'accordera parfaitement avec un gigot d'agneau de Sisteron aux cèpes.
☛ Cave des Vignerons de Pierrevert, 1, av. Auguste-Bastide, 04860 Pierrevert, tél. 04.92.72.19.06, fax 04.92.72.85.36 ✓ ⊥ t.l.j. sf dim. 8h-12h 14h-18h

DOM. DE REGUSSE Le Revest 1996*

■ 18 ha 18 000 ▮♨ -30F

Achetée en 1972, la propriété était alors constituée de landes et de bois et la maison était en ruine. Encore un peu de jeunesse dans ce 96 à la robe soutenue et aux reflets violets, au nez très marqué par les fruits rouges que l'on retrouve en bouche, accompagnés de tanins un peu vifs qui devraient se fondre d'ici deux ou trois ans.
☛ Claude Dieudonné, Dom. de Régusse, 04860 Pierrevert, tél. 04.92.72.30.44, fax 04.92.72.69.08 ✓ ⊥ t.l.j. 8h-12h 14h-19h

CH. ROUSSET 1997**

☐ 3 ha 5 000 ▮♨ 30 à 50F

Ce domaine est dans la famille Rousset depuis 1830. On y trouve aujourd'hui des vins de caractère comme ce très beau 97 : beaucoup de fraîcheur un peu rehaussée par le gaz carbonique dans cette cuvée à la robe très pâle et aux reflets verts, à la bouche harmonieuse, très plaisante par sa grande persistance aromatique. A recommander sur un poisson ou un plateau de coquillages. Le **rosé 97** du château Rousset reçoit une étoile pour ses notes florales intenses, sa robe pétale de rose et sa bouche friande, très « branchée ».
☛ Hubert et Roseline Emery, Rousset, 04800 Gréoux-les-Bains, tél. 04.92.72.62.49, fax 04.92.72.66.50 ✓ ⊥ t.l.j. sf dim. 9h-12h 14h30-19h

CH. DE ROUSSET Cuvée Grand Jas 1995*

■ 5 ha 9 000 ◐ 30 à 50F

Cette cuvée Grand Jas est particulièrement structurée. Elle possède une robe rouge sombre, très soutenue, un nez puissant mais légèrement fermé, des arômes boisés et épicés ; c'est un vin qui doit encore attendre plusieurs années. Il sera apprécié sur une volaille rôtie ou un gigot.
☛ Hubert et Roseline Emery, Rousset, 04800 Gréoux-les-Bains, tél. 04.92.72.62.49, fax 04.92.72.66.50 ✓ ⊥ t.l.j. sf dim. 9h-12h 14h30-19h

LES VINS DOUX NATURELS

De tout temps, les vignerons du Roussillon ont élaboré des vins liquoreux de haute renommée. Au XIIIe s., Arnaud de Villeneuve découvrit le mariage miraculeux de la « liqueur de raisin et de son eau-de-vie » : c'est le principe du mutage qui, appliqué en pleine fermentation sur des vins rouges ou blancs, arrête celle-ci en préservant ainsi une certaine quantité de sucre.

Les AOC des vins doux naturels se répartissent dans la France méridionale : Pyrénées-Orientales, Aude, Hérault, Vaucluse, et la Corse, jamais bien loin de la Méditerranée. Les cépages utilisés sont les grenaches (blanc, gris, noir), le maccabéo, la malvoisie du Roussillon, dite tourbat, le muscat à petits grains et le muscat d'Alexandrie. La taille courte est obligatoire.

Les rendements sont faibles, et les raisins doivent à la récolte avoir une richesse en sucre de 252 g minimum par litre de moût. La libération à la récolte se fait après un certain temps d'élevage, variable selon les appellations. L'agrément des vins est obtenu après un contrôle analytique ; ils doivent présenter un taux d'alcool acquis de 15 à 18°, une richesse en sucre de 45 g minimum à plus de 100 g pour les muscats, et un taux d'alcool total (alcool acquis plus alcool en puissance) de 21,5° minimum. Ils ne sont commercialisés qu'après un à trois ans de vieillissement. Certains, vieillis sous bois de manière traditionnelle, c'est-à-dire dans des fûts dont le niveau est constamment maintenu par adjonction de vins plus jeunes, ont droit au qualificatif de « rancio ».

Les vins doux naturels

Banyuls et banyuls grand cru

Voici un terroir exceptionnel, comme il en existe peu dans le monde viticole : à l'extrémité orientale des Pyrénées, avec des coteaux en pente abrupte sur la Méditerranée. Seules les quatre communes de Collioure, Port-Vendres, Banyuls-sur-Mer et Cerbère bénéficient de l'appellation. Le vignoble (1 400 ha environ) s'accroche le long des terrasses installées sur des schistes dont le substrat rocheux est, sinon apparent, tout au plus recouvert d'une mince couche de terre. Le sol est donc pauvre, souvent acide, ne permettant que des cépages très rustiques, comme le grenache, avec des rendements extrêmement faibles, souvent moins d'une vingtaine d'hectolitres à l'hectare : la production de banyuls atteint aujourd'hui moins de 30 000 hl.

En revanche, l'ensoleillement optimisé par la culture en terrasses (culture difficile où le vigneron entretient manuellement les terrasses, en protégeant la terre qui ne demande qu'à être ravinée par le moindre orage) et le microclimat qui bénéficie de la proximité de la Méditerranée sont sans doute la cause de la noblesse des raisins gorgés de sucre et d'éléments aromatiques.

L'encépagement est à base de grenache ; ce sont surtout de vieilles vignes qui composent le terroir. La vinification se fait par macération des grappes ; le mutage intervient parfois sur le raisin, permettant ainsi une large macération de plus d'une dizaine de jours ; c'est la pratique de la macération sous alcool, ou mutage sur grains.

L'élevage joue un rôle essentiel. En général, il tend à favoriser une évolution oxydative du produit, dans le bois (foudres, demi-muids) ou en bonbonnes exposées au soleil sur les toits des caves. Les différentes cuvées ainsi élevées sont assemblées avec le plus grand soin par le maître de chai pour créer les nombreux types que nous connaissons. Dans certains cas, l'élevage cherche à préserver au contraire tout le fruit du vin jeune en empêchant toute oxydation ; on obtient alors des produits différents aux caractéristiques organoleptiques bien précises : ce sont les rimages. Il est à noter que pour l'appellation grand cru, l'élevage sous bois est obligatoire pendant trente mois.

Les vins sont de couleur rubis à acajou, avec un bouquet de raisins secs, de fruits cuits, d'amandes grillées, de café, d'eau-de-vie de pruneau. Les rimages gardent des arômes de fruits rouges, cerise et kirsch. Les banyuls se dégustent à une température de 12° à 17°C selon âge ; on les boit à l'apéritif, au dessert (certains banyuls sont les seuls vins à pouvoir accompagner un dessert au chocolat), avec un café et un cigare, mais également avec du foie gras, un canard aux cerises ou aux figues, et certains fromages.

Banyuls

CLOS CHATART 1991**
2 ha — 3 000 — 100 à 150 F

Le clos est à l'écart du village, en remontant la Baillaury où les ceps jouent à « saute-cailloux » pour s'accrocher entre les maigres espaces écrasés de soleil. C'est là que, désormais bercé par les cigales, repose Maillol. Ce 91 est remarquable : le brun hésite presque entre chocolat et café, autour de senteurs sauvages de cuir et de torréfaction. Souple, fondu, il est néanmoins très présent ; l'épice, le grillé et le fruit mûr concourent à l'équilibre gustatif. Café, chocolat, cigare attendent.

Clos Chatart, 66650 Banyuls-sur-Mer, tél. 04.68.88.12.58, fax 04.68.88.51.51 r.-v.

DOM. DE LA CASA BLANCA
Vintage 1995**
5 ha — 5 000 — 50 à 70 F

Cette très ancienne cave du cru a su s'adapter à la modernité tout en préservant le site. Pari réussi pour ce vigneron heureux qui saura, en main, vous faire partager avec humour sa passion pour son métier. Le rouge de ce 95 est soutenu, limpide, brillant. Déjà l'épice s'échappe, devançant la cerise et la note sauvage du cassis. Soyeuse, fine, très « fruit dans la chair », la matière s'exprime sur un bel équilibre.

Dom. de La Casa Blanca, 16, av. de la Gare, 66650 Banyuls-sur-Mer, tél. 04.68.88.12.85, fax 04.68.88.04.08 r.-v.

A. Soufflet et L. Escapa

Banyuls

DOM. DE LA RECTORIE
Cuvée Léon Parcé 1995★

■   2 ha   6 000   70 à 100 F

Très attachés au terroir et aux traditions, avec le souci du travail bien fait, les frères Parcé sont passés maîtres dans l'expression du grenache noir, que ce soit en collioure ou en banyuls. Exemple, ce 95 au regard sombre et dominé par le fruité de la cerise mûre, où une touche de fraise côtoie la vanille. Velouté dès l'attaque, présent, il se montre onctueux. La cerise se croque dans la finale épicée.

⌬ SCEA Dom. de La Rectorie, 54, av. du Puig-del-Mas, 66650 Banyuls-sur-Mer, tél. 04.68.88.13.45, fax 04.68.88.18.55 ☑ ☥ r.-v.
⌬ Parcé Frères

DOM. LA TOUR VIEILLE Réserve 1994

■   n.c.   10 000   50 à 70 F

Elle était de Banyuls, il était de Collioure. Le choc fut affectif et culturel. Désormais, le fruit de leur passion est plutôt rouge et bien élevé, tel ce 94 à la robe tuilée, aux senteurs de vieux foudres. Le grillé de l'amande rejoint le cacao sur fond de sucre brûlé. Très suave, ce vin se révèle rapidement nerveux et se fondra sur la poire nappée de chocolat.

⌬ Dom. La Tour Vieille, 3, av. du Mirador, 66190 Collioure, tél. 04.68.82.42.20, fax 04.68.82.38.42 ☑ ☥ sur r.-v. d'oct. à avril
⌬ Cantié et Campadieu

LE DOMINICAIN Tuilé 6 ans d'âge

■   n.c.   15 000   30 à 50 F

Hauts murs de schistes, grand portail en arrondi, clocher regardant la mer, vous êtes à Collioure à la cave des Dominicains afin d'y déguster religieusement ce 6 ans d'âge. De couleur tuilé acajou, ce banyuls est dominé par le fruit du pruneau encore bien présent en bouche. Doucement, le vin se décline, chaleureux et onctueux, sur des notes boisées rappelant les vieux foudres, le tout rehaussé par l'exotisme des épices.

⌬ Cave coopérative Le Dominicain, pl. Orphila, 66190 Collioure, tél. 04.68.82.05.63, fax 04.68.82.43.06 ☑ ☥ r.-v.

LES CLOS DE PAULILLES
Rimage mise tardive 1994★

■   2 ha   8 000   70 à 100 F

L'anse de Paulilles est un havre de paix pour le navigateur, si celui-ci, curieux, se laisse séduire par le chant mélodieux du banyuls à la ferme-auberge du domaine, c'est une escale qui peut durer. Ce rimage (type vintage) mise tardive se révèle doucement à l'aération. Les petits fruits acides soulignent une note de terroir autour d'une belle robe d'un rubis encore très jeune. Ils contrastent avec la bouche à l'équilibre suave et liquoreux, sur des notes confites où domine la figue.

⌬ Les Clos de Paulilles, Baie de Paulilles, 66660 Port-Vendres, tél. 04.68.38.90.10, fax 04.68.38.91.33 ☑ ☥ r.-v.

L'ETOILE Extra vieux 1985★★

■   n.c.   30 000   100 à 150 F

Figure du cru, Jean-Paul Ramio gère la cave de l'Etoile avec bonheur, sans se soucier des futurs jurés qui auront à choisir entre un enjôleur **81**, un sacré **84**, un superbe extra vieux 85... Tout l'embarras du choix pour le plaisir de l'amateur. Restons sur ce 85 dernier cité, aux notes intenses de torréfaction, de tabac blond et de foin séché. Il est souple, fondu ; le miel du tabac assouplit la rigueur de la noix. Gâteaux secs, roquefort ou foie gras ?

⌬ Sté coop. L'Etoile, 26, av. du Puig-del-Mas, 66650 Banyuls-sur-Mer, tél. 04.68.88.00.10, fax 04.68.88.15.10 ☑ ☥ t.l.j. sf sam. dim. 8h-12h 14h-18h

DOM. DU MAS BLANC
Rimage mise tardive 1990★

■   n.c.   9 000   70 à 100 F

Après la disparition du Docteur Parcé, c'est tout un chapitre de l'histoire de Banyuls qui est désormais clos. Homme du vin et redoutable gastronome, il a porté très haut la notoriété du banyuls et celle de la cuisine catalane et française. Ses vins prolongent sa présence, tel ce « mise tardive 90 » encore fermé et sauvage, dans cuir et fruit confit dès l'aération. Sur une structure ample, le tanin velouté accompagne l'épice. Le fruit est charnu, le pruneau fondu dans l'eau-de-vie.

⌬ SCA Parcé et Fils, 9, av. du Gal-de-Gaulle, 66650 Banyuls-sur-Mer, tél. 04.68.88.32.12, fax 04.68.88.72.24 ☑ ☥ r.-v.

DOM. PIETRI-GERAUD
Cuvée Méditerranée 1991★★★

■   1 ha   4 000   50 à 70 F

Si vous savez flâner au cœur du vieux village de Collioure, en quête de fraîcheur et de vieilles pierres, vos pas vous mèneront sans aucun doute chez Maguy. Là, sous le charme, vous demanderez la cuvée Méditerranée 91. Après... Dire que ce vin fut rouge ! Le temps l'a dépouillé et lui a conféré, barrique à l'appui, ces notes de vieil armagnac, d'orange confite et de réglisse. L'équilibre est chaleureux et l'exotisme de l'épice, du poivre et de la cannelle laisse place au cacao sur fond d'eau-de-vie.

⌬ Maguy et Laetitia Piétri-Géraud, 22, rue Pasteur, 66190 Collioure, tél. 04.68.82.07.42, fax 04.68.98.02.58 ☑ ☥ r.-v.

CELLIER DES TEMPLIERS
Vieille Réserve★★

■   n.c.   12 132   50 à 70 F

Depuis le mas Reig, haut lieu du banyuls, la vue domine la ville et se perd dans l'infini azur de la Grande Bleue. Derrière, en se retournant, on découvre un parc de « tonneaux » de banyuls vieillissant au soleil et l'entrée d'une cave fraîche et accueillante. Le lieu est magique. Qu'en est-il de cette Vieille Réserve ? Le tuilé est brillant, mais le rubis résiste. La cerise s'estompe pour faire place à des notes plus évoluées de pruneau à l'eau-de-vie. L'équilibre est superbe, gras, présent. Une touche minérale précède le café, l'épice gagne le fruit, l'ensemble est harmonieux. Également remarqué, un **rimage 96** tout en fruits.

LES VINS DOUX NATURELS

☛ Cellier des Templiers, rte du Balcon de Madeloc, 66650 Banyuls-sur-Mer, tél. 04.68.98.36.70, fax 04.68.98.36.91 ✓ ⌶ r.-v.

DOM. DU TRAGINER 1991*

| ■ | 3,5 ha | n.c. | ◐ 150 à 200 F |

Ce vignoble n'est pas mécanisable car la pente est forte et le morcellement du parcellaire est extrême. La vigne à Banyuls a pu perdurer grâce au seul animal adapté à ce terroir : le mulet qui, en son temps, était mené par le « traginer ». L'élevage en demi-muids n'a que peu altéré la couleur de ce 91 : c'est dire si le raisin était riche. Pruneau, raisin à l'alcool tentent de dominer des notes plus sourdes, sauvages, de truffe et de maquis humide. Puis, le vin s'apprivoise, doux, ample, fruité, encore tannique et vanillé, laissant entrevoir des notes de torréfaction.

☛ J.-F. Deu, Dom. du Traginer, 56, av. du Puig-del-Mas, 66650 Banyuls-sur-Mer, tél. 04.68.88.15.11, fax 04.68.88.31.48 ✓ ⌶ r.-v.

VIAL MAGNERES
Al Tragou Rancio très vieux 1976

| ■ | 2 ha | 3 000 | ◐ 150 à 200 F |

Il ne faut pas insister beaucoup pour que Bernard Sapéras délaisse son labo d'analyse pour se rendre à Banyuls dans son chai afin de déguster ses vins ou ceux des « autres », car l'homme est curieux, passionné et pas jaloux ! Le vin ne cache ni son âge, ni l'élevage prolongé dans les vieux demi-muids. Ainsi, il a acquis le gras et le fondu, le fruit s'est fait confit, l'alcool, vieille eau-de-vie. Tout un poème.

☛ Vial-Magnères, Clos Saint-André, 66650 Banyuls-sur-Mer, tél. 04.68.88.31.04, fax 04.68.55.01.06 ✓ ⌶ r.-v.

☛ Monique Sapéras

Banyuls grand cru

LA CAVE DE L'ABBE ROUS
Cuvée Christian Reynal 1988**

| ■ | n.c. | 5 298 | ◐ 150 à 200 F |

Afin de financer la construction d'églises, l'abbé Rous se fit négociant. Inutile de dire qu'avec un tel vin de messe il eut un immense succès et suscita bien des jalousies. Cette cuvée, réservée à la restauration, charme par un superbe bouquet aromatique allant de la figue confite aux notes grillées de cacao. Sur un équilibre dry, figue et chocolat se parent d'un boisé fondu aux accents poivrés. Café noir et havane « espèrent » ce Reynal.

☛ La Cave de L'Abbé Rous, 56, av. du Gal-de-Gaulle, 66650 Banyuls-sur-Mer, tél. 04.68.88.72.72, fax 04.68.88.30.57

L'ETOILE Doux paillé Hors d'âge***

| ■ | 5 ha | 10 000 | ▮ ◐ 100 à 150 F |

Elle ne paye pas de mine, la vieille cave de l'Etoile, jouant des épaules pour garder sa place au cœur du village, mais ne vous y trompez pas, là sont les trésors. Merveille parmi ceux-ci, ce doux paillé, élevé en bonbonnes au soleil avant de méditer dix années dans les vieux fûts. Le résultat est bluffant. Le rouge sombre s'est mué en roux cuivré très dépouillé ; on aime les senteurs complexes de fruits secs, de paille, de vieille eau-de-vie, sur fond de foudre et de noix. L'équilibre est sublime : douceur, fraîcheur, onctuosité, finesse ne cèdent le pas que pour un rancio infini.

☛ Sté coop. L'Etoile, 26, av. du Puig-del-Mas, 66650 Banyuls-sur-Mer, tél. 04.68.88.00.10, fax 04.68.88.15.10 ✓ ⌶ t.l.j. sf sam. dim. 8h-12h 14h-18h

CELLIER DES TEMPLIERS
Cuvée Président Henry Vidal 1985**

| ■ | n.c. | 74 586 | ◐ 150 à 200 F |

Cuvée prestigieuse du Cellier des Templiers, cet Henry Vidal 85 ne trahit pas ses prédécesseurs. Encore une œuvre remarquable des vignerons, des vieux foudres, du temps et de J.-P. Campadieu. L'approche offre le charme classique du tuilé assoupli par le temps. Trop longtemps retenu, le nez explose : figue, cacao, caramel, noisette, torréfaction avec une belle continuité de bouche où la charpente se nourrit de la persistance aromatique.

☛ Cellier des Templiers, rte du Balcon de Madeloc, 66650 Banyuls-sur-Mer, tél. 04.68.98.36.70, fax 04.68.98.36.91 ✓ ⌶ r.-v.

CELLIER DES TEMPLIERS
Cuvée Henri Caris 1985*

| ■ | n.c. | 17 142 | ◐ 150 à 200 F |

Le secret ? Une jeunesse turbulente où, après une longue macération, le vin voyage de foudre, en demi-muid, en cuve ; puis une adolescence posée, en bouteille, dans la fraîcheur des caves ; enfin, le voici à maturité. Très dépouillé, brillant ; de l'acajou surgit le bouquet de fleurs séchées, l'eau-de-vie de prunelle, le miellé du vieux foudre, la noix et l'agrume. Le banyuls est de type sec, puissant, persistant ; l'amer du chocolat épouse le fruit ; le café apporte la touche grillée. Un plaisir en fin de repas sur fruits (noix), fromage (bleu), dessert (moka), café et cigare...

☛ Cellier des Templiers, rte du Balcon de Madeloc, 66650 Banyuls-sur-Mer, tél. 04.68.98.36.70, fax 04.68.98.36.91 ✓ ⌶ r.-v.

DOM. DU TRAGINER Hors d'âge*

| ■ | 3,5 ha | 1 300 | ◐ 150 à 200 F |

Quand on aime, on ne compte pas ! Difficile de donner un âge à ce banyuls traditionnel à l'abord très évolué, rappelant le café par ses reflets sur une robe encore soutenue. Le nez est

Rivesaltes

à l'avenant, complexe, évolué, marqué sous-bois, truffe, champignon et vieux cuir. Un vin de caractère où le fruit surmûri flirte avec le thé, puis le chocolat, pour finir sur des notes plus relevées de torréfaction qui appellent le gâteau au chocolat.

➥ J.-F. Deu, Dom. du Traginer, 56, av. du Puig-del-Mas, 66650 Banyuls-sur-Mer, tél. 04.68.88.15.11, fax 04.68.88.31.48 ☑ ⌐ r.-v.

Rivesaltes

Quantitativement, c'est la plus importante des appellations des vins doux naturels qui atteignait 14 000 ha ; 264 000 hl en 1995. Le Plan rivesaltes concernant une restructuration de ce vignoble qui connaît des difficultés économiques, fait qu'en 1996, près de 4 000 ha ont été gelés avec une production qui a baissé (220 000 hl). Son terroir est situé en Roussillon et dans une toute petite partie des Corbières, sur des sols pauvres, secs, chauds, favorisant une excellente maturation. Quatre cépages sont autorisés : grenache, maccabéo, malvoisie et muscat. Cependant, malvoisie et muscat n'interviennent que très peu dans l'élaboration de ces produits. La vinification se fait en général en blanc, mais aussi, pour des grenaches noirs, avec une macération, afin d'avoir le maximum de couleur et de tanin.

L'élevage des rivesaltes est fondamental pour la détermination de la qualité. En cuve ou dans le bois, ils développent des bouquets bien différents. Il existe une possibilité de déclassement avec l'appellation « grand roussillon ».

Les couleurs varient de l'ambre au tuilé. Le bouquet rappelle la torréfaction, les fruits secs et le rancio dans les cas les plus évolués. Les rivesaltes rouges ont, dans leur phase de jeunesse, des arômes de fruits rouges : cerise, cassis, mûre. A boire à l'apéritif ou au dessert, à une température de 11 ° à 15 ° C, selon leur âge.

ARNAUD DE VILLENEUVE
Hors d'âge*

| ■ | n.c. | 5 000 | ⅅ 70 à 100 F |

Au pied du fort de Salses, frontière entre l'Occitanie et la Catalogne, le vignoble du Rivesaltais s'étire le long des terrasses cailloutouses du Crest. Cette cuvée rend hommage à l'homme grâce à qui les vins doux naturels ont trouvé leur voie par ce subtil alliage du vin et de son esprit. La note tuilée rappelle les argiles rouges de son terroir. Malgré l'âge, le raisin est toujours là, fondu dans le boisé réglissé des vieux foudres. La bouche est à l'avenant, chaleureuse, rendue veloutée par le temps ; le fruit sec laisse place à un début de rancio.

➥ Les Vignobles du Rivesaltais, 1, rue de la Roussillonnaise, 66602 Rivesaltes, tél. 04.68.64.06.63, fax 04.68.64.64.69 ☑

DOM. JOSEPH BONY Ambré 1975★★★

| □ | 10 ha | 1 500 | 100 à 150 F |

Bages peut s'enorgueillir de sa situation privilégiée - à proximité de la mer, du lac de Villeneuve, de la fraîcheur des Albères, des sentiers des Aspres, sans oublier le caveau de M. Verdeille. Là, vous pourrez déguster un très beau rancio à la robe brunie par le temps, aux senteurs intenses et complexes de fruits secs, de tabac, de vieux cuir ; les notes de vieux foudres ont été adoucies par l'empreinte des vins doux naturels. Le palais apparaît ample dès l'attaque, fondu ; le gras de la figue y épouse la noix sur fond de torréfaction, à l'infini.

➥ A. Verdeille, 6, av. Jean-Jaurès, 66670 Bages, tél. 04.68.21.71.07, fax 04.68.21.71.07 ☑ ⌐ t.l.j. 9h-18h; f. nov.-fév.

CH. DE CALADROY Ambré 1974★★

| □ | 30 ha | 30 000 | ⅅ 50 à 70 F |

Le site est superbe, le château en équilibre entre le royaume de France et celui des rois de Majorque. Que d'histoire à perte de vue ! Les nuances de café de la robe se retrouvent au nez, accompagnant les fruits secs et l'odeur vive du foin coupé. L'équilibre est très doux, l'ensemble fondu, suave, sur des airs exotiques de noix de coco et de cacao.

➥ SARL Arnold-Bobo et Fils, Ch. de Caladroy, 66720 Bélesta, tél. 04.68.57.10.25, fax 04.68.57.27.76 ☑ ⌐ r.-v.

DOM. CAZES
Ambré Cuvée Aimé Cazes 1975★★★

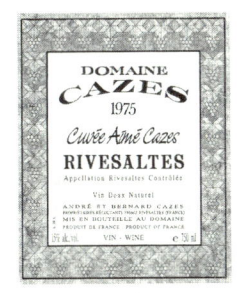

| □ | 4 ha | 8 000 | ⅅ 150 à 200 F |

Incontournables, les frères Cazes, toujours présents, avec des vins remarquables, et cette cuvée Aimé Cazes, fleuron des rivesaltes. Dans une superbe robe, des senteurs complexes de miel, de zeste d'orange, de fruits exotiques envoûtent. Puissante, superbement équilibrée, la bouche est pleine, ample. La complexité aromatique se poursuit jusque dans une finale relevée,

975 LES VINS DOUX NATURELS

Rivesaltes

surprenante de fraîcheur. Très long, ce 75 se prête à bien des plaisirs de la table.
☛ Sté Cazes Frères, 4, rue Francisco-Ferrer, 66600 Rivesaltes, tél. 04.68.64.08.26, fax 04.68.64.69.79 ☑ ⍣ r.-v.

DOM. CAZES Ambré 1990**

☐ 4 ha 15 000 🍷 50 à 70 F

La robe est brillante, vive, fraîche, d'un bel ambré ; le nez, fin, délicat, légèrement citronné, avec un soupçon de cannelle ; la bouche, franche, souple, épicée et agrémentée d'une touche exotique. Le vin n'explose pas, non, il glisse, se fond doucement, longuement. Harmonie pour un sorbet au miel.
☛ Dom. Cazes, 4, rue Francisco-Ferrer, B.P. 61, 66602 Rivesaltes, tél. 04.68.64.08.26, fax 04.68.64.69.79 ☑ ⍣ r.-v.

DOM. DES CHENES Ambré 1994*

☐ n.c. 2 200 🍷 50 à 70 F

Au pied des falaises convoitées de Vingrau, l'art du père, vigneron, et le savoir du fils, chercheur, s'expriment dans le verre. Le doré de l'ambre clair laisse transparaître une belle évolution. La douceur du fruit mûr se mêle au grillé de la noisette. Ample, généreux, le boisé épouse la pêche, tout en douceur. Une finale relevée est gage d'un bel avenir.
☛ Razungles et Fils, Dom. des Chênes, 7, rue du Maréchal-Joffre, 66600 Vingrau, tél. 04.68.29.40.21, fax 04.68.29.10.91 ☑ ⍣ r.-v.

CAVE COOP. CORNEILLA-LA-RIVIERE
Ambré Hors d'âge***

☐ n.c. 3 000 🍷 70 à 100 F

En bas, c'est la plaine arboricole et maraîchère. En haut, sur le plateau de cailloux roulés, c'est la vigne, terre d'adoption des vieux grenaches et des macabeus qui donnent des merveilles en rivesaltes, témoin cet ambré à reflets roux cuivré. L'agrume et l'abricot doivent aux vieux foudres de belles notes grillées. Très souple, ample, gras, le vin décline doucement sa présence : un monde de fruits confits, telle la figue sèche rôtie par le soleil.
☛ Cave coop. de Corneilla-la-Rivière, 152, rte Nationale, 66550 Corneilla-la-Rivière, tél. 04.68.57.38.93, fax 04.68.57.23.36 ☑ ⍣ r.-v.

LES VIGNERONS DES COTES D'AGLY
Tuilé Hors d'âge Cuvée F. Arago 1991*

☐ 3 ha 10 000 🍷 50 à 70 F

Entre le **90 de Vall de l'Aguila** (distribué par Méditerroirs) et ce vieux rivesaltes 91, Cuvée Arago, le choix fut ardu tant ces deux vins méritent droit de cité. Malgré une approche plus difficile sur un vin encore charnu, c'est finalement l'homme de science qui s'imposa. Un vin destiné à une forêt-noire tant le chocolat noir, le cacao et la torréfaction dominent. Sans oublier le grillé de la noisette. Gras et volume contribuent à cette belle réussite.
☛ SCAV Les Vignerons des Côtes d'Agly, 66310 Estagel, tél. 04.68.29.00.45, fax 04.68.29.19.80 ☑ ⍣ r.-v.

MAS CRISTINE Ambré 1994*

☐ 6 ha 12 000 🍷 50 à 70 F

Surplombant la mer, les vignes du mas constituent un havre vert tendre au milieu du maquis, loin du tumulte des stations touristiques. L'or est dans le verre et propose, avec le citron et le raisin à l'eau-de-vie, une bouche souple, intense, tout en finesse et fraîcheur. Le bruit des vagues sur les rochers, le soir, l'été, un plaisir...
☛ Mas Cristine, Au Clos de Paulilles, 66660 Port Vendres, tél. 04.68.38.90.10, fax 04.68.38.91.33 ☑ ⍣ r.-v.
☛ B. Dauré

DAME RICHSENDE Tuilé 1982*

■ 60 ha 7 200 🍷 150 à 200 F

Sa robe sombre se pare de cuivre. Sitôt libéré, le vin dévoile sa nature rebelle et sauvage. Le sous-bois domine et accompagne la bouche fondue, féline, sur une finale annonçant la noix.
☛ SCV Le Cellier de Trouillas, 1, av. du Mas-Deu, 66300 Trouillas, tél. 04.68.53.47.08, fax 04.68.53.24.56 ☑ ⍣ t.l.j. sf dim. 8h-12h 14h-18h

DOM BRIAL Ambré Hors d'âge 1979***

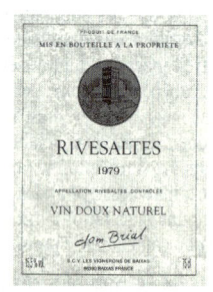

☐ n.c. 2 000 🍷 30 à 50 F

Les vignerons de Baixas, experts en muscat, ont depuis longtemps fixé la barre très haut en rivesaltes avec un **ambré 86**, remarqué par le jury, et ce 79 qui a conquis regard et papilles. Brillante, de belle évolution, la robe est accrocheuse. Miel, fruits confits à la douceur atténuée par une touche vanillée, le vin s'exprime pleinement en bouche. Un palais puissant et long, le confit et le fruit sec accompagnant des notes grillées, épicées en finale. Une grande bouteille.
☛ Cave des Vignerons de Baixas, 14, av. du Maréchal-Joffre, 66390 Baixas, tél. 04.68.64.22.37, fax 04.68.64.26.70 ☑ ⍣ r.-v.

DOM BRIAL Tuilé 1989**

■ n.c. n.c. 🍷 30 à 50 F

Dix ans et déjà dans la force de l'âge. Tout l'art, le savoir-faire des vignerons de Baixas au service d'un grand terroir de vins doux. Distingué pour son bouquet de fruits cuits évoluant vers le cuir et des notes fumées, ce tuilé 89 confirme par un remarquable équilibre son aptitude initiale à l'élevage. Epices (cannelle, poivre blanc) concourent à relever le fruit confit dans une parfaite harmonie.

976

Rivesaltes

⚕Cave des Vignerons de Baixas, 14, av. du Maréchal-Joffre, 66390 Baixas, tél. 04.68.64.22.37, fax 04.68.64.26.70 ☑ ⏃ r.-v.

DONA Tuilé Vieille réserve*

| ■ | 7,7 ha | n.c. | ⫿⫾ | 30 à 50 F |

Négociant et également propriétaire d'un très beau domaine au col de la Dona, la famille Baissas propose, dans la fraîcheur de ses chais d'Estagel, ce tuilé aux senteurs de garrigue, de soleil et de torréfaction. L'équilibre est sec, nerveux, épicé, poivré ; le cacao en finale se prête à merveille à une forêt-noire.

⚕J.-F. Baissas, Cellier Dona, 66310 Estagel, tél. 04.68.29.10.50, fax 04.68.29.02.29 ☑ ⏃ r.-v.

DOM. FONTANEL Vintage 1996*

| ■ | 2 ha | 4 000 | ⫿⫾ | 50 à 70 F |

Avec calme, sérieux, application, Pierre Fontaneil se construit une réputation méritée qui pourrait bien prendre une part de la notoriété de notre illustre ancêtre de Tautavel. Le rouge profond de ce 96 garantit sa jeunesse, confirmée par le fruit du raisin frais et de la cerise sur fond de cannelle. Un vin de matière, solide, encore jeune, remarquable par sa finesse aromatique où se mêlent fruits rouges et épices, avant une finale réglissée.

⚕Pierre Fontaneil, Dom. Fontanel, 25, av. Jean-Jaurès, 66720 Tautavel, tél. 04.68.29.04.71, fax 04.68.29.19.44 ☑ ⏃ t.l.j. 10h-12h 14h-19h

DOM. FORCA REAL Ambré Hors d'âge*

| ▢ | 4 ha | 5 000 | ⫿⫾ | 30 à 50 F |

De Força Réal, la vue est magnifique, embrassant le sommet enneigé du Canigou jusqu'à l'azur de la mer sur le fond verdoyant des collines des Aspres. L'ambré roux de ce hors d'âge est accueillant, tout comme l'environnement aromatique intense et complexe où s'allient fruits confits et fruits secs. Une touche florale se mêle aux fruits. L'ensemble est agréable, présent et de belle longueur.

⚕J.-P. Henriquès, Dom. Força Réal, Mas de la Garrigue, 66170 Millas, tél. 04.68.85.06.07, fax 04.68.85.49.00 ☑ ⏃ r.-v.

LES VIGNERONS DE FOURQUES
Ambré Hors d'âge**

| ▢ | n.c. | n.c. | ⫿⫾ | 30 à 50 F |

Dans le dédale parfumé des collines des Aspres, Fourques, à mi-chemin entre mer et montagne, constitue l'un des derniers bastions viticoles avant que le cep ne cède la place au chêne. Cet ambré surprend par les nuances café-chocolat de sa robe ; l'approche est difficile. Mais, rapidement, fruits secs, café, vieux foudres, orange amère, torréfaction enchantent. La bouche est à l'unisson de la gamme aromatique avec, en sus, la figue et la noix sur un équilibre parfait.

⚕SCV Les Vignerons de Fourques, 1, rue des Taste-Vin, 66300 Fourques, tél. 04.68.38.80.51, fax 04.68.38.89.65 ☑ ⏃ t.l.j. sf dim. 9h-12h 14h-18h

DOM. GARDIES Ambré 1986*

| ▢ | n.c. | 5 000 | ⫿⫾ | 70 à 100 F |

Savoir, depuis les falaises, pousser jusqu'au col d'en Caball, puis redescendre par la vallée, escorté par les vieux ceps qui s'épuisent à grimper jusqu'aux derniers rochers, c'est mieux comprendre cette longue école de patience qu'est le métier de vigneron. Jean Gardiés a su attendre treize ans pour offrir au palais ce bel ambré aux senteurs d'épices, à la fois miellé et lacté, tout en douceur de pain d'épice, sur un zeste d'orange.

⚕Jean Gardiés, 1, rue Millère, 66600 Vingrau, tél. 04.68.64.61.16, fax 04.68.64.69.36 ☑ ⏃ r.-v.

DOM. JONQUERES D'ORIOLA
Tuilé Vieilli en fût de chêne 1983

| ■ | n.c. | n.c. | ⫿⫾ | 50 à 70 F |

De l'élevage des chevaux à celui des vins, nul doute qu'il y a un certain savoir-faire chez les Jonquères d'Oriola, qui assument au mieux ces deux passions. Le bois est mesuré, le fruit encore présent avec de surprenantes notes de pêche jaune. Harmonieux, ce 83 se décline doucement, avec bonheur, sur un dessert aux fruits frais.

⚕EARL Jonquères d'Oriola, Ch. de Corneilla, 66200 Corneilla-del-Vercol, tél. 04.68.22.73.22, fax 04.68.22.43.99 ☑ ⏃ t.l.j. sf dim. 10h-12h 17h-19h30; hiver lun. sam. 10h-12h

LA CASANOVA 1995*

| ■ | 20 ha | 5 000 | ⫿ | 50 à 70 F |

Dans un domaine chargé d'histoire en bordure d'un Réart capricieux, Etienne Montès a posé dans la propriété familiale son paquetage de reporter pour vivre avec passion le métier de vigneron. Ce 95 de belle intensité allie cerise et mûre après un premier nez fermé. Très typée vintage, à maturité, la finale, grâce à une nette eau-de-vie, apporte une sensation de fraîcheur.

⚕E. Montes, La Casenove, 66300 Trouillas, tél. 04.68.21.66.33, fax 04.68.21.77.81 ☑ ⏃ t.l.j. 10h-12h 17h-20h

DOM. LA CHENAIE
Les Chênes lièges Cuvée Louis Dauby 1976*

| ▢ | 12 ha | 5 000 | ⫿ | 70 à 100 F |

Les rivesaltes se prêtent à une palette de couleurs des plus larges : qu'ils soient à l'origine des blancs ou des rouges, le temps fait à sa guise le mélange des teintes. Qui se douterait que ce vin fut blanc à la vue de sa robe aux teintes cuivrées et aux reflets verdâtres ! L'attaque est sauvage et demande l'aération - le rancio est ainsi. Dans un palais onctueux, riche, les fruits confits cèdent la place aux notes grillées de la noisette, puis la fraîcheur de l'alcool relève une finale aérienne. Vin distribué exclusivement par XLM Vins fins à Perpignan.

⚕GAEC Maria Jonquères, 1, av. Henri-Jonquères, 66300 Ponteilla, tél. 04.68.35.33.32

LAPORTE Ambré 1985**

| ▢ | 2 ha | 5 000 | ⫿⫾ | 70 à 100 F |

Via Domitia, chemin de Charlemagne, cité antique de Ruscino, le vignoble de R. Laporte est un lieu chargé d'histoire. L'œnologue a su jouer avec bonheur du fruit confit, marque du grenache noir, et des notes de coing citronné sur

977 LES VINS DOUX NATURELS

Rivesaltes

trame de noisette apportées par les grenaches gris et blanc. Un vin gras et ample ; le fruit se décline de confit à sec et autorise bien des accords.
➤ Laporte, Ch. Roussillon, 66000 Perpignan, tél. 04.68.50.06.53, fax 04.68.66.77.52 ■ ☎ r.-v.

CH. L'ESPARROU Ambré Vieux 1992*

| | 25 ha | 10 000 | | 30 à 50 F |

À deux pas de la plage de Canet-en-Roussillon, protégées par un superbe parc, les tours d'ardoise du château veillent sur un admirable terroir de cailloux roulés où le grenache blanc nous offre cet ambré soutenu aux senteurs intenses de fruits confits, kumquat et mandarine, qui se montre gras, ample, bien équilibré ; le pain d'épice et la note grillée du bois accompagnent remarquablement les agrumes.
➤ J.-L. et M.-P. Rendu, Ch. L'Esparrou, 66140 Canet-en-Roussillon, tél. 04.68.73.30.93, fax 04.68.73.58.65 ■ ☎ r.-v.

LES PRODUCTEURS DU MONT TAUCH Vintage 1996*

| ■ | | n.c. | n.c. | | -30 F |

Oasis perchée au cœur des Corbières, Tuchan étale son vignoble au pied du mont Tauch dans un patchwork bariolé, haut en couleur à l'approche de l'automne. Le vin est solide, fier, d'un pourpre profond. Une touche de garrigue brûlée par le soleil accompagne mûre et cassis. Solide, plein, au cœur de la cerise, le tanin est encore présent et confère une fin de bouche épicée. Un vin en devenir. (Bouteille de 50 cl.)
➤ Les Producteurs du Mont Tauch, 11350 Tuchan, tél. 04.68.45.41.08, fax 04.68.45.45.29 ■ ☎ t.l.j. sf dim. 9h-12h 14h-18h

CH. MOSSE Vignes des Causses 1995

| ■ | | 3,75 ha | 5 000 | | 50 à 70 F |

Magnifique petit village, Sainte-Colombe, à l'ombre de ses vieux murs de cailloux roulés entrecoupés de briquettes, cache ce vigneron facétieux qui, pour présenter son vin des Causses, affiche une étiquette sur fond de tissu d'Écosse ! Mais, en vin, l'homme est sérieux. Le rouge de ce 95 est brillant, légèrement tuilé ; le grenache s'exprime en fruits à l'eau-de-vie, en cerise confite sur fond sauvage. L'évolution perce en bouche avec du fruit charnu et du grillé. Une bouteille à maturité.
➤ Jacques Mossé, 66300 Sainte-Colombe-la-Commanderie, tél. 04.68.53.08.89, fax 04.68.53.35.13 ■ ☎ r.-v.

DOM. DU MOULIN
Ambré Malvoisie Hors d'âge Vieilli en fût de chêne 1983***

| | 2 ha | n.c. | | 70 à 100 F |

Cépage mythique dont l'origine se perd dans quelque lointaine contrée de Grèce, la malvoisie est rare en Roussillon. Cette cuvée est donc exceptionnelle, d'autant qu'il a fallu onze ans de patience et d'élevage pour en arriver à cette merveille. Le blanc d'origine s'est fait ambré à reflets acajou. Pain d'épice, miel, agrumes confits, caramel au lait, accents de chocolat, figue... le nez est des plus complexes. Palais soyeux, ample, velouté : le plaisir est en bouche autour du fruit surmûri, de l'épice et de la cannelle. On en redemande.
➤ Henri Lhéritier, av. Gambetta, 66600 Rivesaltes, tél. 04.68.64.06.52, fax 04.68.38.54.88 ■ ☎ t.l.j. 9h-12h 15h-19h

CH. DE NOUVELLES
Tuilé Royal Extra vieux Vieilli dans le chêne 1976**

| | 2 ha | 2 000 | | 100 à 150 F |

Pionnier de la vente directe, avec une adresse en fitou, ce château dispose d'un assortiment de foudres qui se prêtent à merveille à l'élevage des vins doux naturels. Plus de vingt ans de soins attentifs pour ce grenache noir dépouillé au fil des ans jusqu'à se prendre pour un vieil ambré ! L'approche est sans équivoque, le rancio est là avec ses notes de fruits secs, de tabac miellé sur fond de vieux calvados. L'équilibre est subtil : douceur et acidité se neutralisent. Le fruit confit, l'abricot sec et puis la noix demeurent à l'infini.
➤ EARL R. Daurat-Fort, Ch. de Nouvelles, 11350 Tuchan, tél. 04.68.45.40.03, fax 04.68.45.49.21 ■ ☎ r.-v.

LES VIGNERONS DE PEZILLA
Ambré Hors d'âge**

| | n.c. | 6 000 | | 50 à 70 F |

Paysage contrasté que celui de Pézilla avec le Riberal (bord de ruisseau) arboricole et maraîcher et, le surplombant, les terrasses si propices aux vins doux naturels. La robe de celui-ci est d'ambre roux à reflets acajou, mais déjà le parfum s'échappe, intense, fait de fruits confits, coing et agrumes. Sur un remarquable équilibre, s'expriment l'abricot sec, la chair du fruit confit. Ce vin tout en douceur, suave, long, procurera un grand plaisir sur un dessert aux pêches.
➤ Les Vignerons de Pézilla, 66370 Pézilla-la-Rivière, tél. 04.68.92.00.09, fax 04.68.92.49.91 ■ ☎ t.l.j. sf dim. 8h30-12h30 14h-18h30

DOM. PIQUEMAL Ambré 1987*

| | 16 ha | 10 000 | | 30 à 50 F |

Sans bruit, avec application, en vins secs ou vins doux naturels, Pierre Piquemal continue le travail de Justin, le précurseur, mais, déjà, Franck prépare la relève. Cet ambré a du fauve dès l'approche. Intense, il est complexe par ses senteurs de fruits secs, de grillé et de cire ; la bouche est en continuité. Mais le tabac miellé et une pointe de chocolat percent déjà dans un bel équilibre.
➤ Dom. Pierre et Franck Piquemal, 1, rue Pierre-Lefranc, 66600 Espira-de-l'Agly, tél. 04.68.64.09.14, fax 04.68.38.52.94 ■ ☎ t.l.j. sf dim. 10h-12h 15h-18h30

CH. PRADAL
Ambré Élevé en fût de chêne 1994*

| | n.c. | n.c. | | 30 à 50 F |

À deux pas du centre du monde selon Dali, le château Pradal est désormais en ville. Le vignoble, à l'orée de Perpignan, couvre 22 ha. De vieux grenaches nous donnent ce vin ambré à reflets roux où perce l'abricot sec. Il est gras, ample en bouche où le fruit confit cède la place à des notes plus grillées sur une finale raisin à l'eau-de-vie, très fraîche.

Rivesaltes

❧ EARL André Coll-Escluse, 58, rue Pépinière-Robin, 66000 Perpignan, tél. 04.68.85.04.73, fax 04.68.56.80.49 ☑ ♈ r.-v.

PUJOL Vintage 1995*

■   5 ha   n.c.   50 à 70 F

Dynamique, entrepreneur, défenseur acharné de la viticulture, Jean-Luc Pujol ne se pose vraiment qu'au moment des vendanges pour mettre son art au service du vin. Dans la palette de sa production, la couleur rubis, profonde et chaleureuse, de ce vintage 95 a retenu le jury. Quel plaisir de s'attarder sur ces senteurs de cerise et de raisins gavés de soleil, que l'on se surprend à croquer en bouche sur fond de tanins légèrement épicés !

❧ Jean-Luc Pujol, EARL La Rourède, Dom. La Rourède, 66300 Fourques, tél. 04.68.38.84.44, fax 04.68.38.88.86 ☑ ♈ t.l.j. sf sam. dim. 9h-12h 15h-18h

RANCY
Ambré Elevé en fût de chêne 1988***

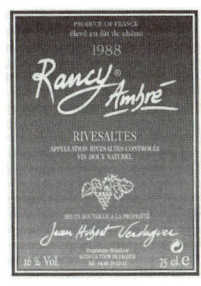

☐   n.c.   n.c.   70 à 100 F

Entièrement tournée vers la production de rivesaltes, la famille Verdaguer se démarque en Roussillon. Tradition est le maître-mot, aussi, rien d'étonnant à ce que l'amateur de rancio trouve ici son bonheur. L'ambré est soutenu à reflets verts typiques du rancio. Fruits secs, cerneaux de noix, vieux cuir, touche patinée du vieux foudre, l'accueil est envoûtant. Très fondu avec cette sensation « huileuse » du rancio, généreuse, pleine, la bouche exprime longuement la noix et les fruits secs, dans la pure lignée des grands rancios, avec une extraordinaire persistance.

❧ Jean-Hubert Verdaguer, Dom. de Rancy, 11, rue Jean-Jaurès, 66720 Latour-de-France, tél. 04.68.29.03.47, fax 04.68.29.06.13 ☑ ♈ r.-v.

ROC DU GOUVERNEUR
Ambré Six ans d'âge**

☐   n.c.   10 000   30 à 50 F

Grenache blanc et macabeu se complètent et se fondent au cours d'un élevage attentif dans les vieux fûts du cellier des vignerons. L'ambré roux, témoin de l'élevage, est brillant, riche de promesses. Intense, le nez est fait de fleurs séchées, de garrigue où percent fruits secs et amande amère. Dans un palais très aromatique et puissant, les fruits confits laissent percevoir en finale un début de rancio sur des notes grillées.

❧ Les Vignobles du Rivesaltais, 1, rue de la Roussillonnaise, 66602 Rivesaltes, tél. 04.68.64.06.63, fax 04.68.64.64.69 ☑

RENE SAHONET Ambré Signature 1995

☐   3 ha   4 000   30 à 50 F

La Canterrane, ruisseau souvent à sec, sait se rappeler à l'attention des riverains. On comprend alors comment ont pu se constituer les terrasses si propices aux vins doux naturels. L'ambré de ce 95 se pare de reflets roux ; l'accueil est fruité : la figue apparaît sur des notes boisées prononcées. Liquoreux, le fruit reste charnu, présent, et se fond dans une finale agréable.

❧ René Sahonet, 8, rue des Vergers, 66450 Pollestres, tél. 04.68.56.66.22 ☑ ♈ r.-v.

DOM. SARDA-MALET Six ans d'âge

■   10 ha   10 000   30 à 50 F

A la sortie de Perpignan, bien protégé par le Serrat d'en Vaquer, le mas Saint-Michel veille sur ce coin protégé du vignoble citadin. Ce six ans d'âge, élevé en cuve, arbore une robe d'un beau tuilé orangé. Surprise ! Le nez est intense, élégant sur un faux air de marc de gewurztraminer. L'ensemble est très frais, encore vif, avec un tanin présent, paré pour un dessert, une pêche ou un sorbet au citron vert.

❧ Dom. Sarda-Malet, Mas Saint-Michel, chem. de Sainte-Barbe, 66000 Perpignan, tél. 04.68.56.72.38, fax 04.68.56.47.60 ☑ ♈ t.l.j. 8h-12h30 14h-19h; sam. dim. sur r.-v.
❧ Suzy Malet

TERRASSOUS Ambré Hors d'âge 1974***

☐   n.c.   5 000   100 à 150 F

Au cœur des Aspres, Terrats étale ses terrasses de cailloux roulés où les vieilles vignes de grenache réussissant chaque année à puiser parcimonieusement le nécessaire pour donner naissance à des vins de haute expression. Parmi ceux-ci, un 74 toujours remarquable, légèrement rancio avec une approche de fruits secs et de noix, confirmée en bouche où la figue domine, charnue, sur des notes d'évolution. L'ensemble sait rester frais malgré sa richesse. Juste ce qu'il faut sur un roquefort.

❧ SCV Les Vignerons de Terrats, B.P. 32, 66302 Terrats, tél. 04.68.53.02.50, fax 04.68.53.23.06 ☑ ♈ t.l.j. sf dim. 8h-12h 14h-18h

TORRE DEL FAR 1994

■   75 ha   13 000   50 à 70 F

Coup de cœur en vin sec, les Maîtres Vignerons s'affirment également depuis des années en vins doux naturels dans le type vintage. Cette année ne fait pas exception avec ce 94 rouge soutenu à reflets tuilés. Bien dans la tradition, la cerise domine, finement vanillée, et déjà le cuir apparaît. Fondu, soyeux, entre fruit confit et fruit à croquer, l'ensemble est d'une belle expression classique.

❧ Les Maîtres Vignerons de Tautavel, 24, av. Jean-Badia, 66720 Tautavel, tél. 04.68.29.12.03, fax 04.68.29.41.81 ☑ ♈ t.l.j. 8h-12h 14h-18h

LES VINS DOUX NATURELS

Maury

VILLA PASSANT
Tuilé Hors d'âge Elevé en fût de chêne 1989

■   n.c.   40 000   ⓘ 30 à 50 F

Délaisser la plage, se laisser charmer par les routes sinueuses des Corbières puis découvrir l'oasis de verdure de Tuchan-Paziols est un premier plaisir. Le second est d'écouter chanter dans le verre ce tuilé à reflets acajou, aux notes fumées ; de sentir craquer sous la dent la cerise charnue dans un ensemble fondu, harmonieux, sous-tendu de prune à l'eau-de-vie.
☛ Les Producteurs du Mont Tauch, 11350 Tuchan, tél. 04.68.45.41.08, fax 04.68.45.45.29 ▼ ☩ t.l.j. sf dim. 9h-12h 14h-18h

Maury

Le terroir (1 660 ha en 1996) recouvre la commune de Maury, au nord de l'Agly, et une partie des communes limitrophes. Ce sont des collines escarpées couvertes de schistes aptiens plus ou moins décomposés, où l'on a produit 47 573 hl en 1996, à partir du grenache noir. La vinification se fait souvent par de longues macérations et l'élevage permet d'affiner des cuvées remarquables.

Grenat lorsqu'ils sont jeunes, les vins prennent par la suite une teinte acajou. Le bouquet est d'abord très aromatique, à base de petits fruits rouges. Celui des vins plus évolués rappelle le cacao, les fruits cuits et le café. Ils sont appréciés à l'apéritif et au dessert, et peuvent également se prêter à des accompagnements sur des mets à base d'épices et de sucre.

MAS AMIEL Vintage Réserve 1995★★★

■   n.c.   3 000   ⓘ 70 à 100 F

Réputé pour ses vieux millésimes, son parc de bonbonnes au soleil et son chai de vieux foudres imposants, le « Mas » s'offre désormais la part du lion avec ses superbes vintages. Coup de cœur pour les millésimes 91 et 93, le voici à nouveau à l'honneur avec 95, encore très jeune au premier coup de nez, timide, puis surprenant par ses notes de vanille, de cerise, de mûre et de maquis qui s'expriment dès l'aération. Mais le plaisir est en bouche où l'équilibre est remarquable. Onctueux, le charnu de la cerise pleine chair s'enveloppe du soyeux des tanins et ne cède le pas que tardivement sur une finale mentholée. Superbe.
☛ SC Charles Dupuy, Mas Amiel, 66460 Maury, tél. 04.68.29.01.02, fax 04.68.29.17.82 ▼ ☩ r.-v.

CAVE JEAN-LOUIS LAFAGE
Prestige 1985★★

■   0,4 ha   1000   ⓘ 70 à 100 F

De vieilles vignes de grenache noir, un savoir-faire acquis sur plusieurs générations, l'apport de vieux foudres… voilà le secret de l'art maurynate. Juste le temps de prêter un regard au tuilé de la robe et, aussitôt, l'espace est inondé de chocolat, d'épices et de fruits secs grillés. Ce vin attend les truffes au chocolat pour les noyer dans les saveurs épicées et le velours de ses tanins.
☛ Jean-Louis Lafage, 13, rue du Dr-Pougault, 66460 Maury, tél. 04.68.59.12.66, fax 04.68.59.13.14 ▼ ☩ r.-v.

DOM. LA PLEIADE Vintage 1995★

■   2 ha   3 300   70 à 100 F

Avec un très beau 94, le domaine de La Pléiade s'était fait remarquer par ses longues macérations en type vintage. D'un rouge profond et soutenu ce 95 est dans la même lignée dès l'approche ; le nez confirme la robe : la griotte, la mûre sur fond de maquis explosent. Puis la richesse, l'ampleur du grenache emplissent le palais avec la fougue d'un vin encore jeune, mais déjà brillant.
☛ Dom. La Pléiade, 41, chem. du Sacré-Cœur, 66000 Perpignan, tél. 04.68.52.21.66, fax 04.68.52.21.66 ▼ ☩ r.-v.
☛ Jacques Delcour

LES VIGNERONS DE MAURY
Vieille Réserve 1989★

■   12 ha   40 000   ⓘ ⌄ 50 à 70 F

Fruit du regroupement des caves de Maury, la cave des vignerons a, au fil des ans, accumulé savoir et connaissance en matière d'élevage, jouant avec doigté et bonheur de l'élevage sous bois. L'exemple en est cette Vieille Réserve au tuilé franc et brillant qui séduit par son approche épicée ; la cerise confite domine l'évolution cuir et se prolonge sur une nouvelle dualité entre fruit cuit et torréfaction. A noter également, un **vintage 95** issu du terroir de la Devèze, plein de promesses.
☛ SCAV Les Vignerons de Maury, 128, av. Jean-Jaurès, 66460 Maury, tél. 04.68.59.00.95, fax 04.68.59.02.88 ▼ ☩ r.-v.

MAURYDORE
Cuvée spéciale mutée sur grains 1994

■   18 ha   10 000   ⌄ 50 à 70 F

Pionnière de la vente directe avec une marque déposée en 1930, la cave Estève, avec Paule de Volontat à sa tête, reste une valeur sûre du maury. La cerise à l'eau-de-vie confirme dans ce 94 la fraîcheur qu'annonçait la belle robe rubis. Ce vin est élégant, encore jeune, avec des tanins bien présents sur un fond chaleureux.

Muscat de rivesaltes

☞ Paule de Volontat, 5, rue Emile-Zola, 66460 Maury, tél. 04.68.27.08.14 Ⓥ Ⓣ r.-v.

DOM. POUDEROUX 1995★

| | 2 ha | 5 000 | | 50 à 70 F |

Même si sa famille est producteur à Maury depuis trois générations, ce n'est qu'en 95 que Robert Pouderoux s'est essayé à la vinification, avec succès. Il rentre dans le Guide grâce à ce 95 d'un beau rubis, aux senteurs d'épices, où le fruit rouge cède doucement le pas au pruneau, signe d'évolution. La souplesse et le fruité de ce vin en font le partenaire rêvé pour une coupe de fruits des bois.

☞ Robert Pouderoux, 2, rue Emile-Zola, 66460 Maury, tél. 04.68.57.22.02, fax 04.68.57.11.63 Ⓥ Ⓣ r.-v.

Muscat de rivesaltes

Sur l'ensemble du terroir des rivesaltes, maury et banyuls, le vigneron peut élaborer du muscat de rivesaltes, lorsque l'encépagement est complanté de 100 % de cépages muscats. La superficie de ce vignoble représente plus de 4 000 ha, produisant près de 140 000 hl. Les deux cépages autorisés sont le muscat à petits grains et le muscat d'Alexandrie. Le premier, souvent appelé muscat blanc ou muscat de Rivesaltes, est précoce et se plaît dans des terrains relativement frais et si possible calcaires. Le second, appelé aussi muscat romain, est plus tardif et très résistant à la sécheresse.

La vinification s'opère soit par pressurage direct, soit avec une macération plus ou moins longue. La conservation se fait obligatoirement en milieu réducteur, pour éviter l'oxydation des arômes primaires.

Les vins sont liquoreux, avec 100 g minimum de sucre par litre. Ils sont à boire jeunes, à une température de 9 ° à 10 ° C. Ils accompagnent parfaitement les desserts, tartes au citron, aux pommes ou aux fraises, sorbets, glaces, fruits, touron, pâte d'amandes... ainsi que le roquefort.

ARNAUD DE VILLENEUVE 1997

| | n.c. | 15 000 | | 50 à 70 F |

Père des vins doux naturels, Arnaud de Villeneuve n'aurait pas renié ce muscat aux arômes d'agrumes, de tilleul et de marmelade de poires, s'achevant sur une finale miellée d'une jolie longueur.

☞ Les Vignobles du Rivesaltais, 1, rue de la Roussillonnaise, 66602 Rivesaltes, tél. 04.68.64.06.63, fax 04.68.64.64.69 Ⓥ

DOM. BOBE 1997★

| | 11 ha | 6 000 | | 30 à 50 F |

Les terrasses caillouteuses de la Têt offrent un terroir chaleureux, propice à l'expression du muscat d'Alexandrie. Ce cépage est presque pur dans la cuvée 97 du domaine Bobé. Il s'exprime ici avec une grande finesse, livrant des arômes à la fois exotiques et floraux et des notes végétales fraîches de bourgeon de cassis et de menthe. En bouche, on croque la chair du raisin. Un vin d'apéritif ou à servir avec des sorbets aux fruits.

☞ Robert Vila, Dom. Bobé, Mas de la Garrigue, 66240 Saint-Estève, tél. 04.68.92.66.38, fax 04.68.92.66.38 Ⓥ Ⓣ t.l.j. sf dim. 17h30-19h

VIGNOBLES BOUDAU 1997★★

| | 20 ha | 20 000 | | 30 à 50 F |

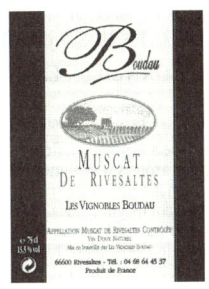

Le muscat, Véronique et Pierre Boudau sont tombés dedans quand ils étaient petits ! La sœur et le frère ont grandi à Rivesaltes, en plein cœur d'un terroir dont ils apprennent aujourd'hui à tirer la quintessence. Leur cuvée 1997 est revêtue d'or ou pur. De la finesse du premier nez à l'ampleur de la fin de bouche, on retiendra une ronde d'arômes, mélange de fruits exotiques, d'eau de rose et de pêche jaune. Une belle réussite que ce vin de gourmandise à savourer sur une tarte aux abricots du Roussillon.

☞ Les Vignobles Boudau, 6, rue Marceau, B. P. 60, 66602 Rivesaltes, tél. 04.68.64.45.37, fax 04.68.64.46.25 Ⓥ Ⓣ r.-v.

☞ V. Pages et P. Boudau

CH. DE CANTERRANE 1995★

| | 90 ha | 20 000 | | 50 à 70 F |

Jaune soutenu à reflets verts, ce muscat présente au nez des notes évoluées évoquant le gâteau de miel, les agrumes et l'abricot confit. En bouche, il est très liquoreux et long. A déguster sur un foie gras ou au dessert.

☞ GFA des domaines de Canterrane, Dom. de Canterrane, 66300 Trouillas, tél. 04.68.53.47.24, fax 04.68.53.28.15 Ⓥ Ⓣ t.l.j. sf dim. 8h-12h 14h-18h

☞ Maurice Conte

LES VINS DOUX NATURELS

Muscat de rivesaltes

DOM. CAZES 1996
☐   33,5 ha   100 000   50 à 70 F

Chez les Cazes, on naît vigneron de père en fils. Ce muscat, élaboré par la troisième génération, offre une robe brillante à reflets d'or pâle. Le nez, intense et complexe, est typé par des arômes de romarin et de fruits bien mûrs. La bouche, ronde et chaleureuse, s'alliera parfaitement aux pâtisseries à base de fruits jaunes (pêche, abricot).
➥ Dom. Cazes, 4, rue Francisco-Ferrer, B.P. 61, 66602 Rivesaltes, tél. 04.68.64.08.26, fax 04.68.64.69.79 ☑ ⲧ r.-v.

DOM. DES CHENES 1996**
☐   n.c.   7 500   30 à 50 F

Un site exceptionnel, des vignerons amoureux de leur terre et un grand savoir-faire en vinification, tout concourt à la réussite du muscat du domaine des Chênes. D'une belle brillance, or pâle à reflets verts, le 96 offre une gamme aromatique où se mêlent la fraîcheur de la menthe et la puissance de la rose. La bouche se montre ample et longue. Une grande élégance.
➥ Razungles et Fils, Dom. des Chênes, 7, rue du Maréchal-Joffre, 66600 Vingrau, tél. 04.68.29.40.21, fax 04.68.29.10.91 ☑ ⲧ r.-v.

CAVE DE CORNEILLA LA RIVIERE 1996
☐   35 ha   5 000   30 à 50 F

D'un bel aspect brillant à reflets d'or soutenu, ce 96 offre des arômes d'évolution où se mêlent miel, fruits blancs cuits, raisin surmûri et abricot sec. Il sera le compagnon idéal des pâtisseries aux fruits et du pain d'épice au miel.
➥ Cave coop. de Corneilla-la-Rivière, 152, rte Nationale, 66550 Corneilla-la-Rivière, tél. 04.68.57.38.93, fax 04.68.57.23.36 ☑ ⲧ r.-v.

HENRI DESBŒUFS 1997*
☐   14 ha   15 000   50 à 70 F

Coup de cœur l'an passé, Henri Desbœufs offre à nouveau un muscat de grande qualité. Du nez où se mêlent des nuances florales, exotiques et des parfums de fruits frais, à la bouche aux notes miellées et aux arômes de verveine, tout concourt à la réussite, dans l'harmonie et l'élégance.
➥ Henri Desbœufs, 39, rue du Quatre-Septembre, 66600 Espira-de-l'Agly, tél. 04.68.64.11.73, fax 04.68.38.56.34 ☑ ⲧ r.-v.

DOM BRIAL 1997
☐   n.c.   80 000   30 à 50 F

Moine gourmand, Dom Brial aurait certainement apprécié ce muscat aux arômes de fleurs blanches, de fruits exotiques et d'agrumes, d'une belle onctuosité relevée par une pointe végétale élégante.
➥ Cave des Vignerons de Baixas, 14, av. du Maréchal-Joffre, 66390 Baixas, tél. 04.68.64.22.37, fax 04.68.64.26.70 ☑ ⲧ r.-v.

DOM. FONTANEL L'Age de pierre 1997
☐   3 ha   7 000   30 à 50 F

Ce vignoble, vieux de plus d'un siècle, a été repris en main depuis une dizaine d'années par Pierre Fontaneil. Le millésime 1997 affiche un terroir de garrigue avec des notes de romarin et de sarriette. La bouche est longue et d'une belle ampleur, dominée par des arômes de citronnelle et de citron confit.
➥ Pierre Fontaneil, Dom. Fontanel, 25, av. Jean-Jaurès, 66720 Tautavel, tél. 04.68.29.04.71, fax 04.68.29.19.44 ☑ ⲧ t.l.j. 10h-12h 14h-19h

CH. DE JAU 1997*
☐   10 ha   40 000   50 à 70 F

Dans son écrin de verdure, le château de Jau domine la vallée de l'Agly. Le voyageur y trouvera une halte rafraîchissante à l'ombre d'un mûrier centenaire. Il pourra y déguster ce muscat à la robe d'or brillant, aux arômes de raisin mûr, de fruits confits et de cannelle et dont l'onctuosité accompagnera à merveille fromages bleus et tarte au citron.
➥ Ch. de Jau, 66600 Cases-de-Pène, tél. 04.68.38.90.10, fax 04.68.38.91.33 ☑ ⲧ r.-v.
➥ Estelle Dauré

DOM. JOLIETTE 1997*
☐   n.c.   10 000   50 à 70 F

D'un bel or brillant, ce vin exhale des fragrances de fruits exotiques, d'agrumes, de miel et de menthe. A la fois gras et nerveux, il séduit par son équilibre et par sa finale de fruits mûrs.
➥ EARL Mercier, Dom. Joliette, rte de Vingrau, 66600 Espira-de-l'Agly, tél. 04.68.64.50.60, fax 04.68.64.18.82 ☑ ⲧ t.l.j. 8h-12h30 14h-18h30; sam. dim. sur r.-v.

DOM. LAFAGE 1996**
☐   2 ha   6 000   50 à 70 F

Deux jeunes œnologues, après quelques expériences dans les vignobles du Nouveau Monde, ont repris en main le domaine familial. Ils offrent cette année un muscat à la robe soutenue et aux arômes concentrés de fruits confits, de mangue et de litchi. Les notes de vendange noble s'affirment en bouche où s'équilibrent gras et vivacité. La finale est riche, citronnée et longue. A tenter sur un foie gras mi-cuit.
➥ Dom. Lafage, Mas Llaro, rte de Canet, 66000 Perpignan, tél. 04.68.67.12.47, fax 04.68.62.10.99 ☑ ⲧ r.-v.

DOM. LAPORTE 1996
☐   n.c.   10 000   50 à 70 F

Installé aux portes de Perpignan, proche des vestiges de l'antique Ruscino, ce domaine offre cette année un muscat d'aspect très jeune, clair, avec des reflets verts. Il développe au nez et en bouche des arômes variés aux nuances de violette et de fruits cuits. Il surprend par la superposition de caractères jeunes et évolués et par son équilibre relativement sec.
➥ Laporte, Ch. Roussillon, 66000 Perpignan, tél. 04.68.50.06.53, fax 04.68.66.77.52 ☑ ⲧ r.-v.

DOM. DE LA ROUREDE 1997
☐   5 ha   15 000   30 à 50 F

Dans sa robe brillante à la nuance or pâle, ce muscat du millésime 97 étonne par ses arômes végétaux rappelant la menthe et le café vert. Son originalité se confirme en bouche dans un équilibre où domine la fraîcheur.

Muscat de rivesaltes

🍇 Jean-Luc Pujol, EARL La Rourède, Dom. La Rourède, 66300 Fourques, tél. 04.68.38.84.44, fax 04.68.38.88.86 ✓ 🍷 t.l.j. sf sam. dim. 9h-12h 15h-18h

CH. LAS COLLAS 1996**

| | 4,9 ha | 6 000 | | 30 à 50 F |

Revêtu de vieil or brillant, ce 96 étonne et séduit tout d'abord par la complexité et la finesse de ses arômes. Fleurs blanches, miel, citron, menthol... défilent en farandole pour céder la place en bouche aux arômes d'agrumes confits. Un vin tout en harmonie et élégance.

🍇 Jacques Bailbé, Ch. Las Collas, 66300 Thuir, tél. 04.68.53.40.05, fax 04.68.53.40.05 ✓

CH. LASFONS 1996

| | n.c. | n.c. | | -30 F |

Sur les terroirs argilo-calcaires du château Lasfons, le muscat à petits grains est roi. Majoritaire dans cette cuvée 1996, il présente ici des notes d'évolution aromatique rappelant le miel et les fruits confits, relevées par une bonne fraîcheur en bouche. Un vin élégant et très plaisant.

🍇 Sivir, rte des Crêtes, 66652 Banyuls-sur-Mer Cedex, tél. 04.68.88.03.22, fax 04.68.98.36.97 🍷 r.-v.

CH. LES FENALS 1997

| | 7,5 ha | 25 000 | | 30 à 50 F |

Ancienne bastide du XIᵉ s., rebâtie en mas languedocien au XVIIIᵉ s., le château les Fenals a produit un muscat frais et subtil, aux notes exotiques et aux nuances de raisin mûr. Léger et frais en bouche, il s'achève sur une saveur anisée qui suggère un mariage avec les rousquilles catalanes.

🍇 Roustan-Fontanel, Les Fenals, 11510 Fitou, tél. 04.68.45.71.94, fax 04.68.45.60.57 ✓ 🍷 r.-v.

LES MILLE VIGNES 1997

| | 0,5 ha | 3 200 | | 50 à 70 F |

Les « vendangeurs de la Violette », une équipe d'amis venus de la France entière, se réunissent une fois l'an pour récolter les mille ceps de ce domaine original. Ils ont produit cette année un vin léger, tout en nuances d'or pâle et de fleurs blanches, frais et harmonieux en bouche, qui sera le compagnon des arômes fruités et végétaux où domine la feuille froissée de géranium. À déguster sur des pâtisseries orientales.

🍇 Jacques Guérin, Dom. les Mille Vignes, 24, av. St-Pancrace, 11480 La Palme, tél. 04.68.48.57.14, fax 04.68.48.57.14 ✓ 🍷 t.l.j. 10h-20h; f. hiver

CH. LES PINS 1996

| | n.c. | 15 000 | | 50 à 70 F |

À deux pas de l'église de Baixas et de son superbe retable, le château les Pins est au cœur des activités culturelles et bachiques du vignoble. Conditionné dans une bouteille élancée, ce 96 laisse apparaître la brillance de son or. Il développe des arômes fruités et végétaux où domine la feuille froissée de géranium. À déguster sur des pâtisseries orientales.

🍇 Cave des Vignerons de Baixas, 14, av. du Maréchal-Joffre, 66390 Baixas, tél. 04.68.64.22.37, fax 04.68.64.26.70 ✓ 🍷 r.-v.

DOM. DU MAS CREMAT 1997

| | 5 ha | 9 000 | | 30 à 50 F |

Issu de terres noires dont l'aspect brûlé a valu son nom au domaine, ce muscat présente une belle couleur d'or brillant. D'une grande finesse, il offre des arômes végétaux mais aussi légèrement évolués. La finale est savoureuse et épicée.

🍇 Jeannin-Mongeard, Dom. du Mas Crémat, 66600 Espira-de-l'Agly, tél. 04.68.38.92.06, fax 04.68.38.92.23 ✓ 🍷 r.-v.

DOM. DU MAS ROUS 1997**

| | 4 ha | 12 000 | | 30 à 50 F |

Doré comme la chevelure du berger qui donna son nom au mas (en catalan *ros* signifie blond), le muscat de José Pujol offre des arômes puissants de raisin frais, de miel et de coing. Le fruit s'épanouit en une bouche ample, à la fois onctueuse et nerveuse. Un vin de fête pour tenir compagnie, de l'apéritif aux desserts citronnés, en passant par le roquefort.

🍇 José Pujol, Dom. du Mas Rous, 66740 Montesquieu, tél. 04.68.89.64.91, fax 04.68.89.80.88 ✓ 🍷 r.-v.

LES PRODUCTEURS DU MONT TAUCH 1996*

| | n.c. | 40 000 | | 30 à 50 F |

En plein cœur du pays cathare, les vignerons du Mont Tauch ont signé un muscat de tradition et de technologie. La robe est brillante, or pâle à reflets verts. Le nez délicat livre des notes d'évolution de type cèdre ou résiné. La bouche apparaît fraîche, d'une belle longueur et typée par des arômes mentholés et de fruits cuits.

🍇 Les Producteurs du Mont Tauch, 11350 Tuchan, tél. 04.68.45.41.08, fax 04.68.45.45.29 ✓ 🍷 t.l.j. sf dim. 9h-12h 14h-18h

CH. MOSSE Saignée d'Or 1994*

| | 3 ha | 5 000 | | 50 à 70 F |

Un original, que ce muscat 94 légèrement ambré et élevé dix-huit mois en fût. Le nez très intense rappelle le raisin passerillé et la vieille eau-de-vie. Très liquoreux en bouche, ce vin développe des arômes fumés et confits assortis de nuances de pain d'épice. À déguster en digestif, entre amateurs d'insolite.

🍇 Jacques Mossé, 66300 Sainte-Colombe-la-Commanderie, tél. 04.68.53.08.89, fax 04.68.53.35.13 ✓ 🍷 r.-v.

CH. DE NOUVELLES 1996**

| | 12 ha | 20 000 | | 50 à 70 F |

Déjà apprécié par les moines de l'abbaye de Lagrasse au XIIIᵉ s., les vins généreux du château de Nouvelles ont traversé l'histoire avec bonheur. Ce millésime 1996 enchantera l'amateur par sa belle robe paillée à reflets argent et par ses arômes intenses d'évolution noble : agrumes confits, abricot, miel. Sa bouche, d'une bonne vivacité, penne une finale délicatement tannique. C'est un vin de gastronomie onctueuse (foie gras, soufflé au roquefort, charlotte aux poires...)

983 LES VINS DOUX NATURELS

Muscat de rivesaltes

◆ EARL R. Daurat-Fort, Ch. de Nouvelles, 11350 Tuchan, tél. 04.68.45.40.03, fax 04.68.45.49.21 ☑ ⊤ r.-v.
◆ GFA de Novellès

DOM. PAGES HURÉ 1997*

☐　　　　　　n.c.　　3 000　　　■♦　30 à 50 F

Situé dans le piémont des Albères, à quelques mètres du cloître de Saint-Génis, le domaine offre traditionnellement un muscat de qualité. Or pâle brillant, le millésime 97 présente un nez de fruits frais, de fleurs blanches et de citronnelle. La bouche est bien équilibrée grâce à un support acide très plaisant. A savourer sur des salades de pêches et tous les desserts aux fruits.
◆ Dom. Pages Huré, 2, allée des Moines, 66740 Saint-Génis-des-Fontaines, tél. 04.68.89.82.62, fax 04.68.89.82.62 ☑ ⊤ r.-v.
◆ Jean-Louis Pagès

DOM. PIETRI-GERAUD 1996

☐　　　3,4 ha　　n.c.　　■♦　30 à 50 F

Vinifié dans le village de Collioure, à quelques mètres des vieux foudres où dorment les banyuls, ce muscat offre des notes d'orange confite et de pâte de coing. Il est gras, riche en bouche et s'achève sur une impression réglissée. Il accompagnera avec bonheur tous les desserts aux fruits, notamment une tarte aux pêches.
◆ Maguy et Laetitia Piétri-Géraud, 22, rue Pasteur, 66190 Collioure, tél. 04.68.82.07.42, fax 04.68.98.02.58 ☑ ⊤ r.-v.

DOM. PIQUEMAL 1997*

☐　　　7,5 ha　　20 000　　■♦　30 à 50 F

Depuis plusieurs années, la famille Piquemal brille dans les sélections du Guide. Elle confirme son savoir-faire par ce muscat d'une grande finesse, aux arômes de litchi et d'ananas, où se mêlent les fleurs fraîches et une pointe citronnée. Un vin vif et équilibré, à déguster à l'apéritif.
◆ Dom. Piquemal, 1, rue Pierre-Lefranc, 66600 Espira-de-l'Agly, tél. 04.68.64.09.14, fax 04.68.38.52.94 ☑ ⊤ r.-v.
◆ Pierre et Franck Piquemal

CH. PRADAL 1997*

☐　　　16 ha　　45 000　　■♦　30 à 50 F

Vignerons dans la cité de Perpignan, les Coll-Escluse résistent à la pression urbaine depuis quatre générations. Leur muscat 97 est joliment doré et d'une belle vivacité au nez : citron, menthe, fenouil s'exhalent en un bouquet parfumé. La bouche, puissante, laisse une sensation de gras dans une finale confite mêlée d'une plaisante amertume.
◆ EARL André Coll-Escluse, 58, rue Pépinière-Robin, 66000 Perpignan, tél. 04.68.85.04.173, fax 04.68.56.80.49 ☑ ⊤ r.-v.

DOM. ROZES 1997

☐　　　　　　n.c.　　30 000　　　　30 à 50 F

Un nez intense de raisin surmûri avec des accents de citronnelle est relayé en bouche par une harmonie onctueuse et puissante. Un bon « classique », à savourer sur des croquants ou des pâtisseries.

◆ Philip-Fournols, SCEA Tarouin, Dom. Rozès, 3 rue de Lorraine, 66600 Espira-de-l'Agly, tél. 04.68.64.17.78, fax 04.68.38.51.38

RENE SAHONET 1997*

☐　　　2,05 ha　　8 000　　■♦　30 à 50 F

Sis à Pollestres où l'église offre un prélude aux routes de l'art roman catalan, le vignoble Sahonet existe depuis un siècle. Le millésime 97, d'un jaune paille brillant, présente des arômes complexes où se mêlent notes végétales et fruits cuits ou confits. La bouche est franche, harmonieuse et souple. A marier avec de la cuisine exotique.
◆ René Sahonet, 8, rue des Vergers, 66450 Pollestres, tél. 04.68.56.66.22 ☑ ⊤ r.-v.

DOM. SAINTE HELENE 1997**

☐　　　6 ha　　6 500　　■♦　30 à 50 F

D'un bel or pâle à reflets verts, ce muscat séduit par sa finesse et sa complexité. Il s'épanouit dans un univers de fleurs blanches, de fruits exotiques avec des nuances de menthe et de verveine. Il s'achève en une finale charnue où dominent les agrumes confits, relevée d'une amertume savoureuse.
◆ Henri Cavaillé, 10, rue Moulin-Cassanyes, 66690 Sorède, tél. 04.68.89.30.30, fax 04.68.95.42.66 ☑ ⊤ r.-v.

DOM. TERRES ROUGES
Vall de l'Aguila 1996

☐　　　2,5 ha　　10 000　　■♦　30 à 50 F

Produit aux portes du pays cathare, ce muscat est conditionné de façon originale en bouteilles de 50 cl. Ses arômes évoquent à la fois l'évolution (miel, abricot confit) et une certaine fraîcheur végétale (menthol, fleurs blanches). La bouche, où dominent les agrumes, présente une finale chaudement liquoreuse.
◆ SCAV Les Vignerons des Côtes d'Agly, 66310 Estagel, tél. 04.68.55.88.40, fax 04.68.55.87.67 ⊤ r.-v.
◆ Méditerroirs

TREMOINE Grand Bouquet 1997*

☐　　　51 ha　　200 000　　　　50 à 70 F

Déjà renommés pour leurs vins rosés et rouges, les vignerons de Rasiguères confirment leur talent avec ce muscat du millésime 1997. Il s'agit d'un vin original, attaquant sur des notes d'eucalyptus, puis s'épanouissant dans des arômes de fleurs et de poire mûre. La bouche est riche et onctueuse. A savourer sur une salade de fruits relevée de quelques feuilles de menthe fraîche.
◆ Cellier Tremoine, 66720 Rasiguères, tél. 04.68.29.11.82, fax 04.68.29.16.45 ☑ ⊤ r.-v.

CELLIER TROUILLAS 1997

☐　　　61,38 ha　　32 000　　■♦　30 à 50 F

Tout près du Mas Deu où a été découvert le principe d'élaboration des vins doux naturels, les vignerons de Trouillas ont élaboré un muscat de type traditionnel. Au nez, des arômes très intenses de raisin de Corinthe, de miel et de feuille de géranium annoncent une bouche onctueuse qui s'achève sur une pointe d'amertume. A savourer sur des chocolats à l'orange ou des cakes aux fruits confits.

Muscat de beaumes-de-venise

🍷 SCV Le Cellier de Trouillas, 1, av. du Mas-Deu, 66300 Trouillas, tél. 04.68.53.47.08, fax 04.68.53.24.56 ✓ ⚡ t.l.j. sf dim. 8h-12h 14h-18h

intenses de raisin surmûri et d'eau-de-vie de marc et sa bouche persistante et liquoreuse.
🍷 GAEC du Ch. de Stony, La Peyrade, rte de Balaruc, 34110 Frontignan, tél. 04.67.18.80.30, fax 04.67.43.24.96 ✓ ⚡ r.-v.
🍷 Nodet Frères

Muscat de frontignan

En ce qui concerne l'appellation frontignan, il faut noter qu'elle autorise l'élaboration de vins de liqueur, avec mutage sur le moût avant fermentation, ce qui donne des produits beaucoup plus riches en sucre (125 g environ). Dans certains cas, un élevage des muscats dans de vieux foudres provoque une légère oxydation donnant au vin un goût particulier de raisins secs.

CH. DE LA PEYRADE 1997*
| | 25 ha | 50 000 | 30 à 50 F |

Au château de La Peyrade, on joue la carte de l'élégance. Une robe traditionnelle dorée très pâle, un nez de fleurs, de litchi et de poire au sirop, une bouche de raisin mûr finissant sur la rose... Tout concourt à la finesse et à la fraîcheur dans ce millésime 1997.
🍷 Yves Pastourel et Fils, Ch. de La Peyrade, 34110 Frontignan, tél. 04.67.48.61.19, fax 04.67.43.03.31 ✓ ⚡ r.-v.

CLOS DU MAS DE CHAVE 1996
| | 12 ha | n.c. | 30 à 50 F |

De couleur vieil or, ce 96 offre un surprenant contraste entre la jeunesse de son nez (fin, floral, évoquant le raisin frais) et les notes miellées, évoluées, de sa bouche. Une pointe d'amertume savoureuse en fait un excellent muscat d'apéritif.
🍷 SCA Coop. de Frontignan, 14, av. du Muscat, 34110 Frontignan, tél. 04.67.48.12.26, fax 04.67.43.07.17 ✓ ⚡ r.-v.

CH. DE MEREVILLE 1996*
| | 15 ha | 34 000 | 30 à 50 F |

Ce domaine est vinifié par la cave coopérative de Frontignan. Son millésime 96 offre une couleur dorée. Ses arômes rappellent la fleur d'églantier, les agrumes et l'eau-de-vie de marc de muscat. L'ensemble est harmonieusement équilibré entre liqueur et vivacité.
🍷 SCA Coop. de Frontignan, 14, av. du Muscat, 34110 Frontignan, tél. 04.67.48.12.26, fax 04.67.43.07.17 ✓ ⚡ r.-v.

CH. DE STONY
Sélection de vendanges 1997
| | 8 ha | 30 000 | 50 à 70 F |

Créé au milieu du siècle dernier par une famille de négociants en bois et barriques, le domaine a produit en 1997 un vin dans la plus pure tradition de l'appellation, avec ses arômes

Muscat de beaumes-de-venise

Au nord de Carpentras, sous les impressionnantes Dentelles de Montmirail, le paysage doit son aspect à des calcaires grisâtres et des marnes rouges. Une partie des sols est formée de sables, de marnes et de grès, une autre de terrains tourmentés avec des failles datant du trias et du jurassique. Ici encore, le seul cépage est le muscat à petits grains ; mais dans certaines parcelles, une mutation donne des raisins roses ou rouges. Les vins doivent avoir au moins 110 g de sucre par litre de moût ; ils sont aromatiques, fruités et fins, et conviennent parfaitement à l'apéritif ou sur certains fromages.

VIGNERONS DE BEAUMES-DE-VENISE Carte Or 1997
| | n.c. | 70 000 | 50 à 70 F |

Coup de cœur l'an dernier, la cave des vignerons signe cette année un vin de style plus évolué dont on savourera le bouquet composé de pétale de rose, de pêche cuite, de fragrances végétales et de marc de raisin frais.
🍷 Cave des Vignerons de Beaumes-de-Venise, 84190 Beaumes-de-Venise, tél. 04.90.12.41.00, fax 04.90.65.02.05 ✓ ⚡ r.-v.

DOM. DE DURBAN 1997*
| | 24,83 ha | 108 000 | 50 à 70 F |

Toujours parmi les meilleurs, le muscat du domaine de Durban s'exprime cette année dans toute sa finesse. La robe est d'or pâle, le nez léger et floral, aux accents d'exotisme et de citron frais. La puissance éclate en bouche sur des notes de raisin rôti et d'abricot confit.
🍷 Leydier et Fils, Dom. de Durban, 84190 Beaumes-de-Venise, tél. 04.90.62.94.26, fax 04.90.65.01.85 ✓ ⚡ t.l.j. sf dim. 9h-12h 14h-18h

DOM. DE FENOUILLET 1997
| | 7,36 ha | 26 000 | 50 à 70 F |

Ce domaine est exploité par la famille Soard depuis un siècle et demi. En 1900, son vin était déjà réputé. Les arrière-petits-fils perpétuent la tradition avec ce muscat de couleur doré clair, aux arômes de fleurs, de verveine, de tilleul, de

LES VINS DOUX NATURELS

fruits blancs et d'abricot confit, fraîchement équilibré.

☛ GAEC Patrick et Vincent Soard, Dom. de Fenouillet, allée Saint-Roch, 84190 Beaumes-de-Venise, tél. 04.90.62.95.61, fax 04.90.62.90.67 ☑ ⟟ r.-v.

DOM. DE LA PIGEADE 1997★

| ☐ | | 10 ha | 45 000 | ▮⭣ 50 à 70 F |

Est-ce parce que le domaine est un ancien relais de pigeons voyageurs que Thierry Vaute est parti parfaire ses études en Californie ? Il en est enfin revenu et se consacre à cette nouvelle cave, alliant rigueur et modernité pour donner un muscat délicat à l'œil comme au nez, très aérien ; la finesse est recherchée tout au long de la dégustation.

☛ Thierry Vaute, Dom. de la Pigeade, rte de Caromb, 84190 Beaumes-de-Venise, tél. 04.90.62.90.00, fax 04.90.62.90.90 ☑ ⟟ t.l.j. 9h-19h

CH. SAINT SAUVEUR 1996

| ☐ | | 6,5 ha | 25 000 | ▮⭣ 50 à 70 F |

Dans ce château, le caveau de dégustation est une chapelle du XIᵉ s. C'est donc religieusement qu'on y appréciera ce 96 à la robe vieil or, étonnant de jeunesse avec son nez de fruits exotiques, liquoreux et traditionnel en bouche avec ses arômes de raisin mûr, de poire cuite et d'abricot confit.

☛ EARL les Héritiers de Marcel Rey, Ch. Saint-Sauveur, rte de Caromb, 84810 Aubignan, tél. 04.90.62.60.39, fax 04.90.62.60.46 ☑ ⟟ r.-v.

Muscat de lunel

Situé autour de Lunel, le terroir se caractérise par des terres rouges à cailloutis qui s'étendent sur des nappes alluviales. Il s'agit d'un paysage classique de cailloux roulés sur des terres d'argile rouge avec une localisation du vignoble sur les sommets des coteaux. Ici encore, seul le muscat à petits grains est utilisé ; les vins doivent avoir au minimum 125 g de sucre.

CLOS BELLEVUE
Cuvée Vieilles vignes 1997★

| ☐ | | 6 ha | 8 900 | ▮⭣ 50 à 70 F |

En bordure de la voie domitienne, près de l'oppidum d'Ambrussum et de son pont romain, les vieilles vignes du domaine produisent régulièrement un muscat de belle facture - il fut coup de cœur l'année dernière. Le 97 reste dans la même lignée avec ses arômes frais, exotiques, et ses notes de fruits à chair blanche. Il séduit aussi en bouche par son onctuosité relevée d'un très léger perlant.

☛ Francis Lacoste, Dom. de Bellevue, 34400 Lunel, tél. 04.67.83.24.83, fax 04.67.71.48.23 ☑ ⟟ r.-v.

Muscat de lunel

CH. GRES SAINT-PAUL 1996★★

| ☐ | 7,15 ha | n.c. | ▮⭣ 30 à 50 F |

Une robe d'or brillant à reflets verts, une pointe de vendange surmûrie dominée par des arômes complexes mêlant la verveine au citron confit et à la pêche cuite ; en bref, un superbe muscat, à la fois puissant, gras, et d'une savoureuse fraîcheur. A essayer sur un foie gras mi-cuit.

☛ GFA du Grès Saint-Paul, Ch. Grès Saint-Paul, 34400 Lunel, tél. 04.67.71.27.90, fax 04.67.71.73.76 ☑ ⟟ t.l.j. sf dim. mar. 9h-12h 16h-19h

CAVE DU MUSCAT DE LUNEL
Prestige Cuvée du 40ᵉ anniversaire 1996★★

| ☐ | n.c. | 10 000 | ▮ 30 à 50 F |

Pour son quarantième anniversaire, la coopérative de Vérargues offre un millésime 96 tout d'or revêtu, au nez puissant et concentré mêlant mandarine confite, fruits au sirop, coing, résine et miel. Une richesse admirablement soutenue par un équilibre parfait entre liqueur traditionnelle et fraîcheur savoureuse. Un coup de cœur pour ce muscat somptueux, à savourer en toutes circonstances.

☛ SCA du Muscat de Lunel, 34400 Vérargues, tél. 04.67.86.00.09, fax 04.67.86.07.52 ☑ ⟟ r.-v.

CH. TOUR DE FARGES 1997

| ☐ | n.c. | 20 000 | ▮ 30 à 50 F |

Domaine vinifié par la cave coopérative, le château doit son nom à une tour, vestige du XVIᵉ s. Ce millésime 97 est très concentré. Il offre une nez évolué de type pâte de coing et abricot confit. Très gras en bouche, il s'achève en une savoureuse amertume finale.

☛ SCA du Muscat de Lunel, 34400 Vérargues, tél. 04.67.86.00.09, fax 04.67.86.07.52 ☑ ⟟ r.-v.

Muscat de mireval

Ce vignoble s'étend entre Sète et Montpellier, sur le versant sud du massif de la Gardiole, et est limité par l'étang de Vic. Les sols sont d'origine jurassique et se présentent sous forme d'alluvions anciennes de cailloux roulés, avec une dominante calcaire. Le cépage est uniquement le muscat à petits grains.

L e mutage est effectué assez tôt, car les vins doivent avoir un minimum de 125 g de sucre ; ils sont moelleux, fruités et liquoreux.

DOM. DELTOUR-GROUSSET 1997**
☐　　15 ha　60 000　　30 à 50 F

Chantre de la Dive Bouteille, François Rabelais eût apprécié, lors de son séjour à Mireval, cette cuvée d'or brillant aux arômes de raisin très mûr, de miel et de menthe fraîche. A la puissance du nez répond une bouche onctueuse, à la fois vive et liquoreuse, évoquant la pêche jaune cuite et la mandarine fraîche. Un très joli coup de cœur à l'actif de la cave coopérative.
🕭 Cave de Rabelais, RN 112, 34114 Mireval Cedex, tél. 04.67.78.15.79, fax 04.67.78.11.71
✓ 🍷 t.l.j. sf sam. dim. 8h-12h 14h-18h

DOM. DU MAS NEUF 1997
☐　　63,6 ha　100 000　　30 à 50 F

Depuis la reprise en main de ce domaine par la famille Jeanjean, son muscat est toujours bien apprécié du jury. Le 97 possède une robe dorée à reflets verts. Il offre des accents de grande maturité où se mêlent l'écorce d'orange surmûrie et le raisin rôti, et s'achève sur une pointe d'amertume savoureuse.
🕭 Hugues et Bernard Jeanjean, Dom. du Masneuf-des-Aresquiers, 34110 Vic-la-Gardiole, tél. 04.67.78.37.45, fax 04.67.78.37.46

Muscat de saint-jean de minervois

C e muscat est produit par un vignoble perché à 200 m d'altitude et dont les parcelles s'imbriquent dans un paysage classique de garrigue. Il s'ensuit une récolte tardive, près de trois semaines environ après les autres appellations de muscat. Quelques vignes se trouvent sur des terrains primaires schisteux, mais la majorité est implantée sur des sols calcaires où apparaît parfois la coloration rouge de l'argile. Là encore, seul le muscat à petits grains est autorisé ; les vins obtenus doivent avoir un minimum de 125 g de sucre. Ils sont très aromatiques, avec beaucoup de finesse et des notes florales caractéristiques. C'est la plus petite AOC de muscat avec une production de 3 000 hl.

DOM. DE BARROUBIO 1997
☐　　16 ha　5 000　　50 à 70 F

On retrouve régulièrement ce domaine dans le Guide. Dans sa robe de paille d'or, ce 97 joue avec succès l'air de la séduction. Les arômes sont intenses et complexes, harmonie de raisin surmûri, d'abricot confit et de fruits exotiques. La finale est d'une belle longueur et tout en vivacité.
🕭 Marie-Thérèse Miquel, Dom. de Barroubio, 34360 Saint-Jean-de-Minervois,
tél. 04.67.38.14.06, fax 04.67.38.14.06 ✓ 🍷 r.-v.

DOM. DU SACRE-CŒUR 1996*
☐　　1,5 ha　5 200　　50 à 70 F

Cette exploitation possède également 30 ha en AOC saint-chinian. Son muscat s'annonce par une robe d'or pâle à reflets verts, un nez finement végétal aux nuances de mangue et de résine. En bouche, l'onctuosité s'épanouit sur des notes aromatiques originales de cyprès et de branche de tulipier de Virginie fraîchement coupée.
🕭 GAEC du Sacré-Cœur, 34360 Assignan,
tél. 04.67.38.17.97, fax 04.67.38.24.52 ✓ 🍷 t.l.j. 9h-12h 14h-19h

LES VIGNERONS DE SEPTIMANIE
Petit Grain 1997
☐　　n.c.　280 000　　30 à 50 F

Le millésime précédent avait obtenu un coup de cœur. D'une belle couleur d'or soutenu, le millésime 97 de la cave coopérative se distingue par la complexité et par la diversité de ses arômes : miel, garrigue, menthe, verveine, écorce de citron confit et pâte de coing. En bouche, l'onctuosité de la liqueur s'accorde à la nervosité, composant un ensemble harmonieux.
🕭 Cave coop. Le Muscat, 34360 Saint-Jean-de-Minervois, tél. 04.67.38.03.24, fax 04.67.38.23.38
✓ 🍷 t.l.j. sf sam. dim. 8h-12h 14h-16h

Rasteau

T out à fait au nord du département du Vaucluse, ce vignoble s'étale sur deux formations distinctes : sols de sables, marnes et galets au nord ; terrasses d'alluvions anciennes du Rhône (quaternaire), avec des galets roulés, au sud. Partout, le cépage utilisé est le grenache (noir, blanc ou gris).

DOM. BEAU MISTRAL
Vieilli en fût de chêne 1996*

| | 5 ha | 6 000 | | 30 à 50 F |

Hommage appuyé au mistral par J.-M. Brun. Ce vent qui éclaire les couleurs rassure les producteurs et autorise cette maturité accrue, gage des meilleurs rasteau. La robe ici est d'ambre roux sur des jambes élégantes et entoure des arômes évolués de boisé, de pruneau en pleine chair et d'amande grillée. Ample, accueillant, le bois épouse le fruit mûr dans un ensemble équilibré, prêt à consommer.

☙ Jean-Marc Brun, Dom. Beau Mistral, pl. de la Poste, 84110 Rasteau, tél. 04.90.46.16.90, fax 04.90.46.17.30 ✉ ☏ r.-v.

DOM. DIDIER CHARAVIN 1995

| | n.c. | 4 800 | | 30 à 50 F |

Le village de Rasteau offre un splendide point de vue sur la terrasse viticole de galets roulés où règne le grenache. Ce rasteau présente une robe soutenue à reflets violacés, signe de jeunesse que les senteurs de fruits frais (griotte et raisin noir) confirment. Il est frais et fruité. La fougue des tanins marque une fin de bouche chaleureuse.

☙ Didier Charavin, rte de Vaison, 84110 Rasteau, tél. 04.90.46.15.63, fax 04.90.46.16.22 ✉ ☏ r.-v.

DOM. DES COTEAUX DES TRAVERS 1995*

| | 1 ha | n.c. | | 50 à 70 F |

Preuve est faite avec ce rasteau que le grenache noir, seigneur des côtes du rhône, n'est pas en reste pour s'affirmer en vins doux naturels. A la vue de la robe soutenue perce déjà la belle évolution d'un vin en devenir. Tout est soleil, du fruit mûr aux senteurs sauvages de garrigue sur fond de vieux cuir. Remarquable par le velouté des tanins, c'est un excellent partenaire du chocolat.

☙ Robert Charavin, Dom. des Coteaux des Travers, 84110 Rasteau, tél. 04.90.46.13.69, fax 04.90.46.15.81 ✉ ☏ t.l.j. sf dim. 9h-12h 14h-18h

DOM. DES GIRASOLS 1996

| | 0,88 ha | 3 700 | | 70 à 100 F |

Une production confidentielle en rasteau, mais choyée et élevée douze mois en fût. La robe surprenante, pelure d'oignon, est limpide, et le nez très fin et floral offre une touche de jasmin et un bouquet de petits fruits acides. La bouche confirme ces premières impressions avec un beau fondu sur une finale très fraîche. Ce vin n'attend que la coupe de fruits des bois.

☙ Paul Joyet, Dom. des Girasols, 84110 Rasteau, tél. 04.90.46.11.70, fax 04.90.46.16.82 ✉ ☏ t.l.j. 8h-12h 14h-19h

DOM. LA SOUMADE 1995**

| | 2 ha | 4 000 | | 30 à 50 F |

Toujours présent dans le Guide, André Roméro, personnalité de Rasteau, nous offre le choix entre un rouge 95 traditionnel aux senteurs de girofle et ce blanc ambré, remarquable d'évolution, où perce déjà une touche de noix, apanage des rancios. Cet ambré acajou, digne de vieux cognacs, se révèle très long en bouche ; fondu, harmonieux et gras, il se décline doucement en notes de fruits secs. La noisette apparaît. Il se mariera idéalement avec le roquefort.

☙ André Roméro, Dom. La Soumade, 84110 Rasteau, tél. 04.90.46.11.26, fax 04.90.46.11.69 ✉ ☏ t.l.j. sf dim. 8h30-11h30 14h-18h

Muscat du cap corse

L'appellation muscat du cap corse a été reconnue par décret en date du 26 mars 1993. C'est l'aboutissement des longs efforts d'une poignée de vignerons regroupés sur les terroirs calcaires de Patrimonio et ceux, schisteux de l'AOC vin de corse-coteaux du cap corse, soit 17 communes de l'extrême nord de l'île.

Désormais, seuls les vins élaborés à partir de muscat blanc à petits grains, répondant aux conditions de production des vins doux naturels et titrant au moins 95 g/l de sucres résiduels pourront prétendre à l'appellation.

Une reconnaissance méritée pour cette production confidentielle d'environ 1 200 hl.

DOM. DOMINIQUE GENTILE 1997**

| | n.c. | 7 000 | | 50 à 70 F |

Avec une macération pelliculaire pour exacerber les arômes du terroir, Dominique Gentile a encore réussi un superbe millésime. La robe d'un jaune pâle annonce un nez fin de fleurs blanches, élégant, bien que puissant. La bouche ample, emplie de fruits frais, d'agrumes et relevée d'une pointe de menthe, ravira l'amateur.

☙ Dominique Gentile, Olzo, 20217 Saint-Florent, tél. 04.95.37.01.54, fax 04.95.37.20.20 ✉ ☏ t.l.j. 8h-12h 14h-19h

DOM. LECCIA 1997**

| | 1,5 ha | 6 000 | | 50 à 70 F |

Leccia fut présent dès les premières heures de l'appellation et il se maintient au meilleur niveau. Avec sa robe à reflets or, son muscat nous offre une bouffée de senteurs corses, des fruits mûrs à souhait, des odeurs de maquis chauffé par le soleil. La bouche est ample, équilibrée autour du pamplemousse et de la réglisse.

☙ Dom. Leccia, 20232 Poggio-d'Oletta, tél. 04.95.37.11.35, fax 04.95.37.17.03 ✉ ☏ r.-v.

Muscat du cap corse

ORENGA DE GAFFORY 1997★★★

□   n.c.   n.c.   50 à 70 F

Le domaine Orenga de Gaffory décroche sans contestation le coup de cœur de cette année. Le jaune clair de son muscat est une invitation au plaisir. Le nez est un bouquet de fraîcheur agrémenté d'une nuance citronnée. La bouche est superbe, équilibrée, ample. On croit croquer dans un grain de muscat.
• GFA Pierre et Henri Orenga de Gaffory, Morta Majo, 20253 Patrimonio,
tél. 04.95.37.45.00, fax 04.95.37.14.25 ☑ ⊺ r.-v.

DOM. PASTRICCIOLA 1997★

□   1 ha   4 000   50 à 70 F

Ils sont trois qui, depuis près de dix ans maintenant, ont relevé un défi en reprenant en mains cette ancienne propriété sur la route de Saint-Florent. 1 ha de muscat a donné naissance à ce vin aux reflets plus dorés que celui de ses voisins. Le nez se développe dans une gamme de fruits mûrs et de miel, tandis que la bouche, ample et riche, s'oriente vers les fruits confits plutôt que vers la fraîcheur.
• Dom. Pastricciola, rte de Saint-Florent, 20253 Patrimonio, tél. 04.95.37.18.31,
fax 04.95.37.08.83 ☑ ⊺ t.l.j. 9h-18h; f. nov.

DOM. SAN QUILICO 1997★★★

□   n.c.   12 000   30 à 50 F

Les 3 ha du domaine commencent à prendre de l'ampleur. Comme en 96, le muscat choisit l'élégance : une robe jaune très clair, un nez discret de fleurs blanches et de roses. La bouche joue sur le même registre : ronde, faite d'agrumes et d'ananas frais. Un vin superbe tout en dentelle.
• EARL du Dom. San Quilico, Morta Majo, 20253 Patrimonio, tél. 04.95.37.45.00,
fax 04.95.37.14.25 ☑ ⊺ r.-v.

LES VINS DOUX NATURELS

LES VINS DE LIQUEUR

L'appellation contrôlée ne s'appliquait qu'au pineau des charentes pour la dénomination « vin de liqueur » (désignation communautaire VLQPRD), à l'exception très rare de quelques frontignans ; le 27 novembre 1990, le floc de gascogne et le 14 novembre 1991, le macvin du jura ont rejoint l'appellation contrôlée « vin de liqueur ». Ce produit est le fruit d'un assemblage de moût en fermentation avec une eau-de-vie d'origine vinique. En tout état de cause, les produits « vins de liqueur » auront un titre alcoométrique compris entre 16 et 22 % vol. L'addition de l'eau-de-vie sur le moût est appelé « mutage » ; dans les deux cas, l'eau-de-vie et le moût sont originaires de la même exploitation.

Pineau des charentes

Le pineau des charentes est produit dans la région de Cognac qui forme un vaste plan incliné d'est en ouest d'une altitude maximum de 180 m, et qui s'abaisse progressivement vers l'océan Atlantique. Le relief est peu accentué. Le climat, de type océanique, est caractérisé par un ensoleillement remarquable, avec de faibles écarts de température qui favorisent une lente maturation des raisins.

Le vignoble, traversé par la Charente, est implanté sur des coteaux au sol essentiellement calcaire et couvre plus de 83 000 ha, dont la destination principale est la production du cognac. Celui-ci va être « l'esprit » du pineau des charentes : ce vin de liqueur est en effet le résultat du mélange des moûts des raisins charentais partiellement fermentés avec du cognac.

Selon la légende, c'est par hasard qu'au XVIe s. un vigneron un peu distrait commit l'erreur de remplir de moût de raisin une barrique qui contenait encore du cognac. Constatant que ce fût ne fermentait pas, il l'abandonna au fond du chai. Quelques années plus tard, alors qu'il s'apprêtait à vider la barrique, il découvrit un liquide limpide, délicat, à la saveur douce et fruitée : ainsi serait né le pineau des charentes. Le recours à cet assemblage se poursuit aujourd'hui encore, de la même façon artisanale à chaque vendange, car le pineau des charentes ne peut être élaboré que par les viticulteurs. Restée locale pendant longtemps, sa renommée s'étendit peu à peu à toute la France, puis au-delà de nos frontières.

Les moûts de raisins proviennent essentiellement, pour le pineau des charentes blanc, des cépages ugni blanc, colombard, montils et sémillon, et, pour le rosé, des cabernet franc, cabernet-sauvignon et merlot. Les ceps doivent être conduits en taille courte et cultivés sans engrais azotés. Les raisins devront donner un moût dépassant les 10° en puissance. Le pineau des charentes vieillit en fût de chêne pendant au minimum une année.

Il ne peut sortir de la région que mis en bouteilles. Comme en matière de cognac, il n'est pas d'usage d'indiquer le millésime. En revanche, un qualificatif d'âge est souvent indiqué. Le terme « vieux pineau » est réservé au pineau de plus de cinq ans et celui de « très vieux pineau » au pineau de plus de dix ans. Dans ces deux cas, il doit passer son temps de vieillissement exclusivement en

Pineau des charentes

barrique et la qualité de ce vieillissement doit être reconnue par une commission de dégustation. Le degré alcoolique doit être compris entre 17° et 18° et la teneur en sucre non fermenté de 125 à 150 g ; le rosé est par essence généralement plus doux et plus fruité que le blanc, lequel est plus nerveux et plus sec. La production annuelle dépasse 100 000 hl : 55 % de blanc et 45 % de rosé. Cinq cents producteurs-récoltants et une dizaine de coopératives élaborent et commercialisent le pineau des charentes. Cent négociants représentent plus de 40 % du marché de détail.

Nectar de miel et de feu, dont la merveilleuse douceur dissimule une certaine traîtrise, le pineau des charentes peut être consommé jeune (à partir de deux ans) ; il donne alors tous ses arômes de fruits, encore plus abondants dans le rosé. Avec l'âge, il prend des parfums de rancio très caractéristiques. Par tradition, il se consomme à l'apéritif ou au dessert ; cependant, de nombreux gastronomes ont noté que sa rondeur accompagne le foie gras et le roquefort, que son moelleux intensifie le goût et la douceur de certains fruits, principalement le melon (charentais), les fraises et les framboises. Il est utilisé également en cuisine pour la confection de plats régionaux (mouclades).

ANDRE ARDOUIN Vieux

| | 1 ha | n.c. | 70 à 100 F |

Viticulteurs depuis six générations, les Ardouin commercialisent leur production de pineau et de cognac depuis plus de quarante ans. Dans sa robe ambrée à reflets dorés, ce vieux pineau développe des arômes de noix de coco et de rancio incomparables. Il est bien rond, équilibré. Sa persistance en bouche confirme son harmonie. Cette exploitation produit aussi un **pineau rosé** à reflets cuivrés très aromatique, où domine le fruité de mûre et de framboise, également retenu par le jury.

⌐ André Ardouin, 6, rue des Anges, 17470 Villemorin, tél. 05.46.33.12.52, fax 05.46.33.14.47 ⌐ r.-v.

C. AUDEBERT*

| | 7,25 ha | 120 000 | 50 à 70 F |

Assemblage réussi de merlot noir et de cabernet-sauvignon de plus de vingt-cinq ans implantés sur des groies légères (argiles aux nombreux éléments calcaires du jurassique). Les raisins noirs subissent une macération jusqu'au début de la fermentation, ce qui permet l'extraction de la couleur, du fruité et des tanins. La robe de ce pineau est intense, couleur cerise bigarreau. Le bouquet est vif, avec des notes de fruits rouges (cassis et groseille) et une touche fleurie assez subtile. Bon développement du fruit en bouche, avec une longue persistance aromatique : la groseille prédomine.

⌐ Claude Audebert, Les Villairs, 16170 Rouillac, tél. 05.45.21.76.86, fax 05.45.96.81.36 ⌐ r.-v.

BERTRAND*

| | 12 ha | 15 000 | 50 à 70 F |

Ce vignoble est situé sur des sols argilo-calcaires et argilo-siliceux peu profonds, complantés des cépages sémillon (80 %) et colombard (20 %). De couleur jaune doré, très brillant avec de magnifiques reflets vieil or, ce pineau fort aromatique laisse apprécier des arômes de fleurs et de miel. Très long en bouche, légèrement acidulé, il laisse une impression agréable de rondeur.

⌐ M. et J.-F. Bertrand, Le Feynard, 17210 Chevanceaux, tél. 05.46.04.61.08, fax 05.45.04.66.00 ⌐ r.-v.

HENRI BETIZEAU**

| | n.c. | n.c. | 30 à 50 F |

L'exploitation viticole est située à deux pas du bassin ostréicole de Marennes-Oléron. Les vendanges manuelles sont réalisées sur des vignes de colombard (60 %) et d'ugni blanc (40 %) complantés sur des sols argilo-calcaires. La robe attirante, jaune doré, brillante et intense, annonce un nez élégant, fruité et floral à la fois, avec des notes de miel et une légère touche de noix. Riche, long, persistant, équilibré, ce pineau confirme en bouche les arômes de noix avec un début de rancio discret mais très prometteur. Une bouteille remarquable, qui révèle une vendange bien mûrie et un vieillissement accompli. Rapport qualité-prix très favorable, voire exceptionnel.

⌐ Henri Bétizeau, La Paillerie, 17600 Sablonceaux, tél. 05.46.94.70.19, fax 05.46.94.42.15 ⌐ r.-v.

JEAN-NOEL COLLIN*

| | 0,5 ha | 4 000 | 50 à 70 F |

Rouge cerise, intense et lumineux, ce pineau rosé, issu de vignes de plus de vingt ans où le merlot domine largement (65 %), présente un nez très original, floral, avec des notes fruitées d'agrumes (pamplemousse et citron). Riche en sucre, long et équilibré, il développe en bouche les mêmes arômes qu'au nez, ce qui lui confère

LES VINS DE LIQUEUR

Pineau des charentes

une harmonie intéressante et des qualités organoleptiques particulières.
- Jean-Noël Collin, La Font-Bourreau, 16130 Salles-d'Angles, tél. 05.45.83.70.77, fax 05.45.83.66.89 t.l.j. 8h-20h

JEAN DOUSSOUX★
| | 5 ha | 20 000 | | 50 à 70 F |

Au cœur de la Saintonge romane, Jean Doussoux et Jean-Marie Baillif élaborent pineau et cognac dans la pure tradition charentaise et effectuent des vendanges manuelles. Jaune pâle et brillant avec des reflets dorés, issu des cépages ugni blanc pour 60 % et colombard pour 40 %, ce pineau possède une grande richesse d'arômes floraux (tilleul en particulier). Long en bouche, d'une grande vivacité, légèrement acidulé, il laisse une excellente impression. Du même producteur, on peut apprécier un **Vieux pineau blanc** qui, ayant vieilli de longues années, développe des arômes de miel et un incomparable rancio.
- SCEA Doussoux-Baillif, Phiolin, 17800 Saint-Palais-de-Phiolin, tél. 05.46.70.92.29, fax 05.46.70.91.70 t.l.j. 8h30-12h 14h-19h30; dim. sur r.-v.

F. GACON Privilège★
| | 1,4 ha | 10 000 | | 50 à 70 F |

Ce pineau rosé Privilège est un assemblage de pineaux de trois à cinq ans avec des pineaux d'âge supérieur à dix ans. La robe rosé foncé, brillante, offre des reflets de griotte. Le nez de fruits rouges (framboise) mêlés à des notes de pruneau est intense. Bien équilibrée, fruitée et souple, la bouche confirme les arômes évoqués au nez avec une touche de pruneau plus marquée encore.
- F. Gacon, 17160 Les Touches-de-Périgny, tél. 05.46.58.53.27, fax 05.46.58.63.82 r.-v.

PIERRE GAILLARD★
| | 3 ha | n.c. | | 50 à 70 F |

Plusieurs fois sélectionné dans le Guide Hachette, ce producteur, établi au cœur de la Saintonge romane, propose un blanc d'assemblage très original : ugni blanc et montils représentent chacun 40 % de l'encépagement, le reste étant également partagé entre le sémillon et le colombard. La couleur jaune clair de ce pineau offre des reflets dorés. Le nez est très intense, fruité, élégant, la bouche souple et de bonne tenue. Le **pineau rosé** est aussi à découvrir.
- EARL Pierre Gaillard et Fils, Chez Trébuchet, 17240 Clion, tél. 05.46.70.45.15, fax 05.46.70.39.10 t.l.j. sf dim. 9h-19h

GAUTIER★
| | n.c. | n.c. | | 50 à 70 F |

Fondée en 1755, la société Gautier, appartenant aujourd'hui au groupe Marie Brizard, commercialise ses pineaux en France et à l'export. Située à proximité du village médiéval de Tusson, la société est proche de sites intéressants (théâtre gallo-romain, abbaye de Lanville, château de Bardezières). La robe limpide de ce rosé est chargée en couleur. Les arômes de fruits rouges mûrs sont bien présents au nez, notamment le cassis. Puissant en bouche, ce pineau est très complexe, toujours marqué par les fruits rouges. Beau produit, puissant et aromatique.
- Cognac Gautier, 28, rue des Ponts, 16140 Aigre, tél. 05.45.21.10.02, fax 05.45.21.24.37 r.-v.
- Groupe Marie Brizard et Roger International

GOUSSELAND★
| | 6 ha | 18 000 | | 50 à 70 F |

Le château de Saint-Rémy fut rasé pendant la Révolution. On raconte que la servante aurait caché le trésor abandonné par ses maîtres, dans le souterrain de la falaise ; ainsi la légende dit : « Saint-Rémy dort sur un trésor. » De couleur jaune doré, très brillant avec des reflets dorés, ce pineau plaît. On y découvre des arômes de fleurs champêtres et de miel. Long en bouche, ayant de la rondeur, ce vin de liqueur est très harmonieux.
- Alain Gousseland, Saint-Rémy, 17120 Chénac, tél. 05.46.90.64.14, fax 05.46.90.65.58 r.-v.

GRATEAUD Vieux★
| | n.c. | 4 000 | | 100 à 150 F |

Ce vignoble, situé sur des sols argilo-calcaires, est de grande tenue comme le prouve ce vieux pineau ayant vieilli de longues années en fût de chêne. Il se présente dans une belle robe ambrée, brillante, aux multiples reflets dorés. Son nez puissant, où se développent rancio et boisé, est suivi d'une bouche bien équilibrée. Rondeur et persistance caractérisent cette bouteille très réussie.
- Jean-Pierre Grateaud, Le Maine-Garnier, 17610 Chérac, tél. 05.46.96.41.97, fax 05.46.96.45.69 r.-v.

CH. GUYNOT
Grande Tradition Vieux blanc
| | n.c. | 25 000 | | 70 à 100 F |

Ce château du XVIIes., ancienne demeure du marquis de Monconseil, est proche d'un axe touristique très fréquenté (églises de Talmont et de Rioux, château de Rochecourbon et ville de Saintes). De couleur vieil or avec de multiples reflets dorés, son vieux pineau Grande Tradition a mûri de longues années en fût de chêne du Limousin où tous les soins lui ont été apportés. Après les arômes de fruits secs, de noix en particulier, il laisse apparaître un rancio très flatteur. Sa rondeur et sa persistance sont appréciables. Il accompagnera les mets les plus délicats, foie gras en particulier.
- Dom. de Ch. Guynot, 17460 Tesson, tél. 05.46.91.93.71, fax 05.46.91.35.60 r.-v.

ILRHEA★
| | n.c. | 300 000 | | 30 à 50 F |

La coopérative de l'île de Ré, dont la marque Ilrhéa a été créée en 1951, présente une gamme de terroirs variés, des terres de groies aux sables. Ce pineau est issu d'un assemblage de merlot (majoritaire) et de cabernet. De couleur rosé pâle à reflets rouges, il offre un nez de fruits rouges où la mûre l'emporte. Assez souple, il persiste en bouche ; on y retrouve les arômes du nez, accompagnés d'une pointe de fraîcheur.

Pineau des charentes

🍇 Coop. des Vignerons de l'Ile de Ré, 17580 Le Bois-Plage-en-Ré, tél. 05.46.09.23.09, fax 05.46.09.09.26 ☑ 🍷 r.-v.

THIERRY JULLION★

| | 2 ha | n.c. | 🍾 | 50 à 70 F |

Thierry Jullion dirige une exploitation familiale créée en 1850. Sur un terroir argilo-calcaire sont plantées des vignes de plus de vingt ans à dominante de merlot noir (65 %). La macération pelliculaire enzymatique donne un pineau très coloré à la robe limpide de couleur cerise. Le nez intense livre des notes de fruits rouges surmûris avec une légère nuance de noyau. L'attaque est douce, puis la bouche affirme une belle matière. La note aromatique de cassis est présente et longue.

🍇 Thierry Jullion, Montizeau, 17520 Saint-Maigrin, tél. 05.46.70.00.73, fax 05.46.70.02.60 ☑ 🍷 r.-v.

HENRI LAROCHE★

| | 8 ha | n.c. | 🍾 | 30 à 50 F |

Vignoble traditionnel de fins bois situé sur des argilo-calcaires du jurassique supérieur. Le colombard est dominant dans ce pineau blanc à la jolie robe ambrée, aux reflets marron et orangés. Le nez est dominé par le miel, avec des odeurs intenses et complexes. Élégant, il évoque aussi le coing en pâte de fruits. L'attaque en bouche est douce, le développement généreux mais bien équilibré. Ce pineau très réussi présente un rancio agréable et fin qui laisse présager une belle évolution.

🍇 Henri Laroche, 16170 Rouillac, tél. 05.45.96.81.16, fax 05.45.96.81.16 🍷 r.-v.

JEAN-PIERRE LEONARD★★

| | 2 ha | n.c. | | 50 à 70 F |

Vignoble créé dans les années 50, aux portes de Jarnac, à proximité de la Charente, sur sols argilo-calcaires. Gondeville est la patrie du « jeune homme en colère » photographié en 1951 par Paul Strand et remis au goût du jour par le roman de Michel Boujut. Ce remarquable rosé, fruit d'un assemblage de merlot (75 %) et de cabernets, se distingue par une robe rose brillante à reflets cuivrés. Le nez est intense et complexe avec des notes dominantes de fruits rouges légèrement confits et des arômes de fruits secs (amande). De très grande ampleur en bouche, ce pineau affiche beaucoup de rondeur et finit sur une longue explosion de fruits rouges (cassis, cerise) et de fruits secs (noix, amande).

🍇 Jean-Pierre Léonard, Chez Gaury, 16200 Gondeville, tél. 05.45.81.13.31, fax 05.45.35.18.31 ☑ 🍷 t.l.j. 9h-21h

LE PATOISAN★

| | 5 ha | 20 000 | 🍾 | 50 à 70 F |

La famille Morandière ne cesse d'agrandir son vignoble situé en coteau, près de l'estuaire de la Gironde ; les cépages noirs - merlot, cabernets -, sont complantés sur des sols argilo-calcaires. De couleur grenat, ce rosé présente un nez intense de fruits rouges où le merlot domine. Rond, bien macéré, il confirme au palais les arômes du nez, avec une légère prédominance de cassis.

🍇 Guy et Jean-Pierre Morandière, Le Breuil, rue du Pineau, 17150 Saint-Georges-des-Agouts, tél. 05.46.86.02.76, fax 05.46.70.63.11 ☑ 🍷 r.-v.

MARQUIS DE DIDONNE★

| | 40 ha | 80 000 | 🍾 | 30 à 50 F |

Ce Marquis de Didonne arbore une robe rosée à reflets rouges. Fruité et intense au nez, il développe des arômes de groseille et de framboise. Rond et équilibré avec une bonne persistance aromatique, il est jeune et frais. On trouve en bouche des évocations de framboise et de fraise des bois. A boire dès maintenant, mais il saura vieillir et acquérir des notes plus évoluées.

🍇 SCA Cozes-Saujon, Ch. de Didonne, 17120 Semussac, tél. 05.46.06.01.01, fax 05.46.06.92.72 ☑ 🍷 t.l.j. 9h-12h 14h-18h

JEAN-PAUL MAURIN
Vieille réserve dix ans d'âge★

| | 1,25 ha | 3 000 | 🍾 | 70 à 100 F |

Le vignoble, situé sur des coteaux argilo-calcaires dominant la Gironde, est composé de cépages rouges traditionnels : merlot noir, cabernets et malbec. De couleur tuilée à reflets rubis, ce vieux pineau rosé possède des arômes de fruits rouges avec des notes épicées et très légèrement boisées. On apprécie sa souplesse et sa longueur. Très harmonieux.

🍇 Jean-Paul Maurin, La Grande-Motte, 17240 Saint-Dizant-du-Gua, tél. 05.46.49.96.28, fax 05.46.49.47.05 ☑ 🍷 r.-v.

MENARD Très vieux blanc

| | n.c. | 5 000 | 🍾 | 100 à 150 F |

Depuis 1946, cette société valorise sa production de pineau et de cognac par la mise en bouteilles sur l'exploitation. Son vignoble, situé en grande champagne, est de belle tenue. Ambrée à reflets cuivrés, la teinte de ce pineau est intense. Le joli nez racé mêle des notes complexes de bois bien fondu et de noix, alliées à un fin rancio. La bouche, souple et ronde, est bien équilibrée ; sa persistance est appréciée. Ce très vieux blanc sera le compagnon privilégié des mets délicats (foie gras en particulier).

🍇 J.-P. Ménard et Fils, 2, rue de la Cure, 16720 Saint-Même-les-Carrières, tél. 05.45.81.90.26, fax 05.45.81.98.22 ☑ 🍷 t.l.j. sf sam. dim. 8h-12h 14h-18h

J. PAINTURAUD★★

| | 2 ha | 8 000 | 🍾 | 50 à 70 F |

Vignes situées sur les sols argilo-calcaires du crétacé supérieur. Le vignoble existe depuis le début du XVIIIᵉ s. La marque a été créée en 1934. Reprise en 1973 par Jacques Painturaud, l'exploitation a rénové sa cave de vinification en 1991. Les vignes utilisées pour l'élaboration de ce moût n'ont plus de vingt-cinq ans (ugni blanc et colombard). La belle robe brillante de ce pineau tire vers le bois clair ciré. Le nez est intense, évolué, avec des notes de miel, de caramel, traduisant un début de rancio et un vieillissement sous bois bien maîtrisé. Ronde et intense, la bouche présente des nuances grillées avec un rancio très développé. La finale est longue et très plaisante. Le **pineau rosé** du domaine aux notes fruitées de griotte est aussi très réussi.

993   LES VINS DE LIQUEUR

Floc de gascogne

🕿 Jacques Painturaud, 3, rue Pierre-Gourry, 16130 Segonzac, tél. 05.45.83.40.24, fax 05.45.83.37.91 ⓥ ⓣ t.l.j. 8h-20h; dim. sur r.-v.

ROBERT POUILLOUX ET SES FILS
Rubis★

| | 3 ha | n.c. | | 50 à 70 F |

Vignoble de petite champagne aux sols argilo-calcaires du crétacé supérieur. La macération pelliculaire des merlots avec des cabernets franc et sauvignon permet l'obtention d'une robe rosé soutenu à reflets rubis. Les parfums présentent une légère note de cuit et des odeurs marquées de mûre. Assez puissant en bouche, avec des arômes de fruits rouges (framboise), ce pineau est équilibré. Jolie longueur.

🕿 EARL Robert Pouilloux et ses Fils, Peugrignoux, 17800 Pérignac, tél. 05.46.96.41.41, fax 05.46.96.35.04 ⓥ ⓣ t.l.j. 8h-12h 14h-20h

RAYON D'OR★

| | n.c. | 50 000 | | 30 à 50 F |

Très ancienne cave coopérative vinicole dont les adhérents exploitent des vignes sur des coteaux argilo-calcaires. De couleur rubis à reflets tuilés, ce pineau rosé possède des arômes de cassis et de framboise très puissants. Long en bouche, souple, bien équilibré, il est harmonieux et séduisant.

🕿 Cave coop. de La Seudre, Fontbedeau, 17200 Saint-Sulpice-de-Royan, tél. 05.46.39.04.31, fax 05.46.39.12.70 ⓥ r.-v.

REMY MARTIN★★

| | n.c. | n.c. | | 50 à 70 F |

Elevé en fût de chêne du Limousin dans la tradition de Rémy Martin, cet assemblage réussi de plusieurs cépages donne un pineau de couleur jaune doré, légèrement ambré. Il se distingue par sa riche palette aromatique déclinant des nuances de fleurs et de fruits. Son ampleur, sa grande longueur en bouche, ses notes de rancio, sa belle rondeur en font un ensemble très harmonieux.

🕿 E. Rémy Martin & Cie Cognac France, 20, rue de la Société-Vinicole, 16100 Cognac, tél. 05.45.35.76.00, fax 05.45.35.02.85

REYNAC★

| | n.c. | n.c. | | 30 à 50 F |

Cette importante coopérative exporte 50 % de sa production dans différents pays. Ce pineau sera un bon ambassadeur : de couleur rose moyen à reflets rose vif, il révèle des arômes très recherchés et variés (goût de cerise, de griotte). Long en bouche, il évoque les fruits rouges à noyau. Très plaisant à boire.

🕿 H. Mounier-Unicoop, 49, rue Lohmeyer, 16100 Cognac, tél. 05.45.82.45.77, fax 05.45.82.03.04 ⓥ r.-v.

ROUSSILLE★

| | 26,5 ha | n.c. | | 50 à 70 F |

Cette maison familiale, créée en 1928, exporte 30 % de sa production en Belgique et au Danemark. Issu des cépages sémillon et ugni blanc, mûris sur des coteaux de groies, ce pineau possède une couleur jaune à reflets orangés très flatteurs. Le nez à dominante florale est complété par des notes de fruits secs qui se fondent dans une bouche pleine, longue et bien équilibrée.

🕿 Pascal Roussille, Libourdeau, 16730 Linars, tél. 05.45.91.05.18, fax 05.45.91.13.83 ⓥ ⓣ r.-v.

CH. SAINT-SORLIN Vieux★

| | 6 ha | n.c. | | 50 à 70 F |

Vieux vignoble appartenant à la même famille depuis 1820, situé sur les coteaux dominant la Gironde. Les vignes sont cultivées et vendangées à la main sans utilisation d'insecticides et d'acaricides. De couleur jaune à reflets dorés, ce pineau aux arômes de tilleul et de fruits secs possède une grande harmonie par sa longueur et son volume en bouche. Très agréable à déguster.

🕿 Ch. Saint-Sorlin, 17150 Saint-Sorlin-de-Conac, tél. 05.46.86.01.27, fax 05.46.70.65.59 ⓥ ⓣ t.l.j. 8h-12h30 14h-20h; dim. sur r.-v.

🕿 Famille Castelnau

SOLEIL D'OLERON★

| | 15 ha | 153 000 | | 30 à 50 F |

Le regroupement progressif de l'ensemble du vignoble coopératif de l'île d'Oléron a donné naissance à une seule et même structure, Viti-Oléron. Aux portes de l'Océan, ce groupe de viticulteurs qui vendangent encore partiellement à la main propose un rosé à dominante de merlot noir. La robe est cuivrée, à reflets légèrement orangés. Evolué au nez, ce pineau offre des notes de noix et de fruits rouges légèrement cuits avec un boisé bien présent. Gras et « rancioté » en bouche, il est « rafraîchi » par une pointe d'acidité agréable.

🕿 Viti-Oléron, B.P. 18, rte de Saint-Denis, 17300 Saint-Pierre-d'Oléron, tél. 05.46.47.00.32, fax 05.46.75.02.23 ⓥ ⓣ r.-v.

PAUL VIGIE★

| | 3 ha | 5 000 | | 30 à 50 F |

Domaine viticole de 16 ha dont les vignes sont plantées sur des terroirs silico-argileux. Ce pineau rosé, à la robe claire légèrement tuilée, plaît par ses arômes intenses de fruits rouges (griotte, framboise). Bien équilibré en bouche avec des notes chocolatées, il offre une belle typicité. Il mérite le détour.

🕿 Dominique Vigié, Roumignac, 17120 Cozes, tél. 05.46.90.94.66, fax 05.46.90.83.69 ⓥ r.-v.

Floc de gascogne

Le floc de gascogne est produit dans l'aire géographique d'appellation bas armagnac, ténarèze et haut armagnac, ainsi que dans toutes les communes répondant aux dispositions du décret du 6 août 1936, définissant l'aire géographique d'appellation armagnac. Cette région viticole fait partie du piémont pyrénéen et se

Floc de gascogne

répartit en trois départements : le Gers, les Landes et le Lot-et-Garonne. Afin de donner une force supplémentaire à l'antériorité de leur production, les vignerons du floc de gascogne ont mis en place un principe nouveau qui n'est ni une délimitation parcellaire telle qu'on la rencontre pour les vins, ni une simple aire géographique telle qu'on la rencontre pour les eaux-de-vie. C'est le principe des listes parcellaires approuvées annuellement par l'INAO.

Les blancs sont issus des cépages colombard, gros manseng et ugni blanc qui doivent ensemble représenter au moins 70 % de l'encépagement, avec pour principaux cépages complémentaires le baroque, la folle blanche, le petit manseng, le mauzac, le sauvignon, le sémillon ; pour les rosés, les cépages sont le cabernet-franc et le cabernet-sauvignon, le cot, le fer servadou ou pinenc, le tannat, le merlot et le gamay. Aucun cépage ne peut dépasser 50 % de l'ensemble depuis la récolte 96.

Les règles de production mises en place par les producteurs sont contraignantes : 3 300 pieds/ha taillés en guyot ou en cordon, nombre d'yeux à l'hectare toujours inférieur à 60 000, irrigation des vignes strictement interdite en toute saison, rendement de base des parcelles inférieur ou égal à 60 hl/ha.

Chaque viticulteur doit, chaque année, souscrire la déclaration d'intention d'élaboration destinée à l'INAO, afin que ce dernier puisse aller vérifier réellement sur le terrain les conditions de production. Les moûts récoltés ne peuvent avoir moins de 110 g/l de sucres de moût. La vendange, une fois égrappée et débourbée, est mise dans un récipient où le moût peut subir un début de fermentation. Aucune adjonction de produits extérieurs n'est possible. Le mutage du moût se fait avec une eau-de-vie d'armagnac d'un compte d'âge minimum 0 et d'un degré minimum de 52 % vol. Le mélange ainsi réalisé sera laissé au repos au minimum pendant neuf mois. Il ne peut sortir des chais avant le 1er septembre de l'année qui suit la récolte. Tous les lots de vins sont dégustés et analysés. En raison de l'hétérogénéité toujours à craindre de ce type de produit, l'agrément se fait en bouteilles.

CH. DU BASCOU

4,5 ha   n.c.   30 à 50 F

Ce grand domaine gascon propose un floc rosé à la robe très intense et au nez complexe d'armagnac, de fruits rouges accompagnés de notes grillées. L'attaque est franche mais l'alcool n'est pas encore assez fondu et procure une impression de chaleur.

🕭 Robert Rouchon, Ch. du Bascou, 32290 Bouzon-Gellenave, tél. 05.62.09.07.80, fax 05.62.09.08.94 ☑ ☥ t.l.j. 9h-19h

DOM. DES CASSAGNOLES★

6 ha   25 000   30 à 50 F

La famille Baumann prouve une fois de plus son savoir-faire avec ce floc rosé, d'un rouge grenat à reflets violets, au nez très concentré de fruits rouges tendant sur le grillé. Très cerise au palais, complexe et puissant, l'ensemble est agréable. Le **blanc**, or tirant sur le jaune paille, ressemble au rosé par son côté de surmaturité avec des notes abricotées. Il offre un bon équilibre et reçoit une citation. Ces deux produits méritent le détour.

🕭 J. et G. Baumann, Dom. des Cassagnoles, EARL de la Ténarèze, 32330 Gondrin, tél. 05.62.28.40.57, fax 05.62.68.23.76 ☑ ☥ r.-v.

DOM. DE CAUMONT

1 ha   2 600   30 à 50 F

A une dizaine de kilomètres des thermes de Barbotan, vous trouverez ce domaine de 8 ha qui vous fera découvrir le charme de ce floc à la belle robe rouge foncé et au nez fruité évoluant vers des notes grillées. Tout est bon, l'attaque, l'équilibre et la longueur. Une bouteille facile à boire.

🕭 Roger Bourdens, Dom. de Caumont, 32240 Lias-d'Armagnac, tél. 05.62.09.63.95, fax 05.62.08.70.14 ☥ r.-v.

LES PRODUCTEURS DE LA CAVE DE CONDOM EN ARMAGNAC

n.c.   n.c.   30 à 50 F

Condom, capitale de la Ténarèze, siège de la cave coopérative, offre de nombreuses richesses touristiques. Le rosé présenté par les producteurs a séduit le jury par sa couleur rose pâle, sa finesse au nez et son goût droit et équilibré.

🕭 Les producteurs de la Cave de Condom en Armagnac, 59, av. des Mousquetaires, 32100 Condom, tél. 05.62.28.12.16, fax 05.62.28.23.94 ☑ ☥ r.-v.

DUC DE LOUSSAC

6 ha   18 000   30 à 50 F

Curiosité de la région du Bas Armagnac, ce château de style normand de la fin du XIX[e]s. est réputé pour ses armagnacs. Il conforte cette renommée avec un floc blanc d'un jaune d'or brillant, au nez puissant et intense. Le palais fruité est marqué par un armagnac de qualité.

🕭 SCA Ch. de Laubade, 32110 Sorbets, tél. 05.62.09.06.02
🕭 Lesgourgues

LES VINS DE LIQUEUR

Floc de gascogne

MICHEL FEZAS**

4 ha   16 000   30 à 50 F

Le domaine de Chiroulet, mot qui signifie sifflet en français, offre un accueil chaleureux ; situé en Ténarèze, perché sur les plus hauts coteaux de Gascogne, il produit, outre ses flocs, des vins de pays de Gascogne. Après un coup de cœur dans le Guide 1998, Michel Fezas propose un rosé de couleur rouge vif légèrement ambré au nez fin, délicat, fruité. Puissance et longueur, mariées à une explosion de fruits rouges en font un floc remarquable. Le **blanc**, jaune paille aux arômes intenses de fruits confits, rond, souple et équilibré, reçoit une étoile.
- Michel Fezas, Dom. de Chiroulet, 32100 Larroque-sur-l'Osse, tél. 05.62.28.02.21, fax 05.62.28.41.56 r.-v.

CH. GARREAU

5,32 ha   5 190   30 à 50 F

Forte personnalité de la région, le Dr Garreau propose deux flocs de bonne tenue, ce qui est la moindre des choses pour celui qui fonda le syndicat de l'AOC. Tous deux portent une belle robe. Le nez est fripon pour le rosé, fruits secs pour le **blanc**. Les deux ont une bonne évolution en bouche avec une certaine ampleur.
- Ch. Garreau, Côtes de la Jeunesse, 40240 Labastide-d'Armagnac, tél. 05.58.44.84.35, fax 05.58.44.87.07 r.-v.

DOM. DE LAFITTE*

0,15 ha   1 500   50 à 70 F

Cette petite exploitation familiale, travaillant sérieusement, a élaboré un rosé de couleur rouge brun soutenu, aux parfums floraux et fruités fins et discrets. Souple, aérien, il est en un mot gouleyant !
- Laurette Saint-Genès, 47170 Lannes, tél. 05.53.65.77.33

DOM. DE LAUROUX*

0,2 ha   1 986   50 à 70 F

Représentant la quatrième génération exploitant cette propriété de la fin du XIXᵉ s., Rémy Fraisse, qui produit des vins de pays blancs, rouges, rosés ainsi que du bas armagnac, propose un floc rosé rouge grenat, au nez de fruits rouges très concentrés. Après une belle attaque où fraîcheur et concentration font bon ménage, s'affirment une bonne structure et une finale chaleureuse. Le **blanc** reçoit une citation : de couleur or brillant, doté d'un nez puissant, il donne une impression chaude en bouche avec beaucoup de gras et une finale intéressante.
- Rémy Fraisse, EARL du Dom. de Lauroux, 32370 Manciet, tél. 05.62.08.56.76, fax 05.62.08.57.44 r.-v.

MAESTROJUAN*

1,4 ha   13 500   50 à 70 F

La famille Maestrojuan n'est plus à présenter, tant ses produits sont réputés dans notre Guide. Toutefois, elle nous surprend avec ce rosé rouge clair très brillant. Le nez fruité, d'une bonne intensité, est très agréable. Si l'attaque est légèrement sucrée, elle n'en est pas moins très fruitée. Puissance, rondeur et longueur en font un produit facile à boire.
- GAEC Bordeneuve-Entras, 32410 Ayguetinte, tél. 05.62.68.11.41, fax 05.62.68.15.32 r.-v.
- Maestrojuan

CH. MILLET*

2 ha   n.c.   30 à 50 F

Malgré ses nombreuses occupations, Francis Dèche a eu le temps d'élaborer deux produits de qualité. Un floc blanc, jaune paille, au nez frais, fruité et bien équilibré, reçoit une citation. On ne s'étonnera pas que Francis Dèche ait été parmi les pionniers de l'AOC floc de gascogne. Le **rosé**, rouge cardinal, au nez léger, offre une bonne intensité gustative qui lui vaut sa citation.
- Francis Dèche, EARL Ch. Millet, 32800 Eauze, tél. 05.62.09.87.91, fax 05.62.09.78.53 t.l.j. 8h-20h

DOM. D'OGNOAS*

2 ha   3 400   30 à 50 F

Ce domaine départemental ouvert toute l'année possède le plus vieil alambic de la région (1804). Vitrine du terroir landais, il fait partie des 70 sites sélectionnés par le Conseil national des arts culinaires. Il présente deux flocs. Ce blanc, jaune paille à reflets brillants, offre un nez fin et fruité, aux arômes jeunes. Très frais en bouche avec des nuances fleuries, il se montre bien équilibré, parfait représentant de l'appellation. Le **rosé**, de couleur rouge clair, est fruité et harmonieux. Il reçoit une citation. Deux produits à boire à tout moment.
- Dom. départemental d'Ognoas, 40190 Arthez-d'Armagnac, tél. 05.58.45.22.11, fax 05.58.45.38.21 t.l.j. sf sam. dim. 9h-12h 14h-18h

PIERRE PHILIP*

0,8 ha   4 000   30 à 50 F

Voici cent ans que la famille Philip s'est installée sur le domaine. Pierre Philip en a pris la direction en 1996. Il a élaboré ce floc très réussi, à la robe rosé clair et limpide, au nez de bonne intensité, légèrement fruité. Équilibré, le palais se montre rond et agréable. Le **blanc**, de belle présentation, jaune pâle très clair, est fruité en bouche mais marqué par l'armagnac. Il reçoit une citation.
- Pierre Philip, Cachelardit, 32100 Cassaigne, tél. 05.62.28.04.04 t.l.j. 9h-12h30 14h-18h30

CH. DE POMES PEBERERE*

2 ha   n.c.   30 à 50 F

Ce viticulteur « engagé », responsable viticole, propriétaire d'une exploitation de 40 ha située dans une région très touristique, propose deux produits de bonne facture : un blanc limpide, brillant, de couleur jaune paille, mariant fleurs et fruits de manière assez complexe. Son attaque moelleuse à saveur miellée, sa bouche souple, équilibrée, et sa finale persistante en font un vin de liqueur de référence. D'un rouge profond, livrant des arômes de fruits rouges, légèrement chocolaté, d'un bon équilibre, le **rosé** est typique de l'appellation. Il est retenu sans étoile.

Macvin du jura

🕭 François Faget, Ch. Pomès-Pébérère, 32100 Condom, tél. 05.62.28.11.53, fax 05.62.28.46.11 ☑ 🍷 t.l.j. sf dim. 9h-12h 14h-19h

DOM. DE SAINT-LANNES

◢ | 1 ha | 2 000 | 🍾 | 50 à 70 F

Président de la Fédération des caves particulières de Gascogne, Michel Duffour a présenté deux flocs, tous deux cités par le jury. Le rosé, aux notes brunes, au nez subtil de bonne tenue, et le **blanc** puissant, épicé, bien équilibré et long au palais, constituent deux produits typés.

🕭 Michel Duffour, Dom. de Saint-Lannes, 32330 Lagraulet, tél. 05.62.29.11.93, fax 05.62.29.12.71 ☑ 🍷 t.l.j. 9h-12h 14h-18h

CH. DE SALLES★★

◻ | 2 ha | n.c. | 30 à 50 F

Le château de Salles, où séjourna le poète Lamartine, alors ami de la famille, produit de remarquables armagnacs. Son floc blanc, de belle couleur or pâle, brillant, offre un nez intense mais très fin, où dominent les notes fleuries. La bouche, d'une très grande harmonie, est bien structurée, équilibrée, longue. Ce produit a fait l'unanimité ; il peut être dégusté et apprécié sur le foie gras, autre produit régional.

🕭 Benoît Hébert, Lagarde, 32370 Salles-d'Armagnac, tél. 05.62.69.03.11, fax 05.62.69.07.18 ☑ 🍷 t.l.j. 9h-12h 14h30-18h30

DOM. SAN DE GUILHEM★

◢ | 1,74 ha | 11 000 | 🍾 | 30 à 50 F

Le président Lalanne a fait mieux qu'en 1997 : il décroche une étoile méritée pour son rosé, rouge franc, d'une grande finesse aromatique, mariant fruits rouges et exotiques. Le parfait équilibre sucre-alcool, le fruité et le volume donnent un floc à déguster pour le plaisir.

🕭 Alain Lalanne, Dom. San de Guilhem, 32800 Ramouzens, tél. 05.62.06.57.02, fax 05.62.06.44.99 ☑ 🍷 t.l.j. 8h-12h 14h-19h

CAPITAINE SANSOT★★

◢ | 0,3 ha | 1 300 | 🍾 | 30 à 50 F

Propriété familiale, dont le vignoble a été reconstitué depuis 1970, située près de l'abbaye cistercienne de Flaran (à 5 km) et d'une base nautique. Elle élabore, en plus des produits viticoles, des conserves et des saveurs d'autrefois (foie gras, confit, etc.). Ce floc d'une jolie teinte rouge rosé possède un nez élégant, fin, tout en nuances, légèrement fruité. La bouche, en harmonie avec le nez, après une attaque fraîche, bien structurée, va crescendo. Le tout ne peut que plaire.

🕭 Christophe Mendousse, Le Capitaine, 32410 Beaucaire-sur-Baïse, tél. 05.62.68.15.16, fax 05.62.68.14.67 ☑ 🍷 r.-v.

CH. DU TARIQUET★★

◻ | 5 ha | n.c. | 50 à 70 F

La famille Grassa, propriétaire depuis 1912 de ce château du XVII^{e}s., conjugue compétence et technicité à travers les différents vins et armagnacs qu'elle élabore, et en particulier à travers ses flocs. Ce blanc, jaune paille à reflets dorés, présente un nez puissant et complexe, aux arômes floraux et fruités que l'on retrouve en bouche. Celle-ci, ronde et puissante, se montre équilibrée et longue. La qualité de l'armagnac n'est pas étrangère à cette réussite. Réussite que l'on retrouve dans le **rosé**, de teinte rouge pâle légèrement orangé, très fruité tant au nez qu'en bouche, et qui reçoit une étoile.

🕭 Ch. du Tariquet, 32800 Eauze, tél. 05.62.09.87.82, fax 05.62.09.89.49 ☑ 🍷 r.-v.

Macvin du jura

Il aurait aussi bien pu s'appeler galant, car c'est le nom qui lui était donné au XIV^{e}s. alors que Marguerite de France, duchesse de Bourgogne, femme de Philippe le Hardi, en faisait son préféré.

Tirant probablement son origine d'une recette des abbesses de l'abbaye de Château-Chalon, le macvin - anciennement maquevin ou marc-vin - a été reconnu en AOC sous le nom de macvin du jura par décret du 14 novembre 1991. C'est en 1976 que la Société de Viticulture engagea une démarche de reconnaissance en AOC. L'enquête fut longue car il fallait trouver un accord sur l'utilisation d'un procédé unique d'élaboration. En effet, au cours du temps, le macvin, d'abord vin cuit additionné d'aromates ou d'épices, est devenu mistelle, élaboré à partir du moût concentré par la chaleur (cuit), puis vin de liqueur muté soit au marc, soit à l'eau-de-vie de vin de Franche-Comté. La méthode la plus courante a été finalement retenue ; il s'agit pour l'AOC d'un vin de liqueur mettant en œuvre du moût ayant subi un tout léger départ en fermentation, muté avec l'eau-de-vie de marc de Franche-Comté à appellation d'origine, provenant de la même exploitation que les moûts. Le moût doit provenir des cépages et de l'aire de production ouvrant droit à l'AOC. L'eau-de-vie doit être « rassise »,

997   **LES VINS DE LIQUEUR**

Macvin du jura

c'est-à-dire vieillie en fût de chêne pendant 18 mois ; après cette ultime association qui se fait sans filtration, le macvin doit se « reposer » pendant un an en fût de chêne, puisque sa commercialisation ne peut se faire avant le 1er octobre de l'année suivant la récolte.

La production, en évolution, se situe à 1 721 hl environ en 1997 (sur 36 ha). Le macvin est un apéritif d'amateur qui rappelle les produits jurassiens à forte influence du terroir. Il complète la gamme des appellations comtoises et s'associe parfaitement à la gastronomie régionale.

BADOZ

| | n.c. | 800 | 70 à 100 F |

Ce macvin est encore adolescent mais possède tous les éléments pour arriver à bonne maturité. Le nez, tout de fleurs blanches est révélateur d'une jeunesse certaine. En bouche, on sent qu'il n'a pas encore affiché sa personnalité. Il est pourtant déjà fondu et présente un bon équilibre.
➥ Bernard Badoz, 15, rue du Collège, 39800 Poligny, tél. 03.84.37.11.85, fax 03.84.37.11.18 ☑ ☒ t.l.j. 8h-13h 14h-20h

CLAUDE BUCHOT***

| | n.c. | 1000 | 70 à 100 F |

Claude Buchot habite Maynal, village viticole du sud-Revermont. Son macvin fait sensation, arrivant second dans cette sélection. Frais au nez, il se révèle riche et gras en bouche. Même si la finale est un peu alcoolisée, l'impression générale est heureuse. A déguster avec un gâteau aux noix.
➥ Claude Buchot, 39190 Maynal, tél. 03.84.85.94.27 ☑ ☒ r.-v.

PHILIPPE BUTIN Vieilli en fût de chêne*

| | n.c. | 1 200 | 70 à 100 F |

Un macvin floral et fruité au nez. Beaucoup de gras en bouche. Le miel domine mais la palette aromatique complexe devrait s'affirmer au cours du vieillissement. Pourtant, il est déjà très fondu et très agréable. A servir très frais. Osez, oui osez, sur un foie gras d'oie.
➥ Philippe Butin, 21, rue de la Combe, 39210 Lavigny, tél. 03.84.25.36.26, fax 03.84.25.39.18 ☑ ☒ r.-v.

CAVEAU DES BYARDS***

| | 0,5 ha | 2 300 | 70 à 100 F |

« Une robe claire d'été », note un de nos dégustateurs. C'est vrai qu'il rappelle l'été, ce macvin, les longues soirées entre amis et le melon qu'il va si bien accompagner. Très riche et élégant au nez, il n'a rien de brutal. Dès la mise en bouche, on a une bonne impression. Un goût de miel au sein d'un parfait équilibre caresse nos papilles. Une très belle bouteille.
➥ Caveau des Byards, 39210 Le Vernois, tél. 03.84.25.33.52, fax 03.84.25.38.02 ☑ ☒ r.-v.

DANIEL ET PASCAL CHALANDARD**

| | n.c. | 600 | 70 à 100 F |

C'est un macvin rosé, conçu à partir de poulsard et de pinot qu'il nous a été donné de déguster. Il offre un joli fruité au nez. Assez harmonieuse, la fin de bouche est remarquée pour ses notes de raisin et de griotte. Le « fruit » du poulsard est bien mis en valeur dans l'assemblage.
➥ Daniel et Pascal Chalandard, Caveau du Vieux-Pressoir, 39210 Le Vernois, tél. 03.84.25.31.15, fax 03.84.25.37.62 ☑ ☒ r.-v.

DENIS CHEVASSU

| | n.c. | 800 | 70 à 100 F |

Dans cette exploitation de polyculture, la vigne tient une grande place. Toute la gamme des vins du Jura y est d'ailleurs représentée. Ce macvin jaune paille est discret mais élégant au nez. Un peu timide en bouche, il fait preuve d'une simplicité qui n'empêche pas une certaine finesse. A privilégier en apéritif...
➥ Denis Chevassu, Granges Bernard, 39210 Ménétru-le-Vignoble, tél. 03.84.85.23.67 ☑ ☒ r.-v.

DOM. VICTOR CREDOZ*

| | n.c. | 1 700 | 70 à 100 F |

Au domaine Crédoz, c'est un moût de savagnin qui a été muté pour élaborer ce macvin. Le nez est un peu pointu, sans doute parce qu'il est jeune. En bouche, on sent une note grillée venant du fût neuf, mais sans que cela porte atteinte à la finesse aromatique, bien au contraire. Une agréable bouteille.
➥ Dom. Victor Credoz, 39210 Ménétru-le-Vignoble, tél. 03.84.85.26.98, fax 03.84.44.62.41 ☒ t.l.j. 8h-12h 14h-20h

DOM. FORET***

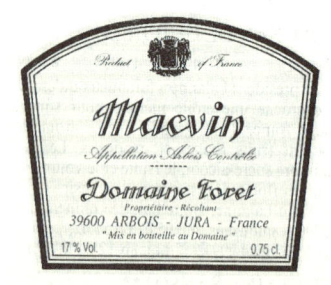

| | 0,5 ha | 1000 | 70 à 100 F |

Est-ce du mimétisme ? Ce macvin possède la couleur ocre doré du dôme bulbeux de l'église Saint-Just d'Arbois, édifiée aux XIIe et XIIIes. Bien concentré au nez, il développe des notes de figue et de raisins secs. Le moût de chardonnay et de savagnin s'est délicatement marié avec le marc pour donner une bouche harmonieuse et fondue, au goût de figue bien mûre. Avec une tarte aux pommes, il n'en sera que meilleur.
➥ Dom. Foret, 13, rue de la Faïencerie, 39600 Arbois, tél. 03.84.66.23.01, fax 03.84.66.10.98 ☑ ☒ t.l.j. 8h-12h 13h30-19h30

Macvin du jura

Dom. Michel Geneletti★

| | 0,25 ha | 1 300 | 🍷 70 à 100 F |

Superbe robe vieil or ! Le caractère herbacé rend le nez de macvin presque agressif, mais cette note devrait se fondre pour que se développe un fond fruité qui ne demande qu'à mieux s'exprimer. Le mariage moût/alcool n'est pas encore consommé, mais ce sera une union heureuse. Des éléments prometteurs sont en effet réunis dans cette bouteille.

➥ Dom. Michel Geneletti et Fils, 373, rue de l'Eglise, 39570 L'Etoile, tél. 03.84.47.46.25, fax 03.84.47.38.18 ✉ ☎ r.-v.

Dom. Grand Freres★

| | n.c. | 8 000 | 🍷 70 à 100 F |

Elaboré à partir d'un moût de chardonnay provenant uniquement de vieilles vignes, ce macvin a la couleur de la paille d'orge et le nez discret d'un miel de fleurs des champs. C'est une bouche équilibrée qu'il nous est permis d'apprécier, sur un fond de fruits mûrs, de confiture et de miel.

➥ Dom. Grand Frères, rte de Frontenay, 39230 Passenans, tél. 03.84.85.28.88, fax 03.84.44.67.47 ✉ ☎ t.l.j. 9h-12h 14h-18h

Dom. de La Pinte★★

| | n.c. | 1 500 | 🍷 70 à 100 F |

Le cépage roi de ce domaine, c'est le savagnin. C'est lui qui est à la base de ce macvin. Raisins secs et curry au nez : voilà un bien beau prélude d'une bouche ronde et aromatique, qui n'est pas sans rappeler le vin jaune. C'est un macvin très « terroir », riche et harmonieux, qui pourrait parfaitement s'unir à un foie gras poêlé.

➥ Dom. de La Pinte, rte de Lyon, 39601 Arbois Cedex, tél. 03.84.66.06.47, fax 03.84.66.24.58 ✉ ☎ t.l.j. 9h-12h 14h-18h; sam. dim. sur r.-v.

Ligier Pere et Fils

| | n.c. | 2 000 | 🍷 70 à 100 F |

Ce macvin a la fougue de la jeunesse. L'alcool domine encore, tant au nez qu'en bouche. Un vieillissement est encore nécessaire pour donner plus de rondeur. Cet apéritif de l'an 2000 est en effet prometteur.

➥ Ligier Père et Fils, 7, rte de Poligny, 39380 Mont-sous-Vaudrey, tél. 03.84.71.74.75, fax 03.84.81.59.82 ✉ ☎ r.-v.

Desire Petit et Fils★

| | 0,5 ha | 3 000 | 🍷 70 à 100 F |

Désiré Petit fut, en 1932, le fondateur de ce domaine. Ses deux fils Gérard et Marcel ont repris l'exploitation. S'il est un peu déroutant sur le plan aromatique, leur macvin n'en est pas moins tout à fait désirable, très riche, avec une belle finale en bouche.

➥ Désiré Petit, 39600 Pupillin, tél. 03.84.66.01.20, fax 03.84.66.26.59 ✉ ☎ r.-v.

Marie-Claude Robelin et Fils★★

| | 0,7 ha | 4 450 | 🍷 70 à 100 F |

Belle robe jaune pâle. Le nez est très fruité, agrémenté de discrets parfums de vieux marc. Très gras en bouche, ce macvin offre une superbe alliance de l'alcool et du moût et une très grande ampleur qui finit sur des notes de fruits confits. On sent les raisins bien mûrs, presque surmaturés, saisis par le marc.

➥ Marie-Claude Robelin et Fils, pl. de l'Eglise, 39210 Voiteur, tél. 03.84.25.33.30, fax 03.84.85.26.03 ✉ ☎ t.l.j. 10h-12h 14h-19h

Claude Rousselot-Pailley★

| | n.c. | 2 000 | 🍷 70 à 100 F |

Une belle robe couleur paille. Le nez est à la fois minéral et empyreumatique. La bouche est simple mais très équilibrée et affiche une belle longueur. Une pointe d'acidité assure une certaine fraîcheur qui ne peut être qu'appréciée.

➥ Claude Rousselot-Pailley, 140, rue Neuve, 39210 Lavigny, tél. 03.84.25.38.38, fax 03.84.25.31.25 ✉ ☎ r.-v.

Andre et Mireille Tissot★

| | 0,9 ha | 5 000 | 🍷 70 à 100 F |

Belle robe dorée. Le nez est légèrement marqué par l'alcool mais il reste typique. Puissant et assez vif en bouche, ce macvin a besoin de vieillissement pour s'harmoniser.

➥ André et Mireille Tissot, 39600 Montigny-lès-Arsures, tél. 03.84.66.08.27, fax 03.84.66.25.08 ✉ ☎ r.-v.

Jacques Tissot★★

| | 1 ha | n.c. | 🍷 70 à 100 F |

« Salade de fruits, jolie, jolie… », chantait Bourvil. Au-delà de cet air gai et entraînant, vous pourrez constater que ce macvin s'accorde parfaitement avec cette composition fruitée. Le nez de raisins très mûrs et sa pointe d'épices attire irrésistiblement. La bouche fondue, équilibrée, dégage des notes de fruits confits et de miel et tapisse le palais d'un heureux souvenir.

➥ Dom. Jacques Tissot, 39, rue de Courcelles, 39600 Arbois, tél. 03.84.66.14.27, fax 03.84.66.24.88 ✉ ☎ r.-v.

Jean-Louis Tissot

| | n.c. | 400 | 🍷 70 à 100 F |

Le moût qui a été muté pour élaborer ce macvin est issu du cépage savagnin, qui sert également à l'élaboration du fameux vin jaune. Sous une parure éclatante, se développe un nez discrètement fruité ; la bouche demande à vieillir pour qu's'affine l'assemblage moût/alcool.

➥ Jean-Louis Tissot, Vauxelles, 39600 Montigny-lès-Arsures, tél. 03.84.66.13.08, fax 03.84.66.08.09 ✉ ☎ t.l.j. 9h30-12h 14h-18h; dim. sur r.-v.

Fruitiere Vinicole de Voiteur★★

| | n.c. | 3 000 | 🍷 70 à 100 F |

Couleur bronze, ce macvin sent la fougère et le sous-bois. Bien fondu, riche et gras, il se garde bien en bouche et offre une belle rétro-olfaction. Il a tant de choses à exprimer ! Fruits secs, fruits mûrs, il n'arrête pas de nous parler de la Franche-Comté. C'est à boire ou à attendre mais à apprécier avec délectation !

➥ Fruitière vinicole de Voiteur, 60, rue de Nevy-sur-Seille, 39210 Voiteur, tél. 03.84.85.21.29, fax 03.84.85.27.67 ✉ ☎ r.-v.

999   LES VINS DE LIQUEUR

LES VINS DE PAYS

Si l'expression « vins de pays » est employée depuis 1930, ce n'est que récemment qu'elle est devenue familière pour désigner officiellement certains « vins de table portant l'indication géographique du secteur, de la région ou du département d'où ils proviennent ». C'est en effet par le décret général du 4 septembre 1979 modifié, qu'une réglementation spécifique a déterminé leurs conditions particulières de production, recommandant notamment l'utilisation de certains cépages et fixant des rendements plafonds. Des normes analytiques, tels la teneur en alcool, l'acidité volatile ou les dosages de certains additifs autorisés, ont été établies, permettant de contrôler et de garantir au consommateur un niveau de qualité qui place les vins de pays parmi les meilleurs vins de table français. Comme les vins d'appellations, les vins de pays sont soumis à une procédure d'agrément rigoureuse complétée par une dégustation spécifique ; mais, alors que les vins d'AOC sont placés sous la tutelle de l'INAO, c'est l'Office national interprofessionnel des vins (ONIVINS) qui assure celle des vins de pays. Avec les organismes professionnels agréés et les syndicats de défense de chaque vin de pays, l'ONIVINS participe en outre à leur promotion, tant en France que sur les marchés extérieurs, où ils ont pu conquérir une place relativement importante.

Il existe trois catégories de vins de pays, selon l'extension de la zone géographique dans laquelle ils sont produits et qui compose leur dénomination. Les premiers sont désignés sous le nom du département de production, à l'exclusion bien sûr des départements dont le nom est aussi celui d'une AOC (Jura, Savoie ou Corse) ; les seconds, vins de pays de zone ; les troisièmes sont dits « régionaux », issus de quatre grandes zones regroupant plusieurs départements et pour lesquels des assemblages sont autorisés afin de garantir une expression constante. Il s'agit du vin de pays du Jardin de la France (Val de Loire), du vin de pays du Comté tolosan, du vin de pays d'Oc, et du vin de pays des Comtés rhodaniens. Chaque catégorie de vin de pays est soumise aux conditions générales de production dictées par le décret de 1979. Mais pour chaque vin de pays de zone et chaque vin de pays régional, il existe en plus un décret spécifique mentionnant les conditions de production plus restrictives auxquelles ces vins sont soumis.

Les vins de pays, dont 7,8 millions d'hectolitres font l'objet d'un agrément, sont essentiellement vinifiés par des coopératives. Entre 1980 et 1992, les volumes agréés en vin de pays ont pratiquement doublé (4 à 7,8 millions hl). Les vins de pays agréés en « vin primeur ou nouveau » représentent aujourd'hui 200 à 250 000 hl. Les vinifications en vin de cépage prennent également beaucoup d'importance. La plus grande part (85 %) est issue des vignobles du Midi. Vins simples mais de caractère, ils n'ont d'autre prétention que d'accompagner agréablement les repas quotidiens, ou de participer, dans les étapes des voyages, à la découverte des régions dont ils sont issus, accompagnant les mets selon les usages habituels de leurs types. L'ensemble des zones de production est présenté ci-dessous selon le découpage régional de la législation spécifique des dénominations de vins de pays, qui ne correspond pas à celui des régions viticoles d'AOC ou AOVDQS. Notez que le décret du 4 mai 1995 exclut des zones autorisées à produire des Vins de Pays les départements du Rhône, du Bas-Rhin, du Haut-Rhin, de la Gironde, de la Côte d'Or et de la Marne.

La vallée de la Loire — Jardin de la France

Vallée de la Loire

Les vins de pays du Jardin de la France, dénomination régionale, représentent, à l'heure actuelle, 95 % de l'ensemble des vins de pays produits en vallée de la Loire ; une vaste région qui regroupe treize départements : Maine-et-Loire, Indre-et-Loire, Loiret, Loire-Atlantique, Loir-et-Cher, Indre, Allier, Deux-Sèvres, Sarthe, Vendée, Vienne, Cher, Nièvre. A ces vins s'ajoutent les vins de pays de départements et les vins de pays à dénominations locales qui sont ici : les vins de pays de Retz (au sud de l'estuaire de la Loire), des Marches de Bretagne (au sud-est de Nantes) et des Coteaux charitois (aux alentours de la Charité-sur-Loire).

La production globale s'établit aujourd'hui à 600 000 hl et repose sur les cépages traditionnels de la région. Les vins blancs qui représentent 45 % de la production sont secs, frais et fruités, et principalement issus des cépages chardonnay, sauvignon et grolleau gris. Les vins rouges et rosés proviennent, quant à eux, des cépages gamay, cabernet et grolleau noir.

Ces vins de pays sont, en général, à boire jeunes. Cependant, dans certains millésimes, le cabernet peut se bonifier en vieillissant.

Jardin de la France

LAURANCE ACKERMAN
Cabernet 1997*

| | n.c. | n.c. | -30 F |

Ce vin rouge, issu de cabernet, à la robe rubis aux reflets vifs, possède des nuances odorantes fines de fruits rouges. Il est léger, harmonieux et équilibré.

Laurance Ackerman, rue Léopold-Palustre, 49400 Saint-Hilaire-Saint-Florent, tél. 02.41.53.03.20, fax 02.41.53.03.29

AIME BOUCHER Chardonnay 1997*

| | n.c. | 150 000 | -30 F |

La bonne maîtrise des températures permet l'élaboration de vins de qualité. Ici, les chais ont choisi le modèle du Nouveau Monde. Ce chardonnay arbore une belle robe jaune pâle. Après un nez expressif, on retrouve la typicité des arômes en bouche qui font tout l'attrait de ce vin de cépage bien réussi.

SA Bougrier, 1, rue des Vignes, 41400 Saint-Georges-sur-Cher, tél. 02.54.32.31.36, fax 02.54.71.09.61 r.-v.

DOM. DES AUDINIERES
Cabernet 1997**

| | 0,5 ha | 2 500 | -30 F |

Situé à 10 km de Clisson, ce domaine de 17 ha a proposé un **gamay 97**, deux étoiles, et ce superbe cabernet à la couleur rubis brillante. Son nez de fruits rouges et ses arômes puissants en bouche s'expriment avec harmonie et longueur. Fin et équilibré, un vin à boire dans quelques mois.

Jean-Luc Guittet, Les Audinières, 49230 Saint-Crespin-sur-Moine, tél. 02.41.70.46.95, fax 02.41.70.04.99 t.l.j. sf dim. 8h-12h 14h-18h

DOM. DE BEAUREGARD Gamay 1997

| | 2 ha | 10 000 | -30 F |

Ce gamay présente une belle couleur rouge rubis intense, un nez à dominante de fruits rouges (mûre, groseille) et une attaque en bouche franche. Les tanins sont bien présents, mais ne dénaturent pas le type très aromatique de ce vin. Bonne harmonie générale.

SCEA Henri Grégoire, Beauregard, 44330 Mouzillon, tél. 02.40.33.93.80, fax 02.40.36.37.88 r.-v.

DOM. DES BONNES GAGNES
Sauvignon 1997*

| | 2 ha | 5 000 | -30 F |

Situé à 2 km du château de Brissac, ce domaine possède 28 ha. Ce sauvignon assez typé, comme le montre le nez de buis, est souple et bien équilibré. Il possède des arômes végétaux de type genêt, une bouche harmonieuse et une jolie fraîcheur.

Jean-Marc Héry, Orgigné, 49320 Saint-Saturnin-sur-Loire, tél. 02.41.91.22.76, fax 02.41.91.21.58 t.l.j. 9h-12h 14h-19h30; dim. sur r.-v.

1 Vin de pays des Coteaux de Coiffy
2 Vin de pays de Franche-Comté
3 Vin de pays de Retz
4 Vin de pays des Marches de Bretagne
5 Vin de pays des Coteaux du Cher et de l'Arnon
6 Vin de pays des Coteaux Charitois
7 Vin de pays du Bourbonnais
8 Vin de pays d'Allobrogie
9 Vin de pays d'Urfé
10 Vin de pays des Balmes Dauphinoises
11 Vin de pays des Coteaux du Grésivaudan
12 Vin de pays des Coteaux de l'Ardèche
13 Vin de pays des Collines Rhodaniennes
14 Vin de pays des Coteaux des Baronnies
15 Vin de pays du Comté de Grignan
16 Vin de pays des Coteaux du Verdon
17 Vin de pays de Mont-Caume
18 Vin de pays des Maures
19 Vin de pays d'Argens
20 Vin de pays de la Petite Crau
21 Vin de pays d'Aigues
22 Vin de pays de la Principauté d'Orange

23 Vin de pays des Sables du Golfe du Lion
24 Vin de pays du Duché d'Uzès
25 Vin de pays des Cévennes
26 Vin de pays de la Vistrenque
27 Vin de pays des Côtes du Vidourle
28 Vin de pays de la Vaunage
29 Vin de pays des Coteaux de Cèze
30 Vin de pays des Coteaux du Pont du Gard
31 Vin de pays du Val de Montferrand
32 Vin de pays du Mont Baudile
33 Vin de pays des Côtes du Ceressou
34 Vin de pays des Monts de la Grage
35 Vin de pays des Coteaux d'Enserune
36 Vin de pays des Coteaux du Libron
37 Vin de pays de Pézenas
38 Vin de pays des Coteaux de Murviel
39 Vin de pays des Coteaux de Laurens
40 Vin de pays des Côtes de Thongue
41 Vin de pays de la Bénovie
42 Vin de pays de Cassan
43 Vin de pays de la Haute Vallée de l'Orb
44 Vin de pays des Gorges de l'Hérault
45 Vin de pays des Coteaux de Bessilles
46 Vin de pays de l'Ardailhou
47 Vin de pays des Côtes du Brian
48 Vin de pays de Cessenon
49 Vin de pays des Coteaux du Salagou
50 Vin de pays de la Vicomté d'Aumelas
51 Vin de pays des Collines de la Moure
52 Vin de pays de Caux
53 Vin de pays des Coteaux de Foncaude
54 Vin de pays de Bessan
55 Vin de pays de Bérange
56 Vin de pays des Côtes de Thau
57 Vin de pays des Coteaux de Peyriac
58 Vin de pays de la Haute Vallée de l'Aude
59 Vin de pays des Coteaux de Narbonne
60 Vin de pays des Côtes de Prouilhe
61 Vin de pays de la Cité de Carcassonne
62 Vin de pays de Cucugnan
63 Vin de pays du Val de Dagne
64 Vin de pays des Coteaux du Littoral Audois
65 Vin de pays des Côtes de Pérignan
66 Vin de pays des Coteaux de la Cabrerisse
67 Vin de pays des Hauts de Badens
68 Vin de pays des Côtes de Lézignan
69 Vin de pays du Torgan
70 Vin de pays des Côtes de Lastours
71 Vin de pays du Val de Cesse
72 Vin de pays des Coteaux du Termenès
73 Vin de pays de la Vallée du Paradis
74 Vin de pays des Coteaux de Miramont
75 Vin de pays d'Hauterive en Pays d'Aude
76 Vin de pays du Val d'Orbieu

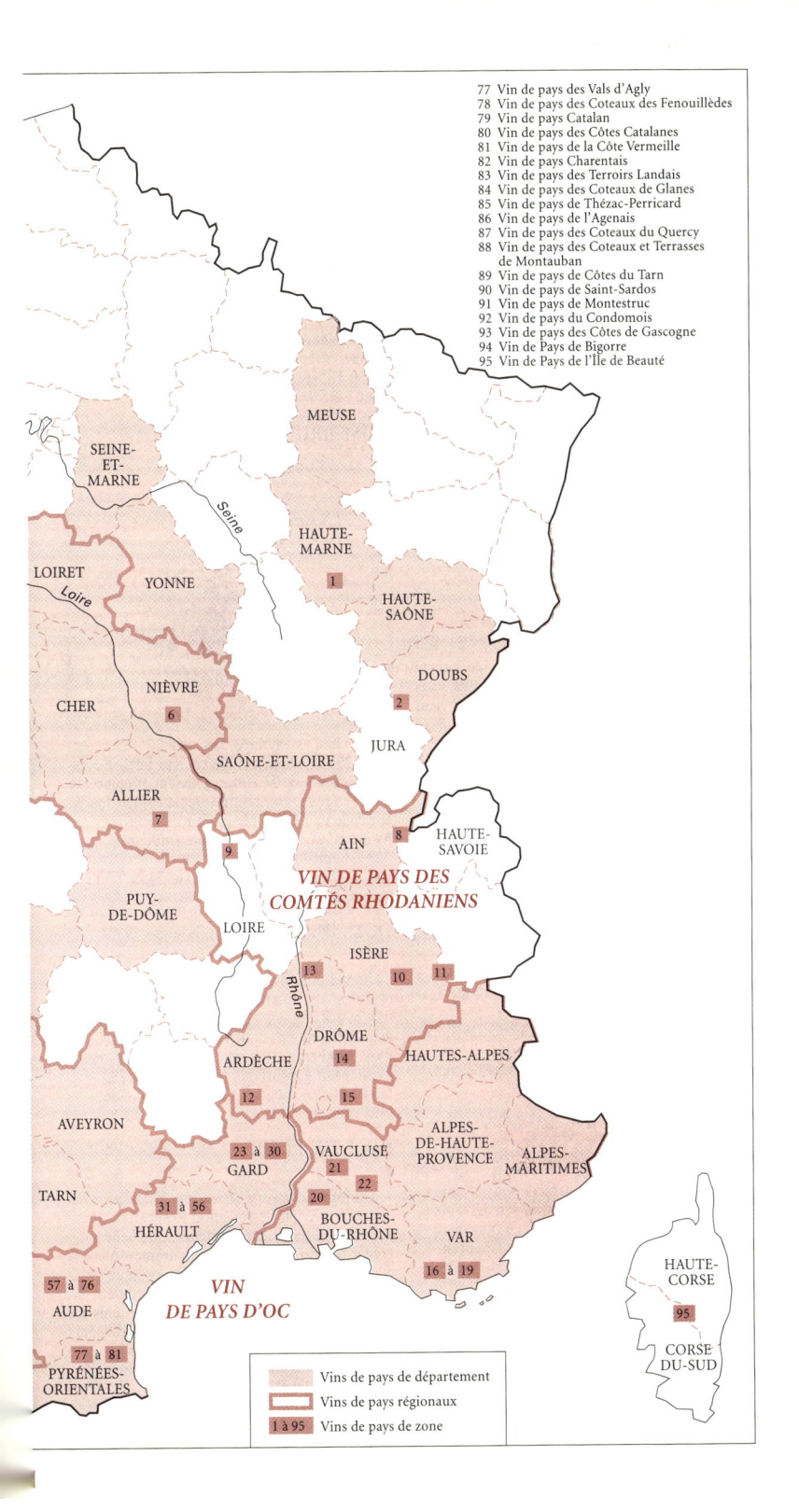

77 Vin de pays des Vals d'Agly
78 Vin de pays des Coteaux des Fenouillèdes
79 Vin de pays Catalan
80 Vin de pays des Côtes Catalanes
81 Vin de pays de la Côte Vermeille
82 Vin de pays Charentais
83 Vin de pays des Terroirs Landais
84 Vin de pays des Coteaux de Glanes
85 Vin de pays de Thézac-Perricard
86 Vin de pays de l'Agenais
87 Vin de pays des Coteaux du Quercy
88 Vin de pays des Coteaux et Terrasses de Montauban
89 Vin de pays de Côtes du Tarn
90 Vin de pays de Saint-Sardos
91 Vin de pays de Montestruc
92 Vin de pays du Condomois
93 Vin de pays des Côtes de Gascogne
94 Vin de Pays de Bigorre
95 Vin de Pays de l'Île de Beauté

VIN DE PAYS DES COMTÉS RHODANIENS

VIN DE PAYS D'OC

Vins de pays de département
Vins de pays régionaux
1 à 95 Vins de pays de zone

La vallée de la Loire — Jardin de la France

GUY BOSSARD Cabernet 1997★★
■　　　1,5 ha　　9 000

Guy Bossard a fait le choix de la culture biologique depuis 1975. Le résultat, notamment pour son cabernet, est étonnant. C'est un vin d'une grande richesse, rond, bien structuré, alcooleux et long en bouche avec des arômes de fruits mûrs très développés. Tous ces éléments contribuent à en faire un vin remarquable.
☞ Guy Bossard, La Bretonnière, 44430 Le Landreau, tél. 02.40.06.40.91, fax 02.40.06.46.79 ☑ ♈ r.-v.

BOUIN-BOUMARD
Marches de Bretagne Gamay 1997★
■　　　1,5 ha　　10 000

Derrière une robe rubis intense, ce gamay offre un nez fruité et des arômes légers mais francs en bouche. Bien équilibré, ce vin convient parfaitement à la charcuterie. Le **cabernet 97** a obtenu une citation.
☞ Jean-Paul Bouin-Boumard, La Recivière, 44330 Mouzillon, tél. 02.40.33.90.37, fax 02.40.36.35.97 ☑ ♈ t.l.j. 9h-20h

BRANGEON-GUINARD Cabernet 1997
■　　　8 ha　　n.c.

Derrière une robe rouge soutenu se cachent des arômes de fruits mûrs assez intenses (cerise) que l'on retrouve en bouche. Des tanins bien présents et une certaine persistance aromatique confèrent à ce vin une bonne structure. À servir en carafe, pour accompagner une viande en sauce ou du gibier. Le **chardonnay 97** a été également cité par le jury.
☞ EARL Brangeon-Guinard, La cour de Blois, 49270 Saint-Christophe-la-Couperie, tél. 02.40.83.77.04, fax 02.40.83.77.05 ☑ ven. sam. 8h-19h

DOM. DU CHAMP-CHAPRON
Gamay 1997★
◢　　　5 ha　　30 000

Fraîcheur et élégance caractérisent ce gamay rosé. Ses arômes fins en font un vin agréable et harmonieux, d'une bonne tenue en bouche.
☞ SCA Suteau Ollivier, Le Champ-Chapron, 44450 Barbechat, tél. 02.40.03.65.27, fax 02.40.33.34.43 ☑ ♈ ven. sam. 9h-20h

CŒUR DE CRAY Chardonnay 1997★★
□　　　3 ha　　32 000

Un viticulteur de Montlouis et un négociant anglais ont passé un accord de partenariat pour produire ce vin de plaisir. Très aromatique, très équilibré, ce chardonnay se mariera avec les poissons de la Loire au beurre blanc.
☞ Paul Boutinot, La Chapelle de Cray, Rte de l'Aquarium, 37400 Lussault-sur-Loire, tél. 02.47.57.17.74, fax 02.47.57.11.97

DOM. DU COLOMBIER
Chardonnay 1997★
□　　　1 ha　　10 000

Ce chardonnay ne demande qu'à s'exprimer. Derrière une robe jaune paille, il offre un nez typique de noisette, puis une bouche longue et équilibrée, légèrement épicée. Le **gamay 97**, agréable et fruité, a obtenu une citation.
☞ Jean-Yves Bretaudeau, Le Colombier, 49230 Tillières, tél. 02.41.70.45.96, fax 02.41.70.68.79 ☑ ♈ r.-v.

DOM. BRUNO CORMERAIS 1997★★
■　　　1 ha　　4 000

Un vin d'assemblage, associant 80 % de cabernet à 20 % d'abouriou. De couleur intense presque pourpre, ce 97 au nez puissant et complexe de fruits rouges se montre souple et bien fondu, et révèle une harmonie parfaite.
☞ Bruno Cormerais, La Chambaudière, 44190 Saint-Lumine-de-Clisson, tél. 02.40.03.85.84, fax 02.40.06.68.74 ☑ ♈ t.l.j. sf dim. 10h-19h

DOM. DE FLINES Grolleau gris 1997★
□　　　3,2 ha　　15 000

Ce vin possède une belle robe aux reflets gris et dorés, des nuances aromatiques discrètes et une bouche agréable, légère et fruitée. Le **chardonnay 97** obtient également une citation.
☞ C. Motheron, 102, rue d'Anjou, 49540 Martigné-Briand, tél. 02.41.59.42.78, fax 02.41.59.45.60 ☑ ♈ t.l.j. 9h-12h 14h-18h; sam. dim. sur r.-v.

DOM. DU FOUR A CHAUX Côt 1997★
■　　　1 ha　　4 000

Un four à chaux présent sur la propriété vient d'être rénové par l'association Résurgence. Il est aujourd'hui ouvert aux visiteurs. Une belle robe grenat foncé habille ce vin aux arômes intenses et complexes de raisins bien mûrs, presque rôtis, aux nuances de torréfaction. La matière se dévoile en bouche : les tanins sont là mais de bonne qualité. Vin original, bien fait, à consommer d'ici un à deux ans.
☞ GAEC Norguet, Berger, 41100 Thoré-la-Rochette, tél. 02.54.77.12.52, fax 02.54.77.86.18 ☑ ♈ r.-v.

La vallée de la Loire — Jardin de la France

GILBERT GANICHAUD
Chardonnay 1997★★

	n.c.	n.c.	

L'exploitation, avec ses terroirs diversifiés, a permis par un assemblage judicieux l'obtention de ce superbe chardonnay de couleur paille. Sa persistance aromatique et sa puissance en bouche en font un vin riche et agréable.
➥ Gilbert Ganichaud et Fils, 9, rte d'Ancenis, 44330 Mouzillon, tél. 02.40.33.93.40, fax 02.40.36.38.79 ☑ ☸ t.l.j. sf dim. 8h-13h 14h-20h

DOM. DE GATINES Gris de Gris 1997★

	2,5 ha	4 000	

Le domaine des Gâtines est situé non loin de la propriété de Gérard Depardieu sur la commune de Tigné, au cœur du vignoble d'Anjou. Les sols de cette région conviennent parfaitement bien à la culture du grolleau gris. Ce vin gris est très réussi. Sa robe légèrement rosée et limpide, son nez très intense et fruité (fraise, framboise) et sa souplesse en bouche en font un vin agréable et facile à boire.
➥ EARL Desserve, Dom. de Gatines, 12, rue de la Boulaie, 49540 Tigné, tél. 02.41.59.41.48, fax 02.41.59.94.44 ☑ ☸ t.l.j. sf dim. 8h-12h30 14h-19h

DOMINIQUE GUERIN
Cuvée Prestige Chardonnay 1997

	2,2 ha	12 000	

Du melon de Bourgogne au chardonnay... on est ici en plein pays du muscadet. Eh bien ! il n'est pas mal du tout ce chardonnay. La robe jaune pâle à reflets gris-vert fait découvrir un vin simple, floral et élégant. Gras et bien structuré il offre un bon équilibre.
➥ EARL Dominique Guérin, Les Corbeillères, 44330 Vallet, tél. 02.40.36.27.37, fax 02.40.36.27.37 ☑ ☸ r.-v.

DOM. DES HAUTES NOELLES
Gamay 1997★

	3 ha	20 000	

Après les récoltes manuelles, les raisins sont triés. La macération carbonique a duré quatre jours. Cette vinification classique du gamay a donné un vin où dominent le fruit rouge et le bonbon anglais. À boire dès à présent.
➥ Serge Batard, La Haute Galerie, 44710 Saint-Léger-les-Vignes, tél. 02.40.31.53.49, fax 02.40.04.87.80 ☑ ☸ r.-v.

DOM. DES HAUTES OUCHES
Chardonnay 1997★

	1,2 ha	n.c.	

Un chardonnay d'argilo-calcaire vinifié en macération pelliculaire. Une robe jaune d'or profond annonce les arômes exotiques (pamplemousse rose) ; l'équilibre et la rondeur en bouche confèrent à ce vin beaucoup de charme.
➥ EARL Joël et Jean-Louis Lhumeau, 9, rue Saint-Vincent, 49700 Brigné-sur-Layon, tél. 02.41.59.30.51, fax 02.41.59.31.75 ☑ ☸ r.-v.

CAVE DU HAUT-POITOU Gamay 1997★

■	20 ha	120 000	

C'est Georges Dubœuf, « l'homme du beaujolais », qui préside aujourd'hui aux destinées de la cave du Haut-Poitou. La robe de ce gamay est rouge cerise nuancé de grenat. Les senteurs de fruits rouges sont délicates, élégantes et légères. Ensuite, apparaît une note minérale annonçant un vin équilibré et structuré. Cette harmonie se confirme dans une bouche dénuée d'agressivité, tout en finesse. Longtemps après la dégustation les impressions de fruité enchantent nos papilles.
➥ SA Cave du Haut-Poitou, 32, rue Aphonse-Plault, B.P. 5, 86170 Neuville-de-Poitou, tél. 05.49.51.21.65, fax 05.49.51.16.07 ☑ ☸ r.-v.

HUTEAU-HALLEREAU Gamay 1997

■	n.c.	n.c.	

C'est un gamay à la robe cerise, limpide et brillante, au nez subtil alliant des nuances aromatiques très diverses (tilleul, poire, fruits secs et bourgeon de cassis). La bouche est souple, agréable et bien équilibrée.
➥ Huteau-Hallereau, 41, rue Saint-Vincent, 44330 Vallet, tél. 02.40.33.93.05, fax 02.40.36.29.26 ☑ ☸ r.-v.

LACHETEAU Chardonnay 1997★

	n.c.	100 000	

Ce chardonnay d'une belle couleur jaune d'or, au nez discret, possède une bouche fruitée, équilibrée et ample ; la finale offre des arômes d'abricot persistants.
➥ SA Lacheteau, Z.I. de la Saulaie, 49700 Doué-la-Fontaine, tél. 02.41.59.26.26, fax 02.41.59.01.94 ☸ r.-v.

DOM. DE LA COUCHETIERE
Grolleau 1997

■	3 ha	n.c.	

La robe est rouge griotte ; les arômes de fruits mûrs et de pain grillé sont très originaux. La bouche, après une bonne attaque, se montre légère et soyeuse. Ce vin révélera son potentiel d'ici quelques mois.
➥ GAEC Brault, Dom. de la Couchetière, 49380 Notre-Dame-d'Allençon, tél. 02.41.54.30.26, fax 02.41.54.40.98 ☑ ☸ r.-v.

DOM. DE LA COUPERIE Gamay 1997★

◪	2 ha	3 000	

Ce gamay, d'un rose saumoné, offre un nez expressif faisant ressortir des arômes de primeur (banane). Ce côté fruité se retrouve en bouche, accompagné d'une certaine rondeur. C'est un vin équilibré et typique, à servir avec un poisson en sauce.
➥ EARL Claude Cogné, La Couperie, 49270 Saint-Christophe-la-Couperie, tél. 02.40.83.73.16, fax 02.40.83.76.71 ☑ ☸ r.-v.

DOM. DE LA GACHERE
Grolleau gris 1997★★

	13 ha	80 000	

Venu des Deux-Sèvres, ce grolleau gris a séduit le jury par sa robe gris clair nuancé de rose, son nez intense, floral et fruité (pêche). Ce vin très riche et rond, d'une remarquable harmo-

LES VINS DE PAYS

La vallée de la Loire — Jardin de la France

nie, possède une grande persistance. Le **rosé** du domaine a été aussi très apprécié des dégustateurs.
☛ GAEC Claude Lemoine, La Gachère, 79290 Saint-Pierre-à-Champ, tél. 05.49.96.81.03, fax 05.49.96.32.38 ☑ ⊻ r.-v.

LES VIGNERONS DE LA NOELLE
Grolleau 1997*

| | 3 ha | 20 000 | | -30 F |

Ce grolleau, au nez fruité dégageant des arômes de fruits rouges et plus particulièrement de framboise, développe une attaque franche en première bouche. C'est un vin équilibré et harmonieux.
☛ Les Vignerons de La Noëlle, bd des Alliés, B.P. 155, 44154 Ancenis Cedex, tél. 02.40.98.92.72, fax 02.40.98.96.70 ☑ ⊻ r.-v.

DOM. DE LA PIERRE BLANCHE
Chardonnay 1997

| | 3,4 ha | 8 000 | | -30 F |

Situé à 15 km du lac de Grand-Lieu, en Vendée, ce domaine propose un chardonnay dont la teinte jaune doré annonce le bel équilibre et la finesse aromatique.
☛ Gérard Epiard, La Pierre Blanche, 85860 Saint-Philbert-de-Bouaine, tél. 02.51.41.93.42, fax 02.51.41.91.71 ☑ ⊻ t.l.j. sf dim. 9h-12h 14h-18h

DOM. DE LA ROCHERIE
Cabernet 1996*

| | 1,5 ha | 8 000 | | -30 F |

A l'image de ses condisciples nantais, Daniel Gratas présente en ses caves, muscadet, grosplant et autres vins de pays. C'est son cabernet 96 que notre Guide retient ici. Il porte une robe rouge intense à reflets violacés ; son nez, très puissant, est marqué par les fruits noirs (mûre, cassis) et par des nuances vanillées signant son élevage d'une année en fût. On retrouve au goût les nuances odorantes du nez avec le cassis dominant. La note boisée en finale domine encore un peu l'équilibre de ce vin à attendre.
☛ Daniel Gratas, Dom. de La Rocherie, 44430 Le Landreau, tél. 02.40.06.41.55, fax 02.40.06.48.92 ☑ ⊻ t.l.j. sf dim. 8h-20h

DOM. DE LA ROUILLERE
Chardonnay 1997**

| | 6,5 ha | 75 000 | | -30 F |

Issu de jeunes vignes (le vignoble ayant été entièrement renouvelé il y a cinq ans), c'est sur un terroir riche de deux cents ans d'histoire viticole que ce chardonnay a vu le jour. Sa couleur jaune paille présente de légers reflets verts. Le nez dégage des arômes de beurre frais et de noisette grillée. L'équilibre et la longueur en bouche en font un vin remarquablement harmonieux.
☛ GFA de La Rouillère, 53, rue du Pont-Neuf, 49230 Tillières, tél. 02.41.70.45.93, fax 02.41.70.43.74 ☑ ⊻ r.-v.

DOM. DE LA VIAUDIERE
Chardonnay 1997**

| | 2 ha | 10 000 | | -30 F |

Plusieurs siècles de présence viticole dans cette superbe région du Layon pourraient expliquer les qualités de ce vin à la robe limpide, au nez complexe. La bouche n'est pas en reste, offrant des arômes à la fois fins et persistants. Un chardonnay réellement remarquable.
☛ Vignoble Gelineau, La Viaudière, 49380 Champ-sur-Layon, tél. 02.41.78.86.27, fax 02.41.78.60.45 ☑ ⊻ t.l.j. sf dim. 9h-18h

LE DEMI-BŒUF Chardonnay 1997**

| | 2 ha | n.c. | | -30 F |

Ce n'est plus la peine de vous présenter Michel Malidain. Il est en effet l'un de ces producteurs de vin de pays qui se distinguent régulièrement dans ce guide. Cette année, c'est son chardonnay qui est à l'honneur avec la plus grande récompense. La dégustation dévoile un vin jaune à reflets verts, aux arômes caractérisés par des notes minérales et légèrement beurrées, et se termine par une bouche riche, franche et d'une grande persistance aromatique. Le **cabernet 97** a obtenu une étoile.
☛ Michel Malidain, 3, Le Demi-Bœuf, 44310 La Limouzinière, tél. 02.40.05.82.29, fax 02.40.05.95.97 ☑ ⊻ r.-v.

LE FIEF DES TOUCHES
Chardonnay 1997*

| | 0,12 ha | 49 000 | | -30 F |

Ce chardonnay d'une ampleur remarquable développe une belle harmonie et un équilibre soyeux. Son nez de réglisse et sa robe jaune pâle témoignent d'une vinification réussie.
☛ Léone Loiret, Brétigné, 44330 Le Pallet, tél. 02.40.80.98.60, fax 02.40.80.48.11 ☑ ⊻ r.-v.

LE MASTER DE CHARDONNAY
1997*

| | n.c. | 20 000 | | -30 F |

Ce chardonnay élevé en fût de chêne a des arômes de vanille. Il est très fin et d'un bon équilibre. C'est un vin à boire dans l'année avec des poissons en sauce.
☛ Sté Donatien Bahuaud, B.P. 1, 44330 La Chapelle-Heulin, tél. 02.40.06.70.05, fax 02.40.06.77.11

DOM. DE L'ERRIERE
Cabernet rosé 1997*

| | 0,5 ha | 3 000 | | -30 F |

Ce vin arbore une belle teinte rose aux nuances violacées. Ses arômes typiques et fruités au nez se retrouvent avec une grande finesse en bouche. Un **cabernet rouge 97** aux arômes intenses a également été retenu.

La vallée de la Loire Jardin de la France

🍇GAEC Jean-Paul et Hervé Madeleineau, L'Errière, 44430 Le Landreau, tél. 02.40.06.43.94, fax 02.40.06.48.82 Ⓥ ℐ r.-v.

LES VENDANGES EXCLUSIVES
Gamay 1997★

| ■ | n.c. | 80 000 | 🗋 -30 F |

Intense, légèrement violacée, la robe annonce bien le nez complexe de fruits compotés (mûre, framboise) et les nuances vanillées. La bouche présente beaucoup de volume, du gras et des tanins bien fondus. Une pointe de fraîcheur en plus lui aurait permis d'accéder à un meilleur rang.

🍇Sté des Vins de France, Le Doudard, 49320 Brissac-Quincé, tél. 02.41.91.50.20, fax 02.41.91.20.21 ℐ r.-v.

MANOIR DE L'HOMMELAIS
Chardonnay 1997★

| ☐ | 3,5 ha | 35 000 | 🗋 ♦ -30 F |

Le manoir de l'Hommelais, situé dans la région nantaise, a vinifié un chardonnay à la couleur jaune paille, au nez intense, fruité et citronné, à la bouche franche et équilibrée. C'est un vin plaisant, qui peut être dégusté dès à présent.

🍇Dominique Brossard, Manoir de l'Hommelais, 44310 Saint-Philbert-de-Grand-Lieu, tél. 02.40.78.96.75, fax 02.40.78.76.91 Ⓥ ℐ r.-v.

DOM. DE MONTGILET Grolleau 1997

| ■ | 4,53 ha | 15 000 | 🗋 ♦ -30 F |

Ce grolleau est à découvrir dès maintenant. Grâce à une macération carbonique, ce vin est très typé primeur. Les odeurs amyliques (banane, bonbon anglais) très intenses se confirment en bouche. La finale est longue, ample et souple.

🍇Victor et Vincent Lebreton, Dom. de Montgilet, 49610 Juigné-sur-Loire, tél. 02.41.91.90.48, fax 02.41.54.64.25 Ⓥ ℐ t.l.j. sf dim. 9h-12h 14h-19h

DOM. MORINIERE Chardonnay 1997★

| ☐ | 18 ha | 140 000 | 🗋 🍶 ♦ -30 F |

La fermentation malolactique se fait en cuve à 90 %, le reste en barrique. La couleur jaune d'or de ce vin laisse présager une certaine rondeur. En effet, ce chardonnay offre un nez parfumé et une bouche souple et équilibrée.

🍇Les Frères Couillaud, GAEC de la Grande Ragotière, 44330 La Regrippière, tél. 02.40.33.60.56, fax 02.40.33.61.89 Ⓥ ℐ t.l.j. sf sam. dim. 8h-12h 14h-18h

DOM. DU PETIT CLOCHER
Chardonnay 1997★★★

| ☐ | 6 ha | 18 000 | 🗋 ♦ -30 F |

Un vignoble de 51 ha formé au fil des générations. Quelques hectares sont consacrés au chardonnay. Une belle couleur dorée à reflet vert paré de 97. D'une intensité rare, il a charmé le jury par sa longueur et son amplitude en bouche.

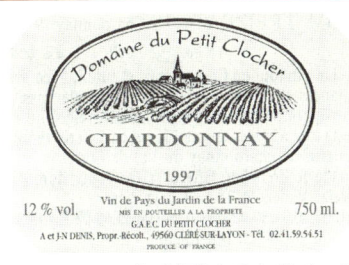

🍇A. et J.-N. Denis, GAEC du Petit-Clocher, 3, rue du Layon, 49560 Cléré-sur-Layon, tél. 02.41.59.54.51, fax 02.41.59.59.70 Ⓥ ℐ r.-v.

DOM. DES QUATRE ROUTES
Cabernet 1997★

| ■ | 2,41 ha | 14 000 | 🗋 ♦ -30 F |

D'une belle couleur soutenue, ce vin, équilibré dans toutes ses composantes, séduit avant tout par ses arômes de fruits rouges et sa longueur en bouche. Ne pas hésiter à l'associer à un fromage ou à des viandes grillées.

🍇SA Henri Poiron et Fils, Dom. des Quatre Routes, 44690 Maisdon-sur-Sèvre, tél. 02.40.54.60.58, fax 02.40.54.62.05 Ⓥ ℐ t.l.j. sf dim. 8h30-12h30 14h-18h; sam. 14h-17h

REMY-PANNIER Chardonnay 1997★★

| ☐ | n.c. | 666 000 | -30 F |

Nous sommes au pays du **chenin** dont le **97** a obtenu une citation. Mais c'est un cépage venu d'ailleurs qui l'a emporté ! Une très belle couleur jaune soutenu avec des reflets légèrement verts. Son nez très puissant aux nuances de miel de fleurs d'acacia lui donne du caractère. Son attaque franche, sa structure et sa longueur en bouche laissent envisager un très bon vieillissement.

🍇Rémy-Pannier, rue Léopold-Palustre, 49400 Saint-Hilaire-Saint-Florent, tél. 02.41.53.03.10, fax 02.41.53.03.19

DOM. DES SAULAIES Sauvignon 1997

| ☐ | 1,93 ha | 4 300 | 🗋 ♦ 80 à 50 F |

Surtout connu pour ses coteaux du layon et ses anjou-villages, ce domaine propose un vin de pays cépage sauvignon au nez discret et floral, à l'attaque acidulée ; les arômes s'expriment en bouche avec harmonie.

🍇EARL Philippe et Pascal Leblanc, Dom. des Saulaies, 49380 Faye-d'Anjou, tél. 02.41.54.30.66, fax 02.41.54.17.21 Ⓥ ℐ r.-v.

YVES ET YVONNICK SAUVETRE
Gamay 1997★

| ■ | 2 ha | 5 000 | 🗋 ♦ -30 F |

C'est sur des micaschistes que naît ce gamay dont la robe intense est nuancée de pourpre. Si le nez est discret, la bouche franche et fraîche à l'attaque présente des caractères épicés (poivre blanc) en finale. Un vin élégant destiné aux viandes blanches.

🍇EARL Y. Sauvêtre et Fils, La Landelle, 44430 Le Loroux-Bottereau, tél. 02.40.33.81.48, fax 02.40.33.87.67 Ⓥ ℐ r.-v.

1007 LES VINS DE PAYS

La vallée de la Loire

Retz

DOM. TREIZE VENTS Chardonnay 1997
☐ 15 ha 50 000 -30F

Un vin tout en finesse, frais et subtil, avec des nuances d'agrumes et de bourgeon de cassis. Lorsqu'on le met en bouche, il se révèle rond et reste tout à la fois aromatique et léger. Très représentatif du chardonnay du Val de Loire.
☞ Pierre Freuchet, EARL Treize Vents; dom. Treize Vents, 44118 La Chevrolière, tél. 02.40.31.30.42, fax 02.40.04.35.68 ✓ ♀ t.l.j. sf dim. 8h30-12h 14h-18h30

Retz

DOM. DE BEL-AIR Grolleau 1997★
◪ 2,5 ha 5 000 -30F

Une jolie robe rose pâle, un nez intense et délicat de fruits (pêche, abricot, petits fruits rouges) : c'est un vin bien constitué, suave, d'une grande souplesse.
☞ EARL Bouin-Jacquet, Dom. de Bel-Air, Bel-Air de Gauchoux, 44860 Saint-Aignan-de-Grand-Lieu, tél. 02.51.70.80.80, fax 02.51.70.80.79 ✓ ♀ r.-v.

EMMANUEL BODET
Cabernet-sauvignon 1997★

■ n.c. 4 000 30 à 50F

Des parfums puissants aux notes fruitées se dégagent de la robe pourpre d'une brillante intensité. La bouche est ample, pleine de gras et de rondeur ; elle se développe en une expression aromatique soutenue par des raisins mûrs.
☞ Emmanuel Bodet, Ch. de Souché, 44860 Saint-Aignan-de-Grand-Lieu, tél. 02.40.26.44.22, fax 02.40.26.40.91 ✓ ♀ r.-v.

DOM. DES HERBAUGES
Grolleau noir 1997★★

◪ 3,5 ha 5 000 -30F

Un vignoble familial de 45 ha géré par Luc Choblet depuis 1982. Très agréable et fruité, ce vin rosé présente tous les caractères de son cépage, le grolleau : il est frais, aromatique, et offre une bonne tenue en bouche.
☞ Luc Choblet, Dom. des Herbauges, 44830 Bouaye, tél. 02.40.65.44.92, fax 02.40.32.62.93 ✓ ♀ t.l.j. sf dim. 9h-12h 14h-18h30

DOM. LES COINS Grolleau gris 1997★
☐ n.c. 15 000 -30F

De couleur jaune pâle, ce vin est un peu fermé au premier nez ; il se dévoile agréablement après agitation. Franche et bien structurée, la bouche ample est très réussie.
☞ Jean-Claude Malidain, Grossève, 44650 Corcoué-sur-Logne, tél. 02.40.05.95.95, fax 02.40.05.80.99 ✓ ♀ r.-v.

MOULIN DE LA TOUCHE
Grolleau gris 1997★★

☐ 1,5 ha 10 000 -30F

Cité en 1997, le Moulin de la Touche se distingue de nouveau avec le grolleau gris à la robe jaune pâle à reflet vert. Ce vin à l'attaque vive est bien équilibré. Le **rosé grolleau 97** a également été retenu par le jury.
☞ Joël Hérissé, Le Moulin de la Touche, 44580 Bourgneuf-en-Retz, tél. 02.40.21.47.89, fax 02.40.21.47.89 ✓ ♀ r.-v.

DOM. DU PARC Grolleau 1997
◪ 5 ha 35 000 -30F

Un très bon rosé de cépage grolleau, très réussi, très frais. Il est aussi marqué par son terroir comme le révèlent ses notes minérales. Il convient de boire ce vin l'été avec des grillades, ou des crustacés.
☞ Pierre Dahéron, Le Parc, 44650 Corcoué-sur-Logne, tél. 02.40.05.86.11, fax 02.40.05.94.98 ✓ ♀ r.-v.

DOM. DES PRIES Grolleau gris 1997★★★
☐ 2,5 ha 12 000 -30F

Ce domaine est bien connu du Guide, il fait partie de ceux qui sont régulièrement sélectionnés. Il est coup de cœur cette année pour un grolleau gris très riche, long, agréable, tout en finesse, flatteur. Le **chardonnay 97** du domaine a obtenu une citation.
☞ Gérard Padiou, Les Priés, 44580 Bourgneuf-en-Retz, tél. 02.40.21.45.16, fax 02.40.21.47.48 ✓ ♀ r.-v.

DOM. DU SILLON COTIER
Grolleau gris 1997★★

☐ 2 ha 10 000 -30F

Ne manquez pas ce domaine si vous allez sur les côtes atlantiques : il est situé à 500 m de la plage. Bien fruité (nuances d'abricot), ce vin, très harmonieux et riche, possède une structure et une note finale très agréables. Le **rosé de cépage grolleau noir 97** obtient une citation.
☞ Jezan-Marc Ferre, Chem. de Trélebourg, 44760 Les Moutiers-en-Retz, tél. 02.40.64.77.29 ✓ ♀ r.-v.

Aquitaine et Charentes — **Charentais**

Vendée

DOM. DES DEUX LAY 1997

■   2,5 ha   6 600   30 à 50 F

D'une couleur grenat assez soutenue avec des reflets violets, ce vin aux arômes de fruits rouges, riche en tanins, demande à vieillir.
EARL des Deux Lay, 16, rue Marceau, B.P. 41618, 44016 Nantes Cedex 1, tél. 02.40.47.58.75, fax 02.40.89.34.33 ɪ r.-v.

DOM. DE LA BARBINIERE 1997*

□   4 ha   7 000   -30 F

De couleur jaune pâle à reflets intenses, ce vin blanc sec, au nez subtil et complexe, est très agréable et long en bouche. On pourra faire également confiance au vin de pays de Vendée **rouge 96** du domaine.
Philippe Orion, La Barbinière, 85110 Chantonnay, tél. 02.51.34.39.72, fax 02.51.34.32.06 ☑ ɪ r.-v.

DOM. DE LA PORTELIERE
Chardonnay 1997*

□   8 ha   65 000   -30 F

Trois générations de pépiniéristes. En 1984, un vignoble de muscadet est créé. Serge Saupin a choisi de le diversifier en 1990 en plantant des cépages autres, tel ce chardonnay fait pour vous surprendre : les arômes floraux (bourgeon de cassis, fleurs de genêt) et les notes réglissées en bouche sont inattendus pour ce cépage. Néanmoins, ces particularités en font un vin très agréable.
Serge Saupin, EARL Le Fief, La Portelière, 85440 Poiroux, tél. 02.40.06.31.31, fax 02.40.03.60.67 ☑ ɪ r.-v.

Marches de Bretagne

DOM. DE LA HOUSSAIS Cabernet 1996*

■   1,5 ha   12 000   ◧ -30 F

Un cabernet très typique, marqué par les fruits rouges (mûre) et déjà un peu évolué. C'est un vin fringant, plein d'avenir. Il se mariera très bien avec les viandes rouges.
Bernard Gratas, Dom. de La Houssais, 44430 Le Landreau, tél. 02.40.06.46.27, fax 02.40.06.47.25 ☑ ɪ t.l.j. sf dim. 9h-12h30 14h-19h

Deux Sèvres

DOM. DE CHAMPIERRE
Cuvée Florine Merlot 1997**

■   1 ha   5 000   -30 F

L'intensité de la robe sombre annonce les caractères de ce merlot au nez développant des arômes épicés (clou de girofle). Sa bouche riche aux tanins agréables lui permettra d'exprimer toutes ses qualités dans quelques années.
Jean Volerit, 11, rue des Tilleuls, 79290 Saint-Pierre-à-Champ, tél. 05.49.96.81.05, fax 05.49.96.30.66 ☑ ɪ r.-v.

Aquitaine et Charentes

Entourant largement le Bordelais, c'est la région formée par les départements de Charente et Charente-Maritime, Gironde, Landes, Dordogne et Lot-et-Garonne. La production y atteint 60 000 hl, avec une majorité de vins rouges souples et parfumés dans le secteur aquitain, issus des cépages bordelais que complètent quelques cépages locaux plus rustiques (tannat, abouriou, bouchalès, fer). Charentes et Dordogne donnent surtout des vins de pays blancs, légers et fins (ugni blanc, colombard), ronds (sémillon, en assemblage avec d'autres cépages) ou corsés (baroque). Charentais, Agenais, Terroirs landais et Thézac-Perricard sont les dénominations sous-régionales ; Dordogne, Gironde et Landes constituent les dénominations départementales.

Charentais

JACQUES BRARD BLANCHARD 1997*

■   1,21 ha   12 600   -30 F

Un domaine en agriculture biologique depuis 1972 situé aux portes de Cognac, sur les coteaux bordant la Charente. Ce vin est très réussi : son nez puissant, sa belle charpente, sa note de poivron, sa jolie couleur rubis et sa finale plaisante ont tout pour plaire avec une viande rouge.
Jacques Brard-Blanchard, 1, chem. de Routreau, 16100 Boutiers, tél. 05.45.32.19.58, fax 05.45.36.53.21 ☑ ɪ t.l.j. sf dim. 9h-12h 14h-18h; f. 15 août-1er sept.

LES VIGNERONS DE DIDONNE 1997

■   10 ha   100 000   -30 F

C'est en 1979 qu'un groupe de coopérateurs a décidé d'acquérir le beau château de Didonne et ses 41 ha. A partir des trois cépages bordelais, ils ont produit ce vin agréable et simple. Bien équilibré, il présente une note aromatique de pain grillé.
SCA Cozes-Saujon, Ch. de Didonne, 17120 Semussac, tél. 05.46.06.01.01, fax 05.46.06.92.72 ☑ ɪ t.l.j. 9h-12h 14h-18h

LES VINS DE PAYS

Aquitaine et Charentes

Agenais

JEAN-PIERRE GARDRAT
Colombard 1997★

| ☐ | 1,8 ha | 19 000 | 🍷 | -30F |

Voici un vin qui pourrait accompagner les hors-d'œuvre. Il est fin, équilibré, aromatique, avec une note acidulée en finale.
☛ Jean-Pierre Gardrat, La Touche, 17120 Cozes, tél. 05.46.90.86.94, fax 05.46.90.95.22 ✓ ⏰ r.-v.

HENRI DE BLAINVILLE
Sauvignon 1997★★

| ☐ | 10 ha | 50 000 | 🍷 | -30F |

Cette coopérative fondée en 1953 a été entièrement détruite par un incendie en 1994. La reconstruction a permis aux chais d'être opérationnels dès la vendange 95. En 1997, le sauvignon exprime tous les caractères qu'on en attend. Légèrement perlant, fin, discret, équilibré, il pourra accompagner les plateaux de fruits de mer.
☛ Cave du Liboreau, 18, rue de l'Océan, 17490 Siecq, tél. 05.46.26.61.86, fax 05.46.26.68.01 ✓ ⏰ r.-v.

DOM. DE LA CHAUVILLIERE
Chardonnay 1997★★

| ☐ | 8 ha | 50 000 | 🍷 | -30F |

Située à 2 km de l'abbaye de Sabloncaux, spécialisée dans la production des vins de pays charentais depuis 1981, cette propriété est également producteur de pineau et de cognac depuis 1950. Ce vin a une belle couleur soutenue, un nez puissant et riche, marqué par une légère note d'agrume. Rond, gras et fruité en bouche, il affiche une bonne vivacité en finale, remarquablement persistante. Pour les huîtres de Marennes.
☛ EARL Hauselmann et Fils, Dom. de La Chauvillière, 17600 Sabloncaux, tél. 05.46.94.44.40, fax 05.46.94.44.63 ✓ ⏰ t.l.j. 8h30-19h

LE GOUVERNEUR Ile de Ré 1996★

| ■ | 50 ha | 50 000 | 🍷 | -30F |

Les amoureux de l'île de Ré connaissent bien cette coopérative, et les vins qu'elle produit réjouissent les touristes. Celui-ci est évolué mais puissant, bien équilibré avec une belle finale persistante.
☛ Coop. des Vignerons de l'île de Ré, 17580 Le Bois-Plage-en-Ré, tél. 05.46.09.23.09, fax 05.46.09.09.26 ✓ ⏰ r.-v.

DOM. PIERRIERE GONTHIER 1997★

| ■ | 22 ha | 4 310 | 🍷 | -30F |

Ce domaine produit du cognac depuis le XVII[e]s. Il décide en 1993 d'élaborer du pineau des charentes et des vins de pays. 30 % de merlot complètent le cabernet-sauvignon dans ce vin d'une belle couleur rubis soutenu. Avec ses tanins bien fondus, il occupe confortablement la bouche. On se l'a proposé pour un fromage de chèvre.
☛ Pascal Gonthier, Nigronde, 16170 Saint-Amand-de-Nouère, tél. 05.45.96.42.79, fax 05.45.96.42.79 ✓ ⏰ r.-v.

CAVE DE SAINT-SORNIN
Cuvée Privilège Elevé en fût de chêne 1997★

| ■ | 3 ha | 15 000 | 🍷 | -30F |

Cinq mois de fût ont donné à ce vin un goût boisé léger et agréable. Des notes de fruits mûrs confits sont présentes aussi bien au nez qu'en bouche et persistent en finale. Un vin complet.
☛ SCA Cave de Saint-Sornin, Les Combes, 16220 Saint-Sornin, tél. 05.45.23.92.22, fax 05.45.23.11.61 ✓ ⏰ t.l.j. sf dim. 8h-12h 14h-18h

THALASSA Sauvignon Cuvée Prestige 1997★

| ☐ | 50 ha | 100 000 | 🍷 | -30F |

Au cœur de la Saintonge viticole, quarante-deux viticulteurs ont mis en commun leur désir de faire renaître le vignoble. Ils produisent de beaux vins comme ce sauvignon au joli nez de buis, floral en bouche. La finale est vive et fraîche. On peut également s'intéresser au **rosé 97**.
☛ SICA vinicole Charente Maritime, ZA de chez Bernard, 17, rue des Voituriers, 17520 Archiac, tél. 05.46.49.17.43, fax 05.46.49.82.93 ✓ ⏰ r.-v.

Agenais

DOM. DE CAMPET
Gros manseng Vin de novembre 1997★

| ☐ | 2,4 ha | 2 900 | 🍷 | 30 à 50 F |

Un raisin noble et bien mûr vendangé à la main « par un frais dimanche de la mi-novembre ». Cela donne un moelleux à la couleur intense, très parfumé (poire). Il révèle un bon équilibre sucres/acides. Fruité, fin et agréable, rond et gras en bouche, c'est un vin très réussi.
☛ SCEA du dom. de Campet, 47170 Sos, tél. 05.53.65.63.60, fax 05.53.65.63.79 ✓ ⏰ r.-v.
☛ Joël Buisson

COTES DES OLIVIERS
Elevé en fût de chêne 1996★

| ■ | 3 ha | 4 000 | 🍷 | -30F |

Jean-Pierre Richarte aime rappeler les beaux marchés paysans de l'Agenais où l'on trouve foie gras, pruneau, confit... Son vin assemble les cépages bordelais et est élevé en barrique. Le chêne ne s'impose pas, mais accompagne la dégustation. Les tanins cependant sont bien présents. Attendre que le boisé se fonde avec les autres éléments aromatiques : la structure est prometteuse.
☛ Jean-Pierre Richarte, Les Oliviers, 47140 Auradou, tél. 05.53.41.28.59, fax 05.53.49.38.89 ✓ ⏰ r.-v.

LOU GAILLOT 1997★

| ■ | 6 ha | 15 000 | 🍷 | -30F |

Depuis 1975 ce domaine familial améliore son encépagement. Cabernet-sauvignon (70 %), cabernet franc (10 %), et merlot (20 %) concourent à la qualité de ce vin rubis, intense au nez, aromatique et fin. Rond et long en bouche, bien équilibré, il possède de légers tanins non assé-

Pays de la Garonne

chants mais autorisant un vieillissement. Jolie finale fruitée.
☙ Josette et Jean-Claude Pons, As Gaillots, 47440 Casseneuil, tél. 05.53.41.04.66, fax 05.53.01.13.89 ✓ ⏳ r.-v.

CAVE DES SEPT MONTS
Instant choisi Fruits rouges 1997★

| ■ | 5 ha | 15 000 | -30 F |

La cave bien équipée vinifie quelque 10 000 hl. Le merlot planté sur boulbènes a donné ce vin bien structuré, comme le montre dès le premier regard la robe profonde et intense. Fin et complexe, le nez annonce la bouche ronde et mûre et l'agréable finale tannique. Le rosé 97 de ce producteur est cité.
☙ Cave des Sept Monts, ZAC de Mondésir, 47150 Monflanquin, tél. 05.53.36.33.40, fax 05.53.36.44.11 ✓ ⏳ r.-v.

Landes

FLEUR DES LANDES 1997★

| ■ | 40 ha | 40 000 | -30 F |

Depuis Mugron, belvédère de Chalosse, on jouit d'un point de vue sur la forêt landaise au nord et la vallée de l'Adour au pied du coteau. 30 % de tannat asssemblés au cabernet ont donné ce vin à la robe rouge soutenu. Le nez est discret et tendre tout comme l'attaque douce, rapidement soutenue par une note d'alcool et des tanins sans agressivité. Il est prêt à boire, mais peut attendre un à deux ans.
☙ Les vignerons des Coteaux de Chalosse, av. René-Bats, 40250 Mugron, tél. 05.58.97.70.75, fax 05.58.97.93.23 ✓ ⏳ r.-v.

GAILANDE 1997★

| ◪ | 6 ha | 40 000 | -30 F |

La bastide de Geaune est à visiter pour sa place à arcades et ses deux églises. Les vignerons de Tursan ont élaboré ce rosé de couleur soutenue avec une nuance orangée. Chaleureux, fin et fruité, il se montre rond et plein, bien structuré. La finale est agréable.
☙ Les Vignerons de Geaune (Tursan), 40320 Geaune, tél. 05.58.44.51.25, fax 05.58.44.40.22 ✓ ⏳ r.-v.

DOM. DE HAUBET 1997★

| □ | 14,9 ha | 39 000 | -30 F |

Colombard et ugni blanc, nés sur un sol de boulbène, se trouvent à parts égales dans ce vin jaune pâle, brillant et vif. Le nez, faiblement fruité, n'en est pas moins agréable. La bouche offre des notes citronnées apportant un léger « mordant » et beaucoup de fraîcheur. Rappelons que le premier millésime de ce producteur fut salué par un coup de cœur dans le Guide 94.
☙ Philippe Gudolle, EARL de Haubet, 40310 Parleboscq, tél. 05.58.44.32.82, fax 05.58.44.95.99 ✓ ⏳ r.-v.

DOM. DE LABAIGT
Coteaux de Chalosse 1997★★

| ■ | 3,15 ha | 30 000 | -30 F |

Rouge grenat très soutenu, ce vin est plein de promesses. Le nez discret rappelle la vendange fraîche, mûre et chaude. L'attaque est tendre, puis la structure s'impose en bouche. D'une belle harmonie, ce 97 peut vieillir un à deux ans ou être consommé dès maintenant avec la cuisine du terroir.
☙ Dominique Lanot, Dom. de Labaigt, 40290 Mouscardès, tél. 05.58.98.02.42, fax 05.58.98.80.75 ✓ ⏳ t.l.j. sf dim. 9h-12h 14h-18h

DOM. DE LABALLE Sables fauves 1997★★

| □ | 16 ha | 120 000 | -30 F |

Coup de cœur l'an dernier, ce domaine, appartenant à Noël Laudet qui dirigea le Château Beychevelle autrefois, propose un vin remarquable de couleur jaune pâle brillant. Des arômes floraux puissants se mêlent à des notes de fruits exotiques. La fraîcheur de goût, soutenue par une pointe de gaz carbonique (très léger perlant) qui prolonge la persistance aromatique, le rend très agréable.
☙ Noël Laudet, Le Moulin de Laballe, 40310 Parleboscq, tél. 05.58.44.33.39, fax 05.58.44.92.61 ✓ ⏳ r.-v.

DOM. DU TASTET
Coteaux de Chalosse Gros manseng 1997★

| □ | n.c. | n.c. | -30 F |

Cépage roi du jurançon, le gros manseng a donné ici un vin jaune pâle, limpide et brillant, au nez floral, intense et fin (fleurs blanches). Plein en bouche, chaud et rond, il a une bonne longueur, « non tapissante », note le jury.
☙ Jean-Claude Romain, Dom. du Tastet, 40350 Pouillon, tél. 05.58.98.28.27 ✓ ⏳ r.-v.

Pays de la Garonne

Avec Toulouse en son cœur, cette région regroupe dans la dénomination « vin de pays du Comté tolosan » les départements suivants : l'Ariège, l'Aveyron, la Haute-Garonne, le Gers, le Lot, le Lot-et-Garonne, les Pyrénées-Atlantiques, les Hautes-Pyrénées, le Tarn et le Tarn-et-Garonne. Les dénominations sous-régionales ou locales sont : les côtes du Tarn ; les coteaux de Glanes (Haut-Quercy, au nord du Lot ; rouges pouvant vieillir) ; les coteaux du Quercy (sud de Cahors ; rouges charpentés) ; Saint-Sardos (rive gauche de la Garonne) ; les coteaux et terrasses de Montauban (rouges légers) ; les côtes de Gascogne, les côtes du Condomois et les côtes de Montestruc, (zone de production de l'armagnac dans le Gers ; majorité de

Pays de la Garonne

blancs) ; et la Bigorre. Haute-Garonne, Tarn-et-Garonne, Pyrénées-Atlantiques, Lot, Aveyron et Gers sont les dénominations départementales.

L'ensemble de la région, d'une extrême variété, produit environ 200 000 hl de vins rouges et rosés et 400 000 hl de blancs dans le Gers et le Tarn. La diversité des sols et des climats, des rivages atlantiques au sud du Massif central, alliée à une gamme particulièrement étendue de cépages, incite à l'élaboration d'un vin d'assemblage de caractère constant, ce que s'efforce d'être depuis 1982, le vin de pays du Comté tolosan ; mais sa production est encore réduite : 40 000 hl dans un ensemble produisant environ quinze fois plus.

Comté tolosan

DOM. DE RIBONNET
Cuvée Clément Ader 1996*

| | 4,6 ha | 18 000 | | 30 à 50 F |

Le domaine de Ribonnet rend hommage à l'un de ses plus illustres propriétaires, Clément Ader, en lui consacrant régulièrement une de ses meilleures cuvées. Ce comté tolosan a été vinifié pour permettre une bonne expression des arômes tertiaires du vieillissement en fût. La robe est rouge grenat profond, avec des reflets orangers témoignant d'une certaine évolution. Le côté boisé, bien travaillé, sans excès, fondu, l'emporte au nez comme en bouche.

Ch. Gerber, SCEA Vallées et Terroirs, Dom. de Ribonnet, 31870 Beaumont-sur-Lèze, tél. 05.61.52.61.79, fax 05.61.08.08.06 r.-v.
Gerber

DOM. DE SAINT-LOUIS
Chardonnay 1997

| | 4,8 ha | 20 000 | | -30 F |

Jaune soutenu, légèrement ambré : c'est une belle robe de chardonnay. Le passage en fût qui a été bien maîtrisé apparaît dès les premières sensations olfactives. Le boisé se marie agréablement à son côté floral, vanillé avec des notes épicées. Son charme continue de nous séduire par une bouche ample, souple et fondue qui se termine par une finale discrètement boisée lui donnant gras et longueur.

Alain Mahmoudi, SCEA Ch. Saint-Louis, lieu-dit Saint-Louis, 82370 Labastide-Saint-Pierre, tél. 05.63.30.13.13, fax 05.63.30.11.42 r.-v.

Comté tolosan

Côtes du Tarn

CATHARE 1997**

| | 0,45 ha | 4 000 | | -30 F |

Cette vinification de duras et syrah produit un côtes du Tarn d'un joli rouge pourpre. Les arômes de fruits - cassis, framboise - se mêlent subtilement à la vanille. Les tanins sont ronds, souples, équilibrés. Ce Cathare fait une judicieuse synthèse entre son côté vif, jeune, et la personnalité marquée de ses tanins.

GAEC Les Salesses, Sainte-Cécile-d'Aves, 81600 Gaillac, tél. 05.63.57.26.89, fax 05.63.57.26.89 r.-v.
Litré

Coteaux du Quercy

DOM. D'ARIES 1997*

| | 14 ha | 7 000 | | -30 F |

Une robe cerise avec de légers reflets marron, un nez puissant et soutenu : voilà pour le premier contact. S'affichent ensuite les arômes de fruits confits, de framboise et de pruneau. C'est par sa richesse et sa complexité que ce domaine d'Ariès surprend. Aussi long au nez qu'en bouche, il sera très apprécié bien frais. Dans le même chai, il convient également de s'attarder sur le **rouge 97**, tout aussi étonnant.

GAEC Belon et Fils, Dom. d'Ariès, 82240 Puylaroque, tél. 05.63.64.92.52, fax 05.63.31.27.49 r.-v.

DOM. DE LAFAGE Tradition 1996**

| | 5 ha | 25 000 | | 30 à 50 F |

Les vins du domaine de Lafage sont parmi les plus typés des Quercy ; une typicité qui peut même surprendre tant elle est marquée. La robe elle-même est déjà d'un rouge très soutenu, foncé. Le nez puissant, floral, épicé, renforce cette impression de typicité : on y pressent les tanins qui vont s'affirmer en bouche. Celle-ci, grasse et ronde, fait apprécier des tanins omniprésents bien que souples et fins. Une très belle réussite pour connaisseurs.

Bernard Bouyssou, Dom. de Lafage, 82270 Montpezat, tél. 05.63.02.06.91, fax 05.63.02.04.55 r.-v.

DOM. DE LA GARDE 1996**

| | n.c. | 9 000 | | -30 F |

Du corps, du volume, de la charpente : voici un Quercy qui a du caractère. Rouge cerise. Nez poivré. Vif sans excès. Ses tanins puissants mais souples lui donnent du gras et une belle longueur. C'est un vin riche et complexe, au mieux de sa forme : point n'est besoin de le faire vieillir.

Jean-Jacques Bousquet, Le Mazut, 46090 Labastide-Marnhac, tél. 05.65.21.06.59, fax 05.65.21.06.59 t.l.j. 8h-19h

Pays de la Garonne

DOM. DU MERCHIEN 1996*
2,76 ha   10 000   -30 F

Tout, dans ce Domaine du Merchien, exprime la typicité du Quercy. Sa robe est presque noire tant elle est foncée ; son nez est puissant, harmonieux, riche et complexe. Ses tanins prononcés, gras et souples lui donnent du volume : encore un ou deux ans de vieillissement, et ce vin sera au mieux de ses possibilités pour exprimer toutes les richesses d'un Quercy. Dans le même chai, **le 95**, également très apprécié, possède un potentiel semblable alors qu'il s'agit d'un aîné d'un an !
↪ David Meakin, Dom. du Merchien, Penchenier, 46230 Belfort-du-Quercy, tél. 05.63.64.97.21, fax 05.63.64.97.21 ▣ ℸ t.l.j. 11h-19h

DOM. DE PECH BELY
Cuvée Col noir 1995*
4 ha   12 000   -30 F

Le vin du Quercy ne demande pas à vieillir trop longtemps : ce Pech Bely a pourtant gardé toute sa force et ses charmes, et gagnera sans doute à vieillir encore un ou deux ans. Rouge rubis, soutenu comme il se doit pour un Quercy, il exprime toute sa vigueur dans un nez complexe où dominent les arômes de fruits rouges et de fruits confits. Ses tanins lui donnent du volume, de la persistance, et beaucoup de longueur.
↪ Richard et Jooris, Pech Bely, 82150 Montaigu-de-Quercy, tél. 05.63.94.47.28, fax 05.63.95.31.79 ▣ ℸ r.-v.

DOM. SAINT-JULIEN 1995***
5 ha   10 000   -30 F

Le rouge grenat de sa robe est soutenu. Son nez, riche et complexe, surprend par la finesse de ses arômes aux notes végétales évoluant ensuite vers une dominante de fruits rouges avec une pointe épicée. C'est donc toute une gamme d'arômes qui se succèdent et se complètent, aussi riches et puissants les uns que les autres. Ses tanins, ronds et équilibrés, sont suffisamment présents et persistants pour envisager encore une ou deux années de vieillissement.
↪ Jacques Vignals, Au Gros, 46170 Castelnau-Montratier, tél. 05.65.21.95.86, fax 05.65.21.83.89 ▣ ℸ r.-v.

Saint-Sardos

DOM. DE CADIS 1995**
5 ha   15 000   30 à 50 F

Couleur soutenue, d'un rouge pourpre intense laissant prévoir de la « matière ». Cette première impression se confirme au nez qui se montre très aromatique (cassis). La bouche est de la même veine : réglisse, épices, vanille ; les tanins apportent gras, volume et longueur. Sans conteste, un haut de gamme.
↪ Cave des vignerons de Saint-Sardos, Le Bourg, 82600 Saint-Sardos, tél. 05.63.02.52.44, fax 05.63.02.62.19 ▣ ℸ r.-v.

Côtes de Gascogne

Côtes de Gascogne

DOM. DES CASSAGNOLES
Colombard 1997**
28 ha   200 000   -30 F

Ce n'est pas la première fois que le GAEC de la Ténarèze se distingue par son colombard. Cette cuvée, jaune brillant à reflets dorés, est particulièrement bien menée. Son caractère floral, auquel se mêlent les arômes de coing et de poire, représente bien la typicité de ce cépage. La bouche, souple à l'attaque, équilibrée et longue, permet de retrouver ces arômes de fruits.
↪ J. et G. Baumann, Dom. des Cassagnoles, EARL de la Ténarèze, 32330 Gondrin, tél. 05.62.28.40.57, fax 05.62.68.23.76 ▣ ℸ r.-v.

DOM. CHIROULET
Gros manseng Moelleux 1996***
2,5 ha   7 000   30 à 50 F

Le fruit de la Gascogne
1996
Mis en Bouteille au
Domaine
Chiroulet
Moelleux
VIN DE PAYS DES CÔTES DE GASCOGNE
Michel et Philippe FEZAS - 32100 Larroque sur l'Osse
12%vol.   PRODUIT DE FRANCE   75cl

Le gros manseng figure parmi les principaux cépages aromatiques du Gers. Michel Fezas lui a réservé une vinification qui a mis en valeur toutes ses qualités. On y rencontre toute la gamme des arômes du gros manseng : nez complexe, beurré, brioché où se mêlent les notes de miel, d'abricot, d'écorce d'orange, de coing. Quelle richesse ! Il est moelleux sans excès. Le passage en fût, discret, ajoute du gras et du volume.
↪ Michel Fezas, Dom. Chiroulet, 32100 Larroque-sur-l'Osse, tél. 05.62.28.02.21, fax 05.62.28.41.56 ▣ ℸ r.-v.

COLOMBELLE PLAIMONT 1997
400 ha   450 000   -30 F

La Colombelle, ainsi nommée car sa typicité rappelle celle du cépage colombard, est un grand classique de la Gascogne. Son nez floral est fin et puissant. En bouche l'attaque est souple, équilibrée avec une dominante sucré/acide. Proposée également en primeur juste après les vendanges, elle exprime alors tout son charme et ravit bien des connaisseurs.
↪ Plaimont Producteurs, 32400 Saint-Mont, tél. 05.62.69.62.87, fax 05.62.69.61.68 ▣ ℸ t.l.j. sf. dim. 9h-12h 14h-18h; groupes sur r.-v.

PRESTIGE DE LA HIGUERE 1995**
3,12 ha   5 000   30 à 50 F

Certains terroirs de Gascogne produisent d'excellents rouges. Ainsi en est-il au domaine de

1013   LES VINS DE PAYS

Pays de la Garonne

la Higuère. Cabernet et merlot lui donnent un rouge soutenu, à reflets bruns. Le nez de fruits rouges, de vanille, presque légèrement mentholé est à la fois fin, intense et complexe. Les tanins bien présents, fondus, lui donnent du gras et du volume.

☛ Paul et David Esquiro, Dom. de la Higuère, 32390 Mirepoix, tél. 05.62.65.18.05 ✓ ⌛ t.l.j. sf dim. 8h-19h

DOM. DE PELLEHAUT 1997*

| ☐ | 138 ha | 10 000 | 🍾 🍷 -30 F |

Très aromatique, tant au nez qu'en bouche, il affiche tout ce qu'on demande à un côtes de Gascogne. Son bouquet puissant est caractéristique des vins blancs du Gers élaborés à base d'ugni blanc, de colombard, et éventuellement, d'un peu de gros manseng : arômes de lierre, d'herbe coupée. Le palais est souple, harmonieux, avec du volume et se termine sur une pointe d'acidité qui lui donne vigueur et fraîcheur. Un échantillon qui représente ce que l'on fait de mieux en Gascogne en matière de typicité.

☛ Beraut et Fils, Ch. de Pellehaut, 32250 Montréal-du-Gers, tél. 05.62.29.48.79, fax 05.62.29.49.90 ✓ ⌛ r.-v.

DOM. DE SAINT-LANNES 1997*

| ☐ | 25 ha | 220 000 | -30 F |

Une majorité de colombard, vinifié avec un peu d'ugni blanc et de gros manseng, donne à ce 97 arômes, nerf et volume. Finesse et complexité sont les deux caractéristiques de ce vin de pays au nez floral légèrement herbacé. La bouche confirme cette complexité et cette intensité aromatique qui font que le domaine de Saint-Lannes est souvent la référence en Gascogne.

☛ Michel Duffour, Dom. de Saint-Lannes, 32330 Lagraulet, tél. 05.62.29.11.93, fax 05.62.29.12.71 ✓ ⌛ r.-v.

DOM. SAN DE GUILHEM
Gros manseng 1997*

| ☐ | 7 ha | 6 000 | 🍾 🍷 -30 F |

Ce gros manseng fera l'unanimité ! Le jaune de sa robe est soutenu. Les arômes sont exacerbés : agrumes, fruits macérés, exotiques où domine la mangue. Ce vin est jeune et vif : quelques années de plus lui donneront sans doute rondeur et fondu ; pour ceux qui auront la patience d'attendre, car il peut être également apprécié en l'état !

☛ Alain Lalanne, Dom. San de Guilhem, 32800 Ramouzens, tél. 05.62.06.57.02, fax 05.62.06.44.99 ✓ ⌛ t.l.j. 8h-12h 14h-19h

DOM. DU TARIQUET Sauvignon 1997**

| ☐ | n.c. | 200 000 | 🍾 🍷 30 à 50 F |

Le domaine du Tariquet offre une grande variété de vinification par cépage. Voici un sauvignon très typé. Nez de chèvrefeuille et de violette, bouche grasse et complexe aux arômes de citronnelle et de zeste d'orange, voire de poivron, équilibrée avec juste ce qu'il faut d'acidité : la vinification, bien maîtrisée, a permis de révéler au mieux le caractère de ce cépage.

☛ Ch. du Tariquet, 32800 Eauze, tél. 05.62.09.87.82, fax 05.62.09.89.49 ✓ ⌛ r.-v.
☛ Famille Grassa

Lot

Lot

DOM. DE CAUSE
Bouquet de Cavagnac 1997**

| ◢ | 0,3 ha | 2 800 | 🍾 -30 F |

Le Lot, connu pour son cahors, se diversifie en vinifiant en rosé son célèbre côt. Le Bouquet de Cavagnac mérite bien son nom et nous montre que les Costes maîtrisent avec adresse la vinification des rosés. Très belle couleur rose bonbon franche. Le nez, où se mêlent arômes de fruits, de fleurs et de bonbon anglais, est vif, intense. La bouche est digne des meilleurs rosés : fraîche et nerveuse sans excès, elle garde équilibre et harmonie. Un rosé, au pays des rouges, qui mérite d'être découvert.

☛ Serge et Martine Costes, Cavagnac, 46700 Soturac, tél. 05.65.36.41.96, fax 05.65.36.41.95 ✓ ⌛ t.l.j. sf dim. 10h-12h 14h-19h

Corrèze

LES VIGNERONS DE BRANCEILLES
Mille et une pierres 1997*

| ■ | 17 ha | 133 500 | 🍾 🍷 -30 F |

Cabernet franc, merlot et gamay composent cette cuvée à la robe intense, au nez fin et frais. Équilibrée et ronde en bouche, elle possède des tanins qui lui permettront de bien vieillir. **Le millésime 96 vieilli en fût de chêne** est également cité.

☛ Cave viticole de Branceilles, le Bourg, 19500 Branceilles, tél. 05.55.84.09.01, fax 05.55.25.33.01 ✓ ⌛ t.l.j. sf dim. 10h-12h 15h-18h

Coteaux et terrasses de Montauban

DOM. DU BIARNES 1997***

| ■ | 2,3 ha | 6 000 | 🍾 -30 F |

[Étiquette : DOMAINE du BIARNÈS 1997 — Vin de Pays des Coteaux et Terrasses de Montauban — 12% Vol — Mis en bouteille par le Domaine — 75 cl]

De la couleur, du nez, une richesse en bouche qui nous comble : que dire de plus de ce Domaine

Languedoc et Roussillon — Oc

du Biarnès qui fait l'unanimité ? Sa robe profonde, pourpre à reflets rubis donne le ton. Le nez a tout autant de personnalité : arômes de fruits rouges, fruits mûrs, épices auxquels il faut ajouter le côté floral. Les tanins bien équilibrés, amples, ronds et fondus, lui confèrent structure, volume et longueur. Un coteaux et terrasses de Montauban qui ne peut laisser indifférent.
Léo Beteille, Dom. du Biarnès, 82230 La Salvetat-Belmontet, tél. 05.63.30.42.43, fax 05.63.30.41.05 r.-v.

Pyrénées-Atlantiques

DOM. BORDES-LUBAT 1997*
1,78 ha   n.c.   -30 F

Ce vin encore un peu jeune, et qui doit donc vieillir, est prometteur. Le nez particulièrement riche et puissant, avec des arômes de réglisse, est à la fois floral, fruité (cassis) et animal. Les tanins donnent de la vigueur et du volume tout en préservant un certain équilibre.
Francis Lubat, 64330 Taron, tél. 06.11.99.87.48 r.-v.

Languedoc et Roussillon

Vaste amphithéâtre ouvert sur la Méditerranée, la région Languedoc-Roussillon décline ses vignobles du Rhône aux Pyrénées catalanes.

Premier ensemble viticole français, la région produit près de 80 % des vins de pays. Les départements de l'Aude, du Gard, de l'Hérault et des Pyrénées-Orientales représentent les quatre dénominations départementales. A l'intérieur, les vins faisant référence à une zone plus restreinte sont très nombreux. Ces deux premières catégories représentent près de 5,5 millions d'hectolitres. Enfin, la dénomination régionale « Vin de Pays d'Oc » continue sa progression. La production atteint 2,6 millions d'hectolitres en 1996/1997 (rouges 60 %, rosés 16 %, blancs 24 %).

Obtenus par la vinification séparée de vendanges sélectionnées, les vins de pays de la région Languedoc-Roussillon sont issus non seulement de cépages traditionnels (carignan, cinsaut et grenache, syrah pour les rouges, clairette, grenache blanc, macabeu pour les blancs) mais aussi de cépages non méridionaux : cabernet-sauvignon, merlot ou pinot noir pour les vins rouges ; chardonnay, sauvignon et viognier dans les cépages blancs.

Oc

DOM. D'ANTUGNAC 1997*
20 ha   100 000   30 à 50 F

Achetée en juillet 1997, cette propriété appartient à une maison du Mâconnais. Ce premier millésime porte une robe noire à reflets violets. Ce sont les fruits rouges qui dominent au nez comme en bouche. Rond et souple ce vin est assez élégant.
Dom. d'Antugnac, Vins des Personnets, 71960 Davayé, tél. 03.85.35.86.51, fax 03.85.35.86.12

DOM. DES ASPES Merlot 1997*
5,05 ha   30 000   -30 F

Venu de Saint-Chinian, un merlot à la robe grenat sombre. Le nez, puissant, laisse dominer les notes de sous-bois. En bouche les tanins sont présents, et les arômes persistants.
SNC des Vignobles Roger, Ch. du Prieuré des Mourgues, 34360 Saint-Chinian, tél. 04.67.38.18.19, fax 04.67.38.08.17 r.-v.

DOM. DE BACHELLERY
Sauvignon 1997*
9 ha   12 000   -30 F

Situé sur des terrasses argilo-calcaires d'où l'on jouit d'une vue sur la Méditerranée, ce domaine a vinifié en macération pelliculaire ce sauvignon à la teinte très légère. Le nez expressif offre des notes végétales agrémentées de fruits exotiques. La bouche, fraîche et nerveuse, n'en est pas moins aromatique et persistante.
Bernard Julien, Dom. de Bachellery, 34500 Béziers, tél. 04.67.62.36.15, fax 04.67.35.19.38 r.-v.

DOM. DE BAUBIAC Merlot 1996*
1,37 ha   7 500   -30 F

Des vignes de merlot de dix ans ont donné ce 96 à la robe rouge grenat. Le nez fruité montre aussi des notes végétales avec des nuances de sous-bois. Rond et assez structuré, ce vin est à boire dès maintenant.
SCEA Philip Frères, Dom. de Baubiac, 30260 Brouzet-lès-Quissac, tél. 04.66.77.33.45, fax 04.66.77.33.45 t.l.j. 10h-12h 14h-18h; sam. dim. sur r.-v.

BELLEFONTAINE Grenache 1997**
n.c.   n.c.   -30 F

Un négociant du Beaujolais qui propose un VDP d'Oc judicieusement sélectionné. Sa belle robe rouge à reflets tuilés, son nez de bonne intensité, aux notes végétales et épicées, sont prometteurs. Le vin se montre souple, gras et long en bouche.
Boutinot, Les Chers, 69840 Juliénas, tél. 04.74.04.47.33, fax 04.74.04.47.16

1015   LES VINS DE PAYS

Languedoc et Roussillon — Oc

DOM. DE BELLES EAUX
Chardonnay 1997

☐ 3,5 ha 10 000

Une cave du XVIIes., plus intéressante que le « château », maison bourgeoise de la fin du XIXes., propose un chardonnay jaune pâle à reflets verts dont le nez est encore fermé mais laisse s'exprimer des notes grillées et épicées. Frais, gras et rond en bouche, ce vin pourra accompagner des viandes blanches.
☛ SCEA Belles Eaux, Dom. de Belles-Eaux, 34720 Caux, tél. 04.67.09.30.96, fax 04.67.09.30.96 r.-v.

BERLOUP COLLECTION Viognier 1997

☐ 2,5 ha 3 200

La coopérative de Rieu-Berlou vinifie 600 ha, conseillée par Marc Dubernet. Elle propose un viognier, cépage du condrieu, qui donne en pays d'Oc un vin d'un bel or, finement aromatique, ample et équilibré. D'une réelle harmonie.
☛ Les Coteaux du Rieu Berlou, 34360 Berlou, tél. 04.67.89.58.58, fax 04.67.89.59.21 r.-v.

BORIE LA VITARELE La Combe 1996*

■ 2 ha 6 700

Une ferme auberge, aux confins de Saint-Chinian, et ce vin d'assemblage élevé douze mois en fût. La robe l'habille magnifiquement d'une couleur sombre à reflets brillants. Puis nez et bouche affirment leur complexité. Rond, ample et équilibré, persistant, un vin de bonne garde mais déjà plaisant.
☛ Jean-François Izarn et Cathy Planes, chem. de la Vernède, 34490 Saint-Nazaire-de-Ladarez, tél. 04.67.89.50.43, fax 04.67.89.50.43 r.-v.

C. LE CABERNET
Elevé en fût de chêne 1997*

■ 5 ha 30 000

L'étiquette ne porte que la mention Le Cabernet. C'est la contre-étiquette qui vous apprendra qui a élaboré ce très beau vin à la robe rouge soutenu à reflets violets. Le nez, fleuri avec des notes boisées, est élégant. Les tanins sont de qualité et laissent espérer un bon devenir. Egalement très réussi, le VDP d'Oc **Mas Meyrac**.
☛ Christophe Barbier, Ch. Capendu, 11700 Capendu, tél. 04.68.79.01.36, fax 04.68.79.01.36 r.-v.

DOM. CHARTREUSE DE MOUGERES Muscat sec 1997

☐ 1,25 ha 5 000

Terre d'histoire comme bien des domaines languedociens, ce vignoble propose un muscat sec vinifié partie en macération pelliculaire, partie en pressurage direct. Jaune soutenu avec quelques reflets verts, il offre un nez aromatique complexe mêlant bergamote et fruits mûrs à des notes minérales ; un 97 gras et rond en bouche.
☛ Sareh Bonne Terre, Dom. Chartreuse de Mougères, 34720 Caux, tél. 04.67.98.40.01, fax 04.67.98.46.31 r.-v.

F. CHAUVENET Merlot Lajolie 1997

■ n.c. 60 000

Grenat intense, ce merlot offre un nez épicé et grillé. Souple et bien équilibré, il est à boire.
☛ F. Chauvenet, 9, quai Fleury, 21700 Nuits-Saint-Georges, tél. 03.80.62.61.43, fax 03.80.62.37.38

DOM. DE CLAUZONE
Cabernet-sauvignon 1997**

■ n.c. 50 000

Situé à 5 km de Nîmes, ce domaine de 63 ha a tout particulièrement retenu l'attention du jury cette année avec un assemblage **sauvignon-viognier 97**, une étoile, un **merlot 97**, deux étoiles, et ce remarquable cabernet-sauvignon à la très belle robe grenat foncé à reflets violets. Intenses, les arômes épicés (note réglissée) sont envoûtants. Après une très bonne attaque, la charpente affiche des tanins très fins où l'on retrouve les arômes épicés de réglisse, d'une longue persistance. Un vin puissant, mais très élégant.
☛ Roger Gassier, Ch. de Nages, 30132 Caissargues, tél. 04.66.38.15.68, fax 04.66.38.16.47 r.-v.

DOM. DE CLOVALLON
Les Pomarèdes Pinot noir 1996**

■ 2,5 ha n.c.

Au pied de belles falaises, sur du calcaire dolomitique, ce domaine est implanté entre 300 et 450 m d'altitude. C'est un ancien moulin à eau, transformé en magnanerie, aujourd'hui vignoble intéressant comme le prouve ce pinot à la robe légèrement tuilée. C'est le sous-bois que découvre le nez, puis la bouche, ample, grasse et bien équilibrée, se révèle très agréable.
☛ Catherine Roque, Dom. de Clovallon, 34600 Bédarieux, tél. 04.67.95.19.72, fax 04.67.95.11.18 r.-v.

LES VIGNERONS DES COTEAUX D'ABEILHAN
Chardonnay Elevé en fût de chêne 1997*

☐ 21,42 ha 2 000

La pie, animal emblématique du village, est représentée sur l'étiquette des vins de la coopérative qui vinifie 770 ha ; elle présente un **sauvignon 97 Domaine Saint-Pierre** qui obtient une citation, et ce chardonnay, élevé sept mois en fût, vêtu d'une robe d'or à reflets verts. Ce sont les notes grillées qui dominent au nez comme en bouche. Ample, équilibrée et chaleureuse, celle-ci est très réussie.
☛ Les coteaux d'Abeilhan, 8, bd Louis-Pasteur, 34290 Abeilhan, tél. 04.67.39.00.20, fax 04.67.39.25.11 t.l.j. sf sam. dim. 9h-12h 14h-17h; groupes sur r.-v.

DOM. DE COUSSERGUES
Sauvignon 1997*

☐ 20 ha 150 000

Vaste domaine de 200 ha, Coussergues remonte au XVes. Agées de dix ans, les vignes de sauvignon ont donné un vin limpide aux jolis reflets verts. Le nez fin, de poivre et de pêche, est très typé. La bouche, ample et équilibrée, se montre fraîche, avec une bonne persistance des

1016

Languedoc et Roussillon   Oc

arômes. L'ensemble est harmonieux et réjouira un plat de poisson cuisiné.
🍇 GAF Ch. de Coussergues, 34290 Montblanc, tél. 04.67.00.80.00, fax 04.67.00.80.05 ☑ ☂ r.-v.
🍇 A. de Bertier

LE POT DOM BRIAL 1997

| | n.c. | n.c. | ▪ | -30 F |

Les vignerons de Baixas vinifiant 2 100 ha de vignes restent fidèles au bon moine Dom Brial ! Merlot, grenache et syrah se conjuguent agréablement dans ce vin souple et rond, bien fruité, prêt à être consommé comme l'indique sa robe rubis légèrement tuilée.
🍇 Cave des Vignerons de Baixas, 14, av. du Maréchal-Joffre, 66390 Baixas,
tél. 04.68.64.22.37, fax 04.68.64.26.70 ☑ ☂ r.-v.

LES VIGNERONS DU PAYS D'ENSERUNE Syrah 1997★

| | 23 ha | 30 300 | ▪ | -30 F |

Belle et sobre étiquette pour ce vin très réussi ; il séduit le regard par sa belle robe profonde et le nez par ses notes de fleurs et de garrigue. La bouche, charpentée, révèle des tanins de bonne qualité.
🍇 Les Vignerons du pays d'Ensérune, 235, av. Jean-Jaurès, 34370 Maraussan,
tél. 04.67.90.09.82, fax 04.67.90.09.55 ☑ ☂ r.-v.

LOUIS FABRE Sauvignon 1997★

| | 5 ha | 40 000 | ▪ | -30 F |

Le château des Gasparrets est l'un des autres domaines de Louis Fabre. Le **chardonnay Louis Fabre 97** est tout aussi réussi que ce sauvignon à reflets verts dans le verre, au nez puissant, vif, fruité, typique du cépage, aromatique et nerveux en bouche. Un vin très rafraîchissant.
🍇 Louis Fabre, Ch. de Luc, 11200 Luc-sur-Orbieu, tél. 04.68.27.10.80,
fax 04.68.27.38.19 ☑ ☂ r.-v.

FORTANT DE FRANCE
Chardonnay 1997★★

| | n.c. | 400 000 | ◧ | -30 F |

Un espace Fortant de France, installé à Sète, permet de découvrir ce qui peut être une *winery* française ! A ne pas manquer. Très réussi le **merlot 97** de Fortant de France reçoit une étoile. Le jury a préféré ce chardonnay (400 000 bouteilles) à la superbe couleur jaune-vert brillante. Le nez est remarquable de finesse et d'élégance, à dominante florale de verveine et de tilleul mêlés aux notes épicées et grillées. La bouche, équilibrée et fraîche, est plutôt fleurie et très longue.
🍇 Robert Skalli Fortant de France, 278, av. du Mal-Juin, B. P. 376, 34204 Sète Cedex,
tél. 04.67.46.70.00, fax 04.67.43.03.03 ☑ ☂ r.-v.

DOM. DU GRAND CHEMIN
Viognier 1997★

| | 1 ha | 3 000 | ◧ | 30 à 50 F |

Vaste domaine de 50 ha exploité depuis plus de trois cents ans par la même famille, le Grand Chemin propose un viognier couleur paille. Frais, il possède une finale aromatique persistante.

🍇 EARL Jean-Marc Floutier, Dom. du Grand Chemin, 30350 Savignargues, tél. 04.66.83.42.83, fax 04.66.83.44.46 ☑ ☂ r.-v.

DOM. DU GRAND CRES 1997★

| | 1 ha | 3 000 | ▪ ◆ | 50 à 70 F |

Producteur dans les Corbières, depuis 1989, Hervé Leferrer a été formé à la meilleure école, puisqu'il fut régisseur de la Romanée-Conti. Il propose ici un très bel assemblage (roussanne 60 %, viognier 30 % et 10 % de muscat). D'une superbe couleur jaune soutenu, le vin offre un nez très riche aux notes de fruits secs, d'écorces d'agrumes. La bouche douce et ronde, très aromatique, forme un ensemble élégant.
🍇 Hervé Leferrer, Dom. du Grand Crès, 40, av. de la Mer, 11200 Ferrals-les-Corbières,
tél. 04.68.43.69.08, fax 04.68.43.58.99 ☑ ☂ r.-v.

DOM. DE GRANOUPIAC Merlot 1996

| ▪ | 3 ha | 18 000 | ▪ ◆ | |

Neuf mois en foudre de chêne ont permis à ce merlot à la robe grenat aux reflets tuilés d'acquérir un nez riche aux notes d'épices et de sous-bois. Bien charpentée, la bouche possède des arômes puissants et persistants.
🍇 Claude Flavard, Dom. de Granoupiac, 34725 Saint-André-de-Sangonis,
tél. 04.67.57.58.28, fax 04.67.57.95.83 ☑ ☂ t.l.j. sf dim. 9h-12h 15h-19h

HUBERT DE ROUEYRE
Chardonnay 1997★

| | 60 ha | 60 000 | ▪ ◆ | -30 F |

Parmi les vins de pays d'Oc de cette coopérative, citons le **rosé de syrah 97** et ce chardonnay or à reflets verts. Élégant et subtil, le nez offre des notes de noisette et de fleurs blanches. La bouche est classique dans sa typicité, avec du gras et une bonne longueur.
🍇 Les Vignerons de Puisserguier, 29, rue Georges-Pujol, 34620 Puisserguier,
tél. 04.67.93.74.03, fax 04.67.93.87.73 ☑ ☂ r.-v.

DOM. DE LA BAUME
Syrah Tête de cuvée 1996★

| ▪ | n.c. | 8 400 | ◧ | 30 à 50 F |

Le domaine de la Baume a été acheté en 1990 par une société australienne. Cette syrah a été vinifiée en barriques françaises et américaines, dont 20 % en chêne neuf - pendant quatorze mois. Sa robe, sombre et brillante, est somptueuse, et le nez, élégamment boisé, se révèle complexe. Les tanins sont présents mais fins dans une bouche ample et ronde. On trouve déjà une réelle harmonie, aussi quelques mois de garde ne pourront que lui apporter davantage de charme.
🍇 Dom. de La Baume, RN 113, 34290 Servian,
tél. 04.67.39.29.49, fax 04.67.39.29.40 ☑ ☂ r.-v.

DOM. DE LA DEVEZE
Roussanne Elevé en barrique de chêne 1997★

| | 0,75 ha | 2 500 | ◧ | 50 à 70 F |

L'histoire remonte ici à l'époque gallo-romaine. Le domaine a connu bien des avatars, *villa*, puis place forte médiévale devenue magnanerie, et aujourd'hui vignoble. Joli succès pour cette roussanne au nez intense, riche et complexe, aux notes grillées et vanillées (l'élevage s'est fait

1017   LES VINS DE PAYS

Languedoc et Roussillon   Oc

en barrique par macération pelliculaire). La bouche, nerveuse et fraîche, est aromatique et de bonne persistance.
Laurent Damais, Dom. de la Devèze, 34190 Montoulieu, tél. 04.67.73.70.21, fax 04.67.73.32.40 r.-v.

DOM. DE LA GRANGETTE
Syrah 1996***

| | 2 ha | 5 000 | | 30 à 50 F |

Un domaine familial de 50 ha, conduit en agriculture biologique. Cette syrah provient de vignes de vingt-cinq ans. Elle a tout pour plaire : la robe noire à reflets orangés brillants, le nez fin et subtil, avec des notes de fruits très mûrs. La bouche ample, bien structurée, offre des nuances végétales, fruitées, épicées qui se poursuivent longuement. Vin tout en arômes, élégance, et harmonie.
E. et R. Mur, Dom. La Grangette, 34120 Castelnau-de-Guers, tél. 04.67.98.13.56, fax 04.67.90.79.36 r.-v.

DOM. LALAURIE
Cabernet-sauvignon 1995*

| | 6 ha | 20 000 | | 30 à 50 F |

Jean-Claude Lalaurie conduit avec passion un domaine de 50 ha. Très réussis, le **merlot 1996** du domaine et ce cabernet-sauvignon élevé douze mois en fût et encore très jeune. Sa robe rouge rubis est profonde, et le nez fin et subtil est typique du cépage avec des notes grillées de chêne. Bien charpenté, ample et de belle évolution, c'est un vin déjà plaisant mais qui pourra attendre.
Jean-Charles Lalaurie, 2, rue Le-Pelletier-de-Saint-Fargeau, 11590 Ouveillan, tél. 04.68.46.84.96, fax 04.68.46.93.92 t.l.j. 9h-19h; sam. dim. sur r.-v.

DOM. LA PROVENQUIERE
Vermentino 1997*

| | 4 ha | 35 000 | | -30 F |

Ce vignoble de 130 ha, situé à 10 km à l'ouest de Béziers, compte parmi plusieurs cépages continentaux le vermentino corse. Il donne un vin intéressant, de couleur paille ; les notes d'agrumes sont présentes au nez comme au palais, celui-ci se révélant expressif et équilibré.
Robert, SCEA Dom. de La Provenquière, 34310 Capestang, tél. 04.67.90.54.73, fax 04.67.90.69.02 r.-v.

DOM. DES LAURIERS Rolle 1997*

| | 3,3 ha | 2 000 | | 30 à 50 F |

Situé à 3 km de Pézenas, ce domaine de 30 ha propose un joli vin blanc issu de rolle, de couleur claire avec des reflets légèrement ambrés. Le nez aux notes d'agrumes est agréable et puissant. Frais et équilibré, il possède du grain en bouche. Une bouteille vive et conviviale.
Dom. des Lauriers, 15, rte de Pézenas, 34120 Castelnau-de-Guers, tél. 04.67.98.18.20, fax 04.67.98.96.49 r.-v.

DOM. DE L'ENGARRAN
Blanc de blancs 1997

| | 2,5 ha | 20 000 | | 30 à 50 F |

Coup de cœur l'an dernier pour un millésime 96, l'Engarran, beau domaine de 45 ha producteur de coteaux du languedoc, propose cette année ce vin issu de sauvignon au bouquet aromatique agréable. La belle couleur aux reflets d'or annonce un vin rond et gras qui se montre très souple.
SCEA du Ch. de L'Engarran, 34880 Laverune, tél. 04.67.47.00.02, fax 04.67.27.87.89 t.l.j. 12h-19h
Grill

DOM. LES FILLES DE SEPTEMBRE
Sauvignon 1996*

| | 0,5 ha | 2 000 | | 30 à 50 F |

Macération pelliculaire et élevage en fût pendant un an ont donné un sauvignon de noble naissance (argilo-calcaire) très réussi dans sa couleur paille tout comme dans ses arômes d'agrumes mêlés de notes grillées. Un vin équilibré et frais digne d'un apéritif.
EARL Géraud Père et Fils, Dom. Les Filles de Septembre, av. Guynemer, 34290 Abeilhan, tél. 04.67.39.01.65, fax 04.67.39.01.65 r.-v.

DOM. LES YEUSES Chardonnay 1997

| | 5 ha | 7 000 | | -30 F |

Les chênes verts du XIX^{e}s. (les yeuses) ont laissé leur place aux vignes modifiant le paysage de ce domaine de 75 ha. Ce chardonnay d'une belle couleur pâle, brillante à reflets verts, offre un nez fin et fleuri très caractéristique. La bouche franche et fraîche permet de le boire - avec un loup grillé, par exemple.
Jean-Paul et Michel Dardé, Dom. Les Yeuses, rte de Marseillan, 34140 Mèze, tél. 04.67.43.80.20, fax 04.67.43.59.32 t.l.j. sf dim. 9h-12h 15h-19h

DOM. DE MAIRAN
Cabernet-sauvignon élevé en barrique 1996*

| | 5 ha | 25 000 | | 30 à 50 F |

Il faut citer le **cabernet franc 96** du domaine portant le nom d'un physicien anobli par Louis XVI. C'est ce cabernet-sauvignon qui a davantage séduit par sa robe grenat intense et son nez typique du cépage. Ample, équilibré par ses tanins bien fondus, c'est un vin intéressant.
Jean Peitavy, Dom. de Mairan, 34620 Puisserguier, tél. 04.67.93.74.20, fax 04.67.93.83.05 r.-v.

Languedoc et Roussillon — Oc

DOM. DE MALAVIEILLE
Viognier 1997*

| | 1 ha | 5 000 | | 30 à 50 F |

Domaine ancestral de 28 ha qui a proposé un **chardonnay 96** et un **chenin 97** qui ont obtenu une citation et ce viognier né sur basalte, vinifié dans un chai souterrain. Il est vêtu d'or et se montre très aromatique comme tout viognier qui se respecte. Bien né, il se montre équilibré, la bouche se révélant grasse et beurrée.
• Mireille Bertrand, Dom. de Malavieille, 34800 Mérifons, tél. 04.67.96.06.58 r.-v.

DOM. DE MALLEMORT Merlot 1996

| | 15,3 ha | 80 000 | | -30 F |

Domaine de 70 ha situé sur les lieux d'une bataille où Charles Martel vainquit les Maures. C'est aujourd'hui un vignoble familial où le merlot, d'un joli rubis, présente un nez fruité élégant et une bouche légère mais très agréable.
• Luc Peitavy, Dom. de Mallemort, 34620 Puisserguier, tél. 04.67.93.74.20, fax 04.67.93.83.05 r.-v.

DOM. PAUL MAS
Vignes de Nicole Elevé en fût de chêne 1996*

| | n.c. | n.c. | | 30 à 50 F |

Domaine familial de 60 ha situé dans la vallée de l'Hérault que les Mas aiment comparer à un eldorado de la vigne. Cet assemblage de cabernet-sauvignon et de merlot ne le démentira pas. La robe est pourpre, et le nez expressif offre des arômes floraux. Equilibrée et harmonieuse en bouche, c'est une bouteille d'une grande finesse.
• Famille Mas, Ch. de Conas, 34120 Pézenas, tél. 04.67.49.85.85, fax 04.67.49.38.39

DOM. DU MAS MONTEL
Chardonnay 1996**

| | 3 ha | 5 000 | | 30 à 50 F |

Des foudres en chêne de Russie, des barriques de chêne équipent cette cave liée aux coteaux du languedoc. Venu de Bourgogne, ce cépage semble sans secret pour les Granier, à en juger par ce vin à la belle robe jaune brillant. Des notes de fruits confits et de noix de coco très complexes s'expriment au nez. Gras et fondu, ce 96 laisse les notes grillées dominer en bouche. Le jury propose un accord gourmand avec des plats exotiques. La cuvée **Jéricho en rouge 97** a obtenu une étoile.
• EARL Granier, Cellier du Mas Montel, 30250 Aspères, tél. 04.66.80.01.21, fax 04.66.80.01.87 t.l.j. 8h30-20h

MEDITO Syrah 1997**

| | n.c. | n.c. | | -30 F |

Cette marque des Domaines Michel Bernard créée en 1996 a présenté un **merlot 97** et un **cabernet-sauvignon 97** qui ont obtenu une citation et, deux coudées au-dessus, cette syrah à la très belle robe rouge burlat très mûr à reflets violets. Le nez, puissant et riche, mêle des notes de violette, de sous-bois et d'épices (poivre vert). Ample, généreux, bien charpenté par des tanins présents mais de bonne qualité, c'est un vin complet et persistant.
• Domaines Michel Bernard, quartier Sommelongue, 84100 Orange, tél. 04.90.11.86.86, fax 04.90.34.87.30 r.-v.

GABRIEL MEFFRE
Cabernet-Sauvignon 1997*

| | n.c. | 150 000 | | -30 F |

Ce négociant de Gigondas a réussi son vin de pays d'Oc qui se présente dans une belle robe pourpre brillant. Le nez frais aromatique livre des notes de vanille et de cassis. La bouche généreuse et bien structurée se montre aromatique et persistante.
• Gabriel Meffre, 84190 Gigondas, tél. 04.90.12.32.42, fax 04.90.12.32.49

DOM. DES MONTARELS
Chardonnay 1996**

| | 15 ha | 10 000 | | 30 à 50 F |

Créée en 1936, cette cave coopérative a considérablement augmenté ses capacités de vinification, réunissant 853 ha. Ce chardonnay, issu de vignes de huit ans, a été élevé douze mois en fût de chêne sur lies fines avec bâtonnage. Il est jaune pâle à reflets vert brillant. Le nez intense est complexe avec ses notes grillées mêlées aux fleurs blanches et au miel. Rond et gras en bouche, équilibré, ce vin possède une longue finale aromatique.
• Cave coopérative d'Alignan-du-Vent, rue de la Guissaume, 34290 Alignan-du-Vent, tél. 04.67.24.91.31, fax 04.67.24.96.22 r.-v.

DOM. DE MONT D'HORTES
Chardonnay 1997**

| | 1,5 ha | 8 000 | | -30 F |

Un domaine de 30 ha dont les trois vins présentés passent la barre allègrement ! Le **sauvignon 97** obtient une citation, le **cabernet-sauvignon 97** reçoit une étoile, et ce chardonnay emporte la palme sur sa jolie robe légère, brillante aux nuances vert pâle. Son nez, très expressif, mêle les notes fleuries à une pointe épicée. La bouche équilibrée, fraîche et ronde, offre beaucoup de longueur.
• J. Anglade, Dom. de Mont d'Hortes, 34630 Saint-Thibéry, tél. 04.67.77.88.08, fax 04.67.30.17.57 r.-v.

DOM. DE MONTPEZAT
Les Raisins du Grand Maïeul 1996

| | 7 ha | 10 000 | | 30 à 50 F |

Pézenas reste la charmante ville que Molière avait choisie pour son « Illustre Théâtre ». Après l'avoir visitée, allez découvrir les vins de ce domaine situé à 5 km. Syrah et grenache participent à parts égales à ce Grand Maïeul d'un rouge sombre brillant. Le nez agréable et fin de petits fruits rouges annonce une bouche ample et ronde.
• Christophe Blanc, Ch. de Montpezat, 34120 Pézenas, tél. 04.67.98.10.84, fax 04.67.98.98.78 t.l.j. sf dim. 10h-19h; hiver sur r.-v.

DOM. MONTROSE 1997*

| | 6 ha | 35 000 | | -30 F |

Un vignoble créé au XVII[e]s. atteignant aujourd'hui 50 ha. Son rosé de saignée, dans une

1019 LES VINS DE PAYS

Languedoc et Roussillon — Oc

belle robe pétale de rose, exhale des notes intenses de cassis. Équilibré et vif en bouche, il se montre là encore aromatique et persistant.
🍇 Bernard Coste, R.N. 9, 34120 Tourbes, tél. 04.67.98.63.33, fax 04.67.98.65.27 ☑ ⏰ t.l.j. 9h-12h30 14h-19h

LES VIGNERONS REUNIS DE NEFFIES Chardonnay 1997*

| | n.c. | n.c. | 🍷 | -30F |

Une jolie couleur citron anime le verre. Le nez typé est élégant. Rond et gras en bouche, ce vin conserve une certaine vivacité en finale.
🍇 Cave coop. Les Coteaux, 34320 Neffies, tél. 04.67.24.61.98, fax 04.67.24.62.12 ☑ ⏰ t.l.j. 9h-12h 14h-18h

NOUAISON Sauvignon-viognier 1997*

| | 21 ha | 182 000 | 🍷 | -30F |

La nouaison marque, dans le cycle végétatif de la vigne, le moment de la formation des grains du raisin. Le négociant Castel Frères a choisi ce nom pour une nouvelle gamme de vins présentés dans une bouteille originale décorée d'une étiquette qui ne l'est pas moins dans sa forme alors que le libellé en est classique. Cet étonnant assemblage sauvignon-viognier offre un nez puissant dominé par le fruité du viognier (abricot, agrumes) et les notes végétales du sauvignon. Il est ample et gras en bouche, de bonne longueur. Le **Nouaison rouge**, assemblant merlot et syrah, obtient une citation.
🍇 Castel Frères, rte de la Gare, 11590 Sallèles-d'Aude, tél. 04.68.46.60.00, fax 04.68.46.89.59

L'ENCLOS D'ORMESSON
Grenache Gris de gris 1997*

| | 3 ha | n.c. | 🍷 | 30 à 50F |

Sortant de Pézenas, il est conseillé de continuer sa visite par le château de Lézignan-la-Cèbe construit en 1917. Sa restauration est menée par Jérôme d'Ormesson dont on trouve régulièrement les vins dans ce guide. Issu de grenache vinifié en macération pelliculaire, ce gris de gris porte une belle robe saumonée légèrement perlée. Le nez riche, fruité et épicé, précède une bouche vive et équilibrée, persistante.
🍇 Jérôme d'Ormesson, Ch. de Lézignan, 34120 Lézignan-la-Cèbe, tél. 04.67.98.29.33, fax 04.67.98.29.32 ☑ ⏰ t.l.j. 9h-12h 14h-18h; f. jan.

DOM. DU PELICAN Viognier 1997*

| | 3 ha | 2 500 | 🍷 | -30F |

Une jeune vigne de viognier (quatre ans), une macération pelliculaire, 10 % de l'assemblage élevé en fût, cela donne un joli vin de couleur paille, aromatique et élégant au nez comme en bouche où il se montre souple et gras.
🍇 Vignoble Boudinaud, 30210 Fournes, tél. 04.66.37.23.86, fax 04.66.37.27.23 ☑ ⏰ r.-v.

DOM. DE PIQUET Syrah 1997

| | n.c. | 9 000 | 🍷 | -30F |

Domaine d'application du lycée Agropolis de Montpellier. Il propose une syrah de couleur rouge cerise aux senteurs fruitées d'écorce d'orange. Rond et gras en bouche, ce vin est équilibré.
🍇 SC de Bonneterre, Dom. de Piquet, 34790 Grabels, tél. 04.67.41.03.80, fax 04.67.41.03.80 ☑ ⏰ r.-v.

DOM. DE RAISSAC Viognier 1997*

| | 7 ha | 40 000 | 🍷 | 30 à 50F |

Christophe Viennet a créé ici une faïencerie ; elle s'est spécialisée dans les trompe-l'œil. Ne soyez pas inquiet, son vin existe bien. La robe pâle, brillante, séduit, tout comme le nez intense et fruité. La bouche équilibrée est vive. Un viognier friand et harmonieux.
🍇 Les Domaines Viennet, Ch. de Raissac, rte de Murviel, 34500 Béziers, tél. 04.67.28.15.61, fax 04.67.28.19.75 ☑ ⏰ t.l.j. sf dim. 9h-12h 14h-18h30

DOM. SAINT-HILAIRE
Merlot Cuvée Prestige 1997*

| ■ | 5 ha | 18 000 | 🍷 | -30F |

Depuis 1956, André Hardy a considérablement amélioré l'encépagement de son domaine de 70 ha. Cette cuvée est très réussie : la robe pourpre profond annonce la complexité des notes de fruits cuits et de sous-bois, ainsi que la bonne structure aux tanins présents mais bien fondus. Vin complet de bonne garde.
🍇 André Hardy, dom. Saint-Hilaire, 34530 Montagnac, tél. 04.67.24.00.08, fax 04.67.24.04.01 ☑ r.-v.

DOM. SAINT-JEAN-DE-CONQUES
Merlot-grenache 1997

| ■ | 7 ha | 15 000 | 🍷 | -30F |

Domaine de 37 ha dirigé depuis quinze ans par François-Régis Boussagol. Rouge soutenu et brillant, ce vin aux arômes épicés possède une bouche puissante et longue.
🍇 François-Régis Boussagol, Dom. Saint-Jean-de-Conques, 34310 Quarante, tél. 04.67.89.34.18, fax 04.67.89.35.46 ☑ ⏰ r.-v.

DOM. DE SAINT LOUIS
Cabernet-sauvignon 1996*

| | 7 ha | 20 000 | 🍷 | 30 à 50F |

Construit en 1830, ce domaine a été rénové en 1985. On sait qu'il accueillit Pasteur lorsqu'il travaillait sur les fermentations. Un vignoble à ne pas manquer lorsque vous irez découvrir les vestiges romains que l'on met au jour à Loupian : son vin, paré d'une robe rubis, profonde et brillante offre un nez de bonne intensité aux arômes typiques du cépage. Les tanins présents mais bien fondus donnent une bouche structurée, ample, d'une belle harmonie d'ensemble.
🍇 Philippe Captier, Dom. de Saint-Louis, 34140 Loupian, tél. 04.67.43.92.62, fax 04.67.43.70.80 ☑ ⏰ r.-v.

SAINT MARTIN DE LA GARRIGUE
1996*

| ■ | 1,8 ha | 8 000 | 🍷 | 50 à 70F |

Entre Béziers et Montpellier un vaste domaine où 50 ha de vignes se partagent entre coteaux du languedoc et vins de pays d'Oc. A visiter pour ses bâtiments (chapelle, château, parc), ses foudres languedociens et ses vins, tel cet assemblage : 60 % syrah et 40 % mourvèdre. Belle robe rouge à reflets violets, nez complexe, bouche

Languedoc et Roussillon — Gard

charpentée aux tanins très présents encore, mais qui devraient se fondre en vieillissant.
☛ SCEA Saint-Martin de la Garrigue, 34530 Montagnac, tél. 04.67.24.00.40, fax 04.67.24.16.15 ⓥ 🍷 r.-v.

DOM. DES SALICES Viognier 1997★★★

| ☐ | n.c. | 50 000 | 🍾♦ -30F |

Jacques et François Lurton vinifient et commercialisent de très beaux vins comme le prouve la sélection de notre jury : deux étoiles pour le **sauvignon 97** du domaine des Salices, une étoile pour **les Terrets 97** et le **merlot 97**, et cet exceptionnel viognier qui a fait l'unanimité du super jury. Que dire de la robe ? Elle est belle par sa légèreté, brillante à reflets vert pâle. Aromatique, le nez de fruits mûrs est puissant. Rond, vif et long en bouche, très typé, ce vin équilibré résume toute l'élégance que peut donner un viognier bien élevé !
☛ Jacques et François Lurton, Dom. de Poumeyrade, 33870 Vayres, tél. 05.57.74.72.74, fax 05.57.74.70.73

DOM. DE TERRE MEGERE
Cabernet-sauvignon 1996★

| ■ | 3 ha | 12 000 | 🍾♦ -30F |

Si l'on élève ici des ânes de randonnée, on ne néglige pas la vigne comme le montre, une fois encore, ce vin à la robe rouge sombre à reflets tuilés. Ce sont les épices qui dominent le nez. La bouche est bien charpentée.
☛ Michel Moreau, Dom. de Terre Mégère, Cœur de Village, 34660 Cournonsec, tél. 04.67.85.42.85, fax 04.67.85.25.12 ⓥ 🍷 r.-v.

VALCYRE Merlot 1997

| ■ | 1,4 ha | 10 000 | 🍾 -30F |

Une jolie robe rubis, légère, annonce le nez fin et fruité. Si le vin est encore très jeune, il paraît bien équilibré. Attendre quelque temps afin qu'il puisse mieux s'exprimer.
☛ Robert Gaffinel, Ch. Valcyre, 34270 Valflaunes, tél. 04.67.55.22.03, fax 04.67.55.20.32 ⓥ 🍷 t.l.j. sf mar. 11h-19h

DOM. DE VALENSAC
Grand Valensac Chardonnay 1996★

| ☐ | 3,7 ha | 3 500 | 🍾🍷♦ 30a50F |

Entre l'autoroute et la Méditerranée, au nord d'Agde, ce domaine de 45 ha propose un vin à la superbe robe d'or limpide. Le nez aux notes de beurre et de noisette est concentré et complexe. Très gras en bouche après une attaque douce, le vin se montre d'une belle amplitude. Les notes épicées s'expriment en finale.

☛ Dom. de Valensac, 34510 Florensac, tél. 04.67.77.41.16, fax 04.67.77.53.77 ⓥ 🍷 r.-v.

VIRGINIE Merlot 1996★★

| ■ | 5 ha | n.c. | 🍾♦ -30F |

P. Degroote est œnologue. Il s'associe en 1989 avec un viticulteur, P. Montariol, pour créer une marque. Leur **sauvignon blanc 97** a obtenu une citation, la **syrah 96**, de la même marque, une étoile ; c'est le merlot qui domine. Très belle robe pourpre profond. Nez puissant, agréable et complexe aux notes épicées et grillées. Bouche charnue, bien structurée, aux arômes persistants. Les dégustateurs sont ravis.
☛ SA les domaines Virginie, rte de Narbonne, CS 650, 34536 Béziers Cédex, tél. 04.67.49.85.85, fax 04.67.49.38.39 ⓥ 🍷 r.-v.

Sables du Golfe du Lion

DOM. DU BOSQUET Les Montilles 1995★

| ■ | 10 ha | 40 000 | 🍾🍷 -30F |

C'est au domaine de Jarras-Listel, à Aigues-Mortes, que l'on peut se procurer cette cuvée assemblant les cépages bordelais. La robe profonde à reflets tuilés, le nez intense, fin et vanillé (dû à un élevage partiel en fût, pendant un an), la bouche ample et ronde, aux tanins bien fondus et aux notes vineuses et chaudes, composent un vin harmonieux à découvrir dès maintenant.
☛ Domaines Listel, Ch. de Villeroy, BP 126, RN 112, 34202 Sète Cedex, tél. 04.67.46.84.00, fax 04.67.46.84.55 ⓥ 🍷 r.-v.

Gard

DOM. DES CORREGES Merlot 1997

| ◢ | 30 ha | 20 000 | 🍾♦ -30F |

Un merlot vinifié en rosé dont la couleur est soutenue et brillante, le nez, végétal et fruité, agréable. Gras et vineux en bouche, il accompagnera, servi frais, les grillades de cet automne.
☛ Antoine et Jean-Luc Barret, Dom. des Corrèges, 30300 Beaucaire, tél. 04.66.01.68.34, fax 04.66.01.17.26 ⓥ 🍷 r.-v.

DOM. COSTEPLANE
Cuvée spéciale 1997★

| ◢ | 2 ha | 17 000 | 🍾♦ -30F |

Un domaine familial où l'on peut encore admirer un chêne vert du XIVᵉ s. Depuis 1989, le vignoble est en culture biologique. Son rosé, de couleur soutenue, révèle un nez aromatique expressif aux notes de cassis dominantes. La bouche, bien équilibrée, offre une bonne longueur. Étiquette très fraîche, aquarelle représentant une fenêtre ouverte sur les vignes.
☛ Françoise et Vincent Coste, Mas de Costeplane, 30260 Cannes-et-Clairan, tél. 04.66.77.85.02, fax 04.66.77.85.47 ⓥ 🍷 r.-v.

1021 — LES VINS DE PAYS

Languedoc et Roussillon

Côtes de Thongue

DOM. BELVARN Gris de gris 1997*

5 ha — 10 000 — -30 F

Repris il y a trente-cinq ans, ce domaine a vu son encépagement modifié à 90 % avec des cépages améliorateurs. Il a réussi à partir du grenache un joli rosé à la robe légère et brillante. Le nez de fleurs blanches et de miel, assez discret, et la bouche équilibrée - tout en finesse - et aromatique sont très plaisants.
Jacques Varnier, Dom. Belvarn, 25, allée de la Digue, 34630 Saint-Thibéry,
tél. 04.67.77.80.30, fax 04.67.77.80.30 r.-v.

DOM. LA CONDAMINE L'EVEQUE
Viognier 1997**

3 ha — 15 000 — -30 F

Ancienne résidence des évêques d'Agde, La Condamine l'Evêque a présenté un **merlot 97** très réussi et ce remarquable viognier pâle à reflets verts. Le nez est intensément aromatique. Gras en bouche, équilibré, ce vin offre une très belle harmonie d'ensemble.
SCEA Guilhem Bascou, Dom. la Condamine l'Evêque, 34120 Nézignan-l'Evêque,
tél. 04.67.98.27.61, fax 04.67.98.35.58 r.-v.

CABERNET DE L'ARJOLLE
Elevé en fût de chêne 1996*

12 ha — 70 000 — 50 à 70 F

Le vin **rosé Méridienne** et le vin blanc **Equinoxe** du domaine de l'Arjolle sont tout aussi réussis que ce cabernet rubis intense au nez fin (notes poivrées), bien typique du cépage. La bouche, ronde, possède des tanins fondus. L'harmonie générale est intéressante.
GAEC L'Arjolle, 6, rue de la Côte, 34480 Pouzolles, tél. 04.67.24.81.18,
fax 04.67.24.81.90 r.-v.

DELPHINE DE MARGON
Chardonnay 1997*

8 ha — 30 000 — 30 à 50 F

Un chardonnay né sur sol silico-calcaire, élevé six mois en fût. La robe est d'or, le nez à la fois fin et complexe présente des notes de fleurs blanches et de citron. La bouche est équilibrée, laissant sur le souvenir d'arômes d'agrumes rafraîchissants.
Delphine de Margon, GAEC de l'Arjolle, 34480 Pouzolles, tél. 04.67.24.81.18,
fax 04.67.24.81.90 r.-v.

Côtes de Thongue

une robe légère brillante, et son nez fin est encore discret. Il est rond et gras en bouche.
SCEA Guy et S. Peyre, Ch. de Coujan, 34490 Murviel-lès-Béziers, tél. 04.67.37.80.00, fax 04.67.37.86.23 t.l.j. 9h-12h 14h30-19h; dim. sur r.-v.

DOM. DE LIMBARDIE 1997*

11 ha — 70 000 — -30 F

Un sol argilo-calcaire et des vignes de vingt-cinq ans, dont 80 % de merlot complété par le cabernet donnent à ce vin la belle robe rouge soutenu à reflets ambrés. Le nez, intense et complexe, laisse dominer les fruits rouges. La bouche, ample et équilibrée, est harmonieuse.
Henri Boukandoura et Magdeleine Hutin, Dom. Grange-Neuve, 34460 Cessenon,
tél. 04.67.89.61.42, fax 04.67.89.69.63 r.-v.

Côtes de Thau

HUGUES DE BEAUVIGNAC
Sauvignon 1997**

60 ha — 80 000 — -30 F

700 ha sont vinifiés par la coopérative de Pomerols qui a proposé trois vins remarquables : les **chardonnay 97** et **rosé de syrah 97 Hugues de Beauvignac** et ce sauvignon à la couleur d'or léger à reflets verts. Le nez, aux notes d'agrumes, laisse place à une bouche aromatique de fruits et de fleurs blanches, fraîche et de belle harmonie.
Cave Les Costières de Pomerols, 34810 Pomerols, tél. 04.67.77.01.59,
fax 04.67.77.77.21 t.l.j. sf dim. 8h-12h 14h-18h

RESSAC Muscat sec 1997*

20 ha — 5 000 — 30 à 50 F

Créée en 1944, cette coopérative a réussi un **chardonnay 97** et un **rosé de syrah 97** mais aussi, et surtout, un muscat sec très intéressant. Sa belle robe d'or attire. Le nez puissant, très typé, retient. La bouche équilibrée et fraîche laisse s'exprimer le raisin frais. On est conquis.
Cave coopérative de Florensac, 34510 Florensac, tél. 04.67.77.00.20,
fax 04.67.77.79.66 t.l.j. sf dim. 9h-12h 14h-17h30

Coteaux de Murviel

DOM. DE COUJAN Rolle 1997

3 ha — 14 000 — -30 F

Un très beau domaine de 100 ha où l'on trouve une mosaïque romaine et une chapelle du XI°s. Produisant du saint-chinian, ses propriétaires consacrent une partie du vignoble aux vins de pays. Ce rolle est né sur argilo-calcaire. Il porte

Hérault

DOM. COMPS Rosé de syrah 1997

1 ha — 5 000 — -30 F

C'est en 1870 qu'un ancêtre descend du Massif central et défriche les garrigues qui formeront les premières parcelles de vignes. Aujourd'hui, toute la famille - dont un fils œnologue - participe à la vie du domaine. Ce rosé se présente dans une jolie robe limpide et brillante. Le nez est tout en

Languedoc et Roussillon — Côtes catalanes

fruits rouges. Frais, équilibré et long en bouche, ce vin est harmonieux.
☛ SCEA Martin-Comps, 23, rue Paul-Riquet, 34620 Puisserguier, tél. 04.67.93.73.15 ▼ ⊤ t.l.j. 8h-19h

MAS DE DAUMAS GASSAC
Haute vallée du Gassac 1996★★

| | 18 ha | 95 000 | ⦅⦆ | 150 à 200 F |

Qui ne connaît les Guibert de La Vaissière : en 1969, ils se sont attachés à créer un vignoble de qualité, appuyés par les meilleurs conseillers en vinification et viticulture. Elaboré selon les méthodes médocaines, ce vin remarquable se pare d'une très belle robe sombre à reflets grenat. Le nez aromatique présente des notes de sous-bois, de cuir et d'épices. La bouche généreuse, très bien charpentée, possède des tanins présents mais de bonne qualité. Le boisé discret confère une grande élégance à ce vin puissant tout en harmonie.
☛ Véronique Guibert de La Vaissière, Mas Daumas-Gassac, 34150 Aniane, tél. 04.67.57.71.28, fax 04.67.57.41.03 ▼ ⊤ r.-v.

DOM. LA FADEZE Cabernet franc 1996★

| | 2,3 ha | 10 000 | | 30 à 50 F |

Ce domaine de 40 ha a présenté un **Terret 97** qui obtient une citation, et ce cabernet franc rouge rubis soutenu, au nez puissant de poivron et d'épices. La bouche, équilibrée, possède des tanins bien fondus. A boire dès à présent.
☛ GAEC La Fadaise, Dom. la Fadèze, 34340 Marseillan, tél. 05.67.77.26.42, fax 05.67.77.20.92 ▼ ⊤ t.l.j. sf dim. 9h-12h 14h-19h
☛ Lenthéric

DOM. DE MOULINES Merlot 1996★

| | 10,5 ha | 90 000 | | -30 F |

Acheté en 1914, ce domaine compte aujourd'hui 50 ha. Il présente un très beau vin qui s'accommoderait volontiers d'un gigot d'agneau aux cèpes ; sa très belle robe grenat sombre, son nez aromatique, caractéristique du cépage par ses notes de fruits très mûrs et de pruneau, sa bouche structurée, ample et complexe, forment un ensemble d'une bonne harmonie.
☛ Saumade, Dom. de Moulines, 34130 Mudaison, tél. 04.67.70.20.48, fax 04.67.87.50.05 ▼ ⊤ r.-v.

Catalan

MAS CHICHET 1997★

| | 14 ha | 70 000 | | -30 F |

Elne peut s'enorgueillir de posséder l'un des chefs-d'œuvre du Roussillon, un cloître des XIIe et XIV[e]s. appartenant à l'ancienne cathédrale. Le Mas Chichet compte 52 ha. Ce joli vin rose soutenu offre un nez agréable, fin et fruité. Rond, bien équilibré, aromatique, il possède une bonne persistance.

☛ Jacques Chichet, Mas Chichet, 66200 Elne, tél. 04.68.22.16.78, fax 04.68.22.70.28 ▼ ⊤ t.l.j. sf dim. 9h-12h 14h-18h

MAS DE LA VILLE Merlot 1995

| | 8 ha | 45 000 | ⦅⦆ | -30 F |

A côté de ses côtes du roussillon, Hervé Passama propose un merlot catalan à la robe grenat soutenu à reflets tuilés. Le nez, complexe, offre des notes d'épices et de truffe alors que la bouche, ronde et aromatique, est tout en senteurs de garrigue.
☛ Hervé Passama, Ch. de Sau, 66300 Thuir, tél. 04.68.53.40.16, fax 04.68.53.29.07 ▼ ⊤ r.-v.

DOM. PAGES HURE Merlot 1996★

| | 2 ha | 6 000 | | -30 F |

Ce merlot vient du piémont des Albères. Jean-Louis Pagès lui a apporté toute son attention. Derrière une robe rubis brillant, le nez aromatique égrène des notes d'épices et de fruits rouges. Fin et élégant en bouche avec une finale agréable, c'est un vin très harmonieux.
☛ SCEA Pages Huré, 2, allée des Moines, 66740 Saint-Génis-des-Fontaines, tél. 04.68.89.82.62, fax 04.68.89.82.62 ▼ ⊤ r.-v.

Côtes catalanes

BOUDAU La Cuvée du Petit Closi 1997★

| | 2,5 ha | 12 000 | | -30 F |

Frère et sœur, Pierre et Véronique Boudau ont repris le domaine familial en 1993. Leur **muscat sec 97** est tout aussi réussi que cette cuvée, 60 % de syrah et 40 % de grenache noir. La robe est profonde, et les arômes d'épices et de fruits sont intenses. Gras en bouche, construit avec des tanins fins, ce vin harmonieux et équilibré offre une jolie longueur en finale.
☛ Les Vignobles Boudau, 6, rue Marceau, B. P. 60, 66602 Rivesaltes, tél. 04.68.64.45.37 ▼ ⊤ r.-v.
☛ Pierre et Véronique Boudau

DOM. CAZES
Le Canon du Maréchal Muscat sec 1997

| | 4 ha | 20 000 | | 30 à 50 F |

La famille Cazes acheta une partie de la propriété du maréchal Joffre, ce qui lui permit de baptiser cette cuvée désormais aussi célèbre que le vainqueur de la bataille de la Marne ! Le muscat de rivesaltes est un merveilleux vin doux naturel, mais une mode récente a incité à vinifier ce cépage en vin sec. Celui-ci, d'une jolie couleur paille brillante, offre un nez très typé de muscat assez évolué. Equilibré et fin en bouche, il ne manque pas d'intérêt.
☛ Dom. Cazes, 4, rue Francisco-Ferrer, B.P. 61, 66602 Rivesaltes, tél. 04.68.64.08.26, fax 04.68.64.69.79 ▼ ⊤ r.-v.

LES VINS DE PAYS

Provence

DOM. PIQUEMAL
Cuvée Pierre Audonnet 1997

■   4 ha   20 000   -30 F

Cet excellent domaine de 5 ha consacre quelques cépages aux vins de pays catalans. Merlot à 75 %, complété par cabernet et syrah, donne cette cuvée à la robe sombre légèrement tuilée. Le nez frais offre des notes d'épices et de menthe. Charpenté, tannique, ce vin est bien équilibré.
❧ Dom. Piquemal, 1, rue Pierre-Lefranc, 66600 Espira-de-l'Agly, tél. 04.68.64.09.14, fax 04.68.38.52.94 ☑ ⊥ r.-v.

Aude

DOM. DE MARTINOLLES
Pinot noir 1996*

■   4 ha   10 000   -30 F

L'église fortifiée de Saint-Hilaire, abbaye bénédictine du XIII^{e}s. avec un cloître gothique du XIVe, fait partie des découvertes incontournables de tout amoureux de cette région. Situé à 3 km, ce domaine propose un pinot à la robe rouge, brillante. Ses arômes puissants de fruits mûrs et sa bouche équilibrée de bonne longueur forment une bouteille élégante.
❧ Vignobles Vergnes, Dom. de Martinolles, 11250 Saint-Hilaire, tél. 04.68.69.41.93, fax 04.68.69.45.97 ☑ ⊥ t.l.j. sf dim. 8h-12h 14h-19h; groupes sur r.-v.

Cévennes

DOM. DE GOURNIER Sauvignon 1997*

□   14 ha   35 000   -30 F

Terre d'histoire, les Cévennes ont connu très tôt le développement de la vigne puisque le vin de la région était apprécié à Rome dès l'Antiquité. Ce domaine de 95 ha en est-il l'héritier ? En tout cas, ce 97 est plaisant dans sa robe jaune pâle à reflets verts. Le nez aux notes de fleurs d'oranger et d'agrumes est fin. Équilibré et nerveux en bouche, ce sauvignon ne décevra pas.
❧ Maurice Barnouin, Dom. de Gournier, 30190 Sainte-Anastasie, tél. 04.66.81.20.28, fax 04.66.83.31.08 ☑ ⊥ r.-v.

Bénovie

DOM. DES HOSPITALIERS Merlot 1997

■   n.c.   n.c.   30 50 F

C'est au XII^{e}s. que la vigne apparaît ici. Comme le révèle son nom, le domaine appartient à l'ordre de Malte. Paré d'une robe grenat intense, ce merlot de La Bénovie possède un nez puissant prometteur. Ample, bien structuré, un vin aux tanins de bonne qualité qui peut déjà être servi mais saura attendre.
❧ Martin-Pierrat, Dom. des Hospitaliers, pl. Gal-Chaffard, 34400 Saint-Christol, tél. 04.67.86.01.15, fax 04.67.86.00.19 ☑ ⊥ t.l.j. 8h-20h

Provence, basse vallée du Rhône, Corse

Majorité de vins rouges dans cette vaste zone, constituant 70 % des 700 000 hl produits dans les départements de la région administrative Provence-Alpes-Côte d'Azur. Les rosés (25 %) sont surtout issus du Var, et les blancs, du Vaucluse et du nord des Bouches-du-Rhône. On retrouve dans ces régions la diversité des cépages méridionaux, mais ceux-ci sont rarement utilisés seuls ; selon des proportions variables et en fonction des conditions climatiques et pédologiques, ils sont employés avec des cépages plus originaux, d'ancienne tradition locale ou, au contraire, d'origine extérieure : counoise et roussanne du Var, par exemple, pour les premiers ; cabernet-sauvignon ou merlot, cépages bordelais pour les seconds, auxquels s'ajoute la syrah venue de la vallée du Rhône. Les dénominations départementales s'appliquent au Vaucluse, aux Bouches-du-Rhône, au Var, aux Alpes-de-Haute-Provence, aux Alpes-Maritimes et aux Hautes-Alpes ; les dénominations sous-régionales ou locales sont huit : principauté d'Orange, Petite Crau (au sud-est d'Avignon), Mont Caumes (à l'ouest de Toulon), Argens (entre Brignoles et Draguignan, dans le Var), Maures, Coteaux du Verdon (Var), Aigues (Vaucluse), reconnues récemment, et île de Beauté (Corse).

Ile de Beauté

LES VIGNERONS D'AGHIONE
Merlot 1997*

■   100 ha   n.c.   -30 F

Rubis avec des reflets violacés, ce 97 offre des arômes de fruits rouges et de foin coupé. En bouche le vin est structuré et harmonieux avec de la matière. Il peut être bu tout de suite mais va

Provence / Ile de Beauté

encore évoluer favorablement. A goûter avec du gibier.
● Coop. d'Aghione, Samuletto, 20270 Aghione, tél. 04.95.56.60.20, fax 04.95.56.61.27 ✓ Ⴕ t.l.j. sf sam. dim. 8h-12h 14h-18h

LES VIGNERONS D'AGHIONE
Chardonnay 1997

	100 ha	n.c.	

La robe limpide présente des reflets verts. Le nez, fin et agréable, révèle des arômes d'agrumes. Le passage en fût marque l'impression gustative légèrement et confère une réelle originalité à ce vin, puisque les arômes du bois et du cépage se marient harmonieusement. A boire.
● Coop. d'Aghione, Samuletto, 20270 Aghione, tél. 04.95.56.60.20, fax 04.95.56.61.27 ✓ Ⴕ t.l.j. sf sam. dim. 8h-12h 14h-18h

DOM. DON PAOLU 1997

	17,9 ha	50 000	

Niellucciu et syrah (20 %) signent ce vin rubis caractérisé par des arômes de fruits rouges. La bouche est plaisante. A boire.
● Paul Haudricourt, Coop. Aghione-Samuletto, 20270 Aghione, tél. 04.95.56.60.20, fax 04.95.56.61.27 ✓ Ⴕ t.l.j. sf sam. dim. 8h-12h 14h-18h

LES VIGNERONS DE L'ILE DE BEAUTE Prestige chardonnay 1997*

	30 ha	250 000	

La robe d'une jolie couleur présente des reflets verts. Le nez, très expressif, est caractérisé par des arômes floraux. La bouche d'une bonne ampleur est marquée par des notes d'agrumes. Ce très joli vin équilibré et gras possède une bonne persistance aromatique. Peut être bu avec poisson et viandes blanches.
● Union de Vignerons de l'île de Beauté, Cave coopérative d'Aléria, 20270 Aléria, tél. 04.95.57.02.48, fax 04.95.57.09.59 ✓ Ⴕ r.-v.

LES VIGNERONS DE L'ILE DE BEAUTE Prestige merlot 1997

	36 ha	300 000	

Une bouteille déjà prête, couleur rubis ; le nez et la bouche sont assez plaisants et équilibrés.
● Union de Vignerons de l'île de Beauté, Cave coopérative d'Aléria, 20270 Aléria, tél. 04.95.57.02.48, fax 04.95.57.09.59 ✓ Ⴕ r.-v.

LES VIGNERONS DE L'ILE DE BEAUTE Prestige Cabernet-sauvignon 1997*

	25 ha	200 000	

La robe est d'une belle couleur rubis. Le nez reste encore un peu fermé et devrait s'exprimer pleinement d'ici un an ; la bouche se révèle prometteuse avec un bon équilibre, une rondeur agréable, des tanins fins et fondus.
● Union de Vignerons de l'île de Beauté, Cave coopérative d'Aléria, 20270 Aléria, tél. 04.95.57.02.48, fax 04.95.57.09.59 ✓ Ⴕ r.-v.

LES VIGNERONS DES PIEVE
Cuvée San Michele Chardonnay 1996

	100 ha	50 000	

Ce vin possède une jolie couleur, un nez légèrement floral et une bouche honorable. Un chardonnay à boire avant Noël.
● SICA UVAL Les Vignerons des Piève, Lieu-dit Rasignani, 20290 Borgo, tél. 04.95.58.44.00, fax 04.95.38.38.10 ✓ Ⴕ r.-v.

DOM. PRATALI 1996

	2,71 ha	15 000	

Ce vin, assemblant merlot, cabernet, syrah et grenache, présente au nez des arômes agréables d'épices. La structure tannique est légère, plaisante, et les arômes d'épices et de fruits confits dominent. A boire maintenant.
● Jean Belgodère, Dom. Pratali, 20213 Folelli, tél. 04.95.36.52.07 ✓ Ⴕ t.l.j. 9h-12h 14h-18h

DOM. DE SALINE Chardonnay 1997

	100 ha	130 000	

La robe claire présente des reflets verts, et le nez, légèrement typé chardonnay, offre des arômes de fumé grillé. La bouche révèle un équilibre vif avec des notes de miel. A boire dans l'année.
● CCV la Marana, Lieu-dit Rasignani, 20290 Borgo, tél. 04.95.58.44.00, fax 04.95.38.38.10 ✓ Ⴕ r.-v.

DOM. DE TERRA VECCHIA
Cinsault 1997**

	n.c.	n.c.	

Fortant de France a présenté un fort joli vin à la robe d'une couleur vive, rosée avec des nuances brique. Le nez, élégant, se pare d'arômes subtils et fins. La bouche bien équilibrée est, elle aussi, pleine de finesse. D'une très bonne harmonie générale, ce vin est à boire.
● Robert Skalli Fortant de France, 278, av. du Mal-Juin, B. P. 376, 34204 Sète Cedex, tél. 04.67.46.70.00, fax 04.67.43.03.03 Ⴕ r.-v.

DOM. DE TERRAZZA Merlot 1997***

	30 ha	200 000	

VIN DE PAYS DE L'ILE DE BEAUTÉ

1997 — 1997

Domaine de Terrazza
MERLOT
MIS EN BOUTEILLE A LA PROPRIÉTÉ
12% Vol. — PAR LES VIGNERONS ASSOCIÉS DU LEVANT 20290 - BORGO — 75 cl
PRODUCE OF FRANCE

Ce vin possède une belle couleur d'un rouge grenat soutenu avec des reflets cerise. L'intensité olfactive est soutenue, les arômes de fruits mûrs dominent. Ce vin possède une belle structure tannique ; charpenté et gras, il doit attendre un ou deux ans avant de s'exprimer pleinement.
● CCV la Marana, Lieu-dit Rasignani, 20290 Borgo, tél. 04.95.58.44.00, fax 04.95.38.38.10 Ⴕ r.-v.

LES VINS DE PAYS

Principauté d'Orange

FONT SIMIAN 1997

| □ | 3 ha | 10 000 | 🍷♦ -30 F |

Belle alliance entre les cépages qui conjuguent toutefois leurs caractéristiques sans exubérance. Au final, un vin blanc au profil équilibré à accorder avec coquillages et crustacés.
☞ Jean-Pierre Serguier, Ch. Simian, 84420 Piolenc, tél. 04.90.29.50.67, fax 04.90.29.62.33 ✓ ⊺ t.l.j. sf dim. 8h-12h 14h-19h

Maures

DOM. DE LA GARNAUDE
Cabernet-sauvignon 1997★★

| ■ | 2,25 ha | 9 700 | 🍷♦ -30 F |

Ce très beau vin ravira les connaisseurs et les autres. La typicité du cépage cabernet-sauvignon (épices, poivron) ne manque pas, et le fruit rouge est encore présent. En bouche, la structure et la matière sont de belle facture. Restons sobres dans le commentaire... puisque vous vous chargerez d'en faire l'éloge une fois le verre à la main.
☞ SCEA Martel-Lassechère, Dom. de La Garnaude, rte de Repenti, 83590 Gonfaron, tél. 04.94.78.20.42, fax 04.94.78.24.71 ✓ ⊺ t.l.j. 9h-12h 14h-18h; dim. sur r.-v.

DOM. DE L'ANGLADE Ugni blanc 1997

| □ | 1,5 ha | 3 000 | 🍷 30 à 50 F |

Ce vin de pays blanc a une jolie robe jaune pâle avec des nuances vertes. Des arômes floraux auxquels se mêlent quelques pointes d'agrumes ravissent le nez. En bouche, son équilibre confirme que le produit est réussi.
☞ Bernard Van Doren, Dom. de l'Anglade, av. Vincent-Auriol, 83980 Le Lavandou, tél. 04.94.71.10.89, fax 04.94.15.15.88 ✓ ⊺ r.-v.

DOM. DU PLAN GENET 1997★

| ◢ | 7 ha | 60 000 | 🍷♦ -30 F |

Il est accrocheur ce joli rosé couleur pétale de rose. Son nez amylique (subtilement s'entend), sa bouche harmonieuse vous réservent un plaisir simple. A consommer frais, à l'occasion d'un moment convivial. Il est des petits bonheurs...
☞ Comte G. de Chevron Villette, Ch. Reillanne, rte de Saint-Tropez, 83340 Le Cannet-des-Maures, tél. 04.94.60.73.31, fax 04.94.47.92.06 ✓ ⊺ t.l.j. sf sam. dim. 8h-12h 14h-17h

Principauté d'Orange

Vaucluse

CANORGUE Rosée d'une nuit 1997

| ◢ | 1 ha | 5 000 | 🍷 30 à 50 F |

Ce rosé est très féminin. Il allie couleur cuisse de nymphe, bouche charnue et rondeur. La dégustation n'est que plus appréciable après une légère aération. Quelle belle présentation !
☞ EARL Jean-Pierre et Martine Margan, Ch. La Canorgue, 84480 Bonnieux, tél. 04.90.75.81.01, fax 04.90.75.82.98 ✓ ⊺ r.-v.

LES VIGNERONS DE CANTEPERDRIX Viognier 1997★

| □ | 13 ha | 14 000 | 🍷 -30 F |

A l'œil, vous noterez de jolis reflets dorés. Puis, au nez, vous serez séduits par de puissants arômes. En bouche, le bel équilibre vivacité-rondeur et les nuances aromatiques marquées par l'abricot sec vous confirmeront que ce vin est très réussi.
☞ Les Vignerons de Canteperdrix, rte de Caromb, B.P. 15, 84380 Mazan, tél. 04.90.69.70.31, fax 04.90.69.87.41 ✓ ⊺ r.-v.

BERNARD CHAMFORT 1996

| ■ | 1,25 ha | 10 000 | 🍷♦ -30 F |

Le jury a apprécié ce vin de pays aimable qui présente au nez des notes de fruits confits et, en bouche, une structure tannique bien fondue. Ce pur grenache 96 offrait un profil évolué à la dégustation, dans le bon sens du terme.
☞ Bernard Chamfort, Dom. de Verquière, 84110 Sablet, tél. 04.90.46.90.11, fax 04.90.46.99.69 ✓ ⊺ r.-v.

DOM. FONTAINE DU CLOS
Cabernet franc 1997

| ■ | 1 ha | 5 000 | 🍷♦ -30 F |

Le cabernet franc apporte ici sa finesse et un grain bien fondu. La bouche se révèle souple avec quelques nuances épicées. Parmi les membres du jury, certains ont pu évoquer une touche végétale. Sans jeu de mot : c'est franc.
☞ Jean Barnier, La Fontaine du Clos, 84260 Sarrians, tél. 04.90.65.42.73, fax 04.90.65.30.69 ✓ ⊺ t.l.j. sf dim. 9h-12h 15h-19h

DOM. DE LA CITADELLE
Cabernet-sauvignon 1996★★

| ■ | 4 ha | 30 000 | 🍷♦ 30 à 50 F |

Ce vin de pur cépage cabernet-sauvignon exprime avec de la rondeur et une belle élégance le terroir et le soin qui lui a été apporté, n'en doutons pas. Laissez-vous tenter, dans le registre rosé par la **cuvée Souleïado**. Ce vin est encore très fruit rouge, particulièrement goûteux.
☞ Rousset-Rouard, Dom. de La Citadelle, 84560 Ménerbes, tél. 04.90.72.41.58, fax 04.90.72.41.59 ✓ ⊺ r.-v.

MAS GRANGE BLANCHE 1997

| ◢ | 4 ha | 8 000 | 🍷♦ -30 F |

Ce vin de pays, à la robe soutenue, est tout en rondeur, dans un registre caractéristique des rosés typés Vallée du Rhône, à base de cépages

Provence — Bouches-du-Rhône

grenache et syrah notamment. Plaisant dans son style : on n'est pas loin d'une certaine opulence.
↪ EARL Cyril et Jacques Mousset, Ch. des Fines Roches, 84230 Châteauneuf-du-Pape, tél. 04.90.83.73.10, fax 04.90.83.50.78 ✓ ⏃ t.l.j. 10h-19h

Bouches-du-Rhône

DOM. DE BEAULIEU
Cabernet-sauvignon 1997★★

| ■ | 20 ha | 200 000 | ■ ↓ -30 F |

Belle alchimie entre le cépage bordelais et le savoir-faire provençal. C'est l'illustration même, pour les dégustateurs, de l'équilibre entre l'expression aromatique et la structure tannique propre à ce cépage... et la rondeur appréciable en bouche. Alliance gastronomique évidente : viande en sauce, sanglier, fromage.
↪ GFA du Ch. de Beaulieu, 13840 Rognes, tél. 04.42.50.13.72 ✓ ⏃ t.l.j. sf dim. 8h30-12h 13h40-18h
↪ Touzet

DOM. DE BOULLERY 1997★

| ◪ | 15 ha | 90 000 | ■ ↓ -30 F |

Ce rosé a été apprécié pour sa vivacité de bon aloi et la belle harmonie apportée par les différents cépages qui le composent. Si le nez reste assez discret, avec quelques notes amyliques (bonbons), la dégustation s'achève sur une belle longueur. Ce vin de pays produit par un grand propriétaire n'a pas à rougir (!) de son rang...
↪ SCA des Domaines de Fonscolombe, 13610 Le Puy-Sainte-Réparade, tél. 04.42.61.89.62, fax 04.42.61.93.95 ✓ ⏃ r.-v.
↪ de Saporta

DOM. CAILLOL Le Vin de Marseille 1997★

| ◪ | 1,5 ha | 10 000 | ■ ↓ 30 à 50 F |

Le vin de Marseille serait-il rosé ? Les frères Caillol présentent ici tout cas cette déclinaison tout en rondeur, au bel équilibre en bouche, celle-ci montrant une bonne longueur. Le nez n'est pas en reste avec quelques touches amyliques... Les deux cépages, syrah et caladoc, nous offrent ici une jolie combinaison.
↪ Dom. Caillol, 11, chem. du Bérard, 13260 Cassis, tél. 04.42.01.05.35, fax 04.42.01.31.59 ✓ ⏃ r.-v.

LA COSTE Sauvignon 1997

| ☐ | 4 ha | 20 000 | ■ ↓ -30 F |

Voilà le bon exemple de l'expression méditerranéenne du cépage sauvignon (plus implanté en Val de Loire). D'une belle couleur jaune pâle, ce vin est assez fruité, vif et équilibré à la fois. Plaisant. Le pur **cabernet-sauvignon (rouge)** a également retenu l'attention. S'il est encore fermé lors de la dégustation, ses tanins présents laissent augurer un autre visage, si on veut bien attendre encore un peu.

↪ Bordonado, GFA Ch. La Coste, 13610 Le Puy-Sainte-Réparade, tél. 04.42.61.89.98, fax 04.42.61.89.41 ✓ ⏃ t.l.j. sf dim. 8h-12h 14h-18h

DOM. DE LA VERRIERE
Viognier Elevé en fût de chêne 1997★★

| ☐ | 0,7 ha | 1 300 | ⫿⫿⫿ 30 à 50 F |

Joli mariage du bois (élevage en fût) et du cépage viognier. En bouche, beaucoup de finesse, avec des notes grillées et des accents vanillés. C'est très bien fait. Un regret : il y a trop peu de bouteilles... Heureux les premiers arrivés.
↪ Jacques Maubert, Dom. de la Verrière, 84220 Goult, tél. 04.90.72.20.88, fax 04.90.72.40.33 ✓ ⏃ r.-v.

DOM. DE L'ILE SAINT-PIERRE
Cabernet franc 1997

| ■ | 25 ha | n.c. | ■ ↓ -30 F |

Un vin de pur cépage cabernet franc, peu implanté dans le Sud-Est. Equilibre, rondeur et fruits sont au rendez-vous et n'attendent que vos amis pour un moment de plaisir partagé. Sympathique et agréable.
↪ Patrick Henry, Dom. de Boisviel Saint-Pierre, Mas-Thibert, 13104 Arles, tél. 04.90.98.70.30, fax 04.90.98.74.93 ✓ ⏃ r.-v.

MAS DE REY Chasan 1996★★

| ☐ | 5 ha | 20 000 | 30 à 50 F |

Patrick Mazzoleni propose un remarquable Chasan. Il est fin, élégant ; l'expression du boisé est tout en subtilité. C'est un vin harmonieux. Ajouter juste le superlatif ne vous éclairera pas plus. Passez donc au Mas de Rey, et jugez par vous-même.
↪ Mazzoleni, SCA Mas-de-Rey, Anc. Rte de St-Gilles-VC144, 13200 Arles, tél. 04.90.96.11.84, fax 04.90.96.59.44 ✓ ⏃ t.l.j. 9h-12h 14h-19h; dim. sur r.-v.

LES VIGNERONS DE ROQUEFORT LA BEDOULE
Cuvée spéciale Blanc de blancs 1997

| ☐ | 10 ha | 30 000 | ■ ↓ -30 F |

Au nez le premier contact est floral puis tend vers des notes d'agrumes. Ce blanc de blancs (100 % cépage rolle) de bonne facture sait concilier vivacité et rondeur. L'association avec des fruits de mer sera de circonstance.
↪ Coopérative vinicole de Roquefort-la-Bédoule, 1, bd Frédéric-Mistral, 13830 Roquefort-la-Bédoule, tél. 04.42.73.22.80, fax 04.42.73.01.37 ✓ ⏃ r.-v.

LES VIGNERONS DU ROY RENE
Caladoc 1997

| ■ | 15 ha | 15 000 | ■ -30 F |

Pas d'agressivité notable comme souvent avec le caladoc. Curieusement, pourrait-on ajouter, la bouche est souple. Ce vin de pays est bien réussi. Il faut dire que les Vignerons du Roy René maîtrisent leur sujet : leur caladoc a été cité dans l'édition 98. Belle continuité. L'association avec les viandes grillées va de soi.

1027   **LES VINS DE PAYS**

Alpes et pays rhodaniens

🍷 Les Vignerons du Roy René, R.N. 7, 13410 Lambesc, tél. 04.42.57.00.20, fax 04.42.92.91.52 ☑ ⊺ t.l.j. sf dim. 8h-12h 14h-19h

Var

DOM. DU CLOS LAMALGUE
Cuvée Prestige Rolle 1997

| | 3 ha | 800 | ∎ ↓ 30 à 50 F |

Un vignoble dans Toulon - des vignes en ville ! Quelle bouteille élégante ! Quant au vin, il offre de belles promesses. D'une jolie couleur pâle, il s'ouvre au nez sur des arômes délicats. Sa vivacité en bouche le destine aux produits de la mer. Attention, production très confidentielle.
🍷 Jean-Claude Monges, 1768, av. de la Résistance, imp. Saboly, 83000 Toulon, tél. 04.94.75.75.43 ☑ ⊺ r.-v.

TRIENNES Réserve 1995★

| ∎ | 8 ha | 20 000 | ❶❶ 50 à 70 F |

Comme nous, vous apprécierez ce vin marqué par le cabernet-sauvignon (majoritaire) qui se place en bouche avec une belle matière. La structure tannique a su évoluer vers une grande finesse que rehausse l'élevage en fût. C'est fondu bref, c'est réussi. Notre pronostic est qu'on peut le tenir encore un ou deux ans. Ne vous privez pas de vous hasarder sur le pur **viognier** qui exhale des notes d'abricot sec caractéristiques.
🍷 Dom. de Triennes, RN 560, 83860 Nans-les-Pins, tél. 04.94.78.91.46, fax 04.94.78.65.04 ☑ ⊺ r.-v.

Hautes-Alpes

DOM. ALLEMAND 1997★

| ◢ | 3,5 ha | 20 000 | ∎ -30 F |

Seule cave particulière dans le département des Hautes-Alpes, ce domaine a élaboré un rosé qui a séduit les dégustateurs par son nez finement muscaté. Sous le charme, ils lui ont trouvé de la grâce, voire de la féminité. Le type du joli vin de soif à recommander à l'apéritif entre amis. Dans un registre très proche, ce producteur a également réussi un joli vin de pays blanc, issu du cépage **muscat à petits grains**, au nez très floral (jasmin, acacia).
🍷 EARL L. Allemand et Fils, La Plaine de Theus, 05190 Theus, tél. 04.92.54.40.20, fax 04.92.54.41.50 ☑ ⊺ r.-v.

Alpes-Maritimes

LA BASTIDE DU COLLET DE MOURRE
Cuvée du Baou de Saint-Jeannet 1997★★

| | 1,25 ha | 3 700 | ❶❶ 50 à 70 F |

Le cépage rolle ne contribue pas seul à cette réussite. Un peu d'ugni blanc (15 %) et un savoir-faire certain sont les deux autres raisons du succès. C'est plus la finesse, le fondu et le bel équilibre qui séduisent. Le passage en fût se révèle avec élégance, sans ostentation comme pour le millésime 96. Superbe. Et de la longueur. L'amateur découvrira aussi un **vin de pays rouge**, issu de cinq cépages, tout aussi digne d'honorer sa table.
🍷 Georges et Denis Rasse, Hautes Collines, 800 chem. des Sausses, 06640 Saint-Jeannet, tél. 04.93.24.96.01, fax 04.93.24.96.01 ☑ ⊺ r.-v.

Alpes et pays rhodaniens

De l'Auvergne aux Alpes, la région regroupe les huit départements de Rhône-Alpes et le Puy-de-Dôme. La diversité des terroirs y est donc exceptionnelle et se retrouve dans l'éventail des vins régionaux. Les cépages bourguignons (pinot, gamay, chardonnay) et les variétés méridionales (grenache, cinsault, clairette) se rencontrent. Ils côtoient les enfants du pays que sont la syrah, la roussanne, la marsanne dans la vallée du Rhône, mais aussi la mondeuse, la jacquère ou le chasselas en Savoie, ou encore l'étraire de la dui et la verdesse, curiosités de la vallée de l'Isère. L'usage des cépages bordelais (merlot, cabernet-sauvignon) se développe également.

Dans une production en progression, atteignant 400 000 hl, l'Ardèche et la Drôme contribuent largement à la primauté des rouges ; la tendance est partout à l'élaboration de vins de cépage pur. Ain, Ardèche, Drôme et Puy-de-Dôme sont les quatre dénominations départementales. Huit dénominations régionales couvrent la région : Allobrogie (Savoie et Ain, 5 000 hl), blancs, en forte majorité), coteaux du Grésivaudan (moyenne vallée de l'Isère, 2 000 hl), Balmes dauphinoises (Isère, 1 000 hl), Urfé (Vallée de la Loire entre Forez et Roannais, 1 000 hl), collines rhodaniennes (15 000 hl, majorité de rouges), comté de Grignan (sud-ouest de la Drôme,

Alpes et pays rhodaniens

30 000 hl, rouges surtout), coteaux des Baronnies (sud-est de la Drôme, 30 000 hl de rouges) et coteaux de l'Ardèche (280 000 hl en rouge et blanc).

Il existe également un vin de pays régional, créé en 1989 : les Comtés rhodaniens (environ 15 000 hl). Les vins peuvent être produits sur les huit départements de la région Rhône-Alpes (Ain, Ardèche, Drôme, Isère, Loire, Rhône, Savoie, Haute-Savoie) et sont soumis à double agrément.

Allobrogie

LE CELLIER DE JOUDIN
Jacquère 1997★★

| | 4 ha | n.c. | | -30F |

La famille Demeure sait tirer des vins originaux de cet îlot viticole aux portes de la Savoie. La jacquère 97, pâle et brillante, séduit d'emblée par son nez floral, tout en rondeur. Elle peut aussi bien accompagner les poissons et spécialités fromagères, qu'une bonne charcuterie. A noter également un **chardonnay 97** très réussi.
↱ Le Cellier de Joudin, Joudin, 73240 Saint-Genix-sur-Guiers, tél. 04.76.31.61.74, fax 04.76.31.61.74 ■ ▼ r.-v.
↱ Pierre Demeure

Balmes dauphinoises

DOM. MEUNIER Pinot 1996

| | 0,67 ha | 6 000 | | -30F |

Le vignoble des Balmes dauphinoises apporte une note de gaieté aux paysages bucoliques du nord de l'Isère. Gilbert Meunier y préserve la tradition viticole avec des vins originaux vieillis deux ans avant la mise en bouteille. Ce pinot 96 à reflets ambrés fleure bon les fruits rouges au sirop. A boire dès maintenant.
↱ Gilbert Meunier, Le Rochat, 38510 Sermerieu, tél. 04.74.80.15.81 ■ ▼ r.-v.

Coteaux des Baronnies

DOM. LA ROSIERE Merlot 1997★★★

| ■ | 4 ha | 20 000 | | -30F |

Vingt ans de vinification dans ce domaine où Serge Liotaud et depuis peu son fils savent allier compétence et inspiration. Le merlot 97, qui fleure bon les fruits très mûrs (cassis en particu-

Collines rhodaniennes

lier) s'impose par sa structure solide et un équilibre tout en rondeur. S'il est déjà très séduisant, il pourra tout aussi bien attendre et gagner encore en complexité. A noter également une **syrah 96** boisée.

DOMAINE LA ROSIÈRE 1997
MERLOT
Vin de Pays
Coteaux des Baronnies
Récolté, élevé et mis en bouteille au domaine par
EARL Serge LIOTAUD et Fils à Sainte Jalle 26110 France
Alc.12.5%vol   750 ml
PRODUCT OF FRANCE

↱ EARL Serge Liotaud et Fils, Dom. La Rosière, 26110 Sainte-Jalle, tél. 04.75.27.30.36, fax 04.75.27.33.69 ■ ▼ t.l.j. 8h-19h

DOM. DU RIEU FRAIS
Cabernet-sauvignon 1995★

| | 8 ha | 14 000 | | 30à50F |

Ce domaine situé au cœur des Baronnies possède des équipements et un vignoble voués à la production de vins de cépages de qualité. Ce 95 brillant et équilibré marie avec bonheur les arômes du cabernet-sauvignon aux senteurs boisées dues à son élevage en fût de chêne.
↱ Jean-Yves Liotaud, 26110 Sainte-Jalle, tél. 04.75.27.31.54, fax 04.75.27.34.47 ■ ▼ t.l.j. 8h-12h 14h-19h

Comté de Grignan

CAVE DE LA VALDAINE Syrah 1997★

| ■ | 75 ha | 15 000 | | -30F |

Les vins de cette coopérative, régulièrement cités, récompensent plus de dix ans d'efforts d'amélioration de l'encépagement et des techniques de vinification. Rouge sombre à reflets violacés, complexe au nez (fruits rouges mais aussi violette et poivron) et riche en bouche, la syrah 97 combine bien les traits du cépage et de la macération carbonique. Note réglissée en finale.
↱ Cave de La Valdaine, av. Marx-Dormoy, 26160 Saint-Gervais-sur-Roubion, tél. 04.75.53.80.08, fax 04.75.53.93.90 ■ ▼ r.-v.

Collines rhodaniennes

LES EGREVES 1997★

| ■ | 3,5 ha | 14 000 | | -30F |

Rond et plaisant : voilà résumé ce vin issu d'un assemblage de syrah et de merlot. Mêlant les arômes de fruits et d'épices, il accompagnera avec bonheur une bonne caillette de Chabeuil, spécialité charcutière locale.

1029   **LES VINS DE PAYS**

Alpes et pays rhodaniens

🍷 Dom. Pochon, Ch. de Curson, 26600 Chanos-Curson, tél. 04.75.07.34.60, fax 04.75.07.30.27 ☑ 🍸 ven. sam. 14h-19h

CAVE DES VIGNERONS RHODANIENS Syrah 1996

| ■ | 8 ha | 35 000 | 🍷 -30 F |

Au carrefour de la Loire, de l'Isère et de l'Ardèche, la Cave des Vignerons rhodaniens, créée en 1929, dispose désormais d'un encépagement de qualité où règnent les variétés traditionnelles. Ainsi, cette syrah se présente avec une robe cerise soutenu et un nez intense aux notes de fruits rouges conférant à l'ensemble une harmonie réussie. Vous pourrez également découvrir un **merlot de l'Isère** à consommer dès maintenant.

🍷 Cave des Vignerons Rhodaniens, 35, rue du Port-Vieux, 38550 Péage-de-Roussillon, tél. 04.74.86.57.87, fax 04.74.86.57.95 ☑ 🍸 t.l.j. sf dim. lun. 8h-12h 14h-18h

CUVÉE DES VERNES 1997*

| ■ | 0,7 ha | 3 000 | 🍶 30 à 50 F |

Cette exploitation, en culture biologique depuis 1975, se signale par des cuvées originales. La syrah 97, issue d'une macération de vingt jours, ne manque pas de personnalité. Sombre et violacée, elle exalte les senteurs les plus entêtantes (mûre, fruits exotiques, violette, tabac et même chocolat), et se révèle surtout fruitée en bouche avec une touche soyeuse. Un vin surprenant à découvrir.

🍷 Emmanuel Barou, Picardel, 07340 Charnas, tél. 04.75.34.02.13, fax 04.75.34.02.13 ☑ 🍸 r.-v.

Comtés rhodaniens

LES VIGNERONS ARDECHOIS
Viognier 1997**

| ☐ | n.c. | n.c. | -30 F |

Avec ce viognier, les vins de pays régionaux des comtés rhodaniens, en plein développement, font une entrée remarquée dans le Guide. Le viognier s'y présente sous son meilleur jour : agrumes, pêche, violette, fleur d'acacia bien sûr, abricot avec en plus une note balsamique pour la fraîcheur. A ne pas manquer si vous aimez les vins blancs ronds et expressifs.

🍷 Les Vignerons Ardéchois, B.P. 8, 07120 Ruoms, tél. 04.75.39.98.00, fax 04.75.39.69.48 ☑ 🍸 t.l.j. sf dim. 8h-12h 14h-18h

Ardèche

OR BLANC Viognier 1997*

| ☐ | n.c. | 40 000 | 🍷 30 à 50 F |

Georges Duboeuf, installé en Ardèche depuis 95, a réussi une bonne adaptation du viognier dans ce vignoble. Brillant, ce vin décline les senteurs estivales de pêche et d'abricot ravivées par une pointe de fleur blanche ; gras, il s'accordera avec les hors-d'œuvre.

🍷 Les vins Georges Duboeuf, La Gare, B.P. 12, 71570 Romanèche-Thorins, tél. 03.85.35.34.20, fax 03.85.35.34.25 ☑ 🍸 t.l.j. 9h-18h; f. 1er-22 jan.

CAVE DE SARRAS Gamay 1997**

| ■ | n.c. | n.c. | -30 F |

Le gamay, de toute évidence, se plaît bien dans le nord de l'Ardèche. Voici un vin parfait pour les repas entre amis. Rouge brillant, il est jeune, charmeur sans manque de volume. Aux senteurs fruitées typiques du cépage, des pointes de violette et de vanille ajoutent de la complexité. A noter également une **syrah 97**, sombre et épicée pleine de caractère.

🍷 SCA Cave de Sarras, Le Village, 07370 Sarras, tél. 04.75.23.14.81, fax 04.75.23.38.36 ☑ 🍸 r.-v.

Coteaux de l'Ardèche

LES VIGNERONS ARDECHOIS
Chardonnay Prestige 1997*

| ☐ | n.c. | n.c. | 🍷 -30 F |

Les Vignerons ardéchois regroupent dans le sud de l'Ardèche plus de vingt coopératives engagées dans une politique de reconversion qualitative du vignoble depuis plus de vingt-cinq ans. Le chardonnay 97, lumineux et fruité, illustre bien la bonne adaptation du cépage dans ce vignoble.

🍷 Les Vignerons Ardéchois, B.P. 8, 07120 Ruoms, tél. 04.75.39.98.00, fax 04.75.39.69.48 🍸 t.l.j. sf dim. 8h-12h 14h-18h

LES VIGNERONS ARDECHOIS
Syrah Cuvée Prestige 1997**

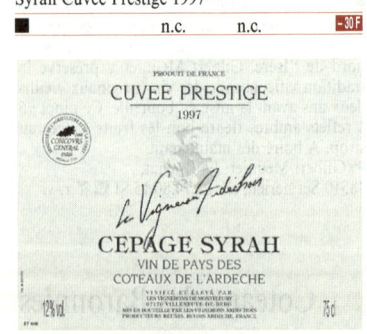

| ☐ | n.c. | n.c. | -30 F |

Les Vignerons ardéchois veulent faire du cépage syrah un de leurs fers de lance. Pari pleinement réussi, avec cette cuvée 97, aussi colorée qu'intense sur le plan olfactif (violette, bien sûr, mais aussi fruits rouges de jeunesse). Bien structuré et d'une bonne longueur voici un vin qu'un ou deux ans de repos en cave enrichiront encore.

Régions de l'Est

➥ Les Vignerons Ardéchois, B.P. 8,
07120 Ruoms, tél. 04.75.39.98.00,
fax 04.75.39.69.48 ☑ ☍ t.l.j. sf dim. 8h-12h
14h-18h

DOM. DE BOURNET
Cuvée Chris Elevé en fût de chêne 1995★

■	6 ha	1 500	◐ 60à70F

Les beaux chais voûtés du XVIIᵉs. témoignent de l'ancienneté de la tradition viticole dans la famille de Bournet. La cuvée Chris résultant d'un savant assemblage merlot - cabernet-sauvignon se ressent de son élevage en fût. Les notes épicées et boisées dominent naturellement. A boire avec des gibiers ou des viandes en sauce.
➥ Xavier de Bournet, Dom. de Bournet,
le Mas-Neuf, 07120 Grospierres,
tél. 04.75.39.68.20, fax 04.75.39.06.96 ☑ ☍ t.l.j. 9h-12h30 14h-18h; f. jan.

DOM. DE COMBELONGE
Cabernet-sauvignon 1997★

■	0,75 ha	5 000	☰ -30F

Le domaine de Combelonge est situé au cœur des coteaux de Vinezac, terroir très anciennement renommé du vignoble ardéchois. Cette cuvée 97 est très représentative du cabernet-sauvignon ; sombre, c'est un vin aux notes végétales (poivron) et épicées dont la bouche est à la fois ferme et puissante. A boire dès maintenant, il peut cependant attendre deux ou trois ans.
➥ SCEA Dom. de Combelonge, Manent Denis,
07110 Vinezac, tél. 04.75.36.92.54,
fax 04.75.36.99.59 ☑ ☍ t.l.j. 9h-12h 14h30-18h30

CAVE COOPERATIVE DE LABLACHERE
Gamay Sélection au terroir 1997

■	10 ha	46 000	☰ -30F

Implanté sur les terrasses gréseuses cévenoles, ce gamay, objet d'une sélection particulière de la coopérative, est fidèle à ses origines : fruité, léger et sympathique.
➥ SCV de Lablachère, La Vignolle,
07230 Lablachère, tél. 04.75.36.65.37,
fax 04.75.36.69.25 ☑ ☍ t.l.j. sf dim. 8h-12h 14h-18h

DOM. LA CLAPOUZE Syrah 1997★

◪	1 ha	2 000	☰♨ -30F

Ce domaine familial est situé au cœur de l'Ardèche touristique. Son rosé de saignée 100 % syrah séduit par sa teinte cerise soutenu. Avec un nez de grenadine et de fleurs de garrigue, il sera un bon accompagnement pour la charcuterie locale.
➥ GAEC Auriol, Dom. de La Clapouze,
07150 Vallon-Pont-d'Arc, tél. 04.75.88.02.92,
fax 04.75.88.02.92 ☑ ☍ t.l.j. 9h-12h 14h-19h

LOUIS LATOUR
Grand Ardèche Chardonnay 1996★★

☐	40 ha	150 000	◐ 30à50F

Régularité et excellence : voilà bien résumées les qualités des vins de chardonnay produits en Ardèche par la maison Louis Latour depuis le début des années 80. Vinifié et élevé en pièce de chêne, ce vin offre une grande complexité mêlant les senteurs florales, épicées et même balsamiques. Gras et fruité en bouche, c'est un coteaux de l'Ardèche destiné aux grandes occasions.
➥ Maison Louis Latour, La Téoule,
07400 Alba-la-Romaine, tél. 04.75.52.45.66,
fax 04.75.52.49.19 ☑ ☍ r.-v.

DOM. DU PRADEL 1996

■	n.c.	n.c.	☰ -30F

Sur les terres d'Olivier de Serres, fameux agronome du XVIᵉs., seigneur du Pradel, la cave de Montfleury a vinifié et élevé dans la tradition des vins d'assemblage dont cette cuvée 1996 bien évoluée. Un peu animal, c'est un vin à consommer dès maintenant ou qui peut attendre deux à trois ans.
➥ Cave coop. de Montfleury, Mirabel,
07170 Villeneuve-de-Berg, tél. 04.75.94.82.76,
fax 04.75.94.89.45 ☑ ☍ t.l.j. 8h-12h 14h-18h

TERRASSES 1997★

◪	n.c.	n.c.	☰ -30F

Les Terrasses : imaginez-vous partagez quelques saucisses grillées entre amis à l'ombre des châtaigniers de la Cévenne ardéchoise. Ce rosé franc et frais les accompagnera agréablement ; n'oubliez pas d'admirer sa teinte saumonée avant de le déguster. La cuvée **blanche des Terrasses**, fraîche et plaisante, pourra accompagner les poissons.
➥ Les Vignerons Ardéchois, B.P. 8,
07120 Ruoms, tél. 04.75.39.98.00,
fax 04.75.39.69.48 ☑ ☍ t.l.j. sf dim. 8h-12h 14h-18h

Régions de l'Est

On trouvera ici des vins originaux, fort modestes, vestiges de vignobles décimés par le phylloxéra mais qui eurent leur heure de gloire, bénéficiant du voisinage prestigieux de la Bourgogne ou de la Champagne. Ce sont d'ailleurs les cépages de ces régions que l'on retrouve ici, avec ceux de l'Alsace ou du Jura, vinifiés le plus souvent individuellement ; les vins ont donc alors le caractère de leur cépage : chardonnay, pinot noir, gamay ou pinot gris (pour les rosés). Dans les assemblages, on leur associe parfois l'auxerrois.

Vins de pays de Franche-Comté, de la Meuse ou de l'Yonne, ils sont tous le plus souvent fins, légers, agréables, frais et bouquetés ; en augmentation, surtout pour les vins blancs, la production n'est encore que de 3 000 hl.

Régions de l'Est — Saône-et-Loire

Saône-et-Loire

VIN DES FOSSILES 1997*

| | n.c. | n.c. | | -30 F |

Dans les collines du Haut-Brionnais, non loin de Roanne, se cachent des parcelles bien situées où croissent quelques bons plants de vigne ; une vinification traditionnelle, un peu d'attention, et Jean-Claude Bertillot obtient un chardonnay d'une bonne ampleur, nerveux, au bouquet guimauve avec des notes de poire et de noisette : un vin très plaisant. Son **gamay** a obtenu également d'être cité : son côté rustique et gouleyant nous a séduits.

Jean-Claude Berthillot, Les Chavannes, 71340 Mailly, tél. 03.85.84.01.23 r.-v.

Franche-Comté

VIGNOBLE GUILLAUME
Chardonnay Vieilles vignes 1996**

| | 2,2 ha | 14 000 | | 30 à 50 F |

De la naissance du plant de vigne au vin, toutes les étapes de la filière sont maîtrisées chez les Guillaume, entreprise familiale qui existe depuis 1732. Chaque année, un vin de leur production se distingue dans ce guide. Citons entre autres leur **chardonnay 97** qui stimule déjà très favorablement nez et palais. Mais nous avons surtout apprécié le chardonnay Vieilles vignes 96 ouvert, puissant, et dont les nuances de fruits secs, d'ananas sur fond boisé révèlent une excellente maturité. Bien structuré, il laisse en bouche une harmonie enchanteresse.

EARL Vignoble Guillaume, 70700 Charcenne, tél. 03.84.32.80.55, fax 03.84.32.84.06 r.-v.

Meuse

E. ET PH. ANTOINE Gris 1997

| | 1 ha | 8 000 | | -30 F |

On peut parler de constance dans cette famille vigneronne depuis trois siècles, puisqu'une fois de plus ses vins ressortent dans ce guide. Le gris est bien typé, d'une belle robe saumonée aux notes d'agrumes. Le vin **blanc 97** mariant 65 % d'auxerrois au chardonnay a également attiré notre attention avec son côté pamplemousse.

Philippe Antoine, 6, rue de l'Église, 55210 Saint-Maurice, tél. 03.29.89.38.31, fax 03.29.90.01.80 r.-v.

DOM. DES COTEAUX DE CREUE
Chardonnay 1997

| | 1,75 ha | 5 300 | | -30 F |

M. Philippe a repris le domaine de la famille Pichon depuis un peu plus de deux ans. Nouveau propriétaire et vinificateur, il a su trouver sa place. Il offre ainsi un chardonnay désaltérant et parfumé (poire). On peut aussi citer son assemblage de **pinot blanc, auxerrois et chardonnay** qui possède un agréable fruité et un bon équilibre.

Philippe, SCEA de Coustille, 10, rue Basse, 55210 Creuë, tél. 03.29.89.33.81, fax 03.29.90.01.88 r.-v.

LAURENT DEGENEVE Pinot noir 1997

| ■ | 0,75 ha | 1 600 | | -30 F |

Parfois on souhaite se faire plaisir sans se poser de question : voilà ce qu'il vous faut. Un vin simple et vrai avec ce pinot noir équilibré, fruité et frais.

Laurent Degenève, 3, Grand-Rue, 55210 Creuë, tél. 03.29.89.30.67, fax 03.29.89.30.67 r.-v.

L'AUMONIERE Pinot noir 1997

| | 1,3 ha | 7 000 | | -30 F |

Exploitation fruitière et vinicole, le GAEC de l'Aumonière tire son nom du lieu-dit où sont situées les parcelles plantées de vignes. Il faudra patienter un peu pour apprécier le pinot noir à la robe soutenue et au nez discret encore végétal, confirmé en bouche.

Blancpied Frères, GAEC de l'Aumonière, 55210 Viéville-sous-les-Côtes, tél. 03.29.89.31.64, fax 03.29.90.00.92 r.-v.

DOM. DE MONTGRIGNON 1997*

| | n.c. | 3 700 | | -30 F |

Pour la deuxième année consécutive, l'assemblage pinot gris-auxerrois des frères Pierson se fait remarquer : nez de rose citronnée, bouche possédant finesse et persistance : c'est un vin charmant. Leur **vin gris** est aussi réussi et mérite d'être cité.

GAEC de Montgrignon Pierson Frères, 9, rue des Vignes, 55210 Billy-sous-les-Côtes, tél. 03.29.89.58.02, fax 03.29.90.01.04 r.-v.

DOM. DE MUZY Pinot noir 1997*

| ■ | 1,5 ha | 7 000 | | -30 F |

Situé à égale distance de Verdun et du lac de Madine, ce domaine de 5 ha offre une gamme de très belle qualité pour le millésime 97. Le pinot noir s'est distingué du **gris** et de l'**auxerrois** qui, eux aussi présentés, ont obtenu une citation. Ce vin rouge cerise laisse en bouche un fruité framboise qui accompagnera volontiers un civet de lièvre à la lorraine.

1032

Régions de l'Est

Sainte-Marie-la-Blanche

🍷Jean-Marc Liénard, EARL Dom. de Muzy, 3, rue de Muzy, 55160 Combres-sous-les-Côtes, tél. 03.29.87.37.81, fax 03.29.87.35.00 ✓ ⵉ r.-v.

A citer, l'**auxerrois moelleux 97**, très floral et agrumes, gras, frais et persistant.

Coteaux de Coiffy

COTEAUX DE COIFFY Pinot gris 1996★

| ☐ | n.c. | 12 000 | 🍷 -30 F |

Tout près de Bourbonne-les-Bains, les curistes vont volontiers goûter quelques cuvées du vignoble des Coteaux de Coiffy. Nous leur conseillons de découvrir cette année le pinot gris 96 qui fleure bon le coing, la rose et le miel. La bouche est tout aussi aromatique, offrant un très bon équilibre général.

🍷SCEA Coteaux de Coiffy, 52400 Coiffy-le-Haut, tél. 03.25.90.00.96, fax 03.25.90.18.84 ✓ ⵉ r.-v.

Haute-Marne

LE MUID MONTSAUGEONNAIS
Pinot noir Cuvée Prestige Elevé en fût de chêne 1996★★★

| ■ | 5 ha | 2 400 | 🍷 30 à 50 F |

En 1989, le vignoble du Montsaugeonnais renaît des cendres d'un passé historique riche et puissant. La renommée de ses vins, sélectionnés par les évêques de Langres, rayonnait jadis aux alentours. Aujourd'hui, le jury salue l'admirable réussite de cette cuvée. La robe est de velours grenat, soutenue et profonde ; elle laisse envisager les meilleurs augures. Le bouquet charme : cassis, violette, cerise forment un défilé de fruits complexes. L'intensité est étonnante. La bouche reste dans la même lignée, puissante et concentrée, éblouissante. Coup de cœur, sans hésitation.

🍷 SA Le Muid Montsaugeonnais, 2, av. de Bourgogne, 52190 Vaux-sous-Aubigny, tél. 03.25.90.04.65, fax 03.25.90.04.65 ✓ ⵉ r.-v.

Sainte-Marie-la-Blanche

CAVE DE SAINTE-MARIE-LA-BLANCHE
Pinot 1997

| ◪ | 0,5 ha | 2 800 | 🍷 -30 F |

Aux portes de Beaune, la cave coopérative de Sainte-Marie-la-Blanche vient de fêter son 40e anniversaire. Elle avait été créée pour les vins de table dont le volume de production était encore important dans la plaine de Beaune. Maintenant, elle offre une large gamme, des vins de pays aux AOC, une partie du vignoble ayant été relocalisée et restructurée. Ce rosé obtenu par saignée de pinot noir est d'un beau rose saumon et rappelle au nez les bonbons aux fraises. En bouche, on observe une attaque souple un peu surprenante. Un vin à apprécier dès maintenant avec des grillades.

🍷Cave de Sainte-Marie-la-Blanche, 21200 Sainte-Marie-la-Blanche, tél. 03.80.26.60.60, fax 03.80.26.54.47 ✓ ⵉ t.l.j. 8h-12h 14h-18h

LES VINS DE PAYS

LES VINS SUISSES

Comparé à ses voisins européens, le vignoble suisse est modeste avec ses 14 900 ha de superficie. Il s'étend à la naissance des trois grands bassins fluviaux drainés par le Rhône à l'ouest des Alpes, par le Rhin au nord et par le Pô au sud de cette chaîne. Il compte ainsi une grande diversité de sols et de climats qui forment autant de terroirs différents malgré leur relative proximité. Traditionnellement cultivée sur les coteaux ensoleillés, très pentus ou en terrasses, la vigne compose le paysage. On distingue trois régions viticoles principales en fonction du découpage linguistique du pays. Cependant celles-ci sont loin d'être uniformes, tant les contrastes qu'elles présentent sont saisissants. A l'ouest, le vignoble de la Suisse romande couvre plus des trois quarts de la surface viticole du pays. De Genève, il s'étire jusqu'au cœur des Alpes dans le canton du Valais, en longeant les rives du lac Léman, dans le canton de Vaud. Plus au nord, il s'approprie encore les rives des lacs de Neuchâtel, de Morat et de Bienne (Canton de Berne) sur les contreforts du Jura. Beaucoup plus éparpillé, le vignoble de la Suisse alémanique totalise 17 % de la surface viticole. Il s'égrène tout au long de la vallée du Rhin où, à partir de Bâle, il remonte le cours du fleuve jusqu'à l'est du pays. Il pénètre également loin à l'intérieur du territoire sur les meilleurs sites des coteaux dominant de nombreux lacs et vallées. En Suisse italophone, la vigne se concentre dans les vallées méridionales du Tessin où les conditions naturelles du versant sud des Alpes se distinguent nettement de celles des autres régions viticoles. Outre toute une gamme de « spécialités », les vignerons de Suisse romande privilégient par tradition le cépage blanc chasselas. Le pinot noir est ici le cépage rouge le plus cultivé, suivi du gamay. Le pinot noir domine en Suisse alémanique où il côtoie le cépage blanc müller-thurgau et diverses variétés locales très recherchées par les amateurs. En Suisse italienne, c'est le merlot qui fait la renommée des vins de cette partie du pays où les cépages blancs sont peu représentés. Signalons enfin un événement majeur de la vie viticole suisse : la fête des Vignerons de Vevey. Remontant au Moyen Age, cette manifestation somptueuse associe l'ensemble des vignerons et des habitants et célèbre leur travail dans la vigne. La prochaine aura lieu en août 1999.

Canton de Vaud

Au Moyen Age, les moines cisterciens ont défriché une grande partie de cette région de la Suisse et constitué le vignoble vaudois. Si au milieu du siècle passé, celui-ci était le premier canton viticole devant le vignoble zurichois, les ravages du phylloxéra exigèrent une reconstitution complète. Aujourd'hui, avec 3 850 ha, il vient en deuxième position derrière le Valais.

Depuis plus de quatre cent cinquante ans, le vignoble vaudois s'est donné une véritable tradition viticole reposant aussi bien sur ses châteaux – on en compte près d'une cinquantaine – que sur l'expérience des grandes familles de vignerons et de négociants.

Les conditions climatiques déterminent quatre grandes zones viticoles : les rives vaudoises du lac de Neuchâtel et celles de l'Orbe donnent des vins friands aux arômes délicats. Les rives du Léman, entre Genève et Lausanne, protégées au nord par le Jura et bénéficiant de l'effet régulateur thermique du lac, donnent des vins tout en finesse. Les vignobles de Lavaux, entre Lausanne et Château-de-Chillon, avec en leur cœur les vignobles en terrasses du Dézaley, bénéficient à la fois de la chaleur accumulée dans les murets et de la lumière réfléchie par le lac ; ils produisent des vins structurés et complexes qui se distinguent souvent par des notes de miel et des saveurs

Vaud

grillées. Enfin les vignobles du Chablais sont situés au nord-est du Léman et remontent la rive droite du Rhône. Les terroirs se caractérisent par des sols pierreux et un climat très marqué par le foehn ; les vins sont puissants avec des saveurs de pierre à fusil.

La spécificité du vignoble vaudois tient à son encépagement. C'est la terre d'élection du chasselas (70 % de l'encépagement) qui atteint ici sa pleine maturation.

Les cépages rouges représentent quant à eux 27 % (15 % de pinot noir et 12 % de gamay). Ces deux cépages souvent assemblés sont connus sous l'appellation d'origine contrôlée *salvagnin*.

Quelques « spécialités » (variétés) représentent 3 % de la production : pinot blanc, pinot gris, gewurztraminer, muscat blanc, sylvaner, auxerrois, charmont, mondeuse, plant-robert, syrah, merlot, gamaret, garanoir, etc.

ABBAYE DE MONT
Mont-sur-Rolle Chasselas 1997★

☐ 13,56 ha 110 000

Encore un vignoble historique puisqu'il fut fondé au XII[e]s. Ses 13,5 ha pentus (12 %) à dominante argileuse ont été acquis par la ville de Lausanne en 1803. Son vin de chasselas a été brièvement élevé dans le bois. « Friand et tendre », écrit un dégustateur. Une touche tannique marque la finale alors qu'au nez s'exprime une touche de pierre à fusil – ou pierre à feu.

☛ Ville de Lausanne, au Boscal, case postale 27, 1000 Lausanne 25, tél. 021.784.39.19, fax 021.784.39.09 ☑ ☥ r.-v.

DOM. D'ALLUET Coteau de Vincy 1997★★

☐ 0,6 ha 9 000

Domaine familial de près de 4 ha créé en 1920. Les chasselas sont plantés sur une terre graveleuse ; ils sont à l'origine d'un vin discrètement fruité dans lequel moelleux et acide s'équilibrent.

☛ François Delafoge, Vincy, 1182 Gilly, tél. 021.824.13.90 ☑ ☥ r.-v.

AMARANTE Chardonne Pinot noir 1997★

■ 0,72 ha 6 800

En trois générations, les Rogivue ont constitué un domaine de 9,5 ha. Dans cet « Amarante » le cépage s'exprime. La cerise du pinot est soulignée par un soupçon de cannelle et de poivre, arômes que l'on retrouve en bouche, soutenus par des tanins fins.

☛ Les Fils Rogivue, 6, rue du Cotterd, 1605 Chexbres, tél. 021.946.17.39, fax 021.946.32.83 ☑ ☥ r.-v.

AVENIR 2 Morges Marcelin 1996★

■ 0,12 ha 850

Vin produit par l'Ecole d'Agriculture et de Viticulture. Curieusement, cette école exploite une cuve rotative pour vinifier les cépages rouges, ce type de cuve étant fortement critiqué dans de nombreux vignobles... mais cela a convenu aux gamaret, garanoir et cabernet franc en proportions égales, dont est issu ce vin violacé aux arômes complexes de violette, de cerise, de mûre et d'épices soutenus par des tanins serrés et gras. Attendre deux ans ce vin dont le potentiel de vieillissement est de dix ans.

☛ Ecole de Viticulture de Morges, 1110 Morges, tél. 021.801.14.51, fax 021.803.08.36 ☑ ☥ r.-v.

CAVE DES BOURGEOISES
Bonvillars Chardonnay 1996

☐ n.c. 1 200

Maison de négoce créée en 1975. Un bonvillars de chardonnay typé par son cépage et par son élevage de dix mois dans le bois. Le vanillé se marie au pamplemousse et la vivacité ne contrarie pas une richesse puissante.

☛ Cave des Bourgeoises, J.-M. Correvon SA, 1427 Bonvillars, tél. 024.436.15.67 ☑ ☥ r.-v.

DOM. LOUIS BOVARD Dézaley 1996★

■ Gd cru 0,8 ha 6 000

Domaine de 17 ha. Ce Dézaley est issu de 70 % de pinot noir, de 20 % de merlot complétés de 10 % de syrah. C'est un vin foncé aux arômes complexes d'épices et de fruits mûrs. Riche et tannique, la bouche promet une belle dégustation pendant quatre à cinq ans.

☛ Louis Bovard, La Maison-Rose, 2, pl. d'Armes, 1096 Cully, tél. 021.799.21.25, fax 021.799.23.22 ☑ ☥ r.-v.

CHAMURET Lonay Morges 1997★

■ 0,9 ha 4 650

L'étiquette tient du rébus, on y voit un chat marchant sur un muret et regardant un cep. Du gamaret ? du garanoir ou du pinot ? Ces trois cépages se retrouvent dans ce vin dans les proportions de 40, 50 et 10 %. Le vin, cuvé quinze jours est élevé en cuves six mois. S'y marient un fruité de mûres et le côté épicé du poivre. En bouche, la rondeur veloutée sur fond de tanins fins s'impose.

☛ Jean-François Croisier, 12, chem. des Vignes, 1027 Lonay, tél. 021.802.12.82, fax 021.802.12.92 ☑ ☥ r.-v.

DOM. CHAMVALON
Coteau de Vincy Pinot noir 1996★

■ 0,75 ha 3 250

Jean-François et Patrice Rolaz exploitent un vignoble de plus de 5 ha créé en 1971. Leur pinot noir fleure les petits fruits rouges. En bouche, on trouve toujours des fruits et une finale encore austère. Ce vin devrait être prêt à Noël et vivra bien trois ans si votre cave est bonne.

☛ Jean-François et Patrice Rolaz, Chamvalon, 1182 Gilly, tél. 021.824.15.56, fax 021.824.15.56 ☑ ☥ r.-v.

LES VINS SUISSES

Vaud

CHANT DES RESSES Yvorne 1997★

| | 5 ha | n.c. | | 70 à 100 F |

Association de producteurs fondée en 1902 regroupant 125 vignerons, cultivant près de 54 ha de vignes. Ce « chant des Resses » au nez vineux de pierre à fusil est riche en bouche. Sa minéralité et sa longueur laissent augurer une bonne garde. A choisir pour un fromage à pâte dure.
🍷 Association viticole Yvorne, Maisons neuves, 1853 Yvorne, tél. 024.466.23.44, fax 024.466.59.19 ▼ ⊻ r.-v.

DOM. DE CHANTEGRIVE
Coteaux de Vincy Pinot noir 1997★★

| ■ Gd cru | 0,37 ha | 2 700 | | 30 à 50 F |

Domaine s'étendant sur 4,5 ha. On reconnaît le pinot à ses arômes de cerise, ici, de cerise noire. On trouve aussi beaucoup de rondeur soutenue par des tanins fins et mûrs bien extraits : très jolie matière.
🍷 Alain Rolaz, Dom. de Chantegrive, 1182 Gilly, tél. 021.824.15.87, fax 021.824.25.81 ▼ ⊻ r.-v.

CH. DE CHATAGNEREAZ
Mont-sur-Rolle Chasselas 1997★★★

| | 12,6 ha | n.c. | | 30 à 50 F |

Domaine de près de 14 ha dont l'origine serait monastique et remonterait à 1177. Ce vin de chasselas est représentatif de son cépage, avec son côté tilleul et minéral et sa bouche veloutée. En outre, il est riche, légèrement tannique et gras.
🍷 SA ch. de Châtagneréaz, 1180 Rolle, tél. 021.825.17.14 ▼ ⊻ r.-v.

CLOS DU CHATELARD
Villeneuve Chablais du district d'Aigle Chasselas 1997★

| | 5 ha | 30 000 | | 50 à 70 F |

Le Clos du Châtelard est un vrai clos, ceint de murs. Il s'étend sur 8 ha en forte pente (35-40 °) et nécessite des terrasses soutenues par 17 km de murs ! Son sol, à tendances calcaires, est composé de roche d'éboulis qu'on nomme sur place « La Cargneule ». On retrouve dans ce vin les arômes de tilleul du chasselas. Son passage par le bois lui a conféré une touche épicée légèrement amère qui s'associe bien à sa rondeur veloutée. On raconte que Napoléon III reconnaissait à ce vin des qualités diurétiques.
🍷 SA Hammel, Les Cruz, 1180 Rolle, tél. 021.825.11.41, fax 021.825.47.47 ▼ ⊻ r.-v.

DOM. DU CHENE
Bex Malvoisie des Hauts Vendange tardive Sainte Catherine 1997★★

| Gd cru | 0,48 ha | 1 200 | | 70 à 100 F |

Jusqu'alors Bex était connue pour sa mine de sel. Désormais, une appellation porte le nom de cette petite ville. Malvoisie est un nom si galvaudé que, lorsqu'on veut désigner ce cépage, on doit dire « malvoisie vraie ». Ici, comme dans d'autres régions, malvoisie devient synonyme de pinot gris. Des pinots gris plantés en une forte pente à l'altitude de 600 m. Les raisins passerillés sont récoltés fin novembre. Le nez de ce nectar ravit : finesse, complexité, rose, abricot vanillé.

En bouche, une richesse suave soulignée d'une touche tannique.
🍷 Dom. du Chêne, 1880 Le-Chêne-sur-Bex, tél. 024.463.12.75, fax 021.825.11.48 ▼ ⊻ r.-v.

DOM. DU CHENE
Bex Gewurztraminer Vendange tardive Sainte Catherine 1997★★

| Gd cru | 0,215 ha | 700 | | 70 à 100 F |

Vin issu de ce célèbre cépage connu pour sa puissance aromatique. Les raisins récoltés le 25 novembre sont passerillés. Le moût n'est pas chaptalisé car il est très riche (115 ° oechsle), la fermentation malolactique est évitée ; malgré cela, il est probable qu'il reste peu d'acide malique. Seul le jus du premier pressurage de la vendange non éraflée est exploité. Les arômes de roses (fanées) du gewurztraminer sont très présents, aussi fins que complexes. Puis le fruit confit se manifeste, crémeux et velouté. Un vin de dessert sensuel.
🍷 Dom. du Chêne, 1880 Le-Chêne-sur-Bex, tél. 024.463.12.75, fax 021.825.11.48 ▼ ⊻ r.-v.

VAUD Régions viticoles

Vaud

DOM. DES CHENTRES
Morges Etoy Chasselas 1997★

☐ n.c. 4 000

Propriété familiale de 6 ha. Son vin de chasselas est destiné à l'apéritif tant il est floral et amylique. On ne s'étonnera pas de retrouver en bouche des arômes de bonbon anglais et une pointe d'acidité.

🕿 Jean-Luc Rochat, Les Chentres, 1163 Etoy, tél. 021.808.74.22, fax 021.808.74.22 ✓ ⏳ r.-v.

CH. DE COINSINS Nyon-Coinsins 1996★★

■ 2,5 ha n.c.

Propriété de l'Etat de Vaud s'étendant sur 5 ha. 60 % de pinot noir et 40 % de gamay s'unissent dans ce château de Coinsins au bouquet de fraise et de framboise qui se montre, en bouche, vineux, rond, avec des tanins fins et fondus.

🕿 Uvavins, 1131 Tolochenaz, tél. 021.804.54.54, fax 021.804.54.55 ✓ ⏳ r.-v.

CH. DE CRANS Crans Pinot noir 1996★

■ 2 ha 10 000

Le château, élevé en 1768 par Antoine Saladin pour les Marignac, n'a jamais changé de mains. Le bâtiment, dans le style XVIIIe franco-italien, est beaucoup plus élégant que sa représentation sur l'étiquette. Ce vin rouge de pinot noir est issu d'un vignoble de 11 ha. Les arômes de cerise propres au pinot se manifestent, avec en plus, une touche de cannelle et des tanins qui vont s'arrondir.

🕿 Pierre Cretegny, Ferme du château, 1299 Crans-près-Céligny, tél. 022.776.34.04, fax 022.776.88.10 ✓ ⏳ r.-v.

HENRI CRUCHON
Morges Sauvignon 1996★

☐ 0,4 ha 2 000

Une vinification soignée qui suit la mode : macération pelliculaire, fermentation en barrique et bâtonnage, un tiers du vin fait sa fermen-

---

Suisse

1037 LES VINS SUISSES

tation malolactique. Le sauvignon s'exprime fortement (cassis, pêche, épices). La bouche grasse et puissante finit sur une note tannique. Ce vin est proposé pour accompagner un fromage de chèvre.
☛ Henri Cruchon, Cave du Village, 1112 Echichens, tél. 021.801.17.92, fax 021.803.33.18 ☑ ☥ t.l.j. sf dim. 8h-12h 14h-18h; sam. 8h-12h

ROLAND CRUCHON ET FILS
La Côte Morges Réserve Chasselas 1997★★★

| □ | 2 ha | 13 500 | ■ | 30 à 50 F |

Ce vignoble fut créé en 1946 et ses propriétaires travaillaient alors pour la cave coopérative des viticulteurs de Morges. En 1954, les Cruchon s'installent au Signal. Leur chasselas né sur argilo-calcaire allie le floral du tilleul au fruité du citron. Les arômes se retrouvent dans une bouche veloutée et friande. Un très joli vin qui ravira autant à l'apéritif qu'au cours d'un repas de poisson grillé.
☛ Roland Cruchon et fils, Le Signal, 1112 Echichens, tél. 021.801.17.40, fax 021.801.17.40 ☑ ☥ r.-v.

CAVE DU CYPRES Dézaley 1997★

| ■ Gd cru | 0,2 ha | 1 300 | ⬛⬛ | 100 à 150 F |

Propriété de 3 ha née du partage du vignoble paternel. Le dézaley rouge naît d'un encépagement complexe : moitié pinot, un quart merlot, autant de syrah que de cabernet. La cuve est pigée et l'élevage sous le bois se prolonge un an. Ce dézaley est habillé d'une robe violacé foncé ; son nez vineux tend vers la violette épicée, arômes que l'on retrouve en bouche pendant de nombreuses caudalies.
☛ Antoine Bovard, Le Petit-Crêt, 1098 Epesses, tél. 021.799.33.52, fax 021.799.33.52 ☑ ☥ r.-v.

DOM. DU DALEY Villette Chasselas 1997★

| □ Gd cru | 4,5 ha | 20 000 | ■⬛⬛ | 50 à 70 F |

Ce domaine fut ecclésiastique pendant quatre siècles avant d'être acquis en 1937 par la famille Bujard. Le vin de chasselas est brièvement élevé dans le bois. On y découvre un fruité citronné, un fruité riche que l'on retrouve en bouche. Celle-ci est friande à souhait. A servir en apéritif.
☛ Paul Bujard, Dom. du Daley, Ch. des Moines, 1095 Lutry, tél. 021.791.15.94, fax 021.791.58.61 ☑ ☥ r.-v.

HAUT DE PIERRE
Dézaley Vieilles vignes 1996★

| □ Gd cru | 1,2 ha | n.c. | | 100 à 150 F |

Ce vin naît du pressurage de raisins récoltés dans de vieilles vignes de chasselas dont le plus jeune cep a au moins vingt et un ans. Ce grand âge confère à ce dézaley des arômes complexes et racés et lui assure une vinosité qui ne nuit pas à sa finesse.
☛ Vincent et Blaise Duboux, Creyvavers, 1098 Epesses, tél. 021.799.18.80, fax 021.799.38.39 ☑ ☥ r.-v.

JEU DU ROY Aigle Pinot gris 1996

| □ | 1 ha | 9 000 | ■⬛ | 70 à 100 F |

Une entreprise familiale fondée en 1908, actuellement conduite par la troisième génération qui exploite un vignoble de plus de 50 ha. Ce pinot gris traduit bien la richesse du cépage, sa vinosité ainsi que ses arômes tant floraux de rose que fruités de pêche.
☛ Henri Badoux, 18, av. du Chamossaire, Case postale 448, 1860 Aigle, tél. 021.468.68.88, fax 021.468.68.89 ☑ ☥ r.-v.

KURSNER FRERES
Féchy En Vanel 1997★★

| □ | 6 ha | 60 000 | ■⬛ | 30 à 50 F |

Vignoble sis entre Genève et Lausanne sur une terre argilo-calcaire et créée en 1930 par le grand-père des propriétaires actuels. Le « En Vanel », issu de chasselas, est floral (tilleul) légèrement minéral. En bouche, il est rond, fruité et velouté. Pour un poisson du lac, si vous êtes sur le Léman, ou à l'apéritif, partout ailleurs.
☛ Vins Kursner Frères, En Vanel, 1173 Fechy, tél. 021.808.52.22, fax 021.808.66.81 ☑ ☥ t.l.j. sf dim. 8h-12h 13h30-18h

LA CONFRARY Chardonne 1997

| □ | 1,9 ha | 18 000 | ■ | 30 à 50 F |

Exploitation créée il y a un demi-siècle. Le vignoble s'étend sur 3,3 ha. Ce chardonne est marqué par sa minéralité ; c'est à elle qu'il doit sa fraîcheur.
☛ Ducret et Fils, 61, rue du Village, 1803 Chardonne, tél. 021.921.55.68, fax 021.921.55.68 ☑ ☥ r.-v.

DOM. DE LA COURONNETTE
Mont-sur-Rolle Chasselas 1995★

| □ | 3 ha | 7 000 | ⬛⬛ | 30 à 50 F |

Ce domaine, situé à mi-chemin entre Genève et Lausanne, est depuis 1840 la propriété des Courvoisier. Le nez de ce chasselas tend vers les arômes d'agrumes, alors qu'en bouche une touche acidulée lui assure une bonne fraîcheur.
☛ Barbara et Thierry Courvoisier, La Couronnette, 1166 Perroy, tél. 021.825.39.25 ☑ ☥ r.-v.

CLOS DE LA GEORGE
Yvorne Chasselas 1997★★

| □ | 4,5 ha | 40 000 | ⬛⬛ | 70 à 100 F |

Accroché sur un coteau pentu, ce vrai clos, ceint de murs, s'étend sur 5 360 m². Un microclimat sert ce vignoble d'altitude où les chasselas sont plantés sur un sol argilo-calcaire-graveleux. Des grands fûts de chêne de Slavonie s'écoule un vin or pâle, floral, net, aussi rond que soyeux.
☛ Clos de La George, 1852 Versvey-Roche, tél. 024.466.37.69, fax 021.825.47.47 ☑ ☥ r.-v.

LA GUENIETTAZ Dézaley 1997★

| □ | 0,5 ha | 5 500 | ■⬛⬛ | 50 à 70 F |

On signale des Chappuis à Rivaz dès 1335. Le vignoble s'étend sur 4,5 ha. Ce dézaley blanc fait chanter le chasselas, une mélodie complexe, veloutée et surtout tendre.
☛ Vincent Chappuis et Fils, En Bons Voisins, 1812 Rivaz, tél. 021.946.17.57, fax 021.946.29.72 ☑ ☥ r.-v.

Vaud

LA PERLE Epesses Chasselas 1997★★

☐   0,5 ha   5 000   🍾 50 à 70 F

Le vignoble d'Epesses existe depuis huit siècles. Jean-Luc Blondel exploite une marque lancée en 1910 et cultive un vignoble de 3,5 ha. De cette « perle » ou pâle sourd des arômes citronnés et vanillés. En bouche, la fraîcheur, riche, est soulignée d'une touche minérale.

☛ Jean-Luc Blondel, 12, chem. du Vigny, 1097 Riex, tél. 021.799.31.92, fax 021.799.21.92
✓ ⏷ r.-v.

DOM. DE LA PIERRE LATINE
L'Yvorne 1997★

☐   3 ha   6 000   🍾 70 à 100 F

Le vignoble a été créé en 1945 par Maurice Gex et le premier vin date de 1987, vinifié par son fils, actuel propriétaire. Bien constitué pour accompagner des poissons du lac, cet yvorne est bien construit. Sa vinosité est annoncée par un bouquet discrètement floral qui ne demande qu'à s'ouvrir.

☛ Philippe Gex, Dom. de La Pierre latine, 1853 Yvorne, tél. 024.466.51.16, fax 024.466.51.16 ✓ ⏷ r.-v.

LE CAVISTE Ollon Chasselas 1997

☐   25 ha   150 000   🍾 70 à 100 F

Ce groupement de producteurs du village d'Ollon, fondé en 1906, réunit 160 vignerons propriétaires de 48 ha. La bouteille porte l'étiquette conçue en 1926 par le peintre Frédéric Rouge qui ne s'exprimait pas dans le style Art-Déco. Ce vin, destiné à l'apéritif, fait songer à la fleur de tilleul ; il est friand et équilibré.

☛ Association viticole d'Ollon, rue Demesse, 1867 Ollon, tél. 024.499.11.77, fax 024.499.24.48
✓ ⏷ r.-v.

LE DEVEN CAVE D'AUCRET
Villette 1997★

☐   1,5 ha   7 000   🍾 30 à 50 F

En 1134, l'évêque fonde l'abbaye de Haut-Crêt. Le vignoble date de cette époque. En 1575, affranchiment de Nycolas Blanche qui reçoit à fief (donc moyennant redevance) la terre du Aucrêt. Les Blanche et la cave s'y trouvent toujours. Du verger, Michel Blanche tire des eaux-de-vie et du chasselas sur terres sablonneuses, un vin mielleusement floral, vineux et équilibré en bouche. Très jolie finale.

☛ Michel Blanche, Dom. d'Aucrêt, 1603 Bahyse-sur-Cully, tél. 021.799.36.75, fax 021.799.38.14 ✓ ⏷ r.-v.

LE GOLLIEZ Aigle Chasselas 1997★★★

☐   0,5 ha   5 000   🍾 70 à 100 F

Vignoble familial de 6 ha créé en 1971 et cave de vinification de facture récente : 1989. Ce vin très réussi est issu de chasselas plantés sur un sol argilo-calcaire. Nez et bouche sont riches, marqués par le terroir. Fruité et pointe tannique se mêlent dans une finale longue.

☛ Charly Blanc et Fils, Vignerons Encaveurs, 1852 Versvey, tél. 024.466.51.45, fax 024.466.51.45 ✓ ⏷ r.-v.

LE LOUCHY
Saint-Saphorin Chasselas 1997★

☐   1,3 ha   17 000   🍾 50 à 70 F

Les Grognuz sont vignerons depuis un siècle et demi. Ce saint-saphorin blanc naît de chasselas plantés dans de l'argilo-calcaire molassique. Il est élevé en cuve ; cela préserve son bouquet complexe, vineux et riche. Richesse que l'on retrouve dans une bouche tendre.

☛ Grognuz Frères et Fils, Cave des Rois, 1844 Villeneuve, tél. 021.944.41.28, fax 021.944.41.28 ✓ ⏷ r.-v.

LES BERNEYSES Chardonne 1997★★

☐   3,5 ha   n.c.   🍾 30 à 50 F

Ce domaine de plus de 6 ha, créé en 1938, propose un chardonne qui permet au chasselas de s'exprimer : les arômes floraux de tilleul sont présents, suivis d'une bouche dans laquelle s'équilibrent alcool et acidité.

☛ Jean-François Neyroud Fonjallaz, 13, rte du Vignoble, 1803 Chardonne, tél. 021.921.71.73, fax 021.922.70.17 ✓ ⏷ t.l.j. sf dim. 8h-12h 13h15-17h

LES BLASSINGES Saint-Saphorin 1997★

☐   1,8 ha   n.c.   🍾 50 à 70 F

Ce domaine en terrasses, exclusivement situé dans l'aire d'appellation saint-saphorin, a réussi ce joli vin de chasselas dont le nez s'ouvre lentement : il est vineux, minéral. Sa constitution lui permettra de vieillir.

☛ Pierre-Luc Leyvraz, 4, ch. de Baulet, 1605 Chexbres, tél. 021.946.19.40, fax 021.946.19.45 ✓ ⏷ r.-v.

LES ŒNOCRATES
Chardonnay Elevé en fût de chêne 1996★★★

☐   5 ha   5 000   🍾 +200 F

Les Testuz appartiennent au monde du vin depuis 450 ans. La treizième génération gouverne l'entreprise familiale. Ce chardonnay est vinifié à la bourguignonne, c'est-à-dire en barrique avec bâtonnage. Le résultat est convaincant : un vin vif, gras, aux arômes d'épices et d'agrumes dont le boisé est parfaitement maîtrisé.

LES VINS SUISSES

Vaud

🕭 SA Jean et Pierre Testuz, 1096 Treytorrens-Cully, tél. 021.799.99.11, fax 021.799.99.22 ✓ ☥ r.-v.

LES PETOLEYRES
Morges Chasselas 1997★

☐ Gd cru 1 ha 6 000   50 à 70 F

Domaine créé en 1976 par Henri Cruchon dans lequel sont cultivés quatorze cépages différents. Son chasselas, bâtonné et élevé six mois en cuve, est citronné, épicé, riche avec réserve, une réserve qui disparaît en bouche, effacée par une nervosité fruitée et une finale légèrement tannique.

🕭 Henri Cruchon, Cave du Village, 1112 Echichens, tél. 021.801.17.92, fax 021.803.33.18 ✓ ☥ t.l.j. sf dim. 8h-12h 14h-18h; sam. 8h-12h

MERVEILLE DES ROCHES
Aigle Cuvée sélectionnée 1997★

☐   2 ha 15 000   +200 F

Vin issu de chasselas et produit par une coopérative fondée en 1904, dont les 135 adhérents cultivent 50 ha de vigne. Sans être un grand caractère, ce 97 au nez floral est rond, tendre, lisse et d'une bonne longueur en bouche.

🕭 Association vinicole d'Aigle, 9, rue Margencel, 1860 Aigle, tél. 024.466.24.31, fax 024.466.62.15 ✓ ☥ r.-v.

P-A MEYLAN Ollon Gamaret 1997★★★

■   0,35 ha 1000   70 à 100 F

Propriété de plus de 4 ha constituée de 1960 à 1975 dans laquelle on vinifie depuis 1982 dans une cave de style maison savoyarde. Ce vin rouge très foncé naît de 70 % de gamaret et 30 % de garanoir, assemblage réussi, élevé neuf mois en barrique, riche en arômes de mûre, de tabac et de girofle vanillée. Tout cela se retrouve dans une bouche ronde et longue.

🕭 Pierre-Alain Meylan, rue de la Chapelle, 1867 Ollon, tél. 024.499.24.14, fax 024.499.26.29 ✓ ☥ r.-v.

MILAN NOIR Bex Pinot noir 1997★★

■   2 ha 11 000   30 à 50 F

A 10 km des Alpes vaudoises et valaisannes, vous trouverez cette association de vignerons qui a particulièrement réussi ce vin rouge rubis, issu de six plants de pinot noir et qui offre des arômes de cerise noire et de framboise, soutenus par des tanins à la fois denses et fins, un peu austères lors de la dégustation. Il sera à servir dès le printemps 99 et cela pendant trois ou quatre ans.

🕭 Sté Vinicole de Bex, chem. du Pré de la Cible N° 4, 1880 Bex, tél. 024.463.25.25, fax 024.463.32.01 ✓ ☥ r.-v.

DOM. DE LA VILLE DE MORGES
Morges Chasselas 1997★★★

☐   10 ha 20 000   30 à 50 F

La ville de Morges est propriétaire d'un vignoble de 16 ha. La maison Bolle a l'exclusivité de la commercialisation des vins. Issu de chasselas, celui-ci est d'une grande finesse. On y découvre des arômes floraux, de tilleul en particulier. En bouche, il brille par son équilibre. Et par une touche veloutée. Digne des meilleurs poissons grillés.

🕭 SA Bolle et Cie, Œnothèque La Licorne, 75, rue Louis de Savoie, 1110 Morges, tél. 021.801.27.74, fax 021.803.00.76 ☥ t.l.j. sf dim. lun. 8h-12h 14h-18h30

QUATRE CEPS CAVE D'AUCRET
Lavaux 1997★

☐   0,3 ha 1 600   50 à 70 F

Ainsi que son étiquette le sous-entend, quatre cépages sont assemblés dans ce vin. Deux fois un cinquième de riesling et de sylvaner (les trois cinquièmes restants étant partagés également entre chardonnay et chasselas) sont au service d'un vin gai et aromatique, riche et friand en bouche. Fermentation malolactique partielle et élevage sur lies.

🕭 Michel Blanche, Dom. d'Aucrêt, 1603 Bahyse-sur-Cully, tél. 021.799.36.75, fax 021.799.38.14 ✓ ☥ r.-v.

BERNARD RAVET
La Côte Trilogie Vin de paille 1995★★★

☐   2 ha n.c.   150 à 200 F

Trilogie de 50 % de chardonnay, 35 % de pinot gris et 15 % de chasselas. Ces raisins sont passerillés sur claies, il s'agit donc d'un vin de paille. Véritable confiserie, c'est un séducteur. Nez d'agrumes complexe, doux, gras, confit, long en bouche. Il vivra plus de dix ans !

🕭 Uvavins, 1131 Tolochenaz, tél. 021.804.54.54, fax 021.804.54.55 ✓ ☥ r.-v.

ROCHETTAZ Pully Pinot Gamay 1996★★★

■   0,8 ha 6 000   30 à 50 F

Dans le Valais, on l'appellerait dôle, en Bourgogne passetoutgrain (de luxe, avec deux tiers de pinot noir pour un tiers de gamay). Son fruité, dans lequel se marient violette et cerise, est frais

1040

Valais

SUISSE

avec rondeur, tout cela soutenu par des tanins fondus.

🍷 Commune de Pully, Direction des Domaines, 1, av. S. Reymondin, 1009 Pully, tél. 021.721.35.26, fax 021.721.35.15 ☑ 𝕐 r.-v.

LOUIS-PHILIPPE ROUGE ET FILS
Epesses La Réserve du Vigneron Chasselas 1997*

| | 1,7 ha | 10 000 | | +200 F |

Chez les Rouge, on est vigneron de père en fils depuis 1553. Cette Réserve du Vigneron à base de chasselas est fruitée, rappelant les pommes cuites vanillées, et sa rondeur tendre et veloutée n'exclut pas une finale légèrement amère, signature de son terroir de naissance.
🍷 Louis-Philippe Rouge et Fils, rte de la Corniche, Cave à la Cornalle, 1098 Epesses, tél. 021.799.41.22, fax 021.799.26.64 ☑ 𝕐 r.-v.

CLOS DU ROUSSILLON
Tartegnin 1997**

| | 4,5 ha | 25 000 | | 30 à 50 F |

Claude Berthaudin est propriétaire de ce Clos du Roussillon, 5 ha orientés plein sud, ce qui permet au soleil de roussir les vignes, d'où son nom. Ici, le chasselas, planté en terres profondes, exprime fortement son caractère floral et épicé. Bouche minérale et ronde, racée.
🍷 SA Marcel Berthaudin, Clos du Roussillon, 11, rue Ferrier, 1202 Genève, tél. 022.732.06.26 ☑ 𝕐 r.-v.
🍷 Claude Berthaudin

SAINT-MAIRE Morges Pinot noir 1997**

| | 1,45 ha | 10 500 | | 30 à 50 F |

Propriété de plus de 4,5 ha fondée en 1975. Les raisins de pinot noir plantés en terre argileuse sont cuvés quinze jours, puis le vin séjourne six mois en cuve. Le cépage s'y révèle (cerise) avec rondeur sur fond de tanins fins. S'il est à boire dès maintenant pour le plaisir, ce 97 a une jolie vie devant lui (au moins cinq ans).
🍷 Jean-François Croisier, 12, chem. des Vignes, 1027 Lonay, tél. 021.802.12.82, fax 021.802.12.92 ☑ 𝕐 r.-v.

DOM. DE SERREAUX-DESSUS
Luins 1997

| | 6,35 ha | 28 000 | | 50 à 70 F |

Domaine appartenant à la famille Matringe depuis 1908. Le vignoble, d'un seul tenant, s'étend sur 8,4 ha. Ce vin de chasselas à la couleur très pâle est fin, tilleul citronné et quelque peu acidulé. Les fruits de mer lui conviendront.

🍷 Hoirie Matringe, Serreaux-Dessus, 1268 Begnins, tél. 022.366.28.57 ☑ 𝕐 r.-v.

SIRE DE DUIN
Bex Sélection de chasselas 1997**

| | 2,5 ha | 12 000 | | 30 à 50 F |

Fondé en 1888, ce groupement de vignerons, peut-être l'un des plus anciens d'Europe, exploite 38 ha de vignes. Le chasselas exprime un fruité rappelant le citron vert vanillé, ce qui lui donne une bouche acidulée et pourtant veloutée et riche, avec une finale minérale. « On en redemande », écrit un dégustateur !
🍷 Sté Vinicole de Bex, chem. du Pré de la Cible N°4, 1880 Bex, tél. 024.463.25.25, fax 024.463.32.01 ☑ 𝕐 r.-v.

GAMAY DE TERRE NEUVE
Saint-Prex 1997***

| | 0,82 ha | 4 500 | | 30 à 50 F |

Domaine ancien (1830) acquis en 1918 par l'arrière-grand-père du propriétaire actuel, loué et récemment repris et exploité par la famille. Ce gamay issu de vieilles vignes est très complimenté par le jury pour sa robe foncée, ses arômes de violette, de cerise et d'épices ; sa complexité et sa charpente tannique en font un très grand vin digne des viandes rouges.
🍷 David Kind, Dom. de Terre-Neuve, 1162 St. Prex, tél. 021.803.63.44, fax 021.803.63.44 ☑ 𝕐 r.-v.

TREYBLANC Luins Chasselas 1997**

| | 2 ha | 15 000 | | 30 à 50 F |

Ce vin de chasselas, issu de vignes plantées en terre argileuse, possède des arômes floraux de tilleul, légèrement vanillés, qui se combinent à un agréable velouté animé par une touche d'acidité.
🍷 Conrad Favre, Au Village, 1184 Luins, tél. 021.824.17.78, fax 021.824.17.05 ☑ 𝕐 r.-v.

Canton du Valais

Pays de contrastes, la vallée du Haut-Rhône a été façonnée au cours des millénaires par le retrait du glacier. Un vignoble a été implanté sur des coteaux souvent aménagés en terrasses.

Le Valais, un air de Provence au cœur des Alpes : à proximité des neiges éternelles, la vigne côtoie l'abricotier et l'asperge. Sur le sentier des bisses (nom local des canaux d'irrigation), le promeneur rencontre l'amandier et l'adonis, le châtaignier et le cactus, la mante religieuse et le scorpion ; il peut palper le long des murs, l'absinthe et l'armoise, l'hysope et le thym.

LES VINS SUISSES

Valais

Plus de quarante cépages sont cultivés dans le Valais, certains introuvables ailleurs tels l'arvine et l'humagne, l'amigne et le cornalin. Le chasselas se nomme ici fendant et, dans un heureux mariage, le pinot noir et le gamay donnent la dôle, tous deux crus AOC qui se distinguent selon les divers terroirs par leur fruité ou leur noblesse.

ANDEVINE Chamoson 1996★★

| ■ | 1 ha | n.c. | ⬛ | -30 F |

Elevé en fût de chêne pendant douze mois, cet assemblage à parts égales de cabernet-sauvignon, humagne et syrah est un vin de garde. Il faudra patienter quatre à cinq ans avant de découvrir ses parfums car le bois domine aujourd'hui. Mais sa matière est prometteuse, voire racée.
➤ Michel Bouen, Cave Ardévaz, 4, Latigny, 1955 Chamoson, tél. 027.306.28.36, fax 027.306.74.00 ☑ ☒ r.-v.

CAVES DE BERNUNES
Coteaux de Sierre Syrah 1996★

| ■ | 0,32 ha | 2 500 | ⬛ | 70 à 100 F |

Dix mois passés en fût de chêne ont marqué le nez de cette belle syrah dont les caractères aromatiques ne s'affirment pas encore. Mais la bouche est bien construite, ample, reposant sur des tanins soyeux très prometteurs. Le **pinot noir 97** de la cave sera prêt un peu plus tôt. Il reçoit la même note.
➤ Nicolas Zufferey, cave des Bernunes, rte des Bernunes, 3960 Sierre, tél. 027.656.51.41, fax 027.456.51.10 ☑ ☒ r.-v.

ALBERT BRIOLLAZ LES HOIRS
Grand Schiner Fendant 1997★

| ☐ | 5 ha | 20 000 | ■♦ | 30 à 50 F |

Maison créée en 1917. Voici donc son quatre-vingtième millésime. Il célèbre le cépage du Valais qui exprime ici sans contrainte ses caractères, du reflet vert de la robe aux notes de fleurs de tilleul et à l'équilibre alcool-acidité très réussi. Un vin de bonne fraîcheur.
➤ Les Hoirs Albert Biollaz, rue du Prieuré 7, 1955 Chamoson, tél. 027.306.28.86, fax 027.306.62.50 ☑ ☒ t.l.j. 17h-21h30; f. 1er-15 août

CAPRICE DU TEMPS
Fendant des Coteaux de Sierre 1997★

| ☐ | 0,2 ha | 2 000 | ■ | 50 à 70 F |

Jaune pâle, un chasselas né sur calcaire, offrant des arômes de fleurs de tilleul et un beau fruité. Il est prêt.
➤ Hugues Clavien et Fils, 3972 Miège, tél. 027.455.76.40, fax 027.455.76.30 ☒ r.-v.

JULIEN CARRUPT ET CIE
Fendant de Trémazière 1997★★

| ☐ | n.c. | 3 000 | ■♦ | 30 à 50 F |

L'œil suit une « perlage » d'une grande finesse dans le vert-jaune de la robe brillante. Le nez d'une grande élégance perçoit le mariage réussi des notes du cépage (fleur) avec celles du terroir (pierre à feu, ardoise chaude). La vivacité et la fraîcheur de ce chasselas séduit le jury qui salue « une belle mise en valeur d'un très beau terroir », celui de Chamoson.
➤ Julien Carrupt et Cie, Vers-Croix 6, 1955 Chamoson, tél. 027.306.25.68 ☑ ☒ t.l.j. 8h-18h; f. août

CHAMPORTAY Dôle de Martigny 1997★

| ■ | n.c. | 11 000 | ■♦ | 50 à 70 F |

Gérald Besse a acheté ce vignoble de 12 ha en 1979. Il l'exploite avec sa femme Patricia et a construit des caves pour servir sa passion des vins. Il a proposé un **gamay 97** rappelant les fruits noirs, assez concentré et tannique, donc bien structuré. Il a reçu la même note que cette dôle, très racée, veloutée et fruitée d'une belle harmonie, capable de vivre cinq ans.
➤ Gérald et Patricia Besse, Les Rappes, 1921 Martigny-Combe, tél. 027.722.78.81, fax 027.723.21.94 ☑ ☒ r.-v.

JOSEPH-MARIE CHANTON
Aus dem Vispertal Heida-Gletscherwein 1997★★

| ☐ | 2 ha | 11 000 | ■♦ | 50 à 70 F |

Joseph-Marie Chanton est ingénieur agronome. Son diplôme a porté sur le plus haut vignoble d'Europe, le Visperterminen qui culmine à 1 050 m d'altitude, où il a découvert et réhabilité des cépages en voie de disparition comme le païen, ou heida, qui pourrait être le savagnin qui donne le vin jaune du Jura. Le voici dans toute sa splendeur, prêt à affronter les vingt prochaines années : épicé, minéral, évoquant les fruits mûrs et exotiques, le miel d'acacia, il montre une richesse admirable en bouche. Un vin expressif parfaitement vinifié.
➤ Joseph-Marie Chanton, Kantorsstrasse 2, 3930 Visp, tél. 027.946.21.53, fax 027.946.21.55 ☑ ☒ r.-v.

CLOS DE BALAVAUD
Dôle de Vétroz 1997★

| ■ | 4 ha | 40 000 | ♦ | 50 à 70 F |

Cette maison familiale depuis sa création en 1888 dispose d'un vignoble de 10 ha. A côté de la cuvée **L'Oiseleur 97** amigne de Vétroz mi-flétrie, très réussie par son bouquet d'écorce de mandarine, de tilleul et sa bouche veloutée (100 à 149 FF), et de la cuvée **Le Mestral 97**, marsanne blanche (ermitage du Valais) où l'on retrouve la truffe blanche et le sous-bois (même prix, même note), le Clos de Balavaud fait appel à 75 % de pinot noir et 25 % de gamay. Il est classique par ses parfums de cassis et son caractère tannique. Bon potentiel de garde (cinq à huit ans).
➤ Les Fils Maye SA, Rue des Caves, 1908 Riddes, tél. 027.306.55.86, fax 027.306.60.92 ☑ ☒ r.-v.

CLOS DU CHATEAU Dôle 1997★

| ■ | 9 ha | 50 000 | ■♦ | 50 à 70 F |

La Suisse est candidate à l'organisation des jeux Olympiques de 2006. Ce domaine propose le vin officiel de cette candidature. Le Clos du Château est élaboré avec 88 % de pinot noir et 12 % de gamay. D'une couleur intense, il exhale des senteurs fruitées où la cerise noire domine les épices. Elégante, structurée et équilibrée, la

Valais

SUISSE

bouche possède des tanins déjà bien fondus. Un vin fidèle à son terroir. Également une étoile, la **syrah 97 du Domaine Brûlefer** séduira.

☛ Charles Bonvin et Fils, Grand Champsec 30, 1950 Sion, tél. 027.203.41.31, fax 027.203.47.07 ☑ ☥ r.-v.

CAVE CORBASSIERE
Humagne rouge 1997★★

■ 0,4 ha 3 000 ■☥ 50 à 70 F

Créée en 1983 par J.-L. Chéseaux, l'exploitation de 7 ha a été reprise en 1995 par sa femme qui a confié la vinification à l'œnologue M.-A. Devantery. Elle a proposé un **fendant Saillon 97** remarquable par ses nuances aromatiques (tilleul, fruit de la passion, noisette) et son grand équilibre. Un grand chasselas. Deux étoiles également pour cette humagne rouge élégante dans sa robe à reflets violets, aux parfums d'épices, de violette, de cassis et de cannelle. L'attaque est moelleuse puis les tanins s'affirment, laissant augurer un grand potentiel de garde.

☛ Famille J.-L. Chéseaux-Sierro, Cave Corbassière, 1913 Saillon, tél. 027.744.14.03, fax 027.744.39.20 ☑ ☥ r.-v.

DOM. DES CRETES
Fendant de Sierre 1997★★

☐ 4 ha 16 000 ■☥ 50 à 70 F

Ce domaine de 25 ha a élaboré ce vin pâle fleurant le tilleul, la noisette et la pierre à fusil. C'est un vrai fendant, équilibré, qui ne décevra pas avec les poissons grillés.

☛ Joseph Vocat et Fils SA, 3976 Noës-Sierre, tél. 027.458.26.49, fax 027.458.28.49 ☑ ☥ r.-v.

PIERRE-ANTOINE CRETTENAND
Gamaret de Saxon 1997★

■ 0,2 ha 1 500 ■☥ 70 à 100 F

Quatre générations de vignerons pour ce domaine de 10 ha qui présente un gamaret né sur le terroir schisteux de Saxon. Il porte une robe rouge intense, accompagnée d'un bouquet complexe annonçant la puissance de ce vin tannique qui vivra bien cinq ans !

☛ Pierre Antoine Crettenand, rte de Saillon vers Saxon, 1913 Saillon, tél. 027.744.29.60 ☑ ☥ r.-v.

DESFAYES-CRETTENAND
Humagne blanc de Leytron 1997★★★

☐ 0,4 ha 3 500 ■☥ 50 à 70 F

De vieilles vignes d'une moyenne d'âge de trente-cinq ans, nées sur un sol graveleux, ont donné ce magnifique vin. Si sa robe est légère avec une nuance dorée, le nez est expressif rappelant les fleurs de tilleul et le miel. La bouche est d'une typicité remarquable, fruitée, veloutée, équilibrée par une bonne acidité, friande. « Un vrai vin valaisan », dont la garde pourra atteindre vingt ans !

☛ Desfayes-Crettenand, 1912 Leytron, tél. 027.306.28.07, fax 027.306.28.07 ☑ ☥ r.-v.

DUBUIS ET RUDAZ
Gewurztraminer d'Ardon 1997★

☐ 0,4 ha 3 500 ■☥ 70 à 100 F

Sa rondeur est parfaite, son goût d'épices très marqué, mêlé à des notes de rose, de mangue, de litchi. C'est un vrai gewurztraminer à la robe or aux reflets cuivrés, à la bouche complexe et équilibrée, de bonne longueur.

☛ Dubuis et Rudaz, 1981 Vex, tél. 027.207.18.03, fax 027.207.15.84 ☑ ☥ r.-v.

HENRI DUMOULIN
Ermitage Vendanges tardives 1997★★

☐ 0,15 ha 1 500 ■☥ 70 à 100 F

Après avoir cultivé ses vignes pendant vingt-cinq ans, Henri Dumoulin décide de passer à l'art de la vinification avec son fils Eddy et construit sa cave. On ne peut que s'en réjouir avec de tels vins. Vendangées le 17 novembre, les vignes de vingt ans implantées sur sol calcaire ont donné ce grand vin liquoreux bien fruité, d'un très bel équilibre et plein de promesses (prix de la bouteille de 50 cl).

☛ Henry Dumoulin, rte de Zambotte, 1965 Savièse, tél. 027.395.10.60, fax 027.395.10.69 ☑ ☥ r.-v.

ERANTHIS Chamoson 1996★★

☐ 0,25 ha 1000 ⫞⫞ 150 à 200 F

Sylvaner, pinot gris, pinot blanc, petite arvine : les vendanges ont été effectuées le 20 décembre 1996. Quatorze mois de fût ont donné ce vin remarquable, très liquoreux (gelée de coing, truffe, botrytis) au nez comme en bouche où la douceur est soutenue par une belle acidité. Très belle finale fruitée. Une bouteille parfaitement équilibrée qui pourrait vivre dix à quinze ans mais que la gourmandise incite à découvrir dès à présent.

☛ Maurice Favre et Fils, Sélection Excelsos, 1955 Chamoson, tél. 027.306.14.00, fax 027.306.39.11 ☑ ☥ r.-v.

JO GAUDARD
Leytron Humagne Blanc 1997★

☐ 0,1 ha 700 ■☥ 50 à 70 F

Plant du Valais, l'humagne existait déjà au XII^{e}s. dans cette région. Elle est devenue très rare puisqu'il n'en reste que 8 ha dans tout le canton. Au pied de l'Ardéraz, le village de Leytron offre aux vignes une terre d'alluvions. Ce 97 exhale un arôme subtil rappelant la résine. En bouche, il se montre équilibré, fruité et frais, évoquant son cépage par une certaine rudesse que deux ou trois ans de cave gommeront. Très joli vin.

☛ Jo Gaudard, rte de Chamoson, 1912 Leytron, tél. 027.306.60.69, fax 027.306.72.67 ☑ ☥ r.-v.

LES VINS SUISSES

Valais

GEMMA SMARAGD
Ermitage Vendanges tardives 1996★★

☐   0,33 ha   3 000   100 à 150 F

Installée depuis le XIV*e*s., la famille Mathier a fondé sa maison de négoce au début du siècle. Cette marsanne blanche porte haut ses couleurs par son bouquet intense de sous-bois, d'abricot avec une note de raisins secs et de vanille (douze mois en barrique de chêne neuf). La bouche équilibrée et longue signe un beau vin liquoreux.
➥ Adrian Mathier, Nouveau Salquenen AG, Bahnhofstrasse 50, 3970 Salgesch, tél. 027.455.75.75, fax 027.456.24.13 ☑ ⍙ r.-v.

ROBERT GILLIARD
Dôle des Monts 1997★

■   12 ha   100 000   70 à 100 F

40 ha de vignes appartiennent à cette maison fondée en 1885, dirigée aujourd'hui par Willy Becker. Un pinot noir **Vendémiaire 95** peut vous intéresser par sa typicité et ses tanins doux, une petite arvine **96 Pierre Ollaire** vinifiée en blanc sec aussi, mais c'est cette dôle des Monts qui vous séduira ; 80 % de pinot et 20 % de gamay lui ont donné des arômes fins de fruits rouges et noirs, une bouche aux tanins soyeux, fraîche et vive. Elle peut accompagner tout un repas.
➥ SA Robert Gilliard, 70, rue de Loeche, 1950 Sion, tél. 027.329.89.29, fax 027.329.89.28 ☑ ⍙ r.-v.

FRANCOIS ET DOMINIQUE GIROUD
Petite Arvine Vendanges flétries 1997★★

☐   0,5 ha   3 000   70 à 100 F

Domaine familial de 4,5 ha. Cette petite arvine, cultivée sous les parois du Haut-de-Cry, vendangée le 10 novembre 1997, est « flétrie » ; elle donne un vin liquoreux qui laisse des larmes sur le verre. Ample et puissant, le bouquet est généreux (fruits exotiques, écorce d'orange, de pamplemousse). La bouche onctueuse et complexe offre une longue persistance. A boire pendant vingt ans... s'il en reste !
➥ François et Dominique Giroud, Vins du Valais, rue du Nasot, 1955 Chamoson, tél. 027.306.10.23, fax 027.306.37.26 ☑ ⍙ r.-v.

OTTO HUGENTOBLER
Pinot noir Le Préféré 1996★

■   1 ha   10 000   50 à 70 F

Cette maison fondée en 1953 propose une cuvée rubis intense au nez de fruits mûrs. La bouche reprend ces mêmes arômes, complétés par une note minérale et des tanins très présents qu'il faudra attendre un ou deux ans avant de marier le vin aux fameuses viandes séchées du Valais.
➥ Vins Otto Hugentobler, Varenstrasse 50, 3970 Salgesch/Salquenen, tél. 027.455.18.52, fax 027.455.18.56 ☑ ⍙ r.-v.

HURLEVENT Pinot noir 1997★★

■   50 ha   70 000   50 à 70 F

La maison Favre a été fondée en 1944. Elle exporte 2 % de sa production vers l'Allemagne, la Belgique, le Brésil et le Sri-Lanka ! Elle a proposé une remarquable **petite arvine 97** et ce pinot noir qui présente tous les caractères de son cépage. A boire pendant trois ans.
➥ SA Les Fils de Charles Favre, av. de Tourbillon 29, 1951 Sion, tél. 027.327.50.50, fax 027.327.50.51 ☑ ⍙ r.-v.

LA DOLE BLANCHE
Fendant de Leytron 1997★

☐   0,7 ha   6 000   50 à 70 F

Une bâtisse du XVIII*e*s., possédant des caves voûtées, abrite les chais de ce domaine créé en 1945 et qui a bataillé pour conserver le nom de Dôle Blanche, bataille gagnée par décision du Tribunal fédéral en 1980. Son fendant possède un bon caractère de cépage par ses notes intenses de fleur de tilleul au nez et ses arômes fruités en bouche. Celle-ci est bien structurée et de bonne longueur. A goûter avec une fondue après un après-midi de ski.
➥ Gilbert Devayes, Cave La Dôle Blanche, ruelle de la Cotze 5, 1912 Leytron, tél. 027.306.25.96, fax 027.306.63.46 ☑ ⍙ r.-v.

LA DRONOISE Fendant de Sion 1997★

☐   0,28 ha   3 200   30 à 50 F

Jacques-Alain Dubuis cultive 7 ha de vigne depuis 1985. Son fendant de Sion a séduit le jury par ses arômes fruités associés à une note de tilleul. La bouche est juvénile, vive à l'attaque, fruitée, légèrement pétillante, puis l'équilibre s'affirme, avec du gras et une finale riche et longue. Une raclette ou l'apéritif lui conviendront.
➥ Jacques-Alain Dubuis, Cave La Dronoise, rue Saint-Jacques, Drone, 1965 Saviese, tél. 027.395.25.33, fax 027.395.25.33 ☑ ⍙ r.-v.

CAVE LA MADELEINE
Cornalin de Vétroz 1997★

■   0,3 ha   1 500   70 à 100 F

Marie-Madeleine est la patronne de Vétroz – un vitrail la représentant figure sur l'étiquette. Ce domaine de 10 ha est travaillé en production intégrée. Son cornalin offre une très belle harmonie. Le nez puissant révèle une légère touche minérale. Ce vin souple, équilibré, long, de bonne persistance pourra accompagner les poissons les plus fins.
➥ André Fontannaz, Cave La Madeleine, 1963 Vétroz, tél. 027.346.45.54, fax 027.346.45.54 ☑ ⍙ r.-v.

LARME D'OR
Sion Petite arvine Vendanges tardives 1996★★★

☐   0,2 ha   600   70 à 100 F

Thierry Constantin, après des études d'œnologie, a pris la tête de ce domaine familial de 9 ha. Agé de trente ans, il réussit des cuvées haut de gamme comme le prouve cette petite arvine au caractère exceptionnel : ses reflets sont d'or pur et ses arômes de fruits exotiques traduisent la bonne maturité de cette vendange tardive. La bouche ample et moelleuse offre un subtil équilibre entre l'acidité et le sucre, accompagné de notes de fruits confits, d'abricot. Longue finale où l'on retrouve toute la complexité du bouquet. Un vin à déguster pour lui-même ou avec une crème brûlée à l'orange. A un doigt du coup de cœur !

Valais

SUISSE

❧ Thierry Constantin, rte des Iles 110, 1950 Sion 4, tél. 079.433.16.81, fax 077.306.10.36 ✓ ⵎ r.-v.

CAVE LA TINE Syrah de Vétroz 1997★★

| | 0,2 ha | 1 800 | | 70 à 100 F |

Un domaine de 10 ha qui cultive dix-neuf cépages. Ici, la grande syrah donne un vin très typé, puissant, aux odeurs de fruits noirs, d'épices, de fleurs de sureau, de jasmin, gras, soutenu par des tanins souples et persistants ; on retrouve en bouche les arômes du nez. Attendre quatre ou cinq ans avant de le servir avec du gibier.

❧ Hervé Fontannaz, Cave la Tine, chem. du Reros 8, 1963 Vétroz, tél. 027.346.47.47, fax 027.346.47.47 ✓ ⵎ r.-v.

CAVE LA TOURMENTE
Dôle de Chamoson 1997★★★

| | 0,3 ha | 2 500 | | 30 à 50 F |

Deux superbes vins ont été sélectionnés par le jury : une **syrah Vin de Passion 97**, deux étoiles pour sa puissance aromatique (gingembre, poivre noir, camphre) et pour ses tanins de grande race. Et cet assemblage où le pinot l'emporte avec 70 %, élu coup de cœur : cette dôle se présente dans une magnifique robe rubis avec des parfums fruités (framboise et mûre). La bouche, riche et onctueuse, aromatique, est soutenue par des tanins nobles lui conférant une structure irréprochable.

❧ Les Fils et Bernard Coudray, Cave La Tourmente, 1955 Chamoson, tél. 027.306.18.32, fax 027.306.35.33 ✓ ⵎ r.-v.

LA VOUETTAZ
Malvoisie flétrie de Chamoson 1997★★

| | 0,2 ha | 1000 | | 70 à 100 F |

Quatre générations se sont succédé pour exploiter un vignoble de 4 ha qui a produit ici un remarquable vin liquoreux à partir du pinot gris né sur un sol d'alluvions et graveleux profond. L'or l'habille. Les fruits confits (coing), fins et puissants à la fois, traduisent son caractère botrytisé (vendanges du 26 novembre), caractère que l'on retrouve dans une bouche équilibrée, ample, d'une grande complexité. A boire et à attendre pendant dix ans.

❧ Bertrand et Monique Caloz-Evequoz, Cave colline de Daval, 3960 Sierre, tél. 027.458.45.15, fax 027.458.45.15 ✓ ⵎ r.-v.

LES CORNALINES
Fendant Chamoson 1997★★★

| | 0,3 ha | 2 500 | | 50 à 70 F |

Une exploitation de 3 ha de vignes implantées sur le sol argilo-calcaire de Chamoson. Ce chasselas limpide et clair avec des reflets verts possède un nez de tilleul soutenu. Après une attaque franche et florale, la fraîcheur du cépage s'impose. La bouche délicate et longue présente, elle aussi, la typicité d'un excellent fendant à servir avec tous les mets au fromage.

❧ Olivier Carruzzo, chem. Saint-André 20, 1955 Chamoson, tél. 079.417.66.72 ✓ ⵎ r.-v.

LES FUMEROLLES Chardonnay 1997★

| | 0,2 ha | 1000 | | 70 à 100 F |

Maison située sur la colline de Montorge, au cœur du vignoble. Elle propose un chardonnay issu d'un sol calcaire. Des reflets d'or dans le verre, des notes fruitées (fruits exotiques) et de noisette au nez, d'agrumes, de pêche et d'ananas en bouche ; ce vin de belle tenue, ample et bien structuré, offre une complexité originale.

❧ Cave de Montorge, La Muraz, 1951 Sion, tél. 027.327.50.60, fax 027.395.13.60 ✓ ⵎ r.-v.

CAVE LE VASY Fully Ermitage 1997★

| | n.c. | 1000 | | 100 à 150 F |

Créé il y a quinze ans, ce vignoble propose un 97 d'un jaune intense et d'une grande finesse aromatique. D'un bel équilibre, la bouche présente une touche d'amertume typique de l'ermitage. Un vin à boire ou à attendre trois ou quatre ans.

❧ Jean-François Carron, rue de l'Autoroute 44, 1907 Saxon, tél. 027.744.32.48 ✓ ⵎ r.-v.

CH. LICHTEN 1997★

| | 4 ha | n.c. | | 70 à 100 F |

Une exploitation familiale de 36 ha avec une activité de négoce. A côté d'une petite arvine 96 vinifiée en sec, **La Trémaille**, voici un château Lichten qui assemble cornalin (60 %), humagne rouge (30 %) et syrah. Le bouquet est intéressant, fait de fruits sauvages, baies des bois, cerise noire et cassis. Les tanins très présents incitent à attendre ce vin très structuré.

❧ Rouvinez, Colline de Géronde, 3960 Sierre, tél. 027.455.66.61, fax 027.455.46.49 ✓ ⵎ r.-v.

L'OR DU VENT
Brise de novembre Pinot gris Vendanges tardives 1997★

| | 0,15 ha | 1000 | | 50 à 70 F |

Bernard Mermoud dirige ce domaine depuis 1983. Déjà remarqué l'an dernier, il présente une vendange tardive de pinot gris qui présente tous les caractères du cépage : l'or de la robe, l'intensité des arômes où le miel domine, l'ampleur et la complexité du palais. L'excellente finale lui permettent d'accompagner le foie gras.

❧ Bernard Mermoud, chem. des Vendanges, 3968 Veyras, tél. 027.455.88.20, fax 027.455.88.20 ✓ ⵎ r.-v.

LES VINS SUISSES

Valais

MABILLARD-FUCHS
Les Coteaux de Sierre Venthône Sélection Les Corles Fendant 1997★

| | 0,4 ha | 4 000 | | 50 à 70 F |

Venthône est un village médiéval accueillant où les Mabillard-Fuchs cultivent 4 ha de vigne. Leur fendant est très typique, tant par sa couleur a reflets verts, son nez rappellant la fleur de tilleul que par sa fraicheur en bouche. Celle-ci est longue et représentative du terroir de cette région.
☛ Madeleine et Jean-Yves Mabillard-Fuchs, 3973 Venthône, tél. 027.455.34.76, fax 027.456.34.00 ☑ ♈ r.-v.

DANIEL MAGLIOCCO
Syrah de Chamoson 1997★★

| | 0,25 ha | 2 000 | | 70 à 100 F |

Un vignoble familial de 3,5 ha qui consacre 25 ares à cette syrah. Le lecteur devra se précipiter pour trouver encore ce vin magnifique de concentration. Ses parfums jouent sur la violette, le sureau, les fruits rouges, les épices. Les tanins bien soutenus donnent une bouche pleine de vigueur et d'élégance, d'un grand potentiel.
☛ Daniel Magliocco, av. de la Gare 10, 1956 Saint-Pierre-de-Clages, tél. 027.306.35.32 ☑ ♈ r.-v.

CAVE JOEL MAYE CARCO ET FILS
Cabernet-sauvignon Fût de chêne 1996★

| | 0,15 ha | 1000 | | 70 à 100 F |

« La famille Maye a toujours travaillé la vigne » ; depuis 1983, après des études d'œnologie, le fils élève les vins du domaine. Voici un beau cabernet-sauvignon élevé douze mois en fût. Sa robe est sombre. Son nez est frais, ouvert sur les petits fruits rouges. La structure ample et grasse, tannique, possède les caractères d'un vin de garde à attendre trois ou quatre ans. Du même domaine, le **fendant du coteau de Chamoson 97** reçoit lui aussi une étoile. Son harmonie engage à le boire avec tous les mets au fromage.
☛ Cave Joël Maye Carco et Fils, rue de la Crettaz 15, 1955 Chamoson, tél. 027.306.40.51, fax 027.306.85.55 ☑ ♈ r.-v.

SIMON MAYE ET FILS
Petite arvine de Chamoson 1997★★★

| | 0,4 ha | 1 500 | | 70 à 100 F |

Saint-Pierre de Clages s'enorgueillit d'une chapelle romane du XII°s., d'un musée de la spéléologie, mais surtout de ses vignerons qui poursuivent ou renouent avec une longue tradition viticole. Axel et Simon Maye ont également réussi une **cuvée Fauconnier 97** à partir du chasselas, et cette petite arvine qui respecte la typicité du cépage (notes de glycine, de rhubarbe, d'agrumes et accents minéraux). La bouche dense est à la hauteur.
☛ Simon Maye et Fils, Collombey 3, 1956 Saint-Pierre-de-Clages, tél. 027.306.41.81, ☑ ♈ r.-v.

MITIS Amigne de Vétroz 1996★★★

| | 4 ha | 15 000 | | 100 à 150 F |

Dans *Les Géorgiques*, Virgile parle de cette *Vitis amoena*, cépage déjà rare dont il n'existe plus que 19 ha dans le monde. Cette amigne donne un vin liquoreux qui reçoit à nouveau un coup de cœur ! La couleur est intense, or à reflets verts ; le nez offre des arômes de mandarine et de fruits confits ; l'onctuosité de la bouche est en harmonie avec l'acidité qui garantit une longue vie à ce vin issu d'une grande matière. (NDLR : le prix correspond à des bouteilles de 37 cl). Deux autres vins ont été sélectionnés chez Bon Père : une belle **syrah du Valais 96**, deux étoiles, et un **fendant du Coteau d'Ardon 97**, une étoile.

☛ Germanier Bon Père, Balavaud, 1963 Vétroz, tél. 027.346.12.16, fax 027.346.51.32 ☑ ♈ r.-v.

DOM. DU MONT D'OR
Dôle La Perle noire 1997★★

| | 5 ha | 50 000 | | 50 à 70 F |

Un sergent-major originaire de Montreux créa ce domaine en 1848, année où fut proclamée la constitution de l'Etat fédéral toujours en vigueur. Disposant aujourd'hui de 20 ha, ce domaine a proposé un remarquable liquoreux né de petite arvine vendangée le 11 novembre 1997, **Sous l'Escalier**, d'un potentiel de quinze à vingt ans, et cette Perle noire assemblant pinot noir (43 %), gamay (43 %) aux cépages locaux diolinoir (7 %) et ancelotta (7 %). Tannique sans agressivité, ce vin est puissant et racé. Six mois de fût lui ont donné une note grillée qui accompagne sans les dominer les fruits rouges. Il est conseillé cependant d'attendre quelques années avant de le boire afin qu'il puisse alors exprimer toutes ses qualités.
☛ Dom. du Mont d'Or SA-Sion, Pont-de-la-Morge, Case Postale 240, 1964 Conthey 1, tél. 027.346.20.32, fax 027.346.51.78 ☑ ♈ r.-v.

PAMPRE D'OR 1996★★

| | 0,85 ha | 7 000 | | 70 à 100 F |

Un domaine de 12 ha et trois beaux vins proposés cette année. Une étoile pour **La Guérite 97**, un fendant puissant et structuré, exprimant les caractères de son terroir de schiste ; et pour la **Crête d'Or 96**, dôle aux tanins fondus. Ce Pampre d'Or est un assemblage de cépages blancs vinifiés en moelleux. La robe est lumineuse ; une note boisée ne nuit en rien à l'intense expression des fruits exotiques, au moelleux de la bouche où l'on trouve la pêche blanche, l'ananas, la richesse et la générosité.
☛ Maurice Gay SA, 1955 Chamoson, tél. 027.306.53.53, fax 027.306.53.88 ☑ ♈ t.l.j. sf sam. dim. 8h-17h

1046

Valais

PHILIPPOZ FRERES
Leytron ermitage 1997★★★

| | 0,25 ha | 1000 | | 70 à 100 F |

Toujours à la hauteur de sa réputation, ce domaine est passé tout près du coup de cœur avec cet ermitage magnifique dans sa robe dorée ; son nez, d'une grande puissance, propose tous les arômes du cépage (la framboise domine). Intensité que l'on retrouve en bouche avec, en prime, des notes de truffe blanche. La structure volumineuse conviendra à des mets tels les rognons confits aux herbes, nous dit-on. Du même domaine, un **pinot noir 97** reçoit une étoile pour sa belle harmonie entre le fruit et les tanins.
Philippoz Frères, rte de Riddes 13, 1912 Leytron, tél. 027.306.30.16, fax 027.306.71.33 r.-v.

PROVINS VALAIS
Cuvée du Maître de chais Vieilles vignes 1996★★★

| | 12 ha | 9 000 | | 70 à 100 F |

Provins Valais vinifie le raisin de quelque cinq mille deux cents vignerons groupés en neuf caves régionales dans le canton. C'est une union de coopératives représentant 1 250 ha de vignoble valaisan et vingt-trois cépages. Parmi ceux-ci, le jury a sélectionné une **malvoisie BrindAmour 97**, notée trois étoiles, un **pinot noir Saint-Guérin 97** qui obtient deux étoiles tout comme la **marsanne 95**. Dans la même série des cuvées du Maître de chais, le coup de cœur assemble marsanne 40 %, pinot blanc 40 %, amigne 10 % et heida, élevé douze mois en fût. Son potentiel est exceptionnel (quinze ans). Un commentaire d'un dégustateur résume à lui seul la qualité du vin : « c'est un monument » !
Provins Valais, rue de l'industrie, 1950 Sion, tél. 027.328.66.66, fax 027.328.66.60 r.-v.

CAVE DES REMPARTS
Humagne rouge 1997★★

| | 0,3 ha | 2 000 | | 50 à 70 F |

Les lecteurs ont découvert l'an dernier l'œnologue Yvon Cheseaux. Cette fois, son **gamay du Valais 97** élaboré tout en finesse, très fruité, avec des tanins soyeux, reçoit une étoile, tandis que cette humagne rouge l'emporte car, même si le nez est encore austère, il révèle tous les caractères du cépage. En bouche, le vin se montre ample, concentré, structuré par des tanins impressionnants. Un vin de garde par excellence.
Yvon Cheseaux, Cave des Remparts, 1913 Saillon, tél. 027.744.33.76, fax 027.744.33.76 r.-v.

RENOMMEE SAINT PIERRE
Chamoson pinot noir 1996★★★

| | 1 ha | 1 500 | | 100 à 150 F |

Ce domaine de 8 ha a présenté un **fendant de Collombey 97** qui obtient deux étoiles. Très représentatif de la région, en plus des arômes traditionnels de tilleul en fleur, on trouve de la fleur de vigne, des fruits exotiques, des agrumes... Quant à ce pinot noir 96 élevé dix-huit mois en fût et dégusté le 15 juin 1998, il a agréablement surpris. On sait les vieilles vignes bien conduites et l'élevage traditionnel de qualité : robe à reflet bleu-noir, nez de fruits rouges en pleine maturité, d'épices, bouche structurée par des tanins bien enrobés, parfaite expression de son terroir.
René Faure et Fils, rte de Collombey 11, 1956 Saint-Pierre-de-Clages, tél. 027.306.39.21, fax 027.306.78.49 t.l.j. sf dim. 8h-19h

RESERVE DES ADMINISTRATEURS
Pinot noir 1997★

| | 5 ha | 48 000 | | 70 à 100 F |

Un pinot noir sombre à reflets violets, au nez puissant de fruits rouges, de cerise noire, légèrement fumé. On retrouve la même gamme aromatique en bouche ; celle-ci est bien structurée par des tanins ronds et enrobés.
SA Cave Saint-Pierre, 1955 Chamoson, tél. 027.306.53.54, fax 027.306.53.88 r.-v.

CAVES DE RIONDAZ Arvine 1996★★★

| | 1 ha | 8 000 | | 100 à 150 F |

L'œnologue Madeleine Gay a réalisé là une arvine du Valais née sur calcaire, aromatique et riche. La robe d'or annonce la subtilité des senteurs florales (glycine). L'équilibre entre l'acidité, le moelleux et la petite touche saline de la finale révèle une grande complexité.
Caves de Riondaz, rte du Rawyl 38, 3960 Sierre, tél. 027.455.12.63, fax 027.455.31.58 r.-v.

SAINTE-ANNE Pinot noir de Sion 1996★

| | 1 ha | 2 760 | | 70 à 100 F |

Négociant-éleveur, cette marque a été créée par deux vignerons de Savièse en 1933. Leur pinot noir est délicat, évoquant les cerises noires et les baies rouges. Une certaine élégance. A découvrir dans deux ans.
SA Cave Héritier et Favre, av. Saint-François 2, 1950 Sion 4, tél. 027.322.24.35, fax 027.322.91.21 r.-v.

CAVE SAINT-PHILIPPE
Pinot noir de Salquenen Saint Jean-Baptiste 1996★

| | 2 ha | 9 000 | | 50 à 70 F |

Il faut parcourir le sentier viticole de Sierre-Salgesch et découvrir ce beau vignoble. Ce vin est plus accessible car ses tanins fondus lui apportent la souplesse. Le bouquet de fruits rouges (groseille) avec une note de terroir est tout en finesse, comme la bouche, équilibrée et élégante.

1047 LES VINS SUISSES

Genève

🍇 Philippe Constantin, Cave Saint-Philippe, Pachjenstrasse 19, 3970 Salgesch, tél. 021.455.72.36, fax 021.455.72.36 ▮ ▮ r.-v.

CAVE DE SALQUENEN
Ville de Sierre Fendant 1997★

| | 7 ha | 70 000 | | 50 à 70 F |

Située à 150 m du musée de la vigne et du vin, cette maison de négoce propose un fendant très réussi qui pourra accompagner les poissons grillés ou les plats de fromage. Minéral, bien marqué par les notes de tilleul, il offre un bel équilibre acidité-alcool et une bonne typicité.

🍇 Caveau de Salquenen, Unterdorfstrasse, 3970 Salgesch, tél. 027.455.82.31, fax 027.455.82.42 ▮ ▮ r.-v.
🍇 Grégor Kuonen et Fils

ANDRE VALLOTON ET FILS
Dôle de Saillon 1997★★

| ▪ | 1 ha | 2 950 | | 50 à 70 F |

André Valloton et son fils Henri, œnologue, après avoir eu des responsabilités dans une cave, ont décidé de reprendre le domaine familial. Bien leur en a pris si l'on en croit ce vin remarquable très apprécié par le jury : rubis à reflets violacés, la robe est intense. Le nez fruité rappelle le cassis, la griotte et ces petits fruits des bois. Bien structurée par des tanins fins et fondus, c'est une bouteille de belle expression prête à être servie.

🍇 André Valloton et Fils, rue Morin, 1926 Fully, tél. 027.746.28.89, fax 027.746.28.38 ▮ ▮ r.-v.

VARONE Pinot noir Valroc 1997★★

| ▪ | 2 ha | 15 000 | | 70 à 100 F |

Créé en 1900, ce domaine est situé à Sion, ville médiévale qu'il ne faut pas manquer de visiter pour ses monuments et le cadre des pitons rocheux qui l'entourent. Rubis, la robe de ce vin annonce déjà sa typicité ; cassis et sureau s'affichent au nez. La bouche est fraîche et ronde, fruitée, reposant sur de beaux tanins. Une bouteille élégante.

🍇 Vins Frédéric Varone, av. Grand Champsec 30, 1950 Sion 4, tél. 027.203.56.83, fax 027.203.47.07 ▮ ▮ r.-v.

RAPHAEL VERGERE
Fendant de Vétroz 1997★

| ☐ Gd cru | 0,2 ha | 2 000 | | 50 à 70 F |

Créé en 1950 sur des moraines, ce vignoble de 5 ha a été sélectionné pour son fendant de Vétroz, qui exprime tous les caractères de son terroir et de son cépage : il est friand et fruité, franc à l'attaque, gras dans son développement, reposant sur une agréable acidité. Pour accompagner des crustacés ou une raclette, à votre convenance.

🍇 Raphaël Vergère, rue de Conthey 25, 1963 Vétroz, tél. 027.346.34.48 ▮ ▮ r.-v.

CAVE DU VIEUX MOULIN
Cornalin de Vétroz 1997★★★

| ▪ | 0,1 ha | 1000 | | 50 à 70 F |

Exploitation familiale depuis 1928, le Vieux Moulin cultive 3,5 ha en production intégrée. Le cornalin est paré d'une robe rouge violacé intense et de parfums fruités qui rappellent la cerise noire bien mûre. Ample et puissant, avec des tanins bien enrobés et une grande concentration fruitée, c'est un très grand vin, complexe et persistant. Digne des gibiers. Egalement retenue par le jury, l'**amigne de Vétroz** reçoit deux étoiles. C'est un blanc sec à reflets dorés, au nez de fruits exotiques et confits et au remarquable équilibre.

🍇 Romain Papilloud, rue des Vignerons 43, 1963 Vétroz, tél. 027.346.43.22, fax 027.346.43.22 ▮ ▮ r.-v.

CAVE DU VIEUX VILLAGE
Fendant des Coteaux de Sierre 1997★

| ☐ | n.c. | n.c. | | 50 à 70 F |

Plus de quatorze cépages sur ce domaine créé en 1982. Son fendant né sur un sol léger est bien structuré, fin et élégant. Sa fraîcheur en fait un bon vin d'apéritif.

🍇 Jean-Pierre et Marc Monnet, Cave du Vieux Village, 3976 Noës-Sierre, tél. 027.456.25.17 ▮ ▮ r.-v.

VILLA SOLARIS
Chamoson Johannisberg flétri 1997★★

| | 0,5 ha | 1000 | | +200 F |

Vendangé le 18 décembre 1997, ce johannisberg provenant des vignes de trente-cinq ans était « flétri » à point, c'est-à-dire botrytisé. La robe d'or et le nez l'affichent. La bouche puissante et onctueuse offre un magnifique équilibre. Ce 97 se conservera pendant quinze ans, si vous avez le courage de l'attendre.

🍇 Sylvio-Gérald Magliocco, rte de Bessoni, 1956 Saint-Pierre-de-Clages, tél. 027.306.64.45, fax 027.306.64.29 ▮ ▮ r.-v.

Canton de Genève

Déjà présente en terre genevoise avant l'ère chrétienne, la vigne a survécu aux vicissitudes de l'histoire pour s'épanouir pleinement dès la fin des années 1960.

Avec un climat tempéré dû à la proximité du lac, à un très bon ensoleillement et à un sol favorable, le vignoble genevois se partage entre 32 appellations. Les efforts entrepris pour améliorer le potentiel des vins genevois, par des méthodes culturales respectueuses de l'environnement, le choix de cépages moins productifs et appropriés à un sol généralement caractérisé par une forte teneur en calcaire, permettent de garantir au consommateur un vin de haute qualité. Les exigences contenues dans les textes de loi traduisent autant la volonté des autorités que celle de la profession de mettre sur le marché des vins qui satisfont aux normes des AOC.

Genève

SUISSE

La palette des cépages s'est diversifiée avec l'apport des spécialités. Outre les principaux crus provenant du chasselas pour les blancs, du gamay et pinot noir pour les rouges, les spécialités comme le chardonnay, le pinot blanc, l'aligoté, le gamaret, le cabernet rencontrent un franc succès auprès de l'amateur avisé.

DOM. DES CHEVALIERES
Genève Les Chevalières Chasselas 1997★

| □ | 4 ha | 35 000 | ▪◆ 30 à 50 F |

Fondée en 1920, cette cave avait été remarquée l'an dernier pour son pinot blanc. Cette année, c'est le chasselas qui l'emporte, pour sa belle couleur jaune pâle, son bouquet de tilleul, légèrement citronné, associé à des notes de bonbon anglais et à des accents légèrement fumés. Bien structuré, il montre en bouche un caractère amande amère en finale. Assez corsé, il semble destiné à une fondue au fromage.

➤ Claude, Gilbert et Sébastien Dupraz, 8, chem. de Placet, 1286 Soral, tél. 022.756.15.66, fax 022.756.43.92 ☑ ☨ r.-v.

HARMONIE Genève 1996★

| ■ | 1 ha | 3 000 | ▪◆ 50 à 70 F |

Musicien, Daniel Sulliger a repris le domaine familial en 1980. Argile, silt et sables forment le terroir dont sont issus gamay, pinot noir à parts égales complétés de 10 % de gamaret, les vignes ayant près de quarante ans. Tout cela donne un très joli vin couleur grenat assez intense, au nez de griotte avec un peu d'épices partant vers les fruits noirs. Bonne longueur en bouche et belle « Harmonie ». Le pinot noir et le gamaret dominent par leurs tanins. Cette cuvée est à boire d'ici deux ans.

➤ Daniel Sulliger, 18, crêt de Choully, 1242 Choully-sur-Genève, tél. 041.753.11.92, fax 041.753.11.92 ☑ ☨ r.-v.

LA CAVE DE GENEVE
Genève La Clémence Gamaret 1996★★★

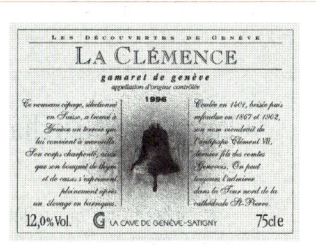

| ■ | 18 ha | n.c. | ▪🍷◆ 70 à 100 F |

La cave de Genève vinifie 40 % de l'appellation. Elle a proposé en rouge un **gamay de Choully 97**, qui a reçu deux étoiles pour ses tanins fins et fondus et son bouquet de cerise noire et de grenade, ainsi que ce gamaret auquel est décerné le coup de cœur de la commission helvète. Une dégustatrice note que ce vin s'apparente aux excellents crus du Midi. C'est un vin typique du cépage, très structuré, corsé, mais rond aux arômes étonnants de thym, de romarin, de cassis confit, de groseille mais aussi de vanille (élevage en barrique neuve et de deux vins). A découvrir absolument.

➤ La Cave de Genève, 140, rte du Mandement, 1242 Satigny, tél. 412.753.11.33, fax 412.753.21.10 ☑ ☨ r.-v.

LA CAVE DE GENEVE
Genève Les Frênes Pinot blanc 1997★★★

| □ | 6 ha | n.c. | ▪◆ 50 à 70 F |

La cuvée **l'Aiglette, sauvignon 96**, élevée en fût avec bâtonnage, reçoit deux étoiles alors que la cuvée des Frênes, coup de cœur l'an dernier en 96, obtient à nouveau les compliments du jury pour sa belle robe dorée, ses fins arômes de citronnelle et d'aubépine ; la bouche est ronde, charmeuse.

➤ La Cave de Genève, 140, rte du Mandement, 1242 Satigny, tél. 412.753.11.33, fax 412.753.21.10 ☑ ☨ r.-v.

CH. DE LACONNEX
Pinot noir Elevé en barrique 1996

| ■ | 0,6 ha | 1 500 | 🍷 -30 F |

Un pinot noir né de jeunes vignes (huit ans) plantées sur un sol calcaire. Sa robe est grenat annonçant un nez discret de griotte et de poivre. Bien typé de son cépage, c'est un vin aux tanins déjà fondus à boire dans les deux ans.

➤ Hubert et Claude Dethurens, 4, rte La Parraille, 1287 Laconnex, tél. 022.756.25.43, fax 022.756.43.60 ☑ ☨ r.-v.

DOM. DE LA MERMIERE
Genève Chasselas 1997

| □ | 0,55 ha | 3 000 | ▪ 30 à 50 F |

Yves Batardon a créé son domaine de toute pièce et a choisi une viticulture qui respecte l'environnement. Ne manquez pas de lui rendre visite en découvrant le beau village de Soral et de déguster ce chasselas jaune-vert pâle, au délicat parfum de tilleul avec une légère amertume. Typique du cépage, la structure de ce vin est un peu légère mais sa fraîcheur sympathique le rend très agréable.

➤ Yves Batardon, 1286 Soral, tél. 022.756.19.33, fax 022.756.19.33 ☑ ☨ r.-v.

COTEAU DE LA VIGNE BLANCHE
Cologny Chasselas 1997

| □ 1er cru | 1,7 ha | 12 000 | ▪ 30 à 50 F |

Chasselas né sur les moraines glacières et qui se présente sous une couleur jaune pâle, avec un parfum discret de tilleul. Ce vin léger, fruité, gouleyant grâce à un léger CO_2 issu des fermentations, est destiné à l'apéritif.

➤ Roger Meylan, 13, rte de Vandœuvres, 1223 Cologny, tél. 022.736.80.34, fax 022.700.34.16 ☑ ☨ r.-v.

LES CURIADES
Coteau de Lully aligoté 1997★

| □ | 4 ha | 30 000 | ▪◆ 50 à 70 F |

Un aligoté né sur argilo-calcaire. Agées de dix-huit ans, les vignes ont donné un vin de très belle teinte jaune-vert pâle. Le nez égrène des notes de citronnelle, bergamote, pomme verte et bonbon anglais, offrant une grande complexité aromatique. Après une attaque assez nerveuse, la bouche

1049 LES VINS SUISSES

Neuchâtel

se révèle bien structurée. Vin frais, séveux, équilibré, qui peut accompagner une terrine de poisson d'eau douce.
➥ Pierre Dupraz et Fils, 49, ch. des Curiades, 1233 Lully, tél. 022.757.28.15, fax 022.757.47.85 ☑ ☥ r.-v.

LES PERRIERES Peissy Chardonnay 1997★

| | 2 ha | 15 000 | ☐☥ | 70 à 100 F |

Bernard Rochaix représente la septième génération de vignerons sur ce domaine. C'est dire le savoir-faire ancestral ! Son chardonnay a réellement séduit le jury. Or pâle, il éblouit par ses très beaux parfums de poire, de mûre et de houblon. Ce vin onctueux et soyeux n'est peut-être pas très long mais il est très intéressant et flatteur. Un vin bien réussi.
➥ Bernard Rochaix, Les Perrières, 54, rte de Peissy, 1242 Satigny, tél. 022.753.90.00, fax 022.753.90.09 ☑ ☥ t.l.j. sf dim. 8h-12h 14h-18h

LES SECRETS DU SOLEIL
Dardagny Chardonnay 1997★

| | 0,3 ha | 2 500 | ☐ | 30 à 50 F |

Ce chardonnay est planté sur une « bonne terre avec molasse », nous dit-on ! Jaune légèrement doré, doté d'un parfum de poire et de mangue, il se montre très frais, un peu jeune mais bien structuré en bouche, avec une longueur honorable. Un vin bien réussi.
➥ André et Philippe Vocat, 446, rte de Mandement, 1282 Dardagny, tél. 022.754.13.84, fax 022.754.14.10 ☑ ☥ r.-v.

DOM. DES MENADES
Hermance Pinot noir Elevé en fût de chêne 1996★

| ■ | 0,5 ha | 4 000 | ⬤ | 50 à 70 F |

Alain Jacquier a élaboré un très beau pinot noir à la robe rubis. Le nez n'oublie pas le fût qui a élevé le vin, mais les parfums fruités – griotte – l'emportent. La bonne structure repose sur des tanins assez fins, cependant encore un peu durs. Il faut mettre ce vin deux ans en cave pour qu'il atteigne sa pleine maturité.
➥ Alain Jacquier, 30, rue Centrale, 1247 Anières, tél. 022.751.20.29, fax 022.751.20.29 ☑ ☥ r.-v.

DOM. DU PARADIS
Genève Le Pont des Soupirs 1996★★

| ■ | 2,5 ha | 10 200 | ⬤ | 100 à 150 F |

Un domaine moderne puisque son premier millésime fut le 83. Doté des meilleurs outils technologiques, il n'oublie pas que la qualité du raisin est primordiale comme le prouve ce 96 élevé en barrique pendant douze mois. Assemblant 50 % de cabernet-sauvignon au cabernet franc et au merlot, tous issus d'un sol graveleux léger, ce vin a obtenu tous les suffrages : robe profonde, nez de fruits noirs concentrés, de réglisse, de vanille, de boisé légèrement épicé ; bouche structurée par une belle trame tannique dont la longueur est soutenue par une subtile pointe d'acidité. Déjà agréable à boire, cette bouteille devrait atteindre son meilleur niveau en 2005.
➥ Roger Burgdorfer, 275, rte du Mandement, 1242 Satigny, tél. 022.753.18.55, fax 022.753.18.55 ☑ ☥ r.-v.

CAVE DE SEZENOVE
Sézenove Sauvignon 1997★

| | 0,2 ha | 1 200 | ☐ | 50 à 70 F |

Une exploitation familiale située à 10 km du centre de Genève et qui possède 5 ha. En 97, ce sauvignon couleur or pâle, au bouquet de buis et de groseille intense se révèle très rafraîchissant. Il est à boire jeune.
➥ J. et C. Bocquet-Thonney, 9, Chem. Grands-Buissons Sézenove, 1233 Bernex, tél. 022.757.45.63, fax 022.757.45.63 ☑ ☥ t.l.j. sf dim. 17h-19h ; sam. 9h-12h

CHRISTIAN SOSSAUER
Coteau de Peney Pinot blanc 1997

| 1er cru | 0,35 ha | 2 280 | ☐☥ | 50 à 70 F |

La famille Sossauer, bernoise, devint propriétaire de ces terres après la crise de 1929. Le domaine, d'abord laitier jusqu'en 1992, fut reconverti à la vigne et propose aujourd'hui un pinot blanc couleur jaune légèrement doré dans le verre. Citronné, feuille d'ortie, ce vin frais est très plaisant, dans le type du cépage.
➥ Christian Sossauer, 1, rte de Peney-Dessus, 1242 Satigny, tél. 022.753.19.61 ☑ ☥ r.-v.

DOM. DES TROIS ETOILES
Peissy Chardonnay 1996★

| | 1 ha | 5 000 | ⬤ | + 200 F |

Un chardonnay bien typique du cépage par son bouquet d'abricot et de fruits exotiques, rehaussé par le léger caractère grillé-vanillé de la barrique. Moyennement séveux, mais subtil, c'est un vin auquel un vieillissement de trois à quatre ans apportera toute sa plénitude.
➥ Jean-Charles Crousaz, 41, rte de Peissy, 1242 Satigny, tél. 022.753.16.14 ☑ ☥ r.-v.

Canton de Neuchâtel

Proche du lac qui reflète le soleil, adossé aux premiers contreforts du Jura qui lui offrent une exposition privilégiée, le vignoble neuchâtelois s'étire sur une étroite bande de 40 km entre Le Landeron et Vaumarcus. Le climat sec et ensoleillé de cette région, de même que les sols calcaires jurassiques qui y prédominent, conviennent bien à la culture de la vigne, ce que confirment encore les historiens qui

Neuchâtel

nous apprennent que le premier cep y fut officiellement planté en 998 ; à Neuchâtel, la vigne est donc millénaire.

Dans ce petit vignoble de 610 ha, le chasselas et le pinot noir règnent en maître ; il y a bien quelques « spécialités » (pinot gris, chardonnay, gewurztraminer et riesling x sylvaner), mais leur culture occupe à peine 6 % des surfaces. Cet encépagement apparemment limité cache en réalité une très large palette de vins et de saveurs, grâce au savoir-faire des vignerons et à la diversité des terroirs.

On dégustera avec bonheur des rouges issus du pinot noir, élégants et fruités, souvent racés et aptes au vieillissement, mais aussi le très typique Œil-de-Perdrix, ce rosé inimitable originaire du vignoble neuchâtelois, ainsi que la Perdrix Blanche obtenue par pressurage sans macération. Quelques caves élaborent même un vin mousseux.

La variété des sols du canton, d'est en ouest, ainsi que les styles personnels des vinificateurs sont à l'origine d'une grande diversité de goûts et d'arômes des vins blancs de chasselas et promettent à l'amateur curieux plus d'une découverte intéressante. En outre, on relèvera encore deux spécialités locales issues du même cépage : le « Non filtré », vin primeur qui ne peut pas être mis en vente avant le troisième mercredi du mois de janvier, et les vins sur lies.

Chacune des 18 communes viticoles produit sa propre appellation, alors que l'appellation Neuchâtel est applicable à l'ensemble des productions du canton de première catégorie.

CH. D'AUVERNIER 1997★★

	26 ha	140 000		50 à 70 F

Dans ce ravissant bourg d'Auvernier miraculeusement préservé des constructions modernes, se dressent nombre de maisons vigneronnes typiques. Le « Château », bel exemple de manoir vigneron, s'est transmis dans la même famille depuis 1603. Thierry Grosjean, l'actuel maître des lieux, représente la 17e génération. Vin floral, harmonieux et riche, à l'attaque douce et agréablement fruitée. Le léger pétillement, apporté par un fin grain de gaz carbonique, est soutenu par une finale citronnée du plus bel effet. C'est le coup de cœur de nos dégustateurs pour les vins blancs de cette année, lesquels ont également sélectionné dans cette même cave le **pinot noir 96**, un vin élégant, aux arômes de cassis caractéristiques.

↱ Ch. d'Auvernier, Le Château,
2012 Auvernier, tél. 032.731.21.15,
fax 032.730.30.03 ☑ ▼ r.-v.

DOM. DES CEDRES
Cortaillod Chasselas 1997★

	3,5 ha	30 000		30 à 50 F

Entreprise familiale depuis 1858, le domaine des Cèdres est synonyme à Cortaillod de tradition et de qualité. La même feuille d'or caractérise les étiquettes de cette cave depuis cette date. Une méthode de cuvage des rouges par chapeau immergé et des récipients vinaires à 80 % en bois donnent une note originale et de la classe à toutes les productions de cette cave, même si, cette année, c'est le blanc qui a retenu l'attention du jury. Un discret nez de lie confère à ce vin richesse et complexité. Derrière un terroir racé bien présent, la finale florale est persistante.

↱ A. Porret et Fils, Dom. des Cèdres, 20, rue de la Goutte d'Or, 2016 Cortaillod,
tél. 032.842.10.52, fax 032.842.18.41 ☑ ▼ r.-v.

DOM. DE L'ETAT
Auvernier Pinot noir 1996★

	2 ha	n.c.		50 à 70 F

Créée à Auvernier, au cœur du vignoble neuchâtelois, il y a un peu plus d'un siècle au moment de la crise phylloxérique, la station d'essais viticoles cumule les tâches de recherche, de vulgarisation et d'administration, puisqu'elle est en même temps le service cantonal de viticulture. Son directeur, Eric Beuret, est également à la tête de l'encavage de l'Etat lequel, outre des essais spécifiques, produit la gamme classique des vins de Neuchâtel ; son pinot noir est particulièrement réputé. C'est un beau vin de garde aux senteurs poivrées, à la robe soutenue et aux tanins bien présents. Long en bouche avec du gras et une fort belle structure, ce vin gagnera à assouplir un peu ses tanins, même si pour ce millésime, une certaine souplesse tannique est d'ores et déjà acquise.

↱ Etat de Neuchâtel, 37, rue des Fontenettes,
2012 Auvernier, tél. 032.731.21.07,
fax 032.730.24.39 ☑ ▼ r.-v.

J.-C. KUNTZER ET FILS
Saint-Sébaste Œil-de-Perdrix 1997★★

	4 ha	n.c.		50 à 70 F

Chez les Kuntzer, la rigueur est élevée au rang de vertu et tous les vins qui sortent de cet encavage expriment ce souci du détail et de la qualité que le père a su admirablement transmettre à son fils. La dominante « coing », caractéristique des Œil-de-Perdrix issus d'une vendange très mûre,

LES VINS SUISSES

Berne

est le signe distinctif de ce 97 dans lequel on trouve beaucoup de longueur et de gras. Sa complexité et sa richesse en font un vin de classe, destiné à accompagner un repas, davantage qu'un vin d'apéritif.
➥ J.-C. Kuntzer et Fils, succ. J.-Pierre Kuntzer, 11, rue D. Dardel, 2072 Sainte-Blaise, tél. 032.753.14.23, fax 032.753.14.57 ☑ ☕ r.-v.

CAVES DE LA BEROCHE
Œil-de-Perdrix 1997★★

◪　　　　6 ha　　25 000　　▮ 70 à 100 F

Le vignoble de la Béroche représente une bande viticole de près de 85 ha admirablement située sur les coteaux ensoleillés qui dominent le lac aux confins ouest du vignoble neuchâtelois. C'est en 1935 que les vignerons de la Béroche ont créé leur propre cave coopérative pour commercialiser leurs vins. Cet encavage, actuellement dirigé par Albert Porret, a été le premier à produire à Neuchâtel un vin biologique issu du « Domaine des Coccinelles » et commercialisé avec le label de qualité « bourgeon Bio Suisse ». Autre particularité intéressante, cette cave peut s'enorgueillir de compter parmi ses vignerons coopérateurs M. René Felber, ancien président de la confédération suisse ! Cet œil-de-perdrix, au nez d'iris typique avec une note de buis, charme autant par ses arômes subtils que par sa robe élégante, typiques des vins produits par macération pelliculaire. Une belle acidité confère à ce vin fraîcheur et vivacité, tout en lui garantissant un potentiel de maturation intéressant.
➥ Caves de La Béroche, 1-2, Crêt-de-la-Fin, 2024 Saint-Aubin, tél. 032.835.11.89, fax 032.835.31.80 ☑ ☕ r.-v.

LES MOUSSIERES Œil-de-Perdrix 1997★★

◪　　　　3 ha　　30 000　　 70 à 100 F

L'œnologue de la maison, Christian Jeanneret, a repris récemment les rênes de cette importante entreprise de Cressier, dirigée jusqu'ici par son beau-père Jacques Grisoni. Le sérieux de son travail est le gage d'une qualité qui lui a valu de recevoir maintes distinctions. Un nez de pinot typique avec une finale cassis prononcée caractérisent ce vin élégant, vif et frais. Si, comme l'an dernier, notre jury a sélectionné chez Grisoni cet Œil-de-perdrix particulièrement réussi, il a également retenu un **blanc 97 La Feuillée** en AOC Cressier, aux notes d'amande amère et de miel, friand et subtil.
➥ Caves Jacques Grisoni, 1, Chem. des Devins, 2088 Cressier, tél. 032.757.12.36, fax 032.757.12.10 ☑ ☕ r.-v.

DOM. E. DE MONTMOLLIN FILS
Pinot noir 1996★

▮　　　　n.c.　　54 000　　🍷 70 à 100 F

Créé en 1936 par le grand-père des deux frères qui le gèrent aujourd'hui, le domaine E. de Montmollin Fils est un des plus importants encavages d'Auvernier. Ce ravissant village vigneron abrite nombre d'autres producteurs, mais Auvernier est la plus grande commmune viticole du canton de Neuchâtel. Le maître de chai Frédéric Droz vous recevra dans la cave voûtée du manoir où sont alignés de splendides foudres de chêne et des barriques pour l'élevage des rouges. Les blancs, eux, sont vinifiés dans une cuverie moderne. Derrière des tanins encore un peu austères, on devine un beau vin de garde. Si le nez est encore un peu fermé, l'attaque est franche et les arômes de fruits rouges bien présents. Quelques années en cave ne pourront qu'épanouir les qualités évidentes de ce vin.
➥ Dom. E. de Montmollin Fils, 3, Grand-Rue, 2012 Auvernier, tél. 032.731.21.59, fax 032.731.88.06 ☑ ☕ r.-v.

SELECTION DU PRIEURE DE CORMONDRECHE 1997★

☐　　　　3 ha　　24 000　　 30 à 50 F

Cave coopérative depuis 1939, les « Caves du Prieuré » comptent de nombreux sociétaires et produisent entre 4 et 5 % de la production neuchâteloise. Parmi leurs productions intéressantes, on peut mentionner la gamme des vins du **domaine de Chambleau** à Colombier. Aux arômes intenses de fleurs et de fruits s'ajoute une note minérale qui confère à ce vin longueur et harmonie. De cette même cave, notre jury a également sélectionné un **pinot noir 96** élevé en barrique, qui promet beaucoup.
➥ Caves du Prieuré, 25, Grand-Rue, 2036 Cormondrèche, tél. 032.731.53.63, fax 032.731.56.13 ☑ ☕ r.-v.

Canton de Berne

Le vignoble forme un ruban qui s'étend le long de la rive gauche du lac de Bienne, au pied du Jura. Les vignes s'accrochent à la pente et entourent les villages dont l'architecture rappelle un art de vivre et une tradition qui a bien su traverser les siècles. Cinquante-cinq pour cent de la surface est occupée par du chasselas, 35 % par du pinot noir, 10 % par des spécialités comme le pinot gris, riesling x sylvaner, chardonnay, gewurztraminer, etc. Le climat tempéré du lac et le calcaire du sol, en général peu profond, confèrent aux vins finesse et caractère. Le chasselas est un vin blanc léger, pétillant, idéal pour l'apéritif ou pour accompagner un filet de féra du lac. Le pinot noir est un vin léger, élégant, fruité. Les domaines viticoles sont des entreprises familiales d'une surface comprise entre 2 et 7 ha, où tradition et modernité sont en parfaite harmonie.

Dans les autres cantons viticoles de Suisse alémanique, la vigne pousse très au nord. Malgré la rigueur du climat, ces régions produisent majoritairement des vins rouges. Souvent à base de pinot noir,

1052

Bâle

ils représentent 70 % de la production. Quant aux vins blancs, ils sont principalement à base de riesling x sylvaner.

AUBERSON ET FILS
La Neuveville Chardonnay 1997

☐   0,43 ha   3 000   30 à 50 F

Situé sur les coteaux du lac de Bienne, ce domaine de 10 ha est travaillé par la quatrième génération vigneronne. Ce chardonnay, typique, encore un peu discret, laisse s'exprimer une belle note de pamplemousse. Il demande encore quelques mois de repos mais est déjà de bonne tenue en bouche.
☞ Auberson et Fils, Tirage 25, 2520 La Neuveville, tél. 032.751.18.30, fax 032.751.53.87 ☑ ⟟ r.-v.

BELLES DE NUITS
La Neuveville Chasselas sur lie 1997

☐   0,5 ha   2 000   30 à 50 F

Propriété vigneronne située dans le bourg historique de La Neuveville. D'une jolie couleur jaune pâle, ce vin harmonieux présente une agréable acidité et un joli fruité (citrus et pamplemousse). Elevé sur lie, représentatif d'une vinification traditionnelle, il montre un excellent équilibre.
☞ Jean-Daniel Giauque, Près-Guëtins 1, 2520 La Neuveville, tél. 032.751.22.93, fax 032.751.57.87 ☑ ⟟ r.-v.

LES VERGERS
Schafiser Réserve du Petit Château Chasselas 1997★★

☐   0,5 ha   3 000   30 à 50 F

Très belle maison vigneronne qui mérite bien son nom de « petit château ». Des foudres sculptés ornent cette cave qui à elle seule invite à une visite. Son vin équilibré, agréable, au bouquet citronné, est très représentatif de la région et du millésime.
☞ Heinz Teutsch, Schafis/Chavannes, 2514 Ligerz, tél. 032.315.21.70, fax 032.315.22.79 ☑ ⟟ r.-v.

WALTER LOUIS
Schafiser pinot noir 1997★

☐   0,8 ha   4 000   50 à 70 F

Domaine familial depuis des générations, repris en 1997 par Johannes Louis. Son joli pinot noir est typique, tant par son bouquet de fraises des bois mûres que par ses tanins déjà agréables mais aussi prometteurs d'une bonne garde.
☞ Johannes Louis, Schafisweg 371, 2514 Schafis/Chavannes, tél. 032.315.14.41 ☑ ⟟ r.-v.

PETER SCHOTT-TRANCHANT
Twanner Cuvée sélectionnée Gutedel 1997★★

☐   0,35 ha   3 000   30 à 50 F

Ce domaine familial, exploité depuis trois générations, dont le vignoble de 2 ha est réparti sur différents terroirs, propose un chasselas typique au fruité accompagné d'une belle note vanillée donnée par le fût de chêne. Il demande encore quelques mois de maturation.

☞ Peter Schott-Tranchant, Dorfgasse 117, 2513 Twann-Douane, tél. 032.315.24.86, fax 032.315.24.86 ☑ ⟟ r.-v.

Canton d'Argovie

BRUNO ET RUTH HARTMANN
Pinot noir Remigener 1997★

■   0,7 ha   4 500   50 à 70 F

Vêtu d'une robe rouge intense, finement bouqueté, équilibré et long au palais, ce vin est caractéristique du pinot noir argovien né sur sol calcaire.
☞ Bruno et Ruth Hartmann, Rinikerstrasse 17, 5236 Remigen, tél. 056.284.27.43, fax 056.284.27.28 ☑ ⟟ r.-v.

COOPERATIVE DE SCHINZNACH
Oberflachser Blauburgunder Grosser Fuchs 1997★★

■   1,6 ha   6 000   30 à 50 F

Cette coopérative remonte à la fin du XIX^{e}s. et vinifie aujourd'hui la récolte de soixante-neuf viticulteurs. Ses vins ont le charme de ce millésime si favorable au pinot noir. La couleur, le nez, la bouche portent les caractères du cépage. Une bouteille très agréable à servir sur les mets les plus fins.
☞ Weinbaugenossenschaft Schinznach-Dorf, Scherzerstrasse 1, 5116 Schinznach Bad, tél. 056.443.13.13, fax 056.443.13.52 ☑ ⟟ r.-v.

Canton de Bâle

LIESTALER BEERLIWEIN
Liestal Blauburgunder 1997★

■   n.c.   n.c.   50 à 70 F

Paul Schwob n'est pas que vigneron. En effet, à Liestal, on trouve des cerisiers… et donc de l'eau-de-vie de cerise. Son pinot noir du millésime 97, année de petits rendements, de degrés élevés et de belles vendanges ensoleillées à l'automne, a du corps, des parfums typiques. Il sera de bonne garde.
☞ Siebe-Dupf-Kellerei, Paul Schwob AG, Kasernenstrasse 25, 4410 Liestal, tél. 061.921.13.33, fax 061.921.13.32 ☑ ⟟ r.-v.

KURT NUSSBAUMER Pinot noir 1997★

■   2 ha   11 000   70 à 100 F

Grande maison, ce domaine mérite d'être connu par les lecteurs du Guide. Profonde et soutenue, la robe de ce 97 annonce le nez riche d'arômes caractéristiques du pinot. En bouche, bien constituée, possède un corps légèrement tannique qui garantit son équilibre. La longue persistance confère un charme certain à ce vin.
☞ Weinbau Kurt Nussbaumer, Klusstrasse 177, 4147 Aesch BL, tél. 061.751.16.85, fax 061.751.37.04 ☑ ⟟ r.-v.

Grisons

Canton des Grisons

PAUL KOMMINOTH
Pinot noir Maienfelder 1997★

| ■ | 1 ha | 6 000 | 50 à 70 F |

1997 aura été un très beau millésime en Suisse. Voyez comme ce vin séduit : l'œil se réjouit, le nez est flatté, la bouche s'enchante d'un équilibre reposant sur une belle matière qui se prolonge agréablement.
✎ Paul Komminoth, Herrenring, 7304 Maienfeld, tél. 081.302.13.35 ☑ ⚭ r.-v.

CHRISTIAN ET ELSBETH OBRECHT
Pinot noir Jeninser 1997★★

| ■ | 2 ha | 10 000 | 50 à 70 F |

La jeunesse de ce vin se découvre dès le premier regard tant sa robe est profonde, animée par un reflet violet. La bouche, riche et bien construite, aromatique, s'appuie sur de bons tanins et exprime les caractères du pinot. Bien vinifié, ce 97 remarquable est de garde.
✎ Christian et Elsbeth Obrecht, Weinbau-Eigenkelterung, Zur alten Sonne, 7307 Jenins, tél. 081.302.14.64, fax 081.302.59.33 ⚭ r.-v.

PETER ET ELISABETH WEGELIN
Pinot noir Malanser 1997★★

| ■ | 2 ha | 10 000 | 50 à 70 F |

Les Grisons ont connu de très belles vendanges en 1997, les petits rendements et le soleil jouant leur rôle pour donner des vins équilibrés. Rubis foncé à reflets violets, ce 97 exhale de riches parfums. La bouche, très structurée et longue, confirme sa qualité de vin de garde. Remarquable.
✎ Peter et Elisabeth Wegelin, Weinbau Scadenagut, Bodmerweg 94, 7208 Malans, tél. 081.322.11.64 ⚭ r.-v.

Canton de Saint-Gall

JAKOB SCHMID
Pfauenhalde Bernecker Blauburgunder 1996★★

| ■ | n.c. | n.c. | 50 à 70 F |

Berneck est un ravissant petit village proche du lac de Constance. Très ancien, il possède de vieux pressoirs que l'on peut admirer en allant découvrir cette cave bien équipée. Ce pinot noir réjouit tout autant que dans le millésime précédent. Ses tanins souples, son bouquet naissant sont très agréables.
✎ Jakob Schmid, Tramstrasse 23, 9442 Berneck, tél. 071.744.12.77, fax 071.744.79.12 ☑ ⚭ r.-v.

JAKOB SCHMID
Spätburgunder de Berneck 1996★★

| ■ | n.c. | n.c. | 50 à 70 F |

On retrouve la qualité d'un vin de garde élevé sous bois. L'élégance du corps et du bouquet engagent à l'attendre quelque temps.
✎ Jakob Schmid, Tramstrasse 23, 9442 Berneck, tél. 071.744.12.77, fax 071.744.79.12 ☑ ⚭ r.-v.

Canton de Schaffhouse

16 FAHNE-WY
Hallauer Spätlese Pinot noir 1997★★

| ■ | 1 ha | 7 500 | 70 à 100 F |

Remarquable, un vin qui a tous les caractères de son terroir. Riche et équilibré, il se présente dans une robe intense et profonde, et offre un bouquet des plus plaisants.
✎ Hans Schlatter, Schöneckstrasse 380, 8215 Hallau, tél. 052.681.32.04, fax 052.681.29.51 ☑ ⚭ t.l.j. sf dim. 8h-12h 13h30-17h30

E. HEDINGER
Wilchinger Sélection Sonneberg 1997★

| ■ | n.c. | n.c. | 50 à 70 F |

Né sur un terroir d'argile, ce 97 est déjà plaisant ; peu tannique, il porte cependant les bonnes couleurs du millésime et de son cépage.
✎ Ernst Hedinger, Dorfstrasse 151, 8217 Wilchingen, tél. 052.681.25.72, fax 052.681.43.76 ⚭ r.-v.

PAUL RICHLI Pinot noir 1997★

| ■ | 1,5 ha | 10 000 | 50 à 70 F |

Une robe intense et profonde habille ce vin qui offre tous les arômes de son cépage. Riche et équilibrée par de bons tanins, très persistante, c'est une bouteille à mettre quelque temps en cave puis à servir sur les mets les plus fins.
✎ Paul Richli, Rebgut u. Weinkellerei, Zum Hirschen 59, 8218 Osterfingen, tél. 052.681.21.49, fax 052.681.21.69 ☑ ⚭ r.-v.

RIMUSS KELLEREI RAHM & CO
Hallauer Blauburgunder 1997★

| ■ | n.c. | n.c. | 50 à 70 F |

Cette maison peut s'enorgueillir d'être un grand vinificateur. Sa production dépasse le million de bouteilles. Cette cuvée présente un corps velouté et long, vêtu d'une belle robe rouge foncé ; le bouquet est marqué par le cépage, tant au nez qu'en bouche. Celle-ci, très fine, se révèle élégante.
✎ Rimuss-Kellerei Rahm et Co, Schulgasse 165, 8215 Hallau, tél. 052.681.31.44, fax 052.681.40.14 ⚭ r.-v.

RIMUSS KELLEREI RAHM & CO
Riesling Sylvaner Hallauer 1997★

| □ | 3 ha | 18 000 | 50 à 70 F |

Un arôme de muscat, un corps plein, un palais long. Légèrement pétillante, la bouche est fraîche. Un vin prêt dès maintenant.
✎ Rimuss-Kellerei Rahm & Co, Schulgasse 165, 8215 Hallau, tél. 052.681.31.44, fax 052.681.40.14 ⚭ r.-v.

Tessin

Canton du Tessin

Le vignoble tessinois s'étend de Giornico au nord à Chiasso au sud, sur une surface de 900 ha. Une grande partie des quatre mille viticulteurs du canton possèdent des petites parcelles auxquelles ils consacrent leurs loisirs. Le cépage « prince » du canton est le merlot d'origine bordelaise, qui a été introduit au Tessin au début du XXe s. Actuellement, le merlot recouvre 85 % de la surface viticole du canton. Le merlot est un cépage qui permet la production de plusieurs types de vins : blancs, rosés et rouges. Les vins rouges de merlot, qui sont sans doute les plus répandus, peuvent être légers ou bien corsés, aptes au vieillissement, en fonction du temps de cuvage. Certains sont élevés en barrique.

THOMAS STAMM
Pinot noir Thayngener 1997★

■   0,5 ha   3 000   ▯ 70 à 100 F

Un pinot noir à la robe rouge foncé et au bouquet typique. Structuré, équilibré, légèrement tannique, il se montre long au palais.
➥ Thomas et Marianne Stamm, Aeckerllstrasse 20, 8240 Thayngen, tél. 052.649.24.15, fax 052.649.24.15 ✓ ⟟ r.-v.

THOMAS STAMM
Chardonnay Thayngener 1997★

☐   n.c.   1000   ▯ 70 à 100 F

Elevé dans de grands fûts de chêne, ce chardonnay a tout pour séduire : sa couleur claire et brillante, son nez typique, sa bouche où le fin boisé ne domine pas le vin. Frais et long, un 97 très réussi.
➥ Thomas et Marianne Stamm, Aeckerllstrasse 20, 8240 Thayngen, tél. 052.649.24.15, fax 052.649.24.15 ✓ ⟟ r.-v.

BEATRICE Merlot del Ticino 1996

■   n.c.   n.c.   ▯ 70 à 100 F

Née en 1965, l'exploitation de Pasquale Cormono couvre 4 ha, complantés non seulement de merlot mais aussi de riesling et de sylvaner. Cette année, Giuliano, le fils de Pasquale, a rejoint le domaine et a contribué à l'aménagement d'une cave de vinification moderne. Passionné d'art, il y organise régulièrement des expositions. Une manière d'allier l'art à la poésie de la terre... Ce 96, d'intensité moyenne, décline une jolie palette de fruits rouges (cerise notamment). En bouche, le côté fruité persiste agréablement dans une matière chaleureuse. Un vin plaisir.
➥ Azienda agricola Cormano, Via Vela, 15, 6834 Morbio Inferiore, tél. 091.683.15.65, fax 091.683.15.65 ✓ ⟟ r.-v.

GUIDO BRIVIO
Merlot e cabernet del Ticino Vigna d'Antan 1996★★★

■   n.c.   8 000   ▯ 70 à 100 F

Guido Brivio avait plus d'une carte dans son jeu quand il reprit, en 1989, la cave de Mendrisio, adossée au mont Generoso. Bordeaux, Changins, Davis, il est passé par les plus grandes écoles du vin ! L'art de l'homme et une sélection rigoureuse du raisin ont permis d'élaborer ce 96 flamboyant, encore empreint des reflets violacés de jeunesse. C'est une bouffée de senteurs champêtres révélatrices de l'assemblage de 70 % de merlot à 30 % de cabernet franc : foin fraîchement coupé, lierre, poivron et fruits mûrs. Long en bouche et d'une bonne acidité, très élégant, le Vigna d'Antan a tout d'un vin de garde (quatre ans).
➥ SA I Vini di Guido Brivio, Via Vignoo, 8, 6850 Mendrisio, tél. 091.646.07.57, fax 091.646.08.05 ✓ ⟟ r.-v.

Canton de Thurgovie

ISELISBERGER Pinot noir 1997★

■   n.c.   n.c.   ▯ 30 à 50 F

Cette très ancienne maison produit de nombreux vins dont ce très élégant Iselisberger, un pinot noir 97 paré d'une robe rouge foncé signant sa jeunesse. Le nez de fruits rouges annonce une bouche bien faite, structurée par des tanins fins. Un vin déjà prêt mais que l'on peut attendre quatre ans.
➥ Rutishauser Weinkellerei AG, Dorfstrasse 40, 8596 Scherzingen, tél. 071.686.88.88, fax 071.686.88.99 ✓ ⟟ r.-v.

Canton de Zurich

DACHSENER AUS DEM ZURCHER WEINLAND Pinot noir 1997★

■   2 ha   n.c.   ▯ 30 à 50 F

Le plus grand « encaveur » de vins en Suisse alémanique. Son **pinot noir Iselisberger** 97 est aussi bien structuré que ce Dachsener aux tanins fins et dont le bouquet exprime les caractères de son cépage.
➥ Volg Weinkellereien, Schaffhauserstrasse 6, 8401 Winterthur, tél. 052.264.26.65, fax 052.264.26.27 ✓ ⟟ r.-v.

LES VINS SUISSES

Tessin

CARATO Merlot del Ticino Riserva 1995**

n.c.   4 500   150 à 200 F

Angelo Delea a adopté la philosophie bordelaise : il élève ses vins en barrique de chêne de l'Allier et de Nevers. Sa propriété, implantée en 1983, couvre aujourd'hui près de 10 ha et comprend une belle distillerie tout en cuivre des années trente. C'est un 95 fin et élégant, rubis à reflets violacés, qui a séduit le jury. Intense, épicé, il fleure bon les fruits des bois très mûrs et a assez de corps pour patienter dans votre cave deux ou trois ans. A servir à 18 °.
SA Angelo Delea, Via Zandone, 11,
6616 Losone, tél. 091.791.08.17,
fax 091.791.59.08 r.-v.

CASTANAR Merlot del Ticino 1996*

n.c.   1 600   70 à 100 F

Un domaine situé au sud du Tessin qui vinifie depuis 1994. Une partie de la production de Roberto Ferrari est élevée en barrique neuve ou de deux vins. Ce merlot del Ticino 96 en est un bel exemple. D'intensité moyenne mais joliment rubis, il propose une palette vanillée élégante et un équilibre enviable. Il est prêt à boire.
Tenuta Viticola Roberto Ferrari, Via Mulino, 6, 6855 Strabio, tél. 091.647.12.34,
fax 091.647.12.34 r.-v.

CRESPERINO Merlot del Ticino 1996**

n.c.   15 000   50 à 70 F

Implanté près de la ville de Lugano, la tenuta Bally consacre 7 ha à la vigne parmi d'autres cultures. Le vignoble est composé de 75 % de merlot, 10 % de cabernet-sauvignon et 15 % de divers cépages blancs, tels que le chardonnay, le sémillon et le sauvignon. Le millésime 96 est un vin intense à reflets violacés. Des arômes élégants d'épices soulignent un fond fruité, preuve d'un élevage en foudre bien maîtrisé. Harmonieuse et équilibrée, la bouche présente un grain tannique encore perceptible. Un vieillissement de un à cinq ans permettra à ce merlot del Ticino prometteur d'assouplir ses tanins.
Tenuta Bally et Von Teufenstein, Via Crespera, 6932 Breganzona, tél. 091.966.28.08, fax 091.967.53.71 r.-v.

GAUCH
Merlot del Ticino Riserva barrique Collina di Sementina 1995*

n.c.   3 000   70 à 100 F

Cette petite propriété viticole (4 ha) est implantée sur un terroir en forte pente, dans la commune de Sementina. Chardonnay, cabernet-sauvignon, freisa et bondola font la cour au roi merlot (75 %). Grenat presque noir, le 95 développe un nez intense, dominé par le bois. Les tanins de la barrique sont fortement présents en bouche. Quelques années de garde seront profitables à ce vin solide destiné aux viandes rouges.
Peter Gauch, Al Mondo, 6514 Sementina, tél. 091.857.23.21, fax 091.857.03.21 r.-v.

CAVE DE GIUBIASCO
Riserva speciale Merlot del Ticino 1996

n.c.   n.c.   50 à 70 F

La cave coopérative de Giubiasco, dont l'origine remonte à 1929, est devenue une maison privée en 1990, dirigée par l'œnologue Adriano Petralli. Elle achète aujourd'hui le raisin de quelque 600 viticulteurs de l'aire de Bellinzona et Locarno. Le merlot est le principal cépage vinifié. Ce 96 offre à l'œil une bonne intensité. Ouvert, le nez évoque une corbeille de fruits mûrs agrémentés d'une jolie note de cacao. Cette maturité se retrouve en bouche, dans une chair ronde et chaleureuse. A boire.
SA Cagi-Cantina Giubiasco, Via Linoleum, 11, 6512 Giubiasco, tél. 091.857.25.31, fax 091.857.79.12 r.-v.

IL QUERCETO
Merlot del Ticino Elevé en barrique 1995**

n.c.   7 500   100 à 150 F

Polyvalence semble ici le maître mot. Ce domaine de 130 ha vend aussi bien des œufs, des poulets, des fruits, du soja, du maïs que du raisin. Et pourtant, quelle réussite que ce 95, élevé quinze mois en barrique, rubis finement taillé dans un écrin de fruits des bois et de vanille. Assez intense, il enveloppe le palais d'une belle matière chaleureuse.
SA Terreni alla Maggia, Via Muraccio, 111, 6212 Ascona, tél. 091.791.56.14,
fax 091.791.06.54 r.-v.

LA MURATA Merlot del Ticino 1996

n.c.   n.c.   30 à 50 F

C'est en 1963 que la famille Carlevaro a fondé sa propre maison à Bellinzona. Ces dernières années, elle a réalisé d'importants investissements : construction d'une nouvelle cave de vinification équipée de cuves en acier inoxydable, remplacement des anciens récipients vinaires en bois, aménagement d'une salle d'embouteillage. Ses efforts ont été récompensés, comme en témoigne ce vin typé merlot. Vêtu d'une robe rubis limpide et brillante, voici un 96 au nez intense, où pointe une note végétale légèrement épicée. Après une bonne attaque, il dévoile une structure solide et une belle harmonie d'ensemble. Ses tanins déjà fondus permettent de le boire dès à présent.
SA Vinicola Carlevaro, Molinazzo di Bellinzona, 6517 Arbedo, tél. 091.829.10.44, fax 091.829.14.56 r.-v.

LIGORNETTO Merlot del Ticino 1995**

n.c.   n.c.   100 à 150 F

Les 32 ha de vignes de ce domaine sont presque exclusivement implantés dans la zone de Mendrisiotto (Sottoceneri). Le vin est élevé en barrique dont le bois est originaire du Massif central. Le millésime 95 est un superbe vin pourpre à reflets bordeaux, au nez mûr, fin et ouvert. Les notes animales et de cassis prédominent. En bouche, il se montre structuré et laisse une sensation de plénitude délectable qui en fait un vin prêt à boire dès la sortie du Guide.
SA Vinattieri Ticinesi, Via Comi, 6853 Ligornetto, tél. 091.647.33.33, fax 091.647.34.32 r.-v.

Tessin

MONTAGNA MAGICA
Merlot del Ticino 1995**

■   n.c.   n.c.   100 à 150 F

C'est en 1981 que Daniel Huber implanta son vignoble sur le site abandonné, idéalement exposé, du Ronco di Persico. Aujourd'hui, le merlot représente les trois quarts de la superficie et de petits rendements permettent d'obtenir des vins typiques du terroir. Le Montagna Magica 95 porte bien son nom. Que de magie en effet dans ce vin rubis étincelant aux senteurs fruitées et délicates ! Que d'équilibre et d'harmonie ! Il serait dommage de le boire à la hâte... Un ou deux ans de patience seront récompensés.

Daniel Huber, Ing. Eth. Viticoltura, Monteggio, 6998 Termine, tél. 091.608.17.54, fax 091.608.33.53 ☑ ☒ r.-v.

ROMPIDEE
Merlot del Ticino Vinifié en barrique 1995***

■   n.c.   13 000   150 à 150 F

C'est en 1979 que la maison Chiodi a commencé à vinifier le merlot. En 1995, le raisin a atteint une qualité optimale qui se traduit dans ce Rompidée complexe d'un bout à l'autre de la dégustation. L'élevage en barrique, à la bordelaise, a donné naissance à de jolies notes vanillées, suaves. Structuré, ce vin se livre déjà à l'amateur, mais saura révéler tous ses atouts après un à cinq ans de garde.

SA Chiodi vini Ascona, Via Delta, 6612 Ascona, tél. 091.791.16.82, fax 091.791.03.93 ☑ ☒ r.-v.

RUBRO
Merlot del Ticino Elevé en barrique de chêne 1994***

■   n.c.   20 000   150 à 150 F

Six générations de Valsangiacomo se sont succédé à la tête de ce domaine de 22 ha situé dans l'aire de Mendrisiotto. Cette maison familiale est la seule à produire un vin effervescent de merlot selon la méthode traditionnelle. Ici, le jury du Guide a retenu le Rubro, vin rouge tranquille élevé en barrique, qui atteint des sommets dans le millésime 94. Rubis intense à l'œil, il révèle un bouquet typé, animal et fruité, avec une touche mentholée très fraîche. En bouche, une matière ronde et voluptueuse enveloppe une structure élégante, aux tanins fins. Un vin long et complexe à découvrir dès aujourd'hui.

SA Valsangiacomo Fu Vittore, Corso San Gottardo, 107, 6830 Chiasso, tél. 091.683.60.53, fax 091.683.70.77 ☑ ☒ r.-v.

SASSI GROSSI
Merlot del Ticino Elevé en barrique 1995***

■   n.c.   n.c.   100 à 150 F

Le vignoble est situé au nord du canton du Tessin, sur un sol légèrement acide, riche en gneiss et en matière organique. L'exposition sud-sud-ouest assure une bonne maturation des cépages. Le millésime 95 – exceptionnel dans le canton du Tessin – se traduit ici dans un vin vêtu d'une robe rubis pailletée de violet. La richesse du nez (cacao, petits fruits rouges, vanille) n'a d'égale que la complexité de la bouche. Long...

très long... ce vin saura vous faire aimer le Tessin. A attendre de trois à cinq ans.

SA Casa Vinicola Gialdi, Via Vignoo, 3, 6850 Mendrisio, tél. 091.646.40.21, fax 091.645.67.05 ☑ ☒ r.-v.

SINFONIA BARRIQUE
Merlot del Ticino 1995**

■   n.c.   8 000   100 à 150 F

Le domaine achète la vendange de quelque 140 viticulteurs de la région de Sopraceneri. Seuls le merlot et le bondola sont vinifiés. Une longue macération du raisin à une température maximale de 21 °C a permis l'élaboration de ce 95 à la couleur profonde : rubis intense, la robe tend vers le grenat. Les épices – vanille – et les fruits ne font aucune fausse note dans la gamme aromatique du Sinfonia Barrique. Un vin tendre, soyeux et au grain fin que l'on appréciera dès à présent sur une viande rôtie ou un gibier.

SA Chiericati vini, Via Convento, 10, 6500 Bellinzona, tél. 091.825.13.07, fax 091.826.40.07 ☑ ☒ r.-v.

CARLO EREDI TAMBORINI
Merlot del Ticino Vigna vecchia 1995***

■   n.c.   7 500   70 à 100 F

Issue de vignes de plus de quarante ans implantées à flanc de coteau, cette cuvée est une digne représentante du millésime 95. Coup de cœur ? Rien n'est plus beau pour ce vin pourpre éblouissant d'intensité à l'œil, au nez et en bouche. Il décline des notes complexes de sous-bois mêlées à un boisé bien fondu. Ampleur, structure étoffée, longue rémanence... il révèle déjà une grande partie de son potentiel mais sera encore plus aimable dans trois à cinq ans.

SA Carlo Eredi Tamborini Vini, Strada Cantonale, 6814 Lamone, tél. 091.945.34.34, fax 091.945.28.33 ☑ ☒ r.-v.

LES VINS SUISSES

INDEX DES APPELLATIONS

Ajaccio, 725
Aloxe-corton, 488
Alsace chasselas ou gutedel, 73
Alsace gewurztraminer, 83
Alsace grand cru altenberg de bergbieten, 104
Alsace grand cru altenberg de bergheim, 104
Alsace grand cru altenberg de wolxheim, 105
Alsace grand cru brand, 105
Alsace grand cru bruderthal, 105
Alsace grand cru eichberg, 106
Alsace grand cru florimont, 106
Alsace grand cru frankstein, 106
Alsace grand cru froehn, 107
Alsace grand cru furstentum, 107
Alsace grand cru goldert, 108
Alsace grand cru hatschbourg, 108
Alsace grand cru hengst, 109
Alsace grand cru kanzlerberg, 109
Alsace grand cru kastelberg, 109
Alsace grand cru kirchberg de Barr, 109
Alsace grand cru kitterlé, 109
Alsace grand cru mambourg, 110
Alsace grand cru mandelberg, 110
Alsace grand cru moenchberg, 110
Alsace grand cru osterberg, 110
Alsace grand cru pfersigberg, 111
Alsace grand cru praelatenberg, 111
Alsace grand cru rangen de thann, 112
Alsace grand cru rosacker, 112
Alsace grand cru saering, 113
Alsace grand cru schlossberg, 113
Alsace grand cru schoenenbourg, 114
Alsace grand cru sommerberg, 115
Alsace grand cru sonnenglanz, 115
Alsace grand cru spiegel, 116
Alsace grand cru sporen, 116
Alsace grand cru steinert, 116
Alsace grand cru steingrübler, 117
Alsace grand cru vorbourg, 117
Alsace grand cru wiebelsberg, 118
Alsace grand cru wineck-schlossberg, 118
Alsace grand cru winzenberg, 119
Alsace grand cru zinnkoepflé, 119
Alsace grand cru zotzenberg, 120
Alsace klevener de heiligenstein, 72
Alsace muscat, 82
Alsace pinot noir, 96
Alsace pinot ou klevner, 75
Alsace riesling, 76
Alsace sylvaner, 73
Alsace tokay-pinot gris, 90
Anjou, 800
Anjou-coteaux de la loire, 816
Anjou-gamay, 806
Anjou-villages, 807
Anjou-villages-brissac, 810
Arbois, 631
Auxey-duresses, 520
Bandol, 711
Banyuls, 972

Banyuls grand cru, 974
Barsac, 378
Bâtard-montrachet, 532
Béarn, 744
Beaujolais, 130
Beaujolais-villages, 136
Beaune, 504
Bellet, 710
Bergerac, 755
Bergerac rosé, 760
Bergerac sec, 761
Bienvenues-bâtard-montrachet, 532
Blagny, 528
Blanquette de limoux, 655
Bonnes-mares, 469
Bonnezeaux, 825
Bordeaux, 177
Bordeaux clairet, 191
Bordeaux côtes de francs, 293
Bordeaux rosé, 199
Bordeaux sec, 193
Bordeaux supérieur, 201
Bourgogne, 393
Bourgogne aligoté, 410
Bourgogne aligoté bouzeron, 415
Bourgogne côte chalonnaise, 546
Bourgogne grand ordinaire, 409
Bourgogne hautes-côtes de beaune, 423
Bourgogne hautes-côtes de nuits, 420
Bourgogne irancy, 419
Bourgogne passetoutgrain, 416
Bourgueil, 851
Brouilly, 142
Bugey AOVDQS, 651
Buzet, 739
Cabardès AOVDQS, 684
Cabernet d'anjou, 812
Cabernet de saumur, 832
Cadillac, 373
Cahors, 728
Canon-fronsac, 227
Canton de Berne, 1052
Canton de Genève, 1048
Canton de Neuchâtel, 1050
Canton de Vaud, 1034
Canton du Valais, 1041
Cassis, 709
Cérons, 378
Chablis, 433
Chablis grand cru, 445
Chablis premier cru, 438
Chambertin, 459
Chambertin-clos de bèze, 459
Chambolle-musigny, 467
Champagne, 575
Chapelle-chambertin, 460
Charmes-chambertin, 460
Chassagne-montrachet, 533
Château-chalon, 636
Château-grillet, 935
Châteaumeillant AOVDQS, 886
Châteauneuf-du-pape, 950
Châtillon-en-diois, 962
Chénas, 146
Chevalier-montrachet, 532
Cheverny, 879

Chinon, 859
Chiroubles, 148
Chorey-lès-beaune, 502
Clairette de bellegarde, 658
Clairette de die, 962
Clairette du languedoc, 658
Clos de la roche, 465
Clos des lambrays, 466
Clos de tart, 466
Clos de vougeot, 471
Clos saint-denis, 466
Collioure, 695
Condrieu, 934
Corbières, 659
Cornas, 944
Corton, 493
Corton-charlemagne, 496
Costières de nîmes, 663
Coteaux champenois, 626
Coteaux d'aix, 714
Coteaux d'ancenis AOVDQS, 799
Coteaux de l'aubance, 814
Coteaux de pierrevert, 969
Coteaux de saumur, 833
Coteaux du giennois, 890
Coteaux du languedoc, 666
Coteaux du layon, 817
Coteaux du loir, 866
Coteaux du lyonnais, 168
Coteaux du tricastin, 963
Coteaux du vendômois AOVDQS, 882
Coteaux varois, 719
Côte de beaune, 508
Côte de beaune-villages, 545
Côte de brouilly, 144
Côte de nuits-villages, 482
Côte roannaise, 892
Côte rôtie, 931
Côtes d'auvergne AOVDQS, 887
Côtes de bergerac, 762
Côtes de bergerac moelleux, 764
Côtes de blaye, 217
Côtes de bordeaux saint-macaire, 299
Côtes de bourg, 222
Côtes de castillon, 288
Côtes de duras, 770
Côtes de la malepère, 685
Côtes de millau AOVDQS, 744
Côtes de montravel, 767
Côtes de provence, 699
Côtes de saint-mont AOVDQS, 754
Côtes de toul, 124
Côtes du brulhois AOVDQS, 742
Côtes du forez AOVDQS, 889
Côtes du frontonnais, 740
Côtes du jura, 637
Côtes du luberon, 966
Côtes du marmandais, 742
Côtes du rhône, 912
Côtes du rhône-villages, 924
Côtes du roussillon, 688
Côtes du roussillon-villages, 692
Côtes du ventoux, 963
Côtes du vivarais AOVDQS, 968
Cour-cheverny, 882

Crémant d'alsace, 120
Crémant de bordeaux, 215
Crémant de bourgogne, 426
Crémant de die, 962
Crémant de limoux, 656
Crémant de loire, 778
Crémant du jura, 641
Crépy, 644
Criots-bâtard-montrachet, 533
Crozes-hermitage, 939
Echézeaux, 473
Entre-deux-mers, 294
Entre-deux-mers haut-benauge, 299
Faugères, 675
Fiefs vendéens AOVDQS, 797
Fitou, 677
Fixin, 453
Fleurie, 151
Floc de gascogne, 994
Fronsac, 229
Gaillac, 734
Gevrey-chambertin, 454
Gigondas, 946
Givry, 555
Graves, 310
Graves de vayres, 299
Graves supérieures, 319
Griottes-chambertin, 461
Gros-plant AOVDQS, 795
Haut-médoc, 338
Haut-montravel, 767
Haut-poitou AOVDQS, 885
Hermitage, 942
Irouléguy, 745
Jasnières, 867
Juliénas, 154
Jurançon, 746
Jurançon sec, 748
L'étoile, 643
L'Orléanais AOVDQS, 894
Ladoix, 485
La grande rue, 478
Lalande de pomerol, 243
La romanée, 478
La romanée-conti, 478
Latricières-chambertin, 460
Lavilledieu AOVDQS, 742
Les baux-de-provence, 718
Limoux, 657
Lirac, 958
Listrac-médoc, 348
Loupiac, 375
Lussac saint-émilion, 278
Mâcon, 559
Mâcon supérieur, 563
Mâcon-villages, 564
Macvin du jura, 997
Madiran, 749
Maranges, 544
Margaux, 351
Marsannay, 449
Maury, 980
Mazis-chambertin, 461
Mazoyères-chambertin, 461
Médoc, 329
Menetou-salon, 895
Mercurey, 552
Meursault, 524
Minervois, 678
Monbazillac, 765
Montagne saint-émilion, 281
Montagny, 558

Monthélie, 518
Montlouis, 867
Montrachet, 531
Montravel, 766
Morey-saint-denis, 462
Morgon, 156
Moselle AOVDQS, 125
Moulin à vent, 160
Moulis-en-médoc, 357
Muscadet côtes de grand-lieu, 794
Muscadet des coteaux de la loire, 782
Muscadet sèvre-et-maine, 783
Muscat de beaumes-de-venise, 985
Muscat de frontignan, 985
Muscat de lunel, 986
Muscat de mireval, 986
Muscat de rivesaltes, 981
Muscat de saint-jean de minervois, 987
Muscat du cap corse, 988
Nuits-saint-georges, 478
Pacherenc du vic-bilh, 752
Patrimonio, 725
Pauillac, 359
Pécharmant, 768
Pernand-vergelesses, 491
Pessac-léognan, 319
Petit chablis, 430
Pineau des charentes, 990
Pomerol, 233
Pommard, 509
Pouilly-fuissé, 566
Pouilly-fumé, 897
Pouilly loché, 570
Pouilly-sur-loire, 899
Pouilly vinzelles, 570
Premières côtes de blaye, 217
Premières côtes de bordeaux, 302
Puisseguin saint-émilion, 285
Puligny-montrachet, 529
Quarts de chaume, 827
Quincy, 900
Rasteau, 987
Régnié, 163
Reuilly, 901
Richebourg, 477
Rivesaltes, 975
Rosé d'anjou, 811
Rosé de loire, 777
Rosé des riceys, 629
Roussette de savoie, 649
Ruchottes-chambertin, 462
Rully, 548
Saint-amour, 165
Saint-aubin, 537
Saint-chinian, 681
Sainte-croix-du-mont, 376
Sainte-foy-bordeaux, 301
Saint-émilion, 248
Saint-émilion grand cru, 253
Saint-estèphe, 365
Saint-georges saint-émilion, 287
Saint-joseph, 936
Saint-julien, 369
Saint-nicolas-de-bourgueil, 856
Saint-péray, 945
Saint-pourçain AOVDQS, 891
Saint-romain, 523
Saint-véran, 571
Sancerre, 903
Santenay, 539
Saumur, 827

Saumur-champigny, 833
Saussignac, 769
Sauternes, 380
Sauvignon de saint-bris AOVDQS, 448
Savennières, 816
Savennières roche-aux-moines, 817
Savigny-lès-beaune, 498
Tavel, 960
Touraine, 838
Touraine-amboise, 848
Touraine-azay-le-rideau, 849
Touraine-mesland, 850
Tursan AOVDQS, 754
Vacqueyras, 949
Valençay AOVDQS, 884
Vin de savoie, 645
Vins d'entraygues et du fel AOVDQS, 743
Vins de corse, 723
Vins de marcillac, 743
Volnay, 514
Vosne-romanée, 474
Vougeot, 470
Vouvray, 871
Vins de pays
    Agenais, 1010
    Allobrogie, 1029
    Ardèche, 1030
    Aude, 1024
    Balmes dauphinoises, 1029
    Bénovie, 1024
    Bouches-du-Rhône, 1027
    Catalan, 1023
    Cévennes, 1024
    Charentais, 1005
    Côtes de Gascogne, 1013
    Collines rhodaniennes, 1029
    Comté de Grignan, 1029
    Comtés rhodaniens, 1030
    Comté tolosan, 1012
    Corrèze, 1014
    Coteaux de Coiffy, 1033
    Coteaux de l'Ardèche, 1030
    Coteaux de Murviel, 1022
    Coteaux des Baronnies, 1029
    Coteaux du Quercy, 1012
    Coteaux et terrasses de Montauban, 1014
    Côtes catalanes, 1023
    Côtes de Gascogne, 1013
    Côtes du Tarn, 1012
    Côtes de Thau, 1022
    Côtes de Thongue, 1022
    Deux Sèvres, 1009
    Franche-Comté, 1032
    Gard, 1021
    Haute-Marne, 1033
    Hautes-Alpes, 1028
    Hérault, 1022
    Ile de Beauté, 1024
    Jardin de la France, 1001
    Landes, 1011
    Lot, 1014
    Marches de Bretagne, 1009
    Maures, 1026
    Oc, 1015
    Pyrénées-Atlantiques, 1015
    Retz, 1008
    Sables du Golfe du Lion, 1021
    Sainte-Marie-la-Blanche, 1033
    Saint-Sardos, 1013
    Saône-et-Loire, 1032

INDEX DES COMMUNES

Abeilhan, 1016 1018
Abzac, 207 245 280
Accolay, 395
Adissan, 658
Aghione, 724 1025
Aigle, 1038 1040
Aigre, 992
Aigues-Vives, 681
Aix-en-Provence, 716
Alba-la-Romaine, 1031
Aléria, 724 1025
Alignan-du-Vent, 1019
Aloxe-Corton, 153 157 394 422 433 439 455 458 471 476 481 486 488 491 494 496 498 513 522 528 537 564 571 919 938 941 955 959
Aluze, 547
Ambarès, 183 209 247 249 280 281 283 286 338 343 366
Ambierle, 892 893
Amboise, 848
Ambonnay, 582 594 596 609 612 620 622 627 628 629
Ammerschwihr, 73 78 79 81 82 85 88 89 93 95 99 103 106 113 115 119
Ampuis, 931 932 933 934 935
Ancenis Cedex, 794 804 1006
Ancy-sur-Moselle, 125
Andlau, 92 109 110 118
Angé, 842
Anglade, 218 219
Anglars-Juillac, 730
Aniane, 1023
Anières, 1050
Anse, 130
Ansouis, 968
Apremont, 646 647 649 650
Apt, 968
Aragon, 684
Arbin, 647
Arbis, 195 198 307
Arbois, 631 632 633 634 635 636 637 640 641 642 998 999
Arcenant, 423
Archiac, 1010
Arcins, 338
Arconville, 599
Arlay, 637
Arles, 1027
Arrentières, 588
Arricau-Bordes, 750
Arsac, 342 355 356 357
Arthez-d'Armagnac, 996
Artiguelouve, 747
Arveyres, 202 206 300
Arzens, 685
Aspères, 1019
Aspiran, 658
Assignan, 683 684 987
Athée-sur-Cher, 845
Aubière, 888
Aubignan, 966 986
Aubigné-sur-Layon, 804
Auradou, 1010
Auriolles, 200 204
Auvernier, 1051 1052
Auxey-Duresses, 502 507 513 517 519 520 522 523 524 539
Avenay-Val-d'Or, 614
Avensan, 341 346 355
Avirey-Lingey, 601 612

Avize, 580 581 585 586 587 589 591 594 596 601 607 609 612 616 621 622 624 626
Avon-les-Roches, 863
Avord, 900
Ay, 581 584 587 591 594 600 601 602 628
Aydie, 750 751 753
Ayguemorte-les-Graves, 318
Ayguetinte, 996
Azay-le-Rideau, 781 850
Azé, 394 406 416 426 561 562
Azille, 681
Babeau-Bouldoux, 682
Badens, 679 680
Bages, 690 975
Bagneux-la-Fosse, 582
Bagnols-sur-Cèze, 913 928 930
Bahyse-sur-Cully, 1039 1040
Baixas, 693 694 976 977 982 983 1017
Balbronn, 75 82
Banyuls-sur-Mer, 695 696 697 972 973 974 975 983
Barbechat, 782 786 1004
Barizey, 557
Baron, 178 188 235 236 243 298
Baroville, 581 598
Barr, 72 73 96 109 123
Barsac, 194 312 313 318 379 380 381 382 384 385 386
Bar-sur-Seine, 594 610
Baslieux-sous-Châtillon, 610 616
Bassuet, 593
Baurech, 187 305 307 374
Baye, 605
Beaucaire, 665 1021
Beaucaire-sur-Baïse, 997
Beaujeu, 137 138 141 160 564 936 940
Beaulieu, 890
Beaulieu-sur-Layon, 800 803 808 818 819 823 825
Beaumes-de-Venise, 927 964 965 985 986
Beaumont-en-Véron, 861 863
Beaumont-Monteux, 940
Beaumont-sur-Lèze, 1012
Beaumont-sur-Vesle, 619 628
Beaune, 395 396 397 398 402 404 405 406 413 415 417 422 424 425 428 434 439 446 454 458 464 467 468 469 471 474 475 476 478 480 484 486 489 492 493 494 496 497 498 499 500 501 502 503 504 505 506 508 509 510 513 514 516 519 522 525 529 530 531 533 535 536 538 540 542 545 548 550 551 552 553 556 558 569 572
Beaupuy, 742
Beautiran, 315
Beblenheim, 77 80 84 101 114 115 116 121
Bédarieux, 1016
Bédarrides, 953
Bégadan, 331 332 333 334 335 337 338
Begnins, 1041
Béguey, 198 308 374
Beines, 403 432 433 436 437 442 443 444 445 447
Bélesta, 692 975
Belfort-du-Quercy, 1013

Bellegarde, 658 663 664
Belleville, 146 159 565
Belleville-sur-Saône, 146
Bellocq, 744
Belvès-de-Castillon, 286 289 290 292
Benais, 851 852 853 854 855
Bennwihr, 77 120 121
Bergbieten, 104
Bergerac, 765 768 769
Bergheim, 80 101 104 109
Bergholtz, 93 97 113 116 120
Berlou, 682 683 1016
Bernardville, 98
Bernex, 1050
Berru, 618
Berson, 201 218
Bethon, 609
Bex, 1040 1041
Beychac-et-Caillau, 208 210 297 300 301
Béziers, 1015 1020 1021
Billy-sous-les-Côtes, 1032
Bissey-sous-Cruchaud, 411 414 427 428 547 557
Blacé, 139 140
Blaignan, 332 333 336 337
Blaignan-Médoc, 336
Blaison-Gohier, 800
Blanquefort, 177 189 200 209 257 265 307 330 342 345 368 383
Blasimon, 177 185 187 195 295
Blaye, 220
Bléré, 838
Blienschwiller, 81 89 94 95 99 103 119 123
Bligny-lès-Beaune, 401 403 413 474 479 487 488 490 500 501 503 504 506 512 514 526
Boersch, 101
Bohas, 651
Bollène, 918 963
Bommes, 381 383 384
Bonnieux, 967 1026
Bonny-sur-Loire, 890
Bonvillars, 1035
Bordeaux, 180 189 192 196 197 198 199 213 215 248 250 273 285 312 313 314 319 330 334 335 337 338 344 352 353 354 356 359 361 368 369 383 385
Borgo, 723 1025
Bormes-les-Mimosas, 702
Bouaye, 794 795 1008
Boudes, 888
Bouillé-Loretz, 804
Bouliac, 304
Bourgheim, 101
Bourgneuf-en-Retz, 1008
Bourg-Saint-Andéol, 920 930
Bourg-sur-Gironde, 215 219 222 223 224 226
Bourgueil, 851 852 853 854 855 856 857 858 859
Boursault, 586 592 610 622
Boutenac, 660 661 662
Boutiers, 1009
Bouze-lès-Beaune, 411 424 503 511
Bouzeron, 415 540 548 550
Bouzon-Gellenave, 995
Bouzy, 581 582 586 591 611 616 622 624 625 627 628 629
Branceilles, 1014

Bransat, 891
Bras, 720
Bray, 560
Brem-sur-Mer, 798 799
Brézé, 828 831
Briare, 891
Brigné-sur-Layon, 777 778 802 807 811 813 1005
Brignoles, 720 721
Brinay, 900 901 902
Brion-près-Thouet, 829
Brissac, 804
Brissac-Quincé, 779 802 810 811 814 815 842 1007
Brochon, 456
Brossay, 831
Brouillet, 580
Brouzet-lès-Quissac, 667 1015
Brue-Auriac, 721
Bruley, 124
Bué, 903 904 905 906 907 908
Bully, 131
Bussières, 561
Buxeuil, 589 592 602 615 623
Buxy, 410 413 546 556 558 559
Buzet-sur-Baïse, 739
Cabasse, 703 707
Cabrerolles, 676 677
Cabrières, 673 675
Cabrières-d'Avignon, 964
Cadalen, 738
Cadaujac, 320 328
Cadillac, 183 192 374
Cahuzac-sur-Vère, 737 738 739
Caillac, 732
Cairanne, 913 921 925 926 928 929 946
Caissargues, 663 665 1016
Calce, 688 693
Caluire, 160
Calvi, 724
Camaret-sur-Aigues, 913
Camarsac, 296
Cambes, 305 306 308
Camblanes, 303
Campagnac, 736 737
Camprond, 244 247
Candé-sur-Beuvron, 882
Canet-en-Roussillon, 978
Cangey, 780
Cannes-et-Clairan, 1021
Cantenac, 352 353 356 357
Cantois, 178 204 299
Capendu, 1016
Capestang, 1018
Capian, 194 198 303 306 308 309
Caramany, 693
Carces, 708
Cardesse, 747
Carignan-de-Bordeaux, 179 180 181 184 187 188 190 196 303
Carnoules, 705
Caromb, 964
Carpentras, 964
Carry-le-Rouet, 718
Cars, 218 219 220 221 345
Cascastel, 677
Cases-de-Pène, 694 982
Cassaigne, 996
Casseneuil, 1011
Casseuil, 191
Cassis, 709 710 1027
Castanet, 736
Castelnau-d'Estretefonds, 741
Castelnau-de-Guers, 1018
Castelnau-de-Lévis, 734
Castelnau-de-Montmiral, 737
Castelnau-Montratier, 1013

Castelnou, 688
Castelvieil, 188 206 212
Castets-en-Dorthe, 314
Castillon-du-Gard, 916
Castillon-la-Bataille, 213 287 289 293
Castres, 316 317
Caudrot, 194 205
Caunes-Minervois, 681
Caussiniojouls, 675
Caux, 668 1016
Cazaugitat, 178 187 203 296
Cazedarnes, 683
Cazouls-les-Béziers, 682
Celles-sur-Ource, 590 593 597 599 600 604 608 609 611 616 622 626
Cellettes, 880 882
Cenac, 305 306
Cercié, 142 144 146 166
Cérons, 205 206 311 312 314 316 318 376 378
Cersay, 806
Cessenon, 682 684 1022
Cesseras, 679
Cestayrols, 736
Cézac, 221
Chablis, 395 402 403 408 428 430 431 432 433 434 435 436 437 438 439 440 441 442 443 444 445 446 447 448 449
Chacé, 833
Chagny, 416 418 516 536 539 545 551
Chaintré, 559 561 571
Chalonnes-sur-Loire, 819
Châlons-en-Champagne, 617
Châlons-sur-Marne, 608
Chalus, 888
Chambœuf, 421
Chambolle-Musigny, 421 469
Chambon-sur-Cisse, 844
Chamery, 585 606 617
Chamilly, 553
Chamoson, 1042 1043 1044 1045 1046 1047
Champignol-lez-Mondeville, 596
Champigny, 834
Champ-sur-Layon, 780 808 809 819 820 821 822 827 1006
Chançay, 877 878 879
Chânes, 135 572 573
Changé, 415 419 425 426 543 544 545
Chanos-Curson, 940 941 1030
Chantonnay, 1009
Chanzeaux, 803
Chapaize, 566
Charcenne, 1032
Chardonnay, 561
Chardonne, 1038 1039
Charentay, 142 144 145
Chargé, 844
Charly-sur-Marne, 582 597 607
Charnas, 934 938 1030
Charnay, 133 145
Charnay-en-Beaujolais, 136
Charnay-lès-Mâcon, 165 413 418 427 429 560 564 567
Chassagne-Montrachet, 405 413 533 534 535 536 537 542
Chasselas, 564
Chasselay, 169
Chassey-le-Camp, 428 547 551 554
Châteaubourg, 937 939 944 945
Château-Chalon, 636 638
Châteaugay, 888
Châteaumeillant, 887
Châteauneuf-de-Gadagne, 917

Châteauneuf-du-Pape, 913 914 917 922 925 927 929 932 933 936 940 941 949 951 952 953 954 955 956 957 958 1027
Château-Thébaud, 783 784 787 790 791 796
Château-Thierry, 616
Châteauvert, 721
Châtenois, 77 91
Châtillon-d'Azergues, 135 138
Châtillon-sur-Cher, 839 847
Châtillon-sur-Marne, 598
Chaudefonds-sur-Layon, 802 806 811 813 820 821
Chavagnes, 823 826
Chavagnes-les-Eaux, 819
Chavanay, 931 932 934 935 936 937 938 939
Chazay-d'Azergues, 133
Cheillé, 842 849 850
Cheilly-lès-Maranges, 414 424 450 542 544 553
Chémery, 843
Chemilly, 892
Chemilly-sur-Serein, 410 440
Chénac, 992
Chénas, 147 148 161 162 163
Chenay, 592
Chenonceaux, 840
Chérac, 992
Chéry, 902
Chevanceaux, 991
Cheverny, 781 880 881 882
Chexbres, 1035 1039
Chignin, 647 648 649
Chigny-les-Roses, 588 596 605 608 613 617 624
Chillé, 639
Chinon, 860 861 864 865 866
Chiroubles, 137 149 150 151 152 160
Chitenay, 779 880
Chitry, 401 406 412 445 449
Chitry-le-Fort, 397 405 440
Chorey-lès-Beaune, 486 487 488 489 490 491 492 495 498 499 500 501 503 504 506 507 508
Chouilly, 591 599 604 609 625 626 629
Choully-sur-Genève, 1049
Cieurac, 731
Cissac-Médoc, 343 344 346
Civrac-en-Médoc, 329 330 332
Civray-de-Touraine, 846
Clairvaux, 743
Cléré-sur-Layon, 781 801 807 812 818 1007
Clessé, 562
Clion, 992
Clisson, 785 790 793
Cluny, 468
Cocumont, 743
Cognac, 994
Cognocoli, 725
Cogny, 131 134 135
Coiffy-le-Haut, 1033
Collan, 398 431
Collioure, 696 697 973 984
Colmar, 76 92 112 122
Cologny, 1049
Colombé-le-Sec, 590
Colombier, 757 761
Comblanchien, 400 467 480 481 484 485
Combres-sous-les-Côtes, 1033
Comps, 222
Concœur, 473

1061

Concourson-sur-Layon, 806 808 812 813 822 824 830 832
Condom, 995 997
Condrieu, 935
Congy, 586
Conilhac-Corbières, 663
Conne-de-Labarde, 760 763 765
Conques-sur-Orbiel, 685
Conthey 1, 1046
Contz-les-Bains, 125
Corbère-Abères, 752
Corcelles-en-Beaujolais, 131
Corcelles-les-Arts, 520 530
Corconne, 658
Corcoué-sur-Logne, 794 795 796 1008
Corgoloin, 399 433 465 466 482 484 485 490 491 496 504 521
Cormondrèche, 1052
Cornas, 944
Corneilla-del-Vercol, 977
Corneilla-la-Rivière, 692 694 976 982
Correns, 699 702
Cortaillod, 1051
Cotignac, 708
Couchey, 451 453
Couffy, 840 844
Couiza, 658
Coulanges-la-Vineuse, 394 397 403 404
Couquèques, 335
Cour-Cheverny, 779 880 882
Courgis, 430 434 437 442 443
Cournonsec, 675 1021
Cournonterral, 673
Courteron, 598 604
Courthézon, 917 918 920 924 928 951 952 953 954 955 956
Cozes, 994 1010
Cramant, 584 599 600 607 617
Crançot, 632 638 642
Crans-près-Céligny, 1037
Craon-de-Ludes, 598
Cravant-les-Coteaux, 860 861 862 863 864 865 866
Crèches-sur-Saône, 565
Créon, 202 213
Crespian, 667
Cressier, 1052
Creuë, 1032
Crézancy, 592
Crézancy-en-Sancerre, 895 904 905 906 907
Crillon-le-Brave, 965
Croignon, 191 200
Crosses, 896
Crouseilles, 750 753
Cruet, 646 647 650
Cruscades, 660
Cruzy, 684
Cuchery, 618
Cucugnan, 660
Cucuron, 967
Cuers, 709
Cuis, 600 608 624
Cuisles, 604
Culles-les-Roches, 410 559
Cully, 1035
Culoz, 651
Cumières, 597 600 627
Cussac-Fort-Médoc, 340 341 342 343 344 346 347 348
Daignac, 187 197
Dambach-la-Ville, 76 78 79 82 86 97 100 102 106 107 122
Damery, 587 597 602 603 606 610 619 623

Dampierre-sur-Loire, 829 830 833 834 835
Dardagny, 1050
Dareizé, 134
Davayé, 156 560 562 563 565 567 571 572 573 1015
Denicé, 131 133
Dezize-lès-Maranges, 397 450 525 533 537 540 541 543 544 545
Die, 962 963
Diou, 903
Diusse, 751
Dizy, 583 585 590 624
Domazan, 923
Donnazac, 734
Donzac, 305 742
Dorlisheim, 84 97 121
Doué-la-Fontaine, 780 803 812 831 1005
Douelle, 733
Dracy-lès-Couches, 399 406 424
Draguignan, 701 702
Drain, 782
Duhort-Bachen, 754
Dun-sur-Auron, 887
Duras, 771 772 773
Duravel, 729
Durban-Corbières, 661
Eauze, 996 997 1014
Echevronne, 412 424 425 500
Echichens, 1038 1040
Ecueil, 586 594 611
Eguilles, 716
Eguisheim, 74 75 76 77 78 85 87 88 89 92 94 96 101 106 111 112 117 122 123
Eichhoffen, 74
Elne, 1023
Emeringes, 135 137 155
Entraygues, 743
Entrechaux, 964
Epernay, 580 581 582 583 584 585 593 594 596 598 601 602 603 605 607 609 610 611 612 613 614 616 617 618 620 621 623 625 626 627
Epesses, 1038 1041
Epfig, 84 100
Epineuil, 395 402 405 437
Ergersheim, 75 86 100 121
Escolives-Sainte-Camille, 395
Escoussans, 183 187 188 200 299 305 383
Espiet, 195 215 297
Espira-de-l'Agly, 689 690 691 694 978 982 983 984 1024
Estagel, 693 695 976 977 984
Estézargues, 913 929
Esvres-sur-Indre, 847
Etoges, 585 588
Etoy, 1037
Eu, 273
Eygalières, 716 719
Eynesse, 212 302
Fabas, 740
Fargues, 317
Fargues-de-Langon, 195 382
Fargues-Saint-Hilaire, 206
Faugères, 677
Faveraye-Machelles, 778 779 803 814 827
Faye-d'Anjou, 781 807 808 814 819 822 825 826 1007
Fechy, 1038
Feings, 881
Felicetto, 724
Félines-Minervois, 679
Ferrals-les-Corbières, 661 1017
Festigny, 598 599 610
Figari, 724

Fitou, 677 983
Fixin, 405 453 454 461 484
Flassan, 965
Flaujagues, 205
Fleurie, 139 142 151 152 153 154 158 161
Fleurieux-sur-l'Arbresle, 169
Fleury-d'Aude, 668 670 672
Fleury-la-rivière, 593
Fleys, 435 441 442
Floirac, 179 180 190 196 224 226
Florensac, 1021 1022
Floressas, 732 733
Floure, 659
Folelli, 724 1025
Fontanès, 670 671
Fontcouverte, 661
Fontenay-près-Chablis, 435 438 440 444 446
Fontès, 673
Fontette, 622
Fontguenand, 885
Fontvieille, 719
Forcalqueiret, 720
Fos, 676
Fossoy, 593
Fougères-sur-Bièvre, 881
Fougueyrolles, 767
Fournes, 1020
Fourques, 689 690 977 979 983
Francs, 294
Francueil, 838 843
Fresnes, 881
Frèterive, 650
Fronsac, 208 214 228 229 230 231 232 255
Frontenac, 187
Frontenas, 131
Frontignan, 985
Fronton, 740 741
Fuissé, 428 560 561 564 565 567 568 569 570 571 572
Fully, 1048
Gabarnac, 307 314 374 375 376 378
Gabian, 668
Gageac-Rouillac, 756 770
Gaillac, 734 735 737 738 1012
Gaillan-Médoc, 338
Galargues, 668
Galgon, 212 232 246
Gan, 745 747
Gardegan, 291 292
Garéoult, 720
Gargas, 965
Garrigues, 674
Gassin, 700 702 705 706
Gauriac, 222
Geaune, 754 1011
Générac, 217 665 666
Genève, 1041
Génissac, 178 181 182 183 191 192 193 197 199 212 300
Genouilly, 412 427 547
Gensac, 302
Gerland, 481 484
Gertwiller, 89
Gevingey, 639
Gevrey-Chambertin, 143 397 406 414 422 452 456 457 458 459 460 461 462 464 466 469 470 471 472 491 546
Gignac, 674
Gigondas, 917 919 922 924 928 931 933 941 946 947 948 949 950 956 1019
Gilly, 1035 1036
Gilly-lès-Cîteaux, 465 470 471 476

Gironde-sur-Dropt, 180 182 183 184 197 203 207 244 252 280 286 296 297 349 354 369 759 769
Givors, 937
Givry, 556 557
Gleizé, 142 571 913
Gondeville, 993
Gondrin, 995 1013
Gonfaron, 703 704 708 1026
Gordes, 966
Gorges, 785 787 791 797
Goult, 965 1027
Gours, 208 213
Goutrens, 743
Grabels, 1020
Grauves, 595
Graves-sur-Anse, 132
Gréoux-les-Bains, 970
Grézels, 730 731
Grézillac, 178 182 188 195 199 296 297 321 324 327
Grézillé, 805
Grignan, 963
Grospierres, 1031
Gruissan, 659
Gueberschwihr, 78 79 80 82 88 108
Guebwiller, 94
Guillac, 296
Gyé-sur-seine, 590 593 598 606
Haute-Goulaine, 797
Hautvillers, 600 601 610 624 628
Haux, 304 305 306
Houssay, 883
Huismes, 865
Hunawihr, 80 81 82 83 86 93 98 103 107 111 113
Husseren-les-Châteaux, 76 88 94 102 103 111
Hyères, 705
Igé, 402 412 428 560 562
Illats, 310 312 313
Ingersheim, 107 115 121
Ingrandes-de-Touraine, 852 853 854 855
Irancy, 399 419
Irouléguy, 745
Ispoure, 745
Itterswiller, 79 86 101 102
Jambles, 556 557
Janvry, 580 619
Jau-Dignac-et-Loirac, 332 336
Joigny, 404
Jongieux, 647 649 650
Jonquerettes, 913
Jonquières, 667 669 921
Jonquières-Saint-Vincent, 666
Jouques, 718
Jouy-lès-Reims, 580
Juigné-sur-Loire, 815 1007
Juillac, 179 253
Juliénas, 134 143 154 155 156 160 162 166 1015
Jullié, 155 156
Junay, 401
Jurançon, 748 749
Jussy, 407
Juvignac, 669
Katzenthal, 86 87 100 118 119 121 122
Kaysersberg, 97 108 114
Kientzheim, 78 86 90 96 107 114
Kintzheim, 122
L'Etoile, 642 643 644 999
Labarde, 352 357
Labarthete, 751
Labastide d'Armagnac, 996
Labastide-Marnhac, 1012
Labastide-Saint-Pierre, 740 742 1012

La Baume-de-Transit, 963
Lablachère, 1031
La Brède, 311 313 315 316
La Cadière-d'Azur, 709 712 713 714
La Caunette, 679
La Celle, 721
La Chapelle-Basse-Mer, 789 794
La Chapelle-de-Guinchay, 141 147 148 156 158 162 166 167 399 412 565
La Chapelle-Heulin, 783 785 786 787 788 789 791 1006
La Chapelle-Saint-Florent, 796
La Chapelle-sur-Loire, 853
La Chapelle-Vaupelteigne, 434 440
La Chartre-sur-le-Loir, 867
La Chevrolière, 1008
Laconnex, 1049
La Crau, 703 704 705 707
La Croix-Valmer, 702
Ladaux, 185 195 200 284
La Digne d'Aval, 657
Ladoix-Serrigny, 398 485 486 487 488 489 491 492 494 495 496 497 501 502
Lafare, 946
La Garde-Freinet, 705
Lagorce, 969
La Grange-au-Rez, 623
Lagrasse, 662
Lagraulet, 997 1014
Lagrave, 734 738
La Haye-Fouassière, 784 786 787 788 789 790 796
Lahourcade, 747
Lalande-de-Pomerol, 243 244 246 247
La Limouzinière, 794 795 1006
La Livinière, 679 680 681
La Londe-les-Maures, 703 704 706 708
Lamarque, 341 343 344 345 355
Lambesc, 717 718 1028
La Mole, 708
La Motte, 702
Lancié, 132 138 140 141 153
Lançon-de-Provence, 715 716
Landerrouat, 209 302
Landiras, 180 186 310 313
Landreville, 596 606 620
La Neuville-aux-Larris, 585
Langoiran, 303 305 306 309 373 377
Langon, 311 313 314 315 317 318 319 333 386
Lannes, 996
Lansac, 220 223 224 225 226
Lantignié, 137 138 142 147 159 165
La Palme, 678 983
La Pommeraye, 781 802 805 807 809 813 816
La Possonnière, 803 816 817
La Regrippière, 1007
La Remaudière, 797
La Rivière, 231 232 233
La Roche-Clermault, 846 862
La Roche-de-Glun, 942 943 944 945
La Rochepot, 424 426 507 523
La Roche-Vineuse, 416 428 559 562
Laroin, 748
Laroque, 309 381
La Roquebrussanne, 721
La Roquille, 190 301
Larroque-sur-l'Osse, 996 1013
La Salvetat-Belmontet, 1015
La Sauve, 180 190 193 199 201 214 309
Lasserre, 753

Lasseube, 748
La Tour d'Aigues, 968
Latour-de-France, 979
Latresne, 308
Laudun, 922 928 930 960
Laure-Minervois, 680
Laurens, 676
Lauret, 668 672
Lauris, 967
Lausanne 25, 1035
Lavau, 890
Laverune, 671 1018
Lavigny, 636 638 641 998 999
La-Ville-aux-Dames, 870
La Ville-Dieu-du-Temple, 742
Lazenay, 902 903
Le Beausset, 711 713 714
Le Bois-d'Oingt, 131
Le Bois-Plage-en-Ré, 993 1010
Le Breuil, 132 613 615
Le Brûlat-du-Castellet, 713
Le Bugue, 756
Le Cannet-des-Maures, 700 703 1026
Le Castellet, 713 714
Le Cellier, 799
Le-Chêne-sur-Bex, 1036
Le Fleix, 186 759 768
Le Landreau, 783 784 786 787 789 790 791 793 796 797 1004 1006 1007 1009
Le Lavandou, 1026
Le Loroux-Bottereau, 784 788 789 791 793 794 1007
Le Luc, 703 705 706
Lembras, 769
Le Mesnil-sur-Oger, 589 593 601 605 608 614 617 620 621 625
Le Muy, 708
Léognan, 320 321 322 323 324 325 326 327
Le Pallet, 788 789 790 791 792 794 795 796 797 1006
Le Perréon, 137 139 140 164 414 561 564
Le Pian-Médoc, 347
Le Pian-sur-Garonne, 299 304
Le Plan-du-Castellet, 711 713
Le Puy-Notre-Dame, 828 829 830 831 832
Le Puy-Sainte-Réparade, 716 717 1027
Les Arcs, 702 704 708
Les Arsures, 632
Les Artigues-de-Lussac, 205 206 210 239 245 247 279 282 284 286
Les Baux-de-Provence, 716 719
Les Esseintes, 186
Les Lèves, 301
Les Marches, 646 649 650
Les Martres-de-Veyre, 888
Les Mesneux, 605
Les Moutiers-en-Retz, 1008
Lesquerde, 690 694
Les Riceys, 580 584 599 602 607 614 629
Les Salles-de-Castillon, 288 291
Lestiac-sur-Garonne, 192 208 307 308
Les Touches-de-Périgny, 992
Les Verchers-sur-Layon, 804 819 823
Le Tablier, 798
Le Tourne, 308
Létra, 132 134
Leuvrigny, 586
Le Val, 706 707 721
Le Vaudelnay, 829

Le Vernois, 636 637 638 640 641 642 998
Leynes, 134 152
Leytron, 1043 1044 1047
Lézignan-Corbières, 660
Lézignan-la-Cèbe, 1020
Lhomme, 866 867
Lias-d'Armagnac, 995
Libourne, 205 228 230 231 234 235 236 237 238 239 240 241 242 244 246 248 249 250 252 255 257 261 264 268 269 270 273 275 278 283 284 285 288
Liergues, 135
Lignan-de-Bordeaux, 182 213
Lignières-de-Touraine, 838 850
Lignorelles, 431 432 436 442
Ligny-le-Chatel, 435
Ligré, 863 864
Ligueux, 211
Limeray, 848 849
Limoux, 656 657 658
Linars, 994
Liré, 782
Lisle-sur-Tarn, 735 737
Listrac-Médoc, 348 349 350 351 358 359
Loché, 570
Loisin, 645
Lonay, 1035 1041
Lorgues, 701 705 706
Lormont, 186
Loubès-Bernac, 772
Loupiac, 179 213 307 309 316 375 376
Loupian, 1020
Lourmarin, 967
Louvois, 582 587 597 613 618 627
Lucenay, 131 133
Lucey, 124
Lucq-de-Béarn, 748
Luc-sur-Orbieu, 1017
Ludes, 583 584 587 599 604 606 614 619
Ludon-Médoc, 207 338 342 344 346 354 358
Lugaignac, 199
Lugny, 396 413 428 561 563
Lugon, 230 231
Luins, 1041
Lully, 1050
Lumio, 723
Lunay, 884
Lunel, 669 986
Lunery, 901
Luri, 724
Lussac, 278 279 280 285
Lussault-sur-Loire, 840 871 1004
Lutry, 1038
Luzech, 729
Lye, 847 884 885
Macau, 200 202 209 211 212 280 284 341 342 343 346
Mâcon, 429 563 573
Magalas, 677
Magny-lès-Villers, 414 422 426 427 485 486
Mailly, 1032
Mailly-Champagne, 605 611
Maisdon-sur-Sèvre, 784 786 788 789 790 792 793 1007
Maligny, 431 432 436 438 443 444
Mallemort, 717
Malleval, 934
Malves-Minervois, 681
Manciet, 996
Mancy, 600
Manduel, 664 665
Manhoué, 125

Maransin, 193 203
Maraussan, 683 1017
Marcenais, 215 217
Marcillac, 189 198 221
Marcilly-le-Châtel, 889 890
Marçon, 866 867
Mardeuil, 587 623
Mareau-aux-Prés, 894 895
Mareuil-le-Port, 593
Mareuil-sur-Ay, 583 603 618 619 628
Mareuil-sur-Cher, 843 844 847
Mareuil-sur-Lay, 798
Marey-lès-Fussey, 415 418 423
Margaux, 197 204 211 330 352 353 354 355 356 357
Margueron, 198 201 212
Marieulles-Vezon, 125
Marigny-Brizay, 886
Marlenheim, 72 74 98 101 105
Marsannay-la-Côte, 395 450 451 452 453 454 455 456 457 458 462 467 470 476 484 499
Marseillan, 1023
Marssac-sur-Tarn, 736
Martigné-Briand, 778 779 801 803 804 805 806 807 808 810 813 814 822 823 828 831 1004
Martigny-Combe, 1042
Martillac, 201 320 321 324 325 326 328 379
Massugas, 203
Maumusson, 750 751 752 753 754
Maumusson-Laguian, 751 752
Mauriac, 205
Mauroux, 730 732
Maury, 694 980 981
Mauves, 937 938 943 945
Maynal, 998
Mazan, 964 965 1026
Mazères, 310 312 313 318
Mazion, 192 218
Meillard, 891
Mellecey, 547 555
Meloisey, 396 411 424 425 426 499 501 507 510 513 516 520 522 524 527 536
Ménerbes, 967 968 1026
Menetou-Salon, 895 896 900
Menétru-le-Vignoble, 637 638 998
Merceuil, 400 427 456 468 502 512 521 535 554
Mercurey, 397 416 473 476 551 552 553 554 555 556 564
Mercurol, 940 941 942 943 944
Mereau, 900
Merfy, 595 625
Mérifons, 1019
Mérignac, 327
Mérignat, 651
Merrey-sur-Arce, 605 606
Méry-Prémecy, 602
Mesland, 851
Meuilley, 404 422
Meursault, 395 396 398 401 403 408 410 411 412 424 467 495 500 503 504 505 506 507 509 510 511 513 515 517 518 519 520 523 525 526 527 528 529 530 531 534 538 540 543 545 558
Meuruille, 596
Meusnes, 838 841 846 884 885
Meynes, 664
Meyargues, 718
Mèze, 672 674 1018
Mézières-lez-Cléry, 894
Mezzavia, 725
Miège, 1042
Millas, 690 693 977

Millery, 168 169
Minerve, 681
Mirepoix, 1014
Mireval, 987
Mittelbergheim, 73 74 78 80 81 96 98 99 102 103 120 123
Mittelwihr, 74 76 81 83 84 88 91 93 95 110 114
Molsheim, 74 78 105
Mombrier, 224
Monbazillac, 756 758 759 760 764 765 766 769
Mondragon, 918 928
Monein, 746 747 748 749
Monestier, 755 756 760 761 762 764 769 770
Monfaucon, 760
Monflanquin, 1011
Monnières, 785 787 793 797
Monprimblanc, 303 305 309 316 377
Montagnac, 674 1020 1021
Montagne, 216 237 239 245 246 253 269 279 281 282 283 284 285 287 288
Montagny-lès-Beaune, 397 410 411 417 546
Montagny-lès-Buxy, 558
Montaigu, 638 642
Montaigu-de-Quercy, 1013
Montallery, 434 440
Montans, 736
Montblanc, 1017
Montbrun, 662
Montcaret, 761 767
Monteaux, 850
Montesquieu, 690 983
Montfaucon, 793 921
Montfrin, 923 930
Montgaillard, 659
Montgenost, 591
Montgueux, 595 625
Monthélie, 409 427 505 510 514 515 518 519 520 526 551
Monthelon, 591
Monthou-sur-Bièvre, 844
Monthou-sur-Cher, 847
Montignac, 200
Montigny, 906
Montigny-la-Resle, 433
Montigny-lès-Arsures, 632 634 635 636 999
Montigny-sous-Châtillon, 589 606
Montjean-sur-Loire, 805 816
Mont-le-Vignoble, 125
Montlouis-sur-Loire, 868 869 870 871
Montoire-sur-le-Loir, 867 883
Montoulieu, 1018
Montpellier, 669 671
Montpeyroux, 669 670 673 674 763 766 769
Montpezat, 1012
Mont-près-Chambord, 881 882
Montréal-de-l'Aude, 686
Montréal-du-Gers, 1014
Montreuil-Bellay, 831 832
Montrichard, 780 840
Montsoreau, 830
Mont-sous-Vaudrey, 634 999
Morey-Saint-Denis, 418 457 458 459 460 461 462 464 465 466 467 468 469 470
Morges, 1035 1040
Morizès, 188
Mormoiron, 965 966
Mornas, 927
Moroges, 427 546 547 553
Morogues, 896

Mosnes, 779 841 848
Mouillac, 238
Mouleydier, 758
Moulis, 341 346 348 351 353 354 357 358 359 362
Moulon, 184 185 188 192 298
Mourens, 181
Mouriès, 719
Mouscardès, 1011
Moussoulens, 684
Moussy, 592 613 619 620
Mouzillon, 777 784 785 786 787 788 789 791 793 795 831 1001 1004 1005
Mozé-sur-Louet, 781 806 811 815
Mudaison, 1023
Mugron, 1011
Muides-sur-Loire, 880
Mûrs-Erigné, 803
Murviel-lès-Béziers, 1022
Nans-les-Pins, 1028
Nantes, 1009
Nantoux, 425 507 515 519
Narbonne, 660 661 667 672 673 675 677
Narbonne-Plage, 674
Naujan-et-Postiac, 177 181 186 189 191 192 193 194 196 198 199 295 298 299
Nauviale, 743
Nazelles-Négron, 849
Néac, 205 238 243 244 245 246 247
Neffies, 672 1020
Néoules, 722
Nérac, 739
Neschers, 888
Neuville-de-Poitou, 885 886 1005
Neuville-sur-Seine, 591 604
Nevian, 662
Nevy-sur-Seille, 638
Nézignan-l'Evêque, 1022
Nice, 710 711
Niedermorschwihr, 105 115
Nîmes, 665
Nissan-lez-Ensérune, 671
Nitry, 402
Noe-les-Mallets, 592
Noës-Sierre, 1043 1048
Noizay, 872 877 878
Nolay, 414 424 534 537
Nothalten, 91 98 100
Notre-Dame-d'Allençon, 1005
Noyers-sur-Cher, 780 838 839 840 841 845 847
Nueil-sur-Layon, 831
Nuelles, 135
Nuits-Saint-Georges, 160 395 399 404 407 409 414 418 420 421 422 423 425 427 428 434 437 439 445 452 453 454 456 458 460 461 464 465 470 472 477 479 480 481 482 484 486 492 495 497 498 502 507 508 509 510 512 513 516 519 527 530 534 541 546 550 553 554 558 561 563 1016
Nyons, 919
Obermorschwihr, 79 81 83 85 89 90 92
Obernai, 87 88 97
Octon, 668
Odenas, 140 143 144 145 146 163
Ouilly, 610 623
Oger, 588 613 624 628
Oisly, 840 843 845 846 847 881
Oletta, 727
Olivet, 894
Ollioules, 714
Ollon, 1039 1040
Omet, 306 308 375

Onzain, 844 850 851
Orange, 665 916 917 919 920 921 923 929 931 942 952 953 955 957 959 961 965 968 1019
Orcet, 888
Ordonnac, 330 333 336
Orgnac-l'Aven, 969
Ornaisons, 662
Orschwihr, 76 81 83 84 87 89 91 92 93 97 99 110 121
Orschwiller, 80 89 90 91 112
Oudon, 799
Oupia, 681
Ouveillan, 1018
Ozenay, 561
Paillet, 304
Panzoult, 860 861 862 863 864 865
Parçay-Meslay, 875 876 879
Parempuyre, 180 194 251 265 313 330 340 341 343 347 382
Paris, 385 520
Paris-l'Hôpital, 400 426 545
Parleboscq, 1011
Parnac, 731 732 733
Parnay, 833 836
Paroy-sur-Tholon, 409
Passavant-sur-Layon, 778 805 809
Passenans, 639 641 642 999
Passy-sur-Marne, 622
Patrimonio, 726 727 989
Pauillac, 177 196 295 329 360 361 362 363 364 365 366 367
Péage-de-Roussillon, 935 1030
Pennautier, 685
Pépieux, 681
Pérignac, 994
Pernand-Vergelesses, 404 490 492 493 494 495 496 497 498
Péronne, 401 417 562 565
Perpignan, 688 689 691 692 693 694 978 979 980 982 984
Perroy, 1038
Pertuis, 685
Pescadoires, 730 733
Pessac, 323 324 325 326 327
Pessac-sur-Dordogne, 302
Petit-Palais-et-Cornemps, 201
Peyriac-de-Mer, 661
Pézenas, 672 1019
Pezens, 685
Pézilla-la-Rivière, 688 978
Pfaffenheim, 73 80 86 87 92 93 102 116 117
Pian-sur-Garonne, 187
Pierreclos, 396 403 407 559 563 564
Pierrefeu, 704 705 706 707
Pierrerue, 670 683
Pierrevert, 969 970
Pierry, 581 585 600 611 613 626
Pieusse, 656
Pignan, 670
Pignans, 704
Pinet, 668
Pineuilh, 180 208 302
Piolenc, 915 924 930 957 963 1026
Pissotte, 798
Pizay, 169
Plan-de-la-Tour, 706
Plassac, 221 223
Pleine-Selve, 219
Plombières-lès-Dijon, 402
Podensac, 312 314 315 316 378
Poggio-d'Oletta, 726 988
Poiroux, 1009
Poligny, 637 639 640 642 998
Polisy, 598
Pollestres, 979 984

Pomerol, 203 235 236 237 238 239 240 241 242 243 245 246 247 273 285
Pomerols, 669 1022
Pommard, 394 396 398 403 405 417 468 473 478 496 501 503 508 509 512 513 514 517 524
Pomport, 756 760 761 762 763 765 766
Poncé-sur-le-Loir, 867
Pondaurat, 191
Pontanevaux, 144 164 564 566 569 573
Pont-d'Isère, 941
Ponteilla, 977
Ponte-Leccia, 725
Pontevès, 720
Portel, 662
Portel-des-Corbières, 661
Portets, 214 311 313 314 315 316 317 319 385
Porticcio, 725
Porto-Vecchio, 724
Port-Sainte-Foy, 757 767 768
Port Vendres, 697 973 976
Pouançay, 830
Pougny, 890 891
Pouillé, 841 842 844 845
Pouillon, 1011
Pouilly-sur-Loire, 897 898 899 900
Pourcieux, 707
Pourrières, 707
Pouzolles, 1022
Pradelles-en-Val, 662
Prades-sur-Vernazobre, 683
Prayssac, 730 732 733
Préhy, 396 404 411 432 435 437 439 443
Preignac, 195 315 317 318 379 381 383 384 385 386
Premeaux-Prissey, 393 394 407 416 417 418 421 423 475 480 482 483 486 523 533
Preuilly, 901 902 903
Prignac-en-Médoc, 332 333 337
Prignac-et-Marcamps, 190 209
Prissé, 396 402 407 417 560 562 566 572
Prouilly, 592
Prusly-sur-Ource, 404 427
Pruzilly, 166
Puget-sur-Argens, 707 709
Puget-Ville, 703
Pugnac, 219 223
Puisseguin, 280 281 284 285 286 287 291 292
Puisserguier, 673 682 683 1017 1018 1019 1023
Pujaut, 916
Pujols, 204
Pujols-sur-Ciron, 319 381 384
Puligny-Montrachet, 397 406 407 410 413 421 497 499 515 516 522 527 528 529 530 531 532 533 535 538 540 550 553 554
Pully, 1041
Pupillin, 633 634 635 642 999
Puy-l'Evêque, 734
Puylaroque, 1012
Puyloubier, 700 706 707 708
Puynormand, 214
Puyricard, 716 718
Quarante, 1020
Queyrac, 329 337
Quincié, 405 465 466 543 562
Quincié-en-Beaujolais, 134 139 141 145 146 163
Quincy, 900 901
Quinsac, 305 309

1065

Rabastens, 736
Rablay-sur-Layon, 802 806 808 809 814 824
Ramatuelle, 707
Ramouzens, 997 1014
Rasiguères, 695 984
Rasteau, 913 915 917 923 925 926 927 928 941 958 988
Rauzan, 183 199 201 204 205 216 296
Razac-de-Saussignac, 182 758 759 762 763 769 770
Razines, 842
Régnié-Durette, 143 158 159 160 164 165
Reignac, 220
Reims, 580 583 588 593 601 603 604 605 606 607 612 614 615 616 618 619 620 621 623 624 625 626
Remigny, 400 410 534 550
Remoulins, 913
Renaison, 893
Restigné, 851 852 853 854 855 857 860
Reugny, 878
Reuil, 595 625
Reuilly, 902 903
Rians, 717 718
Ribagnac, 759 762 764
Ribeauvillé, 87 91 94 102 111 113
Riddes, 1042
Riex, 1039
Rilly-la-Montagne, 583 590 593 596 597 604 617 626
Rilly-sur-Loire, 847
Rimons, 206
Rions, 195 199 297 304 305 373 374
Riquewihr, 83 85 92 93 114 115 116
Riscle, 751 753 754 755
Rivarennes, 846 850 864
Rivaz, 1038
Rivesaltes, 688 689 691 692 693 694 975 976 978 979 981 982 1023
Rivière, 860 862
Roaillan, 314 317
Rochecorbon, 841 872 873 874 876 879
Rochefort-du-Gard, 914
Rochefort-sur-Loire, 804 807 809 816 820 824 825 827
Rochegude, 926
Rodern, 100
Rognes, 715 1027
Rolle, 1036
Romagne, 182 194 296
Romanèche-Thorins, 148 152 161 162 567 1030
Romery, 624
Roquebrun, 683
Roquefort-des-Corbières, 659 660
Roquefort-la-Bédoule, 699 708 1027
Roquemaure, 918 958 959 960 961
Roquessels, 675 676
Roquetaillade, 658
Rorschwihr, 87 93 98
Rosenwiller, 91
Rosnay, 596 798
Rouffach, 117 118
Rouillac, 991 993
Rousset-les-Vignes, 918
Roussillon, 964 966
Routier, 685 686
Ruch, 178 199 214
Ruffieux, 646
Ruillé-sur-Loir, 866
Rully, 408 416 427 429 547 548 550 551 552 556
Ruoms, 1030 1031

Rustiques, 679
Sablet, 914 920 925 926 1026
Sablonceaux, 991 1010
Sabran, 914 919 922 923 924
Sacy, 590
Sadirac, 196 208 209
Saillans, 207 230 231 232 233
Saillon, 1043 1047
Sain-Bel, 169
Saint-Aignan, 232 233 842 847
Saint-Aignan-de-Grand-Lieu, 1008
Saint-Aignan-sur-Cher, 842
Saint-Alban, 651
Saint-Alban-du-Bosc, 667
Saint-Alexandre, 923
Saint-Amand-de-Nouère, 1010
Saint-Amour-Bellevue, 155 166 167
Saint-Andelain, 897 898 899 900
Saint-André-d'Apchon, 892 893 894
Saint-André-de-Cubzac, 178 184 198 199 204 212 258 284 354 360 372
Saint-André-de-Roquelongue, 663
Saint-André-de-Sangonis, 669 1017
Saint-André-du-Bois, 179 180 184 196
Saint-André-et-Appelles, 191 194 301
Saint-Androny, 220
Saint-Antoine-de-Breuilh, 758 759 767
Saint-Antoine-du-Queyret, 183 190 202 207 297
Saint-Antonin-du-Var, 706
Saint-Astier-de-Duras, 772
Saint-Aubin, 394 471 489 528 530 531 534 535 537 538 539 542 1052
Saint-Aubin-de-Blaye, 219
Saint-Aubin-de-Lanquais, 759 762
Saint-Aubin-de-Luigné, 801 806 807 816 818 819 820 821 822 823 827
Saint-Avit-Saint-Nazaire, 179 191 204 301
Saint-Baldoph, 646 648 649
Saint-Bauzille-de-Montmel, 668
Saint-Brès, 671
Saint-Bris-le-Vineux, 394 398 399 400 401 406 407 408 409 411 412 414 415 418 420 429 433 434 435 445 448 449
Saint-Cannat, 715 717
Saint-Caprais-de-Blaye, 221
Saint-Caprais-de-Bordeaux, 306 307
Saint-Céols, 896
Saint-Chinian, 682 684 1015
Saint-Christol, 669 670 1024
Saint-Christoly-de-Médoc, 329 332 334 334 337
Saint-Christophe-des-Bardes, 249 252 253 256 257 259 261 263 265 266 268 269 274 275 277 282 291
Saint-Christophe-la-Couperie, 1004 1005
Saint-Cibard, 293 294
Saint-Ciers-de-Canesse, 183 218 222 223 224 225 226
Saint-Ciers-sur-Gironde, 185 219 220 221
Saint-Claude-de-Diray, 880
Saint-Clément-de-Rivière, 673
Saint-Crespin-sur-Moine, 787 1001
Saint-Cyr-en-Bourg, 780 829 831 832 833 834 835 836
Saint-Cyr-sur-Mer, 709 711 713
Saint-Denis-de-Piles, 244 281

Saint-Denis-de-Vaux, 413 547
Saint-Désert, 399 547
Saint-Désirat, 939
Saint-Didier, 965
Saint-Didier-sur-Beaujeu, 154
Saint-Dizant-du-Gua, 993
Saint-Drézéry, 673
Sainte-Anastasie, 1024
Sainte-Anne-d'Evenos, 712 714
Sainte-Anne-du-Castellet, 712
Sainte-Blaise, 1052
Sainte-Cécile-les-Vignes, 917 918 921 923 955
Sainte-Colombe, 289 290 291 293
Sainte-Colombe-de-Duras, 772
Sainte-Colombe-de-la-Commanderie, 690 978 983
Sainte-Colombe-en-Bruilhois, 740
Sainte-Croix, 736 962
Sainte-Croix-du-Mont, 184 187 191 304 312 375 376 377 378
Sainte-Eulalie, 304 307
Sainte-Foy-la-Grande, 183 186 189 193 196 302 743
Sainte-Foy-la-Longue, 177
Sainte-Gemme, 907
Sainte-Jalle, 1029
Sainte-Marie-la-Blanche, 407 415 528 1033
Saint-Emilion, 189 197 216 240 243 244 245 246 248 249 250 251 252 253 255 256 257 258 259 260 261 262 263 264 265 266 267 268 269 270 271 272 273 274 275 276 277 281 283 285 287 290 755
Sainte-Paule, 132
Sainte-Radegonde, 185 200
Saint-Estèphe, 186 344 365 366 367 368 369
Saint-Estève, 971
Sainte-Terre, 182 188 242 253 264
Saint-Etienne-de-Baigorry, 745
Saint-Etienne-de-Lisse, 260 261 264 266 275 277 289 290 293
Saint-Etienne-des-Oullières, 141 566
Saint-Etienne-la-Varenne, 142
Sainte-Verge, 805
Saint-Félix-de-Foncaude, 189
Saint-Félix-de-Lodez, 667 674 676
Saint-Fiacre, 796
Saint-Fiacre-sur-Maine, 792
Saint-Florent, 726 988
Saint-Florent-le-Vieil, 803
Saint-Genès-de-Blaye, 181 219 221
Saint-Genès-de-Castillon, 289
Saint-Genès-de-Fronsac, 202
Saint-Genès-de-Lombaud, 211 298
Saint-Génis-des-Fontaines, 690 984 1023
Saint-Genis-du-Bois, 187
Saint-Genix-sur-Guiers, 1029
Saint-Georges-d'Orques, 669
Saint-Georges-de-Reneins, 131 154
Saint-Georges-des-Agouts, 993
Saint-Georges-Hauteville, 889
Saint-Georges-sur-Cher, 840 841 842 843 844 1001
Saint-Géréon, 783 796
Saint-Germain-d'Esteuil, 330 335
Saint-Germain-des-Graves, 182 305
Saint-Germain-du-Puch, 180 186 196 210 298
Saint-Germain-la-Rivière, 233
Saint-Germain-sur-l'Arbresle, 136
Saint-Gervais, 202 203 259 271 926 930
Saint-Gervais-sur-Roubion, 1029

1066

Saint-Gilles, 664 665 666
Saint-Haon-le-Vieux, 893
Saint-Hilaire, 656 1024
Saint-Hilaire-d'Ozilhan, 920 921 929
Saint-Hilaire-Saint-Florent, 779 780 828 829 830 1001 1007
Saint-Hippolyte, 76 79 84 90 93 97 99 100 102 207 244 260 271
Saint-Jean-d'Ardières, 134 135 144 157 158
Saint-Jean-de-Blaignac, 178 193 203
Saint-Jean-de-Buèges, 674
Saint-Jean-de-Chevelu, 650
Saint-Jean-de-Cuculles, 672
Saint-Jean-de-Duras, 771 772 773
Saint-Jean-de-la-Blaquière, 671
Saint-Jean-de-Minervois, 987
Saint-Jean-de-Muzols, 916 932 940 943 944 955
Saint-Jean-des-Mauvrets, 778 802 810 811 815
Saint-Jean-des-Vignes, 133
Saint-Jean-de-Vaux, 412 417
Saint-Jeannet, 1028
Saint-Jean-Pied-de-Port, 745 749
Saint-Jean-Pla-de-Corts, 688
Saint-Julien, 141
Saint-Julien-Beychevelle, 340 370 371 372 373
Saint-Julien-d'Eymet, 758 764
Saint-Julien-de-Concelles, 788
Saint-Julien-de-Peyrolas, 918
Saint-Just-sur-Dive, 830 836
Saint-Lager, 143 144 145 146
Saint-Lambert-du-Lattay, 780 800 802 803 805 806 807 808 809 810 812 813 814 818 820 821 823 824 825
Saint-Lanne, 752
Saint-Laurent-d'Arce, 225
Saint-Laurent-d'Oingt, 131 132
Saint-Laurent-des-Arbres, 958 959 960
Saint-Laurent-des-Combes, 230 255 262 272 275 278 292
Saint-Laurent-des-Vignes, 756 765
Saint-Laurent-du-Bois, 212
Saint-Laurent-du-Médoc, 340 341 342 344 363 371
Saint-Léger-les-Vignes, 795 1005
Saint-Léon, 204
Saint-Lizaigne, 903
Saint-Louans, 861
Saint-Loubès, 177 193 203 209 210 213 292 345
Saint-Lumine-de-Clisson, 785 793 1004
Saint-Magne-de-Castillon, 263 288 289 290 291 292
Saint-Maigrin, 993
Saint-Maixant, 197 306 307 316 374 376
Saint-Marcel-d'Ardèche, 921
Saint-Martial, 214
Saint-Martin-d'Ablois, 586 605
Saint-Martin-de-Gurson, 760 762 765
Saint-Martin-de-Laye, 211
Saint-Martin-de-Sanzay, 800
Saint-Martin-de-Sescas, 183 200
Saint-Martin-de-Villereglan, 686
Saint-Martin-du-Bois, 207 210
Saint-Martin-du-Puy, 298
Saint-Martin-Lacaussade, 218 219
Saint-Martin-le-Beau, 868 869 870 871

Saint-Martin-sous-Montaigu, 403 546 555 557
Saint-Martin-sur-Nohain, 898
Saint-Mathieu-de-Tréviers, 668 671
Saint-Maurice, 1032
Saint-Maurice-de-Satonnay, 565
Saint-Maurice-les-Couches, 400 417 428
Saint-Maximin-la-Sainte-Baume, 720 721 722
Saint-Méard-de-Gurçon, 758 760 768
Saint-Médard-de-Guizières, 210
Saint-Melaine-sur-Aubance, 778 815
Saint-Même-les-Carrières, 993
Saint-Michel-de-Fronsac, 228 229 231
Saint-Michel-de-Lapujade, 209 743
Saint-Michel-sur-Rhône, 933 934 935
Saint-Mont, 752 753 754 755 1013
Saint-Morillon, 317 319
Saint-Nazaire-de-Ladarez, 682 683 1016
Saint-Nexans, 756 758 766
Saint-Nicolas-de-Bourgueil, 852 854 855 856 857 858 859
Saint-Ouen-les-Vignes, 843
Saint-Palais, 219
Saint-Palais-de-Phiolin, 992
Saint-Paul-de-Blaye, 218
Saint-Paulet-de-Caisson, 915
Saint-Paul-Trois-Châteaux, 927
Saint-Péray, 945
Saint-Père, 395 401 410 890
Saint-Pey-d'Armens, 265 270 274
Saint-Pey-de-Castets, 179 205 215
Saint-Philbert-de-Bouaine, 1006
Saint-Philbert-de-Grand-Lieu, 795 1007
Saint-Philippe-d'Aiguilhe, 262 288 290 291 292 293 294
Saint-Philippe-du-Seignal, 206
Saint-Pierre, 77
Saint-Pierre-à-Champ, 803 812 1006 1009
Saint-Pierre-d'Aurillac, 188 209
Saint-Pierre-d'Oléron, 994
Saint-Pierre-de-Bœuf, 917
Saint-Pierre-de-Clages, 1046 1047 1048
Saint-Pierre-de-Mons, 312 315
Saint-Pierre-de-Vassols, 966
Saint-Pourçain-sur-Sioule, 892
Saint-Quentin-de-Baron, 201 214 318
Saint-Quentin-de-Caplong, 302
Saint-Remèze, 969
Saint-Rémy-de-Provence, 719
Saint-Romain, 417 421 511 520 521 523 524
Saint-Romain-la-Virvée, 208
Saint-Romain-sur-Cher, 839 843
Saint-Roman, 962 963
Saint-Roman-de-Bellet, 711
Saint-Sardos, 1013
Saint-Satur, 898 905
Saint-Saturnin-de-Lucian, 674
Saint-Saturnin-sur-Loire, 800 1001
Saint-Sauveur, 342 343 345 347 363
Saint-Sauveur-de-Bergerac, 768
Saint-Sauveur-de-Puynormand, 207
Saint-Savin, 185
Saint-Sernin-de-Duras, 771
Saint-Sernin-du-Plain, 418 425

Saint-Seurin-de-Cadourne, 340 341 342 343 344 346 347 348
Saint-Seurin-de-Cursac, 221
Saint-Sorlin-de-Conac, 994
Saint-Sornin, 1010
Saint-Sulpice-de-Faleyrens, 183 186 189 249 250 251 252 258 265 266 267 270 271 288 291
Saint-Sulpice-de-Pommiers, 191
Saint-Sulpice-de-Royan, 994
Saint-Sulpice-et-Cameyrac, 188 209 297 301
Saint-Thibéry, 1019 1022
Saint-Trojan, 225
Saint-Tropez, 705
Saint-Vallerin, 559
Saint-Vérand, 133 134 136 573
Saint-Victor-la-Coste, 916 930 959
Saint-Vivien, 758
Saint-Vivien-de-Blaye, 220
Saint-Yzans-de-Médoc, 181 200 331 335 336
Salgesch, 1044 1048
Salies-de-Béarn, 744
Salignac, 211
Sallebœuf, 297
Sallèles-d'Aude, 1020
Salles-Arbuissonnas, 138 140
Salles-d'Angles, 992
Salles-d'Armagnac, 997
Salsigne, 680
Sambin, 881
Samonac, 223 225 226
Sampigny-lès-Maranges, 544 545
Sancerre, 897 899 904 905 906 908 909
Santenay, 402 405 406 414 426 476 490 498 512 513 517 525 527 529 532 533 534 535 536 537 538 539 540 542 543 544 545 555 564
Santo-Pietro-di-Tenda, 726
Sari-d'Orcino, 725
Sarras, 939 1030
Sarrians, 949 950 1026
Sartène, 724
Sassay, 845
Satigny, 1049 1050
Saulcet, 891 892
Saulchery, 591
Saumur, 779 828 836
Saussignac, 761 762 770
Sauternes, 195 215 382 383 386
Sauteyrargues, 671
Sauveterre-de-Guyenne, 179 181 184 194 211 283
Sauzet, 733
Savennières, 816 817
Saviese, 1043 1044
Savignac-de-l'Isle, 203 205
Savignargues, 1017
Savigny-en-Véron, 863 864 865
Savigny-lès-Beaune, 401 403 412 417 453 456 457 464 468 479 489 490 492 493 494 496 497 499 500 501 502 505 510 513 516 526 552
Saxon, 1045
Scherwiller, 80 121
Segonzac, 994
Séguret, 929 946
Seigy, 845
Selles-sur-Cher, 885
Semens, 378
Semussac, 993 1009
Sérignan-du-Comtat, 914 919
Sermerieu, 1029
Serrières-en-Chautagne, 649
Servian, 1017
Sète, 1017 1021 1025
Siecq, 1010

COMMUNES

1067

Sierre, 1042 1045 1047
Sigean, 661
Signes, 720
Sigolsheim, 110 115 122
Sigoulès, 759 761 763 770
Sillery, 622 629
Singleyrac, 762 763
Sion, 1043 1044 1045 1047 1048
Siran, 679 680
Soings, 842 846
Sologny, 561
Solutré-Pouilly, 563 566 568 569 570 572
Soral, 1049
Sorbets, 995
Sorède, 984
Sorgues, 922 953 956
Sos, 1010
Soturac, 730 731 732 1014
Soulaines-sur-Aubance, 811
Soulangis, 895
Soulignac, 178 201 206 215
Soultzmatt, 91 98 99 119 122
Soultz-Wuenheim, 102 122
Soussac, 204 214 296 298 299
Soussans, 213 352 353 354
St-Michel-de-Fronsac, 228 229
St. Prex, 1041
Sury-en-Vaux, 899 904 905 907 908
Suze-la-Rousse, 923
Suzette, 929
Tabanac, 193 306 308 374
Tain-l'Hermitage, 932 936 939 940 942 943 944 946 953
Taluyers, 168 169 943
Tarérach, 691
Targon, 207 297 299
Taron, 1015
Tauriac, 222 223 224 225 226
Tautavel, 692 693 695 977 979 982
Tauxières-Mutry, 609 611
Tavel, 919 920 921 954 958 959 960 961 962
Tavernes, 720
Técou, 736 738
Ternand, 131 133
Terrats, 689 692 979
Tesson, 992
Teuillac, 223 224 225 226
Theizé, 130 133 135 136
Thénac, 756 763 764
Thenay, 842 846
Thésée, 843 844
Theus, 1028
Thézan-des-Corbières, 659 662
Thoré-la-Rochette, 883 1004
Thouarcé, 802 810 811 812 813 817 820 821 822 825 826
Thuir, 691 983 1023
Tigné, 778 813 1005
Tillières, 790 1004 1006
Tolochenaz, 1037 1040
Tonnerre, 396 398 400 402 403 409
Toulenne, 318
Toulon, 1028
Tourbes, 1020
Tournon, 938 943
Tournus, 404 564 566
Tours-sur-Marne, 590 603 607 608 628
Tourves, 720
Tracy-sur-Loire, 897 899
Traenheim, 104 105
Travaillan, 924
Trèbes, 679
Trelins, 889
Trémont, 778 811 813

Trépail, 598 619
Tresques, 916 926
Tresserre, 689 690
Tresses, 185 192 208 211
Trets, 702
Treytorrens-Cully, 1040
Trigny, 584
Troissy, 616
Trouillas, 689 692 976 977 981 985
Tuchan, 660 678 978 980 983 984
Tulette, 924
Tupin-et-Semons, 932
Turckheim, 82 90 96 99 105
Turquant, 833 834
Uchaux, 917 923 927 930
Urville, 579
Vacqueyras, 920 924 929 945 947 948 949 950
Vacquières, 671
Vacquiers, 742
Vaison-la-Romaine, 917 923 928
Valady, 743
Valaire, 846
Valeyrac, 329 333 334 335 336 337
Valflaunes, 667 670 672 1021
Vallères, 845
Vallet, 784 785 786 787 789 790 792 794 795 797 1005
Vallon-Pont-d'Arc, 1031
Valréas, 918 921 926 933 957 961
Vandières, 614 616 617 621
Varrains, 781 828 832 833 834 835 836
Vauchrétien, 810
Vaudelnay, 829 832
Vaux, 399 406
Vaux-en-Beaujolais, 141
Vauxrenard, 138 139 140
Vaux-sous-Aubigny, 1033
Vayres, 300 301 1021
Velaux, 715
Vélines, 763 767
Vendres, 672
Venejan, 913 925
Venelles, 717
Vensac, 330
Ventenac-Cabardès, 685
Venteuil, 596 602 612
Venthône, 1046
Vérargues, 986
Vercheny, 962
Verdelais, 377
Verdigny, 895 899 904 905 906 907 908 909
Vergisson, 563 566 567 568 569 570 573
Vérin, 935
Vernègues, 715
Vernou-sur-Brenne, 779 841 872 873 875 876 877 878 879
Versvey, 1039
Versvey-Roche, 1038
Vertheuil, 336 343 345
Vertou, 784 790 792 794
Vertus, 585 586 595 596 597 601 606 608 615 621 626 628
Verzé, 429 563
Verzenay, 580 587 588 601 620
Verzy, 592 595 597 607 615 621 628
Vestric et Candiac, 664
Vétroz, 1044 1045 1046 1048
Vex, 1043
Veyras, 1045
Veyre-Monton, 888
Vézelay, 405
Vic-la-Gardiole, 987
Vidauban, 702 703 709

Viella, 750 751 752 753 754
Vieux, 735
Viéville-sous-les-Côtes, 1032
Vignonet, 252 259 263 272 273 276
Villars-Fontaine, 422
Villaudric, 740 741
Villecroze, 709 722
Villedieu, 924
Villedommange, 581
Villefranche-sur-Saône, 137 142 565 568
Villegouge, 201
Villematier, 741
Villemontais, 892 893
Villemorin, 991
Villenave-d'Ornon, 320 327
Villeneuve, 222 1039
Villeneuve-de-Berg, 1031
Villeneuve-de-Duras, 771 772
Villeneuve-la-Rivière, 691
Villeneuve-les-Bouloc, 741
Villeneuve-les-Corbières, 678
Villers-la-Faye, 411 412 420 421 423
Villers-Marmery, 604 611 621
Villers-sous-Châtillon, 589 610 620
Villespassans, 682
Ville-sur-Arce, 589 612
Villeveyrac, 667
Villié-Morgon, 150 152 157 158 159 160 164
Villiersfaux, 883
Villiers-Marmery, 586
Villier-sous-Châtillon, 586
Villiers-sur-Loir, 883 884
Villy, 430 434
Vincelles, 583
Vineuil, 880
Vinezac, 969 1031
Vingrau, 693 694 976 977 982
Vinsobres, 916 917 922 926 927 929
Vinzelles, 568 570
Violès, 918 920 925 949
Viré, 563
Vire-sur-Lot, 730 731 732 733
Visan, 916
Visp, 1042
Vix, 798
Voegtlinshoffen, 75 79 82 90 95 97 99 103 108 121
Voiteur, 640 641 643 999
Volnay, 407 411 415 416 424 427 491 493 508 509 514 515 516 517 518
Volvic, 889
Vongnes, 651
Vosne-Romanée, 398 401 408 418 421 457 467 468 469 471 472 473 474 475 476 477 478 479 481 482 490 500 503
Vougeot, 458 467 468 470 472 473 497
Vouvray, 843 845 871 872 873 874 875 876 877 878
Vrigny, 592
Walbach, 98
Westhalten, 91 94 120
Westhoffen, 83 96 105
Wettolsheim, 78 80 81 83 84 85 88 92 97 101 103 109 117
Wihr-au-Val, 94
Wintzenheim, 95 123
Wolxheim, 81 99
Yvorne, 1036 1039
Zellenberg, 73 75 89 95 98 107

1068

INDEX DES PRODUCTEURS

Les folios en gras signalent les vins trois étoiles

André et Michel **Abart,** 741
Les coteaux d' **Abeilhan,** 1016
Eric **Abélanet,** 559
Champagne Henri **Abelé,** 580
Jacques **Abonnat,** 888
Patrice **Achard,** 816 818
Vincent **Achard,** 962
Michel **Achiary,** 913
SCEA **Achiary-Astart,** 928
Achille Princier, 580
Laurance **Ackerman,** 828 1001
Dom. Pierre **Adam,** 113
SCEA **Adoue,** 285
Grands vins Jean-Luc **Aegerter,** 470 **479** 497 498
SCEA Dom. d' **Aéria,** 925
Ch. d' **Agassac,** 338
Coop. d' **Aghione,** 724 1025
EARL **Agrapart et Fils,** 580
Pierre **Aguilas, 802** 813 820
Association vinicole d' **Aigle,** 1040
SCEA du Ch. d' **Aiguilhe,** 288
Stéphane **Aladame,** 558
SCEA **Alard,** 764 766
Frédéric et François **Alary,** 921 929
Jean-Louis **Alaux,** 680
Frédéric **Albaret,** 677
Bruno **Albert,** 832
Jean-Paul **Albert,** 736
Pascal **Albertini,** 725
Lucien **Albrecht,** 83
GAEC des Vignobles **Albucher,** 305 377
Dom. **Alexandre-Compain Père et Fils,** 410
Denis **Alibert,** 717
Cave coopérative d'**Alignan-du-Vent,** 1019
Les Vins Gabriel **Aligne,** 160 564 936 940
Dom. **Aliso-Rossi,** 726
D' **Allaines,** 667
EARL L. **Allemand et Fils,** 1028
Dom. Jean **Allexant,** 494
Dom. Charles **Allexant et Fils,** 502
GAEC **Allias Père et Fils,** 871
Evelyne **Allien,** 382
Allimant-Laugner, 90
Pierre **Alquier,** 688
Pierre **Amadieu,** 947
Amart, 284
Michel **Amart,** 264
Joseph **Ambach,** 343
SCEA Dom. **Amblard,** 771
Maison Bertrand **Ambroise,** 393 394 483 486 523 533
Dom. Pierre **Amiot et Fils,** 462
Jean-Marie **Amirault,** 851
Yannick **Amirault,** 851
Jean-Pierre **Amoreau,** 294
Dom. des **Amouriers,** 949
Coopérative des Anciens Elèves du Lycée viticole d'**Avize,** 622
Dom. Pierre **André,** 951
Jacques **André,** 662
Pierre **André,** 153 394 433 439 455 471 486 494 498
EARL **Andréani,** 724
Jean-François **Andreoletti,** 664
Arlette et Philippe **Andreotti,** 559
Olivier **Andrieu,** 676
Angelier-Leplan Frères, 646
GAEC **Angelliaume,** 860
J. **Anglade,** 170
EARL Vincent et Xavier **Anglès,** 913
SCEA du Ch. des **Annereaux,** 243
Vignobles Jean **Anney,** 369
GAEC **Anstotz et Fils,** 75 82
Georges et Bernard **Antech,** 656 657
Sté **Anthocyane,** 304
Dom. d' **Anthony,** 430
Philippe **Anthony,** 1032
Dom. d' **Antugnac,** 1015
Jean-Marie **Appert,** 152

EARL **Appollot,** 276 281
Arbeau SA, 742
EARL **Arbo,** 294
Frédéric **Arbogast,** 83 96 105
Fruitière vinicole d' **Arbois,** 631
Michel **Arcelain,** 394
Eric **Arcelin,** 416 559
GFA vignobles ch. d' **Archambeau,** 310
Archimbaud-Bouteiller, 948 950
EARL **Archimbaud-Vache,** 947
Les Vignerons **Ardéchois,** 1030 1031
SCEA Ch. d' **Ardennes,** 310
Dom. d' **Ardhuy,** 484
Vignobles **Ardoin,** 218
André **Ardouin,** 991
Henri **Ardurats et Fils,** 315
Antoine **Arena,** 726
Bernard d' **Arfeuille,** 268
Françoise d' **Arfeuille,** 229
Jean-Antoine **Ariston,** 580
Rémi **Ariston,** 580
Dom. **Arlaud Père et Fils,** 462 466 467 470
Ch. d' **Arlay,** 637
Claude **Arlès,** 671
Ch. d' **Armailhac,** 360
Yves **Armand,** 377
Guy **Arnaud,** 713
Jean-François **Arnaud,** 889
Jean-Yves **Arnaud,** 374 375
SA **Arnaud,** 368
SCEA Frédéric **Arnaud,** 916 **926**
SCEV **Arnaud,** 738
SCEA des Vignobles J.-P. **Arnaud et Fils,** 264
GAEC **Arnaud Frères,** 226
Pascal et Corinne **Arnaud-Pont,** 520
Arnault, 804
SC du Ch. **Arnauton,** 230
Pierre **Arnold,** 106
SARL **Arnold-Bobo et Fils,** 692 975
Michel **Arnould et Fils,** 580
SCE Robert **Arnoux,** 474
Arnoux et Fils, 924
Dom. **Arnoux Père et Fils, 498 504** 546
Michel et Ghislaine **Arrat,** 753
Jean-Pierre **Artigueviellle,** 232
Cave Coop. d' **Aspiran,** 658
Assémat, 958
Claude **Asséo,** 261
Carlos **Asseretto,** 317
Bruno **Astruc,** 679
EARL **Athimon et ses Enfants,** 799
Patricia **Atkinson, 770**
Aubert, 866
EARL Dom. Claude **Aubert,** 860
Jean-Claude et Didier **Aubert,** 872
Vignobles **Aubert,** 189 246 266 274 285 290
Vignobles Max **Aubert,** 917 955
Aubert Frères, 820
GAEC **Aubron,** 784
SCEV Champagne L. **Aubry Fils,** 580
Claude **Audebert,** 991
Hubert **Audebert,** 581
Dom. **Audebert et Fils,** 852
Francis **Audiot,** 895
Dom. Charles **Audoin,** 450
EARL **Audouin,** 783
SCE Dom. **Audoy,** 365 366
GAEC **Audrain Père et Fils,** 784
Pascal **Aufranc,** 148
Christophe **Auger,** 852
Rose **Augier,** 710
GAEC Jacky et Philippe **Augis,** 838
Philippe **Augusseau,** 791
Christophe **Auguste,** 394
Bernard **Aujard,** 902
Aujoux, 155
Jean-François **Aupy,** 829
EARL **Mas d' Aurel,** 734
GAEC **Auriol,** 1031
Dom. Paul **Autard,** 951
Ch. d' **Auvernier,** 1051

Auvigue-Burrier-Revel, 413 567
SICA du Vignoble **Auxerrois,** 394
Cellier **Avalon,** 659
SCEA **Avi,** 191
Lucien **Aviet, 632**
Marie-Hélène et Philippe **Avon-Giraud,** 965
Paul **Avril,** 952
Ch. d' **Avrillé,** 778
Champagne **Ayala,** 581
Dom. **Aymard,** 964
Aymen de **Lageard,** 289
Cave coop. d' **Azé,** 394 416 426
Alain **Baccino,** 707
Jean-Claude **Bachelet,** 394 537
Dom. Bernard **Bachelet et Fils,** 525 533 537 540 544
Dom. **Bachelet-Ramonet Père et Fils,** 533
EARL Dom. **Bachelier,** 430 434
Jacques **Bacou,** 662
Ch. **Bader-Mimeur,** 537
Marc **Badiller,** 849
Henri **Badoux,** 1038
Bernard **Badoz,** 637 998
SA **Bagnis et Fils,** 702
Champagne **Bagnost Père et Fils,** 581
Sté Donatien **Bahuaud,** 787 1006
Jacques **Bailbé,** 983
Alain **Baillon,** 892
Caves de **Bailly,** 429
Guy **Bailly,** 334
Jacques **Bailly,** 265
Sylvain **Bailly,** 904
SA **Bailly-Reverdy,** 905
J.-F. **Baissas,** 977
Cave des Vignerons de **Baixas,** 693 694 **976** 977 982 983 1017
GAEC ch. de **Balan,** 177
EARL Denis **Balaran** , 736
SCEA **Baldès et Fils,** 734
GAEC **Balivet,** 651
Dom. Jean-Paul **Balland,** 903
Dom. **Balland-Chapuis,** 890
SARL Joseph **Balland-Chapuis,** 904
Héritiers André **Ballande,** 320
Ballot-Millot et Fils, 504 509 525
Guy **Balotte,** 261
Dom. **Banchereau,** 818
Christian **Bannière,** 581
Laurent **Bannwarth et Fils,** 83 90
Champagne Paul **Bara,** 581 627
EARL Dom. **Barat,** 434 439
Sté Fermière Ch. **Barateau,** 340
GAEC Ch. **Barbanau,** 699
Jean-Christophe **Barbe,** 385
SCE Ch. de **Barbe Blanche,** 278
Denis et Hélène **Barbelet,** 166
André **Barbier,** 902
Champagne F. **Barbier,** 581
Christophe **Barbier,** 1016
EARL **Barbou,** 840
EARL A. **Barc Père et Fils,** 862
Vignobles **Barde,** 760 768
Jean-Louis **Bardeau,** 246
SCEA **Barde-Haut,** 253
SCEA Vignobles **Bardet,** 272 276
Cédrick **Bardin,** 897
Pascal **Bardoux,** 581
Champagne G. de **Barfontarc,** 581
Gilles **Barge,** 931
De **Baritault,** 313
Raymond **Barlet et Fils,** 647 650
Dom. **Barmès-Buecher, 84**
Stéphane **Barnaud,** 918
Champagne Edmond **Barnaut,** 581
Jean **Barnier,** 1026
Maurice **Barnouin,** 1024
Arthur **Barolet,** 479
Champagne **Baron Albert,** 582 607
Baron-Brevet, 789
Union de producteurs **Baron d'Espiet,** 195 215 297

Sté Baron de Hoen, 77 84
Champagne Baron-Fuenté, 582
Jean Baronnat, 142 571 913
Emmanuel Barou, 1030
François Barraud, 297
SCEA des Vignobles Denis Barraud, 183 186 **250** 270
Didier Barré, 750
Paul Barre, 228 231
Jean-Michel Barreau, 787
Mme Barreau-Badar, 235
EARL Vignobles Barreau et Fils, 195
EARL Vignobles Claude Barreau et Fils, 297
Barré Frères, 791
SCEA Barréjats, 381
EARL Barrère, 747
Antoine et Jean-Luc Barret, 1021
Ch. Barreyre, 303
SC Ch. Barreyre, 202
Robert Barrière, 302
Jacques Barrière et Fils, 924
Louis Barruol, 922 948 956
Dom. Bart, 450
Michel Barthe, 181
SCEA Vignobles Ph. Barthe, 187 197
Monique Barthès, 711
Anthony Barton, 371 372
Barton et Guestier, 177 345
Ch. Bas, 715
SCEA Guilhem Bascou, 1022
Francis Basseporte, 395
Basset-Baron, 805
Bastide, 929
Christian Bastide, 737
E. Bastide, 921
SCEA Vignobles Bastor et Saint-Robert, 318 381
Sylvie Bataillard, 166
Bataillard Père et Fils, 147
SCEA Batailley, 358
Serge Batard, 795 1005
Yves Batardon, 1049
EARL Baude, 721
Vignobles Michel Baudet, 221
Marcel Baudier, 306
SARL Clos Baudoin Vitifera, 872
Jacques Baudoin, 886
Baud Père et Fils, 636 637
Bernard Baudry, 860
GAEC Baudry, 769
Champagne Bauget-Jouette, 582
Michel Baujeau, 582
J. et G. Baumann, 995 1013
Baumann-Zirgel, 84
Florent Baumard, 816
SCEA Dom. des Baumard, 804
A. L. Baur, 75 82 90
Charles Baur, 106
Jean-Louis Baur, 77 96
François Baur Petit-Fils, 105
SC Vignobles Baylet, 196 208
Jean-Noël Bazin, 424
SCEA Ch. Beaubourg, 963
Paul Beaudet, 144 564 569 573
Ch. Beauferan, 715
Herbert Beaufort, 582 627
Jacques Beaufort, 582
Cellier du Beaujardin, 838
Jacques Beaujeau, 810
Cave coop. Beaujolaise, 131
Cave Beaujolaise de Quincié, 163
Caveau des Beaujolais-Villages, 137
GFA Ch. de Beaulieu, 1027
Cave des Vignerons de Beaumes-de-Venise, 965 985
Champagne Beaumet, 582
SCEA Beaumet-Bonfils, 947
Dom. des Beaumont, 460 462
SCE Ch. Beaumont, 340
Champagne Beaumont des Crayères, 582
Lycée viticole de Beaune, 424 504
Cave de Beaupuy, 742
Ch. de Beauregard, 567 828
SCEA Ch. Beauregard, 235
SCEA Ch. Beau Rivage, 200 202
SARL Beauséjour, 281
Yves Beautrait, 582
Cave du Beau Vallon, 130
Cave vinicole de Beblenheim, 114 116 121
EARL Vignobles Bécheau, 292

Jean-Yves Béchet, **223** 223
Bernard Becht, 121
Pierre Becht, 84 97 121
Cave d'Alsace Hubert Beck, 106
Beck, Dom. du Rempart, 76
GAEC Jean-Philippe et François Becker, 75
Jean Becker, 73 107
Gérard et Dominique Bécot, 255
Jean Bedin, 143
Michel Bedouet, 796
Charles Béduneau, 800
Dom. Bègue-Mathiot, 439
André Beheity, 751
Jean-Baptiste Béjot, 509
Cave des Vignerons de Bel-Air, 157
Dom. du Cellier de Bel-Air, 651
SARL Dom. de Bel Air, 147
SCI Vignoble de Bel-Air, 144
SCA du Ch. de Belcier, 288
Jean Belgodère, 1025
Jules Belin, 439 492
Jean-Claude Belland, 540
Roger Belland, 525 529 533
SCE du Clos Bellefond, 534
SCI Ch. Bellefont-Belcier, 255
SARL Ch. Bellerive, 827
SCEA Ch. Bellerive-Perrin, 329
Dom. des Belles Chaumes, 420
SCEA Belles Eaux, 1016
Dom. Belleville, 548
SC Ch. Bellevue, 255
Ch. Bellevue la Forêt, 740
Les Caves Bellier, 880
Les Vignerons de Bellocq, 744
Vignobles Belloc-Rochet, 311
Louis Bellot, 436
GAEC Belon et Fils, 1012
Champagne L. Bénard-Pitois, 583
Frédéric Bénat, 166
Paul et Jean-Pierre Bénétière, 892
SCEA Dom. Pierre Bénézech et Fils, 676
Philippe Benezet, 709
Christian Benillan, **333**
Les Caves de Bennwihr, 77 121
François Benoist, 878
Philippe de Benoist, 907
Patrice Benoît, 868
Dom. Emile Benon, **816**
Michel Benon et Fils, 147
Béranger, 731
Philippe Bérard, 334 570
Hervé Beraud-Sudreau, 321
Beraut et Fils, 1014
GAEC Berchoux, 131
Champagne Bereche et Fils, 583
Christian Béréziat, 144
Bernard Berger, 186
Lycée viticole de Bergerac, 760
Union vinicole Bergerac Le Fleix, 186 759 768
Christian Bergeret, 424 534 537
Jean-François et Pierre Bergeron, 155
Vte et Vtesse Patrick de Berliquet, 255
EARL Bernaert, 395
Domaines Michel Bernard, 665 916 920 921 923 931 942 952 959 961 968 1019
Jean Bernard, 134
René Bernard, 646
SCEA des Dom. Bernard, 379
EARL A. Bernard et Fils, 949
Clos de Bernardi, 726
Claude Bernardin, 131
SA Ch. de Berne, 701
Philippe Bernède, 732
Jean-Marc Bernhard, 118 121
Cécile Bernhard-Reibel, 77
Alain Bernillon, 145
Dom. Berrod, 651
Jean-Claude Berrouet, 285
Dom. Bersan et Fils, 407 408 420 434 449
Dom. Bertagna, 470 497
Pascal Berteau et Vincent Mabille, 872
SA Marcel Berthaudin, 1041
Colette Berthe, 815
SA Paul Berthelot, 583
Berthet-Bondet, 636 638
Christian Berthet-Rayne, 951
M. et A. Berthet-Rayné, 925
SCEA Dom. des Berthiers, 898

Jean-Claude Berthillot, 1032
Clément de Bertiac, 178
EARL Bertin, 178 204 299
SCE de Bertineau, 285
SCEA Bertin et Fils, 244 281
Gérard Bertrand, 663
M. et J.-F. Bertrand, 991
Mireille Bertrand, 1019
Patrick Bertrand, 161
SCEA des Vignobles Jacques Bertrand, 256 262
Dom. des Bertrands, 700
Thierry Bésard, 838
Daniel Besnard, 839
Thierry Besnard, 787
Gérald et Patricia Besse, 1042
Jean Besse, 410
Besserat de Bellefon, 583
André et Jean-Paul Bessette, 209 **302**
Jean-Claude Bessin, 434 439
SA Vignobles Bessineau, 286
Gérard Besson, 572
Guillemette et Xavier Besson, 556
Vignobles J. Bessou, 280 286
Alain et Mireille Bessy, 131
Arlette Best, 768
Léo Beteille, **1015**
Jean-Jacques de Bethmann, 327
Henri Bétizeau, 991
Dom. H. Beurdin et Fils, 902
Sté Vinicole de Bex, 1040 1041
SC Ch. Beychevelle, 340 370
Emile Beyer, 77
Patrick Beyer, 84
SCA Beyney, 257
Jean-Marie Bezios, 736
SCEA Ch. du Biac, 303 373
Jacques Bianchetti, 725
Vignobles Biau, 760
GFA Bibey, 332
Héritiers du Baron Bich, 260
Maison Albert Bichot, 398 525
SCEA Vignoble Bidet, 806 809 824
Gérard Bigonneau, 902
SCEA Marcel Biguet, **832**
Claudie et Bruno Bilancini, 766
Dom. Gabriel Billard, 509
GAEC Billard et Fils, 523
Dom. Billard-Gonnet, 509
Dom. Billaud-Simon, 430 439 446
Champagne Billecart-Salmon, **583**
Jean-Yves Billet, 853
Champagne Gaëtan Billiard, 583
Franck Bimont, 829
Champagne Binet, 583
Joseph Binner, 78 82
Claudine Binninger, 301
Les Hoirs Albert Biollaz, 1042
Christian Birac, 302
SCE Birot-Meneuvrier, 224
Luc Biscarlet, 667
Cave de Vignerons de Bissey, 427
EARL Ch. Biston-Brillette, 357
Pierre Bitouzet, 497 552
Bernard et Marie-Thérèse Bizard, 921
SCEA du Dom. des Bizelles, 203
Dom. Bizot, 473
Christophe Blanc, 672 1019
Georges Blanc, 394
Yves Blanc, 131
SNC Blanc et Cie, 664
Charly Blanc et Fils, **1039**
Dom. Gilbert Blanc et Fils, 646
Eric Blanchard, 771
SCEA Francis et Monique Blanchard, 771
Michel Blanche, 1039 1040
Christian Blanchet, 221
Francis Blanchet, 897
Gilles Blanchet, 897
Blancheton Frères, 772
Dom. Paul Blanck, 90 107 **114**
Robert Blanck, 97
EARL André Blanck et Fils, 96
Blancpied Frères, 1032
Didier Blanlœil, 792
Lycée Viticole de Blanquefort, 342
Blasons de Bourgogne, 430
Sylvie et Alain Blasquez, 348
Claude Bléger, 97
Henri Bleger, 84
SCE Ch. de Bligny, 474 479 504 514

SC Champagne H. **Blin et Cie,** 583
R. Blin et Fils, 584
Jean-Luc **Blondel,** 1039
Th. **Blondel,** 584
Huguette **Blouin,** 201
Guy **Bocard,** 395 410
J. et C. **Bocquet-Thonney,** 1050
Emmanuel **Bodet,** 1008
Claude **Bohler,** 679
Jean-Noël **Boidron,** 197 235 258 281 287
Eric **Boigelot,** 518
Jacques **Boigelot,** 514
SCE du Dom. Albert **Boillot,** 427 509
Jean **Boireau,** 206
Maurice **Boiron,** 951
Cave du Ch. du **Bois de La Salle,** 166
SARL Ch. **Bois Noir,** 193
Boisseaux-Estivant, 395
CAT **Boissel,** 738
Jacques **Boissenot,** 355
Jean-Claude **Boisset,395** 427 434
de **Boisseyt-Chol,** 931
Vignobles **Boissonneau,** 209 743
Jean **Boivert,** 335
Vincent **Boivert,** 330
Champagne **Boizel,** 584
SA **Bolle et Cie,** 1040
Christian **Bolliet,** 651
Bollinger, 584
Pierre **Bonastre,** 343
Jean **Boncheau,** 280
Christian **Bonfils,** 925
Bernard **Bongars,** 872
Champagne **Bonnaire,** 584 599
Catherine et Patrick **Bonnamy,** 185
GAEC **Bonnard Père et Fils,** 898
Etienne et Pascale de **Bonnaventure,** 861
André **Bonneau,** 835
EARL Joël **Bonneau,** 219
GAEC **Bonneau,** 187
Dom. **Bonneau du Martray,** 494 497
Patrick et Christophe **Bonnefond,** 931 934
Monique **Bonnet,** 309
SA Alexandre **Bonnet,** 584
SCEA G. et M.-C. **Bonnet,** 918 953
Vignobles Pierre **Bonnet,** 314 317
Aimée-Claude **Bonnetain,** 144
SC de **Bonneterre,** 1020
Jacques **Bonnet et Alain Azoug,** 415
EARL **Bonnet et Fils,** 223
Bonnet-Huteau, 788
Thierry **Bonneton,** 892
SA **Bouquet Père et Fils,** 629
Champagne **Bonnet-Ponson,** 585
Bonnet-Walther, 866
Ch. et Th. **Bonnin,** 803 813
Dom. de **Bonserine,** 932
Champagne Franck **Bonville,** 585
Charles **Bonvin et Fils,** 1043
Frédéric **Bonzoms,** 692
SCEA Vignobles **Bord,** 375
Alain **Borda,** 677
Pierre et Gisèle **Bordenave,** 746
GAEC des Vignobles **Bordeneuve,** 182 305
GAEC **Bordeneuve-Entras,** 996
EARL **Borderie,** 210
EARL Vignobles Paul **Bordes,** 286
Jacky **Bordet,** 793
Bordonado, 1027
EARL **Boré,** 802 813
Champagne **Borel-Lucas,** 585
GAEC **Boret Frères,** 780
Régine et Gérard **Borgnat,** 395
Jean-Eugène **Borie,** 370
Paul-Henry **Borie,** 402 560
Dom. **Borie de Maurel,** 679
Xavier **Borliachon,** 289
Michel **Bortolussi,** 255
Thierry **Bos,** 203
Michel **Bosc,** 282
Jacques **Boscary,** 674
SCEA Comte de **Bosredon,** 762
Patrick et Marie-Paule **Bossan,** 139
Gilbert **Bossard,** 783
Guy **Bossard,** 790 1004
Alain **Bosson,** 649
Dom. **Bott-Geyl,** 115 **115**
Caves Saint-Pierre Henry **Bouachon,** 914 927 936 940 949 955
Régis **Boucabeille,** 692
Thierry **Boucard,** 853

Daniel **Bouchacourd,** 141
Daniel et Françoise **Bouchacourt,** 148
Dom. Gabriel **Bouchard,** 499 504 510
Jean **Bouchard,** 540 552
Pascal **Bouchard,** 395 430 434 439 446
Vignobles **Bouchard,** 306 374
Bouchard Aîné et Fils, 553 556
Bouchard Père et Fils, 415 434 439 475 478 480 497 499 505 514 **525** 529 545 548 558
Henri et Laurent **Bouchaud,** 795
Dom. **Bouche,** 913
Françoise **Bouché,** 768
SCEA Vignobles **Bouche,** 316
EARL Bernard **Bouche et Fils,** 315
Champagne **Bouché Père et Fils,** 585
GAEC **Boucher M.-G.-S.,** 936
Claudine **Boucherie,** 374
Gilbert **Bouchez,** 646
Dom. **Bouchez-Crétal,** 427 518
Bouchié-Chatellier, 897
Bernard **Bouchon,** 192 300
Les Vignobles **Boudau,** 981 1023
Vignoble **Boudinaud,** 1020
SCA Vignoble **Boudon,** 178 206 215
Michel **Bouen,** 1042
SCA Vignobles **Bouey,** 374
Gérard **Bougès,** 343
Philippe **Bougré,** 842
Jean-Claude **Bougrier,** 841
SA **Bougrier,** 1001
GAEC Jean-Claude **Bouhey et Fils,** 411 420
Jean-Paul **Bouin-Boumard,** 795 1004
EARL **Bouin-Jacquet,** 1008
Henri **Boukandoura et Magdeleine Hutin,** 1022
Patrick **Bouland,** 157
Raymond **Bouland,** 157
Champagne Raymond **Boulard,** 585
Jean-Marie **Bouldy,** 235
Dom. Jean-Marc **Bouley,** 424
Reyane et Pascal **Bouley,** 416 515
Pierre **Bouley-Rossignol,** 515
Francis **Boulière,** 209
Jean-Louis **Boulière,** 304
Philippe **Boulière,** 307
GAEC **Boulin et Fils,** 179
Boulmé, 221
Jean-Paul **Boulonnais,** 585
Bouloumié et Fils, 733
GAEC des **Bouquerries,** 860
EARL **Bouquey et Fils,** 272
Jean **Bouquier,** 322
Henri **Bourcheix,** 888
Raymond **Bourdelois,** 585
Roger **Bourdens,** 995
Camille **Bourdoux,** 834
Claude **Boureau,** 868
Dom. Henri **Bourgeois,** 897 904
Champagne **Bourgeois-Boulonnais,** 586
Cave des **Bourgeoises,** 1035
René **Bourgeon,** 556
Colette **Bourgès,** 769
Cave de **Bourg-Tauriac,** 224
Cave des Grands Vins de **Bourgueil,** 852
Frédéric **Bourillon,** 872
Comtesse de **Bournazel,** 315 384
Xavier de **Bournet,** 1031
SA Pierre **Bourotte,** **235** 246 278
SCEA **Bourrigaud et Fils,** 256 277
Champagne Ch. de **Boursault,** 586
SA Ch. **Bouscaut,** 320 328
Bousquet, 673
Jean-Jacques **Bousquet,** 1012
SCEA Jean-Louis et Christian **Bousquet,** 681
François-Régis **Boussagol,** 1020
SCEA **Boussard,** 402
Dom. Denis **Boussey,** 510 515 518
EARL du Dom. Eric **Boussey,** 520
Bouteille Frères, 133
Francis **Boutemy,** 323
Michel **Bouter,** 264 272 277
Boutet-Saulnier, 872
Dom. Marc **Bouthenet,** 424
Jean-François **Bouthenet,** 544
G. **Boutillez-Vignon,** 586
René **Boutillier,** 586
Jack **Boutin,** 670
Boutinot, 1015

Paul **Boutinot,** 840 1004
Gilles **Bouton,** 528 534 537
Dom. G. et G. **Bouvet,** 650
Bouvet-Ladubay, 779 829
Dom. Régis **Bouvier,** 450 453 462
René **Bouvier,** 395 450 455
Christian **Bouyer,** 257
Jean **Bouyer,** 789
Michel **Bouyer,** 919
Christine **Bouyre,** 305
Bernard **Bouyssou,** 1012
EARL **Bouyx,** 310
Dom. **Bouzerand-Dujardin,** 409 505 518 520
Hubert **Bouzereau,** 534
Jean-Marie **Bouzereau,** 515 525
Philippe **Bouzereau,** 505 520 526
Pierre **Bouzereau-Emonin,** 525 529
Michel **Bouzereau et Fils,** 525 529
Antoine **Bovard,** 1038
Louis **Bovard,** 1035
Tom **Bove,** 706 721
EARL Albert **Boxler,** 105
GAEC Justin **Boxler,** 115
SCE Ch. **Boyd-Cantenac,** 352
Jean-Pierre **Boyer,** 714
Michel **Boyer,** 191 199
SA Vignobles M. **Boyer,** 179 316 375
Boyer de la Giroday, 185 195
Yves **Boyer-Martenot,** 411
Paul **Boyreau,** 317
EARL Simone et Guy **Braillon,** 148 162
Etienne **Brana,** 749
Jean et Adrienne **Brana,** 745
SAE du Ch. **Branaire-Ducru,** 370
Cave viticole de **Branceilles,** 1014
EARL **Branchereau,** 820
Dom. Lucien **Brand,** 75
Maxime **Brand,** 121
SC Ch. du **Branda,** 281 286
Jérôme **Brandon,** 73 **96**
SA J.-F. **Brando,** 710
SCEA du Ch. **Brane-Cantenac,** 352
EARL **Brangeon-Guinard,** 1004
Claude **Branger,** 788
Didier **Branger,** 792
R. **Branger et Fils,** 792
Jacques **Brard-Blanchard,** 1009
Brateau-Moreaux, 586
Christian **Braud,** 785
Françoise **Braud-Coussié,** 313
EARL **Brault,** 811 815
GAEC **Brault,** 1005
Camille **Braun,** 91
François **Braun et Fils,** 84 97
EARL Charles **Bravay,** 952
GAEC **Brazilier,** 883
S. **Brechet,** 704
Sylvette **Brechet,** 946 957
EARL Henri **Brecht,** 75 78
Marc **Brédif,** **873**
Jean-Claude **Brelière,** 548
Mme F. des **Brest-Borie,** 362
Jean-Yves **Bretaudeau,** 1004
Catherine et Pierre **Breton,** 860
SCEV **Breton Fils,** 586
Ch. du **Breuil,** 800 818
GAEC Yves et Denis **Breussin,** 873
Ch. de **Briacé,** 784
Jean **Brianceau,** 308
Champagne **Brice,** 586
Champagne **Bricout et Koch,** 586
Jean **Briday,** 161
Jean-Marc **Bridet,** 312
SA Ch. **Brillette,** 358
Dominique **Briolais,** 224
Jean **Brion,** 873
Philippe **Brisebarre,** 873
Dominique **Brisset,** 897
Jean-Claude **Brisson,** 268
Jean-Marc **Brocard,** 396 411 439
SA Dom. Hubert **Brochard,** 904
Brochet-Hervieux, 586
Francis **Brochot,** 586
Marc **Brocot,** 450
Philippe **Brocourt,** 860
Jean-François **Brondel,** 132
Louis et Michel **Bronzo,** **712**
Yves **Broquin,** 203
Dominique **Brossard,** 1007
D. **Brosseau - J. Hervouet - E. Vincent,** 787

Laurent-Charles **Brotte**, 914 932 936 952
SA **Brouette** Petit-Fils, 215
Mme **Brouillat**-Arnould, 661
SA Ch. **Brown**, 320
Bernard **Broyer**, 154
SCEA du **Bru**, 179 191 204 301
Dom. **Bru**-Baché, 747
Michel **Brugne**, 161
Guilhem **Bruguière**, 667
Dom. de **Brully**, 489 538
Alain **Brumont**, 752
Ch. **Brun**, 249
Christian **Brun**, 344
Jean-Louis **Brun**, 158
Jean-Marc **Brun**, 913 988
Jean-Paul **Brun**, 136
SCEA Vignobles **Brun**, 377
Jean **Bruneau**-Dupuy, 856
Brunel, 954
GAEC **Brunel** et Fils, 923
Georges **Brunet**, 873
Pascal **Brunet**, 861
Champagne Edouard **Brun** et Cie, 587
Brunier Frères, 955
Brunot, 272
Brusina Brandler, 354
SA Dom. **Brusset**, 946
Michel **Bruzaud**, 334
G. **Brzezinski**, 396
Claude **Buchet**, 803
Claude **Buchot**, 998
Maison Joseph de **Bucy**, 396 525 538 558
Paul **Buecher**, 78
Dom. François **Buffet**, 515
Jean-Louis **Buffières**, 941
Paul **Buisse**, 840
Christophe **Buisson**, 523
Dom. Henri et Gilles **Buisson**, 520 523
SCEA des **Buissonnes**, 904
Paul **Bujard**, 1038
Noël **Bulliat**, 117
Cave coop. de **Bully**, 131
Dom. **Bunan**, 712 713
Eric **Bunel**, 587
Pierre **Burel**, 720
Bernard **Burgaud**, 932
Jean-Marc **Burgaud**, 157
Roger **Burgdorfer**, 1050
Buri et Fils, 733
Ets Georges **Burrier**, 567 571
Christian **Busin**, 587
Jacques **Busin**, 587
Philippe **Butin**, 636 638 998
Jean **Butterlin**, 85 97 117
Cave des Vignerons de **Buxy**, 410 413 546 556 558 559
EARL **Buytet** et Fils, 318
Les Vignerons de **Buzet**, 739
Caveau des **Byards**, 641 998
Maurice **Cabal**, 734
Dom. de **Cabasse**, 946
Isabelle de **Cabissole**, 669
Marie-Claude **Cabot**, 395
Cave des Vignerons de **Cabrières**, 673
Ch. **Cabrières**, 952
Dom. **Cachat**-Ocquidant et Fils, 486 489 492 494 502
Jacques **Cacheux** et Fils, 474 479
M. **Cadart**, 846
Champagne Guy **Cadel**, 587
EARL Dom. **Cady**, 801 818 819
SCEA Dom. de **Cagueloup**, 711
EARL de **Cahuzac**, 740
Dom. A. **Cailbourdin**, 897
GAEC Ch. **Caillavel**, 761 765
SCEA de **Caillavet**, 303
Guy et François **Caillé**, 863
EARL Pascal **Cailleau**, 806 810 825
Xavier **Cailleau**, 800
EARL Vignobles **Cailleux**, 183 187 299
Daniel **Caillez**, 587
Henri **Caillez**, 587
Dom. **Caillol**, 710 1027
Dom. **Caillot**, 396 510 515 540
Dominique **Caillot**, 518
SA Ch. du **Caillou**, 312
Cave de **Cairanne**, 926
GAEC Ch. de **Calassou**, 729
Cave Les Vignerons de **Calce**, 688 693
Ch. **Calissanne**, 715 716
Champagne Pierre **Callot** et Fils, 587

SCEA **Calon** Ségur, 366
SCEA François et Jean **Calot**, 157
Bertrand et Monique **Caloz**-Evequoz, 1045
Calvet, 213
Benoît et Valérie **Calvet**, 180 196
Sté Fermière du Ch. de **Camarsac**, 296
Ch. **Camensac**, 341
SCEA des vignobles Didier **Caminade**, 183
SCEA des vignobles Marc **Caminade**, 182
SCEA du dom. de **Campet**, 1010
Vignerons de **Camplong**, 660
SCA Ch. de **Campuget**, 664
Christophe **Camu**, **431**
Lucien **Camus**-Bruchon, 499
Mme Véronique **Canal** Du Comet, 569
Jean-Luc **Canard**, 135
Michel **Canard**, 139
SCEV **Canard**-Aubinel, 396
Canard-Duchêne, 587
SARL **Cantegraves**, 354 358
GFA du Ch. **Cantegric**, 329
SC Ch. **Cantemerle**, 341
Les Vignerons de **Canteperdrix**, 964 1026
GFA des domaines de **Canterrane**, 981
SC Ch. de **Cantin**, 256
GAEC du **Cap** de l'Homme, 741
SCEA **Capdemoulin**, 253 284
Didier **Capdevielle**, 747
Mme **Capdevielle**, 361
SARL **Capitain**-Gagnerot, 486 489
Ch. de **Capitoul**, 667
Denis **Capmartin**, 750 752
Guy **Capmartin**, 750 **753**
Philippe **Captier**, 1020
Capuano-Ferreri et Fils, 540 544
SCV de **Caramany**, 693
Claude et Michel **Carayol**, **684**
Ch. **Carbon** d'Artigues, 313
SC du Ch. **Carcanieux**, 329
Pierre **Carle**, 762 763 770
SCEV du Ch. de **Carles**, 230
Jean-Yves de **Carlin**, 588
Carpi-Gobet, Dom. des Roches, 562
Denis **Carré**, 396 411 424 499 510 520 524
Alain **Carreau**, 270
Carreau-Gaschereau, 716 **718**
GAEC Eugène **Carrel** et Fils, 649
Denis **Carron**, 131
Jean-François **Carron**, 1045
Philippe **Carroué**, 890
Julien **Carrupt** et Cie, 1042
Olivier **Carruzzo**, **1045**
Ch. **Carsin**, 304 373
Claude **Cartereau**, 867
Jean-Marc **Carteyron**, 248
SCEA Patrick **Carteyron**, 181 192 197 212
François **Cartier**, 842
Mme Nicolas **Cartier** et Fils, 719
Philippe **Cartoux**, 947
SCEA **Cascarret**, 242 245
Les Maîtres Vignerons de **Cascastel**, **677**
EARL Alain **Caslot**-Bourdin, 853
GFA **Cassat** et Fils, 270
Ets **Casses**, 222
SCEA Michel et Nadine **Cassot**, 732
Emile **Castéja**, 364
Héritiers **Castéja**, 360 366
Indivision **Castéja**-Preben-Hansen, 240 255 276
Les Vignerons du **Castelas**, 914
Castel Frères, 802 842 1020
Vignobles et Châteaux **Castel** Frères, 177 189
Champagne de **Castellane**, 588
SCAV les coteaux du **Castellas**, 673
Bernadette **Castells**, 249
SA Ch. de **Castelnou**, 688
Ch. **Castéra**, 330
Les Vignerons **Catalans**, 688 692 693
EARL Dom. de **Catarelli**, **726**
SA Daniel **Cathiard**, 201 230 328
Sylvain **Cathiard**, 467 474 479
Cattier, 588
Dom. Joseph **Cattin**, 97 108
Théo **Cattin** et Fils, 108 121
SCAEDM Dom. de **Caunettes** Hautes, 684
Line **Cauquil**, 682
Michel et Marcelle **Causse**, 671
Christian **Cautain**, 810

Ch. du **Cauze**, 256
Henri **Cavaillé**, 984
Jean-Benoît **Cavalier**, 671
SCEA Ch. **Cavalier**, 702
Cave des Vignerons des Gorges du Tarn, 744
C.A.V.I.F., 308
SCEA Dom. de **Cazalis**, 204
SCEA **Cazal**-Viel, 682
Charles de **Cazanove**, 588 627
SCI Domaines **Cazeau** et Perey, 179
SCEA Yvette **Cazenave**-Mahé, 202 300
Dom. **Cazes**, **689** 689 693 976 982 1023
Jean-Michel **Cazes**, 196 204 241 272 319 352 361 362 363 364 367
François **Cazin**, 880 **882**
Brigitte et Alain **Cazottes**, 738
EARL Vignobles J.-P. et M. **Celerier**, 286 291
Cellier, 956
Dom. du **Cerberon**, 525
Jean-Luc **Cesbron**, 800
SNC les Domaines **C.G.R.**, 332 336
Alain **Chabanon**, 669
Philippe **Chabas**, 720
Gérard **Chabbert**, 679
Gilles **Chabbert**, **680**
GAEC André **Chabbert** et Fils, 675
SCI Dom. des **Chaberts**, 720
GFA **Chabiran**, 205
Philippe **Chacun**, 335
EARL Janine **Chaffanjon**, 158
SARL **Chagneau** JPMD, 263
GAEC Vignobles **Chaigne** et Fils, 212
Dom. du **Chaillot**, 887
SCEA du Ch. de **Chainchon**, 289 **293**
Ets Pierre **Chainier**, 848
SCA dom. **Chainier**, 844
Cave de **Chaintré**, 571
SCEA Dom. **Chaintreuil**, **152**
Grégoire **Chaix**, 700
Isabelle et Patrice **Chaland**, 202
Daniel et Pascal **Chalandard**, 637 **638** 998
Franck **Chalmeau**, 397
SCEA **Chaloupin**-Lambrot, 315
Indivision **Chambret**, 270
Bernard **Chamfort**, 914 1026
Denis **Chamfort**, 270
Dom. du Ch. de **Chamirey**, 553
Robert **Champ**, 915
Union **Champagne**, 616
GAEC du Dom. **Champagnon**, 147
Jean-Paul **Champagnon**, 153
Champalou, 873
Roger **Champault** et Fils, 895 904
SCEA Dom. **Champeau**, 899
Charles **Champier**, 146
GAEC **Champion**, 873
SCEA de **Champteloup**, 777 811
Maison **Champy** Père et Cie, 489 492 494 505 508 538 548
Pierre **Chanau**, 397 416 564
Dom. des **Chandelles**, **659**
Dom. **Chandon** de Briailles, 492
Dom. **Changarnier**, 518
Champagne **Chanoine**, **588**
Nicole **Chanrion**, 146
Chanson Père et Fils, 471 474 494 503 505
Dom. de **Chantemerle**, 434 440
Joseph-Marie **Chanton**, 1042
Dom. **Chanzy**, 415 540 548
Ph. **Chapelle** et Fils, 490
M. **Chapoutier**, 932 936 942 944 953
Vincent **Chappuis** et Fils, 1038
Maurice **Chapuis**, 494
Thierry **Chaput**, 868
Champagne Jacques **Chaput** et Fils, 588
SA Champagne **Chapuy**, 588
René **Charache**-Bergeret, 411
Didier **Charavin**, 915 926 988
Robert **Charavin**, 926 988
Claude **Charbonnier**, 639
GAEC **Charbonnier**, 803
Jacky **Charbonnier**, 842
Roland **Charbonnier**, 224
Jacques **Chardat**, 219
Claude et Yves **Chardon**, 357
Thierry **Chardon**, 844
Dom. du **Chardonnay**, 431 434 440
Michel **Chardonnet**, 589
SICA vinicole **Charente** Maritime, 1010

Champagne Robert **Charlemagne**, 589
SA Champagne Guy **Charlemagne**, 589
Dom. François **Charles et Fils**, 515
Jacques **Charlet**, 565
Maurice **Charleux**, 397 450 544
Champagne **Charlier et Fils**, 589
Dom. Philippe **Charlopin-Parizot**, 397
Pierre **Charlot**, 191 194 **301**
SCA Ch. **Charmail**, 341
André **Charmensat**, 888
Vignoble **Charmet**, 132
Jean-Louis **Charmolüe**, 368
Ghislain de **Charnacé**, 711
Cave de **Charnay**, 427
François **Charpentier**, 902
Jacky **Charpentier**, 589
Jean-Claude **Charpentier**, 279
GAEC **Charpentier-Fleurance**, 796
SCEA Vignobles **Charrier et Fils**, 381
Laurent **Charrion**, 145
SCEA Ch. **Charron**, 218
Jean-Pierre et Eric **Charruau**, 833
Philippe **Chartogne**, 589
Jean-Pierre **Charton**, 397 553
C. **Charton Fils**, 486 492
Olivier **Chartrain**, 800
ASVMT Dom. **Chartreuse de Valbonne**, 915
Coop. Cellier des **Chartreux**, 916
Dom. Jean **Chartron**, 529 532
Sté **Chartron et Trébuchet**, 497 499 532 538 540 550 553
Gérard **Charvet**, 163
Jean-Paul **Charvet**, 149
Ludovic **Charvet**, 149
Dom. **Charvin**, 952
GAEC des Vignobles **Chassagnol**, 307 314 376 378
Xavier **Chassagnoux**, 233
Micheline **Chassaigne**, 314
Champagne **Chassenay d'Arce**, 589
Chasse-Spleen SA, 358
Dom. **Chasson**, 964
Dom. de **Chassorney**, 421 524
Claude **Chastan**, 957
SCEA **Chastel-Labat**, 301
Denis **Chastel-Sauzet**, 162
SA ch. de **Châtagneréaz, 1036**
Clos **Chatart**, 696 972
Bernard **Chateau**, 354
SCEA Dom. du **château de Puligny-Montrachet**, 531
SCI **Châteauneuf**, 969
GFA Dom. du **Château Royal**, 694
Dom. **Châtelain**, 897
EARL du **Châtel Delacour**, 251 266
Dom. Noël et Pascal **Chatelus**, 132
Laurent **Chatenay**, 868
Charles **Chatenoud et Fils**, 278
André **Chatonnet**, 245
Alain **Chatoux**, 132
Michel **Chatoux**, 132
Jean-Claude **Chaucesse**, 893
Dom. de **Chaude Ecuelle**, 410 440
GAEC Jean-Pierre **Chaudet**, 230
Gilles **Chaumard**, 964
Patrick **Chaumont**, 334
Monique et Daniel **Chaussy**, 955
Cave de **Chautagne**, 646
EARL Gérard et David **Chauveau**, 860
Dom. Jean **Chauvenet**, 480
F. **Chauvenet**, 1016
Chauvenet-Chopin, 480 484
Chauvet, 590
Bernard **Chauvet**, 947
Champagne Marc **Chauvet**, 590
Damien **Chauvet**, 590
Dom. Pierre **Chauvin**, 802
Jean-Bernard **Chauvin**, 812
Jean-Louis **Chave, 943** 943
G. **Chavet et Fils**, 895
Franck **Chavy**, 164
Louis **Chavy**, 397 421 515 550
Gérard **Chavy et Fils**, 529
GFA du Ch. **Chaylard**, 137
Champagne André **Chemin**, 590
GAEC **Chénard et Fils**, 794
Cave Ch. de **Chénas**, 147
Dom. du **Chêne**, 1036
Jean-Pierre **Chéné**, 818

Dom. des **Chenevières**, 565
SA **Chenonceau-Expansion**, 840
Cécile **Chenu**, 524
Bourgognes **Chenu-Tresch SA**, 410 411 546
Bernard **Chéreau**, 784
Philippe **Cherillat**, 891
Dominique **Chermette**, 132
SCEV Pierre **Cherrier et Fils**, 906
Yvon **Cheseaux**, 1047
Famille J.-L. **Chéseaux-Sierro**, 1043
GAEC Patrice et Daniel **Chesne**, 790
Philippe **Chéty**, 225
Champagne Arnaud de **Cheurlin**, 590
Richard **Cheurlin, 590**
Cheurlin-Dangin, 590
SA Champagne **Cheurlin et Fils**, 590
GAEC **Chevais Frères**, 883
SC du **Cheval Blanc**, 257
Jean-Noël **Chevalier**, 825
Monique et Alain **Chevalier**, 206
Roland **Chevalier**, 803
SCE **Chevalier Père et Fils**, 486 489
Claude et Jean-Louis **Chevallier**, 434 440
EARL Maurice **Chevallier**, 475
Cheval Quancard, 183 209 247 249 280 281 283 286 338 343 366
Denis **Chevassu**, 637 638 998
GAEC Vignobles **Chevillard**, 178
Dom. de **Chevilly**, 900
Comte G. de **Chevron Villette**, 1026
Catherine et Fernand **Chevrot**, 450 544
Dom. Emile **Cheysson**, 149
Jérôme **Chézeaux**, 416 475 480
Jacques **Chichet**, 1023
Dom. Georges **Chicotot**, 480
François **Chidaine**, 868
Yves **Chidaine**, 868
Michel **Chignard**, 152
Jean-Claude **Chinieu**, 928
Centre viti-vinicole de **Chinon**, 864
Champagne Gaston **Chiquet**, 590
Gilbert **Chirat**, 934
Dom. **Chiron**, 793
La Maison des Vignerons de **Chiroubles**, 137
Luc **Choblet**, 795 1008
Michel et Hervé **Choblet**, 794
Christian **Cholet**, 520 530
Jean-Jacques **Chollet**, 244 247
Xavier **Chon**, 794
Gilbert Chon et Fils, 788
Louis-Noël **Chopin**, 164
Dom. A. **Chopin et Fils**, 467 480 484
Chouet, 264
Chouvac et Fils, 378
EARL Michel et Martine **Chouvet**, 917 952
EARL Champagne **Christophe**, 590
Vignobles **Chupin**, 291
Cave **Chusclan-Laudun-4 Chemins**, 913
Marie-Antoinette **Cimetière**, 158
Franck **Cinquin**, 164
Dom. Bruno **Clair**, 450 462 467 499
Dom. Michel **Clair**, 540
EARL Françoise et Denis **Clair**, 538 540
Pascal **Clairet**, 633
SCA Cave des **Clairmonts**, 940
Jean-Pierre **Clauzel**, 267 272
Denis **Clavel**, 926
Dom. Pierre **Clavel**, 668
Dom. Bruno **Clavelier**, 475
Hugues **Clavien et Fils**, 1042
Jacky **Clée**, 832
GFA **Clemenceau Père et Fils**, 179 253
Clément et Fils, 403
SCEA **Clément Père et Fils**, 895
Ch. **Clément-Pichon**, 341
Champagne **Clérambault**, 591
Bernard **Clerc**, 397 410 528 530
Ch. **Clerc Milon, 360**
Bourgognes Raoul **Clerget**, 397 417 546
Christian **Clerget**, 467 473
S. F. du Ch. **Climens**, 379
GFA **Clos du Clocher**, 236
Dom. du **Clos du Pavillon**, 510
SCEA du **Clos du Roi**, 397
Closerie d'Estiac, 196
SC **Clos Fourtet, 257** 270
Dom. du **Clos Frantin**, 480
SA **Clos La Madeleine**, 267

Dom. du **Clos Saint-Louis**, 484
GAEC du **Clos Saint-Marc**, 168
SC du **Clos Saint Vincent**, 258
Clos Salomon, 556
Joël **Closson**, 591
J. **Clotilde**, 707
SCEV Paul **Clouet**, 591
Hervé **Cluny**, 456
Jean-Paul **Cochard**, 804
Cave coop. de **Cocumont**, 743
Dom. **Codem SA**, 331 335
Max **Cognard**, 852 856
EARL Claude **Cogné**, 1005
Pierre **Coillard**, 164
Bernard **Coillot Père et Fils**, 450 453 484
Xavier **Coirier**, 798
Jean-François **Colas**, 892
Bernard de **Colbert**, 828
Comte Henri de **Colbert**, 669
Michel **Colbois**, 440
Champagne Georges **Colin**, 591
Patrice **Colin**, 883
Bernard **Colin et Fils**, 534
Anita et Jean-Pierre **Colinot**, 419
François **Collard, 665**
EARL André **Coll-Escluse**, 979 984
Champagne Raoul **Collet**, 591
Dom. Jean **Collet et Fils**, 440
François **Collin**, 398
Jean-Noël **Collin**, 992
Collin-Bourisset Vins Fins, 565
Dom. **Collin-Rosier**, 656 657
Dom. **Collotte**, 451
Dom. viticole de la ville de **Colmar**, 76
Dom. du **Colombier**, 435 440 446
SCEA Dom. André **Colonge et Fils**, 138
Roger **Combe et Fille**, 947 949
SCEA Dom. de **Combelonge**, 1031
EARL de **Combet**, 760
Claude **Comin**, 183 190 207 297
Pierre **Comps**, 682
Chantal et Pierre-Yves **Comte**, 665
Comte d'Andlau-Hombourg, 77
Pierre **Condemine**, 155
Les producteurs de la Cave de **Condom en Armagnac**, 995
François **Confuron**, 398 475
Sté coop. de **Conques-sur-Orbiel**, 685
Guy **Constantin**, 343
Philippe **Constantin**, 1048
Thierry **Constantin, 1045**
EARL **Constantin-Chevalier et Filles**, 967
Yvon et Chantal **Contat-Grangé**, 541 544
SCEA de **Conti**, 759 762 764
Bruno **Coperet**, 154
Jacques **Copinet**, 591
Guy **Coquard**, 464
Jean-Marie **Coquard**, 134
Christian **Coquillette**, 621
Stéphane **Coquillette**, 591
Dominique **Coraleau**, 786
Dom. de **Corbeton**, 435
Danielle **Corbin**, 845
Claude **Corbon**, 591
Ch. **Corconnac**, 342
GAEC **Cordeuil**, 591
Domaines **Cordier**, 200 209 257 265 307 330 368 383
Gérard **Cordier**, 902
Dom. **Cordier Père et Fils**, 560 **567** 570 571
EARL François **Cordonnier**, 358
SCEA Pierre **Cordonnier**, 357
SCEA **Cormeil-Figeac-Magnan**, 258
Bruno **Cormerais**, 785 1004
GAEC Joël et Bertrand **Cormerais**, 786
Cave coop. de **Corneilla-la-Rivière, 976** 982
Didier **Cornillon**, 962 963
Ludovic **Cornillon**, 963
Dom. **Cornu**, 427 486
Pierre **Cornu-Camus**, 424
Edmond **Cornu et Fils**, 398 489
Maison **Coron Père et Fils**, 510 561
Denis **Corre-Macquin**, 287
Vignerons de **Correns**, 702
Dom. **Corsin**, 567 572
Fernand **Cortin**, 155
SCEA Domaines B.-M. **Costamagna**, 707
Bernard **Coste**, 1020
Françoise et Vincent **Coste**, 1021

Pierre **Coste**, 333
Dom. **Coste-Caumartin**, 398
EARL G. **Coste** et G. **Libes**, 676
Claudine **Costes**, 743
Serge et Martine **Costes**, 730 1014
SCA **Costières et Soleil**, 665 666
Michel **Cosyns**, 223
Les vignerons des **Coteaux de Buèges**, 674
Les vignerons des **Coteaux de Chalosse**, 1011
SCEA **Coteaux de Coiffy**, 1033
Chantal **Côte** et Guy **Cinquin**, 554
SCAV Les Vignerons des **Côtes d'Agly**, 693 976 984
Cave Coop. **Côtes d'Olt**, 731
JLC **Coubris**, 359
EARL Champagne **Couche**, 592
Les Fils et Bernard **Coudray**, **1045**
Michel **Coudray**, 237 283
Serge **Coudroy**, 279 285
SCA Ch. **Coufran**, 342
Jean-Claude **Couillaud**, 793
Les Frères **Couillaud**, 1007
GAEC **Couillaud Père et Fils**, 786
Patrick **Coulbois**, 898
SCEA des **Couldraies**, 840
Michel **Coullomb**, 923 930
EARL Roger **Coulon**, 592
Georges-Pierre **Coulon**, 955
SCEA Paul **Coulon et Fils**, 913 925 951
Couly-Dutheil, 861
Jean-Marie **Courbet**, 638
Dom. **Courbis**, 937 939
Laurent **Courbis**, 944
Jean-Michel et Arlette **Coureau**, 251
Patrick de **Cournuaud**, 229
Alain **Courrèges**, 725
Philippe **Courrian**, **337**
Sté des Vignobles Francis **Courselle**, 190 193 199 214 309
Pierre **Coursodon**, 937
Jean-Claude **Courtault**, 431
Frédéric **Courtemanche**, 869
Dom. de **Courtines**, 505
Jean-Michel **Courtioux**, 779 880
Barbara et Thierry **Courvoisier**, 1038
GAEC des Vignobles **Cousin**, 385
Olivier **Cousin**, 778
SCEA **Cousin-Maitreau**, 829
GAF Ch. de **Coussergues**, 1017
Isabelle **Coustal**, 681
SC Ch. **Coutet**, 379
Henry **Coutreau**, 330
Caves du **Couvent des Cordeliers**, 467 505 530
Alain **Couvreur**, 592
Rémi **Couvreur**, 592
Covifruit, 894
SCA **Cozes-Saujon**, 993 1009
Jean **Crampes**, 194 205
Anne et Jean-Paul **Crassus**, 682
SCEA Ch. **Cravignac**, 266
Dom. Victor **Credoz**, 637 638 998
SCEA Ch. de **Crémat**, 711
SCA **Crespian**, 667
Bernard **Crespin**, 782
Jean-Pierre **Crespin**, 142
Roland **Crété et Fils**, 592
Pierre **Cretegny**, 1037
Pierre Antoine **Crettenand**, 1043
Lycée agricole et viticole de **Crézancy**, 592
Mas **Cristine**, 976
Daniel **Crochet**, 904
SA Lucien **Crochet**, 904
Jean-François **Croisier**, 1035 1041
Bernard et Odile **Cros**, 427 546
Pierre **Cros**, 937
Jean-Charles **Crousaz**, 1050
Cave de **Crouseilles**, 750 753
Michel **Crozet**, 148 161
Henri **Cruchon**, 1038 1040
Roland **Cruchon et fils**, **1038**
Cave des vins fines de **Cruet**, 647
Madame Edouard **Cruse**, 220
Cave coop. de **Cruzy**, 684
Roger **Cuillerat**, 948
Yves **Cuilleron**, 932 937
Catherine et Guy **Cuisset**, 756 761 770
Gérard **Cuisset**, 762 770
Champagne **Cuperly**, 592
Cuvage des Brouilly, 145

Dom. **Cuvelier**, 367
EARL Pierre **Dabadie**, 753
SCEV Champagne Lucien **Dagonet et Fils**, 592
Pierre **Dahéron**, 795 1008
SCA **Daheuille Père et Fils**, 781 836
EARL **Dailledouze**, 348
GFA L. Vincent **Dalloz**, 291
Laurent **Damais**, 1018
Cave coopérative de **Dambach-la-Ville**, 86
Comte A. de **Dampierre**, 592
Dom. Daniel **Dampt**, 435 441
EARL Eve et Emmanuel **Dampt**, 398 431
SCEV Paul **Dangin et Fils**, 593
Patrick **Danglade**, 233
Guy **Daniel**, 918 949
Philippe **Daniès-Sauvestre**, 312
SCEA **Dansault-Baudeau**, 870
Dantan Oudit, 593
Guilhem **Dardé**, 668
Jean-Louis **Darde**, 851
Jean-Paul et Michel **Dardé**, 1018
Jean-Christophe **Dardeau**, 869
Rémy **Dargaud**, 142
Daridan, 880
Dom. **Darnat**, 398 411 538
SCA Maison **Darragon**, 874
Jean **Darribéhaude**, 292
SCE des Vignobles **Darribéhaude**, 275
Bernard **Darroman**, 377
EARL **Dartier et Fils**, 218
EARL R. **Daurat-Fort**, 678 978 984
Dauriac, 260
Caves Jean **Dauvissat**, 435 441 446
GAEC René et Vincent **Dauvissat**, 435 441 446
GAEC Jean et Vincent **Daux**, 551
Daniel **Davanture et Fils**, 546
Jacques et Viviane **Davau**, 232
J.-P. et Ch. **Davault**, 842
SCEA Dom. du Ch. de **Davenay**, 558
SCEA **Daviau**, 779 810 **814** 814
Dom. Michel **David**, 785
Guy **David**, 381
Hubert **David**, 857
Jean-Luc **David**, 308
J.-P. et F. **David**, 735 737
Quentin **David**, 898
SCEA J. et E. **David**, 318 384
Champagne Henri **David-Heucq**, 593
SCEA **David Lecomte**, 778 805
Daviet et Brisson, 798
E.M. **Davis et Fils**, 356
André **Davy**, 822 827
Jean-Lou **Debart**, 179
Anne-Sophie **Debavelaere**, 416
Bruno **Debray**, 134
Pierre **Decamps**, 717
Francis **Dèche**, 996
André et Franck **Decrenisse**, 169
Nicole **Dedieu-Benoit**, 342
Dom. Bernard **Defaix** , 432 435 441
Dom. Daniel-Etienne **Defaix**, 441 446
EARL Sylvie et Jean-François **Deffarge**, 767
Sylvie et Jean-François **Deffarge**, 759
Raymond et Hubert **Deffois**, **801** 807 812 818
Michel **Defrance**, 453
Philippe **Defrance**, 398 411 448
Defresne, 703
Marie-José **Degas**, 180
Laurent **Degenève**, 1032
Gérard **Degoul**, 958
Diffusion **Dehours**, 593
Champagne **Déhu Père et Fils**, 593
Dom. Marcel **Deiss**, 104
Josette et Guy **Dejean-de Bortoli**, 211
Déjean Père et Fils, 376
Marie **Delaby-Génot**, 506 511 515
François **Delafoge**, 1035
André **Delagouttière**, 856
Dom. Henri **Delagrange et Fils**, 411
Champagne **Delahaie**, 593
GAEC **Delaille**, 881
Patrick **Delalande**, 865

Jean-François et Sylvie **Delalex**, 874
Pascal **Delaleu**, 876
Roger **Delaloge**, 399 419
Champagne **Delamotte**, 593
SCEV Vincent **Delaporte et Fils**, 905
Patrice **Delarue**, 857
Delas Frères, 916 932 940 943 944 955
Daniel **Delaunay**, 841
Dom. Joël **Delaunay**, 841
Pascal **Delaunay**, 781 805 809
Edouard **Delaunay et ses Fils**, 546
Dom. **Delaunay Père et Fils**, 805 816
EARL **Delaunay Père et Fils**, 853
Champagne André **Delaunois**, 593
Richard **Delay**, 639
SC **Delayat-Chemin**, 332
Alain **Delaye**, 570
Champagne **Delbeck**, 593
SCEA **Delbos-Bouteiller**, 344
Gérard **Delbru**, 730
Daniel **Delclaud**, 674
Jackie **Delécheneau**, 848
EARL **Delétang**, 593
SCEA Marc et Luc **Delhumeau**, **779** 801 807 828
Delille, 714
EARL vignobles Yves **Delol**, 257
SCEA Guy **Delon et Fils**, 369 372
André **Delorme**, 427 551 556
Michel **Delorme**, 567
EARL **Delpeuch et Fils**, 314
Dom. **Delubac**, 926
Gabriel **Demangeot et Fils**, 415 419 544
Demessey, 561
SA **Demets-Brement**, 593
Serge **Demière**, 594
Alice, Jacques et Aurélien **Demonchaux**, 198
Dom. Rodolphe **Demougeot**, 424 505 510 518
Alain **Denechère**, 811 821 826
A. et J.-N. **Denis**, 781 **1007**
Hervé **Denis**, 869
Patricia et Bruno **Denis**, 843
Dom. **Denis Père et Fils**, 843
Dom. Christian et Bruno **Denizot**, 411 547
Jacques **Dépagneux**, 160
André **Depardon**, 152
Maurice et Olivier **Depardon**, 159
GAEC **Depardon-Coperet**, 158
Robert **Depardon** et Michel **Perrier**, 151
Gérard et Jean-Paul **Depeyre**, 916
Bernard **Depons**, 289
André **Dépré**, 150
Dominique et Catherine **Derain**, 538
Michel **Derain**, 399
Bernard **Déramé**, 792
SA **Deregard-Massing**, 594
Derey Frères, 451 453
GAEC Pierre **Derrieux et Fils**, 736
SARL **Dervin**, **657**
Bénédicte **De Rycke**, 867
Henri **Desbœufs**, 982
Famille **Desbois**, 287 288
Marie-Christine **Desbordes**, 594
Francis **Desbourdes**, 863
Rémi **Desbourdes**, 863
Christophe **Deschamps**, 852
Eustache **Deschamps**, 597
Marc **Deschamps**, 898
Philippe **Deschamps**, 138
Vins **Descombe**, 734
Cave Jean-Ernest **Descombes**, 158
Michel **Descotes**, 168
Régis **Descotes**, 168
GAEC Etienne **Descotes et Fils**, 168
EARL Gérard **Descrambe**, 189
René **Désert**, 319 384
Dom. **Désertaux-Ferrand**, 399 484
Desfayes-Crettenand, **1043**
Véronique et Louis **Desfontaine**, 553
GAEC **Desloges**, 897
Cave **Desmons**, 941 944
SCEA du Ch. **Desmirail**, 352
Champagne A. **Desmoulins et Cie**, 594
Vignobles Jean-Paul **Deson**, 282
SCEA des Vignobles **Despagne**, **191** 191 199 299
SCEV Consorts **Despagne**, 262 273
SCEV **Despagne et Fils**, 279
SCEA **Despagne-Rapin**, 239 283

Guy et Dany **Desplat**, 284 286
Jean-Marc **Després**, 152
Michel **Despres**, 152
Pierrette **Despujols**, 205 314 376
Francis **Desqueyroux et Fils**, 319
Jean-Michel **Desroches**, 841
Pascal **Desroches**, 902
René et Frédéric **Dessans**, 751
EARL **Desseure**, 813
EARL **Desserve**, 778 1005
SA **Destavel**, 692
Didier **Desvignes**, 157
Louis-Claude **Desvignes**, 158
Maison **Desvignes**, 158 399 412
Champagne J. **de Telmont**, 623
Paul **Déthune**, 594
Hubert et Claude **Dethurens**, 1049
J.-F. **Deu**, 974 975
Champagne **Deutz**, 594
EARL des **Deux Lay**, 1009
Dom. des **Deux Roches**, 560 **565 572**
EARL Vignobles D. et C. **Devaud**, 205 282 284
Gilbert **Devayes**, 1044
Colette **Deverchère**, 142
Jean-Luc **Devert**, 302
SCEA **Devillers-Quenehen**, 662
Robert **Devin**, 948
SCEV André **Dezat et Fils**, 899
Catherine **Dhoye-Deruet**, 876
Diaskot SA, 937
Pierre **Dideron**, 664
Cave coop. de **Die**, 962 963
Jean **Dietrich**, 97 **114**
Michel **Dietrich**, 97 195 199 297 305
Claude **Dieudonné**, 970
SA Dom. Clarence **Dillon**, **323 323 324** 325 326
Diproval, 180 186
GAEC **Diringer**, 97
EARL **Dirler**, 97 116
Bruno et Joël **Dittière**, 810
Dom. de **Diusse**, 751
Patrick **Doche**, 374
Nicole et Frédéric **Doermann**, 308
SC **Doisy-Védrines**, 382
Christian **Dolder**, 73 78 98
SARL d'Exploitation du Ch. **Domeyne**, 366
Champagne Pierre **Domi**, 595
Antoine **Donat**, 399
SCEA Ch. **Donat**, 735
Gilbert **Dontenville**, 91
Cave de **Donzac**, 742
SA **Dopff Au Moulin**, 116
SA **Dopff et Irion**, 679
Doquet-Jeanmaire, 595
EARL Christian **Dorléans**, 880 882
SCEA **Dorneau et Fils**, 228 229
Hubert **Dorut**, 435
Sylvain et Nathalie **Dory**, 140
Christian **Double**, 715
Bernard et Dominique **Doublet**, 214 318
Jean-Paul et Frédérick **Doucet**, 785
Dom. **Doudet**, 489 494 497 505
Doudet-Naudin, 417 453 456 492 499 510 526
Etienne **Doué**, 595
Jean **Douet**, 806 824 **824** 832
Richard **Doughty**, 770
Jean **Douillard**, 787
Philippe **Douillard**, 785
Dourdon-Vieillard, 595
Nicole **Dournel**, 768
Dourthe, 180 194 251 313 330 382
Magali **Dourthe**, 346
Groupe CVBG **Dourthe-Kressmann**, 340
Cave des Vignerons du **Doury**, 132
Yves **Doussau**, 750
EARL Gilbert **Dousseau**, 754
SCEA **Doussoux-Baillif**, 992
Philippe **Doyard**, 595
SCA Ch. de **Dracy**, 399 424
SCEA Dom. du **Dragon**, 702
Champagne **Drappier**, 595
Philippe **Dray**, 711
Louis **Drevon**, 933
Jacques **Driant**, 595
SCEA Vignobles **Drode**, 226
Dom. Jean-Paul **Droin**, 441 446

Drouet Frères, 786
Joseph **Drouhin**, 446 471 **550**
Dom. **Drouhin-Laroze**, 459 470 471
Béatrice et J.-Michel **Drouin**, **568**
EARL Yves **Drouineau**, **830**
SCEA vignobles **Dubard**, 279
Vignobles **Dubard Frère et Sœur**, 758
Les vins Georges **Dubeuf**, **152 567** 1030
Bruno **Dubois**, 790
Claude **Dubois**, 596
Danielle et Richard **Dubois**, 271 288 291
EARL Michel et Jean-Claude **Dubois**, 834
Gérard **Dubois**, 596
Jean **Dubois**, 402
Jean-Pierre **Dubois**, 486
Michel et Paule **Dubois**, 205
Dom. **Dubois d'Orgeval**, 506 508
Dom. Bernard **Dubois et Fils**, 489 499 503
EARL Vignobles **Dubois et Fils**, 220
R. **Dubois et Fils**, 417 421 480
Champagne **Dubois-Forget**,
Henri **Duboscq et Fils**, 366 **367** 367
SARL L. **Dubost**, 203 238
EARL Denis et Florence **Dubourdieu**, 198 308 374
EARL Vignobles Pierre et Denis **Dubourdieu**, 194 312 382
Hervé **Dubourdieu**, 313 **380**
Domaines **Dubourg**, 378
Vignobles **Dubourg**, 299 305
Vincent et Blaise **Dubuox**, 1038
EARL Vignobles **Dubreuil**, 279
Philippe **Dubreuil**, 499
Dubreuil-Fontaine, 490 495
Paul **Dubrule**, 967
Guy **Dubuet**, 518
Jacques-Alain **Dubuis**, 1044
Dubuis et Rudaz, 1043
Dom. des **Duc**, 166
GFA **Ducamin**, 207
SCEA Vignobles **Ducau**, 378
Eric **Duchemin**, 544
René **Duchemin**, 545
Edmond et David **Duclaux**, 932
Patrick **Ducournau**, 751
SCEA Vignobles **Ducourt**, 185 200
Ducret et Fils, 1038
Eric **Duffau**, 178 193
Joël **Duffau**, 184 185 298
Héritiers **Duffau-Lagarosse**, 255
SCEA Gérard **Duffort**, 713
Michel **Duffour**, 997 1014
Dom. Guy **Dufouleur**, 399 421 453 481 541
Dufouleur Frères, 481 534
Dufouleur Père et Fils, 464 472 477 497 **530** 550
Florence **Dufour**, 807 821
Florent **Dufour**, 164
Jean-Pierre et Gilberte **Dufour**, 499 503
EARL Robert **Dufour et Fils**, 596
Daniel **Dugois**, **632**
EARL Vignobles M.-C. **Dugoua**, 313
SC de **Duhart-Milon-Rothschild**, 361
Michel **Dulon**, 206
Dulong Frères et Fils, 179 180 190 196 224 226
Dom. **Duloquet**, 819
Champagne J. **Dumangin Fils**, 596
Bernard **Dumas**, 133
Philippe **Dumas**, 203
EARL Christian **Dumas et Fils**, 214
Alain **Dumeaux**, 730
Mme Jean **Dumergue**, 311
SCEA Pierre **Dumeynieu**, 233
Dumien-Serrette, 944
François **Dumon**, 709
Daniel **Dumont**, 596
EARL André-Gabriel **Dumont**, 864
Marc **Dumont**, 403
Xavier **Dumont**, 141
R. **Dumont et Fils**, 596
Henry **Dumoulin**, 1043
SCEA **Dumoutier**, 713
SCA **Duperrier-Adam**, 534
Dupeuble Père et Fils, 132
Pierre **Dupleich**, 797
EARL Caves **Duplessis**, 441 446
Famille **Dupond**, 144
Pierre **Dupond**, 137 568 919
Dupond **d'Hallun**, 565
Michel **Dupont-Fahn**, 526

GAEC **Dupont-Tisserandot**, 456 460
Claude, Gilbert et Sébastien **Dupraz**, 1049
Pierre **Dupraz et Fils**, 1050
Dupré et Fils, 969
Gilles et Stéphane **Dupuch**, 213 299
Christine **Dupuy**, 751
Dominique **Dupuy**, 253
J. **Dupuy**, 224
SC Charles **Dupuy**, **980**
Agnès et Marcel **Durand**, 138
Armand **Durand**, 668
C. et J.-M. **Durand**, 424 503 511
Eric et Joël **Durand**, 937 945
Jean **Durand**, 164
Pierre et André **Durand**, 282 285
Yves **Durand**, 165
SARL Pierre **Duret**, 900
Vincent **Dureuil-Janthial**, 550
SCEA Ch. **Durfort**, 353
René **Durou**, 730
Roger et Andrée **Duroux**, 242
SA Jean **Durup Père et Fils**, 432 436 443
Bernard **Dury**, 427
Dom. **Duseigneur**, 958
Jean **Dusserre**, **950**
Sylvain **Dussort**, 503
Dom. **Dutertre**, 848
Françoise **Dutheil de La Rochère**, 714
SCEA **Dutraive**, 142
Champagne **Duval-Leroy**, 596
GAEC Dominique et Alain **Duveau**, 836
GAEC **Duveau-Coulon et Fils**, 855 859
GAEC **Duveau Frères**, 829 835
Duvergey-Taboureau, 467 495 500 558
EARL **Duvernay Père et Fils**, 553
Duwer, 222
Christian et Joseph **Eblin**, 98
Jean-François **Echallier**, 167
Jean-Paul **Ecklé et Fils**, **118**
François **Edel et Fils**, 91
Michel et Francis **Egly**, 596 627
Norbert **Egreteau**, 236
Philippe **Egrot**, 627
Henri **Ehrhart**, 78 85
André **Ehrhart et Fils**, 85
Nicolas **Einhart**, 91
Champagne Charles **Ellner**, 596
Dom. Jean-Yves **Eloy**, 564 565
Maurice **Eloy**, 407 563
Hubert et Roseline **Emery**, 970
Dom. Christian et Hubert **Engel**, 112
Fernand **Engel et Fils**, 98
Les Vignerons du pays d' **Ensérune**, 1017
SCA Les Vignerons du pays d' **Ensérune**, 683
Dom. des **Entrefaux**, 940
EARL Dom. d' **Eole**, 716
Gérard **Epiard**, 1006
Didier **Erker**, 556
David **Ermel et Fils**, 98
Jean-Claude **Errecart**, 745
SCEA Ch. d' **Escabes**, 735
SA **Escarelle**, 721
Claude **Esnault**, 857
Michel d' **Espagnet**, 707
Paul et David **Esquiro**, 1014
Jean-Pierre **Estager**, 237 250 283
Claude **Estager et Fils**, 238 244
G. **Estager et Fils**, 366
Jean-Claude **Estève**, **675**
Cave des Vignerons d' **Estézargues**, 913 929
SCEA **Estienne**, 712
Rémy **Estournel**, 916
Les Vignobles Philippe **Estournet**, 224
Etat de Neuchâtel, 1051
Michèle **Etchegaray-Mallard**, 831
Etienne, 597 627
Christian **Etienne**, 596
EARL vignobles **Eymas et Fils**, 219
GAEC des **Eyssards**, 755 761 769
Fabbro et Fils, 730
Georges **Fabre**, 923
Jean-Louis **Fabre**, 677
Louis **Fabre**, 660 1017
SCEA des Domaines **Fabre**, 704 705
Anne-Mary **Facchetti-Ricard**, 386
François **Faget**, 997
SARL François **Fagot**, 597
Ch. **Fagouet Jean-Voisin**, 260
Michel **Fahrer**, 91

1075

PRODUCTEURS

Maison Joseph **Faiveley**, 456 460 461 481 **495** 550 553
SCE du Ch. **Faizeau**, 282
Robert **Faller et Fils**, 91
Colette **Faller et ses Filles**, 108 114
Fallet-Dart, 597
SCEA **Fallous et Fils**, 829
Faniel-Filaine, 597
H. et P. de **Faramond**, 737
EARL Michel **Faraud**, 946
Jean-Pierre **Faraud**, 950
Dom. Michel **Fardeau**, 811 820
SCEA **Fardeau**, 802 812 820
Farge Père et Fils, 301
Dom. Thierry **Farjon**, 934
Farou, 865
Renée **Fassetta**, 720
Thierry **Faucheron**, 597
Jean **Faudon**, 139
J.-H. **Faulkner**, 705
Christian **Faure**, 668
Philippe **Faure**, 251
Vignobles Alain **Faure**, 183 218 222
René **Faure et Fils**, **1047**
François **Faurie**, 248
Philippe **Faury**, 932 934 937 938
SCEA **Favereaud**, 221
Conrad **Favre**, 1041
SA Les Fils de Charles **Favre**, 1044
Maurice **Favre et Fils**, 1043
Jean-Pierre **Fayard**, 708
Vignobles Clément **Fayat**, 266
Alain et Hervé **Faye**, 188 209
Serge **Faye**, 597
Jean-François **Fayel**, 664
Philippe **Fays**, 597
Denis **Fédieu**, 346
GAEC Henri **Felettig**, 421
Dom. **Félix**, 399 **399**
Pascal **Férat**, 597
SECV Dom. des **Féraud**, 703
Paul **Féraud et Fille**, 956
Fernandez de Castro, 336
Jacques **Ferrand**, 133
Pascal **Ferrand**, 568
Pierre **Ferrand**, 864
Pierre et Michelle **Ferrand**, 260
SCE du Ch. **Ferrand**, 237
GAEC **Ferran et Fils**, 927
P. **Ferraud et Fils**, 565
Jezan-Marc **Ferre**, 1008
Dom. **Ferrer-Ribière**, 681
EARL **Ferri Arnaud**, 668
Dom. **Féry et Fils**, 412 464 492
SA de **Fesles**, 802 817 822
Les Vins Henry **Fessy**, 158
Sylvain **Fessy**, 159
Champagne Nicolas **Feuillatte**, 598
Bernard **Fèvre**, 417 511 521 524
William **Fèvre**, 442 447
Jean **Feytit**, 275
Didier **Feytout**, 758 767
Michel **Fezas**, 996 **1013**
Dom. **Fichet et Fils**, 560
SA Ch. de **Fieuzal**, 322 323
Filhol et Fils, 731
Paul **Filliatreau**, 834
SCEA Ch. des **Fines Roches**, 952
Peter **Fischer**, 718
Daniel **Fisselle**, 869
Gilles **Flacher**, 934 938
Claude **Flavard**, 669 1017
EARL René **Fleck**, 91 98
René **Fleith et Fils**, 107 121
François **Flesch**, 73
Roger **Flesia**, 921
Camille et Olivier **Fleurance**, 787
Caveau des **Fleurières**, 486
Champagne **Fleury**, 598
Jean **Floch**, 141
EARL Jean-Pierre et Eric **Florance**, 797
Cave coopérative de **Florensac**, 1022
GAEC **Floris**, 681
EARL Jean-Marc **Floutier**, 1017
Xavier **Foin**, 622
SA **Fombrauge**, **261**
SCA du Ch. **Fondarzac**, 194
Dom. de **Fondrèche**, 964
SARL de **Fongaban**, 286
Michel **Fonné**, 120
Claude **Fonquerle**, 966

SCI Ch. **Fonréaud**, 349 358
SCA Dom. de **Fonscolombe**, 716 1027
Mme **Fons-Vincent**, 669
EARL **Fonta et Fils**, 314 319
Michel **Fontaine**, 861
GAEC des Vignerons G. **Fontaine et J. Vion**, 400
Pierre **Fontaneil**, 977 982
Dom. **Fontanel**, 693
André **Fontannaz**, 1044
Hervé **Fontannaz**, 1045
Ch. **Fontarèche**, 660
Jean-Louis de **Fontenay**, 289
Roland **Fonteneau**, 362
Vincent **Fonteneau**, 676
SA Caveau des **Fontenilles**, 396 400
EARL Ch. **Fontesteau**, 342
Maurice **Forest**, 811
Dom. **Foret**, 632 **998**
Les Vignerons **Foréziens**, 889
Grands vins **Forgeot**, 417 519 569
Dom. des **Forges**, 807
Forget-Brimont, 598
Denis **Fortin**, 649
Jean-Michel **Fortineau**, 875
Régis **Fortineau**, 874
SCA Les Viticulteurs du **Fort-Médoc**, 341 343
André **Fouassier**, 884
SA **Fouassier Père et Fils**, 906
SCE Y. **Foucard et Fils**, 246
Dom. **Fougeray de Beauclair**, 452 453 456 470 484
Bernard **Fouquet**, **872**
SCA Ch. **Fourcas-Dumont**, 349 350
Ch. **Fourcas Dupré**, 348 349
SC du Ch. **Fourcas-Hosten**, 350
SEA **Fourcas-Loubaney**, 350
SCEA Georgy **Fourcroy et Associés**, 261
Josette **Fourès**, 307
Fournaise, 598
Denis **Fournier**, 664
Gabriel **Fournier**, 413 488 490 526
Gabriel et Claire **Fournier**, 403
Jean **Fournier**, 452 456
SCEA des Vignobles **Fournier**, 178 193 203
Thierry **Fournier**, 598
Fournier Père et Fils, 895
Veuve **Fournier et Fils**, 626
SCV Les Vignerons de **Fourques**, 689 977
Dom. **Fourrey et Fils**, 441
Champagne Philippe **Fourrier**, 598
SCEA Dom. **Fourrier**, 461
GAEC **Fourtout et Fils**, 760 763
SA Blanc **Foussy**, 841
Rémy **Fraisse**, 996
François-Brossolette, 598
Dom. de **Frégate**, 711
SC de **Frégent Y. et A. Cailley**, 301
Dom. du **Fresche**, 807
André **Freslier**, 874
François **Fresneau**, 866
Pierre **Freuchet**, 1008
SC des Vignobles **Freylon**, 207
Frey-Sohler, 121
SCE Dom. Marcel et Bernard **Fribourg**, 412 421
Pierre **Frick**, **116**
Xavier **Frissant**, 779 841 848
EARL Joseph **Fritsch**, 78 **107**
EARL Romain **Fritsch**, 98
Dom. des **Fromanges**, 551
SCA Coop. de **Frontignan**, 985
Cave de **Fronton**, 741
Marie-Madeleine **Frouin**, 229
Marianne **Fues**, 916
SC Ch. de **Fuissé**, 568
Raphaël **Fumey** et Adeline **Chatelain**, 632
Michel **Furdyna**, 599
Futeul Frères, 789
GIE **Gabare de Sèvre**, 790
Gérard **Gabillet**, 843
Christian **Gachet**, 889
Dom. **Gachot-Monot**, 481 484
F. **Gacon**, 992
Gadais Père et Fils, 796
Dom. **Gadant et François**, 400
Robert **Gaffinel**, 1021
Jean **Gagnerot**, 521
Michel **Gahier**, 599

G. **Gaidon**, 152
Luc **Gaidoz**, 599
Gaidoz-Forget, 599
Roger **Gaillard**, **572**
EARL Pierre **Gaillard et Fils**, 992
GFA Ch. **Gaillarteau**, 181
SCEA du ch. de **Gaillat**, 313
SCEA du Ch. **Galland-Dast**, 305
Michelle **Galley-Golliard**, 468
Champagne **Gallimard Père et Fils**, 580 599
Philippe **Galliot**, 869
GAEC des **Galloires**, 782
Dominique **Gallois** , 456 461
Jean-Marc **Gallou**, 846
Gérard **Galteau**, 853
Gilles **Galteau**, 855
SARL Ch. **Gamage**, 205
Paul et Thomas **Gambier**, 855
M. **Gambini**, 720
Jacques **Gandon**, 849
GAEC des **Ganfards Haute-Fonrousse**, 761
Gérard **Gangneux**, 875
Gilbert **Ganichaud et Fils**, 785 1005
Gérald **Gragnon**, 917
Paul **Garaudet**, 519
Chantal et Serge **Garcia**, 720
Sylviane **Garcin-Cathiard**, 323
Jean-Marie **Garde**, 241
SCEA **Garde et Fils**, 245 282
Jean **Gardiés**, 694 977
Jean-Pierre **Gardrat**, 1010
Jean-François **Garlon**, 133
Dom. Joseph et Xavier **Garnier**, 435
Ch. **Garreau**, 996
Elisabeth **Garzaro**, 188 298
Pierre-Etienne **Garzaro**, 235 236 243
Vignoble de **Gascogne**, 751 753 754 755
Vignoble Jacky et Fabrice **Gasnier**, 861
Gasperini, 703
SCEA Ch. **Gasqui**, 703
Baron Georges Antony **Gassier**, 700
R. **Gassier**, 665
Roger **Gassier**, 1016
Alain **Gaubert**, 790
Jacques et Any **Gauch**, 672
Bernard **Gaucher**, 599
Jo **Gaudard**, 1043
Jean et Alain **Gaudet**, 889
Rolland **Gaudin**, 948
EARL **Gaudinat-Boivin**, 599
Jean-Claude **Gaudrie**, 233
EARL Dom. Sylvain **Gaudron**, 875
Philippe **Gaultier**, 874
SCEA **Gaury et Fils**, 269
Jean-Pierre **Gaussen**, 712
Raoul **Gautherin et Fils**, 441 446
Alain **Gautheron**, 441
Claude **Gauthier**, 125
EARL Jacky **Gauthier**, 137
EARL Jean-Paul et Hervé **Gauthier**, 153
Laurent **Gauthier**, 161
Laurent et Marinette **Gauthier**, 159
Benoît **Gautier**, 876
Cognac **Gautier**, 992
Jean-Michel **Gautier**, 876
SCEA Jean **Gautreau**, **347**
Ch. des **Gavelles**, 716
Dom. Philippe **Gavignet**, 481
François **Gay**, **487** 490 503
Michel **Gay**, 490 495 500
René-Hugues **Gay**, 830
SCEA Ch. **Gayat**, 300
Alain **Gayrel**, 739
Les Dom. Philippe **Gayrel**, 737
Maurice **Gay SA**, 1046
Jean **Gazaniol**, 211
GFA Ch. **Gazin**, **236** 236
Les Vignerons de **Geaune (Tursan)**, 1011
Alan et Laurence **Geddes**, 77
Simone et Richard **Geiger-Koenig**, 98
Geisweiler, 456 484
Gérard **Gelin**, 140
Vignoble **Gelineau**, 1006
Jocelyne **Gelin-Gonard**, 154
Nicolas **Gélis**, 741
Christian **Gély**, 964
Jocelyne et Michel **Gendrier**, 880 882
Dom. Michel **Geneletti et Fils**, 643 999
Alain et Christophe **Geneste**, 758 766

Michel **Genet,** 599
EARL Dom. des **Genèves,** 442
Cave des Vignerons de **Genouilly,** 412 427 547
André **Genoux,** 647
Dominique **Gentile,** 726 988
GAEC Vignoble Daniel **Gentreau,** 798
EARL Claude **Geoffray,** 140 145
GFA **Geoffrion,** 259
Dom. Alain **Geoffroy,** 432 436 442 447
EARL Gilbert **Geoffroy,** 773
Louise **Geoffroy,** 159
René **Geoffroy,** 600 627
François **Gérardin,** 760
EARL **Géraud Père et Fils,** 1018
Pierre **Gerbais,** 600
Ch. **Gerber,** 1012
EARL Jean-Paul **Gerber et Fils,** 82
Dom. François **Gerbet,** 421 472 475
Jean-Michel **Gerin,** 932 935
Didier **Germain,** 133
Dom. Jean-Félix **Germain,** 133
Gilbert et Philippe **Germain,** 425 519
Pierre **Germain,** 175
SCEA Vignobles B. **Germain,** 198
Dom. **Germain Père et Fils,** 492 506
Germanier Bon Père, 1046
Coop. Vinicole **Germigny-Janvry-Rosnay,** 580 619
EARL dom. **Géron,** 829
Philippe **Gex,** 1039
EARL Roland **Geyer,** 91 98
Ch. **Gibalaux-Bonnet,** 680
EARL Chantal et Patrick **Gibault,** 841 884
GAEC Pascal et Danielle **Gibault,** 841
Emmanuel **Giboulot,** 508
Robert **Gibourg,** 464
SCEA Ch. **Gigognan,** 953
Cave des Vignerons de **Gigondas,** 947
Joël **Gigou,** 867
EARL Philippe **Gilardeau,** 825
Jean-Paul **Gilbert,** 895
Cave **Gilbon,** 895
Jean-Pierre **Gilet,** 875
Jean-Louis **Gili,** 661
Dom. Anne-Marie **Gille,** 400 481
Patrick **Gillet,** 337
Philippe **Gillet,** 334 337
Vignobles Anne-Marie **Gillet,** 306 375
Gillet-Queyrens, 307
SA Robert **Gilliard,** 1044
Walter **Gilpin,** 713
Pierre **Gimonnet et Fils,** 600
René-Marie et Charles **Giner,** 674
EARL Dom. de **Gineste,** 736
Maison **Ginestet SA,** 179 180 181 184 187 188 190 196
Paul **Ginglinger,** 85 111
Pierre-Henri **Ginglinger,** 111
Amalia **Gipoulou,** 313
Christian et Annie **Girard,** 842
Hervé **Girard,** 400 545
Jean-Guy **Girard,** 201
GAEC **Girard Frères, 836**
Bernard **Girardin,** 600
Dom. Yves **Girardin,** 402 535 542
Jacques **Girardin,** 542
Dom. **Girard-Vollot et Fils,** 492
André **Giraud,** 269
Champagne Henri **Giraud,** 600
Christian **Giraud,** 832
Jean-Claude **Giraud,** 246
Vignobles Robert **Giraud, 199** 258 341
Sté des Dom. **Giraud,** 258
GFA **Giraud-Bélivier,** 240
EARL Dominique **Girault,** 839
J. et F. **Girault,** 850
Gérard **Giresse,** 223
GAEC Henri et Bernard **Girin,** 133
François et Dominique **Giroud,** 1044
Maison Louis **Gisselbrecht,** 76
Willy **Gisselbrecht et Fils,** 78
Ch. du **Glana,** 370
Dom. Georges **Glantenay et Fils,** 515
Philippe **Glavier,** 600
P. et M. **Gleizes, 670**
SC **Glénat et Fils,** 947
Gobet, 143
Champagne Pierre **Gobillard,** 600
Paul **Gobillard,** 600
J.-M. **Gobillard et Fils,** 601 628

Alain **Godeau,** 846
Marc **Godeau,** 819
SCEA du ch. **Godeau,** 262
Gérard et Marie-Claire **Godefroy,** 857
GAEC **Godet,** 845
Jean-Paul **Godinat,** 900
Godineau Père et Fils, 826
Marcel **Godinou,** 890
Champagne **Godmé Père et Fils,** 601
Champagne Paul **Goerg,** 601 628
SA A. **Goichot et Fils,** 400 456 468 512 521 535 554
GAEC Pierre **Goigoux,** 888
SCE **Goillot-Bernollin,** 452 456
Dom. Anne et Arnaud **Goisot,** 400 412 448
Ghislaine et Jean-Hugues **Goisot,** 400 412
EARL Denis **Goizil,** 823 826
J. **Gonard et Fils,** 155
Champagne Philippe **Gonet,** 601
Michel **Gonet,** 601 612
Michel **Gonet et Fils,** 210 300 301
Champagne **Gonet-Sulcova,** 601
Les Maîtres Vignerons de **Gonfaron,** 708
Paul **Gonfrier,** 192 208 307
Charles **Gonnet,** 647 649
EARL Les Fils d'Etienne **Gonnet,** 953
Pierre **Gonon,** 938
Pascal **Gonthier,** 1010
Andrew **Gordon,** 772
Vincent **Gorny,** 124
Jean-Pierre **Gorphe,** 225
Champagne **Gosset,** 601
Dom. Michel **Goubard et Fils,** 547
Michel et Jocelyne **Goudal,** 251
Jacques **Goudineau,** 275
Françoise **Gouillon,** 139
Jean-Pierre **Gouillon,** 146
SCEA des vignobles **Gouin,** 309
GAEC **Goujon,** 821
A.-L. **Goujot et P. Chatenet,** 252
Comte Baudouin de **Goulaine,** 796
SA **Goulaine,** 797
Champagne George **Goulet,** 601 607
Alain **Goumaud,** 291
Jacky **Goumin,** 847
Xavier **Gouraud,** 793
SA Ch. de **Gourgazaud,** 680
Jean-Louis **Gourjon,** 706
EARL **Gouron et Fils,** 861
EARL **Gourrand,** 291
Goussard et Dauphin, 601
Alain **Gousseland,** 992
EARL Christian **Gouteyron,** 263
Champagne Henri **Goutorbe,** 628
Champagne **Goutorbe-Bouillot,** 602
SARL Champagne **Goutorbe Père et Fils,** 602
Dom. Jean **Goyon,** 572
SCEA Dom. de **Graddé,** 736
Cellier de **Graman,** 305
Ch. **Grand Barrail Lamarzelle Figeac,** 262
SCEA du Ch. du **Grand Bos,** 317
EARL **Grand Campdumy,** 703
GAEC **Grandeau et Fils,** 185 208
SC des **Grandes Graves,** 321 325
Dom. des **Grandes Vignes,** 826
SCEA dom. du **Grand Faurie,** 262
Dom. **Grand Frères,** 639 642 999
GFA du Ch. **Grandis,** 342
Lucien **Grandjean,** 138
SCEA Ch. **Grand-Jour,** 190 209
SCEA du **Grand Marsalet,** 756 765
GAEC du **Grand Moulin,** 219
Ch. **Grand Ormeau,** 244
Sté Fermière du Ch. **Grand-Pontet,** 263
SC du Ch. **Grand-Puy Ducasse,** 344 361
SC **Grand-Puy-Lacoste,** 362
SCEA Ch. **Grands Champs,** 283 290
SARL des **Grands Crus,** 311
Cave des **Grands Crus blancs,** 568 570
Cie des **Grands Vins du Jura,** 632 638 **642**
GFA du **Grand Talancé,** 133
Alain **Grangaud,** 920
Cave coop. de **Grangeneuve,** 182 194
Pascal **Granger,** 155
EARL **Granier,** 1019
Françoise **Granier,** 918 959
Nicolas **Granier,** 716
Pierre **Granier,** 924
EARL Edmond et Yves **Gras,** 924
Bernard **Gratas,** 796 1009

Daniel **Gratas,** 789 1006
Jean-Pierre **Grateaud,** 992
Champagne Alfred **Gratien, 602** 602
SCEA du Ch. **Graulet,** 218
GAEC des **Grauzils,** 732
Robert et Catherine **Gravegeal,** 674
Cédric **Gravier,** 712
Christiane **Greffe,** 779 841 875
Dom. Marc **Greffet,** 572
EARL François **Greffier,** 200 204
Marthe **Greffier,** 204 296
SCEA Claude et Bernard **Greffier,** 298
Cyrille **Grégoire,** 203
Patrice et Vincent **Grégoire,** 788
Pierre **Grégoire,** 857
SCEA Henri **Grégoire,** 1001
Jean **Greiner,** 74
SCEA **Grelaud,** 213
Caves de **Grenelle,** 779 828
Benoît **Grenetier,** 786
GFA du **Grès Saint-Paul,** 669 986
Dom. André et Rémy **Gresser,** 92 118
Isabelle et Vincent **Greuzard,** 428
Ch. de **Grézan, 676**
SCEA du Ch. de **Grézels,** 730
GAEC Joël et David **Griffe,** 401 412 449
Jean **Grima,** 231
Jean-Paul **Grimal,** 300
Bernard **Gripa,** 938 945
Gripon, 788
Dom. Jean-Louis **Grippat,** 938 943
Caves Jacques **Grisoni,** 1052
Dom. Albert **Grivault, 526**
Dom. Robert et Serge **Groffier,** 457 460 468 470
Grognuz Frères et Fils, 1039
Jacky **Grolet,** 159
Gromand d'Evry, 344
Guy **Grongnet,** 588
Dom. A.-F. **Gros,** 468 473 478
Dom. Anne **Gros,** 401 468 472 475 477
Henri **Gros,** 421
Jean **Gros, 643** 643
Michel **Gros, 421** 475
Grosbot-Barbara, 891
SCE **Gros et Fils,** 285
Serge **Grosset,** 820
Henri **Gross et Fils,** 78 108
Corinne et Jean-Pierre **Grossot,** 435 442
Robert **Grossot,** 132
Mas de **Grouze,** 736
Ch. **Gruaud-Larose,** 371
Bourgognes Pierre **Gruber,** 508
Champagne **Gruet,** 589 602
Dominique **Gruhier,** 402
Guy **Grumier,** 602
Jean-Marc **Grussaute,** 748
Joseph **Gruss et Fils,** 111 117
EARL Joseph **Gsell,** 121
Henri **Gsell,** 76
Christophe **Gualco,** 662
Henri **Gualco, 660**
Philippe **Gudolle,** 1011
Yves **Guégniard,** 821 827
SCEA Hubert **Gueneau,** 778
SCEA Louis **Guéneau et Fils,** 811 813
Patrick et Marie-Claude **Guenescheau,** 857
SA Michel **Guérard,** 754
Guérin, 162
EARL Dominique **Guérin,** 1005
Jacques **Guérin,** 983
Jean-Marc **Guérin,** 789
Mme René **Guérin,** 568
Philippe **Guérin,** 792
Dom. Georges **Guérin et Fils,** 425
SC du Ch. **Guerry,** 223
Edgard **Gueth,** 98
Dom. **Gueugnon-Remond,** 560
Véronique **Guibert de La Vaissière,** 1023
Arnaud et Isabelle **Guichard,** 918 928
SCEA Baronne **Guichard,** 243 247
Marcel **Guigal,** 932 935
M. **Guigal,** 153
Guignard, 380
Philippe et Jacques **Guignard,** 383
GAEC **Guignard Frères,** 318
Charles de **Guigné,** 347
Ghislain **Guigue,** 925
Guilbaud Frères, 786
SC **Guillard,** 457

EARL Vignoble **Guillaume,** 1032
SCEA Ch. **Guillaume,** 206
Eric et Florence **Guillemard,** 425 522
Franck **Guillemard-Clerc,** 532
SCE du Dom. Pierre **Guillemot,** 401 500
Jacques **Guillerault,** 907
Guillermier Frères, 763 767
Joël et Yvon **Guillet,** 778 814 827
Laurent **Guillet,** 159
Yvon **Guillet,** 794
Jean-Michel **Guillon,** 457
Philippe **Guillon,** 666
Patrick **Guillot,** 554
Henri **Guinabert et Fils,** 386
Sylvie et Jacques **Guinaudeau,** 238
Jacques **Guindon,** 796
Maison **Guinot,** 657
Stéphane **Guion,** 853
GFA Ch. **Guiot,** 664
SCA du Ch. **Guiraud,** 195 382
Corinne **Guisez, 260** 289
Jean **Guiton,** 401 487 490 500 506 512
Jean-Luc **Guittet,** 1001
Dom. **Guitton et Michel,** 436 442 447
Alain **Guyard,** 452 454 457
Dom. **Jean-Pierre Guyard,** 452 454
Guy de Forez, 602
Vignerons de **Guyenne,** 177 185 187 195 295
SCEA **Guy et S. Peyre,** 1022
Dom. de Ch. **Guynot,** 992
Dom. Antonin **Guyon,** 457 468 490 493 496 497 500 516 526
EARL Dom. **Guyon,** 401 457 475 481 **490** 500 503
Dominique **Guyot,** 602
EARL Olivier **Guyot,** 452
maison **Guyot,** 943
Jean-Marie **Haag,** 99
Dom. Henri **Haeffelin,** 92
Haegelen-Jayer, 472
Dom. Materne **Haegelin et ses Filles,** 99
Bernard et Daniel **Haegi,** 99
Dom. Pierre **Hager,** 76 92
Patrice **Hahusseau,** 880
D. d' **Halluin,** 568
D' **Halluin-Boyer,** 304
EARL Thierry **Hamelin,** 432 442
Champagne Emile **Hamm,** 602
SA **Hammel,** 1036
H.-Y. et B. **Handtmann,** 705
Emile **Hanique,** 520
SA Ch. **Hanteillan,** 343
EARL Maurice **Hardouin et Fils,** 828 834
André **Hardy,** 1020
Béatrice et Dominique **Hardy,** 787
Frédéric **Hardy,** 845
Harlin, 603
Dom. **Harmand-Geoffroy,** 457
Gérard et Serge **Hartmann,** 79
André **Hartmann et Fils,** 79 108
Jean-Noël **Haton,** 603
Haton et Fils, 603
Paul **Haudricourt,** 1025
Louis et Claude **Hauller,** 100
J. **Hauller et Fils,** 79
Jany **Haure,** 219
Michel **Haury,** 306
EARL **Hauselmann et Fils,** 1010
SCEA du Ch. **Haut Ballet,** 228
SCEA Ch. **Haut Breton Larigaudière,** 213 353
SCEA Ch. **Haut Brisey,** 332
SARL du Ch. **Haut-Canteloup,** 332
Les Vignerons de **Haute-Bourgogne,** 404 427
GAEC **Haute Brande,** 206
SCEA **Haut Gros Caillou,** 250
Ch. **Haut Maurin,** 305
SCEA Ch. **Haut Nadeau,** 207 297
SA Cave du **Haut-Poitou,** 885 886 1005
SCEA Ch. **Haut Saint-Clair,** 286
Sté d'Exploitation du Ch. **Haut-Sarpe,** 250
Cave des **Hauts de Gironde,** 189 198 221
Ch. **Haut-Veyrac,** 264
SCA Ch. de **Haux,** 305
Dominique **Haverlan,** 319
Patrice **Haverlan,** 314 315 385
Simon **Hawkins,** 893
SCE Vignobles du **Hayot,** 380 382 385

H.D.V. Distribution, 397
Benoît **Hébert,** 997
Jean-Victor **Hebinger et Fils, 92**
Jean-Paul **Hébrart,** 603
Marc **Hébrart,** 603 628
Yvonne **Hegoburu,** 748
Charles **Heidsieck,** 603
Heidsieck et Co Monopole, 603
EARL d' **Heilly-Huberdeau,** 547
Philippe **Heitz,** 99
Léon **Heitzmann,** 99
D. **Henriet-Bazin,** 604
Champagne **Henriot,** 604
J.-P. **Henriquès, 690 693** 977
Bernard **Henry,** 704
Dom. **Henry,** 669
Patrick **Henry,** 1027
Champagne Paul **Hérard,** 604
Hérard et Fluteau, 598
GAEC **Hérault,** 861
Brice **Herbeau,** 715
Didier **Herbert,** 604
Dom. **Heresztyn, 457** 464 466
Joël **Hérissé,** 1008
SA Cave **Héritier et Favre,** 1047
Bernard **Hérivault,** 878
Hermouet, 230
Albert **Hertz,** 106
Bruno **Hertz,** 74 112
EARL Sylvain **Hertzog,** 79 85 92
Jean-Noël **Hervé,** 92
R. d' **Herville,** 551
Didier **Hervouet,** 795
Pascal et Laurent **Hervouet,** 786
Jean-Marc **Héry,** 800 1001
Emile **Herzog,** 99
Dominique **Hessel,** 359
André **Heucq,** 604 604
Stéphane **Heurlier,** 192
Roger **Heyberger et Fils,** 85
Jean-Jacques **Hias,** 307
EARL **Hillau,** 745
Henning **Hoesch,** 707
Hoirie Matringe, 1041
Ernest **Horcher et Fils,** 110
Hospices de Beaujeu, 159
Hospices de Saumur, 834
Paul **Hostein,** 519
SCEA Ch. **Hostens-Picant,** 301
SARL M. **Hostomme et ses Fils,** 604
Dominique **Houdebert,** 883
Charles **Hours,** 749
B. et G. **Hubau,** 229 231
Huber et Bléger, 76 79 99
Jean-Luc **Huber,** 146
Bernard **Hubschwerlin,** 604
Dom. **Huet,** 876
Sté **Huet,** 185
Vins Otto **Hugentobler,** 1044
SCEA **Hugot-Michaut,** 433
Benoît **Huguenot,** 604
Dom. **Huguenot Père et Fils,** 452 457
Francis et Patrick **Huguet,** 880
Dom. **Humbert Frères,** 458 461
Claude et Georges **Humbrecht,** 79
Jean-Bernard **Humbrecht,** 79
Pierre-Paul **Humbrecht,** 92
Dom. Bernard **Hummel,** 101
Cave vinicole de **Hunawihr,** 107 113
Bruno **Hunold,** 117
Jean-Marie **Huré,** 760 762
Champagne **Huré Frères,** 604
Huteau-Hallereau, 1005
Famille André **Iché,** 681
IDV France, 181 200 335
Cave des Vignerons d' **Igé,** 412 428 560
SCEA **Ile Margaux,** 211
Christian **Imbert,** 724
EARL **Imbert,** 919
Cave d' **Ingersheim Jean Geiler,** 115
Institut Pasteur, 146
Cave coop. des vins d' **Irouléguy,** 745
Michel **Isaïe,** 412 417
Michel **Issaly,** 737
Ch. d' **Issan,** 353
Jean-François **Izarn et Cathy Planes,** 682 1016
Alain **Jabiol,** 256
Paul **Jaboulet Aîné,** 942 943 944 945
Champagne **Jacob,** 605
Dom. Lucien **Jacob,** 425 500

Dom. Robert et Raymond **Jacob,** 487 495 497
Frédéric **Jacob,** 412
Dom. **Jacob-Girard,** 500
Caveau des **Jacobins,** 639
Pierre **Jacolin,** 896
Sté Vinicole **Jacquart,** 605
André **Jacquart et Fils,** 605
Bertrand **Jacqueminet,** 598
Ch. des **Jacques,** 161
Yves **Jacques,** 605
Alain **Jacquier,** 1050
Jacquinet-Dumez, 605
EARL Edmond **Jacquin et Fils,** 647 650
Maison Louis **Jadot,** 484 500 506
Jaffelin, 493 516 522 535 551 572
GAEC **Jalabert,** 678
Champagne E. **Jamart et Cie,** 605
Annie et René **Jambon,** 165
Dominique **Jambon,** 159
EARL M.-France et Jean-Gabriel **Jambon,** 144
Dom. Jean-Paul et Jean-Luc **Jamet,** 933
Francis **Jamet,** 859
Guy **Jamet,** 863
Michel **Janin,** 154
Christophe **Janisson,** 605
Philippe **Janisson,** 605
Véronique et Pierre **Janny,** 565
SARL **Janny La Maison bleue,** 401 417
François **Janoueix,** 284
Guy **Janoueix,** 229
Jean-François **Janoueix,** 238 252
Mme F. **Janoueix,** 269
SC Joseph **Janoueix,** 237
Pascal **Janvier,** 866
Christian et Marylène **Jard,** 798
Elisabeth et Benoît **Jardin,** 866
Daniel **Jarry,** 875
Ch. de **Jau,** 694 982
Sylvette **Jauffret,** 717
GAEC **Jauffrineau-Boulanger,** 795
Christian **Jaulin,** 794
Léon **Jaumain,** 206
Dom. **Jaume,** 917 927
EARL Alain **Jaume,** 917 953
SCE de **Javernand,** 149
Javoy et Fils, 894
Michel **Jean,** 275 276
Pierre **Jean,** 268
Dom. Guy-Pierre **Jean et Fils,** 422
Hugues et Bernard **Jeanjean,** 667 676 987
GAEC **Jean-Jean Père et Fils,** 192
Champagne **Jeanmaire,** 605
Jeannin-Mongeard, 690 983
Jeannin-Naltet Père et Fils, 554
GAEC **Jeannot Père et Fils,** 899
Ch. **Jean Voisin, 265**
Louis-G. de **Jerphanion,** 246
Vignobles **Jestin,** 760
Jean-Claude **Jhean-Morey,** 526
Joannon et Lleu, 336
Dom. Emile **Jobard,** 526
Rémi **Jobard,** 401 412 519
Jean-Luc **Joillot,** 417 512
EARL **Joliet Père et Fils,** 454
Dom. **Jolivet,** 803 813 821
Jean-Marc **Jolivet,** 299
Pascal **Jolivet,** 905
Hervé **Jolly,** 606
Jolly Frères, 803
Bernard **Jomain,** 143
Pierre et Jean-Michel **Jomard,** 169
Jean-Hervé **Jonnier,** 428
GAEC Maria **Jonquères,** 977
EARL **Jonquères d'Oriola,** 977
SCA Les Vignerons de **Jonquières Saint-Vincent,** 666
Bertrand **Jorez,** 606
EARL **Joselon,** 819
Christian **Joseph,** 828 835
Dominique **Joseph,** 835
EARL M.-C. et Dominique **Joseph,** 162
Jean-Pierre **Josselin,** 606
Dom. Vincent et François **Jouard,** 413
Gabriel **Jouard,** 535
EARL Dom. Gabriel **Jouard Père et Fils,** 542
Lucien **Joudelat,** 419
Le Cellier de **Joudin,** 1029
Alain **Jougla,** 683

1078

Alain **Joulin**, 871
Francis **Jourdain**, **884** 884
GAEC **Jourdan**, 711
Jean **Jourdan-Guillemier**, 485
Jousselin et Fils, 846
SCEA **Jousset** et Fils, 808 813 822 830
Mme Claude **Jouve-Férec**, 712
Jean **Joyet**, 134
Paul **Joyet**, **917** 927 988
SC Vignobles **Jugla**, 360
Union de producteurs de **Juillac** et Flaujagues, 205
Franck et Nicole **Juillard**, 134 155
Dom. Emile **Juillot**, 554
Dom. Michel **Juillot**, 554
Bernard **Julien**, 1015
Eric **Julien**, 229
Michel **Julien**, 681
Julien de Savignac, 756
Henri **Jullian**, 169
Jullien, 918
Jean-Pierre **Jullien**, 667
Thierry **Jullion**, 993
GAEC **Jumert** et Marville, 883
Patrick **Junet**, 258
Dom. Roger **Jung** et Fils, 85 92 116
Daniel **Junot**, 401
Cave des Producteurs de **Jurançon**, 745 747
Frédéric **Juvet**, 662
Dom. **Jux**, 122
Dom. Robert **Karcher** et Fils, 92
GAEC Jean-Charles et Damien **Kieffer**, 79 86
René **Kientz** Fils, 99 119
Cave vinicole de **Kientzheim-Kaysersberg**, 86
David **Kind**, **1041**
Olivier **Kirmann**, 100
Pierre **Kirschner**, 76
EARL Henri **Klée** et Fils, 118
EARL Ouahi et Rémy **Klein**, 919
Françoise et Jean-Marie **Klein**, 100
SARL Georges **Klein**, 100
Klein-Brand, 122
EARL Georges **Klein** et Fils, 93
André **Kleinknecht**, 74
Robert **Klingenfus**, 78 105
Klipfel, 109
Klur-Stoecklé, 118
GAEC René et Michel **Koch**, 100
Koeberlé Kreyer, 100
Jean-Marie **Koehly**, 122
Jean-Claude **Koestel**, 86 100
Jan de **Kok**, 379
Gérard **Kopp**, 347
Laurent **Kraft**, 876
Kressmann, 194 265 325 326 343
Krug Vins fins de Champagne, 606
SA **Kuehn**, 79 106 115
Romain **Kuentz**, 86
J.-C. **Kuntzer** et Fils, succ. J.-Pierre Kuntzer, 1052
Vins **Kursner** Frères, 1038
La Cave de **L'Abbé Rous**, 696 **696** 974
Dom. de **L'Aigle**, 658
SARL **L'Aiguelière**, 670
SCA Ch. de **L'Amarine**, **665**
Michel **L'Amouller**, 218
GFA Ch. de **L'Anglais**, 287
SCEA du ch. de **l'Annonciation**, 268
EARL Ch. **L'Apolline**, 251
GAEC de **L'Arjolle**, 1022
Cellier de **L'Enclave des Papes**, 921 926 933 957 961
SCEA Ch. **L'Enclos**, 240 302
SCEA du Ch. **L'Engarran**, 671 1018
Dom. de **L'Epinay**, 873
Ch. **L'Ermitage**, 384
SCEA du Ch. **L'Escart**, 210
H. de **L'Espinay**, 845
GAEC Ch. de **L'Etoile**, 642 643
Sté coop. **L'Etoile**, 697 973 **974**
SCEA Ch. **L'Etoile de Salles**, 246
SC Ch. **L'Evangile**, **240**
L'Héritier-Guyot, 470 471
SCEA Ch. de **L'Hospital**, 214 315
SE du Dom. de **L'Hyvernière**, 791
Dom. de **L'Idylle**, 650
Union de Vignerons de **L'île de Beauté**, 724 1025

Coop. des Vignerons de **L'île de Ré**, 993 1010
SCEA Ch. de **L'Ille**, 661
Ch. de **L'Isolette**, 968
Dom. de **L'Orée du Bois**, 140
Cave de **L'Ormarine**, 668
Dom. de **L'Orme**, 432
Irène **Labarrère**, 317
Pascal **Labasse**, 746
Cellier de **La Bastide**, 184 211
Cave de **Labastide** de Lévis, 736
SCEA Dom. de **La Bastide Neuve**, 703
Dom. de **La Bastidonne**, 964
Dom. de **La Baume**, 1017
Michel **Labbé**, 606
Ch. **Labégorce**, 353
GFA **Labégorce-Zédé**, 353
Lisette **Labeille**, 300
Caves de **La Béroche**, 1052
SCEA **La Berrière**, 786
Dom. Pierre **Labet**, 402 501
SA ch. **La Bienfaisance**, 265
SCV de **Lablachère**, 1031
Pierre **Laborde**, 751
Vincent **Labouille**, 375
Alain **Labourdette**, 747
Labouré-Roi, 425 458 512 554 558
Ch. **La Brande**, 207 231
Lycée viticole de **La Brie**, 765
Dom. André et Bernard **Labry**, 522
GAEC **La Busardière**, 896
SCV **La Cadiérenne**, 712
Cave coopérative **La Carignano**, 668
Dom. de **La Casa Blanca**, 696 972
La Casenove, 689
La Cave de Genève, **1049**
La Cave du Connaisseur, 432 442
De **La Cense**, 606
La Chablisienne, 402 428 432 436 442 447 449
Alfred de **La Chapelle**, 566
SA **Lacheteau**, 780 812 831 1005
Thomas **La Chevalière**, 137
SCEA Ch. **La Chèze**, 306
Dom. de **La Citadelle**, 967 968 968
Cave coop. **La Clairette d'Adissan**, 658
SARL Direct Wines (Castillon) **La Clairière Laithwaite**, 290
SCI de **La Combe Morguière**, 138
La Compagnie rhodanienne, 916
Dom. de **La Conciergerie**, 442
Lacondemine, 138
Dominique **Lacondemine**, 143
Dom. de **La Coquillade**, 965
Francis **Lacoste**, 986
GFA du Ch. **La Coste**, 716
Jean-Louis **Lacoste**, 749
Cave coop. **La Courtoise**, 965
GFA Dom. de **La Cressonnière**, 704
François **Lacroix**, 606
Jean **Lacroix**, 606
SCF Dom. de **La Croix**, 333
Ch. **La Croix Chabrière**, 918 963
SCEV Ch. **La Croix de Gay**, 237
Dom. de **La Croix Jacquelet**, 556
SA **La Croix Merlin**, 187
Mas de **La Dame**, 716
Ch. **La Décelle**, 927
Ch. **Ladesvignes**, 763
GFA de **La Diligence**, 239
SCEA de **La Dîme**, 853
EARL Ch. **La Dournie**, 682
EARL Ch. de **La Ducquerie**, 807
GAEC **La Fadaise**, 1023
Dom. **Lafage**, 689 982
Jean-Louis **Lafage**, 980
Ch. **la Fagnouse**, 266
Henri **Lafarge**, 560
Claude **Lafarge**, 756
Vignobles **Lafaye** Père et Fils, 277 290 293
Hubert **Laferrère**, 563
Dom. de **La Feuillatta**, 134
Jean-Marc **Laffitte**, 753
Arnaud de **La Filolie**, 268
SC du Ch. **Lafite-Rothschild**, **362** 363
Charles **Lafitte**, 607
SCE Ch. **La Fleur Milon**, 363
SC Ch. **La Fleur Saint-Georges**, 245
Dom. de **La Folie**, 551
EARL **Lafon**, 184

SARL Vignobles Denis **Lafon**, 218
Vignobles Bruno **Lafon**, 219
Claude **Lafond**, 902
Jacques **Lafond**, 960
Dom. **Lafond Roc-Epine**, 959
SCEA **Lafon-Fauchey**, 333
EARL Annick et Jean-Marc **Lafont**, 142
Les Petits-Fils de Benoît **Lafont**, 561
SCEA **La Font du Roc**, 764
Cave Coopérative **La Fontesole**, 673
Jean-Marc **Laforest**, 143
Ch. **La Forêt**, 306
Dominique **Lafosse**, 311 378
SCEA Ch. **La Franchaie**, 803 816 817
SC de **La Frérie**, 292
Dom. de **La Gabillière**, 848
Cave **La Gaillarde**, 918
SCI **La Galante**, 297
GFA des vignobles Ph. de **Lagarcie**, 218
Francis **Lagarde**, 767
SC du Ch. **La Garde**, 324
SCEA Ch. de **La Garde**, 208
Jacky **Lagardère**, 191
SCA Vignobles du Ch. **Lagarosse**, 306
Clos de **La George**, 1038
SC de **La Gironville**, 342
EARL Dom. de **La Giscle**, 704
Gérard et Jeanine **Lagneau**, 139
SCEA **Lagneaux-Blaton**, 368
GFA **La Gomerie**, 267
SCEA Ch. **La Gorce**, 333
Les Maîtres Vignerons de **La Gourmandière**, 838 843
La Gouzotte d'Or, 403
SCE de **La Grande Barde**, 283 287
Les Vignerons de **La Grand'Maison**, 894
Dom. de **La Grange Arthuis**, 890
SCV Dom. de **La Grangerie**, 403
Ch. **Lagrange** SA, **371** 371
SCV **La Gravette**, 668
SA **La Guyennoise**, 283
Benoît **Lahaye**, 628
Jean-Pierre **Lahiteau**, 384
Jean-Pierre **Laisement**, 843
SCIR Dom. de **La Jeannette**, 705
Gérard **Lajonie**, 765
J. et A. **Lajonie**, 758
Dom. de **La Juvinière**, 490
Ch. **La Lagune**, 344
GAEC **Lalande** et Fils, 380
Alain **Lalanne**, 997 1014
Jean-Charles **Lalaurie**, 1018
SARL Dom. de **La Lauzade**, 705
Dom. **Laleure-Piot**, 493 495 498
Cave coop. de **La Livinière**, 679
Alain **Lallement**, 607
Jean-Pierre **Lallement**, 191
Lallement-Deville, 595
Les Caves de **la Loire**, 804
EARL Dom. de **La Madone**, 143
Cave **La Malepère**, 685
Dom. François **Lamarche**, 472 478
SCEA Ch. **Lamarche**, 208
SCEA Ch. **La Margillière**, 721
SCI Dom. de **Lamargue**, 665
Dom. de **La Marquise**, 696
SCEA Ch. **La Lamartine**, 732
Pascal **Lambert**, 864
Patrick **Lambert**, 862
SCEA Yves **Lambert**, 830 836
EARL **Lambert** et Fils, 928
Dom. des **Lambrays**, 607
EARL **Lamé-Delisle-Boucard**, 852
Vignerons de **La Méditerranée**, 661 677
SARL Dom. de **La Métairie**, 763 766 769
EARL Dom. de **La Mette**, 316
Champagne **Lamiable**, 607
Yves **Lamiable**, 308
Dom. de **La Mordorée**, 919 954 959 961
Hervé et Patrick **Lamothe**, 379 383
SC Ch. **Lamothe**, 344
Dom. de **La Motte**, 403 436 443
Champagne Jean-Jacques **Lamoureux**, 607
Dom. Hubert **Lamy**, 535 **538** 542
Dom. **Lamy-Pillot**, 535
Fondation **La Navarre**, 705
Lancelot-Goussard, 607
P. **Lancelot-Royer**, 607
GAEC de **Lancyre**, 670
François **Landais**, 207

GFA de Landeron, 189 198 298
SCA Les Vignerons de **Landerrouat-Duras,** 771
EARL du Landeyran, 683
Seppi Landmann, 173 119 119
Dom. Landrat-Guyollot, 898 900
EARL Landreau, 300
Bernard Landron, 786
Pierre Landron et Fils, 788
Jean-Marc Landureau, 330
SCEA Ch. de **La Négly,** 670
SCA Ch. **La Nerthe, 954** 954
Dom. Edmond Laneyrie, 569
Michel Langlois, 890
SA Langlois-Château, 780 830
SC Ch. **Langoiran,** 306
Sylvain Langoureau, 530 535 **539**
Les Vignerons de **La Noëlle, 794** 804 1006
Maurice Lanoix, 887
Patrick Lanoix, 887
Dominique Lanot, 1011
Jean-Marie Lanoue, 201
Les Vignerons de la Cave de Lansac, 225
Lanson, 607 612
Jacques et Christophe **Lanson,** 160
Henri de Lanzac, 960 961
Maurice Lapalus et Fils, 396 559
Dom. de **La Perrière,** 403 501 503 905
Pascal **Lapeyre** , 744
Jean-Frédéric Lapeyronie, 290 **291** 293
Dom. de **La Pierre,** 162
Gérard Lapierre, 148
Hubert Lapierre, 162
GAEC de **La Pinsonnière,** 876
Dom. de **La Pinte,** 633 999
Jean-Luc **Laplace,** 143
Pierre Laplace, 750
SARL Pierre Laplace, 753
Yves Laplace, 150
Dom. **La Pléiade, 694** 980
SCE Ch. **La Pointe,** 239
Laporte, 689 978 982
Dom. Laporte, 898 905
Olivier Laporte, 282
Maîtres vignerons de **La Presqu'île de Saint-Tropez,** 702 705
Dom. de **La Prévôté,** 849
SC du Ch. **La Prioulette,** 306 316
La P'tiote Cave, 551 554
Marcelle et Jean-Louis Lapute, 164
Pierre Lardennois, 607
Jean-Jacques Lardet, 156
Dom. **Lardy,** 139 153
SCEA Dom. de **La Rectorie,** 696 973
Jeanine Large, 143
Michel et Alain Large, 188 298
SCEA Les Vignobles Large, 296
Daniel Largeot, 490 506
SA Ch. de **La Rivière,** 231
EARL Guy **Larmandier,** 608 628
Champagne **Larmandier-Bernier,** 608 628
Larmandier Père et Fils, 608
Dom. **La Rocalière,** 959 961
Dom. Laroche, 403 436 438 443
Henri Laroche, 993
Dom. de **La Roche Honneur,** 863
SC du Dom. de **La Romanée-Conti, 478**
Marc Laroppe, 124
Marcel et Michel Laroppe, 124
SCA **La Roque,** 712
SCV **La Rose Pauillac,** 363
SCEA ch. **La Rose Pourret,** 268
Vignoble de **La Roseraie,** 854
SA Ch. **Larose-Trintaudon,** 344 363
GFA de **La Rouillère,** 1006
SONEVI, Dom. de **La Rouvière,** 705
Jacques Larriaut, 139
SCEA des Vignobles Jean-Luc **Larriaut,** 312
SCEA **Larribière,** 275
Jean-Bernard Larrieu, 749
SNC du Ch. **Larrivet-Haut-Brion,** 325
SCEA Vignobles Larroque, 304
EARL du dom. **Larroudé,** 748
EARL Ch. **Larsan,** 628
Bernard Lartigue, 350 359
GAEC **Lartigue,** 343
Dom. **Larue,** 528 535 539
Le Cellier de **La Sainte Baume,** 721
SCEA ch. **La Salle,** 219
GAEC de **La Sardissère,** 888

Sté viticole Ch. **Lascombes, 354**
Cave coop. de **La Seudre,** 994
Cave coop. **La Siranaise,** 680
Champagne P. **Lassalle-Hanin,** 608
Roger Lassarat, 573
Christian Lassègues, 266
Pierre Lasserre et Jean-Marie Garde, 241
C.A.T. Ch. de **Lastours,** 661
Dom. de **La Taille aux Loups,** 870
Lataste, 314
Olivier Lataste, 378
SA Lateyron, 266
GAEC des Vignobles **Latorse,** 180
GAEC **Latouche,** 225
Bernard **Latour,** 920
Ch. de **La Tour,** 472
Louis Latour, 533
Maison Louis **Latour,** 498 533 558 1031
SCEA Dom. de **La Tour,** 436
SCV de Ch. **Latour, 363** 363
Caves de **La Tourangelle,** 844
Dom. de **La Tour Bajole,** 417 428
Ch. **La Tour Blanche,** 384
Ch. **La Tour de By,** 334
SCEA Ch. **La Tour de Mons,** 354
Henri Latour et Fils, 522
SC Ch. **La Tour Figeac,** 269
EARL **La Tour Rouge,** 190
Dom. **La Tour Vieille,** 696 696 973
SCEA Dom. **Latrille-Bonnin,** 312
EARL Ch. **Latuc,** 732
SCEA Lisa Latu, 699
SCA Ch. de **Laubade,** 995
Noël Laudet, 1011
Les Vignerons de **Laudun,** 928
SA **Laugel,** 74
Joseph **Launais,** 789
Dom. Raymond **Launay,** 512
Champagne **Launois Père et Fils,** 608
Maurice et Patrick **Laur,** 732
Cellier de **Lauran Cabaret,** 680
Philippe **Laure,** 785
SCE vignobles **Laurencin,** 306
Cave coop. de **Laurens,** 676
Famille **Laurent,** 892
Jean **Laurent,** 608
Marcel **Laurent,** 790
Champagne **Laurent-Perrier,** 608 628
Dom. des **Lauriers,** 1018
Ville de **Lausanne,** 1035
SCEA Famille **Laval,** 236
Cave de **La Valdaine,** 1029
Lavallée, 400 435
Cave des Producteurs de **La Vallée Coquette,** 876
Lavanceau, 342
EARL Christophe et Marie-Jo Lavau, 292
GAEC Jean Lavau, 259 291
Jean-Claude Lavaud, 403
François de Lavaux, 230 244
Ch. de **La Velle, 506** 527
EARL Lavergne, 759 762
Jean de **La Verrie,** 756
SCA **La Vézélienne,** 401 410
Christian **Lavre,** 293
SCEA de **La Vieille Croix,** 232
SNC Ch. **La Vieille Cure,** 232
Cellier de **La Vieille Eglise,** 156
La Vieille Ferme, 965
GAEC de **La Vieille Fontaine,** 550
SCEA **Lavigne,** 262 290 835
Cave **La Vigneronne,** 924
La Vigneronne touraine, 968
EARL de **La Laville,** 384
Jean-Hubert **Laville,** 191
Cave de **La Ville-Dieu-du-Temple,** 742
Bernard Lavis, 139
La Voie des Loups, 613
Dom. Hervé de Lavoreille, 542
GIE Jean-Claude et Michel Lebas, 792
Jean Lebas, 793
Dom. **Le Berceau du Chardonnay,** 561
Le Bigot, 709
EARL Philippe et Pascal Leblanc, 814 825 1007
EARL Jean-Claude Leblanc et Fils, 807 **819**
Ch. **Le Boscq,** 367
EARL Patrick et Odile **Le Bourlay,** 139
EARL J.-Y. A. Lebreton, 811
Victor et Vincent Lebreton, **815** 815 1007

EARL **Lebrin,** 797
Albert **Le Brun,** 608
Sté Coop. Vinicole **Le Brun de Neuville,** 609
EARL **Le Brun-Servenay,** 609
Georges Lecallier, 367
Françoise Le Calvez, 679
Dom. **Le Casot des Mailloles,** 696
GAEC **Le Castela Delbès,** 730
Dom. **Leccia,** 726 988
EARL **Lechat et Fils,** 789
François **Leclair,** 844
Leclaire-Gaspard, 609
Champagne **Leclerc-Briant,** 609
Joël **Lecoffre,** 847
EARL Vignoble **Lecointre,** 808 822
Mme Lecointre, 275
Bruno Lecomte, 900
SCEA David **Lecomte,** 809
GAEC **Le Couroulu,** 920 950
SCA du Ch. **Lecusse,** 737
Cave coopérative **Le Dominicain, 697** 973
Ch. **Le Doyenné,** 306
Marie-Noëlle **Ledru,** 609
Mme Georges **Leduc,** 808 822
André **Leenhardt,** 668
Hervé **Leferrer,** 1017
Michèle **Lefèvre,** 961
Olivier **Leflaive,** 413 516 527 532 533 535 554
Bruno **Lefortier,** 377
Patrick **Léger,** 842
Philippe **Léger,** 805 823
Bernard **Légland,** 404 **432** 437 443
Anne-Marie **Léglise,** 383
Eric **Léglise,** 5
Dom. Catherine **Le Gœuil,** 928
Eric **Legrand,** 609
René-Noël **Legrand,** 835
Champagne R. et L. **Legras,** 609
Legras et Haas, 609 629
Cave **Le Gravillas,** 920
Ph. et A. **Legrix de La Salle,** 209
Jacky **Legroux,** 894
François **Lehmann,** 115
Corinne et Gérard **Le Jan, 772**
Dom. **Lejeune,** 512
EARL **Lejeune-Dirvang,** 609
SCEA **Le Joncal,** 758 764
Ch. **Le Jurat,** 269
Alain **Lelarge,** 870
Lelièvre Frères, 124
Françoise **Lemaire,** 610
Patrice **Lemaire,** 610
Philippe **Lemaire,** 610
Le Manoir murisaltien, 527
Marthe et François **Lemarié,** 659
GAEC Claude **Lemoine,** 803 1006
Lemonier, 566
EARL **Lemoulé,** 403
SA **Le Muid Montsaugeonnais, 1033**
Cave coop. **Le Muscat,** 987
SARL Vignobles **Lenne-Mourgues,** 289
Champagne A.R. **Lenoble,** 606 610
Gilles **Lenoir,** 564
Eric **Lenormand,** 264
SARL Vignobles Colette **Lenôtre,** 346 355
Pierre et Jacqueline **Léon,** 864
Jean-Pierre **Léonard,** 993
Cellier **Léonard de Vinci,** 849
Sté Fermière du Ch. **Léoville Poyferré,** 372
Sté fermière du Ch. **Le Pape,** 326
Lepaumier, 677
Christian **Leperchois,** 961
Le Petit Bouchon, 166
Nicole **Lepine,** 343
SCE **Le Pottier,** 207
Leppert, 313
Champagne Charles **Leprince,** 610
Louis Lequin, 498 532 536 542
René **Lequin-Colin,** 498 532 536 542
Bruno **Le Roy,** 953
SCEA Vignoble Bruno **Le Roy,** 192
Dom. **Lerys,** 678
SCEA **Les Abeillons, 709** 722
Dom. **Le Sang des Cailloux,** 950
GFA du Ch. **Le Sartre,** 326
SCEV **Les Berry Curiens,** 901
EURL **Lescalle,** 209
Ch. **Les Carmes Haut-Brion,** 326
Patrice **Lescarret, 735**

GFA Les Catalognes, 671
Alain Lescaut, 773
GRM Les Caves de la Brèche, 208
Les Caves du Chancelier, 458 464 468 501 503 542 558
Les Celliers de Bordeaux Benauge, 284
SCV Les Celliers du Cabardès, 685
GFA Les Charmes-Godard, 293
Les Clos de Paulilles, 973
Les Cordeliers, 215
Cave Les Costières de Pomerols, 1022
Cave coop. Les Coteaux, 672 1020
SCA Les Coteaux d'Avignon, 917
SCEA Les Coteaux de Bellet, 711
SCA Les Coteaux du Pic, 671
Françoise Lescoutra, 350
SC Vignoble du Ch. Les Crostes, 706
Les Crus Faugères, 677
C.A.T. Lescure, 377
Dom. Chantal Lescure, 404 507 509
Fabien de Lescure, 152
Dom. Les Goubert, 947
SCI Les Grandes Murailles, 258 269
Les Grandes Serres, 955
EARL Les Grands Chais de la Maine, 783
SARL ch. Les Grands Chênes, 334
SC Les Grands Crus réunis, 348 358
Coop. Les Maîtres Vignerons Nantais, 792
GFA Les Pillets, 164
Lespinasse, 311
Henri Lespinasse, 156
Jean-Claude Lespinasse, 148
SCV de Lesquerde, 690 694
Ch. Lesquireau-Desse, 345
Cave Les Roches blanches, 965
GAEC Les Salesses, 1012
Ch. Lestage, 350 358
SCEA les Terres du château, 670
EARL Les Treilles de Cézanne, 717
SCA Les Trois Collines, 194
SCEA Les Trois Croix, 232
Cave Les Vieux Colombiers, 337
SCA Les vignerons du caveau Lamartine, 561
Letheuil, 804
GFA du ch. Le Tuquet, 315
Claude Levasseur, 870
Yves et Catherine Léveillé, 553
Françoise et Henri Lévêque, 312
Guy Lévêque, 843
EARL Lévêque et Fils, 967
Bernard Levet, 933
Joël Lévi, 830
Hélène Levieux, 213
Le Vigneron savoyard, 647
Denis Levraud, 226
Leydier et Fils, 985
Dominique Leymarie, 242
Jean-Pierre Leymarie, 324
Dom. Leymarie-Ceci, 458 468
Jean-Marie Leynier, 287
Pierre-Luc Leyvraz, 1039
Michèle Lézerat, 686
André Lhéritier, 416
Henri Lhéritier, 694 978
André Lhomme, 844
EARL Joël et Jean-Louis Lhumeau, 778 802 807 813 1005
Michel Libeau, 788
Cave du Liboreau, 1010
Domaines du Libournais, 277
Lycée viticole de Libourne-Montagne, 246 282
Liébart-Régnier, 610
Jean-Marc Liénard, 1033
Cave des Vignerons de Liergues, 135
SARL Ch. Lieujean, 345
Ligier Père et Fils, 634 999
Lignac, 263
Suzette Lignères, 661
Famille des Ligneris, 274
Dom. Lignier-Michelot, 464 468
Dom. Rémi Lignier, 681
Christian Lihour, 748
SA Ch. Lilian Ladouys, 367
Patrice Limousin et Freya Skoda, 748
Gabriel Liogier, 919 941 955 959
Jean-Yves Liotaud, 1029
EARL Serge Liotaud et Fils, 1029
Cave des vins de cru de Lirac, 959
Domaines Listel, 1021

Cave de vinification de Listrac-Médoc, 350
SCEA Ch. Liversan, 345
Ch. Livran, 335
Françoise Lladères, 277
Dom. Joseph Loberger, 93 113 116
Champagne Locret-Lachaud, 610
Léone Loiret, 792 1006
Vincent Loiret, 797
A. C. Loison, 707
SCEA Lombardo, 959
Dom. Long-Depaquit, 437 443 447
EARL Longépée, 820
Philippe Lopez, 200
Philippe Loquineau, 881 882
SCEV Michel Lorain, 404
Champagne Jacques Lorent, 611
SCEA I. et F. Lorent-Bureau, 808
Gustave Lorentz, 104
Jérôme Lorenzon, 80 101
André Loretz, 292
Sté Loriene, 256
EARL Pascal et Alain Lorieux, 858
Michel Lorieux, 854
Michel Loron, 610
Frédéric Lornet, 611
Ets Loron et Fils, 164 166 566
Gilbert Louche, 913 925
EARL dom. Louet-Arcourt, 844
Michel Louison, 676
GFA Loumède, 225
SCE de Loumède, 220
Rémy Louvet, 611
Yves Louvet, 611
Champagne Philippe de Lozey, 611
Francis Lubat, 1015
GAEC Lubiato, 291
Les Vignerons du Luc, 706
Claudine Lucmaret, 307
Cave de Lugny, 396 413 428 561
Union de Producteurs de Lugon, 231
Cave de Lumières, 965
Dom. François Lumpp, 557
Christian et Pascale Luneau, 784
Gilles Luneau, 785
Rémy Luneau, 787
GAEC Michel Luneau et Fils, 791
EARL Luneau Frères, 793
Pierre Luneau-Papin, 791
SCA du Muscat de Lunel, 986
Lupé-Cholet, 404
GAEC Dom. Roger Luquet, 428 561
Luquot, 237
Comte de Lur-Saluces, 195 215 382 386
André Lurton, 352
Béatrice Lurton, 182 199 296
Jacques et François Lurton, 1021
Louis Lurton, 379
SCEA Vignobles André Lurton, 178 182 296 321 321 324 327
EARL Lusoli, 772
SCEA Dom. de Lusqueneau, 851
Louis Lusseau, 249
Maurice Lutz, 893
Roland Lutz, 101
A. de Luze R., 177 193
GFA de Lyon, 186 196
Dom. Laurent Mabileau, 854 858
EARL Jean-Paul Mabileau, 856
Frédéric Mabileau, 858
Jacques Mabileau, 858
Jean-François Mabileau, 857
Madeleine et Jean-Yves Mabillard-Fuchs, 1046
Bernard Mabille, 877
Francis Mabille, 877
Alain Mabillot, 903
Bertrand Machard de Gramont, 481
Gaëlle Maclou, 706
Lycée viticole de Mâcon-Davayé, 562 573
Maison mâconnaise des vins, 573
Hubert Macquigneau, 798
GAEC Jean-Paul et Hervé Madeleineau, 790 1007
Michel Maës, 309
Magdeleine, 225
EARL du Ch. Magence, 315
Daniel Magliocco, 1046
Sylvio-Gérald Magliocco, 1048
SCEA Vignobles Magnaudeix, 277
Frédéric Magnien, 465 468

Jean-Paul Magnien, 461 466
Dom. Michel Magnien et Fils, 458 464 465 466
Louis Magnin, 647
SCEV Ch. Magondeau, 232
Alain Mahinc, 928
Mähler-Besse, 338 368
Alain Mahmoudi, 1012
Bernard Maillard, 793
Christophe Maillard, 791
Dom. Maillard, 488 495 507
Yves Maillard, 788
Dom. Maillard Père et Fils, 491
Michel Maillart, 611
Marc et Laurent Maillet, 877
Champagne Mailly Grand Cru, 611
Henri Maire SA, 633 634
EARL Maison Père et Fils, 881
Chantal Malabre, 914
Dom. des Malandes, 432 437 443 447
Champagne Jean-Louis Malard, 611
SC du Ch. Malartic-Lagravière, 326
EARL Guy Malbête, 903
Dom. Françoise Maldant, 495
Pierre et Yolande Maler, 690
Ch. Malescasse, 345
SCEA Ch. Malescot-Saint-Exupéry, 355
M. de Malet Roquefort, 267
EARL Didier Malidain, 796
Jean-Claude Malidain, 1008
Michel Malidain, 795 1006
Danièle Mallard, 200 383
Dom. Michel Mallard et Fils, 485 488 491 495 501
Mallard-Gaulin, 481 491 496 522
SCEA Ch. de Malleret, 345
Dom. René Malleron, 906
SCEA Mallet Frères, 223
EARL Frédéric Mallo et Fils, 86 113
SCEA Ch. Malromé, 196
Maltoff, 404
Cave des Vignerons de Mancey, 404 564
Jean-Christophe Mandard, 844
Thierry Mandard, 840
Champagne Henri Mandois, 611
Denis Manent, 969
Roger et Marie-Hélène Manigand, 144
Dom. Albert Mann, 101
EARL Manoir de l'Emmeillé, 737
Thierry Manoncourt, 260
Champagne Mansard-Baillet, 611
SCEA Manzagol-Billard, 863
Dom. de Maouries, 751
CCV la Marana, 1025 1025
EARL Alain Marcadet, 840
Jérôme Marcadet, 881
Patrice Marchais, 784
B. Marchal-Grossat, 803 808
Dom. Jean-Philippe Marchand, 458 464
Jean Marchand, 951
Jean-Luc Marchand, 134
Maison Jean-Philippe Marchand, 422
Pierre Marchand, 710
René Marchand, 135
Dom. Mardon, 901
Guy et Jean-Luc Mardon, 846
Bernard Maréchal, 413 488 503
EARL Claude Maréchal, 501
Jean-François Maréchal, 647
Nouveaux Ets Maréchal et Cie, 845
Cyril Marès, 665
Michel Maret, 953
Dom. Marey, 404 422
Pierre Marey et Fils, 404 493
Clos Marfisi, 727
SCEV A. Margaine, 611
EARL Jean-Pierre et Martine Margan, 1026
Jean-Pierre Margan, 967
SC du Ch. Margaux, 197 356 356
Gérard et Nathalie Margerand, 166
Jean-Pierre Margerand, 156
Delphine de Margon, 1022
EARL Marguet-Bonnerave, 612
Dom. du Marguillier, 160
SCEA Marin Audra, 244
Marinot-Verdun, 418 425
Henry Marionnet, 842
Patrick Marné, 870
Marne et Champagne, 620
Sté Marnier-Lapostolle, 908

Roland **Maroslavac-Léger**, 522 527 530
Marquis de Saint-Estèphe, 368
SCA Ch. **Marquis de Terme**, 356
Cellier de **Marrenon**, 968
SC du Ch. **Marsac-Séguineau**, 356
SCEA **Marsalette**, 326
Ch. de **Marsannay**, 452 458 **476**
Ch. **Marsau**, 294
SCEV **Marsaux-Donze**, 220 225
Jacky **Marteau**, 845
José **Marteau**, 846
Champagne G.H. **Martel**, 612
SCEA **Martel-Lassechère**, 704 1026
SCEA du Dom. J. **Martellière**, 867 883
François **Martenot**, 404 405 413 545
Ch. **Martet**, 302
Cédric **Martin**, 135
Charles R.L. **Martin**, 756
Domaines **Martin**, 340 371 **372**
Dominique **Martin**, 831
EARL Bernard **Martin**, 134
Gérard **Martin**, 573
Jean-Claude **Martin**, 434 443
Jean-Jacques **Martin**, 573
Jean-Paul **Martin**, 226
Paul-Louis **Martin**, 628
Richard et Stéphane **Martin**, 572
Robert **Martin**, 565
SCEA **Martin-Comps**, 1023
Dom. **Martin de Grangeneuve**, 921
Dom. **Martin-Dufour**, 488 501
Sté Fermière de Ch. **Martinens**, 356
SCEA Vignobles **Martinez**, 211
Martin-Pierrat, 669 1024
EARL Champagne **Marx-Barbier & Fils**, 612
Christophe **Mary**, 527 530
Famille **Mas**, 1019
Michel **Mas**, 183
Mas Carlot, 658
Yves **Masclaux**, 965
Sylvain **Massa**, 704
GFA **Mas Sainte Berthe**, 719
Raymond **Masse**, 557
Joseph de **Massia**, 690
Thierry **Massin**, 612
Champagne Rémy **Massin et Fils**, 612
Jacques **Masson**, 274
Jean-Michel **Masson**, 899
Marie-France **Masson**, 925
Masson Regnault, 346
F. et A.-C. **Masson Regnault**, 193
Matha, 743
Raymond **Mathelin et Fils**, 138
Alain **Mathias**, 405 437
Dom. Béatrice et Gilles **Mathias**, 561 571
Adrian **Mathier**, 1044
Champagne Serge **Mathieu**, 612
Dom. **Mathieu**, 955
EARL Yves **Matignon**, 804 808 831
GAEC Georges **Matray et Fils**, 151
Matton-Farnet, 706
Yvon **Mau**, 180
Jacques **Maubert**, 1027
SCA Dom. du Ch. **Maucaillou**, 358 359
SARL Ch. **Maucamps**, 346
Prosper **Maufoux**, 405 **414** 476 536 564
Jean et Alain **Maufras**, 327
EARL Jean-Paul **Mauler**, 93
André **Mauler et Fils**, 80 101
Benoît **Maulun et Nicole Dupuy**, 296
Jacques **Maumus**, 752
Pierre **Maunier**, 705
Alain **Maurel**, 685
Albert **Maurer**, 74
Héritiers **Maurèze**, 282
Jean-Michel **Maurice**, 501
Michel **Maurice**, 125
Jean-Paul **Maurin**, 993
SCAV Les Vignerons de **Maury**, 694 980
Yvon **Mau SA**, 182 183 184 197 207 244 252 280 286 296 297 349 354 369 759 769
Louis **Max**, 437 554
Jean-Luc **Mayard**, 953
Cave Joël **Maye Carco et Fils**, 1046
Simon **Maye et Fils**, 1046
Les Fils **Maye SA**, 1042
Marlène et Alain **Mayet**, 765
Maymil, 661
Les Vignobles du **Mayne**, 763

SARL ch. **Mayne-Guyon**, 220
SCEA du **Mayne-Vieil**, 232
GAEC du dom. de **Mayrac**, 658
Mazet, 613
SC Ch. **Mazeyres**, 234 240
SCEA **Mazeyres**, **234**
Dom. **Mazilly Père et Fils**, 425 527
Patrick et Véronique **Mazoyer**, 547
Mazzoleni, 1027
SCEA **McGrane**, 771
David **Meakin**, 1013
Christiane **Meaudre de Lapouyade**, 298
Jean-Pierre **Méchineau**, 784
Serge **Méchineau**, 796
Christian **Médeville**, 195 317 384
SCEA Jean **Médeville et Fils**, 374
Christian **Meffre**, 923
EARL Jean-Pierre et Martine **Meffre**, 948 956
Gabriel **Meffre**, 919 922 933 941 950 1019
EARL **Mège Frères**, 217
Vignobles **Méhaye**, 337
Michel **Meistermann**, 86 93
Dom. du **Meix-Foulot**, 555
SCEA **Mejan-Taulier**, 960
Pascal **Méli**, 222
Françoise et Nicolas **Melin**, 569
Bernard **Mélinand**, 150
Jean-Jacques et Liliane **Melinand**, 153
Jean-Noël **Mélinand**, 149
Michel **Mélinand**, 149
Alphonse **Mellot**, 905
Vignobles Joseph **Mellot Père et Fils**, 899 906
Dom. **Menand**, 555
EARL **Menanteau**, 218
Joël **Ménard**, **824**
René **Ménard**, 850
SCEA Vignobles **Ménard**, 197 307 374 376
J.-P. **Ménard et Fils**, 993
SC **Ménard-Gaborit**, 797
Christian **Menard**, 425 507
Christophe **Mendousse**, 997
Marc **Meneau**, 405
Laurent **Menestreau**, 830
SCEA des Vignobles **Menguin**, 195 307
GAEC de **Menthon**, 929
Champagne **Mercier**, 613
EARL **Mercier**, 689 694 982
Jean-Michel **Mercier**, 795
Vignobles **Mercier**, 798
Guy de **Mercurio**, 666
SCE Vignobles Michel **Méric et Fils**, 376
EARL **Merlande-Legrand**, 180
Jean-Michel **Merlaud**, 794
Jean **Merlaut**, 305
Jean-Pierre **Merle**, 140
Mathilde **Merle**, 704
Thierry **Merlin-Cherrier**, **906**
Bernard **Mermoud**, 1045
M. Roger **Mesange**, 180
Dom. **Meslin**, **849**
Famille **Meslin**, 268
Jean-Claude **Mestre**, 954
Brigitte **Mestreguilhem**, 183
GAEC **Mestreguilhem**, 272
Mestre Père et Fils, 543
EARL Daniel **Métaireau**, 785
GAEC **Métivier**, 877
Jacques **Métral**, 645
Sylvain **Métrat**, 145
Arthur **Metz**, 72 101 105
Dom. Gérard **Metz**, 101
Meulnart Père et Fils, 703
EARL Max **Meunier**, 845
Gilbert **Meunier**, 1029
Ch. **Meunier Saint-Louis**, **662**
Ch. de **Meursault**, 510 527 530
Denis **Meyer**, 99
Gilbert **Meyer**, 108
Vignobles **Meyer**, 247
EARL Dom. René **Meyer et Fils**, 86 100
Ernest **Meyer et Fils**, 87 101
Meyer-Fonné, 87 119
Pierre-Alain **Meylan**, **1040**
Roger **Meylan**, 1049
SCA **Meynard**, 203
André et Marylenn **Meyran**, 152
Alain **Meyre**, 345
André et Monique **Méziat**, 150

Gilles **Méziat**, 150
Pierre **Méziat**, 150
Méziat Père et Fils, 150
SA Vignobles E.-F. **Miailhe**, 347
Alain **Michaud**, 143
Dom. **Michaud**, 780 845
Dom. **Michaut**, 433 437
Jean-Claude **Michaut**, 405
René **Micheau-Maillou**, 244
Bruno **Michel**, 613
Robert **Michelas**, 944
Champagne José **Michel et Fils**, 613
Louis **Michel et Fils**, 437 443 447
SCEV Guy **Michel et Fils**, 613
René **Michel et ses Fils**, 562
Jean-Louis **Michelland**, 717
M.-J. **Michon et Fils**, 799
Philippe **Micou**, 829
Charles **Mignon**, 613
Pierre **Mignon**, 613
Champagne **Milan**, 613 628
Philippe **Milan et Fils**, 551
Gérard **Milhade**, 214
SCEV Vignobles Jean **Milhade**, 212 246
Xavier **Milhade**, 205
SCEA Ch. **Milhau-Lacugue**, 683
Paul **Milhe Poutingon**, 689
EARL Dom. des **Millaults**, 210
Paul **Millérioux**, 906
Daniel **Millet**, 905
Dom. Franck **Millet**, 906
Michel **Million Rousseau**, 650
Bernard **Millot**, 527
Jean-Marc **Millot**, 485
Albane et Bertrand **Minchin**, 896
GAEC Claude **Minier**, 884
Ch. de **Minière**, 854
Dom. Christian **Miolane**, 140
Marie-Thérèse **Miquel**, 987
SCEA Vignobles **Mirande**, 268
Maison **Mirault**, 845 877
Ch. **Mire L'Etang**, 672
Dom. **Mittnacht Frères**, 80 93 111
EARL Vignobles Claude **Modet**, 187 307 374
Jos. **Moellinger et Fils**, 80 117
Moët et Chandon, 614
Alain **Moget**, 810
Moillard, 519
Moillard-Grivot, 425 512 516 527 530
Jean-Bernard **Moindrot**, 896
SCE **Moine Vieux**, 977
Moingeon, 428
Dom. des **Moirots**, 414 428 557
Dom. **Moissenet-Bonnard**, 405 512
EARL Armelle et Jean-Michel **Molin**, 405 454 461
SCEA **Molinari et Fils**, 317 319
Jean **Momelat**, 208
Mommessin, 405 465 466 543 562
Cave de **Monbazillac**, 756 758 766 769
SA Ch. **Monbousquet**, 270
Ch. **Moncontour**, 845 877
Champagne Pierre **Moncuit**, 614
Dom. **Mongeard-Mugneret**, 471 473 476 481
Jean-Claude **Monges**, 1028
Dom. Hubert et Philippe **Monin**, 651
Jean-Guy **Monmarthe**, 614
SA **Monmousseau**, 780
SCEA A. **Monmousseau**, 875
Jean-Marc **Monnet**, 154
Jean-Pierre et Marc **Monnet**, 1048
Marie-Louise **Monnet**, 156
Dom. René **Monnier**, 507 **513** 519 545
SA **Mons-Maleret**, 216
Champagne **Montaudon**, 614
SCEA Ch. de **Montauriol**, 741
Isabelle et Pascal **Montaut**, 218
Dom. du **Mont d'Or SA-Sion**, 1046
Jean de **Monteil**, 264 289
GAEC J. et B. **Monternot**, 140
E. **Montes**, 977
Vins et Dom. H. de **Montesquieu**, 316
Antoine **Montez**, 935 938
Cave coop. de **Montfleury**, 1031
SCI Ch. de **Montfort**, 877
Dom. de **Montgenas**, 153
SCEA Ch. de **Montgueret**, 831
Hubert de **Montille**, 516
Alain de **Montillet**, 710

Dom. de **Montine,** 963
Caveau du **Mont July,** 651
Dom. de **Montmain,** 422
Dom. E. de **Montmollin Fils,** 1052
GAEC du Clos **Mont-Olivet,** 922
Cave de **Montorge,** 1045
Les Vignerons de **Mont-près-Chambord,** 881 882
Cave coop. des Producteurs de **Montravel et Sigoulès,** 759 761 770
Ch. **Mont-Redon,** 922
Lycée prof. agricole de **Montreuil-Bellay,** 831
Les Producteurs du **Mont Tauch,** 660 **678** 978 980 983
SCA Ch. **Montviel,** 240
Alice et Olivier de **Moor,** 437
Guy et Jean-Pierre **Morandière,** 993
Charles **Morazzani,** 724
Guillaume **Mordacq,** 821
Bernard **Moreau,** 536
Catherine **Moreau,** 780
Daniel **Moreau,** 614
Dominique **Moreau,** 854
EARL **Moreau,** 269 281
EARL Béatrice et Patrice **Moreau,** 862
GAEC **Moreau,** 791
Jean **Moreau,** 512 542
Michel **Moreau,** 675 1021
SCEV **Moreau,** 241
SCEV Dom. Louis **Moreau,** 444
Sté **Moreau et Fils,** 443
GAEC **Moreau-Naudet et Fils,** 437 444 447
Albert et Dominique **Morel,** 155
Pascal **Morel,** 614
Dom. **Morel-Thibaut,** 639 640
GAEC Jean **Moreteaux et Fils,** 547
Sté nouvelle André **Morey,** 428 469 536
Dom. Michel **Morey-Coffinet,** 405 **536**
Ecole de Viticulture de **Morges,** 1035
GAEC **Morille Luneau,** 789
Albert **Morin,** 672
Christian **Morin,** 405
Eric **Morin,** 150
Guy **Morin,** 149
Jean-Paul **Morin,** 856
Olivier **Morin,** 406
Raymond **Morin,** 780 808
Thierry **Morin,** 143
Morin Père et Fils, 414 422 452 465 472 507
James **Morisseau et Fils,** 857
SARL Pierre **Morlet,** 614
Régis **Moro,** 293 294
Thierry **Moro,** 294
GAEC **Moron,** 815
Veuve Henri **Moroni,** 406 530
Bernard **Morot-Gaudry,** 426
Dom. Thierry **Mortet,** 406 414 458 469
Dom. du **Mortier,** 542
GAEC du Mas de **Mortiès,** 672
Alexandre et Patricia de **Mortillet,** 670
Sylvain **Mosnier,** 437 444
Daniel **Mosny,** 868
Jacques **Mossé,** 690 978 983
C. **Motheron,** 1004
Isabelle **Motte,** 243
GAEC Ch. **Motte Maucourt,** 187
Christian **Moueix,** 238
Ets Jean-Pierre **Moueix,** 228 231 236 238 239 **242** 261 270
SC Bernard **Moueix,** 275
SC Dom. viticoles Armand **Moueix,** 240 245 259 261
SCE Vignoble Bernard **Moueix,** 242
Vignobles Jean-Michel **Moueix,** 269
Antoine **Moueix et Fils,** 206
Ch. du **Moulin à Vent,** 162
GAEC du **Moulin Borgne,** 215 217
GAEC **Moulin de Courbian,** 333
SC Ch. du **Moulin Noir,** 280 284
H. **Mounier-Unicoop,** 914
Jean **Mourat et Jean Larzelier,** 798
EARL Cyril et Jacques **Mousset,** 1027
EARL Vignobles Guy **Mousset et Fils,** 922 956
SARL Champagne **Moutard-Diligent,** 615
SA Champagne Jean **Moutardier,** 615
SCEA Dom. du **Mouton,** 660
SCEA Gérard **Mouton,** 557

Ch. **Mouton Rothschild,** 364
SCEA Daniel **Mouty,** 182 188 242 253
Philippe **Mouzon,** 615
EARL **Mouzon-Leroux,** 615 628
Dominique **Moyer,** 870
Marie-Claude **Moyer,** 868
Luc et Elisabeth **Moynier,** 670
SCEA **Moze-Berthon,** 284
Denis et Dominique **Mugneret,** 476 478 482
EARL Jean-Pierre **Mugneret,** 473
Dom. **Muller-Koeberlé,** 102
G.-H. **Mumm et Cie,** 615
E. et R. **Mur,** 1018
Francis **Muré,** 120
René **Mure,** 118
Régis **Mureau,** 853
SCA de **Muret,** 346
Jacques Charles de **Musset,** 299
SC du Ch. **Musset-Chevalier,** 259 271
Musset Père et Fils, 274
GAEC Vignoble **Musset-Roullier,** 805
Jean et Geno **Musso,** 406
Hubert **Mussotte,** 385
Lucien **Muzard et Fils,** 406 543
Naigeon-Chauveau, 143 491 546
Ch. **Nairac,** 379
SCI du Dom. de **Nalys,** 956
SCEA des **Nantelles,** 406
Grand Champagne **Napoléon,** 615
Roger et Michèle **Narjoux,** 546
Michelle **Nasles,** 716
Henry **Natter,** 906
Dom. Henri **Naudin-Ferrand,** 414 422 426 **485**
GAEC **Nau Frères,** 854
Dom. Jean-Marie **Naulin,** 437
Yves **Navarre,** 419
Philippe de **Nays,** 748
SARL Régis **Neau,** 780 832 833
GAEC **Nebout,** 892
Guy **Négrel,** 702
Henri **Negrier,** 346
SCEA des coteaux de **Nenine,** 307
Jean-Claude et Jacky **Nesme,** 145
Michel **Nesme,** 138
Dom. Gérard **Neumeyer,** 105
Jean-François **Nevers,** 634
Dom. Roger **Neveu et Fils,** 906
Neyret-Gachet, 935
Jean-François **Neyroud Fonjallaz,** 1039
Christian et Philippe **Neys,** 309
Eric **Nicolas,** 866
SC Héritiers **Nicolas,** 237
GAEC **Nicolas Père et Fils,** 414
Guy et Frédéric **Nicolet,** 952
Michel **Nicoulaud,** 256
Henriette **Niepce,** 548
Erik **Nieuwaal,** 310
Dom. P.-M. **Ninot,** 552
Ch. **Noaillac,** 326
SCEA Dom. Michel **Noëllat et Fils,** 469 472 473 476
SCEA **Noël Père et Fils,** 228
SCEA Dom. des **Noëls,** 781
SA Louis **Nogue et Fils,** 796
Jean-Pierre **Nony,** 262
Vignobles Léon **Nony SA,** 244
GAEC **Norguet,** 883 1004
Alain **Normand,** 562
Dom. de **Notre Dame des Pallières,** 948
Jacques **Noury,** 883
EARL Dom. Claude **Nouveau,** 426 **543** 545
Jean-Jacques **Nouvel,** 262
EARL **Nowack,** 616
Ch. des **Noyers,** 808 822
Dom. André **Nudant et Fils,** 488 491 501
Coop. du **Nyonsais,** 919
Cave vinicole d' **Obernai,** 87
Dom. des **Obiers,** 516
Yves **Odasso,** 720
Vincent **Ogier, 805** 808 814 823
Dom. Michel **Ogier,** 933
SA **Ogier,** 917 922 929 941
Dom. départemental d' **Ognoas,** 996
Confrérie des vignerons de **Oisly et Thésée,** 847 881
GAEC De **Oliveira Lecestre,** 438 444
GAEC Bernard et Patrick **Olivier,** 855 858
Jean-Marie **Olivier,** 956

SCA Jean **Olivier,** 958 960
Dom. **Olivier-Gard,** 422
Ollet-Fourreau, 245
Dom. **Ollier-Taillefer,** 676
Marc **Ollivier,** 784
GAEC **Ollivier Père et Fils,** 788
Association viticole d' **Ollon,** 1039
Bernard **Omasson,** 855
Baron Roland de **Onffroy,** 224
Gérard **Opérie,** 374
Lycée viticole d' **Orange,** 929
Charles **Orban,** 616
GFA Pierre et Henri **Orenga de Gaffory,** 727 **989**
Union des Producteurs d' **Orgnac-l'Aven,** 969
Philippe **Orion,** 1009
Jean **Orliac,** 672
Monique **Orlianges,** 201
Dom. des **Ormes,** 433
Jérôme d' **Ormesson,** 1020
Ch. d' **Ornaisons,** 662
Orosquette, 680
Ch. d' **Orschwihr,** 87
Cave vinicole d' **Orschwiller-Kintzheim,** 112
Patricia **Ortelli,** 720
Dom. **Ott,** 714
Oudin Frères, 843
Champagne **Oudinot,** 616
Pascal **Oury,** 125
Pierre **Overnoy,** 634
Didier **Pabiot,** 899
Jean **Pabiot et Fils,** 898
SCEA Robert **Pabiot et ses Fils,** 899
Gérard **Padiou,** 1008
Michel **Page,** 865
GAEC **Pagès,** 686
Dom. **Pages Huré,** 690 984 1023
EARL James **Paget,** 846 850 864
Champagne Bruno **Paillard,** 616
Pierre **Paillard,** 616
Dom. Charles **Pain,** 864
Philippe **Pain,** 862
Jacques **Painturaud,** 994
Georges **Paire,** 893
Jean-Claude **Palais,** 131
Ch. **Palmer,** 356
Palmer et Co 616
Ch. **Paloumey,** 346
Ch. de **Pampelonne,** 707
Louis **Panis,** 663
Panisseau SA, 763 764
Champagne **Pannier,** 616
Fabien et Cathy **Paolini,** 724
Ch. **Pape Clément,** 327
Caves des **Papes,** 933 936
Romain **Papilloud,** 1048
EARL Agnès et Christian **Papin,** 778 815
Claude **Papin Chevallier,** 823
Catherine **Papon-Nouvel,** 292
Albert **Paquereau,** 790
François **Paquet,** 414 564
Jean-Paul **Paquet,** 560 572
Maison François **Paquet,** 137
Michel **Paquet,** 563
Dom. de **Paradis,** 717
Vignoble du **Paradis,** 862
SCE Vignobles **Parage,** 313
EARL A. **Parcé,** 690
SCA **Parcé et Fils,** 973
François de **Pardieu,** 225
Pardon et Fils, 141
Dom. **Parent,** 496
Dom. J. **Parent,** 519
Alain **Paret,** 917
Bernadette **Paret,** 283 285
Paret-Garnier, 711
Dom. **Parigot Père et Fils,** 426 501 507 513 516 536
Parize Père et Fils, 556
Pascal, 929 945
Achille **Pascal,** 713
Yves **Pascal,** 616
Marc **Pasquet,** 223
Patrick **Pasquier,** 833
Hervé **Passama,** 691 1023
Bernard **Passot,** 150
Daniel **Passot,** 148
Maurice **Passot,** 158
Monique et Bernard **Passot,** 164

Yves Pastourel et Fils, 985
Dom. Pastricciola, 727 989
SA Ch. Patache d'Aux, 336
SCE du Ch. Patarabet, 252
Jean-Bernard Patissier, 167
Eric Patour, 616
Denis Patoux, 617
Patriarche Père et Fils, 406 425
Cave Paulands, 458 488 491 496
Alain Paulat, 890
Paul-Cavallier, 719
Pierre Paulet, 617
Les Clos de Paulilles, 697 **697**
SC J. et J. Pauly, 381
SCEA Jean-Pierre Pauvif, 220
Jean-Marc Pavelot, 501
SCEA Ch. du Pavillon, 375 378
SCAV Pavillon de Bellevue, 336
SCA Grands Vins de Pazac, 664
GAEC de Pécoula, 766
SCEA Ch. Pédesclaux, 364
Jean-Paul Peillon, 136
GFA Pein, 136
Jean-François Pein, 136
Jean Peitavy, 1018
Luc Peitavy, 1019
SCEA Dom. Pélaquié, 959
SCEA Pélépol Père et Fils, 708
Michel Pelissie, 298
Patrick Pelisson, 966
Dom. Henry Pellé, 896
Vignobles Pellé, 183 200
Pellegrini, 673
Jean-Christophe Pelletier, 860
M. Pelletier, 156
James Pelloux, 147
Pelon-Ribeiro, 346
Vincent Peltier, 878
Olivier Penel, 719
Annick Penet, 855
EARL dom. Jean-Marie Penet, 843
SCEA Ch. de Pennautier, 685
François Péquin, 848
Dominique Percereau, 882
SCEA dom. Percher, 823
Jean-Pierre Perdriau, 842 849
EARL Philippe Perdriaux, **879**
Dom. de Perdrycourt, 433
Dom. du Père Benoit, 146
SCEA Dom. du Père Pape, 952
de Peretti della Rocca, 124
Michèle et Jacques Pérignon, 720
Ch. Périn de Naudine, 316
Champagne Jean Pernet, 617
Vignobles Pernette, 188
EARL Paul Pernot et ses Fils, 529
Frédéric Pérol, **135**
GFA de Perponcher, 177 193 295
Jacques Perrachon, 162
Pierre Perrachon, 147
Paul et Nicole Perras, 135
Bruno Perraud, 138
Jean-François Perraud, 156
Laurent Perraud, 793
Vincent Perraud, 785
André Perret, 938
SA Champagne Joseph Perrier, **617**
Jean Perrier et Fils, 650
Champagne Perrier-Jouët, 617
Alain-Dominique Perrin, 732
Henri Perrin, 566
Noël Perrin, 559
Philibert Perrin, 618
EARL Jacques et Guillaume Perromat, 381
Jacques Perromat, 310
Jean-Xavier Perromat, 316
Suzanne Perromat-Daune, 206
SCEA Perrot de Gasquet, 706
Henri Perrot-Minot, 465 469
Robert Perroud, 144
Ch. de Persanges, 644
Gérard Perse, 271
Gérard Personnet, 406 414 449
Isabelle et Benoist Perseval, 617
Les vins des Personnets, **567**
Pierre-Yves Perthuy, 790
Ch. Pesquié, 966
EARL Dom. du Pesquier, 948
EARL Luc Pétard, 789
Jean-Paul Pétard, 788

Lucien et Philippe **Pétard**, 789
Champagne Pierre Peters, 617
Jean-Louis Pétillat, 891
Camille et Marie-Thérèse Petit, 854
Désiré Petit, 634 642 999
Jean-Michel Petit, 633
Vignobles Jean Petit, 290
Vignobles Marcel Petit, 288
EARL Peteiteau-Gaubert, 797
Champagne Petitjean-Pienne, 617
Dom. du Petit Paris, 759
SC du Ch. Petrus, **241**
SCEA Ch. Peychaud, 225
SARL Ch. Peyrabon, 363
SCEA Ch. du Peyrat, 308
SCEA Ch. Peyrebon, 298
François Peyrondet, 376
SCEA domaines Peyronie, 361
Christophe Peyrus, 672
Les Vignerons de Pézilla, 688 978
CVPG Pfaffenheim, **87**
SA Ch. Phélan Ségur, 368
Maison Denis Philibert, 422 454 476 536 552
Pierre Philip, 996
Philip-Fournols, 984
Catherine Philip-Fournols, 691
SCEA Philip Frères, 667 1015
EARL Philip-Ladet, 923
Gisèle Philippart, 617
Philippe, 1032
SEA Philippe, 249
Champagne Philipponnat, 618
Philippoz Frères, **1047**
Pascal Philibaleau, 781 850
Ch. de Pibarnon, 713
Louis Picamelot, 429
Jean-Paul Picard, 907
Michel Picard, 131 418 **516** 536 539 545
SCEV champagne Jacques Picard, 618
SCEV Picard et Boyer, 618
Jean-Christophe Piccinini, 681
Philippe Pichard, 862
François Picherit, 819
Bernard Pichet, 150
EARL Jean-Marc Pichet, 855
SCI Pichon Longueville Comtesse de Lalande, 362 365
EARL Jean-Claude et Christophe Pichot, 874 877
SCEA Ch. Picon, 212
GFA Ch. Picque Caillou, 327
GAEC Bruno et Jean-Michel Pieaux, 877
GFA Philippe Pieraerts, 303
EARL Ch. Pierrail, 201 212
Marie-Josée Pierre-Bravo, 381
SA Pierrel et Associés, 612 613
Dom. des Pierres Rouges, 564
Cave des Vignerons de Pierrevert, 970
François Pierson-Cuvelier, 618
GAEC de Montgrignon Pierson Frères, 1032
Maguy et Laetitia Piétri-Géraud, **973** 984
SICA UVAL Les Vignerons des Pève, 1025
Pignier Père et Fils, 638 642
SCA Ch. Pigoudet, 717
Max Piguet, 513 517 522
Dom. Jean-Michel et Laurent Pillot, 547 555
Dom. Jean Pillot et Fils, 537
Vignobles Pilotte-Audier SCEA, 267
SCA dom. de Pimpéan, 805
Daniel Pineau, 793
Michel Pineau, 796
François Pinon, 878
Rodolphe de Pins, 921
Jack Pinson, 906
SCEA Dom. Pinson, 444 **448**
GAEC Georges et Thierry Pinte, 513
Dom. Pierre et Franck Piquemal, 978
SNC Ch. Pique-Ségue, 767
Jacky Piret, 146
Dominique Piron, 159
François Pironneau, 850
Auguste Pirou, 634 637 640 642
Edouard Pisani-Ferry, 836
Louis Pistre, 683
EARL Pitault-Landry et Fils, 854 858
William Pitters-La Guilde du Vin, 186

Jean-Luc Piva, 189
Piva Père et Fils, 188
Jean-Charles Pivot, 141
SCEA Dom. Château de Pizay, 135
Sté des vins de Pizay, 169
SCEA di Placido, 721
Robert Plageoles et Fils, 739
Plaimont Producteurs, 752 753 754 755 1013
Ch. **Plain Point**, 233
EARL de Plaisance, 742
SCEA ch. Plaisance, 212 267
SCEV Robert Planchon et Fils, 909
GAEC Plantade Père et Fils, 323
Daniel Plantey, 225
SCEA Ch. Plantey, 365
Emmanuel Plauchut, 703
Ch. Plessis-Brézot, 793
François Plouzeau, 842
Pierre Plouzeau, 846 862
Dom. Pochon, 940 1030
EARL Albert Poilane, 791
Jean-Michel Poiron, 784
SA Henri Poiron et Fils, 1007
Champagne Régis Poissinet, 618
Champagne Poissinet-Ascas, 618
EARL André Poitevin, 155
Poivert Frères, 283
Philippe et Mylène Poivey, 761
SA Pol Roger Cie, 618
Cave Coopérative de Pomérols, 669
Jean-François Pommeraud, 219
Pommery, 618 619
Denis Pommier, 433 444
Michel Pommier, 214
Gaëtan Poncé, 671
Albert Ponnelle, 513 531
Pierre Ponnelle, 509
Josette et Jean-Claude Pons, 1011
Michel Ponsard-Chevalier, 545
Vincent Pont, 502 517 519 522 524
Jacques de Pontac, 385
GFA du Ch. Pontey, 336
Dom. Guy Pontonnier, 855 859
Michel Ponty, 228
A. Porret et Fils, 1051
Cave Coop. de Portel, 662
Champagne Virgile Portier, 619 628
Philippe Portier, 901
Union de Viticulteurs de Port-Sainte-Foy, 767
Robert Pouderoux, 981
Jean-Louis Poudou, 680
SCE Ch. Pouget, 356
Champagne Roger Pouillon et Fils, 619
EARL Robert Pouilloux et ses Fils, 994
Poulet Père et Fils, 160 513
Dom. Poulleau Père et Fils, 415 491 509 517
GFA Vignobles Poulvère et Barses, 759
EARL Poupard et Fils, 806 814
Poupat et Fils, 891
EARL Dom. du Pourpre, 148
EARL de Pourquey-Gazeau, 188 212
Claude Pourreau, **335**
A. Pousse et M. Pessonnier, 224
Ch. Pradeaux, 713
GAEC Pradelle, 941
Jean-Pierre et Marc Pradier, 888
Sylviane et Bernard Pradier, 917 927
Jean-François Pras, 893
Dom. Prats, 184 366 368
Ernest Preiss, 93
Dom. du Ch. de Premeaux, 407 482
Charles Prévosteau, 336
Gérald Prévoteau, 619
Champagne Prévoteau-Perrier, 619
Dom. Jacky Preys et Fils, 846
Dom. Jacques Prieur, 531
Pierre Prieur, 865
Dom. Prieur-Brunet, 517 527 537 543
Caves du Prieuré, 1052
GFA du Prieuré de Montézargues, 961
SCI Prieuré Sainte-Anne, 308
GAEC Dom. du Prieuré Saint Just, 929
SA Pierre Prieur et Fils, 907 908
Dom. Prin, 488 496
SCEA Prince Henrik, 729
GAEC du Priorat, 760 762 765
SCEA du Priourat, 288

Groupement des Producteurs de **Prissé**, 407 562 566
Eric **Prissette**, **274**
Producta SA, 197 199 330 334 335 337 758 766
Benoît **Proffit**, 812
Jean-Luc **Prolange**, 165
Caves de **Provence**, 704
Christian **Provin**, 859
Provins Valais, **1047**
EARL Henri **Prudhon et Fils**, 539
Dom. Jean-Pierre et Laurent **Prunier**, 519
Dom. Michel **Prunier**, 517 522
Pascal **Prunier**, 507 520 523 524
Vincent **Prunier**, 522 539
Philippe **Prunier-Damy**, 513 523
Jean-Louis **Puech**, 673
Ch. **Puech-Haut**, 673
GAEC **Pueyo Frères**, 255
Jacques **Puffeney**, 634 635
Union de producteurs de **Pugnac**, 219 223
Cave coop. de **Puisseguin-Lussac Saint-Emilion**, 280 287
Les Vignerons de **Puisserguier**, 673 683 1017
Jean-Luc **Pujol**, 690 979 983
José **Pujol**, 690 983
SCEA Dom. du Ch. de **Puligny-Montrachet**, 407
Commune de **Pully**, **1041**
Fruitière vinicole de **Pupillin**, 635
Dom. de **Putille**, 805 809 816
SCE **Puy Castera**, 346
SC Ch. **Puygueraud**, 294
SCEA Ch. **Puy-Guilhem**, 233
GAEC Jean **Puyol et Fils**, 248 757
SCEA **Puy-Servain**, 767 768
Puzio-Lesage, 252 259
André **Quancard-André**, 184 212 284 354 360 372
Clos des **Quarterons-Amirault**, 858
Roger **Quartironi**, 683
Cave des **Quatre-Chemins**, 922 928
Cellier des **Quatre Tours**, 717
André et Michel **Quénard**, 648 **648**
Dom. Raymond **Quénard**, 648
Jean-Pierre et Jean-François **Quénard**, 648
Les Fils de René **Quénard**, 648
F. **Quentin**, 265
GFA du Ch. **Quercy**, 263 272
Michel **Querre**, 271
Jean-Michel **Quié**, 340 361
Vignobles Jérôme **Quiot**, 958
Gérard **Quivy**, 459
Cave de **Rabelais**, 987
SICA Les caves des Vins de **Rabelais**, 861
Rabiega Vin, 702
EARL Vignobles **Rabiller**, 344 367
Vignobles **Raby-Saugeon**, 273
Denis **Race**, 438 444
Jean-Maurice **Raffault**, 865
SARL Dom. Olga **Raffault**, 865
Raffinat et Fils, 887
Denis **Rafflin**, 619
Pierre **Ragon**, 901
Dom. **Ragot**, 557
SCEA Dom. des **Raguenières**, 855
EARL **Raguenot-Lallez**, 221
GAEC Jean et Ghislaine **Raimbault**, 878
Roger et Didier **Raimbault**, 904
Vincent **Raimbault**, 878
GAEC **Raimbault-Pineau et Fils**, 899 905
SCI **Ramage La Batisse**, 347
François **Rambeaud**, 281
Rambier-Fourcat, 571
Henri **Ramonteu**, 747 749
GAEC Michel **Rampon et Fils**, 160
Ch. de **Raousset**, 160
SCEA des Héritiers du Comte de **Raousset**, 151
Michel **Raoust**, 724 724
Rapet Père et Fils, 493 496
François **Rapet Père et Fils**, 523
François **Raquillet**, 555
Michel **Raquillet**, 555
Georges et Denis **Rasse**, 1028
Cave de **Rasteau**, 987
Les Vignerons de **Rasteau et de Tain-l'Hermitage**, 941 958

Lucien **Rateau**, 426 507
SCEA Ch. **Ratouin**, 241 246
GAEC **Ratron Frères**, 834
Marius **Rault**, **871** 871
SCI du **Raux**, 347
Caves de **Rauzan**, 199 201 204 205 216 296
Ch. **Rauzan-Ségla**, 357
Ravaille, 668
Dom. Gaston et Pierre **Ravaut**, 496
Vignobles François **Ravel**, 706
EARL Olivier **Ravier**, 146
Yves **Raymond**, 351
Jean-Pierre **Raynal**, 733
Jacques et Dominique **Raynaud**, 660
SC du Ch. de **Rayne Vigneau**, 198 319 383 385
Cave du **Razès**, **685** 686
Razungles et Fils, 693 976 982
M. **Rebeyrol**, 277
Jean **Rebeyrolle**, 757 767
Rebourgeon-Mure, 508 513 517
MSE Dom. Henri **Rebourseau**, 472
Bernard **Rechenmann**, 304
Jean-Marie **Reclu**, 832
SA Michel **Redde et Fils**, 900
Alain **Reder**, **673**
Pascal **Redon**, 619
Laurent **Réglat**, 309 316
SCEA Yvan **Réglat**, 303
Régnard, 448
Bernard **Regnaudot**, **543** 545
Jean-Claude **Regnaudot**, 543
SCI Ch. de **Reignac**, 213
Reine **Pédauque**, 157 476 498 513 528 537 564 571 938
Pierre **Reinhart**, 93 110
SA Paul **Reitz**, 433 465 466 496
Dom. Henri et Gilles **Remoriquet**, 422 482
Dom. des **Remparts**, 420
Remusan, 370
Dom. Louis **Rémy**, 459 460 466
Maurice **Rémy**, 98
E. **Rémy Martin & Cie Cognac France**, 994
Rémy-Pannier, 1007
Dom. Jacky **Renard**, 415 420 433 449
Pascal **Renaud**, 569
Jacques **Pienaudat**, 903
SCEV Champagne R. **Renaudin**, 619
J.-L. et M.-P. **Rendu**, 978
Evelyne **Rénier**, 199
SCEA René **Renon**, 354
Claude **Renou**, 859
René **Renou**, 826
Yves **Renou**, 824
MM. **Renoud-Grappin et Périnet**, **406** 561
GAEC Joseph **Renou et Fils**, 823 **827**
EARL Clos **Rességuier**, 733
Resses et Fils, 732
GAEC **Retailleau**, 818
Rétiveau-Rétif, 833 834
Vincent **Reuiller**, 779
Muriel et Patrick **Revaire**, 219
Xavier **Reverchon**, 640 642
Bernard-Noël **Reverdy**, 905
Dom. Hippolyte **Reverdy**, 907
GAEC Pascal et Nicolas **Reverdy**, 907
Patrick **Reverdy**, 661
EARL **Reverdy-Cadet**, 908
Jean **Reverdy et Fils**, 905
SCEV Bernard **Reverdy et Fils**, 907
EARL les Héritiers de Marcel **Rey**, 966 986
Michel **Rey**, 569
Josianne **Reyes**, 365
Guy **Reynaud**, 923
Guillaume **Reynouard**, 831
Cave des Vignerons **Rhodaniens**, 935 1030
Cave vinicole de **Ribeauvillé**, 111 113
Famille **Ribes**, 741
Jean-Marc **Ribet**, 671
Béatrice et Jacques **Ribourel**, 672
Bernadette **Ricard**, 187 191 378
Ch. de **Ricaud**, 213 309 376
Dominique et Vincent **Richard**, 788
Hervé et Marie-Thérèse **Richard**, 939
Jean-Claude **Richard**, 833
Jean-Pierre **Richard**, 798
Philippe **Richard**, 865
Pierre **Richard**, 640 642
SCEA Pierre **Richard**, 659
SCE Henri **Richard**, 462

Richard et Fils, 266 274
Richard et Jooris, 1013
Jean-Pierre **Richarte**, 1010
SCEA Dom. **Riché**, 951 956
Bernard et Christophe **Richel**, 648
Dom. **Richou**, 806 811 **815**
Dominique **Ricome**, 666
Dom. Joseph **Rieflé**, 102 117
Pierre et Jean-Pierre **Rietsch**, 80 102 120
Les Coteaux du **Rieu Berlou**, 682 1016
Sté du Ch. **Rieussec**, **385**
Jean-Marie José **Riffaud**, 345
Pierre **Riffault**, 904
SCEV Claude **Riffault**, 907
EARL Vignobles **Rigal**, 182 759 769
SARL F.L.B. **Rigal**, 660
Dom. Pascale et Alain **Rigoutat**, 407
Jean-Marc **Rimbault**, 866
Jean-Marie **Rimbert**, 683
Damien **Rineau**, **797**
Dom. Armelle et Bernard **Rion**, 469 476
SCE Michèle et Patrice **Rion**, 407
Caves de **Riondaz**, **1047**
Thérèse et Michel **Riouspeyrous**, 745
Pierre **Rique**, 923
Bernard **Rivals**, 271
Les Vignobles du **Rivesaltais**, 688 692 975 979 981
François **Rivière**, 786
Jean-Pierre **Rivière**, 279
Marie-Claude **Rivière**, 239
Philippe **Rivière**, 312
Bernadette **Rivry**, 850
Marie-Claude **Robelin et Fils**, 640 999
Robert, 1018
Alain **Robert**, 620
Alain **Robert**, 878
GFA **Robert**, 656
Jean-Marie **Robert**, 188
Régis **Robert**, 201
Stéphane **Robert**, **945** 945
Vignobles **Robert**, 271
Champagne André **Robert Père et Fils**, 620
Denis de **Robillard**, 752
EARL Louis et Claude **Robin**, 808 822 826
Gilles **Robin**, 942
Guy **Robin**, 444 448
Jean-Jacques **Robin**, 565 571
Jean-Pierre **Robin**, 438
SCEA Ch. **Robin**, **292**
Jean-Louis **Robin-Diot**, 806 821
Louis **Robineau**, 824
Michel **Robineau**, 809
SARL **Roc de Boissac**, 280
Guy **Rochais**, 809 824
Bernard **Rochaix**, 1050
Jean-Paul **Rochard**, 814
Joël **Rochard**, 806 819
Jean-Luc **Rochat**, 1037
Christian **Roche**, 757
SCEA des Dom. **Roche**, 733
Dom. de **Rochebin**, 562
GAEC du Clos **Roche Blanche**, 847
Jean-Claude **Rocher**, 285
SC du Ch. **Rocher Bellevue Figeac**, 273
SCEA **Rocher-Cap-de-Rive**, **181** **194** **263** 287
SCE du Ch. **Rocher Corbin**, 284
Michel **Roches**, 769
Antonin **Rodet**, 473 476
GFA **Rodet Recapet**, 222
Eric **Rodez**, 620 628
Louis **Roederer**, 620
SNC des Vignobles **Roger**, 1015
Les Fils **Rogivue**, 1035
Alain **Rohart**, 878
J.-N. **Roi**, 278
Cave du **Roi Dagobert**, 104 105
SCEA Ch. **Roland La Garde**, 221
Alain **Rolaz**, 1036
Jean-François et Patrice **Rolaz**, 1035
SCA Ch. **Rol de Fombrauge**, 273
SCEA **Rolet Jarbin**, 178 187 203 296
GAEC **Rolet Père et Fils**, 635 641 642
Dom. de **Rolland**, 678
Michel et Dany **Rolland**, 230 239 243 273
Dom. **Rolland-Sigaux**, 146
Georges **Rollet**, 155
Pascal **Rollet**, 568
Patrick **Rollet**, 136

Willy Rolli-Edel, 87 93
Rollin Père et Fils, 493
Jean-Claude **Romain**, 1011
SCEA Ch. **Romanin**, 719
SCEA Dom. de **Rombeau**, 691
André **Roméro**, **928** 988
Christophe **Romeuf**, 888
Eric **Rominger**, 120
Jean-Pierre **Rompillon**, 824
SCEA Dom. du **Roncée**, 865
Ropiteau Frères, 528 531 543
Catherine **Roque**, 1016
Cave Les Vins de **Roquebrun**, 683
Vicomte Loïc de **Roquefeuil**, 204
Coopérative vinicole de **Roquefort-la-Bédoule**, 1027
SCEA Ch. des **Roques**, 950
Alain **Roses**, 343
Philippe **Rossignol**, 459
Régis **Rossignol**, 407 508 514 517
GAEC **Rossignol et Gendre**, 219
GAEC **Rossignol-Février**, 407
Rossignol-Jeanniard, 493 514 517
Cie vin. barons E. et B. de **Rothschild**, 349 359
Baron Philippe de **Rothschild** SA, 177 295 329 360
Dom. **Rotier**, 738
Jacques **Rouanet**, 314
Noë **Roubaillay**, 845
Robert **Rouchon**, 995
GAEC Les Fils de Gabriel **Roudil**, 921
Ch. du **Rouët**, 708
Odette **Rouet**, 866
Louis-Philippe **Rouge et Fils**, 1041
Martine **Rougevin-Baville**, 740
Michel et Roland **Rougeyron**, 888
Marie-Madeleine **Rouiller**, 830
Jean-Paul **Roullet**, 809
Jean-Louis **Roumage**, 186 196 210 298
Roumazeilles, 383
Roumazeilles Cameleyre, 382
Ch. de **Rousse**, 748
Dom. Armand **Rousseau**, 462
Jean-Marie **Rousseau**, 207 245 280
Rousseau Frères, 847
Denis **Rousseaux**, 620
Jean-Brice **Rousseaux**, 620
Claude **Rousselot-Pailley**, 641 999
EARL du Vignoble **Rousset**, 291
Rousset-Rouard, 1026
Pascal **Roussille**, 994
Roustan-Fontanel, 983
Marc et Dominique **Rouvière**, 934 937
SARL **Rouvière-Plane**, 721
Rouvinez, 1045
Alain **Roux**, 228 230
Françoise **Roux**, 229 231
Gilles et Cécile **Roux**, 164
Jean **Roux**, 947
Pascal **Roux**, 957
Philippe et Laurence **Roux**, 178
Dom. **Roux Père et Fils**, 471 528 531 537 539
Dom. Jacques **Rouzé**, 901
Jean-Marie **Rouzier**, 855
Mme Jeannine **Rouzier-Meslet**, 853
GAEC **Roy**, 790
Georges **Roy**, 504
Jean-François **Roy**, 847 885
G. **Royer-Moretti**, 469
Champagne **Royer Père et Fils**, 620
GFA **Royiland**, 274
Les Vignerons du **Roy René**, 718 1028
M. **Roy-Trocard**, 231
Indivision **Rozier**, 202
Paul de **Rozières**, 332
Michel **Ruelle-Pertois**, 620
Dom. **Ruet**, 144
Ruhlmann, 82
Ruhlmann-Dirringer, 122
Gilbert **Ruhlmann Fils**, 80
Champagne **Ruinart**, 620 621
Michel **Rullier**, 230
Ch. de **Rully**, 552
Dom. François **Runner et Fils**, 80
René et Michel **Rutat**, 621
Marc **Ryckwaert**, 67
Henry **Ryman** SA, 757 761
GAEC **Sabaté-Zavan**, 289
SA Boisset, 418

EARL Aimé **Sabon**, 918 928 **954**
EARL Dom. Roger **Sabon**, 956 958
Les Fils de Joseph **Sabon**, 956
Sabourin Frères, 218 345
Jean-Bernard **Saby**, 230 278
GAEC du **Sacré-Cœur**, 683 987
Champagne Louis de **Sacy**, 621
Sadi-Malot, 621
SCEA Vignobles Pierre **Sadoux**, 763
Guy **Saget**, 819 899
René **Sahonet**, 979 984
Abel **Sahuc**, 918
Cave de Vignerons réunis à **Sain-Bel**, 169
Fabienne et Pierre **Saint-Arroman**, 413 547
Cave **Saint-Brice**, 331 336
SCE des Dom. **Saint-Charles**, 142
Cave des Vignerons de **Saint-Chinian**, 684
SCIA **Saint-Christophe**, 946
GAEC **Saint-Cyr**, 130
Cave de **Saint-Désirat**, 939
SCEA Ch. **Saint-Didier-Parnac**, 733
EARL Dom. **Sainte-Anne**, 930
Cave de **Sainte-Marie-la-Blanche**, 407 415 528 1033
UDP de **Saint-Emilion**, 249 250 251 252 256 259 262 267 277
Sté vinicole **Sainte-Odile**, 88
SCEA Ch. **Sainte-Roseline**, 708
Ch. **Saint-Estève**, 112
GFA Ch. **Saint-Estève**, 662
Ch. **Saint-Estève d'Uchaux**, 923 930
SA Ch. **Saint Estève de Néri**, 968
La Cave des Vignerons de **Saint-Félix-de-Lodez**, 674
GAEC Clos **Saint-Fiacre**, **894** 895
Laurette **Saint-Genès**, 996
Cave des Vignerons de **Saint-Gervais**, 930
Les Vignerons de **Saint-Hilaire-d'Ozilhan**, 920
Cave **Saint-Jean**, 336 337
SCA Ch. **Saint-Jean**, 924
GAEC Dom. **Saint-Jean-le-Vieux**, 722
Dom. de **Saint-Julien-les-Vignes**, 718
Celliers **Saint-Martin**, 659
SCEA **Saint-Martin de la Garrigue**, 674 1021
SCA Ch. **Saint-Maurice**, 930
Bruno **Saintout**, 336 371
SC du Ch. **Saint-Paul**, 347
Union de Prod. de **Saint-Pey-de-Castets**, 215
SA Cave **Saint-Pierre**, 1047
Les Fouleurs de **Saint-Pons**, 706
Union des Vignerons de **Saint-Pourçain**, 892
SCEA de **Saint-Robert**, 733
Cave des vignerons de **Saint-Sardos**, 1013
Les Vins de **Saint-Saturnin**, 674
Dom. de **Saint-Ser**, 708
SCEA Ch. **Saint-Sernin**, 733
Cave Coop. de **Saint-Seurin-de-Cadourne**, 344
Ch. **Saint-Sorlin**, 994
SCA Cave de **Saint-Sornin**, 1010
Cave de **Saint-Tropez**, 705
Cave Beaujolaise de **Saint-Vérand**, 136
Cave **Saint-Verny**, 888
Cave des Vignerons de **Saint-Victor-la-Coste**, 930
SCEA **Saint-Vincent**, 713
Les Viticulteurs réunis de **Saint-Vivien et Bonneville**, 758
Caves **Salavert**, 930
SCEV Ch. de **Salettes**, 738
EARL Alain et Philippe **Sallé**, 459
Uldaric **Sallier**, 718
Jean-Claude **Sallin**, 960
Dominique **Salmon**, 790
SA Christian **Salmon**, 908
Denis **Salomon**, 621
Champagne **Salon**, 621
Caveau de **Salquenen**, 1048
Salvat Père et Fils, 691
Jean-Denis **Salvert**, 256
Salzmann-Thomann, 114
Cellier des **Samsons**, 134
Héritiers **Sanders**, **322**
Jean **Sandrin**, 622
Dom. **San Michele**, 724
EARL du Dom. **San Quilico**, 727 **989**

Domaine de **Sansac**, 186 189 193 743
Jean-Louis **Santamaria**, 727
Bernard **Santé**, 148
Ch. de **Santenay**, 426 539 555
SAS Ch. de **Santenay**, 513
Dom. de **Sant Janet**, 708
Dider **Sanzay**, 832
Jean-Jacques **Sard**, 847
Dom. **Sarda-Malet**, **691** 691 979
Charles **Sardou**, 718
Sareh Bonne Terre, 1016
SE du Ch. Haut **Sarpe** SA, 264
SCA Cave de **Sarras**, 939 1030
Michel **Sarrazin et Fils**, 557
Jacques **Sartron**, 202
Pierre **Saubot**, 747
Dom. **Sauger et Fils**, 881
Marco **Saulnier**, 88 108
Saumade, 1023
Jacques et Nathalie **Saumaize**, 569 573
Roger et Christine **Saumaize**, 569 573
Dom. Roger et Christine **Saumaize-Michelin**, 563 566
Cave des Vignerons de **Saumur**, 831 836
Jean-Claude **Saunier**, 850
Dom. Serge **Saupin**, 794
Serge **Saupin**, 1009
Sylvaine **Sauron**, 708
GFA **Sautarel**, 247
Claude et Annie **Sauvat**, 888
Roger **Sauvestre**, 523
Dom. **Sauvète**, 847
EARL Y. **Sauvêtre et Fils**, 794 1007
SCE **Sauvion Fils**, 784
Francine et Olivier **Savary**, 438 444
Camille **Savès**, 622
Christophe **Savoye**, 151
René **Savoye**, 151
Schaeffer-Woerly, 102 107
Martin **Schaetzel**, 73 88 93
Roseline et Yves **Schelcher**, 702
Bruno et Fabienne **Schenck**, 660
Louis **Scherb et Fils**, 82
Vignoble A. **Scherer**, **88** 102
Paul **Scherer et Fils**, 88 94
Dom. **Schlegel-Boeglin**, 94
Charles **Schleret**, 82
Domaines **Schlumberger**, **94**
EARL Roland **Schmitt**, 104
Paul **Schneider et Fils**, 94 106 122
Albert **Schoech**, 119
Henri **Schoenheitz**, 94
Michel **Schoepfer**, 88
Dom. **Schoffit**, 112
Maison **Schröder et Schÿler**, 189 **353** 369
EARL Maurice **Schueller**, 80
Bernard **Schwach**, 87
EARL Paul **Schwach**, 102
SCEA François **Schwach et Fils**, 111
Christian **Schwartz**, 94
Dom. Justin et Luc **Schwartz**, 102
EARL Emile **Schwartz et Fils**, 76 **102**
Françoise **Sciard**, 260
SDVF/GVG, 292
Sebodem, 701
GAEC Bernard et Michel **Sécher**, 796
Jérôme et Rémy **Sécher**, 787
François **Secondé**, 622 629
Bruno **Secret**, 329
Hubert et Didier **Secret**, 332
Segond, 333 335
SCEA Ch. **Segonzac**, 181 221
Claude **Seguin**, 415
Gérard **Seguin**, 459
Rémi **Seguin**, 465 476
SC du Ch. de **Seguin**, 182 213
Dom. **Seguin-Manuel**, 502
Roger **Seguinot**, 438 444
SCEA Daniel **Seguinot**, 438
SCA Ch. **Ségur**, 347
Pierre **Seiglan**, 318
Seignouret Frères, 337
Robert **Seize**, 280
SARL Jean-Michel **Selig**, 83
Claude **Sellan**, 277
Albert **Seltz**, 74
Pierre et Albert **Seltz**, 103
SCE **Sémillan-Mazeau**, 349 351
Dom. Comte **Senard**, 496
EARL Hubert **Sendra**, 663
Champagne Cristian **Senez**, 622

Cave des **Sept Monts,** 1011
Alain et Josy **Sergenton,** 756 760
Jean-Pierre **Serguier,** 924 930 957 1026
EARL Robert **Sérol et Fils,** 893
Michel **Serveau,** 426
Pascal **Serveaux,** 622
Ch. du **Seuil,** 318
Jean-Pierre **Sève,** 569
SGVP, 242
Carles **Sibille,** 200
EARL **Sicard-Baudouin,** 222
Maison **Sichel Coste,** 189 192 250 312 313 352
GFA Robert **Sicre et Enfants,** 204
EARL Jean **Siegler Père et Fils,** 83 88
Bernard **Sierra,** 275
Les Caves du **Sieur d'Arques,** 656 **657 658**
EARL Dom. Maurice **Siffert ,** 80 112
Ch. **Sigalas Rabaud,** 386
Jean-Marie **Sigaud,** 731
Hervé **Sigaut,** 469
Ch. **Signac,** 930
SCEA Vignobles **Signé,** 198
SCEV **Sigogneaud-Voyer,** 220
La Cave de **Sigolsheim,** 110
GAEC Père et Fils **Silvestrini,** 278
Françoise **Simon,** 922
Henry **Simon,** 682
Luc **Simon,** 682
Philippe **Simon,** 622
R. et S. **Simon,** 881
SCE Charles **Simon,** 348
Antoine **Simoneau,** 843
Guy **Simon et Fils,** 415 418 423
Jacques **Simonin, 569**
EARL Jean-Paul **Simonis et Fils,** 103
Simonnet-Febvre, 408 433 438 444 448
Robert Henri **Sinard,** 924
SCEA Ch. **Singleyrac,** 762 763
Hubert **Sinson, 885**
Dom. Jean **Sipp,** 94
Louis **Sipp Grands Vins d'Alsace,** 94
Dom. **Sipp-Mack,** 113
Pierre **Sirac,** 185
SC Ch. **Siran,** 357
Jacques **Sire, 695**
Jean-Marie **Sire,** 695
Jacques **Siret,** 901
Robert **Sirugue,** 408 418 469 477
Sivir, 983
Patrick **Size,** 555
Robert **Skalli Fortant de France,** 1017 1025
SNJP, 131
GAEC Patrick et Vincent **Soard,** 927 964 986
Jean-Marie et Hervé **Sohler,** 119
Françoise **Soizeau,** 381
GFA Bernard **Solane et Fils,** 304 377
Jean-Michel **Sorbe,** 901 903
GAEC Bruno **Sorg,** 111 122
EARL des Vignobles Jean **Sorge,** 352
Dom. Luc **Sorin,** 709
Gilles **Sorin,** 807
Jean-Pierre **Sorin,** 408 415
Marylène et Philippe **Sorin,** 401
Dom. **Sorin-Defrance,** 449
Noël et Christophe **Sornay,** 160
Christian **Sossauer,** 1987
Jean-Pierre **Soubie,** 192 211
Philippe **Souciou,** 844
EARL Pierre **Soulez,** 817
Yves **Soulez, 821**
Rémy et Aurore **Soulié,** 684
Soulier, 913
Roland **Sounit,** 552
SARL Albert **Sounit,** 408 429 547 552
Pierre **Sourdais,** 863
EARL **Source-Depuydt,** 436
Ch. de **Sours,** 201
Champagne de **Sousa,** 622
Albert de **Sousa-Bouley,** 408 517 528
Patrick **Soutiran,** 629
Alain **Soutiran-Pelletier,** 622
SCEA Dom. de **Souviou,** 714
EARL Paul **Spannagel et Fils,** 122
Maison Pierre **Sparr et ses Fils,** 110 115 122
Gérard **Spelty,** 864
Pierre **Speyer,** 753
Dom. **Spielmann,** 109

Spitz et Fils, 81 123
Bernard **Staehlé, 95** 123
André **Stentz,** 81 103 117
Fernand **Stentz,** 103 111
Jean-Jacques **Stentz,** 117
Dom. Aimé **Stentz et Fils,** 83 88
Patrice **Sterlin,** 931
Vincent **Stoeffler,** 109
Antoine **Stoffel,** 89
GAEC du Ch. de **Stony,** 985
Jean-Marie **Straub,** 89 95
Bernard **Striffling,** 158
André **Struss et Fils,** 81 89
Jean-Claude et Christine **Sudre,** 223
Daniel **Sulliger,** 1049
Vignobles **Sulzer,** 265
EARL **Supligeau,** 871
EARL Eric de **Suremain,** 519 551
Jean-Paul **Suss,** 623
SCA Suteau **Ollivier,** 782 1004
Etienne **Suzzoni,** 723
Jean-Paul et Hubert **Tabit,** 408 420
Yvon et Pascal **Tabordet,** 899 908
Frédéric **Tach,** 314
André **Tailhades,** 681
EARL Dom. **Tailleurguet,** 752
Cave de **Tain-l'Hermitage,** 939 942 944 946
Taittinger, 623
Josette **Taix,** 287
Ch. **Talbot,** 372
Joël **Taluau,** 859
Jacques **Tanneux,** 623
Vignobles Raymond **Tapon,** 245 283
Dom. de **Tara,** 966
René **Tardy et Fils,** 482
SCV **Tarérach Roc de Maure,** 691
Ch. du **Tariquet,** 1014
Champagne **Tarlant,** 623
Roland **Tarroux,** 674
Tatoux, 144
Pierre **Taupenot,** 523 524
Jean **Taupenot-Merme,** 418
Cave de Bourg **Tauriac,** 226
Les Maîtres Vignerons de **Tautavel,** 695 **695** 979
Caves des producteurs de **Tavel,** 960
Les Vignerons de **Tavel,** 920 960 961
Jean **Techenet,** 297
Cave de **Técou,** 738
Dom. Jean **Teiller,** 896
Jean-Pierre **Teissèdre,** 566
M. et Mme Jean **Teisseire,** 226
Marc **Tempé,** 89 95
SCEA Dom. du **Temple,** 675
Cellier des **Templiers,** 695 696 697 974
François **Tereygeol,** 346
Gilbert **Terradot,** 750
SCV Les Vignerons de **Terrats,** 692 **979**
Dom. des **Terregelesses,** 502
EARL **Terres Blanches,** 719
Dom. des **Terres Vineuses,** 491
Yves **Terrien,** 799
Charles **Terrier,** 141
GAEC **Terrigeol et Fils,** 220
SEV Ch. du **Tertre,** 357
Famille **Tesseron,** 365 367
Tessier, 144
Christian **Tessier,** 779 880 **882**
Michel **Tessier,** 809 814
Philippe **Tessier,** 781
Champagne **Testulat,** 623
SA Jean et Pierre **Testuz, 1040**
Les Vins Louis **Tête,** 154
Michel **Tête,** 166
Philippe **Teulier,** 743
Philippe **Teulon,** 666
Daniel **Tévenot,** 882
Ch. **Teynac,** 925
GAEC **Teyssandier,** 772
GFA Ch. **Teyssier,** 285
Jean-François **Tézenas,** 702
SCEA **Theil-Roggy,** 338
Jean **Theil SA, 359**
Dom. **Thénard,** 557
Bernard **Therasse,** 740
EARL Vignobles **Thérèse,** 211 298
Michel **Théron,** 342
SCEA **Théron-Portets,** 317
Jacky **Therrey,** 623
Martial **Thévenot,** 547

Dom. **Thévenot-Le Brun et Fils,** 423
GAEC **Thibault,** 891
Pierre **Thibert,** 482 504
Dom. **Thibert Père et Fils,** 571
Thibon, 921
Alain **Thiénot, 317** 624
Nicolas **Thienpont,** 293
Christian **Thierry,** 879
Jean-François **Thierry,** 772
J.-L et F. **Thiers,** 945
Thomas **Thiou,** 283
Gilbert **Thivend,** 145
GAEC du Dom. du **Thizy,** 165
GAEC Robert et Patrice **Thollet,** 169
André **Thomas,** 402
Christian **Thomas,** 351
David **Thomas,** 202
EARL **Thomas,** 847
GAEC Yves et Eric **Thomas,** 879
Gérard **Thomas,** 528 539
Lucien **Thomas,** 402 417 560 572
André **Thomas et Fils,** 81 89 95
Dom. **Thomas et Fils,** 908
Dom. Michel **Thomas et Fils,** 908
EARL **Thomas-Labaille,** 908
Dom. **Thomas-Moillard,** 423 502 508
SA Bernard **Thomassin,** 322
Laurent **Thomières,** 734
Amélie **Thorez,** 635
Christophe **Thorigny,** 879
Sylvie et Jean-Baptiste **Thouet,** 856
Ets **Thunevin,** 276
Pierre-Yves **Tijou et Fils,** 825
Annick **Tinel-Blondelet,** 899
Jean-Marie **Tinon,** 184 377
Roland **Tissier et Fils,** 908
André et Mireille **Tissot,** 635 999
Dom. Jacques **Tissot,** 636 999
Jean-Louis **Tissot,** 636 999
Michel **Tixier,** 624
Olivier **Tixier,** 624
EARL du **Tonkin,** 901
Françoise **Torné,** 707
EARL **Torret,** 133
SARL Dom. **Tortochot,** 461
Joseph **Toublanc,** 783
Luc **Touchais,** 340
SARL Vignobles **Touchais,** 803
Les Vignerons du **Touloıs,** 125
SCEA Ch. **Tour Baladoz,** 275
SA Ch. **Tour de Pez,** 369
Ch. **Tour du Haut-Moulin,** 348
SCEA Ch. **Tour du Moulin,** 233
Michèle et Patrick **Touret,** 226
Tournant, 610
Tournier, 713
Jean-Pierre **Tournier,** 273
SCA ch. **Tour Saint Fort,** 369
Ch. du **Tourte,** 318
Gérard **Toyer,** 885
Dom. du **Traginer,** 697
Dom. des **Trahan,** 806
Marie-Louise **Tranchand,** 153
Dom. **Trapet Père et Fils,** 452 459 460
GAEC **Travers Fils,** 784
Philippe **Trébignaud,** 561
Bertrand du **Tremblay,** 663
Dom. Jacques **Tremblay,** 409
Gérard **Tremblay,** 432 445 447
Dom. **Trémeaux Père et Fils,** 555
Cellier **Tremoine,** 695 984
Trénel Fils, 165
Thierry **Trento,** 338
Jean **Trésy et Fils,** 641
Dom. de **Trians,** 722
G. **Tribaut,** 624
Champagne **Tribaut-Schlœsser,** 624
Dom. Benoît **Trichard,** 163
Georges **Trichard, 167**
Gérard et Jacqueline **Trichard,** 141
Jacques **Trichard,** 160
Raymond **Trichard,** 156
Robert **Tricoire,** 691
Olivier **Tricon,** 445
Dom. de **Triennes,** 1028
SCEA Ch. du **Trignon,** 924 931 948
Didier **Tripoz,** 418 429 564
EARL Céline et Laurent **Tripoz,** 429 563
Alfred **Tritant,** 624
Jean-Louis **Trocard,** 210 239 245 247 279
Ch. **Tronquoy-Lalande,** 369

Charles **Trosset,** 647
GAEC **Trotignon et Fils,** 838
SCEA Dom. des **Trottières,** 810 812
SCV Le Cellier de **Trouillas,** 692 976 985
Jean-Pierre **Trouvé,** 871
Jean-Pierre **Truchetet,** 418 423 482
Lionel **Truet,** 843
Jean-Claude **Turetti,** 686
GAEC **Turpin,** 896
Les Vignerons de **Tursan,** 754
Dominique **Turtaut,** 318
Guy **Tyrel de Poix,** 725
Marie-Christine **Ubald-Bocquet,** 228
Adrien et Fabienne **Uijttewaal,** 337
Ulysse **Cazabonne,** 330
Union auboise prod. de vin de Champagne, 594 610
Union Champagne, 621
Union des Jeunes Viticulteurs Récoltants, 962
Univitis, 183
Dom. Raymond **Usseglio,** 957
Dom. Pierre **Usseglio et Fils,** 957
SICA **UVAL,** 723
Uvavins, 1037 **1040**
Dom. Régis **Vacher,** 834
Maison Adrien **Vacher,** 649
Vacheron, 955
Sylvie et Jean-Denis **Vacheron-Pouizin,** 920
Patrick **Vadé,** 836
GAEC **Vaillant,** 802 813 820
EARL P.L. **Valade, 290**
Valat, 960
Hubert **Valayer,** 916 927
Dom. du Ch. du **Val de Mercy,** 445
Dom. du **Val des Roches,** 570
SCE viticole du **Val du Loir,** 867
Cave des Vignerons réunis de **Valençay,** 885
Dom. de **Valensac,** 1021
Thierry **Valente,** 961
Valentin, 703
Marc **Valette,** 682
Christine **Valette-Pariente,** 271 276
Ch. **Val Joanis,** 968
Claude **Vallée,** 858
Gérald **Vallée,** 859
Dom. de **Vallière,** 539
Jean-Claude **Vallois,** 624
Les Vignerons du **Vallon,** 743
François **Vallot,** 926
André **Valloton et Fils,** 1048
GAEC **Valpromy,** 302
SCEA Ch. **Valrose,** 369
Bernard **Van Doren,** 1026
René **Vannetelle,** 209
Ch. **Vannières,** 709 714
SCEA **Van Pé et Fils,** 198
Thierry **Van Themsche,** 717
Dom. **Varenne,** 949
Pierre **Varenne,** 917
Jacques **Varnier,** 1022
Champagne **Varnier-Fannière,** 624
Dom. des **Varoilles,** 461
Vins Frédéric **Varone,** 1048
André **Vatan,** 909
Philippe et Georges **Vatan,** 829 833 **835**
Paul **Vattan,** 908
Vaucher Père et Fils, 409 465 563
Christophe **Vaudoisey,** 517
Dominique **Vaupré,** 506
Vaurabourg, 383
Producteurs réunis Chais de **Vaure,** 199 214
Dom. de **Vauroux,** 438
Thierry **Vaute,** 986
Famille **Vauthier,** 261 271
M. et F. **Vauthier,** 280
Vautrain-Paulet, 624
Vauversin, 617
EARL Patrick **Vauvy,** 838
GAEC des **Vaux du Loir,** 867
Xavier **Vayron,** 235
Dom. de **Vayssette,** 738
Champagne **Vazart-Coquart et Fils,** 625

EARL champagne **Velut,** 625
Françoise **Vély,** 625
Cave coop. du **Vendômois,** 884
Paul **Vendran,** 965
SCEA Hubert **Veneau,** 890
Jacques **Venes,** 681
Champagne de **Venoge,** 625
Lina **Venturi-Pieretti,** 724
Pieter **Verbeek,** 304
SARL Antoine **Verda et Fils,** 960
Jean-Hubert **Verdaguer, 979**
A. **Verdeille, 975**
Alain **Verdet,** 423
François et Denise **Verdier,** 303
Odile **Verdier et Jacky Logel,** 890
SC Ch. **Verdignan,** 348
Ch. **Verez,** 709
Raphaël **Vergère,** 1048
Vignobles **Vergnes,** 656 1024
J.-L. **Vergnon,** 625
Verhaeghe et Fils, 730
Jacques et Marie-Ange de **Vermont,** 141
Régis **Vermorel,** 139
Dom. Georges **Vernay,** 935
Jean-Paul **Verneau,** 854
Dom. **Verret,** 409 418 420 445
Christophe **Verronneau,** 850
EARL Franck **Verronneau,** 850
Agnès **Verseau,** 767
GAEC Jean-Paul **Versino,** 951
SCA Cave de **Verzé,** 429 **563**
Philippe **Verzier,** 936
Georges **Vesselle,** 625
Maurice **Vesselle,** 625 629
Dom. **Vessigaud Père et Fils,** 563 570
Veuve Ambal, 429
Veuve Clicquot-Ponsardin, 625 626
Veuve Maurice Lepitre, 626
Jacques **Veux,** 851
Succession Francis **Veyry,** 270
SCEV Champagne Marcel **Vézien et Fils,** 626
Félix **Vial,** 894
GAEC Philippe et Marcel **Vial,** 893
Jean-Louis **Vial,** 720
SCEA **Viale,** 940 943
SARL Maison Philippe **Viallet,** 649 650
Vial-Magnères, 697 974
SCEA Ch. de **Viaud,** 244 247
SCEA Dom. **Vico,** 725
Jean-Philippe **Victor,** 708
Bernard **Vidal,** 676
Dominique **Vidal,** 764 765
Dom. J. **Vidal-Fleury,** 933
Cave vinicole du **Vieil-Armand,** 102 122
Ch. de **Viella,** 752 754
Les Domaines **Viennet,** 1020
Charles **Vienot,** 445 454
SC du **Vieux Château Certan,** 238 242
Dom. du **Vieux Loup,** 445
GAEC Dom. du **Vieux Relais,** 962
SCE Ch. **Vieux Robin,** 338
Dominique **Vigié,** 994
Jacques **Vignals, 1013**
Richard **Vigne,** 969
EARL **Vigneau-Chevreau,** 879
Ch. **Vignelaure,** 718
GAEC des **Vignerons, 534** 550
Alain **Vignot,** 409
Dom. Fabrice **Vigot,** 474
Dom. Madame Roland **Vigot,** 477
Claude **Vigouroux,** 740
GFA Georges **Vigouroux,** 731
Bernard **Viguier,** 968
Jean-Marc **Viguier,** 743
Robert **Vila,** 981
GAEC Ch. **Vilatte,** 214
Claude **Villain,** 879
A. et P. de **Villaine,** 416 548
GAEC des **Villains,** 804 822
François **Villard,** 933 935
Claire **Villars, 341**
Claire **Villars-Lurton,** 341 353 354 362
Cave de **Villaudric,** 741
Jean-Marc **Villemaine,** 844
André et Frédéric **Villeneuve,** 893

Raimond de **Villeneuve Flayosc,** 708
Cave pilote de **Villeneuve-les-Corbières,** 678
Société Viticole **villeneuvoise,** 222
Ch. de **Villers-la-Faye,** 423
Guillemette et Jean-Paul **Vincent,** 145
Jacques **Vincent,** 903
SC Vignobles JBC **Vincent,** 200
Daniel et Gérard **Vinet,** 789
Vinifera en Bordeaux, 185
Vinival, 777 791 831
Vins et Vignobles, 154
Sté des **Vins de France,** 1007
Denis **Vinson,** 922 929
SCEA **Vinsot et Fils,** 304
Paul-Hervé **Vintrou,** 802 815
Dom. Louis **Violland,** 502
Christophe **Violot-Guillemard,** 508 514
Georges **Viornery,** 146
GFA de **Viranel,** 684
Cave de **Viré-en-Vercheron,** 563
GFA Dom. de **Vires,** 675
SA les domaines **Virginie,** 1021
Alain **Vironneau,** 211
SCEA des Vignobles **Visage,** 251
Roger **Visonneau,** 772
Viti-Oléron, 994
SCA Les Chais du **Vivarais,** 969
Christian **Vivier-Merle,** 135
David **Vivier-Merle,** 136
GAEC **Vivier-Merle Frères,** 136
SCV Dom. Emile **Voarick,** 555 557
André et Philippe **Vocat,** 1050
Joseph **Voegeli et Fils SA,** 1043
Dom. **Vocoret et Fils,** 445 448
Laurent **Vogt,** 81
SCEV Joseph **Voillot,** 514 518
SCEV **Voirin-Desmoulins,** 626
Fruitière vinicole de **Voiteur,** 641 643 999
Jean **Volerit,** 812 1009
Champagne **Vollereaux,** 626
Paule de **Volontat,** 981
Vranken Monopole, 581 588 594 626
Jean **Vullien,** 650
Guy **Wach,** 109 110
Jean **Wach,** 110
Yvan **Walczak,** 629
André **Wantz,** 81
Jean-Marc **Wantz,** 74 123
SA Charles **Wantz,** 73
Waris-Larmandier, 626
GAEC Jean-Paul **Wassler,** 95 103
Bernard **Weber,** 74
Françoise **Weber,** 305
Maurice **Wehrlé,** 103
Jean **Weingand,** 95 103
EARL Gérard **Weinzorn et Fils,** 105
Alain de **Welle,** 707
Jean-Michel **Welty,** 89
Bernadette **Welty et Fils,** 81
Françoise de **Wilde,** 273
Chantal **Wilk et Jean Tatin,** 900
Alsace **Willm SA,** 123
Albert **Winter,** 83 103 113
François **Wischlen,** 120
EARL André **Wittmann et Fils,** 123
Wolfberger, 85 123
Wunsch et Mann, 103 109
Bernard **Wurtz,** 76 95
GAEC Willy **Wurtz et Fils,** 81
EARL Vignobles F. et A. **Xans,** 252 266
SCEA Vignobles Daniel **Ybert,** 243
Bernard **Yon,** 205
SCEA Pierre **Yung et Fils,** 305 309
SCEA **Yung Frères,** 198
Association viticole **Yvorne,** 1036
G. **Zeyssolff,** 89
Albert **Ziegler,** 89
EARL Fernand **Ziegler et Fils,** 81 82
Jean-Jacques **Ziegler-Mauler et Fils,** 95 110 114
GAEC A. **Zimmermann Fils,** 89
Paul **Zinck,** 106
Dom. **Zind-Humbrecht,** 90 96
Nicolas **Zufferey,** 1042

MANCHE

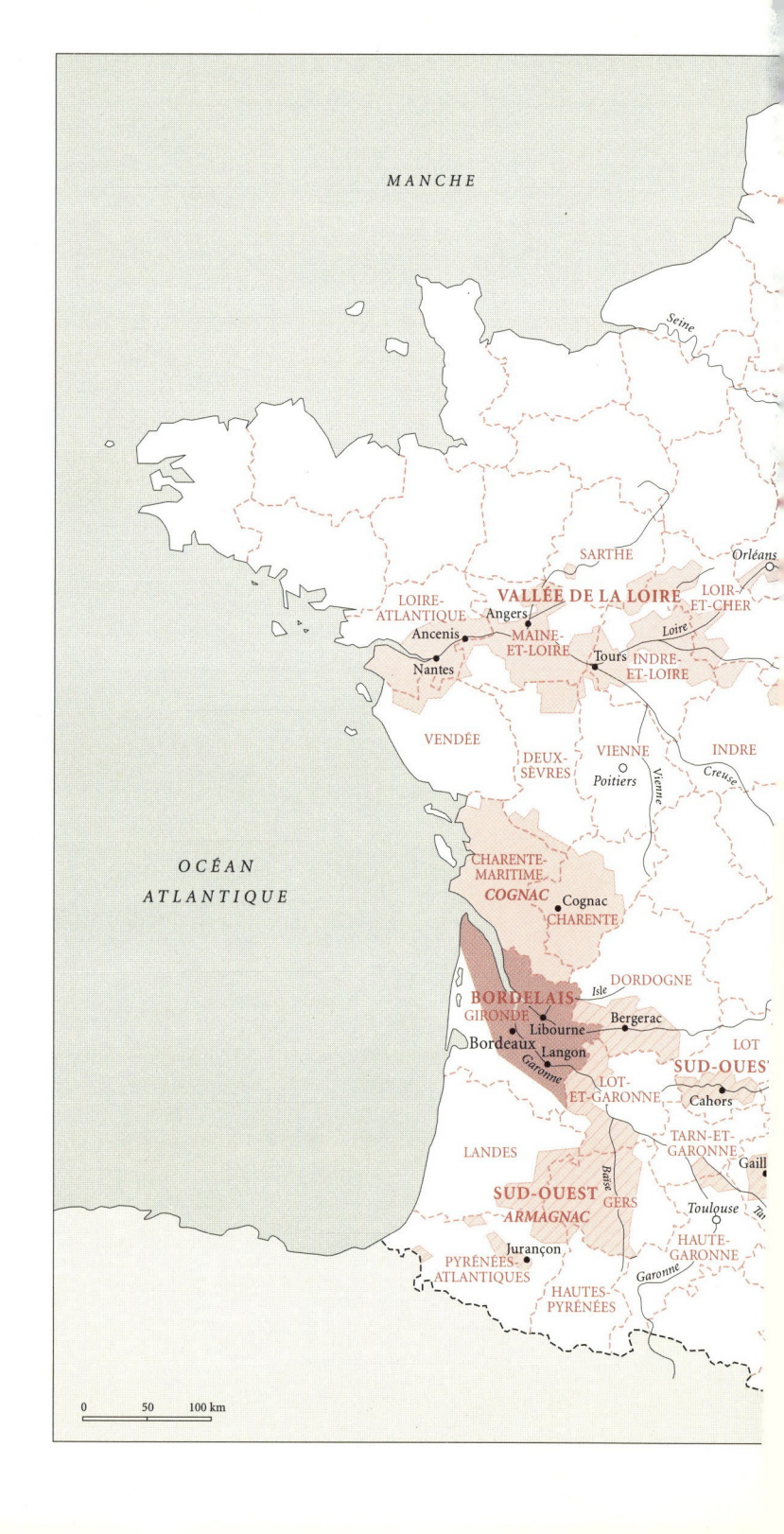

OCÉAN ATLANTIQUE

SARTHE
Orléans
LOIRE-ATLANTIQUE
VALLÉE DE LA LOIRE
LOIR-ET-CHER
Angers
Ancenis
MAINE-ET-LOIRE
Loire
Nantes
Tours
INDRE-ET-LOIRE
VENDÉE
VIENNE
INDRE
DEUX-SÈVRES
Poitiers
Vienne
Creuse

CHARENTE-MARITIME
COGNAC
Cognac
CHARENTE

DORDOGNE
Isle
BORDELAIS
GIRONDE
Libourne
Bergerac
Bordeaux
Langon
LOT
SUD-OUEST
Garonne
LOT-ET-GARONNE
Cahors

LANDES
TARN-ET-GARONNE
Gaill
Baïse
SUD-OUEST
ARMAGNAC
GERS
Toulouse
Tar
Jurançon
HAUTE-GARONNE
PYRÉNÉES-ATLANTIQUES
Garonne
HAUTES-PYRÉNÉES

0 50 100 km

VIEUX CHATEAU DES ROCHERS, Montagne saint-émilion, 285
VIEUX CHATEAU FERRON, Pomerol, 243
VIEUX CHATEAU GAUBERT, Graves, 319
BENJAMIN DE VIEUX CHATEAU GAUBERT, Graves, 319
VIEUX CHATEAU L'ABBAYE, Saint-émilion grand cru, 277
VIEUX CHATEAU LANDON, Médoc, 337
VIEUX CHATEAU SAINT ANDRE, Montagne saint-émilion, 285
VIEUX CHEMIN, Châteauneuf-du-pape, 957
VIEUX CLOS CHAMBRUN, Lalande de pomerol, 247
DOM. DU VIEUX COLOMBIER, Côtes du rhône, 924
CH. VIEUX FORTIN, Saint-émilion grand cru, 277
CH. VIEUX GADET, Médoc, 338
CH. VIEUX GARROUILH, Saint-émilion, 252
CH. VIEUX GRAND FAURIE, Saint-émilion grand cru, 277
CH. VIEUX LABARTHE, Saint-émilion, 252
CH. VIEUX LARMANDE, Saint-émilion grand cru, 277
DOM. DU VIEUX LAZARET, Châteauneuf-du-pape, 958
DOM. DU VIEUX LOUP, Chablis premier cru, 445
CH. VIEUX MAILLET, Pomerol, 243
CAVE DU VIEUX MOULIN, Canton du Valais, **1048**
CH. DU VIEUX PARC, Corbières, **663**
CH. VIEUX POURRET, Saint-émilion grand cru, 277
DOM. DU VIEUX PRECHE, Sancerre, 909
DOM. DU VIEUX PRESSOIR, ● Saumur, 832 ● Touraine, 847
CH. VIEUX PREZAT, Médoc, 338
DOM. DU VIEUX RELAIS, Tavel, 962
CH. VIEUX ROBIN, Médoc, 338
CH. VIEUX SAULE, Bordeaux côtes de francs, 294
DOM. VIEUX TAILLEFER, Pomerol, 243
DOM. DU VIEUX TUFFEAU, Saumur, 832
VIEUX VAURE, Bordeaux supérieur, 214
CH. VIEUX VERDOT, Saint-émilion, 253
CAVE DU VIEUX VILLAGE, Canton du Valais, 1048
PAUL VIGIE, Pineau des charentes, 994
CH. DES VIGIERS, Côtes de bergerac, 764
DOM. VIGNEAU-CHEVREAU, Vouvray, 879
LA SOURCE DE VIGNELAURE, Coteaux d'aix, 718
CH. VIGNE-LOURAC, Gaillac, 739
DOM. DE VIGNERAC, Bordeaux, 191
RESERVE DES VIGNERONS, Montlouis, 871
DOM. DES VIGNES DES DEMOISELLES, ● Bourgogne aligoté, 415 ● Bourgogne passetoutgrain, 419 ● Santenay, 544
CH. VIGNOL, Bordeaux supérieur, 214
DOM. JACQUES VIGNOT, Bourgogne, 409

DOM. FABRICE VIGOT, Echézeaux, 474
MADAME ROLAND VIGOT, Vosne-romanée, 477
JEAN-MARC VIGUIER, Vins d'entraygues et du fel AOVDQS, 743
CH. VILATTE, Bordeaux supérieur, 214
VILLA BEL-AIR, Graves, 319
CLAUDE VILLAIN, Vouvray, 879
A. ET P. DE VILLAINE, ● Bourgogne aligoté bouzeron, 416 ● Bourgogne côte chalonnaise, 548
VILLA PASSANT, Rivesaltes, 980
FRANCOIS VILLARD, Condrieu, 935
DOM. DE VILLARGEAU, Coteaux du giennois, 891
VILLA SOLARIS, Canton du Valais, 1048
CH. VILLEFRANCHE, Sauternes, 386
CH. DE VILLEGEORGE, Haut-médoc, 348
CH. DE VILLELONGUE, Crémant de limoux, 657
CH. VILLEMAJOU, Corbières, 663
CH. VILLERAMBERT JULIEN, Minervois, 681
CH. DE VILLERS-LA-FAYE, Bourgogne hautes-côtes de nuits, 423
CH. DE VILLESPASSANS, Saint-chinian, 684
CH. VILLOTTE, Bordeaux rosé, 201
JACQUES VINCENT, Reuilly, 903
VIN D'AUTAN DE ROBERT PLAGEOLES ET FILS, Gaillac, 739
VINS ET VIGNOBLES, Fleurie, 154
DOM. DU VIO CHAGNE, Juliénas, 156
LOUIS VIOLLAND, Savigny-lès-beaune, 502
CHRISTOPHE VIOLOT-GUILLEMARD, ● Beaune, 508 ● Pommard, 514
GEORGES VIORNERY, Côte de brouilly, 146
CH. VIRAMIERE, Saint-émilion grand cru, 277
CH. VIRAMON, Saint-émilion grand cru, 277
CH. VIRANEL, Saint-chinian, 684
CAVE DE VIRE, Mâcon, 563
CH. DE VIRES, Coteaux du languedoc, 675
VIRGINIE, Oc, 1021
DAVID VIVIER-MERLE, Beaujolais, 136
VIVIER-MERLE FRERES, Beaujolais, 136
DOM. EMILE VOARICK, ● Mercurey, 555 ● Givry, 557
DOM. VOCORET ET FILS, ● Chablis premier cru, 445 ● Chablis grand cru, 448
LAURENT VOGT, Alsace riesling, 81
JOSEPH VOILLOT, ● Pommard, 514 ● Volnay, 518
VOIRIN-DESMOULINS, Champagne, 626
FRUITIERE VINICOLE DE VOITEUR, ● Côtes du jura, 641 ● Crémant du jura, 643 ● Macvin du jura, 999
VOLLEREAUX, Champagne, 626
DOM. DU CHATEAU DE VOSNE-ROMANEE, La romanée, 478
CH. VRAI CAILLOU, Bordeaux supérieur, 214
CH. VRAI-CANON-BOUCHE, Canon-fronsac, 229
VRANKEN, Champagne, 626

CH. VRAY CROIX DE GAY, Pomerol, 243
DOM. JEAN VULLIEN, Roussette de savoie, 650
DOM. DE VURIL, Brouilly, 144

GUY WACH, ● Alsace grand cru kastelberg, 109 ● Alsace grand cru moenchberg, 110
JEAN WACH, Alsace grand cru moenchberg, 110
YVAN WALCZAK, Rosé des riceys, 629
ALFRED WANTZ, ● Alsace sylvaner, 74 ● Crémant d'alsace, 123
ANDRE WANTZ, Alsace riesling, 81
CH. WANTZ, Alsace klevener de heiligenstein, 73
WARIS-LARMANDIER, Champagne, 626
JEAN-PAUL WASSLER, ● Alsace tokay-pinot gris, 95 ● Alsace pinot noir, 103
BERNARD WEBER, Alsace sylvaner, 74
MAURICE WEHRLE, Alsace pinot noir, 103
DOM. WEINBACH, ● Alsace grand cru furstentum, 108 ● Alsace grand cru schlossberg, 114
JEAN WEINGAND, ● Alsace tokay-pinot gris, 95 ● Alsace pinot noir, 103
GERARD WEINZORN, Alsace grand cru brand, 105
JEAN-MICHEL WELTY, Alsace gewurztraminer, 89
BERNADETTE WELTY ET FILS, Alsace riesling, 81
ALSACE WILLM, Crémant d'alsace, 123
WINTER, ● Alsace pinot noir, 103 ● Alsace muscat, 83 ● Alsace grand cru rosacker, 113
A WISCHLEN, Alsace grand cru zinnkoepflé, 120
A. WITTMANN ET FILS, Crémant d'alsace, 123
WOLFBERGER, Crémant d'alsace, 123
WUNSCH ET MANN, ● Alsace pinot noir, 103 ● Alsace grand cru hengst, 109
BERNARD WURTZ, ● Alsace pinot ou klevner, 76 ● Alsace tokay-pinot gris, 95
W. WURTZ, Alsace riesling, 81

Y, Bordeaux supérieur, 215
CH. YON-FIGEAC, Saint-émilion grand cru, 277
CH. D' YQUEM, Sauternes, **386**
CLOS D' YVIGNE, Saussignac, **770**

ZEYSSOLFF, Alsace gewurztraminer, 89
ALBERT ZIEGLER, Alsace gewurztraminer, 89
FERNAND ZIEGLER, Alsace riesling, 81 82
ZIEGLER-MAULER, ● Alsace tokay-pinot gris, 95 ● Alsace grand cru mandelberg, 110 ● Alsace grand cru schlossberg, 114
ZIMMERMANN, Alsace gewurztraminer, 89
PAUL ZINCK, Alsace grand cru eichberg, 106
DOM. ZIND-HUMBRECHT, ● Alsace gewurztraminer, 90 ● Alsace tokay-pinot gris, 96

CH. **TOUR HAUT-CAUSSAN,** Médoc, 337
CH. **TOUR HAUT VIGNOBLE,** Saint-estèphe, 369
CH. **TOURMENTINE,** ● Bergerac, 760 ● Bergerac sec, 762
CH. **TOUR MONTBRUN,** Bergerac rosé, 761
CH. **TOURNEFEUILLE,** Lalande de pomerol, 247
CH. **TOUR ROBERT,** Pomerol, 242
CH. **TOUR SAINT FORT,** Saint-estèphe, 369
CH. **TOUR SAINT PIERRE,** Saint-émilion grand cru, 275
CH. DU **TOURTE,** Graves, 318
CH. **TOURTEAU CHOLLET,** Graves, 319
DOM. DES **TOURTERELLES,** Montlouis, 871
DOM. DE **TOURTOUIL,** Tavel, 961
GERARD **TOYER,** Valençay AOVDQS, 885
TRADITION DES COLOMBIERS, Médoc, 337
DOM. DU **TRAGINER,** ● Collioure, 697 ● Banyuls, 974 ● Banyuls grand cru, 975
DOM. DES **TRAHAN,** Anjou, 806
CH. **TRAPAUD,** Saint-émilion grand cru, 275
DOM. **TRAPET,** ● Marsannay, 452 ● Gevrey-chambertin, 459 ● Chapelle-chambertin, 460
DOM. **TREIZE VENTS,** Jardin de la France, 1008
GERARD **TREMBLAY,** Chablis premier cru, 445
JACQUES **TREMBLAY,** Chablis premier cru, 445
DOM. **TREMEAUX PERE ET FILS,** Mercurey, 555
TREMOINE, Muscat de rivesaltes, 984
CELLIER **TREMOINE,** Côtes du roussillon-villages, 695
TREMOINE DE RASIGUERES, Côtes du roussillon, 692
DOM. DE **TREMONT,** Chénas, 148
TRENEL, Régnié, 165
JEAN **TRESY ET FILS,** Côtes du jura, 641
TREYBLANC, Canton de Vaud, 1041
CH. **TRIANON,** Saint-émilion grand cru, 275
DOM. DE **TRIANON,** Saint-chinian, 684
CH. **TRIANS,** Coteaux varois, 722
G. **TRIBAUT,** Champagne, 624
TRIBAUT-SCHLŒSSER, Champagne, 624
DOM. BENOIT **TRICHARD,** Moulin à vent, 163
JACQUES **TRICHARD,** Morgon, 160
RAYMOND **TRICHARD,** Juliénas, 156
DOM. OLIVIER **TRICON,** Chablis premier cru, 445
CH. **TRICOT,** Montagne saint-émilion, 285
TRIENNES, Var, 1028
CH. DU **TRIGNON,** ● Côtes du rhône, 924 ● Côtes du rhône-villages, 931 ● Gigondas, 948
CLOS **TRIGUEDINA,** Cahors, 734
CH. **TRIMOULET,** Saint-émilion grand cru, 275
CLOS **TRIMOULET,** Saint-émilion grand cru, 276
EMILIUS DE **TRIMOULET,** Saint-émilion grand cru, 276
CELINE ET LAURENT **TRIPOZ,** ● Crémant de bourgogne, 429 ● Mâcon, 563
DOM. DIDIER **TRIPOZ,** ● Bourgogne passetoutgrain, 418 ● Crémant de bourgogne, 429 ● Mâcon supérieur, 564
CH. **TRISTAN,** Pomerol, 242
ALFRED **TRITANT,** Champagne, 624
CH. DES **TROIS CHARDONS,** Margaux, 357
DOM. DES **TROIS ETOILES,** Canton de Genève, 1050
DOM. DES **TROIS MONTS,** Rosé de loire, 778
DOM. DES **TROIS NOYERS,** Sancerre, 908
DOM. DES **TROIS PIERRES,** Costières de nîmes, 666
DOM. DES **TROIS TILLEULS,** Pouilly-fuissé, 569
DOM. DE **TROMPE-TONNEAU,** ● Rosé de loire, 778 ● Cabernet d'anjou, 814 ● Bonnezeaux, 827
CH. **TRONQUOY-LALANDE,** Saint-estèphe, 369
CH. **TROPLONG MONDOT,** Saint-émilion grand cru, 276
CH. **TROTANOY,** Pomerol, **242**
CH. **TROTEREAU,** Quincy, 901

CH. **TROTTEVIEILLE,** Saint-émilion grand cru, 276
DOM. DES **TROTTIERES,** ● Anjou-villages, 810 ● Rosé d'anjou, 812
CELLIER **TROUILLAS,** ● Côtes du roussillon, 692 ● Muscat de rivesaltes, 985
CH. **TROUPIAN,** Haut-médoc, 348
CH. **TROUSSAS,** Médoc, 337
DOM. JEAN-PIERRE **TRUCHETET,** ● Bourgogne passetoutgrain, 418 ● Bourgogne hautes-côtes de nuits, 423 ● Nuits-saint-georges, 482
TUFFEAU MONT-VEILLON, Coteaux du loir, 867
DOM. DU **TUNNEL,** Cornas, **945**
CH. DES **TUQUETS,** Bordeaux, 191
CH. **TURCAUD,** Bordeaux rosé, 201
DOM. **TURENNE,** Côtes de provence, 709
CH. **TURON,** Bordeaux, 191
CHRISTOPHE ET GUY **TURPIN,** Menetou-salon, 896
EXCELLENCE DE **TUTIAC,** Premières côtes de blaye, 221

DOM. RAYMOND **USSEGLIO,** Châteauneuf-du-pape, 957
DOM. PIERRE **USSEGLIO ET FILS,** Châteauneuf-du-pape, 957
CH. D' **UXELLES,** Mâcon-villages, 566

ADRIEN **VACHER,** Vin de savoie, 649
CH. DE **VACQUES,** Sainte-foy-bordeaux, 302
DOM. DU **VADOT,** Côte de brouilly, 146
CH. DE **VALANDRAUD,** Saint-émilion grand cru, 276
VIRGINIE DE **VALANDRAUD,** Saint-émilion grand cru, 276
DOM. DES **VALANGES,** Mâcon, 563
DOM. DU **VAL BRUN,** Coteaux de saumur, 833
CH. **VALCOMBE,** Côtes du ventoux, 966
CH. DE **VALCOMBE,** Costières de nîmes, 666
VALCYRE, Oc, 1021
CH. DU **VAL D'OR,** Saint-émilion grand cru, 276
CH. DU **VAL DE MERCY,** Chablis premier cru, 445
DOM. DU **VAL DES ROCHES,** Pouilly-fuissé, 570
CAVE DES VIGNERONS REUNIS DE **VALENCAY,** Valençay AOVDQS, 885
DOM. DE **VALENSAC,** Oc, 1021
CH. **VAL JOANIS,** Côtes du luberon, 968
CH. DE **VALLAGON,** Touraine, 847
DOM. GERALD **VALLEE,** Saint-nicolas-de-bourgueil, 859
DOM. DES **VALLETTES,** Saint-nicolas-de-bourgueil, 859
CH. DE **VALLIERE,** Saint-aubin, 539
JEAN-CLAUDE **VALLOIS,** Champagne, 624
LES VIGNERONS DU **VALLON,** Marcillac, 743
ANDRE **VALLOTON ET FILS,** Canton du Valais, 1048
CH. **VALMORE SALLE D'OR,** Bordeaux supérieur, 214
VALMY DUBOURDIEU-LANGE, Côtes de castillon, **293**
CH. **VALOUX,** Pessac-léognan, 328
CH. **VALROSE,** Saint-estèphe, 369
CH. **VANNIERES,** ● Côtes de provence, 709 ● Bandol, 714
DOM. DES **VARANNES,** Anjou-villages, 810
DOM. **VARENNE,** Gigondas, 949
CH. DE **VARENNES,** Savennières, 817
CH. **VARI,** Bergerac, 760
DOM. DES **VARINELLES,** ● Crémant de loire, 781 ● Saumur-champigny, 836
VARNIER-FANNIERE, Champagne, 624
DOM. DES **VAROILLES,** Charmes-chambertin, 461
VARONE, Canton du Valais, 1048
DOM. ANDRE **VATAN,** Sancerre, 909
VAUCHER PERE ET FILS, ● Bourgogne, 409 ● Morey saint denis, 465 ● Mâcon, 563
CH. DE **VAUCLAIRE,** Coteaux d'aix, 718
CH. DE **VAU COULS,** Côtes de provence, 709
CH. DE **VAUDIEU,** Châteauneuf-du-pape, 957
DOM. DES **VAUDOIS,** Côtes du luberon, 968
CHRISTOPHE **VAUDOISEY,** Volnay, 517
DOM. DE **VAUGONDY,** Vouvray, **879**
CHANTAL ET DOMINIQUE **VAUPRE,** Mâcon-villages, 566

CH. DE **VAURE,** Bordeaux sec, 199
DOM. DE **VAUROUX,** Chablis, 438
VAUTRAIN-PAULET, Champagne, 624
F. **VAUVERSIN,** Champagne, 624
CH. DE **VAUX,** Beaujolais-villages, 141
DOM. DES **VAUX DU LOIR,** Jasnières, 867
DOM. DE **VAYSSETTE,** Gaillac, 738
VAZART-COQUART ET FILS, Champagne, 625
JEAN **VELUT,** Champagne, 625
VELY-RASSELET, Champagne, 625
CAVE DU **VENDOMOIS,** Coteaux du vendômois, 884
DE **VENOGE,** Champagne, 625
VENTADOUR, Crémant de bordeaux, 216
CH. **VENTENAC,** Cabardès, 685
VENT MARIN, Corbières, 662
DOM. ALAIN **VERDET,** Bourgogne hautes-côtes de nuits, 423
ODILE **VERDIER ET JACKY LOGEL,** Côtes du forez AOVDQS, 890
CH. **VERDIGNAN,** Haut-médoc, 348
CLOS DES **VERDOTS,** Bergerac, 760
CH. **VERDU,** Lussac saint-émilion, 280
CH. DE **VERDUN,** Médoc, 337
CH. **VERDUS,** Haut-médoc, 348
CH. **VEREZ,** Côtes de provence, 709
RAPHAEL **VERGERE,** Canton du Valais, 1048
VERGNES, Blanquette de limoux, 656
J.-L. **VERGNON,** Champagne, 625
GEORGES **VERNAY,** Condrieu, 935
VERNAY BONFORT, Montagne saint-émilion, 285
CUVEE DES **VERNES,** Collines rhodaniennes, 1030
CH. **VERNON,** Côtes de castillon, 293
DOM. DE **VERONNET,** Vin de savoie, 649
DOM. **VERRET,** ● Bourgogne, 409 ● Bourgogne passetoutgrain, 418 ● Bourgogne irancy, 420 ● Chablis premier cru, 445
FRANCK **VERRONNEAU,** Touraine-azay-le-rideau, 850
CH. DE **VERTHEUIL,** ● Bordeaux, 191 ● Sainte-croix-du-mont, 378
CAVE DE **VERZE,** ● Crémant de bourgogne, 429 ● Mâcon, **563**
CH. DE **VESPEILLES,** Côtes du roussillon, 692
B. **VESSELLE,** Champagne, 625
GEORGES **VESSELLE,** Champagne, 625
MAURICE **VESSELLE,** Champagne, 625 ● Coteaux champenois, 629
CH. **VESSIERE,** Costières de nîmes, 666
DOM. **VESSIGAUD PERE ET FILS,** ● Mâcon, 563 ● Pouilly-fuissé, 570
VEUVE AMBAL, Crémant de bourgogne, 429
VEUVE CLICQUOT-PONSARDIN, Champagne, 625 626
VEUVE FOURNY ET FILS, Champagne, 626
VEUVE MAURICE LEPITRE, Champagne, 626
JACQUES **VEUX,** Touraine-mesland, 851
MARCEL **VEZIEN,** Champagne, 626
FELIX **VIAL,** Côte roannaise, 894
PHILIPPE ET MARCEL **VIAL,** Côte roannaise, 893
DOM. **VIALLET,** ● Vin de savoie, 649 ● Roussette de savoie, 650
VIAL MAGNERES, ● Collioure, 697 ● Banyuls, 974
CH. DE **VIAUD,** Lalande de pomerol, 247
DOM. **VICO,** Vins de corse, 725
VICOMTE DE VILLEROSE, Côtes du frontonnais, 742
CH. **VIEILLE TOUR,** Premières côtes de bordeaux, 309
CH. **VIEILLE TOUR MONTAGNE,** Montagne saint-émilion, 285
CH. DE **VIELLA,** ● Madiran, 752 ● Pacherenc du vic-bilh, 754
CHARLES **VIENOT,** ● Chablis premier cru, 445 ● Fixin, 454
DOM. DU **VIEUX BOURG,** Saumur-champigny, **836**
CH. **VIEUX CANTENAC,** Saint-émilion grand cru, 277
VIEUX CARDINAL LAFAURIE, Lalande de pomerol, 247
VIEUX CHATEAU CALON, Montagne saint-émilion, 285
VIEUX CHATEAU CERTAN, Pomerol, 242
VIEUX CHATEAU CHAMBEAU, Lussac saint-émilion, 281
VIEUX CHATEAU CHAMPS DE MARS, Côtes de castillon, 293

NOEL ET CHRISTOPHE **SORNAY**, Morgon, 160
CHRISTIAN **SOSSAUER**, Canton de Genève, 1050
DOM. **DE SOUCH**, Jurançon, 748
CH. **SOUCHERIE**, Coteaux du layon, 825
CH. **SOUDARS**, Haut-médoc, 347
CH. **SOULEILLOU**, Cahors, 733
CH. **SOULIE DES JONCS**, Saint-chinian, 684
ALBERT **SOUNIT**, ● Bourgogne, 408 ● Crémant de bourgogne, 429 ● Bourgognecôte chalonnaise, 547 ● Rully, 552
ROLAND **SOUNIT**, Rully, 552
CH. **DE SOURS**, Bordeaux rosé, 201
DE **SOUSA-BOULEY**, ● Bourgogne, 408 ● Volnay, 517 ● Meursault, 528
DE **SOUSA ET FILS**, Champagne, 622
DOM. **SOUS-TOURNOEL**, Côtes d'auvergne AOVDQS, 889
CH. **SOUTARD**, Saint-émilion grand cru, 274
DOM. **DES SOUTERRAINS**, Touraine, 847
A. **SOUTIRAN**, Champagne, 622
PATRICK **SOUTIRAN**, Coteaux champenois, 629
DOM. **DE SOUVIOU**, Bandol, 714
PAUL **SPANNAGEL**, Crémant d'alsace, 122
PIERRE **SPARR**, ● Alsace grand cru mambourg, 110 ● Alsace grand cru schoenenbourg, 115 ● Crémant d'alsace, 122
DOM. JEAN-MARTIN **SPIELMANN**, Alsace grand cru kanzlerberg, 109
SPITZ ET FILS, ● Alsace riesling, 81 ● Crémant d'alsace, 123
BERNARD **STAEHLE**, ● Alsace tokaypinot gris, 95 ● Crémant d'alsace, 123
ANDRE **STENTZ**, ● Alsace riesling, 81 ● Alsace pinot noir, 103 ● Alsace grand cru steingrübler, 117
FERNAND **STENTZ**, ● Alsace pinot noir, 103 ● Alsace grand cru pfersigberg, 111
STENTZ-BUECHER, Alsace grand cru steingrübler, 117
DOM. AIME **STENTZ ET FILS**, ● Alsace muscat, 83 ● Alsace gewurztraminer, 88
STEPHANE ET FILS, Champagne, 622
CHARLES **STOEFFLER**, Alsace grand cru kirchberg de Barr, 109
ANTOINE **STÖFFEL**, Alsace gewurztraminer, 89
CH. **DE STONY**, Muscat de frontignan, 985
STRAUB, ● Alsace gewurztraminer, 89 ● Alsace tokay-pinot gris, 95
STRUSS, ● Alsace riesling, 81 ● Alsace gewurztraminer, 89
CH. **SUAU**, Premières côtes de bordeaux, 309
JEAN-PAUL **SUSS**, Champagne, 623
SYSTEME U, Bourgogne passetoutgrain, 418

HUBERT ET JEAN-PAUL **TABIT**, ● Bourgogne, 408 ● Bourgogne irancy, 420
DOM. **TABORDEL**, ● Pouilly-fumé, 899 ● Sancerre, 908
CH. **DE TABUTEAU**, Lussac saint-émilion, 280
DOM. **TAILHADES MAYRANNE**, Minervois, 681
CH. **TAILLEFER**, Pomerol, 242
DOM. **TAILLEURGUET**, Madiran, 752
CAVE DE **TAIN L'HERMITAGE**, ● Saint-joseph, 939 ● Crozes-hermitage, 942 ● Hermitage, 944 ● Saint-péray, 946
TAITTINGER, Champagne, 623
CH. **TALBOT**, Saint-julien, 372
CONNETABLE DE **TALBOT**, Saint-julien, 372
JOEL **TALUAU**, Saint-nicolas-de-bourgueil, 859
DOM. **DE TANELLA**, Vins de corse, 724
DOM. DES **TANNERIES**, Châteaumeillant AOVDQS, 887
TANNEUX-MAHY, Champagne, 623
DOM. **DE TARA**, Côtes du ventoux, 966
CH. **DU TARD**, Bordeaux, 189
RENE **TARDY ET FILS**, Nuits-saint-georges, 482
LES VIGNERONS DE **TARERACH**, Côtes du roussillon, 691
CH. **DE TARGE**, Saumur-champigny, 836
DOM. **DU TARIQUET**, Côtes de Gascogne, 1014
TARLANT, Champagne, 623
CH. **DE TASTE**, Côtes de bourg, 226

DOM. **DU TASTET**, Landes, 1011
DOM. J. **TATOUX**, Brouilly, 144
PIERRE **TAUPENOT**, ● Auxey-duresses, 523 ● Saint-romain, 524
DOM. **TAUPENOT-MERME**, Bourgogne passetoutgrain, 418
ETIENNE DE **TAURIAC**, Côtes de bourg, 226
LES MAITRES VIGNERONS DE **TAUTAVEL**, ● Côtes du roussillon-villages, 695 ● Côtes du roussillon-villages, 695
CH. **TAUZINAT L'HERMITAGE**, Saint-émilion grand cru, 275
LES VIGNERONS DE **TAVEL**, ● Lirac, 960 ● Tavel, 961
CH. **TAYAT**, Premières côtes de blaye, 221
CH. **TAYET**, Bordeaux supérieur, 213
CAVE DE **TECOU Sec**, Gaillac, 738
CH. **TEIGNEY**, Graves, 318
DOM. JEAN **TEILLER**, Menetou-salon, 896
J. DE **TELMONT**, Champagne, 623
MARC **TEMPE**, ● Alsace gewurztraminer, 89 ● Alsace tokay-pinot gris, 95
CELLIER DES **TEMPLIERS**, Banyuls, 974 ● Banyuls grand cru, 974
CLOS DES **TEMPLIERS**, Lalande de pomerol, 247
CUVEE DES **TEMPLIERS**, Côtes du rhône, 924
CH. **TENEIN**, Bordeaux supérieur, 213
DOM. DES **TEPPES DE CHATENAY**, Mâcon-villages, 566
DOM. **DU TERME**, Gigondas, 948
TERRASSES, Coteaux de l'Ardèche, 1031
TERRASSES DU RIEUTOR, Faugères, 677
CH. **TERRASSON**, Côtes de castillon, 292
TERRASSOUS, ● Côtes du roussillon, 692 ● Rivesaltes, 977
DOM. DE **TERRA VECCHIA**, Ile de Beauté, 1025
DOM. DE **TERRAZZA**, Ile de Beauté, **1025**
CH. **TERRE-BLANQUE**, Premières côtes de blaye, 221
DOM. DE **TERREBRUNE**, Bandol, 714
CH. **TERREFORT**, Loupiac, 376
DOM. DES **TERREGELESSES**, Savigny-lès-beaune, 502
DOM. DE **TERRE MEGERE**, ● Coteaux du languedoc, 675 ● Oc, 1021
GAMAY DE **TERRE NEUVE**, Canton de Vaud, **1041**
TERRES BLANCHES, Les baux-de-provence, 719
TERRES D'ALLAUME, Crémant de loire, 781
DOM. **DES TERRES-DESSUS**, Beaujolais-villages, 141
DOM. DES **TERRES DOREES**, Beaujolais, 136
CH. **TERRES DOUCES**, Bordeaux, 190
DOM. DE **TERRES MUNIERS**, Beaujolais-villages, 141
DOM. **TERRES ROUGES**, Muscat de rivesaltes, 984
DOM. DES **TERRES ROUGES**, Saumur-champigny, 836
DOM. DES **TERRES VINEUSES**, Aloxe-corton, 491
CH. **TERRE VIEILLE**, Bordeaux, 190
DOM. DES **TERRISSES**, Gaillac, 738
CH. **DU TERTRE**, Margaux, 357
PHILIPPE **TESSIER**, Crémant de loire, 781
V. **TESTULAT**, Champagne, 623
LOUIS **TETE**, Fleurie, 154
DANIEL **TEVENOT**, Cheverny, 882
CH. **TEYNAC**, Saint-julien, 373
CH. **TEYSSIER**, Montagne saint-émilion, 285
DOM. DE **THALABERT**, Crozes-hermitage, 942
THALASSA, Charentais, 1010
DOM. **THENARD**, Givry, 557
JACKY **THERREY**, Champagne, 623
CH. **THEULET**, ● Côtes de bergerac, 764 ● Monbazillac, 766
DOM. HIPPOLYTE **THEVENOT**, Corton, 496
MARTIAL **THEVENOT**, Bourgognecôte chalonnaise, 547
DOM. **THEVENOT-LE BRUN ET FILS**, Bourgogne hautes-côtes de nuits, 423
DOM. **THIBAULT**, Pouilly-fumé, 899
THIBAUT DE BRETHOUS, Côtes de saint-mont AOVDQS, 755
CH. **THIBAUT DUCASSE**, Bordeaux supérieur, 214
CH **THIBEAUD-MAILLET**, Pomerol, 242
PIERRE **THIBERT**, ● Nuits-saint-georges, 482 ● Chorey-lès-beaune, 504

DOM. **THIBERT PERE ET FILS**, Pouilly vinzelles, 571
ALAIN **THIENOT**, Champagne, 624
CHRISTIAN **THIERRY**, Vouvray, 879
J.-L. ET F. **THIERS**, Cornas, 945
CH. **THIEULEY**, ● Bordeaux, 190 ● Bordeaux clairet, 193 ● Bordeaux sec, 199 ● Bordeaux supérieur, 214
DOM. **DU THIZY**, Régnié, 165
DOM. **THOMAS**, Touraine, 847
DOM. **THOMAS**, Sancerre, 908
GERARD **THOMAS**, ● Meursault, 528 ● Saint-aubin, 539
YVES ET ERIC **THOMAS**, Vouvray, 879
ANDRE **THOMAS ET FILS**, ● Alsace riesling, 81 ● Alsace gewurztraminer, 89 ● Alsace tokay-pinot gris, 95
DOM. MICHEL **THOMAS ET FILS**, Sancerre, 908
CLAUDE ET FLORENCE **THOMAS-LABAILLE**, Sancerre, 908
DOM. **THOMAS-MOILLARD**, ● Bourgogne hautes-côtes de nuits, 423 ● Savigny-lès-beaune, 502 ● Beaune, 508
DOM. AMELIE **THOREZ**, Arbois, 635
CHRISTOPHE **THORIGNY**, Vouvray, 879
DOM. **THOUET-BOSSEAU**, Bourgueil, 856
CH. **THUERRY**, ● Côtes de provence, **709** ● Coteaux varois, 722
DOM. **DE THULON**, Régnié, 165
CH. **TIBERET**, Coteaux du languedoc, 675
CH. **DU TICH**, Sainte-croix-du-mont, 378
CH. **TIMBERLAY**, Bordeaux sec, 199
F. **TINEL-BLONDELET**, Pouilly-fumé, 899
CH. **TIRECUL LA GRAVIERE**, Monbazillac, 766
ROLAND **TISSIER ET FILS**, Sancerre, 908
ANDRE ET MIREILLE **TISSOT**, ● Arbois, 635 ● Macvin du jura, 999
JACQUES **TISSOT**, ● Arbois, 636 ● Macvin du jura, 999
JEAN-LOUIS **TISSOT**, ● Arbois, 636 ● Macvin du jura, 999
GUY **TIXIER**, Champagne, 624
MICHEL **TIXIER**, Champagne, 624
CH. **TOINET FOMBRAUGE**, Saint-émilion grand cru, 275
DOM. **DU TONKIN**, Quincy, 901
TOQUES ET CLOCHERS, Limoux, **658**
DOM. **DE TORRACCIA**, Vins de corse, 724
TORRE DEL FAR, Rivesaltes, 979
DOM. **TORTOCHOT**, Charmes-chambertin, 461
LES VIGNERONS DU **TOULOIS**, Côtes de toul, 125
CH. **TOULOUZE**, Graves de vayres, 301
CH. **TOUMALIN**, Canon-fronsac, 229
CH. **TOUR BALADOZ**, Saint-émilion grand cru, 275
CH. **TOUR CHAPOUX**, Bordeaux, 190
CH. **TOUR D'ALBRET**, Bordeaux, 190
CH. **TOUR D'AURON**, Bordeaux supérieur, 214
CH. **TOUR DE BIOT**, Bordeaux, 190
CH. **TOUR DE CALENS**, Graves, 318
CH. **TOUR DE COLLIN**, Côtes de bourg, 226
CH. **TOUR DE FARGES**, Muscat de lunel, 986
CH. **TOUR DE GOUPIN**, Sainte-foy-bordeaux, 302
CH. **TOUR DE GRANGEMONT**, ● Bergerac, 759 ● Bergerac sec, 762
CH. **TOUR DE MARCHESSEAU**, Lalande de pomerol, 247
CH. **TOUR DE MIRAMBEAU**, ● Bordeaux, **191** ● Bordeaux, 191 ● Bordeaux sec, 199 ● Entre-deux-mers, 299
CH. **TOUR DE PEZ**, Saint-estèphe, 369
TOUR DES CHENES, Lirac, 960
CH. **TOUR DES COMBES**, Saint-émilion grand cru, 275
CH. **TOUR DES GENDRES**, Côtes de bergerac, 764
CH. **TOUR DES GRAVES**, Côtes de bourg, 226
CH. **TOUR DES TERMES**, Saint-estèphe, 369
CH. **TOUR DU HAUT-MOULIN**, Haut-médoc, 348
CH. **TOUR DU MOULIN**, Fronsac, 233
TOUR DU ROY, Crémant de bordeaux, 216
DOM. DES **TOURELLES**, Gigondas, 948
CH. **TOUR GRAND FAURIE**, Saint-émilion grand cru, 275

CAVE SAINT-PHILIPPE, Canton du Valais, 1048
CH. DE SAINT-PHILIPPE, Côtes de castillon, 292
CH. SAINT-PIERRE, Saint-julien, 372
CH. SAINT-PIERRE, Côtes de provence, 708
DOM. DE SAINT-PIERRE, Sancerre, 907 908
DOM. DE SAINT-PIERRE, Cornas, 945
UNION DES VIGNERONS DE SAINT-POURCAIN, Saint-pourçain, 892
DOM. SAINT PRIX, Bourgogne, 407 ● Bourgogne, 408 ● Bourgogne irancy, 420 ● Sauvignon de saint-bris, 449
DOM. DE SAINT-QUINIS, Côtes de provence, 708
LES VIGNERONS REUNIS DE SAINT-REMEZE, Côtes du vivarais AOVDQS, 969
CH. SAINT-ROBERT, Graves, 318
CH. SAINT-ROCH, Lirac, 960
DOM. SAINT ROCH, Fitou, 678
DOM. DE SAINT-ROMBLE, Sancerre, 908
CH. SAINT SAUVEUR, ● Côtes du ventoux, 966 ● Muscat de beaumes-de-venise, 986
DOM. DE SAINT-SER, Côtes de provence, 708
DOM. SAINT-SERNIN, Cahors, 733
DOM. DE SAINT SIFFREIN, Châteauneuf-du-pape, 957
CH. SAINT-SORLIN, Pineau des charentes, 994
CAVE DE SAINT-SORNIN, Charentais, 1010
CLOS SAINT-THEOBALD, Alsace grand cru rangen de thann, 112
CAVE DE SAINT-VERAND, Beaujolais, 136
CAVE SAINT-VERNY, Côtes d'auvergne AOVDQS, 888
CAVE DES VIGNERONS DE SAINT VICTOR, Côtes du rhône-villages, 930
DOM. SAINT VINCENT, Saumur-champigny, 836
ANDEOL SALAVERT, Côtes du rhône-villages, 930
CH. SALETTES, Bandol, 714
CH. DE SALETTES, Gaillac, 738
DOM. DES SALICES, Oc, 1021
DOM. DE SALINE, Ile de Beauté, 1025
ALAIN ET PHILIPPE SALLE, Touraine, 847
CH. DE SALLES, Floc de gascogne, 997
CHRISTIAN SALMON, Sancerre, 908
CH. SALMONIERE, Muscadet sèvre-et-maine, 794
DENIS SALOMON, Champagne, 621
SALON, Champagne, 621
CAVE DE SALQUENEN, Canton du Valais, 1048
CH. DU SALVARD, Cheverny, 881
DOM. SALVAT, Côtes du roussillon, 693
SALZMANN, Alsace grand cru schlossberg, 114
CH. DE SANCERRE, Sancerre, 908
DOM. DU SANCILLON, Côte de brouilly, 146
SAN DE GUILHEM, ● Floc de gascogne, 997 ● Côtes de Gascogne, 1014
JEAN SANDRIN, Champagne, 622
SANGER, Champagne, 622
DOM. SAN MICHELE, Vins de corse, 724
DOM. SAN QUILICO, ● Patrimonio, 727 ● Muscat du cap corse, 989
COMTE DE SANSAC, Bordeaux, 189
CAPITAINE SANSOT, Floc de gascogne, 997
DOM. SANTA DUC, Côtes du rhône, 924
DOM. SANTA MARIA, Patrimonio, 727
BERNARD SANTE, Chénas, 148
DOM. DE SANT JANET, Côtes de provence, 708
DOM. DES SANZAY, Cabernet de saumur, 832
CH. SARANSOT-DUPRE, Listrac-médoc, 351
JEAN-JACQUES SARD, Touraine, 847
DOM. SARDA-MALET, ● Côtes du roussillon, 691 ● Côtes du roussillon, 691 ● Rivesaltes, 979
CH. DE SARPE, Saint-émilion, 252
CAVE DE SARRAS, ● Saint-joseph, 939 ● Ardèche, 1030
MICHEL SARRAZIN ET FILS, Givry, 557
CH. DE SAU, Côtes du roussillon, 691
DOM. SAUGER ET FILS, Cheverny, 881
CLOS DES SAULAIES, Anjou, 806
DOM. DES SAULAIES, ● Cabernet d'anjou, 814 ● Coteaux du layon, 825 ● Jardin de la France, 1007

SAULNIER, ● Alsace gewurztraminer, 88 ● Alsace grand cru goldert, 108
JACQUES SAUMAIZE, ● Pouilly-fuissé, 569 ● Saint-véran, 573
DOM. SAUMAIZE-MICHELIN, ● Mâcon, 563 ● Mâcon-villages, 566 ● Pouilly-fuissé, 569 ● Saint-véran, 573
CAVE DES VIGNERONS DE SAUMUR, Saumur-champigny, 836
DOM. SAUPIN, Muscadet sèvre-et-maine, 794
CH. SAUVAGNERES, Buzet, 740
SAUVAT, Côtes d'auvergne, 888
SAUVEROY, ● Anjou, 806 ● Anjou-villages, 810 ● Coteaux du layon, 825
ROGER SAUVESTRE, Auxey-duresses, 523
DOM. SAUVETE, Touraine, 847
DOM. YVES SAUVETRE, ● Muscadet sèvre-et-maine, 794 ● Jardin de la France, 1007
FRANCINE ET OLIVIER SAVARY, ● Chablis, 438 ● Chablis premier cru, 444
CAMILLE SAVES, Champagne, 622
CHRISTOPHE SAVOYE, Chiroubles, 151
RENE SAVOYE, Chiroubles, 151
SCHAEFFER-WOERLY, ● Alsace pinot noir, 102 ● Alsace grand cru frankstein, 107
MARTIN SCHAETZEL, ● Alsace chasselas ou gutedel, 73 ● Alsace gewurztraminer, 88 ● Alsace grand cru pfingstberg, 93
LOUIS SCHERB ET FILS, Alsace muscat, 82
A. SCHERER, ● Alsace gewurztraminer, 88 ● Alsace pinot noir, 102
PAUL SCHERER, ● Alsace gewurztraminer, 88 ● Alsace tokay-pinot gris, 94
DOM. DES SCHISTES, Côtes du roussillon-villages, 695
SCHLEGEL-BOEGLIN, Alsace tokay-pinot gris, 94
CHARLES SCHLERET, Alsace muscat, 82
DOM. SCHLUMBERGER, Alsace tokay-pinot gris, 94
ROLAND SCHMITT, Alsace grand cru altenberg de bergbieten, 104
PAUL SCHNEIDER, ● Alsace tokay-pinot gris, 94 ● Alsace grand cru eichberg, 106 ● Crémant d'alsace, 122
ALBERT SCHOECH, Alsace grand cru wineck-schlossberg, 119
SCHOENHEITZ, Alsace tokay-pinot gris, 94
MICHEL SCHOEPFER, Alsace gewurztraminer, 88
MAURICE SCHUELLER, Alsace riesling, 80
PAUL SCHWACH, Alsace pinot noir, 102
FRANCOIS SCHWACH ET FILS, Alsace grand cru osterberg, 111
CHRISTIAN SCHWARTZ, Alsace tokay-pinot gris, 94
PAUL SCHWARTZ, Alsace pinot noir, 102
EMILE SCHWARTZ, ● Alsace pinot ou klevner, 76 ● Alsace pinot noir, 102
FRANCOIS SECONDE, ● Champagne, 622 ● Coteaux champenois, 629
CH. SEGONZAC, Premières côtes de blaye, 221
CH. DE SEGRIES, ● Lirac, 960 ● Tavel, 961
CH. DE SEGUIN, Bordeaux supérieur, 213
CLAUDE SEGUIN, Bourgogne aligoté, 415
GERARD SEGUIN, Gevrey-chambertin, 459
REMI SEGUIN, ● Morey-saint-denis, 465 ● Vosne-romanée, 476
DOM. SEGUIN-MANUEL, Savigny-lès-beaune, 502
DANIEL SEGUINOT, Chablis, 438
ROGER SEGUINOT, ● Chablis, 438 ● Chablis premier cru, 444
CH. SEGUR, Haut-médoc, 337
CH. DE SEGUR DE CABANAC, Saint-estèphe, 369
SEIGNEUR DE GALANTOU, Cabardès AOVDQS, 685
SEIGNEUR DE LAURIS, Côtes du rhône, 924
SEIGNEUR DES DEUX VIERGES, Coteaux du languedoc, 674
CH. DES SEIGNEURS DE POMMYERS, Bordeaux, 189
SEIGNEURS DU PERIGORD, Bergerac, 759
EXCELLENCE DE SEIGNOURET, Médoc, 337
SELIG, Alsace muscat, 83

ALBERT SELTZ, ● Alsace sylvaner, 74 ● Alsace pinot noir, 103
CH. SEMEILLAN MAZEAU, Listrac-médoc, 351
COMTE SENARD, Corton, 496
DOM. DES SENECHAUX, Châteauneuf-du-pape, 957
CH. SENEJAC, Haut-médoc, 347
CRISTIAN SENEZ, Champagne, 622
LES VIGNERONS DE SEPTIMANIE, Muscat de saint-jean de minervois, 987
CAVE DES SEPT MONTS, Agenais, 1011
CH. SERGANT, Lalande de pomerol, 246
DOM. SERGENT, Pacherenc du vic-bilh, 754
ROBERT SEROL ET FILS, Côte roannaise, 893
DOM. DE SERREAUX-DESSUS, Canton de Vaud, 1041
DOM. DE SERVANS, Côtes du rhône, 924
MICHEL SERVEAU, Bourgogne hautes-côtes de beaune, 426
SERVEAUX FILS, Champagne, 622
CH. DU SEUIL, Graves, 318
CH. DU SEUIL, Coteaux d'aix, 718
JEAN-PIERRE SEVE, Pouilly-fuissé, 569
CAVE DE SEZENOVE, Canton de Genève, 1050
CH. SIAURAC, Lalande de pomerol, 247
J. SIEGLER, ● Alsace muscat, 83 ● Alsace gewurztraminer, 88
SIEUR D'ARQUES, Crémant de limoux, 657
SIFFERT, ● Alsace riesling, 80 ● Alsace grand cru praelatenberg, 112
SIGALAS RABAUD, Sauternes, 386
DOM. HERVE SIGAUT, Chambolle-musigny, 469
CH. SIGNAC, Côtes du rhône-villages, 930
SIGNATURES, Bordeaux, 189
CAVE DE SIGOLSHEIM, Alsace grand cru mambourg, 110
ROSE DE SIGOULES, Bergerac, 759
DOM. SILLON COTIER, Retz, 1008
CH. SIMIAN, ● Côtes du rhône, 924 ● Côtes du rhône-villages, 930 ● Châteauneuf-du-pape, 957
GUY SIMON ET FILS, Bourgogne aligoté, 415 ● Bourgogne passetoutgrain, 418 ● Bourgogne hautes-côtes de nuits, 423
DOM. SIMONIN, Pouilly-fuissé, 569
JEAN-PAUL SIMONIS ET FILS, Alsace pinot noir, 103
DOM. SIMONNET, Chablis grand cru, 448
SIMONNET-FEBVRE, ● Bourgogne, 408 ● Petit chablis, 433 ● Chablis, 438 ● Chablis premier cru, 444
SIMON-SELOSSE, Champagne, 622
CH. SINGLEYRAC, ● Bergerac sec, 762 ● Côtes de bergerac, 763
HUBERT SINSON, Valençay AOVDQS, 885
DOM. SIOUVETTE, Côtes de provence, 708
CH. SIPIAN, Médoc, 337
JEAN SIPP, Alsace tokay-pinot gris, 94
LOUIS SIPP, Alsace tokay-pinot gris, 94
SIPP-MACK, Alsace grand cru rosacker, 113
CH. SIRAN, Margaux, 357
SIRE DE DUIN, Canton de Vaud, 1041
SIRIUS, Bordeaux, 189
CH. ROBERT SIRUGUE, ● Bourgogne, 408 ● Bourgogne passetoutgrain, 418 ● Chambolle-musigny, 469 ● Vosne-romanée, 477
CH. SISSAN, Premières côtes de bordeaux, 309
PATRICK SIZE, Mercurey, 555
LES HAUTS DE SMITH, Bordeaux rosé, 201
CH. SMITH HAUT LAFITTE, Pessac-léognan, 328
CH. SOCIOCANDO-MALLET, Haut-médoc, 347
J.M. SOHLER, Alsace grand cru winzenberg, 119
SOLEIL D'OLERON, Pineau des charentes, 994
ALAIN SORBA, Chablis, 438
JEAN-MICHEL SORBE, ● Quincy, 901 ● Reuilly, 903
BRUNO SORG, ● Alsace grand cru pfersigberg, 111 ● Crémant d'alsace, 122
DOM. SORIN, Côtes de provence, 709
JEAN-PIERRE SORIN, ● Bourgogne, 408 ● Bourgogne aligoté, 415
DOM. SORIN-DEFRANCE, Sauvignon de saint-bris AOVDQS, 449
DOM. DES SORNAY, Morgon, 160

1117

CH. DE ROQUEFORT, Côtes de provence, 708
LES VIGNERONS DE ROQUEFORT LA BEDOULE, Bouches-du-Rhône, 1027
CH. ROQUEGRAVE, Médoc, 336
CH. DE ROQUENEGADE, Corbières, 662
CH. DES ROQUES, Vacqueyras, 950
CH. ROQUES MAURIAC, Bordeaux supérieur, 213
CH. ROQUETAILLADE LA GRANGE, Graves, 318
CH. ROSE D'ORION, Montagne saint-émilion, 284
CH. ROSE SAINTE CROIX, Listrac-médoc, 351
DOM. DE ROSIERS, Côte rôtie, 933
DOM. DES ROSIERS, Moulin à vent, 163
DOM. DES ROSIERS, Premières côtes de blaye, 221
CH. DE ROSNAY, Fiefs vendéens, 798
PHILIPPE ROSSIGNOL, Gevrey-chambertin, 459
REGIS ROSSIGNOL-CHANGARNIER, ● Bourgogne, 407 ● Beaune, 508 ● Pommard, 514 ● Volnay, 517
ROSSIGNOL-FEVRIER PERE ET FILS, Bourgogne, 407
CH. ROSSIGNOL-JEANNIARD, ● Pernand-vergelesses, 493 ● Pommard, 514 ● Volnay, 517
ALFRED ROTHSCHILD ET CIE, Champagne, 620
RESERVE SPECIALE BARONS DE ROTHSCHILD LAFITE, Bordeaux, 189
DOM. ROTIER, Gaillac, 738
DOM. DE ROTISSON, Beaujolais, 136
DOM. DES ROUAUDIERES, Muscadet sèvre-et-maine, 793
ROUCAILLAT, Coteaux du languedoc, 673
CH. ROUDIER, Montagne saint-émilion, 284
DOM. DU ROUDIER, Montagne saint-émilion, 285
CH. ROUET, Fronsac, 233
CH. DU ROUET, Côtes de provence, 708
DOM. DES ROUET, Chinon, 866
LOUIS-PHILIPPE ROUGE ET FILS, Canton de Vaud, 1041
DOM. DU ROUGE GORGE, Faugères, 677
CH. ROUGEMONT, Graves, 318
CH. ROUGET, Pomerol, 242
MICHEL ET ROLAND ROUGEYRON, Côtes d'auvergne AOVDQS, 888
CH. ROULLET, Canon-fronsac, 229
DOM. ROULLET, Anjou-villages, 809
CH. ROUMAGNAC LA MARECHALE, Fronsac, 233
DOM. DU ROUMANI, Collioure, 697
CH. ROUMANIERES, Coteaux du languedoc, 674
CH. ROUMIEU-LACOSTE, Barsac, 380
CH. ROUQUETTE-SUR-MER, Coteaux du languedoc, 674
CH. DE ROUSSE, Jurançon, 748
DOM. ARMAND ROUSSEAU ET FILS, Ruchottes-chambertin, 462
ROUSSEAU FRERES, Touraine, 847
ROUSSEAUX-BATTEUX, Champagne, 620
ROUSSEAUX-FRESNET, Champagne, 620
CLAUDE ROUSSELOT-PAILLEY, ● Côtes du jura, 641 ● Macvin du jura, 999
CH. ROUSSET, Côtes de bourg, 226
CH. DE ROUSSET, Coteaux de pierrevert, 970
ROUSSILLE, Pineau des charentes, 994
CLOS DU ROUSSILLON, Canton de Vaud, 1041
CH. ROUTAS, Coteaux varois, 721
CH. DE ROUTIER, Côtes de la malepère, 686
DOM. DU ROUVRE, Côtes du roussillon-villages, 694
ROUX PERE ET FILS, ● Vougeot, 471 ● Puligny-montrachet, 531 ● Saint-aubin, 539 ● Meursault, 528 ● Chassagne-montrachet, 537
DOM. DE ROUZAN, Vin de savoie, 649
DOM. JACQUES ROUZE, Quincy, 901
JEAN-MARIE ROUZIER, Bourgueil, 855
GEORGES ROY, Chorey-les-beaune, 504
JEAN-FRANCOIS ROY, ● Touraine, 847 ● Valençay AOVDQS, 885
DOM. DU ROYAUME, Muscadet sèvre-et-maine, 794
GENEVIEVE ROYER-MORETTI, Chambolle-musigny, 469

ROYER PERE ET FILS, Champagne, 620
DOM. DES ROYES, Saint-joseph, 939
CH. ROYLLAND, Saint-émilion grand cru, 274
LES VIGNERONS DU ROY RENE, ● Coteaux d'aix, 718 ● Bouches-du-Rhône, 1028
DOM. ROZES, ● Côtes du roussillon, 691 ● Muscat de rivesaltes, 984
DOM. DES ROZETS, Coteaux du tricastin, 963
RUELLE-PERTOIS, Champagne, 620
DOM. DE RUERE, ● Bourgogne, 407 ● Mâcon, 563 ● Saint supérieur, 564
DOM. DE RUERE-LENOIR, Mâcon supérieur, 564
DOM. RUET, Brouilly, 144
RUHLMANN, Alsace muscat, 82
GILBERT RUHLMANN, Alsace riesling, 80
RUHLMANN-DIRRINGER, Crémant d'alsace, 122
RUINART, Champagne, 620 621
CH. RUINE DE BELAIR, Bergerac, 759
CH. DE RULLY, Rully, 552
DOM. RUNNER, Alsace riesling, 80
RENE RUTAT, Champagne, 621
CH. DE RUTH, Côtes du rhône, 923
BENEDICTE DE RYCKE, Jasnières, 867

DOM. DES SABINES, Lalande de pomerol, 246
DOM. DES SABLES VERTS, Saumur-champigny, 836
DOM. DES SABLONNETTES, Coteaux du layon, 824
DOM. DES SABLONS, Beaujolais-villages, 141
DOM. ROGER SABON, Châteauneuf-du-pape, 956
DOM. DU SACRE-CŒUR, ● Saint-chinian, 683 ● Muscat de saint-jean de minervois, 987
LOUIS DE SACY, Champagne, 621
SADI-MALOT, Champagne, 621
GUY SAGET, Pouilly-fumé, 899
RENE SAHONET, ● Rivesaltes, 979 ● Muscat de rivesaltes, 984
PACHERENC DE LA SAINT-ALBERT, Pacherenc du vic-bilh, 753
CH. SAINT-AMAND, Sauternes, 386
CLOS SAINT-ANDRE, Pomerol, 242
CH. SAINT ANDRE CORBIN, Saint-georges saint-émilion, 288
DOM. SAINT ANDRIEU, Coteaux du languedoc, 674
CH. SAINT ANTONIN, Faugères, 677
DOM. SAINT-APHRODISE, Fitou, 678
DOM. SAINT-ARNOUL, ● Anjou, 806 ● Cabernet d'anjou, 814
CH. SAINT-AUBIN, Médoc, 336
SAINT AVIT, L'Orléanais AOVDQS, 894
DOM. SAINT-BENOIT, Châteauneuf-du-pape, 956
SAINT-BRICE, Médoc, 336
CHAMPAGNE SAINT-CHAMANT, Champagne, 621
CH. SAINT-CHRISTOPHE, Saint-émilion grand cru, 274
CH. SAINT-CHRISTOPHE, Médoc, 337
CH. DE SAINT-COSME, Gigondas, 948
CH. SAINT-CYRGUES, Costières de nîmes, 666
DOM. SAINT-DENIS, Mâcon, 563
CH. SAINT-DIDIER-PARNAC, Cahors, 733
SAINTE-ANNE, Canton du Valais, 1047
CH. SAINTE-ANNE, Bandol, 714
CLOS SAINTE-ANNE, Premières côtes de bordeaux, 309
DOM. SAINTE ANNE, ● Côtes du rhône-villages, 930 ● Gigondas, 948
DOM. DE SAINTE-ANNE, ● Anjou-villages-brissac, 811 ● Coteaux de l'aubance, 815
DOM. DE SAINTE BARBE, Côtes du roussillon, 694
DOM. SAINTE-CATHERINE, Coteaux du layon, 825
DOM. SAINTE-COLOMBE ET LES RAMEAUX, Coteaux du rhône, 666
DOM. DE SAINTE CROIX, Côtes de provence, 708
DOM. SAINTE-EULALIE, Minervois, 681
DOM. SAINTE HELENE, Muscat de rivesaltes, 984
DOM. SAINTE-MARGUERITE, Côtes de provence, 708
DOM. SAINTE MARIE, ● Bordeaux supérieur, 213 ● Entre-deux-mers, 299
CAVE DE SAINTE-MARIE-LA-BLANCHE, ● Bourgogne, 407 ● Bourgogne aligoté, 415 ● Meursault, 528 ● Sainte-Marie-la-Blanche, 469

DOM. DE SAINT-ENNEMOND, Brouilly, 144
CLOS SAINTE-ODILE, Alsace gewurztraminer, 88
CH. SAINTE-ROSELINE, Côtes de provence, 708
CH. SAINT-ESTEPHE, Saint-estèphe, 368
CH. SAINT-ESTEVE, Corbières, 662
CH. SAINT-ESTEVE, Coteaux varois, 721
CH. SAINT-ESTEVE D'UCHAUX, ● Côtes du rhône, 923 ● Côtes du rhône-villages, 930
CH. SAINT ESTEVE DE NERI, Côtes du luberon, 968
SAINT ETIENNE, ● Côtes du rhône, 923 ● Côtes du rhône-villages, 930
CLOS SAINT-FIACRE, L'Orléanais AOVDQS, 894, 895
CH. SAINT-FLORIN, Entre-deux-mers, 299
DOM. SAINT-FRANCOIS, Côtes du roussillon-villages, 695
DE SAINT GALL, Champagne, 621
DOM. SAINT GAYAN, ● Gigondas, 948 ● Châteauneuf-du-pape, 956
CH. SAINT-GEORGES, Saint-georges saint-émilion, 288
CH. SAINT GEORGES COTE PAVIE, Saint-émilion grand cru, 274
CH. SAINT-GERMAIN, Bordeaux supérieur, 213
LES VIGNERONS DE SAINT-GERVAIS, Côtes du rhône-villages, 930
DOM. SAINT-GUERY, Côtes du rhône, 923
CH. SAINT-HILAIRE, Médoc, 337
DOM. SAINT-HILAIRE, Oc, 1020
CH. SAINT-HUBERT, ● Saint-émilion grand cru, 274 ● Premières côtes de bordeaux, 309
SAINT-JACQUES, Coteaux du languedoc, 674
CH. SAINT-JAMES, Corbières, 662
SAINT-JEAN, Médoc, 337
CH. SAINT-JEAN, Coteaux d'aix, 718
CH. DE SAINT-JEAN, Côtes du rhône, 924
CH. SAINT-JEAN D'AUMIERES, Coteaux du languedoc, 674
CH. SAINT-JEAN DE BUEGES, Coteaux du languedoc, 674
DOM. SAINT-JEAN-DE-CONQUES, Oc, 1020
CH. SAINT-JEAN-DES-GRAVES, Graves, 318
DOM. DE SAINT-JEAN-LE-VIEUX, Coteaux varois, 722
DOM. SAINT JEMMS, Hermitage, 944
CH. SAINT-JEROME, Graves, 318
DOM. SAINT JEROME, Montlouis, 871
DOM. SAINT-JULIEN, Coteaux du Quercy, 1013
DOM. DE SAINT-JULIEN-LES-VIGNES, Coteaux d'aix, 718
DOM. DE SAINT-JUST, Saumur-champigny, 836
CLOS SAINT-LANDELIN, Alsace grand cru vorbourg, 118
DOM. DE SAINT-LANNES, ● Floc de gascogne, 997 ● Côtes de Gascogne, 1014
DOM. SAINT LAURENT, Côtes du rhône, 924
MAS SAINT-LAURENT, Coteaux du languedoc, 674
CH. DE SAINT LOUAND, Chinon, 866
DOM. SAINT LOUIS, ● Comté tolosan, 1012 ● Oc, 1020
DOM. SAINT LUC, Coteaux du tricastin, 963
SAINT-MAIRE, Canton de Vaud, 1041
CH. SAINT-MAMBERT, Pauillac, 365
CH. SAINT-MARTIN, Pacherenc du vic-bilh, 753
SAINT MARTIN DE LA GARRIGUE, Oc, 1021
CH. SAINT-MARTIN DE LA GARRIGUE, Coteaux du languedoc, 674
CH. SAINT-MAURICE, ● Côtes du rhône-villages, 930 ● Lirac, 960
CLOS SAINT-MICHEL, Châteauneuf-du-pape, 956
DOM. SAINT-MICHEL, Muscadet sèvre-et-maine, 794
DOM. SAINT-NICOLAS, Fiefs vendéens AOVDQS, 799
CH. SAINTONGEY, Bordeaux sec, 198
CH. SAINT-OURENS, Premières côtes de bordeaux, 309
CH. SAINT-PAUL, Haut-médoc, 347
CH. DE SAINT PEY, Saint-émilion grand cru, 274
DOM. SAINT-PHILBERT, Pouilly loché, 570

LE SEC DE **RAYNE VIGNEAU**, Bordeaux sec, 198
RAYON D'OR, Pineau des charentes, 994
CH. **REAL-CAILLOU**, Lalande de pomerol, 246
CH. **REAL MARTIN**, Côtes de provence, 707
DOM. **REBOURGEON-MURE**, • Beaune, 508 • Pommard, 513 • Volnay, 517
DOM. DES **REBOURGERES**, Muscadet sèvre-et-maine, 793
DOM. **HENRI REBOURSEAU**, Clos de vougeot, 472
DOM. **RECLU**, Saumur, 832
CH. **RECOUGNE**, Bordeaux supérieur, 212
PASCAL **REDON**, Champagne, 619
CH. **REDORTIER**, Côtes du rhône-villages, 929
REGNARD, Chablis grand cru, 448
BERNARD **REGNAUDOT**, • Santenay, 543 • Maranges, 545
JEAN-CLAUDE **REGNAUDOT**, Santenay, 543
DOM. DE **REGUSSE**, Coteaux de pierrevert, 970
CH. **REIGNAC**, Bordeaux supérieur, 213
CH. **REINE BLANCHE**, Saint-émilion grand cru, 273
REINE PEDAUQUE, • Vosne-romanée, 476 • Corton-charlemagne, 498 • Pommard, 513 • Meursault, 528 • Chassagne-montrachet, 537 • Mâcon supérieur, 564 • Pouilly vinzelles, 571 • Saint-joseph, 938
VIGNOBLES **REINHART**, • Alsace tokay-pinot gris, 93 • Alsace grand cru kitterlé, 110
PAUL **REITZ**, • Petit chablis, 433 • Clos de la roche, 465 • Clos saint-denis, 466 • Corton, 496
CH. **RELAIS DE LA POSTE**, Côtes de bourg, 226
CLOS DES **RELIGIEUSES**, Puisseguin saint-émilion, 287
CH. **REMAURY**, Minervois, 681
DOM. DES **REMIZIERES**, • Crozes-hermitage, 941 • Hermitage, 944
DOM. **HENRI ET GILLES REMORIQUET**, • Bourgogne hautes-côtes de nuits, 422 • Nuits-saint-georges, 482
DOM. DU **REMPART**, Alsace pinot ou klevner, 76
CAVE DES **REMPARTS**, Canton du Valais, 1047
DOM. DES **REMPARTS**, Bourgogne irancy, 420
DOM. **LOUIS REMY**, • Chambertin, 459 • Latricières-chambertin, 460 • Clos de la roche, 466
REMY MARTIN, Pineau des charentes, 994
REMY-PANNIER, Jardin de la France, 1007
CH. **RENAISSANCE**, Bordeaux, 189
CUVEE **RENAISSANCE**, • Lussac saint-émilion, 280 • Puisseguin saint-émilion, 287
DOM. **JACKY RENARD**, • Bourgogne aligoté, 415 • Bourgogne irancy, 420 • Petit chablis, 433 • Sauvignon de saint-bris AOVDQS, 449
CH. **RENARD MONDESIR**, Fronsac, 233
PASCAL **RENAUD**, Pouilly-fuissé, 569
JACQUES **RENAUDAT**, Reuilly, 903
R. **RENAUDIN**, Champagne, 619
CLOS **RENE**, Pomerol, 241
RENOMMEE SAINT PIERRE, Canton du Valais, 1047
CH. **RENON**, Cadillac, 374
DOM. **RENE RENOU**, Bonnezeaux, 826
YVES **RENOU**, Coteaux du layon, 824
CH. **REPIMPLET**, Côtes de bourg, 226
CH. **REQUIER**, Côtes de provence, 707
RESERVE DE LA PORTE DES EVEQUES, Moselle AOVDQS, 125
RESERVE DES ADMINISTRATEURS, Canton du Valais, 1047
RESERVE DU PRESIDENT, Vins de corse, 724
CH. DE **RESPIDE**, Graves, 317
CH. **RESPIDE-MEDEVILLE**, Graves, 317
RESSAC, Côtes de Thau, 1022
CLOS **RESSEGUIER**, Cahors, 733
CH. DU **RETOUT**, Haut-médoc, 347
LE GRAND ROUGE DE **REVELETTE**, Coteaux d'aix, 718
XAVIER **REVERCHON**, • Côtes du jura, 640 • Crémant du jura, 642
CH. **REVERDI**, Listrac-médoc, 351
DOM. **HIPPOLYTE REVERDY**, Sancerre, 907
PASCAL ET NICOLAS **REVERDY**, Sancerre, 907

DOM. **BERNARD REVERDY ET FILS**, Sancerre, 907
MICHEL **REY**, Pouilly-fuissé, 569
REYNAC, Pineau des charentes, 994
CH. **REYNON**, • Bordeaux sec, 198 • Premières côtes de bordeaux, 308 • Cadillac, 374
CLOS DU **REYRAN**, Côtes de provence, 707
CAVE DES VIGNERONS **RHODANIENS**, • Condrieu, 935 • Collines rhodaniennes, 1030
DOM. DE **RIAUX**, Pouilly-fumé, 899
CAVE VINICOLE DE **RIBEAUVILLE**, • Alsace grand cru osterberg, 111 • Alsace grand cru rosacker, 113
DOM. DE **RIBONNET**, Comté tolosan, 1012
CH. **RICARDELLE**, Coteaux du languedoc, 673
CH. DE **RICAUD**, • Premières côtes de bordeaux, 309 • Loupiac, 376
LES HAUTS DE **RICAUD**, Bordeaux supérieur, 213
CH. **RICAUDEL**, Médoc, 336
CH. **RICHARD**, Saussignac, 770
DOM. **HENRI RICHARD**, Mazoyères-chambertin, 462
DOM. **PIERRE RICHARD**, Crémant du jura, 642
HERVE ET MARIE-THERESE **RICHARD**, Saint-joseph, 939
JEAN-PIERRE **RICHARD**, Fiefs vendéens AOVDQS, 798
PHILIPPE **RICHARD**, Chinon, 865
PIERRE **RICHARD**, Côtes du jura, 640
DOM. **RICHE**, Châteauneuf-du-pape, 956
DOM. **RICHEAUME**, Côtes de provence, 707
BERNARD ET CHRISTOPHE **RICHEL**, Vin de savoie, 648
DOM. **RICHOU**, • Anjou, 806 • Anjou-villages-brissac, 811 • Coteaux de l'aubance, 815
DOM. **JOSEPH RIEFLE**, • Alsace pinot noir, 102 • Alsace grand cru steinert, 117
PIERRE ET JEAN-PIERRE **RIETSCH**, • Alsace riesling, 80 • Alsace pinot noir, 102 • Alsace grand cru zotzenberg, 120
DOM. DU **RIEU FRAIS**, Coteaux des Baronnies, 1029
CH. **RIEUSSEC**, Sauternes, 385
DOM. **RENE RIEUX**, Gaillac, 738
CLAUDE **RIFFAULT**, Sancerre, 907
CH. **RIGAUD**, Puisseguin saint-émilion, 287
DOM. **RIGOUTAT**, Bourgogne, 407
DOM. **RIMBERT**, Saint-chinian, 683
DOM. DU **RIN DU BOIS**, Touraine, 846
DOM. **DAMIEN RINEAU**, Gros-plant AOVDQS, 797
ARMELLE ET BERNARD **RION**, • Chambolle-musigny, 469 • Vosne-romanée, 476
DOM. **MICHELE ET PATRICE RION**, Bourgogne, 407
CAVES DE **RIONDAZ**, Canton du Valais, 1047
CH. **RIPEAU**, Saint-émilion grand cru, 273
MADAME **PIERRE MINE RIVRY**, Touraine-azay-le-rideau, 850
MARIE-CLAUDE **ROBELIN ET FILS**, • Côtes du jura, 640 • Macvin du jura, 999
ALAIN **ROBERT**, Champagne, 620
ALAIN **ROBERT**, Vouvray, 878
BERTRAND **ROBERT**, Champagne, 620
ROBERT ALLAIT, Champagne, 620
CH. **ROBIN**, Côtes de castillon, 292
DOM. **GILLES ROBIN**, Crozes-hermitage, 942
DOM. **GUY ROBIN**, • Chablis premier cru, 444 • Chablis grand cru, 448
DOM. **JEAN-PIERRE ROBIN**, Chablis, 438
DOM. **LOUIS ET CLAUDE ROBIN**, Bonnezeaux, 826
DOM. **JEAN-LOUIS ROBIN-DIOT**, Anjou, 806
MICHEL **ROBINEAU**, Anjou-villages, 809
DOM. **ROBINEAU CHRISLOU**, Coteaux du layon, 824
CH. DU **ROC**, Corbières, 662
DOM. DU **ROC**, Cadillac, 374
CH. **ROC DE CAYLA**, Bordeaux rosé, 201
DOM. **ROC DE L'OLIVET**, Tavel, 961
ROC DU GOUVERNEUR, Rivesaltes, 979
DOM. DE **ROCHAMBEAU**, Anjou-villages-brissac, 811

DOM. DE **ROCHEBIN**, Mâcon, 562
CLOS **ROCHE BLANCHE**, Touraine, 847
DOM. DE **ROCHEBONNE**, Beaujolais, 136
DOM. DE **ROCHEBRUNE**, Beaujolais-villages, 141
CH. DE **ROCHEFORT**, Sauternes, 385
DOM. DE **ROCHE-GUILLON**, Fleurie, 154
DOM. DES **ROCHELLES**, Anjou-villages-brissac, 811
DOM. DE **ROCHEMOND**, Côtes du rhône, 923
CH. DE **ROCHEMORIN**, Pessac-léognan, 327
CH. **ROCHER BELLEVUE FIGEAC**, Saint-émilion grand cru, 273
CH. **ROCHER CORBIN**, Montagne saint-émilion, 284
DOM. **ROCHE REDONNE**, Bandol, 713
CH. **ROCHER FIGEAC**, Saint-émilion grand cru, 273
CH. **ROCHER-GARDAT**, Montagne saint-émilion, 284
CH. **ROCHER LIDEYRE**, Côtes de castillon, 292
CH. DES **ROCHERS**, Lussac saint-émilion, 280
DOM. DES **ROCHERS**, Côtes de castillon, 292
CH. DU **ROCHER SAINT PHILBERT**, Muscadet côtes de grand-lieu, 795
DOM. DES **ROCHES**, Mâcon, 562
DOM. DES **ROCHES FORTES**, Côtes du rhône, 923
CLOS DES **ROCHES GAUDINIERES**, Muscadet sèvre-et-maine, 793
DOM. DES **ROCHES PYRENEES**, Muscadet sèvre-et-maine, 793
CH. **ROCHET-LAMOTHE**, Cahors, 733
ROCHETTAZ, Canton de Vaud, 1041
CH. DES **ROCHETTES**, • Anjou, 806 • Coteaux du layon, 824
DOM. DES **ROCHETTES**, Gros-plant AOVDQS, 797
DOM. **ROCHEVINE**, Saint-joseph, 939
DOM. **DU ROCHOUARD**, • Bourgueil, 855 • Saint-nicolas-de-bourgueil, 859
CAVE PRIVEE D'ANTONIN **RODET**, • Clos de vougeot, 473 • Vosne-romanée, 476
ERIC **RODEZ**, • Champagne, 620 • Coteaux champenois, 628
LOUIS **ROEDERER**, Champagne, 620
ALAIN **ROHART**, Vouvray, 878
LA CAVE DU **ROI DAGOBERT**, • Alsace grand cru altenberg de bergbieten, 104 • Alsace grand cru altenberg de wolxheim, 105
CH. **ROLAND LA GARDE**, Premières côtes de blaye, 221
CH. **ROL DE FOMBRAUGE**, Saint-émilion grand cru, 273
ROLET PERE ET FILS, • Arbois, 635 • Côtes du jura, 641 • Crémant du jura, 642
CH. DE **ROLLAND**, Barsac, 380
DOM. DE **ROLLAND**, Fitou, 678
CH. **ROLLAND-MAILLET**, Saint-émilion grand cru, 273
DOM. **ROLLAND-SIGAUX**, Côte de brouilly, 146
PATRICK **ROLLET**, Beaujolais, 136
WILLY **ROLLI-EDEL**, • Alsace gewürztraminer, 87 • Alsace tokay-pinot gris, 93
ROLLIN PERE ET FILS, Pernand-vergelesses, 493
CH. **ROL VALENTIN**, Saint-émilion grand cru, 274
CH. **ROMANIN**, Les baux-de-provence, 719
DOM. DES **ROMARINS**, Côtes du rhône, 923
CH. **ROMASSAN-DOMAINES OTT**, Bandol, 714
DOM. DE **ROMBEAU**, Côtes du roussillon, 691
CH. **ROMER DU HAYOT**, Sauternes, 385
CHRISTOPHE **ROMEUF**, Côtes d'auvergne AOVDQS, 888
ERIC **ROMINGER**, Alsace grand cru zinnkoepflé, 120
DOM. **ROMPILLON**, Coteaux du layon, 824
DOM. DU **RONCEE**, Chinon, 865
ROPITEAU, • Meursault, 528 • Puligny-montrachet, 531 • Santenay, 543
DOM. **ROQUEBERT**, Premières côtes de bordeaux, 309
LES VINS DE **ROQUEBRUN**, Saint-chinian, 683
DOM. DE **ROQUEBRUNE**, Côtes du rhône, 923

CH. **PLANTEY**, Pauillac, 365
CH. DE **PLASSAN**, Premières côtes de bordeaux, 308
DOM. DU **PLATEAU DE BEL-AIR**, Brouilly, 144
CH. **PLEGAT-LA-GRAVIERE**, Graves, 317
LES CAVES DU **PLESSIS**, Saint-nicolas-de-bourgueil, 859
CH. **PLESSIS-BREZOT**, Muscadet sèvre-et-maine, 793
CH. **PLINCE**, Pomerol, 241
PIERRE **PLOUZEAU**, Touraine, 846
DOM. DU **POETE**, Saint-véran, 573
REGIS **POISSINET**, Champagne, 618
POISSINET-ASCAS, Champagne, 618
POL ROGER, Champagne, 618
CH. DE **POMES PEBERERE**, Floc de gascogne, 997
POMMERY, Champagne, 618 619
DENIS **POMMIER**, ● Petit chablis, 433 ● Chablis premier cru, 444
CH. **PONCET**, Premières côtes de bordeaux, 308
DOM. DES **PONCETYS**, ● Mâcon, 562 ● Saint-véran, 573
CAVE DE **PONCHON**, Régnié, 164
DOM. DE **PONCHON**, Régnié, 164 165
DOM. DE **PONCIE**, Fleurie, 153
ALBERT **PONNELLE**, ● Pommard, 513 ● Puligny-montrachet, 531
DOM. PIERRE **PONNELLE**, Côte de beaune, 509
PONSARD-CHEVALIER, Maranges, 545
VINCENT **PONT**, ● Savigny-lès-beaune, 502 ● Volnay, 517 ● Monthélie, 519 ● Auxey-duresses, 522 ● Saint-romain, 524
CH. **PONTAC MONPLAISIR**, Pessac-léognan, 327
CH. **PONT DE BRION**, ● Graves, 317 ● Graves supérieures, 319
DOM. DU **PONT DE RIEU**, Vacqueyras, 950
CH. **PONTET BAGATELLE**, Coteaux d'aix, 717
CH. **PONTET-CANET**, Pauillac, 365
CH. **PONTET-FUMET**, Saint-émilion grand cru, 272
CH. **PONTEY**, Médoc, 336
DOM. DE **PONT LE VOY**, Côtes du rhône, 922
CH. **PONTOISE-CABARRUS**, Haut-médoc, 346
DOM. **PONTONNIER**, ● Bourgueil, 855 ● Saint-nicolas-de-bourgueil, 859
CH. **PONT-ROYAL**, Coteaux d'aix, 717
CH. DE **PORTETS**, Graves, 317
PHILIPPE **PORTIER**, Quincy, 901
VIRGILE **PORTIER**, ● Champagne, 619 ● Coteaux champenois, 628
DOM. DES **POTHIERS**, Côte roannaise, 893
CH. **POUCHAUD-LARQUEY**, Bordeaux, 188
DOM. **POUDEROUX**, Maury, 981
CH. **POUGET**, Margaux, 356
ROGER **POUILLON ET FILS**, Champagne, 619
ROBERT **POUILLOUX ET SES FILS**, Pineau des charentes, 994
CH. **POUILLY**, Pouilly-fuissé, 569
CH. **POUJEAUX**, Moulis-en-médoc, **359**
POULET PERE ET FILS, ● Morgon, 160 ● Pommard, 513
DOM. **POULLEAU PERE ET FILS**, ● Bourgogne aligoté, 415 ● Aloxe-corton, 491 ● Côte de beaune, 509 ● Volnay, 517
CH. **POULVERE**, Bergerac, 759
POUPAT ET FILS, Coteaux du giennois, 891
CH. **POURCIEUX**, Côtes de provence, 707
DOM. DU **POURPRE**, Chénas, 148
CH. **POURQUEY-GAZEAU**, ● Bordeaux, 188 ● Bordeaux supérieur, 212
DOM. DU **POYET**, Côtes du forez AOVDQS, 889
CH. **PRADAL**, ● Rivesaltes, 979 ● Muscat de rivesaltes, 984
CH. **PRADEAUX**, Bandol, 713
DOM. DU **PRADEL**, Coteaux de l'Ardèche, 1031
CH. **PRADELLE**, Crozes-hermitage, 941
DOM. DES **PRADELS**, Saint-chinian, 683
JEAN-PIERRE ET MARC **PRADIER**, Côtes d'auvergne AOVDQS, 888
DOM. DU **PRAPIN**, Coteaux du lyonnais, 169
JEAN-FRANCOIS **PRAS**, Côte roannaise, 893
CH. **PRATALI**, Ile de Beauté, 1025
DOM. DU **PRE BARON**, Touraine, 846

PREFERENCE, Costières de nîmes, 666
ERNEST **PREISS**, Alsace tokay-pinot gris, 93
CH. DE **PREMEAUX**, ● Bourgogne, 407 ● Nuits-saint-georges, 482
DOM. DE **PRE-NESME**, Chiroubles, 150
DOM. DU **PRESSOIR-FLANIERE**, Bourgueil, 855
PRESTIGE DES SACRES, Champagne, 619
DOM. **PREVOST**, Bordeaux, 188
YANNICK **PREVOTEAU**, Champagne, 619
PREVOTEAU-PERRIER, Champagne, 619
DOM. **JACKY PREYS ET FILS**, Touraine, 846
DOM. DES **PRIES**, Retz, **1008**
DOM. **JACQUES PRIEUR**, Puligny-montrachet, 531
PIERRE **PRIEUR**, Chinon, 865
DOM. **PRIEUR-BRUNET**, ● Volnay, 517 ● Meursault, 527 ● Chassagne-montrachet, 537 ● Santenay, 543
DOM. DU **PRIEURE**, Touraine, 846
LES CAVES DU **PRIEURE**, Sancerre, 907
DOM. **PRIEURE BORDE-ROUGE**, Corbières, 662
SELECTION DU **PRIEURE DE CORMONDRECHE**, Canton de Neuchâtel, 1052
PRIEURE DE MONTEZARGUES, Tavel, 961
CH. **PRIEURE SAINTE-ANNE**, Premières côtes de bordeaux, 308
PRIEURE SAINT-HIPPOLYTE, Coteaux du languedoc, 673
DOM. DU **PRIEURE SAINT JUST**, Côtes du rhône-villages, 929
PRIEURE SAINT-MARTIN DES CROZES, Coteaux du languedoc, 673
DOM. **PRIN**, ● Ladoix, 488 ● Corton, 496
CH. DU **PRIORAT**, ● Bergerac rosé, 760 ● Bergerac sec, 762 ● Côtes de bergerac moelleux, 765
GROUPEMENT DE PRODUCTEURS DE **PRISSE**, ● Bourgogne, 407 ● Mâcon, 562 ● Mâcon-villages, 566
JEAN-LUC ET MURIELLE **PROLANGE**, Régnié, 165
DOM. **CHRISTIAN PROVIN**, Saint-nicolas-de-bourgueil, 859
PROVINS VALAIS, Canton du Valais, **1047**
HENRI **PRUDHON ET FILS**, Saint-aubin, 539
DOM. **VINCENT PRUNIER**, ● Monthélie, 519 ● Auxey-duresses, 522 ● Saint-aubin, 539
MICHEL **PRUNIER**, ● Volnay, 517 ● Auxey-duresses, 522
PASCAL **PRUNIER**, ● Beaune, 507 ● Monthélie, 520 ● Auxey-duresses, 523 ● Saint-romain, 524
PRUNIER-DAMY, ● Pommard, 513 ● Auxey-duresses, 523
DOM. **PUECH**, Coteaux du languedoc, 673
CH. **PUECH-HAUT**, Coteaux du languedoc, 673
JACQUES **PUFFENEY**, Arbois, 634 635
LES VIGNERONS DE **PUISSERGUIER**, ● Coteaux du languedoc, 673 ● Saint-chinian, 683
PUJOL, Rivesaltes, 979
CH. DE **PULIGNY MONTRACHET**, ● Bourgogne, 407 ● Puligny-montrachet, 531
FRUITIERE VINICOLE A **PUPILLIN**, Arbois, 635
CH. DE **PUTILLE**, ● Crémant de loire, 781 ● Anjou, 805 ● Anjou-villages, 809
DOM. DE **PUTILLE**, ● Anjou, 805 ● Anjou-villages, 809 ● Anjou-coteaux de la loire, 819
CH. DU **PUY**, Bordeaux côtes de francs, 294
DOM. DU **PUY**, Chinon, 865
CH. **PUYANCHE**, Bordeaux côtes de francs, 294
CH. **PUY BARDENS**, Premières côtes de bordeaux, 308
CH. **PUY CASTERA**, Haut-médoc, 346
CH. **PUY DE GRAVE**, Pécharmant, 769
CH. **PUYGUERAUD**, Bordeaux côtes de francs, 294
CH. **PUY GUILHEM**, Fronsac, 233
CH. **PUY RIGAUD**, Montagne saint-émilion, 284
DOM. DU **PUY RIGAULT**, Chinon, 865
CH. **PUY SAINT-GEORGES**, Saint-georges saint-émilion, 287
CH. **PUY-SERVAIN**, Montravel, 767

CH. **PUY-SERVAIN TERREMENT**, Haut-montravel, 768

ANDRE **QUANCARD**, Bordeaux supérieur, 212
DOM. DES **QUARRES**, ● Anjou, 806 ● Anjou-villages, 809 ● Coteaux du layon, 824
QUATRE CEPS CAVE D'AUCRET, Canton de Vaud, 1040
CAVE DES VIGNERONS DES **QUATRE CHEMINS**, Côtes du rhône, 922
DOM. DES **QUATRE ROUTES**, Jardin de la France, 1007
CELLIER DES **QUATRE TOURS**, Coteaux d'aix, 717
DOM. DES **QUATRE VENTS**, Touraine, 846
DOM. DES **QUATRE VENTS**, Cassis, 710
DOM. DES **QUAYRADES**, Côtes du rhône-villages, 929
ANDRE ET MICHEL **QUENARD**, Vin de savoie, 648
DOM. **RAYMOND QUENARD**, Vin de savoie, 648
JEAN-PIERRE ET JEAN-FRANCOIS **QUENARD**, Vin de savoie, 648
LES FILS DE RENE **QUENARD**, Vin de savoie, 648
CH. **QUERCY**, Saint-émilion grand cru, 272
CH. **QUINCARNON**, Graves, 317
CH. DE **QUINCAY**, Touraine, 846
QUINTET, ● Bordeaux, 189 ● Bordeaux sec, 198
GERARD **QUIVY**, Gevrey-chambertin, 459

CH. **RABY-JEAN VOISIN**, Saint-émilion grand cru, 273
DENIS **RACE**, ● Chablis, 438 ● Chablis premier cru, 444
DOM. **OLGA RAFFAULT**, Chinon, 865
JEAN-MAURICE **RAFFAULT**, Chinon, 865
SERGE **RAFFLIN**, Champagne, 619
DOM. DU **RAFOU**, Muscadet sèvre-et-maine, 793
DOM. **RAGOT**, Givry, 557
DOM. DES **RAGUENIERES**, Bourgueil, 855
PHILIPPE **RAGUENOT**, Premières côtes de blaye, 221
CH. **RAHOUL**, Graves, 317
J.G. **RAIMBAULT**, Vouvray, 878
VINCENT **RAIMBAULT**, Vouvray, 878
DOM. **RAIMBAULT-PINEAU ET FILS**, Pouilly-fumé, 899
DOM. DES **RAISINS DORES**, Vouvray, 878
DOM. DE **RAISSAC**, Oc, 1020
CH. **RAMAFORT**, Médoc, 336
CH. **RAMAGE LA BATISSE**, Haut-médoc, 347
DOM. DES **RAMIERES**, Côtes du rhône, 923
CH. DE **RAMONDON**, Bordeaux sec, 198
JEAN-PAUL **RAMPON**, Régnié, 165
MICHEL **RAMPON ET FILS**, Morgon, 160
RANCY, Rivesaltes, **979**
CH. DE **RAOUSSET**, ● Chiroubles, 151 ● Morgon, 160
FRANCOIS **RAPET ET FILS**, Auxey-duresses, 523
DOM. **RAPET PERE ET FILS**, ● Pernand-vergelesses, 493 ● Corton, 496
FRANCOIS **RAQUILLET**, Mercurey, 555
MICHEL **RAQUILLET**, Mercurey, 555
CAVE DE **RASTEAU**, Côtes du rhône, 923
LES VIGNERONS DE **RASTEAU ET DE TAIN L'HERMITAGE**, Crozes-hermitage, 941
LUCIEN **RATEAU**, ● Bourgogne hautes-côtes de beaune, 427 ● Beaune, 507
CH. **RATOUIN**, Pomerol, 241
CH. DU **RAUX**, Haut-médoc, 347
CH. **RAUZAN DESPAGNE**, ● Bordeaux, 189 ● Bordeaux sec, 198 ● Entre-deux-mers, 298
CH. **RAUZAN-SEGLA**, Margaux, 357
CH. DES **RAVATYS**, Côte de brouilly, 146
DOM. **GASTON ET PIERRE RAVAUT**, Corton, 496
BERNARD **RAVET**, Canton de Vaud, **1040**
MADAME DE **RAYNE**, Sauternes, 385
CH. DE **RAYNE VIGNEAU**, Sauternes, 385

PAUL DELANE, Crémant de bourgogne, 429
HUBERT PAULET, Champagne, 617
PAULIAN, Crémant de bordeaux, 216
LES CLOS DE PAULILLES, Collioure, 697
JEAN-MARC PAVELOT, Savigny-lès-beaune, 501
CH. PAVIE, Saint-émilion grand cru, 271
CH. DU PAVILLON, Sainte-croix-du-mont, 378
DOM. DU PAVILLON, Côte roannaise, 893
PAVILLON BLANC DE CH. MARGAUX, Bordeaux sec, **197**
PAVILLON DE BELLEVUE, Médoc, 336
PAVILLON DE SAINT-COSME, • Côtes du rhône, 922 • Châteauneuf-du-pape, 956
CH. PAVILLON FIGEAC, Saint-émilion grand cru, 272
PAVILLON ROUGE, Margaux, 356
DOM. DE PECH BELY, Coteaux du Quercy, 1013
CH. PECH-LATT, Corbières, 662
CH. PECH REDON, Coteaux du languedoc, 673
DOM. DE PECOULA, Monbazillac, 766
CH. PEDESCLAUX, Pauillac, 364
DOM. DU PEGAU, Châteauneuf-du-pape, 956
DOM. DES PEIERCEDES, Côtes de provence, 707
CH. PELAN BELLEVUE, Bordeaux côtes de francs, 294
DOM. PELAQUIE, Lirac, 959
PELERIN D'AMOUR, Monbazillac, 766
DOM. DES PELERINS, Muscadet sèvre-et-maine, 792
DOM. DU PELICAN, Oc, 1020
DOM. PELISSON, Côtes du ventoux, 966
DOM. HENRY PELLE, Menetou-salon, 896
DOM. DE PELLEHAUT, Côtes de Gascogne, 1014
DOM. M. PELLETIER, Juliénas, 156
VINCENT PELTIER, Vouvray, 878
ANNICK PENET, Bourgueil, 855
CH. PENIN, • Bordeaux clairet, 192 • Bordeaux sec, 197 • Bordeaux supérieur, 212
CH. DE PENNAUTIER, Cabardès AOVDQS, 685
DOM. COMTE PERALDI, Ajaccio, 725
DOMINIQUE PERCEREAU, Touraine-amboise, 849
DOM. PERCHER, Coteaux du layon, 823
DOM. PERDRYCOURT, Petit chablis, 433
CAVES DU PERE AUGUSTE, Touraine, 846
DOM. DU PERE BENOIT, Côte de brouilly, 146
DOM. DES PERELLES, Moulin à vent, 162
CH. PEREY-GROULEY, Saint-émilion, 252
CH. DU PERIER, Médoc, 336
DOM. DE PERILLIERE, Côtes du rhône-villages, 929
CH. PERIN DE NAUDINE, Graves, 316
PERINET ET RENOUD-GRAPPIN, Bourgogne, **406**
JEAN PERNET, Champagne, 617
PAUL PERNOT ET SES FILS, Blagny, 529
DOM. PEROL, Beaujolais, **135**
JEAN-FRANCOIS PERRAUD, Juliénas, 156
LAURENT PERRAUD, Muscadet sèvre-et-maine, 793
CH. PERREAU BEL-AIR, Côtes de castillon, 291
ANDRE PERRET, Saint-joseph, 938
JOSEPH PERRIER, Champagne, **617**
CAVES DES PERRIERES, Rosé d'anjou, 812
DOM. DES PERRIERES, Muscadet sèvre-et-maine, 793
JEAN PERRIER ET FILS, Roussette de savoie, 650
PERRIER-JOUET, Champagne, 617
DOM. NOEL PERRIN, Montagny, 559
HENRI PERRIN, Mâcon-villages, 566
DOM. HENRI PERROT-MINOT, • Morey-saint-denis, 465 • Chambolle-musigny, 469
ROBERT PERROUD, Brouilly, 144
CH. DE PERSANGES, L'étoile, 644
DOM. GERARD PERSENOT, Bourgogne, 406 • Bourgogne aligoté, 414 • Sauvignon de saint-bris AOVDQS, 449
PERSEVAL-FARGE, Champagne, 617

CH. PERVENCHE PUY-ARNAUD, Côtes de castillon, **292**
CH. PESQUIE, Côtes du ventoux, 966
DOM. DU PESQUIER, Gigondas, 948
PIERRE PETERS, Champagne, 617
DESIRE PETIT, Crémant du jura, 642
CH. PETIT BOCQ, Saint-estèphe, 368
DOM. DU PETIT BONDIEU, Bourgueil, 855
CH. PETIT BOUQUEY, Saint-émilion, 252
DOM. DU PETIT CLOCHER, • Crémant de loire, 781 • Jardin de la France, **1007**
CH. PETIT CLOS DU ROY, Montagne saint-émilion, 284
CH. PETITE GRAVE, Bordeaux, 188
DOM. DES PETITES COSSARDIERES, Muscadet sèvre-et-maine, 793
CH. DES PETITES GROUAS, • Anjou, 805 • Coteaux du layon, 823
DESIRE PETIT ET FILS, • Arbois, 634 • Macvin du jura, **999**
CH. PETIT-FIGEAC, Saint-émilion grand cru, 272
DOM. DE PETIT FROMENTIN, Coteaux du lyonnais, 169
PETITJEAN-PIENNE, Champagne, 617
PETIT LABRIE, Saint-émilion, 252
CH. DU PETIT MALROME, Côtes de duras, 773
DOM. DU PETIT METRIS, • Coteaux du layon, 823 • Quarts de chaume, **827**
CH. DU PETIT MONTIBEAU, Sainte-foy-bordeaux, 302
CH. PETIT MOULIN, Bordeaux sec, 198
CH. DU PETIT PARIS, Bergerac, 759
CH. DU PETIT PUCH, Entre-deux-mers, 298
DOM. DU PETIT PUITS, Chiroubles, 150
DOM. DES PETITS QUARTS, Bonnezeaux, 826
CH. PETIT VAL, Saint-émilion grand cru, 272
DOM. DU PETIT VAL, • Coteaux du layon, 823 • Bonnezeaux, 826
CH. PETIT VILLAGE, Pomerol, 241
PETRUS, Pomerol, **241**
CH. PEUY SAINCRIT, Bordeaux sec, 198
CH. PEYBONHOMME LES TOURS, Premières côtes de blaye, 221
PEYBOUQUET, Bergerac, 759
CH. PEYCHAUD, Côtes de bourg, 225
CH. PEYNAUD, Bordeaux supérieur, 212
DOM. DU PEY-NEUF, Bandol, 713
CH. CRU PEYRAGUEY, Sauternes, 388
CH. DU PEYRAT, Premières côtes de bordeaux, 308
CH. PEYREBON, Entre-deux-mers, 298
CH. PEYREDON LAGRAVETTE, Listrac-médoc, 350
CH. DES PEYREGRANDES, Faugères, 676
CLOS PEYRELEVADE, Pécharmant, 769
CH. PEYRELONGUE, Saint-émilion grand cru, 272
PEYRESOL, Béarn, 745
CH. PEYROS, Madiran, 752
CH. PEYROT-MARGES, • Loupiac, 376 • Sainte-croix-du-mont, 378
CH. PEYROU, Côtes de castillon, 292
DOM. DU PEYROU, Coteaux du languedoc, 673
DOM. DE PEZET, Côtes du ventoux, 966
LES VIGNERONS DE PEZILLA, Rivesaltes, 978
LES VIGNERONS DE PFAFFENHEIM ET GUEBERSCHWIHR, Alsace gewurztraminer, **87**
CH. PHELAN SEGUR, Saint-estèphe, 368
DENIS PHILIBERT, • Bourgogne hautes-côtes de nuits, 422 • Fixin, 454 • Vosne-romanée, 476 • Chassagne-montrachet, 536 • Rully, 552
PIERRE PHILIP, Floc de gascogne, 996
MAURICE PHILIPPART, Champagne, 617
CH. PHILIPPE-LE-HARDI, • Bourgogne hautes-côtes de beaune, 420 • Pommard, 513 • Saint-aubin, 539 • Mercurey, 555
PHILIPPONNAT, Champagne, 618
PHILIPPOZ FRERES, Canton du Valais, **1047**
CH. PIADA, Barsac, 380
PASCAL PIBALEAU, • Crémant de loire, 781 • Touraine-azay-le-rideau, 850
CH. DE PIBARNON, Bandol, 713
CH. PIBRAN, Pauillac, 364
CH. DE PIC, Premières côtes de bordeaux, 308

LOUIS PICAMELOT, Crémant de bourgogne, 429
CH. PICARD, Saint-estèphe, 368
JACQUES PICARD, Champagne, 618
JEAN-PAUL PICARD, Sancerre, 907
MICHEL PICARD, • Bourgogne passetoutgrain, 418 • Maranges, 545
PICARD ET BOYER, Champagne, 618
PICARD PERE ET FILS, • Volnay, **516** • Chassagne-montrachet, 536 • Saint-aubin, 539
DOM. PICCININI, Minervois, 681
BERNARD PICHET, Chiroubles, 150
CH. PICHON-LONGUEVILLE BARON, Pauillac, 364
CH. PICHON LONGUEVILLE COMTESSE DE LALANDE, Pauillac, 365
LES GRAVES DE CHATEAU PICON, Bordeaux supérieur, 212
CH. PICQUE CAILLOU, Pessac-léognan, 327
DOM. PIERETTI, Vins de corse, 724
CH. PIERRAIL, • Bordeaux sec, 198 • Bordeaux rosé, 201 • Bordeaux supérieur, 212
CH. PIERRE-BISE, Coteaux du layon, 823
PIERRE CHANAU, Côtes de bourg, 226
DOM. DES PIERRES, Saint-amour, **167**
DOM. DES PIERRES ROUGES, Mâcon supérieur, 564
CAVE DES VIGNERONS DE PIERREVERT, Coteaux de pierrevert, 970
DOM. PIERRIERE GONTHIER, Charentais, 1010
CH. PIERROUSSELLE, Bordeaux, 188
PIERSON-CUVELIER, Champagne, 618
DOM. PIETRI-GERAUD, Banyuls, **973** • Muscat de rivesaltes, 984
LES VIGNERONS DES PIEVE, Ile de Beauté, 1025
CH. PIGANEAU, Saint-émilion grand cru, 272
PIGNIER, Crémant du jura, 642
CH. PIGOUDET, Coteaux d'aix, 717
MAX PIGUET, • Pommard, 513 • Volnay, 517 • Auxey-duresses, 522
DOM. DES PILLETS, Régnié, 164
JEAN-MARC PILLOT, Chassagne-montrachet, 537
JEAN-MICHEL ET LAURENT PILLOT, • Bourgognecôte chalonnaise, 547 • Mercurey, 555
CH. PILOT LES MARTINS, Lussac saint-émilion, 280
CH. DE PIMPEAN, Anjou, 805
CH. DU PIN, Anjou, 805
DOM. PINCHINAT, Côtes de provence, 707
CH. PINET LA ROQUETTE, Bordeaux rosé, 201
FRANCOIS PINON, Vouvray, 878
DOM. DES PINS, • Chénas, 148 • Saint-amour, 167
DOM. PINSON, • Chablis premier cru, 444 • Chablis grand cru, **448**
GEORGES ET THIERRY PINTE, Pommard, 513
CH. DE PINTRAY, Montlouis, **871**
CH. PIPEAU, Saint-émilion grand cru, 272
DOM. PIQUEMAL, • Côtes du roussillon, 691 • Côtes du roussillon-villages, 694 • Rivesaltes, 978 • Muscat de rivesaltes, 984 • Côtes catalanes, 1024
DOM. DE PIQUET, Oc, 1020
CH. DU PIRAS, Premières côtes de bordeaux, 308
JACKY PIRET, Côte de brouilly, 146
CH. PIRON, Graves, 317
AUGUSTE PIROU, • Arbois, 634 • Château-chalon, 637 • Côtes du jura, 640 • Crémant du jura, 642
DOM. DE PISSE-LOUP, Petit chablis, 433
CH. PISTRE BERAY, Saint-chinian, 683
CH. PITRAY, Côtes de castillon, 292
JEAN-CHARLES PIVOT, Beaujolais-villages, 141
COLLECTION PLAIMONT, Madiran, 752
CH. PLAIN-POINT, Fronsac, 233
CH. PLAISANCE, Bordeaux supérieur, 212
CH. PLAISANCE, Montagne saint-émilion, 284
CH. PLAISANCE, Côtes du frontonnais, 742
CH. DE PLAISANCE, • Anjou-Villages, 809 • Coteaux du layon, 824
DOM. DES PLAISANCES, Beaujolais-villages, 141
PLAN DE DIEU, Côtes du rhône, 922
DOM. DU PLAN GENET, Maures, 1026
CH. PLANTAT, Graves, 317

CH. **MOULIN DES TONNELLES**, Fronsac, 232
MOULIN DE VALERIEN, Cérons, 378
CH. **MOULIN DU BOURG**, Listrac-médoc, 350
DOM. **MOULIN DU POURPRE**, Côtes du rhône, 922
DOM. **DE MOULINES**, Hérault, 1023
CH. **MOULINET**, Pomerol, 240
CH. **MOULINET-LASSERRE**, Pomerol, 241
CH. **MOULIN HAUT-LAROQUE**, Fronsac, 232
CH. **DU MOULIN NOIR**, ● Lussac saint-émilion, 280 ● Montagne saint-émilion, 284
CH. **MOULIN PEY-LABRIE**, Canon-fronsac, 229
CH. **MOULIN RICHE**, Saint-julien, 372
CH. **DU MOULIN ROUGE**, Haut-médoc, 346
CH. **DES MOULINS**, Médoc, 336
CH. **MOULIN SAINT-GEORGES**, Saint-émilion grand cru, 271
CH. **DU MOULIN VIEUX**, Côtes de bourg, 225
DOM. **MOUREOU**, Madiran, 751
CH. **MOURGUES DU GRES**, Costières de nîmes, **665**
DOM. **GUY MOUSSET**, Côtes du rhône, 922
CH. **MOUSSEYRON**, Bordeaux, 188
JEAN **MOUTARDIER**, Champagne, 615
MOUTARD PERE ET FILS, Champagne, 615
GERARD **MOUTON**, Givry, 557
CH. **MOUTON ROTHSCHILD**, Pauillac, **364**
CH. **MOUTTE BLANC**, Bordeaux supérieur, 211
DANIEL **MOUTY**, Bordeaux, 188
R. **MOUZON-JUILLET**, Champagne, 615
PH. **MOUZON-LEROUX**, ● Champagne, 615 ● Coteaux champenois, 628
MOUZON PERE ET FILS, Champagne, 615
D. **MOYER**, Montlouis, 870
JEAN-PIERRE **MUGNERET**, Echézeaux, 473
DENIS **MUGNERET ET FILS**, ● Vosne-romanée, 476 ● Richebourg, 478 ● Nuits-saint-georges, 482
DOM. **MULLER-KOEBERLE**, Alsace pinot noir, 102
MUMM, Champagne, 615
FRANCIS **MURE**, Alsace grand cru zinnkoepflé, 120
CH. **MURET**, Haut-médoc, 346
DOM. **DES MURETINS**, ● Lirac, 959 ● Tavel, 961
CAVE DU **MUSCAT DE LUNEL**, Muscat de lunel, 986
DOM. **DE MUSOLEU**, Vins de corse, 724
CH. **DE MUSSET**, Lalande de pomerol, 246
DOM. **DE MUSSET**, Lalande de pomerol, 246
CH. **MUSSET-CHEVALIER**, Saint-émilion grand cru, 271
GILLES **MUSSET-SERGE ROULLIER**, Anjou, 805
DOM. **JEAN ET GENO MUSSO**, Bourgogne, 406
LUCIEN **MUZARD**, ● Bourgogne, 406 ● Santenay, 543
DOM. **DE MUZY**, Meuse, 1033
CH. **MYLORD**, ● Bordeaux, 188 ● Entre-deux-mers, 298
CH. **MYON DE L'ENCLOS**, Moulis-en-médoc, 359
CH. **DE MYRAT**, Sauternes, 385

CH. **DE NAGES**, Costières de nîmes, 665
NAIGEON-CHAUVEAU, ● Aloxe-corton, 491 ● Côte de beaune-villages, 546
CH. **NAIRAC**, Barsac, 379
DOM. **DE NALYS**, Châteauneuf-du-pape, 956
DOM. **DES NANTELLES**, Bourgogne, 406
FRANCOIS DE **NANTON**, Coteaux du lyonnais, 169
NAPOLEON, Champagne, 615
CH. **NARDIQUE LA GRAVIERE**, ● Bordeaux supérieur, 211 ● Entre-deux-mers, 298
DOM. **HENRI NAUDIN-FERRAND**, ● Bourgogne aligoté, 414 ● Bourgogne hautes-côtes de nuits, 422 ● Bourgogne hautes-côtes de beaune, 426 ● Côte de nuits-villages, **485**
CH. **NAUDONNET PLAISANCE**, Bordeaux rosé, 200
NAU FRERES, Bourgueil, 854

DOM. **JEAN-MARIE NAULIN**, Chablis, 437
YVES **NAVARRE**, Bourgogne irancy, 419
DOM. **DE NAYS LABASSERE**, Jurançon, 748
NEBOUT, Saint-pourçain AOVDQS, 892
LES VIGNERONS REUNIS DE NEFFIES, Oc, 1020
A. **DE NEFFIEZ**, Coteaux du languedoc, 672
NEMROD, Saumur, 832
CH. **NENINE**, Premières côtes de bordeaux, 307
DOM. **DE NERLEUX**, ● Crémant de loire, 780 ● Saumur, 832 ● Coteaux de saumur, 833
CLOS **DE NEUILLY**, Chinon, 864
GERARD **NEUMEYER**, Alsace grand cru bruderthal, 105
JEAN-FRANCOIS **NEVERS**, Arbois, 634
NEVEU, Sancerre, 906
NICOLAS PERE ET FILS, Bourgogne aligoté, 414
CH. **NICOT**, Entre-deux-mers haut-benauge, 299
NIGRI, Jurançon sec, 749
P.-M. **NINOT**, Rully, 552
CH. **DE NITRAY**, Touraine, 845
CH. **NOAILLAC**, Médoc, 336
DOM. **DU NOBLE**, Loupiac, 376
CH. **NODOZ**, Côtes de bourg, 225
DOM. **MICHEL NOELLAT ET FILS**, ● Chambolle-musigny, 469 ● Clos de vougeot, 472 ● Echézeaux, 473 ● Vosne-romanée, 476
DOM. **DES NOELS**, Crémant de loire, 781
DOM. **DES NOES**, Muscadet sèvre-et-maine, 792
CUVEE **DES NOES GUERETS**, Muscadet sèvre-et-maine, 792
ALAIN **NORMAND**, Mâcon, 562
NOTRE DAME DE LA GARDIE, Cabardès AOVDQS, 685
DOM. **NOTRE DAME DES PALLIERES**, Gigondas, 948
NOUAISON, Oc, 1020
DOM. **CLAUDE NOUVEAU**, ● Bourgogne hautes-côtes de beaune, 426 ● Santenay, **543** ● Maranges, 545
DOM. **DU NOUVEAU MONDE**, Coteaux du languedoc, 672
CH. **DE NOUVELLES**, ● Fitou, 678 ● Rivesaltes, 978 ● Muscat de rivesaltes, 984
NOWACK, Champagne, 616
CH. **DES NOYERS**, ● Anjou-villages, 808 ● Coteaux du layon, 822
DOM. **DU NOZAY**, Sancerre, 907
DOM. **NUDANT**, ● Ladoix, 488 ● Aloxe-corton, 491 ● Savigny-lès-beaune, 501
DOM. **DES NUGUES**, Beaujolais-villages, 140

CAVE D' **OBERNAI**, Alsace gewurztraminer, 87
DOM. **DES OBIERS**, Volnay, 516
DOM. **OCTAVIE**, Touraine, 845
DOM. **OGEREAU**, ● Anjou, **805** ● Anjou-villages, 808 ● Cabernet d'anjou, 814 ● Coteaux du layon, 823
OGIER, Côtes du rhône-villages, 929
MICHEL **OGIER**, Côte rôtie, 933
CH. **OGIER DE GOURGUES**, Premières côtes de bordeaux, 307
CH. D' **OGNOAS**, Floc de gascogne, 996
DOM. **DES OISEAUX**, Tavel, 961
LES VIGNERONS DE OISLY ET THESEE, Cheverny, 881
DE **OLIVEIRA LECESTRE**, ● Chablis, 438 ● Chablis premier cru, 444
CH. **OLIVIER**, Pessac-léognan, 327
DOM. **OLIVIER**, ● Bourgueil, 855 ● Saint-nicolas-de-bourgueil, 858
DOM. **OLIVIER-GARD**, Bourgogne hautes-côtes de nuits, 422
DOM. **OLLIER TAILLEFER**, Faugères, 676
CH. **OLLWILLER**, ● Alsace pinot noir, 102 ● Crémant d'alsace, 122
BERNARD **OMASSON**, Bourgueil, 855
CHARLES **ORBAN**, Champagne, 616
OR BLANC, Ardèche, 1030
ORENGA DE GAFFORY, ● Patrimonio, 727 ● Muscat du cap corse, **989**
DOM. **D' ORFEUILLES**, Vouvray, 878
ORGNAC, Côtes du vivarais AOVDQS, 969
CH. **ORISSE DU CASSE**, Saint-émilion grand cru, 271
DOM. **DES ORMES**, Petit chablis, 433
L'ENCLOS **D' ORMESSON**, Oc, 1020

DOM. **DES ORMIERES**, Muscadet sèvre-et-maine, 792
DOM. **DES ORMOUSSEAUX**, Coteaux du giennois, 890
CH. **D' ORNAISONS**, Corbières, 662
CUVEE ORPALE, Champagne, 616
CH. **D' ORSCHWIHR**, Alsace gewurztraminer, 87
CAVE D' **ORSCHWILLER-KINTZHEIM**, Alsace grand cru praelatenberg, 112
DOM. **DES OUCHES**, Bourgueil, 855
OUDINOT, Champagne, 616
DOM. **DES OULLIERES**, Coteaux d'aix, 717
CH. D' **OUPIA**, Minervois, 681
OURY-SCHREIBER, Moselle, 125
PIERRE **OVERNOY**, Arbois, 634

DOM. **DIDIER PABIOT**, Pouilly-fumé, 899
DOM. **ROGER PABIOT ET SES FILS**, Pouilly-fumé, 899
DOM. **PAGES HURE**, ● Côtes du roussillon, 690 ● Muscat de rivesaltes, 984 ● Catalan, 1023
JAMES **PAGET**, ● Touraine, 846 ● Touraine-azay-le-rideau, 850 ● Chinon, 864
CH. **PAGNAC**, Saint-émilion, 252
BRUNO **PAILLARD**, Champagne, 616
PIERRE **PAILLARD**, Champagne, 616
CH. **PAILLAS**, Cahors, 733
DOM. **DE PAIMPARE**, ● Anjou-villages, 809 ● Cabernet d'anjou, 814
DOM. **CHARLES PAIN**, Chinon, 864
J. **PAINTURAUD**, Pineau des charentes, 994
PALMER, Champagne, 616
CH. **PALMER**, Margaux, 356
CH. **PALOUMEY**, Haut-médoc, 346
CH. **DE PAMPELONNE**, Côtes de provence, 707
PAMPRE D'OR, Canton du Valais, 1046
DOM. **DES PAMPRES D'OR**, Beaujolais, 135
DOM. **DE PANISSE**, Châteauneuf-du-pape, 956
CH. **DE PANISSEAU**, ● Côtes de bergerac, 763 ● Côtes de bergerac moelleux, 764
PANNIER, Champagne, 616
CH. **PAPE CLEMENT**, Pessac-léognan, 327
FRANCOIS **PAQUET**, ● Bourgogne aligoté, 414 ● Mâcon supérieur, 564
CRU DU PARADIS, Madiran, 752
DOM. **DE PARADIS**, Coteaux d'aix, 717
DOM. **DU PARADIS**, Canton de Genève, 1050
DOM. **DU PARC**, ● Muscadet côtes de grand-lieu, 795 ● Retz, 1008
CLOS **DU PARC DE SAINT-LOUANS**, Chinon, 865
DOM. **PARCE**, Côtes du roussillon, 690
LOUIS **PARDON**, Beaujolais-villages, 141
CH. **DE PARENCHERE**, Bordeaux supérieur, 211
DOM. **PARENT**, Corton, 496
DOM. **J. PARENT**, Monthélie, 519
DOM. **PARIGOT PERE ET FILS**, ● Bourgogne hautes-côtes de beaune, 426 ● Savigny-lès-beaune, 501 ● Beaune, 507 ● Pommard, 513 ● Volnay, 516 ● Chassagne-montrachet, 536
DOM. **DES PARISES**, Gaillac, 738
CH. **DE PARSAC**, Montagne saint-émilion, 284
PASCAL, Saint-péray, 945
PASCAL-DELETTE, Champagne, 616
CH. **PASCOT**, Premières côtes de bordeaux, 308
CH. **PASQUET**, Bordeaux, 188
CH. **DE PASSAVANT**, ● Rosé de loire, 778 ● Anjou, 805 ● Anjou-villages, 809
DOM. **PASSOT-COLLONGE**, Régnié, 164
DOM. **PASSOT LES RAMPAUX**, Chiroubles, 150
DOM. **PASTRICCIOLA**, ● Patrimonio, 727 ● Muscat du cap corse, 989
CH. **PATACHE D'AUX**, Médoc, 336
CH. **PATARABET**, Saint-émilion, 252
JEAN-BERNARD **PATISSIER**, Saint-amour, 167
ERIC **PATOUR**, Champagne, 616
DENIS **PATOUX**, Champagne, 617
PATRIARCHE, Bourgogne, 406
CH. **PATRIS**, Saint-émilion grand cru, 271
PAULANDS, ● Gevrey-chambertin, 458 ● Ladoix, 488 ● Aloxe-corton, 491 ● Corton, 496
ALAIN **PAULAT**, Coteaux du giennois, 890

GUY **MICHEL ET FILS**, Champagne, 613
JOSE **MICHEL ET FILS**, Champagne, 613
LOUIS **MICHEL ET FILS**, ● Chablis, 437 ● Chablis premier cru, 443 ● Chablis grand cru, 447
DOM. RENE **MICHEL ET SES FILS**, Mâcon, 562
CH. DE **MIDOUIN**, Crémant de loire, 780
DOM. DE **MIGNABERRY**, Irouléguy, 745
CHARLES **MIGNON**, Champagne, 613
PIERRE **MIGNON**, Champagne, 613
MIGNON ET PIERREL, Champagne, 613
DOM. DE **MIHOUDY**, Anjou, 804
JEAN **MILAN**, ● Champagne, 613 ● Coteaux champenois, 628
PHILIPPE **MILAN ET FILS**, 613
MILAN NOIR, Canton de Vaud, 1040
CLOS **MILELLI**, Vins de corse, 724
CH. **MILHAU-LACUGUE**, Saint-chinian, 683
DOM. DES **MILLARGES**, Chinon, 864
DOM. PAUL **MILLERIOUX**, Sancerre, 906
CH. **MILLET**, Graves, 316
CH. **MILLET**, Floc de gascogne, 996
DOM. FRANCK **MILLET**, Sancerre, 906
M. **MILLION**, Roussette de savoie, 650
BERNARD **MILLOT**, Meursault, 527
JEAN-MARC **MILLOT**, Côte de nuits-villages, 485
MINIER, Coteaux du vendômois AOVDQS, 884
CH. DE **MINIERE**, Bourgueil, 854
CH. **MINUTY**, Côtes de provence, 706
DOM. CHRISTIAN **MIOLANE**, Beaujolais-villages, 140
ODETTE ET GILLES **MIOLANNE**, Côtes d'auvergne AOVDQS, 888
MAISON **MIRAULT**, ● Touraine, 845 ● Vouvray, 877
CH. **MIRAVAL**, ● Côtes de provence, 706 ● Coteaux varois, 721
CLOS DE **MIREBEAU**, Cabernet d'anjou, 814
DOM. **MIREILLE ET VINCENT**, Côtes du rhône, 921
CH. **MIRE L'ETANG**, Coteaux du languedoc, 672
MITIS, Canton du Valais, **1046**
DOM. **MITTNACHT FRERES**, ● Alsace riesling, 80 ● Alsace tokay-pinot gris, 93 ● Alsace grand cru osterberg, 111
JOS **MOELLINGER ET FILS**, ● Alsace riesling, 80 ● Alsace grand cru steingrübler, 117
MOËT ET CHANDON, Champagne, 614
MOILLARD, Monthélie, 519
MOILLARD-GRIVOT, ● Bourgogne hautes-côtes de beaune, 425 ● Pommard, 512 ● Volnay, 516 ● Meursault, 527 ● Puligny-montrachet, 530
CH. DES **MOINES**, Montagne saint-émilion, 283
CH. **MOINE VIEUX**, Saint-émilion grand cru, 270
MOINGEON, Crémant de bourgogne, 428
DOM. DES **MOIROTS**, ● Bourgogne aligoté, 414 ● Crémant de bourgogne, 428 ● Givry, 557
DOM. **MOISSENET-BONNARD**, Bourgogne, 405 ● Pommard, 512
CLOS **MOLEON**, Graves, 316
ARMELLE ET JEAN-MICHEL **MOLIN**, ● Bourgogne, 405 ● Fixin, 454 ● Mazis-chambertin, 461
MOMMESSIN, ● Bourgogne, 405 ● Morey-saint-denis, 465 ● Clos de tart, 466 ● Santenay, 543 ● Mâcon, 562
CH. **MONBOUSQUET**, Saint-émilion grand cru, 270
CH. **MONBRISON**, Margaux, 356
CH. **MONCETS**, Lalande de pomerol, 246
CH. **MONCONSEIL GAZIN**, Premières côtes de blaye, 221
CH. **MONCONTOUR**, ● Touraine, 845 ● Vouvray, 877
PIERRE **MONCUIT**, Champagne, 614
MONDOT, Saint-émilion grand cru, 271
CH. **MONET**, Sauternes, 385
DOM. **MONGEARD-MUGNERET**, ● Vougeot, 471 ● Echézeaux, 473 ● Vosne-romanée, 479 ● Nuits-saint-georges, 481
CH. **MONGIN**, Côtes du rhône-villages, 929
CH. **MONIER-LA FRAISSE**, Bordeaux supérieur, 211
DOM. **MONIN**, Bugey AOVDQS, 651
CH. **MONLOT CAPET**, Saint-émilion grand cru, 271

MONMARTHE ET FILS, Champagne, 614
MONMOUSSEAU, Crémant de loire, 780
DOM. M.-L. **MONNET**, Juliénas, 156
DOM. RENE **MONNIER**, ● Beaune, 507 ● Pommard, 513 ● Monthélie, 519 ● Maranges, 545
DOM. DE **MONSEPEYS**, Beaujolais, 135
CH. DU **MONT**, Sainte-croix-du-mont, 378
CH **MONTAIGUILLON**, Montagne saint-émilion, 284
CH. **MONTAIGUT**, Côtes de bourg, 225
DOM. DES **MONTARELS**, Oc, 1019
CH. **MONTAUD**, Côtes de provence, 706
MONTAUDON, Champagne, 614
CH. **MONTAUNOIR**, Bordeaux, 187
CH. **MONTAURIOL**, Côtes du frontonnais, 741
CH. **MONTAURONE**, Coteaux d'aix, 717
DOM. DE **MONTBOURGEAU**, L'étoile, **643**
CH. DE **MONTCLAR**, Côtes de la malepère, 686
DOM. DE **MONTCY**, Cheverny, 881
CH. DE **MONT D'HORTES**, Oc, 1019
DOM. DU **MONT D'OR**, Canton du Valais, 1046
DOM. DU **MONTEILLET**, ● Condrieu, 935 ● Saint-joseph, 938
DOM. DE **MONTEILS**, Sauternes, 385
CH. **MONTERMINOD**, Roussette de savoie, 650
DOM. H. **MONTERNOT ET FILS**, Beaujolais-villages, 140
HENRY BARON DE **MONTESQUIEU**, Graves, 316
DOM. DES **MONTEZES**, Clairette du languedoc, 658
CH. DE **MONTFAUCON**, Côtes du rhône, 921
CH. DE **MONTFORT**, Vouvray, 877
DOM. DE **MONTGENAS**, Fleurie, 153
DOM. DE **MONTGILET**, ● Coteaux de l'aubance, **815** ● Coteaux de l'aubance, 815 ● Jardin de la France, 1007
DOM. DE **MONTGRIGNON**, Meuse, 1032
DOM. DE **MONTGUERET**, Saumur, 831
CH. DE **MONTHELIE**, ● Monthélie, 519 ● Rully, 551
CH. DU **MONTHIL**, Médoc, 335
DOM. DE **MONTIGNY**, ● Touraine, 845 ● Sancerre, 906
HUBERT DE **MONTILLE**, Volnay, 516
DOM. DE **MONTINE**, Coteaux du tricastin, 963
CAVEAU DU **MONT JULY**, Bugey AOVDQS, 651
DOM. DE **MONTMAIN**, Bourgogne hautes-côtes de nuits, 422
CH. DE **MONTMIRAIL**, ● Gigondas, 948 ● Vacqueyras, 950
DOM. E. DE **MONTMOLLIN FILS**, Canton de Neuchâtel, 1052
CLOS **MONT-OLIVET**, ● Côtes du rhône, 922 ● Châteauneuf-du-pape, 956
CH. DE **MONTPEZAT**, Coteaux du languedoc, 672
DOM. DE **MONTPEZAT**, Oc, 1019
LES VIGNERONS DE **MONT-PRES-CHAMBORD**, Cheverny, 881
CH. **MONT-REDON**, Côtes du rhône, **922**
DOM. DE **MONT REDON**, Côtes de provence, 707
LYCEE VITICOLE DE **MONTREUIL-BELLAY**, Saumur, 831
CH. **MONTROSE**, Saint-estèphe, 368
DOM. **MONTROSE**, Oc, 1020
LES PRODUCTEURS DU **MONT TAUCH**, ● Rivesaltes, **978** ● Muscat de rivesaltes, 983
DOM. DE **MONTVAC**, Vacqueyras, **950**
MONTVERMEIL, Crémant de loire, 780
CH. **MONTVIEL**, Pomerol, 240
ALICE ET OLIVIER DE **MOOR**, Chablis, 437
MOREAU, Chablis premier cru, 443
DANIEL **MOREAU**, Champagne, 614
DOM. **MOREAU**, Crémant de loire, 780
DOM. BERNARD **MOREAU**, Chassagne-montrachet, 536
DOMINIQUE **MOREAU**, Bourgueil, 854
DOM. LOUIS **MOREAU**, Chablis premier cru, 444
MOREAU-NAUDET ET FILS, ● Chablis, 437 ● Chablis premier cru, 444 ● Chablis grand cru, 447
MOREL PERE ET FILS, Champagne, 614

DOM. **MOREL-THIBAUT**, Côtes du jura, 639 640
MORETEAUX, Bourgognecôte chalonnaise, 547
ANDRE **MOREY**, ● Crémant de bourgogne, 428 ● Chambolle-musigny, 469 ● Chassagne-montrachet, 536
MICHEL **MOREY-COFFINET**, ● Bourgogne, 405 ● Chassagne-montrachet, **536**
DOM. DE LA VILLE DE **MORGES**, Canton de Vaud, **1040**
CLOS DES **MORIERS**, Fleurie, 153
DOM. DU **MORILLY**, Chinon, 864
CHRISTIAN **MORIN**, Bourgogne, 405
ERIC **MORIN**, Chiroubles, 150
OLIVIER **MORIN**, Bourgogne, 406
THIERRY **MORIN**, Brouilly, 143
DOM. **MORINIERE**, Jardin de la France, 1007
DOM. DE **MORIN-LANGARAN**, Coteaux du languedoc, 672
MORIN PERE ET FILS, ● Bourgogne aligoté, 414 ● Bourgogne hautes-côtes de nuits, 422 ● Marsannay, 452 ● Morey-saint-denis, 465 ● Clos de vougeot, 472 ● Beaune, 507
PIERRE **MORLET**, Champagne, 614
VEUVE HENRI **MORONI**, ● Bourgogne, 406 ● Puligny-montrachet, 530
B. **MOROT-GAUDRY**, Bourgogne hautes-côtes de beaune, 426
DOM. DE **MORTAISE**, Touraine, 845
DOM. **THIERRY MORTET**, ● Bourgogne, 406 ● Bourgogne aligoté, 414 ● Gevrey-chambertin, 458 ● Chambolle-musigny, 469
DOM. DU **MORTIER**, Mâcon, 562
MORTIES, Coteaux du languedoc, 672
SYLVAIN **MOSNIER**, ● Chablis, 437 ● Chablis premier cru, 444
CH. **MOSSE**, ● Côtes du roussillon, 690 ● Rivesaltes, 978 ● Muscat de rivesaltes, 983
LE CLOS DES **MOTELES**, Anjou, 805
LA **MOTTE MAUCOURT**, Bordeaux, 187
DOM. DU **MOULIN**, Premières côtes de bordeaux, 307
DOM. DU **MOULIN**, Muscadet sèvre-et-maine, 792
DOM. DU **MOULIN**, Saumur,
DOM. DU **MOULIN**, ● Côtes du roussillon-villages, 694 ● Rivesaltes, **978**
DOM. DU **MOULIN**, ● Côtes du rhône, 922 ● Côtes du rhône-villages, 929
CH. **MOULIN A VENT**, Moulis-en-médoc, 359
CH. DU **MOULIN A VENT**, Moulin à vent, 162
DOM. DU **MOULIN A VENT**, Moulin à vent, 162
MOULIN BLANC, Bordeaux sec, 197
CH. **MOULIN CARESSE**, ● Bergerac, 759 ● Montravel, 767
CH. **MOULIN COURRECH**, Côtes de castillon, 291
CH. DU **MOULIN D'EOLE**, Moulin à vent, 162
CH. DU **MOULIN DAVID**, Muscadet sèvre-et-maine, 792
CH. **MOULIN DE BLANCHON**, Haut-médoc, 346
MOULIN DE BREUIL, Côtes du roussillon, 690
CH. **MOULIN DE CLOTTE**, Côtes de castillon, 291
CH. **MOULIN DE CORNEIL**, Bordeaux, 187
DOM. DU **MOULIN DE DUSENBACH**, Alsace gewurztraminer, 87
DOM. DU **MOULIN DE GASSIOT**, Bordeaux, 187
DOM. DU **MOULIN DE L'HORIZON**, Saumur, 832
CH. **MOULIN DE LABORDE**, Listrac-médoc, 350
CH. **MOULIN DE LAGNET**, Saint-émilion, 252
MOULIN DE LA MINIERE, Gros-plant AOVDQS, 797
CH. **MOULIN DE LA ROSE**, Saint-julien, 372
MOULIN DE LA TOUCHE, Retz, 1008
CH. **MOULIN DE LAUNAY**, Entre-deux-mers, 298
MOULIN DE PILLARDOT, Bordeaux, 187
CH. **MOULIN DE PONCET**, ● Bordeaux, 187 ● Bordeaux sec, 197
CH. **MOULIN DE RAYMOND**, Bordeaux, 188
MOULIN DES COSTES, Bandol, 713
MOULIN DES DAMES, ● Bergerac, 759 ● Bergerac sec, 762
CH. **MOULIN DE SERRE**, Bordeaux supérieur, 211

MARGUET-BONNERAVE, Champagne, 612
DOM. DU MARGUILLIER, Morgon, 160
CLOS MARIE, Coteaux du languedoc, 672
MARINOT-VERDUN, Pré setoutgrand, 418 ● Bourgogne hautes-côtes de beaune, 425
DOM. MARNE, Montlouis, 870
ROLAND MAROSLAVAC-LEGER, Auxey-duresses, 522 ● Meursault, 527 ● Puligny-montrachet, 530
DOM. DES MARQUETS, Côtes de provence, 706
MARQUIS ANSELME MATHIEU, Châteauneuf-du-pape, 955
MARQUIS D'ABEYLIE, Bordeaux sec, 196
MARQUIS D'ALBAN, Bordeaux sec, 196
MARQUIS DE CHAMTERAC, Bergerac, 758
MARQUIS DE CHASSE, ● Bordeaux, 187 ● Bordeaux sec, 196
MARQUIS DE DIDONNE, Pineau des charentes, 993
MARQUIS DE GOULAINE, Gros-plant AOVDQS, 797
MARQUIS DE LA FAYETTE, Champagne, 612
MARQUIS DE LA PLANTE D'OR, Cheverny, 881 ● Cour-cheverny, 882
MARQUIS DE SADE, Champagne, 612
TRADITION DU MARQUIS DE SAINT-ESTEPHE, Saint-estèphe, 368
DOM. MARQUIS DES PONTHEUX, Chiroubles, 150
CH. MARQUIS DE TERME, Margaux, 356
MARQUIS DE VILLECOR, Fitou, 678
MARQUISE DES CHARMES, Côtes du rhône, 921
DOM. DU MARQUISON, Beaujolais, 135
DOM. DES MARRANS, Fleurie, 153
DOM. DU MARRONNIER ROSE, Beaujolais-villages, 140
DOM. DES MARRONNIERS, ● Bourgogne, 404 ● Petit chablis, 432 ● Chablis, 437 ● Chablis premier cru, 443
CH. MARSAC SEGUINEAU, Margaux, 356
CLOS MARSALETTE, Pessac-léognan, 326
CH. DE MARSAN, ● Bordeaux clairet, 192 ● Premières côtes de bordeaux, 307
CH. DE MARSANNAY, Marsannay, 452 ● Gevrey-chambertin, 458 ● Vosne-romanée, 476
MARSAU, Bordeaux côtes de francs, 294
DOM. JACKY MARTEAU, Touraine, 845
G. H. MARTEL & C, Champagne, 612
DOM. J. MARTELLIERE, ● Coteaux du loir, 867 ● Coteaux du vendômois AOVDQS, 883
FRANCOIS MARTENOT, Bourgogne, 404 405 ● Bourgogne aligoté, 413 ● Maranges, 488
CH. MARTET, Sainte-foy-bordeaux, 302
DOM. DE MARTIALIS, Saint-émilion grand cru, 270
CEDRIC MARTIN, Beaujolais, 135
DOMINIQUE MARTIN, Saumur, 831
DOM. JEAN-CLAUDE MARTIN, Chablis premier cru, 443
JEAN-JACQUES ET SYLVAINE MARTIN, Saint-véran, 573
PAUL LOUIS MARTIN, Coteaux champenois, 628
CH. MARTINAT, Côtes de bourg, 225
DOM. MARTIN DE GRANGENEUVE, Côtes du rhône, 921
DOM. MARTIN-DUFOUR, ● Ladoix, 488 ● Savigny-lès-beaune, 501
CH. MARTINENS, Margaux, 356
DOM. DE MARTINOLLES, Aude, 1024
MARX BARBIER ET FILS, Champagne, 612
CHRISTOPHE MARY, ● Meursault, 527 ● Puligny-montrachet, 530
DOM. PAUL MAS, Oc, 1019
DOM. MAS BLANC, Faugères, 676
DOM. DU MAS BLANC, Banyuls, 973
DOM. DU MAS CARLOT, Clairette de bellegarde, 658
MAS CHICHET, Catalan, 1023
DOM. MASCLAUX, Côtes du ventoux, 965
DOM. DU MAS CREMAT, ● Côtes du roussillon, 690 ● Muscat de rivesaltes, 983
MAS DE BOISLAUZON, Châteauneuf-du-pape, 955

CLOS DU MAS DE CHAVE, Muscat de frontignan, 985
MAS DE GOURGONNIER, Les baux-de-provence, 719
DOM. MAS DE LA TOUR, Costières de nîmes, 665
MAS DE LA VILLE, Catalan, 1023
MAS DE REY, Bouches-du-Rhône, 1027
MAS DES BRESSADES, Costières de nîmes, 665
MAS GRANGE BLANCHE, Vaucluse, 1027
DOM. DU MAS MONTEL, Oc, 1019
DOM. DU MAS NEUF, Muscat de mireval, 987
DOM. DU MAS ROUS, ● Côtes du roussillon, 690 ● Muscat de rivesaltes, 983
MAS SAINTE BERTHE, Les baux-de-provence, 719
CH. MASSAMIER LA MIGNARDE, Minervois, 681
RAYMOND MASSE, Givry, 557
MASSE PERE ET FILS, Champagne, 612
DOM. DES MASSES, Côtes du rhône, 921
THIERRY MASSIN, Champagne, 612
REMY MASSIN ET FILS, Champagne, 612
DOM. MASSON-BLONDELET, Pouilly-fumé, 899
CH. DES MATARDS, Premières côtes de blaye, 220
JEAN-LUC MATHA, Vins de marcillac, 743
CH. MATHEREAU, Premières côtes de bordeaux, 307
DOM. MATHIAS, ● Bourgogne, 405 ● Chablis, 437 ● Mâcon, 561 ● Pouilly vinzelles, 571
SERGE MATHIEU, Champagne, 612
DOM. DE MATIBAT, Côtes de la malepère, 686
DOM. MATIGNON, ● Anjou, 804 ● Anjou-villages, 808 ● Saumur, 831
DOM. DU MATINAL, ● Chénas, 148 ● Moulin à vent, 162
DOM. DES MATINES, Saumur, 831
CH. DE MATTES-SABRAN, Corbières, 661
YVON MAU, ● Bordeaux sec, 197 ● Saint-émilion, 252 ● Pécharmant, 769
CH. MAUCAILLOU, Moulis-en-médoc, 359
CH. MAUCAILLOU-FELLETIN, Haut-médoc, 346
CH. MAUCAMPS, Haut-médoc, 346
PROSPER MAUFOUX, ● Bourgogne, 405 ● Bourgogne aligoté, 414 ● Vosne-romanée, 476 ● Chassagne-montrachet, 536
JEAN-PAUL MAULER, Alsace tokay-pinot gris, 93
ANDRE MAULER ET FILS, ● Alsace riesling, 80 ● Alsace pinot noir, 101
CH. DE MAUPAS, Menetou-salon, 896
DOM. DU MAUPAS, Juliénas, 156
ALBERT MAURER, Alsace sylvaner, 74
JEAN-MICHEL MAURICE, Savigny-lès-beaune, 501
MICHEL MAURICE, Moselle, 125
JEAN-PAUL MAURIN, Pineau des charentes, 993
LES VIGNERONS DE MAURY, ● Côtes du roussillon-villages, 694 ● Maury, 980
MAURYDORE, Maury, 981
CH. MAUSSE, Canon-fronsac, 229
DOM. DE MAUVAN, Côtes de provence, 706
CH. DE MAUVES, Graves, 315
CH. MAUVEZIN, Saint-émilion grand cru, 270
LOUIS MAX, ● Chablis, 437 ● Mercurey, 554
CAVE JOEL MAYE CARCO ET FILS, Canton du Valais, 1046
SIMON MAYE ET FILS, Canton du Valais, 1046
MAYLANDIE, Corbières, 661
CH. DU MAYNE, Graves, 316
CH. MAYNE BLANC, Lussac saint-émilion, 280
CH. MAYNE D'IMBERT, Graves, 316
MAYNE D'OLIVET, Bordeaux sec, 197
CH. MAYNE DE COUTUREAU, Graves, 316
CH. MAYNE DU CROS, Graves, 316
CH. MAYNE-FIGEAC, Saint-émilion grand cru, 270
CH. MAYNE-GUYON, Premières côtes de blaye, 220
CH. MAYNE LALANDE, Listrac-médoc, 350
CH. MAYNE-VIEIL, Fronsac, 232
DOM. DE MAYOL, Côtes du luberon, 968

DOM. DE MAYRAC, Limoux, 658
CH. DE MAYRAGUES, Gaillac, 737
CH. MAZAILS, Médoc, 335
CH. MAZARIN, Loupiac, 375
CH. MAZERIS, Canon-fronsac, 229
PASCAL MAZET, Champagne, 613
CH. MAZEYRES, Pomerol, 240
DOM. MAZILLY PERE ET FILS, ● Bourgogne hautes-côtes de beaune, 425 ● Meursault, 527
PATRICK ET VERONIQUE MAZOYER, Bourgogne côte chalonnaise, 547
GUY MEA, Champagne, 613
MEDITO, Oc, 1019
GABRIEL MEFFRE, ● Côte rôtie, 933 ● Crozes-hermitage, 941 ● Oc, 1019
MEISTERMANN, ● Alsace gewurztraminer, 86 ● Alsace tokay-pinot gris, 93
DOM. DU MEIX FOULOT, Mercurey, 555
CH. MELIN, ● Premières côtes de bordeaux, 307 ● Cadillac, 374
DOM. BERNARD PAUL MELINAND, Chiroubles, 150
CH. MELIN CADET-COURREAU, Bordeaux, 187
JOSEPH MELLOT, ● Pouilly-fumé, 899 ● Sancerre, 906
CH. MEMOIRES, ● Bordeaux sec, 197 ● Premières côtes de bordeaux, 307 ● Cadillac, 374 ● Loupiac, 376
DOM. DES MENADES, Canton de Genève, 1050
DOM. MENAND PERE ET FILS, Mercurey, 555
MENARD, Pineau des charentes, 993
RENE MENARD, Touraine-azay-le-rideau, 850
CHRISTIAN MENAUT, ● Bourgogne hautes-côtes de beaune, 425 ● Beaune, 507
MARC MENEAU, Bourgogne, 405
CH. MENTONE, Côtes de provence, 706
CH. DE MERCEY, ● Bourgogne aligoté, 414 ● Santenay, 542 ● Mercurey 553
DOM. DU MERCHIEN, Coteaux du Quercy, 1013
MERCIER, Champagne, 613
CH. MERCIER, Côtes de bourg, 225
CH. DE MEREVILLE, Muscat de frontignan, 985
THIERRY MERLIN-CHERRIER, Sancerre, 906
CH. MERLIN FRONTENAC, Bordeaux, 187
MERRAIN ROUGE, Médoc, 335
MERVEILLE DES ROCHES, Canton de Vaud, 1040
DOM. MESLIAND, Touraine-amboise, 849
CH. DE MESSEY, Mâcon, 561
CH. MESTE JEAN, ● Bordeaux, 187 ● Entre-deux-mers haut-benauge, 299
MESTRE PERE ET FILS, Santenay, 543
CH. MESTREPEYROT, Premières côtes de bordeaux, 307
DOM. DU METEORE, Faugères, 676
METIVIER ET FILS, Vouvray, 870
ARTHUR METZ, ● Alsace klevener de heiligenstein, 72 ● Alsace pinot noir, 101 ● Alsace grand cru altenberg de wolxheim, 105
GERARD METZ, Alsace pinot noir, 101
DOM. MEUNIER, Balmes dauphinoises, 1029
CH. MAX MEUNIER, Touraine, 845
CH. MEUNIER SAINT-LOUIS, Corbières, 662
CH. DE MEURSAULT, ● Meursault, 527 ● Puligny-montrachet, 530
DOM. RENE MEYER, Alsace gewurztraminer, 86
GILBERT MEYER, Alsace grand cru hatschbourg, 108
ERNEST MEYER ET FILS, ● Alsace gewurztraminer, 87 ● Alsace pinot noir, 101
MEYER-FONNE, ● Alsace gewurztraminer, 87 ● Alsace grand cru wineckschlossberg, 119
P-A MEYLAN, Canton de Vaud, 1040
CH. MEYNEY, Saint-estèphe, 368
CH. MEYRE, Haut-médoc, 346
ANDRE MEZIAT, Chiroubles, 150
CH. MIAUDOUX, Saussignac, 770
CH. MICALET, Haut-médoc, 346
ALAIN MICHAUD, Brouilly, 143
DOM. MICHAUD, Crémant de loire, 780 ● Touraine, 845
DOM. MICHAUT, Petit chablis, 433 ● Chablis, 437
JEAN-CLAUDE MICHAUT, Bourgogne, 405
J.B. MICHEL, Champagne, 613
DOM. MICHEL-ANDREOTTI, Montagny, 559

CH. **LES VIEUX MAURINS**, Saint-émilion, 251
LES VIGNERONS DE HAUTE BOURGOGNE, Bourgogne, 404
LES VIGNERONS DE SAUMUR, Saumur, 831
LES VIGNERONS DES GORGES DU TARN, Côtes de millau AOVDQS, 744
LES VIGNERONS DU CAVEAU LAMARTINE, Mâcon, 561
DOM. **LES VIGNES BICHES**, Saumur, 831
LES VIGNES DE LA CROIX, Montagny, 559
CH. **LES VIMIERES**, Margaux, 355
DOM. **LES YEUSES**, Oc, 1018
CH. **LE TREBUCHET**, Bordeaux, 186
CH. **LE TUQUET**, Graves, 315
CLAUDE **LEVASSEUR**, Montlouis, 870
CAVE **LE VASY**, Canton du Valais, 1045
DOM. **LE VERGER**, Chablis, 436
B. **LEVET**, Côte rôtie, 933
LE VIEUX DOMAINE, Moulin à vent, 162
DOM. **LE VIEUX MOULIN**, Côtes du rhône, 921
LE VIGNERON SAVOYARD, Vin de savoie, 647
LE VOYAGEUR, Bordeaux sec, 196
DOM. **LEYMARIE-CECI**, ● Gevrey-chambertin, 458 ● Chambolle-musigny, 468
CH. **DE LEYRE**, Beaujolais, 134
DOM. **DE LEYRE-LOUP**, Morgon, 160
DOM. **ANDRE LHERITIER**, Bourgognealigoté bouzeron, 416
ANDRE **LHOMME**, Touraine, 844
MAS DE **LIBIAN**, Côtes du rhône, 921
PREMIER DE **LICHINE**, Bordeaux, 186
CH. **LICHTEN**, Canton du Valais, 1045
LIEBART-REGNIER, Champagne, 610
CAVE DES VIGNERONS DE **LIERGUES**, Beaujolais, 135
DOM. **DU LIERROU**, Beaujolais-villages, 139
CH. **LIEUJEAN**, Haut-médoc, 345
DOM. **LIGIER PERE ET FILS**, ● Arbois, 634 ● Macvin du jura, 999
LIGNIER-MICHELOT, ● Morey-saint-denis, 464 ● Chambolle-musigny, 468
DOM. **LIGNON**, Minervois, 681
CH. **DE LIGRE**, Chinon, 474
CH. **LILIAN LADOUYS**, Saint-estèphe, 367
DOM. **DE LIMBARDIE**, Coteaux de Murviel, 1022
DOM. **DE LINDAS**, Côtes du rhône-villages, 928
GABRIEL **LIOGIER**, ● Crozes-hermitage, 941 ● Châteauneuf-du-pape, 955 ● Lirac, 959
CH. **LION BEAULIEU**, ● Bordeaux, 186 ● Bordeaux sec, 196
CH. **LIOT**, Sauternes, 384
CAVE DES VINS DE CRU DE **LIRAC**, Lirac, 959
CH. **DE LISENNES**, ● Bordeaux clairet, 192 ● Bordeaux supérieur, 211
CH. **LIVERSAN**, Haut-médoc, 345
CH. **LIVRAN**, Médoc, 335
LOBERGER, ● Alsace tokay-pinot gris, 93 ● Alsace grand cru saering, 113 ● Alsace grand cru spiegel, 116
CH. **DE LOCHE**, Mâcon, 561
LOCRET-LACHAUD, Champagne, 610
LOGIS DE LA GIRAUDIERE, Anjou, 804
DOM. **LONG-DEPAQUIT**, ● Chablis, 437 ● Chablis premier cru, 443 ● Chablis grand cru, 447
DOM. **DE LONG-PECH**, Gaillac, 737
DOM. **DE LONGUE TOQUE**, Gigondas, 947
DOM. **DU LOOU**, Coteaux varois, 721
MICHEL **LORAIN**, Bourgogne, 404
JACQUES **LORENT**, Champagne, 611
LORENTZ, Alsace grand cru altenberg de bergheim, 104
JEROME **LORENTZ FILS**, ● Alsace riesling, 80 ● Alsace pinot noir, 101
MICHEL ET JOELLE **LORIEUX**, Bourgueil, 854
PASCAL **LORIEUX**, Saint-nicolas-de-bourgueil, 858
FREDERIC **LORNET**, Arbois, 634
E **LORON ET FILS**, Mâcon-villages, **566**
CH. **LOUDENNE**, Médoc, 335
LA ROSE DE **LOUDENNE**, Bordeaux rosé, 200
DOM. **LOUET-ARCOURT**, Touraine, 844
LOU GAILLOT, Agenais, 1011
LOUIS FOULON, Saumur, 831
CH. **LOUMEDE**, Premières côtes de blaye, 220
CH. **LOUSTEAUNEUF**, Médoc, 335
REMY **LOUVET**, Champagne, 611

YVES **LOUVET**, Champagne, 611
DOM. **DE LOYE**, Menetou-salon, 896
PHILIPPE DE **LOZEY**, Champagne, 611
LES VIGNERONS DU **LUC**, Côtes de provence, 706
CH. **LUCAS**, Lussac saint-émilion, 280
LUCCIOS, Crémant de bordeaux, 215
DOM. **DES LUCQUES**, Graves, 315
CH. **LUDEMAN LA COTE**, Graves, 315
CAVE DE **LUGNY**, ● Bourgogne aligoté, 413 ● Crémant de bourgogne, 428 ● Mâcon, 561
CAVE DE **LUMIERES**, Côtes du ventoux, 965
CH. **FRANCOIS LUMPP**, Givry, 557
MICHEL **LUNEAU ET FILS**, Muscadet sèvre-et-maine, 791
CLOS DE **LUPE**, Bourgogne, 404
DOM. **ROGER LUQUET**, ● Crémant de bourgogne, 428 ● Mâcon, 561
DOM. **DE LUSQUENEAU**, Tourainemesland, 851
ROLAND **LUSTAC**, Alsace pinot noir, 101
BLANC DE **LYNCH-BAGES**, Bordeaux sec, 196
CH. **LYNCH-BAGES**, Pauillac, 364
CH. **LYNCH MOUSSAS**, Pauillac, 364
CH. **DE LYNE**, Bordeaux, 186

DOM. **JACQUES MABILEAU**, Saint-nicolas-de-bourgueil, 858
DOM. **LAURENT MABILEAU**, ● Bourgueil, 854 ● Saint-nicolas-de-bourgueil, 858
FREDERIC **MABILEAU**, Saint-nicolas-de-bourgueil, 858
MABILLARD-FUCHS, Canton du Valais, 1046
BERNARD **MABILLE**, Vouvray, 877
FRANCIS **MABILLE**, Vouvray, 877
ALAIN **MABILLOT**, Reuilly, 903
CH. **MACALAN**, Premières côtes de bordeaux, 219
CH. **MACAY**, Côtes de bourg, 225
CH. **MAC CARTHY**, Saint-estèphe, 367
BERTRAND **MACHARD DE GRAMONT**, Nuits-saint-georges, 481
MAISON **MACONNAISE DES VINS**, Saint-véran, 573
DOM. **MAESTRACCI**, Vins de corse, **724**
MAESTROJUAN, Floc de gascogne, 996
CH. **MAGDELAINE**, Saint-émilion grand cru, 270
DANIEL **MAGLIOCCO**, Canton du Valais, 1046
DOM. **DE MAGNAC**, Lavilledieu AOVDQS, 742
CH. **MAGNEAU**, Graves, 315
FREDERIC **MAGNIEN**, ● Gevrey-chambertin, 458 ● Morey-saint-denis, 464 ● Chambolle-musigny, 468
JEAN-PAUL **MAGNIEN**, ● Charmes-chambertin, 459 ● Clos saint-denis, 466
MICHEL **MAGNIEN**, ● Gevrey-chambertin, 458 ● Morey-saint-denis, 464 ● Clos de la roche, 465 ● Clos saint-denis, 466
LOUIS **MAGNIN**, Vin de savoie, 647
CH. **MAGNOL**, Haut-médoc, 345
CH. **MAGONDEAU**, Fronsac, 232
BENOIT **MAILLARD**, Coteaux du lyonnais, 169
CHRISTOPHE **MAILLARD**, Muscadet sèvre-et-maine, 791
DOM. **MAILLARD PERE ET FILS**, ● Ladoix, 488 ● Aloxe-corton, 491 ● Corton, 495 ● Beaune, 507
M. **MAILLART**, Champagne, 611
MARC ET LAURENT **MAILLET**, Vouvray, 877
CH. **DU MAILLON**, Muscadet sèvre-et-maine, 791
MAILLY GRAND CRU, Champagne, 611
CH. **MAINE-REYNAUD**, Saint-émilion grand cru, 270
DOM. **DE MAIRAN**, Oc, 1018
HENRI **MAIRE**, Arbois, 634
CH. **MAISON BLANCHE**, Montagne saint-émilion, 283
CH. **DE MAISON NEUVE**, Montagne saint-émilion, 283
CH. **MAISON NOBLE SAINT-MARTIN**, Entre-deux-mers, 298
DOM. **MAISON PERE ET FILS**, Cheverny, 881
DOM. **DES MAISONS NEUVES**, Beaujolais-villages, 140
MAITRE D'ESTOURNEL, Bordeaux, 186
MAITRES VIGNERONS NANTAIS, Muscadet sèvre-et-maine, 792
CH. **MAJUREAU-SERCILLAN**, Bordeaux supérieur, 211

CH. **MALAGAR**, Premières côtes de bordeaux, 307
DOM. **DES MALANDES**, ● Petit chablis, 432 ● Chablis, 437 ● Chablis premier cru, 443 ● Chablis grand cru, 447
JEAN-LOUIS **MALARD**, Champagne, 611
CH. **MALARTIC-LAGRAVIERE**, Pessac-léognan, 326
DOM. **DE MALAVIEILLE**, Oc, 1019
GUY **MALBETE**, Reuilly, 903
FRANCOISE **MALDANT**, Corton, 495
DOM. **MALER**, Côtes du roussillon, 690
MALESAN, Bordeaux, 186
CH. **MALESCASSE**, Haut-médoc, 345
CH. **MALESCOT SAINT-EXUPERY**, Margaux, 355
CH. **DE MALIGNY**, ● Petit chablis, 432 ● Chablis premier cru, 443
DOM. **MICHEL MALLARD ET FILS**, ● Côte de nuits-villages, 485 ● Ladoix, 488 ● Aloxe-corton, 491 ● Corton, 495 ● Savigny-lès-beaune, 501
MAISON **MALLARD-GAULIN**, ● Nuits-saint-georges, 481 ● Aloxe-corton, 491 ● Corton, 496 ● Auxey-duresses, 522
CH. **DE MALLE**, Sauternes, 384
M. **DE MALLE**, Graves, 315
DOM. **DE MALLEMORT**, Oc, 1019
CH. **DE MALLERET**, Haut-médoc, 345
DOM. **RENE MALLERON**, Sancerre, 906
FREDERIC **MALLO ET FILS**, ● Alsace gewurztraminer, 86 ● Alsace grand cru rosacker, 113
CH. **MALMAISON**, Moulis en-médoc, 359
CH. **MALROME**, Bordeaux sec, 196
MALTOFF, Bourgogne, 404
CH. **MALVES BOUSQUET**, Minervois, 681
CAVE DES VIGNERONS DE **MANCEY**, ● Bourgogne, 404 ● Mâcon supérieur, 562
JEAN-CHRISTOPHE **MANDARD**, Touraine, 844
HENRI **MANDOIS**, Champagne, 611
DOM. **ALBERT MANN**, Alsace pinot noir, 101
MANOIR DE L'EMMEILLE, Gaillac, 737
MANOIR DE L'HOMMELAIS, Jardin de la France, 1007
MANOIR DE LA GRELIERE, Muscadet sèvre-et-maine, 792
MANOIR DE LA TETE ROUGE, Saumur, 831
MANOIR DES JOURNETS, Chénas, 148
MANOIR DE VERSILLE, Coteaux de l'aubance, 815
MANOIR DU PAVE, Beaujolais-villages, 140
MANSARD, Champagne, 611
DOM. **DE MAOURIES**, Madiran, 751
CH. **MARAVENNE**, Côtes de provence, 706
CH. **MARBUZET**, Saint-estèphe, 368
JEROME **MARCADET**, Cheverny, 881
DOM. **DE MARCE**, Touraine, 845
DOM. **JEAN-PHILIPPE MARCHAND**, ● Gevrey-chambertin, 458 ● Morey-saint-denis, 464
MAISON **JEAN-PHILIPPE MARCHAND**, Bourgogne hautes-côtes de nuits, 422
RENE **MARCHAND**, Beaujolais, 135
DOM. **MARDON**, Quincy, 901
MARECHAL, Touraine, 845
CLAUDE **MARECHAL**, Savigny-lès-beaune, 501
JEAN-FRANCOIS **MARECHAL**, Vin de savoie, 647
GHISLAINE ET BERNARD **MARECHAL-CAILLOT**, ● Bourgogne aligoté, 413 ● Ladoix, 488 ● Chorey-lès-beaune, 503
DOM. **DE MAREUIL**, ● Graves supérieures, 319 ● Sauternes, 384
DOM. **MAREY**, ● Bourgogne, 404 ● Bourgogne hautes-côtes de nuits, 422
PIERRE **MAREY ET FILS**, ● Bourgogne, 404 ● Pernand-vergelesses, 493
CLOS **MARFISI**, Patrimonio, 727
A. **MARGAINE**, Champagne, 611
DOM. **DU MARGALLEAU**, Vouvray, 877
CH. **MARGAUX**, Margaux, **356**
DOM. **JEAN-PIERRE MARGERAND**, Juliénas, 156
GERARD ET NATHALIE **MARGERAND**, Saint-amour, 166
CH. **MARGILLIERE**, Coteaux varois, 721
DELPHINE DE **MARGON**, Côtes de Thongue, 1022

LE LOUCHY, Canton de Vaud, 1039
PATRICE LEMAIRE, Champagne, 610
PHILIPPE LEMAIRE, Champagne, 610
R.C. LEMAIRE, Champagne, 610
LEMAIRE-RASSELET, Champagne, 610
CH. LE MANOIR, Lalande de pomerol, 246
LE MANOIR MURISALTIEN, ● Bourgogne, 403 ● Meursault, 527
LE MASTER DE CHARDONNAY, Jardin de la France, 1006
CH. LE MAYNE, Côtes de bergerac, 763
DOM. LE MEIX DE LA CROIX, ● Bourgogne aligoté, 413 ● Bourgogne côte chalonnaise, 547
CH. LE MENAUDAT, Premières côtes de blaye, 220
CH. LEMOINE-LAFON-ROCHET, Haut-médoc, 345
DOM. LEMONIER, Mâcon-villages, 566
LE MONT, Vouvray, 876
DOM. LE MONT, ● Anjou-villages, 808 ● Coteaux du layon, 822
DOM. LEMOULE, Bourgogne, 403
LE MOULIN A TAN, Chinon, 863
LE MOULIN COUDERC, Faugères, 676
LE MOULIN DU PONT, Bourgogne aligoté, 413
CH. LE MOULIN DU ROULET, Bordeaux, 185
LE MOULIN JOLI, Anjou, 804
CH. LE MUGRON, Bordeaux supérieur, 209
LE MUID MONTSAUGEONNAIS, Haute-Marne, 1033
A.R. LENOBLE, Champagne, 610
CH. LENORMAND, Premières côtes de bordeaux, 307
JACQUELINE ET PIERRE LEON, Chinon, 864
JEAN-PIERRE LEONARD, Pineau des charentes, 993
CELLIER LEONARD DE VINCI, Touraine-amboise, 849
LEONCE D'ALBE, Champagne, 610
CH. LEOVILLE-BARTON, Saint-julien, 372
CH. LEOVILLE POYFERRE, Saint-julien, 372
CH. LE PAPE, Pessac-léognan, 326
LE PARADIS, Touraine, 844
LE PATOISAN, Pineau des charentes, 993
DOM. LEPAUMIER, Fitou, 677
LE PAVILLON DE BEAUMIRAIL, Gigondas, 947
CH. LE PAVILLON DE BOYREIN, Graves, 314
CH. LE PAYRAL, ● Bergerac, 758 ● Saussignac, 770
LE PETIT BOUCHON, Saint-amour, 166
LE PETIT CHAMBORD, ● Cheverny, 880 ● Cour-cheverny, 882
LE PETIT SAINT VINCENT, Saumur-champigny, 835
CH. LE PIAT, Côtes de bourg, 224
LE PIF, Bergerac, 758
CH. LE PORGE, Bordeaux, 185
LE PRESSOIR A CALES, Anjou, 804
CH. LE PRIEUR, Entre-deux-mers, 298
LE PRIEURE DE SAINT-CEOLS, Menetou-salon, 896
CHARLES LEPRINCE, Champagne, 610
LOUIS LEQUIN, ● Corton-charlemagne, 498 ● Bâtard-montrachet, 532 ● Chassagne-montrachet, 536 ● Santenay, 542
RENE LEQUIN-COLIN, ● Corton-charlemagne, 498 ● Bâtard-montrachet, 532 ● Chassagne-montrachet, 536 ● Santenay, 542
CH. LE RAZ, ● Bergerac rosé, 760 ● Haut-montravel, 768
CH. LE REYSSE, Médoc, 334
CH. LE RIMENSAC, Premières côtes de blaye, 220
CH. LE ROC, Côtes du frontonnais, 741
DOM. LERYS, Fitou, 678
CLOS LES AMANDIERS, Montagne saint-émilion, 283
CH. LES AMOUREUSES, Côtes du rhône, 920
DOM. LE SANG DES CAILLOUX, Vacqueyras, 950
LES ANGES, Arbois, 633
CH. LE SARTRE, Pessac-léognan, 326
DOM. LES AULIERES, Côtes du rhône, 920
LES BAUMIERS, Saumur, 830
CH. LES BERNEDES, Médoc, 334
LES BERNEYSES, Canton de Vaud, 1039
LES BERRY CURIENS, Quincy, 901
CH. LES BERTRANDS, Premières côtes de blaye, 220

LES BLASSINGES, Canton de Vaud, 1039
LES CALCERNIERS, Châteauneuf-du-pape, 955
CH. LESCALLE, Bordeaux supérieur, 209
CH. LES CARMES HAUT-BRION, Pessac-léognan, 326
MAS LES CATALOGNES, Coteaux du languedoc, 671
LES CAVES DU CHANCELIER, ● Gevrey-chambertin, 458 ● Morey-saint-denis, 464 ● Chambolle-musigny, 468 ● Savigny-lès-beaune, 501 ● Chorey-lès-beaune, 503 ● Santenay, 542 ● Montagny, 547
CH. LES CHALETS, Médoc, 334
CH. LES CHARMES-GODARD, Bordeaux côtes de francs, 293
CH. LES CHARMETTES, Bordeaux supérieur, 210
DOM. LES CHASSIS, Crozes-hermitage, 941
DOM. LES CHENES BLANCS, Gigondas, 947
CH. LES CHENES DU MAGNAN, Bordeaux rosé, 200
DOM. LES CHESNAIES, Chinon, 864
CH. LES CLAUZOTS, Graves, 314
LES CLOS DE PAULILLES, Banyuls, 973
DOM. LES COINS, Retz, 1008
LES CORDELIERS, Crémant de bordeaux, 215
LES CORNALINES, Canton du Valais, 1045
LES COTEAUX DE BELLET, Bellet, 711
LES COTEAUX DU PIC, Coteaux du languedoc, 672
CH. LES COTES, Pécharmant, 769
CH. LES COUZINS, Lussac saint-émilion, 280
CH. LES CROSTES, Côtes de provence, 706
CH. LESCURE, Sainte-croix-du-mont, 377
DOM. CHANTAL LESCURE, ● Bourgogne, 404 ● Beaune, 507 ● Côte de beaune, 509
LES CURIADES, Canton de Genève, 1050
CH. LES DONATS, Premières côtes de blaye, 220
CH. LES EGREVES, Collines rhodaniennes, 1030
CH. LES FENALS, Muscat de rivesaltes, 983
DOM. LES FILLES DE SEPTEMBRE, Oc, 1018
CH. LES FOUGERES, Saint-émilion, 251
LES FUMEROLLES, Canton du Valais, 1045
LES GABARES, Cour-cheverny, 882
LES GALETS BLANCS, Châteauneuf-du-pape, 955
DOM. LES GOUBERT, Gigondas, 947
CH. LES GRANDES LANDES, Bordeaux, 185
CH. LES GRANDES MURAILLES, Saint-émilion grand cru, 269
CH. LES GRANDS CHENES, Médoc, 334
LES GRANDS CYPRES, Vacqueyras, 950
DOM. LES GRANDS GROUX, Sancerre, 906
CH. LES GRANDS THIBAUDS, Côtes de bourg, 225
CH. LES GRAUZILS, Cahors, 732
CH. LES GRAVES, Premières côtes de blaye, 220
CH. LES GRAVES D'ARMENS, Saint-émilion, 251
CH. LES GRAVES DE LAVAUD, Lalande de pomerol, 246
CH. LES GRAVIERES, Saint-émilion grand cru, 270
CH. LES GRAVIERES DE LA BRANDILLE, Bordeaux supérieur, 210
DOM. LES HAUTES CANCES, Côtes du rhône-villages, 928
DOM. LES HAUTES NOELLES, Muscadet côtes de grand-lieu, 795
CH. LES HAUTS-CONSEILLANTS, Lalande de pomerol, 246
LES HAUTS DE BERGELLE, Côtes de saint-mont AOVDQS, 755
LES HAUTS DE FORCA REAL, Côtes du roussillon, 690
LES HAUTS DE GRANGES, Côtes de castillon, 291
LES HOMMES CHEVAL BLANC, Côtes de bourg, 225
CH. LES IFS, Cahors, 733

LES JARDINS DES AMIRAUX, Muscadet sèvre-et-maine, 790
CH. LES JESUITES, Premières côtes de bordeaux, 307
CH. LES JUSTICES, Sauternes, 384
LES LARMES DE BACCHUS, Vouvray, 877
LES LAUZERAIES, Côtes du rhône, 920
LES MAISONS ROUGES, Coteaux du loir, 866
CH. LES MARNIERES, ● Bergerac, 758 ● Monbazillac, 766
CH. LES MARQUISES, Monbazillac, 766
CH. LES MERITZ, Gaillac, 737
CH. LES MERLES, Bergerac, 758
CH. LES MIAUDOUX, Bergerac sec, 762
CH. LES MILLAUX, Bordeaux supérieur, 210
LES MILLE VIGNES, Muscat de rivesaltes, 983
CH. LES MOINES, ● Premières côtes de blaye, 220 ● Médoc, 335
LES MOULINS DU HAUT-LANSAC, Côtes de bourg, 225
LES MOUSSIERES, Canton de Neuchâtel, 1052
DOM. LES MOUTONNES, Côte rôtie, 933
LES MURAILLES NEUVES, Coteaux de saumur, 833
LES ŒNOCRATES, Canton de Vaud, 1040
CH. LES OLLIEUX ROMANIS, Corbières, 661
CH. LES ORMES, Saint-julien, 372
CH. LES ORMES DE PEZ, Saint-estèphe, 367
CH. LES ORMES SORBET, Médoc, 335
CH. LE SOULEY-SAINTE CROIX, Haut-médoc, 345
CH. LESPARRE, ● Bordeaux supérieur, 210 ● Graves de vayres, 300 301
CH. LESPAULT, Pessac-léognan, 326
LES PERRIERES, Canton de Genève, 1050
DOM. LES PERRIERES, Muscadet sèvre-et-maine, 791
DOM. LES PETITES MARIGROLLES, Saumur-champigny, 835
LES PETOLEYRES, Canton de Vaud, 1040
CLOS LES PIERRES BLANCHES, Muscadet sèvre-et-maine, 791
CH. LESPINASSAT, Côtes de montravel, 767
CH. LES PINS, ● Côtes du roussillon-villages, 694 ● Muscat de rivesaltes, 983
DOM. LES PINS, ● Bourgueil, 854 ● Saint-nicolas-de-bourgueil, 858
LES PLANTIERS DE HAUT BRION, Pessac-léognan, 326
LES PRINTANIERES, Muscadet sèvre-et-maine, 791
LES QUARTERONS, Saint-nicolas-de-bourgueil, 858
LES QUATRE CHEMINS, Côtes du rhône-villages, 928
CH. LES QUATRE FILLES, Côtes du rhône, 921
LESQUERDE, ● Côtes du roussillon, 690 ● Côtes du roussillon-villages, 694
CH. LESQUIREAU-DESSE, Haut-médoc, 345
CH. LES RIGALETS, Cahors, 733
LES ROCHES BLANCHES, Côtes du ventoux, 965
DOM. LES ROCHES BLEUES, Brouilly, 143
DOM. LES ROCHES DES GARANTS, Fleurie, 153
CH. LES ROQUES, Loupiac, 375
LES SECRETS DU SOLEIL, Canton de Genève, 1050
DOM. LES SEPT CHEMINS, Crozes-hermitage, 941
CH. LESTAGE, Listrac-médoc, 350
LES TERRIADES, Anjou, 804
DOM. LES TOULONS, Coteaux d'aix, 717
LES TOURELLES DE LONGUEVILLE, Pauillac, 363
CH. LES TOURS DES VERDOTS, Côtes de bergerac, 763
CH. LESTRILLE, Bordeaux, 186 ● Entre-deux-mers, 298
CH. LESTRILLE CAPMARTIN, ● Bordeaux sec, 196 ● Bordeaux supérieur, 210
LES TROIS CLOCHERS, Bordeaux, 186
LES TROIS CROIX, Fronsac, 232
LES VAUCORNEILLES, Touraine-mesland, 851
LES VENDANGES EXCLUSIVES, Jardin de la France, 1007
CH. LES VERGNES, Bordeaux, 186

CH. **LA TOMAZE,** ● Anjou-villages, 808 ● Coteaux du layon, 822
DOM. **DE LA TOUCHE,** Coteaux du loir, 866
CH. **LATOUR,** Pauillac, **363**
LES FORTS DE **LATOUR,** Pauillac, 363
CH. **DE LA TOUR,** Clos de vougeot, 472
DOM. **DE LA TOUR,** Chablis, 436
DOM. **DE LA TOUR,** Chinon, 863
LOUIS **LATOUR,** ● Corton-charlemagne, 498 ● Criots-bâtard-montrachet, 533 ● Chassagne-montrachet, 535 ● Montagny, 558 ● Coteaux de l'Ardèche, 1031
CAVES DE **LA TOURANGELLE,** Touraine, 844
CH. **LATOUR A POMEROL,** Pomerol, 239
DOM. **DE LA TOUR BAJOLE,** ● Bourgogne passetoutgrain, 417 ● Crémant de bourgogne, 428
CH. **LA TOUR BLANCHE,** Sauternes, 384
LA TOUR BLONDEAU, ● Monthélie, 519 ● Pouilly-fuissé, 488
DOM. **LA TOUR BOISEE,** Minervois, 680
CH. DE **LA TOUR D'AIGUES,** Côtes du luberon, 968
CH. **LA TOUR DE BY,** Médoc, 334
CH. **LA TOUR DE MONS,** Margaux, 354
CH. **LA TOUR DU BON,** Bandol, 713
LA TOUR DU PIN FIGEAC, Saint-émilion grand cru, 269
CH. **LA TOUR DU PIN FIGEAC,** Saint-émilion grand cru, 269
HENRI **LATOUR ET FILS,** Auxey-duresses, 522
CH. **LA TOURETTE,** Pauillac, 363
CH. **LA TOUR FIGEAC,** Saint-émilion grand cru, 269
CH. **LATOUR HAUT BRION,** Pessac-léognan, 325
DOM. **DE LA TOURLAUDIERE,** Grosplant AOVDQS, 797
CH. **LA TOUR LEOGNAN,** Pessac-léognan, 325
CH. **LATOUR-MARTILLAC,** Pessac-léognan, 325
CAVE **LA TOURMENTE,** Canton du Valais, **1045**
DOM. **DE LA TOURNELLE,** Arbois, 633
CH. **DE LA TOUR PENET,** Mâcon-villages, 565
LA TOUR SAINT-MARTIN, Menetou-salon, 896
LA TOUR SAINT-VIVIEN, Bergerac, 758
CH. **LA TOURTE DES GRAVES,** Graves, 314
DOM. **LA TOUR VIEILLE,** ● Collioure, **696** ● Collioure, 696 ● Banyuls, 973
DOM. **DE LA TREILLE,** Fleurie, 153
CH. **LA TREILLE DES GIRONDINS,** Côtes de castillon, 291
CH. **LATREZOTTE,** Barsac, 379
CH. **LATUC,** Cahors, 732
CH. DE **LA TUILERIE,** Costières de nîmes, 607
CH. **LA TUILIERE,** Côtes de bourg, 224
DOM. **LA TUQUE,** Buzet, 739
DOM. **LA TUQUE BEL-AIR,** Côtes de castillon, 291
CH. **LAUBAREDE-COURVIELLE,** Graves, 314
CH. **LAUDUC,** ● Bordeaux, 185 ● Bordeaux supérieur, 209
LES VIGNERONS DE **LAUDUN,** Côtes du rhône-villages, 928
CH. DE **LAUGA,** Haut-médoc, 344
MICHEL **LAUGEL,** Alsace sylvaner, 74
DOM. DE **LAULAN,** Côtes de duras, 773
CH. **LAULERIE,** Bergerac, 758
DOM. RAYMOND **LAUNAY,** Pommard, 512
CH. DES **LAUNES,** Côtes de provence, 705
LAUNOIS PERE ET FILS, Champagne, 608
CH. **LAUR,** Cahors, 732
LAURAN-CABARET, Minervois, 680
DOM. J. **LAURENS,** Crémant de limoux, **657**
LAURENT, Saint-pourçain, 892
JEAN **LAURENT,** Champagne, 608
LAURENT-PERRIER, ● Champagne, 608 ● Coteaux champenois, 628
DOM. DES **LAURES,** Muscadet sèvre-et-maine, 790
DOM. DES **LAURIERS,** Vouvray, 876
DOM. DES **LAURIERS,** Oc, 1018
DOM. DE **LAUROUX,** Floc de gascogne, 996
LAURUS, Côtes du rhône, 919

CAVE DE **LA VALDAINE,** Comté de Grignan, 1029
CH. **LAVALLADE,** Saint-émilion grand cru, 269
CAVE DES PRODUCTEURS DE **LA VALLEE COQUETTE,** Vouvray, 876
DOM. **DE LA VALLONGUE,** Les baux-de-provence, 719
CH. **LA VARIERE,** Anjou-villages-brissac, 810
JEAN-CLAUDE **LAVAUD,** Bourgogne, 403
CH. **DE LA VELLE,** ● Beaune, **506** ● Meursault, 527
CH. **DE LA VERDE,** Vacqueyras, 949
CH. **LA VERNEDE,** Coteaux du languedoc, 671
DOM. **DE LA VERNELLERIE,** Bourgueil, 854
CH. **LA VERRIERE,** ● Bordeaux supérieur, 209 ● Sainte-foy-bordeaux, 219
DOM. **DE LA VERRIERE,** Bouches-du-Rhône, 1027
LA VEZELIENNE, Bourgogne grand ordinaire, 410
CH. **LA VIAUDIERE,** ● Muscadet sèvre-et-maine, 790 ● Jardin de la France, 1006
CH. **LA VIEILLE CROIX,** Fronsac, 232
CH. **LA VIEILLE CURE,** Fronsac, 232
CELLIER DE **LA VIEILLE EGLISE,** Juliénas, 156
CLOS DE **LA VIEILLE EGLISE,** ● Pomerol, 239 ● Côtes de castillon, 291
LA VIEILLE FERME, Côtes du ventoux, 965
DOM. **DE LA VIEILLE JULIENNE,** ● Côtes du rhône, 919 ● Châteauneuf-du-pape, 955
DOM. **DE LA VIEILLE RIBOULERIE,** Fiefs vendéens AOVDQS, 798
CH. DE **LA VIEILLE TOUR,** Bordeaux supérieur, 209
DOM. **LAVIGNE,** Saumur-champigny, 835
COTEAU DE **LA VIGNE BLANCHE,** Canton de Genève, 1049
LA VIGNERONNE TOURAINE, Côtes du luberon, 968
DOM. **DE LA VILLAINE,** ● Anjou, 804 ● Coteaux du layon, 822
CH. **LAVILLE,** ● Bordeaux supérieur, 209 ● Sauternes, 384
CH. **LAVILLE HAUT-BRION,** Pessac-léognan, 325
BERNARD **LAVIS,** Beaujolais-villages, 139
DOM. **DE LA VIVONNE,** Bandol, 713
DOM. **DE LA VOLTONNERIE,** Sancerre, 906
HERVE DE **LAVOREILLE,** Santenay, 542
LA VOUETTAZ, Canton du Valais, 1045
CH. **LA VOULTE-GASPARETS,** Corbières, 661
CH. **LA VOUTE,** Saint-émilion grand cru, 269
DOM. **DE LA VOUTE DES CROZES,** Côte de brouilly, 146
DOM. **DE LA VRIGNAIE,** Fiefs vendéens AOVDQS, 798
CH. DE **LAYE,** Pouilly vinzelles, 570
LE BAHANS DE HAUT BRION, Pessac-léognan, 325
LE BERCEAU, Blanquette de limoux, 656
DOM. **LE BERCEAU DU CHARDONNAY,** Mâcon, 561
CH. **LE BERGEY,** Bordeaux supérieur, 209
CH. **LE BONDIEU,** ● Bergerac, 758 ● Montravel, 767
CH. **LE BON PASTEUR,** Pomerol, 239
CH. **LE BOSCQ,** Saint-estèphe, 367
LE BOUQUET DU CHAMP DORE, Muscadet sèvre-et-maine, 790
LE BOURDIEU, Crémant de bordeaux, 215
CH. **LE BOURDIEU,** Médoc, 334
CH. **LE BOURDILLOT,** Graves, 314
PATRICK ET ODILE **LE BOURLAY,** Beaujolais-villages, 139
CLOS **LE BREGNET,** Saint-émilion, 251
CH. **LE BREUIL RENAISSANCE,** Médoc, 334
ALBERT **LE BRUN,** Champagne, 608
LE BRUN DE NEUVILLE, Champagne, 609
LE BRUN-SERVENAY, Champagne, 609
CH. **LE CAILLOU,** Pomerol, 240
LE CALVAIRE, Bordeaux supérieur, 209
LE CASOT DES MAILLOLES, Collioure, 696
CH. **LE CASTELOT,** Saint-émilion grand cru, 269
LE CAVISTE, Canton de Vaud, 1039

DOM. **LECCIA,** ● Patrimonio, 726 ● Muscat du cap corse, 988
CH. **LE CHABRIER,** ● Bergerac sec, 762 ● Côtes de bergerac, 763 ● Saussignac, 770
LE CHAI DES MOULINS, Vin de savoie, 647
DOM. **LE CHALET,** Crépy, 645
LECLAIRE GASPARD, Champagne, 609
LECLERC-BRIANT, Champagne, 609
DOM. **LE CLOS DES CAZAUX,** Gigondas, 947
LE CLOS DU CAILLOU, ● Côtes du rhône, 920 ● Châteauneuf-du-pape, 955
CH. **LE CLOS DU NOTAIRE,** Côtes de bourg, 224
CH. **LE COTEAU,** Margaux, 355
LE COTEAU DE ROCHEMURE, Beaujolais-villages, 139
DOM. **LE CÔTOYON,** Saint-amour, 166
DOM. **LE COUROULU,** ● Côtes du rhône, 920 ● Vacqueyras, 950
CH. **LE CROCK,** Saint-estèphe, 367
CH. **LECUSSE,** Gaillac, 737
LE DEMI-BŒUF, ● Muscadet côtes de grand-lieu, 795 ● Jardin de la France, 1006
LE DEVEN CAVE D'AUCRET, Canton de Vaud, 1039
CH. **LE DEVOY MARTINE,** Lirac, 959
LE DOMINICAIN, ● Banyuls, 973 ● Collioure, 697
CH. **LE DOYENNE,** Premières côtes de bordeaux, 306
MARIE-NOELLE **LEDRU,** Champagne, 609
DOM. **LEDUC-FROUIN,** ● Anjou-villages, 808 ● Coteaux du layon, 822
CH. **LE FAGE,** Bergerac rosé, 760
LE FIEF COGNARD, Muscadet sèvre-et-maine, 790
LE FIEF DES TOUCHES, Jardin de la France, 1006
LE FIEF DUBOIS, Muscadet sèvre-et-maine, 790
OLIVIER **LEFLAIVE,** ● Bourgogne aligoté, 413 ● Volnay, 516 ● Meursault, 527 ● Chevalier-montrachet, 532 ● Bâtard-montrachet, 532 ● Criots-bâtard-montrachet, 533 ● Chassagne-montrachet, 535 ● Mercurey, 554
DOM. **LE FORT,** Côtes de la malepère, 686
LE GALANTIN, Bandol, 713
CH. **LE GARDERA,** ● Bordeaux rosé, 200 ● Bordeaux supérieur, 209
DOM. **DES LEGERES,** Mâcon-villages, 565
CH. **LE GLORIT,** Bordeaux, 185
DOM. **CATHERINE LE GŒUIL,** Côtes du rhône-villages, 928
LE GOLLIEZ, Canton de Vaud, **1039**
LE GOUVERNEUR, Charentais, 1010
ERIC **LEGRAND,** Champagne, 609
RENE-NOEL **LEGRAND,** Saumur-champigny, 835
CH. **LE GRAND BOIS,** Lussac saint-émilion, 280
LE GRAND CROS, Côtes de provence, 705
CH. **LE GRAND MOULIN,** Premières côtes de blaye, 219
LE GRAND PAROISSIEN, Haut-médoc, 344
CH. **LE GRAND PRIANT,** Gigondas, 947
CH. **LE GRAND TRIE,** Premières côtes de blaye, 219
CH. **LE GRAND VERDUS,** Bordeaux supérieur, 209
R. ET L. **LEGRAS,** Champagne, 609
LEGRAS ET HAAS, ● Champagne, 609 ● Rosé des riceys, 629
LE GRAVILLAS, Côtes du rhône, 920
LE HAUT CHESNEAU, Touraine, 844
FRANCOIS **LEHMANN,** Alsace grand cru schoenenbourg, 115
CH. **LEHOUL,** ● Graves, 314 ● Graves supérieures, 319
CH. **LE JAUNAY,** Muscadet sèvre-et-maine, 790
DOM. **LEJEUNE,** Pommard, 512
LEJEUNE-DIRVANG, Champagne, 609
CLOS **LE JONCAL,** ● Bergerac, 758 ● Côtes de bergerac moelleux, 764
CH. **LE JURAT,** Saint-émilion grand cru, 269
CH. **LE LARDIN,** Sainte-croix-du-mont, 377
ANDRE ET ROLAND **LELIEVRE,** Côtes de toul, 124
CH. **LE LIVEY,** Bordeaux supérieur, 209
CH. **LE LOGIS DE SIPIAN,** Médoc, 334
LE LOGIS DU PRIEURE, ● Anjou-villages, 808 ● Cabernet d'anjou, 813 ● Coteaux du layon, 822 ● Saumur, 830
LE LORIOT, Champagne, 610

LA NONCIATURE, Châteauneuf-du-pape, 955
DOM. DE LA NOUZILLETTE, ● Crémant de bordeaux, 215 ● Côtes de blaye, 217
LANSON, Champagne, 607
LA NYONSAISE, Côtes du rhône, 919
DOM. LAOUGUÉ, Pacherenc du vic-bilh, 753
LA P'TIOTE CAVE, ● Rully, 551 ● Mercurey, 554
CH. DE LA PAGEZE, Coteaux du languedoc, 670
DOM. DE LA PALEINE, Saumur, 830
CH. LA PAPETERIE, Montagne saint-émilion, 283
CH. LA PATACHE, Pomerol, 239
CH. LAPELLETRIE, Saint-émilion grand cru, 268
DOM. DE LA PERDRIELLE, Touraine-amboise, 849
LA PERLE, Canton de Vaud, 1039
CH. LA PERRIERE, Gros-plant, 797
CLOS DE LA PERRIERE, Bourgogne, 403
DOM. DE LA PERRIERE, Savigny-lès-beaune, 501 ● Chorey-lès-beaune, 503 ● Sancerre, 905
DOM. DE LA PERRIERE, Fitou, 677
DOM. DE LA PERRUCHE, Saumur, 830
CH. LA PETITE BERTRANDE, Côtes de duras, 772
DOM. DE LA PETITE CROIX, Juliénas, 155
DOM. DE LA PETITE CROIX, Rosé d'anjou, 811 ● Coteaux du layon, 821 ● Bonnezeaux, 826
LA PETITE FOLIE, Brouilly, 143
DOM. DE LA PETITE GALLEE, Coteaux du lyonnais, 169
CH. DE LA PEYRADE, Muscat de frontignan, 985
CH. LA PEYRE, ● Haut-médoc, 344 ● Saint-estèphe, 367
CLOS LAPEYRE, Jurançon sec, 749
DOM. LAPEYRE, Béarn, 744
CH. LAPEYRONIE, Côtes de castillon, 291
DOM. DE LA PEYROUSE, Corbières, 661
CH. DE LA PIERRE, Régnié, 164
DOM. DE LA PIERRE, Moulin à vent, 162
HUBERT LAPIERRE, Moulin à vent, 162
DOM. DE LA PIERRE BLANCHE, Jardin de la France, 1006
DOM. DE LA PIERRE BLEUE, Côte de brouilly, 146
LA PIERRE D'ARDENAY, Coteaux du layon, 821
DOM. DE LA PIERRE LATINE, Canton de Vaud, 1039
DOM. DE LA PIERRE NOIRE, Côtes du forez AOVDQS, 889
DOM. DE LA PIGEADE, Muscat de beaumes-de-venise, 986
DOM. LA PINEDE, Châteauneuf-du-pape, 955
DOM. DE LA PINGOSSIERE, Muscadet sèvre-et-maine, 789
DOM. DE LA PINTE, ● Arbois, 633 ● Macvin du jura, 999
JEAN-LUC LAPLACE, Brouilly, 143
DOM. DE LA PLAIGNE, Régnié, 164
DOM. LA PLEIADE, ● Côtes du roussillon-villages, 694 ● Maury, 980
DOM. DE LA PLEIADE, Muscadet des coteaux de la loire, 782
VIGNOBLE DE LA POELERIE, Chinon, 863
CH. LA POINTE, Pomerol, 239
LAPORTE, ● Côtes du roussillon, 689 ● Rivesaltes, 978 ● Muscat de rivesaltes, 982
DOM. SERGE LAPORTE, ● Sancerre, 905 ● Pouilly-fumé, 898
DOM. DE LA PORTELIERE, Vendée, 1009
DOM. DE LA POTERIE, Coteaux du layon, 821
CH. DE LA PRAT, Juliénas, 155
DOM. DE LA PRESLE, Touraine, 843
LES MAITRES VIGNERONS DE LA PRESQU'ILE DE SAINT-TROPEZ, Côtes de provence, 705
DOM. DE LA PREVOTE, Touraine-amboise, 849
CH. LA PRIOULETTE, Premières côtes de bordeaux, 306
DOM. DE LA PROSE, Coteaux du languedoc, 670
DOM. LA PROVENQUIERE, Oc, 1018
MARCELLE ET JEAN-LOUIS LAPUTE, Régnié, 164
DOM. DE LA QUILLA, Muscadet sèvre-et-maine, 789

DOM. DE LA RABLAIS, Touraine, 843
DOM. DE LA RACAUDERIE, Vouvray, 876
DOM. DE LA RAMAYE, Gaillac, 737
CH. LA RAME, Sainte-croix-du-mont, 377
LES CAVES DE LA RAMEE, Touraine, 844
CH. LA RAZ CAMAN, Premières côtes de blaye, 219
CH. LA RAZE, Médoc, 333
P. LARDENNOIS, Champagne, 607
DOM. LARDY, ● Beaujolais-villages, 139 ● Fleurie, 153
DOM. DE LA REALTIERE, Coteaux d'aix, 717
DOM. DE LA REBOURGERE, Muscadet sèvre-et-maine, 789
DOM. DE LA RECTORIE, ● Collioure, 696 ● Banyuls, 973
LA REINE BLANCHE, Sancerre, 905
DOM. DE LA REMEJEANNE, Côtes du rhône, 919
DOM. DE LA RENADIERE, Arbois, 633
VIGNOBLE DE LA RENAISSANCE, Bourgueil, 854
DOM. DE LA RENARDE, ● Rully, 551 ● Givry, 556
CH. LA RENAUDIE, Pécharmant, 769
DOM. DE LA RENAUDIE, Touraine, 843
DOM. DE LA RENIERE, Saumur, 830
CH. LA RENJARDIERE, Côtes du rhône, 919
DOM. DE LA RENNE, Touraine, 843
CH. LA RESSAUDIE, ● Bergerac, 757 ● Montravel, 767
DOM. DE LA REVELLERIE, Muscadet côtes de grand-lieu, 795
DOM. DE LA REVOL, Beaujolais, 134
DOM. J. LARGE, Brouilly, 143
DANIEL LARGEOT, ● Aloxe-corton, 490 ● Beaune, 506
CH. LARIBOTTE, Sauternes, 384
CH. LA RIVIERE, Fronsac, 231
GUY LARMANDIER, ● Champagne, 608 ● Coteaux champenois, 628
LARMANDIER-BERNIER, ● Champagne, 608 ● Coteaux champenois, 628
LARMANDIER PERE ET FILS, Champagne, 608
LARME D'OR, Canton du Valais, 1045
DOM. LA ROCALIERE, ● Lirac, 959 ● Tavel, 961
DOM. DE LA ROCASSIERE, Chiroubles, 150
CH. LAROCHE, Côtes de bourg, 224
CH. DE LA ROCHE, Touraine, 844
DOM. LAROCHE, ● Bourgogne, 403 ● Chablis, 436 ● Chablis premier cru, 443
HENRI LAROCHE, Pineau des charentes, 993
DOM. DE LA ROCHE AIGUE, ● Bourgogne hautes-côtes de beaune, 425 ● Auxey-duresses, 522
CH. LA ROCHE BEAULIEU, Côtes de castillon, 291
DOM. DE LA ROCHE BLANCHE, Muscadet sèvre-et-maine, 789
CH. LA ROCHE GABY, Canon-fronsac, 229
DOM. DE LA ROCHE HONNEUR, Chinon, 863
CH. LAROCHE-JOUBERT, Côtes de bourg, 224
DOM. DE LA ROCHELIERRE, Fitou, 677
DOM. DE LA ROCHE MOREAU, ● Coteaux du layon, 822 ● Quarts de chaume, 827
DOM. DE LA ROCHEPINAL, Montlouis, 869
CH. LAROCHE PIPEAU, Fronsac, 231
DOM. DE LA ROCHERIE, ● Muscadet sèvre-et-maine, 789 ● Jardin de la France, 1006
DOM. DE LA ROCHETTE, Touraine, 844
CH. LAROCHE VIELLA, Madiran, 751
DOM. DE LA ROMANEE-CONTI, La romanée-conti, 478
LAROPPE, Côtes de toul, 124
LA ROQUE, Bandol, 712
CH. LA ROQUE, Coteaux du languedoc, 670
DOM. LA ROQUETTE, Châteauneuf-du-pape, 955
CH. LA ROSE BELLEVUE, Premières côtes de blaye, 219
CH. LA ROSE CARBONIERE, Médoc, 333
CH. LA ROSE CASTENET, Bordeaux rosé, 200
CH. LA ROSE COTES ROL, Saint-émilion grand cru, 268
LA ROSE DE L'ECRIVAIN, Saussignac, 770

DOM. LA ROSE DES VENTS, Coteaux varois, 721
CH. LA ROSE FIGEAC, Pomerol, 239
LA ROSE PAUILLAC, Pauillac, 363
CH. LA ROSE-POURRET, Saint-émilion grand cru, 268
VIGNOBLE DE LA ROSERAIE, Bourgueil, 854
CH. LA ROSE SAINT-GERMAIN, ● Bordeaux, 185 ● Bordeaux rosé, 200
DOM. DE LA ROSE TREMIERE, Côtes de provence, 705
CH. LA ROSE TRIMOULET, Saint-émilion grand cru, 268
LAROSE-TRINTAUDON, Haut-médoc, 344
DOM. DE LA ROSIERE, Coteaux des Baronnies, 1029
DOM. DE LA ROSSIGNOLE, Sancerre, 906
DOM. DE LA ROTISSERIE, Haut-poitou AOVDQS, 886
DOM. DE LA ROUILLERE, Jardin de la France, 1006
CH. DE LA ROULERIE, Coteaux du layon, 822
DOM. LA ROURDE, ● Côtes du roussillon, 690 ● Muscat de rivesaltes, 983
CH. LA ROUSSELLE, Fronsac, 232
DOM. DE LA ROUSSETTE, Coteaux du languedoc, 671
CH. LA ROUVIERE, Bandol, 712
DOM. DE LA ROUVIERE, Côtes de provence, 705
CH. LAROZE, Saint-émilion grand cru, 268
DOM. LARREDYA, Jurançon, 748
DOM. LARRIBERE, Béarn, 744
CH. LARRIVET HAUT-BRION, Pessac-léognan, 325
CH. LARROQUE, ● Bordeaux, 185 ● Bordeaux sec, 195
DOM. LARROUDE, Jurançon, 748
CH. LARRUAU, Margaux, 354
CH. LARSAN, Bordeaux supérieur, 208
CH. LARUE, ● Blagny, 528 ● Chassagne-montrachet, 535 ● Saint-aubin, 539
LE CELLIER DE LA SAINTE BAUME, Coteaux varois, 721
CH. LA SALARGUE, Bordeaux clairet, 192
CUVEE DE LA SALETTE, Collioure, 696
CAVES DE LA SALLE, Chinon, 863
CH. DE LA SALLE, Premières côtes de blaye, 219
DOM. DE LA SARAZINIERE, Mâcon, 561
DOM. DE LA SAUGOURDE, Anjou, 804
LA SAULERAIE, Givry, 556
DOM. DE LA SAULZAIE, Muscadet sèvre-et-maine, 789
CH. LA SAUVAGEONNE, Coteaux du languedoc, 671
LE CLOS DE LASCAMP, Côtes du rhône, 919
CH. DE LASCAUX, Coteaux du languedoc, 671
CH. LAS COLLAS, Muscat de rivesaltes, 983
CH. LASCOMBES, Margaux, 354
CH. DE LASCOURS, Coteaux du languedoc, 671
CLOS DE LA SENAIGERIE, Muscadet côtes de grand-lieu, 795
CUVEE LA SERAINE, Monbazillac, 765
LA SERINE, Côte rôtie, 933
CH. LA SERRE, Saint-émilion grand cru, 268
CH. LASFONS, Muscat de rivesaltes, 983
LA SIZERANNE, Hermitage, 944
DOM. LA SOLLE, Côtes de duras, 772
DOM. LA SOUFRANDISE, Pouilly-fuissé, 569
DOM. LA SOUMADE, ● Côtes du rhône-villages, 928 ● Rasteau, 988
P. LASSALLE-HANIN, Champagne, 608
ROGER LASSARAT, Saint-véran, 573
CH. LASSUS, Médoc, 334
CH. DE LASTOURS, Corbières, 661
LES GRAVIERS BLANCS DU CH. DE LASTOURS, Gaillac, 737
DOM. LA SUFFRENE, Bandol, 712
DOM. DE LA TAILLE AUX LOUPS, Montlouis, 870
DOM. DE LA TALADETTE, Côtes du rhône, 919
DOM. DE LA TERRIERE, Beaujolais, 134
DOM. DE LA THEBAUDIERE, Muscadet sèvre-et-maine, 789
LA TIARE DU PAPE, Châteauneuf-du-pape, 955
CAVE LA TINE, Canton du Valais, 1045

CLOS DE LA GEORGE, Canton de Vaud, 1038
DOM. DE LA GERADE, Côtes de provence, 704
DOM. DE LA GIRARDIERE, Touraine, 842
DOM. DE LA GIRARDRIE, Saumur, 829
DOM. DE LA GISCLE, Côtes de provence, 704
GERARD ET JEANINE LAGNEAU, Beaujolais-villages, 139
CH. LA GOMERIE, Saint-émilion grand cru, 267
CH. LA GORCE, ● Premières côtes de bordeaux, 306 ● Médoc, 333
DOM. DE LA GOULBAUDIERE, Gros-plant AOVDQS, 796
LES MAITRES VIGNERONS DE LA GOURMANDIERE, Touraine, 843
LA GOUZOTTE D'OR, Bourgogne, 403
CH. LA GOVINIERE, Lussac saint-émilion, 279
CH. LA GRACE DIEU LES MENUTS, Saint-émilion grand cru, 267
LES VIGNERONS DE LA GRAND'MAISON, L'Orléanais AOVDQS, 894
CH. LA GRAND'RIBE, Côtes du rhône, 918
CH. LA GRANDE BARDE, Montagne saint-émilion, 283
CH. LA GRANDE BORIE, Bergerac, 756
CAVES DE LA GRANDE BROSSE, Touraine, 843
DOM. DE LA GRANDE FOUCAUDIERE, Touraine, 843
CH. LA GRANDE MAYE, Côtes de castillon, 290
DOM. DE LA GRANDE VARANE, Anjou, 803
DOM. DE LA GRAND FOND, Beaujolais, 134
DOM. DE LA GRAND-RAIE, Côte de brouilly, 145
CH. LAGRANGE, Pomerol, 238
CH. DE LA GRANGE, Gros-plant AOVDQS, 796
DOM. DE LA GRANGE, Muscadet sèvre-et-maine, 787
CH. LAGRANGE, Saint-julien, 371
DOM. DE LA GRANGE ARTHUIS, Coteaux du giennois, 890
CH. LA GRANGE CLINET, Premières côtes de bordeaux, 306
DOM. DE LA GRANGERIE, Bourgogne, 403
DOM. LA GRANGE TIPHAINE, Touraine-amboise, 848
DOM. DE LA GRANGETTE, Oc, 1018
CH. LA GRAVE, ● Bordeaux, 184 ● Fronsac, 231 ● Sainte-croix-du-mont, 377
CH. LA GRAVE, Minervois, 680
CH. LA GRAVE FIGEAC, Saint-émilion grand cru, 267
CH. LAGRAVE PARAN, Bordeaux, 184
CH. LA GRAVE SAINT-ROCH, Graves, 314
CH. LA GRAVE TRIGANT DE BOISSET, Pomerol, 238
LA GRAVETTE DE CERTAN, Pomerol, 238
DOM. LA GRAVIERE, Lalande de pomerol, 245
CH. DE LA GREFFIERE, Crémant de bourgogne, 428
DOM. DE LA GRENAUDIERE, Muscadet sèvre-et-maine, 788
CH. DE LA GRENIERE, Lussac saint-émilion, 279
CH. LAGREZETTE, Cahors, 732
CH. LAGUE, Fronsac, 231
LA GUENIETTAZ, Canton de Vaud, 1038
DOM. DE LA GUICHARDE, ● Côtes du rhône, 918 ● Côtes du rhône-villages, 928
DOM. DE LA GUILLOTERIE, ● Saumur, 829 ● Saumur-champigny, 835
CH. LA GURGUE, Margaux, 354
DOM. DE LA HAIE TROIS SOLS, Muscadet sèvre-et-maine, 788
DOM. DE LA HAUTE FEVRIE, Muscadet sèvre-et-maine, 788
BENOIT LAHAYE, Coteaux champenois, 628
CH. LA HAYE, Saint-estèphe, 367
LA HERPINIERE, Touraine-azay-le-rideau, 850
PRESTIGE DE LA HIGUERE, Côtes de Gascogne, 1014
DOM. DE LA HOUSSAIS, ● Gros-plant, 796 ● Marches de Bretagne, 1009
JEAN-PIERRE LAISEMENT, Touraine, 843
CH. LA JALGUE, Bordeaux, 184

DOM. DE LA JANASSE, ● Côtes du rhône, 918 ● Côtes du rhône-villages, 928 ● Châteauneuf-du-pape, 954
CH. DE LA JAUBERTIE, ● Bergerac, 757 ● Bergerac sec, 761
DOM. DE LA JEANNETTE, Côtes de provence, 705
CH. DE LA JOCONDE, Muscadet sèvre-et-maine, 788
LAJONIE, Monbazillac, 765
CH. LA JOUSSELINIERE, Muscadet sèvre-et-maine, 788
DOM. DE LA JUVINIERE, Aloxe-corton, 490
CH. LA LAGUNE, Haut-médoc, 344
DOM. DE LA LAIDIERE, Bandol, 712
CH. LALANDE, Listrac-médoc, 350
DOM. DE LA LANDE, Gros-plant AOVDQS, 796
DOM. DE LA LANDE, Bourgueil, 853
CH. LALANDE D'AUVION, Médoc, 333
CH. LALANDE DE TAYAC, Bordeaux côtes de francs, 293
DOM. DE LA LANDELLE, Muscadet sèvre-et-maine, 788
CLOS LA LANTERNE, Vouvray, 876
DOM. LALAURIE, Oc, 1018
DOM. DE LA LAUZADE, Côtes de provence, 705
LALEURE PERE ET FILS, Corton-charlemagne, 498
DOM. LALEURE-PIOT, ● Pernand-vergelesses, 493 ● Corton, 495
DOM. DE LA LEVRATIERE, Fleurie, 152
DOM. DE LA LEVRAUDIERE, Muscadet sèvre-et-maine, 788
CH. LA LEZARDIERE, Entre-deux-mers, 297
DOM. DE LA LIEUE, Coteaux varois, 720
DOM. DE LA LINOTTE, Côtes de toul, 124
CH. DE LA LIQUIERE, Faugères, 676
ALAIN LALLEMENT, Champagne, 607
CH. LA LOUBIERE, Pomerol, 239
DOM. DE LA LOUVETRIE, Muscadet sèvre-et-maine, 788
CH. LA LOUVIERE, Pessac-léognan, 324
DOM. DE LA LYSARDIERE, Chinon, 862
CAVE LA MADELEINE, Canton du Valais, 1044
CLOS LA MADELEINE, Saint-émilion grand cru, 267
DOM. DE LA MADONE, ● Brouilly, 143 ● Fleurie, 152
DOM. DE LA MAISON GERMAIN, Beaujolais-villages, 139
DOM. DE LA MALADIERE, ● Chablis premier cru, 442 ● Chablis grand cru, 447
CH. DE LA MALLEVIEILLE, Bergerac rosé, 767
CH. LAMARCHE, Bordeaux supérieur, 208
DOM. FRANCOIS LAMARCHE, ● Clos de vougeot, 472 ● La grande rue, 478
CH. LAMARCHE CANON, Canon-fronsac, 229
CH. LAMARGUE, Costières de nîmes, 665
CELLIER DE LA MARIGONNERIE, Cheverny, 880
CH. LAMARQUE, Sainte-croix-du-mont, 377
CH. DE LAMARQUE, Haut-médoc, 344
DOM. DE LA MARQUISE, Collioure, 696
CH. LAMARTINE, Côtes de castillon, 291
CH. LAMARTINE, Cahors, 732
CH. LAMARTINE, Gaillac, 737
DOM. DE LA MARTINERIE, Muscadet sèvre-et-maine, 789
CH. LAMARTRE, Saint-émilion grand cru, 267
DOM. DE LA MAVETTE, Côtes du rhône-villages, 928
PATRICK LAMBERT, Chinon, 862
YVES LAMBERT, Saumur, 830
DOM. DES LAMBRAYS, Clos des lambrays, 467
CH. LA MENARDIE, Bordeaux supérieur, 208
CH. DE LA MERCREDIERE, Muscadet sèvre-et-maine, 789
CH. DE LA MERCY-DIEU, Sancerre, 905
DOM. LA MEREUILLE, Côtes du rhône, 919
CH. DE LA MERIZE, Moulin à vent, 161
CH. DE LA MERMIERE, Canton de Genève, 1049
CH. DE LA MEULIERE, Premières côtes de bordeaux, 306

LAMIABLE, Champagne, 607
DOM. DE LA MILLERANCHE, Juliénas, 155
DOM. DE LA MILLETIERE, Montlouis, 869
CH. DE LA MINGERIE, Bordeaux clairet, 192
CH. LA MIRANDELLE, Bordeaux, 184
CH. LA MISSION HAUT-BRION, Pessac-léognan, 324
LA CHAPELLE DE LA MISSION HAUT-BRION, Pessac-léognan, 325
DOM. LA MONTAGNE D'OR, Côtes du rhône-villages, 928
CH. DE LA MONTCELLIERE, ● Rosé d'anjou, 811 ● Cabernet d'anjou, 813
DOM. DE LA MORDOREE, ● Côtes du rhône, 919 ● Châteauneuf-du-pape, 954 ● Lirac, 959 ● Tavel, 961
CH. LAMOTHE, Côtes de bourg, 224
CLOS LAMOTHE, Graves, 314
CH. LAMOTHE BELAIR, Bergerac, 757
CH. LAMOTHE BERGERON, Haut-médoc, 344
CH. LAMOTHE-CISSAC, Haut-médoc, 344
DOM. LAMOTHE GUIGNARD, Sauternes, 383
CH. LAMOTHE VINCENT, Bordeaux rosé, 200
CH. LA MOTTE, Pacherenc du vic-bilh, 753
DOM. DE LA MOTTE, ● Bourgogne, 403 ● Chablis, 436 ● Chablis premier cru, 443
DOM. DE LA MOTTE, Anjou-villages, 807
CH. LA MOULIERE, Côtes de duras, 772
CH. LA MOULINE, Moulis-en-médoc, 359
CH. LAMOURETTE, Sauternes, 383
JEAN-JACQUES LAMOUREUX, Champagne, 607
DOM. LA MOUSSIERE, Sancerre, 905
DOM. DE LA MOUTTE, Côtes de provence, 705
CH. DE LA MULONNIERE, ● Anjou, 803 ● Anjou-villages, 808
DOM. HUBERT LAMY, ● Chassagne-montrachet, 535 ● Saint-aubin, 538 ● Santenay, 542
DOM. LAMY-PILLOT, Chassagne-montrachet, 535
DOM. DE LA NAVARRE, Côtes de provence, 705
LANCELOT FILS, Champagne, 607
P. LANCELOT-ROYER, Champagne, 607
CH. DE LANCYRE, Coteaux du languedoc, 670
CH. LANDEREAU, Bordeaux supérieur, 208
DOM. DU LANDEYRAN, Saint-chinian, 683
SEPPI LANDMANN, Alsace grand cru zinnkoepflé, 119
DOM. LANDRAT-GUYOLLOT, ● Pouilly-fumé, 898 ● Pouilly-sur-loire, 900
DOM. DU LANDREAU, ● Crémant de loire, 780 ● Anjou-villages, 808
CLOS LANDRY, Vins de corse, 724
CH. DE LA NEGLY, Coteaux du languedoc, 670
CH. LA NERTHE, Châteauneuf-du-pape, 954
CH. LANESSAN, Haut-médoc, 344
DOMAINES EDMOND LANEYRIE, Pouilly-fuissé, 569
LANG-BIEMONT, Champagne, 607
CH. LANGEL-MAURIAC, Bordeaux, 185
MICHEL LANGLOIS, Coteaux du giennois, 890
LANGLOIS-CHATEAU, ● Crémant de loire, 780 ● Saumur, 830
CH. LANGOA BARTON Saint-julien, 371
CH. LANGOIRAN, Premières côtes de bordeaux, 306
SYLVAIN LANGOUREAU, ● Puligny-montrachet, 530 ● Chassagne-montrachet, 535 ● Saint-aubin, 539
CH. DE LANGUISSAN, Bordeaux rosé, 200
CH. LANIOTE, Saint-émilion grand cru, 268
DOM. DE LA NOBLAIE, Chinon, 863
CH. DE LA NOBLESSE, Bandol, 712
LES VIGNERONS DE LA NOELLE, ● Muscadet côtes de grand-lieu, 794 ● Jardin de la France, 1006
DOM. DE LA NOISERAIE, Beaujolais, 134

CH. L'ERMITAGE, Sauternes, 384
DOM. L'ERMITE DE SAINT-VERAN, Saint-véran, 573
DOM. DE L'ERRIERE, Jardin de la France, 1007
CLOS DE L'ESCANDIL, Minervois, 680
CH. DE L'ESCARELLE, Coteaux varois, 721
CH. L'ESCART, Bordeaux supérieur, 210
CH. L'ESPARROU, Rivesaltes, 978
DOM. DE L'ESPERANCE, Muscadet sèvre-et-maine, 790
DOM. DE L'ESPIGOUETTE, Côtes du rhône, 920
CLOS L'ESQUIROL, Minervois, 680
L'ETOILE, ● Collioure, 697 ● Banyuls, 973 ● Banyuls grand cru, 974
CH. DE L'ETOILE, ● Crémant du jura, 642 ● L'étoile, 643
CH. L'ETOILE DE SALLES, Lalande de pomerol, 246
DOM. DE L'EUROPE, Mercurey, 554
CH. L'EUZIERE, Coteaux du languedoc, 671
CH. L'EVANGILE, Pomerol, **240**
L'HERITIERE, Cheverny, 881
DOM. L'HERITIER-GUYOT, Vougeot, 470 471
CH. DE L'HERMITAGE, Bandol, 713
PRESTIGE DE L'HERMITAGE, Muscadet sèvre-et-maine, 791
DOM. DE L'HERONDE, Brouilly, 143
DOM. DE L'HOMOIS, Anjou-villagesbrissac, 814
DOM. DE L'HORTUS, Coteaux du languedoc, 672
CH. L'HOSANNE, Graves de vayres, 301
CH. DE L'HOSPITAL, Graves, 315
DOM. DE L'HOSPITALET, Coteaux du languedoc, 672
CH. L'HOSTE-BLANC, Bordeaux sec, 196
DOM. DU CH. DE L'HYVERNIERE, Muscadet sèvre-et-maine, 791
DOM. DE L'IDYLLE, Roussette de savoie, 650
LES VIGNERONS DE L'ILE DE BEAUTE, Ile de Beauté, 1025
DOM. DE L'ILE MARGAUX, Bordeaux supérieur, 211
DOM. DE L'ILE SAINT-PIERRE, Bouches-du-Rhône, 1027
CH. DE L'ILLE, Corbières, 661
CH. L'ISOLETTE, Côtes du luberon, 968
DOM. DE L'OISILLON, Beaujolais-villages, 139
DOM. DE L'OLIVETTE, Bandol, 713
DOM. DE L'OLIVIER, ● Côtes du rhône, 921 ● Côtes du rhône-villages, 929
DOM. DE L'ORATOIRE SAINT-MARTIN, ● Côtes du rhône, 921 ● Côtes du rhône-villages, 929
L'OR DU VENT, Canton du Valais, 1045
DOM. DE L'OREE DU BOIS, Beaujolais-villages, 140
DOM. DE L'ORME, Petit chablis, 432
DOM. DE L'OUCHE GAILLARD, Montlouis, 870
DOM. DE L'OUCHE-GUINIERE, Muscadet des coteaux de la loire, 783
L'OUSTAU FAUQUET, Gigondas, 947
CH. LABADIE, Médoc, 332
DOM. DE LABAIGT, Landes, 1011
DOM. DE LABALLE, Landes, 1011
DOM. DE LA BARBINIERE, Vendée, 1009
CLOS LABARDE, Saint-émilion grand cru, 265
CH. LA BARDONNE, Bordeaux, 183
LA BAREILLE, Beaujolais, 134
DOM. DE LA BARILLERE, Muscadet sèvre-et-maine, 786
CH. LA BARONNE, Corbières, 810
DOM. DE LABARTHE, Gaillac, 736
LA BASTIDE BLANCHE, Bandol, **712**
LA BASTIDE DU COLLET DE MOURRE, Alpes-Maritimes, 1028
DOM. DE LA BASTIDE NEUVE, Côtes de provence, 703
LA BASTIDE-SAINT-DOMINIQUE, ● Côtes du rhône, 918 ● Châteauneuf-du-pape, 953
LA BASTIDE-SAINT-VINCENT, ● Côtes du rhône, 918 ● Vacqueyras, 989
CH. LABASTIDIE, Gaillac, 736
DOM. DE LA BASTIDONNE, Côtes du ventoux, 964
DOM. DE LA BATELIERE, Coteaux varois, 720
CH. LABATUT-BOUCHARD, ● Premières côtes de bordeaux, 306 ● Cadillac, 374
DOM. DE LA BAUME, ● Costières de nîmes, 664 ● Oc, 1017
MICHEL LABBE ET FILS, Champagne, 606

DOM. DE LA BEAUCARNE, Beaujolais-villages, 138
CH. LA BECASSE, Pauillac, 362
DOM. DE LA BECHE, Morgon, 159
CH. LABEGORCE, Margaux, 353
CH. LABEGORCE ZEDE, Margaux, 353
DOM. DE LA BELLE ANGEVINE, ● Anjou-gamay, 807 ● Coteaux du layon, 821
MANOIR DE LA BELLONNIERE, Chinon, 862
DOM. LA BERANGERAIE, Cahors, 731
DOM. DE LA BERGERIE, ● Coteaux du layon, 821 ● Quarts de chaume, 827 ● Touraine, 842
LA BERLANDE, Margaux, 354
DOM. LA BERNARDE, Côtes de provence, 703
DOM. DE LA BERNARDIERE, Muscadet sèvre-et-maine, 786
LA BERNARDINE, Châteauneuf-du-pape, 953
CAVES DE LA BEROCHE, Canton de Neuchâtel, 1052
CH. LA BERRIERE, Muscadet sèvre-et-maine, 786
CH. LA BERTRANDE, ● Premières côtes de bordeaux, 306 ● Loupiac, 375
DOM. DE LA BESNERIE, Touraine-mesland, 850
CH. LA BESSANE, Margaux, 354
DOM. LABESSE, Côtes de castillon, 290
DOM. PIERRE LABET, ● Bourgogne, 402 ● Savigny-lès-beaune, 501
CLOS DE LA BIDAUDE, Morey-saint-denis, 464
CH. LA BIENFAISANCE, Saint-émilion grand cru, 265
CH. DE LA BIZOLIERE, Savennières, 817
CAVE COOPERATIVE DE LABLACHERE, Coteaux de l'Ardèche, 1031
CH. LA BLANCHERIE-PEYRET, Graves, 313
DOM. DE LA BLAQUE, Coteaux de pierrevert, 969
DOM. DE LA BLOTTIERE, Vouvray, 875
DOM. DE LA BOISSERELLE, Côtes du vivarais AOVDQS, 969
CH. DE LA BONNELIERE, Chinon, 862
DOM. LA BONNELIERE, Saumur-champigny, 835
CH. LA BONNELLE, Saint-émilion grand cru, 265
CH. DE LABORDE, Bordeaux sec, 195
DOM. LABORDE, Madiran, 751
CH. LA BORDERIE-MONDESIR, Lalande de pomerol, 245
CH. LABORY DE TAYAC, Margaux, 354
CH. LA BOUGERELLE, Coteaux d'aix, 716
DOM. DE LA BOUGRIE, Coteaux du layon, 821
DOM. DE LA BOUISSE, Côtes de provence, 704
LABOURE-ROI, ● Bourgogne hautes-côtes de beaune, 425 ● Gevrey-chambertin, 458 ● Pommard, 512 ● Mercurey, 554 ● Montagny, 558
DOM. DE LA BOURRELIERE, Anjou, 803
DOM. LA BOUVAUDE, Côtes du rhône, 918
DOM. LABRANCHE LAFFONT, Madiran, 751
CH. LA BRANDE, ● Bordeaux supérieur, 207 ● Fronsac, 231 ● Côtes de castillon, 290
DOM. DE LA BRESSANDE, Rully, 551
CH. LA BRETONNIERE, Bordeaux clairet, 192
DOM. DE LA BRETONNIERE, ● Muscadet sèvre-et-maine, 786 ● Gros-plant AOVDQS, 796
CH. LA BRIDANE, Saint-julien, 351
CLOS DE LA BRIDERIE, Touraine-mesland, 850
CH. LA BRIE, ● Bergerac rosé, 760 ● Monbazillac, 765
LA BROCARDE, Côte rôtie, 933
CH. LA BRUNETTE, Bordeaux, 183
DOM. DE LA BRUYERE, Margaux, 354
CH. DE LA BRUYERE, ● Bourgogne, 402 ● Mâcon, 560
DOM. ANDRE ET BERNARD LABRY, Auxey-duresses, 522
DOM. DE LA BUISSIERE, ● Pommard, 512 ● Santenay, 542
LA BUXYNOISE, ● Bourgognegrand ordinaire, 410 ● Bourgogne aligoté, 413
CH. LA CABANNE, ● Pomerol, 237 ● Puisseguin saint-émilion, 286

CH. LA CADENETTE, Costières de nîmes, 664
CH. LA CADERIE, Bordeaux supérieur, 207
LA CADIERENNE, Bandol, 712
DOM. DE LA CAILLARDIERE, Saint-nicolas-de-bourgueil, 857
CH. LA CALISSE, Coteaux varois, 720
CH. LA CAMINADE, Cahors, 732
CH. LA CANORGUE, Côtes du luberon, 967
CH. LA CARDONNE, Médoc, 332
DOM. DE LA CARESSE, Côtes de castillon, 290
CH. LA CARIZIERE, Muscadet sèvre-et-maine, 786
DOM. DE LA CASA BLANCA, ● Collioure, 696 ● Banyuls, 972
LA CASANOVA, Rivesaltes, 977
LA CASENOVE, Côtes du roussillon, 689
CH. DE LA CASSEMICHERE, Muscadet sèvre-et-maine, 786
CH. LACAUSSADE SAINT MARTIN, Premières côtes de blaye, 279
DOM. DE LA CAVALE, Côtes du luberon, 967
LA CAVE DE GENEVE, Canton de Genève, 1049
LA CAVE DES VALLEES, Touraine-azay-le-rideau, 849
LA CAVE DU CONNAISSEUR, ● Petit chablis, 432 ● Chablis premier cru, 442
LA CAVE DU PRIEURE, ● Vin de savoie, 647 ● Roussette de savoie, 650
LA CAVE DU TONNELIER, Alsace pinot noir, 100
CH. LA CAZE BELLEVUE, Saint-émilion, 251
DE LA CENSE, Champagne, 606
DOM. DE LA CERISAIE, Saint-véran, 572
DOM. DE LA CESBRONNETTE, Anjou, 803
DOM. DE LA CEVERIE, Touraine, 842
LA CHABLISIENNE, ● Bourgogne, 402 ● Crémant de bourgogne, 428 ● Petit chablis, 432 ● Chablis, 436 ● Chablis premier cru, 442 ● Chablis grand cru, 447 ● Sauvignon de saint-bris, 449
DOM. DE LA CHAIGNEE, Fiefs vendéens AOVDQS, 798
DOM. DE LA CHAISE, Touraine, 842
DOM. LA CHANAISE, Morgon, 159
CH. LA CHANDELLIERE, Médoc, 332
DOM. DE LA CHANTELEUSERIE, Bourgueil, 853
DOM. DE LA CHAPELLE, ● Pouilly-fuissé, 568 ● Chinon, 862
CH. LA CHAPELLE BELLEVUE, Graves de vayres, 300
LA CHAPELLE DE BAGES, Pauillac, 362
CH. LA CHAPELLE-LESCOURS, Saint-émilion grand cru, 265
CH. LA CHAPELLE MAILLARD, Sainte-foy-bordeaux, 302
DOM. LA CHAPONNE, Morgon, 159
DOM. DE LA CHAPPE, Bourgogne, 402
DOM. LA CHARADE, Côtes du rhône, 918
DOM. DE LA CHARBONNIERE, Châteauneuf-du-pape, 953
DOM. LA CHARLOTTERIE, Coteaux du vendômois AOVDQS, 883
DOM. DE LA CHARMOISE, Touraine, 842
LA CHARPENTERIE, Bourgueil, 853
CH. DE LA CHARRIERE, ● Bourgogne, 402 ● Chassagne-montrachet, 535 ● Santenay, 542
DOM. DE LA CHARRIERE, Jasnières, 867
LA CHATILLONNE, Côte rôtie, 933
LA CHAUME BLANCHE, Bourgueil, 402
DOM. DE LA CHAUVILLIERE, Charentais, 1010
DOM. LA CHENAIE, Rivesaltes, 977
DOM. DE LA CHESNAIE, Saumur, 829
LACHETEAU, Jardin de la France, 1005
CH. LA CHEZE, Premières côtes de bordeaux, 306
CH. LA CITADELLE, ● Côtes du luberon, 967, **968** ● Vaucluse, 1026
DOM. LA CLAPOUZE, Coteaux de l'Ardèche, 1031
CH. LA CLARE, Médoc, 332
CH. LA CLARIERE LAITHWAITE, Côtes de castillon, 290
CH. LACLAVERIE, Bordeaux côtes de francs, 293
CH. LA CLAYMORE, Lussac saint-émilion, 279
LA CLOSERIE, Bordeaux, 183
DOM. DE LA CLOSERIE, Saint-nicolas-de-bourgueil, 857

FRANCIS ET PATRICK **HUGUET,** Cheverny, 880
DOM. **HUMBERT FRERES,** ● Gevrey-chambertin, 458 ● Charmes-chambertin, 461
HUMBRECHT, Alsace riesling, 79
BERNARD **HUMBRECHT,** Alsace riesling, 79
G. **HUMBRECHT ET FILS,** Alsace tokay-pinot gris, 92
CAVE VINICOLE DE **HUNAWIHR,** ● Alsace grand cru froehn, 107 ● Alsace grand cru rosacker, 113
HUNOLD, Alsace grand cru vorbourg, 117
CH. DU **HUREAU,** ● Saumur, **829** ● Coteaux de saumur, 833 ● Saumur-champigny, **835**
HURE FRERES, Champagne, 604
HURLEVENT, Canton du Valais, 1044
HUTEAU-HALLEREAU, Jardin de la France, 1005

LES VIGNERONS D' **IGE,** ● Bourgogne aligoté, 412 ● Crémant de bourgogne, 428 ● Mâcon, 560
DOM. DES **ILES,** ● Petit chablis, 432 ● Chablis grand cru, 447
ILRHEA, Pineau des charentes, 993
IMPERNAL, Cahors, 731
INNOCENT VI, Côtes du rhône, 917
MICHEL **ISAIE,** ● Bourgogne aligoté, 412 ● Bourgogne passetoutgrain, 417
CH. D' **ISSAN,** Margaux, 353

PAUL **JABOULET AINE,** Hermitage, 943 944
DOM. **LUCIEN JACOB,** ● Bourgogne hautes-côtes de beaune, 500 ● Savigny-lès-beaune, 500
DOM. **ROBERT ET RAYMOND JACOB,** ● Ladoix, 487 ● Corton, 495 ● Corton-charlemagne, 497
FREDERIC **JACOB,** Bourgogne aligoté, 412
ROBERT **JACOB,** Champagne, 605
DOM. **JACOB-GIRARD ET FILS,** Savigny-lès-beaune, 500
CAVEAU DES **JACOBINS,** Côtes du jura, 639
JACQUART, Champagne, 605
ANDRE **JACQUART ET FILS,** Champagne, 605
CH. DES **JACQUES,** Moulin à vent, 161
YVES **JACQUES,** Champagne, 605
CH. **JACQUES BLANC,** Saint-émilion grand cru, 264
CH. **JACQUET,** Bordeaux, 183
JACQUINET-DUMEZ, Champagne, 605
EDMOND **JACQUIN ET FILS,** ● Vin de savoie, 647 ● Roussette de savoie, 982
LOUIS **JADOT,** ● Côte de nuits-villages, 484 ● Savigny-lès-beaune, 500 ● Beaune, 506
JAFFELIN, ● Pernand-vergelesses, 493 ● Volnay, 516 ● Auxey-duresses, 522 ● Chassagne-montrachet, 535 ● Rully, 551 ● Saint-véran, 572
CH. **JALOUSIE-BEAULIEU,** Bordeaux supérieur, 207
CH. **JAMARD BELCOUR,** Lussac saint-émilion, 279
SELECTION J.M. DE **JAMART,** Champagne, 605
DOM. DOMINIQUE **JAMBON,** Morgon, 159
JEAN-PAUL ET JEAN-LUC **JAMET,** Côte rôtie, 933
CHRISTOPHE **JANISSON,** Champagne, 605
PH. **JANISSON,** Champagne, 605
JANNY, ● Bourgogne, 401 ● Bourgogne passetoutgrain, 417
PASCAL **JANVIER,** Coteaux du loir, 866
DOM. DES **JARDINS DE LA MENARDIERE,** Muscadet sèvre-et-maine, 786
DANIEL **JARRY,** Vouvray, 875
CH. DE **JASSON,** Côtes de provence, 703
CH. DE **JAU,** ● Côtes du roussillon-villages, 694 ● Muscat de rivesaltes, 982
DOM. **JAUME,** ● Côtes du rhône, 917 ● Côtes du rhône-villages, 927
CH. DE **JAYLE,** ● Bordeaux, 183 ● Bordeaux rosé, 200
CLOS **JEAN,** Loupiac, 375
CH. **JEANBRUN,** Bergerac, 756
CH. **JEANDEMAN,** Fronsac, 231
GUY-PIERRE **JEAN ET FILS,** Bourgogne hautes-côtes de nuits, 422
CH. **JEAN-FAURE,** Saint-émilion grand cru, 264
JEAN GEILER, Alsace grand cru sommerberg, 115

JEANMAIRE, Champagne, 605
JEANNIN-NALTET PERE ET FILS, Mercurey, 554
CH. **JEANROUSSE,** Fronsac, 231
CH. **JEAN VOISIN,** Saint-émilion grand cru, **265**
JEU DU ROY, Canton de Vaud, 1038
J.-C. **JHEAN-MOREY,** Meursault, 526
DOM. **EMILE JOBARD,** Meursault, 526
DOM. **REMI JOBARD,** ● Bourgogne, 401 ● Bourgogne aligoté, 412 ● Monthélie, 519
JEAN-LUC **JOILLOT,** ● Bourgogne passetoutgrain, 417 ● Pommard, 512
CH. **JOININ,** Bordeaux, 183
CH. **JOLIET,** Côtes du frontonnais, 741
JOLIET PERE ET FILS, Fixin, 454
DOM. **JOLIETTE,** ● Côtes du roussillon, 689 ● Côtes du roussillon-villages, 694 ● Muscat de rivesaltes, 982
DOM. **JOLIVAL,** ● Anjou, 803 ● Cabernet d'anjou, 813 ● Coteaux du layon, 821
PASCAL **JOLIVET,** Sancerre, 905
RENE **JOLLY,** Champagne, 606
JOLY RIVAGE, Bordeaux rosé, 200
BERNARD **JOMAIN,** Brouilly, 143
PIERRE ET JEAN-MICHEL **JOMARD,** Coteaux du lyonnais, 169
JEAN-HERVE **JONNIER,** Crémant de bourgogne, 428
DOM. **JONQUERES D'ORIOLA,** Rivesaltes, **977**
CH. DE **JONQUIERES,** Coteaux du languedoc, 669
BERTRAND **JOREZ,** Champagne, 606
JEAN **JOSSELIN,** Champagne, 606
CH. DES **JOUALLES,** Bordeaux supérieur, 207
DOM. **VINCENT ET FRANCOIS JOUARD,** Bourgogne aligoté, 412
GABRIEL **JOUARD,** ● Chassagne-montrachet, 535 ● Santenay, 542
LUCIEN **JOUDELAT,** Bourgogne irancy, 419
LE CELLIER DE **JOUDIN,** Allobrogie, 1029
DOM. DES **JOUGLA,** Saint-chinian, 683
FRANCIS **JOURDAIN,** Valençay AOVDQS, **884**
JOURDAN-GUILLEMIER, Côte de nuits-villages, 485
JEAN **JOYET,** Beaujolais, 134
CH. DU **JUGE,** Bordeaux clairet, 192
FRANCK **JUILLARD,** ● Beaujolais, 134 ● Juliénas, 155
DOM. **EMILE JUILLOT,** Mercurey, 554
DOM. **MICHEL JUILLOT,** Mercurey, 554
JULIEN DE SAVIGNAC, Bergerac, 756
JULIUS CAESAR, Bourgogne, 401
THIERRY **JULLION,** Pineau des charentes, 993
CHARLES **JUMERT ET MICHEL MARVILLE,** Coteaux du vendômois AOVDQS, 883
ROGER **JUNG ET FILS,** ● Alsace gewurztraminer, 85 ● Alsace tokay-pinot gris, 92 ● Alsace grand cru sporen, 116
DANIEL **JUNOT,** Bourgogne, 401
CH. **JUPILLE CARILLON,** Saint-émilion, 251
CAVE DES PRODUCTEURS DE **JURANCON,** Jurançon, 747
CH. **JUSTA,** Bordeaux, 183
DOM. DES **JUSTICES,** Bordeaux sec, 195
DOM. **JUX,** ● Alsace gewurztraminer, 85 ● Crémant d'alsace, 122

DOM. **ROBERT KARCHER,** Alsace tokay-pinot gris, 92
DOM. **KEHREN DENIS MEYER,** Alsace pinot noir, 99
J.-CH. ET D. **KIEFFER,** ● Alsace riesling, 79 ● Alsace gewurztraminer, 86
KIENTZ, ● Alsace pinot noir, 99 ● Alsace grand cru winzenberg, 119
CAVE DE **KIENTZHEIM-KAYSERSBERG,** Alsace gewurztraminer, 86
CHARLES **KINDLER,** Champagne, 606
DOM. **KIRMANN,** Alsace pinot noir, 100
P. **KIRSCHNER ET FILS,** Alsace pinot ou klevner, 76
CH. **KIRWAN,** Margaux, **353**
HENRI **KLEE,** Alsace grand cru wineck-schlossberg, 118
GEORGES **KLEIN,** Alsace tokay-pinot gris, 93 ● Alsace pinot noir, 100
KLEIN AUX VIEUX REMPARTS, Alsace pinot noir, 100
KLEIN-BRAND, Crémant d'alsace, 122
ANDRE **KLEINKNECHT,** Alsace sylvaner, 74

ANTOINE ET ROBERT **KLINGENFUS,** Alsace grand cru bruderthal, 105
KLIPFEL, Alsace grand cru kirchberg de Barr, 109
KLUR-STOECKLE, Alsace grand cru wineck-schlossberg, 118
DOM. **RENE KOCH ET FILS,** Alsace pinot noir, 100
KOEBERLE KREYER, Alsace pinot noir, 100
KOEHLY, Crémant d'alsace, 122
JEAN-CLAUDE **KOESTEL,** ● Alsace gewurztraminer, 86 ● Alsace pinot noir, 100
KRESSMANN, ● Saint-émilion grand cru, 265 ● Haut-médoc, 343
KROSSFELDER, Alsace gewurztraminer, 86
KRUG, Champagne, 606
KUEHN, ● Alsace grand cru florimont, 106 ● Alsace grand cru sommerberg, 115
KUEHN-SCHIELE, Alsace riesling, 79
R. **KUENTZ,** Alsace gewurztraminer, 86
J.-C. **KUNTZER ET FILS,** Canton de Neuchâtel, 1052
KURSNER FRERES, Canton de Vaud, 1038

CH. **L'ABBAYE,** Premières côtes de blaye, 219
CLOS DE **L'ABBAYE,** Saumur, 829
CLOS DE **L'ABBAYE,** Bourgueil, 853
DOM. DE **L'ABBAYE,** Chinon, 861
DOM. DE **L'ABBAYE DU PETIT QUINCY,** Bourgogne, 402
LA CAVE DE **L'ABBE ROUS,** Banyuls grand cru, 974
CLOS **L'ABEILLEY,** Sauternes, 383
CH. **L'AGNET LA CARRIERE,** Sauternes, 383
DOM. DE **L'AIGLE,** Limoux, 658
DOM. **L'AIGUELIERE,** Coteaux du languedoc, 670
CH. DE **L'AIGUILLETTE,** Muscadet sèvre-et-maine, 788
LES VIGNES DE **L'ALMA,** Anjou, 803
DOM. DE **L'ALOUETTE,** Muscadet sèvre-et-maine, 788
CH. DE **L'AMARINE,** Costières de nîmes, **665**
L'AME DU TERROIR, Bordeaux supérieur, 208
DOM. DE **L'ANCIEN MONASTERE HUMMEL,** Alsace pinot noir, 101
DOM. DE **L'ANCIEN CURE,** Bergerac, 757
DOM. DE **L'ANCIEN RELAIS,** Juliénas, 155
DOM. DE **L'ANGELIERE,** Crémant de loire, 780
DOM. DE **L'ANGLADE,** Maures, 1026
CH. DE **L'ANGLAIS,** Puisseguin saint-émilion, 287
CH. DE **L'ANNONCIATION,** Saint-émilion grand cru, 268
CH. **L'АPOLLINE,** Saint-émilion, 251
CH. **L'ARGENTEYRE,** Médoc, 333
CABERNET DE **L'ARJOLLE,** Côtes de Thongue, 1022
L'ARPENTY, Chinon, 863
DOM. DE **L'AUBERDIERE,** Muscadet sèvre-et-maine, 789
DOM. DE **L'AUBINERIE,** Muscadet sèvre-et-maine, 789
CH. DE **L'AUJARDIERE,** Gros-plant AOVDQS, 797
DOM. DE **L'AULNAYE,** Muscadet sèvre-et-maine, 789
DOM. DE **L'AUMERADE,** Côtes de provence, 705
DOM. DE **L'AUMONIER,** Touraine, 844
L'AUMONIERE, Meuse, 1032
DOM. DE **L'AVE MARIA,** Tavel, 961
DOM. DE **L'ECETTE,** Rully, 551
DOM. DE **L'ECHALIER,** Anjou-villages, 808
DOM. DE **L'ECU,** Muscadet sèvre-et-maine, 790
DOM. DE **L'EGLANTIERE,** Chablis, 436
CH. DU DOM. DE **L'EGLISE,** Pomerol, 240
CH. DE **L'EMIGRE,** Graves, 314
CH. **L'ENCLOS,** ● Pomerol, 240 ● Sainte-foy-bordeaux, 302
CH. DE **L'ENCLOS,** Bordeaux sec, 195
L'ENCLOS MAUCAILLOU, Margaux, 355
CH. DE **L'ENGARRAN,** Coteaux du languedoc, 671
DOM. DE **L'ENGARRAN,** Oc, 1018
DOM. DE **L'ENTRE-CŒURS,** Montlouis, 870
DOM. DE **L'EPINAY,** ● Muscadet sèvre-et-maine, 790 ● Saumur, 830

DOM. GUYON, ● Bourgogne, 401 ● Gevrey-chambertin, 457 ● Vosne-romanée, 475 ● Nuits-saint-georges, 481 ● Aloxe-corton, 490 ● Savigny-lès-beaune, 500 ● Chorey-lès-beaune, 503
DOM. ANTONIN GUYON, ● Gevrey-chambertin, 457 ● Chambolle-musigny, 468 ● Aloxe-corton, 490 ● Pernand-vergelesses, 493 ● Corton-charlemagne, 497 ● Savigny-lès-beaune, 500 ● Volnay, 516 ● Meursault, 526
DOM. DES GUYONS, Saumur, 829
GUYOT, Hermitage, 943
DOM. ALBERT ET OLIVIER GUYOT, Marsannay, 452
GUYOT-GUILLAUME, Champagne, 602

JEAN-MARIE HAAG, Alsace pinot noir, 99
HAEFFELIN, Alsace tokay-pinot gris, 92
HAEGELEN-JAYER, Clos de vougeot, 472
MATERNE HAEGELIN ET SES FILLES, Alsace pinot noir, 99
BERNARD ET DANIEL HAEGI, Alsace pinot noir, 99
PIERRE HAGER, ● Alsace pinot ou klevner, 76 ● Alsace tokay-pinot gris, 92
DOM. HAMELIN, ● Petit chablis, 432 ● Chablis premier cru, 442
HAMM, Champagne, 602
CH. HANTEILLAN, Haut-médoc, 343
DOM. DES HARDIERES, Coteaux du layon, 820
CHAMPAGNE HARLIN, Champagne, 603
DOM. HARMAND-GEOFFROY, Gevrey-chambertin, 457
HARMONIE, Canton de Genève, 1049
ANDRE HARTMANN, ● Alsace riesling, 79 ● Alsace grand cru hatschbourg, 108
GERARD ET SERGE HARTMANN, Alsace riesling, 79
JEAN-NOEL HATON, Champagne, 603
HATON ET FILS, Champagne, 603
DOM. DE HAUBET, Landes, 1011
CH. HAUCHAT, Fronsac, 230
HAULLER, Alsace riesling, 79
CH. HAUT-BAGES AVEROUS, Pauillac, 362
CH. HAUT-BAGES LIBERAL, Pauillac, 362
DOM. DU HAUT BAIGNEUX, ● Touraine, 842 ● Touraine-azay-le-rideau, 849
CH. HAUT-BAILLY, Pessac-léognan, 322
CH. HAUT BALLET, Canon-fronsac, 228
CH. HAUT-BATAILLEY, Pauillac, 362
CH. HAUT-BELLEVUE, Haut-médoc, 343
CH. HAUT-BERGERON, Sauternes, 383
CH. HAUT-BERGEY, Pessac-léognan, 323
CH. HAUT-BERNAT, Puisseguin saint-émilion, 286
CH. HAUT BLAGNAC, Bordeaux, 182
DOM. DU HAUT BOURG, Muscadet côtes de grand-lieu, 794
CH. HAUT-BREGA, Haut-médoc, 343
CH. HAUT BRETON LARIGAUDIERE, Margaux, 353
CH. HAUT-BRION, ● Pessac-léognan, 323 ● Pessac-léognan, 323
CH. HAUT BRISEY, Médoc, 332
CH. HAUT-CADET, Saint-émilion grand cru, 263
CH. HAUT-CANTELOUP, Médoc, 332
CH. HAUT CANTONNET, Bordeaux, 182
HAUT CARLES, Fronsac, 230
CH. HAUT-CHAIGNEAU, Lalande de pomerol, 245
CH. HAUT CRUZEAU, Bordeaux supérieur, 206
HAUT DE PIERRE, Canton de Vaud, 1038
CH. HAUTE BORIE, Cahors, 731
LES VIGNERONS DE HAUTE-BOURGOGNE, Crémant de bourgogne, 427
CH. HAUTE BRANDE, ● Bordeaux, 182 ● Bordeaux supérieur, 206
CH. HAUTEFAILLE, Entre-deux-mers, 297
CH. HAUTE FAUCHERIE, Montagne saint-émilion, 283
DOM. DE HAUTE PERCHE, ● Rosé de loire, 778 ● Coteaux de l'aubance, 815
DOM. DE HAUTERIVE, Cahors, 731
CH. HAUTE ROCHE, Coteaux d'ancenis AOVDQS, 799
DOM. DES HAUTES-CORNIERES, Aloxe-corton, 490

CH. DE HAUTE-SERRE, Cahors, 731
DOM. DES HAUTES NOELLES, Jardin de la France, 1005
DOM. DES HAUTES OUCHES, ● Rosé de loire, 778 ● Anjou, 802 ● Anjou-villages, 807 ● Cabernet d'anjou, 813 ● Jardin de la France, 1005
CH. HAUTES VERGNES, Saint-émilion, 250
CH. HAUT FERRAND, Pomerol, 237
CH. HAUT-GARDERE, Pessac-léognan, 323
CH. HAUT-GARRIGA, ● Bordeaux sec, 195 ● Entre-deux-mers, 297
CH. DU HAUT GAUDIN, Premières côtes de bordeaux, 305
CH. HAUT-GOUAT, Haut-médoc, 343
CH. HAUT-GOUJON, ● Lalande de pomerol, 245 ● Montagne saint-émilion, 282
CH. HAUT-GRAVIER, Côtes de bourg, 223
CH. HAUT GRELOT, Premières côtes de blaye, 219
CH. HAUT GROS BONNET, Canon-fronsac, 228
CH. HAUT GROS CAILLOU, Saint-émilion, 250
CH. HAUT GUERIN, Bordeaux, 182
CH. HAUT-GUIRAUD, Côtes de bourg, 223
CH. HAUT LAGRANGE, Pessac-léognan, 323
CH. HAUT LA GRENIERE, Lussac saint-émilion, 279
CH. HAUT-LA PEREYRE, Bordeaux, 183
CH. HAUT LARIVEAU, Fronsac, 231
CH. HAUT-LAVALLADE, Saint-émilion grand cru, 263
CH. HAUT-LOGAT, Haut-médoc, 343
CH. HAUT-MACO, Côtes de bourg, 223
CH. HAUT-MAILLET, Pomerol, 237
CH. HAUT MALLET, Bordeaux supérieur, 206
CH. HAUT-MARBUZET, Saint-estèphe, 367
CH. HAUT-MARSALET, Bergerac, 756
CH. HAUT MAURIN, Premières côtes de bordeaux, 305
CH. HAUT-MAYNE, Sauternes, 383
CH. HAUT-MAZERAT, Saint-émilion grand cru, 263
CH. HAUT-MAZERIS, Canon-fronsac, 228
CH. HAUT-MONDESIR, Côtes de bourg, 223
CH. HAUT-MONGEAT, ● Bordeaux clairet, 192 ● Graves de vayres, 300
DOM. DU HAUT MONTLONG, ● Bergerac, 756 ● Bergerac rosé, 760
CH. HAUT-MOUREAUX, Saint-émilion, 250
CH. HAUT-MOUSSEAU, Côtes de bourg, 224
CH. HAUT NADEAU, ● Bordeaux supérieur, 207 ● Entre-deux-mers, 297
CH. HAUT NIVELLE, Bordeaux supérieur, 207
HAUT-PEYREFAURE, Premières côtes de blaye, 219
CH. HAUT PEYROULEY, Bordeaux, 183
CH. HAUT-PEZAT, Saint-émilion grand cru, 264
CH. HAUT-PIQUAT, Lussac saint-émilion, 279
CH. HAUT PLAISANCE, Montagne saint-émilion, 283
CH. HAUT-PLANTADE, Pessac-léognan, 323
CH. HAUT-PLANTEY, Saint-émilion grand cru, 264
DOM. DU HAUT-PLANTY, Muscadet sèvre-et-maine, 786
CH. HAUT PLATEAU, Montagne saint-émilion, 283
DOM. HAUT PLATEAU, Costières de nîmes, 664
CAVE DU HAUT-POITOU, ● Haut-poitou AOVDQS, 886 ● Jardin de la France, 1005
CH. HAUT-RENAISSANCE, Saint-émilion, 250
CH. HAUT REYGNAC, Bordeaux sec, 195
CH. HAUT RIAN, ● Bordeaux sec, 195 ● Bordeaux rosé, 199 ● Entre-deux-mers, 297 ● Premières côtes de bordeaux, 305
CH. HAUT RICHARD, Côtes de bourg, 224
CH. HAUT ROCHER, Saint-émilion grand cru, 264
CH. HAUT SAINT-CLAIR, Puisseguin saint-émilion, 286
CH. HAUT-SAINT-GEORGES, Saint-georges saint-émilion, 287

CH. HAUT-SARPE, Saint-émilion grand cru, 264
LE SECOND DE HAUT-SARPE, Saint-émilion, 250
DOM. DU HAUT-SENCY, Muscadet sèvre-et-maine, 786
CH. HAUT-SORILLON, Bordeaux supérieur, 207
CH. HAUT-SURGET, Lalande de pomerol, 245
CH. HAUT-THEULET, Monbazillac, 765
CH. HAUT-TROPCHAUD, Pomerol, 237
CH. HAUT TUQUET, Côtes de castillon, 290
CH. HAUT-VEYRAC, Saint-émilion grand cru, 264
CH. HAUT-VILLET, Saint-émilion grand cru, 264
J.-V. HEBINGER ET FILS, Alsace tokay-pinot gris, 92
JEAN-PAUL HEBRART, Champagne, 603
MARC HEBRART, ● Champagne, 603 ● Coteaux champenois, 628
CHARLES HEIDSIECK, Champagne, 603
HEIDSIECK MONOPOLE, Champagne, 603
PIERRE D' HEILLY ET MARTINE HUBERDEAU, Bourgogne côte chalonnaise, 547
HEIMBERGER, ● Alsace grand cru schoenenbourg, 114 ● Alsace grand cru sonnenglanz, 116 ● Crémant d'alsace, 121
PHILIPPE HEITZ, Alsace pinot noir, 99
DOM. LEON HEITZMANN, Alsace pinot noir, 99
CH. HENNEBELLE, Haut-médoc, 343
HENRI DE BLAINVILLE, Charentais, 1010
D. HENRIET-BAZIN, Champagne, 604
HENRIOT, Champagne, 604
DOM. HENRY, Coteaux du languedoc, 669
HENRY DE BRIERES, ● Anjou, 802 ● Touraine, 842
HENRY DE VEZELAY, Bourgogne, 401
PAUL HERARD, Champagne, 604
DOM. DES HERBAUGES, Retz, 1008
DIDIER HERBERT, Champagne, 604
DOM. HERESZTYN, ● Gevrey-chambertin, 457 ● Morey-saint-denis, 464 ● Clos saint-denis, 466
ALBERT HERTZ, Alsace grand cru eichberg, 106
BRUNO HERTZ, ● Alsace sylvaner, 74 ● Alsace grand cru rangen de thann, 112
HERTZOG, ● Alsace riesling, 79 ● Alsace gewurztraminer, 85 ● Alsace tokay-pinot gris, 92
EMILE HERZOG, Alsace pinot noir, 99
HEUCQ PERE ET FILS, ● Champagne, 604 ● Champagne, 604
ROGER HEYBERGER, Alsace gewurztraminer, 85
CH. HILLOT, Graves, 313
E. HORCHER ET FILS, Alsace grand cru mandelberg, 110
HOSPICE D'AUGE, Les baux-de-provence, 719
HOSPICES DE BEAUJEU, Morgon, 159
HOSPICES DE DIJON, Bourgogne hautes-côtes de beaune, 425
CH. DES HOSPITALIERS, Coteaux du languedoc, 669
DOM. DES HOSPITALIERS, Bénovie, 1024
CH. HOSTENS-PICANT, Sainte-foy-bordeaux, 301
M. HOSTOMME ET SES FILS, Champagne, 604
CH. HOURBANON, Médoc, 332
CHARLES HOURS, Jurançon sec, 749
DOM. DES HUARDS, ● Cheverny, 880 ● Cour-cheverny, 882
HUBER ET BLEGER, ● Alsace pinot ou klevner, 76 ● Alsace riesling, 79 ● Alsace pinot noir, 99
HUBERT DE ROUEYRE, Oc, 1017
BERNARD HUBSCHWERLIN, Champagne, 604
OTTO HUGENTOBLER, Canton du Valais, 1044
DOM. HUGUENOT PERE ET FILS, ● Marsannay, 452 ● Gevrey-chambertin, 457
HUGUENOT-TASSIN, Champagne, 604
CH. D' HUGUES, ● Côtes du rhône, 917 ● Côtes du rhône-villages, 920
HUGUES DE BEAUVIGNAC, ● Coteaux du languedoc, 669 ● Côtes de Thau, 1022

GOUTORBE-BOUILLOT, Champagne, 602
DOM. JEAN GOYON, Saint-véran, 572
DOM. DE GRABIEOU, Madiran, 751
CH. GRADDE, Gaillac, 736
CH. DU GRAND ABORD, Graves, 313
DOM. DU GRAND ARC, Corbières, 660
CH. GRAND BARAIL, Montagne saint-émilion, 282
CH. GRAND BARIL, Montagne saint-émilion, 282
CH. DU GRAND BARRAIL, Premières côtes de blaye, 218
CH. GRAND BARRAIL LAMARZELLE FIGEAC, Saint-émilion grand cru, 262
CH. GRAND BERT, Saint-émilion grand cru, 262
CH. GRAND BIREAU, Bordeaux, 181
CLOS DU GRAND BOIS, Muscadet des coteaux de la loire, 782
DOM. DU GRAND BOURJASSOT, Côtes du rhône, 917
CH. DU GRAND CAUMONT, Corbières, 660
CH. DU GRAND CHAMBELLAN, Lalande de pomerol, 244
DOM. DU GRAND CHEMIN, Oc, 1017
CH. GRAND CLAUSET, Bordeaux, 181
CH. GRAND-CORBIN-DESPAGNE, Saint-émilion grand cru, 262
DOM. DU GRAND CRES, Oc, 1017
GRAND ENCLOS DU CHATEAU DE CERONS, Cérons, 378
DOM. DES GRANDES BROSSES, Coteaux du layon, 820
CH. GRAND ESTEYROLLE, Bordeaux supérieur, 206
DOM. DES GRANDES VIGNES, Côte de brouilly, 145
DOM. DES GRANDES VIGNES, Muscadet sèvre-et-maine, 785
DOM. DES GRANDES VIGNES, ● Anjou, 802 ● Cabernet d'anjou, 813 ● Coteaux du layon, 820 ● Bonnezeaux, 826
CH. GRANDE VERSANNE, Bordeaux supérieur, 206
CH. GRAND FAURIE LA ROSE, Saint-émilion grand cru, 262
CH. DU GRAND FERRAND, ● Bordeaux, 181 ● Bordeaux sec, 194
DOM. DU GRAND FERRE, Muscadet sèvre-et-maine, 785
DOM. GRAND FRERES, ● Côtes du jura, 639 ● Crémant du jura, 642 ● Macvin du jura, 999
CH. GRANDIS, Haut-médoc, 342
DOM. DU GRAND JAURE, Pécharmant, 769
CH. GRAND JEAN, Bordeaux supérieur, 206
LYDIE ET LUCIEN GRANDJEAN, Beaujolais-villages, 138
DOM. GRAND LAFONT, Haut-médoc, 342
CH. GRAND LAUNAY, Côtes de bourg, 223
GRAND LAVERGNE, Bordeaux supérieur, 206
DOM. DU GRAND LIEVRE, Beaujolais, 133
GRAND LISTRAC, Listrac-médoc, 350
DOM. DE GRANDMAISON, Pessac-léognan, 322
CH. GRAND MARSALET, ● Bergerac, 756 ● Monbazillac, 765
CH. GRAND MAYNE, Saint-émilion grand cru, 262
DOM. DU GRAND MAYNE, Côtes de duras, 772
CH. GRAND MERRAIN, Haut-médoc, 343
CH. DU GRAND MOUEYS, Bordeaux sec, 194
CH. DU GRAND MOULAS, Côtes du rhône-villages, 927
CH. GRAND ORMEAU, Lalande de pomerol, 244
CH. DU GRAND PLANTIER, ● Premières côtes de bordeaux, 305 ● Sainte-croix-du-mont, 377
CH. DU GRAND POIRIER, Muscadet côtes de grand-lieu, 794
CH. GRAND-PONTET, Saint-émilion grand cru, 263
DOM. DE GRANDPRE, Côtes de provence, 703
CH. GRAND-PUY DUCASSE, Pauillac, 361
CH. GRAND-PUY-LACOSTE, Pauillac, 362
CH. GRAND RENOUIL, Canon-fronsac, 228
CH. GRAND RIGAUD, Puisseguin saint-émilion, 286
DOM. GRAND ROCHE, ● Bourgogne, 400 ● Chablis, 435

DOM. DU GRAND ROSIERES, Quincy, 901
GRAND SAINT-BRICE, Médoc, 331
CH. GRANDS CHAMPS, Saint-émilion grand cru, 263
CAVE DES GRANDS CRUS BLANCS, ● Pouilly-fuissé, 568 ● Pouilly loché, 570 ● Pouilly vinzelles, 570
CH. GRAND SEUIL, Coteaux d'aix, 716
DOM. DES GRANDS ORMES, Bordeaux, 182
DOM. DES GRANDS PLANTIERS, Beaujolais, 133
DOM. DES GRANDS-PRIMEAUX, Gros-plant AOVDQS, 796
CH. DU GRAND TALANCE, Beaujolais, 133
DOM. DES GRAND TERRES, Muscadet sèvre-et-maine, 785
DOM. DU GRAND TRUCHASSON, Côtes de duras, 772
CH. GRAND TUILLAC, Côtes de castillon, 290
DOM. DU GRAND VENEUR, ● Côtes du rhône, 917 ● Châteauneuf-du-pape, 953
CH. DU GRAND VERNAY, Côte de brouilly, 145
GRANGENEUVE, ● Bordeaux, 182 ● Bordeaux sec, 194
P. GRANGER, Juliénas, 155
DOM. GRANINS GRAND POUJEAUX, Moulis-en-médoc, 358
DOM. DU GRANIT DORE, Juliénas, 155
DOM. DE GRANOUPIAC, ● Coteaux du languedoc, 669 ● Oc, 1017
DOM. DU GRAPILLON D'OR, Gigondas, 947
GRATEAUD, Pineau des charentes, 992
ALFRED GRATIEN, ● Champagne, 602 ● Champagne, 602
CH. GRAULET, Premières côtes de blaye, 218
CH. DES GRAVALOUS, Cahors, 730
CH. GRAVAS, Barsac, 379
CH. GRAVES DE PEYROUTAS, Saint-émilion grand cru, 263
CH. GRAVETTES-SAMONAC, Côtes de bourg, 223
DOM. DES GRAVIERS, Saint-nicolas-de-bourgueil, 857
CH. GRAVILLE-LACOSTE, Graves, 313
C. GREFFE, Crémant de loire, 779 ● Touraine, 841 ● Vouvray, 875
DOM. MARC GREFFET, Saint-véran, 572
DOM. DU GREFFEUR, Chénas, 148
JEAN GREINER, Alsace sylvaner, 74
CH. GRENOUILLE, Chablis premier cru, 447
CH. GRES SAINT-PAUL, ● Coteaux du languedoc, 669 ● Muscat de lunel, 986
ANDRE ET REMY GRESSER, ● Alsace tokay-pinot gris, 92 ● Alsace grand cru wiebelsberg, 118
GREYSAC, Médoc, 331
CH. GREZAN, Faugères, 676
CH. DE GREZELS, Cahors, 730
JOEL ET DAVID GRIFFE, ● Bourgogne, 401 ● Bourgogne aligoté, 412 ● Sauvignon de saint-bris AOVDQS, 449
DOM. DU GRIFFON, Côte de brouilly, 145
CH. GRILLON, Sauternes, 382
CH. GRIMONT, Premières côtes de bordeaux, 305
CH. GRINOU, ● Bergerac, 756 ● Bergerac sec, 761 ● Saussignac, 770
BERNARD GRIPA, ● Saint-joseph, 938 ● Saint-péray, 945
DOM. JEAN-LOUIS GRIPPAT, Saint-joseph, 938 ● Hermitage, 875
ALBERT GRIVAULT, Meursault, 526
CLOS DES GRIVES, Côtes du jura, 639
CH. GRIVIERE, Médoc, 332
DOM. ROBERT GROFFIER PERE ET FILS, ● Gevrey-chambertin, 457 ● Chambertin-clos de bèze, 460 ● Chambolle-musigny, 468 ● Bonnes-mares, 470
JACKY GROLET, Morgon, 159
BLANCHE ET HENRI GROS, Bourgogne hautes-côtes de nuits, 421
DOM. A.-F. GROS, ● Chambolle-musigny, 468 ● Echézeaux, 473 ● Richebourg, 478
DOM. ANNE GROS, ● Bourgogne, 401 ● Chambolle-musigny, 468 ● Clos de vougeot, 472 ● Vosne-romanée, 475 ● Richebourg, 477
JEAN GROS, Vosne-romanée, 475
MICHEL GROS, Bourgogne hautes-côtes de nuits, 421
ELIE GROSBOT-DENIS BARBARA, Saint-pourçain AOVDQS, 891

CH. GROS CAILLOU, Saint-émilion, 250
DOM. DU GROS PATA, Côtes du rhône, 917
HENRI GROSS, ● Alsace riesling, 78 ● Alsace grand cru goldert, 108
DOM. GROSSET, Coteaux du layon, 820
CH. GROSSOMBRE, ● Bordeaux, 182 ● Bordeaux rosé, 199 ● Entre-deux-mers, 296
JEAN-PIERRE GROSSOT, ● Chablis, 435 ● Chablis premier cru, 442
MAS DE GROUZE, Gaillac, 736
CH. GRUAUD-LAROSE, Saint-julien, 371
SARGET DE GRUAUD-LAROSE, Saint-julien, 371
PIERRE GRUBER, Côte de beaune, 508
GRUET, Champagne, 602
MAURICE GRUMIER, Champagne, 602
JOSEPH GRUSS ET FILS, ● Alsace grand cru pfersigberg, 111 ● Alsace grand cru vorbourg, 117
DOM. DE GRY-SABLON, Juliénas, 155
HENRI GSELL, Alsace pinot ou klevner, 76
JOSEPH GSELL, Crémant d'alsace, 121
CH. GUADET-PLAISANCE, Montagne saint-émilion, 282
CH. GUADET-SAINT-JULIEN, Saint-émilion grand cru, 263
CH. GUENAULT, Touraine, 841
CH. DES GUERCHES, Muscadet sèvre-et-maine, 786
CH. DE GUERIN, Bordeaux supérieur, 206
DOMINIQUE GUERIN, Jardin de la France, 1005
MADAME R. GUERIN, Pouilly-fuissé, 568
DOM. GEORGES GUERIN ET FILS, Bourgogne hautes-côtes de beaune, 425
CH. GUERRY, Côtes de bourg, 223
GUETH, Alsace pinot noir, 98
DOM. GUEUGNON-REMOND, Mâcon, 560
CH. GUIBON, ● Bordeaux, 182 ● Entre-deux-mers, 296
E. GUIGAL, ● Côte rôtie, 932 ● Condrieu, 935
GUILBAUD FRERES, Muscadet sèvre-et-maine, 786
GUILHEM DE FARGUES, Bordeaux sec, 195
GUILLARD, Gevrey-chambertin, 457
VIGNOBLE GUILLAUME, Franche-Comté, 1032
CH. GUILLAUME BLANC, Bordeaux supérieur, 206
ROSE DE GUILLEBOT, Bordeaux rosé, 199
DOM. GUILLEMARD-CLERC, Bienvenues-bâtardmontrachet, 532
CH. GUILLEMET, ● Bordeaux, 182 ● Premières côtes de bordeaux, 305
DOM. PIERRE GUILLEMOT, ● Bourgogne, 401 ● Savigny-lès-beaune, 500
JEAN-MICHEL GUILLON, Gevrey-chambertin, 457
CH. GUILLONNET, Premières côtes de blaye, 218
CH. GUILLOT, Pomerol, 237
PATRICK GUILLOT, Mercurey, 554
CH. GUINAULT, Premières côtes de bordeaux, 305
DOM. GUINDON, Gros-plant AOVDQS, 796
IMPERIAL GUINOT, Crémant de limoux, 657
DOM. GUION, Bourgueil, 853
CH. GUIOT, Costières de nîmes, 664
CH. GUIRAUD, Sauternes, 382
G DE CH. GUIRAUD, Bordeaux sec, 195
CH. G. GUIRAUD, Côtes de la malepère, 685
DOM. DE GUISE, Chiroubles, 149
CH. GUITERONDE DU HAYOT, Sauternes, 382
JEAN GUITON, ● Bourgogne, 401 ● Ladoix, 487 ● Aloxe-corton, 490 ● Savigny-lès-beaune, 500 ● Beaune, 506 ● Pommard, 512
DOM. GUITTON-MICHEL, ● Chablis, 436 ● Chablis premier cru, 442 ● Chablis grand cru, 447
GUITTOT-FELLONNEAU, Haut-médoc, 343
ALAIN GUYARD, ● Marsannay, 452 ● Fixin, 454 ● Gevrey-chambertin, 457
JEAN-PIERRE GUYARD, ● Marsannay, 452 ● Fixin, 454
GUY DE FOREZ, Champagne, 602
CH. GUYNOT, Pineau des charentes, 992

1100

XAVIER FRISSANT, ● Crémant de loire, 779 ● Touraine, 841 ● Touraine-amboise, 848
DOM. FRITSCH, Alsace pinot noir, 98
JOSEPH FRITSCH, ● Alsace riesling, 78 ● Alsace grand cru furstentum, **107**
DOM. DES FROMAGES, Rully, 551
CH. DE FROMENTEAU, Muscadet sèvre-et-maine, 785
CH. FRONTENAC, Bordeaux, 180
CH. FUISSE, Pouilly-fuissé, 568
RAPHAEL FUMEY ET ADELINE CHATELAIN, Arbois, 632
MICHEL FURDYNA, Champagne, 599
DOM. DE FUSSIACUS, ● Mâcon, 560 ● Saint-véran, 572

CH. GABARON, Bordeaux, 180
DOM. GACHOT-MONOT, ● Nuits-saint-georges, 481 ● Côte de nuits-villages, 484
F. GACON, Pineau des charentes, 992
GADAIS PERE ET FILS, Gros-plant AOVDQS, 796
DOM. GADANT ET FRANCOIS, Bourgogne, 400
DOM. DE GAGNEBERT, Coteaux de l'aubance, 815
JEAN GAGNEROT, Auxey-duresses, 521
MICHEL GAHIER, Arbois, 632
LUC GAIDOZ, Champagne, 599
GAIDOZ-FORGET, Champagne, 599
GAILANDE, Landes, 1011
CH. GAILLARD, ● Beaujolais-villages, 138 ● Morgon, 158
CH. GAILLARD, Saint-émilion grand cru, 262
CH. GAILLARD, Anjou-villages, 807
PIERRE GAILLARD, Pineau des charentes, 992
ROGER GAILLARD, Saint-véran, **572**
CH. GAILLARTEAU, Bordeaux, 181
CH. DE GAILLAT, Graves, 313
DOM. DU GALET DES PAPES, Châteauneuf-du-pape, 953
GALIUS, Saint-émilion grand cru, 262
CH. GALLAND-DAST, Premières côtes de bordeaux, 305
DOM. MICHELLE GALLEY-GOLLIARD, Chambolle-musigny, 468
CH. DE GALLIFFET, Côtes du rhône, 917
GALLIMARD PERE ET FILS, Champagne, 599
PHILIPPE GALLIOT, Montlouis, 869
DOM. DES GALLOIRES, Muscadet des coteaux de la loire, 782
DOM. DOMINIQUE GALLOIS, ● Gevrey-chambertin, 456 ● Charmes-chambertin, 461
GERARD GALTEAU, Bourgueil, 853
CH. GAMAGE, Bordeaux supérieur, 205
CH. DES GANFARDS, Bergerac sec, 761
DOM. GANGNEUX, Vouvray, 875
GILBERT GANICHAUD, Jardin de la France, 1005
PAUL GARAUDET, Monthélie, 519
DOM. DE GARBELLE, Coteaux varois, 720
CH. DES GARCINIERES, Côtes de provence, 703
DOM. GARDIES, ● Côtes du roussillon-villages, 694 ● Rivesaltes, 977
JEAN-PIERRE GARDRAT, Charentais, 1010
JEAN-FRANCOIS GARLON, Beaujolais, 133
DOM. DES GARMINS, Chablis, 435
DOM. JOSEPH ET XAVIER GARNIER, Chablis, 435
CH. GARRAUD, Lalande de pomerol, 244
CRU DU GARRE, Loupiac, 375
CH. GARREAU, Floc de gascogne, 996
DOM. DES GARRIGUES, Lirac, 958
VIGNOBLE GASNIER, Chinon, 861
GASPERINI, Côtes de provence, 703
CH. GASQUI, Côtes de provence, 703
DOM. DES GATILLES, Chiroubles, 149
DOM. DE GATINES, ● Rosé de loire, 778 ● Cabernet d'anjou, 813 ● Jardin de la France, 1005
BERNARD GAUCHER, Champagne, 599
DOM. GAUDARD, ● Anjou, **802** ● Cabernet d'anjou, 813 ● Coteaux du layon, 820
JO GAUDARD, Canton du Valais, 1043
CH. GAUDIN, Pauillac, 361
GAUDINAT-BOIVIN, Champagne, 599
CH. DE GAUDOU, Cahors, 730
GAUDRELLE, Vouvray, 875
DOM. SYLVAIN GAUDRON, Vouvray, 875
CH. GAURY BALETTE, Bordeaux supérieur, 205

CH. GAUSSENS CANTENAC, Saint-émilion, 250
RAOUL GAUTHERIN ET FILS, ● Chablis premier cru, 441 ● Chablis grand cru, 446
ALAIN GAUTHERON, Chablis premier cru, 441
DOM. GAUTHIER, Morgon, 159
LAURENT ET MARINETTE GAUTHIER, Morgon, 159
GAUTIER, Pineau des charentes, 992
CH. DES GAVELLES, Coteaux d'aix, 716
PHILIPPE GAVIGNET, Nuits-saint-georges, 481
DOM. GAVOTY, Côtes de provence, 703
FRANCOIS GAY, ● Ladoix, **487** ● Aloxe-corton, 490 ● Chorey-lès-beaune, 503
MICHEL GAY, ● Aloxe-corton, 490 ● Corton, 495 ● Savigny-lès-beaune, 500
CH. GAYAT, Graves de vayres, 300
CH. GAYON, ● Bordeaux sec, 194 ● Bordeaux supérieur, 205
CH. GAZIN, Pomerol, **236**
L'HOSPITALET DE GAZIN, Pomerol, 236
DOM. DES GEAIS, Côtes du marmandais, 743
GEIGER-KOENIG, Alsace pinot noir, 98
GEISWEILER, ● Gevrey-chambertin, 456 ● Côte de nuits-villages, 484
DOM. DES GELERIES, Bourgueil, 853
JOCELYNE GELIN-GONARD, Juliénas, 154
GELMINGER, Champagne, 599
GEMMA SMARAGD, Canton du Valais, 1044
DOM. DES GENAUDIERES, Coteaux d'ancenis AOVDQS, 799
MICHEL GENDRIER, Cour-cheverny, 882
DOM. GENELETTI, ● L'étoile, 643 ● Macvin du jura, 999
MICHEL GENET, Champagne, 599
DOM. DES GENEVES, Chablis premier cru, 442
CH. GENIBON-BLANCHEREAU, Côtes de bourg, 285
DOM. GENOT-BOULANGER, ● Beaune, 506 ● Pommard, 511 ● Volnay, 515
CAVE DES VIGNERONS DE GENOUILLY, ● Bourgogne aligoté, 412 ● Crémant de bourgogne, 427 ● Bourgognecôte chalonnaise, 547
ANDRE GENOUX, Vin de savoie, 647
DOM. DOMINIQUE GENTILE, ● Patrimonio, 726 ● Muscat du cap corse, 988
GENTILHOMME, Côtes du rhône, 917
ALAIN GEOFFROY, ● Petit chablis, 432 ● Chablis premier cru, 442 ● Chablis grand cru, 447
MADAME ARTHUR GEOFFROY, Morgon, 159
RENE GEOFFROY, ● Champagne, 600 ● Coteaux champenois, 627
CH. GEORGES DE GUESTRES, Bordeaux supérieur, 205
PIERRE GERBAIS, Champagne, 600
DOM. DES GERBEAUX, Pouilly-fuissé, **568**
JEAN-PAUL GERBER ET FILS, Alsace muscat, 82
DOM. FRANCOIS GERBET, ● Bourgogne hautes-côtes de nuits, **421** ● Clos de vougeot, 472 ● Vosne-romanée, 475
JEAN-MICHEL GERIN, Condrieu, 935
J.-M. GERIN, Côte rôtie, 932
DIDIER GERMAIN, Beaujolais, 133
DOM. GERMAIN, ● Pernand-vergelesses, 492 ● Beaune, 506
DOM. JEAN-FELIX GERMAIN, Beaujolais, 133
GILBERT ET PHILIPPE GERMAIN, ● Bourgogne hautes-côtes de beaune, 425 ● Monthélie, 519
PIERRE GERMAIN, Côte de brouilly, 145
DOM. GERON, Saumur, 829
DOM. DES GESLETS, Saint-nicolas-de-bourgueil, 857
DOM. ROLAND GEYER, ● Alsace tokay-pinot gris, 91 ● Alsace pinot noir, 98
CH. GIBALAUX-BONNET, Minervois, 680
DOM. GIBAULT, Touraine, 841
VIGNOBLE GIBAULT, ● Touraine, 841 ● Valençay AOVDQS, 884
EMMANUEL GIBOULOT, Côte de beaune, 508
CH. GIGOGNAN, Châteauneuf-du-pape, 953
PHILIPPE GILARDEAU, Bonnezeaux, 825
JEAN-PAUL GILBERT, Menetou-salon, 895
CLARET GILBEY, Bordeaux, 181

JEAN-PIERRE GILET, Vouvray, 875
DOM. ANNE-MARIE GILLE, ● Bourgogne, 400 ● Nuits-saint-georges, 481
ROBERT GILLIARD, Canton du Valais, 1044
CH. DES GILLIERES, Gros-plant AOVDQS, 796
PIERRE GIMONNET ET FILS, Champagne, 600
DOM. DE GINESTE, Gaillac, 736
GINESTET, Bordeaux, 181
PAUL GINGLINGER, ● Alsace gewurztraminer, 85 ● Alsace grand cru pfersigberg, 111
PIERRE-HENRI GINGLINGER, Alsace grand cru pfersigberg, 111
HERVE GIRARD, ● Bourgogne, 400 ● Maranges, 545
BERNARD GIRARDIN, Champagne, 600
JACQUES GIRARDIN, Santenay, 542
DOM. GIRARD-VOLLOT ET FILS, Pernand-vergelesses, 492
DOM. DES GIRASOLS, ● Côtes du rhône, **917** ● Côtes du rhône-villages, 927 ● Rasteau, 988
HENRI GIRAUD, Champagne, 600
HENRI ET BERNARD GIRIN, Beaujolais, 133
CH. DE GIRONVILLE, Haut-médoc, 342
FRANCOIS ET DOMINIQUE GIROUD, Canton du Valais, 1044
CH. GIRUNDIA, Bordeaux, 181
MAISON LOUIS GISSELBRECHT, Alsace pinot ou klevner, 76
W. GISSELBRECHT, Alsace riesling, 78
CH. DU GLANA, Saint-julien, 370
DOM. GEORGES GLANTENAY ET FILS, Volnay, 515
PHILIPPE GLAVIER, Champagne, 600
CH. GLORIA, Saint-julien, 371
GOBET, Brouilly, 143
PAUL GOBILLARD, Champagne, 600
PIERRE GOBILLARD, Champagne, 600
J.-M. GOBILLARD ET FILS, ● Champagne, 601 ● Coteaux champenois, 628
CH. GODEAU, Saint-émilion grand cru, 262
GERARD ET MARIE-CLAIRE GODEFROY, Saint-nicolas-de-bourgueil, 857
JEAN-PAUL GODINAT, Quincy, 900
MARCEL GODINOU, Coteaux du giennois, 890
GODME PERE ET FILS, Champagne, 601
DOM. DES GODONS, Sancerre, 905
PAUL GOERG, ● Champagne, 601 ● Coteaux champenois, 628
ANDRE GOICHOT, ● Bourgogne, 400 ● Gevrey-chambertin, 456 ● Chambolle-musigny, 468 ● Pommard, 512 ● Auxey-duresses, 521 ● Chassagne-montrachet, 535 ● Mercurey, 554
PIERRE GOIGOUX, Côtes d'auvergne AOVDQS, 888
GOILLOT-BERNOLLIN, ● Marsannay, 452 ● Gevrey-chambertin, 456
DOM. ANNE ET ARNAUD GOISOT, ● Bourgogne, 400 ● Bourgogne aligoté, 412 ● Sauvignon de saint-bris AOVDQS, 448
GHISLAINE ET JEAN-HUGUES GOISOT, ● Bourgogne, 400 ● Bourgogne aligoté, 412
CADET DE GOMBAUDE, Pomerol, 236
CH. GOMBAUDE-GUILLOT, Pomerol, 236
J. GONARD ET FILS, Juliénas, 155
MICHEL GONET, Champagne, 601
PHILIPPE GONET, Champagne, 601
GONET-SULCOVA, Champagne, 601
CHARLES GONNET, ● Vin de savoie, 647 ● Roussette de savoie, 649
PIERRE GONON, Saint-joseph, 938
VINCENT GORNY, Côtes de toul, 124
GOSSET, Champagne, 601
CH. GOSSIN, Bordeaux supérieur, 205
DOM. MICHEL GOUBARD ET FILS, Bourgognecôte chalonnaise, 547
GEORGE GOULET, Champagne, 601
HENRY GOULET, Champagne, 601
DOM. DU GOUR DE CHAULE, Gigondas, 947
DOM. DES GOURDINS, Saint-émilion, 250
CH. DE GOURGAZAUD, Minervois, 680
DOM. DE GOURNIER, Cévennes, 1024
DOM. GOURON, Chinon, 861
GOUSSARD ET DAUPHIN, Champagne, 601
GOUSSELAND, Pineau des charentes, 992
HENRI GOUTORBE, ● Champagne, 602 ● Coteaux champenois, 628

CH. ETANG DES COLOMBES, Corbières, **660**
DOM. DE L' ETAT, Canton de Neuchâtel, 1051
CHRISTIAN ETIENNE, Champagne, 596
JEAN-MARIE ETIENNE, ● Champagne, 597 ● Coteaux champenois, 627
CH. ETIENNE LA DOURNIE, Saint-chinian, 682
DOM. ETXEGARAYA, Irouléguy, 745
EUSTACHE DESCHAMPS, Champagne, 597
CH. DES EYSSARDS, ● Bergerac, 755 ● Bergerac sec, 761 ● Saussignac, 769

LOUIS FABRE, Oc, 1017
CH. FABRE GASPARETS, Corbières, 660
FRANCOIS FAGOT, Champagne, 597
CH. FAGOUET JEAN-VOISIN, Saint-émilion grand cru, 260
MICHEL FAHRER, Alsace tokay-pinot gris, 91
CH. DE FAISE, Bordeaux supérieur, 205
FAIVELEY, ● Gevrey-chambertin, 456 ● Chambertin-clos de bèze, 460 ● Mazischambertin, 461 ● Nuits-saint-georges, 481 ● Corton, **495** ● Rully, 550 ● Mercurey, 553
CH. FAIZEAU, Montagne saint-émilion, 282
ROBERT FALLER ET FILS, Alsace tokay-pinot gris, 91
FALLET-DART, Champagne, 597
FANIEL-FILAINE, Champagne, 597
CLOS FANTINE, Faugères, 676
CH. FARAMBERT, Côtes de provence, 702
DOM. FARDEAU, ● Rosé d'anjou, 811 ● Coteaux du layon, 820
CH. DE FARGUES, Sauternes, 382
CH. FARJON, Condrieu, 934
CH. FARLURET, Barsac, 379
THIERRY FAUCHERON, Champagne, 597
CH. DU FAUGA, Montravel, 767
CH. FAUGERES, Saint-émilion grand cru, 260
CH. FAURIE DE SOUCHARD, Saint-émilion grand cru, 260
DOM. FAURMARIE, Coteaux du languedoc, 668
PHILIPPE FAURY, ● Côte rôtie, 932 ● Condrieu, 934 ● Saint-joseph, 937 938
CH. FAVRAY, Pouilly-fumé, 898
CH. FAYARD, Côtes de bordeaux saint-macaire, 299
CH. FAYAU, Cadillac, 374
SERGE FAYE, Champagne, 597
PHILIPPE FAYS, Champagne, 597
HENRI FELETTIG, Bourgogne hautes-côtes de nuits, 421
CH. FELIX ET FILS, Bourgogne, **399**
DOM. DE FENOUILLET, Faugères, 676
DOM. DE FENOUILLET, ● Côtes du rhône-villages, 927 ● Côtes du ventoux, 964
DOM. DE FENOUILLET, Muscat de beaumes-de-venise, 986
M. FERAT ET FILS, Champagne, 597
DOM. DES FERAUD, Côtes de provence, 703
CH. FERRAN, ● Pessac-léognan, 321 ● Côtes du frontonnais, 741
CH. DE FERRAND, Saint-émilion grand cru, 260
CH. DE FERRAND, Châteauneuf-du-pape, 952
JACQUES FERRAND, Beaujolais, 133
PASCAL FERRAND, Pouilly-fuissé, 568
CH. FERRAND LARTIGUE, Saint-émilion grand cru, 260
P. FERRAUD ET FILS, Mâcon-villages, 565
DOM. FERRER RIBIERE, Côtes du roussillon, 689
DOM. FERRIERE, Margaux, 353
CH. FERRIERE, Margaux, 353
DOM. JEAN FERY ET FILS, ● Bourgogne aligoté, 412 ● Morey-saint-denis, 464 ● Pernand-vergelesses, 492
F. DE FESLES, Anjou, 802
HENRI FESSY, Morgon, 158
DOM. DU FEUILLAT, Châteaumeillant AOVDQS, 887
NICOLAS FEUILLATTE, Champagne, 598
CH. DES FEUILLEES, Côte de brouilly, 145
BERNARD FEVRE, ● Bourgogne passetoutgrain, 417 ● Pommard, 511 ● Auxey-duresses, 521 ● Saint-romain, 524
CH. FEYTIT-CLINET, Pomerol, 236

MICHEL FEZAS, Floc de gascogne, 996
DOM. FICHET ET FILS, Mâcon, 560
DOM. DE FIERVAUX, Saumur, 829
CH. DE FIEUZAL, Pessac-léognan, 322
CH. FIGEAC, Saint-émilion grand cru, **260**
DOM. DU FILH, Premières côtes de bordeaux, 305
DOM. FILLIATREAU, Saumur-champigny, 834
CH. DES FINES ROCHES, Châteauneuf-du-pape, 952
DANIEL FISSELLE, Montlouis, 869
DOM. DE FISSEY, Mercurey, 553
DOM. FIUMICICOLI, Vins de corse, 724
GILLES FLACHER, ● Condrieu, 934 ● Saint-joseph, 938
CH. DE FLAUGERGUES, Coteaux du languedoc, 669
RENE FLECK, ● Alsace tokay-pinot gris, 91 ● Alsace pinot noir, 98
RENE FLEITH-ESCHARD, ● Alsace grand cru furstentum, 107 ● Crémant d'alsace, 121
FRANCOIS FLESCH, Alsace sylvaner, 73
FLEUR, Bordeaux rosé, 199
CH. FLEUR CARDINALE, Saint-émilion grand cru, 261
FLEUR DE BRUYERE, Corbières, 660
CH. FLEUR DE LISSE, Saint-émilion, 249
FLEUR DES LANDES, Landes, 1011
CAVEAU DES FLEURIERES, Ladoix, 486
DOM. FLEURY LAPLACE, Pacherenc du vic-bilh, 753
FLEURY PERE ET FILS, Champagne, 598
DOM. DE FLINES, Jardin de la France, 1004
CH. FLOJAGUE, Côtes de castillon, 289
FLORIADE, Côtes du marmandais, 743
G. FLUTEAU, Champagne, 598
FOLIE DE ROI, Pacherenc du vic-bilh, 753
CH. FOMBRAUGE, Saint-émilion grand cru, **261**
CH. FONBADET, Pauillac, 361
CH. DE FONBEL, Saint-émilion grand cru, 261
DOM. DE FOND CHATONNE, Morgon, 158
DOM. DE FONDRECHE, Côtes du ventoux, 964
CH. FONFREDE, Côtes de bergerac, 763
CH. FONFROIDE, Bordeaux, 180
CH. FONGABAN, Puisseguin saint-émilion, 286
CH. FONGIRAS, Médoc, 330
CH. FONMOURGUES, ● Côtes de bergerac moelleux, 764 ● Monbazillac, 765
CH. FONPLEGADE, Saint-émilion grand cru, 261
CH. FONRAZADE, Saint-émilion grand cru, 261
CH. FONREAUD, Listrac-médoc, 349
CH. FONROQUE, Saint-émilion grand cru, 261
CH. DE FONSCOLOMBE, Coteaux d'aix, 716
DOM. FONTAINE DU CLOS, Vaucluse, 1026
GUY FONTAINE ET JACKY VION, ● Bourgogne, 400 ● Chassagne-montrachet, **534** ● Rully, 550
FONTAINE MIRACULEUSE, Costières de nîmes, 664
CH. FONTAINE ROYALE, Listrac-médoc, 349
DOM. FONTANEL, Côtes du roussillon-villages, 693 ● Rivesaltes, 977 ● Muscat de rivesaltes, 982
CH. FONTARABIE, Premières côtes de blaye, 207
DOM. FONTARECHE, Corbières, 660
DOM. DE FONTAVIN, ● Côtes du rhône, 917 ● Châteauneuf-du-pape, 952
CH. FONTBAUDE, Côtes de castillon, 289
FONTBORIES, Corbières, 660
CH. DE FONTCAUDE, ● Coteaux du languedoc, 669 ● Saint-chinian, 683
CH. DE FONTCREUSE, Cassis, 710
DOM. FONT DE MICHELLE, Châteauneuf-du-pape, 953
DOM. DE FONTENAY, Côte roannaise, 893
CH. FONTENIL, Fronsac, 230
DOM. DE FONTENILLE, Côtes du luberon, 967
CAVEAU DES FONTENILLES, Bourgogne, 400
CH. FONTESTEAU, Haut-médoc, 342
CH. FONTIS, Médoc, 330

CH. DE FONTSEGUGNE, Côtes du rhône, 917
FONT SIMIAN, Principauté d'Orange, 1026
FONT VIGNAL, Crozes-hermitage, 940
DOM. DE FONT-VIVE, Bandol, 711
DOM. FORCA REAL, ● Côtes du roussillon-villages, **693** ● Rivesaltes, 977
DOM. FORET, ● Arbois, 632 ● Macvin du jura, **998**
LES VIGNERONS FOREZIENS, Côtes du forez AOVDQS, 889
FORGEOT PERE ET FILS, Bourgogne passetoutgrain, 417
DOM. DES FORGES, ● Anjou-villages, 807 ● Coteaux du layon, 820
DOM. DES FORGES, Bourgueil, 853
FORGET-BRIMONT, Champagne, 598
FORTANT DE FRANCE, Oc, 1017
CH. FORT DE ROQUETAILLADE, Graves, 313
CH. FORTIA, Châteauneuf-du-pape, 953
REGIS FORTINEAU, Vouvray, 874
FORTIN PLAISANCE, Saint-émilion, 249
CH. DU FORT PONTUS, Fronsac, 230
VIN DES FOSSILES, Saône-et-Loire, 1032
ANDRE FOUASSIER, Valençay AOVDQS, 884
DOM. DE FOUCAULD, Côtes de la malepère, 685
CH. FOUGAS, ● Côtes de bourg, **223** ● Côtes de bourg, 223
CH. FOUGEUILLES, Lalande de pomerol, 244
DOM. FOUGERAY DE BEAUCLAIR, ● Marsannay, 452 ● Fixin, 453 ● Gevrey-chambertin, 456 ● Bonnes-mares, 470 ● Côte de nuits-villages, 484
CH. DU FOUR A CHAUX, ● Coteaux du vendômois AOVDQS, 883 ● Jardin de la France, 1004
CH. FOURCAS-DUMONT, Listrac-médoc, 349
CH. FOURCAS DUPRE, Listrac-médoc, 349
CH. FOURCAS HOSTEN, Listrac-médoc, 350
CH. FOURCAS LOUBANEY, Listrac-médoc, 350
DOM. DE FOURN, Blanquette de limoux, 656
CH. FOURNAISE-THIBAUT, Champagne, 598
DOM. DES FOURNELLES, Côte de brouilly, 145
FOURNIER, Menetou-salon, 895
JEAN FOURNIER, ● Marsannay, 452 ● Gevrey-chambertin, 456
TH. FOURNIER, Champagne, 598
CH. DE FOURQUES, Coteaux du languedoc, 669
LES VIGNERONS DE FOURQUES, ● Côtes du roussillon, 689 ● Rivesaltes, 977
DOM. FOURREY ET FILS, Chablis premier cru, 441
DOM. FOURRIER, Griottes-chambertin, 461
PHILIPPE FOURRIER, Champagne, 598
BLANC FOUSSY, Touraine, 841
CH. DE FRANCE, Pessac-léognan, 322
CH. FRANC LA COUR, Sainte-foy-bordeaux, 301
CH. FRANC LA ROUCHONNE, Saint-émilion, 249
CH. FRANC-MAYNE, Saint-émilion grand cru, 261
FRANCOIS-BROSSOLETTE, Champagne, 598
CH. FRANC PIPEAU, Saint-émilion grand cru, 262
FRANCS BORIES, Saint-émilion, 249
CH. DU FRANDAT, Buzet, 739
CH. FRAPPE-PEYROT, Cadillac, 374
FREDESTEL, Champagne, 598
CH. FREDIGNAC, Premières côtes de blaye, 207
DOM. DE FREGATE, Bandol, 711
CH. FRERE, Premières côtes de bordeaux, 305
DOM. DU FRESCHE, ● Anjou, 802 ● Anjou-gamay, 807 ● Cabernet d'anjou, 813
DOM. ANDRE FRESLIER, Vouvray, 874
LE VIGNOBLE DU FRESNE, Saint-nicolas-de-bourgueil, 857
FREY-SOHLER, Crémant d'alsace, 121
DOM. MARCEL ET BERNARD FRIBOURG, ● Bourgogne aligoté, 412 ● Bourgogne hautes-côtes de nuits, 421
PIERRE FRICK, Alsace grand cru steinert, **116**

1098

MARC **DESCHAMPS,** Pouilly-fumé, 898
PHILIPPE **DESCHAMPS,** Beaujolais-villages, 138
CAVE JEAN-ERNEST **DESCOMBES,** Morgon, 158
MICHEL **DESCOTES,** Coteaux du lyonnais, 168
REGIS **DESCOTES,** Coteaux du lyonnais, 168
ETIENNE **DESCOTES ET FILS,** Coteaux du lyonnais, 168
DESERTAUX-FERRAND, ● Bourgogne, 399 ● Côte de nuits-villages, 484
DESFAYES-CRETTENAND, Canton du Valais, 1043
DOM. **DES FINES CAILLOTTES,** Pouilly-fumé, 898
DOM. **DESLINES,** Saint-chinian, 682
DOM. **DESMAZIERES,** Coteaux du layon, 819
CH. **DESMIRAIL,** Margaux, 352
A. **DESMOULINS ET CIE,** Champagne, 594
DOM. **DESROCHES,** Touraine, 841
PASCAL **DESROCHES,** Reuilly, 902
CH. **DESTIEUX,** Saint-émilion grand cru, 260
LOUIS-CL. **DESVIGNES,** Morgon, 158
MAISON **DESVIGNES,** ● Morgon, 158 ● Bourgogne, 399 ● Bourgogne aligoté, 412
PAUL **DETHUNE,** Champagne, 594
DOM. **DE DEURRE,** ● Côtes du rhône, 916 ● Côtes du rhône-villages, 927
DEUTZ, Champagne, 594
DOM. **DES DEUX FONTAINES,** Fleurie, 152
DOM. **DES DEUX LAY,** Vendée, 1009
DOM. **DES DEUX ROCHES,** ● Mâcon, 560 ● Mâcon-villages, **565** ● Saint-véran, **572**
VEUVE A. **DEVAUX,** Champagne, 594
CH. **DEVES,** Côtes du frontonnais, 741
CH. **DEYREM VALENTIN,** Margaux, 352
DIANE DU **PERIGORD,** Bergerac sec, 761
DIASKOT SA, Saint-joseph, 937
LES VIGNERONS DE **DIDONNE,** Charentais, 1009
CAVE COOP. DE **DIE,** ● Clairette de die, 962 ● Châtillon-en-diois, 963
JEAN **DIETRICH,** Alsace pinot noir, 97 ● Alsace grand cru schlossberg, **114**
MICHEL **DIETRICH,** Alsace pinot noir, 97
CH. **DILLON,** Haut-médoc, 342
DIRINGER, Alsace tokay-pinot gris, 91
DIRLER, ● Alsace pinot noir, 97 ● Alsace grand cru spiegel, 116
DOM. **DITTIERE,** Anjou-villages-brissac, 810
DOM. **DE DIUSSE,** Madiran, 751
DOM. **DOHIN LE ROY,** Corbières, 660
LA DEMOISELLE DE **DOISY,** Sauternes, 379
CH. **DOISY DAENE,** ● Bordeaux sec, 194 ● Sauternes, 382
CH. **DOISY-VEDRINES,** Sauternes, 382
CHRISTIAN **DOLDER,** ● Alsace sylvaner, 73 ● Alsace riesling, 78 ● Alsace pinot noir, 98
CUVEE PRESTIGE DES **DOMANIALES,** Châteauneuf-du-pape, 952
DOM BASLE, Champagne, 595
DOM BRIAL, ● Côtes du roussillon-villages, 693 ● Rivesaltes, **976** ● Rivesaltes, 977 ● Muscat de rivesaltes, 982
LE POT **DOM BRIAL,** Oc, 1017
CH. **DOMEYNE,** Saint-estèphe, 366
PIERRE **DOMI,** Champagne, 595
CH. **DOMS,** Graves, 313
DONA, Rivesaltes, 977
CH. **DONAT,** Gaillac, 735
ANTOINE **DONAT ET FILS,** Bourgogne, 399
DONNADIEU, Saint-chinian, 682
DOM. **DON PAOLU,** Ile de Beauté, 1025
DONTENVILLE, Alsace tokay-pinot gris, 91
CAVE DE **DONZAC,** Côtes du brulhois AOVDQS, 742
DOPFF AU MOULIN, Alsace grand cru sporen, 116
DOPFF ET IRION, ● Alsace gewurztraminer, 85 ● Alsace grand cru schoenenbourg, 114
DOQUET-JEANMAIRE, Champagne, 595
DOM. **DOUDET,** ● Aloxe-corton, 489 ● Corton, 494 ● Corton-charlemagne, 497 ● Beaune, 505

DOUDET-NAUDIN, ● Bourgogne passetoutgrain, 417 ● Fixin, 453 ● Gevrey-chambertin, 456 ● Pernand-vergelesses, 492 ● Savigny-lès-beaune, 499 ● Pommard, 510 ● Meursault, 526
ETIENNE **DOUE,** Champagne, 595
DOURDON-VIEILLARD, Champagne, 595
DOURTHE, ● Saint-émilion, 251 ● Graves, 313 ● Médoc, 330 ● Sauternes, 382
NUMERO 1 DE **DOURTHE,** ● Bordeaux, 180 ● Bordeaux sec, 194
LA CAVE DES VIGNERONS DU **DOURY,** Beaujolais, 132
JEAN **DOUSSOUX,** Pineau des charentes, 992
DOYARD-MAHE, Champagne, 595
CH. **DE DRACY,** ● Bourgogne, 399 ● Bourgogne hautes-côtes de beaune, 424
DOM. **DU DRAGON,** Côtes de provence, 702
DRAPPIER, Champagne, 595
DRIANT-VALENTIN, Champagne, 595
JEAN-PAUL **DROIN,** ● Chablis premier cru, 441 ● Chablis grand cru, 446
JOSEPH **DROUHIN,** ● Chablis grand cru, 446 ● Clos de vougeot, 471 ● Rully, **550**
DOM. **DROUHIN-LAROZE,** ● Chambertin-clos de bèze, 459 ● Bonnes-mares, 470 ● Clos de vougeot, 471
GEORGES **DUBŒUF,** ● Fleurie, 152 ● Pouilly-fuissé, 567
CLAUDE **DUBOIS,** Champagne, 596
DOM. **DUBOIS,** Saumur-champigny, 834
GERARD **DUBOIS,** Champagne, 596
J.-P. **DUBOIS-CACHAT,** Ladoix, 486
DOM. **DUBOIS D'ORGEVAL,** ● Beaune, 506 ● Côte de beaune, 508
BERNARD **DUBOIS ET FILS,** ● Aloxe-corton, 489 ● Savigny-lès-beaune, 499 ● Chorey-lès-beaune, 503
R. **DUBOIS ET FILS,** ● Bourgogne passetoutgrain, 417 ● Bourgogne hautes-côtes de nuits, 421 ● Nuits-saint-georges, 480
DUBOIS-FORGET, Champagne, 596
PHILIPPE **DUBREUIL-CORDIER,** Savigny-lès-beaune, 499
DOM. P. **DUBREUIL-FONTAINE PERE ET FILS,** ● Aloxe-corton, 490 ● Corton, 495
GUY **DUBUET,** Monthélie, 518
DUBUIS ET RUDAZ, Canton du Valais, 1043
DOM. **DES DUC,** Saint-amour, 165
DUC DE **GRAMAN,** Premières côtes de bordeaux, 305
DUC DE **LOUSSAC,** Floc de gascogne, 995
DUC DE **MEZIERE,** Haut-montravel, 767
DUC DE **MORNY,** Coteaux du languedoc, 668
DUC DE **SAYRAL,** Côtes du frontonnais, 741
ERIC **DUCHEMIN,** Maranges, 544
RENE **DUCHEMIN,** Maranges, 545
CH. **DUCLA,** ● Bordeaux, 180 ● Entre-deux-mers, 296
DUCLAUX, Côte rôtie, 932
CH. **DUCRU-BEAUCAILLOU,** Saint-julien, **370**
CH. **DUDON,** ● Premières côtes de bordeaux, 305 ● Sauternes, 382
DUFOULEUR, ● Bourgogne, 399 ● Bourgogne hautes-côtes de nuits, 421 ● Fixin, 453 ● Morey-saint-denis, 464 ● Clos de vougeot, 472 ● Richebourg, 477 ● Nuits-saint-georges, 481 ● Corton-charlemagne, 497 ● Puligny-montrachet, 534 ● Chassagne-montrachet, 534 ● Santenay, 541 ● Rully, 550
JEAN-PIERRE **DUFOUR,** ● Savigny-lès-beaune, 499 ● Chorey-lès-beaune, 503
ROBERT **DUFOUR ET FILS,** Champagne, 596
DOM. **DUFOUX,** Chiroubles, 149
DANIEL **DUGOIS,** Arbois, **632**
CH. **DUHART-MILON,** Pauillac, 361
DOM. **DULOQUET,** Coteaux du layon, 819
CH. **DULUC,** Saint-julien, 370
J. **DUMANGIN FILS,** Champagne, 596
BERNARD **DUMAS,** Beaujolais, 133
DUMIEN-SERRETTE, Cornas, 944
DANIEL **DUMONT,** Champagne, 596
R. **DUMONT ET FILS,** Champagne, 596
HENRI **DUMOULIN,** Canton du Valais, 1043
DUPERRIER-ADAM, Chassagne-montrachet, 534
CH. **DUPLESSIS,** Moulis-en-médoc, 358
GERARD **DUPLESSIS,** ● Chablis premier cru, 441 ● Chablis grand cru, 446

CH. **DUPLESSIS FABRE,** Moulis-en-médoc, 358
PIERRE **DUPOND,** Pouilly-fuissé, 568
DUPONT D'HALLUIN, ● Mâcon-villages, 565 ● Pouilly-fuissé, 568
DOM. **DUPONT-FAHN,** Meursault, 526
DUPONT-TISSERANDOT, ● Gevrey-chambertin, 456 ● Charmes-chambertin, 460
AGNES ET MARCEL **DURAND,** Beaujolais-villages, 138
DOM. **CHRISTINE ET JEAN-MARC DURAND,** ● Bourgogne hautes-côtes de beaune, 424 ● Pommard, 511 ● Chorey-lès-beaune, 503
ERIC ET JOEL **DURAND,** ● Saint-joseph, 937 ● Cornas, 945
DOM. **DURAND-CAMILLO,** Coteaux du languedoc, 668
CH. **DURAND-LAPLAGNE,** Puisseguin saint-émilion, 286
DOM. **DE DURBAN,** Muscat de beaumes-de-venise, 985
PIERRE **DURET,** Quincy, 900
VINCENT **DUREUIL-JANTHIAL,** Rully, 550
CH. **DURFORT-VIVENS,** Margaux, 353
DOM. **BERNARD DURY,** Crémant de bourgogne, 427
DOM. **DUSEIGNEUR,** Lirac, 958
SYLVAIN **DUSSORT,** Chorey-lès-beaune, 503
DOM. **DUTERTRE,** Touraine-amboise, 848
CH. **DUTRUCH GRAND POUJEAUX,** Moulis-en-médoc, 358
DUVAL-LEROY, Champagne, 596
DUVERGEY-TABOUREAU, ● Chambolle-musigny, 467 ● Corton, 495 ● Savigny-lès-beaune, 500 ● Montagny, 558
DUVERNAY PERE ET FILS, Mercurey, 553

DOM. **EBLIN-FUCHS,** Alsace pinot noir, 98
JEAN-PAUL **ECKLE,** Alsace grand cru wineck-schlossberg, **118**
EGLY-OURIET, ● Champagne, 596 ● Coteaux champenois, 627
EGROT FILS, Coteaux champenois, 627
HENRI **EHRHART,** ● Alsace riesling, 78 ● Alsace gewurztraminer, 85
DOM. **ANDRE EHRHART ET FILS,** Alsace gewurztraminer, 85
EINHART, Alsace tokay-pinot gris, 91
CH. **ELGET,** Muscadet sèvre-et-maine, 785
CH. **ELISEE,** Pomerol, 236
CHARLES **ELLNER,** Champagne, 596
DOM. **ELOY,** ● Mâcon supérieur, 564 ● Mâcon-villages, 565
DOM. **ELS BARBATS,** Côtes du roussillon, 689
ENCLAVE DU **MOUTON,** Corbières, 660
DOM. **ENGEL,** Alsace grand cru praelatenberg, 112
FERNAND **ENGEL ET FILS,** Alsace pinot noir, 98
LES VIGNERONS DU PAYS D' **ENSERUNE,** Oc, 1017
DOM. **DES ENTREFAUX,** Crozes-hermitage, 935
DOM. D' **EOLE,** Coteaux d'aix, 716
DOM. **DES EPINAUDIERES,** ● Anjou, 802 ● Cabernet d'anjou, 812 ● Coteaux du layon, 820
ERANTHIS, Canton du Valais, 1043
DIDIER **ERKER,** Givry, 556
DAVID **ERMEL ET FILS,** Alsace pinot noir, 98
ERMITAGE DU **PIC SAINT-LOUP,** Coteaux du languedoc, 668
CH. D' **ESCABES,** Gaillac, 735
CH. **ESCALETTE,** Côtes de bourg, 222
DOM. **DES ESCARAVAILLES,** Côtes du rhône-villages, 927
DOM. D' **ESCAUSSES,** Gaillac, 736
CH. D' **ESCLANS,** Côtes de provence, 702
DOM. **DES ESCOULAIRES,** Côtes du rhône-villages, 927
CH. D' **ESCURAC,** Médoc, 330
CLAUDE **ESNAULT,** Saint-nicolas-de-bourgueil, 857
CLOS D' **ESPEROU,** Minervois, 680
DOM. **DES ESPIERS,** Gigondas, 947
ESTANDON, Côtes de provence, 702
CH. **DES ESTANILLES,** Faugères, **676**
DOM. **ESTOURNEL,** Côtes du rhône, 916
DOM. **DES ESTREMIERES,** Côtes du rhône, 916
ETALON, Bordeaux rosé, 199

COTEAUX DE COIFFY, Coteaux de Coiffy, 1033
DOM. DES **COTEAUX DE CREUE**, Meuse, 1032
DOM. DES **COTEAUX DES TRAVERS**, • Côtes du rhône-villages, 926 • Rasteau, 988
DOM. DES **COTEAUX DE VURIL**, Brouilly, 142
LA CAVE DES **COTEAUX DU HAUT-MINERVOIS**, Minervois, 679
CH. **COTE DE BALEAU**, Saint-émilion grand cru, 258
LES VIGNERONS DES **COTES D'AGLY**, • Côtes du roussillon-villages, 693 • Rivesaltes, 976
DOM. DES **COTES DE LA MOLIERE**, Beaujolais-villages, 138
CH. **COTES DE ROL**, Saint-émilion grand cru, 258
COTES DES OLIVIERS, Agenais, 1010
COTES ROCHEUSES, Saint-émilion grand cru, 259
CH. **COTES TROIS MOULINS**, Saint-émilion grand cru, 259
COUCHE PERE ET FILS, Champagne, 592
CH. **COUCY**, Montagne saint-émilion, 282
CH. **COUDERT-PELLETAN**, Saint-émilion grand cru, 259
CH. **COUFRAN**, Haut-médoc, 342
CH. **COUHINS-LURTON**, Pessac-léognan, 321
DOM. DE **COUJAN**, Coteaux de Murviel, 1022
CH. **COULAC**, • Bordeaux supérieur, 205 • Sainte-croix-du-mont, 376
CH. DE **COULAINE**, Chinon, 861
PATRICK **COULBOIS**, Pouilly-fumé, 898
CH. DES **COULDRAIES**, Touraine, 840
CH. DES **COULINATS**, Sainte-croix-du-mont, 377
ROGER **COULON**, Champagne, 592
COULY-DUTHEIL, Chinon, 861
CH. **COUPE ROSES**, Minervois, 679
DOM. DE **COUQUEREAU**, Graves, 313
CH. **COURAC**, • Côtes du rhône, 916 • Côtes du rhône-villages, **926**
JEAN-MARIE **COURBET**, Côtes du jura, 638
CH. **COURBIAN**, Médoc, 330
LAURENT **COURBIS**, Cornas, 944
MAURICE ET DOMINIQUE **COURBIS**, Saint-joseph, 937
DOM. DE **COURGEUIL**, Premières côtes de blaye, 218
CH. DU **COURLAT**, Lussac saint-émilion, 278
DOM. ALAIN **COURREGES**, Ajaccio, 725
CH. **COURRIERE-RONGIERAS**, Lussac saint-émilion, 278
DOM. DES **COURS**, Côtes de duras, 772
PIERRE **COURSODON**, Saint-joseph, 937
JEAN-CLAUDE **COURTAULT**, Petit chablis, 431
FREDERIC **COURTEMANCHE**, Montlouis, 869
DOM. DES **COURTINES**, Beaune, 505
JEAN-MICHEL **COURTIOUX**, • Crémant de loire, 779 • Cheverny, 880
CH. **COURT-LES-MUTS**, Côtes de bergerac, 228
DOM. **COUSIN-LEDUC**, Rosé de loire, 778
DOM. DE **COUSSERGUES**, Oc, 1017
CH. **COUSTOLLE**, Canon-fronsac, 228
CH. **COUTELIN-MERVILLE**, Saint-estèphe, 366
CH. **COUTET**, Barsac, 379
CH. **COUTURAT**, Premières côtes de bordeaux, 304
COUVENT DES **CORDELIERS**, • Chambolle-musigny, 467 • Beaune, 505 • Puligny-montrachet, 530
ALAIN **COUVREUR**, Champagne, 592
REMI **COUVREUR**, Champagne, 592
COVIFRUIT, L'Orléanais AOVDQS, 894
CH. **CRABITAN-BELLEVUE**, • Premières côtes de bordeaux, 304 • Sainte-croix-du-mont, 377
CH. DE **CRANS**, Canton de Vaud, 1037
CH. DU **CRAY**, Bourgognecôte chalonnaise, 546
DOM. DU **CRAY**, Bourgognecôte chalonnaise, 546
DOM. **VICTOR CREDOZ**, • Château-chalon, 638 • Côtes du jura, 638 • Macvin du jura, 998
CH. DE **CREMAT**, Bellet, 711
ROLAND **CRETE ET FILS**, Champagne, 592
DOM. DES **CRETES**, Beaujolais, 132
DOM. DES **CRETES**, Valais, 1043

PIERRE-ANTOINE **CRETTENAND**, Canton du Valais, 1043
LYCEE AGRICOLE DE **CREZANCY**, Champagne, 592
CLOS **CRISTAL**, Saumur-champigny, 834
CRISTAL BUISSE, Touraine, 840
MAS **CRISTINE**, Rivesaltes, 976
DOM. DU **CROC DU MERLE**, Cheverny, 880
DANIEL **CROCHET**, Sancerre, 904
LUCIEN **CROCHET**, Sancerre, 904
CH. **CROIX-BEAUSEJOUR**, Montagne saint-émilion, 282
CH. **CROIX CHARNAY**, Beaujolais-villages, 138
CH. DE **CROIX DE CHEVRE**, Morgon, 158
CH. **CROIX DE CHOUTEAU**, Lussac saint-émilion, 279
CH. **CROIX DE LABRIE**, Saint-émilion grand cru, 259
CLOS **CROIX DE MIRANDE**, Montagne saint-émilion, 282
CH. **CROIX DE RAMBEAU**, Lussac saint-émilion, 279
CH. **CROIX MUSSET**, Saint-émilion grand cru, 259
CROIX SAINT-LOUIS, Bourgogne, 398
CROIX SAINT-MARTIN, Bordeaux sec, 194
DOM. **CROIX SAINT URSIN**, Sancerre, 904
CH. **CROIZET-BAGES**, Pauillac, 361
CH. **CROQUE MICHOTTE**, Saint-émilion grand cru, 259
BERNARD ET ODILE **CROS**, • Crémant de bourgogne, 427 • Bourgogne-côte chalonnaise, 546
CH. DU **CROS**, • Bordeaux, 179 • Loupiac, 25
DOM. DU **CROS**, Vins de marcillac, 743
PIERRE **CROS**, Minervois, 679
CH. DE **CROUSEILLES**, Madiran, 750
CH. **CROUTE-CHARLUS**, Côtes de bourg, 222
DOM. MICHEL **CROZET**, • Chénas, 148 • Moulin à vent, 161
HENRI **CRUCHON**, Canton de Vaud, 1038
ROLAND **CRUCHON ET FILS**, Canton de Vaud, **1038**
CAVE DES VINS FINS DE **CRUET**, Vin de savoie, 647
CH. **CRUSQUET-DE LAGARCIE**, Premières côtes de blaye, 218
CH. **CRUSQUET-SABOURIN**, Premières côtes de blaye, 218
CH. DE **CRUZEAU**, Pessac-léognan, 321
CH. **CUCHOUS**, Côtes du roussillon-villages, 693
CUILLERON, • Côte rôtie, 932 • Saint-joseph, 937
CUPERLY, Champagne, 592
CH. **CURSON**, Crozes-hermitage, 940
CUVAGE DES BROUILLY, Côte de brouilly, 145
CUVEE DE LA COMMANDERIE DU BONTEMPS, Médoc, 330
CAVE DU **CYPRES**, Canton de Vaud, 1038

LUCIEN **DAGONET**, Champagne, 592
JEAN-CLAUDE **DAGUENEAU**, Pouilly-fumé, 898
CH. **DALEM**, Fronsac, 230
DOM. DU **DALEY**, Canton de Vaud, 1038
CH. **DALIOT**, Bordeaux, 180
CH. **DAMASE**, Bordeaux supérieur, 205
DAME RICHSENDE, Rivesaltes, 976
DOM. DES **DAMES**, Fiefs vendéens AOVDQS, 798
DOM. **DAMIENS**, Madiran, 751
COMTE A. DE **DAMPIERRE**, Champagne, 592
DAMPT, • Bourgogne, 398 • Petit chablis, 432 • Chablis premier cru, 441 • Chablis, 435
PAUL **DANGIN ET FILS**, Champagne, 593
DANTAN OUDIT, Champagne, 593
DOM. DE **DARDONNET**, Bordeaux, 180
REMY **DARGAUD**, Brouilly, 142
CH. **DARMAGNAC COUÉCOU**, Bordeaux, 180
DOM. **DARNAT**, • Bourgogne, 398 • Bourgogne aligoté, 411 • Saint-aubin, 538
MAISON **DARRAGON**, Vouvray, 874
YVES **DARVIOT**, Beaune, 505
CH. **DARZAC**, Bordeaux sec, 194
CH. **DASSAULT**, Saint-émilion grand cru, 259

GUSTAVE **DAUDIN**, Pouilly-sur-loire, 900
MAS DE **DAUMAS GASSAC**, Hérault, 1023
JEAN **DAUVISSAT**, • Chablis, 435 • Chablis premier cru, 441 • Chablis grand cru, 446
RENE ET VINCENT **DAUVISSAT**, • Chablis, 435 • Chablis premier cru, 441 • Chablis grand cru, 446
CH. **DAUZAC**, Margaux, 352
CH. **DAUZAN LA VERGNE**, Haut-montravel, 767
DANIEL **DAVANTURE ET FILS**, Bourgognecôte chalonnaise, 546
CH. DE **DAVENAY**, Montagny, 558
CH. **DAVID**, Médoc, 330
DOM. **MICHEL DAVID**, Muscadet sèvre-et-maine, 785
HENRI **DAVID-HEUCQ**, Champagne, 593
ANNE-SOPHIE **DEBAVELAERE**, Bourgogne aligoté bouzeron, 416
CH. **DECORDE**, Listrac-médoc, 349
DOM. **BERNARD DEFAIX**, • Petit chablis, 432 • Chablis, 435 • Chablis premier cru, 441
DOM. **DANIEL-ETIENNE DEFAIX**, • Chablis premier cru, 441 • Chablis grand cru, 446
PHILIPPE **DEFRANCE**, • Bourgogne, 398 • Bourgogne aligoté, 411 • Sauvignon de saint-bris AOVDQS, 448
MICHEL **DEFRANCE**, Fixin, 453
CH. **DEGAS**, Bordeaux, 180
LAURENT **DEGENEVE**, Meuse, 1032
DEHOURS, Champagne, 593
DEHU PERE ET FILS, Champagne, 593
DOM. **MARCEL DEISS**, Alsace grand cru altenberg de bergheim, 104
K DE **KREVEL**, Montravel, 766
HENRI **DELAGRANGE ET FILS**, Bourgogne aligoté, 411
DELAHAIE, Champagne, 593
JEAN-FRANCOIS **DELALEU**, Vouvray, 874
ROGER **DELALOGE**, • Bourgogne, 399 • Bourgogne irancy, 419
DELAMOTTE PERE ET FILS, Champagne, 593
DOM. **VINCENT DELAPORTE**, Sancerre, 905
DE LA **ROUGERIE**, Bordeaux, 180
PATRICE **DELARUE**, Saint-nicolas-de-bourgueil, 857
DELAS, • Côtes du rhône, 916 • Côte rôtie, 932 • Crozes-hermitage, 940 • Hermitage, 943 • Cornas, 944
DELAUNAY, Anjou-coteaux de la loire, 816
DANIEL **DELAUNAY**, Touraine, 841
DOM. **JOEL DELAUNAY**, Touraine, 841
EDOUARD **DELAUNAY ET SES FILS**, Côte de beaune-villages, 546
ANDRE **DELAUNOIS**, Champagne, 593
RICHARD **DELAY**, Côtes du jura, 639
ALAIN **DELAYE**, Pouilly loché, 570
DELBECK, Champagne, 593
DOM. **DELETANG**, Montlouis, 869
ANDRE **DELORME**, Crémant de bourgogne, 427
DOM. **MICHEL DELORME**, Pouilly-fuissé, 567
CELLIER DU **DELTA**, Côtes du rhône, 916
DOM. **DELTOUR-GROUSSET**, Muscat de mireval, 987
DOM. **DELUBAC**, Côtes du rhône-villages, 926
MARIE **DEMETS**, Champagne, 593
SERGE **DEMIERE**, Champagne, 594
DEMOISELLE, Champagne, 594
RODOLPHE **DEMOUGEOT**, • Bourgogne hautes-côtes de beaune, 424 • Beaune, 505 • Pommard, 510 • Monthélie, 518
R. **DENIS PERE ET FILS**, Pernand-vergelesses, 492
DOM. **DENIZOT**, • Bourgogne aligoté, 411 • Bourgognecôte chalonnaise, 547
DOM. **DENOJEAN**, Fleurie, 152
DOM. DES **DEOUX**, Coteaux varois, 720
ANDRE **DEPARDON**, Fleurie, 152
DEPARDON-COPERET, Morgon, 158
DOM. **DEPEYRE ET FILS**, Côtes du rhône, 916
DOMINIQUE ET CATHERINE **DERAIN**, Saint-aubin, 538
MICHEL **DERAIN**, Bourgogne, 399
DEREGARD-MASSING, Champagne, 594
DEREY FRERES, • Marsannay, 451 • Fixin, 453
HENRI **DESBŒUFS**, Muscat de rivesaltes, 982
DESBORDES-AMIAUD, Champagne, 594

A. **CHOPIN ET FILS**, ● Chambolle-musigny, 467 ● Nuits-saint-georges, 480 ● Côte de nuits-villages, 484
CHRISTOPHE, Champagne, 590
CHUPIN PRESTIGE, Coteaux du layon, 819
DOM. DU **CINQUAU**, Jurançon, 747
DOM. DES **CINQ VIGNES**, Chablis, 434
CH. DE **CITEAUX**, ● Auxey-duresses, 520 ● Meursault, 526
CH. **CITRAN**, Haut-médoc, **341**
DOM. BRUNO **CLAIR**, ● Marsannay, 450 ● Morey-saint-denis, 462 ● Chambolle-musigny, 467 ● Savigny-lès-beaune, 499
FRANCOISE ET DENIS **CLAIR**, ● Saint-aubin, 538 ● Santenay, 540
MICHEL **CLAIR**, Santenay, 540
CAVE DES **CLAIRMONTS**, Crozes-hermitage, 940
CH. DE **CLAPIERS**, Coteaux varois, 720
CH. **CLARKE**, Listrac-médoc, **349**
CH. **CLAUSONNE**, Costières de nîmes, 664
DOM. DE **CLAUZONE**, Oc, 1016
DOM. **CLAVEL**, Coteaux du languedoc, 668
DOM. **CLAVEL**, Côtes du rhône-villages, 926
DOM. BRUNO **CLAVELIER**, Vosne-romanée, 475
DOM. DE **CLAYOU**, Cabernet d'anjou, 812
C. LE **CABERNET**, Oc, 1016
CH. **CLEMENT**, Bordeaux, 179
CH. **CLEMENT-PICHON**, Haut-médoc, 341
CH. **CLEMENT TERMES**, Gaillac, 735
CLERAMBAULT, Champagne, 591
CH. DU **CLERAY**, Muscadet sèvre-et-maine, 784
DOM. HENRI **CLERC ET FILS**, ● Bourgogne, 397 ● Bourgognegrand ordinaire, 410 ● Blagny, 528 ● Puligny-montrachet, 530
CH. **CLERC MILON**, Pauillac, **360**
CHRISTIAN **CLERGET**, ● Chambolle-musigny, 467 ● Echézeaux, 473
RAOUL **CLERGET**, ● Bourgogne, 397 ● Bourgogne passetoutgrain, 417 ● Côte de beaune-villages, 546
CH. **CLIMENS**, Barsac, 379
LES CYPRES DE **CLIMENS**, Barsac, 379
CLOCHEMERLE, Beaujolais-villages, 137
DOM. DU **CLOCHER**, Chiroubles, 149
CLOS BOURBON, Premières côtes de bordeaux, 304
CH. **CLOS CHAUMONT**, Premières côtes de bordeaux, 304
CLOS CORMERAIS, Muscadet sèvre-et-maine, 784
CLOS DE BALAVAUD, Canton du Valais, 1042
DOM. DU **CLOS DE L'EPINAY**, Vouvray, 873
CLOS DE LA CURE, Saint-émilion grand cru, 257
CLOS DES AMANDIERS, Pomerol, 235
CH. **CLOS DE SARPE**, Saint-émilion grand cru, 257
DOM. DU **CLOS DES AUMONES**, Vouvray, 874
CLOS DES CORDELIERS, Saumur-champigny, 834
CLOS DES GALEVESSES, Lalande de pomerol, 244
DOM. DU **CLOS DES GOHARDS**, Coteaux du layon, 819
CH. **CLOS DES JACOBINS**, Saint-émilion grand cru, 257
CLOS DES PAPES, Châteauneuf-du-pape, 952
CLOS DES ROSIERS, Muscadet sèvre-et-maine, 785
CLOS DES SAULAIES, Coteaux du layon, 819
CLOS DU CALVAIRE, Châteauneuf-du-pape, 952
CLOS DU CHATEAU, Canton du Valais, 1043
CLOS DU CLOCHER, Pomerol, 236
CLOS DU **CLOS DU FIEF**, Saint-amour, 166
CLOS DU JAUGUEYRON, Haut-médoc, 342
CH. **CLOS DU MOULIN**, Muscadet sèvre-et-maine, 785
CLOS DU MOULIN AUX MOINES, Auxey-duresses, 520
DOM. DU **CLOS DU PAVILLON**, Pommard, 510
CLOS DU PELERIN, Pomerol, 236
DOM. DU **CLOS DU ROI**, Bourgogne, 397
CLOS DU ROY, Fronsac, 230

CLOS FOURTET, Saint-émilion grand cru, **257**
DOM. DU **CLOS FRANTIN**, Nuits-saint-georges, 480
CH. **CLOS HAUT-PEYRAGUEY**, Sauternes, 381
CH. **CLOSIOT**, Sauternes, 381
CH. **CLOS JUNET**, Saint-émilion grand cru, 258
CLOS L'HERMITAGE, Lalande de pomerol, 244
DOM. DU **CLOS LAMALGUE**, Var, 1028
CLOS LES COLOMBES, Bordeaux clairet, 191
DOM. DES **CLOS MAURICE**, ● Saumur, 828 ● Saumur-champigny, 834
CH. **CLOS-MIGNON**, Côtes du frontonnais, 741
CLOS PETIT MAUVINON, Saint-émilion, 249
CH. **CLOS SAINT-EMILION PHILIPPE**, Saint-émilion, 249
DOM. DU **CLOS SAINT-MARC**, ● Coteaux du lyonnais, 168 ● Nuits-saint-georges, 480
CLOS SAINT MARTIN, Saint-émilion grand cru, 258
DOM. DU **CLOS SAINT-PAUL**, Morgon, 158
CLOS SAINT-VINCENT, Saint-émilion grand cru, 258
CLOS SALOMON, Givry, 556
DOM. DES **CLOSSERONS**, ● Anjou-villages, 807 ● Coteaux du layon, **819**
JOEL **CLOSSON**, Champagne, 591
PAUL **CLOUET**, Champagne, 591
DOM. DE **CLOVALLON**, Oc, 1016
HERVE **CLUNY**, Gevrey-chambertin, 456
CH. **CLUZEL**, Premières côtes de bordeaux, 304
CAVE DE **COCUMONT**, Côtes du marmandais, 743
CŒUR DE CRAY, Touraine, 840 ● Jardin de la France, 1004
MAX **COGNARD**, ● Bourgueil, 852 ● Saint-nicolas-de-bourgueil, 856
DOM. DES **COGNETTES**, Muscadet sèvre-et-maine, 785
PIERRE **COGNY ET DAVID DEPRES**, Rully, 550
BERNARD **COILLOT PERE ET FILS**, ● Marsannay, 450 ● Fixin, 453 ● Côte de nuits-villages, 484
CH. DE **COINSINS**, Canton de Vaud, 1037
XAVIER **COIRIER**, Fiefs vendéens AOVDQS, 798
CH. **COLBERT**, Côtes de bourg, 222
DOM. MICHEL **COLBOIS**, Pommier premier cru, 440
DOM. DE **COLETTE**, Beaujolais-villages, 137
GEORGES **COLIN**, Champagne, 591
PATRICE **COLIN**, Coteaux du vendômoisAOVDQS, 883
CLOS COLIN DE PEY, Premières côtes de bordeaux, 304
BERNARD **COLIN** ET FILS, Chassagne-montrachet, 534
ANITA ET JEAN-PIERRE **COLINOT**, Bourgogne irancy, 419
COLLECTION PLAIMONT, Côtes de saint-mont AOVDQS, 754
COLLECTION ROYALE, Jurançon sec, 749
RAOUL **COLLET**, Champagne, 591
DOM. JEAN **COLLET ET FILS**, Chablis premier cru, 440
DOM. **COLLIN**, Blanquette de limoux, 656
DOM. FRANCOIS **COLLIN**, Bourgogne, 398
JEAN-NOEL **COLLIN**, Pineau des charentes, 992
COLLIN-BOURISSET, Mâcon-villages, 565
DOM. **COLLOTTE**, Marsannay, 451
CHRISTIAN **COLLOVRAY ET JEAN-LUC TERRIER**, Pouilly-fuissé, **567**
DOM. VITICOLE DE LA VILLE DE **COLMAR**, Alsace pinot ou klevner, 76
COLOMBELLE PLAIMONT, Côtes de Gascogne, 1013
CH. **COLOMBE PEYLANDE**, Haut-médoc, 342
DOM. DU **COLOMBIER**, ● Chablis, 435 ● Chablis premier cru, 440 ● Chablis grand cru, 446
DOM. DU **COLOMBIER**, ● Côtes du rhône-villages, 926 ● Crozes-hermitage, 940 ● Hermitage, 943
DOM. DU **COLOMBIER**, Jardin de la France, 1004
PRESTIGE DU **COLOMBIER**, Sancerre, 904

CH. **COLOMBIER-MONPELOU**, Pauillac, 360
CLOS **COLOMBU**, Vins de corse, 723
DOM. ANDRE **COLONGE ET FILS**, Beaujolais-villages, 138
DOM. DE **COMBELONGE**, ● Côtes du vivarais AOVDQS, 969 ● Coteaux de l'Ardèche, 1031
DOM. DE **COMBET**, Bergerac rosé, 760
CH. **COMBRAY**, Bordeaux, 179
DOM. **COMPS**, ● Saint-chinian, 682 ● Hérault, 1023
COMTE D'ANDLAU, Alsace riesling, 77
COMTE DE MONTMORENCY, ● Crémant de loire, 779 ● Saumur, 828
COMTE DE NEGRET, Côtes du frontonnais, 741
CAVE DE **CONDOM EN ARMAGNAC**, Floc de gascogne, 995
FRANCOIS **CONFURON-GINDRE**, ● Bourgogne, 398 ● Vosne-romanée, 475
DOM. DE **CONGY**, Pouilly-fumé, 898
CH. **CONSTANTIN-CHEVALIER**, Côtes du luberon, 967
Y. T. C. **CONTAT-GRANGE**, ● Santenay, 541 ● Maranges, 544
JACQUES **COPINET**, Champagne, 591
GUY **COQUARD**, Morey-saint-denis, 464
STEPHANE **COQUILLETTE**, Champagne, 591
DOM. DE **COQUIN**, Menetou-salon, 895
CAVE **CORBASSIERE**, Canton du Valais, 1043
DOM. DE **CORBETON**, Chablis, 435
DOM. DES **CORBILLIERES**, Touraine, 840
CH. **CORBIN**, ● Saint-émilion grand cru, 258 ● Montagne saint-émilion, 281
CH. **CORBIN MICHOTTE**, Saint-émilion grand cru, 258
CORBON, Champagne, 591
CH. **CORCONNAC**, Haut-médoc, 342
CH. **CORDEILLAN-BAGES**, Pauillac, 361
CORDEUIL PERE ET FILS, Champagne, 592
CORDIER, Médoc, 330
GERARD **CORDIER**, Reuilly, 902
DOM. **CORDIER PERE ET FILS**, ● Mâcon, 560 ● Pouilly-fuissé, **567** ● Pouilly loché, 570 ● Saint-véran, 571
DOM. DE **CORIANCON**, Côtes du rhône-villages, 926
CH. **CORMEIL-FIGEAC**, Saint-émilion grand cru, 258
DOM. BRUNO **CORMERAIS**, ● Muscadet sèvre-et-maine, 785 ● Jardin de la France, 1004
CAVE DE **CORNEILLA LA RIVIERE**, ● Rivesaltes, **976** ● Muscat de rivesaltes, 982
DOM. **CORNE-LOUP**, Tavel, 959
DIDIER **CORNILLON**, ● Crémant de die, 962 ● Châtillon-en-diois, 963
DOM. **CORNU**, ● Crémant de bourgogne, 427 ● Ladoix, 486
PIERRE **CORNU-CAMUS**, Bourgogne hautes-côtes de beaune, 424
DOM. EDMOND **CORNU ET FILS**, ● Bourgogne, 398 ● Aloxe-corton, 489
CORON PERE ET FILS, Pommard, 510
DOM. DES **CORREGES**, Gard, 1021
CORSICAN, Vins de corse, 723
DOM. **CORSIN**, ● Pouilly-fuissé, **567** ● Saint-véran, 572
COS D'ESTOURNEL, Saint-estèphe, **366**
CH. **COS LABORY**, Saint-estèphe, 366
CH. **COSSIEU-COUTELIN**, Saint-estèphe, 366
PIERRE **COSTE**, ● Bordeaux clairet, 192 ● Graves, 313
DOM. **COSTE-CAUMARTIN**, Bourgogne, 398
DOM. DE **COSTE CHAUDE**, Côtes du rhône, 916
DOM. **COSTEPLANE**, Gard, 1021
DOM. **COSTE ROUGE**, Coteaux du languedoc, 668
CLAUDINE **COSTES**, Vins de marcillac, 743
DOM. DES **COSTES**, Coteaux du languedoc, 668
DOM. DES **COSTES**, Pécharmant, 768
DOM. **COTEAU BELLE-VUE**, Beaujolais, 132
DOM. DU **COTEAU DE BEL-AIR**, Fleurie, 152
DOM. **COTEAU DE LA BICHE**, Vouvray, 874
DOM. DU **COTEAU DES LYS**, Morgon, 158
DOM. DES **COTEAUX BLANCS**, Coteaux du layon, 819
LES VIGNERONS DES **COTEAUX D'ABEILHAN**, Oc, 1016

1095

DOM. **CHAMPION,** Vouvray, 873
DOM. DE **CHAMP-LONG,** Côtes du ventoux, 964
CHAMPORTAY, Canton du Valais, 1042
CH. **CHAMPS DE DURAND,** Puisseguin saint-émilion, 286
DOM. **DES CHAMPS DE LIERRE,** Côtes du vivarais AOVDQS, 969
DOM. **DES CHAMPS FLEURIS,** Coteaux de saumur, 833 • Saumur-champigny, 834
CH. DE **CHAMPTELOUP,** • Rosé de loire, 777 • Rosé d'anjou, 811
CHAMPY PERE ET CIE, • Aloxe-corton, 489 • Pernand-vergelesses, 492 • Corton, 494 • Beaune, 505 • Côte de beaune, 508 • Saint-aubin, 538 • Rully, 548
CHAMURET, Canton de Vaud, 1035
DOM. **CHAMVALON,** Canton de Vaud, 1035
DOM. DE **CHANABAS,** Côtes du rhône, 915
PIERRE **CHANAU,** • Bourgogne, 397 • Bourgogne passetoutgrain, 416 • Mâcon supérieur, 564
DOM. **DES CHANDELLES,** Corbières, **659**
DOM. **CHANDON DE BRIAILLES,** Pernand-vergelesses, 492
DOM. **CHANGARNIER,** Monthélie, 518
CH. **CHANGROLLE,** Lalande de pomerol, 244
CHANOINE, Champagne, **588**
CHANSON PERE ET FILS, • Clos de vougeot, 471 • Vosne-romanée, 474 • Corton, 494 • Chorey-lès-beaune, 517 • Beaune, 505
VIGNOBLE DU **CHANT D'OISEAUX,** L'Orléanais AOVDQS, 894
CHANT DES RESSES, Canton de Vaud, 1036
CHANTE-ALOUETTE, Hermitage, 942
DOM. **CHANTE ALOUETTE CORMEIL,** Saint-émilion grand cru, 257
CH. **CHANTECLER-MILON,** Pauillac, 360
CH. DE **CHANTEGRIVE,** Graves, 312
DOM. DE **CHANTEGRIVE,** Canton de Vaud, 1036
DOM. DE **CHANTEGROLLE,** Muscadet sèvre-et-maine, 784
CH. **CHANTELOISEAU,** Graves, 312
DOM. DE **CHANTEMERLE,** • Chablis, 434 • Chablis premier cru, 440
CAVE DE **CHANTE-PERDRIX,** Saint-joseph, 936
DOM. **CHANTE-PERDRIX,** Châteauneuf-du-pape, 952
JOSEPH-MARIE **CHANTON,** Canton du Valais, 1042
DOM. **CHANZY,** • Bourgognealigoté bouzeron, 415 • Santenay, 540 • Rully, 548
CH. **DES CHAPELAINS,** • Bordeaux clairet, 191 • Bordeaux sec, 194 • Sainte-foy-bordeaux, **301**
CHAPELLE DE MAILLAC, Lirac, 958
DOM. DU **CHAPITRE,** Rully, 548
DOM. DU **CHAPITRE,** Touraine, 839
DOM. **CHAPOTON,** Côtes du rhône-villages, 926
M. **CHAPOUTIER,** • Côte rôtie, 932 • Saint-joseph, 936
DOM. **DES CHAPPES,** Beaujolais-villages, 137
MAURICE **CHAPUIS,** Corton, 494
JACQUES **CHAPUT,** Champagne, 588
THIERRY **CHAPUT,** Montlouis, 868
CHAPUY, Champagne, 588
RENE **CHARACHE-BERGERET,** Bourgogne aligoté, 411
DOM. **DIDIER CHARAVIN,** • Côtes du rhône, 915 • Côtes du rhône-villages, 926 • Rasteau, 988
CHARBAUT ET FILS, Champagne, 588
DOM. **DES CHARBOTIERES,** • Anjou, 802 • Coteaux de l'aubance, 815
CHARDANNE, Touraine, 840
DOM. DE **CHARDIGNON,** Côte de brouilly, 144
DOM. **DU CHARDONNAY,** • Petit chablis, 431 • Chablis, 434 • Chablis premier cru, 440
DOM. **DES CHARDONNERETS,** Montlouis, 868
CHARDONNET ET FILS, Champagne, 589
GUY **CHARLEMAGNE,** Champagne, 589
ROBERT **CHARLEMAGNE,** Champagne, 589
DOM. **FRANCOIS CHARLES ET FILS,** Volnay, 515
CHARLES IER, Champagne, 589
MAURICE **CHARLEUX,** • Bourgogne, 397 • Marsannay, 450 • Maranges, 544

CHARLIER ET FILS, Champagne, 589
DOM. **PHILIPPE CHARLOPIN-PARIZOT,** Bourgogne, 397
CH. **CHARMAIL,** Haut-médoc, 341
ANDRE **CHARMENSAT,** Côtes d'auvergne AOVDQS, 888
LUCIEN ET JEAN-MARC **CHARMET,** Beaujolais, 132
CAVE DE **CHARNAY-LES-MACON,** Crémant de bourgogne, 427
FRANCOIS **CHARPENTIER,** Reuilly, 902
J. **CHARPENTIER,** Champagne, 589
CH. **CHARRON,** Premières côtes de blaye, 215
CHARTOGNE-TAILLET, Champagne, 589
JEAN-PIERRE **CHARTON,** • Bourgogne, 397 • Mercurey, 553
C. **CHARTON FILS,** • Ladoix, 486 • Pernand-vergelesses, 492
DOM. **CHARTREUSE DE MOUGERES,** Oc, 1016
CHARTREUSE DE VALBONNE, Côtes du rhône, 915
CELLIER **DES CHARTREUX,** • Côtes du jura, 638 • Côtes du rhône, 916
CLOS **DES CHARTREUX,** Alsace riesling, 78
DOM. **JEAN CHARTRON,** • Puligny-montrachet, 529 • Chevalier-montrachet, 532
CHARTRON ET TREBUCHET, • Corton-charlemagne, 497 • Savigny-lès-beaune, 499 • Montrachet, 532 • Bâtard-montrachet, 532 • Saint-aubin, 538 • Santenay, 540 • Rully, 550 • Mercurey, 553
DOM. **JEAN-PAUL CHARVET,** Chiroubles, 149
LUDOVIC **CHARVET,** Chiroubles, 149
DOM. **CHARVIN,** Châteauneuf-du-pape, 952
CH. DE **CHASSELOIR,** Muscadet sèvre-et-maine, 784
CHASSENAY D'ARCE, Champagne, 589
CH. **CHASSE-SPLEEN,** Moulis-en-médoc, 358
L'ERMITAGE DE **CHASSE-SPLEEN,** Haut-médoc, 341
DOM. DE **CHASSORNEY,** • Bourgogne hautes-côtes de nuits, 421 • Saint-romain, 524
DOM. **DES CHASTELLES,** Tavel, 960
CH. DE **CHATAGNEREAZ,** Canton de Vaud, **1036**
DOM. **CHATAIGNIER DURAND,** Juliénas, 154
CH. **CHATAIN PINEAU,** Lalande de pomerol, 244
CLOS **CHATART,** • Collioure, 696 • Banyuls, 972
DOM. **DU CHATEAU DE LA VALETTE,** Brouilly, 142
DOM. **DU CHATEAU DE MEURSAULT,** Pommard, 510
DOM. **DU CHATEAU DE VOSNE-ROMANEE,** Vosne-romanée, 475
CHATEAU-GRILLET, Château-grillet, 935
CHATELAIN, Pouilly-fumé, 891
CH. **DU CHATELARD,** Beaujolais, 132
CLOS **DU CHATELARD,** Canton de Vaud, 1036
DOM. **CHATELUS DE LA ROCHE,** Beaujolais, 132
LAURENT **CHATENAY,** Montlouis, 868
DOM. DE **CHATENOY,** Menetou-salon, 895
ALAIN **CHATOUX,** Beaujolais, 132
MICHEL **CHATOUX,** Beaujolais, 132
JEAN-CLAUDE **CHAUCESSE,** Côte roannaise, 893
DOM. DE **CHAUDE ECUELLE,** • Bourgognegrand ordinaire, 410 • Chablis premier cru, 440
CHAUDENAY, Sancerre, 904
CH. DE **CHAUSSE,** Côtes de provence, 702
CAVE DE **CHAUTAGNE,** Vin de savoie, 646
DOM. **JEAN CHAUVENET,** Nuits-saint-georges, 480
F. **CHAUVENET,** Oc, 1016
CHAUVENET-CHOPIN, • Nuits-saint-georges, **480** • Côte de nuits-villages, 484
A. **CHAUVET,** Champagne, 590
MARC **CHAUVET,** Champagne, 590
H. **CHAUVET ET FILS,** Champagne, 590
DOM. **PIERRE CHAUVIN,** Anjou, 802
DOM. **BERNARD CHAVE,** • Crozes-hermitage, 940 • Hermitage, 943

DOM. **JEAN-LOUIS CHAVE,** • Hermitage, **943** • Hermitage, 943
G. **CHAVET ET FILS,** Menetou-salon, 895
LOUIS **CHAVY,** • Bourgogne, 397 • Bourgogne hautes-côtes de nuits, 421 • Volnay, 515 • Rully, 550
DOM. **GERARD CHAVY ET FILS,** Puligny-montrachet, 529
CH. **DU CHAYLARD,** Beaujolais-villages, 137
DOM. **DU CHAZELAY,** Régnié, 164
CH. DE **CHELIVETTE,** Premières côtes de bordeaux, 304
ANDRE **CHEMIN,** Champagne, 590
CH. **CHEMIN ROYAL,** Moulis-en-médoc, 358
CH. **CHENAIE,** Faugères, 675
CH. DE **CHENAS,** Chénas, 147
DOM. **DU CHENE,** Condrieu, 934 • Saint-joseph, 937
DOM. **DU CHENE,** Canton de Vaud, 1036
DOM. **DU CHENE ARRAULT,** Bourgueil, 852
CELLIER **DU CHENE COMBEAU,** Châteaumeillant AOVDQS, 887
DOM. DE **CHENEPIERRE,** Chénas, 148
DOM. **DES CHENES,** Bourgogne, 397
DOM. **DES CHENES,** • Côtes du roussillon-villages, 693 • Rivesaltes, 976 • Muscat de rivesaltes, 982
DOM. **DES CHENEVIERES,** Mâcon-villages, 565
DOM. DE **CHENONCEAU,** Touraine, 840
DOM. **DES CHENTRES,** Canton de Vaud, 1037
MAURICE **CHENU,** • Bourgognegrand ordinaire, 410 • Bourgogne aligoté, 411 • Côte de beaune-villages, 546
CH. **CHERCHY-DESQUEYROUX,** Graves supérieures, 319
CH. **CHEREAU,** Lussac saint-émilion, 278
DOMINIQUE **CHERMETTE,** Beaujolais, 132
DOM. **DES CHESNAIES,** Bourgueil, 852
ARNAUD DE **CHEURLIN,** Champagne, 590
RICHARD **CHEURLIN,** Champagne, **590**
CHEURLIN-DANGIN, Champagne, 590
CHEURLIN ET FILS, Champagne, 590
DOM. **CHEVAIS,** Coteaux du vendômois AOVDQS, 883
CH. **CHEVAL BLANC,** Saint-émilion grand cru, 257
CHEVALIER DE MALECROSTE, Cahors, 730
DOM. **DES CHEVALIERES,** Canton de Genève, 1049
DOM. **CHEVALIER-METRAT,** Côte de brouilly, 145
CHEVALIER PERE ET FILS, • Ladoix, 486 • Aloxe-corton, 489
CH. **CHEVALIER SAINT-GEORGES,** Montagne saint-émilion, 281
CHEVALIER SAINT MARTIN, Corbières, 659
CHEVALIERS DU ROI SOLEIL, Haut-médoc, 341
DOM. **CHEVALLIER,** • Chablis, 434 • Chablis premier cru, 440
MAURICE **CHEVALLIER,** Vosne-romanée, 475
DENIS **CHEVASSU,** • Château-chalon, 637 • Côtes du jura, 638 • Macvin du jura, 998
DOM. DE **CHEVILLY,** Quincy, 900
CH. **CHEVROT,** • Marsannay, 450 • Maranges, 544
DOM. **CHEYSSON,** Chiroubles, 149
JEROME **CHEZEAUX,** • Bourgogne passetoutgrain, 416 • Vosne-romanée, 475 • Nuits-saint-georges, 480
DOM. **DES CHEZELLES,** Touraine, 840
CH. **CHICANE,** Graves, 312
GEORGES **CHICOTOT,** Nuits-saint-georges, 480
FRANCOIS **CHIDAINE,** Montlouis, 868
YVES **CHIDAINE,** Montlouis, 868
MICHEL **CHIGNARD,** Fleurie, 152
MAS **DES CHIMERES,** Coteaux du languedoc, 668
DOM. DE **CHINIERE,** Saint-pourçain AOVDQS, 891
GASTON **CHIQUET,** Champagne, 590
GILBERT **CHIRAT,** Condrieu, 934
LA MAISON DES VIGNERONS DE **CHIROUBLES,** Beaujolais-villages, 137
DOM. **CHIROULET,** Côtes de Gascogne, **1013**
CHRISTIAN **CHOLET-PELLETIER,** • Auxey-duresses, 520 • Puligny-montrachet, 530
LOUIS-NOEL **CHOPIN,** Régnié, 164

MAS DE CADENET, Côtes de provence, 702
CH. CADET-BON, Saint-émilion grand cru, 256
CH. CADET-PIOLA, Saint-émilion grand cru, 256
DOM. DE CADIS, Saint-Sardos, 1013
DOM. CADY, ● Anjou, 801 ● Coteaux du layon, 818 819
DOM. DU CAGUELOUP, Bandol, 711
CH. CAHUZAC, Côtes du frontonnais, 740
DOM. A. CAILBOURDIN, Pouilly-fumé, 897
CH. CAILLAVEL, Bergerac sec, 761
CH. DE CAILLAVET, Premières côtes de bordeaux, 303
CH. CAILLETEAU BERGERON, Premières côtes de blaye, 218
DANIEL CAILLEZ, Champagne, 587
CAILLEZ-LEMAIRE, Champagne, 587
DOM. CAILLOL, ● Cassis, 710 ● Bouches-du-Rhône, 1027
DOM. CAILLOT, ● Bourgogne, 396 ● Pommard, 510 ● Volnay, 515 ● Santenay, 540
DOMINIQUE CAILLOT, Monthélie, 518
DOM. DES CAILLOTS, Touraine, 839
CH. CAILLOU, Sauternes, 381
CH. DU CAILLOU, Sauternes, 381
DOM. DU CAILLOU, Saumur-champigny, 834
CH. CAILLOU D'ARTHUS, Saint-émilion grand cru, 256
DOM. DES CAILLOUX, Entre-deux-mers, 296
CAVE DE CAIRANNE, Côtes du rhône-villages, 926
CH. DE CAIX, Cahors, 729
CH. DE CALADROY, ● Côtes du roussillon-villages, 692 ● Rivesaltes, 975
CH. DE CALASSOU, Cahors, 729
CH. DE CALCE, ● Côtes du roussillon, 688 ● Côtes du roussillon-villages, 692
MAS CAL DEMOURA, Coteaux du languedoc, 667
CH. CALISSANNE, Coteaux d'aix, 715 716
CH. DE CALLAC, Graves, 312
PIERRE CALLOT, Champagne, 587
CH. CALON, ● Montagne saint-émilion, 281 ● Saint-georges saint-émilion, 287
CH. CALON SEGUR, Saint-estèphe, 366
DOM. CALOT, Morgon, 157
CH. DU CALVAIRE DE ROCHEGRES, Morgon, 157
CH. CAMAIL, Bordeaux sec, 193
DOM. DE CAMAISSETTE, Coteaux d'aix, 716
CH. DE CAMARSAC, Entre-deux-mers, 296
CH. CAMENSAC, Haut-médoc, 341
DOM. DE CAMPET, Agenais, 1010
CH. DE CAMPUGET, Costières de nîmes, 664
DOM. CAMU, Petit chablis, 431
CH. CAMUS, Graves, 312
DOM. CAMUS-BRUCHON, Savigny-lès-beaune, 499
CANARD-DUCHENE, Champagne, 587
MARIE-THERESE CANARD ET JEAN-MICHEL AUBINEL, Bourgogne, 396
CANCAILLAU, Jurançon, 747
CH. DE CANCERILLES, Coteaux varois, 720
CH. CANDASTRE, Gaillac, 734
CH. CANET, Entre-deux-mers, 296
LES EVANGILES DE CH. CANET, Minervois, 679
CANET VALETTE, Saint-chinian, 682
CH. CANEVAULT, Fronsac, 230
CH. CANON, Canon-fronsac, 228
CH. CANON CHAIGNEAU, Lalande de pomerol, 244
CH. CANON DE BREM, Canon-fronsac, 228
CANORGUE, Vaucluse, 1026
DOM. DES CANTARELLES, Costières de nîmes, 664
DOM. DE CANTEAU, Graves, 312
CH. CANTEGRIC, Médoc, 329
CH. CANTEGRIL, Graves, 312
CH. CANTELAUZE, Pomerol, 235
CH. CANTELON LA SABLIERE, Bordeaux supérieur, 204
CH. CANTELOUDETTE, ● Bordeaux supérieur, 204 ● Entre-deux-mers, 296
CH. CANTELOUP, Graves de vayres, 300
CH. CANTELYS, Pessac-léognan, 320
CH. CANTEMERLE, Haut-médoc, 341
CH. CANTENAC-BROWN, Margaux, 352

CANTEPERDRIX, ● Côtes du ventoux, 964 ● Vaucluse, 1026
CH. DE CANTERRANE, Muscat de rivesaltes, 981
CH. DE CANTIN, Saint-émilion grand cru, 256
DOM. DU CANTONNET, Saussignac, 769
CANTO PERDRIX, Tavel, 960
DOM. DES CANTREAUX, Muscadet sèvre-et-maine, 784
CH. CAP D'OR, Saint-georges saint-émilion, 287
CH. CAP DE FAUGERES, Côtes de castillon, 289
CH. CAP DE FOUSTE, Côtes du roussillon, 688
DOM. CAPDEVIELLE, Jurançon, 747
CH. CAPET DUVERGER, Saint-émilion grand cru, 256
CAPITAIN-GAGNEROT, ● Ladoix, 486 ● Aloxe-corton, 489
CLOS CAPITORO, Ajaccio, 725
CH. DE CAPITOUL, Coteaux du languedoc, 667
CH. CAPLANE, Sauternes, 381
CH. CAP LEON VEYRIN, Listrac-médoc, 349
DOM. CAPMARTIN, ● Madiran, 750 ● Pacherenc du vic-bilh, 753
CH. DE CAPPES, Bordeaux, 179
CAPRICE DU TEMPS, Canton du Valais, 1042
CH. CAP SAINT-MARTIN, Premières côtes de blaye, 218
DOM. CAPUANO-FERRERI ET FILS, ● Santenay, 540 ● Maranges, 544
CAVE COOP. DE CARAMANY, Côtes du roussillon-villages, 693
LES VIGNERONS DE CARAMANY, Côtes du roussillon-villages, 693
CARAYON-LA-ROSE, Bordeaux, 179
CH. CARBONEL, Côtes du rhône, 914
DOM. DE CARBONNIEU, Sauternes, 381
CH. CARBONNIEUX, Pessac-léognan, 321
CH. CARCANIEUX, Médoc, 329
CH. CARDINAL, Montagne saint-émilion, 281
CH. CARIGNAN, Premières côtes de bordeaux, 303
CH. DE CARLES, Fronsac, 230
JEAN-YVES DE CARLINI, Champagne, 588
CH. CAROLINE, Moulis-en-médoc, 358
CARPE DIEM, Champagne, 588
DENIS CARRE, ● Bourgogne, 396 ● Bourgogne aligoté, 411 ● Bourgogne hautes-côtes de beaune, 424 ● Savigny-lès-beaune, 499 ● Pommard, 510 ● Auxey-duresses, 520 ● Saint-romain, 524
CARREFOUR, Touraine-amboise, 848
EUGENE CARREL ET FILS, Roussette de savoie, 649
DOM. DU CARROIR, Coteaux des vendômoisAOVDQS, 883
DOM. DU CARROIR PERRIN, Sancerre, 904
DENIS CARRON, Beaujolais, 131
PHILIPPE CARROUE, Coteaux du giennois, 890
JULIEN CARRUPT ET CIE, Canton du Valais, 1042
CH. CARSIN, ● Premières côtes de bordeaux, 304 ● Cadillac, 373
CH. CARTEAU COTES DAUGAY, Saint-émilion grand cru, 256
CLAUDE CARTEREAU, Jasnières, 867
CH. DU CARTILLON, Haut-médoc, 341
LES MAITRES VIGNERONS DE CAS-CASTEL, Fitou, 677
DOM. DES CASSAGNOLES, ● Floc de gascogne, 995 ● Côtes de Gascogne, 1013
DOM. DE CASSAN, Gigondas, 946
CH. CASTEGENS, Côtes de castillon, 289
CH. DE CASTELA, Cahors, 730
LES VIGNERONS DU CASTELAS, Côtes du rhône, 914
CASTELLANE, Champagne, 588
CASTELL DES HOSPICES, Collioure, 696
CH. DE CASTELNEAU, Bordeaux supérieur, 204
CH. DE CASTELNOU, Côtes du roussillon 688
CH. CASTENET-GREFFIER, Bordeaux supérieur, 204
CH. CASTERA, Médoc, 330
CLOS CASTET, Jurançon, 747
VIGNERONS CATALANS, Côtes du roussillon-villages, 693
DOM. DE CATARELLI, Patrimonio, 726

CATHARE, Côtes du Tarn, 1012
SYLVAIN CATHIARD, ● Chambolle-musigny, 467 ● Vosne-romanée, 474 ● Nuits-saint-georges, 479
CATTIER, Champagne, 588
DOM. JOSEPH CATTIN, ● Alsace pinot noir, 97 ● Alsace grand cru hatschbourg, 108
THEO CATTIN ET FILS, ● Alsace grand cru hatschbourg, 108 ● Crémant d'alsace, 121
DOM. CAUHAPE, ● Jurançon, 747 ● Jurançon sec, 747
DOM. DE CAUMONT, Floc de gascogne, 995
CH. CAUNETTES HAUTES, Cabardès AOVDQS, 684
DOM. DE CAUSE, ● Cahors, 730 ● Lot, 1014
DOM. DE CAUSSE-MARINES, Gaillac, 735
DOM. DES CAUSSES ET SAINT-EYNES, Lirac, 958
CH. DU CAUZE, Saint-émilion grand cru, 256
CH. CAVALIER, Côtes de provence, 702
CAVEAU DES FONTENILLES, Bourgogne, 396
CAVE DE LUGNY, Bourgogne, 396
DOM. DES CAVES, ● Moulin à vent, 161 ● Mâcon-villages, 565 ● Saint-véran, 571
DOM. DES CAVES, Quincy, 900
CAVES DES PAPES, Saint-joseph, 936
DOM. DU CAYRON, Gigondas, 946
CH. CAZALIS, Bordeaux supérieur, 204
CH. CAZAL-VIEL, Saint-chinian, 682
CHARLES DE CAZANOVE, ● Champagne, 588 ● Coteaux champenois, 627
DOM. CAZE, Côtes du frontonnais, 740
CH. CAZEAU, Bordeaux, 179
CH. CAZEBONNE, Graves, 312
CH. CAZENEUVE, Coteaux du languedoc, 668
CH. DE CAZERAC, Cahors, 730
DOM. CAZES, ● Côtes du roussillon, 689 ● Côtes du roussillon, 689 ● Côtes du roussillon-villages, 693 ● Rivesaltes, 976 ● Rivesaltes, 976 ● Muscat de rivesaltes, 982 ● Côtes catalanes, 1023
CH. DU CEDRE, Cahors, 730
CH. DES CEDRES, Premières côtes de bordeaux, 304
DOM. DES CEDRES, Canton de Neuchâtel, 1051
CELLIERS DES GUINOTS, Bordeaux supérieur, 205
DOM. DE CERBERON, Meursault, 525
DOM. DE CERCY, Beaujolais, 131
DOM. DU CERISIER, Rosé de loire, 777
CH. CERTAN DE MAY DE CERTAN, Pomerol, 235
DOM. DE CEZIN, Coteaux du loir, 866
DOM. CHABBRET-FAUZAN, Minervois, 679
DOM. DES CHABERTS, Coteaux varois, 720
CH. CHABIRAN, Bordeaux supérieur, 205
DOM. DES CHAFFANGEONS, Fleurie, 151
DOM. DU CHAILLOT, Châteaumeillant AOVDQS, 887
CH. DE CHAINCHON, Côtes de castillon, 289
CAVE DE CHAINTRE, Saint-véran, 571
DOM. CHAINTREUIL, Fleurie, 152
DANIEL ET PASCAL CHALANDARD, ● Château-chalon, 637 ● Côtes du jura, 638 ● Macvin du jura, 998
FRANCK CHALMEAU, Bourgogne, 397
CHAMBERAN, Crémant de die, 962
CH. CHAMBERT-MARBUZET, Saint-estèphe, 366
CH. DE CHAMBOUREAU, Savennières roche-aux-moines, 817
BERNARD CHAMFORT, ● Côtes du rhône, 914 ● Vaucluse, 1026
DOM. CHAMFORT, Côtes du rhône-villages, 926
CH. DE CHAMILLY, Mercurey, 553
CH. DE CHAMIREY, Mercurey, 553
DOM. CHAMPAGNON, Chénas, 147
CH. CHAMPAGNY, Côte roannaise, 893
CHAMPALOU, Vouvray, 873
CH. CHAMPAREL, Pécharmant, 768
DOM. DU CHAMP-CHAPRON, Jardin de la France, 1004
DOM. CHAMPEAU, Pouilly-sur-loire, 899
DOM. DE CHAMPIERRE, ● Cabernet d'anjou, 812 ● Deux Sèvres, 1009
CH. CHAMPION, Saint-émilion grand cru, 256

CH. DU **BOUCHET**, Buzet, 739
GILBERT **BOUCHEZ**, Vin de savoie, 646
DOM. **BOUCHEZ-CRETAL**, ● Crémant de bourgogne, 427 ● Monthélie, 518
BOUCHIE-CHATELLIER, Pouilly-fumé, 897
MAS DE **BOUDARD**, Cassis, 710
VIGNOBLES **BOUDAU**, ● Muscat de rivesaltes, 981 ● Côtes catalanes, 1023
JEAN-CLAUDE **BOUHEY ET FILS**, ● Bourgogne aligoté, 411 ● Bourgogne hautes-côtes de nuits, 420
DOM. DE **BOUILLEROT**, Bordeaux supérieur, 203
LOUIS **BOUILLOT**, Crémant de bourgogne, 427
BOUIN-BOUMARD, Jardin de la France, 1004
DOM. PATRICK **BOULAND**, Morgon, 157
RAYMOND **BOULAND**, Morgon, 157
RAYMOND **BOULARD**, Champagne, 585
DOM. JEAN-MARC **BOULEY**, Bourgogne hautes-côtes de beaune, 424
REYANE ET PASCAL **BOULEY**, ● Bourgogne passetoutgrain, 416 ● Volnay, 515
PIERRE **BOULEY-ROSSIGNOL**, Volnay, 515
DOM. DE **BOULLERY**, Bouches-du-Rhône, 1027
CH. DE **BOULON**, Coteaux varois, 720
JEAN-PAUL **BOULONNAIS**, Champagne, 585
DOM. DES **BOUQUERRIES**, Chinon, 860
BOUQUET-CHARDON, Bourgogne, 395
CH. **BOUQUET DE VIOLETTES**, Lalande de pomerol, 244
HENRI **BOURCHEIX**, Côtes d'auvergne AOVDQS, 888
DOM. **BOURDA**, Tursan AOVDQS, 754
BOURDELOIS, Champagne, 585
CH. **BOURDICOTTE**, ● Bordeaux, 178 ● Bordeaux supérieur, 203 ● Entre-deux-mers, 296
DOM. DU **BOURDIEU**, Bordeaux, 178
CH. **BOURDIEU LA VALADE**, Fronsac, 230
CH. **BOURDINES**, Côtes du rhône, 914
CLAUDE **BOUREAU**, Montlouis, 868
CH. DU **BOURG**, Fleurie, 151
DOM. DU **BOURG**, Saint-nicolas-de-bourgueil, 856
CLOS **BOURGELAT**, ● Graves, 311 ● Cérons, 378
HENRI **BOURGEOIS**, ● Pouilly-fumé, 897 ● Sancerre, 904
BOURGEOIS-BOULONNAIS, Champagne, 586
CAVE DES **BOURGEOISES**, Canton de Vaud, 1035
RENE **BOURGEON**, Givry, 556
DOM. DU **BOURG NEUF**, Saumur, 828
CH. **BOURGNEUF-VAYRON**, Pomerol, 235
CAVE DES GRANDS VINS DE **BOURGUEIL**, Bourgueil, 852
DOM. **BOURILLON-DORLEANS**, Vouvray, 872
CH. **BOURNAC**, Médoc, 329
DOM. DE **BOURNET**, Coteaux de l'Ardèche, 1031
DOM. DU **BOURRAN**, Côtes de duras, 771
CH. DE **BOURSAULT**, Champagne, 586
DOM. **BOUSCAUT**, Pessac-léognan, 320
CH. DE **BOUSSARGUES**, Côtes du rhône, 914
DENIS **BOUSSEY**, ● Pommard, 510 ● Volnay, 515 ● Monthélie, 518
ERIC **BOUSSEY**, Auxey-duresses, 520
DOM. JEAN-FRANCOIS **BOUTHENET**, Maranges, 544
DOM. MARC **BOUTHENET**, Bourgogne hautes-côtes de beaune, 424
G. **BOUTILLEZ-VIGNON**, Champagne, 586
BOUTILLIER-BAUCHET, Champagne, 586
GILLES **BOUTON**, ● Blagny, 528 ● Chassagne-montrachet, 534 ● Saint-aubin, 537
DOM. REGIS **BOUVIER**, ● Marsannay, 450 ● Fixin, 453 ● Morey-saint-denis, 462
RENE **BOUVIER**, ● Bourgogne, 395 ● Marsannay, 450 ● Gevrey-chambertin, 455
DOM. DU **BOUXHOF**, Alsace tokay-pinot gris, 91

DOM. **BOUZERAND-DUJARDIN**, ● Bourgognegrand ordinaire, 409 ● Beaune, 505 ● Monthélie, 518 ● Auxey-duresses, 520
DOM. JEAN-MARIE **BOUZEREAU**, ● Volnay, 515 ● Meursault, 525
DOM. PHILIPPE **BOUZEREAU**, Beaune, 505
PIERRE **BOUZEREAU-EMONIN**, ● Meursault, 525 ● Puligny-montrachet, 529
MICHEL **BOUZEREAU ET FILS**, ● Meursault, 525 ● Puligny-montrachet, 529
DOM. HUBERT **BOUZEREAU-GRUERE**, Chassagne-montrachet, 534
DOM. LOUIS **BOVARD**, Canton de Vaud, 1035
ALBERT **BOXLER**, Alsace grand cru brand, 105
JUSTIN **BOXLER**, Alsace grand cru sommerberg, 115
CH. **BOYD-CANTENAC**, Margaux, 352
YVES **BOYER-MARTENOT**, Bourgogne aligoté, 411
CH. **BRAIRON**, Gros-plant, 796
DOM. **BRANA**, Irouléguy, 745
CH. **BRANAIRE**, Saint-julien, 370
LES VIGNERONS DE **BRANCEILLES**, Corrèze, 1014
LUCIEN **BRAND**, Alsace pinot ou klevner, 75
MAXIME **BRAND**, Crémant d'alsace, 121
CH. **BRANDA**, Puisseguin saint-émilion, 286
CH. DE **BRANDEY**, Bordeaux, 178
CH. **BRANE-CANTENAC**, Margaux, 352
BRANGEON-GUINARD, Jardin de la France, 1004
JACQUES **BRARD BLANCHARD**, Charentais, 1009
BRATEAU-MOREAUX, Champagne, 586
CAMILLE **BRAUN**, Alsace tokay-pinot gris, 91
FRANCOIS **BRAUN**, ● Alsace pinot noir, 97 ● Alsace gewurztraminer, 85
DOM. DES **BRAVES**, Régnié, 164
LES VINS **BREBAN**, Côtes de provence, 702
HENRI **BRECHT**, ● Alsace pinot ou klevner, 75 ● Alsace riesling, 78
MARC **BREDIF**, Vouvray, **873**
CH. DE **BREGANCON**, Côtes de provence, 702
CH. **BREHAT**, Côtes de castillon, 289
JEAN-CLAUDE **BRELIERE**, Rully, 548
DOM. **BRESSY-MASSON**, Côtes du rhône-villages, 925
CH. **BRETHOUS**, Premières côtes de bordeaux, 303
CATHERINE ET PIERRE **BRETON**, Chinon, 860
BRETON FILS, Champagne, 586
CH. DU **BREUIL**, ● Anjou, 800 ● Coteaux du layon, 818
YVES **BREUSSIN**, Vouvray, 873
CH. DE **BREZE**, Saumur, 828
CH. DE **BRIACE**, Muscadet sèvre-et-maine, 784
BRICE, Champagne, 586
BRICOUT, Champagne, 586
DOM. JEAN **BRIDAY**, Moulin à vent, 161
CH. **BRIDOIRE**, Entre-deux-mers, 296
CH. **BRIDOIRE BELLEVUE**, Bordeaux supérieur, 204
CH. **BRILLETTE**, Moulis-en-médoc, 358
ALBERT **BRIOLLAZ LES HOIRS**, Canton du Valais, 1042
DOM. **BRION**, Vouvray, 873
CH. **BRION DE LALANDE**, Bordeaux, 178
VIGNOBLES **BRISEBARRE**, Vouvray, 873
CH. DE **BRISSAC**, Anjou-villages-brissac, 810
DOM. **BRISSEAU-BELLOC**, Pécharmant, 768
DOMINIQUE **BRISSET**, Pouilly-fumé, 897
CH. DE **BRIZAY**, Haut-poitou AOVDQS, 885
DOM. DE **BRIZE**, ● Crémant de loire, **779** ● Anjou, 801 ● Anjou-villages, 807 ● Saumur, 828
JEAN-MARC **BROCARD**, ● Bourgogne, 396 ● Bourgogne aligoté, 411 ● Chablis premier cru, 439
DOM. HUBERT **BROCHARD**, Sancerre, 904
BROCHET-HERVIEUX, Champagne, 586
ANDRE **BROCHOT**, Champagne, 586
MARC **BROCOT**, Marsannay, 450

PHILIPPE **BROCOURT**, Chinon, 860
CH. **BRONDELLE**, Graves, 311
CH. DE **BROSSAY**, ● Anjou, **801** ● Anjou-villages, 807 ● Cabernet d'anjou, 812 ● Coteaux du layon, 818
LAURENT-CHARLES **BROTTE**, ● Côtes du rhône, 914 ● Côte rôtie, 932 ● Saint-joseph, 936 ● Châteauneuf-du-pape, 952
BROUETTE PETIT-FILS, Crémant de bordeaux, 215
CH. **BROWN**, Pessac-léognan, 320
CH. **BROWN-LAMARTINE**, Bordeaux supérieur, 204
BERNARD **BROYER**, Juliénas, 154
CH. DU **BRU**, ● Bordeaux, 179 ● Bordeaux clairet, 191 ● Bordeaux supérieur, 204 ● Sainte-foy-bordeaux, 301
DOM. **BRU-BACHE**, Jurançon, 747
DOM. MICHEL **BRUGNE**, Moulin à vent, 161
MAS **BRUGUIERE**, Coteaux du languedoc, 667
CH. **BRULESECAILLE**, Côtes de bourg, 222
DOM. DE **BRULLY**, ● Aloxe-corton, 489 ● Saint-aubin, 538
ALAIN **BRUMONT**, Pacherenc du vicbilh, 752
CH. **BRUN**, Saint-émilion, 249
CAVE BERNARD **DUPUY**, Saint-nicolas-de-bourgueil, 856
DOM. GEORGES **BRUNET**, Vouvray, 873
P. **BRUNET**, Chinon, 861
PASCAL **BRUNET**, Chinon, 861
EDOUARD **BRUN ET CIE**, Champagne, 587
DOM. **BRUSSET**, Gigondas, 946
DOM. DES **BRUYERES**, ● Bourgogne, 396 ● Mâcon, 559
G. **BRZEZINSKI**, Bourgogne, 396
CLAUDE **BUCHOT**, Macvin du jura, **998**
MAISON JOSEPH DE **BUCY**, ● Bourgogne, 396 ● Meursault, 525 ● Saint-aubin, 538 ● Montagny, 558
PAUL **BUECHER ET FILS**, Alsace riesling, 78
DOM. FRANCOIS **BUFFET**, Volnay, 515
CHRISTOPHE **BUISSON**, Saint-romain, 523
DOM. DU **BUISSON**, Gros-plant AOVDQS, 796
DOM. HENRI ET GILLES **BUISSON**, ● Auxey-duresses, 520 ● Saint-romain, 523
DOM. DES **BUISSONNES**, Sancerre, 904
CH. BUJ*,*N, Côtes de bourg, 222
NOEL **BULLIAT**, Morgon, 157
LES VIGNERONS DE LA CAVE DE **BULLY**, Beaujolais, 131
ERIC **BUNEL**, Champagne, 587
BERNARD **BURGAUD**, Côte rôtie, 932
JEAN-MARC **BURGAUD**, Morgon, 157
GEORGES **BURRIER**, ● Pouilly-fuissé, 567 ● Saint-véran, 571
CHRISTIAN **BUSIN**, Champagne, 587
JACQUES **BUSIN**, Champagne, 587
DOM. DES **BUSSIERES**, Brouilly, 142
PHILIPPE **BUTIN**, ● Château-chalon, 636 ● Côtes du jura, 638 ● Macvin du jura, 998
BUTTERLIN, ● Alsace gewurztraminer, 85 ● Alsace pinot noir, 97 ● Alsace grand cru steingrübler, 117
CAVE DES VIGNERONS DE **BUXY**, ● Givry, 556 ● Montagny, 558
DOM. DES **BUYATS**, Régnié, 164
CAVEAU DES **BYARDS**, ● Crémant du jura, 641 ● Macvin du jura, **998**

CH. **CABARIEU SAINT ANDRE**, Bordeaux supérieur, 204
DOM. DE **CABARROUY**, Jurançon sec, 748
DOM. DE **CABASSE**, Gigondas, 946
MARCEL **CABELIER**, ● Arbois, 632 ● Côtes du jura, 638 ● Crémant du jura, **642**
CH. **CABLANC**, Bordeaux, 179
CH. **CABRIERES**, Châteauneuf-du-pape, 952
DOM. **CABROL**, Cabardès, **684**
DOM. **CACHAT-OCQUIDANT ET FILS**, ● Ladoix, 486 ● Aloxe-corton, 489 ● Pernand-vergelesses, 492 ● Corton, 494 ● Chorey-lès-beaune, 502
JACQUES **CACHEUX ET FILS**, ● Vosne-romanée, 474 ● Nuits-saint-georges, 479
CLOS DU **CADARET**, Côtes de duras, **772**
GUY **CADEL**, Champagne, 587

CH. **BEL ORME**, Haut-médoc, 340
CH. **BELREGARD FIGEAC**, Saint-émilion grand cru, 255
DOM. **BELVARN**, Côtes de Thongue, 1022
DOM. DU **BELVEDERE**, Anjou, 800
BELVEDERE DES PIERRES DORÉES, Beaujolais, 131
L. **BENARD-PITOIS**, Champagne, 583
P. ET J.-P. **BENETIERE**, Côte roannaise, 892
BENNWIHR, ● Alsace riesling, 77 ● Crémant d'alsace, 121
PATRICE **BENOIT**, Montlouis, 868
DOM. EMILE **BENON**, Savennières, **816**
MICHEL **BENON ET FILS**, Chénas, 147
DOM. TROPEZ **BERAUD**, Côtes de provence, 700
BERECHE ET FILS, Champagne, 583
CH. **BERGAT**, Saint-émilion grand cru, 255
DOM. DES **BERGEONNIERES**, Saint-nicolas-de-bourgueil, 856
CHRISTIAN **BERGERET**, ● Bourgogne hautes-côtes de beaune, 424 ● Chassagne-montrachet, 534 ● Saint-aubin, 537
BERGERIE DE L'ARBOUS, Coteaux du languedoc, 667
CH. **BERLIQUET**, Saint-émilion grand cru, 255
BERLOUP COLLECTION, Oc, 1016
DOM. **BERNAERT**, Bourgogne, 395
CHARLES **BERNARD**, Côte de nuits-villages, 484
MICHEL **BERNARD**, ● Côte rôtie, 931 ● Hermitage, 942
RENE **BERNARD**, Vin de savoie, 646
CLOS DE **BERNARDI**, Patrimonio, 726
CLAUDE **BERNARDIN**, Beaujolais, 131
CH. DE **BERNE**, Côtes de provence, 701
DOM. **BERNET**, Madiran, 750
JEAN-MARC **BERNHARD**, ● Alsace grand cru wineck-schlossberg, 118 ● Crémant d'alsace, 121
DOM. **BERNHARD-REIBEL**, Alsace riesling, 77
CAVES DE **BERNUNES**, Canton du Valais, 1042
DOM. **BERROD**, Moulin à vent, 161
BERSAN ET FILS, Chablis, 434
DOM. **BERTAGNA**, ● Vougeot, 470 ● Corton-charlemagne, 497
PASCAL **BERTEAU ET VINCENT MABILLE**, Vouvray, 872
VINCENT ET DENIS **BERTHAUT**, Fixin, 453
CHRISTIAN **BERTHELOT**, Champagne, 583
DOM. **BERTHET-BONDET**, ● Château-chalon, 636 ● Côtes du jura, 638
DOM. **BERTHET-RAYNE**, ● Côtes du rhône-villages, 925 ● Châteauneuf-du-pape, 951
DOM. **BERTHOUMIEU**, Madiran, 750
CH. DE **BERTIAC**, Bordeaux, 178
BERTICOT, Côtes de duras, 771
CH. **BERTIN**, ● Bordeaux, 178 ● Entre-deux-mers haut-benauge, 299
CH. **BERTINEAU SAINT-VINCENT**, Lalande de pomerol, 243
BERTRAND, Pineau des charentes, 991
BERTRAND DE GRATELOUP, Touraine, 838
THIERRY **BESARD**, Touraine, 838
DANIEL **BESSARD**, Touraine, 839
JEAN **BESSE**, Bourgogne aligoté, 410
BESSERAT DE BELLEFON, Champagne, 583
JEAN-CLAUDE **BESSIN**, ● Chablis, 434 ● Chablis premier cru, 439
XAVIER **BESSON**, Givry, 556
DOM. DES **BESSONS**, Touraine-amboise, 848
ALAIN ET MIREILLE **BESSY**, Beaujolais, 131
HENRI **BETIZEAU**, Pineau des charentes, 991
DOM. HENRI **BEURDIN ET FILS**, Reuilly, 902
AMIRAL DE **BEYCHEVELLE**, Saint-julien, 370
CH. **BEYCHEVELLE**, Saint-julien, 370
LES BRULIERES DE **BEYCHEVELLE**, Haut-médoc, 340
EMILE **BEYER**, Alsace riesling, 77
PATRICK **BEYER**, Alsace gewurztraminer, 84
CLOS DE **BEYLIERE**, Châtillon-en-diois, 963
CH. **BEYNAT**, Côtes de castillon, 289
CH. DU **BIAC**, ● Premières côtes de bordeaux, 303 ● Cadillac, 373
DOM. DU **BIARNES**, Coteaux et terrasses de Montauban, **1015**
CH. **BICHON CASSIGNOLS**, Graves, 311
ALBERT **BICHOT**, Meursault, 525

GERARD **BIGONNEAU**, Reuilly, 902
DOM. GABRIEL **BILLARD**, Pommard, 509
DOM. **BILLARD-GONNET**, Pommard, 509
DOM. **BILLARD PERE ET FILS**, Saint-romain, 523
DOM. DES **BILLARDS**, Saint-amour, 166
DOM. **BILLAUD-SIMON**, ● Petit chablis, 430 ● Chablis premier cru, 439 ● Chablis grand cru, 446
BILLECART-SALMON, Champagne, **583**
GAETAN **BILLIARD**, Champagne, 583
BINET, Champagne, 583
JOSEPH **BINNER**, ● Alsace riesling, 78 ● Alsace muscat, 82
CH. DE **BIRAN**, Pécharmant, 768
DOM. DES **BISOTS**, Beaujolais, 131
CAVE DE VIGNERONS DE **BISSEY**, Crémant de bourgogne, 427
CH. **BISTON-BRILLETTE**, Moulis-en-médoc, 357
PIERRE **BITOUZET**, ● Corton-charlemagne, 497 ● Mercurey, 552
DOM. DES **BIZELLES**, Bordeaux supérieur, 203
DOM. **BIZOT**, Echezeaux, 473
CH. **BLANC**, Côtes du ventoux, 964
CH. PAUL **BLANC**, Costières de nîmes, 664
YVES **BLANC**, Beaujolais, 131
CH. GILBERT **BLANC ET FILS**, Vin de savoie, 646
CH. **BLANCHET**, Bordeaux supérieur, 203
FRANCIS **BLANCHET**, Pouilly-fumé, 897
GILLES **BLANCHET**, Pouilly-fumé, 897
BLANCK, Alsace pinot noir, 97
DOM. PAUL **BLANCK**, ● Alsace tokay-pinot gris, 90 ● Alsace grand cru furstentum, 107 ● Alsace grand cru schlossberg, **114**
CH. DE **BLANES**, Côtes du roussillon, 688
CH. **BLANZAC**, Côtes de castillon, 289
BLASONS DE BOURGOGNE, Petit chablis, 430
CLAUDE **BLEGER**, ● Alsace tokay-pinot gris, 90 ● Alsace pinot noir, 97
HENRI **BLEGER**, Alsace gewurztraminer, 84
DOM. DES **BLEUCES**, Cabernet d'anjou, 812
CH. DE **BLIGNY**, ● Vosne-romanée, 474 ● Nuits-saint-georges, 479 ● Beaune, 504 ● Volnay, 514
H. **BLIN ET CIE**, Champagne, 583
R. **BLIN ET FILS**, Champagne, 584
TH. **BLONDEL**, Champagne, 584
DOM. DES **BLOUINES**, Anjou, 800
CH. DU **BLOY**, ● Côtes de bergerac, 763 ● Côtes de montravel, 767
CH. DU **BLUIZARD**, Brouilly, 142
DOM. **BOBE**, Muscat de rivesaltes, 981
DOM. GUY **BOCARD**, ● Bourgogne, 395 ● Bourgogne aligoté, 410
CH. DES **BOCCARDS**, Chénas, 147
EMMANUEL **BODET**, Retz, 1008
DOM. DES **BOHUES**, Coteaux du layon, 784
ERIC **BOIGELOT**, Monthélie, 518
J. **BOIGELOT**, Volnay, 514
DOM. ALBERT **BOILLOT**, ● Crémant de bourgogne, 427 ● Pommard, 509
CH. DU **BOIS**, Côtes de castillon, 289
CH. DE **BOIS BENOIST**, Muscadet sèvre-et-maine, 784
CH. DE **BOISCHAMPT**, Beaujolais-villages, 131
BOIS D'ASNIERES, Touraine-mesland, 850
BOIS D'ELEINS, Coteaux du languedoc, 667
DOM. DE **BOIS DAUPHIN**, Châteauneuf-du-pape, 951
DOM. **BOIS DE BOURSAN**, Châteauneuf-du-pape, 951
CAVE DU **BOIS DE LA SALLE**, Saint-amour, 166
DOM. DU **BOIS DE LA SALLE**, Juliénas, 154
DOM. DU **BOIS DE SAINT-JEAN**, Côtes du rhône, 913
DOM. DES **BOIS DES DEMOISELLES**, Côtes de provence, 701
DOM. DU **BOIS DES MEGES**, Côtes du rhône-villages, 925
CH. **BOIS GROULEY**, Saint-émilion, 249
DOM. DU **BOIS-JOLY**, Gros-plant AOVDQS, 795
CH. **BOIS-MALOT**, Bordeaux supérieur, 203

DOM. DU **BOIS MOZE**, Saumur-champigny, 833
CH. **BOIS NOIR**, ● Bordeaux sec, 193 ● Bordeaux supérieur, 203
DOM. DU **BOIS POTHIER**, Beaujolais, 131
BOISRENARD, Châteauneuf-du-pape, 951
DOM. DE **BOISSAN**, Côtes du rhône-villages, 925
BOISSEAUX-ESTIVANT, Bourgogne, 395
BOISSET, ● Bourgogne, 395 ● Chablis, 434
DE **BOISSEYT**, Côte rôtie, 931
BOIZEL, Champagne, 584
CHRISTIAN **BOLLIET**, Bugey, 651
BOLLINGER, Champagne, 584
CH. **BONALGUE**, Pomerol, **235**
CH. **BONFORT**, Montagne saint-émilion, 281
BONGARS, Vouvray, **872**
CH. DE **BONHOSTE**, ● Bordeaux, 178 ● Bordeaux sec, 193 ● Bordeaux supérieur, 203
BONNAIRE, Champagne, 584
BONNEAU DU MARTRAY, ● Corton, 494 ● Corton-charlemagne, 497
PATRICK ET CHRISTOPHE **BONNEFOND**, ● Côte rôtie, 931 ● Condrieu, 934
DOM. DES **BONNES GAGNES**, ● Anjou, 800 ● Jardin de la France, 1001
ALEXANDRE **BONNET**, ● Champagne, 584 ● Rosé des riceys, 629
CH. **BONNET**, Chénas, 147
CH. **BONNET**, ● Bordeaux, 178 ● Entre-deux-mers, 296
AIMEE-CLAUDE **BONNETAIN**, Côte de brouilly, 144
J. **BONNET ET A. AZOUG**, Bourgogne aligoté bouzeron, 415
THIERRY **BONNETON**, Côte roannaise, 892
BONNET-PONSON, Champagne, 585
DOM. DES **BONNEVEAUX**, Saumur-champigny, 834
DOM. DE **BONSERINE**, Côte rôtie, 932
FRANCK **BONVILLE**, Champagne, 585
DOM. JOSEPH **BONY**, Rivesaltes, **975**
DOM. **BONZOMS**, Côtes du roussillon-villages, 692
DOM. P. **BORDENAVE**, Jurançon, 746
CH. **BORDES-LUBAT**, Pyrénées-Atlantiques, 1015
CH. **BORD LARTIGUE**, Saint-émilion grand cru, 255
BOREL-LUCAS, Champagne, 585
DOM. **BORGNAT**, Bourgogne, 395
GERARD ET REGINE **BORGNAT**, Bourgogne, 395
CH. **BORIE DE L'ANGLAIS**, Puisseguin saint-émilion, 285
DOM. **BORIE DE MAUREL**, Minervois, **679**
BORIE LA VITARELE, ● Saint-chinian, 682 ● Oc, 1016
DOM. DU **BOSQUET**, Sables du Golfe du Lion, 1021
BOSQUET DES PAPES, Châteauneuf-du-pape, 951
DOM. DES **BOSQUETS**, Gigondas, 946
GUY **BOSSARD**, Jardin de la France, 1004
CH. **BOSSUET**, Bordeaux supérieur, 203
DOM. DES **BOTTEREAUX**, Muscadet sèvre-et-maine, 784
DOM. **BOTT-GEYL**, Alsace grand cru sonnenglanz, **115**
HENRY **BOUACHON**, Saint-joseph, 936
DOM. REGIS **BOUCABEILLE**, Côtes du roussillon-villages, 692
ROLAND **BOUCHACOURT**, Beaujolais, 131
DOM. GABRIEL **BOUCHARD**, ● Savigny-lès-beaune, 499 ● Beaune, 504 ● Pommard, 510
JEAN **BOUCHARD**, ● Santenay, 540 ● Mercurey, 552
PASCAL **BOUCHARD**, ● Petit chablis, 430 ● Chablis, 434 ● Chablis premier cru, 439 ● Chablis grand cru, 446
BOUCHARD AINE ET FILS, ● Mercurey, 553 ● Givry, 556
BOUCHARD PERE ET FILS, ● Bourgogne aligoté bouzeron, 415 ● Corton-charlemagne, 497 ● Savigny-lès-beaune, 499 ● Beaune, 505 ● Volnay, 514 ● Meursault, **525** ● Puligny-montrachet, 529 ● Côte de beaune-villages, 545 ● Rully, 548 ● Montagny, 558
CH. DE **BOUCHASSY**, Lirac, 958
DOM. **BOUCHE**, Côtes du rhône, 913
BOUCHE PERE ET FILS, Champagne, 585

BOUCHER, Saint-joseph, 936

INDEX DES VINS

Les folios en gras signalent les vins trois étoiles

ABBAYE DE CORNEMPS, Bordeaux supérieur, 201
ABBAYE DE MONT, Canton de Vaud, 1035
CUVÉE ABBAYE DES TEMPLIERS, Muscadet sèvre-et-maine, 783
ABBAYE DE VALBONNE, Collioure, 695
ABBAYE DE VALMAGNE, Coteaux du languedoc, 667
DOM. **ABELANET-LANEYRIE,** Mâcon, 559
HENRI **ABELE,** Champagne, 580
JACQUES **ABONNAT,** Côtes d'auvergne AOVDQS, 888
DOM. **ABOTIA,** Irouléguy, 745
DOM. VINCENT **ACHARD,** Crémant de die, 962
ACHILLE **PRINCIER,** Champagne, 580
ACKERMAN, Saumur, 828
LAURANCE **ACKERMAN,** Jardin de la France, 1001
DOM. PIERRE **ADAM,** Alsace grand cru schlossberg, 113
ADISSAN, Clairette du languedoc, 658
CH. DES **ADOUZES,** Faugères, **675**
JEAN-LUC **AEGERTER,** • Bonnes-mares, 470 • Nuits-saint-georges, **479** • Corton-charlemagne, 497 • Savigny-lès-beaune, 498
DOM. D' **AERIA,** Côtes du rhône-villages, 925
CH. D' **AGASSAC,** Haut-médoc, 338
LES VIGNERONS D' **AGHIONE,** Ile de Beauté, 1025
AGNEAU ROUGE, Bordeaux, 177
AGRAPART ET FILS, Champagne, 580
DOM. DES **AIGRETTES,** Côtes du rhône, 913
CH. D' **AIGUILHE,** Côtes de castillon, 288
CH. **AIGUILLOUX,** Corbières, 659
AIME **BOUCHER,** Jardin de la France, 1001
AIMERY, Blanquette de limoux, 656
A L'ANCIENNE **FORGE,** • Alsace sylvaner, 73 • Alsace pinot noir, **96**
STÉPHANE **ALADAME,** Montagny, 558
CH. DES **ALBIERES,** Saint-chinian, 682
CLOS D' **ALBIZZI,** Cassis, 709
LUCIEN **ALBRECHT,** Alsace gewurztraminer, 83
DOM. **ALEXANDRE-COMPAIN,** Bourgogne aligoté, 410
VIGNOBLE D' **ALFRED,** Bordeaux côtes de francs, 293
GABRIEL **ALIGNE,** • Mâcon supérieur, 564 • Saint-joseph, 936 • Crozes-hermitage, 940
DOM. **ALISO-ROSSI,** Patrimonio, 526
DOM. DES **ALLEGRETS,** Côtes de duras, 771
DOM. **ALLEMAND,** Hautes-Alpes, 1028
JEAN **ALLEXANT,** Corton, 494
DOM. CHARLES **ALLEXANT ET FILS,** Chorey-lès-beaune, 502
DOM. **ALLIAS,** Vouvray, 871
ALLIMANT-LAUGNER, Alsace tokay-pinot gris, 90
DOM. D' **ALLUET,** Canton de Vaud, 1035
DOM. **ALQUIER,** Côtes du roussillon, 688
CLOS D' **ALZETO,** Ajaccio, 725
DOM. DES **AMANDIEU,** Côtes du rhône, 913
AMARANTE, Canton de Vaud, 1035
DOM. D' **AMBINOS,** Coteaux du layon, 818
DOM. **AMBLARD,** Côtes de duras, 771
BERTRAND **AMBROISE,** • Bourgogne, 393 394 • Côte de nuits-villages, 483 • Ladoix, 486 • Saint-romain, 523 • Chassagne-montrachet, 533
MAS **AMIEL,** Maury, **980**
DOM. PIERRE **AMIOT ET FILS,** Morey-saint-denis, 462
JEAN-MARIE **AMIRAULT,** Bourgueil, 851
YANNICK **AMIRAULT,** Bourgueil, 851
DOM. DES **AMOURIERS,** Vacqueyras, 949
ANCIENNE COUR DES CHEVALIERS DE MALTE, Alsace pinot noir, 96
ANDEVINE, Canton du Valais, 1042

DOM. D' **ANDEZON,** Côtes du rhône, 913
CAVE VINICOLE D' **ANDLAU,** • Alsace klevener de heiligenstein, **72** • Alsace pinot noir, 96
CH. **ANDOYDE DU HAYOT,** Sauternes, 380
DOM. PIERRE **ANDRE,** Châteauneuf-du-pape, 951
PIERRE **ANDRE,** • Bourgogne, 394 • Chablis, 433 • Chablis premier cru, 439 • Gevrey-chambertin, 455 • Clos de vougeot, 471 • Ladoix, 486 • Corton, 494 • Savigny-lès-beaune, 498
CH. **ANDRON BLANQUET,** Saint-estèphe, 365
G. ET M. **ANGELLIAUME,** Chinon, 860
DOM. DES **ANGES,** Vin de savoie, 646
DOM. **ANGLADE-BELLEVUE,** Premières côtes de blaye, 217
CH. D' **ANGLUDET,** Margaux, 352
CH. DES **ANNEREAUX,** Lalande de pomerol, 243
ANSTOTZ ET FILS, • Alsace pinot ou klevner, 75 • Alsace muscat, 82
ANTECH, Crémant de limoux, 657
CH. **ANTHONIC,** Moulis-en-médoc, 357
DOM. D' **ANTHONY,** Petit chablis, 430
E. ET PH. **ANTOINE,** Meuse, 1032
DOM. D' **ANTUGNAC,** Oc, 1015
CH. D' **AQUERIA,** • Lirac, 958 • Tavel, 960
FREDERIC **ARBOGAST ET FILS,** • Alsace gewurztraminer, 83 • Alsace pinot noir, 96 • Alsace grand cru brunderthal, 105
FRUITIERE VINICOLE D' ARBOIS, Arbois, 631
MICHEL **ARCELAIN,** Bourgogne, 394
DOM. **ARCELIN,** • Bourgogne passetoutgrain, 416 • Mâcon, 559
CH. D' **ARCHAMBEAU,** Graves, 310
CH. D' **ARCHE,** Haut-médoc, 338
CH. **ARCHE ROBIN,** Bordeaux supérieur, 201
LES VIGNERONS **ARDECHOIS,** • Comtés rhodaniens, 1030 • Coteaux de l'Ardèche, 1030 1031
CH. D' **ARDHUY,** Côte de nuits-villages, 484
LA FERME DES **ARDILLERS,** Fiefs vendéens AOVDQS, 798
ANDRE **ARDOUIN,** Pineau des charentes, 991
DOM. DES **ARDURELS,** Gaillac, 734
ANTOINE **ARENA,** Patrimonio, 726
DOM. D' **ARIES,** Coteaux du Quercy, 1012
JEAN-ANTOINE **ARISTON,** Champagne, 580
ARISTON FILS, Champagne, 580
DOM. **ARLAUD PERE ET FILS,** • Morey-saint-denis, 462 • Clos saint-denis, 466 • Chambolle-musigny, 467 • Bonnes-mares, 470
CH. D' **ARLAY,** Côtes du jura, 637
CH. D' **ARMAILHAC,** Pauillac, 360
CH. D' **ARMAJAN DES ORMES,** Sauternes, 381
ARNAUD DE BEAUROY, Champagne, 580
CH. **ARNAUD DE JACQUEMEAU,** Saint-émilion grand cru, 253
ARNAUD DE VILLENEUVE, • Côtes du roussillon, 688 • Côtes du roussillon-villages, 690 • Rivesaltes, 975 • Muscat de rivesaltes, 981
PASCAL ET CORINNE **ARNAUD-PONT,** Auxey-duresses, 520
CH. **ARNAULD,** Haut-médoc, 338
CH. **ARNAUTON,** Fronsac, 230
CH. **ARNEAU-BOUCHER,** Bordeaux supérieur, 202
PIERRE **ARNOLD,** Alsace grand cru frankstein, 106
MICHEL **ARNOULD ET FILS,** Champagne, 580
DOM. ROBERT **ARNOUX,** Vosne-romanée, 474
ARNOUX PERE ET FILS, • Savigny-lès-beaune, 498 • Beaune, 504 • Bourgogne côte chalonnaise, 546
CH. DES **ARRAS,** Bordeaux supérieur, 202
CH. **ARRETXEA,** Irouléguy, 745

CH. D' **ARRICAU-BORDES,** Madiran, 750
CH. D' **ARRICAUD,** Graves, 310
ARTHUS, Côtes de castillon, 288
CH. D' **ARVOUET,** Montagne saint-émilion, 281
DOM. DES **ASPES,** Oc, 1015
DOM. DES **ASPRAS,** Côtes de provence, 699
CH. **ASTRUC SAINTE EULALIE,** Minervois, 679
DOM. CLAUDE **AUBERT,** Chinon, 860
JEAN-CLAUDE ET DIDIER **AUBERT,** Vouvray, 872
AUBERT LA CHAPELLE, Coteaux du loir, 866
L. **AUBRY FILS,** Champagne, 580
DOM. DES **AUBUISIERES,** Vouvray, **872**
CH. DE L' **AUCHE,** Champagne, 580
C. **AUDEBERT,** Pineau des charentes, 991
HUBERT **AUDEBERT,** Bourgueil, 851
DOM. **AUDEBERT ET FILS,** Bourgueil, 852
DOM. DES **AUDINIERES,** Jardin de France, 1001
DOM. CHARLES **AUDOIN,** Marsannay, 450
DOM. **AUDOUIN,** Muscadet sèvre-et-maine, 783
DOM. HONORE **AUDRAN,** Coteaux du languedoc, 667
CH. D' **AUGAN,** • Bordeaux, 177 • Entre-deux-mers, 295
VIGNOBLE **AUGER,** Bourgueil, 852
DOM. **AUGIER,** Bellet, 710
JACKY ET PHILIPPE **AUGIS,** Touraine, 838
CHRISTOPHE **AUGUSTE,** Bourgogne, 394
BERNARD **AUJARD,** Reuilly, 902
MAS D' **AUREL,** Gaillac, 734
CH. D' **AURILHAC,** Haut-médoc, 340
DOM. PAUL **AUTARD,** Châteauneuf-du-pape, 951
CH. D' **AUVERNIER,** Canton de Neuchâtel, 1051
AUVIGUE BURRIER REVEL, Pouilly-fuissé, 567
CELLIER **AVALON,** Corbières, 659
AVENIR 2, Canton de Vaud, 1035
CH. DES **AVEYLANS,** Costières de nîmes, 663
LUCIEN **AVIET,** Arbois, **632**
CH. D' **AVRILLE,** Crémant de loire, 778
AYALA, Champagne, 581
CH. D' **AYDIE,** Madiran, 750
DOM. **AYMARD,** Côtes du ventoux, 964
CAVE COOP. D' **AZE,** • Bourgogne, 394 • Bourgogne passetoutgrain, 416 • Crémant de bourgogne, 426
L'OR D' **AZENAY,** Bourgogne, 394

DOM. DE **BABAN,** Châteauneuf-du-pape, 951
DOM. DE **BABLUT,** • Crémant de loire, 779 • Anjou-villages-brissac, 810 • Coteaux de l'aubance, **814** • Coteaux de l'aubance, 814
CH. **BACCHUS,** Graves de vayres, 300
LE TEMPLE DE **BACCHUS,** Beaujolais-villages, 137
JEAN-CLAUDE **BACHELET,** • Bourgogne, 394 • Saint-aubin, 537
DOM. B. **BACHELET ET SES FILS,** • Meursault, 525 • Chassagne-montrachet, 533 • Saint-aubin, 537 • Santenay, 540 • Maranges, 544
DOM. **BACHELET-RAMONET PERE ET FILS,** Chassagne-montrachet, 533
DOM. **BACHELIER,** • Petit chablis, 430 • Chablis, 434
DOM. DE **BACHELLERY,** Oc, 1015
CH. DE **BACHEN,** Tursan AOVDQS, 754
CH. **BADER-MIMEUR,** Chassagne-montrachet, 537
BERNARD **BADOZ,** • Côtes du jura, 637 • Macvin du jura, 998
CH. DE **BAGATELLE,** Muscadet côtes de grand-lieu, 794
CLOS **BAGATELLE,** Saint-chinian, 682
BAGNOST PERE ET FILS, Champagne, 581
DOM. DES **BAGUIERS,** Bandol, 711
DOM. DE **BAILLAURY,** Collioure, 696

1089

ALAIN **BAILLON,** Côte roannaise, 892
CAVES DE **BAILLY,** Bourgogne, 394
CLOS DU **BAILLY,** Côtes du rhône, 913
CH. **BALAC,** Haut-médoc, 340
CH. DE **BALAN,** Bordeaux, 177
CH. **BALESTARD LA TONNELLE,** Saint-émilion grand cru, 253
PHILIPPE **BALIVET,** Bugey AOVDQS, 651
DOM. JEAN-PAUL **BALLAND,** Sancerre, 903
JOSEPH **BALLAND-CHAPUIS,** ● Coteaux du giennois, 890 ● Sancerre, 904
DOM. DES **BALLANDORS,** Quincy, 900
BALLOT-MILLOT ET FILS, ● Beaune, 504 ● Pommard, 509 ● Meursault, 525
CH. **BALOT,** Premières côtes de bordeaux, 303
DOM. **BANCHEREAU,** Coteaux du layon, 818
CHRISTIAN **BANNIERE,** Champagne, 581
LAURENT **BANNWARTH,** ● Alsace gewurztraminer, 83 ● Alsace tokay-pinot gris, 90
PAUL **BARA,** ● Champagne, 581 ● Coteaux champenois, 627
BARANCOURT, Champagne, 581
DOM. **BARAT,** ● Chablis, 434 ● Chablis premier cru, 439
CH. **BARATEAU,** Haut-médoc, 340
CH. **BARBANAU,** Côtes de provence, 699
CH. DE **BARBE,** Côtes de boùrg, 222
CH. **BARBEBELLE,** Coteaux d'aix, 715
CH. DE **BARBE BLANCHE,** Lussac saint-émilion, 278
CH. **BARBE D'OR,** Bordeaux supérieur, 202
DENIS ET HELENE **BARBELET,** Saint-amour, 166
CH. **BARBEROUSSE,** Saint-émilion, 248
ANDRE **BARBIER,** Reuilly, 902
F. **BARBIER,** Champagne, 581
CH. **BARDE-HAUT,** Saint-émilion grand cru, 253
CEDRICK **BARDIN,** Pouilly-fumé, 897
BARDOUX PERE ET FILS, Champagne, 581
CH. **BARET,** Pessac-léognan, 320
G. DE **BARFONTARC.** Champagne, 581
DOM. GILLES **BARGE,** Côte rôtie, 931
DOM. **BARMES-BUECHER,** Alsace gewurztraminer, **84**
EDMOND **BARNAUT,** Champagne, 581
ARTHUR **BAROLET ET FILS,** Nuits-saint-georges, 479
BARON ALBERT, Champagne, 582
BARON D'ASPRE, Lirac, 958
BARON D'ESPIET, Crémant de bordeaux, 215
BARON DE HOEN, ● Alsace riesling, 77 ● Alsace gewurztraminer, 84
BARON DE LESTAC, Bordeaux, 177
BARON DE LUZE, ● Bordeaux, 177 ● Bordeaux sec, 193
BARON-FUENTE, Champagne, 582
CH. **BARON GEORGES,** Côtes de provence, 700
JEAN **BARONNAT,** ● Brouilly, 142 ● Saint-véran, 571 ● Côtes du rhône, 913
BARON PHILIPPE, ● Entre-deux-mers, 295 ● Médoc, 329 ● Pauillac, 360
BARON THOMIERES, Gaillac, 734
CH. **BARRABAQUE,** Canon-fronsac, 228
CH. DE **BARRE,** Bordeaux supérieur, 202
CH. **BARRE GENTILLOT,** Graves de vayres, 300
CH. **BARREJAT,** ● Madiran, 750 ● Pacherenc du vic-bilh, 752
CRU **BARREJATS,** Sauternes, 381
DOM. DES **BARRES,** ● Savennières, 816 ● Coteaux du layon, 818
CH. **BARREYRE,** ● Bordeaux supérieur, 202 ● Premières côtes de bordeaux, 303
DOM. DE **BARROUBIO,** Muscat de saint-jean de minervois, 987
CH. DU **BARRY,** Saint-émilion grand cru, 253
DOM. **BART,** Marsannay, 450
RENE **BARTH,** Crémant d'alsace, 120
DOM. **BARTHELEMY,** Jurançon, 746
DOM. **BARTHES,** Bandol, 711
BARTON ET GUESTIER, Bordeaux, 177
CH. **BAS,** Coteaux d'aix, 715
CH. DU **BASCOU,** Floc de gascogne, 995
DOM. DU **BAS ROCHER,** Vouvray, 872
FRANCIS **BASSEPORTE,** Bourgogne, 395
DOM. **BASSE VILLE,** Muscadet sèvre-et-maine, 783
BASTIDE DES BERTRANDS, Côtes de provence, 700

DOM. DE **BASTIDE ROUSSE,** Saint-chinian, 682
CH. **BASTOR-LAMONTAGNE,** Sauternes, 381
BASTZ D'AUTAN, Côtes de saint-mont AOVDQS, 754
CH. **BATAILLEY,** Pauillac, 360
DOM. DE **BAUBIAC,** ● Coteaux du languedoc, 667 ● Oc, 1015
BAUD, ● Château-chalon, 636 ● Côtes du jura, 637
CH. **BAUDAN,** Listrac-médoc, 348
DOM. **BAUDARE,** Côtes du frontonnais, 740
LES CAVES **BAUDET,** Coteaux du vendômois AOVDQS, 883
CLOS **BAUDOIN,** Vouvray, 872
DOM. **BERNARD BAUDRY,** Chinon, 860
CH. **BAUDUC,** Bordeaux supérieur, 202
BAUGET-JOUETTE, Champagne, 582
MICHEL **BAUJEAN,** Champagne, 582
BAUMANN-ZIRGEL, Alsace gewurztraminer, 84
DOM. DES **BAUMARD,** Savennières, 816
A. L. **BAUR,** ● Alsace pinot ou klevner, 75 ● Alsace muscat, 82 ● Alsace tokay-pinot gris, 90
CHARLES **BAUR,** Alsace grand cru eichberg, 106
LEON **BAUR,** ● Alsace riesling, 77 ● Alsace pinot noir, 96
FRANCOIS **BAUR PETIT-FILS,** Alsace grand cru brand, 105
JEAN-NOEL **BAZIN,** Bourgogne hautes-côtes de beaune, 424
CH. **BEAUCHENE,** Pomerol, 234
PAUL **BEAUDET,** Mâcon-villages, 564
DOM. **BEAUFERAN,** Coteaux d'aix, 715
DOM. AURORE DE **BEAUFORT,** Montlouis, 868
HERBERT **BEAUFORT,** ● Champagne, 582 ● Coteaux champenois, 627
JACQUES **BEAUFORT,** Champagne, 582
CELLIER DU **BEAUJARDIN,** Touraine, 838
CAVE **BEAUJOLAISE DE QUINCIE,** Régnié, 163
CH. **BEAULIEU,** Pomerol, 234
DOM. DE **BEAULIEU,** Muscadet sèvre-et-maine, 784
DOM. DE **BEAULIEU,** Bouches-du-Rhône, 1027
VIGNERONS DE **BEAUMES-DE-VENISE,** Muscat de beaumes-de-venise, 985
BEAUMET, Champagne, 582
DOM. **BEAU MISTRAL,** ● Côtes du rhône, 913 ● Rasteau, 988
CH. **BEAUMONT,** Haut-médoc, 340
DOM. DES **BEAUMONT,** ● Charmes-chambertin, 460 ● Morey-saint-denis, 462
BEAUMONT DES CRAYERES, Champagne, 582
LYCEE VITICOLE DE **BEAUNE,** ● Bourgogne hautes-côtes de beaune, 424 ● Beaune, 504
CH. DE **BEAUPRE,** Coteaux d'aix, 715
CAVE DE **BEAUPUY,** Côtes du marmandais, 742
DOM. DE **BEAU PUY,** Saint-nicolas-de-bourgueil, 856
CH. **BEAUREGARD,** Pomerol, 235
DOM. DE **BEAUREGARD,** Pouilly-fuissé, 567
CH. DE **BEAUREGARD,** Saumur, 828
DOM. DE **BEAUREGARD,** Jardin de la France, 1001
DOM. **BEAUREGARD DUCASSE,** Graves, 310
DOM. DE **BEAURENARD,** ● Côtes du rhône, 913 ● Côtes du rhône-villages, 925 ● Châteauneuf-du-pape, 951
DOM. DE **BEAUREPAIRE,** ● Gros-plant AOVDQS, 795 ● Menetou-salon, 895
BEAURILEGE, Bordeaux sec, 193
CH. **BEAU RIVAGE,** Bordeaux supérieur, 202
CH. **BEAUREJOUR,** ● Saint-émilion grand cru, 255 ● Montagne saint-émilion, 281
DOM. **BEAUSEJOUR,** ● Touraine, 838 ● Chinon, **685**
CH. **BEAUSEJOUR,** ● Côtes de la malepère, **685**
CH. **BEAU-SEJOUR BECOT,** Saint-émilion grand cru, 255
CH. **BEAU SITE,** Saint-estèphe, 366
CH. **BEAU-SITE,** Graves, 311
YVES **BEAUTRAIT,** Champagne, 582
CAVE DU **BEAU VALLON,** Beaujolais, 130
DOM. DES **BEAUX-REVES,** Morgon, 157

BERNARD **BECHT,** Crémant d'alsace, 121
PIERRE **BECHT,** ● Alsace gewurztraminer, 84 ● Alsace pinot noir, 97 ● Crémant d'alsace, 121
HUBERT **BECK,** Alsace grand cru frankstein, 106
GAEC JEAN-PHILIPPE ET FRANCOIS **BECKER,** ● Alsace pinot ou klevner, 75
JEAN **BECKER,** ● Alsace sylvaner, 73 ● Alsace grand cru froehn, 107
CHARLES **BEDUNEAU,** Anjou, 800
DOM. DES **BEGAUDIERES,** Gros-plant AOVDQS, **795**
DOM. DE **BEGROLLE,** Muscadet sèvre-et-maine, 784
DOM. **BEGUE-MATHIOT,** Chablis premier cru, 439
DOM. DES **BEGUINERIES,** Chinon, 860
JEAN-BAPTISTE **BEJOT,** Pommard, 509
CAVES DES VIGNERONS DE **BEL-AIR,** Morgon, 157
CELLIER DE **BEL-AIR,** Bugey AOVDQS, 651
CH. **BEL AIR,** ● Lussac saint-émilion, 278 ● Puisseguin saint-émilion, 285
CH. **BEL AIR,** Entre-deux-mers, 295
CH. **BEL AIR,** Haut-médoc, 340
CH. **BEL AIR,** Sainte-croix-du-mont, 376
DOM. **BEL AIR,** ● Muscadet sèvre-et-maine, 784 ● Retz, 1008
DOM. DE **BEL-AIR,** ● Brouilly, 142 ● Chénas, 147
CH. **BELAIR-COUBET,** Côtes de bourg, 222
CH. **BEL-AIR COUSTUT,** Sainte-foy-bordeaux, 301
CH. **BEL AIR ORTET,** Saint-estèphe, 366
CH. **BEL AIR PERPONCHER,** ● Bordeaux, 177 ● Bordeaux sec, 193
CH. DE **BELCIER,** Côtes de castillon, 288
CH. DE **BELESTA,** Côtes du roussillon-villages, 692
CH. **BEL EVEQUE,** Corbières, 659
CH. **BELGRAVE,** Haut-médoc, 340
JULES **BELIN,** ● Chablis premier cru, 439 ● Pernand-vergelesses, 492
DOM. **BELINGARD,** Côtes de bergerac, 762
JEAN-CLAUDE **BELLAND,** Santenay, 540
ROGER **BELLAND,** ● Meursault, 525 ● Puligny-montrachet, 529 ● Criots-bâtard-montrachet, 533 ● Champagne-montrachet, 533
CH. **BELLECOMBE,** Saint-émilion, 248
CH. DE **BELLE-COSTE,** Costières de nîmes, 663
DOM. DE **BELLE-FEUILLE,** ● Côtes du rhône, 913 ● Côtes du rhône-villages, 925
CLOS **BELLEFOND,** Chassagne-montrachet, 534
BELLEFONTAINE, Oc, 1015
CH. **BELLEFONT-BELCIER,** Saint-émilion grand cru, 255
CH. **BELLE-GARDE,** ● Bordeaux, 178 ● Bordeaux sec, 193
DOM. **BELLEGARDE,** Jurançon, 746
CH. **BELLEGRAVE,** Pomerol, 235
CH. **BELLERIVE,** ● Bordeaux supérieur, 203 ● Médoc, 329
CH. **BELLERIVE,** Quarts de chaume, 827
CLOS **BELLE ROSE,** Saint-émilion, 248
DOM. DES **BELLES CHAUMES,** Bourgogne hautes-côtes de nuits, 420
DOM. DE **BELLES EAUX,** Oc, 1016
CH. DE **BELLET,** Bellet, 711
CH. **BELLEVERNE,** ● Chénas, 147 ● Saint-amour, 166
DOM. **BELLEVILLE,** Rully, 548
CH. **BELLEVUE,** ● Saint-émilion grand cru, 255 ● Côtes de castillon, 288
CH. DE **BELLEVUE,** Lussac saint-émilion, 278
CLOS **BELLEVUE,** Muscat de lunel, 986
DOM. DE **BELLEVUE,** Touraine, 838
DOM. DE **BELLEVUE,** ● Beaujolais, 130 ● Bourgogne, 395
DOM. DE **BELLEVUE,** Saint-pourçain, 891
CH. **BELLEVUE LAFFONT,** Listrac-médoc, 348
CH. **BELLEVUE LA FORET,** Côtes du frontonnais, 740
CH. **BELLEVUE LA MONGIE,** ● Bordeaux clairet, 191 ● Bordeaux rosé, 199
LES CAVES **BELLIER,** Cheverny, 880
DOM. DE **BELLIVIERE,** Coteaux du loir, 866
CH. **BELLONNE,** Saint-georges saint-émilion, 287

1090

EUROCARD MasterCard

Quand un homme d'affaires est hors service, BusinessCard MasterCard en envoie un autre tout neuf.

Assistance collaborateur de remplacement.

La BusinessCard MasterCard est beaucoup plus qu'une carte bancaire acceptée dans le monde entier. L'étendue de ses garanties d'assistance et d'assurance en fait aujourd'hui l'outil irremplaçable des hommes d'affaires. Choix du système de facturation, analyse statistique des frais, gains sur les taux de change, … autant d'atouts pour une entreprise soucieuse de simplifier sa gestion et d'optimiser sa trésorerie.

C'est sur le terrain qu'on fait ses preuves.

EUROCARD MasterCard

Avec Gold MasterCard, quand vos bagages disparaissent, 5000 F apparaissent.

Assurance perte ou vol des bagages.

La Gold MasterCard est beaucoup plus qu'une carte bancaire acceptée dans le monde entier. L'étendue des garanties d'assistance et d'assurance en fait la carte indispensable à tous ceux qui voyagent.* (Sous réserve de paiement total ou partiel du voyage sur vol régulier avec votre carte Gold MasterCard.)

C'est sur le terrain qu'on fait ses preuves.

Où déguster des grands vins…
à des prix d'exception…? A chacune de vos bonnes
questions, nous avons la bonne réponse.

| relais |
| HOTEL |
| *Grand Hotel* |
| Réservation |
| 01 60 87 93 00 |

Avec les Grands Vins Mercure, la tradition hôtelière n'a jamais eu autant de bouquet. Il faut dire que chaque année, Mercure réunit oenologues, sommeliers et clients connaisseurs pour sélectionner "à l'aveugle" la carte des Grands Vins Mercure. Choisis pour être à maturité dans l'année, ces grands vins, à prix d'exception, réjouiront les papilles les plus exigeantes. Et dans chaque restaurant, notre "échanson" vous conseille sur les mariages entre mets et vins.

Mercure HOTELS | ACCOR

Toutes les Clés de la Ville

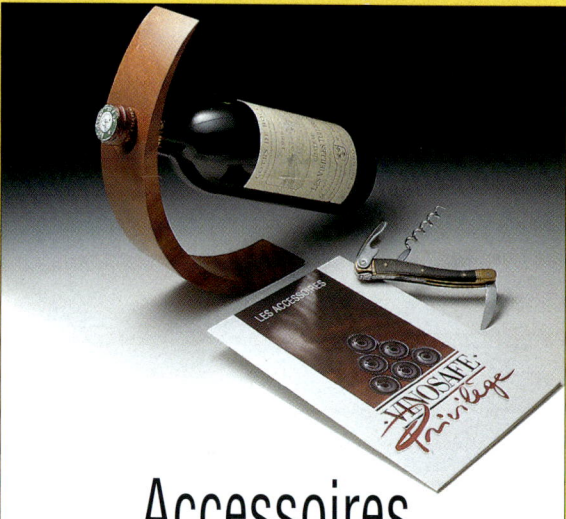

Accessoires pour amateurs avertis

Si vous partagez avec nous l'amour des belles choses, vous serez comblé. Vous trouverez dans notre catalogue des accessoires du vin, des objets sélectionnés pour leur qualité et leur originalité.

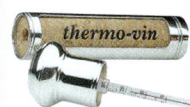

Destinés à enchanter vos repas de fêtes ou vos séances de dégustation entre amis, certains accessoires vous feront retrouver les gestes d'antan et seront de merveilleux moments de joie et de découvertes. Vous recherchez une belle idée de cadeau ? Feuilletez attentivement notre catalogue, vous trouverez assurément de quoi ravir vos proches.
VINOSAFE Privilège s'adresse à ceux qui cultivent un certain art de vivre et qui aiment le partager.

Documentation gratuite sur simple demande au ☎ 03 89 71 45 35

VINOSAFE *Privilège*

2, rue des Artisans F 68280 Sundhoffen - Tel. 03 89 71 45 35 - Fax 03 89 71 49 73

Vos grandes années méritent une Vinosafe

CAVE A VIN

D'une capacité extensible à plus de 3000 bouteilles, VINOSAFE est une véritable cave à vin...qui a du coffre. Elle garantit une parfaite conservation et un vieillissement idéal à vos grands crus.

Température, humidité et lumière sont dosées en permanence pour maîtriser la magie du temps.

PORTE CLIMATISEUR

Pour tous ceux qui ont un local destiné au vin, VINOSAFE a créé la porte climatiseur.

Celle-ci s'intègre dans le bâti comme une porte traditionnelle et vous permet de réguler la température et l'hygrométrie de votre cave à vin.

ETAGERES

Un système de rangement exclusif adapté à vos contraintes de stockage.

ARMOIRE A VIN

De 180 à 1000 bouteilles pour stocker vos meilleurs crus dans un espace où tout est pensé uniquement pour le vin.

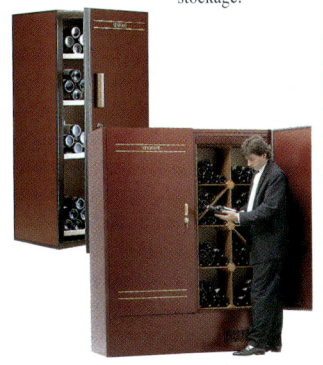

Documentation gratuite sur simple demande au ☏ 03 89 71 45 35

· VINOSAFE ·
La cave à vin des connaisseurs

2, rue des Artisans F 68280 Sundhoffen - Tel. 03 89 71 45 35 - Fax 03 89 71 49 73

UNE VRAIE CAVE
À VINS
CHEZ VOUS.

LIEBHERR permet à vos précieux vins de reposer et respirer
dans l'atmosphère recréée d'une cave idéale :
- une température ambiante constante et uniforme
- une hygrométrie adaptée
- une aération filtrée, assurée en permanence
- une protection anti-UV
- un système anti-vibrations

L'esthétique des caves de vieillissement
et de mise à température LIEBHERR
s'accorde parfaitement avec votre environnement :
blanc, brun, lie de vin, ou porte vitrée.
L'ergonomie des clayettes vous permet d'accéder
à un maximum de bouteilles.

5 capacités : 80, 128, 165, 230 et 260 bouteilles

LIEBHERR

EBERHARDT FRÈRES
18, rue des Frères Eberts · B.P. 83 · 67024 Strasbourg Cedex 1

WKS 3300 "Grand Cru"
155 bouteilles

Connaître et Choisir
LE VIN

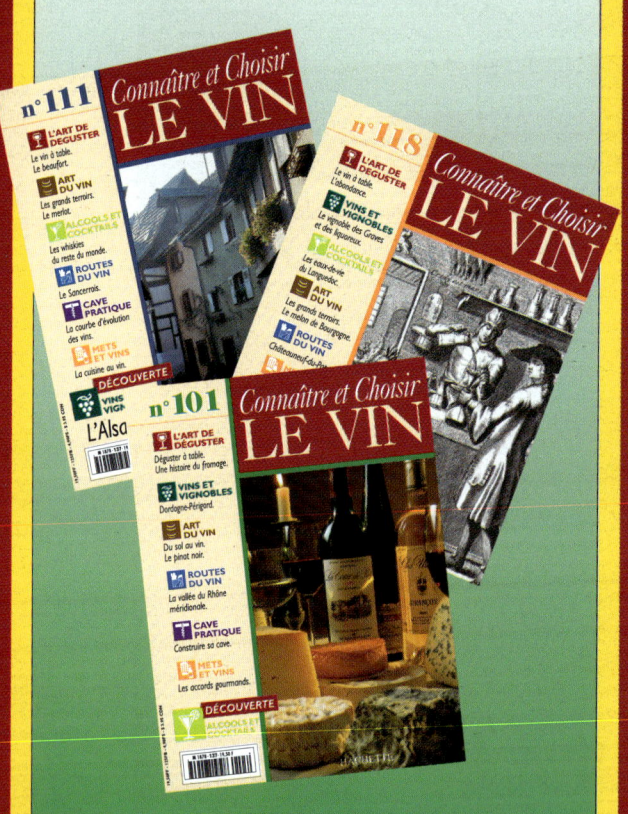

LA COLLECTION LA PLUS COMPLÈTE POUR DÉCOUVRIR LE VIN.

En vente chaque semaine chez votre marchand de journaux

HACHETTE

CD-ROM Encyclopédie Hachette Multimédia
des Vins de France 1999
4ème édition
Pour choisir, servir, déguster et conserver son vin

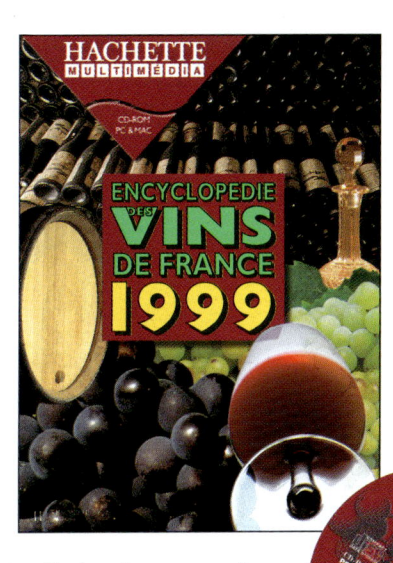

- 48 000 vins sélectionnés et commentés sur sept années par plus de 500 dégustateurs pour le Guide Hachette des Vins de France.
- 3 800 photos et étiquettes.
- Une cartographie complète.
- Deux heures d'interviews, de diaporamas et de vidéos
- Un gestionnaire de cave avec de nouveaux accords mets-vins, des recettes, le répertoire de ses dégustations entre amis…

**La référence des références
pour les amateurs de vin.**

HACHETTE
Pratique

GROLIER INTERACTIVE

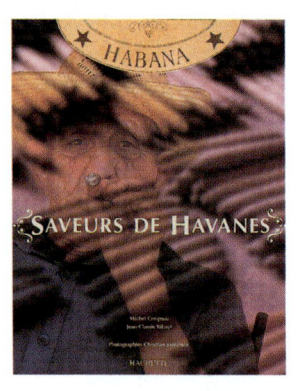

SAVEURS DE HAVANE
Michel Creignou
Jean-Claude Ribaud

Toutes les couleurs de Cuba à travers l'histoire des havanes, des feuilles de tabac de grand cru aux meilleurs cigares du monde.
216 p., 230 x 285 mm, couverture reliée, jaquette.
258 F.

LE GUIDE HAVANOSCOPE 1999
Par la revue de L'amateur de cigare dirigée par Jean-Paul Kauffmann

Comment choisir judicieusement son havane.
320 p., 102 x 210 mm, couverture intégra.
98 F.

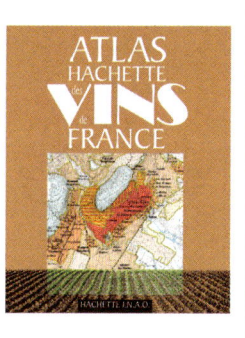

ATLAS HACHETTE DES VINS DE FRANCE - INAO

Un panorama complet de la civilisation du vin en France et la présentation des appellations.
256 p., 500 photos, 74 cartes couleur, couverture cartonnée, jaquette.
315 F.

ATLAS HACHETTE DES VINS DU MONDE
Oz Clarke

Les grandes régions viticoles du monde entier : 170 cartes dont plus de 70 en vue cavalière, en couleurs et en relief, 150 illustrations, 300 reproductions d'étiquettes prestigieuses.
320 p., 255 x 345 mm, couverture cartonnée, jaquette.
350 F.

ENCYCLOPEDIE DU VIN
Jancis Robinson

Plus de 70 experts internationaux ont réalisé ce corpus encyclopédique qui vous fera découvrir toutes les facettes du vin.
1088 p., 195 x 255 mm, plus de 3 000 entrées, 200 illustrations, 36 encarts, 312 cartes couleur, couverture cartonnée, jaquette.
450 F.

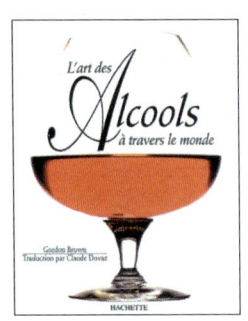

L'ART DES ALCOOLS A TRAVERS LE MONDE
Gordon Brown
Traduction de Claude Dovaz.

550 références d'alcools détaillées.
567 photos en couleurs dont
231 étiquettes.
264 p., 220 x 260 mm, couverture
cartonnée, jaquette.
198 F.

NOUVEAUTÉ

MALT, LA NOBLESSE DU WHISKY
Charles MacLean

Tout ce qu'il faut savoir sur
le plus grand, le plus typique
des whiskies écossais, le whisky de malt.
200 photos ou étiquettes, 175 p.,
240 x 280 mm, couverture reliée,
jaquette. **198 F.**

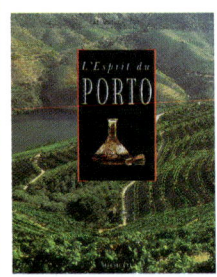

L'ESPRIT DU PORTO
Alain Leygnier

Toutes les clés pour mieux connaître
le porto et sa région d'origine.
150 photos en couleurs, 160 p.,
230 x 285 mm, couverture cartonnée,
jaquette.
210 F.

LE VIN DE BOURGOGNE
Jean-François Bazin

Le livre de référence sur la Bourgogne
viticole par un enfant du pays.
200 photos en couleurs, 20 cartes, 248 p.,
230 x 285 mm, couverture cartonnée,
jaquette.
295 F.

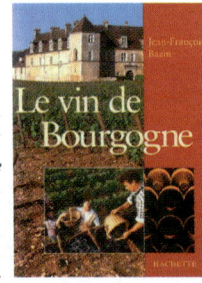

L'ECOLE DE LA DEGUSTATION
Pierre Casamayor

L'ouvrage convie tous les amateurs à découvrir le goût du vin et l'influence des cépages et des terroirs sur les arômes et les saveurs.
350 illustrations en couleurs, 272 p., 230 x 285 mm, couverture cartonnée.
175 F. jusqu'au 31.12.98, 210 F. ensuite.

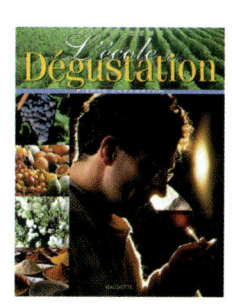

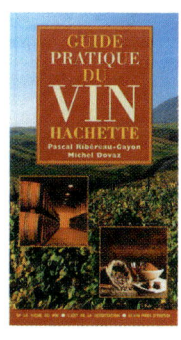

GUIDE PRATIQUE DU VIN
Pascal Ribéreau-Gayon et Michel Dovaz

Une approche claire et plaisante du vin, de son élaboration à sa consommation. Nouvelle édition complétée et mise à jour.
228 p., 150 x 270 mm, 160 photos et dessins en couleurs, couverture cartonnée.
125 F.

LE LIVRE DE CAVE
Antoine Lebègue

Indispensable pour gérer sa cave, cet ouvrage permet de garder la mémoire des accords gourmands.
192 p., 150 x 270 mm, 500 photos en couleurs, couverture cartonnée.
147 F.

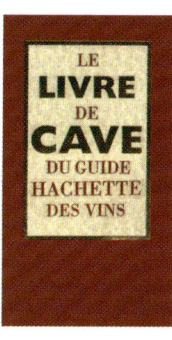

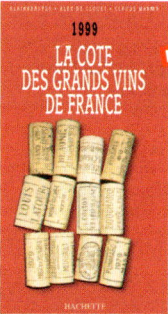

NOUVEAUTÉ

LA COTE DES GRANDS VINS DE FRANCE 1999
Alain Bradfer, Alex de Clouet, Claude Maratier

L'« argus des vins », 3 000 cotes, 150 ventes publiques, 300 étiquettes : la passion à sa juste valeur !
320 p., 150 x 210 mm, couverture brochée.
128 F.

DICTIONNAIRE INTERNATIONAL MOËT-HACHETTE DU VIN

L'univers du vin en six langues, français, anglais, allemand, espagnol, italien, japonais.
800 p., 115 x 190 mm, couverture cartonnée.
398 F.

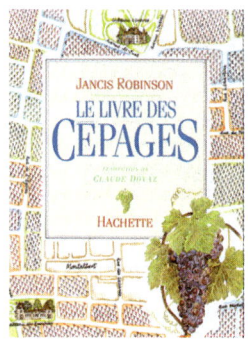

LE LIVRE DES CEPAGES
Jancis Robinson

Etude des cépages et de leur implantation dans le monde.
280 p., 205 x 272 mm, illustrations en couleurs, couverture cartonnée, jaquette.
340 F.

L'OR DU VIN
Pierre Casamayor, Michel Dovaz et Jean-François Bazin
Photos Daniel Czap

Les cent vins les plus prestigieux du monde.
256 p., 230 x 285 mm, 200 photos en couleurs, couverture cartonnée, jaquette.
398 F.

[Yves Calvi
9h → 10h30]

CLONAGE. FOURMIS.
MÉMOIRE. BÉBÉS...
AVEC SA MANIE
DE RENDRE
TOUS LES SUJETS
VIVANTS,
CET HOMME AGACE
LES INTELLOS.

europe 1

EUROPE 1
en FM dans toute la France

Haute-Normandie
Dieppe (105.9) - Evreux (93.2) - Gournay (94.5)
Le Havre (104.7) - Rouen (104.9)

Basse Normandie
Caen (105.9) - Cherbourg (106.7)
La Ferté-Macé (99) - Deauville (104.7)
Fougères (90.3) - Lisieux (100.8)

Bretagne
Brest (104.7) - Lorient (104.7)
Loudéac (103.6) - Quimper (104.7)
Rennes (104.7) - St Malo (99.4) - Vannes (104.7)

Pays de la Loire
Angers (104.7) - Beauvoir s/Mer (105.1)
Chateau-du-Loir (89.5) - Cholet (104.7)
Fontenay-le-Comte (104.7)
L'Aiguillon s/Mer (103.6)
La Roche s/ Yon (100.7) - Le Mans (104.7)
Les Sables d'Olonne (104.7) - Luçon (102.3)
Nantes (104.7) - St Nazaire(104.7) - Saumur (104.7)

Centre
Argenton s/Creuse (87.6) - Bourges (107.1)
Blois (106.5) - Chartres (102.5)
Châteauroux (106.5) - La Châtre (97.9)
Montargis (106.4) - Montmorillon (102.4)
Orléans (104.7) - Tours (104.5) - Vierzon (94.2)

Poitou - Charentes
Angoulême (106.7) - Châtellerault (106.6)
Niort (106.8) - La Rochelle (104.7)
Parthenay (100.6) - Poitiers (104.7)
Ruffec (92.7)

Limousin
Brive (106.1) - Limoges (106.7)
Guéret (102.9) - Tulle (104.2)

Auvergne
Aurillac (106.5) - Clermont-Ferrand (104.7)
Le Puy (106.6) - Montluçon (103.6)
Moulins (104.9) - St Flour (102.7)
Thiers (103.1) - Vichy (94.6) - Yssingeaux (94.1)

Aquitaine
Agen (104.9) - Arcachon (104.8)
Bayonne (101.7) - Bergerac (104.8)
Biarritz (101.7) - Bordeaux (104.6)
Mont-de-Marsan (104.9) - Pau (106.8)

Midi Pyrénées
Ax-les-Thermes (90.4) - Albi (98.6)
Auch (93.7)- Condom (106.7) - Figeac (87.7)
Lourdes (101) - Montauban (105.2)
Pamiers (93.3) - St-Gaudens (106.7)
St-Girons (94.3) - Tarbes (101)
Toulouse (106.3)

Languedoc-Roussillon
Carcassonne (105.8) - Mende (106.7)
Montpellier (103.9) - Perpignan (91.6)

Nord-Pas de Calais
Arras (92.4) - Béthune (91.6) - Boulogne (103.9)
Cambrai (104.8) - Dunkerque (96.1) - Lens (91.6)
Lille (92.5) - Maubeuge (97.7) - St-Omer (94.2)
Valenciennes (92.7)

Picardie
Abbeville (104.9) - Amiens (104.7)
Compiègne (104.9) - Chateau-Thierry (104.8)
Laon (88.4) - Soissons (104.7)

Ile-de-France
Paris (104.7)

Champagne-Ardenne
Bar-sur-Aube (104.9)
Châlons-en-Champagne (104.8)
Charleville-Mézières (102.9)
Chaumont (101.6) - Epernay (101.9)
Langres (98.9) - Reims (106.5) - Rethel (106.8)
Saint Dizier (106.1) - Sedan (102)
Troyes (104.7)

Alsace
Strasbourg (103.3) - Mulhouse (94.8) - Colmar (94.6)

Lorraine
Bar-le-Duc (107) - Forbach (104.5) - Metz (105.3)
Nancy (105.5) - Remiremont (91) - Sarrebourg (106.1)
Thionville (102.4) - Vittel (102)

Franche Comté
Besançon (104.9) - L'Isle sur le Doubs (98.9)
Lons le Saunier (89) - Morteau (98.3)
Poligny (90.1) - Vesoul (95.2)

Bourgogne
Autun (104.6) - Auxerre (96.6)
Châlon-sur-Saône (106.7) - Charolles (99.4)
Châtillon s/Seine (99,1) - Dijon (104.7)
Montbard (101.5) - Nevers (104.6)

Rhône-Alpes
Aix-les-Bains (97.6) - Annonay/Roussillon (102.8)
Belley (104.8) - Bourg St-Maurice (104.5)
Chambéry (97.6) - Chamonix (102.9)
Courchevel (106.8) - Die (102.9)
Grenoble (104.6) - Mégève (90.8) - La Mure (104.9)
Lyon (104.6) - Modane (104.4) - Morestel (91.3)
Montélimar (92.2) – Nantua (106.8) – Nyons (103)
Privas (106.8) - Saint-Etienne (104.8)
Saint Jean de Maurienne (107.2) - Tignes (101.3)
Valence (105.9) - Valloire (96.9)
Val d'Isère (107) - Villars de Lans (94.3)

Provence-Alpes-Côte d'Azur
Aix-en-Provence (104.8) - Avignon (94.9)
Barcelonette (97) - Briançon (88.3)
Cannes (101.4) - Digne (96.7)
Draguignan (99.9) - Fréjus (87.9)
Gap (103.5) - Marseille (104.8) - Nice (101.4)
Sisteron (92.6) - St Raphaël (87.9)
Toulon (104.7)

Corse
Ajaccio (91) - Bastia (90.3)

et 183 Grandes Ondes.
Toutes les fréquences Europe 1 : tél. 08 36 68 21 21
ou minitel 3615 Europe 1 (2,23 F la minute)